Antología general de la

LITERATURA I

ESPAÑOLA

Ángel del Río *Columbia University*

Amelia A. de del Río *Barnard College*

HOLT, RINEHART AND WINSTON
NEW YORK

Tomo Primero:

Desde los orígenes hasta 1700

Edición corregida y aumentada

VERSO

PROSA

TEATRO

Antología general de la

LITERATURA

I

ESPAÑOLA

La caligrafía de las guardas fué diseñada por el pintor
español Juan de Yciar en 1548.

ISBN: 0-03-016625-X
Printed in the United States of America

PREFACIO

a la segunda edición

Ha sido nuestro primer intento, al preparar esta nueva edición, corregir algunos evidentes descuidos de la primera, especialmente un número considerable de erratas y la falta de separación suficiente entre algunas selecciones poéticas. A ello habrá que añadir cierta confusión en los tipos usados en los subtítulos. Aunque los reseñadores fueron benévolos en este aspecto, no dejaron los autores de advertir las deficiencias que ahora han procurado corregir y evitar. Sírvales de disculpa, por lo que a la primera edición se refiere, el hecho de haberse compuesto la obra lejos de su lugar de residencia y en circunstancias que no les permitieron ver pruebas.

Esperamos que el cuidado puesto en la corrección de los textos, así como en su composición y distribución tipográfica, acrecienten la utilidad de la obra.

En cuanto al contenido, la obra queda, en su conjunto, tal y como fué concebida, pero ha habido cambios, adiciones y omisiones, en algún caso importantes. Aparte de otros menores, en la literatura de la Edad Media y de los siglos XVI y XVII se ha omitido por entero a Antonio Pérez, cuyo interés para el estudiante es más bien marginal, y se han ampliado las selecciones de Juan de Mena, Quevedo y Calderón. En la literatura del siglo XVIII aparece un nuevo autor, don Vicente de los Ríos, con unos fragmentos del Análisis del Quijote, uno de los primeros intentos de crítica puramente lite-

raria de la obra de Cervantes, y se amplía, entre otras, la selección de Feijóo. Pero las adiciones más numerosas corresponden a autores del siglo XX, por considerar que a pesar de la amplitud de la selección original no quedaban suficientemente representadas las diversas modalidades de algunos escritores importantes. Por último, se han añadido breves resúmenes de novelas y obras dramáticas que harán sin duda más significativa para el estudiante la lectura de los trozos elegidos.

Los autores consideran aún válidas las razones expuestas en el Prefacio a la primera edición para tomar el año 1936 como fecha límite. No ignoran, sin embargo, que, tanto en España como entre los españoles emigrados, han ido apareciendo justamente en estos años recientes obras importantes de los poetas que figuran en la última sección, así como nuevos escritores cuyo valor empieza ya a ser reconocido por la crítica.

Finalmente, una palabra de reconocimiento para los varios reseñadores y colegas por su benévolo juicio y más particularmente por sus sugerencias, algunas de las cuales han sido tenidas en cuenta al hacer la revisión de la obra.

Nueva York, enero, 1960.

Ángel del Río
Amelia A. de del Río

PREFACIO

a la primera edición

Esta Antología *es el fruto de casi treinta años de enseñanza de la literatura española. Ha sido concebida pensando en las necesidades del estudiante universitario con el objeto de poner a su alcance, debidamente seleccionado, un enorme caudal literario insuficientemente representado en obras del mismo tipo, no muy abundantes por cierto. Es, en parte, resultado o consecuencia y, en parte, complemento de la* Historia de la literatura española *publicada hace unos años por uno de los antólogos. En esta* Historia *o en cualquier otra de índole análoga deberá, pues, buscar el lector la información, interpretación y valoración suplementarias sobre obras, autores, períodos, estilos, escuelas literarias, etcétera.*

La extensión total, la particular de muchas selecciones y el hecho de incluir a bastantes escritores u obras anónimas de valor en apariencia secundario muestran que el criterio con que está pensada y realizada es, sin duda, más amplio que el de la Historia de la literatura *que la ha precedido. Ello obedece al deseo ya expresado de hacer accesibles a estudiantes y profesores muestras de todo aquello que pueda tener una significación en el conocimiento de la evolución de la literatura española. Es común que las antologías se limiten a recoger, a modo de florilegio, unas poesías que suelen ser siempre las mismas o un número reducido de páginas de las obras más conocidas que rara vez dan una idea de su carácter. En esta selección se ha procurado dar pasajes lo bastante amplios para que el lector se forme una idea de los valores principa-*les de la obra en cuestión: novela, poema, comedia, libro didáctico, etc. De este modo la antología será especialmente útil como texto en los cursos generales de historia de la literatura. En algunos aspectos, en los casos de media docena de libros fundamentales que todo estudiante debe leer en su totalidad, resultará insuficiente; en otros, excesiva por el número de selecciones o autores que no suelen leerse ni es necesario que se lean en esos cursos. Los recopiladores han creído, sin embargo, que lo que sobra no daña. El profesor puede hacer su propia selección, eliminar del estudio el material que no considere pertinente, y siempre ofrecerá una ventaja para el estudiante más aplicado o curioso la posibilidad de ampliar sus conocimientos con lecturas complementarias y la de tener a la mano fragmentos de muchas obras y autores a los que los manuales de historia literaria hacen referencia, de las que dan una caracterización imprecisa y de las que el estudiante y aun el estudioso no suelen tener más idea que la de un título y una fecha.*

Por otra parte la selección es lo bastante extensa en cada período para que el libro pueda usarse con provecho en cursos más especiales, los dedicados al estudio de ciertas épocas o géneros, aunque en ellos la lectura de textos complementarios de las obras más importantes sea aún más necesaria. Por último, creen los recopiladores que el manejo de este vasto repertorio literario puede servir como repaso a estudiantes ya conocedores de la materia y de las obras destacadas. Los estudiantes graduados, por ejemplo, encontrarán aquí, junto con algu-

nas de las mejores páginas de obras y autores de primera magnitud, muestras menores del arte o del espíritu literario de cada época que les ayuden a fijar sus perfiles.

Cronológicamente la Antología abarca desde las más tempranas manifestaciones de la literatura romance, las «jarchas» no ha mucho descubiertas, hasta el año 1936, fecha que por motivos obvios se imponía como límite. Al desgarrarse el país en una guerra civil, se interrumpe el curso normal de la producción literaria que desde entonces queda escindida en dos mitades casi incomunicadas: la de los escritores que permanecen en España y la de los que en el destierro tratan de reanudar el hilo de su creación separados de su propio ambiente. Decidida la fecha, se incluyen, sin embargo, obras posteriores a ella, pero siempre de autores que ya eran conocidos y que no han hecho después sino desarrollar una labor ya iniciada. Aparte de lo dicho, la eliminación de todos los escritores que se dan a conocer después de 1936 se justifica por la falta de perspectiva histórica para valorar personalidades aún en plena formación.

No es necesario enumerar aquí los problemas que a los recopiladores se les han presentado. Tan sólo se hará mención de los dos más importantes: el de la selección misma y el de la ordenación del material elegido. Respecto al primero, les ha guiado, como a todo antólogo, la calidad literaria de los textos, pero no ha sido el gusto personal la consideración única, y, en ciertos casos, ni siquiera la decisiva. Más de una vez, junto al gusto que juzga de la calidad, ha influído el valor representativo de los trozos elegidos en atención a géneros, época, etc. Lo que sí se ha procurado es que todo, sin excepción, posea valor literario o histórico, aunque sobra decir que podrían hacerse varias antologías tan extensas como la presente con páginas —poesías, escenas de obras dramáticas, capítulos de novelas, ensayos, etc.— de excelencia idéntica a las elegidas.

En cuanto a la distribución de la materia, el propósito fundamental ha sido el de presentar un panorama trabado, coherente, orgánico de la evolución literaria, no un repertorio de unidades aisladas y en gran medida artificiales: géneros o escue-

las. No se ha prescindido por entero de estas nociones, pero van supeditadas siempre a lo que constituye la unidad esencial de la creación estética: la personalidad misma del autor, sean cualesquiera las formas diversas en las que se manifiesta. Por lo que concierne a los grandes períodos históricos, la obra aparece dividida en cuatro secciones: Edad Media y Época de los Reyes Católicos; Siglos XVI y XVII; Siglos XVIII y XIX; Siglo XX. Al final, por motivos muy especiales, se ha formado una sección menor separada: La poesía de 1920 a 1936. Al principio de cada sección encontrará el lector unas aclaraciones referentes a la misma y al orden que, dentro de ella, se ha seguido.

Los pasajes reproducidos proceden en todos los casos de las ediciones más autorizadas que los recopiladores han tenido a mano. Pero no siendo el propósito de este libro primariamente erudito, sino el de facilitar la lectura y el conocimiento de una selección, hecha con cuidado, de la literatura española, no se han planteado problemas de crítica de textos que, aparte de presentar, dada la amplitud de la obra, dificultades de tiempo casi insuperables, hubieran sido poco útiles a su designio. Por la misma razón, la falta de propósito erudito, se ha tratado la ortografía, especialmente la de los textos medioevales, con alguna libertad, modernizando las formas, salvo en los casos en que la rima o la fidelidad a arcaísmos difíciles de modernizar exigían conservar las grafías antiguas.

Cada autor u obra anónima van precedidos de una breve introducción tendiente a señalar tan sólo su significación en el conjunto o a explicar el criterio seleccionador y no a dar datos biográficos, bibliográficos o críticos que deben buscarse en las obras de historia o de erudición que el estudiante maneje. Sorprenderá a veces que las notas de autores menores sean un poco más detalladas que las de otros más conocidos. La razón es clara. Poco puede decirse en un libro como éste de escritores de la importancia de Cervantes, Lope, Quevedo o Unamuno, ampliamente estudiados en todas las historias de la literatura española. En cambio, de los autores secundarios se ha intentado decir lo necesario para que el estudiante se dé idea de su carácter y del lugar que ocupan en su momento.

Dado lo extenso de la Antología, *hubiera sido empresa poco menos que imposible redactar un vocabulario. Más hacedero y eficaz ha parecido anotar sucintamente y en español claro aquellas palabras o dificultades de lenguaje que puedan entorpecer la lectura. Las notas no tienen, por tanto, carácter erudito, lingüístico o histórico, con excepción de algunos casos, no muchos, en que la comprensión del texto lo exige. Van encaminadas a que el estudiante pueda enterarse de lo que un autor dice sin la necesidad rigurosa de entender absolutamente todas las palabras, cosa innecesaria, según la experiencia docente muestra en los estudios literarios.*

Los recopiladores han encontrado a lo largo de su trabajo de varios años muchas colaboraciones espontáneas y desinteresadas por parte de colegas y amigos, ya en forma de sugerencias, ya como ayuda a resolver dificultades textuales. Muchos también les han alentado a llevar a cabo una labor trabajosa, y en cierto modo ingrata, en atención a la necesidad de una obra como la presente. A todos va su agradecimiento.

Nueva York, agosto de 1953.

Ángel del Río
Amelia A. de del Río

ÍNDICE

Edad Media y Época de los Reyes Católicos   1

Siglo XI: Lírica.

    Poesía Mozárabe: *Jarchas*   3

Siglo XII: Cantares de gesta.

    Cantar de Mío Cid   4
    Cantar de los infantes de Lara   14
    Cantar de Roncesvalles   17

Siglos XII-XIII: Teatro.

    Auto de los Reyes Magos   18

Siglo XIII: Lírica.

    Razón de amor con los denuestos del agua y el vino   20
    Elena y María   22
    Historia troyana en prosa y verso   24

Siglo XIII: Mester de clerecía.

    Gonzalo de Berceo   26
      Milagros de Nuestra Señora (26), *Vida de Santo Domingo de Silos* (29), *Duelo de la Virgen* (30).
    Libro de Apolonio   31
    Libro de Alexandre   35
    Poema de Fernán González   38

Siglo XIII: Prosa.

    Calila y Dimna   40
    Alfonso X *el Sabio*   42
      Partidas (42), *Primera crónica general de España* (45), *Libro de ajedrez, dados y tablas* (49), *Cantigas* (50).

Siglo XIII: Novela.

    La gran conquista de Ultramar   53

Siglo XIV: Prosa.

    Historia del Caballero de Dios que había por nombre Cifar   60
    Don Juan Manuel   64
      Libro del caballero et del escudero (65), *Libro de los estados* (66), *Libro de los ejemplos del conde Lucanor et de Patronio* (68).
    Capítulo que fabla de los ejemplos e castigos de Teodor, la doncella   74

SIGLO XIV: POESÍA.

    Juan Ruiz, Arcipreste de Hita   77

    Sem Tob   87

SIGLO XIV: HISTORIA.

    Crónica del rey don Alfonso el Onceno   89

    Pero López de Ayala   91

       Rimado de Palacio (91), *Crónica del rey don Pedro* (95).

SIGLO XIV: LÍRICA.

    Diego Hurtado de Mendoza   99

SIGLO XV: POESÍA.

    La danza de la muerte   100

    Cancionero de Baena   102

       ALFONSO ÁLVAREZ DE VILLASANDINO (104), MICER FRANCISCO IMPERIAL (107), FERRÁN MANUEL DE LANDO (108), MACÍAS (108), PERO VÉLEZ DE GUEVARA (109), JUAN RODRÍGUEZ DEL PADRÓN (109), FERRÁN SÁNCHEZ CALAVERA (110), GARCI FERNÁNDEZ DE JERENA (111).

    Fernán Pérez de Guzmán   112

       Poesías (112), *Generaciones y semblanzas* (113).

    Íñigo López de Mendoza, Marqués de Santillana   116

       Proverbios (116), *La comedieta de Ponza* (116), *Doctrinal de Privados* (117), *Sonetos fechos al itálico modo* (118), *Otras poesías* (119), *Proemio e carta... al condestable de Portugal* (121).

    Juan de Mena   122

    Gómez Manrique   126

       Poesías (126), *Representación del Nacimiento de Nuestro Señor* (127).

    Jorge Manrique   130

    Otros poetas del siglo XV   135

       FRANCISCO BOCANEGRA (136), DON ÁLVARO DE LUNA (136), CARVAJALES (136), PEDRO TORRE-LLAS (137), ANTÓN DE MONTORO (138), JUAN ÁLVAREZ GATO (138), GUEVARA (138), VIZCONDE DE ALTAMIRA (139).

    Coplas satírico-políticas   139

       Coplas de Mingo Revulgo (139), *Coplas del Provincial* (140).

SIGLO XV: PROSA.

    Libros de viajes   141

       RUY GONZÁLES DE CLAVIJO: *Embajada a Tamorlán* (142); PERO TAFUR: *Andanzas e viajes de Pero Tafur por diversas partes del mundo habidos* (143).

    Biografías y crónicas caballerescas   146

       GUTIERRE DÍEZ DE GAMES: *El Victorial o Crónica de don Pero Niño* (146); *Libro del paso honroso de Suero de Quiñones* (149).

    Alfonso Martínez de Toledo, Arcipreste de Talavera   152

    El bachiller Alfonso de la Torre   156

    Mosén Diego de Valera   157

SIGLO XIV: HISTORIA.

    Crónica de don Álvaro de Luna   159

    Crónica de Juan II   163

    Diego Enríquez del Castillo   166

SIGLO XV: NOVELA.

    Diego de San Pedro   167

ÉPOCA DE LOS REYES CATÓLICOS: POESÍA.

La poesía culta   170
    RODRIGO COTA (170), FRAY ÍÑIGO DE MENDOZA (172), FRAY AMBROSIO MONTESINO (173), GARCI
    SÁNCHEZ DE BADAJOZ (174), MARQUÉS DE ASTORGA (175), COMENDADOR ESCRIVÁ (176), TAPIA
    (176), JUAN DE LEIVA (176), DON JUAN MANUEL (177).

Poesía popular y tradicional   178
    ROMANCES HISTÓRICOS: Del rey don Rodrigo (178), De Fernán González (179), De los infantes
    de Lara (180), Del Cid (181), Del rey don Pedro (183).
    ROMANCES MORISCOS Y FRONTERIZOS: La pérdida de Antequera (184), Romance de Abenámar (184),
    Romance del rey que perdió Alhama (185), El Rey Chico pierde a Granada (185), La morilla
    burlada (186).
    ROMANCES CAROLINGIOS: Romance de Valdovinos (186), Romance de Durandarte (187), Romance
    de Rosaflorida (187).
    ROMANCES NOVELESCOS, LÍRICOS Y TRADICIONALES: Romance de Blanca Niña (187), Romance del
    prisionero (188), Fonte frida (188), Romance del conde Arnaldos (188), Romance de la mañanica de
    San Juan (188), Rosa fresca (189), Romance de la constancia (189), Romance del galán que alaba
    a su amiga (189), Romance de la misa de amor (189), Romance del galán y la calavera (190),
    Romance del enamorado y la muerte (190), Morenica me llama... (191), Romance de los peregri-
    nos (191).
    CANCIONERO ANÓNIMO (191).

ÉPOCA DE LOS REYES CATÓLICOS: TEATRO.

Juan del Encina   194
    Villancicos (195), Égloga de Cristino y Febea (196).

ÉPOCA DE LOS REYES CATÓLICOS: PROSA.

Hernando del Pulgar   202
    Claros varones de Castilla (202), Letras (204).

Antonio de Nebrija   205

Fernando de Rojas: La Celestina o Tragicomedia de Calisto y Melibea   208

Novela de caballerías: Amadís de Gaula   221

Novela sentimental: Juan de Flores   270

Historia de Indias: Cristóbal Colón   234

Siglos XVI y XVII   239

SIGLO XVI (PRIMERA MITAD): TEATRO.

Gil Vicente   241
    Poesías (241), Auto de la Sibila Casandra (242).

Bartolomé de Torres Naharro   251
    Propalladia (251), Comedia Tinellaria (251), Comedia Himenea (252).

SIGLO XVI (PRIMERA MITAD): POESÍA.

Juan Boscán   257

Garcilaso de la Vega   259
    Égloga primera (259), Égloga tercera (263), Canción quinta (265), Sonetos (266).

Poetas contemporáneos de Garcilaso   267
    CRISTÓBAL DE CASTILLEJO (267), DIEGO HURTADO DE MENDOZA (270), GUTIERRE DE CETINA (270),
    FERNANDO DE ACUÑA (271), SEBASTIÁN DE HOROZCO (271), ESTEBAN DE ZAFRA (271), ANTONIO
    DE VILLEGAS (272).

SIGLO XVI (PRIMERA MITAD): PROSA.

Fray Antonio de Guevara   272
    Reloj de Príncipes y Libro de Marco Aurelio (272), Menosprecio de Corte y Alabanza de Al-
    dea (277).

Alfonso y Juan de Valdés   279
  ALFONSO DE VALDÉS: *Diálogo de Mercurio y Carón* (280), JUAN DE VALDÉS: *Diálogo de la doc-
  trina cristiana* (287), *Diálogo de la lengua* (289).
Cristóbal de Villalón   293

SIGLO XVI (PRIMERA MITAD): HISTORIA DE INDIAS.
  Hernán Cortés   295
  Fray Bartolomé de las Casas   298
  Álvar Núñez Cabeza de Vaca   301
  Gonzalo Fernández de Oviedo   302
  Francisco López de Gómara   303
    Historia general de las Indias (304), *Historia de la conquista de Méjico* (306).
  Bernal Díaz del Castillo   308

SIGLO XVI (SEGUNDA MITAD): POESÍA LÍRICA.
  Fernando Herrera   314
  Varios poetas contemporáneos de Herrera   317
    LUIS DE CAMOENS (317), BALTASAR DEL ALCÁZAR (318), FRANCISCO DE FIGUEROA (319), FRANCIS-
    CO DE LA TORRE (319), FRANCISCO DE ALDANA (321).

SIGLO XVI (SEGUNDA MITAD): POESÍA ÉPICA.
  Alonso de Ercilla   322

SIGLO XVI (SEGUNDA MITAD): TEATRO.
  Lope de Rueda   327
    La carátula (327), *Las aceitunas* (331).
  Juan de la Cueva   333
    Los siete infantes de Lara (333), *Ejemplar poético* (336).

SIGLO XVI (SEGUNDA MITAD): PROSA. NOVELA PICARESCA.
  Lazarillo de Tormes   337

SIGLO XVI (SEGUNDA MITAD): NOVELA MORISCA.
  Historia del Abencerraje y la hermosa Jarifa   349
  Ginés Pérez de Hita   356

SIGLO XVI (SEGUNDA MITAD): NOVELA PASTORIL.
  Jorge de Montemayor   360
  Gaspar Gil Polo   364

SIGLO XVI (SEGUNDA MITAD): PROSA HISTÓRICA.
  Diego Hurtado de Mendoza   368

SIGLO XVI (SEGUNDA MITAD): ASCÉTICA Y MÍSTICA.
  Fray Luis de Granada   370
    Libro de la oración y meditación (370), *Guía de pecadores* (371), *Introducción al símbolo de la
    fe* (373), *Sermón del nacimiento de Cristo* (377).
  Santa Teresa de Jesús   378
    Camino de perfección (378), *Vida* (381), *Las moradas* (383), *Carta a Felipe II* (385), *Poesías*
    (385).
  Fray Luis de León   387
    Poesías (387), *Cantar de cantares* (391), *La perfecta casada* (393), *De los nombres de Cristo* (396).

San Juan de la Cruz   399
  Canciones del alma (399), *Cántico espiritual* (400), *Otras canciones* (404), *Avisos y sentencias* (405).

Mística menor   405
  Soneto a Cristo crucificado (405). BENITO ARIAS MONTANO (406), PEDRO MALÓN DE CHAIDE (407).

Miguel de Cervantes Saavedra   409
  Autorretrato (410), *Epístola a Mateo Vázquez* (410), *Viaje del Parnaso* (411), *La Galatea* (412), *El ingenioso hidalgo Don Quijote de la Mancha* (414), NOVELAS EJEMPLARES: *La gitanilla* (445), *Rinconete y Cortadillo* (448), *La fuerza de la sangre* (450), *El celoso extremeño* (451), TEATRO: *La Numancia* (452), *La cueva de Salamanca* (454).—*Persiles y Segismunda* (461).

Lope de Vega   467
  Peribáñez y el comendador de Ocaña (467), *Fuenteovejuna* (515), *El caballero de Olmedo* (526), *El castigo sin venganza* (533), *Lo cierto por lo dudoso* (527), *La discreta enamorada* (540), *El acero de Madrid* (544), *Poesía* (546), *La gatomaquia* (553), *Amarilis* (554).

SIGLO XVII: EL TEATRO LOPISTA
Agustín de Rojas Villandrando   555
Tirso de Molina   561
  Don Gil de las calzas verdes (561), *El burlador de Sevilla y convidado de piedra* (565), *Cigarrales de Toledo* (580), *Los tres maridos burlados* (583).

Otros dramaturgos contemporáneos de Lope   589
  GUILLÉN DE CASTRO: *Comedia primera de las mocedades del Cid* (589); ANTONIO MIRA DE AMESCUA: *El esclavo del demonio* (593); JUAN RUIZ DE ALARCÓN: *La verdad sospechosa* (598); LUIS QUIÑONES DE BENAVENTE: *El gorigori* (609).

SIGLO XVII: POESÍA LÍRICA.
Luis de Argote y Góngora   614
  Letrillas (614), *Romances y romancillos* (616), *Angélica y Medoro* (619), *Otras poesías y sonetos* (621), *Soledades* (624), *Fábula de Polifemo y Galatea* (628).

Poetas contemporáneos de Lope de Vega y de Góngora   631
  JUAN DE ARGUIJO (631), LUPERCIO LEONARDO DE ARGENSOLA (632), BARTOLOMÉ LEONARDO DE ARGENSOLA (633), JOSÉ DE VALDIVIELSO (633), BERNARDO DE BALBUENA (634), DIEGO DE HOJEDA (635), FRANCISCO DE MEDRANO (638), RODRIGO CARO (638); ANÓNIMO: *Epístola moral* (639); CRISTOBALINA FERNÁNDEZ DE ALARCÓN (641), PEDRO DE ESPINOSA (642), FRANCISCO DE BORJA, PRÍNCIPE DE ESQUILACHE (643), LUIS CARRILLO DE SOTOMAYOR (643), JUAN DE TARSIS, CONDE DE VILLAMEDIANA (644), FRANCISCO DE RIOJA (644), LUIS MARTÍN DE LA PLAZA (645), PEDRO SOTO DE ROJAS (645), ESTEBAN MANUEL DE VILLEGAS (645), FRANCISCO DE TRILLO Y FIGUEROA (646), SOR JUANA INÉS DE LA CRUZ (647), PEDRO ARIAS PÉREZ (648), JUAN DE LINARES (649), POESÍA ANÓNIMA (649).

Francisco de Quevedo y Villegas   650
  Poesías (651), *Historia de la vida del buscón llamado don Pablos* (656), *Los sueños* (663), *Aguja de navegar cultos* (673), *Marco Bruto* (673).

SIGLO XVII: NOVELA PICARESCA.
Mateo Alemán   677
Vicente Espinel   687
Luis Vélez de Guevara   693

SIGLO XVII: NOVELA CORTA Y COSTUMBRISMO.
María de Zayas Sotomayor   698
Juan de Zabaleta   704

SIGLO XVII: HISTORIADORES.
Fray José de Sigüenza   709

Juan de Mariana   712
    Historia general de España (713), *Tratado contra los juegos públicos* (720).

Francisco Manuel de Melo   722

SIGLO XVII: HISTORIA DE INDIAS.
  El inca Garcilaso de la Vega   726
  Fray Pedro Simón   732
  Antonio de Solís   733

SIGLO XVII: ESCRITORES RELIGIOSOS.
  Diego de Yepes   739
  Juan Eusebio Nieremberg   741
  Miguel de Molinos   743

SIGLO XVII: TRATADISTAS Y MORALISTAS.
  Diego de Saavedra Fajardo   745
  Baltasar Gracián   750
    El discreto (750), *Oráculo manual y arte de prudencia* (753), *El criticón* (755).

SIGLO XVII: TEATRO.
  Pedro Calderón de la Barca   765
    La vida es sueño (766), *El alcalde de Zalamea* (787), *El príncipe constante* (801), *El gran teatro del mundo* (808).

SIGLO XVII: DRAMATURGOS CONTEMPORÁNEOS DE CALDERÓN.
  Francisco de Rojas Zorrilla y Agustín Moreto   825
    FRANCISCO DE ROJAS ZORRILLA: *Del rey abajo ninguno* (825); AGUSTÍN MORETO: *El desdén con el desdén* (829).

Antología general de la

LITERATURA I

ESPAÑOLA

EDAD MEDIA Y ÉPOCA DE LOS REYES CATÓLICOS

La línea divisoria entre la Edad Media y el primer Renacimiento no es en la española tan evidente como en otras literaturas europeas. Muchos críticos han visto precisamente uno de los caracteres diferenciales de lo español en el intento de integrar los elementos medioevales con otros modernos, buscando una síntesis superior. El fenómeno es ya visible en las creaciones típicas de la época de los Reyes Católicos: poesía, humanismo, *Celestina*, reelaboración en el *Amadís* de la materia caballeresca. Alienta en ellos, sin duda, un nuevo espíritu —el renacentista—, traducido en novedades de estilo y estructura, pero los temas, las formas y aun una gran parte de la lengua literaria conservan muchos rasgos de lo medioeval. El corte neto, el comienzo de la época moderna, vendrá sólo entrado ya en su segundo cuarto el siglo XVI, con la creación de nuevos géneros —novela y teatro—, el italianismo en la poesía, el erasmismo en el pensamiento político religioso, etc.

Aceptado este criterio, el orden de esta amplia sección responde en lo fundamental a la cronología de autores y géneros dentro de los varios períodos en que se subdividen, agrupando en torno a las creaciones mayores otras de menor importancia relacionadas con ellas.

Vienen primero, en el siglo XI, las «jarchas», muestra aislada de una lírica primitiva aún no bien conocida. Siguen unidos los siglos XII y XIII, en los que tienen claro origen las formas características de la literatura medioeval: épica, teatro —del que sólo se conserva el *Auto de los Reyes Magos*—, una poesía lírica de tipo culto y origen probablemente francés, las obras del mester de clerecía y finalmente la prosa en sus tres formas dominantes: el cuento, la historia y la didáctica, centradas estas dos últimas en la obra de Alfonso *el Sabio*.

Las selecciones del siglo XIV están ordenadas en torno a tres autores sobresalientes: Don Juan Manuel, el Arcipreste de Hita y Pero López de Ayala. Como avance del tipo de lírica de los Cancioneros predominante en el siglo siguiente, figuran al final dos poesías de Diego Hurtado de Mendoza, padre del marqués de Santillana.

En el siglo XV la literatura se diversifica enormemente. No hay, sin embargo, ni un autor de la fuerte personalidad de Juan Ruiz, ni tampoco una división clara de géneros. El hecho nuevo es el desarrollo de una abundante poesía cortesana de origen trovadoresco, recogida en los Cancioneros y de la que son máximos representantes Santillana y Mena, aunque ambos deban su importancia a modalidades diversas de su obra que rebasan el concepto de una lírica estrictamente cortesana. Jorge Manrique ocupa un puesto único debido a sus famosas coplas. Aparece, pues, primero la poesía, destacándose los poetas que dentro del conjunto presentan fisonomía propia o aquellos que, además de poesía, produjeron obras de otro tipo. Así, Pérez de Guzmán, uno de los mejores prosistas del siglo, o Gómez Manrique, autor de delicadas composiciones dramático-poéticas. Fieles al principio, explicado en el prefacio, de no separar la producción total de un autor que haya cultivado distintos géneros, la prosa de Fernán Pérez y el teatro de Gómez Manrique van en el lugar que a sus autores corresponde dentro de la ordenación de la poesía. Termina la parte a ésta dedicada con ejemplos de las «coplas» de sátira política y social, muy representativas de la época.

En la prosa se inician también varias formas: el libro de viaje, biografías caballerescas, la prosa satírica, en la que sobresale el Arcipreste de Talavera, y, como fruto de los primeros influjos renacentistas, la prosa doctrinal y filosófica, representada aquí por Alfonso de la Torre y Diego de Valera. Al mismo tiempo cobra auge la historia en las Crónicas de reyes y grandes personajes. Por último, aparece, como precedente de formas narrativas que se desarrollarán en los Siglos de Oro, la novela sentimental.

En la época de los Reyes Católicos la ordenación responde, siempre con una cierta fidelidad a la cronología, al modo cómo, unido a lo medioeval, va apareciendo lo nuevo: el estilo renacentista. Primero la poesía, continuación de la del siglo anterior, pero con un elemento innovador de capital trascendencia: la inspiración en una poesía anónima de tipo popular, cuyo producto máximo será el Romancero. Sigue Encina, poeta representativo de la fusión entre lo culto y lo popular, y creador al mismo tiempo del teatro secular. La prosa se inicia con selecciones de Hernando del Pulgar, cultivador de la historia, género que, a pesar de algunas novedades, está aún muy unido al pasado. Siguen las obras de mayor espíritu renacentista y moderno —Nebrija, *La Celestina, Amadís*—, para terminar con las Cartas de Colón, que, si bien se relacionan con los libros de viajes del período anterior, son fuente de la que nace una manifestación completamente nueva: la literatura de Indias.

SIGLO XI: LÍRICA

Poesía mozárabe: Jarchas

ca. 1040.

Hasta hace pocos años había que comenzar el estudio de la literatura española por los cantares de gesta (perdidos en su mayoría), y más específicamente por el *Poema del Cid.* En 1948 el hebraísta M. S. Stern dió a conocer los textos de veinte cancioncillas bilingües (romance primitivo con palabras árabes) llamadas *jarchas,* revelación que adelantó casi en un siglo los límites de nuestra literatura. El descubrimiento de Stern interesó vivamente a romanistas y arabistas. García Gómez publicó en la revista *Al-Andalus* (Madrid-Granada, volumen XVII, fasc. 1, págs. 57-127) nuevos textos hasta ampliar a cuarenta y una el número de las *jarchas* conocidas, número aumentado posteriormente por otros investigadores.

Las *jarchas,* cuando no procedían de una poesía anónima, fueron compuestas a partir del siglo XI por poetas árabes y judíos, a manera de *finida* o estribillo de composiciones más largas, las *muwassahas,* escritas en árabe.

Aparte de su gran interés histórico, algunas de estas cancioncillas tienen el encanto poético de las flores tempranas, como podrá verse por los ejemplos que siguen.

Sobre la significación de la *jarcha* como primer brote lírico de las literaturas romances y como antecedente, muy claro, de un estilo que resurgirá luego en la gran corriente de la poesía tradicional, han escrito algunos de los más reputados medievalistas.

Los textos reproducidos proceden del estudio de Emilio García Gómez, «Veinticuatro jarchas romances», publicado en la revista antes citada.

[Transcripción]

Mió *sidi Ibrahim,*
  ya nuemne dolye,
    vente mib
      de nojte.
In non, si non queris,
    iréme tib:
      garme a ob
        legarte.

* * *

¡Ven, *ya sahhara!*
Alba k'est con bel vigore
kando vene pidi amore.

* * *

Si queres como bono mib,
béyame *ida l-nazma duk:*
bokella *de habb al-maluk.*

* * *

Venid la Pasca, ay, aún
      sin ellu,
laçrando meu corayún
      por ellu.

* * *

[Traducción]

Señor mío Ibrahim,
  oh nombre dulce,
    vente a mí
      de noche.
Si no —si no quieres—,
    iréme a ti:
      dime en dónde
        encontrarte.

* * *

¡Ven, hechicero!
Alba que tiene bello vigor
cuando viene pide amor.

* * *

Si me quieres como bueno,
bésame entonces esta sarta de perlas:
boquita de cerezas.

* * *

Viene la Pascua, ay, aún
      sin él,
lacerando mi corazón
      por él.

* * *

Non quero, non, *jillello,*
*Illa l-samar*ello.

* * *

¡Mamma, *ayy habibi!*
So *l-yummella Saqr*ella
el collo albo
e bokella *hamr*ella.

* * *

Non dormiréyo, mamma:
A rayyo de manyana
bon *Abū-l-Qāsim,*
la faye de matrana.

* * *

Como si filiolo alieno,
non más adormes a meu seno.

* * *

¡*Amãn, ya habibi!*
Al-wahs me no farás
bon, besa ma bokella:
eo sé que no te irás.

No quiero, no, amiguito,
sino el morenito.

* * *

¡Madre qué amigo!
Bajo la guedejuela rubita,
el cuello blanco
y la boquita rojuela.

* * *

No dormiré yo, madre:
Al rayar la mañana,
[creo ver al] hermoso Abū-l-Qāsim
con su faz de aurora.

* * *

Como si [fueses] hijito ajeno,
ya no te duermes más en mi seno.

* * *

¡Merced, amigo mío!
No me dejarás sola,
Hermoso, besa mi boquita;
yo sé que no te irás.

SIGLO XII: CANTARES DE GESTA

Cantar de Mío Cid

Hacia 1140

Dado a conocer por don Tomás Antonio Sánchez en 1789, el *Poema del Cid* ha sido considerado como la primera obra de la literatura española. Durante más de un siglo se creyó muestra aislada de una problemática epopeya castellana, de cuya riqueza ya no cabe dudar tras los magistrales trabajos de reconstrucción hechos por Menéndez Pidal.

Hoy se tiene noticia cierta de otras epopeyas primitivas cuyos textos han podido ser reconstruídos en parte mediante el hallazgo de algunos fragmentos y, sobre todo, a través de prosificaciones posteriores en las *Crónicas* medievales. Ninguna de ellas, sin embargo, debió alcanzar la belleza y perfección del relato de las hazañas y conflictos familiares del héroe de Vivar. No es sólo

1 *El Cid,* Ruy o Rodrigo Díaz de Vivar (m. 1099), es un personaje histórico igual que la mayoría de los personajes que aparecen en el poema. En cuanto al destierro (1081) y otros episodios que en el poema se relatan, el juglar se inspira bastante fielmente en hechos ocurridos. Sobre el elemento histórico del poema, véase la edición de Menéndez Pidal, Clásicos Castellanos, Madrid, 1913, o, para más detalle, el libro *La España del Cid,* del mismo autor. El nombre de Cid, derivado del árabe *seid* (señor), fue usado por primera vez por algunos reyes moros, vasallos del héroe castellano.   2 Alfonso VI, rey de León (1065-1109) y de Castilla (1072-1109).   3 mio. En el original varía entre la forma *myo* y la acentuada *mió.* Era común anteponerlo a los títulos.   4 entró. Véase más abajo *sone* = son, *dolore* = dolor, etc. Se añade una sílaba o la letra *e* para nivelar las terminaciones agudas con las llanas *pendones, varones.* Este fenómeno se llama paragoge.   5 banderola que adorna la lanza. Frecuentemente usado como sinónimo de caballero; *sesenta pendones* = sesenta caballeros.   6 salían a verlo; en este caso significa más exactamente *se asomaban a verlo. Ien* es la terminación medieval del imperfecto, equi-

valente a *ian.* Conservamos la forma *exien* porque no existe este verbo en castellano moderno.   7 los habitantes de la ciudad.   8 están (asomados) a las ventanas.   9 tenían. Es común en la lengua medieval la confusión entre *haber* y *tener.*   10 Era frecuente anteponer el artículo a los posesivos.

11 le hospedarían con gusto. La forma *convidar le ien* equivale a un condicional moderno, formado añadiendo al infinitivo la terminación del imperfecto *habian.* Nótese la posición del pronombre enclítico *le.*   12 más nadie se atrevía a hacerlo. Nótese el uso de dos negativos. Véase más abajo *nadie nol. Non* es la forma corriente del adverbio de negación, pero en el texto se usa también *no.* Compárese la vacilación entre *nin* y *ni.*   13 de él.   14 prevención, advertencia.   15 no le.   16 sepa o tenga por cierto.   17 bienes.   18 todos.   19 porque.   20 batallador, vencedor. Es el epíteto con que el Cid era conocido en vida y el más frecuente en el poema.

21 se encaminó.   22 tan pronto como.   23 la halló. De aquí en adelante téngase en cuenta que conservamos en muchos casos la *f* inicial de la lengua de la Edad Media. (*Siguen las notas en la página 6.*)

una reliquia del pasado, sino obra maestra en su género y una de las grandes creaciones de la literatura española.

Muchos de los rasgos capitales de esta literatura —sobriedad, interés por los valores humanos, sentido dramático, etc.— aparecen ya bien definidos en el enérgico y a veces delicado estilo poético del «juglar de Medinaceli», su supuesto autor.

El poema, lejos de ser tan sólo un texto de interés erudito o lingüístico, posee belleza, emoción y espíritu claramente perceptibles para cualquier lector de alguna sensibilidad literaria.

ARGUMENTO

Desterrado Rodrigo Díaz de Vivar por el rey Alfonso VI, que ha dado oídos a las falsas acusaciones de los enemigos del Cid, parte éste de Castilla acompañado de deudos y amigos. Deja a su mujer, Jimena, y a sus hijas en el monasterio de Cardeña. El arcángel San Gabriel se le aparece en sueños y le anuncia que mientras viva todo le irá bien. Se va el Cid con sus hombres a lidiar con los moros; después de tomar a Castejón y Alcocer y derrotar a los reyes moros Fáriz y Galve, corre las tierras de Ramón Berenguer, conde de Barcelona, a quien apresa; gana Jérica, Onda, Almenara, tierras de Burriana; sus victorias culminan en la toma de Valencia. Fiel a su rey, le manda siempre la quinta parte del botín y obtiene finalmente su venia para que Jimena y sus hijas se reúnan con él. El rey de Marruecos invade la huerta de Valencia y el Cid le derrota. Los infantes de Carrión, don Diego y don Fernando, piden al rey la mano de las hijas del Cid, doña Elvira y doña Sol, y aunque a éste no le agradan los infantes porque sabe que son orgullosos, al ir a ver al rey da su consentimiento, porque el rey así lo quiere, creyendo honrar al Campeador. Se celebran las bodas y se van todos a Valencia, donde los infantes dan prueba de su cobardía en el campo de batalla y en el palacio cuando se escapa un león de la jaula. Los hombres del Cid se burlan de los infantes, los cuales deciden vengarse. Para ello proponen llevarse a sus mujeres a su feudo de Carrión, y en el robledo de Corpes, ya solos con ellas, las maltratan y las abandonan. Su primo Félez Muñoz las socorre y conduce a San Esteban de Gormaz, y Minaya Alvar Fáñez las lleva a Valencia, parándose en Molina a descansar en casa del moro Abengalbón, fiel amigo del héroe castellano. El Cid sale a recibir a sus hijas y manda pedir justicia al rey, el cual convoca a cortes en la ciudad de Toledo. Concedidas las demandas materiales del Cid, sus partidarios retan a los infantes. Tres semanas después se celebra el duelo en las vegas de Carrión, vencen los del Cid y quedan así desafrentadas doña Elvira y doña Sol, que se casan en segundas nupcias con los infantes de Navarra y de Aragón.

CANTAR PRIMERO: EL DESTIERRO

ENTRADA EN BURGOS

El Cid,[1] desterrado por Alfonso VI,[2] entra en Burgos después de haber reunido en Vivar a los vasallos que van a acompañarle en el destierro.

Mio[3] Cid Ruy Díaz por Burgos entróve.[4]
En su compañía sesenta pendones;[5]
exien lo veer[6] mujeres e varones,
burgeses e burgesas,[7] por las finiestras sone,[8]
llorando de los ojos, tanto habían[9] el dolore.
De las sus bocas[10] todos decían una razone:
«¡Dios, qué buen vasallo, si hubiese buen señore!»

Nadie hospeda al Cid. Sólo una niña le dirige la palabra para pedirle que se vaya. El Cid acampa en las afueras de la ciudad.

Convidar le ien de grado[11] mas ninguno non
[osaba:[12]
el rey don Alfonso tanto había le gran saña.
Antes de la noche en Burgos dél[13] entró su carta,
con gran recabdo[14] e fuertemente sellada:
que a mio Cid Ruy Díaz que nadie nol'[15] diese
[posada,
e aquel que se la diese supiese vera palabra[16]
que perdería los haberes[17] e más los ojos de la
[cara,
e aun demás los cuerpos e las almas.
Grande duelo habían las gentes cristianas;[18]
escóndense de mio Cid, ca[19] no le osan decir nada.

El Campeador[20] adeliñó[21] a su posada;
así como[22] llegó a la puerta fallóla[23] bien cerrada,
por miedo del rey Alfonso, que así lo pararan:[24]
que si no la quebrantase, que no se la abriesen
[por nada.
Los de mio Cid a altas voces llaman,
los de dentro no les querían tornar palabra.[25]
Aguijó mio Cid, a la puerta se llegaba,
sacó el pie de la estribera, una ferida le daba;
no se abre la puerta, ca bien era cerrada.[26]

Una niña de nueve años a ojo se paraba;[27]
«¡Ya[28] Campeador, en buena[29] ceñiste espada!
El rey lo ha vedado, anoche dél entró su carta,
con gran recabdo e fuertemente sellada.
Non vos[30] osaríamos abrir nin coger[31] por nada;
si non, perderíamos los haberes y las casas,
e aun demás los ojos de las caras.
Cid, en el nuestro mal vos non ganades[32] nada;
mas el Criador nos valga[33] con todas sus virtudes
[santas.»
Esto la niña dijo e tornós'[34] para su casa.
Ya lo vede[35] el Cid que del rey non había gracia.
Partiós' de la puerta, por Burgos aguijaba,
llegó a Santa María,[36] luego descabalga;
fincó los hinojos,[37] de corazón rogaba.
La oración fecha, luego cabalgaba;
salió por la puerta e Arlanzón[38] pasaba.
... ...

Mio Cid Ruy Díaz, el que en buena ciñó espada
posó en la glera[39] cuando nol' coge nadie en casa;
derredor dél una buena compaña.
Así posó mio Cid como si fuese en montaña.[40]

DESPEDIDA FAMILIAR. EL CID SALE DE CASTILLA

*El Cid va al monasterio de San Pedro de Cardeña
a despedirse de su mujer y de sus dos hijas, que quedan
allí bajo la protección del abad. Tras de la llegada de
cien castellanos que se hacen vasallos suyos, el Cid decide partir para el destierro por la mañana. Adiós del
Cid a su familia. Primeras jornadas. La última noche
que el Cid duerme en Castilla el ángel Gabriel se le
aparece en sueños.*

Aprisa cantan los gallos e quieren quebrar al-
[bores,[1]
cuando llegó a San Pedro el buen Campeador;
el abad don Sancho, cristiano del Criador,
rezaba los maitines abuelta de los albores,[2]
Y[3] estaba doña Jimena con cinco dueñas de pro,[4]
rogando a San Pedro e al Criador:
«Tú que a todos guías, val a mio Cid el Cam-
[peador.»
... ...
Afevos[5] doña Jimena con sus fijas do[6] va lle-
[gando;
sendas dueñas las traen e adúcenlas[7] en los brazos.

Ante el Campeador doña Jimena fincó los hino-
[jos ambos,
lloraba de los ojos, quiso le besar las manos:
«¡Merced, Campeador, en hora buena fuiste
[nado![8]
Por malos mestureros[9] de tierra sodes[10] echado.
¡Merced, ya Cid, barba tan cumplida![11]
Heme ante vos yo e vuestras fijas,
infantes son e de días chicas,
con aquestas[12] mis dueñas de quien soy yo ser-
[vida.
Yo lo veo que estáis vos en ida[13]
Y nos de vos partir nos hemos en vida.
Dadnos consejo ¡por amor de Santa María!»
Inclinó las manos la barba vellida,[14]
a las sues[15] fijas en brazos las prendía,[16]
allególas[17] al corazón, ca mucho las quería.
Llora de los ojos, tan fuertemente suspira:
«Ya doña Jimena, la mi mujer tan cumplida,
como a la mie alma yo tanto vos quería.
Ya lo veis que partir nos hemos en vida,
yo iré y vos fincaredes remanida.[18]
Plega a Dios e a Santa María,
que aun con mis manos case a estas mis fijas,
e quede ventura y algunos días vida,
e vos, mujer honrada, de mí seáis servida.»
... ...
El día es exido,[19] la noche quería entrar,

24 que así lo habían dispuesto. El sujeto es «las gentes
cristianas», es decir, que los burgaleses, por miedo a las
advertencias del rey, habían decidido no abrirle las puertas al Cid a menos que él las forzase. 25 responder.
26 estaba cerrada. Se usaba *ser* con el participio adje-
tivado para expresar estado o condición. 27 se acercó
o puso delante. 28 *interj.* para invocar a quien se habla, equivalente a *¡oh!* 29 Se sobreentiende *hora*. Es
fórmula y epíteto muy usados en el poema. 30 os.
31 acoger, dar asilo. 32 ganáis. 33 os ayude, os
ampare; compárase *val a mio Cid* = ampara a mio
Cid. 34 tornóse, se volvió; compárase más abajo *par-
tios* = partióse. 35 ve. 36 Santa María, la primitiva
catedral de Burgos. 37 se arrodilló. 38 río que pasa
por Burgos. 39 arenal del río. 40 bosque.
1 y el alba quiere romper; esto es, está amaneciendo.
2 al mismo tiempo de los albores, al alborear el día.
Los *maitines*: primera parte del oficio divino que se
reza en algunos conventos al amanecer. 3 allí. 4 damas de su acompañamiento. 5 he aquí a doña Jimena. 6 donde. 7 las llevan. 8 nacido. 9 intrigantes,
calumniadores; literalmente, *mezcladores*. 10 sois.
11 perfecta, excelente, hermosa. Los epítetos que hacen
referencia a la barba del Cid son en el poema abundantes y variados. El dejarse crecer la barba, como hizo
el Cid después de desterrado, era signo de pesar, y la
del Cid llegó a ser tan larga que causaba extrañeza. En
algunos pasajes del poema la simple mención de la
barba sirve para designar al Cid. Véase siete versos más
adelante: «inclinó las manos la barba vellida». 12 éstas. 13 estáis para partir. 14 hermosa. 15 sus; más

abajo *mie* = mi. 16 las tomó. 17 se las acercó. 18 te
quedarás aquí. *Fincar* y *remanir* significan lo mismo
y, por lo tanto, la expresión es un pleonasmo. 19 ya
se va acabando el día. 20 no os produzca pesar.
21 parte. 22 *sed membrados... far* tened presente lo
que debéis hacer. 23 tañerá, tocará la campana.
24 pensar de + *inf.* = disponerse a, empezar. 25 *ca...
cerca* que va a vencer el plazo (de nueve días que el
rey le había dado para salir de Castilla). 26 hemos.
27 mañana. 28 cuando cantan los segundos gallos, esto
es a las tres de la madrugada; los primeros cantaban
a la medianoche. 29 cosa semejante. 30 como en
otras fórmulas parecidas, *hora* está sobrentendido.
31 *esto... vagar* dejémonos de esto. 32 remedio.
33 abandonar. 34 pasar la noche. 35 gerundio de
exir = salir. 36 allí. 37 un dulce sueño le invadió;
priso, pret. de *prender* = tomar. 38 tuyo. La frase entera significa «todo te saldrá bien».
1 volvió a celebrar consejo con los suyos. 2 faltar.
3 *grandes... lidiar* sus fuerzas (las de los moros) son
grandes para que nosotros luchemos contra ellas. 4 caballero excelente. 5 otra cosa; *non pasar por al* = no
hacerse de otro modo, no haber más remedio. 6 *adv.*
mañana. 7 a mi gusto. 8 *imperf.* de haber; *haber
lo iedes* corresponde al condicional *lo habrías de*.
9 afuera. 10 secreto.
11 se preparan (para la batalla) durante todo el día
y la noche. 12 *pres.* de *subj.* de *exir* = salgamos. 13 no
quede. 14 soldados de a pie. 15 riqueza. 16 enseña,
bandera. 17 lealmente, sin engaño. 18 no os adelan-
téis. 19 centinelas, avanzadas. 20 hueste, ejército.

a sus caballeros mandóles todos juntar:
«Oíd, varones, non vos caiga en pesar;[20]
poco haber traigo, daros quiero vuestra part.[21]
Sed membrados cómo lo debéis far:[22]
a la mañana cuando los gallos cantarán,
non vos tardéis, mandad ensillar;
en San Pedro a maitines tandrá[23] el buen abad,
la misa nos dirá, de Santa Trinidad;
la misa dicha, pensemos de[24] cabalgar,
ca el plazo viene cerca,[25] mucho habemos[26] de
[andar.»
Como lo mandó mio Cid, así lo han todos a far.
Pasando va la noche viniendo la man;[27]
a los mediados gallos[28] piensan de ensillar.

Tañen a maitines a una prisa tan grande;
mio Cid e su mujer a la iglesia vane.
… … … … … … … … … … … … … …

La oración fecha, la misa acabada la han,
salieron de la iglesia, ya quieren cabalgar.
El Cid a doña Jimena íbala abrazar;
doña Jimena al Cid la mano le va besar,
llorando de los ojos, que non sabe qué se far.
E él a las niñas tornólas a catar:
«a Dios vos encomiendo e al Padre espiritual;
ahora nos partimos, Dios sabe el ajuntar.»
Llorando de los ojos, que no visteis atal,[29]
asís' parten unos de otros como la uña de la
[carne.
Mio Cid con los sus vasallos pensó de cabal-
[gar,
a todos esperando, la cabeza tornando va.
A tan gran sabor fabló Minaya Alvar Fáñez:
«Cid, ¿do son vuestros esfuerzos? en buena[30]
[naciste de madre;
pensemos de ir nuestra vía, esto sea de vagar.[31]
Aun todos estos duelos en gozo se tornarán;
Dios que nos dió las almas, consejo[32] nos dará.»
… … … … … … … … … … … … … ··

Soltaron las riendas, piensan de andar;
cerca viene el plazo por el reino quitar.[33]
Vino mio Cid yacer[34] a Spinaz de Can;
grandes gentes se le acogen esa noch' de todas
[partes.
Otro día mañana piensan de cabalgar.
Ixiendos'[35] va de tierra el Campeador leal,
de siniestro San Esteban, una buena ciudad,
pasó por Alcubilla que de Castilla fin es ya;
la calzada de Quinea íbala traspasar,
sobre Navas de Palos el Duero va pasar,
a la Figueruela mio Cid iba posar.
Vánsele acogiendo gentes de todas partes.
I[36] se echaba mio Cid después que fué de
[noch';
un sueño le priso dulce,[37] tan bien se adurmió.
El ángel Gabriel a él vino en visión:

«Cabalgad, Cid, el buen Campeador,
ca nunca en tan buen punto cabalgó varón;
mientras que viviereis bien se fará lo to.»[38]
Cuando despertó el Cid, la cara se santiguó.

BATALLA DE ALCOCER

El Cid, cercado en Alcocer por los ejércitos moros de Fáriz y Galve, celebra consejo con los suyos. Batalla campal con los moros y derrota de éstos. Mención de los principales caballeros cristianos que toman parte en la batalla.

A cabo de tres semanas, la cuarta quería en-
[trar,
mio Cid con los suyos tornós' a acordar:[1]
«el agua nos han vedada, exir[2] nos ha el pan,
que nos queramos ir de noche no nos lo consen-
[tirán;
grandes son los poderes por con ellos lidiar;[3]
decidme, caballeros, cómo vos place de far.»
Primero fabló Minaya, un caballero de pres-
[tar:[4]
«de Castilla la gentil exidos somos acá,
si con moros non lidiáremos, no nos darán del
[pan.
Bien somos nos seiscientos, algunos hay de más;
en el nombre del Criador, que non pase por
[al:[5]
vayásmoslos ferir en aquel día de cras.»[6]
Dijo el Campeador: «a mi guisa[7] fablaste;
honrástevos, Minaya, ca haber lo iedes[8] de far.»
Todos los moros e las moras de fuera[9] los
[manda echar,
que non supiese ninguno esta su poridad.[10]
El día y la noche piénsanse de adobar.[11]
Otro día mañana, el sol quería apuntar,
armado es mio Cid con cuantos que él ha;
fablaba mio Cid como oiréis contar:
«todos iscamos[12] fuera, que nadie non raste,[13]
sino dos peones[14] solos por la puerta guardar;
si nos muriéremos en campo, en castillo nos en-
[trarán,
si venciéremos la batalla, creceremos en rictad.[15]
E vos, Per Bermúdez, la mi seña[16] tomad;
como sois muy bueno, tener la habéis sin arth;[17]
mas non aguijéis[18] con ella, si yo non vos lo
[mandar.»
Al Cid besó la mano, la seña va tomar.
Abrieron las puertas, fuera un salto dan;
viéronlo las arrobdas[19] de los moros, al almofa-
[lla[20] se van tornar.
¡Qué prisa va en los moros! y tornáronse a ar-
[mar;
ante ruido de atambores la tierra quería quebrar;
veríais armarse moros, aprisa entrar en haz.

De parte de los moros dos señas ha cabdales,²¹
y los pendones mezclados,²² ¿quién los podría
[contar?
Las haces de los moros ya se mueven adelant,
para a mio Cid y a los suyos a manos los tomar.²³
... ...

Embrazan los escudos delant' los corazones,
abajan las lanzas abueltas²⁴ de los pendones,
inclinaron las caras de suso²⁵ de los arzones,
íbanlos ferir de fuertes corazones.

A grandes voces llama el que en buen hora na-
[ció:
«feridlos, caballeros, por amor del Criador.
¡Yo soy Ruy Díaz, el Cid de Vivar Campeador!»

Todos hieren en el haz do está Per Vermu-
[doz.²⁶
Trescientas lanzas son, todas tienen pendones;
sendos moros mataron, todos de sendos golpes;
a la tornada²⁷ que hacen otros tantos muertos
[son.

Veríais tantas lanzas premer e alzar,
tanta adarga foradar e pasar,
tanta loriga falsar e desmallar,²⁸
tantos pendones blancos salir bermejos en sangre,
tantos buenos caballos sin sus dueños andar.
Los moros llaman Mahomat e los cristianos Santi
[Yague.²⁹
Caían por el campo en un poco de lugar
moros muertos mil e trescientos ya.

¡Cuál lidia bien sobre exorado³⁰ arzón
mio Cid Ruy Díaz el buen lidiador;
Minaya Alvar Fáñez, que Zorita mandó,

Martín Antolínez, el burgalés de pro,
Muño Gustioz, que su criado fo,³¹
Martín Muñoz, el que mandó a Mont Mayor,
Alvar Alvaroz y Alvar Salvadórez,
Galín Garcíaz el bueno de Aragón,
Félez Muñoz su sobrino del Campeador!
Desí³² adelante, cuantos que y son,
acorren³³ la seña e a mio Cid el Campeador.

EL CID Y EL CONDE DE BARCELONA

*El Cid corre tierras amparadas por el conde de
Barcelona, Berenguer Ramón. Vencido y hecho prisionero, el conde, en un arranque de soberbia, quiere dejarse morir de hambre. El Cid le promete la libertad si
consiente en comer. Después de negarse varias veces, el
conde cede y recibe la libertad prometida.*

Los mandados¹ son idos a las partes todas;
llegaron las nuevas al conde de Barcelona,
que mio Cid Ruy Díaz quel' corría la tierra toda;
hubo gran pesar e túvoselo a gran fonta.²
El conde es muy follón e dijo una vanidad:
«Grandes tuertos me tiene³ mio Cid el de Vivar.
Dentro en mi cort' tuerto me tuvo gran:
firióme el sobrino e non lo enmendó más;
ahora corre las tierras que en mi enpara⁴ están;
non lo desafié ni le torné la amistad,⁵
mas cuando él me lo busca, írselo he yo deman-
[dar.»
... ...

I venció esta batalla por o⁶ honró su barba,
prísolo⁷ al conde, para su tienda lo llevaba;

---

21 caudales, principales (las dos banderas de Fáriz
y Galve). 22 banderas de los pueblos de la frontera.
23 *a... tomar* hacerlos prisioneros. 24 unidas a, juntamente con. 25 arriba, por encima de. 26 Per Ver-
mudoz=Pedro Bermúdez (no modernizamos aquí el nombre por respeto a la rima. 27 carga de vuelta que
hacen los caballeros después de haber pasado a través
de las filas enemigas. 28 *Veríais... desmallar* allí viérais tantas lanzas, todas subir y bajar —allí viérais
tanta adarga romper y agujerear— las mallas de las
lorigas allí viérais quebrantar (versión moderna de Salinas); *premer*=bajar; *foradar*=agujerear; *falsar*=rom-
per; *desmallar*=romper la malla. 29 *Mahomat*=Maho-
ma y *Santi Yague*=Santiago eran respectivamente los
gritos de guerra de los moros y los cristianos. 30 dorado.
31 que fué criado en casa del Cid. 32 desde allí.
33 acuden en auxilio de.
1 noticias. Se refiere, como se ve en los versos siguientes, a que el Cid había entrado en las tierras amparadas por el conde. 2 afrenta. 3 *grandes... tiene*
grandes daños me está causando. 4 amparo, protección. 5 *ni... amistad* ni le retiré mi amistad. 6 por
donde, por lo cual. 7 le hizo prisionero. 8 servidores. 9 *De... daba* el Cid salió de la tienda. 10 *gran...
adobaban* le prepararon una gran comida.
11 *adúcenle... paraban* le llevan la comida y se la
ponen delante. 12 despreciaba. 13 desharrapados.

14 no veréis a nadie. 15 *e... folgar* descansad, estad
tranquilo. 16 persuadir. 17 bocado. 18 *don... pagado* a mi satisfacción; *don*=de lo cual. 19 *quitaros...
mano* os dejaré en libertad. 20 de ello.
21 *cuando... yantado* cuando hayáis comido. 22 *un...
malo* ni un céntimo. 23 *huebos me lo he* lo necesito.
24 lacerados, maltratados, pasando trabajos y miserias.
25 *como que... rey* como aquel que ha caído en la ira
del rey. 26 presto, prontamente. 27 *sobre él sedie*
junto a él estaba. 28 nació. 29 *aquí... ambos* aquí
nos quedaremos y no nos separaremos nunca. 30 movía
las manos, se daba prisa a comer.
31 *somos guisados* estamos ya dispuestos (para mar-
charnos). 32 de ello. 33 pieles. 34 *e catándos' atrás*
y mirando hacia atrás. 35 cabal, cumplido; epíteto
que se aplica al Cid. 36 deslealtad. 37 jamás. 38 *que
non... han* que no saben lo que tienen.
1 *curiando y guardando* vigilando. 2 precaución.
3 *en... coso* al fin de la carrera. En los versos omitidos
se describe cómo el Cid ha montado en su caballo Babieca y ha dado una carrera tan veloz que deja a todos
maravillados. El correr el caballo en algunas ocasiones
era una costumbre caballeresca. 4 *Sacada... malas;* Ya
me veo libre, por vuestras hazañas, de la vergüenza y
el deshonor de ser la mujer de un desterrado. 5 *con
Dios... criadas* para serviros a vos y a Dios son buenas
y (están) bien criadas; *convusco* = con vos.

a sus creenderos⁸ guardar lo mandaba.
De fuera de la tienda un salto daba,⁹
de todas partes los suyos se juntaban;
plugo a mio Cid ca grandes son las ganancias.
A mio Cid don Rodrigo gran cocina le adoba-
[ban;¹⁰
el conde don Remont no se lo precia nada;
adúcenle los comeres, delante se los paraban,¹¹
él non lo quiere comer, a todos los sosañaba:¹²
«No comeré un bocado por cuanto ha en toda
[España,
antes perderé el cuerpo e dejaré el alma,
pues que tales malcalzados¹³ me vencieron de ba-
[talla.»

Mio Cid Ruy Díaz oiréis lo que dijo:
«comed, conde, de este pan e bebed de este
[vino.
Si lo que digo ficiereis, saldréis de cautivo;
si non, en todos vuestros días non veréis cristia-
[nismo.»¹⁴

«Comed, don Rodrigo, e pensedes de folgar,¹⁵
que yo dejar me he morir, que no quiero comer
[al.»

Fasta tercer día no le pueden acordar;¹⁶
ellos partiendo estas ganancias grandes,
no le pueden facer comer un mueso¹⁷ de pan.
Dijo mio Cid: «comed, conde, algo,
ca si no coméis, non veréis cristianos;
e si vos comiereis don yo sea pagado,¹⁸
a vos, el conde, e dos fijosdalgo
quitaros he los cuerpos e daros he de mano.»¹⁹
Cuando esto oyó el conde, ya se iba alegrando;
«Si lo ficiereis, Cid, lo que habéis hablado,
tanto cuanto yo viva, seré dent²⁰ maravillado.»
«Pues comed, conde, e cuando fóredes yantado,²¹
a vos e a otros dos daros he de mano.
Mas cuanto habéis perdido e yo gané en campo,
sabed, non daré a vos de ello un dinero malo;²²
ca huebos me lo he²³ para éstos que conmigo
[andan lazrados.²⁴
Prendiendo de vos e de otros ir nos hemos pa-
[gando;
habremos esta vida mientras pluguiere al Padre
[santo,
como que ira ha de rey²⁵ e de tierra es echado.»
Alegre es el conde e pidió agua a las manos,
e tiénenselo delante y diéronselo privado.²⁶
Con los caballeros que el Cid le había dado
comiendo va el conde ¡Dios, qué de buen grado!
Sobre él sedie²⁷ el que en buen hora nasco:²⁸
«Si bien non coméis, conde, don yo sea pagado,
aquí faremos la morada, no nos partiremos am-
[bos.»²⁹

Aquí dijo el conde: «de voluntad e de grado.»
Con estos dos caballeros aprisa va yantando;
pagado es mio Cid que lo está aguardando,

porque el conde don Remont tan bien volvía las
[manos.³⁰
«Si vos pluguiere, mio Cid, de ir somos gui-
[sados;³¹
mandadnos dar las bestias e cabalgaremos pri-
[vado;
del día que fué conde non yanté tan de buen
[grado,
el sabor que dend³² he non será olvidado.»
Danles tres palafrenes muy bien ensillados.
e buenas vestiduras de pelliçones³³ e de mantos.
... ...
Aguijaba el conde e pensaba de andar,
tornando va la cabeza e catándos' atrás;³⁴
miedo iba habiendo que mio Cid se arrepentirá,
lo que non faría el caboso³⁵ por cuanto en el
[mundo ha,
una deslealtança³⁶ ca non la fizo alguandre.³⁷
Ido es el conde, tornóse el de Vivar,
juntóse con sus mesnadas, empezóse de alegrar
de la ganancia que han fecha maravillosa e
[grand;
tan ricos son los suyos que non saben qué se
[han.³⁸

CANTAR SEGUNDO: LAS BODAS

EL CID SE REÚNE CON SU FAMILIA EN VALENCIA

*Doña Jimena y sus hijas llegan a Valencia, ciudad
de la que el Cid es señor, acompañadas de Minaya
Álvar Fáñez, que fué a Castilla a buscarlas. El Cid
envía gentes a recibir a los viajeros. Escena del encuentro del Cid con su mujer y sus hijas. Entrada en
la ciudad. Contemplan el paisaje de Valencia desde la
torre del alcázar.*

Alegre fué mio Cid, que nunca más nin tanto,
ca de lo que más amaba ya le viene el mandado.
Doscientos caballeros mandó exir privado,
que reciban a Minaya e a las dueñas fijas dalgo;
él sedie en Valencia, curiando e guardando,¹
ca bien sabe que Alvar Fáñez trae todo recab-
[do.²
... ...
En cabo del coso³ mio Cid descabalgaba,
adelinó a su mujer e a sus hijas ambas;
cuando lo vió doña Jimena, a los pies se le echa-
[ba;
«¡Merced, Campeador, en buen hora ceñiste es-
[pada!
Sacada me habéis de muchas vergüenzas malas;⁴
heme aquí, señor, yo e vuestras hijas ambas,
con Dios e convusco buenas son e criadas.»⁵
A la madre e a las fijas bien las abrazaba,
del gozo que habían de los sus ojos lloraban.

Todas las sus mesnadas en gran deleite estaban,
armas tenían e tablados⁶ quebrantaban.
    Oíd lo que dijo el que en buena ciñó espada:
«vos doña Jimena, querida mujer e honrada,
e ambas mis fijas mio corazón e mi alma,
entrad conmigo en Valencia la casa,⁷
en esta heredad que vos yo he ganada.»
Madre e fijas las manos le besaban.
A tan gran honra ellas a Valencia entraban.
    Adeliñó mio Cid con ellas al alcázar,
allá las subía en el más alto lugar.
Ojos vellidos⁸ catan a todas partes,
miran Valencia, cómo yace la ciudad,
e de la otra parte a ojo⁹ han el mar,
miran la huerta, espesa es e grand,
e todas las otras cosas que eran de solaz;
alzan las manos para a Dios rogar,
de esta ganancia cómo es buena e grand'.
    Mio Cid e sus compañas tan a gran sabor es-
                                    [tán.
El invierno es exido, que el marzo quiere entrar.

CANTAR TERCERO: LA AFRENTA
DE CORPES

EL LEÓN Y LOS INFANTES

*Suéltase el león del Cid. Miedo de sus yernos, los
infantes de Carrión. El Campeador amansa al león.
Vergüenza de los infantes.*

    En Valencia sedí¹ mio Cid con todos los sos,
con él ambos sus yernos infantes de Carrión.
Yacía en un escaño, dormía el Campeador,
mala sobrevienta,² sabed, que les cuntió:³
salióse de la red⁴ y desatóse el león.
En gran miedo se vieron por medio de la cort';
embrazan los mantos los del Campeador,
e cercan el escaño, e fincan sobre su señor.⁵
Ferrant Gonzálvez, infant' de Carrión,

non vió allí do se alzase,⁶ nin cámara abierta nin
                                    [torre;
metióse so⁷ el escaño, tanto hubo el pavor.
Díaz González por la puerta salió,
diciendo de la boca: «¡no veré Carrión!»
Tras una viga lagar⁸ metióse con gran pavor;
el manto y el brial⁹ todo sucio lo sacó.
    En esto despertó el que en buen hora nació;
vió cercado el escaño de sus buenos varones:
«¿Qué es esto, mesnadas, o qué queréis vos?»
    «Ya, señor honrado, rebata¹⁰ nos dió el león.»
Mio Cid fincó el codo,¹¹ en pie se levantó,
el manto trae al cuello, e adeliñó para el león;
el león cuando lo vió, así envergonzó,¹²
ante mio Cid la cabeza premió¹³ e el rostro fin-
                                    [có.
    Mio Cid don Rodrigo al cuello lo tomó,
y llévalo adestrando,¹⁴ en la red le metió.
A maravilla lo han cuantos que i son,
e tornáronse al palacio para la cort'.
    Mio Cid por sus yernos demandó¹⁵ e no los
                                    [halló;
maguer¹⁶ los está llamando, ninguno non res-
                                    [ponde.
Cuando los fallaron, así vinieron sin color;
non visteis tal juego¹⁷ como iba por la cort';
mandólo vedar mio Cid el Campeador.
Muchos' tuvieron por embaídos¹⁸ infantes de Ca-
                                    [rrión,
fiera cosa les pesa de esto que les cuntió.

EL CID DA MUERTE AL REY MORO BÚCAR Y GANA
LA ESPADA TIZONA

    Mio Cid al rey Búcar cadió' en alcaz:¹⁹
«¡Acá torna, Búcar! viniste dalent²⁰ mar,
verte has con el Cid, el de la barba grant,
saludar nos hemos ambos, y tajaremos²¹ amis-
                                    [tad.»

---

⁶ castillejo de tablas al que los caballeros lanzaban varas y lanzas para derribarlo. ⁷ aquí significa *ciudad*.
⁸ bellos, hermosos. ⁹ a la vista.
¹ estaba. ² sorpresa. ³ aconteció. ⁴ jaula
⁵ rodean al Cid para proteger su sueño. ⁶ donde es-
conderse. ⁷ debajo. ⁸ viga de lagar; viga grande y
larga que se usa en los lagares para estrujar la uva.
⁹ especie de túnica que llevaban ambos sexos. ¹⁰ susto.
¹¹ se apoyó en el codo para levantarse. ¹² se ate-
morizó. ¹³ bajó, inclinó. ¹⁴ Menéndez Pidal en la
edición crítica interpreta *adestrar* como conducir de la
mano. En la de Clásicos Castellanos anota «lo lleva como
de diestro», que puede significar lo lleva de la rienda.
¹⁵ preguntó. ¹⁶ aunque. ¹⁷ burla. ¹⁸ avergonzados. En este verso *muchos'* es contracción de *mucho se*.
¹⁹ le dió alcance. ²⁰ de allende, de la otra parte del
mar.
²¹ pactaremos. ²² cae. ²³ la espada del Cid ganada al conde de Barcelona. ²⁴ rubíes. ²⁵ se las
arrancó; *toller*=quitar. ²⁶ le rajó todo lo demás.

¹ suben hasta las nubes. ² fuente. ³ plantar.
⁴ en abundancia. ⁵ su séquito; de acuerdo con las
costumbres feudales, las personas criadas en su casa.
⁶ quedase. ⁷ holgarse, solazarse. ⁸ meditaron, trama-
ron. ⁹ escarnecidas, maltratadas. ¹⁰ esta (vez).
¹¹ les quitan los mantos y las pieles, las dejan a
cuerpo con sólo la camisa y el brial. ¹² duro, resisten-
te. Nótese aquí como tres versos más abajo (espadas...
tajadores) el uso de la terminación masculina *ores* en
un nombre femenino. ¹³ todo el mundo hablará de
esto, lo censurará. ¹⁴ que no sufrimos este daño porque lo merezcamos, es decir, no merecemos que nos tratéis así. ¹⁵ acciones; *atan*=tan. ¹⁶ si nosotras fuésemos azotadas o envileceríais a vosotros mismos. ¹⁷ os
lo demandarán. ¹⁸ no les sirve para nada. ¹⁹ entonces. ²⁰ sin compasión.
²¹ de lo cual. ²² desmayadas. ²³ no pueden soco-
rrerse. ²⁴ pues no eran nuestras iguales para ser mujeres legítimas.

¹ como es debido. ² alrededor.

Repuso Búcar al Cid: «confunda Dios tal amis-
                                        [tad!
Espada tienes en mano   e véote aguijar;
así como semeja, en mí la quieres ensayar.
Mas si el caballo non tropieza o conmigo non
                                        [cade,²²
non te juntarás conmigo hasta dentro en la mar.»
Aquí repuso mio Cid: «esto non será verdad.»
Buen caballo tiene Búcar e grandes saltos faz,
mas Babieca el de mio Cid alcanzándolo va.
Alcanzólo el Cid a Búcar a tres brazas del mar,
arriba alzó Colada,²³ un gran golpe dádole ha,
las carbonclas²⁴ del yelmo tollidas se las ha,²⁵
cortóle el yelmo e, librado todo lo al,²⁶
hasta la cintura el espada llegado ha.
Mató a Búcar, al rey de allén mar,
e ganó a Tizón que mil marcos de oro val.
Venció la batalla maravillosa e grant.
Aquí se honró mio Cid y cuantos con él están.

LA AFRENTA DE CORPES

Los infantes, después de obtener permiso del Cid
para llevarse a sus mujeres a Carrión, las maltratan y
escarnecen en el robledo de Corpes. Intentan vengarse
así de las burlas de que han sido objeto por su cobardía.

Entrados son los infantes al robledo de Cor-
                                        [pes,
los montes son altos las ramas pujan con las
                                        [nuoves,¹
e las bestias fieras que andan aderredor.
Fallaron un vergel con una limpia fuont;²
mandan fincar³ la tienda infantes de Carrión,
con cuantos que ellos traen i yacen esa noch',
con sus mujeres en brazos demuéstranles amor;
¡mal se lo cumplieron cuando salía el sol!
Mandaron cargar las acémilas con haberes a
                                        nombre,⁴
cogida han la tienda do albergaron de noch',
adelante eran idos los de criazón:⁵
así lo mandaron infantes de Carrión,
que non i fincás'⁶ ninguno, mujer nin varón,
si non ambas sus mujeres doña Elvira y doña
                                        [Sol:
deportar⁷ se quieren con ellas a todo su sabor.
Todos eran idos, ellos cuatro solos son,
tanto mal comidieron,⁸ infantes de Carrión:
«Bien lo creáis doña Elvira y doña Sol.
aquí seréis escarnidas⁹ en estos fieros montes.
Hoy nos partiremos, y dejadas seréis de nos;
non habréis part' en tierras de Carrión.
Irán aquestos mandados al Cid Campeador;
nos vengaremos aquesta¹⁰ por la del león.»
Allí les tuellen los mantos e los pellizones,
páranlas en cuerpos y en camisas y en ciclatones.¹¹
Espuelas tienen calzadas los malos traidores,

en mano prenden las cinchas fuertes e durado-
                                        [res.¹²
Cuando esto vieron las dueñas, fablaba doña Sol:
«Por Dios vos rogamos, don Diego y don Fer-
                                        [nando, nos:
dos espadas tenéis fuertes e tajadores,
al una dicen Colada y al otra Tizón,
cortadnos las cabezas, mártires seremos nos.
Moros e cristianos departirán de esta razón,¹³
que por lo que nos merecemos no lo prendemos
                                        [nos.¹⁴
Atan malos ejemplos¹⁵ non fagáis sobre nos:
si nos fuéremos majadas, abiltaredes a vos;¹⁶
retraer vos lo han¹⁷ en vistas o en cortes.»
Lo que ruegan las dueñas non les ha ningún
                                        [pro.¹⁸
Essora¹⁹ les empiezan a dar infantes de Carrión:
con las cinchas corredizas májanlas tan sin sa-
                                        [bor;²⁰
con las espuelas agudas, don²¹ ellas han mal sa-
                                        [bor,
rompían las camisas e las carnes a ellas ambas
                                        [a dos:
limpia salía la sangre sobre los ciclatones.
Ya lo sienten ellas en los sus corazones.
¡Cuál ventura sería ésta, si pluguiese al Criador,
que asomase essora el Cid Campeador!
… … … … … … … … … … … … … …
Ya non pueden fablar doña Elvira e doña Sol,
por muertas las dejaron en el robledo de Corpes.
Lleváronles los mantos e las pieles armiñas,
mas déjanlas marridas²² en briales y en camisas,
e a las aves del monte e a las bestias de la fiera
                                        [guisa.
Por muertas las dejaron, saber que non por vivas.
¡Cuál ventura sería si asomase essora el Cid Ruy
                                        [Díaz!
Infantes de Carrión por muertas las dejaron
que la una a la otra no le torna recabdo.²³
Por los montes do iban, ellos íbanse alabando:
«De nuestros casamientos agora somos vengados.
No las debimos tomar por barraganas, si non
                                        [fuésemos rogados,
pues nuestras parejas non eran para en brazos.²⁴
La deshonra del león así se irá vengando.»

LAS CORTES DE TOLEDO

El Cid, acompañado de cien vasallos, llega a la
corte, convocada en Toledo por el rey Alfonso para des-
agraviarle. El rey le recibe con grandes honores. El
Campeador inicia la demanda contra sus yernos exi-
giendo la devolución de sus espadas.

A la puerta de fuera descabalga a sabor;¹
cuerdamente entra mio Cid con todos los sos;
él va en medio, e los ciento aderredor.²

Cuando lo vieron entrar   el que en buen hora na-
[ció
levantóse en pie   el buen rey don Alfons
e el conde don Enrique   e el conde don Ramón
e desí adelant',[3] sabed,   todos los otros de la cort':
a gran honra lo reciben   al que en buen hora nació.
No se quiso levantar   el Crespo de Grañón[4]
ni todos los del bando   de infantes de Carrión.
   El rey a mio Cid   a las manos[5] le tomó:
«Venid acá seer[6]   conmigo, Campeador,
en aqueste escaño   que me disteis vos en don;
maguer que algunos pesa,   mejor sois que nos.»
Essora dijo muchas mercedes   el que Valencia
[ganó:
«Seed en vuestro escaño   como rey e señor;
acá posaré,   con todos aquestos míos.»
Lo que dijo el Cid   al rey plugo de corazón.
En un escaño torniño[7]   essora mio Cid posó,
los ciento que le aguardan[8]   posan aderredor.
Catando[9] están a mio Cid   cuantos ha en la cort',
a la barba que había luenga   e presa con el cor-
[dón;[10]
en sus aguisamientos[11]   bien semeja varón.
No le pueden catar de vergüenza   infantes de Ca-
[rrión.
   Essora se levó en pie   el buen rey don Alfons:
«Oíd, mesnadas,   ¡si vos valga el Criador!
Yo, de que fuí rey,   non fice más de dos cortes:
la una fué en Burgos,   e la otra en Carrión,
esta tercera   a Toledo la vin' fer[12] hoy,
por el amor de mio Cid   el que en buen hora na-
[ció,
que reciba derecho   de infantes de Carrión.
Grande tuerto le han tenido[13],   sabémoslo todos
[nos:
alcaldes[14] sean de esto   conde don Enrique e con-
[de don Ramón
e estos otros condes   que del bando non sodes.
Todos meted i mientes,[15]   ca sois conocedores,[16]

por escoger el derecho,   ca tuerto non mando yo.
... ...
Con el que tuviere derecho   yo de esa parte me
[so.
Agora demande   mio Cid el Campeador:
sabremos qué responden   infantes de Carrión.»
   Mio Cid la mano besó al rey   e en pie se le-
[vantó:
«Mucho vos lo agradezco   como a rey e a señor,
por cuanto esta corte   ficisteis por mi amor.
Esto les demando   a infantes de Carrión:
por mis fijas que me dejaron   yo non he deshonor,
ca vos las casasteis, rey,   sabréis qué fer hoy;
mas cuando sacaron mis fijas   de Valencia la
[mayor,
yo bien los quería   de alma e de corazón,
diles dos espadas   a Colada e a Tizón
—éstas yo las gané   a guisa de varón;—
que se honrasen con ellas   e sirviesen a vos;
cuando dejaron mis fijas   en el robledo de Corpes,
conmigo no quisieron haber nada   e perdieron mi
[amor;
denme mis espadas   cuando mios yernos non son.»

*Tras de recibir sus espadas y la dote de sus hijas,
el Cid, acabada su demanda civil, propone el reto. Altercado entre García Ordóñez y el Cid. Pedro Bermúdez
reta al infante Fernando.*

«¡Merced, ya rey señor,   por amor de caridad!
La rencura[17] mayor   non se me puede olvidar.
Oídme toda la corte   e pésevos de mío mal;
infantes de Carrión,   que me deshonraron tan
[mal,
a menos de retos[18]   no los puedo dejar.
   Decid ¿qué vos merecí,[19]   infantes de Carrión,
en juego o en vero   o en alguna razón?[20]
Aquí lo mejoraré[21]   a juicio de la cort'.
¿A qué me descubristeis[22]   las telas del corazón?
A la salida de Valencia   mis fijas os di yo,

3 *desi adelant* = después.   4 apodo del conde García
Ordóñez, enemigo del Cid.   5 de la mano.   6 a sen-
taros.   7 torneado.   8 escoltan.   9 mirando.   10 El Cid
aparece con la barba atada con un cordón para evitar
que nadie le tire de ella, lo cual constituía una injuria
grave. El aparecer así era considerado como un gesto
de desafío.   11 arreo, apariencia.   12 vine a hacer.   13 le han
hecho gran injusticia, gran deshonor.   14 jueces.   15 poned atención.   16 entendidos.   17 queja.   18 sin re-
tarlos, sin desafiarlos.   19 agravié.   20 de burlas o
veras o en alguna otra forma.
   21 reparare.   22 desgarrasteis.   23 riquezas en abundancia.   24 si no las.   25 heredad, tierra.   26 con.
27 habéis caído en infamia: «menos valéis» era fórmula
corriente del reto.   28 si no dais satisfacción, júzguelo
esta corte.   29 avezóse, se preparó.   30 ¿quién, pues,
se las dió por mujeres legítimas?
   31 se echó mano a la barba.   32 gracias.   33 con
regalo, con cuidado.   34 echar en cara, reprochar.

35 nadie. *Nada* aquí es el participio pasivo de *nacer*,
es decir, *nacida*.   36 pulgarada, porción de una cosa
que se coge entre los dedos pulgar e índice.   37 aún no
está igualada.   38 guardada.   39 no continúe el pleito
o la disputa.   40 primas hermanas.
   41 a ti te lo echan en cara.   42 romper a hablar.
43 no le da reposo (a la lengua).   44 quedará.   45 tuyas; tus mañas, tus malas artes.   46 acuérdate.   47 pediste el honor de ser el primero en las batallas.   48 acometer.   49 llegase.   50 me hube de juntar; es decir,
entablé batalla con el moro.
   51 hube de vencerle.   52 secreto.   53 hazaña.   54 cobarde.   55 confiesa.   56 por donde, por lo cual.   57 recibido. Se refiere a la derrota y al castigo que han
recibido en las cortes.   58 Las tierras de Carrión ya
han quedado libres de la afrenta.   59 negociación. Las
familias reinantes de Navarra y de Aragón entran en
tratos con el rey Alfonso para pedir la mano de las
hijas del Cid para sus herederos.   60 fué.
61 mundo.   62 Pascua de Pentecostés.

con muy gran honra e haberes a nombre;²³
cuando las non²⁴ queríais, ya canes traidores,
¿por qué las sacasteis de Valencia sus honores?²⁵
¿A qué las heristeis a²⁶ cinchas e a espolones?
Solas las dejasteis en el robledo de Corpes,
a las bestias fieras e a las aves del mont'.
Por cuanto les hicisteis menos valéis vos.²⁷
Si non recudedes, véalo esta cort'.»²⁸

El conde don García en pie se levantaba:
«¡Merced, ya rey, el mejor de toda España!
Vezós'²⁹ mio Cid a las cortes pregonadas;
dejóla crecer e luenga trae la barba,
los unos le han miedo e los otros espanta.
Los de Carrión son de natura tan alta,
non se las debían querer sus fijas por barraganas,
¿o quién se las diera por parejas o por veladas?³⁰
Derecho ficieron porque las han dejadas.
Cuanto él dice non se lo preciamos nada.»

Essora el Campeador priso se ha la barba.³¹
«¡Grado³² a Dios que cielo e tierra manda!
por eso es luenga que a delicio³³ fué criada;
¿Qué habéis vos, conde, por retraer³⁴ la mi bar-
[ba?
ca de cuando nasco a delicio fué criada;
ca non me priso a ella fijo de mujer nada³⁵
nin me la mesó fijo de moro nin de cristiana,
como yo a vos, conde, en el castillo de Cabra.
Cuando pris' a Cabra e a vos por la barba,
non i hubo rapaz que non mesó su pulgada;³⁶
la que yo mesé aún non es eguada,³⁷
ca yo la traigo aquí en mi bolsa alzada.»³⁸

Ferrán Gonzálvez en pie se levantó,
a altas voces oiréis qué fabló:
«Dejaos vos, Cid, de aquesta razón;
de vuestros haberes de todos pagado sodes.
Non creciés' varaja³⁹ entre nos e vos.
De natura somos de condes de Carrión:
debíamos casar con fijas de reyes o de empera-
[dores,
ca non pertenecían fijas de infanzones.
Porque las dejamos derecho ficimos nos;
más nos preciamos, sabed, que menos no.»

Mio Cid Ruy Díaz a Per Bermúdez cata:
«¡Fabla, Pero Mudo, varón que tanto callas!
Yo las he fijas, e tú primas cormanas;⁴⁰
a mí lo dicen, a ti dan las orejadas.⁴¹
Si yo respondiera, tú non entrarás en armas.»

Per Bermúdez empezó de fablar;
detiénese la lengua, non puede delibrar,⁴²
mas cuando empieza, sabed, no le da vagar.⁴³
«¡Dirévos, Cid, costumbres habéis tales,
siempre en las cortes Pero Mudo me llamades!
Bien lo sabéis que yo non puedo más;
por lo que yo hubiere a fer por mí non mancará.⁴⁴

Mientes Fernando, de cuanto dicho has,
por el Campeador mucho valiste más.

Las tues⁴⁵ mañas yo te las sabré contar:
miémbrate⁴⁶ cuando lidiamos cerca Valencia la
[grand';
pedist'las feridas primeras⁴⁷ al Campeador leal,
viste un moro, fuístele ensayar;⁴⁸
antes huiste que a él te allegases.
Si yo non uviás⁴⁹ el moro te jugara mal;
pasé por ti, con el moro me of de ajuntar;⁵⁰
de los primeros golpes ofle de arrancar;⁵¹
dite el caballo, túvetelo en poridad:⁵²
hasta este día no lo descubrí a nadi.
Delant' mio Cid e delante todos hubístete de
[alabar
que mataras al moro e que ficieras barnax;⁵³
creyérontelo todos, mas non saben la verdad.
¡E eres fermoso, mas mal barragán!⁵⁴
¡Lengua sin manos! ¿cómo osas fablar?

Di, Fernando, otorga esta razón:⁵⁵
¿non te viene en miente en Valencia lo del león
cuando dormía mio Cid y el león se desató?
E tú, Fernando, ¿qué ficiste con el pavor?
¡metístete tras el escaño de mio Cid el Campea-
[dor!
¡metístete, Fernando, por o⁵⁶ menos vales hoy!»

SEGUNDOS MATRIMONIOS DE LAS HIJAS DEL CID. FIN DEL POEMA.

Dejémonos de pleitos de Infantes de Carrión,
de lo que han preso⁵⁷ mucho han mal sabor;
fablemos nos de aqueste que en buen hora nació.
Grandes son los gozos en Valencia la mayor,
porque tan honrados fueron los del Campeador.
Priso se ha la barba Ruy Díaz su señor:
«¡Grado al rey del cielo, mis fijas vengadas son!
¡Agora las hayan quitas heredades de Carrión!⁵⁸
Sin vergüenza las casaré o a quien pese o a quien
[non.»

Anduvieron en pleitos⁵⁹ los de Navarra e de
[Aragón,
hubieron su ajunta con Alfonso el de León.
Ficieron sus casamientos doña Elvira e doña Sol:
los primeros fueron grandes, mas aquestos son
[mejores;
a mayor honra las casa que lo primero fo.⁶⁰
Ved cual honra crece al que en buen hora nació,
cuando señoras son sus fijas de Navarra e de Ara-
[gón.
Hoy los reyes de España sus parientes son,
a todos alcanza honra por el que en buen hora
[nació.

Pasado es de este siglo⁶¹ mio Cid de Valencia
[señor
el día de cinquaesma;⁶² ¡de Cristo haya perdón!
¡Así fagamos nos todos justos e pecadores!
Estas son las nuevas de mio Cid el Campeador;
en este lugar se acaba esta razón.

Cantar de los Infantes de Lara

La versión primitiva de esta leyenda corresponde a un cantar perdido y de fecha no determinada entre los siglos X y XII, que pasó prosificado a la *Crónica general* de Alfonso el Sabio y a sus diferentes redacciones posteriores y que fué reconstruído modernamente por don Ramón Menéndez Pidal. El texto que sigue está tomado de esta reconstrucción de Menéndez Pidal. Damos primero el argumento completo del cantar, según lo relata el gran medievalista, y luego uno de los episodios más dramáticos, el lamento de Gonzalo Gustioz. En éste la parte de prosa procede de la *Crónica general* y los versos son restos del antiguo poema que Menéndez Pidal ha podido descubrir en la prosificación de las crónicas.

Argumento del Cantar perdido.

Empezaba el relato con el de las espléndidas bodas que se hicieran en Burgos cuando Ruy Velázquez, señor de Vilvestre, casó con doña Lambra de Bureba, mujer emparentada con la familia de los condes soberanos. Las alegrías de la fiesta se ven turbadas por una breve disputa sobre el lanzar al tablado, tras de la cual Gonzalo González, el menor de los siete sobrinos de Ruy Velázquez, mata a Alvar Sánchez, primo de la novia. Sintiéndose ésta deshonrada por el homicidio, se queja amargamente, despertando la cólera en el corazón de su marido; hiere éste sin piedad a Gonzalo, que a su vez se defiende, y crece la revuelta de tal modo que ya el bando de los siete Infantes de Salas iba a pelear con los caballeros y vasallos de su tío Ruy Velázquez, cuando por la mediación del conde de Castilla y de don Gonzalo Gustioz, padre de los siete hermanos, se logró una reconciliación, al parecer tan sincera, que, una vez acabadas las bodas, fueron los Infantes acompañando a doña Lambra, que se iba a su heredad de Barbadillo. Allí, por una pequeña ocasión, deja la vengativa dueña renacer sus resentimientos y hace que un criado suyo afrente a Gonzalo arrojándole al rostro un cohombro lleno de sangre. Los hermanos entonces, tomando sus espadas, mataron al ofensor sin mirar que se había acogido bajo el manto de su señora, cuyas tocas y vestiduras se mancharon con la sangre del criado, y luego, cabalgando a gran prisa, abandonaron el palacio de Barbadillo. Los llantos desesperados con que la novia pide venganza de tanta afrenta hacen a Ruy Velázquez urdir la tela de una vasta traición que acabará de una vez con todo el linaje de los de Salas; al efecto, fingiéndose desagraviado, envía a don Gonzalo Gustioz a Córdoba, so pretexto de pedir dinero a su amigo Almanzor, con una carta en arábigo para el Rey moro, en la que le mandaba descabezar al mensajero y le prometía además entregarle los siete Infantes en el campo de Almenar. Vista por Almanzor la carta, y compadecido de don Gonzalo, contentóse con echarle en prisiones, mandando a la princesa su hermana que guardase y atendiese en la cárcel al caballero cristiano, y así acaeció que, pasando el tiempo, se hubieron de amar la mora y el señor de Salas, y de ambos nació un hijo, que fué después gran caballero. Entretanto, Ruy Velázquez invitaba a sus sobrinos para ir con él en cabalgada contra Almenar y mandaba pregones por toda la tierra para reunir gentes que le acompañasen. Los siete Infantes se pusieron luego en camino para seguirle en la expedición con doscientos caballos que tenían. Les acompañaba su viejo ayo, Nuño Salido, que entendía muy bien el vuelo de las aves, y cuando salían ya del alfoz de Lara, atravesando el espeso Pinar de Canicosa, vió el ayo agüeros tales que le aseguraban que jamás tornarían a Castilla los que pasasen. Sus prudentes consejos se estrellan contra el ciego valor que arrastra a los Infantes hacia la muerte, y siguiendo todos su camino se unen a Ruy Velázquez, que ya les esperaba impaciente en la Vega del río Hebros. Allí renacen los disgustos entre los sobrinos y el tío; pero, reconciliados de nuevo, se dirigen a Almenar, y luego que llegaron allá, echándose don Rodrigo en celada, manda a los siete hermanos correr y robar el campo. Pronto conocieron éstos que estaban vendidos por su tío a los moros, pues se vieron rodeados por innumerables huestes de ellos; Nuño Salido se arroja a herir los primeros golpes de la batalla, buscando la muerte, por no ver la de aquellos que con tanto amor había criado, y los siete Infantes, aunque con su gente se defendían bien, matando millares de infieles, al fin, encontrándose solos y cansados, fueron cogidos por los moros y descabezados uno a uno en presencia del traidor Ruy Velázquez. Sus siete cabezas y la del fiel Nuño

---

1 después. 2 ayo. 3 expliearon. 4 miró. 5 por la explicación que de ello. 6 dió señales. 7 después. 8 donde. 9 porque. 10 he de hacerlo, lo haré; compárese más abajo *decir vos he = os diré.* 11 me trajeron. 12 mis capitanes, mis caudillos. 13 del distrito. 14 excelente, de importancia. 15 entonces. 16 luego que. 17 volvió en sí. 18 Aunque el nombre que se aplica a esta leyenda modernamente es el de *Los Infantes de Lara*, el título con que se les conoce en los relatos primitivos es el de *Los Infantes de Salas* (villa del alfoz de Lara), de donde eran naturales. 19 dejar de llorar. 20 recordaba. 21 arrancándose o tirarse del pelo y de las barbas era señal de dolor. 22 solo estoy; *so = soy.* 23 tirar bohordos o lanzas contra tablados,

como se hacía en bodas y fiestas. El sentido que este verso pueda tener no está claro, aunque probablemente es un recuerdo triste de Gonzalo Gustioz, de las bodas en que empieza la enemistad entre Ruy Velázquez y sus sobrinos. Véase la alusión a estas bodas a través de todo el lamento. 24 naciste antes; *ades* (véase en el verso siguiente *érades*) es la terminación antigua de la segunda persona de plural usada con el *vos*. La modernizamos en el correspondiente *áis*, salvo cuando, como en este caso, altera la medida y el ritmo del verso. 25 probablemente por *alcaide*, jefe de una fortaleza o capitán de un cuerpo de ejército. 26 bandera. 27 a modo de (por ser) muy valiente. 28 esfuerzo. 29 Aquí la *seña* se refiere a la lanza en que la bandera iba sujeta. 30 tropa o grupo del ejército enemigo.

Salido son llevadas a Córdoba por los moros vencedores, y Almanzor las presenta a su prisionero don Gonzalo. Éste es el momento de más trágico interés en la Gesta, cuando Gonzalo Gustioz coge una a una las cabezas, las limpia del polvo y de la sangre que las cubría, y al irlas reconociendo razona con cada una como si aún estuviesen vivas sobre los cuerpos de sus hijos. Nadie oía sus palabras que no llorase también con él; y Almanzor, compadecido de la víctima de Ruy Velázquez, le deja volver libre a su tierra. Don Gonzalo se dispone ya a marchar, pero concibiendo una esperanza, dice a la Infanta mora que le servía en la cárcel, que si de ella nace un hijo se lo envíe a Castilla; y quitándose un anillo del dedo, lo partió al medio, dejándole una mitad como señal por donde reconociese al enviado, y luego partió, llevándose consigo las ocho cabezas. Allá en Salas arrastra una triste vida, viejo y sin amparo, sin poder vengarse de Ruy Velázquez, que seguía poderoso y honrado en la corte del Conde. Así se pasan diez y más años, cuando un día doscientos caballeros moros llegaron a Salas, y al preguntar don Gonzalo qué gente son, sabe que entre ellos viene Mudarra, su hijo, nacido de la Infanta mora de Córdoba, y que no le trae a tierra de cristianos más desco que el de cumplir un sagrado deber de familia, matando al enemigo de su padre y hermanos. Pasadas las primeras alegrías del reconocimiento, se dirigen todos a Burgos, y entrando en el palacio del Conde hallan allí a Ruy Velázquez. Entonces Mudarra le desafía, y a duras penas acepta una corta tregua que el conde pone entre ellos; pero como el traidor intentase irse de noche para su lugar de Barbadillo, Mudarra, que le tenía tomado el camino, le cortó el paso gritándole: «Morirás, alevoso, falso e traidor», y le hendió con su espada hasta la cintura, matando con él a treinta de los que le acompañaban. Algún tiempo después, cuando murió el Conde, que era pariente de doña Lambra, se apoderó de ésta y la hizo quemar viva. Así vengó Mudarra la muerte de sus hermanos y la prisión de su padre.

LAMENTO DE GONZALO GUSTIOZ ANTE LAS CABEZAS DE SUS HIJOS

Pues[1] que Viara et Galve llegaron a Córdoba, fuéronse luego para Almanzor, et presentáronle las cabezas de los siete infantes et la de Nuño Salido, su amo.[2] Almanzor, cuando las vió y le departieron[3] quién fueran, et las cató[4] et las conoció por el departimiento que le ende[5] ficieran, fizo semejanza[6] que le pesaba mucho porque así los mataran a todos; e mandólas luego lavar bien con vino, fasta que fuesen bien limpias de la sangre de que estaban untadas; et pues que lo hubieron fecho, fizo tender una sábana blanca en medio del palacio, et mandó que pusiesen en ella las cabezas, todas en haz et en orden, así como los infantes nacieran, et la de Nuño Salido en cabo dellas. Desí[7] fuese Almanzor para la cárcel do[8] yacía preso Gonzalo Gustioz, padre de los siete infantes, et así como entró Almanzor y le vió, díjole:

«Gonzalo Gustioz, ¿cómo te va?» Respondióle Gonzalo Gustioz: «Señor, así como la vuestra merced tiene por bien, et mucho me place agora porque vos acá viniste ca[9] bien sé que desde hoy más me habréis merced, et me mandaréis de aquí sacar, pues que me viniste a ver; ca así es costumbre de los altos hombres por su nobleza, que pues que el señor va ver su preso, luego le manda soltar.» Díjole entonces Almanzor: «Gonzalo Gustioz, facerlo he[10] esto que me dices, ca por eso te vine a ver. Mas dígote antes esto: que yo envié mis huestes a tierra de Castilla, et hubieron su batalla con los cristianos en el campo de Almenar; et agora adujéronme[11] de esa batalla ocho cabezas de muy altos hombres, las siete son de mancebos, et la otra de hombre viejo; et quiérote sacar de aquí que las veas si las podrás conocer, ca dicen míos adalides[12] que de alfoz[13] de Lara son naturales.» Et dijo Gonzalo Gustioz: «Si las yo viere, decir vos he quién son, et de qué lugar, ca non ha caballero de prestar[14] en toda Castilla que yo non conozca quién es, et de cuáles.» Almanzor mandó entonces que le sacasen, et fué con él al palacio do estaban las cabezas en la sábana; et pues que las vió Gonzalo Gustioz et las conoció, tan grande hubo ende el pesar que luego al ora[15] cayó por muerto en tierra; et desque[16] entró en acuerdo,[17] comenzó de llorar tan fieramente sobre ellas que maravilla era. Desí dijo a Almanzor: «Estas cabezas conozco yo muy bien, ca son las de míos fijos, los infantes de Salas,[18] las siete; et esta otra es la de Nuño Salido, su amo que los crió.» Pues que esto hubo dicho, comenzó de facer su duelo et su llanto tan grande sobre ellos que non ha hombre que lo viese que se pudiese sufrir de non llorar;[19] et desí tomaba las cabezas una a una et retraía[20] e contaba de los infantes todos los buenos fechos que ficieran.

La cabeza de don Nuño Salido tornóla en su
[lugar,
e la de Diego González en los brazos fué a
[tomar;
e mesando[21] sus cabellos de las barbas de su faz:
«Señero so[22] e mezquino, para estas bodas bo-
[fordar.[23]
Fijo Diego González, a vos amaba yo más,
facíalo con derecho, ca vos naciérades ante.[24]
Gran bien vos quería el conde, ca vos érades su
[alcalle,[25]
también tuviste su seña[26] en el vado de Casca-
[jar;
a guisa de mucho ardido[27] muy honrada la sa-
[caste,
ficiste en ese día, fijo, un ensayo[28] muy grande:
ca vos alzaste la seña[29] e metístela en haz,[30]

fué tres veces abajada   e tres veces la alzaste,
e mataste con ella   dos reyes e un alcaide.
Desen arriba, los moros   hubiéronse de arrancar
metíanse por las tiendas   que non habían vagar;[31]
muy bien servistes al conde   cayéndoles en alcan-
[ce,[32]
¡bueno fuera Ruy Velázquez   si ese día finase![33]
Trasnocharon los moros,   fuéronse para Gormaz;
diovos[34] ese día el conde   Carazo por heredad,
la media poblada es   e la media por poblar.
Desque vos moriste, fijo,   lo poblado se despobla-
[rá.»
La cabeza de don Diego   entonces fué a besar
e alimpiándola con lágrimas   volviérala a su lugar.
Cada uno como nació   así las iba tomar.
La cabeza de don Martín González   en sus brazos
[la tomaba:
«Oh fijo Martín González,   persona mucho hon-
[rada,
¡quién podría asmar[35]   que en vos había tanta
[buena maña![36]
Atal[37] jugador de tablas   non lo había en toda
[España,
bien e mesuradamente   vos fablávades[38] en plaza.
Que yo viva o que muera   de mí ya no me incala,[39]
mas mucho he fiero duelo   de vuestra madre doña
[Sancha,
sin fijos e sin marido   fincará tan desconortada.»[40]
La cabeza de Martín González   luego llorando
[dejaba
e la de Suero González   en sus brazos la tomaba.
«Ya fijo Suero González,   cuerpo tan bueno e
[leal,
de las vuestras buenas mañas   un rey se debía
[pagar;[41]
de aves érades maestro,   non había vuestro par
en cazar muy bien con ellas   e a su tiempo las
[mudar.
Malas bodas vos guisó   el hermano de vuestra
[madre,
a mí metió en cautivo,   a vos llevó a descabezar;
los que hoy son por nacer   traidor le llamarán.»

Desí besó la cabeza   e llorando la dejó,
e la de Ferrant González   en sus brazos la tomó:
«Fijo, cuerpo tan honrado,   e nombre de buen
[señor
del conde Ferrant González,   aquel que vos
[bateó;[42]
de las vuestras mañas, fijo,   pagar se íe[43] un em-
[perador;
matador de oso e de puerco,   de caballeros señor,
quier de pie quier[44] de caballo,   que ningún otro
[mejor;
nunca de rafez compaña[45]   érades vos amador,
mas con las grandes e altas   bien aveníades vos.[46]
¡Vuestro tío don Rodrigo   malas bodas vos guisó!
que a vos fizo matar,   e a mí metió en prisión;
traidor le llamarán   cuantos por nacer son.»
Desí besó la cabeza   e en su lugar la miso,[47]
e la de Ruy González   entre los brazos la priso:[48]
«Fijo Ruy González,   cuerpo muy entendido,
¡de las vuestras buenas mañas   un rey sería cum-
[plido!
muy leal para señor,   verdadero para amigo,
mejor caballero de armas   que nunca hombre nado
[vido.[49]
¡Malas bodas vos guisó   vuestro tío don Rodrigo!
a vos fizo descabezar   e a mí metió en cautivo.
Afevos aquí finados[50]   de este mundo mezquino,
mas él por siempre había   perdido el paraíso.»
Esa cabeza besando   en su lugar la dejaba,
la de Gustios González   en brazos la tomaba,
del polvo e de la sangre   muy bien el rostro alim-
[piaba,
faciendo tan fiero duelo   por los ojos le besaba:
«Ya fijo Gustios González,   habíades buena maña:
non dijérades mentira   por cuanto había en Es-
[paña;
caballero de gran guisa   muy buen feridor de
[espada
que a quien dábades de lleno   tullido o muerto
[quedaba.
¡Malas nuevas irán, fijo,   de vos al alfoz de Lara!»
Desí besó la cabeza   e púsola en su lugar,

31 *desen... vagar*: desde ese momento los moros huyeron sin descanso en desbandada, tratando de refugiar-
se en las tiendas. 32 persiguiéndolos. 33 muriese.
34 os dió. 35 juzgar, pensar. 36 habilidad, destreza;
costumbre. 37 tal. 38 hablabais. 39 importa. 40 quedará tan triste.
41 debería estar satisfecho. 42 os bautizó; aquí debe
de significar que el conde fué su padrino y que el infante tomó su nombre. 43 se enorgullecería. La forma
pagar se íe (se pagaría) equivale a un condicional moderno formado añadiendo al infinito la terminación del
imperfecto *había*. Compárese con las formas del futuro
que han salido en el texto como *facer lo he* (lo haré).
44 *quier...quier* = ya...ya. 45 compañía baja o ruin.
46 bien te avenías, te entendías. 47 puso. 48 tomó.
49 hombre nacido (nadie) vió. 50 heos aquí muertos,

he aquí que estáis muertos.
51 *a... franquear*: generoso con los vuestros. 52 diestro en el juego de tirar lanzas contra los tablados. Véase
nota 23. 53 vió. 54 don, dádiva, regalo. 55 vuelva.
56 ver; conservamos *veer*, que en otras ocasiones hemos
modernizado, por exigirlo aquí la medida del verso.
1 mortandad, los muertos del campo de batalla.
2 vió el sitio donde yace Oliveros; quiere decir que vió
el cadáver de Oliveros.. 3 asa por donde se toma el
escudo. 4 ni un solo pedazo. 5 decidme. 6 hice.
7 juramento, promesa. 8 más; me prometiste que no
os separaríais nunca. 9 dónde. 10 tajo en la roca.
11 había, tenía. 12 entonces. 13 hacia adelante.
14 morir. 15 tal. 16 yo era el que debía haber muerto y tú el que debía haberse salvado. 17 solíais.
18 antes. 19 bien veo. 20 hará.

la de Gonzalo González en brazos la fué tomar,
remesando sus cabellos faciendo duelo muy gran-
[de:
«Fijo Gonzalo González, a vos amaba vuestra
[madre...
E las vuestras buenas mañas ¿quién las podría
[contar?
buen amigo para amigos, e para señor leal;
conocedor de derecho, amábades lo juzgar;
en armas mucho esforzado a los vuestros fran-
[quear;[51]
alanzador de tablado[52] nunca hombre lo vido[53]
[tal;

en cámara con las dueñas mesurado en el fablar,
dábales vuestras donas[54] muy de buena voluntad;
menester había agudeza quien con vos se razona-
[se,
e mucho sería agudo si lo peor non llevase.
Los que me temían por vos enemigos me serán,
aunque yo torne[55] a Lara nunca valdré un pan;
non he pariente ni amigo que me pueda vengar.
Más me valdría la muerte que veer[56] este pesar.»
La cabeza de las manos sobre las otras se le cae
e dió en tierra amortecido que de sí non sabía
[parte;
pesó mucho a Almanzor e comenzó de llorar.

Cantar de Roncesvalles

Se conserva sólo un fragmento de cien versos del
antiguo cantar de gesta en un manuscrito descubierto
en el Archivo Provincial de Pamplona y publicado por
Menéndez Pidal en la *Revista de Filología Española*,
1917, volumen IV. El *Cantar de Roncesvalles* procede
de las gestas francesas derivadas de la *Chanson de Roland* y representa la difusión de los temas carolingios
en la epopeya castellana. Su versificación es irregular.

ARGUMENTO

El emperador Carlomagno va por el campo de batalla de Roncesvalles y encuentra consecutivamente los
cadáveres del Arzobispo Turpín, Oliveros y el de su
sobrino Roldán, a los que dirige la palabra como si
estuviesen vivos. Al dirigirse al cadáver de don Roldán,
prorrumpe en los lamentos que aquí se reproducen, tras
de los cuales recuerda sus propias hazañas desde que
siendo mancebo fué a Toledo a batallar con los moros,
y evoca los hechos de armas más notables (la conquista
de Turquía, la entrada en España, etc.) en los que le
acompañó su sobrino. Al terminar la evocación el emperador cae desmayado de dolor. El duque Aymón,
padre de don Rinalte (Rinaldos de Montalbán), encuentra a su hijo y hace gran duelo. Recibe la noticia del
desmayo de Carlomagno y acude con otros duques y
caballeros a darle auxilio.

DUELO DEL EMPERADOR CARLOMAGNO ANTE
EL CADÁVER DE DON ROLDÁN

El emperador andaba catando por la mortalda-
[de;[1]
vido en la plaza Oliveros o yace,[2]
el escudo quebrantado por medio del brazale;[3]
non vió sano en él cuanto un dinero cabe;[4]
tornado yace a oriente, como lo puso Roldane.
El buen emperador mandó la cabeza alzare
que le limpiasen la cara del polvo e de la sangre.

Como si fuese vivo, comenzóle de preguntare:
«Digádesme,[5] don Oliveros, caballero naturale,
¿do dejaste a Roldán? digádesme la verdade.
Cuando vos fiz[6] compañeros dísteme tal home-
[naje[7]
porque nunca en vuestra vida non fueseis parti-
[dos maes.[8]
Dímelo, don Oliveros, ¿dó lo iré buscare?
Yo demandaba por don Roldán a la priesa tan
[grande.
Ya mi sobrino, ¿dónt[9] vos iré buscare?»
Vió un golpe[10] que fizo don Roldane:
«Esto fizo con cuita con gran dolor que avie.»[11]
Estonz[12] alzó los ojos, cató cabo adelante,[13]
vido a don Roldán acostado a un pilare,
como se acostó a la hora de finare.[14]
El rey cuando lo vido, oíd lo que face,
arriba alzó las manos, por las barbas tirare,
por las barbas floridas bermeja salía la sangre;
esa hora el buen rey oíd lo que diráde,
diz: «¡Muerto es mío sobrino, el buen de don
[Roldane!
Aquí veo atal[15] cosa que nunca vi tan grande;
yo era para morir, e vos para escapare.[16]
Tanto buen amigo vos me solíades[17] ganare;
por vuestro amor arriba[18] muchos me solían
[amare;
pues vos sodes muerto, sobrino, buscar me han
[todo male.
Asaz veo[19] una cosa que sé que es verdade:
que la vuestra alma bien sé que es en buen lo-
[gare;
mas atal viejo mezquino, ¿agora qué faráde?[20]
Hoy he perdido esfuerzo con que solía ganare.
¡Ay, mi sobrino, non me queredes fablare!
... ...
Pues vos sodes muerto, Francia poco vale.

SIGLOS XII/XIII: TEATRO

Auto de los Reyes Magos

ca. 1200

Las cinco escenas, con un total de 147 versos, que se conservan en este *Auto*, son el único resto conocido del primitivo teatro medieval castellano. La obra pertenece al ciclo de Navidad y presenta a los Magos dirigiéndose a adorar a un nuevo rey recién nacido, el Mesías. Enterado Herodes, consulta a sus rabinos y consejeros, los cuales, llenos de vacilaciones, no se atreven a dictaminar. El fragmento conservado no carece de gracia dentro de su sencillez. Posee vivacidad en el diálogo, movimiento dramático y cierta intención humorística al caracterizar psicológicamente a los personajes, en particular a los rabinos.

Texto según R. Menéndez Pidal, en *Revista de Archivos, Bibliotecas y Museos*, Madrid, 1900.

ESCENA I

GASPAR, *solo.*

Dios criador; ¡cuál maravilla!
¡No sé cuál es aquesta estrella!
Agora primas la he veída,[1]
poco tiempo ha que es nacida.
¿Nacido es el Criador
que es de las gentes señor?
Non es verdad, non sé qué digo,
todo esto non vale un figo;
otra noche me lo cataré,[2]
si es verdad, bien lo sabré. (*Pausa.*)
¿Bien es verdad lo que yo digo?
En todo, en todo lo prohío.[3]
¿Non puede ser otra señal?
Aquesto es y non es al;[4]
nacido es Dios, por ver,[5] de fembra
en aqueste mes de diciembre.
Allá iré o que fuere,[6] adorarlo he,
por Dios de todos lo tendré.

BALTASAR, *solo.*

Esta estrella non sé dond'[7] viene,
quien la trae o quien la tiene.
¿Por qué es aquesta señal?
En mis días non vi atal.
Ciertas[8] nacido es en tierras
aquel que en pace[9] y en guerra
señor ha seer[10] de oriente
de todos hasta en occidente.
Por tres noches me lo veré
y más de vero lo sabré. (*Pausa.*)
¿En todo, en todo es nacido?
Non sé si algo he veído;[11]
iré, lo adoraré
y pregaré[12] y rogaré.

MELCHOR, *solo.*

Val, Criador, atal facienda[13]
¿fué nunca alguandre fallada
o en escritura trovada?[14]
Tal estrella non es en cielo,
de esto soy yo buen estrellero;[15]
bien lo veo sin escarno[16]
que un hombre es nacido de carne,
que es señor de todo el mundo,
así como el cielo es redondo;
de todas gentes señor será
y todo siglo[17] juzgará.
¿Es? ¿Non es?
Cudo[18] que verdad es.
Veer lo he otra vegada,[19]
si es verdad o si es nada. (*Pausa.*)
Nacido es el Criador
de todas las gentes mayor;[20]
bien lo veo que es verdad,
iré allá, por caridad.

1 ahora la he visto por primera vez. 2 lo observaré, lo pensaré. 3 lo sostengo; *en todo* = totalmente, enteramente. 4 esto es y no otra cosa. 5 por vero, verdaderamente. 6 dondequiera que esté. 7 de donde. 8 ciertamente. 9 paz. 10 ha de ser, será. 11 visto. 12 rezaré. 13 Válgame Dios si una cosa como ésta. 14 ¿fué alguna vez (*alguandre*) encontrada (es decir: ¿ha ocurrido nunca una cosa así?) o se encuentra en los escritos? (es decir: ¿hay profecías o testimonios escritos sobre ello?) 15 astrólogo. 16 sin duda. 17 todo el mundo. 18 creo. 19 vez. 20 amo, señor.

21 yo también le rezaré. 22 nosotros vamos (*imos*) también (a ver) si le podremos encontrar. 23 una substancia aromática. 24 Futuro de subjuntivo; hoy usaríamos el imperfecto de subjuntivo en su lugar: si fuera. 25 guarde. 26 otra cosa; probablemente *decir* está sobreentendido. 27 larga. 28 no podemos dejar de hacerlo. 29 ¿donde (*o*) vais? 30 no queráis callar (vuestros nombres). 31 en el mundo. 32 ¿cuánto hace que allí la vísteis? 33 que la hemos visto. 34 enterrado, puesto bajo la tierra. 35 el mundo va para atrás. 36 magistrados. 37 gramáticos.

Escena II

GASPAR *a* BALTASAR
Dios vos salve, señor; ¿sodes vos estrellero?
decidme la verdad, de vos saberlo quiero.
¿Vedes tal maravilla?
Nacida es una estrella.

BALTASAR
Nacido es el Criador,
que de las gentes es señor.
Iré, lo adoraré.

GASPAR
Yo otrosí rogar lo he.[21]

MELCHOR, *a los otros dos*
Señores, ¿a cuál tierra queredes andar?
¿Queredes ir conmigo al Criador rogar?
¿Habedes lo veído? Yo lo voy adorar.

GASPAR
Nos imos otrosí, si le podremos fallar.[22]
Andemos tras la estrella, veremos el lugar.

MELCHOR
¿Cómo podremos probar si es hombre mortal
o si es rey de tierra o si celestial?

BALTASAR
¿Queredes bien saber cómo lo sabremos?
Oro, mirra,[23] incienso a él ofreceremos:
si fuere[24] rey de tierra, el oro querrá;
si fuere hombre mortal, la mirra tomará;
si rey celestial, estos dos dejará,
tomará el incienso quel' pertenecerá.

GASPAR *y* MELCHOR
Andemos y así lo fagamos.

Escena III

GASPAR *y los otros dos reyes a* HERODES
Sálvete el Criador, Dios te curie[25] de mal,
un poco te diremos, non te queremos al,[26]
Dios te dé longa[27] vida y te curie de mal;
imos en romería aquel rey adorar
que es nacido en tierra, nol' podemos fallar.[28]

HERODES
¿Qué decides, o ides?[29] ¿A quién ides buscar?
¿De cuál tierra venides, o queredes andar?
Decidme vuestros nombres, no m' los queredes ce-
[lar.[30]

GASPAR
A mí dicen Gaspar;
este otro, Melchor; a aquéste, Baltasar.
Rey, un rey es nacido que es señor de tierra,
que mandará el siglo[31] en gran paz, sin guerra.

HERODES
¿Es así por verdad?

GASPAR
Sí, rey, por caridad.

HERODES
¿Y cómo lo sabedes?
¿Ya probado lo habedes?

GASPAR
Rey, verdad te diremos,
que probado lo habemos.

MELCHOR
Esto es gran maravilla,
una estrella es nacida.

BALTASAR
Señal face que es nacido
y en carne humana venido.

HERODES
¿Cuánto í ha[32] que la visteis
y que la percibisteis?

GASPAR
Trece días ha,
y más non habrá
que la habemos veída[33]
y bien percebida.

HERODES
Pues andad y buscad,
y a él adorad,
y por aquí tornad.
Yo allá iré,
y adorarlo he.

Escena IV

HERODES, *solo*
¿Quién vió nunca tal mal?
¡Sobre rey otro tal!
¡Aún non soy yo muerto,
ni so la tierra puesto![34]
¿Rey otro sobre mí?
¡Nunca atal non vi!
El siglo va a zaga,[35]
ya non sé qué me faga;
por verdad no lo creo
hasta que yo lo veo.
Venga mío mayordoma
que míos haberes toma.

Sale el mayordomo.

Idme por míos abades,
y por mis podestades,[36]
y por míos escribanos,
y por míos gramatgos,[37]
y por míos estrelleros,
y por míos retóricos;
decirme han la verdad, si yace en escrito,
o si lo saben ellos, o si lo han sabido.

ESCENA V

Salen los sabios de la corte.

Rey, ¿qué te place? Henos venidos.[38]

HERODES

¿Y traedes vuestros escritos?

LOS SABIOS

Rey, sí traemos,
los mejores que nos habemos.[39]

HERODES

Pues catad,[40]
decidme la verdad,
si es aquel hombre nacido
que estos tres reyes me han dicho.
Di, rabí, la verdad, si tú lo has sabido.

EL RABÍ

Por veras vos lo digo
que no lo fallo escrito.

Otro RABÍ, *al primero.*

Hamihala,[41] ¡cómo eres enartado![42]
¿Por qué eres rabí llamado?
Non entiendes las profecías,
las que nos dijo Jeremías.
Por mi ley, ¡nos somos errados![43]
¿Por qué non somos acordados?[44]
¿Por qué non decimos verdad?

RABÍ PRIMERO

Yo non la sé, por caridad.

RABÍ SEGUNDO

Porque no la habemos usada,
ni en nuestras bocas es fallada.[45]

SIGLO XIII: LÍRICA

Razón de amor con los denuestos del agua y el vino

Este poema consta de dos partes: la primera, de carácter lírico; la segunda, los denuestos, de la que sólo damos algunos versos, de carácter burlesco y relacionada con el tipo de disputas o debates frecuente en la Edad Media. La versificación es irregular, a base principalmente de versos de ocho y nueve sílabas. En el lenguaje abundan las formas del dialecto aragonés. Según Menéndez Pidal, cuyo texto seguimos (*Revue Hispanique*, 1905, XIII, 602-618), el autor es anónimo y Lope de Moros, que firma el poema, fué simplemente el copista.

RAZÓN DE AMOR

Qui[1] triste tiene su corazón
venga oír esta razón.

Oirá razón acabada,
feita[2] d'amor e bien rimada.
Un escolar[3] la rimó
que siempre dueñas[4] amó;
mas siempre hubo crianza[5]
en Alemania y en Francia;
moró mucho en Lombardía
para aprender cortesía.

En el mes d'abril, despés yantar,
estaba so un olivar.
Entre cimas d'un manzanar[6]
un vaso de plata vi estar.
Pleno era[7] d'un claro vino
que era bermejo[8] e fino;

---

[38] Aquí estamos. [39] nosotros tenemos. [40] mirad.
[41] exclamación aún no explicada. Se ha interpretado como «a mi Alá». Ford sugiere *Ha Mihala* por «Miguel», suponiendo que éste fuera el nombre del rabí. [42] engañado. [43] por mi fe, estamos equivocados. [44] ¿Por qué no nos ponemos de acuerdo? [45] Porque no acostumbramos a decirla (la verdad) ni se encuentra en nuestras bocas.

[1] Quien. [2] hecha; *feita* es forma aragonesa como otras que aparecen en el texto. [3] estudiante, hombre de letras; término equivalente a «clérigo», como se ve más adelante en la poesía. [4] damas, mujeres. [5] educación. [6] entre el ramaje o la sombra de un manzanar. [7] estaba lleno. [8] rojo. [9] estaba cubierto de tal modo que no se calentase; *calentura* = calor. [10] lo había puesto allí; el imperfecto *eva* por «había» es también forma aragonesa.
[11] para que cuando. [12] fría. [13] lleguéme. [14] perenne. [15] que de la frescura (*fridor*) que de allí [de

ella] salía. [16] pasos. [17] sentiríais. [18] tomé. [19] refrescado. [20] fino.
[21] desde que nací. [22] derecha, recta. *Comp. feita.* [23] rientes. [24] proporcionada. [25] de buen porte, de buen talle y proporcionada. [26] mi amado. [27] mientras esté viva. [28] cualquiera te debería. [29] pero una cosa me apena, me preocupa. [30] dueña, mujer. [31] te quiere tanto; *ben* = bien. [32] sentido. [33] tengo miedo. [34] ciertamente me querrías. [35] yo no hice entonces lo que hubiera hecho un rústico (*villano*), sino que [como hombre cortés] me levanté y la tomé por la mano. [36] nos juntamos. [37] le dije. [38] joven a quien le empieza a salir la barba. [39] dádivas, prendas. [40] guantes.
[41] capillo, capucha que usaban las damas. [42] este velo para la cara y este anillo. [43] alhajas. [44] *man a mano* = inmediatamente. [45] se quitó. [46] Dios, seas tú loado porque [al fin] conozco a mi amado. [47] rato. [48] hablando. [49] ya es hora de que me vuelva, de que me vaya; *oram* = hora me.

cubierto era de tal mesura
no lo tocas' la calentura.⁹
Una dueña lo í eva puesto,¹⁰
que era señora del huerto,
que, cuan¹¹ su amigo viniese,
d'aquel vino a beber le diese.
… … … … … … … … …
Arriba del manzanar
otro vaso vi estar;
pleno era d'un agua frida¹²
que en el manzanar se nacía.
Bebiera d'ella de grado,
mas hube miedo que era encantado.
… … … … … … … … … …
Pleguém'¹³ a una fuente perenal,¹⁴
nunca fué hombre que vies' tal;
tan gran virtud en sí había,
que de la fridor que d'í ixía,¹⁵
cien pasadas¹⁶ a derredor
non sintríades¹⁷ la calor.
Todas yerbas que bien olian
la fuent' cerca de sí las tenía:
í es la salvia, í son las rosas,
í el lirio e las violas;
otras tantas yerbas í había,
que sol' nombrar no las sabría.
Mas el olor que d'í ixía
a hombre muerto resucitaría.
Pris'¹⁸ del agua un bocado
e fuí todo esfriado.¹⁹
En mi mano pris' una flor,
sabed non toda la peor,
e quis' cantar de fin²⁰ amor.
Mas vi venir una doncella,
pues nací²¹ no vi tan bella:
blanca era e bermeja,
cabellos cortos sobr'el oreja,
frente blanca e lozana,
cara fresca como manzana;
nariz igual e dreita,²²
nunca visteis tan bien feita,
ojos negros e ridientes,²³
boca a razón²⁴ e blancos dientes,
labios bermejos non muy delgados,
por verdad bien mesurados;
por la cintura delgada,
bien estant e mesurada.²⁵
… … … … … … … … … …
De las flores viene tomando,
en alta voz d'amor cantando,
e decía: — «¡Ay, meu amigo,²⁶
si me veré ya más contigo!
Amé siempre e amaré
cuanto que viva seré.²⁷
Porque eres escolar

quisquiere te debría²⁸ más amar.
… … … … … … … … …
Más amaría contigo estar
que toda España mandar;
mas d'una cosa so cuitada:²⁹
he miedo de ser engañada,
que dicen que otra dona,³⁰
cortesa e bella e bona
te quiere tan gran ben,³¹
por ti pierde su sen,³²
e por eso he pavor³³
que a ésa quieras mejor.
¡Mas si yo te vies' una vegada,
a plan me queriés³⁴ por amada!»
   Cuan la mía señor esto decía,
sabed a mí non veía;
pero sé que no me conocía,
que de mí non fuiría.
Yo non fiz aquí como villano;
levém' e pris'la por la mano.³⁵
Juñiemos³⁶ ambos en par
e posamos so el olivar.
Dix'le³⁷ yo:—«Decid, la mía señor,
si supiste nunca d'amor.»
Diz ella:—«A plan con gran amor ando,
mas non conozco mi amado;
pero dizem' un su mensajero
qu'es clérigo e non caballero,
sabe mucho de trovar,
de leer e de cantar;
dicem' que es de buenas gentes,
mancebo barbapuñientes.»³⁸
—«Por Dios, que digades, la mía señor,
¿qué donas³⁹ tenedes por la su amor?»
—«Estas luvas⁴⁰ y es' capiello,⁴¹
est' oral y est' aniello⁴²
envió a mí es' meu amigo,
que por la su amor traigo conmigo.»
Yo conocí luego las alfayas⁴³
que yo se las había enviadas.
Ella conoció una mi cinta man a mano,⁴⁴
qu' ella la ficiera con la su mano.
Tolios'⁴⁵ el manto de los hombros,
besóme la boca e por los ojos;
tan gran sabor de mí había,
sol' fablar non me podía.
—«¡Dios señor, a ti loado
cuant conozco meu amado!⁴⁶
¡Agora he tod' bien conmigo
cuant conozco meu amigo!»
Una gran pieza⁴⁷ allí estando,
de nuestro amor ementando,⁴⁸
ella dijo —«El mío señor,
oram' sería de tornar⁴⁹
si a vos non fuese en pesar.»
Yo l'dix: —«Id, la mía señor,

pues que ir queredes,
mas de mi amor pensad, fe que deberes.»[50]
Ella dixo: —«Bien seguro seit[51] de mi amor,
non vos cambiaré por un emperador.»
La mía señor se va privado,[52]
deja a mí desconortado.[53]
Desque[54] la vi fuera del huerto,
por poco non fuí muerto.
Por verdad quisieram' adormir,
mas una palomela vi;
tan blanca era como la nieve del puerto,
volando viene por medio del huerto.
… … … … … … … … … … … … … …
Un cascavielo[55] dorado
trae al pie atado.
En la fuent' quiso entrar;
mas cuando a mí vido estar[56]
entrós' en el vaso del malgranar.[57]
Cuando en el vaso fué entrada
e fué toda bien esfriada,
ella que quiso exir festino,[58]
vertiós' el agua sobre 'l vino.
Aquí comienza a denostar
el vino y el agua a malivar.[59]
El vino fabló primero:
«mucho m'es venido mal compañero.[60]
Agua, has mala maña,
non quería haber la tu compaña;
que cuando te llegas a buen vino,
fáscelo feble[61] e mezquino.»
—«Don vino, fe que debedes,[62]

¿por cuáles bondades que vos habedes
a vos queredes alabar,
e a mí queredes ahontar?[63]
Callad; yo e vos no nos denostemos,
que vuestras mañas bien las sabemos:
bien sabemos qué recabdo dades[64]
en la cabeza do entrades;
los buenos vos precian poco,
que del sabio facedes loco.
… … … … … … … … … … … … … …
Habla el vino
—«Yo fago al ciego veyer
y al cojo correr
y al mudo fablar
y al enfermo organar;[65]
así como dice en el escrito,[66]
de mí facen el cuerpo de Jesucristo.»
—«Así, don vino, por caridad,
que tanto sabedes de divinidad!
… … … … … … … … … … … … … …
que de agua facen el bautismo,
e dice Dios que los que de agua fueren bautizados
fillos[67] de Dios serán llamados,
e los que de agua non fueren bautizados
fillos de Dios non serán llamados.»...
… … … … … … … … … … … … … …
Mi razón aquí la fino,[68]
e mandad nos dar vino.
Qui me scripsit scribat,
semper cum Domino bibat.
    Lupus, me fecit, de Moros.[69]

Elena y María

Poema juglaresco anónimo perteneciente al grupo de poemas en que se discute si es preferible el amor del clérigo o del caballero, tema muy difundido en la poesía latina y francesa de la Edad Media. El lenguaje es leonés occidental y se ha relacionado con el del *Poema de Alfonso XI*. La versificación es irregular, de base octosilábica. Texto según Menéndez Pidal, *Revista de Filología Española*, 1914, I, 52-96.

[50] la fe que debéis [a mi amor] (?).
[51] sed, estad. [52] pronto, de prisa. [53] triste, desconsolado. [54] desde que, cuando. [55] cascabel. [56] cuando vió que yo estaba allí. [57] huerto de granados. Como advierte Menéndez Pidal, esto es un descuido del autor que antes coloca los vasos en un manzanar. [58] ella que quiso salir de prisa. [59] el vino empieza a insultar (*denostar*) y el agua a maltratar (*malivar*). [60] ¡qué mal compañero me ha llegado! Se refiere al agua que le ha caído encima.
[61] flojo, débil. [62] por la fe que debéis, ciertamente. [63] afrentar, insultar. [64] la cordura que dais; (qué efecto produces). [65] cantar. [66] en la Escritura, en la Biblia. [67] hijos. [68] aquí termino mi poema. Los versos que siguen eran fórmulas juglarescas de terminar las recitaciones pidiendo vino y que aquel que escribió o compuso el poema viviese siempre con (o gozase siempre de) Dios. [69] Aunque Lope de Moros figura aquí como el poeta que hizo (*me fecit*) la poesía, según se ha

dicho en la nota introductoria, parece que se trata del copista y no del verdadero autor.
[1] Menéndez Pidal interpreta *sonsanó* por sosañó (se burló). [2] locura. [3] pero si lo miras bien y lo juzgas rectamente. [4] tú no puedes compararte conmigo ni tu amante con el mío. [5] de linaje noble; *fijo de algo*= hidalgo. [6] pero yo amo al mejor; *mays*=mas (pero) y más. [7] *defensor y orador*: términos aplicados, respectivamente, en la Edad Media al caballero u hombre de armas y al clérigo. [8] come y duerme; *yaz*=yace. [9] con malicia (?); *atán*=tan. [10] sin ningún.
[11] tiene; se sobreentiende «con que» o «para». [12] y otros muchos bienes. [13] no tiene que preocuparse de las armas ni tampoco de luchar. [14] que lleva vida de joven disoluto. [15] hospedaje, posada. [16] sufrís, pasáis necesidades. [17] en buen caballo. [18] abad, clérigo. [19] sino escuerzo, sapo (porque está sin barba ni pelo). [20] monaguillos.
[21] ahijados; los bautizados respecto del cura que los bautiza. [22] holgar, descansar. [23] en comparación con.

Disputa del clérigo y el caballero

Elena la cató,
de su palabra la sonsanó,[1]
gravemente le repuso,
agora oíd cómo fabló:
«Calla, María,
¿por qué dices tal follía?[2]
Esa palabra que fablaste
al mío amigo denostaste,
mas si lo bien catas
e por derecho lo asmas,[3]
non eras tú para conmigo
nin el tu amigo para con el mío;[4]
somos hermanas e fijas de algo,[5]
mays yo amo el mays alto,[6]
ca es caballero armado,
de sus armas esforzado;
el mío es defensor,
el tuyo es orador:[7]
que el mío defiende tierras
e sufre batallas e guerras,
ca el tuyo yanta e yaz[8]
e siempre está en paz.»
    María, atán por arte,[9]
repuso de la otra parte:
«Ve, loca trastornada,
ca non sabes nada.
Dices que yanta e yaz
porque está en paz.
Ca él vive bien honrado
e sin todo [10] cuidado;
ha[11] comer e beber
e, en buenos lechos, yacer;
ha vestir e calzar
e bestias en que cabalgar,
vasallas e vasallos,
mulas e caballos;
ha dinero e paños
e otros haberes tantos.[12]
De las armas non ha cura
e otrosí de lidiar,[13]
ca más val' seso e mesura
que siempre andar en locura,
como el tu caballero
que ha vidas de garzón.[14]
Cuando al palacio va
sabemos vida que le dan:
el pan a ración,
el vino sin sazón;
sonríe mucho e come poco,
va cantando como loco;
como trae poco vestido,
siempre ha hambre e frío.
Come mal e yace mal
de noche en su hostal,[15]

ca quien anda en casa ajena
nunca sal' de pena.
Mientras él está allá,
lacerades[16] vos acá.»
... ...
    Elena con ira
luego dijo: «Esto es mentira.
En el palacio anda mi amigo,
mas non ha fambre nin frío;
anda vestido e calzado
e bien encabalgado;[17]
acompáñanlo caballeros
e sírvenlo escuderos.
... ...
Cuando al palacio viene,
apuesto e muy bien,
con armas e con caballos
e con escuderos e con vasallos,
siempre trae azores
e con falcones de los mejores;
... ...
cuando al palacio llega,
Dios, ¡qué bien semeja!
Azores gritando,
caballos relinchando,
alegre vien' e cantando,
palabras de corte fablando.
A mí tien' honrada,
vestida e calzada;
vísteme de cendal
e de al que más val'.
Créasme de cierto,
que más val' un beso de infanzón
que cinco de abadón,[18]
como el tu barbirrapado
que siempre anda en su capa encerrado,
que la cabeza e la barba e el pescuezo
non semeja sinon escuezo.[19]
Mas el cuidado mayor
que ha aquel tu señor
de su salterio rezar,
e sus molaciellos[20] enseñar;
la batalla faz con sus manos
cuando bautiza sus afijados;[21]
comer e gastar
e dormir e folgar.»[22]
... ...
María repuso tan airada,
esa vegada:
«Elena, calla,
¿por qué dices tal palabra?
Ca el tu amigo
a pos[23] el mío non val' un figo.
... ...
Ca el mío amigo, bien te lo digo,
ha mucho trigo e mucho vino;

tien' buenos celleros[24]
de plata e de dineros;
viste lo que quier'
si quier' mantón,[25] si quier' piel.

… … … … … … … … … … …

En la mañana por la helada
viste su capa encerrada
e empenada en corderinos,[26]
e vase a sus maitines;

diz maitines e misa
e sirve bien su eglisa.[27]
… … … … … … … … … …
E yo que esto digo,
a Dios grado[28] e al mío amigo
non hey[29] fambre nin frío
nin mengua[30] de vestido,
nin estoy deseosa
de ninguna cosa.»

Historia troyana en prosa y verso

ca. 1270

La obra, en su conjunto, especialmente la parte de
prosa, es una versión anónima del *Roman de Troie*, de
Benoît de Sainte-More. Los versos, bastante abundantes
y de gran interés por su riqueza de formas métricas,
son en su mayoría originales, según Menéndez Pidal,
aunque parafraseen pasajes de la obra de Sainte-More.
Hemos elegido varios fragmentos de un largo episodio
de la obra, los amores de Troilo y Briseida, por su
unidad, por su valor intrínseco y por constituir la primera muestra de un poema sentimental en castellano,
según apunta también Menéndez Pidal, cuya edición
—Madrid, 1934, *Revista de Filología Española*, ane-
jo XVIII— seguimos.

AMORES DE TROILO Y BRISEIDA

*El griego Calcas, padre de Briseida, pide a Príamo,
rey de Troya, que le devuelva a su hija. Troilo, amante
de Briseida e hijo de Príamo, da rienda a su dolor
ante la separación:*

«El mi bien, el mi seso,
la mi vida viciosa,[1]
todo lo tiene preso
la mi señor[2] fermosa;
    mi placer, mi cuidado
en ella lo he puesto;
si yo soy esforzado
o ardit[3] o apuesto
    por ella lo soy todo.

Cuanto en el mundo veo
todo m'semeja lodo
e nunca al deseo
    de bien si non veella;[4]
mas non puedo haber
placer nin bien sin ella;
ca si no hay cuanto haber
    en el mundo tuviese
nin cuanta otra nobleza,
non creo que perdiese
cuidado nin tristeza,
    si fues' de mí partida
o fuese alongada
la que tien' la mi vida
    toda de sí colgada.»[5]

… … … … … … … … … … …

*Al saber Briseida que ha de separarse de Troilo,
se lamenta también de su suerte:*

De corazón suspiraba,
de las manos se feríe,[6]
muy gravemente lloraba
toda la color perdíe,
    e decía: «¡ay, qué ventura
mí mezquina,[7] mal andante
atan fuerte e tan dura!
¿Por qué non morí yo ante
    que aquesto llegase

24 cillero; rentas procedentes de los diezmos o décima
parte de los frutos que pagaban los fieles a la iglesia.
25 capa o manto de hombre. 26 forrada de piel de
cordero. 27 iglesia. 28 gracias a Dios y a mi amigo;
grado=agradezco. 29 tengo. 30 falta.

1 placentera. 2 señora. 3 valiente. 4 y no deseo
nunca otro bien que verla; *al*=otra cosa. 5 *ca si
hoy... colgada* porque aunque hoy tuviese yo todas las
riquezas (*cuanto haber*) y cuanta nobleza hay en el
mundo, no perdería este cuidado ni esta tristeza [que
tengo] si se separase de mí (*si fues de mi partida*) o
se alejase (*fuese alongada*) la que tiene mi vida toda
colgada de ella, es decir Briseida. 6 se hería con las

manos. 7 ¡pobre de mí! 8 pero. 9 desgraciada.
10 *e la guarde... viva* e impida que viva hasta mañana
(*fasta cras*), es decir, Briseida pide que la muerte se la
lleve y le evite el dolor de la separación.
11 broche. 12 cabeza. 13 mentando, nombrando.
14 [los hermanos] le ponen sobre el caballo. 15 consolar. 16 cuando había recobrado el sentido. 17 lo
primero [que hizo] fué mirar (a Briseida). 18 ten-
dríais dolor de verlo. 19 desgraciado. 20 siquiera.
21 caballo. 22 deseo. 23 amarilla, pálida. 24 desgraciada y miserable. 25 que la hace sufrir de tal
modo. 26 valiente. 27 sin falta, sin defecto. 28 clavado. 29 por ello morirá el desgraciado [el corazón de
Briseida]. 30 se separaron.

nin que me en aquesto viese?
¿Quién fué nunca que cuidase
que yo el mi señor perdiese,
    nin que así fuese echada
del lugar do fuí nacida?
¡Por Dios, desaventurada,
por mi mal fué la mi vida!»
… … … … … … … … … …

    Mays[8] pues así es, la muerte
se duela de esta cativa[9]
e la guarde que, en tan fuerte
cuita, fasta cras non viva;[10]
    ca pues yo tal pesar veo,
tal daño e tal quebranto,
morir codicio, deseo,
non quiero otra cosa tanto.»
    Esto decía e lloraba
e prendedero[11] nin toca
en su tiesta[12] non dejaba,
daba voces como loca;
    e rompía los sus cabellos,
ante sí los allegando,
facía gran llanto sobre ellos
a Troilo ementando.[13]

… … … … … … … … … …

Troilo y sus hermanos acompañan a Briseida al
campo de los griegos. En el camino, Troilo pierde el
sentido y se cae del caballo.

    Los sus hermanos lloraban
con gran cuita que habían;
a cabalgar lo ayudaban,[14]
conortar[15] non lo podían.
    Desque en el caballo era
e ya cuanto acordaba,[16]
cataba de la primera[17]
a Briseida e lloraba;
    e decía: «Por Dios, hermanos,
¿ha cosa que me excusase
si yo dejase troyanos
e a griegos me tornase?»
    E cuando ellos le decían
que sería traidor en ello
el corazón le partían,
duelo habríedes de vello.[18]
    Ca decía: «¡ay, mal apreso![19]
¿E por qué yo non sería
se quier[20] d'algún griego preso?

Ca, maguer preso, vería
    alguna vez mi señora,
e algún bien me faría,
lo que non faría agora!»
E cuando él esto decía,
    muy cuitada la doncella,
toda salía de su seso,
apenas podían tenella
los tres infantes en peso,
    con cuita de derribarse
del palafrén[21] en que iba;
grado[22] había de matarse,
si pudiese la cativa.

… … … … … … … … … …

    A menudo entristecía
e tornábase amariella,[23]
a menudo se decía
mal fadada e mesiella;[24]
    a menudo iba catando
a Troilo, el infante,
a menudo se llamando
cuitada e mal andante;
    a menudo se torcía
las manos con la gran cuita;
a menudo maldecía
amor que la así acuita;[25]
    a menudo parecía
que tenía el llorar presto,
mucho a menudo decía
contra Troilo aquesto:
    «Por mi mal vos fizo Dios,
ay, Troilo, tan apuesto;
por mi mal fué cuanto en vos
de nobles mañas ha puesto;

… … … … … … … … … …

    por mi mal tan corajoso,[26]
tan lidiador en batalla,
por mi mal atan fermoso,
por mi mal todo sin falla.[27]
    Por mi mal es cuanto bien,
don Troilo, vos habedes,
en sí espentado[28] lo tien'
este corazón que veedes;
    por end' morra mal andante!»[29]
Pues sabed que así vinieron
Briseida e el infante,
fasta que se departieron.[30]

SIGLO XIII: MESTER DE CLERECÍA

Gonzalo de Berceo

h. 1197-d. de 1264

Es el primer poeta valioso de nombre conocido. Monje humilde de un monasterio de la Rioja, trata de temas exclusivamente religiosos: vidas de santos, motivos litúrgicos o teológicos y sobre todo, poesía mariana, es decir, la dedicada a la exaltación de la Virgen María como *Los milagros de Nuestra Señora*. En la introducción de esta obra —que damos casi íntegra— junto a su arte descriptivo y alegórico se muestran bien las cualidades más personales de Berceo: lirismo, candor, efusión espiritual. Damos además un milagro en el que puede apreciarse su ingenuo humorismo; unos pasajes de *La vida de Santo Domingo de Silos*, de carácter narrativo y dramático; y un breve fragmento del *Duelo de la Virgen* con una canción de vela en la que se ha visto la posible influencia de la poesía popular anónima. Texto según la edición de A. G. Solalinde, *Clásicos Castellanos*.

MILAGROS DE NUESTRA SEÑORA

INTRODUCCIÓN

Amigos e vasallos de Dios omnipotent,
si vos me escuchásedes por vuestro consiment,[1]
querría vos contar un buen aveniment:[2]
tendrédeslo en cabo[3] por bueno verament.[4]

Yo maestro[5] Gonzalvo de Berceo nombrado
yendo en romería caecí[6] en un prado
verde e bien sencido,[7] de flores bien poblado,

lugar cobdiciaduero[8] para hombre cansado.

Daban olor sobejo[9] las flores bien olientes,
refrescaban en hombre las caras e las mientes,[10]
manaban cada canto[11] fuentes claras corrientes,
en verano bien frías, en invierno calientes.

Había hi[12] gran abondo[13] de buenas arboledas,
milgranos e figueras, peros e mazanedas,[14]
e muchas otras frutas de diversas monedas;[15]
mas non había ningunas podridas nin acedas.

La verdura del prado, la olor de las flores,
las sombras de los árboles, de templados sabores
refrescáronme todo, e perdí los sudores:
podría vivir el hombre con aquellos olores.

Nunca trové en sieglo[16] lugar tan deleitoso,
nin sombra tan templada, ni olor tan sabroso.
Descargué mi ropiella por yacer más vicioso,[17]
poséme a la sombra de un árbol fermoso.

Yaciendo a la sombra perdí todos cuidados,
oí sones de aves dulces e modulados:
nunca oyeron hombres órganos más templados,
nin que formar pudiesen sones más acordados.

· ·

El prado que vos digo había otra bondad:
por calor nin por frío non perdía su beldad,
siempre estaba verde en su integridad,
non perdía la verdura por nulla[18] tempestad.

Man a mano que fuí[19] en tierra acostado,
de todo el lacerio[20] fuí luego folgado:[21]

---

[1] favor, merced.   [2] hecho, acontecimiento.   [3] al fin. [4] verdaderamente.   [5] título que se asigna Berceo. Según Solalinde, puede referirse a que era maestro en teología o confesor, aunque se inclina a creer que era un título literario.   [6] me encontré.   [7] sin cortar. [8] codiciable, apetecible.   [9] grande, excelente.   [10] pensamiento. [11] todas las piedras.   [12] allí.   [13] abundancia. [14] granados, higueras, perales, manzanos.   [15] precios o clases.   [16] nunca encontré en el mundo: *sieglo=siglo*. [17] descargué mi ropa o hatillo por estar más a gusto. [18] ninguna.   [19] en seguida que estuve.   [20] sufrimiento. [21] librado.   [22] quien allí viviese sería muy afortunado.   [23] concurrían, aparecían.   [24] cogían.   [25] metió, puso.   [26] avisado, sabio.   [27] nunca perdería la vista.   [28] sabroso.   [29] engañado.   [30] quitemos. [31] tomemos.   [32] aunque.   [33] morada.   [34] arriba (en el cielo).   [35] refugio.   [36] todo.   [37] hijo; *el buen criado* se refiere a Jesucristo.   [38] honestidad, pureza. [39] mancha, pecado.   [40] después del parto y en el parto. [41] escribían.   [42] volvamos a las.   [43] texto, libro. [44] llamada. Aquí comienza Berceo una glosa de la letanía de la Virgen.   [45] guía.   [46] mirada, invocada.

[47] ven.   [48] lo es.   [49] En el original, *reyna*. Acentuamos la *i* porque esta palabra en Berceo tiene las tres sílabas que tenía en latín. Léase: re-í-na.   [50] Es llamada. [51] granada.   [52] llena.   [53] con largas hojas.   [54] pértiga, vara.   [55] fué.   [56] arriba, antes.   [57] cantamos. [58] principales.   [59] anteriormente.   [60] atrevería. [61] famoso.   [62] ribera, orilla. [1] aconteció, le sucedió a.   [2] regular. Llámase así a los religiosos pertenecientes a una orden monástica, a diferencia del clero secular.   [3] desde que entró.   [4] locura, pecado.   [5] cosa deshonesta.   [6] se embriagó, se emborrachó.   [7] salió.   [8] estuvo (dormido) hasta la noche. *Las vísperas* corresponden a la séptima de las horas canónicas, es decir, de seis a nueve de la noche. [9] flaco, débil.   [10] despertó. [11] aturdido.   [12] se encaminó hacia el convento casi (*hascas*) sin ningún sentido.   [13] aunque.   [14] zancadilla; figurado, por tentación.   [15] fácilmente; pensaba que sería fácil vencerle, es decir, hacerle caer en la tentación.   [16] furioso, enardecido.   [17] mirada.   [18] metería.   [19] por medio del corazón.   [20] le ayudó; *comp.* más abajo *valme, válame*.

olvidé toda cuita, el lacerio pasado:
¡qui allí se morase sería bien venturado![22]

Los hombres e las aves cuantas acaecían,[23]
levaban[24] de las flores cuantas levar querían;
mas mengua en el prado ninguna non facían:
por una que levaban, tres e cuatro nacían.

Semeja este prado igual de paraíso,
en qui Dios tan gran gracia, tan gran bendición
[miso:[25]
el que crió tal cosa, maestro fué anviso:[26]
hombre que hi morase, nunca perdríe el viso.[27]

El fruto de los árboles era dulce e sabrido,[28]
si don Adán hubiese de tal fruto comido,
de tan mala manera non sería decibido,[29]
nin tomarían tal daño Eva ni su marido.

Señores e amigos, lo que dicho habemos,
palabra es oscura, exponerla queremos:
tolgamos[30] la corteza, al meollo entremos,
prendamos[31] lo de dentro, lo de fuera dejemos.

Todos cuantos vivimos que en piedes andamos,
si quiere[32] en prisión, o en lecho yagamos,
todos somos romeros que camino andamos:
san Pedro lo dice esto, por él vos lo probamos.

Cuanto aquí vivimos, en ajeno moramos;
la ficanza[33] durable suso[34] la esperamos,
la nuestra romería entonces la acabamos
cuando a paraíso las almas enviamos.

En esta romería habemos un buen prado,
en qui trova repaire[35] tot[36] romero cansado,
la Virgen Gloriosa, madre del buen criado,[37]
del cual otro ninguno igual non fué trovado.

Este prado fué siempre verde en honestad,[38]
ca nunca hubo mácula[39] la su virginidad,
post partum et in partu[40] fué Virgen de verdad,
ilesa, incorrupta en su integridad.

Las cuatro fuentes claras que del prado mana-
[ban,
los cuatro evangelios eso significaban,
ca los evangelistas cuatro que los dictaban,[41]
cuando los escribían, con ella se fablaban.

… … … … … … … … … … … …

Tornemos ennas[42] flores que componen el pra-
[do,
que lo facen fermoso, apuesto e templado:
las flores son los nombres que le da el dictado[43]
a la Virgo María, madre del buen criado.

La bendita Virgen es estrella clamada,[44]
estrella de los mares, guiona[45] deseada,
es de los marineros en las cuitas guardada,[46]
ca cuando esa veden,[47] es la nave guiada.

Es clamada, e eslo[48] de los cielos, reína,[49]
templo de Jesucristo, estrella matutina,
señora natural, piadosa vecina,
de cuerpos e de almas salud e medicina.

… … … … … … … … … … … …

Es dicha[50] vid, es uva, almendra, malgranada[51]

que de granos de gracia está toda calcada;[52]
oliva, cedro, bálsamo, palma bien aiumada,[53]
piértega[54] en que sovo[55] la serpiente alzada.

… … … … … … … … … … … …

Desuso[56] lo dijimos que eran los frutales
en qui facían las aves los cantos generales,
los sus santos milagros grandes e principales,
los cuales organamos[57] en las fiestas caubdales.[58]

Quiero dejar con tanto las aves cantadores,
las sombras e las aguas, las devant[59] dichas flores:
quiero de estos frutales, tan plenos de dulzores,
fer unos pocos versos, amigos e señores.

Quiero en estos árboles un ratiello subir,
e de los sus milagros algunos escribir,
la Gloriosa me guíe que lo pueda cumplir,
ca yo non me trevría[60] en ellos a venir.

Tendrélo por milagro que lo faz la Gloriosa,
si guiarme quisiere a mí en esta cosa:
madre plena de gracia, Reína poderosa,
tú me guía en ello, ca eres piadosa.

En España codicio de luego empezar:
en Toledo la magna, un famado[61] lugar,
ca non sé de cual cabo empiece a contar,
ca más son que arenas en riba[62] de la mar.

XX. El clérigo embriagado

De un otro milagro vos querría contar
que cuntió[1] en un monje de hábito reglar:[2]
quísolo el diablo duramente espantar,
mas la Madre gloriosa supo se lo vedar.

De que fué[3] en la orden, bien de que fué novi-
[cio,
amó a la Gloriosa siempre facer servicio:
guardóse de follía[4] de fablar en fornicio:[5]
pero hubo en cabo de caer en un vicio.

Entró en la bodega un día por ventura,
bebió mucho del vino, esto fué sin mesura,
enebdóse[6] el loco, issió[7] de su cordura,
yogó hasta las viesperas[8] sobre la tierra dura.

Bien a hora de vísperas el sol bien enflaquido,[9]
recordó[10] malamente, andaba estordido:[11]
issió contra la claustra hascas sin nul sentido:[12]
entendíanselo todos que bien había bebido.

Pero que[13] en sus piedes non se podía tener,
iba a la iglesia como solía facer,
quísole el diablo zancajada[14] poner,
ca bien se lo cuidaba rehezmientre[15] vencer.

En figura de toro que es escalentado[16]
cavando con los piedes, el cejo[17] demudado,
con fiera cornadura sañoso e irado
parósele delante el traidor probado.

Facíale gestos malos la cosa diablada,
que le metríe[18] los cuernos por media la corada,[19]
priso el hombre bueno muy mala espantada,
mas valiól'[20] la Gloriosa, reina coronada.

Vino Santa María con hábito honrado,
tal que de hombre vivo non sería apreciado,
metiósele en medio a él e al pecado,[21]
el toro tan soberbio fué luego amansado.

Menazóle[22] la dueña con la falda del manto,
esto fué para él un muy mal quebranto,
fuése e desterróse[23] faciendo muy gran planto,[24]
fincó en paz el monje, gracias al Padre santo.

... ...

Allí cuidó el monje que era devorado,
ca vidie por verdad un fiero encontrado:[25]
peor le era esto que todo lo pasado,
entre su voluntad maldecía el pecado.

Decía: «¡Valme gloriosa madre Santa María,
válame la tu gracia hoy en este día,
ca soy en gran afruento,[26] en mayor non podría:
madre, non pares mientes[27] a la mi gran follía!»

Abés[28] pudo el monje la palabra cumplir[29]
vino Santa María como solía venir
con un palo en mano para león ferir:
metiósele delante, empezó a decir:

«Don falso alevoso: non vos escarmentades
mas yo vos daré hoy lo que vos demandades:
ante lo compraredes que daquend vos vayades,[30]
con quien volviste guerra quiero que lo sepades.»

Empezóle a dar de grandes palancadas,[31]
non podían las menudas escuchar las granadas,[32]
lazraba el león a buenas dinaradas,[33]
non hubo en sus días las cuestas[34] tan sobadas.

Decíal' la buena dueña: «Don falso traidor
que siempre en mal andas, eres de mal señor:
si más aquí te prendo en este derredor,
de lo que hoy prendes aún prendrás peor.»

Desfizo la figura, empezó a fuir,
nunca más fué osado al monje escarnir,[35]
ante pasó gran tiempo que pudiese guarir,[36]
plúgole al diablo cuando lo mandó ir.

El monje que por todo esto había pasado,
de la carga del vino non era bien folgado,[37]
que vino e que miedo habíanlo tan sobado,[38]
que tornar non podía a su lecho usado.[39]

La Reina preciosa e de precioso fecho
prísolo por la mano, llevóle para el lecho,
cubriólo con la manta e con el sobrelecho,[40]
pusol' so la cabeza el cabezal[41] derecho.

Demás cuando lo hubo en su lecho echado
santiguól' con su diestra e fué bien santiguado:
«amigo, —díjol'— fuelga,[42] ca eres muy lazrado,
con un poco que duermas luego serás folgado.

Pero esto te mando, afirmes[43] te lo digo,
cras mañana demanda a fulán mi amigo,[44]
confiésate con él e serás bien conmigo,
ca es muy buen hombre, e dar te ha buen castigo.[45]»

... ...

Contendía el buen hombre, queríase levantar,
por fincar los hinojos, los piedes le besar;
mas la Virgo Gloriosa no lo quiso esperar,
tolliósele de ojos,[46] hubo él gran pesar.

... ...

Señores e amigos, muévanos esta cosa:
amemos e laudemos todos a la Gloriosa,
non echaremos mano en cosa tan preciosa
que tan bien nos acorra[47] en hora peligrosa.

... ...

21 el demonio. 22 le amenazó. 23 se retiró.
24 llanto. 25 porque vió verdaderamente que aquél era
un encuentro temible. En los versos omitidos se narra
cómo el demonio se le había aparecido por segunda vez
en figura de perro, y ahora se le aparece en forma de
león. 26 apuro. 27 no tomes en cuenta. 28 apenas.
29 acabar. 30 antes que os vayáis de aquí la pagaréis.
31 palos. 32 grandes. 33 sufría mucho el león, es
decir, pagaba a buen precio (dinarada) lo que había
hecho. 34 costillas. 35 burlar. 36 curar. 37 no se
había librado. 38 maltratado. 39 acostumbrado.
40 colcha.
41 almohada. 42 descansa. 43 firmemente. 44 mañana por la mañana llama a fulano (una persona que
no se nombra) mi amigo. 45 consejo. 46 se apartó de
su vista. 47 socorra, ayude.
1 que está junto a ellos, es decir, al mismo nivel que
ellos (en la Trinidad). 2 composición. 3 en romance
o lengua inteligible. 4 Berceo usa aquí la fórmula común con que los juglares solicitaban premio a sus recitaciones. 5 quiero que sepáis desde el principio (luego de la primera) de quién es la historia [que voy a
contar] y poneros en el camino [de la historia]. 6 que
está al otro lado de la frontera. Alude a la frontera
entre Castilla, donde está Silos, y Navarra, donde escri-

bía Berceo. 7 mérito. 8 Espero premio por mi trabajo porque Él (Dios) premia con generosidad el servicio más pequeño. 9 de buen linaje. 10 fué leal y justo en todo, sin ninguna bajeza.
11 padres. 12 no le gustaba (oir vanidades); taliento = placer, gusto. 13 aunque. 14 gusto, simpatía.
15 medida, límite. 16 necesidad. 17 ponía todo su
cuidado en agradarles. 18 cuando fué un niño mayor,
que podía andar solo. 19 salió. 20 en propiedad ajena, de otro.
21 él. 22 regaño. 23 traía por la tarde las ovejas
al albergue. 24 anguarina, especie de abrigo sin mangas
que usan los pastores y labradores. 25 a sus padres.
26 El pastor (Dios) que no duerme nunca e hizo los
abismos sin fondo. 27 soberana, excelente. 28 aumentaba y mejoraba el rebaño cada día (cutiano). 29 par-
ticipante. 30 llamados.
31 primero. 32 después. 33 pensó. 34 ordenado
de grados, o sea de la primera orden del sacerdocio. En
los versos siguientes Berceo establece la gradación de
estas órdenes: epistolero, de epístola; evangelistero, de
evangelio; y, finalmente, preste o sacerdote. 35 perla.
36 bendito el convento. 37 portero. 38 el manantial
donde nace el río Gatón en la Rioja, antiguo reino de
Navarra.

VIDA DE SANTO DOMINGO DE SILOS

LA INFANCIA DEL SANTO.—COMIENZA LA
VIDA DEL GLORIOSO CONFESOR SANTO
DOMINGO DE SILOS

En el nombre del Padre, que fizo toda cosa,
e de don Jesucristo, fijo de la Gloriosa,
et del Espíritu Santo, que igual de ellos posa,[1]
de un confesor santo quiero fer una prosa.[2]

Quiero fer una prosa en román paladino,[3]
en cual suele el pueblo fablar a su vecino,
ca non soy tan letrado por fer otro latino:
bien valdrá, como creo, un vaso de bon vino.[4]

Quiero que lo sepades luego de la primera
cuya es la historia, metervos en carrera:[5]
es de Santo Domingo, toda bien verdadera,
el que dicen de Silos, que salva la frontera.[6]

En el nombre de Dios, que nombramos primero,
suyo sea el precio,[7] yo seré su obrero,
galardón del lacerio yo en él lo espero,
que por poco servicio da galardón larguero.[8]

Señor Santo Domingo, dizlo la escritura,
natural fué de Cañas, non de baja natura,[9]
lealmente fué fecho a toda derechura,
de todo muy derecho, sin nula depresura.[10]

Parientes[11] hubo buenos, del Criador amigos,
que seguían los ejemplos de los padres antiguos,
bien sabían excusarse de ganar enemigos:
bien les venía en mientes de los buenos castigos.

La cepa era buena, emprendió buen sarmiento,
non fué como caña, que la torna el viento,
ca luego así prendió, como de buen cimiento,
de oír vanidades non le prendía taliento.[12]

Servía a los parientes de toda voluntad,
mostraba contra ellos toda humildad,
traía, maguer[13] niñuelo, tan gran simplicidad,
que se maravillaba toda la vecindad.

De risas nin de juegos había poco cuidado,
a los que lo usaban habíales poco grado;[14]
maguer de pocos días, era muy mesurado,
de grandes e de chicos era mucho amado.

Vivía con sus parientes la santa criatura,
el padre e la madre queríanlo sin mesura;[15]
de nula otra cosa él non había ardura,[16]
en aguardar a ellos metía toda su cura.[17]

Cuando fué peonciello, que se podía mandar,[18]
mandólo ir el padre las ovejas guardar:
obedeció el fijo que non quería pecar,
ixó[19] con su ganado, pensólo de guiar.

Guiaba su ganado como faz buen pastor,
tan bien non lo faría alguno más mayor,
non quería que entrasen en ajena labor,[20]
las ovejas con elli[21] habían muy gran sabor.

Dábales pastos buenos, guardábale de daño,
ca temía que del padre recibiría sosaño:[22]

a rico nin a pobre non quería fer engaño,
más quería de fiebre yacer todo un año.

… … … … … … … … … … … … … … … …

Caminaba a la tarde con ellas a posada,[23]
su cayado en mano, con su capa vellada:[24]
a los que lo ficieron,[25] luego como entraba,
besábales las manos, la rodilla fincada.

El pastor que non duerme en ninguna sazón,
et fizo los abysos que non habían fondón,[26]
guardábale el ganado de toda lesión,
non facía mal en ello, nin lobo, nin ladrón.

Con la guarda sobeja[27] que el pastor les daba,
et con la santa gracia que Dios le ministraba,
aprodaba la grey cutiano mejoraba,[28]
tanto que a algunos envidia les tomaba.

Abel el protomártir fué el pastor primero,
a Dios en sacrificio dió el mejor cordero,
ficióle Dios por ende en cielo parcionero,[29]
démosle al de Silos por igual compañero.

… … … … … … … … … … … … … … … …

Nuestro Señor don Cristo, tan alta potestad,
dijo que pastor era, e bueno de verdad:
obispos e abades, cuantos han dignidad,
pastores son clamados[30] sobre la cristiandad.

Señor Santo Domingo de prima[31] fué pastor,
después fué de las almas padre e guiador:
bueno fué en comienzo, a postres[32] más mejor,
el Rey de los cielos nos dé el su amor.

… … … … … … … … … … … … … … … …

El santo pastorciello, niño de buenas mañas,
andando con su grey por término de Cañas,
asmó[33] de ser clérigo, saber buenas fazañas,
por vivir honesto con más limpias compañas.

… … … … … … … … … … … … … … … …

Cantó la santa misa el sacerdote novicio,
iba honestamente en todo su oficio,
guardaba su iglesia, facía a Dios servicio,
non mostraba en ello nin pereza nin vicio.

Tal era como plata, mozo casto gradero,[34]
la plata tornó oro cuando fué epistolero,
el oro margarita[35] cuando fué evangelistero,
cuando subió a preste semejó al lucero.

CONTIENDA DEL SANTO CON EL REY DON GARCÍA DE NÁJERA

¡Bendita la claustra[36] que guía tal caudillo!
¡Bendita la grey que ha tal pastorcillo!
¡Do ha tal castellero, feliz es el castillo!
¡Con tal buen portillero[37] feliz es el portillo!

Una cosa me pesa mucho de corazón,
que habemos un poco a cambiar la razón,
contienda que le nació al precioso varón,
porque pasó la sierra e la fuent de Gatón.[38]

El rey don García de Nájera señor,
fijo del rey don Sancho el que dicen mayor,

un firme caballero, noble campeador,
mas para San Millán podría ser mejor;
era de buenas mañas, había cuerpo fermoso,
sobre bien razonado,[39] en lides venturoso,
fizo a mucha mora viuda de su esposo,
mas había una tacha, que era codicioso.

… … … … … … … … … … … … … …

*El rey llega al monasterio de San Millán y después
de ser allí albergado pide que le devuelvan los tesoros
y las rentas que sus antepasados habían otorgado al monasterio. Los monjes se asustan, pero Santo Domingo
reprocha al rey su conducta; le dice cómo sus abuelos
ofrecieron esos tesoros en servicio de Dios. Continúa el
diálogo entre el rey y el santo. Dice el santo:*

«Lo que una vegada a Dios es ofrecido,
nunca en otros usos debe ser metido,
qui ende lo cambiase sería loco tollido,[40]
en día del juicio seríale retraído.[41]

Si esto por ti viene, eres mal acordado,[42]
si otro lo aconseja, eres mal aconsejado,
rey, guarda tu alma, non fagas tal pecado,
ca sería sacrilegio, un crimen muy vedado.»
—«Monje—dijo el rey—sedes mal ordenado
de fablar ant'el rey, ¿qué vos fizo osado?
Parece del silencio qui non sodes usado,
bien creo que seredes en ello mal fallado.[43]

Sodes de mal sentido, como loco fablades,
fervos he sin los ojos, si mucho papeades,[44]
mas consejarvos quiero, que callado seades,
fablades sin licencia, mucho desordenades.»

El prior sovó[45] firme, non dió por ello nada,
«Rey, dijo, yo en esto verdad digo probada,
non sería por decretos, nin por leyes falsada,[46]
tú en loguer[47] prométesme asaz mala soldada.

Yo non lo mereciendo, rey, so de ti mal trecho,
menázasme a tuerto, yo diciendo derecho,[48]
non debías por tal cosa de mí haber despecho,
rey, Dios te defienda,[49] que non fagas tal fecho.

… … … … … … … … … … … … … …

Las erranzas que dices con la gran follonía[50]

et los otros pecados que faces cada día,
perdónetelos Cristo, el fijo de María:
mas de cuanto te dije yo non me cambiaría.»

Fabló el rey e dijo: «don monje denodado,
fablades como qui siede[51] en castiello alzado;
mas si prender vos puedo de fuera del sagrado,
seades bien seguro, que seredes colgado.»

Fabló Santo Domingo, del Criador amigo:
«Rey, por Dios que oigas esto que te digo;
en cadena te tiene el mortal enemigo,
por eso te enciende que barajes conmigo.[52]

… … … … … … … … … … … … … …

Puedes matar el cuerpo, la carne mal traer,
mas non has en la alma, rey, ningún poder:
dizlo el Evangelio, que es bien de creer,
el que las almas juzga, ése es de temer.

Rey, yo bien te aconsejo como a tal señor,
non quieras toller nada al santo confesor,[53]
de lo que ofreciste non seas robador,
si non, ver non puedes la faz del Criador.

Pero si tú quisieres los tesoros levar,
nos non te lo daremos, vételos tú tomar,
si non los amparare el patrón del lugar,
nos non podremos, rey, contigo barajar.»

Irado fué el rey, sin cuenta e sin tiento,
afiblóse[54] el manto, partióse del conviento,
tenía que había priso gran quebrantamiento,
había del prior sólo saña y mal taliento.[55]

Fincó con su conviento el confesor honrado,[56]
por todos los roídos[57] él non era cambiado,
guardaba su oficio que había comendado,[58]
si lo ficiesen mártir sería él muy pagado.

DUELO DE LA VIRGEN

*María se le aparece a San Bernardo y le relata la
Pasión del Señor desde que fué preso, sus lamentaciones
en la cruz, su muerte, y el temor de Pilatos y los judíos
de que se cumpliese la profecía según la cual había de
resucitar Jesús al tercer día. Entonces cantan los judíos*

[39] además de ser discreto.   [40] quien por tanto lo cambiase sería loco perdido.
[41] le pedirían cuenta el día del Juicio Final.   [42] eres
poco sensato.   [43] Parece que no estás acostumbrado a
callar y creo que por eso acabarás mal.   [44] Os sacaré
los ojos si charláis mucho.   [45] estuvo.   [46] alterada.
[47] en pago.   [48] yo digo lo justo y tú me amenazas injustamente.   [49] te guarde de.   [50] los despropósitos que
dices a causa de tu gran furor.
[51] como si estuvieras.   [52] te incito a que luches conmigo.   [53] no quitarle nada a San Millán (patrón del
monasterio).   [54] se abrochó, se ató.   [55] malos deseos,
mala voluntad.   [56] Santo Domingo.   [57] voces, quejas.
[58] seguía atendiendo a sus obligaciones.   [59] Mientras
la Virgen vela el sepulcro de su hijo, los judíos han
ido a Pilatos a exponer sus temores de que los discípulos de Cristo hurten su cuerpo. Pilatos les contesta: «A
esos gurriones» (gorriones) es término despectivo

[60] *ca… peones.* Porque *él* (*elli*), Pilatos, sabía bien
lo que (el miedo) sentían (les contestó): «Tenéis bastantes (*asaz*) guardas y soldados (*peones*) valientes (*fardidos*)».
[61] cantadle, componedle.   [62] embriagados, borrachos.
[63] no les agrade, no se les ocurra.   [64] mujeres, esposas.
[65] insultos.   [66] que no valían nada.   [67] instrumentos
de cuerda que, respectivamente, se parecen a la cítara,
al arpa y al rabel.   [68] truhanes, bribones.   [69] composiciones.   [70] reunión de judíos.
[71] mofa, burla.   [72] ¡ea!   [73] hurten, roben.   [74] no
sabéis tanto encantamiento (*descanto*) que (el cuerpo de
Cristo) pueda salir de debajo de la piedra (*canto*). Comp.
más adelante con «non sabedes tanta razón que salgades
de la prisión».   [75] pestillo. Aquí probablemente *puerta.*   [76] Términos despectivos que los judíos dan a los
apóstoles que pueden interpretarse como venales (*plegadizos*), advenedizos (*rioaduchos*) y corrompidos (*mezcladizos*).   [77] sin cordura.

que custodian el sepulcro la canción de vela, en la que se burlan de los apóstoles. Al terminarla, los veladores pierden el sentido y Jesucristo resucita. El poema termina con alabanzas a la Virgen.

Recudióles Pilatos a esos gurriones,[59]
ca bien les entendía elli los corazones:
«Asaz avedes guardas e fardidos peones,[60]
guardad bien el sepulcro, controbatli[61] canciones.
… … … … … … … … … … … … … …

Cercad bien el sepulcro de buenos veladores,
non sean embriagos[62] ni sean dormidores,
non les cala[63] de mañana facer otras labores,
nin vayan esta noche visitar las uxores.»[64]

Tornaron al sepulcro vestidos de lorigas,
diciendo de sus bocas muchas sucias nemigas,[65]
controvando cantares que non valían tres figas,[66]
tocando instrumentos, cedras, rotas e gigas.[67]

Cantaban los trufanes[68] unas controvaduras[69]
que eran a su Madre amargas e muy duras:
aljama,[70] nos velemos, andemos en corduras,
si non, farán de nos escarnio e gahurras.[71]

CÁNTICA

¡Eya[72] velar, eya velar, eya velar!
Velad aljama de los judíos,
    ¡eya velar!
Que non vos furten[73] el Fijo de Dios
    ¡eya velar!
Ca furtárvoslo querrán,
    ¡eya velar!
Andrés e Pedro et Johan,
    ¡eya velar!
Non sabedes tanto descanto,
    ¡eya velar!
Que salgades de so el canto,[74]
    ¡eya velar!
Todos son ladronciellos,
    ¡eya velar!

Que acechan por los pestiellos,[75]
    ¡eya velar!
Vuestra lengua tan palabrera,
    ¡eya velar!
Ha vos dado mala carrera,
    ¡eya velar!
Todos son hombres plegadizos,
    ¡eya velar!
Rioaduchos mezcladizos,[76]
    ¡eya velar!
Vuestra lengua sin recabdo,[77]
    ¡eya velar!
Por mal cabo vos ha echado,
    ¡eya velar!
Non sabedes tanto de engaño,
    ¡eya velar!
Que salgades ende este año,
    ¡eya velar!
Non sabedes tanta razón,
    ¡eya velar!
Que salgades de la prisión,
    ¡eya velar!
Tomasejo e Mateo,
    ¡eya velar!
De furtarlo han gran deseo,
    ¡eya velar!
El discípulo lo vendió,
    ¡eya velar!
El Maestro non lo entendió,
    ¡eya velar!
Don Filipo, Simón e Judas,
    ¡eya velar!
Por furtar buscan ayudas,
    ¡eya velar!
Si lo quieren acometer,
    ¡eya velar!
Hoy es día de parecer,
    ¡eya velar!
¡Eya velar, eya velar, eya velar!
… … … … … … … … … … … …

Libro de Apolonio

Poema anónimo fechado entre 1235 y 1240, recoge un tema procedente de una leyenda bizantina muy difundido en la literatura medieval: la novelesca historia de Apolonio, rey de Tiro, con sus naufragios, pérdida de su hija Tarsiana, encuentros inesperados, etc. En el texto romance abundan los aragonesismos, introducidos probablemente por el copista en un texto castellano. Seguimos la edición de C. C. Marden, *Elliott Monographs*, Princeton University, 1917.

ARGUMENTO

El rey Apolonio de Tiro va a Antioquía a pedir la mano de la hija del rey Antioco; descubre el amor incestuoso de éste por su hija; vuelve a Tiro y decide irse «en aventuras por las ondas del mar». Llega a Tarso, donde le notifican que el rey Antioco le persigue para matarle; emprende nuevo viaje para evitar que Antioco haga daño a la ciudad; una tempestad le hace naufragar y le arroja a las costas de Pentapolín, donde encuentra un pescador que comparte vestido y cena con él. Al llegar a la ciudad ve a unos mancebos jugando a la pelota; entra en el juego; el rey Arquitrastes, admirado de su destreza, le invita a un partido y luego al palacio. Luciana, hija de Arquitrastes, se prenda de Apolonio y así se lo confiesa a éste y luego a su padre. Se casan y en el viaje de vuelta a Tiro Luciana da a luz una niña (Tarsiana) y, al parecer, muere a consecuencia del parto, por lo que la echan al mar en un ataúd bien cerrado. Apolonio lleva a su hija a Tarso con su ama Licórides y la deja en poder de Estrangilo y su mujer Dionisa para que la críen. Él se va a Egipto y promete no cortarse los cabellos ni las uñas hasta que vuelva para el casamiento de su hija. Educan a Tarsiana bien; muere Licórides; Dionisa, por envidia, manda matar a Tarsiana; en el preciso momento llegan unos ladrones, la raptan y la venden. Para conservar su pureza y poder ganarse la vida, Tarsiana se hace juglaresa. Al cabo de los años vuelve Apolonio por su hija, y Dionisa le dice que ha muerto. Se va de Tarso y una tormenta le lleva a Mitalena, en cuyo puerto ancla. El príncipe Antinágora se entera de que Apolonio está enfermo en una nave; va a verlo y le halla con «fiera barba maja que los pechos le cubría». Se compadece de su dolor y le lleva a la juglaresa Tarsiana para que le distraiga. Ella logra que Apolonio le responda a las adivinanzas que le dice, pero luego al ir a abrazarle la maltrata; llora Tarsiana, y al lamentarse de su suerte, menciona a sus padres, por lo que Apolonio reconoce a su hija. Antinágora pide la mano de Tarsiana. Un ángel se le aparece a Apolonio y le dice que vaya a Efesio al templo de Diana, donde está Luciana viva; así lo hace Apolonio y luego llegan a Tarso, donde pide justicia, castigando a Dionisa y su marido: ahorcan a éste y queman a aquélla. De allí salen para Antioquía, de la que ya es señor Apolonio, y de allí a Pentapolín, donde el rey Arquitrastes les recibe con cariño. Luciana tiene un hijo. Apolonio premia al pescador que le había acogido en su primer naufragio, y finalmente se va a Tiro. El poema termina con la muerte de Apolonio y unas consideraciones sobre la muerte y nuestra conducta.

DIÁLOGO ENTRE APOLONIO Y EL PESCADOR

El rey, con gran vergüenza, porque tan pobre era,
fué contra[1] el pescador, salióle a la carrera.[2]
«¡Dios te salve!», le dijo luego de la primera.[3]
El pescador le repuso de sabrosa manera.

—«Amigo, dijo el rey, tú lo puedes veyer.[4]
Pobre so e mezquino, non traigo nul haber.[5]
Si Dios te benediga, que te caiga en placer
que entiendas mi cuita e que la quieras saber.»

«Tal pobre cual tú veyes, desnudo e lazrado,[6]
Rey so de buen reino rico e abondado,[7]
de la ciudad de Tiro do era mucho amado.
Decíanme Apolonio por nombre señalado.»

«Vivía en mi reino vicioso[8] e honrado,
non sabía de cuita, vivía bien folgado,
teníame por torpe e por menoscabado,
porque por muchas tierras non había andado.»

«Fuí a Antiocha casamiento buscar;
non recabé la dueña,[9] húbeme de tornar.
Si con eso fincase quito[10] en mio logar,
non habría de mí fecho tal escarnio la mar.»

«Furtéme de mis parientes[11] e fice muy gran
[locura.
Metíme en las naves con una noche oscura.
Hubimos buenos vientos, guiónos la ventura;
arribamos en Tarso, tierra dulce e segura.»

«Trovamos buenas gentes llenas de caridad,
facían contra nos toda humildad.
Cuando dende nos partimos por decirte verdad,
todos facían gran duelo de toda voluntad.»

«Cuando en la mar entramos facía tiempo pa-
[gado;[12]
luego que fuimos dentro el mar fué conturbado.
Cuanto nunca[13] traía, allá lo he dejado;
tal pobre cual tú veyes abez[14] so escapado.»

«Mis vasallos que eran conmigo desterrados,[15]
haberes que traía, tesoros tan granados,[16]
palafres[17] e mulas, caballos tan preciados,
todo lo he perdido por mis malos pecados.»

«Sabélo Dios del cielo que en esto non miento,
mas non muere el hombre por gran aquejamiento,
si yo yogues' con ellos habría gran plazimiento,
sino cuando viene el día del pasamiento.»[18]

«Mas cuando Dios me quiso a esto aducir,[19]
que las limosnas haya sin grado[20] a pedir,
ruégote que, si puedes a buena fin venir,
que me des algún consejo por o[21] pueda vivir.»

Calló el rey en esto e fabló el pescador;
recudiól'[22] como hombre que había de él gran
[dolor.

---

[1] hacia. [2] al camino. [3] al principio. [4] ver.
[5] nada. [6] afligido. [7] abundante. [8] contento, a gusto. [9] no conseguí la mujer. [10] si me hubiera quedado quieto, tranquilo.
[11] me aparté de mis padres. [12] tranquilo. [13] todo lo que. [14] apenas. [15] que se habían ido conmigo.
[16] grandes. [17] palafrenes, caballos. [18] Si yo me hubiese quedado con ellos (con mis padres) hubiera vivido contento hasta el día de la muerte. [19] traer. [20] con resignación.
[21] por donde, según el cual. [22] le respondió.
[23] anduvo (ha andado). [24] estuvo (ha estado) quieto.
[25] tienen que soportar cualquier cosa que les ocurra.
[26] quebrantos. [27] blandas. [28] el que tuvo poder para hacer que te volvieras pobre (Dios). [29] hadas, hado, el destino. [30] cortó.

[31] algunas veces el rey había cenado mejor, esto es, la cena era bastante pobre. [32] se preparó. [33] canción.
[34] canción. [35] a veces cantaba piano. [36] finos.
[37] armonizaban. [38] habilidades. [39] no estaba de acuerdo. [40] no alabo a tu hija (tanto) como los otros, pero si tomo la vihuela tocaré de tal modo que todos entenderéis la razón que tengo para ello.
[41] tocar. [42] si la tienes (dulce amiga). [43] injuria.
[44] tocar la vihuela. [45] un tanto, un poco. [46] aunque.
[47] miró a Luciana. [48] otro tipo de canción. [49] Luciana empezó a enamorarse de Apolonio. [50] la gente.
[51] les contó la historia de su propia vida. [52] de su historia. [53] la comida (conducho) que comía no le sentaba bien. [54] mercader. [55] Dios sabe que siento (so pesante) mucho tu cuita. [56] no te consideres avergonzado (aontado) porque venga yo [una juglaresa] a consolarte. [57] te tendrías por (estarías) contento.

—«Rey, dijo el hombre bueno, de esto so sabidor,
en gran cuita te veyes, non podrías en mayor.»

«El estado de este mundo siempre así andido;[23]
cada día se cambia, nunca queda estido;[24]
en toller e en dar es todo su sentido,
vestir al despojado e despojar al vestido.»

«Los que las aventuras quisieron ensayar,
a las veces perder, a las veces ganar,
por muchas de maneras hubieron de pasar,
que quier que les avenga hanlo de endurar.»[25]

«Nunca sabrían los hombres qué eran aventuras
si non perdiesen pérdidas o muchas majaduras.[26]
Cuando han pasado por muelles[27] e por duras,
después se tornan maestros e creen las escrituras.»

«El que poder hubo de pobre te tornar[28]
puédete si quisiere de pobreza sacar.
Non te querrían las Fadas,[29] rey, desamparar;
puedes en poca hora todo tu bien cobrar.»

«Pero tanto te ruego, sé hoy mi convidado;
de lo que hubiere, servirte he de buen grado.
Un vestido he solo, flaco e muy delgado;
partir lo he contigo, e tente por mí pagado.»

Fendió[30] su vestido luego con su espada,
dió al rey el medio e llevólo a su posada,
diol' cual cena pudo, non le escondió nada.
Había mejor cenado en alguna vegada.[31]

APOLONIO AVENTAJA A LUCIANA EN EL ARTE MUSICAL

Aguisóse[32] la dueña, ficiéronle lugar,
templó bien la vihuela en un son natural,
dejó caer el manto, paróse en un brial,
comenzó una laude,[33] hombre non vió atal.

Facía fermosos sones, e fermosas debayladas,[34]
quedaba a sabiendas la voz a las vegadas.[35]
Facía a la vihuela decir puntos ortados;[36]
semejaban que eran palabras afirmadas.

Los altos e los bajos todos de ella decían.
La dueña e la vihuela tan bien se avenían[37]
que lo tenían a fazaña cuantos que lo veían.
Facía otros depuertos[38] que mucho más valían.

Alabábanla todos, Apolonio callaba.
Fué pensando el rey por qué él non fablaba.
Demandóle e díjole que se maravillaba
que con todos los otros tal mal se acordaba.[39]

Recudió Apolonio como firme varón:
—«Rey, de tu fija non digo si bien non,
mas si prendo la vihuela cuido fer un tal son
que tendredes todos que es más con razón.»[40]

«Tu fija bien entiende una gran partida,
ha comienzo bueno e es bien entendida,
mas aún non se tenga por maestra cumplida;
si yo decir[41] quisiere, téngase por vencida.»

—«Amigo, dijo ella, si Dios te benediga,
por amor, si la has,[42] de la tu dulce amiga,

que cantes una laude en rota o en giga;
si no, hasme dicho soberbia e enemiga.»[43]

Non quiso Apolonio la dueña contrastar.
Priso una vihuela e súpola bien templar;
dijo que sin corona non sabría violar.[44]
Non quería, maguer pobre, su dignidad bajar.

Hubo de esta palabra el rey muy gran sabor,
semejóle que le iba amansando la dolor,
mandó de sus coronas aducir la mejor,
dióla a Apolonio un buen violador.

Cuando el rey de Tiro se vió coronado,
fué de la tristeza ya cuanto[45] amansando;
fué cobrando el seso, de color mejorando,
pero que[46] non hubiese el duelo olvidado.

Alzó contra la dueña un poquillo el cejo;[47]
fué ella de vergüenza presa un poquillejo.
Fué trayendo el arco igual e muy parejo.
Abes cabía la dueña de gozo en su pellejo.

Fué levantando unos dulces sones,
doblas[48] e dabayladas, temblantes semitones.
A todos alegraba la voz los corazones;
fué la dueña tocada de malos aguijones.[49]

… … … … … … … … … … … … …

TARSIANA SE GANA LA VIDA CANTANDO

Luego el otro día de buena madrugada
levantóse la dueña ricamente adobada;
priso una viola buena e bien templada,
e salió al mercado violar por soldada.

Comenzó unos versos e unos sones tales,
que traían gran dulzor e eran naturales.
Henchíanse de hombres a priesa los portales,
non cabían en las plazas, subíanse a los poyales.

Cuando con su viola hubo solazado,
a sabor de los pueblos[50] hubo asaz cantado,
tornóles a rezar un romance bien rimado
de la su razón misma por o había pasado.[51]

… … … … … … … … … … … … …

Cogieron con la dueña todos muy gran amor,
todos de su facienda[52] habían gran sabor;
demás como sabían que había mal señor,
ayudábanla todos de voluntad mejor.

El príncipe Antinágora mejor la quería;
que si su fija fuese, más non la amaría.
El día que su voz o su canto non oía
conducho que comiese, mala pro le tenía.[53]

TARSIANA TRATA DE DISTRAER A APOLONIO ENFERMO

Lleváronla al lecho a Tarsiana la infante.
Dijo ella: «Dios te salve, romero o merchante.[54]
Mucho so de tu cuita, sábelo Dios pesante.»[55]
Su instrumento en mano parósele delante.

«Por mi solaz non tengas que eres aontado,[56]
si bien me conocieses, tenerte íes por pagado,[57]

que non so juglaresa de las de buen mercado,[58]
nin lo he por natura, mas fágolo sin grado.»

«Dueña so de linaje, de parientes honrados,
mas decir non lo oso por míos graves pecados;
nací entre las ondas on[59] nacen los pescados,
amos hube mintrosos[60] e traidores probados.»

«Ladrones en galeras que sobre mar vinieron,
por amor de furtarme de muerte me estorcieron;[61]
por mi ventura grave a hombre me vendieron
por que[62] muchas de vírgenes en mal fado cayeron.»[63]

… … … … … … … … … … … …

Cuando le hubo dicho esto e mucho al,[64]
movió en su viola un canto natural,
coplas bien asentadas, rimadas a señal;
bien entendía el rey que non lo facía mal.

… … … … … … … … … … … …

«Unas pocas de demandas te quiero demandar.
Si tú me la supieses a razón terminar,
llevaría la ganancia que me mandaste dar;
si non me recudieres, quiérotela dejar.»

Hubo el rey duda que si la desdeñase,
que asmarían[65] los hombres, cuando la cosa sona-
[se,[66]
que por tal lo ficiera que su haber cobrase.[67]
Tornóse contra ella, mandóle que preguntase.

Dijo: «Dime cuál es la casa, preguntó la malla-
[da,[68]
que nunca seye queda,[69] siempre anda lazdrada,[70]
los huéspedes son mudos, da voces la posada.
Si esto adivinases, sería tu pagada.»[71]

—«Esto, diz Apolonio, yo lo vo asmando:
el río es la casa que corre murmurando,
los peces son los huéspedes que siempre están ca-
[llando.»

—«Ésta es terminada, ve otra adivinando.»

«Parienta so de las aguas, amiga so del río,
fago fermosas crines, bien altas las envío,
del blanco fago negro, que es oficio mío,
ésta es más grave, según que yo fío.»

—«Parienta es del agua mucho la caña vera
que cerca ella cría, ésta es la cosa vera;
ha muy fermosas crines altas de gran manera,
con ella facen libros. Pregunta la tercera.»

—«Fija so de los montes, ligera por natura,
rompo e nunca dejo señal de la rotura,
guerreo con los vientos, nunca ando segura.»

—«Las naves, diz el rey, traen esa figura.»

—«Bien, dijo Tarsiana, has a esto respondido;
parece bien que eres clérigo entendido.
Mas por Dios (te ruego) pues que eres en respon-
[der metido,
ruégote que non canses e tente por guarido.»[72]

APOLONIO DESCUBRE QUE TARSIANA ES SU HIJA

«Ay, rey Apolonio, de ventura pesada,[73]
si supieses de tu fija, tan mal es aontada,
pesar habrías e duelo, e sería bien vengada;
mas cuido que non vives, onde[74] non so yo bus-
[cada.»

… … … … … … … … … … … …

Reviscó[75] Apolonio, plugol' de corazón,
entendió las palabras que venían por razón;
tornóse contra ella de grado el varón,
preguntol' por palabra si mentía o non.

«Dueña, si Dios te deje al tu padre veyer,
perdóname el fecho,[76] darte he de mío haber;
erré con felonía, puédeslo bien creyer,
ca nunca fiz tal yerro nin lo cuidé facer.»

«Demás si me dijeses, que puede te membrar,[77]
el nombre del ama que te solía criar,
podríamos nos por ventura ambos alegrar,
yo podría la fija, tú el padre cobrar.»

Perdonólo la dueña, perdió el mal taliento,[78]
dió a la demanda leal recudimiento:[79]

—«La ama, dice, de que siempre menguada me
[siento,[80]
dijéronle Licórides, sepades que non vos miento.»

Vió bien Apolonio que andaba carrera,[81]
entendió bien sin falla que la su fija era;
salió fuera del lecho luego de la primera,
diciendo: «¡Valme, Dios, que eres virtud vera!»

Prísola en sus brazos con muy gran alegría,
diciendo: «Ay, mi fija, yo por vos moría.
Agora he perdido la cuita que había,
fija, non amaneció para mí tan buen día.»

«Nunca este día no lo cuidé veyer,

---

[58] de poco valor, vulgar. [59] donde. [60] mentirosos. [61] por deseo de robarme, me salvaron (*estorcieron*) de la muerte. [62] por el que. [63] cayeron en desgracia, perdieron la honra. [64] y muchas otras cosas. [65] juzgarían. [66] cuando se supiese que no la había querido oír. [67] que lo hiciera así por no pagarle el dinero (*haber*) que le había ofrecido. [68] desgraciada. [69] está quieta. [70] siempre está trabajando, en movimiento. [71] tendrías que pagar. [72] curado. [73] triste. [74] por lo cual. [75] revivió. [76] Se refiere a la bofetada que le había dado a Tarsiana por lo mucho que le importunaba. [77] si puedes acordarte. [78] mal deseo, humor. [79] contestación. [80] que tanta falta me hace.

[81] adelantaba. [82] haced palmas y cantos, batid palmas y cantad. [83] grata, feliz. [84] no volveremos a este mundo. [85] abreviemos (*destajemos*) palabra, la historia no alarguemos. [86] sino el que Dios nos ha dado. [87] él se digne guiarnos. [88] pensar (*comedir*) y hacer.

[1] ser generoso. [2] narración, discurso. [3] quisiera conocer (el mester, el poema). [4] además de consuelo o contento (*solaz*), tendrá gran placer. [5] contar. [6] si llevo a cabo mi propósito, esto es, si termino el libro. [7] escritor. [8] nadie conoció nunca su igual en su capacidad de resistir sufrimientos y trabajos. [9] valor, honra. [10] rahez, baja, ruin. [11] gentileza. [12] acontecieron, ocurrieron.

nunca en los míos brazos yo vos cuidé tener.
Hube por vos tristeza, ahora he de placer;
siempre habré por ello a Dios que agradecer.»

Comenzó a llorar: «Venid, los míos vasallos;
sano es Apolonio, ferid palmas e cantos;[82]
echad las coberturas, corred vuestros caballos,
alzad tablados muchos, pensad de quebrantarlos.»

«Pensad como fagades fiesta gran e cumplida;
cobrada he la fija que había perdida;
buena fué la tempesta, de Dios fué permitida,
por onde nos hubimos a fer esta venida.»

Fin del poema

Fincó el hombre bueno mientras le dió Dios
[vida,
vivió con su mujer vida dulce e sabrida;[83]
cuando por ir de este siglo la hora fué venida

finó como buen rey en buena fin cumplida.

Muerto es Apolonio, nos a morir habemos;
por cuanto nos amamos la fin non olvidemos.
Cual aquí ficiéremos allá tal recibremos;
allá iremos todos, nunca acá saldremos.[84]

… … … … … … … … … … … … … … …

Destajemos palabra, razón non alonguemos,[85]
pocos serán los días que aquí moraremos.
Cuando de aquí saldremos ¿qué vestido llevaremos
si non el convivio de Dios[86] de aquel en que cree-
[mos?

El Señor que los vientos e la mar ha por mandar,
Él nos dé la su gracia e él nos digne guiar;[87]
Él nos deje tales cosas comedir e obrar[88]
que por la su merced podamos escapar.
El que hubiere seso responda e diga amén.
Amén Deus.

Libro de Alexandre

Atribuído a Juan Lorenzo Segura de Astorga y un poco posterior al *Libro de Apolonio*, y a la obra de Berceo, se inspira en la vida de Alejandro de Macedonia, tema, como el de *Apolonio*, también muy difundido en la literatura medieval. Es rasgo característico del *Alexandre* la gran variedad de elementos eruditos de tipo enciclopédico que introduce en la narración. Es por ello quizá la obra más característica del mester de clerecía. Tomamos como base las dos versiones publicadas por Raymond S. Willis, Jr., en *Elliot Monographs*, Princeton University Press, 1934. Estas versiones son las del manuscrito de París publicado por Morel Fatio y el de Madrid publicado por primera vez por Tomás Antonio Sánchez. En nuestro texto hemos elegido indistintamente de ambas versiones los versos que nos parecían mejores.

Argumento

El libro empieza con el nacimiento, la niñez, y educación de Alejandro, a quien Aristóteles da sabios consejos. Armado Alejandro caballero y muerto su padre Filipo, le coronan rey. Después de conquistar a Tebas, Alejandro invade Asia, va a Troya, cuya historia cuenta a sus soldados; hace guerra a Darío, rey de Persia, a quien vence dos veces; entra en Babilonia y derrota a los persas sin saber que unos traidores habían dado muerte a Darío, en cuya tumba pronuncia Alejandro una oración fúnebre. La reina de las Amazonas va a visitar a Alejandro y a pedirle que le dé un hijo, a lo que accede el rey. Se casa Alejandro con Roxana, derrota a Poro de India, a quien apresa, y desciende al mar. Natura (la Naturaleza), celosa de las conquistas de Alejandro, desciende al infierno para consultar con Satanás sobre la muerte del héroe, a quien han de dar un veneno. Los triunfos de Alejandro continúan y llega a ser dueño de gran parte del mundo. Encuentra la muerte, después de un banquete, al beber una copa de vino en

que el traidor Jobas había puesto veneno, y es enterrado por Tolomeo de Alejandría. Termina el poema con unas consideraciones sobre la fugacidad de la gloria de este mundo. El autor se despide pidiendo que se rece un Padrenuestro por él.

Comienzo del Poema: Infancia de Alejandro

Señores, si queredes mi servicio prender
querríavos de grado servir de mi mester,
debe de lo que sabe hombre largo seer[1]
si non podría en culpa e en yerro caer.

Mester traigo fermoso, non es de juglaría,
mester es sin pecado ca es de clerecía,
fablar curso[2] rimado por la cuaderna vía,
a sílabas contadas que es de gran maestría.

Según que yo entiendo quien lo quisier saber[3]
habrá de mí solaz, en cabo gran placer,[4]
aprenderá buenas gestas que sepa retraer,[5]
haberlo han por ello muchos a conocer.

… … … … … … … … … … … … … … …

Quiero fer un libro que fué de un rey pagano,
que fué de gran esfuerzo, de corazón lozano,
conquistó todo el mundo, metiólo so su mano,
tenerme si lo cumplo[6] non por mal escribano.[7]

Del príncipe Alexandre que fué rey de Grecia,
que fué de gran esfuerzo e de gran sapiencia,
venció a Poro e a Darío, reyes de gran potencia,
nunca conoció hombre su par en la sufrencia.[8]

El infante Alexandre luego en su niñez
comenzó a demostrar que sería de gran prez,[9]
nunca quiso mamar leche de mujer rafez,[10]
si non fué de linaje o de gran gentilez.[11]

Contecieron[12] grandes signos cuando este infant
[nació,

el aire fué cambiado e el sol oscureció,
todo el mar fué airado, la tierra tremeció,[13]
por poco que el mundo todo non pereció.[14]

Otros signos contecieron que son más generales,
cayeron de las nubes muchas piedras puñales,[15]
aun veyeron otros mayores o atales,[16]
lidiaron un día dos águilas caudales.

En tierra de Egipto en letras fué trovado[17]
fabló un corderuelo que era reciente nado,[18]
parió una gallina un culebro airado,
era por Alexandre todo esto demostrado.

Aun avino más al[19] en el su nacimiento,
fijos de altos condes nacieron más de ciento,
fueron para servirle todos de buen taliento,[20]
en escrito yaz[21] esto, sepades non vos miento.

… … … … … … … … … … … … … … …

El infante maguer[22] niño había gran corazón,
yacía en cuerpo chico braveza de león,
mas destajar vos quiero de la su criazón,[23]
ca conviene que pasemos a la mayor razón.

A cabo de pocos años el infant fué criado,
nunca hombre vió mozo tan acabado,
ya codiciaba armas e conquerir[24] reinado,
semejaba Hércules, tanto era esforzado.

El padre de siete años metiólo a leer,
dióle a maestros ornados de sen[25] e de saber,
los mejores que pudo en Grecia escoger
que lo supiesen en las siete artes imponer.[26]

… … … … … … … … … … … … … … …

Nada non olvidaba de cuanto que oía,
nunca oía razón que en corazón non tenía,[27]
si más le enseñasen, él más aprendería,
sabed que en las pajas el corazón non tenía.[28]

ALEJANDRO, ANTE EL SEPULCRO DE AQUILES EVOCA LA HISTORIA DE TROYA

Falló en un campo una gran sepultura
do yacía soterrada la gente de su natura,[29]
tenía cada uno sobre sí la escritura
et decía cada uno quién fué la mestura.[30]

Falló entre los otros un sepulcro honrado,
todo de buenos versos a derredor orlado;
quien lo versificó fué hombre bien letrado
ca puso gran razón en poco de dictado.[31]

«Aquiles soy, que yago so este mármol cerrado,
el que hubo a Héctor el troyano domado,
matóme por la planta Paris el perjurado
a hurto, sin sospecha, seyendo desarmado.»

Cuando hubo el rey el pitafio catado,[32]
decía que de dos versos nunca fué tan pagado,[33]
tuvo que[34] fué Aquiles hombre aventurado[35]
que hubo de su gesta dictador tan honrado.[36]

Echaron gran ofrenda, ficieron procesión,
incensaron las huesas, dieron oblación,[37]
oraba cada uno con gran devoción
por aquellos que fueron de su generación.

La procesión andada, fizo el rey sermón
por alegrar las gentes meterles bon corazón,[38]
empezó la historia de Troya de fondón[39]
cómo fué destruída y sobre cuál razón.

Consagráronla dos reyes como diz la leyenda
facían como eran reyes bodas de gran facienda,[40]
habían gran abondo[41] en paz y sin contienda,
quien quería en palacio, quien quería en su tienda.

Allí fueron llamados los dioses y las deesas,[42]
dueñas e caballeros, duques e duquesas,
reyes muchos e condes, reinas e condesas,

---

13 tembló. 14 faltó poco para que el mundo se acabase.
15 como puños, muy grandes. 16 aún se vieron otros
(signos) mayores o semejantes. 17 fué hallado escrito.
18 recién nacido. 19 aún sucedieron otras cosas. 20 de
buena disposición o voluntad.

21 yace, está, consta. 22 aunque. 23 pero no quiero
detenerme demasiado en lo referente a su niñez; *destajar* = abreviar. 24 conquistar. 25 sentido. 26 que le
supiesen enseñar las siete artes (gramática, retórica, dialéctica o lógica, aritmética, música, geometría y astronomía). 27 nunca oía cosa de importancia que no conservase en la memoria. 28 sabed que él no ponía su mente
en cosas de poca importancia. 29 donde estaba enterrada la gente de su linaje. 30 el epitafio (*escritura*)
de cada sepulcro daba noticia de quién era el muerto.
31 daba muchas noticias en pocas palabras. 32 mirado el epitafio. 33 satisfecho. 34 pensó que. 35 venturoso, feliz. 36 porque encontró quien tan bien relatase
sus hazañas; *dictador tan honrado* = escritor de tanto
valer. 37 quemaron incienso e hicieron ofrendas en las
sepulturas (*huesas*). 38 animarles, alentarles. 39 desde
el principio. 40 opulencia; debe de referirse a la boda
de Tetis y Peleos. 41 abundancia. 42 diosas. 43 había allí una legión,
una gran cantidad. 44 el demonio, que siempre anda
tramando enredos. 45 pensaba, maquinaba. 46 juntas.

47 todas eran principales y del mismo linaje. 48 inventa. 49 alude a la inscripción que tenía la manzana:
«a la más hermosa». 50 tan en mala hora.
51 en verdad, ciertamente. 52 reyerta y contienda.
53 de acuerdo. 54 al propósito (de que Paris, etc.).
55 medicina. *Comp.* la frase moderna: «ni para un remedio». 56 capaces de luchar con sendos caballeros.
57 las dueñas amazonas. 58 nunca estran varones en
esas tierras. 59 establecidos. 60 el azor... pronto (*aina*)
tendría por lo menos doce mudas (cambio de plumaje).
61 de buen talle. 62 una correa de tres palmos era
suficiente para ceñirle el talle. 63 cortada, formada.
64 más. 65 duodécima; de doce meses; ¿la luna de diciembre? 66 canción. 67 de tamaño corriente, común.
68 las cejas... proyectaban una pequeña sombra que le
daba una expresión dulce y tranquila. 69 augurio, pronóstico. 70 quitaba.

71 encontrarle defecto. 72 proporcionados. 73 leche
a la que se le ha quitado el suero. 74 era digna de un
emperador. 75 bella, hermosa. 76 estrechar. 77 saludo. 78 cortés. 79 después de haber comido la reina
al mediodía. 80 el propósito de su visita.
81 concertar. 82 reuniones. 83 augurios, pronósticos. 84 la noche. 85 las jóvenes doncellas saltan alegremente. 86 vestidos ligeros. 87 entonces. 88 después. 89 más.

había i un pueblo[43] sólo de juglaresas.
… … … … … … … … … … … … … …

El pecado que siempre andido en folía,[44]
cogió con esta paz una melancolía,
asmaba[45] si pudiese meter su cizaña,
sembrar algún escándalo en esa cofradía.

Comían por ventura tres deesas en uno[46]
por nombre les decían Palas, Venus e Juno,
todas eran caudales y de linaje uno,[47]
nunca más rica tabla vió hombre ninguno.

El pecado que siempre sosaca[48] travesura,
buscó una manzana fermosa sin mesura,
escribióla el malo de mala escritura,[49]
echóla ante las dueñas Dios tan en hora dura.[50]

Ésta fué la materia, es verdarera cosa:
«prenda esta manzana de vos la más fermosa»;
ellas cuando vieron facienda tan preciosa
estaba cada una por ganarla gozosa.

Dijo doña Juno: «yo la debo haber»;
repuso doña Palas: «no lo puedo creer»;
«a la fe»,[51] dijo Venus, «eso non puede seer,
yo soy más fermosa e mía debe ser.»

Entró entre las dueñas baraja e entencia,[52]
no las podía nul hombre meter en avenencia,[53]
en cabo aviniéronse a toda atenencia[54]
que Paris el de Troya diese la sentencia.

DESCRIPCIÓN DE CALECTRIX, REINA DE LAS AMAZONAS

Allí vino al rey una rica reína,
señora de la tierra que dicen femenina,
Calectrix la dijeron desque fué pequeñina
non traía un varón sólo por melecina.[55]

Traía trescientas vírgenes en caballos ligeros,
que no vedarían lid a sendos caballeros,[56]
todas eran maestras de fer golpes certeros,
de tirar de ballestas e ferir escuderos.

Las donas almanzojes[57] non viven con maridos,
nunca en esa tierra son varones caídos,[58]
han en las fronteras lugares establidos[59]
donde tres veces en el año yacen con sus maridos.

Si nace fija hembra su madre la cría,
si nace fijo varón al padre lo envía;
los unos a los otros se sacan por mercadería
de lo que en la tierra ha mayor carestía.
… … … … … … … … … … … … … …

Venía apuestamente Calectrix la reína,
vestía preciosos paños todos de seda fina,
un azor en su mano que fué de la marina,
sería al menos de doz mudas aína.[60]

Había muy buen cuerpo, era bien estilada[61]
correa de tres palmos la ceñía doblada,[62]

nunca fué en el mundo cara mejor tajada,[63]
non podría por nul precio ser más mejorada.

La frente había blanca, alegre e serena,
plus[64] clara que la luna cuando es duodena,[65]
non habría cerca della nul precio Filomena,
de la que diz Ovidio una gran cantilena.[66]

Tales ha las sobrecejas como listas de seda,
iguales, bien abiertas de comunal grandeza,[67]
facía una sombriella tan mansa e tan queda[68]
que non sería comprada por ninguna moneda.

La beldad de los ojos era fiera nobleza,
las pestañas iguales de comunal grandeza,
cuando bien las abría era fiera fadeza,[69]
a cristiano perfecto torlía[70] la pereza.

Era tan a razón la nariz levantada
que non podría Apeles de reprenderla en nada,[71]
los labios avenidos,[72] la boca mesurada,
los dientes bien iguales, blancos como cuajada.[73]

Blanca era la dueña, de muy fresca color,
habría gran entrega en ella un emperador,[74]
la rosa del espino non es tan genta[75] flor,
el rocío a la mañana non parece mejor.

De la su fermosura non quiero más contar,
temo fer alguno de voluntad pecar,
los sus enseñamientos non los sabría contar
Orfeus el que fizo los árboles cantar.

El rey Alexandre salióla a recebir,
mucho plugo a ella cuando lo vió venir,
extendieron las manos diestras, fuéronselas ferir,[76]
besáronse en los hombros por la salva[77] cumplir.

El rey fué palaciano,[78] tomóla por la rienda,
por mejor hospedarla llevóla a su tienda,
después que fué yantada a hora de merienda[79]
entró a demandarle el rey de su facienda.[80]

DESCRIPCIÓN DE LA PRIMAVERA

El mes era de mayo, un tiempo glorioso,
cuando facen las aves un solaz deleitoso,
son vestidos los prados de vestido fermoso,
da suspiros la dueña, la que non ha esposo.

Tiempo dulce e sabroso por batir[81] casamientos,
ca lo templan las flores e los sabrosos vientos,
cantan las doncelletas, son muchas a convientos,[82]
facen unas a otras buenos pronunciamientos.[83]

Caen en el serano[84] las buenas rociadas,
entran en flor las mieses ca son ya espigadas,
facen las dueñas triscas[85] en camisas delgadas:[86]
¡entón[87] casan algunos que pués[88] mesan las barbas!

Andan mozas e viejas cubiertas en amores,
van coger por la siesta a los prados las flores,
dicen unas a otras:—«¡Buenos son los amores!»
Y aquellos plus[89] tiernos tiénense por mejores.

Poema de Fernán González

Es un poema culto en «quaderna vía», forma propia del mester de clerecía, compuesto, entre 1250 y 1271, probablemente por un monje del monasterio de San Pedro de Arlanza, que tiene como particularidad el tratar un tema histórico, más propio de la épica: la historia del primer conde de Castilla, en la que no faltan elementos legendarios. Parece, por otra parte, que existió un poema juglaresco sobre el mismo asunto que quizá sirvió de fuente al autor.

Texto según la edición de A. Zamora Vicente en *Clásicos Castellanos*.

ARGUMENTO

Tras la invocación, empieza el poema con un recuerdo de los godos y de la invasión musulmana y un elogio de España. Sigue la evocación de los primeros jueces de Castilla, de la infancia de Fernán González y de sus primeros hechos de armas, entre ellos la batalla con Almanzor en Carazo, parte de la cual reproducimos. Después de la batalla, el conde castellano entra en la montaña, donde encuentra la ermita de San Pedro de Arlanza con tres monjes, y uno de ellos, Pelayo, profetiza que Fernán González vencerá a Almanzor y hará grandes conquistas, no sin pasar antes algunos sufrimientos. El conde promete fundar allí una iglesia donde ha de ser enterrado. Se narran luego nuevos hechos de armas, como la batalla de Lara y las luchas con el rey de Navarra y el conde de Tolosa. Almanzor entra de nuevo en Castilla con fuertes contingentes traídos de África. Fernán González visita a Arlanza antes de la batalla de Hacinas. Se celebran cortes en León, y allí se realiza la célebre venta del azor y el caballo al rey don Sancho, por la cual, según la leyenda, Fernán González logró la independencia de Castilla. Los episodios más importantes del resto del poema son la prisión de Fernán González en Castroviejo a consecuencia de la traición del rey don García de Navarra, la visita de la infanta doña Sancha, a quien Fernán González toma

por mujer, y las nuevas luchas con don García de Navarra y el rey don Sancho, a quien reclama el pago del azor y el caballo.

FERNÁN GONZÁLEZ CELEBRA CONSEJO CON SUS VASALLOS

Fabló con sus vasallos en qué acordarían,
quería oír a todos qué consejo le darían,
si querían ir a ellos o los atenderían,[1]
o cuál sería la cosa que por mejor tendrían.

Fabló Gonzalo Díaz, un sesudo varón,
rogó que le escuchasen e daría su razón.
«Oídme, diz, amigos, si Cristo vos perdón,[2]
para haber la lid non tenemos sazón.»[3]

... ...

«Muchos son sines guisa[4] los pueblos renegados,
caveros[5] e peones todos bien aguisados,[6]
somos poca compaña, de armas muy menguados,
seremos si nos vencen todos descabezados.»

«Si nos pleito[7] pudiésemos con Almanzor tener,
que fincase la lid por dar o prometer,[8]
es el mejor consejo que podríamos haber,
si otra cosa facemos podemos nos perder.»

... ...

Fué de Gonzalo Díaz el conde despagado,[9]
ca non se tuvo de él por bien aconsejado,
maguer que fué sañudo no fabló desguisado,
mas contradíjole todo cuanto había fablado.

«Por Dios, dijo el conde, que me queráis oír,
quiero a don Gonzalo a todo recudir,[10]
todo cuanto ha dicho quiero contradecir,
ca tales cosas dijo que sol non son d'oír.»[11]

«Dijo de lo primero d'excusar el lidiar,
pero non puede hombre la muerte excusar;
el hombre, pues que sabe que non puede escapar,

[1] esperarían. «A ellos» se refiere a los moros acaudillados por Almanzor.   [2] os perdone.   [3] no es ocasión propicia.   [4] en gran manera, sin límite; *sines = sin*.   [5] caudillos, caballeros.   [6] bien preparados, bien armados.   [7] convenio.   [8] que quedase pospuesta la batalla, es decir, se conviniese una tregua.   [9] descontento.   [10] contestar.   [11] que ni siquiera se pueden escuchar.   [12] que paguemos (tributo).   [13] opresión.   [14] por ello (i) o al hacerlo así, doblaremos la opresión en que está.   [15] ellos (nuestros antepasados) nunca se rebelaron con saña.   [16] así preparó el diablo la cosa. Alude, como se ve en los versos siguientes, a la conquista de España por los moros.   [17] afligidos.   [18] maltratados.   [19] preparémonos para ir a la batalla.   [20] allí lo decidiremos.   [21] venceremos.   [22] formadas, desplegadas en orden de batalla.   [23] la batalla se inicia con el movimiento y emplazamiento de las diferentes partes (*partidas*) y cuerpos (*haces*) del ejército.   [24] brecha.   [25] Llevaba [clavados] en el escudo muchos cuadrillos (especie de

saetas).   [26] deseos.   [27] Mandaba muchas almas a Satanás, es decir, que mataba a muchos moros.   [28] vencer.   [29] aunque.   [30] así no tendré que pasar por más sufrimientos.

[31] La pérdida de España sería como una cosa nunca vista (*fazaña*) que no tendría igual (*calaña*) entre buenos cristianos.   [32] que acordaste conmigo que me ayudarías.   [33] si yo no te falté, ¿por qué me faltaste?   [34] arrodillado (*los finojos fincados*), se quejaba (*querellandos*) a Dios.   [35] hoy te aumentan grandemente tus tropas.   [36] arriba, encima.   [37] nacido.   [38] abrumadas.   [39] perfecta.   [40] se dirigió y subió inmediatamente al castillo   [41] curada.   [42] ¿cuál es el motivo de su visita, a qué se debe esta venida?   [43] quita.   [44] amante.   [45] lo que le agrada a él.   [46] desgraciado.   [47] aunque (*ond'*) nunca has recibido ningún bien [a causa de mi amor] estás [por él] en gran apuro; mas podéis estar seguro, tranquilo.   [48] me habéis de prometer; *homenaje = promesa*.   [49] te casarás conmigo.   [50] moriréis.   [51] mal aconsejado, sin juicio.

debe a la su carne honrada muerte dar.»

«Por la tregua haber, por algo que pechemos,[12]
de señores que somos, vasallos nos faremos;
en vez que a Castilla de premia[13] saquemos,
la premia que era doblársela i hemos.»[14]

«Por engaño ganar non ha cosa peor,
quien cayere en est' fecho caerá en gran error,
por defender engaño murió el Salvador,
más val' ser engañado que non engañador.»

... ...

«Non debe otra cosa i ser olvidada:
porque el señor ficiese cosa desaguisada,
ellos nunca tuvieron saña vieja alzada,[15]
mas siempre lealtad lealmente pagada.»

«Así guisó la cosa el mortal enemigo,[16]
cuando perdió la tierra el buen rey don Rodrigo,
non quedó en España quien valiese un figo,
si non Castilla Vieja, un lugar muy antigo.»

«Fueron nuestros abuelos gran tiempo muy cui-
[tados,[17]
ca los tenían los moros muy fuert' arrinconados,
eran en poca tierra hombres juntados,
de fambre e de guerra eran mucho lazrados.»[18]

... ...

«Dejemos los parientes, en lo nuestro tornemos,
por ir a la batalla aqueso aguisemos:[19]
por miedo de la muerte la lid non excusemos,
caer o levantar i lo departiremos.»[20]

«Esforzad, castellanos, non hayáis pavor,
vencremos[21] los poderes del moro Almanzor,
sacaremos Castilla de premia y error,
él será el vencido, yo seré el vencedor.»

BATALLA DE HACINAS

Fueron todas las gentes en un punto guarnidas,[22]
movieron para ellos todos por sus partidas,
las haces fueron puestas,[23] mezcladas las feridas,
hubo de cada parte muchas gentes caídas.

El conde don Fernando, este leal caudillo,
parecía entre todos un fermoso castillo,
había en la haz primera abierto gran portillo,[24]
traía en el escudo muy mucho de cuadrillo.[25]

... ...

Andaba por las haces como león fambriento,
de vencer o morir tenía fuerte taliento,[26]
dejaba por do iba todo el campo sangriento,
daba i muchas ánimas al bestión mascariento.[27]

*Después de iniciada así la batalla, los castellanos
sufren grandes pérdidas y están a punto de ser derrotados. El conde Fernán González, que ha sido herido,
se arroja una vez más a la lucha en busca de la muerte
y dirige a Dios la oración que reproducimos en parte,
al terminar la cual, como se ve en el pasaje siguiente,
se le aparece Santiago, con cuya ayuda consigue la
victoria.*

«Pues non so venturoso de esta lid arrancar[28]
quier que[29] escapar pudiese, non quiero escapar,
nin nunca veré yo más cuita nin pesar,[30]
meterme he en lugar do me hayan de matar.»

«Castilla quebrantada quedará sin señor,
iré con esta rabia mezquino pecador,
será en cautiverio del moro Almanzor,
por non ver aquel día la muerte es mejor.»

«Señor, ¿por qué nos tienes a todos fuerte saña?
Por los nuestros pecados non destruyas España,
perderse ella por nos semejaría fazaña,
que de buenos cristianos non habría calaña.»[31]

«Padre Señor del mundo, e vero Jesu Criste,
de lo que me dijeron nada non me cumpliste,
que me acorrerías conmigo lo pusiste,[32]
yo non te faleciendo, ¿por qué me faleciste?»[33]

... ...

Querellandos' a Dios el conde don Fernando,
los finojos fincados,[34] al Criador rogando,
oyó una gran voz que le estaba llamando:
«Ferrando de Castiella, hoy te crez muy gran
[bando.»[35]

Alzó suso[36] sus ojos por ver quien lo llamaba,
vió al santo apóstol que de suso le estaba,
de caveros con él gran compaña llevaba,
todos armas cruzadas como a él semejaba.

Fueron contra los moros, las haces bien paradas,
nunca vió hombre nado[37] gentes tan esforzadas,
el moro Almanzor con todas sus mesnadas,
con ellos fueron luego fuertemente embargadas.[38]

SANCHA LIBERTA AL CONDE

La infanta doña Sancha, de todo bien cumpli-
[da,[39]
fué luego al castillo, ella luego subida,[40]
cuando vió al conde túvose por guarida.[41]
«Señora, dijo él, ¿cuál es esta venida?»[42]

—«Buen conde, dijo ella, esto faz buen amor,
que tuelle[43] a las dueñas vergüenza e pavor,
olvidan los parientes por el entendedor,[44]
ca de lo que él se paga[45] tiénenlo por mejor.»

«Sodes por mi amor, conde, mucho lazrado,[46]
ond' nunca bien hubiste sodes en gran cuidado;
conde, non vos quejéis e sed bien segurado,[47]
sacar vos he d'aquí alegre e pagado.

Si vos luego agora d'aquí salir queredes,
pleito e homenaje en mi mano faredes,[48]
que por dueña en mundo a mí non dejaredes
conmigo bendiciones e misa prenderedes.»[49]

«Si esto non facedes en la cárcel morredes,[50]
como hombre sin consejo[51] nunca d'aquí saldredes;
vos, mezquino, pensadlo, si buen seso habedes,
si vos por vuestra culpa atal dueña perdedes.»

Cuando esto oyó el conde túvose por guarido,
e dijo entresí: «¡Si fuese ya cumplido!»

—«Señora, dijo el conde, por verdad vos lo
[digo,
seredes mi mujer e yo vuestro marido.»

… … … … … … … … … … … … … … …

El conde don Fernando dijo cosa fermosa:
«Si vos guisar pudiéredes de facer esta cosa,[52]
mientras que vos visquiéredes[53] nunca habré espo-
[sa,
si desto vos falliere falescam'[54] la Gloriosa.»
Cuando todo esto hubieron entre sí afirmado,
luego sacó la dueña al conde don Fernando.

«Vayámonos, señor, que todo es guisado,
del buen rey don García non sea mesturado.»[55]
El camino francés hubieron a dejar,[56]
tornaron a siniestra[57] por un gran encinar,
el conde don Fernando non podía andar,
húbole ella un poco a cuestas a llevar.

Cuando se fué la noche, el día quier parecer;[58]
enant[59] que ningún hombre los pudiese ver
vieron un monte espeso, fuéronse i meter,
e hubieron allí noche atender.[60]

SIGLO XIII: PROSA

Calila y Dimna

Aunque fechado por lo común en 1251, Antonio G. Solalinde sugirió con varias razones la conveniencia de fijar la fecha en unos treinta años antes. Según esto, sería la primera obra en la que se utiliza la prosa castellana con un propósito literario. El libro es una colección de cuentos, fábulas y apólogos derivados de la tradición india recogida en el *Panchatantra* y el *Mahabarata*. Tuvo muchas versiones en diferentes lenguas. La castellana, hecha por autor anónimo, parece derivarse de la que hizo al árabe Abdalla ben Almocafa a mediados del siglo VIII.

El título proviene de los nombres de dos lobos, cuya historia se cuenta en algunos capítulos de la obra y que en otros actúan como narradores.

Texto según edición Solalinde, Madrid, Calleja, 1917.

LA LIEBRE Y EL LEÓN

Dijo Dimna: «Dicen que un león estaba en una tierra viciosa,[1] do había muchas bestias salvajes, e agua, e pasto. Et las bestias que estaban en esa tierra estaban muy viciosas[2] fueras[3] por el miedo que habían del león. Et ayuntáronse[4] todas las bestias e tomaron consejo. Et viniéronse para el león, e dijéronle así: «Tú non puedes comer de nos lo que tú quieres, a menos de lazrar;[5] et nos vimos un consejo que es bueno para ti e folganza para nos de la lacería en que estamos, si tú nos quieres segurar de tu miedo.»[6] Dijo el león: «¿Qué es ese consejo?» Dijeron las bestias: «Faremos contigo pleito,[7] que te demos cada día una bestia de nos, que comas sin lacería e sin trabajo, et que nos asegures que non te hayamos miedo de noche nin de día.» Et plugo al león de esto, e asegurólas e fízoles pleito.

Et acaeció un día a una liebre que la llevasen al león. Et queriéndola llevar[8] dijo a las otras: «Si me quisierais escuchar, decirvos he cosa que vos non sería daño e vos será pro.[9] Cuidarvos hía sacar de esta premia de este león e estorcería yo de muerte.»[10] Et dijéronle: «¿Qué es lo que quieres que fagamos?» Dijo la liebre: «Mandad a quien me llevare para él, que me lleve muy paso e que non me lleve apriesa, e que tarde tanto fasta que pase la hora de comer del león.» Et ficiéronlo así. Et cuando fueron cerca del león, fué la liebre señera[11] muy paso,[12] e el león estaba sollón e muy sañudo;[13] e levantóse e comenzó de andar e de

---

[52] si puedes hacer lo que te propones; *guisar* = disponer, preparar.   [53] vivas.   [54] faltare, fálteme.   [55] descubierto.   [56] se apartaron del camino de Santiago.   [57] hacia la izquierda.   [58] el día quiere romper, es decir, va a amanecer.   [59] antes.   [60] esperar.

[1] abundante, fértil.   [2] a gusto.   [3] excepto.   [4] se reunieron.   [5] tú no puedes comerte (*de nosotras*) todos los animales que tú quieres sin pasar trabajo (*a menos de lazrar*).   [6] y hemos visto un medio que es bueno para ti y nos libra a nosotras de la preocupación en que estamos, si nos das seguridad para librarnos del miedo que te tenemos.   [7] pacto, convenio.   [8] cuando la iban a llevar.   [9] os diré una cosa que no os producirá daño, sino bien.   [10] os sacaría de la opresión (*premia*) del león y me libraría (*estorcería*) yo de la muerte.

[11] sola.   [12] despacio.   [13] resoplaba mucho (*estaba sollón*) y [estaba] muy enfadado.   [14] no quiera Dios [que hayamos faltado al pacto].   [15] para que te la comieses.   [16] esta comida.   [17] por ello.   [18] te insultó.   [19] luchar contigo.   [20] aunque.
[21] vine lo más de prisa que pude para darte la queja.   [22] sin sospechar.   [23] quedaron.   [24] a la orilla de.   [25] por allí.   [26] difícil.   [27] y no le dijo nada de lo que había ocurrido.   [28] cuando.   [29] y que me libre de ti para volver a rezar como hacía antes sin ningún impedimento.   [30] después.
[31] y tengo la obligación de contestar a tu ruego.   [32] porque eres mejor que.   [33] no nos podemos.   [34] luché por, traté de.   [35] ratón.   [36] me horada, me agujerea, me roe.   [37] en una cueva y en un agujero.   [38] te buscaré, te iré a ver.

catar a diestro e a siniestro, fasta que vido la liebre venir. Et díjole: «¿Dónde venís e do son las bestias, et por qué me mintieron el pleito que habían conmigo puesto?»

Et dijo la liebre: «Non mande Dios,[14] señor; yo soy mandadero de las bestias para vos, et traía vos una liebre que vos enviaban que yantaseis.[15] Et ya que venía cerca fallóme un león e tomómela, et dijo: «Mayor derecho he yo de comer esta liebre que el otro a quien la lleváis.» Et díjele: «Mal facéis, que este conducho[16] es del león, que es rey de las bestias, que se lo envían para yantar; pues consejo vos que non me lo toméis nin fagáis ensañar al león; si non, habréis ende[17] mal.» Et él non lo dejó de tomar por eso, e denostó[18] vos cuanto pudo, e dijo que quería lidiar convusco,[19] maguer[20] sois rey. Et cuando yo vi esto, vine para vos cuanto pude por vos lo querellar.»[21] Et el león cuando lo oyó, asañóse, e dijo a la liebre: «Ve conmigo e muéstrame ese león que dices.»

Et la liebre fuése a un pozo en que había muy clara agua et era muy fondo que podría bien cubrir al león. Et díjole: «Éste es el lugar que vos dije, mas tomadme so vuestro sobaco, e mostrarvos lo he.» E fízolo así. Et él cató al fondo del pozo, e vió su sombra e la de la liebre en el agua. Et puso la liebre en tierra e saltó en el pozo por lidiar con el león, non dudando[22] que él era el león, e afogóse en el pozo. Et tornóse la liebre, e estorcieron las bestias del miedo en que eran, e fincaron[23] seguras por siempre.

LA RATA CAMBIADA EN NIÑA

Dijo el buho: «Dicen que un buen hombre religioso cuya voz oía Dios, estaba un día ribera de[24] un río, e pasó por í[25] un milano, e llevaba una rata, e cayósele delante de aquel religioso. E hubo piedad de ella, et tomóla e envolvióla en una foja, e quiso la llevar para su casa. Et temióse que le sería fuerte[26] de criar, e rogó a Dios que la tornase niña. E fízola Dios niña fermosa e muy apuesta; e llevóla para su casa, e crióla muy bien, e non le dijo nada de su facienda como fuera.[27] E ella non dudaba que era su fija. Et desque[28] llegó a doce años, díjole el religioso: «Fijuela, tú eres ya de edad, et non puedes estar sin marido que te mantenga e te gobierne, e que me desembargue de ti, porque me torne a orar como antes facía sin ningún embargo.[29] Pues escoge ahora cuál marido quisieres, e casarte he con él.» Dijo ella: «Quiero un tal marido que por ventura non haya par en valentía e en esfuerzo e en poder.» Díjole el religioso: «Non sé en el mundo otro tal como el sol, que es muy noble e muy poderoso, alto más que todas las cosas del mundo; e quiérole rogar e pedirle por merced que se case contigo.»

E fízolo así, e bañóse et fizo su oración. Desí[30] oró e dijo: «Tú, sol, que fuiste criado por provecho e por merced de todas las gentes, ruégote que te cases con mi fija, que me rogó que la casase con el más fuerte e con el más noble del mundo.» Díjole el sol: «Ya oí lo que dijiste, hombre bueno, et yo soy tenido de te non enviar sin respuesta de tu ruego,[31] por la honra e por el amor que has con Dios et por la mejoría que has[32] entre los hombres; mas enseñarte he el ángel que es más fuerte que yo.» Díjole el religioso: «¿E cuál es?» Díjole: «Es el ángel que trae las nubes, el cual con su fuerza cubre mi fuerza e non me la deja extender por la tierra.» Tornóse el religioso al lugar do son las nubes de la mar, e llamó a las nubes, bien así como llamó al sol, e díjoles bien así como dijo al sol. E dijeron las nubes: «Ya entendimos lo que dijiste, e tenemos que es así, que nos dió Dios fuerza más que a otras cosas muchas; mas guiarte hemos a otra cosa que es más fuerte que nos.» Dijo el religioso: «¿Quién es?» Dijéronle: «Es el viento que nos lleva a do quiere, e nos non podemos[33] defender de él.»

Et fuese para el viento, e llamólo así como a los otros, e díjole la misma razón. Díjole el viento: «Así es como tú dices, mas guiarte he a otro que es más fuerte que yo, e que pugné[34] en ser su igual e non lo pude ser.» Díjole el religioso: «¿E quién es?» Díjole: «Es el monte que está cerca de ti.» Et fuése el religioso para el monte, e díjole como dijo a los otros. Díjole el monte: «Atal soy yo como tú dices, mas guiarte he a otro que es más fuerte que yo, que con su gran fuerza non puedo haber derecho con él, e non me puedo defender de él, que me face cuanto daño puede.» Díjole el religioso: «¿E quién es ése?» Díjole: «Es un mur,[35] ca éste me face cuanto daño quiere, que me forada[36] de todas partes.»

Et fuese el religioso al mur, e llamólo así como a los otros, e díjole el mur: «Atal soy como tú dices en poder e en fuerza; mas ¿cómo se podrá guisar que yo casase con mujer siendo mur e morando yo en covezuela e en forado?»[37] Dijo el religioso a la moza: «¿Quieres ser mujer del mur, que ya sabes como fablé con todas las otras cosas, e non fallé más fuerte que él, e todas me guiaron a él? ¿Quieres que ruegue a Dios que te torne en rata e que te case con él? E morarás con él en su cueva, et yo requerirte he[38] e visitarte he, e non te dejaré del todo.» Díjole ella: «Padre, yo non dudo en vuestro consejo. Pues vos lo tenéis por bien, facerlo he.» Et rogó a Dios que la tornase en rata, e fué así, e casóse con el mur, e entróse con él en su cueva, e tornóse a su raíz e a su natura.

Alfonso X el Sabio

1221-1284

Las *Siete partidas* (compuestas de 1256 a 1276) es la colección de leyes más amplia de las varias que se hicieron bajo la dirección del rey sabio. A su valor jurídico como la recopilación más importante del derecho de la Edad Media, une el de ser documento de la vida e ideas de su época y el valor lingüístico de presentar por primera vez una prosa escrita con esmero literario.

Texto según glosa del Licenciado Gregorio López, Madrid, León Amarita, 1829, y *Antología,* de Solalinde, Madrid, 1922.

La *Primera Crónica General o Estoria de España* fué comenzada por orden y bajo la dirección de Alfonso X hacia 1270 y acabada en el reinado de su hijo Sancho IV. Empieza con unas referencias al Génesis y a los primeros pobladores de Europa, y narra después los hechos referentes al desarrollo histórico de España desde las primeras invasiones hasta el reinado de Fernando III. Como el resto de la producción alfonsina, es obra de colaboración de diversos autores, pero inspirada en la amplia visión recopiladora del rey sabio.

Texto según edición de Menéndez Pidal, Madrid, 1906, *Nueva Biblioteca de Autores Españoles,* tomo V.

El *Libro de ajedrez y otros juegos* es una traducción y arreglo de textos árabes hecha por orden del rey Alfonso y acabada en Sevilla en 1283.

Texto según *Antología,* de Solalinde.

Las *Cantigas de Santa María,* colección poética de milagros y de alabanzas de la Virgen, fueron escritas, como se sabe, en gallego-portugués, lengua usada en esta época por los líricos castellanos. Damos, como parte integrante de la labor literaria del rey sabio, unas muestras acompañadas de una traducción castellana para facilitar su comprensión. También damos a continuación una «Cantiga de amor», que al parecer es la única que escribió en castellano.

LAS SIETE PARTIDAS

Cuál debe ser el facedor de las leyes[1]

El facedor de las leyes debe a Dios amar, et temer et tenerle ante sus ojos cuando las ficiere porque las leyes sean cumplidas et derechas;[2] et debe amar justicia et verdad e ser sin codicia para querer que haya[3] cada uno lo suyo; et debe ser entendido para saber departir el derecho del tuerto[4] et apercibido[5] de razón para responder ciertamente a los que le demandaren;[6] et debe ser fuerte a[7] los crueles et a los soberbios, et piadoso para hacer merced a los culpados y a los mezquinos ol[8] conviniere; et debe ser humildoso por non ser soberbio nin crudo[9] a sus pueblos por su poder nin por su riqueza; et bien razonado porque sepa mostrar cómo se deben entender et guardar las leyes; et debe ser sufrido en oír bien lo que le dijeren, et mesurado en non se rebatar[10] en dicho nin en fecho.

Primera partida, título I, ley 11.

Cómo los clérigos deben decir las Horas[11] e facer las cosas que son convenientes e buenas e guardarse de las otras

Apartadamente[12] son escogidos los clérigos para servicio de Dios, e por ende se deben trabajar cuanto pudieren servirlo...[13] ca ellos han de decir las Horas en la iglesia, e los que non pudieren í venir, non deben dejar de decir las Horas por donde estuvieren... Otrosí[14] deben ser hospedadores e largos[15] en dar sus cosas a los que las hubieren menester[16] e guardarse de codicia mala... e

1 Cómo debe ser el que hace las leyes o qué condiciones debe tener el legislador.   2 perfectas y justas.   3 tenga.   4 para distinguir lo justo de lo injusto.   5 dotado.   6 pregunten.   7 para, con.   8 donde le, como le.   9 cruel.   10 arrebatar, descomponer.

11 Horas canónicas: las diferentes partes del servicio divino que la Iglesia acostumbra a rezar en distintas horas del día (como maitines, laudes, vísperas, prima, etc.).   12 especialmente.   13 y, por tanto, deben hacer cuanto puedan para servir a Dios.   14 igualmente, también.   15 acogedores y generosos.   16 a los que las necesitan.   17 juego de damas.   18 ni reunirse con jugadores profesionales.   19 excepto.   20 necesidad.

21 ni deben participar como actores en los juegos de escarnio, que eran representaciones profanas del teatro medieval, de asuntos derivados de la comedia latina y de carácter satírico y de burla.   22 indecencias.   23 sino que más bien.   24 nacimiento.   25 recuerden.   26 con

esmero, con cuidado.   27 y con autorización de los arzobispos y obispos o de los eclesiásticos que ejerzan sus funciones.   28 los que hacen esto: los tiranos.   29 el bien de todos.   30 viven con el temor de perder su poder; *la* se refiere a «tierra».

31 y para llevar a cabo sus propósitos con mayor seguridad.   32 astucia, engaño.   33 se esfuerzan en que, tratan de.   34 oponerse a, contrariar.   35 de manera.   36 secreto.   37 corromper.   38 sabios.   39 obligación.   40 porque se cambia la autoridad que era justa [por su origen] en injusta o contraria a las leyes.

41 provecho.   42 que se ponen de acuerdo con más facilidad.   43 cuidar.   44 [las palabras feas y malsonantes] no aprovechan (no sirven de ejemplo ni consejo) ni al que las dice ni al que las oye.   45 bajas, groseras.   46 descompuestas, feas.   47 falsas.   48 torcimiento.   49 inconvenientes, impropias.

non deben jugar dados nin tablas[17] nin envolverse con tafures nin atenerse con ellos;[18] nin deben entrar en tabernas a beber, fueras ende[19] si lo ficiesen por premia[20] andando camino; nin deben ser facedores de juegos de escarnios[21] porque los vengan a ver gentes como se facen. E si otros hombres los ficieren, non deben los clérigos í venir porque facen í muchas villanías e desaposturas,[22] nin deben otrosí estas cosas facer en las iglesias, antes decimos[23] que los deben echar de ellas deshonradamente a los que lo ficieren; ca la iglesia de Dios es fecha para orar e non para facer escarnios en ella, ca así lo dijo nuestro Señor Jesucristo en el Evangelio que la su casa era la llamada casa de Oración, e non debe ser fecha cueva de ladrones. Pero representación hay que pueden los clérigos facer, así como de la nascencia[24] de nuestro Señor Jesucristo, en que muestra cómo el Ángel vino a los Pastores e cómo les dijo cómo era Jesucristo nacido. E otrosí de su aparición, cómo los tres Reyes Magos lo vinieron adorar. E de su Resurrección, que muestra que fué crucificado, e resucitó al tercer día: tales cosas como éstas que mueven al hombre a facer bien e a haber devoción en la Fe, puédenlas facer; e demás porque los hombres hayan remembranza[25] que, según aquéllas, fueron las otras fechas de verdad. Mas esto deben facer apuestamente[26] e con muy gran devoción, e en las ciudades grandes donde hubieren arzobispos o obispos, e con su mandado de ellos, o de los otros que tuvieren sus veces;[27] e non lo deben facer en las aldeas... ni por ganar dineros con ellas.

PRIMERA PARTIDA, TÍTULO VI, LEY 34.

QUÉ QUIERE DECIR TIRANO ET CÓMO USA DE SU PODER EN EL REINO DESPUÉS QUE ES APODERADO DE ÉL

Tirano tanto quiere decir como señor cruel, que es apoderado en algún reino o tierra por fuerza o por engaño o por traición: et estos tales[28] son de tal natura, que después que son bien apoderados en la tierra aman más de facer su pro maguer sea a daño de la tierra, que la pro comunal de todos,[29] porque siempre viven a mala sospecha de la perder.[30]

Et porque ellos pudiesen cumplir su entendimiento más desembargadamente[31] dijeron los sabios antiguos que usaron ellos de su poder siempre contra los del pueblo en tres maneras de artería:[32] la primera es que pugnan[33] que los de su señorío sean siempre necios et medrosos, porque cuando tales fuesen non osarían levantarse contra ellos, nin contrastar[34] sus voluntades; la segunda que hayan desamor entre sí, de guisa[35] que non se

fíen unos de otros; ca mientras en tal desacuerdo vivieren non osarían facer ninguna falta contra él, por miedo que non guardarían entre sí fe nin poridad;[36] la tercera razón es que pugnan de los facer pobres, et de meterlos en tan grandes fechos que los nunca puedan acabar... Et sobre todo esto siempre pugnaron los tiranos de astragar[37] a los poderosos, et de matar a los sabidores,[38] et vedaron siempre en sus tierras cofradías et ayuntamientos de los hombres; et pugnaron todavía de saber lo que se decía o se facía en la tierra; et fían más su consejo y la guarda de su cuerpo en los extraños porque le sirven a su voluntad, que en los de la tierra que le han de facer servicio por premia.[39]

Otrosí decimos que maguer alguno hubiese ganado señorío de reino por alguna de las derechas razones que dijimos en las leyes antes de ésta, que si él usase mal de su poderío en las maneras que dijimos en esta ley, que le puedan decir las gentes «tirano», ca tórnase el señorío que era derecho en torticero,[40] así como dijo Aristóteles en el libro que fabla del regimiento de las ciudades et de los reinos.

PARTIDA II, TÍTULO I, LEY 10.

LA PALABRA

La palabra tiene muy gran pro[41] cuando se dice como debe: ca por ella se entienden los hombres los unos a los otros, de manera que facen sus fechos en uno más desembargadamente.[42] E por ende todo hombre, e mayormente el rey, se debe mucho guardar en su palabra, de manera que sea catada e pensada ante que la diga, ca después que sale de la boca, non puede hombre facer que non sea dicha... Debe el rey guardar[43] que sus palabras sean iguales e en buen son; ca las palabras que se dicen sobre razones feas e sin pro, e que non son fermosas nin apuestas al que las fabla nin otrosí al que las oye, nin puede tomar buen castigo nin buen consejo...;[44] e llámanlas cazurras[45] porque son viles e desapuestas,[46] e non deben ser dichas ante hombres buenos, cuanto más decirlas ellos mismos, e mayormente el rey... Menguadas[47] non deben ser las palabras del rey. E serían atales en dos maneras: la primera cuando se partiese de la verdad e dijese mentira a sabiendas en daño de sí mismo o de otro, ca la verdad es cosa derecha e igual. E según dijo Salomón: non quiere la verdad desviamiento nin torturas...[48] Desconvenientes[49] non deben ser las palabras del rey; e serían atales en dos maneras, la primera, como si la dijese en gran alabanza de sí: ca ésta es cosa que está mal a todo hombre, porque si él bueno fuese, sus obras le loarán... Daño muy grande viene al rey e a los otros hombres cuando dijeren palabras malas e villanas e como non deben, porque después que fueren dichas non las pueden tornar que dichas non sean. E por ende dijo un filósofo que el hombre debe más callar que fablar, e mayormente delante sus enemigos, porque non puedan tomar apercibimiento[50] de sus palabras para deservirle o buscarle mal; ca el que mucho fabla non se puede guardar que no yerre,[51] y el mucho fablar face envilecer las palabras, e fácele descubrir las sus poridades. E si él non fuere hombre de gran seso, por las sus palabras entenderán los hombres la mengua que ha de él:[52] ca bien así como el cántaro quebrado se conoce por su sueno,[53] otrosí el seso del hombre es conocido por la palabra.

PARTIDA II, TÍTULO IV, LEYES 1 A 5.

QUE EL REY DEBE HABER SUFRENCIA[54] EN LA SAÑA[55] MÁS QUE OTRO

Mucho se deben los reyes guardar de la saña, e de la ira, e de la malquerencia, porque éstas son contra las buenas costumbres. E la guarda que deben tomar en sí contra la saña, es que sean sufridos, de guisa que non les venza, nin se muevan por ella a facer cosa que les esté mal o que sea contra derecho: ca lo que con ella ficiesen de esta guisa, más semejaría venganza que justicia. E por ende dijeron los sabios: que la saña embarga el corazón del hombre de manera que non deja escoger la verdad... E tanto tuvo el rey David por fuerte cosa la saña, que a Dios mismo dijo en su corazón: Señor, cuando fueres sañudo non me quieras reprender, nin siendo airado castigar. E por esto debe el rey sufrirse en la saña fasta que le sea pasada: e cuando lo ficiere seguírsele ha gran pro, ca podrá escoger la verdad, e facer con derecho lo que ficiere... E porque la ira del rey es más fuerte e más dañosa que la de los otros hombres, porque la puede más aína cumplir;[56] por ende debe ser más apercebido cuando la hubiere en saberla sufrir. Ca así como dijo el rey Salomón: atal es la ira del rey como la braveza del león, que ante el su bramido todas las otras bestias tremen e non saben do se tener:[57] e otrosí ante la ira del rey non saben los hombres qué facer, ca siempre están a sospecha de muerte.[58]

PARTIDA II, TÍTULO V, LEYES 10 y 11.

QUÉ COSA ES ESTUDIO... EN QUÉ LUGAR DEBE SER ESTABLECIDO... Y EN QUÉ MANERA DEBEN LOS MAESTROS MOSTRAR LOS SABERES A LOS ESCOLARES

Estudio es ayuntamiento de maestros et de escolares que es fecho en algún lugar con voluntad et con entendimiento de aprender los saberes. Et son dos maneras de él: la una es a que dicen «estudio general» en que ha maestros de las artes, así como de gramática, et de lógica, et de retórica, et de aritmética, et de geometría, et de música, et de astronomía, et otrosí en que ha maestros de decretos et señores de leyes...[59] La segunda manera es a que dicen «estudio particular», que quiere tanto decir como cuando algún maestro muestra[60] en alguna villa apartadamente a pocos escolares...

De buen aire et de fermosas salidas[61] debe ser la villa do quieren establecer el estudio, porque los maestros que muestran los saberes et los escolares que los aprenden vivan sanos, et en él puedan folgar[62] et recebir placer a la tarde cuando se levantaren cansados del estudio; et otrosí debe ser abondada[63] de pan, et de vino et de buenas posadas en que puedan morar et pasar su tiempo sin gran costa.

Et otrosí decimos que los ciudadanos de aquel lugar do fuere fecho el estudio deben mucho honrar et guardar los maestros et los escolares et todas sus cosas...

Bien et lealmente deben los maestros mostrar sus saberes a los escolares leyéndoles los libros et faciéndoles entender lo mejor que ellos pudieren; et desque comenzaren a leer deben continuar el estudio todavía fasta que hayan acabado los libros que comenzaron; et en cuanto fueren sanos non deben mandar a otros que lean en su lugar de ellos, fueras ende si[64] de ellos mandase a otro leer[65] alguna vez por facerle honra y non por razón de se excusar él del trabajo de leer.

Et si por aventura alguno de los maestros enfermase después que hubiese comenzado el estudio de manera que la enfermedad fuese tan grande

---

50 noticia, aviso.
51 no puede evitar el cometer errores. 52 la falta que tiene de inteligencia (*seso*). 53 sonido. 54 tener paciencia, dominar. 55 cólera. 56 porque puede más prontamente satisfacer [los deseos que le dicta la ira]. 57 tiemblan y no saben qué hacer. 58 con temor de morir. 59 y en los que además se enseñan *decretos* (derecho canónico) y leyes. 60 enseña.
61 alrededores. 62 holgar, recrearse, descansar 63 abundante. 64 excepto cuando. 65 dar la clase. 66 monedas que da el marido a la mujer al celebrarse

el matrimonio. 67 que poseían en común. 68 prohibición. 69 juntamente, es decir, lo que llamamos hoy «bienes gananciales». 70 antes.
71 prohibimos. 72 excepto. 73 están obligados. 74 constriña, obligue. 75 deuda. 76 agravio, daño 77 citación, llamamiento ante la justicia. 78 en sus bienes. 79 llevar a cabo.
1 hacía aquel viaje tan largo. 2 que no tenía en mente, no pensaba. 3 dolorida, triste. 4 llena de rocío. 5 al tiempo que. 6 te conmoverás, te apiadarás [de mí].

o tan luenga que non pudiese leer en ninguna manera, mandamos que le den el salario también como si leyese todo el año; et si acaeciese que muriese de enfermedad, sus herederos deben haber el salario también como si hubiese leído todo el año.

PARTIDA II, TÍTULO XXXI, LEYES 1, 2 y 4.

QUÉ PENA MERECE AQUEL QUE FACE ADULTERIO, SI LE FUERE PROBADO

Acusado siendo algún hombre que había fecho adulterio, si le fuere probado que lo fizo, debe morir por ende; mas la mujer que ficiese el adulterio, maguer le fuese probado en juicio, debe ser castigada et ferida públicamente con azotes, et puesta et encerrada después en algún monasterio de dueñas; et demás de esto debe perder la dote e las arras[66] que le fueron dadas por razón del casamiento, et deben ser del marido. Pero si el marido la quisiese perdonar después de esto, puédelo facer fasta dos años; et si la perdonare el yerro, puédela sacar del monasterio et tornarla a su casa; et si la recibiere después así, decimos que la dote et las arras et las otras cosas que habían de consuno[67] deben ser tornadas en aquel estado en que eran antes de que el adulterio fuese fecho. Et si por aventura non la quisiese perdonar, o se muriese él antes de los dos años, entonces debe ella recibir el hábito del monasterio, et servir en él a Dios para siempre como las otras monjas... Pero si fuese probado que la mujer casada ficiera adulterio con su siervo, non debe haber la pena sobredicha, mas deben ser quemados ambos por ende. Otrosí decimos que si la mujer casada saliera de casa de su marido, et fuere a casa de algún hombre sospechoso contra voluntad et defendimiento[68] de su marido, si esto le pudiera ser probado por testigos que sean de creer, que debe perder por ende la dote et las arras et los otros bienes que ganaron de so uno[69] et ser del marido...

PARTIDA VII, TÍTULO XVII, LEY 15.

CÓMO PUEDEN HABER LOS JUDÍOS SINAGOGA ENTRE LOS CRISTIANOS

Sinagoga es lugar do los judíos facen oración; et tal casa como ésta non pueden facer nuevamente en ningún lugar de nuestro señorío a menos de nuestro mandado. Pero las que había antiguamente si acaeciese que se derribasen, puédenlas reparar et facer en aquel mismo suelo, así como enante[70] estaban... Et porque la sinagoga es casa do se loa el nombre de Dios, defendemos[71] que ningún cristiano non sea osado de la quebrantar, nin de sacar nin de tomar ende ninguna cosa por fuer-

za, fueras ende[72] si algún malfechor se acogiese a ella; ca a este tal bien le pueden í prender por fuerza para llevarle ante la justicia. Otrosí defendemos que los cristianos non metan í bestias, nin posen en ellas, nin fagan embargo a los judíos mientras que í estuvieren faciendo oración según su ley.

CÓMO NON DEBEN APREMIAR A LOS JUDÍOS EN DÍA DE SÁBADO ET CUÁLES JUECES LOS PUEDEN APREMIAR

Sábado es día en que los judíos facen sus oraciones et están quedados en sus posadas, et non se trabajan de facer merca nin pleito alguno. Et porque tal día como éste son ellos tenudos[73] de guardar, según su ley, non les debe ningún hombre emplazar nin traer a juicio en él. Et por ende mandamos que ningún juzgador non apremie nin constringa[74] a los judíos en el día del sábado para traerlos a juicio por razón de debdo,[75] ni los prendan nin les fagan otro agravamiento[76] ninguno en tal día; ca asaz abundan los otros días de la semana para constriñirlos et demandarles las cosas que según derecho les deben demandar; et al aplazamiento[77] que les ficieren para tal día non son tenudos los judíos de responder; otrosí sentencia que diesen contra ellos en tal día, mandamos que non valga. Pero si algún judío firiese, o matase, o furtase o robase en tal día, o si ficiese algún otro yerro semejante de éstos por que mereciese recebir pena en el cuerpo o en el haber,[78] entonces los juzgadores bien lo pueden recabdar[79] en el día del sábado.

PARTIDA VII, TÍTULO XXIV, LEYES 4 y 5.

PRIMERA CRÓNICA GENERAL DE ESPAÑA

DE LA CARTA QUE ENVIÓ LA REINA DIDO A ENEAS

La reina Dido, cuando supo que Eneas tomaba aquella carrera tan luenga[1] semejóle que no tenía en corazón[2] de nunca tornar a ella; por ende, llorando e faciendo gran duelo e siendo la más cuitada[3] que ser podía, envióle su carta fecha en esta manera e decía así después de las saludes:

«Eneas, mío marido: la razón que te yo envío decir es tal como el canto del cisne, que se tiende sobre la yerba rociada[4] e comienza a cantar un canto como dolorido a la sazón que[5] ha de morir. Pero las razones que te envío decir yo en esta carta no lo fago porque entiendo que te movrás[6] ni que tú farás mío ruego ni las cosas que te yo envío decir... Eneas, yo sé que has puesto de irte en todas guisas[7] e nunca tornar acá; ¿cómo puede esta cosa ser que tú te vayas e dejes a Dido mezquina y en duelo y en cuidado por siempre?

Vientos ferrán[8] en las velas de tu navío et te llevarán por la mar, y esos vientos mismos me semeja que llevarán la tu fe... Tú vas buscar los reinos de Italia que nunca viste ni sabes o son,[9] ¿e no se te viene en mente de la noble ciudad de Cartago, e del su muro e de las torres que crecen cada día e son más fermosas, ni otrosí del mío gran señorío que yo metí todo so el tu poder? Tú fuyes de las cosas fechas e demandas[10] las que son por facer. Buscaste por el mundo tierra e fallástela cual tú la habías mester;[11] e agora desampárasla e vas a buscar otra que no sabes cuál la fallarás...

Demás seméjame que habrás a buscar otro amor nuevo e otra fe que des a la que amares, que le fallezcas después así como a mí falleciste...[12] ¿Cuándo fallarás mujer que te ame tanto como yo que muero por ti? Ca así me quema el corazón el tu amor como quema el fuego las cosas en que tañe[13] la piedra azufre... E tal eres tú contra mí, que si yo loca no fuese, non te debía amar, pues que tan gran mal me quieres. Mas de otra guisa me acontece: que cuanto tú más de mal me quieres, tanto te amo yo más... Onde[14] ruego yo a Venus, tu madre, e a Cupido, tu hermano, que son ambos poderosos sobre el amor, que hayan piedad e duelo de mí, e que ellos te metan en corazón que me ames cuanto yo te amo; e si esto ser non puede, que ellos aguisen[15] por que te yo desame a ti tanto como tú desamas a mí...

Para mientes que los vientos de la mar, maguer que algunas vegadas se ensañen, otras están parados;[16] e ves ya cómo las ondas quedaron,[17] e el mar está tan apaciguado et tan llano, que el dios de la mar podría correr sobre ella su caballo, si quisiese; porque yo codiciaría[18] mucho que el tu corazón se cambiase como se cambian los vientos de la mar, que son cosas que no han sentido.

Mas la tu dureza es mayor que no la de los fuertes robles de los montes, ca sabiendo[19] los peligros de la mar como tú lo sabes, que[20] pasaste por ellos, no me semeja que has tomado escarmiento, ni dudas de tornar í otra vez...

Demás tú sabes que Venus, que tenemos por diosa de amor, en el mar nació, e ha í gran poder, e muchas veces toma allí venganza de los falsos amadores e de aquellos que la deshonran, cualesquiera que sean. E por ende he yo miedo... que la su piedad de la diosa guisará que el navío del mío enemigo quebrará[21] e morirá en la mar. Pero pues que a perderte,[22] más querría que fuese siendo tú vivo que muerto...

Mas pero non dudo yo que piedad no hayan de mí los dioses, e que me non den derecho de ti por mar o por tierra, por o[23] tú has andado bien ha siete años desterrado e sin ningún consejo, por que te hubo a echar la tempestad de la mar al mío puerto o te yo fallé cual tú sabes, pobre e muy lazrado; e tomóte por señor de mí e de toda mi tierra, e metí los míos grandes reinos so los tus pies; y esto fiz sin ninguna tardanza así que apenas había oído el tu nombre, ni sabía cuál tú eras... fiz te señor de mis riquezas, que son tan grandes como tú sabes.

¡E pluguiese a Dios que todo aquesto te hubiese yo dado e más, en tal[24] que no hubiese habido en tu poder mío cuerpo, que yo tenía muy guardado e con muy buen prez e sin toda[25] mala fama!...

Mas la mi malandanza, que comenzó conmigo con el marido primero que éramos ambos de un linaje, nunca se de mí partió fasta que me aduxo[26] a casar con este otro que era extraño, e aun me dura con él fasta que me adura[27] a la muerte. ¡Ay, mezquina! ¡Cuánto mal me ha venido en este mundo! Matáronme mi marido Acerva ante el altar, viéndolo mis ojos, y esto fizo mío hermano el rey; e después anduve desterrada de la tierra de mío padre o nací e crié e o dejé los huesos de mío marido, e vine las fuertes carreras[28] de la mar... e arribé a tierras ajenas y entre gentes ex-

---

7 que estás decidido a marcharte de todos modos. 8 los vientos golpearán, azotarán. 9 donde están. 10 buscas.

11 menester, necesidad. 12 a la que faltes así como me faltaste a mí [en la fe que me prometiste]. 13 toca. 14 por lo cual. 15 arreglen, hagan que. 16 Considera que los vientos del mar, aunque a veces se enfurezcan (se agiten), otras [veces] están serenos. 17 y mira que las olas ya se han calmado. 18 desearía. 19 porque conociendo. 20 porque.

21 que la compasión que la diosa me tendrá hará que el navío de mi enemigo [Eneas] naufrague. 22 Pero si he de perderte [como ya te he perdido]. 23 donde. 24 con tal. 25 sin ninguna. 26 me llevó, me condujo. El sujeto de adujo, igual que el de la frase anterior «nunca se de mí partió» es «malandanza» (mala

suerte). 27 hasta que me conduzca. 28 caminos. 29 ojalá pudieras pensar y ver ante tus ojos mi figura. 30 pronto.

31 alivio, remedio. 32 concuerda, cuadra. 33 no pienses. 34 herido. 35 tú sabes todo lo que me concierne y conoces mi culpa si alguna tengo. 36 sarcófago. 37 llanto, dolor (?) 38 de la que ella quedase satisfecha. 39 nobles. 40 en lo más alto.

41 se despeñó. 42 arriba, antes. 43 llena, abundante. 44 después que. 45 había vencido. 46 había dominado. 47 banderas. 48 a cada provincia... de una manera, según corresponde a cada una. 49 extremo de abundancia. 50 abundantes, fértiles.

51 nunca le faltan. 52 rica. 53 abastecida, provista. 54 sobrada rica de. 55 mercurio. 56 cobre.

trañas, que me non conocían; e non quiso Dios que muriese a manos de mío hermano ni en la tormenta de la mar e adúxome a esta ribera e dióme esta tierra que yo di a ti, Eneas el desleal…

¡Ay, Eneas! agora asmases tú en tu voluntad o se te parase ante los tus ojos la mi figura,[29] de cómo yo estoy escribiendo esta carta, teniendo sobre los míos hinojos la espada que me diste, que trajeras de Troya, corriendo de los míos ojos lágrimas que caen sobre ella; mas en vez de lágrimas aína[30] caerán í gotas de la mi sangre, si tú consejo[31] no das a esta mi cuita. Por Dios, Eneas, bien acuerda[32] esta espada con el galardón que tú me das, ca en el fecho parece que me la diste con que me matase… E non tengas[33] tú que el mío corazón sea llagado[34] agora primeramente, ca siempre lo fué desque te vi, de muy fuerte amor. Ana mi hermana, mi hermana Ana, tú eres sabidor de todo mío fecho, si yo en alguna culpa yago;[35] e por ende cuando yo fuere muerta, tomarás el mío cuerpo e facerle has cenizas según el uso de los hombres de alto linaje; mas en el lucillo[36] o lo metieres no escribirás «aquí yace Elisa, mujer de Acerva el Sicheo», mas entallarás en el mármol letras que digan así:

«Prebuit Eneas et causam mortis et ensem ipsa sua Dido concidit icta manu.»

Que quiere decir así en lenguaje castellano:

«Eneas dió espada e achaque de llano[37] por que Dido cuitada se mató con su mano.»

Tal fué la carta… que envió Dido a Eneas mas por que él non se quiso tornar, ni le envió respuesta donde ella fuese pagada,[38] tan grande fué el pesar que hubo por ende, que fizo ayuntar su corte de los hombres honrados[39] e de todo el otro pueblo; e pues que se juntaron, subió ella en somo[40] de la su torre mucho alta que ficiera sobre aquella peña que llamaban Birsa e vistióse sus paños muy ricos según el uso de aquella tierra e tolló las trenzas e descabellose[41] e rompió sus vestiduras por los pechos, e comenzó a llamar a su marido Acerva, que hubiera primero, e a decir aquellas palabras que ya oisteis desuso[42] en la historia. E después que las hubo dicho muchas vegadas, tomó la espada que le diera Eneas e metiósela por los pechos, así que le pasó a las espaldas e dejóse caer de la torre en aquella foguera como ya oisteis. Mas agora deja la historia de contar de ella e torna a decir de cómo ficieron los de Cartago después de su muerte.

DEL LOOR DE ESPAÑA COMO ES CUMPLIDA[43] DE TODOS BIENES

Pues que[44] el rey Rodrigo et los cristianos fueron vencidos et muertos, la muy noble gente de los godos que muchas batallas quebrantara[45] et abajara[46] muchos reinos, fué entonces quebrantada et abajada, et las sus preciadas señas[47] abatidas…

Todos deben por esto aprender que non se deba ninguno preciar: nin el rico en riqueza, nin el poderoso en su poderío, nin el fuerte en su fortaleza, nin el sabio en su saber, nin el alto en su alteza nin en su bien; mas quien se quisiere preciar, préciese en servir a Dios, ca él fiere et pone medicina, él llaga et él sana, ca toda la tierra suya es; e todos los pueblos et todas las gentes, los reinos, los lenguajes, todos se mudan et se cambian, mas Dios criador de todo siempre dura et está en un estado.

E cada una tierra de las del mundo et a cada provincia honró Dios en sendas guisas,[48] et dió su don; mas entre todas las tierras que él honró más, España la de occidente fué; ca a ésta abastó él de todas aquellas cosas que hombre suele codiciar. Ca desde que los godos anduvieron por las tierras de la una parte et de la otra probándolas por guerras et por batallas et conquistando muchos lugares en las provincias de Asia et de Europa, así como dijimos, probando muchas moradas en cada lugar et catando bien et escogiendo entre todas las tierras el más provechoso lugar, fallaron que España era el mejor de todos, et mucho le preciaron más que a ninguno de los otros, ca entre todas las tierras del mundo España ha una estremanza de abondamiento[49] et de bondad más que otra tierra ninguna…

Pues esta España que decimos tal es como el paraíso de Dios, ca riégase con cinco ríos caudales que son Ebro, Duero, Tajo, Guadalquivir, Guadiana; et cada uno de ellos tiene entre sí et el otro grandes montañas et tierras; et los valles et los llanos son grandes ẽt anchos, et por la bondad de la tierra et el humor de los ríos llevan muchos frutos et son abondados.[50] España la mayor parte de ella se riega de arroyos et de fuentes et nunca le menguan[51] pozos cada lugar o los ha menester.

España es abondada de mieses, deleitosa de frutas, viciosa[52] de pescados, sabrosa de leche et de todas las cosas que se de ella facen; llena de venados et de caza, cubierta de ganados, lozana de caballos, provechosa de mulos, segura et bastida[53] de castillos, alegre por buenos vinos, folgada de abondamiento[54] de pan; rica de metales, de plomo, de estaño, de argent vivo,[55] de fierro, de arambre,[56] de plata, de oro, de piedras preciosas, de toda manera de piedra mármol, de sales de mar et de salinas de tierra et de sal en peñas, et de otros mineros muchos...;[57] briosa de sirgo[58] et de cuanto se face de él, dulce de miel et de azúcar, alumbrada de cera, cumplida de óleo, alegre de azafrán.

España sobre todas es ingeniosa, atrevida et mucho esforzada en lid, ligera en afán, leal al señor, afincada[59] en estudio, palaciana[60] en palabra, cumplida de todo bien; non ha tierra en el mundo que la semeje en abundancia, nin se iguale ninguna a ella en fortalezas et pocas ha en el mundo tan grandes como ella. España sobre todas es adelantada en grandeza et más que todas preciada por lealtad. ¡Ay España! non ha lengua nin ingenio que pueda contar tu bien.

Pues este reino tan noble, tan rico, tan poderoso, tan honrado, fué derramado et astragado en una arremesa[61] por desavenencia de los de la tierra que tornaron sus espadas en sí mismos unos contra otros, así como si les menguasen enemigos; et perdieron í todos, ca todas las ciudades de España fueron presas de los moros et crebantadas et destruídas de mano de sus enemigos.

Del duelo de los godos de España et de la razón porque ella fué destruída

Pues que la batalla fué acabada desaventuradamente et fueron todos muertos..., fincó toda la tierra vacía del pueblo, llena de sangre, bañada de lágrimas..., huéspeda de los extraños...,[62] desamparada de los moradores, viuda y desolada de sus hijos..., esmedrida por la llaga...,[63] flaca de fuerza, menguada de conort,[64] et desolada de solaz[65] de los suyos...

Olvidados le son los sus cantares, et el su lenguaje ya tornado es en ajeno et en palabra extraña. Los moros de la hueste todos vestidos del sirgo[66] et de los paños de color que ganaran; las riendas de los sus caballos tales eran como de fue-

go, las sus caras de ellos negras como la pez; el más fermoso de ellos era negro como la olla, así lucían sus ojos como candelas; el su caballo de ellos ligero como leopardo, e el su caballero mucho más cruel et más dañoso que es el lobo en la grey de las ovejas en la noche...

¡España mezquina! Tanto fué la su muerte cuitada[67] que... non fincó í ninguno que la llante;[68] llámanla dolorida, ya más muerta que viva, et suena su voz así como del otro siglo,[69] e sale la su palabra así como de su tierra, e diz con la gran cuita: «vos, hombres, que pasáis por la carrera,[70] parad mientes y ved si ha cuita nin dolor que se semeje con el mío.» Doloroso es el llanto, llorosos los alaridos, ca España llora los sus hijos et non se puede conortar porque ya no son.[71] Las sus casas et las sus moradas todas fincaron yermas et despobladas; la su honra et el su prez[72] tornado es en confusión, ca los sus fijos et los sus criados todos murieron a espada; los nobles et fijos de algo cayeron en cautivo,[73] los príncipes et los altos hombres idos son en fonta et en denosto,[74] e los buenos combatientes perdiéronse en extremo.

Los que antes estaban libres, entonces eran tornados en siervos; los que se preciaban de caballerías, corvos andaban a labrar[75] con rejas et azadas; los viciosos del comer non se abondaban de vil manjar;[76] los que fueran criados en paños de seda non habían de qué cubrir nin de tan vil vestidura en que antes non pondrían ellos sus pies... El que fué fuerte et corajoso[77] murió en batalla; el corredor et ligero de pies non gareció a las saetas;[78] las espadas et las otras armas de los godos perdonaron a los enemigos et tornáronse en sus parientes et en sí mismos, ca non había í ninguno que los acorriese nin departiese[79] unos de otros.

¿Quién me daría agua que toda mi cabeza fuese ende bañada, e a míos ojos fuentes que siempre manasen lágrimas por que llorase y llaniese[80]

---

[57] de otras muchas minas.   [58] abundante de seda.
[59] aplicada.   [60] cortés.
[61] fué invadido y deshecho por una arremetida.
[62] en poder de los extraños (de los moros).   [63] enflaquecida, desmedrada por el sufrimiento.   [64] falta de consuelo.   [65] sin alivio, sin alegría.   [66] seda.   [67] tan triste fué su muerte.   [68] llore.   [69] mundo.   [70] camino.
[71] consolar porque ya no existen.   [72] renombre.
[73] cautiverio.   [74] avergonzados e injuriados.   [75] trabajaban la tierra encorvados.   [76] los amantes del buen comer carecían hasta de los alimentos más ordinarios.
[77] valiente.   [78] no se salvó de las flechas.   [79] socorriese ni diferenciase.   [80] plañese, lamentase.
[81] la miseria y el terror.   [82] se terminó.   [83] abundancia.   [84] aquí acabó la enseñanza de la religión.
[85] le insultaban y le maltrataban.   [86] ensuciados.
[87] asolaron, destruyeron.   [88] aumentó, creció.   [89] donde.
[90] árabes.

[91] conquistar, vencer.   [92] con falsos pactos, es decir, con engaños.

[1] y después que las campanas fueron puestas de nuevo en su lugar, la iglesia de Santiago se llenó de alegría con su sonido, al que se unió [en señal de regocijo] el de las otras campanas (esquiliellas) más pequeñas que allí había.   [2] y después de haber asegurado la ciudad de Córdoba dejando hombres de armas que la defendiesen y provisiones con que se mantuviesen, el rey don Fernando, alegre y lleno de honores, se volvió a Toledo, donde le esperaba su madre, doña Berenguela.   [3] no dejó ni dejaba.   [4] sino lo que se refería a.   [5] con gran diligencia cuidó.   [6] que reflexionaba.   [7] no hubo allí.   [8] plazcan, ayuden.   [9] a su Redentor a quien le pertenece.   [10] de donde, por lo cual.

[11] piezas del juego.   [12] deporte que consistía en tirar bofordos o lanzas cortas contra algunas tablas.
[13] deporte parecido al anterior, en el que se usaban lanzas.   [14] correr en los torneos con lanza y escudo.

la pérdida et la muerte de los de España et la mezquindad et el aterramiento[81] de los godos? Aquí se remató[82] la santidad et la religión de los obispos et de los sacerdotes; aquí quedó et menguó el abondamiento[83] de los clérigos que servían las iglesias; aquí pereció el entendimiento de los prelados et de los hombres de orden; aquí fallesció el enseñamiento de la ley[84] et de la santa fe.

Los padres et los señores todos perecieron en uno; los santuarios fueron destruídos, las iglesias quebrantadas; los lugares que loaban a Dios con alegría, ahora le denostaban y le maltraían...;[85] las iglesias et las torres o solían loar a Dios, ahora... llamaban a Mahoma; las vestimentas et los cálices et los otros vasos de los santuarios eran tornados en uso de mal, et enlijados[86] de los descreídos.

Toda la tierra desgastaron[87] los enemigos, las casas yermaron, los hombres mataron, las ciudades quemaron, los árboles, las viñas et cuanto fallaron verde cortaron. Tanto pujó[88] esta pestilencia et esta cuita, que non fincó en toda España buena villa nin ciudad o[89] obispo hubiese que non fuese o quemada o derribada o retenida de moros; ca las ciudades que los alárabes[90] non pudieron conquerir,[91] engañáronlas et conquistáronlas por falsas pleitesías.[92]

DE LAS CAMPANAS TORNADAS A SANTIAGO

En este capítulo, después de narrar la conquista de Córdoba por el rey don Fernando, padre de Alfonso X, trata la Crónica *de cómo aquél fué educado por doña Berenguela, su madre.*

De las campanas otrosí de Santiago de Galicia que dijimos que trajera Almanzor de Galicia a Córdoba por deshonra del pueblo cristiano, et estuvieran en la mezquita de Córdoba et sirvieran í en lugar de lámparas, el rey don Fernando... fizo entonces tornar aquellas campanas mismas et llevarlas a la iglesia de Santiago de Galicia; et la iglesia de Santiago revestida de ellas, fué muy alegre et ayuntaron otras esquiliellas que sonaban muy bien,[1] et los romeros que venían et las oían et sabían la razón de ellas, alababan por ende en sus voluntades a Dios en las sus santidades; et con gran alegría que habían ende, alabábanse en sus santos, et alababan al rey don Fernando et bendecíanle et rogaban todos a Dios por él que le diese vida et le mantuviese. Et la ciudad de Córdoba afortalada de moradores et de hombres de armas et puesta en recaudo de como se mantuviese, el rey don Fernando tornóse bien andante et honrado a Toledo a la noble reina doña Berenguela, que era í y le atendía.[2]

Et esa noble reina doña Berenguela muy alegre por aquello que su fijo el rey don Fernando había conquerida la ciudad de Córdoba... fizo sus gracias muchas a Dios et grandes et con mucha alegría, bendiciendo mucho el su nombre... Ca esta muy noble reina doña Berenguela así como cuenta la historia, así enderezó et crió a este fijo don Fernando en buenas costumbres et en buenas obras siempre, que los sus buenos enseñamientos... que le ella enseñó dulces como miel, según dice la historia, non cesaron nin quedaron de correr siempre al corazón a este rey don Fernando et con tetas llenas de virtudes le dió su leche de guisa que, maguer que el rey don Fernando era ya varón fecho et... en edad de su fuerza cumplida, su madre la reina doña Berenguela non quedó nin quedaba[3] de decirle et enseñarle acuciosamente las cosas que placen a Dios et a los hombres —et lo tenían todos por bien— et nunca le mostró las costumbres nin las cosas que pertenecían a mujeres, mas lo que facía a[4] grandeza de corazón et a grandes fechos. Ca esta muy buena et noble reina doña Berenguela con tamaña acucia guardó[5] siempre este fijo y le metió en el corazón fechos de obras de piedad de hombre varón...

Et esta noble reina doña Berenguela que mesuraba de antes[6] las cosas et las veía, et seguía las buenas obras de su padre don Alfonso rey de Castilla..., siempre fué con Dios, et por este merecimiento que había en ella se maravillaron de ella los moros de los nuestros tiempos, ca non vino í[7] fembra que la semejase; et por ende dice la historia que roguemos a Dios por ella que la guarde por luengos tiempos y le dé a ver las cosas que han de venir que le plegan,[8] et ser abondada de fechos de bien, fasta que ella dé el bienaventurado espíritu al su Redimidor, cuyo es.[9] Agora deja aquí la historia las otras razones, et fabla en casamiento del rey don Fernando.

LIBRO DE AJEDREZ, DADOS Y TABLAS

PRÓLOGO

Por que toda manera de alegría quiso Dios que hubiesen los hombres en sí naturalmente por que pudiesen sufrir las cuitas e los trabajos cuando les viniesen, por ende los hombres buscaron muchas maneras por que esta alegría pudiesen haber cumplidamente.

Onde[10] por esta razón fallaron e ficieron muchas maneras de juegos e de trebejos[11] con que se alegrasen. Los unos en cabalgando así como bofordar,[12] e alanzar,[13] e tornar escudo e lanza,[14] e tirar con la ballesta o con arco, o otros juegos de cual manera quiere que sean[15] que se pueden facer de caballo... E los otros que se facen de pie son así como esgrimir, luchar, correr, saltar, echar piedra o dardo, ferir la pelota, e otros juegos de muchas naturas en que usan los hombres los miembros porque sean por ello más recios e reciban alegría.

Los otros juegos que se facen seyendo,[16] son así como jugar ajedrez e tablas[17] e dados... E como quiera que todos estos juegos son muy buenos cada uno en el tiempo e en el lugar o convienen,[18] pero porque estos juegos que se facen seyendo... se facen tan bien de noche como de día, e porque las mujeres que non cabalgan e están encerradas han a usar de esto, e otrosí los hombres que son viejos e flacos...[19] o los que son en poder ajeno así como en prisión o en cautiverio o que van sobre mar; e comunalmente todos aquellos que... non pueden cabalgar nin ir a caza ni a otra parte, e han por fuerza de fincar en las casas e buscar algunas maneras de juegos con que hayan placer e se conorten e non estén baldíos.[20]

E por ende nos don Alfonso, por la gracia de Dios Rey de Castilla, de Toledo, de León, de Galicia, de Sevilla e de Córdoba, de Murcia, de Jaén e del Algarbe, mandamos facer este libro en que fablamos en la manera de aquellos juegos que se facen más apuestos,[21] así como ajedrez e dados e tablas. E... porque el ejedrez es más noble e de mayor maestría que los otros, fablamos de él primero.

Pero ante que esto digamos queremos mostrar algunas razones según los sabios antiguos dijeron, porque fueron falladas estas tres maneras de juegos, así como ajedrez e dados e tablas...

Según cuenta en las historias antiguas, en India la mayor hubo un Rey que amaba mucho los sabios e teníalos siempre consigo e facíales mucho a menudo razonar sobre los fechos que nacían de las cosas. E de estos había tres que tenían sendas

razones. El uno decía que más valía seso que ventura.[22] Ca el que vivía por el seso, facía sus cosas ordenadamente e aunque perdiese, que no había í[23] culpa, pues que facía lo que le convenía.

El otro decía que más valía ventura que seso, ca si ventura hubiese de perder o de ganar, que por ningún seso que hubiese non podría estorcer[24] de ello.

El tercero decía que era mejor qui[25] pudiese vivir tomando de lo uno e de lo al,[26] a esto era cordura[27]... Mas la cordura derecha era tomar del seso aquello que entendiese hombre que más su pro fuese,[28] e de la ventura guardarse hombre de su daño lo más que pudiese e ayudarse de ella en lo que fuese su pro.

E desde que hubieron dicho sus razones... mandóles el Rey que le adujiese ende cada uno muestra de prueba de aquello que decían[29] e dióles plazo cual le demandaron. E ellos fuéronse e cataron sus libros, cada uno según su razón. E cuando llegó el plazo, vinieron cada uno ante el Rey con su muestra.

E el que tenía razón del[30] seso, trajo el ajedrez con sus juegos, mostrando que el que mayor seso hubiese... podría vencer al otro.

E el segundo que tenía la razón de la ventura trajo los dados mostrando que no valía nada el seso sino la ventura, según parecía por la suerte, llegando el hombre por ella a pro o a daño.

El tercero que decía que era mejor tomar de lo uno e de lo al, trajo el tablero con sus tablas contadas e puestas en sus casas ordenadamente e con sus dados, que las moviesen para jugar según se muestra en este libro que fabla apartadamente de esto, en que face entender que por el juego de ellas que el que las supiere bien jugar, que aunque la suerte de los dados le sea contraria, que por su cordura podrá jugar con las tablas de manera que esquivará el daño que le puede venir por la ventura de los dados.

CANTIGAS

[Versión original]	[Versión moderna]
Esta é de loor de Santa María, do departimento que a entre Ave Eva	*Canta, en alabanza de Ave María, sus diferencias con Eva*
Entre Ave Eva gran departiment'á.	*Entre Ave y Eva hay gran diferencia.*

---

15 de cualquier manera que sean. 16 sentado. 17 este juego, según la descripción que hace Alfonso el Sabio, parece ser una combinación de damas y dados. 18 donde (o) convienen, convenientes. 19 débiles. 20 se distraigan y no estén sin hacer nada.

21 que se hacen más perfectos. 22 suerte. 23 allí, en ello. 24 librarse. 25 quien, aquel que. 26 de lo otro. 27 en esto estaba la cordura. 28 que fuese más en su favor. 29 que (cada uno) le trajese de aquello que decía. 30 el que había dicho.

Ca Eva nos tolleu
o Parays', e Deus
Ave nos y meteu;
porend', amigos meus,
entre Ave Eva
gran departiment'á.

Eva nos foi deitar
do dem' en sa prijon,
et Ave én sacar;
et por esta razón,
entre Ave Eva
gran departiment'á.

Eva nos fez perder
amor de Deus e ben,
e pois Ave aver
nol-o fez; e porén,
entre Ave Eva
gran departiment'á.

Eva nos enserrou
os çëos sen chave,
e María britou
as portas per Ave.
Entre Ave Eva
gran departiment'á.

Porque Eva nos quitó
el paraíso, y Dios
Ave allí nos metió;
por lo tanto, amigos míos,
entre Ave y Eva
gran diferencia hay.

Eva nos fué a echar
del demonio en su prisión,
y Ave de allí nos sacó;
y por esta razón,
entre Ave y Eva
gran diferencia hay.

Eva nos hizo perder
amor de Dios y bien,
y luego Ave haber
nos lo hizo; y por lo tanto,
entre Ave y Eva
gran diferencia hay.

Eva nos encerró
los cielos sin llave,
y María rompió
las puertas por Ave.
Entre Ave y Eva
gran diferencia hay.

Esta é de loor de Santa María, com' é fremosa et
bõa, et á gran poder

Ésta es en loor de Santa María, de su hermosura,
de su bondad y de su poder

Rosa das rosas et Fror das frores,
Dona das donas, Sennor das Sennores.
Rosa de beldad e de parecer,
et Fror d'alegría et de prazer;
Dona en mui pïadosa seer,
Sennor en toller coitas et doores.
Rosa das rosas et Fror das frores,
Dona das donas, Sennor das Sennores.
Atal Sennor deu' ome muit' amar
que de todo mal o pode guardar,
et pode-ll'os peccados perdõar
que faz no mundo per máos sabores.
Rosa das rosas..., etc.
Deuélmol-a muit' amar et seruir,
ca punna de nos guardar de falir;
des í dos erros nos faz repentir
que nós fazemos como pecadores.
Rosa das rosas..., etc.
Esta Dona que tenno por Sennor
et de que quero seer trobador,
se eu per ren poss' auer seu amor,
dou ao demo os outros amores.
Rosa das rosas et Fror das frores,
Dona das donas, Sennor das Sennores.

Rosa de las rosas y flor de las flores,
Dueña de las dueñas, Señora de Señoras.
Rosa de beldad y de parecer,
y flor de alegría y de placer;
Dueña en muy piadosa ser.
Señora en quitar cuitas y dolores.
Rosa de las rosas y flor de las flores,
Dueña de las dueñas, Señora de Señoras.
A tal Señora debe hombre amar
que de todo mal lo puede guardar,
y puédele los pecados perdonar
que hace en el mundo por malos placeres.
Rosa de las rosas..., etc.
Debémosle mucho amar y servir,
porque trata de guardarnos de faltar,
además de los yerros nos hace arrepentir
que nosotros hacemos como pecadores.
Rosa de las rosas..., etc.
Esta Dueña que tengo por Señora
y de la que quiero ser trovador,
si yo por algo pudiese conseguir su amor,
doy al demonio los otros amores.
Rosa de las rosas y flor de las flores,
Dueña de las dueñas, Señora de Señoras.

Esta primeira é das mayas

*En esta cantiga —que recuerda a otras peninsulares
dedicadas a la alabanza del mes de mayo— el poeta
mezcla la bienvenida al mes primaveral con peticiones
a la Virgen.*

Ben vennas, Mayo, et con alegría;
poren roguemos a Santa María
que a seu Fillo rogue todavía
que él nos guarde d'err'e de folía.
   Ben vennas, Mayo, et con alegría...
   Ben vennas, Mayo, con toda saúde,
porque loemos a de gran vertude
que a Deus rogue que nos sempr' aiude
contra o dem'e de si nos escude.
   Ben vennas, Mayo, et con alegría...
... ...
   Ben vennas, Mayo, con muitas requezas;
e nos roguemos a que á nobrezas
en sí muy grandes, que nos de tristezas
guard'e de coitas et ar d'avolezas.
   Ben vennas...
... ...
   Ben vennas, Mayo, con muitos ganados;
et nos roguemos á que os pecados
faz que nos seian de Deus perdõados,
que de seu Fillo nos faça privados.
   Ben vennas...
   Ben vennas, Mayo, con bõo verão;
et nos roguemos a la Virgen de chão
quenos defenda d'ome muy vilão
et d'atrevud' e de torp' alvardão.
   Ben vennas...
   Ben vennas, Mayo, con pan et con vinno;
et nos roguemos á que Deus minynno
troux' en seus braços, que nos dé camynno
porque seiamos con ela festinno.
   Ben vennas...
... ...
   Ben vennas, Mayo, alegr'e fremoso;
porend' a Madre do Rey grorïoso
roguemos que nos guarde do noioso
om'e de falso et de mentiroso.
   Ben vennas...
   Ben vennas, Mayo, con bõos maniares;
e nos roguemos en nosos cantares
a Santa Virgen, ant'os seus altares
que nos defenda de grandes pesares.
   Ben vennas...

Bien vengas, mayo, y con alegría;
por lo tanto roguemos a Santa María
que a su Hijo ruegue siempre
que Él nos guarde de yerro y locura.
   Bien vengas, mayo, y con alegría...
   Bien vengas, mayo, con toda salud,
porque loemos a la de gran virtud
que a Dios ruegue que nos ayude siempre
contra el demonio nos proteja.
   Bien vengas, mayo, y con alegría...
... ...
   Bien vengas, mayo, con muchas riquezas;
y roguemos a la que tiene noblezas
en sí muy grandes, que de tristezas
nos guarde y de cuitas y también de vilezas.
   Bien vengas...
... ...
   Bien vengas, mayo, con muchos ganados;
y roguemos a la que los pecados
hace que nos sean de Dios perdonados,
que de su Hijo nos haga privados.
   Bien vengas...
   Bien vengas, mayo, con buena primavera;
y roguemos a la Virgen del llano
que nos defienda de hombre muy villano
y de atrevido y de torpe truhán.
   Bien vengas...
   Bien vengas, mayo, con pan y con vino;
y roguemos a la que Dios niño
trajo en los brazos, que nos dé camino
porque estemos con ella pronto.
   Bien vengas...
... ...
   Bien vengas, mayo, alegre y hermoso;
por eso a la Madre del Rey glorioso
roguemos que nos guarde del enojoso
hombre y del falso y del mentiroso.
   Bien vengas...
   Bien vengas, mayo, con buenos manjares;
y roguemos en nuestros cantares
a la Santa Virgen, ante sus altares,
que nos defienda de grandes pesares.
   Bien vengas...

---

[1] todos ellos.   [2] fi = fino, muero.
   [1] parte.   [2] y además.   [3] porque no quería casarse
tan pronto.   [4] que le ocurriese a ella, es decir, por la
suerte que Dios le tenía reservada.   [5] que no había otro
remedio.   [6] a la aventura.   [7] gobernalle, timón.

[8] que encontró comida en el barco.   [9] llegó.   [10] recrearse.

   [11] acotado, cercado.   [12] ladrando.   [13] igual que *defensado*, acotado.   [14] infundía tanto miedo.

Cantiga de amor

Unica en castellano de Alfonso X

Señora, por amor de Dios,
habed algún duelo de mí,
que los mis ojos como ríos
corren del día que vos vi;

hermanos e primos e tíos
todolos[1] yo por vos perdí;
se vos non pensades de mí,
fi.[2]

SIGLO XIII: NOVELA

La Gran Conquista de Ultramar

Anónima. Empezada a componer a fines del siglo XIII en el reinado de Sancho IV (1284-1295). Es una amplísima recopilación histórico-caballeresca procedente de diferentes fuentes extranjeras, particularmente francesas y provenzales. El tema central lo constituye la historia de las Cruzadas, especialmente la de la conquista de Jerusalén por Godofredo de Bouillon, pero intercalados en la parte histórica se encuentran episodios muy diversos. Así, en la primera parte de la obra, al trazar la genealogía de Godofredo de Bouillon, se narra la larga leyenda del «Caballero del Cisne», que es uno de los más bellos y más antiguos relatos caballerescos en castellano.

Texto según la edición de Gayangos, Biblioteca de Autores Españoles, tomo XLIV.

LEYENDA DEL CABALLERO DEL CISNE

Cuenta la historia que una tierra es allende la mar, en la partida[1] de Asia, e había í un rey, que llamaban por su nombre Pompeo, e a su mujer la reina Genesa; e habían una fija infanta, e decíanle doña Isonberta; queríanla casar, ca era ya tiempo para ello. E esa infanta ficiérase tan apuesta e tan fermosa que era maravilla; e demandábanla para casamiento reyes e nobles infantes e otros hombres honrados e muy altos, e amábanla todos mucho. E deseábanla cada uno para casar con ella: lo uno, porque era muy fermosa; lo al, porque era de alto lugar como dijimos, e de más sobre esto[2] que era ella de buenas e muy nobles costumbres.

E ella, cuando oyó decir estas razones, e que la demandaban para estos casamientos de tan altos hombres, tanto hubo el miedo que la casarían.., ca había corazón de non casar tan aína[3] e quizá fué esto por lo que Dios quería que conteciese de ella[4] según ahora oiréis.

Desde que la infanta Isonberta vió que non había al,[5] salvo que le convenía casar por fuerza, salió sola, encubierta, de casa de su padre, e anduvo tanto, fasta que llegó a la ribera de un brazo de mar. E falló í, por ventura, un barco que estaba í atado a un árbol, e católe, e non vió en él hombre ninguno; e llegóse a él, e metióse en él... E dejóse correr en el mar, por a ventura,[6] sin remos e sin vela e sin otro gobernador,[7] e como quien non sabe ninguna cosa de remar nin de navío nin de fecho de sobre mar; de más que lo facía con gran saña por el casamiento que le querían facer tomar por fuerza e contra su voluntad. Mas una cosa le acaeció bien a esa infanta; ca falló en el batel vianda[8] que comiese; e a cabo de días... arribara[9] a una ribera de la mar, a un desierto; e salió allí del batel...

E comenzó de andar por ese desierto por folgar[10] allí; e... acaeció que un conde que había nombre Eustacio, que era señor de aquella tierra, tenía aquel desierto de fensado[11], de guisa que otro hombre ninguno non osaba í entrar, nin a cazar. E mientra aquella infanta se solazaba por allí, andaba í, entonces, aquel conde Eustacio buscando venados con sus monteros e con sus hombres. Los canes de la caza, que andaban delante del Conde, vieron la doncella e fueron yendo contra do ella estaba. E desde que la vieron fueron contra ella latiendo[12] muy de recio: la infanta, con el gran miedo que hubo de los canes, metióse en una encina hueca que falló í, de cerca; e los canes, que la vieron como se metió allí, llegaron a la encina e comenzaron a ladrar en derredor de ella. E el Conde, entonces, oyendo los canes latir e ladrar tan apriesa e tan afincadamente... fuese para allí do los oyó; e cuando llegó oyó las voces que la infanta daba dentro del tronco de la encina, con el gran miedo que había de los canes que la morderían. E el Conde, a esa hora que oyó las voces de mujer, fué maravillado; ca nunca, en ningún tiempo, en aquella tierra le acaeciera que ningún hombre nin mujer fallase en aquel monte dehesado:[13] lo uno, porque el monte era mucho espeso; lo al, porque era tan temeroso[14] que ninguno non osaba por ahí andar nin entrar, por razón de los muy fuertes venados que ende había, porque estaba así dehesado.

El Conde, estando en esta duda, e la doncella con la gran cuita en que se veía nombraba muchas veces a Dios e a Santa María, e encomendándoseles muchas veces. E cuando oyó el Conde que era buen cristiano, e supo que non era diablo nin cosa que lo pudiese engañar aquella que tales voces daba e ansí nombraba a Dios e a Santa María: e entonces, el Conde amenazó los canes e mandó a los hombres que los tirasen[15] de allí e los atasen; e ellos ficiéronlo así. E él llegóse... e vió la infanta do estaba metida en el tronco de la encina... muy llorosa e mucho temerosa, e preguntóle qué cosa era: e respondióle ella muy humildemente que era cristiana, e mujer que acaeciera allí, por ventura,[16] en aquel lugar. Díjole el Conde que quería saber quién era, o qué razón fuera porque ella acaeciera allí, e aseguróla que se non temiese de fuerza nin de deshonra ninguna; ca él la guardaría. E la infanta, cuando oyó aquello que le decía el Conde, agradeciéoselo mucho, e pidióle por merced que lo ficiese así. E entonces el conde Eustacio descendió del caballo e llegóse a la encina, e tomó a la infanta de la mano, e sacóla fuera del tronco de la encina.

E cuando la tuvo fuera, plúgole mucho con ella, ca la vió muy fermosa e grande e de buen donaire...

El Conde manda a la infanta Isonberta a casa de su madre, la condesa Ginesa, en la ciudad de Portemisa. Más tarde, terminada la caza, vuelve el Conde a Portemisa, donde se enamora de la infanta y quiere casarse con ella, en contra de los consejos de su madre.

El Conde, como era ya muy pagado de aquella doncella, e porque sabía, otrosí, que era de alto lugar, non quiso tirar por aquello, que la madre le aconsejaba[17]: ante se pagó de[18] casar con ella, si lo ella quisiese facer. E tornóse luego a ella, e díjole cómo quería casar con ella e que le rogaba mucho que lo tuviese por bien, ca le faría él tanta honra e tanto placer, que se tuviese ella por bien casada de él.

E tanto pugnó de lo decir en esta razón, que se lo hubo ella de otorgar, e entendiendo que más honra le era este casamiento que los que su padre le quería dar... E a cabo de pocos días... ficieron sus bodas honradamente, ca vinieron a ellas de muchas partes por estas razones: los unos, porque

eran sus vasallos; los otros, por facer honra al Conde; los otros, por ver tal cosa como aquélla, que tenían que era muy extraña, de así casar su Conde con dueña non conocida. E fueron de esta manera las bodas mucho honradas. E en aquella primera noche de las bodas que el conde e la condesa durmieron, quedó ella preñada.

Eustacio tiene que separarse de su mujer para ir a la guerra por mandato del rey Ricunberte y deja a Isonberta al cuidado de su amigo y privado el caballero Bandoval.

Después que el conde Eustacio fué ido en ayuda de su señor el Rey Ricunberte el Bravo, entre tanto que estuvo allá, llegó el tiempo que la dueña hubo de encaescer;[19] parió aquel parto siete infantes, todos varones, las más fermosas criaturas que en el mundo podían ser; e así como cada uno nacía, venía un ángel del cielo e ponía a cada uno un collar de plata al cuello. E el caballero, en cuyo poder había dejado el Conde su mujer e toda su facienda, desde que esto vió, fué ende muy maravillado, e pesóle mucho, e facíalo con razón; ca en ese tiempo toda mujer que de un parto pariese más de una criatura, era acusada de adulterio, e matábanla por ello. E por ende, pesaba mucho al caballero en cuya encomienda la dueña fincara; pero conortábase[20] él en sí, por razón que él cuidaba que los infantes nacieran con los collares de plata, e semejábale que era como cosa que venía por Dios, e por ventura que non debía morir, mas escapar de muerte por este milagro.

E comenzó de facer sus cartas para el Conde, su señor, e pugnó de facerlas lo mejor deitadas[21] que él pudo, e cómo encaesciera la dueña e contóle todo su fecho de ella e de lo que pariera. E enviólas al Conde con un su escudero; e fuése luego con ellas, e en yendo, fízosele el camino por aquel castillo do estaba la madre del Conde; e fué así que hubo de albergar í.[22] E la madre del Conde, cuando vió al escudero, fué muy alegre con él, e sacólo aparte e comenzólo a preguntar; e la primera pregunta fué de su nuera si encaesciera e el escudero díjole que sí, e que pariera siete infantes, e cada uno de ellos naciera con un collar de plata al cuello: e que tales cartas e tal mando llevaba. E la condesa Ginesa, cuando esto oyó, túvolo por maravilla, e pesóle mucho, porque entendía que era fecho de Dios: ca non había sabor nin placer de ningún bien que oyese decir que a su nuera

---

[15] los apartasen. [16] había ido a parar allí por casualidad. [17] no quiso seguir el consejo de su madre. [18] quería. [19] dar a luz. [20] se consolaba.

[21] escritas. [22] el escudero que lleva la carta hace noche en casa de la madre del Conde. [23] los niños. [24] suciedad. [25] diablos. [26] se apartó un poco.

[27] de nuevo, como antes. [28] para no. [29] acostumbrase. [30] y se apartó de allí. [31] temía. [32] alejada de allí. [33] acordase. [34] mirar. [35] hacía rato [36] vacilante. [37] porque había vivido siempre en despoblado, en el campo. [38] pero a pesar de ser animal salvaje, era tan grande el amor que les tenía.

viniese; e así lo dió a entender que la non quería bien según que adelante oiréis.

La Condesa roba las cartas al escudero y las cambia por otras en las que dice que Isonberta había parido siete perros. El Conde escribe a Bandoval que guarde las criaturas nacidas hasta que él pueda verlas. El escudero para a su regreso en casa de la Condesa madre; ésta cambia de nuevo las cartas y dice a Bandoval que mate a Isonberta y a los siete infantes. Bandoval decide dejar viva a Isonberta y matar a los infantes, pero en el momento de ir a darles muerte en el desierto se apiada de ellos y se limita a abandonarlos.

Las crianzas[23] yaciendo en el desierto como es dicho, Dios, que nunca desampara ninguna cosa de las que Él face..., envió allí a aquellos niños do yacían, una cierva con leche, que les diese las tetas e los gobernase e los criase. E ellos yaciendo allí vino la cierva a ellos, e venía í dos veces cada día, e fincaba los hinojos cerca de ellos e dábales a mamar, en manera que los crió así un tiempo; desde que los tenía fartos lamíalos e limpiábalos del lijo.[24]

E a cabo de días, acaeció por í un ermitaño, que había nombre Galiel: e era hombre de santa vida e había en aquel desierto una ermita en que moraba. E andando en esa montaña e viniendo por allí, húbose de encontrar con aquellas criaturas; e cuando las vió, maravillóse mucho, como aquel que nunca otra tal cosa viera en aquel lugar, nin aun en otro; e comenzóse a santiguar mucho, cuidando que eran pecados[25] que le querían engañar. Pero todavía íbalos él catando, e llegóse más a ellos; e desde que se les llegó bien de cerca, puso la mano en ellos uno a uno, e entendió que eran criaturas e cosa carnal, e semejóle que era fecho de Dios; e entonces tomólos todos en su hábito e comenzólos a llevar contra aquella ermita do moraba.

E en llevándolos, comenzó la cierva a ir en pos de él, e él maravillóse, ende, mucho; e desde que vió que le seguía la cierva, entendió que había gobernado aquellas criaturas fasta en aquel tiempo, e entonces, puso los niños muy quedos en el campo e arredróse de ellos una pieza:[26] e la cierva, desde que vió que el ermitaño había dejado así las criaturas allí, e le vió arredrado de ellas, fuése luego para ellas e llegóse muy quedo, e fincó los finojos como solía, e dióles a mamar así como facía en el tiempo de fasta allí. E desde que les hubo dado a mamar, comenzóles a lamer e a limpiarlos muy bien; e desí, arredróse de ellos un poco.

Viendo esto todo el ermitaño, entonces vino a ellos, e tomólos como de cabo[27] en su hábito, e fué con ellos para su ermita, e la cierva, otrosí, comenzó a ir en pos él; e vió todo aquello el ermi-

taño, e desde que hubo andado una pieza, entendió que las criaturas habrían sabor de mamar: púsolas quedo en el campo, como la otra vez, e arredróse de ellos otrosí. E llegóse la cierva aquella hora e dióles las tetas a mamar en cuanto quisieron. E así fué yendo tras el ermitaño aquella cierva, gobernando aquellas criaturas, fasta que el ermitaño llegó a su ermita; e desde que fué con ellos en su posada, por amor de non[28] espantar la cierva... e que conociese la casa e se aficiese[29] al lugar, puso luego las criaturas a la puerta de la ermita, de guisa que los podría ver la cierva, e tiróse ende.[30] Luego llegó la cierva a ellos e fincó los hinojos, bien como solía, e dióles a mamar, e desde que los hubo bien fartos echóse cerca de ellos... e entonces el ermitaño non se quiso í llegar por non facer enojo a la cierva e por amor de la asosegar más, e porque adelante hubiese sabor de venir í.

La cierva, lo uno, por tal de se non partir de las criaturas, porque cuidaba[31] que el ermitaño que se las pondría en algún lugar do las non podría después fallar ella, e lo al, porque venía ella muy cansada del camino que había andado, echóse cerca de ellas, e estuvo con ellas muy gran parte del día, fasta que le tomó sabor de comer; e entonces levantóse e salió fuera a un prado que estaba í por do corría un arroyo, e comenzó a pacer. E desde que la cierva fué arredrada dende,[32] vino el ermitaño e tomó las criaturas e metiólas en la ermita, e fízoles su cama ahí, luego en la entrada de la ermita, porque cuando viniese la cierva viese luego a los niños, e después que los viese a ojo que entrase luego a ellos. E la cierva, después que hubo andado paciendo por aquel campo e sintió en sí que ya era farta, como se membrase[33] de las criaturas que había de gobernar, comenzó a venir muy a priesa para aquel lugar do las había dejado. E desque las non falló en aquel lugar, comenzó a tener ojo[34] a todas partes; e pues que las non vió a ninguna parte comenzó a bramar muy fieramente e buscarlos e catar por ellos. E en todo eso vínose contra la ermita; e los niños, como había pieza[35] que non mamaran e lo querían ya, comenzaron a llorar, e la cierva, de que los oyó, conociólos, ca muchas otras veces los viera llorar, e comenzóse de llegar contra allá muy paso, e fué entrando a duda,[36] así como aquella que nunca le aconteciera de entrar en tal lugar, ca visquiera siempre en yermo;[37] e ella era brava, e por ende dudaba de entrar en poblado; mas empero, por todo eso, maguer que ella era animalia brava, tamaño era el amor que en ellos había,[38] que hubo de entrar en ellos. E desde que fué dentro en la ermita, comenzó a catar a todas partes, como que se non podía asegurar; e estaba como espantada, como cosa que nunca hubiera entrado en casa, nin en lugar poblado, si non allí; e al cabo vió los niños, e non lo pudo ya endurar[39] nin facer al, e llegóse a ellos muy quedo, e comenzóles a dar leche e a gobernarlos, como solía. E después que ellos hubieron mamado e callaron, echóse ella cerca de ellos, e anochecióle allí, e albergó í con ellos, e seguróse[40] ya...

E así las fué criando fasta gran tiempo[41] aquellas criaturas; e ella en todo esto íbase arredrando de ellos, en manera que non recodía[42] a ellos tantas veces como solía, fasta que los hubo a dejar. E entonces, el ermitaño, desde que vió que la cierva había dejado aquellos niños, entendió que de otra vianda se podrían gobernar ya, e comenzó, luego, a pensar de ellos muy bien de lo que él tenía e podía haber; e salía e iba andar por el desierto, e do fallaba de aquellas yerbas, de que se él gobernaba, traíales e cocíales de ellas, e dábaselas a comer; e así fué pasando su tiempo con ellos, fasta que los mozos fueron criados e sabían ya andar e comer de todas viandas.

Desde que estos niños comenzaron de andar e entendían ya, pugnaban de facer todavía armas; e de ellos,[43] facían lanzas que cogían de esos árboles que había í en el desierto; e los otros, facían sus espadas, e comenzaban todo el día a andar por el desierto a trabajar[44] unos con otros; e movieron unos trebejos[45] tales, que daban semejanza como de hombres que lidian. E en cuanto tiempo esto así les duró, el ermitaño pugnó en pensar de ellos muy bien:[46] lo uno, porque los quería muy gran bien; lo al, porque entendía que, desde que ellos fuesen de mayor estado de cuerpos,[47] que le ayudarían a ganar algo por aquellos lugares por do él pedía, e pasaría su tiempo de esta guisa; e a lo al, aun, porque entendía que facía merced en criar a niños que... se pudieran perder si non hubiera quien pensase de ellos. E por esto pugnaba él en criarlos e en pensar de ellos, lo más e lo mejor que él sabía e podía.

E desde que vió que eran ya para andar con él, por amor de ganar algo con ellos, dejó al uno en casa, e tomó los seis, e salió e llevólos consigo que anduviesen con él por aquellos lugares por do andaba, e pedía con ellos. E dejado el uno de ellos, que era el mayor de cuerpo e el más entendido, andaba con los otros seis por la tierra; e así andando con ellos, a cabo de tiempo hubo de acaecer en aquel castillo que dicen Castiel Forte, do estaba la condesa Ginesa, madre de aquel conde Eustacio, padre de estos siete mozos; e andando por la villa, la gente del castillo, como conocía al ermitaño que había ya caescido í otras veces, e nunca vieron con él otro andar, si non a él solo, maravillándose donde hubiera aquellos mozos que veían tan apuestos e tan fermosos, e comenzábanle a preguntar cuyos fijos eran:[48] e el ermitaño nunca lo quiso decir a ninguno. E desde que la gente entendió que a ellos non lo quería decir, asmaron[49] que ninguno non lo podría saber de él, si non la Condesa..., e vinieron al castillo, e fueron a decirlo a la Condesa, de cómo aquel ermitaño que solía andar por aquella tierra solo, andaba í ahora con aquellos seis mozos, que eran las más fermosas criaturas que nunca hombre viera, e traían cada uno de ellos un collar de plata al cuello. E fué entonces la Condesa muy maravillada ende, e asmó que aquellos mozos podrían ser sus nietos, por quien ella mandara facer las cartas falsas por que los matasen.

La Condesa le pide los niños al ermitaño con el pretexto de educarlos, y él se los deja. Entonces manda a dos escuderos que les den muerte, encargándoles que antes de hacerlo les quiten los collares. Al quitárselos, los mozos se convierten en cisnes. La Condesa da los seis collares a un orfebre para que le haga con ellos una copa. Cuando el orfebre funde uno de los collares, la plata crece tanto que no necesita fundir los otros cinco, y los guarda, convencido de que se trata de un milagro.

Los cisnes vuelan hasta un lago próximo a la ermita donde vive su hermano con el ermitaño Galiel, y cada vez que los ven se les acercan batiendo las alas en señal de alegría.

Pasado algún tiempo, regresa el conde Eustacio, se entera de la desaparición de sus hijos y de cómo el escudero que le había llevado las cartas había hecho noche en casa de su madre a la ida y a la vuelta. Va el conde a pedir explicaciones a ésta, la cual se justifica acusando de adúltera a su nuera. De acuerdo con las costumbres del país, designa a un caballero que acusa en reto a Isonberta. Se celebran cortes que fijan un plazo para que alguién mantenga frente al caballero retador la inocencia de la acusada. Si nadie se presenta a hacerlo será quemada por adúltera. Ningún caballero se atreve a defenderla, sea por creerla culpable, sea por miedo a la condesa.

La condesa Isonberta estando en este peligro, nuestro Señor Dios quiso guardar el fecho e la

---

39 sufrir, aguantar. 40 se sintió segura, se tranquilizó. 41 hasta que fueron mayores. 42 y poco a poco se iba apartando de ellos de manera que no acudía. 43 unos. 44 luchar [en juego]. 45 juegos. 46 procuraba atenderlos bien, cuidarlos. 47 mayores, crecidos. 48 de quién eran hijos. 49 juzgaron, pensaron 50 iban a quemar.

51 el que en las cortes lanzaba y mantenía el reto o acusación. 52 por lo que. 53 aconsejó. 54 tardase

55 no tardó nada en irse. 56 se apareció. 57 acusadas injustamente o desposeídas de sus bienes 58 ¿quién sois que esto me decís, y cuál es vuestro nombre? 59 confortado, consolado. 60 y aconsejarle lo que debía hacer.

61 el caballero retador iba allí tan presto (es decir, bien armado) para luchar sin demora (allí luego) con cualquier defensor que saliera a mantener la inocencia de Isonberta. 62 se arrodilló. 63 tan gran milagro.

su obra que en ella había comenzado e llevarlo adelante, e envió Él, su ángel, al ermitaño Galiel, a la primera hora de la noche, que le dijese cómo el primer domingo que venía, habían a quemar[50] a su madre de aquel mozo que estaba con él; e que supiese que el mozo era fijo del conde Eustacio e de la condesa Isonberta, e que por acusamiento del adulterio porque la Condesa pariera este mozo, con los otros seis que él criara, que por eso, querían de ella facer esta justicia. Mas que enviase ese mozo que lidiase con aquel caballero que la condesa Ginesa, madre del Conde, daba por retador,[51] e que supiese que vencería aquel mozo, e así, salvaría a su madre de aquel peligro en que estaba. E el mozo, después que el caballero hubiese vencido, que se fuese luego para el Conde e le besase las manos e los pies, e que le dijese cómo era su fijo, e que naciera con los otros seis, sus hermanos, porque[52] la condesa Isonberta era acusada de aquel adulterio. E sobre esto, castigó[53] el ángel al ermitaño, que no detardase de[54] enviar aquel mozo..., que Dios era con él.

E cuando el ángel esto hubo dicho, el ermitaño non se detuvo poco nin mucho de lo decir al mozo, ansí como el ángel lo dijera a él; e desde que el mozo oyó este mensaje que el ermitaño le dijo, fué muy alegre por ello, e non se detuvo de se ir cuando él pudo,[55] e el ermitaño con él, para guiarle; en manera que cuando llegaron a la ciudad de Portemisa era ya noche tarde, e albergaron en un portal de una iglesia.

E cuando vino... la mañana pareció[56] el ángel al mozo; e cuando lo vió hubo gran miedo. E el ángel le dijo: «Amigo de Dios, non temas; sepas que Dios es contigo e te ha prometido esta gracia: que seas lidiador por las viudas e por las huérfanas, e por las que fueren acusadas a tuerto o desheredadas de lo suyo,[57] sin derecho.»

Cuando esto oyó el mozo, tuvo muy gran alegría en su corazón, esforzóse, e dijo al ángel: «Señor, ¿quién sodes vos, que me esto decides, e cómo habedes nombre?»[58]

E a él respondióle el ángel, e díjole: «¿Qué quieres tú saber del mi nombre? Ca maravilloso es; e cree firmemente que esta gracia te ha Dios otorgada.» E desde que lo hubo dicho, desaparecióle, e el mozo quedó muy conortado.[59]

E en esto comenzó a amanecer, e el ermitaño despertó, e vió al mozo muy alegre, e él díjole todo lo que viera, según habéis oído. E cuando esto lo oyó, el ermitaño fué al mozo, e comenzóle a besar los ojos e la cara, e castigarlo cómo ficiese.[60] E en esto comenzó a salir el sol, e salieron del portal; e en saliendo oyeron una campanilla tañer dentro de la iglesia; e tornaron e vieron el cuerpo de

Dios. E el ermitaño mostró al mozo cómo rogase a Dios que le ayudase, e salieron de la iglesia, e fueron yendo por la villa...

E en yendo por la villa, encontraron a su madre del mozo que la llevaban a quemar; e delante de ella iba el caballero que había a lidiar por la condesa Ginesa, que la había acusado; e iba en un buen caballo e muy bien armado a maravilla. E por eso iba allí tan presto: porque si la condesa Isonberta hubiese lidiador por sí, que lidiase él allí luego con él...[61] E iba allí el conde Eustacio. E desde que esto vió el mozo, entendió lo que le había dicho el ángel...

E entonces, llegóse el mozo al Conde, e díjole: «Señor Conde, si vos tuvieseis por bien, querría yo salvar esta dueña de lo que ella es acusada.» Entonces comenzóse el Conde a sonreírse, e maravillábase mucho de aquella palabra que aquel mozo dijera, e díjole: «Par Dios, amigo, flaca costilla veo en vos para lidiar con aquel caballero que allí va, e non vos consejó bien, quien vos eso mandó decir».

E entonces dijo el mozo al Conde: «Señor, pido vos por merced que me mandéis dar caballo e armas; ca yo quiero lidiar con él, e yo fío en la merced de Dios, e por el derecho que la dueña tiene que le mataré, e lo sacaré del campo...»

El conde duda todavía por parecerle el joven demasiado débil, pero su privado Bandoval le aconseja que acceda a lo que le pide el joven, a quien él mismo ofrece su caballo y sus armas. El conde da su consentimiento, se celebra el torneo, el joven vence e Isonberta es declarada inocente y libre.

E entonces el mozo fincó los finojos[62] ante el conde Eustacio, e besóle las manos e los pies, e díjole: «Señor Conde, yo soy vuestro fijo e de aquella dueña de quien vos queríais facer justicia; e conmigo nacieron otros seis infantes, mis hermanos, e son otrosí, vuestros fijos, por cuya razón mi madre fué acusada de adulterio, de que ella se salvó hoy por la merced de Dios.»

E diciendo esto el mozo, llegó el ermitaño e comenzó de abrazarlo, e besarle los ojos e la cara, e llorar de gran alegría que había con él; e desde que esto vió e oyó el Conde, fué ende muy alegre a gran maravilla, e llamó a todos sus privados e a todos sus caballeros que eran í, en su Corte, e contóles todo aquel fecho..., según que ya oísteis; e fablaron todos de tamaño milagro[63] como Dios había mostrado sobre ello.

E el Conde envió luego por la Condesa su mujer, e desde que llegó, díjole: «Condesa, mucho debéis agradecer a Dios el bien e la merced que vos hoy fizo en vos salvar de tan gran peligro como estabais: e de más que, fuese librado todo este fecho[64] por vuestro fijo mismo; e non debéis en ello poco nin mucho dudar que este mozo sea vuestro fijo, ca él trae ende[65] señales ciertas: e cuando otra señal non trajese, salvo el collar de plata que trae al cuello, por aquello lo debéis creer.» E cuando esto oyó la condesa Isonberta, ¿quién vos podría decir la gran alegría que hubo? E fué luego el mozo corriendo, e comenzólo a besar la boca, e en la cara e en los ojos e en las manos e en los pies, e facía tan gran alegría, que semejaba loca; e comenzaron, entonces, a facer todos la mayor alegría que podía ser.

El conde pregunta a su hijo dónde están sus seis hermanos, y el ermitaño allí presente cuenta cómo se los había entregado a la condesa Ginesa. Ante el temor de que ésta los habría matado, va a hablar con ella, la cual niega que el ermitaño se los hubiera entregado y afirma que no sabe nada de ellos.

El conde la apremia y la amenaza y su madre al fin, atemorizada, confiesa que los había mandado matar, pero que al quitarles los collares se habían convertido en cisnes y que había entregado los collares a un orfebre para que le hiciera una copa. Entonces se llama al orfebre y éste entrega los cinco collares, que le sobraban, al conde, el cual dice que si pudiese encontrar a sus hijos seguramente al ponerles los collares volverían a su ser lo mismo que se habían vuelto cisnes al quitárselos.

En cuanto esto oyó el mozo, fijo del Conde, dijo así: «Señor, un lago hay cerca de aquel lugar do yo fuí criado, e andan í seis cisnes muy fermosos, e son tan mansos, que vienen al hombre;[66] e señor Conde, preguntadlo al ermitaño, ca él sabrá decíroslo mejor que yo.»

E entonces tornóse el Conde contra[67] el ermitaño, e comenzóle a preguntar, qué cisnes eran aquellos que el mozo decía; e el ermitaño, como era hombre bueno e entendido, comenzó su razón en esta guisa: «Señor conde don Eustacio, yo soy un hombre bueno que vos non mentiré en ninguna manera: verdad es, según el mozo vos dice, que en la montaña do yo moro, hay un lago muy grande. E yo, pasando un día cerca de aquel lago, iba conmigo este mozo, vuestro fijo..., cuando vimos salir del lago seis cisnes muy grandes e muy fermosos; e viniéronse derechos para nos, e comenzaron a facer contenente[68] de muy gran alegría, e ferir de[69] las alas: e los unos, me subían en los

hombros, e los otros en el regazo, e eso mismo facían a este mozo. E yo, cuando esto vi fuí muy maravillado: ca nunca en ningún tiempo viera otros tales en aquel lago; e comencé mucho a cuidar en ello,[70] e nunca pude asmar qué[71] podría ser. Mas ahora creo que son vuestros fijos ciertamente; ca muy mansos venían al hombre, e comían que quier[72] que les daban, e mientras hombre está con ellos, nunca se enojan de estar con hombre.»

E cuando esto oyó el Conde, fué muy alegre; ca ciertamente creyó que éstos podrían ser. E, por ende, fizo luego justiciar[73] a su madre: e mandóla tapiar de tapias muy altas, e allí la encerró, e defendió que non la diesen a comer nin a beber: e de esta guisa murió la condesa Ginesa entre aquellas tapias.

Aquel conde Eustacio, fecha aquella justicia, cabalgó e llevó consigo al ermitaño Galiel; e otrosí, llevó consigo sus caballeros, e llevaron sus azores e sus falcones, e sus canes para andar a cazar, pues que iban a la montaña... E andando así fasta que llegaron a aquel lago que le dijera el ermitaño, en que estaban los cisnes; e luego, el Conde cuando los vido, preguntó al mozo su fijo, si eran aquellos los cisnes que él dijera, e él dijo que sí. E entonces preguntó al ermitaño que cómo farían; e él dijo: «Señor Conde ¿si vos tuviereis por bien que descendieseis[74] vos e el mozo, e yo con vusco,[75] e que nos fuésemos llegando facia al lago?»

E el Conde túvolo por bien, e descendió e tomó su fijo ante sí, e el ermitaño con él. E fuéronse llegando contra el lago; e así como el Conde se iba llegando a la ribera de ese lago, e así[76] los cisnes iban saliendo más a la orilla de él. El Conde e las compañas,[77] catando los cisnes e viendo cómo salían e lo que facían, fasta que salieron fuera del lago, por el campo, yendo contra el ermitaño e contra el mozo, e otrosí, contra el Conde, por recibirlos. E cuando fueron arredrados[78] del agua, cuanto podían ser cuatro pasadas,[79] fuéronse para el Conde e abajaron las cabezas cada uno de ellos, e llegaron a él, e besáronle las manos con sus picos. E desí,[80] fuéronse para el mozo, su hermano, e para el ermitaño, e ficieron con ellos muy gran alegría.

E el Conde, cuando estas señales vió, entendió muy bien que aquéllos eran los sus fijos, e hubo en ello muy gran placer consigo; e demandó el

---

64 que todo fuese llevado a cabo. 65 de ello. 66 se acercan a las personas. 67 hacia. 68 demostración. 69 batir, mover [en señal de alegría]. 70 pensar en ello.

71 colegir, llegar a saber lo que. 72 todo lo que, cualquier cosa. 73 juzgar. 74 bajaseis del caballo. 75 vosotros. 76 e así... así=a medida que... del mismo modo. 77 sus acompañantes. 78 alejados. 79 unos cuatro pasos. 80 después.

81 pronto. 82 otro collar. 83 quitasen. 84 (habiendo) recobrado. 85 faltara. 86 y arrancarse las plumas. 87 resonaba, retumbaba. 88 mula de carga. 89 desmayada. 90 volvió en sí.

91 los retiró, los escondió (los pies). 92 conquistó. 93 aunque. 94 y no le faltaba otra cosa. 95 que fuese vencedor en todas las contiendas y en todos los retos que se hiciesen contra alguna dama que fuese injustamente acusada o desposeída de su honra o de sus bienes. 96 oro y plata. 97 costa.

Conde, luego, por los collares, e diéronselos muy aína.[81] E el Conde, desde que los tuvo, sentóse en tierra; e los cisnes, desde que lo vieron así sentado, fuéronse para él, e llegáronse más e besáronle las manos, e así como iban llegando por besarle las manos, así les ponía él su collar de plata a cada uno al cuello e luego se tornaba mozo. E acaeció una gran maravilla entonces: que ninguno de aquellos cisnes que se tornaron mozos, como ante eran, ninguno de ellos non quiso recibir otro,[82] si non aquel que fuera suyo de ante que se los tolliesen.[83]

E así los puso el Conde sus cinco collares a los cinco cisnes, e así se tornaron todos cinco, mozos de aquella edad que era el mozo su hermano, e tan grande e tan alto cada uno: e cumplían ellos, entonces, diez y seis años de edad de cuando nacieran; e tanto había morado el Conde, su padre, en la frontera con su señor el Rey, según lo habéis oído.

Tornados aquellos cisnes mozos e cobrados[84] el Conde sus fijos, aquel uno que fincaba cisne por razón del collar que fallesciera[85] de que ficieron la copa, comenzó a dar muy grandes gritos, e tirarse las péndolas;[86] e tan grandes eran los gritos e las voces que él daba, que todo el lago retenía...[87] Pero desde que vido que se iban sus hermanos, comenzóse a ir con ellos; e cuando esto vió el Conde plugóle mucho e mandó facer subir sobre una acémila[88] una cama muy buena; e descendió él mismo, e tomó el cisne muy paso e púsolo en la acémila sobre aquella cama. Cuando esto vido el cisne, comenzó a ferir de las alas, como en manera de alegría, e el Conde mandó al ermitaño que subiese en el acémila con él. E de esta guisa cobró el conde Eustacio todos sus siete fijos, e fuése luego con ellos para Portemisa e mostrólos luego a la condesa Isonberta su mujer. E ella, cuando los vido fué tan alegre que, con poco non saliera de su seso; mas desde que vido el cisne e le contaron por cual razón fincara cisne, hubo tamaño pesar que cayó mortecida.[89] E cuando acordó,[90] contóle el Conde cómo los fallara en aquel lago que le mostrara el ermitaño Galiel; e díjole, otrosí, todo lo que le aconteciera con la condesa Ginesa, su madre, e como había fecho en ella aquella justicia que oísteis; e contóle aún todas las otras cosas que le acaecieran e por que pasara, por cobrar sus fijos. E cuando esto oyó la condesa Isonberta, mandó llamar al ermitaño Galiel; e desde que le vido fué por besarle los pies, e él alzólos,[91] e besóle las manos. E desí, despidióse de ella e del Conde, e bendijo a sus criados uno a uno, e tornóse para su ermita.

E entonces comenzaron a venir todos los ricos-hombres, e los infanzones, e todos los otros caballeros de su tierra que vasallos fuesen del conde Eustacio: e venían por ver aquellos mozos e aquella maravilla e aquel milagro que sonaba que Dios ficiera por ellos. E allí ficieron todos con ellos muy grandes alegrías, a maravilla; e allí dió luego el Conde a cada uno de sus hijos, tierras que tuviesen de él, e caballeros a mandar que los sirviesen e los guardasen. E estos mozos salieron todos muy buenos caballeros de armas, e conquirió[92] el Conde con ellos muy gran tierra de moros, e acrecentó mucho en su condado. Mas como quier[93] que todos los otros eran buenos e muy esforzados en fecho de armas, el mozo que lidió por salvar a su madre fué el mejor de ellos, e era el mayor de cuerpo e el más apuesto, e el que nació primero; ca su madre los mandara señalar cuáles eran los mayores, e cuál el menor de todos: e según las señales, el que fincara cisne era el menor de todos. E este cisne, desde que vido que aquella era su madre, fuéle besar las manos con su pico, e comenzó a ferir de las alas, e a facer gran alegría, e a subirle en el regazo, e nunca todo el día se quería partir de ella. E era tan bien acostumbrado, que nunca comía si non cuando comía su madre, e non facía como otra ave, mas antes, se apartaba como hombre, e non le menguaba al[94] para ser hombre, si non la palabra e el cuerpo que non había de hombre; ca también había el entendimiento.

E aquel mozo que lidió por su madre, hubo esta gracia de nuestro señor Dios sobre todas las otras gracias que Él le ficiera: que fuese vencedor de todos los pleitos e de todos los rieptos que se ficiesen contra dueña que fuese forzada de lo suyo, e reptada como non debía.[95] E aquel su hermano que fincara cisne, que fuese guiador de él a aquellos lugares, do tales retos o tales fuerzas se ficiesen a las dueñas..., e por esto hubo nombre el caballero del Cisne, e así se llamaba por todas las tierras que iba a lidiar, e non le dicen otro nombre salvo el caballero del Cisne..., porque le diera Dios esta gracia: le diera aquel cisne, su hermano, por guardador e por guiador; e nunca quiso que le llamasen salvo el caballero del Cisne. E cuando este cisne le llevaba, llevábalo en un batel pequeño, e llevábalo en esta guisa: tomaban aquel batel e llevábanlo en la mar, que era muy cerca de aquella tierra do había el condado de su padre; e desde que era en la mar, ataban al batel una cadena de plata muy bien fecha, e desí, ponían al cisne un collar de orofres[96] al cuello; e ataban al cabo de la cadena el collar, e tomaba el caballero su escudo, e su lanza, e su espada, e un cuerno de marfil a su cuello, e de esta guisa le tiraba el cisne por la costera[97] de la mar, fasta que llegaba a cualquier de aquellos ríos que corriese por aquellas tierras donde él hubiese a lidiar...

SIGLO XIV: PROSA

Historia del Caballero de Dios que había por nombre Cifar...

Compuesto hacia 1300. Aunque comúnmente considerado como anónimo, quizá fuera escrito por el arcediano Ferrán Martínez, de cuyo viaje a Roma se habla en el prólogo.

Aparte de los relatos que aparecen en la *Historia de la gran conquista de Ultramar*, compuesta por la misma fecha, es éste el primer libro de caballerías escrito en castellano. Utiliza muchas de las leyendas de origen bretón, pero en lo fundamental tiene carácter distinto y muestra su filiación netamente española en la fuerte tendencia piadosa, didáctica y moral, así como en el realismo de sentido cómico y lenguaje popular con que está concebido el tipo del ribaldo. Se ha visto en él, quizá sin gran fundamento, un antecedente de Sancho Panza. En conjunto es una obra de carácter misceláneo, confusa, sin gran unidad, pero llena de episodios y elementos interesantes: mezcla de lo maravilloso y lo real, de lo religioso y lo profano, de lo oriental y lo occidental.

ARGUMENTO

La parte primera, titulada «El Caballero de Dios», cuenta la historia de Cifar. Es éste un caballero pobre y virtuoso, natural de la India, que, por insidias de otros caballeros envidiosos de su valor y virtudes, cae en desgracia del rey. Pesa sobre Cifar además la desventura de no poder tener un caballo que le dure más de diez días. Uno de sus antepasados había perdido por su maldad un reino que, según una profecía, sería recobrado por aquel de sus descendientes que fuese tan bueno como malo había sido el que lo perdió. Después de comunicar a Grima, su mujer, este secreto de su vida, decide partir con ella y con sus hijos, Garfín y Roboan, para tierras extrañas con la esperanza de mejorar de suerte. Llegan a Galapia, donde es bien acogido, e interviene allí con fortuna en varios lances de guerra. Sale después para nuevas tierras y llega al reino de Falac. Una leona se lleva a su hijo Garfín. Roboan, el otro hijo, se pierde en la ciudad y unos marineros roban a su mujer. Los hijos son recogidos más tarde por una familia de la villa. Los marineros que han robado a Grima luchan entre sí para hacerla suya, hasta morir todos. Grima es encontrada sola en la nave por el rey de Orvín y va a vivir a su reino, donde funda poco después un monasterio de monjas.

Cifar, entre tanto, separado de su familia, pasa una temporada con un ermitaño, en cuyo retiro conoce a un ribaldo que se ofrece a servirle de guía y de escudero. Después de varias andanzas y aventuras, interviene Cifar en la guerra entre los reyes de Ester y de Mentón. Vence, con la ayuda de Cifar, el de Mentón, que ve su ciudad libre del cerco que había sufrido y promete casar a su hija con Cifar.

En la parte segunda, «El rey de Mentón», Cifar se casa con la hija del rey, y al morir su suegro hereda el reino. Entre tanto, un caballero se encuentra con Grima y le cuenta la historia de su marido. Va ella a Mentón, pero no puede unirse con Cifar (aunque se reconocen) por el nuevo matrimonio de éste. Llegan también allí los dos hijos. Y al fin, después de numerosos y complicados incidentes, muere la segunda mujer de Cifar y éste se reúne con Grima y sus hijos. Roboan pide permiso para salir en busca de aventuras.

La parte tercera, con el título «Castigos del rey de Mentón» (que en español moderno significa «Enseñanzas o consejos del rey de Mentón»), es una larga colección de ejemplos, tomada en su mayoría del libro *Flores de Filosofía*, con los cuales Cifar *castiga*, es decir, aconseja y enseña a sus hijos.

La parte cuarta, «Los hechos de Roboan», es la de carácter más caballeresco y fantástico; relata numerosas aventuras de Roboan, inspiradas en leyendas del ciclo bretón. Entre los episodios centrales se encuentran la llegada de Roboan a Trigrida, cómo se captó la gracia del emperador y cómo la perdió por su indiscreción al preguntarle por qué no se reía; su viaje en el batel y su llegada a las Insulas Dotadas, su matrimonio con la emperatriz de ellas, y cómo, engañado por el diablo, Roboan pide tres dones a la emperatriz —es cuando se cuenta el precioso ejemplo del agua, la verdad y el viento— y tiene que separarse de ella. Tras varias aventuras muy complicadas e inconexas, la obra termina con la vuelta de Roboan a Mentón, donde se reúne así de nuevo toda la familia de Cifar.

DE CÓMO EL CABALLERO CIFAR LIBRÓ AL RIBALDO,[1] QUE LO QUERÍAN AHORCAR, E CÓMO LE CORTÓ LA SOGA

Un ladrón pide al ribaldo, escudero del caballero Cifar, que le guarde una bolsa que había robado. Es encontrado con ella por la justicia, que lo manda ahor-

---

1 pícaro, bellaco. Aquí es el nombre que se da al escudero de Cifar.   2 hace tres días.   3 injustamente y sin derecho. ¡Así Dios me valga!   4 espera.   5 ayuda.   6 en trance tan difícil, en tan grave situación.   7 ¿no veis, señor, que mi vida depende tan sólo de que este asno se mueva? ¡*Arre*! es la interjección usada para hacer andar a los burros y otras caballerías.   8 decís.   9 ciertamente.   10 juramento, fidelidad.

11 cortó.   12 tomaron, apresaron.   13 y les contaron cómo había ocurrido el hecho.   14 que se batiría con él y que pensaba vencerle.   15 así.   16 levantaba.   17 me agarré.   18 vez.   19 ¿y qué necesidad tiene de perdón el que no tiene culpa?   20 trabajo.   21 aunque.   22 obligándome (a ello).   23 oportunas, a propósito.   24 sigue tu camino.   25 carne salada y seca.   26 que compró.

car. El caballero va en busca de su criado y lo encuentra en el momento en que, de pie en un asno y con la soga al cuello, van a ejecutar la sentencia.

E el caballero llegando, conociólo el ribaldo, e dando grandes voces dijo: «¡Señor, señor, véngasevos en mente del servicio que vos fice hoy a tercer día,[2] cuando los ladrones vos venían para degollar!»

—Amigo —dijo el caballero—, ¿e qué es la razón por que te mandan matar?

—Señor —dijo el ribaldo—, a tuerto e sin derecho ¡sí me Dios valga![3]

—Atiende[4] un poco —dijo el caballero— e iré fablar con los alcaldes e con la justicia e rogarles he que te non quieran matar, pues non feciste por qué.

—¡E qué buen acorro[5] de señor! —dijo el ribaldo— para quien está en tan fuerte paso[6] como yo estoy. ¿E non veis, señor, que la mi vida está so el pie de este asno, en un ¡arre! sólo con que le muevan,[7] e decides[8] que iréis a los alcaldes a les demandar consejo?...

—Certas,[9] amigo —dijo el caballero—, si tú verdad tienes no estará la tu vida en tan pequeña cosa como tú dices.

—Señor —dijo el ribaldo—, por la verdad e por la jura[10] que vos prometí, verdad vos digo.

E el caballero metió mano a la espada e tajó[11] la soga de que estaba ya colgado, ca habían ya movido el asno. E los hombres de la justicia cuando esto vieron presieron[12] al caballero e tomáronlos ambos a dos e lleváronlos ante los alcaldes, e contáronles todo el fecho e cómo acaeciera.[13] E los alcaldes preguntaron al caballero que cómo fuera atrevido de cometer tan gran locura... E el caballero excusándose a sí e su compañón dijo que cualquier que dijese que su compañón ficiera aquel furto, que le metería las manos e que le cuidaba vencer;[14] ca Dios e la verdad que tenía le ayudaría e que era sin culpa de aquel furto que le ponían a su compañón.

DE CÓMO SE EXCUSÓ EL RIBALDO DEL SEÑOR DE LA HUERTA CUANDO LO FALLÓ COGIENDO LOS NABOS E LOS METÍA EN EL SACO

El ribaldo entra en una huerta a robar unos nabos para dar de comer a su señor y le sorprende el dueño de la huerta, con el que sostiene el siguiente diálogo:

—Certas, ladrón malo, vos iréis conmigo preso ante la justicia, e dar vos han la pena que merecéis porque entrasteis por las paredes a furtar los nabos.

—¡Ay, señor —dijo el ribaldo—, sí[15] vos dé Dios buena andanza, que lo non fagades, ca forzado entré aquí!

—¿E cómo forzado? —dijo el señor de la huerta—. Ca non veo en ti cosa por que ninguno te debiese facer fuerza, si vuestra maldad non vos la ficiese facer.

—Señor —dijo el ribaldo—, yo pasando por aquel camino, fizo un viento torbellino tan fuerte que me levantó por fuerza de tierra e me echó en esta huerta.

—Pues ¿quién arrancó estos nabos? —dijo el señor de la huerta.

—Señor —dijo el ribaldo—, el viento era tan recio e tan fuerte que me soliviaba[16] de tierra e con miedo que me echase en algún mal lugar, trabéme[17] a los nabos e arrancábanse mucho.

—Pues ¿quién metió los nabos en este saco? —dijo el señor de la huerta.

—Certas, señor —dijo el ribaldo—, de eso me maravillo mucho.

—Pues te maravillas —dijo el señor de la huerta—, bien das a entender que non has en ello culpa. Perdónote esta vegada.[18]

—¡Ay, señor! —dijo el ribaldo—, ¿e qué mester ha perdón el que es sin culpa?[19] Certas, mejor faríades en me dejar estos nabos por el lacerio[20] que llevé en los arrancar, pero que[12] contra mi voluntad, faciéndome[22] el gran viento.

—Pláceme —dijo el señor de la huerta— pues tan bien te defendiste con mentiras apuestas,[23] e toma los nabos e vete tu carrera[24] e guárdate de aquí adelante que no te acontezca otra vegada; si non, tú lo pagarás.

Fuése el ribaldo con los nabos, muy alegre porque tan bien escapara. E adobólos muy bien con buena cecina[25] que falló a comprar[26] e dió a comer al caballero. E desque hubo comido, contóle el ribaldo lo que le aconteciera cuando fué coger los nabos.

DE CÓMO EL INFANTE ROBOAN PREGUNTÓ AL EMPERADOR POR QUÉ NON SE REÍA...; DE CÓMO EL EMPERADOR EN PENA DE LA PREGUNTA DESTERRÓ AL INFANTE ROBOAN AL IMPERIO DE LAS ISLAS DOTADAS, ADONDE FUÉ MUY BIEN RECIBIDO...; E CÓMO CASÓ CON NOBLEZA, SEÑORA DE ALLÍ

Roboan, hijo de Cifar, después de numerosas aventuras, va a la tierra del emperador de Trigrida y llega a ser uno de sus consejeros favoritos. Los otros consejeros, envidiosos de él, le sugieren que le pregunte por qué no se reía nunca, sabiendo que el emperador manda matar o echa del reino a todo el que le hace esta pregunta.

—Señor, atreviéndome a la vuestra merced, quiero vos facer una pregunta...

—E pláceme —dijo el emperador—, e decid lo que quisiereis e oírvos he muy de grado.

—Señor —dijo el infante—, yo veo que vos pagáis mucho de haber solaz,[27] e sabéis decir muchas cosas e muchos retrayres[28] en que hombre lo puede tomar, porque veo que mengua en vos una cosa, la que ha en todos aquellos que de solaz se pagan.[29]

—¿E cuál es esa cosa? —dijo el emperador.

—Señor —dijo el infante—, que vos nunca vi reír por gran solaz en que estuvieses; e quería saber... cuál es la razón por qué non reís.

E el emperador, cuando esta palabra oyó, pesóle muy de corazón e demudósele la color, e estuvo gran rato que lo non pudo fablar. E desí[30] tornóse a él muy airado e díjole así:

—Amigo, mal aconsejado fuisteis, e Dios confunda el cuerpo del que en esto vos puso, porque tal pregunta me fuisteis facer; ca a vos quiso matar, e a mí quiso facer perder un amigo muy bueno en quien yo mucho fiaba e me tenía por muy bien servido e bien guardado en todas cosas.

—¿E cómo, señor —dijo el infante—, tan gran pesar tomasteis por esta pregunta que vos yo fice?

—Tan grande —dijo el emperador— que mayor non puede ser; ca nunca hombre me fizo esta pregunta que la cabeza no perdiese; pero tan bien vos quise fasta aquí que non me sufre el corazón de vos dar aquella pena que di a los otros por esta razón, e non quiero que aquéllos que allí están sepan de esto ninguna cosa, mas quiero que vayáis conmigo como que imos[31] fablando, e llegaremos a la ribera de la mar, e ponervos he en tal lugar que por ventura vos será mejor la muerte que la vida, e por ventura será gran vuestra pro e gran honra vuestra, si fuereis hombre de buen recabdo e lo supiereis muy bien guardar...[32]

E en esto fueron andando como en fabla ambos a dos e llegaron ribera de la mar a una cerca alta que había mandado facer el emperador. E llegaron a la puerta de aquel lugar, e metió la mano el emperador a su bolsa e sacó de allí una llave e abrió la puerta e entraron dentro e cerraron la puerta en pos de sí. E estaba un batel[33] sin remos en el agua, e non facía si non llegar a la orilla de la mar e llegarse luego al agua.[34] E el emperador mandó al infante que entrase en aquel batel, pero dolíase de él, e llorando de los ojos muy fuertemente. E cuando llegó el batel a la orilla entró el infante en él, e tan aína[35] como fué entrado, tan aína fué arredrado del batel[36] e metido en alta

mar, de guisa que non pudo decir al emperador: «Señor, con vuestra gracia...»

Desque el infante se fué ido en su batel en que el emperador lo metió, non sabía por do se iba nin pudo entender quién lo guiaba; e así iba recio aquel batel como viento. E otro día en la mañana, cuando el sol salía llegó a la costera de la mar a la otra parte, a unas peñas tan altas que semejaba que con el cielo llegaban. E non había salida nin entrada ninguna, si non por un postigo[37] solo que tenía las puertas de fierro. E así como fué llegado en derecho del postigo, tan aína fueron las puertas abiertas, e non pareció ninguno que las abriese nin las cerrase. E el infante salió del batel e entró por el postigo, e luego fueron las puertas cerradas. E en la peña había un caño[38] fecho a mano por do pudiese entrar un caballero armado en su caballo, e estaban lámparas colgadas de la peña, que ardían e alumbraban todo el caño. E el infante fué muy espantado porque non vió ninguno con quien fablase nin a quien preguntase qué lugar era aquél, e quisiérase tornar de grado si pudiera, mas las puertas estaban tan bien cerradas e tan juntas con la peña, que non las podía mover... E cuando llegó al postigo de la otra parte abriéronse luego las puertas de fierro, e falló allí dos doncellas muy bien vestidas e muy apuestas, en sendos palafrenes,[39] e tenían un palafrén de las riendas muy bien ensillado e muy bien enfrenado, e descendieron a él e besáronle las manos e ficiéronle cabalgar en aquel palafrén, e fuéronse con él diciéndole que su señora la emperatriz lo enviaba mucho saludar...

—Señoras —dijo el infante—, ¿esto cómo puede ser? Ca yo nunca en esta tierra fuí nin saben quién me soy nin enviaron por mí, si non que soy aquí llegado, e non sé si por la mi buena ventura o por mi desventura.

—Señor —dijeron las doncellas—, la vuestra buena ventura fué, que anda convusco[40] guardándovos e enderezando e guiando la vuestra facienda[41] de bien en mejor...

—Señoras —dijo el infante—, ¿esta vuestra señora fué nunca casada?

—Sí fué —dijeron ellas— con un emperador que la perdió por su desventura e por su mal recabdo, de lo que vos habéis de guardar, que la non perdáis por mal consejo que ninguno vos dé; e

---

27 veo que os gusta mucho divertiros. 28 dichos ingeniosos. 29 pero advierto que os falta una cosa que suelen tener aquellos a quienes les gusta divertirse. 30 después, entonces.

31 vamos; como si fuéramos. 32 *tal lugar... guardar* en un lugar tal que igual puedes encontrar en él tan gran desgracia que prefieras la muerte a la vida como encontrar gran honra y provecho si eres hombre

de buen consejo y sabes guiarte por él, es decir, si eres prudente, si sabes obrar con prudencia. 33 barco. 34 que iba y venía solo a la orilla del mar. 35 pronto. 36 se alejó el barco. 37 paso, puerta. 38 galería. 39 cada una en su caballo. 40 con vos, contigo.

41 hechos. 42 junto a ella. 43 mesas. 44 ángulo, esquina. 45 jarro. 46 variedad de esmeralda. 47 trabajadas, talladas. 48 calles. 49 fiestas. 50 deja.

así podréis ser el más poderoso e el más bien andante señor de todo el mundo.

—Señoras —dijo el infante—, ¿dónde ha la vuestra señora este tal poder para saber e conocer las cosas que non ve?...

—Señor —dijeron las doncellas—, la emperatriz su madre la dejó encantada, e a todo el su señorío, de guisa que ninguno non puede entrar acá sin su mandado, e el su señorío es todo cerrado en derredor de muy altas peñas, así como visteis cuando entrasteis por el postigo a do vos trajo el batel... Ca sabed que tan aína como entrasteis en el batel, tan aína supo ella la vuestra facienda toda e quien érais e todas las cosas que pasasteis desque nacisteis acá; pero non puede saber lo que ha de venir.

E el infante fué maravillado de estas cosas tan extrañas que aquellas doncellas le decían e pensó en las palabras que el Emperador le dijo cuando se partió de él, que él lo enviaría a lugar que por ventura querría más la muerte que la vida o por ventura que sería gran su pro e su honra, si lo supiese bien guardar. E tuvo que éste era el lugar do le podría acaecer una de estas dos cosas, como dicho es. E el infante les preguntó: «¿Cómo ha nombre esta vuestra señora?»

—Señor —dijeron ellas—, Nobleza.

—¿E por qué le dicen así? —dijo él.

—Porque su padre le puso nombre así e con gran derecho, ca ésta es la mejor acostumbrada dueña de todo el mundo; ca nobleza non puede ser sin buenas costumbres...

E el infante yendo con las doncellas en este solaz, la una a la parte diestra e la otra a la parte siniestra, vieron venir muy gran caballería e muy bien guarnida, con aquellos dos reyes que las doncellas habían dicho al infante. E desque llegaron a él los reyes, descabalgaron e fuéronle besar los pies, que así era costumbre de la tierra. E el infante non se los quería dar fasta que le dijeron las doncellas que non los extrañase, ca a facer lo había de todo en todo. E desí cabalgaron e tomaron al infante en medio, e fuéronse a la ciudad donde estaba la emperatriz. E estaban allí treinta reyes de sus vasallos, e estaba la emperatriz en un gran palacio en un estrado que era muy noble. E cuando el infante entró por el palacio do estaba la emperatriz, fueron a él los reyes e fincaron los hinojos ante él e besáronle los pies. E cuando llegó el infante a la emperatriz, quísole besar las manos, e ella non se las quiso dar, ante lo fué tomar por la mano e fuélo a posar cabe ella,[42] ca así lo habían por costumbre. E allí recibió ella a él por suyo, e él a ella por suya, e santiguólos un arzobispo que allí era e dióles la bendición. E luego los reyes e los condes e los vizcondes e todos los grandes hombres e los procuradores de las ciudades e de las villas le ficieron homenaje e lo recibieron por señor e por emperador, e púsole ella una corona muy noble de gran precio en la cabeza con las sus manos, e dióle paz e díjole así: «Viva este mío señor e acreciente Dios en la su honra e en los sus días, e dure en el imperio, guardando a cada uno en justicia e non menguando en el servicio de Dios.»

E luego dijeron todos: «Amén».

E luego fueron puestas las tablas[43] por el palacio muy ordenadamente e las tablas de los reyes fueron puestas a diestro e a siniestro de la tabla del emperador o de la emperatriz, e las tablas de los condes e de los grandes hombres apartadas un poco de las tablas de los reyes, e en otro palacio pusieron las tablas para los caballeros. E sabed que la tabla que fué puesta ante el emperador e la emperatriz era la más noble del mundo que hombre nunca viese que de oro non fuese, con muchas piedras preciosas, e había un rubí a cada uno de los cuatro cantones[44] de la tabla, que cada uno de ellos era tan grande como una pelota, así que el menor de ellos valía un gran reino. E en medio del palacio fué puesta una gran tabla redonda con la vajilla, toda de oro, ca non había copa nin vaso nin pichel[45] que todos non fuesen de oro fino con muchas piedras preciosas. E dos reyes traían de comer al emperador e a la emperatriz, e otros dos cortaban delante de ellos, e las dos doncellas que llevaron el palafrén al emperador a la ribera de la mar, dábanles del vino en sendas copas de berilo[46] muy noblemente obradas.[47]

E desque hubieron comido, vinieron delante ellos muchas doncellas muy fermosas e bien vestidas, con ramos floridos en las manos, cantando muy apuesto e dulcemente, que non hay hombre en el mundo que non hubiese gran sabor de estar allí por las oír cantar. E desque hubieron cantado las doncellas fueron folgar. E desque hubieron dormido, cabalgó el emperador e todos los reyes con él, e fueron a andar por la ciudad, que estaba toda encortinada de paños de oro e de seda muy nobles, e por todas las rúas[48] fallaban a las gentes que facían muy grandes alegrías[49] e de muchas guisas e decían con grandes voces: «¡Viva el emperador con la emperatriz por luengo tiempo en paz e en alegría!»

E de esta guisa vivió el emperador en aquel imperio doce meses menos tres días... Mas el diablo, que non finca[50] de engañar al hombre en cuanto puede, e le sacar de carrera por le facer perder el bien e la honra en que está, e de le facer perder el alma, que es la mayor pérdida que el hombre puede facer, faciendo codiciar vanidad e nada, e mostrándose en figura de honra e de placer, non quiso que cumpliese allí el año el emperador; ca si lo cumpliera non perdiera el imperio así como lo perdió...

Del ejemplo que dió la emperatriz al emperador del agua e de la verdad e del viento, sobre lo que le pedía el infante Roboan

—Señor —dijo ella—, non... dejéis de demandar lo que quisieres, que sed bien cierto que nunca vos será dicho de non; ca el primer día que vos yo recibí por mío, puse en mi corazón de vos nunca negar cosa que demandaseis; mas sabe Dios que querría que fueseis bien guardado, e que en vos ni en vuestro entendimiento non cayese mengua[51] ninguna. E pues en vuestro poder soy e me tenéis, guardadme bien e non tiréis la mano de mí e non me queráis perder; ca yo guardarvos he bien e tenervos he de verdad e lealtad; ca si una vegada me perdéis e vos salga de las manos, creedme que me nunca habéis a cobrar así como dijo la verdad al agua e al viento.

—¿Y cómo fué eso? —dijo el emperador.

—Yo vos lo diré —dijo la emperatriz—. Oí decir que el agua e el viento e la verdad que ficieran hermandad; e la verdad e el agua demandaron al viento e dijeron así: «Amigo, tú eres muy sutil e vas mucho aína por todas las partes del mundo,

e por ende conviene de saber de ti do te fallaremos cuando te hubiéremos mester.»[52] «Fallarme habéis», dijo el viento, «en las alturas de la tierra; e si allí non me fallarais, fallarme habéis en las cañadas que son entre las sierras; e si í[53] non me fallarais, iréis a un árbol al que dicen tiemblo[54] e í me fallaréis, ca nunca ende me parto.»[55]

E la verdad e el viento demandaron al agua que do la fallarían cuando hubiese menester. «Fallarme habéis», dijo el agua, «en los ríos; e si allí non me fallarais, fallarme habéis en las fuentes; e si í non me fallarais, fallarme habéis en las junqueras verdes; catad í,[56] ca ahí me fallaréis de todo en todo.»[57]

E el agua e el viento demandaron a la verdad e dijeron: «Amiga, cuando te hubiéramos menester, ¿a do te fallaremos?» E la verdad les respondió e dijo así: «Amigos, mientras me tenéis entre las manos, guardadme bien que vos non salga de ellas; ca si de manos vos salgo una vegada nunca jamás me podréis haber; ca de tal natura soy, que aborrezco a quien una vegada me parte de sí; ca tengo que el que una vegada me desprecia, non es digno de me haber.»

—Onde,[58] mío señor —dijo la emperatriz—, parad mientes[59] en estas palabras e non las olvidéis, si me queréis bien guardar, e así guardaréis a vos e a mí.

Don Juan Manuel
1 2 8 2 - 1 3 4 8

Sobrino del rey don Alfonso el Sabio. Es el prosista más importante de su tiempo y autor de catorce obras, algunas perdidas.

El *Libro del caballero y el escudero* es, como la mayoría de las otras de don Juan Manuel, obra de tipo didáctico-moral, con una ligera trama narrativa, formada por una serie de diálogos entre un caballero viejo, retirado del mundo, y un caballero joven.

De carácter parecido es el *Libro de los estados*, más amplio en sus temas y con una acción novelesca un poco más desarrollada. Aquí Julio, un predicador cas-

tellano, adoctrina o Johas, príncipe de un supuesto reino pagano, en los «estados» o profesiones de los hombres y en la significación de la religión cristiana.

El *Libro de los ejemplos del conde Lucanor et de Patronio*, terminado en 1335, es la obra principal de don Juan Manuel. Su primera parte es una colección de cincuenta y un ejemplos o cuentos en prosa, que es la más importante y valiosa de la literatura española de la Edad Media. Texto según *Escritores en prosa anteriores al siglo XV*, ed. Gayangos, BAE, tomo LI.

---

51 falta. 52 cuando te necesitemos. 53 allí. 54 álamo temblón. 55 porque nunca me voy de allí (*ende*). 56 mirad allí. 57 seguramente. 58 de donde, por tanto. 59 tened en cuenta.

1 que parece lo que no es; en este caso me parece fácil y no lo es. 2 fijarse en ello, pensar sobre ello. 3 ca... *maneras* porque en lo que se refiere a lo visible del hombre, es decir, a su cuerpo y presencia. 4 que no son visibles. 5 sin embargo. 6 posición social, clase a la que pertenece el hombre. 7 todo lo que haga estará mal. 8 artesano, obrero. 9 daña, perjudica.

10 el labrador o el menestral.

11 de la misma manera, también. 12 actúa como. 13 daña. 14 con los que tenga trato o relación. 15 aunque. 16 por mucho tiempo que tenga relación con él. 17 completamente, con exactitud. 18 racional. 19 a un árbol del revés. Véase más adelante cómo explica el caballero esta imagen. 20 alma.

21 porque los animales tienen mayor instinto (*cosas naturales*) que el hombre y por él se mantienen. 22 está más cerca de. 23 está dotado, está compuesto. 24 como, en cuanto a. 25 melancolía.

LIBRO DEL CABALLERO ET DEL ESCUDERO

Capítulo XXXVIII

*Cómo el caballero anciano responde al caballero
novel qué cosa es el hombre*

A lo que me preguntaste qué cosa es el hombre
et para qué fué fecho, así como otras vegadas vos
dije, todas vuestras preguntas que me vos facéis
son dobladas,[1] et eso mesmo es ésta; ca la pregunta
en sí parece ligera, pero quien bien quisiere cuidar
en ello[2] fallará que non es tan ligera; ca en cuanto
el hombre es cosa que parece todo el día el su
cuerpo et las sus maneras,[3] parece más ligero de
responder qué cosa es que non los ángeles, nin el
paraíso, nin infierno, nin las otras cosas a que vos
he ya respondido, así como yo entendí. Mas porque
en el hombre ha otras cosas que non parecen,[4] es
muy fuerte cosa et muy grave de responder a todo
lo que en él es, ca sin duda non hay cosa en el
mundo en que el hombre más se engañe que de
su semejante. Et por ende[5] lo debería conocer más
que a otra cosa . Et si bien quisiereis cuidar en
ello, fallaréis que non es así, ca non tan solamente
yerra el hombre en conocer a otro hombre, ante
yerra en conocer a sí mismo; ca todos se precian
que son en mayor estado[6] o en menor de cuanto
es la verdad. Et sin duda éste es muy gran yerro
et muy dañoso; ca si el hombre non conoce su
estado, nunca lo sabrá guardar; et si non lo guar-
dare, todo su fecho traerá errado.[7]

Et los estados son de tantas maneras, que lo
que pertenece al un estado es muy dañoso al otro.
Et bien entendéis vos que si el caballero quisiere
tomar estado de labrador o de menestral,[8] mucho
empece[9] al estado de caballería, et eso mismo si
estos dichos[10] toman estado de caballería.

Otrosí,[11] si el rey toma manera de[12] otro hombre de menor estado que él, mucho yerra[13] al su
señorío; ca según dicen que dijo un rey que fué
muy sabio que había ya más de treinta años cuando
comenzó a reinar, el primer día de su reinado
comenzaron todos a fablar con él ansí como antes
que fuese rey; et él díjoles a todos que una cosa
era rey et otra infante...

Et por ende la primera cosa que hombre puede
facer es conocer su estado et mantenerlo como debe;
et el mayor yerro que hombre puede facer es en
non conocer nin guardar su estado.

Pero fallaréis que los más de los hombres yerran en esto, et otrosí en conocer a sí mismos et
a sus estados: así que menor maravilla es errar e
conocer los otros... pues el hombre puede conocer
et conoce una bestia o un ave o un can con que use
un poco de tiempo[14] como quier[15] que nunca le

puede fablar, et non conoce el hombre con quien
fabla todo el día por gran tiempo que en uno
duren.[16]

Et así, pues, el hombre es de tan extrañas maneras, non vos debéis maravillar si cumplidamente[17]
non vos pudiere decir qué cosa es el hombre, et
para qué fué fecho; pero aquello poco que yo entendiere, decírvoslo he.

Fijo, el hombre es una cosa et semeja a dos.
Él en sí es animal mortal razonal,[18] et a las cosas
que semeja es al mundo et al árbol trastornado.[19]
Et la razón por qué es animal mortal et razonal
es porque es compuesto de ánima[20] et de cuerpo,
et del alma se face la razón, et por la razón que
ha más que las otras animalias, es hombre; ca las
cosas naturales, porque todas las animalias se han
a mantener, más cumplidamente las han que non
los hombres.[21]

Mas los hombres han razón lo que non han las
animalias, et por ende el hombre que ha más razón en sí es más hombre, et cuanto ha menos de
ella, tanto es menos hombre, et es más allegado
a[22] las animalias en que non ha razón.

Et porque es apuesto[23] de alma et de cuerpo,
conviene que sea mortal, cuanto[24] el cuerpo; et
porque se engendra et vive et crece, et face las
otras cosas así como las otras animalias, es animal.

Et así por estas razones dichas tengo que el
hombre es animal razonal mortal, como dicho es.

Otrosí se semeja al mundo, ca todas las cosas
que son en el mundo son en el hombre, et por
ende dicen que el hombre es todas las cosas.

Et, fijo, alguno podrá decir que non es verdad
esto; ca el hombre non es piedra, nin el hombre
non es árbol, nin el hombre non es bestia nin ave,
nin el hombre non es aire, nin agua, nin fuego,
nin tierra, nin el hombre non es ángel, nin diablo: pues así parece que non es verdad que el
hombre sea todas las cosas...

Mas la manera en que hombre semeja al mundo et es todas las cosas, es en esta manera que vos
yo diré: el hombre es piedra en ser cuerpo; ca así
como la piedra es cuerpo, así el hombre es cuerpo.

Otrosí, así como el árbol et las otras plantas
nacen et crecen et han estado et envejecen et se
desfacen, bien así el hombre face estas cosas; ca
nace et crece et ha estado et envejece et se des-
face cuando se parte el alma del cuerpo.

Otrosí, como las bestias et las aves et las otras
animalias facen todo esto et demás que sienten
et engendran et viven bien así como el aire et el
fuego et el agua et la tierra, cuatro elementos, así
el hombre ha en sí cuatro humores que son la
sangre et la cólera et la flema et la malenconia...[25]

Et así, fijo, podéis entender que el hombre semeja mucho al mundo, porque ha en él todas las

cosas, et porque todas las cosas del mundo creó Dios para servicio del hombre...

Otrosí, semeja el hombre al árbol trastornado, ca el árbol tiene la raíz en tierra, et después el tronco et después las ramas, et en las ramas nacen las fojas et las flores et el fruto; ca de la buena raíz sale buen tronco, et del buen tronco salen buenas ramas, et de las buenas ramas salen buenas fojas et flores et buen fruto, et del mal árbol todo el contrario.[26]

Todas estas cosas acontecen en el hombre; ca la raíz del hombre es la cabeza do está el meollo,[27] que gobierna et face sentir et mover todo el cuerpo; et el tronco es el cuerpo; et las ramas son los miembros; et las fojas et las flores son los cinco sesos[28] corporales; et los pensamientos et las obras el fruto. Et si el meollo, que es raíz, fuere de buena complisión,[29] todo el cuerpo, que es el tronco, según razón, debe de ser de buena complisión.

Et si el cuerpo fuere de buena complisión et bien egualada,[30] los miembros otrosí, que son las ramas, serán tales cuales deben. Et si ellos fueren bien ordenados, los cinco sesos corporales et los pensamientos serán cumplidos et farán cumplidamente su obra.

Et si el cuerpo et los sesos corporales... fueren bien ordenados et bien cumplidos, debemos creer que Dios, que face todas las cosas con razón por la su merced et por la su piedad, querrá que sea í puesta buena alma, que es la forma porque faga sus fechos con razón. Et así fará buenas obras, que es el fruto...

Et para saber él mismo qué obras face, el que cuerdo fuere debe cada día requerir[31] en sí mismo qué son las obras que fizo aquel día, tan bien[32] de las buenas como de las contrarias, et acordarse cómo es cristiano et que debe saber et creer todos artículos de la fe, Santa Iglesia, et los diez mandamientos que Dios dió en la ley, et las obras de misericordia, et los pecados mortales.

LIBRO DE LOS ESTADOS
[DE LA EDUCACIÓN DEL PRÍNCIPE]

CAPÍTULO LXVII

Fabla en cómo Julio dijo al infante que le dijera[33] don Juan, aquel su amigo, que le dijera la condesa su madre, que porque ella non había otro fijo sino a él, et porque le amaba mucho, que por un gran tiempo non consintiera que mamase otra leche sino la suya

Et dígovos que me dijo don Juan, aquel mío amigo de que yo vos fablé, que dijera la condesa, su madre, que porque ella non había otro fijo sino a él, et porque lo amaba mucho, que por un gran tiempo non consintiera que mamase otra leche sino la suya; et después que le cató[34] una ama que era fija de un infanzón[35] mucho honrado que hubo nombre Diego González de Padiella...

Et así tengo que una de las cosas que el Emperador debe catar[36] más a sus fijos et a sus fijas, es que hayan buenas amas et de tal sangre, como es dicho, lo más que pudiere; et desque comenzaren a fablar et supieren andar, débenles dar mozos con que trebejen[37] aquellos trebejos que les pertenece, según su edad; et desque fueren de algún poco entendimiento, deben poner con ellos hombres buenos entendidos, de que oigan siempre buenas razones et buenos consejos et aprendan buenas maneras et buenas costumbres; et deben guisar[38] que sean bien acostumbrados en comer et en beber; ca esto en poder es de lo facer de aquellos que los crían. Et sobre todas las cosas del mundo los deben guardar del vino; ca cierto creed que del día que lo hombre comienza a beber[39] fasta que muere, que cada día lo quiere más et lo ha más menester, et le empece más si se non guarda de lo beber tanto que le pueda de él venir daño; et de que pasare de los cinco años adelante deben comenzar poco a poco a les mostrar leer, pero con falago et con premia,[40] et este leer debe ser tanto a lo menos fasta que sepan fablar et entender latín, et después deben facer cuanto pudieren porque tome placer en leer las crónicas de los grandes fechos et de las grandes conquistas, et de los fechos de armas et de caballerías que acaecieron,[41] et en

---

[26] todo lo contrario. [27] entendimiento. [28] sentidos. [29] complexión, constitución. [30] igualada, equilibrada; se refiere a *complisión*.

[31] examinar. [32] tanto. [33] había dicho; más abajo, *consintiera* = había consentido. [34] buscó. [35] hidalgo, noble. [36] tener cuidado. [37] jueguen. [38] cuidar de, procurar. [39] que el hombre comienza a beberlo. [40] pero con halago o mimo y, al mismo tiempo, con estímulo, obligándolo.

[41] ocurrieron. [42] aunque. [43] a pesar de ello. [44] hombres detrás de ellos que los sostengan. [45] pue-

dan dejarlos solos. [46] ir de montería, o sea, de caza mayor. [47] juego de dos caballeros medievales que consistía en arrojar lanzas o bohordos contra un tablado. [48] manera. [49] conversando. [50] un rato.

[51] temprano. [52] especie de dardo. [53] convienen. [54] jinete. [55] holgado, descansado. [56] debe aprender las diferentes partes de la gramática y leer libros de doctrina o entretenimiento. [57] arriba, antes. [58] y que los alimentos (*viandas*) sean variados y no estén siempre condimentados de la misma manera. [59] coma. [60] parte.

[61] murió.

cómo los grandes señores llegaron a grandes estados por su bondad et por su esfuerzo, et cuánto mal pasaron en su vida, et cuánto mal alcanzaron et cuánta mala fama dejaron de sí los emperadores et reyes et grandes señores que ficieron malas obras et fueron medrosos et flacos de corazón.

Et como quier[42] que el entendimiento et el esfuerzo non lo puede aprender hombre de ninguno... si Dios non se lo da por su merced, pero[43] lo que los hombres pueden facer es esto: que luego que los niños comienzan a andar, que deben a las veces subirlos en las bestias, et hombres en pos ellos que los tengan,[44] et desque entendieren que se pueden tener en caballo, débenles facer andar poco a poco en él fasta que entiendan que sin recelo los puedan meter[45] et después cada día faciendo más fasta que se atrevan a poner espuelas a cualquier caballo.

Otrosí débenles mostrar cazar et correr monte,[46] et bofordar,[47] et armarse, et saber todos los juegos et las cosas que pertenecen a la caballería.

Et porque estas cosas non empecen al leer, nin el leer a estas cosas, débenlo facer en esta manera et ordenar la semana en esta guisa:[48] el domingo oír la misa, si fuere cantada será mejor, et después de misa cabalgar et trebejar fasta que sea hora de comer, et desque hubieren comido et estuvieren un rato con las gentes fablando et departiendo,[49] entrar en su cámara, si quisiere dormir, et si non estar í una pieza[50] fasta que se sosiegue la vianda et se bajen los flatos que suben a la cabeza; et desque fuere contra la tarde, puede ir trebejar de pie o de bestia, con lo que tomare mayor placer, fasta que sea hora de cenar; et desque hubiere cenado debe estar una pieza departiendo et trebejando con sus gentes et non velar mucho el día del domingo, nin debe leer nin ir a caza.

Et el lunes levántese de gran mañana[51] a oír la misa, et si fuere de edad que pueda andar de caballo et sufrir la fortaleza del tiempo que faga de ir a caza en caballo, et vestir... mucha ropa, lo uno por se guardar del frío, et lo al por acostumbrar el cuerpo a sufrir el peso de las armas... Et en cuanto anduviere a caza debe traer en la mano derecha lanza o azcona[52] o otra vara, et en la izquierda debe traer un azor o un falcón; et esto debe facer por acostumbrar los brazos, el derecho para saber ferir con él, et el izquierdo para usar el escudo con que se defienda; et todavía debe traer el espada consigo, lo uno, porque es hábito de los que han de vivir por caballería, et lo otro, porque en el espada ha arma et armadura, arma para ferir, et armadura para se defender. Et porque los caballeros non pueden traer siempre todas las armas et armaduras que les cumplen,[53] por ende los sabios antiguos que ordenaron la caballería, es-

cogieron el espada en que es todo; et por eso ordenaron que non pudiese el caballero recebir orden de caballería sino con la espada, et todo hombre que ha de vivir por caballería, debe siempre usar de la traer consigo. Et, señor infante, si quisiereis saber cómo en el espada se muestran las cuatro virtudes que los caballeros deben haber en sí, fallarlo habéis en el libro que compuso don Juan, aquel mío amigo, que ha nombre el *Libro de la caballería*; et cuando son mozos, deben aprender a con ella esgrimir. Todo esto debe facer el fijo del Emperador como dicho es, et en cuanto anduviere a caza, debe poner espuelas al caballo a veces por lugares fuertes, et a veces por llanos, porque pierda el miedo de los grandes saltos et de los lugares fuertes, et sea mejor cabalgante.[54] Et desque tornare de caza et hubiere comido et folgado[55] como es dicho, en la tarde debe oír su lección et facer conjugación, et declinar et derivar, o facer proverbio o letras.[56] Et otro día, martes, después que hubiere oído misa, debe oír su lección et estar aprendiendo fasta hora de comer; et desque hubiere comido folgar, como desuso[57] es dicho, et tornar a leer et a repetir su lección, et facer conjugación, et las otras cosas, et como es dicho pasar así toda la semana leyendo un día et cazando otro, et el sábado repetir et confirmar todas las lecciones de la semana; en los días que fuere a caza debe guisar que tarde un día mucho el comer, et otro que coma más de mañana, et que las viandas non sean siempre unas, nin de una manera adobadas,[58] mas que pruebe de todas; pero la mayor parte del comer et lo que más usare et primero, que sean gallinas o capones et perdices; et si algún día tardare mucho el comer, et hubiere gran fambre, es bien que coma un pedazo de pan; pero que non beba vino entonces nin en ninguna manera fasta que yante,[59] et haya comido gran partida[60] de la vianda, et en faciéndolo así non dejará por ello el leer lo que ha de saber de caballería...

Otrosí, la cama en que hubiere a dormir, conviene que non sea siempre de una manera, mas que sea algunas veces dura et non bien fecha; et cuando durmiere que usen a veces de facer í ruido, porque non deje el dormir cuando ruido ficieren. Et dígovos que dijo don Juan, aquel mío amigo, que en esta guisa le criara su madre en cuanto fué viva, et después que ella finó[61] que así lo ficieron los que lo criaron. .

Otrosí, desque fueren en tiempo que hayan de haber vasallos et tener su casa, conviene que les den tierra et heredad tanta et en tal manera, que puedan haber buenos vasallos et vivir honradamente según les pertenece; pero deben catar que las fortalezas que les dieren, que sean tantas et tales, e en tales comarcas, que non puedan ligeramente ser forzados nin desapoderados[62] de ellas. Otrosí, que non les venga a talante[63] que, sin gran tuerto que recibieren[64] de su hermano mayor, se moviesen para le facer guerra o bollicio[65] en la tierra... Otrosí debe facer su padre cuanto pudiere por los casar bien et honradamente. Et todas estas cosas vos digo que deben facer a sus fijos, pero a las fijas, como a mujeres, et a los fijos como a hombres. Et, señor infante, según yo cuido, faciendo el Emperador estas cosas como es dicho, tengo que fará et guardará lo que debe a su mujer et a sus fijos, et tengo que lo puede muy bien facer; et así cuanto por esto al mío parecer, non habéis por qué dudar en el estado de los emperadores.

LIBRO DE LOS EJEMPLOS DEL CONDE LUCANOR ET DE PATRONIO

[PRÓLOGO]

Este libro fizo don Juan, fijo del muy noble infante don Manuel, deseando que los hombres ficiesen en este mundo tales obras, que les fuesen aprovechamiento de las honras, et de las faciendas, et de sus estados; et fuesen más allegados a la carrera porque pudiesen salvar las almas.[1] Et puso en él los ejemplos más provechosos que él supo de las cosas que acaecieron, porque los hombres puedan facer esto que dicho es. Et será maravilla, si de cualquier cosa que acaezca a cualquier hombre, non fallare en este libro su semejante que acaeció a otro.

Et porque don Juan vió et sabe que en los libros acontecen muchos yerros en los trasladar...[2] múdase toda la razón... et los que después fallan aquello escrito, ponen la culpa al que fizo el libro; et porque don Juan se receló de esto, ruega a los que leyeren cualquier libro que fuere traslado del que él compuso, o de los libros que él fizo, que si fallaren alguna palabra mal puesta, que non pongan la culpa a él, fasta que vean el libro mismo que don Juan fizo, que es enmendado, en muchos lugares, de su letra.

Et los libros que él fizo, son estos que él ha fecho fasta aquí: *La Crónica abreviada, El Libro de los Sabios, El libro de la Caballería, El libro del Infante, El libro del Caballero et del Escudero, El libro del Conde, El libro de la Caza, El libro de los engeños,*[3] *El libro de los Cantares.* E estos libros están en el monasterio de los Frailes Predicadores que él fizo en Peñafiel. Pero, desde que vieren los libros que él fizo, por las menguas que en ellos faltaren, non pongan la culpa a la su intención, mas pónganla a la mengua del su entendimiento, porque se atrevió a se entremeter a fablar en tales cosas. Pero, Dios sabe, que lo fizo por intención que se aprovechasen de lo que él diría las gentes que non fuesen muy letrados, nin muy sabidores. Et por ende, fizo todos los sus libros en romance,[4] et esto es señal cierta que los fizo para los legos[5] et de non muy gran saber como lo él es.[6] Et de aquí adelante comienza el prólogo del *Libro de los Ejemplos del Conde Lucanor et de Patronio.*

En el nombre de Dios: amén. Entre muchas cosas extrañas et maravillosas que Nuestro Señor Dios fizo, tuvo por bien de facer una muy maravillosa; ésta es, que de cuantos hombres en el mundo son, non ha uno que del todo semeje a otro en la cara; ca como quier[7] que todos los hombres han esas mismas cosas en la cara los unos que los otros, pero[8] las caras en sí mismas non semejan las unas a las otras. Et pues en las caras que son tan pequeñas cosas ha en ellas tan gran departimiento,[9] menor maravilla es que haya departimiento en las voluntades et en las intenciones de los hombres. Et así fallaréis que ningún hombre non se semeja del todo en la voluntad nin en la intención con otro. Et facervos he algunos ejemplos porque lo entendáis mejor.

Todos los que quieren et desean servir a Dios, todos quieren una cosa, pero non lo sirven todos en una manera, ca unos le sirven en una manera et otros en otra. E otrosí, todos los que sirven a los señores, todos los sirven, mas non los sirven todos en una manera. Et los que labran et cantan, et trebejan, et cazan, et facen todas las otras cosas, todos las facen, mas non las entienden nin las fa-

---

[62] desposeídos. [63] que no se les ocurra. [64] a menos que reciban de él (de su hermano) gran agravio. [65] bullicio, tumulto, alteración.

[1] estuviesen más cerca del camino de salvar su alma. [2] ocurren muchos errores al copiarlos. [3] ingenios o máquinas y artefactos de guerra. [4] en lengua vulgar, en este caso en castellano. [5] no letrados, sin estudios. [6] como él lo es. [7] aunque. [8] sin embargo. [9] diferencia. [10] que más le satisface, que más le agrada. [11] gobernador militar de la región fronteriza con los moros. [12] hermosas. [13] médicos. [14] y aun aquellos que no las entendieran tan bien (las cosas provechosas). [15] perfecto. [16] que yo tenía muchas perfecciones, mu-

chas buenas cualidades. [17] halagó, lisonjeó. [18] me propuso un negocio *(pleito)* que a primera vista parece serme favorable. [19] bajo. [20] librar, defender. [21] me placería, me gustaría. [22] con más comodidad y sin que nadie le estorbase. [23] empezó a pensar cómo podría quitarle el queso. [24] gentileza. [25] así como. [26] plumas. [27] negro. [28] *tienen... mucho* creen las gentes que ello perjudica a vuestra belleza sin darse cuenta de que se equivocan. [29] *tan prieta... pavón* tan negra y brillante es aquella negrura que parece azul *(india)* como las plumas del pavo real. [30] tan grande, del mismo tamaño. [31] no os impide.

cen todos en una manera... Et porque cada hombre aprende mejor aquello de que se más paga,[10] por ende el que alguna cosa quiere mostrar a otro, débeselo mostrar en la manera que entendiere que será más pagado el que la ha de aprender...

Por ende, Yo don Juan, fijo del Infante don Manuel, Adelantado Mayor de la frontera[11] et del reino de Murcia, fice este libro, compuesto de las más apuestas[12] palabras que yo pude, et entre las palabras entremetí algunos ejemplos de que se podrían aprovechar los que los oyeren. Et esto fice según la manera que facen los físicos,[13] que cuando quieren facer alguna medicina que aproveche al fígado, por razón que naturalmente el fígado se paga de las cosas dulces, mezclan con aquella medicina... azúcar o miel o alguna cosa dulce... Et a esta semejanza, con la merced de Dios, será fecho este libro, et los que lo leyeren, si por su voluntad tomaren placer de las cosas provechosas, que í fallaren, será bien; et aun los que la tan bien non entendieren,[14] non podrán excusar que, en leyendo el libro, por las palabras falagueras et apuestas que en él fallarán, que non hayan a leer las cosas provechosas que son í mezcladas; et aunque ellos non lo deseen, aprovecharse han de ellas, así como el fígado et los otros miembros... se aprovechan de las medicinas que son mezcladas con las cosas de que se ellos pagan. Et Dios, que es cumplido[15] et cumplidor de todos los buenos fechos, por la su merced et por la su piedad quiera que los que este libro leyeren, que se aprovechen de él a servicio de Dios et para salvamiento de sus almas et aprovechamiento de sus cuerpos, así como Él sabe, que yo, Don Juan, lo digo a esa intención. Et lo que í fallaren que non es tan bien dicho, non pongan culpa a la mi intención, mas pónganla a la mengua del mío entendimiento. Et si alguna cosa fallaren bien dicha o aprovechosa, agradézcanlo a Dios, ca Él es aquel por quien todos los buenos dichos et fechos se dicen et se facen.

Et pues el prólogo es acabado, de aquí adelante comenzaré la materia del libro, en manera de un gran Señor que fablaba con un su consejero. Et decían al Señor, Conde Lucanor, et al consejero, Patronio.

EJEMPLO V

De lo que aconteció a un raposo con un cuervo que tenía un pedazo de queso en el pico

Otra vez fablaba el conde Lucanor con Patronio, su consejero, et díjole así:

—Patronio, un hombre, que da a entender que es mi amigo, me comenzó a loar mucho, dándome a entender que había en mí muchos complimien-tos[16] de honra et de poder e de muchas bondades. Et de que con estas razones me falagó[17] cuanto pudo, movióme un pleito, que en la primera vista, según lo que yo puedo entender, que parece que es mi pro.[18]

Et contó el conde a Patronio cuál era el pleito...; et como quier que parecía el pleito provechoso, Patronio entendió el engaño que yacía escondido so[19] las palabras fermosas. Et por ende dijo al conde:

—Señor conde Lucanor, sabed que este hombre vos quiere engañar, dándovos a entender que el vuestro poder et el vuestro estado es mayor de cuanto es la verdad. Et para que vos podáis guardar[20] de este engaño que vos quiere facer, placerme hía[21] que supieseis lo que aconteció a un cuervo con un raposo.

Et el conde le preguntó cómo fuera aquello.

—Señor conde Lucanor —dijo Patronio—, el cuervo falló una vegada un gran pedazo de queso et subió en un árbol porque pudiese comer el queso más a su guisa et sin embargo de ninguno.[22] Et en cuanto el cuervo así estaba, pasó un raposo por el pie del árbol, et desde que vió el queso que el cuervo tenía, comenzó a cuidar en cuál manera lo podría llevar de él.[23] Et por ende comenzó a fablar con él en esta guisa:

—Don Cuervo, muy gran tiempo ha que oí fablar de vos et de la vuestra nobleza, et de la vuestra apostura;[24] et como quiera que vos mucho busqué, non fué la voluntad de Dios nin la mi ventura, que vos pudiese fallar fasta ahora; et ahora que vos veo, entiendo que ha mucho más bien en vos de cuanto me decían. Et porque veáis que vos non lo digo por lisonja, tan bien como[25] vos diré las aposturas que en vos entiendo, tan bien vos diré las cosas en que las gentes tienen que non sois tan apuesto. Todas las gentes tienen que la color de las vuestras péñolas[26] et de los ojos, et del pico, et de los pies, et de las uñas, que todo es prieto;[27] et porque la cosa prieta non es tan apuesta como la de otro color, et vos sois todo prieto, tienen las gentes que es mengua de vuestra apostura, et non entienden cómo yerran en ello mucho;[28] ca como quier que las vuestras péñolas son prietas, tan prieta et tan lucia es aquella pretura, que torna en india, como péñolas de pavón,[29] que es la más fermosa ave del mundo... Otrosí, el vuestro pico et las vuestras manos et uñas son fuertes más que de ninguna ave tamaña[30] como vos. Otrosí, en el vuestro vuelo habéis tan gran ligereza, que vos non embarga[31] el viento de ir contra él por recio que sea, lo que otra ave non puede facer tan ligeramente como vos. Et bien tengo que, pues Dios todas las cosas face con razón, que non consentiría, que, pues en todo sois tan cumplido, que hubiese en vos mengua de non cantar mejor que ninguna otra ave.[32] Et pues Dios fizo tanta merced que vos veo..., si yo pudiese oír de vos el vuestro canto para siempre me tendría por de buena ventura.[33]

Et, señor conde Lucanor, parad mientes, que maguer que la intención del raposo era para engañar al cuervo, que siempre las sus razones fueron con verdad. Et sed cierto que los engaños et daños mortales siempre son los que se dicen con verdad engañosa.

Et desque el cuervo vió en cuántas maneras el raposo le alababa, et cómo le decía la verdad en todas, creyó que así decía verdad en todo lo al, et tuvo que era su amigo, et non sospechó que lo facía por llevar de él el queso que tenía en el pico. Et por las muchas buenas razones que le había oído, et por los falagos et ruegos que le ficiera porque cantase, abrió el pico para cantar; et desque el pico fué abierto para cantar cayó el queso en tierra, et tomólo el raposo et fuése con él. Et así fincó engañado el cuervo del raposo, creyendo que había en sí más apostura et más complimiento de cuanta era la verdad.

Et vos, señor conde Lucanor, como quier que Dios vos fizo asaz merced en todo, pues veis que aquel hombre vos quiere facer entender que habéis mayor poder et mayor honra et más bondades de cuanto vos sabéis que es la verdad, entended que lo face por vos engañar, et guardad vos de él y faréis como hombre de buen recabdo.[34]

Al conde plugo mucho de lo que Patronio le dijo, et fízolo así, et con su consejo fué él guardado de yerro.

Et porque entendió don Juan que este ejemplo era muy bueno, fízolo escribir en este libro, et fizo estos versos, en que se entiende abreviadamente la intención de todo este ejemplo. Et los versos dicen así:

*Quien te alaba con lo que non es en ti
Sabe, que quiere llevar lo que has de ti.*

EJEMPLO VIII

De lo que aconteció a un hombre que había de limpiar el fígado

Otra vez fablaba el conde Lucanor con Patronio, su consejero, et díjole así:

—Patronio, sabed que, como quier que Dios me fizo mucha merced en muchas cosas, que estoy ahora mucho afincado de mengua de dineros;[35] et como quiera que me es tan grave de lo facer como la muerte, tengo que habré a vender una de las heredades del mundo de que he más duelo, o facer otra cosa que me será tan gran daño como esto.[36] Et haberlo he ahora a facer por salir de esta laceria et de esta cuita[37] en que estoy. Et faciendo yo esto que es tan gran mío daño, vienen a mí muchos hombres que sé que lo pueden muy bien excusar, et demándanme que les dé de estos dineros que me cuestan tan caros. Et por el buen entendimiento que Dios en vos puso, ruégovos que me digáis lo que vos parece que debo facer en esto.

—Señor conde Lucanor —dijo Patronio—, parece a mí que vos acontece con estos hombres como aconteció a un hombre que era muy mal doliente.[38]

Et el conde le rogó que le dijese cómo fuera aquello.

—Señor conde —dijo Patronio—, un hombre era muy mal doliente, así que le dijeron los físicos que en ninguna guisa non podía guarescer[39] si non le ficiesen una abertura por el costado, et que le sacasen el fígado por él, et que lo lavasen con unas medicinas que había mester,[40] et que le limpiasen de aquellas cosas porque el fígado estaba maltrecho. E estando él sufriendo este dolor et teniendo el físico el fígado en la mano, otro hombre que estaba í cerca de él, comenzó de rogarle que le diese de aquel fígado para un su gato.

Et vos, señor conde Lucanor, si queréis facer muy gran vuestro daño por haber dineros y darlos do se deben excusar, dígovos que lo podéis facer por vuestra voluntad, mas nunca lo faréis por el mi consejo.

Et al conde plugo mucho de aquello que Pa-

---

32 [Dios] no consentiría que pues sois tan perfecto tuvieseis el defecto de no cantar mejor que las otras aves. 33 por dichoso. 34 de buen consejo, prudente. 35 que estoy ahora muy apurado por falta de dinero. 36 *et como quiera... esto* y aunque me pesa tanto de hacerlo como si fuera la muerte, creo que tendré que vender una de mis propiedades, de la que más me entristece desprenderme, o hacer otra cosa que me produzca tanto pesar. 37 de esta miseria y de este cuidado. 38 muy enfermo. 39 curarse. 40 de que tenía necesidad.

41 y se cuidó de hacer lo que Patronio le decía *(ende)*, es decir, de no dar a otro el dinero que él necesitaba, y le fué por ello muy bien. 42 problema. 43 pensando que su asunto estaba despachado, resuelto. 44 fe, confianza.

45 tenía gran deseo *(talante)* de saber el arte de la nigromancia (magia negra o arte de adivinar el futuro). 46 de ello. 47 se dirigió. 48 y cuidó muy bien de él y le hizo dar buen alojamiento. 49 con gran ahinco, con insistencia. 50 calidad, condición. 51 posición. 52 muy **pronto**. 53 cuando, después que. 54 cuando el trato estuvo bien pactado, es decir, cuando habían llegado a un acuerdo. 55 mucho tiempo. 56 donde. 57 en seguida. 58 de allí. 59 elegirían; más abajo *esleyesen* = eligiesen. 60 que no se apresurase *(quejase)* a ir a la iglesia, es decir, en volver a Santiago.

61 se dirigió al elegido, es decir, al Deán.

tronio le dijo, et guardóse ende de allí adelante, et fallóse ende bien.[41]

Et porque entendió don Juan, que este ejemplo era bueno, mandólo escribir en este libro et fizo estos versos, que dicen así:

Si no sabedes qué debedes dar,
A gran daño se vos podría tornar.

EJEMPLO XI

De lo que aconteció a un Deán de Santiago con don Illán, el gran maestro de Toledo

Otro día fablaba el conde Lucanor con Patronio, su consejero, e contábale su facienda[42] en esta guisa:

—Patronio, un hombre vino a me rogar que le ayudase en un fecho que había mester mi ayuda, et prometióme que faría por mí todas las cosas que fuesen mi pro et mi honra; et yo comencéle a ayudar cuanto pude en aquel fecho. Et ante que el pleito fuese acabado, teniendo él ya que su pleito era librado,[43] acaeció una cosa en que cumplía que él la ficiese por mí, et roguéle que la ficiese et él púsome excusa. Et después acaeció otra cosa que pudiera facer por mí, et púsome excusa como a la otra; et esto me fizo en todo lo que le rogué que ficiese por mí. Et aquel fecho porque él me rogó, non es aún librado, nin se librará si yo non quisiere. Et por la fiuza[44] que yo he en vos et en el vuestro entendimiento, ruégovos que me aconsejéis lo que faga en esto.

—Señor conde —dijo Patronio—, para que vos fagáis en esto lo que debéis, mucho querría que supieseis lo que aconteció a un Deán de Santiago con don Illán, el gran maestro que moraba en Toledo.

Et el conde le preguntó cómo fuera aquello.

—Señor conde —dijo Patronio—, en Santiago había un Deán que había muy gran talante de saber el arte de la nigromancia,[45] et oyó decir que don Illán de Toledo sabía ende[46] más que ninguno... et por ende vínose para Toledo para aprender de aquella ciencia. Et el día que llegó a Toledo enderezó[47] luego a casa de don Illán et fallólo que estaba leyendo en una cámara muy apartada; et luego que llegó a él, recibiólo muy bien et díjole que non quería que le dijese ninguna cosa de lo porque venía fasta que hubiese comido. Et pensó muy bien de él et fízole dar muy buenas posadas,[48] et todo lo que hubo mester, et dióle a entender que le placía mucho con su venida.

Et después que hubieron comido, apartóse con él, et contóle la razón porque allí viniera, et rogóle muy afincadamente[49] que él mostrase aquella ciencia que él había muy gran talante de aprender.

Et don Illán díjole que él era Deán et hombre de gran guisa[50] et que podía llegar a gran estado[51] et los hombres que gran estado tienen... olvidan mucho aína[52] lo que otro ha fecho por ellos, et él que se recelaba que, de que[53] él hubiese aprendido de él aquello que él quería saber, que non le faría tanto bien como él le prometía. Et el Deán le prometió et le aseguró que de cualquier bien que él hubiese, que nunca faría sino lo que él mandase.

Et en estas fablas estuvieron desde que hubieron yantado fasta que fué hora de cena. E de que su pleito fué bien asosegado entre ellos,[54] dijo don Illán al Deán que aquella ciencia non se podía aprender sino en lugar mucho apartado et que luego esa noche le quería mostrar do habían de estar fasta que hubiese aprendido aquello que él quería saber. Et tomóle por la mano et llevóle a una cámara. Et en apartándose de la otra gente, llamó a una manceba de su casa et díjole que tuviese perdices para que cenasen aquella noche, mas que non las pusiese a asar fasta que él se lo mandase.

Et desde que esto hubo dicho, llamó al Deán: et entraron ambos por una escalera de piedra muy bien labrada et fueron descendiendo por ella muy gran pieza,[55] en guisa que parecía que estaban tan bajos que pasaba el río de Tajo por cima de ellos. Et desde que fueron en cabo de la escalera fallaron una posada muy buena, et una cámara mucho apuesta que í había, o[56] se estaban los libros et el estudio en que había de leer. E de que se sentaron, estaban parando mientes en cuáles libros habían de comenzar. Et estando ellos en esto, entraron dos hombres por la puerta et diéronle una carta que le enviaba el Arzobispo, su tío, en que le facía saber que estaba muy mal doliente et que le enviaba rogar que si le quería ver vivo, que se fuese luego[57] para él. Al Deán pesó mucho con estas nuevas; lo uno por la dolencia de su tío, et lo al porque receló que había de dejar su estudio que había comenzado. Pero puso en su corazón de non dejar aquel estudio tan aína, et fizo sus cartas de respuesta et enviólas al Arzobispo su tío.

Et dende[58] a tres o cuatro días, llegaron otros hombres a pie que traían otras cartas al Deán en que le facían saber que el Arzobispo era finado, et que estaban todos los de la iglesia en su elección et que fiaban por la merced de Dios que eslerían[59] a él, et por esta razón que no se quejase de ir a la iglesia,[60] ca mejor era para él en que le esleyesen siendo en otra parte que non estando en la iglesia.

Et dende a cabo de siete días o de ocho días, vinieron dos escuderos muy bien vestidos... et cuando llegaron a él, besáronle la mano et mostráronle las cartas en cómo le habían esleído por Arzobispo. Cuando don Illán esto oyó, fué al electo[61] et díjole cómo agradecía mucho a Dios porque estas buenas nuevas le llegaron a su casa, et pues Dios tanto bien le ficiera que le pedía por merced que el deanazgo, que fincaba vagado,[62] que lo diese a un su fijo. Et el electo díjole: que le rogaba que le quisiese consentir que aquel deanazgo que lo hubiese un su hermano; mas que él le faría bien en la iglesia en guisa que él fuese pagado, et que le rogaba que fuese con él para Santiago et que llevase con él aquel su fijo. Et don Illán dijo que lo faría.

E fuéronse para Santiago: cuando í llegaron, fueron muy bien recebidos et mucho honradamente. Et desde que moraron í un tiempo, un día llegaron al Arzobispo mandaderos del Papa con sus cartas en cómo le daba el Obispado de Tolosa, et que le facía gracia que pudiese dar el Arzobispado a quien quisiese. Cuando don Illán oyó esto, retrayéndole mucho afincadamente lo que con él había pasado,[63] pidióle merced que lo diese a su fijo; et el Arzobispo le rogó que consintiese que lo hubiese un su tío, hermano de su padre. Et don Illán dijo que bien entendía que le facía gran tuerto,[64] pero que esto que lo consentía en tal que fuese seguro que se lo enmendaría adelante.[65] Et el Arzobispo le prometió en toda guisa que lo faría así, et rogóle que fuese con él a Tolosa et que llevase su fijo.

Pasa algún tiempo y el Deán llega a ser Cardenal y luego Papa (comentario del editor).

Entonces fué a él don Illán et díjole que ya non podía poner excusa de non cumplir lo que le había prometido. Et el Papa le dijo que non le afincase tanto, que siempre habría lugar en que le ficiese merced según fuese razón. Et don Illán se comenzó a quejar mucho, retrayéndole cuantas cosas le prometiera et que nunca le había cumplido ninguna. De este afincamiento se quejó mucho el Papa et comenzóle a maltraer,[66] diciéndole que si más le afincase, que le faría echar en una cárcel, que era hereje y encantador, e que bien sabía él que non había otra vida nin otro oficio en Toledo, do él moraba, sino vivir por aquella arte de nigromancia.

E desde que don Illán vió cuánto mal le galardonaba[67] el Papa lo que por él había fecho, espidióse de él: et solamente no le[68] quiso dar el Papa qué comiese por el camino. Entonces don Illán dijo

al Papa que pues él non tenía de comer, que se habría de tornar a las perdices que mandara asar aquella noche; et llamó a la mujer, et díjole que asase las perdices.

Et cuanto esto dijo don Illán, fallóse el Papa en Toledo, deán de Santiago, como lo era cuando í vino, y tan gran fué la vergüenza que hubo que non supo qué le decir. Et don Illán díjole que fuese en buena ventura y que asaz había probado lo que tenía en él,[69] et tendría por muy mal empleado si comiese su parte de las perdices.

Et vos, señor conde Lucanor, pues veis que tanto facéis por aquel hombre que vos demanda ayuda et non vos da ende mejores gracias, tengo que non habéis por qué trabajar nin aventurarvos mucho por llegarlo a lugar[70] que vos dé tal galardón como el Deán dió a don Illán.

E el conde tuvo esto por buen consejo, et fízolo así, et fallóse ende bien.

Et porque entendió don Johan que era éste muy buen ejemplo, fízolo poner en este libro et fizo estos versos, que dicen así:

Al que mucho ayudares et non te lo conociere[71]
Menos ayuda habrás desde que en gran honra su-
　　　　　　　　　　　　　　　　　　　　　　　[biere.

EJEMPLO XXXV

De lo que aconteció a un mancebo que casó con una mujer brava

Otra vez fablaba el conde Lucanor con Patronio, et díjole:

—Patronio, un mío criado me dijo que le traían[72] casamiento con una mujer muy rica et aun que es más honrada[73] que él, et que es el casamiento muy bueno para él, sino por un embargo que í ha,[74] et el embargo es éste: díjome que le dijeran que aquella mujer que era la más fuerte et más brava cosa del mundo. Et ahora ruégovos que me aconsejéis si le mandaré que case con aquella mujer, pues sabe de cuál manera es, o si le mandaré que lo non faga.

—Señor conde Lucanor —dijo Patronio—, si él fuere tal como fué un fijo de un hombre bueno que era moro, aconsejadle que case con ella; mas si non fuere tal, non se lo aconsejéis.

---

[62] que quedaba vacante.　[63] recordándole con insistencia lo que habían hablado, acordado.　[64] agravio, injusticia.　[65] con tal que le asegurase que lo repararía más tarde.　[66] el Papa [es decir, el Deán] se quejó mucho de la insistencia [de don Illán] y empezó a insultarle.　[67] le pagaba, le premiaba.　[68] y ni siquiera le.　[69] bastante había probado qué clase de hombre era, lo que podía esperar de él.　[70] ponerlo en situación de.
[71] reconoce, agradece.　[72] le proponían.　[73] de más alta posición social.　[74] sino por una dificultad (impe-

dimento) que hay en ello.　[75] feroces, indomables.　[76] y puesto que se veía forzado a hacer vida pobre y miserable.　[77] le parecía más sensato buscar.　[78] medio de vivir.　[79] le conviniese.　[80] había tratado, había hablado.
[81] que accediera a lo que le pedía.　[82] sería muy falso amigo vuestro.　[83] preparan.　[84] dijese nada.　[85] algo.　[86] se sobreentiende «para lavarse» las manos.　[87] enfadar.　[88] se dirigió.　[89] gestos.　[90] a todas partes.

Et el conde le rogó que le dijese cómo fuera aquello.

Patronio le dijo que en una villa había un hombre bueno que había un fijo el mejor mancebo que podía ser; mas non era tan rico que pudiese cumplir tantos fechos et tan grandes como el su corazón le daba a entender que debía cumplir. Et por esto era él en gran cuidado, ca había la buena voluntad et non había el poder.

Et en aquella villa misma había otro hombre muy más honrado et más rico que su padre, et había una fija et non más, et era muy contraria de aquel mancebo, ca cuanto aquel mancebo había de buenas maneras, tanto las había aquella fija del hombre bueno de malas et revesadas;[75] et por ende hombre del mundo non quería casar con aquel diablo.

Et aquel tan buen mancebo vino un día a su padre et díjole que bien sabía que él non era tan rico que pudiese darle con que él pudiese vivir a su honra, et que pues le convenía a facer vida menguada et lazdrada[76] o irse de aquella tierra, que si él por bien tuviese, que le parecía mejor seso de catar[77] algún casamiento con que pudiese haber alguna pasada.[78] Et el padre le dijo que le placía ende mucho si pudiese fallar para él casamiento que le cumpliese.[79]

E entonces le dijo el fijo que, si él quisiese, que podría guisar que aquel hombre bueno que había aquella fija que se la diese para él. Et cuando el padre esto oyó, fué muy maravillado et díjole que cómo cuidaba en tal cosa, que non había hombre que la conociese que, por pobre que fuese, quisiese casar con ella. Et el fijo le dijo que le pedía por merced que le guisase aquel casamiento. Et tanto lo afincó... que se lo otorgó.

Et fuese luego para aquel hombre bueno, et ambos eran mucho amigos, et díjole todo lo que pasara[80] con su fijo, et rogóle que pues su fijo se atrevía a casar con su fija, que le pluguiese[81] et se la diese para él. Cuando el hombre bueno esto oyó a aquel su amigo, díjole:

—Par Dios, amigo, si yo tal cosa ficiese servos hía muy falso amigo,[82] ca vos habéis muy buen fijo, et tendría que facía muy gran maldad si yo consintiese su mal nin su muerte; et soy cierto que si con mi fija casase, que sería muerto o le valdría más la muerte que la vida. Et non entendáis que vos digo esto por non cumplir vuestro talante, ca si la quisierei, a mí mucho me place de la dar a vuestro fijo o a quienquier que me la saque de casa.

Et aquel su amigo le dijo que le agradecía mucho cuanto le decía, et que pues su fijo quería aquel casamiento, que le rogaba que le pluguiese.

Et el casamiento se fizo, et llevaron la novia a casa de su marido. Et los moros han por costumbre que adoban[83] de cenar a los novios et pónenles la mesa et déjanlos en su casa fasta otro día. Et ficieron aquéllos así; pero estaban los padres et las madres et parientes del novio et de la novia con gran recelo, cuidando que otro día fallarían el novio muerto o muy maltrecho.

Luego que ellos fincaron solos en casa, asentáronse a la mesa, et ante que ella hubiese a decir cosa,[84] cató el novio en derredor de la mesa, et vió un perro et díjole ya cuanto[85] bravamente:

—¡Perro, danos agua a las manos![86]

Et el perro non lo fizo. Et comenzóse a ensañar,[87] et díjole más bravamente que les diese agua a las manos. Et el perro non lo fizo. Et desde que vió que lo non facía, levantóse muy sañudo de la mesa et metió mano a la espada et enderezó[88] al perro. Et cuando el perro lo vió venir contra sí, comenzó a huir, et él en pos de él... fasta que lo alcanzó, et cortóle la cabeza... et ensangrentó toda la casa...

Et así muy sañudo et todo ensangrentado, tornóse a sentar a la mesa et cató en derredor, et vió un gato, et díjole que le diese agua a manos; et porque non lo fizo, díjole:

—¿Cómo, don falso traidor, non viste lo que fiz al perro porque non quiso facer lo que le mandé? Yo prometo a Dios que si poco nin más porfías, que eso mismo faré a ti que al perro.

Et el gato non lo fizo, ca tampoco es su costumbre de dar agua a manos como el perro. Et porque non lo fizo, levantóse et tomólo por las piernas, et dió con él a la pared, et fizo de él más de cien pedazos, et mostrando muy mayor saña que contra el perro.

Et así bravo et sañudo et faciendo muy malos contenentes[89] tornóse a la mesa et cató a todas partes; et la mujer que le vió esto facer, tuvo que estaba loco o fuera de seso, et non decía nada. Et desde que hubo catado a cada parte[90] vió un su caballo que estaba en casa, et él non había más de aquél, et díjole muy bravamente que les diese agua a las manos; et el caballo non lo fizo. Desque vió que lo non fizo, díjole:

—¿Cómo, don caballo, cuidáis que porque non he otro caballo, que por eso vos dejaré si non ficieres lo que yo mandare? De eso vos guardar, que si por vuestra mala ventura non ficiereis lo que yo vos mandare, yo juro a Dios que tan mala muerte vos dé como a los otros: et non ha cosa viva en el mundo que non faga lo que yo mandare, que eso mismo non le faga.

Et el caballo estuvo quedo. Et desque vió que non facía su mandado, fué a él et cortóle la cabeza et con la mayor saña que podía mostrar, despedazólo todo.

Et cuando la mujer vió que mataba el caballo non habiendo otro, et que decía que esto faría a quien quier que su mandado non cumpliese, tuvo que esto non se facía ya por juego, et hubo tan gran miedo que non sabía si era muerta o viva.

Et él así bravo et sañudo et ensangrentado tornóse a la mesa, jurando que si mil caballos et hombres et mujeres hubiese en casa que le saliesen de mandado,[91] que todos serían muertos. Et asentóse et cató a cada parte teniendo la espada ensangrentada en el regazo; et desque cató a una parte et a otra et non vió cosa viva, volvió los ojos contra su mujer muy bravamente et díjole con gran saña, teniendo la espada en la mano:

—Levantadvos et dadme agua a las manos.

Et la mujer que non esperaba otra cosa sino que la despedazaría toda, levantóse muy apriesa et dióle agua a las manos.

Et díjole él:

—¡Cómo agradezco a Dios, porque ficisteis lo que vos mandé, ca de otra guisa, por el pesar que estos locos me ficieron eso[92] hubiera fecho a vos que a ellos!

Et después mandóle que le diese de comer; et ella fízolo. Et cada[93] que él decía alguna cosa, tan bravamente se lo decía y en tal son, que ella ya cuidaba que la cabeza era ida del polvo.[94]

Et así pasó el fecho[95] entre ellos aquella noche, que nunca ella fabló, mas facía lo que él mandaba. Et desque hubieron dormido una pieza[96] dijo él:

—Con esta saña que hube esta noche non pude bien dormir. Catad que non me despierte cras[97] ninguno et tenedme bien adobado de comer.

Et cuanto fué gran mañana[98] los padres et las madres et los parientes llegáronse a la puerta, et porque non fablaba ninguno, cuidaron que el novio estaba muerto o ferido. Et desque vieron por entre las puertas a la novia et non al novio cuidáronlo más. Et cuando ella los vió a la puerta llegó muy paso[99] et con gran miedo et comenzóles a decir:

—¡Locos traidores!, ¿qué facéis? ¿Cómo osáis llegar a la puerta nin fablar? ¡Callad! Si no todos, tan bien[100] vosotros como yo, todos somos muertos.

Et cuando todos esto oyeron, fueron muy maravillados, et desque supieron cómo pasaron en uno,[101] apreciaron mucho el mancebo que así supiera facer lo que le cumplía et castigar[102] tan bien su casa.

Et de aquel día adelante, fué aquella su mujer muy bien mandada et hubieron muy buena vida.

Et dende[103] a pocos días su suegro quiso facer así como ficiera su yerno, et por aquella manera mató un gallo, et díjole su mujer:

—A la fe,[104] don fulano, tarde vos acordasteis, ca ya non vos valdría nada si[105] mataseis cien caballos, que ante lo hubierais a comenzar, ca ya bien nos conocemos.

Et vos, señor conde, si aquel vuestro criado quiere casar con tal mujer, si fuere el tal como aquel mancebo, aconsejadle que case seguramente, ca él sabrá cómo pase en su casa; mas si non fuere tal que entienda lo que debe facer et lo que le cumple, dejadle que pase su ventura.[106] Et aun aconséjovos, que con todos los hombres que hubiereis a facer,[107] que siempre les deis a entender en cuál manera han de pasar convusco.[108]

Et el conde tuvo éste por buen consejo, et fízolo así et fallóse de ello bien.

Et porque don Juan lo tuvo por buen ejemplo, fízolo escribir en este libro, et fizo estos versos que dicen así:

Si al comienzo non muestras qui eres,
Nunca podrás después cuando quisieres.

Capítulo que fabla de los ejemplos e castigos de Teodor, la doncella

Este cuento, más conocido con el título de *Historia de la doncella Teodor*, es una traducción del árabe y procede de *Las mil y una noches*. Se ignoran el nombre del traductor y la fecha exacta, pero el lenguaje corresponde al siglo XIV. Fué muy divulgado en numerosas ediciones del siglo XVI e inspiró varias comedias, entre ellas una de Lope de Vega.

Texto según Hermann Knust, *Mittheilungen aus dem Eskurial*, Tubingen, 1879.

91 que no le obedeciesen. 92 lo mismo. 93 cada vez. 94 al polvo, a la tierra. 95 y así ocurrió. 96 un rato. 97 mañana. 98 muy de mañana, temprano 99 quedo, despacio. 100 tanto. 101 lo que había pasado entre ellos. 102 gobernar, dar ejemplo. 103 de allí. 104 en verdad. 105 aunque. 106 dejadle a su suerte. 107 con quienes tuviereis algún trato. 108 con vos, con usted.

1 consejos. 2 hacienda, propiedad. 3 a gran necesidad. 4 no veo qué pueda hacer para no tener necesidad de venderle. 5 pensando. 6 no debes desconfiar de. 7 al barrio de los tenderos. 8 afeites, adornos. 9 por qué, cuál es la causa. 10 entristeciste.

11 instrumento de cuerda. 12 saltar. 13 estuvo de acuerdo, aprobó. 14 secreto.

CAPÍTULO QUE FABLA DE LOS EJEMPLOS E CASTIGOS[1] DE TEODOR, LA DONCELLA

Había en Babilonia un mercader muy rico e bueno e muy limpio... e facedor de bondades a los menesterosos e a las viudas, e había muchos algos[2] e muchos hermanos e muchos parientes, e non tenía fijo nin fija. E acaeció un día que mercó una doncella, e dió por ella muchas doblas e muchos florines. E llevóla a su casa, e enseñóle todas las artes e sabidurías cuantas pudo saber.

E dende a poco llegó el mercader a gran menester[3] e dijo a la doncella: «Sabed que me ha Dios traído gran menester que nin he algo nin consejo, e non se me excusa que vos non haya menester de vender[4] pues dadme consejo por do habré mejoría e bien.»

E bajó la doncella los ojos e la cabeza contra la tierra comidiendo[5] e después alzó los ojos arriba e dijo: «Non habéis de recelar con[6] la merced de Dios.» E dijo: «Idos agora a la alcacería de los boticarios[7] e traedme afeitamientos[8] para mujer e nobles vestiduras e llevadme al alcázar del rey Abomelique Almanzor. E cuando vos preguntare qué[9] es vuestra venida decidle: «Quiero vos vender esta doncella», e pedidle por mí diez mil doblas de buen oro fino, e si dijere que es mucho, decidle: «Señor, si conocieseis la doncella non lo habríais por mucho.»

E fuese el mercader a la alcacería de los boticarios, e fué a uno que decían Mahomad e saludólo. E el boticario le dijo: «Mercader, ¿qué habéis menester?» E el mercader le contó la razón por que venía, e dijo: «Quiero que me deis fermosas vestiduras e fermosos afeitamientos para mi doncella.»

E el tendero hubo del mercader gran piedad e de lo que dijo de la doncella, que la quería vender e dijo: «Mucho me mancillasteis[10] mi corazón e fecisteis llorar mis ojos por la vuestra pobreza e porque queréis vender la vuestra doncella...»

E levantóse el boticario e dióles nobles vestiduras e nobles afeitamientos de mujer. E el mercader tomólo todo, e llevólo a la doncella e ella pagóse de ello e dijo: «Éstos vos serán buen comienzo, con la ayuda de Dios.»

E levantóse la doncella e adobóse e afeitóse muy bien e dijo a su señor: «Levantadvos e subid al alcázar del rey.»

E levantóse su señor e fuéronse al alcázar del rey e pidieron licencia que entrasen al rey. E el rey mandóles que entrasen. E entraron e paráronse entrambos ante el rey, e cuando el rey los vió comenzó a fablar con el mercader e preguntóle por su venida e qué era lo que quería. E el mercader le dijo: «Señor, quiero vos vender esta doncella.»

E dijo el rey: «¿Cuánto es su precio?»

E dijo el mercader: «Señor, quiero por ella diez mil doblas de buen oro fino bermejo.»

E el rey lo tomó por extraño el precio de la doncella e dijo al mercader: «Mucho vos extendisteis en su precio..., o la doncella se alaba más de lo que sabe.»

E respondióle el mercader e dijo: «Señor, non tengáis por mucho el precio de la doncella, ca poco es, que yo la crié de pequeña e es moza e costóme muchos haberes hasta que aprendió todas las artes e los nobles menesteres.»

E comenzó el rey a fablar con la doncella y ella abajó el velo de vergüenza e el rey alzó los ojos e vió su fermosura que relumbraba como el sol, que non había en este tiempo más fermosa que ella. E dijo el rey: «Doncella, ¿cómo habéis nombre?»

E respondió la doncella e dijo: «Sabed, señor, que a mí dicen Teodor.»

E dijo la doncella: «Señor, yo aprendí la ley las artes?»

E dijo la doncella:«Señor, yo aprendí la ley e el libro e aprendí más los cuatro vientos e las siete planetas e las estrellas e las leyes e los mandamientos e... los prometimientos de Dios e las cosas que crió en los cielos, e aprendí las fablas de las aves e de las animalias e la física e la lógica e la filosofía e aprendí más el juego de ajedrez e aprendí tañer laúd e cannon[11]'e las treinta e tres trovas e aprendí las buenas costumbres de leyes e aprendí bailar e sotar[12] e cantar e aprendí labrar paños de seda... e aprendí labrar de oro e de plata e aprendí todas las otras artes e cosas nobles.»

E cuando el rey oyó estas palabras de la doncella fízose muy maravillado e mandó llamar los mayores sabios de su corte e díjoles que probasen aquella doncella. E salieron luego a ella tres hombres letrados e todos tres le preguntaron especialmente. Un físico le preguntó e dijo: «Doncella, ¿las flores son sanas?»

La doncella le respondió: «Son sanas en su tiempo, e dolientes en su tiempo.»

E dijo el físico: «¿Cuáles son las frutas?»

E dijo la doncella: «Para los dolientes las manzanas e las almendras...»

E otorgó con ella[13] el físico e dijo a la doncella: «¿Cuál es la cosa que encanece al hombre antes de su tiempo?»

E dijo la doncella: «La deuda e la poridad[14] descubierta e dormir con mujer vieja que es pecado mortal.»

E otorgó con ella el físico e preguntóle de la entrada del baño. E dijo la doncella: «Es bueno el baño, salvo que ha menester condiciones.»

E dijo el físico: «¿Cuáles son?»

E dijo la doncella: «La vergüenza e cubrir lo

que es de cubrir e que el baño sea con agua fría e dulce e saldrá luego el cuerpo del hombre alegre…»

E otorgó con ella el físico. «¿E qué decís de la edad de las mujeres?»

E respondió la doncella: «La mujer de veinte años es como nobleza, la mujer de treinta años es como carne con limón, e la mujer de cuarenta años es de seso, e la mujer de cincuenta años es para el cuchillo, e la mujer de sesenta años para el otro mundo, e la mujer de setenta años es vieja tierra, e la mujer de ochenta años non me preguntes, del infierno es, que es la cosa más esquiva de todo el mundo.»

E el físico preguntó por las fermosuras de las mujeres cuáles eran. E dijo la doncella: «Acucioso sois de preguntar.»

E el uno de ellos era alfaquí[15] sabidor de justicias e de leyes, el otro era físico de las cosas que pertenecen a la física, e el otro era sabidor de la gramática e de la lógica e de la buena fabla. E el alfaquí, sabidor de las leyes e del libro de Dios, dijo a la doncella: «Respondedme a lo que vos preguntare.»

E dijo la doncella: «Responderé con la merced de Dios e de nuestro señor, el rey Abomelique Almanzor, que Dios mantenga.»

E dijo el alfaquí: «Doncella, ¿qué ordenó Dios sobre nos…?»

E dijo la doncella: «A las gentes e a las animalias dijo: Servidme e non me menospreciéis, e yo non menospreciaré a vos.»

E dijo el alfaquí: «Doncella, muy bien respondisteis…»

E entonces dijo la doncella: «Alfaquí, el señor alto bendito sea con siete cielos, e puso con ellos las estrellas e una partida[16] de ellas para ennoblecer los cielos, e otra para los moros, e otra para las otras gentes, e otra para el poder del diablo maldito.»

E dijo el alfaquí: «¡Muy bien dijisteis!»

E dijo entonces la doncella: «Alfaquí, el nuestro señor alto bendito sea con siete cielos e con doce signos.»

E dijo el alfaquí: «Glosadme cuáles son.»

E dijo la doncella: «Acuarius, Géminis, Aries, Taurus, Piscis, Cáncer, Leo, Virgo, Libra, Scorpius, Sagitarius, Capricornius.» E dijo la doncella: «Alfaquí, el que ficiere oración e non fuere quito[17] de pecado non será oída su oración, e el que es quito de pecado si non ficiere oración no será oída su castidad, e el que es casto e ficiere oración entrará en la gloria del paraíso.»

E dijo el alfaquí: «Doncella, bien dijisteis, mas ¿en qué debe hombre ser casto?»

E dijo la doncella: «En la plata e en el trigo e en la cebada e en el centeno e en las aceitunas e en el ganado ovejuno e vacuno e de todas las otras cosas que Dios le diere.»

E levantóse el alfaquí, e dijo al rey: «Señor, por verdad esta doncella sabe más que non yo, e yo le doy mejoría en el saber.»[18] E el rey hubo de esto muy gran placer e mandó el rey que fablase el otro con ella. E levantóse el físico e dijo a la doncella: «Respondedme a lo que vos preguntare.»

E dijo la doncella: «Sí, responderé con la merced de Dios e de nuestro señor, el rey Abomelique, que Dios mantenga.»

E dijo el físico: «Doncella, decidme de la confación[19] del cuerpo del hombre.»

E dijo la doncella al físico: «El hombre es de cuatro elementos.»

E dijo el físico: «¿Cuáles son?»

E dijo la doncella: «Tierra e agua e aire e fuego»…

E otorgó con ella el físico e dijo: «Doncella, decidme cuáles son las señales para la mujer ser fermosa.»

E dijo la doncella: «La mujer es fermosa que es señora de dieciocho señales.»

E dijo el físico: «Decidme cuáles son estas dieciocho señales.»

E dijo la doncella: «La que es luenga en tres, e pequeña en tres, e ancha en tres, e blanca en tres, e prieta en tres e bermeja en tres.»

E dijo el físico: «Decidme cómo es esto.»

E dijo la doncella: «Digo que luenga en tres que sea luenga de estado,[20] e que haya el cuello largo e los dedos luengos; e blanca en tres: el cuerpo blanco e los dientes blancos e lo blanco de los ojos blanco; e prieta en tres: cabellos prietos e las cejas prietas e lo prieto de los ojos prieto; e bermeja en tres: labios, mejillas, encías; e pequeña en tres: boca pequeña, nariz pequeña e los pies pequeños; e ancha en tres: ancha de caderas e ancha de espaldas e ancha de frente; e que sea muy placentera a su marido e muy ayudadera e que sea pequeña de edad.»

E levantóse el físico e dijo a la doncella: «Dios vos faga bien, que en todo fablasteis bien.»

E dijo al rey: «Por verdad, Señor, yo vos digo que esta doncella, que sabe más que non yo, e yo la doy por verdadera.»

E el rey preción lo mucho e mandó luego al otro sabidor que se levantase a fablar con la doncella. E levantóse luego Abrahen, el trovador e sabidor

---

15 doctor o sabio de la ley entre los musulmanes.
16 parte.   17 libre.   18 le concedo que sabe más que yo.
19 constitución, complexión.   20 estatura; es decir, que

sea alta.

21 preparaos.   22 vestidos.   23 hiel.

de gramática e de lógica, e dijo: «Doncella, aparejadvos,[21] que non soy yo de los que vencidos... habéis.»

E preguntóle la doncella que quién era e cómo había nombre. E dijo él: «Yo soy Abrahen, el trovador.»

E dijo ella: «Abrahen, yo nunca os conocí, mas sentadvos e preguntadme, que yo vos responderé con la merced de Dios e de nuestro señor el rey, que Dios mantenga.»

E luego dijo Abrahen a la doncella: «Que si vos me respondiereis ciertamente a todo lo que yo vos preguntare, que yo vos dé todos los mis paños[22] e que si vos non me respondiereis ciertamente que vos que me deis los vuestros paños.»

E dijo la doncella: «E yo así lo pido por merced a nuestro señor el rey, que nos lo mande a vos e a mí.»

E el rey mandólo luego e otorgóselo así a ambos a dos. E Abrahen, el trovador, dijo: «Doncella, ¿cuál es la cosa más pesada que los montes? ¿E cuál es la cosa más apresurada que la saeta? ¿E cuál es la cosa más aguda que la espada? ¿E cuál es la cosa más ardiente que el fuego? ¿E cuál es la cosa más dulce que la miel? ¿E cuál es la cosa más amarga que la fiel[23] e lágrimas de ojos e dolencia sin medicina?... ¿E cuál es la cosa más recia que el hueso?...»

E respondió la doncella: «Aparejad vuestras ropas, que yo vos responderé con la merced de Dios.» E respondió e díjole: «Lo que es más pesado que los montes es el agua; e más apresurado que la saeta es el ojo; e más aguda que la espada es la lengua; e más ardiente que el fuego es el corazón; e más dulce que la miel es el buen fijo; e

la cosa más amarga que la hiel es la mentira; e lágrimas de ojos es el mal fijo; e dolencia sin medicina es la locura...; e lo que es más recio que el hueso es la verdad...»

E Abrahen, el trovador, se levantó en pie e dijo al rey: «Señor, sabed que esta doncella sabe más que non yo, nin cuantos sabios tenéis, e todos deben dar la mejoría en el saber.» E luego el rey Abomelique dijo a la doncella: «Dios vos guarde de mal, e vos dé su gracia porque tan bien respondisteis a estos sabios, e tan ciertamente respondisteis a todas las preguntas.» E luego que esto hubo dicho el rey Abomelique, Abrahen desnudó sus paños y diólos a la doncella. E luego la doncella se levantó en pie e dijo: «Abrahen, dadme vuestros paños menores, como fué puesto que me dieseis todos vuestros paños.»

E Abrahen dió a la doncella diez mil doblas de oro porque non pasase tal vergüenza como le fuera si los paños menores allí delante el rey le hubieran de quitar. E luego el rey le dijo: «Doncella, pedidme merced e decidme en qué manera la queréis, si la queréis en mi casa en buen casamiento, que sed cierta que vos lo daré cual vos quisiereis.»

E luego respondió la doncella al rey e díjole: «Señor, manténgavos Dios, e si merced me habéis de facer enviadme con mi señor, el mercader, que yo non conozco a otro padre sinon a él que me crió, e me enseñó lo que sé.»

E el rey mandóle luego dar diez mil doblas de buen oro e de precio. E la doncella tomólas e besó al rey las manos e la tierra ante el rey. E fuése con su señor, el mercader, e casóse con él. E fueron muy ricos dende en adelante.

SIGLO XIV: POESÍA

Juan Ruiz, Arcipreste de Hita

1283?-1350?

LIBRO DE BUEN AMOR

Esta obra, compuesta entre 1330 y 1347, es la más valiosa del mester de clerecía y probablemente de toda la poesía medieval española. Es la única que se conserva de su autor, de quien, por otra parte, se tienen pocas noticias. Más que un libro uniforme, es una colección o cancionero en el que están representados casi todos los motivos y formas de la poesía del siglo XIV. El tema central lo constituye la narración de algunas aven-

turas amorosas, como «la historia de don Melón y doña Endrina», pero mezclados con ella se encuentran numerosos ejemplos e imitaciones de los «fabliaux» franceses, trozos líricos religiosos y profanos, cánticas de serranas, alegorías, sátiras, etc. A pesar de su variedad, el libro posee una innegable unidad de estilo, merced al humor y a la gracia del decir poético de Juan Ruiz.

AQUÍ DICE DE CÓMO EL ARCIPRESTE ROGÓ A DIOS
QUE LE DIESE GRACIA QUE PUDIESE FACER ESTE
LIBRO

Tú, Señor e Dios mío, que al hombre formeste,[1]
enforma e ayuda a mí, tu arcipreste,
que pueda facer *Libro de Buen Amor* aqueste,
que los cuerpos alegre e a las almas preste.[2]
... ...

Non cuidés[3] que es libro de necio devaneo
nin tengades por chufa algo que en él leo:[4]
ca según buen dinero yace en vil correo,[5]
así en feo libro yace saber non feo.
... ...

So[6] la espina yace la rosa, noble flor,
so fea letra yace saber de gran doctor;
como so mala capa yace buen bebedor,
así so mal tabardo[7] yace *El Buen Amor*.
Porque de todo bien es comienzo e raíz
la Virgen Santa María, por ende yo, Juan Ruiz,
arcipreste de Fita, de ella primero fiz'
cantar de los sus gozos siete que así diz'.
... ...

GOZOS[8] DE SANTA MARÍA

Virgen, del cielo Reína,
e del mundo melecina,[9]
quiérasme oír muy dina,[10]
que de tus gozos aína
escriba yo prosa dina
por te servir.
Decirte he tu alegría,
rogándote todavía
yo pecador
que a la gran culpa mía
non pares mientes, María,
mas al loor.
Tú siete gozos hubiste:
primero cuando recibiste
salutación
del ángel, cuando oíste:
«Ave María, concebiste
Dios, salvación.»
El segundo fué cumplido,
cuando fué de ti nacido,

e sin dolor,
de los ángeles servido,
fué luego conocido
por Salvador.
Fué el tu gozo tercero,
cuando vino el lucero
a mostrar
el camino verdadero
a los reyes: compañero
fué en guiar.
Fué la cuarta alegría,
cuando te dijo, María,
el Gabriel
que Jesucristo vendría
e por señal te decía
que viera a él.
El quinto fué de gran dulzor,
cuando al tu fijo Señor
viste subir
al cielo, a su Padre mayor,
e tú fincaste con amor
de a él ir.
No es el sexto de olvidar:
los discípulos vino alumbrar
con espanto,
tú estabas en ese lugar,
del cielo viste í entrar
Spritu Santo.
El seteno non ha par,
cuando por ti quiso enviar
Dios tu Padre,
al cielo te fizo pujar
con él te fizo asentar
como a Madre.
Señora, oy'[11] al pecador:
ca tu fijo el Salvador
por nos dició[12]
del cielo, en ti morador,
el que pariste, blanca flor,
por nos nació.
A nosotros pecadores
non aborrezcas,
pues por nos ser merezcas
madre de Dios;
ant'él connusco[13] parezcas,

---

1 formeste. 2 aproveche, beneficie. 3 penséis
4 ni creáis que es burla lo que en él explico. 5 bolsa.
6 bajo. 7 especie de capa o gabán sin mangas que se
usaba antiguamente. 8 tipo de composición poética
breve dedicada a cantar lo que la Iglesia llama los
«Gozos de la Virgen», que son ciertos acontecimientos
felices en la vida de María, según las Escrituras, tales
como la Anunciación, la Visitación, la Presentación, el
Nacimiento de Jesús, la Ascensión, etc. 9 medicina,
consuelo. 10 digna.
11 oye. 12 cayó, bajó. 13 con nosotros. 14 atrevido. 15 mentiroso. 16 oiga. 17 no me castigues

18 joven, mozo. 19 talante, disposición, deseo. 20 mucho, extremadamente.
21 le instaron. 22 al cabo de un mes; *dende*=des-
pués de. 23 antes de casarse el mozo era tan fuerte
que podía parar con el pie la muela o piedra del molino. 24 [la muela] lo derribó. 25 ni siquiera pensó
en ello (en casarse con la segunda). 26 contrahecho,
deforme. 27 engañar, burlarse de ellos. 28 quedé con
esta lesión. 29 calor a la hora de la siesta. 30 humilde.
31 desviar, apartar.

nuestras almas le ofrezcas,
ruegal' por nos.

... ...

[EL ARCIPRESTE HABLA DEL AMOR]

El amor faz sutil al hombre que es rudo,
fácele hablar fermoso al que antes es mudo,
al hombre que es cobarde fácelo atrevudo,[14]
al perezoso face ser presto e agudo.

Al mancebo mantiene mucho en mancebez,
al viejo faz' perder muy mucho la vejez,
face blanco e fermoso del negro como pez,
lo que non val' una nuez, amor le da gran prez.

El que es enamorado, por muy feo que sea,
otrosí su amiga maguer sea muy fea,
el uno o el otro non ha cosa que vea,
que tan bien le parezca nin que tanto desea.

... ...

Una tacha le fallo al amor poderoso,
la cual a vos, dueñas, yo descubrir non oso;
porque non me tengades por decidor medroso,
es ésta: que el amor siempre fabla mintroso.[15]

Ca, según vos he dicho en la otra conseja,
lo que en sí es torpe, con amor bien semeja,
tiene por noble cosa lo que non val' una arveja:
lo que semeja non es: ¡oya[16] bien tu oreja!

Si las manzanas siempre hubiesen tal sabor
de dentro, cual de fuera dan vista e color,
non habría de las plantas fruta de tal valor;
mas ante pudren que otra: ¡pero dan buen olor!

Bien atal el amor, que da palabra llena:
toda cosa que dice parece mucho buena ;
non es todo cantar cuanto ruido suena:
por vos descubrir esto, dueña, non haya pena.[17]

EJEMPLO DEL GARZÓN[18] QUE QUERÍA CASAR CON TRES MUJERES

Era un garzón loco, mancebo bien valiente;
non quería casarse con una solamente;
sino con tres mujeres: tal era su talente.[19]
porfiaron en cabo[20] con él toda la gente.

Su padre e su madre e su hermano mayor
afincáronle[21] mucho que ya por su amor
con dos que se casase, primero con la menor,
dende un mes cumplido,[22] casase con la mayor.

... ...

Aqueste hombre bueno, padre de aqueste necio,
tenía un molino de gran muela de precio;
ante que fues' casado, el garzón atan recio,
andando mucho la muela, teníal' con el pie que-
[do.[23]

Aquesta fuerza grande e aquesta valentía,
ante que fuese casado, ligero la facía;
el un mes ya pasado, que casado había,
quiso probar como ante e vino allí un día:

Probó tener la muela como había usado:
levantóle las piernas, echólo por mal cabo;[24]
levantóse el necio, maldíjole con mal fado,
diz': «¡Ay molino recio, aun te vea casado!»

... ...

A la mujer primera él tanto la amó,
que a la otra doncella nunca más la tomó;
non probó más tener la muela, sol' non lo asmó:[25]
ansí su devaneo al garzón loco domó.

Eres padre del fuego, pariente de la llama;
más arde e más se quema cualquier que te más
[ama;
amor, quien te más sigue, quémasle cuerpo y alma,
destrúyeslo del todo, como el fuego a la rama.

EJEMPLO DE LOS DOS PEREZOSOS QUE QUERÍAN CASAR CON UNA DUEÑA

Decirte he la fazaña de los dos perezosos,
que querían casamiento e andaban acuciosos,
ambos por una dueña estaban codiciosos,
eran muy bien apuestos e verás cuán fermosos:

El uno era tuerto de su ojo derecho,
ronco era el otro, cojo e medio contrecho.[26]
e el uno del otro habían gran despecho,
cuidando que tenían su casamiento fecho.

Respondiólos la dueña qu' ella quería casar
con el más perezoso, aquél quería tomar;
esto decía la dueña queriéndolos abeitar.[27]
fabló luego el cojo, cuidóse adelantar.

«Señora, diz', oídme primero mi razón:
»yo soy más perezoso que este mi compañón:
»por pereza de tender el pie fast el escalón,
»caí del escalera, finqué con esta lisión.[28]

»Otrosí yo pasaba nadando por un río,
»facía la siesta[29] gran, mayor hombre non vido;
»perdíame de sed: tal pereza yo crío,
»que por no abrir la boca, perdí el fablar mío.»

Desque calló el cojo, dijo el tuerto: «Señora,
»chica es la pereza, que éste dijo agora:
»decirvos he la mía, non vi tal ningún hora,
»nin veer tal la puede hombre, que en Dios adora.

»Yo era enamorado d'una dueña en abril;
»estando cerca de ella, sosegado e omil,[30]
»vínome a las narices descendimiento vil:
»por pereza de limpiarme, perdí la dueña gentil.

»Más vos diré, señora: una noche yacía
»en la cama despierto, e muy fuerte llovía;
»dábame una gotera, del agua que facía:
»en el mi ojo muy recia a menudo fería.

»Yo hube gran pereza de la cabeza redrar;[31]
»la gotera, que vos digo, con su mucho recio dar,
»el ojo, de que soy tuerto, húbome de quebrar:
»debedes, por más pereza, dueña, conmigo casar.»

«Non sé», dijo la dueña, «de estas perezas gran-
[des

»cuál es la mayor de ellas: ambos pares estades;[32]
»véovos, torpe cojo, de cuál pie cojeades;
»véovos, tuerto sucio, que siempre mal catades.[33]
  »Buscad con quien casedes; ca dueña non se
[paga
»de perezoso torpe nin que vileza faga.»
por ende, mi amigo, en tu corazón non yaga[34]
nin tacha nin vileza, de que dueña se despaga.[35]
... ...

EJEMPLO DE LO QUE ACONTECIÓ A DON PITAS PAYAS, PINTOR DE BRETAÑA

  Del qu' olvida la mujer te diré la fazaña:
si vieres que es burla, dime otra tan maña.[36]
Era don Pitas Payas un pintor de Bretaña;
casó con mujer moza, pagábas' de compaña.[37]
  Antes del mes cumplido dijo él: «Nostra dona,[38]
»yo volo[39] ir a Flandes, portaré muita dona.»[40]
ella diz': «Monseñer, andes en hora bona;
»non olvides casa vostra nin la mía persona.»
  Díjol' don Pitas Payas: «Doña de fermosura,
»yo volo fer en vos una bona figura,
»porque seades guardada de toda altra locura.»[41]
ella diz': «Monseñer, faced vuestra mesura.»[42]
  Pintól' so el ombligo un pequeño cordero.
Fuése don Pitas Payas a ser nuevo mercadero.[43]
Tardó allá dos años, mucho fué tardinero.[44]
Facías'le a la dona un mes año entero.
  Como era la moza nuevamente casada,
había con su marido fecha poca morada;[45]
tomó un entendedor e pobló la posada;[46]
desfízos' el cordero, que del non finca nada.
  Cuando ella oyó que venía el pintor,
muy de priesa envió por el entendedor;
díjole que le pintase, como pudiese mejor,
en aquel lugar mismo un cordero menor.
  Pintóle con la gran priesa un eguado[47] carnero
cumplido de cabeza, con todo su apero;[48]
luego en ese día vino el mensajero:

que don Pitas Payas de ésta venía certero.[49]
  Cuando fué el pintor ya de Flandes venido,
fué de la su mujer con desdén recibido;
desque en el palacio[50] ya con ella estido,[51]
la señal que l' ficiera non la echó en olvido.
  Dijo don Pitas Payas: «Madona, si vos plaz'
»mostradme la figura e ¡aiam'[52] buen solaz!»
Diz' la mujer: «Monseñer, vos mesmo la catad:
»fey[53] í ardidamente[54] todo lo que vollaz.»[55]
  Cató don Pitas Payas el sobredicho lugar,
e vido gran carnero con armas de prestar.[56]
«¿Cómo, madona, es esto o cómo puede estar,[57]
»que yo pinté corder, e trovo este manjar?»
  Como en este fecho es siempre la mujer
sutil e malsabida,[58] diz': «¿Cómo, monseñer,
»en dos años pedid corder non se fer carner?[59]
»Veniésedes temprano, trovaríades corder.»
... ...

EJEMPLO DE LA PROPIEDAD QUE EL DINERO HA

  Mucho faz' el dinero, mucho es de amar:
al torpe face bueno e hombre de prestar,[60]
face correr al cojo e al mudo fablar,
el que non tiene manos, dineros quier' tomar.
  Sea un hombre necio e rudo labrador,
los dineros le facen fidalgo e sabidor,
cuanto más algo[61] tiene, tanto es de más valor;
el que non ha dineros, non es de sí señor.
  Si tuvieres dineros, habrás consolación,
placer e alegría e del papa ración,[62]
comprarás paraíso, ganarás salvación;
do son muchos dineros, es mucha bendición.
  Yo vi allá en Roma, do es la santidad,
que todos al dinero facíanl' humilidad,
gran honra le facíen con gran solemnidad:
todos a él se humillan como a la majestad.
... ...

  Él face caballeros de necios aldeanos,
condes e ricos hombres de algunos villanos;

32 estáis a la par, sois igualmente perezosos. 33 miráis. 34 no abrigues, no tengas en tu corazón. 35 que
desagrade a la mujer. 36 mayor, tan buena. 37 se pagaba de su compañía, estaba contento con ella. 38 mujer
mía. El arcipreste hace hablar a Don Pitas en un lenguaje artificial que trata de imitar al francés. 39 quiero.
40 te traeré muchos regalos.
  41 *yo volo... locura.* Quiero pintarte una buena figura
para que te guardes de hacer ninguna locura. 42 haced
vuestro gusto. 43 mercader. 44 tardío; tardó demasiado. 45 había vivido poco tiempo con el marido.
46 tomó un amante que substituyó al marido. 47 grande, bien crecido. 48 una cabeza perfecta con todos sus
instrumentos, es decir, sus cuernos. 49 esta vez venía
seguramente. 50 sala, habitación.
  51 estuvo. 52 tengamos. 53 haced. 54 atrevidamente. 55 queráis. 56 muy bien armado, con cuernos grandes. 57 ser. 58 maliciosa, astuta. 59 ¿Cómo

esperáis que en dos años un cordero no se haga carnero?
60 hombre importante, excelente.
  61 hacienda, riqueza. 62 beneficio, renta. 63 aconseja. 64 Sobre Lot y sus hijas, véase *Génesis*, XIX, 31-
38. 65 demasiado. 66 por lo tanto huye del vino y
ten buenas maneras. 67 palabras corteses, cumplidos.
68 Ten prontos los buenos dichos. 69 lo demás.
70 común.
  71 pavo real. 72 buenas cualidades. 73 cualquier
cosa que haga por ti tenla en secreto. 74 Estoy herido
y dolorido; el dardo [del Amor] me ha perdido. 75 vive. 76 supera, aventaja. 77 saeta envenenada; *enarbolada* por *enherbolada*, de hierba. 78 hincada, clavada. 79 pierdo mis sentidos. 80 no se me ven los ojos
(los tiene hundidos del sufrimiento).
  81 *si la primera... herrada*: si el marinero se asus-
tase (*espantara*), al ver la primera ola de la mar airada,
cuando viene o hay borrasca, nunca entraría en el mar
en su nave cubierta de hierro.

con el dinero andan todos hombres lozanos,
cuantos son en el mundo le besan hoy las manos.
… … … … … … … … … … … … … …

    Yo vi a muchos monjes en sus predicaciones
denostar al dinero e a sus tentaciones;
en cabo, por dineros otorgan los perdones,
absuelven los ayunos e facen oraciones.
… … … … … … … … … … … … … …

    Toda mujer del mundo e dueña de alteza
págase del dinero e de mucha riqueza:
yo nunca vi fermosa que quisiese pobreza:
do son muchos dineros, í es mucha nobleza.
… … … … … … … … … … … … … …

    En suma te lo digo, tómalo tú mejor:
el dinero del mundo es gran revolvedor,
señor face del siervo e del siervo señor,
toda cosa del siglo se face por su amor.
… … … … … … … … … … … … … …

DE CÓMO EL AMOR CASTIGA[63] AL ARCIPRESTE, QUE HAYA EN SÍ BUENAS COSTUMBRES E SOBRE TODO QUE SE GUARDE DE BEBER MUCHO VINO BLANCO E TINTO

    Buenas costumbres debes en ti siempre haber.
guárdate, sobre todo, de mucho vino beber:
el vino fiz' a Lot con sus fijas volver,[64]
en vergüenza del mundo, en saña de Dios caer.
… … … … … … … … … … … … … …

    Face perder la vista e acortar la vida;
pierde la fuerza toda, si s'toma sin medida;
face temblar los huesos, todo seso olvida:
es con el mucho vino toda cosa perdida.
… … … … … … … … … … … … … …

    Es el vino muy bueno en su misma natura:
muchas bondades tiene, si se toma con mesura;
al que demás[65] lo bebe, sácalo de cordura:
toda maldad del mundo face e toda locura.

    Por ende fuye del vino e faz muy buenos ges-
                      [tos;[66]
cuando fablares con dueñas, diles doñeos apues-
                      [tos;[67]
los fermosos retráeres ten para decir aprestos,[68]
suspirando le fabla, ojos en ella puestos.
… … … … … … … … … … … … … …

    En todos los tus fechos, en fablar e en al,[69]
escoge la mesura e lo que es comunal:[70]
como en todas cosas poner mesura val',
así sin la mesura, todo parece mal.
… … … … … … … … … … … … … …

    Sé como la paloma, limpio e mesurado,
sé como el pavón,[71] lozano, sosegado,
sé cuerdo, non sañudo, nin triste nin airado:
en esto se esmera el que es enamorado.

    De una cosa te guarda: cuando amares alguna,
non te sepa que amas otra mujer ninguna;

si non, todo tu afán es sombra de la luna
e es como quien siembra en río o en laguna.
… … … … … … … … … … … … … …

    Sobre todas las cosas fabla de su bondad;[72]
non te alabes de ella, ca es gran torpedad:
muchos pierden la dueña por decir necedad;
quequier' que por ti faga, tenlo en poridad.[73]

DE CÓMO EL AMOR SE PARTIÓ DEL ARCIPRESTE E DE CÓMO DOÑA VENUS LO CASTIGÓ

    «Señora doña Venus, mujer de don Amor,
»noble dueña, humíllome yo, vuestro servidor:
»de todas cosas sodes vos e el Amor señor,
»todos vos obedecen como a su facedor.
… … … … … … … … … … … … … …

    »Soy ferido e llagado, de un dardo soy perdido,[74]
»en el corazón lo traigo encerrado, escondido;
»non oso mostrar la llaga; matarme ha, si la ol-
                      [vido;
»e aun decir non oso el nombre de quien me ha
                      [ferido.
… … … … … … … … … … … … … …

    »Doña Endrina, que mora[75] aquí en mi vecindad,
»de fermosura, donaire, de talla e de beldad,
»sobra[76] e vence a todas cuantas ha en la ciudad:
»si el amor no me engaña, yo vos digo la verdad.

    »Esta dueña me firió de saeta enarbolada,[77]
»atravesó el corazón, en él la traigo fincada;[78]
»con toda la mi gran fuerza non puede ser arran-
                      [cada,
»la llaga más va creciendo, del dolor non mengua
                      [nada.
… … … … … … … … … … … … … …

    »El color he perdido, mis sesos ya fallecen,[79]
»la fuerza non la tengo, mis ojos non parecen:[80]
»si vos non me valedes, mis miembros enflaque-
                      [cen.»
Respondió doña Venus: «Los servidores vencen.
… … … … … … … … … … … … … …

    »Sírvela, non te enojes: sirviendo el amor crece,
»servicio en el bueno non muere nin perece;
»si se tarda, non se pierde: el amor non fallece,
»el gran trabajo siempre todas las cosas vence.
… … … … … … … … … … … … … …

    »Si la primera onda de la mar airada
»espantara al marinero, cuando viene tornada,
»nunca la mar entrara en su nave herrada:[81]
»non te espante la dueña la primera vegada.
… … … … … … … … … … … … … …

    »Con arte se quebrantan los corazones duros,
»tómanse las ciudades, derríbanse los muros,
»caen las torres fuertes, álzanse pesos duros,
»por arte juran muchos, por arte son perjuros.
… … … … … … … … … … … … … …

    »Los señores irados de manera extraña

»por el mucho servicio pierden la mucha saña;
»con buen servicio vencen caballeros de España:
»vencerse una dueña non es cosa tamaña.[82]

... ...

»Si vieres que hay lugar, dile juguetes[83] fermo-
[sos,
»palabras afeitadas[84] con gestos amorosos:
»con palabras muy dulces, con decires sabrosos,
»crecen muchos amores e son más deseosos.

»Quiere la mancebía[85] mucho placer consigo,
»quiere la mujer al hombre alegre por amigo:
»al sañudo, al torpe non le precian un figo:
»tristeza e rencilla paren mal enemigo.

»El alegría al hombre fácele apuesto, fermoso,
»más sutil e más ardid,[86] más franco e más do-
[noso;
»no olvides los suspiros, en esto sé engañoso;
»non seas mucho parlero, non te tenga por min-
[troso.[87]

... ...

»Si tiene madre vieja tu amiga de beldad,[88]
»non la dejará fablar contigo en poridad:[89]
»es de la mancebía celosa la vejedad:[90]
»sábelo e entiéndelo por la antigüedad.

... ...

»Por ende busca tú una buena medianera,[91]
»que sepa sabiamente andar esta carrera,[92]
»que entienda de vos ambos bien la vuestra ma-
[nera:
»cual don Amor te dijo, tal sea la trotera.»[93]

AQUÍ DICE DE CÓMO FUÉ FABLAR CON DOÑA EN-
DRINA EL ARCIPRESTE

¡Ay!, ¡cuán fermosa viene doña Endrina por la
[plaza!
¡Qué talle, qué donaire, qué alto cuello de garza!
¡Qué cabellos, qué boquilla, qué color, qué bue-
[nandanza![1]

Con saetas de amor fiere, cuando los sus ojos alza.
Pero tal lugar non era para fablar en amores:
a mí luego me vinieron muchos miedos e temblo-
[res,
los mis pies e las mis manos non eran de sí se-
[ñores:
perdí seso, perdí fuerza, mudáronse mis colores.

Unas palabras tenía pensadas por le decir;
el miedo de las compañas me facen al departir.[2]
Apenas me conocía nin sabía por do ir,
con mi voluntad mis dichos non se podían seguir.

... ...

«En el mundo non es cosa que yo ame a par de
[vos.[3]
»tiempo es ya pasado de los años más de dos,
»que por vuestro amor me pena:[4] ámovos más que
[a Dios.
»Non oso poner persona que lo fable entre nos.

»Con la gran pena que paso, vengo vos decir
[mi queja:
»vuestro amor e deseo, que me afinca[5] e me aque-
[ja,
»Nos' me tira, nos' me parte,[6] non me suelta, non
[me deja,
»tanto me da la muerte, cuanto más se me aleja.

... ...

»Señora, yo non me atrevo a decirvos más razo-
[nes,
»fasta que me respondades a estos pocos sermo-
[nes;[7]
»decidme vuestro talante,[8] veremos los corazones.»
Ella dijo: «Vuestros dichos non los precio dos pi-
[ñones.[9]

»Bien así engañan muchos a otras muchas En-
[drinas:
»el hombre es engañoso e engaña sus vecinas;
»non cuidedes que soy loca por oír vuestras par-
[linas;[10]

[82] tan grande, tan difícil. [83] bromas, dichos entretenidos. [84] pulidas. [85] juventud. [86] atrevido, valiente.
[87] mentiroso. [88] tu bella amiga. [89] en secreto.
[90] vejez.
[91] tercera, alcahueta. [92] que sepa bien su oficio.
[93] medianera.
[1] ¡qué manera de andar tan graciosa! [2] El miedo a
la gente (que estaba alrededor) me hizo decir otras cosas
de las que había pensado. [3] igual que a vos. [4] que
sufro por vuestro amor. [5] que me aprieta, me lastima.
[6] no se me va, no se aparta de mí. [7] hasta que me
respondáis a estas palabras. [8] voluntad. [9] no los
aprecio en nada; piñón = semilla del pino, usado en
esta expresión por cosa que no vale nada. [10] pala-
brerías.
[11] aterra, asusta. [12] Dios y mi buena suerte me
guiaron; guiador, como en el verso siguiente corredor,
se usa aquí como femenino, que califica a ventura.
[13] llegué a (acerté en) la tienda de la sabia tercera.
[14] astuta. [15] Doña Venus no hizo más por Pánfilo.

Alusión al protagonista de la comedia de Pamphilus que
sirve de fuente a todo este episodio de doña Endrina.
[16] buhonera, vendedora ambulante. [17] hoyos, trampas.
[18] estas viejas alcahuetas (?) [19] dan el golpe, hacen el
daño. [20] oye.
[21] Don Melón de la Huerta, personaje que en todo
este episodio aparece confundido con el propio Arcipreste,
es el nombre del amante de doña Endrina. [22] remedio.
[23] entremetidas, falsas. [24] malhadadas, desgraciadas.
[25] acusando, calumniando. [26] temblar. [27] insensata,
contra razón y justicia. [28] vivirás. [29] conversar.
[30] Contesta la vieja trotaconventos.
[31] esa queja. [32] consolaos, amigo, y tened confianza.
[33] amor. [34] con otro hombre nacido, ningún otro.
[35] afirmado. [36] halagos, cosas agradables. [37] juzgar.
[38] ocultar. [39] miro. [40] semblante.
[41] a veces. [42] encuentro muchas señales (de que
te quiere). [43] ambos. [44] así estamos juntas (abraza-
das) un gran rato. [45] nunca hablamos de otra cosa.

»buscad a quien engañedes con vuestras falsas es-
[pinas.»

... ...

—«A Dios juro, señora, e por aquesta tierra,
»que cuanto vos he dicho, de la verdad non yerra;
»estades enfriada más que la nieve de la sierra,
»e sodes atan moza, que esto me atierra.»[11]

*En el resto de la conversación logra el Arcipreste
vencer el desdén de doña Endrina. Despídese de ella
esperanzado y, siguiendo los consejos de don Amor y
doña Venus, busca una tercera que le ayude en su empresa.*

Busqué Trotaconventos, cual me manda el Amor,
de todas las maestras escogí la mejor;
¡Dios e la mi ventura, que me fué guiador![12]
Acerté en la tienda del sabio corredor.[13]

Fallé una tal vieja, cual había mester,
artera[14] e maestra e de mucho saber:
doña Venus por Pánfilo non pudo más facer[15]
de cuanto fizo ésta, por me facer placer.

Era vieja buhona,[16] de las que venden joyas:
éstas echan el lazo, éstas cavan las foyas;[17]
non hay tales maestras, como estas viejas troyas:[18]
éstas dan la mazada:[19] si has orejas, oyas.[20]

[DIÁLOGO DE DON MELÓN[21] CON LA TROTACON-
VENTOS]

*Ésta, después de decirle que doña Endrina va a
casarse con otro, le promete que logrará sus deseos.*

«¡Ay de mí! ¡con qué cobro[22] tan malo me vi-
[niste!
¡Qué nuevas atan malas, tan tristes me trujiste!
¡Ay vieja matamigos! ¿por qué me lo dijiste?
Tanto bien non me faredes, cuanto mal me ficiste.

¡Ay viejas pitofleras![23] ¡malapresas[24] seades!
El mundo revolviendo a todos engañades,
mintiendo, aponiendo,[25] diciendo vanidades,
a los necios facedes las mentiras verdades.

¡Ay! que todos mis miembros comienzan a tre-
[mer,[26]
mi fuerza e mi seso e todo mi saber,
mi salud e mi vida e todo mi entender,
por esperanza vana todo se va perder.

¡Ay, corazón quejoso, cosa desaguisada![27]
¿Por qué matas al cuerpo, do tienes tu morada?
¿Por qué amas la dueña, que non te precia nada?
Corazón, por tu culpa vivrás[28] vida penada.

Corazón, que quisiste ser preso e tomado
de dueña, que te tiene por demás olvidado,
pusístete en prisión e suspiros e cuidado:
penarás ¡ay corazón! ¡tan olvidado! ¡penado!

¡Ay ojos, los mis ojos! ¿Por qué vos fuisteis
[poner
en dueña, que non quiere nin vos catar nin ver?

Ojos, por vuestra vista vos quisisteis perder.
¡Penaredes, mis ojos! ¡penar e amortecer!

¡Ay, lengua sin ventura! ¿por qué quieres decir?
¿Por qué quieres fablar? ¿por qué quieres depar-
[tir[29]
con dueña, que te non quiere nin escuchar nin
[oír?
¡Ay cuerpo tan penado, cómo te vas a morir!

Mujeres alevosas de corazón traidor,
que non habedes miedo, mesura nin pavor
de mudar do queredes el vuestro falso amor,
¡ay, muertas vos veades de rabia e de dolor!

Pues que la mi señora con otro fué casada,
la vida deste mundo yo non la precio nada;
mi vida e mi muerte ésta es señalada:
pues que haber non la puedo, mi muerte es lle-
[gada.»

Diz':[30] «Loco ¿qué habedes, que tanto vos que-
[jades?
Por ese quejo[31] vano vos nada non ganades;
templad con el buen seso el pesar que hayades,
alimpiad vuestras lágrimas e pensad qué fagades.

... ...

Viene salud e vida después de gran dolencia,
vienen muchos placeres después de gran tristencia,
conortadvos, amigo, tened buena creencia:[32]
cerca son grandes gozos de la vuestra querencia.[33]

Doña Endrina es nuestra e fará mi mandado:
non quiere ella casar con otro hombre nado,[34]
todo el su deseo en vos está firmado,[35]
si mucho la amades, más vos tiene amado.»

—«Señora madre vieja, ¿qué me decides agora?
Facedes como madre, cuando el mozuelo llora,
que le dice falagos,[36] porque calle esa hora:
por esto me decides que es mía mi señora.»

... ...

—«Contece, diz' la vieja, así al amador,
como al ave que sale de uñas del azor:
en cada lugar teme que está el cazador,
e que quiere llevarla: siempre tiene temor.»

... ...

—«Madre, ¿vos non podedes conocer o asmar[37]
si me ama la dueña o si me querrá amar?
Que quien amores tiene non los puede celar[38]
en gestos o en suspiros o en color o en fablar.»

—«Amigo, diz' la vieja, en la dueña lo veo,
que vos quiere e vos ama e tiene de vos deseo:
cuando de vos le fablo e a ella oteo,[39]
todo se le demuda el color e el aseo.[40]

Yo a las devegadas[41] mucho cansada callo;
ella me diz' que fable, que non quiera dejallo:
fago que non me acuerdo; ella va comenzallo,
óyeme dulcemente: muchas señales fallo.[42]

En el mi cuello echa los sus brazos entramos,[43]
así una gran pieza en uno nos estamos,[44]
siempre de vos decimos, nunca en al fablamos,[45]

cuando alguno viene, otra razón mudamos.[46]
    Los labios de la boca le tiemblan un poquillo,
el color se le muda bermejo,[47] amarillo,
el corazón le salta ansí, a menudillo.[48]
apriétame mis dedos con los suyos quedillo.[49]

... ...

    Amigo, según creo, por mí habredes conorte,[50]
por mí vendrá la dueña andar al estricote;[51]
mas yo de vos non tengo sinon este pellote:[52]
si buen manjar queredes, pagad bien el escote.»[53]

CÁNTICA DE SERRANA

    Cerca la Tablada,[54]
la sierra pasada,
falléme con Alda
a la madrugada.
    Encima del puerto
cuidéme ser muerto
de nieve e de frío
e dese rocío
e de gran helada.
    Ya a la decida[55]
di una corrida:
fallé una serrana
fermosa, lozana,
e bien colorada.
    Díjele yo a ella:
«Humíllome, bella.»
Diz': «Tú, que bien corres
»aquí non te engorres;[56]
»anda tu jornada.»
    Yo l' dix:[57] «Frío tengo
»e por eso vengo
»a vos, fermosura:
»quered, por mesura,[58]
«hoy darme posada.»
Díjome la moza:

«Pariente, mi choza
»el que en ella posa,
»conmigo desposa,
»e dame soldada.»[59]
    Yo l' dije: «De grado;[60]
»mas yo soy casado
»aquí en Ferreros;
»mas de mis dineros
»darvos he, amada.»
    Diz: «Vente conmigo.»
Llevóme consigo,
dióme buena lumbre,
como era costumbre
de sierra nevada.
    Diom' pan de centeno
tiznado, moreno,
dióme vino malo,
agrillo e ralo,
e carne salada.
    Diom' queso de cabras;
diz': «Fidalgo, abras
»ese brazo, toma
»un canto de soma,[61]
»que tengo guardada.»
    Diz': «Huésped, almuerza,
»e bebe e esfuerza,[62]
»caliéntate e paga:
»de mal no s' te faga
»fasta la tornada.[63]
    »Quien donas[64] me diere,
»cuales yo pidiere,
»habrá buena cena
»e lichiga[65] buena,
»que no l' cueste nada.»
    —«Vos, que eso decides,
»¿por qué non pedides
»la cosa certera?»[66]
Ella diz': «¡Maguera!

---

[46] cambiamos la conversación.   [47] rojo.   [48] rápidamente.   [49] suavemente.   [50] consuelo: conseguirás lo que deseas.

[51] por mí vendrá la dueña donde yo la lleve [como un animal a quien se conduce por una rienda o cabestro (estricote)] es decir, hará lo que yo quiera.   [52] no me has dado más que este manto de piel.   [53] precio, coste.   [54] paso o puerto en la Sierra de Guadarrama.   [55] a la bajada.   [56] no te detengas.   [57] yo lo dije.   [58] cortesía.   [59] pago.   [60] con gusto.

[61] un pedazo de pan negro.   [62] toma esfuerzo.   [63] no te preocupes, no pases incomodidades hasta la vuelta, hasta que te vayas.   [64] regalos.   [65] cama.   [66] la cosa cierta, precisa: lo que quieres.   [67] ¡Vaya! ¿Será posible que me den lo que pida?   [68] bien teñida.   [69] blusa.   [70] a mi gusto.

[71] canesú, pieza bordada o de paño que cubre la parte delantera de la blusa debajo del cuello.   [72] muchas (sartas).   [73] joya.   [74] piel fina.   [75] pañuelo para la cabeza.   [76] con listas de adorno como las listas que llevaban las cotas o jubones.   [77] botas.   [78] de cuero labrado.   [79] mujer.   [80] bienes, tantas cosas.

[81] te lo prometo, te lo pagaré a la vuelta.   [82] fea.   [83] mercancía.   [84] cara contenta, alegre.   [85] no me contento.   [86] nunca se da posada (ostalaje) por homenaje o respeto [sino por dinero].

[1] Pascua de Resurrección.   [2] especie de grajo con plumaje azul y blanco.   [3] atambores, tambores.   [4] trompeta de tubo muy largo usada por los árabes.   [5] timbales, tamborcillos.   [6] fiestas tan grandes ni tan generales, esto es, en que participa todo el mundo.   [7] están llenas.   [8] campos sin cultivar.   [9] caminos.   [10] frailes.

[11] los clérigos seculares (o no pertenecientes a ninguna orden) con muchos monaguillos o acólitos (clerizontes).   [12] emperador, título que le da el Arcipreste al Amor.   [13] antes.   [14] valle.   [15] todos arrodillados.   [16] los frailes.   [17] tanto ellos (los clérigos y los frailes) como ellas (las monjas) quieren llevarse a don Amor y darle posada.   [18] corpulento.   [19] pelo negro.   [20] Tiene el andar enhiesto, erguido, derecho, como el pavo real.

[21] retumbante.   [22] corrientes.   [23] lo mismo, esto es, grandes.   [24] moreno.   [25] el pecho saliente.   [26] galán, cortejador.   [27] un hombre así no se encuentra en todas partes; eria = terreno sin árboles.   [28] cualidades.

»¿Si me será dada?[67]
    »Pues dame una cinta
»bermeja, bien tinta,[68]
»e buena camisa,[69]
»fecha a mi guisa[70]
»con su collarada.[71]
    »Dame buenas sartas
»de estaño e hartas,[72]
»E dame halía[73]
»de buena valía,
»pelleja delgada.[74]
    »Dame buena toca,[75]
»listada de cota,[76]
»e dame zapatas,[77]
»bermejas, bien altas,
»de pieza labrada.[78]
    »Con aquestas joyas,
»quiero que lo oyas,
»serás bienvenido:
»serás mi marido
»e yo tu velada.»[79]
    «Serrana señora,
»tanto algo[80] ahora
»non traj' por ventura;
»faré fiadura
»para la tornada.»[81]
    Díjome la heda:[82]
«Do non hay moneda,
»non hay merchandía[83]
»nin hay tan buen día
»nin cara pagada.[84]
    »Non hay mercadero
»bueno sin dinero,
»e yo non me pago[85]
»del que non da algo
»nin le doy posada.
    »Nunca de homenaje
»pagàn ostalaje;[86]
»por dineros face
»hombre cuanto l' place:
»cosa es probada.»

DE CÓMO CLÉRIGOS E LEGOS E FRAILES E MONJAS
E DUEÑAS E JUGLARES SALIERON A RECIBIR A DON
AMOR

Día era muy santo de la Pascua mayor:[1]
el sol salía muy claro e de noble color;
los hombres e las aves e toda noble flor,
todos van recibir cantando al Amor.

Recíbenle las aves, gayos[2] e ruiseñores,
calandrias, papagayos mayores e menores,
dan cantos placenteros e de dulces sabores:
más alegría facen los que son más menores.

Recíbenle los árboles con ramos e con flores
de diversas maneras, de fermosas colores,

recíbenle los hombres e dueñas con amores:
con muchos instrumentos salen los atabores.[3]
... ...

Trompas e añafiles[4] salen con atabales.[5]
Non fueron tiempo ha placenterías tales,
tan grandes alegrías nin atan comunales:[6]
de juglares van llenas[7] cuestas e eriales.[8]

Las carreras[9] van llenas de grandes procesiones:
muchos hombres ordenados,[10] que otorgan perdones,
los clérigos seglares con muchos clerizones;[11]
en la procesión iba el abad de Berdones.
... ...

Muchas compañas vienen con el gran emperan-
[te,[12]
arciprestes e dueñas, éstos vienen delante,
luego el mundo todo, cuantos vos dije de ante:[13]
de los grandes ruidos es todo el val[14] sonante.

Desque fué í llegado don Amor, el lozano,
todos hinojos fincados[15] besáronle la mano;
al que non se la besa, tiénenle por villano;
acaeció gran contienda luego en ese llano.

Con cuales posaría hubieron gran porfía:
querían llevar los clérigos aquesta mejoría;
fuéronles bien contrarios cuantos tenían frairía;[16]
tanto ellos, como ellas, le dan posadería.[17]

DE LAS FIGURAS DEL ARCIPRESTE

«Señora», diz' la vieja: «yo le veo a menudo:
»el cuerpo ha muy gran, miembros largos, trefu-
[do,[18]
»la cabeza non chica, velloso, pescozudo,
»el cuello non muy luengo, cabel' prieto,[19] orejudo.
    »Las cejas apartadas, prietas como carbón,
»el su andar infiesto, bien como de pavón,[20]
»el paso segurado e de buena razón,
»la su nariz es luenga, esto le descompón'.
    »Las encías bermejas e la fabla tumbal,[21]
»la boca non pequeña, labios al comunal,[22]
»más gordos que delgados, bermejos como coral,
»las espaldas bien grandes, las muñecas atal.[23]
    »Los ojos ha pequeños, es un poquillo bazo,[24]
»los pechos delanteros,[25] bien trefudo el brazo,
»bien cumplidas las piernas; el pie, chico pedazo;
»señora, dél non vi más: por su amor vos abrazo.
    »Es ligero, valiente, bien mancebo de días,
»sabe los instrumentos e todas juglarías,
»doñeador[26] alegre, ¡por las zapatas mías!
»tal hombre cual yo digo non es en todas erías.»[27]

DE LAS PROPIEDADES[28] QUE LAS DUEÑAS
CHICAS HAN

Quiero abreviaros, señores, la mi predicación,
ca siempre me pagué de pequeño sermón

e de dueña pequeña e de breve razón:[29]
ca lo poco e bien dicho finca en el corazón.

… … … … … … … … … … … … … …

De las chicas, que bien diga, el amor me fizo
[ruego,
que diga de sus noblezas e quiérolas decir luego:
dirévos de dueñas chicas, que lo tenedes en juego.
Son frías como la nieve e arden más que el fuego.

… … … … … … … … … … … … … …

En pequeña girgonza[30] yace gran resplandor,
en azúcar muy poco yace mucho dulzor:
en la dueña pequeña yace muy gran amor:
pocas palabras cumple al buen entendedor.

Es pequeño el grano de la buena pimienta
pero más que la nuez conorta[31] e más calienta:
así dueña pequeña, si todo amor consienta,
non ha placer del mundo que en ella non se sienta.

Como en chica rosa está mucha color,
e en oro muy poco gran precio e gran valor,
como en poco bálsamo yace gran buen olor:
ansí en chica dueña yace muy gran amor.

Como rubí pequeño tiene mucha bondad,
color, virtud e precio, nobleza e claridad:
así dueña pequeña tiene mucha beldad,
fermosura e donaire, amor e lealtad.

Chica es la calandria e chico el ruiseñor;
pero más dulce canta que otra ave mayor:
la mujer, por ser chica, por eso non es peor;
con doñeo[32] es más dulce que azúcar nin flor.

Son aves pequeñuelas papagayo e orior;[33]
pero cualquiera de ellas es dulce gritador,[34]
adonada,[35] fermosa, preciada, cantador:
bien atal es la dueña pequeña con amor.

En la mujer pequeña non ha comparación:
terrenal paraíso es e consolación,
solaz e alegría, placer e bendición,
¡mejor es en la prueba, que en la salutación!

Siempre quis' mujer chica, más que gran nin
[mayor:
¡non es desaguisado de gran mal ser fuidor.[36]

Del mal, tomar lo menos: dícelo el sabidor:[37]
¡por ende,[38] de las mujeres la menor es mejor!

DE DON HURÓN, MOZO DEL ARCIPRESTE

Pues que ya non tenía mensajera fiel,
tomé por mandadero un rapaz trainel;[39]
Hurón había nombre, un apuesto doncel,
¡si non por catorce cosas, nunca vi mejor qu'él!

Era mintroso,[40] beodo, ladrón e mesturero,[41]
tahur, peleador, goloso, refertero,[42]
reñidor, adivino, sucio e agorero,
necio e perezoso: tal es mi escudero.

Dos días en semana era gran ayunador:
¿non tenía qué comer? ¡Ayunaba el pecador!
¿Non podía comer? ¡Ayunaba con dolor!
¡Siempre aquestos dos días, ayunaba mi andador![43]

… … … … … … … … … … … … … …

CÁNTICA DE LOORES A SANTA MARÍA

Quiero seguir a ti ¡flor de las flores!
Siempre decir   cantar de tus loores,
non me partir   de te servir,[44]
¡mejor de las mejores!

Gran fianza[45]   he yo en ti, Señora,
la mi esperanza   en ti es toda hora:
¡de tribulanza,[46]   sin tardanza,
venme librar agora!

… … … … … … … … … … … … … …

¡Estrella de la mar! ¡Puerto de folgura![47]
¡De dolor e pesar   e de tristura
venme librar   e conortar,
Señora de la altura!

Nunca fallece   la tu merced cumplida;[48]
siempre guarece   de cuitas[49] e da vida:
¡nunca perece   nin entristece
quien a ti non olvida!

Sufro gran mal,   sin merecer, a tuerto,[50]
esquivo tal,   porque pienso ser muerto:[51]
mas ¡tú me val'!,   que non veo al,
que me saque a puerto.[52]

29 discurso, dicho.   30 una piedra preciosa.
31 conforta.   32 halago.   33 oropéndola.   34 *gritador*
y su sinónimo *cantador* se usan como femeninos.
35 adornada.   36 no es falta huir del mal.   37 sabio.
38 por tanto.   39 recadero, mandadero.   40 mentiroso.
41 calumniador, chismoso.   42 reñidor, pendenciero.
43 mensajero.   44 no apartarme, no dejar de servirte.
45 fe, confianza.   46 tribulación, sufrimiento.   47 holgura, alivio.   48 nunca falla o falta tu piedad perfecta.
49 siempre le guarda a uno de sufrimientos.   50 injustamente.
51 tan cruel que creo que moriré por su causa.
52 Pero socórreme tú porque no veo otra cosa que pueda
salvarme.
1 porque ya se le acaba la frescura.   2 planta espinosa; aquí el rosal, por las espinas que tiene.   3 vás-
tago o rama nueva de la vid o planta de la uva.   4 cuando yo me pongo a pensar.   5 cierto, seguro.   6 ni se

gana el ocio o descanso sino después de pasar trabajos.
7 sufrimiento. La forma más común es *lacerio*.   8 de
lugar en lugar.   9 en busca de protección. En un manuscrito de la Biblioteca Nacional se lee *a buscar do
guarecer*, que hace más sentido.   10 calles.
11 querer provecho sin trabajar.   12 ha de gastar sus
fuerzas.   13 cortar el trigo u otras plantas.   14 pronto.
15 humo.   16 harina gruesa del trigo después de sacada
la flor.   17 El sujeto es el hombre y el sentido por tanto
es que debe guardarse de (debe evitar) su propia envidia,
malicia, saña y codicia.   18 no hay hombre rico sino el
que está contento con lo que tiene.   19 envidia.   20 se
acuerda.
21 seguridad, ¿fidelidad?   22 amistad.   23 En el
mundo no hay caudal o riqueza igual que el saber.
24 Vale más (el saber) que [cualquier] propiedad o tesoro.   25 donativo, don. El orden de estos versos es:
«El saber es la gloria y don de Dios».

Sem Tob

Fué el judío don Sem Tob rabino de Carrión y protegido del rey don Pedro I de Castilla, a quién dedicó su colección de *Proverbios*. Consta la colección de seiscientas ochenta y seis cuartetas heptasilábicas, en cada una de las cuales se encierra una sentencia y una enseñanza moral. A veces alcanzan un gran lirismo y con frecuencia poseen delicadeza de expresión y sutil ironía. Por su espíritu y por su forma, y por el eco hebraico de su moralidad, constituyen un texto único en la literatura castellana del siglo XIV.

Seguimos la edición *Poetas castellanos anteriores al siglo XV*, BAE, vol. 57. Existe una edición reciente de González Llubera, al parecer muy superior, que no hemos podido consultar.

PROVERBIOS MORALES

(1350-1369)

... ...

Cuando es seca la rosa,
que ya su sazón sale,[1]
queda el agua olorosa,
rosada, que más vale.

... ...

Por nacer en espino[2]
la rosa, yo no siento
que pierde, nin el buen vino
por salir del sarmiento.[3]

Nin vale el azor menos
porque en vil nido siga,
nin los ejemplos buenos
porque judío los diga.

... ...

Cuando yo paro mientes,[4]
muy alegre sería
con lo que otras gentes
son tristes cada día.

... ...

Mas esto es señal
que no hay bien certero[5]
en el mundo, nin mal
que sea duradero.

... ...

La paz non se alcanza
sino con guerrear,
nin se gana holganza
sino con bien lazrar.[6]

... ...

Fizo para lacería[7]
Dios al hombre nacer,
y ir de feria en feria[8]
buscar de guarecer.[9]

Rúas[10] e ferias ande
a buscar su ventura,

ca es soberbia grande
querer pro con folgura.[11]

... ...

Quien de la pro quiere mucha,
ha de perder el brío:[12]
quien quiere tomar trucha,
aventúrese al río.

... ...

Non hay sin noche día,
nin segar[13] sin sembrar,
nin sin caliente fría,
nin reír sin llorar.

Nin hay sin después luego,
nin tarde sin aína,[14]
nin hay fumo[15] sin fuego,
nin sin somas[16] farina.

... ...

De su envidia y malicia
se guarde[17] y de su saña:
guárdese de codicia,
que es lo que más le daña.

... ...

Ca non ha pobre hombre
sinon el codicioso;
nin rico sinon hombre
con lo que tiene gozoso.[18]

... ...

La alma altiva viene
a perderse con celo,[19]
si su vecino tiene
de más que él un pelo.

Tiene miedo muy fuerte
que le aventajará.
Non se miembra[20] que la muerte
a ambos igualará.

... ...

Non hay tan buen tesoro
como el bien facer,
nin tan precioso oro,
nin tan dulce placer.

... ...

Non hay tan dulce cosa
como la aseguranza,[21]
nin miel tan sabrosa
como la buena amistanza.[22]

... ...

En el mundo tal caudal
non hay como el saber;[23]
mas de heredad val
nin tesoro nin haber.[24]

El saber es la gloria
de Dios y donadío;[25]
non se fallará en historia

tal joya nin averío,[26]
　nin mejor compañía
que el libro, nin tal;[27]
tomar grande porfía
con él, más que paz val'.[28]
… … … … … … … … … … …
　Nin hay tan fuerte cosa
como es la verdad,
nin otra más medrosa
que la deslealtad.
　El sabio, con corona,
como león semeja;[29]
la verdad es leona,
la mentira es gulpeja.[30]
… … … … … … … … … …
　Face[31] ricos los hombres
con su prometimiento;
después fállanse pobres
odres llenos de viento.
… … … … … … … … … … …
　¿Qué venganza quisiste
haber del envidioso,
mayor que estar él triste
cuanto tú estás gozoso?
… … … … … … … … … …
　Como el pez en el río,
vicioso[32] y riendo,
non piensa el sandío[33]
la red quel' van tendiendo.
… … … … … … … … … …
　Esfuerzo en dos cosas
non puede hombre tomar,
a tanto son dudosas
el mundo y la mar.
… … … … … … … … … …
　Tórnase sin tardar
la mar mansa muy brava;
el mundo hoy despreciar
al que ayer honraba.
　Por ende el grande estado,
al hombre que ha saber,
face venir cuitado

y tristezas haber.[34]
… … … … … … … … … … …
　No tengas por vil hombre
por pequeño que le veas,
nin escribas tu nombre
en carta que non leas.
… … … … … … … … … … …
　Fasta que puesto haya
su reino en paz, es bueno
el rey cuerdo que non vaya
guerrear al ajeno.
… … … … … … … … … … …
　Quier[35] larga, quier escasa,
la palabra es tal
como sombra que pasa
y non deja señal.
　Non hay lanza que pase
todas las armaduras,
nin que tanto traspase
como las escrituras.[36]
　La saeta lanza[37]
fasta un cierto fito,[38]
y la letra alcanza
desde Burgos a Egipto.
… … … … … … … … … … …
　Tristeza yo no siento
que más face penar,
que el placer como viento
que se ha de acabar.
… … … … … … … … … … …
　Por esto la compaña[39]
del amigo entendido,
alegría tamaña[40]
que el hombre nunca vido.[41]
　Pero amigo claro
leal y verdadero
es de fallar muy caro:
non se ha por dinero.
… … … … … … … … … … …
　Non hay mejor riqueza
que la buena hermandad,
nin tan mala pobreza

26 hacienda, riqueza.　27 ni igual (compañía).　28 tener gran trato con el libro, es decir, la lectura constante vale más que la paz.　29 El sentido del primer verso no está claro. A juzgar por una variante de un manuscrito de la Biblioteca Nacional que dice en este proverbio «El sabio coronada leona semeja», la significación aquí sería: «El sabio parece un león con corona o coronado».　30 vulpeja, zorra.　31 Sujeto: la mentira.　32 a gusto.　33 la forma común es sandio, acentuado en el verso por exigirlo la rima.　34 Por lo tanto, el gran estado (el encontrarse en alta posición) preocupa y entristece al hombre sabio que conoce la vida.　35 ya, sea.　36 como la letra escrita, como lo escrito.　37 llega, se puede lanzar hasta.　38 marca, señal, sitio.　39 compañía.　40 (es) alegría tan grande.　41 vió.　42 no falla, es seguro.　43 hieden, huelen

mal.　44 Orden: la palabra buena ablanda la dura cosa y hace dulce y sabrosa la voluntad agra (agria).　45 oscuridad.

1 se cuidaba de que.　2 iba de montería, es decir, a caza mayor.　3 orden de caballería creada por el mismo rey don Alfonso XI. En todo el texto se distinguen los caballeros que pertenecían a ella de los otros, a quienes se da el nombre de «caballeros de la ventura».　4 para que se reuniesen.　5 tres días.　6 preparar.　7 de incógnito.　8 jueces de desafío.　9 pieza de la armadura que cubría la parte superior de la cabeza.　10 tesón, porfía.

11 y como hacía mucho tiempo que habían empezado la lucha.　12 hicieron que se separasen.　13 embestidas, ataques.　14 en el horario romano y en el canónico correspondía al caer de la tarde.

como es la soledad.

… … … … … … … … … …

Cierto es y non fallesce[42]
proverbio todavía:
el huésped y el pece
fieden[43] al tercero día.

… … … … … … … … … …

Si fuese el fablar
de plata figurado,
debe ser el callar
de oro afinado.

… … … … … … … … … …

Ablanda la palabra
buena la dura cosa,

y la voluntad agra
face dulce y sabrosa.[44]

… … … … … … … … … …

El fablar es clareza,
el callar escureza,[45]
el fablar es franqueza,
el callar escaseza.

… … … … … … … … … …

De lo que a Dios aplace
nos pesar non tomemos;
bien es cuanto Él face
aunque non lo entendemos.

… … … … … … … … … …

SIGLO XIV: HISTORIA

Crónica del rey don Alfonso el Onceno

Tanto desde el punto de vista literario como del histórico, es ésta la más interesante del grupo de Crónicas anónimas del siglo XIV, compuestas entre 1340 y 1360 y dedicadas a historiar los reinados de Alfonso X, Sancho IV, Fernando IV y Alfonso XI. Fueron las cuatro publicadas por Sebastián Martínez en 1551 y luego en la Colección de *Crónicas de Castilla*, del impresor Sancha, en el siglo XVIII.

La de Alfonso XI se ha atribuído a diferentes autores y entre ellos, con alguna verosimilitud, a Fernán Sánchez de Tovar, de Valladolid.

CAPÍTULO CXLI

Del torneo que el rey don Alfonso fizo et de lo que í acaeció

Este rey don Alfonso de Castilla et de León, aunque en algún tiempo estuviese sin guerra, siempre cataba en cómo[1] se trabajase en oficio de caballería faciendo torneos... et justando, et cuando de esto non facía algo, corría monte.[2]

Et otrosí, porque los caballeros non perdiesen de usar las armas, et todavía estuviesen apercibidos para la guerra cuando menester les ficiese, estando en Valladolid mandó llamar por sus cartas los caballeros de la Banda[3] et otros caballeros et escuderos fijosdalgo del su reino que fuesen[4] todos con él en aquella villa tercer día[5] antes del día de Pascua et que trajesen í todos sus caballos et sus armas. Et para aquel día que el Rey los envió mandar, vinieron í todos. Et otro día de Pascua el Rey mandó bastecer[6] un torneo de muy gran compaña de caballeros: et eran todos los caballeros de la Banda de la una parte, et otros tantos caballeros

et escuderos de la ventura de la otra parte. Et en aquel día en la mañana mandó poner dos tiendas fuera de la villa en el campo do lidian los retados, la una al un cabo, et la otra tienda a la otra parte; et todos los caballeros fueron juntados en aquel campo armados de todas sus armas et en sus caballos.

Et en este torneo entró el Rey desconocido[7] de la parte de los caballeros de la Banda; et pusieron cuatro caballeros por fieles.[8] Et desque fueron todos en el campo, los unos de la una parte, et los otros de la otra, vinieron darse muchos golpes de las espadas de la una parte et de la otra. Et hubo allí algunos caballeros que cayeron los caballos con ellos, et otros caballeros que fueron derribados; et como la prisa era muy grande et todos andaban desconocidos, algunos hubo í que dieron al Rey grandes espadadas encima de la capellina[9] sobre las armas, non lo conociendo.

Et los caballeros que eran puestos por fieles de aquel torneo, viendo el gran afincamiento[10] en que estaban et la gran prisa que se daban los unos a los otros de ambas partes et como había muy gran pieza del día que se juntaran,[11] entraron entremedias de ellos et ficiéronlos partir.[12] Et después vinieron dos venidas[13] los unos contra los otros, et dándose muy grandes feridas, era la prisa muy grande entre ellos; et vinieron a entrar todos en una puente pequeña, que estaba encima de un río ante la puerta de la villa, et porfiaron mucho este torneo en aquel lugar, fasta que fué pasada cerca de la hora de la nona;[14] et entonces los fieles partiéronlos, et fueron descender de los caballos en las tiendas, los caballeros de la Banda en la una, et los caballeros de la ventura en la otra; et comieron cada uno de ellos en sus tiendas. Et desque hubieron comido los caballeros de la ventura, cabalgaron en los caballos, et vinieron a ver al Rey et a los caballeros de la Banda que estaban con él en la tienda, porque los caballeros que habían sido fieles juzgasen cuáles habían sido mejores en aquel torneo et los caballeros de la Banda acogieron muy bien a los caballeros de la ventura et ficiéronles mucha honra et estuvieron allí fablando et departiendo[15] de las aventuras que cada uno de ellos había habido en aquel torneo, et partieron todos con el Rey, et entráronse a la villa. Et agora la historia deja de contar de esto et contará cómo se movió la contienda entre Castilla y Navarra.

CAPÍTULO CCCXXXVIII

De cómo el rey don Alfonso fué sobre Gibraltar et murió ende[16] de pestilencia

Después de todas las batallas et conquistas que el noble príncipe rey don Alfonso de Castilla et de León hubo fecho, fuése dende et fué cercar la villa et el castillo de Gibraltar, año del Señor de mil et trescientos et cuarenta et nueve años... Et este lugar de Gibraltar es villa et castillo muy noble et muy notable et muy fuerte et preciado entre los moros et cristianos. Et aquí fué el primero lugar do Tarif Abenzarca en el tiempo del rey don Rodrigo pasó et allí posó por non facer daño en Algecira, que era del conde don Julián el malo, por cuyo consejo vinieron los moros en España. Et por esto ha nombre Gibraltar, que llaman los moros Gebel Taref, que quiere decir el monte o la sierra de Taref, ca cerca de aquel monte puso su real Tarif Abenzarca.

Et teniendo este noble rey don Alfonso los moros que estaban cercados en la villa de Gibraltar tan afincados, que estaban ya para se la dar, ca non habían acorro ninguno...[17] fué voluntad de Dios que recresció pestilencia de mortandad[18] en el real del rey don Alfonso de Castilla muy grande[19] en el año siguiente que pusiera su real sobre

Gibraltar; et ésta fué la primera et grande pestilencia que es llamada mortandad grande; como quier que dos años antes de esto fuera ya esta pestilencia en las partes de Francia et de Inglaterra et de Italia et aun en Castilla et en León et en Extremadura et en otras partidas.[20]

Et como quier[21] que por el infante don Fernando, marqués de Tortosa, su sobrino... le fué dicho et aconsejado que se partiese de la cerca,[22] por cuanto morían muchas compañas[23] de aquella pestilencia et estaba el su cuerpo en gran peligro; empero por todo esto[24] nunca el Rey quiso partirse del dicho real sobre Gibraltar, diciendo a los señores et caballeros que esto le decían et aconsejaban, que les rogaba que le non diesen tal consejo, que pues él tenía aquella villa et fortaleza en punto de se le rendir... que le sería muy gran vergüenza por miedo de la muerte de la así dejar...

Et... después de muchos consejos et afincamientos[25] que los dichos señores et caballeros habían dicho por lo levantar[26] al Rey, nunca lo quiso facer. Et fué la voluntad de Dios que el Rey adoleció et hubo una landre.[27] Et finó[28] viernes de la Semana Santa... que fué a veintisiete días de marzo en la Semana Santa antes de Pascua en el año del nacimiento de Nuestro Señor Jesucristo de mil trescientos cincuenta años...

Et fué hecho por el rey don Alfonso muy gran llanto de todos los suyos et hubieron gran sentimiento de su muerte; et era muy gran razón, ca[29] fué en su tiempo muy honrada la corona de Castilla por él, ca venció aquella batalla de Tarifa, que fué muy señalada[30] cosa; et otrosí ganara las villas de Algecira et de Alcalá de Abenzayde, que dicen ahora la Real, por las cuales los moros fueron muy quebrantados; et ganó otrosí muchos castillos según susodicho habemos.[31] Et era muy guerrero caballero contra los moros et su mala secta. Et fué el rey don Alfonso non muy grande de cuerpo mas de buen talante[32] et de buena fuerza et rubio et blanco et venturoso en guerras. Et éste fué el onceno rey don Alfonso que así hubo nombre...

---

15 conversando.   16 allí; más abajo; *dende = de* allí.   17 *et teniendo... ninguno* y cuando el rey don Alfonso pensaba (*teniendo*) que los moros le iban a entregar la villa de Gibraltar porque, estando cercados, no contaban con ninguna ayuda o socorro.   18 que se extendió la peste. Se trata de la epidemia de la peste negra que hizo estragos en Europa por estos años.   19 *muy grande* modifica a pestilencia de mortandad.   20 partes.   21 aunque, a pesar del sitio.   22 del cerco, del sitio.   23 mucha gente.   24 sin embargo de todo esto, es decir, a pesar del consejo del marqués y del hecho de que muriera tanta gente.   25 ruegos insistentes.   26 por hacerle irse.   27 tumor.   28 murió.   29 y tuvieron mucha razón (en sentir tanto su muerte) porque.   30 notable.

31 según hemos dicho antes o más arriba.   32 semblante, apostura.   33 aunque.   34 y que desde allí decidirían lo que habían de hacer después.   35 que se asegurase (se reforzase) la vigilancia del campamento.   36 hacer incursiones.   37 quietos, tranquilos.

1 que lo tienen a su cuidado. El antecedente aquí, según se ve en las estrofas anteriores, es arreglar el Cisma de la Iglesia Católica mediante la convocación de un concilio.   2 bastante tienen que hacer por nuestra felicidad. El sentido de este verso, como el del siguiente, es irónico.   3 sobornar, corromper a sus fieles.   4 débiles.   5 no tienen templanza, moderación.   6 nunca piensan en que se han de morir.   7 cuando han alcanzado su cargo los prelados.

CAPÍTULO CCCXXXIX

De cómo después de la muerte del rey don Alfonso alzaron por rey a don Pedro su fijo

Luego que el rey don Alfonso murió en el real de sobre Gibraltar, según dicho habemos, todos los señores et caballeros que estaban en el dicho real, et así todos los del reino de Castilla et de León, despés que lo supieron, tomaron por rey et por señor al infante don Pedro su fijo legítimo primero heredero, et fijo de la reina doña María su mujer, fija del rey don Alfonso de Portugal. El cual infante don Pedro estaba, cuando el rey don Alfonso su padre finó, en la ciudad de Sevilla, et era en edad de quince años et siete meses...

Et ordenaron los señores et caballeros que estaban en este real de sobre Gibraltar, de llevar el cuerpo del rey don Alfonso a la ciudad de Sevilla, donde estaba el infante don Pedro su fijo primogénito, que entonces tomaron por su rey et reinaba entonces, para lo enterrar en la capilla de los reyes, donde yacían otros reyes sus antecesores, como quier que[33] él se mandara enterrar en la ciudad de Córdoba en la capilla donde yacía el rey don Fernando, su padre, en la iglesia mayor de Santa María. Et los señores que llevaban el su cuerpo a Sevilla, así lo tenían a voluntad; pero querían una vez llegar con el cuerpo del rey a Sevilla, et que dende se ordenaría cómo adelante farían...[34]

Et otrosí ordenaron los señores que allí eran que el real estuviese seguro...[35] et que pusiesen guardas contra los moros, así contra los de la villa de Gibraltar como contra los moros de Granada, et del reino de Benamarín; ca de los castillos fronteros venían cada día a correr[36] el real de los cristianos... Et los moros que estaban en la villa et castillo de Gibraltar, después que supieron que el rey don Alfonso era muerto, ordenaron entre sí que ninguno non fuese osado de facer ningún movimiento contra los cristianos, nin mover pelea contra ellos. Estuvieron todos quedos,[37] et decían entre ellos que aquel día muriera un noble rey et príncipe del mundo, por el cual non solamente los cristianos eran por él honrados, mas aun los caballeros moros por él habían ganado grandes honras et eran preciados de sus reyes. Et el día que los cristianos partieron de su real de sobre Gibraltar con el cuerpo del rey don Alfonso, todos los moros de la villa de Gibraltar salieron fuera de la villa, et estuvieron muy quedos et non consintieron que ninguno de ellos fuese a pelear, salvo que miraban cómo partían dende los cristianos...

Pero López de Ayala

1332-1407

Nació en Vitoria, actual provincia de Álava; fué canciller de Castilla y personaje de mucho relieve en su tiempo. Es el poeta y el prosista más importante de la segunda mitad del siglo XIV.

El *Rimado de Palacio* es una obra muy extensa (1.627 estrofas) y bastante variada en formas y temas. Con un tono severo y duro describe y satiriza la vida de su época: la división de la Iglesia, la corrupción de los diversos estados sociales. Una gran parte de la obra está dedicada a la exposición de la doctrina católica; en otras da consejos para el buen gobierno del reino y de la sociedad. Tiene, por último, algunos bellos trozos líricos, de tono muy personal y de gran fervor religioso.

Como prosista es el autor de cuatro *Crónicas:* las de Pedro I, Enrique II, Juan I y Enrique III, en cuyos reinados tuvo alguna intervención política. Con estas *Crónicas*, la historia deja de ser mera narración impersonal, como lo había sido desde Alfonso X, para adquirir en algunos momentos el dramatismo de los hechos vividos y el valor del enjuiciamiento indirecto de la conducta de los personajes históricos.

Para el texto del *Rimado*, seguimos la edición de A. F. Kuersteiner, *Poesías del Canciller Pero López de Ayala*, New York, The Hispanic Society of America, 1920, vol. I, que reproduce un manuscrito de la Biblioteca Nacional, pero el fragmento titulado «Consejo para toda persona» y algunas variantes de otros versos están tomados del vol. II de dicha edición, que reproduce un manuscrito de la Biblioteca del Escorial.

Para el texto de la *Crónica de Pedro I* seguimos *Crónicas de los Reyes de Castilla*, vol. I, BAE, 66.

RIMADO DE PALACIO

DE LOS PRELADOS

Mas los nuestros prelados, que lo tienen en cura,[1]
asaz han que facer, por la nuestra ventura:[2]
cohechar sus súbditos[3] sin ninguna mesura,
et olvidan conciencia et la Santa Escritura.
Los unos son muy flacos[4] en lo que han de regir,
los otros rigurosos, muy fuertes de sufrir;
non toman temperamiento[5] como deben vivir,
aman al mundo mucho, nunca cuidan morir.[6]
Desque la dignidad una vez han cobrado,[7]
de ordenar la iglesia toman poco cuidado;
en cómo serán ricos más curan, mal pecado,
et non curan como esto les será demandado.

... ...

Non saben las palabras de la consagración,

nin curan de saber, nin lo han a corazón;
si pueden haber tres perros, un galgo et un furón,[8]
clérigo del aldea tiene que[9] es infanzón.

… … … … … … … … … … … … … …

Si éstos son ministros, sonlo de Satanás,
ca nunca buenas obras tú facer les verás;
gran cabaña de fijos siempre les fallarás
derredor de su fuego, que nunca í cabrás.[10]
En toda el aldea non ha tan apostada[11]
como la su manceba, nin tan bien afeitada;
cuando él canta misa, ella le da el oblada,[12]
et anda, mal pecado, tal orden bellacada.[13]
Non fablo en simonía,[14] nin en otros muchos males
que andan por la corte entre los cardenales:
quien les presenta capas de más han sus señales,
recaudarán obispados et otras cosas tales.

… … … … … … … … … … … … … …

Por estos tales yerros anda en la cristiandad
poco amor, mal pecado et poca caridad,
ca Dios ya non quiere sufrir tanta maldad;
ya mucho ha que consiente por la su piedad.
Señor poderoso, tú que esta fe nos diste
et por tu sangre preciosa de muerte redimiste,
porque nuestras menguas[15] et tales cosas viste,
hayamos por ti enmienda, según nos prometiste.

DE LOS CABALLEROS

Pues ¡cómo los caballeros lo facen! mal pecado:
en villas et lugares que el rey les tiene dado,
sobre el pecho[16] que le deben, otro piden doblado,
et con esto los tienen por mal cabo poblado.[17]
Do moraban mil hombres, non moran ya trescien-
[tos,
más vienen que granizo sobre ellos ponimientos:[18]
fuyen chicos et grandes con tales escarmientos,
ca ya vivos los queman sin fuego et sin sarmientos.

… … … … … … … … … … … … … …

Facen luego castillos al canto de la villa,
grandes muros et fuertes, torres a maravilla,
si quier sean altos como los de Sevilla,
por meter los mezquinos más dentro en la capilla.[19]
Mas antes que sea la tal obra acabada,
viene luego la muerte et dale su mazada;[20]

parte de aquí el alma asaz avergonzada,
et sotierran el cuerpo en muy peor posada.
En el su Evangelio nos dice el Señor:
«Non fagas injurias, nin seas calumniador.»
Por Dios paremos mientes de aquel fuerte temor
del día del juicio, que espera el pecador.
Todas estas riquezas son niebla e rocío,
honras et orgullo et aqueste loco brío:
échase hombre sano et amanece frío,
ca nuestra vida corre como agua de río.

DE LOS PRIVADOS

Los privados del rey et los sus allegados
asaz tienen de quejas et de grandes cuidados,
ca, mal pecado, muchos consejos son errados
por querer tener ellos los reyes lisonjados.[21]
Cuando en el consejo la cuestión es propuesta,
luego cata el privado a cuál cabo se acuesta[22]
la voluntad del rey, et va por esa cuesta,
cuidando a su casa llevar buena respuesta.

… … … … … … … … … … … … … …

Siempre debe el consejero decir al rey verdad,
et siempre lo inclinar a facer piedad,
et todo tiempo lo guarde non faga crueldad,
ca clemencia es en los reyes muy loada bondad.

… … … … … … … … … … … … … …

Por dos cosas se puede todo consejo dañar:
por ira o por queja; por ende es de guardar,
ca muchos son los hombres que se han de gobernar
por lo que cuatro o cinco hubieren de ordenar.

… … … … … … … … … … … … … …

Do ha muchas cabezas, ha más entendimiento:
los muchos porfiando toman mejor el tiento;
a veces falla uno lo que non fallan ciento,
nin fagan del consejo ligero espedimiento.[23]
Sobre los grandes fechos tener luengo consejo,
et sean los que í entraren tan claros como espejo,
et lisonja nin codicia non traigan en pellejo,
et sean bien atantos, que parezcan concejo.

… … … … … … … … … … … … … …

Et sean con el rey al consejo llegados
prelados, caballeros, doctores et letrados,

---

8 hurón, animal de caza. 9 cree que. 10 no habrá
sitio para ti alrededor del fuego de tantos hijos como allí
encontrarás. 11 tan adornada, engalanada. 12 ofrendas que se
dan a los sacerdotes. 13 y anda, mal pecado, la orden
(del sacerdocio) corrompida (como cosa de bellacos).
14 no hablo de la simonía o venta de las dignidades eclesiásticas. 15 faltas. 16 impuesto o tributo que pagaban los moradores de las villas a los señores. 17 a
causa de los tributos excesivos los tienen (los lugares)
casi despoblados. 18 impuestos. 19 la significación
de este verso no está clara. 20 golpe.
21 por querer adular a los reyes. 22 observa el privado de qué lado se inclina. 23 ni tomen el consejo

como algo que puede despacharse de ligero. 24 Se llamaban en la Edad Media «hombres buenos» a los pertenecientes al estado llano, es decir, a los vecinos de las
villas que no pertenecían a la nobleza. 25 grande, excesivo. 26 Decretales: decisiones pontificias; Clemen-
tinas: textos legales del derecho canónico. 27 perjudi-
car. 28 ayudar. 29 alargase. 30 toquen.
31 me proponen un arreglo (pleitesias). 32 cantidad.
33 y mi mujer está de acuerdo con esto. 34 os deis
por vencido sin hacer nada. 35 terminar. 36 seguido.
37 equivocado, errado. 38 no os preocupéis por esto;
dedes=deis. 39 apelación. 40 desocupada.
41 os debéis dar prisa. 42 ignorante, rústico. 43 parecerá. 44 no pienso. 45 que viene. 46 graneros.

buenos hombres de villas,²⁴ que hay muchos hon-
[rados,
et pues a todos atañe, todos sean llamados.
… … … … … … … … … … … … …

Si quisieres facer nao, busca los carpinteros;
si quisieres zamarra, busca los pellejeros;
oficios son apartados caminos et senderos;
por unos van a Burgos, por otros a Cebreros.
Buen celo me face en aquesto fablar;
non digo por ninguno en esto acusar,
mas por apercibir, et conviene avisar,
al que ha por consejos sus fechos gobernar.
… … … … … … … … … … … … …

AQUÍ COMIENZA DE LOS LETRADOS

Si quisieres parar mientes cómo pasan los doctores,
maguer han mucha ciencia, mucho caen en errores,
ca en el dinero tienen todos sus finos amores,
el alma han olvidado, de ella han pocos dolores.
Si quisieres sobre un pleito con ellos haber con-
[sejo,
pónense solemnemente et luego abajan el cejo;
dicen: «Gran cuestión es ésta et gran trabajo so-
[bejo,²⁵
el pleito será luengo, ca atañe a todo el concejo.
Yo pienso que podría aquí algo ayudar,
tomando gran trabajo en mis libros estudiar,
mas todos mis negocios me conviene a dejar,
et solamente en aqueste vuestro pleito estudiar.»
E delante el cuitado sus libros manda traer:
veredes Decretales, Clementinas²⁶ revolver,
et dice: «Veinte capítulos fallo para vos empecer,²⁷
et non fallo más de uno con que vos pueda aco-
rrer.²⁸»
«Creed —dice— amigo, que vuestro pleito es muy
[obscuro,
ca es punto de derecho, si lo ha en el mundo, duro;
mas si tomo vuestra carga et yo vos aseguro,
faced cuenta que tenedes las espaldas en buen muro.
Pero non vos enojedes si el pleito se alongare,²⁹
ca non podrían los términos menos se abreviare;
veremos qué vos piden o qué quieren demandare,
ca como ellos tromparen,³⁰ así conviene danzare.»
… … … … … … … … … … … … …

«Señor —dice el cuitado— cométenme pleitesía³¹
que me deje de este pleito y dar me han una
[cuantía,³²
et cuanto mi mujer en este consejo sería,³³
et a mí en confesión, así mandan cada día.»
«Sería gran vergüenza —le dice el bachiller—
que pudiendo vos algún tiempo lo vuestro defender,
sin probar vuestros derechos o lo que puede ser,
así baldíamente vos hayades a vencer.³⁴»
… … … … … … … … … … … … …

Con estas tales razones el pleito se comienza;

et pone en su abogado su fe et su creencia;
nin quiere pleitesía nin ninguna avenencia;
et comienza el bachiller a mostrar la su ciencia.
… … … … … … … … … … … … …

Dura el pleito un año, más non pudo durar;
el caudal del cuitado ya se va rematar:³⁵
cada mes algo le pide et a él conviene dar,
véndese de su casa los paños et el ajuar.
Pasado es ya el tiempo et el pleito seguido,³⁶
et el cuitado finca dende condenado et vencido.
Dice el abogado: «Por cierto yo fuí fallido³⁷
que en los primeros días non lo hube concluído.
Mas tomad vos buen esfuerzo et non dedes por
esto nada,³⁸
que aun vos finca ante el rey de tomar la vuestra
alzada,³⁹
et dadme vuestra mula, que aquí tenedes folgada:⁴⁰
antes de veinte días la sentencia es revocada.»
… … … … … … … … … … … … …

No ha que diga el cuitado, ca non tiene corazón;
prometióle de dar la mula por seguir la apelación.
Después dice el bachiller: «Prestadme vuestro
mantón,
ca el tiempo es muy frío, non muera por ocasión.
De buscarme mil reales vos debedes acuciar,⁴¹
ca en esto vos va agora el caer et el levantar;
si Dios et los sus santos nos quieren ayudar,
non ha leyes que vos puedan nin sus glosas dañar.»
El cuitado finca pobre, mas el bachiller se va:
si no es necio o pataco,⁴² nunca más le perderá.
Así pasa, mal pecado, et pasó et pasará:
quien me creer quisiere de tal se guardará.
Por tal avaricia anda hoy, mal pecado,
con muy poca caridad todo el mundo dañado.
Non es este mal sólo en el tal mal abogado,
que allí anda todo hombre, et aun caballero armado.

CONSEJO PARA TODA PERSONA

Así como la sombra nuestra vida se va,
que nunca más torna, nin de nos tornará:
lo que aquí facemos allá se parecerá,⁴³
o bien o mal cual fuere, tal galardón habrá.
Cuido estar seguro et dormir luengamente,
ordeno mi facienda muy solemnemente
con vanagloria mucha, e non me viene miente⁴⁴
que antes que amanezca soy muerto o doliente.
De esto una fazaña cuenta nuestro Señor
en su Evangelio, por nos guardar de error,
de un hombre que había del mundo gran amor,
e non había de muerte recelo nin pavor.
Decía él así: «Este año que será⁴⁵
yo habré mucho vino; lo nuevo que vendrá,
mucho trigo e cebada, que non me cabrá
en estos mis cilleros,⁴⁶ si otro cobro non ha.

Mis casas son pequeñas e non podrán caber
estos vinos e panes que tengo de coger;
mas he pensado en al, que quiero facer
otras casas muy grandes, para tan gran haber.»
Pensando en tal gloria vana e peligrosa,
oyera una voz fuerte muy espantosa:
«Mezquino, sed cierto que non te valdrá cosa,
que esta noche morrás muerte muy rebatosa.[47]»
Aquella noche misma el rico fué afogado;
el algo que tenía dejólo muy mal logrado,
el alma en peligro, el cuerpo desatado:
quien en este mundo fía así va, mal pecado.

... ...

¿Qué fué entonces del rico e de su poderío,
de la su vanagloria et del orgulloso brío?
Todo es ya pasado e corrió como río,
e de todo el su pesar fincó el mucho frío.
¿Do están los muchos años que habemos durado
en este mundo malo, mezquino, et lazdrado?[48]
¿A do los nobles vestidos de paño muy honrado?
¿Do las copas e vasos de metal muy preciado?
¿Do están las heredades e las grandes posadas,[49]
las villas e castillos, las torres almenadas,
las cabañas de ovejas, las vacas muchiguadas,[50]
los caballos soberbios de las sillas doradas,
los fijos placenteros e el su mucho ganado,
la mujer muy amada, el tesoro allegado,[51]
los parientes e hermanos, quel' tenían acompañado?
En una cueva muy mala todos le han dejado.
Vase su camino a otro mundo extraño,
cual nació, que lo non cubren de otro paño;
si malas obras fizo, allá le farán pago,
non le valdrán falagos, nin juego nin sosaño.[52]
Era muy temerosa aquella gran jornada,
delante del alcalde[53] de la cruel espada:
para el que fuere malo sentencia está í dada,
pregona el pregonero: «Quien tal fizo tal paga.»

DITADO

Non entres en juicio con el tu siervo, Señor,
ca yo soy tu vencido, e conozco mi error;
muestra tu piedad e tu bendito amor:
amansa la tu saña e non parezca aquí,
e pueda en mi vida a ti dar loor

de los bienes e gracias que de ti recibí.

... ...

De todas mis maldades fago mi confesión:
Tú por la tu gracia dame la contrición,[54]
que pueda en mis días cumplir satisfacción,
de las menguas e yerros en que yo fallescí,[55]
e loaré el tu nombre, siempre toda sazón,[56]
en cuya ley[57] adoro, después que yo nací.
Sufro, Señor, tristura e penas cada día;
pero, Señor, non sufro tanto como debía:
mas he recelo, Señor, que por flaqueza mía
non lo pueda sufrir; por eso entendí
pedir a ti, Señor, si tu merced sería
que non fuese la pena más luenga que sufrí.[58]
De muchos enemigos, Señor, soy perseguido,
contra el cuerpo e el alma, de todos maltraído;
vivo vida penada, triste, aborrecido,
e si tú non me consuelas, e ¿qué será de mí?
Acórreme, Señor, e sea defendido,
por la tu santa gracia, non me pierda así.
De cada día fago a ti los mis clamores,
con lloros e gemidos, suspiros e tremores:[59]
ca tú sólo, Dios, eres salud de pecadores,
cuyo acorro espero, e al non entendí.
Señor mío, amansa mis llagas e dolores.
e vean enemigos a qué Señor serví.
Torna, Señor, a mí tu faz, e toma mi oración,
non dejes que fallesca en la tribulación,
la voz e mi gemido, oigas toda sazón,
porque todos entiendan que tu gracia sentí;
ca en la tu esperanza tengo mi corazón,
siempre noches e días en al non comedí.[60]
Los días me fallescen,[61] el mal se me acrecienta,
non ha mal nin peligros que el mi corazón non
                                              [sienta:
Señor, tú me defiende, non muera en tormenta,
e me pueda loar que con tu poder vencí
a los mis enemigos, e su pensar les mienta:[62]
non digan que de acorro menguado perecí.[63]
Gran tiempo ha que como mi pan con amargura;
nunca de mí se parten enojos e tristura;
Señor, tú me ayuda e toma de mí cura,[64]
e sea en penitencia el mal que padecí,
e me libra de cuitas e cárcel e tristura,
e entienda que me vales después que a ti gemí.

---

47 morirás muerte muy repentina. 48 miserable. 49 los palacios. 50 abundantes.

51 reunido. 52 enojo, enfado. 53 juez; se refiere al Juicio Final. 54 arrepentimiento, dolor de haber pecado. 55 de las faltas y errores en que yo caí. 56 en toda ocasión. 57 fe, religión. 58 La construcción de estos dos últimos versos es complicada. El sentido es que el poeta pide que Dios tenga la bondad de no prolongarle más la pena que sufre, no porque crea que él lo merece, sino porque teme que su flaqueza no le permita sufrirla. 59 temblores. 60 no pensé en otra cosa.

61 me faltan, es decir, se me va acabando la vida. 62 y se engañen. 63 no digan que perecí por falta de ayuda. 64 cuídate de mí. 65 te llama, acude a ti. 66 luminosa, resplandeciente. 67 Tú hiciste más llevadera la lucha que nos trajo el pecado de Eva.

1 médico. 2 dijole que él... fuese le dijo que él nunca aprobaría (lo que iba a hacer el rey), pero que el rey la mandase sacar de su poder (es decir, le quitase la responsabilidad de ser su guardián) y que entonces hiciese lo que quisiese. 3 sus oraciones. 4 reprendido, castigado. 5 cómo había ocurrido aquello y quién le había mandado. 6 guardianes, carceleros.

CANTAR A LA VIRGEN

Señora, estrella luciente
que a todo el mundo guía,
guía a éste tu sirviente
que su alma en ti fía.

A canela bien oliente
eres, Señora, comparada,
a la mirra del oriente
esa olor muy apartada;
a ti faz clamor[65] la gente
en sus cuitas todavía,
quien por pecador se siente
llamando Santa María.

Señora, estrella luciente, etc.

Al cedro en la altura
te compara Salomón,
iguala tu hermosura
al ciprés del monte Sión.
Palma fresca en verdura,
fermosa e de gran valía,
oliva la Escritura
te llama, Señora mía.

Señora, estrella luciente, etc.

De la mar eres estrella,
del cielo puerta lumbrosa,[66]
después del parto doncella,
de Dios Padre fija, esposa.
Tú amansaste la querella
que por Eva a nos venía,[67]
e el mal que fizo ella
por ti hubo mejoría.

Señora, estrella luciente, etc.

CRÓNICA DEL REY DON PEDRO

*Cómo fué muerta la reina doña Blanca de Borbón,
mujer del rey don Pedro, e doña Isabel de Lara.*

Después que el rey don Pedro hubo fecho su
paz con el rey de Aragón, según dicho hemos, partió de Deza e fué para Sevilla. E en este tiempo
estaba presa la reina doña Blanca de Borbón, su
mujer, en Medina Sidonia e teníala presa Íñigo
Ortiz de Estúñiga que decían de las Cuevas, un
caballero a quien el rey la mandara guardar. E el
rey mandó a un hombre que se decía Alfonso
Martínez de Orueña, que era criado de Maestre
Pablo de Perosa, físico[1] e contador mayor del
rey, que diese hierbas a la reina con que muriese.
E el dicho Alfonso Martínez fué a Medina e fabló
por mandado del rey con Íñigo Ortiz. E Íñigo
Ortiz fuése luego para el rey e díjole que él nunca
sería en tal consejo; mas que el rey la mandase

tirar de su poder e entonces ficiese lo que su merced fuese:[2] ca ella era su señora, e en consentir la
matar así, faría en ello traición. E el rey fué muy
sañudo contra Íñigo Ortiz por esta razón e mandóle que la entregase a Juan Pérez de Rebolledo,
vecino de Jerez, su ballestero. E Íñigo Ortiz fízolo
así; e después que fué en poder del ballestero
mandóla matar. E pesó mucho de ello a todos los
del reino después que lo supieron e vino por ende
mucho mal a Castilla.

E era esta reina doña Blanca del linaje del
rey de Francia, de la flor de lis de los de Borbón,
que han por armas un escudo con flores de lis
como el rey de Francia e una banda colorada por
el escudo. E era en edad de veinticinco años cuando murió; e era blanca e rubia, e de buen donaire
e de buen seso; e decía cada día sus horas[3] muy
devotamente e pasó gran penitencia en las prisiones do estuvo e sufrió lo todo con muy gran paciencia.

E acaeció que un día, estando ella en la prisión do murió, llegó un hombre que parecía pastor
e fué al rey don Pedro do andaba a caza en aquella comarca de Jerez e de Medina do la reina estaba presa e díjole que Dios le enviaba decir que
fuese cierto que el mal que él facía a la reina doña
Blanca su mujer que le había de ser muy acalo-
ñado[4] e que en esto non pusiese duda; pero si
quisiere tornar a ella e facer su vida como debía
que habría de ella fijo que heredase su reino. E
el rey fué muy espantado e fizo prender el hombre
que esto le dijo e tuvo que la reina doña Blanca
le enviaba decir estas palabras; e luego envió a
Martín López de Córdoba, su camarero, e a Ma-
teos Ferrández... a Medina Sidonia do la reina
estaba presa, a que ficiesen pesquisa cómo viniera
aquel hombre e si le enviara la reina. E llegaron
sin sospecha a la villa e fueron a do la reina yacía
en prisión en una torre e fallaronla que estaba de
rodillas en tierra e faciendo oración; e cuidó que
la iban a matar e lloraba e encomendóse a Dios.
E ellos le dijeron que el rey quería saber de un
hombre que le fuera a decir ciertas palabras cómo
fuera, e por cuyo mandado;[5] e preguntáronle si
ella le enviara; e ella dijo que nunca tal hombre
viera. Otrosí las guardas[6] que estaban í, que la
tenían presa, dijeron que non podría ser que la
reina enviase tal hombre ca nunca dejaban a ningún hombre entrar do ella estaba.

E según esto, parece que fué obra de Dios e
así lo tuvieron todos los que lo vieron e lo oyeron.
E el hombre estuvo preso algunos días e después
soltáronle e nunca más supieron de él.

E en este año fizo el rey matar a doña Isabel
de Lara, fija de don Juan Núñez de Lara e de
doña María de Vizcaya su mujer, e mujer que fuera

del infante don Juan el que matara en Bilbao; e murió la dicha doña Isabel en Jerez de la Frontera con hierbas que le fueron dadas.

De otra carta que el moro de Granada sabidor, que decían Benahatín, envió al rey don Pedro cuando supo que iba a socorrer a Toledo, la cual dicen que fué fallada en las arcas de la cámara del rey don Pedro después que fué muerto en Montiel.

Estando el rey don Pedro en Sevilla, aparejándose para partir dende para venir a acorrer a Toledo, que estaba cercada, un moro que decían Benahatín, que era gran sabidor e filósofo e privado del rey de Granada, del cual dijimos que le había enviado otra carta cuando el rey don Pedro tornó de Bayona e venció la batalla de Nájera; así agora este mismo moro, desque supo que partió de Sevilla para ir a acorrer a Toledo, pensó que había de pelear, e envióle otra carta, de la cual el tenor[7] es éste:

«Ensalzado Rey e Señor, que Dios honre e guarde, amén... Pedísteme que por industria de mi saber, con gran diligencia e acucia de gran estudio... que te ficiese saber en qué guisa podrás apalpar por verdadero saber[8] un dicho de profecía, el cual dices que fué fallado entre los libros e profecías que dices que fizo Merlín: del cual las sus palabras, por los términos que yo los recibí, son éstas que se siguen.

En las partidas[9] de occidente entre los montes e la mar nacerá un ave negra, comedora e robadora, e tal que todos los panares[10] del mundo querría acoger en sí, e todo el oro del mundo querrá poner en su estómago; e después gormarlo[11] ha, e tornará atrás, e non perecerá luego por esta dolencia. E dice más, caérsele han las alas e secársele han las plumas al sol, e andará de puerta en puerta e ninguno la querrá acoger, e encerrarse ha en selva e morirá í dos veces, una al mundo e otra ante Dios, e de esta guisa acabará...

Rey alto muy poderoso: sabe que yo, como obediente al tu mandamiento, con cuidoso[12] estudio, siendo partido de cualesquier otros negocios mundanales que a ello me estorbasen...[13] escudriñé por todas partes el mi saber por cumplir lo que me enviaste mandar; e según lo que por mi entendimiento e estudio pude alcanzar e con acuerdo de otros grandes sabios con quien fuí ayuntado...[14] esta profecía fué interpretada por la forma contenida en cada un seso[15] de ella, e creo que ha de ser traída a ejecución en la tu persona Real; como quier que sólo Dios es el sabidor de ello, el cual te quiera guardar. En qué manera ello es o ha de ser, puedes saberlo por las explanaciones que siguen.

Alto rey ensalzado: sabe que esta profecía endereza al hito[16] de España contra el rey que en ella es, que en fin del libro que me enviaste decía que es al rey de ella; en la cual tierra non es visto ser rey dende otro alguno si non tú, que por derecho de antigüedad lo tienes. Cuanto más que es manifiesto que tú eres el rey que la profecía dice que nacerá entre los montes e la mar; ca el tu nacimiento fué en la ciudad de Burgos, según que entendí e bien puede ser dicho que es en tal comarca. E así entiendo que el primer seso de los artículos de la profecía, que fabla primero del nacimiento, se prueba cuanto cumple.[17]

Dice adelante que esta ave así nacida que será comedora e robadora. Rey, sabe que los reyes que comen los haberes e algos[18] e rentas que a ellos no son debidos, son llamados estos tales comedores e robadores. Pues si tú comes e gastas de las tus rentas propias a tu señorío convenientes[19] tú solo lo sabes; mas la tu fama es contraria, ca diz que tomas los algos e bienes de tus naturales[20] e non naturales, donde quier que los puedes haber e que los faces tomar e robar, e que esto non lo faces por el puro derecho. E así se explana que el tu comer e robar sea tal como lo que tiene la segunda explanación del segundo seso de la profecía.

Otrosí dice que todos los panares del mundo querrá coger en sí. Rey, sabe que pensando en esta

---

[7] el contenido.   [8] de qué manera podrás comprobar con verdadera ciencia, podrás saber si es verdad.   [9] partes, por el lado de.   [10] panales de miel.
[11] vomitarlo.   [12] cuidadoso.   [13] dejando a un lado los negocios que me impidiesen dedicarme a este estudio.   [14] con quienes me reuní.   [15] seso=sentido. Aquí parece aplicarse a cada uno de los términos de la profecía y al sentido de ella.   [16] que se refiere a. *Hito* = blanco, punto adonde se dirige algo, y también un punto o una cuestión difícil que es necesario comprender o explicar.   [17] está probado en todo lo que contiene o dice.   [18] bienes, riquezas.   [19] de las rentas que corresponden o pertenecen a tu señorío o dominio.   [20] vasallos.
[21] han sido privados hace tiempo.   [22] la causa.   [23] crueldades.   [24] aunque parece que no te preocupas por ello.   [25] averiguar el sentido de esta palabra (en

la selva).   [26] y llegué a su interpretación de esta manera.   [27] conquistada.   [28] dice.   [29] las otras cosas.   [30] y como el sentido de la última parte de la profecía que se refiere a la prisión y a la muerte (del ave, es decir, del rey don Pedro), sería más bien cosa de adivinanza [por no haber ocurrido todavía] que obra del conocimiento, lo cual no es aceptable para el sabio, es mejor dejar su explicación (es decir, si ha de resultar verdadera o no) a Dios que tiene el poder y conoce los secretos del futuro.
[31] lo cual me agradaría, aunque resultase que me había equivocado en mis juicios.   [32] porque me atreví, a causa de tus preocupaciones.   [33] vencido.   [34] Beltrán de Claquin, así llamado en la *Crónica*, que era el caballero francés Beltrán Duguesclin, partidario del rey don Enrique.

explanación... fallé que cuando el rey don Alfonso tu padre era vivo e aun después de su finamiento e después acá que tú reinaste algún tiempo, todos los del tu señorío vivían a gran placer de la vida, por las muchas buenas costumbres de que usaba tu padre... el cual placer habían por tan deleitoso que bien podían decir que dulzor de panares de miel, nin de otro sabor alguno non podía ser a ello comparado. De los cuales placeres son tirados tiempo ha[21] todos los tus súbditos e tú eres el accidente[22] de ello por muchas amarguras e quebrantamientos e desafueros en que los has puesto e pones de cada día, faciendo en ellos muchas cruezas[23] de sangres e muertes e otros muchos agravios, los cuales lengua non podría pronunciar. Así tengo que se explana este tercer seso de esta profecía de los panares, pues el tu accidente fué el robador de ellos.

Otrosí dice que todo el oro del mundo meterá en sí e en su estómago. Rey, sabe (de lo cual creo que eres bien sabidor, maguer parece que non curas de ello)[24] que tan manifiesta es la tu codícia desordenada de que usas que todos los que han el tu conocimiento por uso e por vista e aun eso mismo por oídas e por otra cualquiera conversación, tienen que eres el más señalado rey codicioso desordenado que en los tiempos pasados hubo en Castilla, nin en otros reinos e tierras e señoríos. Porque tan descubierta e tan manifiesta es, e tan grande la tu codicia que muestras en acrecentar tesoros desordenados que non tan solamente non te basta lo ordenado mas aun siguiendo mal a mal, tomas e robas los algos e bienes de las iglesias e casas de oración e así acrecientas estos tesoros, que non te vence consciencia nin vergüenza; e que tan grande es el acucia que en la codicia pones, que faces nuevas obras e fuertes así de castillos como de fortalezas... do puedas asegurar estos tales tesoros... Por lo cual todo es afirmado el texto de la profecía en este caso.

Continúa la carta explicando en la misma forma las diferentes partes de la profecía.

Dice otrosí que se encerrará en la selva e que morirá í dos veces. Rey, sabe que lo que a mí fué más grave e el mayor afán que en esto tomé fué por apurar el seso de este vocablo[25] que dice en la selva; e para esto acarreé su interpretación en esta guisa.[26] Yo requerí los libros de las conquistas que pasaron fasta aquí entre las casas de Castilla e de Granada e de Benamarín e por los libros de los fechos más antiguos que í pasaron fallé escrito que cuando la tierra que llaman de Alcaraz en el tu señorío era poblada de los nuestros moros, e después fué perdida, e cobrada[27] de los cristianos, que había cerca de ella un castillo que a ese tiempo era llamado Selva, el cual fallé por

estos mismos libros que a esa sazón perdió este nombre que había de Selva e fué llamado por otro nombre Montiel e que agora es así nombrado. E si tú eres aquel rey que la profecía dice que ha de ser í encerrado luego, e ésta es la selva e el lugar del encerramiento, según que esta profecía pone,[28] e en él habrán de acontecer estas muertes e lo al[29] que la profecía dice, Dios sólo es de ellos sabidor, al cual pertenecen los tales secretos...

E porque el postrimer seso, en que se face conclusión del encerramiento e de la muerte, sería antes adivinanza, que non alcanzamiento de saber (lo cual en todo buen saber debe ser reprobado), deja su explanación a aquél en quien es el poderío, que lo tal reserva en sus secretos.[30] E la tu ventura la quiera Dios guardar e desviar porque las cosas antedichas non hayan lugar de facer en ti la ejecución que traen tan espantosa; en lo cual yo sería muy agradable, maguer que en mis juicios fincase lo contrario e non verdadero;[31] lo cual sería muy ligero de sufrir porque mayor bienandanza sería a mí en la tu merced del bien e vida segura que hubieses, que non del contrario que temo. E en lo que te cumpliere mándame como a tuyo e en esto me farás gran placer... E si algo he sido atrevido, non culpes la mi osadía porque de la parte del tu cuidoso seso me atreví.[32] E me mandaste por tu carta que la verdad de esto no te fuese negada en aquello que el mi pobre saber alcanzase; e yo fablo contigo según lo que sobre ello entendí, mas non por otra certidumbre que yo pudiese afirmar. Empero, si en la tu corte hay hombres justos e sabidores a quien las tales cosas non se encubren, sométome al mejor juicio e corrección del su saber. Escrita en Granada.»

Cómo el rey don Pedro salió de Montiel e murió.

El rey don Enrique, desque hubo desbaratado[33] la pelea de Montiel e vió al rey don Pedro acogido al castillo que í era, puso muy gran acucia en facer cercar con una pared de piedra seca al lugar de Montiel, e otrosí puso grandes guardas de día e de noche en derredor por recelo que el rey don Pedro non se fuese de allí. E así fué que estaba í con el rey don Pedro en el castillo de Montiel un caballero que decían Men Rodríguez de Sanabria... E porque Men Rodríguez conocía a Mosen Beltrán,[34] fabló con él desde el castillo de Montiel, donde se acogiera cuando el rey don Pedro fué desbaratado e díjole que si a él pluguiese que querría fablar con él secretamente. E Mosen Beltrán le dijo que le placía e seguróle que viniese a él.

E Men Rodríguez salió de noche al Mosen Beltrán, por cuanto Mosen Beltrán tenía la guarda de aquella partida donde él e los suyos posaban, e Men Rodríguez le dijo así:

—Señor Mosen Beltrán: el rey don Pedro mi señor me mandó que fablase con vos e vos dijese así: «Que vos sois un muy noble caballero, que siempre vos preciasteis de facer hazañas e buenos fechos e que vos veis en el estado en que es él; e que si a vos pluguiese de le librar de aquí e ponerle en salvo e seguro e ser vos con él e de la su partida, que él vos daría las sus villas de Soria e Almazán e Atienza e Monteagudo e Deza e Serón por juro de heredad para vos e los que de vos viniesen; otrosí que vos dará doscientas mil doblas de oro castellanas. E yo pídovos por merced que lo fagáis así, ca gran honra habréis en acorrer a un rey tan grande como éste e que todo el mundo sepa que por vuestra mano cobra su vida e su reino.»

E Mosen Beltrán dijo a Men Rodríguez:

—Amigo: vos sabéis bien que yo soy un caballero vasallo de mi señor el rey de Francia e su natural, e que por su mandado soy venido aquí en esta tierra a servir al rey don Enrique, por cuanto el rey don Pedro tiene la parte de los ingleses e es aliado con ellos, especialmente contra el rey de Francia, mi señor; e yo sirvo al rey don Enrique, e estoy a sus gajes e a su sueldo, e non me cumple facer otra cosa que contra su servicio e honra fuese, nin vos me lo deberíais aconsejar; e si algún bien e cortesía de mí recibisteis, ruégovos que non me lo digáis más.»

E Men Rodríguez le dijo: «Señor Mosen Beltrán: yo bien entiendo que vos digo cosa que vos sea sin vergüenza; e pídovos por merced que hayáis vuestro consejo sobre ello.»

E Mosen Beltrán, desque oyó todas las razones que Men Rodríguez le dijo, respondióle que pues tales razones le decía, él quería avisarse[35] e saber qué le cumplía facer en tal caso: e Men Rodríguez se tornó al castillo de Montiel al rey don Pedro...

E los caballeros sus parientes con quien Mosen Beltrán tuvo este consejo le dijeron que él non ficiese cosa que fuese contra servicio del rey de Francia nin del rey don Enrique; e que bien sabía que el rey don Pedro era enemigo del rey de Francia por la amistad que tenía con el rey de Inglaterra e con el príncipe de Gales su fijo contra la casa de Francia; e dijéronle que les parecía que esta razón la ficiese luego saber al rey don En-

rique. E fízolo así e díjole todas las razones que le dijera el dicho Men Rodríguez de Sanabria. E el rey don Enrique se lo agradeció mucho e díjole que loado fuese Dios, mejor guisado tenía él de le dar aquellas villas e doblas que le prometiera el rey don Pedro que non él.[36] E dijo luego el rey don Enrique a Mosen Beltrán que le rogaba que dijese a Men Rodríguez de Sanabria que el rey don Pedro viniese a su posada del dicho Mosen Beltrán e le ficiese seguro que le pondría en salvo; e desque í fuese que se lo ficiese saber. E como quier[37] que Mosen Beltrán dudó de facer esto, pero por acucia de algunos parientes suyos fízolo así; e non tuvieron los que esta razón supieron que fué bien fecho.[38] E dicen algunos que cuando él tornó la respuesta a Men Rodríguez que le aseguró que pondría al rey don Pedro en salvo.

E en tal manera se fizo que finalmente el rey don Pedro, porque estaba ya tan afincado[39] en el castillo de Montiel que non lo podía sufrir e algunos de los suyos se venían para el rey don Enrique e otrosí porque non tenían agua sinon poca, por esto e con el esfuerzo de las juras que le habían fecho... aventuróse una noche e vínose para la posada de Mosen Beltrán... E así como allí llegó descabalgó del caballo en que venía dentro en la posada de Mosen Beltrán e dijo a Mosen Beltrán: «Cabalgad, que ya es tiempo que vayamos.»

E non le respondió ninguno porque ya lo habían fecho saber al rey don Enrique cómo el rey don Pedro estaba en la posada de Mosen Beltrán. Cuando esto vió el rey don Pedro, dudó e pensó que el fecho iba mal e quiso cabalgar en el su caballo en que había venido; e uno de los que estaban con Mosén Beltrán trabó de él e díjole: «Esperad un poco.» E túvole, que non le dejó partir.

E venían con el rey don Pedro esa noche don Fernando de Castro e Diego González de Oviedo, fijo del Maestre de Alcántara, e Men Rodríguez de Sanabria e otros. E luego que allí llegó el rey don Pedro e le detuvieron en la posada de Mosen Beltrán, como dicho hemos, súpolo el rey don Enrique que estaba ya apercibido e armado de todas sus armas e el bacinete en la cabeza esperando este fecho. E vino allí armado e entró en la posada de Mosen Beltrán; e así como llegó el rey don Enrique, trabó del rey don Pedro. E él non le conocía, ca había gran tiempo que non le había

35 aconsejarse o pensar sobre ello. 36 que mejor manera tenía él o mejor podría él, que no don Pedro, darle aquellas villas, etc. 37 aunque. 38 y los que tuvieron noticia de ello pensaron que no estuvo bien hecho. 39 apurado, preocupado. 40 millones.
41 perla. 42 ornamentos. 43 novén = moneda de cobre y plata usada desde los tiempos de Fernando IV hasta los de los Reyes Católicos, que valía un tercio de

un real de plata; cornado=moneda de cobre y plata usada en los siglos XIV y XV, que valía un cuarto y un maravedí. 44 advertidos.
1 tipo de canción paralelística de origen galaicoportugués que se cantaba como acompañamiento de baile; consta de estrofas de dos versos y un estribillo. 2 bello. 3 parece que. 4 ver. 5 muestra; ya asoman las flores.

visto; e dicen que le dijo un caballero de los de Mosen Beltrán: «Catad que éste es vuestro enemigo.»

E el rey don Enrique aún dudaba si era él, e dicen que dijo el rey don Pedro dos veces: «Yo soy, yo soy.»

E entonces el rey don Enrique conocióle e firióle con una daga por la cara, e dicen que ambos a dos, el rey don Pedro e el rey don Enrique cayeron en tierra, e el rey don Enrique le firió estando en tierra de otras feridas. E allí murió el rey don Pedro a veintitrés días de marzo de este dicho año; e fué luego fecho gran ruido por el real, una vez diciendo que se era ido el rey don Pedro del castillo de Montiel e luego otra vez cómo era muerto.

E murió el rey don Pedro en edad de treinta y cinco años e siete meses, ca nació año del Señor de mil trescientos e treinta e tres, e reinó año del Señor de mil trescientos e cincuenta, e finó año del Señor de mil trescientos e sesenta e nueve e de la era de César mil cuatrocientos e siete años.

E fué el rey don Pedro asaz grande de cuerpo e blanco e rubio, e ceceaba un poco en la fabla. Era muy cazador de aves. Fué muy sufridor de trabajos. Era muy templado e bien acostumbrado en el comer e beber. Dormía poco e amó mucho mujeres. Fué muy trabajador en guerra. Fue codicioso de allegar tesoros e joyas, tanto que se falló después de su muerte que valieron las joyas de su cámara treinta cuentos[40] en piedras preciosas e aljófar[41] e vajilla de oro e de plata e en paños de oro de otros apostamientos.[42] E había en moneda de oro o de plata en Sevilla en la torre del Oro e en el castillo de Almodóvar setenta cuentos; e en el reino e en sus recaudadores en moneda de novenes e cornados[43] treinta cuentos e en deudas en sus arrendadores otros treinta cuentos; así que hubo en todo ciento e sesenta cuentos, según después fué fallado por sus contadores de cámara e de las cuentas. E mató muchos en su reino por lo cual le vino todo el daño que habéis oído. Por ende diremos aquí lo que dijo el profeta David: «Agora los reyes aprended, e sed castigados[44] todos los que juzgáis el mundo», ca gran juicio e maravilloso fué éste e muy espantable.

SIGLO XIV: LÍRICA

Diego Hurtado de Mendoza

Almirante de Castilla, hijo de Pero González de Mendoza, cuyas poesías figuran en el *Cancionero de Baena*, y padre del marqués de Santillana. Aparece así este delicado poeta como uno de los primeros señores de noble alcurnia que cultivaron en castellano la poesía lírica de origen trovadoresco. En el *Cancionero de Palacio* (publicado en 1943 por Francisca Vendrell de Millás) se conservan siete poesías suyas, entre ellas las dos que publicamos: una, la deliciosa «Cosaute», sobre el tema del árbol del amor, y la «Serrana», digno antecedente de las «serranillas» de su hijo.

Serrana

Un día de esta semana,
partiendo de mi hostal,
vi pasar gentil serrana
que en mi vida no vi tal.
Preguntéle do venía,
por qué tierras pasaba;
díjome que caminaba
al prior de Rascafría
a facer donde solía

penitencia en la solana
por dejar vida mundana
e todo pecado mortal.

Cosaute[1]

A aquel árbol que mueve la foja
algo se le antoja.
Aquel árbol del bel[2] mirar
face de maniera[3] flores quiere dar:
algo se le antoja.
Aquel árbol del bel veyer[4]
face de maniera quiere florecer:
algo se le antoja.
Face de maniera flores quiere dar:
ya se demuestra:[5] salidlas mirar:
algo se le antoja.
Face de maniera quiere florecer:
ya se demuestra; salidlas a ver:
algo se le antoja.
Ya se demuestra; salidlas mirar.
Vengan las damas las frutas cortar:
algo se le antoja.

SIGLO XV: POESÍA

La Danza de la Muerte

La *Danza de la Muerte* o *Danza general* se conserva en un manuscrito de la Biblioteca del Escorial. Desarrolla un tema común a varias literaturas europeas en el siglo xv y se relaciona directamente con la versión alemana de *Totentanz* y con la *Danse Macabre* francesa. De la versión española dice Ford que es «muy superior a las otras en mérito literario y las aventaja en vivacidad de espíritu, caracterización y en la agudeza de su sátira». A su interés como primera manifestación de un tema —el de la muerte— muy importante en toda la poesía del siglo xv, une el de ser una de las primeras muestras de la estrofa de «arte mayor».

Texto según BAE, LVII, y C. Appel en *Beiträge zur romanischen und englischen Philologie...* Breslau, 1902.

Aquí comienza la danza general, en la cual trata cómo la muerte dice aviso a todas las criaturas que paren mientes en la brevedad de su vida e que de ella mayor caudal non sea fecho que ella merece.[1] E asimismo les dice e requiere que vean e oigan bien lo que los sabios predicadores les dicen e amonestan de cada día, dándoles bueno e sano consejo que pugnen en[2] facer buenas obras por que hayan cumplido perdón de sus pecados. E luego siguiente mostrando por experiencia lo que dice,[3] llama e requiere a todos los estados del mundo que vengan de su buen grado o contra su voluntad; comenzando, dice así:

DICE LA MUERTE:
Yo soy la muerte cierta a todas criaturas
que son y serán en el mundo durante;[4]
demando y digo: «¡Oh, hombre!, ¿por qué curas
de vida tan breve en punto pasante?[5]
Pues non hay tan fuerte nin recio gigante
que desde mi arco se puede amparar,
conviene que mueras cuando lo tirar[6]
con esta mi flecha cruel traspasante...»
... ...

BUENO E SANO CONSEJO:[7]
Señores, pugnad en facer buenas obras,
non vos fiedes en altos estados,[8]
que non vos valdrán tesoros nin doblas[9]
a la muerte que tiene sus lazos parados.[10]
Gemid vuestras culpas, decid los pecados
en cuandô podades con satisfacción,
si queredes haber cumplido perdón
de Aquél que perdona los yerros pasados.
Faced lo que digo, non vos detardedes,[11]
que ya la muerte encomienza a ordenar
una danza esquiva de que non podedes,
por cosa ninguna que sea, escapar.
A la cual dice que quiere llevar
a todos nosotros lanzando sus redes;
abrid las orejas, que ahora oiredes
de su charambela[12] un triste cantar.

DICE LA MUERTE:
A la danza mortal venid los nacidos
que en el mundo sois de cualquiera estado,
el que non quisiere a fuerza e amidos[13]
facerle he venir muy toste priado.[14]
Pues que ya el fraile vos ha predicado
que todos vayáis a facer penitencia,
el que non quisiere poner diligencia
por mí non puede ser más esperado.

PRIMERAMENTE LLAMA A SU
DANZA A DOS DONCELLAS:
Esta mi danza traye[15] de presente
estas dos doncellas que vedes fermosas;
ellas vinieron de muy mala mente
oír mis canciones, que son dolorosas.
Mas non les valdrán flores e rosas

---

[1] que no se dé a ella (a la vida) mayor importancia de la que tiene. [2] procuren, traten de. [3] y después mostrando por medio de la acción lo que dice. [4] mientras dure el mundo. [5] ¿por qué te preocupas de vida tan breve que pasa en un momento? [6] cuando yo lo dispare (el arco). [7] Aquí habla un predicador cuyo testimonio invoca la Muerte. [8] no os fiéis porque ocupéis una alta posición en la vida. [9] dinero; *dobla* era una moneda de oro. [10] contra la muerte que tiene sus lazos preparados.

[11] no os tardéis, no perdáis tiempo. [12] instrumento musical de la Edad Media. [13] de mala gana. [14] en seguida. [15] trae. [16] afeites, adornos. [17] afeites. [18] aburrimiento? [19] mal olientes. [20] saltar, bailar.

[21] para mí que dispensaba (concedía) tantas grandes dignidades (a los prelados). [22] protégeme. [23] el manto rojo propio de la dignidad papal. [24] premio. [25] predicar la cruzada. [26] ruido. [27] contenta. [28] a la fuerza, sin querer yo. [29] por grande o desgraciado que sea. [30] no os preocupéis, no penséis, porque no es ésta ocasión de la que os pueda librar.

[31] porque el que toca (la Muerte) tiene la cara fea. [32] sabio, prudente. [33] no os mováis. [34] contento [35] especie de joya. [36] no quiero ocuparme de cosas de estudio? [37] divertirme. [38] ofrendas y pagos que se hacen a la Iglesia. [39] una música, una tonada. [40] que muchas almas tuviste en tu grey, a tu cuidado.

nin las composturas[16] que poner solían,
de mí si pudiesen partirse querrían,
mas non puede ser, que son mis esposas.

A éstas e a todos por las aposturas[17]
daré fealdad la vida partida,
e desnudedad por las vestiduras,
por siempre jamás muy triste aborrida;[18]
e por los palacios daré por medida
sepulcros oscuros de dentro fedientes,[19]
e por los manjares gusanos royentes
que coman de dentro su carne podrida.

E porque el Santo Padre es muy alto señor
que en todo el mundo non hay su par,
e de esta mi danza será guiador,
desnude su capa, comience a sotar;[20]
non es ya tiempo de perdones dar,
nin de celebrar en grande aparato,
que yo le daré en breve mal rato:
danzad, Padre Santo, sin más detardar.

DICE EL PADRE SANTO:
¡Ay de mí, triste, qué cosa tan fuerte,
a yo que trataba tan gran prelacía,[21]
haber de pasar agora la muerte,
e non me valer lo que dar solía!
Beneficios e honras e gran señoría,
tuve en el mundo pensando vivir,
pues de ti, muerte, non puedo fuir,
valme[22] Jesucristo e la virgen María.

DICE LA MUERTE:
Non vos enojedes, señor Padre Santo,
de andar en mi danza que tengo ordenada,
non vos valdrá el bermejo manto;[23]
de lo que fecistes habredes soldada.[24]
Non vos aprovecha echar la cruzada,[25]
proveer de obispados nin dar beneficios,
aquí moriredes sin facer más bollicios;[26]
danzad, imperante, con cara pagada.[27]

DICE EL EMPERADOR:
¿Qué cosa es ésta que a tan sin pavor
me lleva a su danza a fuerza sin grado?[28]
Creo que es la muerte que non ha dolor
de hombre que grande o cuitado.[29]
¿Non hay ningún rey nin duque esforzado
que de ella me pueda ahora defender?
¡Acorredme todos! Mas non puede ser,
que ya tengo de ella todo el seso turbado.

DICE LA MUERTE:
Emperador muy grande, en el mundo potente,
non vos cuitedes, ca non es tiempo tal,
que librar vos pueda[30] imperio nin gente,
oro nin plata, nin otro metal.
Aquí perderedes el vuestro caudal,
que atesorasteis con gran tiranía,
faciendo batallas de noche e de día:

morid, non curedes; venga el cardenal.
… … … … … … … … … … … … … …

DICE EL CONDESTABLE:
Yo vi muchas danzas de lindas doncellas,
de dueñas fermosas de alto linaje;
mas según me parece no es ésta de ellas,
ca el tañedor trae feo visaje.[31]
¡Venid, camarero! Decid a mi paje
que traiga el caballo, que quiero fuir,
que ésta es la danza que dicen morir:
¡si de ella escapo, tener me han por saje![32]

DICE LA MUERTE:
Fuir non conviene al que ha de estar quedo.
¡Estad,[33] condestable! ¡Dejad el caballo!
Andar en la danza alegre muy ledo,[34]
sin facer ruido, ca yo bien me callo.
Mas verdad vos digo, que al cantar del gallo
seredes tornado de otra figura,
allí perderedes vuestra fermosura:
venid vos, obispo, a ser mi vasallo.
… … … … … … … … … … … … … … … …

DICE EL ESCUDERO:
Dueñas e doncellas, habed de mí duelo,
que fácenme por fuerza dejar los amores;
echóme la muerte su sutil anzuelo,
fácenme danzar danza de dolores.
Non traen por cierto firmalles[35] nin flores
los que en ella danzan, mas gran fealdad.
¡Ay de mí cuitado, que en gran vanidad
anduve en el mundo sirviendo señores!
… … … … … … … … … … … … … … …

DICE EL CURA:
Non quiero excepciones nin conjugaciones;[36]
con mis parroquianos quiero ir folgar,[37]
ellos me dan pollos e lechones
e muchas obladas con el pie de altar.[38]
Locura sería mis diezmos dejar
e ir a tu danza de que non se parte;
pero a la fin non sé por cuál arte
de esta tu danza pudiese escapar.

DICE LA MUERTE:
Ya non es tiempo de yacer al sol
con los parroquianos bebiendo del vino,
yo vos mostraré un remifasol[39]
que ahora compuse de canto muy fino.
Tal como a vos quiero haber por vecino
que muchas ánimas tuvistes en gremio,[40]
según las registes habredes el premio;
dance el labrador que viene del molino.
… … … … … … … … … … … … … … … …

DICE EL MONJE:
Loor e alabanza sea para siempre
al alto Señor que con piedad me lleva

a su santo Reino a donde contemple
por siempre jamás la su majestad.
De cárcel escura vengo a claridad
donde habré alegría sin otra tristura,
por poco trabajo habré gran folgura:
Muerte, non me espanto de tu fealdad.

… … … … … … … … … … … … … … … …

DICE EL SACRISTÁN:
Muerte, yo te ruego que hayas piedad
de mí, que so mozo de pocos días,
non conocí a Dios con mi mocedad
nin quise tomar ni seguir sus vías.
Fía de mí, amiga, como de otros fías,
por que satisfaga del mal que he fecho,
a ti non se pierde jamás tu derecho
ca yo iré si tú por mí envías.

DICE LA MUERTE:
Don sacristanejo de mala picaña,[41]
ya non tienes tiempo de saltar paredes,[42]
nin de andar de noche con los de la caña,
faciendo las obras que vos bien sabedes.
Andar a rondar vos ya non podredes,

nin presentar joyas a vuestra señora,
si bien vos quiere, quítevos[43] agora:
venid vos, rabí, acá meldaredes.[44]

… … … … … … … … … … … … … … … … … …

LO QUE DICE LA MUERTE A LOS QUE NON NOMBRÓ:
A todos los que aquí no he nombrado
de cualquier ley e estado o condición,
les mando que vengan muy toste priado
a entrar en mi danza sin excusación.
Non recibiré jamás excepción,
nin otro libelo nin declinatoria;[45]
los que bien ficieron habrán siempre gloria,
los quel' contrario habrán dapnación.[46]

DICEN LOS QUE HAN DE PASAR POR LA MUERTE:
Pues que así es que a morir habemos
de necesidad sin otro remedio,
con pura conciencia todos trabajemos
en servir a Dios sin otro comedio,[47]
ca él es príncipe,[48] fin e el medio
por do si le place habremos folgura,
aunque la muerte con danza muy dura
nos meta en su corro en cualquier comedio.[49]

Cancionero de Baena

El *Cancionero de poetas antiguos que fizo e ordenó e compuso e acopló el judino Johan Alfonso de Baena, escribano e servidor del rey don Juan Nuestro Señor de Castilla,* fechado hacia 1445, parece ser el primero de una larga serie de *Cancioneros,* algunos todavía inéditos, en los que se recoge la obra de los numerosos trovadores y poetas que hubo en España a partir de fines del siglo XIV. Representa el período de transición entre la lírica gallego-portuguesa de origen trovadoresco, recogida en cancioneros más antiguos, y la escuela castellana. De acuerdo con este carácter, aunque predominan las composiciones en lengua castellana, aparecen en él bastantes compuestas en gallego o en una lengua híbrida, castellano con abundantes formas gallegas. Si bien hay composiciones de algún poeta anterior, la mayoría de los que en él figuran pertenecen a la época de Enrique III, a fines del siglo XIV, y a la de Juan II, primera mitad del siglo XV. A diferencia de otros *Cancioneros* posteriores, el de Baena posee unidad de espíritu, de contenido y forma. Por eso, aunque uno de los problemas más difíciles de la historia de la poesía española sea poner un poco de orden en esta «selva confusa» de los cancioneros, hemos preferido dar juntas

en esta Antología las composiciones elegidas de los poetas que aparecen en él, considerándolo como unidad, y precedidas de algunos interesantes párrafos del prólogo de Baena que recogen muy bien el sentido poético de la lírica cortesana del momento. También son interesante muestra de ese sentido los títulos y epígrafes que Baena puso a muchas de las poesías y que nosotros conservamos. En algún caso hemos añadido una o dos poesías que se encuentran en otros cancioneros para que aparezcan juntas con las otras del mismo autor. Separamos, por el contrario, la obra de poetas que, como Santillana, Mena o Pérez de Guzmán, tienen personalidad literaria independiente del grupo más o menos indiferenciado de trovadores y poetas cortesanos.

De los varios poetas de quienes damos alguna muestra, el más representativo e importante es Alfonso Álvarez de Villasandino (muerto hacia 1428). Micer Francisco Imperial fué poeta muy estimado en su tiempo, como muestra, entre otros testimonios, el elogio que de él hizo Santillana en su «Carta-Proemio al Condestable de Portugal»; es el primero y el más destacado de los imitadores de la poesía dantesca en castellano; se ignoran las fechas de su nacimiento y muerte, pero se

---

41 de poca vergüenza, desvergonzado. 42 de hacer travesuras, picardías. 43 que os libre. 44 aprenderéis. 45 ni otra petición ni excusa. 46 los que lo contrario (los que hicieron mal) se condenarán. 47 sin interrupción; *comedio* es intermedio o espacio de tiempo. 48 principio? 49 en cualquier momento, en cualquier tiempo.

1 disputa o desafío poético de dos trovadores o poetas en la que uno de ellos hacía una pregunta que el otro debía contestar en el mismo consonante. 2 Tradicionalmente se ha interpretado esta palabra como «judío», referida al origen de Baena, pero algunos críticos han puesto en duda más tarde la propiedad de esta interpretación. 3 además, también. 4 la materia, el contenido. 5 se anima, se aviva. 6 como se ha dicho antes.

sabe, por lo que dice Baena, que nació en Génova y vivió en Sevilla. Ferrant Manuel de Lando parece haber pertenecido a familia noble y ser descendiente de uno de los caballeros franceses que acompañaron a Duguesclin; vivía aún y debía de ser ya viejo en 1416. Macías, más conocido por su triste leyenda amorosa que por su obra poética, fué gallego, nacido al parecer en El Padrón; escribió entre 1360 y 1390, aunque la leyenda podría hacer creer que vivió más tarde. Pero Vélez de Guevara es uno de los poetas nobles que figuran en el *Cancionero;* era tío del marqués de Santillana, y murió hacia 1420. Juan Rodríguez del Padrón o de la Cámara debió nacer a fines del siglo XIV y morir a mediados del XV; hacia 1440 compuso *El siervo libre de amor,* que es una de las primeras novelas sentimentales. De Sánchez Calavera se tienen pocas noticias seguras y hasta se ha puesto en duda que sea el autor de la composición que damos, composición que representa con otras atribuídas también a Calavera, la corriente de poesía doctrinal que junto con la alegórica representada por Imperial y otros poetas, contrapesan la abundancia de poesía cortesana y trovadoresca en el *Cancionero.* Garci Fernández de Jerena escribió entre 1365 y 1400 y su vida, como la de Villasandino y otros trovadores, parece que fué bastante agitada y pintoresca.

Para los textos seguimos la edición de Francisque Michel, Leipzig, 1860, aunque en el caso de varias poesías hayamos consultado otros *Cancioneros.*

PRÓLOGO

Aquí se comienza el muy notable e famoso libro fundado sobre la muy graciosa e sutil arte de la poesía e gaya ciencia, en el cual libro generalmente son escritas e puestas e asentadas todas las cantigas muy dulces e graciosamente asonadas de muchas e diversas artes; e todas las preguntas de muy sutiles invenciones fundadas e respondidas; e todos los otros muy gentiles decires muy limados e bien escandidos; e todos los otros muy agradables e fundados procesos e recuestas[1] que en todos los tiempos pasados fasta aquí ficieron e ordenaron e compusieron e metrificaron el muy esmerado e famoso poeta, maestro e patrón de la dicha arte, Alfonso Álvarez de Villasandino, e todos los otros poetas, frailes e religiosos maestros en teología, e caballeros e escuderos, e otras muchas e diversas personas sutiles, que fueron e son muy grandes decidores e hombres muy discretos e bien entendidos en la dicha graciosa arte; de los cuales poetas e decidores aquí adelante por su orden en este dicho libro serán declarados sus nombres de todos ellos, e relatadas sus obras de cada uno bien por extenso; el cual dicho libro con la gracia e ayuda e bendición e esfuerzo del muy soberano bien que es Dios nuestro señor, fizo e ordenó e compuso e acopiló el judino[2] Juan Alfonso de Baena, escribano e servidor del muy alto e muy noble rey de Castilla

Don Juan nuestro señor, con muy grandes afanes e trabajos, e con mucha diligencia e afección, e gran deseo de agradar e complacer e alegrar e servir a la su gran realeza e muy alta señoría. Ca sin duda alguna si la su merced en este dicho libro leyere en sus tiempos debidos, con él se agradará e deleitará e folgará...

E aun otrosí[3] con las muy agradables e graciosas e muy singulares cosas que en él son escritas e contenidas, la su muy... real persona habrá reposo e descanso en los trabajos e afanes e enojos, e otrosí desechará e olvidará e apartará e tirará de sí todas tristezas e pesares e pensamientos e aficiones del espíritu que muchas de veces atraen e causan e acarrean a los príncipes los sus muchos e arduos negocios reales. E asimismo se agradará la realeza e gran señoría de la muy alta e muy noble e muy esclarecida reina de Castilla doña María nuestra señora, su mujer, e dueñas e doncellas de su casa. E aun se agradará e folgará con este dicho libro el muy ilustrado e muy gracioso e muy generoso príncipe don Enrique, su fijo; e finalmente en general se agradarán con este dicho libro todos los grandes señores de sus reinos e señoríos, así los prelados, infantes, duques, condes, adelantados, almirantes, como los maestres, priores, mariscales, doctores, caballeros, e escuderos, e todos los otros fidalgos e gentiles hombres, sus donceles e criados e oficiales de la su casa real, que lo ver e oír e leer e entender bien quisieren. E porque la obra[4] tan famosa de este dicho libro sea más agradable e mejor entendida a los leyentes e oyentes de ella, fizo e ordenó el dicho Juan Alfonso de Baena e puso aquí al comienzo de esta su obra una acopilada escritura, como a manera de prólogo o de arenga, e por fundamento e raíz de toda su obra, la cual es esta que se aquí comienza.

… … … … … … … … … … … … …

Pero con todo eso mucho mayor vicio e placer... reciben e toman los reyes e príncipes e grandes señores, leyendo e oyendo e entendiendo los libros e otras escrituras de los notables e grandes fechos pasados, por cuanto se clarifica e alumbra el seso, e se despierta e ensalza el entendimiento, e se conorta[5] e reforma la memoria, e se alegra el corazón, e se consuela el alma, e se glorifica la discreción, e se gobiernan e mantienen e reposan todos los otros sentidos, oyendo e leyendo e entendiendo e sabiendo todos los notables e grandes fechos pasados que nunca vieron nin oyeron nin leyeron, de los cuales toman e reciben muchas virtudes e muy sabios e provechosos ejemplos, como sobredicho es.[6] E por cuanto a todos es cierto e notorio que entre todos los libros notables e loadas escrituras que en el mundo fueron escritas e ordenadas e fechas e compuestas por los sabios e discretos autores, maestros e componedores de ellas, el arte de la poesía e gaya ciencia es una escritura e composición muy sutil e bien graciosa, e es dulce e muy agradable a todos los oponientes e respondientes de ella e componedores e oyentes.

La cual ciencia... es habida e recibida e alcanzada por gracia infusa del señor Dios que la da e la envía e influye en aquel e aquellos que bien e sabia e sutil e derechamente la saben facer e ordenar e componer e limar e escandir e medir por sus pies e pausas, e por sus consonantes e sílabas e acentos, e por artes sutiles e de muy diversas e singulares nombranzas.[7] E aun asimismo es arte de tan elevado entendimiento e de tan sutil ingenio, que la non puede aprender nin haber nin alcanzar nin saber bien nin como debe, salvo todo hombre que[8] sea de muy altas e sutiles invenciones, e de muy elevada e pura discreción, e de muy sano e derecho juicio, e tal que haya visto e oído e leído muchos e diversos libros e escrituras, e sepa de todos lenguajes, e aun que haya cursado cortes de reyes e con grandes señores,[9] e que haya visto e platicado muchos fechos del mundo, e finalmente que sea noble, fidalgo e cortés e mesurado e gentil e gracioso e pulido e donoso, e que tenga miel e azúcar e sal e aire e donaire en su razonar, e otrosí que sea amado e que siempre se precie e se finja de ser enamorado, porque es opinión de muchos sabios que todo hombre que sea enamorado conviene a saber que ame a quien debe e cómo debe e dónde debe, afirman e dicen que el tal de todas buenas doctrinas es dotado.

Alfonso Álvarez de Villasandino

Aquí se comienzan las cantigas muy escandidas e graciosamente asonadas, las preguntas e respuestas sutiles e bien ordenadas, e los decires muy limados e bien fechos e de infinitas invenciones, que fizo e ordenó en su tiempo el muy sabio e discreto varón, e muy singular componedor en esta muy graciosa arte de la poesía e gaya ciencia, Alfonso Álvarez de Villasandino; el cual, por gracia infusa

que Dios en él puso, fué esmalte e luz e espejo e corona e monarca de todos los poetas e trovadores que fasta hoy fueron en toda España.

Generosa, muy fermosa,
sin mancilla, Virgen santa,
virtuosa, poderosa,
de quien Lucifer se espanta,
tanta fué la tu gran humildad,
que toda la Trinidad
en ti se encierra, se canta.

Placentero fué el primero
gozo, señora, que hubiste
cuando el vero mensajero
te saluó;[10] tú respondiste.
Trajiste
en tu seno virginal
al Padre celestial,
al cual sin dolor pariste.

¿Quién sabría nin diría
cuánta fué tu omildanza?[11]
¡Oh María, puerta e vía
de salud e de folganza![12]
Fianza[13]
tengo en ti, muy dulce flor,
que por ser tu servidor
habré de Dios perdonanza.

Noble rosa, fija e esposa
de Dios, e su madre dina,[14]
amorosa es la tu prosa:[15]
Ave, estela matutina.[16]
Inclina
tus orejas de dulzor,
oyendo a mí, pecador;
ayudándome festina.[17]

... ...

Esta cantiga fizo el dicho Alfonso Álvarez por ruego del adelantado Pero Manrique, cuando andaba enamorado de esta su mujer, fija que es del señor duque de Benavente.

Señora, flor de azucena,
claro viso[18] angelical,
vuestro amor me da gran pena.

7 nombres. 8 excepto todo aquel que. 9 y hasta (además) que haya frecuentado las cortes de los reyes y [convivido] con grandes señores. 10 te saludó. 11 humildad. 12 reposo, regocijo. 13 fe, confianza. 14 digna. 15 equivale a poema o himno; aquí debe de hacer referencia a la letanía de la Virgen. 16 Dios te guarde, estrella de la mañana. 17 pronto, diligentemente. 18 rostro, cara. 19 que se llamaba... El título está incompleto. 20 lumbre de estos ojos míos. Esta cantiga, como otras de Villasandino y de diversos poetas del *Cancionero*, está escrita en un gallego bastante castellanizado, sea por obra del autor o del colector. Damos el equivalente castellano de formas que puedan presentar alguna dificultad.

21 Lang (*Cancioneiro gallego-castelhano*) lee este verso restaurándolo a su forma gallega: «ja mais prazer nunca vi» (ya más placer nunca vi). 22 sufro y espero sufrir. 23 que pues no os puedo ver, no sé qué sea de mí. 24 lloran con gran soledad. 25 infelices, desgraciados. 26 a quien no le place. 27 sino vuestra. 28 noche. 29 muchas. 30 como no muera, el modo de no morir. 31 ellos (los ojos) no cesan de llorar. 32 adornada de alta compañía, posiblemente aludiendo a la nobleza de sus habitantes. 33 no hago caso. 34 holgura, descanso, alegría. 35 esperar. 36 Agar, esclava de Abraham y madre de Ismael, de quien arranca el linaje de los árabes.

Muchas en Extremadura
vos han gran envidia pura,
por cuantas han fermosura;
dudo mucho si fué tal
en su tiempo Policena.

Fízovos Dios delicada,
honesta, bien enseñada;
vuestra color matizada
más que rosa del rosal,
me atormenta e desordena.

Donaire, gracioso brío,
es todo vuestro atavío;
linda flor, deleite mío,
yo vos fuí siempre leal,
más que fué Paris a Elena.

Vuestra vista deleitosa
más que lirio nin que rosa,
me conquista; pues non osa
mi corazón decir cuál
es quien así lo enajena.

Cumplida de noble aseo,
cuando vuestra imagen veo,
otro placer non deseo
sinon sufrir bien o mal,
andando en vuestra cadena.

Non me basta más mi seso,
pláceme ser vuestro preso,
señora: por ende beso
vuestras manos de cristal,
clara luna en mayo llena.

*Esta cantiga fízo el dicho Alfonso Álvarez de Villa-
sandino por amor e loores de una su señora que
decían...*[19]

Desque de vos me partí,
lume d'estos ollos meus,[20]
por la fe que devo a Deus,
jamás plaser nunca vi,[21]
tan graves cuitas sufrí,
sufr'e atendo sufrer,[22]
que pois non vos posso ver,
non sei que seja de mí.[23]
Choran con grant soedade[24]
estos meus ollos cativos;[25]
mortos son, pero andan vivos,
mantenendo lealdade.
Señora, gran crueldade
faredes en olvidar
a quen non le praz[26] mirar
se non vossa[27] gran beldade.
Meus ollos andan mirando
noite[28] é dia á todas partes,
buscando por muitas[29] artes
commo non moira[30] penando;
mais meu corazón pensando
non les quere dar placer,

por vos sempre obedecer
eles non cessan chorando.[31]

*Esta cantiga fizo el dicho Alfonso Álvarez a la
dicha ciudad de Sevilla, e fízosela cantar con juglares otra Navidad, e diéronle otras cien doblas.*

Linda sin comparación,
claridad e luz de España,
placer e consolación,
briosa ciudad extraña,
el mi corazón se baña
en ver vuestra maravilla,
muy poderosa Sevilla,
guarnida de alta compaña.[32]
Paraíso terrenal
es el vuestro nombre puro;
sobre cimiento leal
es fundado vuestro muro,
donde vive amor seguro,
que será siempre ensalzado.
Si esto me fuere negado,
de maldicientes non curo.[33]
Desque de vos me partí
fasta agora que vos veo,
bien vos juro que non vi
vuestra igual en aseo;
mientras más miro e oteo
vuestras dueñas e doncellas,
resplandor nin luz de estrellas
non es tal, según yo creo.
En el mundo non ha par
vuestra lindeza e folgura,[34]
nin se podrían fallar
dueñas de tal fermosura;
doncellas de gran mesura
que en vos fueron criadas,
éstas deben ser loadas
en España de apostura.

* * *

Quien de linda se enamora,
atender[35] debe perdón,
en caso que sea mora.
El amor e la ventura
me ficieron ir mirar
muy graciosa criatura
de linaje de Aguar.[36]
Quien fablare verdad pura,
bien puede decir que non
tiene talle de pastora.
Linda rosa muy suave
vi plantada en un vergel,
puesta so secreta llave,
de la línea de Ismael;
maguer sea cosa grave,
con todo mi corazón

la recibo por señora.
        Mahomad el atrevido
ordenó que fuese tal;
de aseo noble, cumplido,
albos pechos de cristal;
de alabastro muy bruñido
debía ser con gran razón
lo que cubre su alcandora.[37]
        Dióle tanta fermosura
que lo non puedo decir;
cuantos miran su figura,
todos la aman servir;
con lindeza e apostura
vence a todas cuantas son
de Alcuña, donde mora.
        Non sé hombre tan guardado
que viese su resplandor,
que non fuese conquistado
en un punto de su amor.
Por haber tal gasajado[38]
yo pondría en condición
la mi alma pecadora.

*Esta cantiga fizo el dicho Alfonso Álvarez e dicen
algunos que la fizo por ruego del conde don Pero
Niño cuando era desposado con su mujer doña
Beatriz, e trae en ella como manera de recuesta e
fabla que él e un ruiseñor tenían uno con otro; la
cual cantiga es bien fecha e graciosamente asonada.*

        En muy esquivas montañas
apres[39] de una alta floresta,
oí voces muy extrañas,
en figura de recuesta;
decían dos ruiseñores:
«¡Los leales amadores!
esforzad, perded pavores,
pues amor vos amonesta.»
        Oí cantar de otra parte
un gayo que se enfengía:[40]
«Amor, quien de ti se parte,
faz vileza e cobardía;
pero en cuanto hombre vive,
de amar non se esquive,
guarde que non se cative
do perezca por folía.»[41]
        «La pascua viene muy cedo»,[42]
el un ruiseñor decía;

el otro, orgulloso e loado,
con placer le respondía
diciéndole: «Amigo hermano,
en invierno e en verano
siempre amó andar lozano
quien ama sin villanía.»
        Desque vi que así loaban
los ruiseñores al gayo
e los que fermoso amaban,
hube placer e desmayo;
placer, por mi lealtanza,
desmayo, por la tardanza,
pues toda mi esperanza
es dudosa fasta mayo.

*Este decir fizo el dicho Alfonso Álvarez de Villa-
sandino al dicho señor rey don Enrique, estando
en el monasterio de Carracedo, en Galicia, por el
cual el dicho Alfonso Álvarez le recontaba todos
sus trabajos e pobrezas que tenía en aquella tierra,
e le suplicaba que le ficiese merced e ayuda para
con que partiese.*[43]

        Señor, pues me desamparan
dineros en Carracedo,
cuantos podan, cuantos aran,
non me pueden facer ledo;[44]
si en tal montaña quedo,
creo que non me valdría
*Pater noster, Ave María,
Salve Regina* nin *Credo.*
        Salve Regina nin *Credo,*
señor, non puedo rezar,
pues me veo de Toledo
con pobreza longe[45] estar;
que mi cuita non ha par,
maguer veo truchas frescas,
que membrándome[46] de Illescas
fuerza me face quejar.
        Fuerza me face quedar
a gran mengua de moneda;
parte del mi ajuar
en León a logro[47] queda,
sufriendo en esta arboleda
mucho frío e sinsabor;
sin dinero ¡ay pecador!
la miel se me torna aceda.
        La miel se me torna aceda,

---

37 especie de túnica.   38 agasajo, alegría.   39 cerca.
40 *enfengir* significa fingir o presumir; aquí parece querer decir que el gayo (ave con plumaje de varios colores)
presumía de enamorado.
    41 locura.   42 pronto.   43 con la que poder salir de
allí.   44 alegre.   45 lejos.   46 acordándome.   47 empeñado.   48 veneno; *vedegambre* o *hierba de ballestero*
es una planta de la que se hace un cocimiento venenoso.
49 a manera de foso.   50 no se mezclaba.
    51 según pienso.   52 La palabra lucera (*lussera* en el

texto original) no hace sentido aquí; Cejador, *Vocabulario medieval,* cita este verso y da la significación de «linterna», inapropiada en este caso, lo mismo que la más
común de «ventana» o «claraboya». De todos modos la
significación del verso está clara: el agua caliente servía
de cerca y defensa al prado.   53 pájaros? Es la acepción
que da Cejador (*Voc. Med.*) al citar este pasaje.   54 altas.   55 bordado; *ahonsas?*   56 edificador, constructor.
57 obrará mejor.   58 valiente.   59 temido?   60 que la
vió y la miró a su gusto.

e la leche vedegambre,[48]
non sé persona tan leda
que placer tome con fambre;
muchos se visten de estambre
que duermen en mejor cama
que non yo, según es fama,
por do me toma calambre.

    Por do me toma calambre,
señor, de noche e de día,
bebiendo mucha acedía,
comiendo carne fiambre.

Micer Francisco Imperial

*Este decir fizo e ordenó micer Francisco Imperial,
natural de Génova, estante e morador que fué en
la muy noble ciudad de Sevilla; el cual decir fizo
al nacimiento de nuestro señor el rey don Juan,
cuando nació en la ciudad de Toro, año de 1405
años, e es fecho e fundado de fermosa e sutil invención e de limadas dicciones*

… … … … … … … … … … … … …

    Abrí los ojos e vime en un prado
de cándidas rosas e flores olientes,
de verdes laureles todo circundado,
a guisa de cava.[49] De dos vivas fuentes
nacía un arroyo de aguas corrientes,
caliente la una, e la otra fría;
e una con otra non se volvía:[50]
otra tal nunca vieron los ojos vivientes.

    La calda corría por partes de fuera:
según mi aviso,[51] creo que sería
por guarda del prado a guis de lucera,[52]
tan fuertemente tanto fervía;
por partes de dentro la fría corría,
de que se bañaban las rosas e flores;
cantaban lugaros[53] a los ruiseñores,
como acostumbran al alba del día.

    El romper del agua eran tenores
que con las dulces aves concordaban
en voces bajas, e de las mayores[54]
dulzainas e farpas otrosí sonaban,
e oí personas que manso cantaban,
mas por distancia non las entendía;
e tanto era su gran melodía,
que todas las aves mucho se alegraban.

    Siguiendo las voces pisaba camino,
oliendo las flores, por medio del prado;
al pie de la fuente, sombra de un pino,
e a la redonda de un jazmín cercado,
vi entrar un toro muy asosegado,
e una leona sobre él asentada:
de dueña la faz tenía coronada,
ahonsas e flores el manto broslado.[55]

    Alcé los ojos e vi en el aire
en faces de dueñas lucir ocho estrellas,

ojos e facciones e gracia e donaire
muy angelicales; e juntas con ellas
vi ocho faces de ocho doncellas:
dueñas e doncellas todas coronadas
con coronas de oro e piedras labradas
que me parecían muy vivas centellas.

… … … … … … … … … … … … … …

*Sigue en varias estrofas la declaración de que las
estrellas representan a Saturno, Júpiter, Marte, el Sol,
Venus, Mercurio, la Luna y la Fortuna. Cesan todos los
sonidos y empieza por boca de Saturno el vaticinio sobre
Juan II.*

    Gran edad viva muy luengos días,
de ciudades e villas gran edificador;
todas las tierras le do que son mías,
de nobles palacios sea labrador,[56]
e más que Euclides, muy gran sabidor;
e dole a Prudencia, esta mi doncella,
por su mayordoma mayor, e con ella
será sin duda mejor obrador.[57]

    Júpiter dijo: «Muy asosegado,
limpio e puro, sabio e honesto,
pacífico e justo, sea mesurado,
misericordioso, otrosí modesto,
noble e benigno, excelente, apuesto;
él del sumo bien sea servidor
e de todos bienes muy amador,
e de la verdad siempre manifiesto.

    E dole otrosí en singular don
que sea ilustrado de perfecta sapiencia,
más cumplidamente que fué Salomón;
e todos sus dichos sean sentencia,
e haya aspecto e haya presencia
de gran reverencia e autoridad,
horrores de vicios e felicidad,
cuantos dar pueden la mi influencia.

… … … … … … … … … … … … …

    Ardid[58] como Aquiles sea e ligero,
animoso como Héctor tan esforzado,
muy cabalgante e buen caballero,
fermoso sin armas e muy más armado,
e como león muy descadenado,
valiente e seguro, gran batallador;
de los vencedores sea el vencedor,
porque más en esto sea redotado.[59]

… … … … … … … … … … … … …

*Este decir fizo el dicho micer Francisco Imperial
por amor e loores de una fermosa mujer de Sevilla
que llamó él Estrella Diana; e fízolo un día que
vid' e la miró a su guisa,[60] ella yendo por la puente
de Sevilla a la iglesia de Santa Ana, fuera de la
ciudad.*

    Non fué por cierto mi carrera vana,
pasando la puente de Guadalquivir,

a tan buen encuentro que yo vi venir
ribera del río, en medio Triana,
a la muy fermosa Estrella Diana,
cual sale por mayo al alba del día:
por los santos pasos de la romería,
muchos loores haya Santa Ana.

E por galardón demostrarme quiso
la muy delicada flor de jazmín,
rosa novela[61] de oliente jardín
e de verde prado, gentil flor de liso.[62]
El su gracioso e honesto riso,
semblante amoroso e viso suave,
propio me parece al que dijo *ave*,
cuando enviado fué del paraíso.

Callen poetas e callen autores,
Homero, Horacio, Virgilio e Dante,
e con ellos calle Ovidio d'*Amante*
e cuantos escribieron loando señores;
que tal es aquéste entre las mejores,
como el lucero entre las estrellas,
llama muy clara a par de centellas,
e como la rosa entre las flores.

Non se desdeñe la muy delicada
Eufregimio[63] griega, de las griegas flor,
nin de las troyanas la noble señor,
por ser aquésta a tanto loada;
que en tierra llana e non muy labrada
nace a las veces muy oliente rosa:
así es aquesta gentil e fermosa,
que tan alto merece de ser comprada.

Ferrán Manuel de Lando

Aquí se comienzan las cantigas e preguntas e res-
puestas e decires muy sutiles e graciosos e muy
escandidas e limadas e bien fechas, que fizo e
ordenó en su tiempo el fidalgo gentil e gracioso
Ferrant Manuel de Lando, doncel de nuestro señor
el rey; e primeramente se comienzan las cantigas
asonadas que él fizo e ordenó en loores de Santa
María, que son éstas:

Preciosa margarita,
lirio de virginidad,
corona de humildad,
sin error santa bendita,
la tu limpieza infinita
non podría ser contada
por la mi lengua menguada,
nin por mi mano escrita.
Pero, Virgen coronada,
en tu merced esperando,
siempre viviré loando

tu bondad muy acabada.
Singular eres llamada,
que pariste sin dolor,
mi Dios e mi Salvador,
que me fizo de nonnada.

El querubín enviado
de la santa jerarquía
te dijo que en ti sería
Dios e hombre ayuntado,
e señor glorificado,
que pudiste merecer
en tus entrañas tener
todo el mundo encerrado.

Señora, bien sé que hubiste
gozo e muy gran placer,
cuando el tu fijo nacer
sin dolor de ti lo viste;
mas después que lo pariste
sin ninguna corrupción,
el día de su pasión
grandes penas padeciste.

Por tantos merecimientos
eres en cielo, Señora,
reina e emperadora,
con grandes ensalzamientos.
Que los tus santos ungüentos
quiéranme, Virgen, librar,
que non vaya a aquel lugar
de tan esquivos tormentos.

E pues todos mis sentidos
te loan de noche e día,
oye tú, virgen María,
los mis lloros e gemidos.
Non vayan así perdidos,
pues son de triste memoria;
mas fazme vivir en gloria
con los santos escogidos.

Macías

Esta cantiga fizo Macías contra el amor; empero
algunos trovadores dicen que la fizo contra el rey
don Pedro

Amor cruel e brioso,
mal haya la tu alteza,
pues non faces igualeza,
seyendo tal poderoso.
Abajóme mi ventura
non por mi merecimiento,
e por ende la ventura
púsome en gran tormento.
Amor, por tu fallimiento[64]

---

61 nueva.   62 lis, lirio.   63 Eufrosine, una de las   67 humildad.   68 fe.   69 cariño.
tres gracias.   64 falta.   65 crueldad.   66 cortesía

e por la tu gran crueza,[65]
mi corazón con tristeza
es puesto en pensamiento.

Rey eres sobre los reyes,
coronado emperador,
do te place van tus leyes,
todos han de ti pavor:
e pues eres tal señor,
non faces comunaleza;[66]
si entiendes que es proeza,
non soy ende juzgador.

So la tu cruel espada
todo hombre es en omildanza,[67]
toda dueña mesurada
en ti debe haber fianza;[68]
con la tu briosa lanza
ensalzas toda vileza,
e abajas la nobleza
de quien en ti hubo fianza.

Ves, amor, por qué lo digo:
sé que eres cruel e forte
adversario enemigo;
desamador de tu corte,
al vil echas en tal sorte
que por prez le das castigo:
quien te sirve en gentileza,
por galardón le das morte.

* * *

Pues mi triste corazón
vive de bien apartado,
con doloroso cuidado
cantaré este cantar:
Gran tormento me atormenta
desigual,
pues non siento quien sienta
de mi mal.
Señores, non sé qué diga
nin sé a quién me querelle,
nin sé careza[69] que siga,
nin sé bien quién me consuele;
cuitado, ya ¿qué faré?
Pues con esquivo pensar
me conviene cantar,
esta canción cantaré:
¡Ay! ¿A quién diré, a quién,
mi tristura?
Pues de mí quien es mi bien
non ha cura.

Pero Vélez de Guevara

*Esta cantiga fizo e ordenó el dicho don Pero Vélez
en loores de Santa María de Guadalupe*

Señora, grande alegría
siento en mi corazón,

pues te llaman con razón
Virgen sol de mediodía.
En ti tengo yo esperanza,
estrella de los maitines,
a quien dan los serafines
loor e grande alabanza.
Señora, mi esperanza
en ti es toda sazón,
pues que de ti galardón
espero, Señora mía.
Bien demuestran cuánto vales
las tus obras muy granadas;
por ti fueron reparadas
las sillas angelicales.
Líbrame de todos males,
amiga de Salomón,
pues de nuestra salvación
tú fuiste carrera e vía.
Siempre fué la tu costumbre
responder a quien te llama,
e catar a quien te ama
con ojos de mansedumbre.
¡Oh, más clara que la lumbre!
¡Luz e puerta de perdón!
¡Santa sobre cuantas son!
Sed conmigo todavía.
Todo el mundo fué alumbrado
con el fruto que nos diste;
Virgen, al que tú pariste
digno e santo, sin pecado.
¡Seno bienaventurado,
lleno de tan noble don!
Por amor de este sermón,
Virgen santa, tú me guía.

Juan Rodríguez del Padrón

*Esta cantiga fizo Juan Rodríguez del Padrón, cuan-
do se fué meter fraile a Jerusalén, en despedimiento
de su señora*

Vive leda, si podrás,
non esperes atendiendo;
que según peno partiendo,
non entiendo
que jamás
te veré nin me verás.
¡Oh dolorosa partida!
De triste amador que pido
licencia, que me despido
de tu vista e de mi vida.
El trabajo perderás
en haber de mí más cura;
que según mi gran tristura,
non entiendo que jamás
te veré nin me verás.

Pues que fuiste la primera
de quien yo me cautivé,
desde aquí vos doy mi fe
vos seréis la postrimera.

* * *

Fuego del divino rayo,[70]
dulce flama sin ardor,
esfuerzo contra desmayo,
consuelo contra dolor,
alumbra tu servidor.
  La falsa gloria del mundo
e vana prosperidad
contemplé,
con pensamiento profundo
el centro de su maldad
penetré;
el canto de la sirena
oiga quien es sabidor,
la cual temiendo la pena
de la fortuna mayor
plañe en el tiempo mejor.
  Así yo, preso de espanto,
que la divina virtud
ofendí,
comienzo mi triste planto
facer en mi juventud
desde aquí;
los desiertos penetrando,
do con esquivo clamor
pueda, mis culpas llorando,
despedirme sin temor
de falso placer e honor.

F i n

Adiós, real esplendor
que yo serví e loé
con lealtad;
adiós, que todo el favor
e cuanto de amor fablé
es vanidad;
adiós, los que bien amé,
adiós, mundo engañador,
adiós, donas que ensalcé,
famosas dignas de loor,
orad por mí pecador.

* * *

Bien amar, leal servir,
gritar et decir mis penas,
es sembrar en las arenas
o en las ondas escribir.
  Si tanto cuanto serví
sembrara en la ribera,
tengo que reverdeciera
et diera fruto de sí;
e aun, por verdad decir,
si yo tanto escribiera
en la mar yo bien pudiera
todas las ondas teñir.

* * *

Cuidado nuevo venido[71]
me da de nueva manera,
pena la más verdadera
que jamás he padecido.
  Yo ardo sin ser quemado
en vivas llamas de amor;
peno sin haber dolor,
muero sin ser visitado
de quien con beldad vencido
me tiene so su bandera.
¡Oh mi pena postrimera,
secreto fuego encendido!

Ferrán Sánchez Calavera

Este decir fizo e ordenó el dicho Ferrant Sánchez Calavera, comendador susodicho, cuando murió en Valladolid el honroso e famoso caballero Ruy Díaz de Mendoza, fijo de Juan Furtado, mayordomo mayor del rey; el cual decir es muy bien fecho e bien ordenado e sobre fermosa invención, según que por él parece

Por Dios, señores, quitemos el velo
que turba e ciega así nuestra vista;
miremos la muerte que el mundo conquista
lanzando lo alto e bajo por suelo;
los nuestros gemidos traspasen el cielo,
a Dios demandando cada uno perdón
de aquellas ofensas que en toda sazón
le fizo el viejo, mancebo, mozuelo.
  Ca non es vida la que vivimos,
pues que viviendo se viene llegando

---

[70] esta poesía y la que sigue proceden del *Cancionero de Stúñiga.*
[71] Esta poesía procede del *Cancionero general.*
[72] moriremos.   [73] vamos.   [74] pena, dolor.   [75] instante, momento?   [76] *fonsado* en la lengua medieval significa comúnmente ejército o batalla; aquí pudiera significar «foso» o quizás «fosa».   [77] los gusanos comienzan a comer a los otros.   [78] atavíos.   [79] broches.   [80] piel de gris, animal parecido a la ardilla.
[81] piel de marmota.   [82] resonantes.   [83] gastar.

[84] risas.   [85] ministril, músico cortesano.   [86] proveer. [87] faltar, acabar.
  [1] ahora a Dios.   [2] se lamentaba.   [3] su gran lamento hacía de grado (a su gusto).   [4] hablaba, decía.
[5] Así en Baena. Lang (*Cancioneiro...*) transcribe «a mi praza-vos dizer» (haz el favor de decirme), que hace mejor sentido.   [6] miseria.   [7] mientras.   [8] Lang transcribe «de quen ja posfaçaredes» (a quien denostaréis o injuriaréis).

la muerte cruel, esquiva; e cuando
pensamos vivir, entonces morimos.

Somos bien ciertos donde nacimos,
mas non somos ciertos adonde morremos;[72]
certidumbre de vida una hora no habemos;
con llanto venimos, con llanto nos imos.[73]

¿Qué se ficieron los emperadores,
papas e reyes, grandes prelados,
duques e condes, caballeros famados,
los ricos, los fuertes e los sabidores,
e cuantos sirvieron lealmente amores,
faciendo sus armas en todas las partes,
e los que fallaron ciencias e artes,
doctores, poetas e los trovadores?

¿Padres e fijos, hermanos, parientes,
amigos, amigas, que mucho amamos,
con quien comimos, bebimos, folgamos,
muchas garridas e fermosas gentes,
dueñas, doncellas, mancebos valientes,
que logran so tierra las sus mancebías,
e otros señores que ha pocos días
que nosotros vimos aquí estar presentes?

¿El duque de Cabra e el almirante
e otros muy grandes asaz de Castilla,
agora Ruy Díaz que puso mancilla[74]
su muerte a las gentes en tal estante[75]
que la su gran fama fasta en Levante
sonaba en proeza e en toda bondad,
que en esta gran corte lució por verdad
su noble meneo e gentil semblante?

Todos aquestos que aquí son nombrados,
los unos son fechos ceniza e nada,
los otros son huesos, la carne quitada,
e son derramados por los fonsados;[76]
los otros están ya descoyuntados,
cabezas sin cuerpos, sin pies e sin manos;
los otros comienzan comer los gusanos,[77]
los otros acaban de ser enterrados.

Pues ¿do los imperios e do los poderes,
reinos, rentas e los señoríos?
¿A do los orgullos, las famas e bríos,
a do las empresas, a do los traeres?[78]
¿A do las ciencias, a do los saberes,
a do los maestros de la poetría,
a do los rimares de gran maestría,
a do los cantares, a do los tañeres?

¿A do los tesoros, vasallos, sirvientes,
a do los firmalles,[79] piedras preciosas,
a do el aljófar, posadas costosas,
a do el algalia e aguas olientes?
¿A do paños de oro, cadenas lucientes,
a do los collares, las jarreteras,
a do peñas grises,[80] a do peñaveras,[81]
a do las sonajas que van retinientes?[82]

¿A do los convites, cenas e yantares,
a do las justas, a do los torneos,
a do nuevos trajes, extraños meneos,
a do las artes de los danzadores,
a do los comeres, a do los manjares,
a do la franqueza, a do el espender,[83]
a do los risos,[84] a do el placer,
a do menestriles,[85] a do los juglares?
... ...

Por ende buen seso era guarnecer[86]
de virtudes las almas que están despojadas,
tirar estas honras del cuerpo juntadas,
pues somos ciertos que se han de perder.
Quien este consejo quisiere facer,
non habrá miedo jamás de morir,
mas traspasará de muerte a vivir
vida por siempre, sin le fallescer.[87]

Garci Fernández de Jerena

*Esta cantiga fizo el dicho Garci Ferrans después
de la batalla de Aljubarrota, por la intención de
aquel su feo e mal casamiento*

Por una floresta extraña
yendo triste, muy pensoso,
oí un grito pavoroso,
voz aguda con gran saña:
«Montaña»,
iba esta voz diciendo,
«ora a Deus[1] te encomiendo,
que non curo más de España.»

De la voz fuí espantado,
e miré con gran pavor,
e vi que era el amor,
que se chamaba[2] cuitado;
de grado
o seu grande planto facía;[3]
según entendí decía:
«Alto prez veo abajado.»

Desque vi que se quejaba,
por saber de su querella
pregunté a una doncella
que por la floresta andaba,
falava:[4]
«Ah doncella sin placer,
pláceme de vos dicer[5]
por qué amor tan triste estaba.»

—«Amigo, saber debedes
que amor vive en mansela,[6]
e se va ya de Castela,
e nunca mentre[7] vivedes
sabredes
onde face su morada
por una que foi loada
de queja porfazaredes.[8]»

Esta cantiga fizo el dicho Garci Ferrans por manera de desfecha[9] de la otra

De la montaña, montaña,
de la montaña partía
o amor e su compaña,[10]
maldiciendo todavía
a bondad e cortesía,
de la montaña partía.

De la montaña espaciosa
al partir de aquesta gente
una que chamaban[11] rosa,
maldiciendo de talente,[12]
tal nombrar non osaría,

de la montaña partía.

Vi facer esquivo planto,
e guayas[13] muy dolorosas,
con dolor fillar[14] quebranto
a las doncellas cuitosas,
diciendo: «¡Qué negro día!»,
de la montaña partía.

Dolorosas voces daban
las que de aquí partían;
unas doncellas choravan,[15]
otras gran planto facían,
chamando: «¡Qué negra vía!»,
de la montaña partía.

Fernán Pérez de Guzmán
1376?-1460?

Historiador, moralista y poeta. Es conocido en este último aspecto, sobre todo por sus *Loores de los claros varones de España*, de escaso interés para un lector actual; lo mismo puede decirse de otras poesías suyas de carácter didáctico. En cambio, algunas de sus poesías amorosas y cortesanas, sin ser marcadamente superiores a las de otros muchos poetas de los *Cancioneros*, conservan cierto encanto. Su nombre como uno de los escritores importantes del siglo XV lo debe a la prosa de *Generaciones y semblanzas*, donde, junto a un nuevo modo de entender la historia que él explica en el prólogo, parte del cual reproducimos, encontramos una serie de retratos de personajes coetáneos del autor, notables por la precisión del estilo, la penetración psicológica y el alto sentido histórico y moral.

Aunque nuestro criterio en la literatura del siglo XV, en la que no abundan los escritores de individualidad bien diferenciada, es separar la poesía de la prosa, damos en este caso, como luego en el de Santillana, poesía y prosa juntas para no romper la unidad de la obra literaria de un autor.

Textos: *Poesía*, ed. Foulché Delbosc, NBAE, XIX. *Generaciones y semblanzas*, ed. J. Domínguez Bordona, *Clásicos Castellanos*.

LOORES DE LOS CLAROS VARONES DE ESPAÑA

Coplas fechas por Fernán Pérez de Guzmán de vicios e virtudes

... ...

De non juzgar los mozos en la nueva edad

Yerra quien cuida apreciar
por las flores los frutales,

creyendo que serán tales
al coger e desfrutar;[1]
el que bien quiere estimar
de frutas, trigo e mosto,
fasta setiembre e agosto
non se debe arrebatar.

Unas flores quema el hielo,
otras el viento derrama;
si mucho se enciende el cielo,
el sol las arde e inflama;
espiga, sarmiento e rama,
quien las juzga en primavera,
si a la otoñada espera
por otro nombre las llama.

Comparación

A mi ver así va errado
e lejos de la verdad
el que en la tierna edad
quiere al mozo haber juzgado;
el cual propio es comparado
a la nave por la mar
e al ave que en el volar
ningún rastro han dejado.

Este decir de loores fizo e ordenó el dicho Fernán Pérez a Leonor de los Paños

El gentil niño Narciso,
en una fuente engañado,
de sí mismo enamorado,
muy esquiva muerte priso.[2]

---

[9] composición hecha para resumir o explicar la significación de otra anterior.   [10] el amor y su cortejo.   [11] llamaban.   [12] con gusto, de buena gana.   [13] lamentaciones.   [14] recibir.   [15] lloraban.

[1] coger la fruta del árbol antes de tiempo.   [2] tomó.   [3] risa.   [4] cara, rostro.   [5] de allí.   [6] estrella de la mañana o matutina, como se llama a la Virgen María en la Letanía.   [7] vergüenza.

Señora de noble riso,[3]
e de muy gracioso brío,
a mirar fuente nin río
non se atreva vuestro viso.[4]

Deseando vuestra vida
aun vos dé otro consejo,
que non se mire en espejo
vuestra faz clara e garrida.
¿Quién sabe si la partida
vos será dende[5] tan fuerte,
porque fuese en vos la muerte
de Narciso repetida?

Engañaron sutilmente
por imaginación loca,
fermosura e edad poca,
al niño bien pareciente.
Estrella resplandeciente,
mirad bien estas dos vías,
pues edad e pocos días
cada cual en vos se siente.

¿Quién, si no los serafines,
vos vencen de fermosura,
de niñez e de frescura
las flores de los jardines?
Pues, rosa de los jazmines,
habed la fuente excusada,
por aquella que es llamada
estrella de los maitines.[6]

Prados, rosas e flores,
otorgo que los miredes,
e pláceme que escuchedes
dulces cánticas de amores;
mas por sol nin por calores
tal codicia non vos ciegue,
vuestra vista siempre niegue
las fuentes e sus dulzores.

Con placer e gozo e risa
ruego a Dios que resplandezcan
vuestros bienes, e florezcan
más que los de Dido Elisa;
vuestra faz muy blanca, lisa,
jamás nunca sienta pena.
¡Adiós, flor de azucena,
duélavos de esta pesquisa!

GENERACIONES Y SEMBLANZAS

*Síguense las generaciones, semblanzas e obras de
los excelentes Reyes de España don Enrique el tercero e don Juan el segundo e de los venerables
prelados e notables caballeros que en los tiempos
de estos reyes fueron*

Muchas veces acaece que las crónicas e historias que fablan de los poderosos reyes e notables
príncipes e grandes ciudades, son habidas por sospechosas e inciertas e les es dada poca fe e autoridad, lo cual, entre otras causas, acaece e viene
por dos: la primera, porque algunos que se entre-
meten de escribir e notar las antigüedades son hombres de poca vergüeña,[7] e más les place relatar
cosas extrañas e maravillosas que verdaderas e
ciertas, creyendo que non será habida por notable
la historia que non contare cosas muy grandes e
graves de creer ansí que sean más dignas de maravilla que de fe, como en otros nuestros tiempos
fizo un liviano e presuntuoso hombre, llamado Pedro de Corral, en una que se llamó *Crónica Serra-
cina* (otros la llamaban del rey Rodrigo), que más
propiamente se puede llamar trufa o mentira pala-
dina...

El segundo defecto de las historias es porque
los que las crónicas escriben es por mandado de
los reyes e príncipes; por los complacer e lisonjear o por temor de los enojar, escriben más lo que
les mandan o lo que creen que les agradará que
la verdad del fecho cómo pasó.

E, a mi ver, para las historias se facer bien e
derechamente son necesarias tres cosas: la primera, que el historiador sea discreto e sabio, e haya
buena retórica para poner la historia en fermoso
e alto estilo; porque la buena forma honra e guar-
nece la materia. La segunda, que él sea presente
a los principales e notables actos de guerra e de
paz; e porque sería imposible ser él en todos los
fechos, a lo menos que él fuese así discreto, que
non recibiese información sino de personas dignas
de fe e que hubiesen sido presentes a los fechos. E
esto guardado, sin error de vergüeña puede el cronista usar de información ajena: ca nunca hubo
nin habrá actos de tanta magnificencia e santidad
como el nacimiento, la vida, la pasión e resurrección del nuestro Salvador Jesucristo, pero cuatro
historiadores suyos, los dos non fueron presentes
a ello, mas escribieron por relación de otros. La
tercera es que la historia non sea publicada viviendo el rey o príncipe en cuyo tiempo e señorío se
ordena, porque el historiador sea libre para escribir
la verdad sin temor.

E así, porque estas reglas non se guardan, son
las crónicas sospechosas e carecen de la verdad, lo
cual no es pequeño daño; ca, pues la buena fama,
cuanto al mundo, es el verdadero premio e galardón de los que bien e virtuosamente por ella trabajan, si esta fama se escribe corrupta e mentirosa, en vano e por demás trabajan los magníficos
reyes o príncipes en facer guerras e conquistas, e
en ser justicieros e liberales e clementes, que por
ventura los face más notables e dignos de fama e
gloria que las victorias de las batallas e conquistas... Por lo cual yo, temiendo que en la historia de
Castilla del presente tiempo haya algún defecto

especialmente por non osar o por complacer a los reyes... pensé de escribir como en manera de registro o memorial de dos reyes que en mi tiempo fueron en Castilla la generación de ellos e los semblantes e costumbres de ellos e por consiguiente, los linajes e facciones e condiciones de algunos grandes señores, prelados e caballeros que en este tiempo fueron. E si, por ventura, en esta relación fueren envueltos algunos fechos, pocos e brevemente contados, que en este tiempo en Castilla acaecieron, será de necesidad e porque la materia así lo requirió.

Yo tomé esta invención de Guido de Colupna, aquel que trasladó La Historia Troyana de griego en latín, el cual, en la primera parte de ella, escribió los gestos e obras de los griegos e troyanos que en la conquista e defensión[8] de Troya acaecieron...

Don Pero López de Ayala

Don Pero López de Ayala, canciller mayor de Castilla, fué un caballero de gran linaje, ca de parte de su padre venía de los de Haro, de quien los de Ayala descienden; de parte de su madre viene de Çaballos que es un gran solar de caballeros. Algunos del linaje de Ayala dicen que vienen de un infante de Aragón a quien el rey de Castilla dió el señorío de Ayala, e yo ansí lo fallé escrito por don Ferrán Pérez de Ayala, padre de este don Pero López de Ayala, pero non lo leí en historias nin he de ello otra certidumbre.

Fué este don Pero López de Ayala alto de cuerpo e delgado e de buena persona;[9] hombre de gran discreción e autoridad e de gran consejo, así de paz como de guerra. Hubo gran lugar cerca de los reyes en cuyo tiempo fué, ca, siendo mozo, fué bienquisto del rey don Pedro, e después del rey don Enrique el segundo fué de su consejo e amado de él. El rey don Juan e el rey don Enrique su fijo ficieron de él grande mención e grande fianza;[10] pasó por grandes fechos de guerra e de paz; fué preso dos veces, una en la batalla de Nájera, otra en Aljubarrota. Fué de muy dulce condición e de buena conversación e de gran conciencia e que temía mucho a Dios. Amó mucho las ciencias, dióse mucho a los libros e historias, tanto que como quier que él fuese asaz caballero e de gran discreción en la plática del mundo, pero naturalmente fué muy inclinado a las ciencias e con esto gran parte del tiempo ocupaba en el leer e estudiar, non en obras de derecho sinon filosofía e historias. Por causa de él son conocidos algunos libros en

Castilla que antes no lo eran, ansí como el Titu Livio, que es la más notable historia romana, los Casos de los Príncipes, los Morales de San Gregorio, Isidro de Sumo Bono, el Boecio, la Historia de Troya. Él ordenó la historia de Castilla desde el rey don Pedro fasta el rey don Enrique el tercero. Fizo un buen libro de la caza, que él fué muy cazador, e otro libro Rimado de Palacio.

Amó mucho mujeres, más que a tan sabio caballero como él se convenía.

Murió en Calahorra, en edad de setenta y cinco años, año de mil e cuatrocientos e siete.

Don Pablo de Santa María

Don Pablo, obispo de Burgos, fué un gran sabio e valiente hombre de ciencia. Fué natural de Burgos e fué hebreo, de gran linaje de aquella nación. Fué convertido por la gracia de Dios e por conocimiento que hubo de la verdad, que fué gran letrado en ambas las leyes.[11] Antes de su conversión era grande filósofo e teólogo, e desque fué convertido, continuando el estudio estando en la corte del papa en Aviñón, fué habido por grande predicador. Fué primero arcediano de Treviño e después obispo de Cartagena, a la fin, obispo de Burgos e después canciller mayor de Castilla.

Hubo muy grande lugar con el rey don Enrique el tercero e fué muy acepto a él; e, sin duda, era muy grande razón que de todo rey o príncipe discreto fuese amado, ca era hombre de gran consejo e de gran discreción e de gran secreto que son virtudes e gracias que facen al hombre digno de la privanza de cualquier discreto rey. Cuando el dicho rey murió, dejólo por uno de sus testamentarios. E después hubo grande lugar con el papa Benedicto XIII.

Fué muy grande predicador. Fizo algunas escrituras muy provechosas de nuestra fe, de las cuales fué una las Adiciones sobre Niculao de Lira, e un tratado De cena Domini, e otro De la generación de Jesucristo, e un gran volumen que se llama Escrutinio de las Escrituras, en el cual, por fuertes e vivas razones, prueba ser venido el Mesías, e Aquél ser Dios e Hombre.

En este lugar acordé de ingerir[12] algunas razones contra la opinión de algunos que, sin distinción e diferencia, absoluta e sueltamente condenan e afean en grande extremo esta nación de los cristianos nuevos en nuestro tiempo convertidos, afirmando non ser cristianos nin fué buena nin útil su conversión. E yo, fablando con reverencia de los que así determinadamente e sin ciertos límites e

---

8 defensa.   9 presencia.   10 confianza.

11 en ambas religiones.   12 decidí aducir.   13 las obras de devoción que hacían algunos conversos y a las que alude en un párrafo aquí omitido.   14 pueblo, raza. 15 cortesanos.   16 obligándole.   17 prohibiéndoselo. 18 que era parte de su naturaleza.   19 bajas.

condiciones lo dicen, digo que non dudo que una gente que toda su generación vivió en aquella ley, e ellos nacieron e se criaron en ella, e mayormente, los que en ella envejecieron e fueron por fuerza, sin otras amonestaciones e exhortaciones, traídos a nueva ley, que non sean así fieles e católicos cristianos como los que en ella nacieron e fueron enseñados e informados por doctores e escrituras. Ca aún los discípulos de nuestro Señor, que oyeron sus santos sermones e, lo que es más, vieron sus grandes milagros e maravillosas obras, e, con todo eso, a la pasión lo desampararon e dudaron de su resurrección con mengua de la fe, fasta que por el Espíritu Santo fueron confirmados en la fe. E aun después, por ordenanza de los apóstoles a los que de nuevo se convertían dejaban usar algunas ceremonias de la ley vieja fasta que, poco a poco, se afirma en la fe. Por todas razones non me maravillaría que haya algunos, especialmente mujeres e hombres groseros e torpes, que non son sabios en la ley, que non sean católicos cristianos; ca el sabidor o letrado más ligero es de traer al conocimiento de la verdad que el ignorante, que sólo cree la fe porque la heredó de su padre mas non porque de ella haya otra razón...

E algunos dicen que ellos facen estas obras[13] por temor de los reyes e de los prelados o por ser más graciosos en los ojos de los príncipes e prelados e valer más con ellos, respóndoles que por pecados non es hoy tanto el rigor e celo de la ley nin de la fe por que con este temor nin con esta esperanza lo deban facer, ca con dones e presentes se ganan hoy los corazones de los reyes e prelados mas non con virtudes e devociones, nin es tan riguroso el celo de la fe por que con temor de él se deje de facer mal e se faga bien. Por ende, a mi ver, non ansí precisa e absolutamente se debe condenar toda una nación[14] e non negando que las plantas nuevas e injertos tiernos han menester mucha labor e gran diligencia...

E ansí, a mi ver, en todas aquestas cosas son de dejar los extremos e tener medios e límites en los juicios; o si de algunos saben que non guardan la ley, acúsenlos ante los prelados en manera que la pena sea a ellos castigo e a otros ejemplo; mas condenar a todos e non acusar a ninguno, más parece voluntad de decir mal que celo de corrección.

Tornando al propósito, murió este obispo don Pablo en edad de ochenta e cinco años, e dejó dos fijos, grandes letrados: don Alfonso de Burgos e don Gonzalo, obispo de Plasencia.

Don Enrique de Villena

Don Enrique de Villena fué fijo de don Pedro, fijo de don Alonso, marqués de Villena que después fué duque de Gandía. Fué este don Alonso marqués el primer condestable de Castilla e fijo del infante don Pedro de Aragón. Este don Enrique fué fijo de doña Juana, fija bastarda del rey don Enrique el segundo que la hubo en una dueña de los de Vega.

Fué pequeño de cuerpo e grueso, el rostro blanco e colorado, e, según lo que la experiencia en él mostró, naturalmente fué inclinado a las ciencias e artes más que a la caballería e aun a los negocios civiles nin curiales;[15] ca non habiendo maestro para ello nin alguno lo constriñendo[16] a aprender, antes defendiéndoselo[17] el marqués su abuelo, que lo quisiera para caballero, él en su niñez, cuando los niños suelen por fuerza ser llevados a las escuelas, él, contra voluntad de todos, se dispuso a aprender. Tan sutil e alto ingenio había, que ligeramente aprendía cualquier ciencia e arte a que se daba, ansí que bien parecía que lo había a natura.[18] Ciertamente natura ha gran poder e es muy difícil e grave la resistencia a ella sin gracia especial de Dios. E de otra parte, ansí era este don Enrique ajeno e remoto no solamente a la caballería mas aun a los negocios del mundo e al regimiento de su casa e facienda era tanto inhábil e inapto, que era gran maravilla, e porque entre las otras ciencias e artes se dió mucho a la astrología, algunos, burlando, decían de él que sabía mucho en el cielo e poco en la tierra. E ansí este amor de las escrituras non se deteniendo en las ciencias notables e católicas, dejóse correr a algunas viles e raheces[19] artes de adivinar e interpretar sueños e estornudos e señales e otras cosas tales que nin a príncipe real e menos a católico cristiano convenían. E por esto fué habido en pequeña reputación de los reyes de su tiempo e en poca reverencia de los caballeros, todavía fué muy sutil en la poesía e gran historiador e muy copioso e mezclado en diversas ciencias. Sabía fablar muchas lenguas. Comía mucho e era muy inclinado al amor de las mujeres.

Murió en Madrid en edad de cincuenta años.

Íñigo López de Mendoza, Marqués de Santillana

1398-1458

La figura literaria más importante de su época. Gran señor y mecenas, en él confluyen la alta representación de la aristocracia letrada del siglo xv con los primeros atisbos del humanismo prerrenacentista. Con razón dice Menéndez Pelayo que «quien desee cifrar en un solo nombre la cultura literaria de la época de don Juan II difícilmente hallará ninguno que responda tan bien a su intento como el del marqués de Santillana». Cultivó todas las modalidades de la poesía de su tiempo: lírica cortesana y de inspiración popular, poesía alegórica, doctrinal, política, religiosa, etc. En todas ellas sobresale por la gracia de expresión, la finura y, a veces, lo auténtico del sentimiento en un momento caracterizado por la artificialidad y el convencionalismo. Se ha reconocido siempre la deliciosa frescura de sus *serranillas* o la enérgica dicción y el elevado tono moral de su *Doctrinal de Privados*, pero hasta en formas que la crítica venía considerando como mero ejercicio imitativo, se ve de vez en cuando el sello del verdadero poeta. Así en algunos de los *Sonetos fechos al itálico modo*, como los dos que aquí reproducimos, que no están tan distantes de la inspiración, suavidad y belleza de los del siglo xvi, tras de las innovaciones de Boscán y Garcilaso, como se había pretendido. Damos también unos párrafos de su obra en prosa *Prohemio e Carta al Condestable de Portugal*, considerada como la primera muestra de crítica e historia de la poesía en lengua castellana.

Textos: *Poesía*, según ed. Foulché Delbosc, NBAE, XIX. *Prohemio*, Menéndez Pelayo, *Antología de poetas líricos castellanos*, Madrid, 1911, V.

PROVERBIOS

Fijo mío mucho amado,
    para mientes,
e non contrastes las gentes,
    mal su grado:
ama e serás amado,
    e podrás
facer lo que non farás
    desamado.

. . . .

Oh fijo, sey[1] amoroso,
    e non esquivo;

ca Dios desama al altivo
    desdeñoso.
Del inicuo e malicioso
    non aprendas;
ca sus obras son contiendas
    sin reposo

E sea la tu respuesta
    muy graciosa:
non terca nin soberbiosa,
    mas honesta.
Oh fijo, ¡cuán poco cuesta
    bien fablar!
E sobrado amenazar
    poco presta.[2]

. . . .

Aborrece mal vivir
    con denuesto,
e siempre te falla presto
    a bien morir:
ca non se puede adquirir
    vida prestada,
nin la hora limitada
    refuir.[3]

. . . .

LA COMEDIETA DE PONZA

Oh vos, dubitantes,[4] creed las historias
e los infortunios de los humanales,
e ved si los triunfos, honores e glorias
e grandes poderes son perpetuales.
Mirad los imperios e casas reales,
e cómo Fortuna es superiora:
revuelve lo alto en bajo a deshora
e face los ricos e pobres iguales.

INVOCACIÓN

Oh lúcido Jove,[5] la mi mano guía,
despierta el ingenio, aviva la mente,
el rústico modo aparta e desvía
e torna mi lengua, de ruda, elocuente.

---

1 sé. 2 y el amenazar demasiado es de poco provecho. 3 rehuir, eludir. 4 los que dudáis. 5 Júpiter. 6 las musas. 7 Los movimientos de la rueda de la Fortuna. 8 astutos. 9 ni sienten la carencia de bienes, es decir, la pobreza. 10 engañan (cazando).

11 redes. 12 sino este cadalso (donde murió don Álvaro de Luna). 13 codiciosa. 14 prejuicios. 15 juego de palabras con el apellido de Luna y su caída del

poder. 16 para que aprendáis. 17 *non comí... vedes*, como todos veis, no disfruté solo de mis riquezas, pero ahora (al llegar la hora de la muerte) todos me abandonan. Existe el refrán «el que solo come su gallo, solo ensilla su caballo», que significa que el que no ayuda a los demás no debe esperar ayuda de nadie. 18 seguridad. Estad seguros de que las malas obras han de venir si las buscáis. 19 maltraté, soy maltratado. 20 de cómo hemos procedido.

E vos, las hermanas, que cabe la fuente
de Elicón facedes continua morada,[6]
sed todas conmigo en esta jornada,
por que el triste caso denuncie e recuente.

... ...

*Fabla la señora infante doña Catherina, quejándose
de la fortuna, e loa los oficios bajos e serviles*

«¡Benditos aquellos que con el azada
sustentan su vida e viven contentos,
e de cuando en cuando conocen morada
e sufren pacientes las lluvias e vientos!
Ca éstos no temen los sus movimientos,[7]
nin saben las cosas del tiempo pasado,
nin de las presentes se facen cuidado,
nin las venideras do han nacimientos.

¡Benditos aquellos que siguen las fieras
con las gruesas redes e canes ardidos,[8]
e saben las trochas e las delanteras
e fieren del arco en tiempos debidos!
Ca éstos por saña non son conmovidos
nin vana codicia los tiene sujetos;
nin quieren tesoros, nin sienten defectos,[9]
nin turban temores sus libres sentidos.

¡Benditos aquellos que cuando las flores
se muestran al mundo, desciben[10] las aves,
e fuyen las pompas e vanos honores,
e ledos escuchan sus cantos suaves!
¡Benditos aquellos que en pequeñas naves
siguen los pescados con pobres traínas![11]
Ca éstos non temen las lides marinas,
nin cierra sobre ellos Fortuna sus llaves.»

... ...

DOCTRINAL DE PRIVADOS

*Doctrinal de privados, fecho a la muerte del Maes-
tre de Santiago, don Álvaro de Luna; donde se
introduce el autor, fablando en nombre del
Maestre*

Vi tesoros ayuntados
por gran daño de su dueño:
así como sombra o sueño
son nuestros días contados.
E si fueron prorrogados
por sus lágrimas a algunos,
de éstos non vemos ningunos,
por nuestros pecados.

... ...

¿Qué se fizo la moneda
que guardé, para mis daños
tantos tiempos, tantos años,
plata, joyas, oro e seda?
Ca de todo non me queda

sinon este cadahalso.[12]
¡Mundo malo, mundo falso,
non es quien contigo pueda!

... ...

Lo que non fice, faced,
favoritos e privados:
si queredes ser amados,
non vos teman, mas temed.
Templad la cupida[13] sed;
aconsejad rectos juicios;
esquivad los perjudicios,[14]
la razón obedeced.

... ...

¿Qué diré, sinon temedes
tan gran eclipse de luna[15]
cual ha fecho la Fortuna,
por tal que vos avisedes?[16]
Fice gracias e mercedes,
non comí solo mi gallo;
mas ensillo mi caballo
solo, como todos vedes.[17]

... ...

Fuí de la caridad
e caridad me fuyó;
¿quién es el que me siguió
en tanta necesidad?
¿Buscades amor? Amad.
Si buenas obras, facedlas;
e si malas, atendedlas
de cierta certinidad.[18]

Ca si lo ajeno tomé,
lo mío me tomarán:
si maté, non tardarán
de matarme, bien lo sé.
Si prendí, por tal pasé;
maltraí, soy maltraído;[19]
anduve buscando ruido,
basta asaz lo que fallé.

... ...

Unos quieren reposar,
a otros placen las guerras,
a otros campos e sierras,
los venados e cazar.
Justas otros tornear,
juegos, deleitosas danzas;
otros tiempos de bonanza,
sacrificios contemplar.

... ...

Fasta aquí vos he contado
las causas que me han traído
en tan estrecho partido,
cual vedes que soy llegado.
Agora, pues, es forzado
de facer nueva carrera;
mudaremos la manera
del proceso procesado.[20]

Confesión

Pues yo, pecador errado
más que los más pecadores,
mis delitos, mis errores,
mis grandes culpas, culpado
confieso, muy inclinado
a ti, Dios, Eterno Padre,
e a la tu bendita Madre,
e despés de grado en grado.[21]

… … … … … … … … …

Non desespero de ti,
mas espero penitencia;
ca mayor es tu clemencia
que lo que te merecí.
En maldad envejecí,
mas demándote perdón:
non quieras mi damnación,
pues para pecar nací.

… … … … … … … … …

Caballeros e prelados,
sabed e sepa todo hombre
que este mi sermón ha nombre:
Doctrinal de los privados.
Mis días son ya llegados
e me dejan desde aquí:
pues rogad a Dios por mí,
gentes de todos estados.

SONETOS FECHOS AL ITÁLICO MODO

En este octavo soneto muestra el autor en cómo non embargante[22] su señora o amiga lo hubiese ferido e cautivado, que a él non pesaba de la tal prisión.

¡Oh dulce esguarde,[23] vida e honor mía,
segunda Elena, templo de beldad,
so cuya mano, mando e señoría
es el arbitrio mío e voluntad!
   Yo soy tu prisionero, e sin porfía
fuiste señora de mi libertad,
e non te pienses fuya tu valía
nin me desplega[24] tal cautividad.
   Verdad sea que Amor gasta e destruye
las mis entrañas con fuego amoroso,
e jamás la mi pena disminuye.
   Nin punto fuelga,[25] nin soy en reposo,
mas vivo alegre con quien me refuye;[26]
siento que muero, e non soy quejoso.

En este catorcésimo soneto el autor muestra que él, cuando es delante aquella su señora, le parece que es en el monte Tabor, en el cual Nuestro Señor apareció a los tres discípulos suyos; e por cuanto la historia es muy vulgar,[27] non cura de la escribir.

Cuando yo soy delante aquella dona,
a cuyo mando me sojuzgó Amor,
cuido ser uno de los que en Tabor
vieron la gran claror que se razona,[28]
   o que ella sea fija de Latona,
según su aspecto e grande resplandor:
así que punto yo non he vigor
de mirar fijo su deal[29] persona.
   El su grato fablar dulce, amoroso,
es una maravilla ciertamente,
e modo nuevo en humanidad:
   el andar suyo es con tal reposo,
honesto e manso, e su continente,
que, libre, vivo en cautividad.

QUERELLA DE AMOR

Ya la gran noche pasaba
e la luna se escondía:
la clara lumbre del día
radiante se mostraba;
al tiempo que reposaba
de mis trabajos e pena,
oí triste cantilena,
que tal canción pronunciaba:
   Amor cruel e brioso,
mal haya la tu alteza,
pues non faces igualeza,
seyendo tan poderoso.
   Desperté como espantado
e miré donde sonaba
el que de amor se quejaba
bien como damnificado;
vi un hombre seer llagado
de gran golpe de una flecha,
e cantaba tal endecha
con semblante atribulado:
   De ledo que era, triste,
¡ay, Amor! tú me tornaste,
la hora que me tiraste[30]
la señora que me diste.
   Pregunté: «¿Por qué facedes,
señor, tan esquivo duelo,
o si puede haber consuelo

---

[21] es decir, a toda la jerarquía celestial.   [22] sin embargo, a pesar de.   [23] mirar, mirada.   [24] desagrada.
[25] no cesa, no descansa ni un momento.   [26] rehuye.
[27] muy conocida.   [28] se dice.   [29] divina.   [30] quitaste.

[31] quejarme.   [32] faltó.   [33] siempre.   [34] mi.
[35] trueque, cambio.   [36] conquistó.   [37] me abandona quien me tomó.   [38] ya no tengo amparo.   [39] galardonaron, premiaron.   [40] ay.

la cuita que padecedes?»
Respondióme: «Non curedes,
señor, de me consolar,
ca mi vida es querellar,[31]
cantando así como vedes:

Pues me falleció[32] ventura
en el tiempo del placer,
non espero haber folgura,
mas por siempre entristecer.

Díjele: «Según parece,
la dolor que vos aqueja
es alguna que vos deja
e de vos non se adolece.»
Respondióme: «Quien padece
cruel plaga por amar,
tal canción debe cantar
jamás,[33] pues le pertenece:

Cautivo de miña[34] tristura,
ya todos prenden espanto,
e preguntan qué ventura
es, que me atormenta tanto.»

Díjele: «Non vos quejedes,
ca non sois vos el primero
nin seréis el postrimero
que sabe del mal que habedes.»
Respondióme: «Fallaredes
que mi cuita es tan esquiva,
que jamás en cuanto viva,
cantaré, según veredes:

Pero te sirvo sin arte:
¡ay amor, amor, amor!
grande cuita...
de mí nunca non se parte.

«¿Non puede ser al sabido
(repliqué) de vuestro mal,
nin de la causa especial
porque así fuisteis herido?»
Respondió: «Troque[35] e olvido
me fueron así ferir,
por do me convien' decir
este cantar dolorido:

Crueldad e trocamento
con tristeza me conquiso;[36]
pues me dexa quien me priso,[37]
ya non hay amparamento.[38]

Su cantar ya non sonaba
según antes, nin se oía;
mas manifiesto se vía
que la muerte lo aquejaba.
Pero jamás non cesaba
nin cesó con gran quebranto
este dolorido canto,
a la sazón que expiraba:

«Pois plazer non posso aver
a meu querer, de grado

seray morir, mays non ver
meu ben perder, cuytado.»

Fin

Por ende quien me creyere,
castigue en cabeza ajena;
e non entre en tal cadena
do non salga, si quisiere.

OTRAS POESÍAS

Decir

Cuando la Fortuna quiso,
señora, que vos amase,
ordenó que yo acabase
como el triste de Narciso:
non de mí mismo pagado,
mas de vuestra catadura,
fermosa, neta criatura,
por quien vivo e soy penado.

... ...

Aurora de gentil mayo,
puerto de la mi salud,
perfección de la virtud
e del sol candor e rayo;
pues que matarme queredes
e tanto lo deseades,
bástevos ya que podades,
si por venganza lo habedes.

¿Quién vió tal ferocidad
en angélica figura
nin en tanta fermosura
indómita crueldad?
Los contrarios se ayuntaron,
¡cuitado, por mal de mí!
Tiempo, ¿dónde te perdí
que así me gualardonaron?[39]

¡Oh, si fuesen oradores
mis suspiros e fablasen,
porque vos notificasen
los infinitos dolores,
que mi triste corazón
padece por vos amar,
mi folgura, mi pesar,
mi cobro e mi perdición!

Cual del cisne es ya mi canto
e mi carta la de Dido:
corazón desfavorido,
causa de mi gran quebranto,
pues ya de la triste vida
non habedes compasión,
honorad la defunción
de mi muerte dolorida.

Finida

¡Guay[40] de quien así convida
e de mi tiempo perdido!

Pues non vos sea en olvido
esta canción por finida:

Canción

Bien cuidaba yo servir
    en tal lugar,
do me ficieran penar,
    mas non morir.
Ya mi pena non es pena:
    ¡tanto es fuerte!
Non es dolor nin cadena,
    mas es muerte.
¿Cómo se puede sufrir
    tan gran pesar?
Ca cuidaba yo penar,
    mas non morir.
Ciertamente non cuidara
    nin creyera
que de este mal peligrara,
    nin muriera.
Mas el triste despedir,
    sin recabdar
non me fué sólo penar,
    mas fué morir.

Villancico y serranillas

VILLANCICO FECHO POR EL MARQUÉS DE SANTI-
LLANA A UNAS TRES FIJAS SUYAS

Por una gentil floresta
de lindas flores e rosas,
vide tres damas fermosas
que de amores han recuesta.[41]
    Yo, con voluntad muy presta,
me llegué a conocellas;
comenzó la una de ellas
esta canción tan honesta:
    «*Aguardan a mí*:
    nunca tales guardas vi.»
    Por mirar su fermosura
de estas tres gentiles damas,
yo cubríme con las ramas,
metíme so la verdura.
La otra con gran tristura
comenzó de suspirar
e decir este cantar
con muy honesta mesura:
    «*La niña que amores ha,*
    sola, ¿cómo dormirá?»
    Por non les facer turbanza
non quise ir más adelante
a las que con ordenanza

cantaban tan consonante.
La otra con buen semblante
dijo: «Señoras de estado,
pues las dos habéis cantado,
a mí conviene que cante:
    «*Dejadlo al villano pene;*
    véngueme Dios delle.»
    Desque ya hubieron cantado
estas señoras que digo,
yo salí desconsolado,
como hombre sin abrigo.
Ellas dijeron: «Amigo,
non sois vos el que buscamos;
mas cantad, pues que cantamos.
    «*Suspirando iba la niña*
    e non por mí,
    que yo bien se lo entendí.»

Serranilla III

    Después que nací
non vi tal serrana
como esta mañana.
    Allá a la vegüela[42]
a Mata el Espino,
en ese camino
que va a Lozoyuela,
de guisa la vi
que me fizo gana
la fruta temprana.
    Garnacha[43] traía
de oro, presada
con broncha[44] dorada,
que bien relucía.
A ella volví
diciendo: «Lozana,
¿e sois vos villana?»
—«Sí soy, caballero;
si por mí lo habedes,
decid, ¿qué queredes?
Fablad verdadero.»
Yo le dije así:
«Juro por Santa Ana
que non sois villana.»

Serranilla VI

    Moza tan fermosa
non vi en la frontera
como una vaquera
de la Finojosa.
    Faciendo la vía
del Calatreveño

---

41 busca.   42 diminutivo de *vega*.   43 vestidura
hasta los pies, con mangas.   44 sujeta con un broche
o hebilla.   45 los bramidos de los animales del monte.

46 El antecedente es «poetal canto», es decir, la poesía.
47 alimento.   48 en nuestra lengua, es decir, en castellano.   49 del cielo, «celeste» como dice antes.

a Santa María,
vencido del sueño,
por tierra fragosa
perdí la carrera,
do vi la vaquera
de la Finojosa.

En un verde prado
de rosas e flores,
guardando ganado
con otros pastores,
la vi tan graciosa
que apenas creyera
que fuese vaquera
de la Finojosa.

Non creo las rosas
de la primavera
sean tan fermosas
nin de tal manera,
(fablando sin glosa),
si antes supiera
de aquella vaquera
de la Finojosa.

Non tanto mirara
su mucha beldad,
porque me dejara
en mi libertad.
Mas dije: «Donosa,
(por saber quién era),
¿dónde es la vaquera
de la Finojosa?»

Bien como riendo,
dijo: «Bien vengades,
que ya bien entiendo
lo que demandades;
non es deseosa
de amar, nin lo espera,
aquesa vaquera
de la Finojosa.»

Serranilla IX

Mozuela de Bores,
allá do la Lama,
púsome en amores.

Cuidé que olvidado
amor me tenía,
como quien se había
gran tiempo dejado
de tales dolores,
que más que la llama
queman amadores.

Mas vi la fermosa
de buen continente,
la cara placiente,
fresca como rosa,
de tales colores

cual nunca vi dama
nin otra, señores.
Por lo cual: «Señora,
(le dije), en verdad
la vuestra beldad
saldrá desde agora
de entre estos alcores,
pues merece fama
de grandes loores.»
Dijo: «Caballero,
tirad vos afuera:
dejad la vaquera
pasar al otero;
ca dos labradores
me piden de Frama,
entrambos pastores.»
—«Señora, pastor
seré, si queredes;
mandarme podedes,
como a servidor;
mayores dulzores
será a mí la brama[45]
que oír ruiseñores.»
Así concluímos
el nuestro proceso
sin facer exceso,
e nos avenimos.
E fueron las flores
de cabe Espinama
los encubridores.

PROEMIO E CARTA

Proemio e carta que el marqués de Santillana envió al condestable de Portugal con las obras suyas.

Como es cierto éste[46] sea un celo celeste, una afección divina, un insaciable cibo[47] del ánimo; el cual, así como la materia busca la forma e lo imperfecto la perfección, nunca esta ciencia de poesía e gaya ciencia se fallaron sinon en los ánimos gentiles e elevados espíritus.

¿E qué cosa es la poesía (que en nuestro vulgar[48] gaya ciencia llamamos) sinon un fingimiento de cosas útiles, cubiertas o veladas con muy fermosa cobertura, compuestas, distinguidas e escondidas por cierto cuento, peso e medida? E ciertamente, muy virtuoso señor, yerran aquellos que pensar quieren o decir que solamente las tales cosas consistan o tiendan a cosas vanas e lascivas; que bien como los fructíferos huertos abundan e dan convenientes frutos para todos los tiempos del año, así los hombres bien nacidos e doctos, a quien estas ciencias de arriba[49] son infusas, usan de aquéllas e de tal ejercicio según las edades. E si por ventura las ciencias son deseables, así como Tulio quiere, ¿cuál de todas es más prestante,[50] más noble e más digna del hombre o cuál más extensa a todas especies de humanidad? Ca las escuridades e cerramientos de ellas, ¿quién las abre, quién las esclarece, quién las demuestra e face patentes sinon la elocuencia dulce e fermosa fabla, sea metro o prosa?...

Cómo, pues, o por cuál manera, señor muy virtuoso, estas ciencias hayan primeramente venido en manos de los romancistas vulgares, creo sería difícil inquisición e una trabajosa pesquisa. Pero dejadas agora las regiones, tierras e comarcas más longicas[51] e más separadas de nos, non es de dudar que universalmente en todas de siempre estas ciencias se hayan acostumbrado e acostumbran; e aun en muchas de ellas en estos tres grados, es a saber: *sublime, mediocre, ínfimo.* Sublime se podría decir por aquellos que las sus obras escribieron en lengua griega o latina, digo metrificando. Mediocre usaron aquellos que en vulgar escribieron, así como Guydo Januncello, boloñés, e Arnaldo Daniel, provenzal... Ínfimos son aquellos que sin ningún orden, regla nin cuento facen estos romances e cantares de que las gentes de baja e servil condición se alegran.

Juan de Mena
1411-1456

Es el poeta culto por excelencia de su momento, época de Juan II de Castilla, y el que escribe en *El laberinto de Fortuna* la obra alegórica de inspiración dantesca más representativa de la literatura española. En ella llega también el verso de arte mayor a su madurez. Sin negar la elevación que la obra posee, su riqueza de alusiones y el hecho de que en algunas de sus doscientas noventa y siete estrofas el poeta se siente noblemente inspirado, es evidente que para un lector de hoy el *Laberinto* tiene un mayor interés histórico-literario que estrictamente poético. Por eso no es fácil hacer una selección que se lea con gusto ni destacar de ella un pasaje íntegro que mantenga la atención. Hemos optado por elegir algunas estrofas de diferentes pasajes.

En el resto de la producción de Mena —poesía amorosa, religiosa, satírica, doctrinal, etc.— no hay nada que supere a composiciones análogas de Santillana, los Manrique o aun otros poetas menos conocidos.

Texto según ed. Foulché Delbosc, NBAE, y ed. del *Laberinto* de José M. Blecua, *Clásicos Castellanos.*

EL LABERINTO DE FORTUNA

2

Tus casos falaces, Fortuna, cantamos,
estados de gentes que giras e trocas,[1]
tus grandes discordias, tus firmezas pocas,
e los que en tu rueda quejosos fallamos,
fasta que al tiempo de agora vengamos:
de fechos pasados codicia mi pluma,
e de los presentes facer breve suma;[2]
dé fin Apolo, pues nos comenzamos.

9

¿Pues cómo, Fortuna, regir todas cosas
con ley absoluta, sin orden, te place?
¿Tú non farías lo que el cielo face,
e facen los tiempos, las plantas e rosas?
O muestra tus obras ser siempre dañosas,
o prósperas, buenas, durables, eternas;
non nos fatigues con veces alternas,
alegres agora, agora enojosas.

50 de mayor provecho.

51 lejanas.

1 truecas, cambias. 2 mi pluma desea (*codicia*) recapitular brevemente hechos pasados y presentes. 3 desmedida, sin norma. 4 El sentido de la estrofa es el siguiente: que así como los marineros (*nautas*) que van hacia el oeste ven las aguas en calma (*la mar sin repunta*) en el estrecho de Gibraltar (donde Europa se junta casi con África) cuando sopla el viento del norte (*Bóreas*), pero las ven agitadas y sin reposo cuando el viento del sur (*el Austro*) conmueve al *tridente,* (es decir, al mar por ser el tridente símbolo de Neptuno); de esta misma manera la Fortuna cambia y fluctúa, según se ve en la estrofa siguiente. 5 aborrecida. 6 El sujeto de *mandaba* es la Providencia que guía al poeta en la visita al palacio de la Fortuna. 7 inmóviles y paradas. 8 dar vueltas. 9 llevaba el nombre y lema de su destino cubiertos por un velo oscuro (*túrbido*) por las razones que se explican en las estrofas siguientes. 10 me explique. 11 imágenes, figuras. 12 En esta estrofa se entra en el círculo de Venus después de haber visitado el círculo de la Luna (el de los castos) y el de Mercurio (el de los perjuros y malos consejeros). 13 en la profundidad de estos círculos vi gran cantidad. 14 los alcahuetes o intermediarios. 15 la homosexualidad. 16 Alude al mito de Filomena, deshonrada por su cuñado Tereo y vengada por su hermana Procne que sirve a su marido la carne de su propio hijo. Al enterarse Tereo, persigue a las hermanas para matarlas pero Filomena se convierte en ruiseñor y Procne en alondra. 17 más vil, más afrentosa. 18 ambos Macareo y Canace eran hermanos, hijos del rey Eolo. 19 Después de enumerar otros casos mitológicos, el poeta alude a personajes de su tiempo con la evocación del trovador gallego Macías el enamorado, muerto por el marido de una dama a quien amaba.

10

Mas bien acatada tu varia mudanza,
por ley te gobiernas, maguer discrepante,
ca tu firmeza es non ser constante,
tu temperamento es destemperanza,
tu más cierta orden es desordenanza,
es la tu regla ser muy enorme,[3]
tu conformidad es non ser conforme,
tú desesperas a toda esperanza.

11

Como los nautas que van en poniente
fallan en Cádiz la mar sin repunta,
do casi Europa con Libia se junta
cuando Bóreas se muestra valiente,
pero si el Austro conmueve al tridente,
corren en contra de como vinieron
las aguas, que nunca tendrán nin tuvieron
allí donde digo reposo paciente,[4]

12

así fluctuosos, Fortuna aburrida,[5]
tus casos inciertos semejan, e tales,
que corren por ondas de bienes e males,
faciendo non cierta ninguna corrida;
pues ya porque vea la tu sin medida,
la casa me muestra do anda tu rueda,
porque de vista decir cierto pueda
el modo en que tratas allá nuestra vida.

56

Volviendo los ojos a do me mandaba,[6]
vi más adentro muy grandes tres ruedas:
las dos eran firmes, inmotas e quedas,[7]
mas la de en medio voltar[8] non cesaba;
e vi que debajo de todas estaba
caída por tierra gran gente infinita,
que había en la frente cada cual escrita
el nombre e la suerte por donde pasaba.

57

E vi que la una que non se movía,
la gente que en ella había de ser
e la que debajo esperaba caer
con túrbido velo su mote cubría;[9]
yo que de aquesto muy poco sentía
fiz de mi duda cumplida palabra
a mi guiadora, rogando me abra[10]
aquesta figura que non entendía.

58

La cual me repuso: «Saber te conviene
que de tres edades que quiero decir,

pasadas, presentes e de porvenir,
ocupa su rueda cada cual e tiene:
las dos que son quedas, la una contiene
la gente pasada, e la otra futura;
la que se vuelve en el medio procura
los que en el siglo presente detiene.

59

Así que conoce tú que la tercera
contiene las formas e las simulacras[11]
de muchas personas profanas e sacras
de gente que al mundo será venidera:
por ende cubierta de tal velo era
su faz, aunque formas tú vieses de hombres
porque sus vidas aun nin sus nombres
saberse por seso mortal non pudiera.»

100

Venidos a Venus[12] vi en grado especial
los que en el fuego de su juventud
facen el vicio ser santa virtud
por el sacramento matrimonial;
fondón de estos cercos, vi gran general[13]
de muchos linajes caídos en mengua,
que non sabe cómo se diga mi lengua
tantas especies e formas de mal.

101

Eran adúlteros e fornicarios,
e otros notados de incestuosos,
e muchos que juntan tales criminosos
e llevan por ello los viles salarios,[14]
e los que en efectos así voluntarios
su vida deleitan en vano pecando,
e los maculados del crimen nefando,[15]
de justa razón e de toda contrarios.

103

Allí era aquél que la casta cuñada
fizo por fuerza non ser más doncella,
comiendo su fijo en pago de aquella
que por dos maneras dél fué desflorada;[16]
e vimos en forma muy más aviltada[17]
ser con Macareo la triste Canace,
de los cuales amos,[18] un tal fijo nace
que la humana vida dejó injuriada.

105

Tanto anduvimos el cerco mirando,
que nos fallamos con nuestro Macías,[19]
e vimos que estaba llorando los días
con que su vida tomó fin amando;
lleguéme más cerca turbado yo, cuando
vi ser un tal hombre de nuestra nación,

e vi que decía tal triste canción,
en elegíaco verso cantando:

106

«Amores me dieron corona de amores,
porque mi nombre por más bocas ande:
entonces non era mi mal menos grande,
cuando me daban placer sus dolores;
vencen el seso los dulces errores,
mas non duran siempre según luego placen;
pues me ficieron del mal que vos facen,
sabed al amor desamar, amadores.

107

Fuid un peligro tan apasionado,
sabed ser alegres, dejad de ser tristes,
sabed deservir a quien tanto servistes,
a otros que amores dad vuestro cuidado;
los cuales si diesen por un igual grado
sus pocos placeres según su dolor,
non se quejara ningún amador,
nin desesperara ningún desamado.

201

Aquél que allí ves al cerco trabado,[20]
que quiere subir e se falla en el aire,
mostrando su rostro robado donaire
por dos deshonestas feridas llagado,[21]
aquél es el Dávalos mal fortunado,
aquél es el limpio mancebo Lorenzo,
que fizo en un día su fin e comienzo,
aquél es el que era de todos amado;

202

el mucho querido del señor infante,
que siempre le fuera señor como padre;
el mucho llorado de la triste madre,
que muerto ver pudo tal fijo delante.
¡Oh dura Fortuna, cruel tribulante,[22]
por ti se le pierden al mundo dos cosas:
la vida, e las lágrimas tan piadosas
que ponen dolores de espada tajante!

203

Bien se mostraba ser madre en el duelo
que fizo la triste, después ya que vido
el cuerpo en las andas sangriento tendido
de aquél que criara con tanto recelo:
ofende con dichos crueles el cielo
con nuevos dolores su flaca salud,
e tantas angustias roban su virtud,
que cae por fuerza la triste en el suelo.

204

E rasga con uñas crueles su cara,
fiere sus pechos con mesura poca,
besando a su fijo la su fría boca,
maldice las manos de quien lo matara,
maldice la guerra do se comenzara,
busca con ira crueles querellas,
niega a sí mesma reparo de aquéllas,
e tal como muerta viviendo se para.

205

Decía llorando, con lengua rabiosa:
«O matador de mi fijo cruel,
mataras a mí, dejaras a él,
que fuera enemiga non tan porfiosa;
fuera la madre muy más digna cosa
para quien mata llevar menos cargo,
e non te mostraras a él tan amargo,
nin triste dejaras a mí querellosa.

206

Si antes la muerte me fuera ya dada,
cerrara mis ojos con estas sus manos
mi fijo, delante de los sus hermanos,
e yo non muriera más de una vegada:[23]
así morré[24] muchas, desaventurada,
que sola padezco lavar sus feridas
con lágrimas tristes e non gradecidas,
maguer que lloradas por madre cuitada.»

---

20 El poeta se halla ahora en el cerco de Marte, al cual quiere subir para conquistar la fama el joven Lorenzo Dávalos, camarero y privado del infante don Enrique, que murió a consecuencia de las heridas recibidas en su primera batalla contra las tropas de D. Álvaro de Luna. 21 la belleza (*donaire*) de su rostro quedó afeada por las heridas recibidas. 22 atormentadora. 23 vez. 24 moriré. 25 como la leona despierta al león recién nacido con los bramidos que da sobre él. 26 Alude a las guerras civiles del reinado de Juan II. 27 El poeta entra aquí en el sexto círculo que es el de Júpiter, donde están los que reinan en paz gloriosa, los gobernantes, los tiranos, etc. 28 Aquí se dirige al rey D. Juan II, al que está dedicada la obra y cuya figura ha exaltado en algunas estrofas anteriores, pidiéndole que no consienta tiranos en su reino. 29 aprendan. 30 bien público. 31 castiga. 32 En la estrofa 232 se entra en el séptimo y último círculo, el de Saturno, el de los buenos gobernantes, y empieza aquí la evocación del condestable D. Álvaro de Luna que es uno de los pasajes más extensos de la obra. Lo compara en la fuerza con Tideo, símbolo de fortaleza física y uno de los jefes del ejército griego en la guerra de Tebas, y en la prudencia con el anciano Néstor, personaje homérico de la *Ilíada*. 33 a lo que le. 34 Sus buenas cualidades le dan relieve como hombre al mismo tiempo que justifican su poder como señor.

207

Así lamentaba la pía matrona
al fijo querido que muerto tú viste,
faciéndole encima semblante de triste,
según al que pare face la leona;[25]
¿pues dónde podría pensar la persona
los daños que causa la triste demanda
de la discordia del reino que anda,
donde non gana ninguno corona?»[26]

214

E vi los que reinan en paz glorïosa,[27]
e los muy humanos a sus naturales,
e muchos de aquellos, seyendo mortales,
que viven celando la pública cosa;
e vi bajo destos gran turba sañosa
de los invasores e grandes tiranos,
que por exceso mortal de sus manos
dejan la fama cruel monstruosa.

230

Sanad vos los reinos de aqueste recelo,
oh príncipe bueno, oh novel Augusto,
oh lumbre de España, oh rey mucho justo,
pues rey de la tierra vos fizo el del cielo[28]
e los que vos sirven con malvado celo,
con fambre tirana, con non buena ley,
faced que deprendan[29] temer a su rey,
porque justicia non ande por suelo.

231

Justicia es un cetro que el cielo crió,
que el grande universo nos face seguro,
hábito rico del ánimo puro,
introducido por pública pro,[30]
que por igual peso jamás conservó
todos estados en los sus oficios;
es más azote que pune[31] los vicios,
non corruptible por sí nin por no.

233

¡Oh tú, Providencia!: declara de nuevo
quién es aquel caballero que veo,
que mucho en el cuerpo parece Tideo
y en el consejo Néstor el longevo,[32]
porque yo fable de aquél lo que debo
si libre pudiere salir de este valle;
non sufras tal ignorancia, que calle
lo que notorio por ojos apruebo.

234

Así como facen los enamorados
cuando les fablan de lo que bien quieren,

alegran los ojos doquier que estuvieren
e cobran semblantes muy mal alterados,
non fizo menos alegres estados
la Providencia a lo quel[33] preguntara,
e luego repuso con alegre cara,
pospuestos los otros divinos cuidados:

235

«Éste cabalga sobre la Fortuna
e doma su cuello con ásperas riendas;
y aunque de él tenga tan muchas de prendas,
ella non le osa tocar a ninguna;
míralo, míralo en plática alguna
con ojos humildes, non tanto feroces:
¿Cómo, indiscreto, e tú non conoces
al condestable Álvaro de Luna?

236

—«Agora, repuse, conozco mejor
aquél cuyo ánimo, virtud e nombre,
tantas de partes le facen de hombre
cuantas estado le da de señor,[34]
las cuales le facen ser merecedor
e fruto de mano de nuestro gran rey,
e clara experiencia de su firme ley,
e de la Fortuna jamás vencedor.»
… … … … … … … … … … … … … … …

A UNA DAMA

Muy más clara que la luna,
     sola una,
en el mundo vos nacistes
tan gentil que no hubistes
   ni tuvistes
competidora ninguna.
Desde niñez en la cuna
cobraste fama, beldad,
con tanta graciosidad
que vos dotó la Fortuna
que así vos organizó
   y formó
la composición humana,
que vos sois la más lozana
   soberana
que la natura crió.
¿Quién sin vos no mereció
de virtudes ser monarca?
Cuanto bien dijo Petrarca,
por vos lo profetizó.
   Yo nunca vi condición
      por tal son
en la humana mesura,
como vos, linda y pura
   criatura,

fecha por admiración.
Creo que hayan a baldón
las otras hermosas bellas,
que en extremo grado dellas
vos tenéis la perfección.
… … … … … … … … … …
¿Quién vos dió tanto lugar
de robar
la hermosura del mundo,
que es un misterio segundo,
tan profundo
que no lo sé declarar?

Bien es de maravillar
el valer que vos valés;
mas una falta tenés
que nos hace desear.

Fin

Señora, quered mandar
perdonar
a mí, que poder tenéis;
que según veo valéis
y merecéis,
yo no vos puedo loar.

Gómez Manrique
1412?-1490?

Personaje importante en tiempos de Enrique IV y corregidor de Toledo en los de los Reyes Católicos. Poeta fino en las varias manifestaciones de la lírica cuatrocentista, especialmente en la poesía doctrinal. Sus *Coplas* a Diego Arias sólo ceden en valor a las de su sobrino Jorge Manrique, de tono y tema parecidos. Con todo, la significación literaria de Gómez Manrique se debe principalmente a ser el precursor del teatro religioso español en sus *Lamentaciones para la Semana Santa* y en la *Representación del Nacimiento*. Si bien la línea que separa lo lírico de lo dramático en estas obras es aún muy tenue y la representación está reducida a una sucesión de cuadros sin movimiento, no hay duda de que en ellas se anticipa Manrique a Encina y que, en este sentido, puede ser considerado como el primer dramaturgo español.

Texto ed. Foulché Delbosc, NBAE.

Comienza el decir que el noble caballero Gómez Manrique fizo, que intituló la exclamación e querella de la gobernación.

… … … … … … … … … …
En un pueblo donde moro
al necio facen alcalde,
hierro precian más que oro,
la plata danla de balde:
la paja guardan los tochos[1]
e dejan perder los panes,
cazan con los aguilochos,[2]
cómense los gavilanes.

Queman los nuevos olivos,
guardan los espinos tuertos,[3]
condenan a muchos vivos,
quieren salvar a los muertos:
los mejores valen menos,
mirad qué gobernación,
ser gobernados los buenos

por los que tales no son.
La fruta por el sabor
se conoce su natío,[4]
e por el gobernador
el gobernado navío.
Los cuerdos fuir debrían
de do los locos mandan más,
que cuando los ciegos guían,
¡guay de los que van detrás!
… … … … … … … … … …
Cuanto más alto es el muro,
más fondo cimiento quiere;
de caer está seguro
el que en él nunca subiere.
Donde sobra la codicia
todos los bienes fallecen;
en el pueblo sin justicia,
los que son justos padecen.

La iglesia sin letrados
es palacio sin paredes;
no toman grandes pescados
con las muy sutiles redes.
Los mancebos sin los viejos
es peligroso metal;
grandes fechos sin consejos
siempre salieron a mal.

En el caballo sin freno
va su dueño temeroso;
sin el gobernalle bueno
el barco va peligroso.
Sin secutores[5] las leyes
maldita la pro que traen;
los reinos sin buenos reyes,
sin adversarios se caen.
… … … … … … … … … …

---

1 torpes.   2 aguilucho, pollo del águila.   3 torcidos.   4 naturaleza, calidad.   5 ejecutores.   6 las roban, las saquean.

Las ovejas sin pastor
destruyen las heredades;
religiosos sin mayor,
grandes cometen maldades.
Las viñas sin viñaderos
lógranlas[6] los caminantes;
las cortes sin caballeros
son como manos sin guantes.

... ...

Que bien como dan las flores
perfección a los frutales,
así los grandes señores
a los palacios reales:
e los príncipes derechos
lucen sobre ellos sin falla,
bien como los ricos techos
sobre fermosa muralla.

Al tema quiero tornar
de la ciudad que nombré,
cuyo duro prosperar
cuanto bien regida fué;
pero después que reinaron
codicias particulares,
sus grandezas se tornaron
en despoblados solares.

Fin

Todos los sabios dijeron
que las cosas mal regidas
cuanto más alto subieron
mayores dieron caídas.
Por esta causa recelo
que mi pueblo con sus calles
habrá de venir al suelo
por falta de gobernalles.

INSCRIPCIÓN DE LAS CASAS CONSISTORIALES DE TOLEDO

Nobles, discretos varones
que gobernáis a Toledo,
en aquestos escalones
desechad las aficiones,
codicias, amor y miedo.
Por los comunes provechos
dejad los particulares:
pues vos fizo Dios pilares
de tan riquísimos techos,
estad firmes y derechos.

LAMENTACIONES DE LA VIRGEN

Fechas para la Semana Santa

¡Ay dolor, dolor,
por mi fijo y mi Señor!

Yo soy aquella María
del linaje de David;
oíd, señores, oíd,
la gran desventura mía.
¡Ay dolor!
A mí dijo Gabriel
que el Señor era conmigo,
y dejóme sin abrigo,
amarga más que la hiel.
Díjome que era bendita
entre todas las nacidas,
y soy de las afligidas
la más triste y más aflicta.
¡Ay dolor!
¡Oh vos, hombres que transisteis
por la vía mundanal,
decidme si jamás visteis
igual dolor de mi mal!
¡Y vosotras que tenéis
padres, fijos y maridos,
acorredme con gemidos
si con llantos no podéis!
¡Ay dolor!
¡Llorad conmigo, casadas,
llorad conmigo, doncellas,
pues que vedes las estrellas
escuras y demudadas,
vedes el templo rompido,
la luna sin claridad;
llorad conmigo, llorad
un dolor tan dolorido!
¡Ay dolor!
¡Llore conmigo la gente
de todos los tres estados,
por lavar cuyos pecados
mataron al inocente,
a mi fijo y mi Señor,
mi redentor verdadero!
¡Cuitada!, ¿cómo no muero
con tan extremo dolor?
¡Ay dolor!

LA REPRESENTACIÓN DEL NACIMIENTO DE NUESTRO SEÑOR, A INSTANCIA DE DOÑA MARÍA MANRIQUE, VICARIA EN EL MONASTERIO DE CALABAZANOS, HERMANA SUYA

Lo que dice José, sospechando de Nuestra Señora

¡Oh viejo desventurado!
Negra dicha fué la mía
en casarme con María
por quien fuese deshonrado.
Yo la veo bien preñada,
no sé de quién nin de cuánto;
dicen que de Espíritu Santo,
mas yo de esto non sé nada.

La oración que face la Gloriosa

¡Mi solo Dios verdadero,
cuyo ser es inmovible,
a quien es todo posible,
fácil e bien facedero!
Tú que sabes la pureza
de la mi virginidad,
alumbra la ceguedad
de José e su simpleza.

El Ángel a José

¡Oh viejo de muchos días,
en el seso de muy pocos,
el principal de los locos,
¿tú no sabes que Isaías
dijo: «Virgen parirá»,
lo cual escribió por esta
doncella gentil, honesta,
cuyo par nunca será?

*La que representa a la Gloriosa, cuando le dieren
el Niño*

Adórote, rey del cielo,
verdadero Dios e hombre;
adoro tu santo nombre,
mi salvación e consuelo;
adórote, fijo e padre,
a quien sin dolor parí,
porque quisiste de mí
facer de sierva tu madre.
Bien podré decir aquí
aquel salmo glorioso
que dije, fijo precioso,
cuando yo te concebí:
que mi ánima engrandece
a ti, mi solo señor,
y en ti, mi salvador,
mi espíritu florece.
Mas este mi gran placer
en dolor será tornado;
pues tú eres enviado
para muerte padecer
por salvar los pecadores,
en la cual yo pasaré,
non menguándome la fe,
innumerables dolores.
Pero mi precioso prez,
fijo mío muy querido,
dame tu claro sentido
para tratar tu niñez

con debida reverencia,
e para que tu pasión
mi femenil corazón
sufra con mucha paciencia.

La denunciación del Ángel a los pastores

Yo vos denuncio,[7] pastores,
que en Belén es hoy nacido
el señor de los señores,
sin pecado concebido;
e porque non lo dudedes,
id al pesebre del buey,
donde cierto fallaredes
al prometido en la ley.

El un pastor

Dime tú, hermano, di,
si oíste alguna cosa,
o si viste lo que vi.

El segundo

Una gran voz me semeja
de un ángel reluciente
que sonó en mi oreja.

El tercero

Mis oídos han oído
en Belén ser esta noche
nuestro salvador nacido;
por ende dejar debemos
nuestros ganados e ir
por ver si lo fallaremos.

Los pastores viendo al glorioso Niño

Éste es el Niño excelente
que nos tiene de salvar;
hermanos, muy omilmente[8]
le lleguemos adorar.

La adoración del primero

Dios te salve, glorioso
infante santificado,
por redimir enviado
este mundo trabajoso;
dámoste grandes loores
por te querer demostrar
a nos,[9] míseros pastores.

Del segundo

Sálvete Dios, niño santo,
enviado por Dios padre,
concebido por tu madre

---

7 anuncio, participo.   8 humildemente.   9 por querer
manifestarte a nosotros, es decir, hacerte visible a nuestros ojos.   10 asombro, maravilla.

11 tomar nuestra forma humana.   12 bendita.
13 Aquí significa la representación de los objetos con que

sufrió martirio Cristo en su Pasión.   14 columna.
15 azote hecho de cuerdas anudadas que sirve para disciplinar o mortificar la carne.   16 digno; en el verso
siguiente, *benino* = benigno.   17 aflicto, afligido.   18 Las
monjas para las que estaba escrito el auto, que cantan
esta canción en la representación.

con amor e con espanto;[10]
alabamos tu grandeza
que en el pueblo de Israel
escogió nuestra simpleza.

Del tercero

Dios te salve, salvador,
hombre que ser Dios creemos;
muchas gracias te facemos
porque quisiste, Señor,
la nuestra carne vestir,[11]
en la cual muy cruda muerte
has por nos de recibir.

Los ángeles

Gloria al Dios soberano
que reina sobre los cielos,
e paz al linaje humano.

San Gabriel

Dios te salve, Gloriosa,
de los maitines estrella,
después de madre, doncella,
e antes que fija, esposa;
yo soy venido, Señora,
tu leal embajador,
para ser tu servidor
en aquesta santa hora.

San Miguel

Yo, Micael, que vencí
las huestes luciferales,
con los coros celestiales
que son en torno de mí,
por mandado de Dios padre
vengo tener compañía
a ti, beata María,
de tan santo niño madre.

San Rafael

Yo, el ángel Rafael,
capitán de estas cuadrillas,
dejando las altas sillas,
vengo a ser tu doncel;
e por facerte placeres,
pues tan bien los mereciste,
¡oh, María, mater Criste,
bendicha[12] entre las mujeres!

Los Martirios[13] que presentan al Niño:
El Cáliz

¡Oh santo niño nacido
para nuestra redención!
Este cáliz dolorido
de la tu cruda pasión
es necesario que beba
tu sagrada majestad,

por salvar la humanidad,
que fué perdida por Eva.

El Astelo[14] e la Soga

E será en este astelo
tu cuerpo glorificado,
poderoso rey del cielo,
con estas sogas atado.

Los Azotes

Con estos azotes crudos
romperán los tus costados
los sayones muy sañudos
por lavar nuestros pecados.

La Corona

E después de tu persona
ferida con disciplinas,[15]
te pondrán esta corona
de dolorosas espinas.

La Cruz

En aquesta santa cruz
el tu cuerpo se pondrá;
a la hora no habrá luz
y el templo caerá.

Los Clavos

Con estos clavos, Señor,
te clavarán pies e manos;
grande pasarás dolor
por los míseros humanos.

La Lanza

Con esta lanza tan cruda
foradarán tu costado,
e será claro sin duda
lo que fué profetizado.

Canción para callar al Niño
Callad, fijo mío chiquito

Callad, vos, Señor,
nuestro redentor,
que vuestro dolor
durará poquito.
Ángeles del cielo,
venid dar consuelo
a este mozuelo
Jesús tan bonito.

… … … … … …

Este santo dino,[16]
niño tan benino,
por redimir vino
el linaje aflito.[17]
Cantemos gozosas,
hermanas[18] graciosas,
pues somos esposas
del Jesús bendito.

Jorge Manrique
1440?-1479

Sus famosísimas *Coplas* hacen de Jorge Manrique uno de los poetas más altos de la literatura española. Nada en el resto de su producción, típica de las corrientes de la época como la de tantos otros poetas, iguala ni aun se acerca a la emoción de aquéllas. Sin embargo, algunas de sus canciones amorosas son una muestra más de su finura de espíritu y merecen contarse entre lo mejor de la abundantísima lírica cortesana de su tiempo.

Texto según ed. Cortina, *Clásicos Castellanos*. Para las «Coplas a su padre» hemos adoptado algunas variantes de otras ediciones.

DICIENDO QUÉ COSA ES AMOR

Es amor fuerza tan fuerte
que fuerza toda razón;
una fuerza de tal suerte,
que todo seso convierte
en su fuerza y afición;
una porfía forzosa
que no se puede vencer,
cuya fuerza porfiosa
hacemos más poderosa
queriéndonos defender.

Es placer en que hay dolores,
dolor en que hay alegría,
un pesar en que hay dulzores,
un esfuerzo en que hay temores,
temor en que hay osadía;
un placer en que hay enojos,
una gloria en que hay pasión,
una fe en que hay antojos,
fuerza que hacen los ojos
al seso y al corazón.

Es una cautividad
sin parescer[1] las prisiones;
un robo de libertad,
un forzar de voluntad
donde no valen razones;
una sospecha celosa
causada por el querer,
una rabia deseosa
que no sabe qué es la cosa
que desea tanto ver.

. . . .

Todas estas propiedades
tiene el verdadero amor;
el falso, mil falsedades,

mil mentiras, mil maldades
como fingido traidor;
el toque para tocar[2]
cuál amor es bien forjado,
es sufrir el desamar,
que no puede comportar[3]
el falso sobredorado.[4]

CANCIÓN

Con dolorido cuidado,
desgrado, pena y dolor,
parto yo, triste amador,
de amores desamparado,
de amores, que no de amor.

Y el corazón, enemigo
de lo que mi vida quiere,
ni halla vida ni muere
ni queda ni va conmigo;
sin ventura, desdichado,
sin consuelo, sin favor,
parto yo, triste amador,
de amores desamparado,
de amores, que no de amor,
sin Dios y sin vos y mí.

(GLOSA)

Yo soy quien libre me vi,
yo, quien pudiera olvidaros;
yo soy el que, por amaros,
estoy, desque os conocí,
sin Dios, y sin vos y mí.

Sin Dios, porque en vos adoro;
sin vos, pues no me queréis;
pues sin mí, ya está de coro[5]
que vos sois quien me tenéis.
Así que triste nací,
pues que pudiera olvidaros;
yo soy el que, por amaros,
estoy, desque os conocí,
sin Dios y sin vos y mí.

PREGUNTA
(*A Guevara*)

Porque me hiere un dolor
quiero saber de vos, cierto,
cuando matastes Amor

---

[1] aparecer, mostrarse. [2] la prueba para probar. [3] sufrir. [4] el falso encubierto; *sobredorado* = capa dorada. [5] ya es sabido. [6] despierte. [7] sentido. [8] recordado. [9] no me cuido, no hago caso. [10] esperamos.

[11] algunas de ellas (se acaban con el tiempo, etc.). [12] caen, decaen, mueren. [13] se queda. [14] pesadez [15] cuando se acerca a la vejez.

si los dejastes bien muerto;
o si había más amores
para dar pena y cuidado,
o si ha resucitado,
porque, según mis dolores,
Amor me los ha causado.

COPLAS POR LA MUERTE DE SU PADRE

Recuerde[6] el alma dormida,
avive el seso[7] y despierte
   contemplando
cómo se pasa la vida,
cómo se viene la muerte
   tan callando;
cuán presto se va el placer,
cómo, después de acordado[8]
   da dolor,
cómo a nuestro parecer
cualquiera tiempo pasado
   fué mejor.

Pues si vemos lo presente
cómo en un punto se es ido
   y acabado,
si juzgamos sabiamente,
daremos lo non venido
   por pasado.
Non se engañe nadie, no,
pensando que ha de durar
   lo que espera
más que duró lo que vió,
pues que todo ha de pasar
   por tal manera.

Nuestras vidas son los ríos
que van a dar en la mar,
   que es el morir;
allí van los señoríos
derechos a se acabar
   y consumir;
allí los ríos caudales,
allí los otros, medianos
   y más chicos;
allegados, son iguales
los que viven por sus manos
   y los ricos.

INVOCACIÓN
Dejo las invocaciones
de los famosos poetas
   y oradores;
non curo[9] de sus ficciones,
que traen yerbas secretas
   sus sabores.

Aquél sólo me encomiendo,
aquél sólo invoco yo
   de verdad,
que en este mundo viviendo,
el mundo non conoció
   su deidad.

Este mundo es el camino
para el otro, que es morada
   sin pesar;
mas cumple tener buen tino
para andar esta jornada
   sin errar.
Partimos cuando nacemos,
andamos mientras vivimos,
   y llegamos
al tiempo que fenecemos;
así que cuando morimos
   descansamos.

Este mundo bueno fué
si bien usásemos dél
   como debemos,
porque, según nuestra fe,
es para ganar aquel
   que atendemos.[10]
Y aun aquel fijo de Dios,
para subirnos al cielo,
   descendió
a nacer acá entre nos,
y a vivir en este suelo
   do murió.

Ved de cuán poco valor
son las cosas tras que andamos
   y corremos;
que, en este mundo traidor,
aun primero que muramos
   las perdemos:
de ellas[11] deshace la edad,
de ellas casos desastrados
   que acaecen,
de ellas, por su calidad,
en los más altos estados
   desfallecen.[12]

Decidme: la hermosura,
la gentil frescura y tez
   de la cara,
la color e la blancura,
cuando viene la vejez
   ¿cuál se para?[13]
Las mañas y ligereza
y la fuerza corporal
   de juventud,
todo se torna graveza[14]
cuando llega al arrabal
   de senectud.[15]

Pues la sangre de los godos,
y el linaje, y la nobleza
    tan crecida,
¡por cuántas vías y modos
se pierde su gran alteza
    en esta vida!
Unos, por poco valer,
¡por cuán bajos y abatidos
    que los tienen!
Otros que, por no tener,
con oficios non debidos
    se mantienen.

Los estados y riqueza
que nos dejan a deshora,
    ¿quién lo duda?
Non les pidamos firmeza,
pues que son de una señora
    que se muda.
Que bienes son de Fortuna
que revuelve con su rueda
    presurosa,
la cual non puede ser una,[16]
ni ser estable ni queda[17]
    en una cosa.

Pero digo[18] que acompañen
y lleguen hasta la huesa
    con su dueño;
por eso non nos engañen,
pues se va la vida apriesa
    como sueño;
y los deleites de acá
son, en que nos deleitamos,
    temporales,
y los tormentos de allá
que por ellos esperamos,
    eternales.

Los placeres y dulzores
de esta vida trabajada
    que tenemos,
¿qué son sino corredores,
y la muerte la celada
    en que caemos?
Non mirando a nuestro daño,
corremos a rienda suelta
    sin parar;
desque vemos el engaño
y queremos dar la vuelta,
    no hay lugar.

Si fuese en nuestro poder
tornar la cara fermosa
    corporal,
como podemos hacer
el ánima tan gloriosa
    angelical,
¡qué diligencia tan viva
tuviéramos toda hora,
    y tan presta,
en componer la cativa,[19]
dejándonos la señora
    descompuesta!

Esos reyes poderosos
que vemos por escrituras
    ya pasadas,
con casos tristes, llorosos,
fueron sus buenas venturas
    trastornadas;
así que no hay cosa fuerte;
que a papas y emperadores
    y prelados
así los trata la Muerte
como a los pobres pastores
    de ganados.

Dejemos a los troyanos,
que sus males non los vimos,
    ni sus glorias;
dejemos a los romanos,
aunque oímos o leímos
    sus historias;
non curemos de saber
lo de aquel siglo pasado
    qué fué de ello;
vengamos a lo de ayer,
que también es olvidado
    como aquello.

¿Qué se hizo el Rey don Juan?
Los Infantes de Aragón
    ¿qué se hicieron?
¿Qué fué de tanto galán,
qué fué de tanta invención
    como trujeron?
Las justas e los torneos,
paramentos, bordaduras
    y cimeras
¿fueron sino devaneos?
¿Qué fueron sino verduras
    de las eras?

---

[16] no puede estar sin cambiar. [17] quieta. [18] pero aun suponiendo. [19] mala, vil; se refiere a la cara, como «señora» en el verso siguiente se refiere al alma. [20] bordadas con láminas de oro o plata. [21] labradas. [22] moneda de oro acuñada por orden de Enrique IV, a quien se refiere esta estrofa. Era hijo de Juan II a cuya corte se refieren las anteriores. [23] Alfonso, muerto a los catorce años. [24] Don Álvaro de Luna. [25] Don Juan Pacheco, marqués de Villena, y don Beltrán de la Cueva, primer duque de Albuquerque, favoritos de Enrique IV. [26] matada, apagada. [27] cava = = el foso que defiende una fortaleza; chapada = fortificada. [28] obstáculo, defensa. [29] de parte a parte. [30] encarecer, alabar.

¿Qué se hicieron las damas,
sus tocados, sus vestidos,
    sus olores?
¿Qué se hicieron las llamas
de los fuegos encendidos
    de amadores?
¿Qué se hizo aquel trovar,
las músicas acordadas
    que tañían?
¿Qué se hizo aquel danzar,
aquellas ropas chapadas[20]
    que traían?

Pues el otro su heredero,
don Enrique ¡qué poderes
    alcanzaba!
¡Cuán blando, cuán falaguero
el mundo con sus placeres
    se le daba!
Mas verás cuán enemigo,
cuán contrario, cuán cruel
    se le mostró;
habiéndole sido amigo,
¡cuán poco duró con él
    lo que le dió!

Las dádivas desmedidas,
los edificios reales
    llenos de oro,
las vajillas tan febridas[21]
los enriques[22] e reales
    del tesoro;
los jaeces, los caballos
de su gente e atavíos
    tan sobrados,
¿dónde iremos a buscallos?
¿Qué fueron sino rocíos
    de los prados?

Pues su hermano el inocente[23]
que en su vida sucesor
    se llamó,
¡qué corte tan excelente
tuvo y cuánto gran señor
    le siguió!
Mas como fuese mortal,
metióle la Muerte luego
    en su fragua.
¡Oh juicio divinal!
Cuando más ardía el fuego
    echaste agua.

Pues aquel gran Condestable[24]
maestre que conocimos
    tan privado,
non cumple que de él se hable,
sino sólo que lo vimos
    degollado.

Sus infinitos tesoros,
sus villas y sus lugares,
    su mandar,
¿qué le fueron sino lloros?
¿Qué fueron sino pesares
    al dejar?

Y los otros dos hermanos,[25]
maestres tan prosperados
    como reyes,
que a los grandes e medianos
trajeron tan sojuzgados
    a sus leyes;
aquella prosperidad
que tan alta fué subida
    y ensalzada,
¿qué fué sino claridad
que cuando más encendida
    fué amatada?[26]

Tantos duques excelentes,
tantos marqueses e condes
    y varones
como vimos tan potentes,
di, Muerte, ¿dó los escondes
    y traspones?
Y las sus claras hazañas
que hicieron en las guerras
    y en las paces,
cuando tú, cruda, te ensañas,
con tu fuerza las atierras
    y desfaces.

Las huestes innumerables,
los pendones, estandartes
    y banderas,
los castillos impugnables,
los muros y baluartes
    y barreras,
la cava honda, chapada,[27]
o cualquier otro reparo[28]
    ¿qué aprovecha?
Cuando tú vienes airada,
todo lo pasas de claro[29]
    con tu flecha.

Aquel de buenos abrigo,
amado por virtuoso
    de la gente,
el Maestre Don Rodrigo
Manrique, tanto famoso
    y tan valiente;
sus grandes hechos y claros
non cumple que los alabe,
    pues los vieron,
ni los quiero hacer caros,[30]
pues que el mundo todo sabe
    cuáles fueron.

¡Qué amigo de sus amigos!
¡Qué señor para criados
   y parientes!
¡Qué enemigo de enemigos!
¡Qué maestro de esforzados
   y valientes!
¡Qué seso para discretos!
¡Qué gracia para donosos!
   ¡Qué razón!
¡Qué benigno a los sujetos!
¡A los bravos y dañosos
   qué león!

   En ventura Octaviano;
Julio César en vencer
   y batallar;
en la virtud, Africano;
Aníbal en el saber
   y trabajar;
En la bondad un Trajano;
Tito en liberalidad
   con alegría;
en su brazo, un Aureliano;
Marco Tulio en la verdad
   que prometía.

   Antonio Pío en clemencia;
Marco Aurelio en igualdad
   del semblante;
Adriano en la elocuencia;
Teodosio en humildad
   y buen talante.
Aurelio Alexandre fué
en disciplina y rigor
   de la guerra;
un Constantino en la fe;
Camilo en el gran amor
   de su tierra.

   Non dejó grandes tesoros,
ni alcanzó muchas riquezas
   ni vajillas,
mas fizo guerra a los moros,
ganando sus fortalezas
   y sus villas;
y en las lides que venció,
cuántos moros y caballos
   se perdieron,
y en este oficio ganó
las rentas y los vasallos
   que le dieron.

   Pues por su honra y estado
en otros tiempos pasados
   ¿cómo se hubo?

Quedando desamparado,
con hermanos y criados
   se sostuvo.
Después que fechos famosos
hizo en esta dicha guerra
   que hacía,
hizo tratos tan honrosos,
que le dieron aun más tierra
   que tenía.

   Estas sus viejas historias
que con su brazo pintó
   en juventud,
con otras nuevas victorias
agora las renovó
   en senectud.
Por su gran habilidad,
por méritos y ancianía
   bien gastada,
alcanzó la dignidad
de la gran caballería
   del Espada.[31]

   Y sus villas y sus tierras
ocupadas de tiranos
   las halló,
mas por cercos y por guerras
y por fuerza de sus manos
   las cobró.
Pues nuestro Rey natural,
si de las obras que obró
   fué servido,
dígalo el de Portugal,[32]
y en Castilla quien siguió
   su partido.

   Después de puesta la vida
tantas veces por su ley
   al tablero;
después de tan bien servida
la corona de su Rey
   verdadero;
después de tanta hazaña
a que non puede bastar
   cuenta cierta,
en la su villa de Ocaña
vino la Muerte a llamar
   a su puerta,

   (Habla la Muerte)

   diciendo: «Buen caballero,
dejad el mundo engañoso
   y su halago;
vuestro corazón de acero
muestre su esfuerzo famoso
   en este trago;

---

31 llegó a ser maestre de la Orden de caballería de Santiago de la Espada.   32 el rey de Portugal: Alfonso V.

y pues de vida y salud
fecistes tan poca cuenta
            por la fama,
esfuércese la virtud
para sufrir esta afrenta
            que vos llama.

    «Non se os haga tan amarga
la batalla temerosa
            que esperáis,
pues otra vida más larga
de fama tan gloriosa
            acá dejáis;
aunque esta vida de honor
tampoco no es eternal
            ni verdadera,
mas con todo es muy mejor
que la otra temporal
            perecedera.

    «El vivir que es perdurable
non se gana con estados
            mundanales,
ni con vida deleitable
en que moran los pecados
            infernales;
mas los buenos religiosos
gánanlo con oraciones
            y con lloros;
los caballeros famosos
con trabajos y aflicciones
            contra moros.

    «Y pues vos, claro varón,
tanta sangre derramastes
            de paganos,
esperad el galardón
que en este mundo ganastes
            por las manos;
y con esta confianza
y con la fe tan entera
            que tenéis,
partid con buena esperanza,
que esta otra vida tercera
            ganaréis.»

(*Responde el Maestre*)

    «Non gastemos tiempo ya
en esta vida mezquina
            por tal modo,
que mi voluntad está
conforme con la divina
            para todo;
y consiento en mi morir
con voluntad placentera,
            clara y pura,
que querer hombre vivir
cuando Dios quiere que muera
            es locura.»

ORACIÓN

    «Tú que por nuestra maldad
tomaste forma servil
            y bajo nombre;
Tú que a tu divinidad
juntaste cosa tan vil
            como el hombre;
Tú que tan grandes tormentos
sufriste sin resistencia
            en tu persona,
non por mis merecimientos,
mas por tu sola clemencia
            me perdona.»

FIN

    Así con tal entender,
todos sentidos humanos
            conservados,
cercado de su mujer,
y de sus hijos e hermanos
            y criados,
dió el alma a quien se la dió,
(el cual la ponga en el cielo
            en su gloria),
que aunque la vida perdió,
nos dejó harto consuelo
            su memoria.

OTROS POETAS DEL SIGLO XV

Agrupamos aquí varias composiciones de la lírica de los *Cancioneros*, que, si en su conjunto es ciertamente monótona y falta de originalidad, no deja por eso de ofrecer algunas muestras interesantes del decir poético. Como ya apuntamos al hablar del *Cancionero de Baena*, las noticias sobre los diversos poetas del siglo son bas-

tante escasas y de muchos no sabemos con exactitud ni la fecha en que escribieron.

De los que aquí figuran, Bocanegra y el Condestable, es decir, don Álvaro de Luna, pertenecen al tiempo de don Juan II de Castilla; Carvajal o Carvajales es poeta de la corte de Alfonso V de Aragón (1443-1458) y es el más famoso e inspirado de los que figuran en el *Cancionero de Stúñiga*. Pedro Torrellas escribió también entre 1440 y 1460 y fué personaje importante en la corte de Juan II de Aragón, sucesor de Alfonso V. Antón de Montoro, poeta satírico, Guevara y Álvarez Gato son de unos años posteriores.

Quedan algunos otros poetas de inspiración casi análoga que deben figurar en esta antología y que, obedeciendo a un criterio aproximadamente cronológico, situamos en la época de los Reyes Católicos.

Textos según el *Cancionero de Baena, Cancionero de Stúñiga*, Foulché Delbosc y el *Cancionero General* de Hernando del Castillo.

Francisco Bocanegra

Serrana

Llegando a Pineda
de monte cansado,
serrana muy leda[1]
vi en un verde prado.

Vila acompañada
de muchos garzones,[2]
en danza reglada
de acordados sones;
cualquier que la viera
como yo, cuitado,
en gran dicha hubiera
de ser de ella amado.

Sola fermosura
trae por arreo[3]
de gran apostura
el muy buen aseo;[4]
cierto es que la amara
car[5] fuí demudado,
si no me acordara
que era enamorado.

Don Álvaro de Luna

Copla del Condestable que fizo al Rey de Castilla

Columna de gentileza,
fundado en caridad,
molde de toda verdad,
cimiento de la franqueza,
metal de toda limpieza,
poderoso rey señor,
sepa yo qué es del amor
que con toda su grandeza
vos seguía con destreza.

Carvajales

Romance

Terrible duelo facía
en la cárcel donde estaba
Carvajal cuando moría,
que de amores se quejaba;
circundado de dolores,
muy áspero suspiraba,
la muerte poco temida,
la vida menospreciada,
viéndome triste, partido
de quien más que a mí amaba,
viendo yo robado el templo
do mi vida contemplaba,
viéndome ya separado
de mi linda enamorada;
aflito,[6] con mucha pena,
mi persona trabajada,[7]
visitaré los lugares
do mi señoría estaba,
besaré la cruda tierra
que su señora pisaba
et diré triste de mí:
«Por aquí se paseaba,
aquí la vide tal día,
aquí conmigo fablaba,
aquí llorando et suspirando
mis males le recontaba,
aquí peinaba sus cabellos,
se vestía et despojaba;
aquí la vide muy bella,
muchas veces disfrazada,
aquí la vide tal fiesta,
cuando mi vida penaba
con graciosa fermosura,
mucho más que arreada;
aquí mostraba sus secretos,
los que yo ver deseaba.
¡Oh desastrada fortuna!
¡Oh vida tan mal fadada![8]
Fallecióme[9] mi placer,
cuando más gozoso estaba.
¡Oh finiestras tan robadas![10]
¡Oh cámara despojada!
Llorad conmigo paredes,
la mi vida tan amarga,
lloren todos mis amigos
una pérdida tamaña,[11]
e lloren mis tristes ojos

---

1 alegre.   2 jóvenes.   3 adorno.   4 compostura. 5 porque.   6 afligido.   7 atormentado por el sufrimiento.   8 desgraciada.   9 me faltó.   10 Llama a las ventanas (*finiestras*) robadas porque su dama ya no aparece en ellas.   11 tan grande.   12 vez   13 dragones.   14 recibir,

cobrar, sacar.   15 recordara.   16 regidas sólo por el capricho.   17 apariencia.   18 resisten.   19 erizo.   20 buscan la ocasión.

21 traza y franquicia, es decir libertad de obrar o actuar.   22 mentirosas.   23 contentar.   24 sometidas. 25 modos, procedimientos?   26 acicalarse, componerse.

con rabia desordenada,
de lágrimas faciendo tinta,
de sangre purificada,
nacida del corazón,
por mis ojos destilada,
regando mis tristes pechos,
quemando toda mi cara.
Sobrado de gran dolor,
a mí mesmo preguntaba:
«¿Dónde estás tú, mi señora?
¿Vives como yo penada?
¿Quién privó la vuestra vista
de mirar et ser mirada?
¿Quién partió tan gran amor
con virtud tanto guardada?
Ansí nos partimos ambos,
tales la última vegada,[12]
que el menos triste de nos
muy agriamente lloraba,
piedad hubiera grande,
un cruel que nos miraba.

F i n

Do mi vida et bien se casan,
dragos[13] con lenguas rompientes
mis bienes todos desatan,
e del mundo me desbaratan
los perversos maldicientes.

Villancete

Saliendo de un olivar,
más fermosa que arreada,
vi serrana, que tornar
me fizo de mi jornada.
Tornéme en su compañía
por faldas de una montaña,
suplicando sil' placía
de mostrarme su cabaña;
dijo: «Non podéis librar,[14]
señor, aquesta vegada,
que superfluo es demandar
a quien non suele dar nada.»
Si lealtad non me acordara[15]
de la más linda figura,
del todo me enamorara,
tanta vi su fermosura;
dije: «¿Qué queréis mandar,
señora, pues sois casada,
que vos non quiero enojar,
ni ofender mi enamorada?»
Replicó: «Id en buen hora,
non curéis de amar villana:
pues servís a tal señora,
non troquéis seda por lana,
nin queráis de mí burlar,

pues sabéis que so enajenada»;
vi serrana que tornar
me fizo de mi jornada.

Pedro Torrellas

*Coplas fechas de mosén Pedro Torrellas, de las
calidades de las donas*

Quien bien amando persigue
dona, a sí mismo destruye,
que siguen a quien las fuye,
e fuyen de quien las sigue;
non quieren por ser queridas,
nin galardonan servicios,
mas todas desconocidas,
por sola tema regidas,[16]
reparten sus beneficios.
Donde apetecen los ojos,
sin otro conocimiento,
allí va el consentimiento
acompañado de antojos,
y non es más su bondad
que vana parencería,[17]
a quien non han voluntad
muestran que por honestad
contrastan[18] a su porfía.
De natura de lobas son
ciertamente en escoger;
de anguilas en retener,
en contrastar de erisón.[19]
Non estiman nin virtud nin alteza,
seso, bondad nin saber,
mas catan avenenteza,[20]
talle de obrar, e franqueza,[21]
do puedan bienes haber.
... ...
Son todas naturalmente
malignas e sospechosas,
non secretas et mintrosas,[22]
et movibles ciertamente;
vuelven como foja al viento,
ponen el ausente en olvido,
quieren comportar[23] a ciento,
y es el que es más contento
más cerca de aborrecido.
... ...
Sintiendo que son subjectas[24]
e sin ningún poderío,
a fin de haber señorío,
tienen engañosas sectas;[25]
entienden en afeitar,[26]
y en gestos por atraer;
saben mentir sin pensar,

reír sin causa et llorar,
y aun embaidoras ser.[27]

… … … … … … … … … … … …

CONCLUSIÓN

Entre las otras sois vos,
dama de aquesta mi vida,
del traste común salida,[28]
una en el mundo de dos.
Vos sois la que desfacéis[29]
lo que contienen mis versos,
vos sois la que merecéis
renombre et loor cobréis
entre las otras diversos.

Antón de Montoro

*A un portugués que vido vestido de muchas
colores*

Decid, amigo, ¿sois flor,
o obra morisca de esparto,
o carlanco[30] o ruiseñor,
o sois martín pescador,[31]
o mariposa o lagarto?
¿O menestril, o faraute,
o tamborino o trompeta,
o tañedor de burleta
o cantador de cosaute?[32]

Juan Álvarez Gato

Canción

No le des prisa, dolor,
a mi tormento crecido,
que a las veces el olvido
es un concierto de amor.
Que do más la pena hiere
allí está el querer callado,
y lo más disimulado
aquello es lo que se quiere;
aunque es el daño mayor

del fuego no conocido,
a las veces el olvido
es un concierto de amor.

Letra

Venida es, venida,
al mundo la vida.
Venida es al suelo
la gracia del cielo
a darnos consuelo
y gloria cumplida.
Nacido ha en Belén
el que es nuestro bien;
venido es en quien
por él fué escogida.
En un portalejo,
con pobre aparejo,
servido de un viejo,
su guarda escogida.
La piedra preciosa,
ni la fresca rosa,
no es tan hermosa
como la parida.
Venida es, venida,
al mundo la vida.

Guevara

Esparsa[33]

Las aves andan volando,
cantando canciones ledas,
las verdes hojas temblando,
las aguas dulces sonando,
los pavos hacen la rueda;
yo, sin ventura amador,
contemplando mi tristura,
deshago por mi dolor
la gentil rueda de amor
que hice por mi ventura.

27 y aun ser engañadoras.   28 fuera del orden (*traste?*)
común.   29 la que desmentís.   30 ave de color azulado.
31 ave de muchos colores.   32 Así como en los primeros versos lo compara con varias aves o animales de
colores, aquí lo compara con diferentes tipos de juglares
y músicos que debían de ir vestidos de muchos colores.
33 esparza o copla esparza, de origen provenzal, es una
composición breve y de una estrofa y de asunto lírico
amoroso.
1 interjección antigua usada entre los rústicos para
llamarse de lejos.   2 de tu vestido azul.   3 ceño; ¿por
qué traes gesto de enfado?   4 *llotras*=hablas; de *buen
rejo*=con fuerza. El verso, según una glosa antigua, pa-

rece querer decir que lo mismo que viene con mal ceño
no tiene casi fuerza para hablar.   5 entristecida.   6 y
el cuerpo dolorido.   7 a fe, ciertamente.   8 rey asirio
de la antigüedad lleno de vicios; aquí se refiere al rey
Enrique IV.   9 Se refiere a los privados del rey. Alusión de doble sentido, como otras muchas de las coplas.
10 *oja*=mira; *los ganados*=el pueblo, la gente.
11 Se refiere a la Iglesia con los sacerdotes y clérigos.   12 trotavalles, vagabundo.   13 perdidas en los
barrancos.   14 la yerba de los campos o prados vedados ha sido comida.   15 España.   16 la Justicia.
17 que tendrías lástima.

Vizconde de Altamira

Esparsa

Con dos cuidados guerreo
que me dan pena y suspiro,
el uno cuando no os veo,
el otro cuando vos miro.

Mirándoos, de amores muero,
sin me poder remediar;
no os mirando, desespero
por tornaros a mirar;
lo uno crece en suspiro,
lo otro causa deseo,
del que peno cuando os miro,
y muero cuando no os veo.

Coplas satírico-políticas

Como curiosidad literaria y con objeto de completar el panorama de las variadas formas que toma la poesía en la segunda mitad del siglo XV, damos algunas estrofas de las dos sátiras políticas en verso más famosas del reinado de Enrique IV: las *Coplas de Mingo Revulgo* y las *Coplas del Provincial*.

Ambas son anónimas y debieron de ser compuestas por un mismo tiempo. Las *del Provincial* se han fechado entre 1465 y 1474.

Las de *Mingo Revulgo*, de carácter rústico, toman su nombre de uno de los dos interlocutores que en ellas hablan y que, según un comentario de la época, representa al pueblo. El otro, Gil Arribato, significa el adivinador o profeta. Aunque no faltan las alusiones procaces al denunciar, por ejemplo, los vicios de que se acusaba al rey, tienen una significación más puramente social e histórica al pintar los males de que adolecía el reino, rebaño abandonado por sus pastores a la voracidad de los poderosos, y no carecen de vigor. Las del *Provincial*, en cambio, son una ininterrumpida serie de acusaciones desvergonzadas contra los nobles de la corte que el poeta imagina ser un convento al que hace una visita el Provincial o religioso que ejerce la autoridad suprema sobre las casas de una orden en una provincia. La mayoría de los personajes aludidos pueden ser identificados (véase Foulché Delbosc, «Notes sur *Las Coplas del Provincial*» en *Revue Hispanique*, 1899, VI, pp. 417 y ss.). Nosotros no hemos creído necesario entrar en estos pormenores en la anotación de las pocas estrofas que publicamos ni entrar en explicaciones del doble sentido de muchas frases.

Textos: *Coplas de Mingo Revulgo*, Menéndez Pelayo, *Antología*, III; *Coplas del Provincial*, ed. Foulché Delbosc, *Revue Hispanique*, 1898. V.

Coplas de Mingo Revulgo

GIL ARRIBATO
Ah Mingo Revulgo, Mingo,
Ah Mingo Revulgo, ahao,[1]
¿qué es de tu sayo de blao?[2]
¿Non lo vistes en domingo?
¿Qué es de tu jubón bermejo?
¿Por qué traes tal sobrecejo?[3]
Andas esta trasnochada
la cabeza desgreñada.

¿Non te llotras de buen rejo?[4]
La color tienes marrida[5]
y el corpanzo rechinado;[6]
andas de valle en collado
como res que anda perdida,
y no miras si te vas
adelante o cara atrás
zanqueando con los pies,
dando trancos al través,
que non sabes do te estás.

MINGO REVULGO
A la he,[7] Gil Arribato,
sé que en fuerte hora allá echamos
cuando a Candaulo[8] cobramos
por pastor de nuestro hato.
Ándase tras los zagales[9]
por estos andurriales
todo el día embebecido,
holgazando sin sentido,
que non mira nuestros males.

Oja, oja los ganados[10]
y la burra con los perros,[11]
cuales andan por los cerros
perdidos, descarriados.
Por los santos te prometo
que este dañado baltrueto[12]
(que nol' medre Dios las cejas)
ha dejado las ovejas
por folgar tras todo seto.

Allá por esas quebradas
verás balando corderos,
por acá muertos carneros,
ovejas abarrancadas;[13]
los panes todos comidos,
y los vedados pacidos,[14]
y aun las huertas de la villa:
tal estrago en Esperilla[15]
nunca vieron los nacidos.

....

Está la perra Justilla,[16]
que viste tan denodada,
muerta, flaca, trasijada;
juro a diez que habrías mancilla;[17]

con su fuerza y corazón
cometíe[18] al bravo león
y mataba al lobo viejo;
ora[19] un triste de un conejo
se la mete en un rincón.

… … … … … … … … … … …

GIL

A la he, Revulgo hermano,
por los tus pecados penas;
si non faces obras buenas
otro mal tienes de mano;[20]
que si tú enhuciado fueses,[21]
caliente tierra pacieses
y verdura todo el año;
non podrías haber daño
en ganados nin en mieses.

… … … … … … … … … … …

Yo soñé esta trasnochada,[22]
de que estoy estremuloso,[23]
que nin roso nin velloso[24]
quedará de esta vegada.[25]
Échate, échate a dormir
que en lo que puedo sentir,
según andan estas cosas,
asmo[26] que las tres rabiosas
lobas[27] tienen de venir.

Tú conoces la amarilla
que siempre anda carleando,[28]
muerta, flaca, suspirando,
que a todos pone mancilla;
que aunque traga non se farta
nin los colmillos aparta
de morder y mordiscar;
non puede mucho tardar
que el ganado non se esparta.[29]

La otra mala traidora,
cruel et muy enemiga,
de todos males amiga,
de sí misma robadora,
que sabe bien los cortijos,
nin deja madre nin fijos
yacer en sus albergadas;[30]
en los valles y majadas
sabe los escondedijos.

Et aun también la tredentuda
que come los recentales;[31]
y non deja los añales[32]

cuando un poco está sañuda;
meto[33] que no olvidará
de venir y aun tragará
atambién su partecilla;
dime, ¿aquesta tal cuadrilla
a quién non espantará?

… … … … … … … … … … …

Coplas del Provincial

El Provincial es llegado
a aquesta corte real,
de nuevos motes[34] cargado
ganoso de decir mal.
Y en estos dichos se atreve
y si no cúlpenle a él
si de diez veces las nueve
no diere en mitad del fiel.[35]

A fray capellán mayor
don Enrique de Castilla,
¿a cómo vale el ardor
que traéis en vuestra silla?

… … … … … … … … … … …

A fray conde sin condado,
condestable sin provecho,
¿a cómo vale el derecho
de ser villano probado?

… … … … … … … … … … …

A ti, fraile mal cristiano
que dejaste el monasterio,
¿por qué haces adulterio
con la mujer de tu hermano?
—Por haber generación
que no se pierda el linaje
ni se acabe ni se abaje
por falta de algún varón.

… … … … … … … … … … …

A vos fray conde real,
gran señor de Benavente,
en venir secretamente
nos hiciste mucho mal.
Difamáis a la abadesa,
deshonráis a Benavides
y doña Aldonza se mesa
porque sin verla os ides.[36]

… … … … … … … … … … …

---

18 acometía.   19 ahora. En estos cinco versos contrasta
lo que era antes la Justicia que acometía a los poderosos
y lo que es en el momento a que se refieren las coplas.
20 cerca.

21 si tuvieses fe o confianza.   22 esta noche pasada,
anoche.   23 temeroso.   24 roso=sin pelo; velloso=ve-
lludo, con mucho pelo; «nin roso nin velloso»=nadie.
25 vez.   26 juzgo, creo.   27 las tres rabiosas lobas son
el hambre, la guerra y la peste a que se refieren respectivamente «la amarilla», «la otra mala traidora» y

«la tredentuda» de las tres estrofas siguientes.   28 ja-
deando; aquí, según un comentario antiguo, bostezando
de hambre.   29 disperse.   30 albergue, refugio.

31 los corderos jóvenes que no han pastado todavía.
32 el cordero que tiene un año cumplido.   33 temo.
34 palabras, insultos.   35 no acierte.   36 os vais.   37 órdenes menores.   38 adulador.   39 a la comida y bebida, y en algunos casos al vestido que me dan por adular.
40 y no lo digo por pura fórmula.

Juan de Zúñiga es venido,
aqueste fraile perverso,
jugador y del partido
que no quiere ser converso.

Pues merece ser de grados,[37]
frailes, dadle la corona,
que es gran músico de dados,
gran ladrón por su persona.

A ti, fraile adelantado,
que desciendes de una negra,
¿por qué haces tal pecado
con la hermana de tu suegra?

....

A fray Alonso de Torres,
comendador de los aires,[38]
¿a cómo valen los donaires
que decís a los señores?
—A fray comer y beber
que me dan por los decir,
y tal señor puede ser
que a fray algo de vestir.[39]

....

A ti fray Cuco Mosquete,
de cuernos comendador,
¿qué es tu ganancia mayor
ser cornudo o alcahuete?
—Así me perdone Dios,
y no lo digo por salva,[40]
que de entrambas cosas dos

he servido al conde de Alba.

....

A ti, diosa del deleite
gran señora de vasallos,
dícenme que tienes callos
en el rostro, del afeite.
Y que vuestra señoría
tiene tres dientes postizos,
que sabe mucho de hechizos
y estudia nigromancía.

....

¿Qué buscáis, decid, doña Ana,
en aquesta real audiencia?
—Vengo a oír la sentencia
del pleito de doña Juana.
Y entre tanto que se da,
ándome por esta corte
por mi placer y deporte
y ver si alguien me querrá.

....

Decid, dama cortesana,
que estáis triste y querellosa,
¿qué vida es ser religiosa
para la que fué profana?
—Preguntadlo, Provincial,
a doña Isabel Girón
que deja la religión
por seguir la corte real.

....

SIGLO XV: PROSA

Libros de viajes

En este género se producen dos libros interesantes en la literatura castellana del siglo xv: la *Embajada a Tamorlán* (1402-1404), de González de Clavijo, y las *Andanzas e viajes de Pero Tafur por diversas partes del mundo* (1435-1439).

Ambos están llenos de sugestivas descripciones, páginas animadas y noticias curiosas, en las que es difícil trazar la línea divisoria entre lo fabuloso y lo realmente visto. Sin ser grandes obras literarias, muchos de sus pasajes se leen con interés. Muestran cómo en la imaginación de estos hombres del siglo xv se mezcla la pasión por la aventura y la curiosidad por lo exótico del mundo oriental con sus fabulosas riquezas, especias, paños, joyas, etc., despertada por los relatos de Marco Polo y otros viajeros italianos. Todo ello preludia la era de los grandes descubrimientos sugiriendo los móviles —mitad prácticos, mitad imaginativos— que inducían a descubridores y conquistadores.

El libro de González de Clavijo fué publicado por primera vez por Argote de Molina en 1582 con el título *Historia del gran Tamorlán e itinerario y enarración del viaje y relación de la embajada que Ruy González de Clavijo le hizo por mandado del muy poderoso señor Rey Don Henrique el Tercero de Castilla*. Narra, en efecto, el viaje de González de Clavijo y sus acompañantes desde Cádiz a Samarcanda, capital del imperio de Tamerlán, con un número de detalles y noticias históricas.

Seguimos el texto de la edición de Francisco López Estrada, en Nueva Colección de Libros Raros o Curiosos, Madrid, 1943.

Los viajes de Pero Tafur, personaje del que existen pocas noticias fuera de las que él nos da en su libro, llevaron a su autor entre 1435 y 1439 a varios países de Europa, Asia y el norte de África, de los que con grandes dotes de observación va recogiendo impresiones y datos.

Texto según edición de M. Jiménez de la Espada, Colección de Libros Españoles Raros o Curiosos, Madrid, 1874.

Ruy González de Clavijo
EMBAJADA A TAMORLÁN

Los elefantes

E los marfiles[1] que el señor tenía eran catorce e traían cada uno un castillo de madero encima que eran cubiertos de paño de seda... e en cada castillo cinco o seis hombres; e en el pescuezo de cada uno un hombre con un focino[2] en la mano que los facía correr e facer juegos; e los dichos marfiles eran negros e non han pelo ninguno, salvo en la cola que han como caballo que han unas pocas de sedas;[3] e eran grandes de cuerpo, que podían ser cuatro o cinco toros grandes; e el cuerpo han mal fecho, sin talle, como un gran costal que estuviese lleno... e las piernas muy gruesas e parejas, e el pie redondo, todo carne, e tiene cinco dedos en cada uno, con sus uñas como de hombre, negras; e non han pescuezo ninguno... e non puede abajar la cabeza ayuso[4] nin puede llegar la boca a la tierra; e ha las orejas muy grandes e redondas, farpadas[5] e los ojos pequeños; e tras las orejas va un hombre caballero que lo guía con un focino en la mano e le face andar a do quiere; e la cabeza ha muy grande... e encima de la cabeza se le sigue ayuso do ha de tener la nariz una como trompa, que es muy ancha arriba e angosta ayuso todavía más que se llega que se mengua fasta el suelo;[6] e esta trompa es foradada e por ella bebe cuando ha gana, e métela en agua e bebe con ella e vale el agua a la boca así como si le fuese de las narices. E otrosí con esta trompa pace que non puede con la boca...; cuando quiere comer revuelve a la yerba e tira e siégala con ella como si fuese un focino;[7] e desí[8] apánala[9] con aquella trompa... e métela en la boca e desí cómela; e con esta trompa se mantiene e nunca la tiene queda, salvo faciendo vueltas con ella como culebra; e esta trompa échala en el espinazo; e debajo de esta trompa tiene la boca e dos colmillos tan gruesos como la pierna de un hombre e tan altos como una brazada;[10] e cuando les facen pelear, en estos colmillos traen unas argollas de fierro e en ellas les ponen unas espadas que... no son más luengas que el brazo. E es animalia muy entendida e face muy aína e presto lo que le manda el hombre que le guía, e el hombre que le guía va caballero en el pescuezo e las piernas tras las orejas... e este hombre lleva un focino en la mano con que le rasca en la cabeza e fácele ir a do él quiere, que así como le señala con aquel focino hacia do vaya, luego va allá; e si le face señal que vuelva atrás, luego vuelve muy aína sobre los pies de atrás, así como oso...; e cuando pelea, aquel hombre que lo guía, va muy armado, e el marfil eso mismo; e el su andar es a saltos como de oso; e a cada salto fiere con las espadas que a cada salto alza la cabeza hacia arriba e fiere cuanto falla delante... E con estos marfiles facían este día[11] muchos juegos, faciéndoles correr tras caballos e tras la gente, que era gran placer; e cuando todos corrían juntos en uno parecía que la tierra quería facer mecer...;[12] non ha caballo nin animalia tras que vaya que le ose esperar e tengo de verdad, según lo que en ellos vi, que en una batalla deben ser contados cada uno por mil hombres; así los ponen ellos ca desque son entre gente el su andar non es sinon ferir a una parte e a otra; e cuando son feridos, andan más sanos e pelean mejor... e andan un día o dos sin comer, e aun decían que tres días podían pelear sin comer.

Descripción de Samarcanda

La ciudad de Samaricante está asentada en un llano e es cercada de un muro de tierra e de cavas muy fondas; e es poco más grande que la ciudad de Sevilla, lo que es así cercado; pero fuera de la ciudad hay muy gran pueblo[13] de casas, que son ayuntadas como barrios en muchas partes ca la ciudad es toda en derredor cercada de muchas huertas e viñas...; e entre estas huertas hay calles e plazas muy pobladas en que vive mucha gente e venden pan e vino e carne e otras muchas cosas; así, lo que es poblado fuera de los muros, es muy mayor pueblo que lo que es cercado; e entre estas huertas que de fuera de la ciudad son, están las más grandes e honradas casas; e el señor allí tenía los sus palacios e casas honradas; otrosí los grandes hombres de la ciudad, las sus estancias e casas entre éstas las tenían. E tantas son estas huertas e viñas que acerca de la ciudad son que cuando hombre llega a la ciudad non parece sinon una montaña

---

1 elefantes. 2 aguijada o vara larga de punta algo corva con que se rige y gobierna al elefante. 3 cerdas, pelo áspero. 4 hacia abajo. 5 que terminan en punta. 6 se va estrechando o disminuyendo cada vez más hasta llegar al suelo. 7 Aquí *focino* parece significar «hoz». 8 después. 9 la recoge. 10 medida equivalente a la distancia de mano a mano cuando el hombre extiende los brazos horizontalmente. 11 La descripción del elefante forma parte de un capítulo en el que Clavijo describe las fiestas y banquetes de Tamorlán en honor de unos embajadores chinos. 12 temblar. 13 multitud, cantidad. 14 los conservan secos como se hace con las pasas y los higos. 15 especie de espuerta o cesta de esparto. 16 abundante. 17 baratos. 18 artesanos. 19 allí. 20 pueblos, razas. 21 nestorianos, los que seguían una secta fundada en el siglo v por Nestorio, patriarca de Constantinopla. 22 espadas y yelmos. 23 en el ejército.

1 playa.

de muy altos árboles e la ciudad asentada en medio. E por la ciudad e por entre estas huertas sobredichas iban muchas acequias de agua; e en estas dichas huertas había muchos melones e algodones e los melones de esta tierra son muchos e buenos, e por Navidad hay tantos melones e uvas que es maravilla; e de cada día vienen muchos camellos cargados de melones... E en las aldeas hay tantos de ellos que los pasan e facen figos,[14] que los tienen de un año a otro; e pásanlos de esta manera; córtanlos al través pedazos grandes e quítanles las cortezas e pónenlos al sol; e desque son secos tuércenlos unos con otros e métenlos en unas seras,[15] e allí los tienen de año a año. E fuera de la ciudad hay grandes llanos en que hay muchas aldeas muy pobladas que el señor fizo poblar de gente que allí enviara de las otras tierras que conquistaba. E es tierra muy abastada[16] de todas cosas, así de pan como de vino e carne e frutas, aves; e los carneros son muy grandes; e han las colas grandes e anchas e carneros hay que han colas muy grandes como de veinte libras... e de estos carneros hay tantos e tan de mercado[17] que... valía el par de ellos un ducado; otrosí la cebada había tan gran mercado que por un meri, que es como medio real, dan fanega e media de cebada; e de pan cocido hay tan gran mercado que non puede ser más; e de arroz hay tanto que es infinito... E el abastamiento de esta tierra non es solamente de viandas, mas de paños de seda... e especería e colores de oro e de azul e de otras maneras, por lo cual el señor había gran voluntad de ennoblecer esta ciudad, ca en cuantas tierras él fué e conquistó, de tantas fizo llevar gente que poblasen en esta ciudad e en su tierra señaladamente de maestros de todas artes; de Damasco llevó todos los maestros que pudo haber así de paños de seda de muchas maneras como los que facen arcos en que ellos tiran e armeros e los que labran el vidrio e barro que los había allí los mejores del mundo; e de la Turquía llevó ballesteros e otros arteses[18] cuantos í[19] falló, e albañiles e plateros e canteros e de todos los menesteres que quisiéredes, fallaredes en esta ciudad...

E tantas gentes fueron las que a esta ciudad fizo traer de todas generaciones, así hombres como mujeres, que decían que eran más de ciento e cincuenta mil personas; e en esta gente que así llevaban había muchas naciones[20] así como turcos e árabes e moros de otras naciones e cristianos armenios e griegos católicos e nastorinos...[21] e de los que bautizan con el fuego en la frente que son cristianos de ciertas opiniones que en la ley han; e de estas gentes había tantas que non podían caber en la ciudad nin en las plazas e calles e aldeas que de fuera de ella había e so árboles e en cavas

había tantos que era maravilla; et otrosí esta ciudad es muy abastada de muchas mercadurías que en ella vienen de muchas partes; et de Rusia et de Tartalia van cueros e lienzos e del Catay paños de seda... e otrosí viene almizcle..., e aljófar e ruibarbo e otras muchas especias; e de las cosas que del Catay a esta ciudad vienen son las mejores e más preciadas de cuantas allí vienen de otras partes, e los del Catay así lo dicen que ellos son las gentes más sutiles que en mundo hay; e dicen que ellos han dos ojos e que los moros son ciegos e que los francos han un ojo e que llevan ventajas en las cosas que facen a todas las naciones del mundo. E de la India vienen a esta ciudad las especias menudas, que es la mejor suerte de ellas así como nueces moscadas e clavos... e flor de la canela e jengibre e cinamon... e otras especias que non van en Alejandría...

E al un cabo de la ciudad estaba un castillo que era llano de partes de fuera, pero había unas quebrantadas muy fondas que un arroyo face; así que es fuerte el castillo por aquellas quebradas; en este castillo tenía el señor su tesoro, e non entraban en él ninguno salvo el alcaide e sus hombres; e en este castillo tenía el señor fasta mil hombres cautivos que eran maestros de fojas e de bacinetes[22] e de arcos e de flechas; todo el año labraban para el señor, e cuando el señor partió de esta ciudad e vino facer guerra a la Turquía e destruyó a Damasco, mandó pregonar que todos los que con él habían de partir para en hueste,[23] que llevasen consigo sus mujeres, e que si las dejasen que les daba licencia que ficiesen de sí lo que quisiesen; e esto que lo facía por cuanto entendía estar fuera de la ciudad siete años faciendo la guerra a sus enemigos, e juró e prometió de non entrar en aquel castillo fasta que fuesen cumplidos los dichos siete años.

Andanzas e Viajes de Pero Tafur por diversas partes del mundo habidos

Descripción de Málaga

Partimos de Ceuta, e dejando a mano derecha la parte de África e tomando a la siniestra la de Europa, desembocamos del estrecho junto con el monte de Gibraltar e salimos en la mar larga, e fuimos costeando fasta surgir sobre el esplaja[1] de Málaga, ciudad del reino de Granada; e allí descendieron los mercaderes en tierra e dejaron sus cargos, e tomaron otros; e estuvimos aquí nueve días... En estos nueve días non facía otra cosa sinon mirar la ciudad de Málaga, la cual me pareció mucho bien, ansí en el asiento donde ella está, aunque no tiene puerto, como en la tierra, aunque estrecha para pan, pero buena eso que es; de huertas e frutas non cabe decir; ciudad llana, comunalmente murada; dos castillos al un canto en una altura, que por una calle murada van del uno al otro; a este llaman Gibralfar; ciudad muy mercadantesca;[2] e si fuese nuestra mejor sería, lo que non faría ningún lugar de moros, porque entrarían muchas cosas de nuestra tierra; la mar se llega fasta el muro, por manera que una flota de galeas podría poner plancha[3] en tierra llana; e por la parte de la mar es más flaca, aunque por la tierra es más fuerte; hay gente mucha, pero más de mercaduría que de guerra usada.

La jirafa

Otro día siguiente fuí a ver una animalia que llaman Xarafia, que es tan grande como un gran ciervo, e tiene los brazos tan altos como dos brazos e las piernas tan cortas como un codo, e toda la fación[4] como una cierva, e rodada,[5] las ruedas blancas e amarillas, el cuello tan alto como una razonable torre, e muy mansa; cuando le dan a comer del pan con la mano, baja la cabeza e face un grande arco con el cuello; dicen que viven mucho tiempo, e que ésta había más de doscientos años que estaba allí.

Noticia del Preste Juan

E preguntándole[6] del Preste Juan e de su poder, dice cómo era muy grande señor, e que tenía veinte e cinco reyes a su servicio, pero éstos non eran grandes hombres, e aun muchas gentes, de aquellos que non han ley ninguna e siguen el rito gentílico, le obedecen. Dicen que es en la India una montaña muy alta e muy áspera la subida, tanto que, en tiempo antiguo, los de bajo non habían noticia de los de arriba nin los de arriba de los de abajo, e fué fecho camino e aun puesta cadena de arriba abajo, por donde se tengan los que suben o descienden; e que encima de la montaña es una muy gran llanura donde siembran e cogen pan, e traen ganados, e hay muchas huertas de todas frutas e muchas aguas, e finalmente todas las cosas necesarias a la vida de los hombres; e al un canto está un monasterio muy notable, donde acostumbran los que tienen grado de Preste enviar por elección doce varones antiguos, nobles de linaje e de virtud, para que elijan Preste Juan, cuan-

do vacare, en esta guisa: los fijos mayores e las fijas envíanlas allí a criar, e casan unos con otros e facen generación, e allí les dan las cosas necesarias para la vida, e allí les dan caballos e armas e arcos e flechas, e les muestran todos los juegos batallosos,[7] e les muestran el arte de gobernar gente; e aquellos electores que allí están, cada día tienen consejo e miran cuál de aquéllos les parece que debe suceder en la señoría, cuando vacare el Preste Juan; e ya ellos tienen asentado[8] aquel a quien toca, e cuando acaece finamiento[9] del Señor, sus caballeros, como en tal caso se suele facer, le llevan en sus andas cubierto de duelo a aquella montaña, e cuando los electores aquello ven de aquella altura donde están, toman aquel que tienen elegido e danlo por Señor a los caballeros, e reciben de ellos el muerto e entiérranlo en su monasterio con aquella honra que aquél se pertenece. E los otros van con su Señor e con grandes fiestas y alegrías le dan la obediencia; e allí vienen ciertas generaciones con sus presentes, unos traen perlas, otros piedras de gran valor, otros vergas[10] de oro, e cada uno según la tierra donde vive lo que en ella nace. E dice que en esta montaña de Saylan[11] nace el cinamomi fino. Dice que había una fruta como calabazas grandes redondas, que dentro de ellas había tres frutas cada una de su sabor; e dice que había una costa de mar, donde en saliendo los cangrejos e dándoles el aire se tornaban piedras; dice que había una tierra, e ésta es entre los gentiles, donde se face una gran romería en esta manera: dícese que de un vientre de una mujer nacieron dos fijos a la pareja,[12] e en naciendo, se taparon los ojos con sus manos e dijeron que en tal mundo malo ellos non entendían de vivir, e fuéronse a una montaña e ficieron su vida allí e allí murieron; e donde el uno murió se fizo un gran piélago de agua, e donde el otro murió un piélago de lodo; e allí van, e se lanzan e mueren, e dicen que van a la gloria... Ansí mismo dice que vió comer carne de hombres, e que ésta es la cosa más extraña que él vió; esto todo, se entiende, entre los gentiles, mas entre los cristianos vió comer la carne de las animalias cruda... Dice cómo un Preste Juan quiso saber el fecho del río Nilo, dónde procedía, e cómo fizo meter hombres en barcas, e les dió muchas vituallas e los envió, e mandó que trajesen recado de donde esta agua nacía; e como anduvieron tanto, e vieron tantas tierras e tantas generaciones e tan diversas animalias,

---

2 mercantil.   3 anclas.   4 hechura.   5 con listas o manchas.   6 Todas las noticias que da aquí Tafur proceden de la *Relación* del viajero veneciano Nícolo de Conto. Tafur dice, o más bien imagina, que se encontró con él en las costas del Mar Rojo, se une a su caravana y en el diálogo aquél le va dando noticias de

sus viajes por la India.   7 de guerra.   8 decidido.   9 cuando ocurre la muerte.   10 barras, lingotes.   11 Ceilán.   12 gemelos.   13 faltar.   14 retirándoles, quitándoles.   15 noticia cierta, exacta.   16 no podía verse.   17 mundo.   18 junto a.   19 légamo o sedimento que dejan los ríos en las crecidas.

que lo habían por una gran maravilla, e que comidas las vituallas hubiéronse de volver sin poder fallar lo que buscaban, e que el Preste Juan hubo gran pesar de ello; e hubo consejo cómo podría enviar gentes que jamás les pudiese fallescer[13] de comer; e que fizo tomar niños e tirándoles[14] la leche, criarles a comer pescado crudo; —e non es maravilla que hoy se dice, los que van a la Guinea, que de aquella parte allá hay gentiles que non comen otra cosa sinon pescado crudo—; ansí que, después de criados aquellos niños, fízoles dar barcas e redes, e mandóles que en ninguna manera non volviesen sin traerle cierto recado[15] de aquello por que iban; e partiéronse, e ficieron su camino por el agua arriba, como dije, por diversas naciones, aunque ellos non comunicaban con ningunos por miedo de non ser detenidos; e que llegaron a un gran piélago como de mar, e que tomaron por la una ribera a fin de rodearlo, por saber donde aquella agua descendía que facía aquel piélago, e fueron fasta tanto que llegaron al lugar donde el lago venía que facía aquel piélago, e entraron por ella, e tanto anduvieron, que llegaron a una muy gran sierra muy alta e muy enhiesta, e parecía que fuese una peña tajada, tanto que el fin de ella non se parecía...[16] e cerca de aquella sierra estaba otra tan alta e tan junta con ella, donde se podía bien ver el agua donde salía; e que allí fueron subir por mirar lo que se pudiese ver; e uno que subió, dicen que, mirando en lo que dentro había, nunca quiso descender, nin menos responder a cosa que le preguntasen; e ficieron subir otro, e ansí fizo el segundo como el primero; e desque ellos aquello vieron, e non vieron lugar de más poder saber, dejando aquellos dos, ... por el mismo camino se volvieron.

E ficieron relación al Señor de todo lo que habían fallado, diciéndole que más non debía procurar de saber en aquel fecho, pues que bien parecía que a Dios non le placía que los mortales más supiesen... Dice más, que vió una generación de gentiles, que han por ordenanza cuando se casan non tomar dote ninguno con su mujer, pero que si el varón muere, la mujer se ha de quemar con él, según facían los gentiles a los cuerpos muertos; pero, aunque ella muriese, non se ha de quemar él, que dicen que la mujer fué fecha por servicio del hombre, e non el hombre para el de la mujer; e que si perece lo principal, de lo accesorio non se debe facer mención. E tiénese esta manera: cuando el varón muere e lo ponen en el lugar do ha de ser quemado, su mujer se viste lo mejor que puede, diciendo, que aquélla es otra boda mejor que la primera, que va acompañar a su marido para siempre, e va al lugar do su marido está; e facen fiestas e muchos cantares ansí ella como sus parientes,

e allí dice a todos si quieren enviar algo a los del otro siglo,[17] porque ella entiende partir para allá en compañía de su marido; e después desnúdase de aquellas ropas, e vístese de una triste ropa como mortaja, e diciendo ciertas endechas e cantares tristes, despídese de todos, e va e acuéstase cabo[18] su marido, e pone su cabeza sobre el brazo derecho de él, diciendo muchas cosas, en conclusión, que la mujer non debe más vivir de cuanto es honrada e defendida por aquel brazo, e fácese poner fuego, e alegre e voluntariamente recibe la muerte...

Preguntéle si había visto cosas monstruosas en la forma humana, ansí como algunos quieren decir hombres de un pie o de un ojo, o tan pequeños como un codo o tan altos como una lanza; dice que non sintió nada de estas cosas, pero que bestias vió todas de extrañas figuras; que en una tierra de gentiles vió un elefante muy grande, blanco como nieve, que es cosa bien extraña, por cuanto todos son negros, e que lo tenían atado a una columna con cadenas de oro, e aquél por Dios adoraban; dice que vió un asno, que trajeron al Preste Juan, poco mayor que un podenco e de cuantas colores se podían decir; e que vió muchos unicornios, e muchas animalias que sería largo de escribir; e que vió armar los castillos en los elefantes para ir a combatir la tierra; dice que el Preste Juan e los suyos son tan católicos e buenos cristianos que más non se podría decir, pero que non han noticia nin se rigen por la nuestra iglesia de Roma; dice que el Señor es habido en tanta reverencia e tan temido, que si el mayor de su señoría face por que deba morir, él le envía un hombre soez con una letra suya en que le manda que se deje matar de él, e él abaja la cabeza e, obedeciendo la letra, recibe la muerte...

Dice cómo el Preste Juan continuamente lo tenía en su casa preguntándole de la parte del mundo de acá, e qué príncipes había, e de qué grandeza, e con quién habían guerras, e tanto, que estando él allá, vió dos veces enviar embajadores el Preste Juan a los príncipes de acá, pero que non oyó decir que hubiese respuesta de ellos... Dice que vió la iglesia do está enterrado el cuerpo de Santo Tomás, que convirtió a los indianos. E dice, que como las horruras[19] que trae con la creciente el Nilo, que viene del Paraíso terrenal, esté este perfume de linoloe, que llamamos, que en el tiempo que Santo Tomás andaba predicando e non lo creían, vino por la ribera del Nilo un muy grandísimo árbol, e encalló allí en la tierra, e fuéronle decir al Señor que viniese a ver la mayor maravilla del mundo, un árbol de linoloe tan grande cual nunca fué visto, e que fué luego allá, e como lo vió, mandó que lo arrancasen de allí con bueyes, e nunca de allí lo pudieron mover; e dicen que lo mandó atarazar,[20] e que non podían las ferramientas entrar en él; e que el apóstol Santo Tomás, estando allí, les dijo que se bautizasen e creyesen en el Dios que facía aquellas maravillas, e que él solo con su mano lo llevaría al lugar donde ellos quisiesen; e que el Señor le respondió que él e los que allí con él estaban lo farían, si él ficiese aquello que decía; e él santiguó, e trabólo con la mano e llevólo fasta el lugar que le señalaron; e viendo aquella maravilla, todos se bautizaron e fueron cristianos; e el Apóstol tomó aquel madero e fízolo aserrar, e hizo una capilla toda cubierta de aquella madera, e allí está su cuerpo de él hoy enterrado.

Biografías y crónicas caballerescas

Muy típicos de la primera mitad del siglo XV son los relatos de carácter histórico caballeresco, sea en forma de biografía completa de algún caballero notable, sea limitándose a la narración de algún hecho o suceso particular. Como en otras manifestaciones paralelas de la prosa de este tiempo, se ve en estos relatos la confluencia de lo real e histórico con lo fantástico. El mundo fabuloso de la literatura caballeresca se desplaza de la imaginación, se hace realidad e inspira hazañas extraordinarias o modos de vida modelados sobre valores ideales, no desprovistos, a veces, de extravagancia. La vida empieza a copiar al arte. Igual que en la literatura de semblanzas o retratos históricos tan abundante en la época, vemos aparecer también en estos libros el interés por lo humano y cómo el hombre va desentendiéndose del concepto trascendente de la existencia para cobrar fama y gloria en este mundo.

De las biografías caballerescas, la más notable es el *Victorial: crónica de Don Pero Niño, Conde de Buelna*, escrita por su alférez y servidor Gutierre Díez de Games. Es un libro precioso por muchos conceptos. Pero Niño vivió de 1378 a 1453. Su biógrafo tenía poco más o menos su misma edad, pero debió de sobrevivirle.

Texto: Para algunos pasajes seguimos la selección de Ramón Iglesia en la *Colección Primavera y Flor*, Madrid, 1936; para otros, la edición de Juan de Mata Carriazo, *Colección de Crónicas Españolas*, Madrid, 1940.

El *Libro del Paso Honroso defendido por el excelente caballero Suero de Quiñones* es la muestra más característica de los llamados «relatos de sucesos particulares», aunque su valor, más que en el estilo u otras prendas literarias, consiste en la singularidad de los hechos que narra. Fué redactado por el escribano Pedro Rodríguez Delena o de Lena, que presenció todas las ceremonias e incidencias del Paso, celebrado en 1434, cuyo carácter y condiciones se especifican en uno de los dos pasajes reproducidos. La redacción primitiva fué abreviada y publicada en 1588 por Fray Juan Pineda. Nosotros seguimos el texto de Pineda publicado por Sancha en 1783, junto con la *Crónica de don Álvaro de Luna*.

Gutierre Díez de Games
CRÓNICA DE DON PEDRO NIÑO

Aquí dice qué es, qué tal debe ser el caballero, e por quién es llamado buen caballero

No son todos caballeros cuantos cabalgan caballos; ni cuantos arman caballeros los reyes, no son todos caballeros. Han el nombre; mas no hacen el ejercicio de la guerra. Porque la noble caballería es el más honrado oficio de todos, todos desean subir en aquella honra. Traen el hábito e el nombre; mas no guardan la regla. No son caballeros, mas son apantasmas e opóstatas.[1] No face el hábito al monje, mas el monje el hábito. Muchos son llamados, e pocos los escogidos.

E no es, ni debe ser, en los oficios, oficio tan honrado como éste es: ca los de los oficios comunes comen el pan folgado,[2] visten ropas delicadas, manjares bien adobados, camas blandas safumadas,[3] echándose seguros, levantándose sin miedo; fuelgan en buenas posadas con sus mujeres y sus hijos. e, servidos a voluntad, engordan grandes cervices, facen grandes barrigas, quiérense bien por facerse bien e tenerse viciosos.[4] ¿Qué galardón o qué honra merecen? No ninguna.

Los caballeros, en la guerra, comen el pan con dolor; los vicios[5] de ella son dolores e sudores; un buen día entre muchos malos; pónense a todos los trabajos; tragan muchos miedos; pasan por muchos peligros; aventuran sus vidas a morir o vivir. Pan mohoso o bizcocho; viandas mal adobadas, a horas[6] tienen, a horas nonada; poco vino o ninguno; agua de charcos o de odres; malas posadas, la casa de trapos o de hojarascas; mala cama, mal sueño; las cotas vestidas, cargados de hierro. Los enemigos al ojo. «¡Guarda allá! ¿Quién anda ahí? ¡Armas, armas!» Al primer sueño, rebatos; al alba,

---

[20] partir en pedazos.

[21] lo agarró, lo cogió.

[1] fantasmas y apóstatas o traidores. [2] descansadamente, sin trabajo. [3] sahumadas, perfumadas. [4] a gusto. [5] placeres. [6] a veces. [7] soldado que va de descubierta. [8] explorador, lo mismo que esculca y escucha. [9] soldado de una algara o patrulla. [10] alejados. [11] miseria, trabajo. [12] preces, méritos. [13] adornados. [14] escudo, emblema. [15] Todas éstas, desde chaza (canción), son formas diversas del arte provenzal de los trovadores. [16] acertijos. [17] valiente. [18] por lo cual, por lo cual.

trompetas. «¡Cabalgar, cabalgar! ¡Vista, vista de gente de armas!» Esculcas,[7] escuchas, atalayas, atajadores,[8] algareros,[9] guardas sobre guardas. «¡Helos, helos! ¡No son tantos! ¡Sí son tantos! ¡Vaya allá! ¡Torne acá! ¡Tornad vos acá! ¡Id vos allá! ¡Nuevas, nuevas! Con mal vienen éstos. No traen. Sí traen. ¡Vamos, vamos! ¡Estemos! ¡Vamos!»

Tal es su oficio, vida de gran trabajo, alongados[10] de todo vicio. Pues los de la mar, no hay igual de su mal. No acabaría en un día su lacería[11] e gran trabajo. Que mucha es la honra que los caballeros merecen, e grandes mercedes de los reyes, por las cosas que dicho he.

Aquí se trata de amor, qué cosa es e cuántos son los grados de amor

Mas por cuanto el casamiento de Pero Niño e doña Costanza fué sobre trato de amores; e porque este caballero, así como fué valiente e esmerado en armas e caballería entre los caballeros de su tiempo, otrosí fué esmerado en amar en altos lugares; e bien así como siempre dió buena fin a todos los fechos que él en armas comenzó, e nunca fué vencido, así en los lugares donde él amó fué amado e nunca reprochado, por ende trataré aquí un poco de amor e amar.

Natural razón e muy conveniente cosa era que un doncel tan apuesto como era Pero Niño, en quien tantas preezas[12] había, e tan loado era de las gentes, que fuese amado. E aun sabemos bien que tanto son loados los tales hombres en las casas de las reinas e de las señoras, e allá donde ellas están, e tenidos por buenos, e amados de ellas; porque las gentiles e fermosas señoras, e aquellas que son para amar, siempre se tienen ellas por más honradas porque saben que son de ellos amadas e loadas.

E otrosí porque saben que por su amor son ellos mejores, e se traen más guarnidos,[13] e hacen por su amor grandes proezas e caballerías, así en armas como en juegos, e se ponen a grandes aventuras, e búscanlas por su amor, e van en otros reinos con sus empresas[14] de ellas, buscando campos e lides, loando e ensalzando cada uno su amada e señora. E aun hacen de ellas e por su amor graciosas cantigas e sabrosos decires, e notables motes, e baladas, e chazas, e reondelas, e lais, e virolais, e complaintas, e sonjes, e sonbays,[15] e figuras,[16] en que cada uno aclara por palabras e loa su intención e propósito.

E otros encelan e loan por figura, non osando declarar más, muestran que en alto lugar aman o son amados; así cada uno siguiendo su manera e guisa...

Amor es ayuntamiento de dos cosas, que una a otra ama o desea haber. Fallo que son tres grados de amar. El primero digo amor, el segundo es dilección, el tercero es querencia.

Digo de una señora que ama un caballero que nunca vió. Ella oía decir de este caballero tantas bondades e noblezas, que sin lo ver lo ama, e le desea ver, e hace mucho por lo ver. E después que lo ha visto, entiende que mucho hay en él de bondad, más que no había oído tanto de bienes el que en él ve. E de allí adelante tanto lo ama, que se causa en su corazón un amamiento e una dilección tan grande, que ya querría ser ayuntada e haber por sí aquel que tanto ama...

E después que ella ha en su poder aquel caballero, conoce su valor, tan mucho lo ama que non puede una hora estar a su voluntad para que ella sea contenta. E en tan gran precio lo tiene, que lo ama como a sí, e aun más que a sí misma. E si acaso viene que se aparta de ella, non viéndole quiere morir por él; e aún estonces, a las veces, que muere, poniéndose a la muerte por él. Ésta es la querencia, que es el mayor grado del amor...

E ansí doña Costanza. Era dueña moza, fermosa e de gran linaje. Era en su poder de casar con quien ella quisiere. Ya ella había escogido en su corazón quién sería. Ella oía muchas bondades de este caballero, mozo e fermoso e generoso, e ardid,[17] esforzado, gentil e guarnido, tal que todas las gentes hacían de él gran mención. Trájola razón, e Dios que guía todas las buenas cosas, a escoger tal hombre, con quien todos sus parientes e amigos fueron contentos, e se lo loaron tal casamiento; que[18] quien ella fué honrada el tiempo que vivió.

Cómo son los ingleses diversos y contrarios de todas las otras naciones de cristianos

Los ingleses son unas gentes muy diversas en condiciones, e desavenidos de todas las otras naciones. Estas maneras han ellos por muchas razones: la primera es porque les viene así de su naturaleza de aquellas gentes donde ellos vienen; la otra es porque viven en tierra muy abastada de viandas e víveres e rica de metales; e la otra es que son muchas gentes en poca tierra, aunque la tierra es grande; mas dígolo a respecto de la mucha gente que en ella hay. Dicen que en aquella tierra nunca hay mortandad grande ni mal año. Otrosí son cercados de mar, por lo que no han miedo a ninguna otra nación.

Cómo son los franceses

Los franceses son noble nación de gente; son sabios e muy entendidos e discretos en todas las cosas que pertenecen a buena crianza, en cortesía e gentileza. Son muy gentiles en sus traeres,[19] e guarnidos ricamente. Tráense mucho a lo propio; son francos e dadivosos; aman facer placer a todas las gentes; honran mucho a los extranjeros; saben loar, e loan mucho los buenos hechos; no son maliciosos; dan pasada a los enojos; non caloñan[20] a hombre de voz nin hecho, salvo si les va allí mucho de sus honras; son muy corteses e graciosos en su fablar; son muy alegres, toman placer de buena mente, e búscanlo. Así ellos como ellas son muy enamorados, e précianse de ello. Dice aquí el autor que naturalmente han ellos estas bondades e précianse en ser alegres e amorosos, porque aquella tierra es en el clima de una estrella que dicen Venus, e que a aquel clima es sopuesta[21] aquella planeta, que es amorosa e alegre.

Cómo fué Pero Niño a ver al almirante de Francia e a madama el almiralla

Era cerca de Ruán un noble caballero que llamaban mosén Arnao de Tría, almirante de Francia. Era viejo. Envió a rogar al capitán Pero Niño que le fuese a ver; e partió de Ruán, e fué a un lugar que llaman Xirafontayna, donde estaba el almirante. Él lo recibió muy bien, e rogóle que estuviese allí con él, e folgase algunos días, que venía muy trabajado de la mar; e folgó allí tres días.

El almirante era caballero viejo e doliente. Era quebrantado de las armas. Había usado siempre guerra. Era recio caballero en armas. Ya non podía usar corte ni guerra. Vivía ya apartado en aquel su lugar. Allí tenía él todos los abastamientos, e todas cosas que a su persona eran necesarias. Tenía una posada llana y fuerte, aderezada e tan guarnida como si fuera dentro en la ciudad de París. Tenía allí consigo sus donceles e servidores de todos los oficios que a un tal señor pertenecía. Había dentro en su posada una capilla muy guarnida, en que todos los días le decían misa...

Pasaba por delante de la casa un río en que había muchas arboledas e graciosos jardines. Había de la otra parte de la casa un estanque de muchos pescados, cercado e cerrado con llave, de que cada día que quisiesen podrían sacar pescado que abastase a trescientas personas. E cuando querían tomar el pescado, tiraban el agua que non viniese de arriba, e abrían una canal por donde vaciaba el agua toda, e quedaba el estanque en seco. Allí tomaban e dejaban el pescado que querían; e abrían el caño de encima, e en poca de hora era lleno de agua.

E tenía cuarenta o cincuenta canes con que corría monte, e hombres que los pensaban...[22] Había muy cerca de allí bosques en que había de todos los venados, grandes e pequeños. Había en aquellos montes ciervos e daines[23] e sanglieres, que son jabalíes. Él tenía de halcones neblís, que ellos llaman gentiles, para volar la ribera, muy buenos garceros.[24]

Este caballero había su mujer, la más fermosa dueña que entonces había en Francia. Era de la mayor casa e linaje que había en Normandía, hija del señor de Belangas. Era muy loada en todas las cosas que a gran señora pertenecían, muy sesuda, e por de mejor regimiento que otra ninguna gran señora de las de aquella partida, e mejor guarnida. Ella tenía su gentil morada aparte de la del almirante; pasaba entre la una posada e la otra una puente levadiza; ambas las posadas eran dentro de una cerca. Las guarniciones de ella eran tantas, e de tan extrañas guisas, que sería luenga razón de contar. Ella había hasta diez damiselas de paraje,[25] muy guarnidas e bien aderezadas; éstas non habían cuidado de ninguna cosa, sino de sus cuerpos, e de guardar a la señora tan solamente. Ende había otras muchas camareras.

Contar vos he la orden e la regla que la señora tenía. Levantábase la señora de mañana con sus damiselas, e íbase a un bosque, que era cerca dende, e cada una un libro de horas, e sus cuentas.[26] E sentábanse apartadas, e rezaban sus horas, que non fablaban mote[27] mientras que rezaban. E después, cogiendo floretas e violetas, así se venían al palacio, e iban a su capilla, e oían misa rezada. E saliendo de la capilla, traían un tajador[28] de plata, en que venían gallinas e aluetas[29] e otras aves asadas; e comían, e dejaban los que querían, e dábanles vino. Madama pocas veces comía de mañana, o muy poca cosa, por hacer placer a los que ende eran.

Cabalga luego madama e sus damiselas en sus hacaneas, las mejor guarnidas e mejores que ser podían, e con ellas los caballeros e gentiles hombres que ende eran, e iban a mirar un rato el campo, faciendo chapeletes[30] de verdura. Allí oía hombre cantar lais, e delais, e virolais, e chazas, e reondelas, e complaintas, e baladas, chanzones de toda el arte que trovan los franceses en voces diversas

---

[19] en sus arreos, en su modo de vestir.   [20] calumnian.
[21] dependiente, sometida.   [22] que les daban el pienso, que les daban de comer.   [23] gamos.   [24] el halcón que caza garzas.   [25] nobleza.   [26] rosario.   [27] palabra.
[28] plato, fuente.   [29] alondras.   [30] coronas.
[31] después de levantar la mesa, esto es, quitar los manteles, etc.   [32] juglares, músicos.   [33] saludaba besando el rostro.   [34] postres que se servían con vino.
[35] halcones.

[1] rey de armas, o sea el caballero que en las cortes de la Edad Media tenía el encargo de transmitir mensajes de importancia u ordenar las ceremonias.   [2] Aquí se refiere a los heraldos que habían anunciado el reto de Suero de Quiñones por Castilla y otros reinos.

muy bien acordadas. Yo vos digo que quien aquello vió, siempre durase, non querría otra gloria.

Allí iba el capitán Pero Niño con sus gentiles hombres, a quien eran fechas todas estas fiestas. E de aquella guisa volvían al palacio a la hora del comer, descabalgaban todos, e iban a la sala, e fallaban las mesas puestas. El buen caballero viejo non podía ya cabalgar, e recibiólos con tanta gracia que era maravilla. Era caballero muy gracioso, aunque era doliente. Sentábase a la tabla el almirante, e madama, e Pero Niño; e el maestre de la sala ordenaba la otra tabla, e facía sentar un caballero e una damisela, o un escudero. Los manjares eran muy diversos e muchos, e de muchos buenos adobos, de todas las viandas de carnes e pescados e frutas, según el día que era. En tanto que duraba el comer, el que supiese fablar, teniendo temperanza e guardando cortesía, en armas e en amores, buen lugar tenía de lo decir, e de ser escuchado, e bien respondido, e satisfecha su intención. En tanto había juglares, que tañían graciosos estrumentos de mano.

La bendición dicha, e las tablas alzadas,[31] venían los mestrieres,[32] e danzaba madama con Pero Niño, e cada uno de los suyos con su damisela. Duraba esta danza hasta una hora. Acabada la danza daba paz[33] madama al capitán, e cada uno a la suya con quien había danzado. E traían el especia,[34] e daban vino, e iban a dormir la siesta. El capitán Pero Niño entrábase a su cámara, que él tenía muy bien guarnida en casa de madama...

Desque se levantaban de dormir iban a cabalgar; e los donceles tomaban los gentiles,[35] e ya tenían concertadas las garzas. Poníase madama en un lugar, e tomaba un falcón gentil en la mano, e levantaban los donceles, e lanzaba ella su falcón tan donosamente e tan bien, que non podía mejor ser. Allí veríades fermosa caza e gran placer, allí veríades nadar canes, e tañer atambores, e rodear señuelos, e damiselas e gentiles hombres por aquella ribera, habiendo tanto placer que se non podría decir. Después que la ribera era corrida, descendía madama e toda la gente en un prado, e sacaban gallinas e perdices fiambres, e frutas; e comían e bebían todos, e facían chapeletes de verdura; e cantando muy fermosas canciones, volvían al palacio.

La noche venida cenaban, si era invierno. E si verano, cenaban temprano, e después salía madama a los campos a folgar a pie, e jugaban la bola fasta que era noche, e volvían a la sala con antorchas. E venían los menestrieres, e danzaban gran hora de la noche; e daban fruta e vino. E tomaban licencia, e iban a dormir.

Libro del paso honroso de Suero de Quiñones

El reto y sus condiciones

Después de ponerse de acuerdo con nueve caballeros que piden tomar parte en la empresa que Suero de Quiñones se propone llevar a cabo, comparece éste ante don Juan II para estipular los capítulos del desafío.

Estando pues el nuestro muy alto e muy poderoso Rey de Castilla e de León Don Juan el II con la muy ilustre e muy esclarecida, virtuosa e discreta señora Doña María su mujer, e con el excelente Príncipe su fijo e heredero Don Enrique, e con el magnífico e famoso señor Don Álvaro de Luna su criado, Maestre de Santiago e Condestable de Castilla, e con asaz de muchos otros hombres ilustres, prelados e caballeros de su magnífica corte en la noble villa de Medina del Campo, viernes primer día de enero del año de mil e cuatrocientos e treinta e cuatro del nacimiento de nuestro Redentor, a la prima hora de la noche poco más o menos: estando en su sala en grandes fiestas e gasajado, el honorable Caballero Suero de Quiñones con los otros nueve caballeros e gentiles hombres de suso nombrados, armados todos en blanco muy discretamente e con muy humilde reverencia, llegó adonde el señor Rey sentado estaba, e besándole pies e manos, con un faraute,[1] que decían Avanguarda, le presentó una petición hecha en la siguiente guisa:

Deseo justo e razonable es, los que en prisiones, o fuera de su libre poder son, desear libertad: e como yo, vasallo e natural vuestro sea en prisión de una señora de gran tiempo acá, en señal de lo cual todos los jueves traigo a mi cuello este fierro, según notorio sea en vuestra magnífica corte, e reinos e fuera de ellos por los farautes,[2] que la semejante prisión con mis armas han llevado.

Ahora, pues, poderoso señor, en nombre del Apóstol Santiago yo he concertado mi rescate, el cual es trescientas lanzas rompidas por el asta con fierros de Milán, de mí e de estos caballeros, que aquí son en estos arneses, según más cumplidamente en estos capítulos se contiene, rompiendo con cada caballero o gentilhombre, que allí vendrá, tres, contando la que ficiere sangre por rompida, en este año, del cual hoy es el primer día. Conviene saber, quince días antes del Apóstol Santiago, abogado e guiador de vuestros súbditos, e quince días después, salvo si antes de este plazo mi rescate fuere cumplido. Esto será en el derecho camino por ende las más gentes suelen pasar para la ciudad donde su santa sepultura está, certificando a todos los caballeros e gentileshombres extranjeros, que allí se fallaren, que allí fallarán arneses, e caballos, e armas e lanzas, tales, que cualquier caballero ose dar con ellas sin temor de las quebrar con pequeño golpe. E notorio sea a todas las señoras de honor, que cualquiera que fuere por aquel lugar do yo seré, que si non llevare caballero o gentilhombre, que faga armas por ellas, que perderá el guante de la mano derecha. Mas lo dicho se entienda, salvando dos cosas: que vuestra Majestad Real non ha de entrar en estas pruebas, ni el muy magnífico señor Condestable Don Álvaro de Luna.

La cual petición así leída por el nombrado Avanguarda, el Rey entró en consejo con sus altos hombres, e fallando que la debía conceder e otorgar, la concedió e otorgó, como en ella se contiene, para que así el virtuoso Suero de Quiñones se pudiese deliberar[3] de su prisión. Luego el faraute Avanguarda hizo una grida[4] dentro en la sala do el Rey estaba, diciendo en alta voz las palabras siguientes: «Sepan todos los caballeros e gentileshombres del muy alto Rey nuestro señor, cómo él da licencia a este caballero para esta empresa, guardadas las condiciones, que nin el Rey nuestro señor nin su Condestable entre en ella.»

Dada la grida, luego el honrado Suero de Quiñones se llegó a un caballero de los que danzaban en la sala, pidiéndole el almete le quitase: e luego subió por las gradas del estrado donde el Rey, e Reina e el Príncipe sentados estaban, e dijo lo siguiente: «Muy poderoso señor, yo tengo en mucha merced a vuestra gran alta Señoría otorgarme esta licencia que yo dispuesto fuí a vos demandar; pues tanto necesaria a mi honor era: e yo espero en el señor Dios que yo lo serviré a vuestra Real Majestad, según que han servido aquellos donde yo vengo a los poderosos Príncipes de que vuestra esclarecida Majestad desciende.» Luego hizo su reverencia al Rey, e Reina e Príncipe, e se volvió con sus compañeros honorables a se desarmar: e desarmados, vistieron sus ropas según que convenía, e tornaron a la sala a danzar. E Suero de Quiñones (como se acabaron las danzas) fizo leer los capítulos de esta empresa por el siguiente tenor:

En el nombre de Dios, e de la Bienaventurada Virgen nuestra Señora e del Apóstol señor Santiago, yo Suero de Quiñones, caballero e natural vasallo del muy alto Rey de Castilla, e de la casa del magnífico señor su Condestable, notifico e fago saber las condiciones de una mi empresa, la cual

yo notifiqué día primero del año ante el muy poderoso Rey ya nombrado: las cuales son las que por su orden parecen en los capítulos de yuso[5] escritos:

El primero es que a todos los caballeros e gentileshombres, a cuya noticia vendrá el presente fecho en armas, les sea manifiesto, que yo seré con nueve caballeros, que conmigo serán en la deliberación de la dicha mi prisión e empresa, en el Paso, cerca de la puente de Orbigo, arredrado[6] algún tanto del camino, quince días antes de la fiesta de Santiago, fasta quince días después, si antes de este tiempo mi rescate non fuere cumplido. El cual es trescientas lanzas rompidas por el asta con fierros fuertes en arneses de guerra, sin escudo nin tarja,[7] nin más de una dobladura sobre cada pieza.

El segundo es que allí fallarán todos los caballeros extranjeros arneses, caballos e lanzas, sin ninguna ventaja nin mejoría de mí, nin de los caballeros que conmigo serán. E quien sus armas quisiere traer, podrálo facer.

....

El cuarto es que cualquiera señora de honor, que por allí pasare o a media legua dende,[8] que si non llevare caballero que por ella faga las armas ya devisadas,[9] pierda el guante de la mano derecha.

....

El séptimo es que por mí serán nombradas tres señoras de este Reino a los farautes, que allí conmigo serán para dar fe de lo que pasare: e aseguro que non será nombrada la señora, cuyo yo soy, salvo por sus grandes virtudes: e al primer caballero que viniere a salvar por armas el guante de cualquiera de ellas contra mí, le daré un diamante.

....

El nono es que si alguno (non empeciente[10] lo dicho) después de las tres lanzas rompidas, quisiere requerir a algunos de los del Paso señaladamente, envíelo a decir, que si el tiempo lo sufriere, romperá con él otra lanza.

....

El doceno es que si algún caballero, faciendo las dichas armas, incurriere en algún daño de su persona o salud (como suele acontecer en los juegos de armas), yo le daré allí recabdo[11] para ser curado, tan bien como para mi persona, por todo el tiempo necesario e por más.

....

---

3 librar.   4 grito, anuncio.   5 más abajo, más adelante.
6 apartado, retirado.   7 escudo grande que cubría todo el cuerpo.   8 de allí.   9 explicadas, señaladas.   10 no obstante.

11 ayuda.   12 acercándose.   13 topase, tocase   14 tenidos, obligados.   15 firmado, escrito.   16 Entiéndase «de no perder el guante».   17 es necesario librar.   18 jubón relleno de algodón usado por los caballeros para

protegerse.   19 tela rica traída del Oriente y muy usada en la Edad Media.   20 aterciopelado.

21 rizado.   22 paño fino usado para trajes de fiesta. 23 rueda.   24 parte del brazo que va del hombro al codo. 25 Si a vos no os place tener mesura, —ciertamente yo digo—que yo estoy—sin ventura.   26 clavos.   27 guarnición o adorno de diferente tela que se ponía en prendas de vestir.   28 el verdadero amigo.

El catorceno es que cualquiera caballero o gentilhombre, que fuere camino derecho de la santa romería, non acostándose[12] al dicho lugar del Paso por mí defendido, se podrá ir sin contraste alguno de mí nin de mis compañeros, a cumplir su viaje.

....

El decisieteno es que si cualquier caballero o gentilhombre de los que armas ficieren, encontrare[13] a caballo, si el que corriere con él le encontrare poco o mucho en el arnés, que se cuente la lanza de éste por rompida, por la fealdad del encuentro del que al caballo encontrare.

....

El veinteno es que si algún caballero en la prueba fuere ferido en la primera lanza, o en la segunda, tal que non pueda armas facer por aquel día, que después non seamos tenudos[14] a facer armas con él, aunque las demande otro día.

El veinte e uno es que porque ningún caballero o gentilhombre deje de venir a la prueba del Paso con recato de que non se le guardará justicia conforme a su valor, allí estarán presentes dos caballeros antiguos, e probados en armas e dignos de fe, e dos farautes, que farán a los caballeros que a la prueba vendrán que juramento apostólico e homenaje les fagan de estar a todo lo que ellos les mandaren acerca de las dichas armas. E los sobredichos dos Caballeros Jueces e farautes igual juramento les farán de los guardar de engaño, e que juzgarán verdad, según razón e derecho de armas. E si alguna duda de nuevo (allende lo que yo en estos mis capítulos escribo) acaeciere, quede a discreción de aquéllos juzgar sobre ello; porque non sea escondido el bien o ventaja que en las armas alguno ficiere. E los farautes, que allí estarán, darán signado[15] a cualquiera que lo demandare, lo que con verdad acerca de ello fallaren haber sido fecho.

El veintidoseno capítulo de mi deliberación es que sea notorio a todos los señores del mundo, e a los caballeros e gentileshombres que los capítulos susodichos oirán, que si la señora cuyo soy, pasare por aquel lugar, que podrá ir segura su mano derecha de perder el guante;[16] e que ningún gentilhombre fará por ella armas, sinon yo; pues que en el mundo non hay quien tan verdaderamente las pueda facer como yo.

Combate del primer día. Entrada de Suero de Quiñones y sus compañeros en la liza

El primer día de los estipulados, establecidos ya en el campo los retadores, se presentan a luchar un caballero alemán y dos caballeros valencianos.

Otro día domingo, a once de julio, al amanecer, comenzaron a resonar las trompetas e otros menestriles altos e a mover e azorar los corazones de los guerreros para las armas jugar. E Suero de Quiñones e sus nueve compañeros se levantaron e juntos oyeron misa en la iglesia de San Juan, en el hospital que allí está de la Orden de San Juan; e tornados a su albergue, salieron poco después para recibir su campo e liza en la manera siguiente: Suero de Quiñones salió en un caballo fuerte con paramentos azules bordados de la divisa e fierro de su famosa empresa; e encima de cada divisa estaban bordadas unas letras que decían: *Il faut délibérer.*[17] E él llevaba vestido un falsopeto[18] de aceituní[19] velludo[20] vellotado[21] verde brocado... Sus calzas eran de grana[22] italianas e una caperuza alta de grana, con espuelas de rodete[23] italianas ricas doradas; en la mano una espada de armas desnuda dorada. Llevaba en el brazo derecho, cerca de los morcillos[24] su empresa de oro ricamente obrada tan ancha como dos dedos, con letras azules alrededor, que decían:

> *Si a vous ne plait de avoyr mesure,*
> *Certes ie dis*
> *Que ie suis*
> *Sans venture.*[25]

E tenía también de oro unos bolloncillos[26] redondos al derredor de la misma empresa. Llevaba sus arneses de piernas e brazales con muy fermosa continencia. En pos del cual iban tres pajes en muy fermosos caballos..., todos vestidos a la manera de suso declarada. El primer paje llevaba los paramentos del caballo de damasco colorado con cortapisa[27] de martas cebellinas, e todos bordados de muy gruesos rollos de argentería...; e llevaba puesto en la cabeza un almete, encima del cual iba figurado un árbol grande dorado con fojas verdes e manzanas doradas; e del pie de él salía revuelta una sierpe verde, a semejanza del árbol en que pintan haber pecado Adán, e en medio del árbol iba una espada desnuda, con letras que decían: *Le vray ami;*[28] e este paje llevaba su lanza en la mano. El segundo paje llevaba vestido su falsopeto e calzas de grana por la manera que el primero, su lanza en la mano, e los paramentos de aceituní velludo vellotado brocado azul. El tercer paje iba vestido de la misma manera que los dos dichos e los paramentos de su caballo de carmesí vellotado...

Delante de Suero de Quiñones iban sus nueve compañeros de su empresa, uno en pos de otro a caballo, vestidos de sus falsopetos e calzas de grana... Suero, con sus arneses de piernas e brazales graciosamente parecientes. Los paramentos de sus caballos eran azules bordados de la misma divisa, e encima de cada divisa letras bordadas que decían: *Il faut délibérer.* Delante de estos nueve caballeros llevaban dos grandes e fermosos caballos que tiraban un carro lleno de lanzas con sus fuertes fierros de Milán; las cuales eran de tres maneras; unas muy gruesas e otras medianas e otras delgadas, empero suficientes para mediano golpe. Encima de las lanzas iban unos paramentos azules e verdes bordados de adelfas con sus flores e en cada árbol una figura de papagayo, e encima de todo un enano que guiaba el carro.

Delante todo esto iban las trompetas del rey e las de los caballeros, con atabales e ajabebas[29] moriscas traídas por el juez Pero Barba. E cerca del capitán iban muchos caballeros a pie, algunos de los cuales le llevaban su caballo de rienda por honra e por autoridad; e éstos eran don Enrique, hermano del Almirante, e don Juan de Pimentel, fijo del conde Benavente, e don Pedro de Acuña, fijo del conde de Valencia, e don Enrique su hermano e otros generosos caballeros. Con tal orden entró Suero de Quiñones en la liza, e dióla dos vueltas; e a la segunda vuelta fizo su parada con sus nueve compañeros delante del cadalso[30] de los dos jueces, e allí los requirió que sin respeto a amistanza o a enemistanza juzgasen de lo que allí pasase, igualando las armas entre todos, e dando cada uno la honra e prez que mereciese por su valentía e destreza; e que diesen favor a los extranjeros si, por dar alguna ferida a alguno de los defensores del Honrado Paso, fuesen acometidos de otros, fuera del que con él justase.

Alfonso Martínez de Toledo, Arcipreste de Talavera
1398?-1470?

EL CORBACHO

Martínez de Toledo es el gran prosista satírico de la literatura castellana en la Edad Media y su libro el *Corbacho* el primero en el que la prosa adquiere expresividad, comparable a la que adquiere la poesía en manos del otro arcipreste, el de Hita, un siglo antes.

De su vida poseemos escasas noticias fuera de las que él mismo da en el prólogo del *Corbacho*. El resto de su obra está constituido por un libro histórico, *Atalaya de Crónicas*, y unas *Vidas de San Isidoro y de San Ildefonso*.

El *Corbacho*, título dado posteriormente a su obra maestra, que Martínez de Toledo quiso explícitamente que fuera llamada *Arcipreste de Talavera*, tiene, como señala Menéndez Pidal, importancia suma en la evolución de la prosa porque vivifica el estilo artificial y latinizante común a algunos de los mejores prosistas de su tiempo con el uso artístico del habla popular, que maneja con enorme abundancia y riqueza expresiva. Latinismo y cultismo, tanto de sintaxis como de vocabulario, se funden en forma bastante natural con las palabras, giros, interjecciones y refranes de la lengua viva. La materia es igualmente interesante y rica: hay en el libro elemento cómico, abundantes cuentos y narraciones, crítica religiosa, doctrinal y moral con otros varios elementos didácticos, observaciones sobre la vida diaria y sobre el carácter del ser humano. Todo ello bien unificado.

De las cuatro partes del libro, la segunda —donde denuncia «los vicios, tachas e malas condiciones de las malas e viciosas mujeres, las buenas en sus virtudes aprobando»— es la más conocida y, sin duda, superior a las otras, pero el resto no deja de ofrecer páginas excelentes, de las que pueden servir de ejemplo esa breve descripción del hombre sanguíneo, de la tercera parte, o la pintura de la hipocresía de algunos religiosos de su tiempo, parte cuarta, que aquí reproducimos.

Texto, edición de Lesley B. Simpson, Berkeley, Cal., 1939.

De los vicios e tachas e malas condiciones de las perversas mujeres, e primero digo de las avariciosas

Por cuanto las mujeres que malas son, viciosas e deshonestas o infamadas, non puede ser de ellas escrito nin dicho la mitad que decir o escribir se podría, e por cuanto la verdad decir non es pecado, mas virtud, por ende digo primeramente que las mujeres comúnmente por la mayor parte de avaricia son dotadas. E por esta razón de avaricia mu-

---

29 timbales y flautas.   30 tablado.

1 es de temer.   2 derriben.   3 con apetito desenfrenado de poseer.   4 así de alta como de baja condición o estado social. El antecedente es 'mujer'; ejemplo del hipérbaton, o alteración en el orden sintáctico de las palabras, muy usado por el Arcipreste de Talavera.   5 fingimiento, presunción.   6 hizo voto de probar si la reina entregaría su cuerpo por dádivas; *vero palo*, como 'vera cruz' = la santa cruz.   7 habíades, habíais; ¿le amaríais?   8 cuando estaba con todo su poder y [era] señora de todo el mundo; eser = ser.   9 poder.   10 ten por

dicho, ten por seguro.

11 del mismo modo, también.   12 injusticia.   13 gastando.   14 moneda de vellón (liga de plata y cobre) que valía aproximadamente medio maravedí.   15 llenará.   16 ¿Adónde, dónde estará?   17 criar pollos.   18 salir de pobreza.   19 mancha como de sangre que se halla en la yema del huevo sin la cual es infecundo.   20 me muero.   21 sorpresa, sobresalto.   22 cinta de color con que se señala algún animal para distinguirlo de otros de la misma especie.   23 Quien me la quitó, quien me la robó, que viva menos días.   24 tumor, peste.   25 ganso.

chas de las tales infinitos e diversos males cometen; que si dineros, joyas preciosas e otros arreos intervengan, e dados les sean, es duda que[1] a la más fuerte non derruequen[2] e toda maldad espera que cometerá la avariciosa mujer con defrenado apetito de haber,[3] así grande como de estado pequeño.[4]

Contarte he un ejemplo que aconteció en Barcelona. Una reina era muy honesta con infingimiento[5] de vanagloria, que pensaba haber más firmeza que otra, diciendo que cuál era la vil mujer que a hombre su cuerpo libraba por todo el haber que fuese al mundo. Tanto lo dijo públicamente de cada un día que un caballero votó al vero palo si supiese morir en la demanda de la probar por vía de recuesta o demanda si por dones libraría su cuerpo.[6] E un día dijo: «Señora, ¡oh qué fermosa sortija tiene vuestra merced con tan fermoso diamante! Pero, señora, quien uno vos presentase que valiese más que diez, ¿vuestra merced amar podría a tal hombre?» La reina respondió: «Non le amaría aunque me diese uno que valiese más que ciento.» Replicó el caballero e dijo: «Señora, si vos diese un rubí un gentilhombre que ficiese luz como una antorcha, ¿amarlo yades,[7] señora? Respondió: «Nin aunque reluciese como cuatro antorchas.» Tornó el caballero e dijo: «Señora, quien vos diese una ciudad tamaña como Roma cuando estaba en su eser, principado e señora de todo el mundo,[8] ¿amarlo yades, señora?» Respondió: «Nin aunque me diese un reino de Castilla.» Desque vió el caballero que non podía entrar por dádivas, tentó la de señoría,[9] e dijo: «Señora, quien vos ficiese del mundo emperadora e que todos los hombres e mujeres vos besasen las manos por señora, señora, ¿amarle yedes?» Entonces la reina suspiró muy fuerte e dijo: «¡Ay amigo! ¿Tanto podría el hombre dar que...?» E non dijo más. Entonces el caballero comenzóse de sonreír e dijo entre sí: «Si yo tuviese ahora que dar, la mala mujer en las manos la tenía.» E la reina pensó en sí e vió que había mal dicho e conoció entonces que a dádivas non hay acero que resista, cuanto más persona que es de carne e naturalmente trae consigo la desordenada codicia.

Por ende ha por dicho[10] que si el dar quiebra las piedras, doblegará una mujer que non es fuerte como piedra. Por dádivas farás venir a tu voluntad al papa a te otorgar lo que quisieres. Item,[11] el emperador, rey o otro menor farás facer lo que quisieres con dádivas. Item, del derecho farás facer tuerto,[12] dando a los que lo administran joyas e dones. Item, de la mentira farás facer con dádivas verdad. Pues non te maravilles si con dádivas ficieren los hombres a las firmes caer e de sus honras a menos venir... Por ende, puedes más creer cuánta es la avaricia en la mujer que apenas verás que

menesteroso sea de ellas acogido en su necesidad; antes non estudian sinon como picaza donde esconderán lo que tienen, porque se lo non fallen nin vean. E así la mujer se esconde de su marido, como amigada de su amigo, la hermana de su hermano, la prima del primo. E demás, por mucho que tengan, siempre están llorando e quejándose de pobreza. «Non tengo; non alcanzo; non me precian las gentes nada. ¿Qué será de mí, cuitada?»...

Así la mujer piensa que non hay otro bien en el mundo sinon haber, tener, e guardar e poseer, con solícita guarda condensar, lo ajeno francamente despendiendo[13] e lo suyo con mucha industria guardando. Donde por experiencia verás que una mujer en comprar por una blanca[14] más se fará de oír que un hombre en mil maravedís. Item, por un huevo dará voces como loca e fenchirá[15] a todos los de su casa de ponzoña. «¿Qué se fizo este huevo? ¿Quién lo tomó? ¿Quién lo llevó? ¿Adole[16] este huevo? Aunque veis que es blanco, quizá negro será hoy este huevo. ¡Puta, fija de puta! Dime, ¿quién tomó este huevo? ¿Quién comió este huevo comida sea de mala rabia! ¡Ay, huevo mío de dos yemas, que para echar[17] vos guardaba yo! ¡Ay, huevo! ¡Ay, qué gallo e qué gallina salieran de vos! Del gallo ficiera capón que me valiera veinte maravedís e la gallina catorce. O quizá la echara e me sacara tantos pollos e pollas con que pudiera tanto multiplicar que fuera causa de me sacar el pie del lodo.[18] Ahora estarme he como desventurada, pobre como solía. ¡Ay, huevo mío de la meajuela[19] redonda, de la cáscara tan gruesa! ¿Quién vos comió?... ¡Ay, huevo mío! Y ¿qué será de mí? ¡Ay, triste, desconsolada! ¡Jesús, amiga, y cómo non me fino[20] ahora! ¡Ay, Virgen María, cómo non revienta quien ve tal sobrevienta![21] ¡Non ser en mi casa, mezquina, señora de un huevo! ¡Maldita sea mi vida!... ¡Ya, Señor, e llévame de este mundo, que mi cuerpo non guste más pesares, nin mi ánima sienta tantas amarguras!... ¡Una muerte me valdría más que tantas, ya por Dios!» En esta manera dan voces e gritos por una nada.

Item, si una gallina pierden van de casa en casa conturbando toda la vecindad: «¿Do mi gallina, la rubia de la calza[22] bermeja, o la de la cresta partida, ceniciento oscura, cuello de pavón, con la calza morada, ponedora de huevos? ¡Quien me la furtó, furtada sea su vida! ¡Quien me fizo de ella menos, se le tornen los días de la vida![23] ¡Mala landre,[24] dolor de costado, rabia mortal comiese con ella! ¡Nunca otra coma! ¡Ay, gallina mía, tan rubia! ¡Un huevo me dabas cada día! ¡Desfecho le vea de su casa a quien te me comió! ¡Comido le vea yo de perros aína e non se tarde! ¡Ay, gallina mía, gruesa como un ansarón,[25] morisca de los pies amarillos! ¡Más había yo en ella que en dos otras que me quedaron! ¡Ay, triste! ¡Aun ahora estaba aquí! ¡Ahora salió por la puerta! ¡Ahora salió tras el gallo por aquel tejado! El otro día, triste de mí, desventurada, que en hora mala nací, cuitada, el gallo mío bueno cantador, que así salían de él pollos como del cielo estrellas, atapador de mis menguas, socorro de mis trabajos; que la casa nin bolsa, cuitada, él vivo, nunca vacía estaba.[26] ¡La de Guadalupe, Señora,[27] a ti lo encomiendo! ¡Señora, non me desampares ya! ¡Triste de mí, que tres días ha entre las manos me lo llevaron! ¡Jesús, cuánto robo, cuánta sinrazón, cuánta injusticia! ¡Callad, amiga, por Dios! ¡Dejadme llorar, que yo sé qué perdí e qué pierdo hoy! ¡A cada uno le duele lo suyo y tal joya como mi gallo, cuitada, e ahora la gallina! ¡Espina o hueso comiendo se le atravesase en el garguero!... ¡Oh, Señor, tanta paciencia e tantos males sufres ya! ¡Por aquel que Tú eres, consuela mis enojos, da lugar a mis angustias! ¡Si non, rabiaré, o me mataré o me tornaré mora!... Dejadme, ´amiga, que muere la persona con la sinrazón; que mal de cada rato non lo sufre perro nin gato. Daño de cada día sufrir non es cortesía. Hoy una gallina e antier un gallo. Yo veo bien mi duelo, aunque me lo callo. ¿Cómo te feciste calvo? Pelo a pelillo el pelo llevando. ¿Quién te fizo pobre, María? Perdiendo poco a poco lo poco que tenía... Pues corre en un punto, Juanilla; ve a casa de mi comadre, dile si vieron una gallina rubia de una calza bermeja. Marica, anda, ve a casa de mi vecina; verás si pasó allá mi gallina rubia. Perico, ve en un salto al vicario del arzobispo; que te dé una carta de descomunión, que muera maldito e descomulgado el traidor malo que me la comió. Llámame, Juanillo, al pregonero que me la pregone por toda esta vecindad. Llámame esta Trotaconventos, la vieja de mi prima, que venga e vaya de casa en casa buscando la mi gallina rubia. ¡Maldita sea tal vida! ¡Maldita sea tal vecindad! Que non es el hombre señor de tener una gallina; que aun no ha salido el umbral, que luego non es arrebatada. ¡Andémonos pues a furtar gallinas, que para ésta[28] que Dios aquí me puso, cuantas por esta puerta entraren ese amor les faga que me facen! ¡Ay, gallina mía rubia, y ¿dónde estáis vos ahora?»...

Esto les proviene a las mujeres de la soberana avaricia que en ellas reina, en tanto, que non es mujer que de sí muy avara non sea en dar, franca en pedir e demandar, industriosa en retener e bien guardar, cavilosa en la mano alargar, temerosa en mucho emprestar, abondosa en cualquier cosa tomar, generosa en lo ajeno dar, pomposa en su arrear,[29] vanagloriosa en fablar, acuciosa en vedar, rigurosa en mandar, presuntuosa en escuchar, e muy presta en ejecutar.

De la complisión[30] del hombre sanguíneo

Primeramente digo que hay algunos hombres que son sanguíneos con muy poquita mezcla de otra calidad o complisión, nin predominación en grande cantidad de otro accidente. Este tal en sí comprende la correspondencia del aire, que es húmedo e caliente; este tal es alegre, hombre placentero, riente e jugante e sabidor, danzador e bailador, e de sus carnes ligero, franco e hombre de muchas carnes e de toda alegría es amigo, de todo enojo enemigo, e ríe de grado e toma placer con toda cosa alegre e bien fecha; es fresco en la cara, color bermejo e fermoso, sobejo,[31] honesto e mesurado; este tal es misericordioso e justiciero que ama justicia, mas non por sus manos facerla, nin ejecutarla. Antes es tanta la piedad que en su corazón reina, que le non place ver ejecución de ninguno que viva. Antes ha duelo de cualquier animal irracional que vea morir o penar; duélele el mal fecho; pésale el mal obrar; plácele bien facer e verlo facer. Suma: que el sanguíneo, si de otra calidad contraria non es sobrado, dicho es bienaventurado. E son de su premonición estos tres signos: Giminus, Libra, Aquirios...[32]

De los bigardos.[33] Cuento de un ermitaño de Valencia

Que algunos hay como bigardos, malos de conocer, por cuanto son de muchas guisas e naturas e opiniones, según sus flacos ingenios les procuran que se retraigan en aquella disimulada vida de vivir entre las gentes. Pero, ¡ay!, unos de estos disimulan el mal e fingen el bien con disimulados hábitos e condiciones, con palabras mansas e gestos sosegados, los ojos en tierra inclinados como de honestidad, mirando de revés, de so capa,[34] devotos e muy oradores, seguidores de iglesias, ganadores de perdones, concordadores de paces, tratadores de todas obras de piedad, roedores de altares, las rodillas fincadas en tierra e las manos e los ojos al cielo,

---

26 que... estaba que, [estando] él vivo—¡triste de mí!—nunca se vieron (estaban) vacías ni la casa ni la bolsa. 27 la virgen de Guadalupe. 28 por ésta; fórmula de juramento. 29 en su vestir, en su vestido. 30 complexión, constitución orgánica.
31 excelente. 32 aquarius. 33 nombre injurioso que se dió a los religiosos mendicantes que bajo una apariencia de piedad hacían una vida libre; se relaciona con el de los 'begardos', secta herética que de los Países Bajos se extendió mucho por Italia, Francia y otros países en los siglos XIII y XIV. 34 secretamente. 35 con vos. 36 igual que bigardas, religiosas que seguían la secta de los begardos; significa también beatas. 37 sucesivamente, sin interrupción. 38 caballero de la cerda. 39 convenio. 40 cuarto, habitación. 41 hermano.

los pechos de recio firiendo con muchos suspiros, lágrimas e gemidos...

Estos tales aun non los puede ninguno bien juzgar; que fablan muy a espacio: «¡Loado sea Jesucristo! ¡Dios vos salve, hermano! ¡Paz sea convusco!35 ¡Nuestro Señor vos conserve! ¡Deo Gracias! ¡Siempre aquí salud!» E otras muchas maneras...

Ejemplos te daría mil sinon por non ser prolijo. Pero en nuestros días, e aun yo lo conocí, fablé e comí e bebí con el ermitaño de Valencia. Mira qué hombre reputado por santo en toda aquella ciudad e aun en todo el reino; que así iban a su casa e mejor que non a la iglesia, e teníase por santo o santa quien una astilla de la cama donde él dormía podía haber; e muchos sanaba con el agua del pozo de su huerto e con las yerbas que en él nacían... Bigardas, diez a diez, veinte a veinte, cada día entrar e salir veríais en su casa; caballeros e nobles, eso mismo, por cuanto tenía una casa muy graciosa, un huerto muy poblado de todas cosas e era hombre que se preciaba de lo tener gentil e limpio, e convidaba de grado a cuantos allí iban. Pero súpose a la fin cómo había habido muchos fijos en muchas beguinas36 e otras muchas empreñadas con Deo gracias; otras vírgenes desfloradas, seglares e bigardas, con paz sea con vos; casadas, viudas, monjas, arreo37 con loado sea Dios. Teníanlo gordo como ansarón de muchas viandas. Así iban ollillas e pucheruelos a su casa de estas beguinas como cantarillos a la taberna. Era nigromántico, e con sus artes facía venir a su casa de aquellas que él quería e por bien tenía. E por aquí fué descubierto; que él tenía un compañero, un caballero de estos de la cerda,38 e un día ordenaron de mandar a un pintor que pintase cómo Nuestro Señor estaba crucificado, e el diablo allí pintado muy deshonestamente, lo cual non es de decir, e pusiéronle por obra, fecha el avenencia39 con el pintor.

El pintor fué muy bien pagado e pintólo, como dicho he, en casa del ermitaño secretamente, en un retrete40 muy secreto que ninguno non lo sabía, salvo él e aquel caballero, donde ellos facían sus invocaciones a los diablos. E desque lo hubo fecho fuése el pintor, movido de conciencia, al gobernador de la ciudad de Valencia e contóle todo el fecho. El gobernador, espantado de aquello, porque lo tenía por santo como los otros, cabalgó e fué a casa del ermitaño e fizo cercar toda la casa en torno de gente, e el pintor consigo. Llamando a la puerta, abrió el ermitaño e dijo: «Señor, ¡paz sea con vos!» Respondió el gobernador: «Amén, mon frare!41» Luego el ermitaño abrió las puertas e fizo entrar a todos, pero el pintor quedó fuera fasta que le él llamase. E dijo el ermitaño: «Señor, yo soy muy alegre de la vuestra venida. ¿Cuál dios vos trajo ahora aquí?; ca ha bien dos meses que non vinisteis a visitar esta vuestra posada; que en verdad, señor, yo e ella somos presto a vuestro mandamiento e obligados.» Dijo el gobernador: «En verdad, ermitaño, yo me sentí un poco enojado e víneme aquí a ver esta vuestra posada.» Dijo el ermitaño: «Señor, pues, véala vuestra merced.» E luego llevólo al huerto e mostróselo todo, e llevólo por la casa y mostrósela toda, salvo la cámara donde él dormía e la recámara secreta; que non se podía saber si estaba allí camareta o non; que era fecha de madera juntada e non parecía puerta nin ventana, sinon que era todavía cámara. E como los casados tienen una cámara arreada gentilmente para recibir a los que vienen, así él tenía en ella camareta, con dos faces de sarmientos por cama e una piedra por cabecera e aquello mostraba a los que venían pero en la camareta fallaron después cama e camas e joyas e ropas.

E como el gobernador entró dentro en la cámara dijo: «¿Aquí dormís, padre?» Dijo: «Señor, sí.» Comenzó el gobernador a se reír e dijo a la oreja a uno de los suyos: «Sal e llámame al pintor.» El ermitaño pensó que decía el gobernador al otro a la oreja: «¡qué santo hombre es este ermitaño!» E comenzó a suspirar e llorar el ermitaño —que tienen las lágrimas prestas mejor que mujeres— e dijo: «Gobernador, señor, mucho más pasó Nuestro Señor por nosotros pecadores salvar.» El gobernador dijo, como que non sabía: «Padre, ¿qué tenéis tras estas tablas?» E dió una gran palmada sobre ellas. Dijo el ermitaño: «Señor, por la humedad las fice poner; que como non me desnudo toda mi vida para dormir e non tengo otra ropa en la cama, defiéndenme estas tablas de la friura de la pared; si non, yo sería muerto.» Dijo el gobernador: «Parece como retrete que está aquí.» Dijo el ermitaño: «¡Ay, señor, nada, en mi verdad!» Dijo el gobernador: «Abrid, padre, así goces. Veamos que tenéis dentro.» E el ermitaño mudó la color e vió que non era buena señal cómo porfiaba el gobernador en ello e dijo: «Señor, ¿e non me creéis? Pues creerme debierais; que nunca me acuerdo haber dicho mentira a hombre nacido. ¿Cómo, señor, había de mentir a vos?» E arrodillóse en tierra faciendo la cruz con los brazos, diciendo: «¡Por la Pasión de Jesucristo, que su sangre por nos derramó, nin para el gusto de la muerte que he a gustar, e así salve Dios esta alma pecadora, e aun para el santo sacrificio del altar, señor, que non hay más de esto que veis!» Entonces el gobernador, movido de saña en que vió que mentía, según el pintor le había dado las señas, dijo: «¡Vos, don viejo falso e malo, abriréis, mal que vos pese! ¡Yo veré qué tenéis aquí dentro!»

Desque esto vió el ermitaño, cegó e non pudo fablar, salvo dijo: «Señor, yo iré por la llave, pues tanto vos place que la abra.» Esto dijo a fin de salir fuera e fuir. Pero el gobernador dijo: «Vamos; yo iré con vos; que non vos dejara.»

En esto entró el pintor, e cuando el ermitaño vió al pintor entendió que luego era muerto. Dijo el pintor: «¡Dios vos salve, padre! ¿Cómo vos va con Dios?» El ermitaño non pudo fablar nin *Deo gracias* decir, nin *paz sea con vos* nombrar. Entonces dijo el pintor: «Señor, mandadle abrir. Catad aquí la llave; ésa es que tiene en la correa colgada.» Entonces tomáronle la llave e enmudeció, que non fablaba, e salió fuera de seso. E abrieron por donde dijo el pintor, como él había visto al ermitaño abrir, e el gobernador entró dentro, e cuando vió la obla-faldad[42] tan abominable pintada, púsose las manos en los ojos e non lo quiso mirar, e dijo al pintor: «¡Llévalo, llévalo de allí e dobla aquel lienzo! ¡Nunca parezca en el mundo tal cosa!» E fízolo ver a dos o tres testigos, e dijo al ermitaño: «¡Oh traidor malo, engañador! ¿Quién te mandó facer tal cosa?» E fízolo llevar preso luego; e cuantos lo veían llevar preso maravillábanse por qué lo facían e lo llevaban así al santo bendito.

Veríais rascarse a las bigardas cuando supieron que lo habían preso, mas non sabían por qué; e veríais caballeros e dueñas ir a rogar al gobernador tanto que non se podía de ruegos de los grandes defender, fasta que dijo: «Si non digo lo que este malo falso ha fecho, muerto soy, corrido e apedreado.» Que así andaban las beguinas de casa en casa de caballeros, como si se hubiesen de salvar aunque algunas de ellas de aquellas con quien él tomaba placer bien se pensaba que le habrían fallado alguna mujer en su casa.

Empero el gobernador lo hubo de descubrir a la fin, porque no le enojasen más; e desque las gentes lo supieron comenzaron de blasfemar del ermitaño e las lenguas de callar. E luego el gobernador le comenzó de atormentar e dijo el ermitaño cosas endiabladas de lo que facía en Valencia. Suma: que finalmente fué sentenciado al fuego e así fué quemado.

De otros muchos falsos bigardos te diría mas non querría con la pluma enojar a los leyentes. Pero quiérote decir sólo un poco de otro bigardo, lo que vi a mis ojos; que non quiero decir quién es, por causa allá donde tenía su ermitorio non era tenido en menos reputación que el sobredicho; antes era habido por santo, e nunca zapato nin otra cosa en su pie entraba; todas las cuaresmas a pan e agua ayunaba e lo más del año todo. Fué dicho de él que en un monasterio había fecho algunos fijos; e éste había renunciado de primero al mundo, que me fué mucho hombre de pro, e alcanzó manera de más de diez mil doblas e escuderos cuatro continuos e gran señor, e dejólo todo e dióse a servir a Dios. Después oí yo decir que en el hábito de fratichelo[43] había cometido un gran crimen por falsario contra un rey. Después le vi bien facendado[44] e bien rico, dejado el hábito, e con mucha renta, e con mucha codicia desordenada de haber e alcanzar. Por causa de aquella falsedad que cometiera, según fama era, e en la mayor fervor de su prosperidad, Dios le llevó de esta vida, el cual murió en mis manos. En conclusión, ninguno non diga: «Éste, ¿por qué vivió mal e acabó bien?», nin «¿por qué éste vivió bien e acabó mal?»; que Nuestro Señor sabe, como dice, quién es bueno o quién vive bien, quién es malo e vive mal. Secretos son de Dios.

El Bachiller Alfonso de la Torre

VISIÓN DELEITABLE DE LA FILOSOFÍA Y DE LAS OTRAS CIENCIAS

Autor de la *Visión deleitable de la filosofía y de las otras ciencias* (ca. 1440), de cuya vida se tienen escasísimas noticias. El libro es un tratado alegórico, en el que bajo forma de sueño o visión se diserta sobre las diversas artes y ciencias y el Entendimiento dialoga con otras facultades del hombre, con sus pasiones y virtudes. Si por la doctrina, los temas y por la forma alegórica es el libro un antecedente claro de otros tratados filosófico-

morales de los siglos siguientes, e inicia una tradición que llega hasta Gracián, por el espíritu es indicio de una serie de doctrinas que marcan la transición entre una visión del mundo, plenamente medioeval, y las preocupaciones del humanismo renacentista, ya próximo.

Texto, edición Adolfo de Castro, *Curiosidades bibliográficas*, BAE XXXIV.

---

[42] oblafaldad?   [43] Como los begardos en los Países Bajos, los fratichelos, en Italia, fueron grupos mendicantes que so capa de pobreza y de piedad llegaron a constituir un serio problema religioso y social; vestían un hábito idéntico o parecido al de los franciscanos.   [44] rico.

[1] que reciben paga o sueldo.   [2] aguantar.   [3] dominar.

Discurso de la Fortaleza al Entendimiento

¿Cómo va en el mundo de fortaleza en pugnar por la virtud e morir por aquélla, y pugnar por la vida de las cosas honestas, e destruir las cosas inhonestas y malas? Dijo el Entendimiento: «En el mundo se hallan hombres fuertes en una de seis maneras. Unos son fuertes civiles, que pugnan por la honra e por la vergüenza entre aquellos que son conocidos, porque ven que los fuertes son honrados, e los temerosos son increpados. Otros son fuertes por temor, así como los que facen pelear en el mar por fuerza. Otros tienen fortaleza militar, esto es, que ya tienen el arte de batallar: así como los que entran en el agua confiándose en el arte de nadar. La cuarta fortaleza es furiosa: que muchos con saña facen cosas que son juzgadas fuertes. Otros son fuertes por costumbre, que por ventura han sido en muchas batallas, e se han habido muy bien en ellas: e con aquella confianza cometen las cosas arduas. Otros tienen fortaleza bestial, non sabiendo la fuerza de su adversario»...

Respondió la Fortaleza: «Los primeros que pelean por la honra o por la vergüenza, semejantes son a los virtuosos; mas ellos non lo son del todo: ca muchos de ellos son fuertes donde los conocen, que serían temerosos donde fuesen ignotos. Los segundos que por temor son fuertes, peores son que aquéstos: ca la virtud ha de ser libre e con amor, y no ha de ser constreñida ni temerosa. La tercera, que es del arte militar, non es propia fortaleza: comúnmente tales son los caballeros estipendiarios...[1] e aquestos cuando ven los grandes peligros, fuyen. E ya vimos los civiles aturar[2] más que aquéstos en los tales peligros. Los cuartos, de la furia, non son verdaderos fuertes, antes son audaces: e comúnmente los tales facen como las estopas, que luego se encienden, e luego son muertas... Los quintos, de la experiencia, non son verdaderos fuertes, porque la virtud de la fortaleza es firme en el corazón, y no es al caso encomendada ni a la fortuna. Los sextos non son fuertes; antes son como bestias, porque non prevén con quien han contienda: pues la fortaleza verdadera es un medio entre la audacia y el temor. Y la mayor fortaleza que pueda ser en el hombre, e la mayor tranquilidad para vivir bien aventurado, es vencer a sí mismo e sujudgar[3] las pasiones: ca ¿qué monta a un hombre haber sujudgado los indios e los mediterráneos septentrionales, y ser vencido de la ira e de las otras pasiones? Pues la primera fortaleza es supeditar e enseñorear las pasiones propias: e gran virtud es non ser hombre vencido de las cosas tristes, ni ser mudado por los infortunios o adversidades; pero mayor fortaleza es e mayor virtud tener la rienda y el freno de no se alterar en las prosperidades; ca más fácilmente vence al hombre la buena fortuna que la mala...

El magnánimo escoge de morir por la virtud e más quiere la honesta muerte que la deshonesta e vituperable vida; al cual, si vive, se siguen las honras e la fama, que son premios de la virtud; y si muriere, ha reposo en la otra vida e fama en aqueste mundo... Ca no emprende de facer sino aquellas cosas que la prudencia manda; y aconseja las que la justicia endereza, y lo que la grandeza del corazón e virtud de fortaleza quiere, aquésta es gran parte de la bienaventuranza del hombre...

Mosén Diego de Valera

1412-1488?

TRATADO DE PROVIDENCIA CONTRA FORTUNA

Caballero y escritor de vida larga y activa, es de los personajes más representativos del siglo XV. Fué doncel de Juan II y cortesano allegado a sus sucesores Enrique IV y los Reyes Católicos. Viajó por muchos países de Europa, tomó parte en aventuras y hazañas caballerescas, intervino en la vida política. Fué poeta, autor de un interesante epistolario y escribió hasta diecisiete obras, tratados y relaciones históricas principalmente. Es, sobre todo, conocido en la literatura por este último aspecto de su obra, es decir, como autor de *Crónica abreviada de España*, *Memorial de diversas hazañas* y *Crónica de los Reyes Católicos*.

Nosotros elegimos un pasaje de su breve disertación político-moral: *Tratado de Providencia contra Fortuna*, compuesto entre 1458 y 1467 para aleccionamiento del marqués de Villena.

Acuérdome, magnífico señor, haber leído un dicho de Séneca, que dice: Entonces los consejos saludables busca cuanto la fortuna más riente se te muestra: que la fortuna es de vidrio, y cuanto más resplandece, entonces se quebranta. Con esta doctrina concuerda Catón, diciendo: Cuando fueres bienaventurado, guárdate de las cosas contrarias: que non por ese curso las cosas postrimeras responden a las primeras. E el Psalmista: El hombre, como fuese en honor, non entendió; e comparado es a las bestias non sabias, e fecho es semejable a ellas.

E sin duda, señor, ésta es discreta doctrina: que más necesario es el consejo en el tiempo próspero que en el adverso: que la próspera fortuna ciega e turba los corazones humanos; e la adversa con su adversidad da consejo. Porque, señor, a los hombres discretos conviene facer lo que el sabio marinero face, el cual en el tiempo de la bonanza se apercibe e arma contra la fortuna: ca sabe ser cosa natural después de bonanza tormenta, e después de tormenta bonanza; ca la fortuna non deja ninguna cosa luengamente permanecer en un ser. Así lo dice Boecio en persona de la fortuna fablando en tales palabras: Las cosas altas en bajas, e las bajas en altas nos gozamos mudar: este juego continuo jugamos: todas las cosas en rueda volante tenemos.

Para esto probar non son necesarias autoridades, ni menos historias extrañas buscar; pues que abundamos en ejemplos domésticos, acaecidos en nuestros tiempos. Pues con esvelado[1] estudio catad las cosas pasadas para ordenanza de las presentes e providencia de las venideras: que quien a las cosas pasadas no mira, la vida pierde; e el que en las venideras no provee, entra en todas como non sabio: ca el que proveído es, non dice: non pensé que esto se ficiera; que non duda, mas espera; non sospecha, mas aguarda: e los daños ante vistos menos suelen empecer. E bienaventurado es aquel a quien los ajenos peligros facen salvo: e cuanto los estados son más altos, tanto a peligro son más sujetos; que el que en llano se asienta, non tiene donde caiga. E la mayor mengua que los grandes han es de consejo: porque a los tales muy pocos dicen verdad, porque la verdad engendra mal: e cerca de los señores más suelen usar lisonja que verdadero amor nin consejo...

Onde,[2] señor, pues conocéis cuán peligroso es este mar en que navegamos, tanto[3] que el viento próspero dura, avelad el navío con tales amarras que, si la fortuna volviera la cara, el leme[4] prudente gobierne la nao, aquélla llevando a puerto seguro. E como sin Dios ningún trabajo en el mundo aproveche, a éste dad gloria, honor e servicio, habiendo en él perfecta esperanza, e él vos será ayuda e consejo. Así lo amonesta el Psalmista, diciendo: Pon tu corazón en Dios, e él te gobernará...

Así un hombre que a cierto día hubiese a otro de combatir, procura armarse con diligencia, muchas veces proveyendo su arnés.[5] ¿Cuánto más procurarlo debe quien no sabe cuándo será combatido de un tan grande e fiero enemigo como es la fortuna? Pues con todo estudio conviene buscar así duras armas, que sean bastantes a resistir tan grande adversario.

Onde, muy virtuoso señor, las armas contra la fortuna a[6] los grandes señores, después de servir a nuestro Señor, son cinco principales, conviene saber: primera: amar, querer, vivir, temer e honrar de todo corazón su rey. Ca los reyes tienen el lugar de Dios en la tierra, según es escrito por Salomón en persona de nuestro Señor, diciendo: Los reyes por mí reinan, e por mí los príncipes mandan: e el apóstol: Honrad al rey como a muy excelente. Segunda: amor de los súbditos, ca dice Séneca: Éste solo es inestimable muro: el amor de los ciudadanos. Por cierto los cuerdos más deben procurar ser amados que temidos, que dice Terencio: Mucho yerra, según mi sentencia, el que piensa el imperio ser más estable el que por fuerza se gana, que aquel que por amistad es ayuntado. Tercera: riquezas, sin las cuales no se puede luengamente conservar gran estado, ni dar fin a cosa magnífica. Ca el alto corazón, si carece de bienes de fortuna, su virtud mostrar no se puede... Cuarta: fortalezas: las cuales muchas veces leímos e vimos haber aplacado la ira de la adversa fortuna...

De la quinta e postrimera, que es el consejo, debéis mucho trabajar de haber tres o cuatro personas fieles con quien todo el fecho comuniquéis. Ca Salomón: Todas las cosas faz con consejo, e non te arrepentirás después de fechas. E Séneca: Ninguna cosa es tan dulce como haber con quien todas las cosas oses fablar así contigo. E San Bernardo: No quieras mucho confiar de ti mismo, porque sin duda en los propios fechos todo hombre se engaña por discreto que sea, e naturalmente toda persona conseja mejor en los fechos ajenos que en los propios suyos: lo cual se face porque en las cosas nuestras, o somos empachados por gozo, o por tristeza... E de estos así escogidos recebid estrecho juramento que guardarán vuestros secretos; e tened con ellos tal orden, que en las cosas grandes, e apartadamente de cada uno, sepáis su voto: e contra todos argüid así vivamente cuanto vuestro juicio abastare. E después, todos juntos ante vos, mandad que digan sus opiniones, e la determinación quede a vos en ausencia suya; ca dice el Señor: La mi gloria no la daré a otro. Los cuales son de escoger con gran diligencia que sean discretos e de buenas intenciones, e que hayan sido leales a los señores que ante sirvieron: que non esperéis que a vos sea leal el que a otro fuera traidor...

E de los amigos, aquéllos habed por verdaderos que en vuestra primera fortuna vos amaron:

---

ca el que amigo es, en todo tiempo ama; e según dice Boecio: Aquel que la próspera fortuna fizo amigo, la adversa lo fará enemigo. E por cierto, señor: una de las cosas de mayor yerro es la poca diferencia que entre los hombres se face, como no sea cosa en que tan grande facerse deba: lo cual conociendo Aristóteles decía: Así como el más noble de los animales es el hombre sujeto a la razón; así el peor es el hombre apartado de aquélla. E Séneca: Ninguno animal es tan peligroso, ninguno con mayor arte de tratar, como el hombre a razón non sujeto. E si entre los caballos tan gran diferen-

cia se face, que uno vale cien doblas e otro non diez: ¿cuánta vergüenza sea todos los hombres valer por un precio? Cada uno lo puede juzgar, cómo uno de balde sea caro, e otro non puede por precio comprarse. E la perfección de la criatura razonable, según dice San Agustín, es cada cosa tener su precio. E Séneca: Ninguna cosa es tan necesaria como poner precio a las cosas; pues con mucha solicitud examinad a los amigos e servidores: e de los virtuosos fidalgos e buenos faced tesoro: que un corazón de un leal amigo e fiel servidor, non se puede por precio comprar.

SIGLO XV: HISTORIA

Crónica de don Álvaro de Luna

Es ésta quizá la *Crónica* más dramática e interesante de cuantas se escriben en la época, en parte por el dramatismo de los hechos que narra y la prestancia de la figura del privado de Juan II, en parte por la pasión que el cronista pone en la defensa de su señor y en dar realce las extraordinarias cualidades que aquél poseyó, cualesquiera que fueran sus delitos y abusos en el ejercicio del poder

Juan de Mata Carriazo, cuya edición (*Col. de Crónicas Españolas*, II, Madrid, 1940) seguimos, parece haber demostrado satisfactoriamente que su autor fué Gonzalo Chacón, personaje muy allegado a don Álvaro.

PRÓLOGO

Entre los otros frutos abundosos que la España en otro tiempo de sí solía dar, fallo yo que el más precioso de aquéllos fué criar e nudrir[1] en sí varones muy virtuosos, notables e dispuestos para enseñorear, sabios para regir, duros e fuertes para guerrear. De los cuales, unos fueron subidos a la cumbre imperial, otros a la relumbrante cátedra del saber, e muchos otros merecieron por victoria corona del triunfo resplandeciente.

Mas agora en nuestro tiempo, revolviendo los ojos del justo acatamiento por estas cosas, mucho se muestran no solamente las Españas mas todas las otras naciones menguadas e vacías de varones semejantes, que si algunos en algún hábito de virtud resplandecen fallésceles e esles negado mucho de aquello sin lo cual queda desnudo e no bien apuesto el perfecto don de esa misma virtud. E son así como la diversidad de las tierras, que si son unas abundosas de frutos, son livianas[2] de panes; e si abundan en ganados, son altas e enrrocadas e de ásperos asientos, e no graciosos para la morada humanal. Fállanse otras que si tienen fer-

tilidad abundante de las cosas necesarias, o son muy destempladas e frías, o del todo enojosas e incomportables,[3] por muy demasiado calor.

Pues no menor variedad e mengua de perfección face vicioso e defectuoso el linaje de los hombres. Ca si algunos dan de sí algún fruto o resplandor de virtud para comenzar bien las cosas, son livianos e no maduros para la ejecución de aquéllas. E si por ventura son esforzados e valientes, son de áspera e dura palabra, o enrrocados e ásperos por soberbia, o levantados por demasiada altividad.[4] E si por ventura en ellos consiste[5] esfuerzo e discreción, no tienen habilidad para el ejercicio de aquello, nin autoridad en la plática, nin gravedad ni sabiduría en la obra, nin dulcedumbre en la conversación. Las cuales cosas tanto más son menester en los grandes príncipes e escogidos por dignidad, cuanto más son puestos en lugar más alto para ser acatados, en tal manera que si una parte los alumbra e face claros, otra los ofusca e alombreguece:[6] tanta es la dificultad de poder venir en la entera perfección de la virtud.

Pues si en el nuestro magnánimo e muy virtuoso e bienaventurado don Álvaro de Luna, maestre de Santiago, condestable de Castilla, tan notoriamente tantas partes de virtud resplandecen, e tanta grandeza de claros fechos pregona su nombre magnífico, que todas estas cosas junta e perfectamente las unas acompañadas de las otras en él relumbran e permanecen, ¿por qué por contemporal[7] e de nuestra tierra le negaremos aquella gloria que a los pasados y de fuera de ella tan de buena mente otorgamos?...

Pues por lo que tengo dicho, e por mucho más que se podría decir, tenté escribir en esta presente obra algunos de los muy notables fechos e acaecimientos de este bienaventurado Maestre...

Donde pues tú, Verdad, eres una de las principales virtudes que en aqueste nuestro muy buen Maestre siempre ficiste morada, a ti sola llamo e invoco, que adiestres la mi mano, alumbres el mi ingenio, abundes la mi memoria, por que yo pueda confirmar e sellar la comenzada obra con el tu precioso nombre.

De un razonamiento que el Condestable fizo a los suyos, antes que entrase con ellos en la batalla

El Condestable, que tenía la delantera, e que veía cuánto iba allí en aquel día al servicio del Rey e honra de su corona e de los sus reinos, e a la honra de sí mismo, e al bien de la cosa pública, comenzó de animar a los suyos, e esforzarlos para la pelea, como aquél que era muy sabio e valiente capitán e había pasado por muchos semejantes peligros; e que había voluntad de pelear e haber honra e servir a su rey. E el espada en la mano, puesto ante los suyos, con cara muy esforzada e alegre, comenzóles a fablar así:

—Esforzados caballeros, buenos parientes e firmes amigos, criados leales e compañeros fieles: ya veis los enemigos del rey nuestro señor e de los sus reinos, qué cerca los tenemos e con cuán poco temor de Dios han perseverado en el su desconocimiento e deslealtad; en la batalla de Pampliega la publicaron e agora la porfían; por ende, crezcan vuestros corazones, e las injurias recibidas e los daños e robos por esta gente fechos despierten vuestra saña a mayor ira. E recordaos de tanta honra como el Rey el día de hoy nos ha dado en querer que la su justicia sea ejecutada por lo que ficieren las nuestras manos, habiendo segura confianza en el nuestro esfuerzo e lealtad. E pensad que fasta aquí peleasteis por que vos pudiesen fallar diestros y esforzados; e agora peleáis por que vos llamen leales e virtuosos. Mayormente que veis que todo nos face favor, y esfuerza la causa nuestra e non es aquí cosa que nuestra non sea; peleamos por nuestro Rey, defendemos nuestro reino, vengamos nuestras injurias, guardamos las nuestras leyes; lo cual nuestros enemigos facen por el contrario. Pelean contra su Rey, e para mejor decir con su Rey, destruyéndole sus reinos, e acrecientan su deslealtad, declaran su desagradecimiento e rompen e van contra sus leyes. Así que en las nuestras manos va la justicia e en las suyas viene la culpa. ¿Pues quién temerá a estos tales enemigos, que deben haber más miedo de vivir que nosotros de morir? Cuanto más habiendo vos

hoy dado la fortuna tan buen testigo como a vuestro Rey, en cuya presencia habéis de pelear. El cual los otros servicios que fasta aquí le habéis fechos e aquéste que hoy le faréis, ve. Pues yo confío en Dios e en la justicia del nuestro muy virtuoso Rey, en el esfuerzo de vosotros que si en Pampliega fueron desbaratados, que en aquésta serán vencidos. Por ende, vayamos todos de un corazón a ferir en ellos.

Con tanta autoridad e esfuerzo dijo el Condestable estas palabras que mereció ser bien oído; e tanto corazón puso en los suyos, que a todos les animó para la pelea. E después que dió fin a sus razonamientos, ordenó su avanguarda e puso su batalla e tropeles[8] en la manera que agora diremos.

De la figura e fechura de don Álvaro de Luna, Maestre de Santiago, e de las sus maneras e costumbres

Don Álvaro de Luna, maestre de la Orden e caballería de Santiago, e condestable de los reinos de Castilla e de León, había la forma del cuerpo e disposición de la persona en esta guisa. El cuerpo pequeño e muy derecho e blanco, gracioso de talle en toda la su edad, e delgado en buena forma, las piernas bien fechas, las arcas grandes e altas, según la mesura de su cuerpo, el cuello alto e derecho en buena manera, los ojos alegres e siempre vivos; había el acatamiento[9] reposado, tardaba los ojos en las cosas que miraba más que otro hombre. Traía la cara siempre alegre e alta, había la boca algún poco grande, la nariz bien seguida, las ventanas grandes, la frente ancha; fué temprano calvo. De buena voluntad reía e buscaba cosas de qué. Dudaba un poco en la fabla; era todo vivo. Siempre estuvo en unas carnes e en un talle, tanto que parecía que todo era nervios e huesos.

Fué muy medido e acompasado en las costumbres, desde la su juventud; siempre amó e honró mucho al linaje de las mujeres. Fué muy enamorado en todo tiempo; guardó gran secreto a sus amores. Fizo muy vivas e discretas canciones de los sus amores, e muchas veces declaraba en ellas misterios de otros grandes fechos. Vistióse siempre bien, e así le estaba bien lo que traía, que si se vestía de monte o de guerra o de arreos, a todos parecía bien. Fué muy inventivo e mucho dado a fallar invenciones e sacar entremeses en fiestas o en justas o en guerra en las cuales invenciones muy agudamente significaba lo que quería. Fué muy nombrado cabalgador en ambas sillas e gran bracero e dió gran cuidado de tener buenos caballos

---

8 tropas.   9 mirada.   10 sufría, toleraba.   11 cazador, corredor de monte.   12 lo practicaba.

e ligeros; deleitábase mucho en facer corregir sus armas e requerirlas, e tenerlas netas e limpias e a punto.

Fué en la guerra demasiado esforzado e atrevido, tanto que se metía muchas veces en lugares de gran peligro, según en esta su historia e en otras muchas partes parece.

Comportaba[10] mucho las armas e afanábase mucho en la guerra. Fablaba en todos tiempos con gran reverencia e ceremonia a su Rey. Fué muy gran montero[11] e trabajaba mucho en ello, e tanto lo cursaba[12] cuando otros fechos lo dejaban, que sabía en ello más que otro hombre; había gran placer en fallar a qué ballestear, e en el juego de la ballesta maravilla era fallar quien le ganase. Placíanle los hombres cuerdos e sosegados e procurábalos para sí, e fiaba de ellos mucho; de los otros, que eran livianos e fabladores, reía con ellos e dábales buena cara e de los fechos poca parte.

De la muerte del mejor caballero que en todas las Españas hubo en su tiempo, e mayor señor sin corona, el buen Maestre de Santiago

Escribe el apóstol e evangelista San Juan en su Evangelio e dice «que como Jesucristo hubiese amado a los suyos cuando anduvo por el mundo, que los amó en la fin.» Pudiese cierto bien con razón decir por semejante del nuestro bienaventurado Maestre, el cual como Dios le hubiese prosperado, e le hubiese dado grandes bienes en este mundo se los dió mucho mejores en fin de sus días, e por tanto lo llama la Historia bienaventurado en este postrimero capítulo de las cosas por él pasadas fasta en fin de sus días. Ca según lo pone el uno de aquellos siete famosos sabios de Atenas: «El postrimero día de la vida de cualquier persona que sea, es juez de su bienaventuranza.» Cierta cosa es que ninguno en este presente suelo adonde vivimos puede vivir nin vive sin pecado, e non es de dudar que el bienaventurado Maestre hubiese en los días del vivir suyo sido pecador, como lo son e han sido las otras criaturas humanas...

Pártese pues Diego López de Estúñiga del real sobre Escalona para la villa de Portillo, adonde el bienaventurado Maestre estaba en prisión, e lleva como ya es escrito la sentencia que se había dado de muerte contra él, e el mandamiento para la ejecutar, e asimismo lleva mandamiento para el alcaide de la fortaleza de Portillo para que le entregue al Maestre. E viénese derechamente el Diego López a Valladolid e allí toma la gente que entendió que era menester para traer en buena guarda al Maestre, e vase a Portillo, e deja primeramente concertado en Valladolid en el monasterio de San Francisco de aquella villa que un gran famoso letrado e maestro en Teología que por entonces allí era, llamado maestre Alfonso Espina, parta el día siguiente camino de Portillo, e que al pasar del río de Duero se faga, disimulando, encontradizo con el Maestre, que lo conocía bien, e dende que se torne con él a Valladolid; e de un fablar en otro se aparte el religioso con el Maestre a fablar con él alguna cosa, diciendo que se la quería decir en secreto, e que allí le descubra e le notifique de cómo lo llevan a le dar la muerte, ca los que habían ido por él non le habían dicho, nin le habían de decir otra cosa, según que estaba acordado entre ellos, salvo que el Rey lo mandaba pasar a Valladolid.

Lo cual todo puesto así en efecto, el religioso se apartó de entre los otros con el bienaventurado Maestre a le fablar; e anteponiendo en su fablar algunas cosas a manera de arenga, según que por cierto el religioso lo sabía bien facer, ca era gran predicador, finalmente él le notifica por las mejores e más consolatorias palabras que puede cómo le llevan a le dar muerte, exhortándole que como católico e fiel cristiano se esfuerce en la santa e verdadera Fe de Jesucristo, e manifieste sus pecados, e haya arrepentimiento de ellos, e los confiese con la mayor contrición que podrá. El bienaventurado Maestre, oído lo que el venerable religioso le hubo fablado, él se lo agradeció muy mucho e dió un gran suspiro, alzando los ojos al cielo e non dijo otra cosa salvo:

—¡Bendito seas tú, Señor, que riges e gobiernas el mundo!

E consiguientemente rogó con mucha afición al religioso que no lo dejase ni se partiese de él fasta el paso de la muerte, de lo cual el honesto religioso lo fizo seguro, e con esto él fué muy contento e consolado. E allí por el camino donde iban, iba el buen Maestre escudriñando su conciencia, e comenzó de fablar con el maestro Alfonso Espina en penitencia e de le confesar e manifestar sus pecados, en tanto cuanto por entonces duró el caminar que serían casi dos leguas de camino... E después que ya eran cerca de la villa, casi a la entrada de ella, dejando a la hora de más fablar en el sacramento de la confesión, non se parten de cerca de él aquel venerable religioso e otro compañero suyo e llévalo el Diego López de Estúñiga a aposentar a unas casas que eran de un caballero que se llamaba Alonso de Stúñiga... e ruega el mismo Diego López a los religiosos que no se partan de él, mas que queden por aquella noche en su compañía, lo cual ellos otorgaron de grado, e así lo ficieron.

E por cierto fué muy poco el su dormir de todos tres en toda ella, ordenando todavía el bienaventurado Maestre su alma e descargando su conciencia, ordenando otrosí su testamento e la distribución de sus bienes en los lugares e personas de quien entendía que tenía cargo; e así pasaron el Maestre e los religiosos casi toda aquella noche.

E después que ya era de día, el bienaventurado Maestre oyó misa en su posada e como fuese certificado que dende a non muy gran rato había de fenescer su vida,[13] mandó que le trajesen unas pocas de guindas e un poco de pan, e gustó de lo uno e de lo otro, bien poco de cada cosa.

Estaba en la plaza mayor de Valladolid, cerca del monasterio que ya dijimos de San Francisco, fecho un nuevo cadalso para aquella nueva cosa, que jamás en Castilla non fué vista su semejante, que un tan gran señor muriese sentenciado a muerte por el Rey, e pregonado por su pregonero. E después que aquel tal cadalso estuvo guarnecido e aderezado, como convenía para un tal fecho, e tendida en el suelo de él una rica alfombra, el Diego López de Estúñiga, acompañado de gente armada, va por el bienaventurado Maestre a la posada donde posaba, el cual a la hora estaba fablando con su confesor, e dícenle que descienda de la cámara adonde estaba, e cabalgue en su mula, la cual estaba ensillada e aderezada; así que él desciende sin lo tardar, non lo desacompañando los religiosos.

La trompeta suena en doloroso e triste e desapacible son. El pregonero comienza su mentiroso pregón. Llámalo la Historia mentiroso porque sin duda así lo fué. Ca mira tú que lees e considera qué fecho fué aquél e qué pregón tan sin fundamento e sin se fallar causa para él. Ca no obstante que los que a la sazón estaban en el Consejo del Rey, todos, según ya escribimos, salvo el arzobispo de Toledo, fueron en ordenar la sentencia que el bienaventurado Maestre debiese morir..., e entendieron en ordenar el pregón que se había de pregonar cuando el bienaventurado Maestre hubiesen de llevar a lo privar de la vida, ninguna otra cosa fallaron por donde fundar e componer el tal pregón, o le dar causa o color alguno, salvo decir «que estaba apoderado de la persona del Rey». ¡Oh, Señor, qué falso pregón aquel, e tan manifiestamente falso! Ca si él estuviera apoderado del Rey, non hubiera el Rey poder de lo traer a la muerte.

Cabalgó pues el bueno e bienaventurado Maestre en su mula, con aquel gesto e con aquel semblante e con aquel sosiego que solía cabalgar los pasados tiempos de su leda[14] e risueña fortuna.

La mula cubierta de luto, e él con una capa larga negra. E como de los mártires se cuenta que iban con el alegre cara a recibir martirio e muerte por la fe de Jesucristo, semejantemente iba el bienaventurado Maestre sin turbación alguna que en su gesto pareciese, a gustar e tragar el gusto e trago de la muerte, conociendo de sí mismo que, siendo inocente e sin cargo nin culpa alguna contra el Rey su señor, e por haber usado todos tiempos de bondad e de virtud e de lealtad acerca de él, le daban la muerte que iba a recibir...

Va pues en su mula el bienaventurado Maestre, acompañado todavía de aquel reverendo religioso, e guíanlo al cadalso. E desque fué llegado a él, descabalgó de la mula, e subió sin empacho alguno, e se vió allí donde el alfombra estaba tendida, tomó un sombrero que traía en su cabeza, e echólo a uno de aquellos pajes suyos, el que ya dijimos que se llamaba Morales. E el mismo bienaventurado Maestre se aderezza los pliegues de la ropa que llevaba vestida; e porque el sayón le dijo que le convenía por entonces atarle las manos o a lo menos atarle los pulgares porque él no ficiese algunas bascas o apartase de sí el cuchillo con el espanto de la muerte, él sacó una agujeta de un garvier[15] que traía, los cuales se usaban en aquel tiempo, e eran casi unas pequeñas escarcelas, e la dió al verdugo, el cual con aquella le ató los pulgares.

E dende, encomendándose su ánima a Dios, apartóle el verdugo la cabeza de los hombros. Mira ¡oh lector! en este paso una cosa digna por cierto de ser notada, e aun de haber por milagrosa; ca non obstante que cuando llevaban al bienaventurado Maestre a le dar la muerte —ca non se debe decir que lo llevaban a justiciar, pues que contra toda justicia lo mataban— la gente que concurría a lo mirar iban todos según que comúnmente acaece, e se suele facer, con gestos e semblantes non tristes, como aquellos que van a mirar cosa que non aviene[16] cada día, especialmente yendo a mirar un tal fecho, cual nunca fué visto en Castilla; todos a un son, así hombres como mujeres, los que allí en la plaza eran presentes, e los que estaban por las ventanas de las casas, que en la plaza eran allí cercanas, ficieron e mostraron de primero, al tiempo que ya el sayón tenía el cuchillo en sus manos, un callado silencio, como si a sabiendas e so muy graves penas, les fuera mandado que todos callasen.

Luego encontinente[17] después de aquello así

13 que de allí a poco tiempo habría de morir.   14 alegre   15 especie de escarcela o bolsa pequeña.   16 ocurre.   17 al instante.   18 gritos.   19 arrepentido.   20 achaques que resultan de una enfermedad o accidente.   21 ofrecidas.

1 *empresa* era la insignia o signo por el que se distinguía cada caballero, pero aquí más bien parece significar la invitación o reto donde se estipulaban las condiciones del desafío.

fecho, al tiempo que ya el sayón ponía el tajante cuchillo amolado en la garganta del bienaventurado Maestre, se levanta entre todos ellos tan doloroso e tan triste e tan sensible llorar e tan alta e lagrimosa grida[18] e voces de tanto tristor e dolor, como si cada uno de ellos, así varones como mujeres, viera matar cruelmente al padre suyo, o a cosa que mucho amara. Muere pues el glorioso, el famoso, el virtuoso e bienaventurado Maestre e Condestable de Castilla en la manera que la Historia lo ha contado. Dios le haya su ánima, según que por cierto se debe piadosamente creer, que sea en compañía de los sus escogidos; e así fué revelado dende non ha muchos días a un hombre de santa vida de cómo estaba en buen lugar.

Mandólo matar su muy amado e muy obedecido señor el Rey el cual, en lo mandando matar, se puede con verdad decir se mató a sí mismo; ca non duró después de su muerte si non sólo un año e cincuenta días, los cuales todos se debe por cierto afirmar que le fueron días de dolor e de trabajo. Ca muchas veces se falló muy arrepiso[19] e lo fallaron e lo vieron los suyos llorar con mucha amargura por la muerte del su leal Maestre. E aun asimismo dende a bien breve tiempo le ocupó e le recreció una muy gran cuartana que le duró muchos meses de guisa que así con ella, como con las reliquias[20] que de ella le quedaron, nunca después vivió sano. E algunos fueron que dijeron que sólo el royente gusano de su conciencia fué aquel que lo mató, trayéndole a continua memoria la gran crueldad de que usó contra el su muy leal sobre los leales.

EPÍLOGO

...Aqueste muy virtuoso Maestre trabajó por que en su tiempo viniese en gran perfección la pulidez e gentileza en la nación española, así en los fechos de caballería como en todos los otros actos e ceremonias que a la majestad real e a la su preeminencia e corona son debidos; tanto, que en muchos de la nación castellana por la su virtuosa industria fueron habituadas e convertidas en costumbre las virtudes. En este muy magnífico Maestre resplandeció la gran firmeza de la pura fe, e clara e limpia lealtad, que siempre hubo a su Rey, sobre todas las otras personas. Tanto, que por lo que convenía a la honra de la corona de Castilla e a la preeminencia de su Rey e al bien común de sus reinos, el nuestro muy virtuoso Maestre se puso muchas veces a la muerte e derramó la sangre por sostener este santo propósito. El cual nunca mudó por codicia de mundanales bienes nin por dádivas demasiadas que muchas veces le fueron proferidas,[21] nin por otros muy aventajados partidos con que por diversas veces fué tentado e cometido.

¿Pues qué podemos decir de aquel que así ha satisfecho a las deudas que los buenos a este mundo deben? Es a saber, a la limpia sangre con nobleza, al tiempo con discreción, a las adversidades con esfuerzo, al poder con caballería, al su Rey con pura lealtad. Salvo tanto que aquel todopoderoso Dios que le dió especial gracia para que en las cosas mundanales tan virtuosamente se hubiese, a la su infinita bondad plega de lo heredar en las espirituales.

Aquí fenesce la Historia del inclito
don Álvaro de Luna, Maestre
de Santiago.

Crónica de Juan II

Tras de las Crónicas del canciller Pero López de Ayala, la de Juan II representa un avance notable en la historiografía de fines de la Edad Media. A la puntualidad y abundancia de detalles une la visión amplia del medio histórico, y tanto en el estilo como en algunas reflexiones, sobre todo en cuanto se refiere al personaje central de estos tiempos, don Álvaro de Luna, adelanta muchas notas de lo que será la historia de los humanistas del Renacimiento. Se ha atribuído en todo o en parte a diversos autores: Álvar García de Santa María, Juan de Mena, Pero Carrillo de Albornoz, etc. La crítica moderna se inclina a aceptar a García de Santa María como el autor de la mayor parte de la obra, al menos hasta 1434, y a Fernán Pérez de Guzmán como el autor que dió forma final al texto. Fué publicada por primera vez en 1517 por Lorenzo Galíndez de Carvajal.

De la empresa[1] que Gutierre Quexada, señor de Villagarcía, llevó en Borgoña, e de la forma en que las armas pasaron entre él e Micer Pierres, bastardo de San Polo, señor de Haburdin

En este tiempo salieron de este reino dos caballeros, el uno llamado Gutierre Quexada, señor de Villagarcía, y el otro Pero Barba, los cuales llevaban cierta empresa, los capítulos de la cual enviaron a la corte del duque Felipe de Borgoña, señaladamente requiriendo a dos caballeros muy famosos, hijos bastardos del conde de San Polo, el uno llamado Micer Pierres, señor de Haburdin, y el otro Micer Jaques, los cuales recibieron su recuesta,[2] e fué asignado término para cumplir las armas, de lo cual dieron sus sellos.[3] Y en tanto que aquel término llegaba, Gutierre Quexada e Pero Barba tomaron su camino para Jerusalén, en el cual se desacordaron[4] e Pero Barba se volvió en Castilla, e Gutierre Quexada cumplió su romería e volvió en Borgoña al tiempo asignado para hacer las armas. E no fué pequeño error de estos caballeros, dejando emprendido hecho de armas, irse a Jerusalén porque todo caballero que tiene emprendido algunas armas no se debe poner en cosa en que peligro le pueda venir, hasta sus armas ser cumplidas, salvo en se ensayar e probar sus caballos e armas, e hacer las cosas que al caso se requieren. E sin duda si algún peligro en el viaje acaeciera a estos caballeros, quedárales para siempre gran reproche entre aquellos que algo saben en hechos de armas.

E plugo a Dios que Gutierre Quexada vino sano a la villa de Santomer en Borgoña, donde el duque Felipo mandó hacer las lizas[5] muy honorablemente, donde habían de combatir Gutierre Quexada e Micer Pierres, bastardo de San Polo; e porque en los capítulos de Gutierre Quexada se contenía que había un tiro de lanza arrojadiza, e Gutierre Quexada era muy gran bracero,[6] húbose tan gran miedo del tiro de su lanza, que la condesa de Navers, parienta del bastardo, envió rogar a Gutierre Quexada que dejase el tiro de la lanza e le daría un diamante de precio de quinientas coronas.[7] El cual le respondió que toda cosa que ella mandase haría de buena voluntad pero que esto él no lo podía hacer porque tenía sus capítulos firmados e sellados del sello de sus armas e recibidos por el bastardo de San Polo e que debía saber que entre caballeros se guarda esta costumbre que cuando capítulos de armas son firmados e sellados no se puede menguar ni crecer ninguna cosa de lo que en ellos se contiene. E por ningún ruego

Gutierre Quexada no quiso dejar el tiro de la lanza; e metidos los caballeros en la liza, hecha la reverencia al duque por ellos, los caballeros se fueron el uno para el otro, e cuando se llegaron cuanto[8] quince pasos, Gutierre Quexada tiró su lanza e pasó por encima del hombro del bastardo e fincó en el suelo de tal manera que a gran trabajo se pudo sacar, e la lanza del bastardo no llegó a Gutierre Quexada; e pasado el tiro de las lanzas, ambos a dos se fueron a combatir de las hachas e se dieron asaz valientes golpes el uno con el otro; e como quiera[9] que el bastardo era tan valiente de cuerpo e por aventura[10] más que Gutierre Quexada, Gutierre Quexada trabajó de entrar al estrecho[11] con él... e dió con él en el suelo e luego se puso sobre él la hacha levantada en las manos; y es cierto que si las armas fueran necesarias,[12] lo pudiera bien matar.

E luego el duque echó el bastón e cuatro caballeros que estaban armados en las lizas para los despartir[13] si el duque lo mandara, levantaron al bastardo e lleváronlo a su pabellón; e Gutierre Quexada, puesta la rodilla en el suelo, dijo al duque que bien sabía Su Señoría cómo Pero Barba su primo había dejado su sello a Micer Jaques, bastardo de San Polo, certificándole de ser en aquel día a cumplir con él ciertas armas en sus capítulos contenidas, el cual había adolescido[14] y estaba en Castilla tanto trabajado[15] que sería duda si pudiese venir a cumplir las armas a que era obligado; e que pues él estaba allí, placiendo a Micer Jaques, que él satisfaría por su primo e haría luego con él las armas en la forma que Pero Barba las había de hacer; e donde esto no le pluguiese, que le requería e rogaba le diese el sello que de Pero Barba tenía. El duque mandó luego llamar a Micer Jaques e le dijo que viese si quería cumplir las armas con Gutierre Quexada o qué era lo que le placía hacer. El bastardo respondió que a él le desplacía mucho la enfermedad de Pero Barba; pero pues él estaba en tal disposición, era contento de darle su sello, e así se lo dió, de lo cual es

2 reto, desafío.   3 aceptaron el desafío estampando probablemente el sello con sus armas o escudo que debía tener cada caballero.   4 se separaron; significa probablemente que rompieron el acuerdo que habían hecho de ir juntos.   5 campo donde se celebraban las justas (combate individual a caballo) y los torneos.   6 tenía buen brazo para arrojar la lanza u otras armas arrojadizas.   7 moneda de oro usada desde Juan II hasta el siglo XVII, que valía aproximadamente unos once reales de plata.   8 unos.   9 aunque.   10 quizás.

11 procuró trabar con él combate cuerpo a cuerpo.   12 Los torneos se celebraban con espadas embotadas o lanzas con punta roma, a las que se llamaban «armas corteses». Teniendo esto en cuenta, la expresión del texto parece significar que el combate se había celebrado con ese tipo de armas que no causaban daño.   13 separar.

14 enfermado.   15 enfermo, agotado.   16 cubierta, adornada.   17 pieles de marta.   18 se pusieron de acuerdo para.   19 lidiar o celebrar un combate.   20 los caballeros allegados a un señor.

21 jefe del ejército en el reino; en este caso se refiere a don Álvaro de Luna que fué el privado de Juan II y la más alta autoridad de Castilla en este tiempo. Más adelante se menciona al condestable de Portugal, lo que ocasiona alguna ambigüedad en el texto.   22 conocimiento.   23 y aunque.   24 aunque hacía tiempo.   25 esperó, aguardó la ocasión.   26 no se lo cobraría.   27 Se refiere a don Álvaro de Luna, cuya caída y muerte narra en los capítulos anteriores. Invoca a Boccaccio porque en una de sus obras en latín trató de la grandeza y caída de los varones ilustres de la antigüedad.

cierto que el duque hubo gran enojo porque pareció cobardía del bastardo en no querer cumplir las armas con Gutierre Quexada, lo cual a él fué muy grande honra.

El duque otro día después de las armas hizo comer consigo a los dichos caballeros, teniendo a la parte derecha a Gutierre Quexada; e después de comer el duque le envió una ropa chapada[16] en que había más de cuarenta marcos de orfebrería dorada aforrada de cevellinas.[17] Y hechas así las armas de Gutierre Quexada, dos gentileshombres, parientes suyos, llamados uno Rodrigo Quexada y el otro Pedro de Villagarcía, se acordaron de[18] hacer ciertas armas[19] a caballo con otros dos gentileshombres de la casa del duque e las hicieron honorablemente en presencia del duque; el cual, hechas las armas de los dichos Rodrigo Quexada e Pero de Villagarcía, el duque les envió sendas vajillas en que había treinta marcos de plata en cada una; e así Gutierre Quexada se partió de la corte del duque de Borgoña con mucha honra, e salieron con él los más de los continos[20] caballeros e gentileshombres del duque.

De cómo se concertó el casamiento del rey don Juan de Castilla con doña Isabel, hija del infante don Juan de Portugal

Bien había cinco meses que la reina doña María, mujer del rey don Juan de Castilla, era fallecida, y el condestable[21] secretamente, e aun sin sabiduría[22] del rey, tenía acordado con el infante don Pedro, regente de Portugal, que el rey don Juan casase con la infanta doña Isabel, hija del infante don Juan de Portugal. E como quiera que[23] esto desplugo mucho al rey don Juan cuando lo supo, porque deseaba mucho casar con Madama Regunda, hija del rey de Francia, como el condestable gobernase enteramente al rey, el rey no pudo excusar de hacer lo que él quería; e así se concluyó este casamiento en la venida de este condestable de Portugal. E como quiera que es cierto que había grandes días[24] que el rey desamaba al condestable e lo encubría con gran sagacidad, después de esto lo desamó mucho más enteramente; e como el rey tuviese cerca de sí todos los del condestable con quien él ninguna cosa osaba hablar de su voluntad, él estaba atónito, de tal manera que no osaba otra cosa hacer, salvo todo lo que el condestable quería e así el casamiento se concluyó, y el rey guardó el tiempo[25] para ejecutar lo que en voluntad tenía contra el condestable para cuando disposición tuviese, como parecerá en lo que adelante se siguió, según en su lugar se escribirá; que entre muchas cosas que el condestable dijo al rey para lo atraer a este casamiento, fueron dos

principales: la una que tendría aquel reino de Portugal muy presto para todas sus necesidades, en las cuales cada día sus súbditos e naturales le ponían; segunda, que bien sabía Su Merced que debía al rey de Portugal bien doce o trece cuentos de sueldo de la gente que había enviado en Castilla al tiempo que el infante don Enrique se quisiera apoderar de Sevilla y de la gente que el condestable de Portugal había traído a Mayorga, lo cual todo se lo dejaría[26] e con estas cosas el rey se mostró que le placía el casamiento, e así el condestable de Portugal llevó este concierto.

De la exhortación que el escritor de esta Crónica escribe

¡Oh Juan Bocacio! si hoy fueses vivo, no creo que tu pluma olvidase poner en escrito la caída de este tan estrenuo y esforzado varón[27] entre aquellas que de muy grandes príncipes mencionó. ¿Cuál ejemplo mayor a todo estado puede ser? ¿Cuál mayor castigo? ¿Cuál mayor doctrina para conocer la variedad e movimientos de la engañosa e incierta fortuna? ¡Oh ceguedad de todo el linaje humano! ¡Oh acaecimiento sin sospecha de las cosas de este mundo! ¿Quién pudiera tal creer, que un hombre espurio, nacido de tan baja madre, aunque de padre virtuoso e noble, no conocido de aquél hasta la muerte, sin herencia, sin favor, sin otra mundana esperanza, en reino extraño, alongado de parientes, desamparado en edad pueril, ser venido en tan gran estado e tan altas dignidades? Conde de Santesteban, condestable de Castilla, maestre de Santiago, duque de Truxillo; haber por suyas patrimoniales sesenta villas e fortalezas, no mencionando las de la Orden; haber por suyos cinco condes e pagar tres mil lanzas en Castilla, rico de muy grandes tesoros; ser preferido e antepuesto a todos los ilustres e grandes señores naturales de España; haber reinos tan grandes como son estos de Castilla e León tan luengo tiempo absolutamente a su querer e mando, no menos habiendo poder en las eclesiásticas dignidades, que en las seglares, e lo que más es de maravillar, que tanto cuanto quiso dar paz o guerra entre Francia e Inglaterra, lo pudo hacer.

Por cierto no creo en esta España ninguno de los antepasados sin corona igual de éste se puede hallar; pues miren aquellos que sola su esperanza, pensamiento e trabajo ponen en las cosas vanas, caducas, e ciegas de este mundo e con ánimo atento acaten y vean qué fin hubieron todas las honras, todo el resplandor, todo el señorío, todo el tesoro, todo el mando de aqueste tan poderoso, tan rico, tan temido señor. Por cierto si aquella sentencia de Boecio debemos creer, ninguno verdaderamente se pudo decir más malaventurado que aquéste, como él afirme: «El mayor linaje de malaventuranza es haber sido bienaventurado.»

Pues los que con tanto estudio trabajáis por haber estados, riquezas, dignidades, mirad qué fin hubo toda la gloria, todo el tesoro, todo el mando, todo el poder de este maestre e condestable; el cual después de haber regido e gobernado a su libre voluntad por espacio de treinta años e más los reinos de Castilla e de León e haber habido tan grandes e tan altas dignidades, se vió solo, desamparado de sus amigos e criados, e ajeno de todos los bienes que la fortuna le dió, preso, encarcelado, pobre, se oyó por justicia pregonar y degollar en un cadalso en la plaza de Valladolid, habiéndole de dar por amor de Dios para su sepultura.

¿Quién es que no considere tan grande hecho como aquéste? ¿Quién es que no recele subir en grande estado? ¿Quién es que no tema la caída de alta torre, que quien en ella no se asienta no tiene donde caiga? ¡Oh bienaventurados aquellos que con su pobreza viven alegres fuyendo los cosas de adversa fortuna! ¡Cuánto mejor le fuera aquéste que nunca hubiera alcanzado tan gran señorío e tan altas dignidades para de súbito las haber de perder e recibir muerte tan penosa e tan aviltada[28] y vergonzosa!

Fué este maestre e condestable de cuerpo muy pequeño y de flaco rostro; miembros bien proporcionados, calvo, los ojos pequeños e muy agudos, la boca honda e malos dientes, de gran corazón, osado y mucho esforzado, astuto, sospechoso, dado mucho a placeres; fué gran caballero de toda silla,[29] bracero, buen justador;[30] trovaba e danzaba bien.

De las condiciones y gracias naturales que este serenísimo rey don Juan, el segundo de este nombre, tenía

Fué este ilustrísimo rey de grande y hermoso cuerpo, blanco y colorado mesuradamente, de presencia muy real: tenía los cabellos de color de avellana mucho madura, la nariz un poco alta, los ojos entre verdes y azules; inclinaba un poco la cabeza; tenía piernas y pies y manos muy gentiles. Era hombre muy atrayente[31] muy franco e muy gracioso, muy devoto, muy esforzado; dábase mucho a leer libros de filósofos e poetas; era... asaz docto en la lengua latina, mucho honrador de las personas de ciencia. Tenía muchas gracias naturales; era gran músico; tañía e cantaba e trovaba e dan-

zaba muy bien. Dábase mucho a la caza; cabalgaba pocas veces en mula, salvo habiendo de caminar; traía siempre un gran bastón en la mano, el cual le parecía[32] muy bien. En tiempo de este preclarísimo rey hubo en estos reinos algunos religiosos muy notables, así en vida como en ciencia...

Diego Enríquez del Castillo

1433-1504?

Capellán y consejero del rey Enrique IV, es el cronista de su reinado. Más que por la imparcialidad del historiador, siempre, aunque veraz, inclinado a paliar lo vergonzoso de algunos hechos, sobresale la *Crónica de Enrique IV* por el estilo de muchas páginas, en las que asoma con el tono personal un ritmo renacentista. Su semblanza del monarca —que reproducimos— es de lo mejor de la literatura de retratos, que es, a su vez, una de las formas de mayor interés en la prosa del siglo XV.

Texto, BAE, LXX.

CRÓNICA DEL REY DON ENRIQUE EL CUARTO

De la fisonomía, vida e condición del rey

Era persona de larga estatura y espeso en el cuerpo, y de fuertes miembros; tenía las manos grandes y los dedos largos y recios; el aspecto feroz, casi a semejanza de león, cuyo acatamiento ponía temor a los que miraba; las narices romas e muy llanas, no que así naciese, mas porque en su niñez recibió lesión en ellas; los ojos garzos e algo esparcidos, encarnizados los párpados: donde ponía la vista, mucho le duraba el mirar; la cabeza grande y redonda; la frente ancha; las cejas altas; las sienes sumidas; las quijadas luengas y tendidas a la parte de ayuso; los dientes espesos y traspellados;[1] los cabellos rubios; la barba luenga e pocas veces afeitada;[2] el tez de la cara entre rojo y moreno; las carnes muy blancas; las piernas muy luengas y bien entalladas; los pies delicados. Era de singular ingenio y de gran apariencia, pero bien razonado, honesto y mesurado en su habla; placentero con aquellos a quien se daba; holgábase mucho con sus servidores y criados; había placer por darles estado y ponerles en honra: jamás deshizo a ninguno que pusiese en prosperidad. Compañía de muy pocos le placía; toda conversación de gentes le daba pena. A sus pueblos pocas veces se mostraba; huía de los negocios; despachábalos muy tarde. Era muy enemigo de escándalos; acelerado[3]

---

28 vil.   29 en toda clase de montura.   30 el que tomaba parte en las justas y torneos.
31 atrayente, atractivo.   32 le hacía parecer.

1 cerrados, apretados.   2 cortada, cuidada.   3 que se enfadaba súbitamente.

e amansado muy presto. De quien una vez se fiaba, sin sospecha ninguna le daba mando e favor. El tono de su voz dulce e muy proporcionado; todo canto triste le daba deleite: preciábase de tener cantores, y con ellos cantaba muchas veces. En los divinos oficios mucho se deleitaba. Estaba siempre retraído; tañía dulcemente laúd; sentía bien la perfección de la música: los instrumentos de ella le placían. Era gran cazador de todo linaje de animales y bestias fieras; su mayor deporte era andar por los montes, y en aquéllos hacer edificios e sitios cercados de diversas maneras de animales, e tenía con ellos grandes gastos. Grande edificador de iglesias e monasterios, y dotador e sustentador de ellos: dábase a los religiosos e a su conversación. Labraba ricas moradas y fortalezas; era señor de grandes tesoros, amigo e allegador de aquéllos, más por fama que codicia. Fué grande su franqueza, tan alto su corazón, tan alegre para dar, tan liberal para lo cumplir, que de las mercedes hechas nunca se recordaba, ni dejó de las hacer mientras estuvo prosperado. En la guarda de su persona traía gran muchedumbre de gente, de guisa que su corte siempre se mostró de mucha grandeza, y el estado real muy poderoso. Los hijos de los grandes, los generosos y nobles, y los de menor estado, con las pagas de su sueldo se sostuvieron en honra. Era

lleno de mucha clemencia, de la crueldad ajeno, piadoso, a los enfermos caritativo, y limosnero de secreto; rey sin ninguna ufanía, amigo de los humildes, desdeñador de los altivos. Fué tan cortés, tan mesurado e gracioso, que a ninguno hablando jamás decía de tú, nin consintió que le besasen la mano. Hacía poca estima de sí mismo. Con los príncipes y reyes y con los muy poderosos era muy presuntuoso. Preciábase tanto de la sangre real suya e de sus antepasados, que aquélla sola decía ser la más excelente que ninguna de los otros reyes de cristianos. Fué su vivir e vestir muy honesto, ropas de paños de lana del traje de aquellos sayos luengos, y capuces e capas. Las insignias e ceremonias reales muy ajenas fueron de su condición. Su comer más fué desorden que glotonía, por donde su complexión en alguna manera se corrompió, e así padecía mal de la ijada, y a tiempo dolor de muelas; nunca jamás bebió vino. Tuvo flaquezas humanas de hombre, y, como rey, magnanimidades de mucha grandeza... Tuvo muchos servidores y criados, y de aquéllos hizo grandes señores; pero los más de ellos le fueron ingratos, de tal guisa que sus dádivas y mercedes no se vieron agradecidas, ni respondidas con lealtad. E así fueron sus placeres pocos, los enojos muchos, los cuidados grandes, y el descanso ninguno.

SIGLO XV: NOVELA

Diego de San Pedro

CÁRCEL DE AMOR

Se tienen muy escasas noticias de la biografía de este autor; se conjetura que fué de origen judío y se sabe que en 1459 estuvo al servicio de don Pedro Girón, maestre de Calatrava, y que en 1466 era teniente de la villa de Peñafiel, pero no se conocen ni aun aproximadamente las fechas de su nacimiento y muerte. Se han conservado algunas composiciones poéticas suyas. Su fama literaria se funda en su obra la *Cárcel de Amor*, escrita probablemente hacia 1465 y publicada en 1492. Es el modelo de la llamada novela sentimental, que al relatar los amores desgraciados de los protagonistas presenta, con la pintura del amor ideal, un análisis del sentimiento amoroso. Es característico de este género, según se ve en la obra de Diego de San Pedro, el uso de la forma epistolar como parte de la narración.

Texto: ed. Menéndez Pelayo, en *Orígenes de la novela*, tomo II.

Argumento

El autor, de vuelta de la guerra, encuentra en «unos valles hondos y escuros» de Sierra Morena a un caba-

llero «así feroz de presencia como espantoso de vista». Es el Deseo, principal oficial de la casa de amor, que lleva preso a otro caballero de aspecto lastimoso. Se extravía el autor en la noche, y al llegar la mañana va a dar a una torre «de altura tan grande que me parecía llegar cielo». Es la prisión donde el Deseo había conducido al triste caballero preso. Éste, Leriano, cuenta el origen de su amor por Laureola y describe la Cárcel de Amor (pasaje reproducido). El autor, compadecido del estado de Leriano, decide, a petición de éste, hablar con Laureola. Al verla, advierte que, a pesar del enojo con que recibe su embajada, ama también a Leriano. Después de cruzar varias cartas con el autor, Laureola cede, queda libre Leriano y se arregla una entrevista entre los dos amantes. Surge entonces un rival, Persio, que denuncia al rey, padre de Laureola, los amores de su hija. El rey encierra a Laureola y más tarde la condena a muerte. Leriano, tras algunos incidentes, logra liberar a Laureola de la prisión; más tarde el padre se convence de la inocencia de su hija y la perdona. Cuando despejados todos los obstáculos, parece que se acerca el momento de que Leriano se una a Laureola, ésta se siente ultrajada en su honor y se niega a ver a su amante. Leriano, desesperado, decide dejarse morir de hambre. Un amigo suyo, Tefeo, viendo el triste estado en que se encuentra, habla mal de las mujeres pero Leriano, modelo de amante fiel, las defiende, enumerando quince razones de la superioridad de la mujer sobre el hombre y veinte más por las que deben ser amadas (tipo de debate feminista y antifeminista que suele ser uno de los temas de la novela sentimental y de otras obras de la época). Al acercarse el fin de Leriano, su madre prorrumpe en un dolorido lamento (pasaje reproducido, fuente probable del lamento de Pleberio en la *Celestina*) y Leriano, como última prueba de su amor, rompe dos cartas de su amada, echa los pedazos en una copa de agua, se los bebe y muere.

Leriano da cuenta al autor de sus amores y describe la «Cárcel de Amor», donde se halla

Alguna parte del corazón quisiera tener libre de sentimiento por dolerme de ti, según yo debiera y tú merecías. Pero ya tú ves en mi tribulación que no tengo poder para sentir otro mal sino el mío. Pídote que tomes por satisfacción no lo que hago, mas lo que deseo. Tu venida aquí yo la causé. El que viste traer preso yo soy, y con la turbación que tienes, no has podido conocerme. Torna en ti tu reposo, sosiega tu juicio porque estés atento a lo que te quiero decir. Tu venida fué por remediarme, mi habla será por darte consuelo puesto que yo de él sepa poco. Quien yo soy quiero decirte; de los misterios que ves quiero informarte. La causa de mi prisión quiero que sepas, que me delibres quiero pedirte si por bien lo tuvieres. Tú sabrás que yo soy Leriano, hijo del duque Guersio, que Dios perdone, y de la duquesa Coleria. Mi naturaleza[1] es este reino do estás, llamado Macedonia. Ordenó mi ventura que me enamorase de Laureola, hija del rey Gaulo que agora reina, pensamiento que yo debiera antes huir que buscar, pero como los primeros movimientos no se puedan en los hombres excusar, en lugar de desviallos con la razón, confirmélos con la voluntad, y así de amor me vencí, que me trujo a esta tu casa la cual se llama Cárcel de Amor. Y como nunca perdona, viendo desplegadas las velas de mi deseo, púsome en el estado que ves, y porque puedas notar mejor su fundamento y todo lo que has visto, debes saber que aquella piedra sobre quien la prisión está fundada, es mi Fe que determinó de sufrir el dolor de su pena por bien de su mal. Los cuatro pilares que asientan sobre ella son mi Entendimiento y mi Razón, y mi Memoria, y mi Voluntad. Los cua-

les mandó Amor parecer en su presencia antes que me sentenciase; y por hacer de mí justa justicia, preguntó por sí a cada uno si consentía que me prendiesen, porque si alguno no consintiese me absolvería de la pena. A lo cual respondieron todos en esta manera. Dijo el Entendimiento: «Yo consiento al mal de la pena por el bien de la causa, de cuya razón es mi voto que se prenda.» Dijo la Razón: «Yo no solamente doy consentimiento en la prisión, mas ordeno que muera; que mejor le estará la dichosa muerte que la desesperada vida, según por quien se ha de sufrir.» Dijo la Memoria: «Pues el Entendimiento y la Razón consienten, porque sin morir no pueda ser libre, yo prometo de nunca olvidar.» Dijo la Voluntad: «Pues que así es, yo quiero ser llave de su prisión y determino de siempre querer.» Pues oyendo Amor que quien me había de salvar me condenaba, dió como justa esta sentencia cruel contra mí. Las tres imágenes que viste encima de la torre, cubiertas cada una de su color, de leonado[2] y negro y pardillo, la una es Tristeza, y la otra Congoja, y la otra Trabajo. Las cadenas que tenían en las manos son sus fuerzas, con las cuales tiene atado el corazón porque ningún descanso pueda recibir. La claridad grande que tenía en el pico y alas el águila que viste sobre el chapitel, es mi Pensamiento, del cual sale tan clara luz por quien está en él, que basta para esclarecer las tinieblas de esta triste cárcel, y es tanta su fuerza que para llegar al águila ningún impedimento le hace lo grueso del muro, así que andan él y ella en una compañía, porque son las dos cosas que más alto suben, de cuya causa está mi prisión en la mayor alteza de la tierra. Las dos velas[3] que oyes velar con tal recaudo, son Desdicha y Desamor. Traen tal aviso porque ninguna esperanza me pueda entrar con remedio. El escalera obscura por do subiste es el Angustia con que subí por donde me ves. El primero portero que hallaste es el Deseo, el cual a todas tristezas abre la puerta, y por eso te dijo que dejases las armas de placer si por caso las traías. El otro que acá en la torre hallaste es el Tormento que aquí me trajo... La silla de fuego en que asentado me ves, es mi justa Afición cuyas llamas siempre arden en mis entrañas. Las dos dueñas que me dan como notas corona de martirio, se llaman la una Ansia y la otra Pasión, y satisfacen a mi Fe con el galardón presente. El viejo que ves asentado, que tan cargado pensamiento representa, es el grave Cuidado que junto con los otros males pone amenazas a la vida. El negro de vesti-

---

[1] mi patria. [2] rubio oscuro, semejante al pelo del león. [3] centinelas. [4] despertar. [5] de modo que hasta [después de] un largo rato no recobraba el sentido. [6] de tal modo me quedé sin fuerzas y sin habla, sin

poder hablar. [7] alguien de su confianza. [8] por lo cual (esto es, si eran vistas las cartas) era de esperar que quien las envió (es decir, Laureola) corriera peligro.

duras amarillas que se trabaja por quitarme la vida se llama Desesperar; el escudo que me sale de la cabeza con que de sus golpes me defiendo es mi Juicio, el cual, viendo que voy con desesperación a matarme, díceme que no lo haga, porque visto lo que merece Laureola antes debo desear larga vida por padecer, que la muerte para acabar. La mesa negra que para comer me ponen es la Firmeza, con que como, y pienso y duermo, en la cual siempre están los manjares tristes de mis contemplaciones. Los tres solícitos servidores que me servían son llamados Mal y Pena y Dolor. El uno trae la cuita con que coma y el otro trae la desesperanza en que viene el manjar, y el otro trae la tribulación y con ella, para que beba, trae el agua del corazón a los ojos, y de los ojos a la boca.

Si te parece que soy bien servido, tú lo juzga; si remedio he menester, tú lo ves; ruégote mucho, pues en esta tierra eres venido, que tú me lo busques y te duelas de mí. No te pido otro bien sino que sepa de ti Laureola, cuál me viste, y si por ventura te quisieres de ello excusar porque me ves en tiempo que me falta sentido para que te lo agradezca, no te excuses, que mayor virtud es redimir los atribulados que sostener los prósperos. Así sean tus obras que ni tú te quejes de ti por lo que no hiciste, ni yo por lo que pudieras hacer.

Llanto de la madre de Leriano y fin de la novela.

¡Oh alegre descanso de mi vejez, oh dulce hartura de mi voluntad!, hoy dejas de ser hijo y yo de más llamarme madre, de lo cual tenía temerosa sospecha por las nuevas señales que en mí vi de pocos días a esta parte. Acaecíame muchas veces cuando más la fuerza del sueño me vencía, recordar[4] con un temblor súbito que hasta la mañana me duraba; otras veces cuando en mi oratorio me hallaba rezando por tu salud, desfallecido el corazón, me cubría de un sudor frío en manera que dende a gran pieza tornaba en acuerdo.[5] Hasta los animales me certificaban tu mal. Saliendo un día de mi cámara vínose un can para mí y dió tan grandes aullidos que así me corté el cuerpo y la habla[6] que de aquel lugar no podía moverme, y con estas cosas daba más crédito a mis sospechas que a tus mensajeros, y por satisfacerme acordé de venir a verte donde hallo cierta la fe que di a los agüeros. ¡Oh lumbre de mi vista, oh ceguedad de ella misma, que te veo morir y no veo la razón de tu muerte; tú en edad para vivir, tú temeroso de Dios, tú amigo de amigos, tú amado de los tuyos!... ¡Oh muerte, cruel enemiga, que ni perdonas los culpados ni absuelves los inocentes! Tan traidora eres que nadie para contigo tiene defensa;

amenazas para la vejez, y llevas en la mocedad; a unos matas por malicia y a otros por envidia, aunque tardas, nunca olvidas, sin ley y sin orden te riges. Más razón había para que conservases los veinte años del hijo mozo que para que dejases los sesenta de la vieja madre. ¿Por qué volviste el derecho al revés? Yo estaba harta de estar viva y él en edad de vivir... En la muerte de Leriano no hay esperanza y mi tormento con la mía recibirá consuelo. ¡Oh hijo mío!, ¿qué será de mi vejez contemplando en el fin de tu juventud? Si yo vivo mucho será porque podrán más mis pecados que la razón que tengo para no vivir; ¿con qué puedo recibir pena más cruel que con la larga vida? Tan poderoso fué tu mal que no tuviste para con él ningún remedio. Ni te valió la fuerza del cuerpo, ni la virtud del corazón, ni el esfuerzo del ánimo; todas las cosas de que te podías valer te fallecieron. Si por precio de amor tu vida se pudiera comprar, más poder tuviera mi deseo que fuerza la muerte. Mas para librarte de ella ni tu fortuna quiso, ni yo triste pude. Con dolor será mi vivir y mi comer y mi pensar y mi dormir hasta que tu fuerza y mi deseo me lleven a tu sepultura.

EL AUTOR

El lloro que hacía su madre de Leriano crecía la pena a todos los que en ella participaban y como él siempre se acordase de Laureola de lo que allí pasaba tenía poca memoria, y viendo que le quedaba poco espacio para gozar de ver las dos cartas que de ella tenía, no sabía qué forma se diese con ellas; cuando pensaba rasgarlas parecíale que ofendería a Laureola en dejar perder razones de tanto precio; cuando pensaba ponerlas en poder de algún suyo[7] temía que serían vistas, de donde para quien las envió se esperaba peligro.[8] Pues tomando de sus dudas lo más seguro hizo traer una copa de agua y, hechas las cartas pedazos, echóles en ella y acabado esto mandó que le sentasen en la cama y sentado bebióselas en el agua y así quedó contenta su voluntad. Y llegada ya la hora de su fin, puestos en mí los ojos, dijo: «acabados son males», y así quedó su muerte en testimonio de su fe. Lo que yo sentí y hice, ligero está de juzgar; los lloros que por él se hicieron son de tanta lástima que me parece crueldad escribirlos. Sus honras fueron conformes a su merecimiento, las cuales acabadas, acordé de partirme. Por cierto con mejor voluntad caminara para la otra vida que para esta tierra. Con suspiros caminé, con lágrimas partí, con gemidos hablé y con tales pensamientos llegué aquí a Peñafiel donde quedo besando las manos de vuestra merced.

ÉPOCA DE LOS REYES CATÓLICOS

La poesía culta

En la época de los Reyes Católicos, que en lo referente a la literatura podemos fechar más o menos exactamente entre 1475 y 1516, la poesía culta continúa en lo fundamental las corrientes de los *Cancioneros* del siglo XV. Como en los años anteriores, abundan los poetas. No hay entre los de este momento ninguno verdaderamente importante, pero hay varios valiosos, y en general el nivel de la poesía es quizá superior al de la primera mitad del siglo. Además de la difusión de los romances y otras formas de la poesía popular anónima que recogemos bajo otro título, apuntan corrientes nuevas, de las cuales la más representativa es el renacimiento de la poesía religiosa, en la que se destacan Fray Íñigo de Mendoza (1420?-1490?) y Fray Ambrosio Montesino (m. ca. 1512). Rodrigo Cota es conocido sobre todo por el *Diálogo entre el Amor y un viejo.* Los otros poetas de quienes damos alguna muestra —Garci Sánchez de Badajoz, Escrivá, el marqués de Astorga, Tapia, Juan de Leiva y don Juan Manuel— no se distinguen por ningún rasgo especial, y de alguno de ellos se tienen escasas noticias. Al último de los citados, don Juan Manuel, se le ha confundido alguna vez con el prosista del siglo XIV. Su personalidad, sin embargo, es bastante destacada. Es portugués, fué camarero mayor de Palacio del Rey Don Manuel de Portugal, visitó la corte de los Reyes Católicos como embajador y es uno de los poetas mejor representados en el *Cancionero de Resende.* El romance que nosotros damos fué atribuído a Juan del Encina en el *Romancero General,* donde se publica con el título de «Mezquino amador».

La mayoría de los textos proceden, o de Foulché Delbosc, *Op. cit.,* o del *Cancionero General.*

Rodrigo Cota

DIÁLOGO ENTRE EL AMOR Y UN VIEJO

Comienza una obra a manera de diálogo entre el Amor y un viejo que, escarmentado dél, muy retraído se figura en una huerta seca y destruída, do la casa del placer derribada se muestra, cerrada la puerta, en una pobrecilla choza metido; al cual súbitamente apareció el Amor con sus ministros, y aquél humildemente procediendo, y el Viejo en áspera manera replicando, van discurriendo por su habla hasta que el Viejo del Amor fué vencido; y comenzó a hablar el viejo en la manera siguiente:

VIEJO

Cerrada estaba mi puerta:
¿a qué vienes, por do entraste?
Di, ladrón, ¿por qué saltaste
las paredes de mi huerta?
La edad y la razón
ya de ti me han libertado;
deja el pobre corazón
retraído en su rincón
contemplar cuál le has parado.[1]

. . . .

Sal del huerto, miserable,[2]
ve a buscar dulce floresta,
que tú no puedes en ésta
hacer vida deleitable.
Ni tú ni tus servidores
podéis estar bien conmigo;
que aunque estén llenos de flores,
yo sé bien cuántos dolores
ellos traen siempre consigo.

. . . .

AMOR

Escucha, padre, señor,
que por mal trocaré bienes;
por ultrajes y desdenes
quiero darte grande honor;
a ti, que estás más dispuesto
para me contradecir;
así tengo presupuesto
de sufrir tu duro gesto,
porque sufras mi servir.

. . . .

VIEJO

Habla ya, di tus razones,
di tus enconados quejos,
pero dímelos de lejos,
el aire no me inficiones;
que según sé de tus nuevas,
si te llegas cerca mí,
tú farás tan dulces pruebas,
que el ultraje que ahora llevas
ése lleve yo de ti.

. . . .

[1] cómo le has dejado. [2] En las estrofas omitidas el viejo describe su jardín ya sin flores ni frutos, aludiendo a la ruina de su vejez; por eso aconseja al Amor que se vaya a buscar otros huertos más ricos, esto es, a la juventud. [3] melancolía. [4] «pihuelas» y «lonjas» eran correas que se usaban para atar las patas de los halcones. [5] simas.

AMOR

Comúnmente todavía
han los viejos un vecino,
enconado, muy malino,
gobernado en sangre fría;
llámase malenconía,[3]
amarga conversación;
quien por tal extremo guía
ciertamente se desvía
lejos de mi condición.

Mas después que te he sentido
que me quieres dar audiencia,
de mi miedo muy vencido,
culpado, despavorido,
se partió de tu presencia.
Éste moraba contigo
en el tiempo que me viste,
y por esto te encendiste
en rigor tanto conmigo.

Donde mora este maldito
no jamás hay alegría,
ni honor, ni cortesía,
nin ningún buen apetito.
Pero donde yo me llego
todo mal y pena quito,
de los hielos saco fuego,
y a los viejos meto en juego,
y a los muertos resucito.

… … … … … … … … … …

Yo las coplas y canciones,
yo la música suave,
yo demuestro a aquel que sabe
las sutiles invenciones;
yo fago volar mis llamas
por lo bueno y por lo malo;
yo hago servir las damas,
yo las perfumadas camas,
golosinas y regalo.

… … … … … … … … … …

Visito los pobrecillos,
huello las casas reales,
de los senos virginales
sé yo bien los rinconcillos;
mis pihuelas y mis lonjas[4]
a los religiosos atan;
no lo tomes por lisonjas,
sino ve, mira las monjas,
verás cuán dulce me tratan.

… … … … … … … … … …

En el aire mis espuelas
fieren a todas las aves,
y en los muy hondos concaves[5]
las reptilias pequeñuelas.
Toda bestia de la tierra
y pescado de la mar
so mi gran poder se encierra,

sin poderse de mi guerra
con sus fuerzas amparar.

Pues que ves que mi poder
tan luengamente se extiende,
do ninguno se defiende,
no te pienses defender;
y a quien a buena ventura
tienen todos de seguir,
recibe, pues que procura
no facerte desmensura,
mas de muerto revivir.

… … … … … … … … … …

Por ende, si con dulzura
me quieres obedecer,
yo haré reconocer
en ti mi nueva frescura;
ponerte en el corazón
este mi vivo alborozo;
serás en esta sazón
de la misma condición
que eras cuando lindo mozo.

De verdura muy gentil
tu huerta renovaré;
la casa fabricaré
de obra rica, sutil;
sanaré las plantas secas,
quemadas por los friores;
en muy gran simpleza pecas,
viejo triste, si no truecas
tus espinas por mis flores.

VIEJO

Allégate un poco más;
tienes tan lindas razones
que sufrirte he que me encones
por la gloria que me das.
Los tus dichos alcahuetes,
con verdad o con engaño,
en el alma me los metes,
por lo dulce que prometes
de esperar es todo el año.

… … … … … … … … … …

Vente a mí, muy dulce Amor,
vente a mí, brazos abiertos.
Ves aquí tu servidor,
hecho siervo de señor,
sin tener tus dones ciertos.

AMOR

Hete aquí bien abrazado;
dime; ¿qué sientes agora?

VIEJO

Siento rabia matadora,
placer lleno de cuidado;
siento fuego muy crecido,
siento mal y no lo veo;
sin rotura estoy herido,

no te quiero ver partido,
ni apartado de deseo.

AMOR

Agora verás, don Viejo,
conservar la fama casta;
aquí te veré do basta
tu saber y tu consejo.
Porque con soberbia y riña
me diste contradicción
seguirás estrecha liña[6]
en amores de una niña
de muy duro corazón.

Y sabe que te revelo
una dolorida nueva,
do sabrás cómo se ceba
quien se mete en mi señuelo.
Amarás más que Macías,
hallarás esquividad,
sentirás las plagas mías,
fenescerán tus viejos días
en ciega cautividad.

¡Oh viejo triste, liviano!
¿Cuál error pudo bastar
que te había de tornar
rubio tu cabello cano?
¿Y esos ojos descocidos
que eran para enamorar,
y esos bezos[7] tan sumidos
dientes y muelas podridos,
que eran dulces de besar?
… … … … … … … … … …

¡Amargo viejo, denuesto
de la humana natura!
¿Tú no miras tu figura
y vergüenza de tu gesto?
¿Y no ves la ligereza
que tienes para escalar?
¡Qué donaire y gentileza,
y qué fuerza, y qué destreza
la tuya para justar!
… … … … … … … … … …

¡Oh maldad envejecida!
¡Oh vejez mala de malo!
¡Alma viva en seco palo,
viva muerte y muerta vida!
depravado y obstinado,
deseoso de pecar,
mira, malaventurado,
que te deja a ti el pecado
y tú nol' quieres dejar.

VIEJO

El cual y nol' muerde, muere
por grave sueño pesado;

así hace el desdichado
a quien tu saeta fiere.
¿A dó estabas, mi sentido?
Dime, ¿cómo te dormiste?
Durmióse triste, perdido,
como hace el dolorido
que escuchó de quien oíste.

Fray Íñigo de Mendoza

*Lamentación a la quinta angustia, cuando Nuestra
Señora tenía a Nuestro Señor en los brazos*

Fijo mío, ya espirastes;
¡ay, que no puedo valeros!
Yo, mi bien, me muero en veros;
¡cuán diferente quedastes
que no puedo conoceros!
Vuestras penas fenescieron
y las mías comenzaron,
pues mis ojos que las vieron
lloren bien, pues que perdieron
cuantos bienes desearon.

Pues la causa es conocida
de mi nuevo sentimiento
a lo vivo del tormento
mi triste voz te convida,
¡oh mundo lleno de viento!
Las lágrimas justas son
para ti en dolor tan cierto
pues que le diste ocasión
desta muerte de pasión
con que está en mis ojos muerto.

Conmigo lloren las gentes
y los montes agua suden,
los rayos del sol se muden
y sangre manen las fuentes
por las ansias que me acuden;
perded, cielos, el color,
y peñas, haceos pedazos;
¡oh mar, brama con temor
por mi vida y tu señor
como está muerto en mis brazos!

Los ángeles excelentes
se sientan de mi ventura;
inclinen su fermosura
a mis lágrimas presentes
desleídas en tristura;
la luna se torne oscura
de eclipse mortal se enforre,[8]
los prados no den verdura,
y por mi pena tan dura
se seque el Jordán que corre.
A las águilas convido,

que se precian de alto vuelo,
que pongan dolor al cielo
y griten fuera del nido
mis lástimas con su celo;
los peces no tomen cebo
ni las aves lo consientan,
pues no lloro cuanto debo
mi gran dolor, y nuevo
las cosas todas lo sientan.

... ...

Agora me vuelvo a ti,
fijo de color mortal,
con pena muy desigual
muerto y matado de mí,
vencida de ajeno mal;
la gracia de que muy llena
el arcángel me dejara,
mudada la sufro en pena,
en mirar tu vista buena
sin la lumbre de tu cara.

... ...

Si los abismos escuchas
y el cerco del sol enciendes,
¡oh fijo!, ¿por qué no entiendes
mis voces grandes y muchas
del dolor en que me prendes?
Vena de todo mi bien,
mi placer en ti lo escondes;
¡oh rey de Jerusalén!,
¿a quién llamaré yo, a quién,
si a tu madre no respondes?

Fijo mío muy precioso,
más fermoso que la vida,
un punto non se me olvida
cuán lindo y cuán glorioso
te parí de luz vestida;
agora cuchillo eres
que me das penas extrañas;
llorad conmigo, mujeres,
la muerte de mis placeres
y el morir de mis entrañas.

¡Oh cara y suavidad,
gloria que faces sedientos,
y más vista y más fambrientos
quedan de tu claridad
los cielos muy contentos!
¿Quién te paró tan oscura?
¿Quién te dió el color que tienes?
¿Quién te robó la figura?
¿Donde está tu fermosura,
dador de todos los bienes?

... ...

¡Oh manos muy poderosas,
enclavadas y tan yertas,
qué dolor es veros muertas
sin regir todas las cosas

soberanas y muy ciertas!
Dulces pies que sois firmeza,
centro de los cielos todos,
doble me sois de tristeza,
enclavados con crueleza
con muy desiguales modos.

... ...

Venid, vírgenes de Sión,
a llorar por vuestro esposo,
tan muerto y tan espantoso
que se os quiebre el corazón,
lastimadas y sin reposo;
el dote y arras que alcanza
para vos en este estado,
son feridas sin templanza,
espinas, clavos y lanza
consagrada en su costado.

... ...

Fray Ambrosio Montesino

*Coplas del Nacimiento que hizo por mandado de
la marquesa de Moya*

¿Quién os ha mal enojado,
mi buen amor?
¿Quién os ha mal enojado?
¿Quién te ha, niño, tornado
eterno Dios?
¿Quién te ha niño, tornado?
Por tu sola caridad
recibiste humanidad,
y toda tu deidad
se encerró
en sagrario muy sellado.
E el noble niño tierno,
engerido en verbo eterno,
en la yema del invierno
nos nació,
de la Virgen engendrado.

... ...

¡Oh reina de mil primores,
corona de emperadores,
de diciembre tantas flores
¿quién las dió
sino tú, Virgen sagrada?
¡Oh parida, sin partera!
Quien te viera no muriera
cuando el sol que reverbera
pareció
tu gesto deificado.
No hay lengua que decir pueda
cuál la madre Virgen queda,
ni por cuál linda vereda
lo parió
tan hermoso y delicado.

Esta madre sin fatiga
entre sus pechos lo abriga,
y a la cruz se nos obliga,
    pues lloró
de frío tan destemplado.
    De esta parida sin cama
más limpia que flor en rama,
voló presto al Cielo fama,
    y envió
nueve coros a su estrado.

... ...

    E adoraron luego al niño,
claro, blanco más que armiño,
mirando con cuánto aliño
    lo envolvió
la doncella de buen grado.

... ...

    Y vos, ilustre marquesa,
contemplad esta princesa,
y al niño cómo la besa,
    y se vió
de sus pechos muy trabado.
    La madre que conocía
su eternal sabiduría,
adorando lo envolvía
    y temió
con semblante mesurado.
    Aunque era, Virgen preciosa,
al Rey tu leche sabrosa,
de mirarte tan hermosa,
    la dejó
de tu beldad espantado.

... ...

    ¡Oh, qué extremos se juntaban
cuando tus ojos miraban
los de Dios cómo lloraban
    y calló,
con la teta consolado!

... ...

    Rey de tronos, Rey de sillas,
grandes son tus maravillas,
mas mayor es que te humillas
    al rigor
del pesebre derrocado.[9]
    ¡Quién pudiera ser tu escudo,
precioso infante desnudo,
en aquel frío tan crudo
    que extremó
tu cuerpo tan delicado!

... ...

LA NOCHE SANTA

No la debemos dormir
la noche santa,
no la debemos dormir...
    La virgen a solas piensa
qué hará
cuando el Rey de luz inmensa
parirá,
si de su divina esencia
temblará,
o qué le podrá decir.
No la debemos dormir
la noche santa,
no la debemos dormir...

Garci Sánchez de Badajoz

Copla

    En dos prisiones estó
que me atormentan aquí;
la una me tiene a mí,
y la otra tengo yo.
    E aunque de la una pueda,
que me tiene, libertarme,
de la otra que me queda
jamás espero soltarme.
Yo no espero, triste, no,
verme libre cual nací,
que aunque me suelten a mí
no puedo soltarme yo.

Otra suya a su fantasía

    ¡Oh dulce contemplación!
¡Oh excelente fantasía,
que me muestras cada día
una tan clara visión,
que es salud del alma mía!
Es tan grande la excelencia
de tan linda preeminencia,
que por tu gracia escogida
vivo yo de nueva vida
después de muerto en ausencia.

Glosa suya al romance que dice:
    «Por mayo era, por mayo»

    Si amor libre estuviera,
no sintiera mi prisión,
e si fuera donde os viera,
fuera gloria mi pasión.
Lo que más me desespera,

más de todo mi dolor,
cuando siento más desmayo,
por el mes era de mayo,
cuando hace la calor.

El que tiene lastimado
el corazón de pesar,
en el tiempo aparejado
para más placer tomar
vive más desesperado.
Tal estoy en llamas de amor,
vivo como salamandria,
cuando canta la calandria
y responde el ruiseñor.

E de verme así cautivo
en todo sin libertad,
es la vida que yo vivo
menos de mi voluntad
que la pena que recibo;
que en pesares y dolor
veo mis días gastados,
cuando los enamorados
van a servir al amor.

En el tiempo que las flores
cubren los campos suaves
de extrañas, lindas colores,
e comienzan ya las aves
a cantar por los alcores,
todos viven sin pasión,
todos andan sin cuidado,
sino yo, triste, cuitado,
que vivo en esta prisión.

En la cual la luz no veo
no viéndoos a vos, señora;
e sin veros, no la creo;
ni la noche sola un hora
no la duermo de deseo;
y de aquesta ocasión
tal estoy, señora mía,
que ni sé cuándo es de día
ni cuándo las noches son.

No sé de mí qué hacer,
ni el morir no me socorre;
¿quién podrá al peso tener
el cuerpo en aquesta torre
y el alma en vuestro poder?
De estas penas la menor
fuera imposible sufrilla,
sino por una avecilla
que me cantaba al albor.

FIN

Ésta es la breve esperanza
que en vos, señora, he tenido,
que ya por mi mal andanza
la ha tirado vuestro olvido
y muerto en vuestra membranza.

Ya no espero redención,
que en su muerte desespero;
matómela un ballestero,
déle Dios mal galardón.

Marqués de Astorga

Coplas a su amiga

Esperanza mía por quien
padece mi corazón
dolorido,
ya, señora, ten por bien
de me dar el galardón
que te pido:
y pues punto de alegría
no tengo, si tú me dejas,
muerto só:
vida de la vida mía,
¿a quién contaré mis quejas
si a ti no?

Aquel Dios de amor tan grande
que consuela los vencidos
amadores,
demando soluto[10] mande
que hieran en tus oídos
mis clamores:
y la justa piedad
que a persona tan hermosa
pertenece,
incline tu voluntad
a mi vida dolorosa
que padece...
... ...

Torre de homenaje fuerte,
fortaleza que tan bella
me parece,
congoja de amor despierte
tu corazón, que sin ella
se adormece;
arco de flechas rabiosas
que mi salud desesperas,
sabe cierto
que si todas estas cosas
no te hacen que me quieras,
yo soy muerto.
... ...

Aquel gran fuego de amar
que mis entrañas atiza
tal me tiene,
ni me deja de quemar,
ni me convierte en ceniza,
porque pene;
mas fuego que así se emprende
¿quién podrá sufrir, señora,

vida mía,
que su flama me enciende
dos tanto[11] que me quema agora
que solía?

Y aqueste papel morado
de la tinta con que escribo
el mal que tengo,
ya debe ser enojado;
¿pues qué haré yo, cativo,
que sostengo
muchas más tribulaciones
que es imposible contar?
Pues tú cata,
remedio de mis pasiones,
cómo me puedas sanar
bien, o mata.

… … … … … … … … … … … …

Dime para cuándo guardas
de esta mi pena tan fuerte
de librarme;
cata que si mucho tardas
poco tardará la muerte
de llevarme:
y todo será decir:
—«Así goce, que de veras
he pesar».
¡Oh qué buen arrepentir!
¡Oh qué donosas maneras
de matar!

Comendador Escrivá

Canción

Ven, muerte tan escondida,
que no te sienta conmigo
porque el gozo de contigo
no me torne a dar la vida.

Ven como rayo que hiere,
que hasta que ha herido
no se siente su ruïdo,
por mejor herir do quiere;
así sea tu venida,
si no, desde aquí me obligo
que el gozo que habré contigo
me dará de nuevo vida.

*Coplas del comendador Escrivá a un villancico viejo
que dice:*

Los cabellos de mi amiga
de oro son;
para mí, lanzadas son.

Rayos son que el alma encienden
de llamas que no se matan;
lazos tienen con que matan
los que más se les defienden.
No tienen los que ellos prenden
defensión;
para mí, lanzadas son.

E si los está peinando
en lugar que pueda vellos,
veo en cada uno dellos
estar mi vida colgando;
veo que están relumbrando
el corazón;
para mí, lanzadas son.

… … … … … … … … … … … …

Tapia

Descuidad ese cuidado
que tenéis,
corazón, que moriréis.

Olvidad a quien olvida,
no queráis a quien no os quiere,
que quien esto no hiciere,
en peligro está su vida.
Y del mal de más cuidado
no curéis,
corazón, que moriréis.

No tengáis más pensamiento
de servir a quien servís,
pues es cierto que morís
por su mal gradescimiento.[12]
Esperanza os ha cegado,
que no veis,
corazón, que moriréis.

El remedio es olvidar
donde gloria no esperáis,
porque temo que os perdáis
del dolor del desear.
Galardón se os ha negado,
no penéis,
corazón, que moriréis.

Juan de Leiva

Romance
a la muerte de don Manrique de Lara

A veintisiete de marzo,
la media noche sería,
Barcelona la muy grande
muy grandes llantos hacía.

---

[11] doblemente. [12] agradecimiento. [13] leonadas, de color amarillo oscuro. [14] recubierto de alcanfor, pintado de blanco.

Los gritos llegan al cielo,
la gente se amortecía,
por don Manrique de Lara
que de este mundo partía.
Muerto lo traen a su tierra
donde vivo sucedía;
su bulto lleva cubierto
de muy rica pedrería,
cercado de escudos de armas
de real genealogía
de aquellos altos linajes
donde aquel señor venía;
de los Manriques y Castros
el mejor era que había;
de los infantes de Lara
derechamente venía.
Con él salen arzobispos
con toda la clerecía,
caballeros traen sus andas,
duques son su compañía;
llóralo el rey y la reina,
como aquel que les dolía,
llóralo toda la corte,
cada cual quien más podía.
Quedaron todas las damas
sin consuelo ni alegría;
cada uno de los galanes
con sus lágrimas decía:
—«El mejor de los mejores
hoy nos deja en este día.
Hizo honra a los menores,
a los grandes demasía;
parecía al duque, su padre,
en toda caballería;
sólo un consuelo le queda
a el que más le quería,
que aunque la vida muriese,
su memoria quedaría:
parecióme Barcelona
a Troya cuando se ardía.

DESECHA

«El triste que se partió
de este mundo mal logrado,
éste debe ser llorado.»
La luz crecida muy clara
es perdida ya en la corte;
lucero, estrella de Norte
fué don Manrique de Lara;
pues la muerte tanto cara
de este mundo lo ha llevado,
éste debe ser llorado.

Don Juan Manuel

Romance

Gritando va el caballero
publicando su gran mal,
vestidas ropas de luto
aforradas en sayal,
por los montes sin camino,
con dolor y suspirar,
llorando, a pie y descalzo,
jurando de no tornar
adonde viese mujeres,
por nunca se consolar
con otro nuevo cuidado
que le hiciese olvidar
la memoria de su amiga
que murió sin la gozar;
va buscar las tierras solas
para en ellas habitar.
En una montaña espesa,
no cercana de lugar,
hizo casa de tristura;
¡que es dolor de la nombrar!
De una madera amarilla
que llaman desesperar,
paredes de canto negro
y también negra la cal;
las tejas puso leonas[13]
sobre tablas de pesar;
el suelo hizo de plomo,
porque es pardillo metal,
las puertas chapadas de ello
por su trabajo mostrar,
y sembró por cima el suelo
secas hojas de parral,
que a do no se esperan bienes,
esperanza no ha de estar.
En aquesta casa escura
que hizo para penar,
hace más estrecha vida,
que los frailes del Paular,
que duerme sobre sarmientos
y aquéllos son su manjar;
lo que llora es lo que bebe,
y aquello torna a llorar,
no más de una vez al día,
por más se debilitar.
Del color de la madera
mandó una pared pintar;
un dosel de blanca seda
en ella mandó parar,
y de muy blanco alabastro
hizo labrar un altar
con cafora vitumado[14]
de raso blanco frontal.

Puso el busto de su amiga
en él para le adorar,
el cuerpo de plata fina,
el rostro era de cristal,
un brial vestido blanco
de damasco singular;
monjil de blanco brocado,
forrado en blanco cendal,
sembrado de lunas llenas,
señal de casta final.
En la cabeza le puso
una corona real,
guarnecida de castañas
cogidas del castañal.
Lo que dice la castaña

es cosa muy de notar,
las cinco primeras letras
el nombre de la sin par.
Murió de veintidós años,
por más lástima dejar;
la su gentil hermosura,
¿quién que la sepa loar?
Que es mayor que la tristura
del que la mandó pintar.
En lo que él pasa su vida
es en la siempre mirar;
cerró la puerta al placer,
abrió la puerta al pesar,
abrióla para quedarse,
pero no para tornar.

Poesía popular y tradicional

Cuenta la literatura española, como una de sus más valiosas y representativas creaciones, con un caudal inmenso de poesía anónima de origen medieval, que por su persistencia en las recitaciones y cantos del pueblo, no sólo en España, sino en todos los países de habla castellana y entre los judíos de origen español, tiene el doble carácter de popular y tradicional, conceptos magníficamente estudiados y delimitados por Menéndez Pidal, máxima autoridad en la materia.

El romance es la forma más rica de esta poesía. No se sabe con absoluta precisión el momento en que las viejas canciones de gesta, fondo originario del romancero, empiezan, según la teoría hoy más aceptada, a fragmentarse en boca de los juglares, dando así nacimiento a los romances llamados viejos. El fenómeno ocurre desde mucho antes de la época de los Reyes Católicos, pero es en esta época, en los años de transición entre la literatura medieval y la renacentista, cuando el romance adquiere su plenitud y empieza a ser publicado y recogido, primero en forma de «pliegos sueltos» y luego en colecciones o cancioneros al mismo tiempo que a ser reelaborado por los poetas cultos, surgiendo así el romance llamado «artístico» de autor conocido, cuyas muestras se encontrarán entre las selecciones de los autores correspondientes. Aquí sólo damos los considerados como anónimos. Éstos se dividen en varias clases, según su tema y origen. Las más importantes son: *romances históricos* sobre héroes, hechos y leyendas de la antigua tradición épica, a la que los anónimos creadores de romances van añadiendo hechos y figuras de la historia más cercana; los *romances carolingios y bretones* sobre temas de las antiguas gestas francesas y bretonas transmitidos por los relatos y baladas caballerescas; los *fronterizos y moriscos*, que recogen temas de la lucha entre moros y cristianos, especialmente en los últimos siglos de la Reconquista, o idealizan héroes, figuras y episodios de la vida de los moros españoles; y, finalmente, los *novelescos y líricos*, de procedencia muy varia y temas por lo general

amorosos o sentimentales comunes a las baladas de muchos países y que no se relacionan directamente con ninguno de los otros grandes ciclos. Habría que añadir los estrictamente populares de gestación posterior, a veces de carácter más rústico, de los que damos también alguna muestra.

El verso tradicional del romance es el asonantado de dieciséis sílabas, de origen épico, que probablemente por el influjo de las primitivas baladas y por otras causas se fragmenta en dos versos de ocho sílabas, asonantados los pares. Hay además romances o romancillos de verso más corto, pero que conservan el ritmo y el carácter narrativo de los octosílabos.

En cuanto al cancionero anónimo, está constituído por un caudal también inmenso de canciones, villancicos y otras formas líricas, que a veces son verdaderas joyas poéticas. Como los romances, empiezan a ser recogidas a fines del siglo XV y principios del XVI y a inspirar a los poetas cultos.

Los textos de los romances proceden de diferentes colecciones. Los del Cancionero anónimo proceden principalmente de los Cancioneros de Upsala, General, Barbieri y de la *Antología de Poesía Española (Edad Media)*, de Dámaso Alonso.

Romances históricos

DEL REY DON RODRIGO

Lamentación del rey don Rodrigo

Las huestes de don Rodrigo
desmayaban y huían
cuando en la octava batalla
sus enemigos vencían.
Rodrigo deja sus tiendas

---

¹ que daba lástima verle.   ² capa o manto.

y del real se salía;
solo va el desventurado,
que no lleva compañía.
El caballo de cansado
ya mudar no se podía;
camina por donde quiere,
que no le estorba la vía.
El rey va tan desmayado,
que sentido no tenía;
muerto va de sed y hambre,
que de velle era mancilla;[1]
iba tan tinto de sangre,
que una brasa parecía.
Las armas lleva abolladas,
que eran de gran pedrería;
la espada lleva hecha sierra
de los golpes que tenía;
el almete abollado
en la cabeza se le hundía;
la cara lleva hinchada
del trabajo que sufría.
Subióse encima de un cerro,
el más alto que veía;
dende allí mira su gente
cómo iba de vencida.
De allí mira sus banderas
y estandartes que tenía,
cómo están todos pisados
que la tierra los cubría.
Mira por los capitanes,
que ninguno parecía;
mira el campo tinto en sangre,
la cual arroyos corría.
Él, triste por ver aquesto,
gran mancilla en sí tenía;
llorando de los sus ojos,
de esta manera decía:
    —Ayer era rey de España,
hoy no lo soy de una villa;
ayer villas y castillos,
hoy ninguno poseía;
ayer tenía criados,
hoy ninguno me servía;
hoy no tengo una almena
que pueda decir es mía.
¡Desdichada fué la hora,
desdichado fué aquel día
en que nací y heredé
la tan grande señoría,
pues lo había de perder
todo junto y en un día!
¡Oh muerte! ¿Por qué no vienes
y llevas esta alma mía
de aqueste cuerpo mezquino,
pues te se agradecería?

De Fernán González

El vado de Carrión

Castellanos y leoneses
tienen grandes divisiones.
El conde Fernán González
y el buen rey don Sancho Ordóñez,
sobre el partir de las tierras
ahí pasan malas razones;
llámanse de hideputas,
hijos de padres traidores;
echan mano a las espadas,
derriban ricos mantones;[2]
no les pueden poner treguas
cuantos en la corte sone,
pónenselas dos hermanos,
aquellos benditos monjes,
el uno es tío del rey,
el otro hermano del conde.
Pónenlas por quince días,
que no pueden por más, non;
que se vayan a los prados
que dicen de Carrión.
Si mucho madruga el rey,
el conde no dormía, no;
el conde partió de Burgos,
y el rey partió de León.
Venido se han de juntar
al vado de Carrión,
y a la pasada del río
movieron una cuestión:
los del rey que pasarían,
y los del conde que non.
El rey, como era risueño,
la su mula revolvió;
el conde con lozanía
su caballo arremetió,
con el agua y el arena
al buen rey le salpicó.
Allí hablara el buen rey,
su gesto muy demudado:
—«Buen conde Fernán González,
mucho sois desmesurado:
si no fuera por las treguas
que los monjes nos han dado,
la cabeza de los hombros
yo vos la hubiera quitado,
con la sangre que os sacara
yo tiñera aqueste vado.»
    El conde le respondiera,
como aquel que era osado:
—«Eso que decís, buen rey,
véolo mal aliñado;
vos venís en gruesa mula,
yo en ligero caballo;
vos traéis sayo de seda,

yo traigo un arnés tranzado;[3]
vos traéis alfanje de oro,
yo traigo lanza en mi mano;
vos traéis cetro de rey,
yo un venablo acerado;
vos con guantes olorosos,
yo con los de acero claro;
vos con la gorra de fiesta,
yo con un casco afinado;
vos traéis ciento de mula,
yo trescientos de caballo.»
   Ellos en aquesto estando,
los frailes que han llegado:
—«¡Tate,[4] tate, caballeros!
¡Tate, tate, hijosdalgo!
¡Cuán mal cumplistes las treguas
que nos habíades mandado!»
   Allí hablara el buen rey:
—«Yo las cumpliré de grado.»
Pero respondiera el conde:
—«Yo de pies puesto en el campo.»
Cuando vido aquesto el rey,
no quiso pasar el vado;
vuélvese para sus tierras;
malamente va enojado.
Grandes bascas[5] va haciendo,
reciamente va jurando
que había de matar al conde
y destruir su condado.
Y mandó llamar a cortes;
por los grandes ha enviado:
todos ellos son venidos,
sólo el conde ha faltado.
Mensajero se le hace
a que cumpla su mandado;
el mensajero que fué
de esta suerte le ha hablado:
—«Buen conde Fernán González,
el rey envía por vos,
que vayades a las cortes
que se hacían en León;
que si vos allá vais, conde,
daros han buen galardón,
daros ha a Palenzuela
y a Palencia la mayor;
daros ha a las nueve villas,
con ellas a Carrión;
daros ha a Torquemada,
la torre de Mormojón.
Buen conde, si allá no ides,[6]
daros hían[7] por traidor.»
   Allí respondiera el conde

y dijera esta razón:
—«Mensajero eres, amigo,
no mereces culpa, no,
que yo no he miedo al rey,
ni a cuantos con él son.
Villas y castillos tengo,
todos a mi mandar son,
de ellos me dejó mi padre,
de ellos me ganara yo;
los que me dejó mi padre
poblélos de ricos hombres,
los que yo me hube ganado
poblélos de labradores;
quien no tenía más de un buey,
dábale otro, que eran dos;
al que casaba su hija,
dole yo muy rico don;
cada día que amanece,
por mí hacen oración;
no la hacían por el rey,
que no la merece, non;
él les puso muchos pechos,[8]
y quitáraselos yo.»

DE LOS INFANTES DE LARA

Duelo de Gonzalo Gustios ante las cabezas de sus hijos

   Pártese el moro Alicante
víspera de San Cebrián;
ocho cabezas llevaba
todas de hombres de alta sangre.
Sábelo el rey Almanzor,
a recibírselo sale:
aunque perdió muchos moros
piensa en esto bien ganar.
Mandara hacer un tablado
para mejor las mirar;
mandó traer un cristiano
que estaba en cautividad,
como ante sí lo trujeron
empezóle de hablar:
díjole: —«Gonzalo Gustos,
mira quién conocerás;
que lidiaron mis poderes
en el campo de Almenar;
sacaron ocho cabezas
todas son de gran linaje.»
Respondió Gonzalo Gustos:
—«Presto os diré la verdad.»
Y limpiándoles la sangre

asaz se fuera a turbar;
dijo llorando agramente:
—«¡Conózcolas por mi mal!
La una es de mi carillo;[9]
las otras me duelen más,
de los infantes de Lara
son, mis hijos naturales.»
Así razona con ellas
como si vivos hablasen:
—«¡Dios os salve, el mi compadre,
el mi amigo leal!
¿Adónde son los mis hijos
que yo os quise encomendar?
Muerto sois como buen hombre,
como hombre de fiar.»
Tomara otra cabeza
del hijo mayor de edad:
—«¡Sálveos Dios, Diego González,
hombre de muy gran bondad,
del conde Fernán González,
alférez el principal,
a vos amaba yo mucho,
que me habíades de heredar!»
Alimpiándola con lágrimas
volviérala a su lugar.
    Y toma la del segundo,
Martín Gómez que llamaban:
—«¡Dios os perdone, el mi hijo,
hijo que mucho preciaba,
jugador eras de tablas
el mejor de toda España;
mesurado caballero,
muy buen hablador en plaza!»
    Y dejándola llorando,
la del tercero tomaba:
—«¡Hijo Suero Gustos,
todo el mundo os estimaba;
el rey os tuviera en mucho
sólo para la su caza!
Gran caballero esforzado,
muy buen bracero[10] a ventaja.
Ruy Gómez, vuestro tío,
estas bodas ordenara.»
    Y tomando la del cuarto
lasamente[11] la miraba:
—«¡Oh hijo Fernán González
(nombre del mejor de España,
del buen conde de Castilla
aquel que os bautizara),
matador de puerco espín,
amigo de gran compaña,
nunca con gente de poco
os vieran en alianza!»
Tomó la de Ruy González,
de corazón la abrazaba:

—«Hijo mío, hijo mío,
quién como vos se hallara;
nunca le oyeron mentira,
nunca por oro ni plata;
animoso, buen guerrero,
muy gran feridor de espada,
que a quien dábades de lleno
tullido o muerto quedaba.»
Tomando la del menor
el dolor se le doblara:
—«¡Hijo Gonzalo González,
los ojos de doña Sancha!
¡Qué nuevas irán a ella,
que a vos más que a todos ama!
¡Tan apuesto de persona,
decidor bueno entre damas,
repartidor en su haber,
aventajado en la lanza!
¡Mejor fuera la mi muerte
que ver tan triste jornada!»
Al duelo que el viejo hace
toda Córdoba lloraba.
El rey Almanzor, cuidoso,[12]
consigo se lo llevaba
y mandó a una morica
lo sirviese muy de gana.
Ésta le torna en prisiones
y con amor le curaba;
hermana era del rey,
doncella moza y lozana;
con ésta Gonzalo Gustos
vino a perder su saña,
que de ella le nació un hijo
que a los hermanos vengara.

DEL CID

Jimena pide justicia contra el Cid

    En Burgos está el buen rey
asentado a su yantar,[13]
cuando la Jimena Gómez
se le vino a querellar.
Cubierta toda de luto,
tocas de negro cendal,
las rodillas por el suelo,
comenzara de fablar:
—«Con mancilla[14] vivo, rey,
con ella murió mi madre;
cada día que amanece
veo el que mató mi padre,
caballero en un caballo
y en su mano un gavilán:
por facerme más despecho,
cébalo en mi palomar,
mátame mis palomillas

criadas y por criar;
la sangre que sale de ellas
teñido me ha mi brial;
enviéselo a decir,
envióme a amenazar.
Hacedme, buen rey, justicia,
no me la queráis negar.
Rey que non face justicia
no debiera de reinar,
ni cabalgar en caballo,
ni con la reina holgar,
ni comer pan a manteles,
ni menos armas tomar.»
El rey cuando aquesto oyera,
comenzara de pensar:
—«Si yo prendo o mato al Cid,
mis Cortes revolverse han;
pues si lo dejo de hacer,
Dios me lo ha de demandar.
Mandarle quiero una carta,
mandarle quiero llamar.»
Las palabras no son dichas,
la carta camino va;
mensajero que la lleva,
dado la había a su padre.
Cuando el Cid aquesto supo,
así comenzó a fablar:
—«Malas mañas habéis, conde,
non vos las puedo quitar,
que carta que el rey vos manda
no me la queréis mostrar.»
—«Non era nada, mi fijo,
si non que vades allá;
fincad vos acá, mi fijo,
que yo iré en vueso lugar.»
—«Nunca Dios lo tal quisiese
ni Santa María su madre,
sino que donde vos fuéredes
tengo yo de ir adelante.»

Reta Diego Ordóñez por traidores a los zamoranos

Ya cabalga Diego Ordóñez,
del real se había salido
de dobles piezas armado
y en un caballo morcillo;
va a retar los zamoranos
por la muerte de su primo,
que mató Bellido Dolfos,
hijo de Dolfos Bellido.
—«Yo os reto, los zamoranos,
por traidores fementidos,
reto a todos los muertos,

y con ellos a los vivos;
reto hombres y mujeres,
los por nacer y nacidos;
reto a todos los grandes,
a los grandes y los chicos,
a las carnes y pescados,
a las aguas de los ríos.»
Allí habló Arias Gonzalo,
bien oiréis lo que hubo dicho:
—«¿Qué culpa tienen los viejos?
¿Qué culpa tienen los niños?
¿Qué merecen las mujeres
y los que no son nacidos?
¿Por qué retas a los muertos,
los ganados y los ríos?
Bien sabéis, vos, Diego Ordóñez,
muy bien lo tenéis sabido,
que aquel que reta concejo
debe de lidiar con cinco.»
Ordóñez le respondió:
—«Traidores heis[15] todos sido.»

Jura de San Águeda y destierro del Cid

En Santa Águeda de Burgos
do juran los hijos de algo,
allí toma juramento
el Cid al rey castellano,
si se halló en la muerte
del rey don Sancho su hermano;
las juras eran muy recias,
el rey no las ha otorgado:
—«Villanos te maten, Alonso,
villanos que no hidalgos,
de las Asturias de Oviedo,
que no sean castellanos;
caballeros vayan en yeguas,
en yeguas que no en caballos;
las riendas traigan de cuerda,
y no con frenos dorados;
abarcas traigan calzadas
y no zapatos con lazo;
las piernas traigan desnudas,
no calzas de fino paño;
traigan capas aguaderas,
no capuces[16] ni tabardos;
con camisones de estopa,
no de holanda ni labrados;
mátente con aguijadas,
no con lanzas ni con dardos;
con cuchillos cachicuernos,[17]
no con puñales dorados;
mátente por las aradas,[18]

---

15 habéis.   16 especie de capa con capucha, lo mismo
que el tabardo (especie de abrigo sin mangas), que usaba
la gente noble.   17 con mango de cuerno.   18 campos
arados.   19 mañana.   20 si me pagaras.
21 cerrojos.   22 feroz; llevaban fama de tales los
tigres de Hircania en el Asia antigua.

no por caminos hollados;
sáquente el corazón
por el derecho costado,
si no dices la verdad
de lo que te es preguntado,
si tú fuiste o consentiste
en la muerte de tu hermano.»
Allí respondió el buen rey,
bien oiréis lo que ha hablado:
—«Mucho me aprietas, Rodrigo,
Rodrigo, mal me has tratado,
mas hoy me tomas la jura,
cras[19] me besarás la mano.»
Allí respondió el buen Cid
como hombre muy enojado:
—«Aqueso será, buen rey,
como fuere galardonado;[20]
que allá en las otras tierras
dan sueldo a los hijosdalgo.
Por besar mano de rey
no me tengo por honrado;
porque la besó mi padre
me tengo por afrentado.»
—«Vete de mis tierras, Cid,
mal caballero probado,
vete, no me entres en ellas
hasta un año pasado.»
—«Que me place», dijo el buen Cid,
«que me place de buen grado,
por ser la primera cosa
que mandas en tu reinado:
tú me destierras por uno,
yo me destierro por cuatro.»
Ya se partía el buen Cid
de Vivar, esos palacios,
las puertas deja cerradas,
los alamudes[21] echados,
las cadenas deja llenas
de podencos y de galgos.
Con él lleva sus halcones,
los pollos y los mudados.
Con él van cien caballeros,
todos eran hijos de algo,
los unos iban a mula
y los otros a caballo.
Por una ribera arriba
al Cid van acompañando;
acompañándolo iban
mientras él iba cazando.

DEL REY DON PEDRO

Lamentación de doña Blanca, esposa del rey don Pedro

Doña Blanca está en Sidonia
contando su historia amarga;
a una dueña se la cuenta
que en la prisión la acompaña.
—«De Borbón», dice, «soy hija;
de Carlos, Delfín, cuñada,
y el rey de la flor de lis
pone en su escudo mis armas.
De Francia vine a Castilla,
¡nunca dejara yo a Francia!,
y al tiempo que la dejé
el alma al cuerpo dejara.
Pero si pueden desdichas
venir a ser heredadas,
según desgraciada soy,
hija soy de la desgracia.
Caséme en Valladolid
con don Pedro, rey de España;
el semblante tiene hermoso,
los hechos de tigre hircana.[22]
Dióme el sí, no el corazón,
¡alevosa es su palabra!
Rey que la palabra miente,
¿qué mal habrá que no haga?
Posesión tomé en la mano,
mas no la tomé en el alma,
porque se la dió primero
a otra más dichosa dama;
a una tal doña María
que de Padilla se llama,
y deja su mesma esposa
por una manceba falsa.
Por consejo de los grandes
le vi una vez en mi casa;
ocho días estuvo en ella,
cien mil ha que en ella falta.
Caséme en un día aciago,
martes fué por la mañana,
y el miércoles enviudaron
el tálamo y la esperanza.
Dile una cinta a don Pedro
de mil diamantes sembrada,
pensando enlazar con ella
lo que amor bastardo enlaza;
húbola doña María,
que cuanto pretende alcanza;
entrególa a un hechicero
de la hebrea sangre ingrata;
hizo parecer culebras
las que eran prendas del alma,
y en este punto acabaron
la fortuna y mi esperanza.»

Romances moriscos y fronterizos

La pérdida de Antequera

Suspira por Antequera
el rey moro de Granada:
no suspira por la villa,
que otra mejor le quedaba,
sino por una morica
que dentro en la villa estaba,
blanca, rubia a maravilla,
sobre todas agraciada:
dieciséis años tenía,
en los diecisiete entraba;
crióla el rey de pequeña,
más que a sus ojos la amaba,
y en verla en poder ajeno
sin poder ser remediada,
suspiros da sin consuelo,
que el alma se le arrancaba,
con lágrimas de sus ojos,
estas palabras hablaba:
—«¡Ay Narcisa de mi vida!
¡Ay Narcisa de mi alma!
Enviéte yo mis cartas
con el alcaide de Alhambra,
con palabras amorosas
salidas de mis entrañas,
con mi corazón herido
de una saeta dorada.
La respuesta que le diste:
que escribir poco importaba.
Daría por tu rescate
Almería la nombrada.
¿Para qué quiero yo bienes,
pues mi alma presa estaba?
Y cuando esto no bastare,
yo me saldré de Granada;
yo me iré para Antequera,
donde estás presa, alindada,[23]
y serviré de cautivo
sólo por mirar tu cara.»

Romance de Abenámar

—«¡Abenámar, Abenámar,
moro de la morería,
el día que tú naciste
grandes lunares[24] había!
Estaba la mar en calma,
la luna estaba crecida;
moro que en tal signo nace,
no debe decir mentira.»

Allí respondiera el moro,
bien oiréis lo que decía:
—«Yo te la diré, señor,
aunque me cueste la vida,
porque soy hijo de un moro
y una cristiana cautiva;
siendo yo niño y muchacho
mi madre me lo decía:
que mentira no dijese,
que era grande villanía;
por tanto, pregunta, rey,
que la verdad te diría.»
—«Yo te agradezco, Abenámar,
aquesa tu cortesía.
¿Qué castillos son aquéllos?
¡Altos son y relucían!»
—«El Alhambra era, señor,
y la otra la mezquita;
los otros los Alixares,
labrados a maravilla.
El moro que los labraba
cien doblas ganaba al día,
y el día que no los labra
otras tantas se perdía.
El otro es Generalife,
huerta que par no tenía;
el otro Torres Bermejas,
castillo de gran valía.»
Allí habló el rey don Juan,
bien oiréis lo que decía:
—«Si tú quisieses, Granada,
contigo me casaría,
daréte en arras y dote
a Córdoba y a Sevilla.»
—«Casada soy, rey don Juan,
casada soy, que no viuda;
el moro que a mí me tiene
muy grande bien me quería.»

Romance de Abenámar

Por arrimo[25] su albornoz,
y por alfombra su adarga,
la lanza llana en el suelo,
que es mucho allanar su lanza;
colgado el freno al arzón,
y con las riendas trabadas
su yegua entre dos linderos
porque no se pierda y pazca;[26]
mirando un florido almendro
con la flor mustia y quemada
por la inclemencia del cierzo

---

[23] hermosa.   [24] señales de la luna, eclipses, augurios.
[25] protección.   [26] subjuntivo de pacer = comer hierba
en un prado.   [27] tules, velos.   [28] sabio de la ley entre

los musulmanes.   [29] cristianos que habían adoptado el
islamismo.

a todas flores contraria,
en la vega de Toledo
estaba el fuerte Abenámar,
frontero de los palacios
de la bella Galïana.
Las aves que en las almenas
al aire extienden sus alas,
desde lejos le parecen
almaizares[27] de su dama.
Con esta imaginación,
que fácilmente le engaña,
se recrea el moro ausente,
haciendo de ella esperanzas:
—«Galïana, amada mía,
¿quién te puso tantas guardas?
¿Quién ha hecho mentirosa
mi ventura y tu palabra?
Ayer me llamaste tuyo,
hoy me ves y no me hablas;
al paso de estas desdichas,
¿qué será de mí mañana?
¡Dichoso aquel moro libre
que en mullida o dura cama,
sin desdenes ni favores
puede dormir hasta el alba!
¡Ay, almendro! ¡Cómo muestras
que la dicha anticipada
no nació cuando debiera,
y así debe y nunca paga!
Pues eres ejemplo triste
de lo que en mi dicha pasa,
yo prometo de traerte
por divisa de mi adarga;
que abrasado y florecido
aquí como mi esperanza,
bien te cuadrará esta letra:
«Del tiempo ha sido la falta.»
Dijo, y enfrenando el moro
su yegua, mas no sus ansias,
por la ribera del Tajo
se fué camino de Ocaña.

Romance del rey moro que perdió Alhama

Paseábase el rey moro
por la ciudad de Granada
desde la puerta de Elvira
hasta la de Vivarrambla.
—«¡Ay de mi Alhama!»
Cartas le fueron venidas
que Alhama era ganada;
las cartas echó en el fuego,
y al mensajero matara.
—«¡Ay de mi Alhama!»
Descabalga de una mula,
y en un caballo cabalga;

por el Zacatín arriba
subido se había al Alhambra.
—«¡Ay de mi Alhama!»
Como en el Alhambra estuvo,
al mismo punto mandaba
que se toquen sus trompetas,
sus añafiles de plata.
—«¡Ay de mi Alhama!»
Y que las cajas de guerra
apriesa toquen al arma,
porque lo oigan sus moros,
los de la Vega y Granada.
—«¡Ay de mi Alhama!»
Los moros que el son oyeron
que al sangriento Marte llama,
uno a uno y dos a dos
juntado se ha gran batalla.
—«¡Ay de mi Alhama!»
Allí habló un moro viejo,
de esta manera hablara:
—«¿Para qué nos llamas, rey,
para qué es esta llamada?
—«¡Ay de mi Alhama!»
«Habéis de saber, amigos,
una nueva desdichada:
que cristianos de braveza
ya nos han ganado Alhama.
—«¡Ay de mi Alhama!»
Allí habló un alfaquí[28]
de barba crecida y cana:
—«¡Bien se te emplea, buen rey!
¡Buen rey, bien se te empleara!»
—«¡Ay de mi Alhama!»
—«¡Mataste los Abencerrajes,
que eran la flor de Granada;
cogiste los tornadizos[29]
de Córdoba la nombrada!»
—«¡Ay de mi Alhama!»
—«Por eso mereces, rey,
una pena muy doblada;
que te pierdas tú y el reino,
y aquí se pierda Granada.»
—«¡Ay de mi Alhama!»

El Rey Chico pierde a Granada

El año de cuatrocientos
que noventa y dos corría,
el rey Chico de Granada
perdió el reino que tenía.
Salióse de la ciudad
un lunes a mediodía,
cercado de caballeros,
la flor de la Morería.
Su madre lleva consigo,
que le tiene compañía.

Por ese Genil abajo
el rey Chico se salía,
pasó por medio del agua,
lo que hacer no solía;
los estribos se han mojado,
que eran de grande valía.
Por mostrar más su dolor
que en el corazón tenía,
ya que esa áspera Alpujarra
era su jornada y vía,
desde una cuesta muy alta
Granada se parecía.
Volvió a mirar a Granada,
de esta manera decía:
—«¡Oh Granada la famosa,
mi consuelo y mi alegría,
oh mi alto Albaicín
y mi rica Alcaicería,
oh mi Alhambra y Alijares
y mezquita de valía,
mis baños, huertas y ríos
donde holgar me solía!
¿Quién os ha de mí apartado
que jamás yo vos vería?
Ahora te estoy mirando
desde lejos, ciudad mía;
mas presto no te veré,
pues ya de ti me partía.
¡Oh rueda de la fortuna,
loco es quien en ti fía:
que ayer era rey famoso
y hoy no tengo cosa mía.»
Siempre el triste corazón
lloraba su cobardía,
y estas palabras diciendo
de desmayo se caía.
Iba su madre delante
con otra caballería:
viendo la gente parada,
la reina se detenía,
y la causa preguntaba
porque ella no lo sabía.
Respondido había a la madre,
con honesta cortesía:
—«Tu hijo mira a Granada
y la pena le afligía.»
Respondido había la madre,
de esta manera decía:
—«Bien es que como mujer
llore con grande agonía
el que como caballero
su estado no defendía.»

La morilla burlada

Yo me era mora Moraima,
morilla de un bel catar;[30]
cristiano vino a mi puerta,
cuitada, por me engañar.
Hablóme en algarabía[31]
como aquel que bien la sabe:
—«Ábrasme las puertas, mora,
si[32] Alá te guarde de mal.»
—«¿Cómo te abriré, mezquina,
que no sé quién te serás?»
—«Yo soy el moro Mazote,
hermano de la tu madre,
que un cristiano dejó muerto;
tras mí venía el alcaide.
Si no abres tú, mi vida,
aquí me verás matar.»
—«Cuando esto oí, cuitada,
comencéme a levantar,
vistiérame una almejía[33]
no hallando mi brial,[34]
fuérame para la puerta
y abríla de par en par.»

Romances carolingios

Romance de Valdovinos

Por los caños de Carmona,
por do va el agua a Sevilla,
por ahí iba Valdovinos
y con él su linda amiga.
Los pies lleva por el agua
y la mano en la loriga,[35]
con el temor de los moros
no le tuviesen espía.
Júntanse boca con boca,
nadie no los impedía.
Valdovinos con angustia
un suspiro dado había:
—«¿Por qué suspiráis, señor,
corazón y vida mía?
O tenéis miedo a los moros,
o en Francia tenéis amiga.»
—«No tengo miedo a los moros,
ni en Francia tengo amiga;
mas vos mora y yo cristiano,
hacemos muy mala vida:
comemos la carne en viernes,
lo que mi ley defendía.
Siete años había, siete,

---

30 de buen ver.
31 lengua árabe.   32 así.   33 manto pequeño usado
por los moriscos.   34 vestidura de tela o seda rica.

35 armadura.   36 sin seso.   37 bien provista, rica o
adornada.   38 dormidla; comp. más abajo «tomalda».

que yo misa no la oía.
Si el emperador lo sabe,
la vida me costaría.»
—«Por tus amores, Valdovinos,
cristiana me tornaría.»
—«Yo, señora, por los vuestros,
moro de la morería.»

Romance de Durandarte

Muerto queda Durandarte
al pie de una gran montaña,
un canto por cabecera,
debajo una verde haya,
todas las aves del monte
alrededor le acompañan,
llorábale Montesinos,
que a su muerte se hallara,
hecha le tiene la fuesa
en una peñosa cava;
quitándole estaba el yelmo,
desciñéndole la espada,
desarmábale los pechos,
el corazón le sacaba,
para enviarlo a Belerma
como él se lo rogara,
y desque le hubo sacado
su rostro al suyo juntaba,
tan agramente llorando
mil veces se desmayaba,
y desque volvió en sí
estas palabras hablaba:
—«Durandarte, Durandarte,
Dios perdone la tu alma
y a mí saque de este mundo
para que contigo vaya.»

Romance de Rosaflorida

En Castilla está un castillo
que se llama Rocafrida;
al castillo llaman Roca,
y a la fonte llaman Frida.
El pie tenía de oro,
y almenas de plata fina;
entre almena y almena
está una piedra zafira;
tanto relumbra de noche
como el sol a mediodía.
Dentro estaba una doncella
que llaman Rosaflorida;
siete condes la demandan,
tres duques de Lombardía;
a todos les desdeñaba,
tanta es su lozanía.
Enamoróse de Montesinos

de oídas, que no de vista.
Una noche estando así,
gritos da Rosaflorida;
oyérala un camarero,
que en su cámara dormía.
—«¿Qué es aquesto, mi señora?
¿Qué es esto, Rosaflorida?
O tenedes mal de amores,
o estáis loca sandía.»[36]
—«Ni yo tengo mal de amores,
ni estoy loca sandía,
mas llevásesme estas cartas
a Francia la bien guarnida;[37]
diéseslas a Montesinos,
la cosa que yo más quería;
dile que me venga a ver
para la Pascua Florida;
darle he siete castillos
los mejores que hay en Castilla;
y si de mí más quisiere
yo mucho más le daría;
darle he yo este mi cuerpo,
el más lindo que hay en Castilla,
si no es el de mi hermana,
que de fuego sea ardida.»

Romances novelescos, líricos y tradicionales

Romance de Blanca Niña

—Blanca sois, señora mía,
más que el rayo del sol;
¿si la dormiré esta noche
desarmado y sin pavor?
Que siete años había, siete,
que no me desarmo, no.
Más negras tengo mis carnes
que un tiznado carbón.»
—«Dormilda,[38] señor, dormilda,
desarmado sin temor,
que el conde es ido a la caza
a los montes de León.»
—«Rabia le mate los perros,
y águilas el su halcón,
y del monte hasta casa
a él arrastre el morón.»
Ellos en aquesto estando
su marido que llegó:
—«¿Qué hacéis, la blanca niña,
hija de padre traidor?»
—«Señor, peino mis cabellos,
péinolos con gran dolor
que me dejáis a mí sola,
y a los montes os vais vos.»

—«Esa palabra, la niña,
no era sino traición:
¿cuyo es aquel caballo
que allá abajo relinchó?»
—«Señor, era de mi padre,
y envióslo para vos.»
—«¿Cuyas son aquellas armas
que están en el corredor?»
—«Señor, eran de mi hermano,
y hoy os las envió.»
—«¿Cuya es aquella lanza
desde aquí la veo yo?»
—Tomalda, conde, tomalda,
matadme con ella vos,
que aquesta muerte, buen conde,
bien os la merezco yo.»

Romance del prisionero

Que por mayo era, por mayo,
cuando los grandes calores,
cuando los enamorados
van servir a sus amores,
sino yo triste, mezquino,
que yago en estas prisiones,
que ni sé cuándo es de día
ni menos cuándo es de noche,
sino por una avecilla
que me cantaba al albor;
matómela un ballestero:
¡déle Dios mal galardón!

Fonte Frida, Fonte Frida

Fonte frida, fonte frida,
fonte frida y con amor,
do todas las avecicas
van tomar consolación,
si no es la tortolica
que está viuda y con dolor;
por allí fuera pasar
el traidor del ruiseñor;
las palabras que le dice
llenas son de traición:
—«Si tú quisieses, señora,
yo sería tu servidor.»
—«Vete de ahí, enemigo,
malo, falso, engañador,
que ni poso en ramo verde,
ni en prado que tenga flor;
que si el agua hallo clara

turbia la bebía yo;
que no quiero haber marido
porque hijos no haya, no;
no quiero placer con ellos,
ni menos consolación.
¡Déjame, triste enemigo,
malo, falso, mal traidor,
que no quiero ser tu amiga,
ni casar contigo, no!»

Romance del conde Arnaldos

¡Quién hubiese tal ventura
sobre las aguas del mar
como hubo el conde Arnaldos
la mañana de San Juan!
Con un falcón en la mano
la caza iba a cazar,
vió venir una galera
que a tierra quiere llegar.
Las velas traía de seda,
la ejercia de un cendal,[39]
marinero que la manda
diciendo viene un cantar
que la mar facía en calma,
los vientos hace amainar,
los peces que andan n'el hondo
arriba los hace andar,
las aves que andan volando
n'el mástil las faz posar;
así fabló el conde Arnaldos,
bien oiréis lo que dirá:
—«Por Dios te ruego, marinero,
dígasme ora[40] ese cantar.»
Respondióle el marinero,
tal respuesta le fué a dar:
—«Yo no digo esta canción
sino a quien conmigo va.»

Romance de la mañanica de San Juan

Yo me levantara, madre
mañanica de San Juan:
vide estar una doncella
ribericas de la mar;
sola lava y sola tuerce,
sola tiende en un rosal;
mientras los paños se enjugan,
dice la niña un cantar:
—«¿Dó los mis amores, dó los?
¿Dónde los iré a buscar?»

---

[39] los aparejos del barco eran de seda.　[40] ahora.
[41] cumplir el mandato.　[42] vestidos, adornos.　[43] lugar o paraje donde un hombre o animal se recoge.　[44] sosegar, descansar.　[45] sufrir.　[46] especie de paño fino que se labraba en Courtrai de Flandes.　[47] azules.

[48] especie de mantilla con reflejos tornasolados.　[49] cuello.　[50] color rojo.

[51] polvo negro con que se pintan los ojos.　[52] lección: trozo litúrgico que se reza o canta en la misa.

Mar abajo, mar arriba,
diciendo iba un cantar,
peine de oro en las sus manos
por sus cabellos peinar.
—«Dígasme tú, el marinero,
que Dios te guarde de mal,
si los viste a mis amores,
si los viste allá pasar.»

Rosa fresca, rosa fresca

¡Rosa fresca, rosa fresca,
tan garrida y con amor,
cuando yo os tuve en mis brazos
no vos supe servir, no,
y agora que os serviría
no vos puedo yo haber, no.
—«Vuestra fué la culpa, amigo,
vuestra fué, que mía no;
enviásteme una carta
con un vuestro servidor,
y en lugar de recabdar,[41]
él dijera otra razón:
que érades casado, amigo,
allá en tierras de León;
que tenéis mujer hermosa
y hijos como una flor.»
—«Quien os lo dijo, señora,
no vos dijo verdad, non,
que yo nunca entré en Castilla,
ni allá en tierras de León,
sino cuando era pequeño
que no sabía de amor.»

Romance de la constancia

Mis arreos[42] son las armas,
mi descanso el pelear,
mi cama las duras peñas,
mi dormir siempre velar.
Las manidas[43] son escuras,
los caminos por usar,
el cielo con sus mudanzas
ha por bien de me dañar;
andando de sierra en sierra
por orillas de la mar,
por probar si mi ventura
hay lugar donde avadar.[44]
Pero por vos, mi señora,
todo se ha de comportar.[45]

Romance del galán que alaba a su amiga

De la luna tengo queja
y del sol mayor pesar;
siempre lo hubieron por uso
de no dejarme holgar.
¡Maldita sea la fortuna
que así me quiere tratar!
Nunca me da bien cumplido
ni menos mal sin afán,
por una hora de placer
cien mil años de pesar.
Yo me amaba una señora
que en el mundo no hay su par.
Las facciones que ella tiene
yo vos las quiero contar:
tal tenía la su cara
como rosa en el rosal,
las cejas puestas con arco
color de un fino contray,[46]
los sus ojos tenía garzos,[47]
parecen de un gavilán,
la nariz afiladica
como hecha de metal,
los labios de la su boca
como un fino coral,
los dientes tiene muy blancos,
menudos como la sal,
parece la su garganta
cuello de garza real,
los pechos tenía tales
que es maravilla mirar,
y contemplando su cuerpo
el día viera asomar.

Romance de la misa de amor

Mañanita de San Juan,
mañanita de primor,
cuando damas y galanes
van a oír misa mayor;
allá va la mi señora,
entre todas la mejor;
viste saya sobre saya,
mantellín de tornasol;[48]
camisa con oro y perlas
bordada en el cabezón;[49]
en la su boca muy linda
lleva un poco de dulzor,
en la su cara tan blanca
un poquito de arrebol[50]
y en los sus ojuelos garzos
lleva un poco de alcohol;[51]
así entraba por la iglesia
relumbrando como el sol.
Las damas mueren de envidia
y los galanes de amor;
el que cantaba en el coro
en el credo se perdió;
el abad que dice misa
ha trocado la lición;[52]

monacillos que le ayudan
no aciertan responder, non;
por decir amén, amén,
decían amor, amor.

Romance del galán y la calavera

Pa[53] misa diba[54] un galán
caminito de la iglesia,
no diba por oír misa
ni pa estar atento a ella,
que iba por ver las damas
las que van guapas y frescas.
En el medio del camino
encontró una calavera,
mirárala muy mirada,
y un gran puntapié le diera;
arregañaba[55] los dientes
como si ella se riera.
—«Calavera, yo te brindo[56]
esta noche a la mi fiesta.»
—«No hagas burla el caballero;
mi palabra doy por prenda.»
El galán todo aturdido
para casa se volviera.
Todo el día anduvo triste
hasta que la noche llega;
de que la noche llegó
mandó disponer la cena.
Aún no comiera un bocado
cuando pican[57] a la puerta.
Manda un paje de los suyos
que saliese a ver quién era.
—«Dile, criado, a tu amo,
que si del dicho se acuerda.»
—«Dile que sí, mi criado,
que entre pa cá norabuena.»[58]
Pusiérale silla de oro,
su cuerpo sentara en ella;
pone de muchas comidas
y de ninguna comiera.
—«No vengo por verte a ti,
ni por comer de tu cena;
vengo a que vayas conmigo
a media noche a la iglesia.»
A las doce de la noche
cantan los gallos afuera,
a las doce de la noche
van camino de la iglesia.
En la iglesia hay en el medio
una sepultura abierta.
—«Entra, entra, caballero,
entra sin recelo en ella;

dormirás aquí conmigo,
comerás de la mi cena.»
—«Yo aquí no me meteré,
no me ha dado Dios licencia.»
—«Si no fuera porque hay Dios
y al nombre de Dios apelas,
y por ese relicario
que sobre tu pecho cuelga,
aquí habías de entrar vivo
quisieras o no quisieras.
Vuélvete para tu casa,
villano y de mala tierra,
y otra vez que encuentres otra
hácele la reverencia,
y rézale un *pater noster*,
y échala por la huesera;[59]
así querrás que a ti te hagan
cuando vayas de esta tierra.»

Romance del enamorado y la muerte

Un sueño soñaba anoche,
soñito del alma mía,
soñaba con mis amores,
que en mis brazos los tenía.
Vi entrar señora tan blanca
muy más que la nieve fría.
—«¿Por dónde has entrado, amor?
¿Cómo has entrado, mi vida?
Las puertas están cerradas,
ventanas y celosías.»
—«No soy el Amor, amante;
la Muerte, que Dios te envía.»
—«¡Ay, Muerte, tan rigurosa,
déjame vivir un día!»
—«Un día no puede ser,
un hora tienes de vida.»
Muy de prisa se calzaba,
más de prisa se vestía;
ya se va para la calle
en donde su amor vivía.
—«Ábreme la puerta, blanca,
ábreme la puerta, niña.»
—«¿Cómo te podré yo abrir
si la ocasión no es venida?
Mi padre no fué al palacio,
mi madre no está dormida.»
—«Si no me abres esta noche
ya no me abrirás, querida;
la Muerte me está buscando,
junto a ti vida sería.»
—«Vete bajo la ventana,
donde labraba y cosía,

---

53 para.   54 iba, forma rústica como «pa» y otras que se encuentran en el romance.   55 enseñaba.   56 invito.   57 llaman.   58 para acá en buena hora.   59 fosa, se-pultura.   60 jaspeado: veteado o salpicado de pintas como el jaspe.   61 examinan.

te echaré cordón de seda,
para que subas arriba,
y si el cordón no alcanzare
mis trenzas añadiría.»
La fina seda se rompe;
la Muerte que allí venía.
—«Vamos, el enamorado,
que la hora ya está cumplida.»

Morenica me llama...

Morenica me llama
el hijo del rey,
si otra vez me llama
yo me voy con él.
Morena me llama,
yo blanca nací,
de apacentar ganados
mi color perdí.
—«Vengades, morena,
si habéis de venir,
que la nave tengo en vela
y me quiero ir.»
Ella se viste de verde
y de zurzuní;[60]
de la mar abajo
la vide venir.

Romance de los peregrinos

Hacia Roma caminan
dos peregrinos,
a que los case el Papa
porque son primos.
Sombrerito de hule
lleva el romero,
y la peregrinita
de terciopelo.
A la entrada de Roma
piden posada
para la peregrina,
que va cansada.
Al llegar a palacio
suben arriba
y en la sala del medio
los *desaniman*.[61]
Ha preguntado el Papa
la edad que tienen;
ella dice que quince
y él diecinueve.
El sobrino del Papa
hacía señas
a la peregrinita
que no se fuera.
El peregrino entonces,
cuando vió eso,

en medio de la sala
la ha dado un beso;
a la peregrinita,
que es vergonzosa,
se le puso la cara
como una rosa.
El Padre Santo dice,
con ser tan santo:
—«¡Quién fuera peregrino
para otro tanto!»
—«Peregrinita mía,
vámonos de aquí,
que por lo que veo
me quedo sin ti.»
Las campanas de Roma
han repicado
porque los peregrinos
ya se han casado.

Cancionero anónimo

No me los amuestres más,
    que me matarás.
Son tan lindos y tan bellos
que a todos matas con ellos;
y aunque yo muero por vellos,
no me los amuestres más,
    que me matarás.

* * *

Si la noche hace escura
y tan corto es el camino,
¿cómo no venís, amigo?
La media noche es pasada
y el que me pena no viene;
mi desdicha lo detiene,
¡que nací tan desdichada!
Háceme vivir penada
y muéstraseme enemigo.
¿Cómo no venís, amigo?

* * *

Alta estaba la peña;
nace la malva en ella.
Alta estaba la peña
riberas del río;
nace la malva en ella
y el trébol florido.

* * *

¿Con qué lavaré la flor de la mi cara?
¿Con qué la lavaré, que vivo mal penada?
Lávanse las casadas con agua de limones.
Lávome yo, cuitada, con penas y dolores.

* * *

Entra mayo y sale abril,
tan garridico le vi venir.

Entra mayo con sus flores,
sale abril con sus amores,
y los dulces amadores
comienzan a bien servir.

* * *

Mi ventura, el caballero,
mi ventura.
Niña de rubios cabellos,
¿quién os trajo a aquestos yermos?
Mi ventura, el caballero,
mi ventura.

* * *

En Ávila, mis ojos,
dentro en Ávila.
En Ávila del Río
mataron a mi amigo,
dentro en Ávila.

* * *

¡Ay, que non era,
mas ay, que non hay
quien de mi pena se duela!
Madre, la mi madre,
el mi lindo amigo
moricos de allende
lo llevan cautivo;
cadenas de oro,
candado morisco.
¡Ay, que non era,
mas ay, que non hay
quien de mi pena se duela!

* * *

So el encina, encina,
so el encina.
Yo me iba, mi madre,
a la romería;
por ir más devota
fuí sin compañía,
so el encina.
Por ir más devota
fuí sin compañía;
dejé el que tenía
so el encina.
Halléme perdida
en una montaña,
echéme a dormir
al pie del encina,
so el encina.
A la media noche
recordé,[1] mezquina;
halléme en los brazos
del que más quería,
so el encina.

Pesóme, cuitada,
de que amanecía,
porque yo gozaba
del que más quería
so el encina.
Muy biendita sía
la tal romería,
so el encina.

* * *

No pueden dormir mis ojos,
no pueden dormir.
Y soñaba yo, mi madre,
dos horas antes del día
que me florecía la rosa;
él vino so el agua frida,
no pueden dormir.

* * *

Al alba venid, buen amigo,
al alba venid.
Amigo el que yo más quería,
venid al alba del día.
Amigo el que yo más amaba,
venid a la luz del alba.
Venid a la luz del día,
non trayáis compañía.
Venid a la luz del alba,
non traigáis gran compaña.

* * *

Tres morillas me enamoran
en Jaén:
Axa y Fátima y Marién.
Tres morillas tan garridas
iban a coger olivas
y hallábanlas cogidas
en Jaén:
Axa y Fátima y Marién.
Y hallábanlas cogidas,
y tornaban desmaídas[2]
y las colores perdidas
en Jaén:
Axa y Fátima y Marién.
Tres moricas tan lozanas,
tres moricas tan lozanas
iban a coger manzanas
en Jaén:
Axa y Fátima y Marién.

* * *

No quiero ser monja, no,
que niña namoradica só.[3]
Dejadme con mi placer,
con mi placer y alegría,

---

1 desperté.   2 desmayadas.   3 enamorada soy.   4 así
Dios os valga.   5 tregua, remedio.   6 sufrirlos; en la
acepción literal de «pasarlos» hay un juego de palabras
en relación con «vado», lugar poco profundo por donde
se puede cruzar un río.

dejadme con mi porfía,
que niña malpenadica só.

* * *

¿Por qué me besó Perico?
¿Por qué me besó el traidor?

Dijo que en Francia se usaba
y por eso me besaba,
y también porque sanaba
con el beso su dolor.
¿Por qué me besó Perico?
¿Por qué me besó el traidor?

* * *

Puse mis amores
en Fernandico:
¡ay, que era casado!
¡Mal me ha mentido!

Digas, marinero,
del cuerpo garrido,
¿en cuál de aquellas naves
pasa Fernandico?
¡Ay, que era casado!
¡Mal me ha mentido!
Puse mis amores
en Fernandico.

* * *

Agora que sé de amor
¿me metéis monja?
¡Ay Dios, qué grave cosa!

Agora que sé de amor
de caballero,
agora me metéis monja
en el monasterio:
¡ay Dios, qué grave cosa!

* * *

Malferida iba la garza
enamorada:
sola va y gritos daba.

Donde la garza hace su nido
ribericas de aquel río,
sola va y gritos daba.

* * *

De los álamos vengo, madre,
de ver cómo los menea el aire.

De los álamos de Sevilla,
de ver a mi linda amiga.
De los álamos vengo, madre,
de ver cómo los menea el aire.

* * *

Si los delfines
mueren de amores,
¡triste de mí!,
¿qué harán los hombres
que tienen tiernos
los corazones?

¡Triste de mí!
¿Qué harán los hombres?

* * *

Recordad, mis ojuelos verdes,
que a la mañana dormiredes.

Recordad al dolorido,
que después que a vos vido,
de amor está herido:
que a la mañana dormiredes.

* * *

Luna que reluces,
toda la noche alumbres.

Ay, luna que reluces
blanca y plateada,
toda la noche alumbres
a mi linda enamorada.
Amada que reluces,
toda la noche alumbres.

Endechas a la muerte de Guillén Peraza

Llorad las damas,
si Dios os vala.[4]
Guillén Peraza
quedó en la Palma,
la flor marchita
de la su cara.
No eres Palma,
eres retama,
eres ciprés
de triste rama,
eres desdicha,
desdicha mala.
Tus campos rompan
tristes volcanes,
no vean placeres
sino pesares,
cubran tus flores
los arenales.
Guillén Peraza,
Guillén Peraza,
¿dó está tu escudo?
¿Dó está tu lanza?
Todo lo acaba
la mala andanza.

Villancico

No tienen vado[5] mis males,
¿que haré,
que pasallos[6] no podré?
Crece tanto la tormenta
de mis tristes pensamientos,
que con sobra de tormentos,
mayor mal se me acrecienta.

No hay quien mis males sienta:
¿que haré,
que pasallos no podré?
    Van tan altos mis amores,
que ningún remedio veo;
no se atreve mi deseo
a pasar tales dolores.
Yo, cercado de temores,
¿qué haré,
que pasallos no podré?

Canción

    Que no quiero amores
en Ingalaterra,
pues otros mejores
tengo yo en mi tierra.
    No quiero ni estimo
ser favorecido;
de amores me eximo,
que es tiempo perdido
seguir a Cupido
en Ingalaterra,
pues otros mejores
tengo yo en mi tierra.
    ¿Qué favores puede
darme la fortuna,
por mucho que ruede
el sol ni la luna,
ni mujer alguna
en Ingalaterra,
pues otros mejores
tengo yo en mi tierra?
    Que cuando allá vaya,
a fe, yo lo fío,
buen galardón haya

del servicio mío;
que son desvarío
los de Ingalaterra,
pues otros mejores
tengo yo en mi tierra.

Canción

    Mal haya el primero,
mal haya el segundo,
mal haya el tercero
que empezó en el mundo
a ser casamentero.
    Que le maldigamos
es cosa muy justa
al traidor que gusta
de engañar a entramos;[7]
a Dios le pidamos
que muera el primero
que empezó en el mundo
a ser casamentero.
    Casado se vea
quien casar le place
(porque el mal que hace
por el suyo crea),
mujer vieja y fea,
loca y sin dinero,
que empezó en el mundo
a ser casamentero.
    Infierno en la tierra
nos dejó el traidor;
vida con dolor
y perpetua guerra;
dos vivos entierra
aquel trapacero
que empezó en el mundo
a ser casamentero.

ÉPOCA DE LOS REYES CATÓLICOS: TEATRO

Juan del Encina

1469?-1529

Poeta y músico, es además y sobre todo el primero de los dramaturgos españoles, descontando algunos antecedentes medievales. Su teatro (unas catorce églogas, autos y representaciones), escrito para ser representado en los palacios de los nobles, especialmente en el del duque de Alba, dentro de una técnica aún primitiva, diálogo con muy escasa acción, tiene una gran riqueza de motivos —religiosos, rústicos, pastoriles, renacentistas—, la mayoría de los cuales se conservan, transformados, en toda la tradición posterior de la comedia española. Nosotros damos, suprimiendo una parte del diálogo, una de sus églogas de espíritu más renacentista en cuanto significa el triunfo del amor sobre la atracción medieval de la vida ascética, la de *Cristino y Febea*.

Es uno de los poetas de mayor repertorio de formas y temas en su momento. Como en su teatro, lo literario

---

7 entrambos.

1 rebaño. 2 tiempo. 3 aunque. 4 sé.

culto de origen trovadoresco se enriquece con nuevos motivos renacentistas, especialmente con los populares.

Para la égloga de *Cristino y Febea* seguimos la edición de E. Kohler, *Biblioteca Románica*, Estrasburgo, s. a. Para la poesía, el *Cancionero* de 1496, ed. facsímil de la Academia Española, y la *Antología*, de Menéndez Pelayo.

VILLANCICOS

No te tardes que me muero,
carcelero,
no te tardes que me muero.

Apresura tu venida
porque no pierda la vida,
que la fe no está perdida.
Carcelero,
no te tardes que me muero.

… … … … … … … … … …

Sácame desta cadena,
que recibo muy gran pena,
pues tu tardar me condena.
Carcelero,
no te tardes que me muero.

… … … … … … … … … …

* * *

Pues amas, triste amador,
dime, ¿qué cosa es amor?

Es amor un mal que mata
a quien le más obedece,
mal que mucho más maltrata
al que menos mal merece,
favor que más favorece
al menos merecedor.

Es amor una afición
de deseo deseoso,
donde falta la razón
al tiempo más peligroso;
y es un deleite engañoso
guarnecido de dolor.

Es amor un tal poder
que fuerza la voluntad;
adonde pone querer
quita luego libertad;
es más firme su amistad
cuando finge desamor.

Es una fuente do mana
agua dulce e amargosa,
que a los unos es muy sana
e a los otros peligrosa;
unas veces muy sabrosa
e otras veces sin sabor.

Es una rosa en abrojos
que nace en cualquier sazón,
cuando se vencen los ojos
consintiendo el corazón;

cógese con gran pasión,
con gran peligro e temor.

… … … … … … … … … … …

* * *

Tan buen ganadico,
y más en tal valle,
placer es guardalle.

Ganado de altura
y más de tal casta,
muy presto se gasta
su mala pastura;
y en buena verdura,
y más en tal valle,
placer es guardalle.

Ansí que yo quiero
guardar mi ganado,
por todo este prado
de muy buen apero;[1]
con este tempero,[2]
y más en tal valle,
placer es guardalle.

… … … … … … … … … … …

Conviene guardalla
la cosa preciosa,
que en ser codiciosa
procuran hurtalla.
Ganado sin falla,
y más en tal valle,
placer es guardalle.

Pastor de buen grado
yo siempre sería,
pues tanta alegría
me da este ganado;
y tengo jurado
de nunca dejalle,
mas siempre guardalle.

Villanesca

Pedro, y bien te quiero,
maguera[3] vaquero.

Has tan bien bailado,
corrido y luchado,
que m'has namorado
y d'amores muero.

—A la fe, nostrama,
ya suena mi fama,
y aun pues en la cama
soy muy más artero.

—No sé qué te diga,
tu amor me fatiga;
tenme por amiga,
sey[4] mi compañero.

—Soy en todo presto,
mañoso y dispuesto,
y en ver vuestro gesto

mucho más me esmero.
—Quiero que me quieras;
pues por mí te esmeras,
tengamos de veras
amor verdádero.

FIN

—Nostrama, señora,
yo nascí en buen hora,
ya soy desde agora
vuestro por entero.

Romance y villancico

Por unos puertos[5] arriba
de montaña muy escura
caminaba un caballero
lastimado de tristura:
el caballo deja muerto,
y él a pie por su ventura,
andando de sierra en sierra
de camino no se cura.[6]
Huyendo de las florestas,
huyendo de la frescura,
métese de mata en mata
por la mayor espesura.
Las manos lleva añudadas,
de luto la vestidura,
los ojos puestos en tierra
suspirando sin mesura;
en sus lágrimas bañado,
más que mortal su figura;
su beber y su comer
es de lloro y amargura,
que de noche ni de día
nunca duerme ni asegura,
despedido de su amiga
por su más que desventura.
A haberle de consolar
no basta seso y cordura:
viviendo penada vida,
más penada la procura,
que los corazones tristes
quieren más menos holgura.

VILLANCICO DEL FIN

—¿Quién te trajo caballero,
por esta montaña escura?
—¡Ay, pastor, que mi ventura!

ÉGLOGA DE CRISTINO Y FEBEA

*Égloga nuevamente trovada por Juan del Encina,
adonde se introduce un pastor que con otro se
aconseja, queriendo dejar este mundo e sus vanidades por servir a Dios; el cual, después de haberse retraído[7] a ser ermitaño, el dios de amor,
muy enojado porque sin su licencia lo había fecho,
una ninfa envía a le tentar, de tal suerte que forzado del amor deja los hábitos y la religión.*

Interlocutores:

CRISTINO, JUSTINO, FEBEA, AMOR

CRISTINO
En buena hora estés, Justino.

JUSTINO
¡Oh Cristino!
Tú vengas también en tal,
amigo mío leal.
¿Fasta dó llevas camino?

CRISTINO
Fasta aquí vengo no más.

JUSTINO
¿Y no vas
adelante más de aquí?

CRISTINO
Que no vengo sino a ti
ver qué consejo me das.

JUSTINO
Debes de buscar consejo
de hombre viejo.

CRISTINO
Soncas,[8] por el tuyo vengo.

JUSTINO
Pues para mí no lo tengo,
hallarás mal aparejo.
… … … … … … … … … …

CRISTINO
Ya sabes, Justino hermano,
cuán liviano
y cuán breve es este mundo;
y esto por razón me fundo
que es como flor de verano,
que si sale a la mañana
fresca y sana
a la noche está ya seca;
que muy presto se trastrueca,

---

[5] paso entre montañas.   [6] no se cuida, no se preocupa.
[7] retirado.   [8] a fe, en verdad, por cierto.   [9] para siempre, para todos los siglos.   [10] dura.

[11] el zurrón es la bolsa o saco y el cayado el palo
o bastón que usan los pastores.   [12] flauta rústica de
caña que tocan (tañen) los pastores.   [13] imagino, pienso.   [14] fué.

y más pierde quien más gana.

… … … … … … … … … … …

    Quiero buscar una ermita
benedita,
do penitencia hacer,
y en ella permanecer
para sécula infinita.[9]
Si cuanto mal y cuidado
he pasado
por amores e señores,
sufriera por Dios dolores,
ya fuera canonizado.
    Cualquiera cosa fenece
y perece,
salvo el bien hacer no más.
Dí, ¿qué consejo me das?
Quiero ver qué te parece.

    JUSTINO
Seguir las santas pisadas
y sagradas
es muy bueno cuando tura;[10]
mas cierto, cosa es muy dura
dejar las cosas usadas.
    ¿Cómo podrás olvidar
y dejar
nada de estas cosas todas,
de bailar, danzar en bodas,
correr, luchar y saltar?
Yo lo tengo por muy duro.
Te lo juro,
dejar zurrón e cayado[11]
y de silbar el ganado;
no podrás, yo te seguro.
… … … … … … … … … … …
    Pues si digo el gasajar
del cantar
y el tañer de caramillos[12]
y el sonido de los grillos,
es para nunca acabar.

    CRISTINO
Dejar todo determino
ya, Justino,
porque el alma esté sin queja,
más merece quien más deja;
no me estorbes el camino.

    JUSTINO
    De estorbarte no hayas miedo,
que no puedo;
mas cierto, mucho me pesa,
que tomas muy grande empresa,
e sin ti muy solo quedo.

    CRISTINO
Yo me parto ya de ti
desde aquí.

    JUSTINO
Hora vete ya, pues quieres;
plega a Dios que perseveres
y ruegues a Dios por mí.

(Vase Cristino.)
(Habla consigo Justino.)

¡Quién dijera que Cristino,
mi vecino,
viniera a ser ermitaño!
No creo que cumpla el año,
a según que de él magino.[13]
… … … … … … … … … … …

(Entra el Amor.)

    AMOR
¡Ah, pastor; verás, pastor!

    JUSTINO
¿Qué, señor?

    AMOR
Escucha.

    JUSTINO
        Digo, ¿qué hú?[14]

    AMOR
Ven acá.

    JUSTINO
        ¿Quién eres tú?

    AMOR
Yo soy el dios del amor.

    JUSTINO
Del amor dices que eres;
y ¿qué quieres?

    AMOR
Yo te diré lo que quiero.
¿Qué es de tu compañero?

    JUSTINO
Despidióse de placeres.
    Fuése por esa montaña
tan extraña,
por huir de tu potencia.

    AMOR
Pues se fué sin mi licencia,
yo le mostraré mi saña.
Yo haré su triste vida
dolorida
ser más áspera y más fuerte,
deseosa de la muerte,
que es peor la recaída.

    JUSTINO
    Más pareces, a mi ver
y entender,

lechuza que no Cupido.
Eres ciego y buscas ruido,
poco mal puedes hacer.
Traes arco con saetas
muy perfetas,
y tú no ves a tirar:
tienes alas, sin volar;
tus virtudes son secretas.

AMOR
Yo soy ciego, porque ciego
con mi fuego;
saetas con arco trayo[15]
y alas, porque como un rayo
hiero en el corazón luego.
A Cristino, aquel traidor
de pastor,
por tomar fuerzas conmigo,
yo le daré tal castigo,
que en otros ponga temor.
... ...

JUSTINO
Allá te ve[16] con tu tiento
y tormento;
déjame estar aquí solo;
vete a Cristino.

AMOR
                    Y a dolo.[17]
JUSTINO
Allá está en su convento.
También yo quiero tentar
y probar
mi rabé[18] qué tal está.

AMOR
Comienza, tiéntale ya,
que ya te quiero dejar.
(Vase Justino.)

¡Oh ninfa, mi Febea!
Porque vea
la fe que tienes a mí
me quiero servir de ti
en lo que mi fe desea.

FEBEA
¡Oh Cupido muy amado,
deseado
de los hombres e mujeres!
Manda tú lo que quisieres,
no saldré de tu mandado.

AMOR
Pues si quieres contentarme

y agradarme,
pon luego pies en camino,
vete donde está Cristino,
porque de él quiero vengarme,
y dale tal tentación,
que afición
le ponga tal pensamiento
que desampare el convento,
y deje la religión.
    Mas en viéndole encendido
sin sentido,
no te pares más allá.
Torna luego por acá,
que él verá quién es Cupido.
Yo le daré tantos males
tan mortales
que se muera de despecho.
Meteré dentro en su pecho
los más de mis oficiales.
... ...
    Yo haré gran fortaleza
con tristeza
dentro de su corazón;
alzarán por mí pendón
la lealtad e firmeza;
pondréle con grande enojo
tal antojo,
que quiera desesperar;
él se pensó santiguar,
yo haré que se quiebre el ojo.
... ...

FEBEA
Yo te tengo ya entendido
bien, Cupido.

AMOR
Déjame, que tú verás:
no te pares aquí más.

FEBEA
Con tu gracia, me despido.

AMOR
Todo mi poder te doy,
e aun yo voy
a verme después con él,
dándole pena cruel,
porque sepa quién yo soy.
(Vase Amor.)

FEBEA
Deo gracias, mi Cristino,
¿dó, te vino
tan gran desesperación,

---

15 traigo.   16 vete.   17 Así en todas las ediciones modernas. «Dolo» significa engaño, fraude. Pero posiblemente debería leerse «y adó lo», es decir, «¿dónde está, dónde lo encontraré?»   18 rabel, otro instrumento pastoril.
19 quien acá viva sin falta irá al cielo.   20 me hablas.
21 quieres.   22 apartado.

que dejaste tu nación
por seguir otro camino?

CRISTINO

Febea, Dios te perdone,
que me pone
tu vista en gran sobresalto:
quien acá no fuere falto,
para el cielo se traspone.[19]

FEBEA

Vivir bien es gran consuelo,
con buen celo,
como santos gloriosos:
no todos los religiosos
son los que suben al cielo;
también servirás a Dios
entre nos;
que más de buenos pastores
hay que frailes y mejores
y en tu tierra más de dos.

… … … … … … … … … … …

CRISTINO

Adiós te queda, Febea;
no me vea
por te ver perder el alma;
a quien vence dan la palma,
triunfa quien bien pelea.

FEBEA

Ven acá, padre bendito,
muy contrito;
aquí soy por ti venida,
quiérote más que a mi vida,
¿y párlasme[20] tan poquito?

CRISTINO

Señora mía, ¿qué quieres?
Con mujeres
no debo tener razones;
a la estopa los tizones
presto muestran sus poderes.

… … … … … … … … … … …

¡Ay Febea, que de verte,
ya la muerte
me amenaza del amor!

FEBEA

Torna, tórnate pastor,
si quies[21] que quiera quererte.
    Así no te puedo ver,
ay querer,
aunque quiera serte amiga.

CRISTINO

¡Ay triste! ¡No sé qué diga;
ya no soy en mi poder;
no puedo dejar amores
ni dolores.

Pues que no quieres dejarme,
forzado será tornarme
a la vida de pastores.
(*Vase Febea.*)

    ¡Mi Febea se me es ida;
ya no hay vida
en mi vida ni se halla!
Forzado será buscalla,
pues que el amor no me olvida.
¡Qué digo, qué digo yo!
Dios me dió
razón e libre albedrío.
¡Oh qué mal seso es el mío,
que tan presto se volvió!

… … … … … … … … … … …

    ¡Ay, que todo aquesto siento,
y consiento
yo mesmo mi perdición!
Ya ni quiero religión
ni quiero estar en convento.
Falso amor, si me dejases
y olvidases,
yo viviría seguro
metido tras este muro,
si tú no me perturbases.

… … … … … … … … … … …

    Ya del mundo estoy muy quito.[22]
Soy ermito,
no sé para qué me quieres;
tus pesares, tus placeres
son de dolor infinito.

AMOR

¿De qué te quejas de mí?
Heme aquí,
Cristino, bien te he escuchado;
pues sin causa me has dejado,
quéjate sólo de ti.
    Ingrato, desconocido.

CRISTINO

¡Oh Cupido,
desmesurado garzón!
¡Aun en esta religión
me quieres tener vencido!

AMOR

Hete dado mil favores
en amores,
y agora tú me dejabas;
creo que ya te pensabas
ser libre de mis dolores.
    Si los hábitos no dejas,
dos mil quejas
me darás sin ser oído,
y serás más perseguido
cuanto más de mí te alejas.

CRISTINO
A mí me place dejar
y mudar
aquestos hábitos luego;
mas una merced te ruego
que me quieras otorgar.

AMOR
¿Qué merced quieres de mí
hora,[23] dí?
Que yo te quiero otorgalla,
aunque era razón negalla
mirando, Cristino, a ti.

CRISTINO
Pues me muero por Febea,
haz que sea
su querer igual al mío;
que en tu esperanza confío
ver lo que mi fe desea.

AMOR
Pláceme; la fe te doy
de quien soy,
de daros buena igualanza,
porque cumplas tu esperanza,
e mira que yo me voy;
no te acontezca jamás
desde hoy más
retraerte a religión;
si no, sin ningún perdón
bien castigado serás.

CRISTINO
Yo te seré buen subiecto,[24]
te prometo.
(Vase el Amor.)

¡Oh! ¿Si fuese aquel Justino
que viene por el camino
allí junto cabe el seto?

JUSTINO
¡Ah, Cristino, Deo gracias!
Bien te espacias;
yo no sé cómo te ha ido.

CRISTINO
Después que aquí soy venido
me han venido mil desgracias.

JUSTINO
¿Desgracias te son venidas
desmedidas?

CRISTINO
Y ¿cómo en duda lo pones?
He pasado tentaciones
que nunca fueron oídas.

JUSTINO
¡Tentaciones has pasado,
oh cuitado!
Bien te dije yo primero
que ser pastor o vaquero
era muy gran gasajado.[25]
... ...
Y es la vida del pastor
muy mejor,
de más gozo y alegría;
la tuya de día en día
irá de mal en peor.

CRISTINO
Ahotas,[26] Justino, que es
sin revés
la verdad eso que habras;[27]
más huelgo una hora entre cabras
que en ermitas todo un mes.

JUSTINO
Bien lo creo, juro a nos,
según sos[28]
Cristino regocijado;
aun quizá con el ganado
servirás mejor a Dios.

CRISTINO
Y más hora, que Cupido
me es venido
con una ninfa a tentar,
e muy mal amenazar
porque le puse en olvido.
... ...
JUSTINO
Vámonos para el lugar
sin tardar,
deja los hábitos ende,[29]
dalos por Dios, o los vende,
no los cures de llevar.

CRISTINO
De los hábitos, te juro,
no me curo;
tú, Justino, me los quita,
allí dentro en el ermita
quedarán, yo te aseguro.
... ...

---

23 ahora.   24 súbdito.   25 alegría.   26 por cierto, en verdad.   27 hablas.   28 sois, estás.   29 allá.   30 interjecciones que sirven para animar y dar prisa al interlocutor.
31 querido.   32 place.   33 golpe que se da con la mano en el zapato al saltar en el baile.   34 «asmar» en la lengua antigua significa pensar, juzgar, pero aquí más bien parece significar igual que «embelezado» o «embelesado», es decir, cautivado o aturdido por la belleza de la zagala.   35 falta.

JUSTINO

Ni cures de más pensar
ni dudar;
amuestra placer, pues vienes,
fíngelo, pues no lo tienes,
trabaja por te alegrar.

CRISTINO

Donde está la gran tristura
y amargura,
Justino, como la mía,
mal se finge el alegría,
sobre negro no hay tintura.

Mira cuán deshecho estoy,
que me voy
a la muerte por amores:
con estos y otros dolores
ya no semejo quién soy.

JUSTINO

Ora sus, sus,³⁰ caminemos,
no tardemos,
vamos al lugar, carillo,³¹
que nuestro poco a poquillo
todo lo remediaremos.
¿El bailar has olvidado?
Dios loado.

CRISTINO

Cuido que no, compañón;
hazme, por probar, un son.

JUSTINO

Que me prace³² muy de grado.
¿Qué son quieres que te haga?
… … … … … … … … … … …

CRISTINO

Uno de los que tañías
a la boda de Pascuala;
aquése, aquése es galán,
juro a san,
mira cómo lo repico;
yo te juro y certifico
que los pies tras él se van.

JUSTINO

¡Pega, pégale, mozuelo,
muy sin duelo;
no hay quien en medio se meta,
alto y bajo y zapateta³³
y el grito puesto en el cielo!
¡A ello, no te desmayes,
que bien caes
punto por punto en el son;
dale, dale, compañón,
esfuerza, que te descaes!
… … … … … … … … … … …

Mira tú si quieres más,
dí, verás.

CRISTINO

Ya me traes muy cansado.

JUSTINO

No tienes nada olvidado.

CRISTINO

Ni lo olvidaré jamás.

JUSTINO

Estabas allí aturdido
y aburrido
metido en aquella ermita.

CRISTINO

Aun ora no se me quita
la turbación que he sentido.

Fin

Perturbéme tanto, tanto,
que es espanto,
de aquella ninfa que vi;
por tu fe, Justino, dí
en su nombre algún buen canto.

JUSTINO

No sé qué cantar me diga.

CRISTINO

Por amiga,
que quiero mucho querella.

JUSTINO

Sobre saber quién es ella
será bueno que se diga.

Villancico

—Torna ya, pastor, en ti;
dime, ¿quién te perturbó?
—No me lo preguntes, no.
—Torna, torna en tu sentido,
que vienes embelezado.
—Tan linda zagala he vido³⁴
que es por fuerza estar asmado.
—Parte conmigo el cuidado,
dime, ¿quién te perturbó?
—No me lo preguntes, no.
—Pues que saber no te mengua,³⁵
da razón de tu razón.
—Al más sabio falta lengua
viendo tanta perfección.
—Cobra, cobra corazón,
dime, ¿quién te perturbó?
No me lo preguntes, no.
—¿Es quizás, soncas, Pascuala?
Cuido que debe ser ella.

—A la fe, es otra zagala
que relumbra más que estrella.
　—Asmado vienes de vella,
dime, ¿quién te perturbó?
　　—No me lo preguntes, no.
　　—Esa tal, según que veo,
vayan al cielo a buscalla.

　—Es tan alta, que el deseo
no se atreve a desealla.
　—Porque te ayude a alaballa,
dime, ¿quién te perturbó?
　　—No me lo preguntes, no.

FIN

ÉPOCA DE LOS REYES CATÓLICOS: PROSA

Hernando del Pulgar
1436?-1493?

CLAROS VARONES DE CASTILLA

Personaje criado en la corte de Juan II y Enrique IV, tomó, como otros escritores de esta época, parte muy activa en los acontecimientos políticos del reinado de este último y de los primeros años del de los Reyes Católicos, de quienes llegó a ser secretario y cronista. Su obra más notable es la serie de biografías titulada *Claros varones de Castilla*. Sigue el modelo establecido por Fernán Pérez de Guzmán en *Generaciones y semblanzas*. Los retratos de Hernando del Pulgar son más largos que los de su maestro y precursor. Carece, por tanto, de la penetrante concisión que a éste caracteriza, pero le supera en el giro elegante de su prosa, que posee ya el sello marcado del humanismo renacentista. Además de la *Crónica de los Reyes Católicos*, escribió, entre otras obras, unas *Glosas a las Coplas de Mingo Revulgo*. Dejó también un número considerable de *Letras* o cartas dirigidas a diferentes personajes, algunas de las cuales constituyen verdaderos tratados breves y hacen que se pueda considerar a Hernando del Pulgar como precursor del género epistolar, en el cual sobresalieron más tarde escritores como Antonio de Guevara y Antonio Pérez.

Texto, ed. Domínguez Bordona, *Clásicos Castellanos*.

El Marqués de Santillana

Don Íñigo López de Mendoza, marqués de Santillana e conde del Real de Manzanares, señor de la casa de la Vega, fijo del almirante don Diego Hurtado de Mendoza e nieto de Pero González de Mendoza, señor de Álava, fué hombre de mediana estatura, bien proporcionado en la compostura de sus miembros e fermoso en las facciones de su rostro, de linaje noble castellano e muy antiguo.

Era hombre agudo e discreto, y de tan gran corazón, que ni las grandes cosas le alteraban ni en las pequeñas le plácía entender.[1] En la continencia de su persona e en el razonar de su fabla mostraba ser hombre generoso y magnánimo. Fablaba muy bien e nunca le oían decir palabra que no fuese de notar, quier[2] para doctrina quier para placer. Era cortés e honrador de todos los que a él venían, especialmente de los hombres de ciencia.

Muertos el almirante, su padre, e doña Leonor de la Vega, su madre, e quedando bien pequeño de edad, le fueron ocupadas[3] las Asturias de Santillana e gran parte de los otros sus bienes; e como fué en edad que conoció ser defraudado en su patrimonio, la necesidad que despierta el buen entendimiento e el corazón grande que no deja caer sus cosas le ficieron poner tal diligencia, que veces por justicia, veces por las armas, recobró todos sus bienes.

Fué muy templado en su comer e beber, e en esto tenía una singular continencia.

Tuvo en su vida dos notables ejercicios: uno, en la disciplina militar, otro en el estudio de la ciencia; e ni las armas le ocupaban el estudio, ni el estudio le impedía el tiempo para platicar con los caballeros e escuderos de su casa en la forma de las armas necesarias para defender, e cuáles habían de ser para ofender, e cómo se había de ferir al enemigo, e en qué manera habían de ser ordenadas las batallas e la disposición de los reales, cómo se habían de combatir y defender las fortalezas e las otras cosas que requiere el ejercicio

---

¹ ni daba importancia a las cosas pequeñas. ² ya fuera. ³ invadidas, tomadas [por sus deudos y parientes]. ⁴ hábito, costumbre. ⁵ antes de la lucha. ⁶ valiente. ⁷ se arriesgó. ⁸ aunque. ⁹ además. ¹⁰ de necesidad.

¹¹ agradecía. ¹² por mucho que. ¹³ abundancia. ¹⁴ complexión, constitución orgánica; se aplicaba al conjunto de humores, acepción que tiene la palabra en la línea siguiente. ¹⁵ deuda.

de la caballería: e en esta plática se deleitaba por la gran habituación[4] que en ella tuvo en su mocedad. E porque los suyos supiesen por experiencia lo que le oían decir por doctrina, mandaba continuar en su casa justas e ordenaba que se ficiesen otros ejercicios de guerra, porque sus gentes, estando habituados en el uso de las armas, les fuesen menores los trabajos de la guerra.

Era caballero esforzado, e ante de la facienda[5] cuerdo y templado, e puesto en ella, era ardid[6] e osado; e ni su osadía era sin tiento, ni en su cordura se mezcló jamás punto de cobardía.

Fué capitán principal en muchas batallas que hubo con cristianos e con moros donde fué vencedor y vencido; especialmente hubo una batalla contra los aragoneses cerca de Araviana, otra batalla cerca del río de Torote, e estas dos batallas fueron muy heridas e sangrientas; porque peleando e no huyendo, murieron de ambas partes muchos hombres e caballos; en las cuales porque este caballero se falló en el campo con su gente, aunque los suyos vido ser en número mucho menor que los contrarios; pero porque viendo al enemigo delante reputaba mayor mengua volver las espaldas sin pelear, que morir o dejar el campo peleando, cometióse[7] a la fortuna de la batalla, e peleó con tanto vigor y esfuerzo, que como quier que[8] fué herido e vencido pero su persona ganó honra e reputación de valiente capitán...

Daba liberalmente todo lo que a él como a capitán mayor pertenecía de las presas que se tomaban e allende[9] de aquello les repartía de lo suyo en los tiempos necesarios:[10] e al que le regradescía[11] las dádivas que daba solía decir: «Si deseamos bienes al que bien nos da, debémoslos dar al que bien nos desea.» E guardando su continencia con graciosa liberalidad, las gentes de su capitanía le amaban; e temiendo de le enojar, no salían de su orden en las batallas...

Conocidas por el rey don Juan las claras virtudes de este caballero, e cómo era digno de dignidad, le dió título de marqués de Santillana, e le fizo conde del Real de Manzanares, e le acrecentó su casa e patrimonio. Otrosí confiaba de él su persona, e algunas veces la gobernación de sus reinos: el cual gobernaba con tanta prudencia que los poetas decían por él que en corte era gran Febo, por su clara gobernación, e en campo Aníbal por su gran esfuerzo.

Era muy celoso de las cosas que a varón pertenecía facer, e tan represor de las flaquezas que veía en algunos hombres, que como viese llorar a un caballero en el infortunio que estaba, movido con alguna ira le dijo: «¡Oh, cuán digno de reprensión es el caballero que por ningún grave infor-

tunio que le venga derrama lágrimas, sino a los pies del confesor!»

Era hombre magnánimo, y esta su magnanimidad le era ornamento e compostura de todas las otras virtudes. Acaecióle un día que fablándole en su facienda e ofreciéndole acrecentamiento de sus rentas, como hombre poco atento en semejantes pláticas, respondió: «Eso que decís no es mi lenguaje: fablad», dijo él, «esa cosa allá con hombres que mejor la entiendan». E solía decir a los que procuraban los deleites que mucho más deleitable debía ser el trabajo virtuoso que la vida sin virtud, cuanto quier[12] que fuese deleitable...

Este caballero ordenó en metros los proverbios que comienzan: *Fijo mío mucho amado*, etc., en los cuales se contienen casi todos los preceptos de la fisolofía moral que son necesarios para virtuosamente vivir. Tenía gran copia[13] de libros, dábase al estudio, especialmente de la fisolofía moral e de cosas peregrinas e antiguas. Tenía siempre en su casa doctores e maestros con quien platicaba en las ciencias e lecturas que estudiaba. Fizo asimismo otros tratados en metros e en prosa muy doctrinables para provocar a virtudes e refrenar vicios; e en estas cosas pasó lo más del tiempo de su retraimiento.

Tenía gran fama e claro renombre en muchos reinos fuera de España, pero reputaba mucho más la estimación entre los sabios, que la fama entre los muchos. E porque muchas veces vemos responder la condición de los hombres a su complisión[14] e tener siniestras inclinaciones aquellos que no tienen buenas complisiones, podemos sin duda creer que este caballero fué en gran cargo[15] a Dios por le haber compuesto la natura de tan igual complisión que fué hábil para recibir todo uso de virtud e refrenar sin gran pena cualquier tentación de pecado.

No quiero negar que no tuviese algunas tentaciones de las que esta nuestra carne suele dar a nuestro espíritu, e que algunas veces fuese vencido, quier de ira, quier de lujuria, o que excediese faciendo, o faltase alguna vez no faciendo lo que era obligado: porque estando como estuvo envuelto en guerras e en otros grandes fechos que por él pasaron difícil fuera entre tanta multitud de errores vivir sin errar. Pero si verdad es que las virtudes dan alegría e los vicios traen tristeza, como sea verdad que este caballero lo más del tiempo estaba alegre, bien se puede juzgar que mucho más fué acompañado de virtudes que dan alegría que señoreado de vicios que ponen tristeza...

Feneció sus días en edad de sesenta e cinco años con gran honra e prosperidad: e si se puede decir que los hombres alcanzan alguna felicidad después de muertos, según la opinión de algunos, creeremos sin duda que este caballero la hubo;

porque dejó seis fijos varones, e el mayor que heredó su mayorazgo lo acrecentó e subió en dignidad de duque, e el segundo fijo fué conde de Tendilla, e el tercero fué conde de Curuña, e el cuarto fué cardenal de España e arzobispo de Toledo e obispo de Sigüenza, e uno de los mayores prelados que en sus días hubo en la iglesia de Dios: e a estos cuatro e a los otros dos, que se llamaron Juan e don Hurtado, dejó villas e lugares e rentas, de que fizo cinco casas de mayorazgos, allende de su casa e mayorazgo principal.

De Rodrigo de Narváez

¿Quién fué visto ser más industrioso ni más acebto[16] en los actos de la guerra que Rodrigo de Narváez, caballero fijodalgo, a quien por notables fazañas que contra los moros fizo le fué cometida[17] la ciudad de Antequera, en la guarda de la cual y en los vencimientos que fizo a los moros ganó tanta honra y estimación de buen caballero que ninguno en sus tiempos la hubo mayor en aquellas fronteras? Y es de considerar que como quier que los moros son hombres belicosos, astutos e muy engañosos en las artes de la guerra e varones robustos e crueles, e aunque poseen tierra de grandes e altas montañas e de lugares tanto ásperos e fragosos que la disposición de la misma tierra es la mayor de su defensa; pero la fuerza y el esfuerzo de estos caballeros e de otros muchos nobles e fijosdalgo vuestros naturales[18] que continuaron guerra con ellos, siempre los oprimieron a que diesen parias a los reyes vuestros progenitores e se ofreciesen por sus vasallos. E ni estos grandes señores e caballeros e fijosdalgo de quien aquí con causas razonables es fecha memoria, ni los otros pasados que, guerreando, a España la ganaron del poder de los enemigos, no mataron por cierto sus fijos como ficieron los cónsules Bruto y Torcato, ni quemaron sus brazos, como fizo Cévola, ni ficieron en su propia sangre las crueldades que repugna la natura e defiende la razón; mas con fortaleza e perseverancia e con prudencia e diligencia, con justicia e con clemencia, ganando el amor de los suyos, e siendo terror a los extraños, gobernaron huestes, ordenaron batallas, vencieron los enemigos, ganaron tierras ajenas e defendieron las suyas.

Yo por cierto no vi en mis tiempos ni leí que en los pasados viniesen tantos caballeros de otros reinos e tierras extrañas a estos vuestros reinos de Castilla e de León por facer en armas a todo trance, como vi que fueron caballeros de Castilla a la buscar por otras partes de la cristiandad. Conocí al conde don Gonzalo de Guzmán, e a Juan de Merlo; conocí a Juan de Torres e a Juan de Polanco, Alfarán de Vivero e a Mosén Pero Vázquez de Sayavedra, a Gutierre Quixada e a mosén Diego de Valera; e oí decir de otros castellanos que con ánimo de caballeros fueron por los reinos extraños a facer armas con cualquier caballero que quisiese facerlas con ellos e por ellas ganaron honra para sí e fama de valientes y esforzados caballeros para los fijosdalgo de Castilla. Asimismo supe que hubo guerra en Francia e en Nápoles e en otras partes donde concurrieron gentes de muchas naciones, e fuí informado que el capitán francés o el italiano tenía entonces por muy bien fornecida[19] la escuadra de su gente cuando podía haber en ella algunos caballeros castellanos, porque conocía de ellos tener esfuerzo e constancia en los peligros más que los de otras naciones. Vi también guerras en Castilla e durar algunos tiempos; pero no vi que viniesen a ella guerreros de otras partes; porque así como ninguno piensa llevar fierro a la tierra de Vizcaya, donde ello nace, bien así los extranjeros reputaban a mal seso venir a mostrar su valentía a la tierra de Castilla do saben que hay tanta abundancia de fuerzas y esfuerzos en los varones de ella, que la suya será poco estimada.

Así que, reina muy excelente, estos caballeros e prelados e otros muchos naturales de vuestros reinos, de que no fago aquí mención por ocupación de mi persona, alcanzaron con sus loables trabajos que hubieron e virtudes que siguieron, el nombre de varones claros de que sus descendientes en especial se deben arrear,[20] e todos los fijosdalgo de vuestros reinos deben tomar ejemplo para limpiamente vivir porque puedan fenecer sus días en toda prosperidad, como éstos vivieron e fenecieron. Lo cual sin duda todo hombre podrá facer sacudiendo de sí malas aficiones e pensamientos torpes, que al principio prometen dulzura e a la fin paren tristeza e disfamia....[21]

LETRAS

Letra de Fernando del Pulgar contra los males de la vejez

Señor doctor Francisco Núñez, físico: yo, Fernando del Pulgar, escribano, parezco[22] ante vos y digo: que padeciendo gran dolor de la ijada y

---

[16] considerando.   [17] encomendaba.   [18] súbditos (se dirige el autor a la Reina Católica).   [19] provista, equipada.   [20] adornar, enorgullecerse.

[21] deshonra.   [22] comparezco, me presento.   [23] Cicerón.   [24] lo que conforta o da aliento.   [25] a la fuerza.   [26] allegados, parientes.   [27] a menudo y pronto.   [28] fórmula latina de despedida.

otros males que asoman con la vejez, quise leer a Tulio[23] *de senectute,* por haber de él para ellos algún remedio; y no le dé Dios más salud al alma de lo que yo fallé en él para mi ijada. Verdad es que da muchas consolaciones y cuenta muchos loores de la vejez, pero no provee de remedio para sus males. Quisiera yo fallar un remedio solo más por cierto, señor físico, que todas sus consolaciones; porque el conorte[24] cuando no quita dolor, no pone consolación; y así quedé con mi dolor y sin su consolación.

Quise ver eso mismo el segundo libro que fizo de las *Quistiones Tosculanas,* do quiere probar que el sabio no debe haber dolor, y si lo hubiere lo puede desechar con virtud. Yo, señor doctor, como no soy sabio, sentí el dolor, y como no soy virtuoso, no le pude desechar, ni lo desechara el mismo Tulio, por virtuoso que fuera, si sintiera el mal que yo siento; así que para las enfermedades que vienen con la vejez fallo que es mejor ir al físico remediador que al filósofo consolador...

Loa también la vejez porque está llena de autoridad y de consejo; y por cierto dice verdad, como quiera que yo he visto muchos viejos llenos de días y vacíos de seso, a los cuales ni los años dieron autoridad ni la experiencia pudo dar doctrina, y ser corregidos de algunos mancebos. Y si algunos viejos hay que sepan, aun éstos dicen: si supiera cuando mozo lo que agora sé cuando viejo, otramente hubiera vivido: de manera que si el mozo no face lo que debe porque no sabe, menos lo face el viejo porque no puede.

Loa también el señor Tulio la vejez porque está cerca de ir a visitar los buenos en la otra vida, y de esta visitación veo yo que todos huímos y huyera el mismo Tulio si no le tomaran a manos[25] y le enviaran su camino a facer esta visitación que mucho loó y poco deseó. Porque fablando con su reverencia, uno de los mayores males que padece el viejo es el pensamiento de tener cercana la muerte, el cual le face no gozar de todos los otros bienes de la vida; porque todos naturalmente querríamos conservar este ser, y esto acá no puede ser, porque cuanto más esta vida crece, tanto más decrece, y cuanto más anda, tanto más va a no andar.

Y lo más grave que yo veo, señor doctor, es que si el viejo quiere usar como viejo, huyen de él; si como mozo, burlan de él. No es para servir porque no puede; no para servido porque riñe; no para en compañía de mozos porque el tiempo les apartó la conversación; menos le pueden convenir los viejos porque la vejez desacuerda sus propósitos. Comen con pena, purgan con trabajo; enojosos a los que los menean; aborrecibles a los propincuos,[26] si son pobres, porque tardan en morir; aborrecibles si son ricos y viven mucho porque tarda su herencia. Disfórmanseles los ojos, la boca y las otras facciones y miembros; enflaquécenseles los sentidos, y algunos se les privan; gastan, no ganan; fablan mucho, facen poco; y sobre todo la avaricia, que les crece juntamente con los días, la cual do quier que asienta ¿qué mayor corrupción puede ser en la vida?

Así que, señor físico, no sé yo qué pudo hallar Tulio que loar en la vejez... Y si alguna edad de la vida halló digna de loor, lo que niego, debiera, a mi parecer, loar la mocedad, antes que la vejez; porque la una es hermosa, la otra fea; la una sana, la otra enferma; la una alegre, la otra triste; la una enhiesta, la otra caída; la una recia, la otra flaca; la una dispuesta para todo ejercicio, la otra para ninguno, sino para gemir los males que cada hora de dentro y de fuera les nacen. Y por tanto, señor físico, sintiéndome agraviado de las consolaciones y pocos remedios de Tulio *de senectute,* como de ningunas y de ningún valor, apelo para ante vos, señor Francisco *de medicis,* y pido los emplastos necesarios *saepe et instantive:*[27] y requiéroos que me remediéis y no me consoléis. *Valete.*[28]

Antonio de Nebrija

1444-1522

Por este nombre es conocido Elio Antonio Martínez de Cala, el más famoso de los humanistas españoles del siglo XV, natural de Lebrija, provincia de Sevilla. Sus labores quedan en lo fundamental al margen de la literatura: enseñanza, diccionarios y arte de la lengua latina, comentarios de textos, etc. Su aportación principal a la cultura española fué la redacción de la primera *Gramática castellana,* publicada en 1492. Es la primera también de una lengua vulgar, por lo cual Nebrija fué uno de los grandes precursores en el campo de la lingüística moderna. El prólogo, que dirige a la Reina Isabel, debe figurar en una antología de la literatura, no sólo por su buena prosa, sino también porque, al exponer Nebrija sus propósitos, dejó un documento precioso del espíritu de su época.

GRAMÁTICA CASTELLANA

A la muy alta e así esclarecida princesa doña Isabel, la tercera de este nombre, reina y señora natural de España e las islas de nuestro mar. Comienza la gramática que nuevamente hizo el maestro Antonio de Lebrija sobre la lengua castellana. E pone primero el prólogo. Léelo en buen hora.

Cuando bien conmigo pienso, muy esclarecida reina, y pongo delante los ojos el antigüedad de todas las cosas que para nuestra recordación e memoria quedaron escritas, una cosa hallo e saco por conclusión muy cierta: que siempre la lengua fué compañera del imperio, e de tal manera lo siguió, que juntamente comenzaron, crecieron e florecieron, e después junta fué la caída de entrambos. Y dejadas agora las cosas muy antiguas de que apenas tenemos una imagen e sombra de la verdad, cuales son las de los asirios, indos, sicionios e egipcios, en los cuales se podría muy bien probar lo que digo, vengo a las más frescas e aquéllas especialmente de que tenemos mayor certidumbre, e primero a las de los judíos.

Cosa es que muy ligeramente se puede averiguar que la lengua hebraica tuvo su niñez, en la cual apenas pudo hablar. Y llamo yo agora su primera niñez todo aquel tiempo que los judíos estuvieron en tierra de Egipto. Porque es cosa verdadera o muy cerca de la verdad que los patriarcas hablarían en aquella lengua que trajo Abraham de tierra de los caldeos hasta que descendieron en Egipto, e que allí perderían algo de aquélla e mezclarían algo de la egipcia. Mas después que salieron de Egipto e comenzaron a hacer por sí mismos cuerpo de gente, poco a poco apartarían su lengua, cogida, cuanto yo pienso, de la caldea e egipcia, e de la que ellos tendrían comunicada entre sí, por ser apartados en religión de los bárbaros en cuya tierra moraban.

Así que comenzó a florecer la lengua hebraica en el tiempo de Moisén, el cual, después de enseñado en la filosofía e letras de los sabios de Egipto, e mereció hablar con Dios, e comunicar las cosas de su pueblo, fué el primero que osó escribir las antigüedades de los judíos e dar comienzo a la lengua hebraica. La cual, de allí en adelante, sin ninguna contención, nunca estuvo tan empinada cuanto en la edad de Salomón, el cual se interpreta pacífico porque en su tiempo con la monarquía floreció la paz, criadora de todas las buenas artes e honestas. Mas después que se comenzó a desmembrar el reino de los judíos, juntamente se comenzó a perder la lengua, hasta que vino al es-

tado en que agora la vemos, tan perdida que de cuantos judíos hoy viven ninguno sabe dar más razón de la lengua de su ley que de cómo perdieron su reino e del Ungido que en vano esperan.

Tuvo eso mismo la lengua griega su niñez, e comenzó a mostrar sus fuerzas poco antes de la guerra de Troya, al tiempo que florecieron en la música e poesía Orfeo, Lino, Museo, Amphion e poco después de Troya destruída, Homero e Hesiodo. Y así creció aquella lengua hasta la monarquía del gran Alexandre, en cuyo tiempo fué aquella muchedumbre de poetas, oradores e filósofos, que pusieron el colmo, no solamente a la lengua, mas aun a todas las otras artes e ciencias. Mas después que se comenzaron a desatar los reinos e repúblicas de Grecia, e los romanos se hicieron señores de ella, luego juntamente comenzó a desvanecerse la lengua griega e a esforzarse la latina.

De la cual otro tanto podemos decir: que fué su niñez con el nacimiento e población de Roma, e comenzó a florecer casi quinientos años después que fué edificada, al tiempo que Livio Andrónico publicó primeramente su obra en versos latinos. Y así creció hasta la monarquía de Augusto César, debajo del cual, como dice el Apóstol, *vino el cumplimiento del tiempo en que envió Dios a su Unigénito Hijo;* e nació el Salvador del mundo en aquella paz de que habían hablado los profetas e fué significada en Salomón, de la cual en su nacimiento los ángeles cantan: *Gloria en las alturas a Dios, e en la tierra paz a los hombres de buena voluntad.* Entonces fué aquella multitud de poetas e oradores que enviaron a nuestros siglos la copia[1] e deleites de la lengua latina: Tulio, César, Lucrecio, Virgilio, Horacio, Ovidio, Livio y todos los otros que después se siguieron hasta los tiempos de Antonio Pío. De allí, comenzando a declinar el imperio de los romanos, juntamente comenzó a caducar la lengua latina hasta que vino el estado en que la recibimos de nuestros padres, cierto tal que cotejada con la de aquellos tiempos, poco más tiene que hacer con ella que con la arábiga.

Lo que dijimos de la lengua hebraica, griega e latina, podemos muy más claramente mostrar en la castellana: que tuvo su niñez en el tiempo de los jueces e reyes de Castilla e de León, e comenzó a mostrar sus fuerzas en tiempo del muy esclarecido e digno de toda la eternidad el rey don Alfonso el Sabio, por cuyo mandado se escribieron las Siete Partidas, la General Historia, e fueron trasladados muchos libros de latín e arábigo en nuestra lengua castellana, la cual se extendió después hasta Aragón e Navarra, e de allí a Italia, siguiendo la compañía de los infantes que enviamos

---

1 abundancia.   2 purificada.   3 el mismo orden o   estilo.   4 interviniendo, mediando.   5 aprendía.

a imperar en aquellos reinos. Y así creció hasta la monarquía e paz de que gozamos, primeramente por la bondad e providencia divina; después por la industria, trabajo e diligencia de vuestra real Majestad; en la fortuna e buena dicha de la cual los miembros e pedazos de España, que estaban por muchas partes derramados, se redujeron e ajuntaron en un cuerpo e unidad de reino, la forma e trabazón del cual así está ordenada, que muchos siglos, injuria e tiempos no la podrán romper ni desatar.

Así que, después de repurgada[2] la cristiana religión, por la cual somos amigos de Dios, o reconciliados con Él; después de los enemigos de nuestra fe vencidos por guerra e fuerza de armas, de donde los nuestros recibían tantos daños e temían muchos mayores; después de la justicia e ejecución de las leyes que nos ajuntan e hacen vivir igualmente en esta gran compañía que llamamos reino e república de Castilla; no queda ya otra cosa sino que florezcan las artes de la paz.

Entre las primeras es aquella que nos enseña la lengua, la cual nos aparta de todos los otros animales e es propia del hombre e en orden la primera después de la contemplación que es oficio propio del entendimiento. Ésta hasta nuestra edad anduvo suelta e fuera de regla, e a esta causa ha recibido en pocos siglos muchas mudanzas porque si la queremos cotejar con la de hoy a quinientos años, hallaremos tanta diferencia e diversidad cuanta puede ser mayor entre dos lenguas.

Y porque mi pensamiento e gana siempre fué engrandecer las cosas de nuestra nación e dar a los hombres de mi lengua obras en que mejor puedan emplear su ocio, que agora lo gastan leyendo novelas o historias envueltas en mil mentiras e errores, acordé ante todas las otras cosas reducir en artificio este nuestro lenguaje castellano, para que lo que agora e de aquí adelante en él se escribiere pueda quedar en un tenor[3] e extenderse en toda la duración de los tiempos que están por venir. Como vemos que se ha hecho en la lengua griega e latina, las cuales por haber estado debajo de arte, aunque sobre ellas han pasado muchos siglos, todavía quedan en una uniformidad.

Porque si otro tanto en nuestra lengua no se hace como en aquéllas, en vano vuestros cronistas e historiadores escriben e encomiendan a inmortalidad la memoria de vuestros loables hechos e nosotros tentamos de pasar en castellano las cosas peregrinas e extrañas, pues que aquéste no puede ser sino negocio de pocos años. Y será necesaria una de dos cosas: o que la memoria de vuestras hazañas perezca con la lengua, o que ande peregrinando por las naciones extranjeras, pues que no tiene propia casa en que pueda morar. En la zanja

de la cual yo quise echar la primera piedra, e hacer en nuestra lengua lo que Zenodoto en la griega e Crates en la latina; los cuales, aunque fueron vencidos de los que después de ellos escribieron, a lo menos fué aquélla su gloria e será nuestra que fuimos los primeros inventores de obra tan necesaria. Lo cual hicimos en el tiempo más oportuno que nunca fué hasta aquí por estar ya nuestra lengua tanto en la cumbre, que más se puede temer el descendimiento de ella que esperar la subida.

Y seguirse ha otro no menor provecho que aquéste a los hombres de nuestra lengua que querrán estudiar la gramática del latín; porque después que sintieron bien el arte del castellano, lo cual no será muy difícil, porque es sobre la lengua que ya ellos sienten, cuando pasaren al latín no habrá cosa tan oscura que no se les haga muy ligera, mayormente enterveniendo[4] aquel Arte de la Gramática que me mandó hacer vuestra Alteza, contraponiendo línea por línea el romance al latín; por la cual forma de enseñar no sería maravilla saber la gramática latina, no digo yo en pocos meses, mas aun en pocos días, e mucho mejor que hasta aquí se deprendía[5] en muchos años.

El tercero provecho de este mi trabajo puede ser aquel que, cuando en Salamanca di la muestra de aquesta obra a vuestra real Majestad, e me preguntó que para qué podía aprovechar, el muy reverendo padre Obispo de Ávila me arrebató la respuesta, e respondiendo por mí dijo que después que vuestra Alteza metiese debajo de su yugo muchos pueblos bárbaros e naciones de peregrinas lenguas e con el vencimiento aquéllos tendrían necesidad de recibir las leyes que el vencedor pone al vencido e con ellas nuestra lengua; entonces por esta mi Arte podrían venir en el conocimiento de ella, como agora nosotros deprendemos el arte de la gramática latina para deprender el latín.

Y cierto así es que no solamente los enemigos de nuestra fe, que tienen la necesidad de saber el lenguaje castellano, mas los vizcaínos, navarros, franceses, italianos e todos los otros que tienen algún trato e conversación en España e necesidad de nuestra lengua, si no vienen desde niños a la deprender por uso, podránla más aína saber por esta mi obra...

Y así, después que yo deliberé, con gran peligro de aquella opinión que muchos de mí tienen, sacar la novedad de esta mi obra de la sombra e tinieblas escolásticas a la luz de vuestra corte, a ninguno más justamente pude consagrar este mi trabajo que a aquélla en cuya mano e poder no menos está el momento de la lengua que el arbitrio de todas nuestras cosas.

Fernando de Rojas

m. 1541?

LA CELESTINA

La crítica no ha logrado aclarar todavía de manera satisfactoria ni la biografía de Rojas ni los numerosos problemas eruditos relacionados con *La Celestina*, o *Tragicomedia de Calisto y Melibea*. Sin embargo, parece verdad ya establecida que Rojas es el autor de la mayor parte de la obra, sea en la versión primitiva de dieciséis actos (Burgos, 1499), sea en su forma definitiva de veintiún actos (Sevilla, 1501), en la que hoy se lee. Lo que nadie discute es el excepcional valor literario de esta creación, con la que se inicia la gran literatura clásica española. Ese valor estriba, entre otras muchas cosas, en la verdad humana de sus personajes, en el dramático aliento de pasión que por toda la obra se respira, en la expresiva riqueza de su estilo, en su profunda concepción de la vida, en la complejidad de elementos artísticos que combina y unifica. Edad Media y Renacimiento, lo cómico y lo trágico, el análisis de los más bajos apetitos junto a los sentimientos más refinados, la pintura de las capas sociales inferiores, tomada de la realidad, junto con la de los amantes ideales recibida de la tradición literaria, y la técnica narrativa de la novela con la acción dialogada del teatro, el lenguaje más popular con el más literariamente estilizado: todo ello lo funde Rojas en un molde nuevo para crear esta obra única en muchos aspectos. En ella también da figura y vida a uno de los personajes más universales de la literatura, la vieja Celestina.

Texto, ed. J. Cejador, *Clásicos Castellanos.*

SÍGUESE LA COMEDIA DE CALISTO Y MELIBEA

compuesta en reprehensión de los locos enamorados, que, vencidos en su desordenado apetito, a sus amigas llaman y dicen ser su dios. Asimesmo hecha en aviso de los engaños de las alcahuetas y malos y lisonjeros sirvientes

ARGUMENTO DE TODA LA OBRA

Calisto fué de noble linaje, de claro ingenio, de gentil disposición, de linda crianza, dotado de muchas gracias, de estado mediano. Fué preso en el amor de Melibea, mujer moza, muy generosa, de alta y serenísima sangre, sublimada en próspero estado, una sola heredera a su padre, Pleberio, y de su madre, Alisa, muy amada. Por solicitud del pungido[1] Calisto, vencido el casto propósito de ella (entreveniendo[2] Celestina, mala y astuta mujer, con dos sirvientes del vencido Calisto, engañados y por ésta tornados desleales, presa su fidelidad con anzuelo de codicia y de deleite), vinieron los amantes y los que les ministraron[3] en amargo y desastrado fin. Para comienzo de lo cual dispuso el adversa fortuna lugar oportuno, donde a la presencia de Calisto se presentó la deseada Melibea.

ACTO PRIMERO

ARGUMENTO

Entra Calisto en una huerta en pos de un halcón suyo, halló y[4] a Melibea, de cuyo amor preso, comenzóle de hablar. De la cual rigurosamente despedido, fué para su casa muy sangustiado.[5] Habló con un criado suyo llamado Sempronio, el cual, después de muchas razones, le enderezó[6] a una vieja llamada Celestina, en cuya casa tenía el mesmo criado una enamorada llamada Elicia. La cual, viniendo Sempronio a casa de Celestina con el negocio de su amo, tenía a otro consigo, llamado Crito, al cual escondieron. Entre tanto que Sempronio está negociando con Celestina, Calisto está razonando con otro criado suyo, por nombre Pármeno. El cual razonamiento dura hasta que llegan Sempronio y Celestina a casa de Calisto. Pármeno fué conocido de Celestina, la cual mucho le dice de los hechos y conocimiento de su madre, induciéndole a amor y concordia de Sempronio.

PÁRMENO, CALISTO, MELIBEA, SEMPRONIO, CELESTINA, ELICIA, CRITO

[*En la huerta de Melibea.*]

CALISTO
—En esto veo, Melibea, la grandeza de Dios.

MELIBEA
—¿En qué, Calisto?

---

1 herido por la pasión.   2 interviniendo.   3 ayudaron.   4 allí.   5 angustiado.   6 dirigió.   7 que no lo merezco.   8 quiere decir que en él se mezclan la alegría y el dolor.   9 más bien.   10 diligencia, empeño.

11 cuidando.   12 Se bajó el gerifalte (halcón) y vine a colocarlo en la percha.   13 supera.   14 me recreo, gozo.   15 se desahogue.   16 llagas, tumores.

CALISTO

—En dar poder a natura que de tan perfecta hermosura te dotase y hacer a mí inmérito[7] tanta merced que verte alcanzase y en tan conveniente lugar, que mi secreto dolor manifestarte pudiese. Sin duda incomparablemente es mayor tal galardón que el servicio, sacrificio, devoción y obras pías que por este lugar alcanzar tengo yo a Dios ofrecido, ni otro poder mi voluntad humana puede cumplir. ¿Quién vido en esta vida cuerpo glorificado de ningún hombre como agora el mío? Por cierto, los gloriosos santos que se deleitan en la visión divina no gozan más que yo agora en el acatamiento tuyo. Mas ¡oh triste! que en esto diferimos: que ellos puramente se glorifican sin temor de caer de tal bienaventuranza y yo, mixto,[8] me alegro con recelo del esquivo tormento que tu ausencia me ha de causar.

MELIBEA

—¿Por gran premio tienes esto, Calisto?

CALISTO

—Téngolo por tanto, en verdad, que, si Dios me diese en el cielo la silla sobre sus santos, no lo tendría por tanta felicidad.

MELIBEA

—Pues aun más igual galardón te daré yo, si perseveras.

CALISTO

—¡Oh bienaventuradas orejas mías, que indignamente tan gran palabra habéis oído!

MELIBEA

—Mas[9] desaventuradas de que me acabes de oír. Porque la paga será tan fiera cual la merece tu loco atrevimiento y el intento de tus palabras, Calisto, ha sido. ¿De ingenio de tal hombre como tú haber de salir para se perder en la virtud de tal mujer como yo? ¡Vete! ¡Vete de ahí, torpe! Que no puede mi paciencia tolerar que haya subido en corazón humano conmigo el ilícito amor comunicar su deleite.

CALISTO

—Iré como aquel contra quien solamente la adversa fortuna pone su estudio[10] con odio cruel.

[En casa de Calisto.]

CALISTO

—¡Sempronio, Sempronio! ¿Dónde está este maldito?

SEMPRONIO

—Aquí soy, señor, curando[11] destos caballos.

CALISTO

—Pues ¿cómo sales de la sala?

SEMPRONIO

—Abatióse el gerifalte y vínele a enderezar en el alcándara.[12]

CALISTO

—¡Así los diablos te ganen! ¡Así por infortunio arrebatado perezcas, o perpetuo intolerable tormento consigas, el cual en grado incomparablemente a la penosa y desastrada muerte que espero traspasa![13] ¡Anda, anda, malvado! Abre la cámara y endereza la cama.

SEMPRONIO

—Señor, luego hecho es.

CALISTO

—Cierra la ventana y deja la tiniebla acompañar al triste, y al desdichado la ceguedad. Mis pensamientos tristes no son dignos de luz. ¡Oh bienaventurada muerte aquella que deseada a los afligidos viene!...

SEMPRONIO

—¿Qué cosa es?

CALISTO

—¡Vete de ahí! No me hables; si no, quizá ante del tiempo de mi rabiosa muerte mis manos causarán tu arrebatado fin.

SEMPRONIO

—Iré, pues solo quieres padecer tu mal.

CALISTO

—¡Ve con el diablo!

SEMPRONIO

—No creo, según pienso, ir conmigo el que contigo queda. ¡Oh desventura! ¡Oh súbito mal! ¿Cuál fué tan contrario acontecimiento, que así tan presto robó el alegría de este hombre, y, lo que peor es, junto con ella el seso? ¿Dejarle he solo o entraré allá? Si le dejo, matarse ha; si entro allá, matarme ha. Quédese; no me curo. Más vale que muera aquel a quien es enojosa la vida, que no yo, que huelgo[14] con ella. Aunque por al no desease vivir sino por ver mi Elicia, me debería guardar de peligros. Pero si se mata sin otro testigo, yo quedo obligado a dar cuenta de su vida. Quiero entrar. Mas puesto que entre, no quiere consolación ni consejo. Asaz es señal mortal no querer sanar. Con todo, quiérole dejar un poco desbrave,[15] madure: que oído he decir que es peligro abrir o apremiar las postemas[16] duras, porque más se enconan. Esté un poco. Dejemos llorar al que dolor tiene. Que las lágrimas y suspiros mucho desenconan el corazón dolorido. Y aún, si delante me tiene, más conmigo se encenderá. Que el sol más arde donde puede reverberar. La vista a quien objeto no se antepone cansa. Y cuando aquél es cerca, agúzase. Por eso quiérome sufrir un poco. Si entretanto se matare, muera. Quizá con algo me quedaré que otro no lo sabe, con que mude el pelo malo.[17] Aunque malo es esperar salud en muerte ajena. Y quizá me engaña el diablo. Y si muere, matarme han e irán allá la soga y el calderón.[18] Por otra parte, dicen los sabios que es grande descanso a los afligidos tener con quien puedan sus cuitas llorar y que la llaga interior más empece.[19] Pues en estos extremos, en que estoy perplejo, lo más sano es entrar y sufrirle y consolarle...

CALISTO
—¡Sempronio!

SEMPRONIO
—¡Señor!

CALISTO
—Dame acá el laúd.

SEMPRONIO
—Señor, vesle aquí.

CALISTO
—¿Cuál dolor puede ser tal
que se iguale con mi mal?

SEMPRONIO
—Destemplado está ese laúd.

CALISTO
—¿Cómo templará el destemplado? ¿Cómo sentirá el armonía aquel que consigo está tan discorde; aquel en quien la voluntad a la razón no obedece; quien tiene dentro del pecho aguijones, paz, guerra, tregua, amor, enemistad, injurias, pecados, sospechas, todo a una causa? Pero tañe y canta la más triste canción que sepas.

SEMPRONIO
—Mira Nero de Tarpeya
a Roma cómo se ardía;
gritos dan niños y viejos
y él de nada se dolía.

CALISTO
—Mayor es mi fuego y menor la piedad de quien ahora digo.

SEMPRONIO
—No me engaño yo, que loco está este mi amo.

CALISTO
—¿Qué estás murmurando, Sempronio?

SEMPRONIO
—No digo nada.

CALISTO
—Dí lo que dices, no temas.

SEMPRONIO
—Digo que ¿cómo puede ser mayor el fuego que atormenta un vivo que el que quemó tal ciudad y tanta multitud de gente?

CALISTO
—¿Cómo? Yo te lo diré. Mayor es la llama que dura ochenta años que la que en un día pasa, y mayor la que mata un ánima que la que quema cien mil cuerpos. Como de la apariencia a la existencia, como de lo vivo a lo pintado, como de la sombra a lo real, tanta diferencia hay del fuego que dices al que me quema. Por cierto, si el del purgatorio es tal, más querría que mi espíritu fuese con los de los brutos animales que por medio de aquél ir a la gloria de los santos.

SEMPRONIO
—¡Algo es lo que digo! ¡A más ha de ir este hecho! No basta loco, sino hereje.

CALISTO
—¿No te digo que hables alto cuando hablares? ¿Qué dices?

SEMPRONIO
—Digo que nunca Dios quiera tal; que es especie de herejía lo que agora dijiste.

CALISTO
—¿Por qué?

SEMPRONIO
—Porque lo que dices contradice la cristiana religión.

CALISTO
—¿Qué a mí?

SEMPRONIO
—¿Tú no eres cristiano?

CALISTO
—¿Yo? Melibeo so, y a Melibea adoro, y en Melibea creo, y a Melibea amo...

[*Descripción de Melibea*]

CALISTO
—Comienzo por los cabellos. ¿Ves tú las made-

---

17 mejore de estado.   18 refrán (echar o ir la soga tras el caldero) que equivale a: perdida la cosa principal, piérdese el resto; se refiere a la soga y el caldero que se usaban para sacar agua del pozo.   19 empeora, se daña.   20 largos.
21 la piel.   22 está p o r f i a d o, terco.   23 diosas.

24 Los antiguos juzgaban a la mujer animal imperfecto, siguiendo las ideas de Aristóteles.   25 Sempronio le ha advertido lo peligroso del intento de ejercer su oficio de alcahueta cerca de Melibea a causa de la nobleza y poder de los padres de ésta.   26 el dinero que le dió Calisto en pago de sus servicios.

jas del oro delgado que hilan en Arabia? Más lindos son y no resplandecen menos. Su longura, hasta el postrero asiento de sus pies; después, crinados[20] y atados con la delgada cuerda, como ella se los pone, no ha más menester para convertir los hombres en piedras.

SEMPRONIO

—¡Mas en asnos!

CALISTO

—¿Qué dices?

SEMPRONIO

—Dije que esos tales no serían cerdas de asno.

CALISTO

—¡Ved qué torpe y qué comparación!

SEMPRONIO

—¿Tú, cuerdo?

CALISTO

—Los ojos verdes, rasgados, las pestañas luengas, las cejas delgadas y alzadas, la nariz mediana, la boca pequeña, los dientes menudos y blancos, los labios colorados y grosezuelos, el torno del rostro poco más luengo que redondo, el pecho alto, la redondez y forma de las pequeñas tetas ¿quién te la podría figurar? ¡Que se despereza el hombre cuando las mira! La tez lisa, lustrosa; el cuero[21] suyo escurece la nieve: la color mezclada, cual ella la escogió para sí.

SEMPRONIO

—¡En sus trece está[22] este necio!

CALISTO

—Las manos pequeñas en mediana manera, de dulce carne acompañadas; los dedos luengos; las uñas en ellos largas y coloradas, que parecen rubíes entre perlas. Aquella proporción, que ver yo no pude, no sin duda por el bulto de fuera juzgo incomparablemente ser mejor que la que Paris juzgó entre las tres deesas.[23]

SEMPRONIO

—¿Has dicho?

CALISTO

—Cuan brevemente pude.

SEMPRONIO

—Pues que sea todo eso verdad, por ser tú hombre eres más digno.

CALISTO

—¿En qué?

SEMPRONIO

—En que ella es imperfecta,[24] por el cual defecto desea y apetece a ti, y a otro menor que tú.

¿No has leído el filósofo, do dice: «Así como la materia apetece a la forma, así la mujer al varón?»

CALISTO

—¡Oh triste, y cuándo veré yo eso entre mí y Melibea!

ACTO CUARTO

ARGUMENTO

Celestina, andando por el camino, habla consigo misma hasta llegar a la puerta de Pleberio, donde halló a Lucrecia, criada de Pleberio. Pónese con ella en razones. Sentidas por Alisa, madre de Melibea, y sabido que es Celestina, hácela entrar en casa. Viene un mensajero a llamar a Alisa. Vase. Queda Celestina en casa con Melibea y le descubre la causa de su venida.

LUCRECIA, CELESTINA, ALISA, MELIBEA

CELESTINA

—Agora, que voy sola, quiero mirar bien lo que Sempronio ha temido de este mi camino,[25] porque aquellas cosas que bien no son pensadas, aunque algunas veces hayan buen fin, comúnmente crían desvariados efectos. Así que la mucha especulación nunca carece de buen fruto. Que, aunque yo he disimulado con él, podría ser que, si me sintiesen en estos pasos de parte de Melibea, que no pagase con pena que menor fuese que la vida, o muy amenguada quedase, cuando matar no me quisiesen, manteándome o azotándome cruelmente. Pues amargas cien monedas[26] serían éstas... ¿Pues iré o tornarme he? ¡Oh dudosa y dura perplejidad! No sé cuál escoja por más sano!... ¿Adonde irá el buey que no are?... Si no voy ¿qué dirá Sempronio? Que todas éstas eran mis fuerzas, saber y esfuerzo, ardid y ofrecimiento, astucia y solicitud. Y su amo Calisto, ¿qué dirá? ¿Qué hará? ¿Qué pensará, sino que hay nuevo engaño en mis pisadas y que yo he descubierto la celada por haber más provecho de esta otra parte?... diciendo: «Tú, puta vieja, ¿por qué acrecentaste mis pasiones con tus promesas? Alcahueta falsa, para todo el mundo tienes pies, para mí lengua; para todos obra, para mí palabra; para todos remedio, para mí pena; para todos esfuerzo, para mí te faltó; para todos luz, para mí tinieblas. Pues, vieja traidora, ¿por qué te me ofreciste?... ¡Pues triste yo! ¡Mal acá, mal acullá; pena en ambas partes! Cuando a los extremos falta el medio, arrimarse el hombre al más sano es discreción. Más quiero ofender a Pleberio que enojar a Calisto. Ir quiero... Ya veo su puerta. En mayores afrentas me he visto. ¡Esfuerza, esfuerza, Celestina! ¡No desmayes!... Todos los agüeros se aderezan favorables, o yo no sé nada de esta arte. Cuatro hombres que he topado, a los tres llaman Juanes y los dos son cornudos.[27] La primera palabra que oí por la calle fué de achaque[28] de amores... Y lo mejor de todo es que veo a Lucrecia a la puerta de Melibea. Prima es de Elicia: no me será contraria.

LUCRECIA
—¿Quién es esta vieja que viene haldeando?[29]

CELESTINA
—¡Paz sea en esta casa!

LUCRECIA
—Celestina, madre, seas bienvenida. ¿Cuál Dios te trajo por estos barrios no acostumbrados?

CELESTINA
—Hija, mi amor, deseo de todos vosotros; traerte encomiendas[30] de Elicia y aun ver a tus señoras, vieja y moza. Que después que me mudé al otro barrio no han sido de mí visitadas.

LUCRECIA
—¿A eso sólo saliste de tu casa? Maravíllome de ti, que no es ésa tu costumbre ni sueles dar paso sin provecho.

CELESTINA
—¿Más provecho quieres, boba, que cumplir hombre sus deseos? Y también, como a las viejas nunca nos fallecen necesidades, mayormente a mí, que tengo de mantener hijas ajenas, ando a vender un poco de hilado.

LUCRECIA
—¡Algo es lo que yo digo! En mi seso estoy que nunca metes aguja sin sacar reja.[31] Pero mi señora la vieja urdió una tela: tiene necesidad de ello y tú de venderlo. Entra y espera aquí, que no os desavengáis.

ALISA
—¿Con quién hablas, Lucrecia?

LUCRECIA
—Señora: con aquella vieja de la cuchillada[32] que solía vivir en las tenerías a la cuesta del río.

ALISA
—Agora la conozco menos. Si tú me das a entender lo incógnito por lo menos conocido, es coger agua en cesto.

LUCRECIA
—¡Jesú, señora! Más conocida es esta vieja que la ruda.[33] No sé cómo no tienes memoria de la que empicotaron[34] por hechicera, que vendía las mozas a los abades y descasaba mil casados.

ALISA
—¿Qué oficio tiene? Quizá por aquí la conoceré mejor.

LUCRECIA
—Señora, perfuma tocas, hace solimán[35] y otros treinta oficios. Conoce mucho en hierbas, cura niños y aun algunos la llaman la vieja lapidaria.[36]

ALISA
—Todo eso dicho no me la da a conocer; dime su nombre, si le sabes.

LUCRECIA
—¿Si le sé, señora? No hay niño ni vieja en toda la ciudad que no le sepa: ¿habíale yo de ignorar?

ALISA
—¿Pues por qué no le dices?

LUCRECIA
—¡He vergüenza!

ALISA
—Anda, boba, dile. No me indignes con tu tardanza.

LUCRECIA
—Celestina, hablando con reverencia, es su nombre.

ALISA
—¡Hi! ¡Hi! ¡Hi! ¡Mala landre[37] te mate, si de risa puedo estar, viendo el desamor que debes de tener a esa vieja que su nombre has vergüenza nombrar! Ya me voy recordando de ella. ¡Una buena pieza! No me digas más. Algo me vendrá a pedir. Di que suba.

LUCRECIA
—Sube, tía.

CELESTINA
—Señora buena, la gracia de Dios sea contigo y con la noble hija. Mis pasiones y enfermedades han impedido mi visitar tu casa, como era razón; mas Dios conoce mis limpias entrañas, mi verda-

---

[27] han sido engañados por sus mujeres.   [28] asunto.
[29] andando de prisa y moviendo las faldas.   [30] saludos, memorias.

[31] «meter aguja y sacar reja»: refrán que significa «dar poco para sacar mucho».   [32] cicatriz.   [33] yerba muy conocida usada en medicina, hecho del que se deriva el dicho «es más conocido que la ruda».   [34] pusieron en la picota, columna de piedra donde se exponía

a la vergüenza pública a los ajusticiados y a los reos acusados de algunos delitos, entre ellos a las brujas.   [35] afeite que se usaba para quitar las manchas de la piel.   [36] la que conocía las virtudes de las piedras para curar males o alcanzar cosas difíciles.   [37] peste.   [38] que muero   [39] dañosas   [40] persona joven, traviesa y alocada.

[41] mientras sigas así enfadada, más tardaré en probar que me acusas injustamente.

dero amor: que la distancia de las moradas no despega el querer de los corazones. Así que lo que mucho deseé la necesidad me lo ha hecho cumplir. Con mis fortunas adversas otras, me sobrevino mengua de dinero. No supe mejor remedio que vender un poco de hilado que para unas toquillas tenía allegado. Supe de tu criada que tenías de ello necesidad. Aunque pobre, y no de la merced de Dios, veslo aquí si de ello y de mí te quieres servir.

Con este pretexto entabla Celestina el diálogo con Alisa hasta que aparece Melibea. La madre las deja solas y Celestina aprovecha la ocasión que iba buscando para hablar a Melibea de Calisto.

MELIBEA

—Por Dios, sin más dilatar me digas quién es ese doliente que de mal tan perplejo se siente que su pasión y remedio salen de una misma fuente.

CELESTINA

—Bien tendrás, señora, noticia en esta ciudad de un caballero mancebo, gentilhombre de clara sangre, que llaman Calisto.

MELIBEA

—¡Ya, ya, ya! Buena vieja, no me digas más, no pases adelante. ¿Ése es el doliente por quien has hecho tantas premisas en tu demanda? ¿Por quien has venido a buscar la muerte para ti? ¿Por quien has dado tan dañosos pasos, desvergonzada barbuda? ¿Qué siente ese perdido que con tanta pasión vienes? De locura será su mal. ¿Qué te parece?... ¡Quemada seas, alcahueta falsa, hechicera, enemiga de honestad, causadora de secretos yerros! ¡Jesú, Jesú! ¡Quítamela, Lucrecia, de delante, que fino,[38] que no me ha dejado gota de sangre en el cuerpo! Bien se lo merece esto y más quien a estas tales da oídos. Por cierto, si no mirase a mi honestidad y por no publicar su osadía de ese atrevido, yo te hiciera, malvada, que tu razón y vida acabaran en un tiempo.

CELESTINA

—*(Aparte.)* ¡En hora mala acá vine, si me falta mi conjuro! ¡Ea, pues! Bien sé a quién digo. ¡Ce, hermano, que se va todo a perder!

MELIBEA

—¿Aun hablas entre dientes delante mí para acrecentar mi enojo y doblar tu pena? ¿Querrías condenar mi honestidad por dar vida a un loco? ¿Dejar a mí triste por alegrar a él y llevar tú el provecho de mi perdición, el galardón de mi yerro? ¿Perder y destruir la casa y la honra de mi padre por ganar la de una vieja maldita como tú? ¿Piensas que no tengo sentidas tus pisadas y entendido

tu dañado mensaje? Pues yo te certifico que las albricias que de aquí saques no sean sino estorbarte de más ofender a Dios dando fin a tus días. Respóndeme, traidora: ¿cómo osaste tanto hacer?

CELESTINA

—Tu temor, señora, tiene ocupada mi disculpa. Mi inocencia me da osadía, tu presencia me turba en verla irada, y lo que más siento y me pena es recibir enojo sin razón ninguna. Por Dios, señora, que me dejes concluir mi dicho, que ni él quedará culpado ni yo condenada. Y verás cómo es todo más servicio de Dios que pasos deshonestos; más para dar salud al enfermo que para dañar la fama al médico. Si pensara, señora, que tan de ligero habías de conjeturar de lo pasado nocibles[39] sospechas, no bastara tu licencia para me dar osadía a hablar en cosa que a Calisto ni a otro hombre tocase.

MELIBEA

—¡Jesú! No oiga yo mentar más ese loco, saltaparedes,[40] fantasma de noche, luengo como cigüeña...; si no, aquí me caeré muerta. ¡Éste es el que el otro día me vido y comenzó a desvariar conmigo en razones, haciendo mucho del galán! Dirásle, buena vieja, que si pensó que ya era todo suyo y quedaba por él el campo, porque holgué más de consentir sus necedades que castigar su yerro, quise más dejarle por loco que publicar su grande atrevimiento. Pues avísale que se aparte de este propósito... De los locos es estimar a todos los otros de su calidad. Y tú tórnate con su mesma razón, que respuesta de mí otra no habrás ni la esperes... Bien me habían dicho quién tú eras, y avisado de tus propiedades, aunque agora no te conocía.

CELESTINA

—*(Aparte.)* ¡Más fuerte estaba Troya, y aun otras más bravas he yo amansado! Ninguna tempestad mucho dura.

MELIBEA

—¿Qué dices, enemiga? Habla que te pueda oír. ¿Tienes disculpa alguna para satisfacer mi enojo y excusar tu yerro y osadía?

CELESTINA

—Mientras viviere tu ira más dañará mi descargo.[41] Que estás muy rigurosa, y no me maravillo: que la sangre nueva poca calor ha menester para hervir.

MELIBEA

—¿Poca calor? ¿Poco lo puedes llamar, pues quedaste tú viva y yo quejosa sobre tan gran atrevimiento? ¿Qué palabra podías tú querer para ese tal hombre que a mí bien me estuviese? Responde, pues dices que no has concluído: ¡quizá pagarás lo pasado!

CELESTINA

—Una oración, señora, que le dijeron que sabías de Santa Polonia para el dolor de las muelas. Asimismo tu cordón, que es fama que ha tocado todas las reliquias que hay en Roma y Jerusalem. Aquel caballero que dije pena y muere de ellas. Ésta fué mi venida. Pero pues en mi dicha estaba tu airada respuesta, padézcase él su dolor, en pago de buscar tan desdichada mensajera. Que pues en tu mucha virtud me faltó piedad, también me faltará agua si a la mar me enviara...

MELIBEA

—Si eso querías, ¿por qué luego no me lo expresaste? ¿Por qué me lo dijiste en tan pocas palabras?

CELESTINA

—Señora: porque mi limpio motivo me hizo creer que, aunque en menos lo propusiera, no se había de sospechar mal. Que si faltó el debido preámbulo fué porque la verdad no es necesario abundar de muchas colores.[42] Compasión de su dolor, confianza de tu magnificencia, ahogaron en mi boca al principio la expresión de la causa. Y pues conoces, señora, que el dolor turba, la turbación desmanda y altera la lengua, la cual había de estar siempre atada con el seso, ¡por Dios! que no me culpes. Y si el otro[43] yerro ha hecho, no redunde en mi daño, pues no tengo otra culpa sino ser mensajera del culpado. No quiebre la soga por lo más delgado. No seas la telaraña, que no muestra su fuerza sino contra los flacos animales. No paguen justos por pecadores. Imita la Divina justicia, que dijo: «El ánima que pecare, aquella misma muera»; a la humana, que jamás condena al padre por el delito del hijo ni al hijo por el del padre. Ni es, señora, razón que su atrevimiento acarree mi perdición... Que no es otro mi oficio sino servir a los semejantes: de esto visto y de esto me arreo. Nunca fué mi voluntad enojar a unos por agradar a otros, aunque hayan dicho a tu merced en mi ausencia otra cosa...

MELIBEA

—Por cierto, tantos y tales loores me han dicho de tus falsas mañas, que no sé si crea que pedías oración.

CELESTINA

—Nunca yo la rece, y si la rezare no sea oída, si otra cosa de mí se saque, aunque mil tormentos me diesen.

MELIBEA

—Mi pasada alteración me impide a reír de tu disculpa. Que bien sé que ni juramento ni tormento te torcerá a decir verdad, que no es en tu mano.

CELESTINA

—Eres mi señora. Téngote de callar, hete yo de servir, hasme tú de mandar. Tu mala palabra será víspera de una saya.[44]

MELIBEA

—Bien la has merecido.

CELESTINA

—Si no la he ganado con la lengua, no la he perdido con la intención.

MELIBEA

—Tanto afirmas tu ignorancia, que me haces creer lo que puede ser. Quiero, pues, en tu dudosa disculpa, tener la sentencia en peso y no disponer de tu demanda al sabor de ligera interpretación. No tengas en mucho ni te maravilles de mi pasado sentimiento, porque concurrieron dos cosas en tu habla, que cualquiera de ellas era bastante para me sacar de seso: nombrarme ese tu caballero, que conmigo se atrevió a hablar, y también pedirme palabra sin más causa, que no se podía sospechar sino daño para mi honra. Pero pues todo viene de buena parte, de lo pasado haya perdón. Que en alguna manera es aliviado mi corazón viendo que es obra pía y santa sanar los pasionados y enfermos.

CELESTINA

—¡Y tal enfermo, señora! Por Dios, si bien le conocieses, no le juzgases por el que has dicho y mostrado con tu ira. En Dios y en mi alma, no tiene hiel; gracias, dos mil; en franqueza, Alejandre; en esfuerzo, Héctor; gesto, de un rey; gracioso, alegre, jamás reina en él tristeza. De noble sangre, como sabes. Gran justador, pues verlo armado, un san George. Fuerza y esfuerzo, no tuvo Hércules tanta. La presencia y facciones, disposición, desenvoltura, otra lengua había menester para las contar. Todo junto semeja ángel del cielo. Por fe, tengo que no era tan hermoso aquel gentil Narciso que se enamoró de su propia figura cuando se vido en las aguas de la fuente. Agora, señora,

---

[42] porque la verdad no necesita de muchos adornos. [43] quien me ha dado el encargo (Calisto). [44] Por lo que me has maltratado acabarás por regalarme una saya. [45] antiguo; alusión a Orfeo. El sentido de toda la frase es que cuando Calisto canta, las aves se paran para oírle

con más gusto que lo hacían para oír a Orfeo, de quien se dice... etc. [46] desprovista, falta de seso y prudencia. [47] Celestina. [48] a fe, en verdad. [49] mano derecha; buena suerte.

tiénele derribado una sola muela, que jamás cesa de quejar.

MELIBEA

—¿Y qué tanto tiempo ha?

CELESTINA

—Podrá ser, señora, de veintitrés años: que aquí está Celestina que le vido nacer y le tomó a los pies de su madre.

MELIBEA

—Ni te pregunto eso ni tengo necesidad de saber su edad, sino qué tanto ha que tiene el mal.

CELESTINA

—Señora: ocho días. Que parece que ha un año en su flaqueza. Y el mayor remedio que tiene es tomar una vihuela, y tañe tantas canciones y tan lastimeras, que no creo que fueron otras las que compuso aquel emperador y gran músico Adriano de la partida del ánima, por sufrir sin desmayo la ya vecina muerte. Que aunque yo sé poco de música, parece que hace aquella vihuela hablar. Pues si acaso canta, de mejor gana se paran las aves a le oír, que no aquel antico[45] de quien se dice que movía los árboles y piedras con su canto. Siendo éste nacido, no alabaran a Orfeo. Mirá, señora, si una pobre vieja como yo si se hallará dichosa en dar la vida a quien tales gracias tiene. Ninguna mujer le ve que no alabe a Dios, que así le pintó. Pues si le habla, acaso no es más señora de sí de lo que él ordena. Y pues tanta razón tengo, juzgá, señora, por bueno mi propósito, mis pasos saludables y vacíos de sospecha.

MELIBEA

—¡Oh, cuánto me pesa con la falta de mi paciencia! Porque siendo él ignorante y tú inocente, habés padecido las alteraciones de mi airada lengua. Pero la mucha razón me relieva de culpa, la cual tu habla sospechosa causó. En pago de tu buen sufrimiento, quiero cumplir tu demanda y darte luego mi cordón. Y porque para escribir la oración no habrá tiempo sin que venga mi madre, si esto no bastare, ven mañana por ella muy secretamente.

LUCRECIA

—(Aparte.) ¡Ya, ya perdida es mi ama! ¿Secretamente quiere que venga Celestina? ¡Fraude hay! ¡Más le querrá dar que lo dicho!

ACTO DÉCIMO

[Soliloquio de Melibea]

¡Oh lastimada de mí! ¡Oh malproveída[46] doncella! ¿Y no me fuera mejor conceder su petición y demanda ayer a Celestina, cuando de parte de aquel señor, cuya vista me cautivó, me fué rogado, y contentarle a él y sanar a mí, que no venir por fuerza a descubrir mi llaga cuando no me sea agradecido, cuando ya, desconfiando de mi buena respuesta, haya puesto sus ojos en amor de otra? ¡Cuánta más ventaja tuviera mi prometimiento rogado que mi ofrecimiento forzoso! ¡Oh mi fiel criada Lucrecia! ¿Qué dirás de mí? ¿Qué pensarás de mi seso cuando me veas publicar lo que a ti jamás he querido descubrir? ¿Cómo te espantarás del rompimiento de mi honestidad y vergüenza, que siempre, como encerrada doncella, acostumbré tener! No sé si habrás barruntado de dónde proceda mi dolor. ¡Oh, si ya vinieses con aquella medianera de mi salud![47] ¡Oh soberano Dios! A ti, que todos los atribulados llaman, los apasionados piden remedio, los llagados medicina; a ti, que los cielos, mar y tierra, con los infernales centros, obedecen; a ti, el cual todas las cosas a los hombres sojuzgaste, humildemente suplico des a mi herido corazón sufrimiento y paciencia con que mi terrible pasión pueda disimular. No se desdore aquella hoja de castidad que tengo asentada sobre este amoroso deseo, publicando ser otro mi dolor que no el que me atormenta. Pero ¿cómo lo podré hacer, lastimándome tan cruelmente el ponzoñoso bocado que la vista de su presencia de aquel caballero me dió? ¡Oh género femíneo, encogido y frágile! ¿Por qué no fué también a las hembras concedido poder descubrir su congojoso y ardiente amor, como a los varones? Que ni Calisto viviera quejoso ni yo penada.

ACTO DOCE

[Muerte de Celestina]

Sempronio y Pármeno van por la madrugada a casa de Celestina, la despiertan y piden parte de lo que Calisto le había dado en pago de sus servicios, a lo cual Celestina contesta airadamente.

CELESTINA

—...¿Estás tú en tu seso, Sempronio? ¿Qué tiene que hacer tu galardón con mi salario, tu soldada con mis mercedes? ¿Soy yo obligada a soldar vuestras armas, a cumplir vuestras faltas? A osadas,[48] que me maten si no te has asido a una palabrilla que te dije el otro día viniendo por la calle, que cuanto yo tenía era tuyo y que, en cuanto pudiese con mis pocas fuerzas, jamás te faltaría, y que, si Dios me diese buena manderecha[49] con tu amo, que tú no perderías nada. Pues ya sabes, Sempronio, que estos ofrecimientos, estas palabras de buen amor, no obligan. No ha de ser oro cuanto reluce; si no, más barato valdría... Así que, hijos, agora que quiero hablar con entrambos, si algo vuestro amo a mí me dió, debéis mirar que es mío; que de tu jubón de brocado no te pedí yo parte ni la quiero. Sirvamos todos, que a todos dará, según viere que lo merecen. Que si me ha dado algo, dos veces he puesto por él mi vida al tablero.[50] Más herramienta se me ha embotado en su servicio que a vosotros, más materiales he gastado. Pues habéis de pensar, hijos, que todo me cuesta dinero, y aun mi saber, que no lo he alcanzado holgando. De lo cual fuera buen testigo su madre de Pármeno. Dios haya su alma. Esto trabajé yo; a vosotros se os debe esotro. Esto tengo yo por oficio y trabajo; vosotros, por recreación y deleite. Pues así, no habéis vosotros de haber igual galardón de holgar que yo de penar...

SEMPRONIO

—No es ésta la primera vez que yo he dicho cuánto en los viejos reina este vicio de codicia. Cuando pobre, franca; cuando rica, avarienta. Así, que adquiriendo crece la codicia y la pobreza codiciando, y ninguna cosa hace pobre al avariento sino la riqueza. ¡Oh Dios, y cómo crece la necesidad con la abundancia! ¡Quién la oyó esta vieja decir que me llevase yo todo el provecho, si quisiese, de este negocio, pensando que sería poco! Agora que lo ve crecido, no quiere dar nada, por cumplir el refrán de los niños, que dicen: de lo poco, poco; de lo mucho, nada.

PÁRMENO

—Déte lo que prometió o tomémoselo todo. Harto te decía yo quién era esta vieja, si tú me creyeras.

CELESTINA

—Si mucho enojo traéis con vosotros o con vuestro amo o armas, no lo quebréis en mí. Que bien sé dónde nace esto, bien sé y barrunto de qué pie cojeáis. No, cierto, de la necesidad que tenéis de lo que pedís, ni aun por la mucha codicia que lo tenéis, sino pensando que os he de tener toda vuestra vida atados y cautivos en Elicia y Areusa, sin quereros buscar otras, movéisme estas amenazas de dinero, ponéisme estos temores de la partición. Pues callad, que quien éstas os supo acarrear os dará otras diez agora, que hay más conocimiento y más razón y más merecido de vuestra parte. Y si sé cumplir lo que prometo en este caso, dígalo Pármeno...

SEMPRONIO

—...Déjate conmigo de razones. A perro viejo no cuz cuz.[51] Danos las dos partes por cuenta de cuanto de Calisto has recibido, no quieras que se descubra quién tú eres. A los otros, a los otros con esos halagos, vieja.

CELESTINA

—¿Quién soy yo, Sempronio?... Calla tu lengua, no amengües[52] mis canas, que soy una vieja cual Dios me hizo, no peor que todas. Vivo de mi oficio, como cada cual oficial del suyo, muy limpiamente. A quien no me quiere no le busco. De mi casa me vienen a sacar, en mi casa me ruegan. Si bien o mal vivo, Dios es el testigo de mi corazón. Y no pienses con tu ira maltratarme, que justicia hay para todos: a todos es igual... Déjame en mi casa con mi fortuna. Y tú, Pármeno, no pienses que soy tu cautiva por saber mis secretos y mi pasada vida y los casos que nos acaecieron a mí y a la desdichada de tu madre. Y aun así me trataba ella cuando Dios quería.

PÁRMENO

—No me hinches las narices con esas memorias; si no, enviarte he con nuevas a ella, donde mejor te puedas quejar.

CELESTINA

—¡Elicia! ¡Elicia! Levántate de esa cama, daca[53] mi manto presto, que por los santos de Dios para aquella justicia me vaya bramando como una loca. ¿Qué es esto? ¿Qué me quieren decir tales amenazas en mi casa? ¿Con una oveja mansa tenéis vosotros manos y braveza? ¿Con una gallina atada? ¿Con una vieja de sesenta años? ¡Allá, allá con los hombres como vosotros, contra los que ciñen espada mostrad vuestras iras, no contra mi flaca rueca!...

SEMPRONIO

—¡Oh vieja avarienta, garganta muerta de sed por dinero! ¿No serás contenta con la tercia parte de lo ganado?

CELESTINA

—¿Qué tercia parte? Vete con Dios de mi casa tú. Y ese otro no dé voces, no allegue la vecindad. No me hagáis salir de seso. No queráis que salgan a plaza[54] las cosas de Calisto y vuestras.

SEMPRONIO

—Da voces o gritos, que tú cumplirás lo que prometiste o cumplirán[55] hoy tus días.

ELICIA

—Mete, por Dios, el espada. Tenle, Pármeno, tenle, no la mate este desvariado.

---

[50] he puesto mi vida en peligro.
[51] interjección con que se llama a los perros. No es fácil engañar a una persona experimentada. [52] hacer
de menos, insultar [53] da acá, dame. [54] que se publiquen. [55] terminarán. [56] viene contra nosotros.
[57] guárdate, ten cuidado.

CELESTINA

—¡Justicia, justicia, señores vecinos! ¡Justicia, que me matan en mi casa estos rufianes!

SEMPRONIO

—¿Rufianes, o qué? Esperá, doña hechicera, que yo te haré ir al infierno con cartas.

CELESTINA

—¡Ay, que me ha muerto! ¡Ay, ay! ¡Confesión, confesión!

PÁRMENO

—Dale, dale, acábala, pues comenzaste. ¡Que nos sentirán! ¡Muera, muera! De los enemigos, los menos.

CELESTINA

—¡Confesión!

ELICIA

—¡Oh crueles enemigos! ¡En mal poder os veáis! ¡Y para quién tuvisteis manos! Muerta es mi madre y mi bien todo.

SEMPRONIO

—¡Huye, huye, Pármeno, que carga[56] mucha gente! ¡Guarte,[57] guarte, que viene el alguacil!

PÁRMENO

—¡Oh pecador de mí!, que no hay por dó nos vamos, que está tomada la puerta.

SEMPRONIO

—Saltemos de estas ventanas. No muramos en poder de justicia.

PÁRMENO

—Salta, que tras ti voy.

ACTO DÉCIMONONO

Calisto entra en el huerto de Melibea, donde le espera ésta con su criada. Mientras los amantes dialogan, Sosia, criado de Calisto, y Tristán, su paje, quedan de guardia en la calle.

CALISTO

—Poned, mozos, la escala y callad, que me parece que está hablando mi señora de dentro. Subiré encima de la pared y en ella estaré escuchando, por ver si oiré alguna buena señal de mi amor en ausencia.

MELIBEA

—Canta más, por mi vida, Lucrecia, que me huelgo en oírte, mientras viene aquel señor, y muy paso entre estas verduricas, que no nos oirán los que pasaren.

LUCRECIA

—¡Oh quién fuese la hortelana
de aquestas viciosas flores,
por prender cada mañana,
al partir, a tus amores!
Vístanse nuevas colores
los lirios y el azucena ,
derramen frescos olores
cuando entre por estrena.

MELIBEA

—¡Oh, cuán dulce me es oírte! De gozo me deshago. No ceses, por mi amor.

LUCRECIA

—Alegre es la fuente clara
a quien con gran sed la vea;
mas muy más dulce es la cara
de Calisto a Melibea.
Pues aunque más noche sea,
con su vista gozará.
¡Oh, cuando saltar le vea,
qué de abrazos le dará!
Saltos de gozo infinitos
da el lobo viendo ganado;
con las tetas, los cabritos;
Melibea, con su amado.
Nunca fué más deseado
amado de su amiga,
ni huerto más visitado,
ni noche más sin fatiga.

MELIBEA

—Cuanto dices, amiga Lucrecia, se me representa delante; todo me parece que lo veo con mis ojos. Procede, que a muy buen son lo dices y ayudarte he yo.

LUCRECIA, MELIBEA

—Dulces árboles sombrosos,
humillaos cuando veáis
aquellos ojos graciosos
del que tanto deseáis.
Estrellas que relumbráis,
norte y lucero del día,
¿por qué no le despertáis
si duerme mi alegría?

MELIBEA

—Óyeme, tú, por mi vida, que yo quiero cantar sola.

Papagayos, ruiseñores,
que cantáis al alborada,
llevad nueva a mis amores
cómo espero aquí asentada.
La media noche es pasada
y no viene;
sabedme si hay otra amada
que lo detiene.

CALISTO

—Vencido me tiene el dulzor de tu suave

canto; no puedo más sufrir tu penado esperar. ¡Oh mi señora y mi bien todo! ¿Cuál mujer podía haber nacida que desprivase[58] tu gran merecimiento? ¡Oh salteada[59] melodía! ¡Oh gozoso rato! ¡Oh corazón mío! ¿Y cómo no pudiste más tiempo sufrir sin interrumpir tu gozo y cumplir el deseo de entrambos?

MELIBEA

—¡Oh sabrosa traición! ¡Oh dulce sobresalto! ¿Es mi señor de mi alma? ¿Es él? No lo puedo creer. ¿Dónde estabas, luciente sol? ¿Dónde me tenías tu claridad escondida? ¿Había rato que escuchabas? ¿Por dónde me dejabas echar palabras sin seso al aire, con mi ronca voz de cisne? Todo se goza este huerto con tu venida. Mira la luna cuán clara se nos muestra, mira las nubes cómo huyen. Oye la corriente agua de esta fontecica, ¡cuánto más suave murmurio su río lleva por entre las frescas hierbas! Escucha los altos cipreses, ¡cómo se dan paz unos ramos con otros por intercesión de un templadico viento que los menea! Mira sus quietas sombras ¡cuán escuras están y aparejadas para encubrir nuestro deleite!...

CALISTO

—Pues, señora, y gloria mía, si mi vida quieres, no cese tu suave canto. No sea de peor condición mi presencia, con que te alegras, que mi ausencia, que te fatiga.

MELIBEA

—¿Qué quieres que cante, amor mío? ¿Cómo cantaré, que tu deseo era el que regía mi son y hacía sonar mi canto? Pues conseguida tu venida, desparecióse el deseo, destemplóse el tono de mi voz...

Continúa el diálogo amoroso entre Calisto y Melibea en forma muy apasionada. Se oyen voces de Sosia, a quien atacan unos rufianes que vienen a vengar la muerte de Celestina.

CALISTO

—Señora, Sosia es aquel que da voces. Déjame ir a valerle,[60] no le maten, que no está sino un pajecico con él. Dame presto mi capa, que está debajo de ti.

MELIBEA

—¡Oh triste de mi ventura! No vayas allá sin tu coraza; tórnate a armar.

CALISTO

—Señora, lo que no hace espada y capa y corazón no lo hacen corazas y capacete y cobardía.

SOSIA

—(*En la calle*) ¿Aún tornáis? Esperadme. Quizá venís por lana.[61]

CALISTO

—Déjame, por Dios, señora, que puesta está el escala.

MELIBEA

—¡Oh desdichada yo! ¿Y cómo vas tan recio y con tanta priesa y desarmado a meterte entre quien no conoces? Lucrecia, ven presto, acá, que es ido Calisto a un ruido. Echémosle sus corazas por la pared, que se quedan acá.

TRISTÁN

—Tente, señor, no bajes, que idos son; que no era sino Traso el cojo y otros bellacos que pasaban voceando. Que ya se torna Sosia. Tente, tente, señor, con las manos al escala.

CALISTO

—¡Oh, válame Santa María! ¡Muerto soy! ¡Confesión!

TRISTÁN

—Llégate pronto, Sosia, que el triste de nuestro amo es caído de la escala y no habla ni se bulle.[62]

SOSIA

—¡Señor, señor! ¡A esotra puerta! ¡Tan muerto es como mi abuelo! ¡Oh gran desventura!

LUCRECIA

—¡Escucha, escucha! ¡Gran mal es éste!

MELIBEA

—¿Qué es esto? ¿Qué oigo? ¡Amarga de mí!

TRISTÁN

—¡Oh mi señor y mi bien muerto! ¡Oh mi señor despeñado! ¡Oh triste muerte sin confesión! Coge, Sosia, esos sesos de esos cantos, júntalos con la cabeza del desdichado amo nuestro. ¡Oh día aciago! ¡Oh arrebatado fin!

MELIBEA

—¡Oh desconsolada de mí! ¿Qué es esto? ¿Qué puede ser tan áspero acontecimiento como oigo? Ayúdame a subir, Lucrecia, por estas paredes, veré mi dolor; si no hundiré con alaridos la casa de mi padre. ¡Mi bien y placer, todo es ido en humo! ¡Mi alegría es perdida! ¡Consumióse mi gloria!

LUCRECIA

—Tristán, ¿qué dices, mi amor? ¿Qué es eso, que lloras tan sin mesura?

---

58 que quite el primer puesto a, que pueda competir con. 59 sorprendida, interrumpida. 60 ayudarle, defenderle.

61 Parte del refrán «venir por lana y salir trasquila-

do». Sosia quiere decir: «si venís a reñir, llevaréis la peor parte. 62 ni se mueve. 63 nuestra dolorosa vejez. 64 que te sobreviva. 65 fluctuosa, vacilante, variable.

TRISTÁN

—¡Lloro mi gran mal, lloro mis muchos dolores! Cayó mi señor Calisto del escala y es muerto. Su cabeza está en tres partes. Sin confesión pereció. Díselo a la triste y nueva amiga, que no espere más su penado amor. Toma tú, Sosia, de esos pies. Llevemos el cuerpo de nuestro querido amo donde no padezca su honra detrimento, aunque sea muerto en este lugar. Vaya con nosotros llanto, acompáñenos soledad, síganos desconsuelo, visítenos tristeza, cúbranos luto y dolorosa jerga.

MELIBEA

—¡Oh la más de las tristes triste! ¡Tan tarde alcanzado el placer, tan presto venido el dolor!

LUCRECIA

—Señora, no rasgues tu cara ni meses tus cabellos. ¡Agora en placer, agora en tristeza! ¿Qué planeta hubo que tan presto contrarió su operación? ¡Qué poco corazón es éste! Levanta, por Dios, no seas hallada de tu padre en tan sospechoso lugar, que serás sentida. Señora, señora, ¿no me oyes? No te amortezcas, por Dios. Ten esfuerzo para sufrir la pena, pues tuviste osadía para el placer.

MELIBEA

—¿Oyes lo que aquellos mozos van hablando, oyes sus tristes cantares? ¡Rezando llevan con responso mi bien todo! ¡Muerta llevan mi alegría! ¡No es tiempo de yo vivir! ¿Cómo no gocé más del gozo? ¿Cómo tuve en tan poco la gloria que entre mis manos tuve? ¡Oh ingratos mortales! ¡Jamás conocéis vuestros bienes sino cuando de ellos carecéis!

LUCRECIA

—Avívate, aviva, que mayor mengua será hallarte en el huerto que placer sentiste con la venida ni pena con ver que es muerto. Entremos en la cámara, acostarte has. Llamaré a tu padre y fingiremos otro mal, pues éste no es para poderse encubrir.

ACTO VEINTIUNO

Lamento de Pleberio

Después de la muerte de Calisto, Melibea se suicida arrojándose de la torre. Pleberio da cuenta a Alisa, su mujer, del triste fin de su hija.

ALISA

—...Dime la causa de tus quejas. ¿Por qué maldices tu honrada vejez? ¿Por qué pides la muerte? ¿Por qué arrancas tus blancos cabellos? ¿Por qué hieres tu honrada cara? ¿Es algún mal de Melibea? Por Dios, que me lo digas, porque si ella pena, no quiero yo vivir.

PLEBERIO

—¡Ay, ay, noble mujer! Nuestro gozo en el pozo. Nuestro bien todo es perdido. ¡No queramos más vivir!... Por que más presto vayas al sepulcro, por que no llore yo solo la pérdida dolorida de entrambos, ves allí a la que tú pariste y yo engendré, hecha pedazos. La causa supe de ella; mas la he sabido por extenso de esta su triste sirvienta. Ayúdame a llorar nuestra llagada postrimería.[63] ¡Oh gentes que venís a mi dolor! ¡Oh amigos y señores, ayudadme a sentir mi pena! ¡Oh mi hija y mi bien todo! Crueldad sería que viva yo sobre ti.[64] Más dignos eran mis sesenta años de la sepultura que tus veinte. Turbóse la orden del morir con la tristeza que te aquejaba... ¡Oh duro corazón de padre! ¿Cómo no te quiebras de dolor, que ya quedas sin tu amada heredera? ¿Para quién edifiqué torres? ¿Para quién adquirí honras? ¿Para quién planté árboles? ¿Para quién fabriqué navíos? ¡Oh tierra dura! ¿Cómo me sostienes? ¿Adónde hallará abrigo mi desconsolada vejez? ¡Oh fortuna variable, ministra y mayordoma de los temporales bienes! ¿Por qué no ejecutaste tu cruel ira, tus mudables ondas, en aquello que a ti es subjeto? ¿Por qué no destruíste mi patrimonio? ¿Por qué no quemaste mi morada? ¿Por qué no asolaste mis grandes heredamientos? Dejárasme aquella florida planta en quien tú poder no tenías; diérasme, fortuna flutuosa,[65] triste la mocedad con vejez alegre, no pervirtieras la orden. Mejor sufriera persecuciones de tus engaños en la recia y robusta edad que no en la flaca postrimería.

¡Oh vida de congojas llena, de miserias acompañada! ¡Oh mundo, mundo! Muchos mucho de ti dijeron, muchos en tus cualidades metieron la mano, a diversas cosas por oídas te compararon; yo, por triste experiencia, lo contaré como a quien las ventas y compras de tu engañosa feria no prósperamente sucedieron... Yo pensaba en mi más tierna edad que eras y eran tus hechos regidos por alguna orden; agora, visto el pro y la contra de tus bienandanzas, me pareces un laberinto de errores, un desierto espantable, una morada de fieras, juego de hombres que andan en corro, laguna llena de cieno, región llena de espinas, monte alto, campo pedregoso, prado de serpientes, huerto florido y sin fruto, fuente de cuidados, río de lágrimas, mar de miserias, trabajo sin provecho, dulce ponzoña, vana esperanza, falsa alegría, verdadero dolor... Prometes mucho, nada no cumples; échasnos de ti porque no te podamos pedir que mantengas tus vanos prometimientos. Corremos por los prados de tus viciosos vicios, muy descuidados, a rienda suelta; descúbresnos la celada cuando ya no hay lugar de volver. Muchos te dejaron con temor de tu arrebatado dejar; bienaventurados se llamarán cuando vean el galardón que a este triste viejo has dado en pago de tan largo servicio... Haces mal a todos por que ningún triste se halle solo en ninguna adversidad, diciendo que es alivio a los míseros como yo tener compañeros en la pena. Pues, desconsolado viejo, ¡qué solo estoy!...

¿Qué haré cuando entre en tu cámara y retraimiento[66] y la halle sola? ¿Qué haré de que no me respondas si te llamo? ¿Quién me podrá cubrir la gran falta que tú me haces? Ninguno perdió lo que yo el día de hoy, aunque algo conforme parecía la fuerte animosidad de Lambas de Auria, duque de los ginoveses, que a su hijo herido, con sus brazos desde la nao echó en la mar. Porque todas éstas son muertes que, si roban la vida, es forzado de cumplir con la fama.[67] Pero, ¿quién forzó a mi hija a morir sino la fuerte fuerza de amor? Pues, mundo halaguero,[68] ¿qué remedio das a mi fatigada vejez? ¿Cómo me mandas quedar en ti conociendo tus falacias, tus lazos, tus cadenas y redes, con que pescas nuestras flacas voluntades? ¿A dó me pones mi hija? ¿Quién acompañará mi desacompañada[69] morada? ¿Quién tendrá en regalos[70] mis años que caducan? ¡Oh amor, amor! ¡Que no pensé que tenías fuerza ni poder de matar a tus subjectos! Herida fué de ti mi juventud, por medio de tus brasas pasé: ¿cómo me soltaste, para me dar la paga de la huída en mi vejez? Bien pensé que de tus lazos me había librado cuando los cuarenta años toqué, cuando fuí contento con mi conyugal compañera, cuando me vi con el fruto que me cortaste el día de hoy. No pensé que tomabas en los hijos la venganza de los padres. Ni sé si hieres con hierro ni si quemas con fuego. Sana dejas la ropa; lastimas el corazón. Haces que feo amen y hermoso les parezca. ¿Quién te dió tanto poder? ¿Quién te puso nombre que no te conviene? Si amor fueses, amarías a tus sirvientes. Si los amases, no les darías pena. Si alegres viviesen, no se matarían, como agora mi amada hija. ¿En qué pararon tus sirvientes y sus ministros?[71] La falsa alcahueta Celestina murió a manos de los más fieles compañeros que ella para su servicio emponzoñado jamás halló. Ellos murieron degollados. Calisto, despeñado. Mi triste hija quiso tomar la misma suerte por seguirle. Esto todo causas. Dulce nombre te dieron; amargos hechos haces. No das iguales galardones. Inicua es la ley que a todos igual no es. Alegra tu sonido; entristece tu trato. Bienaventurados los que no conociste o de los que no te curaste. Dios te llamaron otros, no sé con qué error de su sentido traídos. Cata que Dios mata los que crió; tú matas los que te siguen. Enemigo de toda razón, a los que menos te sirven das mayores dones, hasta tenerlos metidos en tu congojosa danza. Enemigo de amigos, amigo de enemigos, ¿por qué te riges sin orden ni concierto? Ciego te pintan, pobre y mozo. Pónente un arco en la mano, con que tiras a tiento; más ciegos son tus ministros, que jamás sienten ni ven el desabrido galardón que sacan de tu servicio. Tu fuego es de ardiente rayo, que jamás hace señal do llega. La leña que gasta tu llama son almas y vidas de humanas criaturas. Las cuales son tantas, que de quién comenzar pueda, apenas me ocurre. No sólo de cristianos, mas de gentiles y judíos, y todo en pago de buenos servicios. ¿Qué me dirás de aquel Macías de nuestro tiempo, cómo acabó amando, cuyo triste fin tú fuiste la causa? ¿Qué hizo por ti Paris? ¿Qué Elena? ¿Qué hizo Hipermestra? ¿Qué Egisto? Todo el mundo lo sabe. Pues a Safo, Ariadna, Leandro, ¿qué pago les diste? Hasta David y Salomón no quisiste dejar sin pena. Por tu amistad Sansón pagó lo que mereció, por creerse de quien tú le forzaste a darle fe. Otros muchos, que callo, porque tengo harto que contar en mi mal.

Del mundo me quejo porque en sí me crió; porque no me dando vida, no engendrara en él a Melibea; no nacida, no amara; no amando, cesara mi quejosa y desconsolada postrimería. ¡Oh mi compañera buena! ¡Oh mi hija despedazada! ¿Por qué no quisiste que estorbase tu muerte? ¿Por qué no hubiste lástima de tu querida y amada madre? ¿Por qué te mostraste tan cruel con tu viejo padre? ¿Por qué me dejaste cuando yo te había de dejar? ¿Por qué me dejaste penado? ¿Por qué me dejaste triste y solo in hac lachrymarum valle?

---

[66] habitación retirada. Esta parte del discurso va dirigida a la hija muerta. [67] Quiere decir que el hijo de Lambas, que encontró la muerte en un combate, murió, por lo tanto, luchando por la fama como deben hacer los caballeros, mientras que, como sigue diciendo, la muerte de Melibea no tuvo más causa que la fuerza de su amor. [68] halagüeño, lisonjero. [69] solitaria. [70] regalará, atenderá con cuidado y con cariño.

[71] tus sirvientes: los que sirven al amor, en este caso, Calisto y Melibea; sus ministros: los que les ayudaron en sus relaciones amorosas, es decir, Celestina y los criados.

[1] aunque lo odiase y desease matarlo (a Arcalaus que había huído, dejando caer en tierra a Oriana). [2] no le siguió o no quiso perseguir a Arcalaus.

NOVELA DE CABALLERÍAS

Amadís de Gaula

A Garci Rodríguez o Garci Ordóñez de Montalvo, regidor de Medina del Campo, se debe la redacción definitiva, escrita hacia 1492 y publicada en 1508, de *Los quatro libros del virtuoso caballero Amadís de Gaula.* Las versiones anteriores, ninguna de las cuales se ha conservado, son desde luego mucho más antiguas y pertenecen a la época entre los siglos XIII y XIV, época en que se difunden por la Península ibérica los relatos caballerescos de origen francés. Existe la conjetura de una posible primera redacción portuguesa. En todo caso, para los efectos de la historia de la literatura española, el *Amadís* que importa es el de Montalvo. Por su estilo y espíritu, es un libro del Renacimiento y se relaciona con otras formas narrativas de fines del siglo XV, como la novela sentimental. Es, además, la obra que inicia la larga serie de libros de caballerías que llega hasta Cervantes.

Por su exaltación del valor y del amor perfecto, de la lealtad sin tacha y de la cortesía, tanto como por lo artificioso de su estilo, se convirtió en lectura favorita de cortesanos. Su héroe, Amadís, vino a ser mirado como dechado de caballeros. Fué uno de los libros más conocidos de la literatura española. Pocos libros hay además de una fantasía tan opulenta ni de mayor caudal de maravillosas invenciones, muchas de las cuales pueden leerse aún hoy con gusto.

Texto, ed. C. O. P., Buenos Aires, procedentes de la ed. de Venecia, 1523.

ARGUMENTO

El rey Perión de Gaula ama a la infanta Elisena, hija del rey Garínter de la pequeña Bretaña, y de estos amores nace un niño a quien Elisena y su doncella echan al río en una arca con la espada y un anillo de su padre y un pergamino, que dice: «Éste es Amadís Sin-tiempo, fijo de rey». Un caballero escocés, Gandales, le halla en el mar —por lo que toma Amadís el título de Doncel del Mar— y lo lleva a su palacio, donde lo cría juntamente con su hijo Gandalín. Urganda la Desconocida profetiza, en una conversación que sostiene con Gandales, que Amadís será «flor de los caballeros» y «el caballero del mundo que más lealmente mantendrá amor». Este vaticinio se cumple a través de la extensa novela, porque Amadís no tendrá par ni en valor como guerrero ni en fidelidad como amante.

El rey Languines, admirado de la temprana valentía de Amadís cuando éste apenas tiene siete años, pide permiso a Gandales para llevarse consigo al joven Doncel del Mar, a quien acompaña Gandalín, que será después su fiel escudero. En la corte de Languines, donde pasa varios años, conoce Amadís a Oriana, hija del rey Lisuarte, por la que siente inmediato amor y de la que hace, desde el primer momento, la dama de sus pensamientos. Allí también es armado caballero, tras de lo

cual inicia sus grandes aventuras. Da la libertad a Perión, su padre, y derrota después en la guerra de Gaula al rey Abiés, que había usurpado los poderes de Perión; defiende también al rey Lisuarte y vence a Dardán el soberbio; es luego encantado por Arcalaus, que le roba su espada y se presenta en la corte de Londres diciendo que ha dado muerte a Amadís. Desencantado por el arte de su protectora Urganda tras numerosos incidentes, vence a Arcalaus y da la libertad a Lisuarte y a Oriana, a quien aquél llevaba presa (pasaje reproducido). Tras algunas nuevas aventuras, termina el primer libro con la reunión de los tres hermanos —Amadís, Galaor y Florestán— en la corte de Briolanja.

En el libro segundo se cuentan los encantamientos y sucesos de la Ínsula Firme y cómo Amadís sale triunfante de la prueba del Arco de los Leales Amadores, por el que sólo podían pasar los amantes que habían guardado fidelidad absoluta, y es proclamado señor de la isla. Entretanto, Oriana, creyendo que Amadís le había sido infiel, le envía una carta (aquí reproducida), a causa de la cual Amadís, desesperado, se retira a la Peña Pobre, donde el ermitaño le da el nombre de Beltenebros (pasaje reproducido). Sale de allí al recibir una nueva carta de Oriana, con la que se reúne y reconcilia enteramente en el castillo de Miraflores.

En el fin del libro segundo y en el tercero y cuarto se suceden las aventuras, cada vez más fantásticas, de Amadís y sus hermanos. Entre ellas, una de las más notables es el singular combate que, bajo su nuevo nombre de Caballero de la Verde Espada, tiene Amadís con el Endriago de la Ínsula del Diablo.

Al fin, en el libro cuarto (añadido por Montalvo), casado ya Amadís con Oriana, se retira a la Ínsula Firme, donde se reúnen casi todos los personajes importantes áe la novela. Aparece allí la sabia Urganda, les habla de sus pasadas profecías y pronostica el futuro de Esplandián, hijo de Oriana y Amadís; a éste recomienda: «Toma ya vida nueva con más cuidado de gobernar que de batallar como fasta aquí feciste», tras de lo cual vuelven todos los caballeros a sus señoríos.

Reunión de Amadís y Oriana

Amadís acaba de dar la libertad a Oriana, después de vencer a Arcalaus y a otros caballeros que la llevaban presa.

Amadís, como quiera que lo mucho desamase e desease matar,[1] no fué más adelante[2] por no perder a su señora, e tornóse donde ella estaba; e descendiendo de su caballo, se le fué fincar de hinojos delante e le besó las manos, diciendo: «Agora haga Dios de mí lo que quisiere; que nunca, Señora, os cuidé ver.» Ella estaba tan espantada, que le no podía hablar, e abrazóse con él, que gran miedo había de los caballeros muertos que cabe[3] ella estaban. La doncella de Dinamarca fué a tomar el caballo de Amadís, e vió la espada de Arcalaus en el suelo, e tomándola la trajo a Amadís, e dijo: «Ved, Señor, qué fermosa espada.» Él la cató e vió ser aquella con que le echaron en la mar, e se la tomó Arcalaus cuando lo encantó; e asi estando, como oís, sentado cabe su señora, que no tenía esfuerzo para se levantar, llegó Gandalín,[4] que toda la noche anduviera, e había dejado el caballero muerto en una ermita: con que gran placer hubieron... Entonces mandó Amadís que pusiese a la doncella de Dinamarca en un caballo de los que estaban sueltos, y él puso a Oriana en el palafrén de la doncella e movieron de allí tan alegres, que más ser no podía. Amadís llevaba a su señora por la rienda, y ella le iba diciendo cuán espantada iba de aquellos caballeros muertos, que no podía en sí tornar; mas él le dijo: «Muy más espantosa e cruel es aquella muerte que yo por vos padezco; e, Señora, doledvos de mí, e acordaos de lo que me tenéis prometido; que si hasta aquí me sostuve, no es por al, sino creyendo que no era más en vuestra mano ni poder de me dar más de lo que me daba. Mas si de aquí adelante, viéndovos, Señora, en tanta libertad, no me acorriésedes,[5] ya no bastaría ninguna cosa que la vida sostener me pudiese; antes sería fenecida con la más rabiosa esperanza que nunca persona murió.» Oriana le dijo: «Por buena fe, amigo, nunca, si yo puedo, por mi causa vos seréis en ese peligro. Yo haré lo que queréis, e vos haced cómo, aunque aquí yerro o pecado parezca, no lo sea ante Dios.»

Así anduvieron tres leguas hasta entrar en un bosque muy espeso de árboles, que cabe una villa cuanto una legua estaba. A Oriana prendió gran sueño, como quien no había dormido ninguna cosa la noche pasada, e dijo: «Amigo, tan gran sueño me viene, que me no puedo sufrir.» «Señora —dijo él— vamos aquel valle e dormiréis.» E desviando de la carrera se fueron al valle, donde hallaron un pequeño arroyo de agua e yerba verde muy fresca; allí descendió Amadís a su señora e dijo: «Señora, la siesta entra muy caliente; aquí dormiréis hasta que venga la fría; y en tanto enviaré a Gandalín aquella villa, e traernos ha con qué refresquemos.» «Vaya —dijo Oriana—, mas, ¿quién se lo dará?» Dijo Amadís: «Dárselo han sobre

aquel caballo, e venirse a pie.»[6] «No será así —dijo Oriana—, mas lleve este mi anillo, que ya nunca nos tanto como agora valdrá.» E sacándolo del dedo, lo dió a Gandalín; y cuando él se iba dijo paso contra Amadís:[7] «Señor, quien buen tiempo tiene e lo pierde, tarde lo cobra.» E esto dicho, luego se fué. E Amadís entendió bien por qué lo él decía. Oriana se acostó en el manto de la doncella en tanto que Amadís se desarmaba, que bien menester lo había; y como desarmado fué, la doncella se entró a dormir en unas matas espesas, e Amadís tornó a su señora, e cuando así la vió tan hermosa y en su poder, habiéndole ella otorgado su voluntad, fué tan turbado de placer e de empacho,[8] que sólo mirar no la osaba; así que, se puede bien decir que en aquella verde yerba, encima de aquel manto, más por la gracia e comedimiento de Oriana que por la desenvoltura ni osadía de Amadís, fué fecha dueña la más hermosa doncella del mundo; e creyendo con ello las sus encendidas llamas resfriar, aumentándose en muy mayor cantidad, más ardientes e con más fuerza quedaron, así como en los sanos e verdaderos amores acaescer suele. Así estuvieron de consuno con aquellos autos amorosos cuales pensar e sentir puede aquél e aquélla que de semejante saeta sus corazones heridos son, hasta que el empacho de la venida de Gandalín hizo a Amadís levantar, e llamando la doncella, dieron buena orden de aderezar como comiesen, que bien les hacía menester; donde, aunque los muchos servidores e las grandes vajillas de oro e de plata allí faltaron, no quitaron aquel dulce e gran placer que en la comida sobre la yerba hubieron...

Donde los dejaremos holgar e descansar, e contaremos qué le avino a don Galaor en la demanda del Rey.

De cómo don Galaor e Florestán, yendo su camino para el reino de Sobradisa, encontraron tres doncellas a la fuente de los Olmos

Galaor y Florestán parten del castillo de Corisanda hacia el reino de Sobradisa en busca de su hermano Amadís. Florestán, el más joven, pide a Galaor que no tome parte en ningún combate hasta que vea que él no puede concluirlo. Acompañado de un caballero que les da albergue en el camino, llegan a un lugar llamado la fuente de los tres olmos.

---

3 junto a.   4 escudero y hermano de crianza de Amadís que se había separado de éste el día anterior para llevar a una ermita a un caballero muerto que habían hallado en el camino.   5 socorrieseis; conservamos algunas de estas formas arcaicas, que hemos modernizado en textos más antiguos, por considerar que son esenciales al estilo artificial y al carácter de la obra.   6 le darán (con que

refresquemos) si deja el caballo en prenda, y él tendrá que volverse a pie.   7 dijo a Amadís en voz baja.   8 cortedad, vergüenza.   9 allí.   10 si hubieseis menester de ella, si la necesitases.

11 arriba.   12 algo más que hablar.   13 cómo son. 14 convendrá.   15 traspasó.   16 falló.

E anduvieron tanto fasta que llegaron a una fuente que en aquella tierra había, que llamaban la fuente de los tres olmos, porque hi[9] había tres olmos grandes e altos: pues allí llegados, vieron tres doncellas que estaban cabe la fuente. Pareciéronles asaz fermosas e bien guarnidas, y encima de los olmos vieron ser un enano. Florestán se metió adelante e fué a las doncellas, e saludólas muy cortés como aquel que era mesurado e bien criado; e la una le dijo: «Dios vos dé salud, señor caballero; si sois tan esforzado como fermoso, mucho bien os fizo Dios.» «Doncella —dijo él—, si tal fermosura vos parece, mejor vos paresceria la fuerza, si la menester hobierdes.»[10] «Bien decís —dijo ella—: e agora quiero ver si vuestro esfuerzo bastará para me llevar de aquí.» «Cierto —dijo Florestán—, para eso poca bondad bastaría; e pues así lo queréis, yo os llevaré.» Entonces mandó a sus escuderos que la pusiesen en un palafrén que allí atado a las ramas de los olmos estaba. Cuando el Enano que suso[11] en el olmo estaba aquello vió, dió grandes voces: «Salid, caballeros, salid; que vos llevan vuestra amiga.» E a estas voces salió de un valle un caballero bien armado encima de un gran caballo, e dijo a Florestán: «¿Qué es eso, caballero? ¿Quién vos manda poner mano en mi doncella?» «No tengo yo que sea vuestra, pues que por su voluntad me demanda que de aquí la lleve.» El caballero le dijo: «Aunque ella lo otorgue, no os lo consentiré yo, que la defendí a otros caballeros mejores que vos.» «No sé —dijo Florestán— cómo será; mas si no facéis al desas palabras,[12] llevarla he.» «Antes sabréis —dijo él— que tales son[13] los caballeros deste valle, e cómo defienden a las que aman.» «Pues agora vos guardad», dijo Florestán. Entonces dejaron correr contra sí los caballos, e hiriéronse de las lanzas en los escudos, y el caballero quebrantó su lanza, e Florestán le fizo dar del brocal del escudo en el yelmo, que le fizo quebrar los lazos, e derribóselo de la cabeza, e no se pudo tener en la silla; así que cayó sobre la espada e fízola dos pedazos. Florestán pasó por él, e cogió la lanza sobre mano, e tornó al caballero, e viólo tal como muerto, e poniéndole la lanza en el rostro, dijo: «Muerto sois.» «¡Ay, señor!, merced —dijo el caballero—; ya vedes que tal como muerto estoy.» «No aprovecha eso —dijo él— si no otorgáis la doncella por mía.» «Otórgola —dijo el caballero—, e maldita sea ella y el día en que la yo vi, que tantas locuras me ha fecho hacer fasta que perdí mi cuerpo.» Florestán le dejó, e fuése a la doncella e dijo: «Vos sois mía.» «Bien me ganastes —dijo ella— e podéis hacer de mí lo que os pluguiere.» «Pues ahora nos vayamos», dijo él; mas otra doncella de las que a la fuente quedaban le dijo: «Señor caballero, buena compaña partistes, que un año ha que andamos de consuno, e pésanos de así nos partir.» Florestán dijo: «Si en mi compañía queréis ir, yo vos llevaré, e así no seréis de una compaña partida, que de otra guisa no se puede facer, porque doncella tan fermosa como ésta no la dejaría yo aquí.» «Sí, es hermosa —dijo ella—, mas yo no me tengo por tan fea, que cualquier caballero por mí no deba un gran fecho acometer; mas no creo yo que seréis vos de los que lo osasen hacer.» «¡Cómo! —dijo Florestán—, ¿cuidáis que por miedo vos dejo? Si me Dios ayude, no era sino por no pasar vuestra voluntad, e agora lo veréis.» Entonces la mandó poner en otro palafrén, y el Enano dió voces como de primero, e no tardó que salió del valle otro caballero muy bien armado en un buen caballo que muy apuesto parecía, y en pos dél un escudero que traía dos lanzas, e dijo contra don Florestán: «Don caballero, ganaste una doncella, e no contento, lleváis la otra; agora converná[14] que las perdáis ambas, e la cabeza con ellas; que no conviene a caballero de tal linaje como vos tener en su guarda mujer de alta guisa como la doncella es.» «Mucho vos loáis —dijo Florestán—, pues tales dos caballeros hay en mi linaje que los querría antes en mi ayuda que no a vos solo.» «Por preciar tú tanto los de tu linaje —dijo el caballero— no te tengo por eso en más; que a ti e a ellos precio tanto como nada; mas tú ganaste una doncella de aquel que poder no tuvo para la amparar, e si te yo venciere, sea la doncella mía, e si vencido fuere, lleva con ella esa otra que yo guardo.» «Contento soy dese partido», dijo Florestán. «Pues agora os guardad, si podierdes», dijo el caballero. Entonces se dejaron ir a todo el correr de los caballos, y el caballero firió a Florestán en el escudo, que se lo falsó,[15] e detúvose en el arnés, que era fuerte e bien mallado, e la lanza quebró, e Florestán falleció[16] de su encuentro, e pasó adelante por él. El caballero tomó otra lanza al escudero que las traía, e don Florestán, que con vergüenza estaba e muy sañudo porque delante su hermano el golpe errara, dejóse ir, y encontróle tan fuertemente en el escudo, que se lo falsó, e el brazo en que lo traía, e pasó la lanza hasta la loriga, e pujóla tan fuerte, que lo alzó de la silla e lo puso encima de las ancas del caballo; el cual, como allí lo sintió, lanzó las piernas con tanta braveza, que dió con él en el campo, que era duro, tan gran caída, que no bullía pie ni mano. Florestán, que así lo vió, dijo a la doncella: «Mía sois, que este vuestro amigo no os defenderá, ni a sí tampoco.» «Así me semeja», dijo ella. Don Florestán miró contra la otra doncella, que sola a la fuente quedaba, e vióla muy triste, e díjola: «Doncella, si os no pesa, no os dejaría yo ende sola.» La doncella miraba contra el huésped, e díjole: «Conséjovos que de aquí vos vades;[17] que bien sabéis vos que dos caballeros no son bastantes para os defender del que agora verná; e si vos alcanza, no hay al sino la muerte.» «Todavía», dijo el huésped, «quiero ver lo que averná,[18] que este mi caballo es muy corredor e mi torre muy cerca; así que, no hay peligro ninguno.»—«¡Ay!», dijo ella, «guardaos; que no sois más de tres e vos desarmado, e bien sabéis para contra él tanto es como nada.» Cuando esto oyó don Florestán hubo mayor cuita de llevar la doncella por ver aquel de quien tan altamente fablaba, e fízola cabalgar en otro palafrén, como a las otras, y el Enano que suso estaba en el olmo dijo: «Don caballero, en mal punto sois tan osado; que agora verná quien vengará a sí e a los otros.» Entonces dijo a grandes voces: «Acorred, señor, que mucho tardáis.» E luego salió del valle donde los otros un caballero que traía las armas partidas con oro, e venía en un caballo bayo tan grande e tan fiero, que bastara para un gigante; y el caballero era así muy grande e membrudo, que bien parecía en él haber muy gran fuerza e valentía; e venía todo armado, sin faltar ninguna cosa, y en pos dél venían dos escuderos armados de arneses e capellinas como sirvientes, e traían sendas hachas en sus manos grandes y muy tajantes, de que el caballero mucho se preciaba herir, e dijo contra Florestán: «Está quedo, caballero, e no fuyas, que no te aprovechará; que todavía conviene que mueras, pues muere como esforzado, e no como hombre cobarde, pues por cobardía no puedes escapar.» Cuando Florestán se vió amenazar de muerte e avíltar[19] de cobarde fué tan sañudo, que maravilla era, e dijo: «Ven, cativa cosa e mala e fuera de razón sin talle, si me ayude Dios, yo te temo como a una gran bestia sin esfuerzo e corazón.»—«¡Ay!», dijo el caballero, «cómo me pesa que no seré vengado en cosa que en ti haga, e Dios me mandase agora que estuviesen hi los cabezas contigo.»—«De mí solo te guarda», dijo Florestán; «que yo haré con la ayuda de Dios que ellos sean excusados.»

Don Florestán vence también al tercer caballero.

Esto hecho, fuése a las doncellas, e la primera le dijo: «Cierto, buen caballero, tal hora fué, que no creía que tales diez como vos nos ganaran como vos solo nos ganastes, y derecho es que por vuestras nos tengáis.» Entonces llegó a él su huésped, que era caballero mancebo e hermoso, como ya oístes, e dijo: «Señor, yo amo de gran amor esta doncella, y ella a mí; e había un año que aquel caballero que mataste me la ha tenido forzada sin que ver me dejase, e agora que la puedo haber por vos, mucho vos agradeceré que no vos pese dello.»—«Ciertamente, huésped», dijo él, «si así es como lo decís, en mí hallaréis buen ayudador, pero contra su voluntad no lo otorgaría a vos ni a otro.»—«¡Ay señor», dijo la doncella, «a mí place, e ruégovos yo mucho que a él me deis, que mucho le amo!»—«En el nombre de Dios», dijo Florestán. «yo vos hago libre que a vuestra voluntad hagáis.» La doncella se fué con el huésped, seyendo muy alegre. Galaor mandó tomar el gran caballo bayo, que le pareció el más fermoso que nunca viera, e dió al huésped el que él traía; después entraron en su camino, e las doncellas con ellos; e dígovos que eran niñas y fermosas, e don Florestán tomó para sí la primera, e dijo a la otra: «Amiga, faced por ese caballero lo que él pluguiere, que yo vos lo mando.»—«¡Cómo!», dijo ella, «¿a éste que no vale tanto como una mujer me queréis dar, que vos vió en tal cuita e no vos ayudó? Cierto, yo creo que las armas que él trae más son para otro que para sí, según es el corazón que en sí encierra.»—«Doncella», dijo don Florestán, «yo vos juro por la fe que tengo de Dios, que vos do al mejor caballero que yo agora en el mundo sé, si no es Amadís, mi señor.» La doncella cató a Galaor, e vióle tan hermoso e tan niño, que se maravilló de aquello que dél oía, e otorgóle su amor, e la otra a don Florestán; e aquella noche fueron a albergar a casa de una dueña, hermana del huésped, donde se partieran, y ella les fizo todo el servicio que pudo de que supo lo que les aviniera. Allí folgaron aquella noche, e a la mañana tornaron a su camino, e dijeron a sus amigas: «Nos habemos de andar por muchas tierras extrañas, e hacerse vos hía[20] gran trabajo de nos seguir; decidnos dónde más seréis contentas que vos llevemos.»—«Pues así vos place», dijeron ellas, «cuatro jornadas de aquí, en este camino que lleváis, en un castillo de una dueña, nuestra tía, e allí quedaremos.» Así continuaron su camino adelante...

Carta que la señora Oriana envía a su amante Amadís

Mi rabiosa queja, acompañada de sobrada razón, da lugar a que la flaca mano declare lo que el triste corazón encubrir no puede contra vos, el falso y desleal caballero Amadís de Gaula; pues ya es conoscida la deslealtad e poca firmeza que

17 vayáis.   18 sucederá.   19 insultar.   20 se os haría.
21 excepción.   22 llanto, lamento.   23 religioso que

ha tomado hábito en una orden regular.   24 acordaos.

contra mí, la más desdichada y menguada de aventura sobre todas las del mundo, habéis mostrado, mudando vuestro querer de mí, que sobre todas las cosas vos amaba, poniéndole en aquella que, según su edad, para la amar ni conoscer su discreción basta; e pues otra venganza mi sojuzgado corazón tomar no puede, quiero todo el sobrado y mal empleado amor que en vos tenía apartarlo; pues gran yerro sería querer a quien, a mí desamando, todas las cosas desame por le querer y amar. ¡Oh qué mal empleé e sojuzgué mi corazón, que en pago de mis suspiros e pasiones, burlada y desechada fuese! E pues este engaño es ya manifiesto, no parezcáis ante mí ni en parte donde yo sea; porque sed cierto que el muy encendido amor que vos había es tornado, por vuestro merescimiento, en muy rabiosa e cruel saña; e con vuestra quebrantada fe e sabios engaños id a engañar otra cativa mujer como yo, que así me vencí de vuestras engañosas palabras, de las cuales ninguna salva[21] ni excusa serán recebidas; antes, sin vos ver, plañiré con mis lágrimas mi desastrada ventura e con ellas daré fin a mi vida, acabando mi triste planto.[22]

Acabada la carta, cerróla con sello de Amadís muy conocido, e puso en el sobrescrito: «Yo soy la doncella ferida de punta de espada por el corazón, e vos sois el que me feristes.» E fablando en gran secreto con un doncel que Durín se llamaba, hermano de la doncella de Dinamarca, le mandó que no holgase fasta llegar al reino de Sobradisa, donde fallaría a Amadís, e aquella carta le diese, e que mirase al leer della su semblante y que aquel día le aguardase, no tomando dél respuesta aunque dársela quisiese.

De cómo Amadís, dejadas las armas e mudando el nombre, se retrajo con un buen viejo en una ermita a la vida solitaria

Entonces entró en una gran vega que al pie de una montaña estaba, y en ella había dos árboles altos, que estaban sobre una fuente, e fué allá por dar agua a su caballo, que todo aquel día anduviera sin fallar agua; e cuando a la fuente llegó vió un hombre de orden,[23] la cabeza e barbas blancas, e daba beber a un asno, y vestía un hábito muy pobre de lana de cabras. Amadís le saludó, e preguntóle si era de misa; el hombre bueno le dijo que bien había cuarenta años que lo era. «A Dios merced», dijo Amadís; «agora vos ruego que folguéis aquí esta noche por el amor de Dios, e oírme heis de penitencia, que mucho lo he menester.»—«En el nombre de Dios», dijo el buen hombre. Amadís se apeó e puso las armas en tierra, y desensilló el caballo y dejólo pacer por la yerba y él

desarmóse e fincó los hinojos ante el buen hombre, e comenzóle a besar los pies. El hombre bueno lo tomó por la mano, e alzándolo, lo fizo sentar cabe sí, e vió cómo era el más hermoso caballero que en su vida visto había, pero vióle descolorido, e las faces e los pechos bañados en lágrimas que derramaba, e hubo dél duelo e dijo: «Caballero, paresce que habéis gran cuita, e si es por algún pecado que hayáis fecho, y estas lágrimas de arrepentimiento dél vos vienen, en buena hora acá nacistes; mas si vos lo causan algunas temporales cosas, que, según vuestra edad y fermosura, por razón no debéis ser muy apartado dellas, membradvos[24] de Dios y demandalde merced que vos traya a su servicio.» E alzó la mano e bendíjole e díjole: «Agora decid todos los pecados que se os acordaren.» Amadís así lo fizo, diciéndole toda su facienda, que nada faltó. El hombre bueno le dijo: «Según vuestro entendimiento y el linaje tan alto donde venís no os debríades matar ni perder por ninguna cosa que vos aviniese, cuanto más por fecho de mujeres que se ligeramente gana e pierde; e vos consejo que no paréis en tal cosa mientes e vos quitéis de tal locura, que lo fagáis por amor de Dios, a quien no place de tales cosas; e aun por la razón del mundo se debría facer, que no puede hombre, ni debe, amar a quien le no amare.»

—«Buen señor», dijo Amadís, «yo soy llegado a tal punto, que no puedo vivir sino muy poco, e ruégoos por aquel Señor poderoso, cuya fe vos mantenéis, que vos plega de me llevar con vos este poco de tiempo que durare, e habré con vos consejo de mi alma; pues que ya las armas ni el caballo no me facen menester, dejarlo he aquí, e iré con vos de pie, faciendo aquella penitencia que me mandardes; e si esto no facéis, erraréis a Dios, porque andaré perdido por esta montaña, sin faltar quien me remedie.» El buen hombre, que lo vió tan apuesto y de todo corazón para hacer bien, díjole: «Ciertamente, señor, no conviene a tal caballero como vos sois que así se desampare, como si todo el mundo le falleciese, e muy menos por razón de mujer, que su amor no es más de cuanto sus ojos lo ven e cuanto oyen algunas palabras que les dicen... E yo no sé quién es aquella que vos a tal estado ha traído, mas a mí paresce que si en una mujer sola hubiese toda la bondad y hermosura que ha en todas las otras, que por ella tal hombre como vos no se debería perder.»—«Buen señor», dijo Amadís, «yo no vos demando consejo en esta parte, que a mí no es menester; más demándoos consejo de mi alma, y que os plega de me llevar con vos, e si no lo ficierdes, no tengo otro remedio sino morir en esta montaña.» Y el hombre bueno comenzó a llorar con gran pesar que dél había; así que, las lágrimas le caían por las barbas, que eran largas y blancas, e díjole: «Mi fijo, señor, yo moro en un lugar muy esquivo e trabajoso de vivir, que es una ermita metida en la mar bien siete leguas, en una peña muy alta, y es tan estrecha la peña, que ningún navío a ella se puede llegar sino es en el tiempo del verano; e allí moro yo ha treinta años, e quien allí morare conviénele que deje los vicios e placeres del mundo, e mi mantenimiento es de limosnas que los de la tierra me dan.»— «Todo eso», dijo Amadís, «es a mi grado, e a mí place de pasar con vos tal vida, esta poca que queda, e ruégovos por amor de Dios que me lo otorguéis.» El hombre bueno se lo otorgó, mucho contra su voluntad, e Amadís le dijo: «Agora me mandad, padre, lo que faga; que en todo vos seré obediente.»

El hombre bueno le dió la bendición, e luego dijo vísperas, e sacando de una alforja pan y pescado, dijo a Amadís que comiese; mas él no lo hacía, aunque pasaran ya tres días que no comiera; él dijo: «Vos habéis de estar a mi obediencia, e mándoos que comáis; si no, vuestra alma sería en gran peligro si así moriésedes.» Entonces comió, pero muy poco; que no podía de sí partir aquella grande angustia en que estaba...

El hombre bueno lo iba mirando, cómo era tan hermoso y de tan buen talle, e la gran cuita en que estaba, e dijo: «Yo vos quiero poner un nombre que será conforme a vuestra persona e angustia en que sois puesto; que vos sois mancebo e muy fermoso; e vuestra vida está en grande amargura y en tinieblas; quiero que hayáis nombre Beltenebros.» Amadís plugo de aquel nombre, e tuvo el buen hombre por entendido en se le haber con tan gran razón puesto, e por este nombre fué él llamado en cuanto con él vivió, y despúes gran tiempo; que no menos que por el de Amadís fué loado, según las grandes cosas que hizo, como adelante se dirá.

Pues fablando en esto y en otras cosas, llegaron a la mar siendo la noche cerrada, e fallaron hi una barca en que habían de pasar al hombre bueno a su ermita, y Beltenebros dió su caballo a los marineros, y ellos le dieron un pelote[25] e un tabardo[26] de gruesa lana parda, y entraron en la barca e fuéronse contra la peña; y Beltenebros preguntó al buen hombre cómo llamaban aquella su morada, y él cómo había nombre. «La morada», dijo él, «es llamada la Peña Pobre, porque allí no puede morar ninguno sino en gran pobreza, e mi nombre es Andalod, e fuí clérigo asaz entendido, e pasé mi mancebía en muchas vanidades; mas

Dios, por la su merced, me puso en pensar que los que lo han de servir tienen grandes inconvenientes... contratando con las gentes, que, según nuestras flaquezas, antes a lo malo que a lo bueno inclinados somos; e por esto acordé de me retraer a este lugar tan solo, donde ya pasan de treinta años que nunca dél salí sino agora, que vine a un enterramiento de una mi hermana.» Mucho se pagaba Beltenebros de la soledad y esquiveza de aquel lugar, y en pensar de allí morir recebía algún descanso; así fueron navegando en su barca fasta que a la peña llegaron. El ermitaño dijo a los marineros que se volviesen, y ellos se tornaron a la tierra con su barca; y Beltenebros, considerando aquella estrecha e santa vida de aquel hombre bueno, con muchas lágrimas y gemidos, no por devoción, mas por gran desesperación, pensaba juntamente con él sostener todo lo que viviese, que a su pensar sería muy poco.

Así como oís fué encerrado Amadís con nombre de Beltenebros en aquella Peña Pobre, metida siete leguas en la mar, desamparando el mundo y la honra, e aquellas armas con que en tan grande alteza puesto era; consumiendo sus días en lágrimas y en continuos lloros...

De cómo estando el rey Lisuarte sobre tabla entró un caballero extraño armado de todas las armas y desafió al Rey e a toda su corte

A su mesa estando el rey Lisuarte e habiendo alzado los manteles, queriéndose dél despedir don Galaor e don Florestán e Agrajes para llevar a Corisanda, entró por la puerta del palacio un caballero extraño, armado de todas armas, sino la cabeza e las manos, e dos escuderos con él; e traía en la mano una carta de cinco sellos, e hincados los hinojos, la dió al Rey, e díjole: «Faced leer esa carta, e después diré a lo que vengo.» El Rey la leyó, e viendo que de creencia[27] era, le dijo: «Agora podéis decir lo que vos placerá.»—«Rey», dijo el caballero, «yo desafío a ti e a todos tus vasallos e amigos de parte de Famongomadán, el jayán del Lago Ferviente, e de Cartada, que es su sobrino, el jayán de la Montaña Defendida, e de Madanfabul, su cuñado, el jayán de la Torre Bermeja, e por don Cuadragante, su hermano del rey Abies de Irlanda, e por Arcaláus el encantador, e mándante decir que tienes en ellos muerte, así tú como todos aquellos que tuyos se llamaren; e hácete saber que ellos, con todos aquellos grandes amigos suyos, serán contra ti en ayuda del rey Cildadán en la batalla que con él aplazada tienes; pero que si tú

---

[25] pelliza o chaqueta con forro de piel.   [26] especie de abrigo sin mangas.   [27] que la carta era de «creencia», es decir, que acreditaba o daba autoridad al mensajero

para el negocio que iba a tratar.   [28] te vendrá, te conviene.   [29] envilecimiento.   [30] un rato.

quieres dar a tu fija Oriana a Badasima, la muy fermosa fija del dicho Famongomadán para que sea su doncella e la sirva, que no te desafiarán ni te serán enemigos, antes casarán a Oriana con Basagante, su hermano, cuando vieren que es tiempo; que es tal señor, que bien será en él empleada tu tierra e la suya; e agora, Rey, mira lo que mejor te verná;[28] o la paz como la quieren, o la más cruda guerra que venirte podrá con hombres que tanto pueden.» El Rey le respondió riendo, como aquel que en poco su desafío tenía, e díjole: «Caballero, mejor es la guerra peligrosa que la paz deshonrada; que mala cuenta podría yo dar a aquel Señor que en tal alteza me puso, si por falta de corazón con tanta mengua e tanto avillamiento[29] lo abajase; e agora vos podéis ir, e decildes que antes querría la guerra todos los días de mi vida con ellos, e al cabo en ella morir, que otorgar la paz que me demandan; e decidme dónde los hallará un mi caballero, porque por él sepan esta mi respuesta que a vos se da.»—«En el Lago Ferviente», dijo el caballero, «los fallará quien los buscare, que es en la ínsula que llaman Mongaza, así a ellos como a los que consigo ha de meter en la batalla». —«Yo no sé», dijo el Rey, «según la condición de los gigantes, si mi caballero podrá ir e venir seguro».—«Deso no pongáis duda», dijo él, «que donde está don Cuadragante no se puede cosa contra razón facer, e yo lo tomo a mi cargo»... Entonces mandó el Rey a un caballero, su criado, que Filispinel había nombre, que en compañía de Landín fuese a desafiar a aquellos que a él desafiaron. Pues partidos estos dos caballeros, como oís, el Rey quedó hablando con don Galaor e Florestán e Agrajes e otros muchos que en el palacio estaban, e díjoles: «Quiero que veáis una cosa en que habréis placer.» Entonces mandó llamar a Leonoreta, su fija, con todas sus doncellas pequeñas, que viniesen a danzar, así como solían, lo que nunca había mandado después que las nuevas de ser perdido Amadís le dijeron; y el Rey le dijo: «Hija, decid la canción que por vuestro amor Amadís fizo siendo vuestro caballero.» La niña con las otras sus doncellas la comenzaron a cantar; la cual decía así:

Leonoreta, fin roseta,
blanca sobre toda flor,
fin roseta no me meta
en tal cuita vuestro amor.

Sin ventura yo en locura
me metí;
en vos amar es locura
que me dura,
sin me poder apartar;
oh hermosura sin par,

que me da pena e dulzor.
Fin roseta, no me meta
en tal cuita vuestro amor.

De todas las que yo veo
no deseo
servir otra sino a vos;
bien veo que mi deseo
es devaneo,
do no me puedo partir,
pues que no puedo huir
de ser vuestro servidor.
No me meta, fin roseta,
en tal cuita vuestro amor.

Aunque mi queja parece
referirse a vos, Señora,
otra es la vencedora,
otra es la matadora
que mi vida desfallece;
aquésta tiene el poder
de me hacer toda guerra;
aquésta puede hacer,
sin yo se lo merecer,
que muerto viva so tierra.

Quiero que sepáis por cuál razón Amadís fizo este villancico por esta infanta Leonoreta. Estando él un día hablando con la reina Brisena, Oriana e Mabilia e Olinda dijeron a Leonoreta que dijese a Amadís que fuese su caballero e la sirviese muy bien, no mirando por otra ninguna; ella fué a él, e díjole como ellas lo mandaron. Amadís e la Reina, que se lo oyeron, rieron mucho; e tomándola Amadís en sus brazos, la asentó en el estrado e díjole: «Pues vos queréis que yo sea vuestro caballero, dadme alguna joya en conocimiento que me tenga por vuestro.» Ella quitó de su cabeza un prendedero de oro con unas piedras muy ricas, e dióselo. Todos comenzaron a reír de ver cómo la niña tomaba tan de verdad lo que en burla le habían aconsejado; e quedando Amadís por su caballero, fizo por ella el villancico que ya oístes. E cuando ella e sus doncellas lo decían, que estaban todas con guirnaldas en sus cabezas e vestidas de ricos paños de la manera que Leonoreta los traía, y era asaz fermosa, pero no como Oriana, que con ésta no había par ninguna en el mundo, e fué a tiempo, como adelante se dirá, emperatriz de Roma; e las doncellitas suyas eran doce, todas fijas de duques e de condes e otros grandes señores; e decían tan bien e tan apuesto aquel villancico, que el Rey e todos los caballeros habían muy gran placer de lo oír. E desque hubieron una pieza[30] cantado, fincando los hinojos ante el Rey, fuéronse donde la Reina estaba. Don Galaor e don Florestán e Agrajes dijeron al Rey que querían ir con Corisanda, que les diese licencia, y él los sacó a una parte del palacio e díjoles: «Amigos, en el mundo no hay otros tres en quien yo tan gran esfuerzo tenga como en vos, y el plazo de la mi batalla se llega, que ha de ser en la primera semana de agosto; e ya habéis oído la gente que contra mí han de ser; y éstos traerán otros muy bravos e fuertes en armas, así como aquellos que son de natura e sangre de gigantes; porque mucho vos ruego que fasta aquel plazo no vos encarguéis de otras afrentas ni demandas que vos hayan de estorbar de ser conmigo en la batalla; que tengo mortales e capitales enemigos, e faríadesme muy gran mengua e sinrazón; que yo fío en Dios que con la vuestra gran bondad, e de todos los otros que me han de servir, no será la valentía ni fuerza de nuestros enemigos tan sobrada, que al cabo por nosotros no sean vencidos e destrozados e menguados.»—«Señor», dijeron ellos, «para tal cosa tan señalada e nombrada en todas partes como ésta será, no es menester vuestro mando e ruego, que, puesto que el deseo e buena voluntad que de serviros tenemos faltase, no faltaría el buen deseo de ser en tan grande afrenta, donde nuestros corazones e buenas voluntades hayan aquello que por muchas tierras e partes del mundo andan buscando, que es hallarse en las cosas de mayor peligro; porque venciendo alcanzan la gloria que desean, y vencidos cumplen aquella fin para que nascidos fueron; así que, nuestra tornada[31] será luego, y entretanto animad y esforzad vuestros caballeros, porque a aquellos que con gran amor e afición sirven, flaca fuerza fuerte se torna.» E partiéndose del Rey, armados en sus caballos, tomando consigo a Corisanda, partieron de Londres e fueron su camino.

De cómo el caballero de la Verde Espada, después de partido de Grasinda para ir a Constantinopla, le forzó la fortuna en el mar, de tal manera, que le arribó en la ínsula del Diablo, donde halló una bestia fiera llamada Endriago

El maestro Elisabat da noticia a Amadís —que ha tomado el nombre de Caballero de la Verde Espada— de la Isla del Diablo y de cómo allí nació el Endriago, hijo del gigante Bandaguido, dueño de la isla.

...E luego ese día públicamente ante todos tomó[32] por su mujer a su fija Bandaguida, en la cual aquella malaventurada noche fué engendrada una animalia, por ordenanza de los diablos, en quien ella e su padre e marido creían, de la forma que aquí oiréis. Tenía el cuerpo y el rostro cubierto de pelo, y encima había conchas, sobrepuestas unas sobre otras, tan fuertes, que ninguna arma las podía pasar, e las piernas e pies eran muy gruesos y recios, y encima de los hombros había alas tan grandes, que fasta los pies le cubrían, e no de péñolas,[33] mas de un cuero negro como la pez, luciente, belloso, tan fuerte, que ninguna arma las podía empecer, con las cuales se cobría como lo ficiese un hombre con un escudo; y debajo dellas le salían brazos muy fuertes, así como de león, todos cubiertos de conchas más menudas que las del cuerpo, e las manos había de hechura de águila, con cinco dedos, e las uñas tan fuertes e tan grandes que en el mundo no podía ser cosa tan fuerte que entre ellas entrase, que luego no fuese desfecha. Dientes tenía dos en cada una de las quijadas, tan fuertes y tan largos, que de la boca un codo[34] le salían, e los ojos grandes y redondos muy bermejos como brasas; así que, de muy lueñe,[35] siendo de noche, eran vistos, e todas las gentes huían dél. Saltaba e corría tan ligero, que no había venado que por pies se le pudiese escapar; comía y bebía pocas veces e algunos tiempos ningunas, que no sentía en ello pena ninguna; toda su holganza era matar hombres e las otras animalias vivas, e cuando fallaba leones e osos, que algo se le defendían, tornaba muy sañudo y echaba por sus narices un humo tan espantable, que semejaba llamas de fuego, e daba unas voces roncas, espantosas de oír; así que, todas las cosas vivas huían ante él como ante la muerte; olía tan mal, que no había cosa que no emponzoñase. Era tan espantoso cuando sacudía las conchas unas con otras, e facía crujir los dientes e las alas, que no parecía sino que la tierra facía estremecer. Tal es esta animalia, Endriago llamado, como os digo», dijo el maestro Elisabat. «E aun más vos digo, que la fuerza grande del pecado del Gigante y de su fija causó que en él entrase el enemigo malo, que mucho en su fuerza e crueza[36] acrecienta.»

Mucho fué maravillado el caballero de la Verde Espada desto que el maestro le contó de aquel diablo, Endriago llamado, nascido de hombre y mujer, e la otra gente muy espantados; mas el caballero le dijo: «Maestro, pues ¿cómo cosa tan desemejada[37] pudo ser nascida de cuerpo de mujer?»—«Yo os lo diré», dijo el maestro... «Sabed... que sintiéndose preñada aquella Bandaguida, lo dijo al Gigante, y él hubo dello mucho placer... E dijo que eran menester tres o cuatro amas para lo que pariese, pues que había de ser la más fuerte cosa que hubiese en el mundo. Pues creciendo aquella

---

31 partida. 32 el sujeto es el gigante Bandaguido. 33 plumas. 34 distancia que media desde el codo a la extremidad de la mano. 35 desde muy lejos. 36 crueldad. 37 diferente. 38 amarillo subido. 39 apremio, dolor. 40 le rompió.
41 barco ligero de remos con uno o dos palos. 42 y si él (Dios) me guiase. 43 viereis, os parezca.

mala criatura en el vientre de la madre, como era hechura e obra del diablo, facíala adolecer muchas veces, e la color del rostro y de los ojos eran jaldados,[38] de color de ponzoña; mas todo lo tenía ella por bien, creyendo que, según los dioses lo habían dicho, que sería aquel su fijo el más fuerte e más bravo que se nunca viera, y que si tal fuese, que buscaría manera alguna para matar a su padre y que se casaría con el hijo; que éste es el mayor peligro de los malos, enviciarse e deleitarse tanto en los pecados, que aunque la gracia del muy alto Señor en ellos espira, no solamente no la sienten ni la conocen, mas como cosa pesada y extraña la aborrescen y desechan, teniendo el pensamiento e la obra en siempre crecer en las maldades como subjetos y vencidos dellas. Venido pues el tiempo, parió un fijo, e non con mucha premia,[39] porque las malas cosas fasta la fin siempre se muestran agradables...

«En cabo del año, que supo el Gigante del ama como era muy crescido, e oíanle dar unas voces roncas y espantosas, acordó con su hija, que tenía por mujer, de ir a verlo, e luego entraron en la cámara donde estaba, e viéronle andar corriendo e saltando. E como el Endriago vió a su madre vino para ella, e saltando, echóle las uñas al rostro e fendióle[40] las narices y quebróle los ojos, e antes que de sus manos saliese fué muerta. Cuando el Gigante lo vió, posó mano a la espada para lo matar, e dióse con ella en la una pierna tal ferida, que toda la tajó, e cayó en el suelo, e a poco rato fué muerto. El Endriago saltó por encima dél, e saliendo por la puerta de la cámara, dejando toda la gente del castillo emponzoñados, se fué a las montañas, e no pasó mucho tiempo que los unos muertos por él, e los que barcas e fustas[41] pudieron haber para fuir por la mar, que la ínsula no fuese despoblada, e así lo está pasa ya de cuarenta años. Esto es lo que sé desta mala y endiablada bestia», dijo el maestro. El caballero de la Verde Espada dijo: «Maestro, grandes cosas me habéis dicho, e mucho sobre Dios nuestro Señor a aquellos que le desirven; pero, al fin, si se no enmiendan, dales pena tan crecida como ha sido su maldad; e agora os ruego, maestro, que digáis de mañana misa, porque yo quiero ver a esta ínsula, e si él me aderezare,[42] tornarla a su santo servicio.» Aquella noche pasaron con gran espanto, así de la mar, que muy brava era, como del miedo que del Endriago tenían, pensando que saldría a ellos de un castillo que allí cerca tenía, donde muchas veces albergaba; y el alba del día venida, el maestro cantó misa, y el caballero de la Verde Espada la oyó con mucha homildad, rogando a Dios le ayudase en aquel peligro que por su servicio se quería poner; e si su voluntad era que su muerte allí fuese venida, él por la su piedad le hubiese merced al alma. E luego se armó e fizo sacar su caballo en tierra, e Gandalín con él, e dijo a los de la nao: «Amigos, yo quiero entrar en aquel castillo, e si allí hallo el Endriago, combatirme con él, e si no le fallo, miraré si está en tal disposición para que allí seáis aposentados en tanto que la mar face bonanza; e yo buscaré esta bestia por estas montañas, e si della escapo, tornarme he a vosotros; e si no, haced lo que mejor vierdes.[43]»

Entonces se partió el caballero de la Verde Espada dellos, quedando todos llorando; iba, como oís, con aquel esfuerzo y semblante que su bravo corazón le otorgaba, et Gandalín en pos dél, llorando fuertemente, creyendo que los días de su señor con la fin de aquel día la habrían ellos. El caballero volvió a él, e díjole riendo: «Mi buen hermano, no tengas tan poca esperanza en la misericordia de Dios ni en la vista de mi señora Oriana, que así te desesperes; que no solamente tengo delante mí la su sabrosa membranza mas su propia persona, e mis ojos la ven, y me está diciendo que la defienda yo desta bestia mala. Pues ¿qué piensas tú, mi verdadero amigo, que debo yo hacer? ¿No sabes que en la su vida e muerte está la mía? ¿Consejarme has tú que la deje matar y que ante mis ojos muera? No plega a Dios que tal pensases; e si tú no la ves, yo la veo, que delante mí está...» E diciendo esto, crescióle tanto el esfuerzo, que muy tarde se le facía en no fallar al Endriago; y entrando en un valle de brava montaña y peñas de muchas concavidades dijo: «Da voces, Gandalín, porque por ellas podrá ser que el Endriago a nosotros acudirá; et ruégote mucho que si aquí moriere, procures de llevar a mi señora Oriana aquello que es suyo enteramente, que será mi corazón...» Et no tardó mucho que vieron salir de entre las peñas el Endriago muy más bravo e fuerte que lo nunca fué...

Venía tan sañudo, echando por la boca humo mezclado con llamas de fuego, e firiendo los dientes unos con otros, faciendo gran espuma e faciendo crujir las conchas e las alas tan fuertemente, que gran espanto era de lo ver. Así hubo el caballero de la Verde Espada, especialmente oyendo los silbos e las espantosas voces roncas que daba; e como quiera que por palabra se lo señalaran, en comparación de la vista era tanto como nada; e cuando el Endriago los vió comenzó a dar grandes saltos e voces, como aquel que mucho tiempo pasara sin que hombre ninguno viera, e luego se vino contra ellos. Cuando los caballos del de la Verde Espada y de Gandalín lo vieron, comenzaron a fuir tan espantados, que apenas los podían tener, dando muy grandes bufidos. E cuando el de la Verde

Espada vió que a caballo a él no se podía llegar, descendió muy presto e dijo a Gandalín: «Hermano, tente afuera en ese caballo, porque ambos no nos perdamos, et mira la ventura que Dios me querrá dar contra este diablo tan espantable, e ruégale que por la su piedad me guíe cómo le quite yo de aquí, y sea esta tierra tornada a su servicio; e si aquí tengo de morir, que me haya merced del ánimo, y en lo otro faz como te dije.» Gandalín no le pudo responder, tan reciamente lloraba, porque su muerte veía tan cierta, si Dios milagrosamente no le escapase. El caballero de la Verde Espada tomó su lanza e cobrióse de su escudo como hombre que ya la muerte tenía tragada, perdido todo su pavor, e lo más que pudo se fué contra el Endriago así a pie como estaba. El diablo, como lo vido, vino luego para él, y echó un fuego por la boca con un humo tan negro, que apenas se podían ver el uno al otro, y el de la Verde Espada se metió por el fumo adelante, y llegando cerca dél, le encontró con la lanza por muy gran dicha en el un ojo; así que se lo quebró; y el Endriago echó las uñas en la lanza e tomóla con la boca e hízola pedazos, quedando el fierro con un poco del asta metido por la lengua e por las agallas; que tan recio vino, que él mesmo se metió por ella; e dió un salto por lo tomar, mas con el desatiento[44] del ojo quebrado no pudo, e porque el caballero se guardó con gran esfuerzo e viveza de corazón, así como aquel que se vía en la misma muerte, et puso mano a la su muy buena espada, e fué a él que estaba como desatentado, así del ojo como de la mucha sangre que de la boca le salía, e con los grandes resoplidos que daba, todo lo más della se le entraba por la garganta, de manera que cuasi el aliento le quitara, e no podía cerrar la boca ni morder con ella; y llegó a él por el un costado, e dióle tan gran golpe... que le no pareció sino que diera en una peña dura, e ninguna cosa le cortó.

Como el Endriago le vido tan cerca de sí, pensóle de tomar entre sus uñas, e no le alcanzó sino en el escudo, e levóselo tan recio, que le fizo dar de manos en tierra; y en tanto que el diablo lo despedazó todo con sus muy fuertes e duras uñas, hubo el caballero de la Verde Espada lugar de levantarse, e como sin escudo se vió, e la espada no cortaba ninguna cosa, bien entendió que su fecho no era nada, si Dios no le enderezase a que el otro ojo le pudiese quebrar; que por otra ninguna parte no aprovechaba nada trabajar de lo ferir, e con saña, pospuesto todo temor, fuése para el Endriago, que muy fallecido e flaco estaba, de la mucha sangre que perdía del ojo quebrado;

e como las cosas pasadas de su propia servidumbre se caen y perecen, e ya enojado nuestro Señor que el enemigo malo hubiese tenido tanto poder y fecho tanto mal en aquellos que, aunque pecadores, en su santa fe católica creían, quiso darle esfuerzo e gracia especial, que sin ella ninguno fuera poderoso de acometer ni osar esperar tan gran peligro, a este caballero, para que sobre toda orden de natura diese fin a aquel que a muchos lo había dado, entre los cuales fueron aquellos malaventurados su padre e madre; y pensando acertarle en el otro ojo con la espada, quísole Dios guiar a que se la metió por una de las ventanas de las narices, que muy anchas las tenía, e con la gran fuerza que puso e la que el Endriago traía, el espada caló tanto, que le llegó a los sesos; mas el Endriago, como lo vido tan cerca, abrazóse con él e con las sus muy fuertes e agudas uñas rompióle todas las armas de las espaldas e la carne e los huesos fasta las entrañas; e como él estaba ahogado de la mucha sangre que bebía, e con el golpe de la espada que a los sesos le pasó, e sobre todo, la sentencia que de Dios sobre él era dada, e no se podía revocar, no se pudiendo ya tener, abrió los brazos y cayó a la una parte como muerto sin ningún sentido. El caballero, como así lo vió, tiró por la espada y metiósela por la boca cuanto más pudo, tantas veces, que lo acabó de matar; pero quiero que sepáis que antes que el alma le saliese, salió de su boca el diablo e fué por el aire con muy gran tronido; así que, los que estaban en el castillo lo oyeron como si cabe ellos fuera, de lo cual hubieron gran espanto...

Pues como el Endriago fué muerto, el caballero se quitó afuera e yéndose para Gandalín, que ya contra él venía, no se pudo tener, e cayó amortecido cabe un arroyo de agua que por allí pasaba. Gandalín, como llegó y le vió tan espantables heridas, cuidó que era muerto, y dejándose caer del caballo, comenzó a dar muy grandes voces, mesándose. Entonces el caballero acordó ya cuanto[45] e díjole: «¡Ay mi buen hermano y verdadero amigo! ya ves que yo soy muerto; yo te ruego por la crianza que de tu padre e madre hube, e por el gran amor que siempre te he tenido, que me seas bueno en la muerte como en la vida lo has sido, e como yo fuere muerto[46] tomes mi corazón e lo lleves a mi señora Oriana, e dile que, pues siempre fué suyo, e lo tuvo en su poder desde aquel primero día que yo la vi, mientras en este cuitado cuerpo encerrado estuvo, e nunca un momento se enojó de la servir, que consigo lo tenga en remembranza de aquel cuyo fué, aunque como ajeno lo poseía, porque desta memoria allí donde mi ánima estuviere recebirá descanso.»

---

44 perturbación.   45 volvió en sí un tanto.   46 cuando yo muera.

1 causar tanto daño o dolor.   2 y el rey aceptó esta decisión.

NOVELA SENTIMENTAL

Juan de Flores

Apenas se tienen noticias biográficas de este autor. Perteneció probablemente a una noble familia castellana, y por varios testimonios se supone que fué personaje allegado a los Reyes Católicos y bastante conocido en la época. En todo caso, sus obras *Grisel y Mirabella* y *Grimalte y Gradissa* representan en cierto modo la culminación de la novela sentimental en la literatura española; tuvieron una difusión enorme, tanto en español como en otras lenguas, durante la primera mitad del siglo XVI, y lo mismo que su antecedente en el género, la *Cárcel de Amor*, fueron lectura favorita de la gente noble, al punto de convertirse en una especie de manual de caballeros enamorados.

La composición de *Grisel y Mirabella* ha sido fechada entre 1480 y 1485; su primera edición, hacia 1495.

Seguimos el texto de Bárbara Matulka, en *The Novels of Juan de Flores and their European Diffusion*, New York, 1931.

GRISEL Y MIRABELLA

ARGUMENTO

El rey de Escocia tiene una hija, Mirabella, dechado de hermosura, por la que han muerto muchos caballeros de su reino. Para evitar más muertes, encierra el rey a su hija en un castillo. Dos caballeros enamorados se encuentran una noche rondando el castillo, y uno de ellos, Grisel, mata a su rival y conquista el amor de la princesa. El rey sorprende a los dos amantes, y como la ley de Escocia exige que se mate al culpable de los amores ilícitos, Grisel y Mirabella rivalizan en presentarse como culpables. No siendo posible averiguar quién lo es realmente, se acuerda celebrar un debate para decidir, en términos generales, cuál de los sexos tiene mayor responsabilidad en el amor y en los engaños amorosos. Se busca a dos personas calificadas por su experiencia y saber para defender su propio sexo. Brasaida defiende a las mujeres y Torrellas a los hombres. Se celebra el debate; vence Torrellas. Grisel, por no ver morir a Mirabella, se arroja al fuego; Mirabella, desesperada, se suicida echándose al patio donde el rey guardaba a los leones. Torrellas, tras de vencer a su rival Brasaida, se enamora de ella, le escribe una carta declarando su amor; Brasaida, para vengarse, decide, de acuerdo con la reina, fingir que le corresponde. Acude Torrellas a una cita. Las mujeres, después de atormentarle, le dan muerte, queman su cuerpo y guardan sus cenizas.

Habla el autor

Muy atormentados fueron estos dos amantes, mas ninguna crueldad les pudo tanto empecer[1] que conociesen la verdad del más culpado entre ellos. Porque cada uno decía todas las culpas ser suyas, y como el Rey viese que no había ningún remedio para saber la claridad de este secreto, demandó consejo a sus letrados qué era lo que sobre este caso se debía hacer, a lo cual respondieron que en ninguna manera podían conocer la diferencia entre estos amadores, mas antes creían que ellos juntamente se amaban e igualmente trabajaron por traer a efecto sus deseados deseos e iguales merecían la pena. Mas como las leyes de su tierra antiguamente ordenaron el que más causa o principio fuese al otro de haber amado, mereciese muerte y el que menos, destierro; pero que en este caso de su hija no conocían diferencia salvo una: que examinase si los hombres o las mujeres o ellas o ellos cuál de éstos era más ocasión del yerro al otro; que si las mujeres fuesen mayor causa de amar los hombres, que muriese Mirabella, y si los hombres a ellas, que padeciese Grisel...

Y a este consejo vino el Rey;[2] y luego mandó que se buscasen personas que fuesen de tal cualidad cual en aquel caso se convenían. Y en aquel tiempo había una dama de las más prudentes del mundo en saber y en desenvoltura y en las otras cosas a graciosidad conformes, la cual, por su gran merecer, se había visto en muchas batallas de amor y casos dignos de grande memoria que le habían acaecido con grandes personas que la amaban y pensaban vencer, pero no menos le ayudaba discreción que saber; y esta señora había por nombre Brasaida. E ansimesmo fué buscado en los reinos de España un caballero que para tal pleito pertenecía, al cual llamaban Torrellas, un especial hombre en el conocimiento de las mujeres y muy osado en los tratos de amor y mucho gracioso como por sus obras bien se probaba. Éste fué elegido por defensión y parte de los hombres, pero en este caso Torrellas y Brasaida fueron a ruego del rey a examinar la dicha cuestión...

Después que el día del plazo fué allegado para el examen del pleito, en una muy grande y maravillosa sala fueron unas muy ricas gradas compuestas, do los jueces en juicio se asentaron, los cuales fueron elegidos por personas de mucha conciencia y sin sospecha; con solemnes juramentos que ficieron de juzgar según fuese su más claro parecer. Y a la una parte de la sala estaban la Reina con infantas y damas y otras doncellas que para ver y oír fueron ajuntadas allí; y a la otra parte, el Rey con grande multitud de gentes, y a la postrera grada estaba Mirabella que veía a Brasaida por su abogada; y Torrellas con Grisel. Y luego dejaron de tañer un alto son de trompetas y todos guardando y dando silencio, en tal manera comienza Brasaida su razón contra Torrellas.

Brasaida contra Torrellas

A gran ventura lo he, Torrellas, que sois venido a tiempo de satisfacer y pagar a las damas las de vos recibidas injurias, que soy cierta que ganaréis aquí dos cosas: la una, que muera Grisel de quien parte y defensión vos mostráis; y la otra, cómo[3] la escondida malicia de los hombres se publique. Ansí que creed que vinistes a facer enmienda de las cosas por vos contra las mujeres compuestas; por ende, en remuneración del trabajo de vuestro camino, bien se os emplea que llevéis tal galardón en pago del vuestro malicioso propósito.[4] Y por comienzo de mis demandas diré de vuestros más civiles yerros, porque si contradecís o negáis, para el fin se guarden los más criminosos.

Digo, pues, Torrellas: cómo a todos sea manifiesto la vuestra solicitud ser grande en el seguimiento nuestro;[5] y si algunas con sano consejo se apartan de oír vuestras engañosas fablas, no pueden apartarse de oír en las calladas noches el dulzor de los instrumentos y cantos de la suave música, la cual para el engaño nuestro fué por vosotros inventada. Y bien se conoce ser una sutil red para las erradas[6] nuestras; y si algunas de esto refuyen, de las danzas, justas, torneos, toros y cañas y otros muchos sin cuenta deportes todos para nos atraer a veros engañosamente, fuir no pueden:[7] porque los castos ojos ocupados en vuestras deleitosas obras, de algunas de ellas sean presos. Y por ventura algunas que por grande virtud se retraen de los tales deportes, otras mil maneras buscáis: que con las sutiles embajadas y muy enamoradas letras por fuerza las conqueréis[8] por donde aun en las encerradas cámaras do se esconden por no veros, con sutiles motes de sus siervas y cartas entráis... Y no deis lugar que más de vuestras escondidas malicias

publique, las cuales por honestad me callo... Y pues en tierra tan justa estamos, espero de vos justicia.

Respuesta de Torrellas a Brasaida

Si mi venida vos face, señora, alegre porque de ella esperéis venganza y satisfacción de la enemiga que conmigo tenéis, lo cual oír cierto me place porque si algo de vosotras pensaba callar, vos me fagáis agora sin vergüenza para que diga algunas cosas secretas de las que de mujeres conozco; la enemistad que me tenéis me hace sin culpa, aunque por cierto yo no quisiera que el extremo de vuestros extremos por mí se pregonase, mas pues queréis que nos oigan, oigan por Dios. A lo que decís, señora, ser nuestras engañosas palabras y obras tales que de fuerza vos vencen, digo ser verdad, mas nunca la vi tan buena[9] que lo rehusase porque la más honesta de vosotras se precia de ser amada y la voluntad vuestra sin ser rogada, luego querría decir pláceme, si el freno de la vergüenza no dilatase y enfrenase la desbocada respuesta... Que si alguna haya acaecido, por se fingir buena, refusar de oír el dulzor de la música que dijiste, ¿quién vos apremia en las frías noches el aborrecer el sueño y correr a los no lícitos lugares? Y por luengo tiempo que dure el son de las canciones vos parece corto, y aunque la grande frialdad penetra las delicadas carnes, el encendimiento del corazón vos face sentir por caluroso verano el destemplado invierno y allí mostráis lo que rehusáis el día... Que cuando[10] las alegres danzas y justas y otros deportes que dijistes facemos por aplaceros...[11] ¿quién me negara que allí en las tales fiestas, justas o torneos no vayan las empresas que distes[12] en los corrientes caballos y favorecidos caballeros, y allí vuestro favor da ocasión a vosotras de encendimiento y a ellos de victoria? Pues digo que de cualquier vencimiento, pues favorecéis,[13] si fuera obra virtuosa, fuera vuestra la gloria, y si es mala, sea vuestra la pena. Cuanto a las letras y embajadas que decís enviamos, siempre las vi ser bien recibidas...

3 que. 4 El sentido un poco oscuro de estas últimas frases es que Brasaida amenaza a Torrellas diciendo que al hacerse pública la malicia de los hombres Torrellas tendrá que dar satisfacciones (facer enmienda) por todo lo malo que ha dicho de las mujeres; y que el pago (galardón) que va a recibir por el trabajo de haber venido allí será que todos conozcan sus maliciosos propósitos. 5 la solicitud de los hombres en seguir a las mujeres (con objeto de seducirlas). 6 errores, caídas. 7 y si algunas pueden rehuir el encanto de la música, etc., no pueden rehuir la atración de las danzas, etc, que (utilizáis los hombres) engañosamente para atraernos a veros. 8 conquistéis. 9 mujer tan buena. 10 en cuanto a. 11 para agradaros. 12 Se refiere a las empresas o emblemas que las damas daban a los caballeros que entraban en los torneos. 13 Ya que hacéis favor a los caballeros, aceptad las consecuencias, sean cuales sean. Como dice después, si la obra es buena, para vosotras es la gloria, pero si es mala, aceptad la pena. 14 que nosotras posponemos el temor y la vergüenza a cumplir nuestros deseos. 15 manchadas. 16 ¡Oh cuán fácil o ligero es para aquel que a ti te pierde perder todo favor y honra! 17 insoportable.

Responde Brasaida a Torrellas

Aun no era vuestra fama, Torrellas, como agora parecen las obras, pero más quiero vencer lo más fuerte malicioso, que no lo simple y flaco, y cuanto vos sepáis mejor defender será a mí más loor condenarvos. Y lo que dijistes: nosotras pospuesto temor y vergüenza por cumplir deseos;[14] digo que a vuestros sutiles engaños no hay quien contra ellos se pueda defender ni poner, y si algunas presumen ponerse en defensa, vuestra porfiosa maldad usa de tales y tantas artes que donde hay mayor castidad y nobleza aquélla menos resistir puede y aunque como sea cosa cierta las mujeres ser de menos discreción que los hombres, fízolo nuestra generación ser subjeta a la vuestra. Pues ¿quién merece mayor pena del error: el que más conoce de la culpa o el que menos?... Y aun dejando esto, ya vemos ser cosa común las animalias ser los machos que las fembras más bellos, y quiero traer en ejemplo el pavón, que, aun no contento con la beldad de su plumaje, pone en rueda las sus doradas plumas por más aplacer a una sin comparación tan fea ave como es la pava; y aun ésta quiere ser muy rogada y en pago de cuanto se trabaja por la placer, tanto más ella desvía de mirarle. Y por semejante, la mayor parte de las fembras animales quieren ser rogadas, pues aquéllas por ningún temor ni vergüenza lo dejan; mas porque naturaleza los enseña ser suyo el encarecer y de los machos el recuestar. Pues los hombres de aquella cualidad misma sois, encitores de todos aquestos malos deseos non menos que los animales brutos... Y así está claro, según las grandes menguas y peligros que nosotras tenemos, que si el amor no nos forzase, sin querer no sería posible vencernos; mas vosotros, que non amando mostráis amor, mirad cuanto sois dignos de penitencia en consentir en el pecado sin deleitaros en él...

El autor

Grandes altercaciones pasaron entre Torrellas y Brasaida, más de las que ninguno podría escribir, y vistas por los jueces las razones de ambas partes, tomaron determinación para dar la sentencia, los cuales ya después de cumplidos, vinieron cubiertos de luto y unas espadas mancilladas[15] de sangre en sus diestras manos, con otras muchas ceremonias según en aquella tierra se acostumbra. Y eran doce jueces, los cuales dieron sentencia: que Mirabella muriese, y fundaron por muchas razones ser ella en mayor culpa que Grisel. Y como en presencia de la Reina delante sus damas fuese condenada a muerte, las voces que comenzaron a dar ponían tal tristeza en los ánimos que parecía el sol oscurecerse y el cielo querer de ello tomar sentimiento...

Responde Grisel a Mirabella

¡Oh, cómo sería, señora, quien a vos pierde, todo favor y honra ligero de perder![16] Y porque veáis cuánto estoy alejado de buscar a mi terrible pasión consuelo, no solamente me duele el perder por vos honras y bienes, mas porque más de una sola vida non puedo perder me es incomportable[17] pasión, y no creo que tan sola mi muerte satisfaga tan grande deuda; y muero porque más de una sola vez morir non puedo; y éste es el remedio que busco para vivir que por cierto non me satisface una muerte, que con ella nin cumplo nin pago; pero bástios que aunque la fuerza sea pequeña, los deseos son grandes, y con una sola vida os sirvo, pues más non puedo, y más sería hombre perdido que esforzado el que sin vos vivir quisiese que allí podría bien decir Brasaida, quejándose de la poca fe de los hombres... Ansí agora desesperado y triste me veo en la muerte y quien se dispuso a la gloria que se disponga a la pena. ¡Oh si a todos fuese tan público como a mí, por ser toda la causa de cuanto mal vos cometisteis, a vos libre y a mí condenado farían!... Mas pues no vale verdad ni justicia, yo de mí faré justicia y según el grande dolor que me da el perderos es despojo de la vida y pues en mí ningún tormento igual a tan grave mal no es, asaz remedio es el que me dais con tan pequeña pena como la muerte. ¡Oh bienaventurada muerte que tales angustias y pasiones me sana! Ella es verdadera amiga de los corazones tristes, con la cual, pues el cuerpo non puede, el alma vos seguirá.

HISTORIA DE INDIAS

Cristóbal Colón

1451-1506

La literatura de Indias o literatura escrita por los españoles sobre América empieza con las Cartas de su descubridor. La primera que aquí se da no trata del Nuevo Mundo, pero muestra rasgos salientes de la personalidad y de la fe del gran navegante. Quizá ninguna es de mayor interés, entre las que se conservan, que la larga carta en la que hace la relación de su cuarto viaje. Como se verá en los fragmentos que de ella hemos seleccionado, está llena de dramatismo, tanto al narrar las desventuras del viaje como al recordar el abandono en que se siente y las persecuciones de que fué objeto por parte de algunos intrigantes.

La lengua de Colón, a la que Menéndez Pidal ha dedicado un penetrante estudio, aparece a veces un poco incoherente por no ser el castellano su idioma nativo. Logra no obstante algunos efectos de sorprendente vigor.

CARTAS A LOS REYES CATÓLICOS

Muy altos y muy poderosos Reyes y Señores:
Yo quisiera ser causa de placer y holgura a Vuestras Altezas, que no de pesadumbre y hastío; mas como sé la afición y deleite que tienen a las cosas nuevas y de algún interés, diré de unas y otras, cumpliendo con su mandamiento, aquello que ahora me venga a memoria; y cierto no juzguen de ellas por desaliño, mas por la intención y buen deseo, ya que en todo lo que fuere del servicio de vuestras altezas, no he de depender de ningún otro lo que yo sé hacer por mí mismo, que si me faltaren las fuerzas y las fatigas me rindieren, no destallecerá en mi ánima la voluntad como el más obligado y deudor que soy.

Los navegantes y otras gentes que tratan por la mar tienen siempre mayor conocimiento de las partidas[1] particulares del mundo donde usan y hacen sus contrataciones más continuo, y por esto cada uno de éstos sabe mejor de lo que se ve cada día, que de lo otro que viene de años a años, y así

recibimos con delectación la relación que ellos mismos nos hacen de lo que vieron y coligieron, como cierto allegamos más grande enseñanza que deprendemos por nuestra propia experiencia.[2]

Si reconocemos el mundo ser esférico, según el sentir de muchos autores que así lo afirman, o que la ciencia nos haga asentar otra cosa con su autoridad, no se debe entender que la templanza[3] sea igual en un clima, porque la diversidad es grande así en la mar como en la tierra.

El sol siembra su influencia y la tierra la recibe según las montañas o concavidades que son formadas en ella, y bien que hayan escrito los antiguos sobre esto, así como Plinio, que dice que debajo del norte hay tan suave templanza que la gente que allí está jamás muere, salvo por enfadamiento o aburrimiento de vida, que se despeñan o voluntariamente se matan.

Nos vemos aquí en España tanta diversidad de templanza que no es menester sobre esto el testimonio de ninguna antigüedad del mundo: vemos aquí en Granada la sierra cubierta de nieve todo el año, que es señal de gran frío, y al pie de esta sierra son las Alpujarras donde es siempre suavísima templanza sin demasiado calor ni frío, y así como es en esta provincia es en muchas hartas en España, que se deja de decir por la prolijidad de ellas. Digo que en la mar acaece otro tanto y en especial en la comarca de las tierras, y de esto es en mayor conocimiento los que continuo allí tratan, que no los otros que tratan en otras partes...

La gente de la mar es codiciosa de dineros y de volver a su casa, y todo lo aventura sin esperar a ver que el tiempo sea firme. Cativo[4] como estaba en cama, en otra tal ocasión dije a Vuestras Altezas lo que pude de mayor seguridad de esta navegación, que era después de ser el sol en Tauro,[5] y renegar de hacer esta partida en la fuerza y más peligroso de invierno. Si los vientos ayudan, muy

---

[1] partes.   [2] porque ciertamente reunimos (*allegamos*) más conocimientos por lo que otros nos enseñan que por nuestra propia experiencia.   [3] temperatura, clima.   [4] *Cativo* significa en italiano malo moralmente. Colón, por un cruce lingüístico, usa esta palabra en su significación de «enfermo».   [5] El sol entra en el signo de Tauro al mediar la primavera.   [6] norte.   [7] Así empieza la larga carta (de la que damos aquí unos fragmentos) en la que hace la relación del cuarto viaje. En unos párrafos omitidos cuenta cómo llegó delante de la

Isla Española, en la que no entró, y cómo siguió a Jamaica desde donde navegó hacia Tierra Firme hasta que llegó al Cabo de Gracias a Dios, entre Honduras y Nicaragua. En todo este tiempo había sufrido continuas tormentas según refiere en la parte del texto que sigue.   [8] desmayaron.   [9] enfermado.   [10] gasto.

[11] Sigue el viaje por el Mar de las Antillas bordeando las costas de lo que hoy es Centro-América donde encuentra nuevas tormentas.   [12] que parecía un segundo diluvio.   [13] despertó.

corto es el tránsito, y no se debe partir hasta tener buena certeza del viaje; y de acá se puede juzgar de ello, que es cuando se viere estar el cielo muy claro y salir el viento de la estrella de la tramontana[6] y durar algunos días, siempre en aquella alegría...

Muchos son los juicios y fueron siempre en la mar y en la tierra en semejantes casos, y ahora son muchos los que hayan de navegar a las islas descubiertas, y si el camino es ya conocido, los que hayan de tratar y contratar, con la perfección de los instrumentos y el aparejar de las naos, habrán mayor conocimiento de las costas y de las tierras y de los vientos y de las épocas más convenientes para sus usos, y más experiencia para la seguridad de sus personas.

La Santa Trinidad guarde a Vuestras Altezas como deseo y menester habemos, con todos sus grandes estados y señoríos. De Granada, a seis de febrero de mil e quinientos e dos años.

* * *

Serenísimos y muy altos y poderosos Príncipes Rey y Reina, nuestros Señores:

De Cádiz pasé a Canaria en cuatro días, y de allí a las Indias en diez y seis días, de donde esbribí. Mi intención era dar prisa a mi viaje en cuanto yo tenía los navíos buenos, la gente y los bastimentos, y que mi derrota era en la Isla de Jamaica; y en la Isla Dominica escribí esto; hasta allí traje el tiempo a pedir por la boca. Esa noche que allí entré fué con tormenta, y grande, y me persiguió después siempre...[7]

En todo este tiempo no entré en puerto, ni pude, ni me dejó tormenta del cielo, agua y trombones y relámpagos de continuo, que parecía el fin del mundo. Llegué al Cabo de Gracias a Dios, y de allí me dió Nuestro Señor próspero el viento y la corriente. Esto fué a doce de septiembre. Ochenta y ocho días había que no me había dejado espantable tormenta, a tanto que no vi el sol ni estrellas por mar; que a los navíos tenía yo abiertos, a las velas rotas, y perdidas anclas y jarcia, cables, con las barcas y muchos bastimentos, la gente muy enferma, y todos contritos, y muchos con promesa de religión, y no ninguno sin otros votos y romerías. Muchas veces habían llegado a se confesar los unos a los otros. Otras tormentas se han visto, mas no durar tanto ni con tanto espanto. Muchos desmorecieron[8] harto y hartas veces que teníamos por esforzados. El dolor del hijo que yo tenía allí me arrancaba el ánima, y más por verle de tan nueva edad, de trece años, en tanta fatiga y durar en ello tanto; nuestro Señor le dió tal esfuerzo que él avivaba a los otros, y en las obras hacía él como si hubiera navegado ochenta años, y él me consolaba. Ya había adolescido[9] y llegado

hartas veces a la muerte. De una camarilla que yo mandé hacer sobre cubierta, mandaba la vía. Mi hermano estaba en el peor navío y más peligroso. Gran dolor era el mío, y mayor porque lo traje contra su grado; porque, por mi dicha, poco me han aprovechado veinte años de servicio que yo he servido con tantos trabajos y peligros, que hoy día no tengo en Castilla una teja; si quiero comer o dormir no tengo, salvo el mesón o taberna, y las más de las veces falta para pagar el escote.[10] Otra lástima me arrancaba el corazón por las espaldas, y era de don Diego mi hijo, que yo dejé en España tan huérfano y desposesionado de mi honra y hacienda; bien que tenía por cierto que allá, como justos y agradecidos Príncipes, le restituirían con acrecentamiento en todo...[11]

...Nueve días anduve perdido sin esperanza de vida; ojos nunca vieron la mar tan alta, fea y hecha espuma. El viento no era para ir adelante, ni daba lugar para correr hacia algún cabo. Allí me detenía en aquella mar hecha sangre, hirviendo como caldera por gran fuego. El cielo jamás fué visto tan espantoso: un día con la noche ardió como horno, y así echaba la llama con los rayos, que cada vez miraba yo si me había llevado los mástiles y velas; venían con tanta furia espantables, que todos creíamos que me habían de fundir los navíos. En todo este tiempo jamás cesó agua del cielo, y no para decir que llovía, salvo que resegundaba otro diluvio.[12] La gente estaba ya tan molida que deseaban la muerte para salir de tantos martirios. Los navíos ya habían perdido dos veces las barcas, anclas, cuerdas, y estaban abiertos, sin velas. Cuando plugo a nuestro Señor volví a Puerto Gordo, adonde reparé lo mejor que pude. Volví otra vez hacia Veragua para mi viaje, aunque yo no estuviera para ello. Todavía era el viento y la corriente contrarios. Llegué casi adonde antes, y allí me salió otra vez el viento y corrientes al encuentro, y volví otra vez al puerto... Esto fué día de Navidad en horas de misa.

Volví otra vez adonde yo había salido, con harta fatiga, y pasado Año Nuevo torné a la porfía: que aunque me hiciera buen tiempo para mi viaje, ya tenía los navíos innavegables y la gente muerta y enferma. Día de la Epifanía llegué a Veragua, ya sin aliento; allí me deparó nuestro Señor un río y seguro puerto, bien que a la entrada no tenía salvo 10 palmos de fondo; metíme en él con pena, y el día siguiente recordó[13] la fortuna: si me hallara fuera, no pudiera entrar a causa del banco. Llovió sin cesar hasta 14 de febrero, que nunca hubo lugar de entrar en la tierra ni de me remediar en nada; y estando ya seguro, a 24 de enero, de improviso el río muy alto y fuerte quebróme las amarras y proeles, y hubo de llevar los navíos, y cierto los vi en mayor peligro que nunca. Remedió nuestro Señor, como siempre hizo. No sé si hubo otro con más martirios.

A 6 de febrero, lloviendo, envié 70 hombres la tierra adentro; y a las 5 leguas hallaron muchas minas; los indios que iban con ellos los llevaron a un cerro muy alto, y de allí les mostraron hacia toda parte cuanto los ojos alcanzaban, diciendo que en toda parte había oro, y que hacia el Poniente llegaban las minas 20 jornadas, y nombraban las villas y lugares y adonde había de ello más o menos. Después supe yo que el Quibian que había dado estos indios les había mandado que fuesen a mostrar las minas lejos y de otro su contrario... Volvió mi hermano con esa gente, y todos con oro que habían cogido en cuatro horas que fué allá a la estada. La calidad es grande, porque ninguno de estos jamás había visto minas, y los más, oro. Los más eran gente de la mar, y casi todos grumetes. Yo tenía mucho aparejo para edificar y muchos bastimentos. Asenté pueblo y di muchas dádivas al Quibian, que allí llaman al Señor de la tierra; y bien sabía que no había de durar la concordia: ellos muy rústicos y nuestra gente muy importunos, y que aposesionaba en su término; después que él vió las cosas hechas y el tráfago tan vivo, acordó de las quemar y matarnos a todos; muy al revés salió su propósito: quedó preso él, mujeres y hijos y criados; bien que su prisión duró poco: el Quibian se huyó a un hombre honrado, a quien se había entregado con guarda de hombres, y los hijos se fueron a un maestre de navío, a quien se dieron en él a buen recaudo.

En enero se había cerrado la boca del río. En abril los navíos estaban todos comidos de broma,[14] y no los podía sostener sobre agua. En este tiempo hizo el río una canal, por donde saqué tres dellos vacíos con gran pena. Las barcas volvieron adentro por la sal y agua. La mar se puso alta y fea, y no les dejó salir fuera; los indios fueron muchos juntos y los combatieron, y en fin los mataron. Mi hermano y la otra gente toda estaban en un navío que quedó adentro; yo, muy solo, de fuera, en tan brava costa, con fuerte fiebre, en tanta fatiga; la esperanza de escapar era muerta; subí así trabajando lo más alto, llamando a voz temerosa, llorando, y muy aprisa, los maestros de la guerra de Vuestras Altezas, a todos cuatro los vientos, por socorro; mas nunca me respondieron. Cansado, me adormecí gimiendo: una voz muy piadosa oí diciendo:

«¡Oh, estulto y tardo a creer y a servir a tu Dios, Dios de todos! ¿Qué hizo él más por Moisés o por David sus siervos? Desque naciste, siempre él tuvo de ti muy grande cargo. Cuando te vido en edad de que él fué contento, maravillosamente hizo sonar tu nombre en la tierra. Las Indias, que son parte del mundo, tan ricas, te las dió por tuyas; tú las repartiste adonde te plugo, y te dió poder para ello. De los atamientos de la mar océana, que estaban cerrados con cadenas tan fuertes, te dió las llaves; y fuiste obedecido en tantas tierras, y de los cristianos cobraste tan honrada fama. ¿Qué hizo el más alto pueblo de Israel cuando le sacó de Egipto? ¿Ni por David, que de pastor hizo Rey en Judea? Tórnate a él, y conoce ya tu yerro: su misericordia es infinita; tu vejez no impedirá a toda cosa grande; muchas heredades tiene él grandísimas. Abraham pasaba de cien años cuando engendró a Isaac, ¿ni Sara era moza? Tú llamas por socorro incierto; responde: ¿quién te ha afligido tanto y tantas veces, Dios o el mundo? Los privilegios y promesas que da Dios no las quebranta, ni dice después de haber recibido el servicio que su intención no era ésta y que se entiende de otra manera, ni da martirios por dar color a la fuerza: él va al pie de la letra; todo lo que él promete cumple con acrecentamiento: ¿esto es uso? Dicho tengo lo que tu Criador ha hecho por ti y hace con todos. Ahora medio muestra el galardón de estos afanes y peligros que has pasado sirviendo a otros».

Yo, así amortecido oí todo; mas no tuve yo respuesta a palabras tan ciertas, salvo llorar por mis yerros. Acabó él de hablar, quienquiera que fuese, diciendo: «No temas, confía: todas estas tribulaciones están escritas en piedra mármol, y no sin causa». Levantéme cuando pude; y al cabo de nueve días hizo bonanza, mas no para sacar navíos del río. Recogí la gente que estaba en tierra, y todo el resto que pude, porque no bastaban para quedar y para navegar los navíos. Quedara yo a sostener el pueblo con todos, si vuestras Altezas supieran de ello. El temor que nunca aportarían allí navíos me determinó a esto, y la cuenta que cuando se haya de proveer de socorro se proveerá de todo. Partí, en nombre de la Santísima Trinidad, la noche de Pascua, con los navíos podridos, abromados, todos hechos agujeros.

...En Cariay y en esas tierras de su comarca son grandes hechiceros y muy medrosos. Dieran el mundo porque no me detuviera allí una hora.

---

14 molusco que destruye las maderas bañadas por el agua del mar, en barcos, diques, etc.   15 Se refiere a sus descubrimientos, de los que habla en unos párrafos aquí omitidos; también se lamenta en ellos del mal pago que ha recibido y de que no se reconozca su autoridad en contra de lo que estipularon los reyes cuando le nombraron «Virrey y Almirante y Gobernador general de todo».   16 y a punto de.   17 presencia.   18 clase de moneda.

Cuando llegué allí, me enviaron dos muchachas muy ataviadas; la más vieja no sería de once años, y la otra de siete; ambas con tanta desenvoltura, que no serían más unas putas; traían polvos de hechizos escondidos; en llegando las mandé adornar de nuestras cosas y las envié luego a tierra; allí vi una sepultura en el monte, grande como una casa y labrada, y el cuerpo descubierto y mirando en ella. De otras artes me dijeron y más excelentes. Animalias menudas y grandes hay hartas y muy diversas de las nuestras... Gallinas muy grandes, con la pluma como lana, vi hartas. Leones, ciervos, corzos, otro tanto, y así aves. Cuando yo andaba por aquella mar en fatiga, en algunos se puso herejía que estábamos hechizados, que hoy día están en ello. Otra gente que hallé que comían hombres: la deformidad de su gesto lo dice. Allí dicen que hay grandes mineros de cobre; hachas de ello, otras cosas labradas, fundidas, soldados hube, y fraguas con todo su aparejo de platero y los crisoles. Allí van vestidos, y en aquella provincia vi sábanas grandes de algodón, labradas de muy sutiles labores; otras pintadas muy sutilmente a colores con pinceles... De todas estas tierras y de lo que hay en ellas, falta de lengua, no se saben tan presto. Los pueblos, bien que sean espesos, cada uno tiene diferenciada lengua, y es en tanto que no se entienden los unos con los otros más que nos con los de Arabia. Yo creo que esto sea en esta gente salvaje de la costa de la mar; mas no en la tierra adentro.

Cuando yo descubrí las Indias, dije que era el mayor señorío rico que hay en el mundo. Yo dije del oro, perlas, piedras preciosas, especerías, con los tratos y ferias, y porque no pareció todo tan presto fuí escandalizado. Este castigo me hace ahora que no diga salvo lo que yo oigo de los naturales de la tierra. De una oso decir, porque hay tantos testigos, y es que yo vi en esta tierra de Veragua mayor señal de oro en dos días que en la Española en cuatro años, y que las tierras de la comarca no pueden ser más hermosas ni más labradas, ni la gente más cobarde, y buen puerto, y hermoso río, y defensible al mundo. Todo esto es seguridad de los cristianos y certeza de señorío, con grande esperanza de la honra y acrecentamiento de la religión cristiana; y el camino allí sería tan breve como a la Española, porque ha de ser con viento. Tan señores son vuestras Altezas de esto como de Jerez o Toledo: sus navíos que fueren allí van a su casa. De allí sacarán oro; en otras tierras, para haber de lo que hay en ellas, conviene que se lo lleven, o se volverán vacíos, y en la tierra es necesario que fíen sus personas de un

salvaje... Genoveses, venecianos y toda gente que tenga perlas, piedras preciosas y otras cosas de valor, todas las llevan hasta el cabo del mundo para las trocar, convertir en oro: el oro es excelentísimo, del oro se hace tesoro, y con él, quien lo tiene hace cuanto quiere en el mundo, y llega a que echa las ánimas al Paraíso. Los señores de aquellas tierras de la comarca de Veragua, cuando mueren entierran el oro que tienen con el cuerpo, así lo dicen.

...Siete años estuve yo en su Real corte, que a cuantos se habló de esta empresa[15] todos a una dijeron que era burla: ahora, hasta los sastres suplican por descubrir. Es de creer que van a saltear, y se les otorga, que cobran con mucho perjuicio de mi honra y tanto daño del negocio. Bueno es de dar a Dios lo suyo y aceptar lo que le pertenece. Ésta es justa sentencia, y de justo. Las tierras que acá obedecen a V. A. son más que todas las otras de cristianos, y ricas. Después que yo, por voluntad divina, las hube puestas debajo de su Real y alto señorío y en filo[16] para haber grandísima renta, de improviso, esperando navíos para venir a su alto conspecto[17] con victoria y grandes nuevas del oro, muy seguro y alegre, fuí preso y echado con dos hermanos en un navío, cargados de hierros, desnudo en cuerpo, con muy mal tratamiento, sin ser llamado ni vencido por justicia: ¿quién creerá que un pobre extranjero se hubiese de alzar en tal lugar contra V. A. sin causa ni sin brazo de otro Príncipe, y estando solo entre sus vasallos y naturales, y teniendo todos mis hijos en su Real corte? Yo vine a servir de 28 años, y ahora no tengo cabello en mi persona que no sea cano, y el cuerpo enfermo, y gastado cuanto me quedó de aquéllos, y me fué tomado y vendido, y a mis hermanos hasta el sayo, sin ser oído ni visto, con gran deshonor mío. Es de creer que esto no se hizo por su Real mandado. La restitución de mi honra y daños, y el castigo en quien lo hizo, hará sonar su Real nobleza; y otro tanto en quien me robó las perlas, y de quien ha hecho daño en ese almirantado. Grandísima virtud, fama con ejemplo será si hacen de vuestras altezas agradecidos y justos Príncipes. La intención tan sana que yo siempre tuve al servicio de vuestras Altezas, y la afrenta tan desigual, no da lugar al ánima que calle, bien que yo quiera: suplico a vuestras Altezas me perdonen.

Yo estoy tan perdido como dije: yo he llorado hasta aquí a otros: haya misericordia ahora el cielo y llore por mí la tierra. En el temporal, no tengo solamente una blanca[18] para el oferta; en el espiritual, he parado aquí en las Indias de la forma que está dicho: aislado en esta pena, enfermo, aguardando cada día por la muerte, y cercado de un cuento de salvajes y llenos de crueldad y enemigos nuestros, y tan apartado de los Santos Sacramentos de la Santa Iglesia, que se olvidará desta ánima si se aparta acá del cuerpo. Llore por mí quien tiene caridad, verdad y justicia. Yo no vine este viaje a navegar por ganar honra ni hacienda: esto es cierto, porque estaba ya la esperanza de todo en ella muerta. Yo vine a V. A. con sana intención y buen celo, y no miento. Suplico humildemente a V. A. que, si a Dios place de sacarme de aquí, que haya por bien mi ida a Roma y otras romerías. Cuya vida y alto estado la Santa Trinidad guarde y acreciente. Fecha en las Indias, en la Isla de Jamaica, a 7 de julio de 1503 años.

SIGLOS XVI Y XVII

Tras los primeros influjos renacentistas, a fines del siglo XV y principios del XVI —tiempos de los Reyes Católicos— se inicia la época de gran plenitud literaria, el Siglo de Oro, cuyos límites cronológicos no son fáciles de fijar con precisión absoluta. Por lo que se refiere al problema de ordenación de textos en una antología como ésta, tampoco son enteramente precisas las denominaciones referidas a grandes caracterizaciones estilísticas como «primer renacimiento», «segundo renacimiento», «post-renacimiento», «barroco», «decadencia», etc., que han sido utilizadas por la crítica para diferenciar momentos, tendencias y caracteres de esa gran época. Hemos optado por la división en siglos, pero debe tenerse en cuenta que la palabra siglo designa una entidad matemática de tiempo, en tanto que los fenómenos literarios como los históricos o simplemente de la vida espiritual de un pueblo no ofrecen soluciones de continuidad ni pueden ser delimitados como una parcela de terreno.

El hecho radical que separa esta nueva época parece ser el de la creación de los grandes géneros modernos —teatro, novela, una poesía lírica muy distinta de la medieval— y junto a ello la aparición de los grandes autores clásicos. Hay, desde luego, otros muchos fenómenos de tipo espiritual, artístico e ideológico cuya interpretación y análisis no son de este lugar, sino de los libros de historia literaria.

Aquí sólo interesa explicar el criterio de ordenación que, a primera vista, pudiera parecer arbitrario. Se han separado cuatro grandes momentos: primero y segundo, las dos mitades del siglo XVI, que coinciden bastante exactamente con una división situada alrededor de 1550; tercero, los últimos años de este siglo y los primeros del siguiente, dominados por dos cumbres divisorias —Cervantes y Lope de Vega— que recogen y unifican todo lo anterior para darle nuevo sentido y estructura: Cervantes a la novela y a la prosa, Lope al teatro y en menor medida a la poesía lírica; cuarto, el siglo XVII, que en lo referente a la producción literaria se enlaza con el momento de Cervantes y Lope y termina hacia 1680, fecha tras de la cual apenas se escribe nada importante. Es una consecuencia de las riquezas acumuladas en los cien años precedentes. Desde luego, podrían separarse con cierto rigor en este último momento —siglo XVII— ciertas modalidades correspondientes a distintas generaciones, pero en el conjunto aparece como un período bien definido en relación con los tres anteriores.

Ya dentro de cada período se han tratado de combinar en la ordenación varios factores. En general el decisivo ha sido la evolución cronológica de géneros y autores significativos, que, en parte, predominan y, en parte, definen los fenómenos de un momento determinado. Los géneros que pueden considerarse menores —la historia, la crítica o la prosa didáctica, por ejemplo— aparecen al final de cada período, y los autores de menor significación se agrupan en torno a los que fijan con su importancia una modalidad literaria. Se pretende con ello dar una visión viva, trabada, de la literatura y no un panorama de unidades separadas por conceptos puramente históricos o formales. Así, en la primera mitad del siglo XVI figura al principio el teatro renacentista, separando de la época precedente a autores como Gil Vicente o Torres Naharro, que con un criterio cronológico quizás debieran aparecer unidos a Juan del Encina. La razón es que desde un punto de vista estético caen ya hacia la vertiente moderna, de plenitud renacentista, en tanto que el arte de Encina está más unido al pre-rrenacimiento. Tras el teatro viene la poesía italianizante, de aparición más tardía, y por último la prosa, de la que pueden formarse dos grandes grupos: la prosa didáctica con predominio del erasmismo, y la de los historiadores de Indias.

En la segunda mitad del siglo XVI el orden es: poesía, teatro prelopista y las primeras formas de la novela moderna, para terminar con la espléndida floración de la literatura religiosa —ascética y mística—, en la que se funden y culminan la poesía, la prosa humanística y el espíritu religioso e idealista que da fisonomía a toda la literatura del período.

Cervantes aparece solo en el período siguiente; pero Lope va, en cambio, seguido de todos los dramaturgos que de él recibieron su inspiración.

La literatura del XVII está presidida por tres grandes nombres: Góngora, Quevedo, Calderón. Relacionados con Góngora se sitúan los cultivadores de la poesía lírica. Quevedo, gran poeta, viene inmediatamente detrás, pero en su obra la poesía se enlaza con la prosa novelística, didáctica, moral y satírica, tras de la cual van prosistas de índole varia —historiadores y escritores religiosos, mucho menos importantes que los del período anterior— y los moralistas como Gracián y Saavedra Fajardo. Por último, el teatro de Calderón y de sus continuadores.

SIGLO XVI (PRIMERA MITAD): TEATRO

Gil Vicente

1465?-1540?

Es uno de los primeros grandes autores portugueses del Renacimiento que escribieron en castellano. Más de la mitad de su producción dramática (cuarenta y tantas obras) está escrita en esta lengua. Aunque contemporáneo de Encina, lo situamos en la época siguiente, la de Carlos V, por ser éste el momento de su plenitud creadora y porque su teatro representa un avance enorme sobre el de Encina, en variedad de elementos, temas, personajes y en substancia tanto dramática como poética. Por esa variedad, por la complejidad de sentimientos e ideas, por haber infundido en lo medieval un aliento humano y humanista, y, sobre todo, por su exquisito lirismo, el teatro vicentino significa una integración, no superada en su tiempo por ningún otro dramaturgo europeo.

En nuestros días Gil Vicente ha sido objeto de una revalorización y se ha visto en sus poesías (todas ellas incluídas en su obra dramática), junto con su belleza, el modelo perfecto de la unión entre lo popular y lo culto, tan característica de una de las corrientes de la lírica española.

POESÍAS

En la huerta nace la rosa:
quiérome ir allá
por mirar al ruiseñor
cómo cantaba.

Por las riberas del río
limones coge la virgo:[1]
quiérome ir allá
por mirar al ruiseñor
cómo cantaba.

Limones cogía la virgo
para dar al su amigo:
quiérome ir allá
para ver al ruiseñor
cómo cantaba.

Para dar al su amigo
en un sombrero de sirgo:[2]
quiérome ir allá
para ver al ruiseñor
cómo cantaba.

Del *Auto dos Quatro Tempos*.

Muy serena está la mar,
¡a los remos, remadores!
¡Ésta es la nave de amores!

Al compás de las sirenas
cantarán nuevos cantares,
remaréis con tristes penas
vuesos remos de pesares;
tendréis suspiros a pares
y a pares los dolores:
ésta es la nave de amores.

Y remando atormentados,
hallaréis otras tormentas
con mares desesperados
y desastradas afrentas;
tendréis las vidas contentas
con los dolores mayores:
ésta es la nave de amores.

De remar y trabajar
llevaréis el cuerpo muerto,
y al cabo del navegar
se empieza a perder el puerto;
aunque el mal sea tan cierto,
¡a los remos, remadores!
¡Ésta es la nave de amores!

De la *Tragicomedia da Nao d'Amores*.

Del rosal vengo, mi madre,
vengo del rosale.

A riberas de aquel vado
viera estar rosal granado:
vengo del rosale.

A riberas de aquel río
viera estar rosal florido:
vengo del rosale.

Viera estar rosal florido,
cogí rosas con suspiro:
vengo del rosale.

¡Del rosal vengo, mi madre,
vengo del rosale!

De la *Tragicomedia do Triunfo do Inverno.*

Vanse mis amores,[3] madre,
luengas tierras van morar.
Yo no los puedo olvidar.
¿Quién me los hará tornar?
¿Quién me los hará tornar?

Yo soñara,[4] madre, un sueño
que me dió en el corazón:
que se iban los mis amores
a las islas de la mar.
Yo no los puedo olvidar.
¿Quién me los hará tornar?
¿Quién me los hará tornar?

Yo soñara, madre, un sueño
que me dió en el corazón:
que se iban los mis amores
a las tierras de Aragón.
Allá se van a morar.
Yo no los puedo olvidar.
¿Quién me los hará tornar?
¿Quién me los hará tornar?

Del *Auto de Lusitania.*

AUTO DE LA SIBILA CASANDRA

Personajes

CASANDRA. SALOMÓN. ERUTEA. PERESICA. CIMERIA.
ISAÍAS. MOISÉS. ABRAHÁN

Entra Casandra, en figura de pastora, diciendo:

CASANDRA
¿Quién mete ninguno andar
ni porfiar

en casamientos conmigo?
Pues séame Dios testigo
que yo me digo
que no me quiero casar.
¿Cuál será pastor nacido,
tan pulido,
ahotas[5] que me merezca?
¿Alguno hay que me parezca[6]
en cuerpo, vista y sentido?
¿Cuál es la dama pulida
que su vida
juega, pues pierde casando,
su libertad cautivando,
otorgando
que sea siempre vencida,
desterrada en mano ajena,
siempre en pena,
abatida y sojuzgada?
¡Y piensan que ser casada
que es alguna buena estrena![7]

SALOMÓN
¡Casandra, Dios te mantenga!
¡Y yo venga
también mucho norabuena!
Pues te veo tan serena,
nuestra estrena
ya por mí no se detenga;
y pues ya que estoy acá,
bien será
que diga a qué soy venido;
y tanto estoy de ti vencido,
que creo que se hará.

CASANDRA
No te entiendo.

SALOMÓN
¡Anda, ven!
Que por tu bien
te envían a llamar tus tías.
Y luego, de aquí a tres días,
alegrías
tendrás tú y yo también.

CASANDRA
¿Qué me quieren?

SALOMÓN
Que me veas
y me creas
para hecho de casar.

---

[1] la virgen, la doncella. [2] seda. [3] mi amor, mi amado. [4] soñé. [5] que a la verdad, ciertamente. [6] que se me iguale. [7] regalo, beneficio; la misma palabra, cuatro versos más abajo, en el parlamento de Salomón, significa «felicidad». [8] emparentado, de buena familia. [9] rico. [10] sorteo, lo evito, lo eludo. [11] corto. [12] placentero. [13] malignas, malas. [14] enamorar, cortejar. [15] pavoneándose, presumiendo tras garcetas o garzas, aves que en sentido figurado significa muchachas jóvenes. [16] negras.

CASANDRA

Lo que de ahí puedo pensar
que ellas o tú devaneas.

… … … … … … … … … … … …

SALOMÓN

Yo soy bien aparentado[8]
y abastado[9],
valiente zagal pulido,
y aún estoy medio corrido
de haber acá llegado.
¡Anda, si quieres venir!

CASANDRA

Sin mentir,
tú estás fuera de ti:
lo que te dije hasta aquí
será ansí,
aunque sepa de morir.

SALOMÓN
¿No me ves?

CASANDRA

Bien te veo.

SALOMÓN
No te creo.
Pues ¿no quieres?

CASANDRA
No te quiero.

SALOMÓN
Casamiento te requiero.

CASANDRA
Ya primero
dije lo que es mi deseo.

SALOMÓN
¿Qué me dices?

CASANDRA

Yo te digo
que conmigo
no hables en casamiento;
que no quiero ni consiento
ni con otro ni contigo.

… … … … … … … … … … … …

SALOMÓN

Según el tu no querer,
a mi ver,
otro amor tienes allá.

CASANDRA

No quiero ser desposada,
ni casada,
ni monja, ni ermitaña.

SALOMÓN
Dime: ¿qué es lo que te engaña?

Que esa saña
empleas mal empleada.

… … … … … … … … … … … …

CASANDRA

No pierdas tiempo conmigo:
yo te digo
bien clara mi intención.

SALOMÓN

¡Quién te viese el corazón,
por mirar mi enemigo,
y saber por qué razón!

CASANDRA

No tomes de esto pasión
ni alteración,
pues que no desprecio a ti.
Mas nació, cuando nací,
conmigo esta opinión,
y nunca más la perdí.

SALOMÓN

¿Qué te hizo el casamiento?
¿Es tormento
que se da por algún hurto?

CASANDRA

Y aun por eso le surto,[10]
porque es curto[11]
su triste contentamiento.
Muchos de ellos es notorio
purgatorio,
sin concierto ni templanza,
y si algún bueno se alcanza,
no es medio placentorio.[12]
Veo quejar las vecinas
de malinas[13]
condiciones de maridos:
unos de ensoberbecidos
y aburridos,
otros de medio gallinas,
otros llenos de mil celos
y recelos,
siempre aguzando cuchillos,
sospechosos, amarillos
y malditos de los cielos.
Otros a garzonear[14]
por el lugar,
pavonando tras garcetas,[15]
sin dejar blancas ni prietas[16]
ni reprietas.
¿Y la mujer? Suspirar;
después, en casa reñir
y gruñir
de la triste allí cautiva.
¡Nunca la vida me viva
si tal cosa consentir!

… … … … … … … … … … … …

SALOMÓN

No soy de ésos, ni seré,
por mi fe,
que te tenga en velloritas.[17]

CASANDRA

Y con floritas,
¿piensas que me engañaré?
No quiero verme perdida,
entristecida,
de celosa o ser celada.
¡Tirte afuera![18] ¿No es nada?
¡Pues antes no ser nacida!

... ...

Allende[19] de eso, sudores
y dolores
de partos, llorar de hijos:
no quiero verme en letijos,[20]
por más que tú me enamores.

SALOMÓN

Yo voy llamar al aldea
Erutea
y a Peresica, tu tía,
y a Cimeria, y tu porfía
delante de ellas se vea (Vase.)

CASANDRA

¡Y a mí qué se me da!
¿Quién será
que me case a mi pesar?
Si yo no quiero casar,
a mí, ¿quién me forzará? (Canta.)

«Dicen que me case yo;
no quiero marido, no.

Más quiero vivir segura
n'esta sierra a mi soltura,
que no estar en ventura[21]
si casaré bien o no.
Dicen que me case yo:
no quiero marido, no.

Madre, no seré casada
por no ver vida cansada,
o quizá mal empleada
la gracia que Dios me dió.
Dicen que me case yo:
no quiero marido, no.

No será ni es nacido
tal para ser mi marido,
y pues que tengo sabido
que la flor yo me la só,[22]
dicen que me case yo:
no quiero marido, no.»

Entran Erutea, Peresica y Cimeria, en traje de
labradoras. Cimeria dice a Casandra:

CIMERIA

¿Qué te parece el zagal?

CASANDRA

Ni bien ni mal;
que no quiero casar, no.
¿Vosotras quién os metió
que case yo?
Pues sabed que pienso en al.[23]

CIMERIA

Tu madre, en su testamento
(no te miento),
manda que cases, que es bueno.

CASANDRA

Otro casamiento ordeno
en mi seno:
que no quiero ni consiento.

SALOMÓN

Loco consejo has tomado.
¡Estoy espantado!
¿Dó se halló tal desvarío?

CASANDRA

Mi fe, en el corazón mío.
Y lo fío,
que no vió camino errado.
No quiero dar mi limpeza
y mi pureza
y mi libertad exenta,
ni mi ánima contenta,
por sesenta
mil millones de riqueza.

PERESICA

¡Si tu madre eso hiciera!

CASANDRA

Bien; ¿qué fuera?

PERESICA

Nunca tú fueras nacida.

CASANDRA

Yo quiero ser escogida
en otra vida
de más perfecta manera.

ERUTEA

Escucha, sobrina mía:
todavía
no puedes sino casar.
Y éste debes tomar
sin porfiar,
que es muy bueno en demasía.

---

[17] en flores, en cama de flores.   [18] quita allá, apártate.
[19] además.   [20] litigios, pleitos.
[21] en riesgo, en peligro.   [22] soy.   [23] otra cosa.
[24] *piñas* por *piñas* y *vinas* por *viñas*, según lo requiere
la rima con *gallinas; piñas de rosas* = muchas rosas.
[25] diversión, pasatiempo.   [26] obstinada.   [27] pronto.
[28] consiguiesen.   [29] convencer.   [30] airada, furiosa.
[31] pulseras.   [32] te daría.   [33] continuamente.

CASANDRA

¿Cómo ansí?

ERUTEA

   Es generoso.

Es generoso
y virtuoso,
cuerdo y bien asombrado.
Tiene tierras y ganado,
y es loado
músico muy gracioso.

SALOMÓN

Tengo pomares y vinas,
y mil pinas[24]
de rosas para holgares.[25]
Tengo villas y lugares,
y más treinta y dos gallinas.

ERUTEA

Sobrina, este zagal
es real,
y para ti está escogido.

CASANDRA

No lo quiero ni lo pido
por marido:
¡guárdeme el Señor de mal!

CIMERIA

¿Tú no ves cómo es honrado
y sosegado
cuanto otro lo será?

CASANDRA

¡Qué sé yo si mudará,
o qué hará,
cuando se vea casado!
¡Oh, cuántos hay solteros,
placenteros,
de muy blandas condiciones,
y casados son leones
y dragones
y diablos verdaderos!
Si la mujer, de sesuda,
se hace muda,
dicen que es boba perdida;
si habla, luego es herida,
y esto nunca se muda.

SALOMÓN

¡Muy entirrada[26] está!
Bien será
que no le digamos más;
pues tú te arrepentirás,
y querrás
cuando el diablo no querrá.

ERUTEA

Muy más aína[27] quizá
se hará
si la sirvieses de amores.

SALOMÓN

¡Qué moza para favores!
¿No veis qué respuesta da?

PERESICA

Si tus tíos allegasen
y le hablasen,
que son hombres entendidos...

CIMERIA

¡Pardiez! ¡Son bien validos
y sentidos!
Bien sé yo que lo acabasen.[28]

SALOMÓN

Quiérolos ir a llamar
al lugar;
veremos esto en qué para,
aunque ella se declara
por tan cara,
que ha de ser dura de armar.[29]

*Tras Salomón, Isaías, Moisés y Abrahán cantan
juntos la siguiente cantiga:*

«¡Qué sañosa[30] está la niña!
¡Ay Dios!, ¿quién le hablaría?
En la sierra anda la niña
su ganado a repastar,
hermosa como las flores,
sañosa como la mar.
Sañosa como la mar
está la niña.
¡Ay Dios!, ¿quién le hablaría?»

ABRAHÁN

¡Digo que estéis norabuena!
Por estrena
toma estas dos manijas.[31]

MOISÉS

Y yo te doy estas sortijas
de mis hijas.

ISAÍAS.

Yo te doy esta cadena.

SALOMÓN

Dartehía[32] yo bien sé qué,
mas no sé
cuánto puede aprovechar.

ERUTEA

Muchas cosas hace el dar,
como continuo[33] se ve.

CASANDRA

¿Téngome de cautivar
por el dar?
No me engaño yo ansí.
Yo digo que prometí
sólo de mí
que no tengo de casar.

MOISÉS

Blasfemas, que el casamiento
es sacramento,
y el primero que fué.

Yo, Moisés, te lo diré
y contaré
dónde hubo fundamento.
    En el principio crió
y formó
Dios el Cielo y la Tierra,
con cuanto en ello se encierra:
mar y sierra
de nada lo edificó.
Era vacua y vacía,
y no había
cosa por quien fuese amado.
El espíritu no criado
sobre las aguas lucía.
    ¡Fiat lux! Luego fué hecha,
muy prehecha,[34]
sol y luna, y las estrellas,
criadas claras y bellas
todas ellas,
por regla justa y derecha.
Al sol dióle compañera
por parcera,[35]
de una luz ambos guarnidos,[36]
dominados y medidos
cada uno en su carrera.
    «Hagamos más», dijo el Señor
Criador,
«hombre a nuestra semejanza,
angélico en la esperanza
y en lianza,[37]
y de lo terrestre señor».
Luego le dió compañera,
en tal manera
de una gracia ambos liados,
dos en una carne amados,
como si ambos uno fuera.
    El mismo que los crió
los casó
y trató el casamiento.
Y por su ordenamiento
es sacramento
que al mundo estableció.
    Y pues fué casamentero
él primero,
y es ley determinada,
¿cómo estás tú entirrada
diciendo que es captivero?[38]

CASANDRA
    Que cuando Dios los hacía
y componía,
en esos tales no hablo;
mas en aquellos que el diablo
en su retablo[39]
hace y ordena cada día.
      ... ...

ABRAHÁN
    ¿Y si cobras buen marido,
comedido
y nunca apasionado?

CASANDRA
    ¿Nunca? Estáis muy errado,
padre honrado,
porque eso nunca se vido.
¿Cómo puede, sin pasión
ni alteración,
conservarse el casamiento?
Múdase el contentamiento,
en un momento,
en contraria división.
    Sólo Dios es perfección;
si, en razón,
la verdad queréis que hable,
que el hombre todo es mudable
y variable
por humanal complisión.[40]
Pero yo quiero decir
y descubrir
por qué virgen quiero estar:
sé que Dios ha de encarnar,
sin dudar,
y una virgen ha de parir.

ERUTEA
    Eso bien me lo sé yo,
y cierta so
que en un pesebre ha de estar;
y la Madre ha de quedar
tan virgen como nació.
También sé que de pastores,
labradores,
será visto, y de la gente;
y le traerán presente
del Oriente
grandes Reis y sabedores.

CIMERIA
    Yo días ha que he soñado
y barruntado
que vía una virgen dar
a su Hijo de mamar,
y que era Dios humanado;
y aun después me parecía
que la vía
entre más de mil doncellas:
con su corona de estrellas
mucho bellas,
como el sol resplandecía.
    Nunca tan glorificada
y acatada
doncella se pudo asmar[41]

---

34 perfecta.   35 aparcera, compañera.   36 provistos.
37 vínculo, unión.   38 cautiverio.   39 en su tinglado,
con sus artificios.   40 naturaleza, condición.
    41 pensar, imaginar.   42 armada.   43 apercibida.
44 alegre.   45 Toda esta estrofa es una descripción alegórica de la Virgen, como enemiga de Lucifer (según se
enuncia en la estrofa anterior). A los objetos de la ar-

madura —yelmo y cimera— se unen los motivos del Ave
María con que Gabriel, el ángel de la Anunciación, saludó a la Virgen; Mater Dei = Madre de Dios, y gratia
plena = llena de gracia.   46 Quiere decir que, a pesar
de todo, se afirma en lo que ha dicho, creyendo que es
ella la llamada a ser la Madre de Dios.   47 vanidosa.
48 semejarla, parecerse a ella.

como esta Virgen vi estar,
ni su par
no fué ni será criada.
De sol estaba guarnida,[42]
percebida,[43]
contra Lucifer armada,
con virgen arnés guardada,
ataviada
de malla de santa vida.

    Con leda[44] cara y guerrera,
placentera,
el resplandor piadoso,
el yelmo todo humildoso,
y *Mater Dei* por cimera;
y el Niño Dios estaba,
y la llamaba
Madre y Madre a boca llena.
Los ángeles, *gratia plena*,[45]
muy serena;
y cada uno la adoraba,
    diciendo: «¡Rosa florida,
esclarecida,
Madre de quien nos crió!
¡Loado aquel que nos dió
Reina tan santa nacida!»

ERUTEA
    Peresica, tú nos decías
que sabías
de esta Virgen y su parto.

PERESICA
    Mi fe de ello sé bien harto
y reharto:
llena estoy de profecías.
    Empero, son de dolor:
que el Señor,
estando a veces mamando,
tal vía de cuando en cuando,
que no mamaba a sabor:
una cruz le aparecía,
que él temía,
y lloraba y suspiraba.
La Madre lo halagaba,
y no pensaba
los tormentos que Él vía.
    Y comenzando a dormir,
vía venir
los azotes con denuedo:
estremecía de miedo.
Y no puedo
por ahora más decir.

CASANDRA
    Yo tengo en mi fantasía,
y juraría
que de mí ha de nacer,
que otra de mi merecer

no puede haber
en bondad ni hidalguía.

ABRAHÁN
    Casandra desvaría.

ISAÍAS
    Yo diría
que está muy cerca de loca,
y su cordura es muy poca,
pues que toca
tan alta descortesía.

SALOMÓN
    El diablo ha de acertar
a casar.
Por mi alma y por mi vida,
que quien la viera sabida
y tan leída,
que se pudiera engañar.
Casandra, según que muestra
esa respuesta
tan fuera de conclusión,
tú, loca; yo, Salomón,
dame razón:
¿qué vida fuera la nuestra?

CASANDRA
    Aún en mi seso estó:
que soy yo.[46]

ISAÍAS
    Cállate, loca perdida,
que de esta madre escogida
otra cosa se escribió.
    Tú eres de ella al revés,
si bien ves,
porque tú eres humosa,[47]
soberbia y presuntuosa,
que es la cosa
que más desviada es.
La Madre de Dios, sin par,
es de notar
que humildosa ha de nacer,
y humildosa conceber,
y humildosa ha de criar.
    Las riberas y verduras
y frescuras
pregonan su hermosura;
la nieve, la su blancura
limpia y pura
más que todas criaturas;
lirios, flores y rosas
muy preciosas
procuran de semejalla,[48]
y en el cielo no se halla
estrella más luminosa.
… … … … … … … …

ABRAHÁN.
Dos mil veces lo decías,
que el Mesías
será Dios vivo en persona,
y aun te juro a mi corona,
ahotas[49] que no mentías.

MOISÉS
Y tú también, Salomón,
buen garzón,
los cantares que hacías
todos eran profecías
que decías
de ella y de su perfección:
«Formosa columba mea,[50]
quien te vea,
de vista o a sentido,
gócese por ser nacido,
por fuerte zagal que sea».

ABRAHÁN.
Si hubiésemos de declarar
y platicar
cuanto de ella está escrito,
sería cuento infinito,
que el spírito
no puede considerar.
Todo fué profetizado
por mandado
de aquel Hacedor del mundo,
hasta aquel día profundo,
no segundo,
mas postrero es divulgado.[51]
… … … … … … … … …

ERUTEA.
Las señales os diré,
porque las sé
muy ciertas y bien sabidas.

PERESICA
Ansí Dios te dé mil vidas
que las digas,
y yo te lo serviré.

ERUTEA
Cuando Dios fuere ofendido
y no temido,
generalmente olvidado,
no será mucho alongado,[52]
mas llegado
el juicio prometido.
Cuando fuere lealtad
y la verdad

despreciada y no valida;
cuando vieren que la vida
es abatida
del que sigue la bondad;
cuando vieren que justicia
está en malicia,
y la fe fría, enechada,[53]
y la Iglesia sagrada
cautivada
de la tirana codicia;
cuando vieren trabajar
por levantar
palacios demasiados,
y los pequeños menguados,
desolados,
no puede mucho tardar.[54]
Y cuando vieren perdida
y consumida
la vergüenza y la razón,
y reinar la presunción,
n'esta sazón[55]
perderá el mundo la vida.
Y cuando más segurado
y olvidado
de la fin él mismo sea,
en aquel tiempo se crea
que ha de ser todo abrasado.

Ábrense las cortinas que ocultan el Nacimiento.
Cuatro Ángeles cantan:

ÁNGELES
«Ro, ro, ro,
nuestro Dios y Redentor,
¡no lloréis, que dais dolor
a la Virgen que os parió!
Ro, ro, ro.
Niño, Hijo de Dios Padre,
Padre de todas las cosas,
cesen las lágrimas vuesas;[56]
no llorará vuestra Madre,
pues sin dolor os parió;
ro, ro, ro.
¡No le deis pena, no!
¡Ora, Niño; ro, ro, ro!
Nuestro Dios y Redentor,
¡no lloréis, que dais dolor
a la Virgen que os parió!
Ro, ro, ro.»

MOISÉS
N'aquel cantar siento yo,

---

49 por cierto. 50 hermosa paloma mía; tomado aunque
no literalmente de los *Cantares* de Salomón.

51 todo está profetizado y divulgado hasta el día último, o sea hasta el Juicio Final. 52 no estará muy

lejos. 53 abandonada. 54 se refiere al juicio prometido. 55 entonces, en este tiempo. 56 vuestras. 57 acu-
nando, meciendo. 58 curada. 59 cuidadoso. 60 cuna.
61 gozos. 62 hermosa. 63 camino. 64 nos laureó o
coronó nuestro sino o destino. 65 estrella de la mañana.

y cierto so,
que nuestro Dios es nacido,
y llora por ser sabido
y conocido,
que es de carne como yo.

CIMERIA

Yo ansí lo afirmaría
y juraría,
que lo deben estar brizando,[57]
y los ángeles cantando
su divinal melodía.

ISAÍAS

Pues vámoslo adorar,
y visitar
el recién nacido a nos;
verán nuestros ojos dos
un solo Dios,
nacido por nos salvar.

Vanse cantando, y, llegando al pesebre, dicen:

PERESICA

Erutea, ¿ves allí
lo que vi,
la cerrada flor parida?

ABRAHÁN

¡Oh vida de nuestra vida,
guarecida[58]
y remediada por ti!
¡A Ti adoro, Redentor,
mi Señor,
Dios y Hombre verdadero,
santo y divino Cordero,
postrimero
sacrificio mayor!

MOISÉS

¡Oh Pastorcico nacido,
muy sabido,
de tu ganado cuidoso,[59]
contra los lobos sañoso,
y piadoso
al rebaño enflaquecido!
Por la tierna carne humana,
nuestra hermana,
que en ese brizo[60] suspira,
que nos libres de tu ira,
y las ánimas nos sana!

SALOMÓN

¡Qué oración, Dios, te harán;
qué dirán!
¡Oh gran Rey, desde niñito,
por natureza bendito,
infinito,
ab eterno Capitán,
de celeste imperio heredero

por entero,
de deidad coronado!
¡Adórote, Dios humanado,
y por nos hecho Cordero!

ISAÍAS

¡Adórote, santo Mesías!
¡En mis días
y para siempre te creo,
pues con mis ojos te veo
en tal aseo,
que cumples las profecías!
Niño, adoro tu Alteza
con firmeza;
y pues no tengo disculpa,
a tus pies digo mi culpa
y confieso mi flaqueza.

CASANDRA

¡Señor, yo, de ya perdida
n'esta vida,
no te oso pedir nada,
porque nunca di pasada
concertada,
ni debiera ser nacida!
¡Virgen y Madre de Dios,
a Vos, a Vos,
corona de las mujeres,
por vuestros siete placeres,[61]
que quieras rogar por nos!

CIMERIA

¡Espejo de generaciones
y naciones,
de Dios Hija, Madre y Esposa,
alta Reina gloriosa,
especiosa,[62]
cumbre de las perfecciones!
¡Oh estrada[63] en campos llanos
de humanos
suspiros a Ti corrientes,
oidora de las gentes,
encomiéndome en tus manos!

PERESICA

¡Oh clima de nuestro polo!
Un bien solo,
planeta de nuestra gloria,
influencia de victoria,
por memoria
nuestro sino laureólo.[64]

ERUTEA

¡Ave, *stella matutina*,[65]
bella y dina!
¡Ave, rosa, blanca flor!
Tú pariste el Redentor,
y tu color
del parto quedó más fina.

*Acabada esta adoración, cantarán la siguiente can-
tiga, compuesta y musicada por el autor:*

TODOS

«Muy graciosa es la doncella,
¡cómo es bella y hermosa!

Digas tú, el marinero
que en las naves vivías,
si la nave o la vela o la estrella
es tan bella.

Digas tú, el caballero
que las armas vestías,
si el caballo o las armas o la guerra
es tan bella.

Digas tú, el pastorcico
que el ganadico guardas,
si el ganado o los valles o la sierra
es tan bella.»

Baile de «terreiro[66] *de tres por tres», y, en despedida, el vilancete que sigue:*

«¡A la guerra,
caballeros esforzados!
Pues los ángeles sagrados
a socorro son en tierra,
¡a la guerra!

Con armas resplandecientes,
vienen del cielo volando,
Dios y Hombre apellidando[67]
en socorro de las gentes.
¡A la guerra,
caballeros esmerados!
Pues los ángeles sagrados
a socorro son en tierra,
¡a la guerra!»

TRAGICOMEDIA DE DON DUARDOS

El príncipe don Duardos de Inglaterra se enamora
de la hija del emperador Palmerín de Constantinopla, la
princesa Flérida, cuyo amor es muy difícil de lograr. La
infanta Olimba aconseja a don Duardos que para conseguir el amor de Flérida finja ser su hortelano, que
gane así su confianza y le haga beber de una copa encantada. Don Duardos sigue el consejo, da la copa a
Flérida, el filtro encantado hace sus efectos y al final
se dice el romance aquí reproducido y los dos amantes
parten por el mar en una galera.

Romance para final del auto

ARTADA.[68]

En el mes era de abril,
de mayo antes un día,
cuando lirios y rosas
muestran más su alegría,
en la noche más serena
que el cielo hacer podía,
cuando la hermosa infanta
Flérida ya se partía,
en la huerta de su padre
a los árboles decía:

FLÉRIDA.

Quedaos adiós, mis flores,
mi gloria que ser solía:
voyme a tierras extranjeras,
pues ventura allá me guía.
Si mi padre me buscare
que grande bien me quería,
digan que amor me lleva,
que no fué la culpa mía:
tal tema tomó conmigo
que me venció su porfía.
¡Triste no se adó vo,[69]
ni nadie me lo decía!

ARTADA.

Allí habla don Duardos:

DON DUARDOS

No lloréis, mi alegría,
que en los reinos de Inglaterra
más claras agua había
y más hermosos jardines,
y vuesos,[70] señora mía.
Tendréis trescientas doncellas
de alta genelosía;[71]
de plata son los palacios
para vuesa señoría,
de esmeraldas y jacintos,
de oro fino de Turquía,
con letreros esmaltados
que cuentan la vida mía,
cuentan los vivos dolores
que me distes aquel día,
cuando con Primaleón[72]
fuertemente combatía.
¡Señora, vos me matastes,
que yo a él no lo temía!

---

66 de plaza, a lo popular.   67 llamando.   68 dama de
Flérida.   69 adónde voy.   70 vuestros.
71 genealogía, linaje.   72 Alude al combate de don
Duardos y Primaleón —hijo del emperador Palmerín de
Constantinopla y hermano de Flérida— con que empieza
la tragicomedia; don Duardos desafía a Primaleón para
vengar a la princesa Gridonia, de quien está enamorado,
y al ver a Flérida olvida para siempre a Gridonia.
73 nadie tiene poder.

1 El autor explica este título diciendo que significa
primicias de Palas o primeros frutos de su ingenio «a
diferencia» —añade— «de las que secundariamente y con
más maduro estudio podrían suceder».   2 Antes ha dado
la definición de la comedia y de la tragedia según los
antiguos.   3 razonable, apropiado.   4 y viceversa.   5 sabida.   6 a saber.   7 teniendo en cuenta el.   8 ¿de
dónde sois?

ARTADA

Sus lágrimas consolaba
Flérida, que esto oía.
Fuéronse a las galeras
que don Duardos tenía:
cincuenta eran por cuenta;
todas van en compañía.
Al son de sus dulces remos

la princesa se adormía
en brazos de don Duardos
que bien le pertenecía.
Sepan cuantos son nacidos
aquesta sentencia mía:
que contra muerte y amor
nadie no tiene valía.[73]

Bartolomé de Torres Naharro

m. ca. 1531

Es, con sus contemporáneos Juan del Encina y Gil Vicente, uno de los iniciadores del teatro español del Renacimiento. Reunió su obra —poesía y nueve piezas dramáticas— en un libro que publicó en Nápoles (1517) con el título de *Propalladia*. En un breve proemio (parte del cual reproducimos) expuso su concepto de la «Comedia». Por lo que allí dice, se le ha considerado como el primer teorizador del arte dramático en España. Sus comedias, descartado un *Diálogo del Nacimiento*, imitación poco interesante del teatro religioso de Encina, no tiene ni el lirismo ni otros valores de las obras vicentinas, pero en varios sentidos representan un avance marcado hacia una técnica más moderna, sea en la reproducción de costumbres y tipos —puede servir de ejemplo la escena reproducida de la *Tinellaria*—, sea en los motivos novelescos, en lo animado de la acción y en el estilo de ingeniosos conceptos que va a constituir más tarde la comedia de «capa y espada», como se ve en las escenas, también reproducidas, de *Himenea*.

PROPALLADIA[1]

PROEMIO

Quiero ora decir yo mi parecer pues el de los otros he dicho.[2] Y digo ansí: que comedia no es otra cosa sino un artificio ingenioso de notables y finalmente alegres acontecimientos, por personas disputado. La división de ella en cinco actos no solamente me parece buena, pero mucho necesaria, aunque yo les llamo jornadas, porque más me parecen descansaderos que otra cosa, de donde la comedia queda mejor entendida y recitada. El número de las personas que se han de introducir es mi voto que no deben ser tan pocas que parezca la fiesta sorda, ni tantas que engendren confusión. Aunque en nuestra comedia *Tinellaria* se introdujeron pasadas veinte personas porque el sujeto de ella no quiso menos; el honesto[3] número me parece que sea de seis hasta doce personas. El decoro en las comedias es como el gobernalle en la nao, el cual el buen cómico siempre debe traer ante los ojos. Es decoro una justa y decente continuación de la materia, conviene a saber: dando a cada uno

lo suyo, evitar las cosas impropias, usar de todas las legítimas, de manera que el siervo no diga ni haga actos del señor, *et e converso;*[4] y el lugar triste entristecerlo, y el alegre alegrarlo, con toda la advertencia, diligencia y modo posibles, etc. De dónde sea dicha comedia, y por qué, son tantas opiniones, que es una confusión. Cuanto a los géneros de comedias, a mí parece que bastarían dos para en nuestra lengua castellana: comedia a noticia y comedia a fantasía. A noticia se entiende de cosa nota[5] y vista en realidad de verdad, como son *Soldadesca* y *Tinellaria;* a fantasía, de cosa fantástica o fingida, que tenga color de verdad aunque no lo sea, como son *Serafina, Imenea*, etc. Partes de comedia, ansí mesmo bastarían dos, *scilicet:*[6] introito y argumento. Y si más os pareciere que deban ser, ansí de lo uno como de lo otro, licencia se tienen para quitar y poner los discretos. Ansí mesmo hallarán en parte de la obra algunos vocablos italianos, especialmente en las comedias, los cuales convino usar, habiendo respecto al[7] lugar y a las personas a quien se recitaron. Algunos de ellos he quitado, otros he dejado andar, que no son para menoscabar nuestra lengua castellana, antes la hacen más copiosa. Como quiera que sea, os suplico de lo que no he sabido usar me perdonéis, y de lo que a vuestro propósito estuviere deis las gracias a Dios...

COMEDIA TINELLARIA

JORNADA IV

GODOY

Llegadvos un poco aquí.
¡Oh qué fresco y qué temprano!
Cubridvos, no estéis ansí.
¿Dónde bueno sois[8] hermano?

MANCHADO

De Castilla.

GODOY

No sería maravilla.
Mas ¿qué tierra es vuestra madre?

MANCHADO
Cuatro leguas de Sevilla,
de allí donde era mi padre.

GODOY
Mas codicio
que me digáis ¿cuál indicio
vos hizo venir a Roma?

MANCHADO
Vengo por un beneficio
que me dé qué vista y coma.

GODOY
Bien será.
Pero ¿quién os lo dará?
Que trabajos se requieren.

MANCHADO
El Papa diz que los da
a todos cuantos los quieren.

GODOY
Con favor
habréis en Campo de Flor
un par de canonicatos.[9]

MANCHADO
Mía fe, no vengo, señor,
a buscar canes ni gatos.

GODOY
Con razón
queriendo Papa León
vos puede sacar de mal,
y aun con un santo bastón
haceros un cardenal.[10]

MANCHADO
Gran pracer.[11]

MUÑIZ
¿Y no lo sabrías ser?

MANCHADO
A la fe que resabría.

GODOY
¿De qué manera?

MANCHADO
En comer ·
más de diez veces al día.

MUÑIZ
Por tu vida,
¿qué sería tu comida?

MANCHADO
Mucha carne con mostaza,
y a cada pascua frolida
una gorda gallinaza.

MUÑIZ
¿Qué os parece?

GODOY
Que es hombre que lo merece,
y era en él bien empleado,
y cualquier bien se le ofrece.
... ...

COMEDIA HIMENEA

INTROITO[12] Y ARGUMENTO

... ...
No es comedia de risadas,[13]
pero la que es, ésa sea.
Intitúlase *Himenea*,
pártese en cinco jornadas.
Soy contento
de os decir el argumento.
Notaréis que en sus amores
Himeneo, un caballero,
gentil hombre natural,
traía dos servidores:
un Boreas, lisonjero,
y un otro, Eliso, leal.
Himeneo noche y día
penaba por una dama,
la cual Febea se llama,
que en llamas de amor ardía.
Tiene aquésta
una criada, Doresta.
Febea, aquesta doncella,
tiene un hermano, marqués,
que entendía la conseja,
el cual procura por ella
desque sabe el entremés
que Himeneo la festeja.[14]
Buscando el marqués remedio

---

[9] canonjía, prebenda o renta aneja a la dignidad eclesiástica de canónigo. [10] chiste o juego de palabras (compárese con «canes y gatos») entre los dos significados de la palabra «cardenal»: la dignidad eclesiástica y la huella o mancha que deja un golpe. [11] placer; Manchado usa frecuentemente *r* por *l*, confusión de sonidos propia del lenguaje popular; véase más abajo «frolida» por «florida». [12] prólogo que se decía antes de la comedia para explicar el argumento, pedir indulgencia al público, etc. [13] de risa. [14] *que enten-*

dia... festeja. El marqués, que estaba al tanto de los amores de su hermana, se cuida de ella y la vigila desde que sabe que Himeneo la festeja o enamora. [15] serenatas al amanecer. [16] cuando más descuidados estaban. [17] les sorprendió (cuando estaban juntos). [18] por defender su honor (el del marqués). [19] quiere decir que la comedia termina de tal modo que el público (a quien va dirigido el introito) participará del gusto y regocijo de los personajes. [20] sigamos con la fiesta.
[21] ¿por qué?

para poderlos coger,
suele consigo traer
un paje suyo, Turpedio.
Y es osado,
muy discreto y bien criado.
Perseverando Himeneo
con músicas y alboradas[15]
en el amor de Febea,
el marqués con gran deseo
de acortarle las pisadas
como aquel que honor desea,
y cuando no se cataron,[16]
con el hurto los tomó;[17]
sino que él se le escapó
porque los pies le ayudaron.
Huye y calla;
torna con gente a salvalla;
de manera que tornando,
para de hecho salvar
a su señora y su dama,
hallóla a ella llorando,
que él la quería matar
por darle vida a su fama.[18]
Súpose tan bien valer,
que de allí parten casados,
y entre ellos y sus criados
se toma mucho placer;
por tal arte,
que alcanzaréis vuestra parte.[19]

JORNADA SEGUNDA

Enfrente de la casa de Febea

BOREAS
¿No hay nadie?

HIMENEO
Habla callando.
Mira que tengo sospecha
que aún están por ahí.

BOREAS
Yo los vi, señor, cantando
por esta calle derecha,
buen rato lejos de aquí.

HIMENEO
Pues sús, buen hora es aquésta
si no duermen mis amores.
Haz llegar esos cantores
y demos tras nuestra fiesta.[20]

ELISO
Aquí vienen.

HIMENEO
Llámalos, que se detienen.

ELISO
Caminad. ¿Qué[21] estáis parados?

HIMENEO
Callando, ¡cuerpo de Dios!
¿Qué voces son ora aquéstas?

ELISO
Pues si los tengo llamados
una vez y más de dos.
¿Helos de traer a cuestas?

HIMENEO
No corrompas mis placeres.
Por tu fe que nos oigamos;
aquí sólo no riñamos,
y en casa cuanto quisieres.

CANTOR
¿Qué haremos?

HIMENEO
Señores, que comencemos.

CANTOR
Acaba con esos trastes.

CANTOR
Calla, pues, tú, majadero.

CANTOR
¡Cómo sobras de cortés!

CANTOR
¿Diremos lo que ordenastes?

HIMENEO
Sí, bien: la canción primero,
y el villancico después.
Pero yo os ruego, por tanto,
que vaya la cosa tal,
que se descubra mi mal
en vuestras voces y canto.
Por ventura
se aliviará mi tristura.

Canción

Tan ufano está el querer
con cuantos males padece,
que el corazón se enloquece
de placer
con tan justo padecer.
La pena con que fatigo
es de mí tan favorida,
que de envidiosa, la vida
ya no quiere estar conmigo.
Ella se quiere perder;
vuestra merced lo merece,
y el corazón se enloquece
de placer
con tan justo padecer.

Villancico

Es más preciosa ventura
vuestra pena
que cualquiera gloria ajena.

La pena que vos causáis,
los suspiros y el tormento,
con vuestro merecimiento
todo lo glorificáis.
Más codiciosa dejáis
vuestra pena
que cualquiera gloria ajena.

Los que nunca os conocieron
penarán por conoceros;
y los que gozan de veros,
porque más antes no os vieron.
Que por mayor bien tuvieron
vuestra pena
que cualquiera gloria ajena.

HIMENEO

No más, señores, agora;
dejemos para otro día.
Poco y bueno es lo que place.
También porque esta señora
se paró a la celosía;
quiero saber lo que hace.

CANTOR

Vamos.

CANTOR

Vamos.

HIMENEO

Id con Dios.

BOREAS

¡Ce, señor, buen tiempo tienes![22]

HIMENEO

¡O mayor bien de los bienes!
¿Es mi bien?

FEBEA

Mas ¿quién sois vos?

HIMENEO

Quien no fuese,
ni más un hora viviese.

FEBEA

No os entiendo, caballero.
Si merced queréis hacerme,
más claro habéis de hablarme.

HIMENEO

Y aun con eso sólo muero,

que no queréis entenderme,
sino entender en matarme.

FEBEA

Cómo os llamáis os demando.

HIMENEO

Por las llamas que me dais,
del fuego que me causáis
lo podéis ir trasladando.[23]

FEBEA

Gentil hombre,
quiero saber vuestro nombre.

HIMENEO

Soy el que, en veros, me veo
devoto, para adoraros,
contrito para quereros.
Soy aquel triste Himeneo
que, si no espero gozaros,
no quisiera conoceros.
Porque en ser desconocida
me matáis con pena fuerte,
sabiendo que de mi muerte
no podéis ser bien servida.
Pero sea,
pues por vos tan bien se emplea.

FEBEA

Bien me podéis perdonar,
que, cierto, no os conocía.

HIMENEO

¿Porque estoy en vuestro olvido?

FEBEA

En otro mejor lugar
os tengo yo todavía,
aunque pierdo en el partido.

HIMENEO

Yo gano tanto cuidado
que jamás pienso perdello,
sino que con merecello
me parece estar pagado,
pues padezco
menos mal del que merezco.

FEBEA

Gran compasión y dolor
he de ver tanto quejaros,
aunque me place de oíros;
y por mi vida, señor,
querría poder sanaros
por tener en qué serviros.

… … … … … … … … … … … …

---

22 buena ocasión se te presenta.   23 advirtiendo, entendiendo.   24 ¡despacio!, con cuidado.   25 quiere decir:
darle con la espada o herirla para matarla.   26 ha

huído; se refiere, como la pregunta del marqués, a
Himeneo.   27 manera.

HIMENEO

Pláceme, señora mía,
que me habéis bien entendido.
No os quiero más detener;
vuestra mesma fantasía
vos dirá que lo que pido
lo compra bien mi querer.

… … … … … … … … … … … …

FEBEA

Pues si puedo complaceros,
aclaradme en qué manera,
porque tengáis cosa cierta.

HIMENEO

Que cuando viniere a veros
en la noche venidera,
me mandéis abrir la puerta.

FEBEA

¡Dios me guarde!

HIMENEO

         ¿Qué, señora?
¿Revocáisme ya el favor?

FEBEA

Sí, porque no me es honor
abrir la puerta a tal hora.

HIMENEO

No son ésas
vuestras pasadas promesas.

FEBEA

Pues ¿cómo queréis que os abra?
Que en aquellos tiempos tales
los hombres sois descorteses.

HIMENEO

Señora, no tal palabra.
Si queréis sanar mis males,
no busquéis esos reveses.
Ya sabéis que mis pasiones
no me dejan enojaros,
y no debéis excusaros
con excusadas razones,
de tal suerte
que me causáis nueva muerte.

FEBEA

No puedo más resistir
a la guerra que me dais,
ni quiero que me la deis.
Si concertáis de venir,
yo haré lo que mandáis,
siendo vos el que debéis.

HIMENEO

Debo ser siervo y cautivo
de vuestro merecimiento,

y ansí me parto contento
con la merced que recibo.

FEBEA

Id con Dios.

HIMENEO

Señora, quede con vos.

JORNADA QUINTA

MARQUÉS

¡Oh mala mujer, traidora!
¿Dónde vais?

TURPEDIO

             Paso,[24] señor.

FEBEA

¡Ay de mí, desventurada!

MARQUÉS

Pues ¿qué os parece, señora?
¿Para tan gran deshonor
habéis sido tan guardada?
Confesaos con este paje,
que conviene que muráis,
pues con la vida ensuciáis
un tan antiguo linaje.
Quiero daros,[25]
que os doy la vida en mataros.

FEBEA

Vos me sois señor y hermano.
Maldigo mi mala suerte
y el día en que fuí nacida.
Yo me pongo en vuestra mano,
y antes os pido la muerte
que no que me deis la vida.
Quiero morir, pues que veo
que nací tan sin ventura.
Gozará la sepultura
lo que no pudo Himeneo.

MARQUÉS

¿Fué herido?

TURPELIO

No, que los pies le han valido.[26]

FEBEA

Señor, después de rogaros
que en la muerte que me dais
no os mostréis todo cruel,
quiero también suplicaros
que, pues a mí me matáis,
que dejéis vivir a él.
Porque, según le atribuyo,
si sé que muere de esta arte,[27]
dejaré mi mal aparte
por mejor llorar el suyo.

MARQUÉS

Toca a vos
poner vuestra alma con Dios.

FEBEA

No me queráis congojar
con pasión sobre pasión
en mis razones finales.
Dejadme, señor, llorar,
que descansa el corazón
cuando revesa[28] sus males.

MARQUÉS

Pues contadme en qué manera
pasa todo vuestro afán.

FEBEA

Pláceme, porque sabrán
cómo muero, sin que muera,
por amores
de todo merecedores.
¡Doresta!

DORESTA

Ya voy, señora.

FEBEA

Ven acá, serás testigo
de mi bien y de mi mal.

TURPEDIO

Señor, es una traidora.

DORESTA

¡Tú, de bondad enemigo!

MARQUÉS

Callad, hablemos en al.

FEBEA

Hablemos cómo mi suerte
me ha traído en este punto
do yo y mi bien todo junto
moriremos de una muerte.
Mas primero
quiero contar cómo muero.
Yo muero por un amor
que por su mucho querer
fué mi querido y amado,
gentil y noble señor,
tal que por su merecer
es mi mal bien empleado.
No me queda otro pesar
de la triste vida mía,
sino que cuando podía,
nunca fuí para gozar,
ni gocé
lo que tanto deseé.

Muero con este deseo,
y el corazón me revienta
con el dolor amoroso;
mas si creyera a Himeneo,
no muriera descontenta,
ni le dejara quejoso.
… … … … … … … … … … … …

MARQUÉS

¿Sobre todos mis enojos
me queréis hacer creer
que nunca tal habéis hecho?
Que he visto yo por mis ojos
lo que no quisiera ver
por vuestra fama y provecho.

FEBEA

Haced, hermano, con Dios;
que yo no paso la raya,[29]
pues mi padre, que Dios haya,
me dejó sujeta a vos,
y podéis
cuanto en mí hacer queréis.
Pero, pues de esta manera
y ansí de rota abatida[30]
tan sin duelo me matáis,
por amor de Dios siquiera,
dadme un momento de vida,
pues toda me la quitáis.
Y no dejéis de escucharme,
ni me matéis sin me oír,
que menos quiero vivir
aunque no queráis matarme;
que es locura
querer vida sin ventura.
No me quejo de que muero,
pues soy mortal como creo,
mas de la muerte traidora;
que si viniera primero
que conociera a Himeneo,
viniera mucho en buen hora.

… … … … … … … … … … … …

Pues, Muerte, ven cuando quiera,
que yo te quiero atender[31]
con rostro alegre y jocundo;
que el morir de esta manera
a mí me debe placer,
y pesar a todo el mundo.
Sientan gentes mi mal
por mayor mal de los males,
y todos los animales
hagan hoy nueva señal,
y las aves
pierdan sus cantos suaves.
La tierra haga temblor,

---

28 declara, revela.   29 no me rebelo.   30 completamente perdida.   31 esperar.   32 el imberbe, el niño.   33 miseria.

los mares corran fortuna,
los cielos no resplandezcan
y pierda el sol su claror,
tórnese negra la luna,
las estrellas no parezcan,
las piedras se pongan luto,
cesen los ríos corrientes,
séquense todas las fuentes,
no den los árboles fruto,
de tal suerte
que todos sientan mi muerte.

MARQUÉS

Señora hermana, callad,
que la siento en gran manera
por vuestra suerte maldita,
y en moverme a piedad
me haréis, aunque no quiera,
causaros muerte infinita.

… … … … … … … … … … … .

Y si teméis el morir,
acordaos que en el nacer
a todos se nos concede.
Yo también oí decir
que es gran locura temer
lo que excusar no se puede;
y esta vida con dolor
no sé por qué la queréis,
pues, muriendo, viviréis
en otra vida mejor,
donde están
los que no sienten afán.
Y en este mar de miseria
el viejo y el desbarbado[32]
todos afanan a una:
los pobres con la laceria,[33]
los ricos con el cuidado,

los otros con la fortuna.
No temáis esta jornada;
dejad este mundo ruin
por conseguir aquel fin
para que fuistes criada.
Mas empero
confesaos aquí primero.

FEBEA

Confieso que en ser yo buena
mayor pecado no veo
que hice desque nací,
y merezco toda pena
por dar pasión a Himeneo
y en tomarla para mí.
Confieso que peca y yerra
la que suele procurar
que no gocen ni gozar
lo que ha de comer la tierra,
y ante vos
yo digo mi culpa a Dios.

MARQUÉS

No es ésa la confesión
que vuestra alma ha menester;
confesaos por otra vía.

FEBEA

Pues a Dios pido perdón
si no fué tal mi querer
como el de quien me quería.
Que si fuera verdadero
mi querer como debiera,
por lo que de él sucediera
no muriera como muero.

MARQUÉS

Pues, señora,
ya me parece que es hora.

SIGLO XVI (PRIMERA MITAD): POESÍA

Juan Boscán

m. 1542

Poeta de la escuela tradicional, nacido en Barcelona, narra en una carta a la duquesa de Soma, en la que le dedica el segundo tomo de sus poesías, cómo el embajador veneciano Andrea Navagero le indujo a imitar las formas de la poesía italiana. Boscán siguió el consejo y ha quedado en la historia literaria como iniciador en España de la poesía italianizante, con la que empieza en rigor la lírica moderna. Con Boscán colaboró en la empresa su amigo Garcilaso de la Vega, que pronto le superó y en parte le oscureció. Boscán no estaba dotado de la pura gracia poética de Garcilaso. Sin embargo, algunos de sus sonetos son dignos de recordarse, y alcanza además cierta autenticidad de expresión y sentimiento al describir en la *Epístola a don Diego Mendoza* el cuadro de felicidad doméstica inspirada en el elogio de la vida tranquila, tema renacentista de origen horaciano.

SONETOS

LXI

Dulce soñar y dulce congojarme,
cuando estaba soñando que soñaba;
dulce gozar con lo que me engañaba,
si un poco más durara el engañarme.

Dulce no estar en mí, que figurarme
podía cuanto bien yo deseaba;
dulce placer, aunque me importunaba,
que alguna vez llegaba a despertarme.

¡Oh sueño, cuánto más leve y sabroso
me fueras, si vinieras tan pesado,
que asentaras en mí con más reposo!

Durmiendo, en fin, fuí bienaventurado;
y es justo en la mentira ser dichoso
quien siempre en la verdad fué desdichado.

XCII

Garcilaso, que al bien siempre aspiraste,
y siempre con tal fuerza le seguiste
que a pocos pasos que tras él corriste
en todo enteramente le alcanzaste;

dime: ¿por qué tras ti no me llevaste
cuando desta mortal tierra partiste?
¿Por qué al subir a lo alto, que subiste,
acá en esta bajeza me dejaste?

Bien pienso yo que si poder tuvieras
de mudar algo lo que está ordenado
en tal caso de mí no te olvidaras.

Que, o quisieras honrarme con tu lado,
o, a lo menos, de mí te despidieras,
o si esto no, despés por mí tornaras.

Epístola a don Diego de Mendoza

... ...

El estado mejor de los estados
es alcanzar la buena medianía,
con la cual se remedian los cuidados.

Y así yo por seguir aquesta vía,
heme casado con una mujer
que es principio y fin del alma mía.

Ésta me ha dado luego un nuevo ser,
con tal felicidad que me sostiene
llena la voluntad y el entender.

... ...

De manera, señor, que aquel reposo
que nunca alcancé yo, por mi ventura,
con mi filosofar triste y penoso,

una sola mujer me le asegura,

y en perfeta sazón me da en las manos
victoria general de mi tristura.

Y aquellos pensamientos míos tan vanos,
ella los va borrando con el dedo,
y escribe en lugar dellos otros sanos.

Así que yo ni quiero ya, ni puedo
tratar sino de vida descansada,
sin colgar[1] de esperanza ni de miedo.

... ...

Bien puede el labrador sin avaricia
multiplicar cada año sus graneros,
guardando la igualdad de la justicia.

No curo yo de hacer cavar mineros
de venas de metal y otras riquezas,
para alcanzar gran suma de dineros.

Sólo quiero excusar tristes pobrezas,
por no sufrir soberbias de hombres vanos,
ni de ricos estrechos, estrechezas.

Quiero tener dineros en mis manos,
tener para tener contenta vida
con los hidalgos y con los villanos.

Quien quiera se desmande y se desmida,
buscando el oro puro y reluciente,
y la concha del mar Indo venida.

Quien quiera estar cuidoso y diligente,
haciendo granjear[2] grandes yugadas[3]
de tierra do aproveche la simiente.

Si con esto se envuelven las lanzadas,
las muertes entre hermanos y parientes,
y de reyes las guerras guerreadas,

huyan de mí los tales accidentes,
huyan de mí riquezas poderosas,
si son causa de mil males presentes.

... ...

Nosotros seguiremos sus pisadas:[4]
digo, yo y mi mujer nos andaremos
tratando allí las cosas namoradas.

A do corra algún río nos iremos,
y a la sombra de alguna verde haya,
a do estemos mejor nos sentaremos.

Tenderme ha allí la halda de su saya,
y en regalos de amor habrá porfía,
cuál de entrambos hará más alta raya.[5]

El río correrá por do es su vía,
nosotros correremos por la nuestra,
sin pensar en la noche ni en el día.

El ruiseñor nos cantará a la diestra,
y vendrá sin el cuervo la paloma,
haciendo en su venida alegre muestra.

... ...

Su mano me dará dentro en mi mano,

---

1 sin estar pendiente. 2 cultivar 3 extensión de
tierra que puede arar en un día una yunta de bueyes.
4 El antecedente es 'ninfas, dríadas y faunos', a los que
alude en el terceto anterior aquí omitido. 5 cuál de los
dos aventajará al otro (en «regalos de amor»). 6 cone-

jo joven y tierno.
1 el reino de Nápoles, de donde era virrey don Pedro
de Toledo a quien va dirigida la égloga. 2 caballo a
propósito para ser montado a la jineta. 3 retardando.
4 superas, excedes.

y acudirán deleites y blanduras
de un sano corazón en otro sano.

Los ojos holgarán con las verduras
de los montes y prados que veremos,
y con las sombras de las espesuras.

El correr de las aguas oiremos,
y su blando venir por las montañas,
que a su paso vendrán donde estaremos.

El aire moverá las verdes cañas,
y volverán entonces los ganados,
balando por llegar a sus cabañas.

En esto ya que el sol por los collados
sus largas sombras andará encumbrando,
enviando reposo a los cansados,

nosotros nos iremos paseando
hacia el lugar do está nuestra morada,
en cosas que veremos, platicando.

… … … … … … … … … … … …

Veremos al entrar la mesa puesta,
y todo con concierto aparejado,
como es uso de casa bien compuesta.

Después que un poco habremos reposado,
sin ver bullir, ni andar yendo y viniendo,

y a cenar nos habremos asentado,
nuestros mozos vendrán allí trayendo
viandas naturales y gustosas,
que nuestro gusto estén todo moviendo.

Frutas pondrán maduras y sabrosas,
por nosotros las más dellas cogidas,
envueltas en mil flores olorosas.

Las natas por los platos extendidas
acudirán, y el blanco requesón,
y otras cosas que dan cabras paridas.

Después de esto vendrá el tierno lechón,
y del gordo conejo el gazapito,[6]
y aquellos pollos que de pasto son.

Vendrá también allí el nuevo cabrito
que a su madre jamás habrá seguido
por el campo, de tierno y de chiquito.

Después que todo esto haya venido,
y que nosotros descansadamente
en nuestra cena hayamos bien comido,

pasaremos la noche dulcemente,
hasta venir al tiempo que la gana
de dormir torna al hombre comúnmente.

… … … … … … … … … … … …

Garcilaso de la Vega

1503-1536

Es el poeta más representativo del Renacimiento en España y uno de los líricos más puros y exquisitos de la literatura española. Como se ha dicho al hablar de Boscán, es Garcilaso quien consolida la revolución por aquél iniciada al imitar las formas italianas. Todos los motivos, temas, actitudes y formas de la nueva escuela encuentran expresión acabada en sus églogas, canciones, elegías y sonetos.

ÉGLOGA PRIMERA

Al Visorrey de Nápoles

SALICIO. NEMOROSO

El dulce lamentar de dos pastores,
Salicio juntamente y Nemoroso,
he de contar, sus quejas imitando;
cuyas ovejas al cantar sabroso
estaban muy atentas, los amores,
de pacer olvidadas, escuchando.
Tú, que ganaste obrando
un nombre en todo el mundo
y un grado sin segundo,
agora estés atento sólo y dado
al ínclito gobierno del estado
albano,[1] agora vuelto a la otra parte,
resplandeciente, armado,

representando en tierra el fiero Marte;
agora de cuidados enojosos
y de negocios libre, por ventura
andes a caza el monte fatigando
en ardiente jinete[2] que apresura
el curso tras los ciervos temerosos,
que en vano su morir van dilatando,[3]
espera que en tornando
a ser restituído
al ocio ya perdido,
luego verás ejercitar mi pluma
por la infinita innumerable suma
de tus virtudes y famosas obras,
antes que me consuma,
faltando a ti, que a todo el mundo sobras.[4]

En tanto que en este tiempo que adivino
viene a sacarme de la deuda un día
que se debe a tu fama y a tu gloria;
que es deuda general, no sólo mía,
mas de cualquier ingenio peregrino
que celebra lo dino de memoria,
el árbol de vitoria,
que ciñe estrechamente
tu gloriosa frente,
dé lugar a la yedra que se planta
debajo de tu sombra, y se levanta

poco a poco arrimada a tus loores;
y en cuanto esto se canta,
escucha tú el cantar de mis pastores.[5]
   Saliendo de las ondas encendido
rayaba de los montes el altura[6]
el sol, cuando Salicio, recostado
al pie de una alta haya, en la verdura,
por donde un agua clara con sonido
atravesaba el fresco y verde prado,
él, con canto acordado
al rumor que sonaba
del agua que pasaba,
se quejaba tan dulce y blandamente
como si no estuviera de allí ausente
la que de su dolor culpa tenía;
y así como presente[7]
razonando con ella le decía.

Salicio

   ¡Oh más dura que mármol a mis quejas,
y al encendido fuego en que me quemo
más helada que nieve, Galatea![8]
Estoy muriendo, y aun la vida temo,
témola con razón, pues tú me dejas;
que no hay, sin ti, el vivir para qué sea.
Vergüenza he que me vea
ninguno en tal estado,
de ti desamparado,
y de mí mismo yo me corro[9] agora.
¿De un alma te desdeñas ser señora
donde siempre moraste, no pudiendo
della salir un hora?
Salid sin duelo, lágrimas, corriendo.
   El sol tiende los rayos de su lumbre
por montes y por valles, despertando
las aves y animales y la gente:
cuál por el aire claro va volando,
cuál por el verde valle o alta cumbre
paciendo va segura y libremente:
cuál, con el sol presente,
va de nuevo al oficio
y al usado ejercicio
do su natura o menester le inclina;
siempre está en llanto esta ánima mezquina,
cuando la sombra el mundo va cubriendo,
o la luz se avecina.

Salid sin duelo, lágrimas, corriendo.
   Y tú, desta mi vida ya olvidada,
sin mostrar un pequeño sentimiento
de que por ti Salicio triste muera,
¿dejas llevar, desconocida, al viento
el amor y la fe, que ser guardada
eternamente solo a mí debiera?
¡Oh Dios! ¿por qué siquiera,
pues ves desde tu altura
esta falsa perjura
causar la muerte de un estrecho amigo,
no recibe del cielo algún castigo?
Si en pago del amor yo estoy muriendo,
¿qué hará el enemigo?
Salid sin duelo, lágrimas, corriendo.
   Por ti el silencio de la selva umbrosa,
por ti la esquividad y apartamiento
del solitario monte me agradaba:
por ti la verde hierba, el fresco viento,
el blanco lirio y colorada rosa,
y dulce primavera deseaba.
¡Ay, cuánto me engañaba!
¡Ay, cuán diferente era,
y cuán de otra manera
lo que en tu falso pecho se escondía!
Bien claro con su voz me lo decía
la siniestra corneja repitiendo
la desventura mía.
Salid sin duelo, lágrimas, corriendo.
   ¡Cuántas veces durmiendo en la floresta,
reputándolo yo por desvarío,
vi mi mal entre sueños, desdichado!
Soñaba que en el tiempo del estío
llevaba, por pasar allí la siesta,
a beber en el Tajo mi ganado:
y después de llegado,
sin saber de cuál arte,
por desusada parte
y por nuevo camino el agua se iba:
ardiendo yo con la calor estiva,
el curso, enajenado, iba siguiendo
del agua fugitiva.
Salid sin duelo, lágrimas, corriendo.
   Tu dulce habla ¿en cuya oreja suena?
Tus claros ojos ¿a quién los volviste?
¿Por quién tan sin respeto me trocaste?
Tu quebrantada fe ¿do la pusiste?

---

5 el sentido de toda la estrofa es el siguiente: «mientras llega el momento de cumplir la deuda que los poetas debemos a tu fama, cantando tus hazañas, dejemos que el laurel (árbol de victoria que ciñe la frente del guerrero y es símbolo de la poesía heroica) ceda su puesto a la yedra (símbolo de humildad) y [ocupándonos de cosas más humildes] escucha tu el cantar de mis pastores». 6 (el sol) extendía sus rayos por la altura de los montes. 7 como si estuviera presente. 8 según la mayoría de las interpretaciones, Salicio y Nemoroso personifican a Garcilaso; Galatea y Elisa, a su amada, la dama portuguesa doña Isabel Freyre, esposa de don Antonio de Fonseca. La égloga es por tanto la expresión de dos estados de ánimo contrapuestos: el de Salicio: celos y recriminaciones que le inspiró doña Isabel cuando se casó; y el de Nemoroso: dolor por su prematura muerte. 9 me avergüenzo. 10 cuando fuiste apartado de mí; cuitado = desgraciado.
11 el pastor mantuano: Virgilio; Títiro, divinidad campestre, se usaba en la poesía bucólica como sinónimo de pastor. 12 mantenimiento. 13 Extremadura. 14 el sincero o puro ruiseñor. 15 las Musas.

¿Cuál es el cuello que, como en cadena,
de tus hermosos brazos anudaste?
No hay corazón que baste,
aunque fuese de piedra,
viendo mi amada yedra
de mí arrancada, en otro muro asida,
y mi parra en otro olmo entretejida,
que no esté con llanto deshaciendo
hasta acabar la vida.
Salid sin duelo, lágrimas, corriendo.

¿Qué no se esperará de aquí adelante
por difícil que sea y por incierto?
¿O qué discordia no será juntada?
Y juntamente ¿qué tendrá por cierto,
o qué de hoy más no temerá el amante,
siendo a todo materia por ti dada?
Cuando tú enajenada
de mí, cuitado, fuiste,[10]
notable causa diste
y ejemplo a todos cuantos cubre el cielo,
que el más seguro tema con recelo
perder lo que estuviere poseyendo;
salid fuera sin duelo,
salid sin duelo, lágrimas, corriendo.

Materia diste al mundo de esperanza
de alcanzar lo imposible y no pensado,
y de hacer juntar lo diferente,
dando a quien diste el corazón malvado,
quitándolo de mí con tal mudanza,
que siempre sonará de gente en gente.
La cordera paciente
con el lobo hambriento
hará su ayuntamiento,
y con las simples aves sin ruido
harán las bravas sierpes ya su nido;
que mayor diferencia comprehendo
de ti al que has escogido.
Salid sin duelo, lágrimas, corriendo.

Siempre de nueva leche en el verano
y en el invierno abundo: en mi majada
la manteca y el queso está sobrado:
de mi cantar, pues, yo te vi agradada
tanto, que no pudiera el Mantuano
Títiro[11] ser de ti más alabado.
No soy, pues, bien mirado,
tan disforme ni feo,
que aún agora me veo
en esta agua que corre clara y pura,
y cierto no trocara mi figura
con ese que de mí se está riendo:
trocara mi ventura.
Salid sin duelo, lágrimas, corriendo.

¿Cómo te vine en tanto menosprecio?
¿Cómo te fuí tan presto aborrecible?
¿Cómo te faltó en mí el conocimiento?
Si no tuvieras condición terrible,

siempre fuera tenido de ti en precio,
y no viera de ti este apartamiento.
¿No sabes que sin cuento
buscan en el estío
mis ovejas el frío
de la sierra de Cuenca, y el gobierno[12]
del abrigado Estremo[13] en el invierno?
Mas ¿qué vale el tener, si derritiendo
me estoy en llanto eterno?
Salid sin duelo, lágrimas, corriendo.

Con mi llorar las piedras enternecen
su natural dureza y la quebrantan,
los árboles parece que se inclinan;
las aves que me escuchan, cuando cantan,
con diferente voz se condolecen,
y mi morir cantando me adivinan.
Las fieras que reclinan
su cuerpo fatigado,
dejan el sosegado
sueño por escuchar mi llanto triste.
Tú sola contra mí te endureciste,
los ojos aun siquiera no volviendo
a lo que tú hiciste.
Salid sin duelo, lágrimas, corriendo.

Mas ya que a socorrer aquí no vienes,
no dejes el lugar que tanto amaste,
que bien podrás venir de mí segura.
Yo dejaré el lugar do me dejaste;
ven, si por sólo esto te detienes.
Ves aquí un prado lleno de verdura,
ves aquí una espesura,
ves aquí una agua clara,
en otro tiempo cara,
a quien de ti con lágrimas me quejo.
Quizá aquí hallarás, pues yo me alejo,
al que todo mi bien quitarme puede;
que pues el bien le dejo,
no es mucho que el lugar también le quede.

Aquí dió fin a su cantar Salicio,
y suspirando en el postrero acento,
soltó de llanto una profunda vena.
Queriendo el monte al grave sentimiento
de aquel dolor en algo ser propicio,
con la pesada voz retumba y suena.
La blanca Filomena,[14]
casi como dolida,
y a compasión movida,
dulcemente responde al son lloroso.
Lo que cantó tras esto Nemoroso
decidlo vos Piérides;[15] que tanto
no puedo yo, ni oso,
que siento enflaquecer mi débil canto.

Nemoroso

Corrientes aguas, puras, cristalinas;
árboles que os estáis mirando en ellas;

verde prado de fresca sombra lleno;
aves que aquí sembráis vuestras querellas;
yedra que por los árboles caminas
torciendo el paso por su verde seno:
yo me vi tan ajeno
del grave mal que siento,
que de puro contento
con vuestra soledad me recreaba,
donde con dulce sueño reposaba,
o con el pensamiento discurría
por donde no hallaba
sino memorias llenas de alegría.

Y en este mismo valle, donde agora
me entristezco y me canso, en el reposo
estuve ya contento y descansado.
¡Oh bien caduco, vano y presuroso!
Acuérdome durmiendo aquí algún hora
que, despertando, a Elisa vi a mi lado.
¡Oh miserable hado!
¡Oh tela delicada,
antes de tiempo dada
a los agudos filos de la muerte!
Más convenible fuera aquesta suerte
a los cansados años de mi vida,
que es más que el hierro fuerte,
pues no la ha quebrantado tu partida.

¿Dó están agora aquellos claros ojos,
que llevaban tras sí como colgada
mi alma do quier que ellos se volvían?
¿Dó está la blanca mano delicada
llena de vencimientos y despojos
que de mí mis sentidos le ofrecían?
Los cabellos que vían
con gran desprecio el oro
como a menor tesoro,
¿adónde están? ¿adónde el blanco pecho?
¿Dó la coluna que el dorado techo[16]
con presunción graciosa sostenía?
Aquesto todo agora ya se encierra,
por desventura mía,
en la fría, desierta y dura tierra.

¿Quién me dijera, Elisa, vida mía,
cuando en aqueste valle al fresco viento
andábamos cogiendo tiernas flores,
que había de ver con largo apartamiento
venir el triste y solitario día
que diese amargo fin a mis amores?

El cielo en mis dolores
cargó la mano tanto,[17]
que a sempiterno llanto
y a triste soledad me ha condenado;
y lo que siento más es verme atado
a la pesada vida y enojosa,
solo, desamparado,
ciego sin lumbre en cárcel tenebrosa.

Después que nos dejaste nunca pace
en hartura el ganado ya, ni acude
el campo al labrador con mano llena.[18]
No hay bien que en mal no se convierta y mude:
la mala hierba al trigo ahoga, y nace
en lugar suyo la infelice avena.
La tierra que de buena
gana nos producía
flores con que solía
quitar en sólo vellas mil enojos,
produce agora en cambio estos abrojos,
ya de rigor de espinas intratable;
yo hago con mis ojos
crecer, lloviendo,[19] el fruto miserable.

Como al partir del sol la sombra crece,
y en cayendo su rayo se levanta
la negra oscuridad que el mundo cubre,
de do viene el temor que nos espanta,
y la medrosa forma en que se ofrece
aquello que la noche nos encubre,
hasta que el sol descubre
su luz pura y hermosa;
tal es la tenebrosa
noche de tu partir, en que he quedado
de sombra y de temor atormentado,
hasta que muerte el tiempo determine
que a ver el deseado
sol de tu clara vista me encamine.

Cual suele el ruiseñor con triste canto
quejarse entre las hojas escondido,
del duro labrador que cautamente
le despojó su caro y dulce nido
de los tiernos hijuelos, entre tanto
que del amado ramo estaba ausente,
y aquel dolor que siente,
con diferencia tanta[20]
por la dulce garganta
despide, y a su canto el aire suena,
y la callada noche no refrena

---

16 'la columna que el dorado techo', etc., es el cuello que sostenía su cabeza rubia.   17 tuvo tanto rigor, se excedió tanto.   18 Quiere decir que la tierra no da tanto pasto al ganado ni tanto fruto al labrador.   19 llorando. 20 con tantas variaciones musicales.

21 su llanto y sus quejas.   22 un dolor tan grande no puede sufrirse en modo alguno.   23 los desenvuelvo. 24 trance del parto (de que murió doña Isabel Freyre); Lucina es la diosa Diana, a quien los gentiles tenían por abogada de los partos.   25 Alusión a Diana como diosa

de la caza.   26 Alusión al mito de Endimión, a quien Diana encontró dormido en una gruta y a quien la Luna (otra representación de Diana) bajaba a besar todas las noches.   27 Sigue dirigiéndose a Diana; el sentido de la interrogación es: «¿cómo pudiste ser tan cruel que movida a compasión no dieras oído a ruegos y lágrimas por no ver convertida en tierra a Elisa y por no ver la tristeza en que queda Nemoroso, el cual en sus momentos de descanso se dedicaba a la caza y ofrecía en tus altares lo que cazaba?»   28 el cielo de Venus.   29 despertando. 30 terrestre, de la tierra.

su lamentable oficio y sus querellas,[21]
trayendo de su pena
al cielo por testigo y las estrellas;
   desta manera suelto ya la rienda
a mi dolor, y así me quejo en vano
de la dureza de la muerte airada.
Ella en mi corazón metió la mano,
y de allí me llevó mi dulce prenda,
que aquél era su nido y su morada.
¡Ay muerte arrebatada!
Por ti me estoy quejando
al cielo, y enojando
con importuno llanto al mundo todo:
tan desigual dolor no sufre modo.[22]
No me podrán quitar el dolorido
sentir, si ya del todo
primero no me quitan el sentido.

   Tengo una parte aquí de tus cabellos,
Elisa, envueltos en un blanco paño,
que nunca de mi seno se me apartan:
descójolos,[23] y de un dolor tamaño
enternecerme siento, que sobre ellos
nunca mis ojos de llorar se hartan.
Sin que de allí se partan,
con suspiros calientes,
más que la llama ardientes,
los enjugo de llanto y de consuno
casi los paso y cuento uno a uno;
juntándolos, con un cordón los ato.
Tras esto el importuno
dolor me deja descansar un rato.

   Mas luego a la memoria se me ofrece
aquella noche tenebrosa, oscura,
que tanto aflige esta ánima mezquina
con la memoria de mi desventura.
Verte presente agora me parece
en aquel duro trance de Lucina,[24]
y aquella voz divina,
con cuyo son y acentos
a los airados vientos
pudieras amansar, que agora es muda;
me parece que oigo que a la cruda,
inexorable Diosa demandabas
en aquel paso ayuda:
y tú, rústica Diosa, ¿dónde estabas?

   ¿Íbate tanto en perseguir las fieras?[25]
¿Íbate tanto en un pastor dormido?[26]
¿Cosa pudo bastar a tal crueza,
que conmovida a compasión, oído
a los votos y lágrimas no dieras,
por no ver hecha tierra tal belleza,
o no ver la tristeza
en que tu Nemeroso
queda, que su reposo
era seguir tu oficio, persiguiendo
las fieras por los montes, y ofreciendo

a tus sagradas aras los despojos?[27]
¿Y tú, ingrata, riendo
dejas morir mi bien ante mis ojos?

   Divina Elisa, pues agora el cielo
con inmortales pies pisas y mides,
y su mudanza ves, estando queda,
¿por qué de mí te olvidas, y no pides
que se apresure el tiempo en que este velo
rompa del cuerpo, y verme libre pueda,
y en la tercera rueda[28]
contigo mano a mano
busquemos otro llano,
busquemos otros montes y otros ríos,
otros valles floridos y sombríos,
donde descanse, y siempre pueda verte
ante los ojos míos,
sin miedo y sobresalto de perderte?

   Nunca pusieran fin al triste lloro
los pastores, ni fueran acabadas
las canciones que sólo el monte oía,
si mirando las nubes coloradas,
al tramontar del sol bordadas de oro,
no vieran que era ya pasado el día.
La sombra se veía
venir corriendo apriesa
ya por la falda espesa
del altísimo monte, y recordando[29]
ambos como de sueño, y acabando
el fugitivo sol de luz escaso,
su ganado llevando
se fueron recogiendo paso a paso.

ÉGLOGA III

   Cerca del Tajo en soledad amena,
de verdes sauces hay una espesura,
toda de hiedra revestida y llena,
que por el tronco va hasta el altura,
y así la teje arriba y encadena,
que el sol no halla paso a la verdura;
el agua baña el prado con sonido,
alegrando la vista y el oído.
   Con tanta mansedumbre el cristalino
Tajo en aquella parte caminaba,
que pudieran los ojos el camino
determinar apenas que llevaba.
Peinando sus cabellos de oro fino,
una ninfa, del agua, do moraba,
la cabeza sacó, y el prado ameno
vido de flores y de sombra lleno.
   Movióla el sitio umbroso, el manso viento,
el suave olor de aquel florido suelo.
Las aves en el fresco apartamiento
vió descansar del trabajoso vuelo.
Secaba entonces el terreno[30] aliento
el sol subido en la mitad del cielo.

En el silencio sólo se escuchaba
un susurro de abejas que sonaba.

Habiendo contemplado una gran pieza
atentamente aquel lugar sombrío,
somorgujó[31] de nuevo su cabeza,
y al fondo se dejó calar del río.[32]
A sus hermanas a contar empieza
del verde sitio el agradable frío,
y que vayan les ruega y amonesta
allí con su labor a estar la siesta.

… … … … … … … … … … … … …

En la hermosa tela[33] se veían
entretejidas las silvestres diosas
salir de la espesura, y que venían
todas a la ribera presurosas,
en el semblante tristes, y traían
cestillos blancos de purpúreas rosas,
las cuales esparciendo, derramaban
sobre una ninfa muerta que lloraban.

Todas con el cabello desparcido
lloraban una ninfa delicada,
cuya vida mostraba que había sido
antes de tiempo y casi en flor cortada.
Cerca del agua, en un lugar florido,
estaba entre la hierba degollada,
cual queda el blanco cisne cuando pierde
la dulce vida entre la hierba verde.

Una de aquellas diosas, que en belleza,
al parecer, a todas excedía,
mostrando en el semblante la tristeza
que del funesto y triste caso había,
apartada algún tanto, en la corteza
de un álamo unas letras escribía,
como epitafio de la ninfa bella,
que hablaban así por parte della:

«Elisa[34] soy, en cuyo nombre suena
y se lamenta el monte cavernoso,
testigo del dolor y grave pena
en que por mí se aflige Nemoroso,
y llama Elisa; Elisa a boca llena
responde el Tajo, y lleva presuroso
al mar de Lusitania[35] el nombre mío,
donde será escuchado, yo lo fío.»

… … … … … … … … … … … … …

Los rayos ya del sol se trastornaban,

escondiendo su luz, al mundo cara,
tras altos montes, y a la luna daban
lugar para mostrar su blanca cara;
los peces a menudo ya saltaban,
con la cola azotando el agua clara,
cuando las ninfas, la labor dejando,
hacia el agua se fueron paseando.

En las templadas ondas ya metidos
tenían los pies, y reclinar querían
los blancos cuerpos, cuando sus oídos
fueron de dos zampoñas, que tañían
suave y dulcemente, detenidos;
tanto, que sin mudarse las oían,
y al son de las zampoñas encuchaban
dos pastores, a veces,[36] que cantaban.

Más claro cada vez el son se oía
de dos pastores, que venían cantando
tras el ganado, que también venía
por aquel verde soto caminando,
y a la majada, ya pasado el día,
recogido llevaban, alegrando
las verdes selvas con el son suave,
haciendo su trabajo menos grave.

Tirreno destos dos el uno era,
Alcino el otro, entrambos estimados,
y sobre cuantos pacen la ribera
del Tajo, con sus vacas, enseñados;
mancebos de una edad, de una manera
a cantar juntamente aparejados,
y a responder. Aquesto van diciendo,
cantando el uno, el otro respondiendo.

Tirreno

Flérida, para mí dulce y sabrosa
más que la fruta del cercado ajeno,
más blanca que la leche y más hermosa
que el prado por abril, de flores lleno;
si tú respondes pura y amorosa
al verdadero amor de tu Tirreno,
a mi majada arribarás, primero
que el cielo nos amuestre su lucero.

Alcino

Hermosa Filis, siempre yo te sea
amargo al gusto más que la retama,

---

31 sumergió.   32 y bajó al fondo del río.   33 En las estrofas omitidas se narra cómo tres ninfas han acudido al llamamiento de su hermana y cómo cada una de ellas borda una tela con diferentes leyendas mitológicas.   34 La historia de Elisa (doña Isabel Freyre) se confunde en esta égloga con las de las leyendas mitológicas que han bordado otras ninfas.   35 Portugal.   36 alternativamente.   37 nombres de vientos suaves y agradables que para algunos comentadores son un mismo viento.   38 derriba.   39 que el cuerno derrama la abundancia *(copia)* de sus frutos.   40 Esta canción figura en muchos lugares con el título de *A la flor de Gnido*, tomado de este apelativo con que el poeta designa a la dama napolitana Violante

Sanseverino, a quien la canción va dedicada a instancias de su amigo Mario Galeota, pidiéndole que corresponda al amor que éste le profesa.
41 carros triunfales de los capitanes romanos.   42 «cautivo», «al remo condenado», «amarrado a la concha de Venus», son imágenes inspiradas por la relación del nombre Galeota con la palabra «galeote», o condenado que rema en galeras.   43 Esta estrofa y las cuatro siguientes describen la transformación operada en Galeota, caballero y poeta igual que Garcilaso.   44 lugar donde se lucha o celebra un combate.   45 fuí, en su tristeza, su confidente y su consuelo.

y de ti despojado yo me vea,
cual queda el tronco de su verde rama,
si más que yo el murciélago desea
la escuridad, ni más la luz desama,
por ver ya el fin de un término tamaño
deste día, para mí mayor que un año.

Tirreno

Cual suele acompañada de su bando
aparecer la dulce primavera,
cuando Favonio y Céfiro[37] soplando,
al campo tornan su beldad primera,
y van artificiosos esmaltando
de rojo, azul y blanco la ribera;
en tal manera a mí, Flérida mía,
viniendo, reverdece mi alegría.

Alcino

¿Ves el furor del animoso viento,
embravecido en la fragosa sierra,
que los antiguos robles ciento a ciento
y los pinos altísimos atierra,[38]
y de tanto destrozo aún no contento,
al espantoso mar mueve la guerra?
Pequeña es esta furia, comparada
a la de Filis, con Alcino airada.

Tirreno

El blanco trigo multiplica y crece,
produce el campo en abundancia tierno
pasto al ganado, el verde monte ofrece
a las fieras salvajes su gobierno;
adoquiera que miro me parece
que derrama la copia todo el cuerno;[39]
mas todo se convertirá en abrojos
si dello aparta Flérida sus ojos.

Alcino

De la esterilidad es oprimido
el monte, el campo, el soto y el ganado;
la malicia del aire corrompido
hace morir la hierba mal su grado;
las aves ven su descubierto nido,
que ya de verdes hojas fué cercado;
pero si Filis por aquí tornare,
hará reverdecer cuanto mirare.

... ...

Esto cantó Tirreno, y esto Alcino
le respondió; y habiendo ya acabado
el dulce son, siguieron su camino
con paso un poco más apresurado.
Siendo a las ninfas ya el rumor vecino,
todas juntas se arrojan por el vado,
y de la blanca espuma que movieron
las cristalinas ondas se cubrieron.

CANCIÓN QUINTA

Si de mi baja lira
tanto pudiese el son, que un momento
aplacase la ira
del animoso viento,
y la furia del mar y el movimiento;
y en ásperas montañas
con el süave canto enterneciese
las fieras alimañas,
los árboles moviese,
y al son confusamente los trajese;
no pienses que cantado
sería de mí, hermosa flor de Nido,[40]
el fiero Marte airado,
a muerte convertido,
de polvo y sangre y de sudor teñido;
ni aquellos capitanes
en las sublimes ruedas[41] colocados,
por quien los alemanes
el fiero cuello atados,
y los franceses van domesticados.

Mas solamente aquella
fuerza de tu beldad sería cantada,
y alguna vez con ella
también sería notada
el aspereza de que estás armada;
y cómo por ti sola,
y por tu gran valor y hermosura,
convertida en viola,
llora su desventura
el miserable amante en su figura.

Hablo de aquel cautivo,
de quien tener se debe más cuidado,
que está muriendo vivo,
al remo condenado,
en la concha de Venus amarrado.[42]

Por ti, como solía,
del áspero caballo no corrige
la furia y gallardía,
ni con freno le rige,
ni con vivas espuelas ya le aflige.[43]

Por ti, con diestra mano
no revuelve la espada presurosa,
y en el dudoso llano
huye la polvorosa
palestra[44] como sierpe ponzoñosa.

Por ti, su blanda musa,
en lugar de la cítara sonante,
tristes querellas usa,
que con llanto abundante
hacen bañar el rostro del amante.

Por ti, el mayor amigo
le es importuno, grave y enojoso;
yo puedo ser testigo,
que ya del peligroso
naufragio fuí su puerto y su reposo.[45]

Y agora en tal manera
vence el dolor a la razón perdida,
que ponzoñosa fiera
nunca fué aborrecida
tanto como yo dél, ni tan temida.

No fuiste tú engendrada
ni producida de la dura tierra;
no debe ser notada
que ingratamente yerra
quien todo el otro error de sí destierra.[46]

Hágate temerosa
el caso de Anajérete, y cobarde,
que de ser desdeñosa
se arrepintió muy tarde;
y así, su alma con su mármol arde.[47]

Estábase alegrando
del mal ajeno el pecho empedernido,
cuando abajo mirando,
el cuerpo muerto vido
del miserable amante, allí tendido.

Y al cuello el lazo atado,
con que desenlazó de la cadena
el corazón cuitado,
que con su breve pena
compró la eterna punición ajena.

Sintió allí convertirse
en piedad amorosa el aspereza.
¡Oh tarde arrepentirse!
¡Oh última terneza!
¿Cómo te sucedió mayor dureza?

Los ojos se enclavaron
en el tendido cuerpo que allí vieron,
los huesos se tornaron
más duros y crecieron,
y en sí toda la carne convirtieron;

las entrañas heladas
tornaron poco a poco en piedra dura;
por las venas cuitadas
la sangre su figura
iba desconociendo y su natura;

hasta que, finalmente,
en duro mármol vuelta y transformada,
hizo de sí la gente
no tan maravillada
cuanto de aquella ingratitud vengada.

No quieras tú, señora,
de Némesis[48] airada las saetas
probar, por Dios, agora;
baste que tus perfetas

obra y hermosura a los poetas
den inmortal materia,
sin que también en verso lamentable
celebren la miseria
de algún caso notable
que por ti pase triste y miserable.

SONETOS

V

Escrito está en mi alma vuestro gesto,[49]
y cuanto yo escribir de vos deseo;
vos sola lo escribistes, yo lo leo
tan sólo, que aun de vos me guardo en esto.

En esto estoy y estaré siempre puesto;
que aunque no cabe en mí cuanto en vos veo,
de tanto bien lo que no entiendo creo,
tomando ya la fe por presupuesto.

Yo no nací sino para quereros;
mi alma os ha cortado a su medida;
por hábito del alma misma os quiero.

Cuanto tengo confieso yo deberos;
por vos nací, por vos tengo la vida,
por vos he de morir y por vos muero.

X

¡Oh dulces prendas,[50] por mí mal halladas,
dulces y alegres cuando Dios quería!
Juntas estáis en la memoria mía,
y con ella en mi muerte conjuradas.

¿Quién me dijera, cuando en las pasadas
horas en tanto bien por vos me vía,
que me habíades de ser en algún día
con tan grave dolor representadas?

Pues en un hora junto me llevastes
todo el bien que por términos me distes,
llevadme junto el mal que me dejastes.

Si no, sospecharé que me pusistes
en tantos bienes, porque deseastes
verme morir entre memorias tristes.

XI

Hermosas ninfas, que en el río metidas,
contentas habitáis en las moradas
de relucientes piedras fabricadas
y en colunas de vidrio sostenidas;
agora estéis labrando embebecidas,

46 no debe merecer el nombre de ingrata la que como tú no tiene otro defecto.   47 Alusión a la leyenda de Anaxárite, la cual no correspondió a los ruegos amorosos de Ifis, por lo que éste se ahorcó a su puerta, y ella, al ver su cuerpo, se convirtió en mármol. Las cinco estrofas siguientes describen la transformación de la insensible Anaxárite.   48 diosa de la venganza.   49 cara, rostro. 50 Objetos que pertenecieron a la amada y que el poeta guarda como recuerdo. Según la mayoría de las interpretaciones, este soneto fué inspirado por la muerte de Isabel Freyre.
51 Según el estado en que me encuentro.   52 o cuando a fuerza de llorar me convierta en agua, allá (en vuestro mundo acuático) tendréis tiempo de consolarme.
1 me faltaba.   2 primavera.   3 poco después.   4 me desperté.

o tejiendo las telas delicadas;
agora unas con otras apartadas,
contándoos los amores y las vidas;
    dejad un rato la labor, alzando
vuestras rubias cabezas a mirarme,
y no os detendréis mucho según ando;[51]
    que o no podréis de lástima escucharme,
o convertido en agua aquí llorando,
podréis allá de espacio consolarme.[52]

XXIII

En tanto que de rosa y azucena
se muestra la color en vuestro gesto,
y que vuestro mirar ardiente, honesto,
enciende el corazón y lo refrena;
    y en tanto que el cabello, que en la vena
del oro se escogió, con vuelo presto,
por el hermoso cuello blanco, enhiesto,
el viento mueve, esparce y desordena;
    coged de vuestra alegre primavera
el dulce fruto, antes que el tiempo airado
cubra de nieve la hermosa cumbre.
    Marchitará la rosa el viento helado,
todo lo mudará la edad ligera,
por no hacer mudanza en su costumbre.

POETAS CONTEMPORÁNEOS DE GARCILASO

Agrupamos en esta sección a un número de poetas menores cuya obra gira en cierto modo en torno a la figura de Garcilaso, bien sea en oposición a la tendencia renovadora del italianismo que él representa, como Cristóbal de Castillejo (1490-1550), máximo exponente y defensor de la llamada «escuela tradicional»; bien sea imitando y continuando aquella tendencia, como Gutierre de Cetina (1517?-1554?) o Hernando de Acuña (1520?-1580), el cantor en el soneto reproducido de las glorias imperiales de Carlos V. Diego Hurtado de Mendoza (1503-1575), más importante como prosista que como poeta, cultiva por igual las dos escuelas. Las poesías de Horozco, Esteban de Zafra y Antonio de Villegas, más que a la tradición poética que ejemplifica Castillejo, pertenecen a la tradición del popularismo refinado, representado antes por Gil Vicente.

Cristóbal de Castillejo

Sueño

Yo, Señora, me soñaba
un sueño que no debiera:
que por mayo me hallaba
en un lugar do miraba
una muy linda ribera,
tan verde, florida y bella,
que de miralla y de vella
mil cuidados deseché,
y con solo uno quedé
muy grande, por gozar della.
    Sin temer que allí podría
haber pesares ni enojos,
cuanto más dentro me vía,
tanto más me parecía
que se gozaban mis ojos.
Entre las rosas y flores
cantaban los ruiseñores,
las calandrias y otras aves,
con sones dulces, suaves,
pregonando sus amores.

Agua muy clara corría,
muy serena al parecer,
tan dulce si se bebía,
que mayor sed me ponía
acabada de beber.
Si a los árboles llegaba,
entre las ramas andaba
un airecico sereno,
todo manso, todo bueno,
que las hojas meneaba.
    Buscando dónde me echar,
apartéme del camino,
y hallé para holgar
un muy sabroso lugar
a la sombra de un espino;
do tanto placer sentí
y tan contento me vi,
que diré que sus espinas
en rosas y clavellinas
se volvieron para mí.
    En fin, que ninguna cosa
de placer y de alegría,
agradable ni sabrosa,
en esta fresca y hermosa
ribera me fallecía.[1]
Yo, con sueño no liviano,
tan alegre y tan ufano
y seguro me sentía,
que nunca pensé que había
de acabarse allí el verano.[2]
    Lejos de mi pensamiento
desde a poco[3] me hallé,
que así durmiendo contento,
a la voz de mi tormento
el dulce sueño quebré;[4]
y hallé que la ribera
es una montaña fiera,
muy áspera de subir,

donde no espero salir
de cautivo hasta que muera.

*Contra los que dejan los metros castellanos y
siguen los italianos*

Pues la santa Inquisición
suele ser tan diligente
en castigar con razón
cualquier seta[5] y opinión
levantada nuevamente,
resucítese Lucero[6]
a corregir en España
una muy nueva y extraña,
como aquella de Lutero
en las partes de Alemaña.
... ...

Dios dé su gloria a Boscán
y a Garcilaso, poeta,
que con no pequeño afán
y con estilo galán
sostuvieron esta seta,
y la dejaron acá
ya sembrada entre la gente;
por la cual debidamente
les vino lo que dirá
este soneto siguiente:

Soneto

Garcilaso y Boscán, siendo llegados
al lugar donde están los trovadores
que en esta nuestra lengua y sus primores
fueron en este siglo señalados,
los unos a los otros alterados
se miran, demudadas las colores,
temiéndose que fuesen corredores[7]
o espías o enemigos desmandados;
y juzgando primero por el traje,
pareciéronles ser, como debía,
gentiles españoles caballeros;
y oyéndoles hablar nuevo lenguaje,
mezclado de extranjera poesía,
con ojos los miraban de extranjeros.

Mas ellos, caso que[8] estaban
sin favor y tan a solas,
contra todos se mostraban,
y claramente burlaban
de las coplas españolas,
canciones y villancicos,
romances y cosa tal,
arte mayor y real,[9]
y pies quebrados[10] y chicos,
y todo nuestro caudal.
Y en lugar de estas maneras
de vocablos ya sabidos
en nuestras trovas caseras,
cantan otras forasteras,
nuevas a nuestros oídos:
sonetos de grande estima,
madrigales y canciones
de diferentes renglones,
de tercia y octava rima[11]
y otras lindas invenciones.
Desprecian cualquiera cosa
de coplas compuestas antes,
por baja de ley y astrosa;
usan ya de cierta prosa
medida sin consonantes.
A muchos de los que fueron
elegantes y discretos
tienen por simples pobretos,
por sólo que no cayeron
en la cuenta a los sonetos.
Daban, en fin, a entender
aquellos viejos autores
no haber sabido hacer[12]
buenos metros ni poner
en estilo los amores;
y que el metro castellano
no tenía autoridad
de decir con majestad
lo que se dice en toscano
con mayor facilidad.
... ...

Viendo, pues, que presumían
tanto de la nueva ciencia,
dijéronles[13] que querían

---

5 secta. 6 un inquisidor español. 7 soldados que se
mandaban a espiar al campo enemigo. 8 aunque.
9 *arte mayor:* el de versos rítmicos de cuatro acentos que
oscilan entre diez y trece sílabas; *arte real:* el de versos
octosílabos en sus diferentes combinaciones. 10 verso
corto de cinco sílabas o menos que alterna con versos
largos en ciertas combinaciones métricas llamadas coplas
de pie quebrado.
11 terceto y octava real. 12 [Garcilaso y Boscán]
daban a entender que aquellos viejos autores (los de
la escuela tradicional española) no habían sabido hacer,
etc. 13 El sujeto: *los viejos autores; les* se refiere a
Boscán y Garcilaso. 14 Boscán y Garcilaso. 15 debajo. Sigue en la composición un «Soneto de Boscán» y

una «Octava rima de Garcilaso», tras de lo cual Juan
de Mena, Jorge Manrique y otros poetas antiguos critican
el nuevo estilo. 16 *los dos:* Garcilaso y Boscán.
17 Sultán de Turquía; don Luis de Haro debió morir
en la guerra contra los turcos. 18 San Martín de
Trebejo, en la actual provincia de Salamanca; el Rhin,
y Malvasía, en Grecia, eran lugares famosos por sus
vinos. 19 se arruinó, lo perdió todo. 20 gorro de
paño que cubre el cuello y la cara para resguardarlos
del frío.
21 Juego de palabras entre la acepción de «botas» y
«cuero», como objetos de vestuario o adorno y su significación como recipientes de piel en que se guardaba
el vino.

de aquello que referían
ver algo por experiencia;
para prueba de lo cual,
por muestra de novel uso,
cada cual de ellos[14] compuso
una rima en especial,
cual se escribe aquí de yuso.[15]

… … … … … … … … … … … …

Al cabo la conclusión
fué que por buena crianza
y por honrar la nación
de parte de la invención
sean dignas de alabanza.
Y para que a todos fuese
manifiesto este favor,
se dió cargo a un trovador
que aquí debajo escribiese
un soneto en su loor.

Soneto

—Musas italianas y latinas,
gentes en estas partes tan extraña,
¿cómo habéis venido a nuestra España,
tan nuevas y hermosas clavellinas?

O ¿quién os ha traído a ser vecinas
del Tajo y de sus montes y campaña?
O ¿quién es el que os guía o acompaña
de tierras tan ajenas peregrinas?

—Don Diego de Mendoza y Garcilaso
nos trujeron, y Boscán y Luis de Haro,
por orden y favor del dios Apolo,

los dos[16] llevó la muerte paso a paso,
el otro Solimán,[17] y por amparo
sólo queda don Diego, y basta solo.

Transfiguración de un vizcaíno, gran bebedor de vino

Hubo un hombre vizcaíno,
por nombre llamado Juan,
peor comedor de pan
que bebedor de vuen vino.
Humilde de condición
y de bajos pensamientos,
de corta disposición
y de flaca complexión
pero de grandes alientos.

Fué devoto en demasía,
especial de San Martín
y de los montes del Rin
y valle de Malvasía;[18]
y con esta inclinación,
aunque delicado y flaco,
prometió con devoción

obediencia y religión
al poderoso dios Baco.

… … … … … … … … … … … …

Por lo cual fué menester,
sin que excusar se pudiese,
que siempre, siempre, tuviese
por no morir, qué beber;
pero junto al paladar
tuvo una esponja por vena,
que, acabada de mojar,
se le tornaba a secar
como el agua en el arena.

… … … … … … … … … … … …

En fin, su beber fué tal,
que mil veces pereciera
si Dios no le socorriera
con un amo liberal;
mas, no bastando a la larga
renta, viña ni majuelo
a matar la sed amarga,
hubo de dar con la carga,
como dicen, en el suelo.[19]

… … … … … … … … … … … …

Bebió calzas y jubones,
y en veces ciertas espadas,
camisas de oro labradas,
bolsas, cintas y cordones;
bebió gorras y puñal,
y papahigo[20] y sombrero,
y el sayo, que era el caudal,
y el ajuar principal,
que fué las botas y cuero.[21]

En fin, bebió sus alhajas
hasta no dejar ninguna,
consumidas una a una
al olor de las tinajas.
Y demás de eso, bebió
todo cuanto pudo haber,
hasta el cuero en que paró;
que cosa no le quedó,
sino el alma, que beber.

Yéndose, pues, a morir
porque el beber fallecía,
y si siempre no bebía
era imposible vivir,
arrimado a la pared,
hincó en tierra los hinojos
por pedir a Dios merced,
y dijo, muerto de sed,
llorándole entrambos ojos:

«¡Oh dios Baco poderoso,
mira cuán bien te he servido,
y no me eches en olvido
en trance tan peligroso!
Mira que muero por ti
y por seguir tu bandera,

y haz siquiera por mí,
si es fuerza morir aquí,
que al menos de sed no muera.»

Acabada esta oración,
sin del lugar menearse,
súbito sintió mudarse
en otra composición.
El corpezuelo se troca,
aunque antes era bien chico,
en otra cosa más poca,
y la cara con la boca
se hicieron un rostrico.

....

En fin, fué todo mudado
y en otro ser convertido,
pero no mudó el sentido,
solicitud y cuidado.
Quedándole entera y sana
la inclinación y apetito,
sin mudársele la gana,
mudó la figura humana,
y quedó hecho un mosquito.

Romance contrahecho[22] al que dice «Tiempo es,
el caballero»

Tiempo es ya, Castillejo,
tiempo es de andar de aquí;
que me crecen los dolores
y se me acorta el dormir:
que me nacen muchas canas
y arrugas otro que sí;[23]
ya no puedo estar en pie,
ni al Rey, mi señor, servir.
Tengo vergüenza de aquellos
que en juventud conocí,
viéndolos ricos y sanos,
y ellos lo contrario en mí.
Tiempo es ya de retirar
lo que queda del vivir,
pues se me aleja esperanza
cuanto se acerca el morir;
y el medrar, que nunca vino,
no hay para qué venir.
Adiós, adiós, vanidades,
que no os quiero más seguir.
Dadme licencia, buen Rey,
porque me es fuerza el partir.

....

Diego Hurtado de Mendoza

SONETO

Ora en la dulce ciencia embebecido,
ora en el uso de la ardiente espada,
ahora esté la mano y el sentido
puesto en seguir la caza levantada;

ora el pesado cuerpo esté dormido,
ahora el alma atenta y desvelada,
siempre mi corazón tendrá esculpido
tu ser y hermosura entretallada.

Entre gentes extrañas, do se encierra
el sol fuera del mundo y se desvía,
viviré y moriré siempre de esta arte.[24]

En el mar y en el cielo y en la tierra
contemplaré la gloria de aquel día
que mi vista te vió, y en toda parte.

Gutierre de Cetina

MADRIGAL

Ojos claros, serenos,
si de un dulce mirar sois alabados,
¿por qué, si me miráis, miráis airados?
Si cuanto más piadosos,
más bellos parecéis a aquel que os mira,
no me miréis con ira,
porque no parezcáis menos hermosos.
¡Ay tormentos rabiosos!
Ojos claros, serenos,
ya que así me miráis, miradme al menos.

SONETOS

Como la oscura noche al claro día
sigue con inefable movimiento,
así sigue al contento el descontento
de amor, y a la tristeza la alegría.

Sigue al breve gozar luenga porfía,
al dulce imaginar sigue el tormento,
y al alcanzado bien el sentimiento
del perdido favor que lo desvía.

De contrarios está su fuerza hecha,
sus tormentas he visto y sus bonanzas,
y nada puedo ver que me castigue.

Ya sé qué es lo que daña y aprovecha;
mas ¿cómo excusará tantas mudanzas
quien ciego tras un ciego[25] a ciegas sigue?

* * *

---

22 imitando.   23 también.   24 manera.   25 Cupido.
26 trance, paso doloroso.   27 a Carlos V.   28 a quien
por haber sido coronado Emperador del Sacro Imperio
Romano era el portaestandarte de la cristiandad.   29 la
interpretación más correcta parece ser: el segundo día en
que se complete la conquista del mundo, en relación con

el primero, que es cuando Cristo le dió su estandarte al
ser coronado emperador. Según algunos comentadores, el
primer día se refería, en relación con el siguiente verso,
a la conquista del mar ya consumada, y el segundo a
cuando completase la conquista de la tierra, venciendo a
todos sus enemigos.

Entre armas, guerra, fuego, ira y furores,
que al soberbio francés tienen opreso,
cuando el aire es más turbio y más espeso,
allí me aprieta el fiero ardor de amores.

Miro al cielo, los árboles, las flores,
y en ellos hallo mi dolor expreso;
que en el tiempo más frío y más avieso
nacen y reverdecen mis temores.

Digo llorando: «¡Oh dulce primavera!
¿Cuándo será que a mi esperanza vea,
verde, prestar al alma algún sosiego?»

Mas temo que mi fin mi suerte fiera
tan lejos de mi bien quiere que sea
entre guerra y furor, ira, armas, fuego.

* * *

Horas alegres que pasáis volando,
porque, a vueltas del bien, mayor mal sienta;
sabrosa noche que, en tan dulce afrenta,[26]
el triste despedir me vas mostrando;

importuno reloj que, apresurando
tu curso, mi dolor me representa:
estrellas, con quien nunca tuve cuenta,
que mi partida vais acelerando;

gallo que mi pesar has denunciado,
lucero que mi luz va oscureciendo,
y tú, mal sosegada y moza aurora:

si en vos cabe dolor de mi cuidado,
id poco a poco el paso deteniendo,
si no puede ser más, siquiera un hora.

Fernando de Acuña

Al Rey nuestro Señor[27]

Ya se acerca, Señor, o es ya llegada
la edad gloriosa en que promete el cielo
una grey y un pastor solo en el suelo,
por suerte a vuestros tiempos reservada.

Ya tan alto principio, en tal jornada,
os muestra el fin de vuestro santo celo,
y anuncia al mundo para más consuelo
un Monarca, un Imperio y una Espada.

Ya el orbe de la tierra siente en parte
y espera en todo vuestra monarquía
conquistada por Vos en justa guerra.

Que a quien ha dado Cristo su estandarte[28]
dará el segundo más dichoso día[29]
en que, vencido el mar, venza la tierra.

Sebastián de Horozco

El autor, sobre la canción vieja y mal entendida
que dice así:

Señor Gómez Arias,
doleos de mí;

soy mochacha y niña
y nunca en tal me vi.
  Señor Gómez Arias,
vos me trajistes
y en tierra de moros
vos me vendistes.
Yo no sé la causa
por que lo hecistes,
que yo sin ventura
no os lo merecí.
  Señor Gómez Arias,
doleos de mí;
soy mochacha y niña
y nunca en tal me vi.
  Si mi triste madre
tal cosa supiese
con sus mesmas manos
la muerte se diese;
no hay hombre en el mundo
que no se doliese
de la desventura
que vino por mí.
  Señor Gómez Arias,
doleos de mí;
soy mochacha y niña
y nunca en tal me vi.

… … … … … … … … … … … …

  Señor Gómez Arias,
si a Córdoba fuerdes
a mi padre y madre
me encomendedes;
y de mis hermanos
vos os guardedes
que no os den la muerte
por amor de mí.
  Señor Gómez Arias,
doleos de mí;
soy mochacha y niña
y nunca en tal me vi.

Esteban de Zafra

Villancico

Bajo de la peña nace
la rosa que no quema el aire.
  Bajo de un pobre portal
está un divino rosal
y una reina angelical
de muy gracioso donaire.
  Esta reina tan hermosa
ha producido una rosa
tan colorada y hermosa
cual nunca la vido naide.
  Rosa blanca y colorada,
rosa bendita y sagrada,

rosa por cual es quitada
la culpa del primer padre.
Es el rosal que decía
la Virgen Santa María,
la rosa que producía
es su hijo, esposo y padre.
Es rosa de salvación
para nuestra redención,
para curar la lisión[30]
de nuestra primera madre.

Antonio de Villegas

Coplas a un villancico viejo

En la peña, sobre la peña
duerme la niña y sueña.
La niña, que amor había,
de amores se transportaba,

con su amigo se soñaba,
soñaba, mas no dormía:
que la dama enamorada
y en la peña
no duerme, si amores sueña.
El corazón se le altera
con el sueño en que se vió:
si no vió lo que soñó,
soñó lo que ver quisiera;
hace representación
en la peña
de todo el sueño que sueña.
Sueños son que, amor, envías
a los que traes desvelados,
pagas despiertos cuidados
con fingidas alegrías:
quien muere de hambre los días,
las noches manjares sueña
suso[31] en la peña.

SIGLO XVI (PRIMERA MITAD): PROSA

Fray Antonio de Guevara

1480?-1545?

Fué fraile franciscano y además de desempeñar varios cargos religiosos importantes en su Orden y fuera de ella, fué cronista y consejero de Carlos V. Escritor prolífico y original, tres de sus obras, al menos —*Reloj de Príncipes y Libro Áureo de Marco Aurelio, Epístolas familiares* y *Menosprecio de corte y alabanza de aldea*— fueron muy conocidas en Europa y tuvieron gran influencia en la literatura posterior, tanto pòr el estilo, en el que se ha visto un antecedente del conceptismo, como por su variedad de temas y lo ingenioso de sus invenciones. Por el carácter fragmentario de sus obras y el tono personal de sus observaciones, algunos críticos lo han considerado como el primero de los ensayistas españoles. Las cualidades sucintamente aludidas pueden verse en los ejemplos reproducidos: ese estupendo discurso del rústico danubiano —pura invención de Guevara en la que algunos han visto uno de los primeros y más elocuentes alegatos en contra de las conquistas americanas—; el contraste entre la vida pacífica de la aldea y la ajetreada existencia cortesana, tema tan del gusto renacentista; o la pintura de los tipos ociosos de la corte, animado cuadro de vida picaresca.

RELOJ DE PRÍNCIPES Y LIBRO DE MARCO AURELIO

El Villano del Danubio

I

De una plática que hizo un villano[1] de las riberas del Danubio a los senadores de Roma, el cual vino a quejarse de las tiranías que los romanos hacían en su tierra. Divídela el autor en tres capítulos, y es una de las más notables cosas que hay en este libro, así para avisar[2] a los que juzgan como para consolar a los que son juzgados.

En el año décimo que imperaba el buen emperador Marco Aurelio, sobrevino en Roma una general pestilencia, y... el emperador retrújose[3] a Campania, que a la sazón estaba sana, aunque junto con esto estaba muy seca y de lo necesario muy falta. Pero, esto no obstante, se estuvo allí el emperador con todos los principales senadores

---

[30] lesión, pecado.   [31] arriba, encima.

[1] rústico.   [2] aconsejar.   [3] se retrajo, se refugió.

[4] movimiento.   [5] quemado.   [6] y un palo o bastón de acebuche (olivo silvestre).   [7] ribereñas.   [8] soberbios.
[9] se asentaron, se establecieron junto a.

de Roma, porque en los tiempos de pestilencia no buscan los hombres do regalen las personas, sino do salven las vidas.

Estando allí en Campania Marco Aurelio, fué de unas calenturas muy mal tratado, y como de su condición era tener siempre consigo sabios, y la enfermedad requería ser visitado de médicos, era muy grande el ejercicio[4] que en su palacio había, así de los filósofos en enseñar, como de los médicos en disputar. Porque este buen príncipe, de tal manera ordenaba su vida, que en su ausencia estaban muy bien proveídas las cosas de la guerra, y en su presencia no se platicaba sino cosa de ciencia.

Fué, pues, el caso que, como un día estuviese Marco Aurelio rodeado de senadores, de filósofos, de médicos y de otros hombres cuerdos, movióse entre ellos plática de hablar cuán mudada estaba ya Roma, no sólo en los edificios, que estaban todos arruinados, más aun en las costumbres, que estaban todas perdidas, y que la causa de todo este mal era por estar Roma llena de lisonjeros y faltarle quien osase decir las verdades.

Oídas estas y otras semejantes palabras, el emperador Marco Aurelio tomó la palabra y contóles un muy notable ejemplo, diciendo: «En el año primero que fuí cónsul, vino a Roma un pobre villano de la ribera del Danubio a pedir justicia al Senado contra un censor que hacía muchos desafueros en su pueblo. Y de verdad él supo tan bien proponer su querella y exagerar las demasías que los jueces hacían en su patria que dudo yo las supiera Tulio mejor decir, ni el muy nombrado Homero escribir.

«Tenía este villano la cara pequeña, los labios grandes y los ojos hundidos; el color adusto,[5] el cabello erizado, la cabeza sin cobertura, la cinta de juncos marinos y la barba larga y espesa; las cejas, que le cubrían los ojos; los pechos y el cuello cubiertos de vello como oso, y un acebuche[6] en la mano. Por cierto, cuando yo le vi entrar en el Senado, imaginé que era algún animal en figura de hombre; y después que le oí lo que dijo, juzgué ser uno de los dioses, si hay dioses entre los hombres. Porque si fué cosa de espanto ver su persona, no menos fué cosa monstruosa oír su plática.

«Estaban a la sazón esperando a la puerta del Senado muchas y muy diversas personas para negociar negocios de sus provincias; pero primero habló este villano que todas ellas: lo uno, por ver lo que diría hombre tan monstruoso, y aun porque tenían en costumbre los senadores que en su Senado primero fuesen oídas las querellas de los pobres que no las demandas de los ricos. Puesto, pues, en medio del Senado aquel rústico, comenzó a proponer su propósito, y muy por extenso decir a lo

que allí había venido; en el cual razonamiento él se mostró tan osado como en las vestiduras extremado. Y díjoles así:

«¡Oh padres conscriptos, oh pueblo venturoso! Yo, el rústico Mileno, vecino que soy de las riparias[7] ciudades del Danubio, saludo a vosotros, los senadores romanos que en este Senado estáis juntos, y ruego a los inmortales dioses que rijan hoy mi lengua para que diga lo que conviene a mi patria, y a vosotros ayuden a gobernar bien la República, porque sin voluntad y parecer de los dioses, ni podemos emprender lo bueno ni aun apartarnos de lo malo. Los tristes hados lo permitiendo, y nuestros sañudos dioses nos desamparando, fué tal nuestra desdicha y mostróse a vosotros tan favorable ventura, que los superbos[8] capitanes de Roma tomaron por fuerza de armas a nuestra tierra de Germania. Y no sin causa digo que a la sazón estaban de nosotros nuestros dioses sañudos, porque si nosotros tuviéramos a los dioses aplacados, excusado era pensar vosotros vencernos.

«Grande es vuestra gloria, ¡oh romanos!, por las victorias que habéis habido y por los triunfos que de muchos reinos habéis triunfado; pero mayor será vuestra infamia en los siglos advenideros por las crueldades que habéis hecho. Porque os hago saber, si no lo sabéis, que al tiempo que los truhanes van delante de los carros triunfales, diciendo: «¡Viva, viva la invencible Roma!», por otra parte los pobres cautivos van en sus corazones diciendo a los dioses: «¡Justicia, justicia!»

«Mis antepasados poblaron cabe[9] el Danubio a causa que haciéndoles mal la tierra seca, se acogiesen y se recreasen en el agua húmeda, y si por caso les enojase el agua inconstante, se tornasen seguros a la tierra firme...

«Pero ¿cómo diré, ¡oh romanos!, esto que quiero decir? Ha sido tan grande vuestra codicia de tomar bienes ajenos, y fué tan desordenada vuestra soberbia de mandar en tierras extrañas, que ni la mar nos pudo valer en sus abismos, ni la tierra asegurar en sus cuevas. ¡Oh, qué gran consolación es para los hombres atribulados pensar y tener por cierto que hay dioses justos, los cuales les harán justicia de los hombres injustos! Porque, de otra manera, si los atribulados no tuviesen por cierto que de sus enemigos los dioses no tomasen venganza, ellos mismos a sí mismos quitarían la vida.

«Es mi fin decir esto, porque yo espero en los justos dioses que, como vosotros a sinrazón fuisteis a echarnos de nuestras casas y tierra, otros vendrán que con razón os echen a vosotros de Italia y Roma. Allá en mi tierra de Germania tenemos por infalible regla, que el hombre que toma por fuerza lo ajeno, pierda el derecho que tiene a lo suyo propio, y espero yo en los dioses que esto que tenemos por proverbio en aquella patria, tendréis por experiencia acá en Roma.

«En las palabras groseras que digo, y en las vestiduras monstruosas que traigo, podréis bien adivinar que soy un muy rústico villano; pero con todo eso no dejo de reconocer quién es, en lo que tiene, justo; y quién es, en lo que posee, tirano. Porque los rústicos de mi profesión, aunque no sabemos decir lo que queremos por buen estilo, no por eso dejamos de conocer cuál se ha de aprobar por bueno y cuál se ha de condenar por malo. Diría, pues, yo en este caso, que todo lo que los malos allegaron con su tiranía en muchos días, todo se lo quitarán los dioses en un día; y, por contrario, todo lo que los buenos perdieron en muchos años, se lo tornarán los dioses en una hora...

«Como vosotros los romanos naturalmente sois soberbios y os ciega la soberbia, tenéisos por dichosos, creyendo que por tener, como tenéis, más que todos, por eso sois más honrados que todos. Lo cual no es por cierto así, porque si de hecho queréis abrir los ojos y conocer vuestros propios yerros, veréis que, si os preciáis ser señores de provincias extrañas, hallaros heis hechos esclavos de vuestras riquezas propias. Allegad[10] cuanto quisiéredes y haced lo que mandáredes; que a mi parecer muy poco aprovecha tener las casas llenas de hacienda, y por otra parte estar los corazones poseídos de codicia. Porque las riquezas que se allegan por codicia y se guardan con avaricia quitan al poseedor la fama y no le aprovechan para sustentar la vida. No se podrá sufrir muchos días, ni menos encubrirse muchos años, ser el hombre tenido por rico entre los ricos y por honrado entre los honrados, porque el hombre que es muy amigo de su hacienda, es imposible sino que sea enemigo de su fama. ¡Oh, si los codiciosos tuviesen tanta codicia de su honra propia como tienen de la hacienda ajena, yo os juro por los inmortales dioses que ni la polilla de codicia les royese el reposo de la vida, ni el cáncer de la infamia les destruyese su buena fama!

«Oíd, romanos, oíd esto que os quiero decir, y plega a los dioses que lo sepáis entender, porque de otra manera yo perdería mi trabajo y vosotros no sacaríades de mi plática algún fruto. Yo veo que todos aborrecen la soberbia, y ninguno sigue mansedumbre; todos condenan el adulterio, y a ninguno veo continente; todos maldicen la intemperanza, y a ninguno veo templado; todos loan la paciencia, y a ninguno veo sufrido; todos reniegan de la pobreza, y a todos veo que huelgan; todos blasfeman de la avaricia, y a todos veo que roban.

Una cosa digo y no sin lágrimas la digo públicamente en este Senado, y es que con la lengua todos los más blasonan de las virtudes, y después con todos sus miembros sirven a los vicios... Porque vosotros los romanos no sois sino mollidores[11] de gentes quietas y robadores de sudores ajenos.»

II

En la cual el rústico prosigue su plática y arguye contra los romanos, que a sinrazón fueron a conquistar sus pueblos, y prueba por muy buenas razones que, por tener ellos a sus dioses enojados, fueron de los romanos vencidos

«Pregúntoos, ¡oh romanos!, ¿qué acción teníades vosotros, siendo criados cabe Tíberin el río, a nosotros, que nos estábamos en paz a las riberas del Danubio? ¿Por ventura vístesnos de vuestros enemigos ser amigos o a nosotros declararnos por vuestros enemigos? ¿Por ventura oístes acá en Roma decir que, dejadas nuestras tierras propias, nos fuimos a conquistar tierras ajenas? ¿Por ventura fuistes avisados que, levantándonos contra nuestros señores, dimos la obediencia a los indómitos bárbaros? ¿Por ventura murió algún rey en nuestros reinos que en su testamento os dejase por herederos, para que, con aquel título, nos constriñésedes a ser vuestros vasallos? ¿Por ventura hallastes alguna ley antigua o alguna costumbre en la cual se aclare que la generosa Germania de necesidad ha de ser sujeta a Roma la superba? ¿Por ventura destruimos vuestros ejércitos, talamos vuestros campos, saqueamos vuestros pueblos, dimos favor a vuestros enemigos para que por ocasión de vengar estas injurias destruyésedes a nuestras tierras?

«Si vosotros de nosotros o nosotros de vosotros hubiésemos sido vecinos, no fuera maravilla que unos a otros nos destruyéramos; porque muchas veces acontece que por ocasión de partir una pobre tierra se levanta entre dos pueblos una prolija demanda. No por cierto hubo cosas destas entre vosotros los romanos y nosotros los germanos. Porque allá en Alemania tan aína[12] sentimos vuestra tiranía como oímos vuestra fama. Si os enojáis desto que he dicho, yo os ruego que os desenojéis con esto que os diré, y es, que el nombre de romanos y las crueldades de tiranos en un día llegaron a nuestros pueblos...

«Ni porque juntéis grandes ejércitos, ni porque os preciéis de grandes tesoros, ni porque tengáis grandes dioses, ni porque levantéis grandes templos, ni porque ofrezcáis grandes sacrificios, no

---

penséis, romanos, que por eso seréis más victoriosos...

«Después que en este camino he visto las bravas montañas, las diversas provincias, las muchas naciones, las tierras tan ásperas, las gentes tan bárbaras, las muchas y muchas millas que hay de Germania a Roma, yo no sé qué locura que le tomó a Roma de enviar a conquistar Germania. Porque, si lo hizo con codicia de sus tesoros, sin comparación fué más el dinero que se gastó en conquistarla y agora se gasta en sustentarla, que no lo que renta ni rentará por muchos años Germania. Y podrá ser que primero la tenga perdida que no saquen la costa que hicieron por ella.

«Si me decís, romanos, que no por más fué Germania conquistada de Roma, sino porque Roma tuviese esta gloria de verse señora de Germania, también es esto vanidad y locura. Porque muy poco aprovecha tener los muros de los pueblos ganados y tener los corazones de los vecinos perdidos. Si decís que por eso conquistastes a Germania, por ampliar y ensanchar los términos de Roma, también me parece ésa una muy frívola causa, porque no es de hombres cuerdos aumentar en tierra y disminuir en honra. Si decís que nos enviasteis a conquistar a fin que no fuésemos bárbaros ni viviésemos como tiranos, sino que nos queríades hacer vivir bajo de buenas leyes y fueros, tal sea mi vida si la cosa así sucediera; pero, ¿cómo es posible que vosotros deis orden de vivir a los extranjeros pues quebrantáis las leyes de vuestros antepasados? Muy gran vergüenza han de tener de corregir a otros los que ven que hay mucho que corregir en sí mismos; porque el hombre tuerto no toma por adalid al ciego.

«Si esto es verdad, como de hecho es verdad, conviene a saber, que ni tuvo ocasión, ni menos razón, la superba Roma de conquistar ni tomar a la inocente Germania, andémonos todos a robar, a matar, a conquistar y a saltear, pues vemos el mundo está ya tan corrupto y de los dioses tan desamparado, que cada uno toma lo que puede y mata al que quiere. Y lo que es peor de todo, que tantos y tan grandes males ni los que gobiernan los quieren remediar ni los agraviados dellos se osan quejar...

«Pues fué vuestra dicha y cupo en nuestra desdicha que la superba Roma fuese señora de nuestra Germania, ¿es verdad que nos guardáis justicia y tenéis en paz y tranquilidad la tierra? No por cierto, sino que los que van allá nos toman la hacienda, y los que estáis acá nos robáis la fama, diciendo que pues somos una gente sin ley, sin razón y sin rey, que como bárbaros incógnitos nos pueden tomar por esclavos.

«Muy engañados vivís en este caso, ¡oh romanos!, ca no me parece a mí que con razón nos pueden llamar gente sin razón, pues tales cuales nos criaron nuestros dioses nos estamos en nuestras casas propias, sin desear ni buscar ni tomar tierras ajenas. Con mucha más razón podremos decir ser vosotros gente sin razón, pues, no contentos con la dulce y fértil Italia, os andáis derramando sangre por toda la tierra. Que digáis nosotros merecer ser esclavos a causa que no tenemos príncipe que nos mande ni Senado que nos gobierne ni ejército que nos defienda, a esto os respondo que, pues no teníamos enemigos, no curábamos de ejércitos y que, pues era cada uno contento con su suerte, no teníamos necesidad de superbo Senado que gobernase y que, siendo como éramos todos iguales no consentíamos haber entre nosotros príncipes, porque el oficio de los príncipes es suprimir a los tiranos y conservar en paz a los pueblos.

«Que digáis no haber en nuestra tierra república ni policía, sino que vivimos como viven los brutos animales en una montaña, tampoco en esto, como en lo otro, tenéis razón. Porque nosotros no consentíamos en nuestra tierra tratantes mentirosos ni bulliciosos, ni hombres que de otras tierras nos trujesen aparejos para ser viciosos y regalados. De manera que, como en el vestir éramos honestos y en el comer nos preciábamos de sobrios, no teníamos necesidad de muchos tratos. Porque en nuestra tierra no haya mercaderes de Cartago, aceite de Mauritania, merchantes de Tiro, acero de Cantabria, olores de Asia, oro de España, plata de Bretaña, ámbar de Sidonia, seda de Damasco, trigo de Sicilia, vino de Candía, púrpura de Arabia, no por eso somos brutos en aquella tierra ni dejamos de tener república. Porque estas y otras semejantes cosas más tienen para despertar muchos vicios que no para vivir con ellas los hombres virtuosos.

«Felice y bienaventurada república es, no en la que hay muchos tratos, sino do viven muchos virtuosos; no la que es abundante de muchas riquezas, sino la que se precia de muchas virtudes; no do viven muchos bulliciosos, sino do residen hombres pacíficos. De do se sigue que a la policía[13] de Roma, por ser rica, hemos de tener mancilla, y a la policía de Germania, por ser pobre, habéis de tener envidia...»

III

Do el villano concluye su plática y habla contra
los jueces que no hacen justicia, y de cuán dañosos
son los tales en la república

«Bien pensaréis que he dicho todo lo que había de decir, y por cierto no es así. Antes me quedan de decir algunas cosas, de las cuales tomaréis mucho espanto en oírlas; y sed ciertos que yo no tendré miedo en decirlas, pues vosotros no tenéis vergüenza de hacerlas, porque la culpa pública no sufre corrección secreta. Espantado estoy de vosotros, los romanos, enviarnos, como nos enviáis, unos jueces tan ignorantes y bobos, que, por los inmortales dioses juro, ni nos saben vuestras leyes declarar y mucho menos las nuestras entender. Y el daño de todo esto procede en enviarnos allá, no a los más hábiles para administrar justicia, sino a los que tienen más amigos en Roma... Lo que acá les mandáis, yo no lo sé; pero lo que ellos allá hacen, yo os lo diré, y es esto:

«Vuestros jueces toman todo lo que les dan en público y cohechan lo más que pueden en secreto. Castigan gravemente al pobre, disimulan con las culpas del rico, consienten muchos males por tener ocasión de hacer muchos cohechos. Olvidan la gobernación de los pueblos por darse a placeres y vicios. Habiendo de mitigar los escándalos, son ellos los más escandalosos. El que no tiene hacienda, por demás es pedirles justicia. Finalmente, so color que son de Roma, no tienen temor de robar aquella tierra.

«¿Qué es esto, romanos? ¿Nunca ha de tener fin vuestra soberbia en mandar ni vuestra codicia en robar? Decidnos lo que queréis y no nos hagáis tanto penar...

«Pues es verdad que si nos venimos a quejar de los agravios que hacen vuestros censores allá en el Danubio, qué no oiréis los que estáis aquí en este Senado, y, cuando ya os determináis de nos oír, sois muy largos en lo proveer.[14] Por manera que cuando comenzáis a remediar una costumbre mala, toda la república está ya perdida.

«Quiero decir algunas cosas, dellas[15] porque las sepáis y dellas para que las enmendéis. Viene un pobre muy pobre a pediros aquí justicia, y, como no tiene dineros que dar, ni vino que presentar, ni aceite que prometer, ni púrpura que ofrecer, ni favor para se valer, ni entrada para servir, después que en el Senado ha propuesto su querella, cumplen con él de palabra, diciéndole que en breve se verá la justicia. ¿Qué más queréis que os diga, sino que al pobre querellante hácenle gastar lo poco que tiene y no le restituyen cosa de lo que pide? Danle buena esperanza y hácenle gastar allí lo mejor de su vida. Cada uno por sí le promete favor, y después todos juntos le echan a perder. Dícenle los más que tiene justicia, y dan después contra él la sentencia. Por manera que el

mísero miserable que vino a quejarse de uno, se torna a su tierra quejoso de todos, maldiciendo sus tristes hados y exclamando a sus dioses justos...

«Quiero, romanos, contaros mi vida, y por ella veréis qué vida pasan los de mi tierra. Yo vivo de varear bellotas en el invierno y de segar mieses en el verano, y algunas veces pesco, tanto por necesidad como por pasatiempo. De manera que todo lo más de mi vida paso solo en el campo o en la montaña, y si no sabéis por qué, oíd, que yo os diré. Veo tantas tiranías en vuestros censores, hácense tantos robos a los míseros pobres, hay tantas disensiones en aquel reino, permítense tantos daños en aquella tierra, está tan robada la mísera república, hay tan pocos que celen lo bueno, y espero tan poco remedio de aqueste Senado, que determino, como malaventurado, desterrarme de mi casa y de mi dulce compañía, porque no vea con mis ojos cosa de tanta lástima. Más quiero andarme por los campos solo, que no ver a mis vecinos cada hora llorando; y allende desto, los fieros animales, si no los ofendo, no me ofenden; pero los malditos hombres, y aunque los sirvo, me enojan...

«¡Oh, secretos juicios de los dioses, y si como soy obligado a loar vuestras obras, tuviese licencia de condenarlas, osaría decir que nos hacéis mucho agravio en querernos perseguir por manos de tales jueces, los cuales, si justicia hubiese en el mundo, cuando nos castigan con sus manos no merecían tener las cabezas sobre sus hombros! La causa porque ahora de nuevo exclame a los inmortales dioses es en ver que no ha sino quince días que entré en Roma, y he visto hacerse y proveerse tales y tantas cosas en este Senado que, si la menor dellas se hiciese allá en el Danubio, más pobladas estarían las horcas de ladrones que no están las parras de uvas.

«Heme parado a mirar vuestra soltura en el hablar, vuestra deshonestidad en el vestir, vuestra poca templanza en el comer, vuestro descomedimiento en el negociar y vuestro regalo en el vivir, y por otra parte veo que, cuando llega una provisión vuestra a nuestra tierra, llevámosla al templo, ofrecémosla a los dioses, ponémosla sobre las cabezas. Por manera que cotejando lo uno con lo otro, hemos de cumplir lo que se manda y blasfemar de los que mandan.

«Pues ya mi deseo se ha visto dónde deseaba y mi corazón ha descansado en derramar la ponzoña que tenía, si en algo os ha ofendido mi lengua, he aquí, me tiendo en este suelo para que

---

14 en resolver, sentenciar.   15 algunas.   16 montones de cosas.   17 se llevan con engaño, seducen.   18 que dominen tu casa; se sobrentiende que desde las ventanas puedan ver lo que pasa en las casas.   19 velas de cera, grandes y gruesas.   20 que te saquen el dinero con engaño.   21 que te roben.   22 libro de oraciones.   23 juego de naipes.

me cortéis la cabeza, porque más quiero ganar honra en ofrecerme a la muerte, que no que ganéis vosotros conmigo en quitarme la vida.»

Aquí dió fin el rústico a su no rústica plática. Dijo, pues, luego el emperador Marco Aurelio a los que con él estaban: «¿Qué os parece, amigos? ¡Qué núcleo de nuez, qué oro de escoria, qué grano de paja, qué rosa de espina, qué cañada de hueso y qué hombre tan heroico allí se descubrió! ¡Qué razones tan altas, qué palabras tan concertadas, qué sentencias tan bien dichas, qué verdades tan verdaderas y aun qué malicias tan descubiertas allí descubrió! A ley de bueno vos juro, y aun así me vea yo libre del mal que tengo, que una hora estuvo el villano tendido en tierra, y todos nosotros las cabezas bajas, de espantados, no le pudimos responder palabra. Porque, a la verdad, aquel rústico nos confundió con su plática y nos espantó de ver en cuán poco tuvo su vida.

«Habido nuestro acuerdo en el Senado, otro día proveímos jueces de nuevo para las riberas del Danubio, y mandamos que nos diese por escrito todo aquel razonamiento para que se asentase en el libro de los buenos dichos extranjeros que están en el Senado. Proveyóse asimismo que aquel rústico fuese en Roma hecho patricio, y de los libertos de Roma él fuese uno y que del erario público fuese para siempre sustentado. Porque nuestra madre Roma siempre se preció de pagar, no sólo los servicios señalados que le hacían, mas aun las buenas palabras que en su Senado se decían.»

MENOSPRECIO DE CORTE Y ALABANZA DE ALDEA

Que la vida de la aldea es más quieta y más privilegiada que la vida de la corte

Es privilegio de aldea que en ella no viva ni pueda vivir, ni se llame ni se pueda llamar aposentador de rey ni de señor, sino que libremente more cada uno en la casa que heredó de sus pasados o compró por sus dineros, y esto sin que ningún alguacil le divida la casa ni aun le parta la ropa. No gozan deste privilegio los que andan en las cortes y viven en grandes pueblos; porque allí les toman las cosas, parten los aposentos, dividen la ropa, escogen los huéspedes, hacen atajos,[16] hurtan la leña, talan la huerta, quiebran las puertas, derruecan los pesebres, levantan los suelos, ensucian el pozo, quiebran las pilas, pierden las llaves, pintan las paredes y aun les sosacan[17] las hijas...

Es privilegio de aldea que el hidalgo o hombre rico que en ella viviese sea el mejor de los buenos o uno de los mejores; lo cual no puede ser en la corte o en los grandes pueblos; porque allí hay otros muchos que le exceden en tener más riquezas, en andar más acompañados, en sacar mejores libreas, en preciarse de mejor sangre, en tener más parentela, en poder más en la república, en darse más a negocios y aun en ser muy más valerosos...

Es privilegio de aldea que cada uno goce en ella de sus tierras, de sus casas y de sus haciendas; porque allí no tienen gastos extravagantes, no les piden celos sus mujeres, no tienen ellos tantas sospechas dellas, no los alteran las alcahuetas, no los visitan las enamoradas, sino que crían sus hijas, doctrinan sus hijos, hónranse con sus deudos y son allí padres de todos. No tiene poca bienaventuranza el que vive contento en el aldea; porque vive más quieto y menos importunado, vive en provecho suyo y no en daño de otro, vive como es obligado y no como es inclinado, vive conforme a razón y no según opinión, vive con lo que gana y no con lo que roba, vive como quien teme morir y no como quien espera siempre vivir. En el aldea no hay ventanas que sojuzguen[18] tu casa, no hay gente que te dé codazos, no hay caballos que te atropellen, no hay pajes que te griten, no hay hachas[19] que te enceren, no hay justicias que te atemoricen, no hay señores que te precedan, no hay ruidos que te espanten, no hay alguaciles que te desarmen, y lo que es mejor de todo, que no hay truhanes que te cohechen[20] ni aun damas que te pelen.[21]

Es privilegio de aldea que para todas estas cosas haya en ella tiempo cuando el tiempo es bien repartido; y parece esto ser verdad en que hay tiempo para leer en un libro, para rezar en unas horas,[22] para oír misa en la iglesia, para ir a visitar los enfermos, para irse a caza a los campos, para holgarse con los amigos, para pasearse por las eras, para ir a ver el ganado, para comer si quisieran temprano, para jugar un rato al triunfo,[23] para dormir la siesta y aun para jugar a la ballesta. No gozan deste privilegio los que en las cortes andan y en los grandes pueblos viven; porque allí lo más del tiempo se les pasa en visitar, en pleitear, en negociar, en trampear y aun a las veces en suspirar. Como dijesen al emperador Augusto que un romano muy entremetido era muerto, dicen que dijo: «según le faltaba tiempo a Bíbulo para negociar, no sé cómo tuvo espacio para se morir...»

Que en las cortes de los príncipes son tenidos en mucho los cortesanos recogidos y muy notados los disolutos

Hay otros mancebos en la corte que, si no son de tan alta estofa, son a lo menos de buena parentela, los cuales tienen por oficio de ruar[24] todo el día las calles, irse por las iglesias, entrar en los palacios, hablar con correos, visitar los prados[25] y hablar con los extranjeros, y esto no para más de irse a la hora del comer y del cenar a las mesas de los señores a contar las nuevas y decir chocarrerías; y si de la corte no tienen qué decir, a ellos nunca les falta en qué mentir. Hay otro género de mancebos, y aun de hombres barbados, los cuales ni tienen en la corte amo, ni llevan de palacio salario, sino que en viendo allí algún extranjero, luego se le arriman como clavo al callo diciendo que le quieren acompañar a palacio, mostrar el pueblo, darle a conocer los señores, avisarle de las cosas de corte y llevarle por la calle de las damas,[26] y como el que viene es un poco bisoño[27] y el su adalid[28] le trae abobado, al mejor tiempo le saca un día la seda, otro día la ropa, otro día la libranza,[29] otro día la mula y aun otro día le ayuda a desembarazar la bolsa. Hay otro género de hombres o, por mejor decir de vagamundos, en la corte, los cuales negocian con grande autoridad y no poca sagacidad en que éstos, después que han a un señor visitado y algunas veces acompañado, envíanle un paje con un memorial, diciendo que él es un pobre hidalgo, pariente de uno del consejo, en fortuna muy desdichada, que se ha visto en honra y que anda procurando un oficio y suplica a su señoría le envíe alguna ayuda de costa. No son pocos los que viven en la corte desta manera de chocarrería;[30] ni aun viven con tanta pobreza que no sustenten un paje, dos mozos, un caballo, una mula y aun una amiga, los cuales tienen hecho memorial de las mesas a do han de ir a comer por orden cada día y de los señores que han de pedir cada mes. Hay otra manera de chocarreros en la corte, los cuales, después que les han olido[31] en los palacios, se van por los monasterios diciendo que son unos pobres pleiteantes extranjeros, y que por no lo hurtar, lo quieren más allí pedir, y desta manera engañan allí a los porteros para que los den de comer, a los predicadores que los encomienden a sus devotos y a los confesores que los socorran con alguna restitución; por manera que comen lo de los pobres en los monasterios y lo de los bobos en los palacios.

Hay otra manera de vagamundos y perdidos en la corte, los cuales no tratan en palacios, ni andan por monasterios, sino por plazas, despensas, mesones y bodegones, y danse a acompañar al mayordomo, servir al botiller,[32] ayudar al despensero,[33] aplacer al repostero[34] y contentar al cocinero; de lo cual se les sigue que de los derechos del uno, de la ración del otro, de los relieves[35] de la mesa y aun de lo que se pone en el aparador, siempre tienen qué comer y aun llevan so el sobaco qué cenar. Hay otro género de perdidos en la corte, los cuales de cuatro en cuatro o de tres en tres andan hermanados, acompañados o engavillados,[36] y la orden que tienen para se mantener es, que entre día se derraman por los palacios, por los mesones, por las tiendas y aun por las iglesias; y si por males de sus pecados se descuida alguno de la capa o de la gorra o de la espada y aun de la bolsa que trae en la faltriquera, en haciendo así †, ni hallará lo que perdió, ni topará con quien lo llevó. Hay otros géneros de perdidos en la corte, los cuales ni tienen amo ni salario, ni saben oficio, sino que están allegados, por mejor decir, arrufianados con una cortesana, la cual, porque le procura una posada y la acompaña cuando la corte se muda, le da ella a él cuanto gana de día labrando y de noche pecando. Hay otro género de hombres perdidos en la corte que son los tahures, los cuales mantienen sus caballos y criados y atavíos de sólo jugar, trafagar y engañar a muchos bobos con dados falsos, con naipes señalados, con compañeros sospechosos y aun con partidos necios; por manera que muchos pierden con ellos sus haciendas y ellos pierden sus ánimas con todos. Hay otro género de gente perdida en la corte, no de hombres sino de mujeres, las cuales como pasó ya su agosto y vendimias, y están ellas de muy añejas acedas, sirven de ser coberteras y capas de pecadores, es a saber, que engañan a las sobrinas, sobornan a las nueras, persuaden a las vecinas, importunan a las cuñadas, venden a las hijas y si no, crían a su propósito algunas mozuelas; de lo cual suele resultar lo que no sin lágrimas oso decir, y es que a las veces hay en sus casas más barato[37] de mozas que en la plaza de lampreas.[38] He aquí, pues, las compañías de la corte, he aquí los santuarios de la corte, he aquí las religiones de la corte, he aquí los cofrades de la corte, y he aquí en cuánta ven-

---

24 andar por las calles.   25 paseos públicos, sitios de recreo.   26 mujeres públicas.   27 inexperto.   28 guía.   29 orden de pago.   30 trampa, engaño.

31 descubierto su intención.   32 el que tenía a su cargo las bebidas en las casas de los señores.   33 el que tenía a su cargo la despensa o provisión de comestibles.   34 el que tenía cuidado de la plata y del servicio de mesa.   35 restos, sobras.   36 unidos en gavilla o grupo.   37 mercado.   38 especie de anguila.   39 des-

hacen.   40 enemistad.

41 divididos, apartados.   42 exequias, funerales.   43 hecho, negocio.   44 almohadilla de piel que se pone a los bueyes para que no les haga daño el yugo. Sigue aquí Guevara la imagen de comparar a los cortesanos con los bueyes uncidos o sujetos al yugo por medio de las coyundas o correas.   45 enamorar.   46 por inexperto.   47 desabrido, sin sabor.   48 gusto, placer.   49 estar establecido en un pueblo.

tura y desventura vive el que vive en la corte; porque en realidad de verdad el triste del cortesano que no se da a negocios no puede allí medrar; y si se da a ellos no escapa de pecar; por manera que a costa del alma ha de mejorar su hacienda. Sea, pues, la conclusión, que vaya quien quisiere a la corte, resida quien quisiere en la corte , y triunfe quien quisiere de la corte, que yo para mí, acordándome que soy cristiano y que tengo de dar cuenta del tiempo perdido, más quiero fuera de la corte arar y salvarme que en la corte medrar y condenarme. No niego que en las cortes de los Príncipes no se salvan muchos ni niego que fuera de ellas no se condenan muchos; mas para mí tengo creído que, como allí están tan a mano los vicios, que andan allí muy grandes viciosos.

Que entre los cortesanos no se guarda amistad ni lealtad y de cuán trabajosa es la corte

Entre los famosos trabajos que en las cortes de los Príncipes se pasan, es que ninguno que allí reside puede vivir sin aborrecer o ser aborrecido, perseguir o ser perseguido, tener envidia o ser envidiado, murmurar o ser murmurado; porque allí a muchos quitan la gorra que les querrían más quitar la cabeza. ¡Oh cuántos hay en la corte que delante otros se ríen y apartados se muerden! ¡Oh cuántos se hablan bien y se quieren mal! ¡Oh cuántos se hacen reverencias y se desjarretan[39] las famas! ¡Oh cuántos comen a una mesa que se tienen mortal inimicicia![40] ¡Oh cuántos se pasean juntos, cuyos corazones están muy divisos![41] ¡Oh cuántos se hacen ofrecimientos que se querrían comer a bocados! ¡Oh cuántos se visitan por las casas que querrían más honrarse en las obsequias![42] Finalmente digo que muchos se dan el parabién de alguna buena fortuna que querrían más darse el pésame de alguna gran desgracia. No lo afirmo, mas sospécholo, que en las cortes de los Príncipes son pocos y muy pocos y aun muy poquitos y muy repoquitos los que se tienen entera amistad y se guardan fidelidad; porque allí, con tal que el cortesano haga su facto,[43] poco se le da perder o ganar al amigo. Bien confieso yo que en la corte andan muchos hombres, los cuales comen juntos, duermen juntos, tratan juntos y aun se llaman hermanos, cuya amistad no sirve de más de para ser enemigos de otros y cometer los vicios juntos. ¿Qué vida, qué fortuna, qué gusto ni qué descanso, puede tener uno en palacio, viéndose allí entre tantos vendido?...

Tiene la corte un no sé qué, un no sé dónde, un no sé cómo y un no te entiendo, que cada día hace que nos quejemos, que nos alteremos, que nos despidamos, y por otra parte, no nos da licencia para irnos. El yugo de la corte es muy duro, las coyundas con que se unce son muy recias y la melena[44] que le cubre es muy pesada, por manera que muchos de los que piensan en la corte triunfar paran después en arar y cavar. No por más sufren los cortesanos tantos trabajos, sino por no estar en sus tierras sujetos a otros y por estar más libertados para los vicios. ¡Oh cuánto de su hacienda y aun cuánto de su honra le cuesta a un cortesano aquella infelice libertad! Porque muy mayor es la sujeción que tiene a los cuidados que la libertad que tiene para los vicios. Propiedad es de vicios que, por muy sabrosos que sean, al fin empalagan; mas los cuidados de la honra siempre atormentan. Muy pocos son los vicios en que pueden tomar gusto los hombres viciosos, mayormente los cortesanos; porque si es con mujeres, hanlas de servir, rogar y recuestar[45] y aun alcahuetear; y a las veces, de que se les agota la moneda, dan al demonio la mercadería. Como viene uno de nuevo a la corte, luego le encandila, le regala y le acaricia alguna cortesana taimada, la cual, después que le tiene bien pelado, envíale para bisoño.[46] Si el vicio del cortesano es en comer y come en su casa, acontécele que a las veces va con él alguno a comer, cuyo nombre aun no querría oír nombrar. Si por ventura come fuera de su casa, come tarde, come frío, come desaborado[47] y aun come obligado; porque si es su igual, hale de tornar a convidar, y si es señor, hale de seguir y aun servir. Si el vicio es un juego, tampoco puede tomar en él mucho gusto; porque si gana, allí están muchos con quien parta, y si pierde, no hay quien cosa le restituya. Si el vicio es burlar y mofar, tampoco en esto le toma placer; porque el burlar de la corte es que comienzan en burlas y acaban en injurias. Como hemos dicho destos cuatro vicios, podríamos decir de otros cuatrocientos; mas sea la conclusión que no hay igual vicio[48] en el mundo como estarse el hombre en su casa de asiento.[49]

Alfonso y Juan de Valdés

Juntos y confundidos en muchos aspectos aparecen en la historia de la literatura española estos dos hermanos, máximos representantes del erasmismo español. La mayoría de los biógrafos los han considerado gemelos, sin que ello haya logrado probarse concluyentemente, y hasta tiempos muy recientes se ha venido atribuyendo a Juan el *Diálogo de Mercurio y Carón*, que es la obra más importante de Alfonso.

Nacidos al parecer en Cuenca hacia 1490, unidos por la comunidad de ideas y por relaciones muy estrechas, sin embargo, la investigación moderna ha conseguido aclarar la biografía y diferenciar netamente la personalidad de cada uno de ellos.

Alfonso perteneció al círculo íntimo de los consejeros de Carlos V, estuvo presente en muchos actos importantes de su reinado y fué su secretario de Cartas latinas. Murió en Viena el año 1532. Su personalidad, dentro de las comunes ideas y preocupaciones del erasmismo, tiene más bien un sentido político. Lo mismo puede decirse de su obra: el *Diálogo de Lactancio o de las cosas ocurridas en Roma* es una justificación del saqueo de Roma en 1527 y una defensa de la política de Carlos V. El *Diálogo de Mercurio y Carón* abunda en pasajes de carácter también político en defensa del emperador, pero es, sobre todo, una exposición del concepto erasmista de la vida y de la religión cristiana a través del interrogatorio que Carón o Caronte, el barquero, hace a las diferentes almas que llegan a su barca.

Juan de Valdés fué especialmente un escritor y un reformador religioso. Salió de España después de publicado su *Diálogo de la doctrina cristiana* en 1529 y se trasladó a Nápoles donde ejerció una especie de magisterio religioso entre un grupo muy refinado de espíritus, presidido por la gracia de Julia Gonzaga. Allí compuso, para aleccionamiento de sus amigos, sus obras religiosas y allí murió en 1541. Independientemente de estas obras religiosas de carácter reformador y en las que su pensamiento va mucho más lejos en la exposición de la espiritualidad cristiana que en su *Diálogo* anterior, Juan de Valdés tiene un puesto casi único entre los humanistas españoles por el *Diálogo de la lengua*, obra clásica de la filología española. Compuesta también para aleccionamiento de sus amigos italianos, que aparecen como interlocutores, a las numerosas noticias que en ella da sobre los caracteres concretos del castellano de su tiempo —pronunciación, vocabulario, etc.— se unen ciertas ideas o criterios sobre la lengua misma de validez general y algunos juicios literarios.

El *Diálogo de la doctrina cristiana,* es un catecismo en el que se sigue muy de cerca la doctrina de Erasmo. Apareció como anónimo, pero Marcel Bataillon, al publicar en 1925 una reproducción facsímile (que es la que seguimos), ha logrado establecer sobre bases convincentes la atribución a Juan de Valdés.

Ambos hermanos deben figurar en una antología no sólo por su representación en la cultura del tiempo, sino también porque su prosa es probablemente la más clara y pura, la más pegada a la entraña viva de la lengua que se escribe en castellano en la primera mitad del siglo XVI.

Alfonso de Valdés
DIÁLOGO DE MERCURIO Y CARÓN

LLEGA UN OBISPO

ÁNIMA

—¡Ah, barquero! Pásanos.

CARÓN

—¿Estás solo y dices *pásanos,* como si fuésedes muchos?

ÁNIMA

—¿Tú no ves que soy obispo?

CARÓN

—¿Y pues?

ÁNIMA

—Los obispos, por guardar nuestra gravedad, hablamos en número plural.

CARÓN

—Sea mucho enhorabuena. Y tú, ¿sabes qué cosa es ser obispo?

ÁNIMA

—Mira si lo sé, habiéndolo sido veinte años.

CARÓN

—Pues por tu fe que me lo digas.

ÁNIMA

—Obispo es traer vestido un roquete blanco, decir misa con una mitra en la cabeza y guantes y anillos en las manos, mandar a los clérigos del obispado, defender las rentas dél y gastarlas a su voluntad, tener muchos criados, servirse con salva[1] y dar beneficios.

CARÓN

—Desa manera, ni San Pedro ni alguno de los apóstoles fueron obispos, pues ni se vestían roquetes, ni traían mitras, ni guantes, ni anillos, ni tenían rentas que gastar ni que defender, pues aun eso que tenían dejaron para seguir a Jesucristo, ni tenían con qué mantener criados, ni se servían con salva. ¿Quieres que te diga yo qué cosa es ser obispo? Yo te lo diré: Tener grandísimo cuidado de aquellas ánimas que le son encomendadas, y si menester fuere, poner la vida por cada una dellas; predicarles ordinariamente, así con buenas palabras y doctrina como con ejemplo de vida muy santa, y para esto saber y entender toda la Sacra Escritura; tener las manos muy limpias de cosas mundanas; orar continuamente por la salud

---

1 prueba que hacía de la comida y bebida la persona encargada de servirlas a los reyes y grandes señores.
2 venta de prebendas y beneficios eclesiásticos.

de su pueblo, proveerlo de personas santas, de buena doctrina y vida, que les administren los sacramentos; socorrer a los pobres en sus necesidades, dándoles de balde lo que de balde recibieron.

ÁNIMA

—Nunca yo oí decir nada deso ni pensé que tenía menester para ser obispo más de lo que te dije. Yo me precié siempre de tener mi tabla muy abundante para los que venían a comer conmigo.

CARÓN

—¿Quién? ¿Pobres?

ÁNIMA

—¿Pobres? Gentil cosa sería que un pobre se sentase a la mesa de un obispo.

CARÓN

—De manera que si viniera Jesucristo a comer contigo, ¿no lo sentaras a tu mesa porque era pobre?

ÁNIMA

—No, si viniera mal vestido.

MERCURIO

—Teniendo tú lo que tenías por amor dél, ¿no le quisieras dar de comer a tu mesa? ¿Parécete ésa gentil cosa?

ÁNIMA

—Déjate deso. ¿Cómo había de venir Jesucristo a comer conmigo? Eso es hablar en lo excusado.

CARÓN

—¿No dice él que lo que se hace a un pobrecillo se hace con él, y lo que se deja de hacer con un pobrecillo se deja de hacer con él? ¿Parécete que era gentil cosa tener llena tu mesa de truhanes y lisonjeros que representaban a Satanás y no admitir los pobrecillos que representaban a Jesucristo, habiéndote sido dados aquellos bienes que gastabas para mantener a los pobres de que tú no hacías cuenta, y para reprender los viciosos que sentabas a tu mesa?

ÁNIMA

—También a los pobres hacía dar de comer en la calle lo que sobraba a mí y a mis criados.

CARÓN

—Pues por cierto que tenían ellos a tu renta más derecho que tus criados.

ÁNIMA

—¿Por qué? Sé que los pobres no me servían a mí.

CARÓN

—Y las rentas de los obispos sé que no fueron

instituídas para sus criados, sino para que con ellas mantuviesen los pobres.

ÁNIMA

—Nunca me dijeron nada deso.

CARÓN

—Pues ¿por qué no lo leías tú?

ÁNIMA

—A eso me andaba. ¿No tenía harto que hacer en mis pleitos, con que cobré muchas rentas y preeminencias que tenía perdidas mi iglesia, y en andar a caza y buscar buenos perros, azores y halcones para ella?

MERCURIO

—Por cierto, tú empleabas muy bien tu tiempo, en cosas muy convenientes a tu dignidad. Veamos: ¿Y los beneficios, a quién los dabas?

ÁNIMA

—¿A quién los había de dar sino a mis criados, en recompensa de sus servicios?

CARÓN

—Y esa, ¿no era simonía?[2]

ÁNIMA

—Ya no se usa otra cosa; entre ciento no verás dar un beneficio sino por servicios o por favor.

CARÓN

—Y aun con eso tal está como está la cristiandad, no dándose los beneficios por méritos, sino por favor o servicios. Pues veamos: ¿no os mandó Jesucristo que diésedes de balde lo que de balde recibistes?

ÁNIMA

—Así lo dicen; pero a mí nunca me dieron nada de balde.

CARÓN

—¿Y el obispado?

ÁNIMA

—Bien caro me costó, de servicios y aun de dineros; y habiéndome costado tan caro, ¿querías tú que diese sus emolumentos de balde? Sí por cierto, a eso me andaba yo.

CARÓN

—¿Predicabas?

ÁNIMA

—Sé que los obispos no predican: hartos frailes hay que predican por ellos.

CARÓN

—¿Ayunabas?

ÁNIMA

—El ayuno no se hizo sino para los necios y

pobres. ¿Querías tú que comiese pescado para enfermarme y no poder después gozar de mis pasatien.pos?

CARÓN
—¿Cómo moriste?

ÁNIMA
—Yendo a Roma sobre mis pleitos me ahogué en la mar con cuantos conmigo iban, y esto me hace agora tener miedo de entrar en esta barca.

CARÓN
—Pues entra, no hayas miedo, que allá te mostrarán qué cosa es ser tal obispo.

ÁNIMA
—Una cosa te quiero rogar: que si viniere por aquí una dama muy hermosa que se llama Lucrecia, le des mis encomiendas y la hayas por encomendada.[3]

CARÓN
—¿Quién es esa Lucrecia?

ÁNIMA
—Teníala yo para mi recreación, y soy cierto que como sepa mi muerte luego se matará.

CARÓN
—Calla ya, que no le faltará otro obispo.

ÁNIMA
—Hazlo, por mi amor, si por dicha viniere.

CARÓN
—Soy contento. ¿Qué te parece, Mercurio, qué tal[4] debe andar el ganado con tales pastores?

MERCURIO
—¡Pues es verdad que hay pocos destos tales!

DESCRIPCIÓN DEL SACO DE ROMA

CARÓN
—Dime, Mercurio, ¿hallástete aquel día[5] en Roma?

MERCURIO
—Mira si me hallé.

CARÓN
—¿Querrásme contar algo de lo que allí pasó?

MERCURIO
—Sí, mas brevemente, porque no me falte el tiempo para acabar lo comenzado. Has de saber que como yo vi la furia con que aquel ejército iba,

pensando lo que había de ser, me fuí adelante por verlo todo, y subido en alto, como desde atalaya, estaba muerto de risa, viendo cómo Jesucristo se vengaba de aquellos que tantas injurias continuamente le hacían. Y veía los que vendían ser vendidos, y los que rescataban ser rescatados, y los que componían ser compuestos, y aun descompuestos; los que robaban ser robados, los que maltrataban ser maltratados, y, finalmente, me estaba concomiendo de placer viendo que aquéllos pagaban la pena que tan justamente habían merecido. Mas cuando vi algunas irrisiones y desacatamientos que se hacían a las iglesias, monasterios, imágenes y reliquias, maravilléme, y topando con San Pedro, que también era bajado del cielo a ver lo que pasaba en aquella su santa sede apostólica, pedíle me dijese la causa dello. Respondióme diciendo: Si ella perseverara en el estado en que yo la dejé, muy lejos estuviera de padecer lo que agora padece. Pues ¿cómo, San Pedro?, digo yo, ¿así quiere Jesucristo destruir su religión cristiana, que él mesmo, con derramamiento de su sangre, instituyó? No pienses, dijo él, que la quiera destruir, antes porque sus ministros la tenían ahogada y casi destruída, permite él agora que se haga lo que ves para que sea restaurada. Según eso, dije yo, esto que agora se hace, ¿por bien de la cristiandad lo ha Dios permitido? Deso, dijo él, ninguna duda tengas, y si lo quieres a la clara ver, mira cómo esto se hace por un ejército en que hay de todas naciones de cristianos y sin mandado ni consentimiento del Emperador, cuyo es el ejército, y aun contra la voluntad de muchos de los que lo hacen. Víamos luego venir soldados vestidos en hábitos de cardenales, y decíame San Pedro: Mira, Mercurio, los juicios de Dios: los cardenales solían andar en hábitos de soldados, y agora los soldados andan en hábitos de cardenales. Víamos después despojar los templos, y decía San Pedro: Pensaban los hombres que hacían muy gran servicio a Dios en edificarle templos materiales, despojando de virtudes los verdaderos templos de Dios, que son sus ánimas, y agora conocerán que Dios no tiene aquello en nada si no viene de verdaderas virtudes acompañado, pues así se lo ha dejado todo robar. Víamos luego aquellos soldados sacar las reliquias y despojarlas del oro y de la plata en que estaban encerradas, y decíame San Pedro: Conocerán agora los hombres en cuánta mayor estima deban tener una palabra de las epístolas de San Pablo o de las mías que no nuestros cuerpos, pues los ven así maltratar, y

---

[3] le des mis saludos y la consideres como recomendada, es decir, «la trates bien». [4] cómo. [5] Se refiere al día, en mayo de 1527, en que las tropas de Carlos V, mandadas por el Condestable de Borbón, saquearon a Roma,

hecho que motiva la descripción siguiente y que constituye el tema principal del otro diálogo importante de Valdés, *Diálogo de Lactancio o de las cosas ocurridas en Roma.*

la honra que hacían a nuestros huesos, hacerla han de hoy más a nuestro espíritu, que para su provecho en nuestras epístolas dejamos encerrado. Y como viese yo un soldado hurtar una custodia de oro donde estaba el santísimo sacramento del cuerpo de Jesucristo, echando la hostia sobre el altar, comencé a dar gritos, y dijo el buen San Pedro: Calla, Mercurio, que ni aun aquello se hace sin causa, para que los bellacos de los sacerdotes que, abarraganados y obstinados en sus lujurias, en sus avaricias, en sus ambiciones y en sus abominables maldades no hacían caso de ir a recibir aquel Santísimo Sacramento y echarlo en aquella ánima hecha un muladar de vicios y pecados, viendo agora lo que aquellos soldados hacen, cuanto más ellos lo acriminaren, tanto más a sí mismos se acusen y tanto más confundidos se hallen en pensar cuánto es mayor abominación echar el dicho Sacramento en un muladar de hediondos vicios que en el altar, donde con ninguna cosa se ofende sino con la intención del que lo echó. ¿Piensas tú, Mercurio, que no se ofende más Dios cuando echan su cuerpo en una ánima cargada de vicios que cuando lo echan en el suelo?

En estas y otras cosas estábamos hablando cuando vimos subir un grandísimo humo, y preguntando yo al buen San Pedro qué podría ser aquello, en ninguna manera me lo podía decir de risa. A la fin me dijo: Aquel humo sale de los procesos de los pleitos que los sacerdotes unos con otros traían por poseer cada uno lo que apenas y con mucha dificultad rogándoles con ello habían de querer aceptar. Y preguntándole yo la causa por qué tan de gana se reía, díjome: Yo me río de la locura de los hombres, que andarán agora muy despechados, tornando a formar sus pleitos, y ríome de placer en ver destruída una cosa tan perjudicial a la religión cristiana cuanto es traer pleitos, como si Jesucristo expresamente no les dijera que si alguno les pidiese por justicia la capa, que le dejen también el sayo antes que traer pleito con él. ¿Piensas, dije yo, que cesarán ya tantos males y tanta ceguedad como hay entre los hombres y señaladamente en la cristiandad? No por cierto, dijo él; antes creo no ser aún llegada la fin de los males que esta ciudad, y aun toda la cristiandad con ella, han de padecer, porque así como las maldades de los hombres son grandes, así el castigo ha de ser muy severo.

Allí estuvimos platicando sobre cada cosa de las que veíamos y de las causas y causadores de la guerra y de los agravios de que se quejaban los alemanes y de las necesidades que había para que la Iglesia se reformase y de la manera que se debía tener en la reformación. Preguntéle cuándo había de ser; dijo que no me lo podía declarar.

Y después que hubimos visto todo lo que pasaba, él se tornó a subir al cielo.

CÓMO SE CONDUCE EL BUEN CRISTIANO

CARÓN
—Mira también tú cómo se va aquella ánima por la cuesta arriba. Vamos tras ella.

MERCURIO
—Vamos.

CARÓN
—¡Torna acá, ánima! ¿Dónde vas?

ÁNIMA
—En eso estaba pensando.

CARÓN
—Sabes si me enojo.

ÁNIMA
—Darás de coces a tu barca.

CARÓN
—Espera a lo menos, mira que te quiero pre-preguntar.

ÁNIMA
—Que me place.

CARÓN
—¿De dónde vienes?

ÁNIMA
—Del mundo.

CARÓN
—¿Dónde vas?

ÁNIMA
—Al cielo.

CARÓN
—En hora mala ello sea. Desa manera no pasarás por mi barca.

ÁNIMA
—Así me parece.

CARÓN
—¿Por qué?

ÁNIMA
—Porque así plugo a Jesucristo.

CARÓN
—Pues no puedo haber de ti otra cosa, a lo menos yo te ruego que me cuentes cómo viviste en el mundo, pues así vas a gozar de tanta gloria.

ÁNIMA
—Aunque se me hace de mal detenerme en tal jornada, no quiero dejar de satisfacer tu voluntad.

Has de saber que siendo mancebo, aunque naturalmente aborrecía los vicios, malas compañías me tuvieron muchos años capuzado[6] en ellos. Cuando llegué a los veinte años de mi edad, comencé a reconocerme y a informarme qué cosa era ser cristiano, y conociendo ser la ambición muy contraria a la doctrina cristiana, desde entonces determiné de dejar muchos pensamientos vanos que solía tener de adquirir muchos bienes temporales, y me comencé a burlar de algunas supersticiones que vía hacer entre cristianos, mas no por eso me aparté de mis vicios acostumbrados. Cuando entré en los veinte y cinco años, comencé a considerar conmigo mesmo la vida que tenía y cuán mal empleaba el conocimiento que Dios me había dado, y hice este argumento, diciendo: O esta doctrina cristiana es verdadera o no; si es verdadera, ¿no es grandísima necedad mía vivir como vivo, contrario a ella? Si es falsa ¿para qué me quiero poner en guardar tantas ceremonias y constituciones como guardan los cristianos? Luego me alumbró Dios el entendimiento, y conociendo ser verdadera la doctrina cristiana, me determiné de dejar todas las otras supersticiones y los vicios, y ponerme a seguirla según debía y mis flacas fuerzas bastasen, aunque para ello no me faltaron, de parientes y amigos, infinitas contrariedades; unos decían que me tornaba loco, y otros que me quería tornar fraile, y no faltaba quien se burlase de mí. Sufríalo yo todo con paciencia por amor de Jesucristo.

CARÓN
—¿No te metiste fraile?

ÁNIMA
—No.

CARÓN
—¿Por qué?

ÁNIMA
—Porque conocí que la vida de los frailes no se conformaba con mi condición. Decíanme que los frailes no tenían tantas ocasiones de pecar como los que allá fuera andábamos, y respondía yo que tan entera tenían la voluntad para desear pecar en el monasterio como fuera dél, cuanto más que a quien quiere ser ruin, nunca ni en algún lugar le faltan ocasiones para serlo, y aun muchas veces caen más torpe y feamente los que más lejos se piensan apartar. Bien es verdad que una vez me quise tornar fraile, por huir ocasiones de ambición, y fuíme a confesar con un fraile amigo mío, y cuando me dijo que tanta ambición había entre ellos como por allá fuera, determinéme de no mudar hábito.

CARÓN
—¿Tenías conversación con ellos?

ÁNIMA
—Sí, con aquellos en quien veía resplandecer la imagen de Jesucristo.

CARÓN
—Pues ¿hicístete clérigo?

ÁNIMA
—Tampoco.

CARÓN
—¿Por qué?

ÁNIMA
—Sentíame indigno de tratar tan a menudo aquel Santísimo Sacramento y hacíaseme de mal haber cada día de rezar tan luengas horas, pareciéndome que gastaría mucho mejor mi tiempo en procurar de entender lo que los otros rezaban y no entendían, que no en ensartar psalmos y oraciones sin estar atento a ellos ni entenderlos. Allende desto[7] me decían que no era bien dar órdenes a quien no tuviese beneficio, y sabidas las trampas y pleitos que en los beneficios eclesiásticos había, no quise meterme en aquel laberinto.

CARÓN
—Pues ¿qué manera de vivir tomaste?

ÁNIMA
—Caséme.

CARÓN
—En harto trabajo te pusiste.

ÁNIMA
—En trabajo se ponen los que se casan teniendo respecto a[8] la hermosura exterior, a los bienes temporales, pero, yo, sin mirar a nada desto, escogí una mujer de mi condición, con quien viví en mucho contentamiento. Si yo quería una cosa, ella decía que era muy contenta, y lo mismo hacía yo cuando ella quería algo.

CARÓN
—¿Nunca reñíades?

ÁNIMA
—Alguna vez, cuando el uno, por complacer al otro, no nos determinábamos en lo que habíamos de hacer.

CARÓN
—Ese reñir era tener paz.

ÁNIMA
—Así es.

---

6 metido.   7 además de esto.   8 fijándose sólo en.

CARÓN

—¿Fuiste en alguna romería?

ÁNIMA

—No, pareciéndome que en todas partes se deja hallar Jesucristo a los que de veras lo buscan, y porque veía a muchos volver dellas más ruines que cuando partieron; y también me parecía simpleza ir yo a buscar a Jerusalén lo que tengo dentro de mí.

CARÓN

—Desa manera, ¿no tenías tú por buenas las peregrinaciones?

ÁNIMA

—Así como pensaba no serme a mí necesarias, así alababa y tenía por buena la santa intención con que algunos se movían a hacerlas.

CARÓN

—¿Oías misas?

ÁNIMA

—Los días de fiesta sin faltar alguno, y también los otros días cuando no tenía que hacer.

CARÓN

—¿Ayunabas?

ÁNIMA

—Cuando me sentía bueno, ayunaba todos los días que manda la Iglesia, y demás desto todas las veces que me parecía serme el ayuno necesario a la salud del cuerpo o del ánima.

CARÓN

—Y en esos días que ayunabas por tu voluntad, ¿comías carne?

ÁNIMA

—Sí.

CARÓN

—¿Y cómo comiendo carne ayunabas?

ÁNIMA

—¿Por qué no? Pues que para el fin que yo lo hacía me convenía más la carne que no el pescado.

CARÓN

—¿Rezabas?

ÁNIMA

—Continuamente.

CARÓN

—¿Cómo es eso posible?

ÁNIMA

—En cualquier parte y en cualquier tiempo procuraba de enderezar mis obras y palabras a gloria de Jesucristo, y esto tenía por oración.

CARÓN

—¿Nunca pedías a Dios algo?

ÁNIMA

—Pedíale perdón de mis pecados y gracia para perseverar en su servicio, conociéndome siempre por el mayor pecador del mundo.

CARÓN

—Veamos, ¿y no era malo mentir? ¿No sabías tú que había otros muchos en el mundo que vivían peor que tú?

ÁNIMA

—Sí, mas también conocía que si Dios, por su infinita bondad, no me tuviera de su mano, hiciera yo obras muy peores que alguno de los otros hombres, y por esto me conocía por más pecador que todos, atribuyendo a Dios sólo el bien, si en mí alguno había.

CARÓN

—¿Nunca pedías a Dios bienes temporales o corporales?

ÁNIMA

—No, solamente le rogaba que me los diese o me los quitase como él conocía cumplir a su servicio y a la salud de mi ánima.

CARÓN

—¿Edificaste alguna iglesia o monasterio?

ÁNIMA

—No, pareciéndome que en aquello, por la mayor parte, interviene ambición, y eso que había de gastar quería yo más repartirlo y esconderlo entre los pobres donde veía evidente necesidad, que no en otra parte.

… … … … … … … … … … … … … … …

CARÓN

—¿Estuviste en corte de algún príncipe?

ÁNIMA

—Sí, hasta que me casé.

CARÓN

—Y estando en la corte, ¿podías seguir la virtud?

ÁNIMA

—¿Por qué no?

CARÓN

—Porque en las cortes de los príncipes siempre los virtuosos son maltratados y perseguidos.

ÁNIMA

—Dices verdad por la mayor parte; mas yo acerté a vivir con un príncipe tan virtuoso, que tenía muy gran cuidado de favorecer a los que seguían la virtud, y de aquí procedía que, como en las cortes de los otros príncipes hay muchos viciosos y malos, así en la suya había muchos virtuosos y buenos, porque es cosa muy averiguada que cual es el príncipe tales son sus criados, y cuales son los criados tal es el príncipe.

CARÓN

—Veamos, y en la corte ¿nunca hallabas contrariedades para tu propósito?

ÁNIMA

—Hartas, pero sabía yo convertirlas en ocasiones para seguir con mejor ánimo mi buen camino.

CARÓN

—¿Cómo?

ÁNIMA

—Pongo por caso: Si veía alguno andar hambreando[9] bienes temporales, en verlo tomaba yo dello aborrecimiento; si veía alguno que por fas o nefas[10] allegaba riquezas, tomábame deseo de dejar las que yo tenía; si me hallaba alguna vez en compañía de mujeres deshonestas, tomaba tanto asco dellas, que a mí era remedio lo que a otros ponzoña. Las cosas que tocaban a mi oficio ejercitaba como aquel que pensaba ser puesto en él, no para que me aprovechase a mí, sino para hacer bien a todos, y desta manera me parecía tener un cierto señorío sobre cuantos andaban en la corte, y aun sobre el mesmo príncipe.

CARÓN

—¿En qué pasabas el tiempo?

ÁNIMA

—El tiempo que me sobraba después de haber cumplido con lo que a mi oficio era obligado, empleaba en leer buena doctrina o escribir cosas que a mí escribiéndolas y a otros leyéndolas aprovechasen, y no por eso dejaba de ser conversable[11] a mis amigos, porque ni me tuviesen por hipócrita ni pensasen que para ser los hombres buenos cristianos habían de ser melancólicos.

CARÓN

—¿No temías la muerte?

ÁNIMA

—Mucho más temía los trabajos o infortunios de la vida...

CARÓN

—¿Cómo moriste?

ÁNIMA

—Sentíame un día mal dispuesto, y conociendo en mí que se llegaba la hora en que había de ser librado de la cárcel de aquel grosero cuerpo, hice llamar el cura de mi parroquia para que me confesase y comulgase. Hecho esto, me preguntó él si quería hacer testamento; díjele que ya lo tenía hecho. Preguntóme si quería mandar[12] algo a su iglesia, o entre pobres y monasterios; respondíle que mientras vivía había repartido aquello de que me parecía disponer, dejando proveídos mi mujer e hijos, y que no quería mostrar de hacer servicio a Dios con aquello de que ya no podía gozar. Preguntóme cuántos dobles quería yo que diesen las campanas por mí y díjele que las campanas no me habían de llevar a paraíso, que hiciese él tañer lo que le pareciese. Preguntóme dónde me quería enterrar, y díjele que el ánima deseaba yo enviar a Jesucristo, que del cuerpo poco cuidado tenía, que lo enterrasen si quería en un cementerio. Preguntóme cuántos enlutados quería que fuesen con mi cuerpo y cuántas hachas[13] y cirios quería que ardiesen sobre mi sepultura y cuántas misas se dirían el día de mi enterramiento, y con qué ceremonias y cuántos treintanarios[14] quería que se dijesen por mi ánima. Yo le dije: Padre, por amor de Dios que no me fatiguéis agora con estas cosas. Yo lo remito todo a vos, que lo hagáis como mejor os pareciere, porque yo en sólo Jesucristo tengo mi confianza. Solamente os ruego que vengáis a darme la extremaunción. Díjome que si él no me hubiera confesado me tuviera por gentil o pagano, pues tan poco caso hacía de lo que los otros tenían por principal. Yo le satisfice lo mejor que supe y a la fin se fué medio murmurando. Cuando ya la enfermedad me aquejaba, echéme en la cama, rogando a todos que no estuviesen tristes, pues que yo estaba muy alegre en salir de la cárcel de aquel cuerpo, y así en ninguna manera consentí que llorasen por mí; y llamada mi mujer aparte, le encomendé mucho mis hijos, y a ellos mandé que fuesen a ella siempre obedientes y a todos generalmente estaba siempre rogando y encomendando que perseverasen en aquella caridad y bondad cristiana en que yo los había puesto.

Y conociendo llegarse ya la hora de mi muerte, mandé que me trujesen la extremaunción, y aquélla recibida, me preguntaron si quería que llamasen dos religiosos que me ayudasen a bien morir. Roguéles que no se curasen dello, que pues viviendo no les había dado trabajo, tampoco se lo quería dar muriendo. Preguntáronme si quería morir en

---

9 mendigando, pidiendo.   10 justa o injustamente.
11 tratable, sociable.   12 legar o dejar algo en el testamento.   13 velas de cera grandes.   14 número de treinta días dedicados a un mismo objeto, ordinariamente

religioso.   15 podría quedarme sentado junto a mi ganancia; quiere decir, irónicamente, que no tendría nada que hacer con su barca.   16 cuidemos.

el hábito de San Francisco, y díjeles yo: Hermanos, ya sabéis cuánto me guardé siempre de engañar a ninguno; ¿para qué queréis que me ponga agora en engañar a Dios? Si he vivido como San Francisco, por muy cierto tengo que Jesucristo me dará el cielo como a San Francisco, y si mi vida no ha sido semejante a la suya, ¿qué me aprovechará dejar acá este cuerpo cubierto con hábito semejante al suyo? Era ya tarde y roguéles a todos que se fuesen a reposar, y solamente me dejasen allí un mi amigo que me leyese lo que yo le señalase de la Sagrada Escritura, y principalmente el sermón que Jesucristo hizo a sus apóstoles en la última cena, y cada palabra de aquéllas me inflamaba y encendía con un ferventísimo deseo de llegar a la presencia del que aquellas palabras había dicho. A la mañana me pusieron una candela encendida en la mano, y yo, haciendo rezar aquel psalmo que dijo Jesucristo estando en la cruz, estaba atento y sentía comenzarme ya a salir de aquel cuerpo, y diciendo: «Jesucristo, recibe esta mi ánima pecadora», me salí de aquella cárcel y voyme a gozar de la gloria que Jesucristo tiene a los suyos prometida. Ves aquí que te he contado la manera de mi vida y de mi muerte. Perdóname, que no puedo detenerme más.

MERCURIO

—Mira, Carón, éste es uno de aquellos que yo te dije que seguían muy de veras la doctrina cristiana.

CARÓN

—A la fe, si muchos destos hubiese en el mundo, asentarme podría yo cabe mi ganancia.[15]

Juan de Valdés

DIÁLOGO DE LA DOCTRINA CRISTIANA

LA RESURRECCIÓN DE LA CARNE Y LA VIDA ETERNA. ELOGIO DE ERASMO.

EUSEBIO

—El undécimo artículo es: creer la resurrección de la carne. Decidnos qué debemos entender por carne.

ARZOBISPO

—El cuerpo humano animado con ánima humana.

ANTONIO

—Pues tan a mi placer respondéis, decidme a mí, ¿habemos de creer que cada ánima tornará a tomar el mismo cuerpo que dejó?

ARZOBISPO

—Sí, sin duda ninguna.

ANTONIO

—Recia cosa parece que después de haber sido traído un cuerpo muerto de acá para acullá, pueda resucitar todo junto.

ARZOBISPO

—Mirad, hermano, al que pudo criar todo cuanto quiso de nonada, creedme que no le será dificultoso tornar en su primera figura lo desfigurado. La manera como esto se ha de hacer no curemos[16] aquí de disputarla pues nos basta, abrazándonos más con la fe que con razones humanas, creer que el que esto prometió es de tal manera verdadero que no puede mentir. Y es de tal manera poderoso que en un momento puede hacer cuanto quisiere.

ANTONIO

—Yo quedo de esto satisfecho; pero decidme otra cosa: ¿qué necesidad habrá entonces de cuerpos?

ARZOBISPO

—Sabed, hermano, que quiere Dios que todo el hombre, cuerpo e ánima, se gocen en la gloria con Jesucristo, pues acá en el mundo fué todo, cuerpo e ánima, afligido por Jesucristo.

EUSEBIO

—Al de menos de esto no os quejaréis que no quedáis satisfecho; e pues ya no nos queda sino el último artículo que es creer la vida eterna, por caridad nos lo declarar muy altamente.

ARZOBISPO

—Declararlo he como supiere. Habéis de saber que en esta vida hay dos maneras de muertes: la una del cuerpo, y ésta es común a los buenos e a los malos; la otra, del ánima. En la otra vida, después de la universal resurrección, tendrán los buenos vida eterna, así del cuerpo como del alma, y el cuerpo será ya libre de toda fatiga e, hecho espiritual, será regido por el espíritu; y el ánima, siendo libre de toda tentación, gozará sin fin del sumo bien que es Dios. Tendrán, por el contrario, los malos muerte eterna, así del cuerpo como del ánima porque tendrán cuerpo inmortal para que eternalmente sea atormentado e ánima que sin esperanza de misericordia sea siempre afligida con estímulos de pecado.

ANTONIO

—En verdad eso me contenta mucho. Pluguiese a Dios que lo supiese yo tan bien sentir como vos sabéis decir.

ARZOBISPO

—Mirad, hermano, el saber decir bien las cosas es a veces, como dicen, gracia natural; pero el saberlas gustar e sentir, creedme que es don de Dios. Dígolo porque si lo que he hecho os parece bien e deseáis el fruto dello debéis pedirlo a Dios e pedirlo no tibia ni fríamente, sino con mucho fervor, conociendo vuestra necesidad, porque quiero que sepáis que tanto fervor tenemos en la oración cuanto es la necesidad que en nosotros conocemos.

EUSEBIO

—Esme Dios testigo que entre muchas declaraciones del credo que he oído es esta que aquí habéis dicho la que más me satisface e por esto os suplico, señor, que me digáis si la habéis aprendido de algún libro.

ARZOBISPO

—Que me place de muy buena gana. Bien habréis oído nombrar un excelente doctor verdaderamente teólogo que agora vive el cual se llama Erasmo roterodamo.[17]

EUSEBIO
—Sí he.

ARZOBISPO

—¿Ya habéis leído algunas obras suyas?

EUSEBIO

—No, porque algunos me han aconsejado que me guarde de leerlas.

ARZOBISPO

—Pues tomad vos mi consejo e dejad a ésos para[18] necios, e vos leed y estudiad en las obras de Erasmo e veréis cuán gran fruto sacáis. E dejado aparte esto, habéis de saber que entre las obras deste Erasmo hay un librito de coloquios familiares el cual dice él que hizo para que los niños juntamente aprendiesen latinidad e cristiandad porque en él trata muchas cosas cristianas. Entre éstos, pues, hay uno donde se declara el credo casi de la manera que yo aquí os lo he declarado; e no os maravilléis que lo tenga así en la cabeza que lo he leído muchas veces e con mucha atención.

EUSEBIO

—Dígoos de verdad que dejada aparte el autoridad de vuestra persona, la cual yo tengo en mucho, solamente esta declaración del credo me aficionará a leer en Erasmo e nunca dejarlo de las manos, lo cual entiendo hacer así de aquí adelante.

ANTRONIO

—Por el hábito de San Pedro, que aunque por información de algunos amigos míos estaba mal con ese Erasmo que decís, yo de aquí adelante esté bien, pues vos, señor, le alabáis tanto. Mirad cuánto hace al caso la buena comunicación pero ha de ser con esta condición, pues yo no entiendo esos latines, que me habéis de dar un traslado dese coloquio o como le llamáis.

ARZOBISPO

—Soy contento. Yo haré que se os dé. Pero mirad, padre honrado, las cosas semejantes más es menester que se tengan imprimidas y encajadas en el ánima que escritas en los libros. Dígooslo porque querría hiciésedes más caso de tener lo dicho en vuestra ánima que en vuestra cámara.

ANTRONIO

—Vuestro consejo es como de tal persona se espera. Yo os prometo de trabajar cuanto pudiere con la gracia de nuestro Señor en hacer lo que decís.

ARZOBISPO

—Hacedlo vos así e yo os doy mi palabra que no perdáis nada.

SOBRE LA SANTIFICACIÓN DE LAS FIESTAS

EUSEBIO

—Muy bien decís, pero maravíllome cómo os pasastes tan ligeramente por el juicio del vulgo en esto de las fiestas, que creen las guarda el que no cava ni cose aunque en todo el día no haga sino jugar y entender en otras cosas tales y aun peores.

ARZOBISPO

—Pues eso es tan común y aun en más que vulgo, que no hay para qué hablar en ello más de lo dicho.

ANTRONIO

—Quiéroos contar una cosa donosa que hace a este propósito que aconteció en mi tierra siendo yo muchacho, que en oíros lo que decís se me ha venido a la memoria. Habéis de saber que un día de la Transfiguración apedreó muy finamente y aconteció que en aquel mismo día un labrador, hombre de buena simplicidad, sembró unos nabos; y unos vecinos suyos que lo vieron dijéronlo a otro, y así de poco en poco se supo en la ciudad y todos averiguaron que la causa de la piedra había sido porque aquel labrador con el sembrar de sus nabos quebrantó la fiesta. Juntáronse los de su cabildo y sentenciáronle en que pagase cierta cera y misas y les diese en su cofradía una comida a todos que le costó al pobre hombre harto dinero.

---

17 de Rotterdam.   18 por.   19 lengua o escritura ininteligible.   20 colindantes, vecinas.

21 a pesar suyo.   22 se inclinan, se parecen al latín.
23 se dice.

ARZOBISPO

—Donoso cuento es eso. Por cierto, ésa fué propiamente sentencia de cofradía. Veis ahí, habría en la ciudad muchos que gastarían aquel día en jugar a naipes y a dados y en andar con mujeres y mintiendo, murmurando, trafagando y haciendo otras cosas semejantes; y no les achacaban la piedra y achacábanla al pobre labrador. ¡Oh bendito sea Dios que tanta paciencia tiene para consentir tantos males y tanta ceguedad! Dígoos de verdad que cuando en esto pienso se me rompe el corazón. No digo yo que no hizo mal el labrador pero quéjome del poco respeto que se tiene a los mandamientos de Dios y quéjome del falso juicio y engañoso con que juzgamos estas cosas.

SABIDURÍA Y CIENCIA

ARZOBISPO

—El quinto don, que es ciencia, da Dios a aquellos que elige por predicadores y pregoneros de su doctrina sagrada.

ANTRONIO

—Veamos qué diferencia hacéis vos entre sabiduría y ciencia, porque a mí todo me parece una misma cosa.

ARZOBISPO

—Yo os la diré: que la sabiduría, que es ciencia sabrosa, es para conocer, gustar y sentir a Dios, y así cuando el ánima más tiene desta sabiduría más conoce y más siente y más gusta; ésta da muchas veces Dios a una viejecica y a un idiota y niégala a un letradazo de tal manera que si le habláis en ella le parecerá que es algarabía[19] o tal que cosa. Es la ciencia particularmente para los que han de enseñar la palabra de Dios y así habéis de entender que ésta es la que Jesucristo prometió a sus apóstoles a la cual les dijo que no podrían los hombres resistir. Bien es verdad que muchas veces se toma la una por la otra, quiero decir la sabiduría por ciencia y por el contrario; pero mirad que debajo deste nombre de ciencia no entendáis ésta que con industria humana se adquiere, la cual hincha y ensoberbece.

DIÁLOGO DE LA LENGUA

DE LA DIVERSIDAD DE LENGUAS EN ESPAÑA

MARCIO

—...Pues tenemos ya que el fundamento de la lengua castellana es la latina, resta que nos digáis de dónde vino y tuvo principio que en España se hablasen las otras cuatro maneras de lenguas que hoy se hablan, como son la catalana, la valenciana, la portuguesa y la vizcaína.

VALDÉS

—Diréos no lo que sé de cierta ciencia, porque no sé nada desta manera, sino lo que por conjeturas alcanzo y lo que saco por discreción; por tanto me contento que vosotros a lo que dijere deis el crédito que quisiéredes. Y con este presupuesto digo que dos cosas suelen principalmente causar en una provincia diversidades de lenguas. La una es no estar debajo de un príncipe, rey o señor, de donde procede que tantas diferencias hay de lenguas cuanta diversidad de señores; la otra es que, como siempre se pegan algo unas provincias comarcanas[20] a otras, acontece que cada parte de una provincia, tomando algo de sus comarcanas, poco a poco se va diferenciando de las otras, y esto no solamente en el hablar, pero aun también en el conversar y en las costumbres. España, como sabéis, ha estado debajo de muchos señores, y es así que —dejado aparte que aun hasta Castilla estuvo dividida, no ha muchos años—, que Cataluña era de un señor al cual llamaban conde, y Aragón era de otro señor, al cual llamaban rey, los cuales dos señores vinieron a juntarse por casamientos, y después por armas conquistaron el reino de Valencia, que era de moros, y andando el tiempo, lo uno y lo otro vino a juntarse con Castilla. Y los reinos de Granada y Navarra tenían también sus señoríos, aunque ya agora a su despecho[21] el uno y el otro están debajo de la corona de Castilla. Y Portugal, como veis, aún agora está apartada de la corona de España, teniendo como tiene rey de por sí. La cual diversidad de señoríos pienso yo que en alguna manera haya causado la diferencia de las lenguas, bien que cualquiera dellas se conforma más con la lengua castellana que con ninguna otra, porque, aunque cada una dellas ha tomado de sus comarcanos, como Cataluña que ha tomado de Francia y de Italia, y Valencia que ha tomado de Cataluña, todavía veréis que principalmente tiran al latín[22] que es, como tengo dicho, el fundamento de la lengua castellana, de lo cual, porque os tengo dicho todo lo que sé y puedo decir, no curo de hablar más. De la vizcaína querría saberos decir algo, pero como no la sé ni la entiendo, no tengo que decir della sino solamente esto, que, según he entendido de personas que la entienden, esta lengua también a ella se le han pegado muchos vocablos latinos, los cuales no se conocen, así por lo que les han añadido como por la manera con que los pronuncian. Esta lengua es tan ajena de todas las otras de España, que ni los naturales della son entendidos por ella poco ni mucho de los otros, ni los otros dellos. La lengua catalana diz[23] que era antiguamente lemosina, que es agora lenguadoc;[24] hase apurado[25] tomando mucho del latín, sino que no le toma los vocablos enteros, y tomando algo del francés puro y también del castellano y del italiano. La valenciana es tan conforme a la catalana, que el que entiende la una entiende casi la otra, porque la principal diferencia consiste en la pronunciación, que se llega[26] más al castellano, y así es más inteligible al castellano que la catalana. La portuguesa tiene más del castellano que ninguna de las otras, tanto que la principal diferencia que, a mi parecer, se halla entre las dos lenguas es la pronunciación y la ortografía.

MARCIO

—Siendo eso que decís, ¿cómo en Aragón y Navarra, habiendo sido casi siempre reinos de por sí, se habla la lengua castellana?

VALDÉS

—La causa desto pienso sea que, así como los cristianos que se recogieron en Asturias debajo del rey don Pelayo, ganando y conquistando a Castilla, conservaron su lengua, así también los que se recogieron en algunos lugares fuertes de los montes Pirineos y debajo del rey don Garci Jiménez, conquistando a Aragón y Navarra, conservaron su lengua, aunque creo que también lo haya causado la mucha comunicación que estas dos provincias han siempre tenido en Castilla. Y la causa, porque, según yo pienso, en el Andalucía y en el reino de Murcia la vecindad de la mar no ha hecho lo que en las otras provincias, es que los castellanos conquistaron estas provincias en tiempo que ya ellos eran tantos que bastaban para introducir su lengua y no tenían necesidad del comercio de otras naciones para las contrataciones que sustentan las provincias.

MARCIO

—Bien me satisfacen esas razones, y cuanto a esto, con lo dicho nos contentamos, y así queremos que dejéis aparte las otras cuatro lenguas y nos digáis solamente lo que toca a la lengua castellana.

VALDÉS

Si me habéis de preguntar de las diversidades que hay en el hablar castellano entre unas tierras y otras, será nunca acabar porque como la lengua castellana se habla no solamente por toda Castilla pero en el reino de Aragón, en el de Murcia con toda el Andalucía y en Galicia, Asturias y Navarra, y esto aun hasta entre la gente vulgar, porque entre la gente noble tanto bien se habla en todo el resto de España, cada provincia tiene sus vocablos propios y sus maneras de decir, y es así que el aragonés tiene unos vocablos propios y unas propias maneras de decir, y el andaluz tiene otros y otras, y el navarro otros y otras, y aun hay otros y otras en tierra de Campos, que llaman Castilla la Vieja, y otros y otras en el reino de Toledo, de manera que, como digo, nunca acabaríamos...

DEL ESTILO

VALDÉS

—Para deciros la verdad, muy pocas cosas observo porque el estilo que tengo me es natural y sin afectación ninguna escribo como hablo, solamente tengo cuidado de usar de vocablos que signifiquen bien lo que quiero decir y dígolo cuanto más llanamente me es posible, porque a mi parecer en ninguna lengua está bien el afectación. Cuanto al hacer diferencia en el alzar o abajar el estilo, según lo que escribo o a quien escribo, guardo lo mesmo que guardáis vosotros en el latín...

MARCIO

—Proseguid en decirnos lo que pertenece al estilo de vuestra lengua castellana.

VALDÉS

—Con deciros esto, pienso concluir este razonamiento desabrido: que todo el bien hablar castellano consiste en que digáis lo que queréis con las menos palabras que pudiéredes, de tal manera que, explicando bien el concepto de vuestro ánimo y dando a entender lo que queréis decir, de las palabras que pusiéredes en una cláusula o razón no se pueda quitar ninguna sin ofender o a la sentencia[27] della o al encarecimiento[28] o a la elegancia...

JUICIOS LITERARIOS

CORIOLANO

—Para que hayáis enteramente cumplido vuestra jornada, resta que nos digáis qué libros castellanos os parece podemos leer para hacer buen estilo, y también de cuáles tenéis por bien que nos guardemos.

VALDÉS

—Demanda es más dificultosa de lo que pensáis. Ya sabéis en qué laberinto se mete el que se pone a juzgar las obras ajenas.

---

24 igual que *lemosina*; son nombres que se dieron al provenzal.   25 Esta palabra se ha interpretado en dos sentidos: «purificado» y también «constituido completamente».   26 se acerca.   27 claridad en el pensamiento que encierra la cláusula.   28 fuerza de expresión.

29 conceden el primer puesto.   30 no observando la manera de hablar que corresponde a la condición social de cada personaje.

31 cosas inventadas, fantásticas.

CORIOLANO

—Vos decís verdad cuando lo que se dice es público, pero aquí estamos solos y todo puede pasar.

VALDÉS

—Con condición que no me deis por autor de lo que aquí sobre esto os diré, soy contento de deciros mi parecer acerca de los escritores. Ya sabéis que así como los gustos de los hombres son diversos, así también lo son los juicios, de donde viene que muchas veces lo que uno aprueba condena otro, y lo que uno condena aprueba otro. Yo, que hago profesión de estar bien con todo el mundo, no querría sin propósito ofender a otros por complacer a vosotros.

MARCIO

—Seguramente podéis decir lo que quisiéredes, que yo por todos tres prometo el secreto.

VALDÉS

—Confiando en esa promesa, digo que, como sabéis, entre lo que está escrito en lengua castellana principalmente hay tres suertes de escrituras: unas en metro, otras en prosa, compuestas de su primer nacimiento en lengua castellana, agora sean falsas, agora verdaderas; otras hay traducidas de otras lenguas, especialmente de la latina. El leer en metro no lo apruebo, en castellano ni en ninguna otra lengua, para los que son aprendices en ella.

MARCIO

—Mucho ha que yo soy desa mesma opinión.

VALDÉS

—Pero, porque digamos de todo, digo que de los que han escrito en metro, dan todos comúnmente la palma [29] a Juan de Mena, y a mi parecer, aunque la merezca cuanto a la doctrina y alto estilo, yo no se la daría cuanto al decir propiamente ni cuanto al usar propios y naturales vocablos, porque, si no me engaño, se descuidó mucho en esta parte, a lo menos en aquellas sus *Trescientas* en donde, queriendo mostrarse docto, escribió tan oscuro, que no es entendido, y puso ciertos vocablos, unos que por groseros se deberían desechar y otros que por muy latinos no se dejan entender de todos, como son *rostro jocundo, fondón del polo segundo y cinge toda la esfera,* que todo esto pone en una copla, lo cual a mi ver es más escribir mal latín que buen castellano. En las coplas de amores que están en el *Cancionero general* me contenta harto, adonde en la verdad es singularísimo. En el mesmo *Cancionero* hay algunas coplas que tienen buen estilo, como son las de Garci Sánchez de Badajoz y las del bachiller de la Torre y las de Guevara, aunque éstas tengan mejor sentido que estilo, y las del marqués de Astorga. Y son mejores las de don Jorge Manrique que comienzan *Recuerde el alma dormida,* las cuales a mi juicio son muy dignas de ser leídas y estimadas, así por la sentencia como por el estilo. Juan del Encina escribió mucho, y así tiene de todo; lo que me contenta más es la farsa de *Plácida y Vitoriano* que compuso en Roma. El estilo que tiene Torres Naharro en su *Propaladia,* aunque peca algo en las comedias, no guardando bien el decoro de las personas,[30] me satisface mucho, porque es muy llano y sin afectación ninguna, mayormente en las comedias de *Calamita* y *Aquilana,* porque en las otras tiene de todo, y aun en éstas hay algunas cosas que se podrían decir mejor, más casta, más clara y más llanamente... Entre los que han escrito cosas de sus cabezas[31] comúnmente se tiene por mejor estilo el del que escribió los cuatro libros de *Amadís de Gaula,* y pienso tienen razón, bien que en muchas partes va demasiadamente afectado y en otras muy descuidado; unas veces alza el estilo al cielo y otras lo abaja al suelo, pero, al fin, así a los cuatro libros de *Amadís,* como a los de *Palmerín* y *Primaleón,* que por cierto respeto han ganado crédito conmigo, tendré y juzgaré siempre por mejores que esotros *Esplandián, Florisando, Lisuarte, Caballero de la Cruz* y que a los otros no menos mentirosos que éstos: *Guarino mezquino, La linda Melosina, Reinaldos de Montalván* con *La Trapisonda y Oliveros* que es intitulado de *Castilla,* los cuales, además de ser mentirosísimos, son tan mal compuestos, así por decir las mentiras muy desvergonzadas, como por tener el estilo desbaratado, que no hay buen estómago que los pueda leer.

MARCIO

—¿Habéislos vos leído?

VALDÉS

—Sí que los he leído.

MARCIO

—¿Todos?

VALDÉS

—Todos.

MARCIO

—¿Cómo es posible?

VALDÉS

—Diez años, los mejores de mi vida, que gasté en palacios y cortes, no me empleé en ejercicio más virtuoso que en leer estas mentiras, en las cuales tomaba tanto sabor, que me comía las manos tras ellas...

PACHECO

—Mucho me maravillo de lo que decís de *Amadís,* porque siempre lo he oído poner en las nubes, y por tanto querría me mostrásedes en él algunos vocablos de los que no os satisfacen, y algunos lugares adonde no os contenta el estilo, y algunas partes adonde os parece que peca en las cosas.

VALDÉS

—Larga me la levantáis.

PACHECO

—No es tan larga que no sea más largo el día de aquí a que sea hora de irnos a Nápoles.

VALDÉS

—Pues así lo queréis, sin salir de los dos primeros capítulos os mostraré todo lo que pedís. Cuanto a los vocablos, no me place que dice *estando en aquel solaz,* por estando en aquel placer o regocijo. Tampoco me contenta decir: *cuando vió ser sazón,* por cuando vió ser tiempo; mejor lo usa en otra parte, diciendo: *a aquella sazón.* Y mucho menos me satisface donde dice: *en vos dejo toda mi hacienda,* por todo lo que me toca. No me suena bien *viniera* por había venido, ni *pasara* por había pasado. ¿Tengo razón?

PACHECO

—No mucha.

VALDÉS

—¿Por qué?

PACHECO

—Porque si esos vocablos se usaban en Castilla en el tiempo que él escribió, o, si ya que no se usasen entonces, se usaron en algún tiempo, el autor del libro tuvo más razón en usarlos para acomodar su escritura a lo que en su tiempo se hablaba, o por querer mostrar el antigüedad de lo que escribía, que vos tenéis en reprendérselos.

VALDÉS

—Y si quiero decir que no son imitables para este tiempo, ¿tendré razón?

PACHECO

—Sí que la tendréis, pero con tanto que no le reprendáis que los haya usado en su historia...

VALDÉS

—Pues si discurriésemos por el libro adelante, os mostraría maravillas; pero por la víspera podéis sacar el disanto,[32] y por la muestra podréis juzgar de la color del paño. Esto he dicho contra mi voluntad, por satisfaceros a lo mucho que dijistes os maravillávades de lo que me oíades decir del libro

de *Amadís,* y no porque me huelgo de decir mal ni de reprender lo que otros hacen. Y vosotros, señores, pensad que aunque he dicho esto de *Amadís,* también digo tiene muchas y muy buenas cosas y que es muy digno de ser leído de los que quieren aprender la lengua; pero entended, que no todo lo que en él halláredes lo habéis de tener y usar por bueno...

MARCIO

—¿Qué decís de *Celestina?* Pues vos mucho su amigo soléis ser.

VALDÉS

—*Celestina,* me contenta el ingenio del autor que la comenzó, y no tanto el del que la acabó; el juicio de todos dos me satisface mucho porque exprimieron[33] a mi ver muy bien y con mucha destreza las naturales condiciones de las personas que introdujeron en su tragicomedia, guardando el decoro dellas desde el principio hasta el fin.

MARCIO

—¿Cuáles personas os parecen que están mejor exprimidas?

VALDÉS

—La de Celestina está a mi ver perfectísima en todo cuanto pertenece a una fina alcahueta, y las de Sempronio y Pármeno; la de Calisto no está mal, y la de Melibea pudiera estar mejor.

MARCIO

—¿Adónde?

VALDÉS

—Adonde se deja muy presto vencer, no solamente a amar, pero a gozar del deshonesto fruto del amor.

MARCIO

—Tenéis razón.

PACHECO

—Dejaos agora, por vuestra vida, de hacer anatomía de la pobre Celestina, basta que la hicieron los mozos de Calisto. Decidnos qué os parece del estilo.

VALDÉS

—El estilo, en la verdad, va bien acomodado a las personas que hablan. Es verdad que peca en dos cosas, las cuales fácilmente se podrían reme-

---

[32] por lo dicho podéis imaginar el resto; *disanto*=día santo, día de fiesta religiosa. El refrán —«por las vísperas se conocen los disantos o se sacan los santos»— quiere decir que por el modo de celebrar las víspera se puede imaginar lo que será la celebración de la fiesta. [33] expresaron. [34] «venir (una cosa) como *Magnificat* a maitines», dicho que significa «suceder a destiempo o

traer una cosa a cuento fuera de propósito u oportunidad». *Magnificat* es un rezo que se canta por la tarde; *maitines* es el primer rezo de la mañana. [1] cambiamos de cuerpo, cambiamos de un ser en otro, según la idea de la transmigración. [2] cargabas, traías. [3] morir. [4] te engañaba, te era infiel. [5] de vida agradable y cómoda.

diar, y quien las remediase le haría gran honra. La una es en el amontonar de vocablos algunas veces tan fuera de propósito como *Magníficat* a maitines;[34] la otra es en que pone algunos vocablos tan latinos que no se entienden en el castellano, y en partes adonde podría poner propios castellanos, que los hay. Corregidas estas dos cosas en *Celestina*, soy de opinión que ningún libro hay escrito en castellano donde la lengua esté más natural, más propia ni más elegante...

Cristóbal de Villalón

n. ca. 1510

Erasmista, escribió con el pseudónimo de Christophoro Gnosopho. Se le atribuyó durante mucho tiempo el *Viaje a Turquía*, hasta que Bataillon ha logrado poner en claro que su autor fué el médico Andrés Laguna. El libro más famoso de Villalón es el *Crótalon* (de *crótalo*, especie de castañuela) «que quiere decir juego de sonajas o terreñuelas», y lo llamó así, al parecer, porque en él critica con desenfado las costumbres y creencias de sus contemporáneos. Dice el autor que contrahace o imita «el estilo e invención de Luciano, famoso orador griego, en el su *Gallo*, donde hablando un gallo con un su amo zapatero, llamado Micilo, reprendió los vicios de su tiempo». De Luciano tomó Villalón, en efecto, la forma y la idea de las transformaciones o transmutaciones, pero en la doctrina y en la sátira se inspiró más bien en los *Coloquios* y en el *Elogio de la locura*, de Erasmo. Tanto como por las ideas y la crítica erasmista, campo en el que no puede rivalizar Villalón con los hermanos Valdés, interesa el *Crótalon* por las anécdotas, cuentos y relatos de toda índole que recoge. Es en este sentido una de las fuentes importantes de la novelística posterior, como se ve por la selección que damos: la historia de Menesarco y su mujer, tomada de algunos pasajes del *Orlando furioso*, de Ariosto, y antecedente de *El curioso impertinente*, de Cervantes. El *Crótalon* debió de escribirse entre 1555 y 1560, pero permaneció inédito hasta 1871.

EL CRÓTALON

MICILO
—Pero dejado agora esto, que despúes volverás a tu propósito, dime, yo te ruego, pues todo lo sabes: ¿quién fuí yo antes que fuese Micilo? Si tuve esas conversiones que tú.

GALLO
—Eso quiero yo para que me puedas pagar el mal que has dicho de mí.

MICILO
—¿Qué dices entre dientes? ¿Por qué no hablas alto?

GALLO
—Decía que mucho holgaré de te complacer en lo que me demandas porque yo mejor que otro alguno te sabré dello dar razón. Y ansí has de creer que todos pasamos en cuerpos[1] como has oído de mí. Y ansí te digo que tú eras antes una hormiga de la India que te mantenías de oro que acarreabas[2] del centro de la tierra.

MICILO
—Pues, ¡desventurado de mí!, ¿quién me hizo tan grande agravio que me quitase aquella vida tan bienaventurada, en la cual me mantenía de oro, que me trujo a esta vida y estado infeliz, que en esta pobreza de hambre me quiero finar?[3]

GALLO
—Tu avaricia grande e insaciable que a la contina tuviste te hizo que de aquel estado vinieses a esta miseria donde con hambre pagas tu pecado. Porque antes habías sido aquel avaro mercader ricacho, Menesarco, deste pueblo.

MICILO
—¿Qué Menesarco dices? ¿Es aquel mercader a quien llevaron la mujer?

GALLO
—Vergüenza tenía de te lo decir. Ese mismo fuiste.

MICILO
—Yo he oído contar este acontecimiento de diversas maneras a mis vecinos; y, por ser el caso mío, deseo saber agora la verdad; por tanto, ruégote mucho que me la cuentes.

GALLO
—Pues me la demandas, yo te la quiero decir, que mejor que otro la sé. Y, ante todas las cosas, sabrás que tu culpa fué porque con todas tus fuerzas tomaste por interés saber si tu mujer te ponía el cuerno.[4] Lo cual no deben hacer los hombres... Pues sabrás que en este pueblo fué un hombre sacerdote rico y de gran renta, que por no le infamar no diré su nombre. El cual, como suele acontecer en los semejantes siendo ricos y regalados,[5] aunque ya casi en la vejez, como no tuviese mujer propia, compró una doncella que supo que vendía una mala madre, en la cual hubo una muy hermosa y graciosa hija. A la cual amó como a sí mis-

mo, como es propia pasión de clérigos; y crióla en todo regalo mientras niña. Y cuando la vió en edad razonable procuró de la trasegar porque no supiese a la madre.[6]

Y ansí la puso en compañía de religiosas y castas matronas que la impusiesen en[7] buenas costumbres, porque pareciese a las virtuosas y no tuviese los resabios de la madre que vendió por precio la virginidad que era la más valerosa joya que tuvo de naturaleza. Enseñóla a cantar y tañer diversas diferencias de instrumentos de música, en lo cual fué tan aventajada, que cada vez que su angelical voz se ejercitaba acompañada con suave instrumento, convertía los hombres en piedra, o encantados los sacaba fuera de sí, como leemos de la vihuela de Orfeo, que a su sonido hacía bailar las piedras de los muros de Troya. En conclusión, la doncella se hizo de tan gran belleza, gracia y hermosura, en tanta manera, que no había mancebo en nuestra ciudad, por de alto linaje que fuese, que no la desease y requeriese haber por mujer.

Y, tus hados lo queriendo, buscando su padre un hombre que en virtud y riquezas se le igualase, te la ofreció a ti. Y tú, aunque te pareció hermosa doncella, digna de ser deseada de todo el mundo, como no fuese menor tu codicia de haber riquezas que de haber hermosura, por añadirte el buen clérigo la dote a tu voluntad, la aceptaste.

Y luego como fueron hechas las bodas, como suele acontecer en los semejantes casamientos, que se hacen más por interés mundano que por Dios, Satanás procuró revolverte por castigar tu avarienta intención. Y así te puso un gran pensamiento de decir que tu mujer no te guardaba la fe prometida en el matrimonio. Porque después de ser por su hermosura tan deseada de todos, por fuerza te parecía que debía seguir la naturaleza y condición de su madre... ¡Oh cuantas veces por tu sosiego quisieras más ser casado con una negra de Guinea que con la linda Ginebra!

Y principalmente porque sucedió que Satanás despertó la soñolienta afición que estaba dormida en uno de aquellos mancebos, generoso y hijodalgo, de quien fué servida Ginebra antes que casase. El cual, con gran continuación, tornó a la requerir y pasear la calle solicitándole la casa y criados. Pero a ella poco la movió porque ciertamente te amaba a ti; y también porque ella conocía el amor que la tenías y el cuidado en la guardar. Pues como tú vinieras acaso a tener noticia de la intención del mancebo, porque tu demasiada sospecha y celos te lo descubrió, procuraste buscar algún medio por donde fueses cierto de su fidelidad. Y ansí tu diligencia y solicitud te trujo a las manos una ingeniosa y aguda mujer, gran sabia en las artes mágicas y invocación de demonios. La cual, por tus dones, se conmovió a tus ruegos y se ofreció a te decir la verdad de lo que en Ginebra hubiese. Y ansí, comenzando por sus artes y conjuros, halló solamente que a ti tu Ginebra tenía fe.[8]

Pero tú, ciego de tu pasión, porfiabas que amaba más a Licinio (que ansí se llamaba el mancebo). Y la maga, aun por más te asegurar, usó contigo de una admirable prueba. Y fué que ella tenía una copa, que hubo del demonio por la fuerza de sus encantamientos, la cual había sido hecha por mano de aquella gran maga Morganda, la cual copa tenía tal hado, que, estando llena de vino, si bebía hombre al cual su mujer le era errada,[9] se le vertía el vino por los pechos y no bebía gota. Y si su mujer le era casta, bebía hasta hartar sin perder gota. De lo cual tú bebiste hasta el cabo sin que gota se te derramase.

Pero aun no te satisfaciendo desta prueba, le mandaste que te mudase en la persona y figura del mancebo Licinio, que la querías acometer con prueba que se certificase más su bondad por tu seguro;[10] y ansí, fingiendo en tu casa que habías de caminar cierta jornada de quince días de ausencia, la maga te mudó en forma y persona de Licinio y ella tomó la figura de un su paje.

Y tomando en tu seno muy ricas y graciosas joyas que hubiste de un platero, te fuiste para Ginebra a tu casa, la cual, aunque estaba ocupada en sus labores, rodeada de sus doncellas, por ser salteada de tu adúltero deseo, fué turbada toda su color y agraciado rostro. Y ansí, con el posible desdeño y aspereza, procuró por aquella vez apartarte de sí, dándote muestras de desesperación. Pero continuando algunas veces, que para ello hallaste oportunidad, te oyó con alguna paciencia. Y vista tu importunidad y las joyas que le ofrecías, las cuales bastan a quebrantar las diamantinas peñas, bastaron en ella ablandar hasta mostrar algún placer en te oír.

Y de allí, con la continuación de tus dádivas y ruegos, fué convencida a te favorecer por del todo no te desesperar. Y ansí, un día que llorabas ante ella, por mitigar tu pasión, conmovida de piedad, te dijo:

---

[6] cambiar de ambiente o mudar de sitio para que no saliese o fuese como su madre. [7] enseñasen. [8] te era fiel. [9] le era infiel. [10] para tu seguridad, para tu tranquilidad. [11] rato. [12] en ese momento.

[1] inspección. [2] Guerrillero probablemente histórico y cuyo nombre se hizo tradicional, que al frente de una cuadrilla hizo varias incursiones al reino moro de Granada en los últimos tiempos antes de la conquista por los Reyes Católicos. En una de ellas debió morir con su cuadrilla. Aunque su nombre no se registra en las *Crónicas*, Lope de Vega se inspiró en él para escribir la comedia *El cordobés valeroso Pedro Carbonero*.

—Yo efectuaría tu voluntad y demanda, Licinio, si fuese yo cierta que no lo supiese nadie.

Fué en ti aquella palabra un rayo del cielo, del cual sentiste tu alma traspasada. Y súbitamente corrió por tus huesos, venas y nervios un hielo mortal que dejó en tu garganta helada la voz que por gran pieza[11] no pudiste hablar.

Y quitando a la hora[12] la maga el velo del encanto de tu rostro e figura, por tu importunidad, como vió tu Ginebra que tú eras Menesarco su marido, fué toda turbada de vergüenza; y quisiera antes ser mil veces muerta que haber caído en tan gran afrenta. Y ansí, mirándote al rostro, muy vengonzosa, solamente suspiraba y sollozaba conociendo su culpa. Y tú, cortado de tu demasiada diligencia, solamente le pudiste responder diciendo:

—De manera, mi Ginebra, que venderías mi honra si hallases comprador.

Desde aquel punto todo el amor que te tenía se convirtió en venenoso aborrecimiento. Con lo cual no se pudiendo sufrir, ni fiándose de ti, en viniendo la noche, tomando cuantas joyas tenía, lo más secreto que pudo se salió de tu casa y se fué a buscar al verdadero Licinio, cuya figura le habías representado tú; con el cual hizo verdaderos amores y liga contra ti por se satisfacer y vengar de tu necedad.

Y ansí se fueron juntos, gozándose por las tierras que más seguras les fueron; y a ti dejaron hasta hoy pagado y cargado de tus sospechas y celos. El cual viniste a tan gran extremo de afrenta y congoja, que en breve tiempo te vino la muerte; y fuiste convertido en hormiga y después en Micilo, venido en tu pobreza y miseria, hecho castigo para ti y ejemplo para otros.

MICILO

—Por cierto eso fué en mí bien empleado, y ansí creo que, de puro temor que tiene desde entonces mi alma, no me he sufrido casarme. Agora prosigue, yo te ruego, Gallo, en tu transformación.

SIGLO XVI (PRIMERA MITAD): HISTORIA DE INDIAS

Hernán Cortés

1485-1547

Dejando aparte las cartas y diarios de Colón, puede decirse que el conquistador de Méjico es el iniciador de un nuevo género de literatura histórica, el de «los cronistas de Indias», en las cinco *Cartas de relación* que escribió al emperador Carlos V entre 1519 y 1526, dándole cuenta de sus hazañas. No tuvo Cortés propósito literario alguno. Sus «cartas» son únicamente despachos de soldado, documentos históricos, pero la naturalidad de la narración y la aguda mirada con que Cortés, guiado por una despierta curiosidad, percibe todas las novedades de un mundo hasta entonces desconocido, dan a su relato, como luego al de otros conquistadores, una frescura e interés que no alcanzan algunas de las obras de los cronistas oficiales de estilo más pulido.

CARTAS DE RELACIÓN DE LA CONQUISTA DE MÉJICO

TEMORES DE LOS ESPAÑOLES Y DECISIÓN DE CORTÉS

Y ya que amanecía di en otro pueblo tan grande, que se ha hallado en él, por visitación[1] que yo hice hacer, más de veinte mil casas. Y como los tomé de sobresalto, salían desarmados, y las mujeres y niños desnudos por las calles, y comencé a hacerles algún daño. Y viendo que no tenían resistencia, vinieron a mí ciertos principales de dicho pueblo a rogarme que no les hiciese más mal, porque ellos querían ser vasallos de vuestra alteza y mis amigos, y que bien veían que ellos tenían la culpa en no me haber querido creer; pero que de allí adelante yo vería cómo siempre harían lo que yo en nombre de vuestra majestad les mandase, y que serían muy verdaderos vasallos suyos. Y luego vinieron conmigo más de cuatro mil de ellos de paz, y me sacaron fuera a una fuente muy bien de comer. Y así los dejé pacíficos, y volví a nuestro real, donde hallé la gente que en él había dejado farto atemorizada, creyendo que se me hubiera ofrecido algún peligro por lo que la noche antes habían visto en volver los caballos y yeguas. Y después de sabida la victoria que Dios nos había querido dar y cómo dejaba aquellos pueblos de paz, hubieron mucho placer, porque certifico a vuestra majestad que no había tal de nosotros que no tuviese mucho temor por nos ver tan dentro en la tierra y entre tanta y tal gente, y tan sin esperanza de socorro de ninguna parte. De tal manera, que ya a mis oídos oía decir por los corrillos, y casi público, que había sido Pedro Carbonero,[2] que los había metido donde nunca podrían salir. Y aun más; oí decir en una choza de ciertos compañeros, estando donde ellos no me veían, que si yo era loco y me metía donde nunca podría salir, que no lo fuesen ellos, sino que se volviesen a la mar, y que si yo quisiese volver con ellos, bien; y si no, que me dejasen. Y muchas veces fuí de esto por muchas veces requerido, y yo los animaba diciéndoles que mirasen que eran vasallos de vuestra alteza, y que jamás en los españoles en ninguna parte hubo falta, y que estábamos en disposición de ganar para vuestra majestad los mayores reinos y señoríos que había en el mundo. Y que además de hacer lo que como cristianos éramos obligados en puñar[3] contra los enemigos de nuestra fe, y por ello en el otro mundo ganábamos la gloria y en éste conseguíamos el mayor prez[4] y honra y que hasta nuestros tiempos ninguna generación ganó. Y que mirasen que teníamos a Dios de nuestra parte, y que a él ninguna cosa es imposible, y que lo viesen por las victorias que habíamos habido, donde tanta gente de los enemigos eran muertos y de los nuestros ningunos; y les dije otras cosas que me pareció decirles de esta calidad; que con ellas y con el real favor de vuestra alteza cobraron mucho ánimo y los atraje a mi propósito y a facer lo que yo deseaba, que era dar fin en mi demanda comenzada.

CHOLULA, EL POPOCATEPETL Y EL IZTACCIHUATL

Esta ciudad de Churultecal[5] está asentada en un llano, y tiene hasta veinte mil casas dentro del cuerpo de la ciudad, y tiene de arrabales otras tantas. Es señorío por sí, y tiene sus términos conocidos; no obedecen a señor ninguno, excepto que se gobiernan como estos otros de Tascaltecal. La gente de esta ciudad es más vestida que los de Tascaltecal en alguna manera, porque los honrados ciudadanos de ella todos traen albornoces[6] encima de la otra ropa, aunque son diferenciados de los de África, porque tienen maneras...[7] Todos éstos han sido y son, después de este trance pasado, muy ciertos vasallos de vuestra majestad y muy obedientes a lo que yo en su real nombre les he requerido y dicho; y creo lo serán de aquí adelante. Esta ciudad es muy fértil de labranzas, porque tiene mucha tierra y se riega la más parte de ella, y aun es la ciudad más hermosa de fuera[8] que hay en España,[9] porque es muy torreada y

llana. Y certifico a vuestra alteza que yo conté desde una mezquita[10] cuatrocientas y tantas torres en la dicha ciudad, y todas son de mezquitas. Es la ciudad más a propósito de vivir españoles que yo he visto de los puertos acá, porque tiene algunos baldíos[11] y aguas para criar ganados, lo que no tienen ningunas de cuantas hemos visto; porque es tanta la multitud de la gente que en estas partes mora, que ni un palmo de tierra hay que no esté labrada; y aun con todo, en muchas partes padecen necesidad, por falta de pan; y aun hay mucha gente pobre, y que piden entre los ricos por las calles y por las casas y mercados, como hacen los pobres en España...

A ocho leguas de esta ciudad de Churultecal están dos sierras muy altas y muy maravillosas, porque en fin de agosto tienen tanta nieve que otra cosa de lo alto de ellas sino la nieve se parece; y de la una, que es la más alta, sale muchas veces, así de día como de noche, tan grande bulto de humo como una gran casa, y sube encima de la sierra hasta las nubes, tan derecho como una vira;[12] que, según parece, es tanta la fuerza con que sale, que aunque arriba en la sierra anda siempre muy recio viento, no lo puede torcer; y porque yo siempre he deseado de todas las cosas de esta tierra poder hacer a vuestra alteza muy particular relación, quise de ésta, que me pareció algo maravillosa, saber el secreto, y envié diez de mis compañeros, tales cuales para semejante negocio eran necesarios, y con algunos naturales de la tierra que los guiasen, y les encomendé mucho procurasen de subir la dicha sierra y saber el secreto de aquel humo de dónde y cómo salía. Los cuales fueron, y trabajaron lo que fué posible por la subir, y jamás pudieron, a causa de la mucha nieve que en la sierra hay, y de muchos torbellinos que de la ceniza que de allí sale andan por la sierra, y también porque no pudieron sufrir la gran frialdad que arriba hacía; pero llegaron muy cerca de lo alto; y tanto, que estando arriba comenzó a salir aquel humo, y dicen que salía con tanto ímpetu y ruido, que parecía que toda la sierra se caía abajo, y así, se bajaron, y trajeron mucha nieve y carámbanos para que los viésemos, porque nos parecía cosa muy nueva en estas partes, a causa de estar en parte tan cálida, según hasta ahora ha sido opinión de los pilotos. Especialmente, que dicen que esta tierra está en veinte grados, que es en el paralelo de la isla Española,[13] donde continuamente hace muy gran calor. Y yendo a ver

---

3 pugnar, luchar. 4 gloria, honor. 5 Hoy Cholula. 6 especie de manto morisco. 7 abertura lateral para poder pasar los brazos. 8 vista desde fuera. 9 Parece ser que Cortés habla de las nuevas tierras como parte de España, aunque quizá pudiera interpretarse toda la

frase como «que hay fuera de España». 10 templo, por analogía con los templos mahometanos.

11 terreno sin labrar. 12 especie de saeta. 13 Hoy Santo Domingo. 14 Hoy la ciudad de Méjico. 15 se ve. 16 perlas.

esta sierra, toparon un camino, y preguntaron a los naturales de la tierra que iban con ellos que para do iban, y dijeron que a Culúa, y aquél era buen camino, y que el otro por donde nos querían llevar los de Culúa no era bueno. Y los españoles fueron por él hasta encumbrar las sierras, por medio de las cuales, entre la una y la otra, va el camino; y descubrieron los llanos de Culúa, y la gran ciudad de Temixtitán,[14] y las lagunas que hay en la dicha provincia, de que adelante haré relación a vuestra alteza, y vinieron muy alegres por haber descubierto tan buen camino, y Dios sabe cuánto holgué yo de ello.

ENTRADA DE CORTÉS EN LA CIUDAD DE MÉJICO Y ENCUENTRO CON MONTEZUMA

Y ya junto a la ciudad está una puente de madera de diez pasos de anchura, y por allí está abierta la calzada, por que tenga lugar el agua de entrar y salir, porque crece y mengua, y también por fortaleza de la ciudad, porque quitan y ponen unas vigas muy luengas y anchas, de que la dicha puente está hecha, todas las veces que quieren, y de éstas hay muchas por toda la ciudad, como adelante, en la relación que de las cosas de ella faré, vuestra alteza verá.

Pasada esta puente, nos salió a recibir aquel señor Montezuma con fasta doscientos señores, todos descalzos y vestidos de otra librea o manera de ropa, así mismo bien rica a su uso, y más que la de los otros; y venían en dos procesiones, muy arrimados a las paredes de la calle, que es muy ancha y muy hermosa y derecha, que de un cabo se parece[15] el otro, y tiene dos tercios de legua, y de la una parte y de la otra muy buenas y grandes casas, así de aposentamientos como de mezquitas; y el dicho Montezuma venía por medio de la calle con dos señores, el uno a la mano derecha y el otro a la izquierda; de los cuales, el uno era aquel señor grande que dije que me había salido a fablar en las andas, y el otro era su hermano del dicho Montezuma, señor de aquella ciudad de Iztapalapa, de donde yo aquel día había partido, todos tres vestidos de una manera, excepto el Montezuma, que iba calzado, y los otros señores descalzos; cada uno le llevaba de su brazo; y como nos juntamos, yo me apeé y le fuí a abrazar solo; y aquellos dos señores que con él iban me detuvieron con las manos para que no le tocase; y ellos y él ficieron así mucha ceremonia de besar la tierra; y hecha, mandó aquel su hermano que venía con él que se quedase conmigo y me llevase por el brazo, y él con el otro se iba delante de mí poquito trecho; y después de me haber él fablado, vinieron así mismo a me fablar todos los otros

señores que iban en las dos procesiones, en orden uno en pos de otro, y luego se tornaban a su procesión.

Y al tiempo que yo llegué a hablar al dicho Montezuma, quitéme un collar que llevaba de margaritas[16] y diamantes de vidrio, y se lo eché al cuello; y después de haber andado la calle adelante, vino un servidor suyo con dos collares de camarones, envueltos en un paño, que eran hechos de huesos de caracoles colorados, que ellos tienen en mucho; y de cada collar colgaban ocho camarones de oro, de mucha perfección, tan largos casi como un jeme; y como se los trajeron, se volvió a mí y me los echó al cuello, y tornó a seguir por la calle en la forma ya dicha, fasta llegar a una muy grande y hermosa casa, que él tenía para nos aposentar, bien aderezada. Y allí me tomó por la mano y me llevó a una gran sala, que estaba frontero de un patio por donde entramos. Y allí me hizo sentar en un estrado muy rico, que para él lo tenía mandado hacer, y me dijo que le esperase allí, y él se fué; y dende a poco rato, ya que toda la gente de mi compañía estaba aposentada, volvió con muchas y diversas joyas de oro y plata, y plumajes, y con fasta cinco o seis mil piezas de ropa de algodón, muy ricas y de diversas maneras tejida y labrada. Y después de me la haber dado, se sentó en otro estrado, que luego le hicieron allí junto con el otro donde yo estaba; y sentado, propuso en esta manera:

«Muchos días ha que por nuestras escrituras tenemos de nuestros antepasados noticia que yo ni todos los que en esta tierra habitamos no somos naturales de ella, sino extranjeros y venidos a ella de partes muy extrañas; y tenemos asimismo que a estas partes trajo nuestra generación un señor, cuyos vasallos todos eran, el cual se volvió a su naturaleza, y después tornó a venir dende en mucho tiempo; y tanto, que ya estaban casados los que habían quedado con las mujeres naturales de la tierra, y tenían mucha generación y hechos pueblos donde vivían; y queriéndolos llevar consigo, no quisieron ir, ni menos recibirle por señor; y así, se volvió. Y siempre hemos tenido que de los que de él descendiesen habían de venir a sojuzgar esta tierra y a nosotros, como a sus vasallos. Y según de la parte que vos decís que venís, que es a do sale el sol, y las cosas que decís de este gran señor o rey que acá os envió, creemos y tenemos por cierto el ser nuestro señor natural; en especial que nos decís que él ha muchos días que tiene noticia de nosotros. Y por tanto, vos sed cierto que os obedeceremos y tendremos por señor en lugar de ese gran señor que decís, y que en ello no había falta ni engaño alguno; y bien podéis en toda la tierra, digo que en la que yo en mi señorío poseo, mandar a vuestra voluntad, porque será obedecido y fecho, y todo lo que nosotros tenemos es para lo que vos de ello quisiereis disponer. Y pues estáis en vuestra naturaleza y en vuestra casa, holgad y descansad del trabajo del camino y guerras que habéis tenido; que muy bien sé todos los que se vos han ofrecido de Puntunchan acá, y bien sé que de los de Cempoal y de Tascaltecal os han dicho muchos males de mí; no creáis más de lo que por vuestros ojos veréis, en especial de aquellos que son mis enemigos, y algunos de ellos eran mis vasallos, y hánseme rebelado con vuestra venida, y por se favorecer con vos lo dicen; los cuales sé que también os han dicho que yo tenía las casas con las paredes de oro, y que las esteras de mis estrados y otras cosas de mi servicio eran asimismo de oro, y que yo que era y me facía Dios, y otras muchas cosas. Las casas ya las veis que son de piedra y cal y tierra.»

Y entonces alzó las vestiduras y me mostró el cuerpo, diciendo así: «Veisme aquí que soy de carne y hueso como vos y como cada uno, y que soy mortal y palpable.» Asiéndose él con sus manos de los brazos y del cuerpo: «Ved cómo os han mentido; verdad es que yo tengo algunas cosas de oro que me han quedado de mis abuelos; todo lo que yo tuviere tenéis cada vez que vos lo quisiereis. Yo me voy a otras casas, donde vivo; aquí seréis proveídos de todas las cosas necesarias para vos y vuestra gente, y no recibáis pena alguna, pues estáis en vuestra casa y naturaleza.» Yo le respondí a todo lo que me dijo, satisfaciendo a aquello que me pareció que convenía, en especial en hacerle creer que vuestra majestad era a quien ellos esperaban, y con eso se despidió; y ido, fuimos muy bien proveídos de muchas gallinas y pan y frutas y otras cosas necesarias, especialmente para el servicio del aposento. Y de esta manera estuve seis días, muy bien proveído de todo lo necesario y visitado de muchos de aquellos señores.

Fray Bartolomé de Las Casas

1474-1566

Llevó Las Casas vida activísima en más de cuarenta años de residencia en América como sacerdote, colonizador, misionero, defensor constante de los indios y fustigador no menos constante de los abusos que, según él, caracterizaron a la conquista de América. Se hizo fraile dominico y fué obispo de Chiapa, en Méjico, de 1543 a 1547, año de su regreso a España.

Las violentas denuncias que del trato de los indígenas americanos hizo en la *Brevísima relación de la destrucción de las Indias* fueron en gran parte la fuente principal de la «leyenda negra» de la conquista, creada por los historiadores de países hostiles a España. Sin llegar a la encendida pasión con que está escrita esta obra, las páginas que siguen, tomadas de su *Historia de las Indias,* son fiel ejemplo de su enjuiciamiento de la conducta de sus compatriotas. Narran las andanzas de Balboa por el Darién que precedieron a su descubrimiento del Pacífico. La *Historia de las Indias* abarca desde los viajes de Colón hasta el año 1520, y si se descarta todo lo que hay en ella de un punto de vista personal, es un libro de sumo valor por la riqueza de información que contiene.

HISTORIA DE LAS INDIAS

LIBRO III, CAPÍTULO XLI

Dejada la tierra de Ponca,[1] como dicho es, destruída, determinó Vasco Núñez dejar de infestar[2] los caciques y pueblos de la tierra dentro, para después hacerlo con mejor sazón y más gente, y vuélvese a los de la costa o ribera de la mar; y el más vecino de Careta era un gran señor de la provincia llamada Comogra, y el rey, que tenía por nombre Comogre, tenía su asiento al pie de una muy alta sierra en un llano o campiña muy graciosa de 12 leguas. Un deudo del cacique Careta, y principal señor en aquella tierra y casa, que los tales llamaban en aquella lengua Jurá (la última sílaba aguda), fué medianero que atrajo en amor y amistad de los cristianos a aquel señor llamado Comogre, y así el Comogre los deseaba ver y conocer y tener su amistad. Tenía el Comogre siete hijos de diversas mujeres, muy gentiles hombres, mancebos de mucha cordura y discreción; mayormente el mayor dicen que era dotado de mucha prudencia y más virtuoso; sabiendo que venían los españoles, salió a recibirlos con sus hijos y principales y toda su gente, con quien tuvo grande alegría en verlos, porque los deseaban mucho ver, y hácelos aposentar a todos en su pueblo y proveerlos de comida copiosamente, y de hombres y mujeres que los sirviesen.

Tenía su casa real, la más señalada y mejor hecha que hasta entonces se había visto en todas estas islas, y en lo poco que se sabía de la tierra

---

¹ cacique indio. ² causar daños y estragos. ³ desván, buhardilla. ⁴ Alude a la discusión que hubo en la época, en la cual Las Casas intervino muy vigorosamente, sobre si los indios tenían uso de razón.

firme; la longura de ella era de ciento cincuenta pasos, la anchura y hueco de ochenta; estaba fundada sobre unos muy gruesos posteles, cercada de muro hecho de piedra, entretejida de madera por lo alto, como zaquizamí,[3] por tan hermosa arte labrada, que los españoles quedaron espantados de verla, y no sabían dar a entender su artificio y hermosura. Tenía muchas cámaras, o piezas y apartamientos; una, que era como despensa, estaba llena de bastimentos de la tierra, de pan y carne de venados y puerco, y pescado y otras muchas cosas comestibles; otra gran pieza, como bodega, llena de vasos de barro con diversos vinos blancos y tintos, hechos de maíz y raíces de frutas, y de cierta especie de palmas y de otras cosas, los cuales vinos loaban los nuestros cuando los bebían.

Había una gran sala o pieza muy secreta, con muchos cuerpos secos de hombres muertos, colgados del cumbre con unos cordones hechos de algodón, vestidos o cubiertos con mantas ricas de lo mismo, todas entretejidas con ciertas joyas de oro y algunas perlas y otras piedras que ellos tenían por preciosas. Éstos eran los cuerpos de sus padres y abuelos y bisabuelos, y, finalmente, sus pasados deudos, a quien tenía Comogre en suma reverencia, y, por ventura, los tenían por dioses. Como aquellos cuerpos los secasen para los hacer sin corrupción perpetuos, en nuestra *Historia Apologética* muy en particular lo declaramos, hablando del cuidado y ceremonias con que sepultaban sus difuntos estas gentes, que de su buen juicio de razón no fué chico argumento.[4]

Recibiendo, pues, el rey Comogre a los españoles con mucha humildad y alegría que está dicha, luego, como si fueran sus muy caros hermanos y vecinos antiguos, amicísimos, los metió en su casa y les mostró todas las piezas y particularidades de ella, hasta el secreto lugar o sala donde tenía sus muertos, que debía tener por oráculo o por templo; el hijo mayor de los siete, que dijimos ser mancebo prudente, dijo allí: «Digna cosa es que regocijemos a estos hombres extranjeros y los hagamos todo buen tratamiento, porque no tengan causa de hacer en nosotros y en nuestra casa lo que en nuestros vecinos han hecho.»

Mostrada la casa y las cosas de ella, manda traer Comogre ciertas piezas de oro, muy ricas en la hechura y en la fineza, que pesarían 4.000 pesos, y 70 esclavos, y dáselo a Vasco Núñez y a Colmenares, conociendo ser los principales, por señal de amistad y por presente; este oro recibido, apartaron luego para el Rey, de ello, el quinto, lo demás entre sí lo repartieron. Al tiempo que lo repartían comenzaron a reñir entre sí, dando grandes voces, sobre, quizá, quién llevaría las mejores y más bien hechas piezas; visto por el hijo mayor del rey Comogre, arremete a las balanzas del peso con que lo pesaban, dándoles con el puño cerrado recio, y echa mano del oro, y espárcelo arrojándolo por aquel suelo, y dice así: «¿Qué es esto, cristianos? ¿Por tan poca cosa reñís? Si tanta gana tenéis de oro que por haberlo inquietáis y fatigáis por estas tierras las pacíficas gentes y con tantos trabajos vuestros os desterrasteis de vuestras tierras, yo os mostraré provincia donde podáis cumplir vuestro deseo, pero es menester para esto que seáis más en número de los que sois, porque habéis de tener pendencia con grandes reyes, que con mucho esfuerzo y rigor defienden sus tierras, y entre aquéllos habéis de topar, primero con el rey Tubanamá (la última aguda), que abunda de este oro que tenéis por riquezas, y dista de esta nuestra tierra, de andadura, obra de seis soles» (que son seis días), y señalaba entonces hacia la mar del Sur, que es el Mediodía, con el dedo, la cual decía que verían pasando ciertas sierras, donde navegaban otras gentes con navíos o barcos poco menos que los nuestros, con velas y remos; pasado aquel mar, eso mismo añadía que hallarían de oro gran riqueza, y que tenían grandes vasos de oro en que comían y bebían, y porque había entendido de los nuestros que había gran cantidad de hierro en España, de que se hacían las espadas, significaba haber más oro que hierro en Vizcaya, de lo cual parece que tenían estas gentes de aquella parte de tierra firme, hacia el Darién, y éstos, que estaban la costa abajo 30 leguas, mucha noticia de las gentes y riquezas del Perú, y de las balsas en que navegaban con remos y con velas.

Y éste fué el primer indicio que se comenzó a manifestar y a tener de aquella grande tierra; y porque tenían nuevas de la grandeza de aquellos reinos y del mucho poder de los Reyes de ellos, añadió aquel prudente mancebo, que habían menester ser los cristianos 1.000 para ir a acometerlos; ofrecióse también el mozo a ir con los españoles, y a ayudarles con la gente de su padre. Eran intérpretes de esta plática los dos españoles que se habían huído de Nicuesa y vivido con el cacique Careta. Oídas por Vasco Núñez y por su campaña tales nuevas, no pecaremos si dijésemos o juzgásemos haber recibido inestimable alegría, y aun quizás llorado de placer, como suelen algunas veces los hombres que mucho desean una cosa, si la ven o tienen esperanza propincua de verla.

CAPÍTULO XLII

Descansaron allí Vasco Núñez y su campaña algunos días, siempre informándose y certificándose de que hubiese otra mar, las dichas sierras pasadas, y antes y después de ella, las riquezas tan grandes que el mozo cuerdo les significaba, no hablando de otra cosa sino de ella; y porque cada hora se les hacía un año, por verse ya en lo que sobre todas las cosas deseaban, creyendo y aun esperando mucho más de lo que se les denunciaba, lo que es propio de codiciosos y avaros, según su ansia, despacháronse para el Darién con intención de avisar al almirante y a los que esta isla gobernaban, de las nuevas que habían sabido de la otra mar, y de los tesoros de que abundaba, y para que lo escribiesen al Rey, porque proveyese de 1.000 hombres y de todo recaudo para ir a buscarla.

Y aquí no es de callar, sino de referir un desatino, y aun sacrilegio, que cometieron, harto notable, semejantes al cual se han hecho en estas Indias hartos; éste fué que, sin más instrucción ni doctrina de las cosas de la fe que tenían de antes, al rey Comogre susodicho y a la gente que con él pudieron haber, bautizaron. Hízose y hácese gran ofensa y pecado contra Dios dar el sacramento del bautismo a los infieles idólatras, puesto que[5] muestren voluntad de quererlo y amarlo, sin que primero sean enseñados y examinados si con verdad renuncian sus ritos y errores con las pompas del diablo, y que sepan muy bien lo que reciben, y por qué, y para qué y qué les prestará recibiéndolo y dándoselo; considérese qué premio recibirán de Dios los que fueron causa que aquel señor y sus súbditos tornasen, por ignorancia de no ser informados, a idolatrar después de bautizados; porque es manifiesto, como habemos visto por larga experiencia, que cuando a los indios se dice, sin otra información de la fe, sé cristiano, o ¿quieres ser cristiano?, no entienden sino que les dicen que se llama como cristiano o que sea amigo de los cristianos; pusieron por nombre al cacique y señor Comogre, don Carlos, por el amor del Emperador, que por aquel tiempo era príncipe de España.

Partiéronse, pues, Vasco Núñez y su gente para el Darién, muy alegres, con propósito de, cuan presto pudiesen, tornar en busca del mar, y aun del mal, deseado, porque aquel descubrimiento del dicho, que tanto él deseaba, le fué causa de su muerte,[6] según que parecerá claro abajo.

Llegados al Darién, hincheron todos los que allí estaban de alegría y regocijo con las nuevas buenas de la otra mar, y de las riquezas de ella de que venían llenos; acrecentó el gozo y placer de los unos y de los otros haber venido Valdivia, después de seis meses que de allí había partido para esta isla, y traído bastimentos y larga esperanza del almirante y de los jueces que luego en breve les enviarían más bastimentos y gente... Finalmente, les enviaron a decir que de ello estuviesen ciertos, que habiendo venido navíos de Castilla, les proveerían, porque al presente ninguno había, y que no llevaba más bastimento Valdivia por no caber más en aquella carabela que había traído; y es aquí de saber que aqueste celo que aquestos señores que gobernaban mostraban y tenían de proveer a aquéllos, era por su provecho del Almirante, porque de allí esperaba con el tiempo renta, y de los demás, porque las comidas y mercaderías que les enviaban se las vendían muy bien vendidas, y así, todo el oro que aquéllos robaban, entre los de esta isla se repartía y consumía, y no consideraban los tristes que aquéllos asolaban injustamente con tan grandes daños y escándalos a aquellas gentes, y que, por les enviar las comidas y armas y caballos y gentes que les ayudasen, de todos los males y daños y pecados que cometían, y de la obligación de la restitución, eran como ellos partícipes; pero éste era uno de los efectos, el principal, de la ceguedad que Dios permitió en todos nosotros, por los pecados de Castilla.

Tornado al propósito, como lo que Valdivia trajo no fué tanto que presto no se consumiese, pocos días después de su venida comenzaron a hambrear como solían, y porque les quería mostrar la divina Providencia la iniquidad y mal estado en que vivían, inquietando y persiguiendo y matando aquellas gentes que no les habían ofendido, ayudó a ponerlos en mayor estrechura y angustia de comida, que vino una tan grande tempestad de truenos y relámpagos y, tras ella, de agua tan grande avenida en el río, que todas las sementeras que dejaron sembradas con los indios que habían hecho injusta y tiránicamente esclavos cuando a la provinica de Comogra se partieron, ninguna cosa les dejó que no les ahogase o arrancase, que fué cosa de maravilla: púdose decir por aquéllos, lo que se dice: que en casa del tahur poco dura la alegría.

---

5 aunque.   6 En efecto, Balboa, después de descubrir el Pacífico, y cuando preparaba una expedición para la conquista de lo que luego fué el Perú, fué muerto por orden de Pedrarias Dávila, gobernador de Darién, que estaba celoso de la reputación que con su descubrimiento había conquistado Balboa.

1 En un poblado indio en el sur de lo que son ahora los Estados Unidos, cerca de la desembocadura del Misisipí.   2 Alonso del Castillo Maldonado, acompañante de Cabeza de Vaca, y, con éste, uno de los cuatro supervivientes de la expedición de Narváez a la Florida.   3 fruto del nopal o higuera de Indias.   4 danza de los indios y canto que la acompaña.   5 fruto de una planta leguminosa que parece un guisante pequeño.

Álvar Núñez Cabeza de Vaca

1490?-1564?

Los *Naufragios,* de Cabeza de Vaca, relato de su expedición a la Florida con Pánfilo de Narváez en 1527 y de su marcha, fabulosamente heroica, hasta Méjico, tienen, sin duda, mayor interés por los hechos que en el libro se narran que por las dotes literarias del narrador. Nos ha parecido interesante, sin embargo, reproducir uno de sus incidentes, muestra de otros varios y testimonio de las primeras penalidades de los europeos en lo que hoy son los Estados Unidos.

NAUFRAGIOS

CAPÍTULO XXI

DE CÓMO CURAMOS AQUÍ[1] UNOS DOLIENTES

Aquella misma noche que llegamos, vinieron unos indios a Castillo[2] y dijéronle que estaban muy malos de la cabeza, rogándole que los curase; y después que los hubo santiguado y encomendado a Dios, en aquel punto los indios dijeron que todo el mal se les había quitado; y fueron a sus casas y trajeron muchas tunas[3] y un pedazo de carne de venado, cosa que no sabíamos qué cosa era; y como esto entre ellos se publicó, vinieron otros muchos enfermos en aquella noche a que los sanase, y cada uno traía un pedazo de venado; y tantos eran, que no sabíamos adónde poner la carne. Dimos muchas gracias a Dios, porque cada día iba creciendo su misericordia y mercedes; y después que se acabaron las curas, comenzaron a bailar y hacer sus areitos[4] y fiestas, hasta otro día que el sol salió; y duró la fiesta tres días, por haber nosotros venido, y al cabo de ellos les preguntamos por la tierra de delante y por la gente que en ella hallaríamos, y los mantenimientos que en ella había; respondieron que por toda aquella tierra había muchas tunas, mas que ya eran acabadas, y que ninguna gente había porque todos eran idos a sus casas, con haber ya cogido las tunas; y que la tierra era muy fría, y en ella había muy pocos cueros. Nosotros, viendo esto, que ya el invierno y tiempo frío entraba, acordamos de pasarlo con ellos. Al cabo de cinco días que allí habíamos llegado, se partieron a buscar otras tunas, adonde había gente de otras naciones y lenguas; y andadas cinco jornadas, con muy grande hambre, porque en el camino no había tunas ni otra fruta ninguna, allegamos a un río, donde asentamos nuestras casas, y después de asentados fuimos a buscar una fruta de unos árboles, que es como hieros,[5] y como por esta tierra no hay caminos, yo me detuve más en buscarla; la gente se volvió, yo quedé solo, y viniendo a buscarlos, aquella noche me perdí; y plugo a Dios que hallé un árbol ardiendo, y al fuego de él pasé aquel frío aquella noche, y a la mañana yo me cargué de leña y tomé dos tizones y volví a buscarlos, y anduve de esta manera cinco días, siempre con mi lumbre y carga de leña, porque si el fuego se me matase en parte donde no tuviese leña, como en muchas partes no la había, tuviese de qué hacer otros tizones y no me quedase sin lumbre, porque para el frío yo no tenía otro remedio, por andar desnudo como nací; y para las noches yo tenía este remedio, que me iba a las matas del monte, que estaba cerca de los ríos, y paraba en ellas, antes que el sol se pusiese, y en la tierra hacía un hoyo, y en él echaba mucha leña que se cría en muchos árboles de que por allí hay muy gran cantidad, y juntaba mucha leña de la que estaba caída y seca de los árboles, y al derredor de aquel hoyo cuatro fuegos en cruz, y yo tenía cargo y cuidado de rehacer el fuego de rato en rato, y hacía unas gavillas de paja larga que por allí hay, con que me cubría en aquel hoyo; y de esta manera me amparaba del frío de las noches; y una de ellas el fuego cayó en la paja con que yo estaba cubierto, y estando yo durmiendo en el hoyo comenzó a arder muy recio, y por mucha prisa que yo me di en salir, todavía saqué señal en los cabellos del peligro en que había estado.

En todo este tiempo no comí bocado ni hallé cosa que pudiese comer; y como traía los pies descalzos, corrióme de ellos mucha sangre; y Dios usó conmigo de misericordia, que en todo este tiempo no ventó el Norte, porque de otra manera ningún remedio había de yo vivir; y al cabo de cinco días llegué a una ribera de un río, donde yo hallé a mis indios, que ellos y los cristianos me contaran ya por muerto, y siempre creían que alguna víbora me había mordido. Todos tuvieron gran placer de verme, principalmente los cristianos, y me dijeron que hasta entonces habían caminado con mucha hambre, que ésta era la causa que no me habían buscado; y aquella noche me dieron de las tunas que tenían, y otro día partimos de allí, y fuimos donde hallamos muchas tunas, con que todos satisficieron su gran hambre; y nosotros dimos muchas gracias a Nuestro Señor, porque nunca nos faltaba su remedio.

Gonzalo Fernández de Oviedo

1478-1557

Personaje típicamente renacentista, de vida bastante accidentada, cruzó doce veces el Atlántico y ocupó varios cargos oficiales en América. En 1526 publicó un *Sumario de la Natural Historia de las Indias*, y en 1532 fué nombrado Cronista general. La primera parte de su *General y Natural Historia de las Indias* apareció tres años después y siguió enriqueciéndola con cuantos datos recogía, hasta 1548.

La obra de Oviedo sobresale entre las de su género, no tanto por el relato de los hechos históricos como por las descripciones, abundantes de noticias, que en ella se hacen de la naturaleza del nuevo continente. En este sentido es uno de los textos clásicos de la historia natural moderna, fuente de posteriores estudios científicos.

SUMARIO DE LA NATURAL HISTORIA DE LAS INDIAS

DE LOS PESCADOS Y PESQUERÍAS

En Tierra Firme los pescados que hay, y yo he visto, son muchos y muy diferentes; y pues de todos no será posible decirse aquí, diré de algunos... y diré algo más largo lo que toca a tres pescados que de suso[1] se nombraron, que son: tortuga, tiburón y el manatí.

Y comenzando del primero, digo que en la isla de Cuba se hallan tan grandes tortugas, que diez y quince hombres son necesarios para sacar del agua una de ellas; esto he oído yo decir en la misma isla a tantas personas de crédito, que lo tengo por mucha verdad; pero lo que yo puedo testificar de vista de las que en Tierra Firme se matan, yo la he visto en la villa de Acla, que seis hombres tenían bien qué llevar en una, y comúnmente las menores es harta carga una de ellas para dos hombres; y aquella que he dicho que vi llevar a seis, tenía la concha de ella por la mitad del lomo siete palmos de vara de luengo, y más de cinco en ancho o por el través de ella.

Tómanlas de esta manera: a veces acaece que caen en las grandes redes barrederas[2] algunas tortugas, pero de la manera que se toman en cantidad es cuando las tortugas se salen de la mar a desovar o a pacer[3] fuera por las playas; y así como los cristianos o los indios topan el rastro de ellas en el

arena, van por él; y en topándola, ella echa a huir para el agua, pero como es pesada, alcánzala luego con poca fatiga, y pónenles un palo entre los brazos, debajo, y trastórnanlas de espalda así como van corriendo, y la tortuga se queda así que no se puede tornar a enderezar; y dejada así, si hay otro rastro de otra o otras, van a hacer lo mismo, y de esta forma toman muchas donde salen como es dicho. Es muy excelente pescado, y de muy buen sabor y sano.

El segundo pescado de los tres que de suso se dijo, se llama tiburón; éste es grande pescado, y muy suelto en el agua y muy carnicero, y tómanse muchos de ellos, así caminando las naves a la vela por el mar Oceano, como surgidas y de otras maneras, en especial los pequeños; pero los mayores se toman navegando los navíos, en esta forma: que como el tiburón ve las naos, las sigue y se va tras ellas, comiendo la basura y inmundicias que de la nao se echan fuera; y por cargada de velas que vaya la nao y por próspero tiempo que lleve, cual ella lo debe desear, le va siempre el tiburón a la par, y le da en torno muchas vueltas, y acaece seguir a la nao ciento y cincuenta leguas y más; y así podría todo lo que quisiese; y cuando lo quieren matar, echan por popa de la nao un anzuelo de cadena, tan grueso como el dedo pulgar, y tan luengo como tres palmos, encorvado, como suelen estar los anzuelos, y las orejas de él a proporción de la groseza, y al cabo del asta del dicho anzuelo, cuatro o cinco eslabones de hierro gruesos, y del último atado un cabo de una cuerda, grueso como dos veces o tres el dicho anzuelo; y ponen en él una pieza de pescado o tocino, o carne cualquiera, o parte de la asadura de otro tiburón, si le han muerto, porque en un día yo he visto tomar nueve, y si se quisieran tomar más, también se pudiera hacer; y el dicho tiburón, por mucho que la nao corra, la sigue, como es dicho, y trágase todo el dicho anzuelo, y de la sacudida de la fuerza de él mismo, y con la furia que va la nao, así como traga el cebo y se quiere desviar, luego el anzuelo se atraviesa, y le pasa y sale por una quijada la punta de él; y prendido, son algunos de ellos tan grandes, que doce y quince hombres o más son necesarios

---

[1] arriba.   [2] la red que se arrastra por el fondo del agua para que lleve consigo todos los peces que encuentra.   [3] alimentarse, comer.   [4] subir en alto.   [5] parte de una herramienta que sirve para golpear; en el hacha es la parte opuesta al filo.   [6] la una algo distante de la otra.   [7] secar.   [8] clase de odre: recipiente para vino

que se hace con el cuero del buey.   [9] muñones; parte de una extremidad cortada.   [10] manso.

[11] casi encima de la superficie.   [12] dar (una embarcación) en arena o piedras, quedándose sin movimiento.   [13] carne salada y secada al aire.   [14] moneda.

para lo guindar[4] y subir en el navío; y metido en él, un marinero le da con el cotillo[5] de un hacha en la cabeza grandes golpes, y lo acaba de matar; son tan grandes que algunos pasan de diez y doce pies y más; y en la groseza, por lo más ancho, tiene cinco y seis y siete palmos; y tienen muy gran boca a proporción del cuerpo, y en ella dos órdenes de dientes en torno, la una distante de la otra algo,[6] y muy espesos y fieros los dientes; y muerto, hácenlo lonjas delgadas, y pónenlas a enjugar[7] dos o tres o más días, colgadas por las jarcias del navío, al aire, y después se las comen...

Estos tiburones salen de la mar, y súbense por los ríos, y en ellos no son menos peligrosos que los lagartos grandes de que atrás se dijo largamente; porque también los tiburones se comen los hombres. y las vacas y yeguas, y son muy peligrosos en los vados o parte de los ríos donde una vez se ceban.

Otros pescados muchos, y muy grandes y pequeños, y de muchas suertes se toman desde los navíos corriendo a la vela; de lo cual diré tras el manatí, que es el tercero de los tres que dije de suso que expresaría.

El manatí es un pescado de mar, de los grandes, y mucho mayor que el tiburón en groseza y de luengo, y feo mucho, que parece una de aquellas odrinas[8] grandes en que se lleva mosto en Medina del Campo y Arévalo; y la cabeza de este pescado es como de una vaca, y los ojos por semejante, y tiene unos tocones[9] gruesos en lugar de brazos, con que nada, y es animal muy mansueto,[10] y sale hasta la orilla del agua, y si desde ella puede alcanzar algunas yerbas que estén en la costa en tierra, pácelas; mátanlos los ballesteros, y asimismo a otros muchos y muy buenos pescados, con la ballesta, desde una barca o canoa, porque andan someros[11] de la superficie del agua; y como lo ven, dánle una saetada con un arpón...; y vase huyendo, y en tanto el ballestero da cordel, y echa muchas brazas de él fuera, y en el fin del hilo un corcho o palo; y desque ha andado bañando la mar de sangre, y está cansado, y vecino a la fin de la vida, llégase él mismo hacia la playa o costa, y el ballestero va cogiendo su cuerda, y desque le quedan siete o diez brazas, o poco más o menos, tira del cordel hacia tierra, y el manatí se allega hasta tanto que toca en tierra, y las ondas del agua le ayudan a encallarse[12] más, y entonces el dicho ballestero y los que le ayudan, acábanle de echar en tierra; y para lo llevar a la ciudad o adonde le han de pesar, es menester una carreta y un par de bueyes, y a las veces dos pares, según son grandes estos pescados. Asimismo, sin que se llegue a la tierra, lo meten en la canoa, porque como se acaba de morir, se sube sobre el agua: creo que es uno de los mejores pescados del mundo en sabor, y el que más parece carne; y en tanta manera en la vista es próximo a la vaca, que quien no le hubiere visto entero, mirando una pieza de él cortada, no se sabrá determinar si es vaca o ternera, y de hecho lo tendrían por carne, y se engañarán en esto todos los hombres del mundo; y asimismo el sabor es de muy excelente ternera propiamente, y la cecina[13] de él muy especial, y se tiene en mucho...

Estos manatíes tienen una cierta piedra o hueso en la cabeza, entre los sesos o meollo, la cual es muy útil para el mal de la ijada, y muélenla después de haberla muy bien quemado, y aquel polvo molido tómase, cuando el dolor se siente, por la mañana en ayunas, tanta parte como se podrá coger con una blanca de a maravedí,[14] en un trago de muy buen vino blanco; y bebiéndolo así tres o cuatro mañanas, quítase el dolor, según algunos que lo han probado me han dicho; y como testigo de vista, digo que he visto buscar esta piedra con gran diligencia a muchos para el efecto que he dicho.

Otros pescados hay casi tan grandes como los manatíes, que se llaman peje vihuela, que traen en la parte alta o hocico una espada, que por ambos lados está llena de dientes muy fieros, y es esta espada de una cosa propia suya, durísima y muy recia, y de cuatro y cinco palmos de luengo, y así, a proporción de la longueza, es la anchura; y hay estos pescados desde tamaños como una sardina o menos, hasta que dos pares de bueyes tienen harta carga en uno de ellos en una carreta.

Francisco López de Gómara
1511-ca. 1566

Clérigo y humanista, fué capellán y servidor de Cortés entre 1541, cuando debió de conocerle en la expedición de Argel, y 1547, fecha de la muerte del conquistador. No estuvo nunca en América, a pesar de lo cual puede ser considerado como el cronista clásico del descubrimiento y conquista del Nuevo Mundo, después de Pedro Mártir.

Su *Historia general de las Indias,* cuya segunda parte, en cierto modo independiente, es la *Historia de la conquista de México,* apareció en Zaragoza en 1552. Aunque por lo general se ha tendido a rebajar el valor de la obra de Gómara, juzgándola fría y académica, en contraste con los relatos más vivos y humanos de algunos conquistadores, especialmente Bernal Díaz, últimamente buenos conocedores de la literatura de Indias, como Ramón Iglesia, la han revalorizado, señalando su espíritu renacentista, su variedad y la excelencia del estilo «llano, concertado, de sentencias claras, aunque breves».

HISTORIA GENERAL DE LAS INDIAS

LA HONRA Y MERCEDES QUE LOS REYES CATÓLICOS HICIERON A COLÓN POR HABER DESCUBIERTO LAS INDIAS

Estaban los Reyes Católicos en Barcelona cuando Colón desembarcó en Palos, y hubo de ir allá. Mas aunque el camino era largo y el embarazo de lo que llevaba mucho, fué muy honrado y famoso, porque salían a verle por los caminos a la fama de haber descubierto otro mundo, y traer de él grandes riquezas y hombres de nueva forma, color y traje. Unos decían que había hallado la navegación que cartagineses vedaron;[1] otros, la que Platón, en *Crisias*, pone por perdida con la tormenta y mucho cieno que creció en la mar; y otros, que había cumplido lo que adivinó Séneca en la tragedia *Medea*, do dice: «Vendrán tiempos de aquí a mucho que se descubrirán nuevos mundos, y entonces no será Thile la postrera de las tierras.» Finalmente, él entró en la corte, con mucho deseo y concurso de todos, a 3 de abril, un año después que partió de ella. Presentó a los reyes el oro y cosas que traía del otro mundo; y ellos y cuantos estaban delante se maravillaron mucho en ver que todo aquello, excepto el oro, era nuevo como la tierra donde nacía. Loaron los papagayos, por ser de muy hermosas colores: unos muy verdes, otros muy colorados, otros amarillos, con treinta pintas de diversa color; y pocos de ellos parecían a los que de otras partes se traen. Las hutias o conejos eran pequeñitos, orejas y cola de ratón, y el color gris. Probaron el ají, especia de los indios, que les quemó la lengua, y las batatas, que son raíces dulces, y los gallipavos, que son mejores que pavos y gallinas. Maravilláronse que no hubiese trigo allá, sino que todos comiesen pan de aquel maíz. Lo que más miraron fué los hombres, que traían cercillos de oro en las orejas y en las narices, y que ni fuesen blancos, ni negros, ni loros,[2] sino como tiriciados[3] o membrillos cochos.[4] Los seis indios se bautizaron, que los otros no llegaron a la corte; y el rey, la reina y el príncipe don Juan, su hijo, fueron los padrinos,

por autorizar con sus personas el santo bautismo de Cristo en aquellos primeros cristianos de las Indias y Nuevo Mundo. Estuvieron los reyes muy atentos a la relación que de palabra hizo Cristóbal Colón, y maravillándose de oír que los indios no tenían vestidos, ni letras, ni moneda, ni hierro, ni trigo, ni vino, ni animal ninguno mayor que perro; ni navíos grandes, sino canoas, que son como artesas hechas de una pieza. No pudieron sufrirse[5] cuando oyeron que allá, en aquellas islas y tierras nuevas, se comían unos hombres a otros, y que todos eran idólatras; y prometieron, si Dios les daba vida, de quitar aquella abominable inhumanidad y desarraigar la idolatría en todas las tierras de Indias que a su mando viniesen: voto de cristianísimos reyes y que cumplieron su palabra. Hicieron mucha honra a Cristóbal Colón, mandándole sentar delante de ellos, que fué gran favor y amor; ca es antigua costumbre de nuestra España estar siempre en pie los vasallos y criados delante el rey, por acatamiento de la autoridad real. Confirmáronle su privilegio de la decena parte de los derechos reales: diéronle título y oficio de almirante de las Indias, y a Bartolomé Colón de adelantado. Puso Cristóbal Colón alrededor del escudo de arma que le concedieron esta letra:

Por Castilla y por León
Nuevo mundo halló Colón...

BAILES E ÍDOLOS QUE USAN LOS CUMANEGES[6]

En dos cosas se deleitan mucho estos hombres: en bailar y beber; suelen gastar ocho días arreo[7] en bailes y banquetes. Dejo las danzas y corros que hacen ordinariamente, y digo que para hacer un areito[8] a bodas, o coronación del rey o señor alguno, en fiestas públicas y alegrías se juntan muchos y muy galanes; unos con coronas, otros con penachos, otros con patenas[9] al pecho, y todos con caracoles y conchas a las piernas, para que suenen como cascabeles y hagan ruido. Tíznanse de veinte colores y figuras; quien más feo va, les parece mejor. Danzan sueltos y trabados de la mano, en arco, en muela,[10] adelante, atrás; pasean, saltan, voltean; callan unos, cantan otros, gritan todos. El tono, el compás, el meneo es muy conforme y a un tiempo, aunque sean muchos. Su cantar y el son tiran a tristeza cuando comienzan, y paran en locura. Bai-

---

1 Debe de referirse Gómara al hecho de que los fenicios, antepasados de los cartagineses, marcaron las columnas de Hércules, es decir, el estrecho de Gibraltar, como los límites de la navegación en el mundo antiguo. 2 morenos. 3 amarillentos, del color del que padece ictericia. 4 cocidos. 5 contenerse, reprimirse. 6 in-

dios naturales de Cumaná en la costa de Venezuela. 7 seguidos. 8 canto popular de los indios y danza que se bailaba con este canto. 9 lámina o medalla grande. 10 en rueda o corro.
11 aullar de los perros. 12 mímica, imitaciones. 13 excita, irrita. 14 Hoy Jalisco. 15 pisos.

lan seis horas sin descansar; algunos pierden el aliento; el que más baila es más estimado. Otro baile usan harto de ver, y que parece un ensayo de guerra. Alléganse muchos mancebos para festejar a su cacique, limpian el camino, sin dejar una paja ni yerba. Antes un rato que lleguen al pueblo o a palacio comienzan a cantar bajo, y a tirar los arcos al paso de la ordenanza que traen. Suben poco a poco la voz hasta gañir;[11] canta uno y responden todos; truecan las palabras, diciendo: Buen señor tenemos; tenemos buen señor, señor tenemos bueno.» Adelántase quien guía la danza, y camina de espaldas hasta la puerta. Entran luego todos haciendo seiscientas momerías:[12] unos hacen del ciego, otros del cojo; cuál pesca, cuál teje, quién ríe, quién llora, y uno ora muy en seso las proezas de aquel señor y de sus antepasados. Tras esto siéntanse todos como sastres o en cuclillas. Comen callando y beben hasta emborrachar. Quien más bebe es más valiente y más honrado del señor que les da la cena. En otras fiestas, como de Baco, que acostumbran emborracharse todos, están las mujeres y aun las hijas para llevar borrachos a casa sus maridos, padres y hermanos, y para escanciar... Riñen después de beodos. Apuñéanse, desafíanse, trátanse de hideputas, cornudos, cobardes y semejantes afrentas. No es hombre el que no se embriaga... Muchos vomitan para beber de nuevo; beben vinos de palma, yerba, grano y frutas. Para más abundancia toman humo por las narices, de una yerba que mucho encalabria[13] y quita el sentido; cantan las mujeres cantares tristes cuando los llevan a casa, y tañen unos sones que provocan a llorar.

Idolatran reciamente los de Cumaná. Adoran Sol y Luna; tiénenlos por marido y mujer y por grandes dioses. Temen mucho al Sol cuando truena y relampaguea, diciendo que está de ellos airado. Ayunan los eclipses, en especial mujeres, que las casadas se mesan y arañan y las doncellas se sangran de los brazos con espinas de peces; piensan que la Luna está del Sol herida por algún enojo. En tiempo de algún cometa hacen grandísimo ruido con bocinas y atabales y grita, creyendo que así huye o se consume; creen que las cometas denotan grandes males...

SIBOLA Y QUIVIRA

Siendo, pues, aquella tierra tan grande, y estando ya convertida toda la Nueva España y Nueva Galicia,[14] salieron frailes por muchas partes a predicar y convertir indios aun no conquistados; y fray Marcos de Niza e otro fraile francisco entraron por Culhuacán el año de 38. Fray Marcos solamente, ca enfermó su compañero, siguió con guías y lenguas el camino del sol, por más calor y por no alejarse de la mar, y anduvo en muchos días trescientas leguas de tierra, hasta llegar a Sibola. Volvió diciendo maravillas de siete ciudades de Sibola, y que no tenía cabo aquella tierra, y que cuanto más al poniente se extendía, tanto más poblada y rica de oro, turquesas y ganados de lana era. Fernando Cortés y don Antonio de Mendoza deseaban hacer la entrada y conquista de aquella tierra de Sibola, cada uno por sí y para sí; don Antonio como virrey de la Nueva España, y Cortés como capitán general y descubridor de la mar del Sur. Trataron de juntarse para lo hacer ambos; y no se confiando el uno del otro riñeron, y Cortés se vino a España, y don Antonio envió allá a Francisco Vázquez de Coronado, natural de Salamanca, con buen ejército de españoles e indios y cuatrocientos caballos. De Méjico a Culhuacán, que hay más de doscientas leguas, fueron bien proveídos. De allí a Sibola, que ponen trescientas, pasaron necesidad, y se murieron de hambre por el camino muchos indios y algunos caballos. Toparon con mujeres muy hermosas y desnudas, aunque hay lino por allí. Padecieron gran frío, ca nieva mucho por aquellas sierras. Llegando a Sibola, requirieron a los del pueblo que los recibiesen de paz, ca no iban a les facer mal, sino muy gran bien y provecho, y que les diesen comida, ca llevaban falta de ella. Ellos respondieron que no querían, pues iban armados y en son de les dar guerra, que tal semblante mostraban; así que combatieron el pueblo los nuestros. Defendiéronlo gran rato ochocientos hombres que dentro estaban. Descalabraron a Francisco Vázquez y a otros muchos españoles, mas al cabo se salieron huyendo. Entraron los nuestros, y nombráronla Granada, por amor al virrey, que es natural de la de España. Es Sibola de hasta doscientas casas de tierra y madera tosca, altas cuatro y cinco sobrados,[15] y las puertas como escotillones de nao. Suben a ellas con escaleras de palo, que quitan de noche y en tiempos de guerra. Tiene delante cada casa una cueva, donde, como en estufa, se recogen los inviernos, que son largos y de muchas nieves, aunque no está más de treinta grados y medio de la Equinocial; que si no fuese por las montañas, sería del temple de Sevilla. Las famosas siete ciudades de fray Marcos de Niza, que están en espacio de seis leguas, tendrán obra de cuatro mil hombres. Las riquezas de su reino es no tener que comer ni que vestir, durando la nieve siete meses. Hacen con todo eso unas mantillas de pieles de conejos y liebres y de venados, que algodón muy poco alcanzan. Calzan zapatos de cuero, y de invierno unas como botas hasta las rodillas. Las mujeres van vestidas de metal hasta en pies. Andan ceñidas, trenzan los cabellos y ródeanselos a la cabeza por sobre las orejas. La tierra es arenosa y de poco fruto; creo que por pereza de ellos, pues donde siembran lleva maíz, frísoles, calabazas y frutas; y aun se crían en ella gallipavos...

Viendo la poca gente y muestra de riqueza, dieron los soldados muy pocas gracias a los frailes que con ellos iban y que loaban aquella tierra de Sibola; y por no volver a Méjico sin hacer algo ni las manos vacías, acordaron de pasar adelante, que les decían ser mejor tierra. Así que fueron a Acuco, lugar sobre un fortísimo peñol, y desde allí fué don Garci López de Cárdenas con su compañía de caballos a la mar, y Francisco Vázquez con los demás a Tiguex, que está ribera de un gran río. Allí tuvieron nueva de Axa y Quivira, donde decían que estaba un rey dicho por nombre Tatarrax, barbudo, cano y rico, que ceñía un bracamarte,[16] que rezaba en horas,[17] que adoraba una cruz de oro y una imagen de mujer, señora del cielo. Mucho alegró y sostuvo esta nueva el ejército, aunque algunos la tuvieron por falsa y echadiza[18] de frailes. Determinaron ir allá, con intención de invernar en tierra tan rica como se sonaba...

De Tiguex fueron en cuatro jornadas a Cicuic, lugar pequeño, y a cuatro leguas de él toparon un nuevo género de vacas fieras y bravas, de las cuales mataron el primer día ochenta, que bastecieron el ejército de carne. Fueron de Cicuic a Quivira, que a su cuenta hay casi trescientas leguas, por grandísimos llanos y arenales tan rasos y pelados, que hicieron mojones de boñigas, a falta de piedras y de árboles, para no perderse a la vuelta, ca se les perdieron en aquella llanura tres caballos y un español que se desvió a caza. Todo aquel camino y llanos están llenos de vacas corcovadas... pero no hay más gente de la que las guardan. Fueron gran remedio para la hambre y falta de pan que llevaban. Cayóles un día por aquel llano mucha piedra como naranjas, y hubo hartas lágrimas, flaqueza y votos. Llegaron, en fin, a Quivira, y hallaron al Tatarrax que buscaban, hombre ya cano, desnudo y con una joya de cobre al cuello, que era toda su riqueza. Vista por los españoles la burla de tan famosa riqueza, se volvieron a Tiguex sin ver cruz ni rastro de cristiandad, y de allí a Méjico, en fin de marzo del año de 42...

Fray Juan de Padilla se quedó en Tiguex con otro fraile francisco, y tornó a Quivira con hasta doce indios de Mechuacán, y con Andrés Docampo, portugués, hortelano de Francisco de Solís. Llevó cabalgaduras y acémilas con provisión; llevó ovejas y gallinas de Castilla, y ornamentos para decir misa. Los de Quivira mataron a los frailes,

y escapóse el portugués con algunos mechuacanes, el cual, aunque se libró entonces de la muerte, no se libró de cautiverio, porque luego le prendieron. Mas de allí a diez meses que fué esclavo, huyó con dos perros. Santiguaba por el camino con una cruz, a que le ofrecían mucho, y doquiera que llegaba le daban limosna, albergue y de comer. Vino a tierra de Chichimecas, y aportó a Panuco. Cuando llegó a Méjico traía el cabello muy largo y la barba trenzada, y contaba extrañezas de las tierras, ríos y montañas que atravesó.

HISTORIA DE LA CONQUISTA DE MÉJICO

LOS MERCADOS DE MÉJICO

Llaman *tianquiztli* al mercado. Cada barrio y parroquia tiene su plaza para contratar el mercado. Mas México y Tlatelulco, que son los mayores, las tienen grandísimas. Especial lo es una de ellas, donde se hace mercado los más días de la semana, pero de cinco en cinco días es lo ordinario, y creo que la orden y costumbre de todo el reino y tierras de Montezuma. La plaza es ancha, larga, cercada de portales, y tal, en fin, que caben en ella sesenta y aun cien mil personas, que andan vendiendo y comprando; porque como es la cabeza de toda la tierra, acuden allí de toda la comarca, y aun lejos. Y más todos los pueblos de la laguna, a cuya causa hay siempre tantos barcos y tantas personas como digo, y aun más.

Cada oficio y cada mercadería tiene su lugar señalado, que nadie se lo puede quitar ni ocupar, que no es poca policía; y porque tanta gente y mercaderías no caben en la plaza grande, repártenla por las calles más cercanas, principalmente las cosas engorrosas y de embarazo, como son piedra, madera, cal, ladrillos, adobes y toda cosa para edificio, tosca y labrada. Esteras finas, groseras y de muchas maneras; carbón, leña y hornija;[19] loza y toda suerte de barro pintado, vidriado y muy lindo, de que hacen todo género de vasijas, desde tinajas hasta saleros; cueros de venados, crudos y curtidos, con su pelo y sin él, y de muchos colores teñidos... Y con esto tenían cueros de otros animales, y aves con su pluma, adobados y llenos de yerba, unas grandes, otras chicas; cosa para mirar, por los colores y extrañeza.

La más rica mercadería es sal y mantas de algodón, blancas, negras y de todos los colores, unas

16 tipo de espada usada antiguamente. 17 libro de oraciones. 18 inventada. 19 leña menuda. 20 especies, clases.

21 imitan, reproducen. 22 si parece. 23 de uno u otro lado. 24 paciencia. 25 vehemencia, impaciencia. 26 primoroso, excelente. 27 de ocho lados. 28 estimaron. 29 cacao. 30 ventas o cambios.

31 ora en cualquier parte del mundo en donde vivan.

grandes, otras pequeñas... Venden hilado de pelos de conejo, telas de algodón, hilaza y madejas blancas y teñidas. La cosa más de ver es la volatería que viene al mercado... y de tantas raleas[20] y colores que no lo sé decir; mansas, bravas, de rapiña, de aire, de agua, de tierra. Lo más lindo de la plaza es las obras de oro y pluma de que contrahacen[21] cualquier cosa y color; son los indios tan oficiales de esto, que hacen de pluma una mariposa, un animal, un árbol, una rosa, las flores, las yerbas y peñas tan al propio, que parece lo mismo que o está vivo o está natural. Y acontéceles no comer en todo un día, poniendo, quitando y asentando la pluma y mirando a una parte y a otra, al sol, a la sombra, a la vislumbre, por ver si dice[22] mejor a pelo o contrapelo o al través, de la haz o del envés;[23] y en fin, no la dejan de las manos hasta ponerla en toda perfección. Tanto sufrimiento[24] pocas naciones le tienen, mayormente donde hay cólera[25] como en la nuestra.

El oficio más primo[26] y artificioso es platero; y así, sacan al mercado cosas bien labradas con piedra y fundidas con fuego. Un plato ochavado,[27] el un cuarto de oro, y el otro de plata, no soldado, sino fundido y en la fundición pegado...; un pez con una escama de plata y otra de oro, aunque tenga muchas. Vacían un papagayo que se le ande la lengua, que se le menee la cabeza y las alas. Funden una mona que juegue pies y cabeza y tenga en las manos un huso, que parezca que hila, o una manzana, que parezca que come. Esto tuvieron a mucho[28] nuestros españoles, y los plateros de acá no alcanzan el primor. Esmaltan asimismo, engastan y labran esmeraldas, turquesas y otras piedras, y agujeran perlas; pero no tan bien como por acá.

Pues tornando al mercado, hay en él mucha pluma, que vale mucho; oro, plata, cobre, plomo, latón y estaño, aunque de los tres metales postreros es poco; perlas y piedras, muchas. Mil maneras de conchas y caracoles pequeños y grandes. Huesos, chinas, esponjas y menudencias otras. Y cierto que son muchas y muy diferentes y para reír las bujerías, los melindres y dijes de estos indios de Méxixo. Hay que mirar en las yerbas y raíces, hojas y simientes que se venden, así para comida como para medicina, que los hombres y mujeres y niños conocen mucho en yerbas, porque con la pobreza y necesidad las buscan para comer y guarecer de sus dolencias, que poco gastan en médicos, aunque los hay, y muchos boticarios, que sacan a la plaza ungüentos, jarabes, aguas y otras cosillas de enfermos. Casi todos sus males curan con yerbas, que aun hasta para matar los piojos tienen yerba propia y conocida. Las cosas que para comer venden no tienen cuento. Pocas cosas vivas dejan de comer...

No acabaría si hubiese de contar todas las cosas que tienen para vender, y los oficiales que hay en el mercado, como son estuferos, barberos, cuchilleros y otros, que muchos piensan que no los había entre estos hombres de nueva manera. Todas estas cosas que digo, y muchas que no sé, y otras que callo, se venden en cada mercado de estos de México. Los que venden, pagan algo del asiento al rey, o por alcabala o porque los guarden de ladrones; y así, andan siempre por la plaza y entre la gente unos como alguaciles. Y en una casa que todos los ven, están doce hombres ancianos, como en judicatura, librando pleitos. La venta y compra es trocando una cosa por otra; éste da un gallipavo por un haz de maíz; el otro da mantas por sal o dinero, que es almendras de *cacauatl*,[29] y que corre por tal por toda la tierra; y de esta guisa pasa la baratería...[30]

LA PLÁTICA QUE HIZO CORTÉS A LOS DE MÉXICO SOBRE LOS ÍDOLOS

«Todos los hombres del mundo, muy soberano rey, y nobles caballeros y religiosos, ora vosotros aquí, ora nosotros allá en España, ora en cualquier parte, que vivan de él,[31] tienen un mismo principio y fin de vida, y traen su comienzo y linaje de Dios, casi con el mismo Dios. Todos somos hechos de una manera de cuerpo, de una igualdad de ánima y de sentidos; y así, todos somos, no sólo semejantes en el cuerpo y alma, mas aun también parientes en sangre; empero acontece, por la providencia de aquel mismo Dios, que unos nazcan hermosos y otros feos; unos sean sabios y discretos, otros necios, sin entendimiento, sin juicio ni virtud; por donde es justo, santo y muy conforme a razón y a la voluntad de Dios, que los prudentes y virtuosos enseñen y doctrinen a los ignorantes, y guíen a los ciegos y que andan errados, y los metan en el camino de salvación por la vereda de la verdadera religión. Yo pues, y mis compañeros, vos deseamos y procuramos también tanto bien y mejoría, cuanto más el parentesco, amistad y el ser vuestros huéspedes; cosas que a quien quiera y donde quiera, obligan, nos fuerzan y constriñen. En tres cosas, como ya sabréis, consiste el hombre y su vida: en cuerpo, alma y bienes. De vuestra hacienda, que es lo menos, ni queremos nada, ni hemos tomado sino lo que nos habéis dado. A vuestras personas ni a las de vuestros hijos ni mujeres, no habemos tocado, ni aun queremos; el alma solamente buscamos para su salvación; a la cual ahora pretendemos aquí mostrar y dar noticia entera del verdadero Dios. Ninguno que natural juicio tenga, negará que hay Dios; mas empero por ignorancia dirá que hay muchos dioses, o no atinará al que verdaderamente es Dios. Mas yo digo y certifico que no hay otro Dios sino el nuestro de cristianos; el cual es uno, eterno, sin principio, sin fin, criador y gobernador de lo criado. Él solo hizo el cielo, el sol, la luna y estrellas, que vosotros adoráis; él mismo crió la mar con los peces, y la tierra con los animales, aves, plantas, piedras, metales, y cosas semejantes, que ciegamente vosotros tenéis por dioses. Él asimismo, con sus propias manos, ya después de todas las cosas criadas, formó un hombre y una mujer; y formado, le puso el alma con el soplo, y le entregó el mundo, y le mostró el paraíso, la gloria y a sí mismo. De aquel hombre, pues, y de aquella mujer venimos todos, como al principio dije; y así, somos parientes, y hechura de Dios, y aun hijos; y si queremos tornar al Padre, es menester que seamos buenos, humanos, piadosos, inocentes y corregibles; lo que no podéis vosotros ser si adoráis estatuas y matáis hombres ¿Hay hombre de vosotros que querría le matasen? No por cierto. Pues ¿por qué matáis a otros tan cruelmente? Donde no podéis meter alma, ¿para qué la sacáis? Nadie hay de vosotros que pueda hacer ánimas ni sepa forjar cuerpos de carne y hueso; que si pudiese, no estaría ninguno sin hijos, y todos tendrían cuántos quisiesen y cómo los quisiesen, grandes, hermosos, buenos y virtuosos; empero, como los da este nuestro Dios del cielo que digo, dalos como quiere y a quien quiere, que por eso es Dios, y por eso le habéis de tomar, tener y adorar por tal, y porque llueve, serena y hace sol, con que la tierra produzca pan, fruta, yerbas, aves y animales para vuestro mantenimiento. No os dan estas cosas, no las duras piedras, no los maderos secos, ni los fríos metales ni las menudas semillas de que vuestros mozos y esclavos hacen con sus manos sucias estas imágenes y estatuas feas y espantosas, que vanamente adoráis. ¡Oh qué gentiles dioses, y qué donosos religiosos! Adoráis lo que hacen

manos que no comeréis lo que guisan o tocan. ¿Creéis que son dioses lo que se pudre, carcome, envejece y sentido ninguno tiene? ¿Lo que ni sana ni mata? Así que no hay para qué tener más aquí estos ídolos, ni se hagan más muertes ni oraciones delante de ellos, que son sordos, mudos y ciegos. ¿Queréis conocer quién es Dios, y saber dónde está? Alzad los ojos al cielo, y luego entenderéis que está allá arriba alguna deidad que mueve el cielo, que rige el curso del sol, que gobierna la tierra, que bastece la mar, que provee al hombre y aun a los animales de agua y pan. A este Dios, pues, que ahora imagináis allá dentro en vuestros corazones, a ése servid y adorad, no con muerte de hombres ni con sangre ni sacrificios abominables, sino con sola devoción y palabras, como los cristianos hacemos; y sabed que para enseñaros esto venimos acá.»

Con este razonamiento aplacó Cortés la ira de los sacerdotes y ciudadanos; y con haber ya derribado los ídolos, antuviándose,[32] acabó con ellos; otorgando[33] a Montezuma que no tornasen a los poner, y que barriesen y limpiasen la sangre hedionda de las capillas, y que no sacrificasen más hombres, y que le consintiesen poner un crucifijo y una imagen de santa María en los altares de la capilla mayor, adonde suben por las ciento y catorce gradas que dije. Montezuma y los suyos prometieron de no matar a nadie en sacrificio, y de tener la cruz e imagen de nuestra Señora, si les dejaban los ídolos de sus dioses que aún estaban en pie; y así lo hizo él, y lo cumplieron ellos, porque nunca después sacrificaron hombre, a lo menos en público ni de manera que españoles lo supiesen; y pusieron cruces e imágenes de nuestra Señora y de otros sus santos entre sus ídolos. Pero quedóles un odio y rencor mortal con ellos por esto, que no pudieron disimular mucho tiempo. Más honra y prez ganó Cortés con esta hazaña cristiana que si los venciera en batalla.

Bernal Díaz del Castillo
1496?-1584

Soldado de Cortés en la conquista de Méjico, Díaz del Castillo, escribió la *Historia verdadera de la conquista de la Nueva España,* con el objeto, según explica, de dar un fiel relato de los hechos y de hacer resaltar la participación de los conquistadores frente a la versión de

Gómara, en la que, para enaltecer a Cortés, se olvida frecuentemente de sus compañeros. Algunos críticos modernos, Ramón Iglesia entre ellos, han sugerido que la obra de Bernal Díaz nace del descontento de verse preterido y de su deseo de obtener nuevas mercedes. Cuales-

---

32 anticipándose (al discurso que hizo); «antuviar», literalmente, significa dar un golpe de repente o primero que otro.   33 estipulando, advirtiendo.

1 destruye todos los navíos.   2 Alude a los intentos de algunos soldados de Cortés de rebelarse y volver a Cuba.   3 gobernador de Cuba, contra cuya autoridad se rebeló Cortés al embarcar para Méjico.   4 bote, barco

pequeño.   5 barco pequeño de remos.   6 Hoy Veracruz.   7 acudiesen.   8 *sahumar*: dar humo aromático.   9 capaz.   10 el que manda una cuadrilla o grupo pequeño de gente armada.

11 derrotados.   12 dulces.   13 al cacique o jefe de Cempoal.   14 volvió a recordarles.

quiera que fueran los móviles que le llevaron a escribirla, lo que nadie pone en duda es el mérito de su crónica
como historia vivida. De este hecho proceden sus mejores valores literarios: naturalidad del relato, humanidad de los juicios ante personas y sucesos, espontaneidad del estilo, reflejo casi directo de la lengua hablada.

HISTORIA VERDADERA DE LA CONQUISTA DE LA NUEVA ESPAÑA

CORTÉS ACUERDA CON SUS SOLDADOS IR A MÉJICO Y ANTES DE PARTIR DA CON TODOS LOS NAVÍOS AL TRAVÉS[1]

Estando en Cempoal, como dicho tengo, platicando con Cortés en las cosas de la guerra y camino que teníamos por delante, de plática en plática le aconsejamos los que éramos sus amigos, y
otros hubo contrarios, que no dejase navío ninguno
en el puerto, sino que luego diese al través con
todos y no quedasen embarazos, porque entretanto
que estábamos en la tierra adentro no se alzasen
otras personas, como los pasados;[2] y demás de esto,
que tendríamos mucha ayuda de los maestres y
pilotos y marineros, que serían cien personas, y
que mejor nos ayudarían a velar y a guerrear que
estar en el puerto. Y según entendí, esta plática de
dar con los navíos al través, que allí le propusimos, el mismo Cortés lo tenía ya concertado, pero
quiso que saliese de nosotros, porque si algo le
demandasen que pagase los navíos, que era por
nuestro consejo y todos fuésemos en los pagar. Y
luego mandó a un Juan de Escalante que era alguacil mayor y persona de mucho valor y gran
amigo de Cortés y enemigo de Diego Velázquez,[3]
porque en la isla de Cuba no le dió buenos indios,
que luego fuese a la villa y que de todos los navíos
se sacasen todas las anclas y cables y velas y lo
que dentro tenían de que se pudiesen aprovechar,
y que diese con todos ellos al través, que no quedasen más de los bateles,[4] y que los pilotos y maestres viejos y marineros que no eran para ir a la
guerra, que se quedasen en la villa, y con dos chinchorros[5] que tuviesen cargo de pescar, que en
aquel puerto siempre había pescado, aunque no
mucho. Y Juan de Escalante lo hizo según y de la
manera que le fué mandado, y luego se vino a
Cempoal con una capitanía de hombres de la mar,
que fueron los que sacó de los navíos, y salieron algunos de ellos muy buenos soldados.

Pues hecho esto, mandó Cortés llamar a todos
los caciques de la serranía, de los pueblos nuestros
confederados y rebelados al gran Montezuma, y
les dijo cómo habían de servir a los que quedaban
en la Villa Rica,[6] y acabar de hacer la iglesia

y fortaleza y casas, y allí delante de ellos tomó
Cortés por la mano a Juan de Escalante, y les dijo:
«Éste es mi hermano»; y que lo que les mandase
que lo hiciesen, y que si hubiesen menester favor
y ayuda contra algunos indios mejicanos, que a él
ocurriesen,[7] que él iría en persona a ayudarles. Y
todos los caciques se ofrecieron de buena voluntad
de hacer lo que les mandase. Acuérdome que luego
le sahumaron[8] a Juan de Escalante con sus inciensos, y aunque no quiso. Ya he dicho era persona
muy bastante[9] para cualquier cargo, y amigo de
Cortés, y con aquella confianza le puso en aquella
villa y puerto por capitán para si algo enviase Diego Velázquez que hubiese resistencia.

Aquí es donde dice el cronista Gómara que
cuando Cortés mandó barrenar los navíos, que no
lo osaba publicar a los soldados que quería ir a
Méjico en busca del gran Montezuma. No pasó
como dice, ¿pues de qué condición somos los españoles para no ir adelante y estarnos en partes que
no tengamos provecho y guerras? También dice el
mismo Gómara que Pedro de Ircio quedó por capitán en la Vera Cruz; no le informaron bien; Juan
de Escalante fué el que quedó por capitán y alguacil mayor de la Nueva España, que aún a Pedro de
Ircio no le habían dado cargo ninguno, ni aun de
cuadrillero.[10]

Después de haber dado con los navíos al través,
una mañana, después de haber oído misa, estando
todos los capitanes y soldados juntos hablando con
Cortés en cosas de lo militar, dijo que nos pedía
por merced que le oyésemos; y propuso un razonamiento de esta manera: Que ya habíamos entendido la jornada que íbamos y que, mediante Nuestro Señor Jesucristo, habíamos de vencer todas las
batallas y encuentros; y que habíamos de estar tan
prestos para ello como convenía, porque en cualquier parte donde fuésemos desbaratados,[11] lo cual
Dios no permitiese, no podríamos alzar cabeza, por
ser muy pocos, y que no teníamos otro socorro ni
ayuda sino el de Dios, porque ya no teníamos navíos para ir a Cuba, salvo nuestro buen pelear y
corazones fuertes; y sobre ello dijo otras muchas
comparaciones y hechos heroicos de los romanos.
Y todos a una le respondimos que haríamos lo
que ordenase, que echada estaba la suerte de la
buena ventura, como dijo Julio César sobre el Rubicón, pues eran todos nuestros servicios para servir a Dios y a Su Majestad. Y después de este
razonamiento, que fué muy bueno (cierto con otras
palabras más melosas[12] y elocuencia que yo aquí
no las digo), y luego mandó llamar al cacique gordo[13] y él tornó a traer a la memoria[14] que tuviesen
muy reverenciada y limpia la iglesia y cruz, y demás de esto le dijo que se quería partir luego para
Méjico a mandar a Montezuma que no robe ni sa

crifique; y que ha menester doscientos indios *ta-memes*[15] para llevar la artillería, que ya he dicho otra vez que llevan dos arrobas a cuestas y andan con ellas cinco leguas; y también le demandó cincuenta principales, hombres de guerra, que fuesen con nosotros.

ATAQUE DE LOS MEJICANOS Y MUERTE DE MONTEZUMA

Y desde que amaneció vienen muchos más escuadrones de guerreros y nos cercan por todas partes los aposentos, y si mucha piedra y flechas tiraban antes, muchas más espesas y con mayores alaridos y silbos vinieron este día; y otros escuadrones por otras partes procuraban de entrarnos,[16] que no aprovechaban tiros ni escopetas, aunque les hacían harto mal. Y viendo todo esto acordó Cortés que el gran Montezuma[17] les hablase desde una azotea, y les dijese que cesasen las guerras, y que nos queríamos ir de su ciudad. Y cuando al gran Montezuma se lo fueron a decir de parte de Cortés, dicen que dijo con gran dolor: «¿Qué quiere ya de mí Malinche,[18] que yo no deseo vivir ni oírle, pues en tal estado por su causa mi ventura me ha traído?» Y no quiso venir, y aún dicen que dijo que ya no le quería ver ni oír a él ni a sus falsas palabras ni promesas y mentiras. Y fué el padre de la Merced y Cristóbal de Olid, y le hablaron con mucho acato y palabras muy amorosas. Y dijo Montezuma: «Yo tengo creído que no aprovecharé cosa ninguna para que cese la guerra, porque ya tienen otro señor y han propuesto de no dejaros salir de aquí con la vida; y así creo que todos vosotros habéis de morir.»

Y volvamos a los grandes combates que nos daban. Que Montezuma se puso a un pretil de una azotea con muchos de nuestros soldados que le guardaban, y les comenzó a hablar con palabras muy amorosas que dejasen la guerra y que nos iríamos de Méjico, y muchos principales y capitanes mejicanos bien lo conocieron, y luego mandaron que callasen sus gentes y no tirasen varas ni piedras ni flechas; y cuatro de ellos se llegaron en parte que Montezuma les podía hablar, y ellos a él, y llorando le dijeron: «¡Oh, señor y nuestro gran señor, y cómo nos pesa de todo vuestro mal y daño y de vuestros hijos y parientes! Hacémoos saber que ya hemos levantado a un vuestro pariente por señor.» Y allí le nombró cómo se llamaba, que se decía Coadlavaca, señor de Iztapalapa,

que no fué Guatemuz el que luego fué señor. Y más dijeron que la guerra la habían de acabar, y que tenían prometido a sus ídolos de no dejarla hasta que todos nosotros muriésemos, y que rogaban cada día a su Uichilobos y a Tezcatepuca[19] que le guardasen libre y sano de nuestro poder; y como saliese como deseaban, que no le dejarían tener muy mejor que de antes por señor, y que les perdonase. Y no hubieron bien acabado el razonamiento, cuando en aquella sazón tiran tanta piedra y vara, que los nuestros que le arrodelaban,[20] desde que vieron que entre tanto que hablaba con ellos no daban guerra, se descuidaron un momento, y le dieron tres pedradas, una en la cabeza, otra en un brazo y otra en una pierna; y puesto que[21] le rogaban se curase y comiese y le decían sobre ello buenas palabras, no quiso, antes cuando no nos catamos[22] vinieron a decir que era muerto. Y Cortés lloró por él, y todos nuestros capitanes y soldados, y hombres hubo entre nosotros, de los que le conocíamos y tratábamos, de que fué tan llorado como si fuera nuestro padre, y no nos hemos de maravillar de ello viendo que tan bueno era. Y decían que había diez y siete años que reinaba, y que fué el mejor rey que en Méjico había habido, y que por su persona había vencido tres desafíos que tuvo sobre las tierras que sojuzgó. Y pasemos adelante.

Pues como vimos a Montezuma que se había muerto, ya he dicho la tristeza que en todos nosotros hubo por ello, y aun al fraile de la Merced, que siempre estaba con él, se lo tuvimos a mal no atraerle a que se volviese cristiano, y él dió por descargo que no creyó que de aquellas heridas muriese. En fin mandó Cortés a un *papa*[23] y a un principal de los que estaban presos, que soltamos para que fuesen a decir al cacique que alzaron por señor, que se decía Coadlavaca, y a sus capitanes cómo el gran Montezuma era muerto, y que ellos le vieron morir, y de la manera que murió y heridas que le dieron los suyos, que dijesen como a todos nos pesaba de ello, y que lo enterrasen como a gran rey que era, y que alzasen a su primo de Montezuma, que con nosotros estaba, por rey, pues le pertenecía de heredar, o a otros sus hijos, y que al que habían alzado por señor no le venía por derecho, y que tratasen paces para salirnos de Méjico, que si no lo hacían, que ahora que era muerto Montezuma, a quien teníamos respeto, y que por su causa no les destruímos su ciudad, que saldríamos a darles guerra y a quemarles todas las casas, y les haríamos mucho mal. Y porque lo viesen

---

[15] cargadores, indios que acompañaban a los viajeros. [16] atacarnos. [17] Cortés tenía a Montezuma prisionero, en rehenes, pensando así protegerse de los ataques de los indios. Éstos, sin embargo, le atacaron capitaneados por el nuevo caudillo Coadlavaca. [18] Cortés. [19] dioses indios. [20] le protegían con rodelas o escudos. [21] aunque. [22] sino que cuando menos lo esperábamos. [23] sacerdote indio. [24] porque. [25] combate. [26] muestras de respeto. [27] musculoso, fuerte. [28] tendía. [29] negras. [30] delgado.

como era muerto Montezuma, mandó a seis mejicanos muy principales y los demás *papas* que teníamos presos que lo sacasen a cuestas y lo entregasen a los capitanes mejicanos y les dijesen lo que Montezuma mandó al tiempo que se quería morir, que[24] aquellos que le llevaron a cuestas se hallaron presentes a su muerte. Y dijeron a Coadlavaca toda la verdad, como ellos propios lo mataron de tres pedradas. Y después que así lo vieron muerto, vimos que hicieron muy gran llanto, que bien oímos las gritas y aullidos que por él daban; y aun con todo esto no cesó la gran batería[25] que siempre nos daban y era sobre nosotros de vara y piedra y flecha, y luego la comenzaron muy mayor y con gran braveza, y nos decían: «Ahora pagaréis muy de verdad la muerte de nuestro rey y señor y el deshonor de nuestros ídolos; y las paces que nos enviáis a pedir, salid acá y concertaremos cómo y de qué manera han de ser.»

LLEGADA A MÉJICO DE DOCE MISIONEROS FRANCISCANOS

Ya he dicho en los capítulos pasados que sobre ello hablan cómo habíamos escrito a Su Majestad suplicándole nos enviase religiosos franciscanos, de buena y santa vida, para que nos ayudasen a la conversión y santa doctrina de los naturales de esta tierra para que se volviesen cristianos y les predicasen nuestra santa fe, como se la dábamos a entender desde que entramos a la Nueva España, y sobre ello había escrito Cortés, juntamente con todos nosotros los conquistadores que ganamos la Nueva España, a don fray Francisco de los Ángeles, que después fué cardenal, para que nos hiciese mercedes que los religiosos que enviase de santa vida para que nuestra santa fe siempre fuese ensalzada y los naturales de estas tierras conociesen lo que les decíamos cuando estábamos batallando con ellos, que les decíamos que Su Majestad enviaría religiosos de mucho mejor vida que nosotros éramos, para que les diesen a entender los razonamientos y predicaciones que les decíamos que eran verdaderos; y el general don fray Francisco de los Ángeles nos hizo mercedes que luego envió los doce religiosos que dicho tengo, y entonces vino con ellos fray Toribio Motolinía, y pusiéronle este nombre de Motolinía los caciques y señores de Méjico, que quiere decir en su lengua el fraile pobre, porque cuanto le daban por Dios lo daba a los indios y se quedaba algunas veces sin comer, y traía unos hábitos muy rotos y andaba descalzo, y siempre les predicaba, y los indios lo querían mucho porque era una santa persona.

Volvamos a nuestra relación. Como Cortés supo que estaban en el puerto de la Veracruz, mandó en todos los pueblos, así de indios como donde vivían españoles, que por donde viniesen les barriesen los caminos, y donde posasen les hiciesen ranchos, si fuese en el campo; y en poblado, cuando llegasen a las villas o pueblos de indios, que les saliesen a recibir y les repicasen las campanas, que en aquella sazón había en cada pueblo, y que todos comúnmente después de haberles recibido les hiciesen mucho acato,[26] y que los naturales llevasen candelas de cera encendidas, y con las cruces que hubiese y con más humildad; y porque los indios lo viesen, para que tomasen ejemplo, mandó a los españoles se hincasen de rodillas a besarles las manos y hábitos, y aún les envió Cortés al camino mucho refresco y les escribió muy amorosamente. Y viniendo por su camino, ya que llegaban cerca de Méjico, el mismo Cortés, acompañado de nuestros valerosos y esforzados soldados, los salimos a recibir; juntamente fueron con nosotros Guatemuz, el señor de Méjico, con todos los más principales mejicanos que había y otros muchos caciques de otras ciudades; y cuando Cortés supo que llegaban se apeó del caballo, y todos nosotros juntamente con él; y ya que nos encontramos con los reverendos religiosos, el primero que se arrodilló delante de fray Martín de Valencia y le fué a besar las manos fué Cortés, y no lo consintió, y le besó los hábitos y a todos los religiosos, y así hicimos todos los capitanes y soldados que allí íbamos, y Guatemuz y los señores de Méjico. Y de que Guatemuz y los demás caciques vieron ir a Cortés de rodillas a besarle las manos, espantáronse en gran manera, y como vieron a los frailes descalzos y flacos, y los hábitos rotos, y no llevar caballos, sino a pie y muy amarillos, y ver a Cortés, que le tenían por ídolo o cosa como sus dioses, así arrodillado delante de ellos, desde entonces tomaron ejemplo todos los indios, que cuando ahora vienen religiosos les hacen aquellos recibimientos y acatos según de la manera que dicho tengo; y más digo, que cuando Cortés con aquellos religiosos hablaba, que siempre tenía la gorra en la mano y en todo les tenía gran acato; y ciertamente estos buenos religiosos franciscos hicieron mucho fruto en toda la Nueva España.

RETRATO DE CORTÉS Y RECUERDO DE SUS HAZAÑAS

Fué de buena estatura y cuerpo, y bien proporcionado y membrudo[27] y la color de la cara tiraba algo[28] a cenicienta, y no muy alegre, y si tuviera el rostro más largo, mejor pareciera, y era en los ojos en el mirar algo amorosos, y por otra parte graves; las barbas tenía algo prietas[29] y pocas y ralas, y el cabello de la misma manera que las barbas, y tenía el pecho alto y la espalda de buena manera, y era cenceño[30] y de poca barriga y algo estevado,[31] y las piernas y muslos bien sentados; y era buen jinete y diestro de todas armas, así a pie como a caballo, y sabía muy bien menearlas,[32] y, sobre todo, corazón y ánimo, que es lo que hace al caso.

Oí decir que cuando mancebo en la isla Española[33] fué algo travieso sobre mujeres, y que se acuchilló algunas veces con hombres esforzados y diestros, y siempre salió con victoria; y tenía una señal de cuchillada, la cual señal le dieron cuando andaba en aquellas cuestiones. En todo lo que mostraba, así en su presencia como en pláticas y conversación, y en comer y en el vestir, en todo daba señales de gran señor. Los vestidos que se ponía eran según el tiempo y usanza, y no se le daba nada de traer muchas sedas y damascos, ni rasos, sino llanamente y muy pulido; ni tampoco traía cadenas de oro grandes, salvo una cadenita de oro y un joyel con la imagen de Nuestra Señora la Virgen Santa María con su Hijo precioso en los brazos; también traía en el dedo un anillo muy rico con un diamante, y en la gorra, que entonces se usaba de terciopelo, traía una medalla, mas después siempre traía gorra de paño sin medalla. Servíase ricamente como gran señor, con dos maestresalas[34] y mayordomos y muchos pajes, y todo el servicio de su casa muy cumplido, y grandes vajillas de plata y de oro; comía bien y bebía una buena taza de vino aguado que cabría un cuartillo, y también cenaba, y no era nada regalado,[35] ni se le daba nada por comer manjares delicados ni costosos, salvo cuando veía que había necesidad que se gastase y los hubiese menester dar.

Era de muy afable condición con todos sus capitanes y compañeros, especial con los que pasamos con él de la isla de Cuba la primera vez, y era latino,[36] y oí decir que era bachiller en leyes, y cuando hablaba con letrados u hombres latinos, respondía a lo que le decían en latín. Era algo poeta y en lo que platicaba lo decía muy apacible y con muy buena retórica; y rezaba por las mañanas y oía misa con devoción. Cuando juraba decía: «en mi conciencia», y cuando se enojaba con algún soldado de los nuestros sus amigos, le decía: «¡Oh, mal pese a vos!»; y cuando estaba muy enojado se le hinchaba una vena de la garganta y otra de la frente; y aun algunas veces, de muy enojado,

arrojaba un lamento al cielo, y no decía palabra fea ni injuriosa a ningún capitán ni soldado, y era muy sufrido, porque soldados hubo muy desconsiderados que le decían palabras descomedidas, y no les respondía cosa soberbia ni mala y lo más que les decía: «Callad, y oíd, o id con Dios, y de aquí adelante tened más miramiento en lo que dijereis, porque os costará caro por ello.»

Dejemos esta plática, y diré que cuando vinimos con nuestra armada y comenzamos a hacer la fortaleza, el primero que cavó y sacó tierra en los cimientos fué Cortés; y siempre en las batallas le vi que entraba en ellas juntamente con nosotros...

No quiero decir de otras muchas proezas o valentías que vi que hizo nuestro marqués don Hernando Cortés, porque son tantas y de tal manera, que no acabaría tan presto de relatarlas, y volveré a decir de su condición, que era muy aficionado a juegos de naipes y dados, y cuando jugaba era muy afable en el juego, y decía ciertos remoquetes[37] que suelen decir los que juegan a los dados; era con demasía dado a mujeres, y celoso en guardar las suyas; era muy cuidadoso en todas las conquistas que hacíamos, aun de noche, y muchas noches rondaba y andaba requiriendo las velas[38] y entraba en los ranchos y aposentos de nuestros soldados; al que hallaba sin armas y estaba descalzo le reprendía, y le decía que a la oveja ruin le pesa la lana, y le reprendía con palabras agrias.

Bien creo que se me habrán olvidado otras cosas que escribir sobre las condiciones de su valerosa persona; lo que se me acuerda y vi, eso escribo.

DE LOS PROVECHOS QUE SE HAN SEGUIDO DE NUESTRAS CONQUISTAS Y TRABAJOS

Después de quitadas las idolatrías y todos los malos vicios que usaban, quiso Nuestro Señor Dios que con su santa ayuda... se han bautizado desde que lo[39] conquistamos todas cuantas personas había, así hombres como mujeres y niños que después han nacido, y que de antes iban perdidas sus ánimas a los infiernos y ahora, como hay muchos y buenos religiosos de señor San Francisco y de Santo Domingo y de otras órdenes, andan en los pueblos predicando, y en siendo la criatura de los días que manda nuestra santa madre Iglesia de

---

31 con las piernas torcidas, en forma de arco.   32 menejarlas.   33 Hoy Santo Domingo.   34 camarero mayor encargado de dirigir el servicio de mesa.   35 delicado, exigente.   36 sabía latín.   37 dichos graciosos.   38 reconociendo los centinelas.   39 Se refiere a la Nueva España.   40 aprender.

41 junto a, cerca de.   42 oración.   43 mas callaré, las dejaré sin decir.   44 obra que se hace echando en un molde hueco el metal derretido.   45 los que labran piedras preciosas.   46 escultores.   47 primorosas, exce-

lentes.   48 especie de barrena para taladrar.   49 especie de piedra muy dura.   50 Toda la construcción de este párrafo desde «que se me significa» hasta «el Crespillo» es bastante defectuosa. El sentido es claro; quiere decir que ni Apeles ni los otros artistas nombrados serían capaces de hacer obras superiores a las de los indios que cita.

51 canto litúrgico en la Iglesia Católica.   52 guitarras.   53 ayuntamiento, concejo municipal.   54 juegos caballerescos.

Roma los bautizan; y demás de esto con los santos sermones que les hacen el santo Evangelio está muy bien plantado en sus corazones, y se confiesan cada año, y algunos de ellos que tienen más conocimiento en nuestra santa fe se comulgan; y demás de esto tienen sus iglesias muy ricamente adornadas de altares, y todo perteneciente para el santo culto divino, con cruces y candeleros y ciriales y cáliz y patenas y platos, unos grandes y otros chicos, de plata, y incensario todo labrado de plata...

Otra cosa buena tienen: que así hombres como mujeres y niños que son de edad para lo deprender,[40] saben todas las santas oraciones en sus mismas lenguas que son obligados a saber, y tienen otras buenas costumbres acerca de su santa cristiandad, que cuando pasan cabe[41] un santo altar o cruz abajan la cabeza con humildad, se hincan de rodillas y dicen la operación[42] del «Pater noster», que les mostramos los conquistadores... Y demás de lo que dicho tengo les mostramos a tener mucho acato y obediencia a todos los religiosos y a clérigos, y que cuando fuesen a sus pueblos les saliesen a recibir con candelas de cera encendidas y repicasen las campanas y les diesen muy bien de comer, y así lo hacen con los religiosos; y tenían estos cumplimientos con los clérigos; mas después que han conocido y visto de algunos de ellos y los demás sus codicias, y hacen en los pueblos desatinos, pasan por alto y no los querrían por curas de sus pueblos, sino franciscanos o dominicos, y no aprovecha cosa que sobre este caso los pobres indios digan al prelado, que no lo oyen. He qué decir sobre esta materia, mas quedarse ha en el tintero,[43] y volveré a mi relación...

Pasemos adelante y digamos cómo todos los más indios naturales de estas tierras han deprendido muy bien todos los oficios que hay en Castilla entre nosotros, y tienen sus tiendas de los oficios y obreros, y ganan de comer a ello, y los plateros de oro y de plata, así de martillo como de vaciadizo,[44] son muy extremados oficiales, y así mismo lapidarios[45] y pintores, y los entalladores[46] hacen tan primas[47] obras con sus sutiles alegras[48] de hierro, especialmente entallan esmeriles[49] y dentro de ellos figurados todos los pasos de la Santa Pasión de Nuestro Señor Redentor y Salvador Jesucristo, que si no las hubiese visto no pudiera creer que indios lo hacían, que se me significa a mi juicio que era aquel tan nombrado pintor como fué el muy antiguo Apeles, y de nuestros tiempos que se decían Berruguete y Miguel Ángel, ni de otro moderno ahora nuevamente muy nombrado, natural de Burgos, el cual tiene gran fama como Apeles, no harán con sus muy sutiles pinceles las obras de los esmeriles ni relicarios que hacen tres indios maestros de

aquel oficio, mejicanos, que se dicen Andrés de Aquino, y Juan de la Cruz y el «Crespillo».[50]

Y demás de esto, todos los más hijos de principales solían ser gramáticos, y lo deprendían muy bien... Y muchos hijos de principales saben leer y escribir y componer libros de canto llano;[51] y hay oficiales de tejer raso y tafetán y hacer paños de lana... según y de la manera que se hace en Segovia y en Cuenca, y otros son sombrereros y jaboneros; solos dos oficios no han podido entrar en ellos y aunque lo han procurado, que es hacer el vidrio y ser boticarios; mas yo los tengo de tan buenos ingenios, que lo deprenderán muy bien, porque algunos de ellos son cirujanos y herbolarios, y saben jugar de mano y hacer títeres, y hacen vihuelas[52] muy buenas; pues labradores, de su naturaleza lo son antes que viniésemos a la Nueva España, y ahora crían ganado de todas suertes y doman bueyes y aran las tierras, y siembran trigo, y lo benefician y cogen, y lo venden, y hacen pan y bizcocho, y han plantado sus tierras y heredades de todos los árboles y frutas que hemos traído de España, y venden el fruto que procede de ellos, y han puesto tantos árboles, que porque los duraznos no son buenos para la salud y los platanales les hacen mucha sombra, han cortado y cortan muchos, y los ponen de membrillales y manzanos y perales, que los tienen en más estima.

Pasemos adelante, y diré de la justicia que les hemos amostrado a guardar y cumplir, y cómo cada año eligen sus alcaldes ordinarios y regidores y escribanos y alguaciles y fiscales y mayordomos, y tienen sus casas de cabildo[53] donde se juntan dos días en la semana, y ponen en ellas sus porteros, y sentencian y mandan pagar deudas que se deben unos a otros, y por algunos delitos de crímenes azotan y castigan, y si es por muerte o cosas atroces remítenlo a los gobernadores si no hay Audiencia Real; y según me han dicho personas que lo saben muy bien, que en Taxcala y Tezcuco y en Chulula y en Guaxocingo y Tepeaca y en otras ciudades grandes, cuando los indios hacen cabildo, que salen delante de los que están de gobernadores y alcaldes, maceros con mazas doradas, según sacan los virreyes de la Nueva España, y hacen justicia con tanto primor y autoridad como entre nosotros, y se precian y desean saber mucho de las leyes del reino, por donde sentencien; demás de esto, todos los más caciques tienen caballos y son ricos, traen jaeces con buenas sillas y se pasean por las ciudades y villas y lugares donde se van a holgar o son naturales, y llevan sus indios y pajes que les acompañen, y aun en algunos pueblos juegan cañas y corren toros y ponen sortija...[54] Y hay muchos que aguardan los toros aunque sean bravos, y muchos de ellos son jinetes, y en especial en un pueblo que se dice Chiapa, donde los indios y los que no son ni caciques todos los más tienen caballos y algunos hatos de yeguas y mulas, y se ayudan con ello a traer leña y maíz y cal y otras cosas de este arte, y lo venden por las plazas, y son muchos de ellos arrieros, según y de la manera que en nuestra Castilla se usa. Y por no gastar más palabras, todos los oficios hacen muy perfectamente; hasta paños de tapicería saben tejer...

Y también tengan cuenta cómo en Méjico hay Colegio universal[55] donde se estudian y deprenden gramática y teología y retórica y lógica y filosofía y otras artes y estudios, y hay moldes y maestros de imprimir libros, así en latín como en romance, y se gradúan de licenciado y doctores; y otras muchas grandezas y riquezas pudiera decir, así de minas ricas de plata que en ellas están descubiertas y se descubren a la continua, por donde nuestra Castilla es prosperada y tenida y acatada; y porque bastan los bienes que ya he propuesto que de nuestras heroicas conquistas han recrecido, quiero decir

que miren las personas sabias y leídas esta mi relación desde el principio hasta el acabo, y verán que ningunas escrituras que estén escritas en el mundo, ni en hechos hazañosos[56] humanos, ha habido hombres que más reinos y señoríos hayan ganado como nosotros, los verdaderos conquistadores, para nuestro rey y señor; y entre los fuertes conquistadores mis compañeros, puesto que los hubo muy esforzados, a mí me tenían en la cuenta de ellos, y el más antiguo de todos, y digo otra vez que yo, yo y yo, dígolo tantas veces, que yo soy el más antiguo, y lo he servido como muy buen soldado a Su Majestad, y diré con tristeza de mi corazón, porque me veo pobre y muy viejo, y una hija para casar, y los hijos varones ya grandes y con barbas, y otros por criar, y no puedo ir a Castilla ante Su Majestad para representarle cosas cumplideras[57] a su real servicio, y también para que me haga mercedes, pues se me deben bien debidas.

SIGLO XVI (SEGUNDA MITAD): POESÍA LÍRICA

Fernando de Herrera

1534-1597

Sevillano, figura principal del grupo o escuela poética que tuvo su centro en la ciudad andaluza. Es, además, Herrera el representante por excelencia de la poesía clásica renacentista en la literatura del siglo XVI y, en este sentido, el continuador más caracterizado de la tendencia italianizante iniciada por Garcilaso, cuya obra comentó en unas detalladas anotaciones. Siempre dueño de una técnica de extremada perfección, sobresale en dos tipos de poesía: la patriótica y la amorosa. En los siglos XVIII y XIX se prefirió al Herrera de tono heroico y se creyó que el platonismo y el petrarquismo de sus

sonetos y elegías, inspirados en un amor ideal por doña Leonor de Milán, era frío, convencional, pura imitación. Hoy quizás se estime más la voz melancólica y lírica del poeta amoroso que las declamaciones, no faltas de grandeza, del cantor de Lepanto y de la derrota de Alcazarquivir.

ELEGÍA

Si el grave mal que el corazón me parte
y siempre tiene en áspero tormento

55 universidad.   56 heroicos.   57 convenientes.

1 Según Coster y otros comentaristas, esta elegía fué dirigida al poeta portugués Camoens.   2 como aquel que conoce bien las derrotas o victorias en las lides de amor (el *ansioso afán*). El sentido de estos tres tercetos es que el poeta podría consolar a su amigo si los sufrimientos, que a él mismo le ocasiona, le diesen lugar a ello.   3 ausente de mi amada, doña Leonor de Milán, condesa de Gelves, a la que dedica generalmente sus poesías amorosas, inspiradas en un sentimiento puramente platónico, y a la que designa por lo regular con el nombre de Luz.   4 seguro.   5 ocultáis.   6 el girasol; Clicia, desdeñada por Apolo, murió y fué convertida en esta flor   7 Portugal. En esta canción el poeta lamenta la derrota de la expedición portuguesa al norte de África en la batalla de Alcazarquivir, el 4 de agosto

de 1578, donde desapareció el rey don Sebastián.   8 desde la cordillera del Atlas y el desierto hasta el Mar Rojo, es decir, del uno al otro confín de África.   9 Se refiere al hecho de que los portugueses con sus conquistas habían llevado el cristianismo al Extremo Oriente   10 erguido.   11 En esta estrofa se refiere a la soberbia de los portugueses y a su ciega confianza en la victoria. Como han hecho notar muchos comentaristas, Herrera en esta canción, lo mismo que en otras de carácter heroico, glosa muchos pasajes de la *Biblia*, así los primeros versos están tomados de Isaías y los tres últimos del *Éxodo*, donde dice: «Y el Señor abrirá su mano». «Al caballo y al caballero los precipitó en el mar». En adelante prescindimos de anotar los pasajes bíblicos.   12 símbolo de la arrogancia en la *Biblia*. Esta estrofa y la siguiente amplifican la comparación inspirada en la parábola bíblica.   13 excelsitud, excelencia.

sin darme de sosiego alguna parte
    pusiese fin al mísero lamento
que en los húmedos cercos de mis ojos
conoce sólo su perpetuo asiento,
    podría yo, Señor,[1] vuestros enojos
consolar, como bien ejercitado
del ansioso afán en los despojos.[2]

    Pero nunca permite Amor airado
que yo levante la cerviz cansada,
o en algo desocupe mi cuidado.

    Por la prolija senda y no acabada
de mi dolor prosigo, y mi porfía
en el mayor peligro es más osada.

    En el silencio de la noche fría
me hiere el miedo del eterno olvido,
ausente de la Luz[3] del alma mía.

    Y en la sombra del aire desparcido
se me presenta la visión dichosa,
cierto[4] descanso al ánimo afligido.

    Mas veo mi serena Luz hermosa
cubrirse; porque en ella haber espero
sepulcro, como simple mariposa.

    Entonces me derriba el dolor fiero,
y mi llorosa faz fijando en ella,
cual cisne hiere el aire en son postrero,

    digo: «Luz de mi alma, pura estrella,
si os perturba el osado intento mío,
y por eso celáis[5] la imagen bella,

    ponedme, no en horror de duro frío,
mas donde a la abrasada África enciende
el cálido vapor del seco estío;

    y allí veréis que al corazón no ofende
su fuerza toda; que el sutil veneno
que de vos lo penetra lo defiende.

    No me escondáis al resplandor sereno;
que siempre he de seguir vuestra belleza,
cual Clicie[6] al sol de ardientes rayos lleno.

... ...

CANCIÓN
POR LA PÉRDIDA DEL REY DON SEBASTIÁN

Voz de dolor y canto de gemido
y espíritu del miedo, envuelto en ira,
hagan principio acerbo a la memoria
de aquel día fatal, aborrecido,
que Lusitania[7] mísera suspira,
desnuda de valor, falta de gloria;
y la llorosa historia
asombre con horror funesto y triste
dende el áfrico Atlante y seno ardiente
hasta do el mar de otro color se viste,[8]
y do el límite rojo de oriente
y todas sus vencidas gentes fieras
ven tremolar de Cristo las banderas.[9]

    ¡Ay de los que pasaron, confiados

en sus caballos y en la muchedumbre
de sus carros, en ti, Libia desierta,
y en su vigor y fuerzas engañados,
no alzaron su esperanza a aquella cumbre
de eterna luz, mas con soberbia cierta
se ofrecieron la incierta
victoria, y sin volver a Dios sus ojos,
con yerto[10] cuello y corazón ufano
sólo atendieron siempre a los despojos!
Y el Santo de Israel abrió su mano,
y los dejó, y cayó en despeñadero
el carro, y el caballo y caballero.[11]

... ...

    ¿Son éstos, por ventura, los famosos,
los fuertes y belígeros varones
que conturbaron con furor la tierra,
que sacudieron reinos poderosos,
que domaron las hórridas naciones,
que pusieron desierto en cruda guerra
cuanto enfrena y encierra
el mar Indo, y feroces destruyeron
grandes ciudades? ¿Dó la valentía?
¿Cómo así se acabaron y perdieron
tanto heroico valor en sólo un día,
y lejos de su patria derribados,
no fueron justamente sepultados?

    Tales fueron aquéstos, cual hermoso
cedro del alto Líbano,[12] vestido
de ramos, hojas, con excelsa alteza;
las aguas lo criaron poderoso,
sobre empinados árboles subido,
y se multiplicaron en grandeza
sus ramos con belleza;
y extendieron su sombra, se anidaron
las aves que sustenta el grande cielo,
y en sus hojas las fieras engendraron,
y hizo a mucha gente umbroso velo;
no igualó en celsitud[13] y hermosura
jamás árbol alguno a su figura.

    Pero elevóse con su verde cima,
y sublimó la presunción su pecho,
desvanecido todo y confiado,
haciendo de su alteza sólo estima.
Por eso Dios lo derribó deshecho,
a los ímpios y ajenos entregado,
por la raíz cortado;
que opreso de los montes arrojados,
sin ramos y sin hojas y desnudo,
huyeron de él los hombres, espantados,
que su sombra tuvieron por escudo;
en su ruina y ramos cuantas fueron
las aves y las fieras se pusieron.

    Tú, infanda Libia, en cuya seca arena
murió el vencido reino lusitano,
y se acabó su generosa gloria,
no estés alegre y de ufanía llena,

porque tu temerosa y flaca mano
hubo, sin esperanza, tal victoria,
indigna de memoria;
que si el justo dolor mueve a venganza
alguna vez el español coraje,
despedazada con aguda lanza,
compensarás muriendo el hecho ultraje;
y Luco,[14] amedrentado, al mar inmenso
pagará de africana sangre el censo.

SONETOS

Pensé, mas fué engañoso pensamiento,
armar de puro hielo el pecho mío;
porque el fuego de amor al grave frío
no desatase en nuevo encendimiento.

Procuré no rendirme al mal que siento,
y fué todo mi esfuerzo desvarío;
perdí mi libertad, perdí mi brío,
cobré un perpetuo mal, cobré un tormento.

El fuego al hielo destempló, en tal suerte,
que, gastando su humor, quedó ardor hecho;
y es llama, es fuego, todo cuanto espiro.

Este incendio no puede darme muerte,
que, cuanto de su fuerza más deshecho,
tanto más de su eterno afán respiro.

* * *

Rojo Sol, que con hacha luminosa
cobras[15] el purpureo[16] y alto cielo,
¿hallaste tal belleza en todo el suelo,
que iguale a mi serena Luz dichosa?

Aura süave, blanda y amorosa,
que nos halagas con tu fresco vuelo,
cuando se cubre del dorado velo
mi Luz, ¿tocaste trenza más hermosa?

Luna, honor de la noche, ilustre coro
de las errantes lumbres y fijadas,
¿consideraste tales dos estrellas?

Sol puro, Aura, Luna, llamas de oro,
¿oístes vos mis penas nunca usadas?
¿Vistes Luz más ingrata a mis querellas?

* * *

Oye tú solo, eterno y sacro río,[17]
el grave y mustio son de mi lamento;
y mezclado en tu grande crecimiento
lleva al padre Nereo[18] el llanto mío.

Los suspiros ardientes que a ti envío,
antes que los derrame leve viento,
acoge en tu sonante movimiento,
porque se esconda en ti mi desvarío.

No sean más testigos de mi pena
los árboles, las peñas, que solían
responder y quejarse a mi gemido.

Y en estas ondas y corriente llena,
a quien vencer mis lágrimas porfían,
viva siempre mi mal y amor crecido.

* * *

Serena Luz, en quien presente espira
divino amor, que enciende y junto enfrena
el noble pecho, que en mortal cadena
al alto Olimpo levantarse aspira;

ricos cercos dorados, do se mira
tesoro celestial de eterna vena;
armonía de angélica Sirena,
que entre las perlas y el coral respira,

¿cuál nueva maravilla, cuál ejemplo
de la inmortal grandeza nos descubre
aquesa sombra del hermoso velo?

Que yo en esa belleza que contemplo
(aunque a mi flaca vista ofende y cubre)
la inmensa busco, y voy siguiendo al cielo.

ESTANCIAS

Dichoso sea el tiempo y sea el día
y el lugar soberano y venturoso
en que ardí en vuestro ardor, oh Lumbre mía,
y el fuego me abrasó más glorïoso.
Dichoso yo y mis ojos que son guía
a mi bien, y mi pecho el más dichoso,
que está lleno de amor, y venturosos
los suspiros que envío, a vos, llorosos.

Como la rosa extiende los colores
y los colores se abren en la rosa,
así mudáis el rostro en los colores
de limpia nieve y de encendida rosa.
Cuando los blancos lirios, rojas flores
veo resplandecer con luz hermosa,
compárolos a vos en la belleza,
pero menores son a vuestra alteza.

… … … … … … … … … … … … … … …

Ya sufro el lazo, flecha, ardiente llama,
y pésame que tengo sólo un pecho
para llevar el mal, pero bien ama
quien procura tornar a ser deshecho.
Cuanto amor me persigue, hiere, inflama
tanto está de mi fe más satisfecho.
¿Qué puedo yo a mi bien dar por mi gloria
si no muero? Mas muerte es mi victoria.

---

14 río de Marruecos junto al cual se libró la batalla.
15 alcanzas.   16 Herrera acentúa «purpureo» y no «purpúreo», que es la acentuación corriente.   17 Se refiere
al Guadalquivir, río de Sevilla, donde escribe el poeta.

18 dios del mar.

1 dicho agudo y gracioso; aquí, un tipo de cantar.
2 voy.   3 estribillo.   4 te fué.

La vida me dió Amor para la pena,
con ella satisfago el mal que siento,
y el descanso en la muerte a la alma ordena,
pero yo vivo alegre en mi tormento.

Amor, quien a tus males se condena,
merece que le des algún contento;
mas bien pagado está de tu grandeza
quien arde en fuego eterno de belleza.

Varios poetas contemporáneos de Herrera

El gusto por todos los valores poéticos que despertó el modernismo, unido a la feliz coincidencia de que varios de los mejores críticos de la literatura española en los últimos treinta años hayan sido al mismo tiempo poetas de gran valor (citaremos entre ellos a Dámaso Alonso, Pedro Salinas, Jorge Guillén y Gerardo Diego), ha dado como resultado la revalorización, equivalente en muchos casos a exhumación, de gran parte de la lírica española de los siglos de oro, que las preferencias por la literatura realista y castiza de las generaciones anteriores habían olvidado o colocado en un lugar inferior al de otros géneros. Se ha visto así que hay durante los siglos XVI y XVII una abundantísima producción lírica, valiosa no sólo por la cantidad, sino también por la calidad. Recogemos aquí algunas muestras aptas para entrar en una antología de varios de los poetas de este momento.

Luis de Camoens (1524-1580), el autor de *Os Lusiadas*, cultivó ocasionalmente la poesía en castellano, tanto en las formas tradicionales como en las italianas y llevó a ella la maestría y el lirismo que en escala mayor se encuentran en sus obras portuguesas.

Baltasar del Alcázar (1530-1606), es el poeta burlesco, fácil y alegre. Representa en este momento de predominio del italianismo la continuación de la vena castiza a lo Castillejo que resurge luego en aspectos menores de la poesía de Quevedo y aun de Góngora.

Francisco de Figueroa (1536-1617), da con elegancia lo que podemos llamar el tono medio de la poesía petrarquista, entre los continuadores de Garcilaso.

Más personal es Francisco de la Torre, de cuya vida no se sabe casi nada preciso. Es considerado como uno de los mejores poetas de la «escuela salmantina». Dentro de ella se distingue por el acento vital, romántico, de su lirismo amoroso y de su sentimiento de la naturaleza.

El capitán Francisco de Aldana (1537-1578), a pesar de su profesión militar, rivaliza en su *Epístola a Arias Montano* con los mejores poetas de inspiración religiosa y ascética.

Luis de Camoens

CHISTE[1]

Irme quiero, madre,
aquella galera,
con el marinero
a ser marinera

Voltas propias

Madre, si me fuere,
do quiera que vo,[2]
no lo quiero yo
que el amor lo quiere;
aquel niño fiero
hace que me muera
por un marinero,
a ser marinera.
El que todo puede,
madre, no podrá,
pues el alma va
que el cuerpo se quede;
con él, por quien muero,
voy, porque no muera,
que si es marinero,
seré marinera.
Es tirana ley
del niño señor,
que por un amor
se deseche un Rey:
pues de esta manera
quiere, yo me quiero
por un marinero
hacer marinera.
Decid, ondas, ¿cuándo
vistes vos doncella,
siendo tierna y bella,
andar navegando?
Mas ¿qué no se espera
de aquel niño fiero?
Vea yo quien quiero,
sea marinera.

MOTE[3]

Vos tenéis mi corazón.

Glosa propia

Mi corazón me han robado
y amor, viendo mis enojos,
me dijo fuéte[4] llevado
por los más hermosos ojos
que desque vivo he mirado.
Gracias sobrenaturales
te lo tienen en prisión,
y si amor tiene razón,

señora, por las señales
vos tenéis mi corazón.

SONETO II

¿Dó están los claros ojos que colgada
mi alma tras de sí llevar solían?
¿Dó están las dos mejillas que vencían
la rosa cuando está más colorada?

¿Dó está la roja boca e adornada
con dientes que de nieve parecían,
los cabellos que el oro escurecían,
dó está y aquella mano delicada?

¡Oh, toda linda! ¿Dó estarás agora
que no te puedo ver y el gran deseo
de verte me da muerte cada hora?

Mas no miráis mi grande devaneo,[5]
¡que tenga yo en mi alma a mi Señora,
e diga dónde estás que no te veo!

Baltasar del Alcázar

UNA CENA

En Jaén, donde resido,
vive don Lope de Sosa,
y diréte, Inés, la cosa
más brava[6] de él que has oído.

Tenía este caballero
un criado portugués...
pero cenemos, Inés,
si te parece, primero.

La mesa tenemos puesta,
lo que se ha de cenar, junto;
las tazas del vino a punto:
falta comenzar la fiesta.

Comience el vinillo nuevo,
y échole la bendición;
yo tengo por devoción
de santiguar lo que bebo.

Franco fué, Inés, este toque;[7]
pero arrójame la bota:[8]
vale un florín cada gota
de aqueste vinillo aloque.[9]

¿De qué taberna se trajo?
Mas ya... de la del Castillo;
diez y seis vale el cuartillo,
no tiene vino más bajo.

Por nuestro Señor, que es mina
la taberna de Alcocer;

grande consuelo es tener
la taberna por vecina.

Si es o no invención moderna,
vive Dios que no lo sé,
pero delicada fué
la invención de la taberna.

Porque allí llego sediento,
pido vino de lo nuevo,
mídenlo, dánmelo, bebo,
págolo y voyme contento.

Esto, Inés, ello se alaba,
no es menester alaballo;
sólo una falta le hallo:
que con la priesa se acaba.

La ensalada y salpicón[10]
hizo fin: ¿qué viene ahora?
La morcilla,[11] ¡oh gran señora,
digna de veneración!

¡Qué oronda viene y qué bella!
¡Qué través[12] y enjundia[13] tiene!
Paréceme, Inés, que viene
para que demos en ella.[14]

Pues sús,[15] encójase y entre,
que es algo estrecho el camino.
No eches agua, Inés, al vino;
no se escandalice el vientre.

Echa de lo trasañejo,[16]
porque con más gusto comas;
Dios te guarde, que así tomas,
como sabia, mi consejo.

Mas di, ¿no adoras y precias
la morcilla ilustre y rica?
¡Cómo la traidora pica!
Tal debe tener especias.

¡Qué llena está de piñones!
Morcilla de cortesanos,
y asada por esas manos,
hechas a cebar lechones.

El corazón me revienta
de placer: no sé de ti.
¿Cómo te va? Yo por mí
sospecho que estás contenta.

Alegre estoy, vive Dios;
mas oye un punto sutil:
¿no pusiste allí un candil?
¿cómo me parecen dos?

Pero son preguntas viles;
ya sé lo que puede ser:
con este negro beber
se acrecientan los candiles.

---

5 delirio.   6 notable.   7 generoso fué, Inés, este trago.
8 recipiente de cuero para vino.   9 tinto claro.   10 carne picada, fría, compuesta con sal, aceite, vinagre y cebolla.
11 embutido hecho de sangre cocida.   12 grosor.
13 substancia.   14 para que caigamos sobre ella, para que nos la comamos.   15 ¡adelante!   16 vino de dos o tres años.   17 vaso alto y redondo.   18 concentrado y fuerte como el del vino viejo.   19 berenjena.   20 puede competir con el queso.
21 da acá, dame.   22 meditar.   23 extraordinario.
24 sirena.

Probemos lo del pichel,[17]
alto licor celestial;
no es el aloquillo tal,
ni tiene que ver con él.
 ¡Qué suavidad! ¡Qué clareza!
¡Qué rancio[18] gusto y olor!
¡Qué paladar! ¡Qué color!
¡Todo con tanta firmeza!
 Mas el queso sale a plaza,
la moradilla[19] va entrando,
y ambos vienen preguntando
por el pichel y la taza.
 Prueba el queso, que es extremo:
el de Pinto no le iguala;
pues la aceituna no es mala,
bien puede bogar su remo.[20]
 Haz, pues, Inés, lo que sueles:
daca[21] de la bota llena
seis tragos; hecha es la cena;
levántense los manteles.
 Ya que, Inés, hemos cenado
tan bien y con tanto gusto,
parece que será justo
volver al cuento pasado.
 Pues sabrás, Inés hermana,
que el portugués cayó enfermo...
Las once dan, yo me duermo;
quédese para mañana.

MADRIGAL

Decidme, fuente clara,
hermoso y verde prado
de varias flores lleno y adornado;
decidme, alegres árboles, heridos
del fresco y manso viento,
calandrias, ruiseñores,
en las quejas de amor entretenidos,
sombra do yo gocé de algún contento,
¿dónde está agora aquella que solía
pisar las flores tiernas y süaves,
gustar el agua fría?
Murió. ¡Dolor cruel! ¡Amarga hora!
Árboles, fuente, prado, sombra y aves,
no es tiempo de vivir; quedá en buen hora;
que el alma ha de ir buscando a su pastora.

Francisco de Figueroa

SONETOS

Perdido ando, señora, entre la gente,
sin vos, sin mí, sin ser, sin Dios, sin vida;
sin vos porque no sois de mí servida;
sin mí, porque no estoy con vos presente;
 sin ser, porque de vos estando ausente,

no hay cosa que del ser no me despida;
sin Dios, porque mi alma a Dios olvida
por contemplar[22] en vos continuamente;
 sin vida, porque ya que haya vivido,
cien mil veces mejor morir me fuera
que no un dolor tan grave y tan extraño.[23]
 ¡Que preso yo por vos, por vos herido,
y muerto yo por vos desta manera,
estéis tan descuidada de mi daño!

   * * *

Volvedle la blancura a la azucena,
y el purpúreo color a los rosales,
y aquesos bellos ojos celestiales
al cielo con la luz que os dió serena;
 volvedle el dulce canto a la serena[24]
con que tomáis venganza en los mortales;
volvedle los cabellos naturales
al oro, pues salieron de su vena;
 a Venus le volved la gentileza,
a Mercurio el hablar, de que es maestro,
y el velo a Diana, casta diosa;
 quitá de vos aquesa suma alteza,
y quedaréis con sólo lo que es vuestro,
que es sólo ser ingrata y desdeñosa.

Francisco de la Torre

SONETO

¡Cuántas veces te me has engalanado,
clara y amiga noche! ¡Cuántas, llena
de oscuridad y espanto, la serena
mansedumbre del cielo me has turbado!
 Estrellas hay que saben mi cuidado
y que se han regalado con mi pena;
que, entre tanta beldad, la más ajena,
de amor tiene su pecho enamorado.
 Ellas saben amar, y saben ellas
que he contado su mal llorando el mío,
envuelto en los dobleces de tu manto.
 Tú, con mil ojos, noche, mis querellas
oye y esconde, pues mi amargo llanto
es fruto inútil que al amor envío.

CANCIÓN

Tórtola solitaria, que, llorando
tu bien pasado y tu dolor presente,
ensordeces la selva con gemidos;
cuyo ánimo doliente
se mitiga penando
bienes asegurados y perdidos;
si inclinas los oídos
a las piadosas y dolientes quejas
de un espíritu amargo,
—breve consuelo de un dolor tan largo—

con quien amarga soledad me aquejas,
yo con tu compañía
y acaso a ti te aliviará la mía.

    La rigurosa mano que me aparta
como a ti de tu bien, a mí del mío,
cargada va de triunfos y victorias.
Sábelo el monte y río,
que está cansada y harta
de marchitar en flor mis dulces glorias,
y si eran transitorias,
acabarálas golpe de Fortuna;
no viera yo cubierto
de turbias nubes cielo que vi abierto
en la fuerza mayor de mi fortuna,
que acabado con ellas
acabarán mis llantos y querellas.

    Parece que me escuchas y parece
que te cuento tu mal, que roncamente
lloras tu compañía desdichada;
el ánimo doliente,
que el dolor apetece,
por un alivio de su suerte airada,
la más apasionada
más agradable le parece, en tanto
que el alma dolorosa,
llorando su desdicha rigurosa,
baña los ojos con eterno llanto;
cuya pasión afloja
la vida al cuerpo, al alma la congoja.

    ... ...

    ¿Dónde vas, avecilla desdichada?
¿Dónde puedes estar más afligida?
¿Hágote compañía con mi llanto?
¿Busco yo nueva vida,
que la desventurada
que me persigue y que te aflige tanto?
Mira que mi quebranto,
por ser como tu pena rigurosa,
busca tu compañía;
no menosprecies la doliente mía
por menos fatigada y dolorosa,
que si te persuadieras,
con la dureza de mi mal vivieras.

    ¿Vuelas al fin y al fin te vas llorando?
El cielo te defienda y acreciente
tu soledad y tu dolor eterno.
Avecilla doliente,
andes la selva errando
con el sonido de tu arrullo eterno;
y cuando el sempiterno

cielo cerrare tus cansados ojos,
llórete Filomena,[25]
ya regalada un tiempo con tu pena,
sus hijos hechos míseros despojos
del azor atrevido,
que adulteró su regalado nido.

    Canción, en la corteza de este roble,
solo y desamparado
de verdes hojas, verde vid y verde
yedra, quedad, que el hado
que mi ventura pierde,
más estéril y solo se me ha dado.

ODA

    Sale de la sagrada
Cipro[26] la soberana ninfa Flora,
vestida y adornada
del color de la Aurora,
con que pinta la tierra, el cielo dora.

    De la nevada y llana
frente del levantado monte arroja
la cabellera cana
del viejo invierno, y moja
el nuevo fruto en esperanza y hoja.

    Deslízase corriendo
por los hermosos mármoles de Paro,
las alturas huyendo,
un arroyuelo claro,
de la cuesta beldad, del valle amparo.

    Corre bramando y salta
y, codiciosamente procurando
adelantarse, esmalta
de plata el cristal blando,
con la espuma que cuaja golpeando.

    ... ...

    El regalado aliento
del bullicioso Zéfiro, encerrado
en las hojas, el viento
enriquece, y el prado
éste de flor y aquél de olor sagrado.

    Todo brota y extiende
ramas, hojas y flores, nardo y rosa;
la vid enlaza y prende
el olmo y la hermosa
yedra sube tras ella presurosa.

    Yo, triste, el cielo quiere
que yerto invierno ocupe el alma mía
y que si rayo viere
de aquella luz del día,

---

25 el ruiseñor.   26 la isla de Chipre en el Mediterráneo.
27 dios de los vientos.   28 condenada a las penas del
infierno.   29 tráfago, ocupaciones y agitaciones.   30 si
bien se medita, si bien se piensa.
    31 Transporta aquí el poeta el mito de la ninfa Eco
(que desdeñada por Narciso se consumió hasta quedar

reducida a su propia voz) al concepto místico del diálogo
interior del alma con su amante.   32 extrae.   33 alam-
bique.   34 El sujeto sobrentendido de todas estas comparaciones es el alma.   35 escala de la tierra al cielo por
la que subían y bajaban los ángeles que vió Jacob en
sueños.

furioso sea, y no como solía.

   Renueva, Filis, esta
esperanza marchita, que la helada
Aura de tu respuesta
tiene desalentada.
Ven, Primavera, ven, mi flor amada.

   Ven, Filis, y del grato
envidiado contento del aldea
goza, que el pecho ingrato,
que tu beldad afea,
aquí tendrá el descanso que desea.

Francisco de Aldana

Epístola a Benito Arias Montano

   Montano, cuyo nombre es la primera
estrellada señal por do camina
el sol el cerco oblicuo de la esfera;

   nombrado así por voluntad divina,
para mostrar que en ti comienza Apolo
la luz de su celeste disciplina:

   yo soy un hombre desvalido y solo,
expuesto al duro hado, cual marchita
hoja al rigor del descortés Eolo.[27]

   Mi vida temporal anda precita[28]
dentro al infierno del común trafago,[29]
que siempre añade un mal y un bien nos quita.

   Oficio militar profeso, y hago
baja condenación de mi ventura,
que al alma dos infiernos da por pago.

   Los huesos y la sangre que Natura
me dió para vivir, no poca parte
de ellos y de ella he dado a la locura,

   mientras el pecho al desenvuelto Marte
tan libre di, que sin mi daño puede,
hablando la verdad, ser muda el arte.

   Y el rico galardón que se concede
a mi (llámola así) ciega porfía,
es que por ciego y porfiado quede.

   No digo más sobre esto, que podría
cosas decir, que un mármol deshiciese
en el piadoso humor que el ojo envía.

… … … … … … … … … … … … .. … … …

   Pienso torcer de la común carrera
que sigue el vulgo, y caminar derecho,
jornada de mi patria verdadera;

   entrarme en el secreto de mi pecho
y platicar en él mi interior hombre
dó va, dó está, si vive o qué se ha hecho.

   Y, porque vano error más no me asombre,
en algún alto y solitario nido,
pienso enterrar mi ser, mi vida y nombre.

   Y, como si no hubiera acá nacido,
estarme allá cual Eco, replicando
al dulce son de Dios, del alma oído.

   ¿Y qué debiera ser (bien contemplando)[30]
el alma, sino un eco resonante
a la eterna beldad que está llamando,

   y desde el cavernoso y vacilante
cuerpo, volver mil réplicas de amores
al sobre celestial Narciso amante;[31]

   rica de sus intrínsicos favores,
con un piadoso escarnio el bajo oficio
burlar de los mundanos amadores?

   En tierra, en árbol, hoja algún bullicio
no hace, que al moverse ella no encuentra
un nuevo y para Dios grato ejercicio;

   y como el fuego saca y desencentra[32]
oloroso licor por alquitara[33]
del cuerpo de la rosa que en ella entra,

   así destilará de la gran cara
del mundo inmaterial, varia belleza,
con el fuego de amor que la prepara;

   y pasará de vuelo a tanta alteza
que volviéndose a ver tan sublimada
su misma olvidará naturaleza:

   cuya capacidad ya dilatada
allá verá, do casi ser le toca
en su primera causa transformada.[34]

   Ojos, oídos, pies, manos y boca,
hablando, obrando, andando, oyendo y viendo,
serán del mar de Dios cubierta roca.

   Cual pece dentro el vaso alto, estupendo
del oceano, irá su pensamiento
desde Dios para Dios yendo y viniendo.

   Seréle allí quietud el movimiento,
cual círculo mental sobre el divino
centro glorioso, origen del contento;

   que pues el alto esférico camino
del cielo causa en él vida y holganza,
sin que lugar adquiera peregrino,

   llegada el alma al fin del esperanza
mejor se moverá para quietarse
dentro el lugar que sobre el mundo alcanza:

   do llega en tanto extremo a mejorarse
(torno a decir) que en él se transfigura
casi el velo mortal sin acabarse.

   No que del alma la especial natura
dentro el divino piélago hundida
cese en el Hacedor de ser hechura,

   o quede aniquilada y destruída,
cual gota de licor que el rostro enciende
del altísimo mar toda absorbida;

   mas como el aire, en que en luz se extiende
el claro sol, que juntos aire y lumbre
ser una misma cosa el ojo entiende.

   Es bien verdad que a tan sublime cumbre
suele impedir el venturoso vuelo
del cuerpo la terrena pesadumbre;

   pero con todo, llega al bajo suelo
la escala de Jacob,[35] por do podemos

al alcázar subir del alto cielo.

Que yendo allá no dudo que encontremos
favor de más de un ángel diligente,
con quien alegre tránsito llevemos.

··· ··· ··· ··· ··· ··· ··· ··· ··· ··· ··· ···

Paréceme, Montano, que debría
buscar lugar que al dulce pensamiento
encaminado a Dios abra la vía:

a do todo exterior derramamiento
cese, y, en su secreto el alma entrada,
comience a examinar con módo atento,

antes que del Señor fuese criada,
cómo no fué, ni pudo haber salido
de aquella privación que llaman nada.

Ver aquel alto piélago de olvido,
aquel sin hacer pie luengo vacío,[36]
tomado tan atrás del no haber sido.

Y diga a Dios: ¡Oh causa del ser mío;
cuál me sacaste de esta muerte oscura,
rica del don de vida y de albedrío!

Allí gozosa en la mayor Natura
déjese el alma andar suavemente,
con leda admiración de su ventura,

húndase toda en la divina fuente,
y del vital licor humedecida,
sálgase a ver del tiempo en la corriente.

··· ··· ··· ··· ··· ··· ··· ··· ··· ··· ··· ··· ···

SIGLO XVI (SEGUNDA MITAD): POESÍA ÉPICA

Alonso de Ercilla

1533-1594

Madrileño, de familia noble, se educó en la corte de
Felipe II. Después de varios viajes pasó a las Indias y
tomó parte en la conquista de Chile, tema de su poema
épico La Araucana (1569-1589). Rara vez alcanza Ercilla la verdadera gracia de la expresión poética. Su verso
suele ser duro, monótono y, con frecuencia, prosaico,
pero lo sostenido del relato, la riqueza de detalles y la
fidelidad al hecho histórico, su comprensión del espíritu
tanto de los conquistadores como de los indios y el dramatismo con que sabe evocar escenas y figuras (la de
Caupolicán y Lautaro en los pasajes seleccionados son
buen ejemplo de ello), dan valor a su obra y han hecho
que se la considere superior a otros numerosos poemas
épicos cuyos autores —Balbuena, Hojeda, etc.— estaban
probablemente más dotados para el cultivo de la poesía.

LA ARAUCANA

DEDICATORIA

No las damas, amor, no gentilezas
de caballeros canto enamorados,
ni las muestras, regalos y ternezas
de amorosos afectos y cuidados;
mas el valor, los hechos, las proezas
de aquellos españoles esforzados,

que a la cerviz de Arauco no domada
pusieron duro yugo por la espada.

Cosas diré también harto notables
de gente que a ningún rey obedecen,
temerarias empresas memorables
que celebrarse con razón merecen;
raras industrias, términos loables
que más los españoles engrandecen;
pues no es el vencedor más estimado
de aquello en que el vencido es reputado.

Suplícoos, gran Felipe,[1] que mirada
esta labor, de vos sea recibida,
que de todo valor necesitada,
queda con darse a vos favorecida:
es relación sin corromper, sacada
de la verdad, cortada a su medida,
no despreciéis el don, aunque tan pobre,
para que autoridad mi verso cobre.

Quiero a Señor tan alto dedicarlo,
porque este atrevimiento lo sostenga,
tomando esta manera de ilustrarlo,
para que quien lo viere en más lo tenga;
y si esto no bastare a no tacharlo,
a lo menos confuso se detenga,
pensando que pues va a vos dirigido,

---

[36] aquel inmenso vacío donde como en un mar profundísimo no se hace pie, no se toca el fondo.

[1] Felipe II.   [2] separaron. En la reunión que celebran
los araucanos para elegir caudillo, varios de los jefes
—Tucapel, Lincoya, Puren, etc.— luchan entre sí porque
todos creen tener derecho al mando. La octava anterior
describe la violencia de esta lucha y termina: «La grita

y el furor se multiplica,—quién esgrime la maza y quién
la pica.»   [3] codicia... debida: no es la codicia del mando
lo que hace que me pese o me entristezca el ver que pretendéis algo [el mando] que me pertenecería [por mi
autoridad y por mis años].   [4] avenirnos, estar de acuerdo.   [5] tan al alcance de la mano, tan cerca.   [6] un cedro
grueso y grande.

que debe de llevar algo escondido.

Y haberme en vuestra casa yo criado,
¡qué crédito me da por otra parte!
hará mi torpe estilo delicado,
y lo que va sin orden, lleno de arte:
así de tantas cosas animado
la pluma entregaré al furor de Marte:
dad orejas, señor, a lo que digo,
que soy de parte de ello buen testigo.

Chile, fértil provincia y señalada
en la región Antártica famosa,
de remotas naciones respetada
por fuerte, principal y poderosa;
la gente que produce es tan granada,
tan soberbia, gallarda y belicosa,
que no ha sido por rey jamás regida,
ni a extranjero dominio sometida...

DISCURSO DE COLOCOLO Y ELECCIÓN
DE CAUPOLICÁN

...Thomé y otros caciques se metieron
en medio de estos bárbaros de presto,
y con dificultad los departieron;[2]
que no hicieron poco en hacer esto;
de herirse lugar aun no tuvieron,
y en voz airada, ya el temor pospuesto,
Colocolo, el cacique más anciano,
a razonar así tomó la mano:

«Caciques del estado defensores,
codicia del mandar no me convida
a pesarme de veros pretensores
de cosa que a mí tanto era debida;[3]
porque según mi edad, ya veis, señores,
que estoy al otro mundo de partida;
mas el amor que siempre os he mostrado,
a bien aconsejaros me ha incitado.

»¿Por qué cargos honrosos pretendemos,
y ser en opinión grande tenidos,
pues que negar al mundo no podemos
haber sido sujetos y vencidos?
Y en esto averiguarnos[4] no queremos
estando aún de españoles oprimidos;
mejor fuera esta furia ejecutalla,
contra el fiero enemigo en la batalla.

»¿Qué furor es el vuestro ¡oh Araucanos!
que a perdición os lleva sin sentillo?
¿Contra vuestras entrañas tenéis manos,
y no contra el tirano en resistillo?
¿Teniendo tan a golpe[5] a los cristianos,
volvéis contra vosotros el cuchillo?
Si gana de morir os ha movido,
no sea en tan bajo estado y abatido.

»Volved las armas y ánimo furioso
a los pechos de aquellos que os han puesto
en dura sujeción con afrentoso

partido, a todo el mundo manifiesto;
lanzad de vos el yugo vergonzoso;
mostrad vuestro valor y fuerza en esto:
no derraméis la sangre del estado,
que para redimir nos ha quedado.

»No me pesa de ver la lozanía
de vuestro corazón, antes me esfuerza;
mas temo que esta vuestra valentía
por mal gobierno el buen camino tuerza,
que vuelta entre nosotros la porfía,
degolléis vuestra patria con su fuerza;
cortad, pues, si ha de ser de esa manera,
esta vieja garganta la primera.

… … … … … … … … … … … … …

»En la virtud de vuestro brazo espero
que puede en breve tiempo remediarse;
mas ha de haber un capitán primero,
que todos por él quieran gobernarse;
éste será quien más un gran madero
sustentare en el hombro sin pararse;
y pues que sois iguales en la suerte,
procure cada cual ser el más fuerte.»

Ningún hombre dejó de estar atento
oyendo del anciano las razones;
y puesto ya silencio al parlamento
hubo entre ellos diversas opiniones;
al fin de general consentimiento
siguiendo las mejores intenciones,
por todos los caciques acordado
lo propuesto del viejo fué aceptado.

… … … … … … … … … … … … …

Pues el madero súbito traído
no me atrevo a decir lo que pesaba:
era un macizo líbano fornido[6]
que con dificultad se rodeaba.
Paycabí le aferró menos sufrido,
y en los valientes hombros le afirmaba;
seis horas lo sostuvo aquel membrudo;
pero llegar a siete jamás pudo.

Cayocupil al tronco aguija presto
de ser el más valiente confiado,
y encima de los altos hombros puesto
lo deja a las cinco horas de cansado.
Gualemo lo probó, joven dispuesto,
mas no pasó de allí; y esto acabado,
Angol el grueso leño tomó luego;
duró seis horas largas en el juego.

… … … … … … … … … … … … …

Elicura a la prueba se previene,
y en sustentar el líbano trabaja;
a nueve horas dejarle le conviene,
que no pudiera más si fuera paja.
Tucapelo catorce lo sostiene,
encareciendo todos la ventaja;
pero en esto Lincoya apercibido
mudó en un gran silencio aquel ruido.

De los hombros el manto derribando
las terribles espaldas descubría,
y el duro y grave leño levantando,
sobre el fornido asiento le ponía;
corre ligero aquí y allí mostrando
que poco aquella carga le impedía;
era de sol a sol el día pasado,
y el peso sustentaba aun no cansado.

Venía aprisa la noche aborrecida
por la ausencia del sol; pero Diana[7]
les daba claridad con su salida,
mostrándose a tal tiempo más lozana.
Lincoya con la carga no convida,[8]
aunque ya despuntaba la mañana,
hasta que llegó el sol al medio cielo
que dió con ella entonces en el suelo.

No se vió allí persona en tanta gente
que no quedase atónita de espanto,
creyendo no haber hombre tan potente
que la pesada carga sufra tanto;
la ventaja le daban juntamente
con el gobierno, mando, y todo cuanto
a digno general era debido
hasta allí justamente merecido.

Ufano andaba el bárbaro contento
de haberse más que todos señalado,
cuando Caupolicán a aquel asiento
sin gente a la ligera había llegado;
tenía un ojo sin luz de nacimiento
como un fino granate colorado,
pero lo que en la vista le faltaba,
en la fuerza y esfuerzo le sobraba.

Era este noble mozo de alto hecho,
varón de autoridad, grave y severo,
amigo de guardar todo derecho,
áspero, riguroso y justiciero;
de cuerpo grande y relevado pecho;
hábil, diestro, fortísimo y ligero,
sabio, astuto, sagaz, determinado,
y en casos de repente reportado.[9]

… … … … … … … … … … … … … …

Ya la rosada aurora comenzaba
las nubes a bordar de mil labores,
y a la usada labranza despertaba
la miserable gente y labradores;
ya a los marchitos campos restauraba
la frescura perdida y sus colores,
aclarando aquel valle la luz nueva,
cuando Caupolicán viene a la prueba.

Con un desdén y muestra confiada
asiendo del tronco duro y nudoso,
como si fuera una vara delicada,

se le pone en el hombro poderoso;
la gente enmudeció maravillada
de ver el fuerte cuerpo tan nervoso;
el color a Lincoya se le muda,
poniendo en su victoria mucha duda.

El bárbaro sagaz despacio andaba;
y a toda prisa entraba el claro día;
el sol las largas sombras acortaba,
mas él nunca decrece en su porfía;
al acaso a la luz se retiraba;
ni por esto flaqueza en él había;
las estrellas se muestran claramente;
y no muestra cansancio aquel valiente.

Salió la clara luna a ver la fiesta,
del tenebroso albergue húmedo y frío,
desocupando el campo y la floresta
de un negro velo lóbrego y sombrío;
Caupolicán no afloja de su apuesta;
antes con nueva fuerza y mayor brío
se mueve y representa de manera
como si peso alguno no trujera.

… … … … … … … … … … … … … … … …

Y el bárbaro en el hombro la gran viga
sin muestra de mudanza y pesadumbre,
venciendo con esfuerzo la fatiga,
y creciendo la fuerza por costumbre.
Apolo en seguimiento de su amiga[10]
tendido había los rayos de su lumbre;
y el hijo de Leocan[11] en el semblante
más firme que al principio y más constante.

Era salido el sol, cuando el enorme
peso de las espaldas despedía,
y un salto dió en lanzándole disforme,
mostrando que aún más ánimo tenía;
el circunstante pueblo en voz conforme
pronunció la sentencia y le decía:
«Sobre tan firmes hombros descargamos
el peso y grande carga que tomamos...»

MUERTE DE LAUTARO

Estaba el Araucano[12] despojado
del vestido de Marte embarazoso,
que aquella noche sola el duro hado
le dió aparejo y gana de reposo;
los ojos le cerró un sueño pesado,
del cual luego despierta congojoso;
y la bella Guacolda sin aliento
la causa le pregunta y sentimiento.

Lautaro le responde: «Amiga mía,
sabrás que yo soñaba en este instante
que un soberbio español se me ponía

---

[7] la luna.   [8] no deja la carga.   [9] y ante lances o peligros imprevistos se mantenía sereno.   [10] la luna.

[11] Caupolicán.   [12] El araucano se refiere a Lautaro,

antiguo paje del conquistador Pedro de Valdivia, que se unió más tarde a su pueblo y como teniente de Caupolicán se distinguió como uno de los mejores caudillos araucanos.   [13] Lautaro.   [14] capitán español.

con muestra ferocísima delante,
y con violenta mano me oprimía
la fuerza y corazón, sin ser bastante
de poderme valer, y en aquel punto
me despertó la rabia y pena junto.»

Ella en esto soltó la voz turbada,
diciendo: «¡Ay, que he soñado también cuanto
de mi desdicha temí, y es ya llegada
la fin tuya, y principio de mi llanto!
Mas no podré ya ser tan desdichada,
ni fortuna conmigo podrá tanto,
que no corte y ataje con la muerte
el áspero camino de mi suerte.

»Trabaje por mostrárseme terrible,
y del tálamo alegre derribarme;
que si revuelve y hace lo posible,
de ti no es poderosa de apartarme;
aunque el golpe que espero es insufrible,
podré con otro luego remediarme;
que no caerá tu cuerpo en tierra frío
cuando estará en el suelo muerto el mío.»

El hijo de Pillán[13] con lazo estrecho
los brazos por el cuello le ceñía,
de lágrimas bañando el blanco pecho
en nuevo amor ardiendo respondía:
«No lo tengáis, señora, por tan hecho,
ni turbéis con agüeros mi alegría,
y aquel gozoso estado en que me veo,
pues libre en estos brazos os poseo.

»Siento el veros así imaginativa,
no porque yo me juzgue peligroso;
mas la llaga de amor está tan viva
que estoy de lo imposible receloso;
si vos queréis, señora, que yo viva,
¿quién a darme la muerte es poderoso?
Mi vida está sujeta a vuestras manos,
y no a todo el poder de los humanos.

»¿Quién el pueblo Araucano ha restaurado
en su reputación que se perdía,
pues el soberbio cuello no domado
ya doméstico al yugo sometía?
Yo soy quien de los hombres le ha quitado
el español dominio y tiranía:
mi nombre basta sólo en esta tierra,
sin levantar espada, a hacer la guerra.

»Cuanto más que teniéndoos a mi lado
no tengo que temer, ni daño espero;
no os dé un sueño, señora, tal cuidado,
pues no os lo puede dar lo verdadero;
que ya a poner estoy acostumbrado
mi fortuna a mayor despeñadero;
en más peligros que éste me ha metido
y de ellos con honor siempre he salido.»

Ella menos segura, y más llorosa
del cuello de Lautaro se colgaba,
y con piadosos ojos lastimosa

boca con boca así le conjuraba:
«Si aquella voluntad pura amorosa
que libre os dí, cuando más libre estaba,
y de ello el alto cielo es buen testigo,
algo puede, señor, y dulce amigo,

por ella os juro, y por aquel tormento,
que sentí cuando vos de mí os partistes,
y por la fe, si no la llevó el viento,
que allí con tantas lágrimas me distes,
que a lo menos me deis este contento,
si alguna vez de mí ya lo tuvistes,
y es, que os vistáis las armas prestamente,
y al muro asista en orden vuestra gente.»

El bárbaro responde: «Harto claro
mi poca estimación por vos se muestra:
¿en tan flaca opinión está Lautaro,
y en tan poco tenéis la fuerte diestra
que por la redención del pueblo caro,
ha dado ya de sí bastante muestra?
Buen crédito con vos tengo por cierto,
pues me lloráis de miedo ya por muerto.»

«¡Ay de mí que de vos ya satisfecha
(dice Guacolda) estoy, mas no segura;
¿ser vuestro brazo fuerte qué aprovecha,
si es más fuerte y mayor mi desventura?
Mas ya que salga fuerte mi sospecha,
el mismo amor que os tengo me asegura
que la espada que hará el apartamiento,
hará que vaya en vuestro seguimiento.

«Pues ya el preciso hado y dura suerte
me amenazan con áspera caída,
y forzoso he de ver un mal tan fuerte,
un mal como es de vos verme partida;
dejadme llevar antes de mi muerte,
esto poco que queda de mi vida,
que quien no siente el mal, es argumento
que tuvo con el bien poco contento.»

Tras esto tantas lágrimas vertía
que mueve a compasión el contemplalla,
y así el tierno Lautaro no podía
dejar de tal sazón de acompañalla:
pero ya la turbada pluma mía
que en las cosas de amor nueva se halla,
confusa, tarda, y con temor se mueve,
y a pasar adelante no se atreve.

... ...

Así los dos unidos corazones
conformes en amor desconformaban,
y dando de ello allí demostraciones
más el dulce veneno alimentaban;
los soldados en torno los tizones,
ya de parlar cansados reposaban,
teniendo centinelas, como digo,
y el cerro a las espaldas como abrigo.

Villagrán[14] con silencio, y paso presto
había el áspero monte atravesado,

no sin grave trabajo, que sin esto
hacer mucha labor es excusado;
llegado junto al fuerte en un buen puesto
viendo que el cielo estaba aun estrellado
paró, esperando el claro y nuevo día
que ya por el oriente descubría.

....

Cuando ya las tinieblas y aire oscuro
con la esperada luz se adelgazaban,
las centinelas puestas por el muro
al nuevo día de lejos saludaban;
y pensando tener campo seguro,
también a descansar se retiraban,
quedando mudo el fuerte, y los soldados
en vino y dulces sueños sepultados.

....

El español que ve tiempo oportuno
se acerca poco a poco más al fuerte,
sin estorbo de bárbaro ninguno,
que sordos los tenía su triste suerte;
bien descuidado duerme cada uno
de la cercana inexorable muerte,
cierta señal, que cerca de ella estamos
cuando más apartados nos juzgamos.

No esperaron los nuestros más, pues viendo
ser ya tiempo de darles el asalto,
de súbito levantan un estruendo
con soberbio alarido, horrendo y alto;
y en tropel ordenado arremetiendo,
al fuerte van a dar de sobresalto,
al fuerte más de sueño bastecido
que al presente peligro apercibido.

....

Así medio dormidos y despiertos
saltan los Araucanos alterados;
y del peligro y sobresalto ciertos,
baten toldos y ranchos levantados;
por verse de corazas descubiertos,
no dejan de mostrar pechos airados;
mas con presteza y ánimo seguro
acuden al reparo[15] de su muro.

Sacudiendo el pesado y torpe sueño,
y cobrando la furia acostumbrada,
quién el arco arrebata, quién un leño,
quién del fuego un tizón, y quién la espada;
quién aguija[16] el bastón de ajeno dueño,
quién por salir más presto va sin nada,
pensando averiguarlo desarmados,
si no pueden a puños, a bocados.

Lautaro a la sazón, según se entiende,
con la gentil Guacolda razonaba,
asegúrala, esfuerza, y reprehende
de la confianza que mostraba;
ella razón no admite y más se ofende,
que aquello mayor pena le causaba,
rompiendo el tierno punto en sus amores
el duro son de trompas y atambores.

Mas no salta con tanta ligereza
el mísero avariento enriquecido,
que siempre está pensando en su riqueza,
si siente de ladrón algún ruido,
ni madre así acudió con tal presteza
al grito de su hijo muy querido,
temiéndola de alguna bestia fiera,
como Lautaro al son y voz primera.

Revuelto el manto al brazo, en el instante
con un desnudo estoque, y él desnudo
corre a la puerta el bárbaro arrogante,
que armarse así tan súbito no pudo.
¡Oh pérfida fortuna, oh inconstante,
cómo llevas tu fin por punto crudo,
que el bien de tantos años en un punto
de un golpe lo arrebatas todo junto.

Cuatrocientos amigos comarcanos
por un lado la fuerza acometieron,
que en ayuda y favor de los cristianos
con sus pintados arcos acudieron,
que con extrema fuerza, y prestas manos
gran número de tiros despidieron.
Del toldo[17] el hijo de Pillán salía,
y una flecha a buscarle que venía.

Por el siniestro lado (¡oh dura suerte!)
rompe la cruda punta, y tan derecho,
que pasa el corazón más bravo y fuerte
que jamás se encerró en humano pecho:
de tal tiro quedó ufana la muerte,
viendo en un solo golpe tan gran hecho,
y usurpando la gloria al homicida,
se atribuye a la muerte aquesta herida.

Tanto rigor la aguda flecha trujo
que al bárbaro tendió sobre la arena;
abriendo puerta a un abundante flujo
de negra sangre por copiosa vena;
del rostro la color se le retrujo,[18]
los ojos tuerce, y con rabiosa pena
la alma del mortal cuerpo desatada
bajó furiosa a la infernal morada.

---

15 en defensa.   16 coge rápidamente.   17 de la tienda.
18 se le retiró, perdió el color.

1 mi amo.   2 conciencia; Alameda, que es el «simple» o «bobo» del paso, además de confundir con frecuencia palabras, usa muchos rusticismos; véase más

adelante *porques* (porque es), *secreuto* (secreto). Anota-
remos sólo aquéllos cuya significación no sea evidente
por el contexto.   3 me había.   4 bajo.   5 de Dios
abajo; quiere decir que lo que ha encontrado le permi-
tirá convertirse en un hombre importante.   6 muestra.
7 ave de rapiña.

SIGLO XVI (SEGUNDA MITAD): TEATRO

Lope de Rueda

150...?-1565?

Sevillano, debió de nacer en los primeros años del siglo XVI y morir hacia 1565. Además de escritor, fué actor y como tal era famoso en España. En la evolución de la literatura dramática ocupa el puesto más destacado en el período que va de los «primitivos» a Lope de Vega. Ello es debido más que a sus comedias, imitadas principalmente de los italianos, a sus *pasos*, piezas cortas de un acto, en los que tienen su origen los entremeses. Como las comedias, están escritos en prosa, innovación importante, y en ellos adquiere relieve y carácter el «simple» o bobo, antecedente del «gracioso». En los dos reproducidos —*La carátula* y *Las aceitunas*— se ejemplifican claramente la invención cómica y la gracia del diálogo popular, que son las cualidades sobresalientes del arte de Lope de Rueda.

PASO SEGUNDO

La carátula

ALAMEDA, *simple;* SALCEDO, *su amo*

ALAMEDA
—¿Acá está vuesa merced, señor mosamo?[1]

SALCEDO
—Aquí estoy; ¿tú no lo ves?

ALAMEDA
—Pardiez, señor; a no toparos que no le pudiera encontrar, aunque echara más vueltas que un podenco cuando se viene a acostar.

SALCEDO
—Por cierto, Alameda, que es negocio ese que se te puede creer fácilmente.

ALAMEDA
—A no creerme, dijera que no estábades en vuestro juicio; pues a fe que vengo a tratar con vuesa merced un negocio que me va mucho en mi conscencia,[2] si acaso me tiene cilicio.

SALCEDO
—Silencio querrás decir.

ALAMEDA
—Sí, silencio será; pienso que...

SALCEDO
—Pues di lo que quieres, que el lugar harto

apartado es, si ha de haber silencio o cosa de secreto.

ALAMEDA
—¿Hay quien nos pueda oír por aquí? Mírelo bien, porque cosa de grande secreuto; y en topetando que topeté, luego le conocí quera vuesa merced como si me lo dijeran al oído.

SALCEDO
—Que te creo sin falta.

ALAMEDA
—¿Pues no mavía[3] de creer siendo nieto de pastelero?

SALCEDO
—¿Qué hay? Acabemos.

ALAMEDA
—Hable quedo.[4]

SALCEDO
—¿Qué aguardas?

ALAMEDA
—Más quedo.

SALCEDO
—Di lo que has de decir.

ALAMEDA
—¿Hay quien nos escuche?

SALCEDO
—¿No te habemos dicho que no?

ALAMEDA
—Sabed que me he hallado una cosa con que podré ser hombre de Dios en ayuso.[5]

SALCEDO
—¿Cosa de hallar, Alameda? Tu compañero quiero ser.

ALAMEDA
—No, no; solo me lo hallé; solo me lo quiero gozar si la fortuna no mes adversa.

SALCEDO
—Amuesa[6] qué te has hallado; enséñanoslo.

ALAMEDA
—¿Ha visto vuesa merced un cernícalo?[7]

SALCEDO
—Sí, muy bien.

ALAMEDA
—Pues mayor es mi hallazgo, con más de veinticinco maravedís.

SALCEDO
—¿Es posible? Amuestra a ver.

ALAMEDA
—No sé si la venda, ni sé si la empeñe.

SALCEDO
—Amuesa.

ALAMEDA
—A paso,[8] a paso, mírela tantico.

SALCEDO
—¡Oh, desventurado de mí! ¿Que todo eso era tu hallazgo?

ALAMEDA
—¡Cómo! ¿nos bueno? Pues sepa vuesa merced que viniendo del monte por leña, me la encontré junto al vallado del corralejo este diablo de hisolomia.[9] ¿Y adónde nacen éstas, si sabe vuesa merced?

SALCEDO
—Hermano Alameda, no sé qué te diga, sino que fuera mejor que se te cayeran las pestañas de los ojos antes que te aconteciera una desdicha tan grande.

ALAMEDA
—¿Desdicha es hallarse el hombre una pieza como ésta?

SALCEDO
—¡Y cómo si es desdicha! No quisiera estar en tu piel por todo el tesoro de Venecia. ¿Tú conoces este pecador?

ALAMEDA
—¿Pecador es éste?

SALCEDO
—Parésceme a mí que lo quiero conocer.

ALAMEDA
—Yo también.

SALCEDO
—Dime, Alameda, ¿no tienes noticia del santero que desollaron[10] los ladrones la cara por roballo, Diego Sánchez?

ALAMEDA
—¿Diego Sánchez?

SALCEDO
—Sí, Diego Sánchez; no me puedes negar que no sea éste.

ALAMEDA
—¿Questes Diego Sánchez? ¡Oh, desdichada de la madre que me parió! ¿Pues cómo no me encontró Dios con unas arguenas[11] de pan, y no con una cara de un desollado? ¡Ce, Diego Sánchez, Diego Sánchez! no, no pienso que responderá por más voces que le den. Y diga, señor: ¿qué se hicieron de los ladrones? ¿Halláronlos?

SALCEDO
—No los han hallado; pero sábete, hermano Alameda, que anda la Justicia muerta por saber quién son los delincuentes.

ALAMEDA
—Y por dicha, señor, ¿soy yo agora el delincuente?

SALCEDO
—Sí, hermano.

ALAMEDA
—¿Pues qué me harán si me cogen?

SALCEDO
—El menor mal que te harán cuando muy misericordiosamente se hayan contigo[12] será ahorcarte.

ALAMEDA
—¿Ahorcarme? Y después echarme han a galeras, y más yo, que soy algo ahogadizo de la garganta; y aun por averiguado tengo, señor, que si me ahorcasen, se me quitaría la gana del comer.

SALCEDO
—Lo que yo te doy por consejo, hermano Alameda, es que luego te vayas a la ermita de San Antón y te hagas santero, así como lo era el otro cuitado,[13] y deste arte la Justicia no te hará mal ninguno.

ALAMEDA
—Y dígame, señor: ¿cuánto me costará una tablilla[14] y campanilla como aquella de aquel desdichado?

SALCEDO
—No es menester hacella de nuevo, que la del pasado santero anda vendiendo el pregonero de la

---

8 despacio, con calma.   9 en lugar de «fisonomía», cara o careta.   10 despellejaron, mataron.

11 alforjas, especie de saco.   12 den contigo, te apresen.   13 el otro desgraciado (el muerto).   14 insignia o imagen con que se piden las limosnas para los santos y ermitas.   15 como antes «hisolomia», nota 9.   16 Habla a la carátula.   17 arreglar (a disfrazar).   18 meter, esconder.   19 me saque de pena, me libre de este cuidado.   20 no es.

villa y se la podrás comprar, mas de una cosa tengo miedo.

ALAMEDA

—Yo de más de doscientas; ¿y es la suya de qué?

SALCEDO

—Que estando solo en la ermita te podría asombrar alguna noche el espíritu de aquel cuitadillo; pero más vale que te asombre a ti que no que asombres tú a otros colgando del pescuezo, como podenco en barbacana.

ALAMEDA

—Y más yo, que en apretándome la nuez un poco no puedo resollar.

SALCEDO

—Pues, hermano, anda presto; porque si te tardas, podría ser que topases la Justicia.

ALAMEDA

—¿Y qué se ha de hacer de aquesta filomancia[15] o qué es?

SALCEDO

—Ésta, déjala estar, no te topen con ella.

ALAMEDA

—Pues yo me voy; ruegue a Dios que me haga buen santero. Ora ¡sus!, quedad norabuena, señor Diego Sánchez.[16] (Vase.)

SALCEDO

—Agora menester será, pues le he hecho encreyente a este animalazo que esta carátula es el rostro de Diego Sánchez, de hacelle una burla sobre ella; y es que yo me quiero ir a apañar[17] con una sábana lo mejor y más artificiosamente que pueda, y le saldré al encuentro, fingiendo que soy el espíritu de Diego Sánchez y veréis qué burla tan concertada será ésta. ¡Sus!, voylo a poner por obra.

Éntrase Salcedo y sale Alameda, simple, vestido como santero con una lumbre en la mano y una campanilla.

ALAMEDA

—¡Para la lámpara del aceite, señores! Trabajosísima cosa es el hombre santero, que nunca se mantiene sino de mendrugos de pan, que no parezco sino gozque de conejero, que lo matan de hambre porque cace mejor a sabor; y más, que los gozques que solía tener por amigos, como me ven con este traje, me han desconocido, y como ven que de puerta en puerta ando pidiendo y les recojo los mendrugos de pan que ellos solían tener por principal mantenimiento, así se vienen a mí, las bocas abiertas, como el cuquillo a las mariposas.

Y lo peor de todo es que no se menea un mosquito en la ermita, cuando luego pienso que es el ánima del santero desollado y no tengo otro remedio sino en sintiendo algo, capuzarme[18] la cabeza debajo la ropa, que no parezco sino olla de arroz que la tapan, porque no se le salga la substancia della. Dios me despene[19] por quien él es, amén.

SALCEDO

—¡Alameda!

ALAMEDA

—¡Ay!, llamado me han. ¿Hay quien dé, por Dios, para la lámpara del aceite?

SALCEDO

—¡Alameda!

ALAMEDA

—Ya son dos Alamedas. Alameda y en mitad del monte, nos[20] por mi bien. ¡Dios sea conmigo!

SALCEDO

—¡Alameda!

ALAMEDA

—El Espíritu Santo consolador sea conmigo y contigo, amén. Quizá será alguna que me quiera dar limosna.

SALCEDO

—¡Alameda!

ALAMEDA

—Así, así, mucho Alameda, Alameda, y después quebrarme han el ojo con una blanca.

SALCEDO

—¡Alonso de Alameda!

ALAMEDA

—¡Alonso y todo! Ya me saben el nombre de pila. No es por bien esto. Quiero preguntar que quién es, con dolor de mi corazón. ¿Quién sois?

SALCEDO

—¿No me conoces en la voz?

ALAMEDA

—¿Yo en la voz? Ni aun querría; no os conozco, si no os viese la cara.

SALCEDO

—¿Conocistes a Diego Sánchez?

ALAMEDA

—Él es, él es; mas podrá ser que no sea él, sino otro. Señor, conocí siete u ocho en esta vida.

SALCEDO

—Pues ¿cómo no conoces a mí?

ALAMEDA

—¿Sois vos alguno dellos?

SALCEDO

—Sí soy, porque antes que me desollasen la cara...

ALAMEDA

—¡El desollado es, el desollado es! ¡Dios sea con mi álima!

SALCEDO

—Porque me conozcas me quiero mostrar a ti.

ALAMEDA

—¿A mí? Yo os lo perdono. Mas, señor Diego Sánchez, aguarde que pase por el camino otro que lo conozca mejor que yo.

SALCEDO

—A ti soy enviado.

ALAMEDA

—¿A mí, señor Diego Sánchez? Por amor de Dios, yo me doy por vencido y me pesa de buen corazón y de mala voluntad.

SALCEDO

—¿Qué dices?

ALAMEDA

—Estoy turbado, señor.

SALCEDO

—¿Conócesme agora?

ALAMEDA

—Ta, ta, ta, sí, señor; ta, ta, ta, ya le conozco.

SALCEDO

—¿Quién soy yo?

ALAMEDA

—Si no mengaño, sois el santero que le desollaron la cara por roballe.

SALCEDO

—Sí soy.

ALAMEDA

—Pluguiera a Dios que nunca lo fuérades. ¿Y no tenéis cara?

SALCEDO

—Denantes[21] solía tener cara, aunque agora la tengo pegadiza[22] por mis pecados.

ALAMEDA

—Pues ¿qué quiere agora, señor su merced Diego Sánchez?

SALCEDO

—¿Dónde están las notomías[23] de los muertos?

ALAMEDA

—A las sepulturas me envía. ¿Y comen allá, señor Diego Sánchez?

SALCEDO

—Sí, ¿por qué lo dices?

ALAMEDA

—¿Y qué comen?

SALCEDO

—Lechugas cocidas y raíces de malvas.

ALAMEDA

—Bellaco manjar es ése por cierto. ¡Qué de purgados debe de haber allá! ¿Y por qué me queréis llevar con vos?

SALCEDO

—Porque sin mi licencia os pusistes mis ropas.

ALAMEDA

—Tómelas, tómelas, y lléveselas, que no las quiero.

SALCEDO

—Vos propio habéis de venir, y si diéredes el descargo[24] que convenga, dejar os han que volváis.

ALAMEDA

—¿Y si no?

SALCEDO

—Quedaros heis[25] con las notomías en las cisternas viejas; mas resta otra cosa.

ALAMEDA

—¿Qué es, señor?

SALCEDO

—Habéis de saber que aquellos que me desollaron me echaron en un arroyo.

ALAMEDA

—Fresco estaría allí su Magnificencia.

SALCEDO

—Y es menester que al punto de la media noche vais[26] al arroyo y saquéis mi cuerpo y le lleveis al cementerio de San Gil, que está al cabo de

---

21 antes.   22 postiza.   23 en lugar de «anatomías», aquí «esqueletos».   24 la disculpa, la explicación.   25 os quedaréis.   26 vayáis.   27 inmediatamente.   28 barranco.   29 nubes; forma rústica como otras muchas que se hallan en el texto, así: «terná»=tendrá y las contracciones tales como «desdel»=desde el. «quel»=que el. 30 preparado.

31 ¡mujer!   32 no contesta nadie; frase proverbial procedente del romance del cerco de Zamora: «todos duermen en Zamora, mas no duerme Arias Gonzalo». 33 boca; mirad cómo contesta.   34 triste, insignificante. 35 Puede referirse al rocío del alba; el significado de la frase es: «dirá tu madre que no era nada».   36 aderézale, prépárale.   37 higuera que produce brevas, higo más grande que el ordinario.

la villa, y allí junto digáis a grandes voces: ¡Diego Sánchez!

ALAMEDA

—Y diga, señor; ¿tengo de ir luego?[27]

SALCEDO

—Luego, luego.

ALAMEDA

—Pues, señor Diego Sánchez, ¿no será mejor que vaya a casa por un borrico en que vaya caballero su cuerpo?

SALCEDO

—Sí, aguija presto.

ALAMEDA

—Luego torno.

SALCEDO

—Anda, que aquí os aguardo.

ALAMEDA

—Dígame, señor Diego Sánchez: ¿cuánto hay de aquí al día del juicio?

SALCEDO

—Dios lo sabe.

ALAMEDA

—Pues hasta que lo sepáis, vos podéis aguardar.

SALCEDO

—Venid presto.

ALAMEDA

—No comáis hasta que venga.

SALCEDO

—¿Ansí? Aguarda, pues.

ALAMEDA

—¡Válame Santa María! Dios sea conmigo, que me viene siguiendo.

PASO SÉPTIMO

Las aceitunas

TORUBIO, *simple, viejo.*—ÁGUEDA DE TORUÉGANO, *su mujer.*—MENCIGÜELA, *su hija.*—ALOJA, *vecino.*

TORUBIO

—¡Válame Dios y qué tempestad ha hecho desdel requebrajo[28] del monte acá, que no paresció sino quel cielo se quería hundir y las nueves[29] venir abajo! Pues decí ahora: ¿qué os terná aparejado[30] de comer la señora de mi mujer? ¡Así mala rabia la mate! —¡Oíslo!.[31] ¡Mochacha Mencigüela! Si todos duermen en Zamora.[32] —¡Águeda de Toruégano! ¡Oíslo!

MENCIGÜELA

—¡Jesús, padre! ¿Y habéisnos de quebrar las puertas?

TORUBIO

—¡Mirá qué pico,[33] mirá qué pico! ¿Y adónde está vuestra madre, señora?

MENCIGÜELA

—Allá está en casa de la vecina, que le ha ido a ayudar a coser unas madejillas.

TORUBIO

—¡Malas madejillas vengan por ella y por vos! Andad y llamadla.

ÁGUEDA

—Ya, ya, el de los misterios, ya viene de hacer una negra[34] carguilla de leña, que no hay quien se averigüe con él.

TORUBIO

—Sí; ¿carguilla de leña le paresce a la señora? Juro al cielo de Dios que éramos yo y vuestro ahijado a cargalla y no podíamos.

ÁGUEDA

—Ya, noramala sea, marido, ¡y qué mojado que venís!

TORUBIO

—Vengo hecho una sopa dagua. Mujer, por vida vuestra, que me deis algo que cenar.

ÁGUEDA

—¿Yo qué diablos os tengo de dar, si no tengo cosa ninguna?

MENCIGÜELA

—¡Jesús, padre, y qué mojada que venía aquella leña!

TORUBIO

—Sí, despúes dirá tu madre ques el alba.[35]

ÁGUEDA

—Corre, mochacha, adrézale[36] un par de huevos para que cene tu padre, y hazle luego la cama. Yos aseguro, marido, que nunca se os acordó de plantar aquel renuevo de aceitunas que rogué que plantásedes.

TORUBIO

—¿Pues en qué me he detenido sino en plantalle como me rogaste?

ÁGUEDA

—Callad, marido: ¿y adónde lo plantastes?

TORUBIO

—Allí junto a la higuera breval,[37] adonde, si se os acuerda, os di un beso.

MENCIGÜELA

—Padre, bien puede entrar a cenar, que ya está adrezado todo.

ÁGUEDA

—Marido, ¿no sabéis qué he pensado? Que aquel renuevo de aceitunas que plantastes hoy, que de aquí a seis o siete años llevará cuatro o cinco hanegas[38] de aceitunas, y que poniendo plantas acá y plantas acullá, de aquí a veinte y cinco o treinta años, ternéis un olivar hecho y drecho.[39]

TORUBIO

—Eso es la verdad, mujer, que no puede dejar de ser lindo.

ÁGUEDA

—Mirá, marido: ¿sabéis qué he pensado? Que yo cogeré el aceituna y vos la acarrearéis con el asnillo, y Mencigüela la venderá en la plaza. Y mira, mochacha, que te mando que no me des menos el celemín[40] de a dos reales castellanos.

TORUBIO

—¿Cómo a dos reales castellanos? No veis ques cargo de conciencia y nos llevará al amotazén[41] cadaldía[42] la pena, que basta pedir a catorce o quince dineros[43] por celemín?

ÁGUEDA

—Callad, marido, que es el veduño[44] de la casta de los de Córdoba.

TORUBIO

—Pues aunque sea de la casta de los de Córdoba, basta pedir lo que tengo dicho.

ÁGUEDA

—Ora[45] no me quebréis la cabeza. Mira, mochacha, que te mando que no las des menos el celemín de a dos reales castellanos.

TORUBIO

—¿Cómo a dos reales castellanos? Ven acá, mochacha: ¿a cómo has de pedir?

MENCIGÜELA

—A como quisiéredes, padre.

TORUBIO

—A catorce o quince dineros.

MENCIGÜELA

—Así lo haré, padre.

ÁGUEDA

—¿Cómo «así lo haré, padre»? Ven acá, mochacha: ¿a cómo has de pedir?

MENCIGÜELA

—A como mandárades, madre.

ÁGUEDA

—A dos reales castellanos.

TORUBIO

—¿Cómo a dos reales castellanos? Yos prometo que si no hacéis lo que yo os mando, que os tengo de dar más de doscientos correonazos.[46] ¿A cómo has de pedir?

MENCIGÜELA

—A como decís vos, padre.

TORUBIO

—A catorce o quince dineros.

MENCIGÜELA

—Así lo haré, padre.

ÁGUEDA

—¿Cómo «así lo haré, padre»? Tomá, tomá, hacé lo que yo os mando.

TORUBIO

—Deja la mochacha.

MENCIGÜELA

—¡Ay, madre; ay, padre, que me mata!

ALOJA

—¿Qués esto, vecinos? ¿Por qué maltratáis ansí la mochacha?

ÁGUEDA

—¡Ay, señor! Este mal hombre que me quiere dar las cosas a menos precio y quiere echar a perder mi casa; ¡unas aceitunas que son como nueces!

TORUBIO

—Yo juro a los huesos de mi linaje que no son ni aun como piñones.

ÁGUEDA

—Sí son.

TORUBIO

—No son.

ALOJA

—Ora, señora vecina, hacerme tamaño placer

---

[38] fanegas, medida de granos y algunos frutos menores. [39] derecho; «hecho y derecho»=cabal, completo. [40] medida de granos; una fanega contiene doce celemines. [41] almotacén, inspector de pesos y medidas. [42] cada día, todos los días. [43] El real valía unos veintitrés dineros, por lo tanto Torubio quería que se vendieran las aceitunas a menos de la tercera parte de lo que pedía su mujer. [44] variedad de la vid; aquí, por confusión, se refiere al plantón del olivo. [45] ahora. [46] golpes con una correa. [47] Unos anotadores interpretan esta frase como «súmese totalmente al duelo», y otros como «averigüe o entre usted misma en la cuestión», pero el sentido más bien parece «todo se perderá», teniendo en cuenta que «quebranto» significa «gran pérdida», además de «aflicción» o «duelo». [48] trabajo; aquí en el sentido de pena o castigo.

[1] El argumento que sigue es de Juan de la Cueva y forma parte del texto de la obra.

que os entréis allá dentro, que yo lo averiguaré todo.

ÁGUEDA

—Averigüe o póngase todo del quebranto.[47] (*Vase.*)

ALOJA

—Señor vecino, ¿qué son de las aceitunas? Sacadlas acá fuera, que yo las compraré, aunque sean veinte hanegas.

TORUBIO

—Que no, señor; que no es desa manera que vuesa merced se piensa, que no están las aceitunas aquí en casa, sino en la heredad.

ALOJA

—Pues traedlas aquí, que yo las compraré todas al precio que justo fuere.

MENCIGÜELA

—A dos reales quiere mi madre que se venda el celemín.

ALOJA

—Cara cosa es ésa.

TORUBIO

—¿No le parece a vuesa merced?

MENCIGÜELA

—Y mi padre a quince dineros.

ALOJA

—Tenga yo una muestra dellas.

TORUBIO

—¡Válame Dios, señor! Vuesa merced no me quiere entender. Hoy he yo plantado un renuevo de aceitunas, y dice mi mujer que de aquí a seis o siete años llevará cuatro o cinco hanegas de aceituna, y que ella la cogería, y que yo la acarrease y la mochacha la vendiese, y que a fuerza de drecho había de pedir a dos reales por cada celemín; yo que no, y ella que sí, y sobre esto ha sido la quistión.

ALOJA

—¡Oh, qué graciosa quistión; nunca tal se ha visto! Las aceitunas no están plantadas y ¡ha llevado la mochacha tarea[48] sobre ellas!

MENCIGÜELA

—¿Qué le paresce, señor?

TORUBIO

—No llores, rapaza. La mochacha, señor, es como un oro. Ora, andad, hija y ponedme la mesa, que yos prometo de hacer un sayuelo de las primeras aceitunas que se vendieren.

ALOJA

—Ahora andad, vecino, entraos allá adentro y tened paz con vuestra mujer.

TORUBIO

—Adiós, señor.

ALOJA

—Ora, por cierto, ¡qué cosas vemos en esta vida que ponen espanto! Las aceitunas no están plantadas, y ya las habemos visto reñidas. Razón será que dé fin a mi embajada.

Juan de la Cueva

1543-1610

La figura de Juan de la Cueva tiene significación especial en la historia del teatro clásico español como precursor de Lope de Vega y enlace entre el «nuevo arte de hacer comedias» de éste y el teatro de los primitivos, como Encina, Gil Vicente y Torres Naharro. Siguió, en la mayoría de sus obras, la tradición grecolatina, resucitada por los italianos, pero, dentro de este concepto renacentista de la tragedia, introdujo ciertas modificaciones. La gran novedad de su teatro fué, sin embargo, el haberse inspirado en asuntos de tradición nacional, recreando el espíritu del Romancero. Entre las obras concebidas dentro de esta nueva dirección sobresale la tragedia *Los siete infantes de Lara*, en la que trata este viejo tema con vigor y, a veces, con cierto sentimiento poético, como se verá en las escenas reproducidas.

Expuso sus ideas sobre la poesía y el teatro en el *Exemplar poético*, especie de preceptiva y obra bastante extensa, de la que van aquí algunos trozos.

LOS SIETE INFANTES DE LARA

ARGUMENTO DE LA TRAGEDIA[1]

Doña Lambra, mujer de Ruy Velázquez y hermana de Gonzalo Bustos, padre de los siete Infantes de Lara, mandó a un criado suyo que le diese a Gonzalo González, el menor de los Infantes, con un vaso de sangre, y haciéndolo el criado, el Gonzalo González lo mató en las faldas de su tía doña Lambra, adonde se fué a guarecer. La cual, querellándose a su marido Ruy Velázquez, trazó la venganza, enviando una carta al rey Almanzor de Córdoba con su cuñado Gonzalo Bustos, por la cual le pedía que luego le mandase dar la muerte al Gonzalo Bustos, y asimismo le enviase gente, y que le daría en poder a los siete Infantes, de quien él tanto daño recibía. Leída la carta por el rey Almanzor, puso a Gonzalo Bustos en prisión y envió a dos capitanes suyos llamados Galve y Viara, con diez mil moros, y siguiendo el orden dado por el Ruy Velázquez le entregó los Infantes a los moros. De suerte que, aunque hicieron su deber como valientes caballeros, fueron todos muertos, y más doscientos caballeros que con ellos iban, y cortándoles las cabezas a los siete Infantes y la de su ayo Nuño Salido, se las enviaron al rey Almanzor, que luego que las recibió mandó sacar de la prisión a Gonzalo Bustos, y habiendo comido con él aquel día le hizo poner delante las ocho cabezas de sus hijos y ayo. El cual, conociéndolas, hizo encima de ellas muy doloroso llanto, que, movido a sentimiento el moro, le concedió libertad para que se fuese a su tierra. En el tiempo que había estado preso, Zaida, hermana del rey Almanzor, había tratado amores con Gonzalo Bustos, la cual quedó preñada de él, y llegado el tiempo del parto parió un hijo, que, siendo de edad, lo envió al padre, y fué vuelto cristiano y se llamó Gonzalo Mudarra, el cual mató a Ruy Velázquez y quemó a su tía doña Lambra, en venganza de la muerte de sus hermanos los siete Infantes de Lara, cuyos nombres fueron: Diego González, Martín González, Suero González, Fernán González, Ruy González, Nuño González y Gonzalo González.

Esta tragedia representó la primera vez Alonso Rodríguez en Sevilla, en la huerta de doña Elvira, siendo asistente[2] don Francisco Zapata de Cisneros, conde de Barajas. Año de mil y quinientos y setenta y nueve.

JORNADA PRIMERA

Escena III

Zayda y Gonzalo Bustos

ZAYDA

Señor, nuevo es este puesto;
dichoso sea este día
que os ve libre el alma mía,
y a mí vuestro yugo puesto.[3]
Estando con mis doncellas
entró una a me avisar
que el rey os mandó soltar,
que fué gloria a todas ellas.
De mí no os sabré decir
porque el placer me robó
el sentido y me dejó

fuera de poder sentir.
Transforméme luego en vos,
vencida de tal dulzura;
gozosa de mi ventura,
hice un alma de las dos.

GONZALO BUSTOS

Ilustre Zayda, en quien vive
mi alma, cuya belleza
la mesma naturaleza
se admira y gloria recibe,
en tan no esperada gloria
no sé qué pueda decirte,
y así, quiero remitirte
a do vive tu memoria.
De tu poderoso hermano
libertado he sido hoy,
poniéndome adonde estoy
y en un bien tan soberano.
Y entiendo que juntamente
me concederá licencia
de irme, aunque en tu presencia
el alma tendrás presente.

ZAYDA

Ruego a Alá, Gonzalo Bustos,
que sea cual lo deseas,
y que en tu tierra te veas
libre de tantos disgustos.
Bien sé que será tu ausencia
causa de acabar mi vida,
pues ha sido sostenida
con ver tu dulce presencia.
Mas por verte en libertad
yo gustaré de perdella,
harto más que de tenella
viendo tu cautividad.

GONZALO BUSTOS

Libre jamás lo seré,
aunque en libertad me vea.

ZAYDA

¡Ay! ¿Quién habrá que tal crea?

GONZALO BUSTOS

¿Quién? Quien conoce mi fe.

ZAYDA

¿Qué razón tendré a creerte?

GONZALO BUSTOS

La que obliga a no olvidarte.

ZAYDA

El irte y el no acordarte
tengo por cierto, y mi muerte.

2 funcionario que en ciertas ciudades como Sevilla tenía las mismas atribuciones que el corregidor o gobernador en otras partes.   3 que mi alma te ve libre y a mí esclava de tu amor.   4 sitio que se elige para salir a un desafío.   5 escudo oblongo que cubre casi todo el cuerpo del combatiente.   6 lo que afirmas, lo que dices.

GONZALO BUSTOS

Antes verás, si es creído,
el sol de noche mostrarse
y de oriente levantarse
la luna, que ver mi olvido.
Que mercedes tan subidas
cual recibido he de ti
no se olvidarán de mí
aunque viva cien mil vidas.
Tú diste gloria a mi pena,
tú descanso a mi prisión,
tú regalo a mi pasión,
tú soltura a mi cadena.
Pues si aquesto es desta suerte,
¿cómo te podré olvidar?

ZAYDA

Mas yo, ¿cómo he de quedar
sin ti, sufriendo tal muerte?

GONZALO BUSTOS

Podrá ser que otro cuidado
le mueve al rey Almanzor.

ZAYDA

Nunca el recelo de amor
sosiega al enamorado.
Paréceme que ya es hora
que vayas a do el rey está.

GONZALO BUSTOS

Sólo el cuerpo es el que va,
que el alma os queda, señora.

ZAYDA

Vaya Alá en tu compañía,
vida de mi vida y alma,
y alcance de él yo tal palma
que nunca dejes la mía.

JORNADA CUARTA

ESCENA IV

GONZALO BUSTOS, RUY VELÁZQUEZ, MUDARRA
y séquito.

MUDARRA

Después de venir a verte
y a besar, señor, tus manos,
vengo a vengar mis hermanos
en quien les causó la muerte.
Y así digo que es traidor
Ruy Velázquez, que está aquí,
y lo entenderá por mí,
si en él hubiere valor.
Al cual desafío y reto
y a todos cuantos siguieron

su parte, a cuantos lo oyeron
en público o en secreto.
Y pido campo[4] do estoy
al traidor y a los traidores,
hacientes, consentidores,
que igual renombre les doy.
Y digo que les concedo
cuantas ventajas quisieren,
y las armas que pidieren,
y las que pide su miedo.
Que yo me pondré desnudo
en el campo, ellos armados,
de paveses[5] acerados
cubiertos, yo sin escudo.
Más ventajas les ofrezco:
que si en la lid se cansaren,
que en medio de ella se paren
y que salgan de refresco.
Que no partamos el sol,
sino que a su parte esté,
y así conocer haré
que tú no eres español.
Sin freno irá mi caballo,
sin espuelas yo, él sin silla,
y en medio de la rencilla
también me ofrezco a dejallo.
Y verán los circunstantes
que soy en casos tan justos
hijo de Gonzalo Bustos
y hermano de los Infantes.

RUY VELÁZQUEZ

Mancebo, di, ¿qué locura
te mueve a desafiarme?
Y más sería alterarme
viendo tu poca cordura.
Y así, de tu desafío
no debo de hacer cuenta,
porque no me hace afrenta
quien habla con desvarío.

MUDARRA

Traidor, razón es la mía,
y razón la que sustento,
y así pagarás tu intento
y tu horrible alevosía.
¿Quieres suplir con razones,
traidor, tu maldad tan clara
en vender a los de Lara?

RUY VELÁZQUEZ

No es verdad lo que propones.[6]

MUDARRA

Tú mientes como traidor,
enemigo de tu ley,
traidor a tu Dios y rey,
sin fe de Dios, ni temor.

Y así, como a su enemigo
es razón poner la mano.

RUY VELÁZQUEZ
¿Un moro ofende a un cristiano?

MUDARRA
Cristiano me nombro y digo.

GONZALO BUSTOS
Tente, hijo, no te ofrezcas
tan ciegamente a tu ira.

MUDARRA
Razón es la que me aíra.

GONZALO BUSTOS
Sí, mas no te ensoberbezcas.
Pon en la vaina el espada.

MUDARRA
Cuando tenga este enemigo
con el debido castigo
tendré el alma sosegada.
Y así, traidor, te demando
campo, de hoy en tercer día,
do estás, do la verdad mía
haré buena peleando.

GONZALO BUSTOS
Sosiégate, hijo, un tanto
de esas culpas y disculpas,
y vamos donde tus culpas
laves con bautismo santo.

MUDARRA
Si por aquesta ocasión,
cobarde, el campo no aceptas,
ya de las mosaicas sectas
aparto mi corazón.
Y no entiendas que de esa arte
te librarás de mi mano,
que yo puedo ser cristiano
y tú de mí no librarte.
Luego que se cumpla el plazo,
en este lugar te aguardo,
donde mi brazo gallardo
verás, y a lo que te aplazo.
Con esto, vamos, señor,
a darme cristiana ley.

GONZALO BUSTOS
Vamos, hijo; el Sacro Rey
te dé su gracia y favor.

ESCENA V

RUY VELÁZQUEZ, *solo.*

RUY VELÁZQUEZ
Confuso estoy y alterado;
no sé qué camino siga;
que de temor y fatiga
la sangre se me ha cuajado.
Un estímulo me enciende
el alma y dentro remuerde
la conciencia, que me acuerde
de lo que tanto le ofende.
¡Ay, triste!, bien claro veo
la maldad que cometí
cuando a los infantes di
a los moros por trofeo.
Y así no dudo, y es cierto,
que el cielo, que es mi enemigo,
envía éste por castigo
de mi yerro y desconcierto.
Yo me quiero apercibir
y remediarme huyendo;
que por este modo entiendo
que de él me podré eximir.
Él viene determinado,
es brioso y es de Lara,
cuyo nombre y virtud rara
le enciende el pecho alterado.
Luego que la luz del día
falte y el mundo se cubra,
en hábito que me encubra,
haré a Barbadillo vía.[7]
Así pienso resistillo
y si quisiere buscarme,
camine, y podrá hallarme
en mi casa en Barbadillo.

EJEMPLAR POÉTICO

Ha de ser el poeta dulce y grave,
blando en significar sus sentimientos,
afectüoso en ellos, y süave.
Ha de ser de sublimes pensamientos,
vario, elegante, terso, generoso,
puro en la lengua, y propio en los acentos.
Ha de tener ingenio y ser copioso,
y este ingenio, con arte cultivallo,
que no será sin ella fructuoso.
… … … … … … … … … … … … … … …
Los poetas que fueren diligentes
observando la lengua en su pureza
formarán voces nuevas de otras gentes.
No a todos se concede esta grandeza
de formar voces, sino a aquel que tiene
excelente juïcio y agudeza.

---

7 me iré a Barbadillo.   8 lengua.

Aquel que en los estudios se entretiene
y alcanza a discernir con su trabajo
lo que a la lengua es propio y le conviene,

cuál vocablo es común, y cuál es bajo,
cuál voz dulce, cuál áspera, cuál dura,
cuál camino es seguido, y cuál atajo,

éste tiene licencia en paz segura
de componer vocablos, y éste puede
enriquecer la lengua culta y pura.

Finalmente, al que sabe, se concede
poder en esto osar, poner la mano,
y el que lo hace sin saber, excede.

Por este modo fué el sermón[8] romano
enriquecido con las voces griegas,
y peregrinas, cual lo vemos llano.

... ...

Acomoda el estilo que en él vean
las cosas que tratares tan al vivo
que tu designio por verdad lo crean.

... ...

La copla será buena puramente
que en agudeza acabe o en sentencia,
y la que no, por buena no se cuente.

No son de menos gloria y excelencia
los antiguos romances, donde vemos
en el número igual correspondencia.

La antigüedad y propiedad tenemos
de nuestra lengua en ellos conservada
y por ellos lo antiguo conocemos.

... ...

A mí me culpan de que fuí el primero
que reyes y deidades di al tablado
de las comedias traspasando el fuero.

Que el un acto de cinco le he quitado,
que reducí los actos en jornadas,
cual vemos que es en nuestro tiempo usado.

Si no te da cansancio y desagradas
desto, oye cuál es el fundamento
de ser las leyes cómicas usadas.

Y no atribuyas este mudamiento
a que faltó en España ingenio y sabios
que prosiguieran el antiguo intento.

... ...

Introdujimos otras novedades,
de los antiguos alterando el uso,
conformes a este tiempo y calidades.

... ...

Huímos la observancia que forzaba
a tratar tantas cosas diferentes
en término de un día que se daba.

Con extrañeza en todo has de mostrarte
admirable, vistiendo las figuras
conforme al tiempo, a la edad y al arte.

Al viejo avaro, envuelto en desventuras;
al mancebo, rabiando de celoso;
al juglar, decir mofas y locuras;

al siervo, sin lealtad y cauteloso;
a la dama, amorosa o desabrida,
ya con semblante alegre, ya espantoso;

a la tercera, astuta y atrevida;
al lisonjero, envuelto en novedades;
y al rufián, dar cédulas de vida.

Los efectos aplica a las edades,
si no es que dando algún ejemplo quieras
trocar la edad, oficio y calidades.

Entre las cosas que prometen veras
no introduzcas donaires, aunque dellos
se agrade el pueblo, si otro premio esperas.

Los versos han de ser sueltos y bellos
en lengua y propiedad, siempre apartados,
que en la trágica alteza puedan vellos.

SIGLO XVI (SEGUNDA MITAD): PROSA. NOVELA PICARESCA

Lazarillo de Tormes

Anónima, 1554. Se publicó simultáneamente en Burgos, Alcalá y Amberes. Se supone que estas tres ediciones se derivan de otra anterior, hoy perdida. Es la obra que inicia uno de los géneros narrativos más importantes de la literatura española del Siglo de Oro: la novela picaresca. Aunque el concepto de lo picaresco se amplía después considerablemente, casi todas las numerosas obras del mismo tipo siguen en lo fundamental la traza del *Lazarillo* como relato autobiográfico de las aventuras de un pícaro y como crítica satírica de los diferentes amos a quienes el pícaro sirve o de los ambientes en que vive.

Fuera de su importancia como obra iniciadora de un género, el *Lazarillo* aventaja a todas las obras posteriores que en él se inspiran por la gracia, la naturalidad de su estilo y la espontánea sencillez de la visión social del protagonista, que jamás cae ni en el cinismo ni en la amargura que va a caracterizar a la mayoría de sus sucesores.

Se da la obra casi íntegra, ya que los tratados omitidos en los que Lázaro sirve a un fraile de la Merced, a un vendedor de bulas y a un capellán son muy breves y no añaden ningún elemento esencial.

TRATADO PRIMERO

Cuenta Lázaro su vida y cuyo hijo fué

Pues sepa vuestra merced, ante todas cosas, que a mí llaman Lázaro de Tormes, hijo de Tomé González y de Antona Pérez, naturales de Tejares, aldea de Salamanca. Mi nacimiento fué dentro del río Tormes, por la cual causa tomé el sobrenombre, y fué de esta manera: mi padre (que Dios perdone) tenía cargo de proveer una molienda de una aceña[1] que está ribera de aquel río, en la cual fué molinero más de quince años; y estando mi madre una noche en la aceña preñada de mí, tomóla el parto y parióme allí; de manera que con verdad me puedo decir nacido en el río.

Pues siendo yo niño de ocho, achacaron a mi padre ciertas sangrías mal hechas en los costales[2] de los que allí a moler venían, por lo cual fué preso, y confesó y no negó, y padeció persecución por justicia. Espero en Dios que esté en la gloria, pues el evangelio los llama bienaventurados. En este tiempo se hizo cierta armada contra moros, entre los cuales fué mi padre, que a la sazón estaba desterrado por el desastre ya dicho, con cargo de acemilero de un caballero que allá fué, y con su señor, como leal criado, feneció su vida.

Mi viuda madre, como sin marido y sin abrigo se viese, determinó arrimarse a los buenos por ser uno de ellos,[3] y vínose a vivir a la ciudad, y alquiló una casilla, y metíase a guisar de comer a ciertos estudiantes, y lavaba la ropa a ciertos mozos de caballos del comendador de la Magdalena, de manera que fué frecuentando las caballerizas.

Ella y un hombre moreno, de aquellos que las bestias curaban,[4] vinieron en conocimiento. Éste algunas veces se venía a nuestra casa, y se iba a la mañana. Otras veces de día llegaba a la puerta en achaque[5] de comprar huevos, y entrábase en la casa. Yo al principio de su entrada, pesábame con él,[6] y habíale miedo, viendo el color y mal gesto que tenía; mas de que vi que con su venida mejoraba el comer, fuíle queriendo bien, porque siempre traía pan, pedazos de carne, y en el invierno leños a que nos calentábamos; de manera que

continuando la posada y conversación, mi madre vino a darme un negrito muy bonito, el cual yo brincaba[7] y ayudaba a calentar.

Y acuérdome que estando el negro de mi padrastro trebejando[8] con el mozuelo, como el niño veía a mi madre y a mí blancos, y a él no, huía de él con miedo para mi madre, y señalando con el dedo decía: «Madre, coco.»[9]

Respondió él riendo: «¡Hideputa!»

Yo, aunque bien muchacho, noté aquella palabra de mi hermanito, y dije entre mí: «¡Cuántos debe de haber en el mundo que huyen de otros, porque no se ven a sí mismos!»

En este tiempo vino a posar al mesón[10] un ciego, al cual pareciéndole que yo sería a propósito para adestrarle,[11] me pidió a mi madre, y ella me encomendó a él, diciéndole cómo era hijo de un buen hombre, el cual, por ensalzar la fe, había muerto en la de los Gelves;[12] y que ella confiaba en Dios no saldría peor hombre que mi padre, y que le rogaba me tratase bien y mirase por mí, pues era huérfano. Él respondió que así lo haría y que me recibía, no por mozo, sino por hijo; y así le comencé a servir y adestrar a mi nuevo y viejo amo. Como estuvimos en Salamanca algunos días, pareciéndole a mi amo que no era la ganancia a su contento, determinó irse de allí. Y cuando nos hubimos de partir, yo fuí a ver a mi madre; y ambos llorando, me dió su bendición, y dijo: «Hijo, ya sé que no te veré más; procura de ser bueno, y Dios te guíe. Criado te he, y con buen amo te he puesto; válete por ti.» Y así me fuí para mi amo, que esperándome estaba.

Salimos de Salamanca, y llegando a la puente, está a la entrada de ella un animal de piedra que casi tiene forma de toro; y el ciego mandóme que llegase cerca del animal, y allí puesto me dijo: «Lázaro, llega el oído a este toro y oirás gran ruido dentro de él.»

Yo simplemente llegué, creyendo ser así; y como sintió que tenía la cabeza par de[13] la piedra, afirmó recio la mano y dióme una gran calabazada[14] en el diablo del toro, que más de tres días me duró el dolor de la cornada;[15] y díjome: «Ne-

---

1 Molino harinero de agua situado en el cauce de un río.   2 ciertos cortes en los sacos de trigo o de harina para robar parte del contenido.   3 Refrán: «arrímate a los buenos y serás uno de ellos».   4 que tenían las bestias a su cuidado.   5 con pretexto de.   6 me causaba disgusto.   7 con el cual yo jugaba levantándolo en brazos y bajándolo.   8 jugando.   9 fantasma con que se mete miedo a los niños.   10 En unos párrafos aquí omitidos, Lázaro cuenta cómo a su padastro el negro lo ahorcaron por ladrón y cómo su madre pasó a servir en un mesón o posada.

11 guiarle.   12 en la batalla de los Gelves, en una isla cerca de Túnez, el año 1510 entre los moros y los españoles; por eso dice que murió por ensalzar la fe.

13 junto a.   14 golpe en la cabeza.   15 herida hecha por el cuerno de un toro; aquí la palabra tiene un sentido figurativo e irónico.   16 abrir el ojo y estar prevenido.   17 jerga o modo de hablar de ladrones y rufianes.   18 muy agudo.   19 de memoria.   20 enfermedad.   21 no me daba la mitad de lo necesario.   22 contrarrestaba sus engaños, le engañaba.   23 sin daño mío.   24 saco.   25 contándolas tan cuidadosamente.   26 quitarle una miga, la más mínima cosa.   27 miseria.   28 ocupado.   29 acostumbraba (el ciego) poner junto a sí.   30 a oscuras, sin una gota.   31 acostumbrado.   32 ni una gota.   33 cuando estaba bebiendo como acostumbraba; rezumar = transpirarse un líquido.   34 preparado.

cio, aprende que el mozo del ciego un punto ha de saber más que el diablo», y rió mucho la burla.

Parecióme que en aquel instante desperté de la simpleza en que, como niño, dormido estaba, y dije entre mí: «Verdad dice éste, que me cumple avivar el ojo y avisar,[16] pues solo soy, y pensar cómo me sepa valer.» Comenzamos nuestro camino, y en muy pocos días me mostró jerigonza.[17] Y como me viese de buen ingenio, holgábase mucho, y decía: «Yo oro ni plata no te lo puedo dar, mas avisos para vivir muchos te mostraré.» Y fué así, que después de Dios éste me dió la vida, y siendo ciego, me alumbró y adestró en la carrera de vivir. Huelgo de contar a vuestra merced estas niñerías, para mostrar cuánta virtud sea saber los hombres subir siendo bajos; y dejarse bajar, siendo altos, cuánto vicio.

Pues tornando al bueno de mi ciego y contando sus cosas, vuestra merced sepa que desde que Dios crió el mundo, ninguno formó más astuto ni sagaz. En su oficio era un águila.[18] Ciento y tantas oraciones sabía de coro;[19] un tono bajo reposado y muy sonable, que hacía resonar la iglesia donde rezaba; un rostro humilde y devoto, que con muy buen continente ponía cuando rezaba, sin hacer gestos ni visajes con boca ni ojos, como otros suelen hacer. Allende de esto tenía otras mil formas y maneras para sacar el dinero. Decía oraciones para muchos y diversos efectos: para mujeres que no parían; para las que estaban de parto; para las que eran mal casadas, que sus maridos las quisiesen bien. Echaba pronósticos a las preñadas, si traían hijo o hija; pues en caso de medicina decía que Galeno no supo la mitad que él para muelas, desmayos y males de madre. Finalmente, nadie le decía padecer alguna pasión,[20] que luego no le decía: «Haced esto, haréis esto otro, coced tal yerba, tomad tal raíz.»

Con esto andábase todo el mundo tras él, especialmente mujeres, que cuanto les decía creían. De éstas sacaba él grandes provechos con las artes que digo, y ganaba más en un mes que cien ciegos en un año. Mas también quiero que sepa vuestra merced, que con todo lo que adquiría y tenía, jamás tan avariento ni mezquino hombre no vi; tanto que me mataba a mí de hambre, y así no me demediaba de lo necesario.[21] Digo verdad; si con mi sotileza y buenas mañas no me supiera remediar, muchas veces me finara de hambre. Mas con todo su saber y aviso le contraminaba[22] de tal suerte, que siempre o las más veces me cabía lo más y mejor. Para esto le hacía burlas endiabladas, de las cuales contaré algunas, aunque no todas a mi salvo.[23]

Él traía el pan y todas las otras cosas en un fardel[24] de lienzo, que por la boca se cerraba con una argolla de hierro y su candado y su llave; y al meter de todas las cosas y sacarlas, era con tanta vigilancia y tan por contadero,[25] que no bastara todo el mundo hacerle menos una migaja.[26] Mas yo tomaba aquella laceria[27] que él me daba, la cual en menos de dos bocados era despachada: y después que cerraba el candado y se descuidaba, pensando que yo estaba entendiendo[28] en otras cosas, por un poco de costura que muchas veces del un lado del fardel descosía y tornaba a coser, sangraba el avariento fardel; sacando no por tasa pan, mas buenos pedazos, torreznos y longanizas.

Usaba poner cabe sí[29] un jarrillo de vino cuando comíamos; yo muy de presto le asía y daba un par de besos callados, y tornábale a su lugar; más duróme poco, que en los tragos conocía la falta; y por reservar su vino a salvo, nunca después desamparaba el jarro, antes lo tenía por el asa asido. Mas no había piedra imán que así trajese a sí como yo con una paja larga de centeno que para aquel menester tenía hecha; la cual metiéndola en la boca del jarro, chupando el vino, lo dejaba a buenas noches.[30] Mas como fuese el traidor tan astuto, pienso que me sintió: y dende en adelante mudó de propósito, y asentaba su jarro entre las piernas y tapábale con la mano, y así bebía seguro.

Yo, como estaba hecho[31] al vino, moría por él: y viendo que aquel remedio de la paja no me aprovechaba ni valía, acordé en el suelo del jarro hacerle una fuentecilla y agujero sutil, y delicadamente con una muy delgada tortilla de cera taparlo; y al tiempo de comer, fingiendo haber frío, entrábame entre las piernas del triste ciego a calentarme en la pobrecilla lumbre que teníamos; y al calor de ella, luego derretida la cera, por ser muy poca, comenzaba la fuentecilla a destilarme en la boca, la cual yo de tal manera ponía, que maldita la gota[32] se perdía. Cuando el pobrete iba a beber no hallaba nada: espantábase, maldecíase, daba al diablo el jarro y el vino, no sabiendo qué podía ser. «No diréis, tío, que os lo bebo yo», decía, «pues no le quitáis de la mano.»

Tantas vueltas y tientos dió al jarro, que halló la fuente y cayó en la burla; mas así lo disimuló como si no lo hubiera sentido; y luego otro día, teniendo rezumando mi jarro como solía,[33] no pensando el daño que me estaba aparejado,[34] ni que el mal ciego me sentía, sentéme como solía, estando recibiendo aquellos dulces tragos, mi cara puesta hacia el cielo, un poco cerrados los ojos, por mejor gustar el sabroso licor, sintió el desesperado ciego que ahora tenía tiempo de tomar de mí venganza, y con toda su fuerza alzando con dos manos aquel dulce y amargo jarro, le dejó caer sobre mi boca, ayudándose, como digo, con todo su poder; de manera que el pobre Lázaro, que de nada de esto se guardaba,[35] antes,[36] como otras veces, estaba descuidado y gozoso, verdaderamente me pareció que el cielo con todo lo que en él hay me había caído encima.

Fué tal el golpecillo, que me desatinó y sacó de sentido, y el jarrazo tan grande, que los pedazos de él se me metieron por la cara, rompiéndomela por muchas partes, y me quebró los dientes, sin los cuales hasta hoy día me quedé. Desde aquella hora quise mal al mal ciego: y aunque me quería y regalaba y me curaba, bien vi que se había holgado[37] del cruel castigo. Lavóme con vino las roturas que con los pedazos del jarro me había hecho, y sonriéndose, decía: «¿Qué te parece, Lázaro? lo que te enfermó te sana y da salud», y otros donaires que a mi gusto no lo eran...

Aunque yo quisiera asentar mi corazón y perdonarle el jarrazo, no daba lugar el mal tratamiento que el mal ciego desde allí adelante me hacía, que sin causa ni razón me hería, dándome coscorrones y repelándome.[38] Y si alguno le decía porqué me trataba tan mal, luego contaba el cuento del jarro, diciendo: «¿Pensáis que este mi mozo es algún inocente?; pues oíd si el demonio ensayara otra tal hazaña.» Santiguándose los que le oían, decían: «¡Mirad, quién pensara de un muchacho tan pequeño tal ruindad!» y reían mucho del artificio, y decíanle: «Castigadlo, castigadlo, que de Dios lo habréis»;[39] y él con aquello nunca otra cosa hacía.

Y en esto yo siempre le llevaba por los peores caminos, y adrede[40] por le hacer mal daño. Si había piedras, por ellas; si lodo, por lo más alto; que aunque yo no iba por lo más enjuto, holgábame a mí de quebrar un ojo por quebrar dos al que ninguno tenía... Y aunque yo juraba no lo hacer con malicia, sino por no hallar mejor camino, no me aprovechaba ni me creía más: tal era el sentido y el grandísimo entendimiento del traidor.

Y porque vea vuestra merced a cuánto se extendía el ingenio de este astuto ciego, contaré un caso de muchos que con él me acaecieron, en el cual me parece dió bien a entender su gran astucia. Cuando salimos de Salamanca, su motivo fué venir a tierra de Toledo, porque decía ser la gente

más rica, aunque no muy limosnera. Arrimábase a este refrán: más da el duro que el desnudo. Y vinimos a este camino por los mejores lugares. Donde hallaba buena acogida y ganancia, deteníamonos; donde no, al tercero día hacíamos San Juan.[41]

Acaeció que llegando a un lugar que llaman Almorox, al tiempo que cogían las uvas, un vendimiador le dió un racimo de ellas en limosna; y como suelen ir los cestos maltratados, y también porque la uva en aquel tiempo está muy madura, desgranábasele el racimo en la mano; para echarlo en el fardel, tornábase mosto y lo que a él se llegaba.[42] Acordó de hacer un banquete, así por no lo poder llevar, como por contentarme; que aquel día me había dado muchos rodillazos y golpes. Sentámonos en un valladar, y dijo: «Ahora quiero yo usar contigo de una liberalidad, y es que ambos comamos este racimo de uvas, y que hayas de él tanta parte como yo. Partirlo hemos de esta manera: tú picarás una vez, y yo otra, con tal que me prometas no tomar cada vez más de una uva; yo haré lo mismo hasta que lo acabemos, y de esta suerte no habrá engaño.»

Hecho así el concierto comenzamos, mas luego al segundo lance el traidor mudó propósito, y comenzó a tomar de dos en dos, considerando que yo debería hacer lo mismo. Como vi que él quebraba la postura,[43] no me contenté ir a la par con él, mas aun pasaba adelante, dos a dos y tres a tres, y como podía las comía. Acabado el racimo, estuvo un poco con el escobajo[44] en la mano, y meneando la cabeza, dijo: «Lázaro, engañado me has: juraré yo a Dios que has tú comido las uvas tres a tres.» «No comí», dije yo: «mas ¿por qué sospecháis eso?».

Respondió el sagacísimo ciego: «¿Sabes en qué veo que las comiste tres a tres? En que comía yo dos a dos, y callabas.» Reíme entre mí, y aunque muchacho, noté mucho la discreta consideración del ciego.

Mas por no ser prolijo, dejo de contar muchas cosas así graciosas como de notar, que con este mi primer amo me acaecieron; y quiero decir el despidiente,[45] y con él acabar. Estábamos en Escalona, villa del duque de ella, en un mesón, y

35 se esperaba.   36 antes bien, sino que.   37 recreado, alegrado.   38 golpes y tirones de pelo.   39 que Dios os lo pagará.   40 intencionadamente.

41 nos mudábamos, nos íbamos.   42 Quiere decir que como estaban las uvas maduras, al meterlas en el saco se convertirían en mosto o zumo y echarían a perder todo lo que allí había. ésta es la razón por la que el ciego decide comerse las uvas en vez de guardarlas.   43 faltaba a lo propuesto, a lo acordado.   44 lo que queda del racimo después de quitadas las uvas.   45 el modo de despedirse, cómo lo dejé.   46 pan o tostada un-

tados con el pringue o la grasa que echan el tocino y embutidos al ponerse al fuego.   47 a comprar vino por el valor del maravedí.   48 la ocasión, la tentación.   49 Refrán: «la ocasión hace al ladrón».   50 desgraciado de mí.

51 echarme la culpa de algo.   52 aliento.   53 perro de caza.   54 galillo, parte superior del esófago.   55 alteración.   56 grande, larga.   57 comentaba.   58 debes, tienes más que agradecer.   59 seco, sin mojarnos los pies.   60 parte de la casa que sobresale de la línea de la fachada.

dióme un pedazo de longaniza que le asase. Ya que la longaniza había pringado, y comídose las pringadas,[46] sacó un maravedí de la bolsa, y mandóme que fuese por él de vino[47] a la taberna. Púsome el demonio el aparejo[48] delante los ojos, el cual (como suelen decir) hace al ladrón:[49] y fué que había cabe el fuego un nabo pequeño, larguillo y ruinoso, y tal que por no ser para la olla, debió de ser echado allí. Y como al presente nadie estuviese sino él y yo solos, como me vi con apetito goloso, habiéndome puesto dentro el sabroso olor de la longaniza, del cual solamente sabía que había de gozar, no mirando qué me podría suceder, pospuesto todo el temor por cumplir con el deseo, en tanto que el ciego sacaba de la bolsa el dinero, saqué la longaniza, y muy presto metí el sobredicho nabo en el asador: el cual mi amo, dándome el dinero para el vino, tomó y comenzó a dar vueltas al fuego, queriendo asar al que de ser cocido por sus deméritos había escapado.

Yo fuí por el vino, con el cual no tardé en despachar la longaniza: y cuando vine, hallé al pecador del ciego que tenía entre dos rebanadas apretado el nabo, al cual aun no había conocido, por no lo haber tentado con la mano. Como tomase las rebanadas y mordiese en ellas, pensando también llevar parte de la longaniza, hallóse en frío con el frío nabo, alteróse y dijo: «—¿Qué es esto, Lazarillo?» «—Lacerado de mí»,[50] dije yo, «¡si queréis a mí echar algo![51] ¿Yo no vengo de traer el vino? Alguno estaba ahí, y por burlar haría esto.» «—No, no», dijo él, «que yo no he dejado el asador de la mano; no es posible.»

Yo torné a jurar y perjurar que estaba libre de aquel trueco y cambio; mas poco me aprovechó, pues a las astucias del maldito ciego nada se le escondía. Levantóse y asióme por la cabeza y llegóse a olerme, y como debió sentir el huelgo[52] a uso de buen podenco,[53] por mejor satisfacerse de la verdad, y con la gran agonía que llevaba, asiéndome con las manos, abríame la boca más de su derecho, y desatentadamente metía la nariz, la cual él tenía luenga y afilada, y a aquella sazón con el enojo se había aumentado un palmo, con el pico de la cual me llegó a la gulilla.[54] Con esto y con el gran miedo que tenía y con la brevedad del tiempo, la negra longaniza aun no había hecho asiento en el estómago; y lo más principal, con el destiento[55] de la cumplidísima[56] nariz, medio casi ahogándome me tuvo: todas estas cosas se juntaron y fueron causa que el hecho y golosina se manifestase, y lo suyo fuese vuelto a su dueño: de manera que antes que el mal ciego sacase de mi boca su trompa, tal alteración sintió mi estómago, que le dió con el hurto en ella, de suerte

que su nariz y la negra mal mascada longaniza a un tiempo salieron de mi boca. ¡Oh gran Dios! ¡Quién estuviera a aquella hora sepultado, que muerto ya lo estaba! Fué tal el coraje del perverso ciego, que si al ruido no acudieran, pienso no me dejara con la vida.

Sacáronme de entre sus manos, dejándolas llenas de aquellos pocos cabellos que tenía, arañada la cara y rascuñado el pescuezo y la garganta: y esto bien lo merecía, pues por mi maldad me venían tantas persecuciones. Contaba el mal ciego a todos cuantos allí se allegaban mis desastres, y dábales cuenta una y otra vez, así de la del jarro, como de la del racimo, y ahora de lo presente. Era la risa de todos tan grande, que toda la gente que por la calle pasaba entraba a ver la fiesta. Mas con tanta gracia y donaire contaba el ciego mis hazañas, que aunque yo estaba tan maltratado y llorando, me parecía que hacía injusticia en no se las reír... Hiciéronnos amigos la mesonera y los que allí estaban, y con el vino que para beber le había traído, laváronme la cara y la garganta, sobre lo cual discantaba[57] el mal ciego donaires, diciendo: «Por verdad más vino me gasta este mozo en lavatorios al cabo de año, que yo bebo en dos. A lo menos, Lázaro, eres en más cargo[58] al vino que a tu padre, porque él una vez te engendró, mas el vino mil te ha dado la vida...»

Visto esto y las malas burlas que el ciego burlaba de mí, determiné de todo en todo dejarle, y como lo traía pensado y lo tenía en voluntad, con este postrer juego que me hizo, afirmélo más. Y fué así, que luego otro día salimos por la villa a pedir limosna, y había llovido mucho la noche antes, y porque el día también llovía, andaba rezando debajo de unos portales que en aquel pueblo había, donde no nos mojábamos. Mas como la noche se venía y el llover no cesaba, díjome el ciego: «Lázaro, esta agua es muy porfiada, y cuanto la noche más cierra, más recia: acojámonos a la posada con tiempo.»

Para ir allá habíamos de pasar un arroyo que con la mucha agua iba grande; yo le dije: «Tío, el arroyo va muy ancho; mas si queréis, yo veo por donde travesemos más aína sin nos mojar, porque se estrecha allí mucho, y saltando pasaremos a pie enjuto.»[59]

Parecióle buen consejo, y dijo: «Discreto eres, por esto te quiero bien: llévame a ese lugar donde el arroyo se ensangosta, que ahora es invierno y sabe mal el agua, y más llevar los pies mojados.»

Yo que vi el aparejo a mi deseo, saquéle de bajo los portales y llevélo derecho de un pilar o poste de piedra que en la plaza estaba, sobre el cual y sobre otros cargaban saledizos[60] de aquellas casas, y díjele: «Tío, éste es el paso más angosto que en el arroyo hay.»

Como llovía recio y el triste se mojaba, y con la prisa que llevábamos de salir del agua que encima de nos caía, y, lo más principal, porque Dios le cegó aquella hora el entendimiento, fué por darme de él venganza, creyóse de mí, y dijo: «Ponme bien derecho y salta tú el arroyo.» Yo le puse bien derecho en frente del pilar, y doy un salto y póngome detrás del poste, como quien espera tope de toro, y díjele: «Sus, saltad todo lo que podáis, porque deis de este cabo del agua.»

Aun apenas lo había acabado de decir, cuando se abalanza el pobre ciego como cabrón, y de toda su fuerza arremete, tomando un paso atrás de la corrida para hacer mayor salto, y da con la cabeza en el poste, que sonó tan recio como si diera con una gran calabaza, y cayó luego para atrás medio muerto y hendida la cabeza. —«¿Cómo y oliste la longaniza y no el poste? ¡Ole!, ¡ole!», dije yo.

Y dejéle en poder de mucha gente que lo había ido a socorrer, y tomé la puerta de la villa en los pies de un trote; y antes que la noche viniese, di conmigo en Torrijos. No supe más lo que Dios de él hizo, ni curé de lo saber.

TRATADO SEGUNDO

CÓMO LÁZARO SE ASENTÓ[1] CON UN CLÉRIGO, Y DE LAS COSAS QUE CON ÉL PASÓ

Otro día no pareciéndome estar allí seguro, fuíme a un lugar que llaman Maqueda, adonde me toparon mis pecados con un clérigo, que llegando a pedir limosna, me preguntó si sabía ayudar a misa; yo dije que sí, como era verdad; que aunque maltratado, mil cosas buenas me mostró el pecador del ciego, y una de ellas fué ésta. Finalmente, el clérigo me recibió por suyo.

Escapé del trueno y di en el relámpago, porque era el ciego para con éste un Alejandro Magno, con ser la misma avaricia,[2] como he contado. No digo más, sino que toda la laceria del mundo estaba encerrada en éste. No sé si de su cosecha era, o lo había anejado con el hábito de clerecía.[3] Él tenía un arcaz[4] viejo y cerrado con su llave, la

cual traía atada con un agujeta del paletoque:[5] y en viendo el bodigo[6] de la iglesia, por su mano era luego allí lanzado, y tornaba a cerrar el arca. Y en toda la casa no había ninguna cosa de comer, como suele estar en otras: algún tocino colgado al humero,[7] algún queso puesto en alguna tabla, o en el armario algún canastillo con algunos pedazos de pan que de la mesa sobran, que me parece a mí, que aunque de ello no me aprovechara, con la vista de ello me consolara: solamente había una horca[8] de cebollas y tras la llave de una cámara en lo alto de la casa; de éstas[9] tenía yo de ración una para cada cuatro días; y cuando le pedía la llave para ir por ella, si alguno estaba presente echaba mano al falsopeto, y con gran continencia la desataba y me la daba, diciendo: «Toma, y vuélvela luego, y no hagáis sino golosinar»; como si debajo de ella estuvieran todas las conservas de Valencia, con no haber en la dicha cámara, como dije, maldita la otra cosa que las cebollas colgadas de un clavo, las cuales él tenía tan bien por cuenta, que si por mal de mis pecados me desmandara a más de mi tasa,[10] me costara caro.

Finalmente yo me finaba[11] de hambre, pues ya que conmigo tenía poca caridad, consigo usaba más: cinco blancas de carne era su ordinario[12] para comer y cenar: verdad es que partía conmigo del caldo... Los sábados cómense en esta tierra cabezas de carnero, y enviábame por una que costaba tres maravedís. Aquélla le cocía, y comía los ojos y la lengua, y el cogote y sesos, y la carne que en las quijadas tenía, y dábame todos los huesos roídos, y dábamelos en el plato, diciendo: «Toma, come, triunfa, que para ti es el mundo: mejor vida tienes que el papa.» «—¡Tal te la dé Dios!», decía yo paso[13] entre mí.

A cabo de tres semanas que estuve con él, vine a tanta flaqueza que no me podía tener en las piernas de pura hambre... No era yo señor de asirle una blanca todo el tiempo que con él viví, o por mejor decir, morí. De la taberna nunca le traje una blanca de vino: mas aquel poco que de la ofrenda había metido en su arcaz, compasaba[14] de tal forma que le duraba toda la semana. Y por ocultar su gran mezquindad, decíame: «Mira, mozo, los sacerdotes han de ser muy templados en su comer

---

1 se estableció, entró a servir a. 2 Comparado con el clérigo (*para con éste*) el ciego, a pesar de su avaricia, era un Alejandro Magno. Se consideraba a Alejandro como el modelo de la generosidad. 3 no sé si su codicia era cosa natural o propia del oficio, esto es, adquirida al hacerse clérigo. 4 como «arca» y «arcón», especie de caja grande con cerradura para guardar diferentes clases de objetos. 5 atada al paletoque (especie de capotillo o prenda de abrigo) con una agujeta (cinta o correa). 6 panecillos que se ofrecen a la Iglesia y que son para el cura. 7 chimenea. 8 ristra o trenza hecha atando

las cebollas por los tallos. 9 de las cebollas. 10 hubiera tomado más de mi ración. 11 moría. 12 su ración diaria (*ordinario*) era carne por valor de cinco blancas (moneda que valía aproximadamente medio maravedí). 13 quedo, en voz baja. 14 media, distribuía. 15 curandero. 16 ruego, petición. 17 arreglar, componer. 18 que le sirva. 19 hallar desarmada la trampa de la ratonera, a la que Lázaro alude irónicamente llamándole «gato». 20 en las que dormía Lázaro. 21 asaltos, robos. 22 duende, fantasma nocturno.

y beber, y por esto yo no me desmando como otros.»

Mas el lacerado mentía falsamente, porque en cofradías y mortuorios, que rezamos, a costa ajena comía como lobo y bebía más que un saludador.[15] Y porque dije de mortuorios, Dios me perdone, que jamás fuí enemigo de la naturaleza humana sino entonces: y esto era porque comíamos bien y me hartaban. Deseaba y aun rogaba a Dios que cada día matase el suyo. Cuando dábamos sacramento a los enfermos, especialmente la extrema unción, como manda el clérigo rezar a los que están allí, yo cierto no era el postrero de la oración; y con todo mi corazón y buena voluntad rogaba al Señor, no que le echase a la parte que más servido fuese, como se suele decir, mas que le llevase de este mundo: y cuando alguno de éstos escapaba (Dios me lo perdone), que mil veces le daba al diablo, y el que se moría otras tantas bendiciones llevaba de mí dichas: porque en todo el tiempo que allí estuve, que sería casi seis meses, solas veinte personas fallecieron; y éstas bien creo que las maté yo, o por mejor decir, murieron a mi recuesta:[16] porque viendo el Señor mi rabiosa y continua muerte, pienso que holgaba de matarlos por darme a mí vida...

Pensé muchas veces irme de aquel mezquino amo; mas por dos cosas lo dejaba. La primera, por no me atrever a mis piernas, por temer de la flaqueza que de pura hambre me venía; y la otra, consideraba y decía: «Yo he tenido dos amos; el primero traíame muerto de hambre, y dejándole topé con este otro, que me tiene ya con ella en la sepultura; pues si de éste desisto y doy con otro más bajo, ¿qué será sino fenecer?»...

Pues estando en tal aflicción, cual plega al Señor librar de ella a todo fiel cristiano, y sin saber darme consejo, viéndome ir de mal en peor, un día que el cuitado, ruin y lacerado de mi amo había ido fuera del lugar, llegóse acaso a mi puerta un calderero, el cual yo creo que fué ángel enviado a mí por la mano de Dios en aquel hábito, y preguntóme si tenía algo que adobar.[17]

«En mí teníades bien que hacer; y no haríades poco, si me remediásedes», dije paso que no me oyó. Mas como no era tiempo de gastarlo en decir gracias, alumbrado por el Espíritu Santo, le dije: «Tío, una llave de esta arca he perdido, y temo mi señor me azote: por vuestra vida veáis, si en estas que traéis, hay alguna que le haga,[18] que yo os lo pagaré»...

El calderero le da una llave con la que Lázaro abre el arca y durante varios días logra satisfacer el hambre comiendo del pan allí guardado. El clérigo descubre el robo y empieza a contar los panes. Lázaro acude entonces al engaño de roer el pan para hacer creer a su amo que se lo comen los ratones. Trata el clérigo de remediar el mal, reforzando el arca, y al fin decide poner una ratonera, pero Lázaro consigue también burlar esta precaución y no sólo sigue royendo el pan, sino que se come también el queso que el cura pone en la ratonera.

Como hallase el pan ratonado y el queso comido, y no cayese el ratón que lo comía, dábase al diablo, preguntaba a los vecinos qué podría ser, comer el queso y sacarlo de la ratonera, y no caer y ni quedar dentro ratón, y hallar caída la trampilla del gato.[19] Acordaron los vecinos no ser el ratón el que este daño hacía, porque no fuera menos de haber caído alguna vez.

Díjole un vecino: «En vuestra casa yo me acuerdo que solía andar una culebra, y ésta debe de ser sin duda: y lleva razón, que como es larga, tiene lugar de tomar el cebo; y aunque la coja la trampilla encima, como no entre toda dentro, tórnase a salir.»

Cuadró a todos lo que aquél dijo, y alteró mucho a mi amo; y dende en adelante no dormía tan a sueño suelto, que cualquiera gusano de la madera que de noche sonase, pensaba ser la culebra que le roía el arca. Luego era puesto en pie, y con un garrote que a la cabecera (desde que aquello le dijeron) ponía, daba en la pecadora del arca grandes garrotazos, pensando espantar la culebra. A los vecinos despertaba con el estruendo que hacía, y a mí no dejaba dormir. Íbase a mis pajas[20] y trastornábalas y a mí con ellas, pensando que se iba para mí, y se envolvía en mis pajas o en mi sayo, porque le decían que de noche acaecía a estos animales buscando calor irse a las cunas donde están criaturas, y aun morderlas y hacerlas peligrar. Yo las más veces hacía del dormido, y en la mañana decíame él: «Esta noche, mozo, ¿no sentiste nada?, pues tras la culebra anduve, y aún pienso se ha de ir para ti a la cama, que son muy frías y buscan calor.» «—Plega a Dios que no me muerda», decía yo, «que harto miedo le tengo». De esta manera andaba tan elevado y levantado del sueño que, mi fe, la culebra, o el culebro por mejor decir, no osaba roer de noche ni levantarse al arca: mas de día mientras estaba en la iglesia o por el lugar, hacía mis saltos.[21]

Los cuales daños viendo él, y el poco remedio que les podía poner, andaba de noche, como digo, hecho trasgo.[22] Yo hube miedo que con aquellas diligencias no me topase con la llave que debajo de las pajas tenía, y parecióme lo más seguro meterla de noche en la boca, porque ya desde que viví con el ciego, la tenía tan hecha bolsa, que me acaeció tener en ella doce o quince maravedís todo en medias blancas, sin que me estorbase el comer, porque de otra manera no era señor de una blanca, que el maldito ciego no cayese con ella,[23] no dejando costura ni remiendo que no me buscaba muy a menudo. Pues así como digo, metía cada noche la llave en la boca, y dormía sin recelo que el brujo de mi amo cayese con ella. Mas cuando la desdicha ha de venir, por demás es la diligencia.

Quisieron mis hados, o por mejor decir mis pecados, que una noche que estaba durmiendo, la llave se me puso en la boca, que abierta debía tener, de tal manera y postura, que el aire y resoplo que yo durmiendo echaba, salía por lo hueco de la llave, que de cañuto era, y silbaba (según mi desastre quiso) muy recio: de tal manera, que el sobresaltado de mi amo lo oyó, y creyó sin duda ser el silbo de la culebra; y cierto que lo debía parecer. Levantóse muy paso con su garrote en la mano, y al tiento y sonido de la culebra se llegó a mí con mucha quietud, por no ser sentido de la culebra; y como cerca se vió, pensó que allí en las pajas donde yo estaba echado, al calor mío se había venido. Levantando bien el palo, pensando tenerla debajo, y darle tal garrotazo que la matase, con toda su fuerza me descargó en la cabeza tan gran golpe, que sin ningún sentido y muy mal descalabrado me dejó. Como sintió que me había dado, según yo debía hacer gran sentimiento con el fiero golpe, contaba él que se había llegado a mí, y dándome grandes voces llamándome procuró recordarme.[24] Mas como me tocase con las manos, tentó la mucha sangre que se me iba, y conoció el daño que me había hecho, y con mucha prisa fué a buscar lumbre; y llegando con ella, hallóme quejando, todavía con mi llave en la boca, que nunca la desamparé, la mitad fuera, bien de aquella manera que debía estar al tiempo que silbaba con ella. Espantado el matador de culebras qué podría ser aquella llave, miróla sacándomela del todo de la boca, y vió lo que era, porque en las guardas nada de la suya diferenciaba. Fué luego a probarla, y con ella probó el maleficio. Debió de decir el cruel cazador: «El ratón y culebra que me daban guerra y me comían mi hacienda, he hallado»...

Al cabo de tres días yo torné en mi sentido, y vime echado en mis pajas, la cabeza toda emplastada, y llena de aceites y ungüentos, y espantado dije: «¿Qué es esto?» Respondióme el cruel sacerdote: «A fe que los ratones y culebras que me destruían, ya los he cazado.» Y miré por mí, y vime tan maltratado que luego sospeché mi mal.

A esta hora entró una vieja que ensalmaba[25] a los vecinos, y comiénzanme a quitar trapos de la cabeza y curar el garrotazo; y como me hallaron vuelto en mi sentido, holgáronse mucho y dijeron: «Pues ha tornado en su acuerdo, placerá a Dios no será nada.»

Ahí tornaron de nuevo a contar mis cuitas y a reírlas, y yo pecador a llorarlas. Con todo esto diéronme de comer, que estaba transido de hambre, y apenas me pudieron remediar: y así de poco en poco a los quince días me levanté y estuve sin peligro, mas no sin hambre y medio sano. Luego otro día que fuí levantado, el señor mi amo me tomó por la mano y sacóme la puerta fuera, y puesto en la calle díjome: «Lázaro, de hoy más eres tuyo y no mío; busca amo y vete con Dios, que yo no quiero en mi compañía tan diiigente servidor. No es posible sino que hayas sido mozo de ciego»; y santiguándose de mí, como si yo estuviera endemoniado, se torna a meter en casa y cierra su puerta.

TRATADO TERCERO

DE CÓMO LÁZARO SE ASENTÓ CON UN ESCUDERO,[26] Y DE LO QUE LE ACAECIÓ CON ÉL

De esta manera me fué forzado sacar fuerzas de flaqueza, y poco a poco, con ayuda de las buenas gentes, di conmigo en esta insigne ciudad de Toledo, adonde, con la merced de Dios, dende a quince días se me cerró la herida. Mientras estaba malo siempre me daban alguna limosna; mas después que estuve sano, todos me decían: «Tú bellaco y gallofero[27] eres; busca, busca un buen amo a quien sirvas.» «—Y ¿adónde se hallará ése», decía yo entre mí, «si Dios ahora de nuevo, como crió el mundo, no le criase?»

Andando así discurriendo[28] de puerta en puerta con harto poco remedio (porque ya la caridad se subió al cielo), topóme Dios con un escudero que iba por la calle con razonable vestido, bien peinado, su paso y compás en orden. Miróme, y yo a él, y díjome: «Muchacho, ¿buscas amo?» Yo le dije: «Sí, señor.» «—Pues vente tras mí», me respondió, «que Dios te ha hecho merced en topar conmigo: alguna buena oración rezaste hoy.» Y seguíle dando gracias a Dios por lo que le oí, y también que me parecía según su hábito y conti-

23 no la encontrase.   24 despertarme.   25 curaba con ensalmos, con oraciones.   26 hidalgo.   27 pícaro y vagabundo; «gallofero» era realmente el que vivía de la «gallofa» o comida que se distribuía a los pobres en la puerta de los conventos.   28 yendo.   29 al por mayor.   30 echando hacia atrás la punta de la capa.
31 junto a ella.   32 servir, repartir en las escudillas.

33 no ser correcto.   34 traza, muestra.   35 bloque de madera para sentarse.   36 el del pasado, el ya mencionado; alude al arca del clérigo del segundo capítulo.   37 caer amortecido, desmayarme.   38 de los que había mendigado.   39 cuál era su punto flaco.   40 se dispondría a.
41 se roban las capas.

nente ser el que yo había menester. Era de mañana cuando este mi tercero amo topé, y llevóme tras sí gran parte de la ciudad. Pasábamos por las plazas donde se vendía pan y otras provisiones; yo pensaba y aun deseaba que allí me quería cargar de lo que se vendía, porque ésta era propia hora cuando se suele proveer de lo necesario: mas muy a tendido paso pasaba por estas cosas. «Por ventura no lo ve aquí a su contento», decía yo, «y querrá que lo compremos en otro cabo.»

De esta manera anduvimos, hasta que dió las once: entonces se entró en la iglesia mayor y yo tras él, y muy devotamente le vi oír misa y los otros oficios divinos, hasta que todo fué acabado y la gente ida; entonces salimos de la iglesia, y a buen paso tendido comenzamos a ir por una calle abajo. Yo iba el más alegre del mundo en ver que no nos habíamos ocupado en buscar de comer: bien consideré que debía ser hombre mi nuevo amo que se proveía en junto,[29] y que ya la comida estaría a punto, y tal como yo la deseaba y aun la había menester.

En este tiempo dió el reloj la una después de medio día, y llegamos a una casa, ante la cual mi amo se paró y yo con él, y derribando el cabo de la capa[30] sobre el lado izquierdo, sacó una llave de la manga y abrió su puerta y entramos en casa, la cual tenía la entrada oscura y lóbrega, de tal manera que parecía que ponía temor a los que en ella entraban, aunque dentro de ella estaba un patio pequeño y razonables cámaras.

Desque fuimos entrados, quita de sobre sí su capa, y preguntando si tenía las manos limpias, la sacudimos y doblamos, y muy limpiamente soplando un poyo que allí estaba, la puso en él; y hecho esto, sentóse cabo de ella,[31] preguntándome muy por extenso de dónde era, y cómo había venido a aquella ciudad: y yo le di más larga cuenta que quisiera, porque me parecía más conveniente hora de mandar poner la mesa y escudillar[32] la olla, que de lo que me pedía. Con todo eso, yo le satisfice de mi persona lo mejor que mentir supe, diciendo mis bienes, y callando lo demás, porque me parecía no ser para en cámara.[33] Esto hecho, estuvo así un poco, y yo luego vi mala señal, por ser ya casi las dos, y no le ver más aliento[34] de comer que a un muerto. Después de esto consideraba aquel tener cerrada la puerta con llave, ni sentir arriba ni abajo pasos de viva persona por la casa. Todo lo que yo había visto eran paredes sin ver en ella silleta ni tajo,[35] ni banco, ni mesa, ni aun tal arcaz como el de marras.[36] Finalmente ella parecía casa encantada.

Estando así, díjome: «Tú, mozo, ¿has comido?» «—No, señor», dije yo, «que aún no eran dadas las ocho cuando con vuestra merced encontré.» «—Pues aunque de mañana, yo había almorzado,

y cuando así como algo, hágote saber que hasta la noche me estoy así: por eso pásate como pudieres, que después cenaremos.»

Vuestra merced crea, cuando esto le oí, que estuve en poco de caer de mi estado,[37] no tanto de hambre, como por conocer de todo en todo la fortuna serme adversa. Allí se me representaron de nuevo mis fatigas, y torné a llorar mis trabajos...; allí lloré mi trabajosa vida pasada, y mi cercana muerte venidera; y con todo, disimulando lo mejor que pude, le dije: «Señor, mozo soy que no me fatigo mucho por comer, bendito Dios»... «—Virtud es ésa», dijo él, «y por eso te querré yo más, porque el hartar es de los puercos, y el comer regladamente es de los hombres de bien.» «—Bien te he entendido», dije yo entre mí: «maldita tanta medicina y bondad como aquestos mis amos que yo hallo hallan en la hambre.»

Púseme a un cabo del portal, y saqué unos pedazos de pan del seno, que me habían quedado de los de por Dios.[38] Él, que vió esto, díjome: «Ven acá, mozo, ¿qué comes?» Yo lleguéme a él y mostréle el pan; tomóme él un pedazo de tres que eran, el mejor y más grande, y díjome: «—Por mi vida que parece éste buen pan.» «—¡Y cómo ahora», dije yo, «señor, es bueno!» «—Sí, a fe», dijo él: «¿adónde lo hubiste? ¿si es amasado de manos limpias?» «—No sé yo eso», le dije, «mas a mí no me pone asco el sabor de ello.» «—Así plega a Dios», dijo el pobre de mi amo; y llevándolo a la boca, comenzó a dar en él tan fieros bocados, como yo en lo otro. «Sabrosísimo pan está», dijo, «por Dios»; y como le sentí de qué pie cojeaba,[39] dime prisa, porque le vi en disposición, si acababa antes que yo, se comediría[40] a ayudarme a lo que me quedase; y con esto acabamos casi a una.

Mi amo comenzó a sacudir con las manos unas pocas de migajas y bien menudas, que en los pechos se le habían quedado, y entró en una camareta que allí estaba, y sacó un jarro desbocado y no muy nuevo; y desque hubo bebido, convidóme con él. Yo, por hacer del continente, dije: «Señor, no bebo vino.» «—Agua es», me respondió, «bien puedes beber.» Entonces tomé el jarro y bebí, no mucho, porque de sed no era mi congoja. Así estuvimos hasta la noche, hablando en cosas que me preguntaba, a las cuales yo le respondí lo mejor que supe.

En este tiempo metióme en la cámara donde estaba el jarro de que bebimos, y díjome: «Mozo, párate allí y verás cómo hacemos esta cama, para que la sepas hacer de aquí adelante.» Púseme de un cabo y él del otro, e hicimos la negra cama...

Hecha la cama y la noche venida, díjome: «Lázaro, ya es tarde, y de aquí a la plaza hay gran trecho: también en esta ciudad andan muchos ladrones, que siendo de noche capean:[41] pasemos como podamos, y mañana viniendo el día, Dios hará merced; porque yo por estar solo no estoy proveído, antes he comido estos días por allá fuera; mas ahora hacerlo hemos de otra manera.» «—Señor, de mí», dije yo, «ninguna pena tenga vuestra merced, que bien sé pasar una noche y aún más, si es menester, sin comer.» «—Vivirás más y más sano», me respondió; «porque, como decíamos hoy, no hay tal cosa en el mundo para vivir mucho como comer poco.» «—Si por esa vía es», dije entre mí, «nunca yo moriré, que siempre he guardado esa regla por fuerza, y aun espero en mi desdicha a tenerla toda mi vida.»

Acostóse en la cama, poniendo por cabecera las calzas y el jubón, y mandóme echar a sus pies, lo cual yo hice; mas maldito el sueño que yo dormí...

La mañana venida, levantámonos y comienza a limpiar y sacudir sus calzas y jubón y sayo y capa... y vísteseme muy a su placer despacio; echéle aguamanos, peinóse, y puso su espada en el talabarte,[42] y al tiempo que la ponía, díjome: «¡Oh si supieses, mozo, qué pieza es ésta! No hay marco de oro en el mundo por que yo la diese: mas así ninguna de cuantas Antonio[43] hizo, no acertó a ponerle los aceros tan prestos como ésta los tiene:» y sacóla de la vaina, y tentóla con los dedos, diciendo: «Vesla aquí, yo me obligo con ella a cercenar[44] un copo de lana.» «—Y yo», dije entre mí, «y yo con mis dientes, aunque no son de acero, un pan de cuatro libras.» Tornóla a meter y ciñósela, y un sartal de cuentas[45] gruesas del talabarte, y con un paso sosegado y el cuerpo derecho, haciendo con él y con la cabeza muy gentiles meneos, echando el cabo de la capa sobre el hombro y a veces so el brazo, y poniendo la mano derecha en el costado, salió por la puerta diciendo: «Lázaro, mira por la casa en tanto que voy a oír misa, y haz la cama, y ve por la vasija de agua al río, que aquí bajo está, y cierra la puerta con llave, no nos hurten algo, y ponla aquí al quicio, porque si yo viniere en tanto, pueda entrar.» Y súbese por la calle arriba con tan gentil semblante y continente, que quien no le conociera, pensara ser muy cercano pariente del conde Alarcos,[46] o a lo menos camarero que le daba de vestir.

«Bendito seáis vos, Señor», quedé yo diciendo, «que dais la enfermedad y ponéis el remedio.

¿Quién encontrará a aquel mi señor, que no piense, según el contento que de sí lleva, haber anoche bien cenado y dormido en buena cama; y aunque ahora es de mañana, no le cuenten por bien almorzado? Grandes secretos son, Señor, los que vos hacéis y las gentes ignoran. ¿A quién no engañará aquella buena disposición y razonable capa y sayo? ¿Y quién pensará que aquel gentil hombre se pasó ayer todo el día con aquel mendrugo de pan, que su criado Lázaro trujo un día y una noche en el arca de su seno, do no se le podía pegar mucha limpieza, y hoy lavándose las manos y cara, a falta de paño de manos, se hacía servir de la halda del sayo? Nadie por cierto lo sospechará. ¡Oh, Señor, y cuántos de aquéstos debéis vos tener por el mundo derramados, que padecen por la negra que llaman honra[47] lo que por vos no sufrirían!»

Así estaba yo a la puerta, mirando y considerando estas cosas, hasta que el señor mi amo traspuso la larga y angosta calle. Tornéme a entrar en casa, y en un credo la anduve toda alto y bajo sin hacer represa[48] ni hallar en qué...

Púseme a pensar qué haría, y parecióme esperar a mi amo hasta que el día demediase, y si viniese y por ventura trajese algo que comiésemos; mas en vano fué mi esperanza. Desque vi ser las dos y no venía, y la hambre me aquejaba, cierro mi puerta y pongo la llave do mandó, y tórnome a mi menester[49] con baja y enferma voz, e inclinadas mis manos en los senos, puesto Dios ante mis ojos y la lengua en su nombre, comienzo a pedir pan por las puertas y casas más grandes que me parecía. Mas como yo este oficio le hubiese mamado en la leche, quiero decir, que con el gran maestro el ciego lo aprendí, tan suficiente discípulo salí, que aunque en este pueblo no había caridad, ni el año fuese muy abundante, tan buena maña me di, que antes que el reloj diese las cuatro, ya yo tenía otras tantas libras de pan ensiladas[50] en el cuerpo, y más de otras dos en las mangas y senos.

Volvíme a la posada, y al pasar por la tripería, pedí a una de aquellas mujeres, y dióme un pedazo de uña de vaca con otras pocas de tripas cocidas. Cuando llegué a casa, ya el bueno de mi amo estaba en ella, doblada su capa y puesta en el poyo, y él paseándose por el patio. Como entré, vínose para mí, pensé que me quería reñir la tardanza; mas mejor lo hizo Dios. Preguntóme do venía; yo

---

42 cinturón para colgar la espada.   43 famoso espadero de tiempo de los Reyes Católicos.   44 me comprometo a cortar, podría cortar.   45 rosario.   46 La referencia al «camarero que le daba de vestir» indica que se alude al romance del *Conde Claros*, por lo cual algunos editores modernos han corregido *Claros* por *Alarcos*.   47 Frase equivalente a la usada todavía «por la negra honrilla», dando a entender que cuesta trabajo hacer ciertas cosas, pero que se hacen por quedar bien.   48 sin hacer presa,

sin encontrar nada que comer.   49 mi oficio; esto es, a mendigar.   50 guardadas.
51 comunican.   52 ofrecerme.   53 a comer aire, a no hacer nada.   54 uno que pidiera o trabajase por él.   55 «de mano besada», alude al hecho de que los feligreses, al hacer una ofrenda, besan la mano a los clérigos; «lengua suelta», a la elocuencia del ciego para pedir.   56 y a éste (el escudero) tenerle lástima.   57 adelantárseme.

dije: «Señor, hasta que dió las dos estuve aquí, y de que vi que vuestra merced no venía, fuíme por esa ciudad a encomendarme a las buenas gentes, y hanme dado esto que veis.» Mostréle el pan y las tripas que en un cabo de la halda traía; a lo cual él mostró buen semblante, y dijo: «Pues esperado te he a comer, y de que vi que no viniste, comí, mas tú haces como hombre de bien en eso, que más vale pedirlo por Dios, que no hurtarlo; y así me ayude como ello me parece bien; y solamente te encomiendo no sepan que vives conmigo, por lo que toca a mi honra: aunque bien creo que será secreto, según lo poco que en este pueblo soy conocido: nunca a él yo hubiera de venir» «—De eso pierda, señor, cuidado», le dije yo; «que maldito aquel que ninguno tiene de pedirme esa cuenta, ni yo de darla.» «—Ahora, pues, come, pecador, que si a Dios place, presto nos veremos sin necesidad, aunque te digo que después que en esta casa entré, nunca bien me ha ido: debe ser de mal suelo, que hay casas desdichadas y de mal pie, que a los que viven en ellas pegan[51] la desdicha. Ésta debe de ser sin duda de ellas; mas yo te prometo, acabado el mes, no quede en ella, aunque me la den por mía.»

Sentéme al cabo del poyo, y porque no me tuviese por glotón, callé la merienda, y comienzo a cenar y morder en mis tripas y pan; disimuladamente miraba al desventurado señor mío, que no partía sus ojos de mis faldas, que a aquella sazón servían de plato. Tanta lástima haya Dios de mí, como yo había de él, porque sentí lo que sentía; y muchas veces había por ello pasado, y pasaba cada día. Pensaba si sería bien comedirme[52] a convidarle, mas por me haber dicho que había comido, temíame no aceptaría el convite... Quiso Dios cumplir mi deseo, y aún pienso que el suyo, porque, como comencé a comer, y él se andaba paseando, llegóse a mí, y díjome: «Dígote, Lázaro, que tienes en comer la mejor gracia que en mi vida vi a hombre, y que nadie te lo verá hacer, que no le pongas gana, aunque no la tenga.» «—La muy buena que tú tienes« (dije yo entre mí) «te hace parecer la mía hermosa.» Con todo parecióme ayudarle, pues se ayudaba y me abría camino para ello, y díjele: «Señor, el buen aparejo hace buen artífice. Este pan está sabrosísimo, y esta uña de vaca tan bien cocida y sazonada, que no habrá a quien no convide con su sabor.» —«¿Uña de vaca es?» —«Sí, señor.» —«Dígote que es el mejor bocado del mundo, y que no hay faisán que así me sepa.» —«Pues pruebe, señor, y verá qué tal está.»

Póngole en las uñas la otra y tres o cuatro raciones de pan de lo más blanco. Asentóseme al lado, y comienza a comer, como aquel que lo había gana, royendo cada huesecillo de aquellos mejor que un galgo suyo lo hiciera... «Por Dios, que me ha sabido como si no hubiera hoy comido bocado.» —«Así me vengan los buenos años como es ello», dije entre mí. Pidióme el jarro del agua, y díselo como lo había traído. Es señal, que pues no le faltaba el agua, que no le había a mi amo sobrado la comida. Bebimos, y muy contentos nos pusimos a dormir como la noche pasada. Y por evitar prolijidad, de esta manera estuvimos ocho o diez días, yéndose el pecador en la mañana con aquel continente y paso contado a papar aire[53] por las calles, teniendo en el pobre Lázaro una cabeza de lobo.[54]

Contemplaba yo muchas veces mi desastre, que escapando de los amos ruines que había tenido, y buscando mejoría, viniese a topar con quien no sólo no me mantuviese, mas a quien yo había de mantener. Con todo le quería bien, con ver que no tenía ni podía más, y antes le había lástima que enemistad: y muchas veces, por llevar a la posada con que él lo pase, yo lo pasaba mal...

«Éste», decía yo, «es pobre, y nadie da lo que no tiene: mas el avariento ciego y el malaventurado mezquino clérigo, que con dárselo Dios a ambos, al uno de mano besada, y al otro de lengua suelta,[55] me mataban de hambre; aquéllos es justo desamar, y aquéste de haber mancilla.[56]» Dios me es testigo, que hoy día cuando topo con alguno de su hábito con aquel paso y pompa, le he lástima, con pensar si padece lo que aquél le vi sufrir, al cual con toda su pobreza holgaría de servir más que a los otros, por lo que he dicho. Sólo tenía de él un poco de descontento; que quisiera yo que no tuviera tanta presunción, mas que abajara un poco su fantasía con lo mucho que subía su necesidad...

De esta manera estuve con mi tercero y pobre amo, que fué este escudero, algunos días, y en todos deseando saber la intención de su venida y estada en esta tierra, porque desde el primer día que con él asenté, le conocí ser extranjero por el poco conocimiento y trato que con los naturales de ella tenía. Al fin se cumplió mi deseo y supe lo que deseaba; porque un día que habíamos comido razonablemente y estaba algo contento, contóme su hacienda, y díjome ser de Castilla la Vieja, y que había dejado su tierra no más de por no quitar el bonete a un caballero, su vecino. «Señor», dije yo, «si él era lo que decís y tenía más que vos, no errábades en quitárselo primero, pues decís que él también os lo quitaba.» ...«Sí, es, y sí, tiene, y también me lo quitaba él a mí; mas de cuantas veces yo se le quitaba primero, no fuera malo comedirse él alguna y ganarme por la mano.[57]» —«Paréceme, señor», le dije yo, «que en eso no mirara, mayormente con mis mayores que yo, y que tienen más.» —«Eres muchacho», me respondió, «y no sientes las cosas de la honra, en que el día de hoy está todo el caudal de los hombres de bien. Pues hágote saber que yo soy, como ves, un escudero; mas vótote a Dios, si al conde topo en la calle, y no me quita muy bien quitado del todo el bonete, que otra vez que venga, me sepa yo entrar en una casa, fingiendo yo en ella algún negocio, o atravesar otra calle, si la hay antes que llegue a mí, por no quitárselo: que un hidalgo no debe a otro que a Dios y al rey nada, ni es justo, siendo hombre de bien, se descuide un punto de tener en mucho su persona. Acuérdome que un día deshonré en mi tierra a un oficial, y quise poner en él las manos, porque cada vez que le topaba, me decía: *Mantenga Dios a vuestra merced.* Vos, don villano ruin, le dije yo, ¿por qué no sois bien criado? ¿*Manténgaos Dios,* me habéis de decir, como si fuese quienquiera? De allí adelante, de aquí acullá me quitaba el bonete, y hablaba como debía.»

—«¿Y no es buena manera de saludar un hombre a otro,» dije yo, «decirle que le mantenga Dios?» —«Mira, mucho de en hora mala,» dijo él, «a los hombres de poca arte dicen eso, mas a los más altos como yo, no les han de hablar menos de: *beso las manos de vuestra merced;* o por lo menos, *bésoos, señor, las manos,* si el que me habla es caballero. Y así de aquel de mi tierra que me atestaba[58] de mantenimiento, nunca más le quise sufrir, ni sufría, ni sufriré a hombre del mundo, del rey abajo, que *manténgaos Dios* me diga.

—«Pecador de mí,» dije yo, «por eso tiene tan poco cuidado de mantenerte, pues no sufres que nadie se lo ruegue.» —«Mayormente,» dijo, «que no soy tan pobre que no tengo en mi tierra un solar de casas, que a estar ellas en pie y bien labradas, diez y seis leguas de donde nací, en aquella Costanilla de Valladolid, valdrían más de doscientas veces mil maravedís, según se podrían hacer grandes y buenas. Y tengo un palomar que, a no estar derribado como está, daría cada año más de doscientos palominos; y otras cosas que me callo, que dejé por lo que tocaba a mi honra; y vine a esta ciudad, pensando que hallaría un buen asiento, mas no me ha sucedido como pensé. Canónigos y señores de la Iglesia muchos hallo, mas es gente tan limitada, que no los sacará de su paso[59] todo el mundo. Caballeros de media talla[60] también me ruegan, mas servir a éstos es gran trabajo, porque de hombre os habéis de convertir en malilla,[61] y si no, *andá con Dios,* os dicen: y las más veces son

los pagamentos a largos plazos, y las más ciertas, comido por servido...

De esta manera lamentaba también su adversa fortuna mi amo, dándome relación de su persona valerosa. Pues estando en esto, entró por la puerta un hombre y una vieja; el hombre le pide el alquiler de la casa, y la vieja el de la cama. Hacen cuenta, y de dos meses le alcanzaron lo que él en un año no alcanzara: pienso que fueron doce o trece reales. Y él les dió muy buena respuesta, que saldría a la plaza a trocar una pieza[62] de a dos, y que a la tarde volviesen. Mas su salida fué sin vuelta, por manera que a la tarde ellos volvieron, mas fué tarde: yo les dije que aún no era venido. Venida la noche, y él no, yo hube miedo de quedar en casa solo, y fuíme a las vecinas, y contéles el caso, y allí dormí...

Así como he contado, me dejó mi pobre tercero amo, do acabé de conocer mi ruin dicha: pues señalándose todo lo que podría contra mí, hacía mis negocios tan al revés, que los amos que suelen ser dejados de los mozos, en mí no fuese así, mas que mi amo me dejase y huyese de mí.

TRATADO SÉPTIMO

CÓMO LÁZARO SE ASENTÓ CON UN ALGUACIL, Y DE LO QUE LE ACAECIÓ CON ÉL

...En este tiempo, viendo mi habilidad y buen vivir, teniendo noticia de mi persona el señor arcipreste de San Salvador, mi señor, y servidor y amigo de vuestra merced, porque le pregonaba sus vinos, procuró casarme con una criada suya. Y visto por mí que de tal persona no podía venir sino bien y favor, acordé de lo hacer, y así me casé con ella; y hasta ahora no estoy arrepentido, porque allende de ser buena hija y diligente, servicial, tengo en mi señor arcipreste todo favor y ayuda. Y siempre en el año le da en veces al pie de[63] una carga de trigo, por las Pascuas su carne, y cuando[64] el par de los bodigos, las calzas viejas que deja, e hízonos alquilar una casilla par de[65] la suya.

Los domingos y fiestas casi todas las comíamos en su casa,[66] mas malas lenguas, que nunca faltaron ni faltarán, no nos dejan vivir, diciendo no sé qué y sí sé qué de que ven a mi mujer irle a hacer la cama y guisarle de comer; y mejor les ayude Dios que ellos dicen la verdad,[67] porque allende de no ser ella mujer que se pague de estas burlas, mi señor me ha prometido lo que pienso cumplirá,

---

58 llenaba.   59 de su costumbre, de su rutina, quiere decir que no harán nada por nadie fuera de lo que acostumbran.   60 de mediana hacienda.

61 carta del juego que tiene un valor variable, que sirve para todo.   62 una moneda.   63 cerca de.   64 algunas veces, de vez en cuando.   65 cerca de, junto a.

66 comíamos en su casa casi todos los domingos y días de fiesta.   67 quiere decir que mienten.   68 prosperará.   69 te lo aseguro.   70 prometemos.

1 el que tenía a su cargo la defensa de una fortaleza o villa.   2 a sueldo; pagados por.

que él me habló un día muy largo delante de ella, y me dijo: «Lázaro de Tormes, quien ha de mirar a dichos de malas lenguas, nunca medrará:[68] digo esto, porque no me maravillaría alguno murmurase viendo entrar en mi casa a tu mujer y salir de ella. Ella entra muy a tu honra y suya, y esto te lo prometo;[69] por tanto no mires a lo que pueden decir, sino a lo que te toca, digo, a tu provecho.» —«Señor», le dije, «yo determiné de arrimarme a los buenos; verdad es que algunos de mis amigos me han dicho algo de eso, y aun por más de tres veces me han certificado que antes que casase conmigo había parido tres veces, hablando con reverencia de vuestra merced, porque está ella delante.» Entonces mi mujer echó juramentos sobre sí, que yo pensé la casa se hundiera con nosotros, y despúes tomóse a llorar y a echar mil maldiciones sobre quien conmigo la había casado, en tal manera, que quisiera ser muerto antes que se me hubiese soltado aquella palabra de la boca. Mas yo de un cabo y mi señor de otro, tanto le dijimos y otorgamos,[70] que cesó su llanto, con juramento que le hice de nunca más en mi vida mentarle nada de aquello, y que yo holgaba y había por bien de que ella entrase y saliese de noche y de día, pues estaba bien seguro de su bondad. Y así quedamos todos tres bien conformes.

Hasta el día de hoy nunca nadie nos oyó sobre el caso, antes cuando alguno siento que quiere decir algo de ella, le atajo y le digo: «Mirá, si sois mi amigo, no me digáis cosa que me pese, que no tengo por mi amigo al que me hace pesar, mayormente si me quieren meter mal con mi mujer, que es la cosa del mundo que yo más quiero, y la amo más que a mí, y me hace Dios con ella mil mercedes y más bien que yo merezco: que yo juraré sobre la hostia consagrada, que es tan buena mujer como vive dentro de las puertas de Toledo, y quien otra cosa me dijere, yo me mataré con él.» De esta manera no me dicen nada, y yo tengo paz en mi casa.

Esto fué el mismo año que nuestro victorioso emperador en esta insigne ciudad de Toledo entró y tuvo en ella cortes, y se hicieron grandes regocijos y fiestas, como vuestra merced habrá oído: pues en este tiempo estaba en mi prosperidad y en la cumbre de toda buena fortuna.

NOVELA MORISCA

Historia del Abencerraje y la hermosa Jarifa

Anónimo en su origen y en otras varias versiones, este relato ha llegado a nosotros en una refundición definitiva publicada en el *Inventario* del poeta Antonio de Villegas (1565). Constituye la primera muestra y, en cierto modo, el modelo de la llamada «novela morisca», narración idealizada de un tema histórico, inspirado en la vida de los moros españoles en los últimos siglos de la Reconquista. Por el tema y mucho de su espíritu, se relaciona con los romances fronterizos; por la estilización literaria y sus motivos ideales, con la novela caballeresca y pastoril. Independientemente del lugar que le corresponde en el desarrollo de la literatura narrativa, esta historia de los amores de Abindarráez y Jarifa es, por la elegancia de su lenguaje, la unidad del argumento y la alteza de los sentimientos,[70] una de las joyas menores de la literatura castellana.

Dice el cuento que en tiempo del infante don Fernando, que ganó a Antequera, fué un caballero que se llamó Rodrigo de Narváez, notable en virtud y hechos de armas. Éste, peleando contra moros, hizo cosas de mucho esfuerzo; y particularmente en aquella empresa y guerra de Antequera hizo hechos dignos de perpetua memoria; sino que esta nuestra España tiene en tan poco el esfuerzo (por serle tan natural y ordinario que le parece que cuanto se puede hacer es poco, no como aquellos romanos y griegos, que al hombre que se aventuraba a morir una vez en toda la vida, le hacían en sus escritos inmortal y le trasladaban a las estrellas. Hizo pues este caballero tanto en servicio de su ley y de su rey, que después de ganada la villa, le hizo alcaide[1] de ella, para que, pues había sido tanta parte en ganarla, lo fuese en defenderla. Hízole también alcaide de Álora; de suerte que tenía a cargo ambas fuerzas, repartiendo el tiempo en ambas partes, y acudiendo siempre a la mayor necesidad. Lo más ordinario residía en Álora, y allí tenía cincuenta escuderos hijosdalgo, a los gajes[2] del rey, para la defensa y seguridad de la fuerza... Tenían todos ellos tanta fe y fuerza en la virtud de su capitán, que ninguna empresa se les hacía difícil...

Pues una noche acabando de cenar, que hacía el tiempo muy sosegado, el alcaide dijo a todos ellos estas palabras:

—Paréceme, hijosdalgo, señores y hermanos míos, que ninguna cosa despierta tanto los corazones de los hombres como el continuo ejercicio de las armas porque con él se cobra experiencia en las propias y se pierde miedo a las ajenas. Y de esto no hay para qué yo traiga testigos de fuera, porque vosotros sois verdaderos testimonios. Digo esto, porque han pasado muchos días que no hemos hecho cosa que nuestros nombres acreciente, y sería yo dar mala cuenta de mí y de mi oficio, si teniendo a cargo tan virtuosa gente y valiente compañía dejase pasar el tiempo en balde. Paréceme (si os parece), pues la claridad y seguridad de la noche nos convida, que será bien dar a entender a nuestros enemigos que los valedores de Álora no duermen. Yo os he dicho mi voluntad, hágase lo que os pareciera.

Ellos respondieron que ordenase, que todos le seguirían. Y nombrando nueve de ellos, los hizo armar; y siendo armados, salieron por una puerta falsa que la fortaleza tenía, por no ser sentidos, y porque la fortaleza quedase a buen recaudo. Y yendo por su camino adelante, hallaron otro que se dividía en dos. El alcaide les dijo:

—Ya podría ser que yendo todos por este camino se nos fuese la caza por este otro. Vosotros cinco os id por el uno, yo con estos cuatro me iré por el otro, y si acaso los unos toparen enemigos que no basten a vencer, toque uno su cuerno, y a la señal acudirán los otros en su ayuda.

Yendo los cinco escuderos por su camino adelante, hablando en diversas cosas, el uno de ellos dijo:

—Teneos, compañeros, que o yo me engaño, o viene gente.

Y metiéndose entre una arboleda que junto al camino se hacía, oyeron ruido; y mirando con más atención vieron venir por donde ellos iban un gentil moro en un caballo ruano;[3] él era grande de cuerpo y hermoso de rostro, y parecía muy bien a caballo. Traía vestida una marlota[4] de carmesí[5] y un albornoz[6] de damasco del mismo color, todo bordado de oro y plata. Traía el brazo derecho regazado[7] y labrado en él una hermosa dama, y en la mano una gruesa lanza de dos hierros. Traía una adarga y cimitarra,[8] y en la cabeza una toca tunecí,[9] que dándole muchas vueltas por ella, le servía de hermosura y defensa de su persona. En este hábito venía el moro, mostrando gentil continente; y cantando un cantar que él compuso en la dulce membranza de sus amores, que decía:

Nacido en Granada,
criado en Cártama:
enamorado en Coín,
frontero de Álora.

Aunque a la música faltaba el arte, no faltaba al moro contentamiento; y como traía el corazón enamorado, a todo lo que decía daba buena gracia. Los escuderos, transportados en verle, erraron poco de dejarle pasar, hasta que dieron sobre él. Él, viéndose salteado, con ánimo gentil volvió por sí, y estuvo por ver lo que harían. Luego de los cinco escuderos los cuatro se apartaron y el uno le acometió; mas como el moro sabía más de aquel menester, de una lanzada dió con él y con su caballo en el suelo...

El moro vence a cuatro de los escuderos y es herido por uno de ellos en un muslo; el quinto toca el cuerno para pedir ayuda.

Rodrigo de Narváez, barruntando la necesidad en que sus compañeros estaban, atravesó el camino, y como traía mejor caballo se adelantó; y viendo la valentía del moro quedó espantado, porque de los cinco escuderos tenía a los cuatro en el suelo y el otro casi al mismo punto. Él le dijo:

—Moro, vente a mí, y si tú me vences yo te aseguro de los demás.

Y comenzaron a trabar brava escaramuza; mas como el alcaide venía de refresco, y el moro y su caballo estaban heridos, dábale tanta priesa,[10] que no podía mantenerse; mas viendo que en sola esta batalla le iba la vida y contentamiento, dió una lanzada a Rodrigo de Narváez, que a no tomar el golpe en su adarga le hubiera muerto. Él en recibiendo el golpe arremetió a él, y dióle una herida en el brazo derecho, y cerrando luego con él le trabó a brazos, y sacándole de la silla, dió con él en el suelo. Y yendo sobre él le dijo:

—Caballero, date por vencido, sino matarte he.

—Matarme bien podrás —dijo el moro— que en tu poder me tienes; mas no podrá vencerme sino quien una vez me venció.

El alcaide no paró en el misterio con que se decían estas palabras, y usando en aquel punto de su acostumbrada virtud, le ayudó a levantar, porque de la herida que le dió el escudero en el muslo, y de la del brazo, aunque no eran grandes, y del gran cansancio y caída quedó quebrantado; y tomando de los escuderos aparejo, le ligó las heridas; y hecho esto le hizo subir en un caballo de un escudero, porque el suyo estaba herido, y volvieron el camino de Álora. Y yendo por él adelante hablando en la buena disposición y valentía del moro, él dió un grande y profundo suspiro, y habló algunas palabras en algarabía,[11] que ninguno entendió.

---

[3] de pelo mezclado de blanco, gris y amarillento. [4] especie de túnica morisca que ciñe el cuerpo. [5] seda roja. [6] capa o capote morisco con capucha. [7] arremangado, descubierto. [8] escudo y sable. [9] un turbante de punto. [10] le atacaba con tanto ímpetu. [11] en árabe. [12] queridos. [13] se distinguían. [14] mezquino. [15] además.

Rodrigo de Narváez iba mirando su buen talle y disposición: acordábase de lo que le vió hacer; y parecíale que tan gran tristeza en ánimo tan fuerte no podía proceder de sola la causa que allí parecía. Y por informarse de él le dijo:

—Caballero, mirad que el prisionero que en la prisión pierde el ánimo aventura el derecho de la libertad. Mirad que en la guerra los caballeros han de ganar y perder; porque los más de sus trances están sujetos a la fortuna, y parece flaqueza que quien hasta aquí ha dado tan buena muestra de su esfuerzo, la dé ahora tan mala. Si suspiráis del dolor de las llagas, a lugar vais do seréis bien curado: si os duele la prisión, jornadas son de guerra a que están sujetos cuantos la siguen. Y si tenéis otro dolor secreto, fiadle de mí, que yo os prometo como hijodalgo de hacer, por remediarle, lo que en mí fuere.

El moro, levantando el rostro que en el suelo tenía, le dijo:

—¿Cómo os llamáis, caballero, que tanto sentimiento mostráis de mi mal?

Él le dijo:

—A mí llaman Rodrigo de Narváez, soy alcaide de Antequera y Álora.

El moro, tornando el semblante algo alegre, le dijo:

—Por cierto ahora pierdo parte de mi queja; pues ya que mi fortuna me fué adversa, me puso en vuestras manos, que aunque nunca os vi sino ahora, gran noticia tengo de vuestra virtud, y experiencia de vuestro esfuerzo; y porque no os parezca que el dolor de las heridas me hace suspirar, y también porque me parece que en vos cabe cualquier secreto, mandad apartar vuestros escuderos, y hablaros he dos palabras.

El alcaide los hizo apartar, y quedando solos, el moro, arrancando un gran suspiro, le dijo:

—Rodrigo de Narváez, alcaide tan nombrado de Álora, está atento a lo que te dijere, y verás si bastan los casos de mi fortuna a derribar un corazón de un hombre cautivo: a mí llaman Abindarráez el mozo, a diferencia de un tío mío, hermano de mi padre, que tiene el mismo nombre. Soy de los Abencerrajes de Granada, de los cuales muchas veces habrás oído decir; y aunque me bastaba la lástima presente, sin acordar las pasadas, todavía te quiero contar esto:

Hubo en Granada un linaje de caballeros, que llamaban los Abencerrajes, que eran la flor de todo aquel reino, porque en gentileza de sus personas, buena gracia, disposición y gran esfuerzo, hacían ventaja a todos los demás; eran muy estimados del rey y de todos los caballeros, y muy amados y quistos[12] de la gente común. En todas las escaramuzas que entraban, salían vencedores, y en todos los regocijos de caballería se señalaban.[13] Ellos inventaban las galas y los trajes; de manera que se podía bien decir, que en ejercicio de paz y de guerra, eran regla y ley de todo el reino. Dícese que nunca hubo Abencerraje escaso,[14] ni cobarde, ni de mala disposición: no se tenía por Abencerraje el que no servía dama, ni se tenía por dama la que no tenía Abencerraje por servidor. Quiso la fortuna enemiga de su bien, que de esta excelencia cayesen de la manera que oirás. El rey de Granada hizo a dos de estos caballeros, los que más valían, un notable e injusto agravio, movido de falsa información que contra ellos tuvo; y quísose decir, aunque yo no lo creo, que estos dos, y a su instancia otros diez, se conjuraron de matar al rey, y dividir el reino entre sí, vengando su injuria. Esta conjuración, siendo verdadera o falsa, fué descubierta: y por no escandalizar el rey al reino que tanto los amaba, los hizo a todos una noche degollar; porque a dilatar la injusticia, no fuera poderoso de hacerla...

Resultó de este infeliz caso que ningún Abencerraje pudiese vivir en Granada, salvo mi padre, y un tío mío, que hallaron inocentes de este delito, a condición que los hijos que les naciesen enviasen a criar fuera de la ciudad, para que no volviesen a ella, y las hijas casasen fuera del reino...

Yo salí al mundo del vientre de mi madre, y por cumplir mi padre el mandamiento del rey envióme a Cártama, al alcaide que en ella estaba, con quien tenía estrecha amistad. Éste tenía una hija, casi de mi edad, a quien amaba más que a sí; porque allende[15] de ser sola y hermosísima, le costó la mujer, que murió de su parto. Ésta y yo en nuestra niñez siempre nos tuvimos por hermanos, porque así nos oíamos llamar; nunca me acuerdo haber pasado hora que no estuviésemos juntos: juntos nos criaron, juntos andábamos, juntos comíamos y bebíamos. Naciónos de esta conformidad un natural amor, que fué siempre creciendo con nuestras edades. Acuérdome que entrando una siesta en la huerta, que dicen de los jazmines, la hallé sentada junto a la fuente, componiendo su hermosa cabeza: miréla vencido de su hermosura... ¡No sé cómo me pesó de que fuese mi hermana! y no aguardando más fuíme a ella; y cuando me vió, con los brazos abiertos me salió a recibir, y sentándome junto a sí me dijo:

—«Hermano, ¿cómo me dejaste tanto tiempo sola?»

Yo la respondí: «Señora mía, porque ha gran rato que os busco, y nunca hallé quien me dijese do estábades, hasta que mi corazón me lo dijo; mas decidme ahora: ¿qué certenidad tenéis vos de que seamos hermanos?»

«Yo, dijo ella, no otra, más del grande amor que te tengo, y ver que todos nos llaman hermanos.»

«Y si no lo fuéramos, dije yo, ¿quisiérasme tanto?»

«¿No ves, dijo ella, que a no serlo, no nos dejara mi padre andar siempre juntos y solos?»

«Pues si ese bien me habían de quitar, dije yo, más quiero el mal que tengo.»

Entonces ella, encendiendo su hermoso rostro en color, me dijo: «¿Y qué pierdes tú en que seamos hermanos?»

«Pierdo a mí y a vos», dije yo.

«Yo no te entiendo, dijo ella, mas a mí me parece que sólo serlo nos obliga a amarnos naturalmente.»

«A mí, sola vuestra hermosura me obliga, que antes esa hermandad parece que me resfría algunas veces»: y con esto bajando mis ojos, de empacho[16] de lo que la dije, vila en las aguas de la fuente al propio,[17] como ella era; de suerte que donde quiera que volvía la cabeza hallaba su imagen, y en mis entrañas la más verdadera. Y decíame yo a mí mismo... Y si ella me amase como yo la amo, ¡qué dichoso sería yo! Y si la fortuna nos permitiese vivir siempre juntos, ¡qué sabrosa vida sería la mía! Diciendo esto levantéme, y volviendo las manos a unos jazmines, de que la fuente estaba rodeada, mezclándolos con arrayán, hice una hermosa guirnalda, y poniéndola sobre mi cabeza me volví a ella coronado y vencido.

Ella puso los ojos en mí (a mi parecer) más dulcemente que solía, y quitándomela, la puso sobre su cabeza. Parecióme en aquel punto más hermosa que Venus, cuando salió al juicio de la manzana, y volviendo el rostro a mí, me dijo:

«¿Qué te parece ahora de mí, Abindarráez?»

Yo la dije: «Paréceme que acabáis de vencer al mundo, y que os coronan por reina y señora de él.»

Levantándose, me tomó por la mano y me dijo: «Si eso fuera, hermano, no perdiérades vos nada.»

Yo sin la responder la seguí hasta que salimos de la huerta. Esta engañosa vida trujimos mucho tiempo, hasta que ya el amor, por vengarse de nosotros, nos descubrió la cautela;[18] que como fuimos creciendo en edad ambos acabamos de entender que no éramos hermanos. Ella no sé lo que sintió al principio de saberlo; mas yo nunca mayor contentamiento recibí, aunque después acá lo he pagado bien. En el mismo punto que fuimos certificados de esto, aquel amor limpio y sano que nos teníamos se comenzó a dañar, y se convirtió en una rabiosa enfermedad que nos durará hasta la muerte. Aquí no hubo primeros movimientos que excusar; porque el principio de estos amores fué un gusto y deleite fundado sobre bien; mas después no vino el mal por principios, sino de golpe y todo junto. Ya yo tenía mi contentamiento puesto en ella, y mi alma hecha a medida de la suya. Todo lo que no veía en ella me parecía feo, excusado y sin provecho en el mundo. Todo mi pensamiento era en ella. Ya en este tiempo nuestros pasatiempos eran diferentes; ya yo la miraba con recelo de ser sentido; ya tenía envidia del sol que la tocaba. Su presencia me lastimaba la vida, y su ausencia me enflaquecía el corazón. Y de todo esto creo que no me debía nada; porque me pagaba en la misma moneda. Quiso la fortuna, envidiosa de nuestra dulce vida, quitarnos este contentamiento, en la manera que oirás.

El rey de Granada, por mejorar en cargo al alcaide de Cártama, envióle a mandar que luego dejase aquella fuerza, y se fuese a Coín (que es aquel lugar frontero del vuestro) y que me dejase a mí en Cártama en poder del alcaide que a ella viniese. Sabida esta desastrada nueva por mi señora y por mí, juzgad vos (si algún tiempo fuiste enamorado) lo que podríamos sentir. Juntámonos en un lugar secreto a llorar nuestro apartamiento. Yo la llamaba señora mía, alma mía, solo bien mío, y otros dulces nombres que el amor me enseñaba...

¡Pues quién os contase las lástimas que ella hacía, aunque a mí siempre me parecían pocas!

Decíame mil dulces palabras, que hasta ahora me suenan en las orejas; y al fin, porque no nos sintiesen, despedímonos con muchas lágrimas y sollozos, dejando cada uno al otro por prenda un abrazo, con un suspiro arrancado de las entrañas. Y porque ella me vió en tanta necesidad y con señales de muerto, me dijo: «Abindarráez, a mí se me sale el alma en apartándome de ti; y porque siento de ti lo mismo, yo quiero ser tuya hasta la muerte: tuyo es mi corazón, tuya es mi vida, mi honra y mi hacienda: y en testimonio de esto, llegada a Coín, donde ahora voy con mi padre, en teniendo lugar de hablarte, o por ausencia, o por indisposición suya (que ya deseo) yo te avisaré: irás donde yo estuviere, y allí yo te daré lo que solamente llevo conmigo, debajo de nombre de esposo, que de otra suerte ni tu lealtad, ni mi ser lo consentirían; que todo lo demás muchos días ha que es tuyo.»

Con esta promesa mi corazón se sosegó algo y beséla las manos por la merced que me prometía. Ellos se partieron otro día, yo quedé como quien caminando por unas fragosas y ásperas montañas se le eclipsa el sol: comencé a sentir su ausencia ásperamente, buscando falsos remedios contra ella. Miraba las ventanas do se solía poner, las aguas do se bañaba, la cámara en que dormía, el jardín do reposaba la siesta...

Quiso mi ventura que esta mañana mi señora me cumplió su palabra, enviándome a llamar con una criada suya, de quien se fiaba; porque su padre era partido para Granada llamado del rey para volver luego...

Yo iba de Cártama a Coín, breve jornada (aunque el deseo la alargaba mucho), el más ufano Abencerraje que nunca se vió: iba llamado de mi señora, a ver a mi señora, a gozar de mi señora y a casarme con mi señora. Véome ahora herido, cautivo y vencido; y lo que más siento que el término y coyuntura de mi bien se acaba esta noche. Déjame pues, cristiano, consolar entre mis suspiros y no los juzgues a flaqueza; pues lo fuera muy mayor tener ánimo para sufrir tan riguroso trance.»

Rodrigo de Narváez quedó espantado y apiadado del extraño acontecimiento del moro, y pareciéndole que para su negocio ninguna cosa le podría dañar más que la dilación, le dijo:

—Abindarráez, quiero que veas que puede más mi virtud que tu ruin fortuna: si tú me prometes como caballero de volver a mi prisión dentro de tercero día, yo te daré libertad para que sigas tu camino; porque me pesaría de atajarte tan buena empresa.

El moro, cuando lo oyó, se quiso de contento echar a sus pies, y le dijo:

—Rodrigo de Narváez, si vos esto hacéis, habréis hecho la mayor gentileza de corazón, que nunca hombre hizo, y a mí me daréis la vida; y para lo que pedís, tomad de mí la seguridad que quisiéredes, que yo lo cumpliré.

El alcaide llamó a sus escuderos, y les dijo:

—Señores, fiad de mí este prisionero, que yo salgo fiador de su rescate.

Ellos dijeron que ordenase a su voluntad: y tomando la mano derecha entre las dos suyas al moro, le dijo:

—¿Vos prometéisme como caballero de volver a mi castillo de Álora a ser mi prisionero dentro de tercero día?

Él le dijo: —Sí, prometo.

—Pues id con la buena ventura, y si para vuestro negocio tenéis necesidad de mi persona, o de otra cosa alguna, también se hará.

Y diciendo que se lo agradecía, se fué camino de Coín a mucha priesa. Rodrigo Narváez y sus escuderos se volvieron a Álora, hablando en la valentía y buena manera del moro. Y con la priesa

que el Abencerraje llevaba, no tardó mucho en llegar a Coín...

Él se apeó, y puso su caballo en lugar secreto, que allí halló; y dejando la lanza con su adarga y cimitarra, llevándole la dueña por la mano, lo más paso que pudo, por no ser sentido de la gente del castillo, subió por una escalera hasta llegar al aposento de la hermosa Jarifa (que así se llamaba la dama). Ella, que ya había sentido su venida, con los brazos abiertos le salió a recibir: ambos se abrazaron, sin hablarse palabra, del sobrado contentamiento. Y la dama le dijo:

—¿En qué os habéis detenido, señor mío, que vuestra tardanza me ha puesto en gran congoja y sobresalto?

—Mi señora —dijo él—, vos sabéis bien que por mi negligencia no habrá sido; mas no siempre suceden las cosas como los hombres desean.

Ella le tomó por la mano, y le metió en una cámara secreta, y sentándose sobre una cama que en ella había, le dijo:

—He querido, Abindarráez, que veáis en cuál manera cumplen las cautivas de amor sus palabras; porque desde el día que os la di por prenda de mi corazón, he buscado aparejos para quitárosla:[19] yo os mandé venir a este mi castillo a ser mi prisionero, como yo lo soy vuestra, y haceros señor de mi persona, y de la hacienda de mi padre, debajo del nombre de esposo, aunque esto, según entiendo, será muy contra su voluntad, que como no tiene tanto conocimiento de vuestro valor y experiencia de vuestra virtud como yo, quisiera darme marido más rico; mas yo, vuestra persona y mi contentamiento tengo por la mayor riqueza del mundo, y diciendo esto bajó la cabeza, mostrando un cierto empacho de haberse descubierto tanto. El moro la tomó entre sus brazos, y besándola muchas veces las manos por la merced que le hacía, la dijo:

—Señora mía, en pago de tanto bien como me habéis ofrecido, no tengo qué daros, que no sea vuestro, sino sola esta prenda, en señal que os recibo por mi señora y esposa.

Y llamando a la dueña se desposaron...

Tras esto al moro vino un profundo pensamiento, y dejando llevarse de él, dió un gran suspiro. La dama, no pudiendo sufrir tan grande ofensa de su hermosura y voluntad, con gran fuerza de amor le volvió a sí, y le dijo:

—¿Qué es esto, Abindarráez? Parece que te has entristecido con mi alegría: yo te oigo suspirar revolviendo el cuerpo a todas partes; pues si yo soy todo tu bien y contentamiento como me decías ¿por quién suspiras? Y si no lo soy, ¿por qué me engañaste?...

El Abencerraje... con un apasionado suspiro dijo:

—Señora mía, si yo no os quisiera más que a mí, no hubiera hecho este sentimiento; porque el pesar que conmigo traía, sufríale con buen ánimo cuando iba por mí solo; mas ahora que me obliga a apartarme de vos no tengo fuerzas para sufrirlo; y así entenderéis que mis suspiros se causan más de sobra de lealtad que de falta de ella: y porque no estéis más suspensa sin saber de qué, quiero deciros lo que pasa.

Luego le contó todo lo que había sucedido; y al cabo la dijo:

—De suerte, señora, que vuestro cautivo lo es también del alcaide de Álora: yo no siento la pena de la prisión, que vos enseñasteis mi corazón a sufrir; mas vivir sin vos tendría por la misma muerte.

La dama con buen semblante le dijo:

—No te congojes, Abindarráez, que yo tomo el remedio de tu rescate a mi cargo; porque a mí me cumple más: yo digo así, que cualquier caballero que diere la palabra de volver a la prisión, cumplirá con enviar el rescate que se le puede pedir; y para esto ponedle vos mismo el nombre que quisiéredes, que yo tengo las llaves de las riquezas de mi padre y yo os las pondré en vuestro poder: enviad de todo ello lo que os pareciere. Rodrigo de Narváez es buen caballero, y os dió una vez libertad, y le fiastes este negocio, que le obliga ahora a usar de mayor virtud: yo creo que se contentará con esto, pues teniéndoos en su poder ha de hacer lo mismo.

El Abencerraje la respondió: —¡Bien parece, señora mía, que lo mucho que me queréis no os deja que me aconsejéis bien! Por cierto no caeré yo en tan gran yerro porque si, cuando venía a verme con vos, que iba por mí solo, estaba obligado a cumplir la palabra, ahora que soy vuestro se me ha doblado la obligación. Yo volveré a Álora y me pondré en las manos del alcaide de ella, y tras hacer yo lo que debo, haga él lo que quisiere.

—Pues nunca Dios quiera —dijo Jarifa— que yendo vos a ser preso quede yo libre: pues no lo soy yo, quiero acompañaros en esta jornada, que ni el amor que os tengo, ni el miedo que he cobrado a mi padre de haberle ofendido, me consentirán hacer otra cosa.

El moro, llorando de contentamiento, la abrazó y le dijo:

—Siempre vais, señora mía, acrecentándome

las mercedes: hágase lo que vos quisiéredes, que así lo quiero yo.

Y con este acuerdo, aparejando lo necesario, otro día de mañana se partieron, llevando la dama el rostro cubierto por no ser conocida...

Luego llegaron a la fortaleza, y llamando a la puerta, fué abierta por las guardas, que ya tenían noticia de lo pasado; y yendo un hombre corriendo a llamar al alcaide, le dijo:

—Señor, en el castillo está el moro que venciste, y trae consigo una gentil dama.

Al alcaide le dió el corazón[20] lo que podía ser, y bajó abajo. El Abencerraje, tomando a su esposa de la mano, se fué a él y le dijo:

—Rodrigo de Narváez, mira si te cumplo bien mi palabra, pues te prometí traer un preso, y te traigo dos, que el uno basta para vencer otros muchos: ves aquí mi señora: juzga si he padecido con justa causa; recíbenos por tuyos, que yo fío mi señora y mi honra de ti.

Rodrigo de Narváez holgó mucho de verlos, y dijo a la dama:

—Yo no sé cuál de vosotros debe más al otro: mas yo debo mucho a los dos. Entrad y reposaréis en esta vuestra casa, y tenedla de aquí adelante por tal, pues lo es su dueño.

Y con esto se fueron a un aposento que les estaba aparejado; y de ahí a poco comieron, porque venían cansados del camino...

Un día acaeció que acabando de comer el Abencerraje, dijo estas palabras:

—Rodrigo de Narváez, según eres discreto, en la manera de nuestra venida entenderás lo demás: yo tengo esperanza que este negocio que está tan dañado se ha de remediar por tus manos. Esta dueña es la hermosa Jarifa, de quien te hube dicho es mi señora y mi esposa: no quiso quedar en Coín, de miedo de haber ofendido a su padre; todavía se teme de este caso: bien sé que por tu virtud te ama el rey, aunque eres cristiano; suplícote alcances de él que nos perdone su padre, por haber hecho esto sin que él lo supiese, pues la fortuna lo trajo por este camino.

El alcaide les dijo: —Consolaos, que yo os prometo de hacer en ello cuanto pudiere, y tomando tinta y papel, escribió una carta al rey...[21]

Escrita la carta, despachó un escudero con ella, que llegado ante el rey, se la dió: el cual sabiendo cuya era se holgó mucho, que a este solo cristiano amaba por su virtud y buenas maneras. Y como la leyó, volvió el rostro al alcaide de Coín, que allí estaba, y llamándole aparte, le dijo: —Lee

---

[20] presintió.

[21] La carta aquí omitida va dirigida al rey de Granada y después de resumir lo sucedido le pide que interceda cerca del padre de Jarifa para que los perdone, prometiendo Narváez a su vez que él les perdonará el rescate y los pondrá en libertad graciosamente. [22] moneda de oro finísimo que usaron los moros españoles.

esta carta que es del alcaide de Álora; y leyéndola recibió grande alteración.

El rey le dijo: —No te congojes, aunque tengas por qué; sábete que ninguna cosa me pedirá el alcaide de Álora que yo no lo haga; y así te mando que vayas luego a Álora y te veas con él, y perdones tus hijos, y los lleves a tu casa, que en pago de este servicio, a ellos y a ti haré siempre merced.

El moro lo sintió en el alma, mas viendo que no podía pasar el mandato del rey, volvió de buen continente y dijo: que así lo haría como su alteza lo mandaba; y luego se partió a Álora donde ya sabían del escudero todo lo que había pasado, y fué de todos recibido con mucho regocijo y alegría. El Abencerraje y su hija parecieron ante él con harta vergüenza, y le besaron las manos. Él los recibió muy bien, y les dijo:

—No se trate aquí de cosas pasadas; yo os perdono haberos casado sin mi voluntad, que en lo demás vos, hija, escogistes mejor marido que yo os pudiera dar.

El alcaide todos aquellos días les hacía muchas fiestas; y una noche acabando de cenar en un jardín, les dijo:

—Yo tengo en tanto haber sido parte para que este negocio haya venido a tan buen estado, que ninguna cosa me pudiera hacer más contento; y así digo, que sólo la honra de haberos tenido por mis prisioneros, quiero por rescate de la prisión. De hoy más, vos, señor Abindarráez, sois libre de mí para hacer de vos lo que quisiéredes.

Ellos le besaron las manos por la merced y bien que les hacía, y otro día por la mañana partieron de la fortaleza, acompañándoles el alcaide parte del camino. Estando ya en Coín gozando sosegada y seguramente el bien que tanto habían deseado, el padre les dijo:

—Hijos, ahora que con mi voluntad sois señores de mi hacienda, es justo que mostréis el agradecimiento que a Rodrigo de Narváez se debe, por la buena obra que os hizo: que por haber usado con vosotros de tanta gentileza no ha de perder su rescate, antes le merece muy mayor: yo os quiero dar seis mil doblas zahenes,[22] enviádselas, y tenedle de aquí adelante por amigo, aunque las leyes sean diferentes.

Abindarráez le besó las manos; y tomándolas, con cuatro muy hermosos caballos y cuatro lanzas con los hierros y cuentos de oro, y otras cuatro adargas, las envió al alcaide de Álora, y le escribió así:

CARTA DEL ABENCERRAJE ABINDARRÁEZ AL ALCAIDE DE ÁLORA

«Si piensas, Rodrigo de Narváez, que con darme libertad en tu castillo para venirme al mío, me dejaste libre, engañaste; que cuando libertaste mi cuerpo prendiste mi corazón. Las buenas obras prisiones son de los nobles corazones: y si tú por alcanzar honra y fama acostumbras hacer bien a los que podrías destruir, yo por parecer a aquellos donde vengo, y no degenerar de alta sangre de los Abencerrajes, antes coger y meter en mis venas toda la que de ellos se vertió, estoy obligado a agradecerlo y servirlo: recibirás en ese breve presente la voluntad de quien le envía, que es muy grande, y de mi Jarifa otra tan limpia y leal, que me contento yo de ella.»

El alcaide tuvo en mucho la grandeza y curiosidad del presente: y recibiendo de él los caballos, lanzas y adargas, escribió a Jarifa así:

CARTA DEL ALCAIDE DE ÁLORA A LA HERMOSA JARIFA

«Hermosa Jarifa, no ha querido Abindarráez dejarme gozar del verdadero triunfo de su prisión, que consiste en perdonar y hacer bien; y como a mí en esta tierra nunca se me ofreció empresa tan generosa, ni tan digna de capitán español, quisiera gozarla toda y labrar de ella una estatua para mi posteridad y descendencia. Los caballos y armas recibo yo, para ayudarle a defender de sus enemigos; y si en enviarme el oro se mostró caballero generoso, en recibirlo yo pareciera codicioso mercader. Yo os sirvo con ello en pago de la merced que me hicistes en serviros de mí en mi castillo: y también, señora, yo no acostumbro a robar damas, sino servirlas y honrarlas.»

Y con esto les volvió a enviar las doblas. Jarifa las recibió y dijo:

—Quien pensare vencer a Rodrigo de Narváez en armas y cortesía, pensará mal.

De esta manera quedaron los unos de los otros muy satisfechos y contentos, y trabados con estrecha amistad, que les duró toda la vida.

Ginés Pérez de Hita

Debió de nacer hacia 1544 y murió después de 1629. Como escudero del general español Marqués de los Vélez, parece ser que tomó parte en la guerra ocasionada por la rebelión de los moriscos en las Alpujarras (1568), que es el asunto de la segunda parte de las *Guerras civiles de Granada* (1604). Antes había publicado la primera parte con el título de *Historia de los bandos de los Zegríes y Abencerrajes* (1595), novela morisca de carácter mucho más amplio que la *Historia del Abencerraje*. Ésta se centra en un episodio amoroso; en cambio, la novela de Pérez de Hita es una pintura completa de las costumbres, hechos, amores y rivalidades entre los bandos y linajes de los moros granadinos —Zegríes, Abencerrajes, Gomeles, Venegas, etc.— en los años que precedieron a la conquista de la ciudad por los Reyes Católicos. Tiene como tema central la matanza de los Abencerrajes, pero en torno a él Pérez de Hita utiliza otros muchos episodios, históricos o inventados, y hace, sobre todo, una sugestiva pintura de la galantería, arrogancia y refinamiento de los caballeros árabes en la víspera de su salida de España. Se inspira el autor, principalmente, en las leyendas recogidas en los romances fronterizos, muchos de los cuales reproduce en su obra. De esta novela se deriva casi toda la literatura de tema morisco.

GUERRAS CIVILES DE GRANADA

PRIMERA PARTE

CÓMO SE HICIERON FIESTAS EN GRANADA Y CÓMO POR ELLAS SE ENCENDIERON MÁS LAS ENEMISTADES DE LOS ZEGRÍES Y ABENCERRAJES, ALABEZES Y GOMELES

Llegado ya el día de la fiesta, que era por el mes de septiembre, cuando ellos guardaban su Ramadán,[1] acabados los días de su cuenta de su ayuno, mandó el rey traer veinticuatro toros de la sierra de Ronda, muy extremados;[2] y puesta la plaza de Bivarrambla como había de estar para la fiesta, el rey, acompañado de muchos caballeros, ocupó los miradores reales, que para aquel efecto estaban diputados.[3] La reina con muchas damas se puso en otros miradores de la misma orden que el rey. Todos los ventanajes de las casas de Bivarrambla estaban poblados y llenos de muy hermosas damas. Y tantas gentes acudieron del reino,

que no se hallaban tablados ni ventanas donde poder estar, que tanto número de gente jamás se había visto en fiestas que en Granada se hiciesen. Porque de Sevilla y Toledo habían venido muchos y muy principales caballeros moros a verlas.

Comenzáronse a correr los toros por la mañana. Los caballeros Abencerrajes andaban a caballo por la plaza, corriendo los toros con tanta gallardía y gentileza que era cosa de espanto. No había dama en todos los balcones ni ventanas que no estuviesen muy aficionadas a los caballeros Abencerrajes. Mas teníase por muy cierto que no había Abencerraje en Granada o en su reino que no fuese favorecido de damas y de las más principales; y ésta era la causa más principal por donde los Zegrís y Gomeles y Mazas les tenían mortal odio y envidia; y ansí era la verdad, que no había dama en Granada que no se preciase de tener por amante un Abencerraje; y por desdichada se tenía y por menos que otra la que no lo tenía, y en esto tenían grande razón, porque jamás hubo Abencerraje que tuviese mal talle ni mal garbo, y no se halló Abencerraje que cobarde fuese ni de mala disposición. Eran estos caballeros todos a una mano muy afables, amigos de la gente común. No se halló que a cualquiera de ellos llegase alguno con necesidad que no lo socorriese y cumpliese su necesidad. Eran finalmente amigos de cristianos: ellos mismos en persona se halla que iban a las mazmorras a visitar los cristianos cautivos y les hacían bien, y les enviaban de comer con sus criados. Y a esta causa eran de todo el reino bien quistos[4] y muy amados y sobre todo valientes y buenos jinetes. Jamás en ellos se halló temor, aunque se les ofreciesen muy arduos casos. Daban tanto contento allí en la plaza donde andaban que se llevaban tras sí los ojos de toda la gente y más los de las damas.

No menos que ellos andaban los Alabezes aquel día, que eran bizarros caballeros. Los Zegrís también se mostraron ser de mucho valor, porque aquel día alancearon ocho toros muy diestramente...

Y sería la una del día cuando estaban doce toros corridos y el rey mandó tocar los clarines y dulzainas, que era señal que todos los caballeros

---

1 Ramadán: noveno mes del año lunar de los mahometanos, quienes durante sus treinta días observan riguroso ayuno. 2 muy buenos. 3 preparados. 4 muy queridos. 5 ricamente vestidas. 6 especie de túnica morisca ajustada. 7 brocado de tres capas o pisos que son respectivamente la tela, la labor y el realce de oro

y pedrería. 8 rubí. 9 señal, emblema. 10 entonces, en aquel momento.
11 pluma. 12 que se librase de él por mucho que corriese. 13 se resignó. 14 pieza delantera y trasera de la silla de montar. 15 capa o manto morisco. 16 detener.

de juego se habían de juntar allí en su mirador. Y así con esta señal todos se juntaron; y el rey con grande contento les mandó dar una muy rica colación, tal como persona real la podía dar. Lo mismo hizo la reina a sus damas, las cuales aquel día estaban muy ricamente aderezadas, y con tanta belleza que era cosa de admiración. Salieron todas muy costosas.[5] Salió la reina con una marlota[6] de brocado de tres altos,[7] con tantas y tan ricas labores, que no tenía precio su valor, porque la pedrería que por ella tenía sembrada era mucha y rica. Tenía un tocado extremadamente rico y encima de la frente hecha una rosa encarnada, por maravilloso arte, y en medio engastado un carbunclo[8] que valía una ciudad. Cada vez que la reina meneaba la cabeza a alguna parte daba de sí aquel carbunclo tanto resplandor que a cualquiera que lo miraba privaba de la vista. La hermosa Daraxa salió toda de azul, su marlota era de un muy fino damasco... Su tocado era muy rico, tenía puestas dos plumas cortas al lado, la una azul y la otra blanca, divisa[9] muy conocida de los Abencerrajes. Estaba con este vestido tan hermosa que ninguna dama de Granada le hacía ventaja, aunque a la sazón[10] allí las había muy hermosas y tan ricamente aderezadas como ella... La ropa de Fátima era muy costosa por ser de terciopelo morado y el aforro de tela blanca de brocado; el tocado rico y costoso; al lado puesta sola una garzota[11] verde. Estaba tan hermosa como cualquiera de las que allí estaban. Finalmente, Cohayda y Sarrazina y Arbolaya y Xarifa y las demás damas que estaban con la reina, salieron con grande bizarría y costosas maravillosamente y tan hermosas que era cosa de grande admiración ver tanta hermosura allí junta. En otro balcón estaban todas las damas del linaje Abencerraje que no había más que ver ni desear, ansí en trajes como en riqueza de vestidos y en hermosura, especialmente la hermosa Lindaraxa, hija de Mahamete Abencerraje, que a todas sobrepujaba en hermosura Y con ella había otras damas de su linaje tan hermosas que le igualaban. A esta hermosísima dama Lindaraxa servía y amaba el valeroso Gazul, y por ella hizo cosas muy señaladas estando en San Lúcar, como adelante se dirá.

Pues volviendo a nuestro propósito, serían ya las dos de la tarde cuando los caballeros y damas acabaron de comer las colaciones; y cuando soltaron un toro negro, bravo en demasía, que no salía tras hombre que no lo alcanzaba, tanta era su ligereza; y no había caballo que por uña se le fuese.[12]

—A este toro —dijo el rey— fuera bueno alancear, por ser muy bueno.

El Malique Alabez se levantó y le suplicó que le diese licencia para irse a ver con aquel bravo toro. El rey se la dió, aunque bien quisiera Muza salir a él y alancearlo; mas visto que Alabez gustaba de salir, sufrióse.[13] Alabez, haciendo reverencia al rey, y a los demás caballeros cortesía, se salió de los miradores y se fué a la plaza, donde sus criados le tenían un muy hermoso caballo... Alabez subió en él y dió una vuelta a la plaza, mirando todos los balcones a donde estaban las damas por ver a su señora Cohayda. Y pasando por junto del balcón hizo que el caballo pusiese las rodillas en el suelo y el valeroso Alabez puso la cabeza entre los arzones,[14] haciendo grande acatamiento a su señora y a las demás damas que con ella estaban. Y hecho esto, puso las espuelas al caballo, el cual arrancó con tanta furia y presteza que parecía un rayo. El rey y todos los demás que en la plaza estaban se maravillaron en ver cuán bien lo había hecho Alabez; sólo a los Zegrís pareció mal porque lo miraron con ojos llenos de mortal envidia.

En esto se dió en la plaza una grande gritería y era la causa que el toro había dado vuelta por toda la plaza, habiendo derribado más de cien hombres y muerto más de seis de ellos, y venía como una águila adonde estaba Alabez con su caballo. El cual, como vió venir el toro, quiso hacer una grande gentileza aquel día y fué que saltando del caballo con gran ligereza, antes que el toro llegase, le salió al encuentro con el albornoz[15] en la mano izquierda. El toro que lo vió tan cerca se vino a él por le coger, mas el buen Malique Alabez, acompañado de su bravo corazón, le aguardó, y al tiempo que el toro bajó la frente para ejecutar el bravo golpe, Alabez le echó el albornoz con la mano izquierda en los ojos y apartándose un poco a un lado, con la mano derecha le asió del cuerno derecho tan recio que le hizo tener,[16] y con grande presteza le echó mano del otro cuerno y le tuvo tan firmemente que el toro no pudo hacer golpe ninguno. El toro, viéndose asido, procuraba desasirse, dando grandes saltos, levantando cada vez al buen Alabez del suelo. Puesto andaba el bravo mozo en notable peligro y por poco se hubiera arrepentido por haber comenzado aquella dudosa y peligrosa prueba. Mas como era animoso y de bravo corazón, no desmayó un punto, mas antes con gran valor y esfuerzo (como aquel que era hijo del bravo Alabez, alcaide de Vera, que murió en Lorca cuando aquella sangrienta batalla de los Alporchones, como está dicho) se mantenía contra el toro, el cual bramaba por cogerlo entre los cuernos; mas era la ligereza del moro tanta, que el toro no podía salir con su intento. Alabez, pareciéndole vergüenza andar de aquella manera con tal bestia como aquélla, se arrimó al toro al lado izquierdo y usando de fortaleza y maña, torció de los cuernos al toro de tal manera y con tal fortaleza, que dió con él en el suelo, haciéndole hincar los cuernos en tierra. El golpe fué tan grande que pareció que había caído un monte y el toro quedó quebrantado, que no se pudo mover de aquel rato. El buen Malique Alabez, como así lo vió, lo dejó; y tomando su albornoz, que de fina seda era, se fué a su caballo, que sus criados lo guardaban, y subió en él con gran ligereza, sin poner pie en el estribo, dejando a todos los circunstantes embelesados de su bravo acaecimiento y valor. A cabo de rato el toro se levantó, aunque no con la ligereza que solía.

El rey envió a llamar a Alabez, el cual fué a su llamada, con gentil continente, como si tal no hubiera hecho. Y llegado, el rey le dijo:

—Por cierto, Alabez, vos lo habéis hecho como valiente y esforzado caballero, y de hoy más quiero que seáis Capitán de cien caballos; y teneos por alcaide de la fuerza de Cantoria, que es muy buen alcaide y de buena renta.

Alabez le besó las manos por la merced que le hacía. En este tiempo serían las cuatro de la tarde y el rey mandó que se tocase a cabalgar. Oída la señal, todos los caballeros de juego se fueron a aderezar para salir cuando tiempo fuese. Los toros acabados, comenzaron muchos instrumentos de trompetas y atabales,[17] y añafiles,[18] siendo la plaza desocupada; por la calle del Zacatín entró el valeroso Muza, cuadrillero de una cuadrilla.[19] Entraron de cuatro en cuatro, con tan lindo aire y con tanta presteza, que era cosa de ver. Después de haber pasado todos por la orden ya dicha, arrancaron todos juntos de tropel, tan ligeros cual el viento. Eran todos los de esta cuadrilla treinta, todos caballeros Abencerrajes, famosos; sino sólo Alabez que no era del linaje; mas por su valor le tomaron por acompañado... Entraron todos tan bien y con tanta gracia, que no había dama que los viese, que no quedase amartelada.[20] Por cierto que era cosa de ver la cuadrilla de los Abencerrajes, todos sobre yeguas blancas como una nieve: pues si bizarros y galanes entraron los Abencerrajes, no menos bizarros y galanes entraron por otra calle los Zegrís. Todos de encarnado y verde, con plumas y penachos azules, y todos en yeguas bayas[21] de muy hermoso parecer; y todos traían una misma divisa en las adargas,[22] puesta en ricos listones[23] azules. Las divisas eran unos leones encadenados por mano de una doncella; la letra decía: «Más fuerza tiene el amor.»

De esta manera entraron en la plaza de cuatro en cuatro, y después todos juntos hicieron un gallardo caracol y escaramuza,[24] con tanta bizarría y concierto, que no menos contento dieron que los Abencerrajes. Y tomando las dos cuadrillas sus puestos, y apercibidas de sus cañas, habiendo dejado las lanzas, al son de las trompetas y dulzainas[25] se comenzó a trabar el juego[26] con mucha bizarría y bien concertado, saliendo las cuadrillas de ocho en ocho. Los Abencerrajes, que habían parado mientres[27] cómo los Zegrís llevaban plumas azules, divisa de ellos muy conocida, procuraban en cuanto podían por derribárselas con las cañas: mas los Zegrís se cubrían tan bien con sus adargas, que los Abencerrajes no pudieron salir con su pretensión. Y así andaba el juego muy trabado y revuelto, aunque muy concertado, que verlo era grande contento. Y hubieran las fiestas muy buen fin, si la fortuna quisiera; mas como sea mudable, hizo de manera que aquellos caballeros, así de la una parte como de la otra, siguiesen eternas enemistades, hasta que fueron todos acabados, como adelante diremos. Comenzando muy de veras, desde este desdichado día de estas fiestas, fué la causa de todo el mal Mahomad Zegrí, que como tenía pensado y tratado con los suyos de dar la muerte al buen Alabez, o a alguno de los Abencerrajes, por las palabras pasadas, como arriba dijimos: y como estaba así concertado, Mahomad Zegrí dió orden que Alabez saliese de la parte contraria y cayese en su cuadrilla, teniendo, como digo, el Zegrí inteligencia para que él con sus ocho revolviesen sobre Alabezes y los suyos. Y habiendo ya corrido seis cañas, el Zegrí dijo a los de su cuadrilla: «Ahora es tiempo, que el juego va encendido.» Y tomando a su criado una lanza con un hierro muy agudo y penetrante hecho en Damasco, de fino temple, aguardó que Alabez viniese con los ocho caballeros de su cuadrilla, revolviendo sobre los de la contraria parte, como es uso del juego; al tiempo que Alabez volvía cubierto muy bien con su adarga contra él y los suyos, salió el Zegrí, y llevando puestos los ojos en Alabez, mirando por

---

[17] tambores. [18] especie de trompeta recta y larga usada por los moros. [19] jefe de una cuadrilla o grupo en los torneos y otras fiestas. [20] prendada, enamorada.
[21] blanco amarillento. [22] escudos. [23] cintas.
[24] escaramuza significa combate en pequeños grupos; aquí, más bien parece referirse, lo mismo que caracol, a juegos o ejercicios de equitación. [25] instrumento de viento parecido al clarinete. [26] Se refiere al juego de cañas; fiesta de a caballo en que diferentes cuadrillas hacían varias escaramuzas arrojándose recíprocamente unas «cañas» de las que se resguardaban con las adargas o escudos. [27] parado mientes: que habían notado. [28] preparados, sobre aviso. [29] preparados, armados. [30] confusión.
[31] patas, hocico y crines del caballo o yegua.
[32] contienda.

donde mejor le pudiese herir, le arrojó la lanza con tanta fuerza que le pasó el adarga de una parte a otra, y el agudo hierro prendió en el brazo de tal suerte, que la manga de una fuerte cota que Alabez llevaba no fué parte para resistir que el agudo hierro no la rompiese y el brazo fué pasado de parte a parte. Grande dolor sintió Alabez de este golpe, y en llegando a su puesto se miró el brazo, y como se halló herido y lleno de sangre, a voces le dijo a Muza y a los demás: «Caballeros, grande traición hay contra nosotros, porque a mí me han herido malamente.»

Los Abencerrajes, maravillados de aquel caso, al punto todos tomaron sus lanzas para estar apercibidos.[28] A esta hora ya volvía el Zegrí con su cuadrilla para irse a su puesto, cuando Alabez con grande furia se atravesó de por medio, sabiendo que lo había herido. Y como llevase una muy ligera yegua, muy presto le alcanzó y le tiró la lanza, diciendo: «Traidor, aquí me pagarás la herida que me diste»; le pasó el adarga, y la lanza no paró hasta que pasó la fuerte cota que llevaba el Zegrí, y entró por el cuerpo más de un palmo de lanza y hierro. Fué el golpe de tal suerte, que luego cayó el Zegrí de su yegua medio muerto. En este tiempo, como ya de la una parte y de la otra estuviesen apercibidos de sus lanzas, entre las dos partes se comenzó una brava escaramuza y muy sangrienta batalla. Mas los Zegrís llevaban lo mejor, por ir más bien aderezados[29] que los Abencerrajes. Mas con todo ello, los bravos caballeros Abencerrajes, y Muza, y el valiente Alabez hacían en ellos muy notable daño. La vocería era muy grande y el alboroto soberbio.

El rey que la escaramuza sangrienta vió, no sabiendo la causa de ello, a muy gran prisa se quitó de los miradores y fué a la plaza, subiendo sobre una hermosa y bien aderezada yegua, dando voces: «a fuera, a fuera;» llevando un bastón en la mano se metió entre los bravos caballeros que andaban muy encendidos en la batalla que hacían. Acompañaron al rey todos los más principales caballeros de Granada, ayudando a poner paz. Aquí estuvo en muy poco no perderse Granada; porque de la parte de los Zegrís acudieron los Gomeles y Mazas, y de la parte de los Abencerrajes, los Almoradís y Vanegas. Y a esta causa andaba la cosa tan revuelta, que no tenía remedio de ponerse paz. Mas tanto hizo el rey, y los demás caballeros que no eran tocantes a estos bandos, que los pusieron en paz. El valeroso Muza y su cuadrilla se fué por el Zacatín arriba, y no pararon hasta el Alhambra, llevando consigo todos los Almoradís y Vanegas. Los Zegrís se fueron por la puerta de Bivarrambla, al Castillo de Bivataubin, llevando a Mahomad Zegrí ya muerto. Todas las damas de la ciudad y la reina

se quitaron de las ventanas, dando mil gritos, viendo la barahunda[30] y revolución que pasaba. Unas lloraban hermanos, otras maridos, otras padres, otras a sus amantes caballeros. De suerte que era de muy grandísimo terror y espanto, y por otra parte de grande compasión, ver las damas las lástimas que hacían. Especialmente la hermosa Fátima, que era hija de Mahomad Zegrí el que mató Alabez. Harto tenían que consolarla, mas mal consuelo le tenía, que no había consuelo que la consolase. Este triste fin tuvieron estas fiestas, quedando Granada muy revuelta. Por estas fiestas se compuso aquel romance que dice:

A fuera, a fuera, a fuera;
aparta, aparta, aparta,
que entra el valeroso Muza,
cuadrillero de unas cañas.
Treinta lleva en su cuadrilla
Abencerrajes de fama
conformes en las libreas
azul y tela de plata;
de listones y de cifras
travesadas las adargas,
yeguas de color de cisne
con las colas encintadas;
atraviesan cual el viento
la plaza de Bivarrambla,
dejando en cada balcón
mil damas amarteladas;
los caballeros Zegrís
también entran en la plaza;
sus libreas eran verdes,
y las medias encarnadas.
Al son de los añafiles
traban el juego de cañas,
el cual anda muy revuelto,
parece una gran batalla:
no hay amigo para amigo,
las cañas se vuelven lanzas,
mal herido fué Alabez
y un Zegrí muerto quedaba.
El Rey Chico reconoce
la ciudad alborotada,
encima de hermosa yegua
de cabos[31] negros y baya;
con un bastón en la mano
va diciendo: «aparta, aparta».
Muza reconoce al rey,
por el Zacatín se escapa:
con él toda su cuadrilla
no para hasta el Alhambra;
a Bivataubin los Zegrís
tomaron por su posada:
Granada quedó revuelta
por esta cuestión trabada.[32]

Quedó por lo arriba contado la ciudad de Granada muy llena de escándalo y revuelta: porque la flor de los caballeros estaba metida en estos bandos y pasiones. El Rey Chico andaba el más atribulado hombre del mundo, y no sabía qué se hacer con tantas novedades como cada día sucedían en la corte. Y procuraba con todas veras hacer las amistades de estos caballeros; y para ello mandó se hiciese pesquisa por qué ocasión se habían revuelto. Finalmente se halló en claro y limpio, cómo Mahomad Zegrí, muerto en el juego, fué el agresor del negocio; y se supo de la traición que tenía urdida contra los Bencerrajes y Alabez. Por lo cual el rey quiso proceder contra ellos; mas los caballeros de Granada hicieron tanto, que el rey no trató en ello. Y por esta causa, con más facilidad fueron estos bandos hechos amigos, y Granada puesta en grande sosiego, como se estaba de antes.

NOVELA PASTORIL

Jorge de Montemayor

1502?-1561

Es uno de los varios autores portugueses que en el siglo XVI escriben en castellano. Su figura tuvo gran relieve en los medios literarios cortesanos y aristocráticos y llega a nosotros con el sello de la galantería renacentista que tanta huella deja en su obra. Viajó bastante y murió en el Piamonte, al parecer, en riña con un amigo por cuestiones amorosas. Excelente poeta y uno de los prosistas más elegantes de su tiempo, prosa y verso alternan y se funden en su obra más importante, *Los siete libros de la Diana (1559)*, con la que entra en España la novela pastoril. Los modelos de Montemayor son italianos, especialmente *La Arcadia*, de Sannazaro, pero en gran medida el género se define en sus manos y de ellas pasa a otras literaturas: relatos entrecruzados de desilusiones amorosas entre pastores cuyos nombres velan en algunos casos pasiones reales; conceptos sutiles de todo un complicado idealismo erótico, paisajes idealizados de riberas, sotos, fuentes y bosques, poblados de ninfas y otras deidades rústicas, todo ello en una prosa rítmica, lírica. En el conjunto quizá peca, para un lector actual, de monotonía, de artificiosidad, pero aún pueden encontrarse en estas obras algunas hermosas páginas descriptivas y el testimonio de una manera típicamente renacentista de entender la vida, según la cual se busca en la exaltación de la belleza unos modelos ideales de conducta. Inicia, además, la novela pastoril, dentro de su convencionalismo, un intento de analizar sentimientos, por lo cual debe figurar entre los antecedentes remotos de la novela psicológica moderna.

LA DIANA

ARGUMENTO DE ESTE LIBRO

En los campos de la principal y antigua ciudad de León, riberas del río Ezla, hubo una pastora llamada Diana, cuya hermosura fué extremadísima sobre todas las de su tiempo. Ésta quiso y fué querida en extremo de un pastor llamado Sireno, en cuyos amores hubo toda la limpieza y honestidad posible. Y en el mismo tiempo, la quiso más que a sí otro pastor llamado Sylvano, el cual fué de la pastora tan aborrecido que no había cosa en la vida a quien peor quisiese. Sucedió, pues, que como Sireno fuese forzadamente fuera del reino, a cosas que su partida no podía excusarse, y la pastora quedase muy triste por su ausencia, los tiempos y el corazón de Diana se mudaron; y ella se casó con otro pastor llamado Delio, poniendo en olvido el que tanto había querido. El cual, viniendo después de un año de ausencia, con gran deseo de ver a su pastora, supo antes que llegase cómo era ya casada. Y de aquí comienza el primer libro y en los demás hallarán muy diversas historias, de casos que verdaderamente han sucedido, aunque van disfrazados debajo de nombres y estilo pastoril.

LIBRO SEGUNDO

Ya los pastores, que por los campos del caudaloso Ezla apacentaban sus ganados, se comenzaban a mostrar cada uno con su rebaño por la orilla de sus cristalinas aguas tomando el pasto antes que el sol saliese y advirtiendo el mejor lugar para después pasar la calurosa siesta, cuando la hermosa pastora Selvagia por la cuesta que de la aldea bajaba al espeso bosque, venía trayendo delante de sí sus mansas ovejuelas; y después de haberlas metido entre los árboles bajos y espesos, de que allí había mucha abundancia, y verlas ocupadas en alcanzar las más bajuelas ramas, satisfaciendo la hambre que traían, la pastora se fué derecha a la fuente de los alisos, donde el día antes, con los pastores, había pasado la siesta. Y como vió lugar tan apa-

1 tan a propósito. 2 secos. 3 alegre. 4 Se sobreentiende «libres de amor».

rejado[1] para tristes imaginaciones, se quiso aprovechar del tiempo, sentándose cabe la fuente, cuya agua con la de sus ojos acrecentaba. Y después de haber gran rato imaginado, comenzó a decir:

—¿Por ventura, Alanio, eres tú aquel cuyos ojos nunca ante los míos vi enjutos[2] de lágrimas? ¿Eres tú el que tantas veces a mis pies vi rendido, pidiéndome con razones amorosas la clemencia de que yo por mi mal usé contigo? Dime, pastor, y el más falso que se puede imaginar en la vida, ¿es verdad que me querías para cansarte tan presto de quererme? Debías imaginar que no estaba en más olvidarte yo que en saber que era de ti olvidada; que oficio es de hombres que no tratan los amores cómo deben tratarse, pensar que lo mismo podrán acabar sus damas consigo que ellos han acabado. Aunque otros vienen a tomarlo por remedio para que en ellas se acreciente el amor. Y otros porque los celos que las más veces fingen, vengan a sujetar a sus damas, de manera que no sepan ni puedan poner los ojos en otra parte y los más vienen poco a poco a manifestar lo que de antes fingían, por donde más claramente descubren su deslealtad. Y vienen todos estos extremos a resultar en daño de las tristes que, sin mirar los fines de las cosas, nos venimos a aficionar para jamás dejar de quereros ni vosotros de pagárnoslo tan mal, como tú me pagas lo que te quise y quiero. Así que cuál de éstos hayas sido, no puedo entenderlo. Y no te espantes que en los casos de desamor entienda poco, quien en los de amor está tan ejercitada. Siempre me mostraste gran honestidad en tus palabras, por donde nunca menos esperé de tus obras. Pensé que en un amor en el cual me dabas a entender que tu deseo no se extendía a querer de mí más que quererme, jamás tuviera fin porque si a otra parte encaminaras tus deseos, no sospechara firmeza en tus amores. ¡Ay, triste de mí, que por temprano que vine a entenderte, ha sido para mí tarde! Venid vos acá, zampoña, y pasaré con vos el tiempo que si yo con sola vos lo hubiera pasado, fuera de mayor contento para mí; y tomando su zampoña, comenzó a cantar la siguiente canción:

Aguas que de lo alto de esta sierra
bajáis con tal ruido al hondo valle,
¿por qué no imagináis las que del alma
destilan siempre mis cansados ojos
y que es la causa, el infelice tiempo
en que fortuna me robó mi gloria?

Amor me dió esperanza de tal gloria
que no hay pastora alguna en esta sierra
que así pensase de alabar el tiempo
pero después me puso en este valle
de lágrimas, a do lloran mis ojos
no ver lo que están viendo los del alma.

En tanta soledad, ¿qué hace un alma
que en fin llegó a saber qué cosa es gloria?
¿A dó volveré mis tristes ojos
si el prado, el bosque, el monte, el soto y sierra
el arboleda y fuentes de este valle
no hacen olvidar tan dulce tiempo?
… … … … … … … … … … … … … …

¡Oh, alta sierra, ameno y fresco valle
do descansó mi alma y estos ojos!
Decid: ¿verme he algún tiempo en tanta gloria?

A este tiempo Sylvano estaba con su ganado entre unos mirtos que cerca de la fuente había, metido en sus tristes imaginaciones, y cuando la voz de Selvagia oyó, despierta como de un sueño y muy atento estuvo a los versos que cantaba. Pues como este pastor fuese tan mal tratado de amor y tan desfavorecido de Diana, mil veces la pasión le hacía salir de seso, de manera que hoy daba en decir mal de amor, mañana en alabarle, un día en estar ledo,[3] y otro en estar más triste que todos los tristes; hoy en decir mal de mujeres, mañana en encarecerlas sobre todas las cosas. Y así vivía el triste una vida que sería gran trabajo darla a entender; y más a personas libres.[4] Pues habiendo oído el dulce canto de Selvagia y salido de sus tristes imaginaciones, tomó su rabel y comenzó a cantar lo siguiente:

Cansado está de oírme el claro río,
el valle y soto tengo importunados;
y están de oír mis quejas ¡oh amor mío!
alisos, hayas, olmos ya cansados;
invierno, primavera, otoño, estío
con lágrimas regando estos collados
estoy a causa tuya, ¡oh, cruda fiera!,
¿no había en esa boca un «no», siquiera?
… … … … … … … … … … … … … …

¿Qué es esto, corazón, no estáis, cansado?
¿aún hay más que llorar, decí, ojos míos?
mi alma ¿no bastaba el mal pasado?
lágrimas, ¿aún hacéis crecer los ríos?
Entendimiento, vos ¿no estáis turbado?;
sentido, ¿no os turbaron sus desvíos?;
pues, ¿cómo entiendo, lloro, veo y siento,
si todo lo ha gastado ya el tormento?

¿Quién hizo a mi pastora ¡ay, perdido!
aquel cabello de oro y no dorado,
el rostro de cristal tan escogido,
la boca de un rubí muy extremado?
¿El cuello de alabastro, y el sentido
muy más que otra ninguna levantado?
¿por qué su corazón no hizo ante
de cera, que de mármol y diamante?

Un día estoy conforme a mi fortuna
y al mal que me ha causado mi Diana,

el otro, el mal me aflige y importuna,
cruel la llamo, fiera y inhumana.
Y así no hay en mi mal orden alguna,
lo que hoy afirmo, niégolo mañana;
todo es así y paso así una vida
que presto vean mis ojos consumida.

Cuando la hermosa Selvagia en la voz conoció al pastor Sylvano, se fué luego a él, y recibiéndose los dos con palabras de grande amistad, se asentaron a la sombra de un espeso mirto, que en medio dejaba un pequeño pradecillo más agradable por las doradas flores de que estaba matizado, de lo que sus tristes pensamientos pudieran desear. Y Sylvano comenzó a hablar de esta manera:

—No sin grandísima compasión se debe considerar, hermosa Selvagia, la diversidad de tantos y tan desusados infortunios como suceden a los tristes que queremos bien. Mas entre todos ellos ninguno me parece que tanto se debe temer como aquel que sucede después de haberse visto la persona en un buen estado. Y esto, como tú ayer me decías, nunca llegué a saberlo por experiencia. Mas como la vida que paso es tan ajena de descanso y tan entregada a tristezas, infinitas veces estoy buscando invenciones para engañar el gusto. Para lo cual me vengo a imaginar muy querido de mi señora y sin abrir mano de esta imaginación,[5] me estoy todo lo que puedo, pero después que llego a la verdad de mi estado, quedo tan confuso que no sé decirlo, porque sin yo quererlo, me viene a faltar la paciencia. Y pues la imaginación no es cosa que se pueda sufrir, ved qué haría la verdad.

Selvagia le respondió:

—Quisiera yo, Sylvano, estar libre de esta pasión, para saber hablar en ella como en tal manera sería menester. Que no quieras mayor señal de ser el amor mucho o poco, la pasión pequeña o grande, que oírla decir al que la siente. Porque nunca pasión bien sentida pudo ser bien manifestada con la lengua del que la padece. Así que estando yo tan sujeta a mi desventura y tan quejosa de la sinrazón que Alanio me hace, no podré decir lo mucho que de esto siento. A tu discreción lo dejo como a cosa de que me puedo muy bien fiar.

Sylvano dijo suspirando:

—Ahora yo, Selvagia, no sé qué diga ni qué remedio podría haber en nuestro mal. Tú, ¿por dicha sabes alguno?

Selvagia respondió:

—Y como ahora lo sé. ¿Sabes qué remedio, pastor? Dejar de querer.

—¿Y eso podrías tú acabarlo contigo? —dijo Sylvano.

—Como la fortuna o el tiempo lo ordenase —respondió Selvagia.

—Ahora te digo —dijo Sylvano, muy admirado— que no te haría agravio en no haber mancilla de tu mal porque amor que está sujeto al tiempo y a la fortuna, no puede ser tanto que dé trabajo a quien lo padece.

Selvagia le respondió:

—¿Y podrías tú, pastor, negarme que sería posible haber fin en tus amores o por muerte o por ausencia o por ser su favorecido en otra parte y tenidos en más tus servicios?

—No me quiero —dijo Sylvano— hacer tan hipócrita en amor que no entienda lo que me dices ser posible, mas no en mí. Y mal haya el amador que aunque a otros vea sucederles de la manera que me dices, tuviere tan poca constancia en los amores que piense poderle a él suceder cosa tan contraria a su fe...

A este tiempo oyeron un pastor que por el prado adelante venía cantando y luego fué conocido de ellos ser el olvidado Sireno, el cual venía al son de su rabel cantando estos versos:

Andad, mis pensamientos, do algún día
os íbades de vos muy confiados,
veréis horas y tiempos ya mudados,
veréis que vuestro bien pasó: solía.
Veréis que en el espejo a do me vía
y en el lugar do fuistes estimados,
se mira por mi suerte y tristes hados
aquel que ni aún pensarlo merecía.
Veréis también cómo entregué la vida
a quien sin causa alguna la desecha
y aunque es ya sin remedio el grave daño,
decidle, si podéis, a la partida
que allá profetizaba mi sospecha,
lo que ha cumplido acá su desengaño.

Después que Sireno puso fin a su canto, vió cómo hacia él venía la hermosa Selvagia, y el pastor Sylvano, de que no recibió pequeño contentamiento, y después de haberse recibido, determinaron irse a la fuente de los alisos donde el día antes habían estado. Y primero que allá llegasen, dijo Sylvano:

—Escucha, Selvagia, ¿no oyes cantar?

—Sí oigo —dijo Selvagia— y aún parece más de una voz.

—¿Adónde será? —dijo Sireno.

—Paréceme —respondió Selvagia— que es en el prado de los laureles por donde pasa el arroyo que corre de esta clara fuente.

---

[5] sin renunciar a esta idea, es decir, imaginando que es verdad que su señora le quiere.

—Bien será que nos lleguemos allá y de manera que no nos sientan los que cantan porque no interrumpamos la música.

—Vamos —dijo Selvagia.

Y así su paso a paso se fueron hacia aquella parte donde las voces se oían y escondiéndose entre unos árboles que estaban junto al arroyo, vieron sobre las doradas flores asentadas tres ninfas tan hermosas que parecía haber en ellas dado la naturaleza muy clara muestra lo que puede. Venían vestidas de unas ropas blancas, labradas por encima de follajes de oro; sus cabellos, que los rayos del sol oscurecían, revueltos a la cabeza y tomados con sendos hilos de orientales perlas con que encima de la cristalina frente se hacía una lazada y en medio de ella estaba una águila de oro que entre las uñas tenía un muy hermoso diamante. Todas tres de concierto tañían sus instrumentos tan suavemente que junto con las divinas voces no parecieron sino música celestial y la primera cosa que cantaron fué este villancico:

> Contentamientos de amor
> que tan cansados llegáis;
> si venís, ¿para qué os vais?
>
> Aún no acabáis de venir
> después de muy deseados,
> cuando estáis determinados
> de madrugar y partir;
> si tan presto os habéis de ir
> y tan triste me dejáis,
> placeres, no me veáis.
>
> Los contentos, huyo de ellos
> pues no me vienen a ver
> más que por darme a entender
> lo que se pierde en perdellos
> y pues ya no quiero vellos,
> descontentos, no os partáis
> pues volvéis después que os vais.

Después que hubieron cantado, dijo la una que Dórida se llamaba:

—Hermana Cintia, ¿es ésta la ribera a donde un pastor llamado Sireno anduvo perdido por la hermosa pastora Diana?

La otra respondió:

—Ésta, sin duda, debe ser porque junto a una fuente que está cerca de este prado me dicen que fué la despedida de los dos digna de ser para siempre celebrada, según las amorosas razones que entre ellos pasaron.

Cuando Sireno esto oyó, quedó fuera de sí en ver que las tres Ninfas tuviesen noticia de sus desventuras. Y, prosiguiendo, Cintia dijo:

—En esta misma ribera hay otras muy hermosas pastoras y otros pastores enamorados, adonde el amor ha mostrado grandísimos efectos y algunos, muy al contrario de lo que se esperaba.

La tercera, que Polydora se llamaba, le respondió:

—Cosa es ésa de que yo no me espantaría porque no hay suceso en amor, por avieso que sea, que ponga espanto a los que por estas cosas han pasado. Mas, dime, Dórida, ¿cómo sabes tú de esa despedida?

—Sélo —dijo Dórida— porque al tiempo que se despidieron junto a la fuente que digo, lo oyó Celio, que desde encima de un roble los estaba acechando y la puso toda al pie de la letra en verso, de la misma manera que ella pasó; por eso, si me escucháis, al son de mi instrumento pienso cantarla.

Cintia le respondió:

—Hermosa Dórida, los hados te sean tan favorables como nos es alegre tu gracia y hermosura y no menos será oírte cantar cosa, tanto para saber.

Y tomando Dórida su arpa, comienza a cantar de esta manera:

CANTO DE LA NINFA

> Junto a una verde ribera
> de arboleda singular
> donde para se alegrar
> otro que más libre fuera,
> hallara tiempo y lugar,
> Sireno, un triste pastor,
> recogía su ganado
> tan de veras lastimado
> cuanto burlando el amor
> descansa el enamorado.
>
> Este pastor se moría
> por amores de Diana,
> una pastora lozana,
> cuya hermosura excedía
> la naturaleza humana.
> … … … … … … … … … …
> Cabe un río caudaloso,
> Ezla por nombre llamado,
> andaba el pastor cuitado,
> de ausencia muy temeroso,
> repastando su ganado.
>
> Y a su pastora aguardando
> está con grave pasión,
> que estaba aquella razón
> su ganado apacentando
> en los montes de León.
> Estaba el triste pastor
> en cuanto no parecía
> imaginando aquel día
> en que el falso dios de Amor
> dió principio a su alegría.

Y dice viéndose tal:
—El bien que el amor me ha dado
imagino yo cuitado
porque este cercano mal
lo sienta despúes doblado.

El sol, por ser sobretarde,[6]
con su fuego no le ofende,
mas el que de amor depende
y en él su corazón arde
mayores llamas enciende.

La pasión lo convidaba,
la arboleda le movía,
el río parar hacía,
el ruiseñor ayudaba
a estos versos que decía.

CANCIÓN DE SIRENO

—Al partir llama partida
el que no sabe de amor,
mas yo le llamo un dolor
que se acaba con la vida.

Y quiera Dios que yo pueda
esta vida sustentar
hasta que llegue al lugar
donde el corazón me queda.

Porque el pensar en partida
me pone tan gran pavor
que a la fuerza del dolor
no podrá esperar la vida.

Gaspar Gil Polo
† 1585

Gil Polo es autor de *Los cinco libros de la Diana enamorada (1564)*, que es la mejor continuación de las muchas que tuvo la obra de Montemayor. Sin introducir ninguna modificación importante en la forma y utilizando los mismos personajes centrales, logra, a veces, superar al modelo por la belleza y lirismo de algunas de las muchas poesías que su obra contiene. El fondo del paisaje de Montemayor es leonés y extremeño; el de Gil Polo, valenciano, mediterráneo. De ahí el carácter marítimo de algunos de sus episodios y la mayor luminosidad y vida con que aparece pintada la naturaleza.

LA DIANA ENAMORADA

SOBRE EL AMOR

—Bien encarecidas están —dijo Alcida— las fuerzas del amor: pero más creyera yo a Sireno, si después de haber publicado por tan grandes las furias de las flechas de Cupido, él no hubiese hallado reparo[1] contra ellas, y despúes de haber encarecido la estrechura de sus cadenas, él no hubiese tenido forma para tener libertad. Y así me maravillo que creas tan de ligero al que con las obras contradice a las palabras... Mas porque el soneto de Sireno no quede sin respuesta, oye otro que parece que se hizo en competencia de él, y oíle yo mucho tiempo ha en los campos de Sebetho a un pastor nombrado Aurelio; y si bien me acuerdo decía así:

SONETO

No es ciego Amor, mas yo lo soy, que guío
mi voluntad camino del tormento;
no es niño Amor, mas yo que en un momento
espero y tengo miedo, lloro y río.

Nombrar llamas de Amor es desvarío,
su fuego es el ardiente y vivo intento,
sus alas son mi altivo pensamiento,
y la esperanza vana en que me fío.

No tiene Amor cadenas, ni saetas,
para aprender y herir libres y sanos,
que en él no hay más poder del que le damos.

Porque es Amor mentira de poetas,
sueño de locos, ídolo de vanos:
mirad qué negro Dios el que adoramos.

¿Parécete, Diana, que debe fiarse un entendimiento como el tuyo en cosas de aire y que hay razón para adorar tan de veras a cosa tan de burlas como el Dios de Amor? El cual es fingido por vanos entendimientos, seguido de deshonestas voluntades y conservado en las memorias de los hombres ociosos y desocupados. Éstos son los que le dieron al Amor el nombre tan celebrado que por el mundo tiene. Porque viendo que los hombres por querer bien padecían tantos males, sobresaltos, temores, cuidados, recelos, mudanzas, y otras infinitas pasiones, acordaron de buscar alguna causa principal y universal, de la cual como de una fuente naciesen todos estos efectos. Y así inventaron el nombre de Amor, llamándole Dios, porque era de las gentes tan temido y reverenciado. Y pintáronle

---

6 antes de anochecer.

1 remedio, defensa.

de manera, que cuantos ven su figura tienen razón de aborrecer sus obras. Pintáronle muchacho, porque los hombres en él no se fíen; ciego, porque no le sigan; armado, porque le teman; con llamas, porque no se le lleguen, y con alas, para que por vano le conozcan. No has de entender, pastora, que la fuerza que al Amor los hombres conceden, y el poderío que le atribuyen, sea ni pueda ser suyo; antes has de pensar que cuánto más su poder y valor encarecen, más nuestras flaquezas y poquedades manifiestan. Porque decir que el Amor es fuerte es decir que nuestra voluntad es floja, pues permite ser por él tan fácilmente vencida; decir que el Amor tira con poderosa furia venenosas y mortales saetas es decir que nuestro corazón es descuidado, pues se ofrece tan voluntariamente a recibirlas; decir que el Amor nuestras almas tan estrechamente cautiva, es decir que en nosotras hay falta de juicio, pues al primer combate nos rendimos y, aun a veces sin ser combatidos, damos a nuestro enemigo la libertad. Y en fin, todas las hazañas que se cuentan del Amor no son otra cosa sino nuestras miserias y flojedades... Todos los versos de los amadores están llenos de dolor, compuestos con suspiros, borrados con lágrimas y cantados con agonía. Allí veréis las sospechas, allí los temores, allí las desconfianzas, allí los recelos, allí los cuidados, y allí mil géneros de penas. No se habla allí sino de muertes, cadenas, flechas, venenos, llamas y otras cosas que no sirven sino para dar tormento, cuando se emplean, y temor, cuando se nombran. Mal estaba con estos nombres Herbanio, pastor señalado en la Andalucía, cuando en la corteza de un álamo, sirviéndole de pluma un agudo punzón, delante de mí escribió este

SONETO

Quien libre está, no viva descuidado,
que en un instante puede estar cautivo,
y el corazón helado y más esquivo
tema de estar en llamas abrasado.

Con la alma del soberbio y elevado
tan áspero es Amor y vengativo,
que quien sin él presume de estar vivo,
por él con muerte queda atormentado.

Amor, que a ser cautivo me condenas,
Amor, que enciendes fuegos tan mortales,
tú que mi vida afliges y maltratas:

Maldigo desde ahora tus cadenas,
tus llamas y tus flechas, con las cuales
me prendes, me consumes, y me matas.

CANCIÓN DE NEREA

Al fin de lo cual mi padre vuelto a las hijas del pescador les dijo: —Hermosas doncellas, sien-

do verdad que yo vine aquí para descansar de mis trabajos, no es razón que mi venida estorbe vuestros regocijos y canciones, pues ellas solas serían bastantes para darme consolación.

—Ésa no te faltará —dijo el pescador— en tanto que estuvieres en mi casa; a lo menos yo procuraré de dártela por las maneras posibles. Piensa ahora en tomar refresco, que la música no faltará a su tiempo.

Su mujer en esto nos sacó para comer algunas viandas, y mientras en ello estábamos ocupados, la una de aquellas doncellas, que se nombraba Nerea, cantó esta canción:

En el campo venturoso,
donde con clara corriente
Guadalaviar hermoso,
dejando el suelo abundoso,
da tributo al mar potente.

Galatea desdeñosa,
del dolor que a Licio daña,
iba alegre y bulliciosa
por la ribera arenosa,
que el mar con sus ondas baña.

Entre la arena cogiendo
conchas y piedras pintadas,
muchos cantares diciendo,
con el son del ronco estruendo
de las ondas alteradas.

Junto al agua se ponía
y las ondas aguardaba,
y en verlas llegar huía;
pero a veces no podía,
y el blanco pie se mojaba.

Licio, al cual en sufrimiento
amador ninguno iguala,
suspendió allí su tormento,
mientras miraba el contento
de su pulida zagala.

Mas cotejando su mal,
con el gozo que ella había,
el fatigado zagal
con voz amarga y mortal
de esta manera decía:

Ninfa hermosa no te vea
jugar con el mar horrendo
y aunque más placer te sea
huye del mar Galatea
como estás de Licio huyendo.

Deja ahora de jugar
que me es dolor importuno;
no me hagas más penar
que en verte cerca del mar
tengo celos de Neptuno.

... ...

Deja la seca ribera,
do está el agua infructuosa,
guarda que no salga afuera
alguna marina fiera
enroscada y escamosa.

Huye ya, y mira que siento
por ti dolores sobrados,
porque con doble tormento
celos me da tu contento,
y tu peligro cuidados.

… … … … … … … … … …

Ven conmigo al bosque ameno
y al apacible sombrío
de olorosas flores lleno,
do en el día más sereno
no es enojoso el Estío.

Si el agua te es placentera,
hay allí fuente tan bella,
que para ser la primera
entre todas, sólo espera
que tú te laves en ella.

… … … … … … … … … …

Allí por bosques y prados
podrás leer todas horas
en mil robles señalados
los hombres más celebrados
de las Ninfas y pastoras.

Mas seráte cosa triste
ver tu nombre allí pintado,
en saber que escrita fuiste
por el que siempre tuviste
de tu memoria borrado.

Y aunque mucho estás airada,
no creo yo que te asombre
tanto al verte allí pintada,
como el ver que eres amada
del que allí escribó tu nombre.

No ser querida y amar
fuera triste desplacer,
¿mas qué tormento o pesar
te puede, Ninfa, causar
ser querida, y no querer?

El canto de la hermosa doncella y nuestra cena
se acabó a un mismo tiempo; la cual fenecida,[2]
preguntamos a Clenarda de lo que le había sucedido, después que nos departimos...[3] Lloramos
amargamente nuestras desventuras, oídas las cuales,
nos dijo el pescador muchas palabras de consuelo,
y especialmente nos dijo, cómo en esta parte estaba
la sabia Felicia, cuya sabiduría bastaba a remediar
nuestra desgracia, dándonos noticia de Alcida y de
ti, que en esto venía a parar nuestro deseo. Y así

pasando allí aquella noche lo mejor que pudimos,
luego por la mañana, dejados allí los marineros,
que en la nave con nosotros habían venido, nos partimos solos los tres, y por nuestras jornadas llegamos al templo de Diana, donde la sapientísima
Felicia tiene su morada.

CANCIÓN DE TURIANO

Pasado esto, Felicia se volvió a la fuente donde
antes estaba, y Eugerio y la otra compañía, siguiéndola, hicieron lo mismo. Al tiempo que vinieron a
ella, hallaron un pastor que en tanto que había durado la justa, había entrado en la huerta y se había
sentado junto al agua. Parecióles a todos muy gracioso, y especialmente a Felicia que ya le conocía,
y así le dijo: —A mejor tiempo no pudieras venir,
Turiano, para remedio de tu pena, y para aumento
de esta alegría. En lo que toca a tu dolor, despúes
se tratará, mas para lo demás conviene que publi-
ques cuanto aproveche tu cantar. Ya veo que tienes el rabel fuera del zurrón, pareciendo querer
complacer a esta hermosa compañía; canta algo
de tu Elvinia, que de ello quedarás bien satisfecho.

Espantado[4] quedó el pastor que Felicia le nombrase a él y a su zagala y que a su pena alivio prometiese; pero pensando pagarle más tales ofrecimientos con hacer su mandado, que con gratificar-
los de palabras, estando todos asentados y atentos,
se puso a tañer su rabel y a cantar lo siguiente:

RIMAS PROVENZALES

Cuando con mil colores devisado
viene el verano en el ameno suelo,
el campo hermoso está, sereno el cielo,
rico el pastor, y próspero el ganado.
Filomena[5] por árboles floridos
da sus gemidos:
hay fuentes bellas,
y en torno de ellas,
cantos suaves
de Ninfas y aves:
mas si Elvinia de allí sus ojos parte,
habrá continuo invierno en toda parte.
Cuando el helado cierzo[6] de hermosura
despoja hierbas, árboles y flores,
el canto dejan ya los ruiseñores,
y queda el yermo campo sin verdura;
mil horas son más largas que los días
las noches frías,
espesa niebla
con la tiniebla
oscura y triste

---

2 terminada.   3 separamos.   4 asombrado, sorprendido.
5 el ruiseñor.   6 viento del Norte.   7 estoy.   8 caza-

dor a quien la diosa Diana convirtió en ciervo porque
la había sorprendido bañándose con sus ninfas.

el aire viste.
Mas salga Elvinia al campo, y por doquiera
renovará la alegre primavera.

Si alguna vez envía el cielo airado
el temeroso rayo o bravo trueno,
está el pastor de todo amparo ajeno,
triste, medroso, atónito y turbado.

Y si granizo o dura piedra arroja,
la fruta y hoja
gasta y destruye,
el pastor huye
a paso largo
triste y amargo.
Mas salga Elvinia al campo, y su belleza
desterrará el recelo y la tristeza.

Y si acaso tañendo estó,[7] o cantando
a sombra de olmos, o altos valladares,
y está con dulce acento a mis cantares
la mirla y la calandria replicando,
cuando suave expira el fresco viento,
cuando el contento
más soberano
me tiene ufano,
libre de miedo
lozano y ledo:
si asoma Elvinia airada, así me espanto,
que el rayo ardiente no me aterra tanto.
... ...

Y cuando aquellos miembros delicados
se lavan en la fuente esclarecida,
si allí Cynthia estuviera, de corrida
los ojos abajara avergonzados.

Porque en el agua de aquella transparente
y clara fuente

el mármol fino
y peregrino
con beldad rara
se figurara,
y al atrevido Acteón,[8] si la viera,
no en ciervo, pero en mármol convirtiera.

Canción, quiero mil veces replicarte
en toda parte,
por ver si el canto
amansa un tanto
mi clara estrella
tan cruda y bella.
Dichoso yo, si tal ventura hubiese,
que Elvinia se ablandase, o yo muriese.

No se puede encarecer lo que les agradó la voz y la gracia del zagal, porque él cantó de manera y era tan hermoso, que pareció ser Apolo que otra vez había venido a ser pastor, porque otro ninguno juzgaron suficiente a tanta belleza y habilidad. Montano maravillado de esto le dijo:

—Grande obligación tiene, zagal, la pastora Elvinia, de quien tan sutilmente has cantado, no sólo por lo que gana en ser querida de tan gracioso pastor como tú eres, pero en ser sus bellezas y habilidades con tan delicadas comparaciones en sus versos encarecidas. Pero siendo ella amada de ti, se ha de imaginar que ha de tener última y extremada perfección, y una de las cosas que más para ello la ayudarán, será la destreza y ejercicio de la caza, en la cual con Diana la igualaste, porque es una de las cosas que más belleza y gracia añaden a las Ninfas y pastoras.

PROSA HISTÓRICA

Diego Hurtado de Mendoza

1503-1571

Granadino, de familia aristocrática. Fué embajador en Inglaterra, Venecia y Roma y representó a Carlos V en el Concilio de Trento. Como poeta, cultivó por igual las formas tradicionales y las italianizantes. Su Epistolario es de sumo interés tanto por el estilo, siempre personal en Hurtado de Mendoza, como por las muchas noticias que da acerca de sucesos importantes de su época. Se le atribuyeron varias obras, entre ellas el *Lazarillo*, atribución hoy casi enteramente desechada. También se ha puesto en duda, al parecer sin gran fundamento, que fuera el autor de la *Guerra de Granada*, narración de la rebelión de los moriscos de la Alpujarra entre 1568-1571, de muchos de cuyos hechos fué testigo Hurtado de Mendoza que estaba desterrado en Granada al comienzo de la guerra.

A diferencia de las obras anteriores del mismo género que seguían aún, en gran medida, las normas narrativas de las crónicas medievales, la *Guerra de Granada* ha quedado como el primer modelo de la prosa histórica española de corte humanístico por su estilo conciso, enérgico y dinámico imitado de algunos historiadores latinos, y también por la abundancia de discursos y digresiones intercaladas en el relato.

GUERRA DE GRANADA

REUNIÓN DE LOS CONJURADOS. DISCURSO DE FER-
NANDO EL ZAGUER. ELECCIÓN DE ABEN HUMEYA

...y por tener alguna cabeza en quien se mantuviesen unidos,[1] más que por sujetarse a otras sino
a las que el rey de Argel los nombrase, resolvieron en 27 de septiembre de 1568 hacer rey, persuadidos con la razón de D. Fernando... el Zaguer,
que en su lengua quiere decir el menor, a quien
por otro nombre llamaban Aben Xahuar, hombre
de gran autoridad y de consejo maduro, entendido
en los casos del reino y de su ley. Éste, viendo que
la grandeza del hecho traía miedo, dilación, diversidad de cosas, mudanzas de parecer, los juntó en
casa de Zinzan en el Albaicín, y les habló:

«Poniéndoles delante la opresión en que estaban, sujetos a hombres públicos y particulares, no
menos esclavos que si lo fuesen. Mujeres, hijos, haciendas, y sus propias personas en poder y arbitrio
de enemigos, sin esperanza en muchos siglos de
verse fuera de tal servidumbre: sufriendo tantos
tiranos como vecinos, nuevas imposiciones, nuevos
tributos, y privados del refugio de los lugares de
señorío, donde los culpados, puesto que por accidentes o por venganza (ésta es la causa entre ellos
más justificada), se aseguran; echados de la inmunidad y franqueza de las iglesias, donde por otra
parte los mandaban asistir a los oficios divinos con
penas de dinero; hechos sujetos de enriquecer clérigos; no tener acogida a Dios ni a los hombres;
tratados y tenidos como moros entre los cristianos
para ser menospreciados, y como cristianos entre
los moros para no ser creídos ni ayudados.

Excluídos de la vida y conversación de personas, mándannos que no hablemos nuestra lengua,
y no entendemos la castellana: ¿en qué lengua habemos de comunicar los conceptos, y pedir o dar
las cosas, sin que no puede estar el trato de los
hombres? Aun a los animales no se vedan las voces
humanas. ¿Quién quita que el hombre de lengua
castellana no pueda tener la ley del Profeta, y el
de la lengua morisca la ley de Jesús? Llaman a
nuestros hijos a sus congregaciones y casas de letras: enséñanles artes que nuestros mayores prohi-
bieron aprenderse, porque no se confundiese la
puridad, y se hiciese litigiosa la verdad de la ley.

Cada hora nos amenazan quitarlos de los brazos
de sus madres, y de la crianza de sus padres, y
pasarlos a tierras ajenas, donde olviden nuestra manera de vida, y aprendan a ser enemigos de los

padres que los engendramos, y de las madres que
los parieron. Mándannos dejar nuestro hábito, y
vestir el castellano. Vístense entre ellos los tudes-
cos de una manera, los franceses de otra, los griegos de otra, los frailes de otra, los mozos de otra,
y de otra los viejos: cada nación, cada profesión y
cada estado usa su manera de vestido, y todos son
cristianos; y nosotros moros, porque vestimos a la
morisca, como si trujésemos la ley en el vestido, y
no en el corazón...

Si queremos mendigar nadie nos socorrerá como a pobres, porque somos pelados como ricos: nadie nos ayudará, porque los moriscos padecemos
esta miseria y pobreza, que los cristianos no nos
tienen por prójimos. Nuestros pasados quedaron
tan pobres en la tierra de las guerras contra Castilla, que casando su hija el alcaide de Loja, grande
y señalado capitán que llamaban Alatar, deudo de
algunos de los que aquí nos hallamos, hubo de
buscar vestidos prestados para la boda. ¿Con qué
haciendas, con qué trato, con qué servicio o industria, en qué tiempo adquiriremos riqueza para perder unos hábitos y comprar otros? Quítannos el
servicio de los esclavos negros; los blancos no nos
eran permitidos por ser de nuestra nación: había-
moslos comprado, criado, mantenido: ¿esta pérdida sobre las otras? ¿Qué harán los que no tuvieren
hijos que los sirvan, ni hacienda con que mantener
criados si enferman, si se inhabilitan, si envejecen,
sino prevenir la muerte?

Van nuestras mujeres, nuestras hijas, tapadas
las caras, ellas mismas a servirse y proveerse de lo
necesario a sus casas; mándanles descubrir los rostros: si son vistas, serán codiciadas y aun reque-
ridas; y veráse quién son las que dieron la avilan-
teza al atrevimiento de mozos y viejos. Mándannos
tener abiertas las puertas que nuestros pasados con
tanta religión y cuidado tuvieron cerradas; no las
puertas, sino las ventanas y resquicios de casa. ¿Hemos de ser sujetos de ladrones, de malhechores, de
atrevidos y desvergonzados adúlteros, y que éstos
tengan días determinados y horas ciertas, cuando
sepan que pueden hurtar nuestras haciendas, ofender nuestras personas, violar nuestras honras?

No solamente nos quitan la seguridad, la hacienda, la honra, el servicio, sino también los entretenimientos; así los que se introdujeron por la
autoridad, reputación y demostraciones de alegría
en las bodas, zambras, bailes, músicas, comidas;
como los que son necesarios para la limpieza, convenientes para la salud. ¿Vivirán nuestras mujeres
sin baños, introducción tan antigua? ¿Veránlas en

---

[1] El sujeto es los moriscos conjurados que habían
pedido previamente ayuda al rey de Argel.   2 gente
práctica o experimentada para atender a los servicios
reales.   3 para dar fin.   4 descubiertos.   5 El autor

explica: «xeque llaman ellos al más honrado de una
generación, quiere decir al más anciano: a éstos dan el
gobierno con autoridad de vida o muerte».   6 blanco en
el original.

sus casas, tristes, sucias, enfermas, donde tenían la limpieza por contentamiento, por vestido, por sanidad?

Representóles el estado de la cristiandad; las divisiones entre herejes y católicos en Francia; la rebelión de Flandes; Inglaterra sospechosa; y los flamencos huídos solicitando en Alemania los príncipes de ella. El Rey falto de dineros y gente plática,[2] mal armadas las galeras, proveídas a remiendos, la chusma libre; los capitanes y hombres de cabo descontentos, como forzados. Se previniesen: no solamente el reino de Granada, pero parte del Andalucía que tuvieron sus pasados, y ahora poseen sus enemigos, pueden ocupar con el primer ímpetu; o mantenerse en su tierra, cuando se contenten con ella sin pasar adelante. Montaña áspera, valles al abismo, sierras al cielo, caminos estrechos, barrancos y derrumbaderos sin salida: ellos gente suelta, plática en el campo, mostrada a sufrir calor, frío, sed, hambre; igualmente diligentes y animosos al acometer, prestos a desparcirse y juntarse... Y cuanto a los que se hallaban presentes, que en vano se habían juntado, si cualquiera de ellos no tuviera confianza del otro que era suficiente para dar cobro[3] a tan gran hecho; y si, como siendo sentidos[4] habían de ser compañeros en la culpa y el castigo, no fuesen después parte en las esperanzas y frutos de ellas, llevándolas al cabo. Cuanto más que ni las ofensas podían ser vengadas, ni deshechos los desagravios, ni sus vidas y casas mantenidas, y ellos fuera de servidumbre, sino por medio del hierro, de la unión y concordia, y una determinada resolución con todas sus fuerzas juntas. Para lo cual era necesario elegir cabeza de ellos mismos, o fuese con nombre de xeque,[5] o de capitán, o de alcaide, o de rey, si les pluguiese que los tuviese juntos en justicia y seguridad...»

Tal fué la habla que D. Fernando el Zaguer les hizo; con que quedaron animados, indignados y resueltos en general de rebelarse presto, y en particular de elegir rey de su nación; pero no quedaron determinados en el cuándo precisamente, ni a quién. Una cosa muy de notar califica los principios de esta rebelión, que gente de mediana condición mostraba a guardar poco secreto y hablar juntos, callasen tanto tiempo, y tantos hombres, en tierra donde hay alcaldes de corte y inquisidores, cuya profesión es descubrir delitos. Había entre ellos un mancebo llamado D. Fernando de Valor, sobrino de D. Fernando el Zaguer, cuyos abuelos se llamaron Hernandos y de Valor, porque vivían

en Valor, alto lugar de la Alpujarra puesto casi en la cumbre de la montaña; era descendiente del linaje de Aben Humeya, uno de los nietos de Mahoma, hijos de su hija, que en tiempos antiguos tuvieron el reino de Córdoba y el Andalucía; rico de rentas, callado y ofendido, cuyo padre estaba preso por delitos en las cárceles de Granada. En éste pusieron los ojos; así porque les movió la hacienda, el linaje, la autoridad del tío, como porque había vengado la ofensa del padre matando secretamente uno de los acusadores, y parte de los testigos...

Juntáronse tercera vez las cabezas de la conjuración y otros, con veinte y seis personas del Alpujarra a San Miguel en casa del Hardon, hombre señalado entre ellos, a quien mandó el duque de Arcos después justiciar. Posaba en la casa del Carcí, yerno suyo; eligieron a D. Fernando de Valor por rey con esta solemnidad: los viudos a un cabo, los por casar a otro, los casados a otro, y las mujeres a otra parte. Leyó uno de sus sacerdotes, que llaman faquíes, cierta profecía hecha en el año de los árabes de...[6] y comprobada por la autoridad de su ley, consideraciones de cursos y puntos de estrellas en el cielo, que trataba de su libertad por mano de un mozo de linaje real, que había de ser bautizado y hereje de su ley, porque en lo público profesaría la de los cristianos. Dijo que esto concurría en D. Fernando, y concertaba con el tiempo. Vistiéronle de púrpura, y pusiéronle a torno del cuello y espaldas una insignia colorada a manera de faja. Tendieron cuatro banderas en el suelo, a las cuatro partes del mundo, y él hizo su oración inclinándose sobre las banderas, el rostro al Oriente (zalá la llaman ellos), y juramento de morir en su ley y en el reino; defendiéndola a ella, y a él, y a sus vasallos. En esto levantó el pie; y en señal de general obediencia postróse Aben Farax en nombre de todos, y besó la tierra donde el nuevo rey tenía la planta. A éste hizo su justicia mayor: Lleváronle en hombros, levantáronle en alto diciendo: *Dios ensalce a Mahomet Aben Humeya, rey de Granada y de Córdoba.* Tal era la antigua ceremonia con que elegían los reyes de la Andalucía y después los de Granada. Escribieron cartas los capitanes de la gente a los compañeros en la conjuración; señalaron día y hora para ejecutarla; fueron los que tenían cargos a sus partidos. Nombró Aben Humeya por capitán general a su tío Aben Xahuar, que partió luego para Cadiar, donde tenía casa y hacienda.

ASCÉTICA Y MÍSTICA

Fray Luis de Granada

1504-1580

Luis de Sarria, natural de Granada, dominico. Es más que místico (el que describe experiencias íntimas de la vida espiritual de la unión del alma con Dios), escritor ascético (el que trata de las prácticas o ejercicios de la vida cristiana para alcanzar la perfección). Su obra tiene, sobre todo, carácter doctrinal y apologético. Fué también el más grande de los oradores sagrados españoles y el prosista de estilo más caudaloso y perfecto, dentro del amplio tono retórico que imprime al período y a la frase. Su grandilocuencia se equilibra con un sentimiento de ternura y con la gracia descriptiva del detalle.

Damos muestras de sus obras principales: *Libro de la oración y meditación* (1554), de tono reflexivo, sobre la naturaleza humana y sobre la vida al exponer los grados y el ejercicio de la oración; *Guía de pecadores* (1567), de carácter doctrinal, teológico, en una parte, y psicológico en otra, al hacer el análisis del pecado; *Introducción al símbolo de la fe* (1582), obra muy extensa, llena de bellezas en sus descripciones de la naturaleza —plantas, flores, animales, como criaturas que atestiguan la sabiduría de Dios—; y fragmentos de un sermón, muestra de su elocuencia viva, dramática.

LIBRO DE LA ORACIÓN Y MEDITACIÓN

DE CUÁN FRÁGIL SEA NUESTRA VIDA

Mas no sólo es incierta nuestra vida, sino también frágil y quebradiza. Si no, dime: ¿qué vidrio hay tan delicado y tan ligero de quebrar como la vida del hombre? Un aire basta muchas veces, y un sereno, un sol recio para despojarnos de la vida. ¿Mas qué digo sol? Los ojos y la vista sola de una persona bastan muchas veces para quitar la vida a una criatura. No es menester sacar espada, ni menear armas; sólo mirar basta para matar. Mira qué castillo esté tan seguro, en que se guarda el tesoro de nuestra vida, pues sólo mirarlo desde lejos basta para batirlo[1] por tierra.

Mas no es esto tanto de maravillar en la edad de los niños, cuando el edificio es tan nuevo y tan tierno. Lo más admirable es que después de asentada y fraguada ya la obra de muchos años, poco menores causas bastan para derribarla. Si preguntas de qué murió fulano o fulana, responderte han que de un jarro de agua fría que bebió, u de una

cena demasiada que cenó, u de algún placer o pesar grande que tomó; y a las veces no hay causa que dar, sino que acostándose el hombre sano, otro día amanece al lado de su mujer finado.[2] ¿Hay vidrio en el mundo, hay vaso de barro más quebradizo que éste? Y no es cierto de maravillar que sea tan quebradizo, pues él también es de barro; antes es de maravillar cómo, siendo de tal materia y tal hechura, pueda durar tanto tiempo cuanto dura. ¿Por qué se desconcierta tantas veces un reloj? La causa es, porque tiene tantas ruedas y puntos y tanto artificio, que aunque sea, como lo es, de hierro, cualquiera cosa basta para desconcertarlo. ¿Pues cuánto es más delicado el artificio de nuestros cuerpos, y cuánto más frágil la materia de nuestra carne? Pues si el artificio es más delicado, y la materia más frágil, ¿de qué nos maravillamos que se embarace[3] algún punto de estas ruedas, y así pare el movimiento de nuestra vida? Antes es de maravillar no cómo los hombres se acaban tan presto, sino cómo duran tanto, siendo tan delicado este artificio, y de tan flaca materia compuesto.

Ésta es aquella miserable fragilidad que significó Isaías por estas palabras. Dijo Dios a este profeta: «Da voces». Responde el profeta: «¿Qué diré?» Dícele Dios: «Toda carne es heno, y toda la gloria de ella es como la flor del campo». Secóse el heno, y cayóse la flor; mas la palabra de Dios permanece para siempre. Sobre las cuales palabras dice San Ambrosio: «Verdaderamente así es, porque así florece la gloria del hombre: aunque parece grande, es pequeña como yerba, temprana como flor, caduca como heno; y así no tiene más que frescura en el parecer, pero no firmeza, ni estabilidad en el fruto.» Porque ¿qué firmeza puede haber en materia de carne ni qué bienes que sean durables en tan flaco sujeto? Hoy verás un mancebo en lo más florido de su edad con grandes fuerzas y con muy buen parecer, y si esta noche le saltea una enfermedad, otro día le verás con un rostro tan mudado que el que antes parecía muy agradable y hermoso ahora parece del todo miserable y feo. ¿Pues qué diré de los otros accidentes y mudanzas de nuestros cuerpos? A unos quebrantan los trabajos, a otros enflaquece la pobreza, a otros atormenta la indigestión, a otros corrompe el

---

1 derribarlo.   2 muerto.   3 se descomponga.   4 viene, ocurre.

vino, a otros debilita la vejez, a otros hacen muelles los regalos, y a otros trae descoloridos la lujuria. Pues según esto ¿no es verdad que se secó el heno y se le cayó la flor?

Veréis otros de muy nobles abuelos, y bisabuelos de muy esclarecida sangre, de muy antiguo solar, muy llenos de amigos, y muy acompañados ambos los lados de criados, llevando y trayendo consigo muy grande familia y compañía; y si un poquito se le trastorna el viento de la fortuna, a la hora es dejado de sus amigos y maltratado de sus iguales, y desamparado de todos. Veréis otro lleno de riquezas volando por las bocas de todos con fama de liberal y dadivoso, esclarecido con honra, levantado con poderes, subido en tribunales y tenido por bienaventurado de todos, y acaecerá que llevándole ahora con voces y pregones magníficos por la ciudad, se revuelvan de tal manera los tiempos que venga a parar en la misma cárcel donde él tenía encarcelados a otros. ¡A cuántos acaece llevar ahora con toda la pompa del mundo a sus casas, y una noche que se atraviesa de por medio escurece el resplandor de toda aquella gloria y un solo dolor de costado que sobreviene deshace toda aquella fábula compuesta! ¡Oh engañosas esperanzas de los hombres, dice Tulio, y fortuna frágil, y vanas todas nuestras contiendas y porfías, que muchas veces a medio camino se quiebran y caen, y primero se hunden en la carrera, que puedan llegar a ver el puerto! ¿Pues qué locura es la de los hijos de Adán, que sobre tan flacos cimientos edifican torres tan altas, y no miran que edifican sobre arena, y que al mejor tiempo se llevará el viento todo lo mal cimentado? ¡Oh qué malas cuentas echan a veces los hombres por no querer volver los ojos hacia dentro y hacer primero cuenta consigo!

GUÍA DE PECADORES

DE CUÁN ENGAÑOSA SEA LA FELICIDAD DEL MUNDO

Estos y otros muchos tales son los tributos y contrapesos con que esta miserable felicidad del mundo está acompañada; para que veas cuánto más hiel que miel, y cuánto más acíbar que azúcar trae consigo. Dejo aquí de contar otros muchos males que tiene. Porque demás de ser esta felicidad y suavidad tan breve y tan miserable, es también sucia porque hace a los hombres carnales y sucios; es bestial porque los hace bestiales; es loca porque los hace locos, y los saca muchas veces de juicio; es instable porque nunca permanece en un mismo ser; es finalmente infiel y desleal porque al mejor tiempo nos falta y deja en el aire. Mas un solo mal no dejaré de contar, que por ventura es el peor de

todos: que es ser falsa y engañosa; porque parece lo que no es, y promete lo que no da, y con esto trae en pos de sí perdida la mayor parte de la gente. Porque así como hay oro verdadero y oro falso, y piedras preciosas verdaderas, y falsas que parecen preciosas, y no lo son; así también hay bienes verdaderos y falsos; felicidad verdadera, y falsa, que parece felicidad y no lo es; y tal es la de este mundo; y por esto nos engaña con esta muestra contrahecha. Porque así como dice Aristóteles que muchas veces acaece haber algunas mentiras, que (con ser mentiras) tienen más apariencia de verdad que las mesmas verdades; así realmente (lo que es mucho para notar) hay algunos males que, con ser verdaderos males, tienen más apariencia de bienes que los mesmos bienes: y tal es sin duda la felicidad del mundo; y por esto se engañan con ella los ignorantes, como se engañan los peces y las aves con el cebo que les ponen delante. Porque ésta es la condición de las cosas corporales: que luego se nos ofrecen con un alegre semblante y con un rostro lisonjero y halagüeño, que nos promete alegría y contentamiento; mas después que la experiencia de las cosas nos desengaña, luego sentimos el anzuelo debajo del cebo, y vemos claramente que no era oro todo lo que relucía. Así hallarás por experiencia que pasa en todas las cosas del mundo. Si no, mira los placeres de los recién casados, y hallarás cómo después de pasados los primeros días del casamiento, luego comienza a cerrárseles aquel día de su felicidad, y caer la noche escura de los cuidados, necesidades y fatigas que después de esto sobrevienen. Porque luego cargan trabajos de hijos, de enfermedades, de ausencias, de celos, de pleitos, de partos revesados, de desastres, de dolores, y finalmente de la muerte necesaria del uno de los dos, que a veces previene[4] muy temprano, y convierte las alegrías de los desposorios no acabados, en lágrimas de perpetua viudez y soledad. ¿Pues qué mayor engaño, y qué mayor hipocresía que ésta? ¡Qué contenta va la doncella al tálamo el día de su desposorio, porque no tiene ojos para ver más de lo que de fuera parece! Mas si le diesen ojos para ver la sementera de trabajos que aquel día se siembran, ¿cuánto mayor causa tendría para llorar, que para reír? Deseaba Rebeca tener hijos, y después que se vió preñada, y sintió que los hijos en el vientre peleaban, dijo: «Si así había ello de ser, ¿qué necesidad había de concebir?» ¡Oh a cuántos acaece esta manera de desengaño, después que alcanzaron lo que deseaban; por hallar otra cosa en el proceso de lo que al principio se prometían!

Pues ¿qué diré de los oficios, de las honras, de las sillas y dignidades? ¡Cuán alegres se representan luego cuando de nuevo se ofrecen! Mas ¡cuántos enjambres de pasiones, de cuidados, de envidias y trabajos se descubren después de aquel primero y engañoso resplandor! Pues ¿qué diremos de los que andan metidos en amores deshonestos? ¡Cuán blandas hallan al principio las entradas de este ciego laberinto! Mas después de entrados en él ¿cuántos trabajos han de pasar? ¿Cuántas malas noches han de llevar? ¿A cuántos peligros se han de poner? Porque aquel fruto del árbol vedado guarda la furia del dragón venenoso (que es la espada cruel del pariente, o del marido celoso), con lo cual muchas veces se pierde la vida, la honra, la hacienda y el ánima en un momento. Así puedes discurrir por la vida de los avarientos, de los mundanos y de los que buscan la gloria del mundo con las armas, o con las privanzas; y en todos ellos hallarás grandes tragedias de dulces principios y desastrados fines, porque ésta es la condición de aquel cáliz de Babilonia: por de fuera dorado, y de dentro lleno de veneno. Pues según esto ¿qué es toda la gloria del mundo, sino un canto de sirenas que adormece, una ponzoña azucarada que mata, una víbora por defuera pintada, y de dentro llena de ponzoña? Si halaga, es para engañar; si levanta, es para derribar; si alegra, es para entristecer. Todos sus bienes da con incomparables usuras. Si os nace un hijo, y después se os muere, con las setenas es mayor el dolor[5] de su muerte que el alegría de su nacimiento. Más duele la pérdida que alegra la ganancia, más aflige la enfermedad que alegra la salud. más quema la injuria que deleita la honra; porque no sé qué género de desigualdad fué ésta, que más poderosos quiso naturaleza que fuesen los males para dar pena, que los placeres para dar alegría. Lo cual, todo bien considerado, manifiestamente nos declara cuán falsa y engañosa sea esta felicidad.

REMEDIOS CONTRA LA ENVIDIA

Envidia es tristeza del bien ajeno, y pesar de la felicidad de los otros: conviene saber, de los mayores, por ver el envidioso que no se puede igualar con ellos; y de los menores, porque se igualan con él; y de los iguales, porque compiten con él...

Éste es uno de los pecados más poderosos y más perjudiciales que hay, y que más extendido tiene su imperio por el mundo, especialmente por las cortes y palacios y casas de señores y príncipes; aunque ni deja universidades, ni cabildos, ni religiones por do no corra. Pues ¿quién se podrá defender de este monstruo? ¿Quién será tan dichoso que se escape, o de tener envidia, o de padecerla?... Verdaderamente éste es un vicio de los que de callada[6] tienen grandísimo señorío sobre la tierra, y

el que la tiene destruída. Porque su propio efecto es perseguir a los buenos y a los que por sus virtudes y habilidades son preciados; porque aquí señaladamente tira ella sus saetas. Por lo cual dijo Salomón que todos trabajos e industrias de los hombres estaban sujetas a la envidia de sus prójimos. Pues por esto con todo estudio y diligencia te conviene armar contra este enemigo, pidiendo siempre a Dios ayuda contra él, y sacudiéndole de ti con todo cuidado. Y si todavía él perseverare solicitando tu corazón, persevera tú siempre peleando contra él; porque no consintiendo con la voluntad, no hace al caso que la carne maliciosa sienta en sí el pellizco de este feo y desabrido movimiento. Y cuando vieres a tu vecino o amigo más próspero y aventajado que a ti, da gracias al Señor por ello, y piensa que tú, o no mereciste otro tanto, o a lo menos que no te convino tenerlo; acordándote siempre que no socorres a tu pobreza teniendo envidia de la felicidad ajena, sino antes la acrecientas.

Y si quisieres saber con qué género de armas podrás pelear con este vicio, dígote que con las consideraciones siguientes. Primeramente considera que todos los envidiosos son semejantes a los demonios, que en gran manera tienen pesar de las buenas obras que hacemos, y de los bienes eternos que alcanzamos: no porque ellos los puedan haber, aunque los hombres los perdiesen (porque ya ellos los perdieron irrevocablemente); sino porque los hombres levantados del polvo de la tierra no gocen de lo que ellos perdieron. Por lo cual dice San Agustín en el libro de la Disciplina cristiana: Aparte Dios este vicio, no sólo de los corazones de todos los cristianos, mas también de todos los hombres, pues éste es vicio diabólico, de que señaladamente se hace cargo al demonio, y por el cual sin remedio para siempre padecerá. Porque no es reprendido el demonio porque cayó en adulterio, o porque hizo algún hurto, o porque robó el hacienda del prójimo; sino porque estando caído, tuvo envidia del hombre que estaba en pie. Pues de esta manera los envidiosos a manera de demonios suelen haber envidia de los hombres, no tanto porque pretenden alcanzar la prosperidad de ellos, cuanto porque querrían que todos fuesen miserables como ellos. Mira pues ¡oh envidioso! que dado caso que el otro no tuviera los bienes de que tú tienes envidia, tú tampoco los tuvieras; y pues él los tiene sin tu daño, no hay por qué a ti te pese por ello.

Considera también que la envidia abrasa el corazón, seca las carnes, fatiga el entendimiento,

---

5 es siete veces mayor el dolor.   6 secretamente.   7 San Pablo; la alusión que sigue procede de la «Epístola a los Gálatas».   8 Isaac; la referencia que sigue se encuentra en Génesis, XXVII, 27.   9 se alimentan, se recrean.

roba la paz de la conciencia, hace tristes los días de la vida, y destierra del ánima todo contentamiento y alegría. Porque ella es como el gusano que nace en el madero, que lo primero que roe es el mesmo madero donde nace; y así la envidia (que nace del corazón) lo primero que atormenta es el mesmo corazón. Y después de éste corrompido, corrompe también el color del rostro; porque la amarillez, que parece por defuera, declara bien cuán gravemente aflige de dentro. Ca ningún juez hay más riguroso que la mesma envidia contra sí mesma: la cual continuamente aflige y castiga a su propio autor. Por lo cual no sin causa llaman algunos doctores a este vicio justo, no porque él lo sea (pues es gravísimo pecado) sino porque él mesmo castiga con su propio tormento al que lo tiene, y hace justicia de él...

Y si quieres una muy cierta medicina contra este veneno, ama la humildad, y aborrece la soberbia, que ésta es la madre de esta pestilencia. Porque como el soberbio ni puede sufrir superior, ni tener igual, fácilmente tiene envidia de aquellos que en alguna cosa le hacen ventaja; por parecerle que queda él más bajo, si ve a otros en más alto lugar. Lo cual entendió muy bien el apóstol,[7] cuando dijo: No seamos codiciosos de la gloria mundana, compitiendo unos con otros, y habiendo envidia unos a otros. En las cuales palabras, pretendiendo cortar las ramas de la envidia, cortó primero la mala raíz de la ambición, de donde ella procedió. Y por la mesma razón debes apartar tu corazón del amor desordenado de los bienes del mundo, y solamente ama la heredad celestial, y los bienes espirituales; los cuales no se hacen menores por ser muchos los poseedores, antes tanto más se dilatan cuanto más crece el número de los que los poseen. Mas por el contrario, los bienes temporales tanto más se disminuyen, cuanto entre más poseedores se reparten. Y por esto la envidia atormenta el ánima de quien los desea; porque recibiendo otro lo que él codicia, o del todo se lo quita, o a lo menos se lo disminuye. Porque con dificultad puede éste tal dejar de tener pena, si otro tiene lo que él desea.

Y no te debes contentar con no tener pesar de los bienes del prójimo; sino trabaja por hacerle todo el bien que pudieres, y pide a nuestro Señor le haga lo que tú no pudieres. A ningún hombre del mundo aborrezcas: tus amigos ama en Dios, y tus enemigos por amor de Dios, el cual siendo tú primero su enemigo, te amó tanto, que por rescatarte del poder de tus enemigos puso su vida por ti. Y aunque el prójimo sea malo, no por eso debe ser aborrecido: antes en este caso debes imitar al médico, el cual aborrece la enfermedad, y ama la persona: que es amar lo que Dios hizo,

y aborrecer lo que el hombre hizo. Nunca digas en tu corazón: ¿Qué tengo yo que ver con éste, o en qué le soy obligado? No le conozco, ni es mi pariente, nunca me aprovechó, y alguna vez me dañó. Mas acuérdate solamente que sin ningún merecimiento tuyo te hizo Dios grandes mercedes; por lo cual te pide que en pago de esto uses de liberalidad, no con él, pues no tiene necesidad de tus bienes, sino con el prójimo que él te encomendó.

INTRODUCCIÓN AL SÍMBOLO DE LA FE

DE LA FERTILIDAD Y PLANTAS Y FRUTOS DE LA TIERRA

... Mas ¿quién podrá declarar la hermosura de los campos, el olor, la suavidad y el deleite de los labradores? ¿Qué podrán nuestras palabras decir de esta hermosura? Mas tenemos testimonio de la Escritura, en la cual el santo Patriarca[8] comparó el olor de los campos fértiles con la bendición y gracia de los santos. El olor, dijo él, de mi hijo es como el del campo lleno. ¿Quién podrá declarar la hermosura de las violetas moradas, de los blancos lirios, de las resplandecientes rosas, y la gracia de los prados, pintados con diversos colores de flores, unas de color de oro, y otras de grana, otras entreveradas y pintadas con diversos colores, en las cuales no sabréis qué es lo que más os agrade, o el color de la flor, o la gracia de la figura, o la suavidad del olor? Apaciéntanse[9] los ojos con este hermoso espectáculo, y la suavidad del olor que se derrama por el aire deleita el sentido del oler.

Tal es esta gracia que el mismo Criador la aplica a sí, diciendo: «La hermosura del campo está en mí.» Porque ¿qué otro artífice fuera bastante para criar tanta variedad de cosas tan hermosas? Poned los ojos en el azucena, y mirad cuánta sea la blancura de esta flor, y de la manera que el pie de ella sube a lo alto acompañado con sus hojicas pequeñas, y después viene a hacer en lo alto una forma de copa, y dentro tiene unos granos como de oro, de tal manera cercados que de nadie puedan recibir daño. Si alguno cogiere esta flor, y le quitare las hojas, ¿qué mano de oficial podrá hacer otra que iguale con ella, pues el mismo Criador las alabó, cuando dijo que ni Salomón en toda su gloria se vistió tan ricamente como una de estas flores? ¿Maravillámonos que tan presto haya engendrado la tierra? Cuánto mayor maravilla es, si consideramos cómo las semillas esparcidas en la tierra no dan fruto, si no mueren primero: de manera que cuanto más pierden lo que son, tanto mayor fruto dan.

ADMIRABLE PROVIDENCIA PARA LA CONSERVACIÓN DE LAS FRUTAS, Y DE LA FERTILIDAD DE LAS VIDES

Ni tampoco se olvidó la Providencia de la guarda de los frutos ya maduros; porque para esto antes proveyó que los árboles tuviesen hojas, no sólo para hermosura y sombra, sino para defender la fruta de los ardores del sol, que en breve espacio la secaría. Y cuanto el fruto de estos árboles es más tierno (como lo es el de las higueras y vides), tanto proveyó que las hojas fuesen mayores, como lo vemos en éstos. Mas no quiso que las hojas fuesen redondas, sino arpadas y abiertas por algunas partes, para que de tal manera defendiesen del sol, que también dejasen estos postigos abiertos para gozar templadamente de los aires y de él...

Y porque algunos llevan fruta notablemente grande y pesada (como son los membrillos y los cidros) proveyó el autor que las ramas o varas de que esta fruta pende fuesen muy recias, como lo son las de los membrillos, con que los santos mártires eran cruelmente azotados. Y porque las cidras son aún mayores, proveyó que las ramas de que cuelgan, no sólo fuesen recias y gruesas, sino que estuviesen también derechas, para que mejor pudiesen soportar la carga. Porque hasta en esto se vea cómo en ninguna cosa criada se durmió, ni perdió punto aquella soberana providencia y sabiduría del Criador.

Pues la hermosura de algunos árboles, cuando están muy cargados de fruta ya madura, ¿quién no la ve? ¿Qué cosa tan alegre a la vista, como un manzano o camueso, cargadas las ramas a todas partes de manzanas, pintadas con tan diversos colores, y echando de sí un tan suave olor? ¿Qué es ver un parral, y ver entre las hojas verdes estar colgados tantos y tan grandes y tan hermosos racimos de uvas de diversas castas y colores? ¿Qué son éstos, sino unos como hermosos joyeles, que penden de este árbol? Pues el artificio de una hermosa granada ¡cuánto nos declara la hermosura y artificio del Criador! El cual, por ser tan artificioso, no puedo dejar de representar en este lugar. Pues primeramente, Él la vistió por de fuera con una ropa hecha a su medida, que la cerca toda, y la defiende de la destemplanza de los soles y aires; la cual por de fuera es algo tiesa y dura, mas por de dentro más blanda, porque no exaspere[10] el fruto que en ella se encierra que es muy tierno; mas dentro de ella están repartidos y asentados los granos por tal orden, que ningún lugar, por pequeño que sea, queda desocupado y vacío. Está toda ella repartida en diversos cascos, y entre casco y casco se extiende una tela más delicada que un cendal, la cual los divide entre sí; porque como estos granos sean tan tiernos, consérvanse mejor divididos con esta tela, que si todos estuvieran juntos. Y allende de esto, si uno de estos cascos se pudre, esta tela defiende a su vecino, para que no le alcance parte de su daño. Porque por esta causa el Criador repartió los sesos de nuestra cabeza en dos senos o bolsas, divididos con sus telas, para que el golpe o daño que recibiese la una parte del cerebro no llegase a la otra.

Cada uno de estos granos tiene dentro de sí un osecico blanco, para que así se sustente mejor lo blando sobre lo duro, y al pie tiene un pezoncito tan delgado como un hilo, por el cual sube la virtud y jugo, dende lo bajo de la raíz hasta lo alto del grano; porque por este pezoncito se ceba él, y crece, y se mantiene, así como el niño en las entrañas de la madre por el ombliguillo. Y todos estos granos están asentados en una cama blanda, hecha de la misma materia de que es lo interior de la bolsa que viste toda la granada. Y para que nada faltase a la gracia de esta fruta, remátase toda ella en lo alto con una corona real, de donde parece que los reyes tomaron la forma de la suya. En lo cual parece haber querido el Criador mostrar que era ésta reina de las frutas. A lo menos en el color de sus granos tan vivo como el de unos corales, y en el sabor y sanidad de esta fruta, ninguna le hace ventaja. Porque ella es alegre a la vista, dulce al paladar, sabrosa a los sanos, y saludable a los enfermos, y de cualidad que todo el año se puede guardar.

Pues ¿por qué los hombres, que son tan agudos en filosofar en las cosas humanas, no lo serán en filosofar en el artificio de esta fruta, y reconocer por él la sabiduría y providencia del que de un poco de humor de la tierra y agua cría una cosa tan provechosa y hermosa? Mejor entendía esto la Esposa en sus cantares en los cuales convida al esposo al zumo de sus granadas, y le pide que se vaya con ella al campo para ver si han florecido las viñas y ellas.

Y porque aquí se hace mención de las viñas, no será razón pasar en silencio la fertilidad de las vides. Porque con ser la vid un árbol tan pequeño, no es pequeño el fruto que da. Porque da uvas casi para todo el año, da vino que mantiene, esfuerza, y alegra el corazón del hombre; da vinagre, da arrope, da pasas, que es mantenimiento sabroso y saludable para sanos y enfermos.

---

[10] porque no se dañe.

[11] sin propiedad personal.   [12] al anochecer.

De la república y orden de las abejas

Si nos pone en admiración el fruto de las abejas, muy más admirable es la orden y concierto que tienen en su trato y manera de vida. Porque quien tuviere conocimiento de lo que gravísimos autores escriben de ellas, verá una república muy bien ordenada, donde hay rey y nobles y oficiales que se ocupan en sus oficios, y gente vulgar y plebeya que sirven a éstos, y donde también hay armas para pelear, y castigo y penas para quien no hace lo que debe. Verá otrosí en ellas la imagen de una familia muy bien regida, donde nadie está ocioso y cada uno es tratado según su merecimiento. Verá también aquí la imagen de una congregación de religiosos de grande observancia.

Porque primeramente las abejas tienen su prelado presidente, a quien obedecen y siguen. Viven en común sin propio,[11] porque todas las cosas entre ellas son comunes. Tienen también sus oficios repartidos en que se ocupan. Tienen sus castigos y penitencias para los culpados. Comen todas juntas a una misma hora. Hacen su señal a boca de noche[12] al silencio, el cual guardan estrechísimamente, sin oírse el zumbido de ninguna de ellas. Hacen otra señal a la mañana para despertar al común trabajo y castigan a las que luego no comienzan a trabajar. Tienen sus celadores que velan de noche, para guardar la casa, y para que los zánganos no les coman la miel. Tienen sus porteros a la puerta para defender la entrada a los que quisieren robar. Tienen también sus frailes legos, que son unas abejas imperfectas, que no hacen cera ni miel; mas sirven de acarrear mantenimiento y agua, y de otros oficios necesarios y bajos. Todo esto trazó y ordenó aquel soberano artífice con tanta orden y providencia, que pone grande admiración a quien lo sabe contemplar.

Yo aquí recopilaré lo que dos graves autores, Plinio y Eliano, escriben de esta materia; en la cual ninguna cosa hay que no sea admirable, y que no esté dando testimonio de la sabiduría y providencia de aquel artífice soberano que todo esto hizo...

Comenzaré, pues, por lo que todos sabemos. Esto es que las abejas tienen su rey, a quien obedecen y siguen por doquiera que va. Y como los reyes entre los hombres tienen sus insignias reales, que son corona y cetro, y otras cosas tales con que se diferencian de sus vasallos, así el Criador diferenció a este Rey de los suyos, dándole mayor y más hermoso resplandeciente cuerpo que a ellos. De modo que lo que allí inventó el arte, aquí proveyó la naturaleza. Nacen de cada enjambre comúnmente tres o cuatro reyes (porque no haya falta de rey si alguno peligrase); mas ellas entienden

que no les conviene más que un solo rey y por eso matan los otros aunque con mucho sentimiento suyo. Mas vence la necesidad y el amor de la paz al justo dolor. Porque esto entienden que les conviene para excusar guerras y divisiones.

Aristóteles al fin de su Metafísica, presuponiendo que la muchedumbre de los principados es mala, concluye que no hay en toda esta gran república del mundo más que un solo príncipe, que es un solo Dios. Mas las abejas sin haber aprendido esto de Aristóteles, entienden el daño que se sigue de tener muchos príncipes; y por eso, escogiendo uno, matan a los otros, aunque no sin sentimiento y dolor. Ya en esto vemos una grande discreción y maravilla en tan pequeño animalillo.

Escogido el rey, tratan de edificar sus casas, y primeramente dan un betumen a todas las paredes de la casa, que es la colmena, hecho de yerbas muy amargas; porque como saben que es muy codiciada la obra que han de hacer, de muchos animalillos (como son avispas, arañas, ranas, golondrinas, serpientes y hormigas) quiérenle poner este ofensivo delante para que, exasperadas con esta primera amargura, desistan de su hurto. Y por esta misma causa, las primeras tres órdenes de las casillas que están en los panares más vecinos a la boca de la colmena, están vacíos de miel, porque no halle luego el ladrón a la mano en qué se pueda cebar. Ésta es también otra providencia y discreción.

Hecho este reparo, hacen sus casas. Y primeramente para el rey edifican una casa grande y magnífica, conforme a la dignidad real, y cércanla de un vallado, como de un muro, para más autoridad y seguridad. Luego edifican casas para sí, que son aquellas celdillas que vemos en los panares, las cuales le sirven para su habitación y para la criación de los hijos, y para guardar en ellas, como en unos vasos, la provisión de su miel. Las cuales celdas hacen tan perfectas y proporcionadas, cada una de seis costados, y tan semejantes unas a otras, como vemos: para lo cual ni tienen necesidad de regla, ni de plomada, ni de otros instrumentos, más que su boquilla y sus piececillos tan delicados: donde no sabréis de qué os hayáis más de maravillar; o de la perfección de la obra o de los instrumentos con que se hace. Ni se olvidan de hacer también casas para sus criados, que son los zánganos, aunque menores que las suyas, siendo ellos mayores.

Hecha la casa y ordenados los lugares y oficinas de ella, síguese el trabajo y el repartimiento de los oficios para el trabajo, en la forma siguiente. Las más ancianas y que son ya como jubiladas y exentas del trabajo, sirven de acompañar al rey para que esté con ellas más autorizado y honrado. Las que en edad se siguen después de éstas (como más diestras y experimentadas que las más nuevas) entienden en hacer la miel. Las otras más nuevas y recias salen a la campaña a buscar los materiales de que se ha de hacer, así la miel como la cera. Y cada una trae consigo cuatro cargas.

Porque con los pies delanteros cargan las tablas de los muslillos, la cual tabla no es lisa sino áspera, para que no despidan de sí la carga que le ponen; y con el pico cargan los pies delanteros; y así vuelven a la colmena con estas cuatro cargas que decimos. Otras entienden de dos en dos, o de tres en tres en recibir a éstas, y descargarlas cuando vienen. Otras llevan estos materiales a las que hacen la miel, poniéndolos al pie de la obra. Otras sirven de dar a la mano a estos oficiales para que la hagan. Otras entienden en pulir y bruñir los panares, que es como encalar la casa después de hecha. Otras se ocupan en traer mantenimiento de ciertas cosas de que ellas comen. Otras sirven de azacanes[13] que traen agua para las que residen dentro de la casa, la cual traen en la boca y en ciertos pelillos o vello que tienen por el cuerpo; con los cuales, viniendo mojados, refrigeran la sed de las que están dentro trabajando.

Y de este oficio de acarrear agua y de traer mantenimiento sirven principalmente los zánganos. Otras hay que sirven de centinelas y guardas, que asisten a la puerta para defender la entrada a los ladrones. A todo esto preside el rey y anda por sus estancias, mirando los oficios y trabajos de sus vasallos, y exhortándolos al trabajo con su vista y real presencia, sin poner él las manos en la obra. Porque no nació él para servir, sino para ser servido como rey. Y junto a él van otras abejas que sirven de lo acompañar como a rey...

Otra maravilla y providencia se escribe de ellas, no menor que ésta, y es que saben lastrarse en los días ventosos para resistir al viento, porque toman una piedrecilla en las manos, para hacer con ella más pesada la carga de su corpezuelo, y menos sujeta al ímpetu del viento. Pues ¿quién no ve en todas estas cosas la providencia de aquel soberano presidente que pudo igualar la prudencia de estos animalillos con la de los hombres? Otra cosa tienen también, que si por ventura las toma la noche en el campo, duermen acostadas de espaldas, porque no se les mojen las alillas con el rocío de la mañana y queden inhábiles para volar. ¿Qué más diré? Comen todas a una hora, porque sea igual el tiempo de la refección y del trabajo. Y así también se recogen a dormir a un mismo tiempo, que es a boca de noche, en el

cual tiempo hay grande murmullo entre ellas. Y entonces la pregonera da tres o cuatro zumbidos grandes, que es hacer señal para dormir; y son ellas tan observantes y obedientes que luego súbitamente todas callan, guardando perfectísimamente la regla del silencio. Y cuando otro día amanece, que es ya tiempo de trabajar, esta misma abeja da tres o cuatro zumbidos grandes, para que despierten y vayan a entender cada cual en el oficio que le cabe; y la que empereza, y no quiere ir a trabajar, castíganla no con menor pena que con la muerte. En el rigor de esta pena se ve que es más bien regida la república de las abejas que la nuestra, que está llena de holgazanes y gente ociosa, que son peste de la república, cuyo oficio es roer las vidas ajenas, y andar en tratos deshonestos y trabar pasiones y ruidos, que de aquí se siguen; y otros vicios semejantes, que nacen de la ociosidad, de los cuales carecen los que no tienen más que entender todo el día en sus oficios...

No salen al campo en todos los tiempos del año, sino cuando en él hay flores; porque de todo género de flores se aprovechan para su oficio. Mas en tiempo de fríos y nieve están quedas en su casa, manteniéndose en el invierno de los trabajos del verano, como hacen las hormigas. No se desvían de la colmena más que sesenta pasos, y este espacio agotado, envían sus espías delante para reconocer la tierra, y darles nuevas del pasto que hay. Y porque no faltase nada en que dejasen de imitar estos animales a los hombres, así en lo bueno como en lo malo, también pelea un enjambre con otro sobre el pasto; aunque más sangrienta es la pelea cuando les falta el mantenimiento, porque entonces acometen a robar las vituallas unas a otras. Y para esto salen los capitanes con sus ejércitos, y pretendiendo unos robar y otros defender, trábase entre ellos una cruda batalla en la cual muchas mueren. Tan poderosa es la necesidad, que hace despreciar todas las leyes de humanidad y justicia.

Todo cuanto hasta aquí habemos dicho es una manifiesta imitación de la policía y prudencia humana. Y si nos pone admiración hacer estos animalillos lo que hacen los hombres, cuánto mayor nos la debe poner saber ellos algo de lo que sabe Dios. Porque sólo Él sabe las cosas que están por venir, y esto también saben estos animalejos en las cosas que pertenecen a su conservación. Porque conocen cuándo ha de haber lluvias y tempestades, antes que vengan; y en estos tiempos no van lejos a pacer, sino andan con su zumbido al redor de la colmena. Lo cual visto por los que tienen cargo

---

13 aguadores.

de ellas, suelen dar aviso a los labradores de la mudanza del tiempo, para que conforme a ella se reparen y provean. En lo cual ya vemos cuán inferior queda el saber de los hombres al de las abejas; pues ellas alcanzan lo que no alcanzan los hombres...

Mas lo que me hace en esta materia quedar atónito es el fruto de la miel, a quien todas estas habilidades susodichas se ordenan. Porque vemos cuántas diligencias e instrumentos se requieren para hacer una conserva de cidras o de limones o cualquiera otra. Porque para esto es menester fuego, y un cocimiento y otro cocimiento, y vasos, e instrumentos que para esto sirven y oficiales diestros en este oficio. Pregunto, pues, ahora: ¿qué instrumentos tiene este animalillo tan pequeño, sino unos piececillos tan delgados como hilos, y un aguijoncillo tan delgado como ellos? Pues ¿cómo con tan flacos instrumentos, y sin más cocimientos ni fuego hacen esta tan dulce conserva, y esta transformación de flores en un tan suave licor de miel, a veces amarillo como cera, a veces blanco como la nieve; y esto no en pequeña cantidad (cual se podía esperar de un animalillo tan pequeño), sino en tanta cantidad, cuanta se saca en buen tiempo de una colmena? ¿Quién enseñó a este animal a hacer esta alquimia, que es convertir una sustancia en otra tan diferente? Júntense cuantos conserveros hay, con toda su arte y herramienta y con todos sus cocimientos, y conviértanme las flores en miel. No sólo no ha llegado aquí el ingenio humano, mas ni aun ha podido alcanzar cómo se haga esta tan extraña mudanza. ¿Y quieren los hombres locos escudriñar los misterios del cielo, no llegando todo el caudal de su ingenio a entender lo que cada día ven a la puerta de su casa?

SERMÓN DEL NACIMIENTO DE CRISTO

Salid, pues, ahora, hijas de Sión (dice la esposa en los cantares) *y mirad al rey Salomón con la corona con que le coronó su madre en el día de su desposorio, y en el día de la alegría de su corazón.* ¡Oh ánimas religiosas, amadoras de Cristo, salid ahora de todos los cuidados y negocios del mundo; y recogidos todos vuestros pensamientos y sentidos, poneos a contemplar a vuestro Salomón, pacificador de los cielos y tierra; no con la corona que le coronó su padre cuando le engendró eternamente y se le comunicó todo; sino con la que le coronó su madre cuando le parió temporalmente, y le vistió de nuestra humanidad! Venid a ver al Hijo de Dios, no en el seno del Padre, sino en los brazos de la Madre; no entre los coros de los ángeles, sino entre viles animales; no asentado a la diestra de la majestad en las alturas; no tronando y relampagueando en el cielo, sino llorando y temblando de frío en un establo. Venid a celebrar este día de su desposorio, donde sale ya del tálamo virginal, desposado con la naturaleza humana con tan estrecho vínculo de matrimonio, que ni en vida ni en muerte se haya de desatar. Éste es el día de la alegría secreta de su corazón, cuando llorando exteriormente como niño, se alegraba interiormente por nuestro remedio, como verdadero Redentor.

Llegó aquella hora tan deseada de todas las gentes, tan esperada en todos los siglos, tan prometida en todos los tiempos, tan cantada y celebrada en todas las escrituras divinas. Llegó aquella hora de la cual pendía la salud del mundo, el reparo del cielo, la victoria del demonio, el triunfo de la muerte y del pecado: por la cual lloraban y suspiraban los gemidos y destierro de todos los santos. Era la media noche, más clara que el medio día, cuando todas las cosas están en silencio y gozaban del sosiego y reposo de la noche quieta. Pues en esta hora tan dichosa, aquella omnipotente palabra de Dios descendió de las sillas reales del cielo a este lugar de nuestras miserias y apareció vestida de nuestra carne... ¡Oh venerable misterio, más para sentir que para decir; no para explicarse con palabras, sino para adorarle con admiración en silencio! ¿Qué cosa más admirable, que ver aquel Señor, a quien alaban las estrellas de la mañana; aquel que está sentado sobre los querubines, que vuela sobre las plumas de los vientos, que tiene colgada de tres dedos la redondez de la tierra, cuya silla es el cielo, y estrado de sus pies es la tierra; que haya querido bajar a tan grande extremo de pobreza, que cuando naciese (ya que quiso nacer en este mundo) le pariese su madre en un establo, y le acostase en un pesebre, por no tener allí otro lugar más cómodo?...

CONSIDERACIÓN IV DEL SOBREDICHO SERMÓN DE LA NATIVIDAD DEL SEÑOR

Grande humildad es nacer en un establo; mas grande gloria es resplandecer en el cielo. Grande humildad estar entre estas bestias; mas grande gloria es ser cantado y alabado por los ángeles. Grande humildad es ser circuncidado como pecador; pero es grande gloria el nombre de Salvador. Grande humildad es venir al bautismo entre publicanos y pecadores: mas grandísima es la gloria de abrírsele los cielos, sonar la voz del Padre, y verse sobre él el Espíritu Santo en figura de paloma, y los pregones y temores de Juan Bautista. Finalmente, grandísima humildad fué padecer y morir en una cruz; pero grandísima gloria fué oscurecerse el cielo, temblar la tierra, despedazarse las piedras, abrirse las sepulturas, aparecer los difuntos, hacer sentimiento todos los elementos. Todo esto era razón que así fuese: porque lo uno convenía para curar la grandeza de nuestra soberbia, y lo otro convenía a la dignidad de la persona que la curaba...

Y puesto acaso que lo uno pertenece a su gloria, y lo otro para nuestro ejemplo; si bien lo miras, verás que así lo uno como lo otro era todo para nuestro bien, porque en lo uno se edifican nuestras costumbres, y con lo otro se confirma nuestra fe. Y por esto, si te escandaliza la humildad de Cristo para no creer que es Dios el que ves tan humillado; mira la gloria que acompaña a esa humildad, y verás que no es indigna cosa de la majestad de Dios humillarse con tanta gloria. Indigna cosa parece el nacer Dios de mujer; mas no lo es, si miras la gloria con que nace. Indigna cosa parece morir; mas no el morir con tan gloriosas señales. El morir descubrió la grandeza de su bondad; y el morir con tales señales descubre la gloria de su poder. Y por eso no es menos hermoso este Señor, a los ojos de quien lo sabe mirar, en su bajeza que en su gloria. Hermosísimo es en el cielo, y hermosísimo en el establo; hermosísimo en el trono de su gloria, y hermosísimo en el pesebre de Belén; hermosísimo entre los coros de los ángeles, y hermosísimo entre los brutos animales...

Santa Teresa de Jesús

1515-1582

Teresa de Cepeda y Ahumada, la Santa de Ávila, monja carmelita, reformadora de su Orden. En ella llega el misticismo español y aun el misticismo occidental a su máxima expresión humana. Es esta humanidad y el ardor de su amor divino lo que hace de Santa Teresa una personalidad extraordinaria y una de las más grandes escritoras del mundo moderno. Carente en absoluto de propósito artístico y hasta de dotes elementales para escribir correctamente—la incorrección gramatical llega a veces a «extremos insufribles», como afirma Menéndez Pidal—logra, sin embargo, a fuerza de naturalidad, efectos sorprendentes de expresión, inventa metáforas cuajadas de sentido y no es raro que transportada por la intensidad del sentimiento se eleve a las cimas de la poesía: véase la descripción del fenómeno de la transverberación en uno de los pasajes que damos de su *Vida*.

Escribió siempre con fines relacionados con su acción de reforma religiosa y por encargo de las autoridades eclesiásticas. De las tres de sus obras mayores aquí representadas, *Camino de perfección* (1565) va dirigida a sus compañeras, las monjas del convento de San José, y está escrita a instancias de ellas; *El libro de su vida* (1588) es debido a los mandatos de su confesor, y *Las moradas o Castillo interior* (1588) es el esfuerzo por concentrar en un tratado doctrinal las experiencias místicas, que describe de manera más personal en su *Vida* y en otros libros. Fué también escritora incansable de cartas. Damos como altamente representativa la que escribe a Felipe II en defensa del Padre Jerónimo Gracián, provincial de los carmelitas y uno de los discípulos de la Santa. Su poesía, parte menor de su producción literaria, obedece a los mismos estímulos que su prosa.

CAMINO DE PERFECCIÓN

Que trata cómo se han de descuidar de las necesidades corporales y del bien que hay en la pobreza

Y no penséis, hermanas mías, que por eso os ha de faltar de comer, yo os aseguro. Jamás por artificios humanos pretendáis sustentaros; que moriréis de hambre, y con razón. Los ojos en vuestro Esposo;[1] él os ha de sustentar... Esto no se os olvide, hijas mías, por amor del Señor; pues dejáis la renta, dejá el cuidado de la comida, sino va todo perdido... Y si alguna vez faltare, será para mayor bien como faltaban las vidas a los santos y les cortaban las cabezas... y era para darlos más[2] y hacer-

1 Jesucristo. Se dirige a las monjas del convento de San José. 2 para darles más, esto es, para beneficiarles (porque al hacerles mártires ganaban la gloria). 3 Buen cambio o negocio (*trueco*) sería morir (*acabar presto con todo*) y gozar de la gloria eterna. 4 recordaré. 5 *y para esto... despertador*: y a este fin (que hay que vivir con humildad), ya que escribo porque me lo habéis mandado o pedido, sirva de despertador, es decir, para despertar o mover vuestro entendimiento, este aviso de esta pecadorcilla, es decir, todo lo que os estoy diciendo. 6 a quien no le importa nada de ellos; la idea es que la mejor manera de obtener los bienes del mundo es renunciar a ellos. 7 ¿qué me importa a mí? 8 si se me ofrece una ocasión, por pequeña que sea (*si un tantito se atraviesa*), de contentar más a Dios (que a los reyes, etc.). 9 prescindamos de todos. 10 una honra tan grande.

11 mas a trece pobrecitas, esto es, a las trece monjas que vivían con ella en el convento de San José. 12 lujosa. En una sintaxis más cuidada que la de Santa Teresa debería ser «curiosa» refiriéndose a «casa», pero aquí la Santa está pensando en «edificio». 13 me he distraído. 14 caiga. 15 pequeñez. 16 desordenados.

los mártires. Buen trueco sería acabar presto con todo y gozar de la hartura perdurable.[3]

Mirá, hermanas, que va mucho en esto muerta yo (que para eso os lo dejo escrito); que, con el favor de Dios, mientras viviere yo, os lo acordaré,[4] que por experiencia veo la gran ganancia. Cuando menos hay, más descuidada estoy; y sabe el Señor, que a todo mi parecer, que me da más pena cuando nos dan mucho que no cuando no hay nada...

Sería engañar el mundo otra cosa: hacernos pobres y no lo ser de espíritu, sino en lo exterior. Conciencia se me haría. Paréceme era hurtar lo que nos daban, a manera de decir; porque era pedir limosna los ricos...

En ninguna manera se ocupe en esto el pensamiento. Esto os pido yo, por amor de Dios, en limosna. Y la más chiquita, cuando esto entendiese alguna vez en esta casa, clame a Su Majestad y acuérdelo a la mayor; con humildad le diga que va errada...

Yo espero en el Señor no será ansí, ni dejará a sus siervas; y para esto, pues me han mandado esto, aproveche este aviso de esta pecadorcilla de despertador.[5] Y crean mis hijas que para su bien me ha dado el Señor un poquito a entender en los bienes que hay de la pobreza de espíritu. Y vosotras, si advertís en ello, lo entenderéis; no tanto como yo, porque había sido loca de espíritu y no pobre, aunque había hecho la profesión de serlo. Ello es un bien que todos los bienes del mundo encierra en sí, y creo muchos de los de todas las virtudes. En esto no me afirmo, porque no sé el valor que tiene cada una y lo que no me parece entiendo bien no lo diré; mas tengo para mí que abraza a muchas. Es un señorío grande; digo que es señorío de todos los bienes del mundo quien no se le da nada de ellos;[6] y si dijese que se enseñorea sobre todos los del mundo, no mentiré: ¿Qué se me da a mí[7] de los reyes ni señores si no quiero sus rentas ni de tenerlos contentos, si un tantito se atraviesa contentar más a Dios?[8] Daremos con todos al traste:[9] porque tengo para mí que honras y dineros casi siempre andan juntos y que quien quiere honra no aborrece dineros y que quien aborrece dineros que se le da poco de honra. Entiéndase bien, que me parece que esto de honra siempre trae algún interesillo de tener rentas y dineros, porque por maravilla, o nunca, hay honrado en el mundo si es pobre; antes, aunque sea en sí honrado, le tienen en poco. La verdadera pobreza trae una honraza[10] consigo que no hay quien la sufra; la que es por solo Dios, digo, no ha menester contentar a nadie sino a él; y es cosa muy cierta, en no habiendo menester a nadie, tener muchos amigos. Yo lo tengo visto por experiencia...

Muy mal parece, hermanas mías, de la hacienda de los pobrecitos, que a muchos les falta, se hagan grandes casas; no lo permita Dios, sino pobrecita en todo y chica. Parezcámonos en algo a nuestro rey que no tenía casa, sino en el portal de Belén fué su nacimiento. Los que las hacen, ellos lo sabrán, yo no lo condeno sin más, llevan otros intentos; mas trece pobrecitas,[11] cualquier rincón les basta. Si por el mucho encerramiento tuvieren campo y ermitas para apartarse a orar, y porque esta miserable naturaleza nuestra ha menester algo, norabuena. Mas edificios ni casa grande ni curioso,[12] nada; Dios nos libre. Siempre se acuerden se ha de caer todo el día del juicio; ¿qué sabemos si será presto? Pues hacer mucho ruido al caerse el de doce pobrecillas, no es bien; que los pobres nunca hacen ruido. Los verdaderos pobres gente sin ruido ha de ser para que los hayan lástima...

No sé lo que comencé a decir, que me he divertido;[13] y creo lo ha querido Dios, porque nunca pensé escribir esto. Su Majestad nos tenga siempre de su mano para que no se caya[14] de ello. Amén.

Que comienza a tratar de la oración. Habla con almas que no pueden discurrir con el entendimiento

Ha tantos días que escribí lo pasado sin haber tenido lugar para tornar a ello que, si no lo tornase a leer, no sé lo que decía. Por no ocupar tiempo habrá de ir como saliere, sin concierto.

Para entendimientos concertados y almas que están ejercitadas y pueden estar consigo mesmas, hay tantos libros escritos y tan buenos y de personas tales, que sería yerro hiciésedes caso de mi dicho en cosa de oración (pues, como digo, tenéis libros tales adonde van por los días de la semana enrepartidos los pasos de la sagrada pasión y otras meditaciones de juicio y infierno y nuestra nonada[15] y mercedes de Dios, con excelente doctrina, y concierto para principio y fin de la oración). Quien pudiere y tuviere ya costumbre de llevarle, no hay que decir que por tan buen camino el Señor le sacará a puerto de luz y con tales principios el fin será bueno. Y todos los que pudieren ir por ellos llevarán descanso y seguridad, porque atado el entendimiento, vase con descanso.

Mas de lo que yo querría tratar y dar algún remedio (si Dios quisiese acertase; y si no, al menos que entendáis hay muchas almas que pasan este trabajo, para que no os fatiguéis las que al principio le tuviéredes, y daros algún consuelo en él), es de unas almas que hay y entendimientos tan desbaratados,[16] que no parecen sino unos caballos desbocados que no hay quién los haga parar. Ya van aquí, ya van allí; siempre con desasosiego; y aunque, si es diestro el que va en él, no peligra todas veces, algunas sí. Y cuando va seguro de la vida, no lo está del hacer cosa en él que no sea desdón;[17] y va con gran trabajo siempre.

A ánimas que su mesma naturaleza —u Dios que lo permite— proceden ansí, he yo mucha lástima; porque me parece son como unas personas que han mucha sed y ven el agua de muy lejos y cuando quieren ir allá hallan quien les defienda el paso al principio y medio y fin. Acaece que cuando ya con su trabajo —y con harto trabajo— han vencido los primeros enemigos, a los segundos se dejan vencer y quieren más morirse de sed que beber agua que tanto ha de costar. Acabóseles el esfuerzo, faltóles ánimo. Y ya que algunos le tienen para vencer también los segundos enemigos, a los terceros se les acaba la fuerza. Y por ventura no estaban dos pasos de la fuente de agua viva que dice el Señor a la samaritana que quien la bebiere no tendrá sed. Y con cuánta razón, y qué gran verdad, como dicha de la boca de la mesma verdad, que no la tendrá de cosa de esta vida aunque crece, muy mayor de lo que acá podemos imaginar por esta sed natural, de las cosas de la otra...

El agua tiene tres propiedades, que ahora se me acuerda que me hacen al caso —que muchas más tendrá—: La una es que enfría. Por calor que haya uno, si entra en un río, se le quita; y si hay gran fuego, con ella se mata.

Salvo si no es de alquitrán, que dicen se enciende más. ¡Oh, válame Dios! y ¡qué de maravillas hay en este encenderse más el fuego con el agua cuando es fuego fuerte, poderoso, no sujeto a los elementos, pues éste —con ser su contrario— no le empece, antes le hace crecer! ¡Qué valiera aquí ser filósofo para saber las propiedades de las cosas y saberme declarar! (que me voy regalando en ello, y no sé decir lo que entiendo, y por ventura no lo sé entender). De que Dios, hermanas, os traya a beber de este agua —y las que ahora lo bebéis— gustaréis de esto y entenderéis cómo el verdadero amor de Dios, si está en su fuerza (ya libre de cosas de tierra del todo y que vuela sobre ellas), como es señor de todos los elementos y del mundo, y como el agua procede de la tierra, no hayáis miedo que mate este fuego...

No os espantaréis, hermanas, de lo mucho que he puesto en este libro para que procuréis esta libertad. ¿No es linda cosa una pobre monjita de

San José que pueda llegar a señorear toda la tierra y elementos? Y ¿qué mucho que los santos hiciesen de ellos lo que querían, con el favor de Dios? San Martín el fuego y las aguas le obedecían;[18] San Francisco hasta los peces; pues con ayuda de Dios, y haciendo lo que han podido, casi se lo pueden pedir de derecho...

Pues si es agua del cielo, no hayáis miedo que mate este fuego. Mas que estotra le aviva. No son contrarios, sino de una tierra; no hayáis miedo le haga mal el uno al otro. Antes ayuda el uno al otro a su efecto; porque el agua le enciende más y ayuda a sustentar, y el fuego ayuda a el agua a enfriar. ¡Válame Dios, qué cosa tan hermosa y de tanta maravilla, que el fuego enfría! Sí, y aun yela todas las afecciones del mundo. Cuando con él se junta el agua viva del cielo, no hayáis miedo que le dé pizca[19] de calor para ninguna.

Es la otra propiedad limpiar cosas no limpias. (Si no hubiese agua para lavar, ¿qué sería del mundo?) ¿Sabéis qué tanto[20] limpia este agua viva, este agua celestial, este agua clara, cuando no está turbia, cuando no tiene lodo, sino que se coge de la mesma fuente? Que una vez que se beba, tengo por cierto deja el alma clara y limpia de todas las culpas. Porque —como tengo escrito— no da Dios lugar a que beban de este agua (que no está en nuestro querer) de perfecta contemplación, de verdadera unión, sino es para limpiarla y dejarla limpia y libre del lodo en que por las culpas estaba metida. Porque otros gustos —que vienen por medianería del entendimiento— por mucho que hagan, traen el agua corriendo por la tierra. No lo beben junto a la fuente; nunca falta en este camino cosas lodosas en que se detenga, y no va tan puro, tan limpio. No llamo yo a esto agua viva —conforme a mi entender, digo.

La otra propiedad del agua es que harta y quita la sed. Porque sed me parece a mí quiere decir deseo de una cosa que nos hace tan gran falta que si nos falta nos mata. Extraña cosa es que si nos falta nos mata y si nos sobra nos acaba la vida, como se ve morir muchos ahogados.

¡Oh Señor mío, y quién se ahogase engolfada en esta agua viva!

---

17 que no sea en perjuicio suyo, para su descrédito. 18 «A San Martín le obedecían el fuego y las aguas». La misma construcción en la frase siguiente: «a San Francisco...» 19 la más mínima cantidad. 20 cuánto.

21 muy libre. 22 En los capítulos anteriores viene comparando los efectos de los diferentes grados de la oración (o sea de los grados místicos) con los beneficios que el agua produce, mediante el riego, en una huerta que es el alma. 23 Las facultades del alma (memoria,

entendimiento y voluntad). Quiere decir aquí la Santa que estas facultades, al llegar la oración de quietud, que es la que está ahora describiendo, quedan como suspendidas. Dentro de las experiencias místicas descritas a continuación por Santa Teresa, a medida que el alma se acerca al estado de unión, estas facultades van perdiendo poco a poco su fuerza hasta llegar a un enajenamiento completo cuando se realiza la unión con Dios, grado máximo del misticismo.

VIDA

...Cómo saca de los males bienes, según se verá en una cosa que le acaeció en este lugar que se fué a curar

...Pues comenzándome a confesar *con este que digo,* él se aficionó en extremo a mí, porque entonces tenía poco que confesar, para lo que después tuve, ni lo había tenido después de monja. No fué la afeción de éste mala, mas de demasiada afeción venía a no ser buena. Tenía entendido de mí que no me determinaría a hacer cosa contra Dios, que fuese grave, por ninguna cosa, y él también me aseguraba lo mesmo, y ansí era mucha la conversación. Mas mis tratos entonces, con el embebecimiento de Dios que traía, lo que más gusto me daba era tratar cosas de Él; y como era tan niña, hacíale confusión ver esto, y con la gran voluntad que me tenía, comenzó a declararme su perdición; y no era poca, porque había casi siete años que estaba en muy peligroso estado, con afeción y trato con una mujer del mesmo lugar, y con esto decía misa. Era cosa tan pública, que tenía perdida la honra y la fama, y nadie le osaba hablar contra esto. A mí hízoseme gran lástima, porque le quería mucho, que esto tenía yo de gran liviandad y ceguedad, que me parecía virtud ser agradecida, y tener ley a quien me quería. Maldita sea tal ley, que se extiende hasta ser contra la de Dios. Es un desatino que se usa en el mundo, que me desatina; que debemos todo el bien que nos hacen a Dios, y tenemos por virtud, aunque sea ir contra él, no quebrantar esta amistad. ¡Oh ceguedad de mundo! Fuérades vos servido, Señor, que yo fuera ingratísima contra todo él, y contra vos no lo fuera un punto; mas ha sido todo al revés por mis pecados.

Procuré saber e informarme más de personas de su casa; supe más la perdición, y vi que el pobre no tenía tanta culpa; porque la desventurada de la mujer le tenía puestos hechizos en un idolillo de cobre, que le había rogado le trajese por amor de ella al cuello, y éste nadie había sido poderoso de podérsele quitar. Yo no creo es verdad esto de hechizos determinadamente, mas diré esto que yo vi, para aviso de que se guarden los hombres de mujeres, que este trato quieren tener; y crean, que pues pierden la vergüenza a Dios (que ellas más que los hombres son obligadas a tener honestidad) que ninguna cosa de ellas pueden confiar; y que, a trueco de llevar adelante su voluntad y aquella afeción, que el demonio les pone, no miran nada. Aunque yo he sido tan ruin, en ninguna de esta suerte yo no caí, ni jamás pretendí hacer mal, ni, aunque pudiera, quisiera forzar la voluntad para que me la tuvieran, porque me guardó el Señor de esto; mas si me dejara, hiciera el mal que hacía en lo demás, que de mí ninguna cosa hay que fiar. Pues como supe esto, comencé a mostrarle más amor: mi intención buena era, la obra mala; pues por hacer bien, por grande que sea, no había de hacer un pequeño mal. Tratábale muy ordinario de Dios: esto debía aprovecharle, aunque más creo le hizo al caso el quererme mucho; porque, por hacerme placer, me vino a dar el idolillo, el cual hice echar luego en un río. Quitado esto comenzó, como quien despierta de un gran sueño, a irse acordando de todo lo que había hecho aquellos años, y espantándose de sí, doliéndose de su perdición, vino a comenzar a aborrecerla. Nuestra Señora le debía ayudar mucho, que era muy devoto de su Concepción, y en aquel día hacía gran fiesta. En fin, dejó del todo de verla, y no se hartaba de dar gracias a Dios, por haberle dado luz. A cabo de un año en punto, desde el primer día en que yo le vi, murió: ya había estado muy en servicio de Dios, porque aquella afición grande que me tenía, nunca entendí ser mala, aunque pudiera ser con más puridad; mas también hubo ocasiones para que, si no se tuviera muy delante a Dios, hubiera ofensas suyas más graves. Como he dicho, cosa que yo entendiera era pecado mortal, no la hiciera entonces; y paréceme que le ayudaba a tenerme amor, ver esto en mí. Que creo todos los hombres deben de ser más amigos de mujeres que ven inclinadas a virtud; y aun para lo que acá pretenden, deben de ganar con ellos más por aquí, según después diré. Tengo por cierto está en carrera de salvación. Murió muy bien, y muy quitado[21] de aquella ocasión: parece quiso el Señor que por estos medios se salvase.

Trata del tercer grado de oración, y va declarando cosas muy sabidas, y lo que puede el alma que llega aquí, y los efectos que hacen esas mercedes tan grandes del Señor. Es muy para levantar el espíritu en alabanzas de Dios, y para gran consuelo de quien llegare aquí

Vengamos ahora a hablar de la tercera agua con que se riega esta huerta,[22] que es agua corriente de río u de fuente, que se riega muy a menos trabajo, aunque alguno da el encaminar el agua. Quiere el Señor aquí ayudar a el hortolano de manera, que casi él es el hortolano y el que lo hace todo. Es un sueño de las potencias,[23] que ni del todo se pierden, ni entienden cómo obran. El gusto y suavidad y deleite es más sin comparación que lo pasado; es que da el agua de la gracia a la garganta a esta alma, que no puede ya ir adelante, ni sabe cómo, ni tornar atrás: querría gozar de grandísima gloria. Es como uno que está con la candela en la mano, que le falta poco para morir muerte que la desea. Está gozando en aquel agonía con el mayor deleite que se puede decir: no me parece que es otra cosa, sino un morir casi del todo a todas las cosas del mundo, y estar gozando de Dios. Yo no sé otros términos como lo decir, ni cómo lo declarar, ni entonces sabe el alma qué hacer; porque ni sabe si hable, ni si calle, ni si ría, ni si llore. Es un glorioso desatino, una celestial locura, adonde se deprende[24] la verdadera sabiduría, y es deleitosísima manera de gozar el alma. Y es ansí que ha que me dió el Señor en abundancia esta oración, creo cinco y aun seis años, y muchas veces, y que ni yo la entendía, ni la supiera decir; y ansí tenía por mí, llegada aquí, decir muy poco u no nada. Bien entendía que no era del todo unión de todas las potencias, y que era más que la pasada muy claro; mas yo confieso que no podía determinar y entender cómo era esta diferencia. Creo que, por la humildad que vuesa merced ha tenido en quererse ayudar de una simpleza tan grande como la mía, me dió el Señor hoy acabando de comulgar esta oración, sin poder ir adelante, y me puso estas comparaciones, y enseñó la manera de decirlo, y lo que ha de hacer aquí el alma; que cierto yo me espanté y entendí en un punto. Muchas veces estaba ansí como desatinada, embriagada en este amor, y jamás había podido entender cómo era. Bien entendía que era Dios, mas no podía entender cómo obraba aquí; porque, en hecho de verdad, están casi del todo unidas las potencias, mas no tan engolfadas que no obren. Gustado he en extremo de haberlo ahora entendido. Bendito sea el Señor, que ansí me ha regalado.

Sólo tienen habilidad las potencias para ocuparse todas en Dios; no parece se osa bullir ninguna, ni la podemos hacer menear, si con mucho estudio no quisiésemos divertirnos, y aun no me parece que del todo se podría entonces hacer. Háblanse aquí muchas palabras en alabanza de Dios, sin concierto, si el mesmo Señor no las concierta; al menos el entendimiento no vale aquí nada: querría dar voces en alabanzas el alma, y está que no cabe en sí, un desasosiego sabroso. Ya, ya se abren las flores, ya comienzan a dar olor. Aquí querría el alma que todos la viesen, y entendiesen su gloria para alabanzas de Dios, y que la ayudasen a ella, y darles parte de su gozo, porque no puede tanto gozar. Paréceme que es como la que dice el Evan-

gelio, que quería llamar o llamaba a sus vecinas. Esto me parece debía sentir el admirable espíritu del real profeta David, cuando tañía y cantaba con la arpa, en alabanzas de Dios. De este glorioso rey soy yo muy devota, y querría todos lo fuesen, en especial los que somos pecadores.

¡Oh, válame Dios, cuál está un alma cuando está ansí! Toda ella querría fuese lenguas para alabar al Señor. Dice mil desatinos santos, atinando siempre a contentar a quien la tiene ansí. Yo sé persona,[25] que con no ser poeta, le acaecía hacer de presto coplas muy sentidas declarando su pena bien; no hechas de su entendimiento, sino que para gozar más la gloria, que tan sabrosa pena le daba, se quejaba de ella a su Dios. Todo su cuerpo y alma querría se despedazase para mostrar el gozo, que con esta pena siente. ¿Qué se le pondrá entonces delante de tormentos que no le fuese sabroso pasarlo por su Señor?...

No puede ya, Dios mío, esta vuestra sierva sufrir tantos trabajos, como de verse sin Vos le vienen; que si ha de vivir no quiere descanso en esta vida, ni se le deis Vos. Querría ya esta alma verse libre: el comer la mata, el dormir la acongoja; ve que se la pasa el tiempo de la vida pasar en regalo y que nada ya la puede regalar fuera de Vos; que parece vive contra natura, pues ya no querría vivir en sí, sino en Vos. ¡Oh verdadero Señor y gloria mía, qué delgada y pesadísima cruz tenéis aparejada a los que llegan a este estado! Delgada, porque es suave; pesada, porque vienen veces que no hay sufrimiento que la sufra; y no se querría jamás ver libre de ella si no fuese para verse ya con Vos.

Dice algunas mercedes grandes que le hizo el Señor

Quiso el Señor que viese aquí algunas veces esta visión: vía un ángel cabe mí hacia el lado izquierdo en forma corporal; lo que no suelo ver sino por maravilla. Aunque muchas veces se me representan ángeles, es sin verlos, sino como la visión pasada, que dije primero. En esta visión quiso el Señor le viese ansí: no era grande, sino pequeño, hermoso mucho, el rostro tan encendido, que parecía de los ángeles muy subidos, que parece todos se abrasan. Deben ser los que llaman cherubines, que los nombres no me los dicen: mas bien veo

24 aprende.   25 Yo conozco a alguien. Se refiere a sí misma.   26 Santa Teresa llama «Castillo interior» —el otro título de *Las moradas*— al alma. Dice al principio del libro: «Estando hoy suplicando a Nuestro Señor hablase por mí, porque yo no atinaba a cosa que decir ni cómo comenzar a cumplir esta obediencia, se me ofreció lo que ahora diré, para comenzar con algún fundamento: que es,

considerar nuestra alma como un castillo todo de diamante o muy claro cristal, adonde hay muchos aposentos, ansí como en el cielo hay muchas moradas.»   27 Se refiere a ella misma. Comp. nota 25.   28 arroyitos.   29 nada. 30 Tallo blanco que se encuentra dentro del tronco de la palma y del que nacen las hojas.

que en el cielo hay tanta diferencia de unos ángeles a otros, y de otros a otros, que no lo sabría decir. Veíale en las manos un dardo de oro largo, y al fin del hierro me parecía tener un poco de fuego. Éste me parecía meter por el corazón algunas veces, y que me llegaba a las entrañas: al sacarle me parecía las llevaba consigo, y me dejaba toda abrasada en amor grande de Dios. Era tan grande el dolor, que me hacía dar aquellos quejidos, y tan excesiva la suavidad que me pone este grandísimo dolor, que no hay desear que se quite, ni se contenta el alma con menos que Dios. No es dolor corporal, sino espiritual, aunque no deja de participar el cuerpo algo, y aun harto. Es un requiebro tan suave, que pasa entre el alma y Dios, que suplico yo a su bondad lo dé a gustar a quien pensare que miento.

Los días que duraba esto, andaba como embobada, no quisiera ver ni hablar, sino abrazarme con mi pena, que para mí era mayor gloria que cuantas hay en todo lo criado. Esto tenía algunas veces, cuando quiso el Señor me viniesen estos arrobamientos tan grandes, que aun estando entre gentes no los podía resistir, sino que con harta pena mía se comenzaron a publicar. Después que los tengo no siento esta pena tanto, sino la que dije en otra parte antes, no me acuerdo en qué capítulo que es muy diferente en hartas cosas, y de mayor aprecio: antes en comenzando esta pena, de que ahora hablo, parece arrebata el Señor el alma y la pone en éxtasis, y ansí no hay lugar de tener pena, ni de padecer, porque viene luego el gozar. Sea bendito por siempre, que tantas mercedes hace a quien tan mal responde a tan grandes beneficios.

LAS MORADAS

TRATA DE CUÁN FEA COSA ES UN ALMA QUE ESTÁ EN PECADO MORTAL. TRATA TAMBIÉN ALGO SOBRE EL PROPIO CONOCIMIENTO

Antes que pase adelante os quiero decir que consideréis qué será ver este Castillo[26] tan resplandeciente y hermoso, esta perla oriental, este árbol de vida que está plantado en las mesmas aguas vivas de la vida, que es Dios, cuando cae en un pecado mortal; no hay tinieblas más tenebrosas, ni cosa tan oscura y negra que no lo esté mucho más. No queráis más saber de que con estarse el mesmo sol, que le daba tanto resplandor y hermosura, todavía en el centro de su alma es como si allí no estuviese para participar de Él, con ser tan capaz para gozar de su Majestad, como el cristal para resplandecer en él el sol. Ninguna cosa le aprovecha, y de aquí viene que todas las buenas obras que

hiciere, estando ansí en pecado mortal, son de ningún fruto para alcanzar gloria; porque no procediendo de aquel principio, que es Dios, de donde nuestra virtud es virtud, y apartándonos de Él, no puede ser agradable a sus ojos; pues, en fin, el intento de quien hace un pecado mortal no es contentarle, sino hacer placer al Demonio, que como es las mesmas tinieblas, ansí la pobre alma queda hecha una mesma tiniebla.

Yo sé de una persona[27] a quien quiso nuestro Señor mostrar cómo quedaba un alma cuando pecaba mortalmente. Dice aquella persona que le parece, si lo entendiesen, no sería posible ninguno pecar, aunque se pusiese a mayores trabajos que se pueden pensar por huir de las ocasiones. Y ansí le dió mucha gana, que todos lo entendieran; y ansí os la dé a vosotras, hijas, de rogar mucho a Dios por los que están en este estado, todo hechos una escuridad, y ansí son sus obras; porque ansí como de una fuente muy clara lo son todos los arroícos[28] que salen della, como es un alma que está en gracia, que de aquí le viene ser sus obras tan agradables a los ojos de Dios y de los hombres porque proceden de esta fuente de vida, adonde el alma está como un árbol plantado en ella, que la frescura y fruto no tuviera, si no le procediere de allí, que esto le sustenta y hace no secarse, y que dé buen fruto; ansí el alma que por su culpa se aparta desta fuente y se planta en otra de muy negrísima agua y de muy mal olor, todo lo que corre della es la mesma desventura y suciedad. Es de considerar aquí que la fuente y aquel sol resplandeciente que está en el centro del alma no pierde su resplandor y hermosura, que siempre está dentro de ella y cosa[29] no puede quitar su hermosura; mas si sobre un cristal que está al sol se pusiese un paño negro, claro está que aunque el sol dé en él no hará su claridad operación en el cristal...

Son tan escuras de entender estas cosas interiores, que a quien tan poco sabe como yo, forzado habrá de decir muchas cosas superfluas y aún desatinadas para decir alguna que acierte. Es menester tenga paciencia quien lo leyere, pues yo la tengo para escribir lo que no sé; que cierto algunas veces tomo el papel, como una cosa boba, que ni sé qué decir ni cómo comenzar...

Pues tornemos ahora a nuestro Castillo de muchas Moradas. No habéis de entender estas Moradas una en pos de otra, como cosa en hilada, sino poné los ojos en el centro, que es la pieza u palacio adonde está el Rey, y considerad como un palmito,[30] que para llegar a lo que es de comer tiene muchas coberturas que todo lo sabroso cercan; ansí acá en rededor de esta pieza están muchas, y encima lo mesmo, porque las cosas del alma siempre se han de considerar con plenitud y anchura y grandeza, pues no le levantan nada, que capaz es de mucho más que podremos considerar, y a todas partes de ella se comunica este sol que está en este palacio. Esto importa mucho a cualquier alma que tenga oración, poca o mucha, que no la arrincone ni apriete: déjela andar por estas Moradas, arriba y abajo y a los lados, pues Dios la dió tan gran dignidad; no se estruje en estar mucho tiempo en una pieza sola, u que si es en el propio conocimiento, que con cuan necesario es esto, miren que me entiendan, aun a las que tiene el Señor en la mesma Morada que Él está, que jamás por encumbrada que esté le cumple otra cosa, ni podrá aunque quiera; que la humildad siempre labra como la abeja en la colmena la miel, que sin esto todo va perdido. Mas consideremos que la abeja no deja de salir a volar para traer flores, ansí el alma en el propio conocimiento; créame, y vuele algunas veces a considerar la grandeza y majestad de su Dios...

No sé si queda dado bien a entender, porque es cosa tan importante este conocernos, que no querría en ello hubiese jamás relajación, por subidas que estéis en los cielos: pues mientras estamos en esta tierra, no hay cosa que más nos importe que la humildad. Y ansí torno a decir que es muy bueno y muy rebueno tratar de entrar primero en el aposento adonde se trata de esto, que volar a los demás, porque éste es el camino; y si podemos ir por lo seguro y llano, ¿para qué hemos de querer alas para volar?; mas que busque cómo aprovechar más esto. Y a mi parecer jamás nos acabamos de conocer, si no procuramos conocer a Dios; mirando su grandeza acudamos a nuestra bajeza, y mirando su limpieza veremos nuestra suciedad; considerando su humildad, veremos cuán lejos estamos de ser humildes. Hay dos ganancias de esto: la primera está claro que parece una cosa blanca muy más blanca cabe la negra; y al contrario la negra cabe la blanca; la segunda es porque nuestro entendimiento y voluntad se hace más noble y más aparejado para todo bien, tratando, a vueltas de sí, con Dios; y si nunca salimos de nuestro cieno de miserias es mucho inconveniente...

Habéis de notar que en estas Moradas primeras aún no llega casi nada la luz que sale del palacio donde está el Rey, porque aunque no están escurecidas y negras, como cuando el alma está en pecado, está escurecida en alguna manera, para que no la pueda ver, el que está en ella digo, y no por culpa de la pieza, que no sé darme a entender, sino porque con tantas cosas malas de culebras y víboras y cosas emponzoñosas, que entraron con él, no le dejan advertir a la luz. Como si uno entrase en una parte adonde entra mucho sol y llevase tierra en los ojos, que casi no los pudiese abrir; clara está la pieza, mas él no lo goza por el impedimento u cosas de estas fieras y bestias, que le hacen cerrar los ojos para no ver sino a ellas. Ansí me parece debe ser un alma, que aunque no está en mal estado, está tan metida en cosa del mundo y tan empapada en la hacienda u honra u negocios, como tengo dicho, que aunque en hecho de verdad se querría ver y gozar de su hermosura, no le dejan, ni parece que puede descabullirse de tantos impedimentos. Y conviene mucho para haber de entrar a las segundas Moradas, que procure dar de mano[31] a las cosas y negocios no necesarios, cada uno conforme a su estado. Que es cosa que le importa tanto para llegar a la Morada principal, que si no comienza a hacer esto, lo tengo por imposible...

DICE DE OTRA MANERA DE UNIÓN QUE PUEDE ALCANZAR EL ALMA CON EL FAVOR DE DIOS Y LO QUE IMPORTA PARA ESTO EL AMOR AL PRÓJIMO

¡Oh hermanas, cómo se ve claro adonde está de veras el amor del prójimo, en algunas de vosotras, y en las que no está con esta perfección! Si entendiésedes lo que nos importa esta virtud, no trairíades otro estudio. Cuando yo veo almas, muy diligentes a entender la oración que tienen, y muy encapotadas cuando están en ella, que parece que no se osan bullir ni menear el pensamiento porque no se les vaya un poquito de gusto y de devoción que han tenido, háceme ver cuán poco entienden del camino por donde se alcanza la unión. ¿Y piensan que allí está todo el negocio? Que no, hermanas, no; obras quiere el Señor; y que si ves una enferma a quien puedes dar algún alivio, no se te dé nada de perder esta devoción, y te compadezcas de ella, y si tiene algún dolor, te duela a ti, y si fuere menester lo ayunes porque ella lo coma, no tanto por ella como porque sabes que tu Señor quiere aquello. Ésta es la verdadera unión con su voluntad; y que si vieres loar mucho a una persona, te alegres más mucho que si te loasen a ti; esto a la verdad fácil es, que si hay humildad, antes tendrá pena de verse loar. Mas esta alegría de que se entiendan las virtudes de las hermanas es gran cosa, y cuando viéremos alguna falta en alguna, sentirla como si fuera en nosotras y encubrirla. Mucho he dicho en otras partes de esto porque veo, hermana, que si hubiese en ello quiebra, vamos perdidas. Plega al Señor nunca la haya, que como esto sea, yo os digo que no dejéis de alcanzar de su Majestad la unión que queda dicha.

---

31 dejar.   32 averiguación, investigación.   33 acusarán.

Cuando os vierdes faltas en esto, aunque tengáis devoción y regalos, que os parezca habéis llegado ahí, y alguna suspenciocilla en la oración de quietud, que a algunas luego les parece que está todo hecho, creedme, que no habéis llegado a unión, y pedid a nuestro Señor que os dé con perfección este amor del prójimo y dejad hacer a su Majestad, que Él os dará más que sepáis desear, como vosotras os esforcéis y procuréis, en todo lo que pudierdes, esto, y forzar vuestra voluntad, para que se haga en todo la de las hermanas, aunque perdáis de vuestro derecho y olvidar vuestro bien por el suyo, aunque más contradicción os haga el natural, y procurar tomar trabajo, por quitarle al prójimo, cuando se ofreciere. No penséis de costar algo y que os lo habéis de hallar hecho. Mirá lo que costó a nuestro Esposo el amor que nos tuvo, que por librarnos de la muerte, la murió tan penosa, como muerte de cruz.

CARTA

AL PRUDENTÍSIMO SEÑOR, EL REY FELIPE II

Jesús

La gracia del Espíritu Santo sea siempre con vuestra majestad. Amén. A mi noticia ha venido un memorial que a V. M. han dado contra el padre maestro Gracián, que me espanto de los ardides del demonio y de sus ministros: porque no se contenta con infamar a este siervo de Dios (que verdaderamente lo es, y nos tiene tan edificadas a todas que siempre me escriben de los monasterios que visita que los deja con nuevo espíritu), sino que procuran ahora deslustrar estos monasterios, adonde tanto se sirve nuestro Señor. Y para esto se han valido de dos descalzos, que el uno, antes que fuese fraile, sirvió a estos monasterios, y ha hecho cosas a donde bien da a entender que muchas veces le falta el juicio; y deste descalzo y otros apasionados contra el padre maestro Gracián (porque ha de ser el que los castigue) se han querido valer sus émulos, haciéndoles firmar desatinos, que si no temiese el daño que podría hacer el demonio, me daría recreación lo que dice que hacen las descalzas; porque para nuestro hábito sería cosa monstruosa. Por amor de Dios suplico a V. M. no consientan que anden en tribunales testimonios tan infames, porque es de tal suerte el mundo que puede quedar alguna sospecha en alguno (aunque más se pruebe lo contrario) si dimos alguna ocasión. Y no ayuda a la reformación poner mácula en lo que está por la bondad de Dios tan reformado, como V. M. podrá ver, si es servido, por una probanza[32] que mandó hacer el padre Gra-

cián destos monasterios, por ciertos respetos, de personas graves y santas que a estas monjas tratan. Y pues de los que han escrito los memoriales, se puede hacer información de lo que les mueve, por amor de Dios nuestro señor V. M. lo mire como cosa que toca a su gloria y honra. Porque si los contrarios ven que se hace caso de sus testimonios por quitar la visita, levantarán[33] a quien la hace que es hereje; y donde no hay mucho temor de Dios será fácil probarlo.

Yo he lástima de lo que este siervo de Dios padece, y con la rectitud y perfección que va en todo; y esto me obliga a suplicar V. M. le favorezca, o le mande quitar de la ocasión de estos peligros, pues es hijo de criados de V. M., y él por sí no pierde; que verdaderamente me ha parecido un hombre enviado de Dios y de su bendita Madre, cuya devoción, que tiene grande, le trujo a la orden para ayuda mía, porque ha más de diez y siete años que padecía a solas, y ya no sabía cómo lo sufrir, que no bastaban mis fuerzas flacas. Suplico a V. M. me perdone lo que me he alargado, que el gran amor que tengo a V. M. me ha hecho atreverme, considerando que pues sufre el Señor mis indiscretas quejas, también las sufrirá V. M. Plegue a él oiga todas las oraciones de descalzos y descalzas que se hacen, para que guarde a V. M. muchos años, pues ningún otro amparo tenemos en la tierra. Fecha en Ávila, a 13 de setiembre de 1577 años.—Indigna sierva y súbdita de V. M.—Teresa de Jesús.

POESÍAS

¡Oh Hermosura que excedéis
a todas las hermosuras!
Sin herir, dolor hacéis,
y sin dolor deshacéis
el amor de las criaturas.
   ¡Oh ñudo que ansí juntáis
dos cosas tan desiguales!
No sé por qué os desatáis,
pues atado fuerza dais
a tener por bien los males.
   Juntáis quien no tiene ser
con el Ser que no se acaba.
Sin acabar, acabáis;
sin tener que amar, amáis;
engrandecéis nuestra nada.

* * *

Vivo sin vivir en mí,
y de tal manera espero,
que muero porque no muero.
   Vivo ya fuera de mí,
después que muero de amor;

porque vivo en el Señor,
que me quiso para sí;
cuando el corazón le di
puso en él este letrero:
Que muero porque no muero.

    Esta divina prisión
del amor con que yo vivo,
ha hecho a Dios mi cautivo,
y libre mi corazón;
y causa en mí tal pasión[34]
ver a Dios mi prisionero,
que muero porque no muero.

    ¡Ay, qué larga es esta vida!
¡Qué duros estos destierros,
esta cárcel, estos hierros
en que el alma está metida!
Sólo esperar la salida
me causa dolor tan fiero,
que muero porque no muero.

    ¡Ay, qué vida tan amarga
do no se goza el Señor!
Porque si es dulce el amor,
no lo es la esperanza larga.
Quíteme Dios esta carga
más pesada que el acero,
que muero porque no muero.

    Sólo con la confianza
vivo de que he de morir,
porque muriendo, el vivir
me asegura mi esperanza.
Muerte, do el vivir se alcanza,
no te tardes, que te espero,
que muero porque no muero.

    Mira que el amor es fuerte;
vida, no me seas molesta;
mira que sólo te resta,
para ganarte, perderte.
Venga ya la dulce muerte,
el morir venga ligero,
que muero porque no muero.

    Aquella vida de arriba,
que es la vida verdadera,
hasta que esta vida muera,
no se goza estando viva.
Muerte, no me seas esquiva:
viva muriendo primero,
que muero porque no muero.

    Vida, ¿qué puedo yo darle
a mi Dios, que vive en mí,
si no es el perderte a ti,
para mejor a Él gozarle?
Quiero muriendo alcanzarle,

pues tanto a mi Amado quiero,
que muero porque no muero.

          * * *

    Nada te turbe,
nada te espante,
todo se pasa;
Dios no se muda;
la paciencia
todo lo alcanza;
quien a Dios tiene
nada le falta:
sólo Dios basta.

          * * *

    Alma, buscarte has en Mí,
y a Mí buscarme has en ti.

    De tal suerte pudo amor,
alma, en mí te retratar,
que ningún sabio pintor
supiera con tal primor
tal imagen estampar.

    Fuiste por amor criada
hermosa, bella, y así
en mis entrañas pintada,
si te perdieres, mi amada,
alma, buscarte has en Mí.

    Que yo sé que te hallarás
en mi pecho retratada,
y tan al vivo sacada,
que si te ves te holgarás
viéndote tan bien pintada.

    Y si acaso no supieres
donde me hallarás a *Mí*,
no andes de aquí para allí,
si no, si hallarme quisieres
a Mí, buscarme has en ti.

    Porque tú eres mi aposento,
eres mi casa y morada,
y así llamo en cualquier tiempo,
si hallo en tu pensamiento
estar la puerta cerrada.

    Fuera de ti no hay buscarme,
porque para hallarme en *Mí*,
bastará sólo llamarme,
que a ti iré sin tardarme,
y a Mí buscarme has en ti.

          * * *

    Ya toda me entregué y di,
y de tal suerte he trocado,
que mi Amado es para mí
y yo soy para mi Amado.
    Cuando el dulce cazador
me tiró y dejó rendida,

---

34 dolor.

1 cuida, se preocupa.   2 eleva, ensalza.   3 ¿de qué sirve?   4 vanidad.   5 retiro.   6 benéfico, vivificador.
7 interrumpido.   8 refresca.

en los brazos del amor
mi alma quedó caída,
y cobrando nueva vida
de tal manera he trocado,
que mi Amado es para mí
y yo soy para mi Amado.

    Tiróme con una flecha

enarbolada de amor,
y mi alma quedó hecha
una con su Criador;
yo ya no quiero otro amor,
pues a mi Dios me he entregado,
que mi Amado es para mí
y yo soy para mi Amado.

Fray Luis de León
1527-1591

Nació en Belmonte, en la actual provincia de Cuenca; fué agustino; pasó la mayor parte de su vida en Salamanca, en cuya Universidad desempeñó varias cátedras. Entre los grandes escritores religiosos de su tiempo se caracteriza Fray Luis por la armonía y serenidad de su espíritu, quizá el más equilibrado que produjo el Renacimiento en España. Su estilo, tanto en prosa como en verso, es reflejo exacto de ese equilibrio, visible también en la función de lirismo e intelecto que preside toda su obra. Escritor de marcado tono intelectual, llega a veces a la expresión de los estados místicos, no como resultado de experiencias personales, a la manera de Santa Teresa, sino por el impulso de su sentimiento unido a la elevación de sus ideas sobre Dios, la naturaleza y el hombre.

Además de varias de sus poesías, quizás en conjunto las de valor más indiscutible en la lírica española, y de fragmentos de sus dos obras en prosa más conocidas —*La perfecta casada* y *De los nombres de Cristo*— damos unas muestras de sus comentarios a la traducción del *Cantar de los cantares*, hecha en su juventud para la religiosa doña Isabel Osorio, traducción que se alegó en su contra en el célebre proceso que resultó en su encarcelamiento.

POESÍAS

VIDA RETIRADA

    ¡Qué descansada vida
la del que huye el mundanal rüido,
y sigue la escondida
senda por donde han ido
los pocos sabios que en el mundo han sido!

    Que no le enturbia el pecho
de los soberbios grandes el estado,
ni del dorado techo
se admira, fabricado
del sabio moro, en jaspes sustentado.

    No cura[1] si la fama
canta con voz su nombre pregonera,
ni cura si encarama[2]
la lengua lisonjera
lo que condena la verdad sincera.

    ¿Qué presta[3] a mi contento
si soy del vano dedo señalado;
si en busca de este viento[4]
ando desalentado
con ansias vivas, con mortal cuidado?

    ¡Oh monte, oh fuente, oh río!
¡Oh secreto seguro[5] deleitoso!
Roto casi el navío,
a vuestro almo[6] reposo
huyo de aqueste mar tempestuoso.

    Un no rompido[7] sueño,
un día puro, alegre, libre quiero;
no quiero ver el ceño
vanamente severo
de a quien la sangre ensalza o el dinero.

    Despiértenme las aves
con su cantar sabroso no aprendido,
no los cuidados graves
de que es siempre seguido
el que al ajeno arbitrio está atenido.

    Vivir quiero conmigo,
gozar quiero del bien que debo al cielo,
a solas, sin testigo,
libre de amor, de celo,
de odio, de esperanzas, de recelo.

    Del monte en la ladera
por mi mano plantado tengo un huerto
que con la primavera
de bella flor cubierto
ya muestra en esperanza el fruto cierto.

    Y como codiciosa
por ver y acrecentar su hermosura,
desde la cumbre airosa
una fontana pura
hasta llegar corriendo se apresura.

    Y luego sosegada
el paso entre los árboles torciendo,
el suelo de pasada
de verdura vistiendo
y con diversas flores va esparciendo.

    El aire el huerto orea,[8]
y ofrece mil olores al sentido;

los árboles menea
con un manso rüido,
que del oro y del cetro[9] pone olvido.

Ténganse su tesoro
los que de un falso leño[10] se confían:
no es mío ver el lloro
de los que desconfían
cuando el cierzo y el ábrego porfían.[11]

La combatida antena
cruje, y en ciega noche el claro día
se torna; al cielo suena
confusa vocería,
y la mar enriquecen a porfía.[12]

A mí una pobrecilla
mesa de amable paz bien abastada[13]
me basta, y la vajilla
de fino oro labrada
sea de quien la mar no teme airada.

Y mientras miserable-
mente se están los otros abrasando
con sed insaciable
del peligroso mando,
tendido yo a la sombra esté cantando.

A la sombra tendido,
de yedra y lauro eterno coronado,
puesto el atento oído
al son dulce, acordado,[14]
del plectro[15] sabiamente meneado.

A FRANCISCO SALINAS

El aire se serena
y viste de hermosura y luz no usada,

Salinas, cuando suena
la música extremada
por vuestra sabia mano gobernada.

A cuyo son divino
el alma, que en olvido está sumida,
torna a cobrar el tino
y memoria perdida
de su origen primera esclarecida.[16]

Y como se conoce,
en suerte y pensamientos se mejora;
el oro desconoce
que el vulgo vil adora,
la belleza caduca engañadora.[17]

Traspasa el aire todo
hasta llegar a la más alta esfera,
y oye allí otro modo
de no perecedera
música, que es la fuente y la primera.[18]

Ve cómo el gran Maestro
a aquesta inmensa cítara aplicado,
con movimiento diestro
produce el son sagrado,
con que este eterno templo es sustentado.

Y como está compuesta
de números concordes, luego envía
consonante respuesta,
y entre ambas a porfía
se mezcla una dulcísima armonía.[19]

Aquí la alma navega
por un mar de dulzura, y finalmente
en él ansí se anega,[20]
que ningún accidente

---

[9] atributo del poder.   [10] barco.
[11] cuando luchan los vientos del Norte y del Sur (poniendo en peligro la embarcación).   [12] Sigue la alusión, muy de la época, a las empresas marítimas como muestra de la ambición de los hombres y a las tormentas a que se exponen; «y la mar enriquecen a porfía» alude a los tesoros que se perdían en los naufragios.   [13] bien abastecida, bien surtida.   [14] armonioso.   [15] especie de púa con que se tocan algunos instrumentos de cuerda; los tres últimos versos significan: «atento... al son... producido por la diestra ejecución de la lira».   [16] El alma sumida en el olvido, es decir, preocupada con las cosas temporales, recobra la memoria de su origen divino (al oír la música de Salinas).   [17] desprecia (desconoce) el oro que el vulgo vil adora, y [desprecia] la belleza caduca [y] engañadora.   [18] El alma se eleva hasta oír la música ideal o celeste. Funde aquí Fray Luis lo platónico y lo cristiano que van unidos siempre en su inspiración. Según la doctrina platónica, todo lo sensible (lo que se percibe con los sentidos) es reflejo imperfecto de una forma más perfecta que es la idea, donde lo sensible (en este caso la música de Salinas) tiene su fuente y origen. Según el sentido cristiano —que la estrofa siguiente explica—, Dios es el «gran maestro» que, pulsando «la inmensa cítara» (el universo), produce la armonía suprema.   [19] En esta estrofa sigue desarrollando Fray Luis la idea de la armonía entre la música de Salinas y la música celeste o de las esferas («la no pere-

cedera»), la cual, según la teoría pitagórica, está compuesta de números o medidas concordes y de ahí la «concordante respuesta» que se establece entre las dos.   [20] se sumerge.
[21] Se refiere a sus amigos, a los que por ser poetas y hombres de letras les llama «gloria del sacro coro» de Apolo, dios de la poesía y la música.   [22] El último rey godo que, según la leyenda, sedujo a Florinda la Cava, por lo que el padre de ésta, el conde don Julián, dejó entrar a los moros en España.   [23] personificación del río Tajo en Toledo, siguiendo una oda de Horacio que le sirve de modelo.   [24] Se refiere a los moros a quien don Julián («el injuriado conde») llamó para vengar su afrenta.   [25] número.   [26] dios de los vientos.   [27] el estrecho de Gibraltar.   [28] el tridente con que se representa a Neptuno, dios de los mares.   [29] ¿y aún te detienen los brazos de tu amada, es decir, de Florinda?   [30] ¿no acudes a contener el peligro que se aproxima?
[31] Se refiere al puerto de Cádiz, consagrado antiguamente a Hércules.   [32] el río Guadalquivir.   [33] manchado de sangre mora (ajena) y goda (tuya).   [34] La batalla de Guadalete duró seis días, por eso dice el poeta que durante «cinco luces» la guerra (Marte) desordena los ejércitos (haces) de uno y otro lado, igual a cada parte. En el sexto día, con la victoria de los moros, quedó España condenada al cautiverio («a bárbara cadena»).

extraño o peregrino oye o siente.
  ¡Oh desmayo dichoso!
¡Oh muerte que das vida! ¡Oh dulce olvido!
  ¡Durase en tu reposo
sin ser restituído
jamás a aqueste bajo y vil sentido!

  A este bien os llamo,
gloria del apolíneo sacro coro,[21]
amigos a quien amo
sobre todo tesoro;
que todo lo visible es triste lloro.

  ¡Oh! Suene de contino,
Salinas, vuestro son en mis oídos,
por quien al bien divino
despiertan los sentidos,
quedando a lo demás adormecidos.

PROFECÍA DEL TAJO

  Folgaba el Rey Rodrigo[22]
con la hermosa Cava en la ribera
del Tajo, sin testigo;
el río sacó fuera
el pecho y le habló de esta manera:[23]

  «En mal punto te goces,
injusto forzador; que ya el sonido
oyo ya y las voces,
las armas y el bramido
de Marte, de furor y ardor ceñido.

  ¡Ay, esa tu alegría
qué llantos acarrea! Y esa hermosa,
que vió el sol en mal día,
a España, ¡ay, cuán llorosa,
y al cetro de los godos, cuán costosa!

  Llamas, dolores, guerras,
muertes, asolamientos, fieros males
entre tus brazos cierras;
trabajos inmortales,
a ti y a tus vasallos naturales:

  a los que en Constantina
rompen el fértil suelo, a los que baña
el Ebro, a la vecina
Sansueña, a Lusitaña,
a toda la espaciosa y triste España.

  Ya dende Cádiz llama
el injuriado conde, a la venganza
atento y no a la fama,
la bárbara pujanza,[24]
en quien para tu daño no hay tardanza.

  Oye, que al cielo toca
con temeroso son la trompa fiera
que en África convoca
el moro a la bandera,
que al aire desplegada va ligera.

  La lanza ya blandea

el árabe cruel, y hiere el viento,
llamando a la pelea;
innumerable cuento[25]
de escuadras juntas veo en un momento.

  Cubre la gente el suelo;
debajo de las velas desparece
la mar; la voz al cielo
confusa y varia crece;
el polvo roba el día y le escurece.

  ¡Ay, que ya presurosos
suben las largas naves! ¡Ay, que tienden
los brazos vigorosos
a los remos, y encienden
las mares espumosas por do hienden!

  El Eolo[26] derecho
hinche la vela en popa, y larga entrada
por el hercúleo estrecho[27]
con la punta acerada[28]
el gran padre Neptuno da a la armada.

  ¡Ay triste! ¿y aún te tiene
el mal dulce regazo,[29] ni llamado
al mal que sobreviene
no acorres?[30] ¿Ocupado
no ves ya el puerto a Hércules sagrado?[31]

  Acude, acorre, vuela,
traspasa la alta sierra, ocupa el llano,
no perdones la espuela,
no des paz a la mano,
menea fulminando el hierro insano.

  ¡Ay, cuánto de fatiga!
¡ay, cuánto de sudor está presente
al que viste loriga,
al infante valiente,
a hombres y a caballos juntamente!

  ¡Y tú, Betis[32] divino,
de sangre ajena y tuya amancillado,[33]
darás al mar vecino
cuánto yelmo quebrado,
cuánto cuerpo de nobles destrozado!

  El furibundo Marte
cinco luces las haces desordena
igual a cada parte;
la sexta ¡ay! te condena,
¡oh cara patria! a bárbara cadena.»[34]

NOCHE SERENA

  Cuando contemplo el cielo
de innumerables luces adornado,
y miro hacia el suelo
de noche rodeado,
en sueño y en olvido sepultado,

  el amor y la pena
despiertan en mi pecho un ansia ardiente;
despiden larga vena

los ojos hechos fuente,
Olarte,[35] y digo al fin con voz doliente:
«Morada de grandeza,
templo de claridad y hermosura,
el alma que a tu alteza
nació, ¿qué desventura
la tiene en esta cárcel baja, escura?

¿Qué mortal desatino
de la verdad aleja así el sentido,
que de tu bien divino,
olvidado, perdido,
sigue la vana sombra, el bien fingido?

El hombre está entregado
al sueño, de su suerte no cuidando,
y con paso callado
el cielo vueltas dando
las horas del vivir le va hurtando.

¡Oh! despertad, mortales;
mirad con atención en vuestro daño:
las almas inmortales
hechas a bien tamaño
¿podrán vivir de sombras y de engaño?

¡Ay! levantad los ojos
a aquesta celestial eterna esfera,
burlaréis los antojos
de aquesa lisonjera
vida, con cuanto teme y cuanto espera.

¿Es más que un breve punto
el bajo y torpe suelo, comparado
con este gran trasunto,[36]
do vive mejorado
lo que es, lo que será, lo que ha pasado?

Quien mira el gran concierto
de aquestos resplandores eternales,
su movimiento cierto,
sus pasos desiguales,
y en proporción concorde tan iguales;

la luna cómo mueve
la plateada rueda, y va en pos della
la luz do el saber llueve,[37]
y la graciosa estrella
de amor[38] la sigue reluciente y bella;

y cómo otro camino
prosigue el sanguinoso Marte airado,
y el Júpiter benino
de bienes mil cercado
serena el cielo con su rayo amado;

rodéase en la cumbre
Saturno, padre de los siglos de oro,[39]
tras él la muchedumbre
del reluciente coro[40]
su luz va repartiendo y su tesoro:

¿quién es el que esto mira,
y precia la bajeza de la tierra,
y no gime y suspira
por romper lo que encierra
el alma,[41] y de estos bienes la destierra?

Aquí vive el contento,
aquí reina la paz; aquí asentado
en rico y alto asiento
está el amor sagrado
de glorias y deleites rodeado.

Inmensa hermosura
aquí se muestra toda; y resplandece
clarísima luz pura
que jamás anochece;
eterna primavera aquí florece.

¡Oh campos verdaderos!
¡oh prados con verdad frescos y amenos!
¡riquísimos mineros!
¡oh deleitosos senos,
repuestos[42] valles de mil bienes llenos!

A FELIPE RUIZ

¿Cuándo será que pueda
libre de esta prisión volar al cielo,
Felipe, y en la rueda[43]
que huye más del suelo,
contemplar la verdad pura sin duelo?

Allí a mi vida junto,[44]
en luz resplandeciente convertido,
veré distinto y junto
lo que es y lo que ha sido,
y su principio propio y escondido.[45]

Entonces veré cómo
la soberana mano echó el cimiento
tan a nivel y plomo,
do estable y firme asiento
posee el pesadísimo elemento.[46]

Veré las inmortales
columnas do la tierra está fundada,
las lindes y señales
con que a la mar hinchada

---

35 Diego Olarte, amigo de Fray Luis, a quien va dedicada la poesía. 36 compendio; se refiere al cielo. 37 el planeta Mercurio; al dios de este nombre se le atribuía la sabiduría. 38 Venus. 39 el planeta Saturno, que lleva el nombre del dios a cuyo reinado se atribuye la edad de oro, está en lo más alto del cielo («en la cumbre») cercado de anillos (rodéase). 40 las estrellas.

41 lo que tiene prisionera al alma. 42 ocultos. 43 el

más alto de los círculos celestes; comp. «la más alta esfera» en la oda a Salinas. 44 allí unido a Dios, fuente de la vida. 45 oculto, velado a los mortales. 46 la tierra. 47 quién alimenta y quién provee. 48 viento del Noroeste. 49 tiembla. 50 así el movimiento de las estrellas fugaces como el natural de los astros de órbita fija.

51 el sol. 52 como más arriba, el empíreo. 53 asilo, al cielo. 54 dirigirán. 55 ¿para qué te apresuras?

la Providencia tiene aprisionada.

　　Por qué tiembla la tierra,
por qué las hondas mares se embravecen,
dó sale a mover guerra
el cierzo, y por qué crecen
las aguas del Océano y descrecen.

　　De dó manan las fuentes;
quién ceba y quién bastece[47] de los ríos
las perpetuas corrientes;
de los helados fríos
veré las causas, y de los estíos.

　　Las soberanas aguas
del aire en la región quién las sostiene;
de los rayos las fraguas;
dó los tesoros tiene
de nieve Dios, y el trueno dónde viene.

　　¿No ves cuando acontece
turbarse el aire todo en el verano?
El día se ennegrece,
sopla el gallego[48] insano,
y sube hasta el cielo el polvo vano:

　　y entre las nubes mueve
su carro Dios ligero y reluciente,
horrible son conmueve,
relumbra fuego ardiente,
treme[49] la tierra, humíllase la gente;

　　la lluvia baña el techo,
envían largos ríos los collados;
su trabajo deshecho,
los campos anegados
miran los labradores espantados.

　　Y de allí, levantado,
veré los movimientos celestiales,
ansí el arrebatado
como los naturales,[50]
la causa de los hados, las señales.

　　Quién rige las estrellas
veré, y quién las enciende con hermosas
y eficaces centellas;
por qué están las dos Osas
de bañarse en la mar siempre medrosas.

　　Veré este fuego eterno,[51]
fuente de vida y luz dó se mantiene;
y por qué en el invierno
tan presuroso viene;
quién en las noches largas le detiene.

　　Veré sin movimiento
en la más alta esfera[52] las moradas
del gozo y del contento,
de oro y luz labradas,
de espíritus dichosos habitadas.

EN LA ASCENSIÓN

　　¡Y dejas, Pastor santo,
tu grey en este valle hondo, escuro,

con soledad y llanto,
y tú rompiendo el puro
aire, te vas al inmortal seguro![53]

　　¿Los antes bienhadados
y los ahora tristes y afligidos
a tus pechos criados,
de ti desposeídos,
a dó convertirán[54] ya sus sentidos?

　　¿Qué mirarán los ojos
que vieron de tu rostro la hermosura,
que no les sea enojos?
Quien oyó tu dulzura,
¿qué no tendrá por sordo y desventura?

　　¿Aqueste mar turbado
quién le pondrá ya freno? ¿quién concierto
al viento fiero airado?
Estando tú encubierto,
¿qué norte guiará la nave al puerto?

　　¡Ay! nube envidiosa
aun de este breve gozo, ¿qué te aquejas?[55]
¿dó vuelas presurosa?
¡cuán rica tú te alejas!
¡cuán pobres, y cuán ciegos ¡ay! nos dejas!

AL SALIR DE LA CÁRCEL

　　Aquí la envidia y mentira
me tuvieron encerrado.
Dichoso el humilde estado
del sabio que se retira
de aqueste mundo malvado,
y con pobre mesa y casa
en el campo deleitoso,
con sólo Dios se compasa,
y a solas su vida pasa,
ni envidiado ni envidioso.

CANTAR DE CANTARES

EXPOSICIÓN

Béseme de besos de su boca

Ya dije que todo este libro es una égloga pastoril en que dos enamorados, Esposo y Esposa, a manera de pastores, se hablan y se responden a veces. Pues entenderemos que en este primer capítulo comienza a hablar la Esposa, que habemos de fingir que tenía a su amado ausente, y estaba de ello tan penada que la congoja y deseo la traía muchas veces a desfallecer y desmayarse. Como parece claro por aquello que después en el proceso de su razonamiento dice, cuando ruega a sus compañeras que avisen al Esposo de la enfermedad y desmayo en que está por sus amores y por el ardiente deseo que tiene de verle, que es efecto naturalísimo del amor y nace de lo que se suele decir comúnmente: que el ánima del amante vive más en aquel a quien ama que en sí mismo. Por donde cuanto el amado más se aparta y ausenta, ella, que vive en él por continuo pensamiento y afición, vale siguiendo y comunica menos con su cuerpo, y alejándose de él le deja desfallecer y le desampara en cuanto puede; y no puede tan poco que ya que no rompa las ataduras que la tienen en su cuerpo presa, no las enflaquezca sensiblemente. De lo cual dan muestra la amarillez del rostro y la flaqueza del cuerpo y desmayos del corazón, que proceden de este enajenamiento del alma. Que es también todo el fundamento de aquellas quejas que siempre usan los aficionados, y los poetas las encarecen y suben hasta el cielo, cuando llaman a lo que aman «almas» suyas, y publican haberles sido robado el corazón, tiranizada su libertad y puestas a sacomano[56] sus entrañas; que no es encarecimiento ni manera de bien decir sino verdad que pasa ansí por la manera que tengo dicho. Y ansí la propia medicina de esta afición y lo que más en ella se pretende y desea es cobrar cada uno que ama su alma, que siente serle robada; la cual, porque parece tener su asiento en el aliento que se coge por la boca, de aquí es el desear tanto y deleitarse los que se aman en juntar las bocas y mezclar los alientos, como guiados por esta imaginación y deseo de restituirse en lo que les falta de su corazón o acabar de entregarlo del todo.

Queda entendido de esto con cuánta razón la Esposa, para reparo[57] de su alma y corazón que le faltaba por la ausencia de su Esposo, pide por remedio sus besos, diciendo: «Béseme de besos de su boca...»

Paloma mía, puesta en las quiebras de la piedra, en los escondrijos del paredón

Todas son palabras de amor y requiebro que, continuando su cuento, dice la Esposa haberle dicho el Esposo. Declara, pues, en esto el Esposo a su amada la condición de su amor y cómo se ha de haber con él en este oficio de amarlo, y trae para ello una gentil semejanza de las palomas, cuya propiedad sabida, quedará claro este lugar. Hanse de tal manera las palomas en su compañía que, después que una vez se hermanan dos, macho y hembra, para vivir juntos, jamás deshacen la compañía

hasta que el uno de ellos falta. Y esto nace del natural amor que se toman. Y la paloma está muy obediente a todo el querer del palomo, tanto que no le basta el amor y lealtad que de naturaleza le tiene sino que también sufre muchas riñas y importunos celos del marido. Porque esta ave es la que mayores muestras de celos da entre todas las demás; y ansí, en viniendo de fuera, luego hiere con el pico a su compañera, luego la riñe y con la voz áspera da grandes indicios de su sospecha, cercándola muy azorado y arrastrando la cola por el suelo; y a todo esto, ella está muy paciente sin se mostrar áspera ni enojada. Y estas aves, entre todos los animales brutos, muestran más claro el amor que se tienen ser de gran fuerza, ansí por el andar siempre juntos y guardarse la lealtad el uno al otro con gran simplicidad como por los besos que se dan y los regalos que se hacen después de pasadas aquellas iras.

Pues de esta misma manera notifica el Esposo a la Esposa que se han de haber entrambos en el amor. Y ansí le dice: «Ven acá, compañera mía, que ya es tiempo que juntemos este dulce desposorio. Sabed que yo soy palomo y vos habéis de ser paloma, y no de otro palomo, sino paloma mía y amada mía, y yo amado y compañero vuestro. Este amor ha de ser firme para siempre, sin que ninguna cosa jamás lo disminuya. Y con todo eso, yo os tengo de pedir celos. Y porque, aunque haya muchas palomas en un lugar, cada par vive por sí, ni ella sabe el nido ajeno, ni el palomo extraño le quita el suyo, es razón que nosotros también nos apartemos a nuestra poyatilla aparte.[58] Por eso veníos al campo, paloma mía; aquí, en esta peña, hay unos agujeros muy aparejados[59] para nuestra habitación, aquí hay unas cuevas en esta barranca alta, aquí me mostrad vos, paloma mía, vuestra vista, y aquí os oiga yo cantar, que aquí me agradáis; y en esta soledad, vuestra vista me es muy bella y vuestra voz suavísima.»

Dice «paloma en las piedras de la piedra», porque en semejantes lugares las palomas bravas suelen hacer su asiento. Aunque en lo que añade «en los escondrijos del paredón» hay diferencia, que algunos trasladan «en las vueltas del caracol». Por lo uno o por lo otro se entiende un edificio antiguo y caído como suele haber por los campos donde las palomas y otras aves acostumbran hacer nido.

---

[56] a saqueo, robadas. [57] remedio. [58] a un lugar apartado que sea nuestro; *poyatilla*, diminutivo de «poyata», significa repisa, estante. [59] preparados, convenientes.
[60] los sabios hebreos que tradujeron el texto del Antiguo Testamento al griego en el siglo III a. de Jesucristo. La

traducción que hicieron es conocida con el título de *Versión de los Setenta*.

[61] doña María Valera Osorio, a quien va dirigida la obra.

Hasta que sople el día y las sombras huyan

Algunos entienden por esto el tiempo de la mañana, y otros el de mediodía, y los unos y los otros se engañan, porque ansí la verdad de las palabras como el propósito a que se dicen declaran el tiempo de la tarde. Porque siempre al caer del sol se levanta un aire blando; y las sombras, que al mediodía estaban sin moverse, al declinar del sol crecen con tan sensible movimiento que parecen que huyen. Por donde los Setenta Intérpretes[60] dijeron bien en este lugar: «Hasta que se muevan las sombras.»

Y ayuda a esto la orden y el propósito de la sentencia y intención de la Esposa, que es pedir tierna y instantemente a su Esposo, ya que se va al campo y la deja sola, que se contente de estar en él hasta la tarde, que hasta entonces es tiempo de apastar el ganado; y que venida la noche, se vuelva a su casa a tenerle compañía y a quitarle el temor y soledad que las tinieblas traen consigo, porque no la podrá pasar sin él; y que en esto no haya dilación ni tardanza alguna.

LA PERFECTA CASADA

INTRODUCCIÓN

Este nuevo estado en que Dios ha puesto a V. M.[61] sujetándola a las leyes del santo matrimonio, aunque es, como camino real, más abierto y menos trabajoso que otros, pero no carece de sus dificultades y malos pasos, y es camino adonde se estropieza también, y se peligra y yerra y que tiene necesidad de guía como los demás; porque el servir al marido, y el gobernar la familia, y la crianza de los hijos, y la cuenta que juntamente con esto se debe al temor de Dios, y a la guarda y limpieza de la conciencia (todo lo cual pertenece al estado y oficio de la mujer que se casa), obras son que cada una por sí pide mucho cuidado, y que todas juntas, sin particular favor del cielo, no se pueden cumplir. En lo cual se engañan muchas mujeres, que piensan que el casarse no es más que dejar la casa del padre y pasarse a la del marido, y salir de servidumbre y venir a libertad y regalo; y piensan que, con parir un hijo de cuando en cuando, y con arrojarle luego de sí en los brazos de una ama, son cabales y perfectas mujeres. Y, dado que el buen juicio de V. M. y la inclinación a toda virtud, de que Dios la dotó, me aseguran para no temer que será como alguna de estas que digo, todavía el entrañable amor que le tengo y el deseo de su bien que arde en mí, me despiertan para que la provea de algún aviso, y para que le busque y encienda alguna luz que,

sin engaño ni error, alumbre y enderece sus pasos por todos los malos pasos de este camino y por todas las vueltas y rodeos de él. Y como suelen los que han hecho alguna larga navegación, o los que han peregrinado por lugares extraños, que a sus amigos, los que quieren emprender la misma navegación y camino, antes que lo comiencen y antes que partan de sus casas, con diligencia y cuidado les dicen menudamente los lugares por donde han de pasar y las cosas de que se han de guardar, y los aperciben de todo aquello que entienden les será necesario, así yo en esta jornada que tiene V. M. comenzada le enseñaré, no lo que me enseñó a mí la experiencia pasada, porque es ajena de mi profesión, sino lo que he aprendido en las Sagradas Letras, que es enseñanza del Espíritu Santo. En las cuales, como en una tienda común y como en un mercado público y general, para el uso y provecho general de todos los hombres, pone la piedad y sabiduría divina copiosamente todo aquello que es necesario y conviene a cada un estado, y señaladamente en éste de las casadas se revé, y desciende tanto a lo particular de él, que llega hasta, entrándose por sus casas, ponerles la aguja en la mano, y ceñirles la rueca, y menearles el huso entre los dedos. Porque, a la verdad, aunque el estado del matrimonio en grado y perfección es menor que el de los continentes o vírgenes, pero por la necesidad que hay de él en el mundo para que se conserven los hombres y para que salgan de ellos los que nacen para ser hijos de Dios, y para honrar la tierra y alegrar el cielo con gloria, fué siempre muy honrado y privilegiado por el Espíritu Santo en las Letras Sagradas...

Pues, entre otros muchos lugares de los Divinos Libros que tratan de esta razón, el lugar más propio, y adonde está como recapitulado o todo o lo más que a este negocio en particular pertenece, es el último capítulo de los *Proverbios*, adonde Dios, por boca de Salomón, rey y profeta suyo, y como debajo de la persona de una mujer, madre del mismo Salomón, cuyas palabras él pone y refiere, con hermosas razones pinta acabadamente una virtuosa casada, con todos sus colores y partes, para que, las que lo pretenden ser (y débenlo pretender todas las que se casan), se miren en ella como en un espejo clarísimo, y se avisen mirándose allí, de aquello que les conviene para hacer lo que deben...

Dice Cristo en el Evangelio que cada uno tome su cruz; no dice que tome la ajena, sino manda que cada uno se cargue de la suya propia. No quiere que la religiosa se olvide de lo que debe al ser religiosa y se cargue de los cuidados de la casada; ni le place que la casada se olvide del oficio de su casa y se torne monja.

El casado agrada a Dios en ser buen casado; y en ser buen religioso el fraile; y el mercader en hacer debidamente su oficio; y aun el soldado sirve a Dios en mostrar en los tiempos debidos su esfuerzo, y en contentarse con su sueldo, como lo dice San Juan. Y la cruz que cada uno ha de llevar y por donde ha de llegar a juntarse con Cristo, propiamente es la obligación y la carga que cada uno tiene, por razón del estado en que vive...

Porque verá V. M. algunas personas de profesión religiosas, que, como si fuesen casadas, todo su cuidado es gobernar las casas de sus deudos o de otras personas que ellas por su voluntad han tomado a su cargo, y que si se recibe o se despide el criado, ha de ser por su mano de ellas, y si se cuelga la casa en invierno,[62] lo mandan ellas primero; y, por el contrario, en las casadas hay otras que, como si sus casas fuesen de sus vecinas, así se descuidan de ellas, y toda su vida es el oratorio y el devocionario, y el calentar el suelo de la iglesia tarde y mañana: y piérdese entre tanto la moza, y cobra malos siniestros[63] la hija, y la hacienda se hunde, y vuélvese demonio el marido. Y si el seguir lo que no son les costase menos trabajo que el cumplir con aquello que deben ser, tendrían éstos alguna color de disculpa; o si, habiéndose desvelado mucho en aquesto que escogen por su querer, saliesen perfectamente con ello, era consuelo en alguna manera; pero es al revés: que ni el religioso, aunque más se trabaje, gobernará como se debe la vida del hombre casado, ni jamás el casado llegará a aquello que es ser religioso...

Mas considere V. M. cómo reluce aquí la grandeza de la divina bondad, que se tiene por servido de nosotros con aquello mismo que es provecho nuestro. Porque, a la verdad, cuando no hubiera otra cosa que inclinara a la casada a hacer el deber, si no es la paz y sosiego y gran bien que en esta vida sacan e interesan las buenas de serlo, esto sólo bastaba; porque sabida cosa es que, cuando la mujer asiste a su oficio, el marido la ama, y la familia anda en concierto, y aprenden virtud los hijos, y la paz reina, y la hacienda crece. Y como la luna llena, en las noches serenas, se goza rodeada y como acompañada de clarísimas lumbres, las cuales todas parece que avivan sus luces en ella y que la remiran y reverencian, así la buena en su casa reina y resplandece, y convierte así juntamente los ojos y los corazones de todos; el descanso y la seguridad la acompañan a dondequiera que endereza sus pasos, y, a cualquiera parte que mira, encuentra con el alegría y con el gozo; porque, si pone en el marido los ojos, descansa en su amor; si los vuelve a sus hijos, alégrase con su virtud; halla en los criados bueno y fiel servicio, y en la hacienda provecho y acrecentamiento, y todo le es gustoso y alegre; como, al contrario, a la que es mala casera todo se le convierte en amarguras, como se puede ver por infinitos ejemplos...

¿De cuántas mujeres sabe que, por no tener cuenta con su estado y tenerla con sus antojos, están con sus maridos en perpetua lid y desgracia?

¿Cuántas ha visto lastimadas y afeadas con los desconciertos de sus hijos y hijas, con quien no quisieron tener cuenta? ¡Cuántas laceran[64] en extrema pobreza porque no atendieron a la guarda de sus haciendas, o, por mejor decir, porque fueron la perdición y la polilla de ellas? Ello es así, que no hay cosa más rica ni más feliz que la buena mujer, ni peor ni más desastrada que la casada que no lo es...

CAPÍTULO III

Confía en ella el corazón de su marido: no le harán mengua los despojos

...Pues dice agora el Espíritu Santo que la primera parte y la primera obra con que la mujer casada se perfecciona, es con hacer a su marido confiado y seguro, que teniéndola a ella, para tener su casa abastada y rica no tiene necesidad de correr la mar, ni de ir a la guerra, ni de dar sus dineros a logro, ni de enredarse en tratos viles e injustos, sino que, con labrar él sus heredades, cogiendo su fruto, y con tenerla a ella por guarda y por beneficiadora de lo cogido, tiene riqueza bastante. Y que pertenezca al oficio de la casada, y que sea parte de su perfección aquesta guarda e industria, demás de que el Espíritu Santo lo enseña, también lo demuestra la razón. Porque, cierto es que la naturaleza ordenó que se casasen los hombres, no sólo para fin que se perpetuase en los hijos el linaje y nombre de ellos, sino también a propósito de que ellos mismos en sí y en sus personas se conservasen, lo cual no les era posible, ni al hombre sólo por sí, ni a la mujer sin el hombre; porque para vivir no basta ganar hacienda, si lo que se gana no se guarda: que si lo que se adquiere se pierde, es como si no se adquirie-

---

[62] se adorna la casa para el invierno, poniendo alfombras y tapices. [63] inclinaciones, costumbres. [64] sufren, padecen. [65] remover, arar. [66] guarde, economice. [67] ganancias que se obtienen traficando. [68] abastecida, bien provista. [69] adquirir. [70] pieza circular del huso o instrumento con que se hila.

[71] se ablande.

se. Y el hombre que tiene fuerzas para desvolver[65] la tierra y para romper el campo, y para discurrir por el mundo, y contratar con los hombres, negociando su hacienda, no puede asistir a su casa, a la guarda de ella, ni lo lleva su condición; y, al revés, la mujer, que, por ser de natural flaco y frío, es inclinada al sosiego y a la escasez, y es buena para guardar, por la misma causa no es buena para el sudor y trabajo del adquirir. Y así, la naturaleza, en todo proveída, los ayuntó, para que, prestando cada uno de ellos al otro su condición, se conservasen juntos los que no se pudieran conservar apartados. Y, de inclinaciones tan diferentes, con arte maravillosa, y como se hace en la música con diversas cuerdas, hizo una provechosa y dulce armonía; para que, cuando el marido estuviere en el campo, la mujer asista a la casa, y conserve y endure[66] el uno lo que el otro cogiere. Por donde dice bien un poeta, que los fundamentos de la casa son la mujer y el buey: el buey para que are, y la mujer para que guarde. Por manera que su misma naturaleza hace que sea de la mujer este oficio y la obliga a esta virtud y parte de su perfección como a parte principal y de importancia. Lo cual se conoce por los buenos y muchos efectos que hace; de los cuales es uno el que pone aquí Salomón, cuando dice que «confía en ella el corazón de su marido, y que no le harán mengua los despojos»; que es decir: que, con ella, se contenta con la hacienda que heredó de sus padres y con la labranza y frutos de ella, y que ni se adeuda, ni menos se enlaza con el peligro y desasosiego de otras granjerías[67] y tratos; que, por doquiera que se mire, es grandísimo bien. Porque, si vamos a la conciencia, vivir uno de su patrimonio es vida inocente y sin pecado, y los demás tratos por maravilla carecen de él. Si al sosiego, el uno descansa en su casa, el otro lo más de la vida vive en los mesones y en los caminos. La riqueza del uno no ofende a nadie; la del otro es murmurada y aborrecida de todos. El uno come de la tierra, que jamás se cansa ni enoja de comunicarnos sus bienes; al otro desámanle esos mismos que le enriquecen. Pues, si miramos la honra, cierto es que no hay cosa ni más vil ni más indigna del hombre que el engañar y el mentir, y cierto es que por maravilla hay trato de éstos que carezca de engaño.

¿Qué diré de la institución de los hijos, y de la orden de la familia, y de la buena disposición del cuerpo y del ánimo, sino que todo va por la misma manera? Porque necesaria cosa es que quien anda ausente de su casa halle en ella muchos desconciertos, que nacen y crecen y toman fuerzas con la ausencia del dueño; y forzoso es, a quien trata de engañar, que le engañen, y que, a quien contrata y se comunica con gentes de ingenio y de costumbres diversas, se le apeguen muchas malas costumbres. Mas, al revés, la vida del campo y el labrar uno sus heredades es una como escuela de inocencia y verdad, porque cada uno aprende de aquellos con quien negocia y conversa; y como la tierra en lo que se le encomienda es fiel, y en el no mudarse es estable y clara, y abierta en brotar afuera y sacar a luz sus riquezas, y, para bien hacer, liberal y bastecida,[68] así parece que engendra e imprime en los pechos de los que la labran una bondad particular y una manera de condición sencilla, y un trato verdadero y fiel, y lleno de entereza y de buenas y antiguas costumbres, cual se halla con dificultad en las demás suertes de hombres. Allende de que los cría sanos y valientes, y alegres y dispuestos para cualquier linaje de bien. Y de todos estos provechos, la raíz de donde nacen y en que se sustentan es la buena guarda e industria de la mujer que decimos.

CAPÍTULO IX

Ciñóse de fortaleza y fortificó su brazo; tomó gusto en el granjear;[69] su candela no se apagó de noche; puso sus manos en la tortera,[70] y sus dedos tomaron el huso

Tenga valor la mujer, y plantará viña; ame el trabajo, y acrecentará su casa; ponga las manos en lo que es propio de su oficio, y no se desprecie de él, y crecerán sus riquezas; no se desciña, esto es, no se enmollezca,[71] ni haga de la delicada, ni tenga por honra el ocio, ni por estado el descuido y el sueño, sino ponga fuerza en sus brazos y acostumbre a la vela sus ojos, y saboréese en el trabajar, y no se desdeñe de poner las manos en lo que toca al oficio de las mujeres, por bajo y por menudo que sea; y entonces verá cuánto valen y adónde llegan sus obras.

Tres cosas le pide aquí Salomón, y cada una en su verso: que sea trabajadora, lo primero; y lo segundo, que vele; y lo tercero, que hile. No quiere que se regale, sino que trabaje.

Muchas cosas están escritas por muchos en loor del trabajo, y todo es poco para el bien que hay en él: porque es la sal que preserva de corrupción a nuestra vida y a nuestra alma; mas yo no quiero decir aquí nada de lo general. Lo que propiamente toca a la mujer casada, eso diré solamente; porque, cuanto de suyo es la mujer más inclinada al regalo y más fácil a enmollecerse y desatarse con el ocio, tanto el trabajo le conviene más. Porque, si los hombres, que son varones, con el regalo conciben ánimo y condición de mujeres y se afeminan, ¿las mujeres qué serán, sino lo que hoy día son muchas de ellas? Que la seda les es áspera, y la rosa dura; y les quebranta el tenerse en los pies; y del aire que suena se desmayan; y el decir la palabra entera les cansa, y aun hasta lo que dicen lo abortan; y no las ha de mirar el sol; y todas ellas son un melindre,[72] y un lijo,[73] y un asco. Y perdónenme porque les pongo este nombre, que es el que ellas más huyen; o, por mejor decir, agradézcanme que tan blandamente las nombro.

Porque, quien considera lo que deben ser, y lo que ellas mismas se hacen, y quien mira la alteza de su naturaleza, y la bajeza en que ellas se ponen por su mala costumbre, y coteja con lo uno lo otro, poco dice en llamarlas así; y, si las llamase cieno que corrompe el aire y le inficiona, y abominación aborrecible, aún se podía tener por muy corto. Porque, teniendo uso de razón y siendo capaces de cosas de virtud y loor, y teniendo ser que puede hollar sobre el cielo y que está llamado al gozo de los bienes de Dios, le deshacen tanto ellas mismas, y se aniñan así con delicadez y se envilecen en tanto grado, que una lagartija y una mariposilla que vuela tienen más tomo[74] que ellas, y la pluma que va por el aire, y el aire mismo, es de más cuerpo y substancia. Así que, debe mirar mucho en esto la buena mujer, estando cierta que, en descuidándose en ello, se volverá en nada. Y, como los que están de su naturaleza ocasionados a algunas enfermedades y males se guardan con recato de lo que en aquellos males les daña, así ellas entiendan que viven dispuestas para esta dolencia de nadería y melindrería (o no sé cómo la nombre), y que en ella el regalo es rejalgar,[75] y guárdense de él como huyen la muerte, y conténtense con su natural poquedad, y no le añadan bajeza, ni la hagan más apocada; y adviertan y entiendan que su natural es femenil, y que el ocio por sí afemina, y no junten a lo uno lo otro, ni quieran ser dos veces mujeres.

He dicho el extremo de nada a que vienen las muelles y regaladas mujeres; y no digo la muchedumbre de vicios que de esto mismo en ellas nacen, ni oso meter la mano en este cieno, porque no hay agua encharcada y corrompida que críe tantas y tan malas sabandijas, como nacen vicios asquerosos y feos en los pechos de estas damas delicadas de que vamos hablando. Y en una de ellas, que pinta en los *Proverbios* el Espíritu Santo, se ve algo de esto; de la cual dice así:

«Parlera y vagabunda, y que no sufre estar quieta, ni sabe tener los pies en su casa: ya en la puerta, ya en la ventana, ya en la plaza, ya en los cantones de la encrucijada, y tiende por dondequiera sus lazos. Vió un mancebo, y llegóse a él y prendióle, y díjole, con cara relamida, blanduras: —Hoy hago fiesta y he salido en tu busca, porque no puedo vivir sin tu vista, y al fin he hecho en ti presa. Mi cámara he colgado con hermosas redes, y mi cuadra con tapices de Egipto; de rosas y de flores, de mirra y lináloe está cubierto el suelo todo y la cama. Ven, y bebamos la embriaguez del amor, y gocémonos en dulces abrazos hasta que apunte el aurora...»

Y, demás de esto, si la casada no trabaja, ni se ocupa en lo que pertenece a su casa, ¿qué otros estudios o negocios tiene en que se ocupa? Forzado es que, si no trata de sus oficios, emplee su vida en los oficios ajenos; y que dé en ser ventanera, visitadora, callejera, amiga de fiestas, enemiga de su rincón, de su casa olvidada y de las casas ajenas curiosa, pesquisidora de cuanto pasa (y aun de lo que no pasa inventadora, parlera y chismosa), de pleitos revolvedora, jugadora también, y dada del todo a la risa y a la conversación y al palacio; con lo demás que por ordinaria consecuencia se sigue, y se calla aquí agora por ser cosa manifiesta y notoria.

DE LOS NOMBRES DE CRISTO

INTRODUCCIÓN

Era por el mes de junio, a las vueltas de[76] la fiesta de San Juan, al tiempo que en Salamanca comienzan a cesar los estudios, cuando Marcelo, el uno de los que digo (que ansí le quiero llamar con nombre fingido, por ciertos respectos que tengo, y lo mismo haré a los demás), después de una carrera tan larga como es la de un año en la vida que allí se vive, se retiró, como a puerto sabroso, a la soledad de una granja[77] que, como V. M. sabe, tiene mi monasterio en la ribera de Tormes; y fuéronse con él, por hacerle compañía y por el mismo respecto, los otros dos. Adonde habiendo estado algunos días, aconteció que una mañana, que era la del día dedicado al apóstol San Pedro, después de haber dado al culto divino lo que se le debía, todos tres juntos se salieron de la casa a la huerta que se hace[78] delante de ella.

---

[72] cosa dulce, excesivamente delicada; afectación. [73] cieno, inmundicia. [74] cuerpo. [75] mineral muy venenoso, compuesto de arsénico y azufre. [76] cerca de. [77] finca llamada La Flecha que pertenecía a los agustinos, en las cercanías de Salamanca donde sitúa Fray Luis (Marcelo) los diálogos que forman el libro. La

huerta a que se refiere en el párrafo siguiente es, según los comentaristas, la misma que describe en la poesía *Vida retirada*: «Del monte en la ladera,—por mi mano plantado tengo un huerto...» [78] se halla, está situada. [79] por casualidad. [80] día de fiesta.

Es la huerta grande y estaba entonces bien poblada de árboles, aunque puestos sin orden; mas eso mismo hacía deleite en la vista, y sobre todo, la hora y la sazón. Pues entrados en ella, primero, y por un espacio pequeño, se anduvieron paseando y gozando del frescor, y después se sentaron juntos, a la sombra de unas parras y junto a la corriente de una pequeña fuente, en ciertos asientos. Nace la fuente de la cuesta que tiene la casa a las espaldas, y entrada en la huerta por aquella parte, y corriendo y estropezando, parecía reírse. Tenían también delante de los ojos y cerca de ellos una alta y hermosa alameda. Y más adelante, y no muy lejos, se veía el río Tormes, que aun en aquel tiempo, hinchiendo bien sus riberas, iba torciendo el paso por aquella vega. El día era sosegado y purísimo, y la hora, muy fresca. Así que, asentándose, y callando por un pequeño tiempo, después de sentados, Sabino (que así me place llamar al que de los tres era el más mozo), mirando hacia Marcelo y sonriéndose, comenzó a decir así:

—Algunos hay a quien la vista del campo los enmudece, y debe ser condición de espíritus de entendimiento profundo; mas yo, como los pájaros, en viendo lo verde, deseo o cantar o hablar.

—Bien entiendo por qué lo decís —respondió al punto Marcelo—, y no es alteza de entendimiento, como dais a entender por lisonjearme o por consolarme, sino cualidad de edad y humores diferentes, que nos predominan, y se despiertan con esta vista, en vos de sangre, y en mí de melancolía. Mas sepamos —dice— de Juliano (que éste será el nombre del otro tercero) si es pájaro también o si es de otro metal.

—No soy siempre de uno mismo —respondió Juliano—, aunque agora al humor de Sabino me inclino algo más. Y pues él no puede agora razonar consigo mismo mirando la belleza del campo y la grandeza del cielo, bien será que nos diga su gusto acerca de lo que podremos hablar.

Entonces Sabino, sacando del seno un papel escrito y no muy grande:

—Aquí —dice— está mi deseo y mi esperanza.

Marcelo, que reconoció luego el papel, porque estaba escrito de su mano, dijo, vuelto a Sabino y riéndose:

—No os atormentará mucho el deseo a lo menos, Sabino, pues tan en la mano tenéis la esperanza; ni aún deben ser ni lo uno ni lo otro muy ricos, pues se encierran en tan pequeño papel.

—Si fueren pobres —dijo Sabino— menos causa tendréis para no satisfacerme en una cosa tan pobre.

—¿En qué manera —respondió Marcelo— o qué parte soy yo para satisfacer a vuestro deseo, o qué deseo es el que decís?

Entonces Sabino, desplegando el papel, leyó el título, que decía:

DE LOS NOMBRES DE CRISTO; y no leyó más. Y dijo luego:

—Por cierto caso[79] hallé hoy este papel, que es de Marcelo, adonde, como parece, tiene apuntados algunos de los nombres con que Cristo es llamado en la Sagrada Escritura, y los lugares de ella adonde es llamado así. Y como le vi, me puso codicia de oírle algo sobre aqueste argumento, y por eso dije que mi deseo estaba en este papel; y está en él mi esperanza también, porque como parece de él, éste es argumento en que Marcelo ha puesto su estudio y cuidado, y argumento que le debe tener en la lengua; y así, no podrá decirnos agora lo que suele decir cuando se excusa si le obligamos a hablar, que le tomamos desapercebido. Por manera que, pues le falta esta excusa, y el tiempo es nuestro, y el día santo,[80] y la sazón tan a propósito de pláticas semejantes, no nos será dificultoso el rendir a Marcelo, si vos, Juliano, me favorecéis.

—En ninguna cosa me hallaréis más a vuestro lado, Sabino —respondió Juliano.

Y dichas y respondidas muchas cosas en este propósito, porque Marcelo se excusaba mucho, o a lo menos pedía que tomase Juliano su parte y dijese también, y quedando asentado que a su tiempo, cuando pareciese, o si pareciese ser menester, Juliano haría su oficio, Marcelo, vuelto a Sabino, dijo así:

—Pues el papel ha sido el despertador de esta plática, bien será que él mismo nos sea la guía en ella. Id leyendo, Sabino, en él, y de lo que en él estuviere, y conforme a su orden, así iremos diciendo, si no os parece otra cosa.

—Antes nos parece lo mismo —respondieron como a una Sabino y Juliano.

Y luego Sabino, poniendo los ojos en el escrito, con clara y moderada voz leyó así:

DE LOS NOMBRES EN GENERAL

Los nombres que en la Escritura se dan a Cristo son muchos, así como son muchas sus virtudes y oficios; pero los principales son diez, en los cuales se encierran y como reducidos se recogen los demás; y los diez son éstos

—Primero que vengamos a eso —dijo Marcelo alargando la mano hacia Sabino, para que se detuviese— convendrá que digamos algunas cosas que se presuponen a ello, y convendrá que tomemos el salto, como dicen, de más atrás, y que guiando el agua de su primer nacimiento, tratemos qué cosa es esto que llamamos nombre, y qué oficio tiene, y por qué fin se introdujo, y en qué manera se suele poner y aun antes de todo esto hay otro principio.

—¿Qué otro principio —dijo Juliano— hay que sea primero que el ser de lo que se trata, y la declaración de ello breve, que la Escuela llama *definición*?

—Que como los que quieren hacerse a la vela —respondió Marcelo— y meterse en la mar, antes que desplieguen los lienzos, vueltos al favor del cielo, le piden viaje seguro, así agora en el principio de una semejante jornada, yo por mí, o por mejor decir, todos para mí, pidamos a ese mismo de quien habemos de hablar sentidos y palabras cuales convienen para hablar de él. Porque si las cosas menores, no sólo acabarlas no podemos bien, mas ni emprenderlas tampoco, sin que Dios particularmente nos favorezca, ¿quién podrá decir de Cristo y de cosas tan altas como son las que encierran los nombres de Cristo, si no fuere alentado con la fuerza de su espíritu? Por lo cual desconfiando de nosotros mismos, y confesando la insuficiencia de nuestro saber, y como derrocando por el suelo los corazones, supliquemos con humildad a aquesta divina luz que nos amanezca; quiero decir, que envíe en mi alma los rayos de su resplandor y la alumbre, para que en esto que quiere decir de él, sienta lo que es digno de él, y para que lo que en esta manera sintiere, lo publique por la lengua en la forma que debe. Porque, Señor, sin ti, ¿quién podrá hablar como es justo de ti? o ¿quién no se perderá en el inmenso oceano de tus excelencias metido, si tú mismo no le guías al puerto? Luce, pues, ¡oh solo verdadero sol! en mi alma, y luce con tan grande abundancia de luz, que con el rayo de ella juntamente y mi voluntad encendida te ame, y mi entendimiento esclarecido te vea, y enriquecida mi boca te hable y pregone, si no como eres del todo, a lo menos como puedes de nosotros ser entendido, y sólo a fin de que tú seas glorioso y ensalzado en todo tiempo y de todos.

Y dicho esto, calló; y los otros dos quedaron suspensos y atentos mirándole; y luego tornó a comenzar en aquesta manera:

—El nombre, si habemos de decirlo en pocas palabras, es una palabra breve, que se sustituye por aquello de quien se dice, y se toma por ello mismo. O nombre es aquello mismo que se nombra, no en el ser real y verdadero que ello tiene, sino en el ser que le da nuestra boca y entendimiento.

Porque se ha de entender que la perfección de todas las cosas, y señaladamente de aquellas que son capaces de entendimiento y razón, consiste en que cada una de ellas tenga en sí a todas las otras, y en que siendo una, sea todas cuanto le fuere posible; porque en esto se avecina a Dios, que en sí lo contiene todo. Y cuanto más en esto creciere, tanto se allegará más a él, haciéndosele semejante. La cual semejanza es, si conviene decirlo así, el pío[81] general de todas las cosas, y el fin y como el blanco adonde envían sus deseos todas las criaturas. Consiste, pues, la perfección de las cosas en que cada uno de nosotros sea un mundo perfecto, para que por esta manera, estando todos en mí, y yo en todos los otros, y teniendo yo su ser de todos ellos, y todos y cada uno de ellos teniendo el ser mío, se abrace y eslabone toda aquesta máquina del universo, y se reduzca a unidad la muchedumbre de sus diferencias, y quedando no mezcladas, se mezclen, y permaneciendo muchas, no lo sean; y para que extendiéndose y como desplegándose delante los ojos la variedad y diversidad, venza y reine y ponga su silla la unidad sobre todo.

Calló Marcelo un poco luego que dijo esto, y luego tornó a decir:

—Bastará, si os parece, para lo que toca al nombre de REY, lo que habemos agora dicho, dado que mucho más se pudiera decir; mas es bien que repartamos el tiempo con lo que resta.

Y tornó luego a callar. Y descansando, y como recogiéndose todo en sí mismo por un espacio pequeño, alzó después los ojos al cielo, que ya estaba sembrado de estrellas, y teniéndolos en ellas como enclavados, comenzó a decir así:

PRÍNCIPE DE PAZ

—Cuando la razón no lo demostrara, ni por otro camino se pudiera entender cuán amable cosa sea la paz, esta vista hermosa del cielo que se nos descubre agora y el concierto que tienen entre sí aquestos resplandores que lucen en él, nos dan de ello, suficiente testimonio. Porque, ¿qué otra cosa es sino paz, o ciertamente una imagen perfecta de paz, esto que agora vemos en el cielo y que con tanto deleite se nos viene a los ojos? Que si la paz

---

81 deseo, aspiración. 82 o r d e n. 83 d i s p u e s t o   e n filas.

1 De acuerdo con la significación mística de esta poesía que San Juan explica en sus comentarios en prosa, quiere decir que el alma está ya purgada o purificada de la sensualidad y de las preocupaciones mundanas. 2 El alma, transformada por el amor de Dios, asciende por la escala secreta de la contemplación. 3 a escondidas. 4 Se refiere al Amado, Dios. 5 Describe aquí el estado

de la absoluta unón mística, en el cual Dios (*el Amado*) y el alma *(la Amada)* se hacen uno. 6 acariciaba. 7 El ramaje de los cedros daba aire como si fuera un abanico *(ventalle)*. En ésta y en las estrofas siguientes describe el santo, con imágenes tomadas de la naturaleza de un carácter al mismo tiempo espiritual y cargado de sensualidad, el gozo puro del amor cuando el Amado queda dormido en el regazo del alma y ésta entra en un completo estado de abandono.

es, como San Agustín breve y verdaderamente concluye, una orden sosegada o un tener sosiego y firmeza en lo que pide el buen orden, eso mismo es lo que nos descubre agora esta imagen. Adonde el ejército de las estrellas, puesto como en ordenanza[82] y como concertado por sus hileras,[83] luce hermosísimo, y adonde cada una dellas inviolablemente guarda su puesto, adonde no usurpa ninguna el lugar de su vecina, ni la turba en su oficio, ni menos, olvidada del suyo, rompe jamás la ley eterna y santa que le puso la providencia... Porque si estamos atentos a lo secreto que en nosotros pasa, veremos que este concierto y orden de las estrellas, mirándolo, pone en nuestras almas sosiego, y veremos que con sólo tener los ojos enclavados en él con atención, sin sentir en qué manera, los deseos nuestros y las afecciones turbadas, que confusamente movían ruido en nuestros pechos de día, se van quietando poco a poco, y como adormeciéndose, se reposan, tomando cada una su asiento, y reduciéndose a su lugar propio, se ponen sin sentir en sujeción y concierto.

Es, sin duda, el bien de todas las cosas universalmente la paz, y así donde quiera que la ven, la aman. Y no sólo ella, mas la vista de su imagen de ella las enamora y las enciende en codicia de asemejársele, porque todo se inclina fácil y dulcemente a su bien. Y aun si confesamos, como es justo confesar la verdad, no solamente la paz es amada generalmente de todos, mas sola ella es amada y seguida y procurada por todos. Porque cuanto se obra en esta vida por los que vivimos en ella, y cuanto se desea y afana, es por conseguir este bien de la paz, y éste es el blanco adonde enderezan su intento y el bien a que aspiran todas las cosas. Porque si navega el mercader y si corre las mares, es por tener paz con su codicia, que le solicita y guerrea. Y el labrador, en el sudor de su cara y rompiendo la tierra, busca paz, alejando de sí cuanto puede al enemigo duro de la pobreza. Y por la misma manera, el que sigue el deleite y el que anhela a la honra y el que brama por la venganza, y, finalmente, todos y todas las cosas buscan la paz en cada una de sus pretensiones, porque, o siguen algún bien que les falta, o huyen algún mal que los enoja.

San Juan de la Cruz

1542-1591

Juan de Yepes, natural de Fontiveros (Ávila), carmelita. En él se sublima el amor místico para expresarse en una poesía de ímpetu lírico no igualado en la lengua castellana. Es esa poesía como la quintaesencia —cargada de misterio— de la doctrina espiritual, que el poeta se esfuerza en explicar, desentrañando símbolos, metáforas y el sentido oculto de cada verso y de cada palabra, en los detenidos comentarios de que están formados sus tratados en prosa. Como ilustración de su método damos el *Cántico espiritual*, su poesía más famosa, juntamente con el prólogo que la precede y el comentario de algunos versos.

Además de cuatro tratados místicos con sus poesías correspondientes, escribió algunas poesías sueltas, sin comentarios, y los *Avisos y sentencias*, máximas para la buena vida cristiana.

Canciones del alma que se goza de haber llegado al alto estado de la perfección, que es la unión con Dios, por el camino de la negación espiritual

En una noche obscura
con ansias en amores inflamada,
¡oh dichosa ventura!
salí sin ser notada,
estando ya mi casa sosegada.[1]

A escuras, y segura

por la secreta escala disfrazada,[2]
¡oh dichosa ventura!
a escuras, y en celada,[3]
estando ya mi casa sosegada.

En la noche dichosa
en secreto, que nadie me veía,
ni yo miraba cosa,
sin otra luz y guía,
sino la que en el corazón ardía.

Aquésta me guiaba
más cierto que la luz del mediodía,
adonde me esperaba
quien yo bien me sabía,[4]
en parte donde nadie parecía.

¡Oh noche que guiaste,
oh noche amable más que el alborada,
oh noche que juntaste
Amado con Amada,
Amada en el Amado transformada![5]

En mi pecho florido,
que entero para él sólo se guardaba,
allí quedó dormido,
y yo le regalaba,[6]
y el ventalle de cedros aire daba.[7]

El aire de la almena,
cuando yo sus cabellos esparcía,

con su mano serena
en mi cuello hería,
y todos mis sentidos suspendía.

Quedéme, y olvidéme,
el rostro recliné sobre el Amado,
cesó todo, y dejéme,
dejando mi cuidado
entre las azucenas olvidado.

EL CÁNTICO ESPIRITUAL

PRÓLOGO

Por cuanto estas canciones, religiosa madre,[8] parece ser escritas con algún fervor de amor de Dios cuya sabiduría y amor es tan inmenso, que, como se dice en el libro de la Sabiduría,[9] toca desde un fin hasta otro fin, y el alma que de él es informada y movida, en alguna manera esa misma abundancia e ímpetu lleva en el su decir; no pienso yo ahora declarar toda la anchura y copia que el espíritu fecundo del amor en ellas lleva, antes sería ignorancia pensar que los dichos de amor en inteligencia mística, cuales son los de las presentes canciones, con alguna manera de palabras se puedan bien explicar, porque el espíritu del Señor que ayuda nuestra flaqueza, como dice San Pablo, morando en nosotros pide por nosotros con gemidos inefables lo que nosotros no podemos bien entender ni comprender para lo manifestar. Porque ¿quién podrá escribir lo que a las almas amorosas donde él mora hace entender? Y ¿quién podrá manifestar con palabras lo que las hace sentir? Y ¿quién finalmente lo que las hace desear? Cierto, nadie lo puede; cierto ni ellas mesmas por quien pasa lo pueden; porque ésta es la causa por qué con figuras, comparaciones y semejanzas, antes rebosan algo de lo que sienten y de la abundancia del espíritu vierten secretos y misterios que con razones lo declaran.[10] Las cuales semejanzas no leídas con la sencillez del espíritu de amor e inteligencia que a ellas llevan, antes parecen dislates[11] que dichos puestos en razón, según es de ver en los divinos Cantares de Salomón y en otros libros de la Escritura divina, donde no pudiendo el Espíritu Santo dar a entender la abundancia de su sentido por términos vulgares y usa-dos, habla misterios en extrañas figuras y semejanzas. De donde se sigue que los santos doctores, aunque mucho dicen y más digan, nunca pueden acabar de declararlo por palabras, así como tampoco por palabras se pudo ello decir; y así lo que dello se declara ordinariamente es lo menos que contiene en sí.

Por haberse, pues, estas Canciones compuesto en amor de abundante inteligencia mística, no se podrán declarar al justo, ni mi intento será tal, sino sólo dar alguna luz general (pues V. R.[12] así lo ha querido) y esto tengo por mejor; porque los dichos de amor es mejor declararlos en su anchura para que cada uno de ellos se aproveche según su modo y caudal de espíritu, que abreviarlos a un sentido a que no no se acomode todo paladar; y así aunque en alguna manera se declaran, no hay para qué atarse a la declaración, porque la sabiduría mística, la cual es por amor, de que las presentes Canciones tratan, no ha menester distintamente entenderse para hacer efecto de amor y afición en el alma; porque es a modo de la fe en la cual amamos a Dios sin entenderle. Por tanto, seré bien breve, aunque no podrá ser menos de alargarme en algunas partes donde lo pidiere la materia y donde se ofreciere la ocasión de tratar y declarar algunos puntos y efectos de oración, que por tocarse en las Canciones muchos no podrá ser menos de tratar algunos... Y pondré primero juntas todas las Canciones y luego por su orden iré poniendo cada una de por sí para haberla de declarar, de las cuales declararé cada verso poniéndoles al principio de su declaración, etc.

CANCIONES ENTRE EL ALMA Y EL ESPOSO

ESPOSA

¿A dónde te escondiste,
Amado, y me dejaste con gemido?
Como el ciervo huiste
habiéndome herido;
salí tras ti clamando y eras ido.

Pastores los que fuerdes[13]
allá por las majadas al otero,
si por ventura vierdes[14]
Aquel que yo más quiero,

---

8 la madre Ana de Jesús, priora del convento de carmelitas de Granada, a cuyo ruego escribió el santo los comentarios en prosa.   9 Libro del Antiguo Testamento, atribuido a Salomón.   10 La construcción y el significado de las últimas oraciones desde «Cierto, nadie lo puede», son un poco difíciles de entender. Lo que quiere decir es que, dada la dificultad de explicar los estados del amor místico (*lo que pasa a las almas amorosas*), más bien que explicarlos con razones (*que con razones lo declaran*) se sugieren (*vierten secretos y misterios*) por medio de comparaciones y semejanzas. Esto es, en rigor, lo que hace siempre la verdadera poesía lírica.

11 disparates.   12 Vuestra Reverencia.   13 fuereis.   14 viereis.   15 verdadera, definitivamente.   16 herido. Habla el Amado a quien al principio la Esposa ha llamado ciervo (*como el ciervo huiste*), que se presenta ahora herido a su vez por el amor.   17 cubiertos de bosque.   18 igual que la mañana.   19 viento del Norte; en el verso siguiente, Austro, viento del Sur.   20 morad, quedaos.   21 Amado.

decidle que adolezco, peno y muero.
    Buscando mis amores.
iré por esos montes y riberas,
ni cogeré las flores,
ni temeré las fieras,
y pasaré los fuertes y fronteras.

PREGUNTA A LAS CRIATURAS

¡Oh bosques y espesuras
plantadas por la mano del Amado,
oh prado de verduras
de flores esmaltado,
decid si por vosotros ha pasado!

RESPUESTA DE LAS CRIATURAS

Mil gracias derramando
pasó por estos sotos con presura,
y yéndolos mirando,
con sola su figura
vestidos los dejó de hermosura.

ESPOSA

¡Ay quién podrá sanarme!
Acaba de entregarte ya de vero;[15]
no quieras enviarme
de hoy más ya mensajero
que no saben decirme lo que quiero.
    Y todos cuantos vagan
de ti me van mil gracias refiriendo,
y todos más me llagan,
y déjame muriendo
un no sé qué que quedan balbuciendo.
    Mas ¿cómo perseveras,
oh vida, no viviendo donde vives
y haciendo por que mueras
las flechas que recibes
de lo que del Amado en ti concibes?
    ¿Por qué, pues has llagado
aqueste corazón, no le sanaste?
Y pues me le has robado,
¿por qué así le dejaste
y no tomas el robo que robaste?
    Apaga mis enojos,
pues que ninguno basta a deshacellos,
y véante mis ojos,
pues eres lumbre dellos,
y sólo para ti quiero tenellos.
    Descubre tu presencia,
y máteme tu vista y hermosura;
mira que la dolencia
de amor, que no se cura
sino con la presencia y la figura.
    ¡Oh cristalina fuente,
si en esos tus semblantes plateados
formases de repente
los ojos deseados
que tengo en mis entrañas dibujados!

    Apártalos, Amado,
que voy de vuelo.

ESPOSO

                Vuélvete, paloma,
que el ciervo vulnerado[16]
por el otero asoma
al aire de tu vuelo, y fresco toma.

ESPOSA

Mi amado, las montañas,
los valles solitarios nemorosos,[17]
las ínsulas extrañas,
los ríos sonorosos,
el silbo de los aires amorosos.
    La noche sosegada
en par de los levantes del aurora,[18]
la música callada,
la soledad sonora,
la cena que recrea y enamora.
    Cazadnos las raposas,
que está ya florecida nuestra viña,
en tanto que de rosas
hacemos una piña,
y no parezca nadie en la montiña.
    Detente, cierzo[19] muerto;
ven, Austro, que recuerdas los amores,
aspira por mi huerto,
y corran tus olores,
y pacerá el Amado entre las flores.
    ¡Oh ninfas de Judea!
En tanto que en las flores y rosales
el ámbar perfumea
morá[20] en los arrabales
y no queráis tocar nuestros umbrales.
    Escóndete, Carillo,[21]
y mira con tu haz a las montañas,
y no quieras decillo;
mas mira las compañas
de la que va por ínsulas extrañas.

ESPOSO

A las aves ligeras,
leones, ciervos, gamos saltadores,
montes, valles, riberas,
aguas, aires, ardores,
y miedos de las noches veladores:
    Por las amenas liras
y canto de sirenas os conjuro
que cesen vuestras iras,
y no toquéis al muro,
porque la Esposa duerma más seguro.
    Entrádose ha la Esposa
en el ameno huerto deseado
y a su sabor reposa,
el cuello reclinado
sobre los dulces brazos del Amado.

Debajo del manzano[22]
allí conmigo fuiste desposada,
allí te di la mano
y fuiste reparada
donde tu madre fuera violada.

ESPOSA

Nuestro lecho florido,
de cuevas de leones enlazado,
en púrpura tendido,
de paz edificado,
de mil escudos de oro coronado.

A zaga de tu huella
las jóvenes discurren al camino,
al toque de centella,
al adobado vino,
emisiones de bálsamo divino.

En la interior bodega
de mi Amado bebí, y cuando salía
por toda aquesta vega
ya cosa no sabía
y el ganado perdí que antes seguía.

Allí me dió su pecho;
allí me enseñó ciencia muy sabrosa
y yo le di de hecho
a mí sin dejar cosa;
allí le prometí de ser su Esposa.

Mi alma se ha empleado
y todo mi caudal en su servicio.
Ya no guardo ganado
ni ya tengo otro oficio,
que ya sólo en amar es mi ejercicio.

Pues ya si en el ejido
de hoy más no fuere vista ni hallada,
diréis que me he perdido,
que andando enamorada,
me hice perdidiza y fuí ganada.

De flores y esmeraldas
en las frescas mañanas escogidas
haremos las guirnaldas
en tu amor floridas
y en un cabello mío entretejidas.

En solo aquel cabello
que en mi cuello volar consideraste,
mirástele en mi cuello,
y en él preso quedaste,
y en uno de mis ojos te llagaste.

Cuando tú me mirabas
su gracia en mí tus ojos imprimían;
por eso me adamabas[23]
y en eso merecían

los míos adorar lo que en ti vían.

No quieras despreciarme,
que si color moreno en mí hallaste,
ya bien puedes mirarme,
después que me miraste,
que gracia y hermosura en mí dejaste.

ESPOSO

La blanca palomica.
al arca con el ramo se ha tornado;
y ya la tortolica
al socio deseado
en las riberas verdes ha hallado.

En soledad vivía
y en soledad ha puesto ya su nido,
y en soledad la guía
a solas su querido,
también en soledad de amor herido.

ESPOSA

Gocémonos, Amado,
y vámonos a ver en tu hermosura
al monte y al collado,
do mana el agua pura;
entremos más adentro en la espesura.

Y luego a las subidas
cavernas de la piedra nos iremos
que están bien escondidas
y allí nos entraremos
y el mosto de granadas gustaremos.

Allí me mostrarías
aquello que mi alma pretendía;
y luego me darías
allí tú, vida mía,
aquello que me diste el otro día.

El aspirar del aire,
el canto de la dulce Filomena,
el soto y su donaire,
en la noche serena
con llama que consume y no da pena.

Que nadie lo miraba,
Aminadab[24] tampoco parecía
y el cerco sosegaba.
Y la caballería
a vista de las aguas descendía.

ARGUMENTO

El orden que llevan estas canciones es desde
que un alma comienza a servir a Dios, hasta que
llega al último estado de perfección que es matrimonio espiritual, y así en ellas se tocan los tres

---

[22] Según el comentario en prosa, *debajo del manzano* *significa* «debajo del árbol de la cruz»; luego sigue la explicación de los dos últimos versos en la forma siguiente: «porque tu madre, la naturaleza humana, fué violada en tus primeros padres debajo del árbol, y tú allí también debajo del árbol de la cruz fuiste reparada, de manera que si tu madre debajo del árbol te dió la muerte, yo debajo del árbol de la cruz te di la vida». [23] amabas intensamente. [24] el demonio enemigo, según el comentario de San Juan.

estados o vías de ejercicio espiritual por las cuales pasa el alma hasta llegar al dicho estado que son: purgativa, iluminativa y unitiva, y se declaran acerca de cada una algunas propiedades y efectos de ella.

El principio de ellas trata de los principiantes que es la vía purgativa; las de más adelante tratan de los aprovechados donde se hace el desposorio espiritual y ésta es la vía iluminativa. Después de éstas las que se siguen tratan de la vía unitiva que es la de los perfectos donde se hace el matrimonio espiritual. La cual vía unitiva y de perfectos se sigue a la iluminativa que es de los aprovechados; y las últimas canciones tratan del estado beatífico que sólo ya el alma en aquel estado perfecto pretende.

COMIENZA LA DECLARACIÓN DE LAS CANCIONES DE AMOR ENTRE LA ESPOSA Y EL ESPOSO CRISTO

Cayendo el alma en la cuenta de lo que está obligada a hacer viendo que la vida es breve, la senda de la vida eterna estrecha, que el justo apenas se salva, que las cosas del mundo son vanas y engañosas, que todo se acaba y falta como el agua que corre, el tiempo incierto, la cuenta estrecha, la perdición muy fácil, la salvación muy dificultosa; conociendo por otra parte la gran deuda que a Dios debe en haberla criado solamente para sí, por lo cual le debe el servicio de toda su vida, y en haberla redimido solamente por sí mismo, por lo cual le debe todo el resto y correspondencia del amor de su voluntad, y otros mil beneficios en que se conoce obligada a Dios desde antes que naciese, y que gran parte de su vida se ha ido en el aire y que de todo esto ha de haber cuenta y razón...; tocada ella de pavor y dolor de corazón interior sobre tanta perdición y peligro, renunciando todas las cosas, dando de mano a todo negocio sin dilatar un día ni una hora, con ansia y gemido salido del corazón herido ya del amor de Dios, comienza a invocar su Amado y dice:

CANCIÓN I

¿A dónde te escondiste,
Amado, y me dejaste con gemido?
Como el ciervo huiste
habiéndome herido;
salí tras ti clamando y eras ido.

DECLARACIÓN

En esta primera canción el alma enamorada del Verbo Hijo de Dios su Esposo, deseando unirse con él por clara y esencial visión, propone sus ansias de amor querellándose a él del ausencia, mayormente que habiéndola él herido de su amor por el cual ha salido de todas las cosas criadas y de sí misma todavía haya de padecer el ausencia de su Amado no desatándola ya de la carne mortal para poderle gozar en gloria de eternidad, y así dice:

¿A dónde te escondiste?

Y es como si dijera: Verbo, Esposo mío, muéstrame el lugar donde estás escondido: en lo cual le pide la manifestación de su divina esencia, porque el lugar donde está escondido el Hijo de Dios es, como dice San Juan, el seno del Padre, que es la Esencia divina, la cual es ajena de todo ojo mortal y escondida de todo humano entendimiento; que por eso Isaías hablando con Dios dijo: *Verdaderamente tú eres Dios escondido*. De donde es de notar que por grandes comunicaciones y presencias y altas y subidas noticias de Dios que un alma en esta vida tenga, no es aquello esencialmente Dios ni tiene que ver con él, porque todavía, a la verdad, le está al alma escondido, y por eso siempre le conviene al alma sobre todas esas grandezas tenerle por escondido y buscarle escondido diciendo: *¿A dónde te escondiste?*...

De manera que el intento principal del alma en este verso no es sólo pedir la devoción afectiva y sensible en que no hay certeza ni claridad de la posesión del Esposo en esta vida, sino principalmente la clara presencia y visión de su Esencia en que desea estar certificada y satisfecha en la otra. Esto mismo quiso decir la Esposa en los Cantares divinos, cuando deseando unirse con la divinidad del Verbo, Esposo suyo, la pidió al Padre diciendo: *Muéstrame dónde te apacientas y dónde te recuestas al mediodía*. Porque en pedir le mostrase dónde se apacentaba, era pedir le mostrase la Esencia del Verbo divino su Hijo; porque el Padre no se apacienta en otra cosa que en su único Hijo, pues es la Gloria del Padre; y pedir le mostrase el lugar donde se recostaba, era pedirle lo mismo; porque el Hijo sólo es el deleite del Padre, el cual no se recuesta en otro lugar, ni cabe en otra cosa que en su Amado Hijo, en el cual todo él se recuesta comunicándole toda su esencia al mediodía, que es la eternidad, donde siempre le engendra y le tiene engendrado. Este pasto, pues, del Verbo Esposo donde el Padre se apacienta en infinita gloria y este lecho florido donde con infinito deleite de amor se recuesta, escondido profundamente de todo ojo mortal y de toda criatura, pide aquí el alma Esposa cuando dice: *¿a dónde te escondiste?*

Y para que esta sedienta alma venga a hallar a su Esposo y unirse con él por unión de amor en esta vida, según puede, y entretenga su sed con esta gota que de él se puede gustar en esta vida, bueno será, pues lo pide a su Esposo, tomando la mano por él, le respondamos mostrándole el lugar más cierto donde está escondido, para que allí lo halle a lo cierto con la perfección y sabor que puede en esta vida, y así no comience a vaguear en vano tras las pisadas de las compañías. Para lo cual es de notar que el Verbo Hijo de Dios juntamente con el Padre y el Espíritu Santo esencial y presencialmente está escondido en el íntimo ser del alma. Por tanto, el alma que le ha de hallar, conviene salir de todas las cosas según la afección y voluntad, y entrarse en sumo recogimiento dentro de sí misma, siéndole todas las cosas como si no fuesen. Que por eso San Agustín hablando en los Soliloquios con Dios decía: No te hallaba, Señor, de fuera, porque mal te buscaba fuera, que estabas dentro. Está pues Dios en el alma escondido y allí le ha de buscar con amor el buen contemplativo diciendo: *¿a dónde te escondiste?*...

EL CANTO DE LA DULCE FILOMENA

Lo que nace en el alma de aquel aspirar del aire es la dulce voz de su Amado a ella, en la cual ella hace a él su sabrosa jubilación;[25] y lo uno y lo otro llama aquí canto de filomena. Porque así como el canto de filomena, que es el ruiseñor, se oye en la primavera, pasados ya los fríos, lluvias y variedades del invierno, y hace melodía al oído y al espíritu recreación, así en esta actual comunicación y transformación de amor que tiene ya la Esposa en esta vida, amparada ya y libre de todas las turbaciones y variedades temporales, y desnuda y purgada de las imperfecciones, penalidades y nieblas, así del sentido como del espíritu, siente nueva primavera en libertad y anchura y alegría de espíritu, en la cual siente la dulce voz del Esposo, que es su dulce filomena; con la cual voz, renovando y refrigerando la substancia de su alma, como a alma ya bien dispuesta para caminar a vida eterna, la llama dulce y sabrosamente, sintiendo ella la sabrosa voz que dice: *Levántate, date prisa, amiga mía, paloma mía, hermosa mía, y ven; porque ya ha pasado el invierno, la lluvia se ha ya ido muy lejos; las flores han parecido en nuestra tierra, el tiempo del podar es llegado, y la voz de la tórtola se oye en nuestra tierra.* La cual voz del Esposo, que se la habla en lo interior del alma, siente la Esposa, fin de males y principio de bienes, en cuyo refrigerio y amparo y sentimiento sabroso ella también, como dulce filomena, da su voz con nuevo canto de jubilación de Dios, juntamente con Dios que la mueve a ello...

Y EL CERCO SOSEGABA

Por el cual cerco entiende aquí el alma las pasiones y apetitos del alma, los cuales cuando no están vencidos y amortiguados, la cercan en derredor combatiéndola de una parte y de otra, por lo cual los llama cerco; el cual dice que también está ya sosegado, esto es, las pasiones ordenadas en razón y los apetitos mortificados...

Y síguese:

Y la caballería
a vista de las aguas descendía.

Por las aguas se entienden aquí los bienes y deleites espirituales, que en este estado goza el alma en su interior con Dios. Por la caballería entiende aquí los sentidos corporales de la parte sensitiva, así interiores como exteriores, porque ellos traen en sí las fantasmas y figuras de sus objetos...

OTRAS CANCIONES A LO DIVINO DE CRISTO Y EL ALMA

Un pastorcico solo está penado,
ajeno de placer y de contento,
y en su pastora[26] puesto el pensamiento,
y el pecho del amor muy lastimado.

No llora por haberle amor llagado,
que no le pena verse así afligido,
aunque en el corazón está herido;
mas llora por pensar que está olvidado.

Que sólo de pensar que está olvidado
de su bella pastora, con gran pena
se deja maltratar en tierra ajena,
el pecho del amor muy lastimado.

Y dice el pastorcico: ¡Ay, desdichado
de aquel que de mi amor ha hecho ausencia,
y no quiere gozar la mi presencia,
y el pecho por su amor muy lastimado!

Y al cabo de un gran rato se ha encumbrado
sobre un árbol[27] do abrió sus brazos bellos,
y muerto se ha quedado, asido de ellos,
el pecho del amor muy lastimado.

Del Verbo divino

Del Verbo divino
la virgen preñada
viene de camino
si le dais posada.

Suma de la perfección

Olvido de lo criado,
memoria del Criador,
atención a lo interior
y estarse amando al Amado.

---

25 júbilo, alegría.   26 el alma; así como el pastorcico   es Cristo.   27 la cruz.   28 desmandarse.

AVISOS Y SENTENCIAS

El que de los apetitos no se deja llevar volará ligero según el espíritu, como el ave a que no le falta pluma.

El alma enamorada es alma blanda, mansa, humilde y paciente.

A la tarde te examinará en el amor. Aprende a amar como Dios quiere ser amado y deja tu condición.

No sabe el hombre gozarse bien ni dolerse bien porque no entiende la distancia del bien y del mal.

Refrene mucho la lengua y el pensamiento y traiga de ordinario el afecto en Dios, y calentársele ha el espíritu divinamente.

El alma que anda en amor ni cansa ni se cansa.

Todo para mí y nada para ti. Todo para ti y nada para mí.

Las condiciones del pájaro solitario son cinco. La primera, que se va a lo más alto; la segunda, que no sufre compañía aunque sea de su naturaleza; la tercera, que pone el pico al aire; la cuarta, que no tiene determinado color; la quinta, que canta suavemente. Las cuales ha de tener el alma contemplativa que se ha de subir sobre las cosas transitorias, no haciendo más caso de ellas que si no fuesen, y ha de ser tan amiga de la soledad y silencio que no sufra compañía de otra criatura. Ha de poner el pico al aire del Espíritu Santo, correspondiendo a sus inspiraciones, para que, haciéndolo así, se haga más digna de su compañía. No ha de tener determinado color, no teniendo determinación en ninguna cosa, sino en la que es voluntad de Dios; ha de cantar suavemente en la contemplación y amor de su Esposo.

Amado mío, todo lo áspero y trabajoso quiero para mí, y todo lo suave y sabroso quiero para ti.

Siempre procure traer a Dios presente y conservar en sí la pureza que Dios le enseña. —No se disculpe ni rehuse ser corregido de todos; oiga con rostro sereno toda reprensión; piense que se lo dice Dios—. Nunca deje derramar[28] su corazón aunque sea por un credo. —Nunca oiga flaquezas ajenas, y si alguna se quejare a ella de otra, podrále decir con humildad no le diga nada. —No se queje de nadie, no pregunte cosa alguna, y si le fuere necesario preguntar, sea con pocas palabras.— No rehuse el trabajo nunca aunque le parezca no lo podrá hacer.—Lo que hablare sea de manera que no sea nadie ofendido y que sea en cosas que no le pueda pesar que lo sepan todos. —No niegue cosa que tenga, aunque la haya menester.—Calle lo que Dios le diere y acuérdese de aquel dicho de la Esposa: «Mi secreto para mí».—Procure conservar el corazón en paz, no le desasosiegue ningún suceso de este mundo, mire que todo se ha de acabar.

Quien supiere morir a todo, tendrá vida en todo.

En el amante el amor es llama que arde con apetito de arder más.

Los ríos sonoros tienen tal sonido, que todo otro sonido privan y ocupan.

MÍSTICA MENOR

La obra de los cuatro grandes escritores místicos y ascéticos, representada en las páginas precedentes, es sólo una mínima parte de la cuantiosa literatura religiosa de España en el siglo XVI, que cuenta, entre otros muchos autores, con algunos de relieve, como Francisco de Osuna, Diego de Estella, Juan de los Ángeles, Orozco, Juan de Ávila y Alejo Venegas del Busto. No pudiendo dar cabida en este libro a tantas muestras de este género, elegimos, como complemento, el «Soneto a Cristo crucificado», uno de los más conocidos de la lengua castellana, cuyo autor —desechadas las numerosas atribuciones— permanece anónimo; unos fragmentos de la hermosa «Paráfrasis del *Cantar de los Cantares*», de Benito Arias Montano (1527-1598), uno de los teólogos y escriturarios más importantes de su época; y parte del prólogo de Pedro Malón de Chaide (1530?-1589) a su tratado, *La conversión de la Magdalena*.

Este prólogo, aunque, en rigor, roza sólo de pasada el tema religioso, es, sin embargo, escrito importante como exposición clara de dos cuestiones íntimamente relacionadas con toda la literatura mística: su justificación como antídoto de la literatura profana —fantástica o amorosa—; y la defensa de la lengua vulgar, frente a los ataques de teólogos y autoridades eclesiásticas que no veían con buenos ojos la divulgación de la materia bíblica en romance.

Anónimo

SONETO A CRISTO CRUCIFICADO

No me mueve, mi Dios, para quererte
el cielo que me tienes prometido;
ni me mueve el infierno tan temido
para dejar por eso de ofenderte.

Tú me mueves, Señor; muéveme el verte
clavado en una cruz y escarnecido;

muéveme ver tu cuerpo tan herido;
muévenme tus afrentas y tu muerte.

Muéveme, al fin, tu amor, y en tal manera
que aunque no hubiera cielo, yo te amara,
y aunque no hubiera infierno, te temiera.

No me tienes que dar porque te quiera;
pues aunque lo que espero no esperara,
lo mismo que te quiero te quisiera.

Benito Arias Montano

*Paráfrasis sobre el «Cantar de los cantares» de
Salomón*

CAPÍTULO I

ESPOSA

… … … … … … … … … … … … … … …
Hazme saber, oh amor de la mi alma,
dó el tu ganado pace,
y hacia dónde aballas[1] tu rebaño
cuando la luz en la mañana nace:
o cuando el aire encalma,
dó lo defiendes del calor extraño:
porque si yo me engaño
en te buscar sin ir do estás muy cierta,[2]
andando por los montes y las fuentes,
amor, ¿no paras mientes[3]
que andaré fatigada y medio muerta?
Y si por caso acierta
verme quien no conozca,
al punto pensará de mí mil males,
que ando de choza en choza
buscando sin vergüenza los zagales.

POETA

Al dulce lamentar de aquesta amante
callaba el campo todo,
movido a compasión de una tal queja;
y no es tan vano el lastimero modo
que el alma no quebrante
a su esposo que de ella no se aleja.
Amor ya no le deja
atormentar su amada con silencio:
que le es amargo asensio[4]
ver el mal de su esposa y no guarilla,[5]
y, con un son que oírlo
bien pueda, le responde
cantando porque más su pecho mueva

desde las breñas, donde
por gran requiebro su presencia encueva.

ESPOSO

… … … … … … … … … … … … … … … … … …
Más linda, más ligera y más lozana
eres a los mis ojos, mi querida,
que la yegua de Egipto muy galana
que en el mi carro suele andar uncida.
Tus mejillas, Eumenia,[6] muy de gana
entre sus joyas tienen mi alma asida:
dos tórtolas te tengo muy labradas
de oro y en blanca plata rematadas.

ESPOSA

¡Cuán dulce es tu presencia, esposo amado!
Mis cosas todas sienten su alegría.
Mira en sentirte donde estás sentado
qué olor esparce la bujeta[7] mía.
El manojo de mirra muy preciado
que siendo amargo suave olor envía,
manojo es como tú, mi esposo bello,
entre mis pechos quiero yo traello.

De cánfora un racimo muy süave
donde sale el licor que siempre dura,
y junto al mar que no sustenta nave
en las viñas de Engadi es su postura:
tal es quien de mi pecho tiene llave,
y solo cierra y abre su clausura:
y aun poca suavidad es la que digo,
mayor expira de mi dulce amigo.

ESPOSO

La beldad toda en ti hace aposento,
en ti, mi amiga, toda la lindeza.
Tus ojos que me dan tan gran contento
en su mirar honesto y su clareza,
sus rayos, su color, su movimiento,
su redondez extraña y su grandeza,
remedan mucho los de la paloma
cuando por la mañana el rayo asoma.

ESPOSA

Tu gracia y tu beldad es la que abrasa
mi corazón contino[8] en viva llama:
de flores que cogí cuando más rasa
el alba estaba, es hecha nuestra cama:
de cedro es la madera de la casa
que grande suavidad de sí derrama:
el corredor cipreses lo sustentan
porque del tiempo injuria nunca sientan.

---

1 conduces.   2 porque si yo me engaño en ir a buscarte sin saber con seguridad dónde estás, es decir, yendo de un lado para otro sin saber dónde voy a encontrarte. 3 no piensas.   4 ajenjo; planta medicinal muy amarga y bebida que se hace de ella.   5 curarla.   6 nombre griego con que el Esposo se dirige a la Esposa, que significa la «bien dispuesta», es decir, «amante».   7 cajita

o pomo de perfume.   8 continuamente.
1 usado aquí como substantivo con el significado de vicios o malas inclinaciones.   2 colección de varias materias escritas sin método ni orden.   3 cosa tan insignificante.   4 bolsillo.   5 devocionario, libro de rezos. 6 locuacidad impertinente.   7 ruindades.   8 medro, mejoramiento.

Pedro Malón de Chaide

LA CONVERSIÓN DE LA MAGDALENA

PRÓLOGO DEL AUTOR A LOS LECTORES

...Es el ingenio humano tan amigo de rastrear y sacar cosas nuevas que jamás descansa ni halla término a donde pare; y así, o procura de buscar cosas nuevas o, si no lo son, hace que el estilo de decirlas lo sea, y con esto cada cual quiere hacer un libro. Y de los que escriben, unos se mueven por deseo de eternizar su nombre y celebrarle con viva memoria de que fueron en otro tiempo y supieron y escribieron. Éstos, por la mayor parte, tratan de materias que ganan con ellas más aplauso entre los hombres, que provecho o edificación de los fieles.

Otros van por otro camino, que viendo que el mundo tiene ya cansado el gusto para las cosas santas y de virtud, y tras esto tan vivo el apetito para todo lo que es vicio y estrago de buenas costumbres, y que como si no bastaran los ruines siniestros[1] con que nacemos y los que mamamos en la leche, y los que se nos pegan en la niñez con el regalo que en aquella edad se nos hace; y como si nuestra gastada naturaleza, que de suyo corre desapoderada al mal, tuviera necesidad de espuela y de incentivos para despertar el gusto del pecado, así la ceban con libros lascivos y profanos, a donde y en cuyas rocas se rompen los frágiles navíos de los mal avisados mozos, y las buenas costumbres (si algunas aprendieron de sus maestros) padecen naufragios y van a fondo y se pierden y malogran. Porque ¿qué otra cosa son los libros de amores y las *Dianas* y *Boscanes* y *Garcilasos,* y los monstruosos libros y silvas[2] de fabulosos cuentos y mentiras de los *Amadises, Floriseles* y *Don Belianís,* y una flota de semejantes portentos, como hay escritos, puestos en manos de pocos años, sino cuchillo en poder del hombre furioso? Pero responden los autores de los primeros que son amores tratados con limpieza y mucha honestidad; como si por eso dejasen de mover el afecto de la voluntad poderosísimamente y como si lentamente no se fuese esparciendo su mortal veneno por las venas del corazón, hasta prender en lo más puro y vivo del alma, a donde con aquel ardor furioso, seca y agosta todo lo más florido y verde de nuestras obras. Hallaréis, dice Plutarco, unos animalejos tan pequeños como son los mosquitos de una cierta especie, que apenas se dejan ver, y con ser tan nonada,[3] pican tan blandamente que, aunque entonces no os lastima la picadura, de allí a un rato os halláis hinchada la parte donde

os picó, y os da dolor. Así son estos libros de tales materias que, sin sentir cuándo os hicieron el daño, os halláis herido y perdido.

¿Qué ha de hacer la doncellita que apenas sabe andar y ya trae una *Diana* en la faltriquera?[4] Si, como dijo el otro poeta, el vaso nuevo se empapa y conserva mucho tiempo el sabor del primer licor que en él se eche, siendo un niño y una niña los vasos nuevos y echando en ellos vino tan venenoso, ¿no es cosa clara que guardarán aquel sabor largo tiempo? ¿Y cómo cabrán allí el vino del Espíritu Santo y el de las viñas de Sodoma? ¿Cómo dirá *Pater noster* en las Horas,[5] la que acaba de sepultar a Píramo y Tisbe en *Diana*? ¿Cómo se recogerá a pensar en Dios un rato la que ha gastado muchos en Garcilaso? ¿Cómo? ¿Y honesto se llama el libro que enseña a decir una razón y responder a otra, y a saber por qué término se han de tratar los amores? Allí se aprenden las desenvolturas y las solturas y las bachillerías;[6] y náceles un deseo de ser servidas y recuestadas... *Los Cantares* que hizo Salomón, más honestos son que sus *Dianas;* el Espíritu Santo los compuso, el más sabio de los hombres los escribió; entre esposo y esposa son las razones; todo lo que hay allí es casto, limpio, sano, divino y celestial, y lleno de misterios, y con todo eso no daban licencia los hebreos a los mozos para que los leyesen hasta que fuesen de más madura edad...

Otros leen aquellos prodigios y fabulosos sueños y quimeras, sin pies ni cabeza, de que están llenos los *Libros de Caballerías,* que así los llaman a los que (si la honestidad del término lo sufriera), con trastocar pocas letras, se llamaran mejor de bellaquerías[7] que de caballerías. Y si a los que estudian y aprenden a ser cristianos en estos catecismos les preguntáis que por qué los leen y cuál es el fruto que sacan de su lección, responderos han que allí aprenden osadía y valor para las armas, crianza y cortesía para con las damas, fidelidad y verdad en sus tratos y magnanimidad y nobleza de ánimo en perdonar a sus enemigos... Pues para reparo de los muchos daños que de estos libros nacen, muchos celosos de la honra de Dios y amigos del bien y medra[8] de los fieles han tomado la pluma y han escrito libros llenos de santa doctrina, de maravillosos ejemplos, de gravísimas sentencias y de dulce y deleitoso estilo, con los cuales han hecho mucho provecho a todos cuantos se han querido aprovechar de sus trabajos.

Viendo pues yo que, cuanto a esta parte, ya la república cristiana está bien pertrechada y tiene bastantísimo reparo contra este daño general que aquí digo, y tan a costa de muchas almas y conciencias lo experimentamos; y también, por no entrar yo en el número de los deseosos de escribir libros, que dice Salomón, y considerando que lo que yo podía sacar a luz era de tan poco momento, que muy bien se podía pasar sin ello la Iglesia de Dios, había determinado de no dar que censurar a los juicios libres de los que el día de hoy piensan que tienen voto en todo y que todo lo saben y nada se les va por alto y dejan de ver por bajo que sea...

Así yo, temiendo esto que digo, había dejado a un rincón estos papeles que de la gloriosa Magdalena había escrito a petición de una señora religiosa; y como cosa digna de olvido se han dormido muchos años en mi escritorio, sin hacer de ellos otra cuenta que la que se suele hacer de ratos perdidos. Sucedió que, sin pensarlo, vinieron a manos de mi prelado, viólos y leyólos y mandóme que los sacase en público. Obedecí porque tenía obligación, y aventuré todo lo que podría perder con los censores de quien he hablado. Harto será si con los prudentes no pierdo, que de los demás bien me consolaré.

De aquí nace una cosa que alguno, no entendiéndola, podría acusármela, y es que, cuando yo comencé a hacer esta niñería, no faltó a quien le pareció mal que fuese en nuestra lengua española, y tuve necesidad de responder a esta acusación que se me ponía; y entonces hice en un prólogo lo que también pondré en éste. Como después, por las razones que he dicho, lo dejase todo a un rincón, y se han pasado algunos años, he visto que en un librito, impreso de tres años, y aun de menos, a esta parte, puesto por un muy curioso y levantado estilo, y con términos tan pulidos y limados y asentados con extremado artificio, en quien se verá la grandeza y majestad de palabras de que nuestra lengua castellana está como preñada y que tiene gran riqueza y copia y mineros que no se pueden acabar, de luces y flores y gala y rodeos en el decir, y que en aquel libro está el adorno, que los celosos del lenguaje español pueden desear (*Libro de los Nombres de Dios*, del Padre Maestro fray Luis de León, de quien digo), habiéndole sucedido con él y su divulgación lo que a mí con éste antes de publicarle, tuvo necesidad de oponerse a la afrenta y sin justicia que a la lengua se le hacía, y así, constreñido de este agravio, añadió otro tercero libro a los dos que había impreso, en cuyo principio hallé casi las mismas palabras que muchos años antes yo había escrito a ese mismo propósito...

Habiendo yo comenzado esta niñería en nuestro lenguaje vulgar con propósito de que quien la pidió, pues no ha llegado a la noticia de la lengua latina, no por eso quedase privada de la doctrina y conocimiento de las cosas divinas, he tenido tanta contradicción y resistencia para que no pasase adelante, como si el hacerlo fuera sacrilegio, o por ello se destruyeran todas las buenas letras, y de ahí resultara algún grave daño y perdición a la república cristiana. Unos me dicen que es bajeza escribir en nuestra lengua cosas graves; otros, que es leyenda[9] para hilanderuelas y mujercitas; otros que las doctrinas graves y de importancia no han de andar en manos del vulgo liviano, despreciador de los misterios sagrados, movidos por aquel dicho de Platón, «que no era lícito profanar los misterios ocultos de la filosofía»; que así lo hizo él mismo, y Aristóteles escribió con tanta oscuridad como si no escribiera; y el Redentor dijo: «No arrojéis las piedras preciosas a los puercos»... Finalmente cada uno ha dado su decreto y dicho su alcaldada.[10]

Podría responder a todos juntos, que como dijo mi padre S. Agustín: «Huelgo que me reprenda el gramático, a truenque[11] de que todos me entiendan». Así yo quiero, si pudiese, hacer algún provecho a los que poco saben de lenguas extranjeras, aunque por ello me murmure el bachiller de estómago,[12] mofador de trabajos ajenos.

A los que dicen que es poca autoridad escribir cosas graves en nuestro vulgar, les pregunto: ¿La ley de Dios era grave? La Sagrada Escritura que reveló y entregó a su pueblo, adonde encerró tantos y tan soberanos misterios y sacramentos y adonde puso todo el tesoro de las promesas de nuestra reparación, su encarnación, vida, predicación, doctrina, milagros, muerte, y lo que Su Majestad hizo y padeció por nosotros; todo esto junto y lo demás que con esto iba, pregunto a estos tales ¿en qué lengua lo habló Dios, y por qué palabras lo escribieron Moisés y los Profetas? Cierto está que en la lengua materna en que hablaba el zapatero y el sastre y el tejedor y el cavatierra y el pastor y todo el mundo entero. El santo profeta Amós pastor era, criado en varear bellota,[13] en apacentar ganado por los montes y sierras, y profetizó y dejó sus profecías escritas, pues cierto es que no aprendió en Atenas ni en Roma otro lenguaje que el que se hablaba en su tierra. Pues si misterios tan altos y secretos tan divinos se escribían en lengua vulgar con que todos a la sazón hablaban, ¿por qué razón quieren estos envidiosos de nuestro lenguaje que busquemos lenguas peregrinas para escribir lo curioso y bueno que saben y podrían divulgar los hombres sabios? Que yo no trato de mí, pues ni lo soy ni importaría mucho que lo que puedo sacar a la luz se sepultase en silencio y olvido, mas dígolo

---

9 lectura. 10 salida de tono, despropósito. 11 a trueque, a cambio. 12 el que no sabe explicar.

13 derribar la bellota (fruto de la encina) dándole golpes con una vara. 14 esmero, cuidado.

por muchos y muy sabios que podrían dar luz con su doctrina e ilustrar nuestra lengua con su buen estilo.

Si dicen que aquella lengua hebrea era muy misteriosa y que por eso la Escritura Sagrada se escribió en ella, pregunto: ¿No se tradujo en griego por muchos traductores y después, no se escribió en latín, que era la lengua ordinaria en Roma, como ahora lo es para nosotros la castellana? Sí; pues si nuestro español es tan bueno como su griego y como el lenguaje romano, y se sabe mejor hablar que aquellas lenguas peregrinas, y por poco bien que se escriba en el nuestro se escribiría con más propiedad que en el ajeno, ¿por cuál razón les ha de parecer a ellos que es bajeza escribir en él cosas curiosas y graves? Escribió Tulio en la lengua que aprendió en la leche, y Marco Varrón y Séneca y Plutarco y los santos Crisóstomo, Cirilo, Atanasio, Gregorio Nacianzeno y S. Basilio, y todos los de aquel tiempo, cada uno en la suya y materna, e hicieron bien y estúvoles bien, y pareció a todos bien; y Platón, Aristóteles, Pitágoras y todos los filósofos escribieron su filosofía en su castellano, porque lo digamos así, de suerte que la moza de cántaro y el cocinero, sin estudiar más que los términos que oyeron y aprendieron de sus madres, los entendían y hablaban de ello, y ahora les parece a estos tales que es poca gravedad escribir y saber cosa buena en nuestra lengua, de suerte que quieren más hablar bárbaramente la ajena y con mil impropiedades y solecismos e idiotismos que en la natural y materna con propiedad y pureza,

dando en esto que reír y burlar y mofar a los extranjeros que ven nuestro desatino.

No se puede sufrir que digan que en nuestro castellano no se deben escribir cosas graves. ¡Pues cómo! ¿Tan vil y grosera es nuestra habla que no puede servir sino de materia de burla? Este agravio es de toda la nación y gente de España, pues no hay lenguaje ni le ha habido que al nuestro haya hecho ventaja en abundancia de términos, en dulzura de estilo, y en ser blando, suave, regalado y tierno y muy acomodado para decir lo que queremos, ni en frases ni rodeos galanos, ni que esté más sembrado de luces y ornatos floridos y colores retóricos, si los que tratan quieren mostrar un poco de curiosidad[14] en ello. Ésta no puede alcanzarse si todos la dejamos caer por nuestra parte, entregándola al vulgo grosero y poco curioso. Y, por salirme ya de esto, digo que espero en la diligencia y buen cuidado de los celosos de la honra de España, y en su buena industria que, con el favor de Dios, habemos de ver muy presto todas las cosas curiosas y graves escritas en nuestro vulgar, y la lengua española subida en su perfección, sin que tenga envidia a alguna de las del mundo, y tan extendida cuanto lo están las banderas de España, que llegan del uno al otro polo; de donde se seguirá que la gloria que nos han ganado las otras naciones en esto se la quitamos como lo hemos hecho en lo de las armas. Y hasta que llegue este venturoso tiempo, que ya se va acercando, habremos de tener paciencia con los murmuradores, los que somos los primeros en el dar la mano a nuestro lenguaje postrado...

Miguel de Cervantes Saavedra
1547-1616

Una representación suficiente de la obra de Cervantes en una *Antología* como la presente exige que, junto a una selección amplia de *Don Quijote*, aparezcan muestras no sólo de algunas *Novelas ejemplares* y de *Persiles y Sigismunda*, sino también de algunas producciones menores de su fértil ingenio. Ése ha sido nuestro criterio.

De la poesía hemos elegido, en primer lugar, la *Epístola a Mateo Vázquez*, cuya autenticidad se ha puesto desde hace tiempo en duda. El crítico argentino Arturo Marasso parece haber demostrado definitivamente que sólo en algunos fragmentos de carácter autobiográfico puede ser atribuida a Cervantes. Sin embargo, nosotros respetamos la atribución tradicional y la damos aquí justamente por el valor autobiográfico de esos fragmentos. Este mismo valor tienen algunos de los versos del *Viaje del Parnaso*, que son, a la vez, prueba de la conciencia que de su genio artístico tenía Cervantes.

Otras poesías, quizás de la más bellas que salieron de su pluma, van encuadradas en el marco de la prosa de las *Novelas ejemplares*, a que pertenecen. Hemos procurado también, en la selección de fragmentos de estas novelas dar una idea de su variedad: el alegre tono de aventura en *La gitanilla*; el humor y la perfección descriptiva de un cuadro de vida real en *Rinconete y Cortadillo*; la destreza para crear un ambiente o dar animación a una escena en *La fuerza de la sangre* y *El celoso extremeño*. *La Galatea* va representada por uno de sus más sobrios episodios; y el teatro, por los pasajes finales de la *Numancia*, de versificación poco ágil, como suele ser la del Cervantes dramaturgo, pero de muy noble aliento, y por un entremés íntegro, *La cueva de Salamanca*, que, como el resto de los entremeses, es una maravilla de humor y de diálogo intencionado. Del *Persiles*, obra en la que el elegir era dificilísimo por la riqueza de motivos y su exuberante estilo, van dos pasajes que, dentro de un límite prudencial de páginas, presentan, cada uno de ellos, cierta unidad, y los capítulos finales donde se declara el sentido de toda la compleja maraña de aventuras que constituyen la obra.

AUTORRETRATO

...Este que veis aquí, de rostro aguileño, de cabello castaño, frente lisa y desembarazada, de alegres ojos y de nariz corva, aunque bien proporcionada; las barbas de plata, que no ha veinte años que fueron de oro; los bigotes grandes; la boca pequeña; los dientes, ni menudos ni crecidos, porque no tiene sino seis, y ésos mal acondicionados y peor puestos, porque no tienen correspondencia los unos con los otros; el cuerpo entre dos extremos, ni grande ni pequeño; la color viva, antes blanca que morena; algo cargado de espaldas y no muy ligero de pies: éste digo que es el rostro del autor de *La Galatea* y de *Don Quijote de la Mancha*, y del que hizo el *Viaje del Parnaso*, a imitación del de César Caporal Perusino, y otras obras que andan por ahí descarriadas y quizá sin el nombre de su dueño. Llámase comúnmente Miguel de Cervantes Saavedra. Fué soldado muchos años, y cinco y medio cautivo, donde aprendió a tener paciencia en las adversidades. Perdió en la batalla naval de Lepanto la mano izquierda de un arcabuzazo, herida que, aunque parece fea, él la tiene por hermosa, por haberla cobrado en la más memorable y alta ocasión que vieron los pasados siglos ni esperan ver los venideros, militando debajo de las vencedoras banderas del hijo del rayo de la guerra, Carlos V, de felice memoria...

Prólogo a las *Novelas ejemplares*.

POESÍAS

Epístola a Mateo Vázquez, mi señor

Si el bajo son de la zampoña mía,
señor, a vuestro oído no ha llegado
en tiempo que sonar mejor debía,

no ha sido por la falta de cuidado,
sino por sobra del que me ha traído
por extraños caminos desviado.

… … … … … … … … … … … … … … …

De vuestra alta bondad y virtud suma
diré lo menos, que lo más, no siento
quien de cerrarlo en verso se presuma.

… … … … … … … … … … … … … … …

Vos sois, señor, por quien decir podría
(y lo digo y diré sin estar mudo)
que sola la virtud fué vuestra guía,

y que ella sola fué bastante, y pudo
levantaros al bien do estáis agora,
privado humilde, de ambición desnudo.

¡Dichosa y felicísima la hora
donde tuvo el real conocimiento
noticia del valor que anida y mora

en vuestro reposado entendimiento,
cuya fidelidad, cuyo secreto
es de vuestras virtudes el cimiento!

Por la senda y camino más perfeto
van vuestros pies, que es la que el medio tiene,
y la que alaba el seso más discreto.

Quien por ella camina, vemos viene
a aquel dulce, süave paradero
que la felicidad en sí contiene.

Yo que el camino más bajo y grosero
he caminado en fría noche oscura
he dado en manos del atolladero:

y en la esquiva prisión, amarga y dura,
adonde agora quedo, estoy llorando
mi corta infelicísima ventura,

con quejas tierra y cielo importunando,
con suspiros el aire oscureciendo,
con lágrimas el mar acrecentando.

Vida es ésta, señor, do estoy muriendo,
entre bárbara gente descreída
la mal lograda juventud perdiendo.

No fué la causa aquí de mi venida
andar vagando por el mundo acaso,
con la vergüenza y la razón perdida.

Diez años ha que tiendo y mudo el paso
en servicio del gran Filipo nuestro,
ya con descanso, ya cansado y laso;[1]

---

1 falto de fuerzas.   2 Se refiere a la batalla naval de Lepanto, 1571; *diestro*=venturoso, en contraposición a *siniestro*=adverso.   3 el mar.   4 aquí, «izquierda».   5 En varios tercetos, aquí omitidos, ha contado Cervantes cómo después de la batalla de Lepanto fué hecho prisionero al caer la galera *Sol*, en la que iba, en manos de los infieles, y cómo lleva dos años de cautiverio: «dos años ha que mi dolor se alarga».   6 y no muero aquí.   7 Se refiere a los cristianos que comparten su cautiverio.   8 El poeta, Cervantes, se dispone a hacer una visita al Parnaso, para lo cual llega al puerto de Cartagena, donde ve venir un bajel que echa anclas (*áncoras*) en el puerto.   9 barco pequeño que se lleva en el navío para saltar a tierra.   10 seda.

11 falsos (por ser paganos).   12 vara delgada rodeada de dos culebras, atributo de Mercurio. Otro de los atributos con que se representa a Mercurio son las alas que lleva en los talones, en el bonete y en el mismo caduceo, para indicar que es el mensajero de los dioses.   13 También era considerado Mercurio como el dios de la elocuencia.   14 Cervantes ha dicho antes que para emprender el camino se proveyó de unas alforjas con un poco de pan y de queso.   15 perteneciente a Mercurio.   16 designio, propósito.   17 Cervantes habla, en el Parnaso, con Apolo.   18 mostrar el error o la locura de los hombres de una manera honesta y ejemplar, como Cervantes mismo explica en el Prólogo a sus *Novelas Ejemplares*.

y en el dichoso día que siniestro
tanto fué el hado a la enemiga armada,
cuanto a la nuestra favorable y diestro,[2]
    de temor y de esfuerzo acompañada,
presente estuvo mi persona al hecho,
más de esperanza que de hierro armada.
    Vi el formado escuadrón roto y deshecho,
y de bárbara gente y de cristiana
rojo en mil partes de Neptuno el lecho;[3]
... ...
    A esta dulce sazón yo, triste, estaba
con la una mano de la espada asida,
y sangre de la otra derramaba;
    el pecho mío de profunda herida
sentía llagado, y la siniestra[4] mano
estaba por mil partes ya rompida.
    Pero el contento fué tan soberano
que a mi alma llegó, viendo vencido
el crudo pueblo infiel por el cristiano,
    que no echaba de ver si estaba herido,
aunque era tan mortal mi sentimiento,
que a veces me quitó todo el sentido.
... ...
    Estas cosas volviendo en mi memoria,
las lágrimas trujeron a los ojos,
movidas de desgracia tan notoria.[5]
    Pero si el alto Cielo en darme enojos
no está con mi ventura conjurado
y aquí no lleva muerte mis despojos[6]
    cuando me vea en más alegre estado,
si vuestra intercesión, señor, me ayuda
a verme ante Filipo arrodillado,
    mi lengua balbuciente y cuasi muda
pienso mover en la real presencia,
de adulación y de mentir desnuda.

Sigue una exhortación al rey para que se decida a destruir el poder de los turcos y a liberar a los «veinte mil cristianos» cautivos.

¿Quién duda que el real pecho benino
no se muestre, escuchando la tristeza
en que están estos míseros contino?[7]
    Bien parece que muestro la flaqueza
de mi tan torpe ingenio, que pretende
hablar tan bajo ante tan alta alteza;
    pero el justo deseo la defiende...
Mas a todo silencio poner quiero,
que temo que mi pluma ya os ofende,
y al trabajo me llaman donde muero.

VIAJE DEL PARNASO

Áncoras echa[8] y en el puerto para
y arroja un ancho esquife[9] al mar tranquilo
con música, con grito y algazara.
    Usan los marineros de su estilo,

cubren la popa con tapetes tales
que es oro y sirgo[10] de su trama el hilo.
    Tocan de la ribera los umbrales,
sale del rico esquife un caballero
en hombros de otros cuatro principales,
    en cuyo traje y ademán severo
vi de Mercurio al vivo la figura,
de los fingidos[11] dioses mensajero,
    en el gallardo talle y compostura,
en los alados pies y el caduceo,[12]
símbolo de prudencia y de cordura.
... ...
    Vile y apenas puso las aladas
plantas en las arenas venturosas
por verse de divinos pies tocadas,
    cuando yo revolviendo cien mil cosas
en la imaginación, llegué a postrarme
ante las plantas por adorno hermosas.
    Mandóme el dios parlero[13] luego alzarme
y con medidos versos y sonantes,
desta manera comenzó a hablarme:
    «¡Oh Adán de los poetas, oh Cervantes!
¿Qué alforjas[14] y qué traje es éste, amigo,
que así muestras discursos ignorantes?»
    Yo, respondiendo a su demanda, digo:
«Señor, voy al Parnaso y como pobre
con este aliño mi jornada sigo.»
    Y él a mí dijo: «¡Oh sobrehumano, y sobre
espíritu cilenio[15] levantado!
Toda abundancia, y todo honor te sobre,
    que en fin has respondido a ser soldado
antiguo y valeroso, cual lo muestra
la mano de que estás estropeado.
    Bien sé que en la naval dura palestra
perdiste el movimiento de la mano
izquierda, para gloria de la diestra.
    Y sé que aquel instinto sobrehumano
que de raro inventor tu pecho encierra
no te le ha dado el padre Apolo en vano.
    Tus obras los rincones de la tierra,
llevándolas en grupa Rocinante,
descubren, y a la envidia mueven guerra.
    Pasa, raro inventor, pasa adelante
con tu sutil disinio,[16] y presta ayuda
a Apolo, que la tuya es importante.»
... ...
    «Yo[17] he dado en *Don Quijote* pasatiempo
al pecho melancólico y mohino
en cualquiera sazón, en todo tiempo.
    Yo he abierto en mis *Novelas* un camino
por do la lengua castellana puede
mostrar con propiedad un desatino.[18]
    Yo soy aquel que en la invención excede
a muchos, y al que falta en esta parte
es fuerza que su fama falta quede.
    Desde mis tiernos años amé el arte

dulce de la agradable poesía,
y en ella procuré siempre agradarte.

Nunca voló la pluma humilde mía
por la región satírica, bajeza
que a infames premios y desgracias guía.

Yo el soneto compuse que así empieza,
por honra principal de mis escritos:
Voto a Dios que me espanta esta grandeza.

Yo he compuesto romances infinitos,
y el *de los celos* es aquel que estimo
entre otros que los tengo por malditos.

Por esto me congojo y me lastimo
de verme solo en pie, sin que se aplique
árbol que me conceda algún arrimo.

Yo estoy, cual decir suelen, puesto a pique
para dar a la estampa al gran *Persiles*,
con que mi nombre y obras multiplique.

······ ··· ··· ··· ··· ··· ··· ··· ··· ··· ··· ··· ···

Nunca pongo los pies por do camina
la mentira, la fraude y el engaño,
de la santa virtud, total rüina.

Con mi corta fortuna no me ensaño,
aunque por verme en pie, como me veo,
y en tal lugar, pondero así mi daño.

Con poco me contento, aunque deseo
mucho.» A cuyas razones enojadas,
con estas blandas respondió Timbreo:[19]

«Vienen las malas suertes atrasadas,
y toman tan de lejos la corriente,
que son temidas, pero no excusadas.

El bien les viene a algunos de repente,
a otros poco a poco y sin pensallo,
y el mal no guarda estilo diferente.

El bien que está adquirido, conservallo
con maña, diligencia y con cordura
es no menor virtud, que el granjeallo.

Tú mismo te has forjado tu ventura,
y yo te he visto alguna vez con ella,
pero en el imprudente poco dura.

Mas si quieres salir de tu querella,
alegre, y no confuso, y consolado,
dobla tu capa, y siéntate sobre ella.

Que tal vez suele un venturoso estado,
cuando le niega sin razón la suerte
honrar más merecido, que alcanzado.»

—«Bien parece, señor, que no se advierte»
le respondí, «que yo no tengo capa.»
Él dijo: «Aunque sea así, gusto de verte.

La virtud es un manto con que tapa

y cubre su indecencia la estrecheza,
que exenta y libre de la envidia escapa.»

Incliné al gran consejo la cabeza.
Quedéme en pie, que no hay asiento bueno
si el favor no le labra o la riqueza.

Alguno murmuró, viéndome ajeno
del honor que pensó se me debía,
del planeta de luz y virtud lleno.

LA GALATEA

RESUMEN

Como otras novelas pastoriles, La Galatea está constituída por una complicada serie de historias amorosas entre fingidos pastores y pastoras, con abundantes diálogos y lamentaciones en prosa y verso. En el sexto y último libro de la primera parte —única que escribió Cervantes— acude la mayoría de ellos a la tumba de Meliso. Allí ocurre lo que se narra en el fragmento reproducido.

...Mas, a esta sazón, el venerable Telesio les dijo:

—Pues habemos cumplido en parte, gallardos y comedidos pastores, con la obligación que al venturoso Meliso[20] tenemos, poned por ahora silencio a vuestras tiernas lágrimas, y dad algún vado[21] a vuestros dolientes suspiros, pues ni por ellas ni ellos podemos cobrar la pérdida que lloramos; y puesto que el humano sentimiento no pueda dejar de mostrarle en los adversos acaecimientos, todavía es menester templar la demasía de sus accidentes con la razón que al discreto acompaña; y, aunque las lágrimas y suspiros sean señales del amor que se tiene al que se llora, más provecho consiguen las almas por quien se derraman con los píos sacrificios y devotas oraciones que por ellas se hacen, que si todo el mar Oceano por los ojos de todo el mundo hecho lágrimas se destilase. Y por esta razón y por la que tenemos de dar algún alivio a nuestros cansados cuerpos, será bien que, dejando lo que nos resta de hacer para el venidero día, por ahora visitéis vuestros zurrones,[22] y cumpláis con lo que naturaleza os obliga.

Y en diciendo esto, dió orden como todas las pastoras estuviesen a una parte del valle, junto a la sepultura de Meliso, dejando con ellas seis de los más ancianos pastores que allí había, y los demás, poco desviados de ellas, en otra parte se es-

---

[19] sobrenombre de Apolo.   [20] pastor muy virtuoso y gran poeta cuyas exequias, como explicó antes el anciano sacerdote Telesio, se renuevan de año en año; de acuerdo con esta costumbre, numerosos pastores han acudido a visitar la sepultura de Meliso y acaban de cantar ante ella una «triste y dolorosa elegía».
[21] suspended.   [22] bolsa o saco donde el pastor lleva sus provisiones; quiere decir que coman algo.   [23] cuando la luna recibe de lleno la luz del sol (*el rubio hermano*), esto es, en tiempo de luna llena.   [24] Diana, la luna.   [25] a no ser, excepto.   [26] dios del sueño; se le representa con un ramo en la mano con el que toca las sienes y los párpados de aquel a quien quiere hacer dormir.   [27] las nueve musas.   [28] Homero.   [29] Virgilio.

tuvieron; y luego, con lo que en los zurrones traían, y con el agua de la clara fuente, satisficieron a la común necesidad de la hambre, acabando a tiempo que ya la noche vestía de una misma color todas las cosas debajo de nuestro horizonte contenidas, y la luciente luna mostraba su rostro hermoso y claro en toda la entereza que tiene, cuando más el rubio hermano sus rayos le comunica.[23]

Pero, de allí a poco rato, levantándose un alterado viento, se comenzaron a ver algunas negras nubes, que algún tanto la luz de la casta diosa[24] encubrían, haciendo sombras en la tierra, señales por donde algunos pastores que allí estaban, en la rústica astrología maestros, algún venidero turbión y borrasca esperaban.

Mas todo paró en no más de quedar la noche parda y serena, y en acomodarse ellos a descansar sobre la fresca yerba, entregando los ojos al dulce y reposado sueño, como lo hicieron todos, si no[25] algunos que repartieron como en centinelas la guarda de las pastoras, y la de algunas antorchas que alrededor de la sepultura de Meliso ardiendo quedaban.

Pero ya que el sosegado silencio se extendió por todo aquel sagrado valle, y ya que el perezoso Morfeo[26] había con el bañado ramo tocado las sienes y párpados de todos los presentes, a tiempo que a la redonda de nuestro polo buena parte las errantes estrellas andado habían, señalando los puntales cursos de la noche, en aquel instante, de la misma sepultura de Meliso se levantó un grande y maravilloso fuego, tan luciente y claro, que en un momento todo el obscuro valle quedó con tanta claridad como si el mismo sol le alumbrara; por la cual improvisa maravilla, los pastores que despiertos junto a la sepultura estaban, cayeron atónitos en el suelo, deslumbrados y ciegos con la luz del transparente fuego, el cual hizo contrario efecto en los demás que durmiendo estaban, porque heridos de sus rayos, huyó de ellos el pesado sueño, y, aunque con dificultad alguna, abrieron los dormidos ojos, y, viendo la extrañeza de la luz que se les mostraba, confusos y admirados quedaron; y así, cuál en pie, cuál recostado, y cuál sobre las rodillas puesto, cada uno, con admiración y espanto, el claro fuego miraba.

Todo lo cual visto por Telesio, adornándose en un punto de las sacras vestiduras, acompañado de Elicio, Tirsi, Damón, Lauso y de otros animosos pastores, poco a poco se comenzó a llegar al fuego, con intención de, con algunos lícitos y acomodados exorcismos, procurar deshacer o entender de do procedía la extraña visión que se les mostraba.

Pero ya que llegaban cerca de las encendidas llamas, vieron que, dividiéndose en dos partes, en medio de ellas parecía una tan hermosa y agraciada ninfa, que en mayor admiración les puso que la vista del ardiente fuego...

Y estando, como se ha dicho, todos transportados en mirarla, la bella ninfa abrió los brazos a una y a otra parte e hizo que las apartadas llamas más se apartasen y dividiesen, para dar lugar a que mejor pudiese ser mirada, y luego, levantando el sereno rostro, con gracia y gravedad extraña, a semejantes razones dió principio:

—Por los efectos que mi improvisa vista ha causado en vuestros corazones, discreta y agradable compañía, podéis considerar que no en virtud de malignos espíritus ha sido formada esta figura mía que aquí se os representa, porque una de las razones por do se conoce ser una visión buena o mala, es por los efectos que hace en el ánimo de quien la mira; porque la buena, aunque cause en él admiración y sobresalto, el tal sobresalto y admiración vienen mezclados con un gustoso alboroto que a poco rato le sosiega y satisface; al revés de lo que causa la visión perversa, la cual sobresalta, descontenta, atemoriza y jamás asegura. Esta verdad os aclarará la experiencia cuando me conozcáis, y yo os diga quién soy, y la ocasión que me ha movido a venir de mis remotas moradas a visitaros.

Y porque no quiero teneros colgados del deseo que tenéis de saber quién yo sea, sabed, discretos pastores y bellas pastoras, que yo soy una de las nueve doncellas[27] que en las altas y sagradas cumbres del Parnaso tienen su propia y conocida morada. Mi nombre es Calíope, mi oficio y condición es favorecer y ayudar a los divinos espíritus, cuyo loable ejercicio es ocuparse en la maravillosa y jamás como debe alabada ciencia de la poesía; yo soy la que hice cobrar eterna fama al antiguo ciego natural de Esmirna,[28] por él solamente famosa; la que hará vivir el mantuano Títiro[29] por todos los siglos venideros, hasta que el tiempo se acabe; y la que hace que se tengan en cuenta, desde la pasada hasta la edad presente, los escritos tan ásperos como discretos del antiquísimo Enio.

En fin, soy quien favoreció a Cátulo, la que nombró a Horacio, eternizó a Propercio, y soy la que con inmortal fama tiene conservada la memoria del conocido Petrarca, y la que hizo bajar a los obscuros infiernos y subir a los claros cielos al famoso Dante; soy la que ayudó a tejer al divino Ariosto la variada y hermosa tela que compuso; la que en esta patria vuestra tuvo familiar amistad con el agudo Boscán y con el famoso Garcilaso, con el docto y sabio Castillejo y el artificioso Torres Naharro, con cuyos ingenios, y con los frutos de ellos, quedó vuestra patria enriquecida y yo satisfecha; yo soy la que movió la pluma del celebrado Aldana, y la que no dejó jamás el lado de Don Fernando de Acuña, y la que me precio de la estrecha amistad y conversación que siempre tuve con la bendita alma del cuerpo que en esta sepultura yace, cuyas exequias, por vosotros celebradas, no sólo han alegrado su espíritu, que ya por la región eterna se pasea, sino que a mí me han satisfecho de suerte, que, forzada, he venido a agradeceros tan loable y piadosa costumbre como es la que entre vosotros se usa; y así, os prometo, con las veras que de mi virtud pueden esperarse, que en pago del beneficio que a las cenizas de mi querido y amado Meliso habéis hecho, de hacer siempre que en vuestras riberas jamás falten pastores que en la alegre ciencia de la poesía a todos los de las otras riberas se aventajen; favoreceré asimismo siempre vuestros consejos, y guiaré vuestros entendimientos de manera que nunca deis torcido voto, cuando decretéis quién es merecedor de enterrarse en este sagrado valle; porque no será bien que, de honra tan particular y señalada, y que sólo es merecida de los blancos y canoros cisnes, la vengan a gozar los negros y roncos cuervos.

Y así, me parece que será bien daros alguna noticia ahora de algunos señalados varones que en esta vuestra España viven, y algunos en las apartadas Indias a ella sujetas, los cuales, si todos o alguno de ellos su buena ventura le trajere a acabar el curso de sus días en estas riberas, sin duda alguna le podéis conceder sepultura en este famoso sitio...

Calló diciendo esto la bella ninfa, y luego tomó una arpa que junto a sí tenía, que hasta entonces de ninguno había sido vista, y en comenzándola a tocar parece que comenzó a esclarecerse el cielo, y que la luna, con nuevo y no usado resplandor alumbraba la tierra; los árboles, a despecho de un blando céfiro que soplaba, tuvieron quedas las ramas, y los ojos de todos los que allí estaban no se atrevían a bajar los párpados, porque, aquel breve punto que se tardaban en alzarlos, no se privasen de la gloria que en mirar la hermosura de la ninfa gozaban; y aun quisieran todos que todos sus cinco sentidos se convirtieran en el de oír solamente: con tal extrañeza, con tal dulzura, con tanta suavidad tocaba la arpa la bella musa. La cual, después de haber tañido un poco, con la más sonora voz que imaginarse puede, en semejantes versos dió principio...

Sigue aquí el largo canto de Calíope en el que, después de varias consideraciones generales sobre la poesía, se hace el elogio de innumerables poetas contemporáneos de Cervantes.

No había aun bien acabado la hermosa ninfa los últimos acentos de su sabroso canto, cuando, tornándose a juntar las llamas, que divididas estaban, la cerraron en medio, y luego poco a poco consumiéndose, en breve espacio desapareció el ardiente fuego y la discreta musa delante de los ojos de todos, a tiempo que ya la clara aurora comenzaba a descubrir sus frescas y rosadas mejillas por el espacioso cielo, dando alegres muestras del venidero día.

EL INGENIOSO HIDALGO DON QUIJOTE DE LA MANCHA

PRIMERA PARTE

CAPÍTULO PRIMERO

Que trata de la condición y ejercicio del famoso hidalgo Don Quijote de la Mancha.

En un lugar de la Mancha, de cuyo nombre no quiero acordarme, no ha mucho tiempo que vivía un hidalgo de los de lanza en astillero,[30] adarga[31] antigua, rocín[32] flaco y galgo corredor.

Una olla de algo más vaca que carnero, salpicón[33] las más noches, duelos y quebrantos[34] los sábados, lantejas los viernes, algún palomino de añadidura los domingos, consumían las tres partes de su hacienda. El resto della concluían sayo de velarte,[35] calzas de velludo[36] para las fiestas, con sus pantuflos[37] de lo mesmo, y los días de entresemana se honraba con su vellorí[38] de lo más fino. Tenía en su casa una ama que pasaba de los cuarenta, y una sobrina que no llegaba a los veinte, y un mozo de campo y plaza[39] que así ensillaba el rocín como

---

[30] percha donde se ponían las lanzas.
 [31] escudo [32] caballo de mala traza. [33] carne picada, fría, aderezada con aceite, vinagre y otros ingredientes. [34] huevos y tocino. [35] casaca de paño negro. [36] prenda de vestir que cubría la pierna y el muslo; *velludo*=terciopelo. [37] especie de calzado. [38] paño de lana, de calidad inferior al velarte. [39] mozo que servía al mismo tiempo para las labores del campo y para las domésticas. [40] Con este juego de palabras, Cer-

vantes quiere decir que Don Quijote leía toda la noche y todo el día.
 [41] golpe de espada que se da en sentido contrario al normal, es decir, de izquierda a derecha. [42] a la otra parte del mar, en tierra de moros. [43] parte superior de la celada que protegía la cabeza; la celada era la pieza de la armadura que cuando estaba completa protegía cabeza y cara. A la de Don Quijote le faltaba la parte inferior, llamada encaje o babera.

415 DON QUIJOTE DE LA MANCHA

tomaba la podadera. Frisaba la edad de nuestro hidalgo con los cincuenta años; era de complexión recia, seco de carnes, enjuto de rostro, gran madrugador y amigo de la caza. Quieren decir que tenía el sobrenombre de Quijada, o Quesada, que en esto hay alguna diferencia en los autores que deste caso escriben; aunque por conjeturas verosímiles se deja entender que se llamaba Quejana. Pero esto importa poco a nuestro cuento: basta que en la narración dél no se salga un punto de la verdad.

Es, pues, de saber que este sobredicho hidalgo, los ratos que estaba ocioso (que eran los más del año), se daba a leer libros de caballerías con tanta afición y gusto, que olvidó casi de todo punto el ejercicio de la caza, y aun la administración de su hacienda; y llegó a tanto su curiosidad y desatino en esto, que vendió muchas hanegas de tierra de sembradura para comprar libros de caballerías en que leer, y así, llevó a su casa todos cuantos pudo haber dellos; y de todos, ningunos le parecían tan bien como los que compuso el famoso Feliciano de Silva; porque la claridad de su prosa y aquellas entrincadas razones suyas le parecían de perlas, y más cuando llegaba a leer aquellos requiebros y cartas de desafíos, donde en muchas partes hallaba escrito: «La razón de la sinrazón que a mi razón se hace, de tal manera mi razón enflaquece, que con razón me quejo de la vuestra fermosura.» Y también cuando leía: «...los altos cielos que de vuestra divinidad divinamente con las estrellas os fortifican, y os hacen merecedora del merecimiento que merece la vuestra grandeza.»

Con estas razones perdía el pobre caballero el juicio, y desvelábase por entenderlas y desentrañarles el sentido, que no se lo sacara ni las entendiera el mesmo Aristóteles, si resucitara para sólo ello... Tuvo muchas veces competencia con el cura de su lugar (que era hombre docto, graduado en Sigüenza), sobre cuál había sido mejor caballero: Palmerín de Inglaterra, o Amadís de Gaula; mas maese Nicolás, barbero del mismo pueblo, decía que ninguno llegaba al Caballero del Febo, y que si alguno se le podía comparar era Don Galaor, hermano de Amadís de Gaula, porque tenía muy acomodada condición para todo; que no era caballero melindroso, ni tan llorón como su hermano, y que en lo de la valentía no le iba en zaga.

En resolución, él se enfrascó tanto en su lectura, que se le pasaban las noches leyendo de claro en claro, y los días de turbio en turbio;[40] y así, del poco dormir y del mucho leer se le secó el celebro de manera que vino a perder el juicio. Llenósele la fantasía de todo aquello que leía en los libros, así de encantamentos como de pendencias, batallas, desafíos, heridas, requiebros, amores, tormentas y disparates imposibles; y asentósele de tal modo en la imaginación que era verdad toda aquella máquina de aquellas soñadas invenciones que leía, que para él no había otra historia más cierta en el mundo. Decía él que el Cid Ruy Díaz había sido muy buen caballero; pero que no tenía que ver con el Caballero de la Ardiente Espada, que de solo un revés[41] había partido por medio dos fieros y descomunales gigantes. Mejor estaba con Bernardo del Carpio, porque en Roncesvalles había muerto a Roldán el encantado, valiéndose de la industria de Hércules, cuando ahogó a Anteo, el hijo de la Tierra, entre los brazos. Decía mucho bien del gigante Morgante, porque, con ser de aquella generación gigantea, que todos son soberbios y descomedidos, él solo era afable y bien criado. Pero, sobre todos, estaba bien con Reynaldos de Montalbán, y más cuando le veía salir de su castillo y robar cuantos topaba, y cuando en allende[42] robó aquel ídolo de Mahoma que era todo de oro, según dice su historia. Diera él por dar una mano de coces al traidor de Galalón, al ama que tenía, y aun a su sobrina de añadidura.

En efeto, rematado ya su juicio, vino a dar en el más extraño pensamiento que jamás dió loco en el mundo, y fué que le pareció convenible y necesario, así para el aumento de su honra como para el servicio de su república, hacerse caballero andante, y irse por todo el mundo con sus armas y caballo a buscar las aventuras y a ejercitarse en todo aquello que él había leído que los caballeros andantes se ejercitaban, deshaciendo todo género de agravio, y poniéndose en ocasiones y peligros donde, acabándolos, cobrase eterno nombre y fama. Imaginábase el pobre ya coronado por el valor de su brazo, por lo menos, del imperio de Trapisonda; y así, con estos tan agradables pensamientos, llevado del extraño gusto que en ellos sentía, se dió priesa a poner en efeto lo que deseaba. Y lo primero que hizo fué limpiar unas armas que habían sido de sus bisabuelos, que, tomadas de orín y llenas de moho, luengos siglos había que estaban puestas y olvidadas en un rincón. Limpiólas y aderezólas lo mejor que pudo; pero vió que tenían una gran falta, y era que no tenían celada de encaje, sino morrión[43] simple; mas a esto suplió su industria, porque de cartones hizo un modo de media celada, que, encajada con el morrión, hacía una apariencia de celada entera. Es verdad que para probar si era fuerte y podía estar al riesgo de una cuchillada, sacó su espada y le dió dos golpes, y con el primero y en un punto deshizo lo que había hecho en una semana; y no dejó de parecerle mal la facilidad con que la había hecho pedazos, y, por asegurarse deste peligro, la tornó a hacer de nuevo, poniéndole unas barras de hierro por dentro, de tal manera, que él quedó satisfecho de su fortaleza y, sin querer hacer nueva experiencia della, la diputó y tuvo por celada finísima de encaje.

Fué luego a ver su rocín, y aunque tenía más cuartos[44] que un real y más tachas que el caballo de Gonela,[45] que *tantum pellis et ossa fuit*,[46] le pareció que ni Bucéfalo de Alejandro ni Babieca el del Cid con él se igualaban. Cuatro días se le pasaron en imaginar qué nombre le pondría; porque (según se decía él a sí mesmo) no era razón que caballo de caballero tan famoso, y tan bueno él por sí, estuviese sin nombre conocido; y ansí, procuraba acomodársele de manera que declarase quién había sido antes que fuese de caballero andante, y lo que era entonces; pues estaba muy puesto en razón que, mudando su señor estado, mudase él también el nombre, y le cobrase famoso y de estruendo, como convenía a la nueva orden y al nuevo ejercicio que ya profesaba; y así, después de muchos nombres que formó, borró y quitó, añadió y tornó a hacer en su memoria e imaginación, al fin le vino a llamar *Rocinante*, nombre, a su parecer, alto, sonoro y significativo de lo que había sido cuando fué rocín, antes de lo que ahora era, que era antes y primero de todos los rocines del mundo.

Puesto nombre, y tan a su gusto, a su caballo, quiso ponérselo a sí mismo, y en este pensamiento duró otros ocho días, y al cabo se vino a llamar *don Quijote;* de donde, como queda dicho, tomaron ocasión los autores desta tan verdadera historia que, sin duda, se debía llamar Quijada, y no Quesada, como otros quisieron decir. Pero, acordándose que el valeroso Amadís, no sólo se había contentado con llamarse Amadís a secas, sino que añadió el nombre de su reino y patria, por hacerla famosa, y se llamó Amadís de Gaula, así quiso, como buen caballero, añadir al suyo el nombre de la suya y llamarse *don Quijote de la Mancha*, con que, a su parecer, declaraba muy al vivo su linaje y patria, y la honraba con tomar el sobrenombre della.

Limpias, pues, sus armas, hecho del morrión celada, puesto nombre a su rocín y confirmándose a sí mismo, se dió a entender que no le faltaba otra cosa sino buscar una dama de quien enamorarse; porque el caballero andante sin amores era

árbol sin hojas y sin fruto y cuerpo sin alma. Decíase él: «Si yo, por malos de mis pecados, o por mi buena suerte, me encuentro por ahí con algún gigante, como de ordinario les acontece a los caballeros andantes, y le derribo de un encuentro, o le parto por mitad del cuerpo, o, finalmente, le venzo y le rindo, ¿no será bien tener a quien enviarle presentado, y que entre y se hinque de rodillas ante mi dulce señora, y diga con voz humilde y rendida: «Yo, señora, soy el gigante Cara»culiambro, señor de la ínsula Malindrania, a quien »venció en singular batalla el jamás como se debe »alabado caballero don Quijote de la Mancha, el »cual me mandó que me presentase ante la vuestra »merced, para que la vuestra grandeza disponga »de mí a su talante?[47]» ¡Oh, cómo se holgó nuestro buen caballero cuando hubo hecho este discurso, y más cuando halló a quien dar nombre de su dama! Y fué, a lo que se cree, que en un lugar cerca del suyo había una moza labradora de muy buen parecer, de quien él un tiempo anduvo enamorado, aunque, según se entiende, ella jamás lo supo ni se dió cata dello.[48] Llamábase Aldonza Lorenzo, y a ésta le pareció ser bien darle título de señora de sus pensamientos; y, buscándole nombre que no desdijese mucho del suyo y que tirase y se encaminase al de princesa y gran señora, vino a llamarla *Dulcinea del Toboso*, porque era natural del Toboso: nombre, a su parecer, músico y peregrino y significativo, como todos los demás que a él y a sus cosas había puesto.

CAPÍTULO II

Que trata de la primera salida que de su tierra hizo el ingenioso Don Quijote.

Hechas, pues, estas prevenciones, no quiso aguardar más tiempo a poner en efeto su pensamiento, apretándole a ello la falta que él pensaba que hacía en el mundo su tardanza, según eran los agravios que pensaba deshacer, tuertos[49] que enderezar, sinrazones que enmendar, y abusos que mejorar, y deudas que satisfacer. Y así, sin dar parte a persona alguna de su intención y sin que nadie le viese, una mañana, antes del día, que era uno de los calurosos del mes de julio, se armó de todas sus armas, subió sobre Rocinante, puesta su mal compuesta celada, embrazó su adarga, tomó

---

44 Cervantes hace un juego de palabras con dos acepciones de la voz *cuartos*: moneda y enfermedad de las caballerías.   45 bufón italiano cuyo caballo se hizo famoso como objeto de burla por su flaqueza y mala facha.   46 que era todo pellejo y huesos.   47 voluntad.   48 lo advirtió, se dió cuenta de ello.   49 injusticias.   50 y aun suponiendo que ya hubiese sido armado caballero.

51 figura y lema o mote que los caballeros ponían en sus escudos.   52 que le habían vuelto loco.   53 el sol.   54 de arpa, musicales.   55 En la mitología griega Astreos figura como el marido de la diosa Aurora.   56 aprèmio, orden.   57 Haced el favor, señora, de acordaros.   58 quisiera encontrar en seguida.   59 ramera que hace ganancia con su cuerpo.   60 de vida licenciosa.

su lanza, y por la puerta falsa de un corral salió al campo, con grandísimo contento y alborozo de ver con cuanta facilidad había dado principio a su buen deseo. Mas apenas se vió en el campo, cuando le asaltó un pensamiento terrible, y tal, que por poco le hiciera dejar la comenzada empresa; y fué que le vino a la memoria que no era armado caballero y que, conforme a la ley de caballería, ni podía ni debía tomar armas con ningún caballero; y puesto que lo fuera,[50] había de llevar armas blancas, como novel caballero, sin empresa[51] en el escudo, hasta que por su esfuerzo la ganase. Estos pensamientos le hicieron titubear en su propósito; mas, pudiendo más su locura que otra razón alguna, propuso de hacerse armar caballero del primero que topase, a imitación de otros muchos que así lo hicieron, según él había leído en los libros que tal le tenían...[52]

Yendo, pues, caminando nuestro flamante aventurero, iba hablando consigo mesmo y diciendo: —«¿Quién duda sino que en los venideros tiempos, cuando salga a luz la verdadera historia de mis famosos hechos, que el sabio que los escribiere no ponga, cuando llegue a contar esta mi primera salida tan de mañana, desta manera?: «Apenas había el rubicundo Apolo[53] tendido por la faz de la ancha y espaciosa tierra las doradas hebras de sus hermosos cabellos, y apenas los pequeños y pintados pajarillos con sus harpadas[54] lenguas habían saludado con dulce y meliflua armonía la venida de la rosada aurora, que, dejando la blanda cama del celoso marido,[55] por las puertas y balcones del manchego horizonte a los mortales se mostraba, cuando el famoso caballero don Quijote de la Mancha, dejando las ociosas plumas, subió sobre su famoso caballo Rocinante, y comenzó a caminar por el antiguo y conocido campo de Montiel.» Y era la verdad que por él caminaba. Y añadió diciendo: «Dichosa edad y siglo dichoso aquel adonde saldrán a luz las famosas hazañas mías, dignas de entallarse en bronces, esculpirse en mármoles y pintarse en tablas, para memoria en lo futuro. ¡Oh tú, sabio encantador, quienquiera que seas, a quien ha de tocar el ser coronista desta peregrina historia! Ruégote que no te olvides de mi buen Rocinante, compañero eterno mío en todos mis caminos y carreras.» Luego volvía diciendo, como si verdaderamente fuera enamorado: «¡Oh princesa Dulcinea, señora deste cautivo corazón! Mucho agravio me habedes fecho en despedirme y reprocharme con el riguroso afincamiento[56] de mandarme no parecer ante la vuestra fermosura. Plégaos, señora, de membraros[57] deste vuestro sujeto corazón, que tantas cuitas por vuestro amor padece.»

Con estos iba ensartando otros disparates, todos

al modo de los que sus libros le habían enseñado, imitando en cuanto podía su lenguaje; y, con esto, caminaba tan despacio, y el sol entraba tan apriesa y con tanto ardor, que fuera bastante a derretirle los sesos, si algunos tuviera.

Casi todo aquel día caminó sin acontecerle cosa que de contar fuese, de lo cual se desesperaba, porque quisiera topar luego[58] con quien hacer experiencia del valor de su fuerte brazo. Autores hay que dicen que la primera aventura que le avino fué la del Puerto Lápice; otros dicen que la de los molinos de viento; pero lo que yo he podido averiguar en este caso, y lo que he hallado escrito en los anales de la Mancha, es que él anduvo todo aquel día, y, al anochecer, su rocín y él se hallaron cansados y muertos de hambre; y que, mirando a todas partes por ver si descubriría algún castillo o alguna majada de pastores donde recogerse y adonde pudiese remediar su mucha necesidad, vió, no lejos del camino por donde iba, una venta, que fué como si viera una estrella que, no a los portales, sino a los alcázares de su redención le encaminaba. Dióse priesa a caminar, y llegó a ella a tiempo que anochecía.

Estaban acaso a la puerta dos mujeres mozas destas que llaman *del partido*,[59] las cuales iban a Sevilla con unos arrieros que en la venta aquella noche acertaron a hacer jornada; y como nuestro aventurero todo cuanto pensaba, veía o imaginaba le parecía ser hecho y pasar al modo de lo que había leído, luego que vió la venta se le representó que era un castillo con sus cuatro torres y chapiteles de luciente plata, sin faltarle su puente levadiza y honda cava, con todos aquellos adherentes que semejantes castillos se pintan. Fuése llegando a la venta que a él le parecía castillo, y a poco trecho della detuvo las riendas a Rocinante, esperando que algún enano se pusiese entre las almenas a dar señal con alguna trompeta de que llegaba caballero al castillo. Pero como vió que se tardaban y que Rocinante se daba priesa por llegar a la caballeriza, se llegó a la puerta de la venta, y vió a las dos distraídas[60] mozas que allí estaban, que a él le parecieron dos hermosas doncellas o dos graciosas damas que delante de la puerta del castillo se estaban solazando. En esto sucedió acaso que un porquero que andaba recogiendo de unos rastrojos una manada de puercos (que, sin perdón, así se llaman) tocó un cuerno, a cuya señal ellos se recogen, y al instante se le representó a don Quijote lo que deseaba, que era que algún enano hacía señal de su venida, y así, con extraño contento llegó a la venta y a las damas, las cuales, como vieron venir un hombre de aquella suerte armado, y con lanza y adarga, llenas de miedo se iban a entrar en la venta; pero don Quijote, coligiendo por su huída su miedo, alzándose la visera de papelón y descubriendo su seco y polvoroso rostro, con gentil talante[61] y voz reposada les dijo:

—Non fuyan las vuestras mercedes, ni teman desaguisado alguno; ca a la orden de caballería que profeso non toca ni atañe facerle a ninguno, cuanto más a tan altas doncellas como vuestras presencias demuestran.

Mirábanle las mozas, y andaban con los ojos buscándole el rostro, que la mala visera le encubría; mas como se oyeron llamar doncellas, cosa tan fuera de su profesión, no pudieron tener la risa, y fué de manera, que don Quijote vino a correrse,[62] y a decirles:

—Bien parece la mesura en las fermosas, y es mucha sandez, además, la risa que de leve causa procede; pero non vos lo digo porque os acuitedes ni mostredes mal talante;[63] que el mío non es de ál que[64] de serviros.

El lenguaje, no entendido de las señoras, y el mal talle de nuestro caballero acrecentaba en ellas la risa, y en él el enojo, y pasara muy adelante si a aquel punto no saliera el ventero, hombre que, por ser muy gordo, era muy pacífico, el cual, viendo aquella figura contrahecha, armada de armas tan desiguales como eran la brida, lanza, adarga y coselete,[65] no estuvo en nada acompañar a las doncellas en las muestras de su contento. Mas, en efeto, temiendo la máquina de tantos pertrechos,[66] determinó de hablarle comedidamente, y así le dijo:

—Si vuestra merced, señor caballero, busca posada, amén[67] del lecho (porque en esta venta no hay ninguno), todo lo demás se hallará en ella en mucha abundancia.

Viendo don Quijote la humildad del alcaide de la fortaleza, que tal le pareció a él el ventero y la venta, respondió:

—Para mí, señor castellano,[68] cualquiera cosa basta, porque mis arreos son las armas, mi descanso el pelear, etc.

Pensó el huésped que el haberle llamado castellano había sido por haberle parecido de los sanos de Castilla,[69] aunque él era andaluz, y de los de

la playa de Sanlúcar, no menos ladrón que Caco,[70] ni menos maleante[71] que estudiante o paje, y así le respondió:

—Según eso, las camas de vuestra merced serán duras peñas, y su dormir, siempre velar;[72] y siendo así, bien se puede apear, con seguridad de hallar en esta choza ocasión y ocasiones para no dormir en todo un año, cuanto más en una noche.

Y diciendo esto, fué a tener el estribo a don Quijote, el cual se apeó con mucha dificultad y trabajo, como aquel que en todo aquel día no se había desayunado.

Dijo luego al huésped que le tuviese mucho cuidado de su caballo, porque era la mejor pieza que comía pan en el mundo. Miróle el ventero, y no le pareció tan bueno como don Quijote decía, ni aun la mitad; y acomodándole en la caballeriza, volvió a ver lo que su huésped[73] mandaba, al cual estaban desarmando las doncellas, que ya se habían reconciliado con él; las cuales, aunque le habían quitado el peto y el espaldar jamás supieron ni pudieron desencajarle la gola,[74] ni quitalle la contrahecha celada, que traía atada con unas cintas verdes, y era menester cortarlas, por no poderse quitar los ñudos; mas él no lo quiso consentir en ninguna manera, y así se quedó toda aquella noche con la celada puesta, que era la más graciosa y extraña figura que se pudiera pensar; y al desarmarle, como él se imaginaba que aquellas traídas y llevadas que le desarmaban eran algunas principales señoras y damas de aquel castillo, les dijo con mucho donaire:

—*Nunca fuera caballero*
De damas tan bien servido
Como fuera don Quijote
Cuando de su aldea vino:
Doncellas curaban dél;
Princesas del su rocino.

O Rocinante; que éste es el nombre, señoras mías, de mi caballo, y don Quijote de la Mancha el mío; que, puesto que no quisiera descubrirme fasta que las fazañas fechas en vuestro servicio y pro me

---

61 modo, manera.   62 avergonzarse.   63 os aflijáis y mostréis mala voluntad.   64 no es otro que. Ya se advertirá que Don Quijote habla en un lenguaje arcaico y artificial (*fabla*) como el de los libros de caballerías. 65 coraza ligera.   66 armas.   67 menos o fuera de. 68 señor del castillo.   69 hombre honrado de Castilla. Esta fama de honradez que tenían los castellanos viejos se contrapone aquí, según algunos comentaristas, a la de ladrones que tenían algunos andaluces y entre ellos los de la playa de Sanlúcar, que era un lugar muy conocido entre los que frecuentaban los pícaros.   70 gigante conocido en la mitología por sus robos.

71 pícaro, hombre de mala vida.   72 El ventero com-

pleta aquí los primeros versos de un romance muy conocido: «Mis arreos son las armas», etc., que había comenzado a decir Don Quijote.   73 Huésped se usa en dos sentidos: el que hospeda y el hospedado, como en este último caso.   74 *Peto, espaldar* y *gola* son piezas de la armadura que protegen respectivamente el pecho, la espalda y la garganta.   75 comería.   76 de poca inteligencia.   77 rústico, aldeano.   78 en un momento.   79 allegó, reunió.   80 escudo redondo. 81 ducho, acostumbrado.   82 p r o p ó s i t o, intención. 83 cuero pequeño para llevar el vino.   84 rumbo, dirección.   85 de lado, indirectamente.   86 a propósito, con oportunidad.

descubrieran, la fuerza de acomodar al propósito presente este romance viejo de Lanzarote ha sido causa que sepáis mi nombre antes de toda sazón; pero tiempo vendrá en que las vuestras señorías me manden y yo obedezca, y el valor de mi brazo descubra el deseo que tengo de serviros.

Las mozas que no estaban hechas a oír semejantes retóricas, no respondían palabra; sólo le preguntaron si quería comer alguna cosa.

—Cualquiera yantaría[75] yo —respondió don Quijote—, porque, a lo que entiendo, me haría mucho al caso...

Estando en esto, llegó acaso a la venta un castrador de puercos, y así como llegó, sonó su silbato de cañas cuatro o cinco veces, con lo cual acabó de confirmar don Quijote que estaba en algún famoso castillo, y que le servían con música, y que el abadejo eran truchas, el pan candeal, y las rameras damas, y el ventero castellano del castillo, y con esto daba por bien empleada su determinación y salida. Mas lo que más le fatigaba era el no verse armado caballero, por parecerle que no se podría poner legítimamente en aventura alguna sin recibir la orden de caballería.

CAPÍTULO VII

De la segunda salida de nuestro buen caballero Don Quijote de la Mancha.

...En este tiempo solicitó don Quijote a un labrador vecino suyo, hombre de bien (si es que este título se puede dar al que es pobre), pero de muy poca sal en la mollera.[76] En resolución, tanto le dijo, tanto le persuadió y prometió, que el pobre villano[77] se determinó de salirse con él y servirle de escudero. Decíale, entre otras cosas, don Quijote que se dispusiese a ir con él de buena gana, porque tal vez le podía suceder aventura, que ganase, en quítame allá esas pajas,[78] alguna ínsula, y le dejase a él por gobernador della. Con estas promesas y otras tales, Sancho Panza, que así se llamaba el labrador, dejó su mujer y hijos y asentó por escudero de su vecino.

Dió luego don Quijote orden en buscar dineros, y, vendiendo una cosa, y empeñando otra, y malbaratándolas todas, llegó[79] una razonable cantidad. Acomodóse asimesmo de una rodela,[80] que pidió prestada a un su amigo, y, pertrechando su rota celada lo mejor que pudo, avisó a su escudero Sancho del día y la hora que pensaba ponerse en camino, para que él se acomodase de lo que viese que más le era menester; sobre todo, le encargó que llevase alforjas. Él dijo que sí llevaría, y que ansimesmo pensaba llevar un asno que tenía

muy bueno, porque él no estaba duecho[81] a andar mucho a pie. En lo del asno reparó un poco don Quijote, imaginando si se le acordaba si algún caballero andante había traído escudero caballero asnalmente; pero nunca le vino alguno a la memoria; mas, con todo esto, determinó que le llevase, con presupuesto[82] de acomodarle de más honrada caballería en habiendo ocasión para ello, quitándole el caballo al primer descortés caballero que topase. Proveyóse de camisas y de las demás cosas que él pudo, conforme al consejo que el ventero le había dado; todo lo cual hecho y cumplido, sin despedirse Panza de sus hijos y mujer, ni don Quijote de su ama y sobrina, una noche se salieron del lugar sin que persona los viese; en la cual caminaron tanto, que al amanecer se tuvieron por seguros de que no los hallarían aunque los buscasen.

Iba Sancho Panza sobre su jumento como un patriarca, con sus alforjas y bota,[83] con mucho deseo de verse ya gobernador de la ínsula que su amo le había prometido. Acertó don Quijote a tomar la misma derrota[84] y camino que él había tomado en su primer viaje, que fué por el campo de Montiel, por el cual caminaba con menos pesadumbre que la vez pasada, porque, por ser la hora de la mañana y herirles a soslayo[85] los rayos del sol, no les fatigaban. Dijo en esto Sancho Panza a su amo:

—Mire vuestra merced, señor caballero andante, que no se le olvide lo que de la ínsula me tiene prometido; que yo la sabré gobernar, por grande que sea.

A lo cual le respondió don Quijote:

—Has de saber, amigo Sancho Panza, que fué costumbre muy usada de los caballeros andantes antiguos hacer gobernadores a sus escuderos de las ínsulas o reinos que ganaban, y yo tengo determinado de que por mí no falte tan agradecida usanza; antes pienso aventajarme en ella: porque ellos algunas veces, y quizá las más, esperaban a que sus escuderos fuesen viejos, y ya después de hartos de servir y de llevar malos días y peores noches, les daban algún título de conde o, por lo mucho, de marqués, de algún valle o provincia de poco más o menos; pero si tú vives y yo vivo, bien podría ser que antes de seis días ganase yo tal reino, que tuviese otros a él adherentes, que viniesen de molde[86] para coronarte por rey de uno dellos. Y no lo tengas a mucho; que cosas y casos acontecen a los tales caballeros, por modos tan nunca vistos ni pensados, que con facilidad te podría dar aún más de lo que te prometo.

—De esa manera —respondió Sancho Panza—, si yo fuese rey por algún milagro de los que vuestra merced dice, por lo menos, Juana Gutiérrez, mi oíslo,[87] vendría a ser reina, y mis hijos infantes.

—Pues ¿quién lo duda?—respondió don Quijote.

—Yo lo dudo—replicó Sancho Panza—; porque tengo para mí que, aunque lloviese Dios reinos sobre la tierra, ninguno asentaría bien sobre la cabeza de Mari Gutiérrez. Sepa, señor, que no vale dos maravedís para reina; condesa le caerá mejor, y aun Dios y ayuda.[88]

—Encomiéndalo tú a Dios, Sancho—respondió don Quijote—, que Él le dará lo que más le convenga; pero no apoques tu ánimo tanto, que te vengas a contentar con menos que con ser adelantado.[89]

—No haré, señor mío—respondió Sancho—, y más teniendo tan principal amo en vuestra merced, que me sabrá dar todo aquello que me esté bien y yo pueda llevar.

Capítulo VIII

Del buen suceso que el valeroso don Quijote tuvo en la espantable y jamás imaginada aventura de los molinos de viento, con otros sucesos dignos de felice recordación.

En esto, descubrieron treinta o cuarenta molinos de viento que hay en aquel campo, y así como don Quijote los vió, dijo a su escudero:

—La ventura va guiando nuestras cosas mejor de lo que acertáramos a desear; porque ves allí, amigo Sancho Panza, dónde se descubren treinta, o pocos más, desaforados[1] gigantes, con quien pienso hacer batalla y quitarles a todos las vidas, con cuyos despojos comenzaremos a enriquecer; que ésta es buena guerra, y es gran servicio de Dios quitar tan mala simiente de sobre la faz de la tierra.

—¿Qué gigantes? —dijo Sancho Panza.

—Aquellos que allí ves —respondió su amo— de los brazos largos, que los suelen tener algunos de casi dos leguas.

—Mire vuestra merced —respondió Sancho— que aquellos que allí se parecen no son gigantes, sino molinos de viento, y lo que en ellos parecen brazos son las aspas, que, volteadas del viento, hacen andar la piedra del molino.

—Bien parece —respondió don Quijote— que

no estás cursado en esto de las aventuras: ellos son gigantes; y si tienes miedo, quítate de ahí y ponte en oración en el espacio que yo voy a entrar con ellos en fiera y desigual batalla.

Y diciendo esto, dió de espuelas a su caballo Rocinante, sin atender a las voces que su escudero Sancho le daba, advirtiéndole que, sin duda alguna, eran molinos de viento, y no gigantes, aquellos que iba a acometer. Pero él iba tan puesto[2] en que eran gigantes, que ni oía las voces de su escudero Sancho, ni echaba de ver, aunque estaba ya bien cerca, lo que eran; antes iba diciendo en voces altas:

—Non fuyades, cobardes y viles criaturas; que un solo caballero es el que os acomete.

Levantóse en esto un poco de viento, y las grandes aspas comenzaron a moverse, lo cual visto por don Quijote, dijo:

—Pues aunque mováis más brazos que los del gigante Briareo,[3] me lo habéis de pagar.

Y diciendo esto, y encomendándose de todo corazón a su señora Dulcinea, pidiéndole que en tal trance le socorriese, bien cubierto de su rodela, con la lanza en el ristre,[4] arremetió a todo el galope de Rocinante y embistió con el primero molino que estaba delante; y dándole una lanzada en el aspa, la volvió el viento con tanta furia, que hizo la lanza pedazos, llevándose tras sí al caballo y al caballero, que fué rodando muy maltrecho por el campo. Acudió Sancho Panza a socorrerle, a todo el correr de su asno, y cuando llegó halló que no se podía menear: tal fué el golpe que dió con él Rocinante.

—¡Válgame Dios! —dijo Sancho—. ¿No le dije yo a vuestra merced que mirase bien lo que hacía, que no eran sino molinos de viento, y no lo podía ignorar sino quien llevase otros tales en la cabeza?

—Calla, amigo Sancho —respondió don Quijote—; que las cosas de la guerra, más que otras, están sujetas a continua mudanza; cuanto más, que yo pienso, y así es verdad, que aquel sabio Frestón que me robó el aposento y los libros ha vuelto estos gigantes en molinos, por quitarme la gloria de su vencimiento: tal es la enemistad que me tiene; mas al cabo, al cabo, han de poder poco sus malas artes contra la bondad de mi espada.

—Dios lo haga como puede —respondió Sancho Panza.

Y, ayudándole a levantar, tornó a subir sobre

---

[87] mujèr. [88] expresión con que se indica la dificultad de algo. [89] gobernador de una provincia fronteriza.

[1] desmedidos, grandes. [2] tan empeñado, tan seguro. [3] titán que según la leyenda tenía cien brazos. [4] hierro en el lado derecho de la armadura donde se encajaba la lanza al ir a acometer. [5] con la espalda rota. [6] por

donde pasaba mucha gente. [7] que me encuentre. [8] sea como Dios quiera, así sea. [9] me alegrara, me parecería bien. [10] a eso de.

[11] «historiador arábigo» imaginado por Cervantes, a quien éste atribuye la redacción de la *Historia de Don Quijote*, cuyo manuscrito dice, en el capítulo IX, haber encontrado en Alcalá.

Rocinante, que medio despaldado[5] estaba. Y, hablando en la pasada aventura, siguieron el camino del Puerto Lápice, porque allí decía don Quijote que no era posible dejar de hallarse muchas y diversas aventuras, por ser lugar muy pasajero,[6] sino que iba muy pesaroso, por haberle faltado la lanza; y diciéndoselo a su escudero, le dijo:

—Yo me acuerdo haber leído que un caballero español llamado Diego Pérez de Vargas, habiéndosele en una batalla roto la espada, desgajó de un encina un pesado ramo o tronco, y con él hizo tales cosas aquel día, y machacó tantos moros, que le quedó por sobrenombre Machuca, y así él como sus descendientes se llamaron desde aquel día en adelante Vargas y Machuca. Hete dicho esto porque de la primera encina o roble que se me depare[7] pienso desgajar otro tronco, tal y tan bueno como aquel que me imagino; y pienso hacer con él tales hazañas, que tú te tengas por bien afortunado de haber merecido venir a vellas, y a ser testigo de cosas que apenas podrán ser creídas.

—A la mano de Dios[8] —dijo Sancho—; yo lo creo todo así como vuestra merced lo dice; pero enderécese un poco, que parece que va de medio lado, y debe de ser del molimiento de la caída.

—Así es la verdad —respondió don Quijote—; y si no me quejo del dolor es porque no es dado a los caballeros andantes quejarse de herida alguna, aunque se les salgan las tripas por ella.

—Si eso es así, no tengo yo que replicar —respondió Sancho—; pero sabe Dios si yo me holgara[9] que vuestra merced se quejara cuando alguna cosa le doliera. De mí sé decir que me he de quejar del más pequeño dolor que tenga, si ya no se entiende también con los escuderos de los caballeros andantes eso del no quejarse.

No se dejó de reír don Quijote de la simplicidad de su escudero; y así, le declaró que podía muy bien quejarse cómo y cuándo quisiese, sin gana o con ella; que hasta entonces no había leído cosa en contrario en la orden de caballería. Díjole Sancho que mirase que era hora de comer. Respondióle su amo que por entonces no le hacía menester; que comiese él cuando se le antojase. Con esta licencia, se acomodó Sancho lo mejor que pudo sobre su jumento, y sacando de las alforjas lo que en ellas había puesto, iba caminando y comiendo detrás de su amo muy de su espacio, y de cuando en cuando empinaba la bota, con tanto gusto, que le pudiera envidiar el más regalado bodegonero de Málaga. Y en tanto que él iba de aquella manera menudeando tragos, no se le acordaba de ninguna promesa que su amo le hubiese hecho, ni tenía por ningún trabajo, sino por mucho descanso, andar buscando las aventuras, por peligrosas que fuesen.

En resolución, aquella noche la pasaron entre unos árboles, y del uno dellos desgajó don Quijote un ramo seco que casi le podía servir de lanza, y puso en él el hierro que quitó de la que se le había quebrado. Toda aquella noche no durmió don Quijote, pensando en su señora Dulcinea, por acomodarse a lo que había leído en sus libros, cuando los caballeros pasaban sin dormir muchas noches en las florestas y despoblados, entretenidos con las memorias de sus señoras. No la pasó ansí Sancho Panza; que, como tenía el estómago lleno, y no de agua de chicoria, de un sueño se la llevó toda, y no fueran parte para despertarle, si su amo no le llamara, los rayos del sol, que le daban en el rostro, ni el canto de las aves, que, muchas y muy regocijadamente, la venida del nuevo día saludaban. Al levantarse dió un tiento a la bota, y hallóla algo más flaca que la noche antes, y afligiósele el corazón, por parecerle que no llevaban camino de remediar tan presto su falta. No quiso desayunarse don Quijote, porque, como está dicho, dió en sustentarse de sabrosas memorias. Tornaron a su comenzado camino del Puerto Lápice, y a obra[10] de las tres del día le descubrieron...

CAPÍTULO XXII

De la libertad que dió don Quijote a muchos desdichados que, mal de su grado, los llevaban donde no quisieran ir.

Cuenta Cide Hamete Benengeli,[11] autor arábigo y manchego, en esta gravísima, altisonante, mínima, dulce e imaginada historia, que después que entre el famoso don Quijote de la Mancha y Sancho Panza, su escudero, pasaron aquellas razones que en el fin del capítulo XXI quedan referidas, que don Quijote alzó los ojos y vió que por el camino que llevaban venían hasta doce hombres a pie, ensartados como cuentas en una gran cadena de hierro por los cuellos, y todos con esposas a las manos. Venían ansimismo con ellos dos hombres de a caballo y dos de a pie; los de a caballo con escopetas de rueda, y los de a pie con dardos y espadas; y que así como Sancho Panza los vido, dijo:

—Ésta es cadena de galeotes, gente forzada del Rey, que va a las galeras.

—¿Cómo gente forzada? —preguntó don Quijote—. ¿Es posible que el Rey haga fuerza a ninguna gente?

—No digo eso —respondió Sancho—, sino que es gente que por sus delitos va condenada a servir al Rey en las galeras, de por fuerza.

—En resolución —replicó don Quijote—, como quiera que ello sea, esta gente, aunque los llevan, van de por fuerza, y no de su voluntad.

—Así es —dijo Sancho.

—Pues desa manera —dijo su amo—, aquí encaja la ejecución de mi oficio: desfacer fuerzas y socorrer y acudir a los miserables.

—Advierta vuestra merced —dijo Sancho— que la justicia, que es el mesmo Rey, no hace fuerza ni agravio a semejante gente, sino que los castiga en pena de sus delitos.

Llegó en esto la cadena de los galeotes, y don Quijote, con muy corteses razones, pidió a los que iban en su guarda fuesen servidos de informalle y decille la causa o causas porque llevaban aquella gente de aquella manera. Una de las las guardas de a caballo respondió que eran galeotes, gente de su Majestad, que iba a galeras, y que no había más que decir, ni él tenía más que saber.

—Con todo eso —replicó don Quijote—, querría saber de cada uno dellos en particular la causa de su desgracia.

Añadió a éstas otras tales y tan comedidas razones para moverlos a que le dijesen lo que deseaba, que la otra guarda de a caballo le dijo:

—Aunque llevamos aquí el registro y la fe de las sentencias de cada uno destos malaventurados, no es tiempo éste de detenernos a sacarlas ni a leellas: vuestra merced llegue y se lo pregunte a ellos mesmos, que ellos lo dirán si quisieren; que sí querrán, porque es gente que recibe gusto de hacer y decir bellaquerías.

Con esta licencia, que don Quijote se tomara aunque no se la dieran, se llegó a la cadena y al primero le preguntó que por qué pecados iba de tan mala guisa. Él le respondió que por enamorado iba de aquella manera.

—¿Por eso no más? —replicó don Quijote—. Pues si por enamorados echan a galeras, días ha que pudiera yo estar bogando en ellas.

—No son los amores como los que vuestra merced piensa —dijo el galeote—; que los míos fueron que quise tanto a una canasta de colar atestada de ropa blanca, que la abracé conmigo tan fuertemente, que a no quitármela la justicia por fuerza, aún hasta agora no la hubiera dejado de mi voluntad. Fué en fragante,[12] no hubo lugar de tormento, concluyóse la causa, acomodáronme las espaldas con ciento,[13] y por añadidura tres precisos[14] de gurapas, y acabóse la obra.

—¿Qué son gurapas? —preguntó don Quijote.

—Gurapas son galeras —respondió el galeote.

El cual era un mozo de hasta edad de veinte y cuatro años, y dijo que era natural de Piedrahita. Lo mesmo preguntó don Quijote al segundo, el cual no respondió palabra, según iba de triste y melancólico; mas respondió por él el primero, y dijo:

—Éste, señor, va por canario, digo, por músico y cantor.

—Pues ¿cómo? —repitió don Quijote—. ¿Por músicos y cantores van también a galeras?

—Sí, señor —respondió el galeote—; que no hay peor cosa que cantar en el ansia.

—Antes he yo oído decir —dijo don Quijote— que quien canta, sus males espanta.

—Acá es al revés —dijo el galeote—; que quien canta una vez, llora toda la vida.

—No lo entiendo —dijo don Quijote.

Mas una de las guardas le dijo:

—Señor caballero, cantar en el ansia se dice entre esta gente *non santa* confesar en el tormento. A este pecador le dieron tormento y confesó su delito, que era ser cuatrero, que es ser ladrón de bestias, y por haber confesado le condenaron por seis años a galeras, amén de doscientos azotes, que ya lleva en las espaldas; y va siempre pensativo y triste porque los demás ladrones que allá quedan y aquí van le maltratan y aniquilan, y escarnecen, y tienen en poco, porque confesó, y no tuvo ánimo de decir nones. Porque dicen ellos que tantas letras tiene un *no* como un *sí*, y que harta ventura tiene un delincuente, que está en su lengua su vida o su muerte, y no en la de los testigos y probanzas; y para mí tengo que no van muy fuera de camino.

—Y yo lo entiendo así —respondió don Quijote.

El cual, pasando al tercero, preguntó lo que a los otros; el cual, de presto y con mucho desenfado, respondió y dijo:

—Yo voy por cinco años a las señoras gurapas por faltarme diez ducados.

—Yo daré veinte de muy buena gana —dijo don Quijote— por libraros desa pesadumbre.

—Eso me parece —respondió el galeote— como quien tiene dineros en mitad del golfo, y se está muriendo de hambre, sin tener adonde comprar lo que ha menester. Dígolo porque si a su tiempo tuviera yo esos veinte ducados que vuestra merced

12 «in fraganti», en el acto mismo de cometer el robo; por eso dice después que no hubo lugar a tormento porque éste se aplicaba para obligar a los presos a declararse culpables cuando no había pruebas. 13 se sobrentiende *azotes*. 14 se sobrentiende *años*. 15 hubiera sobornado al escribano; *péndola* = pluma. 16 abogado. 17 atado como un perro, como los perros que llevan en traílla a las cacerías. 18 de que me

ahorcaran. 19 que sabía muy bien el latín. 20 Muerte civil equivale a la pérdida de todos los derechos, como si el condenado estuviera muerto.

21 y cada uno se examine a sí mismo antes de reprender a otro. 22 dedos; por esta mano. 23 desempeñar. 24 la comida y el látigo o azote con que se maltrataba a los galeotes. 25 de memoria.

ahora me ofrece, hubiera untado con ellos la péndola del escribano,[15] y avivado el ingenio del procurador,[16] de manera, que hoy me viera en mitad de la plaza de Zocodover, de Toledo, y no en este camino atraillado como galgo;[17] pero Dios es grande: paciencia, y basta...

Pasó adelante don Quijote y preguntó a otro su delito, el cual respondió con no menos, sino con mucha más gallardía que el pasado:

—Yo voy aquí porque me burlé demasiadamente con dos primas hermanas mías, y con otras dos hermanas que no lo eran mías; finalmente, tanto me burlé con todas, que resultó de la burla crecer la parentela tan intrincadamente, que no hay diablo que la declare. Probóseme todo, faltó favor, no tuve dineros, víame a pique de perder los tragaderos,[18] sentenciáronme a galeras por seis años, consentí: castigo es de mi culpa; mozo soy: dure la vida, que con ella todo se alcanza. Si vuestra merced, señor caballero, lleva alguna cosa con que socorrer a estos pobretes, Dios se lo pagará en el cielo, y nosotros tendremos en la tierra cuidado de rogar a Dios en nuestras oraciones por la vida y salud de vuestra merced, que sea tan larga y tan buena como su buena presencia merece.

Éste iba en hábito de estudiante, y dijo una de las guardas que era muy grande hablador y muy gentil latino.[19]

Tras todos éstos venía un hombre de muy buen parecer, de edad de treinta años, sino que al mirar metía el un ojo en el otro un poco. Venía diferentemente atado que los demás, porque traía una cadena al pie, tan grande, que se la liaba por todo el cuerpo, y dos argollas a la garganta, la una en la cadena, y la otra de las que llaman guardaamigo o pie de amigo; de la cual descendían dos hierros que llegaban a la cintura, en los cuales se asían dos esposas, donde llevaba las manos, cerradas con un grueso candado, de manera que ni con las manos podía llegar a la boca, ni podía bajar la cabeza a llegar a las manos. Preguntó don Quijote que cómo iba aquel hombre con tantas prisiones más que los otros. Respondiéndole la guarda: porque tenía aquél solo más delitos que todos los otros juntos, y que era tan atrevido y tan grande bellaco, que aunque le llevaban de aquella manera, no iban seguros dél, sino que temían que se les había de huir.

—¿Qué delitos puede tener —dijo don Quijote—, si no han merecido más pena que echalle a las galeras?

—Va por diez años —replicó la guarda—, que es como muerte cevil.[20] No se quiera saber más sino que este buen hombre es el famoso Ginés de Pasamonte, que por otro nombre llaman Ginesillo de Parapilla.

—Señor comisario —dijo entonces el galeote—, váyase poco a poco, y no andemos ahora a deslindar nombres y sobrenombres. Ginés me llamo, y no Ginesillo, y Pasamonte es mi alcurnia, y no Parapilla, como voacé dice; y cada uno se dé una vuelta a la redonda,[21] y no hará poco.

—Hable con menos tono —replicó el comisario—, señor ladrón de más de la marca, si no quiere que le haga callar, mal que le pese.

—Bien parece —respondió el galeote— que va el hombre como Dios es servido; pero algún día sabrá alguno si me llamo Ginesillo de Parapilla, o no.

—Pues ¿no te llaman así, embustero? —dijo la guarda.

—Sí llaman —respondió Ginés—; mas yo haré que no me llamen... Señor caballero, si tiene algo que darnos, dénoslo ya, y vaya con Dios; que ya enfada con tanto querer saber vidas ajenas; y si la mía quiere saber, sepa que soy Ginés de Pasamonte, cuya vida está escrita por estos pulgares.[22]

—Dice verdad —dijo el comisario—; que él mesmo ha escrito su historia, que no hay más, y deja empeñado el libro en la cárcel, en doscientos reales.

—Y le pienso quitar[23] —dijo Ginés—, si quedara en doscientos ducados.

—¿Tan bueno es? —dijo don Quijote.

—Es tan bueno —respondió Ginés—, que mal año para *Lazarillo de Tormes* y para todos cuantos de aquel género se han escrito o escribieren. Lo que le sé decir a voacé es que trata verdades, y que son verdades tan lindas y tan donosas, que no puede haber mentiras que se le igualen.

—¿Y cómo se intitula el libro? —preguntó don Quijote.

—*La vida de Ginés de Pasamonte* —respondió el mismo.

—¿Y está acabado? —preguntó don Quijote.

—¿Cómo puede estar acabado —respondió él—, si aún no está acabada mi vida? Lo que está escrito es desde mi nacimiento hasta el punto que esta última vez me han echado en galeras.

—Luego, ¿otra vez habéis estado en ellas?— dijo don Quijote.

—Para servir a Dios y al Rey otra vez he estado cuatro años, y ya sé a qué sabe el bizcocho y el corbacho[24] —respondió Ginés—; y no me pesa mucho de ir a ellas, porque allí tendré lugar de acabar mi libro; que me quedan muchas cosas que decir, y en las galeras de España hay más sosiego de aquel que sería menester, aunque no es menester mucho más para lo que yo tengo que escribir, porque me lo sé de coro.[25]

—Hábil pareces —dijo don Quijote.

—Y desdichado —respondió Ginés—; porque siempre las desdichas persiguen al buen ingenio.

—Persiguen a los bellacos —dijo el comisario.

—Ya le he dicho, señor comisario —respondió Pasamonte—, que se vaya poco a poco; que aquellos señores no le dieron esa vara para que maltratase a los pobretes que aquí vamos, sino para que nos guiase y llevase adonde su Majestad manda. Si no, por vida de...—basta... y todo el mundo calle, y viva bien y hable mejor, y caminemos; que ya es mucho regodeo éste.[26]

Alzó la vara en alto el comisario para dar a Pasamonte, en respuesta de sus amenazas; mas don Quijote se puso en medio, y le rogó que no le maltratase, pues no era mucho que quien llevaba tan atadas las manos tuviese algún tanto suelta la lengua. Y volviéndose a todos los de la cadena, dijo:

—De todo cuanto me habéis dicho, hermanos carísimos, he sacado en limpio, que, aunque os han castigado por vuestras culpas, las penas que vais a padecer no os dan mucho gusto, y que vais a ellas de muy mala gana y muy contra vuestra voluntad; y que podría ser que el poco ánimo que aquél tuvo en el tormento, la falta de dineros déste, el poco favor del otro y, finalmente, el torcido juicio del juez, hubiese sido causa de vuestra perdición y de no haber salido con la justicia que de vuestra parte teníades. Todo lo cual se me representa a mí ahora en la memoria, de manera, que me está diciendo, persuadiendo, y aun forzando, que muestre con vosotros el efeto[27] para que el Cielo me arrojó al mundo, y me hizo profesar en él la orden de caballería que profeso, y el voto que en ella hice de favorecer a los menesterosos y opresos de los mayores. Pero, porque sé que una de las partes de la prudencia es que lo que se puede hacer por bien no se haga por mal, quiero rogar a estos señores guardianes y comisarios sean servidos de desataros y dejaros ir en paz; que no faltarán otros que sirvan al Rey en mejores ocasiones; porque me parece duro caso hacer esclavos a los que Dios y naturaleza hizo libres. Cuanto más, señores guardas —añadió don Quijote—, que estos pobres no han cometido nada contra vosotros. Allá se lo haya cada uno con su pecado; Dios hay en el cielo, que no se descuida de castigar al malo, ni de premiar al bueno, y no es bien que los hombres honrados sean verdugos de los otros hombres, no yéndoles nada en ello. Pido esto con esta mansedumbre y sosiego, porque tenga, si lo cumplís, algo que agradeceros; y cuando de grado no lo hagáis, esta lanza y esta espada, con el valor de mi brazo, harán que lo hagáis por fuerza.

—¡Donosa majadería! —respondió el comisario—. ¡Bueno está el donaire con que ha salido a cabo de rato! ¡Los forzados del Rey quiere que le dejemos, como si tuviéramos autoridad para soltarlos, o él la tuviera para mandárnoslo! Váyase vuestra merced, señor, norabuena su camino adelante, y enderécese ese bacín[28] que trae en la cabeza, y no ande buscando tres pies al gato.[29]

—¡Vos sois el gato, y el rato,[30] y el bellaco!— respondió don Quijote.

Y, diciendo y haciendo, arremetió con él tan presto, que, sin que tuviese lugar de ponerse en defensa, dió con él en el suelo, malherido de una lanzada; y avínole bien: que éste era el de la escopeta. Las demás guardas quedaron atónitas y suspensas del no esperado acontecimiento; pero, volviendo sobre sí, pusieron mano a sus espadas los de a caballo, y los de a pie sus dardos, y arremetieron a don Quijote, que con mucho sosiego los aguardaba; y sin duda lo pasara mal, si los galeotes, viendo la ocasión que se les ofrecía de alcanzar libertad, no la procuraran, procurando romper la cadena donde venían ensartados. Fué la revuelta de manera, que las guardas, ya por acudir a los galeotes, que se desataban, ya por acometer a don Quijote, que los acometía, no hicieron cosa que fuese de provecho. Ayudó Sancho, por su parte, a la soltura de Ginés de Pasamonte, que fué el primero que saltó en la campaña libre y desembarazado, y arremetiendo al comisario caído, le quitó la

26 que ya esto es mucha diversión, en el sentido de mucho perder el tiempo.   27 la razón.   28 Se refiere a la bacía de barbero que Don Quijote llevaba en la cabeza, creyendo que era el yelmo de Mambrino.   29 buscando pendencia.   30 el ratón; esta frase alude a un cuento infantil.

31 cuerpo judicial que tenía a su cargo perseguir a los que cometían delitos fuera de poblado.   32 a toque de campana; según la ordenanza, los cuadrilleros o policía de la Santa Hermandad hacían tocar las campanas en todo lugar por donde buscaban a un criminal, para que los vecinos ayudasen en su busca.   33 impuestos o tributos que se pagaba por el tránsito de ganado por un monte.   34 a la buena vida, a la vida regalada; aquí usado en sentido irónico.   35 pedir lo imposible.   36 hizo una seña.   37 parte de la armadura que cubre las piernas.   38 en ropas interiores.   39 muy triste.

40 En un capítulo anterior, Don Quijote ha encontrado, montado en un asno, a un barbero, el cual, para protegerse de la lluvia, se había puesto en la cabeza una bacía (vasija que se usaba al afeitar). Don Quijote, en su desvarío, creyó que se trataba del yelmo encantado del rey moro Mambrino; arremetió contra el que creía caballero y se apoderó de la bacía que el barbero dejó abandonada, en tanto que Sancho se apropió de la albarda o aparejo del asno. El barbero despojado ha llegado a la venta donde se encuentra Don Quijote con otros muchos personajes y ha pedido que le devuelvan su albarda y su bacía, a lo cual Don Quijote, convencido de que ésta es el yelmo en cuestión, se ha negado, promoviéndose un gran altercado que continúa en este capítulo.

41 Aquí se refiere a Maese Nicolás, barbero del lugar de Don Quijote, que con el cura había salido en busca del caballero loco.

espada y la escopeta, con la cual, apuntando al uno y señalando al otro, sin disparalla jamás, no quedó guarda en todo el campo, porque se fueron huyendo, así de la escopeta de Pasamonte como de las muchas pedradas que los ya sueltos galeotes les tiraban. Entristecióse mucho Sancho deste suceso, porque se le representó que los que iban huyendo habían de dar noticia del caso a la Santa Hermandad,[31] la cual, a campana herida,[32] saldría a buscar los delincuentes, y así se lo dijo a su amo, y le rogó que luego de allí se partiesen, y se emboscasen en la sierra, que estaba cerca.

—Bien está eso —dijo don Quijote—; pero yo sé lo que ahora conviene que se haga.

Y llamando a todos los galeotes, que andaban alborotados y habían despojado al comisario hasta dejarle en cueros, se le pusieron todos a la redonda para ver lo que les mandaba, y así les dijo:

—De gente bien nacida es agradecer los beneficios que reciben, y uno de los pecados que más a Dios ofende es la ingratitud. Dígolo porque ya habéis visto, señores, con manifiesta experiencia, el que de mí habéis recibido; en pago del cual querría, y es mi voluntad, que, cargados de esa cadena que quité de vuestros cuellos, luego os pongáis en camino y vais a la ciudad del Toboso, y allí os presentéis ante la señora Dulcinea del Toboso, y le digáis que su caballero, el de la Triste Figura, se le envía a encomendar, y le contéis punto por punto todos los que ha tenido esta famosa aventura hasta poneros en la deseada libertad; y, hecho esto, os podréis ir donde quisiéredes, a la buena ventura.

Respondió por todos Ginés de Pasamonte, y dijo:

—Lo que vuestra merced nos manda, señor y libertador nuestro, es imposible de toda imposibilidad cumplirlo, porque no podemos ir juntos por los caminos, sino solos y divididos, y cada uno por su parte, procurando meterse en las entrañas de la tierra, por no ser hallado de la Santa Hermandad, que, sin duda alguna, ha de salir en nuestra busca. Lo que vuestra merced puede hacer, y es justo que haga, es mudar ese servicio y montazgo[33] de la señora Dulcinea del Toboso en alguna cantidad de avemarías y credos, que nosotros diremos por la intención de vuestra merced, y ésta es cosa que se podrá cumplir de noche y de día, huyendo o reposando, en paz o en guerra; pero pensar que hemos de volver ahora a las ollas de egipto,[34] digo, a tomar nuestra cadena, y a ponernos en camino del Toboso, es pensar que es ahora de noche, que aun no son las diez del día, y es pedir a nosotros eso como pedir peras al olmo.[35]

—Pues voto a tal —dijo don Quijote, ya puesto en cólera—, don hijo de la puta, don Ginesillo de Paropillo, o como os llamáis, que habéis de ir vos

solo, rabo entre piernas, con toda la cadena a cuestas.

Pasamonte, que no era nada bien sufrido, estando ya enterado que don Quijote no era muy cuerdo, pues tal disparate había cometido como el de querer darles libertad, viéndose tratar de aquella manera, hizo del ojo[36] a los compañeros, y apartándose aparte, comenzaron a llover tantas piedras sobre don Quijote, que no se daba manos a cubrirse con la rodela; y el pobre de Rocinante no hacía más caso de la espuela que si fuera hecho de bronce. Sancho se puso tras su asno, y con él se defendía de la nube y pedrisco que sobre entrambos llovía. No se pudo escudar tan bien don Quijote, que no le acertasen no sé cuantos guijarros en el cuerpo, con tanta fuerza, que dieron con él en el suelo; y apenas hubo caído, cuando fué sobre él el estudiante, y le quitó la bacía de la cabeza, y dióle con ella tres o cuatro golpes en las espaldas y otros tantos en la tierra, con que la hizo casi pedazos. Quitáronle una ropilla que traía sobre las armas, y las medias calzas le querían quitar si las grebas[37] no lo estorbaran. A Sancho le quitaron el gabán, y dejándole en pelota,[38] repartiendo entre sí los demás despojos de la batalla, se fueron cada uno por su parte, con más cuidado de escaparse de la Hermandad, que temían, que de cargarse de la cadena e ir a presentarse ante la señora Dulcinea del Toboso.

Solos quedaron jumento y Rocinante, Sancho y don Quijote: el jumento, cabizbajo y pensativo, sacudiendo de cuando en cuando las orejas, pensando que aún no había cesado la borrasca de piedras, que le perseguían los oídos; Rocinante, tendido junto a su amo: que también vino al suelo de otra pedrada; Sancho, en pelota, y temeroso de la Santa Hermandad; don Quijote, mohinísimo[39] de verse tan malparado por los mismos a quien tanto bien había hecho.

CAPÍTULO XLV

Donde se acaba de averiguar la duda del yelmo de Mambrino y de la albarda,[40] y otras aventuras sucedidas, con toda verdad.

¿Qué les parece a vuestras mercedes, señores —dijo el barbero—, de lo que afirman estos gentiles hombres, pues aún porfían que ésta no es bacía, sino yelmo?

—Y quien lo contrario dijere —dijo don Quijote—, le haré yo conocer que miente, si fuere caballero, y si escudero, que remiente mil veces.

Nuestro Barbero,[41] que a todo estaba presente, como tenía tan bien conocido el humor de don

Quijote, quiso esforzar su desatino y llevar adelante la burla, para que todos riesen, y dijo hablando con el otro barbero:

—Señor barbero, o quien sois, sabed que yo también soy de vuestro oficio, y tengo más ha de veinte años carta de examen,[42] y conozco muy bien de todos los instrumentos de la barbería, sin que le falte uno; y ni más ni menos fuí un tiempo en mi mocedad soldado, y sé también qué es yelmo, y qué es morrión, y celada de encaje, y otras cosas tocantes a la milicia, digo, a los géneros de armas de los soldados; y digo, salvo mejor parecer, remitiéndome siempre al mejor entendimiento, que esta pieza que está aquí delante y que este buen señor tiene en las manos no sólo no es bacía de barbero, pero está tan lejos de serlo como está lejos lo blanco de lo negro y la verdad de la mentira; también digo que éste, aunque es yelmo, no es yelmo entero.

—No, por cierto —dijo don Quijote—, porque le falta la mitad, que es la babera.

—Así es —dijo el Cura, que ya había entendido la intención de su amigo el Barbero. Y lo mismo confirmó Cardenio, don Fernando y sus camaradas...

—¡Válame Dios! —dijo a esta sazón el barbero burlado—. ¿Que es posible que tanta gente honrada diga que ésta no es bacía, sino yelmo? Cosa parece ésta que puede poner en admiración a toda una Universidad, por discreta que sea. Basta; si es que esta bacía es yelmo, también debe de ser esta albarda jaez de caballo, como este señor ha dicho.

—A mí, albarda me parece —dijo don Quijote—; pero ya he dicho que en eso no me entremeto.

—De que sea albarda o jaez —dijo el Cura—, no está en más de decirlo el señor don Quijote: que en estas cosas de la caballería todos estos señores y yo le damos la ventaja.[43]

—Por Dios, señores míos —dijo don Quijote—, que son tantas y tan extrañas las cosas que en este castillo, en dos veces que en él he alojado, me han sucedido, que no me atreva a decir afirmativamente ninguna cosa de lo que acerca de lo que en él se contiene se preguntare, porque imagino que cuanto en él se trata va por vía de encantamento. La primera vez me fatigó mucho un moro encantado que en él hay, y a Sancho no le fué muy bien con otros sus secuaces; y anoche estuve colgado deste brazo

casi dos horas: sin saber cómo ni cómo no, vine a caer en aquella desgracia. Así que ponerme yo agora en cosa de tanta confusión a dar mi parecer, será caer en juicio temerario. En lo que toca a lo que dicen que ésta es bacía, y no yelmo, ya yo tengo respondido; pero en lo de declarar si ésa es albarda o jaez, no me atrevo a dar sentencia definitiva: sólo lo dejo al buen parecer de vuestras mercedes; quizá por no ser armados caballeros como yo lo soy, no tendrán que ver con vuestras mercedes los encantamentos deste lugar, y tendrán los entendimientos libres, y podrán juzgar de las cosas deste castillo como ellas son real y verdaderamente, y no como a mí me parecían.

—No hay duda —respondió a esto don Fernando—, sino que el señor don Quijote ha dicho muy bien hoy, que a nosotros toca la definición deste caso; y porque vaya con más fundamento, yo tomaré en secreto los votos destos señores, y de lo que resultare daré entera y clara noticia.

Para aquellos que la[44] tenían del humor de don Quijote era todo esto materia de grandísima risa; pero para los que lo ignoraban les parecía el mayor disparate del mundo, especialmente a los cuatro criados de don Luis, y a don Luis ni más ni menos, y a otros tres pasajeros que acaso habían llegado a la venta, que tenían parecer de ser cuadrilleros,[45] como en efeto lo eran. Pero el que más se desesperaba era el barbero, cuya bacía allí delante de sus ojos se le había vuelto en yelmo de Mambrino, y cuya albarda pensaba, sin duda alguna, que se le había de volver en jaez rico de caballo; y los unos y los otros se reían de ver cómo andaba don Fernando tomando los votos de unos en otros, hablándolos al oído para que en secreto declarasen si era albarda o jaez aquella joya sobre quien tanto se había peleado; y después que hubo tomado los votos de aquellos que a don Quijote conocían, dijo en alta voz:

—El caso es, buen hombre, que ya yo estoy cansado de tomar tantos pareceres, porque veo que a ninguno pregunto lo que deseo saber que no me diga que es disparate el decir que ésta sea albarda de jumento, sino jaez de caballo, y aun de caballo castizo; y así, habréis de tener paciencia, porque, a vuestro pesar y al de vuestro asno, éste es jaez, y no albarda, y vos habéis alegado y probado muy mal de vuestra parte.

42 documento que se daba al que había aprendido un oficio autorizándole para ejercerlo. 43 reconocemos que sabe más. 44 antecedente: *noticia*. 45 cuadrilleros de la Santa Hermandad. 46 antecedente: *parte*. 47 Se sobrentiende la segunda parte del dicho, que completo dice: «allá van leyes do quieren reyes». 48 es igual. 49 borracho. 50 la media vara que llevaban los de la Santa Hermandad como atributo de autoridad.

51 pegándole con ellos, con los pies. 52 de lleno. 53 Agramante era el caudillo de los príncipes árabes que sitiaron a Carlomagno en París. La discordia entró en el campo árabe e hizo que los diferentes jefes lucharan entre sí, hasta que fueron pacificados por Agramante y el rey Sobrino. La alusión, como muchas otras, se basa en un episodio de *Orlando furioso*. 54 el lenguaje.

—No la[46] tenga yo en el cielo —dijo el pobre barbero— si todos vuestras mercedes no se engañan; y que así parezca mi ánima ante Dios como ella me parece a mí albarda, y no jaez; pero allá van leyes...,[47] y no digo más; y en verdad que no estoy borracho: que no me he desayunado, si de pecar no.

No menos causaban risa las necedades que decía el barbero que los disparates de don Quijote, el cual a esta sazón dijo:

—Aquí no hay más que hacer sino que cada uno tome lo que es suyo, y a quien Dios se la dió, San Pedro se la bendiga.

Uno de los cuatro dijo:

—Si ya no es que esto sea burla pensada, no me puedo persuadir que hombres de tan buen entendimiento como son, o parecen, todos los que aquí están, se atrevan a decir y afirmar que ésta no es bacía, ni aquélla albarda; mas como veo que lo afirman y lo dicen, me doy a entender que no carece de misterio el porfiar una cosa tan contraria de lo que nos muestra la misma verdad y la misma experiencia; porque voto a tal —y arrojóle redondo— que no me den a mí a entender cuantos hoy viven en el mundo al revés de que ésta no sea bacía de barbero, y ésta albarda de asno.

—Bien podría ser de borrica —dijo el Cura.

—Tanto monta[48] —dijo el criado—: que el caso no consiste en eso, sino en si es o no es albarda, como vuestras mercedes dicen.

Oyendo esto uno de los cuadrilleros que habían entrado, que había oído la pendencia y quistión, lleno de cólera y de enfado, dijo:

—Tan albarda es como mi padre; y el que otra cosa ha dicho o dijere, debe de estar hecho uva.[49]

—Mentís como bellaco villano —respondió don Quijote.

Y alzando el lanzón, que nunca le dejaba de las manos, le iba a descargar tal golpe sobre la cabeza, que, a no desviarse el cuadrillero, se le dejara allí tendido. El lanzón se hizo pedazos en el suelo, y los demás cuadrilleros, que vieron tratar mal a su compañero, alzaron la voz pidiendo favor a la Santa Hermandad.

El ventero, que era de la cuadrilla, entró al punto por su varilla[50] y por su espada, y se puso al lado de sus compañeros; los criados de don Luis rodearon a don Luis, porque con el alboroto no se les fuese; el barbero, viendo la casa revuelta, tornó a asir de su albarda, y lo mismo hizo Sancho; don Quijote puso mano a su espada y arremetió a los cuadrilleros; don Luis daba voces a sus criados que le dejasen a él y acorriesen a don Quijote, y a Cardenio y a don Fernando, que todos favorecían a don Quijote; el Cura daba voces; la ventera gritaba; su hija se afligía; Maritornes lloraba; Doro-

tea estaba confusa; Luscinda suspensa; y doña Clara, desmayada. El barbero aporreaba a Sancho; Sancho molía al barbero; don Luis, a quien un criado suyo se atrevió a asirle del brazo porque no se fuese, le dió una puñada que le bañó los dientes en sangre; el Oidor le defendía; don Fernando tenía debajo de sus pies a un cuadrillero, midiéndole el cuerpo con ellos[51] muy a su sabor; el ventero tornó a reforzar la voz pidiendo favor a la Santa Hermandad: de modo que toda la venta era llantos, voces, gritos, confusiones, temores, sobresaltos, desgracias, cuchilladas, mojicones, palos, coces y efusión de sangre. Y en la mitad deste caos, máquina y laberinto de cosas, se le representó en la memoria a don Quijote que se veía metido de hoz y de coz[52] en la discordia del campo de Agramante,[53] y así dijo, con voz que atronaba la venta:

—Ténganse todos; todos envainen; todos se sosieguen; óiganme todos, si todos quieren quedar con vida.

A cuya gran voz todos se pararon, y él prosiguió, diciendo:

—¿No os dije yo, señores, que este castillo era encantado, y que alguna legión de demonios debe de habitar en él? En confirmación de lo cual quiero que veáis por vuestros ojos cómo se ha pasado aquí y trasladado entre nosotros la discordia del campo de Agramante. Mirad cómo allí se pelea por la espada, aquí por el caballo, acullá por el águila, acá por el yelmo, y todos peleamos, y todos no nos entendemos. Venga, pues, vuestra merced, señor Oidor, y vuestra merced, señor Cura, y el uno sirva de rey Agramante, y el otro de rey Sobrino, y pónganos en paz; porque por Dios Todopoderoso que es gran bellaquería que tanta gente principal como aquí estamos se mate por causas tan livianas.

Los cuadrilleros, que no entendían el frasis[54] de don Quijote, y se veían malparados de don Fernando, Cardenio y sus camaradas, no querían sosegarse; el barbero sí, porque en la pendencia tenía deshechas las barbas y el albarda; Sancho, a la más mínima voz de su amo, obedeció, como buen criado; los cuatro criados de don Luis también estuvieron quedos, viendo cuán poco les iba en no estarlo; sólo el ventero porfiaba que se habían de castigar las insolencias de aquel loco, que a cada paso le alborotaba la venta. Finalmente, el rumor se apaciguó por entonces, la albarda se quedó por jaez hasta el día del Juicio, y la bacía por yelmo y la venta por castillo en la imaginación de don Quijote...

Desta manera se apaciguó aquella máquina de pendencias, por la autoridad de Agramante y prudencia del rey Sobrino; pero viéndose el enemigo de la concordia y el émulo de la paz menospreciado y burlado, y el poco fruto que había granjeado de haberlos puesto a todos en tan confuso laberinto, acordó de probar otra vez la mano, resucitando nuevas pendencias y desasosiegos.

Es, pues, el caso, que los cuadrilleros se sosegaron, por haber entreoído la calidad de los que con ellos se habían combatido, y se retiraron de la pendencia, por parecerles que de cualquiera manera que sucediese, habían de llevar lo peor de la batalla; pero a uno de ellos, que fué el que fué molido y pateado por don Fernando, le vino a la memoria que entre algunos mandamientos que traía para prender a algunos delincuentes, traía uno contra don Quijote, a quien la Santa Hermandad había mandado prender por la libertad que dió a los galeotes, y como Sancho con mucha razón había temido. Imaginando, pues, esto, quiso certificarse si las señas que don Quijote traía venían bien, y sacando del seno un pergamino, topó con el que buscaba, y poniéndoselo a leer despacio, porque no era buen lector, a cada palabra que leía ponía los ojos en don Quijote, e iba cotejando las señas del mandamiento con el rostro de don Quijote, y halló que sin duda alguna era el que el mandamiento rezaba.[55] Y apenas se hubo certificado, cuando, recogiendo su pergamino, en la izquierda tomó el mandamiento, y con la derecha asió a don Quijote del cuello fuertemente, que no le dejaba alentar, y a grandes voces decía:

—¡Favor a la Santa Hermandad! Y para que se vea que lo pido de veras, léase este mandamiento, donde se contiene que se prenda a este salteador de caminos.

Tomó el mandamiento el Cura y vió cómo era verdad cuanto el cuadrillero decía, y cómo convenía con las señas con don Quijote; el cual viéndose tratar mal de aquel villano malandrín, puesta la cólera en su punto, y crujiéndole los huesos de su cuerpo, como mejor pudo él, asió al cuadrillero con entrambas manos de la garganta, que a no ser socorrido de sus compañeros, allí dejara la vida antes que don Quijote la presa. El ventero, que por fuerza había de favorecer a los de su oficio, acudió luego a dalle favor. La ventera, que vió de nuevo a su marido en pendencias, de nuevo alzó la voz, cuyo tenor le llevaron luego Maritornes y su hija, pidiendo favor al cielo y a los que allí estaban. Sancho dijo, viendo lo que pasaba:

—¡Vive el Señor, que es verdad cuanto mi amo dice de los encantos deste castillo, pues no es posible vivir una hora con quietud en él!

Don Fernando despartió al cuadrillero y a don Quijote y, con gusto de entrambos, les desenclavijó las manos, que el uno en el collar del sayo del uno, y el otro en la garganta del otro, bien asidas tenían; pero no por esto cesaban los cuadrilleros de pedir su preso, y que les ayudasen a dársele atado y entregado a toda su voluntad, porque así convenía al servicio del Rey y de la Santa Hermandad, de cuya parte de nuevo les pedían socorro y favor para hacer aquella prisión de aquel robador y salteador de sendas y de carreras. Reíase de oír decir estas razones don Quijote, y con mucho sosiego dijo:

—Venid acá, gente soez y mal nacida: ¿saltear de caminos llamáis al dar libertad a los encadenados, soltar los presos, acorrer a los miserables, alzar los caídos, remediar los menesterosos? ¡Ah, gente infame, digna por vuestro bajo y vil entendimiento que el cielo no os comunique el valor que se encierra en la caballería andante, ni os dé a entender el pecado e ignorancia en que estáis en no reverenciar la sombra, cuando más la asistencia de cualquier caballero andante! Venid acá, ladrones en cuadrilla, que no cuadrilleros, salteadores de caminos con licencia de la Santa Hermandad; decidme: ¿quién fué el ignorante que firmó mandamiento de prisión contra un tal caballero como yo soy? ¿Quién el que ignoró que son exentos de todo judicial fuero[56] los caballeros andantes, y que su ley es su espada, sus fueros sus bríos, sus premáticas[57] su voluntad? ¿Quién fué el mentecato, vuelvo a decir, que no sabe que no hay secutoria[58] de hidalgo con tantas preeminencias ni exenciones como la que adquiere un caballero andante el día que se arma caballero y se entrega al duro ejercicio de la caballería? ¿Qué caballero andante pagó pecho, alcabala, chapín de la reina, moneda forera, portazgo ni barca?[59] ¿Qué sastre le llevó[60] hechura de vestido que le hiciese? ¿Qué castellano le acogió en su castillo que le hiciese pagar el escote?[61] ¿Qué rey no le asentó a su mesa? ¿Qué doncella no se le aficionó y se le entregó rendida, a todo su talante y voluntad? Y, finalmente, ¿qué

---

[55] era aquel a quien se refería la orden de arresto. [56] jurisdicción. [57] pragmáticas, como *fueros* en la frase anterior, son una clase especial de leyes. [58] ejecutoria, carta de hidalguía. [59] diversas clases de impuestos. [60] le cobró.

[61] gasto que le corresponda. [62] El mismo Cervantes que continúa la ficción de que él no hace sino traducir la historia escrita por Cide Hamete Benengeli. Véase nota 11 inmediatamente anterior. [63] en seguida, nada más verle. [64] aunque. [65] aunque. [66] sin mojarse;

en sentido figurado, sin pasar trabajos. [67] el asno. [68] y los demás aparejos. [69] altercados, luchas. [70] dos clases de animales fabulosos.

[71] alarido o voz espantosa. [72] y aun esto no sería nada. [73] alude a dos aventuras de la primera parte. [74] enfermedad de las gallinas. [75] que voy sospechando. [76] unida ilícitamente a un hombre. [77] si Dios me concede que obtenga algo que gobernar. [78] Quiere decir Teresa con estos contrastes que si a su hija la cambian de pronto de aldeana a señora no se acostumbrará.

caballero andante ha habido, hay ni habrá en el mundo que no tenga bríos para dar él solo cuatrocientos palos a cuatrocientos cuadrilleros que se le pongan delante?

SEGUNDA PARTE

Capítulo V

De la discreta y graciosa plática que pasó entre Sancho Panza y su mujer Teresa Panza, y otros sucesos dignos de felice recordación.

Llegando a escribir el traductor[62] desta historia este quinto capítulo, dice que le tiene por apócrifo, porque en él habla Sancho Panza con otro estilo del que se podía prometer de su corto ingenio, y dice cosas tan sutiles, que no tiene por posible que él las supiese; pero que no quiso dejar de traducirlo, por cumplir con lo que a su oficio debía, y así, prosiguió diciendo:

Llegó Sancho a su casa tan regocijado y alegre, que su mujer conoció su alegría a tiro de ballesta,[63] tanto, que la obligó a preguntarle:

—¿Qué traéis, Sancho amigo, que tan alegre venís?

A lo que él respondió:

—Mujer mía, si Dios quisiera, bien me holgara yo de no estar tan contento como muestro.

—No os entiendo, marido —replicó ella—, y no sé qué queréis decir en eso de que os holgárades, si Dios quisiera, de no estar contento; que, maguer[64] tonta, no sé yo quién no recibe gusto de tenerle.

—Mirad, Teresa —respondió Sancho—: yo estoy alegre porque tengo determinado de volver a servir a mi amo don Quijote, el cual quiere la vez tercera salir a buscar las aventuras; y yo vuelvo a salir con él, porque lo quiere así mi necesidad, junto con la esperanza, que me alegra, de pensar si podré hallar otros cien escudos como los ya gastados, puesto que[65] me entristece el haberme de apartar de ti y de mis hijos; y si Dios quisiera darme de comer a pie enjuto[66] y en mi casa, sin traerme por vericuetos y encrucijadas, pues lo podía hacer a poca costa y no más de quererlo, claro está que mi alegría fuera más firme y valedera, pues que la que tengo va mezclada con la tristeza de dejarte: así, que dije bien que holgara, si Dios quisiera, de no estar contento.

—Mirad, Sancho —replicó Teresa—: después que os hicistes miembro de caballero andante habláis de tan rodeada manera, que no hay quien os entienda.

—Basta que me entienda Dios, mujer —respondió Sancho—, que Él es el entendedor de todas las cosas, y quédese esto aquí; y advertid, hermana, que os conviene tener cuenta estos tres días con el rucio,[67] de manera que esté para armas tomar: dobladle los piensos, requerid la albarda y las demás jarcias;[68] porque no vamos a bodas, sino a rodear el mundo, y a tener dares y tomares[69] con gigantes, con endriagos y con vestiglos,[70] y a oír silbos, rugidos, bramidos y baladros;[71] y aun todo esto fuera flores de cantueso[72] si no tuviéramos que entender con yangüeses y con moros encantados.[73]

—Bien creo yo, marido —replicó Teresa—, que los escuderos andantes no comen el pan de balde; y así quedaré rogando a Nuestro Señor os saque presto de tanta mala ventura.

—Yo os digo, mujer —respondió Sancho—, que si no pensase antes de mucho tiempo verme gobernador de una ínsula, aquí me caería muerto.

—Eso no, marido mío —dijo Teresa—: viva la gallina, aunque sea con su pepita:[74] vivid vos, y llévese el diablo cuantos gobiernos hay en el mundo; sin gobierno salistes del vientre de vuestra madre, sin gobierno habéis vivido hasta ahora, y sin gobierno os iréis, o os llevarán, a la sepultura cuando Dios fuere servido. Como ésos hay en el mundo que viven sin gobierno, y no por eso dejan de vivir y de ser contados en el número de las gentes. La mejor salsa del mundo es la hambre; y como ésta no falta a los pobres, siempre comen con gusto. Pero mirad, Sancho: si por ventura os viéredes con algún gobierno, no os olvidéis de mí y de vuestros hijos. Advertid que Sanchico tiene ya quince años cabales, y es razón que vaya a la escuela, si es que su tío el abad le ha de dejar hecho de la Iglesia. Mirad también que Mari Sancha, vuestra hija, no se morirá si la casamos: que me van dando barruntos[75] que desea tanto tener marido como vos deseáis veros con gobierno; y, en fin en fin, mejor parece la hija mal casada que bien abarraganada.[76]

—A buena fe —respondió Sancho— que si Dios me llega a tener algo qué de gobierno,[77] que tengo de casar, mujer mía, a Mari Sancha tan altamente, que no la alcancen sino con llamarla señora.

—Eso no, Sancho —respondió Teresa—; casadla con su igual, que es lo más acertado: que si de los zuecos la sacáis a chapines y de saya parda de catorceno a verdugado y saboyanas de seda, y de una *Marica* y un *tú* a una *doña tal* y *señoría*, no se ha de hallar la mochacha, y a cada paso ha de caer en mil faltas, descubriendo la hilaza de su tela basta y grosera.[78]

—Calla, boba —dijo Sancho—; que todo será usarlo dos o tres años: que después le vendrá el señorío y la gravedad como de molde; y cuando no, ¿qué importa? Séase ella *señoría,* y venga lo que viniere.

—Medíos, Sancho, con vuestro estado —respondió Teresa—; no os queráis alzar a mayores, y advertid el refrán que dice: «Al hijo de tu vecino, límpiale las narices y métele en tu casa.» ¡Por cierto que sería gentil cosa casar a nuestra María con un condazo o con un caballerote que cuando se le antojase la pusiese como nueva, llamándola villana, hija del destripaterrones y de la pelarruecas! ¡No en mis días, marido! ¡Para eso, por cierto, he criado yo a mi hija! ¡Traed vos dineros, Sancho, y el casarla dejadlo a mi cargo! Que ahí está Lope Tocho, el hijo de Juan Tocho, mozo rollizo y sano, y que le conocemos, y sé que no se mira de mal ojo a la muchacha; y con éste, que es nuestro igual, estará bien casada, y le tendremos siempre a nuestros ojos, y seremos todos unos, padres e hijos, nietos y yernos, y andará la paz y la bendición de Dios entre todos nosotros; y no casármela vos ahora en esas cortes y en esos palacios grandes, adonde ni a ella la entiendan, ni ella se entienda.

—Ven acá, bestia y mujer de Barrabás —replicó Sancho—; ¿por qué quieres tú ahora, sin qué ni para qué, estorbarme que no case a mi hija con quien me dé nietos que se llamen *señoría?* Mira, Teresa: siempre he oído decir a mis mayores que el que no sabe gozar de la ventura cuando le viene, que no se debe quejar si se le pasa. Y no sería bien que ahora que está llamando a nuestra puerta, se la cerremos: dejémonos llevar deste viento favorable que nos sopla.

Por este modo de hablar, y no por lo que más abajo dice Sancho, dijo el traductor desta historia tenía por apócrifo este capítulo.

—¿No te parece, animalia —prosiguió Sancho—, que será bien dar con mi cuerpo en algún gobierno provechoso que nos saque el pie del lodo?[79] Y cásese a Mari Sancha con quien yo quisiere, y verás como te llaman a ti *doña Teresa Panza,* y te sientas en la iglesia sobre alcatifa,[80] almohadas y arambeles,[81] a pesar y despecho de las hidalgas del pueblo. ¡No, sino estaos siempre en un ser, sin crecer ni menguar, como figura de paramento![82] Y en esto no hablemos más, que Sanchica ha de ser condesa, aunque tú más me digas.

—¿Veis cuanto decís, marido? —respondió Teresa—. Pues, con todo eso, temo que este condado de mi hija ha de ser su perdición. Vos haced lo que quisiéredes, ora la hagáis duquesa, o princesa; pero séos decir que no será ello con voluntad ni consentimiento mío. Siempre, hermano, fuí amiga de la igualdad, y no puedo ver entonos[83] sin fundamentos. Teresa me pusieron en el bautismo, nombre mondo y escueto, sin añadiduras ni cortapisas, ni arrequives[84] de *dones* ni *donas;* Cascajo se llamó mi padre; y a mí, por ser vuestra mujer, me llaman Teresa Panza (que a buena razón me habían de llamar Teresa Cascajo; pero allá van reyes do quieren leyes),[85] y con este nombre me contento, sin que me le pongan un *don* encima, que pese tanto que no le pueda llevar... Vos, hermano, idos a ser gobierno o ínsulo, y entonaos a vuestro gusto; que mi hija ni yo, por el siglo de mi madre que no nos hemos de mudar un paso de nuestra aldea: la mujer honrada, la pierna quebrada, y en casa; y la doncella honesta, el hacer algo es su fiesta. Idos con vuestro don Quijote a vuestras aventuras, y dejadnos a nosotros con nuestras malas venturas: que Dios nos las mejorará como seamos buenas; y yo no sé, por cierto, quién le puso a él *don,* que no tuvieron sus padres ni sus agüelos.

—Ahora digo —replicó Sancho— que tienes algún familiar[86] en ese cuerpo. ¡Válate Dios, la mujer, y qué de cosas has ensartado unas en otras, sin tener pies ni cabeza! ¿Qué tiene que ver el cascajo, los broches, los refranes y el entono con lo que yo digo? Ven acá, mentecata e ignorante (que así te puedo llamar, pues no entiendes mis razones y vas huyendo de la dicha): si yo dijera que mi hija se arrojara de una torre abajo, o que se fuera por esos mundos, como se quiso ir la infanta doña Urraca, tenías razón de no venir[87] con mi gusto; pero si en dos paletas, y en menos de un abrir y cerrar de ojos, te la chanto[88] un *don* y una *señoría* a cuestas, te la saco de los rastrojos, y te la pongo en toldo y en peana, y en un estrado[89] de más almohadas de velludo que tuvieron moros en su linaje los Almohadas[90] de Marruecos, ¿por qué no has de consentir y querer lo que yo quiero?

—¿Sabéis por qué, marido? —respondió Teresa—. Por el refrán que dice: «¡Quien te cubre, te descubre!» Por el pobre todos pasan los ojos como de corrida, y en el rico los detienen; y si el tal rico fué un tiempo pobre, allí es el murmurar y el maldecir, y el peor perseverar de los maldicientes,

---

[79] Que nos saque de apuros.   [80] alfombras
[81] colgaduras.   [82] de adorno.   [83] desvanecimiento, presunción.   [84] adornós.   [85] Este refrán aparece trastrocado en boca de Teresa; la forma correcta es, como se ha visto en el capítulo anterior: «Allá van leyes do quieren r e y e s».   [86] demonio.   [87] conformarte.   [88] te la pongo.   [89] *toldo* = pabellón o cobertura; *peana* y

estrado = tarimas que se ponen en los altares o en las salas de recibo y donde se sientan las gentes de rango elevado. Quiere decir Sancho que «si pone a su hija en una situación elevada».   [90] por «Almohades», dinastía árabe de la España medioeval.

[91] vestido con limpieza.   [92] torpes, necios.

[1] reciente.

que los hay por esas calles a montones, como enjambres de abejas.

—Mira, Teresa —respondió Sancho—, y escucha lo que agora quiero decirte; quizá no lo habrás oído en todos los días de tu vida, y yo agora no hablo de mío; que todo lo que pienso decir son sentencias del padre predicador que la cuaresma pasada predicó en este pueblo; el cual, si mal no me acuerdo, dijo que todas las cosas presentes que los ojos están mirando se presentan, están y asisten en nuestra memoria mucho mejor y con más vehemencia que las cosas pasadas.

Todas estas razones que aquí va diciendo Sancho son las segundas por quien dice el traductor que tiene por apócrifo este capítulo que exceden a la capacidad de Sancho. El cual prosiguió, diciendo:

—De donde nace que cuando vemos alguna persona bien aderezada y con ricos vestidos compuesta y con pompa de criados, parece que por fuerza nos mueve y convida a que la tengamos respeto, puesto que la memoria en aquel instante nos represente alguna bajeza en que vimos a la tal persona; la cual ignominia, ahora sea de pobreza o de linaje, como ya pasó, no es, y sólo es lo que vemos presente. Y si éste a quien la fortuna sacó del borrador de su bajeza (que por estas mesmas razones lo dijo el padre) a la alteza de su prosperidad fuere bien criado, liberal y cortés con todos, y no se pusiere en cuentos con aquellos que por antigüedad son nobles, ten por cierto, Teresa, que no habrá quien se acuerde de lo que fué, sino que reverencien lo que es, si no fueren los envidiosos, de quien ninguna próspera fortuna está segura.

—Yo no os entiendo, marido —replicó Teresa—; haced lo que quisiéredes, y no me quebréis más la cabeza con vuestras arengas y retóricas. Y si estáis revuelto en hacer lo que decís...

—*Resuelto* has de decir, mujer —dijo Sancho—, y no *revuelto.*

—No os pongáis a disputar, marido, conmigo —respondió Teresa—. Yo hablo como Dios es servido, y no me meto en más dibujos; y digo que si estáis porfiando en tener gobierno, que llevéis con vos a vuestro hijo Sancho, para que desde agora le enseñéis a tener gobierno; que bien es que los hijos hereden y aprendan los oficios de sus padres.

—En teniendo gobierno —dijo Sancho—, enviaré por él por la posta, y te enviaré dineros, que no me faltarán, pues nunca falta quien se los preste a los gobernadores cuando no los tienen; y vístele de modo que disimule lo que es y parezca lo que ha de ser.

—Enviad vos dinero —dijo Teresa—; que yo os lo vistiré como un palmito.[91]

—En efecto, quedamos de acuerdo —dijo Sancho— de que ha de ser condesa nuestra hija.

—El día que yo la viere condesa —respondió Teresa— ése haré cuenta que la entierro; pero otra vez os lo digo que hagáis lo que os diere gusto; que con esta carga nacemos las mujeres, de estar obedientes a sus maridos, aunque sean unos porros.[92]

Y en esto comenzó a llorar tan de veras como si ya viera muerta y enterrada a Sanchica. Sancho la consoló diciéndole que ya que la hubiese de hacer condesa, la haría todo lo más tarde que ser pudiese. Con esto se acabó su plática, y Sancho volvió a ver a don Quijote para dar orden en su partida.

CAPÍTULO VII

De lo que pasó don Quijote con su escudero, con otros sucesos famosísimos.

Apenas vió el Ama que Sancho Panza se encerraba con su señor, cuando dió en la cuenta de sus tratos; y imaginando que de aquella consulta había de salir la resolución de su tercera salida, y tomando su manto, toda llena de congoja y pesadumbre, se fué a buscar al bachiller Sansón Carrasco, pareciéndole que por ser bien hablado y amigo fresco[1] de su señor, le podría persuadir a que dejase tan desvariado propósito. Hallóle paseándose por el patio de su casa, y viéndole, se dejó caer ante sus pies, trasudando y congojosa. Cuando la vió Carrasco con muestras tan doloridas y sobresaltadas, le dijo:

—¿Qué es esto, señora Ama? ¿Qué le ha acontecido, que parece que se le quiere arrancar el alma?

—No es nada, señor Sansón mío, sino que mi amo se sale; ¡sálese, sin duda!

—¿Y por dónde se sale, señora? —preguntó Sansón—. ¿Hásele roto alguna parte de su cuerpo?

—No se sale —respondió ella— sino por la puerta de su locura. Quiero decir, señor Bachiller de mi ánima, que quiere salir otra vez, que con ésta será la tercera, a buscar por ese mundo lo que él llama venturas: que yo no puedo entender cómo les da este nombre. La vez primera nos le volvieron atravesado sobre un jumento, molido a palos. La segunda vino en un carro de bueyes, metido y encerrado en una jaula, adondé él se daba a entender que estaba encantado; y venía tal el triste, que no le conociera la madre que le parió: flaco, amarillo, los ojos hundidos en los últimos camaranchones del celebro; que para haberle de volver algún tanto en sí, gasté más de seiscientos huevos, como lo sabe

Dios y todo el mundo, y mis gallinas, que no me dejarán mentir.

—Eso creo yo muy bien —respondió el Bachiller—: que ellas son tan buenas, tan gordas y tan bien criadas, que no dirán una cosa por otra, si reventasen. En efecto, señora Ama, ¿no hay otra cosa ni ha sucedido otro desmán alguno sino el que se teme que quiere hacer el señor don Quijote?

—No, señor—respondió ella.

—Pues no tenga pena —respondió el Bachiller—, sino váyase en hora buena a su casa, y téngame aderezado de almorzar alguna cosa caliente, y de camino vaya rezando la oración de Santa Apolonia, si es que la sabe; que yo iré luego allá, y verá maravillas.

—¡Cuitada de mí! —replicó el Ama—. ¿La oración de Santa Apolonia dice vuesa merced que rece? Eso fuera si mi amo lo hubiera de las muelas; pero no lo ha sino de los cascos.[2]

—Yo sé lo que digo, señora Ama: váyase, y no se ponga a disputar conmigo, pues sabe que soy bachiller por Salamanca, que no hay más que bachillear—respondió Carrasco.

Y con esto se fué el Ama, y el Bachiller fué luego a buscar al Cura, a comunicar con él lo que se dirá a su tiempo.

En el que estuvieron encerrados don Quijote y Sancho pasaron las razones que con mucha puntualidad y verdadera relación cuenta la historia. Dijo Sancho a su amo:

—Señor, ya yo tengo relucida a mi mujer a que me deje ir con vuesa merced adonde quisiere llevarme.

—*Reducida* has de decir, Sancho —dijo don Quijote—; que no *relucida*.

—Una o dos veces —respondió Sancho—, si mal no recuerdo, he suplicado a vuesa merced que no me enmiende los vocablos, si es que entiende lo que quiero decir en ellos, y que cuando no los entienda, diga: «Sancho, o diablo, no te entiendo»; y si yo no me declarare, entonces podrá enmendarme: que yo soy tan fócil...

—No te entiendo, Sancho —dijo luego don Quijote—; pues no sé qué quiere decir *soy tan fócil*.

—*Tan fócil* quiere decir —respondió Sancho— *soy tan así*.

—Menos te entiendo agora—replicó don Quijote.

—Pues si no me puede entender —respondió Sancho—, no sé cómo lo diga; no sé más, y Dios sea conmigo.

—Ya, ya caigo —respondió don Quijote— en ello: tú quieres decir que eres *tan dócil*, blando y mañero, que tomarás lo que yo te dijere y pasarás por lo que te enseñare.

—Apostaré yo —dijo Sancho— que desde el emprincipio me caló y me entendió; sino que quiso turbarme, por oírme decir otras docientas patochadas.

—Podrá ser —replicó don Quijote—. Y, en efecto, ¿qué dice Teresa?

—Teresa dice —dijo Sancho— que ate bien mi dedo con vuesa merced,[3] y que hablen cartas y callen barbas,[4] porque quien destaja no baraja,[5] pues más vale un toma que dos te daré.[6] Y yo digo que el consejo de la mujer es poco, y el que no le toma es loco.

—Y yo lo digo también —respondió don Quijote—. Decid, Sancho amigo: pasá adelante, que habláis hoy de perlas.

—Es el caso —replicó Sancho— que como vuesa merced mejor sabe, todos estamos sujetos a la muerte, y que hoy somos y mañana no, y que tan presto se va el cordero como el carnero, y que nadie puede prometerse en este mundo más horas de vida de las que Dios quisiere darle; porque la muerte es sorda, y cuando llega a llamar a las puertas de nuestra vida, siempre va de priesa y no la harán detener ni ruegos, ni fuerzas, ni ceptros, ni mitras, según es pública voz y fama, y según nos lo dicen por esos púlpitos.

—Todo eso es verdad —dijo don Quijote—; pero no sé dónde vas a parar.

—Voy a parar —dijo Sancho— en que vuesa merced me señale salario conocido de lo que me ha de dar cada mes el tiempo que le sirviere, y que el tal salario se me pague de su hacienda; que no quiero estar a mercedes,[7] que llegan tarde, o mal, o nunca; con lo mío me ayude Dios. En fin, yo quiero saber lo que gano, poco o mucho que sea; que sobre un huevo pone la gallina, y muchos pocos hacen un mucho, y mientras se gana algo no se pierde nada. Verdad sea que si sucediese (lo

---

2 Si mi amo padeciese de las muelas, pero no padece sino de la cabeza. Santa Apolonia era considerada tradicionalmente como abogada para remediar el dolor de muelas, para lo cual se le rezaba la oración a que alude el texto. 3 que me asegure bien en los negocios que tengo con vuesa merced. 4 que hablen los documentos o los hechos y no las palabras. 5 el que hace una cosa no hace otra; *destajar* es cortar las cartas o naipes y *barajar* es mezclarlas antes de jugar. 6 Igual que «Más vale pájaro en mano que ciento volando». 7 sin salario fijo; a voluntad de lo que un señor le dé. 8 tan al extremo. 9 quiere decir «rata por cantidad»: a prorrateo, proporcionalmente. 10 violentar, alterar. 11 muy bien, tanto mejor. 12 pícaro, amigo de bromas y burlas. 13 fórmula judicial que aquí no viene al caso, y que, por lo tanto, da carácter enfático y cómico al discurso. 14 cargaría. 15 pasatiempo, juguete. 16 cualidades. 17 rompa.

cual ni lo creo ni lo espero) que vuesa merced me diese la ínsula que me tiene prometida, no soy tan ingrato, ni llevo las cosas tan por los cabos,[8] que no querré que se aprecie lo que montare la renta de la tal ínsula, y se descuente de mi salario gata por cantidad.[9]

—Sancho amigo —respondió don Quijote—, a las veces tan buena suele ser una *gata* como una *rata*.

—Ya entiendo —dijo Sancho—: yo apostaré que había de decir *rata*, y no *gata*; pero no importa nada, pues vuesa merced me ha entendido.

—Y tan entendido —respondió don Quijote—, que he penetrado lo último de tus pensamientos, y sé al blanco que tiras con las innumerables saetas de tus refranes. Mira, Sancho: yo bien te señalaría salario, si hubiera hallado en alguna de las historias de los caballeros andantes ejemplo que me descubriese y mostrase por algún pequeño resquicio qué es lo que solían ganar cada mes o cada año; pero yo he leído todas o las más de sus historias, y no me acuerdo haber leído que ningún caballero andante haya señalado conocido salario a su escudero; sólo sé que todos servían a merced, y que cuando menos se lo pensaban, si a sus señores les había corrido bien la suerte, se hallaban premiados con una ínsula o con otra cosa equivalente, y, por lo menos, quedaban con título y señoría. Si con estas esperanzas y aditamentos vos, Sancho, gustáis de volver a servirme, sea en buena hora; que pensar que yo he de sacar de sus términos y quicios[10] la antigua usanza de la caballería andante es pensar en lo excusado; así que, Sancho mío, volveos a vuestra casa, y declarad a vuestra Teresa mi intención; y si ella gustare y vos gustáredes de estar a merced conmigo, *bene quidem*,[11] y si no, tan amigos como de antes; que si al palomar no le falta cebo, no le faltarán palomas. Y advertid, hijo, que vale más buena esperanza que ruin posesión, y buena queja que mala paga. Hablo de esta manera, Sancho, por daros a entender que también como vos sé yo arrojar refranes como llovidos. Y, finalmente, quiero decir, y os digo, que si no queréis venir a merced conmigo y correr la suerte que yo corriere, que Dios quede con vos y os haga un santo; que a mí no me faltarán escuderos más obedientes, más solícitos y no tan empachados ni tan habladores como vos.

Cuando Sancho oyó la firme resolución de su amo se le anubló el cielo y se le cayeron las alas del corazón, porque tenía creído que su señor no se iría sin él por todos los haberes del mundo; y así estando suspenso y pensativo, entró Sansón Carrasco, y el Ama y la Sobrina, deseosas de oír con qué razones persuadía a su señor que no tornase a buscar las aventuras. Llegó Sansón, socarrón[12]

famoso, y abrazándole como la vez primera, y con voz levantada le dijo:

—¡Oh flor de la andante caballería! ¡Oh luz resplandeciente de las armas! ¡Oh honor y espejo de la nación española! Plega a Dios todo poderoso, donde más largamente se contiene,[13] que la persona o personas que pusieren impedimento y estorbaren tu tercera salida, que no la hallen en el laberinto de sus deseos, ni jamás se les cumpla lo que más desearen.

Y volviéndose al Ama, le dijo:

—Bien puede la señora Ama no rezar más la oración de Santa Apolonia: que yo sé que es determinación precisa de las esferas que el señor don Quijote vuelva a ejecutar sus altos y nuevos pensamientos, y yo encargaría[14] mucho mi conciencia si no intimase y persuadiese a este caballero que no tenga más tiempo encogida y detenida la fuerza de su valeroso brazo y la bondad de su ánimo valentísimo, porque defrauda con su tardanza el derecho de los tuertos, el amparo de los huérfanos, la honra de las doncellas, el favor de las viudas y el arrimo de las casadas, y otras cosas deste jaez que tocan, atañen, dependen y son anejas a la orden de la caballería andante. Ea, señor don Quijote mío, hermoso y bravo; antes hoy que mañana se ponga vuesa merced y su grandeza en camino; y si alguna cosa faltare para ponerle en ejecución, aquí estoy yo para suplirla con mi persona y hacienda; y si fuere necesidad servir a tu magnificencia de escudero, lo tendré a felicísima ventura.

A esta sazón dijo don Quijote, volviéndose a Sancho:

—¿No te dije yo, Sancho, que me habían de sobrar escuderos? Mira quién se ofrece a serlo, sino el inaudito bachiller Sansón Carrasco, perpetuo trastulo[15] y regocijador de los patios de las escuelas salmanticenses, sano de su persona, ágil de sus miembros, callado, sufridor así del calor como del frío, así de la hambre como de la sed, con todas aquellas partes[16] que se requieren para ser escudero de un caballero andante. Pero no permita el cielo que por seguir mi gusto desjarrete[17] y quiebre la coluna de las letras y el vaso de las ciencias, y tronque la palma eminente de las buenas y liberales artes. Quédese el nuevo Sansón en su patria, y, honrándola, honre juntamente las canas de sus ancianos padres; que yo con cualquier escudero estaré contento, ya que Sancho no se digna de venir conmigo.

—Sí digno —respondió Sancho enternecido y llenos de lágrimas los ojos; y prosiguió—: No se dirá por mí, señor mío, el pan comido y la compañía deshecha; sí, que no vengo yo de alguna alcurnia desagradecida; que ya sabe todo el mundo, y especialmente mi pueblo, quién fueron los Panzas, de quien yo deciendo; y más, que tengo conocido y calado por muchas buenas obras y por más buenas palabras el deseo que vuesa merced tiene de hacerme merced; y si me he puesto en cuentas de tanto más cuanto acerca de mi salario, ha sido por complacer a mi mujer, la cual cuando toma la mano a persuadir una cosa, no hay mazo que tanto apriete los arcos de una cuba como ella aprieta a que se haga lo que quiere; pero, en efeto, el hombre ha de ser hombre, y la mujer, mujer; y pues yo soy hombre dondequiera, que no lo puedo negar, también lo quiero ser en mi casa, pese a quien pesare; y así, no hay más que hacer sino que vuesa merced ordene su testamento con su codicilio, en modo que no se pueda revolcar,[18] y pongámonos luego en camino, porque no padezca el alma del señor Sansón, que dice que su conciencia le lita[19] que persuada a vuesa merced a salir vez tercera por ese mundo; y yo de nuevo me ofrezco a servir a vuesa merced fiel y legalmente, tan bien y mejor que cuantos escuderos han servido a caballeros andantes en los pasados y presentes tiempos.

Admirado quedó el Bachiller de oír el término y modo de hablar de Sancho Panza; que puesto[20] que había leído la primera historia de su señor, nunca creyó que era tan gracioso como allí le pintan; pero oyéndole decir ahora *testamento y codicilio que no se pueda revolcar*, en lugar de *testamento y codicilo que no se pueda revocar*, creyó todo lo que dél había leído, y confirmólo por uno de los más solenes mentecatos de nuestros siglos, y dijo entre sí que tales dos locos como amo y mozo no se habrían visto en el mundo. Finalmente, don Quijote y Sancho se abrazaron y quedaron amigos, y con parecer y beneplácito del gran Carrasco, que por entonces era su oráculo, se ordenó que de allí a tres días fuese su partida; en los cuales habría lugar de aderezar lo necesario para el viaje, y de buscar una celada de encaje, que en todas maneras dijo don Quijote que la había de llevar. Ofreciósela Sansón, porque sabía no se la negaría un amigo suyo que la tenía, puesto que estaba más escura por el orín y el moho que clara y limpia por el terso acero. Las maldiciones que las dos, Ama y Sobrina, echaron al Bachiller no tuvieron cuento; mesaron sus cabellos, arañaron sus rostros, y al modo de las endechaderas[21] que se usaban, lamentaban la partida como si fuera la muerte de su señor. El designio que tuvo Sansón para persuadirle a que otra vez saliese fué hacer lo que adelante cuenta la historia, todo por consejo

del Cura y del Barbero, con quien él antes lo había comunicado.

En resolución, en aquellos tres días don Quijote y Sancho se acomodaron de lo que les pareció convenirles; y habiendo aplacado Sancho a su mujer, y don Quijote a su sobrina y a su ama, al anochecer, sin que nadie lo viese sino el Bachiller, que quiso acompañarles media legua del lugar, se pusieron en camino del Toboso, don Quijote sobre su buen Rocinante, y Sancho sobre su antiguo rucio, proveídas las alforjas de cosas tocantes a la bucólica,[22] y la bolsa, de dineros, que le dió don Quijote para lo que se ofreciese. Abrazóle Sansón, y suplicóle le avisase de su buena o mala suerte, para alegrarse con ésta o entristecerse con aquélla, como las leyes de su amistad pedían. Prometióselo don Quijote; dió Sansón la vuelta a su lugar, y los dos tomaron la de la gran ciudad del Toboso.

CAPÍTULO IX

Donde se cuenta lo que en él se verá.

Media noche era por filo,[23] poco más o menos, cuando don Quijote y Sancho dejaron el monte y entraron en el Toboso. Estaba el pueblo en un sosegado silencio, porque todos sus vecinos dormían y reposaban a pierna tendida, como suele decirse. Era la noche entreclara, puesto que quisiera Sancho que fuera del todo escura, por hallar en su escuridad disculpa de su sandez. No se oía en todo el lugar sino ladridos de perros, que atronaban los oídos de don Quijote y turbaban el corazón de Sancho. De cuando en cuando rebuznaba un jumento, gruñían puercos, mayaban gatos, cuyas voces, de diferentes sonidos, se aumentaban con el silencio de la noche, todo lo cual tuvo el enamorado caballero a mal agüero; pero, con todo esto, dijo a Sancho.

—Sancho, hijo, guía al palacio de Dulcinea; quizá podrá ser que la hallemos despierta.

—¿A qué palacio tengo de guiar, cuerpo del sol —respondió Sancho—, que en el que yo vi a su grandeza no era sino casa muy pequeña?

—Debía de estar retirada entonces —respondió don Quijote— en algún pequeño apartamiento de su alcázar, solazándose a solas con sus doncellas, como es uso y costumbre de las altas señoras y princesas.

—Señor —dijo Sancho—, ya que vuesa merced quiere, a pesar mío, que sea alcázar la casa de mi señora Dulcinea, ¿es hora ésta por ventura de

18 por *revocar*.   19 por *dicta*.   20 aunque.

21 mujeres a las que se pagaba por llorar en los entierros.   22 la comida.   23 cabalmente, en punto.   24 lle-

nos de trabajo y adversidades.   25 Es una frase proverbial que quiere decir: «dejar perder lo accesorio, perdido lo principal». Aquí significa: «no extrememos las cosas».   26 cribando, separando el trigo de la paja.

hallar la puerta abierta? ¿Y será bien que demos aldabazos para que nos oyan y nos abran, metiendo en alboroto y rumor toda la gente? ¿Vamos por dicha a llamar a la casa de nuestras mancebas, como hacen los abarraganados, que llegan, y llaman, y entran a cualquier hora, por tarde que sea?

—Hallemos primero una por una el alcázar —replicó don Quijote—; que entonces yo te diré, Sancho, lo que será bien que hagamos. Y advierte, Sancho, que yo veo poco, o que aquel bulto grande y sombra que desde aquí se descubre la debe de hacer el palacio de Dulcinea.

—Pues guíe vuesa merced —respondió Sancho—: quizá será así; aunque yo lo veré con los ojos y lo tocaré con las manos, y así lo creeré yo como creer que es ahora de día.

Guió don Quijote, y habiendo andado como docientos pasos, dió con el bulto que hacía la sombra, y vió una gran torre, y luego conoció que el tal edificio no era alcázar, sino la iglesia principal del pueblo. Y dijo:

—Con la iglesia hemos dado, Sancho.

—Ya lo veo —respondió Sancho—. Y plega a Dios que no demos con nuestra sepultura; que no es buena señal andar por los cimenterios a tales horas, y más habiendo yo dicho a vuesa merced, si mal no acuerdo, que la casa desta señora ha de estar en una callejuela sin salida.

—¡Maldito seas de Dios, mentecato! —dijo don Quijote—. ¿Adónde has tú hallado que los alcázares y palacios reales estén edificados en callejuelas sin salida?

—Señor —respondió Sancho—, en cada tierra su uso: quizá se usa aquí en el Toboso edificar en callejuelas los palacios y edificios grandes; y así, suplico a vuesa merced me deje buscar por estas calles o callejuellas que se me ofrecen: podría ser que en algún rincón topase con ese alcázar que le vea yo comido de perros, que así nos trae corridos y asendereados.[24]

—Habla con respeto, Sancho, de las cosas de mi señora —dijo don Quijote—, y tengamos la fiesta en paz, y no arrojemos la soga tras el caldero.[25]

—Yo me reportaré —respondió Sancho—; pero ¿con qué paciencia podré llevar que quiera vuesa merced que de sola una vez que vi la casa de nuestra ama, la haya de saber siempre y hallarla a media noche, no hallándola vuesa merced, que la debe de haber visto millares de veces?

—Tú me harás desesperar, Sancho —dijo don Quijote—. Ven acá, hereje: ¿no te he dicho mil veces que en todos los días de mi vida no he visto a la sin par Dulcinea ni jamás atravesé los umbrales de su palacio, y que sólo estoy enamorado de oídas y de la gran fama que tiene de hermosa y discreta?

—Ahora lo oigo —respondió Sancho—; y digo que pues vuesa merced no la ha visto, ni yo tampoco.

—Eso no puede ser —replicó don Quijote—; que, por lo menos, ya me has dicho tú que la viste ahechando[26] trigo, cuando me trujiste la respuesta de la carta que le envié contigo.

—No se atenga a eso, señor —respondió Sancho—; porque le hago saber que también fué de oídas la vista y la respuesta que le truje; porque así sé yo quién es la señora Dulcinea como dar un puño en el cielo.

—Sancho, Sancho —respondió don Quijote—, tiempos hay de burlar, y tiempos donde caen y parecen mal las burlas. No porque yo diga que ni he visto ni hablado a la señora de mi alma has tú de decir también que ni la has hablado ni visto, siendo tan al revés como sabes.

Estando los dos en estas pláticas, vieron que venía a pasar por donde estaban uno con dos mulas, que por el ruido que hacía el arado, que arrastraba por el suelo, juzgaron que debía de ser labrador, que había madrugado antes del día a ir a su labranza, y así fué la verdad. Venía el labrador cantando aquel romance que dice:

Mala la hubistes, franceses,
En esa de Roncesvalles.

—Que me maten, Sancho —dijo en oyéndole don Quijote—, si nos ha de suceder cosa buena esta noche. ¿No oyes lo que viene cantando ese villano?

—Sí oigo —respondió Sancho—; pero ¿qué hace a nuestro propósito la caza de Roncesvalles? Así pudiera cantar el romance de Calaínos; que todo fuera uno para sucedernos bien o mal en nuestro negocio.

Llegó en esto el labrador, a quien don Quijote preguntó:

—¿Sabréisme decir, buen amigo, que buena ventura os dé Dios, dónde son por aquí los palacios de la sin par princesa doña Dulcinea del Toboso?

—Señor —respondió el mozo—, yo soy forastero, y ha pocos días que estoy en este pueblo sirviendo a un labrador rico en la labranza del campo; en esa casa frontera viven el cura y el sacristán del lugar: entrambos o cualquier dellos sabrá dar a vuesa merced razón desa señora princesa, porque tienen la lista de todos los vecinos del Toboso; aunque para mí tengo que en todo él no vive princesa alguna; muchas señoras, sí, principales, que cada una en su casa puede ser princesa.

—Pues entre ésas —dijo don Quijote— debe de estar, amigo, ésta por quien te pregunto.

—Podría ser —respondió el mozo—; y adiós, que ya viene el alba.

Y dando a sus mulas, no atendió a más preguntas. Sancho, que vió suspenso a su señor y asaz[27] mal contento, le dijo:

—Señor, ya se viene a más andar el día, y no será acertado dejar que nos halle el sol en la calle; mejor será que nos salgamos fuera de la ciudad, y que vuesa merced se embosque en alguna floresta aquí cercana, y yo volveré de día, y no dejaré ostugo[28] en todo este lugar donde no busque la casa, alcázar o palacio de mi señora, y asaz sería de desdichado si no le hallase; y hallándole, hablaré con su merced, y le diré dónde y cómo queda vuesa merced esperando que le dé orden y traza para verla, sin menoscabo de su honra y fama.

—Has dicho, Sancho —dijo don Quijote—, mil sentencias encerradas en el círculo de breves palabras: el consejo que ahora me has dado le apetezco y recibo de bonísima gana. Ven, hijo, y vamos a buscar donde me embosque: que tú volverás, como dices, a buscar, a ver y hablar a mi señora, de cuya discreción y cortesía espero más que milagrosos favores.

Rabiaba Sancho por sacar a su amo del pueblo, porque no averiguase la mentira de la respuesta que de parte de Dulcinea le había llevado a Sierra Morena, y así, dió priesa a la salida, que fué luego, y a dos millas del lugar hallaron una floresta o bosque, donde don Quijote se emboscó en tanto que Sancho volvía a la ciudad a hablar a Dulcinea; en cuya embajada le sucedieron cosas que piden nueva atención y nuevo crédito.

Capítulo XVII

Donde se declara el último punto y extremo adonde llegó y pudo llegar el inaudito ánimo de Don Quijote con la felicemente acabada aventura de los leones.

...Llegó en esto el carro de las banderas, en el cual no venía otra gente que el carretero, en las mulas, y un hombre sentado en la delantera. Púsose don Quijote delante, y dijo:

—¿Adónde vais, hermanos? ¿Qué carro es éste, qué lleváis en él y qué banderas son aquéstas?

A lo que respondió el carretero:

—El carro es mío; lo que va en él son dos bravos leones enjaulados, que el General de Orán en-

vía a la Corte, presentados a su Majestad; las banderas son del Rey nuestro señor, en señal que aquí va cosa suya.

—Y ¿son grandes los leones? —preguntó don Quijote.

—Tan grandes —respondió el hombre que iba a la puerta del carro—, que no han pasado mayores, ni tan grandes, de África a España jamás; y yo soy el leonero, y he pasado otros; pero como éstos, ninguno. Son hembra y macho: el macho va en esta jaula primera, y la hembra en la de atrás, y ahora van hambrientos porque no han comido hoy; y así, vuesa merced se desvíe; que es menester llegar presto donde les demos de comer.

A lo que dijo don Quijote, sonriéndose un poco:

—¿Leoncitos a mí? ¿A mí leoncitos, y a tales horas? Pues ¡por Dios que han de ver esos señores que acá los envían si soy yo hombre que se espanta de leones! Apeaos, buen hombre, y pues sois el leonero, abrid esas jaulas y echadme esas bestias fuera; que en mitad desta campaña les daré a conocer quién es don Quijote de la Mancha, a despecho y pesar de los encantadores que a mí los envían...

—¡Ta! ¡ta! —dijo a esta razón entre sí el hidalgo—.[29] Dado ha señal de quién es nuestro buen caballero...

Llegóse en esto a él Sancho, y díjole:

—Señor, por quien Dios es que vuesa merced haga de manera que mi señor don Quijote no se tome[30] con estos leones; que si se toma, aquí nos han de hacer pedazos a todos.

—Pues ¿tan loco es vuestro amo —respondió el hidalgo—, que teméis, y creéis, que se ha de tomar con tan fieros animales?

—No es loco —respondió Sancho—, sino atrevido.

—Yo haré que no lo sea —replicó el hidalgo.

Y llegándose a don Quijote, que estaba dando priesa al leonero que abriese las jaulas, le dijo:

—Señor caballero, los caballeros andantes han de acometer las aventuras que prometen esperanza de salir bien dellas, y no aquellas que de todo en todo la quitan; porque la valentía que se entra en la jurisdicción de la temeridad más tiene de locura que de fortaleza. Cuanto más que estos leones no vienen contra vuesa merced, ni lo sueñan: van presentados a Su Majestad, y no será bien detenerlos ni impedirles su viaje.

---

27 bastante.   28 rincón.   29 el caballero del verde gabán, don Diego de Miranda, «un discreto caballero de la Mancha», a quien don Quijote había encontrado en el camino.   30 no luche, no combata.

31 macho de la perdiz que emplean los cazadores como reclamo.   32 animal que se empleaba para la caza de conejos.   33 a su yegua.   34 fáciles y sin importancia.   35 acuerdo.   36 desgraciada.   37 advertir.   38 caballero que, según la leyenda, entró en una leonera para recoger el guante de una dama.   39 clase de espada así llamada por tener como marca la figura de un perro.

—Váyase vuesa merced, señor hidalgo —respondió don Quijote—, a entender con su perdigón[31] manso y con su hurón[32] atrevido, y deje a cada uno hacer su oficio. Éste es el mío, y yo sé si vienen a mí o no estos señores leones.

Y volviéndose al leonero, le dijo:

—¡Voto a tal, don bellaco, que si no abrís luego luego las jaulas, que con esta lanza os he de coser con el carro!

El carretero, que vió la determinación de aquella armada fantasma, le dijo:

—Señor mío, vuesa merced sea servido, por caridad, de dejarme desuncir las mulas y ponerme en salvo con ellas antes que se desenvainen los leones; porque si me las matan, quedaré rematado para toda mi vida: que no tengo otra hacienda sino este carro y estas mulas.

—¡Oh hombre de poca fe! —respondió don Quijote—. Apéate, y desunce, y haz lo que quisieres: que presto verás que trabajaste en vano y que pudieras ahorrar desta diligencia.

Apeóse el carretero y desunció a gran priesa, y el leonero dijo a grandes voces:

—Séanme testigos cuantos aquí están cómo contra mi voluntad y forzado abro las jaulas y suelto los leones, y de que protesto a este señor que todo el mal y daño que estas bestias hicieren corra y vaya por su cuenta, con más mis salarios y derechos. Vuestras mercedes, señores, se pongan en cobro antes que abra, que yo seguro estoy que no me han de hacer daño.

Otra vez le persuadió el hidalgo que no hiciese locura semejante: que era tentar a Dios acometer tal disparate. A lo que respondió don Quijote que él sabía lo que hacía. Respondióle el hidalgo que lo mirase bien: que él entendía que se engañaba.

—Ahora, señor —replicó don Quijote—, si vuesa merced no quiere ser oyente desta que a su parecer ha de ser tragedia, pique la tordilla[33] y póngase en salvo.

Oído lo cual por Sancho, con lágrimas en los ojos le suplicó desistiese de tal empresa, en cuya comparación habían sido tortas y pan pintado[34] la de los molinos de viento y la temerosa de los batanes, y, finalmente, todas las hazañas que habían acometido en todo el discurso de su vida.

—Mire, señor —decía Sancho—, que aquí no hay encanto ni cosa que lo valga: que yo he visto por entre las verjas y resquicios de la jaula una uña de león verdadero, y saco por ella que el tal león cuya debe de ser la tal uña es mayor que una montaña.

—El miedo, a lo menos —respondió don Quijote—, te le hará parecer mayor que la mitad del mundo. Retírate, Sancho, y déjame; y si aquí mu-

riere, ya sabes nuestro antiguo concierto:[35] acudirás a Dulcinea, y no te digo más.

A éstas añadió otras razones, con que quitó las esperanzas de que no había de proseguir su desvariado intento. Quisiera el del Verde Gabán oponérsele; pero vióse desigual en las armas, y no le pareció cordura tomarse con un loco, que ya se lo había parecido de todo punto don Quijote; el cual, volviendo a dar priesa al leonero y a reiterar las amenazas, dió ocasión al hidalgo a que picase la yegua, y Sancho al rucio, y el carretero a sus mulas, procurando todos apartarse del carro lo más que pudiesen, antes que los leones se desembanastasen. Lloraba Sancho la muerte de su señor, que aquella vez sin duda creía que llegaba en las garras de los leones; maldecía su ventura, y llamaba menguada[36] la hora en que le vino al pensamiento volver a servirle; pero no por llorar y lamentarse dejaba de aporrear al rucio para que se alejase del carro. Viendo, pues, el leonero que ya los que iban huyendo estaban bien desviados, tornó a requerir y a intimar[37] a don Quijote lo que ya le había requerido e intimado; el cual respondió que lo oía, y que no se curase de más intimaciones y requerimientos, que todo sería de poco fruto, y que se diese priesa.

En el espacio que tardó el leonero en abrir la jaula primera estuvo considerando don Quijote si sería bien hacer la batalla antes a pie que a caballo, y, en fin, se determinó de hacerla a pie, temiendo que Rocinante se espantaría con la vista de los leones. Por esto saltó del caballo, arrojó la lanza y embrazó el escudo, y desenvainando la espada, paso ante paso, con maravilloso denuedo y corazón valiente, se fué a poner delante del carro, encomendándose a Dios de todo corazón, y luego a su señora Dulcinea. Y es de saber que, llegando a este paso el autor de esta verdadera historia, exclama y dice: «¡Oh fuerte y sobre todo encarecimiento animoso don Quijote de la Mancha, espejo donde se pueden mirar todos los valientes del mundo, segundo y nuevo don Manuel de León,[38] que fué gloria y honra de los españoles caballeros! ¿Con qué palabras contaré esta tan espantosa hazaña, o con qué razones la haré creíble a los siglos venideros, o qué alabanzas habrá que no te convengan y cuadren, aunque sean hipérboles sobre todos los hipérboles? Tú a pie, tú solo, tú intrépido, tú magnánimo, con sola una espada, y no de las del perrillo[39] cortadoras, con un escudo no de muy luciente y limpio acero, estás aguardando y atendiendo los dos más fieros leones que jamás criaron las africanas selvas. Tus mismos hechos sean los que te alaben, valeroso manchego; que yo los dejo aquí en su punto, por faltarme palabras con que encarecerlos.»

Aquí cesó la referida exclamación del autor, y pasó adelante, anudando el hilo de la historia, diciendo: que visto el leonero ya puesto en postura a don Quijote, y que no podía dejar de soltar al león macho, so pena de caer en la desgracia del indignado y atrevido caballero, abrió de par en par la primera jaula, donde estaba, como se ha dicho, el león, el cual pareció de grandeza extraordinaria y de espantable y fea catadura. Lo primero que hizo fué revolverse en la jaula, donde venía echado, y tender la garra, y desperezarse todo; abrió luego la boca y bostezó muy despacio, y con casi dos palmos de lengua que sacó fuera se despolvoreó los ojos y se lavó el rostro; hecho esto, sacó la cabeza fuera de la jaula y miró a todas partes con los ojos hechos brasas, vista y además para poner espanto a la misma temeridad. Sólo don Quijote lo miraba atentamente, deseando que saltase ya del carro y viniese con él a las manos, entre las cuales pensaba hacerle pedazos.

Hasta aquí llegó el extremo de su jamás vista locura. Pero el generoso león, más comedido que arrogante, no haciendo caso de niñerías ni de bravatas, después de haber mirado a una y otra parte, como se ha dicho, volvió las espaldas y enseñó sus traseras partes a don Quijote, y con gran flema y remanso se volvió a echar en la jaula; viendo lo cual don Quijote, mandó al leonero que le diese de palos y le irritase para echarle fuera.

—Eso no haré yo —respondió el leonero—; porque si yo le instigo, el primero a quien hará pedazos será a mí mismo. Vuesa merced, señor caballero, se contente con lo hecho, que es todo lo que puede decirse en género de valentía, y no quiera tentar segunda fortuna. El león tiene abierta la puerta: en su mano está salir, o no salir; pero pues no ha salido hasta ahora, no saldrá en todo el día. La grandeza del corazón de vuesa merced ya está bien declarada: ningún bravo peleante (según a mí se me alcanza) está obligado a más que a desafiar a su enemigo y esperarle en campaña; y si el contrario no acude, en él se queda la infamia, y el esperante gana la corona del vencimiento.

—Así es verdad —respondió don Quijote—: cierra, amigo, la puerta, y dame por testimonio en la mejor forma que pudieres lo que aquí me has visto hacer; conviene a saber: como tú abriste al león, yo le esperé, él no salió, volvíle a esperar,

volvió a no salir, y volvióse a acostar. No debo más, y encantos afuera, y Dios ayude a la razón y a la verdad, y a la verdadera caballería, y cierra, como he dicho, en tanto que hago señas a los huídos y ausentes, para que sepan de tu boca esta hazaña.

Hízolo así el leonero, y don Quijote, poniendo en la punta de la lanza el lienzo con que se había limpiado el rostro de la lluvia de los requesones,[40] comenzó a llamar a los que no dejaban de huir ni de volver la cabeza a cada paso, todos en tropa y antecogidos del hidalgo; pero alcanzando Sancho a ver la señal del blanco paño, dijo:

—Que me maten si mi señor no ha vencido a las fieras bestias, pues nos llama.

Detuviéronse todos, y conocieron que el que hacía las señas era don Quijote; y perdiendo alguna parte del miedo, poco a poco se vinieron acercando hasta donde claramente oyeron las voces de don Quijote, que los llamaba. Finalmente, volvieron al carro, y en llegando, dijo don Quijote al carretero:

—Volved, hermano, a uncir vuestras mulas y proseguir vuestro viaje; y tú, Sancho, dale dos escudos de oro, para él y para el leonero, en recompensa de lo que por mí se han detenido.

—Ésos daré yo de muy gana —respondió Sancho—; pero ¿qué se han hecho de los leones? ¿Son muertos, o vivos?

Entonces el leonero, menudamente y por sus pausas, contó el fin de la contienda, exagerando como él mejor pudo y supo el valor de don Quijote, de cuya vista el león acobardado, no quiso ni osó salir de la jaula, puesto que había tenido un buen espacio abierta la puerta de la jaula; y que por haber él dicho a aquel caballero que era tentar a Dios irritar al león para que por fuerza saliese, como él quería que se irritase, mal de su grado y contra toda su voluntad había permitido que la puerta se cerrase.

—¿Qué te parece desto, Sancho? —dijo don Quijote—. ¿Hay encantos que valgan contra la verdadera valentía? Bien podrán los encantadores quitarme la ventura; pero el esfuerzo y el ánimo, será imposible.

Dió los escudos Sancho, unció el carretero, besó las manos el leonero a don Quijote por la merced recibida, y prometióle de contar aquella valerosa hazaña al mismo Rey, cuando en la Corte se viese.

—Pues si acaso su Majestad preguntare quién la hizo, diréisle que *el Caballero de los Leones;* que de aquí en adelante quiero que en éste se true-

---

[40] Alude a un hecho anterior aquí omitido con que empieza este capítulo.

que, cambie, vuelva y mude el que hasta aquí he tenido de *el Caballero de la Triste Figura;* y en esto sigo la antigua usanza de los andantes caballeros, que se mudaban los nombres cuando querían, o cuando les venía a cuento.

Siguió su camino el carro, y don Quijote, Sancho y el del Verde Gabán prosiguieron el suyo.

En todo este tiempo no había hablado palabra don Diego de Miranda, todo atento a mirar y a notar los hechos y palabras de don Quijote, pareciéndole que era un cuerdo loco y un loco que tiraba a cuerdo. No había aún llegado a su noticia la primera parte de su historia; que si la hubiera leído, cesara la admiración en que lo ponían sus hechos y sus palabras, pues ya supiera el género de su locura; pero como no la sabía, ya le tenía por cuerdo, y ya por loco, porque lo que hablaba era concertado, elegante y bien dicho, y lo que hacía, disparatado, temerario y tonto. Y decía entre sí: «¿Qué más locura puede ser que ponerse la celada llena de requesones y darse a entender que le ablandaban los cascos los encantadores? Y ¿qué mayor temeridad y disparate que querer pelear por fuerza con leones?» Destas imaginaciones y deste soliloquio le sacó don Quijote, diciéndole:

—¿Quién duda, señor don Diego de Miranda, que vuesa merced no me tenga en su opinión por un hombre disparatado y loco? Y no sería mucho que así fuese, porque mis obras no pueden dar testimonio de otra cosa. Pues, con todo esto, quiero que vuesa merced advierta que no soy tan loco ni tan menguado como debo de haberle parecido. Bien parece un gallardo caballero, a los ojos de su rey, en la mitad de una gran plaza, dar una lanzada con felice suceso a un bravo toro; bien parece un caballero armado de resplandecientes armas, pasar la tela en alegres justas delante de las damas, y bien parecen todos aquellos caballeros que en ejercicios militares, o que lo parezcan, entretienen y alegran, y, si se puede decir, honran las cortes de sus príncipes; pero sobre todos éstos parece mejor un caballero andante, que por los desiertos, por las soledades, por las encrucijadas, por las selvas y por los montes anda buscando peligrosas aventuras, con intención de darles dichosa y bien afortunada cima, sólo por alcanzar gloriosa fama y duradera; mejor parece, digo, un caballero andante socorriendo a una viuda en algún despoblado, que un cortesano caballero requebrando a una doncella en las ciudades. Todos los caballeros tienen sus particulares ejercicios: sirva a las damas el cortesano; autorice la corte de su rey con libreas; sustente los caballeros pobres con el espléndido plato de su mesa; concierte justas, mantenga torneos, y muéstrese grande, liberal y magnífico, y buen cristiano, sobre todo, y desta manera cumplirá con sus precisas obligaciones; pero el andante caballero busque los rincones del mundo; éntrese en los más intricados laberintos; acometa a cada paso lo imposible; resista en los páramos despoblados los ardientes rayos del sol en la mitad del verano, y en el invierno la dura inclemencia de los vientos y de los yelos; no le asombren leones, ni le espanten vestiglos, ni atemoricen endriagos: que buscar éstos, acometer aquéllos y vencerlos a todos son sus principales y verdaderos ejercicios. Yo, pues, como me cupo en suerte ser uno del número de la andante caballería, no puedo dejar de acometer todo aquello que a mí me pareciere que cae debajo de la juridición de mis ejercicios; y así, el acometer los leones que ahora acometí derechamente me tocaba, puesto que conocí ser temeridad exorbitante, porque bien sé lo que es valentía, que es una virtud que está puesta entre dos extremos viciosos, como son la cobardía y la temeridad, pero menos mal será que el que es valiente toque y suba al punto de temerario, que no que baje y toque en el punto de cobarde: que así como es más fácil venir el pródigo a ser liberal que el avaro, así es más fácil dar el temerario en verdadero valiente que no el cobarde subir a la verdadera valentía; y en esto de acometer aventuras, créame vuesa merced, señor don Diego, que antes se ha de perder por carta de más que de menos; porque mejor suena en las orejas de los que lo oyen «el tal caballero es temerario y atrevido», que no «el tal caballero es tímido y cobarde».

—Digo, señor don Quijote —respondió don Diego—, que todo lo que vuesa merced ha dicho y hecho va nivelado con el fiel de la misma razón, y que entiendo que si las ordenanzas y leyes de la caballería andante se perdiesen, se hallarían en el pecho de vuesa merced como en su mismo depósito y archivo. Y démonos priesa, que se hace tarde, y lleguemos a mi aldea y casa, donde descansará vuesa merced del pasado trabajo, que si no ha sido del cuerpo, ha sido del espíritu, que suele tal vez redundar en cansancio del cuerpo.

—Tengo el ofrecimiento a gran favor y merced, señor don Diego —respondió don Quijote.

Y picando más de lo que hasta entonces, serían como las dos de la tarde cuando llegaron a la aldea y a casa de don Diego, a quien don Quijote llamaba *El caballero del Verde Gabán.*

Capítulo XLIII

De los consejos segundos[41] *que dió don Quijote a Sancho Panza.*

¿Quién oyera el pasado razonamiento de don Quijote que no le tuviera por persona muy cuerda y mejor intencionada? Pero, como muchas veces en el·progreso desta grande historia queda dicho, solamente disparaba en tocándole en la caballería, y en los demás discursos mostraba tener claro y desenfadado entendimiento, de manera que a cada paso desacreditaban sus obras su juicio, y su juicio sus obras; pero en esta destos segundos documentos[42] que dió a Sancho mostró tener gran donaire, y puso su discreción y su locura en un levantado punto. Atentísimamente le escuchaba Sancho y procuraba conservar en la memoria sus consejos, como quien pensaba guardarlos y salir por ellos a buen parto de la preñez de su gobierno. Prosiguió, pues, don Quijote, y dijo:

—En lo que toca a cómo has de gobernar tu persona y casa, Sancho, lo primero que te encargo es que seas limpio y que te cortes las uñas, sin dejarlas crecer, como algunos hacen, a quien su ignorancia les ha dado a entender que las uñas largas les hermosean las manos, como si aquel excremento y añadidura que se dejan de cortar fuese uña, siendo antes garras de cernícalo lagartijero: puerco y extraordinario abuso. No andes, Sancho, desceñido y flojo: que el vestido descompuesto da indicios de ánimo desmazalado,[43] si ya la descompostura y flojedad no cae debajo de socarronería, como se juzgó en la de Julio César. Toma con discreción el pulso a lo que pudiere valer tu oficio, y si sufriere que des librea a tus criados, dásela honesta y provechosa más que vistosa y bizarra, y repártela entre tus criados y los pobres; quiero decir que si has de vestir seis pajes, viste tres y otros tres pobres, y así tendrás pajes para el cielo y para el suelo; y este nuevo modo de dar librea no le alcanzan los vanagloriosos. No comas ajos ni cebollas, porque no saquen por el olor tu villanía. Anda despacio; habla con reposo, pero no de

manera que parezca que te escuchas a ti mismo: que toda afectación. es mala. Come poco y cena más poco: que la salud de todo el cuerpo se fragua en la oficina del estómago. Sé templado en el beber, considerando que el vino demasiado ni guarda secreto ni cumple palabra. Ten cuenta, Sancho, de no mascar a dos carrillos ni de erutar delante de nadie.

—Eso de *erutar* no entiendo —dijo Sancho.

Y don Quijote le dijo:

—*Erutar,* Sancho, quiere decir *regoldar,* y éste es uno de los más torpes vocablos que tiene la lengua castellana, aunque es muy significativo; y así, la gente curiosa se ha acogido al latín, y al *regoldar* dice *erutar,* y a los *regüeldos, erutaciones;* y cuando algunos no entienden estos términos, importa poco; que el uso los irá introduciendo con el tiempo, que con facilidad se entiendan; y esto es enriquecer la lengua, sobre quien tiene poder el vulgo y el uso.

—En verdad, señor —dijo Sancho—, que uno de los consejos y avisos que pienso llevar en la memoria ha de ser el de no regoldar, porque lo suelo hacer muy a menudo.

—*Erutar,* Sancho; que no *regoldar* —dijo don Quijote.

—*Erutar* diré de aquí adelante —respondió Sancho—, y a fee que no se me olvide.

—También, Sancho, no has de mezclar en tus pláticas la muchedumbre de refranes que sueles; que puesto que los refranes son sentencias breves, muchas veces los traes tan por los cabellos, que más parecen disparates que sentencias.

—Eso Dios lo puede remediar —respondió Sancho—; porque sé más refranes que un libro y viénenseme tantos juntos a la boca cuando hablo, que riñen, por salir, unos con otros; pero la lengua va arrojando los primeros que encuentra, aunque no vengan a pelo; mas yo tendré cuenta de aquí adelante de decir los que convengan a la gravedad de mi cargo; que en casa llena, presto se guisa la cena; y quien destaja, no baraja; y a buen salvo está el que replica; y el dar y tener, seso ha menester.

---

41 Toda esta parte de la obra ocurre en el palacio de los duques, a quienes D. Quijote ha encontrado en el camino, y los cuales, habiendo leído la Primera Parte de la historia, deciden hospedar al caballero y al escudero para divertirse con ellos. Entre las burlas que preparan está la de hacer a Sancho gobernador de una pequeña aldea, haciéndole creer que es la ínsula que le había prometido su señor. Antes de salir Sancho para su góbierno, D. Quijote se encierra con él y le da, en el capítulo anterior, una serie de consejos admirables de carácter moral, y termina: «Esto que hasta aquí te he dicho son documentos que han de adornar tu alma; escucha ahora los que han de servir para adorno del cuerpo». 42 consejos. 43 flojo, caído. 44 y yo la engaño, me burlo.

El *Diccionario de la Academia* define esta frase proverbial diciendo que «reprende a los que, advertidos de una falta, reinciden en ella frecuentemente». 45 fuera de propósito. 46 disparatadamente, sin orden ni concierto. 47 rebajes. 48 capa corta. 49 calzones anchos. 50 imaginación. 51 clase de afeite y clase de guisado. Aquí, en el hablar impreciso de Sancho, tiene el mismo valor que «enredos» y «revoltillos». 52 mayordomo de una hermandad o cofradía. 53 desprécienme y calúmnienme 54 (Dios) sabe dónde está la casa (del que quiere bien). 55 os comerán. 56 levantamientos o rebeldías del pueblo. 57 se molesta. 58 muy a propósito. 59 cestillo de mimbres.

—¡Eso sí, Sancho! —dijo don Quijote—. ¡Encaja, ensarta, enhila refranes; que nadie te va a la mano! ¡Castígame mi madre, y yo trompógelas![44] Estoite diciendo que excuses refranes, y en un instante has echado aquí una letanía dellos, que así cuadran con lo que vamos tratando como por los cerros de Úbeda.[45] Mira, Sancho, no te digo yo que parece mal un refrán traído a propósito; pero cargar y ensartar refranes a troche moche[46] hace la plática desmayada y baja.

Cuando subieres a caballo, no vayas echando el cuerpo sobre el arzón postrero ni lleves las piernas tiesas y tiradas y desviadas de la barriga del caballo, ni tampoco vayas tan flojo que parezca que vas sobre el rucio; que el andar a caballo a unos hace caballeros; a otros, caballerizos.

Sea moderado tu sueño; que el que no madruga con el sol no goza del día; y advierte ¡oh Sancho! que la diligencia es madre de la buena ventura; y la pereza, su contraria, jamás llegó al término que pide un buen deseo.

Este último consejo que ahora darte quiero, puesto que no sirva para adorno del cuerpo, quiero que le lleves muy en la memoria, que creo que no te será de menos provecho que los que hasta aquí te he dado; y es que jamás te pongas a disputar de linajes, a lo menos, comparándolos entre sí, pues, por fuerza, en los que se comparan uno ha de ser el mejor, y del que abatieres[47] serás aborrecido, y del que levantares, en ninguna manera premiado.

Tu vestido será calza entera, ropilla larga, herreruelo[48] un poco más largo; greguescos,[49] ni por pienso; que no les están bien ni a los caballeros ni a los gobernadores.

Por ahora, esto se me ha ofrecido, Sancho, que aconsejarte; andará el tiempo, y según las ocasiones, así serán mis documentos, como tú tengas cuidado de avisarme el estado en que te hallares.

—Señor —respondió Sancho—, bien veo que todo cuanto vuesa merced me ha dicho son cosas buenas, santas y provechosas; pero ¿de qué han de servir, si de ninguna me acuerdo? Verdad sea que aquello de no dejarme crecer las uñas y de casarme otra vez, si se ofreciere, no se me pasará del magín;[50] pero esotros badulaques[51] y enredos y revoltillos, no se me acuerda ni acordará más dellos que de las nubes de antaño, y así será menester que se me den por escrito; que puesto que no sé leer ni escribir, yo se los daré a mi confesor para que me los encaje y recapacite cuando fuere menester.

—¡Ah, pecador de mí —respondió don Quijote—, y qué mal parece en los gobernadores el no saber leer ni escribir! Porque has de saber ¡oh Sancho! que no saber un hombre leer, o ser zurdo,

arguye una de dos cosas: o que fué hijo de padres demasiado de humildes y bajos, o él tan travieso y malo, que no pudo entrar en él el buen uso ni la buena doctrina. Gran falta es la que llevas contigo, y así, querría que aprendieses a firmar siquiera.

—Bien sé firmar mi nombre —respondió Sancho—, que cuando fuí prioste[52] en mi lugar, aprendí a hacer unas letras como de marca de fardo, que decían que decía mi nombre; cuanto más que fingiré que tengo tullida la mano derecha, y haré que firme otro por mí; que para todo hay remedio, si no es para la muerte; y teniendo yo el mando y el palo, haré lo que quisiere; cuanto más que el que tiene el padre alcalde... Y siendo yo gobernador, que es más que ser alcalde, ¡llegaos, que la dejan ver! No, sino popen y calóñenme;[53] que vendrán por lana, y volverán trasquilados; y a quien Dios quiere bien, la casa le sabe;[54] y las necedades del rico por sentencias pasan en el mundo; y siéndolo yo, siendo gobernador y juntamente liberal, como lo pienso ser, no habrá falta que se me parezca. No, sino haceos miel, y paparos han[55] moscas; tanto vales cuanto tienes, decía una mi agüela; y del hombre arraigado no te verás vengado.

—¡Oh; maldito seas de Dios, Sancho! —dijo a esta sazón don Quijote—. ¡Sesenta mil satanases te lleven a ti y a tus refranes! Una hora ha que los estás ensartando, y dándome con cada uno tragos de tormento. Yo te aseguro que estos refranes te han de llevar un día a la horca; por ellos te han de quitar el gobierno tus vasallos, o ha de haber entre ellos comunidades.[56] Dime, ¿dónde los hallas, ignorante, o cómo los aplicas, mentecato, que para decir yo uno y aplicarle bien, sudo y trabajo como si cavase?

—Por Dios, señor nuestro amo —replicó Sancho—, que vuesa merced se queja de bien pocas cosas. ¿A qué diablos se pudre[57] de que yo me sirva de mi hacienda, que ninguna otra tengo, ni otro caudal alguno, sino refranes y más refranes? Y ahora se me ofrecen cuatro que venían aquí pintiparados,[58] o como peras en tabaque;[59] pero no los diré, porque al buen callar llaman Sancho.

—Ese Sancho no eres tú —dijo don Quijote—; porque no sólo no eres buen callar, sino mal hablar y mal porfiar; y, con todo eso, querría saber qué cuatro refranes te ocurrían ahora a la memoria que venían aquí a propósito; que yo ando recorriendo la mía, que la tengo buena, y ninguno se me ofrece.

—¿Qué mejores —dijo Sancho— que «entre dos muelas cordales nunca pongas tus pulgares», y «a idos de mi casa, y qué queréis con mi mujer, no hay responder», y, «si da el cántaro en la piedra, o la piedra, en el cántaro, mal para el cántaro», todos los cuales vienen a pelo? Que nadie se tome con su gobernador, ni con el que manda, porque saldrá lastimado, como el que pone el dedo entre dos muelas cordales; y aunque no sean cordales, como sean muelas, no importa; y a lo que dijere el gobernador, no hay que replicar, como al «salíos de mi casa, y qué queréis con mi mujer». Pues lo de la piedra en el cántaro un ciego lo verá. Así, que es menester que el que vee la mota en el ojo ajeno, vea la viga en el suyo, porque no se diga por él: «espantóse la muerta de la degollada»; y vuesa merced sabe bien que más sabe el necio en su casa que el cuerdo en la ajena.

—Eso no, Sancho —respondió don Quijote—; que el necio en su casa ni en la ajena sabe nada, a causa que sobre el cimiento de la necedad no asienta ningún discreto edificio. Y dejemos esto aquí, Sancho; que si mal gobernares, tuya será la culpa, y mía la vergüenza; mas consuélame que he hecho lo que debía en aconsejarte con las veras[60] y con la discreción a mí posible: con esto salgo de mi obligación y de mi promesa. Dios te guíe, Sancho, y te gobierne en tu gobierno, y a mí me saque del escrúpulo que me queda que has de dar con toda la ínsula patas arriba, cosa que pudiera yo excusar con descubrir al Duque quién eres, diciéndole que toda esa gordura y esa personilla que tienes no es otra cosa que un costal lleno de refranes y de malicias.

—Señor —replicó Sancho—, si a vuesa merced le parece que no soy de pro[61] para este gobierno, desde aquí le suelto: que más quiero un solo negro de la uña de mi alma que a todo mi cuerpo; y así me sustentaré Sancho a secas con pan y cebolla como gobernador con perdices y capones; y más, que mientras se duerme, todos son iguales: los grandes y los menores, los pobres y los ricos; y si vuesa merced mira en ello, verá que sólo vuesa merced me ha puesto en esto de gobernar: que yo no sé más de gobiernos de ínsulas que un buitre; y si se imagina que por ser gobernador me ha de llevar el diablo, más quiero ir Sancho al cielo que gobernador al infierno.

—Por Dios, Sancho —dijo don Quijote—, que por solas estas últimas razones que has dicho juzgo que mereces ser gobernador de mil ínsulas: buen natural tienes, sin el cual no hay ciencia que valga; encomiéndate a Dios, y procura no errar en la primera intención: quiero decir que siempre tengas intento y firme propósito de acertar en cuantos negocios te ocurrieren, porque siempre favorece el cielo los buenos deseos. Y vámonos a comer: que creo que ya estos señores nos aguardan.

Capítulo LXXIV

De cómo don Quijote cayó malo, y del testamento que hizo, y su muerte

Como las cosas humanas no sean eternas, yendo siempre en declinación de sus principios hasta llegar a su último fin, especialmente las vidas de los hombres, y como la de don Quijote no tuviese privilegio del cielo para detener el curso de la suya, llegó su fin y acabamiento cuando él menos lo pensaba; porque, o ya fuese de la melancolía que le causaba el verse vencido, o ya por la disposición del cielo, que así lo ordenaba, se le arraigó una calentura que le tuvo seis días en la cama, en los cuales fué visitado muchas veces del Cura, del Bachiller y del Barbero, sus amigos, sin quitársele de la cabecera Sancho Panza, su buen escudero. Éstos, creyendo que la pesadumbre de verse vencido y de no ver cumplido su deseo en la libertad y desencanto de Dulcinea le tenía de aquella suerte, por todas las vías posibles procuraban alegrarle, diciéndole el Bachiller que se animase y levantase para comenzar su pastoral ejercicio,[62] para el cual tenía ya compuesta una égloga que mal año para cuantas Sanazaro había compuesto, y que ya tenía comprados de su propio dinero dos famosos perros para guardar el ganado, el uno llamado Barcino y el otro Butrón, que se los había vendido un ganadero del Quintanar. Pero no por esto dejaba don Quijote sus tristezas.

Llamaron sus amigos al médico, tomóle el pulso, y no le contentó mucho, y dijo que, por sí o por no, atendiese a la salud de su alma, porque la del cuerpo corría peligro. Oyólo don Quijote con ánimo sosegado; pero no lo oyeron así su ama, su sobrina y su escudero, los cuales comenzaron a llorar tiernamente, como si ya le tuvieran muerto delante. Fué el parecer del médico que melancolías y desabrimientos le acababan. Rogó don Quijote que le dejasen solo, porque quería dormir un poco. Hiciéronlo así, y durmió de un tirón, como dicen, más de seis horas; tanto, que pensaron el Ama y la Sobrina que se había de quedar en el sueño. Despertó al cabo del tiempo dicho, y dando una gran voz, dijo:

—¡Bendito sea el poderoso Dios, que tanto

---

[60] con la verdad.

[61] a propósito, si no sirvo. [62] D. Quijote había sido vencido por el bachiller Sansón Carrasco, el cual, disfra- zado de Caballero de la Blanca Luna, le exigió que no tomase las armas en un año. Don Quijote piensa esperar el año haciéndose pastor. [63] lectura. [64] engaños. [65] a punto, cerca de. [66] legado en testamento.

bien me ha hecho! En fin, sus misericordias no tienen límite, ni las abrevian ni impiden los pecados de los hombres.

Estuvo atenta la Sobrina a las razones del tío, y pareciéronle más concertadas que él solía decirlas, a lo menos en aquella enfermedad, y preguntóle:

—¿Qué es lo que vuesa merced dice, señor? ¿Tenemos algo de nuevo? ¿Qué misericordias son éstas, o qué pecados de los hombres?

—Las misericordias —respondió don Quijote—, Sobrina, son las que en este instante ha usado Dios conmigo, a quien, como dije, no las impiden mis pecados. Yo tengo juicio ya, libre y claro, sin las sombras caliginosas de la ignorancia, que sobre él me pusieron mi amarga y continua leyenda[63] de los detestables libros de las caballerías. Ya conozco sus disparates y sus embelecos,[64] y no me pesa sino que este desengaño ha llegado tan tarde, que no me deja tiempo para hacer alguna recompensa, leyendo otros que sean luz del alma. Yo me siento, Sobrina, a punto de muerte; querría hacerla de tal modo, que diese a entender que no había sido mi vida tan mala, que dejase renombre de loco; que puesto que lo he sido, no querría confirmar esta verdad en mi muerte. Llámame, amiga, a mis buenos amigos: al Cura, al bachiller Sansón Carrasco y a maese Nicolás el barbero que quiero confesarme y hacer mi testamento.

Pero de este trabajo se excusó la Sobrina con la entrada de los tres. Apenas los vió don Quijote, cuando dijo:

—Dadme albricias, buenos señores, de que ya yo no soy don Quijote de la Mancha, sino Alonso Quijano, a quien mis costumbres me dieron renombre de *Bueno*. Ya soy enemigo de Amadís de Gaula y de toda la infinita caterva de su linaje; ya me son odiosas todas las historias profanas de la andante caballería, ya conozco mi necedad y el peligro en que me pusieron haberlas leído; ya, por misericordia de Dios, escarmentando en cabeza propia, las abomino.

Cuando esto le oyeron decir los tres, creyeron, sin duda, que alguna nueva locura le había tomado. Y Sansón le dijo:

—¿Ahora, señor don Quijote, que tenemos nueva que está desencantada la señora Dulcinea, sale vuesa merced con eso? Y ¿agora que estamos tan a pique[65] de ser pastores, para pasar cantando la vida, como unos príncipes, quiere vuesa merced hacerse ermitaño? Calle, por su vida, vuelva en sí, y déjese de cuentos.

—Los de hasta aquí —replicó don Quijote—, que han sido verdaderos en mi daño, los ha de volver mi muerte, con ayuda del cielo, en mi provecho. Yo, señores, siento que me voy muriendo

a toda priesa: déjense burlas aparte, y tráiganme un confesor que me confiese y un escribano que haga mi testamento; que en tales trances como éste no se ha de burlar el hombre con el alma; y así, suplico que en tanto que el señor Cura me confiesa, vayan por el escribano.

Miráronse unos a otros, admirados de las razones de don Quijote, y, aunque en duda, le quisieron creer; y una de las señales por donde conjeturaron se moría fué el haber vuelto con tanta facilidad de loco a cuerdo; porque a las ya dichas razones añadió otras muchas tan bien dichas, tan cristianas y con tanto concierto, que del todo les vino a quitar la duda, y a hacer creer que estaba cuerdo.

Hizo salir la gente el cura, y quedóse solo con él, y confesóle. El Bachiller fué por el escribano, y de allí a poco volvió con él y con Sancho Panza; el cual Sancho (que ya sabía por nuevas del Bachiller en qué estado estaba su señor), hallando a la Ama y a la Sobrina llorosas, comenzó a hacer pucheros y a derramar lágrimas. Acabóse la confesión, y salió el Cura, diciendo:

—Verdaderamente se muere, y verdaderamente está cuerdo Alonso Quijano el Bueno; bien podemos entrar para que haga su testamento.

Estas nuevas dieron un terrible empujón a los ojos preñados de Ama, Sobrina, y de Sancho Panza, su buen escudero, de tal manera, que los hizo reventar las lágrimas de los ojos y mil profundos suspiros del pecho; porque verdaderamente, como alguna vez se ha dicho, en tanto que don Quijote fué Alonso Quijano el Bueno, a secas, y en tanto que fué don Quijote de la Mancha, fué siempre de apacible condición y de agradable trato, y por esto no sólo era bien querido de los de su casa, sino de todos cuantos le conocían. Entró el escribano con los demás, y después de haber hecho la cabeza del testamento y ordenado su alma don Quijote, con todas aquellas circunstancias cristianas que se requieren, llegando a las mandas,[66] dijo:

—Item, es mi voluntad que de ciertos dineros que Sancho Panza, a quien en mi locura hice mi escudero, tiene, que porque ha habido entre él y mí ciertas cuentas, y dares y tomares, quiero que no se le haga cargo dellos, ni se le pida cuenta alguna, sino que si sobrare alguno después de haberse pagado de lo que le debo, el restante sea suyo, que será bien poco, y buen provecho le haga; y si como estando yo loco fuí parte para darle el gobierno de la ínsula, pudiera agora, estando cuerdo, darle el de un reino, se le diera, porque la sencillez de su condición y fidelidad de su trato lo merece.

Y volviéndose a Sancho, le dijo:

—Perdóname, amigo, de la ocasión que te he dado de parecer loco como yo, haciéndote caer en el error en que yo he caído, de que hubo y hay caballeros andantes en el mundo.

—¡Ay! —respondió Sancho, llorando—. No se muera vuesa merced, señor mío, sino tome mi consejo, y viva muchos años; porque la mayor locura que puede hacer un hombre en esta vida es dejarse morir, sin más ni más, sin que nadie le mate, ni otras manos le acaben que las de la melancolía. Mire no sea perezoso, sino levántese desa cama, y vámonos al campo vestidos de pastores, como tenemos concertado; quizá tras de alguna mata hallaremos a la señora doña Dulcinea desencantada, que no haya más que ver. Si es que se muere de pesar de verse vencido, écheme a mí la culpa, diciendo que por haber yo cinchado mal a Rocinante le derribaron: cuanto más que vuesa merced habrá visto en sus libros de caballerías ser cosa ordinaria derribarse unos caballeros a otros, y el que es vencido hoy ser vencedor mañana.

—Así es —dijo Sansón—, y el buen Sancho Panza está muy en la verdad destos casos.

—Señores —dijo don Quijote—, vámonos poco a poco, pues ya en los nidos de antaño no hay pájaros hogaño.[67] Yo fuí loco, y ya soy cuerdo: fuí don Quijote de la Mancha, y soy agora, como he dicho, Alonso Quijano el Bueno. Pueda con vuesas mercedes mi arrepentimiento y mi verdad volverme a la estimación que de mí se tenía, y prosiga adelante el señor escribano.—Item, mando toda mi hacienda, a puerta cerrada,[68] a Antonia Quijana mi sobrina, que está presente, habiendo sacado primero de lo más bien parado della lo que fuere menester para cumplir las mandas que dejo hechas; y la primera satisfacción que se haga quiero que sea pagar el salario que debo del tiempo que mi ama me ha servido, y más veinte ducados para un vestido. Dejo por mis albaceas al señor Cura y al señor bachiller Sansón Carrasco, que están presentes.—Item, es mi voluntad que si Antonia Quijana mi sobrina quisiere casarse, se case con hombre de quien primero se haya hecho información que no sabe qué cosas sean libros de caballerías; y en caso que se averiguase que lo sabe, y, con todo eso, mi sobrina quisiere casarse con él, y se casare, pierda todo lo que le he mandado, lo cual puedan mis albaceas distribuir en obras pías, a su voluntad.—Item, suplico a los dichos señores mis albaceas que si la buena suerte les trujere a conocer al autor que dicen que compuso una historia que anda por ahí

con el título de *Segunda parte de las hazañas de don Quijote de la Mancha,*[69] de mi parte le pidan, cuan encarecidamente ser pueda, perdone la ocasión que sin yo pensarlo le di de haber escrito tantos y tan grandes disparates como en ella escribe; porque parto desta vida con escrúpulo de haberle dado motivo para escribirlos.

Cerró con esto el testamento, y tomándole un desmayo, se tendió de largo a largo en la cama. Alborotáronse todos, y acudieron a su remedio, y en tres días que vivió después deste donde hizo el testamento, se desmayaba muy a menudo. Andaba la casa alborotada; pero, con todo, comía la Sobrina, brindaba el Ama, y se regocijaba Sancho Panza; que esto del heredar algo borra o templa en el heredero la memoria de la pena que es razón que deje el muerto. En fin, llegó el último de don Quijote, después de recibidos todos los sacramentos y después de haber abominado con muchas y eficaces razones de los libros de caballerías. Hallóse el escribano presente, y dijo que nunca había leído en ningún libro de caballerías que algún caballero andante hubiese muerto en su lecho tan sosegadamente y tan cristiano como don Quijote; el cual, entre compasiones y lágrimas de los que allí se hallaron, dió su espíritu: quiero decir que se murió.

Viendo lo cual el Cura, pidió al escribano le diese por testimonio cómo Alonso Quijano el Bueno, llamado comúnmente don Quijote de la Mancha, había pasado desta presente vida y muerto naturalmente: y que el tal testimonio pedía para quitar la ocasión de que algún otro autor que Cide Hamete Benengeli le resucitase falsamente, y hiciese inacabables historias de sus hazañas. Este fin tuvo el Ingenioso Hidalgo de la Mancha, cuyo lugar no quiso poner Cide Hamete puntualmente, por dejar que todas las villas y lugares de la Mancha contendiesen entre sí por ahijársele y tenérsele por suyo, como contendieron las siete ciudades de Grecia por Homero.

Déjanse de poner aquí los llantos de Sancho, sobrina y ama de don Quijote, los nuevos epitafios de su sepultura, aunque Sansón Carrasco le puso éste:

> *Yace aquí el Hidalgo fuerte*
> *Que a tanto extremo llegó*
> *De valiente, que se advierte*
> *Que la muerte no triunfó*
> *De su vida con su muerte.*

---

67 *antaño* = en tiempo antiguo: *hogaño* = en tiempo presente. 68 sin reservar o exceptuar nada. 69 Se refiere al *Quijote* apócrifo de Avellaneda, seudónimo de un autor que no ha logrado identificarse; publicado en 1614. 70 tabla con garfios en que se cuelgan utensilios de cocina.

71 pluma. 72 expresión que significa: ¡detente! ¡po-

co a poco! 73 alude a Avellaneda, autor del *Quijote* apócrifo, que figura como si fuera de Tordesillas. 74 sepultura.

1 examinaba minuciosamente todas las gracias de Preciosa. 2 el que acompañaba a la señora cuando salía de casa. 3 pasta blanca hecha de azúcar con la cual se cubren algunos dulces.

Tuvo a todo el mundo en poco:
Fué el espantajo y el coco
Del mundo en tal coyuntura,
Que acreditó su ventura
Morir cuerdo y vivir loco.

Y el prudentísimo Cide Hamete dijo a su pluma: «Aquí quedarás, colgada desta espetera[70] y deste hilo de alambre, ni sé si bien cortada o mal tajada péñola[71] mía, adonde vivirás luengos siglos, si presuntuosos y malandrines historiadores no te descuelgan para profanarte. Pero antes que a ti lleguen, les puedes advertir, y decirles en el mejor modo que pudieres:

¡Tate, tate,[72] folloncicos!
De ninguno sea tocada;
Porque esta empresa, buen rey,
Para mí estaba guardada.

Para mí sola nació don Quijote, y yo para él; él supo obrar, y yo escribir; solos los dos somos para en uno, a despecho y pesar del escritor fingido y tordesillesco[73] que se atrevió, o se ha de atrever, a escribir con pluma de avestruz grosera y mal deli-ñada las hazañas de mi valeroso caballero, porque no es carga de sus hombros ni asunto de su resfriado ingenio; a quien advertirás, si acaso llegas a conocerle, que deje reposar en la sepultura los cansados y ya podridos huesos de don Quijote, y no le quiera llevar, contra todos los fueros de la muerte, a Castilla la Vieja, haciéndole salir de la fuesa,[74] donde real y verdaderamente yace tendido de largo a largo, imposibilitado de hacer tercera jornada y salida nueva: que para hacer burla de tantas como hicieron tantos andantes caballeros, bastan las dos que él hizo, tan a gusto y beneplácito de las gentes a cuya noticia llegaron, así en éstos como en los extraños reinos. Y con esto cumplirás con tu cristiana profesión, aconsejando bien a quien mal te quiere, y yo quedaré satisfecho y ufano de haber sido el primero que gozó el fruto de sus escritos enteramente, como deseaba, pues no ha sido otro mi deseo que poner en aborrecimiento de los hombres las fingidas y disparatadas historias de los libros de caballerías, que por las de mi verdadero don Quijote van ya tropezando, y han de caer del todo, sin duda alguna.» *Vale.*

NOVELAS EJEMPLARES

LA GITANILLA

RESUMEN

Preciosa, la gitanilla, dotada de gran ingenio, belleza y discreción, se gana la vida cantando y bailando, como se ve en el primer fragmento aquí reproducido. Un joven caballero se prenda de ella y adopta, con el nombre de Andrés, la vida de los gitanos hasta lograr ser aceptado como compañero de Preciosa, según se ve en el segundo fragmento. Más tarde Andrés es denunciado como ladrón por una muchacha que se había enamorado de él; cuando van a prenderle mata a un soldado que le injuria y todos los gitanos van a parar a la cárcel de Murcia. Al hacerse las averiguaciones se aclara que Preciosa es realmente doña Costanza de Acevedo y Meneses, hija del corregidor de la ciudad, a la cual había robado de niña la vieja gitana que pasa por su abuela. La obra termina con la boda de doña Costanza y don Juan de Cárcamo, verdadero nombre de Andrés.

...Ya tenía aviso la señora doña Clara, mujer del señor Teniente, cómo habían de ir a su casa las gitanillas, y estábalas esperando como el agua de mayo ella y sus doncellas y dueñas, con las de otra señora vecina suya, que todas se juntaron para ver a Preciosa; y apenas hubieron entrado las gitanas, cuando entre las demás resplandeció Preciosa como la luz de una antorcha entre luces menores; y así, corrieron todas a ella: unas la abrazaban, otras la miraban, éstas la bendecían, aquéllas la alababan. Doña Clara decía:

—¡Éste sí que se puede decir cabello de oro! ¡Éstos sí que son ojos de esmeralda!

La señora su vecina la desmenuzaba toda, y hacía pepitoria de todos sus miembros y coyunturas.[1] Y llegando a alabar un pequeño hoyo que Preciosa tenía en la barba, dijo:

—¡Ay, qué hoyo! En este hoyo han de tropezar cuantos ojos le miraren.

Oyó esto un escudero de brazo[2] de la señora doña Clara, que allí estaba, de luenga barba y largos años, y dijo:

—¿Ése llama vuesa merced hoyo, señora mía? Pues yo sé poco de hoyos, o ése no es hoyo, sino sepultura de deseos vivos. ¡Por Dios, tan linda es la Gitanilla, que hecha de plata o de alcorza[3] no podría ser mejor! ¿Sabes decir la buenaventura, niña?

—De tres o cuatro maneras —respondió Preciosa.

—¿Y eso más? —dijo doña Clara—. Por vida del Teniente, mi señor, que me la has de decir, niña de oro, y niña de plata, y niña de perlas, y niña de carbuncos, y niña del cielo, que es lo más que puedo decir.

—Denle, denle la palma de la mano a la niña y con qué haga la cruz —dijo la vieja— y verán qué de cosas les dice: que sabe más que un doctor en melecina.

Echó mano a la faldriquera la señora Tenienta y halló que no tenía blanca. Pidió un cuarto a sus criadas y ninguna le tuvo, ni la señora vecina tampoco. Lo cual visto por Preciosa, dijo:

—Todas las cruces, en cuanto cruces, son buenas; pero las de plata o de oro son mejores; y el señalar la cruz en la palma de la mano con moneda de cobre sepan vuesas mercedes que menoscaba la buenaventura, a lo menos la mía; y así, tengo afición a hacer la cruz primera con algún escudo de oro o con algún real de a ocho, o por lo menos de a cuatro; que soy como los sacristanes, que cuando hay buena ofrenda se regocijan.

—Donaire tienes, niña, por tu vida —dijo la señora vecina.

Y volviéndose al escudero, le dijo:

—Vos, señor Contreras, ¿tendréis a mano algún real de a cuatro? Dádmele, que viniendo el doctor, mi marido, os le volveré.

—Sí tengo —respondió Contreras—, pero téngole empeñado en veinte y dos maravedís que cené anoche; dénmelos, que yo iré por él en volandas.

—No tenemos entre todas un cuarto— dijo doña Clara—, ¿y pedís veinte y dos maravedís? Andad, Contreras, que siempre fuisteis impertinente.

Una doncella de las presentes, viendo la esterilidad de la casa, dijo a Preciosa:

—Niña, ¿hará algo al caso que se haga la cruz con un dedal de plata?

—Antes —respondió Preciosa— se hacen las cruces mejores del mundo con dedales de plata, como sean muchos.

—Uno tengo yo —replicó la doncella—; si éste basta, hele aquí con condición que también se me ha de decir a mí la buenaventura.

—¿Por un dedal tantas buenaventuras? —dijo la gitana vieja—. Nieta, acaba presto, que se hace de noche.

Tomó Preciosa el dedal de la mano de la señora Tenienta, y dijo:

Hermosita, hermosita,
la de las manos de plata,
más te quiere tu marido
que el rey de las Alpujarras.
    Eres paloma sin hiel;
pero a veces eres brava
como leona de Orán
o como tigre de Ocaña.[4]

Pero en un tras, en un tris,
el enojo se te pasa,
y quedas como alfeñique
o como cordera mansa.
    Riñes mucho y comes poco;
algo celosita andas;
que es juguetón el Teniente
y quiere arrimar la vara.
    Cuando doncella, te quiso
uno de una buena cara;
que mal hayan los terceros,
que los gustos desbaratan.
    Si a dicha tú fueras monja,
hoy tu convento mandaras,
porque tienes de abadesa
más de cuatrocientas rayas.
    No te lo quiero decir...;
pero, poco importa, vaya:
enviudarás, y otra vez,
y otras dos, serás casada.
    No llores, señora mía,
que no siempre las gitanas
decimos el Evangelio;
no llores, señora; acaba.
    Como te mueras primero
que el señor Teniente, basta
para remediar el daño
de la viudez que amenaza.
    Has de heredar, y muy presto,
hacienda en mucha abundancia;
tendrás un hijo canónigo;
la iglesia no se señala.
    De Toledo, no es posible.
Una hija rubia y blanca
tendrás, que si es religiosa,
también vendrá a ser perlada.[5]
    Si tu esposo no se muere
dentro de cuatro semanas,
verásle corregidor
de Burgos o Salamanca.
    Un lunar tienes, ¡qué lindo!
¡Ay Jesús, qué luna clara!
¡Qué sol, que allá en los antípodas
escuros valles aclara!
    Más de dos ciegos, por verle,
dieran más de cuatro blancas...
¡Agora sí es la risica!
¡Ay qué bien haya esa gracia!
    Guárdate de las caídas,
principalmente de espaldas:
que suelen ser peligrosas
en las principales damas.

---

[4] en lugar de «tigre de Hircania», animal que figura en varios romances. [5] prelada, priora. [6] el joven caballero que acaba de unirse a los gitanos y es admitido como uno de ellos y como compañero de la Gitanilla mediante las ceremonias a las que alude el viejo. [7] *garruchas, tocas, potros* = tormentos. [8] en borrador, a grandes rasgos.

Cosas hay más que decirte;
si para el viernes me aguardas,
las oirás, que son de gusto,
y algunas hay de desgracias.

Acabó su buenaventura Preciosa, y con ella encendió el deseo de todas las circunstantes en querer saber la suya, y así se lo rogaron todas, pero ella les remitió para el viernes venidero, prometiéndole que tendrían reales de plata para hacer las cruces.

En esto vino el señor Teniente, a quien contaron maravillas de la Gitanilla; él las hizo bailar un poco, y confirmó por verdaderas y bien dadas las alabanzas que a Preciosa habían dado.

… … … … … … … … … … … … … …

Hechas, pues, las referidas ceremonias, un gitano viejo tomó por la mano a Preciosa, y puesto delante de Andrés,[6] dijo:

—Esta muchacha, que es la flor y la nata de toda la hermosura de las gitanas que sabemos que viven en España, te la entregamos, ya por esposa, o ya por amiga; que en esto puedes hacer lo que fuere más de tu gusto, porque la libre y ancha vida nuestra no está sujeta a melindres ni a muchas ceremonias. Mírala bien, y mira si te agrada o si ves en ella alguna cosa que te descontente, y si la ves, escoge entre las doncellas que aquí están la que más te contentare, que la que escogieses te daremos; pero has de saber que una vez escogida no la has de dejar por otra, ni te has de empachar ni entremeter ni con las casadas ni con las doncellas. Nosotros guardamos inviolablemente la ley de la amistad; ninguno solicita la prenda del otro; libres vivimos de la amarga pestilencia de los celos. Entre nosotros, aunque hay muchos incestos, no hay ningún adulterio; y cuando le hay en la mujer propia o alguna bellaquería en la amiga, no vamos a la justicia a pedir castigo; nosotros somos los jueces y los verdugos de nuestras esposas o amigas; con la misma facilidad las matamos y las enterramos por las montañas y desiertos como si fueran animales nocivos; no hay pariente que las vengue ni padres que nos pidan su muerte. Con este temor y miedo, ellas procuran ser castas y nosotros, como ya he dicho, vivimos seguros. Pocas cosas tenemos que no sean comunes a todos, excepto la mujer o la amiga, que queremos que cada una sea del que le cupo en suerte. Entre nosotros así hace divorcio la vejez como la muerte: el que quisiere puede dejar la mujer vieja, como él sea mozo, y escoger otra que corresponda al gusto de sus años. Con estas y con otras leyes y estatutos nos conservamos y vivimos alegres; somos señores de los campos, de los sembrados, de las selvas, de los montes, de las fuentes y de los ríos: los montes nos ofrecen leña de balde; los árboles, frutas; las viñas, uvas; las huertas, hortalizas; las fuentes, agua; los ríos, peces, y los vedados, caza; sombra las peñas, aire fresco las quiebras y casas las cuevas. Para nosotros las inclemencias del cielo son oreos, refrigerio las nieves, baños la lluvia, músicas los truenos y hachas los relámpagos; para nosotros son los duros terreros colchones de blandas plumas; el cuero curtido de nuestros cuerpos nos sirve de arnés impenetrable que nos defiende; a nuestra ligereza no la impiden grillos ni la detienen barrancos, ni la contrastan paredes; a nuestro ánimo no le tuercen cordeles ni le menoscaban garruchas ni le ahogan tocas ni le doman potros.[7] Del sí al no, no hacemos diferencia cuando nos conviene; siempre nos preciamos más de mártires que de confesores; para nosotros se crían las bestias de carga en los campos y se cortan las faldriqueras en las ciudades. No hay águila ni ninguna otra ave de rapiña que más presto se abalance a la presa que se ofrece, que nosotros nos abalanzamos a las ocasiones que algún interés nos señalen; y, finalmente, tenemos muchas habilidades que felice fin nos prometen: porque en la cárcel cantamos, en el potro callamos, de día trabajamos y de noche hurtamos, o, por mejor decir, avisamos que nadie viva descuidado de mirar dónde pone su hacienda. No nos fatiga el temor de perder la honra, ni nos desvela ambición de acrecentarla, ni sustentamos bandos, ni madrugamos a dar memoriales, ni a acompañar magnates, ni a solicitar favores. Por dorados techos y suntuosos palacios estimamos estas barracas y movibles ranchos; por cuadros y países de Flandes, los que nos da la Naturaleza en esos levantados riscos y nevadas peñas, tendidos prados y espesos bosques que a cada paso a los ojos se nos muestran. Somos astrólogos rústicos porque como casi siempre dormimos al cielo descubierto, a todas horas sabemos las que son del día y las que son de la noche; vemos cómo arrincona y barre la aurora las estrellas del cielo y cómo ella sale con su compañera el alba, alegrando el aire, enfriando el agua y humedeciendo la tierra, y luego tras ella, el sol, *dorando cumbres* (como dijo el otro poeta) y *rizando montes;* ni tememos quedar helados por su ausencia cuando nos hiere a soslayo con sus rayos, ni quedar abrasados cuando con ellos particularmente nos toca; un mismo rostro hacemos al sol que al hielo, a la esterilidad que a la abundancia. En conclusión, somos gente que vivimos por nuestra industria y pico, y sin entremeternos con el antiguo refrán: «Iglesia o mar o casa real», tenemos lo que queremos pues nos contentamos con lo que tenemos. Todo esto os he dicho, generoso mancebo, por que no ignoréis la vida a que habéis venido y el trato que habéis de profesar, el cual os he pintado aquí en borrón;[8] que otras muchas e infinitas cosas iréis descubriendo en él con el tiempo, no menos dignas de consideración que las que habéis oído.

Calló en diciendo esto el elocuente y viejo gitano, y el novicio dijo que se holgaba mucho de haber sabido tan loables estatutos, y que él pensaba hacer profesión en aquella orden tan puesta en razón y políticos fundamentos, y que sólo le pesaba no haber venido más presto en conocimiento de tan alegre vida, y que desde aquel punto renunciaba la profesión de caballero y la vanagloria de su ilustre linaje y lo ponía todo debajo del yugo o, por mejor decir, debajo de las leyes con que ellos vivían, pues con tan alta recompensa le satisfacían el deseo de servirlos entregándole a la divina Preciosa, por quien él dejaría coronas e imperios y sólo los desearía para servirla.

A lo cual respondió Preciosa:

—Puesto que estos señores legisladores han hallado por sus leyes que soy tuya y que por tuya te me han entregado, yo he hallado por la ley de mi voluntad, que es la más fuerte de todas, que no quiero serlo si no es con las condiciones que antes que aquí vinieses entre los dos concertamos. Dos años has de vivir en nuestra compañía primero que de la mía goces, porque tú no te arrepientas por ligero ni yo quede engañada por presurosa. Condiciones rompen leyes; las que te he puesto sabes: si las quisieres guardar, podrá ser que sea tuya y tú seas mío, y donde no, aún no es muerta la mula,[9] tus vestidos están enteros y de tu dinero no te falta un ardite. La ausencia que has hecho no ha sido aún de un día; que de lo que de él falta te puedes servir y dar lugar que consideres lo que más te conviene. Estos señores bien pueden entregarte mi cuerpo pero no mi alma, que es libre y nació libre y ha de ser libre en tanto que yo quisiere. Si te quedas, te estimaré en mucho; si te vuelves no te tendré en menos, porque a mi parecer los ímpetus amorosos corren a rienda suelta hasta que se encuentran con la razón o con el desengaño; y no querría que fueses tú para conmigo como el cazador que en cazando la liebre que sigue, la coge y la deja por correr tras otra que le huye. Ojos hay engañados que a la primera vista tan bien les parece el oropel como el oro; pero a poco rato bien conocen la diferencia que hay de lo fino a lo falso. Esta mi hermosura que tú dices que tengo, que la

estimas sobre el sol y la encareces sobre el oro, ¿qué sé yo si de cerca te parecerá sombra, y tocada caerás en que es de alquimia? Dos años te doy de tiempo para que tantees y ponderes lo que será bien que escojas o será justo que deseches: que la prenda que una vez comprada nadie se puede deshacer della sino con la muerte, bien es que haya tiempo, y mucho, para miralla y remiralla y ver en ella las faltas o las virtudes que tiene; que yo no me rijo por la bárbara e insolente licencia que estos mis parientes se han tomado de dejar las mujeres o castigarlas cuando se les antoja; y como yo no pienso hacer cosa que llame al castigo, no quiero tomar compañía que por su gusto me deseche...

RINCONETE Y CORTADILLO

RESUMEN

Es la historia de dos muchachos que salen de su casa en busca de aventuras y van a parar a la de Monipodio en Sevilla, como se ve en el fragmento reproducido. La novela se convierte en una serie de escenas, disputas, lances, desfile de tipos pintorescos —Chiquiznaque, Maniferro, la Gananciosa, la Cariharta, la Repulida, etc.— de la vida rufianesca. Todo ello narrado con alegre ironía. Al final sugiere el novelista que los dos muchachos, después de algún tiempo, decidieron abandonar aquella vida.

...Y adelantándose un poco el mozo,[10] entró en una casa no muy buena, sino de muy mala apariencia, y los dos se quedaron esperando a la puerta. Él salió luego y los llamó, y ellos entraron, y su guía les mandó esperar en un pequeño patio ladrillado, que de puro limpio y aljimifrado[11] parecía que vertía carmín de lo más fino. A un lado estaba un banco de tres pies y al otro un cántaro desbocado, con un jarrillo encima, no menos falto que el cántaro; a otra parte estaba una estera de enea, y en el medio, un tiesto, que en Sevilla llaman maceta, de albahaca.

Miraban los mozos atentamente las alhajas de la casa en tanto que bajaba el señor Monipodio; y viendo que tardaba, se atrevió Rincón a entrar en una sala baja, de dos pequeñas que en el patio estaban, y vió en ella dos espadas de esgrima y dos

---

9 al unirse a los gitanos, Andrés había exigido que se diera muerte a la mula de alquiler que llevaba, para impedir que, al verla, alguien pudiera descubrir su paradero. Los gitanos acceden, pero han pospuesto el darle muerte hasta la noche.   10 joven pícaro que conduce a Rincón y Cortado, los dos protagonistas de la novela, a casa de Monipodio, jefe de la cofradía de ladrones y pícaros de Sevilla.   11 acicalado, arreglado.   12 especie de cesto.   13 jofaina, palangana.   14 mozos que estaban ordinariamente en las plazas y otros parajes públicos para llevar en su

esportilla o cesta lo que se les mandaba; era oficio muy común entre los pícaros.   15 con una falda ancha.   16 tiempo.   17 vistosas, llamativas.   18 Véase nota 39 inmediatamente anterior.   19 chatas, sin punta.   20 el mozo que había traído a los dos muchachos.   21 examine.   22 con descuido, de mala gana.   23 le saludaron quitándose el sombrero.   24 consejo, regla.   25 en lugar de *estipendio*.   26 se roba, término de germanía como luego *guro* = alguacil, policía; *trena* = cárcel; *gyras* = galeras.   27 en lugar de *sufragio*.

broqueles de corcho, pendientes de cuatro clavos, y un arca grande, sin tapa ni cosa que la cubriese, y otras tres esteras de enea tendidas por el suelo. En la pared frontera estaba pegada a la pared una imagen de Nuestra Señora, destas de mala estampa, y más abajo pendía una esportilla[12] de palma, y encajada en la pared una almofía[13] blanca, por do coligió que la esportilla sería de cepo para limosna, y la almofía de tener agua bendita, y así era la verdad.

Estando en esto, entraron en la casa dos mozos de hasta veinte años cada uno, vestidos de estudiantes, y de allí a poco, dos de la esportilla[14] y un ciego; y sin hablar palabra ninguno, se comenzaron a pasear por el patio. No tardó mucho cuando entraron dos viejos, de bayeta, con anteojos, que los hacían graves y dignos de ser respetados, con sendos rosarios de sonadoras cuentas en las manos. Tras ellos entró una vieja halduda[15] y sin decir nada se fué a la sala y habiendo tomado agua bendita, con grandísima devoción se puso de rodillas ante la imagen, y a cabo de una buena pieza habiendo primero besado tres veces el suelo y levantado los brazos y los ojos al cielo otras tantas, se levantó y echó su limosna en la esportilla, y se salió con los demás al patio. En resolución, en poco espacio[16] se juntaron en el patio hasta catorce personas de diferentes trajes y oficios. Llegaron también de los postreros dos bravos y bizarros mozos, de bigotes largos, sombreros de grande falda, cuellos a la valona, medias de color, ligas de gran balumba,[17] espadas de más de marca, sendos pistoletes cada uno en lugar de dagas, y sus broqueles pendientes de la pretina; los cuales, así como entraron, pusieron los ojos de través en Rincón y Cortado, a modo de que los extrañaban y no conocían. Y llegándose a ellos, les preguntaron si eran de la cofradía. Rincón respondió que sí, y muy servidores de sus mercedes.

Llegóse en esto la sazón y punto en que bajó el señor Monipodio, tan esperado como bien visto de toda aquella virtuosa compañía. Parecía de edad de cuarenta y cinco a cuarenta y seis años, alto de cuerpo, moreno de rostro, cejijunto, barbinegro y muy espeso; los ojos, hundidos. Venía en camisa, y por la abertura de delante descubría un bosque: tanto era el vello que tenía en el pecho. Traía cubierta una capa de bayeta casi hasta los pies, en los cuales traía unos zapatos enchancletados; cubríanle las piernas unos zaragüelles de lienzo anchos y largos hasta los tobillos; el sombrero era de los de la hampa, campanudo de copa y tendido de falda; atravesábale un tahalí por espalda y pecho, a do colgaba una espada ancha y corta a modo de las del Perrillo;[18] las manos eran cortas, pelosas, y los dedos gordos, y las uñas, hembras y remacha-

das;[19] las piernas no se le parecían; pero los pies eran descomunales, de anchos y juanetudos. En efecto, él representaba el más rústico y disforme bárbaro del mundo. Bajó con él la guía[20] de los dos, y trabándoles de las manos, los presentó ante Monipodio, diciéndole:

—Éstos son los dos buenos mancebos que a vuesa merced dije, mi señor Monipodio: vuesa merced los desamine[21] y verá cómo son dignos de entrar en nuestra congregación.

—Eso haré yo de muy buena gana—respondió Monipodio.

Olvidábaseme decir que así como Monipodio bajó, al punto todos los que aguardándole estaban le hicieron una profunda y larga reverencia, excepto los dos bravos, que a medio magate,[22] como entre ellos se dice, le quitaron los capelos[23] y luego volvieron a su paseo, por una parte del patio, y por la otra se paseaba Monipodio, el cual preguntó a los nuevos el ejercicio, la patria y padres.

A lo cual Rincón respondió:

—El ejercicio ya está dicho, pues venimos ante vuesa merced; la patria no me parece de mucha importancia decilla, ni los padres tampoco, pues no se ha de hacer información para recibir algún hábito honroso.

A lo cual respondió Monipodio:

—Vos, hijo mío, estáis en lo cierto, y es cosa muy acertada encubrir eso que decís, porque si la suerte no corriere como debe, no es bien que quede asentado debajo de signo de escribano, ni en el libro de las entradas: «Fulano, hijo de Fulano, vecino de tal parte, tal día le ahorcaron o le azotaron», u otra cosa semejante que, por lo menos, suena mal a los buenos oídos; y así, torno a decir que es provechoso documento[24] callar la patria, encubrir los padres y mudar los propios nombres; aunque para entre nosotros no ha de haber nada encubierto, y sólo ahora quiero saber los nombres de los dos.

Rincón dijo el suyo y Cortado también.

—Pues de aquí adelante —respondió Monipodio— quiero y es mi voluntad que vos, Rincón, os llaméis Rinconete, y vos Cortado, Cortadillo, que son nombres que asientan como de molde a vuestra edad y a nuestras ordenanzas, debajo de las cuales cae tener necesidad de saber el nombre de los padres de nuestros cofrades porque tenemos de costumbre de hacer decir cada año ciertas misas por las ánimas de nuestros difuntos y bienhechores, sacando el estupendo[25] para la limosna de quien las dice de alguna parte de lo que se garbea;[26] y estas tales misas, así dichas como pagadas, dicen que aprovechan a las tales ánimas por vía de naufragio;[27] y caen debajo de nuestros bienhechores el procurador que nos defiende, el guro que nos avisa, el verdugo que nos tiene lástima, el que, cuando uno de nosotros va huyendo por la calle y detrás le van dando voces: «¡Al ladrón, al ladrón! ¡Deténganle, deténganle!», se pone en medio y se opone al raudal de los que le siguen, diciendo: «¡Déjenle al cuitado, que harta mala ventura lleva! ¡Allá se lo haya; castíguele su pecado!» Son también bienhechoras nuestras las socorridas que de su sudor nos socorren, ansí en la trena como en las guras; y también lo son nuestros padres y madres, que nos echan al mundo, y el escribano, que si anda de buena no hay delito que sea culpa ni culpa a quien se dé mucha pena; y por todos estos que he dicho hace nuestra hermandad cada año su adversario[28] con la mayor popa y soledad[29] que podemos.

—Por cierto —dijo Rinconete, ya confirmado con este nombre— que es obra digna del altísimo y profundísimo ingenio que hemos oído decir que vuesa merced, señor Monipodio, tiene. Pero nuestros padres aún gozan de la vida; si en ella les alcanzáremos,[30] daremos luego noticia a esta felicísima y abogada confraternidad, para que por sus almas se les haga ese naufragio o tormenta, o ese adversario que vuesa merced dice, con la solemnidad y pompa acostumbrada, si ya no es que se hace mejor con *popa* y *soledad,* como también apuntó vuesa merced en sus razones.

—Así se hará, o no quedará de mí pedazo—replicó Monipodio.

LA FUERZA DE LA SANGRE

Resumen

Leocadia, deshonrada y abandonada por Rodolfo, como se ve en las primeras páginas de la novela aquí reproducidas, tiene un niño. Éste, a los siete años, es víctima de un accidente en el que interviene un caballero que resulta ser su abuelo paterno, el cual le lleva a su casa por haber visto en él «el rostro de un hijo suyo». Allí Leocadia reconoce la habitación donde había perdido su honor. Los padres de Rodolfo le hacen volver de Italia a casarse con Leocadia; el joven se enamora de ella al verla y con el matrimonio recobra Leocadia su honor, el niño encuentra a su padre y queda así triunfante la fuerza de la sangre.

Una noche de las calurosas del verano volvían de recrearse del río, en Toledo, un anciano hidalgo con su mujer, un niño pequeño, una hija de edad de diez y seis años y una criada. La noche era clara; la hora, las once; el camino, solo, y el paso, tardo, por no pagar con cansancio la pensión[31] que traen consigo las holguras que en el río o en la vega se toman en Toledo. Con la seguridad que promete la mucha justicia y bien inclinada gente de aquella ciudad, venía el buen hidalgo con su honrada familia, lejos de pensar en desastre que sucederles pudiese. Pero como las más de las desdichas que vienen no se piensan, contra todo su pensamiento les sucedió una que les turbó la holgura y les dió que llorar muchos años.

Hasta veinte y dos tendría un caballero de aquella ciudad a quien la riqueza, la sangre ilustre, la inclinación torcida, la libertad demasiada y las compañías libres le hacían hacer cosas y tener atrevimientos que desdecían de su calidad y le daban renombre de atrevido.

Este caballero, pues —que por ahora, por buenos respetos, encubriendo su nombre, le llamaremos con el de Rodolfo—, con otros cuatro amigos suyos, todos mozos, todos alegres y todos insolentes, bajaba por la misma cuesta que el hidalgo subía. Encontráronse los dos escuadrones, el de las ovejas con el de los lobos, y, con deshonesta desenvoltura, Rodolfo y sus camaradas, cubiertos los rostros, miraron los de la madre y de la hija y de la criada. Alborotóse el viejo y reprochóles y afeóles su atrevimiento; ellos le respondieron con muecas y burlas, y sin desmandarse a más pasaron adelante. Pero la mucha hermosura del rostro que había visto Rodolfo, que era el de Leocadia, que así quieren que se llamase la hija del hidalgo, comenzó de tal manera a imprimírsele en la memoria, que le llevó tras sí la voluntad y despertó en él un deseo de gozarla a pesar de todos los inconvenientes que sucederle pudiesen, y en un instante comunicó su pensamiento con sus camaradas y en otro instante se resolvieron de volver y robarla, por dar gusto a Rodolfo: que siempre los ricos que dan en liberales hallan quien canonice sus desafueros y califique por buenos sus malos gustos; y así, el nacer el mal propósito, el comunicarle y el aprobarle y el determinarse de robar a Leocadia y el robarla, casi todo fué en un punto.

Pusiéronse los pañizuelos en los rostros, y, desenvainadas las espadas, volvieron, y a pocos pasos alcanzaron a los que no habían acabado de dar gracias a Dios que de las manos de aquellos atrevidos les había librado. Arremetió Rodolfo con Leocadia, y, cogiéndola en brazos, dió a huir con ella, la cual no tuvo fuerzas para defenderse y el sobresalto le quitó la voz para quejarse, y aun la luz

---

[28] en lugar de *aniversario.* [29] en lugar de *pompa y solemnidad.* [30] si les sobreviviéramos.

[31] consecuencias. [32] *La caterva junta* se refiere a las doncellas y esclavas que acompañan a Leonora, y el *músico,* a Loaysa. [33] la dueña de Leonora. [34] anatomía. [35] como antes en *La gitanilla,* examen detenido. [36] marido.

de los ojos, pues, desmayada y sin sentido, ni vió quién la llevaba ni adónde la llevaban. Dió voces su padre, gritó su madre, lloró su hermanito, arañóse la criada; pero ni las voces fueron oídas, ni los gritos escuchados, ni movió a compasión el llanto, ni los araños fueron de provecho alguno; porque todo lo cubría la soledad del lugar, y el callado silencio de la noche, y las crueles entrañas de los malhechores.

Finalmente, alegres se fueron los unos y tristes quedaron los otros. Rodolfo llegó a su casa sin impedimento alguno, y los padres de Leocadia llegaron a la suya lastimados, afligidos y desesperados: ciegos, sin los ojos de su hija, que eran la lumbre de los suyos; solos, porque Leocadia era su dulce y agradable compañía; confusos, sin saber si sería bien dar la noticia de su desgracia a la justicia, temerosos no fuesen ellos el principal instrumento de publicar su deshonra. Veíanse necesitados de favor, como hidalgos pobres; no sabían de quién quejarse, sino de su corta ventura. Rodolfo, en tanto, sagaz y astuto, tenía ya en su casa y en su aposento a Leocadia, a la cual, puesto que sintió que iba desmayada cuando la llevaba, le había cubierto los ojos con un pañuelo, porque no viese las calles por donde la llevaba, ni la casa ni el aposento donde estaba, en el cual, sin ser visto de nadie, a causa que él tenía un cuarto aparte en la casa de su padre, que aun vivía, y tenía de su estancia la llave y las de todo el cuarto —inadvertencia de padres que quieren tener sus hijos recogidos—, antes que de su desmayo volviese Leocadia, había cumplido su deseo Rodolfo: que los ímpetus no castos de la mocedad pocas veces o ninguna reparan en comodidades y requisitos que más los inciten y levanten. Ciego de la luz del entendimiento, a escuras robó la mejor prenda de Leocadia; y como los pecados de la sensualidad por la mayor parte no tiran más allá la barra del término del cumplimiento dellos, quisiera luego Rodolfo que de allí desapareciera Leocadia, y le vino a la imaginación de ponella en la calle así, desmayada como estaba; y yéndolo a poner en obra, sintió que volvía en sí...

EL CELOSO EXTREMEÑO

RESUMEN

La acción de la novela pasa en Sevilla. Carrizales, el celoso extremeño, es un viejo indiano muy rico que ha contraído matrimonio con Leonora, joven de catorce años. Instigado por los celos, la tiene encerrada en su casa, acompañada de una dueña y varias doncellas y esclavas. Loaysa, galán sevillano, quiere conquistar a Leonora y, fingiéndose músico, logra entrar una noche en la casa ayudado por un sirviente negro. Aunque en realidad Leonora no llega a serle infiel a su marido, éste se da cuenta de su error al casarse con una muchacha tan joven y querer aislarla de todos, sin contar que no valen guardas cuando la voluntad es libre. Muere dejando su fortuna a Leonora y pidiéndole que se case con Loaysa, pero ella se hace monja y el joven, corrido y despechado, se marcha a las Indias.

...En esto llegó toda la caterva junta, y el músico en medio,[32] alumbrándolos el negro y Guiomar la negra. Y viendo Loaysa a Leonora, hizo muestras de arrojársele a los pies para besarle las manos. Ella, callando y por señas, le hizo levantar, y todas estaban como mudas, sin osar hablar, temerosas que su señor las oyese; lo cual considerado por Loaysa, les dijo que bien podían hablar alto, porque el ungüento con que estaba untado su señor tenía tal virtud que, fuera de quitar la vida, ponía a un hombre como muerto.

—Así lo creo yo —dijo Leonora—, que si así no fuera, ya él hubiera despertado veinte veces, según le hacen de sueño ligero sus muchas indisposiciones; pero después que le unté, ronca como un animal.

—Pues eso es así —dijo la dueña—, vámonos a aquella sala frontera, donde podremos oír cantar aquí al señor y regocijarnos un poco.

—Vamos —dijo Leonora—, pero quédese aquí Guiomar por guarda, que nos avise si Carrizales despierta.

A lo cual respondió Guiomar:

—¡Yo, negra, quedo; blancas, van: Dios perdone a todas!

Quedóse la negra; fuéronse a la sala, donde había un rico estrado, y cogiendo al señor en medio se sentaron todas. Y tomando la buena Marialonso[33] una vela, comenzó a mirar de arriba abajo al bueno del músico, y una decía: «¡Ay, qué copete que tiene, tan lindo y tan rizado!» Otra: «¡Ay, qué blancura de dientes! ¡Mal año para piñones mondados que más blancos ni más lindos sean!» Otra: «¡Ay, qué ojos tan grandes y tan rasgados! ¡Y por el siglo de mi madre que son verdes, que no parecen sino que son de esmeraldas!» Ésta alababa la boca, aquélla los pies, y todas juntas hicieron dél una menuda anotomía[34] y pepitoria.[35] Sola Leonora callaba y le miraba, y le iba pareciendo de mejor talle que su velado.[36] En esto, la dueña tomó la guitarra, que tenía el negro, y se la puso en las manos de Loaysa, rogándole que la tocase y cantase unas coplillas que entonces andaban muy validas en Sevilla, que decían:

> *Madre, la mi madre,*
> *guardas me ponéis.*

Cumplióle Loaysa su deseo. Levantáronse todas, y se comenzaron a hacer pedazos bailando.

Sabía la dueña las coplas y cantólas con más gusto que buena voz, y fueron éstas:

> *Madre, la mi madre,*
> *guardas me ponéis:*
> *que si yo no me guardo,*
> *no me guardaréis.*
>
> Dicen que está escrito,
> y con gran razón,
> ser la privación
> causa de apetito;
> crece en infinito
> encerrado amor;
> por eso es mejor
> que no me encerréis:
> *que si yo no me guardo,*
> *no me guardaréis.*
>
> Si la voluntad
> por sí no se guarda,
> no la harán guarda
> miedo o calidad;
> romperá, en verdad,
> por la misma muerte,
> hasta hallar la suerte
> que .vos no entendéis:
> *que si yo no me guardo,*
> *no me guardaréis.*
>
> Quien tiene costumbre
> de ser amorosa,
> como mariposa
> se irá tras su lumbre
> aunque muchedumbre
> de guardas le pongan
> y aunque más propongan
> de hacer lo que hacéis:
> *que si yo no me guardo,*
> *no me guardaréis.*
>
> Es de tal manera
> la fuerza amorosa,
> que a la más hermosa
> la vuelve en quimera:

> el pecho de cera
> de fuego la gana,
> las manos de lana,
> de fieltro los pies:
> *que si yo no me guardo,*
> *mal me guardaréis.*

Al fin llegaban de su canto y baile el corro de las mozas, guiado por la buena dueña, cuando llegó Guiomar, la centinela, toda turbada, hiriendo de pie y de mano como si tuviera alferecía, y, con voz entre ronca y baja, dijo:

—¡Despierto señor, señora; y, señora, despierto señor, y levantas y viene!

Quien ha visto banda de palomas estar comiendo en el campo sin miedo lo que ajenas manos sembraron, que al furioso estrépito de disparada escopeta se azora y levanta, y olvidada del pasto, confusa y atónita cruza por los aires, tal se imagine que quedó la banda y corro de las bailadoras, pasmadas y temerosas, oyendo la no esperada nueva que Guiomar había traído; y procurando cada una su disculpa y todas juntas su remedio, cuál por una y cuál por otra parte, se fueron a esconder por los desvanes y rincones de la casa, dejando solo al músico, el cual, dejando la guitarra y el canto, lleno de turbación, no sabía qué hacerse. Torcía Leonora sus hermosas manos; abofeteábase el rostro, aunque blandamente, la señora Marialonso; en fin, todo era confusión, sobresalto y miedo. Pero la dueña, como más astuta y reportada, dió orden que Loaysa se entrase en un aposento suyo, y que ella y su señora se quedarían en la sala, que no faltaría excusa que dar a su señor si allí las hallase. Escondióse luego Loaysa, y la dueña se puso atenta a escuchar si su amo venía, y no sintiendo rumor alguno, cobró ánimo, y poco a poco, paso ante paso, se fué llegando al aposento donde su señor dormía, y oyó que roncaba como primero, y asegurada de que dormía, alzó las faldas y volvió corriendo a pedir albricias a su señora del sueño de su amo, la cual se las mandó de muy entera voluntad.

T E A T R O

LA NUMANCIA

RESUMEN

Las escenas reproducidas forman parte de la Jornada IV y son las últimas de la obra, inspirada, como se sabe, en el sitio de la ciudad celtibérica que le da título, llevado a cabo por los romanos en el siglo II antes de Jesucristo. Todos los numantinos se han dado muerte, tras heroicos padecimientos y hambre, antes de rendirse, según informa Jugurta a Escipión su jefe, y sólo queda un muchacho, Bariato, que, como se ve en las páginas reproducidas, prefiere la muerte a entregar las llaves de la ciudad.

---

[37] En esta escena y la siguiente hablan, además de Jugurta, Escipión y Quinto Flavio.   [38] la destreza militar de que te adornas, de que estás dotado.   [39] sin lucha.

Asómase JUGURTA *a la muralla*[37]

JUGURTA

Prudente general, en vano empleas
más aquí tu valor. Vuelve a otra parte
la industria singular de que te arreas.[38]
    No hay en Numancia cosa en que ocuparte.
Todos son muertos, y sólo uno creo
que queda vivo para el triunfo darte,
    allí en aquella torre, según veo.
Yo vi denantes un muchacho; estaba
turbado en vista y de gentil arreo.

ESCIPIÓN

Si eso fuese verdad, eso bastaba
para triunfar en Roma de Numancia,
que es lo que más agora deseaba.
    Lleguémonos allá, y haced instancia
cómo el muchacho venga a aquestas manos
vivo, que es lo que agora es de importancia.

Dice BARIATO, *muchacho, desde la torre:*

BARIATO

¿Dónde venís, o qué buscáis, romanos?
Si en Numancia queréis entrar por fuerte,
haréislo sin contraste,[39] a pasos llanos;
    pero mi lengua desde aquí os advierte
que yo las llaves mal guardadas tengo
desta ciudad, de quien triunfó la muerte.

ESCIPIÓN

Por ésas, joven, deseoso vengo;
y más de que tú hagas experiencia
si en este pecho piedad sostengo.

BARIATO

¡Tarde, cruel, ofreces tu clemencia,
pues no hay con quien usarla: que yo quiero
pasar por el rigor de la sentencia
    que con suceso amargo y lastimero
de mis padres y patria tan querida
causó el último fin terrible y fiero!

QUINTO FLAVIO

Dime: ¿tienes, por suerte, aborrecida,
ciego de un temerario desvarío,
tu floreciente edad y tierna vida?

ESCIPIÓN

Templa, pequeño joven, templa el brío;
sujeta el valor tuyo, que es pequeño,
al mayor de mi honroso poderío;
    que desde aquí te doy la fe y empeño
mi palabra que sólo de ti seas
tú mismo propio el conocido dueño;
    y que de ricas joyas y preseas
vivas lo que vivieres abastado,
como yo podré darte y tú deseas,
si a mí te entregas y te das de grado.

BARIATO

Todo el furor de cuantos ya son muertos
en este pueblo, en polvo reducido;
todo el huir los pactos y conciertos,
ni el dar a sujeción jamás oído,
sus iras, sus rencores descubiertos,
está en mi pecho solamente unido.
Yo heredé de Numancia todo el brío;
ved, si pensáis vencerme, es desvarío.
    Patria querida, pueblo desdichado,
no temas ni imagines que me admire
de lo que debo hacer, en ti engendrado,
ni que promesa o miedo me retire,
ora me falte el suelo, el cielo, el hado,
ora vencerme todo el mundo aspire;
que imposible será que yo no haga
a tu valor la merecida paga.
    Que si a esconderme aquí me trujo el miedo
de la cercana y espantosa muerte,
ella me sacará con más denuedo,
con el deseo de seguir tu suerte,
del vil temor pasado, como puedo,
será la enmienda agora osada y fuerte,
y el error de mi edad tierna inocente
pagaré con morir osadamente.
    Yo os aseguro, ¡oh fuertes ciudadanos!
que no falte por mí la intención vuestra
de que no triunfen pérfidos romanos,
si ya no fuere de ceniza nuestra.
Saldrán conmigo sus intentos vanos,
ora levanten contra mí su diestra,
o me aseguren con promesa incierta
a vida y a regalos ancha puerta.
    Tened, romanos, sosegad el brío,
y no os canséis en asaltar el muro;
con que fuera mayor el poderío
vuestro, de no vencerme estad seguro.
Pero muéstrese ya el intento mío,
y si ha sido el amor perfecto y puro
que yo tuve a mi patria tan querida,
asegúrelo luego esta caída.

*Arrójase el muchacho de la torre, y suena una trom-
peta, y sale la* FAMA, *y dice* ESCIPIÓN:

ESCIPIÓN

¡Oh! ¡Nunca vi tan memorable hazaña!
¡Niño de anciano y valeroso pecho,
que, no sólo a Numancia, mas a España
has adquirido gloria en este hecho;
con tu viva virtud, heroica, extraña,
queda muerto y perdido mi derecho!
Tú con esta caída levantaste
tu fama y mis victorias derribaste.
    Que fuera viva y en su ser Numancia,
sólo porque vivieras me holgara.
Que tú solo has llevado la ganancia

desta larga contienda, ilustre y rara;
lleva, pues, niño, lleva la jactancia
y la gloria que el cielo te prepara,
por haber, derribándote, vencido
al que, subiendo, queda más caído.

Entra la FAMA *vestida de blanco, y dice:*

FAMA

Vaya mi clara voz de gente en gente,
y en dulce y suave son, con tal sonido
llene las almas de un deseo ardiente
de eternizar un hecho tan subido.
Alzad, romanos, la inclinada frente;
llevad de aquí este cuerpo, que ha podido
en tan pequeña edad arrebataros
el triunfo que pudiera tanto honraros,
    que yo, que soy la Fama pregonera,
tendré cuidado, en cuanto el alto Cielo
moviere el paso en la subida esfera,
dando fuerza y vigor al bajo suelo,
a publicar con lengua verdadera,
con justo intento y presuroso vuelo,
el valor de Numancia único, solo,
de Batria a Tile,[40] de uno a el otro polo.
    Indicio ha dado esta no vista hazaña
del valor que los siglos venideros
tendrán los hijos de la fuerte España,
hijos de tales padres herederos.
No de la muerte la feroz guadaña,
ni los cursos de tiempos tan ligeros
harán que de Numancia yo no cante
el fuerte brazo y ánimo constante.
    Hallo sólo en Numancia todo cuanto
debe con justo título cantarse,
y lo que puede dar materia al llanto
para poder mil siglos ocuparse:
la fuerza no vencida, el valor tanto,
digno de en prosa y verso celebrarse;
mas, pues desto se encarga la memoria,
demos feliz remate a nuestra historia.

Entremés de
LA CUEVA DE SALAMANCA

Salen PANCRACIO, LEONARDA *y* CRISTINA

PANCRACIO

—Enjugad, señora, esas lágrimas, y poned pausa
a vuestros suspiros, considerando que cuatro días
de ausencia no son siglos. Yo volveré, a lo más

largo, a los cinco, si Dios no me quita la vida; aunque será mejor, por no turbar la vuestra, romper
mi palabra y dejar esta jornada, que sin mi presencia se podrá casar mi hermana.

LEONARDA

—No quiero yo, mi Pancracio y mi señor, que
por respeto mío vos parezcáis descortés. Id enhorabuena y cumplid con vuestras obligaciones, pues las
que os llevan son precisas, que yo me apretaré con
mi llaga y pasaré mi soledad lo menos mal que
pudiere. Sólo os encargo la vuelta, y que no paséis
del término que habéis puesto. ¡Tenme, Cristina,
que se me aprieta el corazón!

Desmáyase.

CRISTINA

—¡Oh, qué bien hayan las bodas y las fiestas!
En verdad, señor, que si yo fuera vuesa merced, que
nunca allá fuera.

PANCRACIO

—Entra, hija, por un vidrio[41] de agua para
echársela en el rostro. Mas espera; diréle unas palabras que sé al oído, que tienen virtud para hacer
volver los desmayos.

Dícele las palabras; vuelve LEONARDA, *diciendo:*

LEONARDA

—Basta; ello ha de ser forzoso; no hay sino
tener paciencia. Bien mío, cuanto más os detuviére-
des, más dilatáis mi contento. Vuestro compadre
Leoniso os debe de aguardar ya en el coche. Andad
con Dios. Que Él os vuelva tan presto y tan bueno
como yo deseo.

PANCRACIO

—Mi ángel, si gustas que me quede, no me
moveré de aquí más que una estatua.

LEONARDA

—No, no, descanso mío; que mi gusto está en
el vuestro, y por agora más que os vais que no os
quedéis, pues es vuestra honra la mía.

CRISTINA

—¡Oh, espejo del matrimonio! A fe que si
todas las casadas quisiesen tanto a sus maridos
como mi señora Leonarda quiere al suyo, que otro
gallo les cantase.

LEONARDA

—Entra, Cristinica, y saca mi manto, que quiero acompañar a tu señor hasta dejarlo en el coche.

PANCRACIO

—No, por mi amor; abrazadme y quedaos, por

---

[40] Bactra o Bactria (hoy Balj en el Afganistán), capital de
Bactriana, región del Asia Central, conquistada por Alejandro en 326 a. de J. C., y considerada, según la leyenda,
como la capital más antigua del mundo. Tile, Tule, o

Thule (hoy Islandia), considerada por los romanos como
la región más remota del mundo conocido.

[41] vaso.   [42] vino fino, delicado.

vida mía. Cristinica, ten en cuenta de regalar a tu señora, que yo te mando un calzado cuando vuelva, como tú le quisieres.

CRISTINA
—Vaya, señor, y no lleve pena de mi señora, porque la pienso persuadir de manera a que nos holguemos, que no imagine en la falta que vuesa merced le ha de hacer.

LEONARDA
—¿Holgar yo? ¡Qué bien estás en la cuenta, niña! Porque, ausente de mi gusto, no se hicieron los placeres ni las glorias para mí; penas y dolores sí.

PANCRACIO
—Ya no lo puedo sufrir. Quedad en paz, lumbre destos ojos, los cuales no verán cosa que les dé placer hasta volveros a ver.   (Éntrase.)

LEONARDA
¡Allá darás, rayo, en casa de Ana Díaz! ¡Vayas, y no vuelvas! La ida del humo. ¡Por Dios, que esta vez no os han de valer vuestras valentías ni vuestros recatos!

CRISTINA
—Mil veces temí que con tus extremos habías de estorbar su partida y nuestros contentos.

LEONARDA
—¿Si vendrán esta noche los que esperamos?

CRISTINA
—¿Pues no? Ya los tengo avisados, y ellos están tan en ello, que esta tarde enviaron con la lavandera, nuestra secretaria, como que eran paños, una canasta de colar llena de mil regalos y de cosas de comer, que no parece sino uno de los serones que da el rey el Jueves Santo a sus pobres; sino que la canasta es de Pascua, porque hay en ella empanadas, fiambres, manjar blanco y dos capones que aun no están acabados de pelar; y todo género de fruta de la que hay ahora, y sobre todo, una bota de hasta una arroba de vino de lo de una oreja,[42], que huele que trasciende.

LEONARDA
—Es muy cumplido y lo fué siempre mi Riponce, sacristán de las telas de mis entrañas.

CRISTINA
—¿Pues qué le falta a mi maese Nicolás, barbero de mis hígados y navaja de mis pesadumbres, que así me las rapa y quita cuando le veo, como si nunca las hubiera tenido?

LEONARDA
—¿Pusistes la canasta en cobro?

CRISTINA
—En la cocina la tengo, cubierta con un cernadero por el disimulo.

Llama a la puerta el estudiante Carraolano, y en llamando, sin esperar que le respondan, entra.

LEONARDA
—Cristina, mira quién llama.

ESTUDIANTE
—Señoras, soy yo un pobre estudiante.

CRISTINA
—Bien se os parece que sois pobre y estudiante, pues lo uno muestra vuestro vestido, y el ser pobre, vuestro atrevimiento. Cosa extraña es ésta, que no hay pobre que no espere a que le saquen la limosna a la puerta, sino que se entran en las casas hasta el último rincón, sin mirar si despiertan a quien duerme o si no.

ESTUDIANTE
—Otra más blanda respuesta esperaba yo de la buena gracia de vuesa merced; cuanto más, que yo no quería ni buscaba otra limosna sino alguna caballeriza o pajar donde defenderme esta noche de las inclemencias del cielo, que, según se me trasluce, parece que con grandísimo rigor a la tierra amenaza.

LEONARDA
—¿Y de dónde bueno sois, amigo?

ESTUDIANTE
—Salmantino soy, señora mía; quiero decir que soy de Salamanca. Iba a Roma con un tío mío, el cual murió en el camino, en el corazón de Francia; vine solo; determiné volverme a mi tierra; robáronme los lacayos o compañeros de Roque Guinarde en Cataluña, porque él estaba ausente; que, a estar allí, no consintiera que se me hiciera agravio, porque es muy cortés y comedido, y además limosnero; hame tomado a estas santas puertas la noche, que por tales las juzgo, y busco mi remedio.

LEONARDA
—En verdad, Cristina, que me ha movido a lástima el estudiante.

CRISTINA
—Ya me tiene a mí rasgadas las entrañas. Tengámosle en casa esta noche, pues de las sobras del castillo se podrá mantener el real; quiero decir que en las reliquias de la canasta habrá en quien adore su hambre, y más que me ayudará a pelar la volatería que viene en la cesta.

LEONARDA
—¿Pues cómo, Cristina, quieres que metamos en nuestra casa testigos de nuestras liviandades?

CRISTINA

—Así tiene él talle de hablar por el colodrillo, como por la boca. Venga acá, amigo ¿sabe pelar?

ESTUDIANTE

—¿Cómo si sé pelar? No entiendo eso de saber pelar, si no es que quiere vuesa merced motejarme de pelón;[43] que no hay para qué, pues yo me confieso por el mayor pelón del mundo.

CRISTINA

—No lo digo yo por eso, en mi ánima, sino por saber si sabía pelar dos o tres pares de capones.

ESTUDIANTE

—Lo que sabré responder es que yo, señoras, por la gracia de Dios soy graduado de bachiller por Salamanca, y no lo digo...

LEONARDA

—Desa manera, ¿quién duda sino que sabrá pelar, no sólo capones, sino gansos y avutardas? Y en esto del guardar secreto, ¿cómo le va? Y a dicha, ¿es tentado de decir todo lo que ve, imagina o siente?

ESTUDIANTE

—Así pueden matar delante de mí más hombres que carneros en el Rastro,[44] que yo despliegue mis labios para decir palabra alguna.

CRISTINA

—Pues atúrese[45] esa boca, y cósase esa lengua con una agujeta de dos cabos, y amuélese esos dientes, y éntrese con nosotras, y verá misterios, y cenará maravillas, y podrá medir en un pajar los pies que quisiere para su cama.

ESTUDIANTE

—Con siete tendré demasiado, que no soy nada codicioso ni regalado.

Entran el sacristán Reponce y el barbero.

SACRISTÁN

—¡Oh, que enhorabuena estén los automedontes[46] y guías de los carros de nuestros gustos, las luces de nuestras tinieblas y las dos recíprocas voluntades que sirven de basas y columnas a la amorosa fábrica de nuestros deseos!

LEONARDA

—Eso sólo me enfada dél. Reponce mío, habla, por tu vida, a lo moderno y de modo que te entienda, y no te encarames donde no te alcance.

BARBERO

—Eso tengo yo bueno, que hablo más llano que

una suela de zapato: pan por vino y vino por pan, o como suele decirse.

SACRISTÁN

—Sí; que diferencia ha de haber de un sacristán gramático a un barbero romancista.[47]

CRISTINA

—Para lo que yo he menester a mi barbero, tanto latín sabe, y aun más, que supo Antonio de Nebrija. Y no se dispute agora de ciencia ni de modos de hablar, que cada uno habla, si no como debe, a lo menos como sabe. Y entrémonos, y manos a la labor, que hay mucho que hacer.

ESTUDIANTE

—Y mucho que pelar.

SACRISTÁN

—¿Quién es este buen hombre?

LEONARDA

—Un pobre estudiante salamanqueso que pide albergue para esta noche.

SACRISTÁN

—Yo le daré un par de reales para cena y para lecho, y váyase con Dios.

ESTUDIANTE

—Señor sacristán Reponce: recibo y agradezco la merced y la limosna; pero yo soy mudo, y pelón además, como lo ha menester esta señora doncella que me tiene convidado, y voto a... de no irme esta noche desta casa, si todo el mundo me lo manda. Confiese vuesa merced mucho de enhoramala de un hombre de mis prendas que se contenta de dormir en un pajar; y si lo han por sus capones, péleselos el Turco, y cómanselos ellos y nunca del cuero les salgan.

BARBERO

—Éste más parece rufián que pobre; talle tiene de alzarse con toda la casa.

CRISTINA

—No medre yo si no me contenta el brío. Entrémonos todos, y demos orden en lo que se ha de hacer; que el pobre pelará y callará como en misa.

ESTUDIANTE

—Y aun como en vísperas.

SACRISTÁN

—Puesto me ha miedo el pobre estudiante; yo apostaré que sabe más latín que yo.

---

43 el que no tiene dinero.   44 matadero público.   45 tápese bien.   46 cocheros.   47 que no sabe latín, que no tiene estudios.   48 porfiado, maniático.   49 Según el

Sr. Herrero García, anotador de los entremeses, esta palabra carece aquí de sentido y es probable una errata por *seor*

LEONARDA

—De ahí le deben de nacer los bríos que tiene. Pero no te pese, amigo, de hacer caridad, que vale para todas las cosas.

Éntranse todos, y sale Leoniso, compadre de Pancracio, y Pancracio.

COMPADRE

—Luego lo vi yo que nos había de faltar la rueda. No hay cochero que no sea temático;[48] si él rodeara un poco y salvara aquel barranco, ya estuviéramos dos leguas de aquí.

PANCRACIO

—A mí no se me da nada; que antes gusto de volverme y pasar esta noche con mi esposa Leonarda que en la venta; porque la dejé esta tarde casi para expirar, del sentimiento de mi partida.

COMPADRE

—¡Gran mujer! ¡De buena os ha dado el cielo, señor compadre! Dadle gracias por ello.

PANCRACIO

—Yo se las doy como puedo y no como debo. No hay Lucrecia que se llegue ni Porcia que se le iguale; la honestidad y el recogimiento han hecho en ella su morada.

COMPADRE

—Si la mía no fuera celosa, no tenía yo más que desear. Por esta calle está más cerca mi casa; tomad, compadre, por éstas, y estaréis presto en la vuestra, y veámonos mañana, que no me faltará coche para la jornada. ¡Adiós!

PANCRACIO

—¡Adiós!

Éntranse los dos. Vuelven a salir el sacristán y el barbero, con sus guitarras; Leonarda, Cristina y el estudiante. Sale el sacristán con la sotana alzada y ceñida al cuerpo, danzando al son de su misma guitarra, y a cada cabriola vaya diciendo estas palabras:

SACRISTÁN

—¡Linda noche, lindo rato, linda cena y lindo amor!

CRISTINA

—Señor sacristán Reponce: no es éste tiempo de danzar. Dése orden en cenar y en las demás cosas, y quédense las danzas para mejor coyuntura.

SACRISTÁN

—¡Linda noche, lindo rato, linda cena y lindo amor!

LEONARDA

—Déjale, Cristina, que en extremo gusto de ver su agilidad.

Llama Pancracio a la puerta y dice:

PANCRACIO

—Gente dormida ¿no oís? ¿Cómo y tan temprano tenéis atrancada la puerta? Los recatos de mi Leonarda deben de andar por aquí.

LEONARDA

—¡Ay, desdichada! ¡A la voz y a los golpes, mi marido Pancracio es éste! Algo le debe de haber sucedido, pues él se vuelve. Señores: a recogerse a la carbonera, digo al desván, donde está el carbón. Corre, Cristina, y llévalos, que yo entretendré a Pancracio de modo que tengas lugar para todo.

ESTUDIANTE

—¡Fea noche, amargo rato, mala cena y peor amor!

CRISTINA

—¡Gentil relente, por cierto! ¡Ea, vengan todos!

PANCRACIO

—¿Qué diablos es esto? ¿Cómo no me abrís, lirones?

ESTUDIANTE

—Es el toque que yo no quiero correr la suerte destos señores. Escóndanse ellos donde quisieren y llévenme a mí al pajar, que si allí me hallan, antes pareceré pobre que adúltero.

CRISTINA

—¡Caminen, que se hunde la casa a golpes!

SACRISTÁN

—¡El alma llevo en los dientes!

BARBERO

—¡Y yo en los carcañares!

Éntranse todos y asómase Leonarda a la ventana.

LEONARDA

—¿Quién está ahí? ¿Quién llama?

PANCRACIO

—Tu marido soy, Leonarda mía. Ábreme, que ha media hora que estoy rompiendo a golpes estas puertas.

LEONARDA

—En la voz bien me parece a mí que oigo a mi cepo[49] Pancracio; pero la voz de un gallo se parece a la de otro gallo, y no me aseguro.

PANCRACIO

—¡Oh, recato inaudito de mujer prudente! Que yo soy, vida mía, tu marido Pancracio. Ábreme con toda seguridad.

LEONARDA

—Venga acá; yo lo veré agora. ¿Qué hice yo cuando él se partió esta tarde?

PANCRACIO

—Suspiraste, lloraste, y al cabo te desmayaste.

LEONARDA

—Verdad. Pero, con todo esto, dígame ¿qué señales tengo yo en uno de mis hombros?

PANCRACIO

—En el izquierdo tienes un lunar del grandor de medio real, con tres cabellos como tres mil hebras de oro.

LEONARDA

—Verdad. Pero ¿cómo se llama la doncella de casa?

PANCRACIO

—Ea, boba; no seas enfadosa. Cristinica se llama. ¿Qué más quieres?

LEONARDA

—¡Cristinica, Cristinica! Tu señor es; ábrele, niña.

CRISTINA

—Ya voy, señora. Que él sea muy bien venido. ¿Qué es esto, señor de mi alma? ¿Qué acelerada vuelta es ésta?

LEONARDA

—¡Ay, bien mío! Decídnoslo presto, que el temor de algún mal suceso me tiene ya sin pulsos.

PANCRACIO

—No ha sido otra cosa sino que en un barranco se quebró la rueda del coche, y mi compadre y yo determinamos volvernos y no pasar la noche en el campo, y mañana buscaremos en qué ir, pues hay tiempo. Pero ¿qué voces hay?

Dentro, y como de muy lejos, diga el estudiante:

ESTUDIANTE

—¡Ábranme aquí, señores, que me ahogo!

PANCRACIO

—¿Es en casa o en la calle?

CRISTINA

—Que me maten si no es el pobre estudiante

que encerré en el pajar para que durmiese esta noche.

PANCRACIO

—¿Estudiante encerrado en mi casa y en mi ausencia? ¡Malo! En verdad, señora, que si no me tuviera asegurado vuestra mucha bondad, que me causara algún recelo este encerramiento. Pero vé, Cristina, y ábrele, que se le debe de haber caído toda la paja a cuestas...

CRISTINA

—Ya voy.

LEONARDA

—Señor, que es un pobre salamanqueso, que pidió que le acogiésemos esta noche por amor de Dios, aunque fuese en el pajar, y ya sabes mi condición, que no puedo negar nada de lo que se me pide, y encerrámosle. Pero veisle aquí y mirad cuál sale.

Salen el ESTUDIANTE *y* CRISTINA, *él lleno de paja las barbas, cabeza y vestido.*

ESTUDIANTE

—Si yo no tuviera tanto miedo y fuera menos escrupuloso, yo hubiera excusado el peligro de ahogarme en el pajar y hubiera cenado mejor y tenido más blanda y menos peligrosa cama.

PANCRACIO

—¿Y quién os había de dar, amigo, mejor cena y mejor cama?

ESTUDIANTE

—¿Quién? Mi habilidad. Sino que el temor de la justicia me tiene atadas las manos.

PANCRACIO

—¡Peligrosa habilidad debe de ser la vuestra, pues os teméis de la justicia!

ESTUDIANTE

—La ciencia que aprendí en la cueva de Salamanca, de donde yo soy natural, si se dejara usar sin miedo de la Santa Inquisición, yo sé que cenara y recenara a costa de mis herederos, y aun quizá no estoy muy fuera de usalla, siquiera por esta vez, donde la necesidad me fuerza y me disculpa; pero no sé yo si estas señoras serán tan secretas como yo lo he sido.

PANCRACIO

—No se cure dellas, amigo, sino haga lo que quisiere, que yo les haré que callen, y ya deseo en

---

50 quiera Dios que todo termine bien; *parva* es el trigo tendido en la era para trillarlo y aventarlo, o sea para separar el grano de la paja.

51 arreo, adorno. 52 la prueba; es decir, «beberé antes».

todo extremo ver alguna destas cosas que dicen que se aprenden en la cueva de Salamanca.

ESTUDIANTE

—¿No se contentará vuesa merced con que le saque aquí dos demonios en figuras humanas, que traigan a cuestas una canasta llena de cosas fiambres y comederas?

PANCRACIO

—¿Demonios en mi casa y en mi presencia?

LEONARDA

—¡Jesús! ¡Librada sea yo de lo que librarme no sé!

CRISTINA

—¡El mismo diablo tiene el estudiante en el cuerpo! ¡Plega a Dios que vaya a buen viento esta parva![50] ¡Temblándome está el corazón en el pecho!

PANCRACIO·

—Ahora bien; si ha de ser sin peligro y sin espantos, yo me holgaré de ver esos señores demonios y a la canasta de las fiambreras; y torno a advertir que las figuras no sean espantosas.

ESTUDIANTE

—Digo que saldrán en figura del sacristán de la parroquia y en la de un barbero, su amigo.

CRISTINA

—Mas que lo dice por el sacristán Riponce y por maese Roque, el barbero de casa. ¡Desdichados dellos que se han de ver convertidos en diablos! Y dígame, hermano: ¿y éstos han de ser diablos bautizados?

ESTUDIANTE

—¡Gentil novedad! ¿Adónde diablos hay diablos bautizados? ¿O para qué se han de bautizar los diablos? Aunque podrá ser que éstos lo fuesen, porque no hay regla sin excepción. Y apártense, y verán maravillas.

LEONARDA (Aparte)

—¡Ay, sin ventura! ¡Aquí se descose! ¡Aquí salen nuestras maldades a plaza! ¡Aquí soy muerta!

CRISTINA (Aparte)

—Ánimo, señora; que buen corazón quebranta mala ventura.

ESTUDIANTE

—Vosotros, mezquinos que en la carbonera
hallasteis amparo a vuestra desgracia,
salid, y en los hombros, con priesa y con gracia,
sacad la canasta de la fiambrera.
No me incitéis a que de otra manera
más dura os conjure. ¡Salid! ¿Qué esperáis?

Mirad que si, a dicha, el salir rehusáis,
tendrá mal suceso mi nueva quimera.

Ora bien; yo sé cómo me tengo de haber con estos demonios humanos. Quiero entrar allá dentro, y a solas hacer un conjuro tan fuerte, que los haga salir más que de paso. Aunque la calidad destos demonios más está en sabellos aconsejar que en conjurallos. (Éntrase.)

PANCRACIO

—Yo digo que si éste sale con lo que ha dicho, que será la cosa más nueva y más rara que se haya visto en el mundo.

LEONARDA

—Sí saldrá; ¿quién lo duda? ¿Pues habíanos de engañar?

CRISTINA

—Ruido anda allá dentro; yo apostaré que los saca. Pero ve aquí do vuelve con los demonios, y el apatusco[51] de la canasta.

LEONARDA

—¡Jesús! ¡Qué parecidos son los de la carga al sacristán Reponce y al barbero de la plazuela!

CRISTINA

—Mira, señora, que donde hay demonios no se ha de decir Jesús.

SACRISTÁN

—Digan lo que quisieren, que nosotros somos como los perros del herrero, que dormimos al son de las martilladas; ninguna cosa nos espanta ni turba.

LEONARDA

—Lléguense a que yo coma de lo que viene en la canasta; no tomen menos.

ESTUDIANTE

—Yo haré la salva,[52] y comenzaré por el vino. (Bebe.) ¡Bueno es! ¿Es de Esquivias, señor sacridiablo?

SACRISTÁN

—De Esquivias es, juro a...

ESTUDIANTE

—Téngase, por vida suya, y no pase adelante. ¡Amiguito soy yo de diablos juradores! Demonico, demonico, aquí no venimos a hacer pecados mortales, sino a pasar una hora de pasatiempo, y cenar, y irnos con Cristo.

CRISTINA

—¿Y éstos han de cenar con nosotros?

PANCRACIO

—Sí, que los diablos no comen.

BARBERO
—Sí comen algunos, pero no todos; y nosotros somos de los que comen.

CRISTINA
—¡Ay, señores! Quédense acá los pobres diablos, pues han traído la cena; que sería poca cortesía dejarlos ir muertos de hambre, y parecen diablos muy honrados y muy hombres de bien.

LEONARDA
—Como no nos espanten, y si mi marido gusta, quédense en buen hora.

PANCRACIO
—Queden, que quiero ver lo que nunca he visto.

BARBERO
—Nuestro Señor pague a vuesas mercedes la buena obra, señores míos.

CRISTINA
—¡Ay, qué bien criados, qué corteses! Nunca medre yo, si todos los diablos son como éstos, si no han de ser mis amigos de aquí adelante.

SACRISTÁN
—Oigan, pues, para que se enamoren de veras.

Toca el sacristán y canta, y ayúdale el barbero con el último verso no más.

SACRISTÁN
    Oigan los que poco saben
lo que con mi lengua franca
digo del bien que en sí tiene

BARBERO
    la cueva de Salamanca.

SACRISTÁN
    Oigan lo que dejó escrito
della el bachiller Tudanca
en el cuero de una yegua
que dicen que fué potranca,
en la parte de la piel
que confina con el anca,
poniendo sobre las nubes

BARBERO
    la cueva de Salamanca.

SACRISTÁN
    En ella estudian los ricos
y los que no tienen blanca,
y sale entera y rolliza
la memoria que está manca.
Siéntanse los que allí enseñan

de alquitrán en una banca,
porque estas bombas encierra

BARBERO
    la cueva de Salamanca.

SACRISTÁN
    En ella se hacen discretos
los moros de la Palanca,
y el estudiante más burdo
ciencias de su pecho arranca.
A los que estudian en ella,
ninguna cosa les manca.
¡Viva, pues, siglos eternos

BARBERO
    la cueva de Salamanca!

SACRISTÁN
    Y nuestro conjurador,
si es, a dicha, de Loranca,
tenga en ella cien mil vides
de uva tinta y de uva blanca.
Y al diablo que le acusare,
que le den con una tranca,
y para el tal jamás sirva

BARBERO
    la cueva de Salamanca.

CRISTINA
—Basta; ¿qué también los diablos son poetas?

BARBERO
—Y aun todos los poetas son diablos.

PANCRACIO
—Dígame, señor mío, pues los diablos lo saben todo: ¿dónde se inventaron todos estos bailes de las zarabandas, zambapalo y *dello me pesa*, con el famoso del nuevo escarramán?

BARBERO
—¿Adónde? En el infierno; allí tuvieron su origen y principio.

PANCRACIO
—Yo así lo creo.

LEONARDA
—Pues en verdad que tengo yo mis puntas y collar escarramanesco, sino que, por mi honestidad y por guardar el decoro a quien soy, no me atrevo a bailarle.

SACRISTÁN
—Con cuatro mudanzas que yo le enseñase a vuesa merced cada día, en una semana saldría única en el baile, que sé que le falta bien poco.

---

53 La *valona* era una especie de cuello de hilo, grande y vuelto, que debía ir sujeto con unas cintas o «trenzas».
54 *Efemérides* son las tablas astronómicas que marcan la situación de los planetas en cada día del año. La imagen de Cervantes podría interpretarse como «al paso del curso de mi pulso o de mi vida».

ESTUDIANTE

—Todo se andará; por ahora, entrémonos a cenar, que es lo que importa.

PANCRACIO

—Entremos, que quiero averiguar si los diablos comen o no, con otras cien mil cosas que dellos cuentan. Y, por Dios, que no han de salir de mi casa hasta que me dejen enseñado en la ciencia y ciencias que se enseñan en la cueva de Salamanca.

PERSILES Y SEGISMUNDA

Resumen

Novela de peregrinaciones, naufragios y peripecias inspirada en la novela bizantina, cuenta la historia de Persiles, hijo de la reina de Tile o Tule, y de Segismunda, hija de la reina de Frislanda, que, fingiéndose hermanos y cambiando sus nombres por los de Periandro y Auristela, habían emprendido un viaje a Roma por motivos que a lo largo de casi toda la narración aparecen envueltos en el misterio. Ya separados por el destino, ya juntos, recorren varios países —las exóticas regiones del norte de Europa, Portugal, España y Francia hasta llegar a Italia— y encuentran innumerables personajes y aventuras hasta que en los últimos capítulos se explica por qué se fingían hermanos y cómo emprendieron su peregrinación por consejo de Eustoquia, madre de Persiles, para evitar que Maximino, su hijo mayor, se casase con Segismunda, malogrando así el mutuo amor de los dos jóvenes amantes. Al fin llegan a Roma, la ciudad eterna, donde Maximino, antes de morir, les une en matrimonio y les anuncia que son herederos de los dos reinos. Intercalados en la historia principal van numerosos episodios, anécdotas y relatos de toda índole.

Prólogo

Sucedió, pues, lector amantísimo, que viniendo otros dos amigos y yo del famoso lugar de Esquivias, por mil causas famoso, una por sus ilustres linajes, y otras por sus ilustrísimos vinos, sentí que a mis espaldas venía picando con gran priesa uno que, al parecer, traía deseo de alcanzarnos, y aun lo mostró dándonos voces que no picásemos tanto. Esperámosle, y llegó sobre una borrica un estudiante pardal, porque todo venía vestido de pardo, antiparras, zapato redondo y espada con contera, valona bruñida y con trenzas iguales;[53] verdad es no traía más de dos, porque se le venía a un lado la valona por momentos, y él traía sumo trabajo y cuenta de enderezarla. Llegando a nosotros, dijo:

—¿Vuesas mercedes van a alcanzar algún oficio o prebenda a la corte, pues allá está su ilustrísima de Toledo y su majestad, ni más ni menos, según la priesa con que caminan, que en verdad que a mi burra se le ha cantado el víctor de caminante más de una vez.

A lo cual respondió uno de mis compañeros:

—El rocín del señor Miguel de Cervantes tiene la culpa de esto, porque es algo que pasilargo.

Apenas hubo oído el estudiante el nombre de Cervantes, cuando, apeándose de su cabalgadura, cayéndosele aquí el cojín y allí el portamanteo, que con toda esta autoridad caminaba, arremetió a mí, y acudiendo asirme de la mano izquierda, dijo:

—¡Sí, sí; éste es el manco sano, el famoso todo, el escritor alegre, y, finalmente, el regocijo de las Musas!

Yo, que en tan poco espacio vi el grande encomio de mis alabanzas, parecióme ser descortesía no corresponder a ellas; y así, abrazándole por el cuello, donde le eché a perder de todo punto la valona, le dije:

—Ése es un error donde han caído muchos aficionados ignorantes; yo, señor, soy Cervantes, pero no el regocijo de las Musas, ni ninguna de las demás baratijas que ha dicho. Vuesa merced vuelva a cobrar su burra, y suba, y caminemos en buena conversación lo poco que nos falta de camino.

Hízolo así el comedido estudiante, tuvimos algún tanto más las riendas, y con paso asentado seguimos nuestro camino, en el cual se trató de mi enfermedad, y el buen estudiante me desahució al momento, diciendo.

—Esta enfermedad es de hidropesía, que no la sanará toda el agua del mar Oceano que dulcemente se bebiese. Vuesa merced, señor Cervantes, ponga tasa al beber, no olvidándose de comer, que con esto sanará, sin otra medicina alguna.

—Eso me han dicho muchos —respondí yo—; pero así puedo dejar de beber a todo mi beneplácito, como si para sólo eso hubiera nacido. Mi vida se va acabando, y, al paso de las efemérides[54] de mis pulsos, que, a más tardar, acabarán su carrera este domingo, acabaré yo la de mi vida. En fuerte punto ha llegado vuesa merced a conocerme, pues no me queda espacio para mostrarme agradecido a la voluntad que vuesa merced me ha mostrado.

En esto llegamos a la puente de Toledo, y yo entré por ella, y él se apartó a entrar por la de Segovia. Lo que se dirá de mi suceso, tendrá la fama cuidado, mis amigos gana de decirla y yo mayor gana de escucharla. Tornéle a abrazar, volvióseme a ofrecer, picó a su burra, y dejóme tan mal dispuesto como él iba caballero en su burra, a quien había dado gran ocasión a mi pluma para escribir donaires; pero no son todos los tiempos unos. Tiempo vendrá, quizá, donde, anudando este roto hilo, diga lo que aquí me falta y lo que sé convenía. ¡A Dios, gracias; a Dios, donaires; a Dios, regocijados amigos; que yo me voy muriendo, y deseando veros presto contentos en la otra vida!

Historia del caballero polaco y doña Guiomar de Sosa

En esto, por el camino real, que junto a ellos estaba, vieron venir un hombre a caballo, que, llegando a igualar con ellos, al quitarles el sombrero para saludarles y hacerles cortesía, habiendo puesto la cabalgadura, como después pareció, la mano en un hoyo, dió consigo y con su dueño al través una gran caída. Acudieron todos luego a socorrer al caminante, que pensaron hallar muy mal parado. Arrendó Antonio el mozo la cabalgadura, que era un poderoso macho, y al dueño le abrigaron lo mejor que pudieron y le socorrieron con el remedio más ordinario que en tales casos se usa, que fué darle a beber un golpe de agua; y hallando que su mal no era tanto como pensaban, le dijeron que bien podía volver a subir y a seguir su camino; el cual hombre les dijo:

—Quizá, señores peregrinos, ha permitido la suerte que yo haya caído en este llano, para poder levantarme de los riscos donde la imaginación me tiene puesta el alma. Yo, señores, aunque no queráis saberlo, quiero que sepáis que soy extranjero y de nación polaco; muchacho salí de mi tierra, y vine a España, como a centro de los extranjeros y a madre común de las naciones; serví a españoles, aprendí la lengua castellana de la manera que veis que la hablo, y, llevado del general deseo que todos tienen de ver tierras, vine a Portugal a ver la gran ciudad de Lisboa, y la misma noche que entré en ella me sucedió un caso que, si le creyéredes haréis mucho, y si no no importa nada, puesto que la verdad ha de tener siempre su asiento, aunque sea en sí misma.

Admirados quedaron Periandro y Auristela, y los demás compañeros, de la improvisa y concertada narración del caído caminante, y con gusto de escucharle le dijo Periandro que prosiguiese en lo que decir quería, que todos le darían crédito, porque todos eran corteses y en las cosas del mundo experimentados. Alentado con esto, el caminante prosiguió, diciendo:

—Digo que la primera noche que entré en Lisboa, yendo por una de sus principales calles o rúas, como ellos las llaman, por mejorar de posada, que no me había parecido bien una donde me había apeado, al pasar de un lugar estrecho y no muy limpio, un embozado portugués con quien encontré, me desvió de sí con tanta fuerza que tuve necesidad de arrimarme al suelo. Despertó el agravio la cólera, remití mi venganza a mi espada, puse mano, púsola el portugués con gallardo brío y desenvoltura, y la ciega noche, y la fortuna, más ciega a la luz de mi mejor suerte, sin saber yo adónde, encaminó la punta de mi espada a la vista de mi contrario, el cual, dando de espaldas, dió el cuerpo al suelo y el alma adonde Dios se sabe. Luego me representó el temor lo que había hecho; pasméme; puse en el huir mi remedio; quise huir, pero no sabía adónde; mas el rumor de la gente, que me pareció que acudía, me puso alas en los pies, y con pasos desconcertados volví la calle abajo, buscando dónde esconderme o adónde tener lugar de limpiar mi espada, porque si la justicia me cogiese no me hallase con manifiestos indicios de mi delito.

»Yendo, pues, así, ya del temor desmayado, vi una luz en una casa principal, y arrojéme a ella, sin saber con qué disinio. Hallé una sala baja abierta y muy bien aderezada; alargué el paso y entré en otra cuadra, también bien aderezada, y, llevado de la luz que en otra cuadra parecía, hallé en un rico lecho echada una señora que, alborotada, sentándose en él, me preguntó quién era, qué buscaba, adónde iba, y quién me había dado licencia de entrar hasta allí con tan poco respeto. Yo le respondí: «Señora, a tantas preguntas no os puedo responder, sino sólo con deciros que soy un hombre extranjero, que, a lo que creo, dejó muerto a otro en esa calle, más por su desgracia y su soberbia que por mi culpa. Suplícoos, por Dios y por quien sois, que me escapéis del rigor de la justicia, que pienso que me viene siguiendo.» «¿Sois castellano?», me preguntó en su lengua portuguesa. «No, señora —le respondí yo—, sino forastero, y bien lejos de esta tierra.» «Pues aunque fuérades mil veces castellano —replicó ella— os librara yo, si pudiera, y os libraré, si puedo. Subid por cima de este lecho y entraos debajo deste tapiz, y entraos en un hueco que aquí hallaréis, y no os mováis, que si la justicia viniere me tendrá respeto y creerá lo que yo quisiere decirles.»

»Hice luego lo que me mandó: alcé el tapiz, hallé el hueco, estrechéme en él, recogí el aliento, y comencé a encomendarme a Dios lo mejor que pude; y estando en esta confusa aflicción, entró un criado de casa, diciendo casi a gritos:

«Señora, a mi señor don Duarte han muerto; aquí le traen pasado de una estocada de parte a parte por el ojo derecho, y no se sabe el matador ni la ocasión de la pendencia, en la cual apenas se oyeron los golpes de las espadas; solamente hay un muchacho que dice que vió entrar un hombre huyendo en esta casa.» «Ése debe ser el matador, sin duda —respondió la señora—, y no podrá escaparse. ¡Cuántas veces temía yo, ¡ay, desdichada!, ver que traían a mi hijo sin vida, porque de su arrogante proceder no se podían esperar sino desgracias!»

»En esto, en hombros de otros cuatro entraron al muerto y le tendieron en el suelo, delante de los ojos de la afligida madre, la cual, con voz lamentable, comenzó a decir: «¡Ay, venganza, y cómo estás llamando a las puertas del alma! Pero no consiente que responda a tu gusto el que yo tengo de guardar mi palabra. ¡Ay, con todo esto, dolor, que me aprieta mucho!»

»Considerad, señores, cuál estaría mi corazón oyendo las apretadas razones de la madre, a quien la presencia del muerto hijo me parecía a mí que le ponían en las manos mil géneros de muertes con que de mí se vengase, que bien estaba claro que había de imaginar que yo era el matador de su hijo. Pero ¿qué podía yo hacer entonces sino callar y esperar en la misma desesperación? Y más cuando entró en el aposento la justicia, que, con comedimiento, dijo a la señora: «Guiados por la voz de un muchacho, que dice que se entró en esta casa el homicida de este caballero, nos hemos atrevido a entrar en ella.» Entonces yo abrí los oídos y estuve atento a las respuestas que daría la afligida madre, la cual respondió, llena el alma de generoso ánimo y de piedad cristiana: «Si ese tal hombre ha entrado en esta casa, no, a lo menos, en esta estancia; por allá le pueden buscar, aunque plegue a Dios que no le hallen, porque mal se remedia una muerte con otra, y más cuando las injurias no proceden de malicia.»

»Volvióse la justicia a buscar la casa, y volvieron en mí los espíritus que me habían desamparado. Mandó la señora quitar delante de sí el cuerpo muerto del hijo, y que le amortajasen y desde luego diesen orden en su sepultura; mandó asimismo que la dejasen sola, porque no estaba para recibir consuelos y pésames de infinitos que venían a dárselos, ansí de parientes como de amigos y conocidos.

»Hecho esto, llamó a una doncella suya, que, a lo que pareció, debió de ser de la que más se fiaba, y habiéndola hablado al oído, la despidió, mandándole cerrase tras sí la puerta; ella lo hizo así, y la señora, sentándose en el lecho, tentó el tapiz, y, a lo que pienso, me puso las manos sobre el corazón, el cual, palpitando a priesa, daba indicios del temor que le cercaba; ella viendo lo cual, me dijo, con baja y lastimada voz: «Hombre, quienquiera que seas, ya ves que me has quitado el aliento de mi pecho, la luz de mis ojos, y, finalmente, la vida que me sustentaba; pero, porque entiendo que ha sido sin culpa tuya, quiero que se oponga mi palabra a mi venganza; y así, en cumplimiento de la promesa que te hice de librarte cuando aquí entraste, has de hacer lo que ahora te diré: ponte las manos en el rostro, porque si yo me descuido en abrir los ojos, no me obligues a que te conozca, y sal de este encerramiento, y sigue a una mi doncella que ahora vendrá aquí, la cual te pondrá en la calle y te dará cien escudos de oro, con que facilites tu remedio. No eres conocido, no tienes ningún indicio que te manifieste; sosiega el pecho, que

el alboroto demasiado suele descubrir el delincuente.»

»En esto volvió la doncella; yo salí detrás del paño, cubierto el rostro con la mano, y en señal de agradecimiento, hincado de rodillas, besé el pie de la cama muchas veces, y luego seguí los de la doncella, que asimismo, callando, me asió del brazo, y por la puerta falsa de un jardín, a escuras, me puso en la calle. En viéndome en ella, lo primero que hice fué limpiar la espada, y con sosegado paso salí acaso a una calle principal, de donde reconocí mi posada, y me entré en ella, como si por mí no hubiera pasado ni próspero suceso ni adverso. Contóme el huésped la desgracia del recién muerto caballero, y así exageró la grandeza de su linaje como la arrogancia de su condición, de la cual se creía le habría granjeado algún enemigo secreto que a semejante término le hubiese conducido.

»Pasé aquella noche dando gracias a Dios de las recebidas mercedes y ponderando el valeroso y nunca visto ánimo cristiano y admirable proceder de doña Guiomar de Sosa, que así supe se llamaba mi bienhechora; salí por la mañana al río, y hallé en él un barco lleno de gente que se iba a embarcar en una gran nave que en Sangian estaba de partida para las islas orientales; volvíme a mi posada, vendí a mi huésped la cabalgadura, y, cerrando todos mis discursos en el puño, volví al río y al barco, y otro día me hallé en el gran navío fuera del puerto, dadas las velas al viento, siguiendo el camino que se deseaba.

»Quince años he estado en las Indias, en los cuales, sirviendo de soldado con valentísimos portugueses, me han sucedido cosas de que quizá pudieran hacer una gustosa y verdadera historia, especialmente de las hazañas de la en aquellas partes invencible nación portuguesa, dignas de perpetua alabanza en los presentes y venideros siglos. Allí granjeé algún oro y algunas perlas, y cosas más de valor que de bulto, con las cuales, y con la ocasión de volverse mi general a Lisboa, volví a ella, y de allí me puse en camino para volverme a mi patria, determinando ver primero todas las mejores y más principales ciudades de España.»

ELOGIO DE TOLEDO

Aquella noche la pasaron los peregrinos en aquel mismo lugar, y de allí a dos días, en compañía de la antigua peregrina, llegaron a la Sagra de Toledo, y a vista del celebrado Tajo, famoso por sus arenas, y claro por sus líquidos cristales.

No es la fama del río Tajo tal que la cierren límites, ni la ignoren las más remotas gentes del mundo: que a todos se extiende, y a todos se manifiesta, y en todos hace nacer un deseo de conocerle; y como es uso de los setentrionales ser toda la gente principal versada en la lengua latina y en los antiguos poetas, éralo asimismo Periandro, como uno de los más principales de aquella nación; y así por esto, como por haber mostrádole a la luz del mundo aquellos días las famosas obras del jamás alabado como se debe poeta Garcilaso de la Vega, y haberlas él visto, leído, mirado y admirado, así como vió al claro río, dijo:

—No diremos: «Aquí dió fin a su cantar Salicio», sino: «Aquí dió principio a su cantar Salicio; aquí sobrepujó en sus églogas a sí mismo; aquí resonó su zampoña, a cuyo son se detuvieron las aguas de este río, no se movieron las hojas de los árboles, y, parándose los vientos, dieron lugar a que la admiración de su canto fuese de lengua en lengua y de gente en gentes por todas las de la tierra.» ¡Oh venturosas, pues, cristalinas aguas, doradas arenas, ¡qué digo yo doradas, antes de puro oro nacidas! Recoged a este pobre peregrino, que, como desde lejos os adora, os piensa reverenciar desde cerca.

Y poniendo la vista en la gran ciudad de Toledo, fué esto lo que dijo:

—¡Oh peñascosa pesadumbre, gloria de España y luz de sus ciudades, en cuyo seno han estado guardadas por infinitos siglos las reliquias de los valientes godos, para volver a resucitar su muerta gloria y ser claro espejo y depósito de católicas ceremonias! ¡Salve, pues, oh ciudad santa, y da lugar que en ti le tengan estos que venimos a verte!

Esto dijo Periandro, que lo dijera mejor Antonio el padre, si también como él lo supiera; porque las lecciones de los libros muchas veces hacen más cierta experiencia de las cosas, que no la tienen los mismos que las han visto, a causa que el que ve con atención repara una y muchas veces en lo que va leyendo, y el que mira sin ella, no repara en nada, y con esto excede a la lección la vista. Casi en este mismo instante resonó en sus oídos el son de infinitos y alegres instrumentos, que por los valles que la ciudad rodean se extendían, y vieron venir hacia donde ellos estaban escuadrones no armados de infantería, sino montones de doncellas, sobre el mismo sol hermosas, vestidas a lo villano, llenas de sartas y patenas los pechos, en quien los corales y la plata tenían su lugar y asiento, con más gala que las perlas y el oro, que aquella vez se hurtó de los pechos y se acogió a los cabellos, que todos eran luengos y rubios como el mismo oro; venían, aunque sueltos por las espaldas, recogidos en la cabeza con verdes guirnaldas de olorosas flores. Campeó aquel día, y en ellas, antes la palmilla de

Cuenca que el damasco de Milán y el raso de Florencia. Finalmente, la rusticidad de sus galas se aventajaba a las más ricas de la corte, porque, si en ellas se mostraba la honesta medianía, se descubría asimismo la extremada limpieza: todas eran flores, todas rosas, todas donaire, y todas juntas componían un honesto movimiento, aunque de diferentes bailes formado, el cual movimiento era incitado del son de los diferentes instrumentos ya referidos. Alrededor de cada escuadrón andaban por de fuera, de blanquísimo lienzo vestidos, y con paños labrados rodeadas las cabezas, muchos zagales, o ya sus parientes, o ya sus conocidos, o ya vecinos de sus mismos lugares; uno tocaba el tamboril y la flauta; otro, el salterio; éste, las sonajas, y aquél los albogues, y de todos estos sones redundaba uno sólo, que alegraba con la concordancia, que es el fin de la música.

DONDE SE DICE QUIÉN ERAN PERIANDRO Y AURISTELA

Parece que el bien y el mal distan tan poco el uno del otro, que son como dos líneas concurrentes, que, aunque parten de apartados y diferentes principios, acaban en un punto. Sollozando estaba Periandro, en compañía del manso arroyuelo y de la clara luz de la noche; hacíanle los árboles compañía, y un aire blando y fresco le enjugaba las lágrimas; llevábale la imaginación Auristela, y la esperanza de tener remedio de sus males el viento, cuando llegó a sus oídos una voz extranjera, que, escuchándola con atención, vió que en lenguaje de su patria, sin poder distinguir si murmuraba o si cantaba, y la curiosidad le llevó cerca, y cuando lo estuvo, oyó que eran dos personas las que no cantaban ni murmuraban, sino que en plática corriente estaban razonando; pero lo que más le admiró fué que hablasen en lengua de Noruega, estando tan apartados de ella. Acomodóse detrás de un árbol, de tal forma, que él y el árbol hacían una misma sombra; recogió el aliento, y la primera razón que llegó a sus oídos fué:

—No tienes, señor, para qué persuadirme de que en dos mitades se parte el día entero de Noruega, porque yo he estado en ella algún tiempo, donde me llevaron mis desgracias, y sé que la mitad del año se lleva la noche, y la otra mitad el día. El que sea esto así, yo lo sé; el porqué sea así, lo ignoro.

A lo que respondió:

—Si llegamos a Roma, con una esfera te haré tocar con la mano la causa dese maravilloso efeto,

<hr>

55 «y tu deidad sea adorada sólo de los marineros, a ti se somete la última (la más remota) Thule». Sobre Thule, véase nota 10 inmediatamente anterior.

tan natural en aquel clima como lo es en éste ser el día y la noche de veinticuatro horas. También te he dicho cómo en la última parte de Noruega, casi debajo del Polo Ártico, está la isla que se tiene por última en el mundo, a lo menos, por aquella parte, cuyo nombre es Tile, a quien Virgilio llamó Tule en aquellos versos que dicen, en el libro I Georg.:

ac tua nautae
numina sola colant: tibi serviat ultima Thule.[55]

Que Tule en griego es lo mismo que Tile en latín. Esta isla es tan grande, o poco menos, que Inglaterra, rica y abundante de todas las cosas necesarias para la vida humana. Más adelante, debajo del mismo norte, como trescientas leguas de Tile, está la isla llamada Frislanda, que habrá cuatrocientos años que se descubrió a los ojos de las gentes, tan grande, que tiene nombre de reino, y no pequeño. De Tile es rey y señor Maximino, hijo de la reina Eustoquia, cuyo padre no ha muchos meses que pasó desta a mejor vida, el cual dejó dos hijos, que el uno es Maximino, que te he dicho, que es el heredero del reino, y el otro un generoso mozo llamado Persiles, rico de los bienes de la naturaleza sobre todo extremo y querido de su madre sobre todo encarecimiento; y no sé yo con cuál poderte encarecer las virtudes deste Persiles, y así, quédense en su punto, que no será bien que con mi corto ingenio las menoscabe que, puesto que el amor que le tengo por haber sido su ayo y criádole desde niño, me pudiera llevar a decir mucho, todavía será mejor callar por no quedar corto.

Esto escuchaba Periandro, y luego cayó en la cuenta que el que le alababa no podía ser otro que Serafido, un ayo suyo, y que asimismo el que le escuchaba era Rutilio, según la voz y las palabras que de cuando en cuando respondía. Si se admiró o no, a la buena consideración lo dejo; y más cuando Serafido, que era el mismo que había imaginado Periandro, oyó que dijo:

—Eusebia, reina de Frislanda, tenía dos hijas de extremada hermosura, principalmente la mayor, llamada Sigismunda, que la menor, llamada Eusebia, como su madre, donde naturaleza cifró toda la hermosura que por todas las partes de la tierra tiene repartida, a la cual, no sé yo con qué designio, tomando ocasión de que la querían hacer guerra ciertos enemigos suyos, la envió a Tile, en poder de Eustoquia, para que, seguramente, y sin los sobresaltos de la guerra, en su casa se criase, puesto que yo para mí tengo que no fué ésta la ocasión principal de envialla, sino para que el príncipe Maximino se enamorase della y la recibiese por su esposa: que de las extremadas bellezas se

puede esperar que vuelvan en cera los corazones de mármol y junten en uno los extremos que entre sí están más apartados. A lo menos, si esta mi sospecha no es verdadera, no me lo podrá averiguar la experiencia, porque sé que el príncipe Maximino muere por Sigismunda, la cual, a la sazón que llegó a Tile, no estaba en la isla Maximino, a quien su madre la reina envió el retrato de la doncella y la embajada de su madre, y él respondió que la regalasen y la guardasen para su esposa; respuesta que sirvió de flecha que atravesó las entrañas de mi hijo Persiles, que este nombre le adquirió la crianza que en él hice. Desde que la oyó no supo oír cosas de su gusto, perdió los bríos de su juventud, y, finalmente, encerró en el honesto silencio todas las acciones que le hacían memorable y bien querido de todos, y, sobre todo, vino a perder la salud y a entregarse en los brazos de la desesperación de ella. Visitáronle médicos; como no sabían la causa de su mal, no acertaban con su remedio; que, como no muestran los pulsos el dolor de las almas, es dificultoso y casi imposible entender la enfermedad que en ellas existe. La madre, viendo morir a su hijo, sin saber quién le mataba, una y muy muchas veces le preguntó le descubriese su dolencia, pues no era posible sino que él supiese la causa, pues sentía los efectos. Tanto pudieron estas persuasiones, tanto las solicites de la doliente madre, que, vencida la pertinacia o la firmeza de Persiles, le vino a decir cómo él moría por Sigismunda y que tenía determinado de dejarse morir antes que ir contra el decoro que a su hermano se le debía; cuya declaración resucitó en la reina su muerta alegría, y dió esperanzas a Persiles de remediarle, si bien se atropellase el gusto de Maximino, pues, por conservar la vida, mayores respetos se han de posponer que el enojo de un hermano. Finalmente, Eustoquia habló a Sigismunda, encareciéndole lo que se perdía en perder la vida Persiles, sujeto donde todas las gracias del mundo tenían su asiento, bien al revés de Maximino, a quien la aspereza de sus costumbres en algún modo le hacían aborrecible. Levantóle en esto algo más testimonios de los que debiera, y subió de punto, con los hipérboles que pudo, las bondades de Persiles.

Sigismunda, muchacha sola y persuadida, lo que respondió fué que ella no tenía voluntad alguna, ni tenía otra consejera que la aconsejase sino a su misma honestidad; que, como ésta se guardase, dispusiesen a su voluntad della. Abrazóle la reina, contó su respuesta a Persiles, y entre los dos concertaron que se ausentasen de la isla antes que su hermano viniese, a quien darían por disculpa, cuando no la hallase, que había hecho voto de venir a Roma a enterarse en ella de la fe católica, que en aquellas partes setentrionales andaba algo de quiebra, jurándole primero Persiles que en ninguna manera iría en dicho ni en hecho contra su honestidad. Y así, colmándoles de joyas y de consejos, los despidió la reina, la cual después me contó todo lo que hasta aquí te he contado.

Dos años, poco más, tardó en venir el príncipe Maximino a su reino, que anduvo ocupado en la guerra que siempre tenía con sus enemigos; preguntó por Sigismunda, y el no hallarla fué allá su desasosiego; supo su viaje, y al momento se partió en su busca, si bien confiado de la bondad de su hermano, temeroso empero de los recelos, que por maravilla se apartan de los amantes. Como su madre supo su determinación, me llamó aparte y me encargó la salud, la vida y la honra de su hijo, y me mandó me adelantase a buscarle y a darle la noticia de que su hermano le buscaba. Partióse el príncipe Maximino en dos gruesísimas naves, y entrando por el estrecho Hercúleo,[56] con diferentes tiempos y diversas borrascas, llegó a la isla de Tinacria,[57] y desde allí a la gran ciudad de Partenope,[58] y agora queda no lejos de aquí, en un lugar llamado Terrachina, último de los de Nápoles y primero de los de Roma; queda enfermo, porque le ha cogido esto que llaman mutación, que le tiene a punto de muerte. Yo, desde Lisboa, donde me desembarqué, traigo noticia de Persiles y Sigismunda, porque no pueden ser otros una peregrina y un peregrino de quien la fama viene pregonando tan grande estruendo de hermosura, que, si no son Persiles y Sigismunda, deben de ser ángeles humanados.

—Si, como los nombras —respondió el que escuchaba a Serafido— Persiles y Sigismunda, los nombraras Periandro y Auristela, pudiera darte nueva certísima dellos, porque ha muchos días que los conozco, en cuya compañía he pasado muchos trabajos.

Y luego le comenzó a contar los de la isla bárbara, con otros algunos, en tanto que se venía el día, y en tanto que Periandro, porque allí no le hallasen, los dejó solos y volvió a buscar a Auristela, para contar la venida de su hermano y tomar consejo de lo que debían de hacer para huir de su indignación, teniendo a milagro haber sido informado en tan remoto lugar de aquel caso. Y así, lleno de nuevos pensamientos, volvió a los ojos de su contrita Auristela, ya las esperanzas casi perdidas de alcanzar su deseo.

… … … … … … … … … … … … … … … …

Es tan poca la seguridad con que se gozan los humanos gozos que nadie se puede prometer en

ellos un mínimo punto de firmeza. Auristela, arrepentida de haber declarado su pensamiento a Periandro, volvió a buscarle alegre, por pensar que en su mano y en su arrepentimiento estaba el volver a la parte que quisiese la voluntad de Periandro, porque se imaginaba ser ella el clavo de la rueda de su fortuna y la esfera del movimiento de sus deseos; y no estaba engañada, pues ya los traía Periandro en disposición de no salir de los de Auristela. Pero ¡mirad los engaños de la variable fortuna! Auristela en tan pequeño instante como se ha visto, se ve otra de lo que antes era; pensaba reír y está llorando; pensaba vivir, y ya se muere; creía gozar de la vista de Periandro, y ofrécesele a los ojos la del príncipe Maximino, su hermano, que, con muchos coches y grande acompañamiento, entraba en Roma por aquel camino de Terrachina, y, llevándole la vista el escuadrón de gente que rodeaba al herido Periandro,[59] llegó su coche a verlo, y salió a recibirle Serafido, diciéndole:

—¡Oh príncipe Maximino, y qué malas albricias espero de las nuevas que pienso darte! Este herido que ves en los brazos desta hermosa doncella es tu hermano Persiles, y ella es la sin par Sigismunda, hallada de tu diligencia a tiempo tan áspero, y en sazón tan rigurosa, que te han quitado la ocasión de regalarlos, y te han puesto en la de llevarlos a la sepultura..

—No irán solos —respondió Maximino—, que yo les haré compañía, según vengo.

Y sacando la cabeza fuera del coche conoció a su hermano, aunque tinto y lleno de la sangre de la herida; conoció asimismo a Sigismunda por entre la perdida color de su rostro, porque el sobresalto, que le turbó sus colores, no le afeó sus facciones: hermosa era Sigismunda antes de su desgracia, pero hermosísima estaba después de haber caído en ella: que tal vez los accidentes del dolor suelen acrecentar la belleza. Dejóse caer del coche sobre los brazos de Sigismunda, ya no Auristela, sino la reina de Frislanda, y en su imaginación también reina de Thile; que estas mudanzas tan extrañas caen debajo del poder de aquella que comúnmente es llamada Fortuna, que no es otra cosa sino un firme disponer del cielo. Habíase partido Maximino con intención de llegar a Roma a curarse con mejores médicos que los de Terrachina, los cuales le pronosticaron que antes que en Roma entrase le había de saltear la muerte; en esto más verdaderos y experimentados que en saber curarle; verdad es que el mal que causa la mutación pocos le saben curar. En efeto: frontero del templo de San Pablo, en mitad de la campaña rasa, la fea

56 el estrecho de Gibraltar.   57 Sicilia.   58 Nápoles.

59 En unas páginas omitidas se cuenta que Periandro ha sido herido por el rufián Pirro.

muerte salió al encuentro al gallardo Persiles, y le derribó en tierra, y enterró a Maximino, el cual, viéndose a punto de muerte, con la mano derecha asió la izquierda de su hermano y se la llevó a los ojos, y con su izquierda le asió de la derecha y se la juntó con la de Sigismunda, y con voz turbada y aliento mortal y cansado, dijo:

—De vuestra honestidad, verdaderos hijos y hermanos míos, creo que entre vosotros está por saber esto. Aprieta, ¡oh hermano! estos párpados y ciérrame estos ojos en perpetuo sueño, y con esotra mano aprieta la de Sigismunda y séllala con el sí que quiero que le des de esposo, y sean testigos de este casamiento la sangre que estás derramando y los amigos que te rodean. El reino de tus padres te queda; el de Sigismunda heredas; procura tener salud y góceslos años infinitos.

Estas palabras, tan tiernas, tan alegres y tan tristes avivaron los espíritus de Persiles, y, obedeciendo al mandamiento de su hermano, apretándole la muerte, la mano le cerró los ojos, y con la lengua, entre triste y alegre, pronunció el sí, y le dió de ser su esposo a Sigismunda. Hizo el sentimiento de la improvisa y dolorosa muerte en los presentes, y comenzaron a ocupar los suspiros el aire y a regar las lágrimas el suelo. Recogieron el cuerpo muerto de Maximino y lleváronle a San Pablo, y el medio vivo de Persiles, en el coche del muerto, le volvieron a curar a Roma, donde no hallaron a Belarmina ni a Deleasir, que se habían ya ido a Francia con el duque...

Lope de Vega
1562-1635

Sin olvidar las dificultades que la selección de autores como un Cervantes o un Quevedo presentan para el antólogo, es dudoso que ninguno supere en dificultades de esa índole a Lope de Vega. Por ello es Lope el autor español más precariamente representado en las antologías si se tiene en cuenta el derroche de invención, de gracia poética, de perfección conseguida sin el menor esfuerzo que por toda su inagotable producción campean. Su inspiración dramática y la facilidad de su verso brotan y corren como una caudalosa vena de agua. Es el suyo un caso típico en el que la abundancia de cualidades creativas ha perjudicado a un conocimiento suficiente y a una valoración definitiva. Fue, en efecto, un *monstruo de naturaleza*, como le llamó Cervantes.

Ante un problema de esta índole era muy difícil acertar. A pesar del número de páginas con que aquí figura, superior al de ningún otro autor, incluso Cervantes, no hay duda de que en su obra pueden encontrarse muchas páginas más de idéntica calidad. Nuestro criterio ha sido el de elegir partes de su obra que ilustren al mismo tiempo su valor literario y el puesto único que le corresponde como creador de la comedia del Siglo de Oro en casi todas sus modalidades. Por eso va primero una comedia íntegra, *Peribáñez y el comendador de Ocaña*, que aparte de ser una de las más bellas tiene aquí la función primordial de que el lector pueda ver, sin supresión alguna, los varios elementos —alguno de los cuales puede parecer innecesario para el gusto moderno— que entraban en la composición de una comedia clásica. A ello se unen escenas de comedias muy diversas que representan modalidades varias de su teatro, desde el épico aliento popular de *Fuenteovejuna* a la sugestión poéticodramática de la muerte del caballero de Olmedo; desde el aire trágico que sacude a los personajes del *Castigo sin venganza*, comedia, como muchas de Lope y de Shakespeare, basada en temas de la novela italiana, hasta el puro enredo ingenioso de *La discreta enamorada* o *El acero de Madrid*. A veces se trata simplemente de ilustrar el arte de Lope para crear un ambiente como en la primera escena de *Lo cierto por lo dudoso*.

No menos dificultades presenta la selección de la lírica lopesca, ya sea la intercalada en el teatro, como muchas de las «letras para cantar», algún soneto y el romance de *San Isidro Labrador* que aquí damos, ya sea la compuesta por él en las más diversas ocasiones. A pesar de lo extenso de la selección, van aquí tan sólo unas muestras y hay zonas completas y muy valiosas de su producción, por ejemplo algunas de sus églogas, que no están representadas.

Tampoco va muestra alguna de su prosa, muy inferior en general a su poesía, ya dramática, ya lírica, y a la prosa de sus contemporáneos. *La Dorotea*, por ejemplo, es obra muy significativa en su conjunto, pero casi es imposible desglosar de ella algunas páginas que fuera de ese conjunto alcancen la significación necesaria para figurar en una antología del tipo de la presente.

PERIBÁÑEZ Y EL COMENDADOR DE OCAÑA

PERSONAS

EL REY D. ENRIQUE III, DE CASTILLA.
LA REINA.
PERIBÁÑEZ, labrador.
CASILDA, mujer de PERIBÁÑEZ.
EL COMENDADOR DE OCAÑA.
EL CONDESTABLE.
GÓMEZ MANRIQUE.
INÉS.
COSTANZA.
LUJÁN, lacayo.

UN CURA.
LEONARDO, criado.
MARÍN, lacayo.
BARTOLO, labrador.
BELARDO, labrador.
ANTÓN.
BLAS.
GIL.
BENITO.
LLORENTE. } *Labradores.*
MENDO.
CHAPARRO.
HELIPE.
UN PINTOR.
UN SECRETARIO.
DOS REGIDORES.
LABRADORES Y LABRADORAS.
MÚSICOS.
PAJES.
GUARDAS.
GENTE.

La acción pasa en Ocaña, en Toledo y en el campo.

ACTO PRIMERO

ESCENA I

Sala en casa de PERIBÁÑEZ, *en Ocaña*

Boda de villanos. EL CURA, INÉS, *madrina;* COSTANZA, *labradora;* CASILDA, *novia;* PERIBÁÑEZ; MÚSICOS, *de labradores*

INÉS
Largos años os gocéis.

COSTANZA
Si son como yo deseo,
casi inmortales seréis.

CASILDA
Por el de serviros, creo
que merezco que me honréis.

CURA
Aunque no parecen mal,
son excusadas razones
para cumplimiento igual,
ni puede haber bendiciones
que igualen con el misal.

Hartas os dije: no queda
cosa que deciros pueda
el más deudo, el más amigo.

INÉS
Señor doctor, yo no digo
más de que bien les suceda.

CURA
Espérolo en Dios, que ayuda
a la gente virtüosa.
Mi sobrina es muy sesuda.

PERIBÁÑEZ
Sólo con no ser celosa
saca este pleito de duda.

CASILDA
No me deis vos ocasión
que en mi vida tendré celos.

PERIBÁÑEZ
Por mí no sabréis qué son.

INÉS
Dicen que al amor los cielos
le dieron esta pensión.

CURA
Sentaos, y alegrad el día
en que sois uno los dos.

PERIBÁÑEZ
Yo tengo harta alegría
en ver que me ha dado Dios
tan hermosa compañía.

CURA
Bien es que a Dios se atribuya;
que en el reino de Toledo
no hay cara como la suya.

CASILDA
Si con amor pagar puedo,
esposo, la afición tuya,
de lo que debiendo quedas
me estás en obligación.

PERIBÁÑEZ
Casilda, mientras no puedas
excederme en afición,
no con palabras me excedas.
Toda esta villa de Ocaña
poner quisiera a tus pies,

---

1 no hay manzana por mucho color que tenga; *camuesa* es una clase de manzana; *afeite,* aquí, se refiere al color que se pone en la cara.   2 libre de lluvias.   3 Alude al refrán muy conocido: «La ventura de la fea, la bonita la desea.»   4 garguero, parte superior de la tráquea.   5 gritos de fiesta o de alegría.   6 pandero.   7 antiguo instrumento musical de cuerda.   8 adornado.

9 la rosca con huevos que se daba por Pascua Florida.
10 especie de canastilla plana o bandeja.
11 vela de cera, larga y gruesa, que se bendecía el Sábado de Gloria, víspera de la Pascua.   12 miga de pan con que los obispos se enjugan los dedos untados del óleo que han usado al bautizar a los príncipes; solía ir cubierto con una tela rica, que es el *capillo de cendal* a que alude en el verso siguiente.   13 tipo de baile.

y aun todo aquello que baña
Tajo hasta ser portugués,
entrando en el mar de España.

El olivar más cargado
de aceitunas me parece
menos hermoso, y el prado
que por el mayo florece,
sólo del alba pisado.

No hay camuesa que se afeite[1]
que no te rinda ventaja,
ni rubio y dorado aceite
conservado en la tinaja,
que me cause más deleite.

Ni el vino blanco imagino
de cuarenta años tan fino
como tu boca olorosa;
que como al señor la rosa,
le huele al villano el vino.

Cepas que en diciembre arranco
y en octubre dulce mosto,
ni mayo de lluvias franco,[2]
ni por los fines de agosto
la parva de trigo blanco,
igualan a ver presente
en mi casa un bien que ha sido
prevención más excelente
para el invierno aterido
y para el verano ardiente.

Contigo, Casilda, tengo
cuanto puedo desear,
y sólo el pecho prevengo;
en él te he dado lugar,
ya que a merecerte vengo.

Vive en él; que si un villano
por la paz del alma es rey,
que tú eres reina está llano,
ya porque es divina ley,
y ya por derecho humano.

Reina, pues que tan dichosa
te hará el cielo, dulce esposa,
que te diga quien te vea:
la ventura de la fea
pasóse a Casilda hermosa.[3]

CASILDA

Pues yo ¿cómo te diré
lo menos que miro en ti,
que lo más del alma fué?
Jamás en el baile oí
son que me bullese el pie,
que tal placer me causase
cuando el tamboril sonase,
por más que el tamborilero
chillase con el guarguero[4]
y con el palo tocase.

En mañana de San Juan

nunca más placer me hicieron
la verbena y arrayán,
ni los relinchos[5] me dieron
el que tus voces me dan.

¿Cuál adufe[6] bien templado,
cuál salterio[7] te ha igualado?
¿Cuál pendón de procesión,
con sus borlas y cordón,
a tu sombrero chapado?[8]

No hay pies con zapatos nuevos
como agradan tus amores;
eres entre mil mancebos
hornazo[9] en pascua de Flores
con sus picos y sus huevos.

Pareces en verde prado
toro bravo y rojo echado;
pareces camisa nueva,
que entre jazmines se lleva
en azafate[10] dorado.

Pareces cirio pascual[11]
y mazapán[12] de bautismo,
con capillo de cendal,
y paréceste a ti mismo,
porque no tienes igual.

CURA

Ea, bastan los amores,
que quieren estos mancebos
bailar y ofrecer.

PERIBÁÑEZ

            Señores,
pues no sois en amor nuevos,
perdón.

LABRADOR

        Ama hasta que adores.

        (Canten y dancen.)

MÚSICOS

Dente parabienes
el mayo garrido,
los alegres campos,
las fuentes y ríos.
Alcen las cabezas
los verdes alisos,
y con frutos nuevos
almendros floridos.
Echen las mañanas,
después del rocío,
en espadas verdes
guarnición de lirios.
Suban los ganados
que cubrió la nieve,
a pacer tomillos.   (*Folía.*[13])
Y a los nuevos desposados
eche Dios su bendición;

parabién les den los prados,
pues hoy para en uno son.

(*Vuelvan a danzar.*)

Montañas heladas
y soberbios riscos,
antiguas encinas
y robustos pinos,
dad paso a las aguas
en arroyos limpios,
que a los valles bajan
de los hielos fríos.
Canten ruiseñores,
y con dulces silbos
sus amores cuenten
a estos verdes mirtos.
Fabriquen las aves
con nuevo artificio
para sus hijuelos
amorosos nidos.   (*Folía.*)
  Y a los nuevos desposados
eche Dios su bendición;
parabién les den los prados,
pues hoy para en uno son.

(*Hagan gran ruido y entre*
BARTOLO, *labrador.*)

ESCENA II

CURA
¿Qué es aquello?

BARTOLO
            ¿No lo veis
en la grita[14] y el rüido?

CURA
Mas ¿que el novillo han traído?

BARTOLO
¿Cómo un novillo? Y aun tres.
  Pero el tiznado[15] que agora
traen del campo, ¡voto al sol,
que tiene brío español!
No se ha encintado[16] en una hora.
  Dos vueltas ha dado a Bras,
que ningún italiano[17]
se ha vido andar tan liviano
por la maroma jamás.

A la yegua de Antón Gil,
del verde recién sacada,
por la panza desgarrada
se le mira el perejil.[18]
  No es de burlas; que a Tomás,
quitándole los calzones,
no ha quedado en opiniones,
aunque no barbe[19] jamás.
  El nueso[20] Comendador,
señor de Ocaña, y su tierra,
bizarro a picarle cierra,[21]
más gallardo que un azor.
  ¡Juro a mí, si no tuviera
cintero[22] el novillo!...

CURA
            Aquí
¿no podrá entrar?

BARTOLO
            Antes sí.

CURA
Pues, Pedro, de esa manera,
allá me subo al terrado.[23]

COSTANZA
Dígale alguna oración;
que ya ve que no es razón
irse, señor Licenciado.

CURA
Pues oración ¿a qué fin?

COSTANZA
¿A qué fin? De resistillo.

CURA
Engáñaste; que hay novillo
que no entiende bien latín.

(*Éntrese.*)

COSTANZA
Al terrado va sin duda.

(*Voces.*)

La grita creciendo va.

INÉS
Todas iremos allá;
que, atado, al fin no se muda.

---

14 gritería.   15 manchado, con manchas en la piel.
16 se ha tardado una hora en enmaromarle o atarle con
soga.   17 Se refiere al hecho de que la mayoría de los
acróbatas eran italianos.   18 Se le ve la yerba que acababa de comer en el prado (*el verde*).   19 *barbe*, de
barbear: agarrar al toro por los cuernos y torcerle el
cuello hasta derribarlo por tierra.   20 nuestro, como
mueso más adelante.
  21 se acerca.   22 soga.   23 azotea.   24 los cuernos
son símbolo de la infidelidad matrimonial.   25 ojalá

que nunca le hubieran traído del soto; *trujeran*, forma
antigua por *trajeran*; *pluguiera*, imperfecto del subjuntivo
de *placer*.   26 *mas que si* = como si.   27 vara larga
para picar toros.   28 lugar donde se corrían los toros;
hoy, plaza de toros.   29 traidor que mató al rey don
Sancho en el cerco de Zamora.   30 caballo de color amarillento.
  31 que el caballo parecía, por su ligereza, un corzo
(especie de ciervo pequeño y muy ligero).   32 espuelas.
33 especie de calzado, bota baja.

BARTOLO
Es verdad, que no es posible
que más que la soga alcance.

(*Vase.*)

ESCENA III

PERIBÁÑEZ, CASILDA, INÉS, COSTANZA, LABRADO-
RES, LABRADORAS, MÚSICOS

PERIBÁÑEZ
¿Tú quieres que intente un lance?

CASILDA
¡Ay no, mi bien, que es terrible!

PERIBÁÑEZ
Aunque más terrible sea,
de los cuernos le asiré,
y en tierra con él daré,
porque mi valor se vea.

CASILDA
No conviene a tu decoro
el día que te has casado,
ni que un recién desposado
se ponga en cuernos[24] de un toro.

PERIBÁÑEZ
Si refranes considero,
dos me dan gran pesadumbre:
que a la cárcel, ni aun por lumbre,
y de cuernos, ni aun tintero.
Quiero obedecer.

(*Ruido y voces dentro.*)

CASILDA
            ¡Ay Dios!
¿Qué es esto?

ESCENA IV

GENTE. (*Dentro.*)
¡Qué gran desdicha!

CASILDA
Algún mal hizo por dicha.

PERIBÁÑEZ
¿Cómo estando aquí los dos?

(BARTOLO *vuelve.*)

BARTOLO
¡Oh, que nunca le trujeran,
pluguiera al cielo, del soto![25]
A la fe, que no se alaben
de aquesta fiesta los mozos.
¡Oh mal hayas, el novillo!

Nunca en el abril lluvioso
halles hierba en verde prado,
mas que si[26] fuera en agosto.
Siempre te venza el contrario
cuando estuvieres celoso,
y por los bosques bramando,
halles secos los arroyos.
Mueras en manos del vulgo,
a pura garrocha,[27] en coso;[28]
no te mate caballero
con lanza o cuchillo de oro;
mas lacayo por detrás,
con el acero mohoso,
te haga sentar por fuerza,
y manchar en sangre el polvo.

PERIBÁÑEZ
Repórtate ya, si quieres,
y dinos lo que es, Bartolo;
que no maldijera más
Zamora a Bellido Dolfos.[29]

BARTOLO
El Comendador de Ocaña,
mueso señor generoso,
en un bayo[30] que cubrían
moscas negras pecho y lomo,
mostrando por un bozal
de plata el rostro fogoso,
y lavando en blanca espuma
un tafetán verde y rojo,
pasaba la calle acaso;
y viendo correr el toro,
caló la gorra y sacó
de la capa el brazo airoso,
vibró la vara, y las piernas
puso al bayo, que era un corzo;[31]
y, al batir los acicates,[32]
revolviendo el vulgo loco,
trabó la soga al caballo,
y cayó en medio de todos.
Tan grande fué la caída,
que es el peligro forzoso.
Pero ¿qué os cuento, si aquí
le trae la gente en hombros?

ESCENA V

El COMENDADOR, *entre algunos labradores; dos
lacayos, de librea;* MARÍN *y* LUJÁN, *borceguís,*[33]
capa y gorra

BARTOLO
Aquí estaba el Licenciado,
y lo podrán absolver.

INÉS
Pienso que se fué a esconder.

PERIBÁÑEZ
Sube, Bartolo, al terrado.

BARTOLO
Voy a buscarle.

PERIBÁÑEZ
Camina.

(*Vase* BARTOLO. *Ponen en una
silla al* COMENDADOR.)

LUJÁN
Por silla vamos los dos.
en que llevarle, si Dios
llevársele determina.

MARÍN
Vamos, Luján, que sospecho
que es muerto el Comendador.

LUJÁN
El corazón de temor
me va saltando en el pecho.

(*Vanse* LUJÁN y MARÍN.)

CASILDA
Id vos, porque me parece,
Pedro,[34] que algo vuelve en sí,
y traed agua.

PERIBÁÑEZ
Si aquí
el Comendador muriese,
no vivo más en Ocaña.
¡Maldita la fiesta sea!

(*Vanse todos. Queden* CASILDA *y
el* COMENDADOR, *en una silla, y
ella tomándole las manos.*)

ESCENA VI

CASILDA
¡Oh qué mal el mal se emplea
en quien es la flor de España !
¡Ah gallardo caballero!
¡Ah valiente lidiador!
¿Sois vos quien daba temor
con ese desnudo acero
a los moros de Granada?
¿Sois vos quien tantos mató?
Una soga ¡derribó
a quien no pudo su espada!
Con soga os hiere la muerte;
mas será por ser ladrón
de la gloria y opinión
de tanto capitán fuerte.
¡Ah, señor Comendador!

COMENDADOR
¿Quién llama? ¿Quién está aquí?

CASILDA
¡Albricias, que habló!

COMENDADOR
¡Ay de mí!
¿Quién eres?

CASILDA
Yo soy, señor.
No os aflijáis; que no estáis
donde no os desean más bien
que vos mismo, aunque también
quejas, mi señor, tengáis
de haber corrido aquel toro.
Haced cuenta que esta casa
es vuestra.

COMENDADOR
Hoy a ella pasa
todo el humano tesoro.
Estuve muerto en el suelo,
y como ya lo creí,
cuando los ojos abrí,
pensé que estaba en el cielo.
Desengañadme, por Dios;
que es justo pensar que sea
cielo donde un hombre vea
que hay ángeles como vos.

CASILDA
Antes por vuestras razones
podría yo presumir
que estáis cerca de morir.

COMENDADOR
¿Cómo?

CASILDA
Porque veis visiones.
Y advierta vueseñoría
que, si es agradecimiento
de hallarse en el aposento
desta humilde casa mía,
de hoy solamente lo es.

COMENDADOR
¿Sois la novia, por ventura?

CASILDA
No por ventura, si dura
y crece este mal después,
venido por mi ocasión.

COMENDADOR
¿Que vos estáis ya casada?

CASILDA
Casada y bien empleada.

COMENDADOR

Pocas hermosas lo son.

CASILDA

Pues por eso he yo tenido
la ventura de la fea.

COMENDADOR. *Aparte.*

—¡Que un tosco villano sea
desta hermosura marido!—
¿Vuestro nombre?

CASILDA

Con perdón,
Casilda, señor, me nombro.

COMENDADOR. *Aparte.*

—De ver su traje me asombro
y su rara perfección.—
Diamante en plomo engastado,
¡dichoso el hombre mil veces
a quien tu hermosura ofreces !

CASILDA

No es él el bien empleado;
yo lo soy, Comendador:
créalo su señoría.

COMENDADOR

Aun para ser mujer mía
tenéis, Casilda, valor.
Dame licencia que pueda
regalarte.

(PERIBÁÑEZ, *entre*.)

ESCENA VII

PERIBÁÑEZ

No parece
el Licenciado: si crece
el acidente...

CASILDA

Ahí te queda,
porque ya tiene salud
don Fadrique, mi señor.

PERIBÁÑEZ

Albricias te da mi amor.

COMENDADOR

Tal ha sido la virtud
desta piedra celestial.

ESCENA VIII

MARÍN, LUJÁN.—*Lacayos*

MARÍN

Ya dicen que ha vuelto en sí.

LUJÁN

Señor, la silla está aquí.

COMENDADOR

Pues no pase del portal:
que no he menester ponerme
en ella.

LUJÁN

¡Gracias a Dios!

COMENDADOR

Esto que os debo a los dos,
si con salud vengo a verme,
satisfaré de manera
que conozcáis lo que siento
vuestro buen acogimiento.

PERIBÁÑEZ

Si a vuestra salud pudiera,
señor, ofrecer la mía,
no lo dudéis.

COMENDADOR

Yo lo creo.

LUJÁN

¿Qué sientes?

COMENDADOR

Un gran deseo,
que cuando entré no tenía.

LUJÁN

No lo entiendo.

COMENDADOR

Importa poco.

LUJÁN

Yo hablo de tu caída.

COMENDADOR

En peligro está mi vida.
por un pensamiento loco.

(*Váyanse*: *queden* CASILDA *y*
PERIBÁÑEZ.)

ESCENA IX

PERIBÁÑEZ

Parece que va mejor

CASILDA

Lástima, Pedro, me ha dado.

PERIBÁÑEZ

Por mal agüero he tomado
que caiga el Comendador.
¡Mal haya la fiesta, amén
el novillo y quien le ató!

CASILDA

No es nada, luego me habló.
Antes lo tengo por bien,
  porque nos haga favor,
si ocasión se nos ofrece.

PERIBÁÑEZ

Casilda, mi amor merece
satisfacción de mi amor.
  Ya estamos en nuestra casa,
su dueño y mío has de ser:
ya sabes que la mujer
para obedecer se casa;
  que así se lo dijo Dios
en el principio del mundo,
que en eso estriba, me fundo,
la paz y el bien de los dos.
  Espero, amores, de ti
que has de hacer gloria mi pena.

CASILDA

¿Qué ha de tener para buena
una mujer?

PERIBÁÑEZ

                    Oye.

CASILDA

                          Di.

PERIBÁÑEZ

  Amar y honrar su marido
es letra de este abecé,
siendo buena por la B,
que es todo el bien que te pido.
  Haráte cuerda la C,
la D dulce y entendida
la E, y la F en la vida
firme, y fuerte y de gran fe.
  La G grave, y para honrada
la H, que con la I
te hará ilustre, si de ti
queda mi casa ilustrada.
  Limpia serás por la L,
y por la M maestra
de tus hijos, cual lo muestra
quien de sus vicios se duele.
  La N te enseña un no
a solicitudes locas,
que este no, que aprenden pocas,
está en la N y la O.
  La P te hará pensativa,
la Q bien quista,[35] la R
con tal razón que destierre
toda locura excesiva.
  Solícita te ha de hacer

de mi regalo la S,
la T tal que no pudiese
hallarse mejor mujer.
  La V te hará verdadera,
la X buena cristiana,[36]
letra que en la vida humana
has de aprender la primera.
  Por la Z has de guardarte
de ser zelosa; que es cosa
que nuestra paz amorosa
puede, Casilda, quitarte.
  Aprende este canto llano;
que con aquesta cartilla
tú serás flor de la villa,
y yo el más noble villano.

CASILDA

  Estudiaré, por servirte,
las letras de ese abecé;
pero dime si podré
otro, mi Pedro, decirte,
  si no es acaso licencia.

PERIBÁÑEZ

Antes yo me huelgo. Di;
que quiero aprender de ti.

CASILDA

  Pues escucha, y ten paciencia.
  La primera letra es A,
que altanero no has de ser;
por la B no me has de hacer
burla para siempre ya.
  La C te hará compañero
en mis trabajos; la D
dadivoso, por la fe
con que regalarte espero.
  La F de fácil trato,
la G galán para mí,
la H honesto, y la I
sin pensamiento de ingrato.
  Por la L liberal,
y por la M el mejor
marido que tuvo amor,
porque es el mayor caudal.
  Por la N no serás
necio, que es fuerte castigo,
por la O solo conmigo
todas las horas tendrás.
  Por la P me has de hacer obras
de padre; porque quererme
por la Q, será ponerme
en la obligación que cobras.
  Por la R regalarme,
y por la S servirme,

35 querida.   36 Antiguamente en la transcripción de las   formas griegas «Cristo» y «cristiano» se escribían con X.
37 cosecha.

por la T tenerte firme,
por la V verdad tratarme;
   por la X con abiertos
brazos imitarla ansí. (*Abrázale.*)
Y como estamos aquí,
estemos después de muertos.

PERIBÁÑEZ
Yo me ofrezco, prenda mía,
a saber este abecé.
¿Quieres más?

CASILDA
          Mi bien, no sé
si me atreva el primer día
a pedirte un gran favor.

PERIBÁÑEZ
Mi amor se agravia de ti.

CASILDA
¿Cierto?

PERIBÁÑEZ
Sí

CASILDA
    Pues oye.

PERIBÁÑEZ
      Di
cuanto es obligar mi amor.

CASILDA
El día de la Asunción
se acerca; tengo deseo
de ir a Toledo, y creo
que no es gusto, es devoción
   de ver la imagen también
del Sagrario, que aquel día
sale en procesión.

PERIBÁÑEZ
         La mía
es tu voluntad, mi bien.
   Tratemos de la partida.

CASILDA
Ya por la G me pareces
galán: tus manos mil veces
beso.

PERIBÁÑEZ
   A tus primas convida,
y vaya un famoso carro.

CASILDA
¿Tanto me quieres honrar?

PERIBÁÑEZ
Allá te pienso comprar...

CASILDA
Dilo.

PERIBÁÑEZ
Un vestido bizarro.   (*Éntrense.*)

ESCENA X

Sala en casa del COMENDADOR

Salga el COMENDADOR *y* LEONARDO, *criado*

COMENDADOR
Llámame, Leonardo, presto
a Luján.

LEONARDO
        Ya le avisé;
pero estaba descompuesto.

COMENDADOR
Vuelve a llamarle.

LEONARDO
         Yo iré.

COMENDADOR
Parte.

LEONARDO. *Aparte.*
  —¿En qué ha de parar esto?
   Cuando se siente mejor,
tiene más melancolía,
y se queja sin dolor;
suspiros al aire envía:
mátenme si no es amor.—   (*Váyase.*)

ESCENA XI

COMENDADOR
Hermosa labradora,
más bella, más lucida,
que ya del sol vestida
la colorada aurora;
sierra de blanca nieve,
que los rayos de amor vencer se atreve,
   parece que cogiste
con esas blancas manos
en los campos lozanos,
que el mayo adorna y viste,
cuantas flores agora,
céfiro engendra en el regazo a Flora.
   Yo vi los verdes prados
llamar tus plantas bellas,
por florecer con ellas,
de su nieve pisados,
y vi de tu labranza
nacer al corazón verde esperanza.
   ¡Venturoso el villano
que tal agosto[37] ha hecho

del trigo de tu pecho,
con atrevida mano,
y que con blanca barba
verá en sus eras de tus hijos parva![38]
  Para tan gran tesoro
de fruto sazonado
el mismo sol dorado
te preste el carro de oro,
o el que forman estrellas,
pues las del norte no serán tan bellas;
  por su azadón trocara
mi dorada cuchilla,
a Ocaña tu casilla,
casa en que el sol repara.[39]
¡Dichoso tú, que tienes
en la troj[40] de tu lecho tantos bienes!

ESCENA XII

Entre LUJÁN

LUJÁN
Perdona; que estaba el bayo
necesitado de mí.

COMENDADOR
Muerto estoy, matóme un rayo;
aun dura, Luján, en mí
la fuerza de aquel desmayo.

LUJÁN
¿Todavía persevera,
y aquella pasión te dura?

COMENDADOR
Como va el fuego a su esfera,
el alma a tanta hermosura
sube cobarde y ligera.
  Si quiero, Luján, hacerme
amigo deste villano,
donde el honor menos duerme
que en el sutil cortesano,
¿qué medio puede valerme?
  ¿Será bien decir que trato
de no parecer ingrato
al deseo que mostró,
y hacerle algún bien?

LUJÁN
                    Si yo
quisiera bien, con recato,
quiero decir, advertido

de un peligro conocido,
primero que a la mujer,
solicitara tener
la gracia de su marido.
  Éste, aunque es hombre de bien
y honrado entre sus iguales,
se descuidará también,
si le haces obras tales
como por otros se ven.
  Que no hay marido que, obligado,
proceda más descuidado
en la guarda de su honor;
que la obligación, señor,
descuida el mayor cuidado.

COMENDADOR
¿Qué le daré por primeras
señales?

LUJÁN
            Si consideras
lo que un labrador adulas,
será darle un par de mulas
más que si a Ocaña le dieras.
  Éste es el mayor tesoro
de un labrador; y a su esposa
unas arracadas[41] de oro
que con Angélica hermosa
esto escriben de Medoro.[42]
  Reinaldo fuerte en roja sangre baña
por Angélica el campo de Agramante;
Roldán, valiente, gran señor de Anglante,
cubre de cuerpos la marcial campaña;
  la furia Malgesí del cetro engaña,
sangriento corre el fiero Sacripante;
cuanto le pone la ocasión delante,
derriba al suelo Ferragut de España.
  Mas, mientras los gallardos paladines
armados tiran tajos y reveses,
presentóle Medoro unos chapines;
  y entre unos verdes olmos y cipreses
gozó de amor los regalados fines,
y la tuvo por suya trece meses.

COMENDADOR
No pintó mal el poeta
lo que puede el interés.

LUJÁN
Ten por opinión discreta
la del dar, porque al fin es
la más breve y más secreta.

---

[38] muchos hijos. [39] se detiene donde está el sol (refiriéndose a Casilda). [40] granero.
[41] pendientes. [42] En el soneto que sigue, Luján sin-
tetiza con cierta inexactitud la historia de Angélica y Medoro, los dos célebres amantes de *Orlando furioso*, de
Ariosto. Mientras todos los paladines luchan por el amor

de la esquiva Angélica, ésta se enamora del joven y bello
sarraceno Medoro, no por interés, sino por compasión, al
encontrarlo herido en un bosque. [43] me agrada.
[44] guarnición o adorno del vestido. [45] casaca o abrigo.
[46] falda. [47] clase de paño. [48] cordoncillo o trencilla
que se pone en los bordes de los vestidos.

Los servicios personales
son vistos públicamente
y dan del amor señales.
El interés diligente,
que negocia por metales,
    dicen que lleva los pies
todos envueltos en lana.

COMENDADOR

Pues alto, venza interés.

LUJÁN

Mares y montes allana,
y tú lo verás después.

COMENDADOR

    Desde que fuiste conmigo,
Luján, al Andalucía,
y fuí en la guerra testigo
de tu honra y valentía,
huelgo de[43] tratar contigo
    todas las cosas que son
de gusto y secreto, a efeto
de saber tu condición;
que un hombre de bien discreto
es digno de estimación
    en cualquier parte o lugar
que le ponga su fortuna;
y yo te pienso mudar
deste oficio.

LUJÁN

            Si en alguna
cosa te puedo agradar,
    mándame, y verás mi amor;
que yo no puedo, señor,
ofrecerte otras grandezas.

COMENDADOR

Sácame destas tristezas.

LUJÁN

Éste es el medio mejor.

COMENDADOR

    Pues vamos, y buscarás
el par de mulas más bello
que él haya visto jamás.

LUJÁN

Ponles ese yugo al cuello;
que antes de un hora verás
    arar en su pecho fiero
surcos de afición, tributo
que de tu cosecha espero;
que en trigo de amor, no hay fruto,
si no se siembra dinero.

(Váyanse.)

ESCENA XIII

Sala en casa de PERIBÁÑEZ

Salgan INÉS, COSTANZA y CASILDA

CASILDA

No es tarde para partir.

INÉS

El tiempo es bueno, y es llano
todo el camino.

COSTANZA

            En verano
suelen muchas veces ir
    en diez horas, y aun en menos.
¿Qué galas llevas, Inés?

INÉS

Pobres, y el talle que ves.

COSTANZA

Yo llevo unos cuerpos llenos
de pasamanos[44] de plata.

INÉS

Desabrochado el sayuelo,[45]
salen bien.

CASILDA

            De terciopelo
sobre encarnada escarlata
    los pienso llevar, que son
galas de mujer casada.

COSTANZA

Una basquiña[46] prestada
me daba, Inés, la de Antón.
    Era palmilla[47] gentil
de Cuenca, si allá se teje,
y oblígame a que la deje
Menga, la de Blasco Gil;
    porque dice que el color
no dice bien con mi cara.

INÉS

Bien sé yo quien te prestara
una faldilla mejor.

COSTANZA

¿Quién?

INÉS

            Casilda.

CASILDA

                Si tú quieres,
la de grana blanca es buena,
o la verde, que está llena
de vivos.[48]

COSTANZA
Liberal eres
y bien acondicionada
mas, si Pedro ha de reñir,
no te la quiero pedir,
y guárdete Dios, casada.

CASILDA
No es Peribáñez, Costanza,
tan mal acondicionado.

INÉS
¿Quiérete bien tu velado?[49]

CASILDA
¿Tan presto temes mudanza?
No hay en esta villa toda
novios de placer tan ricos;
pero aun comemos los picos
de las roscas de la boda.

INÉS
¿Dícete muchos amores?

CASILDA
No sé yo cuáles son pocos;
sé que mis sentidos locos
lo están de tantos favores.
Cuando se muestra el lucero
viene del campo mi esposo,
de su cena deseoso;
siéntele el alma primero,
y salgo a abrille la puerta,
arrojando el amohadilla;[50]
que siempre tengo en la silla
quien mis labores concierta.
Él de las mulas se arroja,
y yo me arrojo en sus brazos;
tal vez de nuestros abrazos
la bestia hambrienta se enoja,
y sintiéndola gruñir,
dice: «En dándole la cena
al ganado, cara buena,
volverá Pedro a salir.»
Mientras él paja les echa,
ir por cebada me manda;
yo la traigo, él la zaranda;[51]
y deja la que aprovecha.
Revuélvela en el pesebre,
y allí me vuelve a abrazar;
que no hay tan bajo lugar
que el amor no le celebre.

Salimos donde ya está
dándonos voces la olla,
porque el ajo y la cebolla,
fuera del olor que da
por toda nuestra cocina,
tocan a la cobertera
el villano[52] de manera,
que a bailalle nos inclina.
Sácola en limpios manteles,
no en plata, aunque yo quisiera;
platos son de Talavera,
que están vertiendo claveles.
Aváhole[53] su escodilla
de sopas con tal primor,
que no la come mejor
el señor de muesa villa;
y él lo paga, porque a fe,
que apenas bocado toma,
de que, como a su paloma,
lo que es mejor no me dé.
Bebe y deja la mitad,
bébole las fuerzas yo,
traigo olivas, y si no,
es postre la voluntad.
Acabada la comida,
puestas las manos los dos,
dámosle gracias a Dios
por la merced recibida;
y vámonos a acostar,
donde le pesa a la aurora
cuando se llega la hora
de venirnos a llamar.

INÉS
¡Dichosa tú, casadilla,
que en tan buen estado estás!
Ea, ya no falta más
sino salir de la villa.

ESCENA XIV
Entre PERIBÁÑEZ

CASILDA
¿Está el carro aderezado?

PERIBÁÑEZ
Lo mejor que puede está.

CASILDA
Luego ¿pueden subir ya?

49 marido. 50 almohadilla para hacer labores.
51 la criba. 52 baile rústico; la imagen se refiere al ruido y borboteo de la cobertera o tapa de la olla. Siguiendo la imagen, *a bailalle nos inclina* = nos inclina a comerla. 53 El uso de *avahar* con su significación de «calentar con el vaho» no tiene aquí sentido claro. 54 paño cuadrado con las armas del señor, que se colgaba en las paredes o se usaba como adorno. Aquí Peribáñez, al prepararse para llevar a Casilda a la romería, se lamenta de no poder adornar su carro con alfombra y repostero como Blas. 55 *yerbas*, refiriéndose a los animales, *años*. El verso quiere decir que este año las mulas cumplen tres años. 56 que sirven para la carga y para montar. 57 joyas pequeñas que colgaban de las tocas. 58 ave fabulosa.

PERIBÁÑEZ

Pena, Casilda, me ha dado
el ver que el carro de Blas
lleva alhombra y repostero.[54]

CASILDA

Pídele a algún caballero.

INÉS

Al Comendador podrás.

PERIBÁÑEZ

Él nos mostraba afición,
y pienso que nos le diera.

CASILDA

¿Qué se pierde en ir?

PERIBÁÑEZ

Espera;
que a la fe que no es razón
que vaya sin repostero.

INÉS

Pues vámonos a vestir.

CASILDA

También le puedes pedir...

PERIBÁÑEZ

¿Qué, mi Casilda?

CASILDA

Un sombrero.

PERIBÁÑEZ

Eso no.

CASILDA

¿Por qué? ¿Es exceso?

PERIBÁÑEZ

Porque plumas de señor
podrán darnos por favor,
a ti viento y a mi peso.

(Váyanse todos.)

ESCENA XV

Sala en casa del COMENDADOR

Entren el COMENDADOR *y* LUJÁN

COMENDADOR

Ellas son con extremo.

LUJÁN

Yo no he visto
mejores bestias, por tu vida y mía,
en cuantas he tratado, y no son pocas.

COMENDADOR

Las arracadas faltan.

LUJÁN

Dijo el dueño
que cumplen a estas yerbas[55] los tres años,
y costaron lo mismo que le diste
habrá un mes, en la feria de Mansilla,
y que saben muy bien de albarda y silla.[56]

COMENDADOR

¿De qué manera, di, Luján, podremos
darlas a Peribáñez, su marido,
que no tenga malicia en mi propósito?

LUJÁN

Llamándole a tu casa, y previniéndole
de que estás a su amor agradecido.
Pero cáusame risa en ver que hagas
tu secretario en cosas de tu gusto
un hombre de mis prendas.

COMENDADOR

No te espantes;
que sirviendo mujer de humildes prendas,
es fuerza que lo trate con las tuyas.
Si sirviera una dama, hubiera dado
parte a mi secretario o mayordomo
o a algunos gentilhombres de mi casa.
Éstos hicieran joyas, y buscaran
cadenas de diamantes, brincos,[57] perlas,
telas, rasos, damascos, terciopelos,
y otras cosas extrañas y exquisitas,
hasta en Arabia procurar la fénix,[58]
pero la calidad de lo que quiero
me obliga a darte parte de mis cosas,
Luján; aunque eres mi lacayo, miro
que para comprar mulas eres propio;
de suerte que yo trato el amor mío
de la manera misma que él me trata.

LUJÁN

Ya que no fué tu amor, señor, discreto,
el modo de tratarle lo parece.

ESCENA XVI

Entre LEONARDO

LEONARDO

Aquí está Peribáñez.

COMENDADOR

¿Quién, Leonardo?

LEONARDO

Peribáñez, señor.

COMENDADOR

¿Qué es lo que dices?

LEONARDO

Digo que me pregunta Peribáñez
por ti, y yo pienso bien que le conoces.

Es Peribáñez labrador de Ocaña,
cristiano viejo y rico, hombre tenido
en gran veneración de sus iguales,
y que, si se quisiese alzar agora
en esta villa, seguirán su nombre
cuantos salen al campo con su arado,
porque es, aunque villano, muy honrado.

LUJÁN. *Aparte a su amo.*
¿De qué has perdido la color?

COMENDADOR

             ¡Ay cielos!
Que de sólo venir el que es esposo
de una mujer que quiero bien, me siento
descolorir, helar y temblar todo.

LUJÁN
Luego ¿no ternás ánimo de verle?

COMENDADOR
Di que entre; que, del modo que a quien
                        [ama,
la calle, las ventanas y las rejas
agradables le son, y en las criadas
parece que ve el rostro de su dueño,[59]
así pienso mirar en su marido
la hermosura por quien estoy perdido.

ESCENA XVII

PERIBÁÑEZ *con capa*

PERIBÁÑEZ
Dame tus generosos pies.

COMENDADOR

                  ¡Oh Pedro!
Seas mil veces bien venido. Dame
otras tantas tus brazos.

PERIBÁÑEZ

                ¡Señor mío!
¡Tanta merced a un rústico villano
de los menores que en Ocaña tienes!
¡Tanta merced a un labrador!

COMENDADOR

                  No eres
indigno, Peribáñez, de mis brazos;
que, fuera de ser hombre bien nacido,
y por tu entendimiento y tus costumbres
honra de los vasallos de mi tierra,
te debo estar agradecido, y tanto

cuanto ha sido por ti tener la vida
que pienso que sin ti fuera perdida.
¿Qué quieres desta casa?

PERIBÁÑEZ

                Señor mío,
yo soy, ya lo sabrás, recién casado.
Los hombres, y de bien, cual lo profeso,
hacemos, aunque pobres, el oficio
que hicieran los galanes de palacio.
Mi mujer me ha pedido que la lleve
a la fiesta de agosto, que en Toledo
es, como sabes, de su santa iglesia
celebrada de suerte, que convoca
a todo el reino. Van también sus primas.
Yo, señor, tengo en casa pobres sargas[60]
no franceses tapices de oro y seda,
no reposteros con doradas armas,
ni coronados de blasón y plumas
los timbres generosos; y así, vengo
a que se digne vuestra señoría
de prestarme una alhombra y repostero
para adornar el carro; y le suplico
que mi ignorancia su grandeza abone,
y como enamorado me perdone.

COMENDADOR
¿Estás contento, Peribáñez?

PERIBÁÑEZ

                  Tanto.
que no trocara a este sayal grosero
la encomienda[61] mayor que el pecho cruza
de vuestra señoría, porque tengo
mujer honrada, y no de mala cara,
buena cristiana, humilde, y que me quiere,
no sé si tanto como yo la quiero,
pero con más amor que mujer tuvo.

COMENDADOR
Tenéis razón de amar a quien os ama
por ley divina y por humanas leyes;
que a vos eso os agrada como vuestro.
¡Hola! Dalde el alfombra mequineza,[62]
con ocho reposteros de mis armas;
y pues hay ocasión para pagarle
el buen acogimiento de su casa,
adonde hallé la vida, las dos mulas
que compré para el coche de camino:
y a su esposa llevad las arracadas,
si el platero las tiene ya acabadas.

---

[59] amada.   [60] tapetes de lana.
    [61] cruz bordada que llevaban los caballeros de las órdenes militares en la capa o en el vestido.   [62] de Mequinez, ciudad de Marruecos.   [63] caballo de color rojizo.
[64] encubierto, en secreto.   [65] Alusión a las siete colinas de Roma, cuya fama, según este elogio, ha sido oscurecida

por la del monte sobre el que está asentada Toledo.
[66] sobrenombre de Diana, a la que estaban dedicados el templo y la ciudad de Efeso; *milagro,* más que referirse a un hecho, debe de estar usado como término ponderativo de la catedral de Toledo (*su santa iglesia*), que aquí se compara con el famoso templo de Efesia.

PERIBÁÑEZ
Aunque bese la tierra, señor mío,
en tu nombre mil veces, no te pago
una mínima parte de las muchas
que debo a las mercedes que me haces.
Mi esposa y yo, hasta aquí vasallos tuyos,
desde hoy somos esclavos de tu casa.

COMENDADOR
Ve, Leonardo, con él.

LEONARDO

        Vente conmigo
(Vanse.)

ESCENA XVIII

COMENDADOR
Luján, ¿qué te parece?

LUJÁN

        Que se viene
la ventura a tu casa.

COMENDADOR

        Escucha aparte:
el alazán[63] al punto me adereza;
que quiero ir a Toledo rebozado,[64]
porque me lleva el alma esta villana.

LUJÁN
¿Seguirla quieres?

COMENDADOR

        Sí, pues me persigue,
porque este ardor con verla se mitigue.
(Váyase.)

ESCENA XIX

Entrada a la catedral de Toledo

Entren con acompañamiento el REY D. ENRIQUE III
y el CONDESTABLE

CONDESTABLE
Alegre está la ciudad,
y a servirte apercebida,
con la dichosa venida
de tu sacra majestad.
Auméntales el placer
ser víspera de tal día.

EL REY D. ENRIQUE
El deseo que tenía
me pueden agradecer.
Soy de su rara hermosura
el mayor apasionado.

CONDESTABLE
Ella en amor y en cuidado

notablemente procura
mostrar agradecimiento.

EL REY D. ENRIQUE
Es octava maravilla,
es corona de Castilla,
es su lustre y ornamento,
es cabeza, Condestable,
de quien los miembros reciben
vida, con que alegres viven;
es a la vista admirable.
Como Roma, está sentada
sobre un monte que ha vencido
los siete[65] por quien ha sido
tantos siglos celebrada.
Salgo de su santa iglesia
con admiración y amor.

CONDESTABLE
Este milagro, señor,
vence al antiguo de Efesia.[66]
¿Piensas hallarte mañana
en la procesión?

EL REY D. ENRIQUE

        Iré,
para ejemplo de mi fe,
con la Imagen soberana;
que la querría obligar
a que rogase por mí
en esta jornada.

ESCENA XX

Un PAJE *entre*

PAJE

        Aquí
tus pies vienen a besar
dos regidores, de parte
de su noble ayuntamiento.

EL REY D. ENRIQUE
Di que lleguen.

UN REGIDOR

        Esos pies
besa, gran señor, Toledo,
y dice que, para darte
respuesta con breve acuerdo
a lo que pides, y es justo,
de la gente y el dinero,
juntó sus nobles, y todos,
de común consentimiento
para la jornada ofrecen
mil hombres de todo el reino
y cuarenta mil ducados.

EL REY D. ENRIQUE
Mucho a Toledo agradezco

el servicio que me hace;
pero es Toledo en efeto.
¿Sois caballeros los dos?

REGIDOR
Los dos somos caballeros.

EL REY D. ENRIQUE
Pues hablad al Condestable
mañana, porque Toledo
vea que en vosotros pago
lo que a su nobleza debo.

ESCENA XXI

Entren INÉS *y* COSTANZA *y* CASILDA *con sombreros de borlas y vestidos de labradoras al uso de la Sagra; y* PERIBÁÑEZ *y el* COMENDADOR, *de camino, detrás*

INÉS
Pardiez, que tengo de verle,
pues hemos venido a tiempo
que está el Rey en la ciudad.

COSTANZA
¡Oh qué gallardo mancebo!

INÉS
Éste llaman don Enrique
Tercero.

CASILDA
            ¡Qué buen tercero!

PERIBÁÑEZ
Es hijo del rey don Juan
el Primero, y así, es nieto
del Segundo don Enrique,
el que mató al rey don Pedro,
que fué Guzmán por la madre,
y valiente caballero;
aunque más lo fué el hermano;
pero cayendo en el suelo,
valióse de la fortuna,
y de los brazos asiendo
a Enrique, le dió la daga,
que agora se ha vuelto cetro.[67]

INÉS
¿Quién es aquel tan erguido
que habla con él?

PERIBÁÑEZ
            Cuando menos
el Condestable.

CASILDA
            ¿Que son
los reyes de carne y hueso?

COSTANZA
Pues ¿de qué pensabas tú?

CASILDA
De damasco o terciopelo.

COSTANZA
¡Sí que eres boba en verdad!

COMENDADOR *(Aparte.)*
—Como sombra voy siguiendo
el sol de aquesta villana
y con tanto atrevimiento,
que de la gente del Rey
el ser conocido temo.
Pero ya se va al alcázar.—

            (Vase el REY *y su gente.)*

INÉS
¡Hola! El Rey se va.

COSTANZA
            Tan presto,
que aun no he podido saber
si es barbirrubio o taheño.[68]

INÉS
Los reyes son a la vista,
Costanza, por el respeto,
imágenes de milagros
porque siempre que los vemos,
de otra color nos parecen.

ESCENA XXII

LUJÁN, *entre con un* PINTOR

LUJÁN
Aquí está.

PINTOR
            ¿Cuál de ellas?

LUJÁN
            Quedo.
Señor, aquí está el pintor.

COMENDADOR
¡Oh amigo!

PINTOR
            A servirte vengo.

---

[67] la daga con que Enrique II mató a su hermano Pedro «se ha vuelto cetro», porque a causa de esta muerte don Enrique llegó a ser rey de Castilla. [68] de barba roja. [69] Debe de estar usado por cartón o cartulina para pintar el retrato. [70] lámina o medalla grande que se llevaba en el pecho. [71] collar. [1] reunión de los cofrades.

COMENDADOR
¿Traes el naipe[69] y colores?

PINTOR
Sabiendo tu pensamiento,
colores y naipe traigo.

COMENDADOR
Pues, con notable secreto,
de aquellas tres labradoras
me retrata la de en medio
luego que en cualquier lugar
tomen con espacio asiento.

PINTOR
Que será dificultoso
temo; pero yo me atrevo
a que se parezca mucho.

COMENDADOR
Pues advierte lo que quiero.
Si se parece en el naipe,
deste retrato pequeño
quiero que hagas uno grande
con más espacio en un lienzo.

PINTOR
¿Quiéresle entero?

COMENDADOR
                No tanto;
basta que de medio cuerpo,
mas con las mismas patenas,[70]
sartas,[71] camisa y sayuelo.

LUJÁN
Allí se sientan a ver
la gente.

PINTOR
                Ocasión tenemos.
Yo haré el retrato.

PERIBÁÑEZ
                Casilda,
tomemos aqueste asiento
para ver las luminarias.

INÉS
Dicen que al ayuntamiento
traerán bueyes esta noche.

CASILDA
Vamos: que aquí los veremos
sin peligro y sin estorbo.

COMENDADOR
Retrata, pintor, al cielo,
todo bordado de nubes,
y retrata un prado ameno
todo cubierto de flores.

PINTOR
Cierto que es bella en extremo.

LUJÁN
Tan bella, que está mi amo
todo cubierto de vello,
de convertido en salvaje.

PINTOR
La luz faltará muy presto.

COMENDADOR
No lo temas; que otro sol
tiene en sus ojos serenos,
siendo estrellas para ti,
para mí rayos de fuego.

FIN DEL PRIMER ACTO

ACTO SEGUNDO

ESCENA I

*Sala de juntas de una cofradía, en Ocaña. Cuatro
labradores*: BLAS, GIL, ANTÓN, BENITO

BENITO
    Yo soy deste parecer.

GIL
Pues sentaos y escribildo.

ANTÓN
Mal hacemos en hacer
entre tan pocos cabildo.[1]

BENITO
Ya se llamó desde ayer.

BLAS
    Mil faltas se han conocido
en esta fiesta pasada.

GIL
Puesto, señores, que ha sido
la procesión tan honrada
y el Santo tan bien servido,
    debemos considerar
que parece mal faltar
en tan noble cofradía
lo que ahora se podría
fácilmente remediar.
    Y cierto que, pues que toca
a todos un mal que daña
generalmente, que es poca
devoción de toda Ocaña,
y a toda España provoca,
    de nuestro santo patrón,
Roque, vemos cada día
aumentar la devoción

una y otra cofradía,
una y otra procesión
en el Reino de Toledo.
Pues ¿por qué tenemos miedo
a ningún gasto?

BENITO

                No ha sido
sino descuido y olvido.

ESCENA II

Entre PERIBÁÑEZ

PERIBÁÑEZ

Si en algo serviros puedo,
    véisme aquí, si ya no es tarde.

BLAS

Peribáñez, Dios os guarde,
gran falta nos habéis hecho.

PERIBÁÑEZ

El no seros de provecho
me tiene siempre cobarde.

BENITO

Toma asiento junto a mí.

GIL

¿Dónde has estado?

PERIBÁÑEZ

                En Toledo;
que a ver con mi esposa fuí
la fiesta.

ANTÓN

        ¿Gran cosa?

PERIBÁÑEZ

                Puedo
decir, señores, que vi
    un cielo en ver en el suelo
su santa iglesia, y la imagen
que ser más bella recelo,
si no es que a pintarla bajen
los escultores del cielo;
    porque, quien la verdadera
no haya visto en la alta esfera
del trono en que está sentada,
no podrá igualar en nada
la que Toledo venera.
    Hízose la procesión
con aquella majestad
que suelen, y que es razón,
añadiendo autoridad
el Rey en esta ocasión.

Pasaba al Andalucía
para proseguir la guerra.

GIL

Mucho nuestra cofradía
sin vos en mil cosas yerra.

PERIBÁÑEZ

Pensé venir otro día,
    y hallarme a la procesión
de nuestro Roque divino;
pero fué vana intención,
porque mi Casilda vino
con tan devota intención,
    que hasta que pasó la octava
no pude hacella venir.

GIL

¿Que allá el señor Rey estaba?

PERIBÁÑEZ

Y el maestre, oí decir,
de Alcántara y Calatrava.
    ¡Brava jornada aperciben!
No ha de quedar moro en pie
de cuantos beben y viven
el Betis,² aunque bien sé
del modo que los reciben.
    Pero, esto aparte dejando,
¿de qué estábades tratando?

BENITO

De la nuestra cofradía
de San Roque, y, a fe mía,
que el ver que has llegado cuando
    mayordomo están haciendo,
me ha dado, Pedro, a pensar
que vienes a serlo.

ANTÓN

                En viendo
a Peribáñez entrar,
lo mismo estaba diciendo.

BLAS

        ¿Quién lo ha de contradecir?

GIL

Por mí digo que lo sea,
y en la fiesta por venir
se ponga cuidado, y vea
lo que es menester pedir.

PERIBÁÑEZ

    Aunque por recién casado
replicar fuera razón,
puesto que me habéis honrado,

---

² río Guadalquivir. ³ que cuando se haga la imagen (de
San Roque) tan grande como la de San Cristóbal (el santo   de mayor tamaño).

agravio mi devoción,
huyendo el rostro al cuidado.
   Y por servir a San Roque,
la mayordomía aceto
para que más me provoque
a su servicio.

ANTÓN

          En efeto,
haréis mejor lo que toque.

PERIBÁÑEZ

¿Qué es lo que falta de hacer?

BENITO

Yo quisiera proponer
que otro San Roque se hiciese
más grande, porque tuviese
más vista.

PERIBÁÑEZ

          Buen parecer.
¿Qué dice Gil?

GIL

               Que es razón;
que es viejo y chico el que tiene
la cofradía.

PERIBÁÑEZ

          ¿Y Antón?

ANTÓN

Que hacerle grande conviene,
y que ponga devoción.
   Está todo desollado
el perro, y el panecillo
más de la mitad quitado,
y el *santo*, quiero decillo,
todo abierto por un lado,
   y a los dos dedos, que son
con que da la bendición,
falta más de la mitad.

PERIBÁÑEZ

Blas ¿qué diz?

BLAS

               Que a la ciudad
vayan hoy Pedro y Antón,
   y hagan aderezar
el viejo a algún buen pintor,
porque no es justo gastar
ni hacerle agora mayor,
pudiéndose renovar.

PERIBÁÑEZ

   Blas dice bien, pues está
tan pobre la cofradía;
mas ¿cómo se llevará?

ANTÓN

En vuesa pollina o mía
sin daño y golpes irá,
   de una sábana cubierto.

PERIBÁÑEZ

Pues esto baste por hoy,
si he de ir a Toledo.

BLAS

               Advierto
que este parecer que doy
no lleva engaño cubierto;
   que, si se ofrece gastar,
cuando Roque se volviera
San Cristóbal,[3] sabré dar
mi parte.

GIL

          Cuando eso fuera,
¿quién se pudiera excusar?

PERIBÁÑEZ

   Pues vamos, Antón; que quiero
despedirme de mi esposa.

ANTÓN

Yo con la imagen te espero.

PERIBÁÑEZ

Llamará Casilda hermosa
este mi amor lisonjero;
   que, aunque desculpado quedo
con que el cabildo me ruega,
pienso que enojarla puedo,
pues en tiempo de la siega
me voy de Ocaña a Toledo.

ESCENA III

Sala en casa del COMENDADOR

Salen el COMENDADOR *y* LEONARDO

COMENDADOR

Cuéntame el suceso todo.

LEONARDO

Si de algún provecho es
haber conquistado a Inés,
pasa, señor, deste modo.
   Vino a Ocaña de Toledo
Inés con tu labradora,
como de su sol aurora,
más blanda y menos extraña.
   Pasé sus calles las veces
que pude, aunque con recato,
porque en gente de aquel trato
hay maliciosos jüeces.
   Al baile salió una fiesta,

ocasión de hablarla hallé;
habléla de amor, y fué
la vergüenza la respuesta.
	Pero saliendo otro día
a las eras, pude hablalla,
y en el camino contalla
la fingida pena mía.
	Ya entonces más libremente
mis palabras escuchó,
y pagarme prometió
mi afición honestamente
	porque yo le di a entender
que ser mi esposa podría,
aunque ella mucho temía
lo que era razón temer.
	Pero aseguréla yo
que tú, si era su contento,
harías el casamiento,
y de otra manera no.
	Con esto está de manera,
que si a Casilda ha de haber
puerta, por aquí ha de ser;
que es prima y es bachillera.

COMENDADOR

	¡Ay, Leonardo! ¡Si mi suerte
al imposible inhumano
de aqueste desdén villano,
roca del mar siempre fuerte,
	hallase fácil camino!

LEONARDO

¿Tan ingrata te responde?

COMENDADOR

Seguíla, ya sabes dónde,
sombra de su sol divino;
	y en viendo que me quitaba
el rebozo[4] era de suerte,
que, como de ver la muerte,
de mi rostro se espantaba.
	Ya le salían colores
al rostro, ya se teñía
de blanca nieve, y hacía
su furia y desdén mayores.
	Con efectos desiguales,
yo con los humildes ojos
mostraba que sus enojos
me daban golpes mortales.
	En todo me parecía
que aumentaba su hermosura,
y atrevióse mi locura,
Leonardo, a llamar un día

un pintor, que retrató
en un naipe su desdén.

LEONARDO

Y ¿parecióse?

COMENDADOR

	Tan bien,
que después me le pasó
	a un lienzo grande, que quiero
tener donde siempre esté
a mis ojos, y me dé
más favor que el verdadero.
	Pienso que estará acabado:
tú irás por él a Toledo:
pues con el vivo no puedo,
viviré con el pintado.

LEONARDO

	Iré a servirte, aunque siento
que te aflijas por mujer
que la tardas en vencer
lo que ella en saber tu intento.
	Déjame hablar con Inés;
que verás lo que sucede.

COMENDADOR

Si ella lo que dices puede,
no tiene el mundo interés...

ESCENA IV

LUJÁN, *entre como segador*

LUJÁN

¿Estás solo?

COMENDADOR

	¡Oh buen Luján!
Sólo está Leonardo aquí.

LUJÁN

¡Albricias, señor!

COMENDADOR

	Si a ti
deseos no te las dan,
	hacienda tengo en Ocaña.

LUJÁN

En forma de segador,
a Peribáñez, señor
(tanto la apariencia engaña),
	pedí jornal en su trigo,
y desconocido, estoy
en su casa desde hoy.

---

4 me descubría.	5 clase de cuero fino.	6 Alusión al
refrán: «En agosto, frío en rostro».	7 por verse mon-
tados o colgados; se refiere a los reposteros, que se
colgaban sólo en invierno.	8 Se refiere a las armas del
comendador que ostentaban los reposteros que había
prestado a Peribáñez.	9 advierto.

COMENDADOR

¡Quién fuera, Luján, contigo!

LUJÁN

Mañana al salir la aurora
hemos de ir los segadores
al campo; mas tus amores
tienen gran remedio agora,
    que Peribáñez es ido
a Toledo, y te ha dejado
esta noche a mi cuidado;
porque, en estando dormido
    el escuadrón de la siega
alrededor del portal,
en sintiendo que al umbral
tu seña o tu planta llega,
    abra la puerta, y te adiestre
por donde vayas a ver
esta invencible mujer.

COMENDADOR

¿Cómo quieres que te muestre
    debido agradecimiento,
Luján, de tanto favor?

LEONARDO

Es el tesoro mayor
del alma, el entendimiento.

COMENDADOR

    ¡Por qué camino tan llano
has dado a mi mal remedio!
Pues no estando de por medio
aquel celoso villano,
    y abriéndome tú la puerta
al dormir los segadores,
queda en mis locos amores
la de mi esperanza abierta.
    ¡Brava ventura he tenido,
no sólo en que se partiese,
pero de que no te hubiese
por el disfraz conocido!
    ¿Has mirado bien la casa?

LUJÁN

Y ¡cómo si la miré!
Hasta el aposento entré
del sol que tu pecho abrasa.

COMENDADOR

    ¿Que has entrado a su aposento?
Que de tan divino sol
¿fuiste Faetón español?
¡Espantoso atrevimiento!
    ¿Qué hacía aquel ángel bello?

LUJÁN

Labor en un limpio estrado,
no de seda ni brocado,
aunque pudiera tenello,

mas de azul guadamecí,[5]
con unos vivos dorados,
que, en vez de borlas, cortados
por las cuatro esquinas vi.
    Y como en toda Castilla
dicen del agosto ya
que el frío en el rostro da,[6]
y ha llovido en nuestra villa,
    o por verse caballero[7]
antes del invierno frío,
sus paredes, señor mío,
sustentan tus reposteros.
    Tanto, que dije entre mí,
viendo tus armas honradas:
«rendidas, que no colgadas,
pues amor lo quiere ansí.»

COMENDADOR

    Antes ellas[8] te advirtieron
de que en aquella ocasión
tomaban la posesión
de la conquista que hicieron;
    porque donde están colgadas,
lejos están de rendidas.
Pero, cuando fueran vidas,
las doy por bien empleadas.
    Vuelve, no te vean aquí
que, mientras me voy a armar,
querrá la noche llegar
para dolerse de mí.

LUJÁN

    ¿Ha de ir Leonardo contigo?

COMENDADOR

Paréceme discreción;
porque en cualquiera ocasión
es bueno al lado un amigo.

(Vanse.)

Escena V

Portal de casa de PERIBÁÑEZ

Entren CASILDA *y* INÉS

CASILDA

Conmigo te has de quedar
esta noche, por tu vida.

INÉS

Licencia es razón que pida.
Desto no te has de agraviar;
    que son padres en efeto.

CASILDA

Enviaréles un recado,
porque no estén con cuidado.
Que ya es tarde te prometo.[9]

Trázalo[10] como te dé
más gusto, prima querida.

CASILDA

No me habrás hecho en tu vida
mayor placer a la fe.

INÉS

Esto debes a mi amor.
Estás, Casilda, enseñada
a dormir acompañada:
no hay duda, tendrás temor.
　Y yo mal podré suplir
la falta de tu velado;
que es mozo a la fe chapado,[11]
y para hacer y decir.
　Yo, si hubiese algún rüido,
cuéntame por desmayada.
Tiemblo[12] una espada envainada;
desnuda, pierdo el sentido.

CASILDA

　No hay en casa qué temer;
que duermen en el portal
los segadores.

INÉS

　　　　Tu mal
soledad debe de ser,
　y temes que estos desvelos
te quiten el sueño.

CASILDA

　　　　Aciertas;
que los desvelos son puertas
para que pasen los celos
　desde el amor al temor;
y en comenzando a temer;
no hay más dormir que poner
con celos remedio a amor.

INÉS

　Pues ¿qué ocasión puede darte
en Toledo?

CASILDA

　　　　Tú ¿no ves
que celos es aire, Inés,
que viene de cualquier parte?

INÉS

　Que de Medina venía
oí yo siempre cantar.

CASILDA

　Y Toledo ¿no es lugar
de adonde venir podría?

INÉS

Grandes hermosuras tiene.

CASILDA

Ahora bien, vente a cenar.

ESCENA VI

LLORENTE, MENDO, *segadores*

LLORENTE

A quien ha de madrugar
dormir luego[13] le conviene.

MENDO

　Digo que muy justo es.
Los ranchos pueden hacerse.

CASILDA

Ya vienen a recogerse
los segadores, Inés.

INÉS

　Pues vamos, y a Sancho avisa
el cuidado de la huerta.

　　　　(Vanse.)

ESCENA VII

Entren BARTOLO, CHAPARRO, *segadores*

LLORENTE

Muesama acude a la puerta.
Andará dándonos prisa,
　por no estar aquí su dueño.

BARTOLO

Al alba he de haber segado
todo el repecho del prado.

CHAPARRO

Si diere licencia el sueño.—
　Buenas noches os dé Dios,
Mendo y Llorente.

MENDO

　　　　El sosiego
no será mucho, si luego
habemos de andar los dos
　con las hoces a destajo,[14]
aquí manada,[15] aquí corte.

CHAPARRO

Pardiez, Mendo, cuando importe,
bien luce el justo trabajo.
　Sentaos, y antes de dormir

---

10 Arréglalo.
　11 de valor.　12 tiemblo ante.　13 pronto.　14 con
empeño, sin descanso y aprisa para concluir pronto.
15 porción de trigo que se puede coger de una vez con
la mano; en este caso para cortar o segar con la hoz.
16 forma popular de Felipe.　17 arrimaos.　18 me quito
el capote.　19 los silbidos que al parecer dan el comendador y Leonardo desde fuera.

o cantemos o contemos
algo de nuevo, y podremos
en esto nos divertir.

BARTOLO
¿Tan dormido estáis, Llorente?

LLORENTE
Pardiez, Bartol, que quisiera
que en un año amaneciera
cuatro veces solamente.

ESCENA VIII

HELIPE y LUJÁN, *segadores*

HELIPE
¿Hay para todos lugar?

MENDO
¡Oh Helipe![16] Bien venido.

LUJÁN
Y yo, si lugar os pido,
¿podréle por dicha hallar?

CHAPARRO
No faltará para vos.
Aconchaos[17] junto a la puerta.

BARTOLO
Cantar algo se concierta.

CHAPARRO
Y aun contar algo, por Dios.

LUJÁN
Quien supiere un lindo cuento,
póngale luego en el corro.

CHAPARRO
De mi capote me ahorro,[18]
y para escuchar me asiento.

LUJÁN
Va primero de canción,
y luego diré una historia
que me viene a la memoria.

MENDO
Cantad.

LLORENTE
Ya comienzo el son.

(*Canten con las guitarras.*)

Trébole, ¡ay Jesús, cómo huele!
Trébole, ¡ay Jesús, qué olor!
Trébole de la casada,
que a su esposo quiere bien;
de la doncella también,
entre paredes guardada,

que fácilmente engañada
sigue su primero amor.
Trébole, ¡ay Jesús, cómo huele!
Trébole, ¡ay Jesús, qué olor!
Trébole de la soltera,
que tantos amores muda;
trébole de la viuda,
que otra vez casarse espera,
tocas blancas por defuera
y el faldellín de color.
Trébole, ¡ay Jesús, cómo huele!
Trébole, ¡ay Jesús, qué olor!

LUJÁN
Parece que se han dormido,
no tenéis ya que cantar.

LLORENTE
Yo me quiero recostar,
aunque no en trébol florido.

LUJÁN (*Aparte*)
—¿Qué me detengo? Ya están
los segadores durmiendo.
Noche, este amor te encomiendo:
prisa los silbos[19] me dan.
La puerta le quiero abrir.—

(*Abre.*)

ESCENA IX

Entren el COMENDADOR *y* LEONARDO

LUJÁN
¿Eres tú, señor?

COMENDADOR
                    Yo soy.

LUJÁN
Entra presto.

COMENDADOR
                    Dentro estoy.

LUJÁN
Ya comienzan a dormir.
Seguro por ellos pasa;
que un carro puede pasar
sin que puedan despertar.

COMENDADOR
Luján, yo no sé la casa.
Al aposento me guía.

LUJÁN
Quédese Leonardo aquí.

LEONARDO
Que me place.

LUJÁN

  Ven tras mí.

COMENDADOR

¡Oh amor! ¡Oh fortuna mía!
¡Dame próspero suceso!

   (*Éntranse el* COMENDADOR *y*
   LUJÁN; LEONARDO *se queda*
   detrás de la puerta.)

ESCENA X

LLORENTE

¡Hola, Mendo!

MENDO

   ¿Qué hay Llorente?

LLORENTE

En casa anda gente.

MENDO

    ¿Gente?
Que lo temí te confieso.
¿Así se guarda el decoro
a Peribáñez?

LLORENTE

   No sé.
Sé que no es gente de a pie.

MENDO

¿Cómo?

LLORENTE

   Trae capa con oro.

MENDO

¿Con oro? Máteme aquí
si no es el Comendador.

LLORENTE

Demos voces.

MENDO

   ¿No es mejor
callar?

LLORENTE

   Sospecho que sí.
Pero ¿de qué sabes que es
el Comendador?

MENDO

  No hubiera
en Ocaña quien pusiera
tan atrevido los pies,
ni aun el pensamiento, aquí.

LLORENTE

Esto es casar con mujer
hermosa.

MENDO

   ¿No puede ser
que ella esté sin culpa?

LLORENTE

     Sí.
Ya vuelven. Hazte dormido.

ESCENA XI

El COMENDADOR *y* LUJÁN, *embozados.*
Dichos

COMENDADOR. *En voz baja.*
¡Ce! ¡Leonardo!

LEONARDO

   ¿Qué hay, señor?

COMENDADOR

Perdí la ocasión mejor
que pudiera haber tenido.

LEONARDO

¿Cómo?

COMENDADOR

  Ha cerrado, y muy bien,
el aposento esta fiera.

LEONARDO

Llama.

COMENDADOR

   ¡Si gente no hubiera!...
Mas despertarán también.

LEONARDO

No harán, que son segadores;
y el vino y cansancio son
candados de la razón
y sentidos exteriores.
Pero escucha: que han abierto
la ventana del portal.

---

20 con motivo de la cosecha.
 21 polainas, prenda que cubre la pierna y parte del pie. 22 Describe cómo debían ir los segadores al trabajo: con la hoz colgada del cuello y los dediles (fundas para proteger los dedos) colgados del cinturón. 23 *palmilla,* como *grana,* clase de paño tosco usado por las campesinas. 24 pelo que se trae levantado sobre la frente. 25 cuello. 26 red para sujetar el pelo. 27 *toca* = prenda de tela con que se cubría la cabeza; *de argentería* = de lentejuelas. 28 días de fiesta. 29 *poleo,* como *tomillo* y *cantueso,* yerbas silvestres y aromáticas. 30 de color negro y blanco mezclado. 31 clase de arma. 32 y con el perro de caza (*podenco*) atado. 33 roscas o dobleces en la parte superior de la manga. 34 vestidura de la cintura para arriba, ajustada, con mangas y brahones. En ella llevaban los caballeros bordada sobre el pecho la insignia de su Orden. 35 Habla en voz baja.

COMENDADOR

Todo me sucede mal.

LEONARDO

¿Si es ella?

COMENDADOR

Tenlo por cierto.

ESCENA XII

A la ventana con un rebozo, CASILDA

CASILDA

¿Es hora de madrugar,
amigos?

COMENDADOR

Señora mía
ya se va acercando el día,
y es tiempo de ir a segar.
Demás, que saliendo vos,
sale el sol, y es tarde ya.
Lástima a todos nos da
de veros sola, por Dios.
No os quiere bien vuestro esposo
pues a Toledo se fué,
y os deja una noche. A fe
que si fuera tan dichoso
el Comendador de Ocaña
(que sé yo que os quiere bien,
aunque le mostráis desdén
y sois con él tan extraña),
que no os dejara, aunque el Rey
por sus cartas le llamara;
que dejar sola esa cara
nunca fué de amantes ley.

CASILDA

Labrador de lejas tierras,
que has venido a nuesa villa,
convidado del agosto,[20]
¿quién te dió tanta malicia?
Ponte tu tosca antipara,[21]
del hombro el gabán derriba,
la hoz menuda en el cuello,
los dediles en la cinta.[22]
Madruga al salir del alba,
mira que te llama el día,
ata las manadas secas
sin maltratar las espigas.
Cuando salgan las estrellas
a tu descanso camina,
y no te metas en cosas
de que algún mal se te siga.
El Comendador de Ocaña
servirá dama de estima,
no con sayuelo de grana
ni con saya de palmilla.[23]

Copete[24] traerá rizado,
gorguera[25] de holanda fina,
no cofia[26] de pinos tosca
y toca de argentería.[27]
En coche o silla de seda
los disantos[28] irá a misa;
no vendrá en carro de estacas
de los campos a las viñas.
Diréle en cartas discretas
requiebros a maravilla,
no labradores desdenes,
envueltos en señorías.
Oleréle a guantes de ámbar,
a perfumes y pastillas;
no a tomillo ni cantueso,
poleo[29] y zarzas floridas.
Y cuando el Comendador
me amase como a su vida
y se diesen virtud y honra
por amorosas mentiras,
más quiero yo a Peribáñez
con su capa la pardilla
que al Comendador de Ocaña
con la suya guarnecida.
Más precio verle venir
en su yegua la tordilla,[30]
la barba llena de escarcha
y de nieve la camisa,
la ballesta[31] atravesada,
y del arzón de la silla
dos perdices o conejos,
y el podenco de traílla[32]
que ver al Comendador
con gorra de seda rica,
y cubiertos de diamantes
los brahones[33] y capilla;
que más devoción me causa
la cruz de piedra en la ermita
que la roja de Santiago
en su bordada ropilla.[34]
Vete, pues, el segador,
mala fuese la tu dicha;
que si Peribáñez viene,
no verás la luz del día.

COMENDADOR

Quedo,[35] señora... ¡Señora...!
Casilda, amores, Casilda,
yo soy el Comendador;
abridme, por vuestra vida.
Mirad que tengo que daros
dos sartas de perlas finas
y una cadena esmaltada
de más peso que la mía.

CASILDA

Segadores de mi casa,

no durmáis, que con su risa
os está llamando el alba.
Ea, relinchos y grita;
que al que a la tarde viniere
con más manadas cogidas,
le mando el sombrero grande
con que va Pedro a las viñas.

(*Quítase de la ventana.*)

MENDO
Llorente, muesa ama llama.

LUJÁN. *Aparte, a su amo.*
—Huye, señor, huye aprisa:
que te ha de ver esta gente.—

COMENDADOR. *Aparte.*
—Ah crüel sierpe de Libia!
Pues aunque gaste mi hacienda,
mi honor, mi sangre y vida,
he de rendir tus desdenes,
tengo de vencer tus iras.—

(*Vanse el* COMENDADOR, LUJÁN y
LEONARDO.)

BARTOLO
Yérguete cedo,[36] Chaparro;
que viene a gran prisa el día.

CHAPARRO
Ea, Helipe; que es muy tarde.

HELIPE
Pardiez, Bartol, que se miran
todos los montes bañados
de blanca luz por encima.

LLORENTE
Seguidme todos, amigos,
porque muesama no diga
que porque muesamo falta.
andan las hoces baldías.[37]

(*Éntrense todos relinchando.*)

ESCENA XIII

Sala en casa de un pintor en Toledo

Entren PERIBÁÑEZ *y el* PINTOR *y* ANTÓN

PERIBÁÑEZ
Entre las tablas que vi
de devoción o retratos,
adonde menos ingratos
los pinceles conocí,
    una he visto que me agrada,
o porque tiene primor,
o porque soy labrador
y lo es también la pintada.
    Y pues ya se concertó
el aderezo[38] del santo,
reciba yo favor tanto,
que vuelva a mirarla yo.

PINTOR
Vos tenéis mucha razón;
que es bella la labradora.

PERIBÁÑEZ
Quitalda del clavo ahora;
que quiero enseñarla a Antón.

ANTÓN
Ya la vi; mas si queréis,
también holgaré de vella.

PERIBÁÑEZ
Id, por mi vida, por ella.

PINTOR
Yo voy.

PERIBÁÑEZ
                    Un ángel veréis.

(*Vase el* PINTOR.)

ESCENA XIV

ANTÓN
Bien sé yo por qué miráis
la villana con cuidado.

PERIBÁÑEZ
Sólo el traje me lo ha dado;
que en el gusto, os engañáis.

ANTÓN
Pienso que os ha parecido
que parece a vuestra esposa.

PERIBÁÑEZ
¿Es Casilda tan hermosa?

ANTÓN
Pedro, vos sois su marido:
a vos os está más bien
alaballa, que no a mí.

ESCENA XV

El PINTOR, *con un retrato grande de*
CASILDA

PINTOR
La labradora está aquí.

PERIBÁÑEZ. *Aparte.*
—Y mi deshonra también.—

---

36 Levántate pronto.   37 quietas, sin trabajar.   38 arre-   glo.

PINTOR

¿Qué os parece?

PERIBÁÑEZ

                    Que es notable.—
¿No os agrada, Antón?

ANTÓN

                    Es cosa
a vuestros ojos hermosa,
y a los del mundo admirable.

PERIBÁÑEZ

Id, Antón, a la posada,
y ensillad mientras que voy.

ANTÓN. (*Aparte.*)

—Puesto que ignorante soy,
Casilda es la retratada,
y el pobre de Pedro está
abrasándose de celos.—
Adiós.   (*Váyase* ANTÓN.)

PERIBÁÑEZ

          No han hecho los cielos
cosa, señor, como ésta.
          ¡Bellos ojos! ¡Linda boca!
¿De dónde es esta mujer?

PINTOR

No acertarla a conocer
a imaginar me provoca
          que no está bien retratada,
porque donde vos nació.

PERIBÁÑEZ

¿En Ocaña?

PINTOR

                    Sí.

PERIBÁÑEZ

                    Pues yo
conozco una desposada
          a quien algo se parece.

PINTOR

Yo no sé quién es; mas sé
que a hurto la retraté,
no como agora se ofrece,
          mas en un naipe. De allí
a este lienzo la he pasado.

PERIBÁÑEZ

Ya sé quién la ha retratado.
Si acierto, ¿diréislo?

PINTOR

                    Sí.

PERIBÁÑEZ

El Comendador de Ocaña.

PINTOR

Por saber que ella no sabe
el amor de hombre tan grave,
que es de lo mejor de España,
          me atrevo a decir que es él.

PERIBÁÑEZ

Luego ¿ella no es sabidora?

PINTOR

Como vos antes de agora;
antes, por ser tan fiel,
          tanto trabajo costó
el poderla retratar.

PERIBÁÑEZ

¿Queréismela a mí fiar,
y llevarésela yo?

PINTOR

          No me han pagado el dinero.

PERIBÁÑEZ

Yo os daré todo el valor.

PINTOR

Temo que el Comendador
se enoje, y mañana espero
          un lacayo suyo aquí.

PERIBÁÑEZ

Pues ¿sábelo ese lacayo?

PINTOR

Anda veloz como un rayo
por rendirla.

PERIBÁÑEZ

                    Ayer le vi,
y le quise conocer.

PINTOR

¿Mandáis otra cosa?

PERIBÁÑEZ

                    En tanto
que nos reparáis el santo,
tengo de venir a ver
          mil veces este retrato.

PINTOR

Como fuéredes servido.
Adiós.   (*Váyase el* PINTOR.)

ESCENA XVI

PERIBÁÑEZ

          ¿Qué he visto y oído,
cielo airado, tiempo ingrato?
Mas si deste falso trato
no es cómplice mi mujer,
          ¿cómo doy a conocer

mi pensamiento ofendido?
Porque celos de marido
no se han de dar a entender.
　　Basta que el Comendador
a mi mujer solicita;
basta que el honor me quita,
debiéndome dar honor.
Soy vasallo, es mi señor,
vivo en su amparo y defensa;
si en quitarme el honor piensa,
quitaréle yo la vida;
que la ofensa acometida
ya tiene fuerza de ofensa.
　　Erré en casarme, pensando
que era una hermosa mujer
toda la vida un placer
que estaba el alma pasando;
pues no imaginé que cuando
la riqueza poderosa
me la mirara envidiosa,
la codiciara también.
¡Mal haya el humilde, amén,
que busca mujer hermosa!
　　Don Fadrique me retrata
a mi mujer: luego ya
haciendo dibujo está
contra el honor, que me mata.
Si pintada me maltrata
la honra, es cosa forzosa
que venga a estar peligrosa
la verdadera también:
¡mal haya el humilde, amén,
que busca mujer hermosa!
　　Mal lo miró mi humildad
en buscar tanta hermosura;
mas la virtud asegura
la mayor dificultad.
Retirarme a mi heredad
es dar puerta vergonzosa
a quien cuando escucha glosa,
y trueca en mal todo el bien...
¡Mal haya el humilde, amén,
que busca mujer hermosa!
　　Pues también salir de Ocaña
es el mismo inconveniente
y mi hacienda no consiente
que viva por tierra extraña.
Cuanto me ayuda me daña;
pero hablaré con mi esposa,
aunque es ocasión odiosa
pedirle celos también.
¡Mal haya el humilde, amén,
que busca mujer hermosa!

(*Vase.*)

³⁹ porción de tierra sembrada.

ESCENA XVII

Sala en casa del COMENDADOR

Entren LEONARDO *y el* COMENDADOR

COMENDADOR

Por esta carta, como digo, manda
su majestad, Leonardo, que le envíe
de Ocaña y de su tierra alguna gente.

LEONARDO

Y ¿qué piensas hacer?

COMENDADOR

　　　　　Que se echen bandos
y que se alisten de valientes mozos
hasta doscientos hombres, repartidos
en dos lucidas compañías, ciento
de gente labradora, y ciento hidalgos.

LEONARDO

Y ¿no será mejor hidalgos todos?

COMENDADOR

No caminas al paso de mi intento,
y así, vas lejos de mi pensamiento.
Destos cien labradores hacer quiero
cabeza y capitán a Peribáñez,
y con esta invención tenelle ausente.

LEONARDO

¡Extrañas cosas piensan los amantes!

COMENDADOR

Amor es guerra, y cuanto piensa ardides.
¿Si habrá venido ya?

LEONARDO

　　　　　Luján me dijo
que a comer le esperaban, y que estaba
Casilda llena de congoja y miedo.
Supe después de Inés que no diría
cosa de lo pasado aquella noche,
y que de acuerdo de las dos, pensaba
disimular, por no causarle pena,
a que viéndola triste y afligida,
no se atreviese a declarar su pecho
lo que después para servirte haría.

COMENDADOR

¡Rigurosa mujer! ¡Maldiga el cielo
el punto en que caí, pues no he podido
desde entonces, Leonardo, levantarme
de los umbrales de su puerta!

LEONARDO

　　　　　Calla;
que más fuerte era Troya, y la conquista
derribó sus murallas por el suelo.
Son estas labradoras encogidas,

y por hallarse indignas, las más veces
niegan, señor, lo mismo que desean.
Ausenta a su marido honradamente;
que tú verás el fin de tu deseo.

COMENDADOR

Quiéralo mi ventura; que te juro
que, habiendo sido en tantas ocasiones
tan animoso, como sabe el mundo,
en ésta voy con un temor notable.

LEONARDO

Bueno será saber si Pedro viene.

COMENDADOR

Parte, Leonardo, y de tu Inés te informa,
sin que pases la calle ni levantes
los ojos a ventana o puerta suya.

LEONARDO

Exceso es ya tan gran desconfianza,
porque ninguno amó sin esperanza.

(*Vase* LEONARDO.)

ESCENA XVIII

COMENDADOR

Cuentan de un rey que a un árbol adoraba,
y que un mancebo a un mármol asistía,
a quien, sin dividirse noche y día,
sus amores y quejas le contaba;
    pero el que un tronco y una piedra amaba
más esperanza de su bien tenía,
pues en fin acercársele podía,
y a hurto de la gente le abrazaba.
    ¡Mísero yo, que adoro en otro muro
colgada, aquella ingrata y verde hiedra,
cuya dureza enternecer procuro!
    Tal es el fin que mi esperanza medra:
mas, pues que de morir estoy seguro,
¡plega al amor que te convierta en piedra!

(*Vase.*)

ESCENA XIX

Campo

Entren PERIBÁÑEZ *y* ANTÓN

PERIBÁÑEZ

Vos os podéis ir, Antón,
a vuestra casa; que es justo.

ANTÓN

Y vos ¿no fuera razón?

PERIBÁÑEZ

Ver mis segadores gusto,
pues llego a buena ocasión;
que la haza[39] cae aquí.

ANTÓN

Y ¿no fuera mejor haza
vuestra Casilda?

PERIBÁÑEZ

Es ansí;
pero quiero darles traza
de lo que han de hacer, por mí.
    Id a ver vuesa mujer,
y a la mía así de paso
decid que me quedo a ver
nuestra hacienda.

ANTÓN. *Aparte.*

—¡Extraño caso!
No quiero darle a entender
que entiendo su pensamiento.—
Quedad con Dios.

PERIBÁÑEZ

Él os guarde.

(*Vase* ANTÓN.)

ESCENA XX

PERIBÁÑEZ

Tanta es la afrenta que siento,
que sólo por entrar tarde,
hice aqueste fingimiento.
    ¡Triste yo! Si no es culpada
Casilda, ¿por qué rehuyo
el verla? ¡Ay mi prenda amada!
Pero a tu gracia atribuyo
mi fortuna desgraciada.
    Si tan hermosa no fueras,
claro está que no le dieras
al señor Comendador
causa de tan loco amor.
Éstos son mi trigo y eras.
    ¡Con qué diversa alegría,
oh campos, pensé miraros
cuando contento vivía!
Porque viniendo a sembraros,
otra esperanza tenía.
    Con alegre corazón
pensé de vuestras espigas
henchir mis trojes que son
agora eternas fatigas
de mi perdida opinión.
    Mas quiero disimular;
que ya sus relinchos siento.
Oírlos quiero cantar,
porque en ajeno instrumento
comienza el alma a llorar.

(*Dentro gritan, como que siegan.*)

ESCENA XXI

MENDO. *Dentro.*
Date más priesa, Bartol;
mira que la noche baja,
y se va a poner el sol.

BARTOLO. *Dentro.*
Bien cena quien bien trabaja,
dice el refrán español.

UN SEGADOR. *Dentro.*
Échote una pulla, Andrés;
que te bebas media azumbre.

OTRO SEGADOR. *Dentro.*
Échame otras dos, Ginés.

PERIBÁÑEZ
Todo me da pesadumbre,
todo mi desdicha es.

MENDO. *Dentro.*
Canta, Llorente, el cantar
de la mujer de muesamo.

PERIBÁÑEZ
¿Qué tengo más que esperar?
La vida, cielos, desamo.
¿Quién me la quiere quitar?

LLORENTE. *Canta dentro.*
La mujer de Peribáñez
hermosa es a maravilla;
el Comendador de Ocaña
de amores la requería.
La mujer es virtüosa
cuanto hermosa y cuanto linda;
mientras Pedro está en Toledo
desta suerte respondía:
«Más quiero yo a Peribáñez
con su capa la pardilla,
que no a vos, Comendador,
con la vuesa guarnecida.»

PERIBÁÑEZ
Notable aliento he cobrado
con oír esta canción,
porque lo que éste ha cantado
las mismas verdades son
que en mi ausencia habrán pasado.
¡Oh cuánto le debe al cielo
quien tiene buena mujer!
Que el jornal dejan recelo.
Aquí me quiero esconder.
¡Ojalá se abriera el suelo!
Que aunque en gran satisfacción,
Casilda, de ti me pones,
pena tengo con razón,

porque honor que anda en canciones
tiene dudosa opinión.   (*Éntrese.*)

ESCENA XXII

Sala en casa de PERIBÁÑEZ

INÉS y CASILDA

CASILDA
¿Tú me habías de decir
desatino semejante?

INÉS
Deja que pase adelante.

CASILDA
Ya ¿como te puedo oír?

INÉS
Prima, no me has entendido,
y éste preciarte de amar
a Pedro, te hace pensar
que ya está Pedro ofendido.
Lo que yo te digo a ti
es cosa que a mí me toca.

CASILDA
¿A ti?

INÉS
Sí.

CASILDA
Yo estaba loca.
Pues a ti te toca, di.

INÉS
Leonardo, aquel caballero
del Comendador, me ama,
y por su mujer me quiere.

CASILDA
Mira, prima, que te engaña.

INÉS
Yo sé, Casilda, que soy
su misma vida.

CASILDA
Repara
que son sirenas los hombres,
que para matarnos cantan.

INÉS
Yo tengo cédula[40] suya.

CASILDA
Inés, plumas y palabras
todas se las lleva el viento.
Muchas damas tiene Ocaña

---

⁴⁰ promesa.   ⁴¹ atan.   ⁴² hebillas.

con ricos dotes, y tú
ni eres muy rica ni hidalga.

INÉS
Prima, si con el desdén
que ahora comienzas, tratas
al señor Comendador,
falsas son mis esperanzas,
todo mi remedio impides.

CASILDA
¿Ves, Inés, cómo te engañas,
pues porque me digas eso
quiere fingir que te ama?

INÉS
Hablar bien no quita honor;
que yo no digo que salgas
a recibirle a la puerta
ni a verle por la ventana.

CASILDA
Si te importara la vida,
no le mirara la cara.
Y advierte que no le nombres
o no entres más en mi casa;
que del ver viene el oír
y de las locas palabras
vienen las infames obras.

ESCENA XXIII

PERIBÁÑEZ *con unas alforjas en las manos*

PERIBÁÑEZ
¡Esposa!

CASILDA
      ¡Luz de mi alma!

PERIBÁÑEZ
¿Estás buena?

CASILDA
            Estoy sin ti.
¿Vienes bueno?

PERIBÁÑEZ
            El verte basta
para que salud me sobre.
¡Prima!

INÉS
      ¡Primo!

PERIBÁÑEZ
            ¿Qué me falta,
si juntas os veo?

CASILDA
            Estoy
a nuestra Inés obligada;

que me ha hecho compañía
lo que has faltado de Ocaña.

PERIBÁÑEZ
A su casamiento rompas
dos chinelas argentadas,
y yo los zapatos nuevos,
que siempre en bodas se calzan.

CASILDA
¿Qué me traes de Toledo?

PERIBÁÑEZ
Deseos; que por ser carga
tan pesada, no he podido
traerte joyas ni galas.
Con todo, te traigo aquí
para esos pies, que bien hayan,
unas chinelas abiertas,
que abrocan[41] cintas de nácar.
Traigo más seis tocas rizas,
y para prender las sayas
dos cintas de vara y media
con sus herretes[42] de plata.

CASILDA
Mil años te guarde el cielo.

PERIBÁÑEZ
Sucedióme una desgracia;
que a la fe que fué milagro
llegar con vida a mi casa.

CASILDA
¡Ay, Jesús! Toda me turbas.

PERIBÁÑEZ
Caí de unas cuestas altas
sobre unas piedras.

CASILDA
                  ¿Qué dices?

PERIBÁÑEZ
Que si no me encomendara
al santo en cuyo servicio
caí de la yegua baya,
a estas horàs estoy muerto.

CASILDA
Toda me tienes helada.

PERIBÁÑEZ
Prometíle la mejor
prenda que hubiese en mi casa
para honor de su capilla;
y así, quiero que mañana
quiten estos reposteros,
que nos harán poca falta,
y cuelguen en las paredes
de aquella su ermita santa
en justo agradecimiento.

CASILDA

Si fueran paños de Francia,
de oro, seda, perlas, piedras,
no replicara palabra.

PERIBÁÑEZ

Pienso que nos está bien
que no estén en nuestra casa
paños con armas ajenas:
no murmuren en Ocaña
que un villano labrador
cerca su inocente cama
de paños comendadores,
llenos de blasones y armas.
Timbre y plumas no están bien
entre el arado y la pala,
bieldo,[43] trillo y azadón;
que en nuestras paredes blancas
no han de estar cruces de seda,
sino de espigas y pajas,
con algunas amapolas,
manzanillas y retamas.
Yo ¿qué moros he vencido
para castillos y bandas?
Fuera de que sólo quiero
que haya imágenes pintadas:
la Anunciación, la Asunción,
San Francisco con sus llagas,
San Pedro Mártir, San Blas
contra el mal de la garganta,
San Sebastián y San Roque,
y otras pinturas sagradas,
que retratos es tener
en las paredes fantasmas.
Uno vi yo, que quisiera...
Pero no quisiera nada.
Vamos a cenar, Casilda,
y apercíbanme[44] la cama.

CASILDA

¿No estás bueno?

PERIBÁÑEZ

                    Bueno estoy.

ESCENA XXIV

Entre LUJÁN

LUJÁN

Aquí un criado te aguarda
del Comendador.

PERIBÁÑEZ

                    ¿De quién?

LUJÁN

Del Comendador de Ocaña.

PERIBÁÑEZ

Pues ¿qué me quiere a estas horas?

LUJÁN

Eso sabrás si le hablas.

PERIBÁÑEZ

¿Eres tú aquel segador
que anteayer entró en mi casa?

LUJÁN

¿Tan presto me desconoces?

PERIBÁÑEZ

Donde tantos hombres andan,
no te espantes.[45]

LUJÁN. *Aparte.*
                    —Malo es esto.—

INÉS. *Aparte.*
—Con muchos sentidos habla.—

PERIBÁÑEZ. *Aparte.*
—¿El Comendador a mí?
¡Ah, honra, al cuidado ingrata!
Si eres vidrio, al mejor vidrio
cualquiera golpe le basta.—

ACTO TERCERO

ESCENA I

Plaza de Ocaña

El COMENDADOR y LEONARDO

COMENDADOR

Cuéntame, Leonardo, breve
lo que ha pasado en Toledo.

LEONARDO

Lo que referirte puedo,
puesto que a ceñirlo pruebe
en las más breves razones,
quiere más paciencia.

COMENDADOR

                    Advierte
que soy un sano a la muerte,
y que remedios me pones.

LEONARDO

El rey Enrique el Tercero,
que hoy el Justiciero llaman,
porque Catón y Arístides

---

en la equidad no le igualan,
el año de cuatrocientos
y seis sobre mil estaba
en la villa de Madrid,
donde le vinieron cartas,
que quebrándole las treguas[46]
el rey moro de Granada,
no queriéndole volver
por promesas y amenazas
el castillo de Ayamonte,
ni menos pagarle parias,[47]
determinó hacerle guerra;
y para que la jornada
fuese como convenía
a un rey el mayor de España,
y le ayudasen sus deudos
de Aragón y de Navarra,
juntó Cortes en Toledo,
donde al presente se hallan
prelados y caballeros,
villas y ciudades varias...
—Digo sus procuradores,
donde en su real alcázar
la disposición de todo
con justos acuerdos tratan:
el obispo de Sigüenza,
que la insigne iglesia santa
rige de Toledo ahora,
porque está su silla vaca[48]
por la muerte de don Pedro
Tenorio, varón de fama;
el obispo de Palencia,
Don Sancho de Rojas, clara
imagen de sus pasados,
y que el de Toledo aguarda;
don Pablo el de Cartagena,
a quien ya a Burgos señalan;
el gallardo don Fadrique,
hoy conde de Trastamara,
aunque ya duque de Arjona
toda la corte le llama,
y don Enrique Manuel,
primos del Rey, que bastaban,
no de Granada, de Troya,
ser incendio sus espaldas;
Ruy López de Ávalos, grande
por la dicha y por las armas,
Condestable de Castilla,
alta gloria de su casa;
el Camarero mayor
del Rey, por sangre heredada
y virtud propia, aunque tiene
también de quién heredarla,
por Juan de Velasco digo,
digno de toda alabanza;
don Diego López de Estúñiga,

que Justicia mayor llaman;
y el mayor Adelantado
de Castilla, de quien basta
decir que es Gómez Manrique,
de cuyas historias largas
tienen Granada y Castilla
cosas tan raras y extrañas;
los oidores del Audiencia
del Rey, y que el reino amparan;
Pero Sánchez del Castillo,
Rodríguez de Salamanca,
y Periáñez...

COMENDADOR

          Detente.
¿Qué Periáñez? Aguarda;
que la sangre se me hiela
con ese nombre.

LEONARDO

                    ¡Oh qué gracia!
Háblote de los oidores
del Rey, y del que se llama
Peribáñez, imaginas
que es ¡el labrador de Ocaña!

COMENDADOR

Si hasta ahora te pedía
la relación y la causa
de la jornada del Rey,
ya no me atrevo a escucharla.
Eso ¿todo se resuelve
en que el Rey hace jornada
con lo mejor de Castilla
a las fronteras, que guardan,
con favor del Granadino,
los que le niegan las parias?

LEONARDO

Eso es todo.

COMENDADOR

              Pues advierte
sólo (que me es de importancia)
que mientras fuiste a Toledo,
tuvo ejecución la traza.
Con Peribáñez hablé,
y le dije que gustaba
de nombralle capitán
de cien hombres de labranza,
y que se pusiese a punto.
Parecióle que le honraba,
como es verdad, a no ser
honra aforrada[49] en infamia.
Quiso ganarla en efecto;
gastó su hacendilla en galas
y sacó su compañía
ayer, Leonardo, a la plaza;

y hoy, según Luján me ha dicho,
con ella a Toledo marcha.

LEONARDO

¡Buena te deja a Casilda,
tan villana y tan ingrata
como siempre!

COMENDADOR

Sí; mas mira
que amor en ausencia larga
hará el efeto que suele
en piedra el curso del agua.

(Tocan cajas.[50])

Pero ¿qué cajas son éstas?

LEONARDO

No dudes que son sus cajas.

COMENDADOR

Tu alférez trae los hidalgos.
Toma, Leonardo, tus armas,
porque mejor le engañemos,
para que a la vista salgas
también con tu compañía.

LEONARDO

Ya llegan. Aquí me aguarda.
(Váyase LEONARDO.)

ESCENA II

Entren una compañía de labradores, armados graciosamente, y detrás PERIBÁÑEZ, *con espada y daga*

PERIBÁÑEZ

No me quise despedir
sin ver a su señoría.

COMENDADOR

Estimo la cortesía.

PERIBÁÑEZ

Yo os voy, señor, a servir.

COMENDADOR

Decid al Rey mi señor.

PERIBÁÑEZ

Al Rey y a vos...

COMENDADOR

Está bien.

PERIBÁÑEZ

Que al Rey es justo, y también
a vos, por quien tengo honor;
que yo, ¿cuándo mereciera
ver mi azadón y gabán

con nombre de capitán,
con jineta[51] y con bandera
del Rey, a cuyos oídos
mi nombre llegar no puede,
porque su estatura excede
todos mis cinco sentidos?
Guárdeos muchos años Dios.

COMENDADOR

Y os traiga, Pedro, con bien.

PERIBÁÑEZ

¿Vengo bien vestido?

COMENDADOR

Bien.
No hay diferencia en los dos.

PERIBÁÑEZ

Sola una cosa querría...
No sé si a vos os agrada.

COMENDADOR

Decid, a ver.

PERIBÁÑEZ

Que la espada
me ciña su señoría,
para que ansí vaya honrado.

COMENDADOR

Mostrad, haréos caballero;
que de esos bríos espero,
Pedro, un valiente soldado.

PERIBÁÑEZ

¡Pardiez, señor, hela aquí!
Cíñamela su mercé.

COMENDADOR

Esperad, os la pondré,
porque la llevéis por mí.

BELARDO

Híncate, Blas de rodillas;
que le quieren her[52] hidalgo.

BLAS

Pues ¿quedará falto en algo?

BELARDO

En mucho, si no te humillas.

BLAS

Belardo, vos, que sois viejo,
¿hanle de dar con la espada?

BELARDO

Yo de mi burra manchada,
de su albarda y aparejo
entiendo más que de armar
caballeros de Castilla.

---

50 tambores.
51 lanza corta que antiguamente era insignia de los capitanes de infantería. 52 forma popular de *fer* = hacer. 53 la espada.

COMENDADOR

Ya os he puesto la cuchilla.⁵³

PERIBÁÑEZ

¿Qué falta agora?

COMENDADOR

          Jurar
que a Dios, supremo Señor,
y al Rey serviréis con ella.

PERIBÁÑEZ

Eso juro, y de traella
en defensa de mi honor,
   del cual, pues voy a la guerra,
adonde vos me mandáis,
ya por defensa quedáis,
como señor desta tierra.
   Mi casa y mujer, que dejo
por vos, recién desposado,
remito a vuestro cuidado
cuando de las dos me alejo.
   Esto os fío, porque es más
que la vida, con quien voy;
que aunque tan seguro estoy
que no la ofendan jamás,
   gusto que vos la guardéis,
y corra por vos, a efeto
de que, como tan discreto,
lo que es el honor sabéis;
   que con él no se permite
que hacienda y vida se iguale,
y quien sabe lo que vale,
no es posible que le quite.
   Vos me ceñistes espada,
con que ya entiendo de honor;
que antes yo pienso, señor,
que entendiera poco o nada.
   Y pues iguales los dos
con este honor nos dejáis,
mirad cómo le guardáis,
o quejaréme de vos.

COMENDADOR

Yo os doy licencia, si hiciere
en guardalle deslealtad,
que de mí os quejéis.

PERIBÁÑEZ

           Marchad,
y venga lo que viniere.

(Éntrese, marchando detrás con
graciosa arrogancia.)

ESCENA III

COMENDADOR

Algo confuso me deja
el estilo con que habla,
porque parece que entabla
o la venganza o la queja.
   Pero es que, como he tenido
el pensamiento culpado,
con mi malicia he juzgado
lo que su inocencia ha sido.
   Y cuando pudiera ser
malicia lo que entendí,
¿dónde ha de haber contra mí
en un villano poder?
   Esta noche has de ser mía,
villana, rebelde, ingrata,
porque muera quien me mata
antes que amanezca el día.

                 (Éntrase.)

ESCENA IV

*Calle de Ocaña con vista exterior de la casa
de* PERIBÁÑEZ

En lo alto COSTANZA *y* CASILDA *y* INÉS

COSTANZA

En fin ¿se ausenta tu esposo?

CASILDA

Pedro a la guerra se va;
que en la que me deja acá,
pudiera ser más famoso.

INÉS

Casilda, no te enternezcas;
que el nombre de capitán
no como quieran le dan.

CASILDA

¡Nunca estos nombres merezcas!

COSTANZA

   A fe que tienes razón,
Inés; que entre tus iguales
nunca he visto cargos tales,
porque muy de hidalgos son.
   Demás que tengo entendido
que a Toledo solamente
ha de llegar con la gente.

CASILDA

Pues si eso no hubiera sido,
¿quedárame vida a mí?

ESCENA V

La caja y PERIBÁÑEZ, *bandera, soldados*

INÉS

La caja suena; ¿si es él?

COSTANZA

De los que se van con él
ten lástima, y no de ti.

BELARDO

Veislas allí en el balcón,
que me remozo de vellas;
mas ya no soy para ellas,
y ellas para mí no son.

PERIBÁÑEZ

¿Tan viejo estáis ya, Belardo?

BELARDO

El gusto se acabó ya.

PERIBÁÑEZ

Algo dél os quedará
bajo del capote pardo.

BELARDO

¡Pardiez, señor capitán,
tiempo hué[54] que el sol y el aire
solía hacerme donaire,
ya pastor, ya sacristán!
Cayó un año mucha nieve,
y como lo rucio[55] vi,
a la Iglesia me acogí.

PERIBÁÑEZ

¿Tendréis tres dieces y un nueve?

BELARDO

Esos y otros tres decía
un aya que me criaba;
mas pienso que se olvidaba.
¡Poca memoria tenía!
Cuando la Cava[56] nació,
me salió la primer muela.

PERIBÁÑEZ

¿Ya íbades a la escuela?

BELARDO

Pudiera juraros yo
de lo que entonces sabía;
pero mil dan a entender
que apenas supe leer,
y es lo más cierto, a fe mía;
que como en gracia se lleva
danzar, cantar o tañer,
yo sé escribir sin leer,
que a fe que es gracia bien nueva.

CASILDA

¡Ah, gallardo capitán
de mis tristes pensamientos!

PERIBÁÑEZ

¡Ah, dama la del balcón,
por quien la bandera tengo!

CASILDA

¿Vaisos de Ocaña, señor?

PERIBÁÑEZ

Señora, voy a Toledo
a llevar estos soldados,
que dicen que son mis celos.[57]

CASILDA

Si soldados los lleváis,
ya no ternéis pena dellos;
que nunca el honor quebró
en soldándose los celos.

PERIBÁÑEZ

No los llevo tan soldados,
que no tenga mucho miedo,
no de vos, mas de la causa
por quien sabéis que los llevo.
Que si celos fueran tales
que yo los llamara vuestros,
ni ellos fueran donde van,
ni yo, señora, con ellos.
La seguridad, que es paz
de la guerra en que me veo,
me lleva a Toledo, y fuera
del mundo al último extremo.
A despedirme de vos
vengo, y a decir que os dejo
a vos de vos misma en guarda,
porque en vos y con vos quedo;
y que me deis el favor
que a los capitanes nuevos
suelen las damas, que esperan
de su guerra los trofeos.
¿No parece que ya os hablo
a lo grave y caballero?
¡Quién dijera que un villano
que ayer al rastrojo seco
dientes menudos ponía

---

[54] fué, hubo. [55] de color entrecano; debe de referirse a las canas, es decir, que se sentía viejo. Belardo es pseudónimo de Lope, que gustaba con frecuencia de interpolar un elemento autobiográfico en las comedias. [56] Alude a Florinda la Cava, personaje de los romances del rey don Rodrigo, exagerando así su edad. [57] Se inicia aquí un juego de palabras, no muy claro, que sigue en el diálogo con Casilda entre las varias significaciones de «soldados», «soldar» y «celos»: *que son mis celos* quiere decir que llevo a mi cuidado en mi calidad de capitán; *soldados*, en el primer verso de la contestación de Casilda, se refiere a «celos»; *soldándose los celos* parece significar «fundidos, disipados los celos» por la confianza que debe inspirarle

a Peribáñez lo honrada que es su mujer y el amor que ésta le tiene. [58] Otro intrincado juego de palabras cuya significación general es: que si ocurre lo que él, Peribáñez, sospecha que va a ocurrir, es decir, que el comendador, que le ha hecho caballero, aprovecha su ausencia para menoscabar u ofender su honra, él sabrá obrar como caballero y vengar su honor. [59] cinta. [60] Se sobrentiende «perros», nombre que se daba a los moriscos.

[61] Pero si no traigo al moro en realidad, haré un poema sobre él. Recuérdese que por boca de Belardo habla Lope. [62] Término despectivo con que alude a la compañía de hidalgos. [63] que nos desafían presumiendo ante nosotros. [64] paseo, desfile.

de la hoz corva de acero,
los pies en las tintas uvas
rebosando el mosto negro
por encima del lagar,
o la tosca mano al hierro
del arado, hoy os hablara
en lenguaje soldadesco,
con plumas de presunción
y espada de atrevimiento!
Pues sabed que soy hidalgo,
y que decir y hacer puedo;
que el Comendador, Casilda,
me la ciñó, cuando menos.
Pero este *menos*, si el *cuando*
viene a ser cuando sospecho,
por ventura será más;
pero yo no menos bueno.[58]

CASILDA

Muchas cosas me decís
en lengua que yo no entiendo;
el favor sí; que yo sé
que es bien debido a los vuestros.
Mas ¿qué podrá una villana
dar a un capitán?

PERIBÁÑEZ

        No quiero
que os tratéis ansí.

CASILDA

        Tomad,
mi Pedro, este listón[59] negro.

PERIBÁÑEZ

¿Negro me lo dais, esposa?

CASILDA

Pues ¿hay en la guerra agüeros?

PERIBÁÑEZ

Es favor desesperado.
Promete luto o destierro.

BLAS

Y vos, señora Costanza,
¿no dais por tantos requiebros
alguna prenda a un soldado?

COSTANZA

Blas, esa cinta de perro,
aunque tú vas donde hay tantos,[60]
que las podrás hacer dellos.

BLAS

¡Plega a Dios que los moriscos
las hagan de mi pellejo,
si no dejare matados
cuantos me fueren huyendo!

INÉS

¿No pides favor, Belardo?

BELARDO

Inés, por soldado viejo,
ya que no por nuevo amante,
de tus manos le merezco.

INÉS

Tomad aqueste chapín.

BELARDO

No, señora, deteneldo;
que favor de chapinazo
desde tan alto, no es bueno.

INÉS

Traedme un moro, Belardo.

BELARDO

Días ha que ando tras ellos.
Mas, si no viniere en prosa,
desde aquí le ofrezco en verso.[61]

ESCENA VI

LEONARDO, *capitán, caja y bandera y
compañía de soldados*

LEONARDO

Vayan marchando, soldados,
con el orden que decía.

INÉS

¿Qué es esto?

COSTANZA

        La compañía
de los hidalgos casados.

INÉS

Más lucidos han salido
nuestros fuertes labradores.

COSTANZA

Si son las galas mejores,
los ánimos no lo han sido.

PERIBÁÑEZ

¡Hola! Todo hombre esté en vela
y muestre gallardos bríos.

BELARDO

¡Que piensen estos judíos[62]
que nos mean la pajuela![63]
Déles un gentil barzón[64]
muesa gente por delante.

PERIBÁÑEZ

¡Hola! Nadie se adelante;
siga a ballesta lanzón.

(*Vaya una compañía alrededor de
la otra, mirándose.*)

BLAS
Agora es tiempo, Belardo,
de mostrar brío.

BELARDO
                    Callad;
que a la más caduca edad
suple un ánimo gallardo.

LEONARDO
Basta, que los labradores
compiten con los hidalgos.

BELARDO
Éstos huirán como galgos.

BLAS
No habrá ciervos corredores
  como éstos, en viendo un moro,
y aun basta oírlo decir.

BELARDO
Ya los vi a todos hüir
cuando corrimos el toro.

                    (*Éntrense los labradores.*)

ESCENA VII

LEONARDO
Ya se han traspuesto. ¡Ce! ¡Inés!

INÉS
¿Eres tú, mi capitán?

LEONARDO
¿Por qué tus primas se van?

INÉS
¿No sabes ya por lo que es?
  Casilda es como una roca.
Esta noche hay mal humor.

LEONARDO
¿No podrá el Comendador
verla un rato?

INÉS
                    Punto en boca;
  que yo le daré lugar
cuando imagine que llega
Pedro a alojarse.

LEONARDO
                    Pues ciega,
si me quieres obligar,
los ojos desta mujer,
que tanto mira su honor;
porque está el Comendador
para morir desde ayer.

INÉS
Dile que venga a la calle.

LEONARDO
¿Qué señas?

INÉS
                    Quien cante bien.

LEONARDO
Pues adiós.

INÉS
                    ¿Vendrás también?

LEONARDO
Al alférez pienso dalle
  estos bravos españoles,
y yo volverme al lugar.

INÉS
Adiós. (*Éntrase.*)

LEONARDO
          Tocad a marchar;
que ya se han puesto dos soles.[65]
(*Vanse.*)

ESCENA VIII

El COMENDADOR, *en casa, con ropa,
y* LUJÁN, *lacayo*

COMENDADOR
En fin ¿le viste partir?

LUJÁN
Y en una yegua marchar,
notable para alcanzar
y famosa para huir.
  Si vieras cómo regía
Peribáñez sus soldados,
te quitara mil cuidados.

COMENDADOR
Es muy gentil compañía;
  pero a la de su mujer
tengo más envidia yo.

LUJÁN
Quien no siguió no alcanzó.

COMENDADOR
Luján, mañana a comer
  en la ciudad estarán.

LUJÁN
Como esta noche alojaren.

COMENDADOR
Yo te digo que no paren
soldados ni capitán.

---

⁶⁵ los ojos de Inés.   ⁶⁶ que cuando veas que la ocasión
se presenta propicia. Alude a la frase «coger la ocasión   por los cabellos».

LUJÁN

Como es gente de labor,
y es pequeña la jornada,
y va la danza engañada
con el son del atambor,
   no dudo que sin parar
vayan a Granada ansí.

COMENDADOR

¡Cómo pasará por mí
el tiempo que ha de tardar
   desde aquí a las diez!

LUJÁN

                    Ya son
casi las nueve. No seas
tan triste, que cuando veas
el cabello a la ocasión,[66]
   pierdas el gusto esperando;
que la esperanza entretiene.

COMENDADOR

Es, cuando el bien se detiene,
esperar desesperando.

LUJÁN

Y Leonardo, ¿ha de venir?

COMENDADOR

¿No ves que el concierto es
que se case con Inés,
que es quien la puerta ha de abrir?

LUJÁN

¿Qué señas ha de llevar?

COMENDADOR

Unos músicos que canten.

LUJÁN

¿Cosa que la caza espanten?

COMENDADOR

Antes nos darán lugar
   para que con el rüido
nadie sienta lo que pasa
de abrir ni cerrar la casa.

LUJÁN

Todo está bien prevenido;
   mas dicen que en un lugar
una parentela toda
se juntó para una boda,
ya a comer y ya a bailar.
   Vino el cura y desposado,
la madrina y el padrino,
y el tamboril también vino
con un salterio extremado.
   Mas dicen que no tenían
de la desposada el sí,

porque decía que allí
sin su gusto la traían.
   Junta, pues, la gente toda,
el cura le preguntó,
dijo tres veces que no,
y deshízose la boda.

COMENDADOR

¿Quieres decir que nos falta
entre tantas prevenciones
el sí de Casilda?

LUJÁN

                    Pones
el hombro a empresa muy alta
   de parte de su dureza,
y era menester el sí.

COMENDADOR

No va mal trazado así;
que su villana aspereza
   no se ha de rendir por ruegos;
por engaños ha de ser.

LUJÁN

Bien puede bien suceder;
mas pienso que vamos ciegos.

ESCENA IX

Un CRIADO *y los* MÚSICOS

PAJE

Los músicos han venido.

MÚSICO PRIMERO

Aquí señor, hasta el día
tiene vuesa señoría
a Lisardo y a Leonido.

COMENDADOR

¡Oh amigos!, agradeced
que este pensamiento os fío;
que es de honor, y en fin, es mío.

MÚSICO SEGUNDO

Siempre nos haces merced.

COMENDADOR

¿Dan las once?

LUJÁN

                    Una, dos, tres...
no dió más.

MÚSICO SEGUNDO

              Contaste mal.
Ocho eran dadas.

COMENDADOR

                    ¿Hay tal?
¡Que aun de mala gana des
   las que da el reloj de buena!

LUJÁN
Si esperas que sea más tarde,
las tres cuento.

COMENDADOR
            No hay qué aguarde.

LUJÁN
Sosiégate un poco, y cena.

COMENDADOR
¡Mala Pascua te dé Dios!
¿Que cene dices?

LUJÁN
                  Pues bebe
siquiera.

COMENDADOR
            ¿Hay nieve?

PAJE
                  Sí hay nieve

COMENDADOR
Repartilda entre los dos.

PAJE
La capa tienes aquí.

COMENDADOR
Muestra. ¿Qué es esto?

PAJE
                  Bayeta.

COMENDADOR
Cuanto miro me inquieta.
Todos se burlan de mí.
¡Bestias! ¿De luto? ¿A qué efeto?

PAJE
¿Quieres capa de color?

LUJÁN
Nunca a las cosas de amor
va de color el discreto.
   Por el color se dan señas
de un hombre en un tribunal.

COMENDADOR
Muestra color, animal.
¿Sois criados o sois dueñas?

PAJE
Ves aquí color.

COMENDADOR
                  Yo voy,
Amor, donde tú me guías.
Da una noche a tantos días
como en tu servicio estoy.

LUJÁN
¿Iré yo contigo?

COMENDADOR
                  Sí,
pues que Leonardo no viene.
Templad, para ver si tiene
templanza este fuego en mí.

                  (Éntrense.)

ESCENA X

Calle

Salga PERIBÁÑEZ

PERIBÁÑEZ
¡Bien haya el que tiene bestia
destas de huir y alcanzar,
con que puede caminar
sin pesadumbre y molestia!
   Alojé mi compañía,
y con ligereza extraña
he dado la vuelta a Ocaña.
¡Oh cuán bien decir podría:
   Oh caña, la del honor!
Pues que no hay tan débil caña
como el honor, a quien daña
de cualquier viento el rigor.
   Caña de honor quebradiza,
caña hueca y sin sustancia,
de hojas de poca importancia,
con que su tronco entapiza.
   ¡Oh caña, toda aparato,
caña fantástica y vil,
para quebrada sutil,
y verde tan breve rato!
   ¡Caña compuesta de ñudos,
y honor al fin dellos lleno,
sólo para sordos bueno
y para vecinos mudos!
   Aquí naciste en Ocaña
conmigo al viento ligero;
yo te cortaré primero
que te quiebres, débil caña.
   No acabo de agradecerme
el haberte sustentado,
yegua, que con tal cuidado
supiste a Ocaña traerme.
   ¡Oh, bien haya la cebada
que tantas veces te di!
Nunca de ti me serví
en ocasión más honrada.
   Agora el provecho toco,
contento y agradecido.

---

⁶⁷ capote, abrigo.   ⁶⁸ escudos pequeños.

Otras veces me has traído;
pero fué pesando poco;
    que la honra mucho alienta:
y que te agradezca es bien
que hayas corrido tan bien
con la carga de mi afrenta.
    Préciese de buena espada
y de buena cota un hombre,
del amigo de buen nombre
y de opinión siempre honrada,
    de un buen fieltro[67] de camino
y de otras cosas así;
que una bestia es para mí
un socorro peregrino.
    ¡Oh yegua!, ¡en menos de un hora
tres leguas! Al viento igualas;
que si le pintan con alas,
tú las tendrás desde agora.
    Ésta es la casa de Antón,
cuyas paredes confinan
con las mías, que ya inclinan
su peso a mi perdición.
    Llamar quiero; que he pensado
que será bien menester.
¡Ah de casa!

ESCENA XI

Dentro, ANTÓN

ANTÓN. *Dentro.*
            ¡Hola, mujer!
¿No os parece que han llamado?

PERIBÁÑEZ
¡Ah de casa!

ANTÓN. *Dentro.*
                ¿Quién golpea
a tales horas?

PERIBÁÑEZ
            Yo soy,
Antón.

ANTÓN. *Dentro.*
    Por la voz ya voy,
aunque lo que fuere sea.
¿Quién es? *(Abre.)*

PERIBÁÑEZ
            Quedo, Antón amigo,
Peribáñez soy.

ANTÓN
            ¿Quién?

PERIBÁÑEZ
                    Yo,
a quien hoy el cielo dió
tan grave y cruel castigo.

ANTÓN
    Vestido me eché a dormir
porque pensé madrugar;
ya me agradezco el no estar
desnudo. ¿Puédoos servir?

PERIBÁÑEZ
    Por vuesa casa, mi Antón,
tengo de entrar en la mía,
que ciertas cosas de día
sombras por la noche son.
    Ya sospecho que en Toledo
algo entendiste de mí.

ANTÓN
    Aunque callé, lo entendí.
Pero aseguraros puedo
    que Casilda...

PERIBÁÑEZ
                No hay que hablar.
Por ángel tengo a Casilda.

ANTÓN
    Pues regaladla y servilda.

PERIBÁÑEZ
    Hermano dejadme estar.

ANTÓN
    Entrad; que si puerta os doy,
es por lo que della sé.

PERIBÁÑEZ
    Como yo seguro esté,
suyo para siempre soy.

ANTÓN
    ¿Dónde dejáis los soldados?

PERIBÁÑEZ
    Mi alférez con ellos va
que yo no he traído acá
sino sólo mis cuidados.
    Y no hizo la yegua poco
en traernos a los dos,
porque hay cuidado, por Dios,
que basta a volverme loco.

(Éntrase.)

ESCENA XII

*Calle con vista exterior de la
casa de* PERIBÁÑEZ

Salga el COMENDADOR *y* LUJÁN, *con broqueles*[68]
y MÚSICOS

COMENDADOR
    Aquí podéis comenzar
para que os ayude el viento.

MÚSICO SEGUNDO
Va de letra.

COMENDADOR
                    ¡Oh cuánto siento
esto que llaman templar!

MÚSICOS. *Canten.*
Cogióme a tu puerta el toro,
    linda casada;
no dijiste: Dios te valga.
El novillo de tu boda
a tu puerta me cogió;
de la vuelta que me dió,
se rió la villa toda;
y tú, grave y burladora,
linda casada,
no dijiste: Dios te valga.

ESCENA XIII

Inés, a la puerta

(Los músicos tocan.)

INÉS
¡Ce, ce!, ¡señor don Fadrique!

COMENDADOR
¿Es Inés?

INÉS
                    La misma soy.

COMENDADOR
En pena a las once estoy.
Tu cuenta el perdón me aplique
    para que salga de pena.

INÉS
¿Viene Leonardo?

COMENDADOR
                    Asegura
a Peribáñez. Procura,
Inés, mi entrada, y ordena
    que vea esa piedra hermosa;
que ya Leonardo vendrá.

INÉS
¿Tardará mucho?

COMENDADOR
                    No hará;
pero fué cosa forzosa
    asegurar un marido
tan malicioso.

INÉS
                    Yo creo
que a estas horas el deseo

de que le vean vestido
    de capitán en Toledo
le tendrá cerca de allá.

COMENDADOR
Durmiendo acaso estará.
¿Puedo entrar? Dime si puedo.

INÉS
    Entra; que te detenía
por si Leonardo llegaba.

LUJÁN
Luján ¿ha de entrar?

COMENDADOR. *A uno de los músicos.*
                    Acaba,
Lisardo. Adiós hasta el día.

MÚSICO PRIMERO
El cielo os dé buen suceso.

(Éntranse. Quedan los músicos.)

MÚSICO SEGUNDO
¿Dónde iremos?

MÚSICO PRIMERO
                    A acostar.

MÚSICO SEGUNDO
¡Bella moza!

MÚSICO PRIMERO
                    Eso... callar.

MÚSICO SEGUNDO
Que tengo envidia confieso.
                    (Vanse.)

ESCENA XIV

Sala en casa de PERIBÁÑEZ

PERIBÁÑEZ *solo en su casa*

PERIBÁÑEZ
    Por las tapias de la huerta
de Antón en mi casa entré,
y deste portal hallé,
la de mi corral, abierta.
    En el gallinero quise
estar oculto; mas hallo
que puede ser que algún gallo
mi cuidado les avise.
    Con la luz de las esquinas
le quise ver y advertir,
y vile en medio dormir
de veinte o treinta gallinas.
    «Que duermas, dije, me espantas,
en tan dudosa fortuna;

---

69 Se refiere a la cruz roja de Santiago que llevaba el   comendador en el pecho.   70 alcahueta.

no puedo yo guardar una,
y ¡quieres tú guardar tantas!
　　No duermo yo; que sospecho,
y me da mortal congoja
un gallo de cresta roja,
porque la tiene en el pecho.[69]»
　　Salí al fin, y cual ladrón
de casa hasta aquí me entré;
con las palomas topé,
que de amor ejemplo son;
　　y como las vi arrullar,
y con requiebros tan ricos
a los pechos por los picos
las almas comunicar,
　　dije: «¡Oh, maldígale Dios,
aunque grave y altanero
al palomino extranjero
que os alborota a los dos!»
　　Los gansos han despertado,
gruñe el lechón, y los bueyes
braman; que de honor las leyes
hasta el jumentillo atado
　　al pesebre con la soga
desasosiegan por mí;
que soy su dueño, y aquí
ven que ya el cordel me ahoga.
　　Gana me da de llorar.
Lástima tengo de verme
en tanto mal... —Mas ¿si duerme
Casilda?— Aquí siento hablar.
　　En esta saca de harina
me podré encubrir mejor,
que si es el Comendador,
lejos de aquí me imagina.

(Escóndese.)

ESCENA XV

INÉS y CASILDA

CASILDA
Gente digo que he sentido.

INÉS
Digo que te has engañado.

CASILDA
Tú con un hombre has hablado.

INÉS
¿Yo?

CASILDA
　Tú pues.

INÉS
　　　Tú ¿lo has oído?

CASILDA
Pues si no hay malicia aquí,
mira que serán ladrones.

INÉS
¡Ladrones! Miedo me pones.

CASILDA
Da voces.

INÉS
　　Yo no.

CASILDA
　　　　Yo sí.

INÉS
Mira que es alborotar
la vecindad sin razón.

ESCENA XVI

Entren el COMENDADOR y LUJÁN

COMENDADOR
Ya no puede mi afición
sufrir, temer ni callar.
　　Yo soy el Comendador,
yo soy tu señor.

CASILDA
　　　　No tengo
más señor que a Pedro.

COMENDADOR
　　　　　　　Vengo
esclavo, aunque soy señor.
　　Duélete de mí o diré
que te hallé con el lacayo
que miras.

CASILDA
　　　Temiendo el rayo,
del trueno no me espanté.
　　Pues, prima, ¡tú me has vendido!

INÉS
Anda; que es locura ahora,
siendo pobre labradora,
y un villano tu marido,
　　dejar morir de dolor
a un príncipe; que más va
en su vida, ya que está
en casa, que no en tu honor.
　　Peribáñez fué a Toledo.

CASILDA
¡Oh prima cruel y fiera,
vuelta de prima, tercera![70]

COMENDADOR
Dejadme, a ver lo que puedo.
(Váyanse.)

LUJÁN
Dejémoslos, que es mejor.
A solas se entenderán.

ESCENA XVII

CASILDA
Mujer soy de un capitán,
si vos sois comendador.
   Y no os acerquéis a mí
porque a bocados y a coces
os haré...

COMENDADOR
         Paso y sin voces.
                  (Sale PERIBÁÑEZ.)

PERIBÁÑEZ. Aparte.
—¡Ay honra!, ¿qué aguardo aquí?
         (Sale de donde estaba.)
   Mas soy pobre labrador:
bien será llegar a hablalle...
pero mejor es matalle.—
         (Adelantándose con la espada
         desenvainada.)
Perdonad, Comendador;
   que la honra es encomienda
de mayor autoridad.
         (Hiere al COMENDADOR.)

COMENDADOR
¡Jesús! Muerto soy. ¡Piedad!

PERIBÁÑEZ
No temas, querida prenda;
   mas sígueme por aquí.

CASILDA
No te hablo, de turbada.
                  (Éntrense.)

         (Siéntese el COMENDADOR en
         silla.)

COMENDADOR
Señor, tu sangre sagrada
se duela agora de mí,
   pues me ha dejado la herida
pedir perdón a un vasallo.

ESCENA XVIII

LEONARDO, entre

LEONARDO
Todo en confusión lo hallo.
¡Ah, Inés! ¿Estás escondida?
¡Inés!

COMENDADOR
         Voces oigo aquí.
¿Quién llama?

LEONARDO
                  Yo soy, Inés.

COMENDADOR
¡Ay Leonardo! ¿No me ves?

LEONARDO
¿Mi señor?

COMENDADOR
         Leonardo, sí.

LEONARDO
¿Qué te ha dado? Que parece
que muy desmayado estás.

COMENDADOR
Dióme la muerte no más.
Más el que ofende merece.

LEONARDO
¡Herido! ¿De quién?

COMENDADOR
                  No quiero
voces ni venganzas ya.
Mi vida en peligro está,
sola la del alma espero.
   No busques, ni hagas extremos.
pues me han muerto con razón.
Llévame a dar confesión,
y las venganzas dejemos.
   A Peribáñez perdono.

LEONARDO
¿Que un villano te mató
y que no lo vengo yo?
Esto siento.

COMENDADOR
         Yo le abono.[71]
   No es villano, es caballero;
que pues le ceñí la espada
con la guarnición dorada,
no ha empleado mal su acero.

LEONARDO
Vamos, llamaré a la puerta
del Remedio.

COMENDADOR
         Sólo es Dios.
                  (Váyanse.)

---

71 yo salgo por fiador suyo.   72 perdone.

Escena XIX

LUJÁN, *enharinado;* INÉS, PERIBÁÑEZ, CASILDA

PERIBÁÑEZ. *Dentro.*
Aquí moriréis los dos.

INÉS. *Dentro.*
Ya estoy, sin heridas, muerta.
(Salen huyendo LUJÁN *e* INÉS.)

LUJÁN
Desventurado Luján,
¿dónde podrás esconderte?
(Éntranse por otra puerta y sale
PERIBÁÑEZ *tras ellos.)*

PERIBÁÑEZ
Ya no se excusa tu muerte.
                    (Éntrase.)

LUJÁN. *Dentro.*
¿Por qué, señor capitán?

PERIBÁÑEZ. *Dentro.*
Por fingido segador.

INÉS. *Dentro.*
Y a mí, ¿por qué?

PERIBÁÑEZ. *Dentro.*
                    Por traidora.
(Huya LUJÁN, *herido y luego*
INÉS.)

LUJÁN. *Dentro.*
¡Muerto soy!

INÉS. *Dentro.*
                    ¡Prima y señora!

Escena XX

CASILDA, *después* PERIBÁÑEZ

CASILDA
No hay sangre donde hay honor.
                    (Vuelve PERIBÁÑEZ.)

PERIBÁÑEZ
Cayeron en el portal.

CASILDA
Muy justo ha sido el castigo.

PERIBÁÑEZ
¿No irás, Casilda, conmigo?

CASILDA
Tuya soy al bien o al mal.

PERIBÁÑEZ
A las ancas desa yegua
amanecerás conmigo
en Toledo.

CASILDA
Y a pie, digo.

PERIBÁÑEZ
Tierra en medio es buena tregua
en todo acontecimiento,
y no aguardar al rigor.

CASILDA
Dios haya[72] al Comendador.
Matóle su atrevimiento.
                    (Váyanse.)

Escena XXI

Entre el REY ENRIQUE *y el* CONDESTABLE
Galería del Alcázar de Toledo

EL REY D. ENRIQUE
Alégrame de ver con qué alegría
Castilla toda a la jornada viene.

CONDESTABLE
Aborrecen, señor, la monarquía
que en nuestra España el africano tiene.

EL REY D. ENRIQUE
Libre pienso dejar la Andalucía,
si el ejército nuestro se previene,
antes que el duro invierno con su yelo
cubra los campos y enternezca el suelo.
    Iréis, Juan de Velasco, previniendo
pues que la Vega da lugar bastante,
el alarde famoso que pretendo,
porque la fama del concurso espante
por ese Tajo aurífero, y subiendo
al muro por escalas de diamante,
mire de pabellones y de tiendas
otro Toledo por las verdes sendas.
    Tiemble en Granada el atrevido moro
de las rojas banderas y pendones.
Convierta su alegría en triste lloro.

CONDESTABLE
Hoy me verás formar los escuadrones.

EL REY D. ENRIQUE
La Reina viene, su presencia adoro.
No ayuda mal en estas ocasiones.

Escena XXII

La REINA *y acompañamiento*

LA REINA
Si es de importancia, volveréme luego.

EL REY D. ENRIQUE
Cuando lo sea, que no os vais os ruego.
    ¿Qué puedo yo tratar de paz, señora,
en que vos no podáis darme consejo?

Y si es de guerra lo que trato agora,
¿cuándo con vos, mi bien, no me aconsejo?
¿Cómo queda don Juan?

LA REINA

Por veros llora.

EL REY D. ENRIQUE

Guárdele Dios; que es un divino espejo
donde se ven agora retratados,
mejor que los presentes, los pasados.

LA REINA

El príncipe don Juan es hijo vuestro.
Con esto sólo encarecido queda.

EL REY D. ENRIQUE

Mas con decir que es vuestro, siendo nuestro,
él mismo dice la virtud que encierra.

LA REINA

Hágale el cielo en imitaros diestro;
que con esto no más que le conceda,
le ha dado todo el bien que le deseo.

EL REY D. ENRIQUE

De vuestro generoso amor lo creo.

LA REINA

Como tiene dos años le quisiera
de edad que esta jornada acompañara
vuestras banderas.

EL REY D. ENRIQUE

¡Ojalá pudiera
y a ensalzar la de Cristo comenzara!

ESCENA XXIII

GÓMEZ MANRIQUE entre

EL REY D. ENRIQUE
¿Qué caja es ésa?

GÓMEZ MANRIQUE

Gente de la Vera
y Extremadura.

CONDESTABLE

De Guadalajara
y Atienza pasa gente.
¿Y la de Ocaña?

GÓMEZ MANRIQUE

Quédase atrás por una triste hazaña.

EL REY D. ENRIQUE
¿Cómo?

GÓMEZ MANRIQUE

Dice la gente que ha llegado
que a don Fadrique un labrador ha muerto.

EL REY D. ENRIQUE
¡A don Fadrique y al mejor soldado
que trujo roja cruz!

LA REINA

¿Cierto?

GÓMEZ MANRIQUE

Y muy cierto.

EL REY D. ENRIQUE
En el alma, señora, me ha pesado.
¿Cómo fué tan notable desconcierto?

GÓMEZ MANRIQUE
Por celos.

EL REY D. ENRIQUE
¿Fueron justos?

GÓMEZ MANRIQUE

Fueron locos.

LA REINA
Celos, señor, y cuerdos, habrá pocos.

EL REY D. ENRIQUE
¿Está preso el villano?

GÓMEZ MANRIQUE

Huyóse luego
con su mujer.

EL REY D. ENRIQUE
¡Qué desvergüenza extraña!
¡Con estas nuevas a Toledo llego!
¿Así de mi justicia tiembla España?
Dad un pregón en la ciudad, os ruego,
Madrid, Segovia, Talavera, Ocaña,
que a quien los diere presos o sea muertos,
tendrá de renta mil escudos ciertos.

Id luego, y que ninguno los encubra
ni pueda dar sustento ni otra cosa,
so pena de la vida.

GÓMEZ MANRIQUE

Voy. (Vase.)

EL REY D. ENRIQUE

¡Que cubra
el cielo aquella mano rigurosa!

LA REINA
Confiad que tan presto se descubra
cuanto llegue la fama codiciosa
del oro prometido.

ESCENA XXIV

Un PAJE *entre*

PAJE
Aquí está Arceo,
acabado el guión.[73]

EL REY D. ENRIQUE
Verle deseo.

(*Sale un* SECRETARIO *con un pendón rojo, y en él las armas de Castilla, con una mano arriba que tiene una espada, y en la otra banda un Cristo crucificado.*)

SECRETARIO
Éste es, señor el guión.

EL REY D. ENRIQUE
Mostrad. Paréceme bien;
que este capitán también
lo fué de mi redención.

LA REINA
¿Qué dicen las letras?

EL REY D. ENRIQUE
Dicen:
«Juzga tu causa, Señor.»

LA REINA
Palabras son de temor.

EL REY D. ENRIQUE
Y es razón que atemoricen.

LA REINA
Destotra parte, ¿qué está?

EL REY D. ENRIQUE
El castillo y el león,
y esta mano por blasón,
que va castigando ya...

LA REINA
¿La letra?

EL REY D. ENRIQUE
Sólo mi nombre.

LA REINA
¿Cómo?

EL REY D. ENRIQUE
«Enrique Justiciero»;
que ya en lugar del Tercero
quiero que este nombre asombre.

ESCENA XXV

GÓMEZ MANRIQUE
Ya se van dando pregones,
con llanto de la ciudad.

LA REINA
Las piedras mueve a piedad.

EL REY D. ENRIQUE
Basta. ¡Qué! Los azadones
¿a las cruces de Santiago
se igualan? ¿Cómo o por dónde?

LA REINA
¡Triste dél si no se esconde!

EL REY D. ENRIQUE
Voto y juramento hago
de hacer en él un castigo
que ponga al mundo temor.

ESCENA XXVI

Un PAJE

PAJE. *Al* REY.
Aquí dice un labrador
que le importa hablar contigo.

EL REY D. ENRIQUE
Señora, tomemos sillas.

CONDESTABLE
Éste algún aviso es.

ESCENA XXVII

PERIBÁÑEZ, *todo de labrador, con capa larga, y su mujer*

PERIBÁÑEZ
Dame, gran señor, tus pies.

EL REY D. ENRIQUE
Habla, y no estés de rodillas.

PERIBÁÑEZ
¿Cómo, señor, puedo hablar,
si me ha faltado la habla
y turbados los sentidos
después que miré tu cara?
Pero siéndome forzoso,
con la justa confianza
que tengo de tu justicia,
comienzo tales palabras.
Yo soy Peribáñez...

EL REY D. ENRIQUE
¿Quién?

PERIBÁÑEZ
Peribáñez el de Ocaña.

EL REY D. ENRIQUE
Matadle, guardas, matadle.

LA REINA
No en mis ojos.—Teneos, guardas.

EL REY D. ENRIQUE

Tened respeto a la Reina.

PERIBÁÑEZ

Pues ya que matarme mandas,
¿no me oirás, siquiera, Enrique,
pues Justiciero te llaman?

LA REINA

Bien dice: oídle, señor.

EL REY D. ENRIQUE

Bien decís; no me acordaba
que las partes se han de oír,
y más cuando son tan flacas.—
Prosigue.

PERIBÁÑEZ

　　　　Yo soy un hombre,
aunque de villana casta,
limpio de sangre, y jamás
de hebrea o mora manchada.
Fuí el mejor de mis iguales,
y en cuantas cosas trataban
me dieron primero voto,
y truje seis años vara.[74]
Caséme con la que ves,
también limpia, aunque villana;
virtuosa, si la ha visto
la envidia asida a la fama.
El comendador Fadrique,
de vuesa villa de Ocaña
señor y comendador,
dió, como mozo, en amarla.
Fingiendo que por servicios,
honró mis humildes casas
de unos reposteros, que eran
cubiertas de tales cargas.
Dióme un par de mulas buenas...
mas no tan buenas; que sacan
este carro de mi honra
de los lodos de mi infamia.
Con esto intentó una noche,
que ausente de Ocaña estaba,
forzar mi mujer; mas fuése
con la esperanza burlada.
Vine yo, súpelo todo,
y de las paredes bajas
quité las armas, que al toro
pudieran servir de capa.
Advertí mejor su intento;
mas llamóme una mañana,
y díjome que tenía
de vuestras altezas cartas
para que con gente alguna
le sirviese esta jornada;

en fin, de cien labradores
me dió la valiente escuadra.
Con nombre de capitán
salí con ellos de Ocaña;
y como vi que de noche
era mi deshonra clara,
en una yegua a las diez
de vuelta en mi casa estaba;
que oí decir a un hidalgo
que era bienaventuranza
tener en las ocasiones
dos yeguas buenas en casa.
Hallé mis puertas rompidas
y mi mujer destocada
como corderilla simple
que está del lobo en las garras.
Dió voces, llegué, saqué
la misma daga y espada
que ceñí para servirte,
no para tan triste hazaña;
paséle el pecho, y entonces
dejó la cordera blanca,
porque yo, como pastor,
supe del lobo quitarla.
Vine a Toledo, y hallé
que por mi cabeza daban
mil escudos; y así, quise
que mi Casilda me traiga.
Hazle esta merced, señor;
que es quien agora la gana,
porque viuda de mí,
no pierda prenda tan alta.

EL REY D. ENRIQUE

¿Qué os parece?

LA REINA

　　　　Que he llorado,
que es la respuesta que basta
para ver que no es delito,
sino valor.

EL REY D. ENRIQUE

　　　　¡Cosa extraña!
¡Que un labrador tan humilde
estime tanto su fama!
¡Vive Dios, que no es razón
matarle! Yo le hago gracia
de la vida... Mas ¿qué digo?
Esto justicia se llama.
Y a un hombre deste valor
le quiero en esta jornada
por capitán de la gente
misma que sacó de Ocaña.
Den a su mujer la renta,

---

[74] fuí alcalde o regidor.
[1] hembra del gamo, animal, como el corzo, del grupo de los ciervos.　[2] si su señoría no manda otra cosa, si lo permite.

y cúmplase mi palabra,
y despues desta ocasión,
para la defensa y guarda
de su persona, le doy
licencia de traer armas
defensivas y ofensivas.

PERIBÁÑEZ

Con razón todos te llaman
Don Enrique el Justiciero.

LA REINA

A vos, labradora honrada,
os mando de mis vestidos
cuatro, porque andéis con galas
siendo mujer de soldado.

PERIBÁÑEZ

Senado, con esto acaba
la tragicomedia insigne
del *Comendador de Ocaña.*

FUENTEOVEJUNA

ARGUMENTO

El comendador Fernán Gómez, señor feudal de Fuenteovejuna, abusa de su poder deshonrando a las mujeres y haciendo víctimas a los hombres de sus desmanes. En la soledad del campo intenta inútilmente forzar a Laurencia, hija de Esteban, alcalde de la villa, cuando aparece Frondoso, joven enamorado de la moza. (Acto I, escenas XI y XII aquí reproducidas.) En el segundo acto Fernán Gómez comete nuevos abusos, que culminan al celebrarse las bodas de Laurencia y Frondoso en las escenas XVI y XVII. En el último acto se levanta el pueblo contra el comendador, incitado por Laurencia, y le mata. En la imposibilidad de averiguar quién es el culpable de la muerte, los Reyes Católicos perdonan el delito y toman la villa bajo su protección.

ACTO I

ESCENA XI

Campo de Fuenteovejuna

EL COMENDADOR, *con una ballesta;* LAURENCIA;
FRONDOSO, *oculto*

COMENDADOR

No es malo venir siguiendo
un corcillo temeroso,
y topar tan bella gama.[1]

LAURENCIA

Aquí descansaba un poco
de haber lavado unos paños;
y así, al arroyo me torno,
si manda su señoría.[2]

COMENDADOR

Aquesos desdenes toscos
afrentan, bella Laurencia,
las gracias que el poderoso
cielo te dió, de tal suerte,
que vienes a ser un monstruo.
Mas si otras veces pudiste
huir mi ruego amoroso,
agora no quiere el campo,
amigo secreto y solo,
que tú sola no has de ser
tan soberbia, que tu rostro
huyas al señor que tienes,
teniéndome a mí en tan poco.
¿No se rindió Sebastiana,
mujer de Pedro Redondo,
con ser casadas entrambas,
y la de Martín del Pozo,
habiendo apenas pasado
dos días del desposorio?

LAURENCIA

Éstas, señor, ya tenían,
de haber andado con otros,
el camino de agradaros;
porque también muchos mozos
merecieron sus favores.
Id con Dios, tras vuestro corzo;
que a no veros con la cruz,
os tuviera por demonio,
pues tanto me perseguís.

COMENDADOR

¡Qué estilo tan enfadoso!
Pongo la ballesta en tierra,
… … … … … … … … … …
y a la práctica de manos
reduzco melindres.

LAURENCIA

                    ¡Cómo!
¿Eso hacéis? ¿Estáis en vos?

COMENDADOR

No te defiendas.

FRONDOSO. *Aparte.*

                    —Si tomo
la ballesta, ¡vive el cielo
que no la ponga en el hombro!—

                    (*Cógela.*)

COMENDADOR

Acaba, ríndete.

LAURENCIA

                    ¡Cielos,
ayudadme agora!

COMENDADOR

Solos
estamos; no tengas miedo.

FRONDOSO

Comendador generoso,
dejad la moza, o creed
que de mi agravio y enojo
será blanco vuestro pecho,
aunque la cruz me da asombro.[3]

COMENDADOR

¡Perro villano!

FRONDOSO

No hay perro.—
Huye, Laurencia.

LAURENCIA

Frondoso,
mira lo que haces.

FRONDOSO

Vete. (*Vase Laurencia.*)

ESCENA XII

EL COMENDADOR, FRONDOSO

COMENDADOR

¡Oh, mal haya el hombre loco,
que se desciñe la espada!
Que, de no espantar medroso
la caza, me la quité.

FRONDOSO

Pues pardiez, señor, si toco
la nuez, que os he de apiolar.[4]

COMENDADOR

Ya es ida. Infame, alevoso,
suelta la ballesta luego.
Suéltala, villano.

FRONDOSO

¿Cómo?
Que me quitaréis la vida.
Y advertid que amor es sordo,
y que no escucha palabra
el día que está en su trono.

COMENDADOR

Pues ¿la espalda ha de volver
un hombre tan valeroso

a un villano? Tira, infame,
tira, y guárdate, que rompo
las leyes de caballero.

FRONDOSO

Eso no. Yo me conformo
con mi estado, y pues me es
guardar la vida forzoso
con la ballesta me voy. (*Vase.*)

COMENDADOR

¡Peligro extraño y notorio!
Mas yo tomaré venganza
del agravio y del estorbo.
¡Que no cerrara con él!
¡Vive el cielo, que me corro![5]

ACTO II

ESCENA XVI

Campo de Fuenteovejuna

Acompañamiento de boda, músicos

MENGO, FRONDOSO, LAURENCIA, PASCUALA, BA-
RRILDO, JUAN ROJO, ESTEBAN

MÚSICOS. *Cantan.*
¡Vivan muchos años
los desposados!
¡Vivan muchos años!

MENGO

A fe, que no os ha costado
mucho trabajo el cantar

BARRILDO

Supiéraslo tú trovar
mejor que él está trovado.

FRONDOSO

Mejor entiende de azotes[6]
Mengo que de versos ya.

MENGO

Alguno en el valle está,
para que no te alborotes,
a quien el comendador...

BARRILDO

No lo digas, por tu vida;
que este bárbaro homicida
a todos quita el honor.

---

[3] respeto, temor.   [4] Pues por Dios, señor, que si dis-
paro, os he de matar; *nuez*, pieza de la ballesta
correspondiente al gatillo o percusor en las armas modernas.   [5] ¡Vive el cielo que me avergüenzo de no haberle acometido!   [6] Alude al hecho de que los criados
del comendador habían azotado a Mengo cuando éste trató de impedir que robasen a una moza.   [7] lavativa,

enema.   [8] piedrecitas.   [9] secta, clase de gente; se refiere a los poetas.   [10] con los cabellos sueltos.

[11] que mis deseos, agudos, penetrantes, como la vista
del lince, etc.   [12] El comendador vuelve de la guerra y
se presenta en la boda armado y acompañado de sus
soldados.

MENGO
Que me azotasen a mí
cien soldados aquel día...,
sola una honda tenía;
    pero que le hayan echado
una melecina[7] a un hombre,
que, aunque no diré su nombre,
todos saben que es honrado,
    llena de tinta y de chinas,[8]
¿cómo se puede sufrir?

BARRILDO
Haríalo por reír.

MENGO
No hay risas con melecinas;
    que aunque es cosa saludable...
yo me quiero morir luego.

FRONDOSO
Vaya la copla te ruego,
si es la copla razonable.

MENGO
    ¡Vivan muchos años juntos
los novios, ruego a los cielos,
y por envidia ni celos
ni riñan ni anden en puntos!
Lleven a entrambos difuntos,
de puro vivir cansados.
¡Vivan muchos años!

FRONDOSO
    ¡Maldiga el cielo el poeta
que tal coplón arrojó!

BARRILDO
Fué muy presto...

MENGO
                    Pienso yo
una cosa desta seta.[9]
… … … … … … … … … . …

BARRILDO
    Déjate ya de locuras;
deja los novios hablar.

LAURENCIA
Las manos nos da a besar.

JUAN ROJO
Hija, ¿mi mano procuras?
    Pídela a tu padre luego
para ti y para Frondoso.

ESTEBAN
Rojo, a ella y a su esposo
que se la dé el cielo ruego,
    con su larga bendición.

FRONDOSO
Los dos a los dos la echad.

JUAN ROJO
Ea, tañed y cantad,
pues que para en uno son.

MÚSICOS. *Cantan.*
Al val de Fuenteovejuna
la niña en cabellos[10] baja;
el caballero la sigue
de la cruz de Calatrava.
Entre las ramas se esconde,
de vergonzosa y turbada;
fingiendo que no le ha visto,
pone delante las ramas.

«¿Para qué te escondes,
niña gallarda?
Que mis linces deseos[11]
paredes pasan.»

Acercóse el caballero,
y ella, confusa y turbada,
hacer quiso celosías
de las intrincadas ramas;
mas como quien tiene amor
los mares y las montañas
atraviesa fácilmente,
la dice tales palabras:

«¿Para qué te escondes,
niña gallarda?
Que mis linces deseos
paredes pasan.»

ESCENA XVII

EL COMENDADOR, FLORES, ORTUÑO, CIMBRANOS
SOLDADOS, *dichos.*

COMENDADOR
Estése la boda queda,
y no se alborote nadie.

JUAN ROJO
No es juego aquéste, señor,
y basta que tú lo mandes.
¿Quieres lugar? ¿Cómo vienes
con tu belicoso alarde?[12]
¿Venciste? Mas ¿qué pregunto?

FRONDOSO. *Aparte.*
—¡Muerto soy! ¡Cielos, libradme!—

LAURENCIA
Huye por aquí, Frondoso.

COMENDADOR
Eso no; prendelde, atalde.

JUAN ROJO
Date, muchacho, a prisión.

FRONDOSO
Pues ¿quieres tú que me maten?

JUAN ROJO
¿Por qué?

COMENDADOR
         No soy hombre yo
que mato sin culpa a nadie;
que si lo fuera, le hubieran
pasado de parte a parte
esos soldados que traigo.
Llevarlo mando a la cárcel,
donde la culpa que tiene
sentencie su mismo padre.

PASCUALA
Señor, mirad que se casa.

COMENDADOR
¿Qué me obliga el que se case?
¿No hay otra gente en el pueblo?

PASCUALA
Si os ofendió, perdonadle,
por ser vos quien sois.

COMENDADOR
         No es cosa,
Pascuala, en que yo soy parte.[13]
Es esto contra el maestre
Téllez Girón, que Dios guarde;
es contra toda su orden,
es su honor, y es importante
para el ejemplo el castigo;
que habrá otro día quien trate
de alzar pendón contra él,
pues ya sabéis que una tarde
al comendador mayor
(¡qué vasallos tan leales!)
puso una ballesta al pecho.

ESTEBAN
Supuesto que el disculparle
ya puede tocar a un suegro,
no es mucho que en causas tales

se descomponga con vos
un hombre, en efecto, amante;
porque, si vos pretendéis
su propia mujer quitarle,
¿qué mucho que la defienda?

COMENDADOR
Majadero sois, alcalde.

ESTEBAN
Por vuestra virtud,[14] señor.

COMENDADOR
Nunca yo quise quitarle
su mujer, pues no lo era.

ESTEBAN
Sí quisistes... Y esto baste;
que reyes hay en Castilla
que nuevas órdenes hacen,
con que desórdenes quitan.
Y harán mal, cuando descansen
de las guerras, en sufrir
en sus villas y lugares
a hombres tan poderosos
por traer cruces tan grandes.
Póngasela el rey al pecho;
que para pechos reales
es esa insignia, y no más.[15]

COMENDADOR
¡Hola! La vara quitalde.

ESTEBAN
Tomad, señor, norabuena.

COMENDADOR
Pues con ella quiero dalle,
como a caballo brioso.

ESTEBAN
Por señor os sufro. Dadme.

PASCUALA
¡A un viejo de palos das!

LAURENCIA
Si le das porque es mi padre,
¿qué vengas en él de mí?

---

13 no es cosa en que yo tenga un interés puramente personal (porque la ofensa que a mí hizo fué en rigor una ofensa a la Orden de Santiago que represento y a su maestre).   14 en virtud de la autoridad que tú me has concedido.   15 Refleja aquí el alcalde Esteban el pensamiento que sirve de fondo histórico a la obra: la unión del pueblo y la corona en contra de los abusos de las órdenes militares y de los señores feudales. Justamente en esta escena vuelve el comendador después de haber sido derrotado en una batalla por las tropas de Fernando V, el rey católico, contra cuya autoridad se han rebelado él y otros nobles. El sentido de las palabras de Esteban es, por tanto, el de que ya es hora de que el rey ciña en su pecho la insignia de las órdenes militares, que era símbolo del poder abusivo de los comendadores y otros señores feudales.   16 Juego de palabras con los dos significados de cardenales: la marca que deja un golpe y el de prelados de la iglesia.   17 Al azotarme como si se tratase de un tambor (atabales) me dejó la parte posterior roja como un pedazo de salmón.   18 exequias, funerales u honras fúnebres que explica el juego de palabras en los versos siguientes.   19 Véase nota 15 inmediatamente anterior.   20 abandonar.

COMENDADOR

Llevalda, y hacer que guarden
su persona diez soldados.

(*Vase el comendador con los su-*
yos, llevándose presos a FRON-
DOSO *y* LAURENCIA.)

ESTEBAN

Justicia del cielo baje. (*Vase.*)

PASCUALA

Volvióse en luto la boda. (*Vase.*)

BARRILDO

¿No hay aquí un hombre que hable?

MENGO

Yo tengo ya mis azotes,
que aún se ven los cardenales,[16]
sin que un hombre vaya a Roma.
Prueben otros a enojarle.

JUAN ROJO

Hablemos todos.

MENGO

Señores,
aquí todo el mundo calle.
Como ruedas de salmón
me puso los atabales.[17]

ACTO III

ESCENA I

Sala del concejo en Fuenteovejuna. ESTEBAN, ALON-
SO, BARRILDO

ESTEBAN

¿No han venido a la junta?

BARRILDO

No han venido.

ESTEBAN

Pues más apriesa nuestro daño corre.

BARRILDO

Ya está lo más del pueblo prevenido.

ESTEBAN

Frondoso con prisiones en la torre,
y mi hija Laurencia en tanto aprieto,
si la piedad de Dios no los socorre...

ESCENA II

JUAN ROJO, EL REGIDOR, *dichos; después,* MENGO.

JUAN ROJO

¿De qué dais voces, cuando importa tanto
a nuestro bien, Esteban, el secreto?

ESTEBAN

Que doy tan pocas es mayor espanto.

MENGO

También vengo yo a hallarme en esta junta.

ESTEBAN

Un hombre cuyas canas baña el llanto,
labradores honrados, os pregunta
qué obsequias[18] debe hacer toda esta gente
a su patria sin honra, ya perdida.
Y si se llaman honras justamente,
¿cómo se harán, si no hay entre nosotros
hombre a quien este bárbaro no afrente?
Respondedme: ¿hay alguno de vosotros
que no esté lastimado en honra y vida?
¿No os lamentáis los unos de los otros?
Pues si ya la tenéis todos perdida,
¿a qué aguardáis? ¿Qué desventura es ésta?

JUAN ROJO

La mayor que en el mundo fué sufrida.
Mas pues ya se publica y manifiesta
que en paz tienen los reyes a Castilla,
y su venida a Córdoba se apresta,
vayan dos regidores a la villa,
y echándose a sus pies, pidan remedio.[19]

BARRILDO

En tanto que Fernando al suelo humilla
a tantos enemigos, otro medio
será mejor, pues no podrá, ocupado,
hacernos bien, con tanta guerra en medio.

REGIDOR

Si mi voto de vos fuera escuchado,
desamparar[20] la villa doy por voto.

JUAN ROJO

¿Cómo es posible en tiempo limitado?

MENGO

A la fe, que si entiendo el alboroto,
que ha de costar la junta alguna vida.

REGIDOR

Ya, todo el árbol de paciencia roto,
corre la nave de temor perdida.
La hija quitan con tan gran fiereza
a un hombre honrado, de quien es regida
la patria en que vivís, y en la cabeza
la vara quiebran tan injustamente.
¿Qué esclavo se trató con más bajeza?

JUAN ROJO

¿Qué es lo que quieres tú que el pueblo intente?

REGIDOR

Morir, o dar la muerte a los tiranos,
pues somos muchos, y ellos poca gente.

BARRILDO

¡Contra el señor las armas en las manos!

ESTEBAN

El rey sólo es señor, después del cielo,
y no bárbaros hombres inhumanos.
Si Dios ayuda nuestro justo celo,
   ¿qué nos ha de costar?

MENGO

           Mirad, señores,
que vais en estas cosas con recelo.[21]
Puesto que por los simples labradores
   estoy aquí, que más injurias pasan,
más cuerdo represento sus temores.

JUAN ROJO

Si nuestras desventuras se compasan,[22]
   para perder la vida, ¿qué aguardamos?
Las casas y las viñas nos abrasan:
tiranos son; a la venganza vamos.

ESCENA III

LAURENCIA, *desmelenada; dichos.*

LAURENCIA

Dejadme entrar, que bien puedo,
en consejo de los hombres;
que bien puede una mujer,
si no a dar voto, a dar voces.
¿Conocéisme?

ESTEBAN

         ¡Santo cielo!
¿No es mi hija?

JUAN ROJO

         ¿No conoces
a Laurencia?

LAURENCIA

        Vengo tal,
que mi diferencia os pone
en contingencia[23] quién soy.

ESTEBAN

¡Hija mía!

LAURENCIA

       No me nombres
tu hija.

ESTEBAN

      ¿Por qué, mis ojos?
¿Por qué?

LAURENCIA

      Por muchas razones,
y sean las principales,
porque dejas que me roben
tiranos sin que me vengues,
traidores sin que me cobres.[24]
Aún no era yo de Frondoso,
para que digas que tome,
como marido, venganza;
que aquí por tu cuenta corre;
que en tanto que de las bodas
no haya llegado la noche,
del padre, y no del marido,
la obligación presupone;
que en tanto que no me entregan
una joya, aunque la compre,
no han de correr por mi cuenta
las guardas ni los ladrones.
Llevóme de vuestros ojos
a su casa Fernán Gómez;
la oveja al lobo dejáis,
como cobardes pastores.
¿Qué dagas no vi en mi pecho?
¡Qué desatinos enormes,
qué palabras, qué amenazas,
y qué delitos atroces,
por rendir mi castidad
a sus apetitos torpes!
Mis cabellos ¿no lo dicen?
¿No se ven aquí los golpes,
de la sangre y las señales?
¿Vosotros sois hombres nobles?
¿Vosotros padres y deudos?
¿Vosotros, que no se os rompen
las entrañas de dolor,
de verme en tantos dolores?
Ovejas sois, bien lo dice
de Fuenteovejuna el nombre.
Dadme unas armas a mí,
pues sois piedras, pues sois bronces,
pues sois jaspes, pues sois tigres .
Tigres no, porque feroces
siguen quien roba sus hijos,
matando los cazadores
antes que entren por el mar,
y por sus ondas se arrojen.
Liebres cobardes nacisteis;
bárbaros sois, no españoles.
Gallinas, ¡vuestras mujeres
sufrís que otros hombres gocen!
Poneos ruecas en la cinta;
¿para qué os ceñís estoques?
¡Vive Dios, que he de trazar
que solas mujeres cobren
la honra destos tiranos,

---

21 que vayáis u obréis con cuidado. 22 si medimos
o consideramos (lo grandes que son) nuestras desventuras.
23 os hace dudar de. 24 me recobres, me libres.

25 aunque se ponga. 26 Despliega, a modo de bandera,
un lienzo en un palo. 27 forma anticuada de *enormes*
usada en el sentido de hombre desmedido y cruel.

la sangre destos traidores,
y que os han de tirar piedras,
hilanderas, maricones,
amujerados, cobardes,
y que mañana os adornen
nuestras tocas y basquiñas,
solimanes y colores!
A Frondoso quiere ya,
sin sentencia, sin pregones,
colgar el comendador
del almena de una torre;
de todos hará lo mismo;
y yo me huelgo, medio hombres,
porque quede sin mujeres
esta villa honrada, y torne
aquel siglo de amazonas,
eterno espanto del orbe.

ESTEBAN
Yo, hija, no soy de aquellos
que permiten que los nombres
con esos títulos viles.
Iré solo, si se pone[25]
todo el mundo contra mí.

JUAN ROJO
Y yo, por más que me asombre
la grandeza del contrario.

REGIDOR
Muramos todos.

BARRILDO
                Descoge
un lienzo al viento en un palo,[26]
y mueran estos inormes.[27]

JUAN ROJO
¿Qué orden pensáis tener?

MENGO
Ir a matarle sin orden.
Juntad el pueblo a una voz;
que todos están conformes
en que los tiranos mueran.

ESTEBAN
Tomad espadas, lanzones,
ballestas, chuzos y palos.

MENGO
¡Los reyes nuestros señores
vivan!

TODOS
            ¡Vivan muchos años!

MENGO
¡Mueran tiranos traidores!

TODOS
¡Traidores tiranos mueran!

        (Vanse todos los hombres.)

LAURENCIA
Caminad; que el cielo os oye...
¡Ah mujeres de la villa!
¡Acudid, porque se cobre
vuestro honor, acudid todas!

ESCENA V

Sala en casa del comendador.

EL COMENDADOR, FLORES, ORTUÑO, CIMBRANOS;
FRONDOSO, *con las manos atadas.*

COMENDADOR
De ese cordel que de las manos sobra,
quiero que le colguéis, por mayor pena.

FRONDOSO
¡Qué nombre, gran señor, tu sangre cobra!

COMENDADOR
Colgalde luego en la primera almena.

FRONDOSO
Nunca fué mi intención poner por obra
tu muerte entonces.

            (Alboroto dentro.)

FLORES
                Grande ruido suena.

COMENDADOR
¿Ruido?

FLORES
Y de manera, que interrumpen
tu justicia, señor.

ORTUÑO
                Las puertas rompen.

COMENDADOR
¡La puerta de mi casa, y siendo casa
de la encomienda!

FLORES
                El pueblo junto viene.

ESCENA VI

JUAN ROJO, *dentro; dichos; después,* MENGO.

JUAN ROJO. *Dentro.*
Rompe, derriba, hunde, quema, abrasa.

ORTUÑO
Un popular motín mal se detiene.

COMENDADOR
¡El pueblo contra mí!

FLORES
                    La furia pasa
tan adelante, que las puertas tiene
echadas por la tierra.

COMENDADOR
                    Desatalde.
Templa, Frondoso, ese villano alcalde.

FRONDOSO
    Yo voy, señor; que amor les ha movido.
                                        (Vase.)

MENGO. *Dentro.*
¡Vivan Fernando y Isabel, y mueran
los traidores!

FLORES
                    Señor, por Dios te pido
que no te hallen aquí.

COMENDADOR
                    Si perseveran,
este aposento es fuerte y defendido.
Ellos se volverán.

FLORES
                    Cuando se alteran
los pueblos agraviados, y resuelven,
nunca sin sangre o sin venganza vuelven.

COMENDADOR
    En esta puerta, así como rastrillo,
su furor con las armas defendamos.

FRONDOSO *Dentro.*
¡Viva Fuenteovejuna!

COMENDADOR
                    ¡Qué caudillo!
Estoy por que a su furia acometamos.

FLORES
De la tuya, señor, me maravillo.

Escena VII

ESTEBAN, FRONDOSO, JUAN ROJO, MENGO, BARRIL-
DO *y labradores, todos armados; el* COMENDADOR,
FLORES, ORTUÑO, CIMBRANOS.

ESTEBAN
Ya el tirano y los cómplices miramos.
¡Fuenteovejuna, y los tiranos mueran!

COMENDADOR
Pueblo, esperad.

TODOS
                    Agravios nunca esperan.

COMENDADOR
Decídmelos a mí; que iré pagando,
a fe de caballero, esos errores.

TODOS
¡Fuenteovejuna! ¡Viva el rey Fernando!
¡Mueran malos cristianos y traidores!

COMENDADOR
¿No me queréis oír? Yo estoy hablando;
yo soy vuestro señor.

TODOS
                    Nuestros señores
son los Reyes Católicos.

COMENDADOR
                    Espera.

TODOS
¡Fuenteovejuna, y Fernán Gómez muera!

(Pelean; el COMENDADOR *y los suyos van
retirándose, y los amotinados entran, persiguiéndolos.)*

Escena XIII

Plaza en Fuenteovejuna; JUAN ROJO, *que trae un
escudo con las armas reales.*

ESTEBAN
Mostrad las armas acá.

JUAN ROJO
¿Adónde se han de poner?

REGIDOR
Aquí, en el Ayuntamiento.

ESTEBAN
¡Bravo escudo!

BARRILDO
                    ¡Qué contento!

FRONDOSO
Ya comienza a amanecer,
con este sol, nuestro día.

ESTEBAN
¡Vivan Castilla y León
y las barras de Aragón,
y muera la tiranía!
    Advertid, Fuenteovejuna,
a las palabras de un viejo;
que el admitir su consejo
no ha dañado vez ninguna.
    Los reyos han de querer
averiguar este caso,
y más tan cerca del paso
y jornada que han de hacer.
    Concertaos todos a una
en lo que habéis de decir.

FRONDOSO
¿Qué es tu consejo?

ESTEBAN
Morir
diciendo: «Fuenteovejuna»,
y a nadie saquen de aquí.

FRONDOSO
Es el camino derecho.
Fuenteovejuna lo ha hecho.

ESTEBAN
¿Queréis responder así?

TODOS
Sí.

ESTEBAN
Pues yo quiero ser
agora el pesquisidor,
para ensayarnos mejor
en lo que habemos de hacer.
Sea Mengo el que esté puesto
en el tormento.

MENGO
¿No hallaste
otro más flaco?

ESTEBAN
¿Pensaste
que era de veras?

MENGO
Di presto.

ESTEBAN
¿Quién mató al comendador?

MENGO
Fuenteovejuna lo hizo.

ESTEBAN
Perro, ¿si te martirizo?

MENGO
Aunque me matéis, señor.

ESTEBAN
Confiesa, ladrón.

MENGO
Confieso.

ESTEBAN
Pues ¿quién fué?

MENGO
Fuenteovejuna.

ESTEBAN
Dalde otra vuelta.

MENGO
Es ninguna.

ESTEBAN
Cagajón para el proceso.

ESCENA XVI

Plaza de Fuenteovejuna

LAURENCIA, *sola*

LAURENCIA
Amando, recelar daño en lo amado,
nueva pena de amor se considera;
que quien en lo que ama daño espera,
aumenta en el temor nuevo cuidado.
El firme pensamiento desvelado,
si le aflige el temor, fácil se altera;
que no es a firme fe pena ligera
ver llevar el temor al bien robado.
Mi esposo adoro; la ocasión que veo
al temor de su daño me condena
si no le ayuda la felice suerte.
Al bien suyo se inclina mi deseo:
si está presente, está cierta mi pena;
si está en ausencia, está cierta mi muerte.

ESCENA XVII

FRONDOSO, LAURENCIA

FRONDOSO
¡Mi Laurencia!

LAURENCIA
¡Esposo amado!
¿Cómo a estar aquí te atreves?

FRONDOSO
¿Esas resistencias debes
a mi amoroso cuidado?

LAURENCIA
Mi bien, procura guardarte,
porque tu daño recelo.

FRONDOSO
No quiera, Laurencia, el cielo
que tal llegue a disgustarte.

LAURENCIA
¿No temes ver el rigor
que por los demás sucede,
y el furor con que procede
aqueste pesquisidor?
Procura guardar la vida.
Huye, tu daño no esperes.

FRONDOSO
¿Cómo que procure quieres

cosa tan mal recebida?

   ¿Es bien que los demás deje
en el peligro presente,
y de tu vista me ausente?
No me mandes que me aleje;
   porque no es puesto en razón
que por evitar mi daño,
sea con mi sangre extraño
en tan terrible ocasión.

            (Voces dentro.)

   Voces parece que he oído,
y son, si yo mal no siento,
de alguno que dan tormento.
Oye con atento oído.

   JUEZ. *Dentro.*
Decid la verdad, buen viejo.

   FRONDOSO
Un viejo, Laurencia mía,
atormentan.

   LAURENCIA
          ¡Qué porfía!

   ESTEBAN. *Dentro.*
Déjenme un poco.

   JUEZ. *Dentro.*
           Ya os dejo.
Decid, ¿quién mató a Fernando?

   ESTEBAN. *Dentro.*
Fuenteovejuna lo hizo.

   LAURENCIA
Tu nombre, padre, eternizo.

   FRONDOSO
¡Bravo caso!

   JUEZ. *Dentro.*
          Ese muchacho
aprieta. Perro, yo sé
que lo sabes. Di quién fué.
¿Callas? Aprieta, borracho.

   NIÑO. *Dentro.*
Fuenteovejuna, señor.

   JUEZ. *Dentro.*
¡Por vida del rey, villanos,
que os ahorque con mis manos!
¿Quién mató al comendador?

   FRONDOSO
   ¡Que a un niño le den tormento,
y niegue de aquesta suerte!

   LAURENCIA
¡Bravo pueblo!

   FRONDOSO
          ¡Bravo y fuerte!

   JUEZ. *Dentro.*
Esa mujer al momento
en ese potro tened.
Dale esa mancuerda[28] luego.

   LAURENCIA
Ya está de cólera ciego.

   JUEZ. *Dentro.*
Que os he de matar, creed,
en este potro, villanos.
¿Quién mató al comendador?

   PASCUALA. *Dentro.*
Fuenteovejuna, señor.

   JUEZ. *Dentro.*
Dale.

   FRONDOSO
      Pensamientos vanos.

   LAURENCIA
Pascuala niega, Frondoso.

   FRONDOSO
Niegan niños; ¿qué te espantas?

   JUEZ. *Dentro.*
Parece que los encantas.
Aprieta.

   PASCUALA. *Dentro.*
      ¡Ay, cielo piadoso!

   JUEZ. *Dentro.*
Aprieta, infame. ¿Estás sordo?

   PASCUALA. *Dentro.*
Fuenteovejuna lo hizo.

   JUEZ. *Dentro.*
Traedme aquél más rollizo,
ese desnudo, ese gordo.

   LAURENCIA
¡Pobre Mengo! Él es sin duda.

   FRONDOSO
Temo que ha de confesar.

   MENGO. *Dentro.*
¡Ay, ay!

   JUEZ. *Dentro.*
      Comienza a apretar.

   MENGO. *Dentro.*
¡Ay!

---

[28] Tormento que consistía en atar al supuesto reo con ligaduras que se iban apretando al dar vueltas a una rueda. [29] te aseguro.

JUEZ. *Dentro.*
      ¿Es menester ayuda?

MENGO. *Dentro.*
¡Ay, ay!

JUEZ. *Dentro.*
      ¿Quién mató, villano,
al señor comendador?

MENGO. *Dentro.*
¡Ay, yo lo diré, señor!

JUEZ. *Dentro.*
Afloja un poco la mano.

FRONDOSO
Él confiesa.

JUEZ. *Dentro.*
      Al palo aplica
la espalda.

MENGO. *Dentro.*
      Quedo; que yo
lo diré.

JUEZ. *Dentro.*
      ¿Quién lo mató?

MENGO. *Dentro.*
Señor, Fuenteovejunica.

JUEZ. *Dentro.*
¿Hay tan gran bellaquería?
Del dolor se están burlando.
En quien estaba esperando
niega con mayor porfía.
      Dejaldos; que estoy cansado.

FRONDOSO
¡Oh Mengo, bien te haga Dios!
Temor que tuve de dos,
el tuyo me le ha quitado.

ESCENA XXIII

Habitación de los reyes, en Tordesillas

El REY, *la* REINA, *el* MAESTRE, DON MANRIQUE;
      dichos

DON MANRIQUE
Señor, el pesquisidor
que a Fuenteovejuna ha ido,
con el despacho ha venido
a verse ante tu valor.

EL REY
Sed juez destos agresores.

EL MAESTRE
Si a vos, señor, no mirara,

sin duda les enseñara
a matar comendadores.

EL REY
Eso ya no os toca a vos.

LA REINA
Yo confieso que he de ver
el cargo en vuestro poder,
si me lo concede Dios.

ESCENA XXIV

El JUEZ; *dichos*

JUEZ
A Fuenteovejuna fuí
de la suerte que has mandado,
y con especial cuidado
y diligencia asistí.
      Haciendo averiguación
del cometido delito,
una hoja no se ha escrito
que sea en comprobación;
      porque conformes a una,
con un valeroso pecho,
en pidiendo quién lo ha hecho,
responden: «Fuenteovejuna».
      Trecientos he atormentado
con no pequeño rigor,
y te prometo,[29] señor,
que más que esto no he sacado.
      Hasta niños de diez años
al potro arrimé, y no ha sido
posible haberlo inquirido
ni por halagos ni engaños.
      Y pues tan mal se acomoda
el poderlo averiguar,
o los has de perdonar,
o matar la villa toda.
      Todos vienen ante ti
para más certificarte:
dellos podrás informarte.

EL REY
Que entren, pues vienen, les di.

ESCENA XXV

ESTEBAN, ALONSO, FRONDOSO, LAURENCIA, MENGO,
      labradores y labradoras

LAURENCIA
¿Aquéstos los reyes son?

FRONDOSO
Y en Castilla poderosos.

LAURENCIA
Por mi fe, que son hermosos;
¡bendígalos San Antón!

LA REINA

¿Los agresores son éstos?

ESTEBAN

Fuenteovejuna, señora,
que humildes llegan agora
para serviros dispuestos.
    La sobrada tiranía
y el insufrible rigor
del muerto comendador,
que mil insultos hacía,
    fué el autor de tanto daño.
Las haciendas nos robaba
y las doncellas forzaba,
siendo de piedad extraño...

FRONDOSO

    Tanto, que aquesta zagala,
que el cielo me ha concedido,
en que tan dichoso he sido
que nadie en dicha me iguala,
    cuando conmigo casó,
aquella noche primera,
mejor que si suya fuera,
a su casa la llevó;
    y a no saberse guardar
ella, que en virtud florece,
ya manifiesto parece
lo que pudiera pasar.

MENGO

    ¿No es ya tiempo que hable yo?
Si me dais licencia, entiendo
que os admiraréis, sabiendo
del modo que me trató.
    Porque quise defender
una moza de su gente,
que con término insolente,
fuerza la querían hacer,
    aquel perverso Nerón
de manera me ha tratado,
que el reverso me ha dejado
como rueda de salmón.

... ...

ESTEBAN

    Señor, tuyos ser queremos.
Rey nuestro eres natural,
y con título de tal
ya tus armas puesto habemos.
    Esperamos tu clemencia,
y que veas esperamos
que en este caso te damos
por abono la inocencia.

EL REY

Pues no puede averiguarse

el suceso por escrito,
aunque fué grave el delito,
por fuerza ha de perdonarse.
    Y la villa es bien se quede
en mí, pues de mí se vale,
hasta ver si acaso sale
comendador que la herede.

FRONDOSO

    Su majestad habla, en fin,
como quien tanto ha acertado,
Y aquí, discreto senado,
Fuenteovejuna da fin.

EL CABALLERO DE OLMEDO

ARGUMENTO

Don Alonso, el caballero de Olmedo, asiste a la feria de Medina, donde se enamora de Inés. Ésta le corresponde y, contrariando los planes de su padre, se niega a casarse con D. Rodrigo. Da como pretexto su deseo de ser monja. Tello, criado del caballero, logra entrar en casa de Inés disfrazado de maestro de latín, y con la ayuda de la alcahueta Fabia facilita las relaciones de los dos amantes. D. Rodrigo siente celos de su afortunado rival y decide vengarse, a pesar de que éste —don Alonso— le salva la vida en una fiesta de toros. Al empezar el tercer acto (del que se reproducen varias escenas) el caballero tiene que volverse a Olmedo, y al despedirse de su amada siente presagios de muerte. Una sombra le avisa y en la soledad del campo oye el cantar del labrador (canto tradicional, fuente de la obra de Lope). Don Rodrigo y su amigo Fernando le salen al paso y le matan alevosamente. Lo que comenzó como una graciosa comedia de intriga amorosa termina en una tragedia de misterioso encanto poético. Al fin el rey castiga a los traidores e Inés entra en un convento.

A C T O   I I I

ESCENA VII

Paso a la plaza de Olmedo

Óyese ruido y grita dentro.—Gente, y después, DON
RODRIGO y DON ALONSO

VOZ 1.ª *Dentro.*
Cayó don Rodrigo.

DON ALONSO. *Dentro.*
                    Afuera.

VOZ 2.ª, 4.ª, 5.ª *Dentro.*
¡Qué gallardo, qué animoso
don Alonso le socorre!

---

1 corriendo.

VOZ 1.ª *Dentro.*
Ya se apea don Alonso.

VOZ 2.ª *Dentro.*
¡Qué valientes cuchilladas!

VOZ 1.ª *Dentro.*
Hizo pedazos el toro.

(Sale DON ALONSO *teniendo a* DON RODRIGO.)

DON ALONSO
Aquí tengo yo caballo;
que los nuestros van furiosos
discurriendo[1] por la plaza.
Ánimo.

DON RODRIGO
      Con vos le cobro.
La caída ha sido grande.

DON ALONSO
Pues no será bien que al coso
volváis; aquí habrá criados
que os sirvan, porque yo torno
a la plaza. Perdonadme,
porque cobrar es forzoso
el caballo que dejé. *(Vase.)*

ESCENA VIII

DON FERNANDO, DON RODRIGO

DON FERNANDO
¿Qué es esto? ¡Rodrigo, y solo!
¿Cómo estáis?

DON RODRIGO
      Mala caída,
mal suceso, malo todo;
pero más deber la vida
a quien me tiene celoso,
y a quien la muerte deseo.

DON FERNANDO
¡Que sucediese a los ojos
del rey, y que viese Inés
que aquel su galán dichoso
hiciese el toro pedazos
por libraros!

DON RODRIGO
      Estoy loco.
No hay hombre tan desdichado,
Fernando, de polo a polo.
¡Qué de afrentas, qué de penas,
qué de agravios, qué de enojos,
qué de injurias, qué de celos,
qué de agüeros, qué de asombros!
Alcé los ojos a ver

a Inés, por ver si piadoso
mostraba el semblante entonces,
que, aunque ingrato, necio adoro;
y veo que no pudiera
mirar Nerón riguroso
desde la torre Tarpeya
de Roma el incendio, como
desde el balcón me miraba;
y que luego, en vergonzoso
clavel de púrpura fina
bañado el jazmín del rostro,
a don Alonso miraba,
y que por los labios rojos
pagaba en perlas el gusto
de ver que a sus pies me postro,
de la fortuna arrojado
y de la suya envidioso.
Mas ¡vive Dios, que la risa,
primero que la de Apolo
alegre el oriente y bañe
el aire en átomos de oro,
se le ha de trocar en llanto,
si hallo al hidalguillo loco
entre Medina y Olmedo!

DON FERNANDO
Él sabrá ponerse a cobro.

DON RODRIGO
Mal conocéis a los celos.

DON FERNANDO
¿Quién no sabe que son monstruos?
Mas lo que ha de importar mucho
no se ha de pensar tan poco.
      (Vanse.)

ESCENA XI

Calle y vista exterior de la casa de DON PEDRO; DON ALONSO, TELLO; DOÑA LEONOR *a una reja; dichos*

DOÑA LEONOR
¿Es don Alonso?

DON ALONSO
      Yo soy.

DOÑA LEONOR
Luego mi hermana saldrá,
porque con mi padre está
hablando en las fiestas de hoy.
    Tello puede entrar; que quiere
daros un regalo Inés.
      (Quítase de la reja.)

DON ALONSO
Entra, Tello.

TELLO

        Si después
cerraren y no saliere,
  bien puedes partir sin mí;
que yo te sabré alcanzar.

(Ábrese la puerta de casa de DON
PEDRO, *entra* TELLO, *y vuelve*
DOÑA LEONOR *a la reja.)*

DON ALONSO

¿Cuándo, Leonor, podré entrar
con tal libertad aquí?

DOÑA LEONOR

  Pienso que ha de ser muy presto,
porque mi padre de suerte
te encarece, que a quererte
tiene el corazón dispuesto.
  Y porque se case Inés,
en sabiendo vuestro amor,
sabrá escoger lo mejor,
como estimarlo después.

ESCENA XII

DOÑA INÉS, *a la reja;* DOÑA LEONOR, *en la reja;*
DON ALONSO, *en la calle*

DOÑA INÉS
¿Con quién hablas?

DOÑA LEONOR

        Con Rodrigo.

DOÑA INÉS
Mientes, que mi dueño es.

DON ALONSO
Que soy esclavo de Inés,
al cielo doy por testigo.

DOÑA INÉS
No sois sino mi señor.

DOÑA LEONOR
Ahora bien, quiéroos dejar;
que es necedad estorbar
sin celos quien tiene amor.
           (Retírase.)

ESCENA XIII

DOÑA INÉS
¿Cómo estáis?

DON ALONSO

        Como sin vida.
por vivir os vengo a ver.

DOÑA INÉS
  Bien había menester
la pena desta partida
para templar el contento
que hoy he tenido de veros,
ejemplo de caballeros,
y de las damas tormento.
  De todas estoy celosa;
que os alabasen quería,
y después me arrepentía,
de perderos temerosa.
  ¡Qué de varios pareceres!
¡Qué de títulos y nombres
os dió la envidia en los hombres
y el amor en las mujeres!
  Mi padre os ha codiciado
por yerno para Leonor,
y agradecióle mi amor,
aunque celosa, el cuidado;
  que habéis de ser para mí,
y así se lo dije yo,
aunque con la lengua no,
pero con el alma sí.
  Mas ¡ay! ¿Cómo estoy contenta,
si os partís?

DON ALONSO

        Mis padres son
la causa.

DOÑA INÉS

      Tenéis razón;
mas dejadme que lo sienta.

DON ALONSO
  Yo lo siento, y voy a Olmedo
dejando el alma en Medina.
No sé cómo parto y quedo;
amor la ausencia imagina,
los celos, señora, el miedo.
Así parto muerto y vivo;
que vida y muerte recibo.
Mas ¿qué te puedo decir,
cuando estoy para partir,
puesto ya el pie en el estribo?
  Ando, señora, estos días,
entre tantas asperezas
de imaginaciones mías,
consolado en mis tristezas
y triste en mis alegrías.
Tengo, pensando perderte,
imaginación tan fuerte,
y así en ella vengo y voy,
que me parece que estoy
con las ansias de la muerte.
  La envidia de mis contrarios

---

² Se sobrentiende «a la espada».

temo tanto, que aunque puedo
poner medios necesarios,
estoy entre amor y miedo
haciendo discursos varios.
Ya para siempre me privo
de verte, y de suerte vivo,
que, mi muerte presumiendo,
parece que estoy diciendo:
«Señora, aquésta te escribo.»
    Tener de tu esposo el nombre
amor y favor ha sido;
pero es justo que me asombre
que amado y favorecido
tenga tal tristeza un hombre.
Parto a morir, y te escribo
mi muerte, si ausente vivo,
porque tengo, Inés, por cierto
que si vuelvo será muerto,
pues partir no puedo vivo.
    Bien sé que tristeza es;
pero puede tanto en mí,
que me dice, hermosa Inés:
«Si partes muerto de aquí,
¿cómo volverás después?»
Yo parto, y parto a la muerte,
aunque morir no es perderte;
que si el alma no se parte,
¿cómo es posible dejarte,
cuanto más volver a verte?

    DOÑA INÉS

    Pena me has dado y temor
con tus miedos y recelos;
si tus tristezas son celos,
ingrato ha sido tu amor.
    Bien entiendo tus razones;
pero tú no has entendido
mi amor.

    DON ALONSO

            Ni tú que han sido
estas imaginaciones
    sólo un ejercicio triste
del alma, que me atormenta,
no celos; que fuera afrenta
del nombre, Inés, que me diste.
    De sueños y fantasías,
si bien falsas ilusiones,
han nacido estas razones,
que no de sospechas mías.

    DOÑA INÉS

Leonor vuelve.

ESCENA XIV

DOÑA LEONOR, *dentro; dichos*

DOÑA INÉS

        ¿Hay algo?

DOÑA LEONOR. *Dentro.*

                Sí.

DON ALONSO

¿Es partirme?

DOÑA LEONOR. *Dentro.*

        Claro está.
Mi padre se acuesta ya,
y me preguntó por ti.

                (A doña Inés.)

    DOÑA INÉS

    Vete, Alonso, vete. Adiós.
No te quejes, fuerza es.

    DON ALONSO

¿Cuándo querrá Dios, Inés,
que estemos juntos los dos?
    Aquí se acabó mi vida,
que es lo mismo que partirme.
Tello no sale, o no puede
acabar de despedirse.
Voyme, que él me alcanzará.

            (Retírase doña Inés.)

ESCENA XV

Al retirarse DON ALONSO, UNA SOMBRA *con una
máscara negra y sombrero, y puesta la mano en el
puño de la espada, se le pone delante*

        DON ALONSO

    ¿Qué es esto? ¿Quién va? De oírme
no hace caso. ¿Quién es? Hable.
¡Que un hombre me atemorice,
no habiendo temido a tantos!
¿Es don Rodrigo? ¿No dice
quién es?

    SOMBRA

    Don Alonso.

    DON ALONSO

                ¿Cómo?

    SOMBRA

Don Alonso.

    DON ALONSO

        No es posible.
Mas otro será; que yo
soy don Alonso Manrique.
Si es invención, meta mano.[2]
Volvió la espalda.

            (Vase la Sombra.)

ESCENA XVI

DON ALONSO, *solo*

DON ALONSO

      Seguirle,
desatino me parece.
¡Oh imaginación terrible!
Mi sombra debió de ser.
Mas no; que en forma visible
dijo que era don Alonso.
Todas son cosas que finge
la fuerza de la tristeza,
la imaginación de un triste.
¿Qué me quieres, pensamiento,
que con mi sombra me afliges?
Mira que temer sin causa
es de sujetos humildes.
O embustes de Fabia son,
que pretenden persuadirme
porque no me vaya a Olmedo,
sabiendo que es imposible.
Siempre dice que me guarde,
y siempre que no camine
de noche, sin más razón
de que la envidia me sigue.
Pero ya no puede ser
que don Rodrigo me envidie,
pues hoy la vida me debe;
que esta deuda no permite
que un caballero tan noble
en ningún tiempo la olvide.
Antes pienso que ha de ser
para que amistad confirme
desde hoy conmigo en Medina;
que la ingratitud no vive
en buena sangre, que siempre
entre villanos reside.
En fin, es la quinta esencia
de cuantas acciones viles
tiene la bajeza humana
pagar mal quien bien recibe.

        (Vase.)

ESCENA XVII

Campo con árboles al lado de un camino
DON RODRIGO, DON FERNANDO, MENDO, CRIADOS,
armados

DON RODRIGO

Hoy tendrán fin mis celos y su vida.

DON FERNANDO

Finalmente, ¿venís determinado?

DON RODRIGO

No habrá consejo que su muerte impida,
después que la palabra me han quebrado.
Ya se entendió la devoción fingida,
ya supe que era Tello, su criado,
quien la enseñaba aquel latín que ha sido
en cartas de romance traducido.

 ¡Qué honrada dueña recibió en su casa
don Pedro en Fabia! ¡Oh mísera doncella!
Disculpo tu inocencia, si te abrasa
fuego infernal de los hechizos della.
No sabe, aunque es discreta, lo que pasa,
y así el honor de entrambos atropella.
¡Cuántas casas de nobles caballeros
han infamado hechizos y terceros!
Fabia, que puede trasponer un monte;

 Fabia, que puede detener un río,
y en los negros ministros de Aqueronte[3]
tiene, como en vasallos, señorío;
Fabia, que deste mar, deste horizonte
al abrasado clima, al norte frío
puede llevar un hombre por el aire,
la da liciones; ¿hay mayor donaire?

DON FERNANDO

 Por la misma razón yo no tratara
de más venganza.

DON RODRIGO

     ¡Vive Dios, Fernando,
que fuera de los dos bajeza clara!

DON FERNANDO

No la hay mayor que despreciar amando.

DON RODRIGO

Si vos podéis, yo no.

MENDO

      Señor, repara
en que vienen los ecos avisando
de que a caballo alguna gente viene.

DON RODRIGO

Si viene acompañado, miedo tiene.

DON FERNANDO

 No lo creas; que es mozo temerario.

DON RODRIGO

Todo hombre con silencio esté escondido.
Tú, Mendo, el arcabuz, si es necesario,
tendrás detrás de un árbol prevenido.

DON FERNANDO

¡Qué inconstante es el bien, qué loco y vario!
Hoy a vista de un rey salió lucido,
admirado de todos a la plaza,
y ya tan fiera muerte le amenaza!

       (Escóndese.)

---

[3] los diablos.

ESCENA XVIII

DON ALONSO, *solo*

DON ALONSO

Lo que jamás he tenido,
que es algún recelo o miedo,
llevo caminando a Olmedo.
Pero tristezas han sido.
Del agua el manso rüido
y el ligero movimiento
destas ramas con el viento
mi tristeza aumentan más.
Yo camino, y vuelve atrás
mi confuso pensamiento.
De mis padres el amor
y la obediencia me lleva,
aunque ésta es pequeña prueba
del alma de mi valor.
Conozco que fué rigor
el dejar tan presto a Inés...
¡Qué oscuridad! Todo es
horror, hasta que el aurora
en las alfombras de Flora
ponga los dorados pies.
Allí cantan. ¿Quién será?
Mas será algún labrador,
que camina a su labor.
Lejos parece que está;
pero acercándose va.
Pues ¡cómo! Lleva instrumento.
Y no es rústico el acento,
sino sonoro y süave.
¡Qué mal la música sabe,
si está triste el pensamiento!

UNA VOZ. *Dentro.*
(Canta desde lejos y viene acer-
cándose.)
Que de noche le mataron
al caballero,
la gala de Medina,
la flor de Olmedo.

DON ALONSO

¡Cielos! ¿Qué estoy escuchando?
Si es que avisos vuestros son,
ya que estoy en la ocasión,
¿de qué me estáis informando?
Volver atrás ¿cómo puedo?
Invención de Fabia es,
que quiere, a ruego de Inés,
hacer que no vaya a Olmedo.

LA VOZ. *Dentro.*
Sombras le avisaron
que no saliese,
y le aconsejaron
que no se fuese
el caballero,
la gala de Medina,
la flor de Olmedo.

ESCENA XIX

UN LABRADOR, DON ALONSO

DON ALONSO
¡Hola, buen hombre, el que canta!

LABRADOR
¿Quién me llama?

DON ALONSO
                Un hombre soy
que va perdido.

LABRADOR
            Ya voy.
Véisme aquí.

DON ALONSO. *Aparte.*
            —Todo me espanta.—
¿Dónde vas?

LABRADOR
            A mi labor.

DON ALONSO
¿Quién esa canción te ha dado,
que tristemente has cantado?

LABRADOR
Allá en Medina, señor.

DON ALONSO
A mí me suelen llamar
el caballero de Olmedo,
y yo estoy vivo.

LABRADOR
            No puedo
deciros deste cantar
más historia ni ocasión,
de que a una Fabia la oí.
Si os importa, yo cumplí
con deciros la canción.
Volved atrás; no paséis
deste arroyo.

DON ALONSO
            En mi nobleza
fuera ese temor bajeza.

LABRADOR
Muy necio valor tenéis.
Volved, volved a Medina.

DON ALONSO
Ven tú conmigo.

LABRADOR
            No puedo.
                (Vase.)

ESCENA XX

DON ALONSO

¡Qué de sombras finge el miedo!
¡Qué de engaños imagina!
    Oye, escucha. ¿Dónde fué,
que apenas sus pasos siento?
¡Ah labrador! Oye, aguarda.
«Aguarda», responde el eco.
¡Muerto yo! Pero es canción
que por algún hombre hicieron
de Olmedo, y los de Medina
en este camino han muerto.
A la mitad dél estoy:
¿qué han de decir si me vuelvo?
Gente viene... No me pesa.
Si allá van, iré con ellos.

ESCENA XXI

DON RODRIGO, DON FERNANDO, MENDO, CRIADOS,
DON ALONSO

DON RODRIGO

¿Quién va?

DON ALONSO

        Un hombre. ¿No me ven?

DON FERNANDO

Deténgase.

DON ALONSO

        Caballeros,
si acaso necesidad
los fuerza a pasos como éstos,
desde aquí a mi casa hay poco:
no habré menester dineros;
que de día y en la calle
se los doy a cuantos veo
que me hacen honra en pedirlos.

DON RODRIGO

Quítese las armas luego.

DON ALONSO

¿Para qué?

DON RODRIGO

        Para rendillas.

DON ALONSO

¿Sabéis quién soy?

DON FERNANDO

            El de Olmedo,
el matador de los toros,
que viene arrogante y necio
a afrentar los de Medina,
el que deshonra a don Pedro
con alcahuetes infames.

DON ALONSO

Si fuérades a lo menos
nobles vosotros, allá,
pues tuvisteis tanto tiempo,
me hablárades, y no agora,
que solo a mi casa vuelvo.
Allá en las rejas adonde
dejastes la capa huyendo,
fuera bien, y no en cuadrilla,
a medianoche, soberbios.
Pero confieso, villanos
(que esta estimación os debo),
que aun siendo tantos, sois pocos.
                (Riñen.)

DON RODRIGO

Yo vengo a matar, no vengo
a desafíos; que entonces
te matara cuerpo a cuerpo.
(A Mendo.) Tírale. (Dispara Mendo.)

DON ALONSO

                    Traidores sois;
pero sin armas de fuego
no pudiérades matarme.
¡Jesús! (Cae.)

DON FERNANDO

        Bien lo has hecho, Mendo.

(Vanse DON RODRIGO, DON FERNANDO y su gente.)

DON ALONSO

¡Qué poco crédito di
a los avisos del cielo!
Valor propio me ha engañado,
y muerto envidias y celos.
¡Ay de mí! ¿Qué haré en un campo
tan solo?

ESCENA XXII

TELLO, DON ALONSO

TELLO

    Pena me dieron
estos hombres que a caballo
van hacia Medina huyendo.
Si a don Alonso habían visto,
pregunté, no respondieron.
Mala señal. Voy temblando.

DON ALONSO

¡Dios mío, piedad! ¡Yo muero!
Vos sabéis que fué mi amor
dirigido a casamiento.
¡Ay Inés!

TELLO

De lastimosas
quejas siento tristes ecos.
Hacia aquella parte suenan.
No está del camino lejos
quien las da. No me ha quedado
sangre. Pienso que el sombrero
puede tenerse en el aire
solo en cualquiera cabello.
¡Ah hidalgo!

DON ALONSO

¿Quién es?

TELLO

¡Ay Dios!
¿Por qué dudo lo que veo?
Es mi señor. ¡Don Alonso!

DON ALONSO

Seas bienvenido, Tello.

TELLO

¿Cómo, señor, si he tardado?
¿Cómo, si a mirarte llego
hecho un piélago de sangre?
Traidores, villanos, perros,
volved, volved a matarme,
pues habéis, infames, muerto
el más noble, el más valiente,
el más galán caballero
que ciñó espada en Castilla.

DON ALONSO

Tello, Tello, ya no es tiempo
más que de tratar del alma.
Ponme en tu caballo presto,
y llévame a ver mis padres.

TELLO

¡Qué buenas nuevas les llevo
de las fiestas de Medina!
¿Qué dirá aquel noble viejo?
¿Qué hará tu madre y tu patria?
¡Venganza, piadosos cielos!

EL CASTIGO SIN VENGANZA

ARGUMENTO

*El duque de Ferrara espera para casarse a Casandra,
que ha de venir de Mantua, y envía a Federico, hijo natural suyo, a recibirla. Federico, al ver a su futura madrastra, se enamora de ella y al regresar al palacio de su
padre confía el secreto a su criado Batín. (Acto I, escena XIV.) También en Casandra se despierta el amor
por Federico, y aunque lucha al principio contra la pasión pecaminosa, al fin se ve dominada por ella e induce
a Federico a que le declare el amor. (Acto II, esce-*

*na XVI.) El duque se ausenta y los amantes se entregan
a su ilícito amor. A su regreso se entera por un anónimo
de lo que ha sucedido. El amor que tiene al hijo, la
traición cometida por éste y por Casandra y el sentimiento de la ofensa a su honra suscitan en él encontradas emociones, que expone en un dramático soliloquio.
(Acto III, escena XVII.) Al fin vence la necesidad de
vengar su honor y, de acuerdo con las ideas que imperan
en el teatro, decide que la venganza sea secreta, ya que
secreta había sido la ofensa. El duque dice a Federico
que tiene un traidor atado y cubierto en la habitación
contigua y quiere que Federico le dé muerte. Así lo hace
éste, y descubre que el supuesto traidor es Casandra. El
duque acusa a Federico de haber asesinado a su madrastra por heredarle y ordena a sus servidores que le maten.
La obra, de un intenso carácter trágico, termina con las
dramáticas lamentaciones del duque.*

ACTO PRIMERO

ESCENA XIV

FEDERICO, BATÍN

FEDERICO

¡Qué necia imaginación!

BATÍN

¿Cómo necia? ¿Qué tenemos?

FEDERICO

Bien dicen que nuestra vida
es sueño, y que todo es sueño;
pues que no sólo dormidos,
pero aun estando despiertos,
cosas imagina un hombre
que al más abrasado enfermo
con frenesí, no pudieran
llegar a su entendimiento.

BATÍN

Dices bien; que alguna vez
entre muchos caballeros
suelo estar, y sin querer
se me viene al pensamiento
dar un bofetón a uno
y mordelle en el pescuezo.
Si estoy en algún balcón,
estoy pensando y temiendo
echarme dél y matarme.
Si voy en algún entierro,
me da gana de reír;
si estoy en la iglesia oyendo
algún sermón, imagino
que le digo que está impreso;
y si dos están jugando,
que les tiro un candelero.
Si cantan, quiero cantar;
y si alguna dama veo,

en mi necia fantasía
asirla del moño intento,
y me salen mil colores,
como si lo hubiera hecho.

FEDERICO

¡Jesús! Dios me valga. Afuera,
desatinados conceptos
de sueños despiertos. ¡Yo
tal imagino, tal pienso,
tal me prometo, tal digo,
tal fabrico, tal emprendo!
No más. ¡Extraña locura!

BATÍN

Pues ¡tú para mí secreto!

FEDERICO

Batín, no es cosa que hice.
Y así nada te reservo,
que las imaginaciones
son espíritus sin cuerpo;
lo que no es ni ha de ser
no es esconderte mi pecho.

BATÍN

Y si te lo digo yo,
¿negarásmelo?

FEDERICO

Primero
que puedas adivinarlo,
habrá flores en el cielo,
y en ese jardín estrellas.

BATÍN

Pues mira cómo lo acierto:
que te agrada tu madrastra
estás entre ti diciendo.

FEDERICO

¡No lo digas!... Es verdad.
Pero yo ¿qué culpa tengo,
pues el pensamiento es libre?

BATÍN

Y tanto, que por su vuelo
la inmortalidad del alma
se mira como en espejo.

FEDERICO

Dichoso es el duque.

BATÍN

Y mucho.

FEDERICO

Con ser imposible, llego
a estar envidioso dél.

BATÍN

Bien puedes, con presupuesto
de que era mejor Casandra
para ti.

FEDERICO

Con eso puedo
morir de imposible amor
y tener posibles celos.

ACTO II

ESCENA XVI

CASANDRA, FEDERICO, *sin verse*

CASANDRA. *Aparte.*
—Entre agravios y venganzas
anda solícito amor
después de tantas mudanzas,
sembrando contra mi honor
mal nacidas esperanzas.
    En cosas inaccesibles
quiere poner fundamentos,
como si fuesen visibles;
que no puede haber contentos
fundados en imposibles.
    En el ánimo que inclino
al mal, por tantos disgustos
del duque, loca imagino
hallar venganzas y gustos
en el mayor desatino.
    Al galán conde y discreto,
y su hijo, ya permito
para mi venganza efeto,
pues tanto para tanto delito
conviene tanto secreto.
    Vile turbado, llegando
a decir su pensamiento,
y desmayarse temblando,
aunque es más atrevimiento
hablar un hombre callando.
    Pues de aquella turbación
tanto el alma satisfice,
dándome el duque ocasión,
que hay dentro de mí quien dice
que si es amor, no es traición;
    y que cuando ser pudiera
rendirme desesperada
a tanto valor, no fuera
la postrera enamorada,
ni la traidora primera.
    A sus padres han querido
sus hijas, y sus hermanos
algunas: luego, no han sido

---

4 su mal, su enfermedad.

mis sucesos inhumanos,
ni mi propia sangre olvido.
    Pero no es disculpa igual
que haya otros males, de quien
me valga en peligro tal;
que para pecar no es bien
tomar ejemplo del mal.—

          (Ve a Federico.)

    Éste es el conde. ¡Ay de mí!
Pero ya determinada,
¿qué temo?

    FEDERICO. *Aparte.*
          —Ya viene aquí
desnuda la dulce espada
por quien la vida perdí.
    ¡Oh hermosura celestial!—

    CASANDRA
¿Cómo te va de tristeza,
Federico, en tanto mal?

    FEDERICO
Responderé a vuestra alteza
que es mi tristeza inmortal.

    CASANDRA
Destemplan melancolías
la salud: enfermo estás.

    FEDERICO
Traigo unas necias porfías,
sin que pueda decir más,
señora, de que son mías.

    CASANDRA
    Si es cosa que yo la puedo
remediar, fía de mí,
que en amor tu amor excedo.

    FEDERICO
Mucho fiara de ti;
pero no me deja el miedo.

    CASANDRA
    Dijísteme que era amor
tu mal.

    FEDERICO
        Mi pena y mi gloria
nacieron de su rigor.

    CASANDRA
Pues oye una antigua historia,
que el amor quiere valor.
    Antíoco, enamorado
de su madrastra, enfermó
de tristeza y de cuidado.

    FEDERICO
Bien hizo si se murió;
que yo soy más desdichado.

    CASANDRA
    El rey su padre, afligido,
cuantos médicos tenía
juntó, y fué tiempo perdido;
que la causa no sufría
que fuese amor conocido.
    Mas Erostrato, más sabio
en su ciencia que Galeno,
conoció luego su agravio;[4]
pero que estaba el veneno
entre el corazón y el labio.
    Tomóle el pulso, y mandó
que cuantas damas había
en palacio entrasen.

    FEDERICO
          Yo
presumo, señora mía,
que algún espíritu habló.

    CASANDRA
    Cuando su madrastra entraba,
conoció, en la alteración
del pulso, que ella causaba
su mal.

    FEDERICO
        ¡Extraña invención!

    CASANDRA
Tal en el mundo se alaba.

    FEDERICO
¿Y tuvo remedio ansí?

    CASANDRA
No niegues, conde, que yo
he visto lo mismo en ti.

    FEDERICO
Pues ¿enojáraste?

    CASANDRA
          No.

    FEDERICO
¿Y tendrás lástima?

    CASANDRA
          Sí.

    FEDERICO
    Pues, señora, yo he llegado
perdido a Dios el temor
y al duque, a tan triste estado,
que este mi imposible amor
me tiene desesperado.
    En fin, señora, me veo
sin mí, sin vos y sin Dios:
sin Dios, por lo que os deseo;
sin mí, porque estoy sin vos;

sin vos, porque no os poseo.

Y por si no lo entendéis,
haré sobre estas razones
un discurso, en que podréis
conocer de mis pasiones
la culpa que vos tenéis.

Aunque dicen que el no ser
es, señora, el mayor mal,
tal por vos me vengo a ver,
que para no verme tal,
quisiera dejar de ser.

En tantos males me empleo
después que mi ser perdí,
que aunque no verme deseo,
para ver si soy quien fuí,
en fin, señora, me veo.

Al decir que soy quien soy,
tal estoy, que no me atrevo;
y por tales pasos voy,
que aun no me acuerdo que debo
a Dios la vida que os doy.

Culpa tenemos los dos
del no ser que soy agora,
pues olvidado por vos
de mí mismo, estoy, señora,
sin mí, sin vos y sin Dios.

Sin mí no es mucho, pues ya
no hay vida sin vos, que pida
al mismo que me la da;
pero sin Dios, con ser vida,
¿quién sino mi amor está?

Si en desearos me empleo,
y Él manda no desear
la hermosura que en vos veo,
claro está que vengo a estar
sin Dios, por lo que os deseo.

¡Oh, qué loco barbarismo
es presumir conservar
la vida en tan ciego abismo,
hombre que no puede estar
ni en vos, ni en Dios, ni en sí mismo!

¿Qué habemos de hacer los dos,
pues a Dios por vos perdí,
después que os tengo, por Dios,
sin Dios, porque estáis en mí,
sin mí, porque estoy sin vos?

Por haceros sólo bien,
mis males vengo a sufrir:
yo tengo amor, vos desdén,
tanto, que puedo decir:
Mirad ¡con quién y sin quién!

Sin vos y sin mí peleo
con tanta desconfianza:
sin mí, porque en vos ya veo

imposible mi esperanza;
sin vos, porque no os poseo.

CASANDRA

Conde, cuando yo imagino
a Dios y al duque, confieso
que tiemblo, porque adivino
juntos para tanto exceso
poder humano y divino;

pero viendo que el amor
halló en el mundo disculpa,
hallo mi culpa menor,
porque hace menor la culpa
ser la disculpa mayor.

Muchos ejemplos me dieron
que a errar me determinaron;
porque los que errar quisieron,
siempre miran los que erraron,
no los que se arrepintieron.

Si remedio puede haber,
es huir de ver y hablar:
porque con no hablar ni ver,
o el vivir se ha de acabar,
o el amor se ha de vencer.

Huye de mí; que de ti
yo no sé si huir podré,
o me daré muerte a mí.

FEDERICO

Yo, señora, moriré;
que es lo más que haré por mí.

No quiero vida; ya soy
cuerpo sin alma, y de suerte
a buscar mi muerte voy,
que aun no pienso hallar mi muerte,
por el placer que me doy.

Sola una mano suplico
que me des; dame el veneno
que me ha muerto.

CASANDRA

           Federico,
todo principio condeno,
si pólvora al fuego aplico.
Vete con Dios.

FEDERICO

           —¡Qué traición!

CASANDRA. *Aparte.*

—Ya determinada estuve;
pero advertir es razón
que por una mano sube
el veneno al corazón.—

FEDERICO

Sirena, Casandra, fuiste:
cantaste para meterme

---

⁵ me facilitó (lo que quería hacer), desmayándose.   ⁶ su   hijo Federico.

en el mar, donde me diste
la muerte.

(Entrándose cada uno por su parte.)

CASANDRA

Yo he de perderme:
ten, honor; fama, resiste.

FEDERICO

Apenas a andar acierto.

CASANDRA

Alma y sentidos perdí.

FEDERICO

¡Oh, qué extraño desconcierto!

CASANDRA

Yo voy muriendo por ti.

FEDERICO

Yo no, porque ya voy muerto.

ACTO III

ESCENA XVII

EL DUQUE, *solo*

EL DUQUE.
Cielos,
hoy se ha de ver en mi casa
no más que vuestro castigo;
alzad la divina vara.
No es venganza de mi agravio;
que ya no quiero tomarla
en vuestra ofensa, y de un hijo
ya fuera bárbara hazaña.
Éste ha de ser un castigo
vuestro no más, porque valga
para que perdone el cielo
el rigor por la templanza;
seré padre, y no marido,
dando la justicia santa
a un pecado sin vergüenza
un *castigo sin venganza.*
Esto disponen las leyes
del honor, y que no haya
publicidad en mi afrenta,
con que se doble mi infamia.
Quien en público castiga,
dos veces su honor infama;
pues depués que le ha perdido,
por el mundo le dilata.
La infame Casandra dejo
de pies y manos atada,
con un tafetán cubierta,
y por no escuchar sus ansias,
con una liga en la boca;

porque al decirle la causa,
para cuanto quise hacer
me dió lugar desmayada.[5]
Esto aun pudiera, ofendida,
sufrir la piedad humana;
pero dar la muerte a un hijo
¿qué corazón no desmaya?
Sólo de pensarlo, ¡ay triste!,
tiembla el cuerpo, expira el alma,
lloran los ojos, la sangre
muere en las venas heladas,
el pecho se desalienta,
el entendimiento falta,
la memoria está corrida
y la voluntad turbada.
Como arroyo que detiene
el hielo de noche larga,
del corazón a la boca
prende el dolor las palabras.
¿Qué quieres, amor? ¿no ves
que Dios a los hijos manda
honrar los padres, y el conde[6]
su mandamiento quebranta?
Déjame, amor, que castigue
a quien las leyes sagradas
contra su padre desprecia;
pues tengo por cosa clara
que si hoy me quita la honra,
la vida podrá mañana.

… … … … … … … … … … …

Perdona, amor; no deshagas
el derecho del castigo,
cuando el honor, en la sala
de la razón presidiendo,
quiere sentenciar la causa.
El fiscal *verdad* le ha puesto
la acusación, y está clara
la culpa; que ojos y oídos
juraron en la probanza.
Amor y sangre, abogados,
le defienden; mas no basta;
que la infamia y la vergüenza
son de la parte contraria.
La ley de Dios, cuando menos,
es quien la culpa relata;
su conciencia quien la escribe:
pues ¿para qué me acobardas?
Él viene. ¡Ay cielos, favor!

LO CIERTO POR LO DUDOSO

ARGUMENTO

El rey don Pedro I y su hermano el infante don Enrique están enamorados de doña Juana. Ésta corresponde a don Enrique. Trata el rey de estorbar estos

*cmores por todos los medios, incluso el de amenazar
con dar muerte a su hermano. Quiere al mismo tiempo
vencer la resistencia de la dama, para lo cual le envía
como presente la corona de Castilla, que ella no acepta:
«Diga el interés celoso—que hay mujer que supo amar,—
perder un reino y dejar—lo cierto por lo dudoso». Tras
varias confusiones, el padre de doña Juana, interpretan-
do mal una orden del rey, casa a su hija con el infante.
Al enterarse don Pedro, perdona y confirma el casamiento. Reproducimos las dos primeras escenas de la obra,
que apenas tienen relación con el tema central. En un
ambiente de fiesta, sugiere Lope, al mismo tiempo, la
rivalidad de los dos hermanos y sus costumbres licen-
ciosas al presentarlos en busca de aventuras en un barrio
de las afueras de Sevilla.*

ACTO I

ESCENA I

Orillas del Guadalquivir. Casas a un lado.
EL CONDE DON ENRIQUE, RAMIRO, CRIADO;
de noche.

D. ENRIQUE
¡Hermosa playa!

RAMIRO
En su orilla,
mil bellas ninfas[7] están.

D. ENRIQUE
Es la noche de San Juan
y la fiesta de Sevilla.
Todo en esta gran ciudad
es en extremo perfecto.

RAMIRO
Y todo ese gusto efecto
de tu misma voluntad.
Amas, que es el bien mayor,
y vives donde está el bien.

D. ENRIQUE
Dale su parte también
a quien causó tanto amor.

(Cantan, tocan y bailan dentro.)

RAMIRO
¿Cantan?

D. ENRIQUE
Así lo parece,
y aun bailan.

RAMIRO
Mulatas son.

Cuanto alegra su canción,
su negro luto entristece.
(Cantan dentro con sonajas.)

Río de Sevilla,
¡cuán bien pareces
con galeras blancas
y remos verdes!

ESCENA II

EL REY DON PEDRO, EL MAESTRE DE SANTIAGO;
CRIADO, *de noche.*

EL REY D. PEDRO
¡No he visto cosa mejor!

EL MAESTRE DE SANTIAGO
Humilla tal vez el gusto
lo sabroso, aunque no es justo
si toca al debido honor.[8]

EL REY D. PEDRO
Maestre, en anocheciendo
todo es igual; que aquel manto
cubre y oscurece cuanto
están nuestros ojos viendo.
¿No ves un campo de flores
con olor y sin color?
Ansí de noche el olor
diferencia a los señores.

D. ENRIQUE. *Aparte a Ramiro.*
—Éste es el rey.—

RAMIRO
—Y tu hermano
el Maestre.—

D. ENRIQUE
—Huyamos dél:
basta que priva con él.[9]—

RAMIRO
—Quiérete bien.—

D. ENRIQUE
—No es en vano.—

EL REY D. PEDRO
Dos hombres se han embozado
de nosotros; mira, Mendo,
quién son.

MENDO
Que es el conde entiendo.

---

7 mujeres; aquí probablemente significa mujeres de condición libre. 8 Lo sabroso (es decir, lo que causa placer) sujeta el gusto a los deseos aunque vaya en descrédito o deshonor de la persona. Dice esto el maestre por
la baja condición social de la mujer (Teodora), a quien
el rey y también su hermano D. Enrique van a visitar.
9 que es su privado, su favorito.   10 amenazas.

EL REY D. PEDRO. *Llegándose al conde.*
Enrique, ¡tanto cuidado!
    ¿De mí te guardas?

D. ENRIQUE
                Señor,
antes pensé que tú eras
el que guardarte quisieras.

EL REY D. PEDRO
Mal pagas mi justo amor.
    ¿Adónde vas por aquí?

D. ENRIQUE
Ya ¿no lo ve vuestra Alteza?

EL REY D. PEDRO
¡Ociosa tu gentileza
a estas horas!

D. ENRIQUE
                Señor, sí;
porque debe de ser tal,
que no sé adónde ocupalla.

EL REY D. PEDRO
Más pienso que es estimalla
porque no conoce igual.

D. ENRIQUE
    Por Dios, señor, que he salido
sólo a escuchar disparates
esta noche.

MENDO
            No le trates
al conde de presumido;
    que cuanto bueno hay en él
vence con sentir de sí
tan humildemente.

EL REY D. PEDRO
                Ansí
lo pienso y lo dicen dél.
    ¿Qué has hecho, en fin?

D. ENRIQUE
                    Escuchado
voces, guitarras, panderos,
sonajas, locuras, fieros,[10]
y con el que traigo al lado
    probado a cuatro valientes
el pecho.

EL REY D. PEDRO
            No hay en España
tal brío. ¿Quién te acompaña,
para que ser loco intentes?

D. ENRIQUE
Ramiro viene conmigo.

EL REY D. PEDRO
Eso juráralo yo.

RAMIRO
¿Tengo yo culpa?

EL REY D. PEDRO
                Pues ¿no?

RAMIRO
Basta, señor; que contigo
no me puedo acreditar.

EL REY D. PEDRO
Conozco tu loco humor.

RAMIRO
Dos cosas dieron, señor,
a la disculpa lugar,
    apenas siendo formado
el mundo.

EL REY D. PEDRO
            ¿Y vienen a ser?

RAMIRO
El hombre con la mujer,
y el señor con el criado.
    Norabuena dijo Adán
que la mujer engañó;
que desde que la culpó,
todos la culpa le dan.
    Pues luego, todo señor
¿no ha errado cuando el criado
es el que ha errado?

EL REY D. PEDRO
                    Tú has dado
fría disculpa a tu humor.
··· ··· ··· ··· ··· ··· ··· ··· ···
    Cánsanme filosofías,
y de la mujer desprecios:
los feos, pobres y necios
luego las hacen arpías;
    que quien puede conquistallas
y las merece agradar
nunca acaba de acabar
de alaballas y de honrallas.
    Por Dios, que donde no están
que no hay gusto ni alegría,
ni del hombre compañía
como la que ellas le dan.
    Lindas enfermeras son
de alma y cuerpo.

D. ENRIQUE
                Así es verdad,
a no tener vanidad
su mudable condición.

EL REY D. PEDRO
¿Adónde hay un hombre igual?

MENDO
Y eso en la mujer, ¿qué impide?

RAMIRO
Bello animal; si no pide;
si pide, bravo animal.

EL REY D. PEDRO
Ahora, Enrique, alguna quieres;
deja sus desigualdades.

D. ENRIQUE
Temiendo sus libertades,
huyo de algunas mujeres.

EL REY D. PEDRO
Dí la verdad.

D. ENRIQUE
                Hay respeto.

EL REY D. PEDRO
¡Por mi vida!

D. ENRIQUE
                Si has jurado
tu vida, estaré obligado
a preferirla al secreto.
    Tengo, señor, dos amores:
uno posible al deseo,
y otro imposible, que creo
por fe de honestos favores.

EL REY D. PEDRO. *Aparte.*
—¡El imposible me mata
de celos del conde! ¡Ay cielos!
¿Cómo sois tan necios, celos,
que se cansa amor si os trata?—
¿No dirás del imposible?

D. ENRIQUE
El imposible perdona;
porque no hay en su persona
cosa para mí posible.

EL REY D. PEDRO. *Aparte.*
—Más me mata, más me abrasa.—
Y el posible ¿no sabremos?

D. ENRIQUE
Sí, señor; que le tenemos
cerca.

EL REY D. PEDRO
                ¿Mucho?

D. ENRIQUE
                Ésta es su casa.

EL REY D. PEDRO
Llamad.

D. ENRIQUE
                Llama tú, Ramiro.

RAMIRO
¡Ah de casa! En el portal
mi cuya[11] está. ¡Pesia tal!
Daré por silbo un suspiro.

LA DISCRETA ENAMORADA

ARGUMENTO

Fenisa, cuya mano solicita el viejo capitán Bernardo, ama a Lucindo, hijo de éste; acepta, sin embargo, las pretensiones del padre para poderse comunicar con el hijo. La obra es una típica comedia de enredo y discreteos, y toda la acción se reduce a una serie de complicaciones amorosas y de estratagemas de la traviesa dama hasta lograr casarse con Lucindo, en tanto que el padre, el capitán Bernardo, se casa con Belisa, madre de Fenisa, «la discreta enamorada».

ACTO II

ESCENA XI

FENISA, *en la ventana.* LUCINDO y HERNANDO, *criado, en la calle.*

FENISA
¡Ah, caballero!

LUCINDO
                ¿Quién llama?

FENISA
Llegad quedo. Una mujer.

HERNANDO
Fenisa debe de ser,
que habrá dejado la cama.

FENISA
Vuestro nombre me decid
antes que os empiece a hablar.

LUCINDO. *A Hernando.*
Mira no echemos azar.[12]

HERNANDO
Todos duermen en Madrid,
hasta el viejo Arias Gonzalo.[13]

---

11 amante.   12 Vigila, ten cuidado que no nos sorprendan.   13 Alusión a dos versos de un romance del reto de Zamora que dicen: «Todos duermen en Zamora—mas no duerme Arias Gonzalo». Quiere decir, por tanto, que no hay una sola alma despierta en Madrid.   14 gusto, complacencia.   15 aunque.   16 Alude al encuentro, en la escena IV del primer acto, de Lucindo y Fenisa cuando ésta volvía con su madre de la iglesia de ganar el jubileo o indulgencia que concede la Iglesia en ciertas ocasiones.   17 la madre de Fenisa y el padre de Lucindo.   18 recados, mensajes.

LUCINDO

Lucindo, señora, soy,
que de vos quejoso estoy,
si esta queja no es regalo.[14]

¿Sabéis que del capitán
Bernardo soy hijo?

FENISA

　　　　　Sí.

LUCINDO

¿Sabéis que en mi vida os vi?
¿Cómo soy vuestro galán?

¡Yo, Fenisa, os solicito!
¡Yo os escribo mil papeles!
¡Yo a estas rejas y vergeles
la casta defensa os quito!

¡Yo os desvelo con paseos
y terceras os envío!

FENISA

No os enfaden, señor mío,
mis amorosos rodeos.

Ni me habéis solicitado,
ni habéis cansado mis rejas,
ni son verdades mis quejas,
supuesto[15] que me he quejado.

Jamás escrito me habéis,
ni por vos nadie me habló;
en lo que esto se fundó,
pues venís, vos lo entendéis.

No halló mi recogimiento
cómo decir mi pasión;
amor me dió la invención,
y vos el atrevimiento.

Vuestro padre me ha pedido,
mas yo nací para vos,
si algún día quiere Dios
que os merezca por marido.

Y el hacerlo mi tercero
no os parezca desatino;
que es cuerdo, viejo y vecino,
y os quiere como yo os quiero.

Este camino busqué
para que sepáis mi amor;
sólo os suplico, señor,
que agradezcáis tanta fe.

Y si mi hacienda y mi talle,
puesto que más merecéis,
os obligaren...

LUCINDO

　　　　　No echéis
más favores en la calle.

Sembrarla de almas quisiera
en esta buena fortuna,
porque palabra ninguna
menos que en alma cayera.

A mi ventura agradezco
saber, mi bien, que os agrado;
que bien sé que no he llegado
a pensar que lo merezco.

El día, mi bien, que os vi
de aquel santo jubileo,[16]
despertastes el deseo;
nunca más con él dormí.

Mi poco merecimiento
que entendiese me impedía
lo que mi padre decía
y era justo pensamiento;

mas viéndole porfiar,
vine a ver lo que ya veo.

FENISA

Conocéis mi buen deseo.

LUCINDO

El conocerle es pagar;
que tras el conocimiento
de una deuda, pagar sobra.
Pero si se pone en obra
de mi padre el casamiento,

¿qué tal vendré yo a quedar?

FENISA

No creáis que ellos[17] lo puedan;
que los dos que los heredan
son los que se han de casar.

Mal conocéis lo sutil
de una rendida mujer.

LUCINDO

Discreta debéis de ser
y de ánimo varonil.

Bien se ha visto en la invención.

FENISA

Pues hasta agora no es nada.

LUCINDO

La discreta enamorada
llamaros será razón.

FENISA

Perdóneme vuestro padre:
que dél me pienso valer,
para daros a entender
lo que no quiere mi madre.

Cuanto deciros quisiere,
será quejarme de vos,
y verémonos los dos
por donde posible fuere.

Cuando os riña, estad atento,
que son recaudos[18] que os doy.

LUCINDO

Digo, señora, que estoy
en el mismo pensamiento.

FENISA

Así sabréis lo que pasa
desta puerta adentro vos,
casándonos a los dos
cuando él piensa que se casa;
que ya estaremos casados
el día que se descubra.

LUCINDO

Quiera el amor que se encubra
el fin de nuestros cuidados.
Y dad orden cómo os vea,
pues no os falta discreción.

FENISA

He pensado otra invención
para que el remedio sea;
y es que diré a vuestro padre
que os envíe a que toméis
mi bendición, y vendréis
sin que se enoje mi madre.
Pero tratadme verdad,[19]
o desengañadme aquí.

LUCINDO

El alma, señora, os di
por fe de mi voluntad.
Preguntadle allá si os quiero.

HERNANDO

Señor, advertid que al alba
hacen las calandrias salva,[20]
y está muy alto el lucero.
En cas deste mercader
una codorniz cantó,
con que a tu amor avisó
de que quiere amanecer.

FENISA

Vete, mi amor; que amanece,
no me eche menos mi madre.

LUCINDO

Pide licencia a mi padre
para verte.

HERNANDO

              La luz crece.

LUCINDO

Dame alguna prenda tuya
con que me vaya a acostar.

FENISA

A mí me quisiera dar.

HERNANDO

Dile, señor, que concluya.

FENISA

Truécame esa cinta. (*Echa un listón.*)

LUCINDO

              ¿A qué?

FENISA

A deseos.

HERNANDO

              Bueno está.

LUCINDO

Todos los tienes allá.

FENISA

Adiós. (*Retírase.*)

ESCENA XV

LUCINDO, FULMINATO, *criado.* BELISA, *el* CAPITÁN,
FENISA. *Sala en casa de Belisa.*

FULMINATO

Aquí el alférez está.

LUCINDO. *Aparte.*

—¡Cielos, que fuí tan dichoso!
Aquí mis ojos están.—
Señor...

CAPITÁN. *Aparte.*

—De enojo estoy lleno.—
Para danzar eres bueno.

LUCINDO

¿Cómo?

CAPITÁN

              Eres cierto y galán.

LUCINDO

¿No me mandaste venir?

CAPITÁN

Besa la mano a tu madre.

LUCINDO

Yo voy.

CAPITÁN

              ¡Qué presto!...

LUCINDO

                            Mi padre...

FENISA. *Aparte.*

—Ya me comienzo a reír.—

LUCINDO

Como a madre que sois mía,
me manda ¡oh bien soberano!
que os bese esa hermosa mano.

19 Pero decidme de verdad (si me amáis).   20 saludo.   21 deseos.

CAPITÁN
¡Qué superflua cortesía!
La mano basta decir;
¿para qué es decir hermosa?

LUCINDO
Quiere mi boca dichosa
este epíteto añadir.

FENISA
Hablan ansí los discretos.

BELISA
¿De eso recibís disgusto?

CAPITÁN
Levántate; que no gusto
que beses con epitetos.

BELISA
Dejadle, no seáis extraño;
bese la mano a su madre.

LUCINDO
Señor, siendo vos mi padre,
no resulta en vuestro daño.

CAPITÁN
No me llaméis padre aquí.

LUCINDO
Llamo madre a una señora
tan moza, y ¡a vos agora
os pesa que os llame ansí!

CAPITÁN
Adonde la edad no sobre,
padre, dulces letras son;
mas a un viejo no es razón,
no siendo ermitaño o pobre.
Acaba, besa la mano.

FENISA. *Aparte.*
—¡Que me veo en tanto bien!—

LUCINDO
Dadme esa mano, por quien
de mano esta suerte gano.
Aparte a ella.
—Ten, mi vida, este papel.—
(*Métele un papel en la mano.*)

FENISA. *Aparte.*
—Ya le tengo.—

LUCINDO
Y dadme aquí
vuestra bendición; que en mí
tendréis un hijo fiel.

CAPITÁN
¡Hijo fiel! Mas ¿que quiere
comprar algún regimiento?

LUCINDO. *Aparte.*
—¡Qué gloria en los labios siento!—

FENISA
Dios te bendiga y prospere.
Dios te dé mujer que sea
tal como la has menester;
en efecto, venga a ser
como tu madre desea.
Dios te dé lo que a este punto
tienes en el corazón;
quien te da su bendición,
todo el bien te diera junto.
Dios te haga, y sí serás,
tan obediente a mi gusto,
que jamás me des disgusto,
y que a nadie quieras más.
Dios te haga tan modesto,
que queriendo estos envites,[21]
a tu señor padre quites
esta pesadumbre presto.

(*Señala en el pecho.*)

Y te dé tanto sentido
en querer y obedecer,
que te pueda yo tener,
como en lugar de marido.

CAPITÁN
¿Qué libro matrimonial
te enseñó esas bendiciones?
Acaba, abrevia razones.

FENISA. *Aparte.*
—Celos tiene.—

LUCINDO. *Aparte.*
—¿Hay cosa igual?—

FENISA
Una palabra, madre de mis ojos.
(*Habla aparte* FENISA *con su madre
y el* CAPITÁN *con* LUCINDO.)

BELISA
¿Qué quieres?

FENISA
¿Ves este papel?

BELISA
Sí veo.

FENISA
Pues es memoria de vestidos míos,
que el capitán me ha dado; yo querría
leerle, y no quisiera que él lo viese,
porque no me tuviese por tan loca
que pensase que estimo en más las galas
que no el marido; por tu vida, madre,
que le entretengas.

BELISA

Que me place.

FENISA. *Aparte.*

—¡Ay cielo!
¡Qué industria hallé para leer agora
el papel que me dió Lucindo, al tiempo
que me besó la mano, por si es cosa
que importa darle luego la respuesta!—

BELISA. *Al Capitán.*
Escuchadme a esta parte dos palabras.

FENISA. *Lee.*
«Mi bien, mi padre tiene concertado,
de celos de que has dicho que te quiero,
enviarme a Portugal; remedia, amores,
esta locura, o cuéntame por muerto;
esto escribí, sabiendo que venía
a besarte la mano; a Dios te queda,
y quiera el mismo que gozarte pueda.»
Aparte.

—¿Hay desdicha semejante?
¿Hay celos con tal locura?
Así Dios me dé ventura,
que he de hablarle aquí delante.—
Aparte a Lucindo.

Lucindo, el papel leí:
no me haga el cielo este mal,
que vayas a Portugal,
ni que una hora estés sin mí;
y si dicen que mejor
vive en él su desvarío,
vive en mí, Lucindo mío,
que soy Portugal de amor.

LUCINDO

¡Ay Dios! ¿Quién pudiera hablarte?
¿Quién abrazarte pudiera?

FENISA

Yo sabré hacer de manera
que me abraces.

LUCINDO

¿En qué parte?

FENISA

Fingir quiero que caí;
tú me irás a levantar,
y me podrás abrazar.

LUCINDO

Tropieza.

FENISA

Caigo. ¡Ay de mí!
(*Cae; Lucindo la abraza para levantarla.*)

CAPITÁN
¿Qué es aquesto?

LUCINDO

Tropezó
mi señora madre aquí,
y yo levántola ansí.

CAPITÁN
Y levántola ansí yo. (*Sepáralos.*)
Salte de aquí noramala.

LUCINDO
Pues cayendo ¿es cortesía?...

BELISA
¿Haste hecho mal, hija mía?

CAPITÁN
Despeja luego la sala.

LUCINDO
Yo me iré.

CAPITÁN

Vete al momento.

LUCINDO
¿Ansí me arrojas?

CAPITÁN

Camina.

LUCINDO. *Aparte.*
—¡Ay mi Fenisa divina!
¡Ay divino entendimiento!
¡Ay discreción extremada!
Por vos se puede entender
lo que puede una mujer
discreta y enamorada.—   (*Vase.*)

EL ACERO DE MADRID

ARGUMENTO

Belisa se finge enferma para poder salir a curarse con el acero (aguas) de Madrid y verse con su novio, Lisardo. Beltrán, criado de éste, haciéndose pasar por médico, logra entrar en la casa y sirve de mensajero de su amo. En la escena reproducida, Lisardo, Riselo y Beltrán, aguardan a Belisa, Teodora y Leonor, la amiga de Beltrán. Teodora, tía de Belisa, a quien ésta y Lisardo han hecho creer que su amigo Riselo está enamorado de ella, acompaña a la sobrina en sus paseos. Cuando al fin el padre de Belisa descubre los amores de su hija, renuncia al deseo de que se case con su sobrino Octavio y da el permiso para la boda con Lisardo. Consiente en los amores de Leonor y Beltrán, «el doctor fingido». En cuanto a Teodora, que ya ha pasado la edad de los enredos amorosos, piensa que debe entrar en un convento.

22 despertad.   23 Juan Blas de Castro, famoso compositor, músico de cámara de Felipe IV.   24 especie de mermelada.

ACTO I

ESCENA X

LISARDO, RISELO y BELTRÁN, *con capas de color,
bizarros.*

LISARDO
¡Oh, cómo tardan! Riselo,
¿qué he de hacer?

RISELO
           Amor te valga.

LISARDO
Temo que de envidia salga
de este mi sol el del cielo.

RISELO
Antes no saldrá, si sabe
que es sol y que fuera está.

BELTRÁN
Las aves le cantan ya
a Belisa, en voz suave:
    *Mañanicas floridas
    del mes de mayo,
    recordad[22] a mi niña
    no duerma tanto.*

LISARDO
  Campos de Madrid, dichosos
si sois de sus pies pisados;
fuentes, que por ver la huerta
del Duque subís tan alto
el cristal de vuestros ojos,
que asomáis los blancos rayos
por las verdes celosías,
muros de sus verdes cuadros;
hermosa alfombra de flores,
donde tejiendo y pintando
está la Naturaleza
más ha de cinco mil años;
arroyuelos cristalinos,
ruïdo sonoro y manso,
que parece que corréis
tonos de Juan Blas[23] cantando;
porque, ya corriendo aprisa,
y ya en las guijas despacio,
parece que entráis con fugas
y que sois tiples y bajos:
    *recordad a mi niña
    no duerma tanto.*

RISELO
Aves que vais por el viento,
ya del sol clarificado,
sobre sus plumas tendiendo
vuestros vistosos penachos;
las que asomáis por los nidos

las cabezas, gorjeando,
y las que ya en altas ramas
dais buenos días al prado;
trigos que con amapolas
y mil amarillos lazos,
sois un tapiz de verduras
sembrado de papagayos;
álamos verdes, a quien
con tantas hojas y ramos
vistió de alegre librea,
a pesar de octubre, mayo,
para que la niña venga
que está esperando Lisardo:
    *recordad a su tía
    no duerma tanto.*

BELTRÁN
Tabernas de San Martín,
generoso y puro santo,
que ya ponéis reposteros
como acémilas de Baco;
cajones que ya os cubrís
con el pan de leche blanco;
franceses que pregonáis
aguardientes y letuario;[24]
carretones de basura
que vais las calles limpiando;
roperos que amanecéis
con solícito cuidado,
sin ser procesión del Corpus,
las tiendas entapizando;
y vosotros, aires fríos,
que dais tos y resfriado,
romadizo y otras cosas
a los que salen sudando,
porque despierte a la tía,
y ella a Belisa, si acaso
duerme descuidada agora
de que la aguarda Lisardo:
    *recordad mi fregona
    no duerma tanto.*

RISELO
No me parece que tiene
de tu cuidado pesar.

LISARDO
Terrible cosa es mirar
aquel si viene o no viene.

RISELO
Mientras, penas, como sueles,
y ella el levantarse traza,
vaya Beltrán a la plaza
de Antón Martín por pasteles.
  Que mientras que se regale
nuestro estómago, almorzando,

estarás tú contemplando
aquél si sale o no sale.

LISARDO
Bárbaro estás.

RISELO
Libre estoy.

LISARDO
Es para el entendimiento,
amor divino sustento.

RISELO
Pues yo, al cuerpo se lo doy,
que es lo que aprovecha y vale.

LISARDO
Yo no, porque en mis deseos,
a un favor, tras mil empleos
no hay manjar que se le iguale.

BELTRÁN
Allí vienen tres mujeres.

LISARDO
¿Tres? ¿Adónde?

BELTRÁN
En la Carrera.

LISARDO
¿Son ellas?

BELTRÁN
Aquí me espera.

LISARDO
Lince en mis cuidados eres;
mas detente, que ella viene.

BELTRÁN
Ella es, sin duda, señor.

LISARDO
¿Puede haber mayor favor,
de cuantos el amor tiene?

POESÍA

LETRAS PARA CANTAR

(Seleccionadas de las comedias)

—Velador que el castillo velas,
vélale bien y mira por ti,
que velando en él me perdí.
Mira las campañas[25] llenas
de tanto enemigo armado.
—Ya estoy, amor, desvelado
de velar en las almenas.

Ya que las campanas suenas,
toma ejemplo y mira en mí,
que velando en él me perdí.

De *Las almenas de Toro.*

Blanca me era yo
cuando entré en la siega;
dióme el sol y ya soy morena.
Blanca solía yo ser
antes que a segar viniese
mas no quiso el sol que fuese
blanco el fuego en mi poder.
Mi edad al amanecer
era lustrosa azucena;
dióme el sol y ya soy morena.

De *El gran duque de Moscovia.*

A la viña, viñadores,
que sus frutos de amores son;
a la viña tan garrida,
que sus frutos de amores son;
ahora que está florida,
que sus frutos de amores son;
a las hermosas convida
con los pámpanos y flores:
a la viña, viñadores,
que sus frutos de amores son.
... ...
A la viña, viñadores,
que sus frutos amores son;
a la viña tan galana,
que sus frutos amores son;
de color de oro y grana,
que sus frutos amores son;
cubre de vello y flor cana
los racimos de dos en dos:
a la viña, viñadores,
que sus frutos amores son.
... ...
A la viña y a las flores,
que sus frutos amores son;
y racimos de dolores,
con que alegran el corazón:
a la viña, viñadores,
que sus frutos amores son.

De *El heredero del cielo.*

A los verdes prados
baja la niña,
ríense las fuentes,
las aves silban.
A los prados verdes
la niña baja,

25 campos.

las fuentes se ríen,
las aves cantan.
Con el alto pino
calle la oliva
y a la gala de Fabio
todas se rindan.
Con las azucenas
callen las rosas
y a la gala de Fabio
se rindan todas.

De *Con su pan se lo coma.*

SEGUIDILLAS

Caminad, suspiros,
adonde soléis,
y si duerme mi niña
no la recordéis.

De *La niña de plata.*

No corráis, vientecillos,
con tanta prisa,
porque al son de las aguas
duerme la niña.

De *El mármol de Felisardo.*

Álamos del soto,
¿dónde está mi amor?
Si se fué con otro
moriréme yo.

De *Santiago el Verde.*

LETRILLAS

Mariquilla me llaman
los carreteros,
Mariquita me llaman...
voyme con ellos.

De *Servir a señor discreto.*

Mi forzado me dice
que no le sigo;
daré viento a las velas
con mis suspiros.

De *La octava maravilla.*

VILLANCICOS RELIGIOSOS

Alegría, zagales,
valles y montes,
que el zagal de María
ya tiene nombre.
Corred, arroyuelos,
cándida leche,

los corderos retocen,
canten las fuentes
y las aves, alegres
en sus canciones,
que el zagal de María
ya tiene nombre.

De *El nombre de Jesús.*

Temblando estaba de frío
el mayor fuego del cielo,
y el que hizo el tiempo mismo
sujeto al rigor del tiempo.
    ¡Ay niño tierno!
¿Cómo si os quema amor, tembláis de hielo?
    El que hizo con su mano
los discordes elementos,
naciendo está, por el hombre
a la inclemencia sujeto.
    ¡Ay niño tierno!
¿Cómo si os quema amor, tembláis de hielo?

De *Los locos por el cielo.*

ROMANCES

A mis soledades voy,
de mis soledades vengo,
porque para andar conmigo
me bastan mis pensamientos.
No sé qué tiene el aldea
donde vivo, y donde muero,
que con venir de mí mismo,
no puedo venir más lejos.
Ni estoy bien ni mal conmigo;
mas dice mi entendimiento
que un hombre que todo es alma,
está cautivo en su cuerpo.
Entiendo lo que me basta,
y solamente no entiendo
cómo se sufre a sí mismo
un ignorante soberbio.
De cuantas cosas me cansan,
fácilmente me defiendo;
pero no puedo guardarme
de los peligros de un necio.
Él dirá que yo lo soy,
pero con falso argumento;
que humildad y necedad
no caben en un sujeto.
La diferencia conozco,
porque en él y en mí contemplo
su locura en su arrogancia,
mi humildad en mi desprecio.
O sabe naturaleza
más que supo en este tiempo,

o tantos que nacen sabios
es porque lo dicen ellos.
«Sólo sé que no sé nada»,
dijo un filósofo, haciendo
la cuenta con su humildad,
adonde lo más es menos.
No me precio de entendido,
de desdichado me precio;
que los que no son dichosos,
¿cómo pueden ser discretos?
No puede durar el mundo,
porque dicen, y lo creo,
que suena a vidrio quebrado
y que ha de romperse presto.
Señales son del juïcio
ver que todos le perdemos;
unos por carta de más,
otros por carta de menos.
Dijeron que antiguamente
se fué la verdad al cielo;
tal la pusieron los hombres,
que desde entonces no ha vuelto.
En dos edades vivimos
los propios y los ajenos;
la de plata los extraños,
y la de cobre los nuestros.
¿A quién no dará cuidado,
si es español verdadero,
ver los hombres a lo antiguo,
y el valor a lo moderno?
… … … … … … … … … … …
Fea pintan a la envidia;
yo confieso que la tengo
de unos hombres que no saben
quién vive pared en medio.
Sin libros y sin papeles,
sin tratos, cuentas ni cuentos,
cuando quieren escribir,
piden prestado el tintero.
Sin ser pobres ni ser ricos,
tienen chimenea y huerto;
no los despiertan cuidados,
ni pretensiones ni pleitos,
ni murmuraron del grande,
ni ofendieron al pequeño;
nunca, como yo, firmaron
parabién, ni Pascuas dieron.
Con esta envidia que digo,
y lo que paso en silencio,

a mis soledades voy,
de mis soledades vengo.

De *La Dorotea.*

* * *

Al villano se lo dan
la cebolla con el pan,
para que el tosco villano,
cuando quiera alborear,
salga con su par de bueyes
y su arado, ¡otro que tal!
Le dan pan, le dan cebolla,
y vino también le dan;
ya camina, ya se acerca,
ya llega, ya empieza a arar.
Los surcos lleva derechos;
¡qué buena la tierra está!
«Por acá», dice al *Manchado*,
y al *Tostado*, «por allá».
Arada tiene la tierra:
el villano va a sembrar;
saca el trigo del alforja,
la falda llenando va.
¡Oh, qué bien arroja el trigo!
¡Dios se lo deje gozar!
Las aves le están mirando;
que se vaya aguardarán.
Junto a las hazas del trigo
no está bien el palomar;
famosamente ha crecido;
ya se le acerca San Juan.
Segarlo quiere el villano;
la hoz apercibe ya.
¡Qué de manadas derriba!
¡Qué buena prisa se da!
Quien bien ata, bien desata.
¡Oh, qué bien atadas van!
Llevándolas va a las eras;
¡qué gentil parva tendrá!
Ya se aperciben los trillos,
ya quiere también trillar.

(*Pónganse juntos y bailen con los
pies, haciendo que trillan.*)

¡Oh, qué contentos caminan!
Pero mucho sol les da.
La mano en la frente ponen,
los pies en el trillo van;
¡oh, qué gran sed les ha dado!
¿Quién duda que beberán?
Ya beben, ya se recrean;

---

26 año; es decir, que han pasado cuatro años desde que
conoció a su amada (*a su sol*).   27 Taurus, signo del zodíaco en que el sol entra en el mes de abril.   28 cuando
ansiaba la paz.   29 tranquila, permanentemente.   30 El
soneto va dirigido a Jesús. Primero se dirige a Él como a
un pastor que con sus llamadas (*silbos amorosos*) ha des-

pertado a Lope del profundo sueño del pecado o de la indiferencia, haciendo que, como oveja perdida, vuelva al
redil. En los dos últimos versos del cuarteto «ese leño»,
etcétera, es la cruz donde muere Jesús, la que, por su
sacrificio, se vuelve «cayado» con el que el pastor recoge
las ovejas.

brindis. ¡Qué caliente está!
Aventar quieren el trigo,
ya comienzan a aventar.
¡Oh, qué buen aire les hace!
Volando las pajas van;
extremado queda el trigo,
dese limpio y candeal;
a Fernando, que Dios guarde,
se pudiera hacer el pan;
ya lo llevan al molino,
ya el trigo en la tolva está.
Las ruedas andan las piedras,
furiosa está la canal;
ya van haciendo la harina,
que presto la cernerán.
¡Oh, qué bien cierne el villano!
El horno caliente está;
¡Qué bien masa! ¡Qué bien hiñe!
Ya pone en la tabla el pan,
ya lo cuece, ya lo saca,
ya lo quiere presentar.

(*Lleguen todos con una rosca de
picos con muchas flores.*)

Tomad, novio generoso;
hermosa novia, tomad;
que con no menor trabajo
habéis de comer el pan.

De San Isidro, labrador de Madrid.

SONETOS

Un soneto me manda hacer Violante,
que en mi vida me he visto en tanto aprieto;
catorce versos dicen que es soneto,
burla burlando van los tres delante.
Yo pensé que no hallara consonante
y estoy a la mitad de otro cuarteto,
mas si me veo en el primer terceto,
no hay cosa en los cuartetos que me espante.
Por el primer terceto voy entrando,
y parece que entré con pie derecho
pues fin con este verso le voy dando.
Ya estoy en el segundo y aun sospecho
que voy los trece versos acabando:
contad si son catorce y está hecho.

De La niña de plata.

RIMAS HUMANAS

VII

Éstos los sauces son y ésta la fuente,
los montes éstos y ésta la ribera
donde vi de mi sol la vez primera
los bellos ojos, la serena frente.

Éste es el río humilde y la corriente
y ésta es la cuarta y verde primavera[26]
que esmalta el campo alegre y reverbera
en el dorado Toro[27] el sol ardiente.
Árboles, ya mudó su fe constante...
Mas ¡oh gran desvarío!, que este llano
entonces monte le dejé sin duda.
Luego no será justo que me espante
que mude parecer el pecho humano,
pasando el tiempo que los montes muda.

X

Cuando pensé que mi tormento esquivo
hiciera fin, comienza mi tormento
y allí donde pensé tener contento
allí sin él desesperado vivo.
Donde enviaba por el verde olivo[28]
me trujo sangre el triste pensamiento;
los bienes que pensé gozar de asiento[29]
huyeron más que el aire fugitivo.
Cuitado yo, que la enemiga mía
ya de tibieza en hielo se deshace,
ya de mi fuego se consume y arde.
Yo he de morir y ya se acerca el día,
que el mal en mi salud su curso hace
y cuando llega el bien es poco y tarde.

CXXVI

Desmayarse, atreverse, estar furioso,
áspero, tierno, liberal, esquivo,
alentado, mortal, difunto, vivo,
leal, traidor, cobarde y animoso;
no hallar fuera del bien centro y reposo,
mostrarse alegre, triste, humilde, altivo,
enojado, valiente, fugitivo,
satisfecho, ofendido, receloso;
huir el rostro al claro desengaño,
beber veneno por licor süave,
olvidar el provecho, amar el daño;
creer que un cielo en un infierno cabe,
dar la vida y el alma a un desengaño:
esto es amor, quien lo probó lo sabe.

RIMAS SACRAS

XIV

Pastor que con tus silbos amorosos
me despertaste del profundo sueño:
tú que hiciste cayado de ese leño
en que tiendes los brazos poderosos,[30]
vuelve los ojos a mi fe piadosos
pues te confieso por mi amor y dueño
y la palabra de seguirte empeño
tus dulces silbos y tus pies hermosos.

Oye, pastor, pues por amores mueres,
no te espante el rigor de mis pecados
pues tan amigo de rendidos eres.

Espera, pues, y escucha mis cuidados...
Pero ¿cómo te digo que me esperes
si estás para esperar los pies clavados?

XV

¡Cuántas veces, Señor, me habéis llamado,
y cuántas con vergüenza respondido,
desnudo como Adán, aunque vestido
de las hojas del árbol del pecado!

Seguí mil veces vuestro pie sagrado,
fácil de asir, en una Cruz asido,
y atrás volví otras tantas atrevido,
al mismo precio que me habéis comprado.

Besos de paz os di para ofenderos,
pero si fugitivos de su dueño
hierran cuando los hallan los esclavos,

hoy que vuelvo con lágrimas a veros
clavadme vos a vos en vuestro leño
y tendréisme seguro con tres clavos.

XVIII

¿Qué tengo yo que mi amistad procuras?
¿Qué interés se te sigue, Jesús mío,
que a mi puerta, cubierto de rocío
pasas las noches del invierno escuras?

¡Oh, cuánto fueron mis entrañas duras
pues no te abrí! ¡Qué extraño desvarío
si de mi ingratitud el yelo frío
secó las llagas de tus plantas puras!

¡Cuántas veces el ángel me decía:
«¡Alma, asómate agora a la ventana,
verás con cuanto amor llamar porfía!»

¡Y cuántas, hermosura soberana:
«Mañana le abriremos» —respondía—,
para lo mismo responder mañana!

CANCIONES

En un campo florido
cuya esmaltada margen Tormes lava,
de un ganado perdido
extranjero pastor, Belardo estaba;
sobre una peña fría
así lloraba, aunque cantar querría:

«Dulce destierro mío,
querido agravio, sin razón dichosa,
agradable desvío
nacido de una causa tan hermosa,

en soledades tales
vosotros sois mis bienes y mis males.

Nadie piense que lloro
el daño que padezco en tierra ajena,
que si la causa adoro
y sus efectos son tormento y pena,
la pena es bien que adore
cuando afligido mis desdichas llore.

Lo escrito y mal hablado
no es bien, discreta Filis, que te asombre,
pues como condenado
alguna vez blasfemo de tu nombre,
llorando el alma mía
diez años tristes un alegre día.

¿Cómo, divinos ojos,
habiendo usado tal piedad conmigo
os pude dar enojos
sin temer de los cielos el castigo?
Mas ya de vuestros cielos
bajaron rayos a abrasarme en celos.

La pena del infierno
porque del cielo priva, ofende tanto;
y ansí es mi mal eterno,
mayor mi pena y sin cesar mi llanto,
trayendo a la memoria
que me priva mi culpa de mi gloria.»

* * *

¡Oh libertad preciosa,
no comparada al oro
ni al bien mayor de la espaciosa tierra;
más rica y más gozosa
que el precioso tesoro
que el mar del sur entre su nácar cierra!
Con armas, sangre y guerra,
con las vidas y famas
conquistada en el mundo;
paz dulce, amor profundo,
que el mal apartas y a tu bien nos llamas:
en ti sola se anida
oro, tesoro, paz, bien, gloria y vida.

Cuando de las humanas
tinieblas, vi del cielo
la luz, principio de mis dulces días,
aquellas tres hermanas[31]
que nuestro humano velo
tejiendo llevan por inciertas vías,
las duras penas mías
trocaron en la gloria
que en libertad poseo,
con siempre igual deseo,
donde verá por mi dichosa historia,
quien más leyere en ella,

---

31 las Parcas, que rigen el destino de los hombres.
32 libre. 33 el amor. 34 al mediodía. 35 las lechuzas. 36 amarilla. 37 especie de pera pequeña. 38 especie de ciruela silvestre. 39 hijo de Lope. 40 de Saba,

región de la Arabia antigua.
41 presentar o convertir en virtud lo que es necesidad tan fuerte, es decir, lo que me veo forzado a hacer por la muerte de mi hijo.

que es dulce libertad lo menos della.
    Yo, pues, señor exento[32]
desta montaña y prado,
gozo la gloria y libertad que tengo;
soberbio pensamiento
jamás ha derribado
la vida humilde y pobre que entretengo.
Cuando a las manos vengo
con el muchacho ciego,[33]
haciendo rostro embisto,
venzo, triunfo y resisto
la flecha, el arco, la ponzoña, el fuego,
y con libre albedrío
lloro el ajeno mal y canto el mío.
    Cuando el aurora baña
con helado rocío
de aljófar celestial el monte y prado,
salgo de mi cabaña,
riberas deste río,
a dar el nuevo pasto a mi ganado;
y cuando el sol dorado
muestra sus fuerzas graves,[34]
al sueño el pecho inclino
debajo un sauce o pino,
oyendo el son de las parleras aves,
o ya gozando el aura,
donde el perdido aliento se restaura.
    Cuando la noche oscura
con su estrellado manto
el claro día en su tiniebla encierra,
y suena en la espesura
el tenebroso canto
de los nocturnos hijos de la tierra,[35]
al pie de aquesta sierra
con rústicas palabras
mi ganadillo cuento,
y el corazón contento
del gobierno de ovejas y de cabras,
la temerosa cuenta
del cuidadoso rey me representa.
    Aquí la verde pera
con la manzana hermosa,
de gualda[36] y roja sangre matizada,
y de color de cera
la cermeña[37] olorosa
tengo, y la endrina[38] de color morada;
aquí de la enramada
parra que al olmo enlaza
melosas uvas cojo,
y en cantidad recojo,
al tiempo que las ramas desenlaza
el caluroso estío,
membrillos que coronan este río.
    No me da descontento
el hábito costoso
que de lascivo el pecho noble infama;

es mi dulce sustento
del campo generoso
estas silvestres frutas que derrama.
Mi regalada cama
de blandas pieles y hojas,
que algún rey la envidiara,
y de ti, fuente clara,
que bullendo el arena y agua arrojas,
estos cristales puros,
sustentos pobres pero bien seguros.
    Estése el cortesano
procurando a su gusto
la blanda cama y el mejor sustento;
bese la ingrata mano
del poderoso injusto
formando torres de esperanza al viento;
viva y muera sediento
por el honroso oficio,
y goce yo del suelo,
al aire, al sol y al hielo,
ocupado en mi rústico ejercicio,
que más vale pobreza
en paz que en guerra mísera riqueza.
    Ni temo al poderoso
ni al rico lisonjeo,
ni soy camaleón del que gobierna;
ni me tiene envidioso
la ambición y deseo
de ajena gloria ni de fama eterna.
Carne sabrosa y tierna,
vino aromatizado,
pan blanco de aquel día,
en prado, en fuente fría,
halla un pastor con hambre fatigado;
que el grande y el pequeño
somos iguales lo que dura el sueño.

De *La Arcadia.*

CANCIÓN A LA MUERTE DE CARLOS FÉLIX[39]

Este de mis entrañas dulce fruto,
con vuestra bendición, ¡oh Rey eterno!,
ofrezco humildemente a vuestras aras,
que si es de todos el mejor tributo
un puro corazón humilde y tierno,
y el más precioso de las prendas caras,
no las aromas raras
entre olores fenicios
y licores sabeos,[40]
os rinden mis deseos,
por menos olorosos sacrificios,
sino mi corazón, que Carlos era,
que en el que me quedó menos os diera.
    Diréis, Señor, que en daros lo que es vuestro
ninguna cosa os doy, y que querría
hacer virtud necesidad tan fuerte,[41]

y que no es lo que siento lo que muestro,
pues anima su cuerpo el alma mía
y se divide entre los dos la muerte.
Confieso que de suerte
vive a la suya asida,
que cuanto a la vil tierra
que el ser mortal encierra,[42]
tuviera más contento de su vida;
'mas cuanto al alma, ¿qué mayor consuelo
que lo que pierdo yo me gane el cielo?

··· ··· ··· ··· ··· ··· ··· ··· ··· ··· ··· ···

Amábaos yo, Señor, luego que abristes
mis ojos a la luz de conoceros,
y regalóme el resplandor süave.
Carlos fué tierra, eclipse padecistes,
divino Sol, pues me quitaba el veros
opuesto como nube densa y grave.
Gobernaba la nave
de mi vida aquel viento
de vuestro auxilio santo
por el mar de mi llanto
al puerto del eterno salvamento,
y cosa indigna, navegando, fuera
que rémora tan vil me detuviera[43]

··· ··· ··· ··· ··· ··· ··· ··· ··· ··· ··· ···

Y vos, dichoso niño, que en siete años
que tuvistes de vida, no tuvistes
con vuestro padre inobediencia alguna,
corred con vuestro ejemplo mis engaños,
serenad mis paternos ojos tristes,
pues ya sois sol donde pisáis la luna.
De la primera cuna
a la postrera cama
no distes sola una hora
de disgusto, y agora
parece que le dais, si así se llama
lo que es pena y dolor de parte nuestra,
pues no es la culpa, aunque es la causa vuestra.
Cuando tan santo os vi, cuando tan cuerdo,
conocí la vejez que os inclinaba
a los fríos umbrales de la muerte;
luego lloré lo que agora gano y pierdo,
y luego dije: «Aquí la edad acaba,

porque nunca comienza desta suerte.»[44]
¿Quién vió rigor tan fuerte,
y de razón ajeno,
temer por bueno y santo
lo que se amaba tanto?
Mas no os temiera yo por santo y bueno,
si no pensara el fin que prometía
quien sin el curso natural vivía.

Yo para vos los pajarillos nuevos,
diversos en el canto y las colores,
encerraba, gozoso de alegraros;
yo plantaba los fértiles renuevos
de los árboles verdes, yo las flores
en quien mejor pudiera contemplaros,
pues a los aires claros
del alba hermosa apenas
salistes, Carlos mío,
bañado de rocío,
cuando, marchitas las doradas venas,
el blanco lirio convertido en hielo
cayó en la tierra, aunque traspuesto al cielo.
¡Oh qué divinos pájaros agora,
Carlos, gozáis, que con pintadas alas
discurren por los campos celestiales
en el jardín eterno, que atesora
por cuadros ricos de doradas salas
más hermosos jacintos orientales,
adonde a los mortales
ojos la luz excede!
¡Dichoso yo que os veo
donde está mi deseo
y donde no tocó pesar ni puede,
que sólo con el bien de tal memoria
toda la pena me trocáis en gloria!

··· ··· ··· ··· ··· ··· ··· ··· ··· ··· ··· ···

Hijo, pues, de mis ojos, en buena hora
vais a vivir con Dios eternamente
y a gozar de la patria soberana.
¡Cuán lejos, Carlos venturoso, agora
de la impiedad de la ignorante gente
y los sucesos de la vida humana,
sin noche, sin mañana,
sin vejez siempre enferma,

---

42 en cuanto al cuerpo.   43 La idea general, expresada
en esta estrofa, es que el amor a su hijo (quien nació
cuando Lope era ya viejo y había entrado en un período
de arrepentimiento de sus pecados y de ardiente religiosi-
dad) vino a hacerle olvidarse de nuevo de Dios («eclipse
padecistes») o a disminuir su amor por Él, mediante el cual
se encaminaba «al puerto del eterno salvamento».   44 El
sentido es: al ver que eras tan bueno y cuerdo (cosa propia de la vejez y no de un niño·pequeño), presentí que
pronto te llevaría la muerte; por eso «lloré lo que ahora
gano y pierdo»: gana, al considerar que el alma de su
hijo va al cielo; pierde, al verse privado de la presencia
del hijo.   45 En esta estrofa y la anterior Lope da una
visión del cielo —parecida a la que se encuentra en la

poesía de Fray Luis de León y otros poetas—, como el
lugar donde no existen ni la ignorancia ni la envidia ni
ninguno de los otros males de la vida; donde se pierde la
noción del tiempo porque se vive en la eternidad; y desde
donde se ve cómo la suprema inteligencia (Dios) rige la
máquina del universo. —«Esencia trina», la Trinidad—.
Los últimos versos quieren decir que si el hijo desde el
cielo mira a la tierra y ve el llanto de su padre, se reirá
porque no existe motivo para ese llanto.   46 Con tanta
afectación.   47 con su piel limpia y arreglada.   48 Orfeo.
49 música.   50 disonancias.
51 especie de bota o zapato.   52 pupilas bien proporcionadas.   53 como mirlarse y antes mirlada, afectación.   54 la mona; ¿la llama así porque vendría de
África?

que hasta el sueño fastidia,
sin que la fiera envidia
de la virtud a los umbrales duerma,
del tiempo triunfaréis, porque no alcanza
donde cierran la puerta a la esperanza!

 La inteligencia que a los orbes mueve
a la celeste máquina divina
dará mil tornos con su hermosa mano,
fuego el León, el Sagitario nieve,
y vos, mirando aquella esencia trina,
ni pasaréis invierno ni verano,
y desde el soberano
lugar que os ha cabido,
los bellísimos ojos,
paces de mis enojos,
humillaréis a vuestro patrio nido,
y si mi llanto vuestra luz divisa,
los dos claveles bañaréis en risa.[45]

 Yo os di la mejor patria que yo pude
para nacer, y agora en vuestra muerte
entre santos dichosa sepultura;
resta que vos roguéis a Dios que mude
mi sentimiento en gozo, de tal suerte,
que, a pesar de la sangre que procura
cubrir de noche escura
la luz desta memoria,
viváis vos en la mía,
que espero que algún día
la que me da dolor me dará gloria,
viendo al partir de aquesta tierra ajena,
que no quedáis adonde todo es pena.

LA GATOMAQUIA

Poema burlesco
del Licenciado Tomé de Burguillos.
*A don Lope Félix del Carpio, soldado en la
armada de Su Majestad.*

SILVA PRIMERA

… … … … … … … … … … … … … …

 Estaba sobre un alto caballete
de un tejado, sentada
la bella Zapaquilda al fresco viento,
lamiéndose la cola y el copete,
tan fruncida y mirlada[46]
como si fuera gata de convento.

… … … … … … … … … … … … … …

ya que lavada estuvo,
y con las manos que lamidas tuvo,
de su ropa de martas aliñada,[47]
cantó un soneto en voz medio formada
en la arteria bocal, con tanta gracia
como pudiera el músico de Tracia,[48]
de suerte que cualquiera que la oyera,

que era solfa[49] gatuna conociera
con algunos cromáticos disones,[50]
que se daban al diablo los ratones.
Asomábase ya la primavera
por un balcón de rosas y alelíes,
y Flora con dorados borceguíes [51]
alegraba risueña la ribera;
tiestos de Talavera
prevenía el verano,
cuando Marramaquiz, gato romano,
aviso tuvo cierto de Maulero,
un gato de la Mancha, su escudero,
que al sol salía Zapaquilda hermosa,
cual suele amanecer purpúrea rosa
entre las hojas de la verde cama,
rubí tan vivo, que parece llama,
y que con una dulce cantilena
en el arte mayor de Juan de Mena,
enamoraba el viento.
Marramaquiz, atento,

… … … … … … … … … … … … … … … … … …

pidió caballo, y luego fué traída
una mona vestida
al uso de su tierra,
cautiva en una guerra
que tuvieron las monas y los gatos.
Era el gatazo de gentil persona,
y no menos galán que enamorado,
bigote blanco y rostro despejado,
ojos alegres, niñas mesuradas[52]
de color de esmeraldas diamantadas,
y a caballo en la mona parecía
el paladín Orlando, que venía
a visitar a Angélica la bella.
La recatada ninfa, la doncella,
en viendo el gato, se mirló de forma,
que en una grave dama se transforma,
lamiéndose a manera de manteca,
la superficie de los labios seca,
y con temor de alguna carambola,
tapó las indecencias con la cola;
y bajando los ojos hasta el suelo,
su mirlo[53] propio le sirvió de velo;
que ha de ser la doncella virtuosa
más recatada mientras más hermosa.
Marramaquiz entonces con ligeras
plantas batiendo el tetuán caballo,[54]
que no era pie de hierro o pie de gallo,
le dió cuatro carreras,
con otras gentilezas y escarceos,
alta demostración de sus deseos;
y la gorra en la mano,
acercóse galán y cortesano
donde le dijo amores.
Ella, con los colores

que imprime la vergüenza,
le dió de sus guedejas una trenza;
... ...

Entre esta generosa ilustre gente[55]
vino un gato valiente,
de hocico agudo y de narices romo,
blanco de pecho y pies, negro de lomo,
que Micifuf tenía
por nombre, en gala, cola y gallardía,
célebre en toda parte
por un zapinarciso[56] y gatimarte[57].
Éste, luego que vió la bella gata
más reluciente que fregada plata,
tan perdido quedó, que noche y día
paseaba el tejado en que vivía,
con pajes y lacayos de librea;
que nunca sirve mal quien bien desea.
Y sucedióle bien, pues luego quiso
¡oh gata ingrata! a Micifuf Narciso,
dando a Marramaquiz celos y enojos.
No sé por cual razón puso los ojos
en Micifuf, quitándole al primero,
con súbita mudanza,
el antiguo favor y la esperanza.
¡Oh cuánto puede un gato forastero,
y más siendo galán y bien hablado,
de pelo rizo y garbo ensortijado!
Siempre las novedades son gustosas;
no hay que fiar de gatas melindrosas.
¿Quién pensara que fuera tan mudable
Zapaquilda cruel e inexorable,
y que al galán Marramaquiz dejara
por un gato que vió de buena cara,
después de haberle dado
un pie de puerco hurtado,
pedazos de tocino y de salchichas?
¡Oh cuán poco en las dichas
está firme el amor y la fortuna!
¿En qué mujer habrá firmeza alguna?
¿Quién tendrá confianza,
si quien dijo mujer dijo mudanza?

AMARILIS

Salía el sol del pez austral,[58] que argenta
las escamas de nieve, al tiempo cuando
cuerda Amarilis,[59] a vivir se alienta,
los campos, no los cielos alegrando;
a la estampa del pie la selva atenta,
campanillas azules esmaltando,
parece que aun en flores pretendía
tocar a regocijo y alegría.
Trinaban los alegres ruiseñores,

y los cristales de las claras fuentes
jugaban por la margen con las flores,
que bordaban esmaltes diferentes;
mirábanse los árboles mayores
de suerte en la inquietud de las corrientes,
que el aire, aunque eran sombras, parecía
que debajo del agua los movía.
... ...

Mas, como el bien no dura, y en llegando,
de su breve partida desengaña,
huésped de un día, pájaro volando,
que pasa de la propia a tierra extraña,
no eran pasados bien dos meses, cuando
una noche, al salir de mi cabaña,
se despidió de mí tan tiernamente
como si fuera para estar ausente.
«Elisio, caro amigo —me decía—,
lo que has hecho por mí te pague el cielo,
con tanto amor, lealtad y cortesía,
fe limpia, verdad pura, honesto celo.»
«¿Qué causa —dije yo—, señora mía,
qué accidente, qué intento, qué desvelo
te obliga a despedirte de esta suerte,
si tengo de volver tan presto a verte?»
«Siempre con esta pena me desvío
de ti», me respondió: mas ¿quién pensara
que el alba de sus ojos en rocío
tan tierno a medianoche me bañara?
«Adiós —dijo llorando—, Elisio mío.»
«Espera —respondí—, mi prenda cara.»
No pudo responder; que con el llanto
callando habló, mas nunca dijo tanto.
Yo, triste, aquella noche infortunada,
principio de mi mal, fin de mi vida,
dormí con la memoria fatigada,
si hay parte que del alma esté dormida;
mas cuando de diamantes coronada,
en su carroza, de temor vestida,
mandaba al sueño que esparciese luego
cuidado al vicio, a la virtud sosiego;
suelto el cabello, desgreñado y yerto,
medio desnuda, Lícida me nombra,
pastora de Amarilis; yo despierto,
y pienso que es de mi cuidado sombra;
si a pintaros a Lícida no acierto,
no os espantéis, porque aun aquí me asombra.
«Tu bien se muere —dijo—, Elisio; advierte
que está tu vida en brazos de la muerte.»
«No puede ser —le dije—, pues yo vivo»;
y mal vestido, parto a su cabaña.
Pastores, perdonad si el excesivo
dolor en tiernas lágrimas me baña.
Apenas el estruendo compasivo

---

[55] los gatos que acuden atraídos por la fama de la belleza de Zapaquilda. [56] pagado de su belleza. [57] amigo de querellas, peleador; *gatimarte*, como *zapinarciso*, es pala-

bra compuesta por Lope. [58] constelación. [59] Marta de Nevares, el último gran amor de Lope de Vega; Marta, después de perder la vista y la razón, murió en 1632.

y el dudoso temor me desengaña,
cuando me puso un miedo en cada pelo
el triste horror, y en cada poro un hielo.

Como entre el humo y poderosa llama
del emprendido fuego discurriendo
sin orden, éste ayuda, aquél derrama
el agua antes del fuego, el fuego huyendo,
o como un monte va de rama en rama
con estallidos fieros repitiendo
quejas de los arroyos, que quisieran
que se acercaran y favor les dieran;

en no menos rigor turbados miro
de Amarilis pastoras y vaqueros,
y ella expirando, ¡ay Dios! ¿Cómo no expiro,
osando referir males tan fieros?
Estaban en el último suspiro
aquellos dos clarísimos luceros,
mas sin faltar, hasta morir hermosa,
nieve al jazmín ni púrpura a la rosa.

Llego a la cama, la color perdida,
y en la arteria vocal la voz suspensa,
que apenas pude ver restituída
por la grandeza de la pena inmensa;
pensé morir viendo morir mi vida,
pero mientras salir el alma piensa,
vi que las hojas del clavel movía,
y detúvose a ver qué me decía.

Mas, ¡ay de mí! que fué para engañarme,
para morirse, sin que yo muriese,
o para no tener culpa en matarme,
porque aun allí su amor se conociese;
tomé su mano, en fin, para esforzarme;
mas, como ya dos veces nieve fuese,
templó en mi boca aquel ardiente fuego,
y en un golfo de lágrimas me anego.

Como suelen morir fogosos tiros,
resplandeciendo por el aire vano

de las centellas que en ardientes giros
resultan de la fragua de Vulcano,
así quedaban muertos mis suspiros
entre la nieve de su helada mano;
así me halló la luz, si ser podía
que, muerto ya mi sol, me hallase el día.

Salgo de allí con erizado espanto,
corriendo el valle, el soto, el prado, el monte;
dando materia de dolor a cuanto
ya madrugaba el sol por su horizonte;
«Pastores, aves, fieras, haced llanto;
ninguno de la selva se remonte»,
iba diciendo; y a mi voz, turbados,
secábanse las fuentes y los prados.

No quedó sin llorar pájaro en nido,
pez en el agua ni en el monte fiera,
flor que a su pie debiese haber nacido
cuando fué de sus prados primavera;
lloró cuanto es amor; hasta el olvido
a amar volvió, porque llorar pudiera,
y es la locura de mi amor tan fuerte,
que pienso que lloró también la muerte.

Bien sé, pastores, que estaréis diciendo
entre vosotros que es mi amor locura,
tantas veces en vano repitiendo
su desdicha fatal y su hermosura;
yo mismo me castigo y reprehendo;
mas es mi fe tan verdadera y pura,
que cuando yo callara mis enojos,
lágrimas fueran voz, lenguas mis ojos.

Como las blancas y encarnadas flores
de anticipado almendro por el suelo
del cierzo esparcen frígidos rigores,
así quedó Amarilis rosa y hielo.
Diez años ha que sucedió, pastores,
con su muerte mi eterno desconsuelo,
y estoy tan firme y verdadero amante
como los polos que sustenta Atlante.

SIGLO XVII: EL TEATRO LOPISTA

Agustín de Rojas Villandrando

1572-a. de 1635

EL VIAJE ENTRETENIDO

Autor de varias comedias, es Agustín de Rojas conocido sobre todo por su libro *El viaje entretenido* (1603), serie de diálogos entre Rojas y sus compañeros de teatro durante las diferentes jornadas de un viaje por ciudades como Sevilla, Granada, Toledo, etcétera. Se habla en estos diálogos de cosas muy diversas y se cuentan sucedidos y anécdotas. Intercaladas en el diálogo aparecen abundantes loas; de importancia especial es la «loa de la comedia», que con el diálogo que le sigue ha sido fuente valiosísima para el conocimiento del teatro español. Por esta razón la publicamos aquí en la sección correspondiente a los dramaturgos de la época de Lope de Vega, que es también la de Rojas.

[Loa de la comedia.]

RÍOS

—La primera loa[1] que yo oí a Rojas en mi
vida fué en esa ciudad,[2] y era, si no me engaño,
alabando la comedia.

ROJAS

—Ya me acuerdo la que decís.

RÍOS

—Pues era buena, y aun me holgara harto de
oírla.

ROJAS

—No sé si me acordaré de ella; pero, mal o
bien, quiero decirla:

Aunque el principal intento
con que he salido acá fuera
era sólo de alabar
el uso de la comedia,
sus muchas prerrogativas,
requisitos, preeminencias,
su notable antigüedad,
donès, libertad, franquezas,
entiendo que bastará
no hacer para su grandeza
catálogo de los reyes
que con sus personas mesmas
la han honrado, y se han honrado
de representar en ella,
saliendo siempre en teatros
públicamente en mil fiestas,
como Claudio, emperador,
lo acostumbraba en su tierra,
Heliogábalo y Nerón
y otros príncipes de cuenta,
sino de aquellos varones
que con la gran sutileza
de sus divinos ingenios,
con sus estudios y letras,
la han compuesto y dado lustre,
hasta dejarla perfecta,
después de tan largos siglos
como ha que se representa.
Y donde más ha subido
de quilates la comedia,
ha sido donde más tarde
se ha alcanzado el uso de ella
que es en nuestra madre España,
porque en la dichosa era

que aquellos gloriosos reyes,
dignos de memoria eterna,
Don Fernando e Ysabel,
que ya con los santos reinan,
de echar de España acababan
todos los moriscos que eran
de aquel reino de Granada,
y entonces se daba en ella
principio a la Inquisición,
se le dió a nuestra ·comedia.
Juan de la Encina el primero,
aquel insigne poeta
que tanto bien empezó,
de quien tenemos tres églogas,
que él mismo representó
al almirante y duquesa
de Castilla y de Infantado,
que éstas fueron las primeras.
Y para más honra suya
y de la comedia nuestra,
en los días que Colón
descubrió la gran riqueza
de Indias y Nuevo Mundo,
y el Gran Capitán empieza
a sujetar aquel reino
de Nápoles y su tierra,
a descubrirse empezó
el uso de la comedia,
porque todos se animasen
a emprender cosas tan buenas,
heroicas y principales,
viendo que se representan
públicamente los hechos,
las hazañas y grandezas
de tan insignes varones,
ansí en armas como letras,
porque aquí representamos
una de dos: las proezas
de algún ilustre varón,
su linaje y su nobleza,
o los vicios de algún príncipe,
las crueldades o bajezas,
para que al uno se imite
y con el otro haya enmienda;
y aquí se ve que es dechado[3]
de la vida la comedia,
que como se descubrió
con aquella nueva tierra
y nuevo mundo el viaje
que ya tantos ver desean,

---

[1] prólogo o introito en verso que se recitaba antes de
las representaciones dramáticas.   [2] Se refiere a Granada,
ciudad de la que acaban de hablar en el diálogo.   [3] copia, imitación.   [4] intermedios.   [5] sin más vestuario que
una zamarra, chaqueta de piel que usan los pastores.
[6] piel de cordero.   [7] vestidura tosca de paño burdo.
[8] Como nuestro criterio es omitir toda nota erudita que

no sea absolutamente esencial para la comprensión del
texto, no intentamos identificar los diferentes autores y
obras a que se refiere Rojas. El estudiante que se interese
por ello puede consultar algunas historias del teatro, y
especialmente el *Catálogo bibliográfico y biográfico del
teatro antiguo español* (1860), de Cayetano Alberto de la
Barrera.

por ser de provecho y honra,
regalo, gusto y riquezas,
ansí la farsa se halló
que no es de menos que aquésta,
desde el principio del mundo
hallada, usada y compuesta
por los griegos y latinos
y otras naciones diversas,
ampliada de romanos,
que labraron para ella
teatros y coliseos,
y el anfiteatro, que era
donde se encerraban siempre
a oír comedias de éstas
ochocientas mil personas
y otras que no tienen cuenta.
Entonces escribió Plauto
aquella de su *Alcumena,*
Terencio escribió su *Andria,*
y después, con su agudeza,
los sabios italianos
escribieron muchas buenas,
los ingleses ingeniosos,
gente alemana y flamenca,
hasta los de aqueste tiempo
que, ilustrando y componiéndola,
la han ido perfeccionando
ansí en burlas como en veras.
Y porque yo no pretendo
tratar de gente extranjera,
sí de nuestros españoles,
digo que Lope de Rueda,
gracioso representante
y en su tiempo gran poeta,
empezó a poner la farsa
en buen uso y orden buena;
porque la repartió en actos,
haciendo introito en ella
que agora llamamos loa,
y declaraban lo que eran
las marañas, los amores,
y entre los pasos de veras
mezclados otros de risa,
que, porque iban entremedias
de la farsa, los llamaron
entremeses de comedia,
y todo aquesto iba en prosa
más graciosa que discreta.
Tañían una guitarra,
y ésta nunca salía fuera,
sino adentro y en los *blancos,*[4]
muy mal templada y sin cuerdas.
Bailaba a la postre el bobo
y sacaba tanta lengua
todo el vulgacho embobado
de ver cosa como aquélla.

Después, como los ingenios
se adelgazaron, empiezan
a dejar aqueste uso:
reduciendo los poetas
la mal ordenada prosa
en pastoriles endechas,
hacían farsas de pastores,
de seis jornadas compuestas,
sin más hato que un pellico,[5]
un laúd, una vihuela,
una barba de zamarro,[6]
sin más oro ni más seda.
Y, en efecto, poco a poco
barbas y pellicos dejan,
y empiezan a introducir
amores en las comedias,
en las cuales ya había dama
y un padre que aquésta cela;
había galán desdeñado,
y otro que querido era;
un viejo que reprendía,
un bobo que los acecha,
un vecino que los casa
y otro que ordena las fiestas.
Ya había saco[7] de padre,
había barba y cabellera,
un vestido de mujer,
porque entonces no lo eran
sino niños; después de esto
se usaron otras, sin éstas,
de moros y de cristianos,
con ropas y tunicelas.
Éstas empezó Berrío;[8]
luego los demás poetas
metieron figuras graves,
como son reyes y reinas.
Fué el autor primero de esto
el noble Juan de la Cueva;
hizo *del padre tirano,*
como sabéis, dos comedias.
Sus *Tratos de Argel,* Cervantes;
hizo el comendador Vega
sus *Lauros,* y *el bello Adonis*
don Francisco de la Cueva;
Loyola, aquella de *Audalla,*
que todas fueron muy buenas,
y ya en este tiempo usaban
cantar romances y letras.
Y esto cantaban dos ciegos
naturales de sus tierras;
hacían cuatro jornadas,
tres entremeses en ellas;
y al fin con un bailecito
iba la gente contenta.
Pasó este tiempo, vino otro,
subieron a más alteza;

las cosas ya iban mejor;
hizo entonces Artieda
sus *Encantos de Merlín*
y Lupercio[9] sus tragedias,
Virués hizo su *Semíramis*
valerosa en paz y en guerra;
Morales su *Conde loco*
y otras muchas sin aquéstas.
Hacían versos hinchados,
ya usaban sayos de telas
de raso, de terciopelo
y algunas medias de seda.
Ya se hacían tres jornadas
y echaban retos en ellas,
cantaban a dos y a tres,
y representaban hembras.
Llegó el tiempo que se usaron
las comedias de apariencias,
de santos y de tramoyas,
y entre estas farsas de guerras
hizo Pero Díaz entonces
la *del Rosario*, y fué buena;
San Antonio Alonso Díaz,
y al fin no quedó poeta
en Sevilla que no hiciese
de algún santo su comedia;
cantábase a tres y a cuatro;
eran las mujeres bellas,
vestíanse en hábitos de hombre,
y bizarras y compuestas
a representar salían
con cadenas de oro y perlas.
Sacábanse ya caballos
a los teatros, grandeza
nunca vista hasta este tiempo,
que no fué la menor de ellas.
En efecto, éste pasó;
llegó el nuestro, que pudiera
llamarse el tiempo dorado,
según al punto en que llegan
comedias, representantes,
trazas, conceptos, sentencias,
inventivas, novedades,
música, entremeses, letras,
graciosidad, bailes, máscaras,
vestidos, galas, riquezas,
torneos, justas, sortijas,
y al fin cosas tan diversas,
que en punto las vemos hoy
que parece cosa incrédula
que digan más de lo dicho
los que han sido, son y sean.
¿Qué harán los que vinieren,

que no sea cosa hecha?
¿Qué inventarán que no esté
ya inventado? Cosa es cierta.
Al fin la comedia está
subida ya en tanta alteza,
que se nos pierde de vista:
plega a Dios que no se pierda.
Hace el sol de nuestra España,
compone Lope de Vega
(la fénix de nuestros tiempos
y Apolo de los poetas),
tantas farsas por momentos
y todas ellas tan buenas,
que ni yo sabré contallas,
ni hombre humano encarecellas.
El divino Miguel Sánchez,
quién no sabe lo que inventa,
las coplas tan milagrosas,
sentenciosas y discretas
que compone de contino,
la propiedad grande de ellas,
y el decir bien de ellas todos,
¿qué aquesta es mayor grandeza?
... ...
El tiempo es breve y yo largo,
y así he de dejar por fuerza
de alabar tantos ingenios,
que en un sin fin procediera.
Pero de paso diré
de algunos que se me acuerdan,
como el heroico Velarde,
famoso Micer Artieda,
el gran Lupercio Leonardo,
Aguilar el de Valencia,
el Licenciado Ramón,
Justiniano, Ochoa, Cepeda,
el Licenciado Mexía,
el buen don Diego de Vera,
Mescua, don Guillén de Castro,
Liñán, don Félix de Herrera,
Valdivieso y Almendárez,
y entre muchos, uno queda:
Damián Salustio del Poyo,
que no ha compuesto comedia
que no mereciese estar
con las letras de oro impresa,
pues dan provecho al autor
y honra a quien las representa.
De los farsantes que han hecho
farsas, loas, bailes, letras,
son: Alonso de Morales,
Grajales, Zorita, Mesa,
Sánchez, Ríos, Avendaño,

---

9 Lupercio Leonardo de Argensola.   10 Véase la definición de *gangarilla* más abajo.
11 cosa sin valor.   12 manojo.   13 residuo, sobra que

queda de alguna cosa; es decir, que los cómicos aceptaban
cualquier cosa por poco valor que tuviera.

Juan de Vergara, Villegas,
Pedro de Morales, Castro,
y el del *Hijo de la tierra*,
Caravajal, Claramonte
y otros que no se me acuerdan,
que componen y han compuesto
comedias muchas y buenas.
¿Quién a todos no conoce?
¿Quién a su fama no llega?
¿Quién no se admira de ver
sus ingenios y elocuencia?
Supuesto que esto es así,
no es mucho que yo me atreva
a pediros en su nombre,
que, por la gran reverencia
que se les debe a sus obras,
mientras se hacen sus comedias,
que las faltas perdonéis
de los que las representan.

SOLANO

—Por cierto la loa es buena, y tiene muchas cosas antiguas de la comedia y de hombres que ha habido en ella de mucha fama.

RAMÍREZ

—Un Navarro, natural de Toledo, se os olvidó que fué el primero que inventó teatros.

RÍOS

—Y Cosme de Oviedo, aquel autor de Granada tan conocido, que fué el primero que puso carteles.

SOLANO

—Y aun el que trajo gangarilla.[10]

RAMÍREZ

—¿Qué es gangarilla?

SOLANO

—Bien parece que no habéis vos gozado de la farándula, pues preguntáis por una cosa tan conocida.

RÍOS

—Yo tengo más de treinta años de comedia y llega ahora a mi noticia.

SOLANO

—Pues sabed que hay ocho maneras de compañías y representantes, y todas diferentes.

RAMÍREZ

—Para mí es tanta novedad ésa, como esotra.

ROJAS

—Por vida de Solano que nos la digáis.

SOLANO

—Habéis de saber que hay *bululú, ñaque, gangarilla, cambaleo, garnacha, bojiganga, farándula*

y *compañía*. El *bululú* es un representante solo, que camina a pie y pasa su camino, y entra en el pueblo, habla al cura y dícele que sabe una comedia y alguna loa; que junte al barbero y sacristán y se la dirá, porque le den alguna cosa para pasar adelante. Júntanse éstos, y él súbese sobre una arca y va diciendo: ahora sale la dama y dice esto y esto, y va representando, y el cura pidiendo limosna en un sombrero, y junta cuatro o cinco cuartos, algún pedazo de pan y escudilla de caldo que le da el cura, y con esto sigue su estrella y prosigue su camino hasta que halla remedio. *Ñaque* es dos hombres (que es lo que Ríos decía ahora ha poco de entrambos); éstos hacen un entremés, algún poco de un auto, dicen unas octavas, dos o tres loas, llevan una barba de zamarro, tocan el tamborino y cobran a ochavo, y en esotros reinos a dinerillo (que es lo que hacíamos yo y Ríos), viven contentos, duermen vestidos, caminan desnudos, comen hambrientos y espúlganse el verano entre los trigos, y en el invierno no sienten con el frío los piojos. *Gangarilla* es compañía más gruesa; ya van aquí tres o cuatro hombres, uno que sabe tocar una locura; llevan un muchacho que hace la dama, hacen el auto de *La oveja perdida*, tienen barba y cabellera, buscan saya y toca prestada (y algunas veces se olvidan de volverla), hacen dos entremeses de bobo, cobran a cuarto, pedazo de pan, huevo y sardina y todo género de zarandaja[11] (que se echa en una talega); éstos comen asado, duermen en el suelo, beben su trago de vino, caminan a menudo, representan en cualquier cortijo, y traen siempre los brazos cruzados.

RÍOS

—¿Por qué razón?

SOLANO

—Porque jamás cae capa sobre sus hombros. *Cambaleo* es una mujer que canta y cinco hombres que lloran; éstos traen una comedia, dos autos, tres o cuatro entremeses, un lío de ropa que le puede llevar una araña; llevan a ratos a la mujer a cuestas, y otras en silla de manos; representan en los cortijos por hogaza de pan, racimo de uvas y olla de berzas; cobran en los pueblos a seis maravedís, pedazo de longaniza, cerro[12] de lino y todo lo demás que viene aventurero (sin que se deseche ripio);[13] están en los lugares cuatro o seis días, alquilan para la mujer una cama, y al que tiene amistad con la huéspeda, dale un costal de paja, una manta y duerme en la cocina, y en el invierno el pajar es su habitación eterna. Éstos a medio día comen su olla de vaca, y cada uno seis escudillas de caldo; siéntanse todos a una mesa, y otras veces sobre la cama. Reparte la mujer la comida, dales el pan por tasa, el vino aguado y por medida, y cada uno se limpia donde halla, porque entre todos tienen una servilleta, o los manteles están tan desviados que no alcanzan a la mesa con diez dedos. *Compañía de garnacha* son cinco o seis hombres, una mujer que hace la dama primera y un muchacho la segunda; llevan un arca con dos sayos, una ropa, tres pellicos, barbas y cabelleras y algún vestido de mujer de tiritaña.[14] Éstos llevan cuatro comedias, tres autos y otros tantos entremeses; el arca en un pollino, la mujer a las ancas gruñendo, y todos los compañeros detrás arreando. Están ocho días en un pueblo, duermen en una cama cuatro, comen olla de vaca y carnero, y algunas noches su menudo[15] muy bien aderezado. Tienen el vino por adarmes,[16] la carne por onzas, el pan por libras y la hambre por arrobas. Hacen particulares[17] a gallina asada, liebre cocida, cuatro reales en la bolsa, dos azumbres de vino en casa y a doce reales una fiesta con otra. En la *bojiganga* van dos mujeres y un muchacho, seis o siete compañeros, y aun suelen ganar muy buenos disgustos, porque nunca falta un hombre necio, un bravo, un mal sufrido, un porfiado, un tierno, un celoso, ni un enamorado, y habiendo cualquiera de éstos, no pueden andar seguros, vivir contentos ni aun tener muchos ducados. Éstos traen seis comedias, tres o cuatro autos, cinco entremeses, dos arcas, una con hato de la comedia y otra de las mujeres; alquilan cuatro jumentos, uno para las arcas y dos para las hembras, y otro para remudar los compañeros a cuarto de legua, conforme hiciere cada uno la figura y fuere de provecho en la chacota.[18] Suelen traer entre siete, dos capas, y con éstas van entrando de dos en dos como frailes. Y sucede muchas veces, llevándosela el mozo, dejarlos a todos en cuerpo. Éstos comen bien, duermen todos en cuatro camas, representan de noche y las fiestas de día, cenan las más veces ensalada, porque como acaban tarde la co-

media, hallan siempre la cena fría. Son grandes hombres de dormir de camino, debajo de las chimeneas, por si acaso están entapizadas de morcillas, solomos y longanizas... Este género de *bojiganga* es peligrosa, porque hay entre ellos más mudanzas que en la luna y más peligros que en frontera (y esto es si no tienen cabeza que los rija). *Farándula* es víspera de compañía: traen tres mujeres, ocho y diez comedias, dos arcas de hato; caminan en mulos de arrieros, y otras veces en carros; entran en buenos pueblos, comen apartados, tienen buenos vestidos, hacen fiestas de Corpus a doscientos ducados, viven contentos (digo los que no son enamorados); traen unos plumas en los sombreros, otros veletas[19] en los cascos, y otros en los pies, el mesón de Cristo con todos. Hay Laumedones[20] de ojos, decídselo vos, que se enamoran por debajo de las faldas de los sombreros, haciendo señas con las manos y visajes con los rostros, torciéndose los mostachos, dando la mano en el aprieto, la capa en el camino, el regalo en el pueblo, y sin hablar palabra en todo el año. En las *compañías* hay todo género de gusarapas[21] y baratijas, entrevan[22] cualquiera costura, saben de mucha cortesía, y hay gente muy discreta, hombres muy estimados, personas bien nacidas y aun mujeres muy honradas (que, donde hay mucho, es fuerza que haya de todo); traen cincuenta comedias, trescientas arrobas de hato, diez y seis personas que representan, treinta que comen, uno que cobra y Dios sabe el que hurta. Unos piden mulas, otros coches, otros literas, otros palafrenes, y ninguno hay que se contente con carros, porque dicen que tienen malos estómagos. Sobre esto suele haber muchos disgustos. Son sus trabajos excesivos, por ser los estudios tantos, los ensayos tan continuos y los gustos tan diversos, aunque de esto Ríos y Ramírez saben harto, y así es mejor dejarlo en silencio, que a fe que pudiera decir mucho.

---

14 tela endeble de seda.   15 tripa, sangre y manos de las reses y el plato que se hacía con ellas.   16 en pequeña cantidad.   17 representaciones privadas.   18 burla. 19 adornos de cintas.   20 No hemos encontrado referencia alguna a *mesón de Cristo*... Esta última puede tener relación con la expresión «Cristo con todos», que es fórmula de despedida e indica paz. Laumedón puede referirse a Laomedonte, rey de Troya que cometió varios perjurios, y equivaldría, por tanto, a perjuro, falso, engañador. 21 insectos, carcoma.   22 palabra de germanía que significa «conocer», «entender»; la frase *entrevan cualquiera costura* es igual que «saber de toda costura», que signi-

fica tener mucha experiencia y práctica en varias materias, y que se aplica, por lo general, al pícaro o al que se ha ejercitado en algunas picardías.

1 Fortuna, si teniendo en cuenta mi dolor, te pones de mi parte, los amores de don Martín y doña Inés (que yo he tenido la suerte de descubrir) no prosperarán.   2 En casa de mi rival ya he comprado, etc.   3 Caramanchel, criado de doña Juana, llama así a su ama porque, como siendo mujer va vestida de hombre, participa de los dos sexos.   4 demonio.   5 expresión italiana que significa *bienvenido.*   6 ¿Qué hace usted por aquí?   7 de quien estoy locamente enamorada.   8 mal asunto.

Tirso de Molina
1584?-1648

Entre los lopistas —dramaturgos contemporáneos de Lope de Vega que cultivan el tipo de comedia por él creado— ocupa el primer lugar fray Gabriel Téllez, conocido por el pseudónimo de Tirso de Molina. Sus obras quizás superan a las del maestro en algún aspecto: en la penetración psicológica con que están trazados los caracteres, en la claridad con que expone ciertas ideas teológicas en su teatro religioso y, a veces, en la chispa cómica.

Hemos elegido las escenas fundamentales de su drama más famoso, El burlador de Sevilla, en el que Tirso crea, en don Juan, uno de los personajes de mayor vitalidad en toda la literatura europea, y varias escenas cómicas de Don Gil de las calzas verdes, típica comedia de enredo.

De interés especial para el estudiante del teatro del Siglo de Oro es la defensa de la comedia lopesca que Tirso hace en uno de Los cigarrales de Toledo, obra en prosa, derivada del Decameron, en la cual un grupo selecto de damas y caballeros, reunidos durante días sucesivos en un Cigarral o finca de descanso, en las proximidades de Toledo, narra una serie de cuentos, representa comedias o celebra fiestas de carácter vario. La discusión acerca del mérito de la comedia surge tras una representación de El vergonzoso en Palacio, obra del mismo Tirso, y éste, al describir el ambiente de la representación y los preparativos para ella, traza un cuadro de gran sabor de época.

A Los cigarrales también pertenece la narración de Los tres maridos burlados, cuento divertidísimo y muestra, además, de un género, la novela corta, que a lo largo del siglo XVII va adquiriendo importancia y compite con la picaresca. Fieles al criterio de que la obra de un autor es indivisible, va aquí, aunque no tenga relación alguna con el teatro.

DON GIL DE LAS CALZAS VERDES

Argumento

Doña Juana, vestida de hombre (calzas y traje verdes), se dirige a Madrid, acompañada de su criado, en busca de su amante, don Martín, que por codicia va a casarse con doña Inés. Don Martín se ha cambiado el nombre por el de don Gil de Albornoz para evitar que doña Juana le encuentre. El padre de doña Inés quiere que su hija se case con el pretendido don Gil (en realidad, don Martín), pero Inés ama a don Juan. Las muchas complicaciones de la obra comienzan en las escenas aquí reproducidas cuando doña Juana aparece en la huerta del Duque, paseo de las cercanías de Madrid, a donde sabe que acudirá su rival doña Inés. Ésta llega, en efecto, acompañada de su prima Clara y de don Juan. Ambas damas se enamoran del fingido galán

(es decir, de doña Juana), al que doña Inés da el nombre de Don Gil de las calzas verdes. Después, doña Juana, para estorbar los amores de don Martín, aparece unas veces vestida de hombre y otras de mujer, haciéndose llamar doña Elvira, y la comedia se desarrolla en una serie de enredos complicadísimos, que culminan en unas escenas donde nos encontramos con cuatro don Giles, todos vestidos de verde, rondando a doña Inés: don Juan, don Martín, doña Clara y doña Juana. Finalmente, ésta descubre sus artimañas y la comedia termina con triple boda: la de doña Juana con don Martín, la de Inés con don Juan y la de Clara con Antonio.

ACTO I

LA HUERTA DEL DUQUE

DOÑA JUANA (de hombre)

DOÑA JUANA
A esta huerta he sabido que Don Pedro
trae a su hija Doña Inés, y en ella
mi Don Martín ingrato piensa vella.
Dichosa he sido en descubrir tan presto
la casa, los amores y el enredo,
que no han de conseguir, si de mi parte,
fortuna, mi dolor puede obligarte.[1]
En casa de mi opuesta he ya obligado[2]
a quien me avise siempre; darle quiero
gracias destos milagros al dinero.

ESCENA VII

CARAMANCHEL.—DOÑA JUANA

CARAMANCHEL. (Sin ver a Doña Juana.)
Aquí dijo mi amo hermafrodita[3]
que me esperaba, y vive Dios, que pienso
que es algún familiar,[4] que en traje de hombre
ha venido a sacarme de juicio,
y en siéndolo, doy cuenta al Santo Oficio.

DOÑA JUANA
¡Caramanchel!

CARAMANCHEL
¡Señor! Benvenuto.[5]
¿Adónde bueno o malo por el prado?[6]

DOÑA JUANA
Vengo a ver una dama, por quien bebo
los vientos.[7]

CARAMANCHEL
¿Vientos bebes? ¡Mal despacho![8]

¡Barato es el licor, mas no borracho!
¿Y tú la quieres bien?

DOÑA JUANA
La adoro.

CARAMANCHEL
¡Bueno!
No os haréis, a lo menos, mucho daño;
que en el juego de amor, aunque os deis priesa,
si de la barba llego a colegillo,
nunca haréis chilindrón, mas capadillo.[9]

(*Suena música dentro.*)

Mas, ¿qué música es ésta?

DOÑA JUANA
Los que vienen
con mi dama serán, que convidada
a este paraíso, es ángel suyo.
Retírate, y verás hoy maravillas.

CARAMANCHEL. *Aparte.*
—¿Hay cosa igual? ¡Capón y con cosquillas![10]—

ESCENA VIII

MÚSICOS *tocando y cantando;* DON JUAN, DOÑA
INÉS y DOÑA CLARA, *como de campo.*—DOÑA
JUANA, CARAMANCHEL.

MÚSICOS
Alamicos del prado,
fuentes del Duque,
despertad a mi niña
porque me escuche;
y decid que compare
con sus arenas
sus desdenes y gracias,
mi amor y penas;
y pues vuestros arroyos
saltan y bullen,
despertad a mi niña
porque me escuche.

DOÑA CLARA
¡Bello jardín!

DOÑA INÉS
Estas parras,
destos álamos doseles,
que a los cuellos, cual joyeles,
entre sus hojas bizarras
traen colgando los racimos,
nos darán sombra mejor.

DON JUAN
Si alimenta Baco a Amor,
entre sus frutos opimos[11]
no se hallará mal el mío.

DOÑA INÉS
Siéntate aquí, doña Clara,
y en esta fuente repara,
cuyo cristal puro y frío
besos ofrece a la sed.

DON JUAN
En fin ¿quisiste venir
a esta huerta?

DOÑA INÉS
A desmentir,
señor, a vuesa merced,
y examinar mi firmeza.

DOÑA JUANA. *Aparte a Caramanchel.*
¿No es mujer bella?

CARAMANCHEL. *Aparte a su ama.*
El dinero
no lo es tanto; aunque prefiero
a la suya tu belleza.

DOÑA JUANA. *Aparte a Caramanchel.*
Pues por ella estoy perdido.
Hablarla quiero.

CARAMANCHEL. *Aparte a su ama.*
Bien puedes.

---

[9] El chiste de Caramanchel no está muy claro ni ha sido satisfactoriamente explicado por ningún anotador. *Chilindrón* era un juego de cartas y de envite en el que la jugada máxima era una combinación de rey, caballo y sota; *capadillo*, según el *Dic. de la Academia*, es sinónimo de *Chilindrón*. La significación del pasaje parece ser que, según Caramanchel, las tretas de doña Juana no le servirán de nada.   [10] Chiste a costa de su ama, a la que llama «capón» por ser mujer e ir vestida de hombre.
[11] Sus ricos frutos; alude a los racimos de las parras, símbolos de Baco (dios de la vid y el vino), que, al servir de dosel a los amantes, favorecen sus amores.   [12] para gozar de las abundantes delicias que veo aquí.   [13] palabra aquí de significación oscura y no explicada satisfactoriamente por los anotadores. En su sentido literal significa «el que hace cazuelas»; otra acepción, dada por la Academia, es «la del hombre a quien le gusta entreme-

terse en menudencias de mujeres». El diálogo parece indicar que era epíteto que se aplicaba a la gente de Valladolid, y que Tirso usa con un doble sentido. La contestación de doña Juana, «tendré así más sazón», es también equivoca, pero alude, sin duda, a la sazón o gusto de la «cazuela»; en este caso no como utensilio, sino como guiso.   [14] vuestra merced, usted.   [15] Gil era nombre muy común entre los rústicos que aparecen en la poesía popular y en el teatro.   [16] Frase adverbial que se usa para afirmar y asegurar que una cosa es cierta.   [17] que es el principio y el fin de todo nombre; *prima*, la cuerda más fina de la guitarra; *bordón*, la más gruesa.   [18] terminan.   [19] planta de la familia de la menta.   [20] liga.
[21] que gasta *cambray*, tela finísima, en contraposición a «rompiendo sayal», como había dicho doña Inés.   [22] calma.   [23] ¿qué nos importa?   [24] muy hermosa.

DOÑA JUANA
Besando a vuesas mercedes
las manos, licencia pido,
    por forastero siquiera,
para gozar el recreo
que aquí tan colmado veo.[12]

DOÑA CLARA
Faltando vos, no lo fuera.

DOÑA INÉS
¿De dónde es vuesa merced?

DOÑA JUANA
En Valladolid nací.

DOÑA INÉS
¿Cazolero?[13]

DOÑA JUANA
                    Tendré ansí
más sazón.

DOÑA INÉS
                    Don Juan, haced
lugar a ese caballero.

DON JUAN. *Aparte.*
—Pues que mi lado le doy,
con él cortesano estoy.
Ya de celos desespero.—

DOÑA INÉS. *Aparte.*
—¡Qué airoso y gallardo talle!
¡Qué buena cara!—

DON JUAN. *Aparte.*
                        —¡Ay de mí!
¿Mírale Doña Inés? Sí.
¡Qué presto empiezo a envidialle!—

DOÑA INÉS
¿Y que es de Valladolid
Vuesarced?[14] ¿Conocerá
un Don Gil, también de allá,
que vino agora a Madrid?

DOÑA JUANA
¿Don Gil de qué?

DOÑA INÉS
                        ¿Qué se yo?
¿Puede haber más que un Don Gil
en todo el mundo?

DOÑA JUANA
                        ¿Tan vil
es el nombre?

DOÑA INÉS
                        ¿Quién creyó
que un don fuera guarnición
de un Gil, que siendo zagal

anda rompiendo sayal
de villancico en canción?[15]

CARAMANCHEL
El nombre es digno de estima,
a pagar de mi dinero;[16]
y si no...

DOÑA JUANA
                        Calla, grosero.

CARAMANCHEL
Gil es mi amo, y es la prima
    y el bordón de todo nombre;[17]
y en *gil* se rematan[18] mil;
que hay pere*gil*, toron*gil*,[19]
ceno*gil*,[20] porque se asombre
    el mundo de cuán sutil
es, que rompe cambray;[21]
y hasta en Valladolid hay
Puerta de Teresa Gil.

DOÑA JUANA
    Y yo me llamo también
Don Gil al servicio vuestro.

DOÑA INÉS
¿Vos Don Gil?

DOÑA JUANA
                        Si en serlo muestro
cosa que no esté bien,
    o que no gustéis, desde hoy
me volveré a confirmar.
Ya no me pienso llamar
Don Gil; sólo aquello soy
    que vos gustéis.

DON JUAN
                        Caballero,
no importa a las que aquí están
que os llaméis Gil o Beltrán;
sed cortés, y no grosero.

DOÑA JUANA
    Perdonad si os ofendí;
que por gusto de una dama...

DOÑA INÉS
Paso,[22] Don Juan.

DON JUAN
                        ¿Si se llama
Don Gil, qué se nos da aquí?[23]

DOÑA INÉS. *Aparte.*
—Éste es sin duda el que viene
a ser mi dueño; y es tal,
que no me parece mal.—
¡Extremada[24] cara tiene!

DOÑA JUANA
Pésame de haberos dado
disgusto.

DON JUAN
                        También a mí,
si del límite salí:
ya yo estoy desenojado.

DOÑA CLARA
La música en paz os ponga.
                        (*Levántanse.*)

DOÑA INÉS. *A* DON JUAN.
Salid, señor, a danzar.

DON JUAN. *Aparte.*
—Este Don Gil me ha de dar
en qué entender;[25] mas disponga
el hado lo que quisiere:
que Doña Inés será mía,
y si compite y porfía,
tendráse lo que viniere.—

DOÑA INÉS
¿No salís?

DON JUAN
                        No danzo yo.

DOÑA INÉS
¿Y el señor Don Gil?

DOÑA JUANA
                        No quiero
dar pena a este caballero.

DON JUAN
Ya mi enojo se acabó.
Danzad.

DOÑA INÉS
                        Salga, pues, conmigo.

DON JUAN. *Aparte.*
—¡Que a esto obligue el ser cortés!—

DOÑA CLARA. *Aparte.*
—Un ángel de cristal es
el rapaz; cual sombra sigo
su talle airoso y gentil.—
—Con Doña Inés danzar quiero.—

DOÑA INÉS. *Aparte.*
—Ya por el Don Gil me muero;
que es un brinquillo[26] el Don Gil.—
                        (*Danzan las tres damas.*)

MÚSICOS
Al molino del amor

alegre la niña va
a moler sus esperanzas:
quiera Dios que vuelva en paz.
En la rueda de los celos
el amor muele su pan,
que desmenuzan la harina,
y la sacan candeal.[27]
Río son sus pensamientos,
que unos vienen y otros van,
y apenas llegó a su orilla,
cuando ansí escuchó cantar:
Borbollicos[28] *hacen las aguas,*
cuando ven a mi bien pasar;
cantan, brincan, bullen y corren
entre conchas de coral;
y los pájaros dejan sus nidos,
y en las ramas del arrayán
vuelan, cruzan, saltan y pican
torongil, murta y azahar.
Los bueyes de las sospechas
el río agotando van;
que donde ellas se confirman,
pocas esperanzas hay:
y viendo que a falta de agua,
parado el molino está,
desta suerte le pregunta
la niña que empieza a amar:
—*Molinico ¿por qué no mueles?*
—*Porque me beben el agua los bueyes.*
Vió el amor lleno de harina,
moliendo la libertad
de las almas que atormenta,
y ansí le cantó al llegar:
—*Molinero sois, amor,*
y sois moledor.
—*Si lo soy, apártese,*
que le enharinaré.

                        (*Acaban el baile.*)

DOÑA INÉS. *Aparte a doña Juana.*
Don Gil de dos mil donaires,
a cada vuelta y mudanza
que habéis dado, dió mil vueltas
en vuestro favor el alma.
Ya sé que a ser dueño mío
venís; perdonad si ingrata
antes de veros rehusé
el bien que mi amor aguarda.
¡Muy enamorada estoy!

DOÑA CLARA. *Aparte.*
—¡Perdida de enamorada
me tiene el Don Gil de perlas!—

---

25 en qué pensar.   26 joya.   27 harina muy blanca que
se tiene por de calidad superior.   28 onda, rizo del agua.
29 Velaré (la casa) y, asomada a sus ventanas, seré toda

ojos. *Argos*, gigante que, según la tradición, tenía cien
ojos.   30 la promesa de matrimonio.
31 ¿Serán verdad tus promesas, etc.?   32 apagaré.

DOÑA JUANA. *Habla aparte con doña Inés.*
No quiero sólo en palabras
pagar lo mucho que os debo.
Aquel caballero os guarda,
y me mira receloso:
Voyme.

DOÑA INÉS

¿Son celos?

DOÑA JUANA

No es nada.

DOÑA INÉS
¿Sabéis mi casa?

DOÑA JUANA

Y muy bien.

DOÑA INÉS
¿Y no iréis a honrar mi casa,
pues por dueño os obedece?

DOÑA JUANA
A lo menos a rondarla
esta noche.

DOÑA INÉS

Velaréla,
Argos toda a sus ventanas.[29]

DOÑA JUANA
Adiós.

DOÑA CLARA. *Aparte.*
—¡Que se va!, ¡ay de mí!—

DOÑA INÉS
No haya falta.

DOÑA JUANA

No habrá falta.
(*Vanse* DOÑA JUANA *y* CARAMANCHEL.)

EL BURLADOR DE SEVILLA
Y CONVIDADO DE PIEDRA

ARGUMENTO

*Después de burlar en Nápoles a la duquesa Isabela,
haciéndose pasar por su prometido el duque Octavio,
don Juan huye a España. Naufraga al acercarse a la
costa española y es socorrido por la pescadora Tisbea,
a la que seduce y abandona después de seducida, como
es su costumbre. En Sevilla intenta burlar a doña Ana
de Ulloa, prometida de su amigo el marqués de la Mota,
haciéndose pasar por éste, y mata al Comendador don
Gonzalo de Ulloa, padre de doña Ana, para poder escaparse. De nada valen las advertencias del padre, don
Diego Tenorio, ni del criado, Catalinón, porque don
Juan ve lejanas la muerte y la hora de rendir cuentas
a Dios. Desterrado de Sevilla, llega al lugar de Dos*

*Hermanas, donde se va a celebrar la boda de la labra-
dora Aminta. Esa misma noche la seduce, prometiéndole
matrimonio. Entretanto, se dirigen a Sevilla la duquesa
Isabela, Tisbea y, más tarde, Aminta a pedir al rey reparación de su deshonra. Pero el castigo de don Juan
viene por otros caminos en el rápido desenlace por el
cual adquiere la obra su significación religiosa. Vuelve
don Juan ocultamente a Sevilla y se refugia, para evitar que le prendan, en una iglesia. Allí está el sepulcro
del Comendador. Don Juan, irreverente y atrevido, invita a cenar a la estatua de su víctima. La estatua acude
a la cita (escenas reproducidas). Después de recibir don
Juan el castigo de sus culpas, la obra termina con las
quejas que presentan ante el rey y don Diego Tenorio
todos los ofendidos: Tisbea, Aminta, Octavio y el marqués de la Mota. Catalinón llega oportunamente a contar el fin del burlador y afirma que don Juan no llegó
a seducir a doña Ana, por lo que el marqués de la Mota
se casará con ella. Octavio se casará con Isabela y Aminta con su novio, Batricio.*

JORNADA I

Sala en el palacio del rey de Nápoles
Salen DON JUAN TENORIO *y* ISABELA, *duquesa.*

ISABELA
Duque Octavio, por aquí
podrás salir más seguro.

DON JUAN
Duquesa, de nuevo os juro
de cumplir el dulce sí.[30]

ISABELA
¿Mis glorias serán verdades,
promesas y ofrecimientos,
regalos y cumplimientos,
voluntades y amistades?[31]

DON JUAN
Sí, mi bien.

ISABELA

Quiero sacar
una luz.

DON JUAN

Pues ¿para qué?

ISABELA
Para que el alma dé fe
del bien que llego a gozar.

DON JUAN
Mataréte[32] la luz yo.

ISABELA
¡Ah, cielo! ¿Quién eres, hombre?

DON JUAN
¿Quién soy? Un hombre sin nombre.

ISABELA
¿Que no eres el duque?

DON JUAN
                    No.

ISABELA
¡Ah, de palacio!

DON JUAN
                         Detente;
dame, duquesa, la mano.

ISABELA
No me detengas, villano.
¡Ah, del rey!¡ Soldados, gente!

Sale el REY DE NÁPOLES *con una vela en un can-*
delero

REY DE NÁPOLES
¿Qué es esto?

ISABELA. *Aparte.*
            —¡El rey! ¡Ay, triste!—

REY DE NÁPOLES
¿Quién eres?

DON JUAN
                ¿Quién ha de ser?
Un hombre y una mujer.

REY DE NÁPOLES. *Aparte.*
—Esto en prudencia consiste.—
¡Ah, de mi guarda! Prendé[33]
a este hombre.

ISABELA
                ¡Ay, perdido honor!

(*Vase* ISABELA.)

Sale DON PEDRO TENORIO, *embajador de España,*
y GUARDA

DON PEDRO
¡En tu cuarto, gran señor,
voces! ¿Quién la causa fué?

REY DE NÁPOLES
Don Pedro Tenorio, a vos
esta prisión os encargo.
Siendo corto, andad vos largo;[34]
mirad quién son estos dos.
   Y con secreto ha de ser,
que algún mal suceso creo,

porque si yo aquí lo veo
no me queda más que ver.[35]
                              (*Vase.*)

DON PEDRO
Prendedle.

DON JUAN
                ¿Quién ha de osar?
Bien puedo perder la vida;
mas ha de ir tan bien vendida,
que a alguno le ha de pesar.

DON PEDRO
¡Matadle!

DON JUAN
                ¿Quién os engaña?
Resuelto en morir estoy,
porque caballero soy
del embajador de España.
   Llegue; que solo ha de ser
quien me rinda.[36]

DON PEDRO
                    Apartad;
a ese cuarto os retirad
todos con esa mujer.   (*Vanse.*)
   Ya estamos solos los dos;
muestra aquí tu esfuerzo y brío.

DON JUAN
Aunque tengo esfuerzo, tío,
no le tengo para vos.

DON PEDRO
¡Di quién eres!

DON JUAN
                    Ya lo digo:
tu sobrino.[37]

DON PEDRO. *Aparte.*
                    —¡Ay, corazón,
que temo alguna traición!—
¿Qué es lo que has hecho, enemigo?
   ¿Cómo estás de aquesa suerte?
Dime presto lo que ha sido.
¡Desobediente, atrevido!...
Estoy por darte la muerte.
Acaba.

DON JUAN
        Tío y señor,

---

33 Prended, llevad preso.   34 Obrad con prudencia, pero
sed enérgico.   35 Obrad con secreto, porque temo que
esto sea un hecho escandaloso, y sería el colmo que yo lo
presenciase aquí, en el mismo palacio real.   36 Dejad
que se acerque, que sólo a él (al embajador) me he de
entregar.   37 Don Juan ha permanecido embozado hasta
ese momento en que se descubre.   38 Habla bajo o cá-
llate.   39 astucia.   40 esperando.

41 Yo, de cuantas (mujeres) el mar con sus fugitivas
olas besa los pies de jazmín y rosa en sus riberas, soy
la única que está libre del amor y la única dichosa, porque con mis desdenes (tirana) me guardo de sus prisiones
locas aquí donde el sol despierta, al salir, las soñolientas
ondas y espanta las sombras (de la noche), alegrando el
agua con los reflejos azules (zafiros) de su luz.

mozo soy y mozo fuiste;
y pues que de amor supiste,
tenga disculpa mi amor.
　　Y, pues a decir me obligas
la verdad, oye y diréla:
yo engañé a Isabela
la duquesa...

DON PEDRO
　　　　　No prosigas,
tente. ¿Cómo la engañaste?
Habla quedo o cierra el labio.[38]

DON JUAN
Fingí ser el duque Octavio...

DON PEDRO
No digas más, calla, basta.—
Aparte.
—Perdido soy si el rey sabe
este caso. ¿Qué he de hacer?
Industria[39] me ha de valer
en un negocio tan grave—
　　Di, vil: ¿no bastó emprender
con ira y con fuerza extraña
tan gran traición en España
con otra noble mujer,
　　sino en Nápoles también
y en el palacio real,
con mujer tan principal?
¡Castíguete el cielo, amén!
　　Tu padre desde Castilla
a Nápoles te envió,
y en sus márgenes te dió
tierra la espumosa orilla
del mar de Italia, atendiendo[40]
que el haberte recibido
pagaras agradecido,
¡y estás su honor ofendiendo,
　　y en tan principal mujer!
Pero en aquesta ocasión
nos daña la dilación;
mira qué quieres hacer.

DON JUAN
　　No quiero daros disculpa,
que la habré de dar siniestra.
Mi sangre es, señor, la vuestra;
sacadla, y pague la culpa.
　　A esos pies estoy rendido,
y ésta es mi espada, señor.

DON PEDRO
Álzate y muestra valor,
que esa humildad me ha vencido.
　　¿Atreveráste a bajar
por ese balcón?

DON JUAN
　　　　　Sí atrevo,
que alas en tu favor llevo.

DON PEDRO
Pues yo te quiero ayudar.
　　Vete a Sicilia o Milán,
donde vivas encubierto.

DON JUAN
Luego me iré.

DON PEDRO
　　　　　¿Cierto?

DON JUAN
　　　　　　　　Cierto.

DON PEDRO
Mis cartas te avisarán
　　en qué para este suceso
triste, que causado has.

DON JUAN. *Aparte.*
—Para mí alegre, dirás.—
Que tuve culpa, confieso.

DON PEDRO
　　Esa mocedad te engaña.
Baja, pues, ese balcón.

DON JUAN. *Aparte.*
—Con tan justa pretensión
gozoso me parto a España.—
… … … … … … … … … …

Playa de Tarragona

Sale TISBEA, *pescadora, con una caña de pescar en
la mano*

TISBEA
　　Yo, de cuantas el mar,
pies de jazmín y rosa,
en sus riberas besa
con fugitivas olas,
sola de amor exenta,
como en ventura sola,
tirana me reservo
de sus prisiones locas,
aquí donde el sol pisa
soñolientas las ondas,
alegrando zafiros
las que espantaba sombras.[41]
Por la menuda arena,
(unas veces aljófar
y átomos otras veces
del sol que así la dora),
oyendo de las aves
las quejas amorosas,
y los combates dulces

del agua entre las rocas;
ya con la sutil caña
que al débil peso dobla
del necio pececillo
que el mar salado azota;
o ya con la atarraya
(que en sus moradas hondas
prenden cuantos habitan
aposentos de conchas),
segura me entretengo,
que en libertad se goza
el alma que amor áspid
no le ofende ponzoña.[42]

... ...

De cuantos pescadores
con fuego Tarragona
de piratas defiende
en la argentada costa,
desprecio soy y encanto;
a sus suspiros, sorda;
a sus ruegos, terrible;
a sus promesas, roca.

... ...: ... ...

En tan alegre día
segura de lisonjas,
mis juveniles años
amor no los malogra;
que en edad tan florida,
amor, no es suerte poca
no ver entre estas redes
las tuyas amorosas.
Pero, necio discurso
que mi ejercicio estorbas,
en él no me diviertas
en cosa que no importa.[43]
Quiero entregar la caña
al viento y a la boca
del pececillo el cebo.
Pero al agua se arrojan
dos hombres de una nave,
antes que el mar la sorba,
que sobre el agua viene
y en un escollo aborda...

... ...

(*Dentro*: ¡Que me ahogo!)
Un hombre al otro aguarda

que dice que se ahoga.
¡Gallarda cortesía!
En los hombros le toma.

... ...

Ya, nadando, las aguas
con valentía corta,
y en la playa no veo
quien le ampare y socorra.
Daré voces: ¡Tirseo,
Anfriso, Alfredo, hola!
Pescadores me miran,
¡plega a Dios que me oigan!
Mas milagrosamente
ya tierra los dos toman:
sin aliento el que nada,
con vida el que le estorba.[44]

Saca en brazos CATALINÓN *a* DON JUAN,
mojados.

CATALINÓN

¡Válgame la cananea,[45]
y qué salado está el mar!
Aquí puede bien nadar
el que salvarse desea,
  que allá dentro es desatino,
donde la muerte se fragua;
donde Dios juntó tanta agua,
no juntara tanto vino.
  Agua salada: ¡extremada
cosa para quien no pesca!
Si es mala aun el agua fresca,
¿qué será el agua salada?
  ¡Ah, señor! Helado y frío
está. ¿Si estará ya muerto?
Del mar fue este desconcierto,
y mío este desvarío.

... ...

  ¿Qué he de hacer?

TISBEA

              Hombre, ¿qué tienes
en desventuras iguales?

CATALINÓN

Pescadora, muchos males,
y falta de muchos bienes.
  Veo, por librarme a mí,

---

[42] La idea central es «me entretengo segura por la playa (por la menuda arena, etc.) pescando, unas veces con la caña que se dobla al débil peso del pez, otras veces con una red (atarraya), en cuyos senos quedan prendidos cuantos animales viven dentro de una concha. De esta manera gozo de mi libertad sin que el áspid del amor emponzoñe mi pecho. [43] Pero ¿por qué me entretengo hablando de estas cosas sin importancia que me distraen de la pesca (mi ejercicio)? [44] El que nada es don Juan, que del esfuerzo que ha hecho para salvar a Catalinón llega sin aliento a la orilla; *el que le estorba*, es decir, el que con

su peso le hace difícil nadar, es Catalinón, que entonces tiene que sacar en brazos a su amo.   [45] Exclamación del gracioso sin un sentido preciso.   [46] hizo naufragar mi nave.   [47] Juego de palabras por asociación entre *tormento* y *cordeles* (la cuerda con que se atormentaba a los reos para hacerlos hablar).   [48] quiera Dios.   [49] Debe de aludir al caballo que los griegos construyeron para entrar en Troya.   [50] seco.

[51] Tras varias escenas aquí omitidas, la acción vuelve a estar situada en la playa de Tarragona, ahora cerca de la cabaña donde vive Tisbea.   [52] ten preparadas.

sin vida a mi señor. Mira
si es verdad.

TISBEA

No, que aun respira.

… … … … … … … … … …

TISBEA

Ve a llamar los pescadores
que en aquella choza están.

CATALINÓN

Y si los llamo, ¿vendrán?

TISBEA

Vendrán presto, no lo ignores.
¿Quién es este caballero?

CATALINÓN

Es hijo aqueste señor
del camarero mayor
del rey, por quien ser espero
antes de seis días conde
en Sevilla, donde va,
y adonde su alteza está,
si a mi amistad corresponde.

TISBEA

¿Cómo se llama?

CATALINÓN

Don Juan
Tenorio.

TISBEA

Llama mi gente.

CATALINÓN

Ya voy.

Coge en el regazo TISBEA *a* DON JUAN.

TISBEA

Mancebo excelente,
gallardo, noble y galán.
Volved en vos, caballero.

DON JUAN

¿Dónde estoy?

TISBEA

Ya podéis ver:
en brazos de una mujer.

DON JUAN

Vivo en vos, si en el mar muero.
Ya perdí todo el recelo
que me pudiera anegar,
pues del infierno del mar
salgo a vuestro claro cielo.
Un espantoso huracán
dió con mi nave al través,[46]

para arrojarme a esos pies
que abrigo y puerto me dan.
Y en vuestro divino oriente
renazco, y no hay que espantar,
pues veis que hay de amar a mar
una letra solamente.

TISBEA

Muy grande aliento tenéis
para venir sin aliento,
y tras de tanto tormento
muy gran contento ofrecéis.
Pero si es tormento el mar
y son sus ondas crueles,
la fuerza de los cordeles,[47]
pienso que os hace hablar.

… … … … … … … … … …

Mucho habláis cuando no habláis,
y cuando muerto venís
mucho al parecer sentís;
¡plega a Dios[48] que no mintáis!
Parecéis caballo griego[49]
que el mar a mis pies desagua,
pues venís formado de agua,
y estáis preñado de fuego.
Y si mojado abrasáis,
estando enjuto[50] ¿qué haréis?
Mucho fuego prometéis;
¡plega a Dios que no mintáis!

DON JUAN

A Dios, zagala, pluguiera
que en el agua me anegara
para que cuerdo acabara
y loco en vos no muriera;
que el mar pudiera anegarme
entre sus olas de plata
que sus límites desata;
mas no pudiera abrasarme.
Gran parte del sol mostráis,
pues que el sol os da licencia,
pues sólo con la apariencia,
siendo de nieve abrasáis.

TISBEA

Por más helado que estáis,
tanto fuego en vos tenéis,
que en este mío os ardéis.
¡Plega a Dios que no mintáis!

… … … … … … … … … …

Salen DON JUAN *y* CATALINÓN[51]

DON JUAN

Mientras que los pescadores
van de regocijo y fiesta,
tú las dos yeguas apresta,[52]
que de sus pies voladores
sólo nuestro engaño fío.

CATALINÓN

Al fin ¿pretendes gozar
a Tisbea?

DON JUAN

Si burlar
es hábito antiguo mío,
¿qué me preguntas, sabiendo
mi condición?

CATALINÓN

Ya sé que eres
castigo de las mujeres.

DON JUAN

Por Tisbea estoy muriendo,
que es buena moza.

CATALINÓN

¡Buen pago
a su hospedaje deseas!

DON JUAN

Necio, lo mismo hizo Eneas
con la reina de Cartago.[53]

CATALINÓN

Los que fingís y engañáis
las mujeres de esa suerte
lo pagaréis con la muerte.

DON JUAN

¡Qué largo me lo fiáis![54]

CATALINÓN

Ya viene la desdichada.

DON JUAN

Vete, y las yeguas prevén.

CATALINÓN

¡Pobre mujer! Harto bien
te pagamos la posada.

Vase CATALINÓN *y sale* TISBEA.

TISBEA

El rato que sin ti estoy
estoy ajena de mí.[55]

DON JUAN

Por lo que finges así,
ningún crédito te doy.

TISBEA

¿Por qué?

DON JUAN

Porque, si me amaras,
mi alma favorecieras.

TISBEA

Tuya soy.

DON JUAN

Pues di, ¿qué esperas,
o en qué, señora, reparas?

TISBEA

Reparo en que fué castigo
de amor el que he hallado en ti.

DON JUAN

Si vivo, mi bien, en ti
a cualquier cosa me obligo.
Aunque yo sepa perder
en tu servicio la vida,
la diera por bien perdida,
y te prometo de ser
tu esposo.

TISBEA

Soy desigual
a tu ser.

DON JUAN

Amor es rey
que iguala con justa ley
la seda con el sayal.

TISBEA

Casi te quiero creer;
mas sois los hombres traidores.

DON JUAN

¿Posible es, mi bien, que ignores
mi amoroso proceder?
Hoy prendes con tus cabellos
mi alma.

TISBEA

Yo a ti me allano
bajo la palabra y mano
de esposo.

DON JUAN

Juro, ojos bellos,
que mirando me matáis,
de ser vuestro esposo.

TISBEA

Advierte
mi bien, que hay Dios y que hay muerte.

DON JUAN

¡Qué largo me lo fiáis!
Y mientras Dios me dé vida,
yo vuestro esclavo seré.
Ésta es mi mano y mi fe.

TISBEA

No seré en pagarte esquiva.

DON JUAN

Ya en mí mismo no sosiego.

TISBEA

Ven, y será la cabaña
del amor que me acompaña
tálamo de nuestro fuego.
Entre estas cañas te esconde
hasta que tenga lugar.

DON JUAN

¿Por dónde tengo de entrar?

TISBEA

Ven y te diré por dónde.

DON JUAN

Gloria al alma, mi bien, dais.

TISBEA

Esa voluntad te obligue,
y si no, Dios te castigue.

DON JUAN

¡Qué largo me lo fiáis!

Vanse y sale CORIDÓN, ANFRISO, BELISA
y MÚSICOS.

CORIDÓN

Ea, llamad a Tisbea,
y los zagales llamad
para que en la soledad
el huésped la corte vea.[56]

ANFRISO

Antes que el baile empecemos
a Tisbea prevengamos.

BELISA

Vamos a llamarla.

CORIDÓN

        Vamos.

BELISA

A su cabaña lleguemos.

CORIDÓN

¿No ves que estará ocupada
con los huéspedes dichosos,
de quien hay mil envidiosos?

ANFRISO

Siempre es Tisbea envidiada.

BELISA

Cantad algo mientras viene,
porque queremos bailar.

ANFRISO

¿Cómo podrá descansar
cuidado que celos tiene?

(Cantan:)

> A pescar salió la niña
> tendiendo redes;
> y, en lugar de peces,
> las almas prende.

Sale TISBEA.

TISBEA

¡Fuego, fuego, que me quemo,
que mi cabaña se abrasa!
Repicad a fuego,[57] amigos,
que ya dan mis ojos agua.
Mi pobre edificio queda
hecho otra Troya en las llamas,
que después que faltan Troyas
quiere amor quemar cabañas.
Mas si amor abrasa peñas
con gran ira y fuerza extraña,
mal podrán de su rigor
reservarse humildes pajas.
¡Fuego, zagales, fuego, agua, agua!
¡Amor, clemencia, que se abrasa el alma!
Yo soy la que hacía siempre
de los hombres burla tanta;
que siempre las que hacen burla,
vienen a quedar burladas.
Engañóme el caballero
debajo de fe y palabra
de marido, y profanó
mi honestidad y mi cama.
Gozóme al fin, y yo propia
le di a su rigor las alas
en dos yeguas que crié,
con que me burló y se escapa.
Seguidle todos, seguidle.
Mas no importa que se vaya,
que en la presencia del rey
tengo de pedir venganza.
¡Fuego, fuego, zagales, agua, agua!
¡Amor, clemencia, que se abrasa el alma!

        Vase TISBEA.

CORIDÓN

Seguid al vil caballero.

ANFRISO

¡Triste del que pena y calla!
Mas ¡vive el cielo! que en él,
me he de vengar desta ingrata.

Vamos tras ella nosotros,
porque va desesperada,
y podrá ser que ella vaya
buscando mayor desgracia.

CORIDÓN

Tal fin la soberbia tiene.
¡Su locura y confianza
paró en esto!

(*Dice* TISBEA *dentro:* ¡Fuego, fuego!)

ANFRISO

     Al mar se arroja.

CORIDÓN

Tisbea, detente y para.

TISBEA

¡Fuego, fuego, zagales, agua, agua!
¡Amor, clemencia, que se abrasa el alma!

JORNADA II

En Sevilla

DON JUAN *y* CATALINÓN. *Sale* DON DIEGO.

DON DIEGO

¿Don Juan?

CATALINÓN

     Tu padre te llama.

DON JUAN

¿Qué manda vueseñoría?

DON DIEGO

Verte más cuerdo quería,
más bueno y con mejor fama.
¿Es posible que procuras
todas las horas mi muerte?

DON JUAN

¿Por qué vienes desa suerte?

DON DIEGO

Por tu trato y tus locuras.
Al fin el rey me ha mandado
que te eche de la ciudad,
porque está de una maldad
con justa causa indignado.
Que, aunque me lo has encubierto,
ya en Sevilla el rey lo sabe,
cuyo delito es tan grave,
que a decírtelo no acierto.

¿En el palacio real
traición y con un amigo?
Traidor, Dios te dé el castigo
que pide delito igual.
Mira que, aunque al parecer
Dios te consiente y aguarda,
su castigo no se tarda,
y que castigo ha de haber
para los que profanáis
su nombre, que es juez fuerte
Dios en la muerte.

DON JUAN

        ¿En la muerte?
¿Tan largo me lo fiáis?
De aquí allá hay gran jornada.

DON DIEGO

Breve te ha de parecer.

DON JUAN

Y la que tengo de hacer,
pues a su alteza le agrada
agora, ¿es larga también?

DON DIEGO

Hasta que el injusto agravio
satisfaga el duque Octavio,
y apaciguados estén
en Nápoles de Isabela
los sucesos que has causado,
en Lebrija[58] retirado
por tu traición y cautela,
quiere el rey que estés agora:
pena a tu maldad ligera.

CATALINÓN. *Aparte.*

—Si el caso también supiera
de la pobre pescadora,
más se enojara el buen viejo.—

DON DIEGO

Pues no te vence castigo
con cuanto hago y cuanto digo,
a Dios tu castigo dejo.

        (*Vase.*)

CATALINÓN

Fuése el viejo enternecido.

DON JUAN

Luego las lágrimas copia,
condición de viejo propia.
Vamos, pues ha anochecido,
a buscar al marqués.

---

58 ciudad cerca de Sevilla.   59 Catalinón, derivado de
Catalina, significa afeminado, cobarde. Don Juan quiere
decir: «al fin eres cobarde como tu nombre indica».
60 Por asociación con el insecto de este nombre, se llama
así a todo lo que destruye algo.
    61 letrero.   62 No podrás arrancarle las barbas o

tirarle de ellas (señal de falta de respeto) porque las
tiene muy fuertes: son de piedra.   63 La escena se traslada ahora a una posada que Catalinón ha buscado para
que se oculte don Juan.   64 ¡Qué calma tiene si se pone
a ser calmoso!   65 ¿Quién va a poner orden en su desorden?

CATALINÓN

     Vamos;
y al fin gozarás su dama.

DON JUAN

Ha de ser burla de fama.

CATALINÓN

Ruego al cielo que salgamos
 della en paz.

DON JUAN

    ¡Catalinón
en fin![59]

CATALINÓN

   Y tú, señor, eres
langosta[60] de las mujeres,
y con público pregón,
 porque de ti se guardara
cuando a noticia viniera
de la que doncella fuera,
fuera bien se pregonara:
 «Guárdense todos de un hombre
que a las mujeres engaña,
y es el burlador de España»

DON JUAN

Tú me has dado gentil nombre.
… … … … … … … … … …

JORNADA III

Una iglesia en Sevilla.

Descúbrese un sepulcro de DON GONZALO
DE ULLOA.

DON JUAN

¿Qué sepulcro es éste?

CATALINÓN

    Aquí
don Gonzalo está enterrado.

DON JUAN

Éste es al que muerte di.
¡Gran sepulcro le han labrado!

CATALINÓN

Ordenólo el rey ansí.
 ¿Cómo dice este letrero?

DON JUAN

«Aquí aguarda del Señor,
el más leal caballero,
la venganza de un traidor.»
Del mote[61] reírme quiero.
 ¿Y habéisos vos de vengar,
buen viejo, barbas de piedra?

CATALINÓN

No se las podrás pelar,
que en barbas muy fuertes medra.[62]

DON JUAN

Aquesta noche a cenar
 os aguardo en mi posada.
Allí el desafío haremos,
si la venganza os agrada;
aunque mal reñir podremos,
si es de piedra vuestra espada.

CATALINÓN

 Ya, señor, ha anochecido;
vámonos a recoger.

DON JUAN

Larga esta venganza ha sido.
Si es que vos la habéis de hacer,
importa no estar dormido,
 que si a la muerte aguardáis
la venganza, la esperanza
agora es bien que perdáis,
pues vuestro enojo y venganza
tan largo me lo fiáis.

Vanse y ponen la mesa dos CRIADOS.[63]

CRIADO PRIMERO

Quiero apercibir la cena,
que vendrá a cenar don Juan.

CRIADO SEGUNDO

Puestas las mesas están.
¡Qué flema tiene si empieza![64]
 Ya tarda como solía,
mi señor; no me contenta;
la bebida se calienta
y la comida se enfría.
 Mas, ¿quién a don Juan ordena
esta desorden?[65]

Entran DON JUAN *y* CATALINÓN.

DON JUAN

    ¿Cerraste?

CATALINÓN

Ya cerré como mandaste.

DON JUAN

¡Hola! Tráiganme la cena.

CRIADO SEGUNDO

Ya está aquí.

DON JUAN

    Catalinón,
siéntate.

CATALINÓN

  Yo soy amigo
de cenar de espacio.

DON JUAN
                    Digo
que te sientes.

CATALINÓN
                    La razón
haré.

CRIADO PRIMERO
          También es camino
éste, si come con él.[66]

DON JUAN
Siéntate.

          (Un golpe dentro.)

CATALINÓN
          Golpe es aquél.

DON JUAN
Que llamaron imagino;
     mira quién es.

CRIADO PRIMERO
                    Voy volando.

CATALINÓN
¿Si es la justicia, señor?

DON JUAN
Sea, no tengas temor.
          (Vuelve el CRIADO, *huyendo.)*
¿Quién es? ¿De qué estás temblando?

CATALINÓN
De algún mal da testimonio.

DON JUAN
Mal mi cólera resisto.
Habla, responde. ¿Qué has visto?
¿Asombróte algún demonio?
     Ve tú, y mira aquella puerta:
¡presto, acaba!

CATALINÓN
               ¿Yo?

DON JUAN
                    Tú, pues.
Acaba, menea los pies.

CATALINÓN
A mi agüela hallaron muerta
     como racimo colgada,
y desde entonces se suena
que anda siempre su alma en pena.
Tanto golpe no me agrada.

DON JUAN
Acaba.

CATALINÓN
          Señor, si sabes
que soy un Catalinón...

DON JUAN
Acaba.

CATALINÓN
          ¡Fuerte ocasión!

DON JUAN
¿No vas?

CATALINÓN
          ¿Quién tiene las llaves
de la puerta?

CRIADO SEGUNDO
               Con la aldaba
está cerrada no más.

DON JUAN
¿Qué tienes? ¿Por qué no vas?

CATALINÓN
Hoy Catalinón acaba.
¿Mas si las forzadas[67] vienen
a vengarse de los dos?

(Llega CATALINÓN *a la puerta y viene
     corriendo; cae y levántase.)*

DON JUAN
¿Qué es eso?

CATALINÓN
               ¡Válgame Dios!
¡Que me matan, que me tienen!

DON JUAN
     ¿Quién te tiene, quién te mata?
¿Qué has visto?

CATALINÓN
               ¡Señor, yo allí
vide cuando... luego fuí...
¿Quién me ase, quién me arrebata?
     Llegué, cuando después ciego...
cuando vile, ¡juro a Dios!...
Habló y dijo ¿quién sois vos?...
respondió, respondí luego...
     topé y vide...

DON JUAN
                    ¿A quién?

CATALINÓN
                              No sé.

DON JUAN
¡Cómo el vino desatina!

---

[66] Si Catalinón (que es un criado) come con él (con su amo) es porque están de camino, es decir, que don Juan trata a Catalinón con una familiaridad sólo explicable porque están de camino o de viaje.   [67] las mujeres seducidas por don Juan.   [68] cobarde.   [69] con la cabeza rota.   [70] señor.

Dame la vela, gallina,[68]
y yo a quien llama veré.

(*Toma* DON JUAN *la vela y llega a la
puerta. Sale al encuentro* DON GONZALO,
en la forma que estaba en el sepulcro, y
DON JUAN *se retira atrás turbado, empuñando la espada, y en la otra la vela,
y* DON GONZALO *hacia él, con pasos menudos, y al compás* DON JUAN, *retirándose hasta estar en medio del teatro.*)

DON JUAN
¿Quién va?

DON GONZALO
      Soy yo.

DON JUAN
          ¿Quién sois vos?

DON GONZALO
Soy el caballero honrado
que a cenar has convidado.

DON JUAN
Cena habrá para los dos,
  y si vienen más contigo,
para todos cena habrá.
Ya puesta la mesa está.
Siéntate.

CATALINÓN
  ¡Dios sea conmigo!
¡San Panuncio, San Antón!
Pues ¿los muertos comen, di?
Por señas dice que sí.

DON JUAN
Siéntate, Catalinón.

CATALINÓN
  No, señor, yo lo recibo
por cenado.

DON JUAN
      Es desconcierto:
¡qué temor tienes a un muerto!
¿Qué hicieras estando vivo?
  Necio y villano temor.

CATALINÓN
Cena con tu convidado,
que yo, señor, ya he cenado.

DON JUAN
¿He de enojarme?

CATALINÓN
      Señor.
... ...
    (*Tiemblan los* CRIADOS.)

DON JUAN
Y vosotros, ¿qué decís?
¿Qué hacéis? ¡Necio temblar!

CATALINÓN
Nunca quisiera cenar
con gente de otro país.
  ¿Yo, señor, con *convidado
de piedra*?

DON JUAN
      ¡Necio temer!
Si es piedra, ¿qué te ha de hacer?

CATALINÓN
Dejarme descalabrado.[69]

DON JUAN
  Háblale con cortesía.

CATALINÓN
¿Está bueno? ¿Es buena tierra
la otra vida? ¿Es llano o sierra?
¿Prémiase allá la poesía?

CRIADO PRIMERO
  A todo dice que sí,
con la cabeza.

CATALINÓN
        ¿Hay allá
muchas tabernas? Sí habrá,
si Noé reside allí.

DON JUAN
  ¡Hola! dadnos de beber.

CATALINÓN
Señor muerto, ¿allá se bebe
con nieve?

      (*Baja la cabeza.*)

    Así, que hay nieve:
buen país.

DON JUAN
      Si oír cantar
queréis, cantarán.

      (*Baja la cabeza.*)

CRIADO SEGUNDO
      Sí, dijo.

DON JUAN
Cantad.

CATALINÓN
     Tiene el seor[70] muerto
buen gusto.

CRIADO PRIMERO
      Es noble, por cierto
y amigo de regocijo.

(Cantan dentro:)

> *Si de mi amor aguardáis,*
> *señora, de aquesta suerte*
> *el galardón en la muerte,*
> *¡qué largo me lo fiáis!*

CATALINÓN

O es sin duda veraniego[71]
el seor muerto, o debe ser
hombre de poco comer.
Temblando al plato me llego.
  Poco beben por allá: *(Bebe)*
yo beberé por los dos.
Brindis de piedra ¡por Dios!
Menos temor tengo ya.

(Cantan:)

> *Si ese plazo me convida*
> *para que gozaros pueda,*
> *pues larga vida me queda,*
> *dejad que pase la vida.*
>   *Si de mi amor aguardáis,*
> *señora, de aquesta suerte*
> *el galardón en la muerte,*
> *¡qué largo me lo fiáis!*

CATALINÓN

¿Con cuál de tantas mujeres
como has burlado, señor,
hablan?

DON JUAN

        De todas me río,
amigo, en esta ocasión.
En Nápoles a Isabela...

CATALINÓN

Ésa, señor, ya no es hoy
burlada, porque se casa
contigo, como es razón.[72]
Burlaste a la pescadora
que del mar te redimió,
pagándole el hospedaje
en moneda de rigor.
Burlaste a doña Ana...

DON JUAN

                Calla,
que hay parte aquí que lastó[73]
por ella y vengarse aguarda.

CATALINÓN

Hombre es de mucho valor,

que él es piedra, tú eres carne:
no es buena resolución.

*(Hace señas que se quite la
mesa, y queden solos.)*

DON JUAN

¡Hola! quitad esa mesa,
que hace señas que los dos
nos quedemos, y se vayan
los demás.

CATALINÓN

        ¡Malo, por Dios!
No te quedes, porque hay muerto
que mata de un mojicón
a un gigante.

DON JUAN

            Salíos todos.
¡A ser yo Catalinón...![74]
Vete, que viene.

*(Vanse, y quedan los dos solos,
y hace señas que cierre la puerta.)*

DON JUAN

            La puerta
ya está cerrada. Ya estoy
aguardando. Di, ¿qué quieres,
sombra o fantasma o visión?
Si andas en pena o si aguardas
alguna satisfacción
para tu remedio, dilo,
que mi palabra te doy
de hacer lo que me ordenares.
¿Estás gozando de Dios?
¿Dite la muerte en pecado?
Habla, que suspenso estoy.

*(Habla paso,[75] como cosa del
otro mundo.)*

DON GONZALO

¿Cumplirásme una palabra
como caballero?

DON JUAN

            Honor
tengo, y las palabras cumplo,
porque caballero soy.

DON GONZALO

Dame esa mano, no temas.

DON JUAN

¿Eso dices? ¿Yo temor?

---

[71] que no tiene apetito por el calor.   [72] Isabela ha
llegado a Sevilla a dar la queja y se ha concertado su matrimonio con don Juan.   [73] sufrió.   [74] Si yo fuera Catalinón, es decir, cobarde (sí tendría miedo de quedarme).
[75] lentamente.   [76] huésped.

Si fueras el mismo infierno
la mano te diera yo.

(Dale la mano.)

DON GONZALO
Bajo esta palabra y mano,
mañana a las diez estoy
para cenar aguardando.
¿Irás?

DON JUAN
    Empresa mayor
entendí que me pedías.
Mañana tu güesped[76] soy.
¿Dónde he de ir?

DON GONZALO
        A mi capilla.

DON JUAN
¿Iré solo?

DON GONZALO
      No, los dos;
y cúmpleme la palabra
como la he cumplido yo.

DON JUAN
Digo que la cumpliré;
que soy Tenorio.

DON GONZALO
        Yo soy
Ulloa.

DON JUAN
    Yo iré sin falta.

DON GONZALO
Yo lo creo. Adiós.

(Va a la puerta.)

DON JUAN
      Adiós.
Aguarda, iréte alumbrando.

DON GONZALO
No alumbres, que en gracia estoy.

*(Vase muy poco a poco, mi-
rando a* DON JUAN, *y* DON JUAN
*a él, hasta que desaparece y
queda* DON JUAN *con pavor.)*

DON JUAN
¡Válgame Dios!, todo el cuerpo
se ha bañado de un sudor,
y dentro de las entrañas
se me hiela el corazón.
Cuando me tomó la mano,
de suerte me la apretó,
que un infierno parecía:

jamás vide tal calor.
Un aliento respiraba,
organizando la voz,
tan frío, que parecía
infernal respiración.
Pero todas son ideas
que da la imaginación:
el temor y temer muertos
es más villano temor;
que si un cuerpo noble, vivo,
con potencias y razón
y con alma, no se teme,
¿quién cuerpos muertos temió?
Mañana iré a la capilla
donde convidado soy,
porque se admire y espante
Sevilla de mi valor.

… … … … … … … … … …

Calle de Sevilla

Sale DON JUAN y CATALINÓN

CATALINÓN
¿Cómo el rey te recibió?

DON JUAN
Con más amor que mi padre.

CATALINÓN
¿Viste a Isabela?

DON JUAN
        También.

CATALINÓN
¿Cómo viene?

DON JUAN
        Como un ángel.

CATALINÓN
¿Recibióte bien?

DON JUAN
        El rostro
bañado de leche y sangre
como la rosa que al alba
revienta la verde cárcel.

CATALINÓN
Al fin, ¿esta noche son
las bodas?

DON JUAN
      Sin falta.

CATALINÓN
        Si antes
hubieran sido, no hubieras,
señor, engañado a tantas;
pero tú tomas esposa,
señor, con cargas muy grandes.

DON JUAN
Di: ¿comienzas a ser necio?

CATALINÓN
Y podrás muy bien casarte
mañana, que hoy es mal día.

DON JUAN
Pues ¿qué día es hoy?

CATALINÓN
                    Es martes.

DON JUAN
Mil embusteros y locos
dan en esos disparates.
Sólo aquel llamo mal día,
acïago y detestable,
en que no tengo dineros;
que lo demás es donaire.

CATALINÓN
Vamos, si te has de vestir,
que te aguardan, y ya es tarde.

DON JUAN
Otro negocio tenemos
que hacer, aunque nos aguarden.

CATALINÓN
¿Cuál es?

DON JUAN
                Cenar con el muerto.

CATALINÓN
Necedad de necedades.

DON JUAN
¿No ves que di mi palabra?

CATALINÓN
Y cuando se la quebrantes,
¿qué importa? ¿Ha de pedirte
una figura de jaspe[77]
la palabra?

DON JUAN
            Podrá el muerto
llamarme a voces infame.

CATALINÓN
Ya está cerrada la iglesia.

DON JUAN
Llama.

CATALINÓN
              ¿Qué importa que llame?
¿Quién tiene que abrir, que están
durmiendo los sacristanes?

DON JUAN
Llama a este postigo.

CATALINÓN
                          Abierto
está.

DON JUAN
Pues entra.

CATALINÓN
              Entre un fraile
con su hisopo y estola.[78]

DON JUAN
Sígueme y calla.

CATALINÓN
                    ¿Que calle?

DON JUAN
Sí.

CATALINÓN
          Dios en paz
destos convites me saque.

(Entran por una puerta y salen
por otra.)

¡Qué escura que está la iglesia,
señor, para ser tan grande!
¡Ay de mí! ¡Tenme, señor,
porque de la capa me asen!

Sale DON GONZALO como de antes, y encuéntrase
con ellos

DON JUAN
¿Quién va?

DON GONZALO
              Yo soy.

CATALINÓN
                          ¡Muerto estoy!

DON GONZALO
  El muerto soy, no te espantes.
No entendí que me cumplieras
la palabra, según haces
de todos burla.

DON JUAN
                  ¿Me tienes
en opinión de cobarde?

DON GONZALO
Sí, que aquella noche huíste
de mí cuando me mataste.

---

[77] clase de mármol. [78] Se sobrentiende «para espantar los malos espíritus». El hisopo sirve para echar agua bendita, y la estola es un ornamento sagrado que se ponen los sacerdotes cuando están oficiando. [79] aunque me dieses todos los áspides que tiene el infierno.

DON JUAN
Huí de ser conocido;
mas ya me tienes delante.
Di presto lo que me quieres.

DON GONZALO
Quiero a cenar convidarte.

… … … … … … … … … …

DON JUAN
Cenemos.

DON GONZALO
                    Para cenar
es menester que levantes
esa tumba.

DON JUAN
                    Y si te importa,
levantaré esos pilares.

DON GONZALO
Valiente estás.

DON JUAN
                    Tengo brío
y corazón en las carnes.

… … … … … … … … … …

DON GONZALO
Siéntate.

DON JUAN
                    ¿Adónde?

CATALINÓN
                    Con sillas
vienen ya dos negros pajes.

*(Entran dos enlutados con dos
sillas.)*

… … … … … … … … … …

DON GONZALO
Siéntate tú.

CATALINÓN
                    Yo, señor,
he merendado esta tarde.

DON GONZALO
No repliques.

CATALINÓN
                    No replico.
Dios en paz de esto me saque.
¿Qué plato es éste, señor?

DON GONZALO
Este plato es de alacranes
y víboras.

CATALINÓN
                    ¡Gentil plato!

DON GONZALO
Éstos son nuestros manjares.
¿No comes tú?

DON JUAN
                    Comeré,
si me dieses áspid y áspides
cuantos el infierno tiene.[79]

DON GONZALO
También quiero que te canten.

CATALINÓN
¿Qué vino beben acá?

DON GONZALO
Pruébalo.

CATALINÓN
                    Hiel y vinagre
es este vino.

DON GONZALO
                    Este vino
exprimen nuestros lagares.

(Cantan:)

*Adviertan los que de Dios
juzgan los castigos grandes,
que no hay plazo que no llegue
ni deuda que no se pague.*

CATALINÓN
¡Malo es esto, vive Cristo!
que he entendido este romance,
y que con nosotros habla.

DON JUAN
Un hielo el pecho me parte.

(Cantan:)

*Mientras en el mundo viva
no es justo que diga nadie:
¡Qué largo me lo fiáis!
siendo tan breve el cobrarse.*

… … … … … … … … … …

DON JUAN
Ya he cenado; haz que levanten
la mesa.

DON GONZALO
                    Dame esa mano;
no temas, la mano dame.

DON JUAN
¿Eso dices? ¿Yo, temor?
¡Que me abraso! ¡No me abrases
con tu fuego!

DON GONZALO
                    Éste es poco
para el fuego que buscaste.

Las maravillas de Dios
son, don Juan, investigables,
y así quiere que tus culpas
a manos de un muerto pagues,
y si pagas desta suerte,
ésta es justicia de Dios:
«Quien tal hace, que tal pague».

DON JUAN

¡Que me abraso, no me aprietes!
Con la daga he de matarte.
Mas ¡ay! que me canso en vano
de tirar golpes al aire.
A tu hija no ofendí,
que vió mis engaños antes.

DON GONZALO

No importa, que ya pusiste
tu intento.

DON JUAN

            Deja que llame
quien me confiese y absuelva.

DON GONZALO

No ha lugar; ya acuerdas tarde.[80]

DON JUAN

¡Que me quemo! ¡Que me abraso!
¡Muerto soy!   (Cae muerto.)

CATALINÓN

            No hay quien se es-
[cape,
que aquí tengo de morir
también por acompañarte.

DON GONZALO

Ésta es justicia de Dios:
«Quien tal hace, que tal pague».

(Húndese el sepulcro con DON
JUAN y DON GONZALO, con mucho ruido, y sale CATALINÓN
arrastrando.)

CIGARRALES DE TOLEDO

CIGARRAL PRIMERO

Cuatro horas había que el mayor de los planetas cargaba en las Indias del oro que desperdicia
pródigo con nosotros cada día —pues a no venir
con nuevos tesoros cansara el verle tan a menudo—,
cuando en la mayor de las hermosas salas que en
Buenavista conservan la memoria de su ilustrísimo
dueño, aguardaba la Comedia el más bello y ilustre
auditorio que dió estimación al Tajo y soberbia a
sus aguas por verse trasladadas de cristales en soles
—si no es baja ponderación ésta para quien conoce
la excelencia de las caras de Toledo...[1] Ocupaba los
estrados, tribunal de la hermosura, toda la que era
consideración en la imperial ciudad y se realzaba
con la nobleza.[2] A otro lado, el valor de los caballeros honraban las sillas, en cuyos diversos semblantes hacía el tiempo alarde de sus edades, en
unos echando censos a la juventud, de oro, y en
otros cobrando réditos de la vejez, en plata.[3]

Intitulábase la comedia *El Vergonzoso en Pa-*
lacio, celebrada con general aplauso (años había),
no sólo entre todos los teatros de España, pero en
los más célebres de Italia y de entrambas Indias,
con alabanzas de su autor...[4]

Salieron, pues, a cantar seis con diversidad de
instrumentos: cuatro músicos y dos mujeres. No
pongo aquí —ni lo haré en las demás— las letras,
bailes y entremeses, por no dar fastidioso cuerpo
a este libro ni quebrar el hilo al gusto de los que
le tuvieron en ir leyendo sucesivamente sus Comedias...

Entrados los músicos, salió el que echaba la
«Loa», que fué la que sigue:...[5]

Entróse, siguiéndose tras él un baile artificioso
y apacible, el cual concluído, comenzó la comedia...

Con la apacible suspensión de la referida comedia, la propiedad de los recitantes, las galas de las
personas y la diversidad de sucesos, se les hizo el

---

[80] que ya es tarde para arrepentirte.
[1] En este párrafo, un tanto envuelto, quiere decir el
autor que: cuatro horas después de ponerse el sol (que
por la noche se provee de oro, o sea de luz en las Indias,
es decir, en el hemisferio opuesto), en una de las salas del
cigarral de Buenavista en Toledo, se hallaba reunido un
selecto auditorio para ver representar una comedia.
[2] Estaban en los *estrados* (parte de la sala reservada a
las mujeres, y por eso *tribunal de la hermosura*) las más
nobles y hermosas damas de Toledo.   [3] Quiere decir que
los jóvenes lucían su juventud en el oro de sus cabellos
rubios, en tanto que los viejos mostraban el paso del
tiempo en la plata de sus canas.   [4] El mismo Tirso.
[5] Después de retirarse los músicos, se recita la loa, especie de prólogo en verso, cuyo texto omitimos aquí. A
la loa, como indica Tirso, seguía un baile y, tras él, la
comedia. Da aquí Tirso una idea acabada de lo que eran
las representaciones de la época como preámbulo a la

interesante defensa del valor y del carácter de la «comedia del Siglo de Oro» con que continúa el texto.   [6] hacer
lo que suelen; en este caso, criticar.   [7] «hicieron de su
jardín escena de su poco recato», de sus intrigas amorosas. Todo esto alude a la acción de la obra, en que las
hijas del duque de Avero obran con cierta desenvoltura
ingeniosa para vencer la timidez de un joven galán, que
el crítico de que habla Tirso encontraba censurable.
[8] Los defensores del autor mostraron la falsedad de los
argumentos malignos hasta donde es posible convencer
a aquellos que discuten de mala fe y se complacen en
mantener sus errores. Zoilo (nombre de un famoso sofista
griego), usado aquí como adjetivo, se aplica al crítico
maligno y murmurador.   [9] calzado rustico de cuero, a
modo de sandalia.   [10] el dueño del cigarral donde se
celebra la fiesta.
[11] contra las reglas establecidas por el teatro clásico.

tiempo tan corto, que con haberse gastado cerca de tres horas no hallaron otra falta sino la brevedad de su discurso; esto, en los oyentes desapasionados y que asistían allí más para recrear el alma con el poético entretenimiento que para censurarle; que los zánganos de la miel que ellos no saben labrar y hurtan a las artificiosas abejas, no pudieron dejar de hacer de las suyas,[6] y con murmuradores susurros picar en los deleitosos panales del ingenio. Quién dijo que era demasiado larga, y quién impropia. Pedante hubo historial que afirmó merecer castigo el poeta que, contra la verdad de los anales portugueses, había hecho pastor al Duque de Coímbra don Pedro... en ofensa de la Casa de Avero y su gran Duque, cuyas hijas pintó tan desenvueltas, que, contra las leyes de su honestidad, hicieron teatro de su poco recato la inmunidad de su jardín.[7] ¡Como si la licencia de Apolo se estrechase a la recolección histórica y no pudiese fabricar, sobre cimientos de personas verdaderas, arquitecturas del ingenio fingidas! No faltaron protectores del ausente poeta, que volviendo por su honra, concluyesen los argumentos Zoilos, si pueden entendimientos contumaces... convencerse.[8]

—«Entre los muchos desaciertos (dijo un presumido, natural de Toledo...) el que más me acaba la paciencia es ver cuán licenciosamente salió el poeta de los límites y leyes con que los primeros inventores de la comedia dieron ingenioso principio a este poema: pues siendo así que éste ha de ser una acción cuyo principio, medio y fin acaezca a lo más largo en veinticuatro horas sin movernos de un lugar, nos ha encajado mes y medio, por lo menos, de sucesos amorosos. Pues aun en este término parece imposible pudiese disponerse una dama ilustre y discreta a querer tan ciegamente a un pastor, hacerle su secretario, declararle por enigmas su voluntad, y últimamente arriesgar su fama a la arrojada determinación de un hombre tan humilde, que, en la opinión de entrambos, el mayor blasón de su linaje eran unas abarcas,[9] su solar una cabaña y sus vasallos un pobre hato de cabras y bueyes. Dejo de impugnar la ignorancia de doña Serafina (pintada, en lo demás, tan avisada), que enamorándose de su mismo retrato sin más certidumbre de su original que lo que don Antonio la dijo, se dispusiese a una bajeza indigna aun de la más plebeya hermosura, como fué admitir a oscuras a quien pudiera, con la luz de una vela, dejar castigado y corrido. Fuera de que no sé yo por qué ha de tener nombre de comedia, la que introduce sus personas entre duques y condes, siendo ansí que las que más graves se permiten en semejantes acciones no pasan de ciudadanos, patricios y damas de mediana condición.»

Iba a proseguir el malicioso arguyente, cuando atajándole don Alejo[10] —que por ser la fiesta a su contemplación le pareció tocarle el defenderla—, le respondió:

—«Poca razón habéis tenido; pues fuera de la obligación en que pone la cortesía a no decir mal el convidado de los platos que le ponen delante (por mal sazonados que estén) en menosprecio del que convida, la comedia presente ha guardado las leyes de lo que ahora se usa. Y a mi parecer —conformándome con el de los que sin pasión sienten—, el lugar que merecen las que ahora se representan en nuestra España, comparadas con las antiguas, les hacen conocidas ventajas aunque vayan contra el instituto primero de sus inventores.[11] Porque si aquéllos establecieron que una comedia no representase sino la acción que moralmente puede suceder en veinticuatro horas, ¿cuánto mayor inconveniente será que en tan breve tiempo un galán discreto se enamore de una dama cuerda, la solicite, regale y festeje, y que sin pasar siquiera un día la obligue y disponga de suerte sus amores, que, comenzando a pretenderla por la mañana, se case con ella a la noche? ¿Qué lugar tiene para fundar celos, encarecer desesperaciones, consolarse con esperanzas y pintar los demás afectos y accidentes sin los cuales el amor no es de ninguna estima? Ni ¿cómo se podrá preciar un amante de firme y leal si no pasan algunos días, meses y aun años en que se haga prueba de su constancia?

«Estos inconvenientes, mayores son en el juicio de cualquier mediano entendimiento que el que se sigue de que los oyentes, sin levantarse de un lugar, vean y oigan cosas sucedidas en muchos días. Pues ansí como el que lee una historia en breves planas, sin pasar muchas horas, se informa de casos sucedidos en largos tiempos y distintos lugares, la comedia, que es una imagen y representación de su argumento, es fuerza que cuando le toma de los sucesos de dos amantes, retrate al vivo lo que les pudo acaecer y no siendo esto verisímil en un día, tiene obligación de fingir pasan los necesarios para que la tal acción sea perfecta; que no en vano se llamó la Poesía *pintura viva*, pues imitando a la muerta, ésta, en el breve espacio de vara y media de lienzo, pinta lejos y distancias que persuaden a la vista a lo que significan, y no es justo que se niegue la licencia, que conceden al pincel, a la pluma, siendo ésta tanto más significativa que esotro, cuando se deja mejor entender el que habla, articulando sílabas en nuestro idioma, que el que, siendo mudo, explica por señas sus conceptos. Y si me argüís que a los primeros inventores, debemos, los que profesamos sus facultades, guardar sus preceptos —pena de ser tenidos por ambiciosos y poco agradecidos a la luz que nos dieron para proseguir sus habilidades—, os respondo: que aunque a los tales se les debe la veneración de haber salido con la dificultad que tienen todas las cosas en sus principios, con todo eso, es cierto que, añadiendo perfecciones a su invención (cosa, puesto que fácil, necesaria), es fuerza que quedándose la substancia en pie, se muden los accidentes, mejorándolos con la experiencia. ¡Bueno sería que porque el primer músico sacó de la consonancia de los martillos en la yunque la diferencia de los agudos y graves y armonía música, hubiesen los que agora la profesan de andar cargados de los instrumentos de Vulcano, y mereciesen castigo en vez de alabanza los que a la arpa fueron añadiendo cuerdas, y vituperando lo superfluo y inútil de la antigüedad, la dejaron en la perfección que agora vemos! Esta diferencia hay de la naturaleza al arte: que lo que aquella desde su creación constituyó no se puede variar; y así siempre el peral producirá peras y la encina su grosero fruto. Y con todo eso, la diversidad del terruño y la diferente influencia del cielo y clima a que están sujetos, la saca muchas veces de su misma especie y casi constituye en otras diversas. Pues si hemos de dar crédito a Antonio de Lebrija en el Prólogo de su *Vocabulario*, no crió Dios, al principio del mundo, sino una sola especie de melones, de quien han salido tantas y entre sí tan diversas como se ve en las calabazas, pepinos y cohombros, que todos tuvieron en sus principios una misma producción. Fuera de que, ya que no en todo, pueda variar estas cosas el hortelano, a lo menos en parte, mediando la industria del ingerir. De dos diversas especies compone una tercera, como se ve en el durazno, que injerto en el membrillo produce el melocotón, en quien hacen parentesco lo dorado y agrio de lo uno con lo dulce y encarnado de lo otro. Pero en las cosas artificiales, quedándose en pie lo principal, que es la substancia, cada día varía el uso, el modo y lo accesorio. El primer sastre que cortó de vestir a nuestros primeros padres fué Dios —si a tan ínclito artífice es bien se le acomode tan humilde atributo; mas no le será indecente, pues Dios es todo en todas las cosas—. ¿Fuera, pues, razón, que por esto anduviésemos agora como ellos cubiertos de pieles y que condenásemos los trajes —dejo los profanos y lascivos, que ésos de suyo lo están, y hablo de los honestos y religiosos—, porque así en la materia como en las formas diversas se distinguen de aquéllos? Claro está que diréis que no. Pues si «en lo artificial», cuyo ser consiste sólo en la mudable im-

posición de los hombres, puede el uso mudar en los trajes y oficios hasta la substancia, y «en lo natural», se producen, por medio de los injertos, cada día diferentes frutos, ¿qué mucho que la comedia, a imitación de entrambas cosas, varíe las leyes de sus antepasados y ingiera industriosamente lo trágico con lo cómico, sacando una mezcla apacible de estos dos encontrados poemas, y que, participando de entrambos, introduzca ya personas graves como la una y ya jocosas y ridículas como la otra? Además, que si el ser tan excelentes en Grecia, Esquilo y Eurípides, como entre los latinos, Séneca y Terencio, bastó para establecer las leyes tan defendidas de sus profesores, la excelencia de nuestra española Vega, honra de Manzanares, Tulio de Castilla y Fénix de nuestra nación,[12] las hace ser tan conocidas ventajas en entrambas materias, ansí en la cuantidad como en la cualidad de sus nunca bien conocidos aunque bien envidiados y mal mordidos estudios, que la autoridad con que se les adelanta es suficiente para derogar sus estatutos.

«Y habiendo él puesto la comedia en la perfección y sutileza que agora tiene, basta *para hacer escuela de por sí* y para que los que nos preciamos de sus discípulos nos tengamos por dichosos de tal maestro y defendamos constantemente su doctrina contra quien con pasión la impugnare. Que si él, en muchas partes de sus escritos, dice que el no guardar el arte antiguo lo hace por conformarse con el gusto de la plebe —que nunca consintió el freno de las leyes y preceptos—, dícelo por su natural modestia y porque no atribuya la malicia ignorante a arrogancia lo que es política perfección. Pero nosotros, lo uno por ser sus profesores y lo otro por las razones que tengo alegadas (fuera de otras muchas que se quedan en la plaza de armas del entendimiento), es justo que a él, como reformador de la comedia nueva, y a ella, como más hermosa y entretenida, los estimemos, lisonjeando al tiempo para que no borre su memoria.»

—«¡Basta!, dijo don Juan; que habiendo hallado en vos nuestra española comedia caballero que defienda su opinión, habéis salido al campo armado de vuestro sutil ingenio, él[13] queda por vuestro, y ninguno osa salir contra vos, si no es el sueño, que afilando sus armas en las horas del silencio —pues, si no miente el reloj del Hospital de Afuera, son las tres—, a todos nos obliga a rendirle las de nuestros sentidos. Démosle treguas ahora para que,

---

12 Estos epítetos aluden a Lope de Vega.   13 el campo.
14 La próxima reunión o tertulia debía celebrarse a la semana siguiente en el cigarral de Narcisa.   15 amplias habitaciones.   16 renombrado, conocido.   17 bastante grandes, bastante buenas.   18 juego que consiste en hacer pasar por una argolla de hierro clavada en tierra unas

bolas de madera que se impelen con una pala.   19 los maridos.   20 Se celebraba esta fiesta dos jueves antes de carnaval.

21 Hagámosle árbitro de nuestras diferencias.   22 yo también.

descansando, prevengan mañana nuevos entretenimientos.»

Hiciéronlo así, quedando avisada Narcisa para la fiesta que en el Cigarral de su suerte, de allí a ocho días, le tocaba.[14] Y despedidos los huéspedes que gustaron de volverse a la ciudad, los demás en las capaces cuadras[15] se retiraron, si diversos en pensamientos y cuidados, convenidos a lo menos en recoger, puertas adentro del alma, sus pasiones.

CIGARRAL QUINTO

LOS TRES MARIDOS BURLADOS

Novela

En Madrid... vivían poco tiempo ha tres mujeres hermosas, discretas y casadas; la primera, con el cajero de un caudaloso genovés, en cuyo servicio ocupado siempre, tenía lugar de asistir en su casa solamente los medios días a comer y las noches a dormir; la segunda tenía por marido a un pintor de nombre,[16] que en fe del crédito de sus pinceles, trabajaba, más había de un mes, en el retablo de un monasterio de los más insignes de aquella Corte, sin permitirle sus tareas más tiempo para su casa que al primero...; y la tercera, padecía los celos y años de un marido que pasaba de los cincuenta, sin otra ocupación que de martirizar a la pobre inocente, sustentándose los dos de los alquileres de dos casas razonables[17] que por ocupar buenos sitios les rentaban lo suficiente para pasar, con la labor de la afligida mujer, con mediana comodidad, la vida.

Eran todas tres muy amigas, por haber antes vivido en una misma casa, aunque ahora habitaban barrios no poco distantes; y por el consiguiente, los maridos profesaban la misma amistad, comunicándose ellas algunas veces que iban a visitar a la mujer del celoso; porque la pobre, si su marido no la llevaba consigo, era imposible poderles pagar las visitas, y ellos los días de fiesta, o en la comedia o en la esgrima y juego de argolla,[18] andaban de ordinario juntos.

Un día, pues, que estaban las tres amigas en casa del celoso contándoles ella sus trabajos, la vigilancia impertinente de su marido, las pendencias que le costaba el día que salía a misa —que con ser al amanecer y en su compañía, aun de las puntas del manto, porque la llegaban a la cara, tenía celos—, y ellas, compadeciéndose de sus persecuciones, la consolaban; habiendo venido los suyos,[19] y estando merendando todos seis, concertaron para el día de San Blas, que se acercaba, salir al sol y a ver al Rey que se decía iba a Nuestra Señora de Atocha aquella tarde, y por ser un día de Jueves de Compadres,[20] llevar con qué celebrar en una

huerta allí cercana la solemnidad desta fiesta, que, aunque no está en el calendario, se solemniza mejor que las de Pascua; habiendo hecho no poco en alcanzar licencia para que la del celoso necio se hallase en ella.

Cumplióse el plazo y la merienda, después de la cual, asentadas ellas al sol, que lo hacía apacible, oyendo muchas quejas de la malmaridada, y ellos jugando a los bolos en otra parte de la misma huerta, sucedió que, reparando en una cosa que relucía en un montoncillo de basura a un rincón della, dijese la mujer del celoso:

—¡Válgame Dios! ¿Qué será aquello que brilla tanto?

Miráronla las dos, y dijo la del cajero:

—Ya podría ser joya que se le hubiese perdido aquí a alguna de las muchas damas que se entretienen en esta huerta semejantes días.

Acudió solícita a examinar lo que era la pintora, y sacó en la mano una sortija de un diamante hermoso, y tan fino, que a los reflejos del sol parece que se transformaba en él. Acodiciáronse las tres amigas al interés que prometía tan rico hallazgo; y alegando cada cual en su derecho, afirmaban que le pertenecía de justicia el anillo. La primera decía que habiéndolo sido en verle, tenía más acción que las demás a poseerle; la segunda afirmaba que adivinando ello lo que fué, no había razón de usurpárselo; y la tercera replicaba a todas que siendo ella quien le sacó de tan indecente lugar, hallando por experiencia lo que ellas se sospecharon en duda, merecía ser solamente señora de lo que le costó más trabajo que a las demás.

Pasara tan adelante esta porfía, que viniendo a noticia de sus maridos pudiera ser ocasionara en ellos alguna pendencia sobre la acción que pretendía cada una dellas, si la del pintor, que era más cuerda, no las dijera:

—Señoras, la piedra, por ser tan pequeña y consistir su valor en conservarse entera, no consentirá partirse. El venderla es lo más seguro, y dividir el precio entre todas antes que venga a noticia de nuestros dueños y nos priven de su interés, o sobre su entera posesión riñan y sea esta sortija la manzana de la Discordia. Pero ¿quién de nosotras será su fiel depositaria sin que las demás se agraven o haya segura confianza de quien se tiene por legítima poseedora de esta pieza? Allí está paseándose con otros caballeros el Conde mi vecino. Comprometamos en él, llamándole aparte, nuestras diferencias,[21] y pasemos todas por lo que sentenciare.

—Soy contenta —dijo la cajera— que ya le conozco, y fío de su buen juicio y mi derecho que saldré con el pleito.

—Yo y todo,[22] respondió la mal casada. Pero ¿cómo me atreveré a informarle de mi justicia, estando a vista de mi escrupuroso viejo, siendo el Conde mozo, y ciertos los celos, con el juego de manos tras ellos?[23]

En esta confusa competencia estaban las tres amigas, cuando, diciendo que pasaba el Rey por la puerta, salieron corriendo sus maridos entre la demás gente a verle. Y aprovechándose ellas de la ocasión, llamaron al Conde y le propusieron el caso, pidiéndole la resolución de él antes que sus maridos volviesen y el más celoso llevase qué reñir a casa; poniéndole la sortija en las manos, para que la diese a quien juzgase merecerla.

Era el Conde de sutil entendimiento; y con la cortedad del término que le daban, respondió:

—Yo, señoras, no hallo tan declarada la justicia por ninguna de las litigantes, que me atreva a quitársela a las demás. Pero, pues habéis comprometido en mí, digo que sentencio y fallo que cada cual de vosotras dentro del término de mes y medio haga una burla a su marido —como no toque en su honra—; y a la que en ella se mostrase más ingeniosa, se le entregará el diamante, y más cincuenta escudos que ofrezco de mi parte, haciéndome entretanto depositario dél. Y porque vuelven vuestros dueños, manos a la labor, y adiós.

Fuése el Conde, cuya satisfacción abonó la seguridad de la joya, y su codicia les persuadió a cumplir lo sentenciado. Vinieron sus maridos. Y porque ya la cortedad del día daba muestras de recogerse, lo hicieron todos a sus casas, revolviendo cada cual de las competidoras las librerías de sus embelecos,[24] para estudiar por ellos uno que la sacase victoriosa en la agudeza y posesión del ocasionador diamante...

Sigue el relato de las burlas respectivas que hacen a sus maridos la mujer del cajero y la del pintor. Aquélla, con la ayuda de un vecino astrólogo y la complicidad de varios amigos, hace creer a su marido que está muerto. La segunda hace creer al suyo que la casa está endemoniada.

No desmayó la bella malmaridada por ver la prosperidad y sutileza de las burlas de sus dos opositoras. Antes, de un camino satisfizo dos necesidades: el premio de la burla el uno, y el otro la cura de su celoso compañero, que dispuso así:

Acababa de llegar a Madrid un religioso, hermano suyo, por Prelado de uno de los monasterios que fuera de la Corte con la recolección de su vida

apuntalan lo que los vicios tienen a pique de arruinar.[25] No sabía su venida el celoso Santillana; y su mujer, cuando ausente, por cartas, y agora, presente, por papeles y una visita que él la hizo, se le había quejado de la mala vida que sus impertinentes sospechas la daban, y dicho que si no fuera por su respeto y lo que menoscababa la opinión de las mujeres el poner pleitos a sus maridos y pedir divorcios, se hubiera apartado de él por el Vicario. Estaba informado el prudente religioso de los vecinos y amigos del mal acondicionado viejo, de la razón que su hermana tenía de aborrecerle y vivir desconsolada; deseando hallar un medio con que alumbrarle el entendimiento, y, sin romper con el yugo conyugal, persuadirle cuánta satisfacción era justo tuviese de su esposa, y que celos sin ocasión no suelen servir sino de despertar a quien duerme. Pero por más que estudió sobre ello, nunca atinó traza suficiente que venciese la pertinaz malicia, que, ya vuelta en costumbre, era casi imposible de desarraigar su sospechosa vejez.

Habíala escrito que mirase ella qué modo le parecía más a propósito para que, sin llegar a dar cuenta de sus trabajos a tribunales causídicos,[26] ella viviese descansada y su marido con sosiego; que por difícil que fuese, él pondría toda la diligencia imaginable en su ejecución. Ahora, pues, que halló ocasión para ejecutarle en esta promesa, curar el viejo Santillana, y de camino llevarse el diamante, una mañana que él se fué a oír misa y sermón, por ser principio de Cuaresma, envió llamar al bien intencionado fraile; y después de haberse consolado con él llorándole sus martirios y pesadumbres, le dijo que no hallaba otra traza más a propósito para sacarle de la cabeza aquel tema venenoso de sus celos, sino era uno que le propuso y después sabréis. Refirióselo con toda la elocuencia que dió el artificio persuasivo a las mujeres, con lágrimas, suspiros y encarecimientos, concluyendo en que si no le ejecutaba, sería imposible no acabar o con sus trabajos descasándose, o con su vida rematándola en una viga de su casa por medio de un cordel. El remedio que la mal casada le ofreció tenía muchos inconvenientes. Pero, en fin, atropelló con todos el amor de hermano, la piedad de religioso, y el deseo de impedir alguna desesperación, creíble de la angustia y sentimiento que nuestra Hipólita (que éste era su nombre) mostraba. Prometióla llevar al cabo lo que le decía; señalaron el día, despidióse,

---

23 Implica probablemente que tras los celos del marido vendrían algunos golpes.   24 pensando cada una en las artimañas o engaños que podrían usar.   25 de uno de los monasterios situados en las cercanías de Madrid, donde, con la vida recogida de la comunidad, se refuerza la religión puesta en peligro por los vicios de la Corte. 26 tribunales de justicia.   27 a los frailes de su convento.   28 deshecho el matrimonio (porque parecía que es-

taba muerto).   29 terminaría el efecto de los polvos. 30 burla, que le estaba engañando.

31 Misa de *requiem* es lo mismo que misa de difuntos. Lo que el pasaje quiere decir es que Santillana, al ver la calavera y caerle encima «los huesos de las canillas» (que son los huesos que en forma de cruz se ponen debajo de las calaveras), creyó verse acometido por algún difunto.

32 manicomio.

llegó a su convento, y propuso el caso a sus súbditos.[27] Queríanle mucho, y conociendo el provecho que se esperaba de él para la quietud de dos casados, le ofrecieron hacer cuanto les mandase, y le animaron a concluirle.

Alentado con esto, envió para el plazo concertado dos onzas de unos polvos eficacísimos para dormir, quien los bebiese, cuatro o cinco horas, con tanta enajenación de los sentidos, que sólo se diferenciaban de la muerte en la breve distancia con que aquéllos restituían el alma a sus vitales ejercicios. Recibiólos contenta la astuta Hipólita, asentándose a cenar con su marido y mezclándolos con el vino, apetitoso a sus años. Entre bocado y bocado la daba una reprehensión, y entre trago y trago bebía su sueño. Al último, en fin, sin aguardar a que se levantasen los manteles, cayó como piedra en pozo, siendo tan eficaz la polvareda boticaria, que a no estar sobre el caso la aplicante y la moza, creyeran (y no las pesara) que había nuestro Santillana desembarazado el matrimonio.[28] Desnudáronle. Y echándole en la cama, aguardaron que viniese por él el religioso hermano, que no tardó mucho, pues a las nueve —suficiente hora y quieta para aquel tiempo frío y de invierno— con dos legos y un coche se apearon a su puerta, y entrando dentro, mandó a uno de sus compañeros que venía prevenido de tijeras y navajas, que le quitase toda la barba y abriese una corona de fraile. No se mostró perezoso el obediente barbero, pues sin bañarle, porque la frialdad del agua no ahogase la virtud de los polvos, le convirtió en reverendo cenobita. Era cerrado de cabellos como de mollera; y así, salió la corona con toda perfección venerable, autorizándola las canas, que se entretejían todo lo posible. Y despachada la barba, no pudo dejar de causarle risa a su mujer, viendo vuelto a su marido de viejo en vieja. Vistiéronle un hábito como el de su hermano... y metiéndole en el coche, encargó el Prelado a Hipólita encomendase a Dios el próspero fin de aquel buen principio. Llegó con él a su monasterio, y, desembarazando una celda, le desnudaron, acostándole en una cama penitente, dejándole los hábitos sobre una silla, y un candil encendido; juntaron la puerta y se fueron a dormir.

Dos horas había que duraba el éxtasis del ignorante novicio, y dos prosiguió en su dormilona embriaguez, que era el término puesto a la virtud de los polvos con juridición de solas cuatro horas; y habiéndola comenzado a las ocho, síguese que a las doce fenecería su operación.[29]

Tocaron a maitines, como se acostumbra en todos los monasterios, a media noche, y tras la campana, las matracas con que despiertan a los que se han de levantar, —que es un instrumento cuadrado de tablas huecas llenas de eslabones de hierro, que cayendo sobre clavos gruesos y meneándolas apriesa, hace un son desapacible para los que despiertan y le conocen, y espantoso para los que coge desapercibidos y bisoños en tan gruñidora música. Así le sucedió al padre Santillana, pues despertando despavorido y creyendo que estaba al lado de su mujer y en su cama y casa, dió un grito diciendo:

—¡Jesús! ¿Qué es esto, Hipólita? ¿Cáese la casa? ¿Hay truenos, o vienen por mí los diablos?

Como no le respondió, atentó a los lados buscando a su mujer; y no hallándola, lleno de malicias y imaginando que estaba haciéndole fayancas[30] y con el ruido pasado querían echarle el aposento a cuestas, se levantó furioso y diciendo a voces:

—¿Dónde estás, adúltera? ¡Mala hembra, no dirás ahora que son ilusiones y vejeces las mías! ¿A media noche fuera de mi cama y aposento, recibiendo por el techo el adúltero? ¡Más leales que tú son para mí las tejas, pues cayéndose me han despertado! ¡Daca mis vestidos, muchacha! ¡Venga la espada, que yo lavaré mi afrenta en la sangre destos traidores!

Esto y buscar los vestidos, hallando en vez dellos los hábitos de fraile, fué todo uno. La novedad de la celda, sin saber cómo o quién le había traído a ella, le tuvo como cada cual podrá juzgar por sí; ni sabía si diese voces; ni si era arte aquella de encantamento; si dormía o velaba. Fué a abrir la puerta, y estaba sobre ella una calavera, que cayendo sobre la suya los dos huesos de las canillas, le resfriaron la cólera de los celos con la flema del miedo que le causó verse acometido de requiem.[31] Juzgándolo a mal pronóstico, tomó el candil para ver a qué calle o campo caía aquel aposento encantado, o en qué parte estaba, y vió un tan largo dormitorio, que le cansó la vista, lleno de celdas, con una lámpara en medio.

—¡Válgame Dios! ¿Qué es esto? —dijo volviéndose a entrar temblando—. ¿No me dormí yo en acabando de cenar anoche? ¿Quién me ha traído aquí ahora, trocando mis vestidos en hábitos? ¿Si estoy en el Hospital? Que ésta más parece enfermería que habitación política. ¿Si mis celos me han vuelto loco, y para curarme me han traído al Nuncio de Toledo?[32] Que la estrechez deste aposento más parece jaula que hospedería. ¡No sé lo que imagino! Aunque esto último bien puede ser, pues si no me acuerdo mal, ya andaba mi seso dando zancadillas de puro imaginativo sobre la conservación de mi honra; y no será mucho que haya algunos dos o tres años que me estén curando en este Hospital, y ahora, vuelto en mi juicio, me parezca que fué anoche cuando estuve quieto y seguro en mi casa y con mi mujer. Si es esto como imagino, a navaja quitan los cabellos y barbas, a los locos y a los galeotes; la mía me sacará deste temor.

Echó mano a ella, y hallóla tiple,[33] habiéndola él criado con trabajo. Tentóse la cabeza, y hallóse coronado por rey de los celosos maridos. Lloró su juicio rematado, teniéndose por conventual del Nuncio, creyendo que por burlarse dél, como suele hacerse con los de su profesión, le habían puesto la cabeza de aquel modo. Con todo eso, se consolaba, pareciéndole que pues echaba de ver entonces el estado en que estaba, había ya vuelto en su juicio, y según esto, saldría presto de aquel colegio desacreditado. Sólo le desatinaban los hábitos, que le disuadían estas imaginaciones, porque los locos que él había visto en Toledo andaban vestidos de ropas burieladas,[34] pero no de religiosos.

Entre estas confusiones ridículas estaba en su celda desnudo, sin haberle acordado que se vistiese, el frío,[35] ni saber él por dónde o cómo acomodar la diversidad de pliegues y confusión del hábito, que en su vida se había puesto, cuando entrando el compañero que daba luz a los demás frailes, le dijo:

—¿Cómo no se viste, padre Rebolledo, si ha de ir a maitines?

—¿Quién es aquí Rebolledo, hermano mío? O ¿qué maitines o vísperas son éstas que me desatinan? —respondió el casado fraile—. Si sois loco, como yo lo he sido, y es ése el tema de vuestra enfermedad, ya yo estoy sano por la misericordia de Dios, y no para oír disparates. ¡Decidme dónde hallaré al rector, y dejad de rebollearme!

—¡Con buen humor se levanta, padre Rebolledo! —dijo el religioso—. ¡Vístase, que hace frío, y mire que voy a tocar segundo, y que es mal acondicionado[36] el Superior!

Fuése con esto, dejándole muy confuso.

—¿Yo, Rebolledo? —decía—. ¿Yo fraile y maitines, no habiendo seis horas, a mi parecer, que al lado de mi Hipólita trataba más en pedirla celos que entonar salmos? ¿Qué es esto, Ánimas benditas del Purgatorio? Si duermo ¡quitadme esa molesta

pesadilla! y si estoy despierto, ¡reveladme este misterio o restituidme el juicio que sin duda he perdido!

Pasmado se estaba, sin acertar a vestirse, obligándole el frío a traer las frazadas a cuestas, cuando vino otro fraile y le dijo:

—Padre Rebolledo: el Vicario de Coro dice que por qué no va a maitines; que son cantados, y vuestra reverencia es semanero.[37]

—¡Válgame la corte celestial —replicó el nuevo fraile— que, en fin, soy padre Rebolledo yo, siendo ayer Santillana! Dígame, religioso, si es que lo es, o hermano loco, si, como imagino, estamos en algún hospital dellos: ¿Quién me ha puesto en este estado? ¿Cómo o por qué me han quitado mi casa, mi hacienda, mi mujer, mis vestidos y mis barbas? O ¿qué Urganda la Desconocida o Artús el Encantador[38] anda por aquí y ha rematado con mi seso?

—¡Buena está la flema y disparate —respondió el corista—, para la priesa con que vengo a llamarle! Delantero debió de cargar anoche en el refitorio, padre Rebolledo, pues aún no se han despedido los arrobos de Baco.[39] Vístase, y si no acierta, yo le vestiré.

Echóle entonces el hábito encima, y al ponerle la capilla, como era estrecha, creyendo que era algún espíritu malo que quería ahogarle, comenzó a dar gritos:

—¡Arredro[40] vayas, Satanás! ¡Déjame aquí, ángel maldito! ¡Ánimas del Purgatorio! ¡Santa Margarita, San Bartolomé, San Miguel, todos abogados contra los demonios, ayuda y favor, que me ahoga este diablo capilludo!

Y escabulléndosele de las manos, rota la capilla y arañado el fraile, echó a correr por el dormitorio adelante.

Atentos y escondidos habían estado oyendo la escarapela[41] ridícula el Prelado y súbditos, reventando de risa por romper los límites de la disimulación y silencio que este caso requería; pero saliendo juntos con las velas encendidas que habían preve-

33 se halló lampiño, sin barba.   34 de color rojo oscuro.   35 sin que el frío le hubiese hecho acordarse de que tenía que vestirse.   36 tiene mal humor.   37 y a vuestra reverencia le toca cantarlos esta semana.   38 dos encantadores, personajes del *Amadís de Gaula*.   39 Debió de beber más de la cuenta en el refectorio (comedor de un convento), pues que aún le duran los efectos del vino.   40 atrás.

41 riña, disputa.   42 Compóngase pronto.   43 salmo que empieza con estas palabras, que significan «Tened misericordia de mí».   44 Aquí Santillana toma la palabra *aparejar* en su acepción más directa: poner los aparejos a una bestia.   45 Mirad.   46 parte del norte de España, hoy de la provincia de Santander.   47 señal que se hace con aceite y bálsamo a los que se bautizan y confirman.   48 Exorcismo que significa «Huíd, enemigos».

49 haciendo que los donados le agarrasen; *donado*, como antes *lego*, el religioso que no tiene órdenes sagradas y hace los menesteres de sirviente en el convento.   50 Le dieron una ración de *canelones* (golpes con la disciplina), que le produjo más cardenales que tiene Roma; *cardenales* está usado equívocamente en el sentido de marca que deja un golpe y en el de cardenal de la Iglesia.

51 le dejaba las espaldas como una taracea (adorno que se hace en los muebles embutiendo pedazos de madera, concha, etc.).   52 orden que practican algunos mahometanos.   53 perdón.   54 pasaje de la Sagrada Escritura.   55 clase de labor que por adorno se hace en la tela.   56 paliza.   57 instrumento de madera con el que se castigaba a los reos rebeldes teniéndoles sujetos la cabeza, las muñecas y los pies.   58 para no perder al mismo tiempo la vida (*siglo*) y la razón.   59 a propósito.

nido para el Coro, le dijo severo el disimulado Superior:

—Padre Rebolledo, ¿qué escándalo y descompostura es ésta? ¿Al fraile que yo envío para que le llame al Coro trata de esa suerte? ¿Las manos pone en un ordenado de grados y corona, y a la culpa de no venir en fiesta doble a hacer su oficio añade el descomulgarse? Aparéjese luego;[42] que con un *Miserere mei*[43] se le aplacarán esos bríos.

—¿Qué es aparejar?[44] —respondió el colérico montañés—.¿Soy yo bestia? Ya lo estoy para defenderme de vuestras ilusiones. ¡Espíritus condenados! ¡Catad[45] la cruz! ¡No tenéis parte en mí, que soy cristiano viejo de la Montaña,[46] bautizado y con crisma![47] ¡*Fugite, partes adversae!*[48]

Estos y otros desatinos comenzó a ensartar, con no poco tormento de la risa de los circunstantes, que se malograba puertas adentro de la boca; pero haciéndole agarrar a los donados,[49] y diciéndoles el Prelado: «Este fraile está loco, mas la pena le hará cuerdo», le asentaron en las espaldas de par en par una colación de canelones, que pagó con más cardenales que tiene Roma.[50] Daba gritos que los ponía en el cielo, diciendo:

—¡Señores, o frailes, o diablos, o lo que sois! ¿qué os ha hecho el pobre Santillana para tratarle con tanta riguridad? Si sois hombres, ¡doleos de otro de vuestra especie, que jamás hizo mal a una mosca, ni tiene de qué acusarse, sino de la mala vida que sus celos han dado a su mujer! Si sois religiosos, ¡baste la penitencia, pues no cae sobre culpa que yo sepa! Si sois demonios, decidme: ¿por qué pecados os permite Dios que me desolléis de esa suerte?

Menudeaba el padre disciplinante azotazos en esto, diciendo:

—¿Todavía da en su tema? Pues veamos quien de los dos se cansa.

—¡Ya lo estoy, padre de mi alma! —respondió el penitente por fuerza—. ¡Por la sangre de Jesucristo, que tenga lástima de mí!

—Pues ¿enmendaráse de aquí adelante?

—¡Sí, padre mío, yo me enmendaré, aunque no sé de qué!—respondió.

—¿Cómo que no sabe de qué? —replicó—. ¡Miren qué gentil modo de conocer su culpa! ¡Aun no está como ha de estar! ¡Aguarde un poco!

Y diciéndole esto le taraceaba las espaldas.[51]

—¡Padre de mi corazón! —dijo entonces echándose en el suelo—. ¡Confieso que yo soy el más mal hombre que pisa la tierra; tenga misericordia de mis carnes, pues Dios la tiene de mi alma; que yo me enmendaré!

—¿Sabe —le replicó— que es fraile, y que en los que lo son, las culpas veniales son de más escándalo que las mortales del seglar?

—¡Sí, padre —respondía— fraile soy, aunque indigno!

—¿Sabe la regla que profesa? —proseguía, y él también en responderle:

—Sí, padre.

—¿Qué regla es?

—¡La que vuestra paternidad fuese servido! No repare en reglas, aunque entre en la del gran Sofí.[52]

—¿Será desde aquí en adelante humilde y cuidadoso en su oficio, padre Rebolledo?

—Seré Rebolledo —respondía— y todo lo que quisieren.

—Pues bese los pies a ese religioso —dijo— maltratado por él, y pídale venia.[53]

—¡Bésole los pies, padre mío —dijo llorando de dolor más que de arrepentimiento— y pídole brevas o lo que es esto que me mandan le pida!

Soltaron la risa todos entonces, que no pudieron sufrirla. Reprehendiólos el Prelado, y diciéndoles:

—¿De qué se ríen, padres, habiendo de llorar la pérdida del juicio de un fraile, el mejor que teníamos, que ha servido quince años este monasterio con la mayor puntualidad que la Religión ha visto?

—¿Quince años yo? —decía entre sí el pobre Santillana—. ¿Hay encantamento semejante en cuantos libros de caballerías desvanecen mocedades? ¡Alto! pues tantos lo dicen, verdad debe ser, aunque no sé el cómo; porque a no ser así, ¿qué les importaba a estos benditos el maltratarme y afirmallo?

—Véngase al coro con nosotros —le dijo el cuñado, que no conocía.

Obedecióle el celoso por su daño. Comenzaron a cantar los maitines, y mandóle que entonase la primera antífona.[54] Sabía él de música lo que de vainicas.[55] Pero no osando replicar, temeroso de otra tunda,[56] la cantó regañando, de suerte que prosiguiendo la risa de todo el coro, y no pudiéndola disimular, el Superior le mandó llevar al cepo[57] donde le tuvo tres días tan fuera de sí, que faltó poco para no renunciar con el siglo el seso.[58] Al cabo dellos le sacaron, y mandó el Prelado fuese con un compañero a pedir el pan de limosna que se acostumbra los sábados. Diéronle su talega, y sin replicar palabra, como una oveja cumplió la obediencia. Llevóle de industria[59] el que le acompañaba a la calle donde vivía su mujer; reconociendo la casa, alentado y con nuevo espíritu, dijo entre sí:

—¡Aquí de Dios! ¿Ésta no es mi casa? ¿Yo no estoy casado con Hipólita? ¿Quién diablos me ha metido en frailías que no apetecí en mi vida? ¡Matrimonio me llamo!

Entróse con esto en el portal, y hallando a su mujer allí, abrazándose con ella, comenzó a decir:

—¡Esposa de mis ojos! ¡Castigo del cielo fué el mío por la mala vida que te he dado! ¡Fraile me han hecho sin saber cómo o por qué; pero desde hoy más, buscarán talegueros; que yo matrimonio me llamo!

—¿Qué descompostura es ésta? —dijo a voces la mal casada—. ¡Aquí de la vecindad; que este loco atrevido ofende mi honra!

Acudió el compañero y parte de los vecinos, que le desconocieron —por faltarle la longitud de la barba y estar en tan desusado traje, y tan macilento con las penitencias pasadas, que pudiera vender flaqueza a los padres del yermo— y le apartaron a empellones, diciéndole oprobios satíricos.

—¡Déjenle vuesas mercedes! —acudió el compañero— y no se espanten de lo que hace, que ha estado el pobre seis meses loco, y su tema principal es decir a cualquier mujer que ve, que es su esposa. Hémosle tenido en una cadena; y habiendo más ha de dos meses que mostraba tener salud, a falta de frailes, que han ido a predicar por las aldeas esta cuaresma, me mandaron le trujese conmigo a pedir hoy la limosna, bien contra mi voluntad.

Diéronle todos crédito, lastimados de su desgracia; que cuanto más gritaba afirmando era el marido de Hipólita, más la acreditaba. Lleváronle medio loco de veras, y en son de atado, a su convento. Volviéronle a disciplinar y meter en el cepo, donde después que purgó más de otro mes los malos días que había dado a su mujer, al cabo dellos y a la media noche le despertó una voz desde el tejado que estaba sobre la prisión y decía en tono triste y sonoroso:

> Hipólita está inocente
> de tus maliciosos celos,
> y así te han hecho los cielos
> de ese cepo penitente.
> Por necio e impertinente,
> en ti su venganza funda
> el que te ha dado esa tunda;
> por eso, si sales fuera,
> escarmienta en la primera,
> y no aguardes la segunda.

Repitió esto tres veces la fúnebre voz, y él, puestas las manos, llorando, con la mayor devoción que pudo, respondió:

—¡Oráculo divino o humano, quienquiera que seas, sácame de aquí; que yo prometo verdadera enmienda!

Diéronle después de esto de cenar, y la bebida fué de vino, que no lo había probado desde el día primero de su transformación —penitencia más ás-

pera para él que todas las demás. Bebiólo, y con él dos veces más cantidad de los mismos polvos que primero. Durmióse como antes. Habíale crecido el cabello y barba suficientemente; afeitáronle, dejándole lo uno y lo otro en la disposición antigua; y llevándole en otro coche a su casa, se despidió el religioso, médico de celos, de su hermana, con esperanza de que cuando despertase hallaría sano a su marido y enmendado. Púsole los vestidos seglares sobre un arca cerca de su cabecera, acostóse a su lado, acabó el sueño junto con la operación de los polvos, al amanecer, por haberlos él tomado a las diez de la noche; despertó, en fin, y creyendo hallarse en el cepo, vió que estaba en la cama y a oscuras. No lo acababa de creer. Tentó si eran colchones aquéllos o madera, y topó a su mujer a su lado. Imaginó que era algún espíritu que proseguía en tentarle, dió voces y ensartó letanías. Estaba velando Hipólita, y aguardando el fin de aquel suceso; fingió que despertaba, y dijo:

—¿Qué es esto, marido mío? ¿Qué tenéis? ¿Haos dado como suele el mal de ijada?

—¿Quién eres tú que me lo preguntas? —dijo despavorido el ya sano celoso—. Que yo no tengo mal de ijada, sino mal de frailía.

—¿Quién ha de ser la que duerme con vos —respondió—, sino vuestra mujer Hipólita?

—¡Jesús sea conmigo! —replicó él—. ¿Cómo entraste en el convento, mujer de mi vida? ¿No ves que estás descomulgada, y que si lo sabe nuestro mayoral o superior te acanelonará las espaldas, dejándotelas como ruedas de salmón?

—¿Qué convento o qué chanzas son ésas, Santillana? —respondió ella—. ¿Dormís todavía, o qué locura es ésta?

—Luego ¿no soy fraile de quince años ha —preguntó él— y entonador de antífonas?

—Yo no sé lo que os decís con esos latines —replicó ella—. Levantaos, que es mediodía, si habéis de traer qué comamos.

Más asombrado que nunca, se tentó la barba, y hallóla cumplida y la cabeza descoronada. Mandó abrir la ventana, y se vió en su cama y aposento, los vestidos a su lado, sin rastro de cepo ni de hábitos. Pidió un espejo, y vió otra cara diferente de la que los días pasados le enseñó el de la sacristía. Hacíase cruces, acabando de creer el oráculo coplista. Preguntábale disimulada su mujer que de dónde procedían aquellos espantos. Contóselo todo, concluyendo en que debía de haberlo soñado aquella noche, y Dios le debía de mandar se enmendase y tuviese la satisfacción que era justo de su mujer. Apoyó ella esta quimera diciendo que había prometido nueve misas a las Ánimas si le alumbraba a su marido el entendimiento; y que si no, había determinado echarse en el pozo. —No lo permita el cielo, Hipólita de las Hipólitas!—, respondió él. Pidióla perdón, jurando no creer aun lo que viese por sus mismos ojos de allí adelante; con que dándola libertad para salir de casa, hubo de ir con las otras dos amigas a la del Conde, alegando cada cual su burla, y quedando tan satisfecho él de todas, que por no agraviar a ninguna les dijo:

—El diamante, ocasión de sutilizar, señoras, vuestros ingenios, se me había perdido a mí el día de su hallazgo; él vale doscientos escudos; cincuenta prometí de añadidura a la vencedora; pero todas merecéis la corona de sutiles en el mundo;

y así, ya que no puedo premiaros como merecéis, doy a cada una estos trescientos escudos que tengo por los más bien empleados de cuantos me han granjeado amigos, y quedaré yo muy satisfecho si os servís de esta casa como vuestra.

Encarecieron todas su liberalidad, y volviéndose más amigas que antes, hallaron al cajero vuelto ya de su viaje y olvidada su burla; al pintor, que había vendido su casa y comprado otra por evitar bellaquerías de duendes; y a Santillana tan satisfecho y enmendado de sus celos, que desde allí adelante veneró a su mujer como a merecedora de oráculos protectores de su buena vida.

OTROS DRAMATURGOS CONTEMPORÁNEOS DE LOPE

Agrupamos en esta sección varias escenas de tres de las obras sobresalientes entre la cuantiosa producción teatral debida a los inmediatos continuadores de Lope:

La *Comedia primera de las mocedades del Cid* del dramaturgo valenciano Guillén de Castro (1569-1631), obra de aliento heroico en la que se dramatizan las hazañas juveniles de Rodrigo Díaz, según la tradición del Romancero, y los legendarios amores del héroe castellano con doña Jimena.

El esclavo del demonio, del granadino Antonio Mira de Amescua (1577?-1644), comedia de desigual mérito artístico, pero muy típica del teatro de inspiración religiosa. Está basada en una leyenda piadosa de San Gil de Portugal.

La verdad sospechosa, del mejicano Juan Ruiz de Alarcón (1581?-1639). Alarcón es probablemente superior a sus contemporáneos en el teatro de crítica de costumbres. Es hasta cierto punto el creador del género. Mas su producción total carece de la variedad no sólo del teatro de Lope, sino del de muchos otros. Por eso creemos que las escenas de su obra maestra aquí reproducidas son suficientes para dar una idea de su creación dramática.

Se añade un entremés de Luis Quiñones de Benavente (1589?-1651), sin relación especial con el arte de Lope, pero que continúa en esta época la tradición del teatro cómico costumbrista de Lope de Rueda y Cervantes.

Guillén de Castro

COMEDIA PRIMERA DE LAS MOCEDADES DEL CID

ARGUMENTO

El conde Lozano, hombre soberbio y violento, abofetea al anciano Diego Laínez en un altercado que ambos tienen ante el rey don Fernando. Diego Laínez, sin fuerzas por sus muchos años para tomar venganza de la afrenta, somete a una prueba a sus tres hijos para que

muestren su carácter y valor. Sólo Rodrigo Díaz, el mayor de ellos, responde a la prueba como el padre deseaba y a él le encomienda la venganza (primera de las escenas reproducidas). Rodrigo mata al conde, padre de Jimena, su amada, y ello hace imposible al parecer la unión de los dos amantes, entre los que se interpone la sangre vertida. Planteado así el conflicto, la comedia dramatiza la lucha entre el amor que Jimena siente por Rodrigo y el deber que como hija tiene de obtener el castigo del matador de su padre. A su vez, Rodrigo quiere entregarse para que Jimena logre sus propósitos de venganza. Tras varios incidentes en los que Rodrigo, desterrado por el rey, obtiene grandes victorias sobre los moros, Jimena ofrece su mano al que le traiga la cabeza del Cid. Éste vuelve, pide la mano de Jimena y le presenta su propia cabeza: «Y pues ella en sus pregones —no dijo viva, ni muerta—, ni cortada; pues le doy —de Rodrigo la cabeza—, ya me debe el ser mi esposa». Jimena acepta.

ACTO I

DIEGO

—¿Hay tal pena? ¿hay tal desgracia?
¡En qué columnas estriba
la nobleza de una casa
que dió sangre a tantos Reyes!
Todo el aliento me falta.—
¿Rodrigo?

Sale RODRIGO.

RODRIGO

¿Padre? —Señor,
¿es posible que me agravias?
Si me engendraste el primero,
¿cómo el postrero me llamas?

DIEGO

¡Ay, hijo! Muero...

RODRIGO

¿Qué tienes?

DIEGO

¡Pena, pena, rabia, rabia!

(*Muérdele un dedo de la mano fuertemente.*)

RODRIGO

¡Padre! ¡Soltad en mal hora!
¡Soltad, padre, en hora mala!
Si no fuérades mi padre
diéraos una bofetada!...

DIEGO

Ya no fuera la primera.

RODRIGO

¿Cómo?

DIEGO

    ¡Hijo, hijo del alma!
¡Ese sentimiento adoro,
esa cólera me agrada,
esa braveza bendigo!
¡Esa sangre alborotada
que ya en tus venas revienta,
que ya por tus ojos salta,
es la que me dió Castilla,
y la que te di heredada
de Laín Calvo, y de Nuño,
y la que afrentó en mi cara
el Conde... el Conde de Orgaz...
ése a quien Lozano llaman!
¡Rodrigo, dame los brazos!
¡Hijo, esfuerza mi esperanza,
y esta mancha de mi honor
que al tuyo se extiende, lava
con sangre; que sangre sola
quita semejantes manchas!
Si no te llamé el primero
para hacer esta venganza,
fué porque más te quería,
fué porque más te adoraba;
y tus hermanos quisiera
que mis agravios vengaran,
por tener seguro en ti
el mayorazgo en mi casa.
Pero pues los vi, al proballos,
tan sin bríos, tan sin alma,
quc doblaron mis afrentas,
y crecieron mis desgracias,
¡a ti te toca, Rodrigo!
Cobra el respeto a estas canas;
poderoso es el contrario,
y en Palacio y en campaña

su parecer el primero,
y suya la mejor lanza.
Pero pues tienes valor
y el discurso no te falta,
cuando a la vergüenza miras
aquí ofensa, y allí espada,
no tengo más que decirte,
pues ya mi aliento se acaba,
y voy a llorar afrentas
mientras tú tomas venganzas

Vase DIEGO LAÍNEZ, *dejando solo a* RODRIGO

RODRIGO

    Suspenso, de afligido,
estoy... Fortuna, ¿es cierto lo que veo?
¡Tan en mi daño ha sido
tu mudanza, que es tuya, y no la creo!...
¿Posible pudo ser que permitiese
tu inclemencia que fuese
mi padre el ofendido... ¡extraña pena!
y el ofensor el padre de Jimena?
    ¿Qué haré, suerte atrevida,
si él es el alma que me dió la vida?
¿Qué haré (¡terrible calma!),
si ella es la vida que me tiene el alma?
Mezclar quisiera, en confianza tuya,
mi sangre con la suya,
¿y de he verter su sangre?... ¡brava pena!
¿yo he de matar al padre de Jimena?
    Mas ya ofende esta duda
al santo honor que mi opinión sustenta.
Razón es que sacuda
de amor el yugo y, la cerviz exenta,[1]
acuda a lo que soy; que habiendo sido
mi padre el ofendido,
poco importa que fuese ¡amarga pena!
el ofensor el padre de Jimena.

ACTO II

EL REY DON FERNANDO *y algunos criados con él.
Salen por una puerta* JIMENA GÓMEZ, *y por otra*
DIEGO LAÍNEZ, *ella con un pañuelo lleno de sangre
y él teñido en sangre el carrillo.*

JIMENA

¡Justicia, justicia pido!

DIEGO LAÍNEZ

Justa venganza he tomado.

JIMENA

¡Rey, a tus pies he llegado!

---

1 libre del yugo del amor.   2 discordia, confusión.

DIEGO LAÍNEZ
¡Rey, a tus pies he venido!

RODRIGO. *Aparte.*
—¡Con cuánta razón me aflijo!—
¡Qué notable desconcierto![2]—

JIMENA
¡Señor, a mi padre han muerto!

DIEGO LAÍNEZ
¡Señor, matóle mi hijo!
Fué obligación sin malicia.

JIMENA
Fué malicia y confianza.

DIEGO LAÍNEZ
Hay en los hombres venganza.

JIMENA
¡Y habrá en los reyes justicia!
¡Esta sangre limpia y clara
en mis ojos considera!

DIEGO LAÍNEZ
Si esa sangre no saliera
¿cómo mi sangre quedara?

JIMENA
¡Señor, mi padre he perdido!

DIEGO LAÍNEZ
¡Señor, mi honor he cobrado!

JIMENA
Fué el vasallo más honrado.

DIEGO LAÍNEZ
¡Sabe el cielo quién lo ha sido!
Pero no os quiero afligir:
sois mujer; decid, Señora.

JIMENA
Esta sangre dirá agora
lo que no acierto a decir.
Y de mi justa querella
justicia así pediré,
porque yo sólo sabré
mezclar lágrimas con ella.
Yo vi con mis propios ojos
teñido el luciente acero:
mira si con causa muero
entre tan justos enojos.
Yo llegué casi sin vida,
y sin alma ¡triste yo!
a mi padre, que me habló
por la boca de la herida.
Atajóle la razón
la muerte, que fué cruel,
y escribió en este papel
con sangre mi obligación.

A tus ojos poner quiero
letras que en mi alma están,
y en los míos, como imán,
sacan lágrimas de acero.
Y aunque el pecho se desangre
en su misma fortaleza,
costar tiene una cabeza
cada gota desta sangre.

EL REY D. FERNANDO
¡Levantad!

DIEGO LAÍNEZ
Yo vi, Señor,
que en aquel pecho enemigo
la espada de mi Rodrigo
entraba a buscar mi honor.
Llegué, y halléle sin vida,
y puse con alma exenta
el corazón en mi afrenta
y los dedos en su herida.
Lavé con sangre el lugar
adonde la mancha estaba,
porque el honor que se lava,
con sangre se ha de lavar.
Tú, Señor, que la ocasión
viste de mi agravio, advierte
en mi cara de la suerte
que se venga un bofetón;
que no quedara contenta
ni lograda mi esperanza,
si no vieras la venganza
adonde viste la afrenta.
Agora, si en la malicia
que a tu respeto obligó,
la venganza me tocó,
y te toca la justicia,
hazla en mí, Rey soberano,
pues es propio de tu Alteza
castigar en la cabeza
los delitos de la mano.
Y sólo fué mano mía
Rodrigo: yo fuí el cruel
que quise buscar en él
las manos que no tenía.
Con mi cabeza cortada
quede Jimena contenta,
que mi sangre sin mi afrenta
saldrá limpia, y saldrá honrada.

EL REY D. FERNANDO
¡Levanta y sosiégate,
Jimena!

JIMENA
¡Mi llanto crece!
... ...

EL REY, DON SANCHO, URRACA, EL CID y DON DIEGO. *Sale* JIMENA GÓMEZ, *enlutada, con cuatro escuderos, también enlutados, con sus lobas*[3]

ESCUDERO PRIMERO
Sentado está el Señor Rey
en su silla de respaldo.

JIMENA
Para arrojarme a sus pies
¿qué importa que esté sentado?
Si es Magno, si es justiciero,
premie al bueno y pene al malo;
que castigos y mercedes
hacen seguros vasallos.

DIEGO LAÍNEZ
Arrastrando luengos lutos,
entraron de cuatro en cuatro
escuderos de Jimena,
hija del Conde Lozano.
Todos atentos la miran,
suspenso quedó Palacio,
y para decir sus quejas
se arrodilla en los estrados.[4]

JIMENA
Señor, hoy hace tres meses
que murió mi padre a manos
de un rapaz, a quien las tuyas
para matador criaron.
Don Rodrigo de Vivar,
soberbio, orgulloso y bravo,
profanó tus leyes justas,
y tú le amparas ufano.
Son tus ojos sus espías,
tu retrete su sagrado,
tu favor sus alas libres,
y su libertad mis daños.
Si de Dios los reyes justos
la semejanza y el cargo
representan en la tierra
con los humildes humanos,
no debiera de ser rey
bien temido y bien amado,
quien desmaya la justicia
y esfuerza los desacatos.[5]
A tu justicia, Señor,
que es árbol de nuestro amparo,
no se arrimen malhechores,
indignos de ver sus ramos.
Mal lo miras, mal lo sientes,
y perdona si mal hablo;
que en boca de una mujer

tiene licencia un agravio.
¿Qué dirá, qué dirá el mundo
de tu valor, gran Fernando,
si al ofendido castigas,
y si premias al culpado?
Rey, Rey justo, en tu presencia,
advierte bien cómo estamos:
él ofensor, yo ofendida,
yo gimiendo y él triunfando;
él arrastrando banderas,
y yo lutos arrastrando;
él levantando trofeos,
y yo padeciendo agravios;
él soberbio, yo encogida;
yo agraviada, y él honrado;
yo afligida, y él contento;
él riendo, yo llorando.

RODRIGO. *Aparte.*
—¡Sangre os dieran mis entrañas,
para llorar, ojos claros!—

JIMENA. *Aparte.*
—¡Ay, Rodrigo! ¡Ay, honra! ¡Ay, ojos!
¿adónde os lleva el cuidado?—

EL REY D. FERNANDO
¡No haya más, Jimena, baste!
Levantaos, no lloréis tanto,
que ablandarán vuestras quejas
entrañas de acero y mármol;
que podrá ser que algún día
troquéis en placer el llanto,
y si he guardado a Rodrigo,
quizá para vos le guardo.
Pero por haceros gusto,
vuelva a salir desterrado,
y huyendo de mi rigor
ejercite el de sus brazos,
y no asista en la ciudad
quien tan bien prueba en el campo.
Pero si me dais licencia,
Jimena, sin enojaros,
en premio destas victorias
ha de llevarse este abrazo.

(*Abrázale.*)

RODRIGO
Honra, valor, fuerza y vida,
todo es tuyo, gran Fernando,
pues siempre de la cabeza
baja el vigor a la mano.
Y así, te ofrezco a los pies
esas banderas que arrastro,

---

[3] sotana, vestidura talar de paño negro.   [4] tarima cubierta con alfombra sobre la cual se pone el trono real.
[5] alienta a los que han faltado a la ley.   [6] la honra.

[7] Dice esto porque acaba de convencer a don Diego de que desista de su intento.

esos Moros que cautivo,
y esos haberes que gano.

EL REY D. FERNANDO
Dios te guarde, el Mío Cid.

RODRIGO
Beso tus heroicas manos,

Aparte.

—y a Jimena dejo el alma.—

JIMENA. *Aparte.*
—¡Que la opinión⁶ pueda tanto
que persigo lo que adoro!—

DOÑA URRACA. *Aparte.*
—Tiernamente se han mirado;
no le ha cubierto hasta el alma
a Jimena el luto largo

¡ay, cielo!, pues no han salido
por sus ojos, sus agravios.—

DON SANCHO
Vamos, Diego, con Rodrigo,
que yo quiero acompañarlo,
y verme entre sus trofeos.

DIEGO
Es honrarme, y es honrallo,
¡Ay, hijo del alma mía!

JIMENA. *Aparte.*
—¡Ay, enemigo adorado!—

RODRIGO. *Aparte.*
—¡Oh, amor, en tu Sol me yelo!—

DOÑA URRACA. *Aparte.*
—¡Oh, amor, en celos me abraso!—

Antonio Mira de Amescua

EL ESCLAVO DEL DEMONIO

ARGUMENTO

En el momento en que don Diego se dispone a escalar la casa de su amada Lisarda para reunirse allí con ella burlando la oposición que a sus amores hace Marcelo, padre de la dama, aparece don Gil, caballero portugués a quien sus virtudes le han granjeado fama de santo, y logra convencer al galán de que abandone sus propósitos. Don Gil queda solo frente a la casa y al ver la escala y la ocasión propicia, sucumbe él mismo a la tentación de subir y deshonrar a Lisarda. Caído así en el pecado, dice a la dama que don Diego la había traicionado, induciéndole a él, don Gil, a que cometiera el vituperable atentado. Lisarda, sedienta de venganza, se entrega a don Gil; ambos se hacen bandoleros y cometen toda clase de desmanes. Quiere luego don Gil, ya desenfrenado, poseer a Leonor, la otra hija de Marcelo. Para conseguirlo hace un pacto con Angelio, el demonio, mediante el cual le ofrece ser su esclavo si le trae a Leonor. El demonio no puede cumplir su promesa a causa de la virtud de la dama. Acude entonces a un subterfugio y le presenta una imagen de Leonor. Va don Gil a abrazarla y se encuentra con un esqueleto entre sus brazos. Esto le vuelve a la senda del bien y la penitencia, convencido de la brevedad y mentira de los placeres del mundo. Ayudado por el Ángel de la Guarda, rescata el papel que le había entregado al diablo y vestido de penitente, confiesa sus pecados. Lisarda ha muerto arrepentida y Leonor se casa con el príncipe de Portugal.

ACTO I

ESCENA VIII

En la calle, frente a la casa de MARCELO

GIL
Cielos, albricias; vencí;⁷
no es pequeña mi victoria.
Un alma esta vez rendí.
Mas ¿qué es esto, vanagloria?
¿Cómo me tratáis así?
    Aquí se queda la escala
manifestando su intento.
¡Oh, qué extraño pensamiento!
¡Jesús, que el alma resbala
y mudo mi entendimiento!
    La fe deste corazón
huyó, pues que la ocasión
es la madre del delito;
que si crece el apetito
es muy fuerte tentación.
    Lisarda arriba le aguarda
a quien ama tiernamente.
Imaginación, detente;
porque es hermosa Lisarda.
Corazón, ¿quién te acobarda?
    Loco pensamiento mío,
mirad que sois como río
que a los principios es fuente
que se pasa fácilmente,
y después sufre un navío.

Subiendo podré gozar...
¡Ay, cielos! ¿Si consentí
en el modo de pecar?
Pero no, que discurrí.
Tocando están a marchar
mis deseos, la razón
forma un divino escuadrón.
El temor es infinito.
Toca al arma el apetito
y es el campo la ocasión.
... ...
La conciencia está oprimida.
La razón va de vencida.
Muera, muera el pensamiento.
Mas ¡ay alma, cómo siento
que está en peligro tu vida!
Mas esto no es desvarío.
Yo subo ¿qué me detengo,
si subo al regalo[8] mío?
¿Mas, para qué si yo tengo
en mis manos mi albedrío?
Nada se podrá igualar,
que es la ocasión singular,[9]
y, si della me aprovecho,
gozaré, don Diego, el lecho
que tú quisiste gozar.
La ejecutada maldad
tres partes ha de tener:
pensar, consentir y obrar;
y siendo aquesto ansí
hecho tengo la mitad:
que es pensamiento liviano
no resistirle temprano;
dudé y casi es consentido.
Alto, pues yo soy vencido.
Soltóme Dios de su mano.
Que a Lisarda gozaré,
sin ser conocido, entiendo.

Sube D. GIL; *despierta* DOMINGO.[10]

DOMINGO

Basta, que en pie estoy durmiendo
como mula de alquilé;[11]
pero al tiempo desperté
que subió arriba don Diego,
y mientras él mata el fuego
y se arrepiente y le pesa,
soltaré al sueño la presa
y dormiré con sosiego.
Dentro está; yo determino

hacer del suelo colchón,
que no hay cama de algodón
como un azumbre[12] de vino,
y no hay Roldán paladino[13]
que a dormir cual yo se atreva,
si el estómago no lleva
con este licor armado.
A quien despierta el cuidado,
si dormir pretende, beba.

Quita DOMINGO *la escala, y duérmese*

GIL

Sola, cerrada y escura
está esta cuadra; Lisarda
que Marcelo duerma aguarda
o está en su cama segura;
ya me tiene su hermosura
tan determinado y loco
que parece que la toco.
¡Ay, amor! Si imaginado
eres tan dulce, gozado
no será tu gusto poco.   *(Éntrase.)*
... ...

ESCENA X

Salen DON GIL *y* LISARDA *en hábito de
hombre.*

LISARDA

Mucho, don Diego, has callado.
Ya estamos solos. No estés
cubierto ni recatado.

GIL

Ten paciencia, que no es
Don Diego quien te ha gozado.

LISARDA

¿Quién eres?

GIL

Quien ha subido
hasta la divina esfera,
pero cual Ícaro[14] he sido
que volé con fe de cera
y en el infierno he caído.
... ...
Don Gil soy.

LISARDA

¡Triste de mí!
¿Y Don Diego?

8 placer.   9 única.   10 Criado de don Diego que se había dormido mientras don Gil hablaba con su amo; es el gracioso de la obra.
11 alquiler.   12 medida para líquidos equivalente a poco más de dos litros.   13 Alusión al conocido héroe épico de *La Chanson de Roland*; quiere decir que no hay nadie, por valiente que sea, que pueda competir con él en dormir.   14 Ícaro, hijo de Dédalo, voló con las alas de cera para salir del laberinto de Creta; al acercarse al sol, se derritió la cera, e Ícaro cayó al mar.   15 Mueve el labio (encendido cual fino coral) para pedir y perdonar, es decir, pide cuanto quieras, que yo lo concederé de buena gana.   16 Sigue tu destino.   17 confié.

GIL

Él me ha traído
a que gozase de ti,
para dejar ofendido
tu padre otra vez.

LISARDA

Así
se cumplen como merecen
mis esperanzas prolijas;
mi agravio y desdichas crecen,
que en esto paran las hijas
que a sus padres no obedecen.
¿En qué pecho habrá paciencia?

GIL

Para tan grave dolor
igual es nuestra imprudencia.
Tú perdiste mucho honor
y yo mucha penitencia.

LISARDA

Deja que vuelva a mi casa
antes de nacer el día.

GIL

Eso no; adelante pasa;
que era el alma nieve fría
y es un infierno y se abrasa.

....

Por ti perdí la prudencia
por el infierno profundo,
con la carne la abstinencia,
el crédito con el mundo,
y con Dios la penitencia.
Conmigo, Lisarda hermosa,
has de ir, que para los dos
no negará el mundo cosa,
pues nos ha soltado Dios
de su mano poderosa.

LISARDA

¿Qué dices alma?—No puedes
quedar en más vituperio.—
¿Tú, cuerpo?—Que no te quedes;
que temas de un monasterio
las solícitas paredes.—
¿Qué replicas, alma?—Que es
eso de buena conciencia.—
¿Y tú, cuerpo?—Que ya ves
que es temprana penitencia
pudiendo hacerla después.—
La maldición es cumplida
de mi padre; el cielo temo.
Ya lloro mi honra perdida
y va llegando a su extremo
la desdicha de mi vida.
Tres enemigos me dió
el cielo en mi mal prolijo:

Don Diego que me engañó,
mi padre que me maldijo,
y Don Gil que me forzó.
Mi padre en su maldición
colérico estuvo y ciego;
venció a Don Gil la afición;
sólo el ingrato Don Diego
no tiene satisfacción.
Don Gil, ¿querrás ayudar
la venganza de mi agravio?

GIL

En pedir y perdonar,
mueve el encendido labio
cual fino coral del mar.[15]
La estrella que te ha inclinado
sigue,[16] que yo pienso ser
un caballo desbocado
que parar no he de saber
en el curso del pecado.
Sigue el gusto y la venganza,
que lo que tu pecho ordene
emprenderá sin mudanza
esta alma que ya no tiene
fe, caridad ni esperanza.

LISARDA

Adiós, casa en que nací;
adiós, honra mal perdida;
adiós, padre que ofendí;
adiós, hermana querida;
adiós, Dios a quien perdí.
Perdida soy, y es razón
que tengan tal desventura
las que inobedientes son.

GIL

No hay alma buena segura,
si no huye la ocasión.
Como en Dios no he confiado
y en mis fuerzas estribé[17]
en el peligro pasado,
soberbia angélica fué
y ansí Dios me ha derribado.

... ...

ACTO II

ESCENA IV

En un monte.

... ...

GIL

Gozar pienso el bien que veo,
pues lo llegué a desear,
que no me han de condenar
más las obras que el deseo.

Si la intención y el afeto
condenan al pecador,
por gozar de ti, Leonor,
daré el alma.

Sale el demonio vestido de galán, y llámase
ANGELIO.

ANGELIO

        Yo la aceto.[18]

GIL

Después que a este hombre he mirado,
siento perdidos los bríos,
los huesos y labios fríos,
barba y cabello erizado.

    Aparte.

—Temor extraño he sentido.
Alma ¿quién hay que te asombre?
¿Cómo temes tanto a un hombre
si al mismo Dios no has temido?—

ANGELIO

No temas, Don Gil, espera.

GIL ·

Di, ¿quién eres?

ANGELIO

        Soy tu amigo
aunque he sido tu enemigo
hasta ayer.

GIL

        ¿De qué manera?

ANGELIO

Porque imitándome vas;
que en gracia de Dios me vi,
y en un instante caí
sin que pudiese jamás
arrepentirme.

GIL

        ¿Y te llamas?

ANGELIO

Angelio, y vivo espantado
de lo poco que has gozado
gusto de juegos y damas.
Si predestinado estás,
la gloria tienes segura.
Si no lo estás, ¿no es locura
vivir sin gusto jamás?
… … … … … … … … … …
Si a los infiernos conjuras,

sabrás futuros sucesos
entre sepulcros y huesos,
noches y sombras oscuras.
En todos cuatro elementos,
verás extrañas señales
en las plantas, animales
y celestes movimientos.
Tu gusto será infinito;
con vida libre y resuelta
seguirás a rienda suelta
los pasos de tu apetito.
Y pues que tienes amor
a Leonor, aunque es incesto,
haré que la goces presto.

GIL

¿Que adoro a Doña Leonor
has sabido?

ANGELIO

        Y no imagines
que en lo que toca a saber
me pueden a mí exceder
los más altos querubines.

GIL

Tengo a tu ciencia afición.
Yo aprenderé tus lecciones.

ANGELIO

Guardando las condiciones
con que las deprendí.[19]

GIL

        ¿Y son?

ANGELIO

Que del mismo Dios reniegues,
y haciendo escrituras firmes
de ser mi esclavo, las firmes
con sangre, y la crisma niegues.[20]

GIL

Alma, si hay alma en mi pecho,
hoy tu salvación se impide.
Poco pide, pues me pide
lo que casi tengo hecho.
Dejando la buena vida,
perdí el alma, pues ¿qué espero,
si por hallar lo que quiero
doy una cosa perdida?
… … … … … … … … … … ··
Digo, que haré lo que ordenas,
pero has de darme a Leonor.

18 acepto, rimando con *afeto* (afecto).   19 aprendí
20 reniegues de la gracia del bautismo.
   21 porque habiendo sido ángel, soy de naturaleza superior a la tuya.   22 Alude a las negaciones de San Pedro
la noche del prendimiento de Cristo, según el relato evan-
gélico, y al fervor con que San Pablo buscó a Dios
después de haberse convertido.   23 Se refiere al documento que había firmado entregando su alma al diablo.

Salen dos en hábitos de esclavos

ANGELIO
¡Ah, discípulo!

ESCLAVO PRIMERO
            Señor.

ANGELIO
Sangrad a don Gil las venas
porque a ser mi esclavo empieza.

GIL
Yo a ser discípulo voy.

ANGELIO
No te pese, porque soy
de mejor naturaleza.[21]

ACTO III

ESCENA IX

En un monte. Habla desde dentro una voz.

VOZ
Hombre, ¡ah, hombre pecador!
tu vida me da molestia,
muda la vida.

GIL
            Señor,
¿hombre llamáis a una bestia,
vida llamáis a un error?
    Voces en el aire oí;
sin duda es Dios con quien hablo.
Líbrame, Señor, de mí;
y seré en buscaros Pablo
si Pedro en negaros fuí.[22]

ANGELIO
    Don Gil, ¿qué intentos son éstos?

GIL
Hasme engañado.

ANGELIO
            No hay tal.

GIL
Testigos son los sucesos,
pues que di un alma inmortal
por unos pálidos huesos.
    Mujer fué la prometida;
la que me diste es fingida,
humo, sombra, nada, muerte.

ANGELIO
¿Y cuándo no es desa suerte
el regalo desta vida?
    No tienen más existencia
los gustos que el mundo ha dado.

Sólo está la diferencia
que tú corriste al pecado
el velo de la apariencia.
… … … … … … … … … …
    En la mujer que más siente
belleza y salud constante
hay seguro solamente
de vida un pequeño instante,
y este instante es el presente.
… … … … … … … … … …
    Cautivo estás, la escritura
tengo firme; porque al cabo
verás en la sepultura
de qué señor fuiste esclavo:
mira mi propia figura.

Vuélvese una tramoya, y aparece una figura de de-
monio, y disparan cohetes y arcabuces, y se va
ANGELIO

GIL
    Santo Dios, con razón temo
la pena de mi locura,
pues siendo tú, Dios supremo,
extremo de la hermosura
te dejé por otro extremo.
… … … … … … … … … …
    Si eres, Señor, el ollero
que la escritura nos dice,
vaso tuyo fuí primero,
y aunque pedazos me hice
volver a tus manos quiero.
… … … … … … … … … …
    Justamente me recelo,
que estando libre en mí mismo
a Dios negué con mal celo,
a la Virgen, al bautismo,
fe, Iglesia, santos y cielo.
    Intercesor no me queda.
Dios airado me acobarda.
¿Quién hay que ampararme pueda?
Sólo el ángel de la guarda
no he negado. Él interceda.

Pónese de rodillas.

    Ángeles cuya hermosura
no alcanzó humana criatura,
vencer sabéis; rescatadme.
Desta esclavitud sacadme;
borrad aquella escritura.[23]

Desaparece la visión, suenan trompetas; aparece
una batalla arriba entre un ángel y el demonio en
sus tramoyas, y desaparecen

    De alegres lágrimas llenos
los ojos, el bien me halla;
porque en los aires serenos

se dan por mí otra batalla
ángeles malos y buenos.
    Coro de virtudes bellas,
vencer sabes, que no es sola
esta vez la que atropellas
el dragón que con la cola
derribó tantas estrellas.

ESCENA X

Sale un ángel, o dos, triunfando, al son de la música, con un papel

ÁNGEL
    Don Gil, vencimos los dos:
tomad la cédula vos.

GIL
    Con ella mi dicha entablo.
Esclavo fuí del diablo
pero ya lo soy de Dios
    El alma alegre le adora,
porque tanto la ha querido
que habiendo sido traidora
dos veces la ha redimido:
una en la cruz y otra ahora.
    Pues la suma omnipotencia
del cielo, te ha rescatado,
vive, Gil, con advertencia:
pues asombró tu pecado,
asombre tu penitencia.

Juan Ruiz de Alarcón

LA VERDAD SOSPECHOSA

ARGUMENTO

Don García vuelve a Madrid, de la Universidad de Salamanca, acompañado de su ayo. Éste confía a don Beltrán, padre de don García, que su hijo, junto a muy buenas cualidades, tiene el grave defecto de mentir. Don García, a quien siempre acompaña su criado Tristán, miente en la corte a todo el que se encuentra. Ve por la calle a dos damas, de una de las cuales, Jacinta, se enamora; pero confundiendo su nombre con el de la otra dama, Lucrecia, habla con ella y le dice que es un indiano, creando así una serie de enredos. Don Beltrán, mientras tanto, arregla, sin que el hijo lo sepa, su boda con Jacinta, de cuyo padre es amigo. Al comunicarle el arreglo a su hijo, don García, como cree que la que él ama es Lucrecia miente una vez más y dice a su padre que está casado en Salamanca. Tras nuevos enredos, García confiesa a su padre que lo del matrimonio no era cierto y que lo había dicho solamente porque ama a Lucrecia y no quería por eso casarse con Jacinta. Sigue confundiéndolas a las dos. Cuando el padre arregla la boda con Lucrecia, don García se da cuenta de su error, pero es ya tarde. Tiene que casarse con ella y renunciar a Jacinta.

ACTO I

ESCENA III

Las Platerías[24]

Salen DON GARCÍA, *de galán, y* TRISTÁN

DON GARCÍA
    ¿Díceme bien este traje?

TRISTÁN
Divinamente, señor.
¡Bien hubiese el inventor
deste holandesco follaje![25]
    Con un cuello apanalado,[26]
¿qué fealdad no se enmendó?
Yo sé una dama a quien dió
cierto amigo gran cuidado[27]
    mientras con cuello le vía;
y una vez que llegó a verle
sin él, la obligó a perderle
cuanta afición le tenía,
    porque ciertos costurones[28]
en la garganta cetrina
publicaban la ruïna
de pasados lamparones.[29]

---

24 Un trozo de la actual calle Mayor, donde tenían tienda numerosos plateros y debía de ser lugar de reunión de damas y galanes.   25 el que inventó el cuello de Holanda.   26 cuello cuyos pliegues forman celdillas, dándole apariencia de panal.   27 una dama muy enamorada de cierto amigo.   28 cicatrices.   29 tumores.   30 una ley que prohibiera el uso de estos cuellos llenos de pliegues; de hecho, una pragmática de 1623 ordenó el uso de valonas o cuellos más sencillos.

31 lienzo importado del que se hacían los cuellos de que se habla.   32 en la corte, en Madrid.   33 de la misma manera que.   34 consentimiento.   35 astutas.   36 tusonas, mujeres de vida libre.   37 una fortuna.   38 símbolo de la infidelidad conyugal.   39 ten en cuenta sólo esto.

Las narices le crecieron,
mostró un gran palmo de oreja,
y las quijadas, de vieja,
en lo enjuto, parecieron.
    Al fin el galán quedó
tan otro del que solía
que no le conocería
la madre que le parió.

DON GARCÍA

Por esa y otras razones
me holgara de que saliera
premática que impidiera
esos vanos cangilones.[30]
    Que, demás de esos engaños,
con su holanda[31] el extranjero
saca de España el dinero
para nuestros propios daños.

. . ..

TRISTÁN

Yo sé quien tuvo ocasión
de gozar su amada bella,
y no osó llegarse a ella
por no ajar un cangilón.
    Y esto me tiene confuso:
todos dicen que se holgaran
de que valonas se usaran,
y nadie comienza el uso.

DON GARCÍA

De gobernar nos dejemos
el mundo. ¿Qué hay de mujeres?

TRISTÁN

¿El mundo dejas y quieres
que la carne gobernemos?
    ¿Es más fácil?

DON GARCÍA

                    Más gustoso.

TRISTÁN

¿Eres tierno?

DON GARCÍA

                    Mozo soy.

TRISTÁN

Pues en lugar entras hoy
donde Amor no vive ocioso.
    Resplandecen damas bellas
en el cortesano suelo,[32]
de la suerte que[33] en el cielo
brillan lucientes estrellas.
    En el vicio y la virtud
y el estado hay diferencia,
como es varia su influencia,
resplandor y magnitud.
    Las señoras, no es mi intento

que en este número estén,
que son ángeles a quien
no se atreve el pensamiento.
    Sólo te diré de aquellas
que son, con almas livianas,
siendo divinas, humanas;
corruptibles, siendo estrellas.
    Bellas casadas verás,
conversables y discretas,
que las llamo yo planetas
porque resplandecen más.
    Éstas, con la conjunción[34]
de maridos placenteros,
influyen en extranjeros
dadivosa condición.
    Otras hay cuyos maridos
a comisiones se van,
o que en las Indias están,
o en Italia, entretenidos.
    No todas dicen verdad
en esto, que mil taimadas[35]
suelen fingirse casadas
por vivir con libertad.

... ...

Hay una gran multitud
de señoras del tusón,[36]
que, entre cortesanas, son
de la mayor magnitud.
    Síguense tras las tusonas
otras que serlo desean,
y, aunque tan buenas no sean,
son mejores que busconas.
    Éstas son unas estrellas
que dan menor claridad;
mas, en la necesidad,
te habrás de alumbrar con ellas.

... ...

    Niñas salen que procuran
gozar todas ocasiones:
éstas son exhalaciones
que, mientras se queman, duran.
    Pero que adviertas es bien,
si en estas estrellas tocas,
que son estables muy pocas,
por más que un Perú[37] les den.
    No ignores, pues yo no ignoro,
que un signo el de Virgo es,
y los de cuernos[38] son tres:
Aries, Capricornio y Toro.
    Y así, sin fiar en ellas,
lleva un presupuesto solo,[39]
y es que el dinero es el polo
de todas estas estrellas.

DON GARCÍA

¿Eres astrólogo?

TRISTÁN

Oí,
el tiempo que pretendía
en Palacio, Astrología.[40]

DON GARCÍA

¿Luego has pretendido?

TRISTÁN

Fuí
pretendiente por mi mal.

DON GARCÍA

¿Cómo en servir has parado?

TRISTÁN

Señor, porque me han faltado
la fortuna y el caudal;
    aunque quien te sirve, en vano
por mejor suerte suspira.

DON GARCÍA

Deja lisonjas y mira
el marfil de aquella mano;
    el divino resplandor
de aquellos ojos, que juntas,
despiden entre las puntas
flechas de muerte y amor.

TRISTÁN

¿Dices aquella señora
que va en el coche?

DON GARCÍA

Pues ¿cuál
merece alabanza igual?

TRISTÁN

¡Qué bien encajaba agora
    esto de coche del sol,
con todos sus adherentes
de rayos de fuego ardientes
y deslumbrante arrebol!

DON GARCÍA

¿La primer dama que vi
en la Corte me agradó?

TRISTÁN

La primera en tierra.

DON GARCÍA

No:
la primera en cielo, sí,
que es divina esta mujer.

TRISTÁN

Por puntos[41] las toparás
tan bellas, que no podrás
ser firme en un parecer.
    Yo nunca he tenido aquí
constante amor ni deseo,
que siempre por la que veo
me olvido de la que vi.

DON GARCÍA

¿Dónde ha de haber resplandores
que borren los de estos ojos?

TRISTÁN

Míraslos ya con antojos,[42]
que hacen las cosas mayores.

DON GARCÍA

¿Conoces, Tristán?...

TRISTÁN

No humanes
lo que por divino adoras;
porque tan altas señoras
no tocan a los Tristanes.

DON GARCÍA

Pues yo, al fin, quien fuere sea,[43]
la quiero y he de servilla.[44]
Tú puedes, Tristán, seguilla.

TRISTÁN

Detente, que ella se apea
en la tienda.

DON GARCÍA

Llegar quiero.
¿Úsase en la corte?

TRISTÁN

Sí,
con la regla que te di
de que es el polo el dinero.

DON GARCÍA

Oro traigo.

---

40 Literalmente: «estudié astrología durante el tiempo en que fuí pretendiente en Palacio». *Astrología* tiene aquí el doble sentido de conocimiento de las mujeres, derivado de la comparación que de éstas se ha hecho con las estrellas en el diálogo anterior; *pretendiente*, el que frecuentaba Palacio o las casas de los nobles para obtener alguna merced o cargo.

41 frecuentemente.   42 Probablemente por «anteojos», aunque puede tener también el sentido directo de «deseo vivo».   43 sea quien fuere, quienquiera que sea.   44 cortejarla, enamorarla.   45 grito con que los españoles entraban en batalla; *cerrar*, usado en el sentido de embestir, acometer.   46 Adaptación cómica del dicho popular: «a

Dios rogando y con el mazo dando».   47 La acción continúa en el mismo lugar de la escena tercera. Al terminar ésta, Tristán sale para preguntar al cochero quiénes son las damas. Entre tanto don García, en una conversación con ellas, les cuenta que es un indiano. Vuelve luego Tristán con las noticias que le ha dado el cochero, y ahora, al entrar los nuevos personajes en escena, se hallan ya en ella don García y su criado.   48 dentro de poco.   49 El encontraros en Madrid (cuando creía que estabais en Salamanca) y el nuevo traje han hecho que no os reconozca.   50 traje de paisano por contraste con el hábito de estudiante que en Salamanca usaba don García.

51 para quedaros permanentemente.

TRISTÁN

¡Cierra, España![45]
que a César llevas contigo.
Mas mira si en lo que digo
mi pensamiento se engaña;
    advierte, señor, si aquella
que tras ella sale ahora
puede ser sol de su aurora,
ser aurora de su estrella.

DON GARCÍA

Hermosa es también.

TRISTÁN

                Pues mira
si la criada es peor.

DON GARCÍA

El coche es arco de amor,
y son flechas cuantas tira.
    Yo llego.

TRISTÁN

            A lo dicho advierte...

DON GARCÍA

¿Y es...?

TRISTÁN

            Que a la mujer rogando,
y con el dinero dando.[46]

DON GARCÍA

¡Consista en eso mi suerte!

TRISTÁN

    Pues yo, mientras hablas, quiero
que me haga relación
el cochero de quién son.

DON GARCÍA

¿Diralo?

TRISTÁN

        Sí, que es cochero. (*Vase.*)

ESCENA VII

Sale DON JUAN *y* DON FELIS *por otra parte*[47]

DON JUAN

¿Música y cena? ¡Ah, fortuna!

DON GARCÍA

¿No es éste don Juan de Sosa?

TRISTÁN

El mismo.

DON JUAN

            ¿Quién puede ser
el amante venturoso
que me tiene tan celoso?

DON FELIS

Que lo vendréis a saber
a pocos lances,[48] confío.

DON JUAN

¡Que otro amante le haya dado,
a quien mía se ha nombrado,
música y cena en el río!

DON GARCÍA

¡Don Juan de Sosa!

DON JUAN

                    ¿Quién es?

DON GARCÍA

¿Ya olvidáis a don García?

DON JUAN

Veros en Madrid lo hacía,
y el nuevo traje.[49]

DON GARCÍA

            Después
    que en Salamanca me vistes
muy otro debo de estar.

DON JUAN

Más galán sois de seglar[50]
que de estudiante lo fuistes.
    ¿Venís a Madrid de asiento?[51]

DON GARCÍA

Sí.

DON JUAN

    Bien venido seáis.

DON GARCÍA

Vos, don Felis, ¿cómo estáis?

DON FELIS

De veros, por Dios, contento.
    Vengáis bueno en hora buena.

DON GARCÍA

Para serviros. — ¿Qué hacéis?
¿De qué habláis? ¿En qué entendéis?

DON JUAN

De cierta música y cena
    que en el río dió un galán
esta noche a una señora,
era la plática ahora.

DON GARCÍA

¿Música y cena, don Juan?
    ¿Y anoche?

DON JUAN

            Sí.

DON GARCÍA

                ¿Mucha cosa?
¿Grande fiesta?

DON JUAN

   Así es la fama.

DON GARCÍA

¿Y muy hermosa la dama?

DON JUAN

Dícenme que es muy hermosa.

DON GARCÍA

¡Bien!

DON JUAN

   ¿Qué misterios hacéis?

DON GARCÍA

De que alabéis por tan buena
esa dama y esa cena,
si no es que alabando estéis
mi fiesta y mi dama así.

DON JUAN

¿Pues tuvistes también boda
anoche en el río?

DON GARCÍA

   Toda
en eso la consumí.

TRISTÁN. *Aparte.*

—¿Qué fiesta o qué dama es ésta,
si a la Corte llegó ayer?—

DON JUAN

¿Ya tenéis a quien hacer,
tan recién venido, fiesta?
 Presto el amor dió con vos.

DON GARCÍA

No ha tan poco que he llegado
que un mes no haya descansado.

TRISTÁN. *Aparte.*

—Ayer llegó, voto a Dios!
Él lleva alguna intención.—

DON JUAN

No lo he sabido, a fe mía,
que al punto acudido habría
a cumplir mi obligación.

DON GARCÍA

He estado hasta aquí secreto.

DON JUAN

Ésa la causa habrá sido
de no haberlo yo sabido.

Pero la fiesta, ¿en efeto
fué famosa?

DON GARCÍA

   Por ventura,
no la vió mejor el río.

DON JUAN. *Aparte.*

—¡Ya de celos desvarío!—
¿Quién duda que la espesura
del Sotillo[52] el sitio os dió?

DON GARCÍA

Tales señas me vais dando,
don Juan, que voy sospechando
que la sabéis como yo.

DON JUAN

No estoy de todo ignorante,
aunque todo no lo sé:
dijéronme no sé qué,
confusamente, bastante
a tenerme deseoso
de escucharos la verdad,
forzosa curiosidad
en un cortesano ocioso...

Aparte.

—O en un amante con celos.—

DON FELIS. *A don Juan, aparte.*

—Advertid cuán sin pensar
os han venido a mostrar
vuestro contrario los cielos.—

DON GARCÍA

 Pues a la fiesta atended:
contaréla, ya que veo
que os fatiga ese deseo.[53]

DON JUAN

Haréisnos mucha merced.

DON GARCÍA

 Entre las opacas sombras
y opacidades espesas
que el soto formaba de olmos
y la noche de tinieblas,
se ocultaba una cuadrada,
limpia y olorosa mesa,
a lo italiano curiosa,[54]
a lo español opulenta.
En mil figuras prensados
manteles y servilletas,
sólo envidiaron las almas

---

[52] lugar en la ribera del Manzanares, muy frecuentado por los madrileños de la época para fiestas y meriendas. [53] que estáis ansioso de oir la relación de la fiesta. [54] bien puesta, con lujo. [55] Los manteles estaban estampados con figuras de aves y animales, reproducidas con tal primor, que sólo les faltaban las almas para parecer reales. [56] mi amada. [57] de hielo. [58] de Saba, región de la Arabia antigua, famosa por sus perfumes. [59] a una, al mismo tiempo. [60] el sol. [61] distraído, preocupado.

a las aves y a las fieras.[55]
Cuatro aparadores puestos
en cuadra correspondencia,
la plata blanca y dorada,
vidrios y barros ostenta.
Quedó con ramas un olmo
en todo el Sotillo apenas,
que dellas se edificaron,
en varias partes, seis tiendas.
Cuatro coros diferentes
ocultan las cuatro dellas;
otra, principios y postres,
y las viandas, la sexta.
Llegó en su coche mi dueño[56]
dando envidia a las estrellas;
a los aires, suavidad,
y alegría a la ribera.
Apenas el pie que adoro
hizo esmeraldas la hierba,
hizo cristal la corriente,
las arenas hizo perlas,
cuando, en copia disparados
cohetes, bombas y ruedas,
toda la región del fuego
bajó en un punto a la tierra.
Aún no las sulfúreas luces
se acabaron, cuando empiezan
las de veinte y cuatro antorchas
a obscurecer las estrellas.
Empezó primero el coro
de chirimías; tras ellas,
el de las vigüelas de arco
sonó en la segunda tienda.
Salieron con suavidad
las flautas de la tercera,
y, en la cuarta, cuatro voces,
con guitarras y arpas suenan.
Entre tanto, se sirvieron
treinta y dos platos de cena,
sin los principios y postres,
que casi otros tantos eran.
Las frutas y las bebidas,
en fuentes y tazas hechas
del cristal que da el invierno[57]
y el artificio conserva,
de tanta nieve se cubren,
que Manzanares sospecha,
cuando por el Soto pasa,
que camina por la sierra.
El olfato no está ocioso
cuando el gusto se recrea,
que de espíritus süaves,
de pomos y cazolejas
y destilados sudores
de aromas, flores y hierbas,
en el Soto de Madrid

se vió la región sabea.[58]
... ...
En esto, juntas en folla,[59]
los cuatro coros comienzan,
desde conformes distancias,
a suspender las esferas;
tanto que, envidioso Apolo,[60]
apresuró su carrera,
porque el principio del día
pusiese fin a la fiesta.

DON JUAN
¡Por Dios, que la habéis pintado
de colores tan perfectas,
que no trocara el oírla
por haberme hallado en ella!

TRISTÁN. *Aparte.*
—¡Válgate el diablo por hombre!
¡Que tan de repente pueda
pintar un convite tal
que a la verdad misma venza!—

DON JUAN. *Aparte a Don Felis.*
—¡Rabio de celos!—

DON FELIS
                    —No os dieron
del convite tales señas.—

DON JUAN
—¿Qué importa, si en la substancia,
el tiempo y lugar concuerdan?—

DON GARCÍA
¿Qué decís?

DON JUAN
                    Que fué el festín
más célebre que pudiera
hacer Alejandro Magno.

DON GARCÍA
¡Oh! Son niñerías éstas
ordenadas de repente.
Dadme vos que yo tuviera
para prevenirme un día,
que a las romanas y griegas
fiestas que al mundo admiraron,
nueva admiración pusiera.
                    Mira adentro.

DON FELIS. *A don Juan aparte.*
—Jacinta es la del estribo,
en el coche de Lucrecia.—

DON JUAN. *A don Felis aparte.*
—Los ojos a don García
se le van, por Dios, tras ella.—

DON FELIS.
—Inquieto está y divertido.—[61]

DON JUAN
—Ciertas son ya mis sospechas.—
Juntos don Juan y don García.

DON JUAN y DON GARCÍA
Adiós.

DON FELIS
   Entrambos a un punto
fuistes a una cosa mesma.

(*Vanse don Juan y don Felis.*)

ACTO III

ESCENA VIII

En la calle. DON GARCÍA, TRISTÁN, DON JUAN y
DON BELTRÁN

DON GARCÍA
   ¡Cosa extraña!

TRISTÁN
¿También a mí me la pegas?
¿Al secretario del alma?
Aparte.

—¡Por Dios, que se lo creí,
con conocelle las mañas!
  Mas ¿a quién no engañarán
mentiras tan bien trovadas?—

DON GARCÍA
Sin duda que le han curado
por ensalmo.[62]

TRISTÁN
   Cuchillada
que rompió los mismos sesos,
¿en tan breve tiempo sana?

DON GARCÍA
¿Es mucho? Ensalmo sé yo
con que un hombre, en Salamanca,
a quien cortaron a cercen[63]
un brazo con media espalda,
volviéndosela a pegar,
en menos de una semana
quedó tan sano y tan bueno
como primero.

TRISTÁN
   ¡Ya escampa![64]

DON GARCÍA
Esto no me lo contaron;
yo lo vi mismo.

TRISTÁN
    Eso basta.

DON JUAN
De la verdad, por la vida,
no quitaré una palabra.

TRISTÁN. *Aparte.*
—¡Que ninguno se conozca!—
Señor, mis servicios paga
con enseñarme ese salmo.[65]

DON GARCÍA
Está en dicciones hebraicas,
y, si no sabes la lengua,
no has de saber pronunciarlas.

TRISTÁN
Y tú, ¿sábesla?

DON GARCÍA
    ¡Qué bueno!
Mejor que la castellana:
hablo diez lenguas.

TRISTÁN. *Aparte.*
    —Y todas
para mentir no te bastan.
«Cuerpo de verdades lleno»
con razón el tuyo llaman,
pues ninguna sale dél
ni hay mentira que no salga.—

DON BELTRÁN. *A don Juan.*
¿Qué decís?

DON JUAN
    Esto es verdad:
ni caballero ni dama
tiene, si mal no me acuerdo,
de esos nombres Salamanca.[66]

DON BELTRÁN. *Aparte.*
—Sin duda que fué invención
de García, cosa es clara.
Disimular me conviene.—
  Gocéis por edades largas,
con una rica encomienda,
de la cruz de Calatrava.

DON JUAN
Creed que siempre he de ser

---

[62] como por encanto; con prontitud extraordinaria y de modo desconocido. Cuando don Juan aparece en escena García acababa de contar a Tristán que había tenido con él un desafío y que le había dejado casi moribundo de una cuchillada. [63] a raíz; le amputaron el brazo.
[64] Expresión familiar con valor de interjección que indi-ca al mismo tiempo incredulidad y asombro; *escampar* = cesar de llover. [65] ensalmo. [66] Alude al padre de la dama y a la dama (doña Sancha de Herrera), con quien don García dijo (Acto II, esc. IX) que se había casado en Salamanca. [67] me exceptuaran. [68] a acercarte.

más vuestro cuanto más valga.
Y perdonadme, que ahora,
por andar dando las gracias
a esos señores, no os voy
sirviendo hasta vuestra casa.

ESCENA IX

DON BELTRÁN, DON GARCÍA, TRISTÁN

DON BELTRÁN. *Aparte.*
—¡Válgame Dios! ¿Es posible
que a mí no me perdonaran[67]
las costumbres deste mozo?
¿Que aun a mí en mis propias canas,
me mintiese, al mismo tiempo
que riñéndoselo estaba?
¿Y que le creyese yo,
en cosa tan de importancia,
tan presto, habiendo yo oído
de sus engaños la fama?
Mas ¿quién creyera que a mí
me mintiera, cuando estaba
reprendiéndole eso mismo?
Y ¿qué juez se recelara
que el mismo ladrón le robe,
de cuyo castigo trata?—

TRISTÁN. *A García.*
¿Determínaste a llegar?[68]

DON GARCÍA
—Sí, Tristán.

TRISTÁN
            Pues Dios te valga.

DON GARCÍA
Padre...

DON BELTRÁN
            ¡No me llames padre,
vil! Enemigo me llama,
que no tiene sangre mía
quien no me parece en nada.
Quítate de ante mis ojos,
que, por Dios, si no mirara...

TRISTÁN. *A don García.*
El mar está por el cielo;
mejor ocasión aguarda.

DON BELTRÁN
¡Cielos! ¿Qué castigo es éste?
¿Es posible que a quien ama
la verdad como yo, un hijo
de condición tan contraria
le diésedes? ¿Es posible
que quien tanto su honor guarda
como yo, engendrase un hijo

de inclinaciones tan bajas,
y a Gabriel, que honor y vida
daba a mi sangre y mis canas,
llevásedes tan en flor?
Cosas son que, a no mirarlas
como cristianos...

DON GARCÍA. *Aparte.*
            —¿Qué es esto?—

TRISTÁN. *A su amo.*
—¡Quítate de aquí! ¿Qué aguardas?—

DON BELTRÁN
Déjanos solos, Tristán.
Pero vuelve, no te vayas;
por ventura, la vergüenza
de que sepas tú su infamia
podrá en él lo que no pudo
el respeto de mis canas.
Y, cuando ni esta vergüenza
le obligue a enmendar sus faltas,
servírále, por lo menos,
de castigo el publicallas.
—Di, liviano, ¿qué fin llevas?
Loco, di, ¿qué gusto sacas
de mentir tan sin recato?
Y, cuando con todos vayas
tras tu inclinación, ¿conmigo
siquiera no te enfrenaras?
¿Con qué intento el matrimonio
fingiste de Salamanca
para quitarles también
el crédito a mis palabras?
¿Con qué cara hablaré yo
a los que dije que estabas
con doña Sancha de Herrera
desposado? ¿Con qué cara,
cuando, sabiendo que fué
fingida esta doña Sancha,
por cómplices del embuste,
infamen mis nobles canas?
¿Qué medio tomaré yo
que saque bien esta mancha,
pues, a mejor negociar,
si de mí quiero quitarla,
he de ponerla en mi hijo,
y diciendo que la causa
fuiste tú, he de ser yo mismo
pregonero de tu infamia?
Si algún cuidado amoroso
te obligó a que me engañaras,
¿qué enemigo te oprimía?
¿qué puñal te amenazaba,
sino un padre, padre al fin?
Que este nombre sólo basta
para saber de qué modo
le enternecieran tus ansias.

¡Un viejo que fué mancebo,
y sabe bien la pujanza
con que en pechos juveniles
prenden amorosas llamas!

DON GARCÍA

Pues si lo sabes, y entonces
para excusarme bastara,
para que mi error perdones
ahora, padre, me valga.
Parecerme que sería
respetar poco tus canas
no obedecerte, pudiendo,
me obligó a que te engañara.
Error fué, no fué delito;
no fué culpa, fué ignorancia;
la causa, amor; tú, mi padre:
¡pues tú dices que esto basta!
Y ya que el daño supiste,
escucha la hermosa causa,
porque el mismo dañador
el daño te satisfaga.
Doña Lucrecia, la hija
de don Juan de Luna, es alma
desta vida, es principal
y heredera de su casa;
y para hacerme dichoso
con su hermosa mano, falta
sólo que tú lo consientas
y declares que la fama
de ser yo casado tuvo
ese principio, y es falsa.

DON BELTRÁN

No, no. ¡Jesús! ¡Calla! ¿En otra
habías de meterme? Basta.
Ya, si dices que ésta es luz,
he de pensar que me engañas.

DON GARCÍA

No, señor; lo que a las obras
se remite, es verdad clara,
y Tristán, de quien te fías
es testigo de mis ansias.
—Dilo, Tristán.

TRISTÁN

Sí, señor:
lo que dice es lo que pasa.

DON BELTRÁN

¿No te corres desto?[69] Di:
¿no te avergüenza que hayas
menester que tu criado
acredite lo que hablas?
Ahora bien: yo quiero hablar
a don Juan, y el Cielo haga
que te dé a Lucrecia, que eres
tal, que es ella la engañada.
Mas primero he de informarme
en esto de Salamanca;
que ya temo que, en decirme
que me engañaste, me engañas.
Que, aunque la verdad sabía
antes que a hablarte llegara,
la has hecho ya sospechosa
tú, con sólo confesarla.

Vanse.

DON GARCÍA
¡Bien se ha hecho!

TRISTÁN

¡Y cómo bien!
Que yo pensé que hoy probabas
en ti aquel psalmo[70] hebreo
que brazos cortados sana.

Vanse.

ESCENA X

*Sala con vistas a un jardín, en casa de don Juan
Luna*

Salen DON JUAN, *viejo y* DON SANCHO

DON JUAN DE LUNA
Parece que la noche ha refrescado.

DON SANCHO
Señor don Juan de Luna, para el río,
éste es fresco, en mi edad, demasiado.

DON JUAN DE LUNA
Mejor será que en ese jardín mío
se nos ponga la mesa, y que gocemos
la cena con sazón, templado el frío.

DON SANCHO
Discreto parecer. Noche tendremos
que dar a Manzanares más templada,
que ofenden la salud estos extremos.

---

69 ¿No te avergüenzas de esto?   70 Tristán hace un juego entre *ensalmo* y *salmo,* por un lado, y los *psalmos*
bíblicos, por otro, por haberle dicho don García que las
palabras del *ensalmo* estaban en hebreo.

71 En la escena X del acto primero Jacinta ha explicado a su criada Isabel que su boda con don Juan de Sosa
está pendiente de que concedan a éste el hábito de una
orden militar. Don Juan viene ahora, con el papel en el

que se le concede el hábito, a pedir a don Sancho la mano
prometida de su hija Jacinta.   72 Aquí don García (que
todavía ignora la identidad de Jacinta) felicita a don Juan
por la concesión del hábito, en tanto que se supone que
don Beltrán pide a don Juan de Luna (el viejo), la mano
de Lucrecia para su hijo. En los versos siguientes don
Juan contesta a don Beltrán, y luego se dirige a don
García.

DON JUAN DE LUNA. *Adentro.*
Gozad de vuestra hermosa convidada
por esta noche en el jardín, Lucrecia.

DON SANCHO
Veáisla, quiera Dios, bien empleada,
que es un ángel.

DON JUAN DE LUNA
Demás de que no es necia,
y ser, cual veis, don Sancho, tan hermosa,
menos que la virtud la vida precia.

ESCENA XI

Sale criado. Dichos.

CRIADO. *A don Sancho.*
Preguntando por vos, don Juan de Sosa
a la puerta llegó y pide licencia.

DON SANCHO
¿A tal hora?

DON JUAN DE LUNA
Será ocasión forzosa.

DON SANCHO
Entre el señor don Juan.
(Vase el criado.)

ESCENA XII

Sale DON JUAN, *galán, con un papel.*
DON JUAN DE LUNA, DON SANCHO.

DON JUAN, *galán. A don Sancho.*
A esa presencia,
sin el papel que veis, nunca llegara;
mas, ya con él, faltaba la paciencia,
que no quiso el amor que dilatara
la nueva un punto, si alcanzar la gloria
consiste en eso, de mi prenda cara.
Ya el hábito salió:[71] si en la memoria
la palabra tenéis que me habéis dado,
colmaréis, con cumplirla, mi vitoria.

DON SANCHO
Mi fe, señor don Juan, habéis premiado
con no haber esta nueva tan dichosa
por un momento sólo dilatado.
A darla voy a mi Jacinta hermosa,
y perdonad que, por estar desnuda,
no la mando salir.
(Vase.)

DON JUAN DE LUNA
Por cierta cosa
tuve siempre el vencer, que el Cielo ayuda
la verdad más oculta, y premiada
dilación pudo haber, pero no duda.

ESCENA XIII

Salen DON GARCÍA, DON BELTRÁN *y* TRISTÁN
por otra parte. DON JUAN DE LUNA, DON JUAN
DE SOSA

DON BELTRÁN
Ésta no es ocasión acomodada
de hablarle, que hay visita, y una cosa
tan grave a solas ha de ser tratada.

DON GARCÍA
Antes nos servirá don Juan de Sosa
en lo de Salamanca por testigo.

DON BELTRÁN
¡Que lo hayáis menester! ¡Qué infame cosa!
En tanto que a don Juan de Luna digo
nuestra intención, podréis entretenello.

DON JUAN DE LUNA
¡Amigo don Beltrán!

DON BELTRÁN
¡Don Juan amigo!

DON JUAN DE LUNA
¿A tales horas tal exceso?

DON BELTRÁN
En ello
conoceréis que estoy enamorado.

DON JUAN DE LUNA
Dichosa la que pudo merecello.

DON BELTRÁN
Perdón me habéis de dar; que haber hallado
la puerta abierta, y la amistad que os tengo,
para entrar sin licencia me la han dado.

DON JUAN DE LUNA
Cumplimientos dejad, cuando prevengo
el pecho a la ocasión desta venida.

DON BELTRÁN
Quiero deciros, pues, a lo que vengo.

DON GARCÍA. *A don Juan de Sosa.*
Pudo, señor don Juan, ser oprimida
de algún pecho de envidia emponzoñado
verdad tan clara, pero no vencida.
Podéis, por Dios, creer que me ha alegrado
vuestra vitoria.

DON JUAN, *galán.*
De quien sois lo creo.

DON GARCÍA
Del hábito gocéis encomendado,
como vos merecéis y yo deseo.[72]

DON JUAN DE LUNA
Es en eso Lucrecia tan dichosa
que pienso que es soñado el bien que veo.

Con perdón del señor don Juan de Sosa,
oíd una palabra, don García.
Que a Lucrecia queréis por vuestra esposa
me ha dicho don Beltrán.

DON GARCÍA

El alma mía,
mi dicha, honor y vida está en su mano.

DON JUAN DE LUNA
Yo, desde aquí, por ella os doy la mía;

(Danse las manos.)

que como yo sé en eso lo que gano,
lo sabe ella también, según la he oído
hablar de vos.

DON GARCÍA

Por bien tan soberano,
los pies, señor don Juan de Luna, os pido.

ESCENA XIV

Salen DON SANCHO, JACINTA *y* LUCRECIA. *Dichos*

LUCRECIA
Al fin, tras tantos contrastes,
tu dulce esperanza logras.

JACINTA
Con que tú logres la tuya
seré del todo dichosa.

DON JUAN DE LUNA
Ella sale con Jacinta
ajena de tanta gloria,
más de calor descompuesta
que aderezada de boda.
Dejad que albricias le pida
de una nueva tan dichosa.

DON BELTRÁN. *Aparte a don García*
—Acá está don Sancho. ¡Mira
en qué vengo a verme agora!—

DON GARCÍA
—Yerros causados de amor,
quien es cuerdo los perdona.—

LUCRECIA. *A don Juan, viejo.*
¿No es casado en Salamanca?

DON JUAN DE LUNA
Fué invención suya engañosa,
procurando que su padre
no le casase con otra.

LUCRECIA
Siendo así, mi voluntad
es la tuya, y soy dichosa.

DON SANCHO
Llegad, ilustres mancebos,
a vuestras alegres novias,
que dichosas se confiesan
y os aguardan amorosas.

DON GARCÍA
Ahora de mis verdades
darán probanza las obras.

Vanse DON GARCÍA *y* DON JUAN *a* JACINTA.

DON JUAN, *galán.*
¿Adónde vais, don García?
Veis allí a Lucrecia hermosa.

DON GARCÍA
¿Cómo Lucrecia?

DON BELTRÁN
¿Qué es esto?

DON GARCÍA. *A Jacinta.*
Vos sois mi dueño, señora.

DON BELTRÁN
¿Otra tenemos?

DON GARCÍA
Si el nombre
erré, no erré la persona.
Vos sois a quien yo he pedido,
y vos la que el alma adora.

LUCRECIA
Y este papel engañoso

(Saca un papel.[73])

que es de vuestra mano propia,
¿lo que decís no desdice?

DON BELTRÁN
¡Que en tal afrenta me pongas!

DON JUAN, *galán*
Dadme, Jacinta, la mano,
y daréis fin a estas cosas.

DON SANCHO
Dale la mano a don Juan.

JACINTA. *A don Juan, galán.*
Vuestra soy.

DON GARCÍA
Perdí mi gloria.

---

73 Una carta que don García había mandado a Lucrecia creyendo que era Jacinta.   74 el público.

1 voz con que vulgarmente se alude al canto lúgubre de los entierros.   2 entre bastidores.   3 cédula por la que se asigna alojamiento a los forasteros en alguna casa particular.   4 caballero muy mundano.   5 el encierro de los toros: cuando se llevan a encerrar en la plaza antes de la corrida.

DON BELTRÁN

¡Vive Dios, si no recibes
a Lucrecia por esposa,
que te he de quitar la vida!

DON JUAN DE LUNA

La mano os he dado ahora,
por Lucrecia, y me la distes;
si vuestra inconstancia loca
os ha mudado tan presto,
yo lavaré mi deshonra
con sangre de vuestras venas.

TRISTÁN

Tú tienes la culpa, toda;
que si al principio dijeras
la verdad, ésta es la hora
que de Jacinta gozabas.
Ya no hay remedio, perdona,
y da la mano a Lucrecia,
que también es buena moza.

DON GARCÍA

La mano doy, pues es fuerza.

TRISTÁN

Y aquí verás cuán dañosa
es la mentira; y verá
el Senado[74] que, en la boca
del que mentir acostumbra,
es *La verdad sospechosa*.

Luis Quiñones de Benavente

EL GORIGORI[1]

Interlocutores:

DON ESTUPENDO; DON MELIDOTO; UN CRIADO;
TRES MUJERES; UNOS SACRISTANES.

Sale el CRIADO *leyendo una cédula, que estará
puesta a los paños*[2]

CRIADO

Una y mil veces hoy leerla quiero:
«Casas de Nicolás Ropavejero».
Ansí honre a Dios el bueno que lo escribe:
«Primer cuarto, en que vive
don Estupendo Ordóñez de Argamasa,
número ochenta y dos.» Ésta es la casa:
quiero llamar. (*Llama.*)

DON ESTUPENDO

          ¿Quién va?

CRIADO

                    Saber pretendo
si es vusted el señor don Estupendo.

DON ESTUPENDO

Por la gracia de Dios.

CRIADO

                    Pues yo he venido
con aquesta boleta[3] que he tenido,
a prevenir a usted, Dios me le guarde,
de que tiene por huésped esta tarde
al señor, mi señor don Melidoto,
un caballero por el mundo roto,[4]
de grandísimo porte,
que ha venido no más que a honrar la corte;
y habiendo fiesta en ella
de toros para vella
desta casa el balcón le han repartido.

DON ESTUPENDO

El señor Melidoto bien venido
a esta su corte sea,
y esta su casa mía, donde vea
cómo a los caballeros,
que Melidotos son y forasteros,
servir solicitamos
los que de asiento en ella nos hallamos;
y yo le suplicara
que desde luego honrara
el hospicio, a no haber para el encierro
(sin saber esta dicha no fué yerro)
convidado a una dama que ha traído
consigo dos amigas; pero el ruido
dice que ya el encierro[5] se ha empezado.

UNO. *Dentro.*

¡Bravo toro es aquel que se ha soltado!

OTRO

El hombre que ha seguido
lo dirá.

OTRO

          ¡Pobre dél, que le ha cogido!

OTRO

¡Qué gran vuelta le ha dado!

TODOS

¡Válgate Dios!

OTRO

              Ya no, ya le ha dejado.

CRIADO

Señores, ¡qué alboroto
y qué voces! Señor don Melidoto
vendrá luego al instante
a ver la fiesta.   (*Vase.*)

DON ESTUPENDO

              Gran pensión es ésta
de vivir en la Plaza un caballero,
pues paga todo el año su dinero,

y el día que ha de ver la fiesta en ella,
le echan de casa, y quédase sin vella.

(Salen tres mujeres.)

MUJER SEGUNDA
Bueno el encierro ha estado.

MUJER TERCERA
Gustoso ha sido: ha estado sazonado.

MUJER PRIMERA
Con todo eso, me holgara
que hasta la tarde aquesto nos durara,
ya que a verlo venimos,
puesto que para él balcón tuvimos,
y no para la tarde.

DON ESTUPENDO
Reinas mías,
ya usarcedes sabrán que tales días,
los que casa tenemos
en la Plaza, ese achaque[6] padecemos.

MUJER SEGUNDA
Con todo eso, pudiera, a lo que entiendo,
haber hecho el señor don Estupendo,
si me quisiera bien, la diligencia
de tener su balcón.

DON ESTUPENDO
En mi conciencia,
doña Bártula mía, que la he hecho,
pero que no me ha sido de provecho.

MUJER PRIMERA
Ya es resolución ésta:
yo no me he de volver sin ver la fiesta.

DON ESTUPENDO
Que es razón os confieso,
pero no me es posible.

MUJER PRIMERA
¿Cómo es eso?
Busque modo.

MUJER SEGUNDA
Haga traza.

MUJER TERCERA
Tenga medio.

MUJER PRIMERA
Haya ingenio.

MUJER SEGUNDA
Haya industria.

MUJER TERCERA
Haya remedio.

DON ESTUPENDO
No las entiendo, aunque han tan recio hablado.

TODAS
¿No nos entiende?

DON ESTUPENDO
No.

TODAS
Pues va cantado.

MUJER PRIMERA
Mi señor don Estupendo...

MUJER SEGUNDA
Tres damas, chica con grande...

MUJER TERCERA
No tenemos en qué ver...

MUJER PRIMERA
Los toros aquesta tarde.

MUJER SEGUNDA
Ya que a su casa venimos...

MUJER TERCERA
Mire que será desaire...

TODAS
El irnos sin verlo, o el irnos sin darle.

DON ESTUPENDO
Tate,[7] tate, lampiñas[8] Abrahanas,
porque aquesto de fiestas y ventanas
a dignidad obliga a caballeros
que no están todas veces con dineros:
como ucedes[9] me ayuden
a ejecutar lo que pensé, no duden
que este balcón tendremos
hoy por nuestro.

TODAS
Las tres le ayudaremos.

DON ESTUPENDO
Pues lo que se ha de hacer es que al instante...
Pero el suceso lo dirá adelante.
Aquí hay agujas y hilo.

---

[6] *achaque*, en el sentido de «carga», lo mismo que antes *pensión*.   [7] calma, deteneos.   [8] sin barba; *Abrahanas* no parece tener ninguna significación especial.   [9] *ucedes*, como antes *usarcedes*, contracción de carácter popular por *vuestras mercedes*.   [10] envolvedme en ella como si fuera un muerto.

[11] cinta que se pone por debajo de la barba general-mente para sujetar el sombrero.   [12] no me quedan dos costillas sanas; se supone que lo han soltado de golpe.   [13] las mujeres a quienes se les paga por llorar en los entierros.   [14] ¡Ah de la casa! Como en el diálogo que sigue, don Melidoto habla en un italiano artificial y cómico.   [15] aquí.   [16] con muchos parientes.   [17] charlatán.   [18] te había hecho muchas.

MUJER PRIMERA
                    Nuevo estilo
será querer que ahora remendemos.

MUJER SEGUNDA
Más lo será que el tal balcón ganemos,
a hacer labor.

DON ESTUPENDO
                    No son muchos errores;
que ya todo se gana a hacer labores.
Desta sábana tengan.

MUJER PRIMERA
                    Y al tenella,
¿qué hemos de hacer?

DON ESTUPENDO
                    Amortajarme[10] en ella
muy bien amortajado.
Cósanme ahora por uno y otro lado.
¡Ay!, la sábana digo, no el pellejo:
pónganme agora aqueste barboquejo.[11]
¿Estoy bien?

MUJER SEGUNDA
                    De manera
que un muerto de entremés hacer pudiera.

DON ESTUPENDO
No se espanten ni hagan ademanes,
que haber muerto es preciso y sacristanes.
Ayúdenme ahora a echarme.

MUJER PRIMERA
Y ¿qué hacemos con esto?

DON ESTUPENDO
                    No soltarme
de golpe: dicho y hecho;
dos costillas no quedan de provecho.[12]
Agora con gran llanto y alboroto,
cuando venga el señor don Melidoto,
dirán que de una peste el accidente
me mató de repente,
y que toda la casa está apestada.

MUJER PRIMERA
Yo haré la dolorida y lastimada.

MUJER SEGUNDA
Todas te ayudaremos.

MUJER TERCERA
Pues ya, amigas, es hora que empecemos.
Vaya de plañideras,[13]
que siento gente en esas escaleras.

TODAS. Lloran.
¡Ay, pobre malogrado!

DON ESTUPENDO
Poco ensayo les cuesta lo llorado.

DON MELIDOTO
¡Oh di casa![14]
(Dentro)

TODAS
                    ¿Quién es?

DON MELIDOTO
                    Qui entrar si quiere
al suo balcono.

MUJER PRIMERA
                    Entre; y sea quien fuere,
verá la dolorida
desconsolada, pobre y afligida,
sin sombras, sin abrigo y sin reparo:
claro está eso.

TODAS
                    Y ¡cómo que está claro!

DON MELIDOTO
¿Qué espectáculo è questo tan horrendo?

MUJER PRIMERA
¿A quién busca vusted?

DON MELIDOTO
                    Don Estupendo
¿no vive cua?[15]

MUJER PRIMERA
                    No vive, y bien se infiere
que ya no vive aquí, pues aquí muere:
¡ay, mi esposo!

MUJER SEGUNDA
                    ¡Ay, mi hermano!

MUJER TERCERA
                                        ¡Ay, mi compadre!

MUJER PRIMERA
Murió nuestro remedio y nuestro amparo:
claro está eso.

TODAS
                    Y ¡cómo que está claro!

CRIADO
Muerto no vi en mi vida más llorado.

DON ESTUPENDO
(Era yo un vivo muy emparentado.[16])

DON MELIDOTO
Farfantón,[71] ¿no decías
que te había fato molte[18] cortesías?

CRIADO
Sí, señor, y de mil placeres lleno,
le dejé en este instante sano y bueno.

DON MELIDOTO
E ¿tanto presto è morto?; ¿cómo è questo?

DON ESTUPENDO
(Importa a la maraña[19] morir presto.)

MUJER PRIMERA
Ser yo infeliz, y mi consuelo avaro:
claro está eso.

TODAS
       Y ¡cómo que está claro!

DON MELIDOTO
¡Quánto parente piangeno[20] a porfía!

DON ESTUPENDO
(Aun no me lloran cuantos yo tenía.)

DON MELIDOTO
Di *¿chi tene?; ¿che astato el accidente*
que le *ha dato a costui*[21] tan de repente?

MUJER PRIMERA
Una landre.

MUJER SEGUNDA
     Un divieso.

MUJER TERCERA
         Un tabardillo.[22]

DON MELIDOTO
¡Tantos males!

DON ESTUPENDO
      (¿Quién tiene en casos tales
tres parientas, que no tenga tres males?)

DON MELIDOTO
¡Signor! *¿Qué cosa è questa?*
¿Ha modo de *vedere* yo la fiesta?

MUJER PRIMERA
Entrándose al balcón a ver los toros,
que acá proseguiremos nuestros lloros.

DON MELIDOTO
¿E yo la estia sintendo?; a Berbería
primero andaría a fe.[23]

DON ESTUPENDO
       (Pues ¿qué quería
el Finflón, que por él no me llorasen?)

CRIADO
¿No fuera bien tratar que le enterrasen?

MUJER PRIMERA
¿Quién quiere vuesarced que agora tenga
lugar?

MUJER SEGUNDA
    ¿Ni junta la parroquia venga
a la plaza a estas horas y en tal día?
Fuera de que ninguno aquí entraría,
sin que se perfumase[24]
el cuarto.

MUJER TERCERA
     Y con vinagre se regase,
y rosado, aunque cueste lo que cueste.

DON MELIDOTO
¿E per qué?

MUJER SEGUNDA
      Ese hombre era una peste.

DON MELIDOTO
¿Peste?

MUJER SEGUNDA
     Y muy contagiosa.

DON MELIDOTO
Y ¿cómo estate voy dove è tal cosa?[25]

TODAS
Como nosotras somos desdichadas.

DON ESTUPENDO
(Y como ya se estaban apestadas.)

DON MELIDOTO
Churo a Dio non pare qua un estanto
a do vechie contachio semejanto,
encor que en la mia vita toros viera.
Estrita se me fa cuesta escalera,
según caber por ella desconfío:
nin reste qua ningún criato mío.[26]

             (Vase.)

CRIADO
Pues ¿quién quedar había?
¡Vive Dios, que hay aquí bellaquería,
y que la he de apurar![27]

             (Vase.)

DON ESTUPENDO
¿Fuéronse?

---

19 la intriga.   20 ¡cuántos parientes lloran!
21 «Di, ¿qué tiene? ¿qué ha sido el accidente que le
ha dado a éste?   22 *landre* y *divieso* = tumor; *tabardi-*
llo, fiebre contagiosa, también significa insolación.   29 ¿y
yo estaría oyéndolas? En verdad que antes me iría a
Berbería.   24 se desinfectase.   25 ¿Y cómo estáis vosotras donde hay tal cosa?   26 Juro a Dios que no pare
aquí un instante en donde hay un contagio semejante,
aunque no viera toros en mi vida. Estrecha se me hace

la escalera y temo que no he de caber por ella; no quede
aquí ningún criado mío.   27 y que he de llevar (la burla) hasta el fin.   28 otra manera (de descoserse la sábana).   29 Se sobrentiende «sacramental», porque en los
autos sacramentales suele aparecer el alma.   30 Véase la
nota 1, acerca del título de esta obra.

31 «Enterremos al hombre tan necio que se muere antes de la fiesta». Aquí el texto está en latín macarrónico.

MUJER PRIMERA
Huyendo
van, tropezando todos, y cayendo
por la escalera abajo.

DON ESTUPENDO
Haránlo por echar por el atajo.

MUJER SEGUNDA
¡Famosa burla ha sido,
pues tan bien se ha logrado y conseguido!

MUJER TERCERA
Amigas, ¡al balcón!

DON ESTUPENDO
No sea tan presto:
váyanme descosiendo todo esto.

MUJER PRIMERA
¿Quién que se pare a eso ahora quiere?

MUJER SEGUNDA
¡Mal haya yo si en tal me detuviere!

MUJER TERCERA
Yo tampoco

MUJER PRIMERA
¡Ay, hermana!
¿Quién deja de ponerse a la ventana?

MUJER SEGUNDA
Ninguna hay que por verse allá no muera.

DON ESTUPENDO
Pues ¿héme de quedar desta manera
toda la tarde?

TODAS
Busque usté otra traza.[28]

DON ESTUPENDO
Juro a Dios de asomarme así a la plaza,
y decir desde el suelo hasta el terrado
que a ver los toros he resucitado.

MUJER SEGUNDA
Así ha de estar mientras la fiesta pasa.

DON ESTUPENDO
¡Vive Dios, picarona!...

CRIADO. Dentro.
¡Ah de la casa!

MUJER PRIMERA
A la puerta han llamado.

MUJER SEGUNDA
Y de don Melidoto es el criado.

DON ESTUPENDO
Pues yo vuelvo a morirme.

MUJER PRIMERA
Prosigamos nosotras el enredo.

(Lloran y sale el criado.)

CRIADO
¡Ay, pobre malogrado!
Mi señor don Melidoto,
ostentando de sus nobles
entrañas la piedad, que
debe a su sangre y su porte,
viendo tan desconsoladas
a vuesarcedes, dispone
que a don Estupendo se haga
el entierro por su orden,
luego al instante, y así...

DON ESTUPENDO
(¡Entierro!; ¿qué dices, hombre?)

CRIADO
Conmigo para esto envía
todos cuantos monigotes
viven de lo que otros mueren.

MUJER PRIMERA
Han sido grandes favores
que el señor don Melidoto
hace a estas mujeres pobres.
Entren, y carguen con él.

(Vanse las Mujeres.)

DON ESTUPENDO
(¿Qué es cargar?)

CRIADO
Entren, señores,
que aquí está el cuerpo.

DON ESTUPENDO
(Y el alma,
sin ser auto.[29])

Salen todos los que puedan de Sacristanes en forma
de entierro, y cantan.

TODAS
Gori, gori,
gori, gori, gori, gori.[30]

DON ESTUPENDO
(¡Juro a Cristo, que es de veras!)

SACRISTÁN
Homo tan necius qui moret
antequam festivitate,
enterretur.[31]

TODAS
Enterretur,
gori, gori, gori, gori,

DON ESTUPENDO
Mas, ¡cuánto va que me llevan,
voto a Cristo!

SACRISTÁN
            Pater noster.
Homo apestatus non quede
in domo sua[32] *esta nocte.*
Cargate cun eo.[33]

(*Cógenle en hombros y pasean el tablado.*)

TODAS
            ¡Cargate!
Gori, gori, gori, gori.

SACRISTÁN
El difunto se menea.

DON ESTUPENDO
Y os dará cincuenta coces.

SACRISTÁN
¡Huyamos todos aprisa!

DON ESTUPENDO
No importará, monigotes,
porque a palos, derrengados,
habéis de volver.

TODAS
            ¡San Jorge!

SIGLO XVII: POESÍA LÍRICA

Luis de Argote y Góngora

1561-1627

Constituye Góngora, en cierto modo, el centro de la poesía lírica en el último cuarto del siglo XVI y el primero del XVII. La obra poética de los dos escritores contemporáneos que podrían compararse con él y que con él compiten, Lope y Quevedo, queda en parte subordinada a la creación de cada uno de ellos en otros géneros: el dramático, en el caso de Lope, y la prosa moral y satírica, en el de Quevedo. El genio de Góngora, en cambio, se expresa por entero en su obra poética, en torno a la cual, además, se encienden las más ruidosas polémicas literarias de su tiempo. El eco de esas polémicas llega hasta fecha muy reciente e influye en la desvalorización que durante los siglos XVIII, XIX y parte del XX recae sobre el gongorismo, como expresión extrema del estilo llamado culterano. A ello se debe la división un tanto arbitraria, como han demostrado Dámaso Alonso y otros críticos, entre el Góngora ingenioso, pretendidamente popular de los romances y letrillas, y el Góngora ultrabarroco, complicadamente cultista, de las *Soledades* y el *Polifemo*. Sin negar que estos dos grandes poemas presentan serias dificultades de construcción y vocabulario, es evidente que hay una relación clara entre las que se consideran dos maneras distintas

en la creación del poeta cordobés. Puede ello comprobarse con la lectura de un romance como el de *Angélica y Medoro* o de otras poesías, de aparente sencillez, que aquí publicamos.

Junto con una selección relativamente abundante de composiciones breves, van dos pasajes de las *Soledades*, acompañados de la correspondiente versión en prosa hecha por Dámaso Alonso —páginas por sí mismas dignas de figurar en una antología— y la *Fábula de Polifemo y Galatea*, de la que, aun omitiendo bastantes estrofas, hemos conservado lo esencial.

LETRILLAS

    Caído se le ha un clavel[1]
    hoy a la Aurora del seno.
    ¡Qué glorioso que está el heno,
    porque ha caído sobre él!
        Cuando el silencio tenía
    todas las cosas del suelo,
    y coronada de hielo

32 en su casa.   33 con él.

1 *Clavel*, como *Rosicler divino* en la tercera estrofa, se refiere al Niño Jesús, en cuyo nacimiento está inspirada esta delicada letrilla.   2 en medio del dominio de una oscuridad absoluta.   3 Juego de palabras entre «maravilla», cosa maravillosa, y la flor de la maravilla que se abre por la mañana y se marchita a las pocas horas de abrirse.   4 la más vieja de las flores; Matusalén, el nombre del patriarca bíblico, se usa como un substantivo común para designar a los hombres de mucha edad. 5 Compara las hojas del girasol con «ojos aduladores», por la propiedad que tiene esta flor de mirar siempre hacia donde está el sol.   6 En esta letrilla, un tanto

atrevida, pero buena muestra de su picante ingenio, Góngora hace burla de los maridos engañados mediante una serie de equívocos en torno a la idea de los «cuernos» como símbolo de la infidelidad conyugal. Compárese *novillo, alcornoque, corneja, venado, toro,* etc.   7 También el cuclillo se asociaba a la idea del marido burlado. 8 expresión familiar que significa que las cosas salen al revés de lo que se esperaba.   9 mercedes; rentas; dignidad que se otorgaba a comendadores y caballeros de las órdenes militares con la renta consiguiente.   10 cargas, penas; capotillo o escapulario que se ponía a los penitenciados por la Inquisición, y también el letrero en que se hacía constar su nombre:

reinaba la noche fría,
en medio la monarquía
de tiniebla tan cruel,[2]
   caído se le ha un clavel, etc.
   De un solo clavel ceñida
la Virgen, aurora bella,
al mundo se lo dió, y ella
quedó cual antes florida;
a la púrpura caída
siempre fué el heno fiel.
   Caído se le ha un clavel, etc.
   El heno, pues, que fué dino,
a pesar de tantas nieves,
de ver en los brazos leves
este Rosicler divino,
para su lecho fué lino,
oro para su dosel.
   Caído se le ha un clavel
hoy a la Aurora del seno.
¡Qué glorioso que está el heno
porque ha caído sobre él!

     * * *

   Aprended, flores, en mí
lo que va de ayer a hoy,
que ayer maravilla[3] *fui*
y hoy sombra mía aun no soy.
   La aurora ayer me dió cuna,
la noche ataúd me dió,
sin luz muriera si no
me la prestara la luna,
pues de vosotras ninguna
deja de morir así.
   Aprended, flores, en mí, etc.
   Consuelo dulce el clavel
es a la brevedad mía,
pues quien me concedió un día,
dos apenas le dió a él;
efímeras del vergel,
yo cárdena, él carmesí.
   Aprended, flores, en mí, etc.
   Flor es el jazmín y bella,
no de las más vividoras,
pues dura pocas más horas
que rayos tiene de estrella;
si el ámbar florece, es ella
la flor que contiene en sí.
   Aprended, flores, en mí, etc.
   Aunque el alhelí grosero
en fragancia y en color,
más días ve que otra flor,
pues ve los de un mayo entero;
morir maravilla quiero,
y no vivir alhelí.
   Aprended, flores, en mí, etc.
   A ninguna flor mayores
términos concede el sol

si no es al girasol,
matusalén de las flores;[4]
ojos son aduladores
cuantas en él hojas vi.[5]
   Aprended, flores, en mí
lo que va de ayer a hoy
que ayer maravilla fui
y hoy sombra mía aun no soy.

     * * *

   No vayas, Gil, al sotillo,
que yo sé
quien novio al sotillo fué
y volvió después novillo.[6]
   Gil, si es que al sotillo vas
mucho en la jornada pierdes:
verás sus álamos verdes
y alcornoque volverás;
allá en el sotillo oirás
de algún ruiseñor las quejas,
y en tu casa a las cornejas
y ya tal vez al cuclillo;[7]
no vayas, Gil, al sotillo.
   Al sotillo floreciente
no vayas, Gil, sin temores,
pues mientras miras sus flores
pueden enramar tu frente;
hasta el agua transparente
te dirá tu perdición
viendo en ella tu armazón
que es más que la de un castillo:
no vayas, Gil, al sotillo.
   Mas si vas determinado
y allá te piensas holgar,
procura no merendar
de esto que llaman venado;
de aquel vino celebrado
de Toro no has de beber,
por no dar en qué entender
al uno y otro corrillo:
no vayas, Gil, al sotillo.

     * * *

   Da bienes Fortuna
que no están escritos:
cuando pitos, flautas;
cuando flautas, pitos.[8]
   ¡Cuán diversas sendas
se suelen seguir
en el repartir
honras y haciendas!
A unos da encomiendas,[9]
a otros sambenitos:[10]
cuando pitos, flautas;
cuando flautas, pitos.
   A veces despoja
de choza y apero

al mayor cabrero,
y a quien se le antoja,
la cabra más coja
parió dos cabritos:
cuando pitos, flautas;
cuando flautas, pitos.

Porque en una aldea
un pobre mancebo
hurtó solo un huevo,
al sol bambolea,[11]
y otro se pasea
con cien mil delitos:
cuando pitos, flautas;
cuando flautas, pitos.

ROMANCES Y ROMANCILLOS

La más bella niña
de nuestro lugar,
hoy viuda y sola
y ayer por casar,
viendo que sus ojos[12]
a la guerra van,
a su madre dice
que escucha su mal:
Dejadme llorar
orillas del mar.

Pues me distes, madre,
en tan tierna edad
tan corto el placer,
tan largo el penar,
y me cautivastes
de quien hoy se va
y lleva las llaves
de mi libertad,
Dejadme llorar
orillas del mar.

En llorar conviertan
mis ojos de hoy más
el sabroso oficio
del dulce mirar,
pues que no se pueden
mejor ocupar
yéndose a la guerra
quien era mi paz.
Dejadme llorar
orillas del mar.

No me pongáis freno
ni queráis culpar;
que lo uno es justo,
lo otro por demás.
Si me queréis bien
no me hagáis mal;
harto peor fuera
morir y callar.
Dejadme llorar
orillas del mar.

Dulce madre mía,
¿quién no llorará,
aunque tenga el pecho
como un pedernal,
y no dará voces
viendo marchitar
los más verdes años
de mi mocedad?
Dejadme llorar
orillas del mar.

Váyanse las noches,
pues ido se han
los ojos que hacían
los míos velar;
váyanse, y no vean
tanta soledad
despúes que en mi lecho
sobra la mitad.
Dejadme llorar
orillas del mar.

* * *

Que se nos va la Pascua, mozas,
que se nos va la Pascua.
Mozuelas las de mi barrio,
loquillas y confiadas,
mirad no os engañe el tiempo,
la edad y la confianza.
No os dejéis lisonjear
de la juventud lozana,
porque de caducas flores
teje el tiempo sus guirnaldas.
Que se nos va la Pascua, mozas,
que se nos va la Pascua.

Vuelan los ligeros años,
y con presurosas alas
nos roban, como Harpías,[13]
nuestras sabrosas viandas.[14]

---

11 lo ahorcan; se mueve colgado.   12 su amado.
13 las Harpías robaban a los mortales llevándoselos a los infiernos.   14 Alusión a una leyenda, según la cual las Harpías se llevaban la comida de Fineo tan pronto le era servida.   15 toque de campanas que indica la hora en que todos deben recogerse, esto es, la hora de retirarse.   16 por haber pasado del tamaño regular; aquí «por ser ya viejas».   17 vestidura de lienzo blanco con muchos pliegues que usan los eclesiásticos en las funciones de Iglesia.   18 tribu berberisca del norte de África.   19 entre la sangre la yerba.   20 mechón de cerda o pelo que tienen las caballerías en la parte inferior de las patas, cerca de los cascos.
21 árabe.   22 valiente.

La flor de la maravilla
esta verdad nos declara,
porque le hurta la tarde
lo que le dió la mañana.
    Que se nos va la Pascua, mozas,
que se nos va la Pascua.

Mirad que cuando pensáis
que hacen la señal de la Alba
las campanas de la vida,
es la queda,[15] y os desarma
de vuestro color ilustre,
de vuestro donaire y gracia,
y quedáis todas perdidas
por mayores de la marca.[16]
    Que se nos va la Pascua, mozas,
que se nos va la Pascua.

Yo sé de una buena vieja
que fué un tiempo rubia y zarca,
y que al presente le cuesta
harto caro el ver su cara;
porque su bruñida frente
y sus mejillas se hallan
más que roquete[17] de Obispo
encogidas y arrugadas.
    Que se nos va la Pascua, mozas,
que se nos va la Pascua.

Y sé de otra buena vieja
que un diente que le quedaba
se le dejó estotro día
sepultado en unas natas;
y con lágrimas le dice:
«Diente mío de mi alma,
yo sé cuándo fuistes perla,
aunque agora no sois nada.»
    Que se nos va la Pascua, mozas,
que se nos va la Pascua.

Por eso, mozuelas locas,
antes que la edad avara
el rubio cabello de oro
convierta en luciente plata,
quered cuando sois queridas,
amad cuando sois amadas;
mirad, bobas, que detrás
se pinta la ocasión calva.
    Que se nos va la Pascua, mozas,
que se nos va la Pascua.

* * *

Entre los sueltos caballos
de los vencidos Cenetes,[18]
que por el campo buscaban
entre lo rojo lo verde,[19]
aquel español de Orán
un suelto caballo prende,

por sus relinchos lozano
y por sus cernejas,[20] fuerte,
para que lo lleve a él,
y a un moro cautivo lleve,
un moro que ha cautivado,
capitán de cien jinetes.
En el ligero caballo
suben ambos, y él parece,
de cuatro espuelas herido,
que cuatro alas lo mueven.
Triste camina el alarbe,[21]
y lo más bajo que puede
ardientes suspiros lanza
y amargas lágrimas vierte.
Admirado el español
de ver cada vez que vuelve
que tan tiernamente llore
quien tan duramente hiere,
con razones le pregunta,
comedidas y corteses,
de sus suspiros la causa,
si la causa lo consiente.
El cautivo, como tal,
sin excusarlo, obedece,
y a su piadosa demanda
satisface desta suerte:
«Valiente eres, capitán,
y cortés como valiente;
por tu espada y por tu trato
me has cautivado dos veces.
»Preguntado me has la causa
de mis suspiros ardientes,
y débote la respuesta
por quien soy y por quien eres.
»En los Gelves nací, el año
que os perdisteis en los Gelves,
de una berberisca noble
y de un turco matasiete.[22]
»En Tremecén me crié
con mi madre y mis parientes
después que murió mi padre,
corsario de tres bajeles.
»Junto a mi casa vivía,
porque más cerca muriese,
una dama del linaje
de los nobles Melioneses,
extremo de las hermosas,
cuando no de las crüeles,
hija al fin destas arenas
engendradoras de sierpes.
»Era tal su hermosura,
que se hallaran claveles
más ciertos en sus dos labios
que en los dos floridos meses.
»Cada vez que la miraba
salía el sol por su frente,

de tantos rayos vestido
cuantos cabellos contiene.

»Juntos así nos criamos,
y Amor en nuestras niñeces
hirió nuestros corazones
con arpones diferentes.

»Labró el oro en mis entrañas
dulces lazos, tiernas redes,
mientras el plomo, en las suyas,
libertades y desdenes.

»Mas, ya la razón sujeta,
con palabras me requiere
que su crueldad le perdone
y de su beldad me acuerde;

»y apenas vide trocada
la dureza desta sierpe,
cuando tú me cautivaste;
mira si es bien que lamente.

»Ésta, español, es la causa
que a llanto pudo moverme;
mira si es razón que llore
tantos males juntamente.»

Conmovido el capitán
de las lágrimas que vierte,
parando el veloz caballo,
que paren sus males quiere.

»Gallardo moro, le dice,
si adoras como refieres,
y si como dices amas,
dichosamente padeces.

»¿Quién pudiera imaginar,
viendo tus golpes crüeles,
que cupiera alma tan tierna
en pecho tan duro y fuerte?

»Si eres del Amor cautivo,
desde aquí puedes volverte;
que me pedirán por robo
lo que entendí que era suerte.

»Y no quiero por rescate
que tu dama me presente
ni las alfombras más finas
ni las granas[23] más alegres.

»Anda con Dios, sufre y ama,
y vivirás si lo hicieres,
con tal que cuando la veas
pido que de mí te acuerdes.»

Apeóse del caballo,
y el moro tras él desciende,

y por el suelo postrado,
la boca a sus pies ofrece.

«Vivas mil años, le dice,
noble capitán, valiente,
que ganas más con librarme
que ganaste con prenderme.

»Alá se quede contigo
y te dé victoria siempre
para que extiendas tu fama
con hechos tan excelentes.»

* * *

Servía en Orán al Rey
un español con dos lanzas,
y con el alma y la vida
a una gallarda africana,
tan noble como hermosa,
tan amante como amada,
con quien estaba una noche
cuando tocaron al arma.

Trescientos Cenetes eran
deste rebato la causa;
que los rayos de la luna
descubrieron las adargas;

las adargas avisaron
a las mudas atalayas,[24]
las atalayas los fuegos,
los fuegos a las campanas;

y ellas al enamorado,
que en los brazos de su dama
oyó el militar estruendo
de las trompas y las cajas.

Espuelas de honor le pican
y freno de amor le para;
no salir es cobardía,
ingratitud es dejalla.

Del cuello pendiente ella,
viéndole tomar la espada,
con lágrimas y suspiros
le dice aquestas palabras:

«Salid al campo, señor,
bañen mis ojos la cama;
que ella me será también,
sin vos, campo de batalla.

»Vestíos y salid apriesa,
que el general os aguarda;
yo os hago a vos mucha sobra
y vos a él mucha falta.

»Bien podéis salir desnudo

---

23 paños finos. 24 centinelas de una torre. 25 Cupido.
26 los ojos reflejaban la proximidad de la muerte. 27 Se
refiere a Angélica, la cual, por sus desdenes, hacía sufrir
a los hombres. 28 se baja del caballo. 29 las facciones de Medoro. 30 El Amor se esconde entre las rosas
(las bellas facciones de Medoro) para que al disparar sus
flechas (arpones) puedan con la noble sangre de Medoro

ablandar el corazón (duro como el diamante) de Angélica
(reina del Catay).

31 lágrimas comparadas a las chispas que despide el
pedernal (el duro corazón de Angélica). 32 Al quitarse
sus velos para ligar las heridas de Medoro, quedan al
descubierto los ojos de Angélica, ante cuya belleza pali-
decen los rayos del sol.

pues mi llanto no os ablanda;
que tenéis de acero el pecho
y no habéis menester armas.»
    Viendo el español brioso
cuánto le detiene y habla,
le dice así: «Mi señora,
tan dulce como enojada,
    porque con honra y amor
yo me quede, cumpla y vaya,
vaya a los moros el cuerpo,
y quede con vos el alma.
    Concededme, dueño mío,
licencia para que salga
al rebato en vuestro nombre
y en vuestro nombre combata.»

          * * *

    Lloraba la niña
(y tenía razón)
la prolija ausencia
de su ingrato amor.
Dejóla tan niña,
que apenas creo yo
que tenía los años
que ha que la dejó.
Llorando la ausencia
del galán traidor,
la halla la Luna
y la deja el Sol,
añadiendo siempre
pasión a pasión,
memoria a memoria,
dolor a dolor.
    Llorad, corazón,
que tenéis razón.
    Dícele su madre:
«Hija, por mi amor,
que se acabe el llanto,
o me acabe yo.»
    Ella le responde:
«No podrá ser, no;
las causas son muchas,
los ojos son dos.
Satisfagan, madre,
tanta sinrazón
y lágrimas lloren
en esta ocasión
tantas como dellos
un tiempo tiró
flechas amorosas
el arquero dios.[25]
Ya no canto, madre,
y si canto yo,
muy tristes endechas
mis canciones son;
porque el que se fué,
con lo que llevó,

se dejó el silencio,
y llevó la voz.»
    Llorad, corazón,
que tenéis razón.

ANGÉLICA Y MEDORO

    En un pastoral albergue
que la guerra entre unos robles
lo dejó por escondido
o lo perdonó por pobre,
    do la paz viste pellico
y conduce entre pastores
ovejas del monte al llano
y cabras del llano al monte,
    mal herido y bien curado,
se alberga un dichoso joven,
que sin clavarle Amor flecha
le coronó de favores.
    Las venas con poca sangre,
los ojos con mucha noche,[26]
le halló en el campo aquella
vida y muerte de los hombres.[27]
    Del palafrén se derriba,[28]
no porque al moro conoce,
sino por ver que la yerba
tanta sangre paga en flores.
    Límpiale el rostro, y la mano
siente al Amor que se esconde
tras las rosas[29] que la muerte
va violando sus colores.
    Escondióse tras las rosas,
porque labren sus arpones
el diamante del Catay
con aquella sangre noble.[30]
    Ya le regala los ojos,
ya le entra, sin ver por dónde,
una piedad mal nacida
entre dulces escorpiones.
    Ya es herido el pedernal,
ya despide el primer golpe
centellas de agua,[31] ¡oh, piedad,
hija de padres traidores!
    Yerbas aplica a sus llagas,
que si no sanan entonces,
en virtud de tales manos
lisonjean los dolores.
    Amor le ofrece su venda,
mas ella sus velos rompe
para ligar sus heridas;
los rayos del sol perdonen.[32]
    Los últimos nudos daba
cuando el cielo la socorre
de un villano en una yegua
que iba penetrando el bosque.

Enfrénanle de la bella
las tristes piadosas voces,
que los firmes troncos mueven
y las sordas piedras oyen;
y la que mejor se halla
en las selvas que en la corte,
simple bondad, al pío ruego
cortésmente corresponde.[33]

Humilde se apea el villano,
y sobre la yegua pone
un cuerpo con poca sangre,
pero con dos corazones.[34]

A su cabaña los guía;
que el sol deja su horizonte
y el humo de su cabaña
les va sirviendo de norte.

Llegaron temprano a ella,
do una labradora acoge
un mal vivo con dos almas,[35]
una ciega con dos soles.[36]

Blando heno en vez de pluma
para lecho les compone,
que será tálamo luego
do el garzón sus dichas logre.

Las manos, pues, cuyos dedos
de esta vida fueron dioses,[37]
restituyen a Medoro
salud nueva, fuerzas dobles,

y le entregan, cuando menos,
su beldad y un reino en dote,
segunda envidia de Marte,
primera dicha de Adonis.[38]

Corona un lascivo enjambre
de Cupidillos menores
la choza, bien como abejas
hueco tronco de alcornoque.

¡Qué de nudos le está dando
a un áspid la Envidia torpe,

contando de las palomas
los arrullos gemidores![39]

¡Qué bien la destierra Amor,
haciendo la cuerda azote,[40]
porque el caso no se infame
y el lugar no se inficione!

Todo es gala el africano,
su vestido aspira olores,
el lunado arco suspende
y el corvo alfanje depone.

Tórtolas enamoradas
son sus roncos atambores,
y los volantes de Venus
sus bien seguidos pendones.[41]

Desnuda el pecho anda ella,
vuela el cabello sin orden;
si lo abrocha, es con claveles,
con jazmines si lo coge.

El pie calza en lazos de oro,
porque la nieve se goce,
y no se vaya por pies
la hermosura del orbe.

Todo sirve a los amantes,
plumas les baten, veloces,
airecillos lisonjeros,
si no son murmuradores.

Los campos les dan alfombras,
los árboles pabellones,
la apacible fuente sueño,
música los ruiseñores.

Los troncos les dan cortezas,
en que se guarden sus nombres
mejor que en tablas de mármol
o que en láminas de bronce.

No hay verde fresno sin letra,
ni blanco chopo sin mote;
si un valle *Angélica* suena,
otro *Angélica* responde.

---

[33] la bondad simple del villano, bondad que suele encontrarse más frecuentemente en las selvas que en la corte, corresponde a los ruegos de Angélica. [34] el cuerpo de Medoro con dos corazones: el suyo y el de Angélica, que ésta le había entregado al enamorarse de él. [35] Medoro. [36] Angélica, ciega de amor, a pesar de sus bellos ojos. [37] porque le vuelven a dar la vida. [38] La beldad de Angélica sugiere la comparación con Venus, que, enamorada de Adonis, suscita los celos de Marte. [39] La envidia hace en el áspid (que es su símbolo) un nudo cada vez que dos palomas se arrullan, es decir, cada vez que los dos enamorados se acarician. [40] El Amor echa a la Envidia de allí usando como azote el áspid (cuerda) en que ésta había hecho los nudos. [41] En estas estrofas y las siguientes se continúa describiendo con metáforas e hipérboles típicamente gongorinas la embriaguez amorosa de Angélica (la hermosura del orbe) y de Medoro (el africano): los arrullos de las tórtolas son los tambores, y el vuelo de las palomas de Venus, los estandartes de este idilio; los dedos de Angélica, claveles y jazmines; sus pies, blancos como la nieve, etcétera. [42] testigos. [43] Alude a la furia de Rolando u Orlando, que, desdeñado por Angélica, se vuelve loco al saber que ésta ama a Medoro, e intenta destruir todo lo que ha sido testigo de esos amores: árboles, labradores, etc. El romance está inspirado en un famoso episodio de *Orlando furioso* de Ariosto. [44] río que nace en la sierra de Cuenca y desemboca en el Mediterráneo. [45] atado. [46] visten palmillas (un género de paño) de un azul y un verde más bellos que los del zafiro y la esmeralda. [47] El movimiento (circular como el de la brújula) de la falda en el baile permite ver, a veces, los lazos que calzan el pie, la blancura de éste y también la blancura de la pierna (*el cristal de la columna*) sostenida sobre la pequeña base del pie. [48] a modo de castañuelas. [49] estorbar, interrumpir. [50] se alegran cambiando.

[51] Deja de llorar (*más perlas no des*) porque al sol le está mal (el llorar) aunque a la aurora le esté bien (el rocío de la mañana).

Cuevas do el silencio apenas
deja que sombras las moren,
profanan con sus abrazos
a pesar de sus horrores.

Choza, pues, tálamo y lecho,
cortesanos labradores,
aires, campos, fuentes, vegas,
cuevas, troncos, aves, flores,

fresnos, chopos, montes, valles,
contestes[42] destos amores,
el cielo os guarde, si puede,
de las locuras del Conde.[43]

* * *

En los pinares de Júcar[44]
vi bailar unas serranas,
al son del agua en las piedras,
y al son del viento en las ramas.
No es blanco coro de ninfas
de las que aposenta el agua,
o las que venera el bosque,
seguidoras de Diana.
Serranas eran de Cuenca,
honor de aquella montaña,
cuyo pie besan dos ríos
por besar de ella las plantas.
Alegres corros tejían,
dándose las manos blancas
de amistad, quizá temiendo
no la truequen las mudanzas.
    ¡Qué bien bailan las serranas!
    ¡Qué bien bailan!
El cabello en crespos nudos
luz da al Sol, oro a la Arabia,
cual de flores impedido,[45]
cual de cordones de plata.
Del color visten del cielo,
si no son de la esperanza,
palmillas[46] que menosprecian
al zafiro y la esmeralda.
El pie (cuando lo permite
la brújula de la falda)
lazos calza, y mirar deja
pedazos de nieve y nácar.
Ellas, cuyo movimiento
honestamente levanta
el cristal de la columna
sobre la pequeña basa.[47]
    ¡Qué bien bailan las serranas!
    ¡Qué bien bailan!
Una entre los blancos dedos
hiriendo negras pizarras,[48]
instrumento de marfil
que las musas le envidiaran,
las aves enmudeció
y enfrenó el curso del agua;

no se movieron las hojas,
por no impedir[49] lo que canta:
    «Serranas de Cuenca
    iban al pinar,
    unas por piñones,
    otras por bailar.
    Bailando, y partiendo,
    las serranas bellas,
    un piñón con otro,
    si ya no es con perlas,
    de Amor las saetas
    huelgan de trocar,[50]
    unas por piñones,
    otras por bailar.
    Entre rama y rama,
    cuando el ciego Dios
    pide al Sol los ojos
    por verlas mejor,
    los ojos del Sol
    las veréis pisar,
    unas por piñones,
    otras por bailar.»

* * *

Las flores del romero,
niña Isabel,
hoy son flores azules,
mañana serán miel.
    Celosa estás, la niña,
celosa estás de aquel
dichoso, pues le buscas;
ciego, pues no te ve,
ingrato, pues te enoja,
y confiado, pues
no se disculpa hoy
de lo que hizo ayer.
Enjuguen esperanzas
lo que lloras por él;
que celos entre aquellos
que se han querido bien
hoy son flores azules,
mañana serán miel.
    Aurora de ti misma,
que cuando a amanecer
a tu placer empiezas,
te eclipsan tu placer.
Serénense tus ojos,
y más perlas no des,
porque al Sol le está mal
lo que a la Aurora bien.[51]
Desata como nieblas
todo lo que no ves;
que sospechas de amantes
y querellas después
hoy son flores azules,
mañana serán miel.

Al nacimiento de Cristo Nuestro Señor

Cuantos silbos, cuantas voces
tus campos, Belén, oyeron,
sentidas bien de sus valles,
guardadas mal de sus ecos,
　　pastores las dan, buscando
el que, celestial Cordero,
nos abrió piadoso el libro
que negaban tantos sellos.[52]
　　¿Qué buscáis, los ganaderos?
—Uno, ay, niño, que su cuna
los brazos son de la luna,
si duermen sus dos luceros.
　　No pastor, no abrigó fiera
frágil choza, albergue ciego,
que no penetre el cuidado,
que no escudriñe el deseo.
　　La diligencia, calzada,
en vez de abarcas el viento,
cumbres pisa coronadas
de paraninfos del cielo.[53]
¿Qué buscáis, los ganaderos?
—Uno, ay, niño, que su cuna
los brazos son de la luna,
si duermen sus dos luceros.
Pediros albricias puedo.

PASTORES
¿De qué, Gil?

GIL
No deis más paso;
que dormir vi al niño.

PASTORES
　　　　　　　Paso,
quedo, ¡ay!, queditico, quedo.
　　Tanto he visto celestial,
tan luminoso, tan raro,
que a pesar hallarás claro
de la noche, este portal.
　　Enfrena el paso, Pascual,
deja a la puerta el denuedo.
Pediros albricias, puedo.

PASTORES
¿De qué, Gil?

GIL
No deis más paso;
que dormir vi al niño.

PASTORES
　　　　　　　Paso,
quedo, ¡ay!, queditico, quedo.

[52] Nos reveló (al nacer) el sentido del misterio de la encarnación de Cristo y la redención del género humano, envuelto (hasta entonces) en la oscuridad de las profecías.　[53] Estos ocho versos, como los primeros (cuantos silbos), describen la curiosidad de los pastores la noche del nacimiento, curiosidad en la que todos participan, y que penetra hasta en las chozas más humildes y apartadas mientras las voces de los coros de ángeles (paraninfo del cielo) llevan, con la celeridad del viento, el mensaje por todas las cumbres.　[54] el néctar o bebida de Ganimedes (el garzón de Ida) servía a Júpiter y a los otros dioses.　[55] como perlas, llenas de rocío.　[56] Los labios son [no rosas sino] como las manzanas o frutas que Tántalo (castigado por haber divulgado los secretos de Zeus) parecía tener al alcance de la mano, pero que, al ir a cogerlas, se retiraban.　[57] Alude a las tres hermanas de Faetón, hijo del Sol, que lloraron durante cuatro días consecutivos la muerte de su hermano hasta que los dioses, compadecidos, las convirtieron en álamos negros.　[58] podéis ceñir cualquier frente muerta, es decir, que por lo negro de su ramaje pueden competir con la palma o la oliva, plantas que se usaban como adorno funerario.　[59] que las «náyades lascivas» (ninfas fluviales que suelen recrearse en las orillas de los ríos cuando quieren protegerse de los ardientes rayos del sol) prefieran vuestra sombra a la fresca margen de algún escondido manantial.　[60] Alude a la vana empresa de Faetón al querer guiar el carro del Sol, su padre, que fué la la causa de su muerte y, por lo tanto, el motivo del llanto de sus hermanas.

[61] El sepulcro elegante de luciente pórfido (mármol coloreado) es como dura llave que «niega al mundo» la presencia del gran pintor, caracterizado como el pincel más suave que animó el leño o el lino, materias de las tablas y lienzos sobre los que pintó sus cuadros.　[62] digno.　[63] El nombre del Greco está esculpido sobre la losa: «ilustrar» tiene también el sentido de adornar y hacer ilustre.　[64] Aquí yace el Greco, del cual, al morir, por la excelencia de su obra, la naturaleza heredó arte, etcétera. Febo = el sol; Morfeo = dios del sueño.　[65] Que la dura piedra del sepulcro beba las lágrimas y reciba los olores del incienso (que se extrae de la corteza del árbol sabeo) con que se llora u honra la memoria de los muertos; sabeo, de Saba, región de Arabia, de donde procede el árbol del incienso.　[66] el río Guadalquivir que pasa por Córdoba, de nobles arenas, aunque no doradas (como las arenas del río Tajo).　[67] tanto por escritores (Séneca, Marcial, Mena) como por soldados (Don Gonzalo de Córdoba, el gran capitán).　[68] ríos de Granada, ciudad en la que el poeta debió de escribir este soneto.　[69] El sentido es que un pastor da sus quejas amorosas al viento en las márgenes del río Pisuerga al son del murmullo de sus aguas. El río se convierte así en el instrumento (cítara doliente) que acompaña las quejas del pastor. Las guijas o piedras donde el agua tropieza son los trastes; las ondas que el agua forma son las cuerdas; los álamos que están en las orillas, las clavijas, y el puente que atraviesa el río por Simancas, cerca de Valladolid, el puente de la cítara.　[70] como si fuera volando.

[71] oiga.　[72] Si tú haces que mi amada oiga mi dolor, tu música sería capaz de hacer que de las cenizas de Troya pudiera reconstruirse piedra a piedra un octavo muro; porque es más fácil esto (reconstruir el muro) que hacer que mi amada se compadezca de mí y se detenga a oírme. Alude a la tradición de que los muros de Troya fueron edificados al son de la lira de Apolo y de Neptuno.

SONETOS

Mientras por competir con tu cabello,
oro bruñido, el sol relumbra en vano;
mientras con menosprecio en medio el llano
mira a tu blanca frente el lilio bello;
 mientras a cada labio, por cogello,
siguen más ojos que al clavel temprano,
y mientras triunfa con desdén lozano
del luciente cristal tu gentil cuello;
 goza cuello, cabello, labio y frente,
antes que lo que fué en tu edad dorada
oro, lilio, clavel, cristal luciente,
 no sólo en plata o vïola truncada
se vuelva, mas tú y ello juntamente
en tierra, en humo, en polvo, en sombra, en nada.

* * *

La dulce boca que a gustar convida
un humor entre perlas destilado,
y a no envidiar aquel licor sagrado[54]
que a Júpiter ministra el garzón de Ida,
 amantes, no toquéis si queréis vida;
porque entre un labio y otro colorado
amor está, de su veneno armado,
cual entre flor y flor sierpe escondida.
 No os engañen las rosas que al aurora
diréis que, aljofaradas[55] y olorosas,
se le cayeron del purpúreo seno;
 manzanas son de Tántalo,[56] y no rosas,
que después huyen del que incitan hora,
y sólo del amor queda el veneno.

A unos álamos

Gallardas plantas, que con voz doliente
al osado Faetón llorastes vivas,[57]
y ya sin envidiar palmas ni olivas,
muertas podéis ceñir cualquiera frente,[58]
 así del sol estivo al rayo ardiente
blanco coro de náyades lascivas
precie más vuestras sombras fugitivas
que verde margen de escondida fuente,[59]
 y así bese (a pesar del seco estío),
vuestros troncos (ya un tiempo pies humanos),
el raudo curso de este undoso río,
 que lloréis (pues llorar sólo a vos toca,
locas empresas, ardimientos vanos),[60]
mi ardimiento en amar, mi empresa loca.

Al sepulcro de Dominico Greco, excelente pintor

Esta en forma elegante, oh peregrino,
de pórfido luciente dura llave,
el pincel niega al mundo más süave,
que dió espíritu al leño, vida al lino.[61]

Su nombre, aun de mayor aliento dino[62]
que en los clarines de la fama cabe,
el campo ilustra de ese mármol grave;[63]
venéralo, y prosigue tu camino.
 Yace el Griego; heredó naturaleza[64]
arte, y el arte estudio, Iris colores,
Febo luces, si no sombras Morfeo.
 Tanta urna, a pesar de su dureza,
lágrimas beba y cuantos suda olores,
corteza funeral de árbol sabeo.[65]

A la ciudad de Córdoba y su fertilidad

¡Oh excelso muro, oh torres coronadas
de honor, de majestad, de gallardía!
¡Oh gran río,[66] gran rey de Andalucía,
de arenas nobles, ya que no doradas!
 ¡Oh fértil llano, oh sierras encumbradas,
que privilegia el cielo y dora el día!
¡Oh siempre glorïosa patria mía,
tanto por plumas cuanto por espadas![67]
 Si entre aquellas ruïnas y despojos
que enriquece Genil y Darro[68] baña
tu memoria no fué alimento mío,
 nunca merezcan mis ausentes ojos
ver tus muros, tus torres y tu río,
tu llano y sierra, ¡oh patria, oh flor de España!

CANCIÓN

Sobre trastes de guijas
 cuerdas mueve de plata
Pisuerga, hecho cítara doliente;
 y en robustas clavijas
 de álamos, las ata
hasta Simancas, que le da su puente:
 al son deste instrumento
partía un pastor sus quejas con el viento.[69]
 «Oh río, le decía,
 que al tronco menos verde
le guarnecen de perlas tus espumas,
 si la enemiga mía
 pasos por aquí pierde
calzado el fugitivo pie de plumas,[70]
 por que no vuele tanto
deténganla tu música, o mi llanto.
 Si tú haces que oya[71]
 debajo desta yedra
mis lágrimas, que siguen tu armonía,
 octavo muro a Troya
 renacer piedra a piedra
hará tu son de su ceniza fría:
 que es más posible caso
convocar piedras que enfrenalle el paso.»[72]

SOLEDADES

(Poema de Góngora)

Era del año la estación florida
en que el mentido robador de Europa
—media luna las armas de su frente,
y el Sol todos los rayos de su pelo—
luciente honor del cielo,
en campos de zafiro pacè estrellas;

cuando el que ministrar podía la copa
a Júpiter mejor que el garzón de Ida,
—náufrago y desdeñado, sobre ausente—
lagrimosas de amor dulces querellas
da al mar; que condolido,
fué a las ondas, fué al viento
el mísero gemido,
segundo de Arión dulce instrumento.

Del siempre en la montaña opuesto pino
al enemigo Noto,
piadoso miembro roto
—breve tabla— delfín no fué pequeño
al inconsiderado peregrino
que a una Libia de ondas su camino
fió, y su vida a un leño.

Del Oceano pues antes sorbido,
y luego vomitado
no lejos de un escollo coronado
de secos juncos, de calientes plumas,
—alga todo y espumas—
halló hospitalidad donde halló nido
de Júpiter el ave.

(Versión en prosa por Dámaso Alonso)

Era aquella florida estación del año en que el Sol entra en el signo de Tauro (signo del Zodíaco que recuerda la engañosa transformación de Júpiter en toro para raptar a Europa). Entra el Sol en Tauro por el mes de abril, y entonces el toro celeste (armada su frente por la media luna de los cuernos, luciente e iluminado por la luz del Sol, traspasado de tal manera por el Sol que se confunden los rayos del astro y el pelo del animal) parece que pace estrellas (que de tal modo las hace palidecer ante su brillo) en los campos azul zafiro del cielo.

Pues en este tiempo, un mancebo, que por su belleza pudiera mejor que el garzón Ganimedes ser el copero de Júpiter, náufrago en medio del mar, y, a más de esto, ausente de la que ama y desdeñado por ella, da dulces y lagrimosas querellas al mar, de tal suerte, que, condolido el Oceano, sirvió el mísero gemido del joven para aplacar el viento y las ondas, casi como si el doloroso canto del mancebo hubiera repetido el prodigio de la dulce lira de Arión. (Navegando de Italia a Corinto quisieron los marineros, por apoderarse de las riquezas del músico Arión, arrojar a éste al agua. Solicitó Arión cantar antes de morir, y, habiéndosele concedido, a la música de su lira acudieron los delfines. Visto que no podía obtener gracia de los que le querían matar, se arrojó al agua; pero un delfín lo tomó sobre su lomo y condujo a tierra. Del mismo modo la lastimosa canción de nuestro náufrago hizo que el mar se condoliera de él y le salvó la vida.)

Una piadosa tabla de pino (árbol opuesto siempre en la montaña al viento Noto, su enemigo), una rota y pequeña tabla de la naufragada embarcación, sirvió como de «delfín» suficiente a nuestro peregrino, fué suficiente para salvar la vida del mancebo, tan inconsiderado, que se había atrevido a confiar su camino a un desierto de olas, al mar, y su vida a un leño, a una nave.

Y habiendo sido primero tragado por el mar, y luego devuelto por el oleaje a la costa, fué a salir a la orilla, no lejos de donde se levanta un escollo, coronado de nidos de águila, hechos de juncos secos y de abrigadas plumas. Y así nuestro náufrago, que salía de la mar cubierto de espumas y de algas, halló hospitalidad entre las mismas altas rocas en que anidan las águilas, aves dedicadas a Júpiter.

Besa la arena, y de la rota nave
   aquella parte poca
que le expuso en la playa dió a la roca;
   que aun se dejan las peñas
lisonjear de agradecidas señas.
   Desnudo el joven, cuando ya el vestido
   Oceano ha bebido,
restituir le hace a las arenas;
   y al sol lo extiende luego,
   que, lamiéndolo apenas
su dulce lengua de templado fuego,
lento lo embiste, y con süave estilo
la menor onda chupa al menor hilo.

   No bien pues de su luz los horizontes
—que hacían desigual, confusamente
montes de agua y piélagos de montes—
   desdorados los siente,
cuando —entregado el mísero extranjero
en lo que ya del mar redimió fiero—
entre espinas crepúsculos pisando,
riscos que aun igualara mal volando,
   veloz, intrépida ala,
—menos cansado que confuso— escala.

   Vencida al fin la cumbre
—del mar siempre sonante,
de la muda campaña
árbitro igual e inexpugnable muro—,
   con pie ya más seguro
declina al vacilante
breve esplendor de mal distinta lumbre:
   farol de una cabaña
que sobre el cerro está, en aquel incierto
golfo de sombras anunciando el puerto.
... ...
   Llegó pues el mancebo, y saludado,
sin ambición, sin pompa de palabras,
de los conducidores fué de cabras,
que a Vulcano tenían coronado.

   «¡Oh bienaventurado
albergue a cualquier hora,
templo de Pales, alquería de Flora!
   No moderno artificio
borró designios, bosquejó modelos,
al cóncavo ajustando de los cielos
   el sublime edificio;
   retamas sobre robre

Besa el joven la arena y ofrece a la roca, como un exvoto, aquel pequeño tablón de la destrozada nave, que le había llevado hasta la playa: porque aun las mismas peñas son sensibles a las muestras de agradecimiento. Después se desnuda y retuerce sus ropas de modo que todo el «oceano» que habían bebido —toda el agua de que estaban empapadas—, bien exprimida, salga del tejido y caiga a la arena. Y por fin las extiende a secar al sol, el cual las va lamiendo ligeramente con su dulce lengua de templado fuego, y de tal modo con su suave calor las acomete parte por parte y enjuga, que llega hasta evaporar y hacer desaparecer delicadamente la menor gota de agua de la menor partícula, de la más diminuta hebrilla del vestido.

No bien siente nuestro desgraciado extranjero que la dorada luz desaparece del horizonte (de tal suerte que ya el crepúsculo finge a la vista, allá en la lejanía, sólo una desigual confusión de espacios de agua que parecen montes y de montes que semejan mares), cuando, reintegrado en aquellas prendas que había redimido de la furia del mar —puestos otra vez sus vestidos—, escala, caminando entre abrojos a la dudosa luz crepuscular (y no con tanto cansancio como asombro), unos riscos, tan elevados, que con dificultad los coronaría en su vuelo el ave más veloz y atrevida.

Vencida por fin la cumbre, que sirve de exacta separación y muralla inexpugnable entre el mar siempre rumoroso y el silencioso campo, con paso ya más seguro camina nuestro joven hacia el pequeño y vacilante resplandor de una luz, apenas visible a causa de la lejanía, probablemente farol de una cabaña, que, anclada como un navío, está mostrando el puerto en medio de aquel incierto golfo de sombras.

... ...

Llegó, pues, el mancebo, y fué saludado con llaneza y sin aliño de palabras por los cabreros que a Vulcano (dios del fuego) tenían coronado —que estaban sentados formando corona o círculo alrededor de una hoguera.

¡Oh albergue, refugio feliz en cualquier hora del día o de la vida, templo de Pales, diosa de los pastores, alquería de Flora, diosa de las flores!: no fué necesario para construirte arte de moderno arquitecto, afanado en bosquejar modelos, en borrar y dibujar planos, ansioso de rellenar con el altísimo edificio toda la concavidad inmensa de los cielos; unas cuantas retamas sobre

tu fábrica son pobre,
do guarda, en vez de acero,
la inocencia al cabrero
más que el silbo al ganado.
¡Oh bienaventurado
albergue a cualquier hora!

No en ti la ambición mora
hidrópica de viento,
ni la que su alimento
el áspid es gitano;
no la que, en bulto comenzando humano,
acaba en mortal fiera,
esfinge bachillera,
que hace hoy a Narciso
ecos solicitar, desdeñar fuentes;
ni la que en salvas gasta impertinentes
la pólvora del tiempo más preciso:
ceremonia profana
que la sinceridad burla villana
sobre el corvo cayado.
¡Oh bienaventurado
albergue a cualquier hora!

Tus umbrales ignora
la adulación, sirena
de reales palacios, cuya arena
besó ya tanto leño:
trofeos dulces de un canoro sueño.
No a la soberbia está aquí la mentira
dorándole los pies, en cuanto gira
la esfera de sus plumas,
ni de los rayos baja a las espumas
favor de cera alado.
¡Oh bienaventurado
albergue a cualquier hora!

No pues de aquella sierra —engendradora
más de fierezas que de cortesía—
la gente parecía
que hospedó al forastero
con pecho igual de aquel candor primero,
que, en las selvas contento,
tienda el fresno le dió, el robre alimento.

troncos de roble han bastado para construirte, oh pobre cabaña, en donde no hacen falta armas para estar seguros, pues la propia simplicidad guarda al cabrero mejor que el silbido del pastor a su ganado. ¡Oh albergue, oh refugio feliz en cualquier hora!

No mora en ti la ambición, siempre ansiosa de nuevos vientos de honores, riquezas y alabanzas; ni habita en ti la envidia que se alimenta de los áspides de Egipto; ni en ti se encuentra la disimulación que muestra humano y agradable rostro, pero esconde una intención fiera y mortal, siendo así (por comenzar en rostro humano y acabar en fiera) a manera de esfinge elocuente que (como la de Tebas) propone con hábiles palabras lo que ha de ser pernicioso, y con sus engaños hace engreírse al presumido cortesano (Narciso moderno, que ya no busca las fuentes para mirarse, ya no desdeña a la ninfa Eco, como el mitológico, sino que, por el contrario, desdeña las fuentes de la verdad, las fuentes que le podrían reflejar su propia imagen, y busca, en cambio, el eco de las alabanzas); ni existe en ti la etiqueta cortesana que gasta en salvas impertinentes la pólvora —que derrocha en inútiles cumplimientos el tiempo más preciso—: ceremonia profana, usada allá en los palacios, de la cual se burla, apoyada sobre el corvo cayado, la rústica sinceridad. ¡Oh albergue, oh refugio feliz en cualquier hora!

Tampoco conoce tus umbrales la adulación, que es como una sirena del mar de los reales palacios, en cuyas arenas, adormecidos por el engañoso canto de la lisonja, han perecido tantos navíos —han naufragado tantos cortesanos— viniendo a ser trofeos o despojos de aquel armonioso sueño que los adormeció; tampoco en la choza pastoril está la mentira dedicada a dorarle los feos pies al pavo real —dedicada a adular al poderoso hasta en sus mismos defectos—, mientras él hace la rueda —mientras él ostenta el poder en su mano—; ni se dan aquí las espantosas caídas de los validos, que, nuevos ícaros, vuelan con alas de cera, y, arrimándose a los príncipes, con el mismo calor de los rayos del poder se les funde a veces la cera, y, desde la altura, van a caer al mar de la desgracia. ¡Oh albergue, oh refugio feliz en cualquier hora!

No parecía, a decir verdad, ser natural de aquellos montes (que mejor pudieran engendrar fierezas que cortesías) la gente que hospedó al forastero con aquel mismo espíritu de sencillez y de candor que tenía el hombre en la edad dorada, cuando los fresnos le servían de tienda y las bellotas eran su alimento.

Limpio sayal, en vez de blanco lino,
        cubrió el cuadrado pino;
y en boj, aunque rebelde, a quien el torno
forma elegante dió sin culto adorno,
leche que exprimir vió la Alba aquel día
        —mientras perdían con ella
los blancos lilios de su frente bella—,
        gruesa le dan y fría,
impenetrable casi a la cuchara,
del viejo Alcimedón invención rara.

… … … … … … … … … … … …

Sobre corchos después, más regalado
sueño le solicitan pieles blandas,
que al príncipe entre holandas,
púrpura tiria o milanés brocado.
No de humosos vinos agravado
es Sísifo en la cuesta, si en la cumbre,
de ponderosa vana pesadumbre
es, cuanto más despierto, más burlado.
De trompa militar no, o destemplado
son de cajas, fué el sueño interrumpido;
        de can sí, embravecido
        contra la seca hoja
que el viento repeló a alguna coscoja.

Durmió, y recuerda al fin, cuando las aves
—esquilas dulces de sonora pluma—
        señas dieron süaves
del alba al Sol, que el pabellón de espuma
        dejó, y en su carroza
rayó el verde obelisco de la choza.

Agradecido pues el peregrino,
deja el albergue y sale acompañado
de quien lo lleva donde, levantado,
distante pocos pasos del camino,
imperioso mira la campaña
un escollo, apacible galería,
que festivo teatro fué algún día
de cuantos pisan faunos la montaña.
Llegó, y, a vista tanta
obedeciendo la dudosa planta,
inmóvil se quedó sobre un lentisco,
verde balcón del agradable risco.

Pusieron como mesa un cuadrado tronco de pino, cubierto, no de blancos manteles, sino de un áspero aunque limpio sayal; y en un trozo de boj (al cual el torno había dado, a pesar de su dureza, forma de cuenco, sumamente sencilla, pero elegante) le dan leche ordeñada aquella mañana, muy fría, y tan blanca, que los lirios de la frente del Alba desmerecieron en blancor junto a ella, y tan gruesa, que era casi impenetrable a la cuchara, extraña invención del viejo Alcimedonte.

… … … … … … … … … … … …

Después se tiende nuestro joven sobre un lecho de corchos cubierto de blandas pieles que le facilitan un sueño más regalado que el del príncipe que duerme entre sábanas de Holanda, púrpura de Tiro o brocado milanés. No ha bebido vinos añejos que puedan agravar su dormir con pesadillas afanosas, con ensueños de poder que le hagan verse (como al Sísifo mitológico, que fué condenado a subir eternamente un enorme peñasco a una altísima montaña) subiendo con ansia la cuesta de la ambición, ni que cuando parece que está ya en la cumbre, el despertar le traiga a lo real, y quede burlado del mismo peso de su desmoronada vanagloria. Ni fué su sueño interrumpido por el estruendo de trompa militar o por el son de destempladas cajas, sino sólo por el perro que entre las tinieblas de la noche ladraba enfurecido contra la hoja seca que el viento arrancó de algún roble.

Durmió, por tanto, y se despierta sólo cuando las aves (como dulces esquilas de pluma sonora) empezaron a dar con sus voces señales del alba al Sol, el cual, así avisado, salió del mar, que es su lecho de espuma, y rayó de luz la cabaña, verde obelisco de retamas y roble.

Después de haber dado gracias a sus huéspedes, deja el peregrino la cabaña y sale acompañado de un cabrero que le lleva hasta unas rocas, levantadas a pocos pasos del camino, que dominan desde su altura, como una atalaya, todo el campo, apacible galería hoy, que en otro tiempo sirvió de teatro para celebrar sus fiestas a todos los faunos habitadores de la montaña. Llega el joven y, obedeciendo su pie a la amplia vista que se descubre, se queda inmóvil de admiración sobre un lentisco que sirve como de verde balcón a la agradable atalaya.

FÁBULA DE POLIFEMO Y GALATEA

En una profunda caverna de las costas de Sicilia, dedicado al pastoreo de sus cabras, vive el gigante Polifemo, hijo de Neptuno. Polifemo está enamorado de la ninfa Galatea, grácil hija de Doris, una de las nereidas. Galatea no corresponde al amor de Polifemo y un día que encuentra dormido al joven pastor Acis se enamora de él. El amor de los dos jóvenes culmina en un bello idilio. Polifemo entona un dolorido canto lamentando los desdenes de la ninfa. Al terminarlo, ve correr hacia el mar a los dos amantes. En un arrebato de celos, arroja una inmensa roca sobre Acis, el cual se desangra y muere. Los dioses marítimos, a ruegos de Galatea, hacen que Acis, transformada su sangre en agua, se convierta en un río.

... ...

    Donde espumoso el mar siciliano
el pie argenta de plata al Lilibeo[1]
(bóveda o de las fraguas de Vulcano,[2]

o tumba de los huesos de Tifeo),[3]
pálidas señas, cenizoso un llano,
—cuando no del sacrílego deseo—
del rudo oficio da.[4] Allí una alta roca
mordaza es a una gruta de su boca.

... ...

    De este, pues, formidable de la tierra
bostezo, el melancólico vacío
a Polifemo, horror de aquella sierra,
bárbara choza es, albergue umbrío,
y redil espacioso donde encierra
cuanto las cumbres ásperas cabrío
de los montes esconde: copia bella
que un silbo junta y un peñasco sella.[5]

    Un monte era de miembros eminente
éste que, de Neptuno hijo fiero,
de un ojo ilustra el orbe de su frente,
émulo casi del mayor lucero;[6]
cíclope a quien el pino más valiente
bastón le obedecía tan ligero,

---

[1] promontorio occidental de Sicilia. [2] Supone Góngora que Vulcano, el dios herrero, tenía su fragua bajo la tierra siciliana y que allí ejercía el «rudo oficio» a que alude luego. [3] Uno de los gigantes que quiso escalar el cielo, enterrado bajo el volcán Etna. Góngora, como Ovidio, le supone enterrado bajo toda la isla de Sicilia. Con «el sacrílego deseo» alude Góngora al deseo de Tifeo de escalar el cielo. [4] Un llano cenizoso, es decir, cubierto de ceniza (por la proximidad del volcán) da testimonio o señal (*pálidas señas*) si no del sacrílego deseo [de Tifeo], al menos del rudo oficio de Vulcano [el de forjador]. [5] El melancólico vacío de este formidable bostezo de la tierra (que es la *caverna profunda* descrita en una estrofa anterior, aquí omitida), es la choza bárbara (por lo primitiva) y el albergue umbrío (por la falta de sol) donde vive Polifemo, el cual es, por su fiereza, el espanto de aquellas montañas. Es, además, la caverna, redil donde Polifemo guarda su rebaño de cabras; son éstas tan numerosas, que esconden u ocultan las cumbres ásperas de los montes; el rebaño se junta al oír el silbido de Polifemo, y ya recogido, cierra éste la gruta poniendo un gran peñasco a modo de puerta. *Cabrío* = ganado cabrío; *copia* = abundancia. [6] Como los demás cíclopes, Polifemo tenía en su frente inmensa (*el orbe de su frente*) un solo ojo, tan grande en su caso, que era casi igual en tamaño al mayor lucero. [7] Usaba unas veces como bastón, y otras como cayado (es decir, para apoyarse en él o para recoger alguna oveja descarriada), un robusto pino que manejaba con gran ligereza y que se doblaba bajo su peso como un débil junco. [8] El cabello era tan negro como las aguas del Leteo, río del infierno, y volaba al viento sin orden ni aseo; y su barba se derramaba por el pecho como un torrente impetuoso, nunca tocada por el peine, sino tan sólo, ocasionalmente, por los dedos de su mano. [9] Polifemo, músico, toca un instrumento formado con cien cañas unidas con cera y cáñamo, y el bárbaro ruido (de su música) es repetido por más ecos que el número de las cañas (*albogues*) que forman el instrumento. [10] La música de Polifemo es de tal naturaleza que altera la selva y el mar, hace que Tritón (deidad marina que usaba un caracol para expresar el ruido del mar alborotado) rompa su caracol y que los bajeles huyan.

[11] Polifemo adora a una ninfa, hija de Doris (deidad marina) y la más bella que vió el mar; su nombre es Galatea, y en ella se suma o reúne la dulzura de las tres gracias de Venus. *El terno Venus de sus gracias...* es ambiguo: puede referirse a las gracias o atributos de Venus, tales como el amor, la belleza y las dulces palabras, o puede aludir a las tres Gracias, compañeras de Venus, y, según algunos autores, hijas suyas. [12] Los ojos de Galatea (*una y otra luminosa estrella*) son, por su brillo, como círculos de color que adornan su piel (*blanca pluma*): piel, que por su transparente tersura puede compararse con el agua del mar (*si roca de cristal no es de Neptuno*); por los ojos que la adornan, con el pavo real; por su blancura, con el cisne. *Pavón de Venus es, cisne de Juno*: el pavo real era el ave consagrada en la antigüedad a Juno, en tanto que el cisne estaba consagrado a Venus, pero Góngora hace un juego muy característico suyo que su comentarista Pellicer explica en la forma siguiente: «el *cisne*, porque tiene ojos, es pavón de Venus, y el pavón, porque tiene pluma blanca, es *cisne* de Juno». [13] El color de Galatea combina la blancura del lirio con la púrpura de la rosa, es decir, es como *púrpura nevada* o como *nieve roja*. Su frente es tan blanca, que la perla del mar Eritreo (el mar Rojo) trata en vano de competir en blancura con ella, y el Amor se enoja con la perla (cuya blancura cree inferior a la blancura de Galatea) y la condena a servir de pendiente que adorne la blanca oreja de la ninfa (el *nácar de su oreja*). [14] Galatea (que viene huyendo de Palemo, joven marino que la persigue, según se narra en unas estrofas aquí omitidas) llega a un lugar en que las ramas de un laurel no dejan penetrar el sol, y allí se tiende a descansar junto a una fuente. «Tantos jazmines... esconde»: Pellicer explica: «Echóse sobre las yerbas que marginaban una fuente, cubriendo de jazmines (éstos son sus miembros) tanta yerba como pudo ocupar su cuerpo». [15] La dulce armonía del canto de los ruiseñores hace que Galatea se duerma para evitar que el día abrase con tres soles: el *Sol ardiente* y los ojos de Galatea, ahora cerrados. [16] El sol había entrado en el solsticio de verano, época en que la constelación de Can está como tendida al sol igual que una salamandria (especie de lagarto), cuando, etcétera... (*Siguen las notas en la página 630.*)

y al grave peso junco tan delgado,
que un día era bastón y otro cayado.[7]

Negro el cabello, imitador undoso
de las oscuras aguas del Leteo,
al viento que lo peina proceloso
vuela sin 'orden, pende sin aseo;
un torrente es su barba impetüoso
que, adusto hijo de este Pirineo,
su pecho inunda, o tarde, o mal, o en vano
surcada aun de los dedos de su mano.[8]

… … … … … … … … … … … …

Cera y cáñamo unió (que no debiera)
cien cañas, cuyo bárbaro ruïdo,
de más ecos que unió cáñamo y cera
albogues, duramente es repetido.[9]
La selva se confunde, el mar se altera,
rompe Tritón su caracol torcido,
sordo huye el bajel a vela y remo:
¡tal la música es de Polifemo![10]

Ninfa, de Doris hija la más bella,
adora, que vió el reino de la espuma.
Galatea es su nombre, y dulce en ella
el terno Venus de sus gracias suma.[11]
Son una y otra luminosa estrella
lucientes ojos de su blanca pluma:
si roca de cristal no es de Neptuno,
pavón de Venus es, cisne de Juno.[12]

Purpúreas rosas sobre Galatea
la Alba entre lilios cándidos deshoja:
duda el Amor cuál más su color sea,
o púrpura nevada, o nieve roja.
De su frente la perla es, Eritrea,
émula vana. El ciego Dios se enoja
y, condenando su esplendor, la deja
pender en oro al nácar de su oreja.[13]

… … … … … … … … … … … …

La fugitiva Ninfa en tanto, donde
hurta un laurel su tronco al Sol ardiente,
tantos jazmines cuanta yerba esconde
la nieve de sus miembros da a una fuente.[14]
Dulce se queja, dulce le responde
un ruiseñor a otro, y dulcemente
al sueño da sus ojos la armonía,
por no abrasar con tres soles el día.[15]

Salamandria del Sol, vestido estrellas,
latiendo el can del cielo estaba,[16] cuando
—polvo el cabello, húmidas centellas,
si no ardientes aljófares sudando—
llegó Acis, y de ambas luces bellas
dulce Occidente viendo al sueño blando,
su boca dió, y sus ojos, cuanto pudo,
al sonoro cristal, al cristal mudo.[17]

Era Acis un venablo de Cupido,
de un Fauno, medio hombre, medio fiera,
en Simetis, hermosa Ninfa, habido;
gloria del mar, honor de su ribera.

El bello imán, el ídolo dormido,
que acero sigue, idólatra venera,
rico de cuanto el huerto ofrece pobre,
rinden las vacas y fomenta el robre.[18]

… … … … … … … … … … … …

Más agradable, y menos zahareña,
al mancebo levanta venturoso,
dulce ya, concediéndole, y risueña
paces no al sueño, treguas sí al reposo.[19]
Lo cóncavo hacía de una peña
a un fresco sitial dosel umbroso,
y verdes celosías unas yedras,
trepando troncos y abrazando piedras.[20]

Sobre una alfombra, que imitara en vano
el tirio sus matices —si bien era
de cuantas sedas ya hiló gusano
y artífice tejió la Primavera—
reclinados, al mirto más lozano
una y otra lasciva, si ligera,
paloma se caló, cuyos gemidos
—trompas de Amor— alteran sus oídos.[21]

El ronco arrullo al joven solicita;
mas, con desvíos Galatea süaves,
a su audacia los términos limita,
y el aplauso al concento de las aves.
Entre las ondas y la fruta, imita
Acis al siempre ayuno en penas graves:
que, en tanta gloria, infierno son no breve
fugitivo cristal, pomos de nieve.[22]

No a las palomas concedió Cupido
juntar de sus dos picos los rubíes,
cuando al clavel el joven atrevido
las dos hojas le chupa carmesíes.
Cuantas produce Pafo, engendra Gnido,
negras vïolas, blancos alelíes,
llueven sobre el que Amor quiere que sea
tálamo de Acis ya y de Galatea.[23]

… … … … … … … … … … … …

Árbitro de montañas y ribera,
aliento dió, en la cumbre de la roca,
a los albogues que agregó la cera
el prodigioso fuelle de su boca;
la Ninfa los oyó, y ser más quisiera
breve flor, yerba humilde y tierra poca,
que de su nuevo tronco vid lasciva,
muerta de amor y de temor no viva.[24]

Mas (cristalinos pámpanos sus brazos)
amor la implica, si el temor la anuda,
al infelice olmo que pedazos
la segur de los celos hará, aguda.[25]
Las cavernas en tanto, los ribazos
que ha prevenido la zampoña ruda,
el trueno de la voz fulminó luego:[26]
referidlo, Piérides, os ruego.[27]

«¡Oh bella Galatea, más süave
que los claveles que tronchó la Aurora;

blanca más que las plumas de aquel ave
que dulce muere y en las aguas mora;[28]
igual en pompa al pájaro que, grave,
su manto azul de tantos ojos dora
cuantas el celestial zafiro estrellas![29]
¡Oh tú, que en dos incluyes las más bellas![30]
....

    «Sorda hija del mar, cuyas orejas
a mis gemidos son rocas al viento;
o dormida te hurten a mis quejas
purpúreos troncos de corales ciento,
o al disonante número de almejas,
marino, si agradable no, instrumento,
coros tejiendo estés, escucha un día
mi voz, por dulce, cuando no por mía.[31]

    «Pastor soy; mas tan rico de ganados,
que los valles impido más vacíos,
los cerros desparezco levantados,
y los caudales seco de los ríos:[32]
no los que, de sus ubres desatados,
o derivados de los ojos míos,
leche corren y lágrimas; que iguales
en número a mis bienes son mis males.[33]
....

    «Del Júpiter soy hijo de las ondas,
aunque pastor, si tu desdén no espera
a que el Monarca de esas grutas hondas
en trono de cristal te abrace nuera;
Polifemo te llama, no te escondas,
que tanto esposo admira la ribera,
cual otro no vio Febo más robusto,
del perezoso Volga al Indo adusto.[34]

    «Sentado, a la alta palma no perdona
su dulce fruto mi robusta mano;
en pie, sombra capaz es mi persona
de innumerables cabras el verano.
¿Qué mucho si de nubes se corona
por igualarme la montaña en vano,
y en los cielos, desde esta roca, puedo
escribir mis desdichas con el dedo?»
....

    Su horrenda voz, no su dolor interno,
cabras aquí le interrumpieron, cuantas
—vagas el pie, sacrílegas el cuerno—
a Baco se atrevieron en sus plantas.
Mas, conculcado el pámpano más tierno
viendo el fiero pastor, voces él tantas,

[17] Llegó Acis con el cabello lleno de polvo, y sudando centellas húmedas (*centellas* por el calor, *húmedas* por el sudor) si no (son) ardientes perlas (las gotas de sudor). Viendo los ojos cerrados de la dormida Galatea (*dulce occidente de sus luces bellas*), bebió agua en la fuente (que es el cristal sonoro) y miró con sus ojos el *cristal mudo* que es Galatea. En algunas ediciones los versos aparecen puntuados de la siguiente manera: «su boca dió —y sus ojos, cuanto pudo/ al sonoro cristal— al cristal mudo.» La interpretación en este caso podría ser que Acis besó a Galatea y miró la fuente. [18] Acis, hijo de un Fauno y de la Ninfa Simetis —el cual es, por su hermosura, además de gloria del mar y honor de su ribera, como un dardo de Cupido (porque de él se prendan cuantas le ven)—, se enamora en el acto de Galatea, que se convierte para él en imán y en ídolo. Acis, rico en los dones que ofrece la tierra (el *huerto pobre*, el huerto sin cultivar), etc. —frutas, leche y miel—, los deja como ofrenda junto a Galatea, según se especifica en la estrofa siguiente, aquí omitida. [19] En varias estrofas aquí omitidas se narra cómo, tras de dejar una ofrenda de almendras, leche y miel junto a Galatea, Acis se ha alejado. Galatea despierta, y al ver los dones ofrecidos por el joven, nace en ella un sentimiento de curiosidad hacia el desconocido que tan cortés se ha mostrado, sentimiento que va a tomar forma más definida cuando, poco después, encuentra a Acis fingiéndose dormido. Galatea le mira; Acis hace como que sacude el sueño, se levanta y, al momento, cae rendido a los pies de Galatea y besa el coturno que calza. La ninfa se sobresalta, pero, como se ve en esta estrofa, pronto cede a la atracción de Acis, iniciándose el idilio que se describe a continuación.— «concediéndole... reposo» quiere decir que Galatea, al mostrarse dulce y risueña, hace que Acis interrumpa o dé treguas a su reposo, ya que no a su sueño, porque en rigor no estaba dormido. [20] El hueco de una peña daba sombra, a manera de dosel, en tanto que las yedras que subían por los árboles y cubrían las piedras formaban una especie de celosía o enrejado.

[21] Los jóvenes se hallan reclinados sobre la yerba llena de florecillas de mil colores, alfombra tejida por la primavera, superior por sus matices a cuantas los tejedores de Tiro (ciudad famosa por sus alfombras) hubieran podido hacer; en este momento, sobre un mirto floreciente, se posan dos palomas (ave lasciva y ligera) cuyos arrullos amorosos inquietan a los jóvenes. [22] Acis, animado por el arrullo de las palomas, se muestra audaz, en tanto que Galatea le rechaza suavemente al par que finge desaprobar el canto armonioso de las aves que incitan a Acis. Éste se encuentra así, entre las ondas y la fruta, en situación análoga a la de Tántalo (*el siempre ayuno en penas graves*): porque *en tanta gloria*, es decir, estando junto a Galatea, no puede gozar de las bellezas de su cuerpo. *Fugitivo cristal (ondas)* = las extremidades de Galatea; *pomos de nieve (fruta)* = su pecho. [23] No bien juntaron las palomas sus picos, cuando el joven besa los labios rojos de Galatea; sobre los dos amantes llueven tantas violetas y alelíes cuantos crecen en Paphos y Gnido, ciudades donde se rendía culto a Venus. [24] Polifemo (*árbitro de montañas y riberas*), que ha aparecido en lo alto de una roca y que aún no ha visto a los amantes, hace sonar su instrumento. Al oírlo, la ninfa, que está al mismo tiempo muerta de amor por Acis y de miedo de Polifemo, se asusta y querría convertirse en algo casi invisible más que estar unida a Acis como la vid al tronco. [25] Galatea se abraza fuertemente a Acis (el *olmo*), a quien los celos de Polifemo destruirán. Se anuncia así el desenlace de la fábula. *Segur* = hacha grande. [26] La voz de trueno de Polifemo se extiende por cavernas y ribazos, a los que ya había llegado la música de su instrumento. [27] Al iniciarse el canto de Polifemo el poeta invoca a las Musas (*Piérides*). [28] el cisne. [29] el pavo real, que en su plumaje azul tiene tantos ojos dorados como el cielo estrellas. [30] Oh tú (Galatea), cuyas dos estrellas (*ojos*) contienen la belleza de todas las [estrellas] que hay en el cielo. (*Siguen las notas en la página 632.*)

y tantas despidió la honda piedras,
que el muro penetraron de las yedras.[35]

De los nudos, con esto, más süaves
los dulces dos amantes desatados,
por duras guijas, por espinas graves,
solicitan el mar con pies alados:[36]
tal rendimiento de importunas aves,
incauto meseguero, sus sembrados,
de liebres dirimió copia así amiga,
que vario sexo unió y un surco abriga.[37]

Viendo el fiero jayán con paso mudo
correr al mar la fugitiva nieve
—que, a tanta vista, el Líbico desnudo
registra el campo de su adarga breve—
y al garzón viendo, cuantas mover pudo
celoso trueno, antiguas hayas mueve:
tal, antes que la opaca nube rompa,

previene rayo fulminante trompa.[38]

Con vïolencia desgajó, infinita,
la mayor punta de la excelsa roca,
que al joven, sobre quien la precipita,
urna es mucha, pirámide no poca.[39]
Con lágrimas la Ninfa solicita
las deidades del mar, que Acis invoca:
concurren todas, y el peñasco duro,
la sangre que exprimió, cristal fué puro.[40]

Sus miembros lastimosamente opresos
del escollo fatal fueron apenas,
que los pies de los árboles más gruesos
calzó el líquido aljófar de sus venas.
Corriente plata al fin sus blancos huesos,
lamiendo flores y argentando arenas,
a Doris llega que, con llanto pío,
yerno lo saludó, lo aclamó río.[41]

POETAS CONTEMPORÁNEOS DE LOPE DE VEGA Y DE GÓNGORA

En los últimos años del siglo XVI y en una gran parte del siglo XVII se produce en España una extraordinaria cantidad de poesía que alcanza, en general, un alto grado de excelencia. Esta excelencia no ha sido siempre reconocida por la crítica, influída hasta época muy reciente por la valoración adversa que del barroco iniciaron los preceptistas neoclásicos en el siglo XVIII y que aceptaron, con pocas excepciones, los críticos del XIX. La idea de la decadencia ha contribuído también a rechazar muchos de los valores que la lírica del período a que nos referimos representaba. Hoy, una generación de críticos, especialmente dotada para percibir esos valores, está rescatando del olvido la obra de muchos poetas y enseñándonos a gustar, ya de la delicada perfección, ya del contenido espiritual que caracterizan a una poesía considerada hasta ahora como pura retórica artificiosa.

No ha sido fácil sin embargo en una Antología general como la presente substraerse a valoraciones ya establecidas ni elegir entre el caudal inmenso que la poesía de la época ofrece. De guiarnos por el gusto personal o por el que impera entre los mejores conocedores de la poesía, la selección hubiera sido probablemente más amplia. Sin embargo, han prevalecido consideraciones de espacio y el manifiesto propósito pedagógico que nos guía. Por eso no se encontrarán en esta sección muchas novedades, aunque hayamos incluído algunos poetas tales como Medrano, Carrillo de Sotomayor o Luis Martín de la Plaza, que no suelen aparecer en otras antologías del tipo de la presente.

Van también unos fragmentos de dos poemas épicos: El *Bernardo*, de Balbuena, y *La Cristiada*, de Diego de Hojeda, que pertenecen a un género muy cultivado en la época y que para el lector actual han pasado a ser mera curiosidad erudita.

Se incluye, por último, una brevísima selección de poesía tradicional, anónima o semianónima, de muy difícil atribución, que en el siglo XVII, como en el anterior, sigue constituyendo uno de los más ricos caudales de la lírica española.

Juan de Arguijo

1560-1623

Píramo

«Tú, de la noche gloria y ornamento,
errante luna, que oyes mis querellas;
y vosotras, clarísimas estrellas,
luciente honor del alto firmamento,
    pues ha subido allá de mi lamento
el son y de mi fuego las centellas,
sienta vuestra piedad, ¡oh luces bellas!
si la merece, mi amoroso intento.»
    Esto diciendo, deja el patrio muro
el desdichado Píramo, y de Nino
parte al sepulcro, donde Tisbe espera.
    ¡Pronóstico infeliz, presagio duro
de infaustas bodas, si ordenó el destino
que un túmulo por tálamo escogiera![1]

La tempestad y la calma

Yo vi del rojo sol la luz serena
turbarse, y que en un punto desparece
su alegre faz, y en torno se oscurece
el cielo con tiniebla de horror llena.

El austro[2] proceloso airado suena,
crece su furia, y la tormenta crece,
y en los hombros de Atlante[3] se estremece
el alto olimpo y con espanto truena;
    mas luego vi romperse el negro velo
deshecho en agua, y a su luz primera
restituirse alegre el claro día,
    y de nuevo esplendor ornado el cielo
miré, y dije: ¿Quién sabe si le espera
igual mudanza a la fortuna mía?

Lupercio Leonardo de Argensola

1559-1613

Al sueño

Imagen espantosa de la muerte,
sueño crüel, no turbes más mi pecho,
mostrándome cortado el nudo estrecho,
consuelo sólo de mi adversa suerte.
    Busca de algún tirano el muro fuerte,
de jaspe las paredes, de oro el techo,
o el rico avaro en el angosto lecho
haz que temblando con sudor despierte.
    El uno vea el popular tumulto
romper con furia las herradas puertas
o al sobornado siervo el hierro oculto.

El otro sus riquezas, descubiertas
con llave falsa o con violento insulto,[4]
y déjale al amor sus glorias ciertas.

* * *

Tras importunas lluvias amanece,
coronando los montes el sol claro;
salta del lecho el labrador avaro,
que las horas ociosas aborrece.
    La torva frente al duro yugo ofrece
el animal que a Europa fué tan caro;[5]
sale, de su familia firme amparo,
y los surcos solícito enriquece.
    Vuelve de noche a su mujer honesta,
que lumbre, mesa y lecho le apercibe,
y el enjambre de hijuelos le rodea.
    Fáciles cosas cena con gran fiesta.
El sueño sin envidia le recibe,
¡oh corte, oh confusión!, ¿quién te desea?

* * *

No temo los peligros del mar fiero,
ni de un scita[6] la odiosa servidumbre,
pues alivia los hierros la costumbre,
y al remo grave puede hacer ligero.
    Ni oponer este pecho por terrero[7]
de flechas a la inmensa muchedumbre;
ni envuelta en humo la dudosa lumbre
ver, y esperar el plomo venidero.

[31] Tú, hija del mar, sorda a mis gemidos como las rocas al viento, ya estés dormida a mis quejas entre cien troncos purpúreos de corales, o ya estés danzando con otras ninfas (*coros tejiendo*) al son disonante de las almejas, instrumento marino de sonido poco agradable (es decir, donde quiera que estés), escucha un día mi voz, no por ser mía, sino por la dulzura de los sentimientos que expresa. [32] Soy pastor tan rico, que mis ganados cubren los valles, ocultan los cerros más altos y secan los ríos. [33] pero no [seco] los caudales de leche que producen las ubres de mis vacas ni los caudales de lágrimas que salen de mis ojos porque mis males y penas son tan grandes como mis riquezas. [34] Aunque sea pastor, y por tanto viva en la tierra, también soy hijo de Neptuno (el *Júpiter de las ondas*); de manera que si en tu desdén por mí no esperas casarte con alguna deidad marina y que el monarca de las aguas —Neptuno— te abrace por nuera en el seno de la mar (*en trono de cristal*), no te escondas a mi llamamiento, porque quien te llama y se te ofrece como esposo es Polifemo, el más robusto que puede hallarse en la ribera (en la tierra) desde el río Volga hasta el río Indo, es decir, de uno a otro extremo. [35] El canto de Polifemo, no su dolor, fué interrumpido por unas cabras (animal que se había atrevido sacrílegamente a comer de los racimos que adornaban la guirnalda de Baco), y que ahora vió Polifemo que comían unos pámpanos que allí había; Polifemo empezó a dar voces y a tirar piedras que penetraron en el muro formado por las yedras que ocultaban el lugar donde estaban Acis y Galatea. [36] Alarmados con esto, los dos amantes dejan de abrazarse y corren con pies alados hacia el mar por piedras y espinas. [37] Le ocurrió así a Polifemo lo que al labrador que guarda las mieses (*meseguero*), que al tirar piedras para espantar los pájaros de sus sembrados, espanta al mismo tiempo las liebres que se habían juntado en el surco. [38] Viendo Polifemo correr hacia el mar a Galatea (*fugitiva nieve*), y viendo también a Acis (*garzón*), prorrumpe —de la misma manera que el trueno va precedido del rayo— en un terrible alarido (*celoso trueno*) que hizo estremecer a las hayas más viejas.—«que a tanta vista... breve» quiere decir que la vista de Polifemo era tan potente, que desde la montaña de Sicilia podía ver los emblemas inscritos en los escudos de los guerreros que marchaban por el desierto de Libia. [39] La roca arrojada por Polifemo, al aplastar a Acis, se convierte en su sepultura, de un tamaño excesivo para ser urna funeraria y no demasiado pequeño para ser pirámide. [40] Por intercesión de las deidades del mar invocadas por Acis y Galatea, la sangre del joven se convierte en agua.

[41] Acis, convertido en río (*líquido aljófar, corriente plata*), va entre árboles, flores y arenas hasta llegar al mar donde Doris, madre de Galatea, lo saluda como a yerno.

[1] Los amantes —Píramo y Tisbe— habían escogido como lugar de la cita para celebrar sus bodas (es decir, como tálamo), la tumba de Nino (es decir, un túmulo). Allí Tisbe, al ver a una leona ensangrentada, huyó y dejó su velo. Al llegar Píramo, y al ver el velo manchado de sangre, creyó que Tisbe había sido devorada por la leona y se suicidó; cuando volvió Tisbe se mató con la misma espada que su amado. [2] viento del mediodía. [3] Atlas, condenado por Júpiter a sostener el cielo sobre sus hombros. [4] asalto, ataque. [5] el toro; en este caso alude a los bueyes con que el labrador va a arar la tierra. [6] natural de la Escitia, región del Asia antigua; aquí en el sentido de bárbaro o extranjero. [7] blanco.

Mal que tiene la muerte por extremo,
no le debe temer un desdichado,
mas antes escogerle por partido.

¡La sombra sola del olvido temo,
porque es como no ser un olvidado,
y no hay mal que se iguale al no haber sido!

Bartolomé Leonardo de Argensola
1562-1631

Aunque de godos ínclitos desciendas,
y cuelgues de pirámides gitanas
tus armas, con las águilas romanas,
y despojos de bárbaras contiendas;

aunque a Jove le des ricas ofrendas,
olores de Asia, plumas mejicanas,
y arrastres las banderas africanas,
y tu nombre de polo a polo extiendas;

aunque ciñan laurel y oro tus sienes,
y gobiernes la rueda de Fortuna,
y pongas con tu gusto al mundo leyes;

aunque pises la frente de la luna,
y huelles la corona de los reyes,
si la virtud te falta, nada tienes.

* * *

Yo os quiero confesar, don Juan, primero,
que aquel blanco y color de doña Elvira
no tiene de ella más, si bien se mira,
que el haberle costado su dinero.

Pero tras eso confesaros quiero
que es tanta la beldad de su mentira,
que en vano a competir con ella aspira
belleza igual de rostro verdadero.

Mas ¿qué mucho que yo perdido ande
por un engaño tal, pues que sabemos
que nos engaña así Naturaleza?

Porque ese cielo azul que todos vemos,
ni es cielo ni es azul. ¡Lástima grande
que no sea verdad tanta belleza!

Estancia

Ajeno de razón, de mí olvidado,
entré por una fresca pradería,
tras la cual se seguía
un valle horrible, hondo y temeroso,
de donde vi un salvaje que salía,
de negro humo y llamas rodeado,
con paso acelerado;
y aunque temí, fingí del animoso.
Preguntéle do iba presuroso,
mas él, con voz confusa y espantable,
me dijo: «Y tú, ¿dó vas, hombre perdido?
¿No oyes el gemido

que sale deste valle miserable?
Vuelve, que va al infierno esta floresta.
Si al cielo quieres ir, ve por la cuesta.»

José de Valdivielso
1560-1638

LETRA AL SANTÍSIMO SACRAMENTO

Aunque más te disfraces,
galán divino,
en lo mucho que has dado
te han conocido.

Rey enamorado,
que, de amor herido,
vestiste en la sierra
el blanco pellico;
las sienes coronas
de espigas de trigo,
entre ellas mezclados
olorosos lirios.
Aunque más disfrazado,
galán divino,
en lo mucho que has dado
te han conocido.

Sacaste un gabán
en Belén al frío,
de perlas y estrellas
todo guarnecido;
montera de campo,
de cabellos rizos,
con mil corazones
entre ellos asidos.
Aunque más disfrazado,
galán divino,
en lo mucho que has dado
te han conocido.

Quieres en tu mesa
los amantes limpios,
sal de tu palabra,
de dolor cuchillos.
Es tu carne el pan,
es tu sangre el vino,
y en cada bocado
se come infinito.
Aunque más disfrazado,
galán divino,
en lo mucho que has dado
te han conocido.

Al Santísimo Sacramento

Unos ojos bellos
adoro, madre;
téngolos ausentes,
verélos tarde.

Unos ojos bellos,
que son de paloma,
donde amor se asoma
a dar vida en ellos;
no hay, madre, sin vellos,
bien que no me falte;
téngolos ausentes,
verélos tarde.

Son dignos de amar,
pues podéis creer
que no hay más que ver
ni que desear.
Hícelos llorar
y llorar me hacen;
téngolos ausentes,
verélos tarde.

Yo sé que me vi
cuando los miré,
que en ellos me hallé
y en mí me perdí;
ya no vivo en mí
sino en ellos, madre;
téngolos ausentes,
verélos tarde.

Bernardo de Balbuena

1568-1627

EL BERNARDO

Batalla de Roncesvalles

Con el furor que la impelida llama
de un recio viento a un bosque seco arroja
la tragadora furia, en que arde y brama
en resonante hervir la selva roja,
suda el verde laurel, arde la grama,
vuela del fresno en humo el tronco y hoja,
y todo al fin por do el incendio pasa,
el monte asombra, y su ladera abrasa;
  así,[8] al son de trompetas y atambores,
y con igual furor sube marchando
por los riscos, altivos miradores
del grave Pirineo, el francés bando:
tiemblan los pinos, gimen los alcores[9]
debajo el grave peso; y no bastando

a refrenar su furia, el valle escaso[10]
les da a no poder más humilde el paso.
  El viejo y encorvado Pirineo,
a quien del cielo el brazo eterno puso
con riendas de oro al paso del deseo
de un pueblo y otro de su trato y uso;
y por mejor y altísimo trofeo
de paz y eternas treguas le compuso
entre las dos naciones, que feroces
hoy su sosiego han perturbado a voces;
  de las huecas alcobas, donde tiene
en estrados de plata reclinada
la grave espalda, que corriendo viene
de la una mar a la otra mar salada;[11]
al rumor de la gente que detiene,
su cabeza de encinas coronada
dicen que alzó entre riscos, y la tierra
tembló al abrir sus ojos la gran sierra.
  Y viendo por sus hombros derramadas
del francés reino las legiones fieras,
de las lustrosas armas las doradas
luces, y el tremolar de las banderas,
las leyes de sus límites quebradas,
y que por pretensiones altaneras,
lo que el cielo apartó en concordia sana,
juntar pretende la ambición humana;
  «¿Quién, dijo, con tan bárbaros intentos
del mundo la quietud ha rebelado?[12]
¿Qué nuevos monstruos de ánimo violentos
por mis revueltas breñas se han sembrado?
¿A qué fin con tan graves movimientos
de armas mi inculto seno veo preñado,[13]
que con ciego alboroto y son de guerra
los confines asordan de mi tierra?
… … … … … … … … … … … … …
  Mas si el oculto discurrir del hado,
y de las Parcas el estambre y huso,[14]
a la francesa majestad han dado
su crecimiento hasta este punto incluso;
si hasta aquí tiene el cielo decretado
que llegue, y por sus límites le puso
la cumbre, que ya sube y quiere a una[15]
que de ella le despeñe la fortuna;
  yo doy lugar a lo que el cielo ordena:
el paso libre, y el camino llano.»
Esto a la gran montaña de años llena

---

8 Con este *así* comienza la comparación de la furia con que los guerreros franceses van al combate y el asombro que su paso produce en las montañas del Pirineo con la descripción metafórica del incendio en la estrofa anterior. 9 colinas. 10 estrecho.
11 del Mediterráneo al Cantábrico. 12 alterado. 13 lleno. 14 y el hilo y huso de las Parcas, diosas que presiden el destino del hombre. 15 al mismo tiempo. 16 ejército francés. 17 paso. 18 el resplandor de las armas. 19 pieza de la armadura que cubría la pierna. 20 Bernardo del Carpio.

21 igual que *estrago*: destrozo. 22 Se refiere a Durandarte, cuyo combate con Bernardo se ha descrito en las estrofas anteriores. 23 Se refiere a Bernardo, a quien Reinaldos reta. 24 Ésta (Fusberta, espada de Reinaldos) se dobla sin poder penetrar la armadura de Bernardo; mas aquélla (Balisarda, espada de Bernardo) acertó a dar tal golpe sobre el yelmo de Mambrino (yelmo que Reinaldo había ganado a este rey y que llevaba en los combates) que todo el cerco de oro (el reluciente yelmo y quien lo llevaba, Reinaldos) cayó por tierra. 25 toda la gloria de Montalbán y Claramonte, es decir, R e i n a l d o s. 26 el famoso caballo de Reinaldos.

es fama que le oyó el bosque cercano;
y el feroz campo,[16] cuyo curso[17] atruena
los vecinos contornos, llegó ufano
a la alta cumbre, donde en vista fiera
el español ejército le espera.
… … … … … … … … … … … … … …

Muévense entrambos campos, semejantes
a dos tejidas selvas, cuyos pinos
son espigadas lanzas relumbrantes,
y las copadas hayas yelmos finos,
las ramas sus plumeros tremolantes,
donde hace el viento bellos remolinos,
y a las varias centellas del acero
en que el sol quiebra, se arde el bosque entero.

Llega junta a chocar la muchedumbre
al son de belicosos instrumentos,
gimió de Roncesvalles la alta cumbre
en roncos y tristísimos acentos:
suena el acero, asombra su vislumbre,[18]
y el Pirineo tembló por los cimientos;
las madres dentro en los vecinos techos
sus hijos abrigaron a sus pechos.

El bravo Durandarte, el gran Ricardo,
Gaiferos, Naimo, Otón, y Bellenguero,
Anselmo, don Turpín, Avivio, Alardo,
el alemán Godofre, el fiel Rainero,
de todos hecho un escuadrón gallardo,
lanzando rayos de su ardiente acero,
por el revuelto ejército de España
rompiendo van en mortandad extraña.
… … … … … … … … … … … … … …

Retumba el hueco valle a los acentos
del ronco y triste son de las espadas,
hieren las voces los confusos vientos,
y el romper de las armas encontradas;
corren del monte horrible ríos sangrientos,
volcando arneses, grebas[19] y celadas
a los vecinos valles, ya cubiertos
de enteros escuadrones de hombres muertos.
… … … … … … … … … … … … … …

Salió gallardo el príncipe de España[20]
luego que el francés campo vió deshecho,
que hasta aquel punto reprimió la saña
para mejor justificar su hecho;
y cual hambriento león, si en la montaña
la aguda hambre que le escarba el pecho,
el tímido rebaño, ya sin gente
ni pastor, desde lejos balar siente,
haciendo estrago y riza[21] de mil suertes
entra bañando en sangre diente y garras;
tal el feroz caudillo de los fuertes
montañeses saltó el palenque y barras:
y en varios golpes, y en diversas muertes,
lances nuevos probó, pruebas bizarras,
asombrando su espada al campo todo,

ya de este, ya de aquel, ya de otro modo.
… … … … … … … … … … … … … …

Reinaldos que llegó cuando caía,[22]
admirado de heridas tan gallardas,
«Valiente español,[23] dijo, éste es mi día,
si como debes sin temor me aguardas:
con esa tuya, y con la espada mía,
de roja sangre y de tinieblas pardas
famosa estatua te dará la suerte
de heroicos hechos, y de honrada muerte.»

Dijo, y a un tiempo igual ambos guerreros,
a dos manos sin guarda ni cubierta,
a buscar su victoria bajan fieros,
el uno a Balisarda, otro a Fusberta:
ésta dobló en las armas sus aceros,
mas aquélla con tal destreza acierta
sobre el hadado yelmo de Mambrino,
que todo el cerco de oro al suelo vino.[24]

Cayó, y de Montalbán y Claramonte
toda la gloria[25] junta vino al suelo.
¡Oh del mundo menor breve horizonte,
vida mortal, tasado paralelo!
Sea a tu gran valor tumba este monte,
fama el blasón, y la capilla el cielo,
pues tras tantas grandezas, de su mano
no te dejó otra cosa el tiempo vano.

Cayó también con él su leal Bayardo,[26]
o atronado del golpe poderoso,
o que del signo triste el paso tardo
allí acabó su curso perezoso,
que al rey Artús sirvió, y hoy del gallardo
Reinaldos al sepulcro temeroso,
en cuya compañía el fiel caballo
muerto, nuevo dolor ponía mirallo.

Asombró el golpe los vecinos valles,
y volvió el más distante la cabeza;
Roldán, que al paso está, volvió a miralles,
y de la herida viendo la fiereza:
«¡Oh cielos, oh Francia, oh Roncesvalles,
donde hoy cae del imperio la grandeza!
Fenezca aquí mi vida, ¡oh ciego hado!
¿Cómo tal fin a tal principio has dado?»

Diego de Hojeda

1570-1607

LA CRISTIADA

*El arcángel Gabriel anuncia a la Virgen María la
resurrección de su Hijo*

Estaba en su aposento recogida,
llorando de su Hijo y Dios piadoso
la pasión dada pero no advertida
por aquel pueblo en ceguedad famoso;
sola estaba en su celda y afligida,

revolviendo en su pecho temeroso
grandes misterios a su pena iguales,
y en muda interna voz, palabras tales:
«¡Oh tú, Padre de aquel Hijo perfecto
que en sí tu esencia y tu bondad encierra,
y como a tu vital digno concepto
le adora el cielo, y treme[27] de él la tierra,
¿por qué sufres que ahora esté sujeto,
si bien mi Hijo, a tan injusta guerra,
do le ofendan tan mal sus enemigos,
y tan mal le defiendan sus amigos?

    Hoy su hermoso y apacible cuello
ciñen cordeles, sogas atormentan,
la barba ilustre y el sutil cabello
le mesan manos, y uñas ensangrientan,
hoy su serena frente y rostro bello
verdugos viles con rigor afrentan;
¿Y tú, Padre, lo ves? ¡Oh Padre amado!
¿Y estás del Hijo, igual a ti, olvidado?
… … … … … … … … … … … …

    Tú haces, cuando quieres, maravillas:
al sol detienes y su curso enfrenas;
abres dentro del mar nuevas orillas,
sus aguas rompes, muestras sus arenas;
de la zarza y del fuego las rencillas
vuelves en paces de dulzura llenas;
conviertes los desiertos en jardines,
y guardas tu jardín con querubines.

    Guarda, pues, el jardín inestimable
de tu Hijo, y la zarza milagrosa
de su naturaleza venerable,
no la abrase esta llama rigurosa;
y en este mar de penas admirable,
admirable le muestra y deleitosa
playa, y del fuerte sol, que así le ofende
con nube contrapuesta, le defiende.»

    Dijo, y en los suspiros vehementes
las lágrimas volaron hasta el cielo,
y en suspiros y lágrimas ardientes
subieron las palabras sin recelo,
a todos los afectos convenientes;
y del todo el ansioso y presto vuelo,
y cuanto hizo y pronunció María
fué para Dios süave melodía.

    Oyendo, pues, el Padre de la gloria
su llanto y oración, dulce y atento
llama a Gabriel, y hácele notoria
su muerte inescrutable en un momento,[28]
infórmale con ella la memoria,
y luz divina de su grave intento
le da, y le dice: «Ve a la Virgen pura,

y dile, y de mi parte la asegura
que si bien morirá su Hijo amado
cual hombre en una cruz horrible muerte,
presto será por mí resucitado,
y subido a feliz y eterna suerte;
y desde allí gobernará sentado
su imperio ilustre, poderoso y fuerte:
ve y díselo:» calló, y mostróle al punto
todo su intento en sí explicado y junto.

    Postra Gabriel de su inmortal corona
el oro fino y piedras rutilantes;
humilla al sumo Padre su persona,
deja su asiento de orlas radiantes;
del cielo baja, el aire perfecciona,
y labra de él sus alas importantes;
joven se muestra y forma lindo aspecto,
mas a tristeza y a dolor sujeto.
… … … … … … … … … … … … .. …

    Rasgó del aire la región más pura,
pasó la helada[29] con gentil denuedo,
y a la tercera[30] dió su hermosura,
en apariencia triste, en verdad ledo.[31]
Suspendió (luego en la montaña oscura,[32]
que vido al hombre y Dios con pena y miedo)
el largo vuelo, y contempló en su mente
aquel sudor de Cristo vehemente.
… … … … … … … … … … … …

    Cual finas perlas sobre ardiente grana
esparcidas a trechos con destreza,
y como de la cándida mañana
el rocío en la flor de más belleza,
así vido en la Reina soberana
de la maternidad y la pureza
el ángel las mejillas milagrosas,
bañadas de sus lágrimas hermosas.

    Humilde puso en tierra los hinojos,
tierno pidió para hablar licencia,
como afligido se limpió los ojos,
y los labios abrió con reverencia:
«Cesen, ¡oh Virgen madre! tus enojos,
de dolor llena y llena de paciencia,
que el Padre eterno y dulce a ti me envía
(dijo) ¡oh bella y santísima María!
… … … … … … … … … … … … … … …

    Esfuérzate a sufrir del Hijo amado
la pasión dura, la afrentosa muerte,
que así lo tiene Dios predestinado,
y no puede trazarse de otra suerte;
pero si bien está determinado
que muera cual varón piadoso y fuerte,
también que resucite en paz gloriosa

---

está en la mente santa y poderosa.
… … … … … … … … … … … … …

Y cuando esté con más razón, Señora,
tu alma triste, oscuro tu aposento,
antecediendo al paso de la aurora
el sol te nacerá de tu contento;
y con su luz a quien el cielo adora
herirá tu bel rostro macilento,
y llenará esta cuadra[33] de mil rayos,
de rosas, flores, primaveras, mayos.
… … … … … … … … … … … … …

Vendrá tu Hijo de ángeles cercado,
y santas almas en su luz ardiendo
su cuerpo ceñirán resucitado
con regocijo alegre y dulce estruendo;
al Hijo que miraste ensangrentado
le verás fuentes de placer vertiendo:
diráte: «¡Oh Madre!» y tú dirásle: «¡Oh Hijo!»,
tú en él, y él en tu rostro el rostro fijo.

*Diálogo de la Virgen con las mujeres de Jerusalén
y encuentro con su Hijo a la subida del Calvario.*

Y díceles: «¡Oh damas generosas!
¿Habéis por esas calles encontrado
entre el polvo y las armas rigurosas
un mi Hijo a la muerte condenado?»
«¿Qué señales —responden amorosas—
tiene aqueste tu Hijo desgraciado?»
Y la Virgen acude: Es mi querido
blanco y rojo, excelente y escogido.
… … … … … … … … … … … … …

Sus ojos, de paloma refulgente
lavada en leche pura y agua clara,
que resplandecen en su blanca frente
con rara honestidad y alteza rara;
y cual jardín de flores excelente
son las mejillas de su linda cara,
donde cogen las gracias envidiosas
jazmines, lirios, clavellinas, rosas.

Son de ardiente coral sus bellos labios,
o de roja azucena extraordinaria,
que en mirra pura mil conceptos sabios
envuelven de doctrina ilustre y varia.
Y a aquellas manos ¿quién les hace agravios?
O ¿qué impiedad les puede ser contraria?
que de oro son, y de oro liberales,
y llenas de jacintos celestiales.

Es del bien esencial un mar inmenso,
de la bondad sin tasa un hondo abismo,
y el más perfecto ser le paga censo,
porque es de todo el ser el centro mismo.»
Así tenía, y con razón, suspenso
en un suave y santo paroxismo
de aquellas hijas de Sión el coro
la Virgen Madre con su boca de oro.

Y ellas, después que con amor la oyeron,
y en su notable Hijo repararon,
estas graves sentencias respondieron,
con que más su dolor acrecentaron:
«El gran varón que nuestros ojos vieron,
y a muerte los setenta[34] condenaron,
no va tan bello y tan gracioso agora,
o no es quien vos decís, noble Señora.

¿Ojos, decís, que de paloma tiene
bañada en leche y agua cristalina?
Esa comparación no le conviene;
que apenas si los tiene se adivina:
porque un tan grande arroyo se detiene
en ellos de la sangre que camina
por la frente apretada con abrojos,
que las lumbres le ahoga de los ojos.

No son jardín de flores sus mejillas,
mas seca y agostada sementera;
tanto las lleva oscuras y amarillas;
si fué tal, diferente es de quien era;
ni vimos en su boca maravillas
de esa elocuencia ilustre y verdadera;
bien que sus labios son perfectos lirios,
mas cárdenos a fuerza de martirios.

Las manos de oro lleva casi muertas.
¿Qué belleza tendrán muertas sus manos?
Y con el frío de la noche yertas,
¿cuál estarán sus dedos soberanos?
Las carnes de marfil precioso, abiertas
y rotas con azotes inhumanos,
llagas rodean, ciñen cardenales,
no zafiros de luces inmortales...»
… … … … … … … … … … … … …

Dijeron; y escuchó la Virgen pura
de su Hijo el proceso doloroso,
y con grave y dulcísima mesura
se despidió del bando religioso;
y mezclada su ilustre compostura
con nuevo sentimiento lastimoso,
se fué a buscar al Hijo deseado,
por aliviar su cruz o su cuidado.

Camina, y a la vista se le ofrecen
del polvo los nublados que el sol cubren,
y de allí a poco relucir parecen
los hierros que en el aire se descubren;
luego los alaridos la enternecen,
y aunque las voces claras se le encubren,
piensa que son suspiros y alborotos
de pechos fieros o ánimos devotos.

Pero después la sangre ve divina
y el rastro que su Hijo va dejando,
y por él y por ella se encamina,
sus huellas y licor reverenciando;
y al fin llega a la calle más vecina,
adonde al Hijo mira tropezando

con el gran peso de la cruz terrible.
¡Oh de ambos gran dolor, pena insufrible!
Sus ojos fija en él la Madre casta;
su vista en ella pone el Hijo santo;
esta luz en aquella luz se engasta,
y éste despierta aquel precioso llanto:
mírase el uno al otro. Amor, ¿no basta
que con el Hijo eterno puedas tanto,
sin que a la Madre aflijas de manera
que, sin cruz, de la cruz pendiente muera?
Muere la Madre cuando al Hijo mira:
más hace que morir, queda viviendo;
y de ver que no muere más se admira,
porque se ve que viva está muriendo;
ni traspasado el corazón suspira;
que el anhélito[35] ansioso recogiendo
del Hijo, le detuvo el que lanzaba
al tiempo que su vida le entregaba...
... ...
También el santo hijo se afligía.
Mas ¿qué buen corazón no se afligiera
de ver así a la Madre honesta y pía,
por Dios y de Dios Madre verdadera?
Quisiera, pues, hablarla, y no podía;
que quiso no poder lo que quisiera;
pero la Madre y Hijo se miraron,
y con los ojos y almas se hablaron.
«Basta que yo padezca, ¡oh Madre santa!,
por el linaje ingrato infame muerte,
sin que tanto dolor y pena tanta
hiera tu blando pecho y alma fuerte:
yo sólo el trigo soy que se quebranta
y en la tierra se pudre de esta suerte,
para que nazca sementera ilustre
que al cielo dé hartura, al mundo lustre.
... ...
«¿Adónde iré (la Madre le responde),
si tú me llevas, ¡oh Jesús!, la vida?
Si a tu muerte mi muerte corresponde,
ausente moriré contigo unida.
¿Adónde, pues, ¡oh dulce Hijo!, adónde
de Ti mi alma vivirá partida?
En tu cruz quiero ser crucificada,
y muerta, en tu sepulcro sepultada.»

Francisco de Medrano
1570?-1607

SONETOS
A Fernando de Soria

Yo vi romper aquestas vegas llanas,
y crecer vi y romper en pocos meses
estas ayer, Sorino, rubias mieses,
breves manojos hoy de espigas canas.
Éstas vi que hoy son pajas más ufanas,
sus hojas desplegar para que vieses
vencida la esmeralda en sus enveses,
las perlas en su haz por las mañanas.
Nació, creció, espigó y granó un día
lo que ves con la hoz hoy derrocado,
lo que entonces tan otro parecía.
¿Qué somos pues, qué somos? Un traslado
desto, una mies, Sorino, más tardía;
y a ¡cuántos sin granar los han segado!

* * *

No siempre fiero el mar zahonda[36] el barco,
ni acosa el galgo a la medrosa liebre,
ni sin que ella afloje o él se quiebre,
la cuerda siempre trae violento el arco.
Lo que es rastrojos hoy, ayer fué charco,
frío dos horas antes lo que es fiebre;
tal vez al yugo el buey, tal al pesebre,
y no siempre severo está Aristarco.[37]
Todo es mudanza, y de mudanza vive
cuanto en la mar aumento de la luna,
y en la tierra del sol vida recibe.
Y sólo yo, sin que haya brisa alguna
con que del gozo al dulce puerto arribe,
prosigo el llanto que empecé en la cuna.

Rodrigo Caro
1573-ca. 1674

A LAS RUINAS DE ITÁLICA[38]

Estos, Fabio[39] ¡ay dolor! que ves ahora
campos de soledad, mustio collado,

35 aliento.   36 hunde.   37 crítico griego cuya severidad se hizo proverbial.   38 famosa ciudad romana cerca de Sevilla.   39 nombre muy usado en la poesía moral del siglo XVII para dirigirse a un oyente imaginario. Quizá se relacione con Fabius Cunatator, general romano del siglo III antes de Jesucristo, cuya prudencia es objeto de numerosas alusiones en la literatura.   40 Escipión el africano, fundador de Itálica en el año 205 a. J. C.   41 Ante quien se postró toda la tierra desde el oriente, donde nace el sol, hasta la que baña el Atlántico; el mar gaditano, que era considerado en la antigüedad como límite del mundo conocido.   42 El Emperador Adriano, hijo adoptivo de Trajano, nació al parecer en Roma, no en Itálica como supone Caro; y el emperador Teodosio nació en Coca, cerca de Segovia.   43 El poeta Cayo Silio Itálico, nacido en Itálica; peregrino = excelente.   44 repite.   45 las almas de los muertos consideradas como divinidades tutelares de un lugar.   46 Tú (Itálica), si las ingratas cenizas de las cuales llevo un recuerdo dulce, aunque triste, han aceptado el lloroso don (de mi elegía) permíteme en pago piadoso a mi tierno llanto que vea el cuerpo santo, etc.; Geroncio, mártir de los primeros tiempos del cristianismo, que según la tradición, vivió en Santi Ponce, cerca de las ruinas de Itálica.   47 pero mal pido lo que pudiera ser el único consuelo (descubrir el sepulcro del santo) de todo el bien (de todo lo que fué gloria de Itálica) que el cielo airado destruyó.   48 en tus reliquias, aquí equivalente a «ruinas».

fueron un tiempo Itálica famosa.
Aquí de Cipión[40] la vencedora
colonia fué; por tierra derribado
yace el temido honor de la espantosa
muralla, y lastimosa
reliquia es solamente.
De su invencible gente
sólo quedan memorias funerales
donde erraron ya sombras de alto ejemplo;
este llano fué plaza, allí fué templo:
de todo apenas quedan las señales.
Del gimnasio y las termas regaladas
leves vuelan cenizas desdichadas;
las torres que desprecio al aire fueron
a su gran pesadumbre se rindieron.

  Este despedazado anfiteatro,
impio honor de los dioses, cuya afrenta
publica el amarillo jaramago,
ya reducido a trágico teatro
¡oh fábula del tiempo! representa
cuánta fué su grandeza y es su estrago.
¿Cómo en el cerco vago
de su desierta arena
el gran pueblo no suena?
¿Dónde, pues fieras hay, está el desnudo
luchador? ¿Dónde está el atleta fuerte?
Todo despareció: cambió la suerte
voces alegres en silencio mudo;
mas aún el tiempo da en estos despojos
espectáculos fieros a los ojos
y miran tan confusos lo presente
que voces de dolor el alma siente.

  Aquí nació aquel rayo de la guerra,
gran padre de la patria, honor de España,
pío, felice, triunfador Trajano,
ante quien muda se postró la tierra
que ve del sol la cuna y la que baña
el mar, también vencido, gaditano.[41]
Aquí de Elio Adriano,
de Teodosio[42] divino,
de Silio peregrino,[43]
rodaron de marfil y oro las cunas.
Aquí ya de laurel, ya de jazmines
coronados los vieron los jardines
que ahora son zarzales y lagunas.
La casa para el César fabricada
¡ay! yace de lagartos vil morada.
Casas, jardines, césares murieron
y aun las piedras que de ellos se escribieron.

  Fabio, si tú no lloras, pon atenta
la vista en luengas calles destruídas;
mira mármoles y arcos destrozados;
mira estatuas soberbias que violenta
Némesis derribó, yacer tendidas,
y ya en alto silencio sepultados
sus dueños celebrados.

Así a Troya figuro,
así a su antiguo muro,
y a ti, Roma, a quien queda el nombre apenas
¡oh patria de los dioses y los reyes!
Y a ti, a quien no valieron justas leyes,
fábrica de Minerva, sabia Atenas:
emulación ayer de las edades,
hoy cenizas, hoy vastas soledades,
que no os respetó el hado, no la muerte,
¡ay! ni por sabia a ti, ni a ti por fuerte.

  Mas ¿para qué la mente se derrama
en buscar al dolor nuevo argumento?
Basta ejemplo menor, basta el presente,
que aún se ve el humo aquí, se ve la llama,
aún se oyen llantos hoy, hoy ronco acento;
tal genio o religión fuerza la mente
de la vecina gente,
que refiere admirada
que en la noche callada
una voz triste se oye que, llorando,
cayó Itálica dice, y lastimosa
Eco reclama[44] *Itálica* en la hojosa
selva que se le opone, resonando
Itálica, y, el caro nombre oído
de *Itálica*, renuevan el gemido
mil sombras nobles en su gran ruïna.
¡Tanto aún la plebe a sentimiento inclina!

  Esta corta piedad, que, agradecido
huésped, a tus sagrados manes[45] debo,
les do y consagro, *Itálica* famosa.
Tú, si lloroso don han admitido
las ingratas cenizas, de que llevo
dulce noticia asaz, si lastimosa,
permíteme, piadosa,
usura a tierno llanto,
que vea el cuerpo santo
de Geroncio, tu mártir y prelado;[46]
muestra de su sepulcro algunas señas,
y cavaré con lágrimas las peñas
que ocultan su sarcófago sagrado.
Pero mal pido el único consuelo
de todo el bien que airado quitó el cielo.[47]
Goza en las tuyas[48] sus reliquias bellas
para envidia del mundo y las estrellas.

ANÓNIMO

EPÍSTOLA MORAL

(Atribuida a Andrés Fernández de Andrada.)

  Fabio, las esperanzas cortesanas
prisiones son do el ambicioso muere
y donde al más activo nacen canas.

  El que no las limare o las rompiere,
ni el nombre de varón ha merecido,
ni subir al honor que pretendiere.

El ánimo plebeyo y abatido
elija, en sus intentos temeroso,
primero estar suspenso que caído;

que el corazón entero y generoso
al caso adverso inclinará la frente
antes que la rodilla al poderoso.

Más triunfos, más coronas dió al prudente
que supo retirarse, la fortuna,
que al que esperó obstinada y locamente.

Esta invasión terrible e importuna
de contrarios sucesos nos espera
desde el primer sollozo de la cuna.

Dejémosla pasar como a la fiera
corriente del gran Betis,[49] cuando airado
dilata hasta los montes su ribera.

Aquél entre los héroes es contado
que el premio mereció, no quien lo alcanza
por vanas consecuencias del estado.

Peculio propio es ya de la privanza
cuanto de Astrea[50] fué, cuanto regía
còn su temida espada y su balanza.

El oro, la maldad, la tiranía
del inicuo procede y pasa al bueno.
¿Qué espera la virtud o qué confía?

Ven y reposa en el materno seno
de la antigua Romúlea,[51] cuyo clima
te será más humano y más sereno;

adonde, por lo menos, cuando oprima
nuestro cuerpo la tierra, dirá alguno:
«Blanda le sea», al derramarla encima;

donde no dejarás la mesa ayuno
cuando te falte en ella el pece raro
o cuando su pavón nos niegue Juno.

Busca, pues, el sosiego dulce y caro,
como en la obscura noche del Egeo
busca el piloto el eminente faro.

Que si acortas y ciñes tu deseo
dirás: «Lo que yo precio he conseguido;
que la opinión vulgar es devaneo.»

Más precia el ruiseñor su pobre nido
de pluma y leves pajas, más sus quejas
en el bosque repuesto[52] y escondido,

que halagar lisonjero las orejas
de algún príncipe insigne, aprisionado
en el metal de las doradas rejas.

Triste de aquel que vive destinado
a esa antigua colonia de los vicios,
augur de los semblantes del privado.[53]

Cese el ansia y la sed de los oficios;
que acepta el don y burla del intento
el ídolo a quien haces sacrificios.

Iguala con la vida el pensamiento,
y no lo pasarás de hoy a mañana,
ni quizá de un momento a otro momento.

Casi no tienes ni una sombra vana
de nuestra antigua Itálica, y ¿esperas?
¡Oh error perpetuo de la suerte humana!

Las enseñas grecianas, las banderas
del senado y romana monarquía
murieron, y pasaron sus carreras.

¿Qué es nuestra vida más que un breve día
do apenas sale el sol cuando se pierde
en las tinieblas de la noche fría?

¿Qué más que el heno, a la mañana verde,
seco a la tarde? ¡Oh ciego desvarío!
¿Será que de este sueño me recuerde?[54]

¿Será que pueda ver que me desvío
de la vida viviendo, y que está unida
la cauta muerte al simple vivir mío?

Como los ríos, que en veloz corrida
se llevan a la mar, tal soy llevado
al último suspiro de mi vida.

De la pasada edad ¿qué me ha quedado?
O ¿qué tengo yo, a dicha, en la que espero,
sin ninguna noticia de mi hado?

¡Oh, si acabase, viendo cómo muero,
de aprender a morir antes que llegue
aquel forzoso término postrero;

antes que aquesta mies inútil siegue
de la severa muerte dura mano
y a la común materia se la entregue!

Pasáronse las flores del verano,
el otoño pasó con sus racimos,
pasó el invierno con sus nieves cano;

las hojas que en las altas selvas vimos
cayeron, y nosotros a porfía
en nuestro engaño inmóviles vivimos!

Temamos al Señor, que nos envía
las espigas del año y la hartura,
y la temprana pluvia[55] y la tardía.

No imitemos la tierra siempre dura
a las aguas del cielo y al arado,
ni la vid cuyo fruto no madura.

¿Piensas acaso tú que fué criado
el varón para rayo de la guerra,
para surcar el piélago salado,[56]

---

49 el río Guadalquivir.   50 Lo que antes era propiedad de Astrea, diosa de la justicia, cuyos atributos son una espada y una balanza, depende ahora del capricho de los privados que ejercen el poder.

51 *Ven* se dirige a Fabio pidiéndole que abandone la corte para gozar del ambiente más sereno de Sevilla. *Romúlea* es el nombre que César dió a esta ciudad andaluza, más conocida en la antigüedad por el nombre de Hispalis.   52 apartado.   53 que tiene que vivir pendien-

te siempre de la cara del privado para adivinar en ella su humor y sus caprichos.   54 me despierte.   55 lluvia. 56 el mar.   57 el alma, la razón.   58 no deseo.   59 hogar.   60 que ejercitar la virtud fué difícil aun para Epicteto, filósofo estoico del siglo I, ejemplo de virtud y de templanza.

61 aquella inteligencia (la divina) que mide el tiempo a su voluntad (talento).   62 especie de copa muy estimada en la antigüedad.

para medir el orbe de la tierra
y el cerco donde el sol siempre camina?
¡Oh, quien así lo entiende, cuánto yerra!

Esta nuestra porción, alta y divina,[57]
a mayores acciones es llamada
y en más nobles objetos se termina.

Así aquella que al hombre sólo es dada,
sacra razón y pura, me despierta,
de esplendor y de rayos coronada;

y en la fría región dura y desierta
de aqueste pecho enciende nueva llama,
y la luz vuelve a arder que estaba muerta.

Quiero, Fabio, seguir a quien me llama,
y callado pasar entre la gente,
que no afecto[58] los nombres ni la fama.

El soberbio tirano del Oriente
que maciza las torres de cien codos
del cándido metal puro y luciente,

apenas puede ya comprar los modos
del pecar; la virtud es más barata,
ella consigo misma ruega a todos.

¡Pobre de aquel que corre y se dilata
por cuantos son los climas y los mares,
perseguidor del oro y de la plata!

Un ángulo me basta entre mis lares,[59]
un libro y un amigo, un sueño breve
que no perturben deudas ni pesares.

Esto tan solamente es cuanto debe
naturaleza al parco y al discreto,
y algún manjar común, honesto y leve.

No, porque así te escribo, hagas conceto
que pongo la virtud en ejercicio;
que aun esto fué difícil a Epicteto.[60]

Basta al que empieza aborrecer el vicio,
y el ánimo enseñar a ser modesto;
después le será el cielo más propicio.

Despreciar el deleite no es supuesto
de sólida virtud; que aun el vicioso
en sí propio lo nota de molesto.

Mas no podrás negarme cuán forzoso
este camino sea al alto asiento,
morada de la paz y del reposo.

No sazona la fruta en un momento
aquella inteligencia que mensura
la duración de todo a su talento.[61]

Flor la vimos primero hermosa y pura,
luego materia acerba y desabrida,
y perfecta después, dulce y madura:

tal la humana prudencia es bien que mida
y dispense y comparta las acciones
que han de ser compañeras de la vida.

No quiera Dios que imite estos varones
que moran nuestras plazas macilentos,
de la virtud infames histrïones;

esos inmundos trágicos, atentos

al aplauso común, cuyas entrañas
son infaustos y oscuros monumentos.

¡Cuán callada que pasa las montañas
el aura, respirando mansamente!
¡Qué gárrula y sonante por las cañas!

¡Qué muda la virtud por el prudente!
¡Qué redundante y llena de rüido
por el vano, ambicioso y aparente!

Quiero imitar al pueblo en el vestido;
en las costumbres sólo a los mejores,
sin presumir de roto y mal ceñido.

No resplandezca el oro y los colores
en nuestro traje, ni tampoco sea
igual al de los dóricos cantores.

Una mediana vida yo posea,
un estilo común y moderado,
que no lo note nadie que lo vea.

En el plebeyo barro mal tostado
hubo ya quien bebió tan ambicioso
como en el vaso múrino[62] preciado;

y alguno tan ilustre y generoso
que usó, como si fuera plata neta,
del cristal transparente y luminoso.

Sin la templanza ¿viste tú perfeta
alguna cosa? ¡Oh muerte!, ven callada,
como sueles venir en la saeta,

no en la tonante máquina preñada
de fuego y de rumor; que no es mi puerta
de doblados metales fabricada.

Así, Fabio, me muestra descubierta
su esencia la verdad, y mi albedrío
con ella se compone y se concierta.

No te burles de ver cuánto confío,
ni al arte de decir, vana y pomposa,
el ardor atribuyas de este brío.

¿Es por ventura menos poderosa
que el vicio la virtud? ¿Es menos fuerte?
No la arguyas de flaca y temerosa.

La codicia en las manos de la suerte
se arroja al mar, la ira a las espadas,
y la ambición se ríe de la muerte.

Y ¿no serán siquiera tan osadas
las opuestas acciones, si las miro
de más ilustres genios ayudadas?

Ya, dulce amigo, huyo y me retiro
de cuanto simple amé; rompí los lazos.
Ven y verás al alto fin que aspiro,
antes que el tiempo muera en nuestros brazos.

Cristobalina Fernández de Alarcón

1576?-1646

A Santa Teresa de Jesús, en su beatificación

Engastada en rizos de oro
la bella nevada frente,

descubriendo más tesoro
que cuando sale de Oriente
Febo con mayor decoro;

en su rostro celestial
mezclando el carmín de Tiro
con alabastro y cristal,
en sus ojos el zafiro
y en sus labios el coral;

el cuerpo de nieve pura,
que excede toda blancura,
vestido del sol los rayos,
vertiendo abriles y mayos
de la blanca vestidura;

en la diestra refulgente,
que mil aromas derrama,
un dardo resplandeciente,
que lo remata la llama
de un globo de fuego ardiente;

batiendo un ligero vuelo
la pluma que al oro afrenta,
bajó un serafín del cielo
y a los ojos se presenta
del serafín del Carmelo.[63]

Y puesto ante la doncella,
mirando el extremo della,
dudara cualquier sentido
si él la excede en lo encendido
o ella le excede en ser bella.

Mas viendo tanta excelencia
como en ella puso Dios,
pudiera dar por sentencia
que en el amor de los dos
es poca la diferencia.

Y por dar más perfección
a tan angélico intento,
el que bajó de Sión,[64]
con el ardiente instrumento
la atravesó el corazón.[65]

Dejóla el dolor profundo
de aquel fuego sin segundo
con que el corazón le inflama,
y la fuerza de su llama,
viva a Dios y muerta al mundo.

Que para mostrar mejor
cuánto esta prenda le agrada,
el universal Señor
la quiere tener sellada
con el sello de su amor.

Y es que a Francisco[66] igual
de tan gran favor se arguya,
pues el pastor celestial,

para que entiendan que es suya,
la marca con su señal.

Y así, desde allí adelante
al serafín semejante
quedó de Teresa el pecho,
y unido con lazo estrecho
al de Dios, si amada ante.

Pedro de Espinosa
1578-1650

SALMO

Pregona el firmamento
las obras de tus manos,
y en mí escribiste un libro de tu ciencia;
tierra, mar, fuego, viento,
publican tu potencia,
y todo cuanto veo
me dice que te ame
y que en tu amor me inflame;
mas mayor que mi amor es mi deseo.
Mejor que yo, Dios mío, lo conoces;
sordo estoy a las voces
que me dan tus sagradas maravillas
llamándome, Señor, a tus amores:
¿quién te enseñó, mi Dios, a hacer flores
y en una hoja de entretalles llena
bordar lazos con cuatro o seis labores?
¿quién te enseñó el perfil de la azucena,
o quién la rosa coronada de oro,
reina de los olores,
y el hermoso decoro
que guardan los claveles,
reyes de los colores
sobre el botón tendiendo su belleza?
¿De qué son tus pinceles,
que pintan con tan diestra sutileza
las venas de los lirios?
La luna y sol, sin resplandor segundo,
ojos del cielo, lámparas del mundo,
¿de dónde los sacaste,
y los que el cielo adornan por engaste
albos diamantes trémulos?[67]
¿Y el que buscando el centro tiene fuego,[68]
claro desasosiego?
¿Y el agua que con paso medio humano
busca a los hombres, murmurando en vano
que el alma se le iguale en floja y fría?
¿Y el que, animoso, al mar lo vuelve cano,
no por la edad, por pleitos y porfía,
viento hinchado que tormentas cría?

---

63 Santa Teresa.   64 el ángel que bajó del cielo.   65 Alude a la transverberación de la Santa cuando, según cuenta en su *Vida*, sintió que un ángel le atravesó el corazón con un dardo.   66 San Francisco, al cual, al ser estigmatizado, Dios marcó con su señal igual que a la Santa. 67 las estrellas.   68 el rayo (?).   69 el ruiseñor.   70 Cupido, el amor.

Y ¿sobre qué pusiste
la inmensa madre tierra,
que embraza montes, que provincias viste,
que los mares encierra
y con armas de arena los resiste?
¡Oh altísimo Señor que me hiciste!
no pasaré adelante,
tu poder mismo, tus hazañas cante.

Francisco de Borja, Príncipe de Esquilache

1581-1658

CANCIÓN

Fuentecillas que reís,
y con la arena jugáis,
¿dónde vais?
Pues de las flores huís
y los peñascos buscáis,
si reposáis
donde con calma dormís,
¿por qué corréis y os cansáis?

Llamo con suspiros el bien que pierdo,
y las galerillas baten los remos...

De las playas, madre,
donde rompe el mar,
parten las galeras,
con mi bien se van.
Cuanto más las llamo,
ellas huyen más;
si las lleva el viento,
¿quién las detendrá?
El de mis suspiros
las hace volar,
cuando más pretenden
que vuelvan atrás.
Si forzados quedan,
forzados irán,
unos a partirse,
y otros a quedar.

Llamo con suspiros el bien que pierdo,
y las galerillas baten los remos...

¿De casas que huyen
quién podrá fiar
un amor de asiento
que tan firme está?
¿Si ligeras vuelan,
dónde pararán?
Que quien tanto corre,
suele tropezar.
Los azules campos
vuelven de cristal:

todo cuanto tocan
mudándose va.
No está el mar seguro,
ni el viento jamás;
mis suspiros solos
no se mudarán.

Llamo con suspiros el bien que pierdo,
y las galerillas baten los remos...

Luis Carrillo de Sotomayor

1582?-1610

REDONDILLAS

¿Has visto nacer el sol
por el oriente divino?
¿Has visto el oro más fino
cuando sale del crisol?
¿Has visto cuando se mueve
el céfiro dando saltos?
Y cuando los cielos llueven,
¿has visto los montes altos
con canas de blanca nieve?
¿Has visto, llenas de humor,
cuando sale el sol a verlas,
las plantas, cuya labor
en unas parecen flor
y en otras sus mismas perlas?
¿Has visto en el seco ramo
la afligida Filomena[69]
cantar su pena y mi pena
después que tuyo me llamo?
¿Has mirado los reflejos
que el sol hermoso, en saliendo
hace, dando en los espejos?
¿Has visto el nácar, haciendo
a la luz visos bermejos?
En efecto, ¿has visto bien
el ancho mar sosegado
donde los cielos se ven?
Pues contigo comparado
no me parece más bien.

ESTANCIA

¡Oh libertad amada,
mal haya quien no sigue tus amores,
y el alma que enlazada
se está en la red de amor y sus rigores!
Que el rapaz atrevido[70]
al que más ama deja más perdido.

Juan de Tarsis, Conde de Villamediana
1582-1622

SONETO

Risa del monte, de las aves lira,
pompa del prado, espejo de la aurora,
alma de abril, espíritu de Flora
por quien la rosa y el jazmín respira;

aunque tu curso, en cuantos pasos gira,
perlas vierte, esmeraldas atesora,
tu claro proceder[71] más me enamora
que cuanto en ti naturaleza admira.

¡Cuán sin engaño tus entrañas puras
dejan que por luciente vidrïera
se cuenten las guijuelas de tu estrado!

¡Cuán sin malicia cándida murmuras!
¡Oh sencillez de aquella edad primera!
Perdióla el hombre y adquirióla el prado.

EPIGRAMA

*A Pedro Verger, entrando en la plaza
de toros*

¡Qué galán que entró Verger
con cintillo[72] de diamantes!
Diamantes que fueron antes
de amantes de su mujer.

EPITAFIO

A don Rodrigo Calderón[73]

Aquí yace Calderón.
Pasajero, el paso ten;
que en hurtar y morir bien[74]
se parece al buen ladrón.

Francisco de Rioja
1583-1659

SILVAS

A la rosa

Pura, encendida rosa,
émula de la llama
que sale con el día,
¿cómo naces tan llena de alegría,
si sabes que la edad que te da el cielo

es apenas un breve y veloz vuelo?
¡Ah, no valdrán las puntas de tu rama
ni tu púrpura hermosa
a detener un punto
la ejecución del hado presurosa!
El mismo cerco alado,
que estoy viendo riente,
ya temo amortiguado,
presto despojo de la llama ardiente.
Para las hojas de tu crespo seno
te dió Amor de sus alas blandas plumas
y oro de su cabello dió a tu frente.
¡Oh fiel imagen suya peregrina!
Bañóte en su color sangre divina
de la deidad que dieron las espumas;
y esto, purpúrea flor, y esto ¿no pudo
hacer menos violento el rayo agudo?
Róbate en una hora,
róbate licencioso su ardimiento
el color y el aliento;
tiendes aun no las alas abrasadas,
y ya vuelan al sueño desmayadas;
tan cerca, tan unida
está al morir tu vida,
que dudo si en sus lágrimas la aurora
mustia tu nacimiento o muerte llora.

A la arrebolera[75]

Tristes horas y pocas
dió a tu vivir el cielo,
y tú, a su eterna ley mal obediente,
a no fáciles iras lo provocas:
alzas la tierna frente
(¿en llama diré o púrpura, bañada?),
de la gran sombra en el oscuro velo,
y mustia, y encogida y desmayada,
llegas a ver del día
la blanca luz rosada:
¡tan poco se desvía
de tu nacer la muerte arrebatada!
Si es, pues, de alto decreto
que el tiempo breve de tu edad incluyas
en sólo el cerco de una noche fría,
¿qué te valdrá que huyas,
con ambicioso afeto
de acrecentarles instantes a la vida,
los conocidos y nativos lares?
No inquietes atrevida
el cano seno a los profundos mares,

---

[71] igual que *curso*; la corriente del arroyo.   [72] cordoncillo que se usaba en los sombreros como hoy la cinta.   [73] valido de Felipe III y protegido del duque de Lerma, ajusticiado en tiempos de Felipe IV.   [74] Se le acusó de varios delitos y también de haberse enriquecido indebidamente. Murió con gran resignación y dignidad dando lugar a la frase popular «tiene más orgullo que don Ro-

drigo en la horca».   [75] Planta, conocida también por el nombre de «dondiego de noche», cuyas flores se abren al anochecer y se cierran al salir el sol.   [76] confidente; se refiere a *regalado instrumento* (la lira del poeta).   [77] gargantas; alusión extraña porque no se asocia la poesía de Villegas con temas guerreros aunque a veces los cultivó.

que por ventura negarán camino
en daño tuyo a tu ferrado pino;
y, en vez de la acogida
que en las pardas entrañas
hallaste siempre de la tierra dura,
hallarás en sus aguas sepultura.

Dime: ¿cuál necio ardor te solicita
por ver de Apolo el refulgente rayo?
¿Qué flor, de las que en larga copia el mayo
vierte, su grave incendio no marchita?
¡Oh, cómo es error vano
fatigarse por ver los resplandores
de un ardiente tirano
que impio roba a las flores
el lustre y el aliento y los colores!

Y tú, admirable y vaga,
dulce honor y cuidado de la noche,
si la llama y color el sol te apaga
¿cuál mayor dicha tuya
que el tiempo de tu edad tan veloz huya?
No es más el luengo curso de los años
que un espacioso número de daños.
Si vives breves horas
¡oh, cuántas glorias tienes!
Tú las divinas sienes
ciñes de la callada noche oscura,
y no una vez ofrece, a las auroras,
la soñolienta diosa,
de tus colores bellos
tintas para sus frentes y cabellos.

Deja el mar, ambiciosa,
que por tu errar inmenso y dilatado
no añadirá Fortuna
hora a tu edad alguna,
ni por mudar lugar tan apartado
que otro sol lo visite y otra luna;
y pasa en ocio y paz aventurada
de tu vivir y el tiempo oscuro y breve,
esperando aquel último desmayo
a quien tu luz y púrpura se debe.

Luis Martín de La Plaza
1585-1635

MADRIGAL

Iba cogiendo flores
y guardando en la falda,
mi ninfa, para hacer una guirnalda;
mas primero las toca
a los rosados labios de su boca,
y les da de su aliento los olores;
y estaba, por su bien, entre una rosa
una abeja escondida,
su dulce humor hurtando,

y como en la hermosa
flor de los labios se halló, atrevida
la picó, sacó miel, fuése volando.

SONETO

Cuando a su dulce olvido me convida
la noche, y en sus faldas me adormece,
entre el sueño la imagen me aparece
de aquella que fué sueño en esta vida.

Yo (sin temor que su desdén lo impida)
los brazos tiendo al gusto que me ofrece,
mas ella (sombra al fin) se desvanece,
y abrazo el aire donde está escondida.

Así, burlando, digo: «¡Ah falso engaño
de aquella ingrata, que aún mi mal procura!
Tente, aguarda, lisonja del tormento.»

Mas ella en tanto por la noche oscura
huye; corro tras ella. ¡Oh caso extraño!
¿Qué pretendo alcanzar, pues sigo al viento?

Pedro Soto de Rojas
1585-1658

CANCIÓN A UN JILGUERO

¡Oh cuánto es a la tuya parecida
esta mi triste vida!
Tú preso estás, yo preso;
tú cantas y yo canto,
tú simple, yo sin seso,
yo en eterna inquietud y tú travieso.

Música das a quien tu vuelo enfrena;
música doy, aunque a compás de llanto,
a quien me tiene en áspera cadena.

En lo que es diferente
nuestro estado presente
es en que tú, jilguero,
vives cantando y yo cantando muero.

Esteban Manuel de Villegas
1589-1669

ODA EN ALABANZA DE GARCILASO

Si al apacible viento,
eterno huésped de este prado umbrío,
regalado instrumento,
dulce tal vez, y secretario[76] mío,
hemos cantado a solas
tú dulces ojos, yo sangrientas golas;[77]
ea, de aquel famoso,
de aquel ilustre mayoral cantemos,
que con pie generoso
pisó del Tajo márgenes y extremos,

hasta que la Garona
le vió blandir las armas de Belona.[78]
   ¡Cuán cubierto de acero
el aquitano conoció sus bríos
en el asalto fiero,
y desatando manantiales ríos
de galicanas venas,
murallas inundó, coloró almenas!
   Mas luego que al sosiego
del trance duro retiraba el brazo,
Venus le ardía en fuego,
dócil al yugo, fácil al regazo,
y él cantaba su espuma
tomando ora la espada, ora la pluma;
   así como solía
al ampararse de su voz postrera
el cisne, que a porfía
aguas paró del Istro[79] en la ribera,
que fueron a sus males
rocas de hielo o hielos de cristales.
   Bien lo dirá la fuente,
dígalo amor también, que amor lo sabe,
si cuando en su corriente
cantando a veces tierno, a veces grave,
maldijo su fatiga,
y el casto engaño de su dulce amiga.
   Mas ¡ay! detente un poco,
detente, lira, pues que aquí Salicio[80]
desalentado y loco,
cuerdo en perder entonces el juïcio,
también paró su canto,
colgó su lira y empezó su llanto.

AL CÉFIRO

   Dulce vecino de la verde selva,
huésped eterno del abril florido,
vital aliento de la madre Venus,
      Céfiro blando;
   si de mis ansias el amor supiste,
tú, que las quejas de mi voz llevaste,
oye, no temas, y a mi ninfa dile,
      dile que muero.
   Filis un tiempo mi dolor sabía,
Filis un tiempo mi dolor lloraba;
quísome un tiempo, mas ahora temo,
      temo sus iras.
   Así los dioses con amor paterno,
así los cielos con amor benigno,
nieguen al tiempo que feliz volares
      nieve a la tierra.

Jamás el peso de la nube parda,
cuando amanece la elevada cumbre,
toque tus hombros, ni su mal granizo
      hiera tus alas.

Francisco de Trillo y Figueroa
1615?-1665?

   En el mar entré,
   ¡ay, Dios! ¿Si me anegaré?
      En un mar de amor
   entré con bonanza,
   dándome esperanza
   un dulce favor.
   Mas ¿cuál grande ardor
   de temer no fué?
   ¡Ay, Dios! ¿Si me anegaré?
      Hermosa es la nave
   y apacible el viento,
   süave el intento,
   y el sentir süave;
   pero dónde acabe
   ¿cómo lo sabré?
   ¡Ay, Dios! ¿Si me anegaré?
      Estuvo en mi mano
   querer embarcarme;
   pero el sosegarme
   ya parece en vano,
   porque un Oceano
   ¿quién le ha de vencer?
   ¡Ay, Dios! ¿Si me anegaré?
      Las velas tendidas,
   tendidos los remos,
   todos son extremos,
   glorias conocidas;
   mas, ¡ay! ¿Si fingidas
   serán al volver?
   ¡Ay, Dios! ¿Si me anegaré?
      En camino incierto,
   ¿quién se fía? ¿Quién?
   Y más cuando al bien
   no hay seguro puerto.
   El peligro es cierto,
   frágil el bajel.
   ¡Ay, Dios! ¿Si me anegaré?
      Mas si las estrellas
   pueden enjugar
   las ondas del mar
   con pocas centellas,

[78] diosa de la guerra; alude a las campañas de Garcilaso en el Sur de Francia, tierras bañadas por el río Garona, donde murió. Compárese, dos versos más abajo: «el aquitano (de Aquitania, nombre antiguo de esa región de Francia) conoció sus bríos en el asalto fiero»; *de galicanas venas* = de sangre francesa.   [79] el río Danubio.   [80] nombre que adopta Garcilaso en sus églogas.

[81] cortesana griega.   [82] dama romana modelo de virtud.

también mis querellas
podrán encender.
¡Ay, Dios! ¿Si me anegaré?
¡Oh!, el amor permita
que bese la arena,
vuelta ya la entena
que mi fe acredita,
¡oh!, ya lo permita;
¡oh!, quiéralo él.
¡Ay, Dios! ¿Si me anegaré?

Sor Juana Inés de la Cruz

1651-1695

SONETOS

Al que ingrato me deja, busco amante;
al que amante me sigue, dejo ingrata;
constante adoro a quien mi amor maltrata,
maltrato a quien mi amor busca constante.
Al que trato de amor hallo diamante,
y soy diamante al que de amor me trata,
triunfante quiero ver al que me mata
y mato al que me quiere ver triunfante.
Si a éste pago, padece mi deseo;
si ruego a aquél, mi pundonor enojo,
de entrambos modos infeliz me veo.
Pero yo por mejor partido escojo
de quien no quiero ser violento empleo
que de quien no me quiere, vil despojo.

* * *

Detente, sombra de mi bien esquivo,
imagen del hechizo que más quiero,
bella ilusión por quien alegre muero,
dulce ficción por quien penosa vivo.
Si al imán de tus gracias atractivo
sirve mi pecho de obediente acero,
¿para qué me enamoras lisonjero
si has de burlarme luego fugitivo?
Mas blasonar no puedes satisfecho
de que triunfa de mí tu tiranía;
que aunque dejas burlado el lazo estrecho
que tu forma fantástica ceñía,
poco importa burlar brazos y pecho
si te labra prisión mi fantasía.

REDONDILLAS

Hombres necios que acusáis
a la mujer sin razón,
sin ver que sois la ocasión
de lo mismo que culpáis;
si con ansia sin igual
solicitáis su desdén,
¿por qué queréis que obren bien
si las incitáis al mal?

Combatís su resistencia,
y luego con gravedad
decís que fué liviandad
lo que hizo la diligencia.
Queréis con presunción necia
hallar a la que buscáis
para pretendida Tais,[81]
y en la posesión Lucrecia.[82]
¿Qué humor puede ser más raro
que el que falto de consejo
él mismo empaña el espejo
y siente que no esté claro?
Con el favor y el desdén
tenéis condición igual,
quejándoos, si os tratan mal,
burlándoos, si os quieren bien.
Opinión ninguna gana,
pues la que más se recata,
si no os admite, es ingrata,
y si os admite, es liviana.
Siempre tan necios andáis
que con desigual nivel
a una culpáis por cruel
y a otra por fácil culpáis.
Pues ¿cómo ha de estar templada
la que vuestro amor pretende,
si la que es ingrata ofende
y la que es fácil enfada?
Mas entre el enfado y pena
que vuestro gusto refiere,
bien haya la que no os quiere
y quejaos enhorabuena.
Dan vuestras amantes penas
a sus libertades alas
y después de hacerlas malas
las queréis hallar muy buenas.
¿Cuál mayor culpa ha tenido
en una pasión errada:
la que cae de rogada
o el que ruega de caído?
O ¿cuál es más de culpar,
aunque cualquiera mal haga:
la que peca por la paga
o el que paga por pecar?
Pues ¿para qué os espantáis
de la culpa que tenéis?
Queredlas cual las hacéis
o hacedlas cual las buscáis.
Dejad de solicitar,
y después, con más razón,
acusaréis la afición
de la que os fuere a rogar.
Bien con muchas armas fundo
que lidia vuestra arrogancia,
pues en promesa e instancia
juntáis diablo, carne y mundo.

LIRAS

Que expresan sentimientos de ausente

Amado dueño mío,
escucha un rato mis cansadas quejas,
pues del viento las fío,
que breve las conduzca a tus orejas,
si no se desvanece el triste acento,
como mis esperanzas, en el viento.

Óyeme con los ojos,
ya que están tan distantes los oídos,
y de ausentes enojos
en ecos de mi pluma mis gemidos,
y ya que a ti no llega mi voz ruda,
óyeme sordo, pues me quejo muda.

Si del campo te agradas,
goza de sus frescuras venturosas,
sin que aquestas cansadas
lágrimas te detengan enfadosas;
que en él verás, si atento te entretienes,
ejemplo de mis males y mis bienes.

Si al arroyo parlero
ves, galán de las flores en el prado,
que, amante y lisonjero,
a cuantas mira intima su cuidado,
en su corriente mi dolor te avisa
que a costa de mi llanto tiene risa.

Si ves que triste llora
su esperanza marchita, en ramo verde
tórtola gemidora,
en él y en ella mi dolor te acuerde
que imitan con verdor y con lamento,
él mi esperanza, y ella mi tormento.

Si la flor delicada,
si la peña que altiva no consiente
del tiempo ser hollada,
ambas me imitan, aunque variamente,
ya con fragilidad, ya con dureza,
mi dicha aquélla, y ésta mi firmeza.

Si ves el ciervo herido,
que baja por el monte acelerado,
buscando, dolorido,
alivio al mal en un arroyo helado,
y sediento al cristal se precipita,
no en el alivio, en el dolor me imita.

Si la liebre encogida
huye medrosa de los galgos fieros,
y, por salvar la vida,
no deja estampa de los pies ligeros,
tal mi esperanza en dudas y recelos
se ve acosada de villanos celos.

Si ves el cielo claro,
tal es la sencillez del alma mía;

y, si de luz avaro,
de tinieblas emboza el nuevo día,
es con su oscuridad y su inclemencia,
imagen de mi vida en esta ausencia.

Así que, Fabio amado,
saber puedes mis males sin costarte
la noticia cuidado,
pues puedes de los campos informarte,
y pues yo a todo mi dolor ajusto,
saber mi pena sin dejar tu gusto.

Mas ¿cuándo, ¡ay gloria mía!,
mereceré gozar tu luz serena?
¿Cuándo llegará el día
que pongas dulce fin a tanta pena?
¿Cuándo veré tus ojos, dulce encanto,
y de los míos quitarás el llanto?

¿Cuándo tu voz sonora
herirá mis oídos delicada,
y el alma, que te adora,
de inundación de gozos anegada,
a recibirte con amante prisa
saldrá a los ojos desatada en risa?

¿Cuándo tu luz hermosa
revestirá de gloria mis sentidos,
y cuándo yo, dichosa,
mis suspiros daré por bien perdidos,
teniendo en poco el precio de mi llanto,
que tanto ha de penar quien goza tanto?
¿Cuándo de tu apacible
rostro alegre veré el semblante afable,
y aquel bien indecible,
a toda humana pluma inexplicable?
Que mal se ceñirá a lo definido
lo que no cabe en todo lo sentido.

Ven, pues, mi prenda amada,
que ya fallece mi cansada vida
de esta ausencia pesada:
ven, pues, que mientras tarda tu venida,
aunque me cueste su verdor enojos,
regaré mi esperanza con mis ojos.

Pedro Arias Pérez

A la sombra de mis cabellos
mi querido se adurmió:
¿Si le recordaré o no?
Peinaba yo mis cabellos
con cuidado cada día,
y el viento los esparcía
revolviéndose con ellos,
y a su soplo y sombra de ellos
mi querido se adurmió:
¿si le recordaré o no?

---

83 campo de propiedad comunal. 84 que da sombra. niosas.
85 se divierte. 86 perla; se refiere al rocío. 87 armo-

Díceme que le da pena
el ser en extremo ingrata,
que le da vida y le mata
esta mi color morena,
y llamándome sirena
él junto a mí se adurmió:
¿si le recordaré o no?

Juan de Linares

Zagaleja de lo verde,
graciosita en el mirar,
quédate a Dios, alma mía,
que me voy de este lugar.
    Yo me voy con mi ganado,
zagala, de aqueste ejido,[83]
ya no verásme en el prado
entre las yerbas tendido;
desde ahora me despido
de mis pasados placeres;
mis músicas y tañeres
tornarse han en suspirar.
    En la nevada ribera
haré yo mi lecho y cama;
haré yo mesa y hoguera
de ginestas y retama;
cobijarme he con la rama
de una zarza solombrera,[84]
y toda la noche entera
no cesaré de llorar.
    Si viere que mucho hiela
andaréme paseando,
so la luna canticando,
mi cayado por vihuela;
pasaré la noche en vela
platicando yo conmigo,
sólo el cielo por testigo
y las aves del pinar.

* * *

Vanse mis amores,
quiérenme dejar,
aunque soy morena
no soy de olvidar.
    Vanse mis amores
yo no sé por qué,
pues no les mostré
jamás disfavores;
nunca de rigores
se pudo quejar,
aunque soy morena
no soy de olvidar.
    Vase mi alegría
y todo mi bien,
vase aquel con quien
consuelo tenía;

él sólo podía
mi fe contentar;
aunque soy morena
no soy de olvidar.
    Una extranjeruela
pienso que a mi amado
me lo ha salteado
y en él se consuela;
¿no habrá quien se duela
de mi lamentar?
Que aunque soy morena
no soy de olvidar.
    Ahora lo siento
que la fe del hombre,
no es más de un nombre
que lo lleva el viento;
mis ayes sin cuento
debiera mirar,
que aunque soy morena
no soy de olvidar.

POESÍA ANÓNIMA

Ebro caudaloso,
fértil ribera,
deleitosos prados,
fresca arboleda:
decidle a mi niña,
que en vosotros huelga,[85]
si entre sus contentos
de mí se acuerda.
    Aljófar[86] precioso,
que la verde yerba
bordas y matizas
con el alba bella:
decidle a mi niña,
cuando se recrea,
si entre sus contentos
de mí se acuerda.
    Álamos frondosos,
blancas arenas
por donde mi niña
alegre pasea:
decidle, si acaso
oído os presta,
si entre sus contentos
de mí se acuerda.
    Parlerillas aves,
que a la aurora bella
hacéis dulce salva
con arpadas[87] lenguas:
decidle a mi niña,
flor de esta ribera,
si entre sus contentos
de mí se acuerda.

* * *

Ribericas del río
de Manzanares,
tuerce y lava la niña
y enjuga al aire.

Cuando el paño tiende
sobre el agua clara,
la corriente para
y el río suspende;
la piedra se enciende
que el golpe recibe;
la yerba revive
de Manzanares,
donde lava la niña
y enjuga al aire.

Parecen cristales
las aguas bellas
donde estampa las huellas
a la nieve iguales,
nácar los rosales
do el paño llega,
y un jardín la vega
de Manzanares,
donde lava la niña
y enjuga al aire.

El viento se para
deteniendo el vuelo
y párase el cielo
por mirar su cara,
y entre el agua clara
muestra la pintura

de la hermosura
en Manzanares,
donde lava la niña
y enjuga al aire.

* * *

¡Ay, que me muero de celos
de aquel andaluz!
¡Háganme, si muriere,
la mortaja azul.
Sólo a darme guerra
pasó, madre mía,
del Andalucía,
mi morena sierra.
Fué de Ingalaterra
su fingida fe;
pero nunca fuese,
que es tan común:
háganme, si muriera,
la mortaja azul.
Mi amor pagó en yelos,
mi fe con mudanzas,
verdes esperanzas
en azules celos;
si vuelvo a los cielos
a pedir favor,
de su azul color
hace mi inquietud;
háganme, si muriere,
la mortaja azul.

Francisco de Quevedo y Villegas
1580-1645

Pocos escritores poseen en la literatura española una personalidad comparable en vigor con la de Quevedo. Llevó una vida activísima en el alto mundo de la corte e intervino muy directamente tanto en la política interna como en la política exterior de la época de Felipe III y de Felipe IV. Como escritor es difícilmente clasificable. Cultivó todos los géneros y en todos dejó el sello de su genio. Es en todo extremo. Como poeta, pocos le igualan, y lo mismo sobresale en la chispa cómica de sus letrillas burlescas y en la severidad crítica de sus denuncias, memoriales y epístolas, censurando los abusos del poder, que en la angustia de su poesía moral, transida del sentimiento de la muerte y la encendida pasión de sus sonetos y canciones amorosas. En el *Buscón* lleva hasta el límite de lo cómico-satírico la visión pesimista

de la picaresca. En *Los sueños* o en las fantasías morales, como *La hora de todos y la fortuna con seso*, traza con un frenesí de verdadera pesadilla panoramas de la locura humana y hace una crítica despiadada, que sólo aligera la comicidad de las costumbres de su tiempo. En sus obras morales y religiosas medita serenamente sobre las verdades eternas, sobre el gobierno de los pueblos, sobre las cuestiones más elevadas. El amor, la muerte, el sentimiento patriótico, la religión, los delirios de la fantasía se conjugan en su inspiración. Muestra de su extremosidad es su estilo. Capaz de contorsionar el idioma hasta el más oscuro conceptismo, puede también escribir con la severa claridad, con el estilo recortado y sentencioso de sus comentarios a *La vida de Marco Bruto* de Plutarco.

1 trajo. 2 los rayos de tus ojos trajeron al alma ardor, fuego, y a la orilla (del río junto al que llora) frescura o flores. 3 duende, fantasma. 4 El sentido del soneto es el de que la pasión amorosa del poeta sobrevivirá a la misma muerte, muerte que puede dejar libre el alma cuando llegue la hora ardientemente deseada por su alma (*hora lisonjera al afán ansioso de esta alma mía*),

pero aun más allá de la muerte todo su ser (alma, venas, médulas), ya separado del cuerpo, seguirá alentando su pasión (*su cuidado*), y hasta cuando no sea más que polvo, será polvo enamorado. 5 persas. 6 valle de Italia en Lombardía cuya sublevación contra las Ligas protegidas por Francia impulsó España en 1620.

Ninguna de las muchas fases de su obra puede representar a Quevedo. Por eso hemos procurado dar muestras de algunas de las más salientes.

POESÍAS

Canción amorosa

Decir puede este río,
si hay quien diga en favor de un desdichado,
el tierno llanto mío;
decirlo puede el prado,
Aminta rigurosa,
más por mi mal que por tu bien hermosa.

Oyendo aquestos cerros
tu injusto agravio y mis querellas justas,
dulcísimos destierros,
pues de mis penas gustas,
acabaráme olvido,
y antes muerto estaré que arrepentido.

Dulce imposible adoro:
¡ay del que sin ventura quiere tanto!
Pierdo el tiempo si lloro,
las palabras si canto,
y la vida si quiero;
piérdome en todo, y por perderme muero.

¡Qué de veces previne
quejas para decirte, y al instante
que a ver tu rostro vine
(propio temor de amante),
un mover de tus labios
me trujo[1] olvido a infinidad de agravios!

¡Qué de veces tus ojos,
de tanta voluntad dueños injustos,
me trujeron enojos
y me robaron gustos,
trayendo con sus rayos
al alma julios y a la orilla mayos![2]

Flacas van mis manadas,
que sienten el dolor que tú no sientes;
buscando van cansadas:
buscan agua en las fuentes,
sin ver que están secretas,
agua en mis ojos, yerba en tus saetas.

Viéronme estas arenas
en otro tiempo, cuando Dios quería,
libre de las cadenas
que tienen en prisión el alma mía.
¡Oh libertad sagrada!
Quien te perdió no tema perder nada.

SONETOS

Amorosos

A fugitivas sombras doy abrazos;
en los sueños se cansa el alma mía;
paso luchando a solas noche y día
con un trasgo[3] que traigo entre mis brazos.

Cuando le quiero más ceñir con lazos,
y viendo mi sudor se me desvía,
vuelvo con nueva fuerza a mi porfía,
y temas con amor me hacen pedazos.

Voyme a vengar en una imagen vana
que no se aparta de los ojos míos;
búrlame, y de burlarme corre ufana.

Empiézola a seguir, fáltanme bríos;
y, como de alcanzarla tengo gana,
hago correr tras ella el llanto en ríos.

* * *

Ya que huyes de mí, Lísida hermosa,
imita las costumbres desta fuente,
que huye de la orilla eternamente,
y siempre la fecunda generosa.

Huye de mí cortés, y desdeñosa
sígate de mis ojos la corriente:
y aunque de paso, tanto fuego ardiente
merézcate una yerba y una rosa.

Pues mi pena ocasionas, pues te ríes
del congojoso llanto que derramo
en sacrificio al claustro de rubíes,

perdona lo que soy por lo que amo;
y cuando desdeñosa te desvíes,
llévate allá la voz con que te llamo.

* * *

Cerrar podrá mis ojos la postrera
sombra que me llevare el blanco día,
y podrá desatar esta alma mía
hora a su afán ansioso lisonjera;

mas no de esotra parte en la ribera
dejará la memoria, en donde ardía;
nadar sabe mi llama la agua fría,
y perder el respeto a ley severa.

Alma a quien todo un Dios prisión ha sido,
venas que humor a tanto fuego han dado,
médulas que han gloriosamente ardido,

su cuerpo dejarán, no su cuidado;
serán ceniza, mas tendrá sentido;
polvo serán, mas polvo enamorado.[4]

Satíricos y burlescos

Al mal gobierno de Felipe IV

«Los ingleses, señor, y los persianos[5]
han conquistado a Ormuz; las Filipinas,
del holandés padecen grandes ruinas;
Lima está con las armas en las manos;
el Brasil, en poder de luteranos;
temerosas, las islas sus vecinas;
La Valtelina[6] y treinta Valtelinas
serán del turco, en vez de los romanos.

La Liga,[7] de furor y astucia armada,
vuestro imperio procura se trabuque;
el daño es pronto, y el remedio tardo.»
Responde el rey: «Destierren luego a Estrada,
llamen al conde Olivares *duque*,
case su hija, y vámonos al Pardo.»[8]

A una nariz

Érase un hombre a una nariz pegado,
érase una nariz superlativa,
érase una nariz sayón y escriba,
érase una alquitara pensativa,
érase un peje espada muy barbado,
era un reloj de sol mal encarado,
érase un elefante boca arriba,
era Ovidio Nasón[9] más narizado,
érase un espolón de una galera,
érase una pirámide de Egipto,
las doce tribus de narices era,
érase un naricísimo infinito,
muchísimo nariz, nariz tan fiera,
que en la cara de Anás fuera delito.

Morales

¡Cómo de entre mis manos te resbalas!
¡Oh, cómo te deslizas, edad mía!
¡Qué mudos pasos traes, oh, muerte fría,
pues con callado pie todo lo igualas!

Feroz, de tierra el débil muro escalas
en quien lozana juventud se fía;
mas ya mi corazón del postrer día
atiende al vuelo, sin mirar las alas.

¡Oh, condición mortal! ¡Oh, dura suerte!
¡Que no puedo querer vivir mañana
sin la pensión de procurar mi muerte![10]

Cualquier instante de la vida humana
es nueva ejecución, con que me advierte
cuán frágil es, cuán mísera, cuán vana.

* * *

Un godo,[11] que una cueva en la montaña
guardó, pudo cobrar las dos Castillas;
del Betis y Genil las dos orillas,
los herederos de tan grande hazaña.[12]

A Navarra te dió justicia y maña;
y un casamiento, en Aragón, las sillas
con que a Sicilia y Nápoles humillas,
y a quien Milán espléndida acompaña.

Muerte infeliz en Portugal arbola
tus castillos. Colón pasó los godos
al ignorado cerco de esta bola.

Y es más fácil, ¡oh España!, en muchos modos,
que lo que a todos les quitaste sola
te puedan a ti sola quitar todos.

* * *

Retirado en la paz de estos desiertos,
con pocos, pero doctos libros juntos,
vivo en conversación con los difuntos
y escucho con mis ojos a los muertos.

Si no siempre entendidos, siempre abiertos,
o enmiendan, o secundan mis asuntos;
y en músicos callados contrapuntos
al sueño de la vida hablan despiertos.

Las grandes almas que la muerte ausenta,
de injurias de los años, vengadora,
libra, ¡oh gran don Josef!,[13] docta la imprenta.

En fuga irrevocable huye la hora;
pero aquella el mejor cálculo cuenta
que en la lección y estudios nos mejora.

* * *

Miré los muros de la patria mía,
si un tiempo fuertes, ya desmoronados,
de la carrera de la edad cansados,
por quien caduca ya su valentía.

Salíme al campo, vi que el Sol bebía
los arroyos del yelo desatados,
y del monte quejosos los ganados,
que con sombras hurtó su luz al día.

Entré en mi casa; vi que, amancillada,
de anciana habitación era despojos;
mi báculo, más corvo y menos fuerte.

---

[7] Liga o alianza formada entre Francia, Saboya, Venecia y las Provincias Unidas de Holanda, en contra de España y sus aliados en las campañas de Italia. Después de varios años de lucha se hizo, en 1626, un tratado que reconoció la libertad de la Valtelina y el respeto a la religión católica de sus habitantes. [8] sitio real de recreo con palacio y grandes bosques en el municipio del mismo nombre a doce kilómetros de Madrid. [9] Nasón, el sobrenombre del poeta latino, significa «narigudo». [10] sin pagarle tributo a la muerte porque cada día que uno vive se aproxima más a su hora.

[11] Se refiere a Pelayo, que inició la Reconquista. [12] Alude a la reconquista de Andalucía, y más concretamente de Sevilla, ciudad al margen del río Betis o Guadalquivir, y de Granada, a la orilla del Genil. [13] Don José González de Salas, editor de las *Poesías* de Quevedo, a quien iba dirigido este soneto. Astrana

Marín pone en duda esta noticia por haber hallado un autógrafo donde en lugar de *don Josef* se lee *don Juan*. [14] Muchos de los autores de la época se lamentaban de que el oro llevado de América iba a parar a manos de los comerciantes y banqueros genoveses. [15] es pálido. [16] rompe cualquier ley. [17] Hay aquí un juego de palabras entre «vena» con el significado de conducto de la sangre y vena, «filón metálico» (de oro), que se repite en «sangre real» y «real» en la acepción de moneda. [18] Doña Blanca de Castilla fué una reina de la Edad Media; *blanca* es también una moneda que en la época de Quevedo debía de estar muy desvalorizada; de ahí el juego de palabras. [19] escudo está usado también en la doble acepción de escudo de armas y de moneda. [20] *gato*, bolso en que se guarda el dinero, y *gato*, ladrón. [21] *cuarto*, moneda de cobre de poco valor; *hecho cuartos*, es decir, descuartizado, destrozado. [22] lava sus pecados.

Vencida de la edad sentí mi espada,
y no hallé cosa en que poner los ojos
que no fuese recuerdo de la muerte.

LETRILLAS

Poderoso caballero es don Dinero

Madre, yo al oro me humillo;
él es mi amante y mi amado,
pues de puro enamorado,
de contino anda amarillo;
que pues, doblón o sencillo,
hace todo cuanto quiero,
poderoso caballero
es don Dinero.

Nace en las Indias honrado,
donde el mundo le acompaña;
viene a morir en España,
y es en Génova enterrado.[14]
Y pues quien le trae al lado
es hermoso, aunque sea fiero,
poderoso caballero
es don Dinero.

Es galán y es como un oro,
tiene quebrado el color,[15]
persona de gran valor,
tan cristiano como moro.
Pues que da y quita el decoro
y quebranta cualquier fuero,[16]
poderoso caballero
es don Dinero.

Son sus padres principales,
y es de nobles descendiente,
porque en las venas de Oriente
todas las sangres son reales;[17]
y pues es quien hace iguales
al rico y al pordiosero,
poderoso caballero
es don Dinero.

¿A quién no le maravilla
ver en su gloria sin tasa
que es lo más ruin de su casa
doña Blanca de Castilla?[18]
Mas pues que su fuerza humilla
al cobarde y al guerrero,
poderoso caballero
es don Dinero.

Sus escudos de armas nobles
son siempre tan principales,
que sin sus escudos reales
no hay escudos de armas dobles;[19]
y pues a los mismos nobles
da codicia su minero,
poderoso caballero
es don Dinero.

Por importar en los tratos
y dar tan buenos consejos,
en las casas de los viejos
gatos le guardan de gatos.[20]
Y pues él rompe recatos
y ablanda al juez más severo,
poderoso caballero
es don Dinero.

Es tanta su majestad
(aunque son sus duelos hartos),
que aun con estar hecho cuartos,[21]
no pierde su calidad;
pero pues da autoridad
al gañán y al jornalero,
poderoso caballero
es don Dinero.

Nunca vi damas ingratas
a su gusto y afición;
que a las caras de un doblón
hacen sus caras baratas;
y pues las hace bravatas
desde una bolsa de cuero,
poderoso caballero
es don Dinero.

Más valen en cualquier tierra
(¡mirad si es harto sagaz!)
sus escudos en la paz
que rodelas en la guerra.
Pues al natural destierra
y hace propio al forastero,
poderoso caballero
es don Dinero.

La pobreza.—El dinero

Pues amarga la verdad,
quiero echarla de la boca;
y si a l'alma su hiel toca,
esconderla es necedad.
Sépase, pues libertad
ha engendrado en mí pereza
la pobreza.
¿Quién hace al tuerto galán
y prudente al sin consejo?
¿Quién al avariento viejo
le sirve de río Jordán?[22]
¿Quién hace de piedras pan,
sin ser el Dios verdadero?
El dinero.
¿Quién con su fiereza espanta
el cetro y corona al rey?
¿Quién, careciendo de ley,
merece nombre de santa?
¿Quién con la humildad levanta
a los cielos la cabeza?
La pobreza.

¿Quién los jueces con pasión,
sin ser ungüento, hace humanos,
pues untándolos las manos[23]
los ablanda el corazón?
¿Quién gasta su opilación
con oro y no con acero?[24]
    El dinero.

¿Quién procura que se aleje
del suelo la gloria vana?
¿Quién, siendo toda cristiana,
tiene la cara de hereje?
¿Quién hace que al hombre aqueje
el desprecio y la tristeza?
    La pobreza.

¿Quién la montaña derriba
al valle, la hermosa al feo?
¿Quién podrá cuanto el deseo,
aunque imposible, conciba?
¿Y quién lo de abajo arriba
vuelve en el mundo ligero?
    El dinero.

SÁTIRAS POLÍTICAS

Epístola
de don Francisco de Quevedo al Conde-duque de San Lucar[25]

No he de callar, por más que con el dedo,
ya tocando la boca, ya la frente,
me representes o silencio o miedo.

¿No ha de haber un espíritu valiente?
¿Siempre se ha de sentir lo que se dice?
¿Nunca se ha de decir lo que se siente?

¿Habrá quien los pecados autorice,
y el púlpito y la cátedra comprados
harán que la lisonja se eternice?

Y, bien introducidos los pecados,
¿verán a la verdad sin voz, desnuda,
y al interés echándola candados?

Pues sepa quien lo niega, y quien lo duda,
que es lengua la verdad de Dios severo,
y la lengua de Dios nunca fué muda.

Son la verdad y Dios, Dios verdadero:
ni eternidad divina los separa,
ni de los dos alguno fué primero.
… … … … … … … … … … … … … …

La justicia de Dios es verdadera,
y la misericordia, y todo cuanto
es Dios es la verdad siempre severa.

Señor Excelentísimo, mi llanto
ya no consiente márgenes ni orillas:
inundación será la de mi canto.

Veránse sumergidas mis mejillas,
la vista por dos urnas derramada
sobre el sepulcro de las dos Castillas.

Yace aquella virtud desaliñada,
que fué, si menos rica, más temida,
en vanidad y en ocio sepultada.

Y aquella libertad esclarecida,
que donde supo hallar honrada muerte
nunca quiso tener más larga vida.

Y, pródiga del alma, nación fuerte,
contaba en las afrentas de los años
envejecer en brazos de la suerte.

La dilación del tiempo y los engaños
del paso de las horas y del día,
impaciente acusaba a los extraños.

Nadie contaba cuánta edad vivía,
sino de qué manera; sola un hora
lograba con afán su valentía.

La robusta virtud era señora,
y sola dominaba el pueblo rudo:
edad, si mal hablada, vencedora.

El temor de la mano daba escudo
al corazón, que, en ella confiado,
todas las armas despreció desnudo.

Multiplicó en escuadras un soldado
honor precioso en ánimo valiente,
de sola honesta obligación armado.

Y debajo del sol, aquella gente,
si no a más descansado a más honroso
sueño entregó los ojos, no la mente.

Hilaba la mujer para su esposo
la mortaja primero que el vestido;
menos le vió galán que peligroso.

---

23 pues sobornándolos. 24 ¿Quién cura con oro y no con medicamentos? Se da el nombre de *opilación* a varios males o enfermedades; *acero* era un medicamento. 25 Esta poesía es más conocida con el título de *Epístola satírica y censoria contra las costumbres presentes de los castellanos, escrita a don Gaspar de Guzmán, conde de Olivares, en su valimiento.* Astrana Marín, en su edición de las *Obras completas* de Quevedo, le ha restaurado el título con que la publicamos, que parece ser el definitivo. 26 separaba. Alude Quevedo a la perturbación en las costumbres que produjo el oro de América. 27 provincia de Italia donde está Génova; es decir, no tenía que vivir España del crédito de los genoveses. 28 prefería la guerra con los moros a las finanzas. 29 especie o vaso o copa usada entre los griegos. 30 andaban juntos, eran compatibles.
31 ciudades libres de la Edad Media que pagaban gran cantidad de tributos. 32 *zupia* y *hez* significan el poso y los desperdicios de los líquidos que se depositan en el fondo. 33 *rata* equivale a porción que se distribuye equitativamente; *a rata por pieza* debe ser expresión equivalente a «otro tanto» o «en proporción». 34 impuesto que se cobraba sobre géneros comestibles. 35 otra clase de impuesto. 36 Debe de referirse a la Junta de Hacienda o a la llamada *Junta de medios*, cuyo fin era deliberar acerca de las infinitas proposiciones que hacían los llamados «arbitristas» para resolver los males económicos. 37 si de los frutos que produce la tierra se benefician más los especuladores que los que trabajan.

Acompañaba el lado del marido
más veces en la hueste que en la cama;
sano le aventuró; vengóle herido.

Todas matronas, y ninguna dama;
que nombres del halago cortesano
no admitió lo severo de su fama.

Derramado y sonoro el Oceano,
era divorcio[26] de las ricas minas,
que volaron la paz del pecho humano.

No les trujo costumbres peregrinas
el áspero dinero, ni el Oriente
compró la honestidad con piedras finas.

Joya fué la virtud pura y ardiente;
gala el merecimiento y alabanza;
sólo se codiciaba lo decente.

No de la pluma dependió la lanza,
ni el cántabro con cajas y tinteros
hizo el campo heredad, sino matanza.

Y España, con legítimos dineros,
no amartelaba el crédito a Liguria;[27]
más quiso los turbantes que los ceros.[28]

... ...

Del mayor infanzón de aquella pura
república de grandes hombres, era
una vaca sustento y armadura.

Ni había venido, al gusto lisonjera,
la pimienta arrugada, ni del clavo
adulación fragante forastera.

Carnero y vaca fué principio y cabo;
y con rojos pimientos y ajos duros;
también como el señor comió el esclavo.

Bebió la sed los arroyuelos puros;
después mostraron del carquesio[29] a Baco
el camino los brindis mal seguros.

El rostro macilento, el cuerpo flaco,
eran recuerdo del trabajo honroso,
y honra y provecho andaban en un saco.[30]

... ...

A S. M. El Rey Don Felipe IV
Memorial

Católica, sacra y real majestad,
que Dios en la tierra os hizo deidad:
un anciano pobre, sencillo y honrado,
humilde os invoca y os habla postrado.

Diré lo que es justo, y le pido al cielo
que así me suceda cual fuere mi celo.

Ministro tenéis de sangre y valor,
que sólo pretende que reinéis, señor,
y que un memorial de piedades lleno
queráis despacharle con lealtad de bueno.

La Corte, que es franca, paga en nuestros días
más pechos y cargas que las behetrías.[31]

Aun aquí lloramos con tristes gemidos,
sin llegar las quejas a vuestros oídos.

Mal oiréis, señor, gemidos y queja
de las dos Castillas, la Nueva y la Vieja.

Alargad los ojos; que el Andalucía
sin zapatos anda, si un tiempo lucía.

Si aquí viene el oro, y todo no vale,
¿qué será en los pueblos de donde ello sale?

La arroba menguada de zupia y de hez[32]
paga nueve reales, y el aceite diez.

Ocho los borregos, por cada cabeza,
y las demás reses, a rata[33] por pieza.

Hoy viven los peces, o mueren de risa;
que no hay quién los pesque, por la grande sisa.[34]

En cuanto Dios cría, sin lo que se inventa,
de más que ello vale se paga la renta.

A cien reyes juntos nunca ha tributado
España las sumas que a vuestro reinado.

Y el pueblo doliente llega a recelar
no le echen gabela[35] sobre el respirar.

Aunque el cielo frutos inmensos envía,
le infama de estéril nuestra carestía.

El honrado, pobre y buen caballero,
si enferma, no alcanza a pan y carnero.

Perdieron su esfuerzo pechos españoles,
porque se sustentan de tronchos de coles.

Si el despedazarlos acaso barrunta
que valdrá dinero, lo admite la Junta.[36]

Familias sin pan y viudas sin tocas
esperan hambrientas, y mudas sus bocas.

Ved que los pobretes, solos y escondidos,
callando os invocan con mil alaridos.

Un ministro, en paz, se come de gajes
más que en guerra pueden gastar diez linajes.

Venden ratoneras los extranjerillos,
y en España compran horcas y cuchillos.

Y, porque con logro prestan seis reales,
nos mandan y rigen nuestros tribunales.

... ...

En vano el agosto nos colma de espigas,
si más lo almacenan logreros que hormigas.[37]

Cebada que sobra los años mejores
de nuevo la encierran los revendedores.

El vulgo es sin rienda ladrón homicida;
burla del castigo; da coz a la vida.

«¿Qué importa mil horcas —dice alguna vez—,
si es muerte más fiera hambre y desnudez?»

Los ricos repiten por mayores modos:
«Ya todo se acaba, pues hurtemos todos.»

Perpetuos se venden oficios, gobiernos,
que es dar a los pueblos verdugos eternos.

... ...

Si en algo he excedido merezco perdones:
duelos tan del alma no afectan razones.

Servicios son grandes las verdades ciertas;
las falsas razones son flechas cubiertas.

Estímanse lenguas que alaban el crimen,
honran al que pierde, y al que vence oprimen.

Las palabras vuestras son la honra mayor,
y aun si fueran muchas, perdieran, señor.

Todos somos hijos que Dios os encarga;
no es bien que, cual bestias, nos mate la carga.

Si guerras se alegan y gastos terribles,
las justas piedades son las invencibles.

No hay riesgo que abone, y más en batalla,
trinchando vasallos para sustentalla.

Demás que lo errado de algunas quimeras
llamó a los franceses a nuestras fronteras.

El quitarle Mantua a quien la heredaba
comenzó la guerra, que nunca se acaba.

Azares, anuncios, incendios, fracasos,
es pronosticar infelices casos.

Pero ya que hay gastos en Italia y Flandes,
cesen los de casa superfluos y grandes.

Y no con la sangre de mí y de mis hijos
abunden estanques para regocijos.

... ...

Al labrador triste le venden su arado,
y os labran de hierro un balcón sobrado.[38]

Y con lo que cuesta la tela de caza,
pudieran enviar socorro a una plaza.

Es lícito a un rey holgarse y gastar:
pero es de justicia medirse y pagar.

Piedras excusadas con tantas labores,
os preparan templos de eternos honores.

Nunca tales gastos son migajas pocas,
porque se las quitan muchos de sus bocas.

Ni es bien que en mil piezas la púrpura sobre,
si todo se tiñe con sangre del pobre.

Ni en provecho os entran ni son agradables,
grandezas que lloran tantos miserables.

¿Qué honor, qué edificios, qué fiesta, qué sala,
como un reino alegre que os cante la gala?

Más adorna a un rey su pueblo abundante,
que vestirse al tope[39] de fino diamante.

Si el rey es cabeza del reino, mal pudo
lucir la cabeza de un cuerpo desnudo.

... ...

Vuestro es el remedio: ponedle, señor,
así Dios os haga, de Grande, el Mayor.

Grande sois Filipo, a manera de hoyo;
ved esto que digo, en razón de apoyo:

Quien más quita al hoyo más grande le hace;
mirad quién lo ordena, veréis a quién place.

Porque lo demás todo es cumplimiento
de gente civil que vive del viento.

Y así, de estas honras no hagáis caudal;
mas honrad al vuestro, que es lo principal.

Servicios son grandes las verdades ciertas;
las falsas lisonjas son flechas cubiertas.

Si en algo he excedido, merezca perdones.
¡Dolor tan del alma no afecta razones!

HISTORIA DE LA VIDA DEL BUSCÓN LLAMADO DON PABLOS

EJEMPLO DE VAGABUNDOS Y ESPEJO DE TACAÑOS[40]

RESUMEN

Después del primer capítulo cuenta don Pablos cómo en la escuela conoció a un joven noble, don Diego Coronel, con quien en calidad de criado entra en el pupilaje del Licenciado Cabra. Repuestos del hambre que allí pasaron, van ambos a la Universidad de Alcalá, donde es Pablos víctima de las burlas de los estudiantes ricos y de otros criados. Aprende pronto las malas tretas, se inicia en el robo y se hace famoso por sus travesuras, que culminan en una burla a la ronda nocturna de alguaciles, a quienes quita las espadas. Sale de Alcalá cuando recibe una carta de su tío, el verdugo de Segovia, en la que éste le notifica la muerte de su padre en la horca. Después de ir a su ciudad natal a recoger la herencia del padre, se dirige a Madrid. En el camino encuentra una serie de tipos, casi todos estrafalarios y medio locos: un arbitrista, un maestro de esgrima, un clérigo poetastro, un soldado y, por último, un hidalgo, en cuyos labios pone Quevedo la crítica de las diferentes clases de caballeros venidos a menos que abundaban en la España del siglo XVII.

En Madrid aprende nuevas trazas para hurtar y se asocia a otros pícaros. Van a parar todos a la cárcel, de la que sale Pablos después de haberse conquistado con sus mañas la buena voluntad del carcelero y del

---

38 rico, lujoso.   39 hasta el tope, de arriba abajo.
40 *Tacaño* no está aquí usado en el sentido de «avaro» que hoy tiene la palabra, sino en el sentido de «hombre astuto y engañador», de pícaro.
41 Igual que el Lazarillo y otros pícaros, el Buscón simula dirigirse a un señor a quien cuenta su biografía.
42 se avergonzaba.   43 *Tundidor* es el que da golpes, más específicamente el que da golpes en el paño; aquí alude a los golpes que da el barbero en la cara.   44 que procedía de buena familia; pero como *cepa* significa el tronco de la vid, Quevedo, al aludir a lo que bebía el padre, juega con la doble significación en la frase siguiente.
45 se empeñaba.   46 que metía dos dedos para sacar una «moneda»; es decir, que era un ladrón.   47 les dejaba los bolsillos limpios, les robaba todo lo que tenían.

48 *eminencia* es el título que se da a los cardenales de la iglesia; pero en el texto la palabra *cardenales* está usada en su significación de «señal que deja un golpe».   49 para practicar sus hechizos.   50 vivan con recelo, con precaución.
51 juntando las manos, adoptando una actitud muy humilde.   52 nos ahorcan; Quevedo juega a continuación con un doble sentido de *colgar*, que significa también regalarle algo a alguno el día de su santo.   53 golpeado.
54 quiere decir que no iba a la iglesia por devoción, sino en busca del refugio que las iglesias ofrecían a los delincuentes.   55 muchas veces me hubieran azotado (a los que azotaban los llevaban por las calles en un asno) si hubiera confesado en el tormento.   56 maña, artificio.
57 los botes o potes en que guardaba las substancias para sus hechizos.

escribano. Se hospeda en una posada, donde se hace pasar por rico y de donde, tras de despertar la codicia de la moza del mesón y de su madre, sale de mala manera y molido a palos. Sigue en la corte presumiendo de rico y está a punto de traer casamiento con una prima de don Diego Coronel, pero éste le descubre a tiempo y le manda apalear. Se hace mendigo, va a Toledo y es allí cómico, poeta y galán de monjas. Decide irse a Sevilla, donde ejerce el oficio de tahúr o jugador de ventaja en compañía de otros pícaros. Al fin, cansado de verse perseguido de la justicia, se embarca para América en busca de mejor fortuna.

LIBRO PRIMERO

CAPÍTULO I

En que cuenta quién es y de dónde

Yo, señor,[41] soy de Segovia; mi padre se llamó Clemente Pablo, natural del mismo pueblo (Dios le tenga en el cielo). Fué el tal, como todos dicen, de oficio barbero, aunque eran tan altos sus pensamientos, que se corría[42] que le llamasen así, diciendo que él era tundidor[43] de mejillas y sastre de barbas. Dicen que era de muy buena cepa,[44] y según él bebía, es cosa para creer.

Estuvo casado con Aldonza Saturno de Rebollo, hija de Octavio de Rebollo Codillo, y nieta de Lépido Ziuraconte. Sospechábase en el pueblo que no era cristiana vieja, aunque ella, por los nombres de sus pasados, esforzaba[45] que descendía de los del triunvirato romano. Tuvo muy buen parecer, y fué tan celebrada, que en el tiempo que ella vivió todos los copleros de España hacían cosas sobre ella. Padeció grandes trabajos recién casada, y aún después, porque malas lenguas daban en decir que mi padre metía el dos de bastos por sacar el as de oros.[46] Probósele que a todos los que hacía la barba a navaja, mientras les daba con el agua, levantándoles la cara para el lavatorio, un mi hermano de siete años les sacaba, muy a su salvo, los tuétanos de las faldriqueras.[47] Murió el angelico de unos azotes que le dieron en la cárcel. Sintiólo mucho mi padre, por ser tal, que robaba a todos las voluntades.

Por estas y otras niñerías estuvo preso; aunque, según a mí me han dicho después, salió de la cárcel con tanta honra, que le acompañaron doscientos cardenales, sino que a ninguno llamaban eminencia.[48] Las damas diz que salían por verle a las ventanas, que siempre pareció bien mi padre, a pie y a caballo. No lo digo por vanagloria, que bien saben todos cuán ajeno soy della. Mi madre, pues, no tuvo calamidades. Un día, alabándomela una vieja que me crió, decía que era tal su agrado, que hechizaba a todos cuantos la trataban... Tenía su aposento, donde sola ella entraba (y algunas veces yo, que como era chico, podía), todo rodeado de calaveras, que ella decía eran para memorias de la muerte; y otros, por vituperarla, que para voluntades de la vida.[49] Su cama estaba armada sobre sogas de ahorcado, y decíame a mí: «¿Qué piensas? Con el recuerdo desto aconsejo a los que bien quiero que para que se libren dellas vivan con la barba sobre el hombro;[50] de suerte que ni aun con mínimos indicios se les averigüe lo que hicieren.»

Hubo grandes diferencias entre mis padres sobre a quién había de imitar en el oficio; mas yo, que siempre tuve pensamientos de caballero, desde chiquito, nunca me apliqué ni a uno ni a otro. Decíame mi padre: «Hijo, esto de ser ladrón no es arte mecánica, sino liberal»; y de allí a rato, habiendo suspirado, decía de manos:[51] «Quien no hurta en el mundo, no vive. ¿Por qué piensas que los alguaciles y alcaldes nos aborrecen tanto?; unas veces nos destierran, otras nos azotan y otras nos cuelgan,[52] aunque nunca haya llegado el día de nuestro santo. No lo puedo decir sin lágrimas» (lloraba como un niño el buen viejo, acordándose de las veces que le habían bataneado[53] las costillas): «porque no querrían que adonde están hubiese otros ladrones sino ellos y sus ministros; mas de todo nos libra la buena astucia. En mi mocedad siempre andaba por las iglesias y no cierto de puro buen cristiano.[54] Muchas veces me hubieran llevado en el asno si hubiera cantado en el potro.[55] Nunca confesé sino cuando lo manda la santa madre Iglesia; y así, con esto y mi oficio he sustentado a tu madre lo más honradamente que he podido». «¿Cómo me habéis sustentado?» dijo ella con gran cólera (que le pesaba que yo no me aplicase a brujo): «yo he sustentado a vos y sacádoos de las cárceles con industria,[56] y mantenido en ellas con dinero. Si no confesábades, ¿era por vuestro ánimo o por las bebidas que os daba? Gracias a mis botes.[57] Y si no temiera que me habían de oír en la calle, yo dijera lo de cuando entré por la chimenea, y os saqué por el tejado.» Más dijera, según se había encolerizado, si con los golpes que daba no se le desensartara un rosario de muelas de difuntos que tenía. Metidos en paz, yo les dije que quería aprender virtud, resueltamente, y ir con mis buenos pensamientos adelante; y así, que me pusiesen a la escuela, pues sin leer ni escribir no se podía hacer nada. Parecióles bien lo que yo decía, aunque lo gruñeron un rato entre los dos. Mi madre tornó a ocuparse en ensartar las muelas, y mi padre fué a rapar a uno (así lo dijo él), no sé si la barba o la bolsa; yo me quedé solo, dando gracias a Dios, que me hizo hijo de padres tan hábiles y celosos de mi bien.

Capítulo III

De cómo fuí a un pupilaje por criado de don Diego Coronel

Determinó, pues, don Alonso[58] de poner a su hijo en pupilaje: lo uno por apartarle de su regalo, y lo otro por ahorrar de cuidado. Supo que había en Segovia un licenciado Cabra, que tenía por oficio de criar hijos de caballeros, y envió allá el suyo, y a mí para que le acompañase y sirviese. Entramos primer domingo después de Cuaresma en poder de la hambre viva, porque tal lacería[59] no admite encarecimiento. Él era un clérigo cerbatana,[60] largo sólo en el talle, una cabeza pequeña, pelo bermejo. No hay más que decir para quien sabe el refrán que dice, ni gato ni perro de aquella color. Los ojos avecinados en el cogote, que parecía que miraba por cuévanos;[61] tan hundidos y oscuros, que era buen sitio el suyo para tienda de mercaderes...; las barbas descoloridas de miedo de la boca vecina, que, de pura hambre, parecía que amenazaba a comérselas; los dientes le faltaban no sé cuántos, y pienso que por holgazanes y vagabundos se los habían desterrado; el gaznate largo como avestruz, con una nuez tan salida, que parecía se iba a buscar de comer, forzada de la necesidad; los brazos secos; las manos, como un manojo de sarmientos cada una. Mirado de medio abajo, parecía tenedor, o compás con dos piernas largas y flacas; su andar, muy de espacio; si se descomponía algo, le sonaban los huesos como tablillas de San Lázaro;[62] la habla, ética;[63] la barba grande, por nunca se la cortar, por no gastar; y él decía que era tanto el asco que le daba ver las manos del barbero por su cara, que antes se dejaría matar que tal permitiese; cortábale los cabellos un muchacho de los otros. Traía un bonete los días de sol, ratonado con mil gateras, y guarniciones de grasa;[64] era de cosa que fué paño, con los fondos de caspa. La sotana, según decían algunos, era milagrosa, porque no se sabía de qué color era... Cada zapato podía ser tumba de un filisteo. Pues ¿su aposento? Aun arañas no había en él:

conjuraba los ratones, de miedo que no le royesen algunos mendrugos que guardaba; la cama tenía en el suelo, y dormía siempre de un lado por no gastar las sábanas: al fin, era archipobre y protomiseria.

A poder, pues, deste vine, y en su poder estuve con don Diego; y la noche que llegamos nos señaló nuestro aposento y nos hizo una plática corta, que por no gastar tiempo no duró más. Díjonos lo que habíamos de hacer: estuvimos ocupados en esto hasta la hora del comer; fuimos allá; comían los amos primero, y servíamos los criados. El refitorio[65] era un aposento como un medio celemín; sustentábanse a una mesa hasta cinco caballeros. Yo miré lo primero por los gatos; y como no los vi, pregunté que cómo no los había a un criado antiguo, el cual, de flaco, estaba ya con la marca del pupilaje. Comenzó a enternecerse, y dijo: «¿Cómo gatos? ¿Pues quién os ha dicho a vos que los gatos son amigos de ayunos y penitencias? En lo gordo se os echa de ver que sois nuevo.» Yo con esto me comencé a afligir, y más me asusté cuando advertí que todos los que de antes vivían en el pupilaje estaban como leznas...[66] Sentóse el licenciado Cabra y echó la bendición; comieron una comida eterna, sin principio[67] ni fin; trajeron caldo en unas escudillas de madera, tan claro, que en comer una dellas peligraba Narciso[68] más que en la fuente. Noté con la ansia que los macilentos dedos se echaban a nado tras un garbanzo huérfano y solo que estaba en el suelo. Decía Cabra a cada sorbo: «Cierto que no hay tal cosa como la olla, digan lo que dijeren; todo lo demás es vicio y gula.» Acabando de decillo, echóse su escudilla a pechos,[69] diciendo: «Todo esto es salud y otro tanto ingenio.» «¡Mal ingenio te acabe!» decía yo entre mí, cuando vi un mozo medio espíritu, y tan flaco, con un plato de carne en las manos, que parecía la había quitado de sí mismo. Venía un nabo aventurero a vueltas de la carne[70] y dijo el maestro: «¿Nabos hay? No hay para mí perdiz que se le iguale: coman; que me huelgo de vellos comer.» Repartió a cada

---

[58] En el capítulo segundo se cuenta cómo en la escuela conoció a don Diego —hijo de don Alonso Coronel de Zúñiga— a cuyo servicio entró.   [59] miseria.   [60] especie de cañón estrecho y largo; quiere decir que el licenciado Cabra era en extremo alto y delgado.

[61] cesto grande y hondo.   [62] tres tablillas unidas con una cuerda, que se hacían sonar con la mano para pedir limosna para los hospitales de San Lázaro.   [63] hablaba débilmente, como si estuviera tísico.   [64] lleno de agujeros y de manchas de grasa.   [65] refectorio, comedor.   [66] instrumento de hierro con una punta fina que usan los zapateros.   [67] el primer plato después de la olla o sopa.   [68] personaje mitológico que al ver su imagen reflejada en el agua de una fuente quedó prendado de sí mismo y se ahogó; quiere decir Quevedo que la sopa era tan

clara que si Narciso la hubiera comido se hubiera comido su propia imagen reflejada en ella.   [69] se bebió con gran ansia.   [70] juntamente con la carne.

[71] sin que las tripas participasen en la carne, es decir, que se quedaron vacías.   [72] *vaguidos* = vahídos o desvanecimientos, en este caso producidos por el hambre; *ahitos* = indigestiones producidas por la hartura.   [73] Alude a una pelea con unas verduleras que se relata en el capítulo segundo.   [74] cuentas a modo de las del rosario con las que se reza para ganar indulgencias en favor de las ánimas del purgatorio.   [75] lección.   [76] sarro que se forma en los dientes.   [77] caballos procèdentes de Frisia que suelen ser muy fuertes.   [78] y la recitamos de coro, de memoria.   [79] a una vieja tía suya que le servía de enfermera, a la que se alude en un párrafo aquí omitido.

uno tan poco carnero, que en lo que se les pegó a las uñas y se les quedó entre los dientes pienso que se consumió todo, dejando descomulgadas las tripas de participantes.[71] Cabra los miraba, y decía: «Coman; que mozos son, y me huelgo de ver sus buenas ganas.» Mire vuesa merced qué buen aliño para los que bostezan de hambre.

Acabaron de comer, y quedaron unos mendrugos en la mesa, y en el plato unos pellejos y unos huesos; y dijo el pupilero: «Quede esto para los criados; que también han de comer: no lo queramos todo.» «¡Mal te haga Dios y lo que has comido, lacerado, decía yo; que tal amenaza has hecho a mis tripas.» Echó la bendición, y dijo: «Ea, demos lugar a los criados, y váyanse hasta las dos a hacer ejercicio, no les haga mal lo que han comido.» Entonces yo no pude tener la risa, abriendo toda la boca. Enojóse mucho, y díjome que aprendiese modestia, y tres o cuatro sentencias viejas, y fuése.

Sentámonos nosotros; y yo, que vi el negocio mal parado, y que mis tripas pedían justicia, como más sano y más fuerte que los otros, arremetí al plato, como arremetieron todos, y emboquéme de tres mendrugos los dos y el un pellejo. Comenzaron los otros a gruñir: al ruido entró Cabra, diciendo: «Coman como hermanos, pues Dios les da con qué; no riñan, que para todos hay.» Volvióse al sol, y dejónos solos. Certifico a vuestra merced que había uno de ellos que se llamaba Surre, vizcaíno, tan olvidado ya de cómo y por dónde se comía, que una cortecilla que le cupo la llevó dos veces a los ojos, y de tres no la acertaba a encaminar de las manos a la boca...

Entretuvímonos hasta la noche. Decíame don Diego que qué haría él para persuadir a las tripas que habían comido, porque no lo querían creer. Andaban vaguidos en aquella casa, como en otra ahítos.[72] Llegó la hora del cenar; pasóse la merienda en blanco; cenamos mucho menos, y no carnero, sino un poco del nombre del maestro, cabra asada. Mire vuesa merced si inventara el diablo tal cosa. «Es cosa muy saludable y provechosa, decía, cenar poco para tener el estómago desocupado»; y citaba una retahila de médicos infernales. Decía alabanzas de la dieta, y que ahorraba un hombre sueños pesados, sabiendo que en su casa no se podía soñar otra cosa sino que comían. Cenaron, y cenamos todos, y no cenó ninguno.

Fuímonos a acostar, y en toda la noche yo ni don Diego pudimos dormir; él trazando de quejarse a su padre y pedir que le sacase de allí, y yo aconsejándole que lo hiciese; aunque últimamente le dije: «Señor, ¿sabéis de cierto si estamos vivos? Porque yo imagino que en la pendencia de las berceras[73] nos mataron, y que somos ánimas que estamos en el purgatorio; y así, es por demás decir que nos saque vuestro padre si alguno no nos reza en alguna cuenta de perdones,[74] y nos saca de penas con alguna misa en altar privilegiado.»

Entre estas pláticas y un poco que dormimos llegó la hora del levantar: dieron las seis, y llamó Cabra a lición:[75] fuimos, y oímosla todos. Ya mis espaldas y ijadas andaban en el jubón, y las piernas daban lugar a otras siete calzas; los dientes sacaba con tobas,[76] amarillos, vestidos de desesperación. Mandáronme leer el primer nominativo a los otros, y era de manera mi hambre, que me desayuné con la mitad de las razones comiéndomelas. Y todo esto creerá quien supiere lo que me contó el mozo de Cabra, diciendo que él había visto meter en casa, recién venidos, dos frisones,[77] y que a dos días salieron caballos ligeros, que volaban por los aires; y que vió meter mastines pesados, y a tres horas salir galgos corredores... Yo, que conocí la casa, lo creo: dígolo porque no parezca encarecimiento lo que dije. Y volviendo a la lición, dióla, y decorámosla,[78] y proseguí siempre en aquel modo de vivir que he contado...

Quejámonos nosotros a don Alonso, y el Cabra le hacía creer que lo hacíamos por no asistir al estudio. Con esto no nos valían plegarias. Metió en casa la vieja[79] por ama, para que guisase y sirviese a los pupilos, y despidió al criado, porque le halló un viernes a la mañana con unas migajas de pan en la ropilla. Lo que pasamos con la vieja Dios lo sabe: era tan sorda, que no oía nada; entendía por señas; ciega, y tan gran rezadora, que un día se le desensartó el rosario sobre la olla, y nos la trujo con el caldo más devoto que jamás comí. Unos decían: «¿Garbanzos negros? Sin duda son de Etiopía.» Otros decían: «¿Garbanzos con luto? ¿Quién se les habrá muerto?» Mi amo fué el que se encajó una cuenta, y al mascarla se quebró un diente...

Pasamos este trabajo hasta la cuaresma que vino, y a la entrada della estuvo malo un compañero. Cabra, por no gastar, detuvo el llamar médico, hasta que ya él pedía confesión más que otra cosa. Llamó entonces un practicante, el cual le tomó el pulso, y dijo que la hambre le había ganado por la mano en matar aquel hombre. Diéronle el Sacramento, y el pobre cuando lo vió (que había un día que no hablaba) dijo: «Señor mío Jesucristo, necesario ha sido el veros entrar en esta casa para persuadirme que no es el infierno.» Imprimiéronseme estas razones en el corazón: murió el pobre mozo, enterrámosle muy pobremente, por ser forastero, y quedamos todos asombrados. Divulgóse por el pueblo el caso atroz; llegó a oídos de don Alonso Coronel; y como no tenía otro hijo, desengañóse de las crueldades de Cabra, y comenzó a dar más crédito a las razones de dos sombras, que ya estábamos reducidos a tan miserable estado. Vino a sacarnos del pupilaje, y teniéndonos delante, nos preguntaba por nosotros; y tales nos vió, que sin aguardar más, trató muy mal de palabra al licenciado Vigilia.[80] Nos mandó llevar en dos sillas a casa: despedímonos de los compañeros, que nos seguían con los deseos y con los ojos, haciendo las lástimas que hace el que queda en Argel[81] viendo venir rescatados sus compañeros.

CAPÍTULO VII

De la ida de don Diego, y nuevas de la muerte de mis padres, y la resolución que tomé en mis cosas para adelante.

En este tiempo vino a don Diego una carta de su padre, en cuyo pliego venía otra de un tío mío llamado Alonso Ramplón, hombre allegado a toda virtud, y muy conocido en Segovia por lo que era allegado a la justicia, pues cuantas allí se habían hecho de cuatro años a esta parte han pasado por sus manos. Verdugo era, si va a decir la verdad, pero un águila en el oficio. Vérsele hacer daba gana de dejarse ahorcar. Éste, pues, me escribió una carta a Alcalá desde Segovia, en esta forma:

CARTA

«Hijo Pablos (que por el mucho amor que me tenía me llamaba así): Las ocupaciones grandes de esta plaza en que me tiene ocupado su majestad no me han dado lugar a hacer esto; que si algo tiene malo el servir al Rey es el trabajo, aunque le desquita con esta negra honrilla de ser sus criados. Pésame de daros nuevas de poco gusto. Vuestro padre murió ocho días ha con el mayor

valor que ha muerto hombre en el mundo: dígolo como quien le guindó.[82] Subió en el asno sin poner pie en el estribo; veníale el sayo baquero que parecía haberse hecho para él; y como tenía aquella presencia, nadie le veía con los cristos[83] delante que no lo juzgase por ahorcado. Iba con gran desenfado mirando a las ventanas y haciendo cortesías a los que dejaban sus oficios por mirarle; hízose dos veces los bigotes; mandaba descansar a los confesores, y íbales alabando lo que decían bueno. Llegó a la de palo,[84] puso el un pie en la escalera, no subió a gatas ni despacio; y viendo un escalón hendido, volvióse a la justicia, y dijo que mandase adrezar[85] aquél para otro; que no todos tenían su hígado.[86] No sabré encarecer cuán bien pareció a todos. Sentóse arriba y tiró las arrugas de la ropa atrás; tomó la soga, y púsola en la nuez; y viendo que el teatino[87] le quería predicar, vuelto a él le dijo: «Padre, yo lo doy por predicado, y vaya un poco de Credo, y acabemos presto; que no querría parecer prolijo.» Hízose ansí: encomendóme que le pusiese la caperuza de lado y que le limpiase las babas: yo lo hice así. Cayó sin encoger las piernas ni hacer gestos; quedó con una gravedad, que no había más que pedir. Hícele cuartos, y díle por sepultura los caminos: Dios sabe lo que a mí me pesaba de verle en ellos, haciendo mesa franca a los grajos; pero yo entiendo que los pasteleros desta tierra nos consolarán, acomodándole en los de a cuatro.[88] De vuestra madre, aunque está viva agora, casi os puedo decir lo mismo; que está presa en la Inquisición de Toledo porque desenterraba los muertos sin ser murmuradora...[89] Dicen que representaba en un auto el día de la Trinidad, con cuatrocientos de muerte:[90] pésame, que nos deshonra a todos, y a mí principalmente, que al fin soy ministro del Rey y me están mal estos parentescos. Hijo, aquí ha quedado no sé qué hacienda escondida de vuestros padres; será en todo hasta cuatrocientos ducados: vuestro

---

80 *vigilia* = la comida con abstinencia de carne, según dispone la Iglesia, en ciertos días.

81 Argel era una de las ciudades donde los musulmanes tenían durante esta época gran cantidad de cautivos cristianos. 82 ahorcó. 83 los condenados a muerte iban vestidos con una especie de sayo o túnica que les cubría todo el cuerpo y llevaban un crucifijo entre las manos. 84 la horca. 85 aderezar, arreglar. 86 valor. 87 perteneciente a la orden religiosa de los teatinos, que solía tener a su cargo el ayudar a bien morir a los condenados a muerte. 88 en los pasteles de a cuatro reales. Hay numerosas alusiones en la literatura de la época al hecho de que en estos pasteles, que debían de ser de los más baratos, se ponía carne de ajusticiado. 89 porque desenterraba los muertos de verdad y no figurativamènte hablando o murmurando mal de ellos. Se sobrentiende que desenterraba a los muertos para sacarles las muelas con las que practicaba sus hechizos. 90 que participó

en un auto de fe celebrado el día de la Trinidad con otros cuatrocientos condenados a muerte.

91 *tener la piedra en el rollo* significa ser persona de distinción u hombre de honra, pero *rollo* significa también «horca»; de ahí el equívoco que usa Quevedo. 92 le hicieron cuartos.

1 no se les conoce propiedad alguna: ni bienes raíces ni bienes muebles. 2 Estas palabras, como dice el texto, eran nombres que en la jerga de los pícaros se daba a los hidalgos apicarados y caballeros de industria. Casi todos ellos tienen la significación de cosa inútil y sin substancia: *hebén* y *chirle* se aplica a dos clases de uva de poco sabor; *chanflón* designa una moneda tosca y de poco valor; *güero*, huero = vacío; *traspillado*, de traspillarse, es igual a debilitarse; *canino* alude aquí a un perro hambriento. 3 conejo nuevo, joven. 4 criado principal que asistía a la mesa de un señor y presentaba en ella la comida. 5 el dinero que el que gana da a los mirones o a los que le ayudan en el juego.

tío soy; lo que tenga ha de ser para vos. Vista ésta, os podréis venir aquí; que con lo que vos sabéis de latín y retóricas seréis singular en el arte de verdugo. Respondedme luego, y entre tanto Dios os guarde, etcétera.»

No puedo negar que sentí mucho la nueva afrenta; pero holguéme en parte, tanto pueden los vicios en los padres, que consuelan de sus desgracias, por grandes que sean, a los hijos. Fuíme corriendo a don Diego, que estaba leyendo la carta de su padre, en que le mandaba que se fuese y no me llevase en su compañía, movido de las travesuras mías que había oído decir. Díjome cómo se determinaba ir, y todo lo que le mandaba su padre, que a él le pesaba dejarme, y a mí más. Díjome que me acomodaría con otro caballero amigo suyo para que le sirviese. Yo en esto, riéndome, le dije: «Señor, yo soy otro, y otros mis pensamientos; más alto pico y más autoridad me importa tener, porque si hasta ahora tenía, como cada cual, mi piedra en el rollo,[91] ahora tengo mi padre.» Declaréle cómo había muerto tan honradamente como el más estirado; cómo le trincharon e hicieron moneda,[92] y cómo me había escrito mi señor tío el verdugo desto y de la prisioncilla de mama; que a él, como quien sabía quién yo soy, me pude descubrir sin vergüenza. Lastimóse mucho, y preguntóme qué pensaba hacer. Díle cuenta de mis determinaciones; y con esto al otro día él se fué a Segovia harto triste, y yo me quedé en la casa disimulando mi desventura. Quemé la carta, porque perdiéndoseme acaso no la leyese alguno, y comencé a disponer mi partida para Segovia con intención de cobrar mi hacienda y conocer mis parientes, para huir dellos.

CAPÍTULO XIII

En que el hidalgo prosigue el camino y lo prometido de su vida y costumbres

«Lo primero has de saber que en la corte hay siempre el más necio y el más sabio, más rico y más pobre; y los extremos de todas las cosas; que disimula los malos y esconde los buenos, y que en ella hay unos géneros de gentes (como yo) que no se les conoce raíz ni mueble,[1] ni otra cosa de la que descienden los tales. Entre nosotros nos diferenciamos con diferentes nombres: unos nos llamamos caballeros hebenes; otros güeros, chanflones, chirles, traspillados y caninos.[2] Es nuestra abogada la industria; pasamos las más veces los estómagos de vacío, que es gran trabajo traer la comida en manos ajenas. Somos susto de los banquetes, polilla de los bodegones, y convidados por fuerza; sustentámonos así del aire, y andamos con-

tentos. Somos gente que comemos un puerro, y representamos un capón: entrará uno a visitarnos en nuestras casas, y hallará nuestros aposentos llenos de huesos de carnero y aves, mondaduras de frutas, la puerta embarazada con plumas y pellejos de gazapos;[3] todo lo cual cogemos de parte de noche por el pueblo, para honrarnos con ello de día. Reñimos en entrando al huésped: «¿Es posible que no he de ser yo poderoso para que barra esa moza?—Perdone vuesa merced, que han comido aquí unos amigos, y esos criados...» etcétera. Quien no nos conoce, cree que es así, y pasa por convite.

Pues ¿qué diré del modo de comer en casas ajenas? En hablando a uno media vez, sabemos su casa, y siempre a hora de masticar (que se sepa que está en la mesa) decimos que nos llevan sus amores, porque tal entendimiento no le hay en el mundo. Si nos preguntan si hemos comido, si ellos no han empezado decimos que no; si nos convida, no aguardamos al segundo convite, porque destas aguardadas nos han sucedido grandes vigilias; si han empezado, decimos que sí; y aunque parta muy bien el ave, pan o carne, o lo que fuere, para tomar ocasión de engullir un bocado decimos: «Ahora deje vuesa merced, que le quiero servir de maestresala;[4] que solía, Dios le tenga en el cielo (y nombramos un señor muerto, duque o conde), gustar más de verme partir que de comer.» Diciendo esto, tomamos el cuchillo, y partimos bocaditos, y al cabo decimos: «¡Oh qué bien huele! Cierto que haría agravio a la guisandera en no probarlo: ¡qué buena mano tiene!» Y diciendo y haciendo, va en prueba el medio plato; el nabo por ser nabo, el tocino por ser tocino, y todo por lo que es. Cuando esto nos falta, ya tenemos sopa de algún convento aplazada; no la tomamos en público, sino a lo escondido, haciendo creer a los frailes que es más devoción que necesidad.

Es de ver uno de nosotros en una casa de juego con el cuidado que sirve, y despabila las velas, trae orinales, cómo mete naipes y solemniza las cosas del que gana, todo por un triste real de barato...[5]

Estamos obligados a andar a caballo una vez cada mes, aunque sea en pollino, por las calles públicas, y a ir en coche una vez al año, aunque sea en la arquilla o trasera; pero si alguna vamos dentro del coche, es de considerar que siempre es en el estribo con todo el pescuezo defuera, haciendo cortesías por que nos vean todos, y hablando a los amigos y conocidos aunque miren a otra parte... ¿Qué diré del mentir? Jamás se halla la verdad en nuestra boca; encajamos duques y condes en las conversaciones, unos por amigos, otros por deudos; y advertimos que los tales señores o estén muertos o muy lejos...

Quien ve estas botas mías ¿cómo pensará que andan caballeras en las piernas en pelo, sin media ni otra cosa? Y quien viere este cuello, ¿por qué ha de pensar que no tengo camisa? Pues todo esto le puede faltar a un caballero, señor licenciado, pero cuello abierto y almidonado no. Lo uno porque así es gran ornato de la persona, y después de haberle vuelto de una parte a otra, es de sustento porque se ceba el hombre en el almidón, chupándole con destreza. Y al fin, señor licenciado, un caballero de nosotros... con esto vive en la corte. Ya se ve en prosperidad y con dineros, y ya se ve en el hospital; pero, en fin, se vive, y el que se sabe vadear es rey con poco que tenga.»

Tanto gusté de las extrañas maneras de vivir del hidalgo, y tanto me embebecí, que divertido con ellas y con otras, me llegué a pie hasta las Rozas, adonde nos quedamos aquella noche. Cenó conmigo el dicho hidalgo, que no traía blanca, y yo me hallaba obligado a sus avisos, porque con ellos abrí los ojos a muchas cosas, inclinándome a la chirlería,[6] declaréle mis deseos antes que nos acostásemos; abrazóme mil veces diciendo que siempre esperó habían de hacer impresión sus razones en hombre de tan buen entendimiento. Ofrecióme favor para introducirme en la corte con los demás cofrades del estafón y posada en compañía de todos. Aceptéla, no declarándole que tenía los escudos que llevaba, sino hasta cien reales solos; los cuales bastaron, con la buena obra que le había hecho y hacía, a obligarle a mi amistad.

Compréle del huésped tres agujetas, atacóse,[7] dormimos aquella noche, madrugamos y dimos con nuestros cuerpos en Madrid.

LIBRO SEGUNDO

CAPÍTULO X

De lo que me sucedió en Sevilla hasta embarcarme a Indias

Pasé el camino de Toledo a Sevilla prósperamente: porque como yo tenía ya mis principios de fullero,[8] y llevaba dados cargados con nueva pasta de mayor y menor, y tenía la mano derecha encubridora de un dado... llevaba provisión de cartones de lo ancho y de lo largo para hacer garrotes de moros y ballestilla;[9] y así no se me escapaba dinero. Dejo de referir otras muchas flores, porque a decirlas todas, me tuvieran más por ramillete que por hombre, y también porque antes fuera dar que imitar, que referir vicios de que huyan los hombres...

Yo, pues... llegué a Sevilla: con el dinero de los camaradas gané el alquiler de las mulas, y la comida y dineros a los huéspedes de las posadas. Fuíme luego a apear al mesón del Moro, donde me topó un condiscípulo mío de Alcalá, que se llamaba Mata, y ahora se decía (por parecerle nombre de poco ruido) Matorral. Trataba en vidas, y era tendero de cuchilladas,[10] y no le iba mal. Traía la muestra dellas en su cara, y por las que le habían dado, concertaba tamaño y hondura de las que había de dar; decía: «No hay tal maestro como el bien acuchillado»; y tenía razón, porque la cara era una cuera y él un cuero.[11] Díjome que me había de ir a cenar con él y otros camaradas, y que ellos me volverían al mesón.

Fuí, llegamos a su posada, y dijo: «Ea, quite la capa vucé, y parezca hombre; que verá esta noche todos los buenos hijos de Sevilla. Y porque no le tengan por maricón, abaje ese cuello y agobie de espaldas, la capa caída (que siempre andamos nosotros de capa caída), y ese hocico de tornillo,

---

6 estafa.   7 se ató los calzones al jubón con las agujetas o correas.   8 jugador de ventaja, que juega con cartas y dados falsos.   9 *cartones... ballestilla.* Pasaje no explicado con precisión por los anotadores, aunque sí se sabe por numerosas alusiones en la literatura de la época que «garrotes de moros y ballestilla» eran nombres de trampas (o *flores,* como dice en la frase siguiente) que se hacían en el juego.   10 Su oficio era el de matón, espadachín; daba cuchilladas a pago como los pícaros de la casa de Monipodio en *Rinconete y Cortadillo.*

11 *cuera,* prenda de vestir que se usaba encima del jubón. Quevedo hace un complicado juego de palabras con la doble acepción de la palabra cuchillada, que, además de cicatriz o marca de cuchillo, significa las aberturas que se hacían en algunas prendas de vestir, en este caso, en la *cuera.* Lo que quiere decir es que tenía la cara llena de cicatrices.   12 Describe Quevedo aquí lo que debían de ser los gestos, las maneras y el habla de los bravucones de Sevilla en su época: la cabeza baja, cargados de espaldas, la boca fruncida y aspirando exa-

geradamente las haches y jotas en palabras como *herida, mohino, humo,* etc.   13 que si no echa vaho, que si no huele a vino.   14 Es decir, de cara abultada, hinchada.   15 acortando las palabras.   16 pícaro perdido que no tiene oficio ni domicilio.   17 alcaparras preparadas con vinagre y sal.   18 el que quería beber; más propiamente, beber correspondiendo a un brindis.   19 vasija muy estrecha de boca en la que se bebe con dificultad; aquí está usado «penadilla» irónicamente, refiriéndose a la artesa.   20 los nombres aquí citados —Tiznado, Gayón, Escamilla y Alonso Álvarez— pertenecen a personajes reales muy conocidos entre los bravos de Sevilla y fueron objeto de numerosas alusiones en la literatura de la época.

21 policía.   22 valiente.   23 *zahurda,* establo donde se guardaban los cerdos, equivalente a lugar sucio y hediondo. *Plutón,* dios del mundo subterráneo o del infierno en la mitología pagana. Este sueño se conoce también con el título de *El sueño del infierno.*   24 título del segundo de los *Sueños* de Quevedo. El primero, al que alude antes, se titula *El sueño de las calaveras.*

gestos a un lado y a otro; y haga vucé de la *g, h,* y de la *h, g;* y diga conmigo *gerida, mogino, gumo, paheria, mohar, habalí,* y *harro* de vino.»[12] Tomélo de memoria. Prestóme una daga, que en lo ancho era alfanje, y en lo largo no se llamaba espada, que bien podía. «Bébase (me dijo) esta media azumbre de vino puro; que si no da vaharada[13] no parecerá valiente.» Estando en esto, y yo con lo bebido atolondrado, entraron cuatro dellos con cuatro zapatos de gotosos por caras,[14] andando a lo columpio, no cubiertos con las capas, sino fajados por los lomos, los sombreros empinados sobre las frentes, altas las faldillas de delante, que parecían diademas, un par de herrerías enteras por guarniciones de dagas y espadas, las conteras en guarnición, con los calcañares derechos, los ojos derribados, la vista fuerte, bigotes buídos a lo cuerno, y barbas turcas, como caballos. Hiciéronnos un gesto con la boca, y luego a mi amigo le dijeron (con voces mohinas, sisando palabras):[15] «Seidor». «So compadre», respondió mi ayo. Sentáronse; y para preguntar quién era yo no hablaron palabra, sino el uno miró a Matorrales, y abriendo la boca y empujando hacia mí el labio de abajo, me señaló; a lo cual mi maestro de novicios satisfizo empuñando la barba y mirando hacia abajo; y con esto con mucha alegría se levantaron todos, y me abrazaron y hicieron muchas fiestas, y yo de la propia manera a ellos, que fué lo mesmo que si catara cuatro diferentes vinos.

Llegó la hora de cenar; vinieron a servir a la mesa unos grandes pícaros, que los bravos llamaban cañones.[16] Sentámonos todos juntos a la mesa: aparecióse luego el alcaparrón,[17] y con esto empezaron (por bienvenido) a beber a mi honra, que yo de ninguna manera, hasta que la vi beber, no entendí que tenía tanta. Vino pescado y carne, y todo con apetitos de sed. Estaba una artesa en el suelo toda llena de vino y allí se echaba de bruces el que quería hacer la razón.[18] Contentóme la penadilla.[19] A dos veces no hubo hombre que conociese al otro. Empezaron pláticas de guerra; menudeábanse los juramentos; murieron de brindis a brindis veinte o treinta sin confesión. Recetáronsele al Asistente mil puñaladas; tratóse de la buena memoria de Domingo Tiznado y Gayón; derramóse vino en cantidad al alma de Escamilla. Los que las cogieron tristes lloraron tiernamente al malogrado Alonso Álvarez.[20]

Ya a mi compañero con estas cosas se le desconcertó el reloj de la cabeza, y dijo algo ronco, tomando un pan con las dos manos y mirando a la luz: «Por ésta, que es la cara de Dios, y por aquella luz que salió por la boca del ángel, que si vuecedes quieren, que esta noche hemos de dar al corchete[21] que siguió al pobre Tuerto.» Levantóse entre ellos alarido disforme, y sacando las dagas, lo juraron, poniendo las manos cada uno en un borde de la artesa; y echándose sobre ella de hocicos, dijeron: «Así como bebemos este vino, hemos de beber de la sangre a todo acechador.» «¿Quién es este Alonso Álvarez, pregunté, que tanto se ha sentido su muerte?» «Mancebo», dijo el uno, «lidiador ahigadado,[22] mozo de manos y buen compañero. Vamos; que me retientan los demonios.»

Con esto salimos de casa a montería de corchetes. Yo, como iba entregado al vino, y había renunciado en su poder mis sentidos, no advertí al riesgo que me ponía. Llegamos a la calle de la Mar, donde encaró con nosotros la ronda. No bien la columbraron, cuando sacando las espadas, la embestimos. Yo hice lo mismo, y limpiamos dos cuerpos de corchetes de sus malas ánimas al primer encuentro. El alguacil puso la justicia en sus pies, y apeló por la calle arriba dando voces; no lo pudimos seguir, por haber cargado delantero. Y al fin nos acogimos a la iglesia Mayor, donde nos amparamos del rigor de la justicia, y dormimos lo necesario para espumar el vino que hervía en los cascos. Y vueltos ya en nuestro acuerdo, me espantaba yo de ver que hubiese perdido la justicia dos corchetes y huído el alguacil de un racimo de uva, que entonces lo éramos nosotros. Pasábamoslo en la iglesia notablemente... La justicia no se descuidaba de buscarnos; rondábanos la puerta; pero con todo, de media noche abajo rondábamos disfrazados.

Yo, que vi que duraba mucho este negocio, y más la fortuna en perseguirme, no de escarmentado (que no soy tan cuerdo, sino de cansado, como obstinado pecador), determiné... de pasarme a Indias... a ver si mudando mundo y tierra mejoraría mi suerte. Y fuéme peor, pues nunca mejora su estado quien muda solamente de lugar, y no de vida y de costumbres.

LOS SUEÑOS

LAS ZAHURDAS DE PLUTÓN[23]

Discurso

Yo, que en el *Sueño* vi tantas cosas y en el *Alguacil Alguacilado*[24] oí parte de las que no había visto, como sé que los sueños, las más veces, son burla de la fantasía y ocio del alma, y que el malo nunca dijo verdad, por no tener cierta noticia de las cosas que justamente se nos esconden, vi, guiado de mi ingenio, lo que se sigue, por particular providencia, que fué para traerme en el miedo la verdadera paz.

Halléme en un lugar favorecido de naturaleza por el sosiego amable, donde, sin malicia, la hermosura entretenía la vista, muda recreación y sin respuesta humana, platicaban las fuentes entre las guijas y los árboles por las hojas, tal vez cantaba el pájaro ni sé determinadamente si en competencia suya o agradeciéndoles su armonía. Ved cuál es de peregrino nuestro deseo, que no hallo paz en nada desto. Tendí los ojos, codicioso de ver algún camino por buscar compañía, y veo, cosa digna de admiración, dos sendas[25] que nacían de un mismo lugar, y una se iba apartando de la otra, como que huyesen de acompañarse.

Era la de mano derecha tan angosta, que no admite encarecimiento, y estaba, de la poca gente que por ella iba, llena de abrojos y asperezas y malos pasos. Con todo, vi algunos que trabajaban en pasarla; pero, por ir descalzos y desnudos, se iban dejando en el camino, unos, el pellejo; otros, los brazos; otros, las cabezas; otros, los pies, y todos iban amarillos y flacos. Pero noté que ninguno de los que iban por aquí miraba atrás, sino todos adelante. Decir que puede ir alguno a caballo es cosa de risa. Uno de los que allí estaban, preguntándole si podría yo caminar aquel desierto a caballo, me dijo:

—Déjese de caballerías y caiga de su asno.[26]

Y miré con todo eso, y no vi huella de bestia ninguna. Y es cosa de admirar que no había señal de rueda de coche ni memoria apenas de que hubiese nadie caminando en él por allí jamás. Pregunté, espantado desto a un mendigo, que estaba descansando y tomando aliento, si acaso había ventas en aquel camino o mesones en los paraderos. Respondióme:

—Venta aquí, señor, ni mesón, ¿cómo queréis que le haya en este camino, si es el de la virtud? En el camino de la vida —dijo—, el partir es nacer, el vivir es caminar, la venta es el mundo, y, en saliendo della, es una jornada sola y breve desde él a la pena o la gloria.

Diciendo esto, se levantó y dijo:

—Quedaos con Dios, que en el camino de la virtud es perder tiempo el pararse uno y peligroso responder a quien pregunta por curiosidad y no por provecho.

Comenzó a andar dando tropezones y zancadi-

llas y suspirando. Parecía que los ojos, con lágrimas, osaban ablandar los peñascos a los pies y hacer tratables los abrojos.

—¡Pesia tal! —dije yo entre mí—; pues tras ser el camino tan trabajoso, ¿es la gente que en él anda tan seca y poco entretenida? ¡Para mi humor es bueno!

Di un paso atrás y salíme del camino del bien. Que jamás quise retirarme de la virtud que tuviese mucho que desandar ni que descansar. Volvíme a la mano izquierda y vi un acompañamiento tan reverendo, tanto coche, tanta carroza cargada de competencias al sol en humanas hermosuras y gran cantidad de galas y libreas, lindos caballos, mucha gente de capa negra y muchos caballeros. Yo, que siempre oí decir: «Dime con quién andas y te diré quién eres», por ir con buena compañía puse el pie en el umbral del camino, y, sin sentirlo, me hallé resbalado en medio de él, como el que se desliza por el hielo, y topé con lo que había menester; porque aquí todos eran bailes y fiestas, juegos y saraos; y no el otro camino, que, por falta de sastres, iban en él desnudos y rotos, y aquí nos sobraban mercaderes, joyeros y todos oficios. Pues ventas, a cada paso, y bodegones sin número. No podré encarecer qué contento me hallé en ir en compañía de gente tan honrada, aunque el camino estaba algo embarazado, no tanto con las mulas de los médicos como con las barbas de los letrados, que era terrible la escuadra dellos que iba delante de unos jueces. No digo esto porque fuese menos el batallón de los doctores, a quien nueva elocuencia llama ponzoñas graduadas, pues se sabe que en las universidades estudian para tósigos.[27] Animóme para proseguir mi camino el ver, no sólo que iban muchos por él, sino la alegría que llevaban y que del otro se pasaban algunos al nuestro y del nuestro al otro, por sendas secretas.

Otros caían que no se podían tener, y entre ellos fué de ver el cruel resbalón que una lechigada[28] de taberneros dió en las lágrimas que otros habían derramado en el camino, que, por ser agua, se les fueron los pies y dieron en nuestra senda unos sobre otros. Íbamos dando vaya[29] a los que veíamos por el camino de la virtud más trabajados. Hacíamos burla dellos, llamábamosles heces del mundo y desecho de la tierra. Algunos se tapaban los oídos y pasaban adelante. Otros, que se paraban a escucharnos, dellos[30] desvanecidos de las muchas voces

---

[25] Alude a las sendas de la virtud y del vicio de que hablan los autores antiguos, especialmente en la leyenda de Hércules. [26] Equivale a decir: «Déjese de fantasías y desengáñese del error de que vive». Se sobrentiende: «No se haga ilusiones de que la senda de la virtud es una senda fácil». [27] ponzoña, veneno (tósigo = tóxico). [28] grupo, conjunto; literalmente se llama así a las crías de los animales que nacen de un parto. [29] broma. [30] unos; ya, ora.
[31] ocultos, encubiertos. [32] allá, un sitio en el infierno donde oye grandes carcajadas. [33] calzado antiguo que cubría las piernas y muslos y se unía a la cintura con agujetas. [34] gregüescos, especie de calzones anchos. [35] carta de nobleza. [36] pliegues.

y dellos persuadidos de las razones y corridos de las vayas caían y se bajaban.

Vi una senda por donde iban muchos hombres de la misma suerte que los buenos, y desde lejos parecía que iban con ellos mismos, y, llegado que hube, vi que iban entre nosotros. Éstos me dijeron que eran los hipócritas, gente en quien la penitencia, el ayuno, que en otros son mercancía del cielo, es noviciado del infierno... Éstos hacen oficio la humildad y pretenden honra, yendo de estrado en estrado y de mesa en mesa. Al fin conocí que iban arrebozados[31] para nosotros; mas para los ojos eternos, que abiertos sobre todos juzgan el secreto más oscuro de los retiramientos del alma, no tienen máscara. Bien que hay muchos buenos; mas son diferentes déstos, a quien antes se les ve la disimulación que la cara y alimentan su ambiciosa felicidad de aplauso de los pueblos, y, diciendo que son unos indignos y grandísimos pecadores y los más malos de la tierra, llamándose jumentos, engañan con la verdad, pues siendo hipócritas, lo son al fin. Iban éstos solos aparte, y reputados por más necios que los moros, más zafios que los bárbaros y sin ley, pues aquéllos, ya que no conocieron la vida eterna ni la van a gozar, conocieron la presente y holgáronse en ella; pero los hipócritas, ni la una ni la otra conocen, pues en ésta se atormentan y en la otra son atormentados. Y, en conclusión, déstos se dice con toda verdad que ganan el infierno con trabajos.

Todos íbamos diciendo mal unos de otros: los ricos tras la riqueza, los pobres pidiendo a los ricos lo que Dios les quitó. Van por un camino los discretos, por no dejarse gobernar de otros; y los necios, por no entender a quien los gobierna, aguijan a todo andar. Las justicias llevan tras sí los negociantes; la pasión, a las malgobernadas justicias, y los reyes, desvanecidos y ambiciosos, todas las repúblicas.

Fuíme allá[32] por ver risa en el infierno, cosa tan nueva.

—¿Qué es esto? —dije.

Cuando veo dos hombres dando voces en un alto, muy bien vestidos con calzas atacadas.[33] El uno con capa y gorra, puños como cuellos y cuellos como calzas. El otro traía valones[34] y un pergamino en las manos. Y a cada palabra que hablaban, se hundían siete u ocho mil diablos de risa y ellos se enojaban más. Lleguéme más cerca para oírlos, y oí al del pergamino, que, a la cuenta, era hidalgo, que decía:

—Pues si mi padre se decía tal cual y soy nieto de Esteban tales y cuales, y ha habido en mi linaje trece capitanes valerosísimos y de parte de mi madre doña Rodriga desciendo de cinco catedráticos, los más doctos del mundo, ¿cómo me puedo haber condenado? Y tengo mi ejecutoria[35] y soy libre de todo y no debo pagar pecho.

—Pues pagad espalda —dijo un diablo.

Y dióle luego cuatro palos en ellas, que le derribó de la cuesta. Y luego le dijo:

—Acabaos de desengañar, que el que desciende del Cid, de Bernardo y de Godofredo, y no es como ellos, sino vicioso como vos, ese tal más destruye el linaje que lo hereda. Toda la sangre, hidalguillo, es colorada. Parecedlo en las costumbres y entonces creeré que descendéis del docto, cuando lo fuéredes o procuráredes serlo, y si no, vuestra nobleza será mentira breve en cuanto durare la vida. Que en la chancillería del infierno arrúgase el pergamino y consúmense las letras, y, el que en el mundo es virtuoso, ése es el hidalgo, y la virtud es la ejecutoria que acá respetamos, pues aunque descienda de hombres viles y bajos, como él con divinas costumbres se haga digno de imitación, se hace noble a sí y hace linaje para otros. Reímonos acá de ver lo que ultrajáis a los villanos, moros y judíos, como si en éstos no cupieran las virtudes, que vosotros despreciáis.

Tres cosas son las que hacen ridículos a los hombres: la primera, la nobleza; la segunda, la honra; la tercera, la valentía. Pues es cierto que os contentáis con que hayan tenido vuestros padres virtud y nobleza para decir que la tenéis vosotros, siendo inútil parto del mundo. Acierta a tener muchas letras el hijo del labrador, es arzobispo el villano que se aplica a honestos estudios, y los caballeros que descienden de buenos padres, como si hubieran ellos de gobernar el cargo que les dan, quieren, ¡ved qué ciegos!, que les valga a ellos, viciosos, la virtud ajena de trescientos mil años, ya casi olvidada, y no quieren que el pobre se honre con la propia.

Carcomióse el hidalgo de oír estas cosas, y el caballero que estaba a su lado se afligía, pegando los abanillos[36] del cuello y volviendo las cuchilladas de las calzas.

—Pues ¿qué diré de la honra mundana? Que más tiranías hace en el mundo y más daños y la que más gustos estorba. Muere de hambre un caballero pobre, no tiene con qué vestirse, ándase roto y remendado, o da en ladrón, y no lo pide, porque dice que tiene honra; ni quiere servir, porque dice que es deshonra. Todo cuanto se busca y afana dicen los hombres que es por sustentar honra. ¡Oh, lo que gasta la honra! Y llegado a ver lo que es la honra mundana, no es nada. Por la honra no come el que tiene gana donde le sabría bien. Por la honra se muere la viuda entre dos paredes. Por la honra, sin saber qué es hombre ni qué es gusto, se pasa la doncella treinta años casada consigo misma. Por la honra, la casada se quita a su deseo cuanto pide. Por la honra, pasan los hombres el mar. Por la honra, mata un hombre a otro. Por la honra, gastan todos más de lo que tienen. Y es la honra mundana, según esto, una necedad del cuerpo y alma, pues al uno quita los gustos y al otro el descanso. Y porque veáis cuáles sois los hombres desgraciados y cuán a peligro tenéis lo que más estimáis, hase de advertir que las cosas de más valor en vosotros son la honra, la vida y la hacienda. La honra está en arbitrio de las mujeres; la vida, en manos de los doctores, y la hacienda, en las plumas de los escribanos.

—Desvaneceos, pues, bien, mortales —dije yo entre mí—. ¡Y cómo se echa de ver que esto es el infierno, donde, por atormentar a los hombres con amarguras, les dicen las verdades!

Tornó en esto a proseguir y dijo:

—¡La valentía! ¿Hay cosa tan digna de burla? Pues no habiendo ninguna en el mundo sino la caridad, con que se vence la fiereza de otros y la de sí mismo y la de los mártires, todo el mundo es de valientes; siendo verdad que todo cuanto hacen los hombres, cuanto han hecho tantos capitanes valerosos como ha habido en la guerra, no lo han hecho de valentía, sino de miedo. Pues el que pelea en la tierra por defenderla, pelea de miedo de mayor mal, que es ser cautivo y verse muerto, y el que sale a conquistar los que están en sus casas, a veces lo hace de miedo de que el otro no le acometa y los que no llevan este intento, van vencidos de la codicia.

—¡Ved qué valientes! ¡A robar oro y a inquietar los pueblos apartados, a quien Dios puso como defensa a nuestra ambición mares en medio y montañas ásperas! Mata uno a otro, primero vencido de la ira, pasión ciega, y otras veces de miedo de que le mate a él. Así, hombres que todo lo entendéis al revés, bobo llamáis al que no es sedicioso, alborotador y maldiciente; sabio llamáis al malacondicionado, perturbador y escandaloso; valiente, al que perturba el sosiego; y cobarde, al que con bien compuestas costumbres, escondido de las ocasiones, no da lugar a que le pierdan el respeto. Estos tales son en quien ningún vicio tiene licencia.

—¡Oh, pesia tal! —dije yo—. Más estimo haber oído este diablo que cuanto tengo.

Dijo en esto el de las calzas atacadas muy mohino:

—Todo eso se entiende con ese escudero; pero no conmigo, a fe de caballero —y tornó a decir

caballero tres cuartos de hora—. Que es ruin término y descortesía. ¡Deben de pensar que todos somos unos!

VISITA DE LOS CHISTES

...Luego comenzó a entrar una gran cantidad de gente.[37] Los primeros eran habladores. Parecían azudas[38] en conversación, cuya música era peor que la de órganos destemplados. Unos hablaban de hilván,[39] otros a borbotones, otros a chorretadas, otros habladorísimos hablaban a cántaros. Gente que parece que lleva pujo de decir necedades, como si hubiera tomado alguna purga confeccionada de hojas de Calepino[40] de ocho lenguas. Éstos me dijeron que eran habladores de diluvios, sin escampar de día ni de noche. Gente que habla entre sueños, y que madruga a hablar. Había habladores secos[41] y habladores que llaman del río o del rocío y de la espuma; gente que graniza de perdigones... Había otros habladores nadadores, que hablan nadando con los brazos hacia todas partes y tirando manotadas y coces. Otros jimios,[42] haciendo gestos y visajes. Venían los unos consumiendo a los otros.

Síguense los chismosos, muy solícitos de orejas, muy atentos de ojos, muy encarnizados de malicia. Y andaban hechos uñas de las vidas ajenas, espulgándolos a todos. Venían tras ellos los mentirosos, contentos, muy gordos, risueños y bien vestidos y medrados, que, no teniendo otro oficio, son milagro del mundo, con un gran auditorio de mentecatos y ruines.

Detrás venían los entremetidos, muy soberbios y satisfechos y presumidos, que son las tres lepras de la honra del mundo. Venían injiriéndose en los otros y penetrándose en todo, tejidos y enmarañados en cualquier negocio. Son lapas de la ambición y pulpos de la prosperidad. Éstos venían los postreros, según pareció, porque no entró en gran rato nadie. Pregunté que cómo venían tan apartados, y dijéronme unos habladores, sin preguntarlo yo a ellos:

—Estos entremetidos son la quinta esencia de los enfadosos, y por eso no hay otra cosa peor que ellos.

En esto estaba yo considerando la diferencia tan grande del acompañamiento y no sabía imaginar quién pudiese venir.

En esto entró una que parecía mujer, muy galana y llena de coronas, cetros, hoces, abarcas, cha-

---

37 Este sueño no tiene localización precisa; es simplemente un desfile de tipos, personajes, dichos e ideas personificadas. 38 noria para sacar agua. 39 sin parar. 40 Ambrosio Calepino, autor de un diccionario en siete lenguas; dice *ocho* porque los habladores añadían la suya propia.

41 que no salpican saliva, en contraposición con los diferentes grados de habladores, que escupen al hablar, descritos a continuación. 42 simios, como monos. 43 a quien preguntan una adivinanza o enigma. 44 hablando cortadamente. 45 embarazo, obstáculo. 46 aquí en el sentido de gracia, habilidad. 47 dinero.

pines, tiaras, caperuzas, mitras, monteras, brocados, pellejos, seda, oro, garrotes, diamantes, serones, perlas y guijarros. Un ojo abierto y otro cerrado y vestida y desnuda de todas colores. Por el un lado era moza y por el otro era vieja. Unas veces venía despacio y otras apriesa. Parecía que estaba lejos y estaba cerca. Y cuando pensé que empezaba a entrar, estaba ya a mi cabecera.

Yo me quedé como hombre que le preguntan qué es cosa y cosa,[43] viendo tan extraño ajuar y tan desbaratada compostura. No me espantó; suspendióme, y no sin risa, porque, bien mirado, era figura donosa. Preguntéle quién era, y díjome:

—La muerte.

¿La muerte? Quedé pasmado. Y apenas abrigué al corazón algún aliento para respirar, y, muy torpe de lengua, dando trasijos con las razones,[44] la dije:

—Pues ¿a qué vienes?

—Por ti —dijo.

—¡Jesús mil veces! Muérome según eso.

—No te mueres —dijo ella—; vivo has de venir conmigo a hacer una visita a los difuntos. Que pues han venido tantos muertos a los vivos, razón será que vaya un vivo a los muertos y que los muertos sean oídos. ¿Has oído decir que yo ejecuto sin embargo?[45] Alto, ven conmigo.

Perdido de miedo, le dije:

—¿No me dejarás vestir?

—No es menester —respondió—. Que conmigo nadie va vestido, ni soy embarazosa. Yo traigo los trastos de todos, porque vayan más ligeros.

Fuí con ella donde me guiaba. Que no sabré decir por dónde, según iba poseído del espanto. En el camino la dije:

—Yo no veo señas de la muerte, porque allá nos la pintan unos huesos descarnados con su guadaña.

Paróse y respondió:

—Eso no es la muerte sino los muertos, o lo que queda de los vivos. Estos huesos son el dibujo sobre que se labra el cuerpo del hombre. La muerte no la conocéis, y sois vosotros mismos vuestra muerte. Tiene la cara de cada uno de vosotros y todos sois muertes de vosotros mismos. La calavera es el muerto y la cara es la muerte. Y lo que llamáis morir es acabar de morir y lo que llamáis nacer es empezar a morir, y lo que llamáis vivir es morir viviendo. Y los huesos es lo que de vosotros deja la muerte, y lo que le sobra a la sepultura. Si esto entendiérades así, cada uno de vosotros estuviera mirando en sí su muerte cada día y la ajena en el otro, y viérades que todas vuestras casas están llenas della y que en vuestro lugar hay tantas muertes como personas, y no la estuviérades aguardando, sino acompañándola y disponiéndola. Pensáis que es huesos la muerte y que hasta que veáis venir la calavera y la guadaña no hay muerte para vosotros y primero sois calavera y huesos que creáis que lo podéis ser.

—Dime —dije yo—: ¿qué significan estos que te acompañan, y por qué van, siendo tú la muerte, más cerca de tu persona los enfadosos y habladores que los médicos?

Respondióme:

—Mucha más gente enferma de los enfadosos que de los tabardillos y calenturas, y mucha más gente matan los habladores y entremetidos que los médicos. Y has de saber que todos enferman del exceso o destemplanza de humores; pero, lo que es morir, todos mueren de los médicos que los curan. Y así, no habéis de decir, cuando preguntan: «¿De qué murió Fulano?», de calentura, de dolor de costado, de tabardillo, de peste, de heridas, sino murió de un doctor Tal que le dió, de un doctor Cual. Y es de advertir que en todos los oficios, artes y estados se ha introducido el don en hidalgos, en villanos. Yo he visto sastres y albañiles con don y ladrones y galeotes en galeras. Pues si se mira en las ciencias, en todas hay millares. Sólo de los médicos ninguno ha habido con don, pudiéndolos tener muchos; mas todos tienen don[46] de matar, y quieren más din[47] al despedirse que don al llamarlos.

En esto llegamos a una sima grandísima, la muerte predicadora y yo desengañado. Zabullóse sin llamar, como de casa, y yo tras ella, animado con el esfuerzo que me daba mi conocimiento tan valiente. Estaban a la entrada tres bultos armados a un lado y otro, monstruo terrible en frente siempre, combatiendo entre sí todos, y los tres con el uno y el uno con los tres. Paróse la Muerte, y díjome:

—¿Conoces a esta gente?

—Ni Dios me la deje conocer —dije yo.

—Pues con ellos andas a las vueltas —dijo ella— desde que naciste. Mira cómo vives —replicó—. Éstos son los enemigos del hombre: el Mundo es aquél, éste es el Diablo y aquélla la Carne.

Y es cosa notable que eran todos parecidos unos a otros, que no se diferenciaban. Díjome la Muerte:

—Son tan parecidos, que en el mundo tenéis a los unos por los otros. Piensa un soberbio que tiene todo el mundo, y tiene al diablo. Piensa un lujurioso que tiene la carne, y tiene al demonio. Y así anda todo.

—¿Quién es —dije yo— aquel que está allí apartado, haciéndose pedazos con estos tres con tantas caras y figuras?

—Ése es —dijo la Muerte— el Dinero, que tiene puesto pleito a los tres enemigos del alma diciendo que quiere ahorrar de émulos y que adonde él está no son menester, porque él solo es todos tres enemigos. Y fúndase para decir que el dinero es el diablo, en que todos decís: «Diablo es el dinero» y que «lo que no hiciere el dinero, no lo hará el diablo», «endiablada cosa es el dinero».

Para ser el Mundo, dice que vosotros decís que «no hay más mundo que el dinero», «quien no tiene dinero, váyase del mundo»;... y que «todo se da por el dinero».

Para decir que es la carne el dinero, dice el Dinero: «Dígalo la Carne», y remítese a las putas y mujeres malas, que es lo mismo que interesadas.

—No tiene mal pleito el Dinero —dije yo—, según se platica por allá.

Con esto, nos fuimos más abajo, y, antes de entrar por una puerta muy chica y lóbrega, me dijo:

—Estos dos, que saldrán aquí conmigo, son las postrimerías.[48]

Abrióse la puerta, y estaban a un lado el infierno y el que llaman juicio de Minos,[49] así me dijo la Muerte que se llamaba. Estuve mirando al infierno con atención, y me pareció notable cosa.

Díjome la Muerte:

—¿Qué miras?

—Miro —respondí— al Infierno, y me parece que le he visto otras veces.

—¿Dónde? —preguntó.

—¿Dónde? —dije yo—. En la codicia de los jueces, en el odio de los poderosos, en las lenguas de los maldicientes, en las malas intenciones, en las venganzas, en el apetito de los lujuriosos, en la vanidad de los príncipes. Y donde cabe el infierno todo, sin que se pierda gota, es en la hipocresía de los mohatreros[50] de las virtudes, que hacen logro del ayuno y del oír misa. Y lo que más he estimado

es haber visto el juicio de Minos, porque hasta ahora he vivido engañado, y ahora veo el Juicio como es. Hecho de ver que el que hay en el mundo no es juicio ni hay hombre de juicio, y que hay muy poco juicio en el mundo...

Con esto, bajamos a un grandísimo llano, donde parecía estaba depositada la oscuridad para las noches. Díjome la Muerte:

—Aquí has de parar, que hemos llegado a mi tribunal y audiencia.

Alcé los ojos y vi la Muerte en su trono, y a los lados, muchas muertes. Estaba la muerte de amores, la muerte de frío, la muerte de hambre, la muerte de miedo y la muerte de risa, todas con diferentes insignias. La muerte de amores estaba con muy poquito seso. Tenía, por estar acompañada, porque no se le corrompiese por la antigüedad, a Píramo y Tisbe, embalsamados, y a Leandro y Hero y a Macías, en cecina,[51] y algunos portugueses derretidos.[52] Mucha gente vi que estaba ya para acabar debajo de su guadaña, y, a puros milagros del interés, resucitaban.

En la muerte de frío vi a todos los ricos, que, como no tienen mujer ni hijos ni sobrinos que los quieran, sino a sus haciendas, estando malos cada uno carga en lo que puede y mueren de frío.

La muerte de miedo estaba la más rica y pomposa y con acompañamiento más magnífico, porque estaba toda cercada de gran número de tiranos y poderosos. Éstos mueren a sus mismas manos, y sus sayones[53] con sus conciencias, y ellos son verdugos de sí mismos, y sólo un bien hacen en el

[48] Según la teología, las cuatro postrimerías del hombre son muerte, juicio, infierno y gloria. [49] juez de los infiernos. [50] el que comete fraude o comercia con engaño.

[51] conservados como la carne salada y secada al aire. Píramo y Tisbe, así como Leandro y Hero, son dos parejas famosas en la literatura legendaria por haber muerto de amor. Macías es el trovador gallego del siglo XV que, según la leyenda, murió del mismo mal. [52] Los portugueses llevan fama de ser muy enamorados, y dice derretidos por un complicado juego de palabras, dando a entender que se derriten de amor y también que se derriten como la grasa, porque se les daba el nombre de «sebosos», derivado probablemente de los suevos, antiguos pobladores de Portugal. [53] verdugos. [54] enfurecido. [55] gritaba con todas sus fuerzas. [56] poner el grito en el cielo significa alzar mucho la voz. Quevedo hace un juego típico de palabras con esta expresión porque, como Júpiter, rey de los dioses, vive en el cielo, no es exagerado (encarecimiento a propósito) decir que se le oía allí, y por eso dice antes que ponía los gritos en la tierra, es decir, que gritaba tan fuertemente, que sus voces se oían en la tierra. [57] tropezando. [58] lanzón o lanza corta que usaban los guardas de las viñas y que es además atributo de Marte, dios de la guerra. [59] echando bravatas, profiriendo amenazas. [60] hombre simple.

[61] la mirada llena de mosto, mirada de borracho. [62] y en la boca un vaho u olor de eructos a vino como el de las vendimias en el lagar. [63] desiguales, por ser cor-

to de un pie. [64] A Saturno, dios del tiempo, se le pinta devorando a sus propios hijos; marimanta = fantasma que asusta a los niños. [65] muy mojado. [66] Quevedo equipara el tridente que Neptuno usa como cetro con la quijada de una vieja por tener sólo tres dientes. [67] Neptuno se presenta lleno de lodo y envuelto en ovas marinas, oliendo a pescado, que es lo que se come los viernes y días de abstinencia. [68] carbón menudo. [69] Plutón es el dios de los infiernos; por eso Quevedo le pinta dado a los diablos, con la cara llena de hollín y pez, y oliendo a azufre (alcrebite) y pólvora. Esta imagen de la negrura le hace pensar hiperbólicamente en la oscuridad de los poetas cultos de su tiempo, oscuridad tan grande, que no podía ser penetrada por el sol, según dice a continuación. [70] Quevedo presenta a Venus satíricamente como si fuera una de las damas de su tiempo, vestida con guardainfante (armazón con que se ensanchaban las faldas), cuyo ruido invadía los círculos y las esferas celestes (coluros, zonas); mal pintada la cara y con el moño, que le cubría de pelo toda la cabeza, a medio poner. [71] en cuartos. [72] Reunidos todos los dioses del Olimpo, Júpiter ha mandado a la tierra a Mercurio a buscar a la Fortuna; mohina = enojo, enfado. [73] vacilante. [74] por ser ciega. [75] pues no te contenemos, no te hacemos obrar con moderación. [76] sin importancia, sin valor. [77] obro con acierto. [78] Alude a tres transformaciones muy conocidas de Júpiter: en cisne, en lluvia de oro y en toro, para gozar de Leda, Dánae y Europa, respectivamente.

mundo, que, matándose a sí de miedo, recelo y desconfianza, vengan de sí propios a los inocentes. Estaban con ellos los avarientos, cerrando cofres, arcones y ventanas, enlodando resquicios, hechos sepulturas de sus talegos, y pendientes de cualquier ruido del viento, los ojos hambrientos de sueño, las bocas quejosas de las manos, las almas trocadas en plata y oro.

La muerte de risa era la postrera, y tenía un grandísimo cerco de confiados y tarde arrepentidos. Gente que vive como si no hubiese justicia y muere como si no hubiese misericordia. Éstos son los que, diciéndoles: «Restituid lo mal llevado, dicen: «Es cosa de risa». «Mirad que estáis viejo y que ya no tiene el pecado que roer en vos: dejad la mujercilla que embarazáis inútil, que cansáis enfermo; mirad que el mismo diablo os desprecia ya por trasto embarazoso y la misma culpa tiene asco de vos.» Responden: «Es cosa de risa», y que nunca se sintieron mejores. Otros hay que están enfermos, y, exhortándolos a que hagan testamento, que se confiesen, dicen que se sienten buenos y que han estado de aquella manera mil veces. Éstos son gente que están en el otro mundo y aún no se persuaden a que son difuntos.

Maravillóme esta visión, y dije, herido del dolor y conocimiento:

—¡Diónos Dios una vida sola y tantas muertes! ¡De una manera se nace y de tantas se muere! Si yo vuelvo al mundo, yo procuraré empezar a vivir.

LA HORA DE TODOS Y LA FORTUNA CON SESO

Júpiter, hecho de hieles,[54] se desgañitaba[55] poniendo los gritos en la tierra. Porque ponerlos en el cielo, donde asiste, no era encarecimiento a propósito.[56] Mandó que luego a consejo viniesen todos los dioses trompicando.[57] Marte, don Quijote de las deidades, entró con sus armas y capacete y la insignia de viñadero[58] enristrada, echando chuzos,[59] y a su lado, el panarra[60] de los dioses, Baco, con su cabellera de pámpanos, remostada la vista,[61] y en la boca, por lagar, vendimias de retorno derramadas,[62] la palabra bebida, el paso trastornado y todo el cerebro en poder de las uvas.

Por otra parte, asomó con pies descabalados[63] Saturno, el dios marimanta, comeniños, engulléndose sus hijos a bocados.[64] Con él llegó, hecho una sopa,[65] Neptuno, el dios aguanoso, con su quijada de vieja por cetro, que eso es tres dientes en romance,[66] lleno de cazcarrias y devanado en ovas, oliendo a viernes y vigilias,[67] haciendo lodos con sus vertientes en el cisco[68] de Plutón, que venía en su seguimiento. Dios dado a los diablos, con una cara afeitada con hollín y pez, bien zahumado con alcrebite y pólvora, vestido de cultos tan escuros,[69] que no le amanecía todo el bochorno del sol, que venía en su seguimiento con su cara de azófar y sus barbas de oropel...

Entró Venus, haciendo rechinar los coluros con el ruedo del guardainfante, empalagando de faldas a las cinco zonas, a medio afeitar la jeta, y el moño, que la encorozaba de pelambre la cholla, no bien encasquetado, por la prisa.[70] Venía tras ella la Luna, con su cara en rebanadas, estrella en mala moneda,[71] luz en cuartos, doncella de ronda y ahorro de lanternas y candelillas...

Todos los dioses mostraron mohina de ver a la Fortuna,[72] y algunos dieron señal de asco cuando ella, con chillido desentonado, hablando a tiento,[73] dijo:

—Por tener los ojos acostados y la vista a buenas noches,[74] no atisbo quién sois los que asistís a este acto; empero seáis quien fuéredes, con todos hablo, y primero contigo, oh Jove... Dime: ¿qué se te antojó ahora de llamarme, habiendo tantos siglos que de mí no te acuerdas? Puede ser que se te haya olvidado a ti y a ese otro vulgo de diosecillos lo que yo puedo, y que así he jugado contigo y con ellos como con los hombres.

Júpiter, muy prepotente, la respondió:

—Borracha, tus locuras, tus disparates y maldades son tales que persuaden a la gente mortal que, pues no te vamos a la mano,[75] que no hay dioses, que el cielo está vacío y que soy un dios de mala muerte.[76] Quéjanse que das a los delitos lo que se debe a los méritos, y los premios de la virtud, al pecado; que encaramas en los tribunales a los que habías de subir a la horca, que das las dignidades a quien habías de quitar las orejas y que empobreces y abates a quien debieras enriquecer.

La Fortuna, demudada y colérica, dijo:

—Yo soy cuerda y sé lo que hago, y en todas mis acciones ando pie con bola.[77] Tú, que me llamas inconsiderada y borracha, acuérdate que hablaste por boca de ganso en Leda, que te derramaste en lluvia de bolsa por Dánae, que bramaste y fuiste Inde toro pater por Europa,[78] que has hecho otras cien mil picardías y locuras y que todos esos y esas que están contigo han sido avechuchos, urracas y grajos, cosas que no se dirán de mí. Si hay beneméritos arrinconados y virtuosos sin premios, no toda la culpa es mía: a muchos se los ofrezco que los desprecian, y de su templanza fabricáis mi culpa. Otros, por no alargar la mano a tomar lo que les doy, lo dejan pasar a otros, que me lo arrebatan sin dárselo. Más son los que me hacen fuerza que los que yo hago ricos; más son los que me hurtan lo que les niego que los que tienen lo que les doy. Muchos reciben de mí lo que no saben conservar: piérdenlo ellos y dicen que yo se lo quito. Muchos me acusan por mal dado en otros lo que estuviera peor en ellos. No hay dichoso sin envidia de muchos; no hay desdichado sin desprecio de todos. Esta criada me ha servido perpetuamente. Yo no he dado paso sin ella. Su nombre es la Ocasión. Oídla; aprended a juzgar de una fregona...

Entonces Júpiter severo pronunció estas razones:

—En muchas de las que tú y esa picarona[79] que te sirve habéis dicho, tenéis razón; empero, para satisfación de las gentes está decretado irrevocablemente que en el mundo, en un día y en una propia hora, se hallen de repente todos los hombres con lo que cada uno merece. Esto ha de ser: señala hora y día.

La Fortuna respondió:

—Lo que se ha de hacer, ¿de qué sirve dilatarlo? Hágase hoy. Sepamos qué hora es.

El Sol, jefe de relojeros, respondió:

—Hoy son 20 de junio, y la hora las tres de la tarde y tres cuartos y diez minutos.

—Pues en dando las cuatro —dijo la Fortuna—, veréis lo que pasa en la tierra.

Y diciendo y haciendo, empezó a untar el eje de su rueda y encajar manijas, mudar clavos, enredar cuerdas, aflojar unas y estirar otras, cuando el Sol, dando un grito, dijo:

—Las cuatro son, ni más ni menos: que ahora acabo de dorar la cuarta sombra posmeridiana de las narices de los relojes de sol.

En diciendo estas palabras, la Fortuna, como quien toca sinfonía, empezó a desatar su rueda, que, arrebatada en huracanes y vueltas, mezcló en nunca

vista confusión todas las cosas del mundo, y dando un grande aullido, dijo:

—Ande la rueda, y coz con ella.[80]

UN MÉDICO

En aquel propio instante, yéndose a ojeo de calenturas, paso entre paso, un médico en su mula, le cogió la *hora*[81] y se halló de verdugo, perneando sobre un enfermo, diciendo *credo,* en lugar de *récipe,*[82] con aforismo escurridizo.

UN AZOTADO

Por la misma calle, poco detrás, venía un azotado, con la palabra del verdugo delante chillando y con las mariposas del *sepan cuantos,* detrás, y el susodicho en un borrico, desnudo de medio arriba, como nadador de rebenque.[83] Cogióle *la hora,* y derramando[84] un rocín al alguacil que llevaba y el borrico al azotado, el rocín se puso debajo del azotado y el borrico debajo del alguacil, y, mudando lugares, empezó a recibir los pencazos[85] el que acompañaba al que los recibía, y el que los recibía, a acompañar al que le acompañaba.

LOS DE CHILE Y LOS HOLANDESES

Dió una tormenta en un puerto de Chile con un navío de holandeses... Los indios de Chile que asistían a la guarda de aquel puerto, como gente que en todo aquel mundo vencido guarda belicosamente su libertad para su condenación en su idolatría, embistieron con armas a la gente de la nave, entendiendo eran españoles, cuyo imperio les es sitio y a cuyo dominio perseveran excepción.[1] El capitán del bajel los sosegó, diciendo eran holan-

[79] Se refiere a la Ocasión que ha mantenido con Júpiter un diálogo que se omite. [80] Expresión tomada de un juego de muchachos que en corro o rueda giran alrededor de uno de ellos a quien dan patadas.
[81] Le sorprendió la hora en que, según Júpiter había decretado, al pararse la rueda de la fortuna cada uno recibiría su merecido. [82] Al médico, en lugar de 'récipe', palabra con que empieza la receta, se le escapa 'credo', que era lo que decían los ahorcados antes de morir. [83] Delante de los que sacaban a azotar iba el verdugo que gritaba el delito y detrás los que les administraban el castigo (*el sepan cuantos*). Al azotado le llama Quevedo *nadador de rebenque* (látigo) por ir desnudo de medio cuerpo arriba. [84] tirando, arrojando. [85] golpes.
[1] Pinta así Quevedo la belicosidad de los indios de Chile que no se sometían al dominio de España; *su libertad para su condenación en su idolatría* alude a la resistencia de los indios a aceptar el cristianismo [2] El antecedente de *el que* es *cerco,* es decir, que la corona de España, por la extensión de sus dominios, competía con el cerco del sol, o, como se decía en la época, «el sol no se ponía en sus dominios». [3] los condes de Egmont y Horne que lucharon contra la soberanía española en los

Países Bajos y que fueron condenados a muerte por el duque de Alba, general de Felipe II, en 1568. [4] madera de árbol llamado *brasil,* por su color encendido, y de la que se extraía una sustancia colorante. De la abundancia de este árbol se origina el nombre del país. [5] En todo este pasaje satiriza los ataques que hicieron los holandeses, después de declararse independientes y de formar la República de las Provincias Unidas de Holanda en 1579, contra la flota y contra las colonias españolas. Sigue la misma sátira en algunas líneas aquí omitidas, tras de lo cual el capitán ofrece a los de Chile armas y ayuda para que se rebelen contra España. [6] manteca. [7] caja hecha con diferentes divisiones en la que se guardan y transportan los frascos o botellas. [8] hablando desentonada y velozmente. [9] Alusión al hecho de que las tierras de Holanda en la costa están más bajas que el nivel del mar. [10] Si queréis ganar nuestra buena voluntad.
[11] Llama así al anteojo de larga vista porque revela los secretos del firmamento. [12] que por ser el sol amarillo, del color del oro, hubierais intentado convertirlo en moneda; *agradézcale* se refiere al anteojo con el que le hallaron la mancha al sol. [13] paño fino y de mucho precio, en contraposición con bayeta, que es un paño ordinario.

deses y que venían de parte de aquella República
con embajada importante a sus caciques y principales... El indio que gobernaba a los demás fué a
dar cuenta a los magistrados de la nueva gente y
de su pretensión. Juntáronse todos los más principales y mucho pueblo, bien en orden, con las armas
en las manos... Entró en la presencia de todos el
capitán del navío, acompañado de otros cuatro soldados, y por un esclavo intérprete le preguntaron
quién era, de dónde venía y a qué y en nombre de
quién. Respondió, no sin recelo de la audiencia belicosa:

—Soy capitán holandés; vengo de Holanda, república en el último occidente, a ofreceros amistad
y comercio. Fuimos, pocos años ha, vasallos y patrimonio del grande Monarca de las Españas y
Nuevo Mundo, donde sola vuestra valentía se ve
fuera del cerco de su corona, que compite por todas
partes con el que da el sol a la tierra.[2] Pusímonos
en libertad con grandes trabajos, porque el ánimo
severo de Felipe II quiso más un castigo sangriento
de dos señores[3] que tantas provincias y señorío. Ar-
mónos de valor la venganza desta venganza, y con
guerras de sesenta años y más, continuas, hemos sa-
crificado a estas dos vidas, más de dos millones de
hombres, siendo sepulcro universal de Europa las
campañas y sitios de Flandes. Con las victorias nos
hemos hecho soberanos señores de la mitad de sus
Estados, y, no contentos con esto, le hemos ganado
en su país muchas plazas fuertes y muchas tierras,
y en el oriente hemos adquirido grande señorío y
ganádole en el Brasil a Pernambuco, la Parayba,
y hecho nuestro el tesoro del palo,[4] tabaco y azúcar,
y en todas partes, de vasallos suyos, nos hemos
vuelto su inquietud y sus competidores...[5]

Los de Chile respondieron con agradecimiento,
diciendo que para oír bastaba la atención; mas, para
responder, aguardaban las prevenciones del Consejo; que a otro día se les respondería a aquella hora.

Hízose así, y el holandés, conociendo la naturaleza de los indios, inclinada a juguetes y curiosidades, por engañarles la voluntad, les presentó barriles
de butiro,[6] quesos y frasqueras[7] de vino, espadas,
y sombreros y espejos, y últimamente, *un cubo
óptico*, que llaman anteojo de larga vista... Pidió-
sele el indio que entre todos tenía mejor lugar.
Alargósele el holandés en sus puntos, doctrinóle la
vista para el uso y diósele. El indio le aplicó al ojo
derecho, y, asestándole a unas montañas, dió un
grande grito, que testificó su admiración a los otros,
diciendo había visto a distancia de cuatro leguas
ganados, aves y hombres, y las peñas y matas tan
distintamente y tan cerca, que aparecían en el vidrio postrero incomparablemente crecidas. Estando
en esto, les cogió la *hora*, y zurriándose en su lenguaje,[8] al parecer razonamientos coléricos, el que

tomó el anteojo, con él en la mano izquierda, habló
al holandés estas palabras:

—Instrumento que halla mancha en el sol y
averigua mentiras en la luna y descubre lo que el
cielo esconde es instrumento revoltoso, es chisme de
vidrio, y no puede ser bienquisto del Cielo. Traer
así lo que está lejos, es sospechoso para los que
estamos lejos: con él debistes de vernos en esta
gran distancia, y con él hemos visto nosotros la
intención que vosotros retiráis tanto de vuestros
ofrecimientos... No será nuestra tierra tan boba que
quiera por amigos los que son malos para vasallos,
ni que fíe su habitación de quien usurpó la suya
a los peces.[9] Fuisteis sujetos al Rey de España, y,
levantándoos con su patrimonio, os preciáis de rebeldes, y queréis que nosotros, con necia confianza,
seamos alimento a vuestra traición. Ni es verdad
que nosotros somos vuestra semejanza, porque, con-
servándonos en la Patria que nos dió la naturaleza,
defendemos lo que es nuestro; conservamos la libertad, no la robamos. Ofrecéisnos socorro contra el
Rey de España, cuando confesáis le habéis quitado
el Brasil, que era suyo. Si a quien nos quitó las
Indias se las quitáis, ¿cuánta mayor razón será
guardarnos de vosotros que dél? Pues advertid que
América es una ramera rica y hermosa, y que, pues
fué adúltera a sus esposos, no será leal a sus rufianes. Los cristianos dicen que el Cielo castigó a las
Indias porque adoraban a los ídolos, y los indios
decimos que el Cielo ha de castigar a los cristianos
porque adoran a las Indias. Pensáis que lleváis oro
y plata y lleváis envidia de buen color y miseria
preciosa. Quitáisnos para tener que os quiten: por
lo que sois nuestros enemigos, sois enemigos unos
de otros. Salid con término de dos horas deste
puerto, y si habéis menester algo, decidlo, y si no
queréis granjear,[10] pues sois invencioneros, inven-
tad instrumento que nos aparte muy lejos lo que
tenemos cerca y delante de los ojos, que os damos
palabra que con éste, que trae a los ojos lo que
está lejos, no miraremos jamás a vuestra tierra ni
a España. Y llevaos esta espía de vidrio, soplón del
firmamento,[11] que, pues con los ojos en vosotros
vemos más de lo que quisiéramos, no le habemos
menester. Y agradézcale el sol que con él le hallastes la mancha negra, que si no, por el color inten-
tárades acuñarle y de planeta hacerle doblón.[12]

LOS NEGROS

Los negros se juntaron para tratar de su libertad, cosa que tantas veces han solicitado con veras.
Convocáronse en numeroso concurso. Uno de los
más principales, que entre los demás interlocutores
bayetas era negro limiste,[13] y había propuesto esta
pretensión en la Corte romana, dijo:

—Para nuestra esclavitud no hay otra causa sino la color, y la color es accidente, y no delito. Cierto es que no dan los que nos cautivan otra color a su tiranía, sino nuestro color, siendo efecto de la asistencia de la mayor hermosura, que es el sol. Menos son causa de esclavitud cabezas de borlilla y pelo en burujones, narices despachurradas y hocicos góticos... ¿Por qué no consideran los blancos que si uno de nosotros es borrón entre ellos, uno dellos será mancha entre nosotros? Si hicieran esclavos a los mulatos, aún tuvieran disculpa, que es canalla sin rey, hombres crepúsculos entre anochece y no anochece, la estraza[14] de los blancos y los borradores de los trigueños y el casi casi de los negros y el tris de la tizne.[15] De nuestra tinta han florecido en todas las edades varones admirables en armas y letras, virtud y santidad. No necesita su noticia de que yo refiera su catálogo. Ni se puede negar la ventaja que hacemos a los blancos en no contradecir a la naturaleza la librea que dió a los pellejos de las personas. Entre ellos, las mujeres, siendo negras o morenas, se blanquean con guisados de albayalde, y las que son blancas, sin hartarse de blancura, se nievan de solimán.[16] Nuestras mujeres solas, contentas con su tez anochecida, saben ser hermosas a oscuras, y en sus tinieblas, con la blancura de los dientes, esforzada en lo tenebroso, imitan, centelleando con la risa, las galas de la noche... ¿Por qué, pues, padecemos desprecio y miserable castigo? Esto deseo que consideréis, mirando cuál medio seguirá nuestra razón para nuestra libertad y sosiego...

... ...

Cuando esto pasaba en la tierra, viéndolo con atención los dioses, el Sol dijo:

—La hora está boqueando y yo tengo la sombra del gnomon[17] un tris[18] de tocar con el número de las cinco. Gran padre de todos, determina si ha de continuar la Fortuna antes que la *hora* se acabe o volver a voltear y rodar por donde solía.

Júpiter respondió:

—He advertido que en esta *hora,* que ha dado a cada uno lo que merece, los que, por verse despreciados y pobres, eran humildes, se han desvanecido y demoniado, y los que eran reverenciados y ricos, que, por serlo eran viciosos, tiranos, arrogantes y delincuentes, viéndose pobres y abatidos, están con arrepentimiento y retiro y piedad; de lo que se ha seguido que los que eran hombres de bien se hayan hecho pícaros, y los que eran pícaros, hombres de bien. Para la satisfacción de las quejas de los mortales, que pocas veces saben lo que nos piden, basta este poco de tiempo, pues su flaqueza es tal, que el que hace mal cuando puede, le deja de hacer cuando no puede, y esto no es arrepentimiento, sino dejar de ser malos a más no poder. El abatimiento y la miseria los encoge, no los enmienda; la honra y la prosperidad los hace hacer lo que si las hubieran alcanzado siempre hubieran hecho. La Fortuna encamine su rueda y su bola por las rodadas antiguas y ocasione méritos en los cuerdos y castigo en los desatinados, a que asistirá nuestra providencia infalible y nuestra presciencia[19] soberana. Todos reciban lo que les repartiere, que sus favores o desdenes, por sí no son malos, pues, sufriendo éstos y despreciando aquéllos, son tan útiles los unos como los otros. Y aquel que recibe y hace culpa para sí lo que para sí toma, se queje de sí propio, y no de la Fortuna, que lo da con indiferencia y sin malicia. Y a ella le permitimos que se queje de los hombres que, usando mal de sus prosperidades o trabajos, la difaman y la maldicen.

En esto dió la *hora* de las cinco y se acabó la de todos, y la Fortuna, regocijada con las palabras de Júpiter, trocando las manos,[20] volvió a engarbullar[21] los cuidados del mundo y a desandar lo devanado, y afirmando la bola en las llanuras del aire, como quien se resbala por hielo, se deslizó hasta dar consigo en la tierra...

---

14 desecho, trapo de poco valor. 15 un poco de tizne (humo que se pega a las sartenes, cazos, etcétera). 16 Solimán, como albayalde, eran afeites que usaban las mujeres para emblanquecer la piel. 17 indicador de las horas en los relojes solares. 18 a punto de. 19 conocimiento de las cosas futuras. 20 obrando al revés. 21 embarullar, enredar. 22 segura, infalible. 23 jerigonza, lenguaje o jerga complicada y difícil de entender. 24 de Babel; que hablan o escriben confusamente. 25 plato que se hace con pedazos de pan humedecidos con agua y fritos en grasa; muy común entre los pastores de la Mancha. 26 que tiene los dos sexos; por lo tanto, mezclado, mixto de castellano y latín. 27 Parece ser que Quevedo se inspiró para esta parodia en el *Romance a una boca,* del poeta Juan Pérez de Montalbán, que empezaba

«Clavel dividido en dos». Acumula ingeniosamente una serie de metáforas hiperbólicas que aproximadamente pueden traducirse del siguiente modo a un lenguaje más llano: «En su boca se encierran las perlas y sus labios rojos son como el clavel; reina es ella de la hermosura, y fué cataclismo o desolación para muchos enamorados. Esta boca (cueva formada de rubíes) da envidia a la africana Zalé; es un pequeño espacio que arrebata al bien la brillante ceniza. Su boca roja es atrio que avergüenza a la púrpura; y en el que está el aliento germinador de la existencia.» 28 especie de careta de cartón de aspecto horrible y feo. 29 especie de molusco; en lenguaje figurado, púrpura. 30 de charca. 31 sierra de la cordillera Ibérica. 32 Véase nota 40 en *Visita de los chistes.* 33 que circulaban.

AGUJA DE NAVEGAR CULTOS

Con la ropería de viejo de anocheceres y amaneceres, y la platería de las facciones para remendar romances desarrapados.

RECETA

Quien quisiere ser culto en sólo un día,
la jeri —aprenderá— gonza[23] siguiente:
*fulgores, arrogar, joven, presiente,
candor, construye, métrica armonía;
poco mucho, si no, purpuracia,
neutralidad, conculca, erige, mente,
pulsa, ostenta, librar, adolescente,
señas traslada, pira, frustra, harpía;
cede, impide, cisuras, petulante,
palestra, liba, meta, argento, alterna,
si bien, disuelve, émulo, canoro.*

Use mucho de *líquido* y de *errante,*
su poco de *nocturno* y de *caverna,*
anden listos *livor, adunco* y *poro;*
que ya toda Castilla
con sola esta cartilla,
se abrasa de poetas babilones,[24]
escribiendo sonetos-confusiones;
y en la Mancha, pastores y gañanes,
atestadas de ajos las barrigas,
hacen ya cultedades como migas.[25]
Ejemplo hermafrodito:[26] romance-latín

> *Yace cláusula de perlas,
> si no rima de clavel,
> dinasta de la belleza,
> que ya cataclismo fué.
> Un tugurio de piropos,
> ojeriza de Zalé,
> poca porción que secuestra
> corusca favila al bien;
> pórtico donde rubrica
> al múrice Tirio el ver,
> tutelar padrón del alma,
> aura genitiva en él.*[27]

Y despúes que el aprendiz de culto se ha dado por vencido, y dicho que es la piedra filosofal o el fénix, o la aurora, o el pelícano, o la carantamaula,[28] es un romance a la boca de una mujer, en toda cultedad:

Esto es más fácil que pedir prestado.

Pues siendo todo lo que escriben (los cultos tales, no los finos) anocheceres y amaneceres, con irse a la ropería de los soles, se hallan auroras hechas que les vienen como nacidas a cualquier mañanita, con sus *nácares* y *ostros,*[29] *leche* y *grana,* y empeñado el día en mantillas de oro; cunas rosadas y *llorares* de perlas y de aljófar;

Las flores *salvas, búcaros* las yerbas,
que bebe el sol, que chupa o que las lame.
Anocheceres, lutos
de sombras y bayetas de la noche;
cadáver de oro, y tumbas del ocaso
en ataúd de fuego.
Exequias de la luz y despabilos;
capuces turquesados y Argos de oro;
mundo viudo, güérfanas estrellas;
triforme diosa, carros del silencio;
soñolienta deidad, émula a Febo.

En la platería de los cultos hay hechos *cristales fugitivos* para arroyos, y *montes de cristal* para las espumas, y *campos de zafir* para los mares, y *margen de esmeraldas* para los praditos. Para las facciones de las mujeres hay *gargantas de plata bruñida,* y *trenzas de oro* para cabellos, y *labios de coral y de rubíes* para getas y hocicos, y *alientos de ámbar* (como pomos) para resuellos, y *manos de marfil* para garras, *pechos de diamantes* para pechos, y *estrellas coruscantes* para ojos, y *infinito nácar* para mejillas; aunque los poetas hortelanos todo esto lo hacen de verduras, atestando los labios de *claveles,* las mejillas de *rosas y azucenas,* el aliento de *jazmines.* Otros poetas hay charquías,[30] que todo lo hacen de nieve y de hielo, y están nevando de día y de noche, y escriben una mujer puerto, que no se puede pasar sin trineo y sin gabán y bota; manos, frente, cuello y pecho y brazos, todo es perpetua ventisca y un Moncayo.[31]

Con esto, y con gastar mucho Calepino[32] sin qué ni para qué, serás culto, y lo que escribieres oculto, y lo que hablares lo hablarás a bulto. Y Dios tenga en el cielo el castellano y le perdone. Y Lope de Vega a los clarísimos nos tenga de su verso:

> Mientras por preservar nuestros pegasos
> del mal olor de culta jerigonza,
> quemamos por pastillas Garcilasos.

MARCO BRUTO

TEXTO. Las pláticas repetidas en los amigos y las ordinarias voces en las conversaciones de los ciudadanos y los escritos que discurrían[33] en secreto, inquietaron a la conjuración el ánimo de Marco Bruto; porque amanecía escrito los más días en la estatua de su progenitor Junio Bruto, el que dió fin a la dignidad real: "¡Oh, si fueras hoy, Bruto! ¡Oh Bruto, si hoy resucitaras!" Y en el tribunal del propio Bruto cada día hallaban carteles que decían: "¿Duermes, Bruto? ¿No eres verdadero Bruto?" Todo este mal causaban a César mañosamente sus aduladores, que lo uno, le cercaban de honras envidiosas; lo otro, de noche, a sus estatuas las ponían diademas, para provocar con estas insignias que le aclamase el pueblo, no dictador, sino rey, que era el nombre aborrecible entonces.

DISCURSO. Era Marco Bruto varón severo, y tal, que reprendía los vicios ajenos con la virtud propia, y no con las palabras. Tenía el silencio elocuente, y las razones, vivas. No rehusaba la conversación, por no ser desapacible; ni la buscaba, por no ser entremetido. En su semblante resplandecía más la honestidad que la hermosura. Su risa era muda y sin voz: juzgábanla los ojos, no los oídos. Era alegre sólo cuando bastaba a defenderle de parecer afectadamente triste. Su persona fué robusta y sufrida lo que era necesario para tolerar los afanes de la guerra. Su inclinación era el estudio perpetuo; su entendimiento, juicioso, y su voluntad, siempre enamorada de lo lícito, y siempre obedeciente a lo mejor.

Por esto las impresiones revoltosas fueron en su ánima forasteras[34] e inducidas de Casio y de sus amigos, que, poniendo nombre de celo a su venganza, se la representaron decente y se la persuadieron por leal. Empero no puede negarse que siempre, por su dictamen, aborreció en César la ambición y la causa de sus armas...

Mostrábase Bruto malcontento con prudencia suspensa, porque sabía cuánto riesgo hay en empezar cosas que se aseguran si las sigue el pueblo, pues aun en llegarse a las que sigue hay peligro; porque la multitud tan fácilmente como sigue, deja, y en lugar de acompañar, confunde. Es carga, y no caudal: carga tan pesada, que hunde al que se carga della, y al contrario, ninguna cosa que no sea muy leve la cargan, que en ella no se hunda. Alborótase como el mar, con un soplo, y sólo ahoga a los que se fían della.

Los sediciosos y rebelados contra César descifraban los silencios de Bruto y aunque creían eran a su propósito sus deseos, no se atrevieron a preguntárselos, se los espiaron con rótulos y carteles en la estatua de su antecesor y en su tribunal. Platican algunos príncipes por acierto bien reportado el despreciar los papelones y pasquines que hacen hablar mal a las esquinas y pilares, porque dicen que el mejor modo que hay de que se callen es no hablar en ellos, y que mejor se caen dejándolos que quitándolos...

Yo llamo a estos papeles (no sé si acierto) veletas del pueblo por quien[35] se conoce adónde y de dónde corren el aborrecimiento y la venganza, lo que estudia y sabe el que los pone, por lo que oye decir a los que los vieron puestos.

Cuán diabólico ardid sea éste, conócese en que, siendo tan bien reportada la mente de Bruto y su intención tan sin salida, se la descerrajaron tres letreros tan breves como: «Oh si fueras Bruto!», «Oh, Bruto, si vivieras!». «Bruto, no eres verdaderamente Bruto!» Que en todos tres, faltando letras para un renglón, sobraron para una conjura...

TEXTO. Bruto, viendo que dependían de él todos los valientes y leales de la ciudad, revolvía el peligro en lo más hondo de su ánimo, y procuraba en el semblante componer los sentidos de día; y de noche en su casa no era el mismo, porque a veces, a pesar del sueño, le solicitaba congojosamente el cuidado. Y profundamente melancólico, vacilando en los senos de las dificultades y las amenazas de los riesgos, no pudo engañar la atención afectuosa de su mujer, que en su fatiga conoció padecía interiormente las ansias de alguna determinación dificultosa y intrincada. Llamábase Porcia, y era hija de Catón. Casóse Bruto con ella, siendo viuda y muchacha, y teniendo un hijo que se llamó Bibulo, de quien hoy se lee un pequeño comentario de los hechos de Bruto. Era Porcia mujer estudiosa de la filosofía, enamorada de su marido, animosa y prudente; y por serlo, antes quiso hacer de sí experiencia, que preguntar a su marido la causa de tan congojosa tristeza. La experiencia que hizo en sí fué ésta: con un cuchillo que los barberos tienen para cortar las uñas, después de haber desembarazado su aposento de las criadas, quedando sola, se dió en un muslo una gran herida. Empezóse luego a desangrar copiosamente, a que se siguieron inmensos dolores, con calenturas y frío; y viendo a Bruto afligido y atónito de verla en tan peligroso estado y tan mortales congojas, le habló en esta manera: "Yo, Bruto, hija de Catón, me casé contigo, no como las concubinas solamente para el consorcio de la mesa y de la cama, sino para ser tu compañera en lo próspero y en lo adverso. Por tu causa no puedo quejarme de mi casamiento, y tú puedes quejarte del tuyo conmigo, pues no te puedo ser de algún alivio o deleite, cuando ni el retirado tormento de tu ánimo, ni el

---

cuidado que veo cuánto te desasosiega y requiere confianza, no te le ayudo a padecer. No ignoro que la naturaleza flaca de las mujeres no es capaz de la guarda de algún secreto; mas en mí hay una cierta virtud de buena enseñanza y de honesta índole para reformar las costumbres de mi sexo, y ésta la tengo por hija de Catón y por mujer de Bruto, en las cuales antes de ahora estaba menos confiada; mas ahora me he experimentado invencible al dolor y a la muerte." Dijo así, y descubriéndole la herida, le dijo al fin con qué se la había dado. Él, atónito, y enajenado con la admiración y la pena, levantando las dos manos al cielo, suplicó a los dioses fuesen propicios a su intento para que se mostrase digno marido de Porcia.

DISCURSO. Aquellas cosas que degeneran de sí mismas, en lo que desmienten su naturaleza suelen ser prodigiosas: admirables si son buenas, y vilísimas si no lo son.

Los hombres que han sido afeminados han sido torpísimo vituperio del mundo.

Las mujeres que han sido varoniles, siempre fueron milagrosa aclamación de los siglos; porque, cuanto es de ignominia renunciar lo bueno que uno tiene, es de gloria renunciar lo malo y flaco.

Porcia, mujer de Marco Bruto, fué tan esclarecida, que en sus acciones más pareció Catón que hija de Catón; antes Marco Bruto que su mujer; pues siendo el natural de todas las que lo son derribado a las niñerías del agasajo, y sólo atento al logro de su hermosura, y la hartura de su deleite, y a la servidumbre de su regalo, ésta, cudiciosa de penas y ansiosa de cuidados, tuvo celos valientes, no de que la tuviese menos amor, sino de que la tuviese menos afligida con la propia causa que su marido lo estaba.

Tuvo por afrenta que no la juzgase Bruto digna de padecer con él, y capaz de cuidados homicidas.

Estaba triste de verle triste, y corrida de estarlo por la vista, y no por la comunicación confidente; y esto, porque sabía que se aumenta el dolor a solas y desconfiado de compañía. Parecíala que no darla Bruto parte de él era temor de la flaqueza mujeril, y que por esto quería padecer más dolor secreto y prudente, que menos dolor aventurado y repartido. No le culpaba porque era mujer, mas trató de disculparse, sabiendo ser mujer.

Primero con una herida mortal se calificó para poder preguntar a su marido la causa de su tristeza, que se la preguntase. Quiso que la pregunta fuese hazaña, no curiosidad; y reconoció tan desacreditado en las mujeres el sufrir un secreto, que se examinó en sufrir la muerte, para persuadir que le sufriría.

Muchas mujeres ha laureado la guerra, muchas ha consagrado a la inmortalidad la virtud en los gentiles; empero ninguna fué igual a Porcia, que reconoció la flaqueza del sexo, y no sólo la desmintió, mas excediendo el ánimo varonil, fué a su marido mujer y sacrificio, dolor y ejemplo, y por acompañarle en el espíritu, despreció acompañarle en el tálamo.

Bien reconoció Marco Bruto lo que tenía y lo que perdía, cuando, viéndola mortal, con estupor no pidió a los dioses le diesen vida, sino que fortunasen su intento de manera que le pudiesen juzgar digno de ser marido de Porcia.

¿Cómo podía dejar de efectuarse determinación asistida de un prodigio tan grande? Y aun fué pequeño precio de tan generosa muerte la vida de Julio César. Nueva causa para matarle dió a Bruto la muerte de su mujer. Era solamente castigo, y ya era venganza.

ORACIÓN DE PORCIA. Saldrá mi sangre y mi alma (dijo Porcia) de mi cuerpo, mas no saldrá tu secreto; y si no se puede fiar secreto a mujer que no sea muerta, por merecer que me le fíes cuando no me le puedas fiar, me he dado la muerte. Más quiero merecer ser tu mujer, que serlo; mejor es dejar de ser mujer con la muerte, que ser mujer y no merecer serlo con la vida. Con esto nos acabará un cuidado a entrambos, pues yo te veo morir del que tienes, y yo muero del mismo, porque no le tengo. Yo no sé lo que padeces, y lo padezco porque no lo sé... Yo te perdono que ahora me tengas lástima, porque te quiero tanto, que sólo sentiré que después me puedas tener envidia. No pidas mi salud a los dioses, ni la solicites en los remedios; que yo no quiero que la muerte que me da la constancia, me la estorbe la medicina. Más gloria te será haber tenido mujer que te haga falta, que tener mujer que te sobre. No te digo que vivas ni que mueras: vive si pudieres, y muere si no pudieres más.

Oyóla Bruto, y mezclando sus lágrimas con su sangre, pagó su valentía comunicándola el intento que la callaba y de justicia debía a su muerte.

Porcia, reviviendo en el gozo de haberle merecido a su marido parte de su cuidado, y resucitando la voz caída por el desperdicio de la sangre, le dijo:

SEGUNDA ORACIÓN DE PORCIA. Bruto, en nada tienes peligro: si matas, te debe tu patria su vida; si mueres, te debe por su vida tu muerte. Si ésta se sigue, me acompañarás como marido; si se difiere, me seguirás como amante. Yo ruego a los dioses que permitan que te aguarde a ti, y no a César; que tu amor y este secreto le llevo conmigo a los silencios del sepulcro. El pensar quiere tiempo, y lo pensado ejecución. Muchas cosas hay que no se dicen, y se derraman; porque lo que no se comunica, se sospecha. Nada es tan seguro como pensar lo que se ha de hacer, y nada es secreto si para hacer lo determinado se tarda en pensar, cuando el pensar es delito y la tristeza amenaza. Recátate del tiempo, que es parlero, y advierte que tales intentos se han de tener, y no se han de detener.

Oyóla Bruto con toda la alma, y compitiéndola en el semblante lo mortal,[36] procuraba con suspiros sustituir la vida a Porcia, y se enterneció humanamente en la piedad de oficio tan lastimoso.

TEXTO. Arrastrados del miedo, con gran escándalo, ensangrentados, y los puñales desnudos, huyeron todos, y Bruto con sus compañeros se retrajo al Capitolio. Marco Antonio, temeroso y mudándose el vestido, se escondió. En llegando al Capitolio los matadores, llamaron el pueblo a la libertad. Luego se concitaron grandes clamores, y los discursos diferentes confundieron la ciudad en tumulto suspenso. Mas luego que supieron no se había cometido otra muerte sino la de César, que no se saqueaba la ciudad, que la acción era sin venganza ni codicia, muchos de los populares y de los nobles y magistrados acudieron al Capitolio con alegría; y en viéndolos juntos, Marco Bruto oró con palabras blandas y eficaces para calificar las causas de aquel hecho. Y convencidos de sus palabras, todos con voces de aplauso le pidieron que saliese. Él, confiado en esta aprobación y séquito, salió con todos, siguiéndole los demás, no despojados de recelo; y acompañando grande cantidad de los más principales de la ciudad (como en triunfo) a Bruto, desde el Capitolio le trajeron a los Rostros. El pueblo reverenció la presencia de Bruto y en lo venerable de su aspecto detuvo el ímpetu, obediente a la inquietud de las novedades; y contra el orgullo natural de la multitud junta, oyeron su razonamiento con grande silencio.

DISCURSO. Grave delito es dar muerte a cualquier hombre; mas darla al rey es maldad execrable, y traición nefanda no sólo por poner en él manos, sino hablar de su persona con poca reverencia, o pensar de sus acciones con poco respeto. El rey bueno se ha de amar; el malo se ha de sufrir. Consiente Dios el tirano, siendo quien le puede castigar y deponer, ¿y no lo consentirá el vasallo, que debe obedecerle?

No necesita el brazo de Dios de nuestros puñales para sus castigos, ni de nuestras manos para sus venganzas.

Huyeron estos homicidas al Capitolio por asegurarse, y entran en el Capitolio consigo en su delito su persecución. La sangre de César, que llevaban en sus manos, les iba retando de traidora la de sus venas. Llamaron, para ampararse con buen nombre, al pueblo a la libertad, palabra siempre bienquista de la multitud licenciosa.

Y Marco Bruto, conociendo por los semblantes de los que habían concurrido, que le hacían buena acogida, descubriéndose animoso, dijo:

ORACIÓN PRIMERA DE BRUTO. Pueblo romano: Julio César es el muerto; yo soy el matador: la vida que le quité es la propia que él había quitado a vuestra libertad. Si en él fué delito tiranizar la república, en mí ha de ser hazaña el restituirla. En el Senado le di muerte, porque no se diese muerte al Senado. A mano de los senadores acabó; las leyes armadas le hirieron: sentencia fué, no conjuración. César fué justiciado, y ninguno fué homicida. En este suceso sólo podrán ser delincuentes los que de vosotros nos juzgaren por delincuentes. Yo no retraje al Capitolio mi vida, sino estas razones; porque, en habiéndolas oído, os agraviara si os temiera.

Siguió estas palabras un largo aplauso de la gente, y con voces agradecidas le pidieron que se viniese con ellos a gozar por la ciudad las alabanzas que merecía. Fióse Marco Bruto destas demostraciones y fuése acompañado de todos a los Rostros, donde ya habían concurrido en diferentes tumultos todos los ciudadanos de Roma. Parecióle era conveniente informarlos allí, con más larga oración, en esta manera:

ORACIÓN SEGUNDA DE BRUTO. Ciudadanos de Roma: las guerras civiles, de compañeros de Julio César os hicieron vasallos; y esta mano, de vasallos os vuelve a compañeros. La libertad que os dió mi antecesor Junio Bruto contra Tarquino, os da Marco Bruto contra Julio César. Deste beneficio no aguardo vuestro agradecimiento, sino vuestra aprobación. Yo nunca fuí enemigo de César, sino de sus designios: antes tan favorecido, que en haberle muerto fuera el peor de los ingratos, si no hubiera sido el mejor de los leales. No han sido sabidoras de mi intención la envidia ni la venganza. Confieso que César, por su valentía y por su sangre, y su eminencia en la arte militar y en las letras, mereció que le diese vuestra liberalidad los mayores puestos; mas también afirmo que mereció la muerte, porque quiso antes tomárselos con el poder de darlos,

---

[36] igualándola en el aspecto mortal de su semblante.

que merecerlos: por esto no le he muerto sin lágrimas. Yo lloré lo que él mató en sí, que fué la lealtad a vosotros, la obediencia a los padres. No lloré su vida, porque supe llorar su alma. Pompeyo dió muerte a mi padre, y aborreciéndole como a homicida suyo, luego que contra Julio en defensa de vosotros tomó las armas, le perdoné el agravio, seguí sus órdenes, milité en sus ejércitos y en Farsalia me perdí con él. Llamóme con suma benignidad César, prefiriéndome en las honras y beneficios a todos. He querido traeros estos dos sucesos a la memoria, para que veáis que ni en Pompeyo me apartó de vuestro servicio mi agravio, ni en César me granjearon contra vosotros las caricias y favores. Murió Pompeyo por vuestra desdicha; vivió César por vuestra ruina: matéle yo por vuestra libertad. Si esto juzgáis delito, con vanidad le confieso; si por beneficio, con humildad os le propongo. No temo el morir por mi patria, que primero decreté

mi muerte que la de César. Juntos estáis, y yo en vuestro poder: quien se juzgare indigno de la libertad que le doy, arrójeme su puñal, que a mí será doblada gloria morir por haber muerto al tirano. Y si os provocan a la compasión las heridas de César, recorred todos vuestras parentelas, y veréis cómo por él habéis degollado vuestros linajes, y los padres con la sangre de sus hijos, y los hijos con la de sus padres, habéis manchado las campañas y calentado los puñales. Esto, que no pude estorbar y procuré defender, he castigado. Si me hacéis cargo de la vida de un hombre, yo os le hago de la muerte de un tirano. Ciudadanos: si merezco pena, no me la perdonéis; si premio, yo os le perdono.

Serenó este razonamiento los ánimos de suerte, que, fervorosos, pasaron de la ira al arrepentimiento; y llamándole padre de la patria, pedían que a Bruto y a los suyos fuesen concedidos honores y dedicadas estatuas.

SIGLO XVII: NOVELA PICARESCA

Mateo Alemán

1547-1614?

Aunque otras obras de Alemán, especialmente su *Ortografía castellana*, recientemente reeditada en Méjico, no carecen de interés, su importancia en la literatura española se debe a ser el autor de *La vida del pícaro Guzmán de Alfarache*, publicada en dos partes, en 1599 y en 1605, respectivamente. La segunda lleva como subtítulo *Atalaya de la vida humana*, y, en efecto, la obra de Alemán, sin la gracia espontánea del *Lazarillo*, ni la fuerza satírica del *Buscón*, ni la animación narrativa que a veces tiene *La vida de Marcos de Obregón*, se caracteriza por la amplitud que en ella adquiere la novela picaresca tanto en la riqueza de incidentes como en lo variado de los lugares donde el pícaro actúa o en la cantidad de relatos marginales y materia miscelánea que incluye. Por esto es, sin duda, el modelo más completo del género. Esenciales son al *Guzmán de Alfarache* las consideraciones morales que suscitan casi todos los episodios de la novela. Desde el punto de vista literario, hacen su lectura pesada para un lector actual, pero muchas poseen interés como reflejo del pensamiento de la época y todas ellas muestran un sentido ascético de la vida que sirve de soporte a la concepción de la picaresca.

LA VIDA DEL PÍCARO GUZMÁN DE ALFARACHE

RESUMEN

Como en otras novelas picarescas, el protagonista, Guzmán, narra en ésta sus aventuras. Comienza por

darnos cuenta de su linaje. Es hijo de un comerciante genovés con fama de ladrón y de una sevillana poco virtuosa. A los quince años sale de su casa y empieza una vida de vagabundo por los caminos de Andalucía. Va de pueblo en pueblo sirviendo a diferentes amos, engañando o siendo engañado, hasta llegar a Madrid. Se hace jugador y mozo de la esportilla. Con un dinero que roba se dirige a Toledo, donde se hace pasar por hidalgo. Va luego a Italia de soldado. En Génova busca a sus parientes, y uno de ellos le hace objeto de una burla pesada. En Roma es mendigo, y más tarde criado de un cardenal y del embajador de Francia. De allí va a Florencia, Siena, Bolonia y Milán. En todas partes roba y burla a la gente o es burlado, en tanto que su fortuna sufre varias alternativas. Vuelve a España, se casa dos veces y sigue viviendo de la estafa y del engaño. Por fin, va a parar a galeras, donde se arrepiente de su vida deshonrosa. La obra abunda en digresiones morales y en relatos intercalados de tipo muy diverso.

PRIMERA PARTE: LIBRO II

CAPÍTULO VII

Cómo despedido Guzmán de Alfarache de su amo volvió a ser pícaro; y de un hurto que hizo a un especiero.

En cualquier acaecimiento, más vale saber que haber; porque, si la fortuna se rebelare, nunca la ciencia desampara al hombre. La hacienda se gasta, la ciencia crece y es de mayor estimación lo poco que el sabio sabe que lo mucho que el rico tiene. No hay quien dude los excesos que a la fortuna hace la ciencia. Pintaron varios filósofos a la Fortuna en varios modos, por ser en todo tan varia; cada uno la dibujó según la halló para sí o la consideró en el otro. Si es buena, es madrastra de toda virtud; si mala, madre de todo vicio, y al que más favorece para mayor trabajo le guarda. Es de vidrio, instable, sin sosiego, como figura esférica en cuerpo plano. Lo que hoy da, quita mañana. No sabe asegurarse: es la resaca de la mar. Tráenos rodando y volteando, hasta dejarnos una vez en seco en los márgenes de la muerte, de donde jamás vuelve a cobrarnos, y en cuanto vivimos, obligándonos como a representantes a estudiar papeles y cosas nuevas que salir a representar en el tablado del mundo.

Cualquier vario acaecimiento la descompone y roba, y lo que deja perdido y desahuciado remedia la ciencia fácilmente. Ella es riquísima mina descubierta, de donde los que quieren pueden sacar grandes tesoros, como agua de un caudaloso río, sin que se agote ni acabe. Ella honra la buena fortuna y ayuda en la mala. Es plata en el pobre, oro en el rico y en el príncipe piedra preciosa. En los pasos peligrosos, en los casos graves de fortuna, el sabio se tiene y pasa y el simple en lo llano tropieza y cae.

No hay trabajo tan grande en la tierra, tormenta en la mar ni temporal en el aire que contraste[1] a la ciencia; y así debe desear todo hombre vivir para saber y saber para bien vivir. Son sus bienes perpetuos, estables, fijos y seguros.

Preguntarásme ¿dónde va Guzmán tan cargado de ciencia? ¿Qué piensa hacer con ella? ¿Para qué fin la loa con tan largas arengas y engrandece con tales veras? ¿Qué nos quiere decir? ¿Adónde ha de parar?

Por mi fe, hermano mío, a dar con ella en un esportón, que fué la ciencia que estudié para ganar de comer, que es una buena parte della; pues quien ha oficio ha beneficio y el que otro no sabía para pasar la vida, tanto lo estimé para mí en aquel tiempo, como en el suyo Demóstenes la elocuencia y sus astucias Ulises.

Mi natural era bueno. Nací de nobles y honrados padres: no lo pude cubrir ni perder. Forzoso les había de parecer, sufriendo con paciencia las injurias que en ellas se prueban los ánimos fuertes. Y como los malos con los bienes empeoran, los buenos con los males se hacen mejores, sabiendo aprovecharse dellos...

Ya estoy en la calle arrojado y perseguido, sobre despedido.[2] ¿Qué haré, dónde iré o qué será de mí? Pues a voz de ladrón salí de donde estaba, ¿quién me recibirá de buena ni de mala gana?

Acordéme en aquella sazón de mis trabajos pasados, cómo hallaron puerto en una espuerta.[3] Buñolero solía ser, volvíme a mi menester...[4]

Ya me sabía la tierra y había dineros para esportón; mas antes de resolverme a volverlo al hombro, visitaba las noches y mediodía los amigos y conocidos de mi amo, si alguno por ventura quisiera recibirme; porque ya sabía un poquillo y holgara saber algo más, para con ello ganar de comer. Algunos me ayudaban, enteniéndome con un pedazo de pan. Debieron de oír tales cosas de mí, que a poco tiempo me despedían sin querer acogerme. Donde la fuerza oprime, la ley se quiebra.

Con estas diligencias cumplí a lo que estaba obligado, para que yo mismo no pudiera acusarme que volví a lo pasado huyendo del trabajo. Y te prometo que lo amaba entonces, porque tenía de los vicios experiencia y sabía cuánto es uno más hombre que los otros cuanto era más trabajador, y por el contrario con el ocio. Mas no pude ya otra cosa.

No sé qué puede ser, que deseando ser buenos nunca lo somos, y aunque por horas lo proponemos, en años nunca lo cumplimos ni en toda la vida salimos con ello. Y es porque no queremos ni nos acordamos de más de lo presente.

Comencé a llevar mis cargos. Comía lo que me era necesario, que nunca fué mi dios mi vientre y el hombre no ha de comer más de para vivir lo que basta, y excediendo es brutalidad, que la bestia se harta para engordar. Desta manera, comiendo con regla, ni entorpecía el ánimo ni enflaquecía el cuerpo ni criaba malos humores, tenía salud y sobrábanme dineros para el juego.

En el beber fuí templado, no haciéndolo sin mucha necesidad ni demasiado, procurando ajustar-

---

1 resista. 2 además de despedido; un cocinero, a quien Guzmán servía, le acababa de echar de su servicio por ladrón. 3 como había remediado su necesidad en otra ocasión haciéndose mozo de la esportilla (esto es, el mozo que con una espuerta o cesta se alquilaba para llevar en ella lo que se le mandase). 4 refrán que significa: «volver uno a una ocupación anterior»; quiere decirse que Guzmán piensa hacerse de nuevo esportillero. 5 hacía bastante negocio para todo el día. 6 a mí me sobraba trabajo para darle a un ayudante. 7 autoriza-

ción que se daba a los capitanes para reclutar gente. 8 aula mayor de una universidad o escuela. 9 donde se discutían todas las cuestiones de la guerra y de la política. 10 se comprobó nuestra suposición.

11 mis antepasados. Recuérdese que su padre era genovés. 12 el que servía en el ejército llevando las mochilas. 13 darle esquinazo, escaparme con el dinero. 14 esportón, cesta. 15 gastar. 16 Quiere decir que cargó con el dinero, y aunque fingía que le pesaba mucho, lo que le pesaba o hacía sufrir era que no fuera más dinero.

me con lo necesario, así por ser natural mío, como parecerme malo la embriaguez en mis compañeros, que privándose del sentido y razón de hombres, andaban enfermos, roncos, enfadosos de aliento y trato, los ojos encarnizados, dando traspiés y reverencias, haciendo danzas con los cascabeles en la cabeza, echando contrapasos atrás y adelante y, sobre toda humana desventura, hecho fiesta de muchachos, risa del pueblo y escarnio de todos.

Que los pícaros lo sean: ¡andar! Son pícaros y no me maravillo, pues cualquier bajeza les entalla y se hizo a su medida, como a escoria de los hombres... ¿Pero que los que se estiman en algo, los nobles, los poderosos, los que debían ser abstinentes lo hagan? ¿Que el religioso se descomponga el grueso de un pelo en ello?...

Teníamos en la plaza junto a Santa Cruz nuestra casa propia comprada y reparada de dinero ajeno. Allí eran las juntas y fiestas. Levantábame con el sol; acudía con diligencia por aquellas tenderas y panaderos; entraba en la carnicería; hacía mi agosto[5] las mañanas para todo el día; dábanme los parroquianos que no tenían mozo que les llevase la comida; hacíalo fielmente y diligentemente, sin faltarles cosa.

Acreditéme mucho en el oficio, de manera que a mis compañeros faltaba y a mí me sobraba para un teniente[6] que siempre se me allegaba. Entonces éramos pocos y andábamos de vagar; agora son muchos y todos tienen en qué ocuparse. Y no hay estado más dilatado que el de los pícaros, porque todos dan en serlo y se precian dello. A esto llega la desventura, hacer de las infamias bizarría y de las bajezas honra.

Sucedió que se dieron condutas[7] a ciertos capitanes, y luego que lo tal acontece se publica en el pueblo y en cada corrillo y casa se hace consejo de Estado. La de los pícaros no se duerme, que también gobierna como todos, haciendo discursos, dando trazas y pareceres. No entiendas que por ser bajos en calidad han de alejarse más los suyos de la verdad o ser menos ciertos. Engáñaste de veras; que es antes al contrario y acontece saber ellos lo esencial de las cosas por la razón que hay para ello: porque en cuanto al entendimiento, algunos y muchos hay que, si lo acomodasen, lo tienen bueno. Pues como anden todo el día de una en otra parte, por diversas calles y casas, y sean tantos y anden tan divididos, oyen a muchos muchas cosas...

Demás, que no había bodegón o taberna donde no se hubiera tratado dello y lo oyéramos, que allí también son las aulas y generales[8] de los discursos, donde se ventilan cuestiones y dudas, donde se limita el poder del turco, reforman los consejos y culpan a los ministros.[9] Últimamente allí se sabe todo, se trata en todo y son legisladores de todo, porque

hablan todos por boca de Baco, teniendo a Ceres por ascendente, conversando de vientre lleno y, si el mosto es nuevo, hierve la tinaja.

Con lo que allí aprendíamos, venía después a tratar nuestra junta de lo que nos parecía. Esta vez acertamos en decir que aquestas compañías que habían salido marcharían la vuelta de Italia. Fuése más averando,[10] porque arbolaron las banderas por la Mancha adentro, subiéndose desde Almodóvar y Argamasilla por los márgenes del reino de Toledo, hasta subir a Alcalá de Henares y Guadalajara, yéndose siempre acercando al mar Mediterráneo.

Parecióme buena ocasión para la ejecución de mis deseos, que con crueles ansias me espoleaban a hacer este viaje por conocer mi sangre[11] y saber quiénes y de qué calidad eran mis deudos. Mas estaba tan roto y despedazado, que el freno de la razón me hacía parar a la raya, pareciéndome imposible efectuarse; pero nunca me desvelaba en otra cosa .

En ésta iba y venía, sin poder apartarla de mí. De día cavaba en ello y de noche lo soñaba. Y, si tiene lugar el proverbio del romano, si quieres ser Papa estámpalo en la testa, en mí se verificó, que andando en este cuidado solícito dándole mil trasiegos, me senté en medio de la plaza junto a una tendera, que allí solía ser mi puesto y de mi teniente, y estando con la mano en la mejilla, determinando de pasar, aunque fuera por mochilero[12] si más no pudiera, y aun según estaba me sobraba, oí decir: ¡Guzmán, Guzmanillo! Volví el rostro a la voz y sentí que un especiero debajo de los portales de junto a la carnicería me llamaba. Hízome señas con la mano que fuese allá; levantéme por ver qué me quería. Díjome: «Abre ese esportón.» Echóme dentro cantidad de dos mil y quinientos reales en plata y en oro y en cuartos pocos. Preguntéle: «¿A qué calderero llevamos este cobre?» Díjome: «¿Cobre le parece al pícaro? ¡Alto!, aguije, que le voy a pagar a un mercader forastero que me vendió algunas cosas para la tienda.»

Esto me decía; mas yo en otro pensaba, que era cómo darle cantonada.[13] Porque no la alegre nueva del parto deseado llegó al oído del amoroso padre, ni derrotado marinero con tormentas descubrió de improviso el puerto que buscaba, ni el rendido muro al famoso capitán que combate le dió tal alegría ni tuvo tan suave acento, cual en mi alma sentí, oyendo aquella dulce y sonora voz de mi especiero: *abre esa capacha...*[14]

Desde aquel venturoso punto comencé a dispensar[15] de la moneda, trazando mi vida. Cargué con ellas, fingiendo pesar mucho y me pesaba mucho más de que no era más.[16]

Mi hombre comenzó a andar por delante y yo a seguirle con increíble deseo de hallar algún aprieto o concurso de gente en alguna calle o llegar en alguna casa donde hacer mi hecho.

Deparóme la fortuna a la medida del deseo una como así me la quiero, pues entrando por la puerta principal salí tres calles de allí por un postigo, y dando bordos[17] de esquina en esquina, el paso largo y no descompuesto, para no dar nota, las fuí trasponiendo con lindo aire hasta la puerta de la Vega, donde me dejé ir descolgando hacia el río. Atravesé a la Casa del Campo, y ayudado de la noche, caminé por entre la maleza de los álamos, chopos y zarzas, una legua de allí.

En una espesura hice alto, para con maduro consejo pensar en lo porvenir cómo fuese de fruto lo pasado. Que no basta comenzar bien ni sirve demediar bien, si no se acaba bien. De poco sirven buenos principios y mejores medios, no saliendo prósperos los fines. ¿De qué provecho hubiera sido el hurto si me hallaran con él, sino perderlo y a vueltas dél quizás las orejas y haber comprado un cabo de año,[18] si tuviera edad?

Allí entré en acuerdo de lo que fuera bien hacer. Busqué donde el agua tenía más fondo en la mayor espesura y en ella hice un hoyo y en las telas de mis calzones y sayo envuelta la moneda, la metí, cubriéndola muy bien de arena y piedras por defuera. Puse una señal, no porque me descuidase, que allí residí a la vista por casi quince días; pero para no turbarme después, buscándola dos pies más adelante o atrás; que fuera morirme, si cuando metiera la mano dejara de asentarla encima; en especial, que algunas noches me alargaba de allí a los lugares de la comarca por viandas para tres o cuatro días, volviendo luego a mi albergue, ensotándome[19] en saliendo el sol por aquel bosque del Pardo.

Desta manera me entretuve en tanto que desmentí[20] las espías y cuadrilleros que sin duda debieron de ir tras de mí. Así se perdió el rastro. Y pareciéndome que todo estaría seguro para poder mudar el rancho y marchar, hice un pequeñuelo lío de los forros viejos que del sayuelo me quedaron, donde metí envuelta la sangre de mi corazón. Quedóme sólo el viejo lienzo de los calzones, un juboncillo desarrapado y una rota camisa; pero todo limpio, que lo había por momentos lavado...

Comencé a caminar de noche a escuras por lugares apartados del camino real, tomando atraviesas, trochas y sendas por medio de la Sagra de Toledo, hasta llegar dos leguas dél a un soto que llaman Azuqueica, que amanecí en él una mañana.

Metíme a la sombra de unos membrillos para pasar el día. Halléme sin pensar junto a mí un mocito de mi talle. Debía ser hijo de algún ciudadano, que con tan mala consideración como la mía se iba de con sus padres a ver mundo. Llevaba liado su hatillo, y como era caballero novel, acostumbrado a regalo, la leche en los labios, cansábase con el peso, que aun a sí mesmo se le hacía pesado llevarse. No debía de tener mucha gana de volver a los suyos ni de ser hallado.

Caminaba como yo, de día por los jarales, de noche por los caminos, buscando madrigueras. Dígolo, porque desde que allí llegamos, hasta el anochecer, que nos apartamos, no salió de donde yo. Cuando se quiso partir, tomando a peso el fardo, lo dejó caer en el suelo, diciendo: ¡Maldígate Dios y si no estoy por dejarte!

Ya nos habíamos de antes hablado y tratado, pidiéndonos cuenta de nuestros viajes, de dónde y quién éramos. Él me lo negó; yo no se lo confesé: que por mis mentiras conocí que me las decía; con esto nos pagamos. Lo que más pude sacarle fué descubrirme su necesidad.

Viendo, pues, la buena coyuntura y disgusto que con el cargo llevaba y mayor con el poco peso de la bolsa, parecióme sería ropa de vestir. Preguntéle qué era lo que allí llevaba, que tanto le cansaba. Díjome: «Unos vestidos».

Tuve buena entrada por allí para mis deseos y díjele: «Gentilhombre, daríaos yo razonable consejo, si lo quisiéredes tomar». Él me rogó se lo diese, que siendo tal, me lo agradecería mucho. Volvíle a decir: «Pues vais cargado de lo que no os importa, deshaceos de ello y acudid a lo más necesario. Ahí lleváis esa ropa o lo que es; vendedla, que menos peso y más provecho podrá haceros el dinero que sacardes della».

El mozo replicó discretamente, que son de buen ingenio los toledanos: «Ese parecer bueno es y lo tomara; más téngolo por impertinente en este tiempo; y consejo sin remedio es cuerpo sin alma. ¿Qué me importa quererlo vender, si falta quien me lo pueda comprar? A mí se me ofrece causa para no entrar en poblado a hacer trueco ni venta ni alguno que no me conozca querrá comprarlo».

Luego le pregunté qué piezas eran las que llevaba. Respondióme: «Unos vestidillos para remudar con éste que tengo puesto». Preguntéle la color y si estaba muy traído. Respondió que era mezcla[21] y razonable. No me descontentó, que luego le ofrecí pagárselo de contado si me viniese bien. El mozo

17 vueltas.   18 la memoria y sufragios que se hacen por el difunto, cumplido el año que murió; quiere decir que quizá le hubieran condenado a muerte por ladrón.   19 metiéndome, entrándome.   20 despisté.   21 contextura de diversos colores.   22 proveí, arreglé.

23 me fatigaba en vano.   24 plaza central de Toledo.   25 me urgía a que lo gastase.   26 ligas de color de paja que usaban los galanes.   27 fleco.   28 a lo valiente.   29 como si fuera de buena clase.   30 que conocía bien aquella tierra.

se puso pensativo a mirarme, que en todo cuanto llevaba no pudieran atar una blanca de azafrán ni valía un comino y trataba de ponerle su ropa en precio.

Esta imaginación fué mía, que le debió de pasar al otro y que debía de ser algún ladroncillo que lo quería burlar. Porque estuvo suspenso, regateando si lo enseñaría o no: que de mi talle no se podía esperar ni sospechar cosa buena.

Esta diferencia tiene al mal vestido, la buena o mala presunción de su persona y cual te hallo tal te juzgo, que donde falta conocimiento el hábito califica; pero engaña de ordinario, que debajo de mala capa suele haber buen vividor.

En el punto entendí su pensamiento, como si estuviera en él, y para reducirlo a buen concepto, le dije: «Sabed, señor mancebo, que soy tan bueno y hijo de tan buenos padres como vos. Hasta ahora no he querido daros cuenta de mí; mas porque perdáis el recelo, pienso dárosla. Mi tierra es Burgos, della salí, como salís, razonablemente tratado. Hice lo que os aconsejo que hagáis: vendí mis vestidos donde no los hube menester y con la moneda que dellos hice y saqué de mi casa, los quiero comprar donde dellos tengo necesidad; y trayendo el dinero guardado y este vestido desarrapado, aseguro la vida y paso libremente; que al hombre pobre ninguno le acomete, vive seguro y lo está en despoblado, sin temor de ladrones que le dañen ni de salteadores que le asalten. Si os place, vendedme lo que no habéis menester y no os parezca que no lo podré pagar, que sí puedo. Cerca estoy de Toledo, adonde es mi viaje: holgaría entrar algo bien tratado y no con tal vil hábito como llevo».

El mozo deshizo su lío, sacó dél un herreruelo, calzones, ropilla, dos camisas y unas medias de seda, como si todo se hubiera hecho para mí. Concertéme con él en cien reales. No valía más; que aunque estaba bien tratado, el paño no era fino.

Descosí por un lado mi envoltorio, sacando dél los cuartos que bastaron; que no le dió poca mohina cuando reconoció la mala moneda, porque iba huyendo de carga y no podía excusarla. Mas consolóse que era menor que la pasada y más provechosa para cualquier acontecimiento. De allí nos despedimos: él se fué con la buena ventura, y yo, aunque tarde, aquella noche me entré en Toledo.

CAPÍTULO VIII

Cómo Guzmán de Alfarache, vistiéndose muy galán en Toledo, trató amores con unas damas. Cuenta lo que pasó con ellas y las burlas que le hicieron y después en Malagón

Suelen decir vulgarmente que aunque vistan a la mona de seda, mona se queda. Ésta es en tanto

grado verdad infalible, que no padece excepción. Bien podrá uno vestirse un buen hábito; pero no por el mudar el malo que tiene podría entretener y engañar con el vestido, mas el mismo fuera desnudo. Presto me pondré galán y en breve volveré a ganapán. Que el que no sabe con sudor ganar, fácilmente se viene a perder, como verás adelante.

Lo primero que hice a la mañana fué reformarme de jubón, zapatos y sombrero. Al cuello del herreruelo le hice quitar el tafetán que tenía y echar otro de otra color. Trastejé[22] la ropilla de botones nuevos, quitéle las mangas de paño y púseselas de buen tafetán, con que a poca costa lo desconocí todo, con temor que, por mis pecados o desgracia, no cayera en algún lazo donde viniera a pagar lo de antaño y lo de hogaño, que buscando al mozuelo no me vieran sus vestidos y, achacándome haberlo muerto para robarlo, me lo pidieran por nuevo y que diera cuenta dél.

Así anduve dos días por la ciudad, procurando saber dónde o en qué lugar hubiese compañías de soldados. No supo alguno darme nueva cierta. Andábame azotando el aire.[23] Al pasar por Zocodover,[24] aunque lo atravesaba pocas veces y con miedo, y si salía de la posada era mal y tarde, no durmiendo tres noches en una, por no ser espiado si fuera conocido, veo atravesar de camino en una mula un gentilhombre para la Corte, tan bien aderezado, que me dejó envidioso...

El vestido del hombre me puso codicia y, como el dinero no se ganó a cavar, hacíame cocos[25] desde la bolsa. No me lo sufrió el corazón. A buena fe —le dije— si gana tenéis de danzar, yo os haga el son, y si no queréis andar de gana conmigo, yo la tengo peor de traeros a cuestas. Cumpliréos ese deseo satisfaciendo el mío bien presto y que no tarde.

Fuíme de allí a la tienda de un mercader, saqué todo recaudo, llamé un oficial, corté un vestido. Díle tanta priesa, que ni fué, como dicen, oído ni visto, porque en tres días me envasaron en él; salvo que, por no hallar buen ante para el coleto, lo hice de raso morado, guarnecido con trencillas de oro. Púseme de liga pajada,[26] con un rapacejo[27] y puntas de oro, a lo de Cristo me lleve,[28] todo muy a la orden.

Asentábame con el rostro que no había más que pedir, y en realidad de verdad tuve, cuando mozuelo, buena cara. Viéndome tan galán soldado, di ciertas pavonadas por Toledo en buena estofa[29] y figura de hijo de algún hombre principal.

También recibí luego un paje bien tratado que me acompañase. Acerté con uno ladino en la tierra;[30] parecióme, viéndome entronizado y bien vestido, que mi padre era vivo y estaba restituído al tiempo de sus prosperidades. Andaba contento, que quisiera de noche no desnudarme y de día no dejar calle por pasear, para que todos me vieran, pero que no me conocieran.

Amaneció el domingo. Púseme de ostentación y di de golpe con mi lozanía en la iglesia mayor para oír misa; aunque sospecho que más me llevó la gana de ser mirado; paseéla toda tres o cuatro veces; visité las capillas donde acudía más gente, hasta que vine a parar entre los dos coros, donde estaban muchas damas y galanes. Pero yo me figuré que era el rey de los gallos[31] y el que llevaba la gala,[32] y como pastor lozano, hice plaza[33] de todo el vestido, deseando que me vieran y enseñar aun hasta las cintas...

Estiréme el cuello, comencé a hinchar la barriga y atiesar las piernas. Tanto me desvanecía, que de mis visajes y meneos todos tenían que notar, burlándose de mi necedad; mas como me miraban, yo no miraba en ello ni echaba de ver mis faltas, que era de lo que los otros formaban risas. Antes me pareció que los admiraba mi curiosidad y gallardía.

De cuanto a los hombres, no se me ofrece más que decirte; pero con las damas me pasó un donoso caso, digno por cierto de los tan bobos como yo. Y fué que dos de las que allí estaban, la una dellas natural de aquella ciudad y hermosa por todo extremo, puso los ojos en mí o, por mejor decir, en mi dinero, creyendo que lo tenía quien tan bien vestido estaba. Mas por entonces no reparé en ello ni la vi, a causa que me había cebado en otra que a otro lado estaba; a la cual, como le hice algunas señas a lo niño, rióse de mí a lo taimado.

Parecióme que aquello bastaba y que ya estaba negociado. Fuí perseverando en mi ignorancia y ella en sus astucias, hasta que saliendo de la iglesia se fué a su casa y yo en su seguimiento poco a poco. Íbale por el camino diciendo algunos disparates; tal era ella que, cual si fuera de piedra, no respondió ni hizo sentimiento; pero no por eso dejaba de cuando en cuando de volver la cabeza dándome cara, con que me abrasaba vivo.

Así llegamos a una calle, junto a la solana de San Cebrián, donde vivía, y al entrar en su casa me pareció haberme hecho una reverencia y cortesía con la cabeza, los ojos algo risueños y el rostro alegre.

Con esto la dejé y me volví a mi posada por los mismos pasos. Y a muy pocos andados, vi que estaba una moza reparada[34] en una esquina, cubierta con el manto, que casi no se le veían los ojos, la cual me había seguido y, sacando solamente los dos deditos de la mano, me llamó con ellos

y con la cabeza. Llegué a ver lo que mandaba. Hízome un largo parlamento, diciendo ser criada de cierta señora casada muy principal, a quien estaba obligado agradecer la voluntad que me tenía, tanto por esto cuanto por su calidad y buenos deudos que gustaría le dijese dónde vivía porque tenía cierto negocio para tratar conmigo.

Ya yo no cabía de contento en el pellejo; no trocara mi buena suerte a la mejor que tuvo Alejandro Magno, pareciéndome que penaban por mí todas las damas. Así le respondí a lo grave, con agradecimiento de la merced ofrecida, que cuando se sirviese de hacérmela, sería para mí muy grande. En esta conversación poco a poco nos acercamos a mi posada; ella la reconoció, y despidiéndonos me entré a comer, que era hora.

Como yo no sabía quién fuera esta señora ni nunca me pareciese haberla visto, no me puso tanta codicia el esperarla, como la otra deseos de verla. Todo se me hacía tarde. Fuimos a su calle, di más paseos y vueltas que rocín de noria y a buen rato de la tarde salió, como a hurto, a hablarme desde una ventana. Pasamos algunas razones; últimamente me dijo que aquella noche me fuese a cenar con ella. Mandé a mi criado comprase un capón de leche, dos perdices, un conejo empanado, vino del Santo,[35] pan el mejor que hallase, frutas y colación[36] para postre, y lo llevase.

Después de anochecido, pareciéndome hora, fuí al concierto.[37] Hízome un gran recibimiento de bueno. Ya era hora de cenar. Pedíle que mandase poner la mesa; mas ella buscando novedades y entretenimientos lo dilataba. Metíome en un laberinto, comenzándome a decir que era doncella de noble parte y que tenía un hermano travieso y mal acondicionado, el cual nunca entraba en casa más de a comer y cenar, porque lo restante, días y noches, ocupaba en jugar y pasear.

Estando en esta plática, ves aquí que llamaron con grandes golpes a la puerta. «¡Ah Dios! —me dijo— ¡perdida soy!» Alborotóse mucho, con una turbación fingida de tal manera que a otro más diestro engañara con ella.

Y aunque ya la señora sabía el fin y los medios como todo había de caminar, se mostró afligida de no saber qué hacerse. Y como si entonces le hubiera ocurrido aquel remedio, me mandó entrar en una tinaja sin agua; pero con alguna lama de haberla tenido y no bien limpia; estaba puesta en el portal del patio.

Hice lo que quiso; cubrióme con el tapador y,

---

31 muchacho vestido llamativamente que hacía de rey en un juego de carnaval que se llamaba «correr gallos». 32 y que aventajaba a todos. 33 hice gala, ostenté. 34 parada. 35 vino de San Martín. 36 dulce. 37 a la cita. 38 blasfemias, juramentos. 39 Hay aquí un

juego de doble sentido entre la forma adverbial de repelón, que significa «inmediatamente», y la expresión dar un repelón, que significa arrebatar algo, pelar. 40 lograr.

41 el ser de quien era. 42 con el pretexto.

volviéndose a su estrado, entró el hermano, el cual, viendo la humareda, dijo: «Hermana, ¿qué tenemos para cenar con tanta humareda?»

Entró en la cocina y, como viese nuestro aparato, salió diciendo: «¿Qué novedad es ésta? ¿Cuál de nosotros se casa esta noche? ¿De cuándo acá tenemos esto en esta casa? ¿Qué aderezo de banquete es éste o para qué convidados? ¿Esta seguridad tengo yo en vos? ¿Ésta es la honra que sustento y dais a vuestros padres y desdichado hermano? La verdad he de saber o todo ha de acabar en mal esta noche.»

Ella le dió no sé qué descargos, que con el miedo y estar cubierto no pude bien oír ni entender más de que daba voces y, haciendo del enojado, la mandó asentar a la mesa; y habiendo cenado, él por su persona bajó con una vela, miró la casa y echó la aldaba en la puerta de la calle. Y entrándose los dos en unos aposentos, se quedaron dentro y yo en la tinaja.

A todo esto estuve muy atento y devoto, de suerte que no me quedó oración de las que sabía que no rezase, porque Dios lo cegara y no mirara donde estaba. Viéndome ya fuera de peligro, apartando la tapadera saqué poquito a poco la cabeza, mirando si la señora venía, si tosía o si escupía; y si el gato se meneaba o cualquier cosa, todo se me antojaba que era ella. Mas viendo que tardaba y la casa estaba muy sosegada, salí del vientre de mi tinaja, cual otro Jonás del de la ballena, no muy limpio.

Mas fué mi buena suerte que con el temor de malas cosas que suelen suceder y más a muchachos, guardaba el buen vestido para de día, valiéndome a las noches del viejo que antes había comprado, y así no me dió cuidado ni pena. Di vueltas por la casa, lleguéme al aposento, comencé a rascar la puerta y en el suelo con el dedo, para que me oyera. Era mal sordo y no quiso oír.

Así se fué la noche de claro. Cuando vi que amanecía, lleno de cólera, triste, desesperado y frío, abrí la puerta de la calle y dejándola emparejada, salí fuera como un loco echando mantas[38] y no de lana, haciendo cruces a las esquinas con determinación de nunca volverlas a cruzar...

Mi posada estaba cerca. Llamé y abrióme mi criado, que me aguardaba. Desnudéme y metíme en la cama.

Con el rastro del enojo no podía tener sosiego ni cuajar sueño. Ya me culpaba a mí mesmo, ya a la dama, ya a mi mala fortuna. Y estando en esto, siendo de día claro, ves aquí que llaman a mi aposento. Era la moza que me había seguido el día pasado y venía su ama con ella. Sentóse a la cabecera en una silla y la criada en el suelo junto a la puerta.

La señora me pidió larga cuenta de mi vida, quién era y a qué venía y qué tiempo tardaría en aquella ciudad. Mas yo, todo era mentira; nunca le dije verdad. Y pensándola engañar, me cogió en la ratonera. Fuíla satisfaciendo a sus palabras y perdí la cuenta en lo que más importaba, pues debiéndole decir que allí había de residir de asiento algunos meses, le dije que iba de paso.

Ella, por no perder los dados y que no debía apetecer amores tan de repelón,[39] quiso dármelo. Comenzó a tender las redes en que cazarme. Así, al descuido, con mucho cuidado, iba descubriendo sus galas, que eran buenas guarniciones de oro y otras cosas, que traía debajo de una saya entera de gorbarán de Italia. Y sacando unos corales de la faltriquera, hizo como que jugaba con ellos, y de allí a poco fingió que le faltaba un relicario que tenía engarzado en ellos.

Afligióse mucho, diciendo ser de su marido, y con esto se levantó, como que le importaba volverse luego a su casa, por si allá se le hubiera quedado buscarlo con tiempo, y aunque le prometí dar otro y le dije muchas cosas y ofrecí promesas, no pude acabar[40] con ella que más esperase.

Así se fué, dándome la palabra de venir otra vez a visitarme y enviar su criada, en llegando a casa, para darme aviso si había parecido la joya.

Yo quedé tristísimo que así se hubiese ido, por ser, como dije, en extremo hermosa, bizarra y discreta; mas como tenía gana de dormir, dejéme llevar del sueño. No pude continuarlo dos horas. Como ya tenía cuidados, levantéme a solicitarlos. En cuanto me vestí, se hizo hora de comer, y estando a la mesa, entró la criada. La cual, como diestra, me entretuvo hasta que hubiera comido y díjome que volvía: si por ventura, jugando su ama con el rosario, se le hubiese allí caído la pieza. Todos la buscamos; mas no pareció, porque no faltaba.

Encarecióme que no sentía tanto su valor como el ser cuya era.[41] Figuróme el tamaño y la hechura, obligándome con buenas palabras a que le comprase otra de mi dinero, prometiéndome que el día siguiente al amanecer sería conmigo su señora, porque saldría en achaque[42] de ir a cierta romería.

Así me fuí con ella a los plateros y le compré un librito de oro muy galano, el que la moza escogió y ya el ama le habría echado el ojo. Con él se quedaron, que nunca supe más de ama ni moza.

Ya eran las tres de la tarde y el pan en el cuerpo no se me cocía, deseando saber la ocasión de la noche pasada y si había sido burla; y olvidado de la injuria, volví a mi paseo.

Estaba la señora el rostro como triste y que me esperaba. Llamóme con la mano, poniendo un dedo en la boca y volviendo atrás la cara, como si hubiera alguien a quien temer, y llegándose a la puerta, dijo que me adelantase hacia la iglesia mayor.

Hícelo así. Ella tomó su manto y llegamos entrambos casi a un tiempo. Atravesó por entre los dos coros y salió a la calle de la Chapinería, guiñándome de ojo que la siguiera. Fuíme tras ella. Entróse en la tienda de un mercader en el Alcaná;[43] y yo con ella. Dióme allí satisfacciones, haciendo mil juramentos, no haber tenido culpa ni haber sido en su mano lo pasado; hinchóme la cabeza de viento; creíle sus mentiras, bien compuestas; prometióme que aquella noche lo enmendaría, y aunque aventurase a perder la vida, la arriscaría por mi contento. Rindióme tanto, que pudieran amasarme como cera.

Compró algunas cosas que montaron como ciento y cincuenta reales, y al tiempo de la paga dijo al mercader: «¿Cuánto tengo de dar desta deuda cada semana?» Él respondió: «Señora, no las doy por ese precio ni vendo fiado; si V. md. trae dineros, llevará lo que ha comprado, y si no, perdone.» Yo le dije: «Señor, esta señora se burla, que dineros tiene con qué pagarlo; yo tengo su bolsa y soy su mayordomo.» Así, sacando de la faltriquera unos escudos por hacer grandeza con ellos, también saqué mi barba de vergüenza y a la dama de deuda.

Al punto se me representó haber sido estratagema para pagarse adelantado y no quedarse burlada, como acontece con algunos; y no me pesó de lo hecho, pareciéndome que con mi buen proceder la tenía obligada y no diera mis dos empleos de aquel día en las dos damas por México y el Perú. Así le pregunté si su promesa sería cierta y a qué hora. Asegurómela sin duda para las diez de la noche.

Ella se fué a su casa y yo a entretener el día, pareciéndome tener los dos lances en el puño. A la hora del concierto me puse mi vestidillo y volví a la tahona.[44] Hice la seña concertada, que fué dar unos golpes con una piedra por bajo de su ventana; mas fué como darlos en la Puente de Alcántara.

Parecióme quizá no sería hora o no podía más. Esperé otro poco y así me estuve hasta las doce de la noche, haciendo señas a tiempos; mas hablad con San Juan de los Reyes, que es de piedra. Era cansar en vano y burlería, que el que decía ser su hermano era su galán, y con aquellos embelecos

se sustentaban el uno y el otro, estando de concierto los dos para cuanto hacían.

Eran cordobeses, bien tratadas las personas, y entre los más tordos nuevos[45] que habían cazado, era un mancebico escribanito, recién casado, que, picado de la señora, le había dado ciertas joyuelas y, como a mí, lo llevaba en largas, haciéndolo esperar, pechar y despechar.[46] Mas cuando él conoció ser bellaquería, determinó vengarse.

Aquella noche yo estaba ya cansado de aguardar, como lo has oído, y cuando me quería ir, ves aquí veo venir gran tropel de gente. Adelantéme, pareciéndome justicia, y sentí que llamaron a la misma puerta. Volví acercándome un poco, por ver qué buscaba la turbamulta, y un corchete, diciendo quién eran, hizo que abriesen. Cuando entraron, me llegué a la puerta, por mejor entender lo que pasaba. El alguacil miró toda la casa y no halló cosa de lo que buscaba... Mas como estas cosas no pueden tanto encubrirse, que si se repara en ellas no se conozcan fácilmente, no faltó quien vió en el suelo un puño postizo, que al tiempo de esconder la ropa del hermano se quedó allí. Y como se hacía el oficio entre amigos, dijo un corchete: «Aun este puño dueño tiene». La dama lo quiso encubrir; pero entre tanto volvieron a dar vuelta con más cuidado. Y pareciéndole al alguacil que en un cofre grande que allí estaba pudiera caber un hombre, lo hizo abrir, donde hallaron al galán. Vistiéronse los dos, y de conformidad los llevaron a la cárcel.

Yo quedé tan contento cuanto corrido; contento de que no me hubiesen hallado dentro, y corrido, de las burlas que me habían hecho. Todo lo restante de la noche no pude reposar, pensando en ello y en la otra señora que esperaba, creyendo desquitarme con ella. Figurábala entre mí mujer de otra calidad y término.

Todo aquel día la esperé; pero ni aun siquiera un recaudo[47] me envió ni supe dónde vivía ni quién era. Ves aquí mis dos buenos empleos y si me hubiera sido mejor comprar cincuenta borregos.

Estaba desesperado y para consuelo de mis trabajos a la noche, cuando fuí a la posada, hallé un alguacil forastero preguntando por no sé qué persona. Ya ves lo que pude sentir. Díjele a mi criado que me esperase hasta por la mañana. Salí por la puerta del Cambrón, donde pensando y paseando pasé hasta por la mañana, haciendo mis discursos en qué podría querer o buscar aquel al-

---

43 calle donde estaban las tiendas de los mercaderes.
44 volví a mi quehacer, a mi asunto.   45 entre los incautos, los inocentes.   46 lo entretenía con promesas (lo llevaba en largas), haciéndole esperar, pagar y desesperarse.
47 recado, aviso.   48 pasé, me detuve.   49 correspondió al brindis.   50 a medio dormir.

51 o quizás más que soltarse, pertenecía al amo y andaba suelta por la casa.   52 en silencio.   53 despertarme.   54 que ya tenía los toros en la plaza, es decir, que ya estaba a punto de lograr lo que esperaba.   55 distinguirse.   56 saludo.

guacil; mas, como amaneciese, parecióme hora segura para ir a casa y mudar de vestido y posada. Aseguré mi congoja, porque no era yo a quien buscaba, según me dijeron.

Salí a la plaza de Zocodover. Pregonaban dos mulas para Almagro. Más tardé en oírlo que en concertarme y salir de Toledo... Aquella noche tuve[48] en Orgaz, y en Malagón la siguiente. Pero con el sobresalto, como las noches antes no había podido reposar, llegué tan dormido que a codazos me caía, como dicen; mas despertóme otro nuevo cuidado, y fué que entrando en la posada, se llegó a tomar la ropa una mozuela, más que criada y menos que hija, de bonico talle, graciosa y decidora, cual para el crédito de tales casas las buscan los dueños dellas.

Habléla y respondió bien. Fuimos adelantando la conversación de suerte que concertó conmigo de hablarme cuando sus amos durmiesen. Puso la mesa; dile una pechuga de un capón; brindéla y hizo la razón;[49] quise asirla de un brazo; desvióse. Yo por llegarla y ella por huir, caí de lado en el suelo...

Volvíle a preguntar si esperaría. Díjome que si falta hubiese yo lo vería, y otras algunas chocarrerías con que se despidió de mí. Las noches antes ya te dije lo mal que pasaron. Tal estaba, que fué imposible resistirme; pero con deseo de madrugar, aunque nunca durmiera. Y así, mandé a mis criados tomasen paja y cebada para el pienso de la mañana y lo metiesen en mi aposento. Lo cual hecho y habiéndolo puesto junto a la puerta, me la dejaron emparejada y se fueron a dormir.

Aunque me ejecutaba el sueño, la codicia me desvelaba y no valiendo mi resistencia, me puse en manos del ejecutor, durmiendo —como dicen— a media rienda.[50] Ves aquí después de la media noche se soltó una borrica de la caballeriza o bien si era del huésped y andaba en fiado por la casa.[51] Ella se llegó a mi aposento y, habiendo olido la cebada, metió bonico[52] la cabeza por alcanzar algún bocado..., y procurando entrar sonó la puerta. Yo, que estaba cuidadoso, poco bastaba para recordarme.[53] Ya pensé que tenía los toros en el coso.[54] Estaba todavía soñoliento; parecióme que no acertaba con la cama. Púseme sentado en ella y llaméla.

Como la borrica me sintió, temió y estúvose queda, salvo que metió una mano en el esportón de la paja. Yo, creyendo que fuese la señora y que tropezaba en él, salté de la cama, diciendo: «¡Entra, mi vida, daca la mano!» Alargué todo el cuerpo para que me la diese. Toquéle con la rodilla en el hocico; alzó la cabeza, dándome con ella en los míos una gran cabezada y fuése huyendo, que si allí se quedara no fuera mucho con el dolor meterle una daga en las entrañas. Salióme

mucha sangre de la boca y narices, y dando al diablo al amor y sus enredos, conocí que todo me estaba bien empleado, pues como simple rapaz era fácil en creer. Atranqué mi puerta y volvíme a la cama.

SEGUNDA PARTE: LIBRO I

CAPÍTULO III

...Hay otros muchos géneros destos engaños y en especial es uno y dañosísimo: el de aquellos que quieren que como por fe creamos lo que contra los ojos vemos. El mal nacido y por tal conocido quiere con hinchazón y soberbia ganar nombre de poderoso, porque bien mal tiene cuatro maravedís, dando con su mal proceder causa que hagan burla dellos, diciendo quién son, qué principio tuvo su linaje, de dónde comenzó su caballería, cuánto le costó la nobleza y el oficio en que trataron sus padres y quiénes fueron sus madres...

Otros engañan con fieros, para hacerse valientes, como si no supiésemos que sólo aquellos lo son que callan...

Puedo afirmar de una señora que se teñía las canas, a la cual estuve con atención mirando, y se las vi verdes, azules, amarillas, coloradas y de otras varias colores y en algunas todas de manera, que por engañar el tiempo descubría su locura, siendo risa de cuantos la vían...

¡Desventurada vejez, templo sagrado, paradero de los carros de la vida! ¿Cómo eres tan aborrecida en ella siendo el puerto de todos más deseado? ¿Cómo los que de lejos te respetan, en llegando a ti, te profanan? ¿Cómo, si eres vaso de prudencia, eres vituperada como loca? Y si la misma honra, respeto y reverencia, ¿por qué de tus mayores amigos estás tenida por infame? ¿Y si archivo de la ciencia, cómo te desprecian?...

Al propósito te quiero contar un cuento largo de consideración, aunque de discurso breve, fingido para este propósito: Cuando Júpiter crió la fábrica deste universo, pareciéndole toda en todo tan admirable y hermosa, primero que criase al hombre, crió los más animales. Entre los cuales quiso el asno señalarse,[55] que si así no lo hiciera, no lo fuera.

Luego que abrió los ojos y vió esta belleza del orbe, se alegró. Comenzó a dar saltos de una en otra parte, con la rociada que suelen, que fué la primera salva[56] que se le hizo al mundo dejándolo immundo, hasta que ya cansado, queriendo reposar, algo más manso de lo que poco antes anduvo le pasó por la imaginación cómo, de dónde o cuándo era él asno, pues ni tuvo principio dél ni padres que lo fuesen. ¿Por qué o para qué fué criado? ¿Cuál había de ser su paradero?...

Con este cuidado se fué a Júpiter y le suplicó se sirviese de revelarle quién o para qué lo había criado. Júpiter le dijo que para servicio del hombre, refiriéndole por menor todas las cosas y ministerios de su cargo. Y fué tan pesado para él, que de solamente oírlo le hizo mataduras y arrodillar en el suelo de ojos; y con el temor del trabajo venidero —aunque siempre los males no padecidos asombran más con el ruido que hacen oídos, que después ejecutados— quedó en aquel punto tan melancólico, cual de ordinario lo vemos, pareciéndole vida tristísima la que se la aparejaba. Y preguntando cuánto tiempo había de durar en ella, le fué respondido que treinta años. El asno se volvió de nuevo a congojar, pareciéndole que sería eterna, si tanto tiempo la esperase. Que aun a los asnos cansan los trabajos. Y con humilde ruego le suplicó que se doliese dél, no permitiendo darle tanta vida y, pues no había desmerecido con alguna culpa, no le quisiese cargar de tanta pena. Que bastaría vivir diez años, los cuales prometía servir como asno de bien, con toda fidelidad y mansedumbre, y que los veinte restantes los diese a quien mejor pudiese sufrirlos. Júpiter, movido de su ruego, concedió su demanda, con lo cual quedó el asno menos malcontento.

El perro, que todo lo huele, había estado atento a lo que pasó con Júpiter el asno y quiso también saber de su buena o mala suerte. Y aunque anduvo en esto muy perro, queriendo saber —lo que no era lícito— secretos de los dioses y para solos ellos reservados, cuáles eran las cosas por venir, en cierta manera pudo tener excusas su yerro, pues lo preguntó a Júpiter, y no hizo lo que algunas de las que me oyen, que sin Dios y con el diablo, buscan hechiceras y gitanas, que les echen suertes y digan su buenaventura.

¡Ved cuál se la dirá quien para sí la tiene mala! Dícenles mil mentiras y embelecos. Húrtanles por bien o por mal aquello que pueden y déjanlas para necias, burladas y engañadas.

En resolución, fuése a Júpiter y suplicóle que, pues con su compañero el asno había procedido tan misericordioso, dándole satisfacción a sus preguntas, le hiciese a él otra semejante merced. Fuéle respondido que su ocupación sería en ir y venir a caza, matar la liebre y el conejo y no tocar en él; antes ponerlo con toda fidelidad en manos del amo. Y después de cansado y despeado[57] de correr y trabajar, habían de tenerlo atado a estaca guardando la casa, donde comería tarde, frío y poco,

a fuerza de dientes royendo un hueso roído y desechado. Y juntamente con esto le darían muchas veces muchos puntillones[58] y palos.

Volvió a replicar preguntando el tiempo que había de padecer tanto trabajo. Fuéle respondido que treinta años. Malcontento el perro, le pareció negocio intolerable; mas confiado de la merced que al asno se le había hecho, representando la consecuencia suplicó a Júpiter que tuviese dél misericordia y no permitiese hacerle agravio, pues no menos que el asno era hechura suya y el más leal de los animales; que lo emparejase con él, dándole solos diez años de vida. Júpiter se lo concedió. Y el perro, reconocido desta merced, bajó el hocico por tierra en agradecimiento della, resinando[59] en sus manos los veinte años de que le hacía dejación.

Cuando pasaban estas cosas, no dormía la mona, que con atención estaba en acecho, deseando ver el paradero dellas. Y como su oficio sea contrahacer lo que otros hacen, quiso imitar a sus compañeros. Demás que la llevaba el deseo de saber de sí, pareciéndole que, quien tan clemente se había mostrado con el asno y el perro, no sería para con ella riguroso.

Fuése a Júpiter y suplicóle se sirviese de darle alguna luz de lo que había de pasar en el discurso de su vida y para qué había sido criada, pues era cosa sin duda no haberla hecho en balde. Júpiter le respondió que solamente se contentase con saber por entonces que andaría en cadenas arrastrando una maza,[60] de quien se acompañaría, como de un fiador; si ya no la ponían asida de alguna baranda o reja, donde padecería el verano calor y el invierno frío, con sed y hambre, comiendo con sobresaltos, porque a cada bocado daría cien tenazadas con los dientes y le darían otros tantos azotes, para que con ellos provocase a risa y gusto.

Éste se le hizo a ella muy amargo y, si pudiera, lo mostrara entonces con muchas lágrimas; pero llevándolo en paciencia, quiso también saber cuánto tiempo había de padecerlo. Respondiéronle lo que a los otros, que viviría treinta años. Acongojada con esta respuesta y consolada con la esperanza en el clemente Júpiter, le suplicó lo que los más animales y aun se le hicieron muchos. Otorgósele la merced según que lo había pedido y, dándole gracias, le besó la mano por ello y fuése con sus compañeros.

Últimamente, crió después al hombre, criatura perfecta, más que todas las de la tierra, con ánima immortal y discursiva. Dióle poder sobre todo lo criado en el suelo, haciéndolo señor usufructuario dello. Él quedó muy alegre de verse criatura tan

---

[57] y después de estar con los pies destrozados.   [58] puntapiés.   [59] renunciando, entregando.   [60] tronco u otra cosa pesada que se pone con una cadena a los monos para que no huyan.

hermosa, tan misteriosamente organizado, de tan gallarda compostura, tan capaz, tan poderoso señor, que le pareció que una tan excelente fábrica era digna de immortalidad. Y así suplicó a Júpiter le dijese, no lo que había de ser él, sino cuánto había de vivir.

Júpiter le respondió que, cuando determinó la creación de todos los animales y suya, propuso darles a cada uno treinta años de vida. Maravillóse desto el hombre, que para tiempo tan corto se hubiese hecho una obra tan maravillosa, pues en abrir y cerrar los ojos pasaría como una flor su vida y, apenas habría sacado los pies del vientre de su madre, cuando entraría de cabeza en el de la tierra, dando con todo su cuerpo en el sepulcro, sin gozar su edad ni del agradable sitio donde fué criado. Y considerando lo que con Júpiter pasaron los tres animales, fuése a él y con rostro humilde hizo este razonamiento:

«Supremo Júpiter, si ya no es que mi demanda te sea molesta y contra las ordenaciones tuyas —que tal no es intento mío, más cuando tu divina voluntad sea servida, confirmando la mía con ella en todo— te suplico que, pues estos animales brutos, indignos de tus mercedes, repudiaron la vida que les diste, de cuyos bienes les faltó noticia con el conocimiento de razón que no tuvieron, pues largaron cada uno dellos veinte años de los que les habías concedido, te suplico me los des para que yo los viva por ellos y tú seas en este tiempo mejor servido de mí».

Júpiter oyó la petición del hombre, concediéndole que como tal viviese sus treinta años, los cuales pasados, comenzase a vivir por su orden los heredados. Primeramente veinte del asno, sirviendo su oficio, padeciendo trabajos, acarreando, juntando, trayendo a casa y llegando para sustentarla lo necesario a ella. De cincuenta hasta setenta viviese los del perro, ladrando, gruñendo, con mala condición y peor gusto. Y últimamente, de setenta a noventa usase de los de la mona, contrahaciendo los defectos de su naturaleza.

Y así vemos en los que llegan a esta edad que suelen, aunque tan viejos, querer parecer mozos, pulirse, aderezarse, pasear, enamorar y hacer valentías, representando lo que no son, como lo hace la mona, que todo es querer imitar las obras del hombre y nunca lo puede ser.

Terrible cosa es y mal se sufre que los hombres quieran, a pesar del tiempo y de su desengaño, dar a entender al contrario de la verdad y que con tintas, emplastos y escabeches nos desmientan y hagan trampantojos, desacreditándose a sí mismos. Como si con esto comiesen más, durmiesen más o mejor, viviesen más o con menos enfermedades. O como si por aquel camino les volviesen a nacer los dientes y las muelas, que ya perdieron, o no se les cayesen las que les quedan...

Vicente Espinel

1550-1624

Poeta, músico y, como novelista, autor de la *Vida del escudero Marcos de Obregón*. Sin la amplitud del *Guzmán de Alfarache* ni la agudeza satírica del *Buscón*, la novela picaresca de Espinel, que abunda en pasajes autobiográficos, es de las que se leen aún hoy con mayor gusto. No faltan las consideraciones morales; lo picaresco está atenuado y a veces se encuentran bellos pasajes descriptivos o episodios casi poéticos, como el del cautiverio de Marcos de Obregón en Argel, que aquí puede leerse. La obra se divide en tres «Relaciones» y a los capítulos se les da el nombre de «descansos».

VIDA DEL ESCUDERO MARCOS DE OBREGÓN

RESUMEN

Tras de relatar cómo estuvo al servicio del doctor Sagredo y de su esposa, doña Mergelina, Marcos de Obregón encuentra en las cercanías de Madrid a un ermitaño, a quien cuenta su vida en la forma acostumbrada en la picaresca, intercalando párrafos moralizadores, anécdotas, etc. Habla de sus estudios en Salamanca, donde enfermó. De allí va a Andalucía, y en un mesón de Córdoba ocurren los engaños que se verán en el «Descanso noveno». Va luego a Ronda, ciudad natal de Espinel, y vuelve a Salamanca. Abandona los estudios. Siguen viajes por el norte de España —Santander, Bilbao—. En Valladolid entra al servicio del conde de Lemos y en las Baleares cae cautivo y es trasladado a Argel. Siguen otros incidentes y viajes por Italia y ciudades del Mediterráneo. Vuelta a Madrid, donde es encarcelado y nuevos cautiverios. Y al final aparecen otra vez el doctor Sagredo y su mujer, a quienes también han ocurrido una serie de aventuras.

En sus continuas andanzas halla Marcos de Obregón una gran cantidad de gente; unos le engañan, a otros les engaña él. Se roza con mercaderes, fulleros, charlatanes, mujeres de mal vivir, moriscos, etc. La obra termina con una alabanza de la paciencia y la perseverancia.

PRIMERA PARTE

DESCANSO NOVENO

Partíme para Córdoba, aunque llegué entero, que es donde acude el arriero de Salamanca, y allí vienen de toda aquella comarca los estudiantes que quieren encaminarse para dicha Universidad. Fuíme al mesón del Potro, donde el dicho arriero tenía posada, holguéme de ver a Córdoba la llana, como muchacho inclinado a trafagar el mundo. Fuíme luego a ver la iglesia mayor, por oír la música, donde me di a conocer a algunas personas, así por acompañar a mi soledad como por tratar gente de quien poder aprender; que realmente con la poca experiencia y haberme apartado poco había de mis padres y hermanos —acto que engendra encogimiento en los más gallardos espíritus—, viendo que en aquella ausencia era forzoso, y que la fortuna nos acomete con cobardía, animéme lo mejor que pude, diciendo: la pobreza me sacó, o por mejor decir, me echó de casa de mis padres, ¿qué cuenta daría yo de mí si me tornase a ella? Si los pobres no se alientan y animan a sí propios, ¿quién los ha de animar y alentar? Y si los ricos acometen las dificultades, los pobres ¿por qué no acometerán las dificultades, y aun los imposibles, si es posible? Terneza siento con la memoria de mis hermanos; pero ésta se ha de olvidar con el deseo de poderles hacer bien; y si no pudiere, a lo menos habré hecho de mi parte lo posible y obligatorio. No se vienen las cosas sin trabajo; quien no se anima de cobarde se queda en los principios de la dificultad; si no hago más que mis vecinos, tan ignorante me quedaré como ellos; ánimo, que Dios me ha de ayudar.

Fuíme a mi posada, o a la del mesón del Potro, y púseme a comer lo que yo pude, que era día de pescado. En sentándome a la mesa, llegóse cerca de mí un gran maleante, que los hay en Córdoba muy finos, que debía ser vagabundo, y me oyó hablar en la iglesia mayor, o el diablo hablaba en él, y díjome: «Señor soldado, bien pensará vuesa merced que no le han conocido: pues sepa que está su fama por acá esparcida muchos días ha.» Yo que soy un poco vano, y no poco, creímelo y le dije: «Vuesa merced ¿conóceme?» Y él me respondió: «De nombre y fama, muchos días ha»; y diciendo esto sentóse junto a mí y me dijo: «Vuesa merced se llama fulano, y es gran latino, y poeta y músico.» Desvanecíme mucho más, y convidélo si quería comer. Él no se hizo de rogar y echó mano de un par de huevos y unos peces, y comiólos; yo pedí más, y él dijo: «Señora huéspeda

—porque no posaba en aquella posada—, no sabe vuesa merced lo que tiene en su casa; sepa que es el más hábil mozo que hay en toda la Andalucía.» A mí dióme más vanidad, y yo a él más comida, y dijo: «Como en esta ciudad se crían siempre tan buenos ingenios, tienen noticia de todos los que hay buenos en toda esta comarca. ¿Vuesa merced no bebe vino?» «No, señor —respondí yo—.» «Hace mal —dijo él—, porque es ya hombrecico, y para caminos y ventas, donde suele haber malas aguas, importa beber vino, fuera de ir vuesa merced a Salamanca, tierra frigidísima, donde un jarro de agua suele corromper a un hombre; el vino templado con agua da esfuerzo al corazón, color al rostro, quita la melancolía, alivia en el camino, da coraje al más cobarde, templa el hígado y hace olvidar todos los pesares.» Tanto me dijo del vino, que me hizo traer de lo fino media azumbre que él bebiese, que yo no me atreví. Bebió el buen hombre y tornó a mis alabanzas, y yo a oírlas de muy buena voluntad, y al sabor dellas a traer más comida; tornó a beber y a convidar a otros tan desengañados como él, diciendo que yo era un Alexandre, y mirando hacia mí dijo: «No me harto de ver a vuesa merced ¿que v. m. es N.? Aquí está un hidalgo, tan amigo de hombres de ingenio, que dará por ver en su casa a vuesa merced doscientos ducados.»

Ya yo no cabía en mí de hinchado con tantas alabanzas, y acabando de comer le pregunté quién era aquel caballero. Él dijo: «Vamos a su casa, que quiero poner a vuesa merced con él.» Fuimos, y siguiéronle aquellos amigos suyos y del vino, y yendo por el barrio de San Pedro, topamos en una casa grande un hombre ciego, que parecía hombre principal, y riéndose el bellacón, me dijo: «Éste es el hidalgo que dará doscientos ducados por ver a vuesa merced.»

Yo corrido de la burla le dije: «Y aun por veros a vos en la horca los diera yo de muy buena gana.» Ellos se fueron riendo, y yo quedé muy colérico y medio afrentado con la burla, y aunque dijo verdad, que el ciego bien diera por verme todo cuanto tenía.

Ésta fué la primera baza de mis desengaños, y el principio de conocer que no se ha de fiar nadie de palabras lisonjeras, que traen el castigo al pie de la obra. ¿De qué podía yo desvanecerme, pues no tenía virtud adquirida en que fundar mi vanidad? La poca edad está llena de mil desconciertos y desalumbramientos; los que poco saben, fácilmente se dejan llevar de la adulación. Yo me dejé engañar con aquello que deseaba hubiera en

---

1 no influyó esta advertencia.   2 seguidos.   3 Rendíos presto, que somos turcos. Imita la pronunciación de los moriscos, los cuales pronunciaban la s como el sonido de la x de la época.

mí, pero no es de extrañar que un hombre sencillo y sin experiencia sea engañado de un cauteloso, mas será digno de castigo si se deja engañar segunda vez. No tenía de qué correrme por lo hecho, sino de qué aprender para adelante a desapasionarme de las cosas del mundo...

SEGUNDA PARTE

DESCANSO OCTAVO

Como el calor era tan grande y yo he sido siempre fogoso, llamé a un amigo y fuímonos saltando de peña en peña por buscar algún lugar que, o por verde o por húmedo, nos pudiese alentar y aliviar de la navegación y trabajo pasado, de que salíamos muy necesitados. Yendo saltando de una peña en otra, espantados de ver tan avarienta a la naturaleza en tener aquel sitio con tan cansada sequedad, trajo una bocanada de aire tan celestial olor de madreselvas, que pareció que lo enviaba Dios para refrigerio y consuelo de nuestro cansancio. Volví el rostro hacia la parte de oriente, de donde venía la fragancia, y vi en medio de aquellas continuadas peñas una frescura milagrosa, de verde y florida, porque se vieron de lejos las flores de la madreselva, tan grandes, apacibles y olorosas como las hay en toda Andalucía. Llegamos saltando de piedra en piedra como cabras, y hallamos una cueva en cuya boca se criaban aquellas cordiales matas de celestial olor. Y aunque era de entrada angosta, allá abajo se extendía con mucho espacio, destilando de lo alto de la cueva, por muchas partes, un agua tan suave y fría, que nos obligó a enviar al galeón por sogas, para bajar a recrearnos en ella. Bajamos, aunque con dificultad, y hallamos abajo una estancia muy apacible y fresca, porque del agua que se destilaba se formaban diversas cosas y hacían a naturaleza perfectísima con la variedad de tan extrañas figuras: había órganos, figuras de patriarcas, conejos y otras diversas cosas, que con la continuación de caer el agua se iban formando a maravilla; desta destilación se venía a juntar un arroyuelo, que entre muy menuda y rubia arena convidaba a beber dél, lo cual hicimos con grandísimo gusto. El sitio era de gran deleite; porque si mirábamos arriba, veíamos la boca de la cueva cubierta de las flores de madreselva que se descolgaban hacia abajo, esparciendo en la cueva una fragancia de más que humano olor. Si mirábamos abajo, el sitio donde estábamos, veíamos el agua fresca, y aun fría, y el suelo con asientos donde podíamos descansar en tiempo de tan excesivo calor, con espacio para pasearnos. Enviamos por nuestra comida y una guitarra, con que nos entretuvimos con grandísimo contento, cantando y tañendo como los hijos de Israel en su destierro. Fuímonos a la noche a dormir al castillo, aunque siempre quedaba guarda en el galeón. Dijimos al castellano cómo habíamos hallado aquella cueva, que era un hombre de horrible aspecto, ojos encarnizados, pocas palabras y sin risa, que dijeron haber sido cabeza de bandoleros, y por eso lo tenían en aquel castillo siendo guarda dél. Y respondiéndonos en lenguaje catalán muy cerrado: «Mirad por vosotros, que también los turcos saben esa cueva»; no fué parte esta advertencia[1] para que dejásemos de ir cada día a visitar aquella regalada habitación, comiendo y sesteando en ella. Hicímoslo diez o doce días arreo.[2]

Habiendo un día comido, y estando sesteando, vimos asomar por la boca de la cueva bonetes colorados y alquiceles blancos; pusímonos en pie, y al punto que nos vieron, de que venían descuidados, dijo uno en lengua castellana, muy clara y bien pronunciada: «Rendíos, perros.» Quedaron mis compañeros absortos de ver en lengua castellana bonetes turcos. Dijo el uno: «Gente de nuestro galeón debe de ser, que nos quieren burlar.» Habló otro turco, y dijo: «Rendí presto que torco extar.»[3] Pusieron los tres compañeros mano a las espadas queriéndose defender. Yo les dije: «¿De qué sirve esa defensa si nos pueden dejar aquí anegados a pura piedra, cuanto más con las escopetas que vemos?» Y a ellos les dije: «Yo me rindo al que habló español, y todos a todos; y vuesas mercedes pueden bajar a refrescarse, o si no subirémosles agua, pues somos sus esclavos.» Dijo el turco español: «No es menester, que ya bajamos.» Rogamos a Dios interiormente que lo supiesen en el galeón, obedeciendo a nuestra fortuna. Mis compañeros, muy tristes, y yo muy en el caso, porque en todas las desdichas que a los hombres suceden no hay remedio más importante que la paciencia. Yo, aunque la tenía, fingiendo buen semblante, sentía lo que puede sentir el que habiendo sido siempre libre, entraba en esclavitud. La fortuna se ha de vencer con buen ánimo, no hay más infelice hombre que el que siempre ha sido dichoso, porque siente las desdichas con mayor aflicción. Decíales a mis compañeros que para estimar el bien era menester experimentar algún mal y llevar este trabajo con paciencia para que fuese menor. Púseme a recibir con muy buen semblante a los turcos que iban bajando, y en llegando al que hablaba español, con mayor sumisión y humildad, llamándole caballero principal, dándole a entender que lo había conocido, de que él holgó mucho, y dijo a los turcos sus compañeros que yo le conocía por noble y principal, porque él, como después supe, era de los moriscos más estimados del reino de Valencia, que se había ido a renegar, llevando muy gentil pella[4] de plata y oro. Viendo que aprovechaba la lisonja de haberle llamado caballero y noble, proseguí diciéndole más y más vanidades porque él venía por cabo de dos galeotas suyas que de las quince habían quedado, por falta de temporal,[5] escondidas en una caleta, adonde aquel mismo día nos llevaron maniatados, sin tener remedio por entonces y zongorroando con la guitarra,[6] apartóme mi amo, y dijo de secreto: «Prosigue en lo que has comenzado, que yo soy cabo destas galeotas, y a mí me aprovechará para la reputación, y a ti para buen tratamiento.» Hícelo con mucho cuidado, diciendo, como que él no lo oyese, que era de muy principales parientes, nobles y caballeros. Fué tan poca nuestra suerte, que les vino luego buen tiempo y volviendo las proas hacia Argel, iban navegando con viento en popa sin tocar a los remos. Quitáronnos el traje español y nos vistieron como miserables galeotes; y echados al remo los demás compañeros, a mí me dejó el cabo para su servicio.

Por no ir callados con el manso viento que nos guiaba, me preguntó mi amo cómo me llamaba, quién era y qué profesión o oficio tenía. A lo primero le dije que yo me llamaba Marcos de Obregón, hijo de montañeses del valle de Cayón.

Los demás, por ir ocupados en oír cantar a un turquillo que lo hacía graciosamente, no pudieron oír lo que tratábamos, y así le pregunté antes de responderle, si era cristiano o hijo de cristianos, porque su persona y talle y la hermosura de un mocito hijo suyo, daban muestras de ser españoles. Él me respondió de muy buena gana, lo uno porque la tenía de tratar con cristianos, lo otro porque los demás iban muy atentos al musiquillo; y así me dijo que era bautizado, hijo de padres cristianos y que su venida en Argel no fué por estar mal con la religión, que bien sabía que era la verdadera en quien se habían de salvar las almas, sino que «yo —dijo— nací con ánimo y espíritu de español y no pude sufrir los agravios que cada día recibía de gente muy inferior a mi persona, las supercherías que usaban con mi persona, con mi hacienda, que no era poca, siendo yo descendiente de muy antiguos cristianos, como los demás que también se han pasado y pasan cada día, no solamente del Reino de Valencia, de donde yo soy, sino del de Granada y de toda España. Lastimábame mucho, como los demás, de no ser recibido a las dignidades y oficios de magistrados y de

honras superiores, y ver que durase aquella infamia para siempre, y que para deshacer esta injuria no bastase tener obras exteriores y interiores de cristiano; que un hombre que ni por nacimiento ni por partes heredadas o adquiridas, se levantaba del suelo dos dedos, se atreviese a llamar con nombres infames a un hombre muy cristiano y muy caballero, y sobre todo ver cuán lejos estaba el remedio de todas estas cosas. ¿Qué me podrás tú decir a esto?»

«Lo uno —respondí yo—, que la Iglesia ha considerado con mucho acuerdo; y lo otro, que quien tiene la fe del bautismo, no se ha de rendir ni acobardar por ningún accidente y trabajo que le venga para apartarse della.» «Todo eso te confieso yo —dijo el turco—; pero ¿qué paciencia humana podrá sufrir que un hombre bajo, sin partes ni nacimiento, que por ser muy oscuro su linaje se ha olvidado en la República su principio y se ha perdido la memoria de sus pasados, se desvanezca haciéndose superior a los hombres de mayores merecimientos y partes[7] que las suyas?»...

Íbame a replicar mi amo; pero dejando el turquillo de cantar díjome que callase y tornóme a preguntar lo primero. Respondíle a todo con brevedad, diciendo: «Yo soy montañés de junto a Santander, del valle de Cayón, aunque nací en el Andalucía; llámome Marcos de Obregón; no tengo oficio, porque en España los hidalgos no lo aprenden, que más quieren padecer necesidad o servir que ser oficiales;[8] que la nobleza de las montañas fué ganada por armas, y conservada con servicios hechos a los Reyes; y no se han de manchar con hacer oficios bajos, que allá con lo poco que tienen se sustentan, pasando lo peor que pueden conservando las leyes de hidalguía, que es andar rotos y descosidos con guantes y calzas atacadas.»

«Pues yo haré —dijo mi amo— que sepáis oficios muy bien.» Y respondió un compañero de los míos que estaba al remo: «Eso a lo menos no lo haré yo, ni se ha de decir en España que un hidalgo de la casa de los Mantillas usó oficio en Argel.» «Pues, perro —dijo mi amo—, ¿estás al remo y tratas de vanidades? Dadle a ese hidalgo cincuenta palos.» «Suplico a vuesa merced —dije yo— perdone su ignorancia y desvanecimiento; que ni él sabe más, ni es hidalgo, ni tiene más dello que aquella estimación, no cuanto a hacer las obras de tal, sino cuanto a decir que lo es por comer sin trabajar. Y no es el primer vagamundo, que ha habido en aquella casa, si es della.» Y a él le dije: «Pues bárbaro, ¿estamos en tiempo y

---

4 cantidad.   5 por falta de tiempo favorable para navegar.   6 tocando la guitarra.   7 cualidades.   8 los que trabajan en un oficio manual.   9 protegerme.   10 flauta

morisca.

11 bulla, ruido de gente.

estado que podamos rehusar lo que nos mandaren? Ahora es cuando hemos de aprender a ser humildes, que la obediencia nos ata la voluntad al gusto ajeno.»...

«¡Oh qué bien hablas! —dijo nuestro amo—, y cómo he gustado de encontrar contigo para que seas maestro de mi hijo, que hasta que encontrase un cristiano como tú no se le he dado, porque por acá no hay quien sepa la doctrina que entre cristianos se enseña a los de poca edad.» «Por cierto —dije yo— él es tan bella criatura, que quisiera yo valer y saber mucho para hacerle grande hombre; pero fáltale una cosa para ser tan hermoso y gallardo.» Estuvieron atentos a esto los demás moros, y preguntó el padre: «¿Pues qué le falta?» Respondí yo: «Lo que sobra a vuesa merced.» «¿Qué me sobra a mí?», dijo el padre. «El bautismo —respondí yo—, que no lo ha menester.»

Fué a arrebatar un garrote para pegarme, y al mismo compás arrebaté yo al muchacho para reparar[9] con él. Cayósele el palo de las manos, con que rieron todos, y al padre se le templó el enojo que pudiera tener descargando el palo en su hijo. Fingióse muy enojado, por cumplir con los compañeros o soldados, que realmente lo tenían por grande observador de la religión perruna o turquesca, aunque yo le sentí, en lo poco que le comuniqué, inclinado a tornarse a la verdad católica. «¿Por qué —dijo— pensáis vosotros que vine yo de España a Argel sino para destruir todas estas costas, como lo he hecho siempre que he podido? Y tengo de hacer mucho más mal que lo hecho.»

Como lo sintieron enojado quisieron echarme al remo, y él dijo: «Dejadlo, que cada uno tiene obligación de volver por su religión, y éste, cuando sea turco, hará lo mismo que hace ahora.» «Sí haré —dije yo—; pero no siendo moro.» Y para sosegar más su enojo mandóme que tomase una guitarra que sacamos de la cueva: hícelo acordándome del cantar de los hijos de Israel cuando iban en su cautiverio. Fueron con el viento en popa mientras yo cantaba en mi guitarra, muy alegres, sin tener alteración del mar ni estorbo de enemigos, hasta que descubrieron las torres de la costa de Argel, y luego la ciudad; que como los tenían por perdidos, hicieron grandes alegrías en viendo que eran las galeotas del renegado. Llegaron al puerto, y fué tan grande el recibimiento por verle venir, y venir con presa, que le hicieron grandes algazaras, tocaron trompetas y jabebas[10] y otros instrumentos que usan, más para confusión y trulla[11] que para apacibilidad de los oídos. Saliéronle a recibir su mujer y una hija, muy española en el talle y garbo, blanca y rubia, con bellos ojos verdes, que realmente parecía más nacida en Francia que criada en Argel, algo aguileña, el rostro alegre y

muy apacible, y en todas las demás partes muy hermosa. El renegado, que era hombre cuerdo, enseñaba a todos sus hijos la lengua española, en la cual le habló la hija con alguna terneza de lágrimas, que corrían por las rosadas mejillas, que como les habían dado malas nuevas, el gozo le sacó aquellas lágrimas del corazón. Yo les hice una humillación muy grande, primero a la hija que a la madre, que naturaleza me inclinó a ella con grande violencia. Díjele a mi amo: «Yo, señor, tengo por muy venturosa mi prisión, pues junto con haber topado con tan grande caballero, me ha traído a ser esclavo de tal hija y mujer, que más parecen ángeles que criaturas del suelo.» «¡Ay, padre mío, —dijo la doncella—, y qué corteses son los españoles!»

«Pueden —dijo el padre— enseñar cortesía a todas las naciones del mundo. Y este esclavo en mayor grado, porque es noble hijodalgo montañés, y muy discreto.» «¡Y cómo lo parece! —dijo la hija—. ¿Pues por qué lo trae con tal mal traje? Hágale vuesa merced que se vista a la española.» «Todo se hará, hija —respondió el padre—; reposemos agora el cansancio de la mar, ya que habemos venido libres y salvos.»

DESCANSO NUEVE

Hallé un agradable albergue en hija y madre; pero mucho más en la hija, porque como había oído a su padre decir muchos bienes de España —que siempre lo ausente es más deseado—, la tenía muy codiciosa de ver cosas de España y los habitadores della, que naturaleza le llevaba por este camino. Regalábame más que a los demás esclavos; pero yo servía con más gusto que ellos, así por lo que había visto, como porque no iba de mala gana a Argel, por ver un hermano mío que estaba cautivo en él; y fué venturoso en que antes que preguntase por él, supe que había incitado a otros esclavos para que, tomando un barco —después de haber muerto a sus amos—, se arrojasen a la fortuna, o por mejor decir, a la voluntad de Dios; y no atreviéndose los demás, él puso en ejecución su intento y sucedióle tan bien que vino a España y después murió sobre Jatelet; que si supieran ser mi hermano quizá yo lo pasara mal.

Yo servía a mis amos con el mayor gusto y diligencia que podía, y mi servicio les era más grato que el de los otros cautivos porque hacía de la necesidad virtud; y como al principio les gané la voluntad, con facilidad los conservé después. Tratábalos con mucho respeto y cortesía, martirizando mi voluntad y forzándola a lo que no era inclinado, que es a servir; que a los hombres naturalmente libres, el tiempo y la necesidad les enseña lo que han de hacer. Sufría más de lo que mi condición me enseñaba; que el rendirse a la fuerza yo creo que es de ánimos valerosos y nobles...

Junto con el buen tratamiento que se me hacía, eché de ver en mi ama la doncella que siempre que pasaba por donde pudiese verla hacía movimiento en el color del rostro y en el movimiento de las manos, que parecía alguna vez que tocaba tecla. Al principio atribuílo a la mucha honestidad suya, pero con su perseverancia, y con la experiencia que yo tenía de semejantes accidentes —que no era poca—, le conocí la enfermedad. Mandábame un millón de cosas cada día, que ni a ella tocaba el mandarlas, ni a mí el hacerlas; pero yo confieso que me holgaba en el alma de servirla y de que me mandase muchas más: todas cuantas niñerías venían a mis manos o yo hacía, venían a parar en las suyas, diciendo que eran de España; tanto que una vez, parándosele[12] el rostro como una amapola, me dijo que cuando no hubiera venido de España otra cosa sino quien se las daba, bastaba para ella; y luego echó a correr y se escondió. Yo con estos favores enternecíame demasiadamente, pero miré el estado en que me veía, y que habiendo de buscar la libertad del cuerpo iba perdiendo la del alma, y que el menor daño que me podía suceder era quedarme por yerno en casa, volvía sobre mí y me reprendía conmigo a solas; pero cuanto más me contradecía hallaba en mí menos resistencia. Y el remedio destas pasiones más consiste en dejarlas estar que en escarbarlas, buscando el olvido o camino para él. Echaba de ver que el tiempo que estas pasiones entran en un hombre le arrebatan de modo que le dejan incapaz para otra cosa. Y aunque me persuadía a que por entretenerme podía llevar aquella dulce carga, la experiencia me había enseñado que el amor es rey, que en dándole posesión se alza con la fortaleza; pero hacíame contradicción en mi propio pensar cómo podía ser desagradecido quien siempre se preció de lo contrario. Aunque para esto se me ponía por delante la sospecha que podían tener los padres si veían alguna demostración de buena correspondencia, apartábame desto estar entre enemigos de la nación y de la fe; el acudir[13] mal al amor que el padre me mostraba, que me había entregado su hijo para que se le enseñase, y sobre todo, y más que todo, no ser ella bautizada. Resolvíme al fin de que aunque me abrasase no había de mirarla con cuidado.

La pobre doncella, que sintió novedad en mí, llevólo con mucha melancolía de corazón, sentimiento y ojos, arcaduces y lumbreras del alma; color mudado de rostro, suspensión en las palabras y encogimiento en el trato. Preguntábanle qué tenía, y respondía que era enfermedad que ni la había tenido ni conocido, ni sabía decir qué fuese. Preguntábanle si quería alguna cosa. Respondía que era imposible lo que deseaba, que era solamente ver a España, y esto entre risa y tristeza vino a ser melancolía, de manera que hizo cama contra su voluntad, porque no podía ser visitada de quien ella quería, ni entraban allá si no es las mujeres solamente, y aquellos eunucos, gente vigilantísima, que como sea para quitar el gusto sirven con gran cuidado; que estas doncellitas no tienen experiencia del mundo, ni saben gobernar sus pasiones y apetitos. En faltándoles aquello que miran con buenos ojos y mejor voluntad les parece que les ha faltado cielo y tierra y se rinden a cualquier borrón por satisfacer a las ansias que padecen. Y ansí las que usan de ser miradas, es lo más sano o casarlas o quitarles la ocasión de ver y ser vistas; más impresión hace la pasión en la sangre nueva que en los pechos que saben de qué se han de guardar. A los sembrados, si cuando están granados les falta el agua, no les hace mucha falta; pero si les falta cuando están tiernos, luego se marchitan y paran amarillos; y todas las cosas naturales van por este camino. Las doncellas ignorantes de querer y olvidar con cualquier disfavor se marchitan, como hizo esta doncellita, a quien yo quería más de lo que ella pensaba.

DESCANSO DIEZ

Al fin comenzaron a curar de melancolía a esta doncellita, aplicándole mil medicamentos que la echaban a perder; que como era tan amable por su hermosura y condición, súpose en todo Argel su enfermedad, con mucho sentimiento de todos.

Yo, sabiendo la causa de su melancolía tan bien como de mi pena y disimulación, pensando cómo podría verla y consolarla, propuse entre mí que había de decirle amores en presencia del padre y de la madre, sin que lo sintiesen, y que ellos me habían de llevar para el mismo efecto. Y con esta seguridad dije a mi amo que yo había aprendido en España, de un gran varón, unas palabras que, dichas al oído, sanaban cualquiera melancolía por profunda que fuese; pero que se habían de recibir con grande fe y decirse al oído, sin que nadie las

---

12 poniéndosele.   13 corresponder.   14 aseo, cuidado.
15 me levantaron un testimonio, me dieron fama de.

1 Llama a las once de la noche *hora menguada* por ser la hora en que se arrojaban las inmundicias a las

calles, y en esa noche particular, por su oscuridad (*por faltar la luna*), es el momento que se terminan todos los requiebros o amoríos nocturnos, y la noche parece ficción (*patarata*) de la muerte.   2 El paseo de coches del Prado estaba boqueando, es decir, estaba terminando.

oyese sino sola la persona paciente. El padre me dijo: «Sane mi hija y sea como fuere.» La madre, con las mismas ansias y deseo, me pidió que luego se las dijese.

Entré adonde las mujeres estaban acompañando la enferma, lo más limpio y aseado que pude, que la limpieza y curiosidad[14] ayuda siempre a engendrar amor; y entrando el padre y la madre la dijeron: «Hija, ten buen ánimo y mucha fe con las palabras, que aquí viene Obregón a curarte de tu melancolía.» Y mandando que todos se apartasen, yo me llegué con mucho respeto y cortesía al oído de la paciente, diciéndole el siguiente ensalmo: «Señora mía, la disimulación destos días no ha sido causada del olvido, ni por tibieza de voluntad, sino recato y estimación de vuestra honra, que más os quiero que la vida que me sustenta»; y con esto apartéme de ella; y luego, con un donaire celestial abrió aquellos divinos ojos, con que alentó los corazones de todos los circunstantes, diciendo: «¿Es posible que tan poderosas palabras son las de España?», porque había seis días que no se le habían oído otras tantas.

Pero todo esto vino a resultar en disgusto mío, porque a la fama de la cura, que se había divulgado, otras melancólicas de diversos accidentes quisieron que las curase, sin saber yo cómo lo podría hacer, ni el origen de sus enfermedades, más de lo dicho. Holgáronse todos, y alabaron la fuerza de las palabras, la cortesía y humildad con que yo las había dicho. La doncelluela quiso levantarse luego por la fuerza del ensalmo; pero yo le dije: «Ya vuesa merced ha comenzado a convalecer, y no es bien que tan presto se gobierne como sana; estése queda, que yo volveré a decir estas palabras y otras de mayor excelencia cuando vuesa merced fuere servida y mi señor diere licencia.» Así lo hice muchas veces hasta que se levantó, y a mí un testimonio,[15] que fué decir que tenía gracia de curar melancolía. Holgáronse de verla sana, y yo mucho más que todos, como aquel que la amaba tiernamente.

Luis Vélez de Guevara

1579-1644

Fué Vélez de Guevara dramaturgo de gran finura y feliz imitador del arte de Lope. Limitaciones de espacio han impedido dar en esta Antología muestras de este aspecto de su obra. No podían faltar, en cambio, unas páginas de *El diablo cojuelo*, que es de las novelas picarescas más divertidas y famosas. Históricamente marca la disolución de este género y el paso dentro de él de la narración autobiográfica a una serie de visiones satíricas de las costumbres y de las debilidades humanas. El retorcimiento del estilo en un exagerado conceptismo cómico, que se deriva de Quevedo, hace un poco difícil la lectura de la obra.

Traducido por Lesage, el libro de Vélez de Guevara tuvo gran influencia en el costumbrismo francés de los siglos XVIII y XIX, del que nace a su vez, por un juego de influencias recíprocas, el costumbrismo español de la época de Larra y Mesonero.

EL DIABLO COJUELO

RESUMEN

Como se verá en los capítulos que siguen, el estudiante don Cleofás Leandro Pérez Zambullo da la libertad al Diablo Cojuelo rompiendo el vaso en que éste estaba preso. Van ambos en un vuelo a la torre de la iglesia de San Salvador, de Madrid, a observar lo que pasa en la ciudad y visitan luego la casa de los locos. De Madrid lleva el Diablo Cojuelo a don Cleofás a Toledo, donde le deja una noche solo en lo que va a Constantinopla. Vuelve el Diablo Cojuelo a Toledo y de allí se dirigen los dos viajeros a Andalucía. Entre otras aventuras, se encuentran en una venta con una compañía de representantes. Van a Córdoba y Écija. Presencian el desfile de la Fortuna y sus escuadrones de príncipes, grandes señores y varios personajes alegóricos: la Necedad, la Mudanza, la Lisonja, la Envidia, la Avaricia, etcétera. Pasan a Sevilla; allí el Diablo enseña a su camarada y a la huéspeda del mesón, valiéndose del espejo de ésta, lo que ocurre en la calle Mayor, de Madrid. En Sevilla entran en la Academia, donde se reúnen los poetas a recitar sus versos, y en el garito de los pobres, donde los mendigos se juntan a «entretenerse y jugar». Vuelven otro día a la Academia, donde don Cleofás lee las «premáticas que se han de guardar» en ella y el Diablo soborna al alguacil para que no prenda a don Cleofás. Perseguido el Cojuelo por otros diablos que Satanás ha mandado en su busca, se mete en la boca de un escribano que iba bostezando y va a parar con él al infierno. Don Cleofás vuelve a Alcalá a acabar sus estudios.

TRANCO I

Daban en Madrid, por los fines de julio, las once de la noche en punto, hora menguada para las calles, y, por faltar la luna, jurisdicción y término redondo de todo requiebro lechuzo y patarata de la muerte.[1] El Prado boqueaba coches en la última jornada de su paseo,[2] y en los baños de

Manzanares los Adanes y las Evas de la Corte, fregados más de la arena que limpios del agua, decían el *Ite, río es,*[3] cuando don Cleofás Leandro Pérez Zambullo, hidalgo a cuatro vientos,[4] caballero huracán y encrucijada de apellidos, galán de noviciado[5] y estudiante de profesión, con un broquel y una espada, aprendía a gato por el caballete de un tejado,[6] huyendo de la justicia, que le venía a los alcances por un estrupo que no lo había comido ni bebido, que en el pleito de acreedores de una doncella al uso estaba graduado en el lugar veintidoseno[7] pretendiendo que el pobre licenciado escotase[8] solo lo que tantos habían merendado...

A estas horas, el Estudiante, no creyendo su buen suceso y deshollinando con el vestido y los ojos el zaquizamí,[9] admiraba la región donde había arribado, por las extranjeras extravagancias de que estaba adornada la tal espelunca,[10] cuyo avariento farol era un candil de garabato,[11] que descubría sobre una mesa antigua de cadena[12] papeles infinitos, mal compuestos y desordenados, escritos de caracteres matemáticos, unas efemérides abiertas, dos esferas y algunos compases y cuadrantes, ciertas señales de que vivía en el cuarto de más abajo algún astrólogo, dueño de aquella confusa oficina y embustera ciencia; y llegándose don Cleofás curiosamente, como quien profesaba letras y era algo inclinado a aquella profesión, a revolver los trastos astrológicos, oyó un suspiro entre ellos mismos, que, pareciéndole imaginación o ilusión de la noche, pasó adelante con la atención papeleando los memoriales de Euclides y embelecos de Copérnico; escuchando segunda vez repetir el suspiro, entonces, pareciéndole que no era engaño de la fantasía, sino verdad que se había venido a los oídos, dijo con desgarro y además de estudiante valiente:

—¿Quién diablos suspira aquí? —respondiéndole al mismo tiempo una voz entre humana y extranjera:

—Yo soy, señor Licenciado, que estoy en esta redoma, adonde me tiene preso ese astrólogo que vive ahí abajo, porque también tiene su punta de mágica negra[13] y es mi alcaide[14] dos años habrá.

—Luego ¿familiar[15] eres? —dijo el Estudiante.

—Harto me holgara yo —respondieron de la redoma— que entrara uno de la Santa Inquisición,[16] para que, metiéndole a él en otra de cal y canto, me sacara a mí desta jaula de papagayos de piedra azufre. Pero tú has llegado a tiempo que me puedes rescatar, porque éste a cuyos conjuros estoy asistiendo me tiene ocioso, sin emplearme en nada, siendo yo el espíritu más travieso del infierno.

Don Cleofás, espumando valor,[17] prerrogativa de estudiante de Alcalá, le dijo:

—¿Eres demonio plebeyo, o de los de nombre?

—Y de gran nombre —le replicó el vidrio endemoniado—, y el más celebrado en entrambos mundos.

—¿Eres Lucifer? —le repitió don Cleofás.

—Ése es demonio de dueñas y escuderos —le respondió la voz.

—¿Eres Satanás? —prosiguió el Estudiante.

—Ése es demonio de sastres y carniceros —volvió la voz a repetirle.

—¿Eres Belcebú? —volvió a preguntarle don Cleofás.

Y la voz a responderle:

—Ése es demonio de tahúres, amancebados y carreteros.

—¿Eres Barrabás, Velial, Astarot? —finalmente le dijo el Estudiante.

—Ésos son demonios de mayores ocupaciones

---

3 Imita burlescamente la frase *Ite, missa est,* que se dice al acabarse la misa. Quiere decir que el río tenía tan poca agua, que al bañarse los hombres y mujeres de la corte se secaba.　4 Bonilla y San Martín interpreta esta frase diciendo que «yendo don Cleofás por el tejado se hallaba expuesto a todos los aires»; Rodríguez Marín no está de acuerdo con esta interpretación, y dice que significa hidalgo «sin casa solariega y, por tanto, a la intemperie o a los cuatro vientos.»　5 *caballero huracán,* por juego con *cuatro vientos; encrucijada de apellidos,* por lo largo del nombre; *galán de noviciado,* aprendiz de galán.　6 iba escapando a gatas por el tejado.　7 la justicia le perseguía por una aventura con una supuesta doncella que había tenido enredos con veintiún otros; *estrupo = estupro.*　8 pagase.　9 En unas líneas aquí omitidas se dice cómo don Cleofás se arrojó del tejado a una buhardilla o zaquizamí; *deshollinando* = limpiando, y en sentido figurado, «examinando».　10 cueva o cavidad tenebrosa.　11 lámpara de aceite con un garabato o garfio para colgarla.　12 tabla sujeta a la pared por medio de una cadena y de unos goznes y que sirve de mesa.　13 arte de invocar al demonio y hacer pacto con él.　14 guardián.　15 demonio que tiene trato con alguna persona;

era creencia de la época que los hechiceros tenían un demonio familiar metido en una redoma.　16 Se llamaba *familiares* también a algunos ministros del Santo Oficio de la Inquisición; de ahí el equívoco que hace Vélez de Guevara.　17 mostrando valor.　18 compra fingida, engaño.　19 *zarabanda... colorín colorado:* bailes de la época.　20 Todos éstos son diferentes formas de juegos y diversiones.　21 el infierno.　22 les traía de un lado a otro.　23 les engañaba; como «dar gato por liebre».　24 lugar famoso de cautiverio.　25 hizo pedazos el vaso.　26 con la cabeza alargada como un calabacín, el cogote, o parte posterior del cuello, ancho como un melón.　27 con los pelos de los bigotes erizados como los de un tigre de Hircania.　28 «perdonando la metáfora», por alusión a la frase «salvo el guante», que se decía para disculparse al dar la mano con el guante puesto.　29 buhardilla.　30 libres.　31 encarándose con.　32 quiere decir que el Madrid de su tiempo era una segunda Babilonia por la confusión.　33 tapa de pasta que cubre la carne o dulce de un pastel.　34 cosa llana y sin importancia.　35 guisado que se hacía con manos, pies y cabezas de ave; quiere decir «mezcla», «confusión».

—le respondió la voz—; demonio más por menudo soy, aunque me meto en todo; yo soy las pulgas del infierno, la chisme, el enredo, la usura, la mohatra;[18] yo truje al mundo la zarabanda, el déligo, la chacona, el bullicuzcuz, las cosquillas de la capona, el guiriguirigay, el zambapalo, la mariona, el avilipinti, el pollo, la carretería, el hermano Bartolo, el carcañal, el guineo, el colorín colorado;[19] yo inventé las pandorgas, las jícaras, las papalatas, los comos, las mortecinas, los títeres, los volatines, los saltambancos, los maesecorales,[20] y, al fin, yo me llamo el Diablo Cojuelo.

—Con decir eso —dijo el Estudiante— hubiéramos ahorrado lo demás: vuesa merced me conozca por su servidor; que hay muchos días que le deseaba conocer. Pero ¿no me dirá, señor Diablo Cojuelo, por qué le pusieron este nombre, a diferencia de los demás, habiendo todos caído deste tan alto, que pudieran quedar todos de la misma suerte y con el mismo apellido?

—Yo, señor don Cleofás Leandro Pérez Zambullo, que ya le sé el suyo, o los suyos —dijo el Cojuelo—, porque hemos sido vecinos por esa dama que galanteaba y por quien le ha corrido la justicia esta noche, y de quien después le contaré maravillas, me llamo de esta manera porque fuí el primero de los que se levantaron en el rebelión celestial, y de los que cayeron y todo; y como los demás dieron sobre mí, me estropearon, y ansí, quedé más que todos señalado de la mano de Dios y de los pies de todos los diablos, y con este sobrenombre; mas no por eso menos ágil para todas las facciones que se ofrecen en los países bajos,[21] en cuyas empresas nunca me he quedado atrás, antes me he adelantado a todos; que, camino del infierno, tanto anda el cojo como el viento; aunque nunca he estado más sin reputación que ahora en poder de este vinagre, a quien por trato me entregaron mis propios compañeros, porque los traía al retortero[22] a todos, como dice el refrán de Castilla, y cada momento a los más agudos les daba gato por demonio.[23] Sácame de este Argel[24] de vidrio; que yo te pagaré el rescate en muchos gustos a fe de demonio, porque me aprecio de amigo de mi amigo, con mis tachas buenas y malas.

—¿Cómo quieres —dijo don Cleofás, mudando la cortesía con la familiaridad de la conversación— que yo haga lo que tú no puedes siendo demonio tan mañoso?

—A mí no me es concedido —dijo el Espíritu—, y a ti sí, por ser hombre con el privilegio del bautismo y libre del poder de los conjuros, con quien han hecho pacto los príncipes de la Guinea infernal. Toma un cuadrante de ésos y haz pedazos esta redoma, que luego en derramándome me verás visible y palpable.

No fué escrupuloso ni perezoso don Cleofás, y ejecutando lo que el Espíritu le dijo, hizo con el instrumento astronómico jigote del vaso,[25] inundando la mesa sobredicha de un licor turbio, escabeche en que se conservaba el tal Diablillo; y volviendo los ojos al suelo, vió en él un hombrecillo de pequeña estatura, afirmado en dos muletas, sembrado de chichones mayores de marca, calabacino de testa y badea de cogote,[26] chato de narices, la boca formidable y apuntalada en dos colmillos solos, que no tenían más muela ni diente los desiertos de las encías, erizados los bigotes como si hubiera barbado en Hircania;[27] los pelos de su nacimiento, ralos, uno aquí y otro allí...

Asco le dió a don Cleofás la figura, aunque necesitaba de su favor para salir del desván, ratonera del Astrólogo en que había caído huyendo de los gatos que le siguieron (salvo el guante a la metáfora[28]), y asiéndole por la mano el Cojuelo y diciéndole: «Vamos, don Cleofás, que quiero comenzar a pagarte en algo lo que te debo», salieron los dos por la buarda,[29] como si los dispararan de un tiro de artillería, no parando de volar hasta hacer pie en el capitel de la torre de San Salvador, mayor atalaya de Madrid, a tiempo que su reloj daba la una, hora que tocaba a recoger el mundo poco a poco al descanso del sueño; treguas que dan los cuidados a la vida, siendo común el silencio a las fieras y a los hombres; medida que a todos hace iguales; habiendo una priesa notable a quitarse zapatos y medias, calzones y jubones, basquiñas, verdugados, guardainfantes, polleras, enaguas y guardapiés, para acostarse hombres y mujeres, quedando las humanidades menos mesuradas, y volviéndose a los primeros originales, que comenzaron el mundo horros[30] de todas estas baratijas; y engestándose al[31] camarada, el Cojuelo le dijo:

—Don Cleofás, desde esta picota de las nubes, que es el lugar más eminente de Madrid... te he de enseñar todo lo más notable que a estas horas pasa en esta Babilonia española, que en la confusión fué esotra con ella segunda de este nombre.[32]

Y levantando a los techos de los edificios, por arte diabólica, lo hojaldrado,[33] se descubrió la carne del pastelón de Madrid como entonces estaba, patentemente, que por el mucho calor estivo estaba con menos celosías, y tanta variedad de sabandijas racionales en esta arca del mundo, que la del diluvio, comparada con ella, fué de capas y gorras.[34]

TRANCO II

Quedó don Cleofás absorto en aquella pepitoria[35] humana de tanta diversidad de manos, pies y cabezas, y haciendo grandes admiraciones dijo:

—¿Es posible que para tantos hombres, mujeres y niños hay lienzo para colchones, sábanas y camisas? Déjame que me asombre que entre las grandezas de la Providencia divina no sea ésta la menor.

Entonces el Cojuelo, previniéndole, le dijo:

—Advierte que quiero empezar a enseñarte distintamente, en este teatro donde tantas figuras representan, las más notables, en cuya variedad está su hermosura. Mira allá primeramente cómo están sentados muchos caballeros y señores a una mesa opulentísima, acabando una media noche...[36]

Don Cleofás le dijo:

—Todas estas caras conozco; pero sus bolsas no, si no es para servirlas.

—Hanse pasado a los extranjeros, porque las trataban muy mal estos príncipes cristianos —dijo el Cojuelo—, y se han quedado con las caponas,[37] sin ejercicio.

—Dejémoslos cenar —dijo don Cleofás—, que yo aseguro que no se levanten de la mesa sin haber concertado un juego de cañas para cuando Dios fuere servido, y pasemos adelante...

Mira aquel preciado de lindo, o aquel lindo de los más preciados, cómo duerme con bigotera, torcidas de papel en las guedejas y el copete,[38] sebillo en las manos, y guantes descabezados,[39] y tanta pasa[40] en el rostro, que pueden hacer colación[41] en él toda la cuaresma que viene...

—Aquél —dijo el Cojuelo— es pretendiente, y está demasiado de gordo y bien tratado para el oficio que ejercita. Bien haya aquel tabernero de Corte, que se quita de esos cuidados y es cura[42] de su vino, que le está bautizando en los pellejos y las tinajas, y a estas horas está hecho diluvio en pena, con su embudo en la mano, y antes de mil años espero verle jugar cañas[43] por el nacimiento de algún príncipe.

—¿Qué mucho —dijo don Cleofás— si es tabernero y puede emborrachar a la Fortuna?

—No hayas miedo —dijo el Cojuelo— que se

vea en eso aquel alquimista que está en aquel sótano con unos fuelles, inspirando una hornilla llena de lumbre, sobre la cual tiene un perol con mil variedades de ingredientes, muy presumido de acabar la piedra filosofal y hacer el oro; que ha diez años que anda en esta pretensión, por haber leído el arte de Raimundo Lulio y los autores químicos que hablan en este mismo imposible.

—La verdad es —dijo don Cleofás— que nadie ha acertado a hacer el oro si no es Dios, y el sol con comisión particular suya.

—Eso es cierto —dijo el Cojuelo—, pues nosotros no hemos salido con ello. Vuelve allí, y acompáñame a reír de aquel marido y mujer, tan amigos de coche, que todo lo que habían de gastar en vestir, calzar y componer su casa lo han empleado en aquel que está sin caballos ahora, y comen y cenan y duermen dentro de él, sin que hayan salido de su reclusión, ni aun para las necesidades corporales, en cuatro años que ha que le compraron;...

Pero vuelve allí los ojos, verás cómo se va desnudando aquel hidalgo que ha rondado toda la noche, tan caballero el milagro en las tripas como en las demás facciones, pues quitándose una cabellera, queda calvo; y las narices de carátula, chato; y unos bigotes postizos, lampiño; y un brazo de palo, estropeado; que pudiera irse más camino de la sepultura que de la cama. En esotra casa más arriba está durmiendo un mentiroso con una notable pesadilla, porque sueña que dice verdad. Allí un vizconde, entre sueños, está muy vano porque ha regateado la excelencia a un grande...[44]

Vuelve los ojos y mira aquel cazador mentecato del gallo,[45] que está ensillando su rocín a estas horas y poniendo la escopeta debajo del caparazón,[46] y deja de dormir de aquí a las nueve de la mañana por ir a matar un conejo, que le costaría mucho menos aunque le comprara en la despensa de Judas. Y al mismo tiempo advierte cómo a la puerta de aquel rico avariento echan un niño, que por partes de su padre puede pretender la beca

---

36 cena de medianoche.   37 *capona* era la llave honoraria que se daba al gentilhombre de cámara del rey; es decir, una llave que no tenía función alguna, como las bolsas a que alude el cojuelo.   38 porción de pelo levantado encima de la frente; al parecer, el uso de guedejas y copete rizados era común entre los lindos.
39 sin puntas para poder usar la yema de los dedos.
40 especie de afeite que se hacía con pasas.
41 comida de ayuno que, al parecer, consistía en un poco de pan y dos o tres docenas de pasas.   42 Le llama *cura* porque bautiza el vino, es decir, le echa agua.
43 juego propio de caballeros; quiere decir que el tabernero se enriquecerá pronto y subirá de categoría social, a ser caballero.   44 porque no ha llamado «excelencia» a un grande, noble de categoría superior a la suya, pretendiendo igualarse así con él.   45 que se levanta a cazar a la hora que canta el gallo.   46 cubierta que se pone

al caballo para tapar la silla.   47 Rodríguez Marín anota que «por partes de su padre podía pretender tal beca como hijo de clérigo. Sabido es que, según la creencia vulgar, el Antecristo ha de ser hijo de un clérigo y una monja».   48 juego con el «domingo de Quasimodo», el de la octava de la Pascua de Resurrección.   49 especie de confección medicinal que se tomaba con aguardiente y que pregonaban las vendedoras a primeras horas de la mañana.   50 En el principio del capítulo don Cleofás y el Cojuelo han visitado «la calle de los gestos», «el baratillo de los apellidos» y un edificio grande (en el que se halla «la pila de los dones»), del que salen ahora.
51 instrumento grosero compuesto por una serie de palos con el que se acompañaban los cantos populares.
52 instrumento compuesto de algunos cañutos o pedazos de caña, como la zampoña.   53 disonancia.   54 pastel que costaba cuatro maravedís, pastel muy barato.

del Antecristo,[47] y él, en grado de apelación da con él en casa de un señor que vive junto a la suya, que tiene talle de comérselo antes de criarlo, porque ha días que su despensa espera el domingo de casi ración.[48] Pero ya el día no nos deja pasar adelante; que el agua ardiente y el letuario[49] son sus primeros crepúsculos, y viene el sol haciendo cosquillas a las estrellas...

Y volviendo a poner la tapa al pastelón, se bajaron a las calles.

Tranco III

...Con esto, salieron del soñado (al parecer) edificio,[50] y enfrente de él descubrieron otro, cuya portada estaba pintada de sonajas, guitarras, gaitas zamoranas, cencerros, cascabeles, ginebras,[51] caracoles, castrapuercos,[52] pandorga[53] prodigiosa de la vida, y preguntó don Cleofás a su amigo qué casa era aquella que mostraba en la portada tanta variedad de instrumentos vulgares, —que tampoco la he visto en la Corte, y me parece que hay dentro mucho regocijo y entretenimiento.

—Ésta es la casa de los locos —respondió el Cojuelo— que ha poco que se instituyó en la Corte, entre unas obras pías que dejó un hombre muy rico y muy cuerdo, donde se castigan y curan locuras que hasta ahora no lo habían parecido.

—Entremos dentro —dijo don Cleofás— por aquel postiguillo que está abierto, y veamos esta novedad de locos.

Y, diciendo y haciendo, se entraron los dos, uno tras otro; pasando un zaguán, donde estaban algunos de los convalecientes pidiendo limosna para los que estaban furiosos, llegaron a un patio cuadrado, cercado de celdas pequeñas por arriba y por abajo, que cada una de ellas ocupaba un personaje de los susodichos. A la puerta de una de ellas estaba un hombre, muy bien tratado de vestido, escribiendo sobre la rodilla y sentado sobre una banqueta, sin levantar los ojos del papel, y se había sacado uno con la pluma sin sentirlo. El Cojuelo le dijo:

—Aquél es un loco arbitrista que ha dado en decir que ha de hacer la reducción de los cuartos, y ha escrito sobre ello más hojas de papel que tuvo el pleito de don Álvaro de Luna.

—Bien haya quien le trajo a esta casa —dijo don Cleofás—; que son los locos más perjudiciales de la república.

—Esotro que está en esotro aposentillo —prosiguió el Cojuelo— es un ciego enamorado, que está con aquel retrato en la mano, de su dama, y aquellos papeles que le ha escrito, como si pudiera ver lo uno ni leer lo otro, y da en decir que ve con los oídos. En esotro aposentillo lleno de papeles y

libros está un gramaticón que perdió el juicio buscándole a un verbo griego el gerundio. Aquel que está a la puerta de esotro aposentillo con unas alforjas al hombro y en calzón blanco, le han traído porque, siendo cochero, que andaba siempre a caballo, tomó oficio de correo de a pie. Esotro que está en esotro de más arriba con un halcón en la mano es un caballero que, habiendo heredado mucho de sus padres, lo gastó todo en la cetrería y no le ha quedado más que aquel halcón en la mano, que se las come de hambre... Allí está un bailarín que se ha quedado sin son, bailando en seco. Más adelante está un historiador que se volvió loco de sentimiento de haberse perdido tres décadas de Tito Livio. Más adelante está un colegial cercado de mitras, probándose la que le viene mejor, porque dió en decir que había de ser obispo... En esotra celda, sobre un cofre lleno de doblones, cerrado con tres llaves, está sentado un rico avariento, que sin tener hijo ni pariente que le herede, se da muy mala vida, sindo esclavo de su dinero y no comiendo más que un pastel de a cuatro,[54] ni cenando más que una ensalada de pepinos, y le sirve de cepo su misma riqueza. Aquel que canta en esotra jaula es un músico sinsonte, que remeda los demás pájaros, y vuelve de cada pasaje como de un parasismo. Está preso en esta cárcel de los delitos del juicio, porque siempre cantaba, y cuando le rogaban que cantase, dejaba de cantar.

—Impertinencia es ésa casi de todos los de esta profesión.

—En el brocal de aquel pozo que está en medio del patio se está mirando siempre una dama muy hermosa, como lo verás, si ella alza la cabeza, hija de pobres y humildes padres, que queriéndose casar con ella muchos hombres ricos y caballeros, ninguno la contentó, y en todos halló una y muchas faltas, y está atada allí en una cadena porque, como Narciso, enamorada de su hermosura, no se anegue en el agua que le sirve de espejo... En aquel pobre aposentillo enfrente, pintado por defuera de llamas, está un demonio casado, que se volvió loco con la condición de su mujer.

Entonces don Cleofás le dijo al compañero que le enseñaba todo este retablo de duelos:

—Vámonos de aquí, no nos embarguen por alguna locura que nosotros ignoramos; porque en el mundo todos somos locos, los unos de los otros.

El Cojuelo dijo:

—Quiero tomar tu consejo, porque, pues los demonios enloquecen, no hay que fiar de sí nadie.

—Desde vuestra primera soberbia —dijo don Cleofás— todos lo estáis; que el infierno es casa de todos los locos más furiosos del mundo.

—Aprovechado estás —dijo el Cojuelo—, pues hablas en lenguaje ajustado.

SIGLO XVII: NOVELA CORTA Y COSTUMBRISMO

María de Zayas Sotomayor

1590-1661

En el siglo XVII la novela corta, al modo de las «ejemplares» de Cervantes, o más bien al modo de las italianas, adquiere gran auge y compite con la picaresca hasta llegar a desplazarla en el gusto del público. Entre todos los cultivadores del género sobresale probablemente doña María de Zayas. Sus relatos se caracterizan por la viveza de imaginación, que crea situaciones de un extremado romanticismo, por la abundancia de enredos, no muy distintos de los que se usaban en muchas comedias de la época, y por la libertad al tratar el tema amoroso. Reunió sus novelas en dos colecciones: *Novelas ejemplares y amorosas* (Zaragoza, 1637) y *Parte segunda del sarao y entretenimientos honestos* (Barcelona, 1647).

La novelita que publicamos, perteneciente a la primera de dichas colecciones, es buena muestra del arte de la autora. No cae en las exageraciones imaginativas ni en el erotismo que suelen encontrarse en algunas otras.

LA FUERZA DEL AMOR

En Nápoles, insigne y famosa ciudad de Italia por su riqueza, hermosura y agradable sitio, nobles ciudadanos y gallardos edificios, coronados de jardines y adornados de cristalinas fuentes, hermosas damas y gallardos caballeros, nació Laura, peregrino y nuevo milagro de naturaleza, tanto que entre las más gallardas y hermosas fué tenida por celestial extremo; pues habiendo escogido los curiosos ojos de la ciudad entre todas ellas once, y de estas once tres, fué Laura de las once una, y de las tres una. Fué tercera al nacer, pues gozó del mundo después de haber nacido en él dos hermanos tan nobles y virtuosos como ella hermosa. Murió su madre del parto de Laura, quedando su padre por gobierno y amparo de los tres gallardos hijos, que si bien sin madre, la discreción del padre suplió medianamente esta falta. Era don Antonio (que éste es el nombre de su padre) del linaje y apellido de Garrafa, deudo de los duques de Nochera, y señor de Piedra Blanca...

Criáronse don Alejandro, don Carlos y Laura con la grandeza y cuidado que su estado pedía, poniendo su noble padre en esto el cuidado que requerían su estado y riqueza; enseñando a los hijos en las buenas costumbres y ejercicio que dos caba-

lleros y una tan hermosa dama merecían, viviendo la bella Laura con el recato y honestidad que a mujer tan rica y principal era justo, siendo los ojos de su padre y hermanos y alabanza de la ciudad. Quien más se señalaba en querer a Laura era don Carlos, el menor de los hermanos, que la amaba tan tierno, que se olvidaba de sí por quererla; y no era mucho, que las gracias de Laura, su belleza, su discreción, su recato y, sobre todo, su honestidad obligaban no sólo a los que tan cercano deudo[1] tenían con ella, mas a los que más apartados estaban de su vista...

Es uso y costumbre en Nápoles ir las doncellas a los saraos y festines que en los palacios del virrey y casas particulares de caballeros se hacen, aunque en algunas tierras de Italia no lo aprueban por acertado, pues en las más de ellas se les niega ir a misa, sin que basten a derogar esta ley que ha puesto en ellas la costumbre las penas que los ministros eclesiásticos y seglares les ponen. Salió, en fin, Laura a ver y ser vista, tan acompañada de hermosura como de honestidad; aunque a acordarse de Diana, no se fiara de su recato. Fueron sus bellos ojos basiliscos de las almas,[2] su gallardía monstruo de las vidas y su riqueza y nobles partes cebo de los deseos de mil gallardos y nobles mancebos de la ciudad, pretendiendo por medio de casamiento gozar de tanta hermosura.

Entre los que pretendían servir a Laura se aventajó don Diego de Piñatelo, de la noble casa de los duques de Monteleón, caballero rico y galán discreto... Vió, en fin, a Laura, y rindióle el alma con tal fuerza, que casi no la acompañaba sino sólo por no desamparar la vida (tal es la hermosura mirada en ocasión); túvola don Diego en un festín que se hacía en casa de un príncipe de los de aquella ciudad no sólo para verla, sino para amarla, y después de amarla darla a entender su amor, tan grande en aquel punto como si hubiera mil años que la amaba.

Úsase en Nápoles llevar a los festines un maestro de ceremonias, el cual saca a danzar a las damas, y las da al caballero que le parece. Valióse don Diego en esta ocasión del que en el festín asis-

---

[1] parentesco.   [2] porque al basilisco, animal fabuloso, se le atribuía la propiedad de matar con la vista.   [3] baile de la época.   [4] por su honor, por su honra.

tía; ¿quién duda que sería a costa de dinero?, pues apenas calentó con él las manos al maestro, cuando vió en las suyas las de la bella Laura el tiempo que duró el danzar una gallarda;[3] mas no le sirvió de más que de arderse con aquella nieve, pues apenas se atrevió a decir: «Señora mía, yo os adoro», cuando la hermosa dama, fingiendo justo impedimento, le dejó y se volvió a su asiento, dando que sospechar a los que miraban y que sentir a don Diego, el cual quedó tan triste como desesperado, pues en lo que quedaba del día no mereció que Laura le favoreciese siquiera con los ojos...

Llegó la noche, que don Diego pasó revolviendo mil pensamientos, ya animado con la esperanza, ya desesperado con el temor, mientras la hermosa Laura... llevando en la vista la gallarda gentileza de don Diego, y en la memoria el «yo os adoro» que le había oído, ya se determinaba a querer y ya pidiéndose estrecha cuenta de su libertad y perdida opinión, como si en sólo amar se hiciese yerro, arrepentida, se reprendía a sí misma, pareciéndole que ponía en condición, si amaba, la obligación de su estado, y si aborrecía, se obligaba al mismo peligro...

Sucedió que una noche de las muchas que a don Diego le amanecía a las puertas de Laura, viendo que no le daban lugar para decir su pasión, trajo a la calle un criado, que con un instrumento fuese tercero de ella, por ser su dulce y agradable voz de las buenas que en la ciudad había, procurando declarar en un romance su amor, y los celos que le daba un caballero muy querido de los hermanos de Laura, y que por este respeto entraba a menudo en su casa. En fin, el músico, después de haber templado, cantó el romance siguiente:

Si el dueño que elegiste,
altivo pensamiento,
reconoce obligado
otro dichoso dueño;
¿por qué te andas perdido,
sus pisadas siguiendo,
sus acciones notando,
su vista pretendiendo?
¿De qué sirve que pidas
ni su favor al cielo,
ni al amor imposibles,
ni al tiempo sus afectos?
¿Por qué a los celos llamas,
si sabes que los celos,
en favor de lo amado
imposibles han hecho?
Si a tu dueño deseas
ver ausente, eres necio,
que por matar, matarte,
no es pensamiento cuerdo.

Si a la discordia pides
que haga lance en su pecho,
bien ves que a los disgustos
los gustos vienen ciertos.
Si dices a los ojos
digan su sentimiento,
ya ves que alcanzan poco,
aunque más miren tiernos.
Si quien pudiera darte
en tus males remedio,
que es amigo piadoso,
siempre agradecimiento:
también preso le miras
en ese ángel soberbio.
¿Cómo podrá ayudarte
en tu amoroso intento?
Pues si de sus cuidados,
que tuvieras por premio,
si su dueño dijera:
de ti lástima tengo.
Mira tu dueño, y miras
sin amor a tu dueño.
Y aun este desengaño,
¿no te muda el intento?
A Tántalo pareces,
que el cristal lisonjero,
casi en los labios mira;
y nunca llega a ellos.
¡Ay Dios, si merecieras
por tanto sentimiento
algún fingido engaño,
porque tu muerte temo!
Fueran de purgatorio
tus penas, pero veo
que son sin esperanzas
las penas del infierno.
Mas si elección hiciste,
morir es buen remedio,
que volver las espaldas
será cobarde hecho.

Escuchando estaba Laura la música desde el principio de ella por una menuda celosía, y determinó a volver por su opinión,[4] viendo que la perdía, en que don Diego por sospechas falsas, como en sus versos mostraba, se la quitaba; y así lo que el amor no pudo hacer, hizo este temor de perder su crédito, y aunque batallando su vergüenza con su amor, se resolvió a volver por sí, como lo hizo, pues abriendo la ventana, le dijo...:

—Milagro fuera, señor don Diego, que siendo amante no fuerais celoso, pues jamás se halló amor sin celos ni celos sin amor, mas son los que tenéis tan falsos, que me han obligado a lo que jamás pensé, porque siento mucho ver mi fama en lenguas de la poesía, y en las cuerdas de ese laúd, y lo que peor es, en boca de ese músico, que siendo criado será fuerza ser enemigo. Yo no os olvido por nadie, que si alguno en el mundo ha merecido mis cuidados, sois vos, y seréis el que me habéis de merecer, si por ellos aventurase la vida. Disculpe vuestro amor mi desenvoltura, y el verme ultrajar mi atrevimiento, y tenedle desde hoy para llamaros mío, que yo me tengo por dichosa en ser vuestra. Y creedme que no dijera esto si la noche con su oscuro manto no me excusara la vergüenza y colores que tengo en decir estas verdades...

Pidiendo licencia a su turbación, el más alegre de la tierra, quiso responder y agradecer a la hermosa Laura el enamorado don Diego, cuando sintió abrir las puertas de la propia casa, y saltearle tan brevemente dos espadas, que a no estar prevenido y sacar también el criado la suya, pudiera ser que no le dieran lugar para llevar sus deseos amorosos adelante. Laura, que vió el suceso y conoció a sus dos hermanos, temerosa de ser sentida, cerró la ventana, y se retiró a su aposento, acostándose, más por disimular que por desear tener reposo...

Fué el caso que como don Alejandro y don Carlos oyesen la música, se levantaron a toda prisa, y salieron, como he dicho, con las espadas desnudas en las manos, las cuales fueron, si no más valientes que las de don Diego y su criado, a lo menos más dichosas, pues siendo herido de la pendencia, hubo de retirarse, quejándose de su desdicha, aunque más justo fuera llamarla ventura, pues fué fuerza que supiesen sus padres la causa, y viendo lo que su hijo granjeaba con tan noble casamiento, sabiendo que era éste su deseo, pusieron terceros que lo tratasen con el padre de Laura. Y cuando pensó la hermosa Laura que las enemistades serían causa de eternas discordias, se halló esposa de don Diego... ¿Quién viera este dichoso suceso y considerara el amor de don Diego, sus lágrimas, sus quejas y los ardientes deseos de su corazón, que no tuviese a Laura por muy dichosa? ¿Quién duda que dirán los que tienen en esperanzas sus pensamientos: ¡Oh quien fuera tan venturoso que mis cosas tuvieran tan dichoso fin como el de esta noble dama!; y más las mujeres que no miran en más inconvenientes que su gusto? Y de la misma suerte, ¿quién verá a don Diego gozar en Laura un asombro de hermosura, un extremo de riqueza, un colmo de entendimiento y un milagro de amor, que no diga que no crió otro más dichoso el cielo? Pues por lo menos siendo las partes iguales, ¿no es fácil de creer que este amor había de ser eterno? Y lo fuera, si Laura no fuera, como hermosa, desdichada, y don Diego, como hombre, mudable, pues a él no le sirvió el amor contra el olvido ni la no-

bleza contra el apetito, ni a ella la valió la riqueza contra la desgracia, la hermosura contra el desprecio, la discreción contra el desdén ni el amor contra la ingratitud, bienes que en esta edad cuestan mucho y se estiman en poco.

Fué el caso que don Diego, antes que amase a Laura, había empleado sus cuidados en Nise, gallarda dama de Nápoles. Sintió Nise con grandísimo extremo ver casado a don Diego, mas al fin era mujer, y con amor, que siempre olvida agravios, aunque sea a costa de opinión. Procuró gozar de don Diego, ya que no como marido, a lo menos como amante, pareciéndole no poder vivir sin él, y para conseguir su propósito, solicitó con papeles y obligó con lágrimas a que don Diego volviese a su casa, que fué la perdición de Laura; porque Nise supo con tantos regalos enamorarle de nuevo, que ya empezó Laura a ser enfadosa como propia, cansada como celosa y olvidada como aborrecida; porque don Diego amante, don Diego solícito, don Diego porfiado y, finalmente, don Diego que decía a los principios ser el más dichoso del mundo, no sólo negó todo esto, mas se negó a sí mismo lo que se debía; pues los hombres que desprecian tan a las claras están dando alas al agravio; y llegando un hombre a esto, cerca está de perder el honor. Empezó a ser ingrato, faltando a la cama y mesa; y no sintiendo los pesares que daba a su esposa, desdeñó sus favores, y la despreció diciendo libertades, pues es más cordura negar lo que se hace que decir lo que no se piensa.

Pues como Laura veía tantas novedades en su esposo, empezó con lágrimas a mostrar sus pesares, y con palabras a sentir sus desprecios, y en dándose una mujer por sentida de los desconciertos de su marido, dése por perdida; pues como era fuerza decir su sentimiento, daba causa a don Diego para no sólo tratarla mal de palabra, mas a poner las manos en ella. Sólo por cumplimiento iba a su casa la vez que iba, tanto la aborrecía y desestimaba, pues le era el verla más penoso que la muerte. Quiso Laura saber la causa de estas cosas, y no faltó quien le dió larga cuenta de ellas. Lo que remedió Laura fué el sentirlas más, viéndolas sin remedio, pues no le hay si el amor se trueca. Lo que ganó en darse por entendida de las libertades de don Diego, fué darle ocasión para perder más la vergüenza e irse más desenfrenada tras sus deseos, que no tiene más recato el vicioso que hasta que es su vicio público. Vió Laura a Nise en una iglesia, y con lágrimas le pidió desistiese de su pretensión, pues con ella no aventuraba más que perder la honra y ser causa de que pasase mala vida. Nise, rematada de todo punto, como mujer

---

⁵ El antecedente es *desdichas;* el significado es: quiso, cantando, olvidar sus penas.

que ya no estimaba su fama ni temía caer en más bajeza que en la que estaba, respondió a Laura tan desabridamente, que con lo mismo que pensó la pobre dama remediar su mal y obligarla, con eso la dejó más sin remedio y más resuelta a seguir su amor con más publicidad...

Notaban su padre y hermanos su tristeza y deslucimiento, y viendo la perdida hermosura de Laura, vinieron a rastrear lo que pasaba, y los malos pasos en que andaba don Diego, y tuvieron sobre el caso muchas rencillas y disgustos, hasta llegar a pesadumbres declaradas.

De esta suerte andaba Laura algunos días, siendo, mientras más pasaban, mayores las libertades de su marido y menos su paciencia. Como no siempre se pueden llorar desdichas, quiso una noche que la tenían desvelada sus cuidados y la tardanza de don Diego, cantando, divertirlas,[5] y no dudando que estaría don Diego en los brazos de Nise, tomó un arpa, en que las señoras italianas son muy diestras, y unas veces llorando y otras cantando, disimulando el nombre de don Diego con el de Albano, cantó así:

> ¿Por qué, tirano Albano,
> si a Nise reverencias,
> y a su hermosura ofreces
> de tu amor las finezas;
>   por qué si de sus ojos
> está tu alma presa,
> y a los tuyos su cara
> es imagen tan bella;
>   por qué si en sus cabellos
> la voluntad enredas,
> y ella a ti agradecida,
> con voluntad te premia,
>   por qué si de su boca,
> caja de hermosas perlas,
> gustos de amor escuchas,
> con que tu gusto aumentas;
>   a mí que por quererte
> padezco inmensas penas,
> con deslealtad y engaños
> me pagas mis firmezas?
> ... ...
>   Y ya que me fingiste
> amorosas ternezas,
> dejárasme vivir
> en mi engaño siquiera.
> ... ...
>   ¿No ves que no es razón
> acertada ni cuerda
> despertar a quien duerme,
> y más, si amando pena?
>   ¡Ay de mí, desdichada!
> ¿Qué remedio me queda,

> para que el alma mía
> a este su cuerpo vuelva?
>   Dame el alma, tirano,
> mas ¡ay! no me la vuelvas,
> que más vale que el cuerpo
> por esta causa muera.
> ... ...
>   Mal haya, amén, mil veces,
> cielo tirano, aquella
> que en prisiones de amor
> prender su alma deja.
>   Lloremos, ojos míos,
> tantas lágrimas tiernas,
> que del profundo mar
> se cubran las arenas.
>   Y al son de aquestos celos,
> instrumento de quejas,
> cantaremos llorando
> lastimosas endechas.
>   Oíd atentamente,
> nevadas y altas peñas,
> y vuestros ecos claros
> me sirvan de respuesta.
>   Escuchad, bellas aves,
> y con arpadas lenguas
> ayudaréis mis celos
> con dulces cantinelas.
>   Mi Albano adora a Nise,
> y a mí penar me deja;
> éstas sí son pasiones,
> y aquéstas sí son penas.
>   Su hermosura divina
> amoroso celebra,
> y por cielos adora
> papeles de su letra.
>   ¿Qué dirás, Ariadna,
> que lloras y lamentas
> de tu amante desvíos,
> sinrazones y ausencias?
>   Y tú, afligido Fenicio,
> aunque tus carnes veas
> con tal rigor comidas
> por el águila fiera;
>   Y si, atado al Cáucaso,
> padeces, no lo sientas,
> que mayor es mi daño,
> más fuertes mis sospechas.
> ... ...
>   Tántalo, que a las aguas,
> sin que gustarlas puedas,
> llegas, y no las alcanzas,
> pues huyen si te acercas:
>   Vuestras penas son pocas,
> aunque más se encarezcan;
> pues no hay dolor que valga,
> sino que celos sean.

Ingrato, plegue al cielo
que con celos te veas
rabiando como rabio,
y que cual yo padezcas.
Y esa enemiga mía
tantos te dé, que seas
un Midas de cuidados,
como él de las riquezas.

¿A quién no enterneciera Laura con quejas tan dulces y bien sentidas sino a don Diego, que se preciàba de ingrato? El cual entrando al tiempo que ella llegaba con sus endechas a este punto, y las oyese, y entendiese el motivo de ellas, desobligado con lo que pudiera obligarse y enojado de lo que fuera justo agradecer y estimar, empezó a maltratar a Laura de palabra, diciéndola tales y tan pesadas, que la obligó a que, vertiendo cristalinas corrientes por su divino rostro, le dijese:

—¿Qué es esto, ingrato? ¿Cómo das tan largas alas a la libertad de tu mala vida, que sin temor del cielo ni respeto alguno te enfadas de lo que fuera justo alabar? Córrete[6] de que el mundo entienda y la ciudad murmure tus vicios tan sin rienda, que parece que estás despertando con ellos tu afrenta y mis deseos. Si te pesa de que me queje de ti, quítame la causa que tengo para hacerlo o acaba con mi cansada vida, ofendida de tus maldades. ¿Así tratas mi amor? ¿Así estimas mis cuidados? ¿Así agradeces mis sufrimientos? Haces bien, pues no temo a la causa de estas cosas, y la hago entre mis manos pedazos... ¿Qué espera un marido que hace lo que tú, sino que su mujer, olvidando la obligación de su honor, se le quite? No porque yo lo he de hacer aunque más ocasiones me des, que el ser quien soy y el grande amor que por mi desdicha os tengo no me darán lugar...

Palabras eran éstas para que don Diego, abriendo los ojos del alma y del cuerpo, viese la razón de Laura; pero como tenía tan llena el alma de Nise, como desierta de su obligación, acercándose más a ella y encendido en una tan infernal cólera, la empezó a arrastrar por los cabellos y maltratarla de manos; y no contento con esto, sacó la daga para salir con ella del yugo tan pesado como el suyo, a cuya acción, las criadas que estaban procurando apartarle de su señora, alzaron las voces dando gritos, llamando a su padre y a sus hermanos, que desatinados y coléricos subieron al cuarto de Laura, y viendo el desatino de don Diego, y a la dama bañada en sangre, creyendo don Carlos que la había herido, arremetió a don Diego, y quitándole la daga de la mano, se la iba a meter por el cora-

zón, si el arriesgado mozo, viendo su manifiesto peligro, no se abrazara con don Carlos y Laura, haciendo lo mismo, le pidiera que se reportase, diciendo:

—¡Ay, hermano!, mira que en esa vida está la de tu triste hermana.

Reportóse don Carlos, y metiéndose su padre por medio, apaciguó la pendencia, y volviéndose a sus aposentos, temiendo don Antonio que si cada día había de haber aquellas ocasiones sería perderse, se determinó no ver por sus ojos tratar mal a una hija tan querida, y así otro día, tomando su casa, hijos y hacienda, se fué a Piedrablanca, dejando a Laura en su desdichada vida tan triste y tierna de verlos ir, que le faltó poco para perderla. Causa para que en oyendo decir que en aquella tierra había mujeres que obligaban con fuerza de hechizos a que hubiese amor, viendo cada día el de su marido en menoscabo, pensando remediarse por este camino, encargó que la trajesen una...

No fué muy perezoso el tercero a quien la hermosa y afligida Laura encargó que le trajese la embustera, y le trajo una, a quien la discreta y cuidadosa Laura, después de obligarla con dádivas (sed de semejantes mujeres), enterneció con lágrimas y animó con promesas, contándole sus desdichas, y en tales razones le pidió lo que deseaba, diciéndole:

—Amiga, si tú haces que mi marido aborrezca a Nise y vuelva a tenerme el amor que al principio de mi casamiento me tuvo, cuando él era más leal y yo más dichosa, tú verás en mi agradecimiento y liberal satisfacción de la manera que estimo tal bien, pues pensaré que quedo corta con darte la mitad de toda mi hacienda...

La mujer, asegurando a Laura de su saber, contando milagros en sucesos ajenos, facilitó tanto su petición, que ya Laura se tenía por segura; a la cual la mujer dijo que había menester (para ciertas cosas que había de aderezar para traer consigo en una bolsilla) barbas, cabellos y dientes de un ahorcado; las cuales reliquias con las demás cosas harían que don Diego mudase la condición, de suerte que se espantaría; y que la paga no quería que fuese de más valor que conforme a lo que le sucediese. Confusa estaba la hermosa Laura, viendo que le pedía una cosa tan difícil para ella, pues no sabía el modo cómo viniese a sus manos; y así, dándole cien escutos en oro, le dijo que el dinero todo lo alcanzaba, que los diese a quien la trajese aquellas cosas. A lo cual replicó la taimada hechicera (que con esto quería entretener la cura, para sangrar la bolsa de la afligida dama y encubrir su enredo) que ella lo buscase y se lo diese, y con esto, dejando a Laura

---

6 avergüénzate.   7 lugar devoto que suele haber en la cercanía de los pueblos, junto a los caminos, con una cruz o con alguna imagen.   8 medida tomada de la estatura regular del hombre y equivalente a unos siete pies.

en la tristeza y confusión que se puede pensar, se fué.

Discurriendo estaba Laura cómo podía buscar lo que la mujer pedía, y hallando por todas partes muchas dificultades, el remedio que halló fué hacer dos ríos caudalosos sus hermosos ojos, no hallando de quien poderse fiar, porque le parecía que era afrenta que una mujer como ella anduviese en tan mecánicas cosas. Con estos pensamientos no hacía sino llorar, y hablando consigo misma decía, asidas sus blancas manos una con otra:

—Desdichada de ti, Laura, y cómo fueras más venturosa, si como le costó tu nacimiento la vida a tu madre, fuera también la tuya sacrificio de la muerte. ¡Oh, amor, enemigo de las gentes! ¡Y qué de males han venido por ti al mundo, y más a las mujeres, que, como en todo, somos las más perdidosas y las más fáciles de engañar; parece que sólo contra ellas tienes el poder o, por mejor decir, el enojo!... ¿A quién contaré mis penas que me las remedie? ¿Quién oirá mis quejas que se enternezca? ¿Y quién verá mis lágrimas que me las enjugue? Nadie por cierto, pues mi padre y hermanos, por no oírlas, me han desamparado, y hasta el cielo, consuelo de los afligidos, se hace sordo por no dármele. ¡Ay, don Diego! ¿Y quién lo pensara? Mas sí debiera pensar si mirara que eres hombre, cuyos engaños quitan el poder a los mismos demonios, y hacen ellos lo que los ministros de maldades dejan de hacer. ¿Dónde se hallará un hombre verdadero? ¿En cuál dura la voluntad un día? Y más si se ven queridos. Mal haya la mujer que en ellos cree, pues al cabo hallará el pago de su amor, como yo le hallo. ¿Quién es la necia que desea casarse, viendo tantos y tan lastimosos ejemplos? ¡Mas triste de mí! ¿De qué sirven estos pensamientos, pues ya no sirven para remediar cosas tan sin remedio? Lo que ahora importa es pensar cómo daré a esta mujer lo que pide.

Diciendo esto se ponía a pensar qué haría, y luego volvía de nuevo a sus quejas. Quien oyera las que está dando Laura, dirá que la fuerza del amor está en su punto, mas aún faltaba otro extremo mayor, y fué que viendo cerrar la noche, y viendo ser la más oscura y tenebrosa que en todo aquel invierno había hecho..., sin mirar a lo que se ponía y lo que aventuraba si don Diego venía y la hallaba fuera, diciendo a sus criadas que si venía le dijesen que estaba en casa de alguna de las muchas señoras que había en Nápoles, poniéndose un manto de una de ellas, con una pequeña linternilla, se puso en la calle y fué a buscar lo que ella pensaba había de ser su remedio...

Hay en Nápoles, como una milla apartada de la ciudad, camino de Nuestra Señora del Arca, imagen muy devota de aquel reino, y el mismo por donde se va a Piedrablanca, como un tiro de piedra del camino real, a un lado de él, un humilladero[7] de cincuenta pies de largo y otros tantos de ancho, la puerta del cual está hacia el camino, y en frente de ella, un altar con una imagen pintada en la misma pared. Tiene el humilladero estado[8] y medio de alto; el suelo es una fosa de más de cuatro en hondura, que coge toda la dicha capilla, y sólo queda alrededor un poyo de media vara de ancho, por el cual se anda todo el humilladero. A estado de hombre, y menos, hay puestos por las paredes unos garfios de hierro, en los cuales cuelgan a los que ahorcan en la plaza, y como los tales se van deshaciendo, caen los huesos en aquel hoyo, que, como está sagrado, les sirve de sepultura. Pues a esta parte tan espantosa guió sus pasos Laura, donde a la sazón había seis hombres que, por salteadores, habían ajusticiado pocos días hacía; la cual, llegando a él con ánimo increíble (que se lo daba amor), tan olvidada del peligro cuanto acordada de sus fortunas, pues podía temer, si no a la gente con quien iba a negociar, a lo menos caer dentro de aquella profundidad, donde si tal fuera jamás se supiera de ella.

Ya he contado cómo el padre y hermanos de Laura, por no verla maltratar y ponerse en ocasión de perderse con su cuñado, se habían retirado a Piedrablanca, donde vivían, si no olvidados de ella, por lo menos desviados de verla. Estando don Carlos acostado en su cama, al tiempo que llegó Laura al humilladero, despertó con riguroso y cruel sobresalto, dando tales voces, que parecía se le acababa la vida. Alborotóse la casa, vino su padre y acudieron sus criados; todos confusos y turbados y solemnizando su dolor con lágrimas, le preguntaban la causa de su mal, la cual estaba escondida aun al mismo que la sentía. El cual, vuelto más en sí, levantándose de la cama, y diciendo: «En algún peligro está mi hermana», se comenzó a vestir a toda diligencia, dando orden a un criado para que luego al punto le ensillase un caballo, el cual apercibido, saltó en él, y sin querer aguardar que le acompañase algún criado, a todo correr de él partió la vía de Nápoles con tanta prisa, que a la una se halló en frente del humilladero, donde paró el caballo de la misma suerte que si fuera de piedra. Procuraba don Carlos pasar adelante, mas era porfiar en la misma porfía, porque atrás ni adelante era posible volver... Viendo don Carlos tal cosa, y acordándose del humilladero, volvió a mirarle, y como vió luz que salía de la linterna que su hermana tenía, pensó que alguna hechicería le detenía, y deseando saberlo de cierto, probó si el caballo quería caminar hacia allá, y apenas hizo la acción, cuando el caballo, sin apremio alguno, hizo la voluntad de su dueño, y llegando a la puerta, con su espada en la mano, dijo:

...Quien quiera que sea quien está ahí dentro, salga luego fuera, que si no lo hace, por vida del rey que no me he de ir de aquí hasta que con la luz del día vea quién es y qué hace en tal lugar.

Laura, que en la voz conoció a su hermano, pensando que se iría, y mudando cuanto pudo la suya, le respondió: «Yo soy una pobre mujer, que por cierto caso estoy en este lugar, y pues no os importa saber quién soy, por amor de Dios que os vayáis, y creed que si porfiáis en aguardar, me arrojaré luego al punto en esa sepultura, aunque piense perder la vida y el alma.»

No disimuló Laura tanto la habla que su hermano, que no la tenía tan olvidada como ella pensó, dando una gran voz, acompañada con un suspiro, dijo: «¡Ay hermana!, grande mal hay, pues tú estás aquí; sal fuera, que no en vano me decía mi corazón este suceso.»

Pues viendo Laura que ya su hermano la había conocido, con el mayor tiento que pudo por no caer en la fosa, salió arrimándose a las paredes, y tal vez a los mismos ahorcados, y llegando donde su hermano, lleno de mil pesares, la aguardaba, no sin lágrimas, se arrojó en sus brazos y, apartándose a un lado, supo de Laura en breves razones la ocasión que había tenido por venir allá, y ella de él la que le había traído a tal tiempo; y el remedio que don Carlos tomó fué ponerla sobre su caballo, y subiendo asimismo él, dar la vuelta a Piedrablanca, teniendo por milagrosa su venida, y lo mismo sintió Laura, mirándose arrepentida de lo que había hecho.

Cerca de la mañana llegaron a Piedrablanca, donde, sabido de su padre el suceso, haciendo poner un coche, metiéndose en él con sus hijos e hija, se vino a Nápoles, y derecho al palacio del virrey, a cuyos pies arrodillado le dijo que para contar un caso portentoso que había sucedido le suplicaba mandase venir allí a don Diego Piñatelo, su yerno, porque importaba a su autoridad y sosiego. Su excelencia lo hizo así, y como llegase don Diego a la sala del virrey y hallase en ella a su suegro, cuñados y mujer, quedó absorto, y más cuando Laura en su presencia contó al virrey lo que en este caso queda escrito, acabando la plática con decir que ella estaba desengañada de lo que era el mundo y los hombres; y que así no quería más batallar con ellos, porque cuando pensaba lo que había hecho y dónde se había visto, no acababa de admirarse; y que supuesto esto, ella se quería entrar en un monasterio, sagrado poderoso para valerse de las miserias a que las mujeres están sujetas.

Oyendo don Diego esto, y negándole al alma el ser causa de tanto mal, en fin como hombre bien entendido, estimando en aquel punto a Laura más que nunca y temiendo que ejecutase su determinación, no esperando él por sí alcanzar de ella cosa alguna, según estaba agraviada, tomó por medio al virrey, suplicándole pidiese a Laura que volviese con él, prometiendo la enmienda de allí adelante. Hízolo el virrey, mas Laura, temerosa de lo pasado, no fué posible que lo aceptase, antes más firme en su propósito, dijo que era cansarse en vano, que ella quería hacer por Dios, que era amante más agradecido, lo que por un ingrato había hecho; con que este mismo día se entró en la Concepción, convento noble, rico y santo. Don Diego, desesperado, se fué a su casa, y tomando las joyas y dineros que halló, se partió sin despedirse de nadie de la ciudad, donde a pocos meses se supo que en la guerra que la majestad de Felipe III tenía con el duque de Saboya había acabado la vida.

Laura, viéndose del todo libre, tomó el hábito de religiosa, y a su tiempo profesó, donde hoy vive santísimamente, tan arrepentida de su atrevida determinación, que cuando se acuerda tiembla, acordándose dónde estuvo. Yo supe este caso de su misma boca, y así le cuento por verdadero, para que todos conozcan hasta dónde se extiende la fuerza del amor y nueva maravilla de su poder.

Juan de Zabaleta

1610?-1670?

Al mismo tiempo que adquiere auge la novela corta empieza a cultivarse otro género, derivado éste en parte de la picaresca. Nos referimos a los cuadros de costumbres. La relación con la picaresca se ve, por ejemplo, en la obra de Francisco Santos, en la cual lo picaresco se disuelve en una serie de escenas aisladas. Entre los costumbristas españoles del siglo XVII, que son en parte los precursores y maestros del costumbrismo europeo pos-

---

1 lo mismo que el *lindo*, era el galán que presumía de elegancia.   2 discuten la precedencia.   3 azorado, perplejo en la discusión (del zapatero y del barbero).   4 adorno.   5 jarro de metal en el que tenían los barberos el agua caliente para afeitar.   6 recoge a modo de falda la toalla que le cubre.   7 figura grotesca en forma de serpiente que se sacaba en algunas partes en la procesión del Corpus.   8 hospital para niños fundado en Madrid a principios del siglo XVI.   9 figuras gigantescas enmascaradas que suelen salir danzando en algunas procesiones.

terior, ocupa el primer lugar Juan de Zabaleta, autor de *El día de fiesta por la mañana* y *El día de fiesta por la tarde*. Inspirados en la vida de Madrid, de donde era natural Zabaleta, pueden dividirse sus cuadros en dos grandes grupos: aquel en el que se describe a un tipo como en el «Lucido del día del Corpus», y aquel en el que se describe un aspecto de la vida. Zabaleta acompaña las descripciones de prolijos comentarios morales, que hemos suprimido casi por completo en nuestras selecciones.

EL DÍA DE FIESTA POR LA MAÑANA

EL LUCIDO[1] DEL DÍA DEL CORPUS

... Levántase al amanecer el día del Corpus el que quiere llenar todos los números de la gala con que se solicitan las mujeres. Al amanecer se levanta; a esta hora sale la estrella de Venus; ésta es la que inclina a la sensualidad; ésta tiene por segundo nombre Lucifer; es entre las demás estrellas la de más hermosura. Levántase, pues, el que ha de salir lascivamente vestido y envía por el sastre, por el barbero y por el zapatero. Viene el sastre con dos oficiales y traen entre los dos un vestido negro aforrado en blanco, con tantas puntas, labores y prolijidades hermosas, que es fealdad del entendimiento ponérsele. Vásele vistiendo y dale una poca de vergüenza al mirarse, mas quítasele luego la vergüenza.

Prosigue en vestirse, y al ajustarse la ropilla, ve que hace bolsas en el pecho y manda que se la enmiende. Siéntase el oficial de sastre en una silleta baja y entran el zapatero y el barbero uno tras otro, habiendo llegado a la puerta a un tiempo mismo. Litigan las antigüedades,[2] como es día tan ocupado, y el galán, que se halla embarazado en el pleito,[3] toma por expediente decirle al zapatero que pique los zapatos y los alce de empeine entre tanto que el barbero acaba su obra, que será brevemente. Siéntase en otra silleta baja el zapatero, y el galán toma una silla alta. El sastre cose, el zapatero pica y el barbero baña; el barbero con afán, el zapatero con ligereza y el sastre con fatiga. Todos trabajan en la oficina del aliño[4] superfluo de un hombre y trabajan en un día en que si el respirar fuera trabajo no sé si pareciera bien el respirar.

Saca el zapatero de las hormas los zapatos después de picados y vuélvelas a meter lo de abajo arriba para ensancharles la entrada y da con los talones golpes muy recios en los ladrillos. El sastre sacude de la ropilla los hilachos del aderezo, que está ya acabado, y el barbero arroja en el suelo el agua del primer baño y luego despeña con estruendo desde el escalfador,[5] puesto en alto, el agua del

segundo en la bacía. Pide luego lumbre para calentar los hierros y dícenle que no está encendida; no le falta al hombre sino desesperarse. Manda el galán que la enciendan aprisa y acaba, sin que esté encendida, el barbero su repaso. Calma aquella obra, y por que no estén suspensos todos, llega el zapatero a ponerle un zapato. El hombre recibe aquel tormento con todo el traje de quitarse la barba. Escúrrese el agua de los bigotes, arregaza el peinador[6] y entrega la pierna. Los sastres, viéndole en esta figura, esconden por los rincones la risa por que no se les vea.

Llega la lumbre, caliéntanse los hierros, déjale el zapatero ya el pie calzado y entra en vez alternativa el barbero. Por hacer aprisa lo que ha de hacer, le quema la cara, y el galán, por lo que el hombre ha esperado, lo sufre. Acaba éste y parte como un rayo. Llega el zapatero con el zapato que falta ponerle con un torbellino de golpes y vase como un torbellino. Entrega luego el sufrido galán aquel miserable cuerpo a los sastres, que a puros tirones le descoyuntan, y dejándole envarado, salen sueltos como halcones.

Sale al fin nuestro galán de casa, vestido de manera que, si tuviera entendimiento, le diera más vergüenza que si fuera desnudo, y cuando va a salir al encuentro de la procesión, le sale la procesión a él al encuentro. Lo primero que ve es muchos muchachos huyendo de la tarasca;[7] mas no hace caso de ella, pareciéndole que es cosa de muchachos. Muy bien pudiera reparar que aquélla es la serpiente que venció Cristo en la cruz y que va como vencida en el triunfo... Pasa adelante nuestro Narciso, mirando a los balcones y métese por la comunidad de los niños Desamparados.[8] Éstos llevan una cruz delante, como diciendo que éste es el árbol que llevó el fruto que detrás viene adorado.

Empieza nuestro galán desatento a derramarse en reverencias hacia las ventanas, y pasan por sus dos lados, sin que él atienda a qué pasan, los niños de la doctrina. Éstos van coronados de flores... Llega a nuestro galán divertido una tropa de amigos suyos, aliñados por el mismo estilo y locos de la misma especie; júntase con ellos, y todos prosiguen su viaje sin desviar los ojos de los balcones. Ya las religiones van pasando. ¡Oh espectáculo venerable! Allí van aquellos varones santos, galanes con sus mortajas. El traje que han de llevar a la sepultura es el que allí llevan. Con lo que aliñan el traje es con la modestia y la compostura. El agua sosegada es la limpia, el agua revuelta es la turbia.

Van los galanes a pasar delante y detiénelos la danza de los gigantones...[9] En pasando los gigantones, pasan ellos delante y encuéntranse con las cofradías. Allí va cada uno con una hacha de cera encendida en la mano. La cera es el sacrificio que se va consumiendo en la llama, y la devoción con que ellos van llevando la cera es la sustancia del sacrificio; porque irse a celebrar el triunfo de Cristo sin devoción fuera sacrificio sin sustancia.

En tropel festivo y sonoro se viene acercando a ellos una danza, y ellos se van apartando de los danzantes con desdén y desprecio. No hacen bien en apartarse de ellos y en despreciarlos. Aquellos hombres van significando el hombre interior que debe haber en tan festivo día en cada hombre. Los vestidos que llevan puestos nos hace más claro este discurso: por fuera, de seda y oro, y por dentro, son de lana basta.

Ya llega la clerecía, y los galanes, sin atención, se van parlando por en medio de ella. Gente inadvertida, éstos que van ahí son los sucesores de San Pedro. Éstos son aquellos a quienes primeramente está cometido el cuidado de tu alma; éstos son los que te administran los sacramentos; éstos son los que están mirando por tu salvación desde que naces hasta que mueres. Trátalos con mucha reverencia; no el número te los haga desestimables, pues se hacen más fáciles las conveniencias que el número. Reveréncialos mucho a todos, que antes anochece en los valles que en los montes.

Gracias a Dios que ya a estos galanteadores no pueden pasar en la procesión adelante, porque les cierra el paso la tropa de la música. Sálense de las líneas de la procesión, quédanse allí parados y en lugar de atender a lo que se canta, atienden a lo que encanta, poniéndose a hablar con las mujeres hermosas que se hallan por allí cerca. Divídense con la apretura de la gente los compañeros y quédase nuestro hombre solo, viendo pasar lo que de la procesión falta. Alza los ojos a un balcón que tiene enfrente; ve una mujer y parécele muy hermosa. Desde lejos no hay mujer fea, la distancia les esconde los defectos a los ojos. La natural inclinación que los hombres tienen a las mujeres les hace creer lo mejor en la duda. Pone el gusto nuestro galán en ella, determina galantearla y cuando llega la custodia él no quita los ojos del balcón. Pónense todos de rodillas, y él se queda ni de rodillas ni de pie, hecho cinco de guarismo.[10] El ser cristiano le obliga al respeto; el ser mal cristiano no se le deja tener cabal.

Acábase la procesión y él se queda allí, con intención de ver salir a la dama en quien ha puesto el gusto. Ella baja, vela de cerca y parécele menos hermosa; mas no por eso acierta a dejarla. La costumbre que le había hecho aquel breve rato a quererla, creyéndola que era hermosa, no le deja dejarla cuando la ve fea.

Grande peligro es en los vicios el de la costumbre. El principio aleja del fin. Raro es el que es malo para poco tiempo.

Éntrase la mujer en un coche, va el galán siguiéndola y sabe su casa. Parécele que allí no hay más que hacer por entonces, y entonces que no hay más que hacer le da gana de oír misa. Vala a buscar y no la halla. En esto parece que no está diciendo que no halla a Dios quien le busca tarde. El fin de todo es que se vuelve de la fiesta del cuerpo de Cristo enamorado y sin misa...

EL DÍA DE FIESTA POR LA TARDE

La Comedia

Las comedias son muy parecidas a los sueños. Las representaciones de los sueños las hace la naturaleza, quizá por hacer entretenido el ocio del sueño. Estas representaciones muchas veces son confusas, algunas pesadas y por milagro gustosas, y tal vez dejan inquietud en el alma. Un retrato desto es el teatro. Unos pueblos hay que llaman Adlantes. Los que nacen en ellos no sueñan; no tienen el ocio del sueño tan vario, pero tiénenlo más quieto. A estos hombres tengo por felices, y tendré por felices a los que pasaren sus ocios sin las representaciones teatrales.

Come atropelladamente el día de fiesta el que piensa gastar en la comedia aquella tarde. El ansia de tener buen lugar le hace no calentar el lugar en la mesa. Llega a la puerta del teatro y la primera diligencia que hace es no pagar. La primera desdicha de los comediantes es trabajar mucho para que sólo paguen pocos. Porque no pagó uno, son innumerables los que no pagan. Todos se quieren parecer al privilegiado por parecer dignos del privilegio. Esto se desea con tan grande agonía, que por conseguirlo se riñe; pero en riñendo está conseguido, y luego ya que no paga, tampoco perdona nada. Si el comediante sale mal vestido, le acusa o le silba. Yo me holgara saber con qué quiere ése, y los demás que le imitan, que se engalane, si se le quedan con su dinero.

Pasa adelante nuestro holgón[11] y llega al que da los lugares en los bancos. Pídele uno y el hombre le dice que no le hay, pero que le parece que a uno de los que tiene dados no vendrá su dueño, que aguarde a que salgan las guitarras y que si entonces estuviese vacío se siente. Quedan de este acuerdo, y él, por aguardar entretenido, se va al vestuario.

---

10 que parece la figura de un cinco.
    11 amigo de holgar y divertirse.   12 en el teatro, bastidor o telón que hay a los lados del escenario.   13 en los antiguos corrales de comedia, los espectadores que ocupaban el patio o centro. Eran los espectadores más ruidosos.   14 pañuelo.   15 provecho.

Halla en él a las mujeres desnudándose de caseras para vestirse de comediantas. Alguna está en tan interiores paños como si se fuera a acostar. Pónese en frente de una, a quien está calzando su criada porque no vino en silla. Esto no se puede hacer sin muchos desperdicios del recato. Siéntelo la pobre mujer, mas no se atreve a impedírselo, porque, como son todos votos en su aprobación, no quiere disgustar a ninguno. Un silbo, aunque sea injusto, desacredita, porque para el daño ajeno todos creen que es mejor el juicio del que acusa que el suyo.

Cánsase al fin el hombre de aquel espectáculo; asómase a los paños,[12] por ver si está vacío el lugar que tiene dudoso y vele vacío. Parécele que ya no tendrá dueño y va y siéntase. Apenas se ha sentado, viene el dueño y quiere usar su dominio. El que está sentado resístese y ármase una pendencia. Ajústase la diferencia; el que tenía pagado el lugar le cede y siéntase en otro que le dieron los que apaciguaron el enojo. Tarda nuestro hombre en sosegarse poco más que lo que el ruido que levantó la pendencia, y luego mira al puesto de las mujeres que en Madrid llaman cazuela. Hace juicio de las caras, vásele la voluntad a la que mejor le ha parecido y hácele con algún recato señas. No es la cazuela lo que vuesa merced entró a ver, señor mío, sino la comedia...

Vuelve la cara a diferentes partes, cuando siente que por detrás le tiran de la capa. Tuerce el cuerpo para saber lo que aquesto es y ve un limero que, metiendo el hombro por entre dos hombres, le dice al oído que aquella señora que está dándose golpes en la rodilla con el abanico dice que se ha holgado mucho de haberle visto tan airoso en la pendencia, que le pague una docena de limas. El hombre mira a la cazuela, ve que es la que le ha contentado, da el dinero que le piden y envíala a decir que tome todo lo demás que gustare. En apartándose el limero piensa en ir a aguardarla a la salida de la comedia y empieza a parecerle que tarda mucho en empezarse la comedia. Habla recio y desabrido en la tardanza y da ocasión a que los mosqueteros[13] que están debajo den priesa a los comediantes con palabras injuriosas... Yo vi una comedianta de las de mucho nombre (poco ha que murió) que, representando un paso de rabia, hallándose acaso con el lienzo[14] en la mano, le hizo mil pedazos por refinar el afecto que fingía; pues bien, valía el lienzo dos veces más del partido[15] que ella ganaba. Y aun hizo más que esto, que porque pareció bien, entonces rompió un lienzo cada día todo el tiempo que duró la comedia...

Salen las guitarras, empiézase la comedia y nuestro oyente pone la atención quizá donde no la debe poner. Suelen las mujeres en la presentación de los pasos amorosos, con el ansia de significar mucho, romper el freno de la moderación y hacer, sin este freno, algunas acciones demasiado vivas. Aquí fuera bueno retirar la vista, pero él no lo hace. En cambio, nada hace por entender los principios del caso en que la comedia se funda, ni si los versos son bien fabricados, limpios y sentenciosos, y menos se ocupa en averiguar si los lances son nuevos y verosímiles. Con esto lo que hubiera sido recreo honesto e instructivo, en pasatiempo lascivo se trueca, y de lo que enseñanza moral debiera haber sido, sólo saca estragamiento del gusto y aguijón de las pasiones...

También van a la comedia mujeres, y también tienen las mujeres alma; bueno será darles en esta materia buenos consejos. Los hombres van a la comedia el día de fiesta después de comer; antes de comer, las mujeres. La mujer que ha de ir a la comedia el día de fiesta, ordinariamente la hace tarea de todo el día. Conviénese con una vecina suya, almuerzan cualquier cosa, reservando la comida del medio día para la noche; vanse a una misa y desde la misa, por tomar buen puesto, parten a la cazuela. Aun no hay en la puerta quien cobre. Entran, y hállanla salpicada, como de viruelas locas, de otras mujeres tan locas como ellas. No toman la delantera porque ése es el lugar de las que van a ver y ser vistas. Toman en la medianía lugar desahogado y modesto. Quieren entretener en algo los ojos y no hallan en qué entretenerlos; pero el descansar de la prisa con que han vivido toda aquella mañana les sirve por entonces de recreo. Van entrando más mujeres, y algunas de las de buen desahogo, se sientan sobre el pretil de la cazuela, con que quedan como en una cueva las que están en medio sentadas. Ya empieza la holgura a hacer de las suyas.

Entran los cobradores. La una de nuestras mujeres desencaja de entre el faldón del jubón y el guardainfante un pañuelo, desanuda con los dientes una esquina, saca della un real sencillo y pide que vuelvan diez maravedís. Mientras esto se hace saca la otra del seno un papelillo abochornado, en que están los diez cuartos envueltos, hace su entrega y pasan los cobradores adelante. La que quedó con los diez maravedís en la mano toma una medida de avellanas nuevas, llévanle por ella dos cuartos y ella queda con el ochavo tan embarazada como con un niño; no sabe dónde acomodarlo y al fin se lo arroja en el pecho, diciendo que es para un pobre.

Empiezan a cascar avellanas las dos amigas y de entrambas bocas se oyen grandes chasquidos; pero de las avellanas, en unas hay sólo polvo, en otras un granillo seco como pimienta, en otras un meollo con sabor de mal aceite; sólo en alguna hay algo que pueda con gusto pasarse. Van cargando ya muchas mujeres. Una de las que están delante llama por señas a dos que están de pie detrás de las nuestras. Las llamadas, sin pedir licencia, pasan por entre las dos, pisándolas las basquiñas y descomponiéndoles los mantos. Ellas quedan diciendo: «¡Hay tal grosería!» Que con esta palabra se vengan las mujeres de muchas injurias. La una sacude el polvo que le dejó en la basquiña la pisada, disparando con el dedo pulgar el dedo de en medio, y la otra con el llano de las uñas, con ademán de tocar rasgados en una guitarra. Tráenles a unas de las que están sentadas en el pretil de la delantera unas empanadas, y para comerlas se sientan en lo bajo. Con esto les queda claro, por donde ven los hombres que entran. Dice la una a la otra de las nuestras: «¿Ves aquel hombre entrecano que se sienta allí a mano izquierda en el banco primero? Pues es el hombre más de bien que hay en el mundo y que más cuida de su casa; pero bien se lo paga la pícara de su mujer; amancebada está con un estudiantillo que no vale sus orejas llenas de cañamones.» Una que está junto a ellas que oye la conversación, las dice: «Mis señoras, dejen vivir a cada una con su suerte, que somos mujeres todas y no habrá maldad que no hagamos si Dios nos olvida.» Ellas bajan la voz y prosiguen su plática. Lo que han hecho con esto, entre otras cosas malas, es que aquella mujer que las reprendió mire a aquel hombre donde quiera que le encontrase como a un hombre que tiene poco cuidado de su honra o como poco dichoso en ella. De allí a poco dice la una de las nuestras a la otra, en tono de admiración: «¡Ay, amiga, fulanillo, que ayer herreteaba[16] agujetas, se sienta en banco de barandilla!» La otra se incorpora un poco a mirarle como cosa extraña; pero no es milagro que de un pobre se haga un rico.

Ya la cazuela estaba cubierta cuando he aquí al apretador (éste es un portero que desahueca allí a las mujeres para que quepan más) con cuatro mujeres tapadas y lucidas, que porque le han dado ocho cuartos viene a acomodarlas. Llégase a nuestras mujeres y dícelas que se embeban;[17] ellas lo resisten, él porfía y las otras se van llegando, descubriendo unos tapapiés[18] que chispean oro. Las nuestras dicen que vinieran temprano y tuvieran buen lugar, y una de las otras dice que mujeres como ellas a cualquier hora vienen temprano para tenerle bueno. Déjanse caer sobre las que están sentadas, que por salir de debajo de ellas las dejan lugar sin saber lo que hacen. Refunfuñan las unas, responden las otras y al fin quedan todas en calma.

Ya son las dos y media y empieza la hambre a llamar muy recio en las que no han comido. Bien dieran nuestras mujeres a aquella hora otros diez cuartos por estar en su casa. Una de las mujeres que acomodó el apretador, descubriendo una cara digna de regalos, da a cada una de nuestras mujeres un puñado de ciruelas de Génova y huevos de faltriquera,[19] diciéndolas: «Ea, seamos amigas y coman de esos dulces que me dió un bobo.» Ellas los reciben de muy buena gana y empiezan a comerlos con la misma prisa que si fueran uvas. Quisieran hablar con la que les hizo el regalo en señal de cariño; pero por no dejar de mascar no hablan.

A este tiempo, en la puerta de la cazuela arman unos mozuelos una pendencia con los cobradores sobre que dejen entrar unas mujeres de balde, y entran riñendo unos con otros en la cazuela. Aquí es la confusión y el alboroto. Levántanse desatinadas las mujeres y, por huir de los que riñen, caen unas sobre otras. Ellos no reparan en lo que pisan y las traen entre los pies como si fueran sus mujeres. Los que suben del patio a sosegar o a socorrer dan tamaños encontrones a los que las embarazan que las echan a rodar. Todas tienen ya los rincones por el mejor lugar de la cazuela, y unas a gatas y otras corriendo se van a los rincones. Saca al fin a los hombres de allí la justicia y ninguna toma el lugar que tenía; cada una se sienta en el que halla. Queda una de nuestras mujeres en el banco postrero y la otra junto a la puerta. La que está allí no halla los guantes y halla un desgarrón en el manto. La que está allá está echando sangre por las narices de un codazo que la dió uno de los de la pendencia; quiere limpiarse y hásele perdido el pañuelo, y socórrese de las enaguas de bayeta. Todo es lamentaciones y buscar alhajas, hasta que salen las guitarras y sosiéganse. La que está junto a la puerta de la cazuela oye a los representantes y no los ve; la que está en el banco último los ve y no los oye, con que ninguna ve la comedia, porque las comedias ni se oyen sin ojos ni se ven sin oídos.

Acábase al fin la comedia, como si para ellas no hubiera empezado. Júntanse las dos vecinas a la salida y dice la una a la otra que espere un poco porque se le ha desatado la basquiña. Vásela a atar y echa de menos la llave de su puerta, que iba en aquella cinta atada. Atribúlase increíblemente y empiezan a preguntar las dos a las mujeres que van saliendo si han topado una llave. Unas ríen, otras no responden y las que mejor lo hacen las desconsuelan con decir que no la han visto. Acaban de salir todas, ya es boca de noche y van a la tienda de enfrente y compran una vela. Con ella la buscan,

---

[16] *herretear* = echar o poner herretes (puntas de metal) a las cintas. [17] que se sienten más juntas. [18] faldas. [19] dulce hecho de yemas de huevo. [20] a medio pasar, medio metida.

[21] especie de asa o mango.

[1] testamento. [2] monasterio del Escorial. [3] en trance de muerte.

pero no la hallan. El que ha de cerrar el corral las da prisa y ellas se fatigan. Ya desesperan del buen suceso, cuando la compañera ve hacia un rincón una cosa que relumbra lejos de allí. Van allí y ven que es la llave que está a medio colar[20] entre dos tablas. Recógenla, bajan a la calle y antes de matar la vela buscan un papelillo para hacerla manija.[21] Mátanla, fájanla y caminan.

¡Brava tarde, mis señoras, lindamente se han holgado! Yo respondo que a muchas sucede mucho más, a algunas algo menos y a cualquiera mucho. ¿Qué mucho hubieran hecho estas mujeres en dar estas horas a santos ejercicios? No lo quisieron hacer así, fuéronse a la comedia y tratólas como quien ella es.

SIGLO XVII: HISTORIADORES

Fray José de Sigüenza

1544?-1606

La *Historia de la Orden de San Jerónimo*, del Padre Sigüenza, ha sido juzgada como modelo de la prosa del Siglo de Oro. Fué uno de los libros españoles que con mayor gusto y asiduidad leía don Miguel de Unamuno. Es obra muy extensa, y quizás sus mejores capítulos son los dedicados a narrar la creación y construcción del monasterio de El Escorial, el más importante de todos los pertenecientes a la Orden. Ha sido, sin embargo, difícil entresacar de esos capítulos pasajes que, dentro del espacio dedicado a este autor, tuvieran suficiente unidad. En cambio, hemos encontrado la unidad buscada, junto con un interés histórico, dramático y humano, en la narración de la muerte de Felipe II. Va precedida aquí de un breve y bello elogio de la historia.

HISTORIA DE LA ORDEN DE SAN JERÓNIMO

PARTE II, LIBRO IV, CAPÍTULO I

Entre muchos loores que se publican del bien y provecho de la historia, es uno llamarla luz de la verdad, maestra de la vida, vida de la memoria, descubridora y mensajera de la antigüedad. Y si quisiéramos envolver todo esto, y decirlo en una sola palabra la podríamos llamar atalaya o torre altísima, de donde levantados miramos todo cuanto se ha representado en este gran teatro del mundo y cuanto es digno de volver a ello los ojos y tenerse en memoria desde su principio hasta hoy.

Deseaba el gran doctor y padre San Jerónimo levantarse con su compañero Heliodoro en una roca alta, tener allí debajo de sus pies toda la tierra y mostrarle desde allí todas las miserias y tragedias tristes de su tiempo: las ruinas del mundo, cómo se despedazan unos reinos con otros, cómo unas gentes hacen guerra a otras gentes; ver cómo se atormentan unos, se desvanecen y ciegan otros; a

unos sorben las ondas de este mar hinchado; a otros llevan cautivos; aquí se casan, ríen, juegan; allí están llenos de tristezas y de llantos; unos gozan de riquezas y deleites, sin medida y sin rienda; otros mueren de hambre, pobres y miserables...

Pues si sería ésta una vista de extraño entretenimiento y un libro de lección extraordinaria, ¿cuánto es mayor y de más aviso la historia, que levanta a un hombre no sólo a contemplar lo presente sino también todo lo pasado y le da una como moral evidencia para juzgar de lo por venir.. ?

PARTE III, LIBRO III, DISCURSO XXI

Prosíguese el tránsito y muerte del Rey don Felipe II, las preparaciones de su muerte, su entierro, el codicilo[1] último para las cosas de esta casa.[2]

...A los diez y seis de agosto mandó llamar el Rey al Nuncio; mandóle sentar y que le dijese alguna cosa espiritual para alivio de sus dolores y para consuelo de su alma. El Nuncio le hizo una plática muy discreta con que se recreó mucho.

Pidióle, como humilde hijo de la Iglesia, le echase su bendición de parte de Su Santidad, le absolviese plenariamente, y le concediese todas las indulgencias y frutos espirituales que se alcanzan del Vicario de Jesucristo para los que están en semejante artículo.[3] El Nuncio se lo concedió todo con aquella plenitud como si el mismo Papa estuviera presente, teniendo certeza que la ratificaría con larga voluntad en el punto que tuviese noticia della. Y fué caso admirable, que el correo llegó a Roma, y Su Santidad le dió la misma bendición y absolución, y aprobó cuanto su Nuncio había hecho, antes que el Rey partiese desta vida; hasta en esto quiso el Señor regalarle y dejarle como seguro de la salud y buen estado de su alma. Acabando de hablar el Nuncio, respondió el santo Rey con rostro muy alegre, y con aquella serenidad de rostro que quiso Dios dotarle, que se había alegrado con su venida; que su mal era grande, y estaba muy dispuesto y conforme a la voluntad divina, para vida o para muerte; que no pretendía otra cosa sino morir en su gracia, y alcanzar perdón de sus pecados, y daba muchas gracias a Dios por los beneficios recibidos, y porque en el estado en que estaba tenía tanta luz y conocimiento que el verdadero fin del hombre es la bienaventuranza eterna... Despidióse el Nuncio harto enternecido y edificado, que cuando a algunos religiosos refería parte dello, apenas detenía las lágrimas.

En certificándose el buen Rey que su mal le daba prisa y que se iba acabando, después, como dije, de haber comulgado dos veces, pidió le diese con tiempo el Sacramento de la Extrema Unción, por el peligro que había, que, estando tan consumido, algún accidente no le llevase o no diese lugar para recibirle con entero juicio. No se le había ofrecido jamás ocasión en que poder ver administrar este Santo Sacramento, por no haberse hallado en la muerte de su padre ni de su madre, y porque no les consienten a los reyes que vean morir (como si con esto hubiesen de escapar de las manos de la muerte); error grande: y así no sabía lo que en esta Santa Unción se había de hacer. Aquí también nos quiso dejar un notable ejemplo de su piedad y religión. Mandóle a su confesor que le llevase el Manual, libro por donde se administran los Santos Sacramentos, y leyese todo lo que a esto tocaba, sin dejar letra, para saber lo que se había de hacer y adónde le habían de ungir.

Al principio, y para comenzar a administrarle, hay una exhortación que hace el sacerdote al enfermo, algo larga. Leyósela toda el confesor y díjole: «Con esto, Señor, se habrá cumplido, y no será menester repetirla cuando se le dé el Sacramento a Vuestra Majestad». Respondió: «Eso no, dígaseme otra vez y otra, porque es muy buena». ¡Qué buen gusto en cosas de Dios y qué buen deseo de acertar a morir bien!

Dijo que le cortasen las uñas y le lavasen las manos, que estaban maltratadas con el humor de la gota; todo por reverencia del Sacramento y porque le había de ungir con el Santo Óleo. Llamó a don Cristóbal de Mora y nombróle los religiosos que quería se hallasen presentes, para que dijese al Prior, y mandó también que su hijo el Príncipe y Rey nuestro señor, que ahora es, se hallase presente, porque tuviese noticia de lo que era este Sacramento que tan raras veces los reyes ven. Creo

ha muchos años no se han visto juntos padre e hijo en él, como ahora se vieron.

Primero día de septiembre, a las nueve de la noche, en la infraoctava[4] de la consagración deste templo, que a su petición se había ungido, pared en medio dél, recibió también el pío Rey, su fundador, la postrera Unción con mucha devoción y reverencia, habiéndose confesado primero. Administróle Loaysa, Arzobispo de Toledo, que se turbó más de una vez; y cualquiera se turbara: tanta fué siempre la majestad deste Rey que ninguno le habló jamás que por lo menos no sintiese en sí alguna notable mudanza. Estuvo siempre muy atento y con igual serenidad el Príncipe, su hijo, y con él algunos caballeros de su Casa y Cámara. Halláronse también presentes los tres confesores de las personas reales (Rey, Príncipe e Infanta), el Prior de S. Lorenzo, y otros cuatro religiosos que el Rey señaló.

Parecióme, según la entereza con que el santo Rey lo advertía y respondía a todo, que no tenía mal ninguno, y que se anticipaba mucho aquel Sacramento; así lo dije a algunos, y así sucedió; porque vivió, después de haberle recibido, doce días...

Salímonos todos, quedándose a solas con su hijo; y el mismo Príncipe y señor refirió después, que le dijo su padre estas palabras: «He querido que os halléis presente a este acto para que veáis en qué para todo» (palabra digna que se asiente en las almas de todos los reyes para que no deslumbre el resplandor de esta gloria presente), y que tras esto le encargó mucho mirase por la Religión y por la defensa de la Santa Fe Católica, por la guarda de la justicia, y procurase vivir y gobernar de manera que, cuando llegase a aquel punto, se hallase con seguridad de conciencia; gran epílogo de toda la disciplina real. Dicho esto en general, descendió a otros particulares tocantes al gobierno y policía de estos Reinos.

El día siguiente, después de la Unción Santa, llamó a su confesor y le habló con semblante alegre y le dijo que nunca en su vida se había visto tan consolado como después de haber recibido aquel Santo Sacramento, y que había experimentado parte de su fruto; y lo mismo dijo a otros que le preguntaron si se había cansado, significando que había recibido grande alivio en el cuerpo y en el alma. Así lo promete aquel Sacramento en los que dignamente lo reciben.

Desde este día despidió Su Majestad todos los negocios y otros entretenimientos con que algún rato aliviaba sus dolores y, como Príncipe tan cris-

---

tiano y prudente, se retiró a mirar en las cosas de su alma y de la partida, como quien ya había hecho divorcio con todo lo del mundo...

Como en todo fué tan rey y de tan alto ánimo este Príncipe, parece que aun quiso reinar y enseñorearse sobre la muerte. Estábala aguardando y tratando de sus cosas con tanta igualdad de ánimo, lo que a otros atemoriza, que dijera el que le veía no era él el que estaba tan al cabo, sino negocio de otro. Maravillábase mucho de esto Don Cristóbal de Mora, con quien comunicaba más en particular sus cosas, y díjome por dos veces que así pasaba de las cosas grandes, que tocaba al gobierno y disposición de los Reinos, a las de su muerte y entierro, como si fueran todas de un género; y con tan sereno semblante las unas como las otras. Muchos días antes que muriese, mandó a los religiosos que tenían la llave viesen en secreto el ataúd de su padre el gran Emperador Carlos V, le midiesen y abriesen para ver cómo estaba amortajado, para que le pusiesen a él de la misma manera. Seis años antes, estando en Logroño (pasaba a las Cortes de Aragón que se celebraron en Tarazona), mandó a Juan Ruiz de Velasco abrir un cajón de un escritorio que llevaba consigo; mostróle un crucifijo pequeño que estaba dentro de una caja, y unas velas de nuestra Señora de Monserrate, y díjole: «Acordaos bien, para cuando os pida esto, que están en este cajón estas velas y este crucifijo que fué del Emperador mi padre, que murió con él en la mano, y así pienso yo morir».

Ahora, cuatro días antes que falleciese, le pidió esto al mismo Juan Ruiz, como si hubiera dos días que le había hecho esta prevención. Abrió Juan Ruiz la caja, vió que con el mismo crucifijo estaban dos disciplinas, la una tan gastada, que mostraba bien el uso y ejercicio della, y diciéndoselo al Rey, respondió que no la había gastado él, sino su padre, cuyas[5] eran; y es así, como advertí en otra parte, que el santo Emperador se disciplinaba en compañía de los religiosos, cuando hizo aquella hazaña de recogerse en nuestro Monasterio de Yuste, triunfando de una vez de todo el mundo. Mandó colgar el crucifijo por dentro de las cortinas de la cama, frontero de sus ojos, y, como joya tan preciada, le encargó delante del Príncipe, nuestro señor, que, después de muerto, le tornase a la misma caja y se guardase para que el mismo Príncipe y nuestro Rey, que hoy es, se aprovechase dél en semejante trance. Herencia de mucha estima, pues tal padre y tal abuelo le tuvieron en su boca cuando rindieron el espíritu al Señor mismo que se lo había dado. A don Fernando de Toledo encargó guardase las velas, para que le diese, una, cuando fuese hora, junto con el crucifijo.

Mandó en estos mismos días hacer su ataúd y que se le trajesen delante, y daba en todo la traza y modo, como si fuera negocio para otro; seguridad grande del alma y señal de la certeza con que partía para su propia patria. Quiso también hiciesen una caja de plomo y le pusiesen en ella sin abrirle, y así encerrado no pudiese exhalarse algún mal olor. La madera deste ataúd, porque lo digamos aquí de paso, es de unos árboles grandes que se crían en la India Oriental (podemos llamarlos árboles del Paraíso); allá le llaman Angeli. Había servido la viga de que se hicieron las tablas, de quilla o fundamento de un galeón de los de Portugal, que se llamó Cinco Chagas, porque su divisa o empresa eran las cinco llagas de nuestra salud. Veinte años había, poco más o menos, que estaba en aquel puerto de Lisboa desechada en aquella arena, hecha poyo y descanso de pobres; vino a noticia de Su Majestad, y no sé por cuál motivo del cielo le mandó traer a esta su casa de San Lorenzo; que, por ser muy grande, no fué poco lo que costó el porte...

Viernes, once de septiembre, dos días antes que muriese, las dos luces de sus ojos, el Príncipe nuestro señor y su hermana la señora Infanta entraron a despedirse de su padre y a que les diese su bendición; trance de gran sentimiento de ambas partes; y sin duda fué bien menester aquí ser tan reales estos corazones y tan llenos de fe, para que no hiciese tan amarga despedida algún daño. Padre tan querido, obedecido y respetado; hijos tales, tan obedientes, tan largo tiempo criados, tan tiernamente queridos, duramente se arrancan de las entrañas, si no ablandase el dolor la esperanza viva de tornarse a gozar sin sobresalto de jamás perderse y apartarse. Dijimos las pláticas y advertencias que Su Majestad dió a su hijo. En este mismo día le dió a su confesor, el padre Fray Diego de Yepes, un papel en que estaba escrita una singular doctrina que San Luis, Rey de Francia, dió a la hora de su muerte a su hijo Filipo, sucesor en el Reino, mandándole que, después de él muerto, se la leyese toda a su hijo el Rey nuestro señor, sin mudar ni añadir cosa alguna en ella, porque los particulares ya los había tratado con él a solas, advirtiéndolos deste papel que dejaba en poder de su confesor, previniéndolos a entrambos no dejasen de leerlo y oírlo, por ser cosa al parecer inspirada del cielo en el corazón de un Rey tan santo. Así pasó (aunque lo adelantemos aquí), que el obediente hijo, el mismo día del entierro de su padre, llamó al confesor y le mandó le leyese aquel papel que había dejado. Oyóle atentamente y quedóse con él para tenerle como un continuo espejo en sus ojos; no le pongo aquí porque ya anda en otros libros.

En esta despedida, vuelto Su Majestad a la señora Infanta, su hija, le dijo (según ella lo declaró) estas o semejantes razones: que pues no había sido Nuestro Señor servido que él la viese casada antes de llevarlo desta vida, como lo había deseado, le pedía se gobernase con la prudencia que hasta allí, y procurase acrecentar la Fe en los Estados que le dejaba, pues éste había sido su principal intento en dárselos, esperando della lo haría como se lo dejaba encargado, y que lo dijese a su primo[6] y se lo pidiese de su parte cuando le viese. Con esto, Sus Altezas le besaron la mano y él les echó su bendición, y se salieron con el sentimiento que se percibe mejor en el alma, que puede decirlo la pluma. Es muy digno de advertir que en aquel último abrazo de tan queridos hijos, la principal encomienda y las postreras palabras fueron el celo y aumento de la Fe, más querida aún que los mismos hijos naturales y más arraigada en el alma, caso de eterna memoria...

La tarde antes de la última noche dijeron los médicos a Don Cristóbal de Mora que Su Majestad se iba acabando aprisa, que se lo dijese claro, para que se aparejase a la partida,[7] como si hubiera hecho otra cosa en el discurso de aquella enfermedad y aun de su vida; pienso yo sabía harto mejor que ellos el punto. Díjoselo, y escuchólo con alegre semblante, como quien tan asentada y conforme tenía su voluntad con la de su Criador. Había él dicho muchas veces en estos dos días postreros que le avisasen cuando llegaba su hora, porque quería hablar con Dios y convertirse todo a Él. Mandó llamar luego a su confesor y al Arzobispo de Toledo, a los confesores de Sus Altezas y al Prior de su Convento, para que todos le ayudaran en este punto extremo. Los religiosos de esta su casa, que en todo el discurso de esta enfermedad mostraron bien el amor que a su patrón y señor tenían, acudieron ahora, unos al coro, otros

a la iglesia, y por aquellas capillas y altares, ayudando con lágrimas y oraciones y otros ejercicios propios de este estado. Llegado el Arzobispo de Toledo, le hizo una plática estudiada, que duró más de media hora llena de mucha doctrina y de cosas a propósito para aquel tiempo. Entre otras razones le dijo que quien tanto había defendido y amparado la Fe Católica, la Iglesia Romana y el Sumo Pontífice, convenía que en aquel punto, como tan obediente hijo, confesase la misma Fe y obediencia de esto. Su Majestad oyéndolo, dijo con voz clara que lo percibieron todos: «Sí confieso y protesto»; que fué ratificar la misma protestación de la Fe que había hecho algunos días antes, como ya dijimos. Después de esta plática mandó al Arzobispo le leyese la Pasión de San Juan; leyósela, declarándole algunos pasos devotos como mejor supo, mostrando en todos ellos el santo Rey un sentimiento admirable, como quien comenzaba ya a gozar de sus frutos y celestiales efectos. Cerca de la una de la noche llegó el confesor de Su Majestad que hoy es, y le hizo otro razonamiento. Escuchábalo todo el devoto señor con alegre semblante, sin jamás cansarse de oír esto toda aquella noche en peso, que aun los muy sanos y fuertes se cansaban, y él les despertaba diciendo: «Padres, decidme más»; que cuanto más se allegaba a la fuente, tanto crecía más la sed...

Las últimas palabras que pronunció y con que partió deste mundo, fué decir, como pudo, que moría como católico en la Fe y obediencia de la Santa Iglesia Romana; y besando mil veces su crucifijo (teníale en la una mano, y en la otra la candela, y delante la reliquia de San Albano por la indulgencia), se fué acabando poco a poco, de suerte que, con un pequeño movimiento, dando dos o tres boqueadas, salió aquella santa alma y se fué, según lo dicen tantas pruebas, a gozar del Reino soberano.

Juan de Mariana
1536-1623

La *Historia de España*, del padre jesuíta Juan de Mariana, escrita primero en latín y vertida al castellano por el mismo autor, es la obra clásica de la historiografía española. Ninguna otra la iguala en amplitud ni en la concepción propiamente artística del género. A Mariana, más que la verdad de los hechos, le interesa el

sentido dramático y fabuloso del pasado con un espíritu marcadamente nacional. Por eso recoge tradiciones, leyendas y comentarios personales, sin prestar gran atención al valor documental de sus fuentes. Su estilo sobresale por la fluidez y la claridad.

Escribió además, también en latín, tratados políticos

---

6 el archiduque Alberto de Austria, gobernador de los Países Bajos, cuya soberanía dejó Felipe II a su hija la infanta Isabel Clara Eugenia, a la que se dirige en esta escena.   7 se preparase para la muerte.

1 hijo de Jafé y nieto de Noé, que, según la leyenda

que recoge el Padre Mariana, fué el primer poblador de España.   2 mineral compuesto de azufre y mercurio.   3 maroma o soga gruesa que sirve para atar las anclas.   4 tiras de esparto trenzado.

y morales, luego traducidos al castellano. De uno de ellos, el titulado *De espectáculos,* va aquí la crítica de la comedia y una curiosa noticia sobre el origen de los toros.

HISTORIA GENERAL DE ESPAÑA

LIBRO I

CAPÍTULO I

De la venida de Tubal y de la fertilidad de España.

... Pero Tubal que fué su quinto hijo,[1] enviado a lo postrero de las tierras donde el sol se pone, conviene a saber a España, fundó en ella dichosamente y para siempre en aquel principio del mundo, grosero y sin policía, no sin providencia y favor del cielo, la gente española y su valeroso imperio. De donde en todos los tiempos y siglos han salido varones excelentes y famosos en guerra y en paz; y ella ha siempre gozado de abundancia de todos los bienes sin faltar copiosa materia para despertar a los buenos ingenios, y por la grandeza y diversidad de las cosas que en España han sucedido, convidarles a tomar la pluma y emplear y ejercitar en este tiempo su elocuencia. Verdad es que siempre ha tenido falta de escritores, los cuales con su estilo ilustrasen la grandeza de sus hechos y proezas. Esta falta dió a algunos atrevimiento de escribir y publicar patrañas en esta parte y fábulas de poetas más que verdaderas historias; y a mí despertó para que con el pequeño ingenio y erudición que alcanzo, acometiese a escribir esta historia, mas aína con intento de volver por la verdad y defenderla que con pretensión de honra o esperanza de algún premio, el cual ni le pretendo de los hombres ni se puede igualar al trabajo de esta empresa, de cualquiera manera que ella suceda. Conforme a esta traza será bien que en primer lugar se pongan y relaten algunas cosas así de la naturaleza y propiedades de esta tierra de España y su asiento, como de las lenguas antiguas y costumbres de los moradores de ella.

La tierra y provincia de España, como quier que se pueda comparar con las mejores del mundo universo, a ninguna reconoce ventaja, ni en el saludable cielo de que goza, ni en la abundancia de toda suerte de frutos y mantenimientos que produce, ni en copia de metales, oro, plata y piedras preciosas, de que toda ella está llena. No es como África, que se abrasa con la violencia del sol, ni a la manera de Francia es trabajada de vientos, heladas y humedad del aire y de la tierra; antes por estar asentada en el medio de las dos dichas provincias, goza de mucha templanza; y así bien el calor del verano como las lluvias y heladas del invierno muchas veces la sazonan y engrasan en tanto grado que de España, no sólo los naturales se proveen de las cosas necesarias a la vida, sino aun a las naciones extranjeras y distantes, y a la misma Italia cabe parte de sus bienes y la provee de abundancia de muchas cosas; porque a la verdad produce todas aquellas a las cuales da estima, o la necesidad de la vida, o la ambición, pompa y vanidad del género humano.

Los frutos de los árboles son grandemente suaves; la nobleza de las viñas y del vino, excelente; hay abundancia de pan, miel, aceite, ganados, azúcares, seda, lanas sin número y sin cuento. Tiene minas de oro y de plata; hay venas de hierro donde quiera, piedras transparentes y a manera de espejos, y no faltan canteras de mármol de todas suertes, con maravillosa variedad de colores, con que parece quiso jugar y aun deleitar los ojos de la naturaleza.

No hay tierra más abundante de bermellón.[2] En particular en Almadén se saca mucho y bueno, pueblo al cual los antiguos llamaron Sisapone, y le pusieron entre los pueblos que llamaron oretanos.

El terreno tiene varias propiedades y naturaleza diferente. En parte se dan los árboles, en parte hay campos y montes pelados. Por lo más ordinario pocas fuentes y ríos; el suelo es recio y suele dar veinte y treinta por uno cuando los años acuden. Algunas veces pasa de ochenta, pero es cosa muy rara. En grande parte de España se ven lugares y montes pelados, secos y sin frutos, peñascos escabrosos y riscos, lo que es alguna fealdad. Principalmente la parte que de ella cae hacia el septentrión tiene esa falta; que las tierras que miran al mediodía son dotadas de excelente fertilidad y hermosura. Los lugares marítimos tienen abundancia de pesca, de que tienen falta los que están en la tierra más adentro, por caerles el mar lejos, tener España pocos ríos y lagos no muchos. Sin embargo, ninguna parte hay en ella ociosa ni estéril del todo. Donde no se coge ni pan ni otros frutos, allí nace hierba para el ganado y copia de esparto a propósito para hacer sogas, gomenas[3] y maromas para los navíos, pleita[4] para esteras y para otros servicios y usos de la vida humana.

La ligereza de los caballos es tal, que por esta causa las naciones extranjeras creyeron y los escritores antiguos dijeron que se engendraban del viento, que fué mentir con alguna probabilidad y apariencia de verdad.

En conclusión, aun el mismo Plinio, al final de su *Historia Natural,* testifica que por todas las partes cercanas del mar, España es la mejor y la más fértil de todas las naciones, sacada Italia, a la cual misma hace ventaja por la alegría del cielo y en el aire que goza, de ordinario templado y muy saludable. Y si de verano no padeciese algunas veces de falta de agua y sequedad, haría sin duda ventaja a todas las provincias de Europa y África en todas las cosas necesarias al sustento y arreo[5] de la vida. Demás que en este tiempo, por el trato y navegación de las Indias, donde han, a levante y a poniente en nuestra edad y en la de nuestros abuelos, penetrado las armas españolas con virtud invencible, es nuestra España en toda suerte de riquezas y mercaderías dichosa y abundante, y tiene sin falta el primer lugar y el principado entre todas las provincias. De allí, con las flotas que cada año van y vienen, y con el favor del cielo, se han traído tanto oro y plata y piedras preciosas y otras riquezas para particulares y para reyes, que si se dijese y se sumase lo que ha sido, se tendría por mentira; lo cual todo, demás del interés, redunda en grandeza y honra y gloria de nuestra nación, y del que resulta no menos provecho a las extranjeras, a las cuales cabe buena parte de nuestras riquezas, de nuestra abundancia y bienes.

Capítulo VI

De las costumbres de los españoles

Groseras y sin policía ni crianza fueron antiguamente las costumbres de los españoles: sus ingenios más de fieras que de hombres. En guardar secreto se señalaron extraordinariamente: no eran parte los tormentos, por rigurosos que fuesen, para hacérsele quebrantar. Sus ánimos, inquietos y bulliciosos; ligereza y soltura de los cuerpos, extraordinaria; dados a las religiones falsas y culto de los dioses; aborrecedores del estudio de las ciencias, bien que de grandes ingenios. Lo cual, transferidos en otras provincias, mostraron bastantemente: que ni en la claridad de entendimiento, ni en la excelencia de memoria, ni aun en la elocuencia y hermosura de las palabras daban ventaja a ninguna otra nación. En la guerra fueron más valientes contra los enemigos que astutos y sagaces. El arreo de que usaban, simple y grosero; el mantenimiento, más en cantidad que exquisito ni regalado; bebían de ordinario agua, vino poco; contra los malhechores eran rigurosos, con los extranjeros benignos y amorosos.

Esto fué antiguamente, porque en este tiempo mucho se han acrecentado así los vicios como las virtudes. Los estudios de sabiduría florecen cuanto en cualquier parte del mundo. En ninguna provincia hay mayores ni más ciertos premios para la virtud; en ninguna nación tiene la carrera más abierta y patente el valor y doctrina para adelantarse... En lo que más se señalan es en la constancia de la religión y creencia antigua, con tanta mayor gloria, que en las naciones comarcanas en el mismo tiempo todos los ritos y ceremonias se alteraron con opiniones nuevas y extravagantes. Dentro de España florece el consejo; fuera, las armas. Sosegadas las guerras domésticas y echados los moros de España, han peregrinado por gran parte del mundo con fortaleza increíble. Los cuerpos son por naturaleza sufridores de trabajos y de hambre, virtudes con que han vencido todas las dificultades, que han sido en ocasiones muy grandes por mar y por tierra. Verdad es que en nuestra edad se ablandan los naturales y enflaquecen con la abundancia de deleites y con el aparejo que hay de todo gusto y regalo de todas maneras en comida y en vestido y en todo lo ál.[6] El trato y comunicación de las otras naciones que acuden a la fama de nuestras riquezas y traen mercaderías que son a propósito para enflaquecer los naturales con su regalo y blandura son ocasión deste daño. Con esto, debilitadas las fuerzas y estragadas con las costumbres extranjeras, demás desto por la disimulación de los príncipes y por la licencia y libertad del vulgo, muchos viven desenfrenados sin poner fin ni tasa ni a la lujuria, ni a los gastos, ni a los arreos y galas. Por donde, como dando vuelta la fortuna, desde el lugar más alto do estaba, parece a los prudentes y avisados que (mal pecado) nos amenazan graves daños y desventuras; principalmente por el grande odio que nos tienen las demás naciones, cierto compañero sin duda de la grandeza y de los grandes imperios, pero ocasionado en parte de la aspereza de las condiciones de los nuestros, y de la severidad y arrogancia de algunos de los que mandan y gobiernan.

LIBRO VI

Capítulo XXI

De los principios del rey don Rodrigo

Tal era el estado de las cosas de España a la sazón que don Rodrigo, excluídos los hijos de Witiza, se encargó del reino de los godos por voto, como muchos sienten, de los grandes; que ni las voluntades de la gente se podían soldar por estar entre sí diferentes con las parcialidades y bandos, ni tenían fuerzas bastantes para contrastar a los

---

5 adorno.   6 todo lo demás.   7 parentesco.   8 provincia romana correspondiente a la parte septentrional del moderno Marruecos, cuya capital era Tingis, actualmente Tánger.   9 se sumaban a ellos.

enemigos de fuera. Hallábanse faltos de amigos que los socorriesen, y ellos por sí mismos tenían los cuerpos flacos y los ánimos afeminados a causa de la soltura de su vida y costumbres. Todo era convites, manjares delicados y vino, con que tenían estragadas las fuerzas, y con las deshonestidades de todo punto perdidas, y a ejemplo de los principales los más del pueblo hacían una vida torpe e infame. Eran muy a propósito para levantar bullicios, para hacer fieros y desgarros; pero muy inhábiles para acudir a las armas y venir a las puñadas con los enemigos. Finalmente el imperio y señorío ganado por valor y esfuerzo se perdió por la abundancia y deleites que de ordinario le acompañan. Todo aquel vigor y esfuerzo con que tan grandes cosas en guerra y en paz acabaron, los vicios le apagaron, y juntamente desbarataron toda la disciplina militar, de suerte que no se pudiera hallar cosa en aquel tiempo más estragada que las costumbres de España, ni gente más curiosa en buscar todo género de regalo.

Paréceme a mí que por estos tiempos el reino y nación de los godos eran grandemente miserables, pues como quier que por su esfuerzo hubiesen paseado gran parte de la redondez del mundo, y ganado grandes victorias y con ellas gran renombre y riquezas; con todo esto no faltaron quienes por satisfacer a sus antojos y pasiones con corazones endurecidos pretendiesen destruirlo todo: tan grande era la dolencia y peste que estaba apoderada de los godos. Tenía el nuevo rey partes aventajadas, y prendas de cuerpo y alma que daban claras muestras de señaladas virtudes. El cuerpo endurecido con los trabajos, acostumbrado a la hambre, frío y calor y falta de sueño. Era de corazón osado para cometer cualquiera hazaña, grande su liberalidad, y extraordinaria la destreza para granjear las voluntades, tratar y llevar al cabo negocios dificultosos. Tal era antes que le entregasen el gobernalle; mas luego que le hicieron rey, se trocó y afeó todas las sobredichas virtudes con no menores vicios. En lo que más se señaló fué en la memoria de las injurias, la soltura en las deshonestidades y la imprudencia en todo lo que emprendía. Finalmente fué más semejante a Witiza, que a su padre ni a sus abuelos... Las cosas particulares que hizo fueron éstas: lo primero, con nuevos pertrechos y fábricas ensanchó y hermoseó el palacio que su padre edificara cerca de Córdoba, según que ya se dijo, por donde los moros adelante le llamaron comúnmente el palacio de don Rodrigo... Demás desto llamó del destierro y tuvo cerca de sí a su primo don Pelayo con cargo de capitán de su guarda, que era el más principal en la corte y casa real. Amábale mucho así por el deudo,[7] como por haber los años pasados corri-

do la misma fortuna que él. Por el contrario el odio que tenía contra Witiza comenzó a mostrar en el mal tratamiento que hacía a sus hijos en tanto grado que así por esto, como por el miedo que tenían de mayor daño, se resolvieron de ausentarse de la corte y aun de toda España, y pasar en aquella parte de Berbería que estaba sujeta a los godos, y se llamaba Mauritania Tingitana.[8]

Tenía el gobierno a la sazón de aquella tierra un conde por nombre Requila, lugarteniente, como yo entiendo, del conde Don Julián, persona tan poderosa que demás desto tenía a su cargo el gobierno de la parte de España cercana al estrecho de Gibraltar, paso muy corto para África. Asimismo en la comarca de Consuegra poseía un gran estado suyo y muchos pueblos, riquezas y poder tan grande como de cualquiera otro del reino, y de que el mismo rey se pudiera recelar. Éstos fueron los primeros principios, y como semilla de lo que avino adelante, ca los hijos de Witiza, antes de pasar en África, trataron con otras personas principales de tomar las armas. Pretendían estar malamente agraviados. Asistíales y estaba de su parte el arzobispo Don Oppas, persona de sangre real y de muchos aliados. Otros asimismo les acudían,[9] quien con deseo de vengarse, quien con esperanza de mejorar su partido, si la feria se revolvía; que tal es la costumbre de la guerra, unos bajan y otros suben. Fuera justo acudir éstos a principios y desbaratar la semilla de tanto mal, pero antes en lugar desto de nuevo se enconaron las voluntades con un nuevo desorden y caso que sucedió y dió ocasión a los bulliciosos de cubrir y colorear la maldad (que hasta entonces temerían de comenzar) con muestra de justa venganza.

Era costumbre en España que los hijos de los nobles se criasen en la casa real. Los varones acompañaban y guardaban la persona del rey, servían en casa y a la mesa; los que tenían edad, iban en su compañía cuando salía a caza, y seguíanle a la guerra con sus armas: escuela de que salían gobernadores prudentes, esforzados y valerosos capitanes. Las hijas servían a la reina en su aposento: allí las amaestraban en toda crianza, hacer labor, cantar y danzar cuanto a mujeres pertenecía. Llegadas a edad, las casaban conforme a la calidad de cada cual.

Entre éstas una hija del conde Julián llamada Cava, moza de extremada hermosura, se criaba en servicio de la reina Egilona. Avino que jugando con sus iguales descubrió gran parte de su cuerpo. Acechábalas el rey de cierta ventana, que con aquella vista fué de tal manera herido y prendado, que ninguna otra cosa podía de ordinario pensar. Avivábase en sus entrañas aquella deshonesta llama, y cebábase con la vista ordinaria de aquella doncella, que era la parte por do le entró el mal. Buscó tiempo y lugar a propósito, mas como ella no se dejase vencer con halagos, ni con amenazas y miedos, llegó su desatino a tanto que le hizo fuerza, con que se despeñó a sí y a su reino en su perdición como persona estragada con los vicios, y desamparada de Dios. Hallábase a la sazón el conde don Julián ausente en África, ca el rey le enviara en embajada sobre negocios muy importantes. Apretaba a su hija el dolor; y la afrenta recibida la tenía como fuera de sí; no sabía qué partido se tomase, si disimular, si dar cuenta de su daño. Determinóse de escribir una carta a su padre deste tenor:

«Ojalá, padre y señor, ojalá la tierra se me abriese antes que me viera puesta en condición de escribiros estos renglones, y con tan triste nueva poneros en ocasión de un dolor y quebranto perpetuo. Con cuántas lágrimas escriba esto, estas manchas y borrones lo declaran; pero si no lo hago luego, daré sospecha que, no sólo el cuerpo ha sido ensuciado, sino también amancillada el alma con mancha e infamia perpetua. ¿Qué salida tendrán nuestros males? ¿Quién sino vos pondrá reparo a nuestra cuita? ¿Esperaremos hasta tanto que el tiempo saque a luz lo que ahora está secreto, y de nuestra afrenta haga infamia más pesada que la misma muerte? Avergüénzome de escribir lo que no me es lícito callar, ¡oh triste y miserable suerte! En una palabra: vuestra hija, vuestra sangre, y de la alcuña[10] real de los godos, por el rey don Rodrigo, al que estaba (mal pecado) encomendada, como la oveja al lobo, con una maldad increíble ha sido afrentada. Vos, si sois varón, haréis que el gusto que tomó de nuestro daño, se le vuelva en ponzoña, y no pase sin castigo la burla y befa que hizo a nuestro linaje y a nuestra casa.»

Grande fué la cuita que con esta carta cayó en el conde y con estas nuevas: no hay para qué encarecerlo, pues cada cual lo podrá juzgar por sí mismo. Resolvió en su pensamiento diversas trazas, resolvióse de apresurar la traición que poco antes tenía tramada, dió orden en las cosas de África, y con tanto sin dilación pasó a España; que el dolor de la afrenta le aguijaba y espoleaba. Era hombre mañoso, atrevido, sabía muy bien fingir y disimular. Así llegado a la corte, con relatar lo que había hecho y con acomodarse con el tiempo, crecía en gracia y privanza, de suerte que le comunicaban todos los secretos, y se hallaba a los consejos de los negocios más graves del reino; lo

cual todo no se hacía sólo por sus servicios y partes, sino más aína[11] por amor de su hija. Para encaminar sus negocios al fin que deseaba, persuadió al rey que pues España estaba en paz, y los moros y franceses por diversas partes corrían las tierras de África y de Francia, que enviase contra ellos a aquellas fronteras todo lo que restaba de armas y caballos; que era desnudar el reino de fuerzas para que no pudiese resistir. Concluído esto como deseaba, dió a entender que su mujer estaba en África doliente de una grave y larga enfermedad: que ninguna cosa la podría tanto alentar, como la vista de su hija muy amada; que esto le avisaban y certificaban por sus cartas así ella como los de su casa. Fué la diligencia que en esto puso tan grande, que el rey dió licencia sea forzado de la necesidad, mayormente que prometía sería la vuelta en breve, sea por estar ya cansado y enfadado como suele acontecer de aquella conversación.

En la ciudad de Málaga, que está a las riberas del mar Mediterráneo, hay una puerta llamada de la Cava, por donde se dice como cosa recibida de padres a hijos, que salió esta señora para embarcarse. A la misma sazón el rey, que por tantos desórdenes era aborrecido de Dios y de las gentes, cometió un nuevo desconcierto con que dió muestra de faltarle la razón y prudencia.

Había en Toledo un palacio encantado, como lo cuenta el arzobispo don Rodrigo, cerrado con gruesos cerrojos y fuertes candados para que nadie pudiese en él entrar, ca estaban persuadidos así el pueblo como los principales que a la hora que fuese abierto, sería destruída España. Sospechó el rey que esta voz era falsa para efecto de encubrir los grandes tesoros que pusieron allí los reyes pasados. Demás desto, movido por curiosidad, sin embargo que le ponían grandes temores, como sean las voluntades de los reyes tan determinadas en lo que una vez proponen, hizo quebrantar las cerraduras. Entró dentro: no halló algunos tesoros, sólo un arca, y en ella un lienzo y en él pintados hombres de rostros y hábitos extraordinarios con un letrero en latín que decía: «Por esta gente será en breve destruída España». Los trajes y gestos parecían de moros: así los que presentes se hallaron, quedaron persuadidos que aquel mal y daño vendría de África; y no menos arrepentido el rey, aunque tarde, de haber sin propósito y a grande riesgo escudriñado y sacado a luz misterios encubiertos hasta entonces con tanto cuidado.

Algunos tienen todo esto por fábula, por invención y patraña: nos ni la aprobamos por ver-

10 linaje, alcurnia.

11 más fácilmente, antes bien.   12 don Alfonso y don García, a quienes habían despojado de sus reinos.   13 de-fender.   14 doña Elvira y doña Urraca, señoras de las ciudades de Toro y de Zamora, respectivamente.   15 pretexto.   16 les hacía flaquear para buscar un convenio.

dadera, ni la desechamos como falsa; el lector podrá juzgar libremente, y seguir lo que le pareciere probable: no pareció pasarla en silencio por los muchos y muy graves autores que la relatan, bien que no todos de una manera.

LIBRO IX

CAPÍTULO IX

Cómo el rey D. Sancho murió sobre Zamora

Concluído que hubo el rey don Sancho con los dos hermanos,[12] luego que se vió señor de todo lo que su padre poseía, quedó más soberbio que antes y más orgulloso. No se acordaba de la justicia de Dios, que suele vengar demasías semejantes y volver por[13] los que injustamente padecen, ni consideraba cuánta sea la insconstancia de nuestra felicidad, en especial la que por malos medios se alcanza. Prometíase una larga vida, muchos largos y alegres años, sin recelo alguno de la muerte que muy presto por aquel mismo camino se le aparejaba. Despojados los hermanos, sólo quedaban las dos hermanas,[14] que pretendía también desposeer de los estados que su padre les dejó. El color[15] que para esto tomaba era el mismo del agravio que pretendía se le hizo en dividir el reino en tantas partes; la facilidad era mayor a causa de tener ya él mayores fuerzas, y aquellas señoras ser mujeres y flacas.

La ciudad de Zamora estaba muy pertrechada de muros, municiones, vituallas y soldados que tenían apercibidos para todo lo que pudiese suceder. Los moradores eran gente muy esforzada y muy leal y aparejados a ponerse a cualquier riesgo por defenderse de cualquiera que los quisiese acometer. Acaudillábalos Arias Gonzalo, caballero muy anciano, de mucho valor y prudencia, y de cuyos consejos se valía la infanta doña Urraca para las cosas del gobierno y de la guerra. El rey, visto que por voluntad no vendrían en ningún partido ni se le querían entregar, acordó usar de fuerza. Juntó sus huestes y con ellas se puso sobre aquella ciudad, resuelto de no alzar la mano hasta salir con aquella empresa. El cerco se apretaba; combatían la ciudad con toda suerte de ingenios. Los ciudadanos comenzaban a sentir los daños del cerco, y el riesgo que todos corrían los espantaba y hacía blandear para tratar de partidos.[16]

En este estado se hallaban cuando un hombre astuto, llamado Bellido Dolfos, si comunicado el negocio con otros, si de su solo motivo no se sabe, lo cierto es que salió de la ciudad con determinación de dar la muerte al rey, y por este camino desbaratar aquel cerco. Negoció que le diesen entrada para hablar al rey; decía le quería declarar los secretos e intentos de los ciudadanos y aun mostrar la parte más flaca del muro y más a propósito para darle asalto y fortaleza. Creen fácilmente los hombres lo que desean; salió el rey acompañado de solo aquel hombre para mirar si era verdad lo que prometía. Hizo de él más confianza de lo que fuera razón, que fué causa de su muerte; porque estando descuidado y sin recelo de semejante traición, Bellido Dolfos le tiró un venablo que traía en la mano, con que le pasó el cuerpo de parte a parte; extraño atrevimiento y desgraciada muerte, mas que se le empleaba bien por su obras y vida desconcertada. Bellido, luego que hizo el golpe, se encomendó a los pies con intento de recogerse a la ciudad.

Los soldados que oyeron las voces y gemidos del rey que se revolcaba en su sangre fueron en pos del matador, y entre los demás, el Cid, que se hallaba en aquel cerco. La distancia era grande, y no le pudieron alcanzar, que las guardas le abrieron la puerta más cercana, y por ella se entró en la ciudad. Esto dió ocasión para que los de la parte del rey se persuadiesen fué aquel caso pensado, y que los demás ciudadanos o muchos de ellos eran en él participantes. Los soldados de León y de Galicia no sentían bien del rey muerto, ni les agradaban sus empresas; y así, sin detenerse más tiempo desampararon las banderas y se fueron a sus casas. Los de Castilla, como más obligados y más antiguos vasallos, parte de ellos con gran sentimiento llevaron el cuerpo muerto al monasterio de Oña, do lo sepultaron e hicieron sus honras, que no fueron de mucha solemnidad y aparato; la mayor parte se quedaron sobre Zamora, resueltos de vengar aquella traición. Amenazaban de asolar la ciudad y dar la muerte a todos los moradores como a traidores y participantes en aquel trato aleve.

En particular don Diego Ordóñez, de la casa de Lara, mozo de grandes fuerzas y brío, salió a la causa. Presentóse delante de la ciudad armado de todas armas y en su caballo, y desde un lugar alto para que lo pudiesen oír henchía los aires de voces y fieros; amenazaba de destruir y asolar los hombres, las aves, las bestias, los peces, las yerbas, y los árboles, sin perdonar cosa alguna. Los ciudadanos, entre el miedo que les representaba y la vergüenza de lo que de ellos dirían, no se atrevían a chistar. El miedo podía más que la mengua y quiebra de la honra. Sólo Arias Gonzalo, si bien su larga edad le pudiera excusar, determinó de salir a la demanda, y ofreció a sí y a sus hijos para hacer campo con aquel caballero por el bien de su patria.

Tenían en Castilla costumbre que el que retase de aleve alguna ciudad fuese obligado para probar su intención hacer campo con cinco, cada uno de por sí. Salieron al palenque y a la liza[17] tres hijos de Arias Gonzalo por su orden: Pedro, Diego y Rodrigo. Todos tres murieron a manos de Diego Ordóñez, que peleaba con esfuerzo muy grande. Sólo el tercero, bien que herido de muerte, alzó la espada, con que por herir al contrario le hirió el caballo y le cortó las riendas; espantado el caballo se alborotó de manera, que sin poderle detener salió y sacó a don Diego de la palizada, lo que no se puede hacer conforme a las leyes del desafío, y el que sale se tiene por vencido.

Acudieron a los jueces que tenían señalados; los de Zamora alegaban la costumbre recibida; el retador se defendía con que aquello sucedió acaso[18] y que salió del palenque contra su voluntad. Los jueces no se resolvían, y con aquel silencio parecía favorecían a los ciudadanos. De esta manera se acabó aquel debate, que sin duda fué muy señalado, como se entiende por las crónicas de España y lo dan a entender los romances viejos que andan en este propósito y se suelen cantar a la vihuela en España, de sonada apacible y agradable.

LIBRO XXV

Capítulo XVIII

Que Granada se ganó

Esta carta llegó a los reales[19] el día de año nuevo, la cual como el rey don Fernando leyese, bien se puede entender cuánto fué el contento que recibió. Ordenó que para el día siguiente, que es el que en Granada se hace la fiesta de la toma de aquella ciudad, todas las cosas se pusiesen en orden. Él mismo, dejado el luto que traía por la muerte de su yerno don Alfonso, príncipe de Portugal, vestido de sus vestiduras reales y paño rico, se encaminó para el castillo y la ciudad con sus gentes en ordenanza y armados como para pelear, muy lucida compañía y para ver. Seguíanse poco después la Reina y sus hijos, los grandes, arreados de brocados y sedas de gran valor. Con esta pompa y repuesto[20] al tiempo que llegaba el rey cerca del Alcázar, Boadbil, el rey Chiquito, le salió al encuentro acompañado de cincuenta de a caballo. Dió muestra de querer apear para besar la mano real del vencedor; no se lo consintió el rey. Entonces, puestos los ojos en la tierra y con rostro poco alegre:

«Tuyos, dice, somos, rey invencible; esta ciudad y reino te entregamos, confiados usarás con nosotros de clemencia y de templanza.»

Dichas estas palabras, le puso en las manos las llaves del castillo. El rey las dió a la reina, y la reina al príncipe, su hijo; de él las tomó don Iñigo de Mendoza, conde de Tendilla, que tenía el rey señalado para la tenencia de aquel castillo y por capitán general en aquel reino, y a don Pedro de Granada por alguacil mayor de la ciudad, y a don Alonso, su hijo, por general de la armada de la mar.

Entró, pues, con buen golpe de gente de a caballo en el castillo. Seguíale un buen acompañamiento de señores y de eclesiásticos. Entre éstos los que más se señalaban eran los prelados de Toledo y de Sevilla, el maestre de Santiago, el duque de Cádiz, fray Hernando de Talavera, obispo de Ávila electo por arzobispo de aquella ciudad, el cual, hecha oración como es de costumbre en acción de gracias, juntamente puso el guión[21] que llevaba delante de sí el cardenal de Toledo, como primado, en lo más alto de la torre principal y del homenaje, a los lados dos estandartes, el real y el de Santiago. Siguióse un grande alarido y voces de alegría, que daban los soldados y la gente principal. El rey, puestos los hinojos con grande humildad, dió gracias a Dios por quedar en España desarraigado el imperio y nombre de aquella gente malvada y levantada la bandera de la cruz en aquella ciudad, en que por tanto tiempo prevaleció la impiedad con muy hondas raíces y fuerza. Suplicábale que con su gracia llevase adelante aquella merced y fuese durable y perpetua.

Acabada la oración, acudieron los grandes y señores a darle el parabién del nuevo reino, e hincada la rodilla, por su orden le besaron la mano. Lo mismo hicieron con la reina y con el príncipe, su hijo. Acabado este acto, después de yantar,[22] se volvieron con el mismo orden a los reales por junto a la puerta más cercana de la ciudad. Dieron al rey Chiquito el valle de Purchena, que poco antes se ganó en el reino de Murcia de los moros, y señaláronle rentas con que pasase,[23] si bien no mucho después se pasó a África; que los que se vieron reyes no tienen fuerzas ni paciencia bastante para llevar vida de particular. Quinientos cautivos cristianos, según se tenía concertado, fueron sin rescate puestos en libertad. Éstos en procesión luego el otro día después de misa se presentaron con toda humildad al rey. Daban gracias a los soldados por aquel bien que les vino por su medio. Alababan

---

17 palenque y liza: campo de combate.   18 por casualidad.   19 el campamento del rey don Fernando el Católico, a quien Boabdil, rey moro de Granada, escribió una carta ofreciendo rendirse al día siguiente.   20 apostura,

dignidad.
21 cruz que va delante del prelado o de la comunidad.
22 comer.   23 viviese.   24 a la manera de.   25 domaba.
26 azules.

lo mucho que hicieron por el bien de España, por ganar prez y honra y por el servicio de Dios; llamábanlos reparadores, padres y vengadores de la patria.

No pareció entrar en la ciudad antes de estar para mayor seguridad apoderados de las puertas, torres, baluartes, y castillos; lo cual todo hecho, el cuarto día adelante, por el mismo orden que la primera vez, entraron en la ciudad. En los templos que para ello tenían aderezados cantaron himnos en acción de gracias; capitanes y soldados a porfía engrandecían la majestad de Dios por las victorias que les dió unas sobre otras y los triunfos que ganaron de los enemigos de cristianos.

Los reyes don Fernando y doña Isabel con los arreos de sus personas, que eran muy ricos, y por estar en lo mejor de su edad y dejar concluída aquella guerra y ganado aquel nuevo reino, representaban mayor majestad que antes. Señalábanse entre todos, y entre sí eran iguales; mirábanlos como si fueran más que hombres y como dados del cielo para la salud de España. A la verdad ellos fueron los que pusieron en su punto la justicia, antes de su tiempo estragada y caída. Publicaron leyes muy buenas para el gobierno de los pueblos y para sentenciar los pleitos. Volvieron por la religión y por la fe, fundaron la paz pública, sosegadas las discordias y alborotos, así de dentro como de fuera. Ensancharon su señorío, no solamente en España, sino también en el mismo tiempo se extendieron hasta lo postrero del mundo. Lo que es mucho de alabar, repartieron los premios y dignidades, que los hay muy grandes y ricos en España, no conforme a la nobleza de los antepasados ni por favor de cualquiera que fuese, sino conforme a los méritos que cada uno tenía, con que despertaron los ingenios de sus vasallos para darse a la virtud y a las letras. De todo esto cuanto provecho haya resultado, no hay para qué decirlo; la cosa por sí misma y los efectos lo declaran. Si va a decir verdad, ¿en qué parte del mundo se hallarán sacerdotes y obispos ni más eruditos ni más santos? ¿Dónde jueces de mayor prudencia y rectitud? Es así, que antes de estos tiempos pocos se pueden contar de los españoles señalados en ciencia; de aquí adelante, ¿quién podrá declarar cuán grande haya sido el número de los que en España se han aventajado en toda suerte de letras y erudición?

Eran el uno y el otro de mediana estatura, de miembros bien proporcionados, sus rostros de buen parecer, la majestad en el andar y en todos los movimientos igual, el aspecto agradable y grave, el color blanco, aunque tiraba algún tanto a moreno. En particular el rey tenía el color tostado por los trabajos de la guerra, el cabello castaño y largo, la barba afeitada a fuer[24] del tiempo, las cejas an-

chas, la cabeza calva, la boca pequeña, los labios colorados, menudos los dientes y ralos, las espaldas anchas, el cuello derecho, la voz aguda, la habla presta, el ingenio claro, el juicio grave y acertado, la condición suave y cortés y clemente con los que iban a negociar. Fué diestro para las cosas de la guerra, para el gobierno sin par, tan amigo de los negocios que parecía con el trabajo descansaba. El cuerpo no con deleites regalado, sino con el vestido honesto y comida templada, acostumbrado y a propósito para sufrir los trabajos. Hacía mal[25] a un caballo con mucha destreza. Cuando más mozo se deleitaba en jugar a los dados y naipes; la edad más adelante solía ejercitarse en cetrería, y deleitábase mucho en los vuelos de las garzas.

La reina era de buen rostro, los cabellos rubios, los ojos zarcos,[26] no usaba de algunos afeites, la gravedad, mesura y modestia de su rostro singular. Fué muy dada a la devoción y aficionada a las letras; tenía amor a su marido, pero mezclado con celos y sospechas. Alcanzó alguna noticia de la lengua latina, ayuda de que careció el rey don Fernando por no aprender letras en su pequeña edad; gustaba empero de leer historias y de hablar con hombres letrados.

El mismo día que nació el rey don Fernando, según que algunos lo refieren, en Nápoles cierto fraile carmelita, tenido por hombre de santa vida, dijo al rey don Alonso, su tío: «Hoy en el reino de Aragón ha nacido un infante de tu linaje; el cielo le promete nuevos imperios, grandes riquezas y venturas; será muy devoto, aficionado a lo bueno, y defensor excelente de la cristiandad.»

Entre tantas virtudes, casi era forzoso, conforme a la fragilidad de los hombres, tuviese algunas faltas. El avaricia de que le tachan se puede excusar con la falta que tenía de dineros y el estar enajenadas las rentas reales. Al rigor y severidad en castigos, de que asimismo le cargan, dieron ocasión los tiempos y las costumbres tan estragados. Los escritores extraños le achacan de hombre astuto, y que a veces faltaba a la palabra si le venía más a cuento. No quiero tratar si esto fué verdad, si invención en odio a nuestra nación; sólo advierto que la malicia de los hombres acostumbra a las virtudes verdaderas poner nombres de los vicios que les son semejables, como también al contrario engañan y son alabados los vicios que semejan a las virtudes; además que se acomodaba al tiempo, al lenguaje, al trato y mañas que entonces se usaban...

Concluyo con decir que con la entrada de los reyes en Granada y quedar apoderados de aquella ciudad, los moros por voluntad de Dios dichosamente ya para siempre se sujetaron en aquella parte de España al señorío de los cristianos, que fué el año de nuestra salvación de mil y cuatrocientos y noventa y dos a seis de enero, día viernes; conforme a la cuenta de los árabes, el año ochocientos y noventa y siete de la Égira[27] a ocho del mes que ellos llaman Rahib Haraba. El cual día como quier que para todos los cristianos por costumbre antigua es muy alegre y solemne por ser fiesta de los Reyes y de la Epifanía, así bien por esta nueva victoria no menos fué saludable, dichoso y alegre para toda España, que para los moros aciago; pues con desarraigar en él y derribar la impiedad, la mengua pasada de nuestra nación y sus daños se repararon y no pequeña parte de España se allegó a lo demás del pueblo cristiano y recibió el gobierno y leyes que le fueron dadas; alegría grande de que participaron asimismo las demás naciones de la cristiandad...

TRATADO CONTRA LOS JUEGOS PÚBLICOS

CAPÍTULO V

Por qué deleitan tanto las representaciones

Lo cual, si es verdad que los deleites de los sentidos apetecidos por aquellos que como jumentos obedecen al cuerpo, están entre sí trabados en tal manera, que de uno nace otro más torpe y feo, ¿qué pensaremos que acontecerá a los que tienen por costumbre de agotar en el teatro por los ojos y orejas toda la torpeza? ¿Por ventura diremos que los tales sean templados y santos, o más presto que se revuelvan en el cieno y en la muerte, la cual está en el deleite, como la vida eterna se alcanza por la virtud? Pero antes que pasemos adelante es justo maravillarse y inquirir por qué causa las representaciones y comedias en tanta manera arrebatan a los hombres, que menospreciados los otros oficios de la vida, muchos concurren a esta vanidad, y todos los días gastan en este deleite, muchas veces con tanta vehemencia concitados con furor, que no es menos maravilla ver lo que hacen y dicen sus meneos y visajes, gritería, aplauso y lágrimas de los que vinieron a ver, que los mesmos representantes.

La causa es que estos hombres por su interés han juntado en uno todas las maneras e invenciones, para deleitar el pueblo, que se pueden pensar, como cualquiera dellas tenga fuerza para suspender los ánimos de los hombres, porque primeramente se cuentan historias de acaecimientos extraordinarios y admirables, que se rematan en algún fin y suceso más maravilloso, como lo vemos en las tragedias y comedias; cosas increíbles componerse y afeitarse de manera, que no parecen fingidas, sino acaecidas y hechas; y es propio de nuestra naturaleza maravillarnos de cosas extraordinarias, menospreciar lo que pasa cada día; y son principalmente maravillosas y acarrean muy grande deleite aquellas que suceden fuera de lo que se espera, y son de mayor peligro; que si con la simple narración de cosas ordinarias muchas veces nos entretenemos, y la historia, de cualquier manera que esté escrita, nos deleita, por ser como somos naturalmente curiosos. Aun las consejas y fábulas de las viejas dan gusto, ¿qué será cuando se juntase a esto la hermosura de las palabras y elocuencia? ¿Cuánta gracia se acrecentará a la narración, que es la segunda causa por que deleitan tanto las representaciones, principalmente cuando de palabras escogidas y graves sentencias está sembrado lo que se dice, como el prado de flores y el oro esmaltado de pedrería?

Allende[28] desto, los versos numerosos y elegantes hieren los ánimos y los mueven a lo que quieren, y con su hermosura persuaden con mayor fuerza a los oyentes y se pegan más a la memoria; porque los que estamos compuestos de números, más que con ninguna cosa nos deleitamos con ellos, y la oración compuesta de números, cuales son los versos, más vehementes movimientos suelen despertar y mover a la parte que quieren. Allégase a esto, flautas, cornetas, vihuelas, la suave melodía de las voces, las cuales, añadidas a lo demás, no pequeña suavidad tienen consigo, pues consta que muchas destas cosas, a solas, sin fastidio bastan a entretener mucho tiempo.

Represéntanse costumbres de hombres de todas edades, calidad y grado con palabras, meneos y vestidos al propósito, remedando el rufián, la ramera, el truhán, mozos y viejas, en lo cual hay muchas cosas dignas de notar y muy graciosas, porque, no sólo se refieren con palabras, sino que se ponen delante los mesmos ojòs, y lo que tiene muy mayores fuerzas, añádense burlas y dichos graciosos para mover la gente a risa, cosa que por sí sola deleita mucho, principalmente si se tocan y muerden las costumbres ajenas y la vida.

Y en conclusión, lo que es mayor cebo, muchachos muy hermosos, o lo que es peor y de mayor perjuicio, mujeres mozas de excelente hermosura salen al teatro y se muestran, las cuales bastan para detener los ojos, no sólo de la muchedumbre deshonesta, sino de los hombres prudentes y modestos. ¿Hay por ventura flor o animal que en hermosura se pueda comparar con la de los hombres? ¿Hay por

[27] Era de los mahometanos que se cuenta desde el día de la huída de Mahoma de la Meca a Medina en el año 622.   [28] además.

ventura cosa que más atraiga los ojos y los ánimos, dado que desnuda se propusiese? Cuanto más que los atavíos de todo punto reales, hechos a la manera antigua ¡cuánta hermosura, cuán gran deleite traen consigo para atraer y entretener la muchedumbre el raso, la púrpura, el brocado, las guarniciones y bordaduras de recamados! No hay cosa por hermosa y preciosa que sea, que no sirva a las comedias y teatro.

Sería cosa prolíja de declarar todo esto por menudo y nunca acabar, si quisiese tratar y dilatar este punto, como se pudiera hacer, y aun todo esto corre hablando de las comedias honestas y tragedias, en las cuales, si hay tantas cosas que causen deleite, ¿qué será si se refieren cada una dellas a la torpeza y deshonestidad? El cual deleite más que todos ata a los hombres de tal manera, que con sólo la memoria los arrebata, ¿qué será si la fábula trata de las caídas y engaños de las doncellas, de los amores y artes de las rameras, de la torpeza y desgarros de los rufianes? ¿Por ventura puédese pensar que haya deleite más poderoso que éste? No por cierto; porque se preponen al entendimiento y a los ojos rostros que irritan, propónense el cebo y yesca de los vicios, y con la imagen, representación y memoria destas cosas despiértase el apetito; y con los amores fingidos, como si fuesen verdaderos, los que miran, se revuelven en el torpe deleite como en un cenagal lo cual si es razón que se disimule, o antes que se evite y que con todo cuidado se aparte este peligro, procuraremos en esta disputa se declare y entienda.

CAPÍTULO XX

Qué origen tienen en el correr de los toros

De todos los géneros de espectáculos que se usaban antiguamente en Roma, y desde aquella ciudad, como de fuente, se derramaron por todas las demás provincias, solos casi han quedado en este tiempo los escénicos, de los cuales se ha hablado, y demás destos, las cazas y fiestas de los toros, de las cuales, porque se usan mucho en España, quiero tratar en este lugar, y declarar la primera origen deste espectáculo, los provechos e inconvenientes que de él suelen proceder, para que el lector con pecho sosegado y no ocupado de alguna persuasión por sí mismo determine lo que debe sentir y juzgar.

Pertenece sin duda este juego al antiguo género de los espectáculos, que se llamaba en latín *munus*, y llamóse así, como lo declara Tertuliano en el libro *De los espectáculos*, cap. 12, porque significa tanto como oficio; y los antiguos pensaban que en este espectáculo se hacía oficio o servicio a los muertos; de donde en los libros eclesiásticos se

dijo el oficio de los difuntos, porque había costumbre antigua entre los romanos de matar esclavos en las exequias de los difuntos, como queriendo con mal ajeno aliviar su propio dolor. Después se usó comprar gladiatores, los cuales, peleando en las honras de los muertos, aplacasen con su sangre las ánimas, que llamaban manes; y de qué manera peleasen los gladiatores, dícelo San Isidoro en el lib. XVIII *De las etimologías,* desde el capítulo 53.

Últimamente añadieron las fieras, con las cuales, peleando algunos hombres, se hacían los espectáculos que llamaban cazas. Por esta causa los juegos taurios, de los cuales tratamos, se hacían antiguamente en el circo flaminio, como lo dice Marco Varron en el libr. IV *De la lengua latina;* y los mismos eran dedicados a los dioses infernales, así porque se persuadían que las ánimas de los muertos se aplacaban con ellos, como porque, según lo dice Sexto Pompeyo, reinando Tarquino, como una grave pestilencia hubiese caído en las mujeres preñadas, las criaturas se inficionaron del mal olor de los toros sacrificados. Por esto los juegos taurios se llamaron así, y se hacían en el circo flaminio por no invocar dentro de los muros a los dioses infernales, por donde la origen deste juego, como de los demás, nació de la idolatría, y las mesmas honras que hacían a los muertos era especie de idolatría, como lo dice Tertuliano...

En conclusión, el espectáculo, en el cual los hombres o condenados por los jueces, o comprados por dineros, peleaban con las bestias, Constantino César le quitó, ley 1.ª *De gladiatoribus,* ley 2.ª del código, título 43, ordenando que de todo punto no hubiese gladiatores. Desta manera también dejaron de hacerse los juegos taurios; porque ¿qué otra cosa se hacía en ellos sino pelear los hombres con los toros?

Pero esta costumbre nunca se quitó en España, o con el tiempo se ha tornado a revocar, por ser nuestra nación muy aficionada a este espectáculo, siendo los toros en España más bravos que en otras partes, a causa de la sequedad de la tierra y de los pastos, por donde lo que más había de apartar destos juegos, que es no ver despedazar a los hombres, eso los enciende más a apetecerlos, por ser, como son, aficionados a las armas y a derramar sangre, de genio inquieto, tanto, que cuanto más bravos son los toros y más hombres matan, tanto el juego da más contento; y si ninguno hieren, el deleite y placer es muy liviano o ninguno.

Pero hay diferencia, que en las cazas antiguas las más veces eran forzados a pelear con las fieras hombres condenados a ello por sus delitos, sin haber donde se recogiesen sino en la misericordia del pueblo de que solían usar con los que en muchas peleas semejantes habían salido vencedores; mas en nuestros juegos ni lo uno ni lo otro acontece, porque ninguno es condenado a pelear con las bestias, aunque sea esclavo, o por razón digno de muerte. Todos los toreadores salen de su voluntad al coso, al derredor del cual hay muchas barreras y escondrijos donde se recogen seguramente, porque el toro no puede entrar dentro tras ellos, de suerte que si algunos perecen, parece que no es culpa de los que gobiernan, sino de los que locamente se atrevieron a ponerse en parte de donde no pudiesen huir seguramente. Principalmente a los que torean a caballo ningún peligro, a lo menos muy pequeño, les corre; sólo la gente baja tiene peligro, y por causa dellos se trata esta dificultad, si conviene que este juego por el tal peligro se quite como los demás espectáculos, o si será mejor que se use con fin de deleitar al pueblo, y con estas peleas y fiestas ejercitarle para las verdaderas peleas.

Francisco Manuel de Melo
1608-1667

Entre los historiadores de sucesos particulares en el siglo XVII, se ha dado la preferencia, para no recargar demasiado esta sección, a la obra de Melo, soldado y escritor. Portugués de nacimiento, escribe sin embargo, un castellano animado, vigoroso y que a trozos puede competir en expresividad o en agudeza con el de los mejores prosistas del tiempo, entre ellos con el de Quevedo, a quien Melo imita.

HISTORIA DE LOS MOVIMIENTOS, SEPARACIÓN Y GUERRA DE CATALUÑA

Entrada de los segadores. Movimientos de Barcelona. Muerte del Santa Coloma, virrey del Principado

Son los catalanes, por la mayor parte, hombres de durísimo natural; sus palabras pocas, a que parece les inclina también su propio lenguaje, cuyas cláusulas y dicciones son brevísimas: en las injurias muestran gran sentimiento, y por eso son inclinados a venganza; estiman mucho su honor y su palabra; no menos su exención,[1] por lo que entre las más naciones de España, son amantes de su libertad. La tierra, abundante de asperezas, ayuda y dispone su ánimo vengativo a terribles efectos con pequeña ocasión: el quejoso o agraviado deja los pueblos y se entra a vivir en los bosques, donde en continuos asaltos fatigan los caminos; otros, sin más ocasión que su propia insolencia, siguen a estotros; éstos y aquéllos se mantienen por la industria de sus insultos. Llaman comúnmente andar en trabajo aquel espacio de tiempo que gastan en este modo de vivir, como en señal de que le conocen por desconcierto; no es acción entre ellos reputada por afrentosa; antes al ofendido ayudan siempre sus deudos y amigos. Algunos han tenido por cosa política fomentar sus parcialidades por hallarse poderosos en los acontecimientos civiles; con este motivo, han conservado siempre entre sí los dos famosos bandos de Narros y Cadells, no menos celebrados y dañosos a su patria que los Güelfos y Gibelinos de Milán, los Pafos y Médicis de Florencia, los Beamonteses y Agramonteses de Navarra, y los Gamboínos y Oñasinos de la antigua Vizcaya...

Habitan los quejosos por los boscajes y espesuras, y entre sus cuadrillas hay uno que gobierna, a quien obedecen los demás. Ya de este pernicioso mando han salido para mejores empleos Roque Guinart, Pedraza y algunos famosos capitanes de bandoleros, y últimamente, Don Pedro de Santa Cilia y Paz, caballero de nación mallorquín, hombre cuya vida hicieron notable en Europa las muertes de trescientas y veinticinco personas, que por sus manos o industria hizo morir violentamente, caminando veinticinco años tras la venganza de la injusta muerte de un hermano. Ocúpase estos tiempos Don Pedro sirviendo al Rey Católico en honrados puestos de la guerra, en que ahora le da al mundo satisfacción del escándalo pasado.

Es el hábito común acomodado a su ejercicio;[2] acompáñanse siempre de arcabuces cortos llamados pedreñales, colgados de una ancha faja de cuero que dicen charpa, atravesada desde el hombro al lado opuesto. Los más desprecian las espadas como cosa embarazosa a sus caminos; tampoco se acomodan a sombreros, mas en su lugar usan bonetes de estambre listados de diferentes colores, cosa que algunas veces traen como para señal, diferenciándose unos de otros por las listas; visten larguísimas capas de jerga blanca, resistiendo gallardamente al trabajo, con que se reparan y disimulan; sus calzados son de cáñamo tejido, a quien llaman san-

---

[1] su independencia, su libertad.   [2] el vestido y armas que usan (el hábito común) está de acuerdo con su oficio.   [3] atarazana, arsenal.   [4] consejeros.

dalias; usan poco el vino, y con agua sola, de que se acompañan, guardada en vasos rústicos, y algunos panes ásperos que se llevan, siempre pasados del cordel con que se ciñen, caminan y se mantienen los muchos días que gastan sin acudir a los pueblos.

Los labradores y gente del campo, a quien su ejercicio en todas provincias ha hecho llanos y pacíficos, también son oprimidos de esta costumbre; de tal suerte que unos y otros todos viven ocasionados a la venganza y discordia por su natural, por su habitación y por el ejemplo. El uso antiguo facilitó tanto el escándalo común, que templando el rigor de la justicia, o por menos atenta o por menos poderosa, tácitamente permite su entrada y conversación en los lugares comarcanos, donde ya los reciben como vecinos.

No por esto se debe entender que toda la provincia y sus moradores vivan pobres, sueltos y sin política; antes por el contrario, es la tierra, principalmente en las llanuras, abundantísima de toda suerte de frutos, en cuya fertilidad compite con la gruesa Andalucía, y vence cualquiera otra de las provincias de España: ennoblécenla muchas ciudades, algunas famosas en antigüedad y lustre: tiene gran número de villas y lugares, algunos puertos y plazas fuertes; su cabeza y corte, Barcelona, está llena de nobleza, letras, ingenios y hermosura; y esto mismo se reparte, con más que medianía, a los otros lugares del Principado. Fabricó la piedad de sus príncipes, señalados en la religión, famosos templos consagrados a Dios. Entre ellos luce, como el sol entre las estrellas, el santuario de Monserrate, célebre en todas las memorias cristianas del universo. Reconocen el valor de sus naturales las historias antiguas y modernas en el Asia y Europa; ¿África también no se lo confiesa? Es, en fin, Cataluña y los catalanes una de las provincias y gentes de más primor, reputación y estima que se halla en la grande congregación de estados y reinos de que se formó la monarquía española.

Andaba en este tiempo más viva que nunca en el Principado la plática de las cosas públicas, que cada uno encaminaba según su intención o noticia; aunque generalmente la cólera de los naturales persuadidos de su efecto, daba poco lugar a distinguir la razón del antojo. Habían los casos presentes sacado muchos hombres de sus casas, algunos ofendidos y otros temerosos; vivían éstos retirados, según su costumbre y continuo deseo de inquietud y venganza; engrosábase cada día con esta gente el número de los que infestaban la campaña, de suerte que su fuerza y atrevimiento era bastante a poner en cuidado cualquiera de los pueblos pacíficos; empero ellos, esperando la ocasión favorable que ya

les traía el tiempo, se disimulaban más de lo que se comedían.

Crecía con las ocasiones la furia del pueblo, hasta que en 12 de mayo rompió tumultuosamente las cárceles, sacando al diputado militar y otros oficiales del común de la prisión pública, de que avisados los más acudieron al remedio de mayor daño sin artificiosa diligencia: los inquietos, como triunfantes, amenazaban las casas de Santa Coloma y marqués de Villafranca; fué como proemio aquel día a la obra que ya determinaban. Habíanse retirado los dos a la tarazana,[3] donde, asistidos de los conselleres[4] y algunos caballeros, salieron libres, excusando aquella vez el peligro a la injuria.

Había entrado el mes de junio, en el cual, por uso antiguo de la provincia, acostumbran bajar de toda la montaña hacia Barcelona muchos segadores, la mayor parte hombres disolutos y atrevidos que lo más del año viven desordenadamente, sin casa, oficio o habitación cierta: causan de ordinario movimientos e inquietud en los lugares donde los reciben; pero la necesidad precisa de su trato parece no consiente que se les prohiba: temían las personas de buen ánimo su llegada, juzgando que las materias presentes podrían dar ocasión a su atrevimiento en perjuicio del sosiego público.

Entraban comúnmente los segadores en vísperas del Corpus, y se habían anticipado aquel año algunos; también su multitud, superior a los pasados, daba más que pensar a los cuerdos, y con mayor cuidado por las observaciones que se hacían de sus ruines pensamientos.

El de Santa Coloma, avisado de esta novedad, procuró, previniéndola, estorbar el daño que ya antevía; comunicólo a la ciudad, diciendo le parecía conveniente a su devoción y festividad que los segadores fuesen detenidos, porque con su número no tomase algún mal propósito el pueblo, que ya andaba inquieto; pero los conselleres de Barcelona (así llaman los ministros de su magistrado; consta de cinco personas), que casi se lisonjeaban de la libertad del pueblo, juzgando de su estruendo habría de ser la voz que más constante votase el remedio de su república, se excusaron con que los segadores eran hombres llanos y necesarios al manejo de las cosechas; que el cerrar las puertas de la ciudad causaría mayor turbación y tristeza; que quizá su multitud no se acomodaría a obedecer la simple orden de un pregón. Intentaban con esto poner espanto al Virrey para que se templase en la dureza con que procedía; por otra parte, deseaban justificar su intención para cualquier suceso.

Pero el Santa Coloma ya imperiosamente les mostró con claridad la peligrosa confusión que los aguardaba en recibir tales hombres; empero volvió el magistrado por segunda respuesta que ellos no se atrevían a mostrar a sus naturales tal desconfianza; que reconocían parte de los efectos de aquel recelo; que mandaban armar algunas compañías de la ciudad por tenerla sosegada; que donde su flaqueza no alcanzase, supliese la gran autoridad de su oficio, pues a su poder tocaba hacer ejecutar los remedios que ellos sólo podían pensar y ofrecer. Estas razones detuvieron al Conde, no juzgando por conveniente rogarles con lo que no podía hacerles obedecer; o también porque ellos no entendiesen eran tan poderosos, que su peligro o su remedio podía estar en sus manos.

Amaneció el día en que la Iglesia Católica celebra la institución del Santísimo Sacramento del altar;[5] fué aquel año el 7 de junio; continuóse por toda la mañana la temida entrada de los segadores; afirman que hasta dos mil, que con los anticipados hacían más de dos mil y quinientos hombres, algunos de conocido escándalo; dícese que muchos, a la prevención y armas ordinarias, añadieron aquella vez otras, como que advertidamente fuesen venidos para algún hecho grande.

Entraban y discurrían[6] por la ciudad; no había por todas sus calles y plazas sino corrillos y conversaciones de vecinos y segadores; en todos se discurría sobre los negocios entre el rey y la provincia, sobre la violencia del Virrey, sobre la prisión del diputado y consejeros, sobre los intentos de Castilla, y últimamente, sobre la libertad de los soldados; después, ya encendidos de su enojo, paseaban llenos de silencio por las plazas, y el furor oprimido de la duda forcejaba por salir asomándose a los efectos, que todos se reconocían rabiosos e impacientes; si topaban algún castellano, sin respetar su hábito o puesto, lo miraban con mofa y descortesía, deseando incitarlos al ruido; no había demostración que no prometiese un miserable suceso.

Asistían a este tiempo en Barcelona, esperando la nueva campaña, muchos capitanes y oficiales del ejército y otros ministros del Rey Católico, que la guerra de Francia había llamado a Cataluña; era común el desplacer con que los naturales los trataban. Los que eran más servidores del rey, atentos a los sucesos antecedentes, medían sus pasos y divertimientos, y entre todos se hallaba como ociosa la libertad de la soldadesca. Habían sucedido algunos casos de escándalo y afrenta contra personas de gran puesto y calidad, que la sombra de la noche o el temor había cubierto; eran, en fin, frecuentísimas las señales de su rompimiento. Algunos patrones hubo que, compadecidos de la inocencia de los huéspedes, los aconsejaban mucho de antes se retirasen a Castilla; tal hubo también que, rabioso con pequeña ocasión, amenazaba a otro con el esperado día del desagravio público.

Este conocimiento incitó a muchos, bien que su calidad y oficio les obligase a la compañía del conde, a que se fingiesen enfermos e imposibilitados de seguirle; algunos, despreciando o ignorando el riesgo, le buscaron.

Era ya constante en todas partes el alboroto; los naturales y forasteros corrían desordenadamente; los castellanos, amedrantados del furor público, se escondían en lugares olvidados y torpes; otros se confiaban a la fidelidad, pocas veces incorrupta, de algunos moradores, tal con la piedad, tal con la industria, tal con el oro. Acudió la justicia a estorbar las primeras revoluciones, procurando reconocer y prender algunos de los autores del tumulto; esta diligencia, a pocos agradable, irritó y dió nuevo aliento a su furor, como acontece que el rocío de poca agua enciende más la llama en la hornalla.[7]

Señalábase entre todos los sediciosos uno de los segadores, hombre facineroso y terrible, al cual queriendo prender por haberle conocido un ministro inferior de la justicia... resultó desta contienda ruido entre los dos: quedó herido el segador, a quien ya socorría gran parte de los suyos. Esforzábase más y más uno y otro partido, empero siempre ventajoso el de los segadores. Entonces, algunos soldados de milicia que guardaban el palacio del virrey, tiraron hacia el tumulto, dando a todos más ocasión que remedio. A este tiempo rompían furiosamente en gritos: unos pedían venganzas; otros, más ambiciosos, apellidaban la libertad de la patria; aquí se oía: ¡«Viva Cataluña y los catalanes!»; allí otros clamaban: «¡Muera el mal gobierno de Felipe!» Formidables resonaron la primera vez estas cláusulas en los recatados oídos de los prudentes; casi todos los que no las ministraban las oían con temor, y los más no quisieran haberlas oído. La duda, el espanto, el peligro, la confusión, todo era uno; para todo había su acción, y en cada cual cabían tan diferentes efectos; sólo los ministros reales y los de la guerra lo esperaban, iguales en el celo. Todos aguardaban por instantes la muerte (el vulgo, furioso, pocas veces para sino en sangre); muchos, sin contener su enojo, servían de pregón al furor de otros; éste gritaba cuando aquél hería, y éste, con las voces de aquél, se enfurecía de nuevo. Infamaban los españoles con enormísimos nombres, buscándolos con ansia y cuidado, y el que descubría y mataba, éste era tenido por valiente, fiel y dichoso.

Las milicias armadas con pretexto de sosiego, o fuese orden del conde, o sólo de la ciudad, siempre encaminada a la quietud, los mismos que en ellas debían servir a la paz, ministraban el tumulto.

Porfiaban otras bandas de segadores, esforzados ya de muchos naturales, en ceñir su casa del Santa Coloma; entonces, los diputados de la General, con los conselleres de la ciudad, acudieron a su palacio; diligencia que más ayudó la confusión del conde, de lo que pudo socorrérsela; allí se puso en plática saliese de Barcelona con toda brevedad, porque las cosas no estaban ya de suerte que accidentalmente pudiesen remediarse; facilitábanle con el ejemplo de don Hugo de Moncada en Palermo, que por no perder la ciudad la dejó, pasándose a Mesina. Dos galeras genovesas en el muelle daban todavía esperanza de salvación. Escuchábalo el Santa Coloma, pero con ánimo tan turbado, que el juicio ya no alcanzaba a distinguir el yerro del acierto. Cobróse, y resolvió despedir de su presencia casi todos los que le acompañaban, o fuese que no se atrevió a decirles de otra suerte que escapasen las vidas, o que no quiso hallarse con tantos testigos a la ejecución de su retirada. En fin, se excusó a los que le aconsejaban su remedio, con peligro, no sólo de Barcelona, sino de toda la provincia; juzgaba la partida indecente a su dignidad; ofrecía en su corazón la vida por el real decoro; de esta suerte, firme en no desamparar su mando, se dispuso a aguardar todos los trances de su fortuna.

Del ánimo del magistrado no haremos discurso en esta acción, porque ahora el temor, ahora el artificio, le hacían que ya obrase conforme a la razón, ya que disimulase según la conveniencia. Afírmase, por sin duda, que ellos jamás llegaron a pensar tanto del vulgo, habiendo mirado apaciblemente sus primeras demostraciones.

No cesaba el miserable virrey en su oficio, como el que con el remo en la mano piensa que por su trabajo ha de llegar al puerto; miraba, y revolvía en su imaginación los daños y procuraba su remedio; aquel último esfuerzo de su actividad estaba enseñando ser el fin de sus acciones.

Recogido a su aposento, escribía y ordenaba; pero ni sus papeles ni sus voces hallaban reconocimiento u obediencia. Los ministros reales deseaban que su nombre fuese olvidado de todos; no podían servir en nada; los provinciales, ni querían mandar; menos obedecer.

Intentó por última diligencia satisfacer su queja al pueblo, dejando en su mano el remedio de las cosas públicas, que ellos ya no agradecían, porque ninguno se obliga ni quiere deber a otro lo que se puede obrar por sí mismo; empero ni para justificarse pudo hallar forma de hacer notoria su voluntad a los inquietos, porque las revoluciones interiores, a imitación del cuerpo humano, habían de tal suerte desconcertado los órganos de la república,

que ya ningún miembro de ella acudía a su movimiento y oficio.

A vista de este desengaño, se dejó vencer de la consideración y deseo de salvar la vida, reconociendo últimamente lo poco que podía servir a la ciudad su asistencia, pues antes el dejarla se encaminaba a la lisonja o remedio acomodado a su furor. Intentólo, pero ya no le fué posible, porque los que ocupaban la tarazana y baluarte del mar, a cañonazos habían hecho apartar la una galera, y no menos, porque para salir a buscarla a la marina era fuerza pasar descubierto a las bocas de sus arcabuces. Volvióse seguido ya de pocos, a tiempo que los sediciosos, a fuerza de armas, atropellaban las puertas; los que las defendían, entendiendo la causa del tumulto, unos les seguían, otros no lo estorbaban.

A este tiempo vagaba por la ciudad un confusísimo rumor de armas y voces; cada casa representaba un espectáculo; muchas se ardían, muchas se arruinaban, a todas se perdía el respeto y se atrevía la furia; olvidábase el sagrado de los templos; la clausura e inmunidad de las religiones fué patente al atrevimiento de los homicidas; hallábanse hombres despedazados sin examinar otra culpa que su nación; aun los naturales eran oprimidos por crimen de traidores: así infamaban aquel día a la piedad, si alguno abría sus puertas al afligido o las cerraba al furioso. Fueron rotas las cárceles, cobrando no sólo libertad, mas autoridad los delincuentes.

Había el conde ya reconocido su postrer riesgo, oyendo las voces de los que le buscaban pidiendo su vida; y depuestas entonces las obligaciones de grande, se dejó llevar fácilmente de los afectos de hombre; procuró todos los remedios de salvación, y volvió desordenadamente a proseguir en el primer intento de embarcarse; salió segunda vez a la lengua del agua, empero como el aprieto fuese grande y mayor el peso de las aflicciones, mandó se adelantase su hijo con pocos que le seguían, porque llegando al esquife de la galera, que no sin gran peligro los aguardaba, hiciese como lo esperase también; no quiso aventurar la vida del hijo, porque no confiaba tanto de su fortuna. Adelantóse el mozo, y alcanzando la embarcación, no le fué posible detenerla (tanta era la furia con que procuraban desde la ciudad su ruina); navegó hacia la galera, que le aguardaba fuera de la batería. Quedóse el conde mirándola con lágrimas, disculpables en un hombre que se veía desamparado a un tiempo del hijo y de las esperanzas; pero ya cierto de su perdición, volvió con vagarosos pasos por la orilla opuesta a las peñas que llaman de San Beltrán, camino de Monjuich.

A esta sazón, entrada su casa y pública su ausencia, le buscaban rabiosamente por todas partes, como si su muerte fuese la corona de aquella victoria; todos sus pasos reconocían los de la tarazana; los muchos ojos que lo miraban caminando como verdaderamente a la muerte, hicieron que no pudiese ocultarse a los que le seguían. Era grande la calor del día, superior la congoja, seguro el peligro, viva la imaginación de su afrenta; estaba sobre todo firmada la sentencia en el tribunal infalible; cayó en tierra cubierto de un mortal desmayo, donde, siendo hallado por algunos de los que furiosamente le buscaban, fué muerto de cinco heridas en el pecho.

Así acabó su vida don Dalmau de Queralt, conde de Santa Coloma, dándole famoso desengaño a la ambición y soberbia de los humanos, pues aquel mismo hombre, en aquella región misma, casi en un tiempo propio, una vez sirvió de envidia, otra de lástima. ¡Oh grandes, que os parece nacisteis naturales al imperio! ¿Qué importa, si no dura más de la vida, y siempre la violencia del mando os arrastra tempranamente al precipicio?

No paró aquí la revolución porque, como no tenía fin determinado, no sabían hasta dónde era menester que llegase la fiereza. Las casas de todos los ministros y jueces reales fueron dadas a saco, como si en porfiadísimo asalto fueran ganadas a enemigos...

Todo aquel día poseyó el delito repartido enormes accidentes, de que cansados ya los mismos instrumentos del desorden, pararon en ella, o también porque con la noche temieron de los mismos que ofendían, y aun de sí propios.

Éstos son aquellos hombres (caso digno de gran ponderación) que fueron tan famosos y temidos en el mundo, los que avasallaron príncipes, los que dominaron naciones, los que conquistaron provincias, los que dieron leyes a la mayor parte de Europa, los que reconoció por señores todo el Nuevo Mundo. Éstos son los mismos castellanos, hijos, herederos y descendientes de estotros, y éstos son aquellos que por oculta providencia de Dios son ahora tratados de tal suerte dentro de su misma patria por manos de hombres viles, en cuya memoria puede tomar ejemplo la nación más soberbia y triunfante. Y nosotros, viéndoles en tal estado, podremos advertir que el Cielo, ofendido de sus excesos, ordenó que ellos mismos diesen ocasión a su castigo, convirtiéndose con facilidad el escándalo en escarmiento.

SIGLO XVII: HISTORIA DE INDIAS

El inca Garcilaso de la Vega

1539-1616

El inca Garcilaso nació en el Perú y estaba emparentado por la línea materna con la estirpe real de los incas y por la paterna con una familia que había dado a la literatura española, entre otros nombres ilustres, los del marqués de Santillana, Jorge Manrique, y su homónimo el poeta de las *Églogas*. Al par que es símbolo encarnado del mestizaje que representa la conquista, pasa por ser el primer clásico de la literatura hispanoamericana. Su educación recoge, sin embargo, lo mejor del humanismo español, y en España, donde vivió la mayor parte de su vida, escribió todas sus obras. Quizás la más bella, desde el punto de vista del arte sea la *Historia de la conquista de la Florida*, pero, en cambio, su obra más conocida, *Comentarios reales que tratan del origen de los Incas, reyes que fueron del Perú, de su idolatría, leyes y gobierno en paz y en guerra*, publicada en Lisboa el año 1609, tiene un interés singular. No sólo aparecen en ella hermanados los dos mundos —el español y el americano— que se funden en la sangre y en el espíritu de Garcilaso, sino que nos da una visión nostálgica del pasado incaico incorporada más tarde a una imagen mítica de América. Por esto la hemos preferido al hacer nuestra selección.

COMENTARIOS REALES DE LOS INCAS

Del nombre de la isla Serrana: historia de Pedro Serrano

La isla Serrana, que está en el viaje de Cartagena[1] a la Habana, se llamó así por un español, llamado Pedro Serrano, cuyo navío se perdió cerca de ella, y él solo escapó nadando, que era grandí-

---

1 en la costa de Colombia.   2 lugares de poco fondo, bancos de arena.   3 comer.   4 mantenerse.   5 cintura.   6 pedazos de carne seca.   7 seguridad; esto es, viéndose bien provisto.   8 piedras.   9 pieza de hierro con la que se sacan chispas de un pedernal.   10 zambullía, se sumergía.

11 se consideró afortunado.   12 residuos.

simo nadador, y llegó a aquella isla, que es despoblada, inhabitable, sin agua ni leña, donde vivió siete años con industria y buena maña que tuvo para tener leña y agua y sacar fuego... de cuyo nombre llamaron la Serrana aquella isla, y Serranilla a otra que está cerca de ella, por diferenciar la una de la otra...

Pedro Serrano salió a nado a aquella isla desierta, que antes de él no tenía nombre; la cual, como él decía, tenía dos leguas en contorno; casi lo mismo dice la carta de marear, porque pinta tres islas muy pequeñas, con muchos bajíos[2] a la redonda, y la misma figura se da a la que llaman Serranilla, que son cinco isletas pequeñas, con muchos más bajíos que la Serrana; y en todo aquel paraje los hay, por lo cual huyen los navíos de ellos por no caer en peligro.

A Pedro Serrano le cupo en suerte perderse en ellos, y llegar nadando a la isla donde se halló desconsoladísimo, porque no halló en ella agua ni leña, ni aún yerba que poder pacer,[3] ni otra cosa alguna con que entretener la vida[4] mientras pasase algún navío que de allí lo sacase, para que no pereciese de hambre y de sed, que le parecía muerte más cruel que haber muerto ahogado, porque es más breve. Así pasó la primera noche llorando su desventura tan afligido como se puede imaginar que estaría un hombre puesto en tal extremo. Luego que amaneció volvió a pasear la isla, halló algún marisco que salía de la mar, como son cangrejos, camarones y otras sabandijas, de las cuales cogió las que pudo, y se las comió crudas, porque no había candela donde asarlas o cocerlas. Así se entretuvo hasta que vió salir tortugas viéndolas lejos de la mar, arremetió con una de ellas y la volvió de espaldas; lo mismo hizo de todas las que pudo; que para volverse a enderezar son torpes; y sacando un cuchillo que de ordinario solía traer en la cinta,[5] que fué el medio para escapar de la muerte, la degolló y bebió la sangre en lugar de agua; lo mismo hizo de las demás; la carne puso al sol para comerla, hecha tasajos,[6] y para desembarazar las conchas para coger agua en ellas de la llovediza, porque toda aquella región, como es notorio, es muy lluviosa. De esta manera se sustentó los primeros días, con matar todas las tortugas que podía...

Viéndose Pedro Serrano con bastante recaudo[7] para comer y beber, le pareció que si pudiese sacar fuego para siquiera asar la comida y para hacer ahumadas cuando viese pasar algún navío, que no le faltaría nada. Con esta imaginación, como hombre que había andado por el mar, que cierto los tales en cualquiera trabajo hacen mucha ventaja a los demás, dió en buscar un par de guijarros[8] que le sirviesen de pedernal, porque del cuchillo pensaba hacer eslabón;[9] para lo cual no hallándolos en la isla, porque toda ella estaba cubierta de arena muerta, entraba en la mar nadando y se sabullía,[10] y en el suelo con gran diligencia buscaba ya en unas partes, ya en otras lo que pretendía; y tanto porfió en su trabajo, que halló guijarros, y se sacó los que pudo, y de ellos escogió los mejores, y quebrando los unos con los otros para que tuviesen esquinas donde dar con el cuchillo, tentó su artificio, y viendo que sacaba fuego, hizo hilas de un pedazo de la camisa muy desmenuzadas... que le sirvieron de yesca, y con su industria y buena maña, habiéndolo porfiado muchas veces, sacó fuego. Cuando se vió con él, se dió por bien andante,[11] y para sustentarlo recogió las orruras[12] que la mar echaba en tierra, y por horas las recogía, donde hallaba mucha yerba que llaman ovas marinas, y madera de navíos que por la mar se perdían y conchas y huesos de pescados, y otras cosas con que alimentaba el fuego. Y para que los aguaceros no se lo apagasen hizo una choza de las mayores conchas que tenía de las tortugas que había muerto, y con grandísima vigilancia cebaba el fuego, porque no se le fuese de las manos. Dentro de dos meses y aún antes se vió como nació, porque con las muchas aguas, calor y humedad de la región se le pudrió la poca ropa que tenía. El sol con su gran calor le fatigaba mucho, porque ni tenía ropa con que defenderse, ni había sombra a que ponerse. Cuando se veía muy fatigado se entraba en el agua para cubrirse con ella. Con este trabajo y cuidado vivió tres años, y en este tiempo vió pasar algunos navíos; mas aunque él hacía su ahumada, que en la mar es señal de gente perdida, no echaban de ver en ella, o por el temor de los bajíos no osaban llegar donde él estaba y se pasaban de largo. De lo cual Pedro Serrano quedaba tan desconsolado, que tomara por partido el morirse y acabar ya. Con la inclemencia del cielo le creció vello de todo el cuerpo tan excesivamente, que parecía pellejo de animal, y no cualquiera, sino el de un jabalí; el cabello y la barba le pasaban de la cinta.

Al cabo de los tres años, una tarde sin pensarlo, vió Pedro Serrano un hombre en su isla, que la noche antes se había perdido en los bajíos de ella y se había sustentado en una tabla de navío; y como luego que amaneció viese el humo de fuego de Pedro Serrano, sospechando lo que fuese había ido a él, ayudado de la tabla de su buen nadar. Cuando se vieron ambos no se puede certificar cuál quedó más asombrado de cuál. Serrano imaginó que era el demonio que venía en figura de hombre para tentarle en alguna desesperación. El huésped entendió que Serrano era el demonio en su propia figura, según le vió cubierto de cabellos, barbas y pelaje. Cada uno huyó del otro, y Pedro Serrano fué diciendo: «Jesús, Jesús, líbrame Señor del demonio.» Oyendo esto se aseguró el otro, y volviendo a él le dijo: «No huyáis, hermano, de mí, que soy cristiano como vos»; y para que se certificase, porque todavía huía, dijo a voces el Credo; lo cual oído por Pedro Serrano volvió a él, y se abrazaron con grandísima ternura y muchas lágrimas y gemidos, viéndose ambos en una misma desventura sin esperanza de salir de ella. Cada uno de ellos brevemente contó al otro su vida pasada. Pedro Serrano, sospechando la necesidad del huésped, le dió de comer y de beber de lo que tenía, con que quedó algún tanto consolado, y hablando de nuevo en su desventura. Acomodaron su vida como mejor supieron, repartiendo las horas del día y de la noche en sus menesteres de buscar marisco para comer, y ovas y leña y huesos de pescado, y cualquiera otra cosa que la mar echase para sustentar el fuego; y sobre todo la perpetua vigilia que sobre él habían de tener, velando por horas porque no se les apagase. Así vivieron algunos días; mas no pasaron muchos que no riñeron, y de manera que apartaron rancho, que no faltó sino llegar a las manos (porque se vea cuán grande es la miseria de nuestras pasiones). La causa de la pendencia fué decir el uno al otro, que no cuidaba como convenía de lo que era menester; y este enojo y las palabras que con él se dijeron, los descompusieron y apartaron. Mas ellos mismos, cayendo en su disparate, se pidieron perdón, y se hicieron amigos y volvieron a su compañía, y en ella vivieron otros cuatro años. En este tiempo vieron pasar algunos navíos, y hacían sus ahumadas; mas no les aprovechaba, de que ellos quedaban tan desconsolados, que no les faltaba sino morir.

Al cabo de este largo tiempo acertó a pasar un navío tan cerca de ellos, que vió la humada y les echó el batel para recogerlos. Pedro Serrano y su compañero, que se había puesto de su mismo pelaje, viendo el batel cerca porque los marineros que iban por ellos no entendiesen que eran demonios y huyesen de ellos, dieron en decir el Credo y llamar al nombre de nuestro Redentor a voces; y valióles el aviso, que de otra manera sin duda huyeran los marineros, porque no tenían figura de hombres humanos. Así los llevaron al navío, donde admiraron a cuantos los vieron y oyeron sus trabajos pasados. El compañero murió en la mar viniendo a España. Pedro Serrano llegó acá y pasó a Alemania, donde el emperador estaba entonces: llevó su pelaje como lo traía, para que fuese prueba de su naufragio, y de lo que en él había pasado. Por todos los pueblos que pasaba a la ida (si quisiera mostrarse) ganara muchos dineros. Algunos señores y caballeros principales, que gustaron de ver su figura, le dieron ayudas de costa para el camino, y la majestad imperial, habiéndole visto y oído, le hizo merced de cuatro mil pesos de renta, que son cuatro mil ochocientos ducados en el Perú. Yendo a gozarlos murió en Panamá, que no llegó a verlos. Todo este cuento, como se ha dicho, contaba un caballero que se decía Garci Sánchez de Figueroa, a quien yo se lo oí, que conoció a Pedro Serrano; y certificaba que se lo había oído a él mismo, y que después de haber visto al emperador se había quitado el cabello y la barba, y dejádola poco más corta que hasta la cinta, y para dormir de noche se la entrenzaba, porque no entrenzándola se tendía por toda la cama y le estorbaba el sueño.

El origen de los Incas, Reyes del Perú

Después de haber dado muchas trazas y tomado muchos caminos para entrar a dar cuenta del origen y principio de los Incas, reyes naturales que fueron del Perú, me pareció que la mejor traza y el camino más fácil y llano, era contar lo que en mis niñeces oí muchas veces a mi madre y a sus hermanos y tíos, y a otros sus mayores, acerca de este origen y principio: porque todo lo que por otras vías se dice de él, viene a reducirse en lo mismo que nosotros diremos, y será mejor que se sepa por las propias palabras que los Incas lo cuentan, que no por las de otros autores extraños.

Es así que residiendo mi madre en el Cuzco, su patria, venían a visitarla casi cada semana los pocos parientes y parientas, que de las crueldades y tiranías de Atahualpa (como en su vida contaremos) escaparon; en las cuales visitas, siempre sus más ordinarias pláticas eran tratar del origen de sus reyes, de la majestad de ellos, de la grandeza de su imperio, de sus conquistas y hazañas, del gobierno que en paz y en guerra tenían, de las leyes que tan en provecho y en favor de sus vasallos ordenaban. En suma, no dejaban cosa de las prósperas que entre ellos hubiese acaecido que no la trujesen a cuenta.

De las grandezas y prosperidades pasadas venían a las cosas presentes: lloraban sus reyes muertos, enajenado su imperio, y acabada su república, etc. Estas y otras semejantes pláticas tenían los Incas y Pallas en sus visitas, y con la memoria del bien perdido, siempre acababan su conversación en lágrimas y llanto, diciendo: «Trocósenos el reinar en vasallaje», etc. En estas pláticas yo como muchacho entraba y salía muchas veces donde ellos estaban, y me holgaba de las oír, y como huelgan los tales de oír fábulas. Pasando pues días, meses y años, siendo ya yo de diez y seis o diez y siete años, acaeció que estando mis parientes un día en

---

13 tierra quebrada entre peñas y poblada de maleza.   14 fieras.   15 se portaban, procedían.

esta su conversación hablando de sus reyes y antiguallas, al más anciano de ellos, que era el que daba cuenta de ellas, le dije: «Inca, tío, pues no hay escritura entre vosotros, que es la que guarda la memoria de las cosas pasadas, ¿qué noticias tenéis del origen y principios de nuestros reyes?, porque allí los españoles, y las otras naciones sus comarcanas, como tienen historias divinas y humanas saben por ellas cuando empezaron a reinar sus reyes y los ajenos, y el trocarse unos imperios en otros, hasta saber cuantos mil años ha que Dios crió el cielo y la tierra que todo esto y mucho más saben por sus libros. Empero vosotros que carecéis de ellos, ¿qué memorias tenéis de vuestras antiguallas? ¿Quién fué el primero de vuestros Incas? ¿Cómo se llamó? ¿Qué origen tuvo su linaje? ¿De qué manera empezó a reinar? ¿Con qué gente y armas conquistó este grande imperio? ¿Qué origen tuvieron nuestras hazañas?»

El Inca, como holgándose de haber oído las preguntas, por gusto que recibía de dar cuenta de ellas, se volvió a mí (que ya otras muchas veces le había oído, mas ninguna con la atención que entonces) y me dijo: «Sobrino, yo te las diré de muy buena gana, a ti te conviene oírlas y guardarlas en el corazón (es frase de ellos por decir en la memoria). Sabrás que en los siglos antiguos toda esta región de tierra que ves eran unos grandes montes de breñales,[13] y las gentes de aquellos tiempos vivían como fieras y animales brutos, sin religión ni policía, sin pueblo ni casa, sin cultivar ni sembrar la tierra, sin vestir ni cubrir sus carnes, porque no sabían labrar algodón ni lana para hacer de vestir. Vivían de dos en dos, y de tres en tres, como acertaban a juntarse en las cuevas y resquicios de peñas y cavernas de la tierra: comían como bestias yerbas de campo y raíces de árboles y la fruta inculta que ellos daban de suyo y carne humana. Cubrían sus carnes con hojas y cortezas de árboles, y pieles de animales; otros andaban en cueros. En suma, vivían como venados y salvajinas,[14] y aún en las mujeres se habían[15] como los brutos, porque no supieron tenerlas propias y conocidas...»

»Nuestro padre el sol, viendo los hombres tales como te he dicho, se apiadó y hubo lástima de ellos, y envió del cielo a la tierra un hijo y una hija de los suyos para que los doctrinasen en el conocimiento de nuestro padre el sol, para que lo adorasen y tuviesen por su dios, y para que les diesen preceptos y leyes en que viviesen como hombres en razón y urbanidad; para que habitasen en casas y pueblos poblados, supiesen labrar las tierras, cultivar las plantas y mieses, criar los ganados y gozar de ellos y de los frutos de la tierra, como hombres racionales, y no como bestias. Con esta orden y mandato puso nuestro padre el sol

estos dos hijos en la laguna Titicaca, que está ochenta leguas de aquí, y les dijo, que fuese por do quisiesen, y do quiera que parasen a comer o a dormir, procurasen hincar en el suelo una varilla de oro, de media vara de largo y dos dedos de grueso, que les dió para señal y muestra que donde aquella barra se les hundiese, con un solo golpe que con ella diesen en tierra, allí quería el sol nuestro padre que parasen e hiciesen su asiento y corte. A lo último les dijo: «Cuando hayáis reducido esas gentes a nuestro servicio, los mantendréis en razón y justicia, con piedad, clemencia y mansedumbre haciendo en todo oficio de padre piadoso para con sus hijos tiernos y amados, a imitación y semejanza mía, que a todo el mundo hago bien, que les doy mi luz y claridad para que vean y hagan sus haciendas, y les caliento cuando han frío, y crío sus pastos y sementeras; hago fructificar sus árboles y multiplico sus ganados; lluevo y sereno a sus tiempos, y tengo cuidado de dar una vuelta cada día al mundo por ver las necesidades que en la tierra se ofrecen, para las proveer y socorrer, como sustentador y bienhechor de las gentes: quiero que vosotros imitéis este ejemplo como hijos míos, enviados a la tierra sólo para la doctrina y beneficio de esos hombres, que viven como bestias. Y desde luego os constituyo y nombro por reyes y señores de todas las gentes que así doctrináredes con buenas razones, obras y gobierno.» Habiendo declarado su voluntad nuestro padre el sol a sus dos hijos, los despidió de sí. Ellos salieron de Titicaca, y caminaron al Septentrión, y por todo el camino, doquiera que paraban, tentaban hincar la barra de oro y nunca se les hundió. Así entraron en una venta, o dormitorio pequeño, que está siete o ocho leguas al Mediodía de esta ciudad, que hoy llaman Pacarec Tampu, que quiere decir venta, o dormida, que amanece. Púsole este nombre el Inca, porque salió de aquella dormida al tiempo que amanecía. Es uno de los pueblos que este príncipe mandó poblar después, y sus moradores se jactan hoy grandemente del nombre, porque lo impuso nuestro Inca: de allí llegaron él y su mujer, nuestra reina, a este valle del Cuzco, que entonces todo él estaba hecho montaña brava.»

Alcanzaron la inmortalidad del ánima y la resurrección universal

Tuvieron los incasamautas que el hombre era compuesto de cuerpo y ánima, y que el ánima era espíritu inmortal, y que el cuerpo era hecho de tierra, porque le veía convertirse en ella; y así le llamaban Allpacamasca, que quiere decir tierra animada y para diferenciarle de los brutos le llaman Runa, que es hombre de entendimiento y razón, y a los brutos en común dicen Llama, que quiere decir bestia. Diéronle lo que llaman ánima vegetativa y sensitiva, porque les veían crecer y sentir, pero no la racional. Creían que había otra vida después de ésta, con pena para los malos y descanso para los buenos. Dividían el universo en tres mundos, llamaban al cielo Aanan Pacha que quiere decir mundo alto, donde decían que iban los buenos a ser premiados de sus virtudes; llamaban Hurin Pacha a este mundo de la generación y corrupción, que quiere decir mundo bajo; llamaban Ucu Pacha al centro de la tierra, que quiere decir mundo inferior de allá abajo, donde decían que van a parar los malos, y para declararlo más, le daban otro nombre que es Cupaipa Huacin, que quiere decir casa del demonio. No entendían que la otra vida era espiritual sino corporal como esta misma. Decían que el descanso del mundo alto era vivir una vida quieta, libre de los trabajos y pesadumbres que en ésta se pasan. Y por el contrario, tenían que la vida del mundo inferior, que llamamos infierno, era llena de todas las enfermedades y dolores, pesadumbres y trabajos que acá se padecen sin descanso ni contento alguno. De manera que esta misma vida presente dividían en dos partes: daban todo el regalo, descanso y contento de ella a los que habían sido buenos, y las penas y trabajos a los que habían sido malos. No nombraban los deleites carnales ni otros vicios entre los gozos de la otra vida, sino la quietud del ánimo sin cuidados y el descanso del cuerpo sin los trabajos corporales.

Tuvieron asimismo los Incas la resurrección universal, no para gloria ni pena, sino para la misma vida temporal, que no levantaron el entendimiento a más que esta vida presente. Tenían grandísimo cuidado de poner en cobro[16] los cabellos y uñas que se cortaban y rasquilaban o arrancaban con el peine: poníanlos en los agujeros o resquicios de las paredes; y si por tiempo se caían, cualquiera otro indio que los veía los alzaba y ponía a recaudo. Muchas veces (por ver lo que decían) pregunté a diversos indios y en diversos tiempos, para qué hacían aquello, y todos me respondían unas mismas palabras diciendo: «Sábete que todos los que hemos nacido hemos de volver a vivir en el mundo (no tuvieron verbo para decir resucitar), y las ánimas se han de levantar de las sepulturas con todo lo que fué de sus cuerpos; y por que las nuestras no se detengan buscando sus cabellos y uñas (que ha de haber aquel día gran bullicio y mucha prisa) se las ponemos aquí juntas

para que se levanten más aína; y aún si fuera posible habíamos de escupir siempre en un lugar.»

Francisco López de Gómara, capítulo ciento y veinte y cinco, hablando de los entierros que a los reyes y a los grandes señores hacían en el Perú, dice estas palabras que son sacadas a la letra: «Cuando los españoles abrían estas sepulturas y desparcían los huesos, les rogaban los indios que no lo hiciesen, porque juntos estuviesen al resucitar: también creen en la resurrección de los cuerpos y la inmortalidad de las almas». Pruébalo claro lo que vamos diciendo; pues este autor, con escribir en España sin haber ido a Indias, alcanzó la misma relación. El contador Agustín de Zárate, libro primero, capítulo doce, dice en esto casi las mismas palabras de Gómara; y Pedro de Cieza, capítulo sesenta y dos, dice: que aquellos indios tuvieron la inmortalidad del ánima y la resurrección de los cuerpos. Estas autoridades, y la de Gómara, hallé leyendo estos autores después de haber escrito yo lo que en este particular tuvieron mis parientes en su gentilidad, holgué muy mucho con ellas, porque cosa tan ajena de gentiles como la resurrección, parecía invención mía, no habiéndola escrito algún español. Y certifico que las hallé después de haberlo yo escrito; porque se crea que en ninguna cosa de éstas sigo a los españoles, sino que cuando los hallo huelgo de alegarlos, en confirmación de lo que oí a los míos de su antigua tradición... Cómo, o por cuál tradición tuviesen los Incas la resurrección de los cuerpos, siendo artículo de fe, no lo sé, ni es de un soldado como yo inquirirlo, ni creo que se pueda averiguar con certidumbre, hasta que el Sumo Dios sea servido manifestarlo. Sólo puedo afirmar con verdad que lo tenían... No es posible contar de una vez las niñerías o burlerías que aquellos indios tuvieron, que una de ellas fué tener que el alma salía del cuerpo mientras él dormía; porque decían que ella no podía dormir, y que lo que veía por el mundo eran las cosas que decimos haber soñado. Por esta vana creencia miraban tanto en los sueños, y los interpretaban, diciendo que eran agüeros y pronósticos, para conforme a ellos temer mucho mal o esperar mucho bien.

El orden que tenían en labrar las tierras, la fiesta con que labran las del Inca y las del Sol

En el labrar y cultivar las tierras también había orden y concierto: labraban primero las del sol, luego las de las viudas y huérfanos, y de los im-

---

16 guardar en lugar seguro.   17 distrito, parroquia. 18 nómina o lista de los vecinos de un pueblo.   19 depósitos de grano para uso común.   20 cacique, gobernador.

21 terraza.   22 imitada.   23 repetición invirtiendo las frases del canto.

pedidos por vejez o por enfermedad. Todos éstos eran tenidos por pobres, y por tanto mandaba el Inca que les labrasen las tierras. Había en cada pueblo o en cada barrio, si el pueblo era grande, hombres diputados solamente para hacer beneficiar las tierras de los que llamamos pobres. A estos diputados llamaban Llactacamayu, que es regidor del pueblo: tenían cuidado al tiempo del barbechar, sembrar y coger los frutos, subirse de noche en atalayas o torres que para este efecto había hechas, y tocaban una trompeta o caracol para pedir atención, y a grandes voces decían: tal día labran las tierras de los impedidos, acuda cada uno a su pertinencia. Los vecinos de cada colación[17] ya sabían por el padrón[18] que estaba hecho, a cuáles tierras habían de acudir, que eran las de sus parientes o vecinos más cercanos. Era obligado cada uno a llevar de comer para sí lo que había de comer en su casa; porque los impedidos no tuviesen cuidado de buscarles la comida, decían que a los viejos, enfermos, viudos y huérfanos les bastaba su miseria sin cuidar de la ajena. Si los impedidos no tenían semilla se la daban de los pósitos,[19] de los cuales diremos adelante. Las tierras de los soldados que andaban ocupados en la guerra, también se labraban por concejo como las tierras de las viudas, huérfanos y pobres; que mientras los maridos servían en la milicia, las mujeres entraban en la cuenta y lista de las viudas por el ausencia de ellos; y así se les hacía este beneficio, como a gente necesitada. Con los hijos de los que morían en la guerra tenían gran cuidado en la crianza de ellos hasta que los casaban.

Labradas las tierras de los pobres, labraba cada uno las suyas, ayudándose unos a otros, como dicen, a torna peón. Luego labraban las del curaca,[20] las cuales habían de ser las postreras que en cada pueblo o provincia se labrasen. En tiempo de Huayna Capac, en un pueblo de los Chachapuyas, porque un indio regidor antepuso las tierras del curaca, que era su pariente, a las de una viuda, lo ahorcaron por quebrantador del orden que el Inca tenía dado en el labrar de las tierras y pusieron la horca en la misma tierra del curaca. Mandaba el Inca que las tierras de los vasallos fuesen preferidas a las suyas; porque decían que de la prosperidad de los súbditos redundaba el buen servicio para el rey, que estando pobres y necesitados mal podían servir en la guerra ni en la paz.

Las últimas que labraban eran las del rey: beneficiábanlas en común, iban a ellas y a las del sol todos los indios generalmente con grandísimo contento y regocijo, vestidos de las vestiduras y galas que para sus mayores fiestas tenían guardadas, llenas de chapería de oro y plata, y con grandes plumajes en las cabezas. Cuando barbechaban (que entonces era el trabajo de mayor contento) decían muchos cantares que componían en loor de sus Incas, trocaban el trabajo en fiesta y regocijo, porque era en servicio de su dios y de sus reyes.

Dentro, en la ciudad del Cuzco, a las faldas del cerro donde está la fortaleza, había un andén[21] grande de muchas fanegas de tierra, y hoy estará vivo si no lo han cubierto de casas; llámase Collcampata. El barrio donde está tomó el nombre propio del andén, el cual era particular y principal joya del sol, porque fué el primero que en todo el imperio de los Incas le dedicaron. Este andén labraban y beneficiaban los de la sangre real, y no podían trabajar otros en él sino los Incas y Pallas. Hacíase con grandísima fiesta, principalmente el barbechar: iban los Incas con todas su mayores galas y arreos. Los cantares que decían en loor del sol y de sus reyes, todos eran compuestos sobre la significación de esta palabra Haylli, que en la lengua general del Perú quiere decir triunfo, como que triunfaban de la tierra barbechándola y desentrañándola para que diese fruto. En estos cantares entremetían dichos graciosos de enamorados discretos y de soldados valientes, todo a propósito de triunfar de la tierra que labraban...

Pareciendo bien estos cantares de los indios y el tono de ellos al maestro de capilla de aquella iglesia catedral, compuso el año de cincuenta y uno o el de cincuenta y dos, una chanzoneta en canto de órgano para la fiesta del Santísimo Sacramento, contrahecha[22] muy al natural al canto de los Incas. Salieron ocho muchachos mestizos de mis condiscípulos, vestidos como indios con sendos arados en las manos, con que representaron en la procesión el cantar y el Haylli de los indios, ayudándoles toda capilla al retruécano[23] de las coplas, con gran contento de los españoles y suma alegría de los indios, de ver que con sus cantos y bailes solemnizasen los españoles la fiesta del Señor Dios nuestro, al cual ellos llaman Pachacamac, que quiere decir, el que da vida al universo.

He referido la fiesta particular que los Incas hacían cuando barbechaban aquel andén dedicado al sol, que lo ví en mis niñeces dos o tres años, para que por ella se saquen las demás fiestas que en todo el Perú se hacían cuando barbechaban las tierras del sol y las del Inca, aunque aquella fiesta que yo ví en comparación de las que hacían en tiempo de sus Incas, era sombra de las pasadas, según lo encarecían los indios.

La ida de Pedro de Ursúa a la conquista de las Amazonas y su fin y muerte, y la de otros muchos con la suya.

Procediendo el visorrey en su gobierno con la suavidad y blandura que hemos dicho, concedió la jornada y conquista de las Amazonas del río Marañón... a un caballero llamado Pedro de Orsúa, que yo conocí en el Perú, hombre de toda bondad y virtud, gentil hombre de su persona y agradable a la vista de todos. Fué dende el Cuzco hasta Quito recogiendo soldados que pretendían salir a nuevas conquistas, porque en el Perú ya no había en qué medrar, porque todo él estaba repartido entre los más antiguos y beneméritos que había en aquel imperio. Recogió asimismo Pedro de Orsúa las armas y bastimento que pudo para su conquista; a todo lo cual los vecinos y los moradores de aquellas ciudades acudieron con mucha liberalidad y largueza, y todo buen ánimo, porque la bondad de Pedro de Orsúa lo merecía todo. Del Cuzco salieron con él muchos soldados, y entre ellos un Fernando de Guzmán, que yo conocí, que era muy nuevo en la tierra, recién llegado de España, y otro soldado más antiguo que se decía Lope de Aguirre, de ruin talle, pequeño de cuerpo y de perversa condición y obras, como lo refiere en sus *Elegías de varones ilustres de Indias* el licenciado Juan de Castellanos, clérigo, presbítero, beneficiado de la ciudad de Tunja en el Nuevo Reino de Granada; en las cuales *Elegías* gastan seis cantos de su verdadera y galana historia, aunque escrita en verso. En ellas cuenta las jornadas de Pedro de Orsúa, que llevaba más de quinientos hombres bien armados y aderezados con muchos y buenos caballos. Escribe su muerte que se la dieron sus propios compañeros y los más allegados a él, por gozar de una dama hermosa, que Orsúa llevaba en su compañía. Pasión que ha destruído a muy grandes capitanes en el mundo, como al bravo Aníbal y a otros tales. Los principales autores de la muerte de Orsúa fueron don Fernando de Guzmán y Lope de Aguirre, y Salduendo, que era apasionado por la dama, sin otros muchos que aquel autor nombra. Y dice cómo aquellos traidores alzaron por rey a su don Fernando, y él era tan discreto, que consintió en ello y holgó que le llamasen rey, no habiendo reino que poseer, sino mucha mala ventura, como a él le sucedió, que también lo mataron los mismos que le dieron el nombre de rey. Aguirre se hizo caudillo de ellos, y mató en veces más de doscientos hombres, saqueó la isla Margarita, donde hizo grandísimas crueldades. Pasó a otras islas comarcanas, donde fué vencido por los moradores de ellas; y antes que se rindiese mató una hija suya que consigo llevaba, no por otra causa, más de que porque después de él muerto no la llamasen hija del traidor. Ésta fué la suma de sus crueldades, que cierto fueron diabólicas; y este fin tuvo aquella jornada que se principió con tanto aparato como yo ví parte de él.

Fray Pedro Simón

1574-d. de 1630

Entre la abundante literatura de Indias que alcanza por lo general un alto grado de excelencia, las *Noticias historiales de la conquista de Tierra Firme*, de este fraile franciscano, no puede decirse que sea una obra especialmente destacada. Nos ha parecido interesante, sin embargo, incluir en esta Antología, como complemento de la narración del Inca Garcilaso que precede, el incisivo retrato de Lope de Aguirre, uno de los personajes más curiosos y violentos de toda la conquista que llegó, en su delirio de soberbia, a rebelarse contra el rey Felipe II y proclamarse independiente, después de asesinar a Pedro de Ursúa, jefe de la expedición al Marañón, de la que Aguirre formaba parte.

NOTICIAS HISTORIALES DE LAS CONQUISTAS DE TIERRA FIRME EN LAS INDIAS OCCIDENTALES

Retrato de Lope de Aguirre

Era Lope de Aguirre guipuzcoano, natural de la villa de Oñate, hijo de padres hidalgos, personas de mediano estado, cuyos nombres no se han podido saber; tendría cuando lo mataron cincuenta años, antes más que menos, pequeño y menudo de cuerpo, mal agestado,[1] la cara pequeña y chupada, barbinegro, los ojos de cascabel, en especial si miraba de hito o estaba enojado; gran hablador, bullicioso y determinado cuando se hallaba en cuadrilla, pero fuera de ella pusilánime y cobarde; sufría mucho el trabajo, así a pie como a caballo;

1 de mala cara.   2 devocionario, librito que contiene oraciones.   3 rosario.

andaba armado de continuo, y tan apercibido, que nunca le hallaron sino con dos cotas, o con una y un peto o celada de acero, su espada, daga, arcabuz y lanza; dormía muy poco, a lo menos de noche, aunque de día reparaba algo de esto; era enemigo de buenos y de toda virtud, en especial de rezar y que nadie rezase delante de él, y así en viendo a algunos de sus soldados con horas[2] o cuentas[3] en las manos, se las quitaba, rompía y quebraba, diciendo no quería sus soldados muy cristianos ni rezadores, que eso se quedase para los frailes y monjas que se les entiende de ello, sino que si fuese menester jugasen con el diablo a los dados sus almas; y solía decirles que Dios tenía el cielo para quien le sirviese y la tierra para quien más pudiese; y que tenía y sabía por cierto no se podía salvar, y que estando vivo ardía en los infiernos; y que pues ya no podía ser más negro el cuervo que las alas, había de hacer tantas maldades y crueldades que viniese a sonar su nombre por toda la tierra y hasta el noveno cielo; y que no dejasen los hombres, por miedo del infierno, de hacer todo lo que su apetito les pidiese, que sólo en creer en Dios bastaba para ir al cielo, y que le mostrase el rey de Castilla el testamento de Adán para ver si en él le había dejado heredero de las Indias.

Vivió Aguirre en el Perú más de veinte años, muy de otra suerte que él decía en la carta que escribió al Rey había vivido, porque su ejercicio era domar potros y hacer caballos suyos y ajenos pagándoselo, y quitarles los resabios, creciendo él cada día en los suyos. Fué siempre inquieto, amigo de revueltas y motines, y así en pocos de los que hubo en su tiempo en el Perú dejó de hallarse. No se supo hubiese servido en cosa noble, ni a Su Majestad jamás a derechas; sólo se sabe fué con Diego de Rojas a la entrada de los Chunchos, y saliendo de allí fué con el capitán Pedro Álvarez Holguín al socorro de Baca de Castro y víspera de la batalla de Chupas se escondió en Guamanga, por no hallarse en ella. En el alzamiento de Gonzalo Pizarro, aunque fué por alguacil de verdugo, se quedó en Nicaragua y no volvió al Perú hasta pasada la batalla de Jaquijaguana. Hallóse después de esto en intentar muchos bandos y motines que no tuvieron efecto; y en la muerte del general Pedro Alfonso de Inojosa, corregidor de las Charcas, con don Sebastián de Castilla; y como a uno de los principales de este motín le condenaron a muerte, que no la ejecutaron por haberse escapado y escondido tan bien que no lo pudo haber a las manos el mariscal Alonso Alvarado, por buenas diligencias que hizo, y andando alzado por esto se rebeló contra el rey Francisco Hernández Girón, y habiendo dado los oidores del Perú perdón general a todos los que se hubiesen hallado en otras rebeliones, que quisiesen servir al rey en la guerra contra el Francisco Hernández, por gozar de esta ventaja se metió debajo del estandarte real y se halló en una refriega en que le hirieron en una pierna (de que anduvo después siempre cojo) que no se holgó poco, por serle esto ocasión de no hallarse después en el rompimiento. Eran tantas las sediciones que levantaba en cuantas partes se hallaba, que no pudiéndole tolerar en ninguna del Perú, estaba desterrado de las más, por lo cual le llamaban Aguirre el loco. Tuviéronle en el Cuzco a pique de ahorcar por otro motín que él y Lorenzo de Salduendo, su compañero (a quien, como ya vimos, mató), ordenaban contra Su Majestad. Huyóse por esto de la cárcel, con que andaba al monte, y perseguido de todos, que fué causa para que entrase en esta jornada de Pedro de Ursúa, con intentos de hacer todo lo que hizo y lo demás, y por la fama que había de que Pedro de Ursúa la había emprendido para volver con la gente de ella sobre el Perú, como hemos dicho.

Antonio de Solís

1610-1680

Con la *Historia de la conquista de México, población y progresos de la América septentrional, conocida con el nombre de Nueva España,* de don Antonio de Solís, dramaturgo, historiador y poeta, termina en la literatura española la gran tradición de los llamados cronistas de Indias. Es, además, por su fecha de publicación, 1686, uno de los últimos libros de la prosa clásica. A diferencia de muchos de los historiadores primitivos, Solís nunca estuvo en América, y lo que hace es utilizar los relatos de Cortés, Gómara y Bernal Díaz. Es, por tanto, su obra recreación erudita y artística. El gusto académico de los siglos XVIII y XIX la prefirió a la de los antiguos conquistadores y cronistas. Hoy, probablemente, nuestras preferencias han cambiado, pero es indudable que la prosa de Solís, correcta y elegante, posee animación, buen gusto y, a veces, llega a transmitir una viva emoción.

HISTORIA DE LA CONQUISTA DE MÉJICO

LIBRO I

CAPÍTULO XIV

Llega Cortés a la isla de Cozumel donde pasa muestra[1] y anima a sus soldados a la empresa

Llegó la armada el día siguiente, habiendo recogido el bajel de Diego de Ordaz, porque Hernán Cortés le avisó desde el cabo de San Antón que viniese a incorporarse con ella, temiendo la contingencia de que se hubiese descaminado con la tempestad Pedro de Alvarado, que le traía cuidadoso; y aunque se alegró interiormente de hallarle ya en salvamento, mandó prender al piloto y reprendió ásperamente al capitán porque no había guardado ni hecho guardar su orden, y por el atrevimiento de hacer entrada en la isla y permitir a sus soldados que saqueasen el lugar donde llegaron; sobre lo cual le dijo algunos pesares en público y con toda la voz, como quien deseaba que su represión fuese doctrina para los demás. Llamó luego a los tres prisioneros, y por medio de Melchor, el intérprete (que venía solo en esta jornada porque había muerto su compañero), les dió a entender lo que sentía el mal pasaje que hicieron a su pueblo aquellos soldados; y mandando que se les restituyese el oro y la ropa que ellos mismos eligieron, los puso en libertad y les dió algunas bujerías[2] que llevasen de presente a sus caciques para que, a vista de estas señales de paz, perdiesen el miedo que habían concebido.

Alojóse la gente en el puerto más vecino a la costa, y descansó tres días sin pasar adelante, por no aumentar la turbación de los isleños. Pasó muestra en escuadrón el ejército, y se hallaron quinientos y ocho soldados, diez y seis caballos, y ciento y nueve entre maestres, pilotos y marineros, sin los dos capellanes, el licenciado Juan Díaz y el padre fray Bartolomé de Olmedo, religioso de la orden de nuestra Señora de la Merced, que asistieron a Cortés hasta el fin de la conquista.

Pasada la muestra, volvió a su alojamiento acompañado de los capitanes y soldados más principales, y tomando entre ellos lugar poco diferente, los habló en esta sustancia: «Cuando considero, amigos y compañeros míos, cómo nos ha juntado en esta isla nuestra felicidad, cuántos estorbos y persecuciones dejamos atras, y cómo se nos han deshecho las dificultades, conozco la mano de Dios en esta obra que emprendemos, y entiendo que

en su altísima providencia es lo mismo favorecer los principios que prometer los sucesos. Su causa nos lleva y la de nuestro rey, que también es suya, a conquistar regiones no conocidas, y ella misma volverá por sí, mirando por nosotros. No es mi ánimo facilitaros la empresa que acometemos; combates nos esperan sangrientos, facciones increíbles, batallas desiguales, en que habréis menester socorreros de todo vuestro valor; miserias de la necesidad, inclemencias del tiempo y asperezas de la tierra, en que os será necesario el sufrimiento, que es el segundo valor de los hombres, y tan hijo del corazón como el primero; que en la guerra más veces sirve la paciencia que las manos, y quizá por esta razón tuvo Hércules el nombre de invencible y se llamaron trabajos sus hazañas. Hechos estáis a padecer y hechos a pelear en estas islas que dejáis conquistadas; mayor es nuestra empresa, y debemos ir prevenidos de mayor osadía, que siempre son las dificultades del tamaño de los intentos. La antigüedad pintó en lo más alto de los montes el templo de la fama, y su simulacro en lo más alto del templo, dando a entender que para hallarla, aun después de vencida la cumbre, era menester el trabajo de los ojos. Pocos somos, pero la unión multiplica los ejércitos, y en nuestra conformidad está nuestra mayor fortaleza; uno, amigos, ha de ser el consejo en cuanto se resolviere, una la mano en la ejecución, común la utilidad y común la gloria en lo que se conquistare. Del valor de cualquiera de nosotros se ha de fabricar y componer la seguridad de todos. Vuestro caudillo soy, y seré el primero en aventurar la vida por el menor de los soldados; más tendréis que obedecer en mi ejemplo que en mis órdenes, y puedo aseguraros de mí que me basta el ánimo a conquistar un mundo entero, y aun me lo promete el corazón con no sé qué movimiento extraordinario, que suele ser el mejor de los presagios. Alto pues; a convertir en obras las palabras, y no os parezca temeridad esta confianza mía, pues se funda en que os tengo a mi lado, y dejo de fiar de mí todo lo que espero de vosotros.»

Así los persuadía y animaba, cuando llegó la noticia de que se habían dejado ver algunos indios a pequeña distancia; y aunque al parecer venían desunidos y sin aparato de guerra, mandó Cortés que se previniese la gente sin ruido de cajas, y que estuviese en cubierta al abrigo del mismo alojamiento, hasta ver si se acercaban, y con qué determinación.

---

1 revista.   2 objetos de estaño, vidrio, etc., de poco valor.   3 tratando de protegerse de los vientos del norte.   4 que estaban de acuerdo con.

CAPÍTULO XXI

Prosigue Hernán Cortés su viaje; llegan los bajeles a San Juan de Ulúa; salta la gente en tierra, y reciben embajada de los gobernadores de Moctezuma; dase noticia de quién era doña Marina

El lunes siguiente al Domingo de Ramos se hicieron a la vela nuestros españoles, y siguiendo la costa con las proas al poniente, dieron vista a la provincia de Guazacoalco, y reconocieron, sin detenerse en el río de Banderas, la isla de Sacrificios y los demás parajes que descubrió y desamparó Juan de Grijalva, cuyos sucesos iban refiriendo con presunción de noticiosos los soldados que le acompañaron; y Cortés, aprendiendo en la infelicidad de aquella jornada lo que debía enmendar en la suya, con aquel género de prudencia que se aprovecha del error ajeno. Llegaron finalmente a San Juan de Ulúa el Jueves Santo a mediodía; y apenas aferraron las naves entre la isla y la tierra, buscando el resguardo de los nortes[3] cuando vieron salir de la costa más vecina dos canoas grandes, que en aquella tierra se llamaban piraguas, y en ellas algunos indios que se fueron acercando con poco recelo a la armada, y daban a entender con esta seguridad y con algunos ademanes, que venían de paz y con necesidad de ser oídos.

Puestos a poca distancia de la capitana, empezaron a hablar en otro idioma diferente, que no entendió Jerónimo de Aguilar; y fué grande la confusión en que se halló Hernán Cortés, sintiendo como estorbo capital de sus intentos el hallarse sin intérprete cuando más le había menester; pero no tardó el cielo en socorrer esta necesidad (grande artífice de traer como casuales las obras de su providencia). Hallábase cerca de los dos aquella india que llamaremos ya doña Marina, y conociendo en los semblantes de entrambos lo que discurrían o lo que ignoraban, dijo en lengua de Yucatán a Jerónimo de Aguilar, que aquellos indios hablaban la mejicana, y pedían audiencia al capitán de parte del gobernador de aquella provincia. Mandó con esta noticia Hernán Cortés que subiesen a sus navíos; y cobrándose del cuidado antecedente, volvió el corazón a Dios, conociendo que venía de su mano la felicidad de hallarse ya con instrumento, tan fuera de su esperanza, para darse a entender en aquella tierra tan deseada.

Era doña Marina, según Bernal Díaz del Castillo, hija de un cacique de Guazacoalco, una de las provincias sujetas al rey de Méjico, que partía sus términos con la de Tabasco; y por ciertos accidentes de su fortuna, que refieren con variedad los autores, fué transportada en sus primeros años a Xicalango, plaza fuerte que se conservaba entonces en los confines de Yucatán, con presidio mejicano. Aquí se crió pobremente, desmentida en paños vulgares su nobleza, hasta que, declinando más su fortuna, vino a ser por venta o por despojo de guerra, esclava del cacique de Tabasco, cuya liberalidad la puso en el dominio de Cortés. Hablábase en Guazacoalco y en Xicalango el idioma general de Méjico, y en Tabasco el de Yucatán, que sabía Jerónimo de Aguilar; con que se hallaba doña Marina capaz de ambas lenguas, y decía a los indios en la mejicana lo que Aguilar a ella en la de ·Yucatán, durando Hernán Cortés en este rodeo de hablar con dos intérpretes hasta que doña Marina aprendió la castellana, en que tardó pocos días, porque tenía rara viveza de espíritu y algunos dotes naturales que acordaban[4] la calidad de su nacimiento. Antonio de Herrera dice que fué natural de Xalisco, trayéndola desde muy lejos a Tabasco, pues está Xalisco sobre el otro mar, en lo último de la Nueva Galicia. Pudo hallarlo así en Francisco López de Gómara; pero no sabemos por qué se aparta en esto y en otras noticias más substanciales de Bernal Díaz del Castillo, cuya obra manuscrita tuvo a la mano, pues le sigue y le cita en muchas partes de su historia. Fué siempre doña Marina fidelísima intérprete de Hernán Cortés, y él la estrechó en esta confidencia por términos menos decentes que debiera, pues tuvo en ella un hijo, que se llamó Martín Cortés, y se puso el hábito de Santiago, calificando la nobleza de su madre; reprensible medio de asegurarla en su fidelidad, que dicen algunos tuvo parte de política; pero nosotros creeríamos antes que fué desacierto de una pasión mal corregida, y que no es nuevo en el mundo el llamarse razón de estado la flaqueza de la razón.

Lo que dijeron aquellos indios cuando llegaron a la presencia de Cortés fué que Pilpatoe y Teutile, gobernador el uno, y el otro capitán general de aquella provincia por el grande emperador Moctezuma, los enviaban a saber del capitán de aquella armada, con qué intento había surgido en sus costas, y a ofrecerle el socorro y la asistencia de que necesitase para continuar su viaje. Hernán Cortés los agasajó mucho, dióles algunas bujerías, hizo que los regalasen con manjares y vino de Castilla; y teniéndolos antes obligados que atentos, les respondió que su venida era a tratar, sin género de hostilidad, materias muy importantes a su príncipe y a toda su monarquía; para cuyo efecto se vería con sus gobernadores, y esperaba hallar en ellos la buena acogida que el año antes experimentaron los de su nación. Y tomando algunas noticias por mayor de la grandeza de Moctezuma, de sus riquezas y forma de gobierno, los despidió contentos y asegurados.

El día siguiente, Viernes Santo, por la mañana desembarcaron todos en la playa más vecina, y mandó Cortés que se sacasen a tierra los caballos y la artillería, y que los soldados repartidos en tropas hiciesen fajina, sin descuidarse con las avenidas, y fabricasen número suficiente de barracas en que defenderse del sol, que ardía con bastante fuerza. Plantóse la artillería en parte que mandase la campaña, y tardaron poco en hallarse todos debajo de cubierto, porque acudieron al trabajo muchos indios que envió Teutile con bastimentos y orden para que ayudasen en aquella obra; los cuales fueron de grande alivio, porque traían sus instrumentos de pedernal con que cortaban las estacas, y fijándolas en tierra, entretejían con ellas ramos y hojas de palma, formando las paredes y el techo con presteza y facilidad; maestros en este género de arquitectura, que usaban en muchas partes para sus habitaciones, y menos bárbaros en medir sus edificios con la necesidad de la naturaleza que los que fabrican grandes palacios para que viva estrechamente su vanidad. Traían también algunas mantas de algodón que acomodaron sobre las barracas principales para que estuviesen más defendidas del sol; y en la mejor de ellas ordenó Hernán Cortés que se levantase un altar, sobre cuyos adornos se colocó una imagen de nuestra Señora y se puso una cruz grande a la entrada; prevención para celebrar la Pascua y primera atención de Cortés en que andaba siempre su cuidado compitiendo con el de los sacerdotes. Bernal Díaz del Castillo asienta que se dijo misa en este altar el mismo día de la desembarcación; no creemos que el padre fray Bartolomé de Olmedo y el licenciado Juan Díaz ignorasen que no se podía decir en Viernes Santo. Fíase muchas veces de su memoria con sobrada celeridad; pero más se debe extrañar que le siga, o casi le traslade, en esto Antonio de Herrera: sería en ambos inadvertencia, cuyo reparo nos obliga menos a la corrección ajena que a temer, para nuestra enseñanza, las facilidades de la pluma.

Súpose de aquellos indios que el general Teutile se hallaba con número considerable de gente militar, y andaba introduciendo con las armas el dominio de Moctezuma en unos lugares recién conquistados de aquel paraje, cuyo gobierno político estaba a cargo de Pilpatoe; y la demostración de enviar bastimentos, y aquellos paisanos que ayudasen en la obra de las barracas, tuvo, según lo que se pudo colegir, algo de artificio, porque se hallaban asombrados y recelosos de haber entendido el suceso de Tabasco,[5] cuya noticia se había divulgado ya por todo el contorno; y considerándose con menores fuerzas, se valieron de aquellos presentes y socorros para obligar a los que no podían resistir; diligencias del temor, que suele hacer liberales a los que no se atreven a ser enemigos.

LIBRO II

CAPÍTULO IV

Refiérense diferentes prodigios y señales que se vieron en Méjico antes que llegase Cortés, de que aprendieron los indios que se acercaba la ruina de aquel imperio

Sabido quién era Moctezuma y el estado y grandeza de su imperio, resta inquirir los motivos en que se fundaron este príncipe y sus ministros para resistir porfiadamente a la instancia de Hernán Cortés; primera diligencia del demonio y primera dificultad de la empresa. Luego que se tuvo en Méjico noticia de los españoles, cuando el año antes arribó a sus costas Juan de Grijalva, empezaron a verse en aquella tierra diferentes prodigios y señales de grande asombro, que pusieron a Moctezuma en una como certidumbre de que se acercaba la ruina de su imperio, y a todos sus vasallos en igual confusión y desaliento.

Duró muchos días un cometa espantoso, de forma piramidal, que, descubriéndose a la media noche, caminaba lentamente hasta lo más alto del cielo, donde se deshacía con la presencia del sol.

Vióse después en medio del día salir por el poniente otro cometa o exhalación a manera de una serpiente de fuego con tres cabezas, que corría velocísimamente hasta desaparecer por el horizonte contrapuesto, arrojando infinidad de centellas que se desvanecían en el aire.

La gran laguna de Méjico rompió sus márgenes y salió impetuosamente a inundar la tierra, llevándose tras sí algunos edificios con un género de ondas que parecían hervores, sin que hubiese avenida o temporal a qué atribuir este movimiento de las aguas. Encendióse de sí mismo uno de sus templos, y sin que se hallase el origen o la causa del incendio ni medio con que apagarle, se vieron arder hasta las piedras, y quedó todo reducido a poco más que ceniza. Oyéronse en el aire por diferentes partes voces lastimosas que pronosticaban el fin de aquella monarquía, y sonaba repetidamente el mismo vaticinio en las respuestas de los ídolos, pronunciando en ellos el demonio lo que pudo conjeturar de las causas naturales que andaban movidas, o lo que entendería quizá el Autor de la naturaleza, que algunas veces le atormenta con hacerle instrumento de la verdad. Trajéronse a la presencia del rey diferentes monstruos de horrible y nunca vista deformidad, que, a su parecer, contenían significación y denotaban grandes infortunios; y si se llamaron monstruos de lo que demuestran, como lo creyó la antigüedad, que les puso este nombre, no era mucho que se tuviesen por presagios entre aquella gente bárbara, donde andaban juntas la ignorancia y la superstición.

Dos casos muy notables refieren las historias, que acabaron de turbar el ánimo de Moctezuma, y no son para omitidos, puesto que no los desestiman el padre José de Acosta, Juan Botero y otros escritores de juicio y autoridad. Cogieron unos pescadores cerca de la laguna de Méjico un pájaro monstruoso de extraordinaria hechura y tamaño, y dando estimación a la novedad, se le presentaron al rey. Era horrible su deformidad, y tenía sobre la cabeza una lámina resplandeciente, a manera de espejo, donde reverberaba el sol con un género de luz maligna y melancólica. Reparó en ella Moctezuma, y acercándose a reconocerla, vió dentro una representación de la noche, entre cuya obscuridad se descubrían algunos espacios de cielo estrellado, tan distintamente figurados, que volvió los ojos al sol, como quien no acaba de creer el día; y al ponerlos segunda vez en el espejo, halló en lugar de !a noche, otro mayor asombro, porque se le ofreció a la vista un ejército de gente armada que venía de la parte del oriente haciendo grande estrago en los de su nación. Llamó a sus agoreros y sacerdotes para consultarles este prodigio, y el ave estuvo inmóvil hasta que muchos de ellos hicieron la misma experiencia; pero luego se les fué, o se les deshizo entre las manos, dejándoles otro agüero en el asombro de la fuga.

Pocos días después vino al palacio un labrador, tenido en opinión de hombre sencillo, que solicitó con porfiadas y misteriosas instancias la audiencia del rey. Fué introducido a su presencia después de varias consultas; y hechas sus humillaciones sin género de turbación ni encogimiento, le dijo en su idioma rústico, pero con un género de libertad y elocuencia que daba a entender algún furor más que natural, o que no eran suyas sus palabras: «Ayer tarde, señor, estando en mi heredad ocupado en el beneficio de la tierra, vi un águila de extraordinaria grandeza que se abatió impetuosamente sobre mí, y arrebatándome entre sus garras, me llevó largo trecho por el aire, hasta ponerme cerca de una gruta espaciosa, donde estaba un hombre con vestiduras reales durmiendo entre diversas flores y perfumes, con un pebete encendido en la mano. Acerquéme algo más, y vi una imagen tuya, o fuese tu misma persona, que no sabré afirmarlo, aunque a mi parecer tenía libres los sentidos. Quise retirarme, atemorizado y respectivo,[6] pero una voz impetuosa me detuvo y me sobresaltó de nuevo, mandándome que te quitase el pebete de la mano y le aplicase a una parte del muslo que tenías descubierta; rehusé cuanto pude el cometer semejante maldad, pero la misma voz con horrible superioridad me violentó a que obedeciese. Yo mismo, señor, sin poder resistir, hecho entonces del temor el atrevimiento, te apliqué el pebete encendido sobre el muslo, y tú sufriste el cauterio sin despertar ni hacer movimiento. Creyera que estabas muerto, si no se diera a conocer la vida en la misma quietud de tu respiración, declarándose el sosiego en falta de sentido; y luego me dijo aquella voz, que al parecer se formaba en el viento: 'Así duerme tu rey, entregado a sus delicias y vanidades, cuando tiene sobre sí el enojo de los dioses, y tantos enemigos que vienen de la otra parte del mundo a destruir su monarquía y su religión. Dirásle que despierte a remediar, si puede, las miserias y calamidades que le amenazan.' Y apenas pronunció esta razón, que traigo impresa en la memoria, cuando me prendió el águila entre sus garras y me puso en mi heredad sin ofenderme. Yo cumplo así lo que me ordenan los dioses: despierta, señor, que los tiene irritados tu soberbia y tu crueldad. Despierta, digo otra vez, o mira cómo duermes, pues no te recuerdan[7] los cauterios de tu conciencia, ni ya puedes ignorar que los clamores de tus pueblos llegaron al cielo primero que a tus oídos.»

Estas o semejantes palabras dijo el villano, o el espíritu que hablaba en él, y volvió las espaldas con tanto denuedo, que nadie se atrevió a detenerle. Iba Moctezuma, con el primer movimiento de su ferocidad, a mandar que le matasen, y le detuvo un nuevo dolor que sintió en el muslo, donde halló y reconocieron todos estampada la señal del fuego, cuya pavorosa demostración le dejó atemorizado y discursivo; pero con resolución de castigar al villano, sacrificándole a la aplacación de sus dioses: avisos o amonestaciones motivadas por el demonio, que traían consigo el vicio de su origen, sirviendo más a la ira y a la obstinación que al conocimiento de la culpa...

Estas y otras señales portentosas que se vieron en Méjico y en diferentes partes de aquel imperio, tenían abatido el ánimo de Moctezuma, y tan asustados a los prudentes de su consejo, que cuando llegó la segunda embajada de Cortés creyeron que tenían sobre sí toda la calamidad y ruina de que estaban amenazados.

LIBRO III

CAPÍTULO XI

...Oración que hizo Moctezuma antes de oír la embajada... de Cortés

...Llegaron los intérpretes, y cuando se prevenía Hernán Cortés para dar principio a su oración, le detuvo Moctezuma, dando a entender que tenía que hablar antes de oír, y se refiere que discurrió en esta sustancia:

«Antes que me deis la embajada, ilustre capitán y valerosos extranjeros, del Príncipe grande que os envía, debéis vosotros y debo yo desestimar y poner en olvido lo que ha divulgado la fama de vuestras personas y costumbres, introduciendo en nuestros oídos aquellos vanos rumores que van delante de la verdad y suelen oscurecerla declinando en lisonja y vituperio. En algunas partes os habrán dicho de mí que soy uno de los dioses inmortales, levantando hasta los cielos mi poder y mi naturaleza; en otras, que se desvela en mis opulencias la fortuna, que son de oro las paredes y los ladrillos de mis palacios, y que no caben en la tierra mis tesoros; y en otras, que soy tirano, cruel y soberbio, que aborrezco la justicia, y que no conozco la piedad. Pero los unos y los otros os han engañado con igual encarecimiento, y, para que no imaginéis que soy alguno de los dioses o conozcáis el desvarío de los que así me imaginan, esta proporción de mi cuerpo (y desnudó parte del brazo) desengañará vuestros ojos de que habláis con un hombre mortal de la misma especie, pero más noble y más poderoso que los otros hombres. Mis riquezas no niego que son grandes, pero las hace mayores la exageración de mis vasallos. Esta casa que habitáis es uno de mis palacios. Mirad esas paredes hechas de piedra y cal, materia vil, que debe al arte su estimación, y colegid de uno y otro el mismo engaño y el mismo encarecimiento en lo que os hubieren dicho de mis tiranías, suspendiendo el juicio hasta que os enteréis de mi razón, y despreciando ese lenguaje de mis rebeldes, hasta que veáis si es castigo lo que llaman infelicidad, y si pueden acusarle sin dejar de merecerle. No de otra suerte han llegado a nuestros oídos varios informes de vuestra naturaleza y operaciones. Algunos han dicho que sois deidades, que os obedecen las fieras, que manejáis los rayos y que mandáis en los elementos; y otros que sois facinerosos, iracundos y soberbios, que os dejáis dominar de los vicios y que venís con una sed insaciable del oro que produce nuestra tierra. Pero ya veo que sois hombres de la misma composición y masa que los demás, aunque os diferencian de nosotros algunos accidentes de los que suelen influir el temperamento de la tierra en los mortales. Esos brutos que os obedecen ya conozco que son unos venados grandes, que traéis domesticados e instruídos en aquella doctrina imperfecta, que puede comprender el instinto de los animales. Esas armas que se asemejan a los rayos, también alcanzo que son unos cañones de metal no conocido, cuyo efecto es como el de nuestras cerbatanas, aire oprimido, que busca salida y arroja el impedimento. Ese fuego que despiden con mayor estruendo será, cuando mucho, algún secreto más que natural de la misma ciencia que alcanzan nuestros magos. Y en lo demás que han dicho de vuestro proceder, hallo también, según la observación que han hecho de vuestras costumbres mis embajadores y confidentes, que sois benignos y religiosos, que os enojáis con razón, que sufrís con alegría los trabajos y que no falta entre vuestras virtudes la liberalidad, que se acompaña pocas veces con la codicia. De suerte, que unos y otros debemos olvidar las noticias pasadas y agradecer a nuestros ojos el desengaño de nuestra imaginación, con cuyo presupuesto quiero que sepáis antes de hablarme que no se ignora entre nosotros, ni necesitamos de vuestra persuasión, para creer que el Príncipe grande a quien obedecéis es descendiente de nuestro antiguo Quezalcoal, señor de las siete cuevas de los Navatlacas y rey legítimo de aquellas siete naciones que dieron principio al imperio mejicano. Por una profecía suya, que veneramos, como verdad infalible, y por la tradición de los siglos que se conserva en nuestros anales, sabemos que salió de estas regiones a conquistar nuevas tierras hacia la parte del oriente, y dejó prometido que andando el tiempo vendrían sus descendientes a moderar nuestras leyes o poner en razón nuestro gobierno. Y porque las señas que traéis conforman con este vaticinio, y el Príncipe del oriente que os envía manifiesta en vuestras mismas hazañas la grandeza de tan ilustre progenitor, tenemos ya determinado que se haga en obsequio suyo todo lo que alcanzaren nuestras fuerzas; de que me ha parecido advertiros para que habléis sin embarazo en sus proposiciones, y atribuyáis a tan alto principio estos excesos de mi humildad.»

SIGLO XVII: ESCRITORES RELIGIOSOS

D i e g o   d e   Y e p e s

1531-1614

Las breves páginas de la *Vida de Santa Teresa,* del padre jerónimo Diego de Yepes, cumplen aquí un doble fin: el de representar un género muy cultivado en la época, el de las «vidas de santos», y el de mostrar el fervor que, en los espíritus religiosos de tiempos poco posteriores, produjo la personalidad de la Santa de Ávila. Son páginas, además, que poseen, por su ingenua sencillez, un suave encanto.

VIDA DE SANTA TERESA DE JESÚS

De la crianza y buen natural de la bienaventurada virgen Teresa de Jesús

Fué pues nacida en Ávila, y por entrambas partes de noble linaje. Su padre se llamó Alonso de Cepeda, y su madre (que fué segunda mujer suya) doña Beatriz de Ahumada. Fueron sus padres, juntamente con ser honrados, temerosos de Dios, porque tal había de ser el árbol que había de producir tales frutos. Entre otros hijos varones, y dos hijas de este segundo matrimonio, tuvieron por su buena dicha a esta santa, que les nació (como hemos dicho) en el año de mil quinientos y quince, a veinte y ocho de marzo, día de San Bertoldo, santo de la Orden de Nuestra Señora del Carmen.

Pusiéronla por nombre Teresa, guiados (a lo que se puede entender) por Dios, que sabía los milagros y maravillas que en ella y por ella había de hacer, porque Teresa es lo mismo que Tarasia, nombre antiguo de mujeres, y griego, que quiere decir milagrosa. Y ciertamente tal nombre cuadraba bien a la que había de ser un prodigio de naturaleza, una estrella milagrosa de la gracia, y un espectáculo de santidad y perfección al mundo, que no lo es pequeño que una mujer flaca haya emprendido hazañas más que de varones, y a la que tocaba por ser mujer ignorante y ruda, haya sido maestra y doctora de filosofía más alta, y más escondidos secretos de la contemplación.

Como nacía la bienaventurada madre Teresa de Jesús para traer muchos a la virtud y ser ejemplo y dechado de muchos, tomó Dios de atrás la corriente y para levantar edificio tan alto, fabricóle desde las primeras piedras; y así le dió un natural hábil y conveniente para este propósito, generoso y no soberbio, amoroso y no pegajoso, apacible, agradecido y agradable a todos, lleno de una discreción tan admirable, que cuando se descubrió con la edad, atraía y cautivaba cuantos corazones trataba. De suerte que afirman, por cierto, todos los que la conocieron y trataron muchos días, que nadie la conversaba que no se aficionase y perdiese por ella; y que, niña y doncella, seglar y monja, reformada y antes que se reformase, fué con cuantos la veían como la piedra imán con el hierro, porque el aseo y buen parecer de su persona y discreción de su habla, y la suavidad templada con honestidad de su condición, la hermoseaban de manera que el profano y el santo, el discreto y el reformado, los de más y de menos edad, sin salir ella en nada de lo que debía a sí misma, quedaban como presos cautivos de su trato. Pues en estos naturales como en tierra fértil y sazonada prendió luego con firmes y hondas raíces la gracia que recibió en el bautismo, de manera que en los primeros años de su niñez dió claras muestras de lo que después pareció en ella, y dió en su tiempo el fruto de lo que al principio Dios había plantado en su alma. Inclinábase desde sus primeros años a cosas mayores, no siendo sus ejercicios niñerías, como ni menos lo eran sus pensamientos.

Siendo de seis o siete años, gustaba de contar y hablar de las vidas y virtudes de los santos; apetecía soledad y silencio, y en la manera que aquellos años sufrían, despreciando lo temporal, aspiraba a lo eterno; y lo que es de maravillar, antes aún de comenzar a gozar de la vida deseaba ya padecer muerte por Cristo. Encendíase su corazón leyendo los martirios de los santos; y pareciéndole que eran mucho menores sus trabajos que el premio de que gozaban, deseaba ella morir ansí por ganar lo que ellos habían alcanzado. Y con este ardor y deseo, con más esfuerzo y generosidad que su edad pedía, comenzó a tratar luego con un su hermano, que se llamaba Rodrigo de Cepeda, que era casi de sus mesmos años, cómo pondrían por obra tan dichosos deseos. Y acordando entre sí de tomar alguna cosilla para comer, se salieron de casa de su padre, determinados los dos de ir a tierra de moros, donde les cortasen las cabezas por Jesucristo. Y saliendo por una puerta de la ciudad de

Ávila, que llaman de Adaja (que es el nombre del río que pasa por ella,) tomaron el camino por la puente adelante, hasta que un tío suyo les topó, y volvió a su casa, con harto gozo de su madre, que los hacía buscar por todas partes con mucha tristeza y miedo no les hubiese sucedido alguna desgracia. Riñóles la madre de la ausencia que habían hecho, y el hermano se excusaba diciendo que la niña le había incitado y hecho tomar aquel camino.

Viendo, pues, que no podían hallar los medios ·para volar luego al cielo los que apenas habían abierto los ojos ni puesto los pies en el suelo, con el fuego que en su corazón ardía trazaban otras mil invenciones, que aunque en lo de afuera no pasaban de obras de niños, los deseos eran de varones. Y así ordenaban que los dos fuesen ermitaños, y en la huerta que había en su casa (como su edad les permitía) edificaban sus ermitas, no como los otros niños por vía de juego o entretenimiento, sino para recogerse a la soledad en ellas, comenzando en esto a dar muestra cómo el Señor la escogió por medio (como después sucedió) para renovar las antiguas ermitas de los ermitaños del Carmelo, que tantos años habían estado caídas por el suelo. En estos y otros sabrosos ejercicios se entretuvo desde la edad de siete años hasta los doce, como ella dulcemente cuenta en su libro...

En esta edad también le comenzó nuestro Señor a comunicar parte del espíritu y don de oración que después tuvo, porque muchos ratos en soledad se ocupaba en ella. Y como entonces no tenía maestro alguno que la guiase, aprovechábase de una imagen que en su casa había, donde estaba pintado Cristo nuestro Redentor y la Samaritana, diciendo aquellas palabras: *Domine, da mihi hanc aquam*[1]. Éstas la movieron tanto que sus continuos deseos eran por beber de esta agua viva, y repetía muchas veces aquellas palabras: *Domine, da mihi hanc aquam.* Y como nació con ella sed, así le duró por toda la vida.

Éstos que habemos contado fueron sus ejercicios siendo niña, éstos sus deseos; y debieron de ser bien de veras, pues todos los vió después cumplidos; porque aunque no fué mártir de sangre y cuchillo, fuélo de espíritu, y los trabajos labraron en ella la corona que en otros labra la espada. Fué después no sólo monja, sino ermitaña, pues verdaderamente los monasterios que ella fundó, y del modo que en ellos vivió, más fué de ermitaños que de monjas; y así dejaba todos sus monasterios poblados de ermitas. Y entre los monasterios de los religiosos, vemos hay casas de yermo, con aquella

perfección, espíritu y penitencia que vivieron antiguamente los padres de Egipto y Palestina...

De la fortaleza y grandeza de ánimo que tenía la Santa en todos los sucesos de esta vida

Entre otras virtudes, singularmente se vió en ella siempre un ánimo real, generoso, invencible y cuerdamente atrevido para emprender cosas grandes, arduas y, al parecer de muchos, imposibles...

De su grandeza de ánimo le venía el no tener vanagloria de las obras heroicas y grandes que hacía, porque como las miraba todas con aquella generosidad y grandeza de ánimo, y con aquellos deseos tan encendidos y tan grandes de hacer algo por Dios, sólo veía de sus obras las faltas que a su parecer ponía ella de su parte.

Todo lo que era menos que Dios no cabía en su ánimo; despreciaba las honras, hollaba el oro y los deleites, y no hacía caso de los dichos vanos de los hombres; y con una igualdad de ánimo, mayor que la que los estoicos imaginaron, hacía cara a todos los sucesos y fortuna de esta vida. Y como en otra región y hemisferio de esta mortalidad, no le llegaban ni tocaban las adversidades ni prosperidades de ella, porque ni el miedo la atemorizaba, ni la afición, por buena que fuese, la inquietaba, ni la alegría ni tristeza jamás, después que llegó a este estado, la sacaban de sus quicios y paso ordinario.

Jamás la vieron llorar por caso alguno, ni decir palabra de aflicción o hacer otras demostraciones de dolor propias de las mujeres, y no ajenas de hombres afligidos. Y como ella escribe, la había llevado el Señor a tal punto de tranquilidad e igualdad de ánimo, que ni el placer ni el pesar ni el gozo ni la pena no parecen hallaban cabida en su ánimo.

La virtud de la fortaleza tiene dos partes. La una es el acometer con cuerda osadía y con generosidad de ánimo las dificultades y peligro que se ofrecen. La otra es esperar con paciencia los golpes de los contrarios, que necesariamente se han de ofrecer en el camino de la virtud, principalmente en la ejecución de cosas arduas y grandes.

Estas dos partes son como dos brazos en los cuales esta virtud trae sus armas ofensivas y defensivas. Al uno arma con la espada para acometer, al otro con el escudo para esperar y recibir los encuentros de sus enemigos. Ésta tiene por nombre paciencia. Este escudo embrazó la bienaventurada madre Teresa de Jesús desde sus primeros años, y en él puso una divisa, la más gloriosa que jamás capitán y emperador, por esforzado y ani-

---

[1] Señor, dame esta agua, *San Juan*, IV, 15.

moso que fuese, pensó ni se atrevió a imaginar, que fué: o morir o padecer.

Éste era su continuo pensamiento, éste su deseo, y éste el único consuelo que tenía en esta vida, y con que acallaba y detenía los grandes ímpetus y deseos que tenía de morirse por ver a Dios. El padecer le hacía agradable, vida tan enojosa y peregrinación tan larga y prolija, y segura, navegación tan peligrosa. Por él (como otro San Pablo) sufría y deseaba el ser privada, por el tiempo que la vida durase, de la clara vista y abrazos dulces de su esposo Jesucristo... No sólo no la cansaban las tribulaciones y trabajos, sino antes le eran particular alivio y regalo; y lo que otros tienen por pena o castigo lo tenía ella por deleite y premio de sus trabajos...

Juan Eusebio Nieremberg

1595-1658

Nieremberg fué jesuíta como Mariana, Gracián y la mayoría de los escritores religiosos que destacan en el siglo XVII, época en la que la Compañía es ya la orden más influyente. Pasado el momento de los grandes místicos, la literatura religiosa, cuando no se extrema en exageraciones barrocas, adquiere un carácter de ascetismo doctrinal y conceptuoso donde todo se expresa en antítesis y paralelismos netos. Entre los pocos libros que se salvan, en parte, de estos extremos, está el del padre Nieremberg, *Diferencia entre lo temporal y lo eterno, crisol de desengaños* (1643), que es, probablemente, la obra religiosa mejor de su tiempo por su substancia ideológica, así como por la nitidez del estilo.

DIFERENCIA ENTRE LO TEMPORAL Y LO ETERNO

CAPÍTULO III

La memoria de la eternidad es de suyo más eficaz que la de la muerte

Por esto importará mucho hacer vivo concepto de la eternidad, y, después de hecho, tener continua su memoria, porque será de suyo más eficaz que la memoria de la muerte; que si bien una y otra es muy importante, más generosa es la de la eternidad, más fuerte y más fecunda de santas obras. Por ella las vírgenes han guardado pureza, los anacoretas han hecho severas penitencias, y los mártires han padecido la muerte, a los cuales en sus tormentos no alentó el miedo de la muerte, sino el temor santo de la eternidad y amor de Dios.

Los filósofos, aunque no esperaban la inmortalidad de la otra vida, como nosotros, sólo con la memoria de la muerte se retiraban de la vanidad del mundo, despreciaban sus grandezas, componían sus acciones y ajustaban su vida a las reglas de la razón y virtud. Epicteto aconsejaba que se trajese siempre la muerte en nuestro pensamiento. «De esta manera, dice, no tendrás bajo pensamiento, ni desearás nada con ansia.» Platón decía que tanto más sabio sería uno cuanto más vivamente pensaba en la muerte; y así mandaba a sus discípulos que anduviesen descalzos siempre que hiciesen camino, significando con esto que en el camino de esta vida siempre habíamos de tener descubierta su extremidad y fin, que es el morir, y acabarse todo; mas los cristianos, que tienen fe de la otra vida, han de añadir la memoria de la eternidad.

Las ventajas que hará esta memoria a la de la muerte se podrá echar de ver por lo que va de lo eterno a lo temporal. Por eso a los filósofos movía tanto la muerte, porque con ella se habían de acabar todas las cosas de la vida mortal, y es el término hasta donde solamente pueden gozar los hombres de riquezas, deleites y honras, y con ella ha de cesar todo. Otros que deseaban morir, era porque con eso habían de fenecer sus males. Pues si así espanta la muerte, sólo porque quita los bienes de la vida, los cuales por otras mil maneras suelen faltar, y son de suyo, aun antes de la muerte de su poseedor, perecederos, y en sí tan cortos y menguados, peligrosos y llenos de cuidados y sobresaltos; y si la esperaron otros porque quita males temporales, aunque tan pequeños son los de este mundo, ¿por qué no nos ha de mover más la eternidad, pues asegura no sólo bienes eternos, sino inmensos, y amenaza con males, no sólo sin fin, pero excesivos?

Sin duda, si se hace concepto de la eternidad, mucho más poderosa es su memoria que lo es la muerte; y si de ésta han tenido los hombres sabios tan notable memoria, y la aconsejaban a otros, más se debe tener de la eternidad. Zenón, deseoso de saber un medio eficacísimo para componer su vida, refrenar los apetitos de la carne y guardar las leyes de virtud, consultó sobre ello a un oráculo, el cual le remitió a la memoria de la muerte, diciendo: Anda a los muertos y consúltalos, y de ellos aprenderás cómo has de componer tu vida; porque viendo que los muertos ya no tienen nada de lo que tuvieron, y que juntamente con su vida expiraron todas sus felicidades, no las estimaría, ni se ensoberbecería con ellas.

Por la misma causa bebían y comían algunos filósofos en cascos de hombres muertos, por tener continuo en la memoria que habían de morir, y no tener gusto de esta vida, aun necesario, que no corrigiesen con semejante recuerdo. Asimismo grandes monarcas usaron de la memoria de la muerte por antídoto de su fortuna, para que no fuese peor su vida que su prosperidad. El rey Filipo de Macedonia tenía mandado a un paje que le dijese cada mañana tres veces: Filipo, hombre eres, —acordándole que había de morir y dejarlo todo. El emperador Maximiliano I, cuatro años antes de morir mandó le hiciesen su ataúd, el cual llevaba consigo dondequiera que iba, para que siempre le acordase otro tanto, y estuviese con voz muda diciendo: Maximiliano, piensa que te has de morir y dejarlo todo. También los emperadores del oriente, entre otras insignias de la majestad, traían en la mano izquierda un libro con las hojas de oro, al cual llamaban inocencia, y estaba todo lleno de tierra y polvo, en significación de la mortandad humana, para acordarse con esto de aquella antigua sentencia: «Polvo eres, y en polvo te convertirás.»

No fué sin mucha conveniencia estar en forma de libro este recuerdo de la muerte, para dar a entender de cuánta enseñanza y doctrina sea su memoria, y que ella sola es escuela de grandes desengaños. También tenía misterio ser de oro, y traerle en la mano izquierda, que es la que está más junto al corazón, para notar cuán precioso es este desengaño, y cómo le hemos de tener esculpido en nuestra alma. Llamábase con razón aquel libro inocencia, porque ¿quién se atreverá a pecar que sabe se ha de morir?...

Capítulo XII

Cuán breve sea la vida, por lo cual se debe despreciar todo lo temporal

Mira pues ahora qué es el tiempo, y qué es tu vida, si se puede imaginar cosa más veloz e inconstante. Compara la eternidad, que siempre está en un estado con el tiempo, que tan arrebatadamente corre y se muda. Mira que así como la eternidad da una estimación infinita a las cosas adonde se llega, así el tiempo ha de quitar la estimación de cuantas cosas con él se acaban. El menor gozo del cielo debes estimarlo infinito, porque ha de durar infinitamente; y el mayor contento de la tierra debes estimar en nada, porque ha de acabarse y parar en nada...

Cuanto la eternidad engrandece las cosas, tanto las disminuye el tiempo; así como lo eterno debe tener estimación de cosa infinita, aunque ello fuese pequeño, así lo temporal se debe estimar en nada, aunque fuese infinito, porque ha de parar en nada... Y si todas las cosas temporales tienen esta mala propiedad, por ser caducas y perecederas, debe no dárseles más estimación que a lo que no es, pues han de dejar de ser tan presto. Con muy particular razón se debe estimar en nada la misma vida del hombre, porque es más frágil y perecedera, y poco más que el no ser. No tiene el hombre cosa más frágil y caduca que su vida: las pasiones, las heredades, las riquezas, los títulos, las demás cosas del hombre, duran aún después del hombre, pero no su vida, la cual es tan delicada que un poco de frío o calor que exceda la acaba; y un poco de viento que corra, o una respiración de un enfermo, o una gota de ponzoña basta para que desaparezca: de manera que si se considera bien no hay vidrio como ella, porque el vidrio si no le tocan dura, mas nuestra vida sin tocarla se consume y acaba. Al vidrio puédenlo guardar, y durará siglos; para la vida no hay guarda ninguna; ella por sí misma se consume.

Todo esto tuvo muy bien entendido David, que fué el más dichoso y poderoso príncipe que tuvieron los hebreos, y rey de un reino tan grande que abrazaba los dos reinos de Judá y de Israel, y de cuanto prometió Dios a los israelitas, que no lo alcanzaron a poseer hasta su tiempo, y extendió su imperio a otras muchas provincias, con tanta sobra de riquezas que el oro rodaba por su casa y corte, por lo cual dejó grandes tesoros a su hijo Salomón. Pues este tan afortunado príncipe, considerando que había de tener fin su grandeza, luego lo calificó todo por nada, y no sólo sus reinos y riquezas tuvo por vanidad, pero su misma vida; por lo cual dice: «Pusiste, Señor, a mis días medida, y así toda mi sustancia es como la nada.» Todas mis rentas, todos mis reinos, todos mis tesoros, y toda mi hacienda, cuanto poseo, con ser rey tan poderoso, todo es nada... ¡Oh si hiciésemos concepto de esto, de cuán breve es la vida, y cómo se despreciarían todos sus gustos! Es cosa esta tan importante, que mandó Dios al más principal de sus profetas que saliese por las calles y plazas, y a voces lo pregonase, y diese grandes clamores de cuán frágil y breve es nuestra vida, porque estando profetizando el profeta Isaías el más grave y escondido misterio que le reveló Dios, que es la encarnación del Verbo Eterno, oyó de repente una voz del Señor, que le decía que alzase el grito y diese voces, diciéndole: «Clama, clama.» El profeta respondió: «¿Qué es, Señor, lo que tengo de clamar y quieres que pregone a gritos?» Díjole Dios: «Que toda carne es heno, y toda su gloria como la flor del campo;» porque así como el heno se corta y seca de la noche a la mañana, y la flor se marchita luego, así es la vida de toda carne, y su hermosura y lozanía se pasa y se marchita en un día.

Sobre este lugar dice San Jerónimo: «Verdaderamente quien mirase la fragilidad de la carne, y que cada hora crecemos y descrecemos por momentos, sin permanecer en un estado, y que esto mismo que hablamos, que dictamos, que escribimos, y se nos pasa volando de nuestra vida, no dudara decir a su carne que es heno. El que ayer era niño se hace al momento muchacho, el muchacho se hace de repente mancebo, y hasta la vejez se va mudando por plazos inciertos, y antes se siente viejo que empiece a maravillarse que no es mozo.» Otra vez, considerando el mismo santo a Nepociano, que murió en la flor de su edad, dice: «¡O miserable condición de la naturaleza humana! Vano es todo lo que vivimos sin Cristo; toda carne es heno, y toda su gloria como la flor del heno. ¿Adónde está ahora aquel rostro hermoso? ¿Adónde está la dignidad de todo su cuerpo, con la cual, como con un hermoso vestido, se vestía la hermosura de la alma? ¡Ay dolor! Marchitóse la azucena, corriendo ábrego, y el color de púrpura de la violeta se mudó en amarillez»...

Oye también cuánta verdad sea ésta de los más experimentados en vivir, qué sienten la vida. ¿Acaso te prometes vivir cien años, y que ésa es larga vida? Pues escucha al santo Job, que vivió doscientos y cuarenta y ocho años, y fué el hombre que más pudo sentir lo que es vivir, así por su prosperidad como por sus trabajos, que parece alargan más el tiempo; ¿qué dice de todos sus años? «Nada son mis días:» nada dice que son casi tres siglos de vida. Otras muchas veces habla de la brevedad de la vida, declarándola con varias comparaciones y metáforas. Una vez dice que eran sus días más ligeros que un correo que va por la posta, y que se pasaron como una nave que pasa de ligero, y como el águila real cuando arrebatadamente se abate a la presa. En otra parte dice que se pasaron más presto que el tejedor da una tijeretada en la tela. Otra vez se compara a la hojarasca seca, que se la lleva el viento, y una pajuela seca. En otro lugar dice que es la vida del hombre como la flor que sale, y luego se pisa, y que huye como la sombra, sin permanecer en un mismo estado...

No parece que hallaban los filósofos ni los santos comparación con que acabasen de declarar la brevedad de esta vida, porque ni posta por la tierra, ni navío por el mar, ni ave por el aire pasa con más prisa. Todas estas cosas, y otras que se tienen por veloces, no tienen siempre en un ser su velocidad sin que alguna vez no aflojen o se paren; pero la carrera e ímpetu de nuestra vida, con que corre a la muerte, aun mientras dormimos, no se para, y así le pareció a Filemio tan presta y veloz, que dijo que no era esta vida más que nacer y morir, y que al nacer salíamos de un sepulcro oscuro, y que al morir, nos poníamos en otro más triste y temeroso. Pues de esta vida tan breve quita el tiempo del sueño, y quitarás la tercera parte de ella. Quita también el de la niñez y de otros accidentes que impiden el sentido y fruto del vivir, y presto te quedarás con la mitad de esa nada, que tienes por mucho. En la vida se cumple bien lo que dijo Averroes, que el tiempo era un ser disminuído en sí, pues ella en sí es tan poco, y de lo que es se disminuye tanto, pues tantas partes de vida se quitan de un punto, que es la vida respeto de la eternidad. Demás de esto, ¿piensas que esa mitad de vida que sacaste en limpio es cierta? Engáñaste, porque, como dice el Sabio, «no sabe el hombre el día de su fin.» Y así como a los peces, cuando más seguros están los prenden en el anzuelo, y a los pájaros en el lazo, así saltea la muerte a los hombres en el tiempo malo, cuando ellos menos piensan.

Considera pues ahora cuán viles sean todas las cosas temporales, y cuán frágil es toda la gloria del mundo, pues se funda en tan flaco cimiento, pues todos los bienes de la tierra no pueden ser mayores que la vida, y si ella es tan poca, ¿qué serán, pues son bienes por ella? ¿Qué puede ser un gusto del hombre, pues toda la vida del hombre es un sueño y una sombra y un cerrar y abrir de ojos?...

Miguel de Molinos

1628-1696

Es Molinos el último de los grandes místicos españoles y casi el único escritor que puede ser así calificado en el siglo XVII. En su *Guía espiritual*, escrita en forma de párrafos breves y sentenciosos, como se ve en las selecciones aquí publicadas, lleva la doctrina mística a sus límites extremos al recomendar la quietud absoluta del alma y el aniquilamiento de todo deseo, como camino hacia la unión con Dios. Esta doctrina, llamada quietismo, tuvo gran influencia en Francia entre un grupo de «iluminados» y fué condenada por la Iglesia como heterodoxa.

GUÍA ESPIRITUAL

Libro I

Del silencio interior y místico

129. Tres maneras hay de silencio. El primero es de palabras, el segundo de deseos y el tercero de pensamientos. En el primero, de palabras, se alcanza la virtud; en el segundo, de deseos, se consigue la quietud; en el tercero, de pensamientos, el interior recogimiento. No hablando, no deseando, no pensando se llega al verdadero y perfecto silencio místico, en el cual habla Dios con el ánima, se comunica y la enseña en su más íntimo fondo la más perfecta y alta sabiduría.

130. A esta interior soledad y silencio místico la llama y conduce cuando la dice que la quiere hablar a solas, en lo más secreto e íntimo del corazón. En este silencio místico te has de entrar si quieres oír la suave, interior y divina voz. No te basta huir del mundo para alcanzar este tesoro ni el renunciar sus deseos ni el despego de todo lo criado si no te despegas de todo deseo y pensamiento. Reposa en este místico silencio y abrirás la puerta para que Dios se te comunique, te una consigo y te transforme.

Libro III

De la perfecta resignación... para alcanzar la interior paz

79. La verdadera lección del espiritual, y lo que tú debes aprender, es dejar todas las cosas en su lugar y no mezclarte ni introducirte en ninguna que no sea por obligación de oficio porque el alma que se mortifica en dejarlo todo por Dios, entonces comienza a tenerlo todo para la eternidad.

82. Entre otros santos consejos que has de observar, atiende al que se sigue: no mires los defectos ajenos, sino los propios; guarda el silencio con un trato interior continuado; mortifícate en todo y a todas horas, y con eso te librarás de muchas imperfecciones y te harás señora de grandes virtudes. No juzgues jamás mal de nadie, porque la mala sospecha del prójimo turba la pureza del corazón, le inquieta, hace salir fuera al alma y la desasosiega.

83. No tendrás jamás perfecta resignación si miras los respetos humanos y reparas en el idolillo del qué dirán. El alma que camina por la vía interior, si entre las criaturas y su trato mira la razón, se perderá: no hay más razón que no mirar a la razón y pensar que Dios permite se nos hagan sinrazones para humillarnos y aniquilarnos y para que en todo vivamos resignados. Mira que estima Dios más un alma que vive interiormente resignada que otra que hace milagros, aunque resucite muertos.

84. Hay algunas almas que, aunque tienen oración, por no mortificarse siempre se quedan imperfectas y llenas de propio amor. Ten por verdadera máxima que al alma de sí misma despreciada, y que en su conocimiento es nada, nadie la puede hacer agravio ni injuria. Finalmente, espera, sufre, calla y ten paciencia: nada te turbe, nada te espante, que todo se acaba; sólo Dios no se muda, y la paciencia todo lo alcanza; quien a Dios tiene, todo lo tiene; quien a Dios no tiene, todo le falta.

De la humildad

90. Sabrás que hay dos maneras de humildad: una falsa y fingida y otra verdadera. La fingida es de aquellos que, como el agua ha de subir, toman una caída exterior y artificiosa de rendimiento para subir luego. Éstos huyen la estimación y honra para que los tengan por humildes; dicen de sí que son muy malos para que los tengan por buenos, y aunque conocen su miseria, no quieren que de los otros sea conocida. Ésta es humildad falsa y fingida y soberbia secreta.

92. Y porque te desengañes de la interior y verdadera humildad, sabrás que no consiste en los actos exteriores, en tomar el ínfimo lugar ni vestir pobre, hablar bajo, cerrar los ojos, suspirar afectuoso, ni en acusarse de defectos, diciendo que es miserable para dar a entender que es humilde. Sólo está en el desprecio de sí mismo y en el deseo de ser despreciado, con un bajo y profundo conocimiento, sin que el alma se tenga por humilde, aunque un ángel se lo revele.

94. Nunca serás dañada de los hombres ni de los demonios, sino de ti misma, de tu propia soberbia y de la violencia de tus pasiones. Guárdate de ti, porque tú misma eres para ti el mayor demonio del infierno. No quieras ser estimada cuando Dios, hecho hombre, es tenido por necio, embriago[1] y endemoniado. ¡Oh necedad de los cristianos, que queremos gozar de la bienaventuranza, sin querer imitarle en la cruz, en los oprobios, en la humildad, pobreza y demás virtudes.

95. El verdadero humilde se está en la quietud de su corazón reposado, allí sufre la prueba de Dios, de los hombres y del demonio sobre toda razón y discreción, poseyéndose a sí mismo en paz y quietud, esperando con toda humildad el agrado puro de Dios, así en la vida como en la muerte.

---

1 ebrio.   2 se goza, se alegra.

No le inquietan las cosas de afuera más que si no fuesen. A éste la cruz y muerte son delicias, aunque exteriormente no lo manifieste. Pero ¡ay de quien hablamos, que se hallan pocos de estos humildes en el mundo!

96. Desea, espera, sufre y muere incógnita, que aquí está el amor humilde y el perfecto. ¡Oh, qué de paz experimentarás en el alma si te humillas profundamente y abrazas los desprecios! No serás perfectamente humilde, aunque conozcas tu miseria, si no deseas que sea de todos conocida; entonces huirás las alabanzas, abrazarás las injurias, despreciarás todo lo criado, hasta a ti misma, y si te viniese alguna tribulación no culparás a ninguno, sino que juzgarás que viene de la mano del Creador, como dador de todo bien.

De la suma felicidad de la interior paz y de sus maravillosos efectos

196. Aniquilada ya el alma, y con perfecta desnudez renovada, experimenta en la parte superior una profunda paz y una sabrosa quietud, que la conduce a tan perfecta unión de amor, que en todo jubila.[2] Ya esta alma ha llegado a tal felicidad que no quiere ni desea otra cosa que lo que su amado quiere; con esta voluntad se conforma en todos los sucesos, así de consuelo como de pena, y juntamente se goza de hacer en todo el divino beneplácito.

198. Si a esta alma, que ha subido ya por los escalones de la aniquilación a la región de la paz, le fuese necesario el escoger, elegiría primero la desolación que el consuelo; el desprecio que la honra; porque el amoroso Jesús hizo sumo aprecio del oprobio y de la pena. Si padeció antes hambre de los bienes del cielo, si tuvo sed de Dios, temor de perderle, llanto en el corazón y guerra del demonio, ya se han convertido el hambre en hartura,

la sed en saciedad, el temor en seguridad, la tristeza en alegría, el llanto en gozo y la fiera guerra en suma paz. ¡Oh dichosa alma que goza ya en la tierra tan gran felicidad! Estas almas (aunque pocas) son las columnas fuertes que sustentan la Iglesia y las que templan la divina indignación.

201. Estáse el valle oscurecido con densas tinieblas, fieras tempestades de piedras, de truenos, rayos y relámpagos, que parece un retrato del infierno, y en este tiempo, está el alto monte resplandeciente, recibiendo los hermosos rayos del sol, con paz y serenidad, quedando todo él como un cielo claro, pacífico y luminoso.

202. Lo mismo sucede en esta dichosa alma. Está el valle de la parte inferior sufriendo tribulaciones, combates, tinieblas, desolaciones, tormentos, martirios y sugestiones; y en el mismo tiempo en el alto monte de la parte superior del alma, ilustra, inflama e ilumina el verdadero sol, con que queda clara, pacífica, resplandeciente, tranquila, serena y hecha un mar de alegría.

204. Porque en el trono de quietud, se manifiestan las perfecciones de la espiritual hermosura: aquí la luz verdadera de los secretos y divinos misterios de nuestra santa fe; aquí la humildad perfecta, hasta la aniquilación de sí misma; la plenísima resignación, la castidad, la pobreza de espíritu, la inocencia y sencillez de la paloma, la exterior modestia, el silencio y soledad interior, la libertad y pureza del corazón; aquí el olvido de lo creado; hasta de sí misma; la alegre simplicidad, la celestial indiferencia, la oración continua, la total desnudez, el perfecto despego, la sapientísima contemplación, la conversación del cielo, y, finalmente, la perfectísima y serenísima interior paz de quien puede decir de esta alma lo que dijo el Sabio de la sabiduría, que con ella le vinieron las demás gracias: *Et venerum mihi omnia bona pariter cum illa. (Sap.,* VII, 11.)

SIGLO XVII: TRATADISTAS Y MORALISTAS

Diego de Saavedra Fajardo

1584-1648

Diplomático de profesión, es Saavedra Fajardo el escritor político por excelencia dentro del tratadismo español del Siglo de Oro. Su obra *Idea de un príncipe cristiano representada en cien empresas,* es un tratado completo de la educación de un príncipe desde su nacimiento hasta su muerte. Se cierra con el soneto aquí reproducido. El título se debe a que cada capítulo es

comentario a una empresa o emblema, artificio literario muy común en el siglo XVII. Con este plan, construye Saavedra un libro profundo por su doctrina del Estado, opuesta, en lo fundamental, a la de Maquiavelo; lleno de penetrantes observaciones sobre España y sobre la historia europea de su tiempo, y escrito en una prosa precisa, ligeramente conceptuosa pero que, en su tersura y buen gusto, puede competir con la de los mejores clásicos de la literatura castellana. Saavedra Fajardo, además de ser un moralista muy destacado, es ya, por la forma, la unidad de cada una de las Empresas y el tono personal de sus ideas, un verdadero precursor del ensayo moderno.

IDEA DE UN PRÍNCIPE POLÍTICO CRISTIANO REPRESENTADA EN CIEN EMPRESAS

EMPRESA XLIII[1]

Todas las cosas animadas o inanimadas son hojas de este gran libro del mundo, obra de la naturaleza, donde la divina Sabiduría escribió todas las ciencias para que nos enseñasen y amonestasen a obrar. No hay virtud moral que no se halle en los animales. Con ellos mismos nace la prudencia práctica: en nosotros se adquiere con la enseñanza y la experiencia. De los animales podemos aprender sin confusión o vergüenza de nuestra rudeza, porque quien enseña en ellos es el mismo Autor de las cosas. Pero el vestirnos de sus naturalezas o querer imitarlas para obrar según ellos, irracionalmente, llevados del apetito de los afectos y pasiones, sería hacer injuria a la razón, dote propio del hombre, con que se distingue de los demás animales y merece el imperio de todos. En ellos, faltando la razón, falta la justicia, y cada uno atiende solamente a su conservación, sin reparar en la injuria ajena.

El hombre justifica sus acciones y las mide con la equidad, no queriendo para otro lo que no quiera para sí. De donde se infiere cuán impío y feroz es el intento de Maquiavelo, que forma a su príncipe con otro supuesto, o naturaleza de león o de raposa, para que lo que no pudiera alcanzar con la razón, alcance con la fuerza y el engaño. Esta máxima con el tiempo ha crecido, pues no hay injusticia ni indignidad que no parezca honesta a los políticos, como sea en orden a dominar, juzgando que vive de merced el príncipe a quien sólo lo justo es lícito, con que ni se repara en romper la palabra ni en faltar a la fe y a la religión, como convenga a la conservación y aumento del Estado. Sobre estos fundamentos falsos quiso edificar su fortuna el duque Valentín, pero, antes de verla levantada, cayó tan deshecha sobre él, que ni aun fragmentos o ruinas quedaron de ella. ¿Qué puede durar lo que se funda sobre el engaño y la mentira? ¿Cómo puede subsistir lo violento? ¿Qué firmeza habrá en los contratos si el príncipe, que ha de ser la seguridad de ellos, falta a la fe pública? ¿Quién se fiará de él? ¿Cómo durará el imperio en quien o no cree que hay Providencia divina, o fía más de sus artes que de ella? No por esto quiero al príncipe tan benigno, que nunca use la fuerza, ni tan cándido y sencillo, que ni sepa disimular ni cautelarse contra el engaño; porque viviría expuesto a la malicia, y todos se burlarían de él. Antes en esta empresa deseo que tenga valor; pero no aquel bestial e irracional de las fieras, sino el que se acompaña con la justicia, significado en la piel del león, símbolo de la virtud, que por esto la dedicaron a Hércules.

Tal vez conviene al príncipe cubrir de severidad la frente y oponerse al engaño. No siempre ha de parecer humano. Ocasiones hay en que es menester que se revista de la piel del león, y que sus vasallos y sus enemigos le vean con garras, y tan severo, que no se le atreva el engaño con las palabras halagüeñas de que se vale para domesticar el ánimo de los príncipes. Esto parece que quisieron dar a entender los egipcios poniendo una imagen de león sobre la cabeza de su príncipe. No hay respeto ni reverencia donde no hay algún temor. En penetrando el pueblo que no sabe enojarse el príncipe y que ha de hallar siempre en él un semblante apacible y benigno, le desprecia; pero no siempre ha de pasar a ejecución esta severidad, cuando se trata con príncipes astutos y cuando basta que como amenaza obre, y entonces no se ha de perturbar el ánimo del príncipe; sírvase solamente de lo severo de la frente. Sin descomponerse el león ni pensar en el daño de los animales, los atemoriza con su vista solamente, tal es la fuerza de la majestad de sus ojos.

Pero, porque alguna vez conviene cubrir la fuerza con la astucia, y la indignación con la benignidad, disimulando y acomodándose al tiempo y a las personas, se corona en esta empresa la frente del león, no con las artes de la raposa, viles y fraudulentas, indignas de la generosidad y corazón magnánimo del príncipe, sino con las sierpes, sím-

---

bolo del imperio y de la majestad prudente y vigilante, y jeroglífico en las sagradas letras de la prudencia; porque su astucia en defender la cabeza, en cerrar las orejas al encanto, y en las demás cosas, mira a su defensa propia, no al daño ajeno. Con este fin y para semejantes casos se dió a esta empresa el mote *Ut sciat regnare*, sacado de aquella sentencia que el rey Ludovico XI de Francia quiso que solamente aprendiese su hijo Carlos VIII, *Qui nescit disimulare, nescit regnare*,[2] en que se incluye toda la ciencia de reinar.

Pero es menester gran advertencia para que ni la fuerza pase a ser tiranía, ni la disimulación o astucia a engaño, porque son medios muy vecinos al vicio. Justo Lipsio, definiendo en los casos políticos el engaño, dice que es un agudo consejo que declina de la virtud y de las leyes por bien del rey y del reino; y, huyendo de los extremos de Maquiavelo, y pareciéndole que no podría gobernar el príncipe sin alguna fraude o engaño, persuadió el leve,[3] toleró el medio y condenó el grave; peligrosos confines para el príncipe. ¿Quién se los podrá señalar ajustadamente? No han de ponerse tan vecinos los escollos a la navegación política. Harto obra en muchos la malicia del poder y la ambición de reinar. Si es vicioso el engaño, vicioso será en sus partes, por pequeñas que sean, y indigno del príncipe. No sufre mancha alguna lo precioso de la púrpura real. No hay átomo tan sutil, que no se descubra y afee los rayos de estos soles de la tierra. ¿Cómo se puede permitir una acción que declina de la virtud y de las leyes en que es alma de ellas? No puede haber engaño que no se componga de la malicia y de la mentira, y ambas son opuestas a la magnanimidad real... Solamente puede ser lícita la disimulación y astucia cuando ni engañan ni dejan manchado el crédito del príncipe; y entonces no las juzgo por vicios, antes o por prudencia, o por virtudes hijas de ella, convenientes y necesarias en el que gobierna. Esto sucede cuando la prudencia, advertida en su conservación, se vale de la astucia, para ocultar las cosas según las circunstancias del tiempo, del lugar y de las personas, conservando una consonancia entre el corazón y la lengua, entre el entendimiento y las palabras. Aquella disimulación se debe huir que con fines engañosos miente con las cosas mismas; la que mira a que el otro entienda lo que no es, no la que solamente pretende que no entienda lo que es; y así bien puede usar palabras indiferentes y equívocas, y poner una cosa en lugar de otra con diversa significación, no para engañar, sino para cautelarse o prevenir el engaño, o para otros fines lícitos.

Estas artes y trazas son muy necesarias cuando se trata con príncipes astutos y fraudulentos; porque en tales casos la severidad y recato, la disimu-lación en el semblante, la generalidad y equivocación advertida en las palabras, para que no dejen empeñado al príncipe ni den lugar a los designios o al engaño, usando de semejantes artes, no para ofender ni para burlar la fe pública, ¿qué otra cosa es sino doblar las guardas al ánimo? Necia sería la ingenuidad que descubriese el corazón, y peligroso el imperio sin el recato. Decir siempre la verdad sería peligrosa sencillez, siendo el silencio el principal instrumento de reinar. Quien la entrega ligeramente a otro, le entrega su misma corona.

Mentir no debe un príncipe; pero se le permite callar o celar la verdad, y no ser ligero en el crédito ni en la confianza, sino maduro y tardo, para que, dando lugar a la consideración, no pueda ser engañado: parte muy necesaria en el príncipe, sin la cual estaría sujeto a grandes peligros. El que sabe más y ha visto más cree y fía menos, porque o la especulación, o la práctica y experiencia le hacen recatado. Sea, pues, el ánimo del príncipe cándido y sencillo, pero advertido en las artes y fraudes ajenas. La misma experiencia dictará los casos en que ha de usar el príncipe de estas artes, cuando reconociere que la malicia y doblez de los que tratan con él obliga a ellas; porque en las demás acciones siempre se ha de descubrir en el príncipe una candidez real, de la cual tal vez es muy conveniente usar aun con los mismos que le quieren engañar; porque éstos, si la interpretan a segundos fines, se perturban y desatinan, y es generoso engaño el de la verdad, si se aseguran de ella, le hacen dueño de lo más íntimo del alma, sin armarse contra él de segundas artes.

Los príncipes estimados en el mundo por gobernadores de mucha prudencia y espíritu no pueden usar de este arte, porque nadie piensa que obran acaso o sencillamente. Las demostraciones de su verdad se tienen por apariencias. Lo que en ellos es advertencia se juzga por malicia; su prudencia por disimulación, y su recato por engaño. Estos vicios impusieron al Rey Católico, porque con su gran juicio y experiencia en la paz y en la guerra conocía el mal trato y poca fe de aquellos tiempos, y con sagacidad se defendía, obrando de suerte que sus émulos y enemigos quedasen enredados en sus mismas artes, o que fuesen éstas frustradas con el consejo y con el tiempo. Por esto algunos príncipes fingen la sencillez y la modestia para encubrir sus fines, y que no los alcance la malicia.

Otros príncipes se muestran divertidos en sus acciones, porque se crea que obran acaso. Pero es tal la malicia de la política presente, que no solamente penetra estas artes, sino calumnia la más pura sencillez, con grave daño de la verdad y del sosiego público; no habiendo cosa que se interprete derechamente; y como la verdad consiste en un punto, y son infinitos los que están en la circunferencia donde puede dar la malicia, nacen graves errores en los que buscan a las obras y palabras diferentes sentidos de lo que parecen y suenan; y, encontrados así los juicios y las intenciones, se arman de artes unos contra otros, y viven todos en perpetuas desconfianzas y recelos. El más ingenioso en las sospechas es el que más lejos da de la verdad, porque con la agudeza penetra más de lo que ordinariamente se piensa; y creemos por cierto en los otros lo que en nosotros es engaño de la imaginación. Así al navegante le parece que corren los escollos, y es él quien se mueve.

Las sombras de la razón de Estado suelen ser mayores que el cuerpo y tal vez se deja éste y se abrazan aquéllas; y, quedando burlada la imaginación, se recibe mayor daño con los reparos que el que pudiera hacer lo que se temía. ¡Cuántas veces por recelos vanos se arma un príncipe contra quien no tuvo pensamiento de ofenderle, y se empuñan las armas del uno y del otro, reducido a guerra lo que antes fué ligera y mal fundada presunción! A éstos sucede lo que a los bajeles, que cuando más celosos más presto se pierden. No repruebo la dificencia cuando es hija de la prudencia, como decimos en otra parte, sino acuso que falte siempre la buena fe, sin la cual ni habrá amistad ni parentesco firme, ni contrato seguro, y quedará sin fuerzas el derecho de las gentes, y el mundo en poder del engaño. No siempre se obra con segundas intenciones. Aun el más tirano suele tal vez caminar con honestos fines.

EMPRESA LXI[4]

Forma el arpa una perfecta aristocracia, compuesta del gobierno monárquico y democrático. Preside un entendimiento, gobiernan muchos dedos y obedece un pueblo de cuerdas, todas templadas y todas conformes en la consonancia, no particular, sino común y pública, sin que las mayores discrepen de las menores.

Semejante al arpa es una república, en quien el largo uso y experiencia dispuso los que habían de gobernar y obedecer, estableció las leyes, constituyó los magistrados, distinguió los oficios, señaló los estilos y perfeccionó en cada una de las naciones el orden de república más conforme y conveniente a la naturaleza de ellas. De donde resulta que con peligro se alteran estas disposiciones antiguas. Ya está formada en todas partes la arpa de los reinos y repúblicas, y colocadas en su lugar las cuerdas; y, aunque parezca que alguna estaría mejor mudada, se ha de tener más fe de la prudencia y consideración de los predecesores, enseñados de largo uso y experiencia; porque los estilos del gobierno, aunque tengan inconvenientes, con menos daños se toleran que se renueven.

El príncipe prudente temple las cuerdas así como están; y no las mude, si ya el tiempo y los accidentes no las descompusieren tanto que desdigan del fin con que fueron constituídas, como decimos en otra parte. Por lo cual es conveniente que el príncipe tenga muy conocida esta arpa del reino, la majestad que resulta de él, y la naturaleza, condición e ingenio del pueblo y del palacio, que son sus principales cuerdas; porque como dice el rey don Alonso *el Sabio* en una ley de las Partidas: «Saber conocer los hombres es una de las cosas de que el rey más se debe trabajar; ca pues que con ellos ha de facer todos sus fechos, menester es que los conozca bien.» En esto consisten las principales artes de reinar.

Los que más estudiaron en esto, con mayor facilidad gobernaron sus estados. Muchos ponen las manos en esta arpa de los reinos, pocos saben llevar los dedos por sus cuerdas, y raros son los que conocen su naturaleza y la tocan bien.

Esté, pues, advertido el príncipe en que el reino es una unión de muchas ciudades y pueblos, un consentimiento común en el imperio de uno y en la obediencia de los demás, a que obligó la ambición y la fuerza. La concordia le formó y la concordia le sustenta. La justicia y la clemencia constituyen su vida. Es un cuidado de la salud ajena. Consiste su espíritu en la unidad de la religión. De las mismas partes que consta pende su conservación, su aumento y su ruina. No puede sufrir la compañía. Vive expuesto a los peligros. En él, más que en otra cosa, ejercita la fortuna sus inconstancias. Está sujeto a la emulación y a la envidia. Más peligra en la prosperidad que en la adversidad, porque con aquélla se asegura, con la seguridad se ensoberbece y con la soberbia se pierde. O por nuevo se descompone o por antiguo se deshace. No es menor su peligro en la continua paz que en la

4 que las cuerdas mayores [del arpa] consuenen o armonicen con las menores.

guerra. Por sí mismo se cae cuando ajenas armas no le ejercitan; y en empezando a caer, no se detiene. Entre su mayor altura y su precipicio no se interpone tiempo. Los celos le defienden y los celos le suelen ofender; si es muy pequeño, no se puede defender; si es muy grande no se sabe gobernar. Más obedece al arte que a la fuerza. Ama las novedades y está en ellas su perdición. La virtud es su salud, el vicio su enfermedad. El trabajo le levanta y el ocio le derriba. Con las fortalezas y confederaciones se afirma y con las leyes se mantiene. El magistrado es su corazón, los consejos sus ojos, las armas sus brazos y las riquezas sus pies.

De esta arpa del reino resulta la majestad, la cual es una armonía nacida de las cuerdas del pueblo y aprobada del cielo. La opinión y la fama le dan ser; el amor, seguridad; el temor, autoridad; la ostentación, grandeza; la ceremonia, reverencia; la severidad, respeto; el adorno, estimación. El retiro la hace venerable. Peligra en el desprecio y en el odio. Ni se puede igualar ni dividir, porque consiste en la admiración y en la unidad. En ambas fortunas es constante; el culto la afirma, las armas y las leyes la mantienen. Ni dura en la soberbia ni cabe en la humildad. Vive con la prudencia y la beneficencia y muere a manos del ímpetu y del vicio.

El vulgo de cuerdas de esta arpa del reino es el pueblo. Su naturaleza es monstruosa en todo y desigual a sí misma, inconstante y varia. Se gobierna por las apariencias sin penetrar el fondo. Con el rumor se consulta. Es pobre de medios y de consejo, sin saber discernir lo falso de lo verdadero. Inclinado siempre a lo peor. Una misma hora le ve vestido de dos afectos contrarios. Más se deja llevar de ellos que de la razón, más del ímpetu que de la prudencia, más de las sombras que de la verdad. Con el castigo se deja enfrenar. En las adulaciones es disforme, mezclando alabanzas verdaderas y falsas. No sabe contenerse en los medios: o ama o aborrece con extremo, o es sumamente agradecido o sumamente ingrato, o teme o se hace temer, y en temiendo, sin riesgo se desprecia. Los peligros menores le perturban si los ve presentes y no le espantan los grandes si están lejos. O sirve con humildad o manda con soberbia. Ni sabe ser libre ni deja de serlo. En las amenazas es valiente y en las obras cobarde. Con ligeras causas se altera y con ligeros medios se compone. Sigue, no guía. Las mismas demostraciones hace por uno que por otro. Más fácilmente se deja violentar que persuadir. En la fortuna próspera es arrogante e impío, en la adversa rendido y religioso. Tan fácil a la crueldad como a la misericordia. Con el mismo furor que favorece a uno le persigue después. Abusa de la demasiada clemencia y se precipita con el demasiado rigor. Si una vez se atreve a los buenos, no le detienen la razón ni la vergüenza. Fomenta los rumores, los finge y, crédulo, acrecienta su fama. Desprecia la voz de pocos y sigue la de muchos. Los malos sucesos atribuye a la malicia del magistrado, y las calamidades a los pecados del príncipe. Ninguna cosa le detiene más obediente que la abundancia, en quien solamente pone su cuidado. El interés o el deshonor le conmueven fácilmente. Agravado, cae, y, aliviado, cocea. Ama los ingenios fogosos y precipitados y el gobierno ambicioso y turbulento. Nunca se satisface del presente y siempre desea mudanzas en él. Imita las virtudes o vicios de los que mandan. Envidia los ricos y poderosos y maquina contra ellos. Ama los juegos y divertimientos y con ninguna cosa más que con ellos se gana su gracia. Es supersticioso en la religión, y antes obedece a los sacerdotes que a sus príncipes. Éstas son las principales condiciones y calidades de la multitud. Pero advierta el príncipe que no hay comunidad o consejo grande, por grave que sea y de varones selectos, en que no haya vulgo y sea en muchas cosas parecido al popular.

Parte es también de esta arpa, y no la menos principal, el palacio, cuyas cuerdas, si con mucha prudencia y destreza no las tocare el príncipe, harán disonante todo el gobierno; y así, para tenerlas bien templadas conviene conocer estas calidades de su naturaleza. Es presuntuoso y vario. Por instantes muda colores, como el camaleón, según se le ofrece delante la fortuna próspera o adversa. Aunque su lenguaje es común a todos, no todos le entienden. Adora al príncipe que nace, y no se cura del que transmonta. Espía y murmura sus acciones. Se acomoda a sus costumbres y remeda sus faltas. Siempre anda a caza de su gracia con las redes de la lisonja y adulación, atento a la ambición y al interés. Se alimenta con la mentira y aborrece la verdad. Con facilidad cree lo malo, con dificultad lo bueno. Desea las mudanzas y novedades. Todo lo teme y de todo desconfía. Soberbio en mandar y humilde en obedecer. Envidioso de sí mismo y de los de afuera. Gran artífice en disimular y celar sus designios. Encubre el odio con la risa y las ceremonias. En público alaba y en secreto murmura. Es enemigo de sí mismo. Vano en las apariencias y ligero en las ofertas.

Conocido, pues, este instrumento del gobierno y las calidades y consonancias de sus cuerdas, conviene que el príncipe lleve por ellas con tal prudencia la mano, que todas hagan una igual consonancia, en que es menester guardar el movimiento y el tiempo, sin detenerse en favorecer más una cuerda que otra de aquello que conviene a la armonía que ha de hacer, olvidándose de las demás; porque todas tienen sus voces en el instrumento de la república, aunque desiguales entre sí; y fácilmente se desconcertarían y harían peligrosas disonancias si el príncipe diese larga mano a los magistrados, favoreciese mucho la plebe o despreciase la nobleza; si con unos guardase justicia y no con otros, si confundiese los oficios de las armas y letras, si no conociese bien que se mantiene la majestad con el respeto, el reino con el amor, el palacio con la entereza, la nobleza con la estimación, el pueblo con la abundancia, la justicia con la igualdad, las leyes con el temor, las armas con el premio, el poder con la parsimonia, la guerra con las riquezas y la paz con la opinión.

Cada uno de los reinos es instrumento distinto del otro en la naturaleza y disposición de sus cuerdas, que son los vasallos; y así, con diversa mano y destreza se han de tocar y gobernar. Un reino suele ser como el arpa, que no solamente ha menester lo blando de las yemas de los dedos, sino también lo duro de las uñas. Otro es como el clavicordio, en quien cargan ambas manos, para que de la opresión resulte la consonancia. Otro es tan delicado como la cítara, que aún no sufre los dedos y con una ligera pluma resuena dulcemente. Y así esté el príncipe muy advertido en el conocimiento de estos instrumentos de sus reinos y de las cuerdas de sus vasallos, para tenerlas bien templadas, sin torcer (como en Dios los consideró San Crisóstomo) con mucha severidad o codicia sus clavijas; porque la más fina cuerda, si no quiebra,

queda resentida, y la disonancia de una descompone a las demás y saltan todas.

Ludibria mortis[5]

Este mortal despojo, ¡oh caminante!
triste horror de la muerte, en quien la araña
hilos anuda y la inocencia engaña,
que a romper lo sutil no fué bastante,
  coronado se vió, se vió triunfante
con los trofeos de una y otra hazaña;
favor su risa fué, terror su saña,
atento el orbe a su real semblante.

Donde antes la soberbia, dando leyes,
a la paz y a la guerra presidía,
se prenden hoy los viles animales.

  ¿Qué os arrogáis, ¡oh príncipes!, ¡oh reyes!,
si en los ultrajes de la muerte fría
comunes sois con los demás mortales?

Baltasar Gracián

1601-1658

Perteneció a la Compañía de Jesús, pero su obra no tiene carácter específicamente religioso; es, más bien, casi en su totalidad, un análisis filosófico-moral de la personalidad humana y de la vida. En la forma, la prosa de Gracián representa el punto culminante del conceptismo; no en el sentido de la construcción complicada y abundante como se encuentra en Quevedo, por ejemplo, sino en el de la expresión concentrada, precisa y lacónica que se traduce a veces en una sucesión de máximas, dichos ingeniosos o, como se decía en la época, «conceptos». Fué, además, Gracián el teórico por excelencia de este tipo de estilo en su obra *Agudeza y arte de ingenio*, que es a la vez una preceptiva y una antología del conceptismo.

Escribió una serie de tratados morales —*El héroe, El político, El discreto*— en los que da normas de conducta o presenta en breves semblanzas arquetipos humanos. Resumen de todos ellos son las máximas agrupadas en el *Oráculo manual y arte de prudencia*. *El Criticón,* su

obra maestra, es una novela alegórico-filosófica, cuyo tema es la vida humana.

EL DISCRETO

Diligente e inteligente

Emblema

Dos hombres formó naturaleza, la desdicha los redujo a ninguno; la industria después hizo uno de los dos. Cegó aquél, encogió éste, y quedaron inútiles entrambos. Llegó el arte, invocado de la necesidad, y dióles el remedio en el alternado socorro, en la recíproca dependencia.

«Tú, ciego —le dijo—, préstale los pies al cojo; y tú, cojo, préstale los ojos al ciego.» Ajustá-

---

[5] los ultrajes de la muerte.

ronse, y quedaron remediados. Cogió en hombros el que tenía pies al que le daba ojos, y guiaba el que tenía ojos al que le daba pies. Éste llamaba al otro su Atlante, y aquél a éste su Cielo.

Vió este prodigio de la industria un varón juicioso, y reparando en él, codiciándole para un ingenioso emblema, preguntó bien, que cuál llevaba a cuál. Y fuéle respondido de esta suerte:

Tanto necesita la diligencia de la inteligencia como al contrario. La una sin la otra valen poco: juntas pueden mucho. Ésta ejecuta pronta lo que aquélla detenida medita, y corona una diligente ejecución los aciertos de una bien intencionada atención.

Vimos ya hombres muy diligentes, obradores de grandes cosas, ejecutivos, eficaces, pero nada inteligentes; y de uno de ellos dijo un crítico frescamente, alabando otros su diligencia, que si el tal fuera tan inteligente como era diligente, fuera sin duda un gran ministro del monarca grande.

Pero a éstos nada se les puede fiar a solas, pues el mayor riesgo corre en su correr; yerran aprisa, si los dejan, y emplean toda su eficacia en desaciertos. No es aquello acabar los negocios, sino acabar con ellos; que parece que corren a la posta, digo, a caballo todo, sin caer jamás de su necedad.

Es lo bueno que comúnmente estos tales aborrecen el consejo y lo truecan en ejecución.

Pasión es de necios el ser muy diligentes, porque como no descubren los topes, obran sin reparos; corren porque no discurren; y como no advierten, tampoco advierten que no advierten; que quien no tiene ojos para ver, menos los tendrá para verse.

Hay sujetos que son buenos para mandados, porque ejecutan con felicísima diligencia; mas no valen para mandar, porque piensan mal y eligen peor, tropezando siempre en el desacierto. Hay hombres de todos gremios, unos para primeros y otros para segundos.

Pero no es menor infelicidad la de una grande inteligencia sin ejecución; marchítanse en flor sus concebidos aciertos, porque los comprendió el hielo de una irresolución; y perdida aquella su fragante esperanza se malogran con el dejamiento...

Bien que todos los sabios son detenidos, que del mucho advertir nace el reparar; así como descubren todos los inconvenientes, querrían también prevenir todos los remedios; con esto raras veces recae la diligencia sobre la inteligencia. En los que gobiernan se desea aquélla, y ésta en los que pelean, y si concurren, hacen un prodigio.

Fué la mayor presteza, en Alejandro, madre de la mayor ventura; conquistólo todo (decía él mismo), dejando nada para mañana; ¿qué hiciera para otro año? Pues César, aquel otro ejemplar de héroes, decía que sus increíbles empresas antes las había concluído que consultado, o porque su misma grandeza no le espantase, o porque aun en pensarlas no le detuviese: gran palabra suya el «vamos», y nunca el «vayan los otros». Basta la presteza a hacer rey de las fieras al león, que aunque muchas de ellas le ganan, unas en armas, otras en cuerpo y otras en fuerzas, él las vence a todas en fe de su presteza...

Tiene lo bueno muchos contrarios, porque es raro, y los males muchos; para lo malo todo ayuda. El camino de la verdad y del acierto es único y dificultoso; para la perdición hay muchos medios y pocos remedios. Contra lo conveniente todas las cosas se conjuran, las circunstancias se despintan, la ocasión pasando, el tiempo huyendo, el lugar faltando, la sazón mintiendo y todo desayudando; pero la inteligencia y la diligencia todo lo vence.

Culta repartición de la vida de un discreto

Mide su vida el sabio como el que ha de vivir poco y mucho. La vida sin estancias es camino largo sin mesones... La misma naturaleza, atenta, proporcionó el vivir del hombre con el caminar del sol, las estaciones del año con las de la vida, y los cuatro tiempos de aquél con las cuatro edades de ésta.

Comienza la primavera en la niñez, tiernas flores, en esperanzas frágiles.

Síguese el estío caloroso y destemplado de la mocedad, de todas maneras peligroso, por lo ardiente de la sangre y tempestuoso de las pasiones.

Entra después el deseado otoño de la varonil edad coronado de sazonados frutos, en dictámenes, en sentencias y en aciertos.

Acaba con todo el invierno helado de la vejez; cáense las hojas de los bríos, blanquea la nieve de las canas, hiélanse los arroyos de las venas, todo se desnuda de dientes y de cabellos, y tiembla la vida de su cercana muerte. De esta suerte alternó la naturaleza las edades y los tiempos...

Mas, ahorrando de erudita prolijidad, célebre gusto fué el de aquel varón galante, que repartió la comedia en tres jornadas, y el viaje de su vida en tres estaciones. La primera empleó en hablar con los muertos. La segunda, con los vivos. La tercera, consigo mismo. Descifremos el enigma:

Digo que el primer tercio de su vida destinó a los libros; leyó, que fué más fruición que ocupación; que si tanto es uno más hombre cuanto más sabe, el más noble empleo será el aprender; devoró libros, pasto del alma, delicias del espíritu. ¡Gran felicidad topar con los selectos en cada materia! Aprendió todas las artes dignas de un noble ingenio, a distinción de aquellas que son para esclavas del trabajo.

Prevínose para ellas con una tan precisa cuanto enfadosa cognición de lenguas; las dos universales: latina y española, que hoy son las llaves del mundo; y las singulares: griega, italiana, francesa, inglesa y alemana, para poder lograr lo mucho y bueno que se eterniza en ellas.

Entregóse luego a aquella gran madre de la vida, esposa del entendimiento y hija de la experiencia, la plausible historia, la que más deleita y la que más enseña. Comenzó por las antiguas, acabó por las modernas, aunque otros platiquen lo contrario. No perdonó a las propias ni a las extranjeras, sagradas y profanas, con elección y estimación de los autores, con distinción de los tiempos, eras, centurias y siglos; comprensión grande de las monarquías, repúblicas, imperios, con sus aumentos, declinaciones y mudanzas; el número, orden y calidades de sus príncipes; sus hechos en paz y en guerra. Y esto con tan feliz memoria, que parecía un capacísimo teatro de la antigüedad presente.

Paseó los deliciosos jardines de la poesía, no tanto para usarla, cuanto para gozarla, que es ventaja y aun decencia: con todo eso, ni fué tan ignorante que no supiese hacer un verso, ni tan inconsiderado que hiciese dos. Leyó todos los verdaderos poetas, adelantando mucho el ingenio con sus dichos y el juicio con sus sentencias; y entre todos dedicó el seno al profundo Horacio y la mano al agudo Marcial, que fué darle la palma, entregándolos todos a la memoria y más al entendimiento. Con la poesía juntó la gustosa humanidad, y por renombre las buenas letras, atesorando una revelante erudición.

Pasó a la filosofía, y comenzando por lo natural, alcanzó las causas de las cosas, la composición del universo, el artificioso ser del hombre, las propiedades de los animales, las virtudes de las hierbas y las calidades de las piedras preciosas. Gustó más de lo moral, pasto de muy hombres, para dar vida a la prudencia; y estudióla en los sabios y filósofos, que nos la vincularon en sentencias, apotegmas, emblemas, sátiras y apólogos. Gran discípulo de Séneca, que pudiera ser Lucilio; apasionado de Platón, como divino; de los Siete de la fama, de Epicteto y de Plutarco, no despreciando al útil y donoso Esopo.

Supo con magisterio la cosmografía, la material y la formal, midiendo las tierras y los mares, distinguiendo los parajes y los climas; las cuatro partes hoy del universo, y en ellas las provincias y naciones, los reinos y repúblicas, ya para saberlo, ya para hablarlo, y no ser de aquellos tan vulgares, o por ignorantes o por dejados, que jamás supieron donde tenían los pies.

De la astrología supo lo que permite la cordura. Reconoció los celestes orbes, notó sus varios movimientos, numeró sus astros y planetas, observando sus influencias y efectos.

Coronó su plática estudiosidad con una continua grave lección de la sagrada Escritura, la más provechosa, varia y agradable al buen gusto y al ejemplo de aquel fénix de reyes, don Alfonso el Magnánimo, que pasó de cabo a cabo la Biblia catorce veces con comento, en medio de tantos y tan heroicos empleos.

Consiguió con esto una noticiosa universalidad, de suerte que la filosofía moral le hizo prudente; la natural, sabio; la historia, avisado; la poesía, ingenioso; la retórica, elocuente; la humanidad, discreto; la cosmografía, noticioso; la sagrada lición, pío, y todo él en todo género de buenas letras consumado, que pudiera competir con el excelentísimo señor don Sebastián de Mendoza, conde de Coruña. Éste fué el grande y primer acto de su vida.

Empleó el segundo en peregrinar, que fué gustoso peregrino: segunda felicidad para un hombre de curiosidad y buena nota. Buscó y gozó de todo lo bueno y lo mejor del mundo; que quien no ve las cosas no goza enteramente de ellas; va mucho de lo visto a lo imaginado: más gusta de los objetos el que los ve una vez que el que muchas; porque aquélla se gozan y las demás enfadan: consérvase en aquellas primicias el gusto sin que las roce la continuidad; el primer día es una cosa para el gusto de su dueño; todos los demás, para el de los extraños.

Adquiérese aquella ciencia experimental, tan estimada de los sabios, especialmente cuando el que registra atiende y sabe reparar, examinándolo todo o con admiración o con desengaño.

Trasegó, pues, todo el universo, y paseó todas sus políticas provincias: la rica España, la numerosa Francia, la hermosa Inglaterra, la artificiosa Alemania, la valerosa Polonia, la amena Moscovia y todo junto en Italia. Admiró sus más célebres emporios, solicitando en cada ciudad todo lo notable, así antiguo como moderno; lo magnífico de sus templos, lo suntuoso de sus edificios, lo acertado de su gobierno, lo entendido de sus ciudadanos, lo lu-

---

¹ Ganar la estimación de las gentes es, en parte, resultado de las condiciones naturales de la persona, pero lo es, en mayor medida, del arte y del ingenio.   ² de la espada, símbolo de la acción, a la palabra escrita.   ³ reglas externas.   ⁴ diosa de la luz.   ⁵ El rey persa Mitrídates,

para defenderse de los ataques contra su vida, se acostumbró desde niño al uso de veneno como antídoto.   ⁶ burla. ⁷ el que cambia fácilmente de parecer y puede adaptarse a las circunstancias, por alusión al dios marino del mismo nombre que tenía el don de cambiar de forma a voluntad.

cido de su nobleza, lo docto de sus escuelas y lo culto de su trato.

Frecuentó las cortes de los mayores príncipes, logrando en ellas todo género de prodigios de la naturaleza y del arte en pinturas, estatuas, tapicerías, librerías, joyas, armas, jardines y museos. Comunicó con los primeros y mayores hombres del mundo, eminentes, ya en letras, ya en valor, ya en las artes, estimando toda eminencia; y todo esto con una juiciosa comprensión, notando, censurando, cotejando y dando a cada cosa su merecido aprecio.

La tercera jornada de tan bello vivir, la mayor y la mejor, empleó en meditar lo mucho que había leído y lo más que había visto. Todo cuanto entra por las puertas de los sentidos en este emporio del alma, va a parar a la aduana del entendimiento: allí se registra todo. Él pondera, juzga, discurre, infiere y va sacando quintas esencias de verdades. Traga primero leyendo, devora viendo, rumia después meditando; desmenuza los objetos, desentraña las cosas averiguando las verdades, y aliméntase el espíritu de la verdadera sabiduría.

Es destinada la madura edad para la contemplación; que entonces cobra más fuerzas el alma cuando las pierde el cuerpo; reálzase la balanza de la parte superior lo que descaece la inferior. Hácese muy diferente concepto de las cosas, y con la madurez de la edad se sazonan los discursos y los afectos.

Importa mucho la prudente reflexión sobre las cosas, porque lo que de primera instancia se pasó de vuelo, después se alcanza a la revista.

Hace noticiosos el ver, pero el contemplar hace sabios. Peregrinaron todos aquellos antiguos filósofos, discurriendo primero con los pies y con la vista, para después con la inteligencia, con la cual fueron tan raros. Es corona de la discreción el saber filosofar, sacando de todo, como solícita abeja, o la miel del gustoso provecho o la cera para la luz del desengaño. La misma filosofía no es otro que meditación de la muerte, que es menester meditarla muchas veces antes, para acertar a hacer bien una sola después.

ORÁCULO MANUAL Y ARTE DE PRUDENCIA

Gracia de las gentes. Mucho es conseguir la admiración común, pero más la afición; algo tiene de estrella, lo más de industria;[1] comienza por aquélla y prosigue por ésta. No basta la eminencia de prendas, aunque se supone que es fácil de ganar el afecto, ganado el concepto. Requiérese, pues, para la benevolencia, la beneficencia: hacer bien a todas manos; buenas palabras y mejores obras, amar para ser amado. La cortesía es el mayor hechizo político de grandes personajes. Hase de alargar la mano primero a las hazañas y después a las plumas; de la hoja a las hojas,[2] que hay gracia de escritores, y es eterna.

Nunca perderse el respeto a sí mismo, ni se roce consigo a solas. Sea su misma entereza norma propia de su rectitud, y deba más a la severidad de su dictamen que a todos los extrínsecos preceptos.[3] Deje de hacer lo indecente, más por el temor de su cordura que por el rigor de la ajena autoridad. Llegue a temerse, y no necesitará del ayo imaginario de Séneca.

Hombre de espera, arguye gran corazón con ensanches de sufrimiento: nunca apresurarse ni apasionarse. Sea uno primero señor de sí, y lo será después de los otros. Hase de caminar por los espacios del tiempo al centro de la ocasión. La detención prudente sazona los aciertos y madura los secretos. La muleta del tiempo es más obradora que la acerada clava de Hércules. El mismo Dios no castiga con bastón, sino con razón. Gran decir: «el tiempo y yo, a otros dos». La misma fortuna premia el esperar con la grandeza del galardón.

Saberse excusar pesares. Es cordura provechosa ahorrar de disgustos. La prudencia evita muchos: es Lucina[4] de la felicidad, y por eso del contento. Las odiosas nuevas, no darlas, menos recebirlas: hánseles de vedar las entradas, si no es la del remedio. A unos se les gastan los oídos de oír mucho dulce en lisonjas; a otros, de escuchar amargo en chismes; y hay quien no sabe vivir sin algún cotidiano sinsabor, como ni Mitrídates sin veneno.[5] Tampoco es regla de conservarse querer darse a sí un pesar de toda la vida por dar placer una vez a otro, aunque sea el más propio. Nunca se ha de pecar contra la dicha propia por complacer al que aconseja y se queda fuera; y en todo acontecimiento, siempre que se encontraren el hacer placer a otro con el hacerse a sí pesar, es lición de conveniencia que vale más que el otro se disguste ahora que no tú después y sin remedio.

No estar siempre de burlas. Conócese la prudencia en lo serio, que está más acreditado que lo ingenioso. El que siempre está de burlas nunca es hombre de veras. Igualámoslos a éstos con los mentirosos en no darles crédito; a los unos por recelo de mentira, a otros, de su fisga.[6] Nunca se sabe cuándo hablan en juicio, que es tanto como no tenerle. No hay mayor desaire que el continuo donaire. Ganan otros fama de decidores y pierden el crédito de cuerdos. Su rato ha de tener lo jovial: todos los demás, lo serio.

Saber hacerse a todos. Discreto Proteo;[7] con el docto, docto, y con el santo, santo. Gran arte de ganar a todos, porque la semejanza concilia la benevolencia. Observar los genios y templarse al de cada uno; al serio y al jovial seguirles la corriente, haciendo política transformación; urgente a los que dependen. Requiere esta gran sutileza del vivir un gran caudal; menos dificultosa al varón universal de ingenio en noticias y de genio en gustos.

Hombre universal. Compuesto de toda perfección, vale por muchos. Hace felicísimo el vivir, comunicando esta fruición a la familiaridad. La variedad con perfección es entretenimiento de la vida. Gran arte la de saber lograr todo lo bueno, y pues le hizo la naturaleza al hombre un compendio de todo lo natural por su eminencia, hágale el arte un universo por ejercicio y cultura del gusto y del entendimiento.

Nunca hablar de sí. O se ha de alabar, que es desvanecimiento, o se ha de vituperar, que es poquedad; y siendo culpa de cordura en el que dice, es pena de los que oyen. Si esto se ha de evitar en la familiaridad, mucho más en puestos sublimes, donde se habla en común, y pasa ya por necedad cualquier apariencia de ella. El mismo inconveniente de cordura tiene el hablar de los presentes por el peligro de dar en uno de dos escollos: de lisonja o vituperio.

Cobrar fama de cortés, que basta a hacerle plausible. Es la cortesía la principal parte de la cultura, especie de hechizo; y así concilia la gracia de todos, así como la descortesía es desprecio y enfado universal. Si ésta nace de soberbia, es aborrecible; si de grosería, despreciable. La cortesía siempre ha ser más que menos, pero no igual, que degeneraría en injusticia; tiénese por deuda entre enemigos. Para que se vea su valor, cuesta poco y vale mucho; todo honrador es honrado. La galantería y la honra tienen esta ventaja, que se quedan, aquélla en quien la usa, ésta en quien la hace.

Tener el arte de conversar, en que se hace muestra de ser persona. En ningún ejercicio humano se requiere más la atención, por ser el más ordinario del vivir; aquí es el perderse o el ganarse, que si es necesaria la advertencia para escribir una carta, por ser conversación de pensado y por escrito, ¡cuánto más en la ordinaria, donde se hace examen pronto de la discreción! Toman los peritos el pulso al ánimo en la lengua, y en fe de ella dijo el sabio: «Habla, si quieres que te conoz-

ca.» Tienen algunos por arte en la conversación el ir sin ella, que ha de ser holgada como el vestir; entiéndese entre muy amigos, que cuando es de respeto ha de ser más substancial y que indique la mucha substancia de la person Para acertarse se ha de ajustar al genio y al inge o de los que tercian; no ha de afectar el ser censor de las palabras, que será tenido por gramático; ni menos fiscal de las razones, que le hurtarán todos el trato y le vedarán la comunicación. La discreción en el hablar importa más que la elocuencia.

No vivir aprisa. El saber repartir las cosas es saberlas gozar. A muchos les sobra la vida y se les acaba la felicidad; malogran los contentos, que no los gozan, y querrían después volver atrás cuando se hallan tan adelante. Postillones[8] del vivir, que a más del común correr del tiempo, añaden ellos su atropellamiento genial. Querrían devorar en un día lo que apenas podrán digerir en toda la vida. Viven adelantados en las felicidades, cómense los años por venir, y como van con tanta prisa, acaban presto con todo. Aun en el querer saber ha de haber modo para no saber las cosas mal sabidas. Son más los días que las dichas. En el gozar, a espacio; en el obrar, aprisa. Las hazañas, bien están, hechas; los contentos, mal, acabados.

Excusar llanezas en el trato. Ni se han de usar ni se han de permitir. El que se allana pierde luego la superioridad que le daba su entereza, y tras ella la estimación. Los astros, no rozándose con nosotros, se conservan en su esplendor; la divinidad solicita decoro. Toda humanidad facilita el desprecio. Las cosas humanas, cuanto se tienen más, se tienen en menos; porque con la comunicación se comunican las imperfecciones que se encubrían con el recato. Con nadie es conveniente el allanarse: no con los mayores, por el peligro, ni con los inferiores por la indecencia. Menos con la villanía que es atrevida por lo necio; y no reconociendo el favor que se le hace, presume obligación. La facilidad es ramo de vulgaridad.

Hombre de gran paz, hombre de mucha vida. Para vivir, dejar vivir. No sólo viven los pacíficos, sino que reinan. Hase de oír y ver, pero callar. El día sin pleito hace la noche soñolienta. Vivir mucho y vivir con gusto es vivir por dos, y fruto de la paz. Todo lo tiene a quien no se le da nada de lo que no le importa. No hay mayor despro-

---

8 los mozos que van a caballo delante de las diligencias o los carruajes; es decir, los que se adelantan o apresuran en la vida. 9 es tontería comparada con la sabiduría divina. 10 En algunos párrafos con que comienza la novela, aquí omitidos, después de fijar el tiempo de la acción (la época de Felipe IV, al que Gracián llama «univèrsal monarca el católico Filipo») y el lugar (las costas de la isla de Santa Elena), se describe cómo un náufrago sostenido en una tabla pugna por ganar

la orilla. Por eso dice aquí que [el náufrago estaba] fluctuando entre uno y otro elemento (la tierra y el agua), y le llama «equívoco (oscilante) entre la muerte y la vida»; de esta situación le saca el joven que le tiende los brazos obedeciendo a un secreto imán, esto es, a la voz de la sangre.

11 pagar la deuda que con él tenía. 12 asombro. 13 Se refiere al náufrago, Critilo. 14 estaba desnudo.

pósito que tomarlo todo de propósito. Igual necedad que le pase el corazón a quien no le toca, y que no le entre de los dientes adentro a quien no le importa.

Son tontos todos los que lo parecen y la mitad de los que no lo parecen. Alzóse con el mundo la necedad, y si hay algo de sabiduría, es estulticia con la del cielo;[9] pero el mayor necio es el que no se lo piensa y a todos los otros define. Para ser sabio, no basta parecerlo, menos parecérselo: aquél sabe que piensa que no sabe, y aquél no ve que los otros ven. Con estar todo el mundo lleno de necios, ninguno hay que lo piense ni aun lo recele.

Hanse de procurar los medios humanos como si no hubiese divinos, y los divinos como si no hubiese humanos: regla de gran maestro, no hay que añadir comento.

No ser malo de puro bueno. Eslo el que nunca se enoja; tienen poco de personas los insensibles. No nace siempre de indolencia, sino de incapacidad. Un sentimiento en su ocasión es acto personal; búrlanse luego las aves de las apariencias de bultos. Alternar lo agrio con lo dulce es prueba de buen gusto: sola la dulzura es para niños y necios. Gran mal es perderse de puro bueno en este sentido de insensibilidad.

En una palabra, santo: que es decirlo todo de una vez. Es la virtud cadena de todas las perfecciones, centro de las felicidades. Ella hace un sujeto prudente, atento, sagaz, cuerdo, sabio, valeroso, reportado, entero, feliz, plausible, verdadero y universal héroe. Tres *eses* hacen dichoso: santo, sano y sabio; la virtud es sol del mundo menor y tiene por hemisferio la buena conciencia. Es tan hermosa, que se lleva la gracia de Dios y de las gentes. No hay cosa amable sino la virtud, ni aborrecible sino el vicio. La virtud es cosa de veras: todo lo demás, de burlas. La capacidad y grandeza se ha de medir por la virtud, no por la fortuna. Ella sola se basta a sí misma: vivo el hombre, le hace amable; y muerto, memorable.

EL CRITICÓN

RESUMEN

Critilo, el hombre de la razón y de la experiencia, náufrago en una isla desierta, encuentra allí a Andrenio, el hombre en estado natural, que se ha criado como los animales. Después de enseñarle a hablar y de prevenirle en contra de las asechanzas de la vida y la maldad del ser humano, son recogidos ambos por un barco y emprenden un largo viaje que los lleva, al fin, hasta

la Isla de la Inmortalidad. La novela se divide en tres partes, correspondientes a las edades de la vida: «Primavera de la niñez», «otoño de la varonil edad», «invierno de la vejez», y en los diversos capítulos van los viajeros visitando numerosos lugares que unas veces tienen localización geográfica precisa —España, Francia y, al final, Roma— pero las más son alegorías como «La fuente de los engaños». «Las maravillas de Artemisa», «El museo del Discreto», la «Armería del valor», etc., muchas de las cuales se recuerdan o enumeran en el capítulo final.

PRIMERA PARTE

EN LA PRIMAVERA DE LA NIÑEZ Y EN EL ESTÍO DE LA JUVENTUD

CRISI I

Náufrago Critilo, se encuentra con Andrenio, que le da prodigiosamente razón de sí

...Fluctuando estaba entre uno y otro elemento, equívoco entre la muerte y la vida, hecho víctima de su fortuna, cuando un gallardo joven, ángel al parecer y mucho más al obrar, alargó sus brazos para recogerle en ellos, amarras de un secreto imán, si no de hierro, asegurándole la dicha con la vida.[10] En saltando en tierra, selló sus labios en el suelo, logrando seguridades, y fijó sus ojos en el cielo, rindiendo agradecimientos. Fuése luego con los brazos abiertos para el restaurador de su vida, queriendo desempeñarse[11] en abrazos y en razones. No le respondió palabra el que le obligó con las obras; sólo daba demostraciones de su gran gozo en lo risueño y de su mucha admiración en lo atónito del semblante. Repitió abrazos y razones el agradecido náufrago, preguntándole de su salud y fortuna y a nada respondía el asombrado isleño.

Fuéle variando idiomas de algunos que sabía; mas en vano, pues, desentendido de todo, se remitía a las extraordinarias acciones, no cesando de mirarle y de admirarle, alternando extremos de espanto[12] y de alegría.

Dudara con razón el más atento,[13] ser inculto parto de aquellas selvas, si no desmintieran la sospecha lo inhabitado de la isla, lo rubio y tendido de su cabello, lo perfilado de su rostro, que todo le sobrescribía europeo. Del traje no se podían rastrear indicios, pues era sola la librea de su inocencia.[14]

Discurrió más el discreto náufrago, si acaso viviría destituído de aquellos dos criados del alma, el uno de traer y el otro de llevar recados, el oír y el hablar. Desengañóle presto la experiencia, pues al menor ruido prestaba atenciones prontas sobre el imitar con tanta propiedad los bramidos de las fieras y los cantos de las aves, que parecía entenderse mejor con los brutos que con las personas: tanto pueden la costumbre y la crianza. Entre aquellas bárbaras acciones rayaba[15] como en vislumbres la vivacidad de su espíritu, trabajando el alma, por mostrarse: que donde no media el artificio, toda se pervierte la naturaleza.

Conversación

Crecía en ambos a la par el deseo de saberse las fortunas y las vidas; pero advirtió el entendido náufrago que la falta de un común idioma les tiranizaba esta fruición.[16] Es el hablar efecto grande de la racionalidad: que quien no discurre, no conversa. Habla, dijo el filósofo, para que te conozca. Comunícase el alma noblemente, produciendo conceptuosas imaginaciones de sí en la mente del que oye, que es propiamente el conversar. No están presentes los que no se tratan ni ausentes los que por escrito se comunican. Viven los sabios varones ya pasados y nos hablan cada día en sus eternos escritos, iluminando perennemente los venideros. Participa el hablar de lo necesario y de lo gustoso, que siempre atendió la sabia naturaleza a hermanar ambas cosas en todas las funciones de la vida. Consíguese con la conversación a lo gustoso y a lo presto las importantes noticias y es el hablar atajo único para el saber. Hablando los sabios engendran otros y por la conversación se conduce al ánimo la sabiduría dulcemente.

De aquí es que las personas no pueden estar sin algún idioma común para la necesidad y para el gusto, que aun dos niños, arrojados de industria en una isla, se inventaron lenguaje para comunicarse y entenderse. De suerte que es la noble conversación hija del discurso, madre del saber, desahogo del alma, comercio de los corazones, vínculo de la amistad, pasto del contento y ocupación de personas.

Conociendo esto el advertido náufrago, emprendió luego el enseñar a hablar al inculto joven y púdolo conseguir fácilmente, favoreciéndole la docilidad y el deseo. Comenzó por los nombres de ambos, proponiéndole el suyo, que era el de Critilo, imponiéndole a él el de Andrenio, que llena-

ron bien el uno en lo juicioso y el otro en lo humano. El deseo de sacar a luz tanto concepto por toda la vida represado y la curiosidad de saber tanta verdad ignorada picaban la docilidad de Andrenio.

Ya comenzaba a pronunciar, ya preguntaba y respondía. Probábase a razonar, ayudándose de palabras y de acciones, y tal vez lo que comenzaba la lengua lo acababa de exprimir[17] el gesto. Fuéle dando noticia de su vida a centones y a remiendos,[18] tanto más extraña cuanto menos entendida, y muchas veces se achacaba al no acabar de percibir lo que no se acababa de creer. Mas, cuando ya pudo hablar seguidamente y con igual copia de palabras a la grandeza de sus sentimientos, obligado de las vivas instancias de Critilo y ayudado de su industria, comenzó a satisfacerle de esta suerte.

Conocimiento

—Yo —dijo—, ni sé quién soy ni quién me ha dado el ser ni para qué me le dió. ¡Qué de veces y sin voces me lo pregunté a mí mismo, tan necio como curioso! Pues si el preguntar comienza en el ignorar, mal pudiera yo responderme. Argüíme tal vez para ver si empeñado me excedería a mí mismo. Duplicábame aun no bien singular,[19] por ver si, apartado de mi ignorancia, podría dar alcance a mis deseos. Tú, Critilo, me preguntas quién yo soy y yo deseo saberlo de ti. Tú eres el primer hombre que hasta hoy he visto y en ti me hallo retratado más al vivo que en los mudos cristales de una fuente, que muchas veces mi curiosidad solicitaba y mi ignorancia aplaudía. Mas si quieres saber el material suceso de mi vida, yo te lo referiré, que es más prodigioso que prolijo.

La vez primera que me conocí y pude hacer concepto de mí mismo, me hallé encerrado dentro de las entrañas de aquel monte que entre los demás se descuella: que aun entre peñascos debe ser estimada la eminencia. Allí me ministró[20] el primer sustento una de estas que tú llamas fieras y yo llamaba madre, creyendo siempre ser ella la que me había parido y dado el ser que tengo: corrido le refiero de mí mismo.

Niñez

—Muy propio es —dijo Critilo— de la ignorancia pueril el llamar a todos los hombres padres

15 apuntaba.   16 les impedía tener este placer.   17 expresar.   18 poco a poco; centón, manta hecha de muchas piezas, que semejan remiendos, de telas de diversos colores.   19 aun sin ser todavía una persona.   20 me dió.
21 vislumbraba, entreveía [en la oscuridad de la caverna]. Caverna en todo este pasaje tiene un doble sentido: el recto, de cueva en que vivía Andrenio; y el figurado, de la falta de luz de la razón.   22 cotejaba, examinaba.   23 intento, esfuerzo.   24 que aunque.

y a todas las mujeres madres. Y al modo que tú hasta una bestia tenías por tal, creyendo la maternidad en la beneficencia, así el mundo en aquella su bienhechora llamaba padre y aun le aclamaba Dios.

—Así yo —prosiguió Andrenio— creía madre la que me alimentaba fiera a sus pechos. Me crié entre aquellos sus hijuelos, que yo tenía por hermanos, hecho bruto entre los brutos, ya jugando y ya durmiendo. Dióme leche diversas veces que parió, partiendo conmigo de la caza y de las frutas que para ellos traía. A los principios no sentía tanto aquel penoso encerramiento; antes con las interiores tinieblas del ánimo desmentía las exteriores del cuerpo y con la falta de conocimiento disimulaba la carencia de la luz, si bien algunas veces brujuleaba unas confusas vislumbres[21] que dispensaba el cielo, a tiempos, por lo más alto de aquella infausta caverna.

La luz de la razón

Pero, llegando a cierto término de crecer, y de vivir, me salteó de repente un tan extraordinario ímpetu de conocimiento, un tan grande golpe de luz y de advertencia, que revolviendo sobre mí, comencé a reconocerme, haciendo una y otra reflexión sobre mi propio ser:

¿Qué es esto?, decía. ¿Soy o no soy? Pero pues vivo, pues conozco y advierto, ser tengo. Mas si soy, ¿quién soy yo? ¿Quién me ha dado este ser y para qué me lo ha dado? Para estar aquí metido, ¡grande infelicidad sería! ¿Soy bruto como éstos? Pero no, que observo entre ellos y entre mí palpables diferencias: ellos están vestidos de pieles; yo, desabrigado, menos favorecido de quien nos dió el ser.

También experimento en mí todo el cuerpo muy de otra suerte proporcionado que en ellos: yo río y yo lloro, cuando ellos aúllan; yo camino derecho, levantando el rostro hacia lo alto, cuando ellos se mueven torcidos e inclinados hacia el suelo. Todas éstas son bien conocidas diferencias y todas las observaba mi curiosidad y las confería[22] mi atención conmigo mismo.

Crecía de cada día el deseo de salir de allí, el conato[23] de ver y saber, si en todos natural y grande, en mí, como violentado, insufrible; pero lo que más me atormentaba era ver que aquellos brutos, mis compañeros, con extraña ligereza trepaban por aquellas inhiestas paredes, entrando y saliendo libremente, siempre que querían, y que para mí fuesen inaccesibles, sintiendo con igual ponderación que aquel gran don de la libertad a mí solo se me negase.

Probé muchas veces a seguir aquellos brutos, arañando los peñascos, que pudieran ablandarse con la sangre que de mis dedos corría. Valíame también de los dientes; pero todo en vano y con daño, pues era cierto el caer en aquel suelo, regado con mis lágrimas y teñido con mi sangre. A mis voces y a mis llantos acudían enternecidas las fieras, cargadas de frutas y de caza, con que se templaba en algo mi sentimiento y me desquitaba en parte de mis penas.

¡Qué de soliloquios hacía tan interiores, que aun este alivio del habla exterior me faltaba! ¡Qué de dificultades y dudas trababan entre sí mi observación y mi curiosidad, que todas se resolvían en admiraciones y en penas!

Era para mí un repetido tormento el confuso ruido de estos mares, cuyas olas más rompían en mi corazón que en estas peñas. ¿Pues qué diré cuando sentía el horrísono fragor de los nublados y sus truenos? Ellos se resolvían en lluvia; pero mis ojos, en llanto. Lo que llegó ya a ser ansia de reventar y agonía de morir era que a tiempos, aunque para mí de tarde en tarde, percibía acá fuera unas voces como la tuya (al comenzar con grande confusión y estruendo; pero después poco a poco más distintas) que naturalmente me alborozaban y se me quedaban muy impresas en el ánimo.

Bien advertía yo que eran muy diferentes de las de los brutos, que de ordinario oía, y el deseo de ver y de saber quién era el que las formaba, y no poder conseguirlo, me traía a extremos de morir. Poco era lo que unas y otras veces percibía, pero discurríalo tan mucho, como de espacio.

Concierto del universo

Una cosa puedo asegurarte, que con que[24] imaginé muchas veces y de mil modos, lo que habría acá fuera, el modo, la disposición, la traza, el sitio, la variedad y máquina de cosas, según lo que yo había concebido, jamás di en el modo ni atiné con el orden, variedad y grandeza de esta gran fábrica que vemos y admiramos.

—¡Qué mucho —dijo Critilo— pues, si aunque todos los entendimientos de los hombres, que ha habido ni habrá, se juntaran antes a trazar esta gran máquina del mundo y se les consultara cómo había de ser, jamás pudieran atinar a disponerla! ¿Qué digo el universo? La más mínima flor, un mosquito, no supieran formarlo. Sola la infinita sabiduría de aquel supremo Hacedor pudo hallar el modo, el orden y el concierto de tan hermosa y perenne variedad.

Pero, dime, que deseo mucho saberlo de ti y oírtelo contar, ¿cómo pudiste salir de aquella tu penosa cárcel, de aquella sepultura anticipada de tu cueva? Y sobre todo, si es posible el exprimirlo, ¿cuál fué el sentimiento de tu admirado espíritu, aquella primera vez que llegaste a descubrir, a ver, a gozar y admirar este plausible teatro del universo?

—Aguarda —dijo Andrenio—, que aquí es menester tomar aliento para relación tan gustosa y peregrina.

CRISI II

El gran teatro del universo

Luego que el supremo Artífice tuvo acabada esta gran fábrica del mundo, dicen trató repartirla, alojando en sus estancias sus vivientes. Convocólos todos, desde el elefante hasta el mosquito. Fuéles mostrando los repartimientos y examinando a cada uno, cuál de ellos escogía para su morada y vivienda. Respondió el elefante que él se contentaba con una selva, el caballo con un prado, el águila con una de las regiones del aire, la ballena con un golfo, el cisne con un estanque, el barbo con un río y la rana con un charco.

La ambición humana

Llegó el último el primero, digo el hombre y, examinado de su gusto y de su centro, dijo que él no se contentaba con menos que con todo el universo y aun le parecía poco. Quedaron atónitos los circunstantes de tan exorbitante ambición, aunque no faltó luego un lisonjero que defendió nacer de la grandeza de su ánimo.

Pero la más astuta de todos: —Eso no creeré yo —les dijo—, sino que procede de la ruindad de su cuerpo. Corta le parece la superficie de la tierra, y así penetra y mina sus entrañas en busca del oro y de la plata, para satisfacer en algo su codicia; ocupa y embaraza el aire con lo empinado de sus edificios, dando algún desahogo a su soberbia; surca los mares y sonda sus más profundos senos, solicitando las perlas, los ámbares y los corales, para adorno de su bizarro desvanecimiento; obliga a todos los elementos a que le tributen cuanto abarcan: el aire sus aves, el mar sus peces, la tierra sus cazas, el fuego la sazón, para entretener, que no satisfacer, su gula. ¡Y aún se queja de que todo es poco! ¡Oh monstruosa codicia de los hombres!

Tomó la mano[25] el soberano Dueño y dijo: Mirad, advertid, sabed que al hombre le he formado yo con mis manos para criado mío y señor vuestro, y, como rey que es, pretende señorearlo todo. Pero entiendo, oh hombre (aquí hablando con él), que esto ha de ser con la mente, no con el vientre; como persona, no como bestia. Señor has de ser de todas las cosas criadas, pero no esclavo de ellas; que te sigan, no te arrastren. Todo lo has de ocupar con el conocimiento tuyo y reconocimiento mío: esto es, reconociendo en todas las maravillas criadas las perfecciones divinas y pasando de las criaturas al Criador...

CRISI IV

El despeñadero de la vida

...—Dichoso tú que te criaste entre las fieras, y ¡ay de mí! que entre los hombres, pues cada uno es un lobo para el otro, si ya no es peor el ser hombre. Tú me has contado cómo viniste al mundo; yo te diré cómo vengo de él y vengo tal, que aun yo mismo me desconozco; y así no te diré quién soy, sino quién era. Dicen que nací en el mar y lo creo, según es la inconstancia de mi fortuna.

Al pronunciar esta palabra mar, puso los ojos en él y al mismo punto se levantó a toda prisa. Estuvo un rato como suspenso, entre dudas de reconocer y no conocer; mas luego, alzando la voz y señalando:

—¿No ves, Andrenio —dijo— no ves? Mira allá, acullá lejos. ¿Qué ves?

—Veo —dijo éste— unas montañas que vuelan, cuatro alados monstruos marinos, si no son nubes, que navegan.

—No son sino naves —dijo Critilo— aunque bien dijiste nubes, que llueven oro en España.[26]

Estaba atónito Andrenio, mirándoselas venir, con tanto gusto como deseo. Mas Critilo comenzó a suspirar, ahogándose entre penas.

—¿Qué es esto? —dijo Andrenio— ¿no es ésta la deseada flota que me decías?

—Sí.

—¿No vienen allí hombres?

—También.

—¿Pues de qué te entristeces?

—Y aun por eso. Advierte, Andrenio, que ya estamos entre enemigos y ya es tiempo de abrir los ojos: ya es menester vivir alerta. Procura de ir con cautela en el ver, en el oír y mucha más en el hablar. Oye a todos y de ninguno te fíes. Tendrás a todos por amigos; pero guardarte has de todos como de enemigos.

Estaba admirado Andrenio, oyendo estas razones, a su parecer tan sin ella, y arguyóle de esta suerte:

—¿Cómo es esto? Viviendo entre las fieras, no me previniste de algún riesgo ¿y ahora con tanta exageración me cautelas? ¿No era mayor el peligro entre los tigres, y no temíamos, y ahora de los hombres tiemblas?

---

[25] empezó a hablar. [26] Alude a las riquezas que las naves llevaban a España desde el Nuevo Mundo.

Humana fiereza

—Sí —respondió con un gran suspiro Critilo— que si los hombres no son fieras es porque son más fieros: que de su crueldad aprendieron muchas veces ellas. Nunca mayor peligro hemos tenido, que ahora que estamos entre ellos. Y es tanta verdad ésta, que hubo rey que temió y resguardó un favorecido suyo de sus cortesanos (¡qué hiciera de villanos!) más que de los hambrientos leones de un lago, y así selló con su real anillo la leonera, para asegurarle de los hombres, cuando le dejaba entre las hambrientas fieras. Mira tú cuáles serán éstos. Verlos has, experimentarlos has y dirásmelo algún día.

—Aguarda —dijo Andrenio—. ¿No son todos como tú?

—Sí y no.

—¿Cómo puede ser eso?

Variedad de genios

—Porque cada uno es hijo de su madre y de su humor, casado con su opinión; y así, todos parecen diferentes, cada uno de su gesto y de su gusto. Verás unos pigmeos en el ser y gigantes de soberbia. Verás otros al contrario, en el cuerpo gigantes y en el alma enanos. Toparás con vengativos, que la guardan toda la vida y la pegan aunque tarde, hiriendo como el escorpión con la cola. Oirás y huirás los habladores, de ordinario necios, que dejan de cansar y muelen... Verás hombres más cortos que los mismos navarros, corpulentos sin sustancia. Y finalmente hallarás muy pocos hombres que lo sean; fieras sí y fieros también, horribles monstruos del mundo, que no tienen más que el pellejo y todo lo demás borra, y así son hombres borrados.

—Pues dime, ¿con qué hacen tanto mal los hombres, si no les dió la naturaleza armas, como a las fieras? Ellos no tienen garras como el león, uñas como el tigre, trompas como el elefante, cuernos como el toro, colmillos como el jabalí, dientes como el perro y boca como el lobo: ¿pues cómo dañan tanto?

Armas del hombre

—Y aun por eso, dijo Critilo, la próvida naturaleza privó a los hombres de las armas naturales y como a gente sospechosa les desarmó: no se fió de su malicia. Y si esto no hubiera prevenido, ¿qué fuera de su crueldad? Ya hubieran acabado con todo.

Aunque no les faltan otras armas mucho más terribles y sangrientas que ésas, porque tienen una lengua más afilada que las navajas de los leones, con que desgarran las personas y despedazan las honras. Tienen una mala intención más torcida que los cuernos de un toro y que hiere más a ciegas. Tienen unas entrañas más dañadas que las víboras, un aliento más venenoso que el de los dragones, unos ojos envidiosos y malévolos más que los del basilisco, unos dientes que clavan más que los colmillos de un jabalí y que los dientes de un perro, unas narices fisgonas (encubridoras de su irrisión) que exceden a las trompas de los elefantes.

De modo que sólo el hombre tiene juntas todas las armas ofensivas que se hallaren repartidas entre las fieras y así él ofende más que todas. Y porque lo entiendas, advierte que entre los leones y los tigres no había más de un peligro, que era perder esta vida material y perecedera; pero entre los hombres hay muchos más y mayores, ya de perder la honra, la paz, la hacienda, el contento, la felicidad, la conciencia y aun el alma. ¡Qué de engaños, qué de enredos, traiciones, hurtos, homicidios, adulterios, envidias, injurias, detracciones y falsedades, que experimentarás entre ellos! Todo lo cual no se halla ni se conoce entre las fieras. Créeme que no hay lobo, no hay león, no hay tigre, no hay basilisco, que llegue al hombre: a todos excede en fiereza.

Y así dicen por cosa cierta y yo la creo que, habiendo condenado en una república un insigne malhechor a cierto género de tormento muy conforme a sus delitos (que fué sepultado vivo en una profunda hoya, llena de profundas sabandijas, dragones, tigres, serpientes y basiliscos, tapando muy bien la boca, porque pereciese sin compasión ni remedio) acertó a pasar por allí un extranjero, bien ignorante de tan atroz castigo y, sintiendo los lamentos de aquel desdichado, fuése llegando compasivo y, movido de sus plegarias, fué apartando la losa que cubría la cueva. Al mismo punto saltó fuera el tigre con su acostumbrada ligereza y, cuando el temeroso pasajero creyó ser despedazado, vió que mansamente se le ponía a lamer las manos, que fué más que besárselas. Saltó tras él la serpiente y, cuando la temió enroscada entre sus pies, vió que los adoraba.

Lo mismo hicieron todos los demás, rindiéndosele humildes y dándole las gracias de haberles hecho una tan buena obra, como era librarles de tan mala compañía, cual la de un hombre ruin. Y añadieron que, en pago de tanto beneficio, le avisaban huyese luego, antes que el hombre saliese, si no quería perecer allí a manos de su fiereza. Y al mismo instante echaron todos ellos a huir, unos volando, otros corriendo.

Estábase tan inmoble el pasajero, cuan espantado, cuando salió el último el hombre, el cual concibiendo que su bienhechor llevaría algún dinero, arremetió para él y quitóle la vida, para robarle la hacienda: que éste fué el galardón del beneficio. Juzga tú ahora ¿cuáles son los crueles, los hombres o las fieras?

—Más admirado, más atónito estoy de oír esto —dijo Andrenio— que el día que vi todo el mundo.

—Pues aún no haces concepto como es —ponderó Critilo— y ves cuán malos son los hombres. Pues advierte que aún son peores las mujeres y más de temer: ¡mira tú cuáles serán!

—¿Qué dices?

—La verdad.

—¿Pues qué serán?

—Son, por ahora, demonios; que después te diré más. Sobre todo te encargo y aun te juramento que por ningún caso digas quién somos ni cómo tú saliste a luz ni cómo yo llegué acá: que sería perder no menos que tú la libertad y yo la vida. Y, aunque hago agravio a tu fidelidad, huélgome de no haberte acabado de contar mis desdichas, en esto sólo dichosas, asegurando descuidos. Quede doblada la hoja, para la primera ocasión, que no faltarán muchas en una navegación tan prolija.

Ya en esto se percibían las voces de los navegantes y se divisaban los rostros. Era grande la vocería de la chusma, que en todas partes hay vulgo y más insolencia donde hay más holgado. Amainaron velas, echaron áncoras y comenzó la gente a saltar en tierra. Fué recíproco el espanto de los que llegaban y de los que les recibían...

Estuvieron allí detenidos algunos días cazando y refrescando y, hecha ya agua y leña, se hicieron a la vela en otras tantas alas para la deseada España...

CRISI XIII

La feria de todo el mundo

Contaban los antiguos que cuando Dios crió al hombre encarceló todos los males en una profunda cueva acullá lejos y aun quieren decir que en una de las Islas Fortunadas,[27] de donde tomaron su apellido. Allí encerró las culpas y las penas, los vicios y los castigos, la guerra, la hambre, la peste, la infamia, la tristeza, los dolores, hasta la misma muerte, encadenados todos entre sí. Y no fiando de tan horrible canalla, echó puertas de diamante con sus candados de acero. Entregó la llave

al albedrío del hombre, para que estuviese más asegurado de sus enemigos y advirtiese que, si él no les abría, no podrían salir eternamente.

Dejó, al contrario, libres por el mundo todos los bienes, las virtudes y los premios, las felicidades y contentos, la paz, la honra, la salud, la riqueza y la misma vida. Vivía con esto el hombre felicísimo.

Pero duróle poco esta dicha; que la mujer, llevada de su curiosa ligereza, no podía sosegar, hasta ver lo que había dentro de la fatal caverna. Cogióle un día, bien aciago para ella y para todos, el corazón al hombre y después la llave; y sin más pensarlo, que la mujer primero ejecuta y después piensa, se fué resuelta a abrirla.

Al poner la llave, aseguran se estremeció el universo. Corrió el cerrojo y al instante salieron de tropel todos los males, apoderándose a porfía de toda la redondez de la tierra.

España

La Soberbia, como primera en todo lo malo, cogió la delantera. Topó con España, primera provincia de la Europa. Parecióla tan de su genio, que se perpetuó en ella. Allí vive y allí reina con todos sus aliados; la estimación propia, el desprecio ajeno, el querer mandarlo todo y servir a nadie, hacer del don Diego y vengo de los godos,[28] el lucir, el campear, el alabarse, el hablar mucho, alto y hueco, la gravedad, el fausto, el brío, con todo género de presunción; y todo esto desde el noble hasta el más plebeyo.

Francia

La Codicia, que la venía a los alcances, hallando desocupada la Francia, se apoderó de toda ella, desde la Gascuña hasta la Picardía. Distribuyó su humilde familia por todas partes: la miseria, el abatimiento de ánimo, la poquedad, el ser esclavos de todas las demás naciones, aplicándose a los más viles oficios, el alquilarse por un vil interés, la mercancía laboriosa, el andar desnudos y descalzos con los zapatos bajo el brazo, el ir todo barato[29] con tanta multitud, finalmente el cometer cualquier bajeza por el dinero. Si bien dicen que la Fortuna, compadecida, para realzar tanta vileza, introdujo su nobleza, pero tan bizarra, que hacen dos extremos sin medio.

---

27 nombre que se daba antiguamente a las islas Canarias; *fortunadas* significa aquí desdichadas.   28 darse aires de caballero y presumir de nobleza.   29 confundido.   30 árabes; también tiene la connotación de «bárbaros».   31 llena.   32 personaje a quien Critilo había encontrado en el capítulo anterior, y el cual le ayudó a buscar a Andrenio, que se había perdido.   33 Llama así Gracián a los que gritan en las ferias solicitando la atención del público.   34 lado, camino.   35 Omitimos a continuación algunas páginas de este capítulo. En ellas se trata, como si todo en el mundo fuera mercancía que se compra y que se vende, del interés representado por el oro; del silencio y los secretos; de la crítica del enemigo en contraste con la lisonja del amigo, etc.   36 preguntando el precio.   37 Alusión al dicho: «coger la ocasión por los cabellos».   38 vendía?

Italia

El Engaño trascendió toda la Italia, echando hondas raíces en los italianos pechos: en Nápoles hablando y en Génova tratando. En toda aquella provincia está muy valido, con toda su parentela, la mentira, el embuste y el enredo, las invenciones, trazas, tramoyas; y todo ello dicen es política y tener brava testa.

África

La Ira echó por otro rumbo. Pasó al África y a sus islas adyacentes, gustando vivir entre alarbes[30] y entre fieras.

Alemania

La Gula, con su hermana la Embriaguez, asegura la preciosa Margarita de Valois, se sorbió toda la Alemania alta y baja, gustando y gastando en banquetes los días y las noches, las haciendas y las conciencias. Aunque algunos no se han emborrachado sino una sola vez, pero les ha durado toda la vida. Devoran en la guerra las provincias, abastecen los campos y aun por eso formaba el emperador Carlos V de los alemanes el vientre de su ejército.

Inglaterra

La Inconstancia aportó a la Inglaterra. La Simplicidad a Polonia, la Infidelidad a Grecia, la Barbaridad a Turquía, la Astucia a Moscovia, la Atrocidad a Suecia, la Injusticia a la Tartaria, las Delicias a la Persia, la Cobardía a la China, la Temeridad al Japón. La Pereza aun esta vez llegó tarde y, hallándolo todo embarazado, hubo de pasar a la América a morar entre los indios.

La Lujuria, la nombrada, la famosa, la gentil pieza, como tan grande y tan poderosa, pareciéndola corta una sola provincia, se extendió por todo el mundo, ocupándolo de cabo a cabo. Concertóse con los demás vicios, aviniéndose tanto con ellos, que en todas partes está tan valida, que no es fácil averiguar en cuál más. Todo lo llena y todo lo inficiona.

Pero como la mujer fué la primera con quien embistieron los males, todos hicieron presa en ella, quedando rebutida[31] de malicia de pies a cabeza.

Esto les contaba Egenio[32] a sus dos camaradas, cuando, habiéndolos sacado de la corte por la puerta de la luz, que es el sol mismo, les conducía a la gran feria del mundo, publicada para aquel grande emporio que divide los amenos prados de la juventud de las ásperas montañas de la edad varonil y donde de una y otra parte acudían ríos de gente, unos a comprar y otros a vender y otros a estarse a la mira, como más cuerdos.

Entraron ya por aquella gran plaza de la conveniencia, emporio universal de gustos y de empleos, alabando unos lo que abominan otros. Así como asomaron por una de sus muchas entradas, acudieron a ellos dos corredores de oreja,[33] que dijeron ser filósofos, el uno de la una banda y el otro de la otra, que todo está dividido en pareceres. Díjoles Sócrates, así se llamaba el primero:

—Venid a esta parte de la feria y hallaréis todo lo que hace al propósito para ser personas.

Mas Simónides, que así se llamaba el contrario, les dijo:

Interés

—Dos estancias hay en el mundo, la una de la honra y la otra del provecho: aquélla yo siempre la he hallado llena de viento y humo y vacía de todo lo demás; esta otra llena de oro y plata. Aquí hallaréis el dinero, que es un compendio de todas las cosas. Según esto, ved a quién habéis de seguir.

Quedaron perplejos, altercando a qué mano[34] echarían. Dividiéronse en pareceres, así como en afectos...[35]

Llamáronlos de otra tienda a gran prisa, que se acababa la mercancía y era verdad, porque era la ocasión. Y pidiendo el valor,[36] dijeron:

—Ahora va de balde; pero después no se hallará un solo cabello[37] por un ojo de la cara y menos la que más importa.

Gritaba otro:

—¡Daos prisa a comprar, que mientras más tardáis, más perdéis y no podréis recuperarlo por ningún precio!

Éste redimía[38] tiempo.

—Aquí —decía otro— se da también de balde lo que vale mucho.

—¿Y qué es?

—El escarmiento.

—¡Gran cosa! ¿Y qué cuesta?

—Los necios le compran a su costa; los sabios a la ajena.

—¿Dónde se vende la experiencia? —preguntó Critilo—; que también vale mucho.

Y señaláronle acullá lejos en la botica de los años.

—¿Y la Amistad? —preguntó Andrenio.

—Ésa, señor, no se compra, aunque muchos la venden; que los amigos comprados no lo son y valen poco.

Con letras de oro, decía en una: *Aquí se vende todo y sin precio.*

—Aquí entro yo —dijo Critilo.

Hallaron tan pobre al vendedor, que estaba desnudo, y toda la tienda desierta: no se veía cosa en ella.

—¿Cómo dice[39] esto con el letrero?

—Muy bien —respondió el mercader.

—¿Pues qué vendéis?

—Todo cuanto hay en el mundo.

—¿Y sin precio?

—Sí, porque con desprecio; despreciando cuanto hay, seréis señor de todo; y, al contrario, el que estima las cosas no es señor dellas, sino ellas de él. Aquí el que da se queda con la cosa dada y le vale mucho, y los que la reciben quedan muy pagados con ella.

Cortesía

Averiguaron era la cortesía y el honrar a todo el mundo.

—Aquí se vende —pregonaba uno— lo que es propio, no lo ajeno.

—¿Qué mucho es eso? —dijo Andrenio.

—Sí es, que muchos os venderán la diligencia que no hacen, el favor que no pueden y, aunque pudieran, no lo hicieran.

Fuéronse encaminando a una tienda, donde con gran cuidado los mercaderes les hicieron retirar y con cuantos llegaban hacían lo mismo.

—¿O vendéis, o no? —dijo Andrenio—. Nunca tal se ha visto, que el mismo mercader desvíe los compradores de su tienda. ¿Qué pretendéis con eso?

Gritáronles otra vez que se apartasen y que comprasen de lejos.

—Pues ¿qué vendéis aquí? O es engaño o es veneno.

Estimación

—Ni uno ni otro; antes la cosa más estimada de cuantas hay, pues es la misma estimación, que, en rozándose, se pierde. La familiaridad la gasta y la mucha conversación la envilece.

—Según eso —dijo Critilo— la honra de lejos. Ningún profeta en su patria. Y si las mismas estrellas vivieran entre nosotros, a dos días perdieran su lucimiento. Por eso los pasados son estimados de los presentes y los presentes de los venideros...

SEGUNDA PARTE

JUICIOSA CORTESANA FILOSOFÍA EN EL OTOÑO DE LA VARONIL EDAD

CRISI X

Virtelia[40] encantada

...Llegaron ya a la superioridad de aquella dificultosa montaña,[41] tan eminente, que les pareció estaban en los mismos azaguanes[24] del cielo, convecinos de las estrellas.

Mansión de la virtud

Dejóse ver bien el deseado palacio de Virtelia, campeando en medio de aquella sublime corona,[43] teatro insigne de prodigiosas felicidades. Mas cuando se esperó que nuestros agradecidos peregrinos le saludaran con incesables aplausos y le veneraran con afectos de admiración, fué tan al contrario que antes bien se vieron enmudecer, llevados de una impensada tristeza, nacida de extraña novedad. Y fué, sin duda, que cuando le imaginaron fabricado de preciosos jaspes, embutidos de rubíes y esmeraldas, cambiando visos y centelleando a rayos, sus puertas de zafir con clavazón de estrellas, vieron se componía de unas piedras pardas y cenicientas, nada vistosas, antes muy melancólicas.

—¡Qué cosa y qué casa es ésta! —ponderaba Andrenio—. ¿Por ella habemos sudado y reventado? ¡Qué triste apariencia tiene! ¿Qué será allá dentro? ¡Cuánto mejor exterior ostentaba la de los monstruos! Engañados venimos.

Aquí Lucindo[44] suspirando:

—Sabed —les dijo— que los mortales todo lo peor de la tierra quieren para el cielo: el más trabajado tercio de la vida, allá la achacosa vejez, dedican para la virtud; la hija fea para el convento; el hijo contrahecho sea de iglesia; el real malo a la limosna; el redrojo[45] para el diezmo;[46] y después querrían lo mejor de la gloria. De más que juzgáis vosotros el fruto por la corteza. Aquí todo va al revés del mundo: si por fuera está la fealdad, por dentro la belleza; la pobreza en lo exterior, la riqueza en lo interior; lejos la tristeza,

39 ¿Cómo concuerda? 40 Gracián personifica con este nombre a la virtud.
41 Al principio del capítulo presenta Gracián a sus dos personajes subiendo una áspera cuesta y acosados en él monte por diversas fieras. 42 zaguanes, portales. 43 cumbre, cima. 44 personaje a quien llama Gracián «varón de luces», y que representa la luz y la inteligencia, a quien encuentran al emprender la subida en el principio del capítulo, y que los acompaña en su ascensión. 45 fruto tardío y sin sazón. 46 décima parte de los frutos, que

solían dedicar los fieles a la iglesia. 47 otra cosa. 48 piedra que tenía propiedades medicinales de antídoto. 49 emplastos. 50 dañar, causar perjuicios. 51 abiertas. 52 para hacer punta, para impedir la entrada. 53 mantenerse firme, presumir. 54 juego de palabras en contraste con «a penas». 55 satisfacciones. 56 en coro. 57 brisa. 58 contestación basada en el refrán «justicia, mas no por nuestra casa». Como en este caso, las contestaciones que siguen están todas ellas basadas en refranes, dichos o sentencias.

la alegría en el centro, que eso es entrar en el gozo del Señor.

Bajo el sayal hay al[47]

Estas piedras tan tristes a la vista son preciosas a la experiencia, porque todas ellas son bezares,[48] ahuyentando ponzoñas. Y todo el palacio está compuesto de pítimas[49] y contravenenos, con lo cual no pueden empecerle[50] ni las serpientes ni los dragones, de que está por todas partes sitiado.

Estaban sus puertas patentes[51] noche y día, aunque allí siempre lo es, franqueando la entrada en el cielo a todo el mundo. Pero asistían en ellas dos disformes gigantes, jayanes de la soberbia, enarbolando a los dos hombros sendas clavas muy herradas, sembradas de puntas para hacerla.[52] Estaban amenazando a cuantos intentaban entrar, fulminando en cada golpe una muerte. En viéndolos, dijo Andrenio:

—Todas las dificultades pasadas han sido enanas en parangón désta. Basta que hasta ahora habíamos peleado con bestias de brutos apetitos, mas éstos son muy hombres.

—Así es —dijo Lucindo— que ésta ya es pelea de personas. Sabed que cuando todo va de vencida, salen de refresco estos monstruos de la altivez, tan llenos de presunción, que hacen desvanecer todos los triunfos de la vida. Pero no hay que desconfiar de la victoria: que no han de faltar estratagemas para vencerlos. Advertid que de los mayores gigantes triunfan los enanos y de los mayores los pequeños, los menores y aun los mínimos. El modo de hacer la guerra ha de ser muy al revés de lo que se piensa.

Triunfo de la humildad

Aquí no vale el hacer piernas[53] ni querer hombrear. No se trata de hacer del hombre, sino humillarse y encogerse, y, cuando ellos estuvieren más arrogantes amenazando al cielo, entonces nosotros transformados en gusanos y cosidos con la tierra hemos de entrar por entre los pies, que así han entrado los mayores adalides.

Ejecutáronlo tan felizmente, que sin saber cómo ni por dónde, sin ser vistos ni oídos, se hallaron dentro del encantado palacio, con realidades de un cielo.

Apenas (digo, a glorias[54]) estuvieron dentro, cuando sintieron embargar todos sus sentidos de bellísimos empleos[55] en folla[56] de fruición, confortando el corazón y elevando los espíritus. Embistióles lo primero una tan suave marea,[57] exhalando inundaciones de fragancia, que pareció haberse rasgado de par en par los camarines de la primavera, las estancias de Flora, o que se había abierto brecha

en el paraíso. Oyóse una dulcísima armonía, alternada de voces e instrumentos, que pudiera suspender la celestial por media hora. Pero, ¡oh cosa extraña! que no se veía quién gorjeaba ni quién tañía; con ninguno topaban, nadie descubrían.

—Bien parece encantado este palacio —dijo Critilo—. Sin duda que aquí todos son espíritus; no se parecen cuerpos. ¿Dónde estará esta celestial reina?

Hallazgo de virtudes

—Siquiera —decía Andrenio— permitiérasenos alguna de sus muchas bellísimas doncellas: ¿dónde estás? ¡Oh justicia! —dijo en grito, y respondióle al punto Eco vaticinante desde un escollo de flores:

—En la casa ajena.[58]
—¿Y la verdad?
—Con los niños.
—¿La castidad?
—Huyendo.
—¿La sabiduría?
—En la mitad y aun...
—¿La providencia?
—Antes.
—¿El arrepentimiento?
—Después.
—¿La cortesía?
—En la honra.
—¿Y la honra?
—En quien la da.
—¿La fidelidad?
—En el pecho de un rey.
—¿La amistad?
—No entre idos.
—¿El consejo?
—En los viejos.
—¿El valor?
—En los varones.
—¿La ventura?
—En las feas.
—¿El callar?
—Con callemos.
—¿Y el dar?
—Con el recibir.
—¿La bondad?
—En el buen tiempo.
—¿El escarmiento?
—En cabeza ajena.
—¿La pobreza?
—Por puertas.
—¿La buena fama?
—Durmiendo.
—¿La osadía?
—En la dicha.
—¿La salud?
—En la templanza.

—¿La esperanza?

—Siempre.

—¿El ayuno?

—En quien mal come.

—¿La cordura?

—Adivinando.

—¿El desengaño?

—Tarde.

—¿La vergüenza?

—Si perdida, nunca más hallada.

—¿Y toda virtud?

—En el medio.

—Es decir —declaró Lucindo— que nos encaminemos al centro y no andemos como los impíos rodando.[59]

TERCERA PARTE

EN EL INVIERNO DE LA VEJEZ

CRISI XII

La isla de la inmortalidad

Error plausible, desacierto acreditado fué aquel tan celebrado llanto de Jerjes, cuando, subido en una eminencia, desde donde pudo dar vista a sus innumerables huestes, que agotando los ríos inundaban las campañas, cuando otro no pudiera contener el gozo, él no pudo reprimir el llanto. Admirados sus cortesanos de tan extraño sentimiento, solicitaron la causa, tan escondida, cuan impensada. Aquí el rey, ahogando palabras en suspiros, les respondió: «Yo lloro de ver hoy los que mañana no se verán. Pues del modo que el viento lleva mis suspiros, así se llevará los alientos de sus vidas. Prevéngoles las obsequias[60] a los que dentro de pocos años, todos los que hoy cubren la tierra, ella los ha de cubrir a ellos.»

Celebran mucho los apreciadores de lo bien dicho, este dicho y este hecho; mas yo ríome de su llanto, porque, preguntárale yo al gran monarca del Asia: «Sire, estos hombres o son insignes o vulgares: si famosos, nunca mueren; si comunes, mas que[61] mueran.»

Eternízanse los grandes hombres de los venideros; mas los comunes yacen sepultados en el desprecio de los presentes y en el poco reparo de los que vendrán. Así que son eternos los héroes y los varones eminentes inmortales.

Éste es el único y el eficaz remedio contra la muerte, les ponderaba a Critilo y a Andrenio su

Peregrino, tan prodigioso que nunca envejecía ni le surcaban los años el rostro con arrugas del olvido ni le amortajaban la cabeza con las canas, repitiendo[62] para inmortal:

—Seguidme —les decía— que hoy intento trasladaros de la casa de la Muerte al palacio de la Vida, desta región de horrores del silencio a la de los honores de la fama. Decidme: ¿nunca habéis oído nombrar aquella célebre isla de tan rara y plausible propiedad, que ninguno muere ni puede morir si una vez entra en ella? Pues de verdad que es bien nombrada y apetecida.

—Ya yo he oído hablar de ella algunas veces —dijo Critilo—, pero como de cosa muy allende,[63] acullá en los antípodas, socorro ordinario de lo fabuloso lo lejos, y, como dicen las abuelas, de largas vías cercanas mentiras. Por lo cual yo siempre la he tenido por un espantavulgo, remitiéndola a su simple credulidad.

—¿Cómo es eso de *bene trobato*[64]? —replicó el Peregrino—. Isla hay de la inmortalidad, bien cierta y bien cerca, que no hay cosa más inmediata a la muerte que la inmortalidad: de la una se declina a la otra. Y así veréis que ningún hombre, por eminente que sea, es estimado en vida. Ni lo fué el Ticiano en la pintura ni el Bonarota[65] en la escultura ni Góngora en la poesía ni Quevedo en la prosa. Ninguno parece hasta que desaparece; no son aplaudidos hasta que idos. De modo que, lo que para otros es muerte, para los insignes es vida. Asegúroos que yo la he visto y andado, gozándome hartas veces en ella, y aun tengo por empleo conducir allá los famosos varones.

—Aguarda —dijo Andrenio—. Déjame hacer fruición de semejante dicha. ¿De veras que hay tal isla en el mundo y tan cerca y que en entrando en ella, adiós muerte?

—Dígote que la has de ver.

—Aguarda, ¿y que ya no habrá ni el temor de morir, que aún es peor que la misma muerte?

—Tampoco.

—¿Ni el envejecer, que es lo que más sienten las Narcisas?[66]

—Menos: no hay nada de eso.

—De modo que ¿no llegan los hombres a estar chochos ni decrépitos ni a monear aquellos tan prudentazos antes, que es brava lástima verlos después niñear, los que eran tan hombres?

—Nada, nada de eso se experimenta en ella.

—¡Oh, *la bella cosa*![67] En entrando allá, digo, fuera canas, fuera toses y callos, adiós corcova y

---

[59] dando vueltas alrededor. [60] exequias, funerales.
[61] que más da. [62] aspirando a ser. [63] de la otra parte, lejana. [64] Alusión al dicho italiano «Se non è vero, è ben trovato»: Si no es verdad, es una bella invención. [65] Miguel Ángel, cuyo apellido en italiano es Buonaroti.

[66] las que se recrean en su belleza. [67] expresión italiana. [68] por vales, a crédito. [69] Toda la relación anterior es un resumen de los capítulos de la obra y de las experiencias de Critilo y Andrenio a través de su viaje por la vida. [70] disfrutaron.

me pongo tieso, lucido y colorado y me remozo y me vuelvo de veinte años, aunque mejor será de treinta.

—¡Y qué daría por poder hacer otro tanto quien yo me sé! ¡Oh!, ¿cuándo me veré en ella, libre de pantuflos y manguitos y muletillas? Y pregunto ¿hay relojes por allá?

—No por cierto, no son menester, que allí no pasan días por las personas.

—¡Oh qué gran cosa! Por sólo eso se puede estar allá, que te aseguro que me muelen y me matan cada cuarto y cada instante. Gran cosa vivir de una tirada y pasar sin oír horas, como el que juega por cédulas[68] sin sentir lo que pierde. ¡Qué mal gusto el de los que los llevan en el pecho, sisándose la vida e intimándose de continuo la muerte! Pero otra cosa, inmortal mío, dime, ¿no se come, no se bebe en esa isla? Porque si no beben, ¿cómo viven? Si no se alimentan, ¿cómo alientan? ¿Qué vida sería ésa? Porque acá vemos que la sabia naturaleza de los mismos medios para el vivir hizo vida: el comer es vivir y es gustar. De modo que todas las acciones más necesarias para la vida las hizo más gustosas y apetecibles...

Ya en esto se fué acercando el Peregrino y suplicó la entrada para sí y sus dos camaradas. Pidióles el Mérito la patente y si venía legalizada del valor y autenticada de la reputación. Púsose a examinarla muy de propósito y comenzó a arquear las cejas, haciendo ademanes de admirado. Y cuando la vió calificada con tantas rúbricas de la filosofía en el gran teatro del universo, de la razón y

sus luces en el valle de las fieras, de la atención en la entrada del mundo, del propio conocimiento en la anatomía moral del hombre, de la entereza en el mal paso del salteo, de la circunspección en la fuente de los engaños, de la advertencia en el golfo cortesano, del escarmiento en casa de Falsirena, de la sagacidad en las ferias generales, de la cordura en la reforma universal, de la curiosidad en casa de Salastano, de la generosidad en la cárcel del oro, del saber en el museo del discreto, de la singularidad en la plaza del vulgo, de la dicha en las gradas de la fortuna, de la solidez en el yermo de Hipocrinda, del valor en su armería, de la virtud en su palacio encantado, de la reputación entre los tejados de vidrio, del señorío en el trono del mando, del juicio en la jaula de todos, de la autoridad entre los horrores y honores de Vejecia, de la templanza en el estanco de los vicios, de la verdad pariendo, del desengaño en el mundo descifrado, de la cautela en el palacio sin puerta, del saber reinando, de la humildad en casa de la hija sin padres, del valer mucho en la cueva de la nada, de la felicidad descubierta, de la constancia en la rueda del tiempo, de la vida en la muerte, de la fama en la Isla de la Inmortalidad,[69] les franqueó de par en par el arco de los triunfos a la mansión de la Eternidad. Lo que allí vieron, lo mucho que lograron,[70] quien quisiere saberlo y experimentarlo, tome el rumbo de la Virtud insigne, del Valor heroico y llegará a parar al teatro de la Fama, al trono de la Estimación y al centro de la Inmortalidad.

SIGLO XVII: TEATRO
Pedro Calderón de la Barca
1600-1681

La plenitud del teatro español del Siglo de Oro se encierra entre las fechas de producción de dos grandes dramaturgos: Lope de Vega, que le da forma y crea sus temas centrales, y Calderón, que estiliza y reelabora, dentro de pautas más intelectuales, las formas, temas y motivos lopescos. El teatro de Lope, como su poesía, tiene mayor ímpetu creativo; son en él más espontáneos la imaginación y el verso; la acción dramática se explaya con mayor libertad. Calderón es, en cierto modo, más perfecto, posee una mayor intensidad dramática, su arte es más barroco, la imaginación procede por esquemas previamente pensados; logra por ello, a veces, un efecto más teatral. El sentimiento nacional, la poesía y la religión, polos del teatro clásico español —que en Lope se manifiestan con gran vitalidad—, en Calderón se convierten en conceptos rígidos.

Damos en primer lugar una selección bastante amplia de dos de los dramas calderonianos más representativos: *La vida es sueño* y *El Alcalde de Zalamea*. El primero, comedia filosófico-religiosa, dramatiza una idea típicamente católica de la vida, como don don pasajero de Dios, don del que el hombre dotado de libre albedrío tiene que usar bien para ganar la eternidad, que es lo único real. El segundo, *El Alcalde de Zalamea*, es un drama acabado del honor villanesco, tal como ese honor se entendía en la época. Con Pedro Crespo, su protagonista, la idea del «villano», el hombre sin privilegios de nobleza pero que en la defensa de su dignidad se iguala con el mismo noble, alcanza una magnífica encarnación.

Van después algunas escenas sueltas de *El príncipe constante*, de tono predominantemente lírico, y la escena de la tentación de Justina en *El mágico prodigioso*, donde la exaltación poética se combina con la exposición de la doctrina teológica del libre albedrío, que sirve de motivo a muchas comedias religiosas de la época.

Va, por último, casi íntegro, sin más omisión que la de algunos versos en parlamentos excesivamente largos, un auto sacramental: *El gran teatro del mundo*. El objeto de darlo casi íntegro es doble: por un lado, en cuanto a su valor intrínseco, es una feliz creación de su autor; por otro, sirve en esta Antología como muestra de un género que tuvo gran importancia en el teatro clásico.

LA VIDA ES SUEÑO

ARGUMENTO

Rosaura, acompañada de su criado, el gracioso Clarín, se dirige, disfrazada de hombre, desde Moscovia a la corte de Polonia. Va allí a recobrar su honor, mancillado por Astolfo. En el camino sufre un accidente cuando se desboca su caballo, y descubre en la soledad de los montes una torre donde Segismundo vive aislado de los hombres, sin más compañía que la de su ayo Clotaldo y la de los guardas que custodian la torre. Segismundo ha sido encerrado allí por orden de su padre el rey Basilio, que es astrólogo y cree en un horóscopo según el cual su hijo será un príncipe cruel, horóscopo que en parte ve confirmado cuando al nacer éste muere la madre. Segismundo, que nunca ha visto a una mujer, queda prendado de la belleza de Rosaura. Clotaldo, siguiendo las órdenes del Rey, se dispone a dar muerte a los extranjeros que han descubierto el lugar donde Segismundo está oculto, cuando ve que Rosaura lleva una señal que él había dejado a una dama de Moscovia para reconocer por ella a un hijo nacido de sus amores. Decide, sin revelar el secreto, ayudar a Rosaura, y hace que entre como dama en la corte. El rey quiere más tarde probar si el horóscopo es verdadero, y para ello, ayudado por Clotaldo, resuelve dar a Segismundo una bebida que le duerma y que al despertar se encuentre en la corte, como se ve en las escenas reproducidas. Fracasada la prueba, Basilio se dispone a casar a sus sobrinos Astolfo y Estrella y proclamarlos herederos del reino. Enterados los súbditos de Basilio de la existencia de Segismundo y reacios a dejarse gobernar por dos príncipes extranjeros, dan libertad a Segismundo y le animan a luchar contra su padre, con el desenlace que se ve en el tercer acto. Al

mismo tiempo se revela el secreto del nacimiento de Rosaura, y Astolfo paga su deuda de honor casándose con ella. Basilio aprende que los hombres no deben gobernar sus acciones por las falsas creencias en la astrología, y Segismundo, a quien un «sueño» ha enseñado lo pasajero de todas las dichas humanas, domina su natural instinto y empieza a gobernar como un príncipe modelo.

JORNADA PRIMERA

ESCENA I

Sale en lo alto de un monte ROSAURA *vestida de hombre en traje de camino, y en diciendo los primeros versos, baja.*

ROSAURA

Hipogrifo violento,
que corriste parejas con el viento,
¿dónde rayo sin llama,
pájaro sin matiz, pez sin escama,
y bruto sin instinto
natural, al confuso laberinto
destas desnudas peñas
te desbocas, arrastras y despeñas?[1]
   Quédate en este monte,
donde tengan los brutos su Faetonte;
   que yo, sin más camino
que el que me dan las leyes del destino,[2]
ciega y desesperada,
bajaré la aspereza enmarañada
deste monte eminente
que arruga al sol el ceño de su frente.[3]
   Mal, Polonia, recibes
a un extranjero, pues con sangre escribes
   su entrada en tus arenas;
y apenas llega, cuando llega a penas.[4]
   Bien mi suerte lo dice;
mas ¿dónde halló piedad un infelice?

   (Baja CLARÍN *por la misma parte.)*

CLARÍN

   Di dos, y no me dejes
en la posada a mí[5] cuando te quejes;

---

[1] *Hipogrifo*, caballo con alas que, según la descripción de su inventor Ariosto en el *Orlando furioso*, era hijo de un grifo y de una jumenta. La situación, al empezar la comedia, es la siguiente: el caballo en que Rosaura, acompañada de su criado el gracioso Clarín, se encaminaba a la corte de Polonia, la ha derribado y se ha despeñado por el monte velozmente. Todas las comparaciones y metáforas del pasaje *que corriste parejas con el viento, rayo..., pájaro...*, etc., aluden a la velocidad vertiginosa del caballo.—*Sin instinto natural* quiere decir «sin instinto que te sujete o refrene». [2] «Quédate aquí, donde quizás encuentres quien te guíe como Faetonte (hijo de Apolo que guió los caballos del carro del Sol), que yo, sin más camino...», etc. [3] monte lleno de arrugas, es decir, un monte fragoso, quebrado. [4] El equívoco está claro: y apenas llego a Polonia, es decir, no acabo aún

de llegar, cuando empiezo a sufrir penas. [5] no te olvides de mí. [6] a cambio de. [7] temerosa, escasa; es decir, la luz del crepúsculo. [8] O me engaña el deseo (de encontrar algún refugio), o determino (distingo) las señales de ese edificio que dices. [9] *Galeote* es el criminal condenado a remar en galeras que suele ir encadenado. Y dice *en pena* por una doble asociación conceptual típica de Calderón: porque el galeote es un condenado y porque la oscuridad y el aspecto fantasmal de la escena hace pensar a Clarín en un espectro, en un alma en pena. [10] Rosaura, en su pregunta retórica, hace una serie de comparaciones típicamente culteranas para describir una luz pálida y trémula que con su continuo temblor, en vez de alumbrar, hace resaltar más la profunda oscuridad de la torre donde va a aparecer Segismundo. [11] distinguir. [12] cadenas.

que si dos hemos sido
los que de nuestra patria hemos salido
a probar aventuras,
dos los que entre desdichas y locuras
aquí habemos llegado,
y dos los que del monte hemos rodado,
¿no es razón que yo sienta
meterme en el pesar, y no en la cuenta?

ROSAURA

No te quiero dar parte
en mis quejas, Clarín, por no quitarte,
llorando tu desvelo,
el derecho que tienes tú al consuelo;
que tanto gusto había
en quejarse, un filósofo decía,
que, a trueco de⁶ quejarse,
habían las desdichas de buscarse.

CLARÍN

El filósofo era
un borracho barbón. ¡Oh, quién le diera
más de mil bofetadas!
Quejárase después de muy bien dadas.
Mas ¿qué haremos, señora,
a pie, solos, perdidos y a esta hora
en un desierto monte,
cuando se parte el sol a otro horizonte?

ROSAURA

¿Quién ha visto sucesos tan extraños?
Mas si la vista no padece engaños
que hace la fantasía,
a la medrosa luz⁷ que aún tiene el día,
me parece que veo
un edificio.

CLARÍN

O miente mi deseo,
o termino las señas.⁸

ROSAURA

Rústico nace entre desnudas peñas
un palacio tan breve
que al sol apenas a mirar se atreve:
con tan rudo artificio
la arquitectura está de su edificio
que parece, a las plantas
de tantas rocas y de peñas tantas
que al sol tocan la lumbre,
peñasco que ha rodado de la cumbre.

CLARÍN

Vámonos acercando;
que éste es mucho mirar, señora, cuando
es mejor que la gente
que habita en ella, generosamente
nos admita.

ROSAURA

La puerta
(mejor diré funesta boca) abierta
está, y desde su centro
nace la noche, pues la engendra dentro.

(*Suenan dentro cadenas.*)

CLARÍN

¡Qué es lo que escucho, cielo!

ROSAURA

Inmóvil bulto soy de fuego y hielo.

CLARÍN

¿Cadenita hay que suena?
Mátenme, si no es galeote en pena:⁹
bien mi temor lo dice.

ESCENA II

SEGISMUNDO, *en la torre;* ROSAURA, CLARÍN

SEGISMUNDO. *Dentro.*
¡Ay, mísero de mí! ¡Ay, infelice!

ROSAURA

¡Qué triste voz escucho!
Con nuevas penas y tormentos lucho.

CLARÍN

Yo con nuevos temores.

ROSAURA

Clarín.

CLARÍN

Señora.

ROSAURA

Huyamos los rigores
desta encantada torre.

CLARÍN

Yo aun no tengo
ánimo para huir, cuando a eso vengo.

ROSAURA

¿No es breve luz aquella
caduca exhalación, pálida estrella,
que en trémulos desmayos,
pulsando ardores y latiendo rayos,
hace más tenebrosa
la oscura habitación con luz dudosa?¹⁰
Sí, pues a sus reflejos
puedo determinar¹¹ (aunque de lejos)
una prisión oscura
que es de un vivo cadáver sepultura;
y porque más me asombre,
en el traje de fiera yace un hombre
de prisiones¹² cargado,
y sólo de una luz acompañado.

Pues huir no podemos,
desde aquí sus desdichas escuchemos:
sepamos lo que dice.

(*Descúbrese* SEGISMUNDO *con una cadena y
la luz, vestido de pieles.*)

SEGISMUNDO

¡Ay, mísero de mí! ¡Ay, infelice!
Apurar,[13] cielos, pretendo,
ya que me tratáis así,
qué delito cometí
contra vosotros naciendo;
aunque si nací, ya entiendo
qué delito he cometido.
Bastante causa ha tenido
vuestra justicia y rigor,
pues el delito mayor
del hombre es haber nacido.
    Sólo quisiera saber,
para apurar mis desvelos,
(dejando a una parte, cielos,
el delito de nacer)
qué más os pude ofender,
para castigarme más.
¿No nacieron los demás?
Pues si los demás nacieron,
¿qué privilegios tuvieron
que yo no gocé jamás?
    Nace el ave, y con las galas
que la dan belleza suma,
apenas es flor de pluma,
o ramillete con alas,
cuando las etéreas salas[14]
corta con velocidad,
negándose a la piedad
del nido que deja en calma:
¿y teniendo yo más alma,
tengo menos libertad?
    Nace el bruto, y con la piel
que dibujan manchas bellas,
apenas signo es de estrellas
gracias al docto pincel,[15]
cuando, atrevido y cruel,
la humana necesidad
le enseña a tener crueldad,[16]
monstruo de su laberinto:[17]

¿y yo con mejor instinto
tengo menos libertad?
    Nace el pez que no respira,
aborto de ovas y lamas,
y apenas bajel de escamas
sobre las ondas se mira,
cuando a todas partes gira,
midiendo la inmensidad
de tanta capacidad
como le da el centro frío:[18]
¿y yo con más albedrío
tengo menos libertad?
    Nace el arroyo, culebra
que entre flores se desata,
y apenas, sierpe de plata,
entre las flores se quiebra,
cuando músico celebra
de las flores la piedad
que le da la majestad
del campo abierto a su huída:[19]
¿y teniendo yo más vida
tengo menos libertad?
    En llegando a esta pasión,
un volcán, un Etna hecho,
quisiera arrancar del pecho
pedazos del corazón:
¿qué ley, justicia o razón
negar a los hombres sabe
privilegio tan süave,
excepción tan principal,
que Dios le ha dado a un cristal,
a un pez, a un bruto y a un ave?

ROSAURA

    Temor y piedad en mí
sus razones han causado.

SEGISMUNDO

¿Quién mis voces ha escuchado?
¿Es Clotaldo?

CLARÍN. *Aparte, a su ama.*
    —Di que sí.—

ROSAURA

No es sino un triste, ¡ay de mí!,
que en estas bóvedas frías
oyó tus melancolías.

---

13 saber, averiguar.   14 espacios celestes, el aire.   15 El
pincel del Creador, Dios, pintor de las bellas manchas
que adornan la piel del bruto (animal que podría ser el
tigre o leopardo), comparables a una constelación de estrellas.   16 *La humana necesidad* ha sido objeto de muchas
y contradictorias interpretaciones. La mayoría de los traductores y comentadores interpretan «humana» como «natural». Probablemente la interpretación más acertada es
la de Northup, según la cual la necesidad que ha impul-
sado a los hombres a cazar a los animales ha hecho que
éstos, para su defensa, se vuelvan crueles.   17 Alusión a
la crueldad del minotauro de Creta encerrado en el laberinto.   18 el elemento frío, el agua.   19 el arroyo ser-
penteando por entre las flores celebra con su música la
belleza de éstas y la majestad del campo por donde fluye.
20 sólo veo.
21 Segismundo afirma que ha expresado el máximo
rigor que supondría para él no ver a Rosaura al decir
que más que darle muerte sería como darle vida, porque
el dar vida es el máximo daño que puede hacerse a un
desdichado como él, sólo equivalente al dar la muerte
a un hombre feliz.

SEGISMUNDO

Pues muerte aquí te daré,
por que no sepas que sé *(Ásela.)*
que sabes flaquezas mías.

Sólo porque me has oído,
entre mis membrudos brazos
te tengo de hacer pedazos.

CLARÍN

Yo soy sordo, y no he podido
escucharte.

ROSAURA

    Si has nacido
humano, baste el postrarme
a tus pies para librarme.

SEGISMUNDO

Tu voz pudo enternecerme,
tu presencia suspenderme,
y tu respeto turbarme.

¿Quién eres?, que aunque yo aquí
tan poco del mundo sé,
que cuna y sepulcro fué
esta torre para mí;
y aunque desde que nací
(si esto es nacer) sólo advierto[20]
este rústico desierto,
donde miserable vivo,
siendo un esqueleto vivo,
siendo un animado muerto;

y aunque nunca vi ni hablé
sino a un hombre solamente
que aquí mis desdichas siente,
por quien las noticias sé
de cielo y tierra; y aunque
aquí, porque más te asombres
y monstruo humano me nombres,
entre asombros y quimeras,
soy un hombre de las fieras,
y una fiera de los hombres;

y aunque en desdichas tan graves
la política he estudiado,
de los brutos enseñado,
advertido de las aves,
y de los astros süaves
los círculos he medido,
tú sólo, tú, has suspendido
la pasión a mis enojos,
la suspensión a mis ojos,
la admiración a mi oído.

Con cada vez que te veo
nueva admiración me das,
y cuando te miro más,
aun más mirarte deseo.

Ojos hidrópicos creo
que mis ojos deben ser,
pues cuando es muerte el beber,
beben más; y desta suerte,
viendo que el ver me da muerte,
estoy muriendo por ver.

Pero véate yo y muera,
que no sé, rendido ya,
si el verte muerte me da,
el no verte qué me diera.
Fuera, más que muerte fiera,
ira, rabia y dolor fuerte;
fuera vida. Desta suerte
su rigor he ponderado,
pues dar vida a un desdichado
es dar a un dichoso muerte.[21]

ROSAURA

Con asombro de mirarte,
con admiración de oírte,
ni sé qué pueda decirte,
ni qué pueda preguntarte.
Sólo diré que a esta parte
hoy el cielo me ha guiado
para haberme consolado,
si consuelo puede ser,
del que es desdichado, ver
otro que es más desdichado.

Cuentan de un sabio que un día
tan pobre y mísero estaba
que sólo se sustentaba
de unas yerbas que cogía.
«¿Habrá otro, entre sí decía,
más pobre y triste que yo?»
Y cuando el rostro volvió,
halló la respuesta, viendo
que iba otro sabio cogiendo
las hojas que él arrojó.

Quejoso de la fortuna
yo en este mundo vivía;
y cuando entre mí decía:
«¿Habrá otra persona alguna
de suerte más importuna?»
piadoso me has respondido;
pues volviendo en mi sentido,
hallo que las penas mías,
para hacerlas tú alegrías
las hubieras recogido.

Y por si acaso mis penas
pueden en algo aliviarte,
óyelas atento, y toma
las que dellas me sobraren.
Yo soy...

ESCENA III

CLOTALDO, SOLDADOS, SEGISMUNDO, ROSAURA,
CLARÍN

CLOTALDO. *Dentro.*
Guardas desta torre,
que, dormidas o cobardes,
disteis paso a dos personas
que han quebrantado la cárcel...

ROSAURA
Nueva confusión padezco.

SEGISMUNDO
Éste es Clotaldo, mi alcaide.[22]
¿Aun no acaban mis desdichas?

CLOTALDO. *Dentro.*
Acudid, y vigilantes,
sin que puedan defenderse,
o prendedles, o matadles.

TODOS. *Dentro.*
¡Traición!

CLARÍN
Guardas desta torre,
que entrar aquí nos dejasteis,
pues que nos dais a escoger,
el prendernos es más fácil.

Sale CLOTALDO *con una pistola, y* SOLDADOS; *todos
con los rostros cubiertos*

CLOTALDO
Todos os cubrid los rostros;
que es diligencia importante
mientras estamos aquí
que no nos conozca nadie.

CLARÍN
¿Enmascaraditos hay?

CLOTALDO
Oh, vosotros, que ignorantes
de aqueste vedado sitio
coto y término pasasteis
contra el decreto del rey,
que manda que no ose nadie
examinar el prodigio
que entre esos peñascos yace,
rendid las armas y vidas,
o aquesta pistola, áspid
de metal, escupirá
el veneno penetrante

de dos balas, cuyo fuego
será escándalo del aire.

SEGISMUNDO
Primero, tirano dueño,
que los ofendas ni agravies,
será mi vida despojo
destos lazos miserables;[23]
pues en ellos, vive Dios,
tengo de despedazarme
con las manos, con los dientes,
entre aquestas peñas, antes
que su desdicha consienta
y que llore sus ultrajes.

CLOTALDO
Si sabes que tus desdichas,
Segismundo, son tan grandes
que antes de nacer moriste
por ley del cielo; si sabes
que aquestas prisiones son
de tus furias arrogantes
un freno que las detenga
y una rienda que las pare,
¿por qué blasonas? La puerta

(*A los soldados.*)

cerrad de esa estrecha cárcel;
encondedle en ella.

(*Cierran la puerta, y dice él dentro.*)

SEGISMUNDO
¡Ah, cielos!,
¡qué bien hacéis en quitarme
la libertad!, porque fuera
contra vosotros gigante,
que, para quebrar al sol
esos vidrios y cristales,
sobre cimientos de piedra
pusiera montes de jaspe.[24]

CLOTALDO
Quizá, porque no los pongas,
hoy padeces tantos males.
··· ··· ··· ··· ··· ··· ··· ··· ··· ··· ··· ···

JORNADA II

ESCENA I

Sale el REY *y* CLOTALDO

CLOTALDO
Todo, como lo mandaste,
queda efectuado.

---

[22] guarda, carcelero. [23] dejaré mi vida entre estas tristes cadenas. [24] porque, de tener libertad, sería como un nuevo gigante que (igual que los antiguos titanes de la mitología que se rebelaron contra los dioses) pondría montes de jaspe para llegar hasta el cielo y romper las esferas de cristal (donde, según los antiguos, estaban el sol y las estrellas). [25] aventajes. [26] bebida medicinal.

EL REY BASILIO
        Cuenta,
Clotaldo, cómo pasó.

CLOTALDO
Fué, señor, desta manera:
con la apacible bebida
que de confecciones llena
hacer mandaste, mezclando
la virtud de algunas hierbas,
cuyo tirano poder
y cuya secreta fuerza
así al humano discurso
priva, roba y enajena
que deja vivo cadáver
a un hombre, y cuya violencia,
adormecido, le quita
los sentidos y potencias...
… … … … … … … … … … …
Con la bebida, en efecto,
que el opio, la adormidera
y el beleño compusieron,
bajé a la cárcel estrecha
de Segismundo. Con él
hablé un rato de las letras
humanas que le ha enseñado
la muda naturaleza
de los montes y los cielos,
en cuya divina escuela
la retórica aprendió
de las aves y las fieras.
Para levantarle más
el espíritu a la empresa
que solicitas, tomé
por asunto la presteza
de un águila caudalosa
que, despreciando la esfera
del viento, pasaba a ser
en las regiones supremas
del fuego rayo de pluma,
o desasido cometa.
Encarecí el vuelo altivo,
diciendo: «Al fin eres reina
de las aves, y así, a todas
es justo que las prefieras».[25]
Él no hubo menester más,
que en tocando esta materia
de la majestad, discurre
con ambición y soberbia;
porque en efecto la sangre
le incita, mueve y alienta
a cosas grandes, y dijo:
«¡Que en la república inquieta
de las aves también haya
quien les jure la obediencia!

En llegando a este discurso
mis desdichas me consuelan;
pues, por lo menos, si estoy
sujeto, lo estoy por fuerza;
porque voluntariamente
a otro hombre no me rindiera.»
Viéndole ya enfurecido
con esto que ha sido el tema
de su dolor, le brindé
con la pócima,[26] y apenas
pasó desde el vaso al pecho
el licor, cuando las fuerzas
rindió al sueño, discurriendo
por los miembros y las venas
un sudor frío, de modo
que, a no saber yo que era
muerte fingida, dudara
de su vida. En esto llegan
las gentes de quien tú fías
el valor desta experiencia,
y poniéndole en un coche,
hasta tu cuarto le llevan
donde prevenida estaba
la majestad y grandeza
que es digna de su persona.
Allí en tu cama le acuestan,
donde, al tiempo que el letargo
haya perdido la fuerza,
como a ti mismo, señor,
le sirvan, que así lo ordenas.
Y si haberte obedecido
te obliga a que yo merezca
galardón, sólo te pido
(perdona mi inadvertencia)
que me digas, ¿qué es tu intento,
trayendo desta manera
a Segismundo a palacio?

EL REY BASILIO
Clotaldo, muy justa es esa
duda que tienes, y quiero
sólo a ti satisfacerla.
A Segismundo, mi hijo,
el influjo de su estrella
(bien lo sabes) amenaza
mil desdichas y tragedias:
quiero examinar si el cielo,
que no es posible que mienta,
y más habiéndonos dado
de su rigor tantas muestras,
en su cruel condición,
o se mitiga, o se templa
por lo menos, y vencido
con valor y con prudencia
se desdice; porque el hombre

predomina en las estrellas.[27]
Esto quiero examinar,
trayéndole donde sepa
que es mi hijo, y donde haga
de su talento la prueba.
Si magnánimo la vence,
reinará; pero si muestra
el ser cruel y tirano,
le volveré a su cadena.
Ahora preguntarás,
que para aquesta experiencia,
¿qué importó haberle traído
dormido desta manera?
Y quiero satisfacerte,
dándote a todo respuesta.
Si él supiera que es mi hijo
hoy, y mañana se viera
segunda vez reducido
a su prisión y miseria,
cierto es de su condición
que desesperara en ella;
porque, sabiendo quién es,
¿qué consuelo habrá que tenga?,
y así he querido dejar
abierta al daño la puerta
del decir que fué soñado
cuanto vió. Con esto llegan
a examinarse dos cosas:
su condición, la primera,
pues él despierto procede
en cuanto imagina y piensa;
y el consuelo la segunda;
pues aunque ahora se vea
obedecido, y después
a sus prisiones se vuelva,
podrá entender que soñó,
y hará bien cuando lo entienda;
porque en el mundo, Clotaldo,
todos los que viven sueñan.

CLOTALDO

Razones no me faltaran
para probar que no aciertas;
mas ya no tiene remedio;
y según dicen las señas,
parece que ha despertado,
y hacia nosotros se acerca.

EL REY BASILIO

Yo me quiero retirar.
Tú, como ayo suyo, llega,
y de tantas confusiones
como su discurso cercan[28]
le saca con la verdad.

CLOTALDO

¿En fin, que me das licencia
para que lo diga?

EL REY BASILIO
              Sí;
que podrá ser, con saberla,
que, conocido el peligro,
más fácilmente se venza. (Vase.)
... ...

ESCENA III

*Salen músicos cantando, y criados dando de vestir
a* SEGISMUNDO, *que sale asombrado.* CLOTALDO,
CLARÍN

SEGISMUNDO

¡Válgame el cielo, qué veo!
¡Válgame el cielo, qué miro!
Con poco espanto lo admiro;
con mucha duda lo creo.
    ¿Yo en palacios suntüosos?
¿Yo entre telas y brocados?
¿Yo cercado de criados
tan lucidos y briosos?
    ¿Yo despertar de dormir
en lecho tan excelente?
¿Yo en medio de tanta gente
que me sirva de vestir?
    Decir que es sueño es engaño;
bien sé que despierto estoy.
¿Yo Segismundo no soy?
Dadme, cielos, desengaño.
    Decidme, ¿qué pudo ser
esto que a mi fantasía
sucedió mientras dormía,
que aquí me he llegado a ver?
    Pero sea lo que fuere,
¿quién me mete en discurrir?
Dejarme quiero servir,
y venga lo que viniere.

CRIADO PRIMERO

¡Qué melancólico está!

CRIADO SEGUNDO

Pues ¿a quién le sucediera
esto, que no lo estuviera?

CLARÍN

A mí.

CRIADO SEGUNDO

Llega a hablarle ya.

---

[27] [Si la prueba que voy a hacer] sirve para que el cielo
se desdiga, o sea para que el vaticinio relativo a la crueldad de Segismundo resulte falso, porque el hombre puede
(por medio del libre albedrío) vencer el influjo de las
estrellas. [28] que debe de haber en su mente.
[29] anuncia.

CRIADO PRIMERO

¿Volverán a cantar?

SEGISMUNDO

        No;
no quiero que canten más.

CRIADO SEGUNDO

Como tan suspenso estás,
quise divertirte.

SEGISMUNDO

        Yo
no tengo de divertir
con sus voces mis pesares;
las músicas militares
sólo he gustado de oír.

CLOTALDO

Vuestra Alteza, gran señor,
me dé su mano a besar;
que el primero le ha de dar
esta obediencia mi honor.

SEGISMUNDO. *Aparte.*

—Clotaldo es; pues ¿cómo así
quien en prisión me maltrata
con tal respeto me trata?—
¿Qué es lo que pasa por mí?

CLOTALDO

Con la grande confusión
que el nuevo estado te da,
mil dudas padecerá
el discurso y la razón;
  pero ya librarte quiero
de todas si puede ser,
porque has, señor, de saber
que eres príncipe heredero
  de Polonia. Si has estado
retirado y escondido,
por obedecer ha sido
a la inclemencia del hado
  que mil tragedias consiente[29]
a este imperio, cuando en él
el soberano laurel
corone tu augusta frente.
  Mas fiando a tu atención
que vencerás las estrellas,
porque es posible vencellas
a un magnánimo varón,
  a palacio te han traído
de la torre en que vivías,
mientras al sueño tenías
el espíritu rendido.
  Tu padre, el rey mi señor,
vendrá a verte, y dél sabrás,
Segismundo, lo demás.

SEGISMUNDO

Pues vil, infame, traidor,
  ¿qué tengo más que saber,
después de saber quién soy,
para mostrar desde hoy
mi soberbia y mi poder?
  ¿Cómo a tu patria le has hecho
tal traición, que me ocultaste
a mí, pues que me negaste,
contra razón y derecho,
  este estado?

CLOTALDO

        ¡Ay de mí, triste!

SEGISMUNDO

Traidor fuiste con la ley,
lisonjero con el rey,
y cruel conmigo fuiste;
  y así el rey, la ley y yo,
entre desdichas tan fieras,
te condenan a que mueras
a mis manos.

CRIADO SEGUNDO

        Señor...

SEGISMUNDO

        No
me estorbe nadie, que es vana
diligencia; y ¡vive Dios!
si os ponéis delante, vos,
que os eche por la ventana.

CRIADO SEGUNDO

Huye, Clotaldo.

CLOTALDO

        ¡Ay de ti!
¡Qué soberbia vas mostrando,
sin saber que estás soñando! *(Vase.)*

CRIADO SEGUNDO

Advierte...

SEGISMUNDO

        Aparta de aquí.

CRIADO SEGUNDO

...que a su rey obedeció.

SEGISMUNDO

En lo que no es justa ley
no ha de obedecer al rey,
y su príncipe era yo.

CRIADO SEGUNDO

  Él no debió examinar
si era bien hecho o mal hecho.

SEGISMUNDO

Que estáis mal con vos sospecho,
pues me dais en replicar.

CLARÍN
Dice el príncipe muy bien,
y vos hicisteis muy mal.

CRIADO SEGUNDO
¿Quién os dió licencia igual?

CLARÍN
Yo me la he tomado.

SEGISMUNDO
                                    ¿Quién
eres tú? Di.

CLARÍN
                    Entremetido,
y deste oficio soy jefe,
porque soy el mequetrefe
mayor que se ha conocido.

SEGISMUNDO
Tú sólo en tan nuevos mundos
me has agradado.

CLARÍN
                    Señor,
soy un grande agradador
de todos los Segismundos.

ESCENA IV

ASTOLFO, SEGISMUNDO, CLARÍN, *criados,
músicos*

ASTOLFO
¡Feliz mil veces el día,
oh príncipe, que os mostráis
sol de Polonia y llenáis
de resplandor y alegría
    todos estos horizontes
con tan divino arrebol;
pues que salís como el sol
de los senos de los montes!
    Salid, pues, y aunque tan tarde
se corona vuestra frente
del laurel resplandeciente,
tarde muera.

SEGISMUNDO
                    Dios os guarde.

ASTOLFO
El no haberme conocido
sólo por disculpa os doy
de no honrarme más. Yo soy
Astolfo; duque he nacido
    de Moscovia, y primo vuestro:
haya igualdad en los dos.

SEGISMUNDO
Si digo que os guarde Dios,
¿bastante agrado no os muestro?
    Pero ya que haciendo alarde
de quien sois, desto os quejáis,
otra vez que me veáis
le diré a Dios que no os guarde.

CRIADO SEGUNDO. *A Astolfo.*
Vuestra Alteza considere
que como en montes nacido
con todos ha procedido.

A Segismundo.

Astolfo, señor, prefiere...

SEGISMUNDO
Cansóme como llegó
grave a hablarme; y lo primero
que hizo, se puso el sombrero.

CRIADO SEGUNDO
Es grande.[30]

SEGISMUNDO
                    Mayor soy yo.

CRIADO SEGUNDO
Con todo eso, entre los dos
que haya más respeto es bien
que entre los demás.

SEGISMUNDO
                                    ¿Y quién
os mete conmigo a vos?

ESCENA V

ESTRELLA. *Dichos*

ESTRELLA
Vuestra Alteza, señor, sea
muchas veces bien venido
al dosel[31] que agradecido
le recibe y le desea,
    adonde, a pesar de engaños,
viva augusto y eminente,
donde su vida se cuente
por siglos, y no por años.

SEGISMUNDO. *A Clarín.*
Dime tú ahora, ¿quién es
esta beldad soberana?
¿Quién es esta diosa humana,
a cuyos divinos pies
    postra el cielo su arrebol?
¿Quién es esta mujer bella?

---

[30] los que pertenecen a la nobleza más alta que tienen el privilegio de poder estar cubiertos delante del rey.   [31] usado aquí en lugar de *trono*.   [32] blancura.

CLARÍN
Es, señor, tu prima Estrella.

SEGISMUNDO
Mejor dijeras el sol.
A Estrella.

   Aunque el parabién es bien
darme del bien que conquisto,
de sólo haberos hoy visto
os admito el parabién;
   y así, de llegarme a ver
con el bien que no merezco,
el parabién agradezco,
Estrella, que amanecer
   podéis, y dar alegría
al más luciente farol.
¿Qué dejáis que hacer al sol,
si os levantáis con el día?
   Dadme a besar vuestra mano,
en cuya copa de nieve
el aura candores³² bebe.

ESTRELLA
Sed más galán cortesano.

ASTOLFO. *Aparte.*
—Si él toma la mano, yo
soy perdido.—

CRIADO SEGUNDO. *Aparte.*
              —El pesar sé
de Astolfo, y le estorbaré.—
Advierte, señor, que no
   es justo atreverse así,
y estando Astolfo...

SEGISMUNDO
              ¿No digo
que vos no os metáis conmigo?

CRIADO SEGUNDO
Digo lo que es justo.

SEGISMUNDO
              A mí
todo eso me causa enfado.
Nada me parece justo
en siendo contra mi gusto.

CRIADO SEGUNDO
Pues yo, señor, he escuchado
   de ti que en lo justo es bien
obedecer y servir.

SEGISMUNDO
También oíste decir
que por un balcón a quien
   me canse sabré arrojar.

CRIADO SEGUNDO
Con los hombres como yo
no puede hacerse eso.

SEGISMUNDO
                      ¿No?
¡Por Dios, que lo he de probar!

*Cógele en los brazos y éntrase, y todos tras él,
y vuelven a salir*

ASTOLFO
¿Qué es esto que llego a ver?

ESTRELLA
Idle todos a estorbar. *(Vase.)*

SEGISMUNDO
Cayó del balcón al mar.
¡Vive Dios!, que pudo ser.

ASTOLFO
   Pues medid con más espacio
vuestras acciones severas;
que lo que hay de hombres a fieras,
hay desde un monte a palacio.

SEGISMUNDO
   Pues en dando tan severo
en hablar con entereza,
quizá no hallaréis cabeza
en que se os tenga el sombrero.

                      (Vase ASTOLFO.*)*

ESCENA VI

BASILIO, SEGISMUNDO, CLARÍN, *criados*

EL REY BASILIO
¿Qué ha sido esto?

SEGISMUNDO
                      Nada ha sido.
A un hombre que me ha cansado
deste balcón he arrojado.

CLARÍN. *A Segismundo.*
Que es el rey está advertido.

EL REY BASILIO
   ¿Tan presto una vida cuesta
tu venida al primer día?

SEGISMUNDO
Díjome que no podía
hacerse, y gané la apuesta.

EL REY BASILIO
   Pésame mucho que cuando,
príncipe, a verte he venido,
pensando hallarte advertido,
de hados y estrellas triunfando,
   con tanto rigor te vea,
y que la primera acción
que has hecho en esta ocasión,
un grave homicidio sea.

¿Con qué amor llegar podré
a darte agora mis brazos,
si de tus soberbios lazos,
que están enseñados sé
a dar muerte? ¿Quién llegó
a ver desnudo el puñal
que dió una herida mortal,
que no temiese? ¿Quién vió
sangriento el lugar adonde
a otro hombre le dieron muerte
que no sienta? Que el más fuerte
a su natural responde.

Yo así, que en tus brazos miro
desta muerte el instrumento,
y miro el lugar sangriento,
de tus brazos me retiro;
y aunque en amorosos lazos
ceñir tu cuello pensé,
sin ellos me volveré,
que tengo miedo a tus brazos.

SEGISMUNDO

Sin ellos me podré estar
como me he estado hasta aquí;
que un padre que contra mí
tanto rigor sabe usar,
que su condición ingrata
de su lado me desvía,
como a una fiera me cría,
y como a un monstruo me trata,
y mi muerte solicita,
de poca importancia fué
que los brazos no me dé,
cuando el ser de hombre me quita.

EL REY BASILIO

Al cielo y a Dios pluguiera
que a dártele no llegara;[33]
pues ni tu voz escuchara,
ni tu atrevimiento viera.

SEGISMUNDO

Si no me le hubieras dado,
no me quejara de ti;
pero una vez dado, sí,
por habérmele quitado;
pues aunque el dar la acción es
más noble y más singular,
es mayor bajeza el dar,
para quitarlo después.

EL REY BASILIO

¡Bien me agradeces el verte,
de un humilde y pobre preso,
príncipe ya!

SEGISMUNDO

Pues en eso
¿qué tengo que agradecerte?
Tirano de mi albedrío,
si viejo y caduco estás,
muriéndote, ¿qué me das?
¿Dasme más de lo que es mío?
Mi padre eres y mi rey;
luego toda esta grandeza
me da la naturaleza
por derecho de su ley.
Luego aunque esté en tal estado,
obligado no te quedo,
y pedirte cuentas puedo
del tiempo que me has quitado
libertad, vida y honor;
y así, agradéceme a mí
que yo no cobre de ti,
pues eres tú mi deudor.

EL REY BASILIO

Bárbaro eres y atrevido;
cumplió su palabra el cielo;
y así, para él mismo apelo,
soberbio y desvanecido.
Y aunque sepas ya quién eres,
y desengañado estés,
y aunque en un lugar te ves
donde a todos te prefieres,
mira bien lo que te advierto,
que seas humilde y blando,
porque quizá estás soñando,
aunque ves que estás despierto. *(Vase.)*

SEGISMUNDO

¿Que quizás soñando estoy,
aunque despierto me veo?
No sueño, pues toco y creo
lo que he sido y lo que soy.
Y aunque ahora te arrepientas,
poco remedio tendrás;
sé quién soy, y no podrás,
aunque suspires y sientas,
quitarme el haber nacido
desta corona heredero;
y si me viste primero
a las prisiones rendido,
fué porque ignoré quién era;
pero ya informado estoy
de quién soy, y sé que soy
un compuesto de hombre y fiera.

---

[33] Ojalá que el cielo y Dios hubieran dispuesto que no hubiera llegado yo a darte el ser. [34] No te vayas tan pronto, porque, siendo como el sol, si te vas, juntarás en uno su salida (*oriente*) y su puesta (*ocaso*). [35] que sin verte te estaba adorando.

ROSAURA *en traje de mujer.* SEGISMUNDO, CLARÍN,
criados

ROSAURA. *Aparte.*
—Siguiendo a Estrella vengo,
y gran temor de hallar a Astolfo tengo;
 que Clotaldo desea
que no sepa quién soy, y no me vea,
 porque dice que importa al honor mío;
y de Clotaldo fío
 su efecto, pues le debo agradecida
aquí el amparo de mi honor y vida.—

CLARÍN. *A Segismundo.*
¿Qué es lo que te ha agradado
más de cuanto aquí has visto y admirado?

SEGISMUNDO
Nada me ha suspendido,
que todo lo tenía prevenido;
 mas si admirarme hubiera
algo en el mundo, la hermosura fuera
 de la mujer. Leía
una vez yo en los libros que tenía
 que lo que a Dios mayor estudio debe
era el hombre, por ser un mundo breve;
 mas ya que lo es recelo
la mujer, pues ha sido un breve cielo;
 y más beldad encierra
que el hombre, cuanto va de cielo a tierra;
 y más si es la que miro.

ROSAURA. *Aparte.*
—El príncipe está aquí; yo me retiro.—

SEGISMUNDO
Oye, mujer, detente;
no juntes el ocaso y el oriente,
 huyendo al primer paso;[34]
que juntos el oriente y el ocaso,
 la luz y sombra fría,
serás sin duda síncopa del día.
Aparte.
—Pero, ¿qué es lo que veo—

ROSAURA. *Aparte.*
—Lo mismo que estoy viendo dudo y creo.—

SEGISMUNDO. *Aparte.*
—Yo he visto esta belleza
otra vez.—

ROSAURA. *Aparte.*
—Yo, esta pompa, esta grandeza
 he visto reducida
a una estrecha prisión.—

SEGISMUNDO. *Aparte.*
—Ya hallé mi vida.—

Mujer, que aqueste nombre
es el mejor requiebro para el hombre,
 ¿quién eres? que sin verte
adoración me debes;[35] y de suerte
 por la fe te conquisto,
que me persuado a que otra vez te he visto.
 ¿Quién eres, mujer bella?

ROSAURA. *Aparte.*
—Disimular me importa.— Soy de Estrella
 una infelice dama.

SEGISMUNDO
No digas tal: di el sol, a cuya llama
 aquella estrella vive,
pues de tus rayos resplandor recibe.
 Yo vi en reino de olores
que presidía entre escuadrón de flores
 la deidad de la rosa;
y era su emperatriz por más hermosa.
 Yo vi entre piedras finas
de la docta academia de sus minas
 preferir el diamante,
y ser su emperador por más brillante.
 Yo en esas cortes bellas
de la inquieta república de estrellas
 vi en el lugar primero
por rey de las estrellas al lucero.
 Yo en esferas perfetas,
llamando el sol a cortes los planetas,
 le vi que presidía
como mayor oráculo del día.
 Pues ¿cómo, si entre flores, entre estrellas,
piedras, signos, planetas, las más bellas
 prefieren, tú has servido
la de menos beldad, habiendo sido,
 por más bella y hermosa,
sol, lucero, diamante, estrella y rosa?
… … … … … … … … … … … …

ESCENA XVII

SEGISMUNDO, *como al principio, con pieles y cadena, durmiendo en el suelo;* CLOTALDO, *dos criados y* CLARÍN

CLOTALDO
Aquí le habéis de dejar,
pues hoy su soberbia acaba
donde empezó.

CRIADO
Como estaba,
la cadena vuelvo a atar.

CLARÍN
No acabes de despertar,
Segismundo, para verte

perder, trocada la suerte,
siendo tu gloria fingida,
una sombra de la vida
y una llama de la muerte.

CLOTALDO

A quien sabe discurrir
así es bien que se prevenga
una estancia donde tenga
harto lugar de argüír.
(A los criados.) Éste es al que habéis de asir
y en este cuarto encerrar.

CLARÍN

¿Por qué a mí?

CLOTALDO

Porque ha de estar
guardado en prisión tan grave
Clarín que secretos sabe,
donde no pueda sonar.[36]

CLARÍN

¿Yo, por dicha, solicito
dar muerte a mi padre? No.
¿Arrojé del balcón yo
al Ícaro de poquito?[37]
¿Yo muero ni resucito?
¿Yo sueño o duermo? ¿A qué fin
me encierran?

CLOTALDO

Eres Clarín.

CLARÍN

Pues ya digo que seré
Corneta, y que callaré,
que es instrumento rüín.

(Llévanle.)

ESCENA XVIII

Queda solo CLOTALDO, *y sale el* REY *rebozado.*
SEGISMUNDO, *adormecido*

EL REY BASILIO
Clotaldo.

CLOTALDO

Señor, ¡así
viene Vuestra Majestad!

EL REY BASILIO
La necia curiosidad
de ver lo que pasa aquí

a Segismundo, ¡ay de mí!,
deste modo me ha traído.

CLOTALDO
Mírale allí reducido
a su miserable estado.

EL REY BASILIO
¡Ay príncipe desdichado
y en triste punto nacido!
Llega a despertarle, ya
que fuerza y vigor perdió
con el opio que bebió.

CLOTALDO
Inquieto, señor, está
y hablando.

EL REY BASILIO
¿Qué soñará
ahora? Escuchemos, pues.

SEGISMUNDO. (*Entre sueños.*)
Piadoso príncipe es
el que castiga tiranos.
Clotaldo muera a mis manos.
Mi padre bese mis pies.

CLOTALDO
Con la muerte me amenaza.

EL REY BASILIO
A mí con rigor y afrenta.

CLOTALDO
Quitarme la vida intenta.

EL REY BASILIO
Rendirme a sus plantas traza.

SEGISMUNDO. (*Vuelve a hablar entre*
[*sueños.*)
Salga a la anchurosa plaza
del gran teatro del mundo
este valor sin segundo;
porque mi venganza cuadre,
vean triunfar de su padre
al príncipe Segismundo.

(*Despierta.*)
Mas ¡ay de mí! ¿Dónde estoy?

EL REY BASILIO
Pues a mí no me ha de ver.
Ya sabes lo que has de hacer.
Desde allí a escucharle voy.

(*Retírase.*)

---

36 Juego de palabras entre el nombre Clarín y el significado propio de esta voz que designa una trompeta pequeña de sonido agudo. Sigue el juego unos versos más abajo cuando Clarín dice que será «corneta», que es otra clase de trompeta.   37 Ícaro, personaje mitológico que se lanzó a los aires con unas alas de pluma y cera, y al acercarse al sol se le derritieron y cayó al mar. Llama así Clarín al criado que Segismundo arrojó por el balcón porque osó desafiar el poder del príncipe; *de poquito, insignificante,* de poca categoría.   38 disimular; dar una explicación falsa de lo que ha pasado.   39 cama.   40 premio que se da al que trae buenas noticias.

SEGISMUNDO

¿Soy yo por ventura? ¿Soy
el que preso y aherrojado
llego a verme en tal estado?
¿No sois mi sepulcro vos,
torre? Sí. ¡Válgame Dios!
¡Qué de cosas he soñado!

CLOTALDO. *(Aparte.)*

—A mí me toca llegar
a hacer la deshecha[38] ahora.—

SEGISMUNDO

¿Es ya de despertar hora?

CLOTALDO

Sí, hora es ya de despertar.
¿Todo el día te has de estar
durmiendo? ¿Desde que yo
al águila que voló
con tardo vuelo seguí,
y te quedaste tú aquí,
nunca has despertado?

SEGISMUNDO

                    No,
ni aun ahora he despertado;
que según, Clotaldo, entiendo,
todavía estoy durmiendo:
y no estoy muy engañado;
porque si ha sido soñado
lo que vi palpable y cierto,
lo que veo será incierto:
y no es mucho que rendido,
pues veo estando dormido,
que sueñe estando despierto.

CLOTALDO

Lo que soñaste me di.

SEGISMUNDO

Supuesto que sueño fué,
no diré lo que soñé;
lo que vi, Clotaldo, sí.
Yo desperté, yo me vi
(¡qué crueldad tan lisonjera!)
en un lecho que pudiera,
con matices y colores
ser el catre[39] de las flores
que tejió la Primavera.
    Aquí mil nobles rendidos
a mis pies nombre me dieron
de su príncipe, y sirvieron
galas, joyas y vestidos.
La calma de mis sentidos
tú trocaste en alegría,
diciendo la dicha mía,
que, aunque estoy desta manera,
príncipe en Polonia era.

CLOTALDO

Buenas albricias[40] tendría.

SEGISMUNDO

No muy buenas: por traidor,
con pecho atrevido y fuerte
dos veces te daba muerte.

CLOTALDO

¿Para mí tanto rigor?

SEGISMUNDO

De todos era señor,
y de todos me vengaba.
Sólo a una mujer amaba...
Que fué verdad, creo yo,
en que todo se acabó,
y esto sólo no se acaba *(Vase el Rey.)*

CLOTALDO. *Aparte.*

—Enternecido se ha ido
el rey de haberle escuchado.—
Como habíamos hablado
de aquella águila, dormido,
tu sueño imperios han sido,
mas en sueños fuera bien
honrar entonces a quien
te crió en tantos empeños,
Segismundo; que aun en sueños
no se pierde el hacer bien.   *(Vase.)*

ESCENA XIX

SEGISMUNDO

Es verdad; pues reprimamos
esta fiera condición,
esta furia, esta ambición
por si alguna vez soñamos;
y sí haremos, pues estamos
en mundo tan singular,
que el vivir sólo es soñar;
y la experiencia me enseña
que el hombre que vive sueña
lo que es hasta despertar.
    Sueña el rey que es rey, y vive
con este engaño mandando,
disponiendo y gobernando;
y este aplauso que recibe
prestado, en el viento escribe,
y en cenizas le convierte
la muerte (¡desdicha fuerte!)
¡Que hay quien intente reinar,
viendo que ha de despertar
en el sueño de la muerte!
    Sueña el rico en su riqueza
que más cuidados le ofrece;
sueña el pobre que padece
su miseria y su pobreza;

sueña el que a medrar empieza,
sueña el que afana y pretende,
sueña el que agravia y ofende,
y en el mundo, en conclusión,
todos sueñan lo que son,
aunque ninguno lo entiende.

    Yo sueño que estoy aquí
destas prisiones cargado,
y soñé que en otro estado
más lisonjero me vi.
¿Qué es la vida? Un frenesí.
¿Qué es la vida? Una ilusión,
una sombra, una ficción,
y el mayor bien es pequeño;
que toda la vida es sueño,
y los sueños sueño son.

JORNADA III

ESCENA I

CLARÍN
    En una encantada torre,
por lo que sé, vivo preso.
¿Qué me harán por lo que ignoro,
si por lo que sé me han muerto?
¡Que un hombre con tanta hambre
viniese a morir viviendo!
Lástima tengo de mí.
Todos dirán: «Bien lo creo»;
y bien se puede creer,
pues para mí este silencio
no conforma con el nombre
Clarín, y callar no puedo.
Quien me hace compañía
aquí si a decirlo acierto,
son arañas y ratones.
¡Miren qué dulces jilgueros!
… … … … … … … … … … …
*Ruido de cajas y clarines, y dicen
dentro.*

ESCENA II

SOLDADOS. CLARÍN

SOLDADO PRIMERO. *Dentro.*
Ésta es la torre en que está.
Echad la puerta en el suelo.
Entrad todos.

CLARÍN
       ¡Vive Dios!
que a mí me buscan es cierto,

pues que dicen que aquí estoy.
¿Qué me querrán?

SOLDADO PRIMERO
       Entrad dentro.

SOLDADO SEGUNDO
Aquí está.

CLARÍN
       No está.

TODOS
       Señor...

CLARÍN. *Aparte.*
—¿Si vienen borrachos éstos?—

SOLDADO PRIMERO
Tú nuestro príncipe eres;
ni admitimos ni queremos
sino al señor natural,
y no a príncipe extranjero.
A todos nos da los pies.

TODOS
¡Viva el gran príncipe nuestro!

CLARÍN. *Aparte.*
—¡Vive Dios que va de veras!
¿Si es costumbre en este reino
prender uno cada día
y hacerle príncipe, y luego
volverle a la torre? Sí,
pues cada día lo veo.
Fuerza es hacer mi papel.—

SOLDADO PRIMERO
Danos tus plantas.

CLARÍN
       No puedo,
porque las he menester
para mí, y fuera defecto
ser príncipe desplantado.

SOLDADO SEGUNDO
Todos a tu padre mesmo
le dijimos que a ti sólo
por príncipe conocemos,
no al de Moscovia.

CLARÍN
       ¿A mi padre
le perdisteis el respeto?
Sois unos tales por cuales.[41]

SOLDADO PRIMERO
Fué lealtad de nuestro pecho.

---

[41] Eufemismo que lleva implícito un insulto. [42] vacío, falso. [43] *bandidos* y *plebeyos* no tienen aquí sentido despectivo; designan simplemente a las fuerzas populares que se han rebelado contra la autoridad establecida. [44] En el sentido de una imagen poco precisa, ficción. [45] capullos.

CLARÍN
Si fué lealtad, yo os perdono.

SOLDADO PRIMERO
Sal a restaurar tu imperio.
¡Viva Segismundo!

TODOS
¡Viva!

CLARÍN. *Aparte.*
—¿Segismundo dicen? Bueno:
Segismundo llaman todos
los príncipes contrahechos.—

ESCENA III

SEGISMUNDO, CLARÍN, SOLDADOS

SEGISMUNDO
¿Quién nombra aquí a Segismundo?

CLARÍN. *Aparte.*
—¡Mas que soy príncipe huero!—[42]

SOLDADO PRIMERO
¿Quién es Segismundo?

SEGISMUNDO
Yo.

SOLDADO PRIMERO
Pues, ¿cómo, atrevido y necio,
tú te hacías Segismundo?

CLARÍN
¿Yo Segismundo? Eso niego.
Vosotros fuisteis los que
me segismundeasteis; luego
vuestra ha sido solamente
necedad y atrevimiento.

SOLDADO PRIMERO
Gran príncipe Segismundo
(que las señas que traemos
tuyas son, aunque por fe
te aclamamos señor nuestro),
tu padre el gran rey Basilio,
temeroso que los cielos
cumplan un hado, que dice
que ha de verse a tus pies puesto,
vencido de ti, pretende
quitarte acción y derecho
y dársele a Astolfo, duque
de Moscovia. Para esto
juntó su corte, y el vulgo
penetrando ya y sabiendo
que tiene rey natural,
no quiere que un extranjero
venga a mandarle. Y así,
haciendo noble desprecio

de la inclemencia del hado,
te ha buscado donde preso
vives, para que, asistido
de sus armas, y saliendo
desta torre a restaurar
tu imperial corona y cetro,
se la quites a un tirano.
Sal, pues; que en ese desierto
ejército numeroso
de bandidos y plebeyos[43]
te aclama. La libertad
te espera: oye sus acentos.

VOCES. *Dentro.*
¡Viva Segismundo, viva!

SEGISMUNDO
¿Otra vez (¿qué es esto, cielos?)
queréis que sueñe grandezas
que ha de deshacer el tiempo?
¿Otra vez queréis que vea,
entre sombras y bosquejos[44]
la majestad y la pompa
desvanecida del viento?
¿Otra vez queréis que toque
el desengaño, o el riesgo
a que el humano poder
nace humilde y vive atento?
¡Pues no ha de ser, no ha de ser!
Miradme otra vez sujeto
a mi fortuna; y pues sé
que toda esta vida es sueño,
idos, sombras que fingís
hoy a mis sentidos muertos
cuerpo y voz, siendo verdad
que ni tenéis voz ni cuerpo;
que no quiero majestades
fingidas, pompas no quiero
fantásticas, ilusiones
que al soplo menos violento
del aura han de deshacerse
bien como el florido almendro
que, por madrugar sus flores
sin aviso y sin consejo,
al primer soplo se apagan,
marchitando y desluciendo
de sus rosados capillos[45]
belleza, luz y ornamento.
Ya os conozco, ya os conozco,
y sé que os pasa lo mesmo
con cualquiera que se duerme.
Para mí no hay fingimientos;
que, desengañado ya,
sé bien que *la vida es sueño.*

SOLDADO SEGUNDO
Si piensas que te engañamos,
vuelve a esos montes soberbios

los ojos, para que veas
la gente que aguarda en ellos
para obedecerte.

SEGISMUNDO

                    Ya
otra vez vi aquesto mesmo
tan clara y distintamente
como ahora lo estoy viendo,
y fué sueño.

SOLDADO SEGUNDO

                         Cosas grandes
siempre, gran señor, trajeron
anuncios; y esto sería
si lo soñaste primero.

SEGISMUNDO

Dices bien, anuncio fué;
y caso que fuese cierto,
pues que la vida es tan corta,
soñemos, alma, soñemos,
otra vez; pero ha de ser
con atención y consejo
de que hemos de despertar
deste gusto al mejor tiempo;
que, llevándolo sabido,
será el desengaño menos;
que es hacer burla del daño
adelantarle el consejo.
Y con esta prevención
de que cuando fuese cierto,
es todo el poder prestado
y ha de volverse a su dueño,[46]
atrevámonos a todo.
Vasallos, yo os agradezco
la lealtad; en mí lleváis
quien os libre osado y diestro
de extranjera esclavitud.
Tocad al arma, que presto
veréis mi inmenso valor.
Contra mi padre pretendo
tomar armas y sacar
verdaderos a los cielos:
puesto he de verle a mis plantas.
(Ap.) Mas si antes desto despierto,
¿no será bien no decirlo,
supuesto que no he de hacerlo?

TODOS

¡Viva Segismundo, viva!

ESCENA IV

CLOTALDO, SEGISMUNDO, CLARÍN, SOLDADOS

CLOTALDO

¿Qué alboroto es éste, cielos?

SEGISMUNDO

Clotaldo.

CLOTALDO

Señor... *Aparte.* —En mí
su rigor prueba.—

CLARÍN. *Aparte.*
            —Yo apuesto
que le despeña del monte.— *(Vase.)*

CLOTALDO

A tus reales plantas llego,
ya sé que a morir.

SEGISMUNDO

                    Levanta,
levanta, padre, del suelo;
que tú has de ser norte y guía
de quien fíe mis aciertos;
que ya sé que mi crianza
a tu mucha lealtad debo.
Dame los brazos.

CLOTALDO

                    ¿Qué dices?

SEGISMUNDO

Que estoy soñando, y que quiero
obrar bien, pues no se pierde
el hacer bien, aun en sueños.

CLOTALDO

Pues, señor, si el obrar bien
es ya tu blasón, es cierto
que no te ofenda el que yo
hoy solicite lo mesmo.
¿A tu padre has de hacer guerra?
Yo aconsejarte no puedo
contra mi rey, ni valerte.
A tus plantas estoy puesto,
dame la muerte.

SEGISMUNDO

                    ¡Villano,
traidor, ingrato!
Aparte.
                    —Mas, ¡cielos!
el reportarme conviene,

46 a Dios.   47 Alude a las bodas de Astolfo con Estrella que ha concertado el rey para dejar a sus sobrinos como herederos del trono. Rosaura, en un largo parlamento del que sólo damos aquí los versos finales, ha contado su historia a Segismundo y le ha enterado de cómo su viaje a Polonia obedecía al deseo de recobrar su honra mancillada por Astolfo.   48 Con el paralelismo entre *mujer-varón*, Rosaura, al par que alude a la doble personalidad que ha mantenido a través de la obra, se refiere concretamente al vestido con que aparece en esta escena: traje de guerrero, pero cubierto con un *vaquero*, especie de sayo de faldas largas.

que aún no sé si estoy despierto.—
Clotaldo, vuestro valor
os envidio y agradezco.
Idos a servir al rey,
que en el campo nos veremos.
Vosotros, tocad al arma.

CLOTALDO

Mil veces tus plantas beso.

(Vase.)

SEGISMUNDO

A reinar, fortuna, vamos;
no me despiertes, si duermo,
y si es verdad, no me aduermas;
mas, sea verdad o sueño,
obrar bien es lo que importa;
si fuere verdad, por serlo;
si no, por ganar amigos
para cuando despertemos.

(Vanse tocando cajas.)

ESCENA X

ROSAURA *con vaquero, espada y daga.* SEGISMUNDO;
SOLDADOS

ROSAURA

...¡Ea! pues, fuerte caudillo,
a los dos juntos importa
impedir y deshacer
estas concertadas bodas:[47]
a mí, porque no se case
el que mi esposo se nombra,
y a ti, porque estando juntos
sus dos estados, no pongan
con más poder y más fuerza
en duda nuestra victoria.
Mujer vengo a persuadirte
al remedio de mi honra,
y varón vengo a alentarte
a que cobres tu corona.
Mujer vengo a enternecerte
cuando a tus plantas me ponga,
y varón vengo a servirte
con mi acero y mi persona.
Y así piensa que, si hoy
como mujer me enamoras,
como varón te daré
la muerte en defensa honrosa
de mi honor; porque he de ser,
en su conquista amorosa,
mujer para darte quejas,
varón para ganar honras.[48]

SEGISMUNDO. *Aparte.*

—Cielos, si es verdad que sueño,
suspendedme la memoria,

que no es posible que quepan
en un sueño tantas cosas.
¡Válgame Dios! ¡quién supiera
o saber salir de todas,
o no pensar en ninguna!
¿Quién vió penas tan dudosas?
Si soñé aquella grandeza
en que me vi, ¿cómo ahora
esta mujer me refiere
unas señas tan notorias?
Luego fué verdad, no sueño;
y si fué verdad, que es otra
confusión, y no menor,
¿cómo mi vida la nombra
sueño? Pues, ¿tan parecidas
a los sueños son las glorias
que las verdaderas son
tenidas por mentirosas,
y las fingidas por ciertas?
¿Tan poco hay de unas a otras
que hay cuestión sobre saber
si lo que se ve y se goza
es mentira o es verdad?
¿Tan semejante es la copia
al original que hay duda
en saber si es ella propia?
Pues si es así, y ha de verse
desvanecida entre sombras
la grandeza y el poder,
la majestad y la pompa,
sepamos aprovechar
este rato que nos toca;
pues sólo se goza en ella
lo que entre sueños se goza.
Rosaura está en mi poder,
su hermosura el alma adora;
gocemos, pues, la ocasión:
el amor las leyes rompa
del valor y la confianza
con que a mis plantas se postra.
Esto es sueño; y pues lo es,
soñemos dichas ahora,
que después serán pesares.
Mas con mis razones propias
vuelvo a convencerme a mí.
Si es sueño, si es vanagloria,
¿quién por vanagloria humana
pierde una divina gloria?
¿Qué pasado bien no es sueño?
¿Quién tuvo dichas heroicas,
que entre sí no diga, cuando
las revuelve en su memoria:
«Sin duda que fué soñado
cuanto vi»? Pues si esto toca
mi desengaño, si sé
que es el gusto llama hermosa

que la convierte en cenizas
cualquiera viento que sopla,
acudamos a lo eterno
que es la fama vividora,
donde ni duermen las dichas,
ni las grandezas reposan.
Rosaura está sin honor;
más a un príncipe le toca
el dar honor que quitarle.
¡Vive Dios! que de su honra
he de ser conquistador
antes que de mi corona.
Huyamos de la ocasión,
que es muy fuerte.—) —Al arma toca

(A un soldado.)

que hoy he de dar la batalla,
antes que la obscura sombra
sepulte los rayos de oro
entre verdinegras ondas.

ROSAURA

Señor, ¿pues así te ausentas?
¿Pues ni una palabra sola
no te debe mi cuidado,
ni merece mi congoja?
¿Cómo es posible, señor,
que ni me mires ni oigas?
¿Aún no me vuelves el rostro?

SEGISMUNDO

Rosaura, al honor le importa,
por ser piadoso contigo,
ser cruel contigo ahora.
No te responde mi voz,
porque mi honor te responda:
no te hablo, porque quiero
que te hablen por mí mis obras:
ni te miro, porque es fuerza,
en pena tan rigurosa,
que no mire tu hermosura
quien ha de mirar tu honra.

(Vase.)

ROSAURA

¿Qué enigmas, cielos, son éstas?
Después de tanto pesar,
¡aún me queda que dudar
con equívocas respuestas!
… … … … … … … … … … …

ESCENA XIII

BASILIO, CLOTALDO y ASTOLFO, *huyendo*. CLARÍN,
oculto

EL REY BASILIO
¿Hay más infelice rey?
¿Hay padre más perseguido?

CLOTALDO
Ya tu ejército vencido
baja sin tino ni ley.

ASTOLFO
Los traidores vencedores
quedan.

EL REY BASILIO
En batallas tales
los que vencen son leales,
los vencidos los traidores.
Huyamos, Clotaldo, pues,
del cruel, del inhumano
rigor de un hijo tirano.

Disparan dentro, y cae CLARÍN, *herido, de donde
está*

CLARÍN
¡Válgame el cielo!

ASTOLFO
¿Quién es
este infelice soldado
que a nuestros pies ha caído
en sangre todo teñido?

CLARÍN
Soy un hombre desdichado,
que, por quererme guardar
de la muerte, la busqué.
Huyendo della, encontré
con ella, pues no hay lugar
para la muerte secreto.
De donde claro se arguye
que quien más su efecto huye
es quien se llega a su efeto.[49]
Por eso tornad, tornad
a la lid sangrienta luego;
que entre las armas y el fuego
hay mayor seguridad
que en el monte más guardado;
pues no hay seguro camino
a la fuerza del destino
y a la inclemencia del hado.
Y así, aunque a libraros vais

[49] El que huye más de la muerte es el que la encuentra antes; *efeto,* forma que exige la rima, equivalente a *efecto.*
[50] *remedio.*

[51] monstruo engendrado por la brisa. Alude a una antigua fábula según la cual el caballo nacía de la unión de una yegua y el viento.   [52] promesa, anuncio.   [53] El

significado del pasaje es: que el destino de los humanos está escrito por Dios en el cielo y las estrellas, y otros signos son como cifras de ese destino. Pero Dios nunca engaña; los que engañan son aquellos que tratan de penetrar sus designios y siguen ciegamente las falsas interpretaciones de los signos que ven en el cielo, es decir, los astrólogos como el padre de Segismundo.

de la muerte con huir,
mirad que vais a morir,
si está de Dios que muráis *(Cae dentro.)*

EL REY BASILIO

¡Mirad que vais a morir,
si está de Dios que muráis!
¡Qué bien, ay cielos, persuade
nuestro error, nuestra ignorancia
a mayor conocimiento
este cadáver que habla
por la boca de una herida,
siendo el humor que desata
sangrienta lengua que enseña
que son diligencias vanas
del hombre cuantas dispone
contra mayor fuerza y causa!
Pues yo, por librar de muertes
y sediciones mi patria,
vine a entregarla a los mismos
de quien pretendí librarla.

CLOTALDO

Aunque el hado, señor, sabe
todos los caminos, y halla
a quien busca entre lo espeso
de las peñas, no es cristiana
determinación decir
que no hay reparo[50] a su saña.
Sí hay, que el prudente varón
victoria del hado alcanza;
y si no estás reservado
de la pena y la desgracia,
haz por donde te reserves.

ASTOLFO

Clotaldo, señor, te habla
como prudente varón
que madura edad alcanza,
yo como joven valiente.
Entre las espesas matas
de ese monte está un caballo,
veloz aborto del aura:[51]
huye en él, que yo entre tanto
te guardaré las espaldas.

EL REY BASILIO

Si está de Dios que yo muera,
o si la muerte me aguarda,
aquí, hoy, la quiero buscar,
esperando cara a cara. *(Tocan el arma.)*

ESCENA XIV

SEGISMUNDO, ESTRELLA, ROSAURA, *soldados, acompañamiento.* BASILIO, ASTOLFO, CLOTALDO

SOLDADO

En lo intrincado del monte,

entre sus espesas ramas,
el rey se esconde.

SEGISMUNDO

Seguidle.
No quede en sus cumbres planta
que no examine el cuidado,
tronco a tronco, y rama a rama.

CLOTALDO

¡Huye, señor!

EL REY BASILIO

¿Para qué?

ASTOLFO

¿Qué intentas?

EL REY BASILIO

Astolfo, aparta.

CLOTALDO

¿Qué quieres?

EL REY BASILIO

Hacer, Clotaldo,
un remedio que me falta.
Si a mí buscándome vas,
ya estoy, príncipe, a tus plantas.

(Arrodillándose.)

Sea dellas blanca alfombra
esta nieve de mis canas.
Pisa mi cerviz, y huella
mi corona; postra, arrastra
mi decoro y mi respeto;
toma de mi honor venganza;
sírvete de mí cautivo.
Y tras prevenciones tantas,
cumpla el hado su homenaje,[52]
cumpla el cielo su palabra.

SEGISMUNDO

Corte ilustre de Polonia,
que de admiraciones tantas
sois testigos, atended,
que vuestro príncipe os habla.
Lo que está determinado
del cielo, y en azul tabla
Dios con el dedo escribió,
de quien son cifras y estampas
tantos papeles azules
que adornan letras doradas,
nunca engaña, nunca miente;
porque quien miente y engaña
es quien, para usar mal dellas,
las penetra y las alcanza.[53]
Mi padre, que está presente,
por excusarse a la saña
de mi condición, me hizo

un bruto, una fiera humana;
de suerte que cuando yo,
por mi nobleza gallarda,
por mi sangre generosa,
por mi condición bizarra,
hubiera nacido dócil
y humilde, sólo bastara
tal género de vivir,
tal linaje de crianza,
a hacer fieras mis costumbres.
¡Qué buen modo de estorbarlas!
… … … … … … … … … … …
La fortuna no se vence
con injusticia y venganza,
porque antes se incita más.
Y así quien vencer aguarda
a su fortuna ha de ser
con cordura y con templanza.
No antes de venir el daño
se reserva ni se guarda
quien le previene; que aunque
puede humilde, cosa es clara,
reservarse dél, no es
sino despés que se halla
en la ocasión; porque aquésta
no hay camino de estorbarla.
Sirva de ejemplo este raro
espectáculo, esta extraña
admiración, este horror,
este prodigio; pues nada
es más que llegar a ver,
con prevenciones tan varias,
rendido a mis pies a un padre,
y atropellado a un monarca.
Sentencia del cielo fué;
por más que quiso estorbarla
él, no pudo; ¿y podré yo
que soy menor en las canas,
en el valor y en la ciencia,
vencerla? *(Al Rey.)* —Señor, levanta.
Dame tu mano; que ya
que el cielo te desengaña
de que has errado en el modo
de vencerle, humilde aguarda
mi cuello a que tú te vengues;
rendido estoy a tus plantas.

EL REY BASILIO
Hijo, que tan noble acción
otra vez en mis entrañas
te engendra, príncipe eres.
A ti el laurel y la palma
se te deben; tú venciste;
corónente tus hazañas.

TODOS
¡Viva Segismundo, viva!

SEGISMUNDO
Pues que ya vencer aguarda
mi valor grandes victorias,
hoy ha de ser la más alta
vencerme a mí. Astolfo dé
la mano luego a Rosaura,
pues sabe que de su honor
es deuda y yo he de cobrarla.

ASTOLFO
Aunque es verdad que la debo
obligaciones, repara
que ella no sabe quién es;
y es bajeza y es infamia
casarme yo con mujer...

CLOTALDO
No prosigas, tente, aguarda;
porque Rosaura es tan noble
como tú, Astolfo, y mi espada
lo defenderá en el campo;
que es mi hija, y esto basta.

ASTOLFO
¿Qué dices?

CLOTALDO
                    Que yo hasta verla
casada, noble y honrada,
no la quise descubrir.
La historia desto es muy larga,
pero, en fin, es hija mía.

ASTOLFO
Pues siendo así, mi palabra
cumpliré.

SEGISMUNDO
                    Pues por que Estrella
no quede desconsolada,
viendo que príncipe pierde
de tanto valor y fama,
de mi propia mano yo
con esposo he de casarla
que en méritos y fortuna,
si no le excede, le iguala.
Dame la mano.

ESTRELLA
                    Yo gano
en merecer dicha tanta.

SEGISMUNDO
A Clotaldo, que leal
sirvió a mi padre, le aguardan

---

54 Crespo se dirige al capitán que había sido alojado en su casa, y el cual había fingido una riña con Rebolledo, uno de sus soldados, para entrar en las habitaciones donde Isabel se había ocultado por orden de su padre.

mis brazos, con las mercedes
que él pidiere que le haga.

UNO

Si así a quien no te ha servido
honras, ¿a mí, que fuí causa
del alboroto del reino,
y de la torre en que estabas
te saqué, qué me darás?

SEGISMUNDO

La torre; y por que no salgas
della nunca, hasta morir
has de estar allí con guardas;
que el traidor no es menester,
siendo la traición pasada.

EL REY BASILIO

Tu ingenio a todos admira.

ASTOLFO

¡Qué condición tan mudada!

ROSAURA

¡Qué discreto y qué prudente!

SEGISMUNDO

¿Qué os admira? ¿Qué os espanta
si fué mi maestro un sueño,
y estoy temiendo en mis ansias
que he de despertar y hallarme
otra vez en mi cerrada
prisión? Y cuando no sea,
el soñarlo sólo basta;
pues así llegué a saber
que toda la dicha humana
en fin pasa como un sueño;
y quiero hoy aprovecharla
el tiempo que me durare,
pidiendo de nuestras faltas
perdón, pues de pechos nobles
es tan propio el perdonarlas.

EL ALCALDE DE ZALAMEA

ARGUMENTO

A Zalamea, lugar de Extremadura, llega una compañía de soldados de paso hacia Portugal. Vive allí Pedro Crespo, labrador rico y honrado, en cuya casa va a alojarse el capitán don Álvaro de Ataide. Crespo, hombre aunque villano muy celoso en guardar su honor y su buen nombre, manda que, antes de que el capitán entre en su casa, su hija Isabel, joven de extremada hermosura, se oculte en un desván, acompañada de su prima Inés. El capitán, donjuanesco y licencioso como muchos de su clase, se entera de la existencia de Isabel, y fingiendo una riña con Rebolledo, su confidente, llega hasta el aposento donde está oculta. Allí le sorprenden Pedro Crespo y su hijo Juan, joven impetuoso que inmediatamente quiere salir por el honor de su hermana.

Interrumpe el altercado la llegada de don Lope de Figueroa, jefe del tercio al que pertenecen el capitán y su compañía. Don Lope resuelve el problema alojándose él en casa de Pedro Crespo y enviando al capitán a otra parte. Tras varios incidentes, alguno de los cuales se ve en las escenas reproducidas, parte la compañía en la que se ha alistado Juan como soldado. El capitán, al partir, rapta a Isabel, la deshonra en despoblado y es allí herido por Juan, que al enterarse de lo ocurrido salió en su persecución. Es llevado al pueblo, donde acaban de elegir alcalde a Pedro Crespo. Éste, después de usar de su autoridad para apresar al capitán, le ruega que le devuelva su honor. El capitán, en su soberbia, se niega a ello, y Pedro Crespo, que además de ser padre ofendido ejerce ahora la autoridad civil, manda ajusticiar al capitán en la forma y con el resultado que se verá en las últimas escenas de la obra.

JORNADA PRIMERA

Cuarto alto en la casa de Pedro Crespo

ESCENA XVI

CRESPO y JUAN, *con espadas desnudas;* LA CHISPA. *Dichos.* REBOLLEDO, ISABEL, INÉS, *el* CAPITÁN y *el* SARGENTO

CRESPO

¿Cómo es eso, caballero?
¿Cuando pensó mi temor
hallaros matando un hombre,[54]
os hallo...

ISABEL. *Aparte.*
      —¡Válgame Dios!—

CRESPO

requebrando una mujer?
Muy noble, sin duda, sois,
pues que tan presto se os pasan
los enojos.

CAPITÁN
      Quien nació
con obligaciones, debe
acudir a ellas, y yo
al respeto desta dama
suspendí todo el furor.

CRESPO

Isabel es hija mía,
y es labradora, señor,
que no dama.

JUAN. *Aparte.*
      —¡Vive el cielo,
que todo ha sido invención
para haber entrado aquí!
Corrido en el alma estoy

de que piensen que me engañan,
y no ha de ser.—
                                —Bien, señor
capitán, pudierais ver
con más segura atención
lo que mi padre desea
hoy serviros, para no
haberle hecho este disgusto.

CRESPO

¿Quién os mete en eso a vos,
rapaz? ¿Qué disgusto ha habido?
Si el soldado le enojó,
¿no había de ir tras él? Mi hija
estima mucho el favor
del haberle perdonado,
y el de su respeto yo.

CAPITÁN

Claro está que no habrá sido
otra causa, y ved mejor
lo que decís.

JÙAN

                        Yo lo he visto
muy bien.

CRESPO

                        Pues ¿cómo habláis vos
así?

CAPITÁN

        Porque estáis delante,
más castigo no le doy
a este rapaz.

CRESPO

                        Detened,
señor capitán; que yo
puedo tratar a mi hijo
como quisiere, y no vos.

JUAN

Y yo sufrirlo a mi padre,
mas a otra persona no.

CAPITÁN

¿Qué habéis de hacer?

JUAN

                        Perder
la vida por la opinión.[55]

CAPITÁN

¿Qué opinión tiene un villano?

JUAN

Aquella misma que vos;

que no hubiera un capitán
si no hubiera un labrador.

CAPITÁN

¡Vive Dios, que ya es bajeza
sufrirlo!

CRESPO

                        Ved que yo estoy
de por medio. (Sacan las espadas.)

REBOLLEDO

                        ¡Vive Cristo,
Chispa, que ha de haber hurgón![56]

CHISPA. Voceando.

¡Aquí del cuerpo de guardia!

REBOLLEDO

¡Don Lope!

        Aparte.

                        —Ojo avizor.—[57]

ESCENA XVIII

CRESPO, DON LOPE

CRESPO

Mil gracias, señor, os doy
por la merced que me hicisteis
de excusarme la ocasión
de perderme.

DON LOPE

                        ¿Cómo habíais,
decid, de perderos vos?

CRESPO

Dando muerte a quien pensara
ni aun el agravio menor...

DON LOPE

¿Sabéis, vive Dios, que es
capitán?

CRESPO

                        Sí, vive Dios;
y aunque fuera el general,
en tocando a mi opinión,
le matara.

DON LOPE

                        A quien tocara,
ni aun al soldado menor,
sólo un pelo de la ropa,

---

55 honor.   56 estocada.   57 ¡cuidado! ¡atención!
58 terco, obstinado.   59 no nos haremos amigos.   60 cuarto o estancia entre la puerta de entrada y el patio o jardín.

61 El sonido del viento en las hojas de las parras y
los árboles forma una dulce música al compás del agua
de la fuente al chocar con las guijas o piedras.

viven los cielos, que yo
le ahorcara.

CRESPO

   A quien se atreviera
a un átomo de mi honor,
viven los cielos también,
que también le ahorcara yo.

DON LOPE

¿Sabéis que estáis obligado
a sufrir, por ser quien sois,
estas cargas?

CRESPO

   Con mi hacienda;
pero con mi fama no.
Al rey la hacienda y la vida
se ha de dar; pero el honor
es patrimonio del alma,
y el alma sólo es de Dios.

DON LOPE

¡Vive Cristo, que parece
que vais teniendo razón!

CRESPO

Sí, vive Cristo, porque
siempre la he tenido yo.

DON LOPE

Yo vengo cansado, y esta
pierna que el diablo me dió,
ha menester descansar.

CRESPO

Pues ¿quién os dice que no?
Ahí me dió el diablo una cama,
y servirá para vos.

DON LOPE

¿Y dióla hecha el diablo?

CRESPO

     Sí.

DON LOPE

Pues a deshacerla voy;
que estoy, voto a Dios, cansado.

CRESPO

Pues descansad, voto a Dios.

DON LOPE. *Aparte.*

—Testarudo[58] es el villano
Tan bien jura como yo.—

CRESPO. *Aparte.*

—Caprichudo es el don Lope;
no haremos migas los dos.—[59]

JORNADA II

*Sala baja en casa de Crespo, con vistas y salida
a un jardín*

ESCENA V

DON LOPE, CRESPO

CRESPO. *Dentro.*

En este paso,[60] que está
más fresco, poned la mesa
al señor don Lope. Aquí
os sabrá mejor la cena;
que al fin los días de agosto
no tienen más recompensa
que sus noches.

DON LOPE

    Apacible
estancia en extremo es ésta.

CRESPO

Un pedazo es de jardín,
en que mi hija se divierta.
Sentaos; que el viento suave
que en las blandas hojas suena
destas parras y estas copas,
mil cláusulas lisonjeras
hace al compás desta fuente,
cítara de plata y perlas,
porque son en trastes de oro
las guijas templadas cuerdas.[61]
Perdonad si de instrumentos
solos la música suena,
sin cantores que os deleiten,
sin voces que os entretengan.
Que como músicos son
los pájaros que gorjean,
no quieren cantar de noche,
ni yo puedo hacerles fuerza.
Sentaos, pues, y divertid
esa continua dolencia.

DON LOPE

No podré; que es imposible
que divertimiento tenga.
¡Válgame Dios!

CRESPO

    Valga, amén.

DON LOPE

Los cielos me den paciencia.
Sentaos, Crespo.

CRESPO

    Yo estoy bien.

DON LOPE

Sentaos.

CRESPO
        Pues me dais licencia,
digo, señor, que obedezco,
aunque excusarlo pudierais. *(Siéntase.)*

DON LOPE
¿No sabéis qué he reparado?
Que ayer la cólera vuestra
os debió de enajenar[62]
de vos.

CRESPO
        Nunca me enajena
a mí de mí nada.

DON LOPE
                    Pues
¿cómo ayer, sin que os dijera
que os sentarais, os sentasteis,
y aun en la silla primera?

CRESPO
Porque no me lo dijisteis;
y hoy, que lo decís, quisiera
no hacerlo; la cortesía,
tenerla con quien la tenga.

DON LOPE
Ayer todo erais reniegos,
porvidas, votos y pesias;[63]
y hoy estáis más apacible,
con más gusto y más prudencia.

CRESPO
Yo, señor, respondo siempre
en el tono y en la letra
que me hablan. Ayer vos
así hablabais, y era fuerza
que fueran de un mismo tono
la pregunta y la respuesta.
Demás de que yo he tomado
por política discreta
jurar con aquel que jura,
rezar con aquel que reza.
A todo hago compañía;
y es aquesto de manera,
que en toda la noche pude
dormir, en la pierna vuestra
pensando, y amanecí
con dolor en ambas piernas;
que por no errar la que os duele,
si es la izquierda o la derecha,
me dolieron a mí entrambas.
Decidme, por vida vuestra,
cuál es, y sépalo yo,
por que una sola me duela.

DON LOPE
¿No tengo mucha razón
de quejarme, si ha ya treinta
años que asistiendo en Flandes
al servicio de la guerra,
el invierno con la escarcha,
y el verano con la fuerza
del sol, nunca descansé,
y no he sabido qué sea
estar sin dolor un hora?

CRESPO
¡Dios, señor, os dé paciencia!

DON LOPE
¿Para qué la quiero yo?

CRESPO
No os la dé.

DON LOPE
                    Nunca acá venga,
sino que dos mil demonios
carguen conmigo y con ella.

CRESPO
Amén, y si no lo hacen,
es por no hacer cosa buena.

DON LOPE
¡Jesús mil veces, Jesús!

CRESPO
Con vos y conmigo sea.

DON LOPE
¡Vive Cristo, que me muero!

CRESPO
¡Vive Cristo, que me pesa!

ESCENA VI

JUAN, *que saca la mesa.* DON LOPE, CRESPO

JUAN
Ya tienes la mesa aquí.

DON LOPE
¿Cómo a servirla no entran
mis criados?

CRESPO
                    Yo, señor,
dije, con vuestra licencia,
que no entraran a serviros,
y que en mi casa no hicieran
prevenciones;[64] que a Dios gracias,
pienso que no os falte en ella
nada.

---

[62] os debió de sacar de vos, de turbaros el uso de la razón.
[63] ¡*por vida de*...!, ¡*voto a*...! ¡*pese a*...!, interjecciones
o juramentos.   [64] p r o v i s i o n e s.   [65] astuto.   [66] profesión.   [67] expansiones.

DON LOPE
 Pues no entran criados,
hacedme merced que venga
vuestra hija aquí a cenar
conmigo.

CRESPO
  Dila que venga
a tu hermana al punto, Juan.

    (Vase Juan.)

DON LOPE
Mi poca salud me deja
sin sospecha en esta parte.

CRESPO
Aunque vuestra salud fuera,
señor, la que yo os deseo,
me dejara sin sospecha.
Agravio hacéis a mi amor,
que nada deso me inquieta;
pues decirla que no entrara
aquí, fué con advertencia
de que no estuviese a oír
ociosas impertinencias;
que si todos los soldados
corteses como vos fueran,
ella había de asistir
a servirlos la primera.

 DON LOPE. *Aparte.*
—¡Qué ladino⁶⁵ es el villano,
o cómo tiene prudencia!—

ESCENA VII

JUAN, INÉS, ISABEL. DON LOPE, CRESPO

ISABEL
¿Qué es, señor, lo que me mandas?

CRESPO
El señor don Lope intenta
honraros; él es quien llama.

ISABEL
Aquí está una esclava vuestra.

DON LOPE
Serviros intento yo.
 Aparte.
—¡Qué hermosura tan honesta!—
Que cenéis conmigo quiero.

ISABEL
Mejor es que a vuestra cena
sirvamos las dos.

DON LOPE
   Sentaos.

CRESPO
Sentaos, haced lo que ordena
el señor don Lope.

ISABEL
    Esté
el mérito en la obediencia.

 (Siéntanse. Tocan dentro guitarras.)

DON LOPE
¿Qué es aquello?

CRESPO
   Por la calle
los soldados se pasean
tocando y cantando.

DON LOPE
    Mal
los trabajos de la guerra
sin aquesta libertad
se llevaran; que es estrecha
religión⁶⁶ la de un soldado,
y darla ensanches⁶⁷ es fuerza.

JUAN
Con todo eso es linda vida.

DON LOPE
¿Fuérades con gusto a ella?

JUAN
Sí, señor, como llevara
por amparo a vuecelencia.

ESCENA VIII

SOLDADOS, REBOLLEDO. *Dichos*

UN SOLDADO. *Dentro.*
Mejor se cantará aquí.

REBOLLEDO. *Dentro.*
Vaya a Isabel una letra,
y por que despierte, tira
a su ventana una piedra.

(Suena una piedra en una ventana.)

CRESPO. *Aparte.*
—A ventana señalada
va la música; paciencia.—

UNA VOZ. *Canta dentro.*

Las flores del romero,
niña Isabel,
hoy son flores azules,
y mañana serán miel.

DON LOPE. *Aparte.*
—Música, vaya; mas esto
de tirar es desvergüenza...

¡Y a la casa donde estoy
venirse a dar cantaletas!
Pero disimularé
por Pedro Crespo y por ella.—
¡Qué travesuras!

CRESPO
                    Son mozos.
Aparte.
—Si por don Lope no fuera,
yo les hiciera...—

JUAN *Aparte.*
                    —Si yo
una rodelilla[68] vieja,
que en el cuarto de don Lope
está colgada, pudiera
sacar...—   *(Hace que se va.)*

CRESPO
¿Dónde vais, mancebo?

JUAN
Voy a que traigan la cena.

CRESPO
Allá hay mozos que la traigan.

SOLDADOS. *Dentro cantando.*
Despierta, Isabel, despierta.

ISABEL. *Aparte.*
—¿Qué culpa tengo yo, cielos,
para estar a esto sujeta?—

DON LOPE
Ya no se puede sufrir,
porque es cosa muy mal hecha.
                    (Arroja la mesa.)

CRESPO
Pues ¡y cómo que lo es!
                    (Arroja la silla.)

DON LOPE. *Aparte.*
—Llevéme de mi impaciencia.—
¿No es, decidme, muy mal hecho,
que tanto una pierna duela?

CRESPO
Deso mismo hablaba yo.

DON LOPE
Pensé que otra cosa era.
Como arrojasteis la silla...

CRESPO
Como arrojasteis la mesa

vos, no tuve que arrojar
otra cosa yo más cerca.
        Aparte.
—Disimulemos, honor.—

DON LOPE. *Aparte.*
—¡Quién en la calle estuviera!—
Ahora bien, cenar no quiero.
Retiraos.

CRESPO
                    En hora buena.

DON LOPE
Señora, quedad con Dios.

ISABEL
El cielo os guarde.

DON LOPE. *Aparte.*
                    —A la puerta
de la calle ¿no es mi cuarto?
Y en él ¿no está una rodela?—

CRESPO. *Aparte.*
—¿No tiene puerta el corral,
y yo una espadilla vieja?—

DON LOPE
Buenas noches.

CRESPO
                    Buenas noches.
        Aparte.
—Encerraré por defuera
a mis hijos.—

DON LOPE. *Aparte.*
                    —Dejaré
un poco la casa quieta.—

ISABEL. *Aparte.*
—¡Oh qué mal, cielos, los dos
disimulan que les pesa!—

INÉS. *Aparte.*
—Mal el uno por el otro
van haciendo la deshecha.—[69]

CRESPO
¡Hola, mancebo!...

JUAN
                    Señor.

CRESPO
Acá está la cama vuestra.   *(Vanse.)*

---

68 diminutivo de rodela, escudo redondo que cubría el
pecho.   69 disimulan.   70 razonable voluntad, es decir,
aspirar a aquello que esté dentro de tus medios.   71 decidirás.   72 franco.   73 Hoy se usaría un subjuntivo: «yo viva».

Calle, frente a la casa de PEDRO CRESPO

ESCENA XX

JUAN, ISABEL, INÉS, DON LOPE, CRESPO

JUAN

Ya está la litera puesta.

DON LOPE

Con Dios os quedad.

CRESPO

              El mismo
os guarde.

DON LOPE

         ¡Ah buen Pedro Crespo!

CRESPO

¡Ah señor don Lope invicto!

DON LOPE

¿Quién os dijera aquel día
primero que aquí nos vimos,
que habíamos de quedar
para siempre tan amigos?

CRESPO

Yo lo dijera, señor,
si allí supiera, al oíros,
que erais...   *(Al irse ya.)*

DON LOPE

        Decid por mi vida.

CRESPO

Loco de tan buen capricho.
        (Vase DON LOPE.)

ESCENA XXI

CRESPO, JUAN, ISABEL, INÉS

CRESPO

En tanto que se acomoda
el señor don Lope, hijo,
ante tu prima y tu hermana
escucha lo que te digo.
Por la gracia de Dios, Juan,
eres de linaje limpio
más que el sol, pero villano;
lo uno y lo otro te digo,
aquello, porque no humilles
tanto tu orgullo y tu brío,
que dejes, desconfiado,
de aspirar con cuerdo arbitrio[70]
a ser más; lo otro, porque
no vengas, desvanecido,
a ser menos; igualmente
usa de entrambos designios
con humildad, porque siendo
humilde, con recto juicio
acordarás[71] lo mejor;

y como tal, en olvido
pondrás cosas que suceden
al revés en los altivos.
¡Cuántos, teniendo en el mundo
algún defecto consigo,
le han borrado por humildes!
Y ¡a cuántos, que no han tenido
defecto, se le han hallado,
por estar ellos mal vistos!
Sé cortés sobremanera,
sé liberal y esparcido;[72]
que el sombrero y el dinero
son los que hacen los amigos;
y no vale tanto el oro
que el sol engendra en el indio
suelo y que conduce el mar,
como ser uno bienquisto.
No hables mal de las mujeres:
la más humilde, te digo
que es digna de estimación,
porque, al fin, dellas nacimos.
No riñas por cualquier cosa;
que cuando en los pueblos miro
muchos que a reñir enseñan,
mil veces entre mí digo:
«Aquesta escuela no es
la que ha de ser, pues colijo
que no ha de enseñarse a un hombre
con destreza, gala y brío
a reñir, sino a por qué
ha de reñir; que yo afirmo
que si hubiera un maestro solo
que enseñara prevenido,
no el cómo, el por qué se riña,
todos le dieran sus hijos».
Con esto, y con el dinero
que llevas para el camino,
y para hacer, en llegando,
de asiento, un par de vestidos,
el amparo de don Lope
y mi bendición, yo fío
en Dios que tengo de verte
en otro puesto. Adiós, hijo;
que me enternezco en hablarte.

JUAN

Hoy tus razones imprimo
en el corazón, adonde
vivirán, mientras yo vivo.[73]
Dame tu mano, y tú, hermana,
los brazos; que ya ha partido
don Lope, mi señor, y es
fuerza alcanzarle.

ISABEL

            Los míos
bien quisieran detenerte.

JUAN
Prima, adiós.

INÉS
Nada te digo
con la voz, porque los ojos
hurtan a la voz su oficio.[74]
Adiós.

CRESPO
Ea, vete presto;
que cada vez que te miro,
siento más el que te vayas;
y haz por ser lo que te he dicho.

JUAN
El cielo con todos quede.

CRESPO
El cielo vaya contigo.   *(Vase Juan.)*

JORNADA III

Alojamiento del Capitán

ESCENA VII

CRESPO, ESCRIBANO, LABRADORES. EL CAPITÁN,
con banda, como herido; EL SARGENTO

CRESPO. *Dentro.*
Todas la puertas tomad,
y no me salga de aquí
soldado que aquí estuviere;
y al que salirse quisiere,
matadle.

CAPITÁN
Pues ¿cómo así
entráis?
Aparte.
—Mas ¡qué es lo que veo!

Sale PEDRO CRESPO, *con vara, y labradores.*

CRESPO
¿Cómo no? A mi parecer,
la justicia ¿ha menester
más licencia?

CAPITÁN
A lo que creo,
la justicia (cuando vos
de ayer acá lo seáis)
no tiene, si lo miráis,
que ver conmigo.

CRESPO
Por Dios,
señor, que no os alteréis;
que sólo a una diligencia
vengo, con vuestra licencia,
aquí, y que solo os quedéis
importa.

CAPITÁN. *Al sargento y a Rebolledo.*
Salíos de aquí.

CRESPO. *A los labradores.*
Salíos vosotros también.
Aparte al Escribano.
—Con esos soldados ten
gran ciudado.—

ESCRIBANO.
Harélo así.
(Vanse los labradores, el SARGEN-
TO, REBOLLEDO *y el* ESCRIBANO.)

ESCENA VIII

CRESPO, *el* CAPITÁN.

CRESPO
Ya que yo, como justicia,[75]
me valí de su respeto
para obligaros a oírme,
la vara a esta parte dejo,
y como un hombre no más
deciros mis penas quiero;

(Arrima la vara.)

y puesto que estamos solos,
señor don Álvaro, hablemos
más claramente los dos,
sin que tantos sentimientos
como han estado encerrados
en las cárceles del pecho
acierten a quebrantar
las prisiones del silencio.
Yo soy un hombre de bien,
que a escoger mi nacimiento,
no dejara (es Dios testigo)
un escrúpulo, un defecto
en mí, que suplir pudiera
la ambición de mi deseo.
Siempre acá entre mis iguales
me he tratado con respeto:
de mí hacen estimación
el cabildo y el concejo.

---

[74] porque los ojos te dicen lo que no puede decirte mi voz.   [75] Pedro Crespo ha sido elegido recientemente alcalde de Zalamea y se vale de su autoridad para entrar en casa del capitán.   [76] me ofenda.   [77] los abusos que habéis cometido.   [78] La *S* y el clavo eran signos con que marcaban a los esclavos.   [79] Refrán que significa que la nobleza se continúa por la línea paterna.

Tengo muy bastante hacienda,
porque no hay, gracias al cielo,
otro labrador más rico
en todos aquestos pueblos
de la comarca; mi hija
se ha criado, a lo que pienso,
con la mejor opinión,
virtud y recogimiento
del mundo: tal madre tuvo;
téngala Dios en el cielo.
Bien pienso que bastará,
señor, para abono desto,
el ser rico, y no haber quien
me murmure; ser modesto,
y no haber quien me baldone;[76]
y mayormente, viviendo
en un lugar corto, donde
otra falta no tenemos
más que saber unos de otros
las faltas y los defectos,
y ¡pluguiera a Dios, señor,
que se quedara en saberlos!
Si es muy hermosa mi hija,
díganlo vuestros extremos...[77]
Aunque pudiera, al decirlo,
con mayores sentimientos,
llorarlo porque esto fué
mi desdicha.—No apuremos
toda la ponzoña al vaso;
quédese algo al sufrimiento.—
No hemos de dejar, señor,
salirse con todo al tiempo;
algo hemos de hacer nosotros
para encubrir sus defectos.
Éste, ya veis si es bien grande,
pues aunque encubrirle quiero,
no puedo; que sabe Dios
que a poder estar secreto
y sepultado en mí mismo,
no viniera a lo que vengo;
que todo esto remitiera,
por no hablar, al sufrimiento.
Deseando pues remediar
agravio tan manifiesto,
buscar remedio a mi afrenta,
es venganza, no es remedio;
y vagando de uno en otro,
uno solamente advierto,
que a mí me está bien, y a vos,
no mal; y es, que desde luego
os toméis toda mi hacienda,
sin que para mi sustento
ni el de mi hijo (a quien yo
traeré a echar a los pies vuestros)
reserve un maravedí,
sino quedarnos pidiendo

limosna, cuando no haya
otro camino, otro medio
con que poder sustentarnos.
Y si queréis desde luego
poner una S y un clavo[78]
hoy a los dos y vendernos,
será aquesta cantidad
más del dote que os ofrezco.
Restaurad una opinión
que habéis quitado. No creo
que desluzcáis vuestro honor,
porque los merecimientos
que vuestros hijos, señor,
perdieren por ser mis nietos,
ganarán con más ventaja,
señor, por ser hijos vuestros.
En Castilla, el refrán dice
que el caballo (y es lo cierto)
lleva la silla[79].—Mirad

(De rodillas.)

que a vuestros pies os lo ruego
de rodillas, y llorando
sobre estas canas, que el pecho,
viendo nieve y agua, piensa
que se me están derritiendo.
¿Qué os pido? Un honor os pido,
que me quitasteis vos mesmo;
y con ser mío, parece,
según os le estoy pidiendo
con humildad, que no es mío
lo que os pido, sino vuestro.
Mirad que puedo tomarle
por mis manos, y no quiero,
sino que vos me le deis.

CAPITÁN
Ya me falta el sufrimiento.
    Viejo cansado y prolijo,
agradeced que no os doy
la muerte a mis manos hoy,
por vos y por vuestro hijo;
    porque quiero que debáis
no andar con vos más cruel
a la beldad de Isabel.
Si vengar solicitáis
    por armas vuestra opinión,
poco tengo que temer;
si por justicia ha de ser,
no tenéis jurisdicción.

CRESPO
    ¿Qué, en fin, no os mueve mi llanto?

CAPITÁN
Llanto no se ha de creer
de viejo, niño y mujer.

CRESPO
¡Que no pueda dolor tanto
mereceros un consuelo!

CAPITÁN
¿Qué más consuelo queréis,
pues con la vida volvéis?

CRESPO
Mirad que echado en el suelo,
mi honor a voces os pido.

CAPITÁN
¡Qué enfado!

CRESPO
                    Mirad que soy
alcalde en Zalamea hoy.

CAPITÁN
Sobre mí no habéis tenido
jurisdicción: el consejo
de guerra enviará por mí.

CRESPO
¿En eso os resolvéis?

CAPITÁN
                    Sí,
caduco y cansado viejo.

CRESPO
¿No hay remedio?

CAPITÁN
                    Sí, el callar
es el mejor para vos.

CRESPO
¿No otro?

CAPITÁN
          No.

CRESPO
              Pues juro a Dios,
que me lo habéis de pagar.—
¡Hola! (*Levántase y toma la vara.*)

ESCENA IX

Labradores, CRESPO, *el* CAPITÁN.

UN LABRADOR. *Dentro.*
¡Señor!

CAPITÁN. *Aparte.*
—¿Qué querrán
estos villanos hacer?—

          (*Salen los labradores.*)

LABRADOR
¿Qué es lo que mandas?

CRESPO
                    Prender
mando al señor Capitán.

CAPITÁN
¡Buenos son vuestros extremos!
Con un hombre como yo,
y en servicio del Rey, no
se puede hacer.

CRESPO
                    Probaremos.
De aquí, si no es preso o muerto,
no saldréis.

CAPITÁN
                    Yo os apercibo[80]
que soy un capitán vivo.

CRESPO
¿Soy yo acaso alcalde muerto?
Daos al instante a prisión.

CAPITÁN
No me puedo defender:
fuerza es dejarme prender.
Al Rey desta sinrazón
me quejaré.

CRESPO
                    Yo también
de esotra: y aun bien que está
cerca de aquí, y nos oirá
a los dos. —Dejar es bien
esa espada.

CAPITÁN
                    No es razón.
que...

CRESPO
          ¿Cómo no, si vais preso?

CAPITÁN
Tratad con respeto...

CRESPO
                    Eso
está muy puesto en razón.
Con respeto le llevad
a las casas, en efeto,
del concejo; y con respeto
un par de grillos le echad
y una cadena; y tened,

---

80 advierto.
   81 bastante causa.   82 proseguid, continuad.   83 Síncopa exigida por la medida del verso en lugar de daréselos o se los daré.   84 de daros cuenta, de entender.

85 Despectivo por «villano». Nótese que aquí, como en el resto de la obra, y en otras muchas del mismo género, *villano* significa vecino de una villa o aldea, a diferencia del noble o hidalgo.

con respeto, gran cuidado
que no hable a ningún soldado;
y a esos dos también poned
en la cárcel, que es razón
y aparte, porque después,
con respeto, a todos tres
les tomen la confesión.
Y aquí, para entre los dos,
si hallo harto paño,[81] en efeto,
con muchísimo respeto
os he de ahorcar, juro a Dios.

CAPITÁN

¡Ah, villanos con poder!

(Vanse los labradores con el Capitán.)

ESCENA XV

Sala en casa de PEDRO CRESPO.

DON LOPE, soldados.—CRESPO.

DON LOPE. Dentro.

Para, para.

CRESPO

¿Qué es aquesto? ¿Quién, quién hoy
se apea en mi casa así?
Pero ¿quién se ha entrado aquí?

(Salen DON LOPE y soldados.)

DON LOPE

¡Oh Pedro Crespo! Yo soy;
que volviendo a este lugar
de la mitad del camino
(donde me trae, imagino,
un grandísimo pesar),
no era bien ir a apearme
a otra parte, siendo vos
tan mi amigo.

CRESPO

Guárdeos Dios;
que siempre tratáis de honrarme.

DON LOPE

Vuestro hijo no ha aparecido
por allá.

CRESPO

Presto sabréis
la ocasión; la que tenéis,
señor, de haberos venido,
me haced merced de contar;
que venís mortal, señor.

DON LOPE

La desvergüenza es mayor
que se puede imaginar.

Es el mayor desatino
que hombre ninguno intentó.
Un soldado me alcanzó
y me dijo en el camino...
Que estoy perdido, os confieso,
de cólera.

CRESPO

Proseguí.[82]

DON LOPE

Que un alcaldillo de aquí
al Capitán tiene preso.
Y ¡vive Dios! no he sentido
en toda aquesta jornada
esta pierna excomulgada,
sino es hoy, que me ha impedido
el haber antes llegado
donde el castigo le dé.
¡Vive Jesucristo, que
al grande desvergonzado
a palos le he de matar!

CRESPO

Pues habéis venido en balde,
porque pienso que el alcalde
no se los dejará dar.

DON LOPE

Pues dárselos,[83] sin que deje
dárselos.

CRESPO

Malo lo veo;
ni que haya en el mundo creo
quien tan mal os aconseje.
¿Sabéis por qué le prendió?

DON LOPE

No; mas sea lo que fuere,
justicia la parte espere
de mí, que también sé yo
degollar, si es necesario.

CRESPO

Vos no debéis de alcanzar,[84]
señor, lo que en un lugar
es un alcalde ordinario.

DON LOPE

¿Será más que un villanote?[85]

CRESPO

Un villanote será,
que si cabezudo da
en que ha de darle garrote,
por Dios, se salga con ello.

DON LOPE

No se saldrá tal, por Dios;
y si por ventura vos,

si sale o no, queréis vello,
decid dónde vive o no.

CRESPO

Bien cerca vive de aquí.

DON LOPE

Pues a decirme vení
quién es el alcalde.

CRESPO

Yo.

DON LOPE

¡Vive Dios, que si sospecho!...

CRESPO

¡Vive Dios, como os lo he dicho!

DON LOPE

Pues, Crespo, lo dicho, dicho.

CRESPO

Pues, señor, lo hecho, hecho.

DON LOPE

Yo por el preso he venido,
y a castigar este exceso.

CRESPO

Pues yo acá le tengo preso
por lo que acá ha sucedido.

DON LOPE

¿Vos sabéis que a servir pasa
al Rey, y soy su juez yo?

CRESPO

¿Vos sabéis que me robó
a mi hija de mi casa?

DON LOPE

¿Vos sabéis que mi valor
dueño desta causa ha sido?

CRESPO

¿Vos sabéis cómo atrevido
robó en un monte mi honor?

DON LOPE

¿Vos sabéis cuánto os prefiere
el cargo que he gobernado?[86]

CRESPO

¿Vos sabéis que le he rogado
con la paz y no la quiere?

DON LOPE

Que os entráis, es bien se arguya,
en otra jurisdicción.

CRESPO

Él se me entró en mi opinión,
sin ser jurisdicción suya.

DON LOPE

Yo sabré satisfacer,
obligándome a la paga.

CRESPO

Jamás pedí a nadie que haga
lo que yo me puedo hacer.

DON LOPE

Yo me he de llevar el preso.
Ya estoy en ello empeñado.

CRESPO

Yo por acá he sustanciado
el proceso.[87]

DON LOPE

¿Qué es proceso?

CRESPO

Unos pliegos de papel
que voy juntando, en razón
de hacer la averiguación
de la causa.

DON LOPE

Iré por él
a la cárcel.

CRESPO

No embarazo
que vais, sólo se repare
que hay orden que al que llegare
le den un arcabuzazo.[88]

DON LOPE

Como esas balas estoy
enseñado yo a esperar.
(Mas no se ha de aventurar
nada en esta acción de hoy.)
Hola, soldado, id volando,
y a todas las compañías
que alojadas estos días
han estado y van marchando,
decid que bien ordenadas
lleguen aquí en escuadrones,
con balas en los cañones
y con las cuerdas caladas.[89]

SOLDADO

No fué menester llamar
la gente; que habiendo oído

---

86 cuán por encima de vos me sitúa la importancia de mi cargo.   87 *proceso*, lo mismo que más abajo «causa», el procedimiento criminal que se sigue al acusado de algún crimen.   88 no impediré que vayáis, pero tened en cuenta que he ordenado que disparen contra el que llegue allí.   89 con las mechas (que se usaban para disparar las armas de fuego) preparadas.   90 y si la villa (el pueblo) se defiende, prended fuego a toda la villa.

91 hogueras, incendios.   92 entregad.

aquesto que ha sucedido,
se han entrado en el lugar.

DON LOPE
Pues vive Dios, que he de ver
si me dan el preso o no.

CRESPO
Pues vive Dios, que antes yo
haré lo que se ha de hacer.

(Vanse.)

ESCENA XVI

Sala de la cárcel
DON LOPE, EL ESCRIBANO, *soldados,* CRESPO,
todos dentro.

Suenan cajas.

DON LOPE
Ésta es la cárcel, soldados,
adonde está el Capitán.
Si no os le dan al momento
poned fuego y la abrasad,
y si se pone en defensa
el lugar, todo el lugar.⁹⁰

ESCRIBANO
Ya, aunque la cárcel enciendan,
no han de darle libertad.

SOLDADO
Mueran aquestos villanos.

CRESPO
¿Que mueran? Pues ¡qué! ¿no hay más?

DON LOPE
Socorro les ha venido.
Romped la cárcel: llegad,
romped la puerta.

ESCENA XVII

Salen los soldados y DON LOPE *por un lado: y por
otro el* REY, CRESPO, *labradores y acompañamiento.*

REY
            ¿Qué es esto?
Pues ¡desta manera estáis,
viniendo yo!

DON LOPE
            Ésta es, señor,
la mayor temeridad
de un villano, que vió el mundo;
y, vive Dios, que a no entrar
en el lugar tan aprisa,
señor, vuestra majestad,
que había de hallar luminarias,⁹¹
puestas por todo el lugar.

REY
¿Qué ha sucedido?

DON LOPE
            Un alcalde
ha prendido un capitán,
y viniendo yo por él,
no le quieren entregar.

REY
¿Quién es el alcalde?

CRESPO
                    Yo.

REY
¿Y qué disculpas me dais?

CRESPO
Este proceso, en que bien
probado el delito está,
digno de muerte, por ser
una doncella robar,
forzarla en un despoblado,
y no quererse casar
con ella, habiendo su padre
rogádole con la paz.

DON LOPE
Éste es el alcalde, y es
su padre.

CRESPO
            No importa el tal
caso, porque si un extraño
se viniera a querellar,
¿no habría de hacer justicia?
Sí: pues ¿qué más se me da
hacer por mi hija lo mismo
que hiciera por los demás?
Fuera de que, como he preso
un hijo mío, es verdad
que no escuchara a mi hija,
pues era la sangre igual...
Mírese si está bien hecha
la causa, miren si hay
quien diga que yo haya hecho
en ella alguna maldad,
si he inducido algún testigo,
si está escrito algo de más
de lo que he dicho, y entonces
me den muerte.

REY
            Bien está
sentenciado; pero vos
no tenéis autoridad
de ejecutar la sentencia
que toca a otro tribunal.
Allá hay justicia, y así
remitid⁹² el preso.

CRESPO

Mal
podré, señor, remitirle,
porque como por acá
no hay más que una sola audiencia,[93]
cualquiera sentencia que hay,
la ejecuta ella, y así
está ejecutada ya.

REY

¿Qué decís?

CRESPO

Si no creéis
que es esto, señor, verdad,
volved los ojos, y vedlo.
Aquéste es el Capitán.

*Abren una puerta, y aparece dado
garrote en una silla el* CAPITÁN.

REY

Pues ¿cómo así os atrevisteis?

CRESPO

Vos habéis dicho que está
bien dada aquesta sentencia:
luego esto no está hecho mal.

REY

El consejo ¿no supiera
la sentencia ejecutar?

CRESPO

Toda la justicia vuestra
es sólo un cuerpo no más:
si éste tiene muchas manos,
decid, ¿qué más se me da
matar con aquésta un hombre,
que estotra había de matar?
Y ¿qué importa errar lo menos,
quien ha acertado lo más?

REY

Pues ya que aquesto es así,
¿por qué, como a capitán
y caballero, no hicisteis
degollarle?[94]

CRESPO

¿Eso dudáis?
Señor, como los hidalgos
viven tan bien por acá,

el verdugo que tenemos,
no ha aprendido a degollar.
Y ésa es querella del muerto,
que toca a su autoridad,
y hasta que él mismo se queje,
no les toca a los demás.

REY

Don Lope, aquesto ya es hecho.
Bien dada la muerte está;
que errar lo menos no importa,
si acertó lo principal.
Aquí no quede soldado
alguno, y haced marchar
con brevedad; que me importa
llegar presto a Portugal.—
Vos, por alcalde perpetuo
de aquesta villa os quedad.

CRESPO

Sólo vos a la justicia
tanto supierais honrar.

(Vase el Rey y el acompañamiento.)

DON LOPE

Agradeced al buen tiempo
que llegó su majestad.

CRESPO

Por Dios, aunque no llegara
no tenía remedio ya.

DON LOPE

¿No fuera mejor hablarme,
dando el preso, y remediar
el honor de vuestra hija?

CRESPO

En un convento entrará;
que ha elegido y tiene esposo,
que no mira en calidad.

DON LOPE

Pues dadme los demás presos.

CRESPO

Al momento los sacad.

(Vase el ESCRIBANO.)

---

[93] un tribunal.   [94] cortarle la cabeza. Pregunta esto el rey porque el garrote (que consistía en estrangular al reo por medio de un instrumento de madera) se aplicaba a los condenados de clase plebeya y no a los nobles.   [95] Pues yo sí cantaré (en el sentido de «confesaré») cuantas veces vea el instrumento del tormento.   [96] Parece que la obra, lo mismo que la de Lope del mismo título y tema, está inspirada en un episodio histórico o semihistórico ocurrido en la villa de Zalamea, en Extremadura, el año 1581 durante el viaje a Lisboa de Felipe II.   [97] cifra o imagen. El concepto de que las flores son imagen de la fugacidad de la fortuna se desarrolla un poco más adelante en el soneto que recita don Fernando.   [98] Alude a la flor de la maravilla que se abre por la mañana y se marchita a las pocas horas de abrirse.

ESCENA XVIII

REBOLLEDO, LA CHISPA; *soldados; después,* JUAN.—
DON LOPE, CRESPO, *soldados y labradores*

DON LOPE

Vuestro hijo falta, porque
siendo mi soldado ya,
no ha de quedar preso.

CRESPO

        Quiero
también, señor, castigar
el desacato que tuvo
de herir a su capitán;
que aunque es verdad que su honor
a esto le pudo obligar,
de otra manera pudiera...

DON LOPE

Pedro Crespo, bien está.
Llamadle.

CRESPO

        Ya él está aquí.

        (Sale Juan.)

JUAN

Las plantas, señor, me dad;
que a ser vuestro esclavo iré.

REBOLLEDO

Yo no pienso ya cantar
en mi vida.

LA CHISPA

        Pues yo sí,
cuantas veces a mirar
llegue el pasado instrumento.[95]

CRESPO

Con que fin el autor da
a esta historia verdadera:[96]
sus defectos perdonad.

EL PRÍNCIPE CONSTANTE

ARGUMENTO

Don Fernando, príncipe de Portugal que en compañía de su hermano Enrique se dirigía a luchar contra el rey de Fez, es hecho prisionero y aparece como esclavo del rey y de su hija Fénix. El rey pide la plaza de Ceuta a cambio de la libertad de don Fernando pero éste se niega a aceptar la libertad a ese precio y muere en la esclavitud sin renunciar a su fe, por lo que recibe el nombre de Príncipe Constante.

Las escenas reproducidas son incidentales a la acción, muy esquemáticamente resumida en el párrafo anterior. En la primera, Fernando, ya hecho esclavo, trae unas flores a Fénix, lo cual da motivo a que en sendos sonetos y en el diálogo que sigue cada uno lamente su suerte.

En la segunda, Muley—a quien Fernando había hecho antes prisionero en una acción de guerra y a quien, conmovido por su amor hacia Fénix, había dado la libertad para que fuera a reunirse con su amada— quiere corresponder a su bienhechor facilitándole la huída, plan que estorba el rey al confiarle la guarda del príncipe.

JORNADA II

Jardín

ESCENA XIV

DON FERNANDO, *con las flores.*—FÉNIX, ZARA,
ROSA

FÉNIX

¡Ay cielos! ¿Qué es lo que veo?

DON FERNANDO

¿Qué te admira?

FÉNIX

        De una suerte
me admira el oírte y verte.

DON FERNANDO

No lo jures, bien lo creo.
Yo, pues, Fénix, que deseo
servirte humilde, traía
flores, de la suerte mía
jeroglíficos,[97] señora,
pues nacieron con la aurora,
y murieron con el día.

FÉNIX

A la maravilla[98] dió
ese nombre al descubrilla.

DON FERNANDO

¿Qué flor, di, no es maravilla
cuando te la sirvo yo?

FÉNIX

Es verdad. Di, ¿quién causó
esta novedad?

DON FERNANDO

        Mi suerte.

FÉNIX

¿Tan rigurosa es?

DON FERNANDO

        Tan fuerte.

FÉNIX

Pena das.

DON FERNANDO

        Pues no te asombre.

FÉNIX
¿Por qué?

DON FERNANDO
                    Porque nace el hombre
sujeto a fortuna y muerte.

FÉNIX
¿No eres Fernando?

DON FERNANDO
                    Sí soy.

FÉNIX
¿Quién te puso así?

DON FERNANDO
                    La ley
de esclavo.

FÉNIX
                    ¿Quién la hizo?

DON FERNANDO
                    El Rey.

FÉNIX
¿Por qué?

DON FERNANDO
                    Porque suyo soy.

FÉNIX
¿Pues no te ha estimado[99] hoy?

DON FERNANDO
Y también me ha aborrecido.

FÉNIX
¿Un día posible ha sido
a desunir dos estrellas?

DON FERNANDO
Para presumir[100] por ellas,
las flores habrán venido.

    Éstas, que fueron pompa y alegría
despertando al albor de la mañana,
a la tarde serán lástima vana,
durmiendo en brazos de la noche fría.

    Este matiz, que al cielo desafía,
iris listado de oro, nieve y grana,
será escarmiento de la vida humana:
¡tanto se emprende en término de un día!

    A florecer las rosas madrugaron,
y para envejecerse florecieron:
cuna y sepulcro en un botón hallaron.

    Tales los hombres sus fortunas vieron:
en un día nacieron y espiraron;
que pasados los siglos, horas fueron.

FÉNIX
Horror y miedo me has dado,
ni oírte ni verte quiero;
sé el desdichado primero
de quien huye un desdichado.

DON FERNANDO
¿Y las flores?

FÉNIX
                    Si has hallado
jeroglíficos en ellas,
deshacellas y rompellas
sólo sabrán mis rigores.

DON FERNANDO
¿Qué culpa tienen las flores?

FÉNIX
Parecerse a las estrellas.

DON FERNANDO
¿Ya no las quieres?

FÉNIX
                              Ninguna
estimo en su rosicler.

DON FERNANDO
¿Cómo?

FÉNIX
            Nace la mujer
sujeta a muerte y fortuna;
y en esta estrella importuna
tasada mi vida vi.[101]

DON FERNANDO
¿Flores con estrellas?

FÉNIX
                    Sí.

DON FERNANDO
Aunque sus rigores lloro,
esa propiedad ignoro.

FÉNIX
Escucha, sabráslo.

DON FERNANDO
                    Di.

FÉNIX
    Esos rasgos de luz, esas centellas
que cobran con amagos superiores
alimentos del sol en resplandores,
aquello viven que se duele dellas.[102]

    Flores nocturnas son; aunque tan bellas,
efímeras padecen sus ardores;

---

99 te ha dado muestras de estimación.   100 para dar
señal de ella.
    101 Fénix se queja de las estrellas porque pesa sobre
ella una profecía que dice que su hermosura «precio de
un muerto ha de ser»; es decir, que su vida está en alguna forma, que ella misma no entiende, limitada o ame-
nazada por la muerte.   102 las estrellas viven el tiempo
que el sol les permite.   103 biombo.

pues si un día es el siglo de las flores,
una noche es la edad de las estrellas.

De esa, pues, primavera fugitiva
ya nuestro mal, ya nuestro bien se infiere:
registro es nuestro, o muera el sol o viva.

¿Qué duración habrá que el hombre espere,
o qué mudanza habrá, que no reciba
de astro que cada noche nace y muere?

(*Vanse* FÉNIX, ZARA y ROSA.)

ESCENA XV

MULEY, DON FERNANDO

MULEY

A que se ausentase Fénix
en esta parte esperé;
que el águila más amante
huye de la luz tal vez.
¿Estamos solos?

DON FERNANDO
                    Sí.

MULEY
                        Escucha.

DON FERNANDO
¿Qué quieres, noble Muley?

MULEY

Que sepas que hay en el pecho
de un moro lealtad y fe.
No sé por dónde empezar
a declararme, ni sé
si diga cuánto he sentido
este inconstante desdén
del tiempo, este estrago injusto
de la suerte, este cruel
ejemplo del mundo, y este
de la fortuna vaivén.
Pero a riesgo estoy, si aquí
hablar contigo me ven:
que tratarte sin respeto
es ya decreto del Rey.
Y así, a mi dolor dejando
la voz, que él podrá más bien
explicarse como esclavo,
vengo a arrojarme a esos pies.
Yo lo soy tuyo, y así
no vengo, Infante, a ofrecer
mi favor, sino a pagar
deuda que un tiempo cobré.
La vida que tú me diste
vengo a darte; que hacer bien
es tesoro que se guarda
para cuando es menester.
Y porque el temor me tiene

con grillos de miedo al pie,
y está mi pecho y mi cuello
entre el cuchillo y cordel,
quiero, acortando discursos,
declararme de una vez.
Y así digo, que esta noche
tendré en el mar un bajel
prevenido; en las troneras
de las mazmorras pondré
instrumentos, que desarmen
las prisiones que tenéis.
Luego, por parte de afuera,
los candados romperé:
tú con todos los cautivos,
que Fez encierra hoy en él,
vuelve a tu patria, seguro
de que yo lo quedo en Fez;
pues es fácil el decir
que ellos pudieron romper
la prisión; y así los dos
habremos librado bien,
yo el honor y tú la vida;
pues es cierto que a saber
el Rey mi intento, me diera
por traidor con justa ley,
que no sintiera el morir.
Y porque son menester
para granjear voluntades
dineros, aquí se ve
a estas joyas reducido
innumerable interés.
Éste es, Fernando, el rescate
de mi prisión, ésta es
la obligación que te tengo;
que un esclavo noble y fiel
tan inmenso bien había
de pagar alguna vez.

DON FERNANDO
Agradecerte quisiera
la libertad; pero el Rey
sale al jardín.

MULEY
                    ¿Hate visto
conmigo?

DON FERNANDO
              No.

MULEY
                      Pues no des
que sospechar.

DON FERNANDO
                    Destos ramos
haré rústico cancel,[103]
que me encubra mientras pasa.

(*Escóndese.*)

ESCENA XVI

REY. MULEY

REY. *Aparte.*
—¿Con tal secreto Muley
y Fernando? ¿Y irse el uno
en el punto que me ve,
y disimular el otro?
Algo hay aquí que temer.
Sea cierto, o no sea cierto,
mi temor procuraré
asegurar.—
    (A MULEY.*)* Mucho estimo...

MULEY
Gran señor, dame tus pies.

REY
Hallarte aquí.

MULEY
        ¿Qué me mandas?

REY
Mucho he sentido el no ver
a Ceuta por mía.

MULEY
        Conquista,
coronado de laurel,
sus muros; que a tu valor
mal se podrá defender.

REY
Con más doméstica guerra
se ha de rendir a mis pies.

MULEY
¿De qué suerte?

REY
        Desta suerte:
con abatir y poner
a Fernando en tal estado,
que él mismo a Ceuta me dé.
Sabrás, pues, Muley amigo,
que yo he llegado a temer
que del Maestre[104] la persona
no está muy segura en Fez.
Los cautivos, que en estado
tan abatido le ven,
se lastiman, y recelo
que se amotinen por él.
Fuera desto, siempre ha sido
poderoso el interés;
que las guardas con el oro
son fáciles de romper.

MULEY. *Aparte.*
—Yo quiero apoyar agora
que todo esto puede ser,
porque de mí no se tenga
sospecha.—
    (Al REY.*)* Tú temes bien,
fuerza es que quieran librarle.

REY
Pues sólo un remedio hallé,
porque ninguno se atreva
a atropellar mi poder.

MULEY
¿Y es, señor?

REY
        Muley, que tú
le guardes, y a cargo esté
tuyo; a ti no ha de torcerte
ni el temor ni el interés.
Alcaide eres del Infante,
procura el guardarle bien;
porque en cualquiera ocasión
tú me has de dar cuenta dél. *(Vase.)*

MULEY
Sin duda alguna que oyó
nuestros conciertos el Rey.
¡Válgame Alá!

ESCENA XVII

DON FERNANDO. MULEY

DON FERNANDO
        ¿Qué te aflige?

MULEY
¿Has escuchado?

DON FERNANDO
        Muy bien.

MULEY
¿Pues para qué me preguntas
qué me aflige, si me ves
en tan ciega confusión,
y entre mi amigo y el Rey,
el amistad y el honor
hoy en batalla se ven?
Si soy contigo leal,
he de ser traidor con él;
ingrato seré contigo,
si con él me juzgo fiel.
¿Qué he de hacer (¡valedme, cielos!),
pues al mismo que llegué
a rendir la libertad,
me entrega, para que esté
seguro en mi confianza?

---

104 Fernando.

¿Qué he de hacer si ha echado el Rey
llave maestra al secreto?
Mas para acertarlo bien,
te pido que me aconsejes:
dime tú qué debo hacer.

DON FERNANDO

Muley, amor y amistad
en grado inferior se ven
con la lealtad y el honor.
Nadie iguala con el Rey;
él sólo es igual consigo;
y así mi consejo es
que a él le sirvas y me faltes.
Tu amigo soy; y porque
esté seguro tu honor,
yo me guardaré también;
y aunque otro llegue a ofrecerme
libertad, no aceptaré
la vida, por que tu honor
conmigo seguro esté.

MULEY

Fernando, no me aconsejas
tan leal como cortés.
Sé que te debo la vida,
y que pagártela es bien;
y así lo que está tratado,
esta noche dispondré.
Líbrate tú, que mi vida
se quedará a padecer
tu suerte; líbrate tú,
que nada temo después.

DON FERNANDO

¿Y será justo que yo
sea tirano y cruel
con quien conmigo es piadoso,
y mate el honor cruel
que a mí me está dando vida?
No, y así te quiero hacer
juez de mi causa y mi vida:
aconséjame también.
¿Tomaré la libertad
de quien queda a padecer
por mí? ¿Dejaré que sea
uno con su honor cruel,
por ser liberal conmigo?
¿Qué me aconsejas?

MULEY

No sé;
que no me atrevo a decir
sí ni no: el no, porque
me pesará que lo diga;
y el sí, porque echo de ver
si voy a decir que sí,
que no te aconsejo bien.

DON FERNANDO

Sí aconsejas, porque yo,
por mi Dios y por mi ley,
seré un príncipe constante
en la esclavitud de Fez.

EL MÁGICO PRODIGIOSO

ARGUMENTO

Cipriano, estudiante pagano de Antioquía, inquieto por averiguar las últimas verdades religiosas y la esencia del verdadero Dios, conoce, por obra del demonio, a Justina de la que queda prendado. Por ella olvida sus filosofías y para conseguir su amor está dispuesto a todo. Como Fausto y como el Don Gil de El esclavo del demonio, hace un pacto con el diablo, según el cual le entregará su alma a cambio de gozar a Justina. El demonio en la escena reproducida trata en vano de tentar a Justina. Como no lo logra, quiere engañar a Cipriano entregándole la falsa imagen de su amada. Al ir a abrazarla Cipriano se encuentra con un esqueleto entre los brazos. Tras esto, se convierte Cipriano al Cristianismo. Al final, los dos protagonistas, San Cipriano y Santa Justina, sufren juntos el martirio.

JORNADA III

ESCENA IV

EL DEMONIO

Ea, infernal abismo,
desesperado imperio de ti mismo,
de tu prisión ingrata
tus lascivos espíritus desata,
amenazando ruina
al virgen edificio de Justina.
De mil torpes fantasmas que en el viento
su casto pensamiento
hoy se forme, su honesta fantasía
se llene; y con dulcísima armonía
todo provoque amores,
los pájaros, las plantas y las flores.
Nada miren sus ojos,
que no sean de amor dulces despojos;
nada oigan sus oídos
que no sean de amor tiernos gemidos;
porque sin que defensa en su fe tenga,
hoy a buscar a Ciprïano venga,
de su ciencia invocada,
y de mi ciego espíritu guiada.
Empezad, que yo en tanto
callaré, porque empiece vuestro canto.

Vase.

ESCENA V

JUSTINA; *música dentro*

Cantan dentro

UNA VOZ
¿Cuál es la gloria mayor
desta vida?

CORO
Amor, amor.

UNA VOZ
No hay sujeto en quien no imprima
el fuego de amor su llama,
pues vive más donde ama
el hombre, que donde anima.
Amor solamente estima
cuanto tener vida sabe,
el tronco, la flor y el ave:
luego es la gloria mayor
de esta vida...

CORO
Amor, amor.

JUSTINA. *Asombrada e inquieta.*
Pesada imaginación,
al parecer lisonjera,
¿cuándo te he dado ocasión
para que desta manera
aflijas mi corazón?
¿Cuál es la causa, en rigor,
deste fuego, deste ardor,
que en mí por instantes crece?
¿Qué dolor el que padece
mi sentido?

CORO
Amor, amor.

JUSTINA. *Sosegándose.*
Aquel ruiseñor amante
es quien respuesta me da,
enamorando constante
a su consorte, que está
un ramo más adelante.
Calla, ruiseñor; no aquí
imaginar me hagas ya,
por las quejas que te oí,
cómo un hombre sentirá,
si siente un pájaro así.
Mas no: una vid fué lasciva,
que buscando fugitiva
va el tronco donde se enlace,
siendo el verdor con que abrace
el peso con que derriba.
No así con verdes abrazos

me hagas pensar en quien amas,
vid; que dudaré en tus lazos
si así abrazan unas ramas,
cómo enraman unos brazos.
Y si no es la vid, será
aquel girasol, que está
viendo cara a cara al sol,
tras cuyo hermoso arrebol
siempre moviéndose va.
No sigas, no, tus enojos,
flor, con marchitos despojos,
que pensarán mis congojas
si así lloran unas hojas,
cómo lloran unos ojos.
Cesa, amante ruiseñor;
desúnete, vid frondosa;
párate, inconstante flor,
y decid, ¿qué venenosa
fuerza usáis?

CORO
Amor, amor.

JUSTINA
¡Amor! ¿A quién le he tenido
yo jamás? Objeto es vano;
pues siempre despojo han sido
de mi desdén y mi olvido
Lelio, Floro y Ciprïano.
¿A Lelio no desprecié?
¿A Floro no aborrecí?
Y a Cipriano ¿no traté

(*Párase al nombrar a* CIPRIANO, *y
desde allí habla inquieta otra
vez.*)

con tal rigor, que de mí
aborrecido, se fué
donde dél no se ha sabido?
Mas ¡ay de mí! yo ya creo
que ésta debe de haber sido
la ocasión con que ha podido
atreverse mi deseo;
pues desde que pronuncié
que vive ausente por mí,
no sé ¡ay infeliz!, no sé
qué pena es la que sentí.

(*Sosiégase otra vez.*)

Mas piedad sin duda fué
de ver que por mí olvidado
viva un hombre, que se vió
de todos tan celebrado;
y que a sus olvidos yo
tanta ocasión haya dado.

(*Vuelve a inquietarse.*)

---

105 Faltan dos versos en todas las ediciones.   106 retiro.   107 Tratar de quitarme la fe.   108 difamada, deshonrada.

Pero si fuera piedad,
la misma piedad tuviera
de Lelio y Floro, en verdad;
pues en una prisión fiera
por mí están sin libertad.

(Sosiégase.)

Mas ¡ay discursos! parad:
si basta ser piedad sola,
no acompañéis la piedad;[105]
que os alargáis de manera
que no sé ¡ay de mí!, no sé
si ahora a buscarle fuera,
si adonde él está supiera.

ESCENA VI

EL DEMONIO. JUSTINA

EL DEMONIO
Ven, que yo te lo diré.

JUSTINA
¿Quién eres tú que has entrado
hasta este retrete[106] mío,
estando todo cerrado?
¿Eres monstruo que ha formado
mi confuso desvarío?

EL DEMONIO
No soy sino quien, movido
dese afecto que tirano
te ha postrado y te ha vencido,
hoy llevarte ha prometido
adonde está Cipriano.

JUSTINA
Pues no lograrás tu intento;
que esta pena, esta pasión
que afligió mi pensamiento,
llevó la imaginación
pero no el consentimiento.

EL DEMONIO
En haberlo imaginado,
hecho tienes la mitad:
pues ya el pecado es pecado,
no pares la voluntad,
el medio camino andado.

JUSTINA
Desconfiarme[107] es en vano,
aunque pensé; que aunque es llano
que el pensar es empezar,
no está en mi mano el pensar,
y está el obrar en mi mano.
Para haberte de seguir,
el pie tengo de mover,
y esto puedo resistir,

porque una cosa es hacer
y otra cosa es discurrir.

EL DEMONIO
Si una ciencia peregrina
en ti su poder esfuerza,
¿cómo has de vencer, Justina,
si inclina con tanta fuerza
que fuerza al paso que inclina?

JUSTINA
Sabiéndome yo ayudar
del libre albedrío mío.

EL DEMONIO
Forzaréle mi pesar.

JUSTINA
No fuera libre albedrío
si se dejara forzar.

EL DEMONIO
Ven donde un gusto te espera.

(Tira de ella y no puede moverla.)

JUSTINA
Es muy costoso ese gusto.

EL DEMONIO
Es una paz lisonjera.

JUSTINA
Es un cautiverio injusto.

EL DEMONIO
Es dicha.

JUSTINA
Es desdicha fiera.

EL DEMONIO
¿Cómo te has de defender

(Tira con más fuerza.)

si te arrastra mi poder?

JUSTINA
Mi defensa en Dios consiste.

EL DEMONIO
Venciste, mujer, venciste (Suéltala.)
con no dejarte vencer.
Mas ya que desta manera
de Dios estás defendida,
mi pena, mi rabia fiera
sabrá llevarte fingida,
pues no puede verdadera.
Un espíritu verás,
para este efecto no más,
que de tu forma se informa,
y en la fantástica forma
disfamada[108] vivirás.

Lograr dos triunfos espero,
de tu virtud ofendido:
deshonrarte es el primero,
y hacer de un gusto fingido
un delito verdadero. *(Vase.)*

ESCENA VII

JUSTINA

Desa ofensa al cielo apelo,
porque desvanezca el cielo
la apariencia de mi fama,
bien como al aire la llama,
bien como la flor al hielo.
No podrás... Mas ¡ay de mí!
¿a quién estas voces doy?
¿No estaba ahora un hombre aquí?
Sí. Mas no: yo sola estoy.
No. Mas sí, pues yo le vi.
¿Por dónde se fué tan presto?
¿Si le engendró mi temor?
Mi peligro es manifiesto.
¡Lisandro, padre, señor! *(A voces.)*
¡Livia!......

EL GRAN TEATRO DEL MUNDO

AUTO SACRAMENTAL

Sale el AUTOR, *con manto de estrellas y potencias*[1]
en el sombrero

AUTOR

Hermosa compostura
de esa varia inferior arquitectura,[2]
que entre sombras y lejos[3]
a esta celeste usurpas los reflejos,
cuando con flores bellas
el número compite a sus estrellas,
siendo con resplandores
humano cielo de caducas flores.
Campaña de elementos,
con montes, rayos, piélagos[4] y vientos:
con vientos, donde graves
te surcan los bajeles de las aves;
con piélagos y mares donde a veces
te vuelan las escuadras de los peces;
con rayos donde ciego
te ilumina la cólera del fuego;
con montes donde dueños absolutos
te pasean los hombres y los brutos:
siendo en continua guerra,
monstruo de fuego y aire, de agua y tierra.[5]
Tú, que siempre diverso,
la fábrica feliz del universo
eres, primer prodigio sin segundo,
y por llamarte de una vez, tú el Mundo,
que naces como el Fénix y en su fama
de tus mismas cenizas.[6]

(Sale el MUNDO *por diversa puerta.)*

MUNDO

¿Quién me llama,
que desde el duro centro
de aqueste globo que me esconde dentro
alas visto veloces?[7]
¿Quién me saca de mí, quién me da voces?

AUTOR

Es tu Autor Soberano.
De mi voz un suspiro, de mi mano
un rasgo es quien te informa
y a tu oscura materia le da forma.

MUNDO

Pues ¿qué es lo que me mandas? ¿Qué me quieres?

AUTOR

Pues soy tu Autor, y tú mi hechura eres
hoy, de un concepto mío
la ejecución a tus aplausos fío.
Una fiesta hacer quiero
a mi mismo poder, si considero
que sólo a ostentación de mi grandeza
fiestas hará la gran naturaleza;
y como siempre ha sido
lo que más ha alegrado y divertido
la representación bien aplaudida,
y es representación la humana vida,
una comedia sea
la que hoy el cielo en tu teatro vea.
Si soy Autor y si la fiesta es mía,
por fuerza la ha de hacer mi compañía.
Y pues que yo escogí de los primeros

---

[1] los rayos de luz que en forma de corona se colocan en la cabeza de las imágenes del Señor. El *Autor* era el director de las compañías teatrales, y aquí representa a Dios.   [2] el mundo, arquitectura inferior en comparación con la del cielo.   [3] término de la pintura que designa las imágenes pintadas al fondo de un cuadro.   [4] océanos.   [5] los cuatro elementos.   [6] Alusión a la leyenda del ave fénix, que, después de quemarse, renacía de sus propias cenizas.   [7] ¿Quién es el que me llama, que me hace acudir tan veloz (*visto veloces alas*) a su llamada desde el centro de la tierra donde estaba oculto?

[8] Europa, Asia, África y América.   [9] las decoraciones de un escenario.   [10] De acuerdo con el carácter alegórico del auto, la representación va a comenzar figurando el caos que existía antes de la Creación.
[11] el paraíso terrenal.   [12] el arca de Noé.   [13] la ley revelada por Dios a Moisés, que sustituye a la «ley natural» antes mencionada.   [14] el mar Rojo.   [15] el Sinaí.   [16] el que ocurrió a la muerte de Jesús. Al morir Jesús, *la ley de gracia* —a que se alude en seguida— sustituyó a la *ley escrita* o ley del *Antiguo Testamento*.

los hombres y ellos son mis compañeros,
  ellos, en el teatro
del mundo, que contiene partes cuatro,[8]
con estilo oportuno
han de representar. Yo a cada uno
el papel le daré que le convenga,
y porque en fiesta igual su parte tenga
el hermoso aparato
de apariencias,[9] de trajes el ornato,
hoy prevenido quiero
que, alegre, liberal y lisonjero,
fabriques apariencias
que de dudas se pasen a evidencias.
Seremos, yo el Autor, en un instante,
tú el teatro, y el hombre el recitante.

MUNDO
  Autor generoso mío
a cuyo poder, a cuyo
acento obedece todo,
yo *el gran teatro del mundo,*
para que en mí representen
los hombres, y cada uno
halle en mí la prevención
que le impone el papel suyo,
como parte obedencial,
que solamente ejecuto
lo que ordenas, que aunque es mía
la obra el milagro es tuyo,
primeramente porque es
de más contento y más gusto
no ver el tablado antes
que esté el personaje a punto,
lo tendré de un negro velo
todo cubierto y oculto
que sea un caos donde estén
los materiales confusos.[10]
… … … … … … … … … … … …

En la primera jornada,
sencillo y cándido nudo
de la gran ley natural,
allá en los primeros lustros
aparecerá un jardín[11]
con bellísimos dibujos,
ingeniosas perspectivas,
que se dude cómo supo
la naturaleza hacer
tan gran lienzo sin estudio.
… … … … … … … … … … … …

Donde fueron menester
montes y valles profundos
habrá valles, habrá montes;
y ríos, sagaz y astuto,
haciendo zanjas la tierra
llevaré por sus conductos,
brazos de mar desatados

que corran por varios rumbos.
Vista la primera escena
sin edificio ninguno,
en un instante verás
cómo repúblicas fundo,
cómo ciudades fabrico,
cómo alcázares descubro.
Y cuando solicitados
montes fatiguen algunos
a la tierra con el peso
y a los aires con el bulto,
mudaré todo el teatro
porque todo, mal seguro,
se verá cubierto de agua
a la saña de un diluvio.
En medio de tanto golfo,
a los flujos y reflujos
de ondas y nubes, vendrá
haciendo ignorados surcos
por las aguas un bajel[12]
que fluctuando seguro
traerá su vientre preñado
de hombres, de aves y de brutos.
… … … … … … … … … … … …

Acabado el primer acto
luego empezará el segundo,
ley escrita[13] en que poner
más apariencias procuro,
pues para pasar a ella
pasarán con pies enjutos
los hebreos desde Egipto
los cristales del mar rubio…[14]
Para salir con la ley
Moisés a un monte robusto[15]
le arrebatará una nube
en el rapto vuelo suyo.
Y esta segunda jornada
fin tendrá en un furibundo
eclipse,[16] en que todo el Sol
se ha de ver casi difunto.
… … … … … … … … … … … …

Y empezará la tercera
jornada, donde hay anuncios
que habrá mayores portentos
por ser los milagros muchos
de *la ley de gracia,* en que
ociosamente discurro.
Con lo cual en tres jornadas,
tres leyes y un estatuto
los hombres dividirán
las tres edades del mundo…
… … … … … … … … … … … …

Y pues que ya he prevenido
cuanto al teatro, presumo
que está todo ahora; cuanto
al vestuario, no dudo

que allá en tu mente le tienes,
pues allá en tu mente juntos,
antes de nacer, los hombres
tienen los aplausos suyos.[17]
Y para que desde ti
a representar al mundo
salgan y vuelvan a entrarse,
ya previno mi discurso
dos puertas: la una es la cuna
y la otra es el sepulcro.
Y para que no les falten
las galas y adornos juntos,
para vestir los papeles
tendré prevenido a punto
al que hubiere de hacer rey,
púrpura y laurel augusto;
al valiente capitán,
armas, valores y triunfos;
al que ha de hacer el ministro,
libros, escuelas y estudios.
Al religioso, obediencias;
al facineroso, insultos;
al noble le daré honras,
y libertades al vulgo.
Al labrador, que a la tierra
ha de hacer fértil a puro
afán por culpa de un necio,[18]
le daré instrumentos rudos.
A la que hubiere de hacer
la dama, le daré sumo
adorno en las perfecciones,
dulce veneno de muchos.
Sólo no vestiré al pobre,
porque es papel de desnudo,
porque ninguno después
se queje de que no tuvo
para hacer bien su papel
todo el adorno que pudo,
pues el que bien no lo hiciere
será por defecto suyo,
no mío. Y pues que ya tengo
todo el aparato junto,
¡venid, mortales, venid
a adornaros cada uno
para que representéis
en *el teatro del mundo!*   (*Vase.*)

        AUTOR
    Mortales que aún no vivís
y ya os llamo yo mortales,
pues en mi presencia iguales
antes de ser asistís;

aunque mis voces no oís,
venid a aquestos vergeles,
que ceñido de laureles,
cedros y palma os espero,
porque aquí entre todos quiero
repartir estos papeles.

Salen el RICO, *el* REY, *el* LABRADOR, *el* POBRE *y
la* HERMOSURA, *la* DISCRECIÓN *y un niño*

        REY
    Ya estamos a tu obediencia,
Autor nuestro, que no ha sido
necesario haber nacido
para estar en tu presencia.
Alma, sentido, potencia,
vida ni razón tenemos;
todos informes nos vemos;
polvo somos a tus pies.
Sopla aqueste polvo, pues,
para que representemos.

        LA HERMOSURA
    Sólo en tu concepto estamos,
ni animamos ni vivimos,
ni tocamos ni sentimos,
ni del bien ni el mal gozamos;
pero si hacia el mundo vamos
todos a representar,
los papeles puedes dar,
pues en aquesta ocasión
no tenemos elección
para haberlos de tomar.

        LABRADOR
    Autor mío soberano
a quien conozco desde hoy,
a tu mandamiento estoy
como hechura de tu mano,
y pues tú sabes, y es llano
porque en Dios no hay ignorar,
qué papel me puedes dar,
si yo errare este papel,
no me podré quejar de él,
de mí me podré quejar.

        AUTOR
    Ya sé que si para ser
el hombre elección tuviera,
ninguno el papel quisiera
del sentir y padecer;
todos quisieran hacer
el de mandar y regir,
sin mirar, sin advertir,

---

[17] Y puesto que yo he preparado todo lo que se refiere a la escena, presumo que no hay sino que empezar la representación; en cuanto al vestuario, tú darás a cada uno el que le corresponda, ya que antes de que nazcan tú sabes qué papel han de representar los hombres y quiénes, por haber obrado bien, recibirán los aplausos.
[18] de Adán.

que en acto tan singular
aquello es representar
aunque piense que es vivir.
   Pero yo, Autor soberano,
sé bien qué papel hará
mejor cada uno; así va
repartiéndolos mi mano.
Haz tú el Rey.

         (Da su papel a cada uno.)

    REY
           Honores gano.

    AUTOR
La dama, que es la hermosura
humana, tú.

    LA HERMOSURA
           ¡Qué ventura!

    AUTOR
Haz, tú, al rico, al poderoso.

    RICO
En fin, nazco venturoso
a ver del sol la luz pura.

    AUTOR
  Tú has de hacer al labrador.

    LABRADOR
¿Es oficio o beneficio?

    AUTOR
Es un trabajoso oficio.

    LABRADOR
Seré mal trabajador.
Por vuestra vida..., señor,
que aunque soy hijo de Adán,
que no me deis este afán,
aunque me deis posesiones,
porque tengo presunciones,
que he de ser grande holgazán.
… … … … … … … … … …

    AUTOR
  Tú, la discreción harás.

    LA DISCRECIÓN
Venturoso estado sigo.

    AUTOR
Haz tú al mísero, al mendigo.

    POBRE
¿Aqueste papel me das?

    AUTOR
Tú, sin nacer morirás.

    NIÑO
Poco estudio el papel tiene.

    AUTOR
Así mi ciencia previene
que represente el que viva.
Justicia distributiva
soy, y sé lo que os conviene.

    POBRE
…¿Por qué tengo de hacer yo
el pobre en esta comedia?
¿Para mí ha de ser tragedia
y para los otros no?
   ¿Cuando este papel me dió
tu mano, no me dió en él
igual alma a la de aquel
que hace el rey? ¿Igual sentido?
¿Igual ser? Pues ¿por qué ha sido
tan desigual mi papel?
   Si de otro barro me hicieras,
si de otra alma me adornaras,
menos vida me fiaras,
menos sentidos me dieras;
ya parece que tuvieras
otro motivo, señor;
pero parece rigor,
perdona decir cruel,
el ser mejor su papel
no siendo su ser mejor.

    AUTOR
  En la representación
igualmente satisface
el que bien al pobre hace
con afecto, alma y acción
como el que hace al rey, y son
iguales éste y aquél
en acabando el papel.
Haz tú bien el tuyo, y piensa
que para la recompensa
yo te igualaré con él.
  No porque pena te sobre,
siendo pobre, es en mi ley
mejor papel el del rey
si hace bien el suyo el pobre;
uno y otro de mí cobre
todo el salario después
que haya merecido, pues
en cualquier papel se gana,
que toda la vida humana
representaciones es.
  Y la comedia acabada,
ha de cenar a mi lado
el que haya representado
sin haber errado en nada
su parte más acertada;
allí, igualaré a los dos.

    LA HERMOSURA
Pues, decidnos, señor, vos,

¿cómo en lengua de la fama
esta comedia se llama?

AUTOR

Obrar bien, que Dios es Dios.

REY

Mucho importa que no erremos
comedia tan misteriosa.

RICO

Para eso es acción forzosa
que primero la ensayemos.

LA DISCRECIÓN

¿Cómo ensayarla podremos
si nos llegamos a ver
sin luz, sin alma y sin ser
antes de representar?

POBRE

Pues ¿cómo sin ensayar
la comedia se ha de hacer?

LABRADOR

Del pobre apruebo la queja,
que lo asiento así, señor,
(que son, pobre y labrador
para par a la pareja).
Aun una comedia vieja
harta de representar
si no se vuelve a ensayar
se yerra cuando se prueba,
¿si no se ensaya esta nueva
cómo se podrá acertar?

AUTOR

Llegando ahora a advertir
que siendo el cielo jüez
se ha de acertar de una vez
cuanto es nacer y morir.

LA HERMOSURA

Pues ¿el entrar y salir
cómo lo hemos de saber
ni a qué tiempo haya de ser?

AUTOR

Aun eso se ha de ignorar,
y de una vez acertar
cuanto es morir y nacer.
Estad siempre prevenidos
para acabar el papel;
que yo os llamaré al fin de él.

POBRE

¿Y si acaso los sentidos
tal vez se miran perdidos?

AUTOR

Para eso, común grey,
tendré desde el pobre al rey,
para enmendar al que errare
y enseñar al que ignorare,
con el apunto, a mi Ley;[19]
    ella a todos os dirá
lo que habéis de hacer, y así
nunca os quejaréis de mí.
Albedrío tenéis ya,[20]
y pues prevenido está
el teatro, vos y vos
medid las distancias dos
de la vida.

LA DISCRECIÓN

                ¿Qué esperamos?
¡Vamos al teatro!

TODOS

                ¡Vamos
a obrar bien, que Dios es Dios!

    (*Al irse a entrar, sale el* MUNDO
    y detiénelos.)

MUNDO

Ya está todo prevenido
para que se represente
esta comedia aparente
que hace el humano sentido.

REY

Púrpura y laurel te pido.

MUNDO

¿Por qué púrpura y laurel?

REY

Porque hago este papel.

(*Enséñale el papel, y toma la púrpura
y corona, y vase.*)

MUNDO

Ya aquí prevenido está.

LA HERMOSURA

A mí, matices me da
de jazmín, rosa y clavel.
    Hoja a hoja y rayo a rayo
se desaten a porfía
todas las luces del día,
todas las flores del mayo;

---

19 con el cargo de apuntador tendré a mi Ley para
enseñar lo que debe hacer el que se equivoque o el
que no sepa su papel, es decir, para indicar a los
hombres lo que es el bien y lo que es el mal.   20 De
acuerdo con el pensamiento católico de Calderón, Dios
dota a los humanos de libre albedrío, o sea de libertad
para elegir entre el bien y el mal, haciéndoles responsa-
bles de sus actos.
    21 que te adornen.   22 Alusión irónica a la curiosidad
de Eva.

padezca mortal desmayo
de envidia al mirarme el sol,
y como a tanto arrebol
el girasol ver desea,
la flor de mis luces sea
siendo el sol mi girasol.

MUNDO
Pues ¿cómo vienes tan vana
a representar al mundo?

LA HERMOSURA
En este papel me fundo.

MUNDO
¿Quién es?

LA HERMOSURA
La hermosura humana.

MUNDO
Cristal, carmín, nieve y grana
pulan sombras y bosquejos
que te afeiten[21] de reflejos.

(Dale un ramillete.)

LA HERMOSURA
Pródiga estoy de colores.
Servidme de alfombra, flores;
sed, cristales, mis espejos.　　(Vase.)

RICO
Dadme riquezas a mí,
dichas y felicidades,
pues para prosperidades
hoy vengo a vivir aquí.

MUNDO
Mis entrañas para ti
a pedazos romperé;
de mis senos sacaré
toda la plata y el oro,
que en avariento tesoro
tanto, encerrado, oculté.　　(Dale joyas.)

RICO
Soberbio y desvanecido
con tantas riquezas voy.

LA DISCRECIÓN
Yo, para mi papel, hoy,
tierra en que vivir te pido.

MUNDO
¿Qué papel el tuyo ha sido?

LA DISCRECIÓN
La discreción estudiosa.

MUNDO
Discreción tan religiosa
tome ayuno y oración.

(Dale cilicio y disciplina.)

LA DISCRECIÓN
No fuera yo discreción
tomando de ti otra cosa.　　(Vase.)

MUNDO
¿Cómo tú entras sin pedir
para el papel que has de hacer?

NIÑO
Como no te he menester
para lo que he de vivir.
Sin nacer he de morir,
en ti no tengo de estar
más tiempo que el de pasar
de una cárcel a otra oscura,
y para una sepultura
por fuerza me la has de dar.

MUNDO
¿Qué pides tú, di, grosero?

LABRADOR
Lo que le diera yo a él.

MUNDO
Ea, muestra tu papel.

LABRADOR
Ea, digo que no quiero.

MUNDO
De tu proceder infiero
que como bruto gañán
habrás de ganar tu pan.

LABRADOR
Ésas mis desdichas son.

MUNDO
Pues, toma aqueste azadón.

(Dale un azadón.)

LABRADOR
Ésta es la herencia de Adán.
Señor Adán, bien pudiera,
pues tanto llegó a saber,
conocer que su mujer
pecaba de bachillera;[22]
dejárala que comiera
y no la ayudara él;
mas como amante crüel
dirá que se lo rogó,
y así tan mal como yo
representó su papel.　　(Vase.)

POBRE
Ya que a todos darles dichas,
gustos y contentos vi,
dame pesares a mí,
dame penas y desdichas;
no de las venturas dichas

quiero púrpura y laurel;
déste, colores; de aquél,
plata ni oro no he querido.
Sólo remiendos te pido.

MUNDO

¿Qué papel es tu papel?

POBRE

Es mi papel la aflicción,
es la angustia, es la miseria
… … … … … … … … ,[23]
la desdicha, la pasión,
el dolor, la compasión,
el suspirar, el gemir,
el padecer, el sentir,
importunar y rogar,
el nunca tener que dar,
el siempre haber de pedir.

MUNDO

A ti nada te he de dar,
que el que haciendo al pobre vive
nada del mundo recibe,
antes te pienso quitar
estas ropas, que has de andar
desnudo, para que acuda   (Desnúdale.)
yo a mi cargo, no se duda.

POBRE

En fin, este mundo triste
al que está vestido viste
y al desnudo le desnuda.

MUNDO

Ya que de varios estados[24]
está el teatro cubierto,
pues un rey en él advierto
con imperios dilatados;
beldad a cuyos cuidados
se adormecen los sentidos,
poderosos aplaudidos,
mendigos menesterosos,
labradores, religiosos,
que son los introducidos
   para hacer los personajes
de la comedia de hoy
a quien yo el teatro doy,
las vestiduras y trajes
de limosnas y de ultrajes,
¡sal, divino Autor, a ver
las fiestas que te han de hacer
los hombres! ¡Ábrase el centro
de la tierra, pues que dentro
della la escena ha de ser!

*Con música, se abren a un tiempo dos globos: en
el uno estará un trono de gloria, y en él el* AUTOR
*sentado; en el otro ha de haber representación
con dos puertas: en la una pintada una cuna y
en la otra un ataúd.*

AUTOR

Pues para grandeza mía
aquesta fiesta he trazado,
en este trono sentado,
donde es eterno mi día,
he de ver mi compañía.
Hombres que salís al suelo
por una cuna de yelo
y por un sepulcro entráis,
ved cómo representáis,
que os ve el Autor desde el cielo.

Sale la DISCRECIÓN *con un instrumento, y canta*

LA DISCRECIÓN

Alaben al Señor de tierra y cielo,
el sol, luna y estrellas;
alábenle las bellas
flores, que son caracteres del suelo;
alábele la luz, el fuego, el yelo,
la escarcha y el rocío,
el invierno y estío,
y cuanto esté debajo de ese velo
que en visos celestiales,
árbitro es de los bienes y los males.
                    (Vase.)

AUTOR

Nada me suena mejor
que en voz del hombre este fiel
himno que cantó Daniel
para templar el furor
de Nabuco-Donosor.

MUNDO

¿Quién hoy la loa[25] echará?
Pero en la apariencia ya
la ley convida a su voz
que como corre veloz,
en elevación está
   sobre la haz de la tierra.

Aparece la LEY DE GRACIA *en una elevación, que
estará sobre donde estuviere el* MUNDO, *con un
papel en la mano*

LEY

Yo, que Ley de Gracia soy,
la fiesta introduzco hoy;
para enmendar al que yerra
en este papel se encierra

---

[23] falta un verso para la décima.   [24] clases sociales.
[25] prólogo que se recitaba antes de una representación escénica.   [26] La Ley de Gracia va a ser el apuntador de la comedia.   [27] dar vítores, aplaudir.

la gran comedia, que Vos
compusisteis sólo en dos
versos que dicen así: (Canta.)

Ama al otro como a ti,
y obra bien, que Dios es Dios.

MUNDO
La Ley después de la loa
con el apunto quedó;[26]
victoriar[27] quisiera aquí
pues me representa a mí.
Vulgo desta fiesta soy,
mas callaré porque empieza
ya la representación.

ESCENA VIII

Salen la HERMOSURA *y la* DISCRECIÓN, *por la*
puerta de la cuna

LA HERMOSURA
Vente conmigo a espaciar
por estos campos que son
felice patria del mayo,
dulce lisonja del sol.
… … … … … … … … … …

LA DISCRECIÓN
Ya sabes que nunca gusto
de salir de casa yo,
quebrantando la clausura
de mi apacible prisión.

LA HERMOSURA
¿Todo ha de ser para ti
austeridad y rigor?
¿No ha de haber placer un día?
Dios, di, ¿para qué crió
flores, si no ha de gozar
el olfato el blando olor
de sus fragantes aromas?
¿Para qué aves engendró,
que en cláusulas lisonjeras
cítaras de pluma son,
si el oído no ha de oírlas?
¿Para qué galas si no
las ha de romper el tacto
con generosa ambición?
¿Para qué las dulces frutas
si no sirve su sazón
de dar al gusto manjares
de un sabor y otro sabor?
¿Para qué hizo Dios, en fin,
montes, valles, cielo, sol,
si no han de verlo los ojos?
Ya parece, y con razón,
ingratitud no gozar
las maravillas de Dios.

LA DISCRECIÓN
Gozarlas para admirarlas
es justa y lícita acción
y darle gracias por ellas;
gozar las bellezas no
para usar dellas tan mal
que te persuadas que son
para verlas las criaturas
sin memoria del Criador.
Yo no he de salir de casa;
ya escogí esta religión
para sepultar mi vida;
por eso soy Discreción.

LA HERMOSURA
Yo, para esto, Hermosura:
a ver y ser vista voy.   (Apártanse.)

MUNDO
Poco tiempo se avinieron
Hermosura y Discreción.

LA HERMOSURA
Ponga redes su cabello,
y ponga lazos mi amor
al más tibio afecto, al más
retirado corazón.

MUNDO
Una acierta, y otra yerra
su papel de aquestas dos.

LA DISCRECIÓN
¿Qué haré yo para emplear
bien mi ingenio?

LA HERMOSURA
                    ¿Qué haré yo
para lograr mi hermosura?

Canta LEY: *Obrar bien, que Dios es Dios.*

MUNDO
Con oírse aquí el apunto,
la Hermosura no le oyó.

Sale el RICO

RICO
Pues pródigamente el cielo
hacienda y poder me dió,
pródigamente se gaste
en lo que delicias son.
Nada me parezca bien
que no lo apetezca yo;
registre mi mesa cuanto
o corre o vuela veloz.
Sea mi lecho la esfera
de Venus, y, en conclusión,
la pereza y las delicias,

gula, envidia y ambición
hoy mis sentidos posean.

Sale el LABRADOR

LABRADOR
¿Quién vió trabajo mayor
que el mío? Yo rompo el pecho
a quien el suyo me dió
porque el alimento mío
en esto se me libró.[28]
Del arado que la cruza
la cara, ministro soy,
pagándola el beneficio
en aquestos que la doy.
Hoz y azada son mis armas;
con ellas riñendo estoy:
con las cepas, con la azada,
con las mieses, con la hoz.
... ...

Sale el POBRE

POBRE
De cuantos el mundo viven,
¿quién mayor miseria vió?
... ...
La hambre y la sed me afligen.
¡Dadme paciencia, mi Dios!

RICO
¿Qué haré yo para ostentar
mi riqueza?

POBRE
                ¿Qué haré yo
para sufrir mis desdichas?

Canta LEY: *Obrar bien, que Dios es Dios.*

POBRE
¡Oh, cómo esta voz consuela!

RICO
¡Oh, cómo cansa esta voz!

LA DISCRECIÓN
El rey sale a estos jardines.

RICO
¡Cuánto siente esta ambición
postrarse a nadie!

LA HERMOSURA
                Delante
de él he de ponerme yo
para ver si mi hermosura
pudo rendirlo a mi amor.

LABRADOR
Yo detrás; no se le antoje
viendo que soy labrador,
darme con un nuevo arbitrio,[29]
pues no espero otro favor.

Sale el REY

REY
... De cuanto circunda el mar
y de cuanto alumbra el sol
soy el absoluto dueño,
soy el supremo señor.
Los vasallos de mi imperio
se postran por donde voy.
¿Qué he menester yo en el mundo?

Canta LEY: *Obrar bien, que Dios es Dios.*

MUNDO
A cada uno va diciendo
el apunto lo mejor.

POBRE
Desde la miseria mía
mirando infeliz estoy
ajenas felicidades.
El rey, supremo señor,
goza de la majestad
sin acordarse que yo
necesito de él; la dama,
atenta a su presunción,
no sabe si hay en el mundo
necesidad y dolor;
la religiosa, que siempre
se ha ocupado en oración,
si bien a Dios sirve, sirve
con comodidad a Dios.
El labrador, si cansado
viene del campo, ya halló
honesta mesa su hambre,
si opulenta mesa no;
al rico le sobra todo;
y sólo, en el mundo, yo
hoy de todos necesito,
y así llego a todos hoy,
porque ellos viven sin mí
pero yo sin ellos no.
A la Hermosura me atrevo
a pedir. Dadme, por Dios,
limosna.

LA HERMOSURA
                Decidme, fuentes,
pues que mis espejos sois,
¿qué galas me están más bien?
¿qué rizos me están mejor?

---

[28] porque mi alimento depende de esto (de romper o arar la tierra). [29] impuesto. [30] Alude al Pan Eucarístico, al de la Comunión.

POBRE
¿No me veis?

MUNDO
Necio, ¿no miras
que es vana tu pretensión?
¿Por qué ha de cuidar de ti
quien de sí se descuidó?

POBRE
Pues que tanta hacienda os sobra,
dadme una limosna vos.

RICO
¿No hay puertas donde llamar?
¿Así os entráis donde estoy?
En el umbral del zaguán
pudierais llamar, y no
haber llegado hasta aquí.

POBRE
No me tratéis con rigor.

RICO
Pobre importuno, idos luego.

POBRE
Quien tanto desperdició
por su gusto, ¿no dará
alguna limosna?

RICO
No.

MUNDO
El avariento y el pobre
de la parábola, son.

POBRE
Pues a mi necesidad
le falta ley y razón,
atreveréme al rey mismo.
Dadme limosna, Señor.

REY
Para eso tengo ya
mi limosnero mayor.

MUNDO
Con sus ministros el Rey
su conciencia aseguró.

POBRE
Labrador, pues recibís
de la bendición de Dios
por un grano que sembráis
tanta multiplicación,
mi necesidad os pide
limosna.

LABRADOR
Si me la dió
Dios, buen arar y sembrar

y buen sudor me costó.
Decid: ¿No tenéis vergüenza
que un hombrazo como vos
pida? ¡Servid, noramala!
No os andéis hecho un bribón.
Y si os falta que comer,
tomad aqueste azadón.

POBRE
En la comedia de hoy
yo el papel de pobre hago;
no hago el de labrador.

LABRADOR
Pues, amigo, en su papel
no le ha mandado el autor
pedir no más y holgar siempre,
que el trabajo y el sudor
es propio papel del pobre.

POBRE
Sea por amor de Dios.
Riguroso, hermano, estáis.

LABRADOR
Y muy pedigüeño vos.

POBRE
Dadme vos algún consuelo.

LA DISCRECIÓN
Tomad, y dadme perdón. *(Dale un pan.)*

POBRE
Limosna de pan, señora,
era fuerza hallarla en vos,
porque el pan[30] que nos sustenta
ha de dar la Religión.

LA DISCRECIÓN
¡Ay de mí!

REY
¿Qué es esto?

POBRE
Es
alguna tribulación
que la Religión padece.

Va a caer la RELIGIÓN, *y le da el* REY *la mano.*

REY
Llegaré a tenerla yo.

LA DISCRECIÓN
Es fuerza; que nadie puede
sostenerla como vos.

AUTOR
Yo bien pudiera enmendar
los yerros que viendo estoy;
pero por esto les di

albedrío superior
a las pasiones humanas,
por no quitarles la acción
de merecer con sus obras;
y así dejo a todos hoy
hacer libres sus papeles,
y en aquella confusión
donde obran todos juntos
miro en cada uno yo,
diciéndoles por mi ley:

Canta LEY: *Obrar bien, que Dios es Dios.*

(*Recita.*) A cada uno por sí
y a todos juntos, mi voz
ha advertido; ya con esto
su culpa será su error.   (*Canta.*)
   Ama al otro como a ti
y obrar bien que Dios es Dios.

REY

Supuesto que es esta vida
una representación,
y que vamos un camino
todos juntos, haga hoy
del camino la llaneza,
común la conversación.

LA HERMOSURA

No hubiera mundo a no haber
esa comunicación.

RICO

Diga un cuento cada uno.

LA DISCRECIÓN

Será prolijo; mejor
será que cada uno diga
qué está en su imaginación.

REY

   Viendo estoy mis imperios dilatados,
mi majestad, mi gloria, mi grandeza,
en cuya variedad naturaleza
perfeccionó de espacio mis cuidados.
   Alcázares poseo levantados,
mi vasalla ha nacido la belleza.
La humildad de unos, de otros la riqueza
triunfo son al arbitrio de los hados.
   Para regir tan desigual, tan fuerte
monstruo de muchos cuellos, me conceden
los Cielos atenciones más felices.
   Ciencia me den con que a regir acierte,
que es imposible que domarse puedan
con un yugo no más tantas cervices.

MUNDO

Ciencia para gobernar
pide como Salomón.

Canta una voz triste, dentro, a la parte que
está la puerta del ataúd.

VOZ

Rey de este caduco imperio,
cese, cese tu ambición,
que en el teatro del mundo
ya tu papel se acabó.

REY

Que ya acabó mi papel
me dice una triste voz
que me ha dejado al oírla
sin discurso ni razón.
Pues se acabó el papel, quiero
entrarme, mas ¿dónde voy?
Porque a la primera puerta,
donde mi cuna se vió,
no puedo ¡ay de mí! no puedo
retroceder. ¡Qué rigor!
¡No poder hacia la cuna
dar un paso...! ¡Todos son
hacia el sepulcro...! ¡Que el río
que, brazo de mar, huyó,
vuelva a ser mar; que la fuente
que salió del río (¡qué horror!)
vuelva a ser río; el arroyo
que de la fuente corrió
vuelva a ser fuente; y el hombre
que de su centro salió,
vuelva a su centro, a no ser
lo que fué...! ¡Qué confusión!
Si ya acabó mi papel,
supremo y divino Autor,
dad a mis yerros disculpa,
pues arrepentido estoy.

(*Vase por la puerta del ataúd, y todos se*
han de ir por ella.)

MUNDO

Pidiendo perdón el Rey,
bien su papel acabó.

LA HERMOSURA

De en medio de sus vasallos,
de su pompa y de su honor
faltó el rey.

LABRADOR

        No falte en mayo
el agua al campo en sazón,
que con buen año y sin rey
lo pasaremos mejor.

LA DISCRECIÓN

Con todo, es gran sentimiento.

LA HERMOSURA

Y notable confusión.
¿Qué haremos sin él?

RICO

            Volver
a nuestra conversación.
Dinos, tú, lo que imaginas.

LA HERMOSURA

Aquesto imagino yo.

MUNDO

¡Qué presto se consolaron
los vivos de quién murió!

LABRADOR

Y más cuando el tal difunto
mucha hacienda les dejó.

LA HERMOSURA

   Viendo estoy mi beldad hermosa y pura;
ni al rey envidio, ni sus triunfos quiero,
pues más ilustre imperio considero
que es el que mi belleza me asegura.
   Porque si el rey avasallar procura
las vidas; yo, las almas; luego infiero
con causa que mi imperio es el primero
pues que reina en las almas la hermosura.
   «Pequeño mundo» la filosofía
llamó al hombre; si en él mi imperio
                [fundo
como el cielo lo tiene, como el suelo;
   bien puede presumir la deidad mía
que el que al hombre llamó «pequeño
                [mundo»,
llamara a la mujer «pequeño cielo».
… … … … … … … … … … … …

   Canta voz:
   Toda la hermosura humana
es una pequeña flor.
Marchítese, pues la noche
ya de su aurora llegó.

LA HERMOSURA

Que fallezca la hermosura
dice una triste canción.
No fallezca, no fallezca.
Vuelva a su primer albor.
… … … … … … … … … … … …
Si eterna soy, ¿cómo puedo
fallecer? ¿Qué dices, voz?

   Canta voz:
   Que en el alma eres eterna
y en el cuerpo mortal flor.

LA HERMOSURA

Ya no hay réplica que hacer
contra aquesta distinción.
De aquella cuna salí
y hacia este sepulcro voy.

Mucho me pesa no haber
hecho mi papel mejor.   *(Vase.)*

MUNDO

Bien acabó el papel, pues
arrepentida acabó.

RICO

De entre las galas y adornos
y lozanías faltó
la Hermosura.

LABRADOR

          No nos falte
pan, vino, carne y lechón
por Pascua, que a la Hermosura
no la echaré menos yo.

LA DISCRECIÓN

Con todo, es grande tristeza.

POBRE

Y aun notable compasión.
… … … … … … … … … … … …

   Canta voz:
   Labrador, a tu trabajo
término fatal llegó;
ya lo serás de otra tierra;
dónde será, ¡sabe Dios...!

LABRADOR

...Si mi papel no he cumplido
conforme a mi obligación,
pésame que no me pese
de no tener gran dolor.   *(Vase.)*

MUNDO

Al principio le juzgué
grosero, y él me advirtió
con su fin de mi ignorancia.
¡Bien acabó el labrador!

RICO

De azadones y de arados,
polvo, cansancio y sudor
ya el Labrador ha faltado.

POBRE

Y afligidos nos dejó.

LA DISCRECIÓN

¡Qué pena!

POBRE

         ¡Qué desconsuelo!

LA DISCRECIÓN

¡Qué llanto!

POBRE

         ¡Qué confusión!

LA DISCRECIÓN
¿Qué habemos de hacer?

RICO
              Volver
a nuestra conversación;
y, por hacer lo que todos,
digo lo que siento yo.
   ¿A quién mirar no le asombra
ser esta vida una flor
que nazca con el albor
y fallezca con la sombra?
Pues si tan breve se nombra,
de nuestra vida gocemos
el rato que la tenemos,
dios a nuestro vientre hagamos.
¡Comamos, hoy, y bebamos,
que mañana moriremos!

MUNDO
   De la Gentilidad es
aquella proposición,
así lo dijo Isaías.

LA DISCRECIÓN
¿Quién se sigue ahora?

POBRE
              Yo.
Perezca, Señor, el día
en que a este mundo nací.
Perezca la noche fría
en que concebido fuí
para tanta pena mía.
… … … … … … … … … … …
   No porque si me he quejado
es, Señor, que desespero
por mirarme en tal estado,
sino porque considero
que fuí nacido en pecado.

MUNDO
   Bien ha engañado las señas
de la desesperación;
que así, maldiciendo el día,
maldijo el pecado Job.

Canta voz:
   Número tiene la dicha,
número tiene el dolor;
de ese dolor y esa dicha,
venid a cuentas los dos.

RICO
¡Ay de mí!

POBRE
         ¡Qué alegre nueva!

RICO
¿Desta voz que nos llamó
tú no te estremeces?

POBRE
          Sí.

RICO
¿No procuras huir?

POBRE
          No.
… … … … … … … … … … …
¿Dónde podrá la pobreza?
Antes mil gracias le doy
pues con esto acabará
con mi vida mi dolor.

RICO
¿Cómo no sientes dejar
el teatro?

POBRE
      Como no
dejo en él ninguna dicha,
voluntariamente voy.

RICO
Yo ahorcado, porque dejo
en la hacienda el corazón.

POBRE
¡Qué alegría!

RICO
         ¡Qué tristeza!

POBRE
¡Qué consuelo!

RICO
         ¡Qué aflicción!

POBRE
¡Qué dicha!

RICO
       ¡Qué sentimiento!

POBRE
¡Qué ventura!

RICO
        ¡Qué rigor!

           (Vanse los dos)

MUNDO
¡Qué encontrados al morir
el rico y el pobre son!

---

31 que existí. 32 ¿qué papel has representado tú? mano).
33 espejo (que se supone que la Hermosura lleva en la

LA DISCRECIÓN

En efecto, en el teatro
sola me he quedado yo.

MUNDO

Siempre, lo que permanece
más en mí, es la religión.

LA DISCRECIÓN

Aunque ella acabar no puede,
yo sí, porque yo no soy
la Religión, sino un miembro
que aqueste estado eligió.
Y antes que la voz me llame
yo me anticipo a la voz
del sepulcro, pues ya en vida
me sepulté, con que doy,
por hoy, fin a la comedia
que mañana hará el Autor.
Enmendaos para mañana
los que veis los yerros de hoy.

(Ciérrase el globo de la tierra.)

AUTOR

Castigo y premio ofrecí
a quien mejor o peor
representase, y verán
qué castigo y premio doy.

(Ciérrase el globo celeste, y, en él el
AUTOR.)

MUNDO

¡Corta fué la comedia! Pero ¿cuándo
no lo fué la comedia desta vida,
y más para el que está considerando
que todo es una entrada, una salida?
Ya todos el teatro van dejando,
a su primer materia reducida
la forma que tuvieron y gozaron.
Polvo salgan de mí, pues polvo entraron.
    Cobrar quiero de todos, con cuidado,
las joyas que les dí con que adornasen
la representación en el tablado,
pues sólo fué mientras representasen.
Pondréme en esta puerta, y avisado,
haré que mis umbrales no traspasen
sin que dejen las galas que tomaron.
Polvo salgan de mí, pues polvo entraron.

Sale el REY

MUNDO

Di, ¿qué papel hiciste, tú, que ahora
el primero a mis manos has venido?

REY

Pues, ¿el Mundo que fuí[31] tan presto ig-
    [nora?

MUNDO

El Mundo lo que fué pone en olvido.

REY

Aquel fuí que mandaba cuanto dora
el sol, de luz y resplandor vestido,
desde que en brazos de la aurora nace,
hasta que en brazos de la sombra yace.
… … … … … … … … … …

MUNDO

    Pues deja, suelta, quita la corona;
la majestad, desnuda, pierde, olvida;

                    (Quítaselo.)

vuélvase, torne, salga tu persona
desnuda de la farsa de la vida.
… … … … … … … … … …

REY

¿Tú, no me diste adornos tan amados?
¿Cómo me quitas lo que ya me diste?

MUNDO

Porque dados no fueron, no, prestados
sí, para el tiempo que el papel hiciste.
… … … … … … … … … …

Sale la HERMOSURA

MUNDO

¿Qué has hecho, tú?[32]

LA HERMOSURA

                    La gala y la hermosura.

MUNDO

¿Qué te entregué?

LA HERMOSURA

                    Perfecta una belleza.

MUNDO

Pues, ¿dónde está?

LA HERMOSURA

                    Quedó en la sepultura.

MUNDO

Pasmóse, aquí, la gran naturaleza
viendo cuán poco la hermosura dura.
Mírate a ese cristal.[33]

LA HERMOSURA

                    Ya me he mirado.

MUNDO

¿Dónde está la beldad, la gentileza
que te presté? Volvérmela procura.

LA HERMOSURA

Toda la consumió la sepultura.
    Allí dejé matices y colores;
allí perdí jazmines y corales;

allí desvanecí rosas y flores;
allí quebré marfiles y cristales.

Sale el LABRADOR

MUNDO
Tú, villano, ¿qué hiciste?

LABRADOR
                         Si villano,
era fuerza que hiciese, no te asombre,
un labrador,[34] que ya tu estilo vano
a quien labra la tierra da ese nombre.
Soy a quien trata siempre el cortesano
con vil desprecio y bárbaro renombre;
y soy, aunque de serlo más me aflijo,
por quien el «él», el «vos» y el «tú» se
                         dijo.[35]

MUNDO
Deja lo que te di.

LABRADOR
                  Tú, ¿qué me has dado?

MUNDO
Un azadón te di.

LABRADOR
                  ¡Qué linda alhaja!

MUNDO
Buena o mala con ella habrás pagado.

LABRADOR
¿A quién el corazón no se le raja
viendo que deste mundo desdichado
de cuanto la codicia vil trabaja
un azadón, de la salud castigo,
aun no le han de dejar llevar consigo?

Salen el RICO *y el* POBRE

MUNDO
¿Quién va allá?

RICO
                  Quien de ti nunca quisiera
salir.

POBRE
Y quien de ti siempre ha deseado
salir.

MUNDO
¿Cómo los dos de esa manera
dejarme y no dejarme habéis llorado?

RICO
Porque yo rico y poderoso era.

POBRE
Y yo porque era pobre y desdichado.

MUNDO
Suelta estas joyas.   *(Quítaselas.)*

POBRE
                  Mira qué bien fundo
no tener que sentir dejar el mundo.

Sale el NIÑO

MUNDO
Tú que al teatro a recitar entraste,
¿cómo, di, en la comedia no saliste?

NIÑO
La vida en un sepulcro me quitaste.
Allí te dejo lo que tú me diste.

Sale la DISCRECIÓN

MUNDO
¿Cuando a las puertas del vivir llamaste
tú, para adorno tuyo qué pediste?

LA DISCRECIÓN
Pedí una religión y una obediencia,
cilicios, disciplinas y abstinencia.

MUNDO
   Pues, déjalo en mis manos; no me pue-
                         [dan
decir que nadie saca sus blasones.

LA DISCRECIÓN
No quiero; que en el mundo no se quedan
sacrificios, afectos y oraciones;
conmigo he de llevarlos, porque excedan
a tus mismas pasiones tus pasiones;
o llega a ver si ya de mí las cobras.

MUNDO
No te puedo quitar las buenas obras.
   Estas solas del mundo se han sacado.

REY
¡Quién más reinos no hubiera poseído!

LA HERMOSURA
¡Quién más beldad no hubiera deseado!

RICO
¡Quién más riquezas nunca hubiera ha-
                         [bido!

LABRADOR
¡Quién más, ay Dios, hubiera trabajado!

---

34 siendo villano, no podía hacer otro papel más que el de labrador.   35 Eran tratamientos familiares en la época que usaban los superiores con los inferiores. 36 Pone las manos juntas y boca arriba como para recibir algo; luego para arrojar algo las vuelve boca abajo, y así la postura de las manos al recibir o arrojar las cosas es símbolo de la cuna y de la sepultura. En la representación, el Mundo, en esta escena, va haciendo con las manos los gestos correspondientes.

POBRE

¡Quién más ansias hubiera padecido!

MUNDO

Ya es tarde; que en muriendo, no os
[asombre,
no puede ganar méritos el hombre.
    Ya que he cobrado augustas majestades,
ya que he borrado hermosas perfecciones,
ya que he frustrado altivas vanidades,
ya que he igualado cetros y azadones;
al teatro pasad de las verdades,
que éste el teatro es de las ficciones.

REY

¿Cómo nos recibiste de otra suerte
que nos despides?

MUNDO

                La razón advierte.
    Cuando algún hombre hay algo que re-
[ciba,
las manos pone, atento a su fortuna,
en esta forma;³⁶ cuando con esquiva
acción lo arroja, así las vuelve; de una
suerte, puesta la cuna boca arriba
recibe al hombre, y esta misma cuna,
vuelta al revés, la tumba suya ha sido.
Si cuna os recibí, tumba os despido.

POBRE

Pues que tan tirano el mundo
de su centro nos arroja,
vamos a aquella gran cena
que en premio de nuestras obras
nos ha ofrecido el Autor.

REY

¿Tú, también, tanto baldonas
mi poder, que vas delante?
¿Tan presto de la memoria
que fuiste vasallo mío,
mísero mendigo, borras?

POBRE

Ya acabado tu papel,
en el vestuario ahora
del sepulcro iguales somos.
Lo que fuiste poco importa.

RICO

¿Cómo te olvidas que a mí
ayer pediste limosna?

POBRE

¿Cómo te olvidas que tú
no me la diste?

LA HERMOSURA

                ¿Ya ignoras

la estimación que me debes
por más rica y más hermosa?

LA DISCRECIÓN

En el vestuario ya
somos parecidas todas,
que en una pobre mortaja
no hay distinción de personas.

RICO

¿Tú vas delante de mí,
villano?

LABRADOR

        Deja las locas
ambiciones, que, ya muerto,
del sol que fuiste eres sombra.

RICO

No sé lo que me acobarda
el ver al Autor ahora.

*Con música se descubre otra vez el globo celeste,
y en él una mesa con cáliz y hostia, y el* AUTOR
sentado a ella; y sale el MUNDO

AUTOR

Esta mesa, donde tengo
pan que los cielos adoran
y los infiernos veneran,
os espera; mas importa
saber los que han de llegar
a cenar conmigo ahora.
… … … … … … … … … … …
Suban a cenar conmigo
el pobre y la religiosa
que, aunque por haber salido
del mundo este pan no coman,
sustento será adorarle
por ser objeto de gloria. *(Suben los dos.)*

POBRE

¡Dichoso yo! ¡Oh, quien pasara
más penas y más congojas,
pues penas por Dios pasadas
cuando son penas son glorias!

LA DISCRECIÓN

...Aquí, dichoso es quien llora
confesando haber errado.

REY

Yo, Señor ¿entre mis pompas
ya no te pedí perdón?
Pues ¿por qué no me perdonas?

AUTOR

La hermosura y el poder,
por aquella vanagloria
que tuvieron, pues lloraron,
subirán, pero no ahora,

con el labrador también
que, aunque no te dió limosna,
no fué por no querer darla,
que su intención fué piadosa,
… … … … … … … … … … … …
y porque llorando culpas
pedisteis misericordia,
los tres en el Purgatorio
en su dilación penosa
estaréis.

LA DISCRECIÓN

Autor divino,
en medio de mis congojas
el Rey me ofreció su mano
y yo he de dársela ahora.

(*Da la mano al* REY, *y sube.*)

AUTOR

Yo le remito la pena
pues la religión le abona.
… … … … … … … … … … … …

NIÑO

Si yo no erré mi papel
¿por qué no me galardonas,
gran Señor?

AUTOR

Porque muy poco
le acertaste; y así, ahora,
ni te premio ni castigo.
Ciego ni uno ni otro goza,
que en fin naces del pecado.

NIÑO

Ahora, noche medrosa
como en un sueño me tiene
ciego, sin pena ni gloria.[37]

RICO

…¡Autor!

AUTOR

¿Cómo así me nombras?
Que aunque soy tu Autor, es bien
que de decirlo te corras,
pues que ya en mi compañía
no has de estar. De ella te arroja
mi poder. Desciende adonde
te atormente tu ambiciosa
condición eternamente
entre penas y congojas.

RICO

¡Ay de mí! Que envuelto en fuego
caigo arrastrando mi sombra.

LA DISCRECIÓN

Infinita gloria tengo.

LA HERMOSURA

Tenerla espero dichosa.

LABRADOR

Hermosura, por deseos
no me llevarás la joya.

RICO

No la espero eternamente.

NIÑO

No tengo, para mí, gloria.

AUTOR

Las cuatro postrimerías
son las que presentes notan
vuestros ojos, y por que
destas cuatro se conozca
que se ha de acabar la una,[38]
suba la Hermosura ahora
con el Labrador, alegres,
a esta mesa misteriosa
pues que ya por sus fatigas
merecen grados de gloria.

(*Suben los dos.*)

LA HERMOSURA

¡Qué ventura!

LABRADOR

¡Qué consuelo!

RICO

¡Qué desdicha!

REY

¡Qué victoria!

RICO

¡Qué sentimiento!

LA DISCRECIÓN

¡Qué alivio!

POBRE

¡Qué dulzura!

RICO

¡Qué ponzoña!

NIÑO

Gloria y pena hay, pero yo
no tengo pena ni gloria.

AUTOR

Pues el ángel en el cielo,
en el mundo las personas

---

[37] El Niño, como todos los niños que mueren sin ser bautizados, va al Limbo. [38] el Purgatorio, donde las almas están transitoriamente, a diferencia de las otras tres Postrimerías (Gloria, Infierno, Limbo), que son eternas. [39] Himno que se canta en las iglesias al adorar el Sacramento y en la fiesta del Corpus Christi.

y en el infierno el demonio
todos a este Pan se postran;
en el infierno, en el cielo
y mundo a un tiempo se oigan
dulces voces que le alaben
acordadas y sonoras.

*(Tocan chirimías, cantando el Tamtum
ergo*[39] *muchas veces.)*

MUNDO
Y pues representaciones
es aquesta vida toda,
merezca alcanzar perdón
de las unas y las otras.

SIGLO XVII: DRAMATURGOS CONTEMPORÁNEOS DE CALDERÓN

Francisco de Rojas Zorrilla *(1607-1684)* y Agustín Moreto *(1618-1669)*

En torno a Calderón, como en una generación anterior en torno a Lope, se agrupan una serie de dramaturgos, algunos de los cuales, sin alcanzar la importancia de los dos maestros, tienen una personalidad artística bien definida y dejaron varias obras que figuran entre las mejores del teatro clásico. En la época de Calderón tal es el caso de *Del rey abajo, ninguno*, de Rojas, y de *El desdén con el desdén*, de Moreto. La primera de estas comedias, conocida también con el título de *El labrador más honrado, García del Castañar*, une con maestría el tema del honor del villano —aunque aquí se trata de un rústico simulado, en realidad de un noble— con el máximo respeto debido a la figura del monarca. En *Del rey abajo, ninguno* aparecen también, tratados en la forma acabada que es común a los dramaturgos de la decadencia, otros temas muy de la época: de ellos los principales son el de la felicidad de la vida campestre, marco aquí del amor conyugal entre García y Blanca, elevado a un tono lírico, no por artificioso menos eficaz, y el de las variaciones de la fortuna, que de la cumbre de la felicidad sume a los protagonistas en un conflicto trágico.

El desdén con el desdén es obra de índole muy diversa y de tono poco común en el teatro del Siglo de Oro. Si por el enredo y el ingenioso discreteo de damas y galanes se relaciona con algunas comedias de costumbres, la elegante estilización de la galantería cortesana y la sutileza psicológica anuncian ya la fina y artificiosa comedia rococó del siglo XVIII. Es también característica de esta obra, como de algunas otras del mismo tiempo, la importancia que adquiere el gracioso, que de ser un simple remedo del héroe pasa a convertirse, como ocurre con Polilla, en personaje principal.

Francisco de Rojas Zorrilla

DEL REY ABAJO, NINGUNO

ARGUMENTO

García del Castañar es un labrador de gran fortuna que vive entregado a la tranquila vida del campo —cuyo

elogio hace en algunos bellos pasajes de la obra— en compañía de Blanca, su mujer. Ambos se aman profundamente. Al preparar el rey Alfonso XI su expedición contra Algeciras, recibe un cuantioso donativo de García. Extrañado de que un labrador disponga de tan gran riqueza, y acuciada su curiosidad por los elogios que el conde de Orgaz le hace del Castañar y de su dueño, decide ir a verle de incógnito. Llega a casa de García acompañado de don Mendo, a quien, por llevar puesta la banda roja, insignia real, García, que había sido prevenido por el conde de Orgaz de la visita, confunde con el rey. Don Mendo, impresionado por la belleza de Blanca, pretende seducirla; entra secretamente en la casa donde en lugar de encontrar a Blanca, como esperaba, encuentra a García. Éste, convencido de que es el rey, le deja escapar y en un monólogo (aquí reproducido) decide matar a Blanca, la cual huye. El conde de Orgaz, conocedor del secreto, aún no declarado en la obra, que hay en la vida de los dos supuestos labradores, aconseja a Blanca que vaya a Palacio. Allí la reina le informa de que es la condesa de la Cerda, emparentada con la familia real. Llega también a palacio, poco después, García, y al ver al rey se da cuenta de su error y mata a Mendo después de descubrir en una larga relación su noble origen, que había ocultado hasta a su esposa Blanca, y las razones por las que se había hecho pasar por labrador.*

ACTO I

Salen DOÑA BLANCA, *labradora, con flores;* BRAS, TERESA *y* BELARDO, *viejo, y* MÚSICOS *pastores*

MÚSICOS
*Ésta es blanca como el sol,
    que la nieve no.
Ésta es hermosa y lozana,
    como el sol,
que parece a la mañana,
    como el sol,
que aquestos campos alegra,
    como el sol,*

con quien es la nieve negra
y del almendro la flor.
  Ésta es blanca como el sol,
  que la nieve no.

GARCÍA DEL CASTAÑAR

Esposa, Blanca querida,
injustos son tus rigores
si por dar vida a las flores
me quitas a mí la vida.

DOÑA BLANCA

Mal daré vida a las flores
cuando pisarlas suceda,
pues mi vida ausente queda,
adonde animas, amores;[1]
  porque así quiero, García,
sabiendo cuanto me quieres,
que si tu vida perdieres,
puedas vivir con la mía.

GARCÍA DEL CASTAÑAR

No habrá merced que sea mucha,
Blanca, ni grande favor
si le mides con mi amor.

DOÑA BLANCA

¿Tanto me quieres?

GARCÍA DEL CASTAÑAR

  Escucha:
No quiere el segador el aura fría,
ni por abril el agua mis sembrados,
ni yerba en mi dehesa mis ganados,
ni los pastores la estación umbría,
  ni el enfermo la alegre luz del día,
la noche los gañanes fatigados,
blandas corrientes los amenos prados,
más que te quiero, dulce esposa mía;
  que si hasta hoy su amor desde el primero
hombre juntaran, cuando así te ofreces,
en un sujeto a todos los prefiero;
  y aunque sé, Blanca, que mi fe agradeces,
y no puedo querer más que te quiero,
aun no te quiero como tú mereces.

DOÑA BLANCA

No quieren más las flores al rocío,
que en los fragantes vasos[2] el sol bebe;
las arboledas la deshecha nieve,
que es cima de cristal y después río;
  el índice de piedra[3] al norte frío,
el caminante al iris cuando llueve,
la obscura noche la traición aleve,
más que te quiero, dulce esposo mío;
  porque es mi amor tan grande, que a tu nombre,
como a cosa divina, construyera
aras donde adorarle, y no te asombre,
  porque si el ser de Dios no conociera,
dejara de adorarte como hombre
y por Dios te adorara y te tuviera.

BRAS

Pues están Blanca y García,
como palomos de bien,
resquiebrémonos también,
porque desde ellotri[4] día
tu carilla me engarrucha.[5]

TERESA

Y a mí tu talle, mi Bras.

BRAS

¿Mas que te[6] quiero yo más?

TERESA

¿Mas que no?

BRAS

  Teresa, escucha:
Desde que te vi, Teresa,
en el arroyo pracer,
ayudándote a torcer
los manteles de la mesa,
  y torcidos y lavados,
nos dijo cierto estodiante:
«Así a un pobre pleiteante
suelen dejar los letrados»,
  eres de mí tan querida
como lo es de un logrero[7]
la vida de un caballero
que dió un juro[8] de por vida.

---

[1] Estos requiebros amorosos que se cruzan entre García y Blanca aparecen un tanto envueltos en el estilo conceptuoso de la época: García dice que «Blanca le quita la vida porque al irse a buscar flores le priva de su presencia»; a lo cual contesta Blanca que «eso no puede ser» (*mal daré vida a las flores*), porque aunque se vaya a buscar flores (*cuando pisarlas suceda*), su vida queda siempre donde García esté o respire (*adonde animas*). *Amores* es un vocativo equivalente a «mi amor», «amado mío». [2] cálices de las flores. [3] piedra imán. [4] el otro. [5] me atormenta. [6] ¿a que te...? Se sobrentiende: «Te apuestas a que...». [7] prestamista. [8] especie de pensión anual. [9] Don García acaba de sorprender a don Mendo cuando intenta entrar por un balcón en las habitaciones de Blanca. Creyendo que es el rey, no le mata y le obliga a bajar por el balcón. El acto II termina con el largo monólogo que sigue. [10] al estado de verse deshonrado sin vengar su honor.
[11] vayámonos a otro lugar. [12] Dentro de las ideas de la época, la persona del rey era considerada sagrada e inviolable; por eso García, para limpiar su honor, piensa matar a Blanca, aun sabiendo que es inocente. [13] la razón. [14] que he de derramar tu sangre (*claveles*) de tu blanco pecho (*jazmines*); con *aqueste* se refiere al puñal que tiene en la mano. [15] en una vida (que quite, esto es, la vida de Blanca), quitaré dos vidas, esto es, la suya y la mía. En un cuello, en una alma, en un cuello (de Blanca) quitaré el suyo y el mío.

ACTO II

GARCÍA DEL CASTAÑAR

Bajad seguro,[9]
pues que yo la escala os tengo.
¡Cansada estabas, Fortuna,
de estarte fija un momento!
¡Qué vuelta diste tan fiera
en aqueste mar! ¡Qué presto
que se han trocado los aires!
¡En qué día tan sereno
contra mi seguridad
fulmina rayos el Cielo!
Ciertas mis desdichas son,
pues no dudo lo que veo,
que a Blanca, mi esposa, busca
el rey Alfonso encubierto.
¡Qué desdichado que soy,
pues altamente naciendo
en Castilla Conde, fuí
de aquestos montes plebeyo
labrador, y desde hoy
a estado más vil desciendo![10]
¿Así paga el rey Alfonso
los servicios que le he hecho?
Mas desdicha será mía,
no culpa suya; callemos
y, afligido corazón,
prevengamos el remedio,
que para animosas almas
son las penas y los riesgos.
Mudemos tierra[11] con Blanca,
sagrado sea otro reino
de mi inocencia y mi honor...
pero dirán que es de miedo,
pues no he de decir la causa,
y que me faltó el esfuerzo
para ir contra Algecira.
¡Es verdad! Mejor acuerdo
es decir al Rey quién soy...
mas no, García, no es bueno,
que te quitará la vida,
por que no estorbe su intento;
pero si Blanca es la causa
y resistirle no puedo,
que las pasiones de un Rey
no se sujetan al freno
ni a la razón, ¡muera Blanca!

(Saca el puñal.)

pues es causa de mis riesgos
y deshonor, y elijamos,
corazón, del mal lo menos.
A muerte te ha condenado
mi honor, cuando no mis celos,
porque a costa de tu vida,
de una infamia me prevengo.

Perdóname, Blanca mía,
que, aunque de culpa te absuelvo,
sólo por razón de Estado,[12]
a la muerte te condeno.
Mas ¿es bien que conveniencias
de Estado en un caballero,
contra una inocente vida,
puedan más que no el derecho?
Sí. ¿Cuándo la Providencia
y cuándo el discurso[13] atento
miran el daño futuro
por los presentes sucesos?
Mas ¿yo he de ser, Blanca mía,
tan bárbaro y tan severo,
que he de sacar los claveles
con aqueste de tu pecho
de jazmines?[14] No es posible,
Blanca hermosa, no lo creo,
ni podrá romper mi mano
de mis ojos el espejo.
Mas ¿de su beldad, ahora
que me va el honor, me acuerdo?
¡Muera Blanca y muera yo!
¡Valor, corazón! Y entremos
en una a quitar dos vidas,[15]
en uno a pasar dos pechos,
en una a sacar dos almas,
en uno a cortar dos cuellos,
si no me falta el valor,
si no desmaya el aliento,
y si no, al alzar los brazos,
entre la voz y el silencio,
la sangre salta a las venas
y el corte le falta al hierro.

ACTO III

Salen el REY, *la* REINA, *el* CONDE *y don* MENDO, *y
los que pudieren*

REY

¿Blanca en Palacio y García?
Tan contento de ello estoy,
que estimaré tengan hoy
de vuestra mano y la mía
lo que merecen.

D. MENDO

No es bueno
quien por respetos, señor,
no satisface su honor
para encargarle el ajeno.
Créame, que se confía
de mí Vuestra Majestad.

REY. *Aparte.*

(—Ésta es poca voluntad.—)
Mas allí Blanca y García

están. Llegad, porque quiero
mi amor conozcáis los dos.

GARCÍA DEL CASTAÑAR
Caballero, guárdeos Dios.
Dejadnos besar primero
de Su Majestad los pies.

D. MENDO
Aquél es el Rey, García.

GARCÍA DEL CASTAÑAR. *Aparte.*
—¡Honra desdichada mía!
¿Qué engaño es éste que ves?—
A los dos, Su Majestad...
besar la mano, señor...
pues merece este favor...
que bien podéis...

REY
                Apartad,
quitad la mano, el color
habéis del rostro perdido.

GARCÍA DEL CASTAÑAR. *Aparte.*
—¡No le trae el bien nacido
cuando ha perdido el honor.—
Escuchad aquí un secreto;
sois sol, y como me postro
a vuestros rayos, mi rostro
descubrió claro el efeto.

REY
¿Estáis agraviado?

GARCÍA DEL CASTAÑAR
                Y ve
mi ofensor, porque me asombre.

REY
¿Quién es?

GARCÍA DEL CASTAÑAR
                Ignoro su nombre.

REY
Señaládmele.

GARCÍA DEL CASTAÑAR
                Sí haré.
A Mendo.
Aquí fuera hablaros quiero
para un negocio importante,
que el Rey no ha de estar delante

D. MENDO. *A García.*
En la antecámara espero.   *(Vase.)*

GARCÍA DEL CASTAÑAR
¡Valor, corazón, valor!

REY
¿Adónde, García, vais?

GARCÍA DEL CASTAÑAR
A cumplir lo que mandáis,
pues no sois vos mi ofensor.   *(Vase.)*

REY
Triste de su agravio estoy;
ver a quién señala quiero.

GARCÍA DEL CASTAÑAR. *Dentro.*
¡Éste es honor caballero!

REY
¡Ten, villano!

D. MENDO
                ¡Muerto soy!
*Sale envainando el puñal ensangren-
tado.*

GARCÍA DEL CASTAÑAR
No soy quien piensas, Alfonso;
no soy villano, ni injurio
sin razón la inmunidad
de tus palacios augustos.[16]
Debajo de aqueste traje
generosa sangre encubro,
que no sé más de los montes
que el desengaño y el uso.[17]
… … … … … … … … … … … …
Vivía sin envidiar,
entre el arado y el yugo,
las Cortes, y de tus iras
encubierto me aseguro;
hasta que anoche en mi casa
vi aqueste huésped perjuro,
que en Blanca, atrevidamente,
los ojos lascivos puso;
y pensando que eras tú,
por cierto engaño que dudo,
le respeté, corrigiendo
con la lealtad lo iracundo;
hago alarde de mi sangre;

---

[16] injuriar u ofender la inmunidad de Palacio se refiere a una ley de las *Siete Partidas* que prohibía dar muerte a nadie en Palacio o en la presencia del rey.   [17] Se omite aquí una larga relación que termina con los versos que siguen. En ella García declara cómo su padre, García Bermudo, que gozaba de gran poder durante la minoría del rey Alfonso, había sido acusado por algunos nobles de haber conspirado para que ocupase la corona de Castilla el infante don Sancho de la Cerda, padre de Blanca. Al descubrirse la conspiración, don Sancho huyó con su hija Blanca, y García Bermudo con su hijo, y al pasar los años, tanto Blanca como él, García del Castañar, tuvieron que vivir ocultos haciéndose pasar por labradores.   [18] El conde de Orgaz, que conocía la historia de García y que había sido su protector, confirma la verdad del relato.   [19] la expedición contra Algeciras, que iba a acaudillar don Mendo.   [20] Polilla, para fingir mejor su papel de médico, habla en un latín macarrónico. La traducción de lo que dice es: «Yo, o sea yo; soy un estudiante pobre y enamorado».   [21] Dicho que quiere decir «ir a menos».

venzo al temor, con quien lucho;
pídeme el honor venganza,
el puñal luciente empuño,
su corazón atravieso;
mírale muerto, que juzgo
me tuvieras por infame
si a quien deste agravio acuso
le señalara a tus ojos
menos, señor, que difunto.
Aunque sea hijo del sol,
aunque de tus Grandes uno,
aunque el primero en tu gracia,
aunque en tu imperio el segundo,
que esto soy, y éste es mi agravio,
éste el confesor injusto,
éste el brazo que le ha muerto,
éste divida un verdugo;
pero en tanto que mi cuello
esté en mis hombros robusto,
no he de permitir me agravie,
del Rey abajo, ninguno.

    LA REINA
¿Qué decís?

    REY
            ¡Confuso estoy!

    DOÑA BLANCA
¿Qué importa la vida pierda?
De don Sancho de la Cerda
la hija infelice soy;
  si mi esposo ha de morir,
mueran juntas dos mitades.

    REY
¿Qué es esto, Conde?

    CONDE
            Verdades
que es forzoso descubrir.[18]

    LA REINA
Obligada a su perdón
estoy.

    REY
  Mis brazos tomad;
los vuestros, Blanca, me dad;
y de vos, Conde, la acción[19]
presente he de confiar.

    GARCÍA DEL CASTAÑAR
Pues toque el parche sonoro,
que rayo soy contra el moro
que fulminó el Castañar.
  Y verán en sus campañas
correr mares de carmín,
dando con aquesto fin,
y principio a mis hazañas.

Agustín Moreto
EL DESDÉN CON EL DESDÉN

ARGUMENTO

Diana, hija del conde de Barcelona, desprecia a todos sus pretendientes y no cree en el amor. Acuden a palacio el príncipe de Bearne, Don Gastón, conde de Fox, y Carlos, conde de Urgel, los cuales aspiran a conquistar a la bella desdeñosa, empeño del que Carlos sale triunfante. Siguiendo los consejos de su criado Polilla o Caniquí, finge ser completamente indiferente a los encantos de Diana, la cual, herida en su amor propio, quiere primero humillar a Carlos y acaba por enamorarse locamente de él.

ACTO I

ESCENA V

DIANA, LAURA y CINTIA

Sale POLILLA *de médico*

POLILLA. *Aparte.*
—Plegue al Cielo que dé fuego
mi entrada.—

    DIANA
          ¿Quién entra aquí?

    POLILLA
Ego.

    DIANA
  ¿Quién?

    POLILLA
       Mihi, vel mi;
scholasticum sum ego,
pauper et enamoratus.[20]

    DIANA
¿Vos enamorado estáis?
¿Pues cómo aquí entrar osáis?

    POLILLA
No, señora; *escarmentatus.*

    DIANA
¿Qué os escarmentó?

    POLILLA
        Amor ruin;
y escarmentado en su error,
me he hecho médico de Amor,
por ir de ruin a rocín.[21]

    DIANA
¿De dónde sois?

    POLILLA
       De un lugar.

DIANA
Fuerza es.

POLILLA
        No he dicho poco;
que en latín lugar es *loco*.

DIANA
Ya os entiendo.

POLILLA
           Pues andar.

DIANA
¿Y a qué entráis?

POLILLA
         La fama oí
de vos con admiración
de tan rara condición.

DIANA
¿Dónde supisteis de mí?

POLILLA
En Acapulco.

DIANA
            ¿Dónde es?

POLILLA
Media legua de Tortosa;²²
y mi codicia, ambiciosa
de saber curar después
   del mal de amor, sarna insana,
me trajo a veros, por Dios,
por sólo aprender de vos.
Partíme luego a La Habana
   por venir a Barcelona,
y tomé postas allí.

DIANA
¿Postas en La Habana?

POLILLA
          Sí.
Y me apeé en Tarragona,
   de donde vengo hasta aquí,
como hace fuerte el verano,
a pie a pediros la mano.

DIANA
Y ¿qué os parece de mí?

POLILLA
Eso es fuerza que me aturda;
no tiene Amor mejor flecha
que vuestra mano derecha,
si no es que sacáis la zurda.²³

DIANA
¡Buen humor tenéis!

POLILLA
            Ansí,
¿gusta mi conversación?

DIANA
Sí.

POLILLA
Pues con una ración
os podéis hartar de mí.

DIANA
Yo os la doy.

POLILLA
          Beso... (¡qué error!)
¿Beso dije? Ya no beso.

DIANA
Pues ¿por qué?

POLILLA
         El beso es el queso
de los ratones de amor.

DIANA
Yo os admito.

POLILLA
          Dios delante;
mas sea con plaza de honor.

DIANA
¿No sois médico?

POLILLA
           Hablador,
y ansí seré platicante.²⁴

DIANA
Y del mal de amor, que mata,
¿cómo curáis?

POLILLA
         Al que es franco
curo con ungüento blanco.

²² Polilla emplea con propósito cómico una geografía disparatada. Tortosa, como luego Barcelona y Tarragona, está en Cataluña; Acapulco y la Habana, en América. ²³ izquierda. ²⁴ Polilla hace un juego de palabras entre *platicante* (que platica), hablador y *practicante*, el que practica la cirugía menor sin tener título de médico. ²⁵ Filósofo y médico árabe español que vivió en el siglo XII. ²⁶ *suplicaciones*, una especie de barquillo; *aloja*, bebida compuesta de agua, miel y especias. ²⁷ el que no tiene pelo. ²⁸ Añover, pueblo de la provincia de Toledo, era

famoso por sus melones. ²⁹ larva de una mariposa que se come la ropa, la madera, etc. ³⁰ Juego de palabras entre la significación de la palabra *caniquí*, especie de tela delgada, y la doble significación de lienzo: «tejido de hilo» y «pañuelo».

³¹ sin el propósito de enamorarse. Diana en la escena anterior, después de afirmar su indiferencia por los hombres, ha sugerido a los galanes que traten de vencer su desdén por todos los medios.

DIANA

¿Y sana?

POLILLA

Sí, porque es plata.

DIANA

¿Estáis mal con él?

POLILLA

        Su nombre
me mata. Llamó al Amor
Averroes[25] hernia, un humor
que hila las tripas a un hombre.

Amor, señora, es congoja,
traición, tiranía villana,
y sólo el tiempo le sana,
suplicaciones y aloja.[26]

Amor es quita-razón,
quita-sueño, quita-bien,
quita-pelillos también
que hará calvo a un motilón.[27]

Y las que él obliga a amar
todas se acaban en quita:
Francisquita, Mariquita,
por ser todas al quitar.

DIANA

Lo que yo había menester
para mi divertimiento
tengo en vos.

POLILLA

        Con ese intento
vine yo desde Añover.

DIANA

¿Añover?

POLILLA

        Él me crió;
que en este lugar extraño
se ven melones[28] cada año,
y ansí Año-ver se llamó.

DIANA

¿Cómo os llamáis?

POLILLA

        Caniquí.

DIANA

Caniquí, a vuestra venida
estoy muy agradecida.

POLILLA

Para las dueñas nací.

Aparte.

—Ya yo tengo introducción;
así en el mundo sucede,
lo que un príncipe no puede,
yo he logrado por bufón.

Si ahora no llega a rendilla
Carlos, sin maña se viene,
pues ya introducida tiene
en su pecho la polilla.[29]

LAURA

Con los príncipes tu padre
viene, señora, acá dentro.

DIANA

¿Con los príncipes? ¿Qué dices?
¿Qué intenta mi padre? ¡Cielos!
Si es repetir la porfía
de que me case, primero
rendiré el cuello a un cuchillo.

CINTIA. *Aparte a Laura.*

¿Hay tal aborrecimiento
de los hombres? ¿Es posible,
Laura, que el brío, el aliento
del de Urgel no la arrebate?

LAURA

Que es hermafrodita pienso.

CINTIA

A mí me lleva los ojos.

LAURA

Y a mí el Caniquí, en secreto,
me ha llevado las narices;
que me agrada para lienzo.[30]

ESCENA VIII

DIANA, CINTIA, LAURA, DAMAS, CARLOS, POLILLA,
MÚSICOS

CARLOS

Pues yo, señora, también,
por deuda de caballero,
proseguiré en festejaros,
mas será sin ese intento.[31]

DIANA

Pues ¿por qué?

CARLOS

        Porque yo sigo
la opinión de vuestro ingenio;
mas aunque es vuestra opinión,
la mía es con más extremo.

DIANA

¿De qué suerte?

CARLOS

        Yo, señora,
no sólo querer no quiero,
mas ni quiero ser querido.

DIANA

Pues ¿en ser querido hay riesgo?

CARLOS

No hay riesgo, pero hay delito:
no hay riesgo, porque mi pecho
tiene tan establecido
el no amar en ningún tiempo,
que si el Cielo compusiera
una hermosura de extremos[32]
y ésta me amara, no hallara
correspondencia en mi afecto.
Hay delito, porque cuando
sé yo que querer no puedo,
amarme y no amar sería
faltar mi agradecimiento.
Y ansí yo, ni ser querido
ni querer, señora, quiero,
porque temo ser ingrato
cuando sé yo que he de serlo.

DIANA

Luego ¿vos me festejáis
sin amarme?

CARLOS

    Eso es muy cierto.

DIANA

Pues ¿para qué?

CARLOS

    Por pagaros
la veneración que os debo.

DIANA

¿Y eso no es amor?

CARLOS

      ¡Amor!
No, señora, esto es respeto.

POLILLA. *Aparte a Carlos.*

¡Cuerpo de Cristo! ¡Qué lindo!
¡Qué bravo botón de fuego!
Échala dese vinagre
y verás, para su tiempo,
qué bravo escabeche sale.

DIANA. *Aparte a Cintia.*

Cintia, ¿has oído a este necio?
¿No es graciosa su locura?

CINTIA

Soberbia es.

DIANA

    ¿No será bueno
enamorar a este loco?

CINTIA

Sí, mas hay peligro en eso.

DIANA

¿De qué?

CINTIA

    Que tú te enamores
si no logras el empeño.

DIANA

Ahora eres tú más necia,
pues, ¿cómo puede ser eso?
¿No me mueven los rendidos
y ha de arrastrarme el soberbio?

CINTIA

Eso, señora, es aviso.

DIANA

Por eso he de hacer empeño
de rendir su vanidad.

CINTIA

Yo me holgaré mucho dello.

DIANA. *A Carlos.*

Proseguid la bizarría,
que yo ahora os la agradezco
con mayor estimación,
pues sin amor os la debo.

CARLOS

¿Vos agradecéis, señora?

DIANA

Es porque con vos no hay riesgo.

CARLOS

Pues yo iré a empeñaros más.

DIANA

Y yo voy a agradecerlo.

CARLOS

Pues mirad que no queráis,
porque cesaré en mi intento.

DIANA

No me costará cuidado.

CARLOS

Pues siendo así, yo lo aceto.

DIANA

Andad. —Venid, Caniquí.

CARLOS

¿Qué decís?

POLILLA

    Soy yo ese lienzo.

DIANA. *Aparte a Cintia.*

Cintia, rendido has de verle.

---

[32] Una mujer de extremada belleza, perfecta.

CINTIA
Sí será; pero yo temo
que se te trueque la suerte.—
Aparte.
Y eso es lo que yo deseo.—

(*Vanse.*)

DIANA. *A Carlos.*
Mas ¿oís?

CARLOS
            ¿Qué me queréis?

DIANA
Que si acaso os muda el tiempo...

CARLOS
¿A qué, señora?

DIANA
            A querer.

CARLOS
¿Qué he de hacer?

DIANA
            Sufrir desprecios.

CARLOS
¿Y si en vos hubiese amor?

DIANA
Yo no querré.

CARLOS
            Ansí lo creo.

DIANA
Pues ¿qué pedís?

CARLOS
            Por si acaso...

DIANA
Ese acaso está muy lejos.

CARLOS
¿Y si llega?

DIANA
            No es posible.

CARLOS
Supongo.

DIANA
            Yo lo prometo.

CARLOS
Eso pido.

DIANA
            Bien está.
Quede ansí.

CARLOS
            Guárdeos el Cielo.

DIANA. *Aparte.*
—Aunque me cueste un cuidado,
he de rendir este necio.—   (*Vase.*)

POLILLA
Señor, buena va la danza.

CARLOS
Polilla, yo estoy muriendo;
todo mi valor ha habido
menester mi fingimiento.

POLILLA
Señor, llévalo adelante,
y verás si no da fuego.

CARLOS
Eso importa.

POLILLA
            Ven, señor,
que ya yo estoy acá dentro.

CARLOS
¿Cómo?

POLILLA
            Con lo Caniquí
me he hecho lienzo casero.

ACTO II

ESCENA III

Salen el PRÍNCIPE DON GASTÓN *y los músicos cantando.* CARLOS, POLILLA, DIANA, FENISA, CINTIA *y* LAURA

MÚSICOS
Venid los galanes
a elegir las damas,
que en Carnestolendas
Amor se disfraza.
Falarala, larala, etc.

EL PRÍNCIPE
Dudoso, vengo, señora;
pues, teniendo corta estrella,
vengo fiado en la suerte.

DON GASTÓN
Aunque mi duda es la mesma,
el elegir la color
me toca a mí, que el ser buena,
pues le toca a mi fortuna,
ella debe cuidar della.

DIANA
Pues sentaos, y cada uno
elija color, y sea
como es uso, previniendo
la razón para escogella,

y la dama que le tiene
salga con él, siendo deuda
el enamorarla en él
y el favorecerle en ella.

MÚSICOS
Venid los galanes
a elegir las damas, etc.

EL PRÍNCIPE
Ésta es acción de fortuna,
y ella, por ser loca y ciega,
siempre le da lo mejor
a quien menos partes[33] tenga.
Por ser yo el de menos partes
es forzoso que aquí sea
quien tiene más esperanza,
y ansí el escoger es fuerza
el color verde.

CINTIA. *Aparte.*
             —Si yo
escojo de lo que queda,
despúes de Carlos, yo elijo
el de Bearne.—
             —Yo soy vuestra,
que tengo el verde. Tomad.
(Dale una cinta verde.)

EL PRÍNCIPE
Corona, señora, sea
de mi suerte el favor vuestro,
que, a no serlo, elección fuera.

Danzan una mudanza[34] *y pónense mascarillas, y*
retíranse a un lado, quedando en pie.

MÚSICOS
Vivan los galanes
con sus esperanzas,
que para ser dichas
el tenerlas basta.
Falarala, larala.

DON GASTÓN
Yo nunca tuve esperanza,
sino envidia, pues cualquiera
debe más favor que yo
a las luces de su estrella,
y, pues siempre estoy celoso,
azul quiero.

FENISA
             Yo soy vuestra,
que tengo el azul. Tomad.
             (Dale una azul.)

DON GASTÓN
Mudar de color pudiera;
pues ya, señora, mi envidia
con tan buena suerte cesa.

             (Danzan y retíranse.)

MÚSICOS
No cesan los celos
por lograr la dicha,
pues los hay entonces
de los que la envidian.
Falarala, larala.

POLILLA
Y yo, ¿he de elegir color?

DIANA
Claro está.

POLILLA
             Pues vaya fuera,
que ya salirme quería
a la cara de vergüenza.

DIANA
¿Qué color pides?

POLILLA
             Yo tengo
hecho el buche a damas feas;
de suerte que habrá de ser
muy mala la que me quepa.
De las damas que aquí miro
no hay ninguna que no sea
como una rosa, y pues yo
la he de hacer mala por fuerza,
por si ella es como una rosa,
yo la quiero rosa seca.
Rosa seca, sal acá.
¿Quién la tiene?

LAURA
             Yo soy vuestra,
que tengo el color. Tomad.
             (Dale una cinta.)

POLILLA
¿Yo aquí he de favorecerla
y ella a mí ha de enamorarme?

LAURA
No, sino al revés.

POLILLA
             Pues vuelta.
             (Vuélvese.)
Enamórame al revés.

---

33 cualidades.   34 cierto número de movimientos que se
hacen a compás en un baile.   35 pelo de una tela de
lana.   36 manos de jabón que se da a la ropa al lavarse.

37 porque no llego a tanto, porque no soy tan sutil.
38 no te hartes.

LAURA

Que no ha de ser eso, bestia,
sino enamorarme tú.

POLILLA

¿Yo? Pues toda la manteca,
hecha pringue en la sartén,
a tu blancura no llega,
ni con tu pelo se iguala
la frisa de la bayeta,[35]
ni dos ojos de jabón[36]
más que los tuyos blanquean,
ni siete bocas hermosas,
las unas tras otras puestas,
son tanto como la tuya,
y no hablo de pies y piernas,
porque no hilo tan delgado,[37]
que aunque yo con tu belleza
he caído, no he caído,
pues no cae el que no peca.

(Danzan, y retíranse.)

MÚSICOS

*Quien a rosas secas
su elección inclina,
tiene amor de rosas
y temor de espinas.
Falarala, etc.*

CARLOS

Yo a elegir quedo el postrero,
y ha sido por la violencia
que me hace la obligación
de haber de fingir finezas
y pues ir contra el dictamen
del pecho es enojo y pena,
para que lo signifique
de los colores que quedan
pido el color nacarado.
¿Quién le tiene?

DIANA

　　　　　Yo soy vuestra,
que tengo el nácar. Tomad.

(Dale una cinta de nácar.)

CARLOS

Si yo, señora, supiera
el acierto de mi suerte,
no tuviera por violencia
fingir amor, pues ahora
le debo tener de veras.

(Danzan, y retíranse.)

MÚSICOS

*Iras significa
el color de nácar;
el desdén no es ira;*

*quien tiene iras ama.
Falarala, etc.*

POLILLA. *Aparte a Carlos.*

Ahora te puedes dar
un hartazo de finezas,
como para quince días;
mas no te ahites[38] con ellas.

DIANA

Guíe la música, pues,
a la plaza de las fiestas,
y ya galanes y damas
vayan cumpliendo la deuda.

MÚSICOS

*Vayan los galanes
todos con sus damas,
que en Carnestolendas
Amor se disfraza.
Falarala, etc.*

Vanse todos de dos en dos y al entrar se detienen
DIANA y CARLOS

ESCENA IV

DIANA. *Aparte.*

—Yo he de rendir este hombre,
o he de condenarme a necia.—
¡Qué tibio galán hacéis!
Bien se ve en vuestra tibieza
que es violencia enamorar,
y siendo el fingirlo fuerza,
no saberlo hacer no es falta
de Amor, sino de agudeza.

CARLOS

Si yo hubiera de fingirlo
no tan remiso estuviera,
que donde no hay sentimiento
está más pronta la lengua.

DIANA

Luego ¿estáis enamorado
de mí?

CARLOS

　　　Si no lo estuviera,
no me atara este temor.

DIANA

¿Qué decís? ¿Habláis de veras?

CARLOS

Pues si el alma lo publica,
¿puede fingirlo la lengua?

DIANA

Pues ¿no dijisteis que vos
no podéis querer?

CARLOS

          Eso era
porque no me había tocado
el veneno desta flecha.

DIANA

¿Qué flecha?

CARLOS

          La desta mano,
que el corazón me atraviesa,
y, como el pez que introduce
su venenosa violencia
por el hilo y por la caña
y al pescador pasma y hiela
el brazo con que la tiene,
a mí el alma me penetra
el dulce, ardiente veneno
que de vuestra mano bella
se introduce por la mía
y hasta el corazón me llega.

DIANA. *Aparte.*

—Albricias, ingenio mío,
que ya rendí su soberbia.
Ahora probará el castigo
del desdén de mi belleza.—
Que, en fin, ¿vos no imaginabais
querer, y queréis de veras?

CARLOS

Toda el alma se me abrasa,
todo mi pecho es centellas.
Temple en mí vuestra piedad
este ardor que me atormenta.

DIANA

Soltad. ¿Qué decís? Soltad.

Quítase la mascarilla DIANA *y suéltale la mano.*

¿Yo favor? La pasión ciega
para el castigo os disculpa
mas no para la advertencia.
¿A mí me pedís favor
diciendo que amáis de veras?

CARLOS. *Aparte.*

—¡Cielos, yo me despeñé!
Pero válgame la enmienda.—

DIANA

¿No os acordáis de que os dije
que en queriéndome era fuerza
que sufrieseis mis desprecios
sin que os valiese la queja?

CARLOS

Luego ¿de veras habláis?

DIANA

Pues ¿vos no queréis de veras?

CARLOS

¿Yo, señora? Pues ¿se pudo
trocar mi naturaleza?
¿Yo querer de veras? ¿Yo?
¡Jesús qué error! ¿Eso piensa
vuestra hermosura? ¿Yo amor?
Pues cuando yo le tuviera
de vergüenza le callara.
Esto es cumplir con la deuda
de la obligación del día.

DIANA

¿Qué decís?

    Aparte.

—¡Yo estoy muerta!—
¿Que no es de veras?

    Aparte.

—¿Qué escucho?—
Pues ¿cómo aquí...

    Aparte.

—¡Hablar no acierta
mi vanidad de corrida!—

CARLOS

Pues vos, siendo tan discreta,
¿no conocéis que es fingido?

DIANA

Pues ¿aquello de la flecha,
del pez, el hilo y la caña,
y el decir que el desdén era
porque no os había tocado
del veneno la violencia?

CARLOS

Pues eso es fingirlo bien.
¿Tan necio queréis que sea
que cuando a fingir me ponga
lo finja sin apariencias?

DIANA. *Aparte.*

—¿Qué es esto que me sucede?
¿Yo he podido ser tan necia
que me haya hecho este desaire?
Del incendio desta afrenta
el alma tengo abrasada.
Mucho temo que lo entienda.
Yo he de enamorar a este hombre,
si toda el alma me cuesta.—

CARLOS

Mirad que esperan, señora.

DIANA. *Aparte.*

—¡Que a mí este error me suceda!—
Pues ¿cómo vos...?

CARLOS

          ¿Qué decís?

DIANA. *Aparte.*
—¿Qué iba yo a hacer? ¡Yo estoy ciega!—
Poneos la máscara y vamos.

CARLOS. *Aparte.*
—No ha sido mala la enmienda.
¿Así trata el rendimiento?
¡Ah, cruel! ¡Ah, ingrata! ¡Ah, fiera!
¡Yo echaré sobre mi fuego
toda la nieve del Etna!—

DIANA
Cierto que sois muy discreto,
y lo fingís de manera
que lo tuve por verdad.

CARLOS
Cortesía fué vuestra
el fingiros engañada
por favorecer con ella,
que con eso habéis cumplido
con vuestra naturaleza
y la obligación del día,
pues fingiendo la cautela
de engañaros, porque a mí
me dais crédito con ella,
favorecéis el ingenio
y despreciáis la fineza.

DIANA. *Aparte.*
—Bien agudo ha sido el modo
de motejarme de necia;
mas ansí le he de engañar.—
Venid, pues, y aunque yo sepa
que es fingido, proseguid,
que eso a estimaros me empeña
con más veras.

CARLOS
　　　　　¿De qué suerte?

DIANA
Hace a mi desdén más fuerza
la discreción que el amor,
y me obligáis más con ella.

CARLOS. *Aparte.*
—¡Quién no entendiese su intento!
Yo le volveré la flecha.—

DIANA
¿No proseguís?

CARLOS
　　　　　No, señora.

DIANA
¿Por qué?

CARLOS
　　　　　Me ha dado tal pena
el decirme que os obligo,
que me ha hecho perder la senda
del fingirme enamorado.

DIANA
Pues vos, ¿qué perder pudierais
en tenerme a mí obligada
con vuestra atención discreta?

CARLOS
Arriesgarme a ser querido.

DIANA
Pues ¿tan mal os estuviera?

CARLOS
Señora, no está en mi mano;
y si yo en eso me viera,
fuera cosa de morirme.

DIANA. *Aparte.*
—¿Que esto escuche mi belleza?—
Pues ¿vos presumís que yo
puedo quereros?

CARLOS
　　　　　Vos mesma
decís que la que agradece
está de querer muy cerca;
pues quien confiesa que estima,
¿qué falta para que quiera?

DIANA
Menos falta para injuria
a vuestra loca soberbia;
y eso poco que le falta,
pasando ya de grosera,
quiero excusar con dejaros.
Idos.

CARLOS
　　　Pues ¿cómo a la fiesta
queréis faltar? ¿Puede ser
sin dar causa a otra sospecha?

DIANA
Ese riesgo a mí me toca.
Decid que estoy indispuesta,
que me ha dado un accidente.

CARLOS
Luego con eso licencia
me dais para no asistir.

DIANA
Si os mando que os vais, ¿no es fuerza?

CARLOS
Me habéis hecho un gran favor.
Guarde Dios a vuestra alteza.　　*(Vase.)*

ÍNDICE ALFABÉTICO

ÍNDICE ALFABÉTICO

A Felipe Ruiz, Luis de León, 390.
A Francisco Salinas, Luis de León, 388.
Abenámar, Romance de, 184.
Aceitunas, Las, Lope de Rueda, 331.
Acero de Madrid, El, Lope de Vega, 544.
Acuña, Fernando de, 271.
Agora que sé de amor, Cancionero anónimo, 193.
Aguja de navegar cultos, Quevedo, 673.
Al alba venid, buen amigo, Cancionero anónimo, 192.
Al salir de la cárcel, Luis de León, 391.
Alcalde de Zalamea, El, Calderón, 787.
Alcázar, Baltasar del, 318.
Aldana, Francisco de, 321.
Alemán, Mateo, 677.
Alfonso X *el Sabio*, 42.
Alhama, Romance del rey moro que perdió, 185.
Alta estaba la peña, Cancionero anónimo, 191.
Altamira, Vizconde de, 139.
Álvarez Gato, Juan, 138.
Álvarez de Villasandino, Alfonso, 104.
Amadís de Gaula, 221.
Amarilis, Lope de Vega, 554.
Andanzas e viajes... por diversas partes del mundo ha-bidos, Tafur, 143.
Angélica y Medoro, Góngora, 619.
Antequera, Romance de la pérdida de, 184.
Araucana, La, Ercilla, 322.
Argote y Góngora, Luis de; *v.* Góngora.
Arguijo, Juan de, 631.
Arias Montano, Benito, 406.
Arias Pérez, Pedro, 648.
Arnaldos, Romance del conde, 188.
Astorga, Marqués de, 175.
Auto de la sibila Casandra, Gil Vicente, 242.
Auto de los Reyes Magos, 18.
Autorretrato, Cervantes, 410.
¡Ay, que non era!, Cancionero anónimo, 192.
Balbuena, Bernardo de, 634.
Berceo, Gonzalo de, 26.
Blanca Niña, Romance de, 187.
Bocanegra, Francisco, 136.

Borja, Francisco de; *v.* Esquilache.
Boscán, Juan, 257.
Burlador de Sevilla y Convidado de piedra, El, Tirso de Molina, 565.
Buscón, El; v. Historia de la vida del buscón llamado don Pablos.
Caballero... Cifar, Historia del, 60.
Caballero de Olmedo, El, Lope de Vega, 526.
Calderón de la Barca, Pedro, 765.
Calila y Dimna, 40.
Camino de perfección, Santa Teresa, 378.
Camoens, Luis de, 317.
Canción a la muerte de Carlos Félix, Lope de Vega, 551.
Canción por la pérdida del rey don Sebastián, Herrera, 315.
Cancionero anónimo, 191.
Cancionero de Baena, 102.
Cantar de los cantares, Luis de León, 391.
Cantar de los Infantes de Lara, 14.
Cantar de Mío Cid, 4.
Cantar de Roncesvalles, 17.
Cántico espiritual, San Juan de la Cruz, 400.
Cantigas, Alfonso X, 50.
Capítulo que fabla de los ejemplos e castigos de Teodor, la doncella, 74.
Carátula, La, Lope de Rueda, 327.
Cárcel de amor, Diego de San Pedro, 167.
Caro, Rodrigo, 638.
Carta a... Felipe II, Santa Teresa, 385.
Cartas a los Reyes Católicos, Cristóbal Colón, 234.
Cartas de relación de la conquista de Méjico, Hernán Cortés, 295.
Carrillo de Sotomayor, Luis, 643.
Carvajales, 136.
Casas, Fray Bartolomé de las, 298.
Castigo sin venganza, El, Lope de Vega, 533.
Castillejo, Cristóbal de, 267.
Castro, Guillén de, 589.
Celestina, La, Fernando de Rojas, 208.
Celoso extremeño, El, Cervantes, 451.
Cervantes Saavedra, Miguel de, 409.

Cetina, Gutierre de, 270.

Cid, Romance del, 181, 182.

Cierto por lo dudoso, Lo, Lope de Vega, 537.

Cigarrales de Toledo, Tirso de Molina, 580.

Claros varones de Castilla, Hernando del Pulgar, 202.

Colón, Cristóbal, 234.

Comedia Himenea, Torres Naharro, 252.

Comedia primera de las mocedades del Cid; v. Mocedades del Cid, Las.

Comedia Tinellaria, Torres Naharro, 251.

Comedieta de Ponza, La, Marqués de Santillana, 116.

Comentarios reales de los incas, Garcilaso de la Vega, el Inca, 726.

¿Con qué lavaré la flor de la mi cara?, Cancionero anónimo, 191.

Constancia, Romance de la, 189.

Conversión de la Magdalena, La, Malón de Chaide, 407.

Coplas de Mingo Revulgo, 139.

Coplas del Provincial, 140.

Coplas por la muerte de su padre, Jorge Manrique, 131.

Corbacho, El, Martínez de Toledo, 152.

Cortés, Hernán, 295.

Cota, Rodrigo, 170.

Criticón, El, Gracián, 755.

Crónica de don Álvaro de Luna, 159.

Crónica de don Pero Niño, Díez de Games, 146.

Crónica de Juan II, 163.

Crónica del rey don Alfonso el Onceno, 89.

Crónica del rey Enrique el Cuarto, Enríquez del Castillo, 166.

Crónica del rey don Pedro, López de Ayala, 95.

Crótalon, El, Villalón, 293.

Cruz, San Juan de la, 399.

Cruz, Sor Juana Inés de la, 647.

Cueva, Juan de la, 333.

Cueva de Salamanca, La, Cervantes, 454.

Danza de la muerte, 100.

De los álamos vengo, madre, Cancionero anónimo, 193.

Del rey abajo ninguno, Rojas Zorrilla, 825.

Denuestos del agua y el vino, Los; v. Razón de amor.

Desdén con el desdén, El, Moreto, 829.

Día de fiesta por la mañana, El, Juan de Zabaleta, 705.

Día de fiesta por la tarde, El, Juan de Zabaleta, 706.

Diablo cojuelo, El, Vélez de Guevara, 693.

Diálogo de la doctrina cristiana, Juan de Valdés, 287.

Diálogo de la lengua, Juan de Valdés, 289.

Diálogo de Mercurio y Carón, Alfonso de Valdés, 280.

Diálogo entre el Amor y un viejo, Cota, 170.

Diana, La, Montemayor, 360.

Diana enamorada, La, Gil Polo, 364.

Díaz del Castillo, Bernal, 308.

Díez de Games, Gutierre, 146.

Diferencia entre lo temporal y lo eterno, Nieremberg, 741.

Discreta enamorada, La, Lope de Vega, 540.

Discreto, El, Gracián, 750.

Doctrinal de privados, Marqués de Santillana, 117.

Don Gil de las calzas verdes, Tirso de Molina, 561.

Duelo de la Virgen, Berceo, 30.

Durandarte, Romance de, 187.

Égloga de Cristino y Febea, Juan del Encina, 196.

Égloga primera, Garcilaso, 259.

Égloga tercera, Garcilaso, 263.

Ejemplar poético, Juan de la Cueva, 336.

Elena y María, 22.

Elegía, Herrera, 314.

Embajada a Tamorlán, González de Clavijo, 142.

En Ávila, mis ojos, Cancionero anónimo, 192.

En la ascensión, Luis de León, 391.

Enamorado y la muerte, Romance del, 190.

Encina, Juan del, 194.

Endechas a la muerte de Guillén Peraza, Cancionero anónimo, 193.

Enríquez del Castillo, Diego, 166.

Entra mayo y sale abril, Cancionero anónimo, 191.

Epístola a don Diego Mendoza, Boscán, 258.

Epístola a Mateo Vázquez, Cervantes, 410.

Epístola moral, 639.

Ercilla, Alonso de, 322.

Esclavo del demonio, El, Mira de Amescua, 593.

Escrivá, Comendador, 176.

Espinel, Vicente, 687.

Espinosa, Pedro de, 642.

Esquilache, Príncipe de, 643.

Fábula de Polifemo y Galatea, Góngora, 628.

Fernán González, Romance de, 179.

Fernández de Alarcón, Cristobalina, 641.

Fernández de Jerena, Garci, 111.

Fernández de Oviedo, Gonzalo, 302.

Figueroa, Francisco de, 319.

Flores, Juan de, 231.

Fonte frida, Romance de, 188.

Fuenteovejuna, Lope de Vega, 515.

Fuerza del amor, La, María de Zayas, 698.

Fuerza de la sangre, La, Cervantes, 450.

Galán que alaba a su amiga, Romance del, 189.

Galán y la calavera, Romance del, 190.

Galatea, La, Cervantes, 412.

Garcilaso de la Vega; v. Vega.

Garcilaso de la Vega, el Inca; v. Vega.

Gatomaquia, La, Lope de Vega, 553.

Generaciones y semblanzas, Pérez de Guzmán, 113.

Gil Polo, Gaspar, 364.

Gitanilla, La, Cervantes, 445.

Góngora, Luis de Argote y, 614.

González de Clavijo, Ruy, 142.

Gorigori, El, Quiñones de Benavente, 609.

Gracián, Baltasar, 750.

Gramática castellana, Nebrija, 206.

Gran conquista de Ultramar, La, 53.

Gran teatro del mundo, El, Calderón, 808.

Granada, Fray Luis de, 370.

Grisel y Mirabella, Juan de Flores, 231.

Guerra de Granada, Hurtado de Mendoza, 368.

Guerras civiles de Granada, Pérez de Hita, 356.

Guevara, 138.

Guevara, Fray Antonio de, 272.

Guía de pecadores, Luis de Granada, 371.

Guía espiritual, Miguel de Molinos, 744.

Herrera, Fernando de, 314.

Historia de la conquista de Méjico..., Antonio de Solís, 734.

Historia de la conquista de Méjico, López de Gómara, 304.

Historia de la Orden de San Jerónimo, José de Sigüenza, 709.

Historia de la vida del buscón llamado don Pablos, Quevedo, 656.

Historia de las Indias, Bartolomé de las Casas, 298.

Historia de los movimientos, separación y guerra de Cataluña, Melo, 722.

Historia del Abencerraje y la hermosa Jarifa, 349.

Historia del Caballero de Dios que había por nombre Cifar; v. Caballero... Cifar.

Historia general de España, Juan de Mariana, 713.

Historia general de las Indias, López de Gómara, 304.

Historia troyana en prosa y verso, 24.

Historia verdadera de la conquista de la Nueva España, Díaz del Castillo, 309.

Hojeda, Diego de, 635.

Horozco, Sebastián de, 271.

Hurtado de Mendoza, Diego (poeta del siglo XIV), 99.

Hurtado de Mendoza, Diego, 270, 367.

Idea de un príncipe cristiano representada en cien empresas, Saavedra Fajardo, 745.

Imperial, Micer Francisco, 107.

Infantes de Lara, Romance de los, 179, 180.

Ingenioso hidalgo Don Quijote de la Mancha, El, Cervantes, 414.

Introducción al símbolo de la fe, Luis de Granada, 373.

Jarchas, 3.

Juan Manuel, Infante Don, 64.

Laberinto de fortuna, El, Juan de Mena, 122.

Lazarillo de Tormes, 337.

Leiva, Juan de, 176.

León, Fray Luis de, 387.

Leonardo de Argensola, Bartolomé, 633.

Leonardo de Argensola, Lupercio, 632.

Letras, Hernando del Pulgar, 204.

Letrillas, Góngora, 614.

Letrillas, Quevedo, 653.

Libro de ajedrez, dados y tablas, Alfonso X, 49.

Libro de Alexandre, 35.

Libro de Apolonio, 31.

Libro de buen amor, Juan Ruiz, 77.

Libro de la oración y meditación, Luis de Granada, 370.

Libro de los ejemplos del conde Lucanor et de Patronio, Juan Manuel, 68.

Libro de los estados, Juan Manuel, 66.

Libro del caballero et del escudero, Juan Manuel, 65.

Libro del paso honroso de Suero de Quiñones, 149.

Linares, Juan de, 649.

Loores de los claros varones de España, Pérez de Guzmán, 112.

Lope de Vega; *v.* Vega, Lope de.

López de Ayala, Pero, 91.

López de Gómara, Francisco, 303.

López de Mendoza, Íñigo, 116.

Luna, Álvaro de, 136.

Luna que reluces, Cancionero anónimo, 193.

Macías, 108.

Mal haya el primero, Cancionero anónimo, 194.

Malferida iba la garza, Cancionero anónimo, 193.

Malón de Chaide, Pedro, 407.

Manrique, Gómez, 126.

Manrique, Jorge, 130.

Manuel, Juan, 177.

Manuel de Lando, Ferrán, 108.

Mañanica de San Juan, Romance de la, 188.

Marco Bruto, Quevedo, 673.

Mariana, Juan de, 712.

Martín de la Plaza, Luis, 645.

Martínez de Toledo, Alfonso, Arcipreste de Talavera, 152.

Medrano, Francisco de, 638.

Melo, Francisco Manuel de, 722.

Mena, Juan de, 122.

Mendoza, Fray Íñigo de, 172.

Menosprecio de corte y alabanza de aldea, Antonio de Guevara, 277.

Mi ventura, el caballero, Cancionero anónimo, 192.

Milagros de Nuestra Señora, Berceo, 26.

Mira de Amescua, Antonio, 593.

Misa de amor, Romance de la, 189.

Mocedades del Cid, Las, Guillén de Castro, 589.

Molinos, Miguel de, 743.

Montemayor, Jorge de, 360.

Montesino, Fray Ambrosio, 173.

Montoro, Antón de, 138.

Moradas, Las, Santa Teresa, 383.

Morenica me llama..., 191.

Moreto, Agustín, 825.

Naufragios, Núñez Cabeza de Vaca, 301.

Nebrija, Antonio de, 205.

Nieremberg, Juan Eusebio, 741.

No me los amuestres más, Cancionero anónimo, 191.

No pueden dormir mis ojos, Cancionero anónimo, 192.

No quiero ser monja, no, Cancionero anónimo, 192.

No tienen vado mis males, Cancionero anónimo, 193.

Noche serena, Luis de León, 389.
Nombres de Cristo, De los, Luis de León, 396.
Noticias historiales de las conquistas de Tierra Firme en las Indias occidentales, Pedro Simón, 732.
Novelas ejemplares, Cervantes, 445.
Numancia, La, Cervantes, 452.
Núñez Cabeza de Vaca, Alvar, 301.
Oráculo manual y arte de prudencia, Gracián, 753.
Pedro, Romance del rey don, 183.
Peregrinos, Romance de los, 191.
Pérez de Guzmán, Fernán, 112.
Pérez de Hita, Ginés, 356.
Perfecta casada, La, Luis de León, 393.
Peribáñez y el Comendador de Ocaña, Lope de Vega, 467.
Persiles y Segismunda, Cervantes, 461.
Poema de Fernán González, 38.
Poesía anónima, siglo XVII, 649.
¿Por qué me besó Perico?, Cancionero anónimo, 193.
Primera Crónica General de España, Alfonso X, 45.
Príncipe constante, El, Calderón, 801.
Prisionero, Romance del, 188.
Proemio e carta... al condestable de Portugal, Marqués de Santillana, 121.
Profecía del Tajo, Luis de León, 389.
Propalladia, Torres Naharro, 251.
Proverbios, Marqués de Santillana, 116.
Proverbios morales, Sem Tob, 87.
Pulgar, Hernando del, 202.
Puse mis amores, Cancionero anónimo, 193.
Que no quiero amores, Cancionero anónimo, 194.
Querella de amor, Marqués de Santillana, 118.
Quevedo, Francisco de, 650.
Quevedo y Villegas, Francisco de; *v.* Quevedo.
Quiñones de Benavente, Luis, 609.
Razón de amor con los denuestos del agua y el vino, 20.
Recordad, mis ojuelos verdes, Cancionero anónimo, 193.
Reloj de Príncipes y Libro Áureo de Marco Aurelio, Antonio de Guevara, 272.
Rey Chico pierde a Granada, El, 185.
Rimado de Palacio, López de Ayala, 91.
Rimas humanas, Lope de Vega, 549.
Rimas sacras, Lope de Vega, 549.
Rinconete y Cortadillo, Cervantes, 448.
Rioja, Francisco de, 644.
Rodrigo, Romance del rey don, 178.
Rodríguez del Padrón, Juan, 109.
Rojas, Fernando de, 208.
Rojas Villandrando, Agustín de, 555.
Rojas Zorrilla, Francisco de, 825.
Romance, Juan Manuel, 177.
Romances carolingios, 186.
Romances históricos, 178.
Romances moriscos y fronterizos, 184.
Romances novelescos, líricos y tradicionales, 187.
Romances y romancillos, Góngora, 616.

Rosa fresca, Romance de, 189.
Rosaflorida, Romance de, 187.
Rueda, Lope de, 327.
Ruiz, Juan, Arcipreste de Hita, 77.
Ruiz de Alarcón, Juan, 598.
Saavedra Fajardo, Diego de, 745.
San Pedro, Diego de, 167.
Sánchez de Badajoz, Garci, 174.
Sánchez Calavera, Ferrán, 110.
Santillana, Marqués de, 116.
Sátiras políticas, Quevedo, 654.
Si la noche hace escura, Cancionero anónimo, 191.
Si los delfines, Cancionero anónimo, 193.
Siete infantes de Lara, Los, Juan de la Cueva, 333.
Siete Partidas, Las, Alfonso X, 42.
Sigüenza, Fray José de, 709.
Simón, Fray Pedro, 732.
So el encina, encina, Cancionero anónimo, 192.
Soledades, Góngora, 624.
Solís, Antonio de, 733.
Soneto a Cristo Crucificado, 405.
Sonetos fechos al itálico modo, Marqués de Santillana, 118.
Soto de Rojas, Pedro, 645.
Sueños, Los, Quevedo, 663.
Sumario de la natural historia de las Indias, Fernández de Oviedo, 302.
Tafur, Pedro, 143.
Tapia, 176.
Tarsis, Juan de; *v.* Villamediana.
Téllez, Fray Gabriel; *v.* Tirso de Molina.
Teresa de Jesús, Santa, 378.
Tirso de Molina, 561.
Tob, Sem, 87.
Torre, Alfonso de la, 156.
Torre, Francisco de la, 319.
Torrellas, Pedro, 137.
Torres Naharro, Bartolomé de, 251.
Trabajos de Persiles y Segismunda, Los; v. Persiles y Segismunda.
Tragicomedia de Calisto y Melibea, Fernando de Rojas, 208.
Tragicomedia de don Duardos, Gil Vicente, 250.
Tratado contra los juegos públicos, Juan de Mariana, 720.
Tratado de Providencia contra Fortuna, Diego de Valera, 157.
Tres maridos burlados, Los, Tirso de Molina, 583.
Tres morillas me enamoran, Cancionero anónimo, 192.
Trillo y Figueroa, Francisco de, 646.
Valdés, Alfonso de, 279.
Valdés, Juan de, 279, 287.
Valdivielso, José de, 633.
Valdovinos, Romance de, 186.
Valera, Diego de, 157.

Vega, Garcilaso de la, 259.
Vega, Garcilaso de la, *el Inca*, 726.
Vega, Lope de, 467.
Vélez de Guevara, Luis, 693.
Vélez de Guevara, Pero, 109.
Verdad sospechosa, La, Ruiz de Alarcón, 598.
Viaje del Parnaso, Cervantes, 411.
Viaje entretenido, El, Rojas Villandrando, 556.
Vicente, Gil, 241.
Vitorial, El; v. Crónica de don Pero Niño.
Vida, Santa Teresa, 381.
Vida de Santa Teresa de Jesús, Diego de Yepes, 739.
Vida de Santo Domingo de Silos, Berceo, 29.
Vida del escudero Marcos de Obregón, Espinel, 687.

Vida del pícaro Guzmán de Alfarache, La, Alemán, 677.
Vida es sueño, La, Calderón, 766.
Vida retirada, Luis de León, 387.
Villalón, Cristóbal de, 293.
Villamediana, Conde de, 644.
Villancicos y serranillas, Marqués de Santillana, 120.
Villegas, Antonio de, 272.
Villegas, Esteban Manuel de, 645.
Visión deleitable de la filosofía y de las otras ciencias, Alfonso de la Torre, 156.
Yepes, Diego de, 739.
Zabaleta, Juan de, 704.
Zafra, Esteban de, 271.
Zayas, María de, 698.